Harald Heker, Karl Riesenhuber (Hrsg.)

Recht und Praxis der GEMA

Handbuch und Kommentar

Recht und Praxis der GEMA

Handbuch und Kommentar

Herausgegeben von
Harald Heker, Karl Riesenhuber

3., vollständig überarbeitete Auflage des von Reinhold Kreile, Jürgen Becker und Karl Riesenhuber begründeten Werks

DE GRUYTER

Herausgeber
Dr. Harald Heker, Vorstandsvorsitzender der GEMA, München
Professor Dr. Karl Riesenhuber, Professor an der Ruhr-Universität Bochum, Richter am Oberlandesgericht Hamm

ISBN 978-3-11-037249-6
e-ISBN (PDF) 978-3-11-036679-2
e-ISBN (EPUB) 978-3-11-038638-7

Library of Congress Control Number: 2018935084

Bibliografische Information der Deutschen Nationalbibliothek
Die Deutsche Nationalbibliothek verzeichnet diese Publikation in der Deutschen Nationalbibliografie; detaillierte bibliografische Daten sind im Internet über http://dnb.dnb.de abrufbar.

Einbandabbildung: akg-images
Datenkonvertierung/Satz: jürgen ullrich typosatz, 86720 Nördlingen
Druck und Bindung: CPI books GmbH, Leck

www.degruyter.com

Vorwort

Nach zehn Jahren legen wir hiermit eine vollständig überarbeitete Fassung des in der ersten und zweiten Auflage gemeinsam mit Prof. Dr. *Reinhold Kreile* und Prof. Dr. *Jürgen Becker* herausgegebenen Kompendiums zu Recht und Praxis der GEMA vor. Die Konzeption des Buches ist im Kern unverändert. Unser Anliegen ist, den rechtlichen Rahmen der Tätigkeit der GEMA und ihre autonomen Regeln – Satzung, Berechtigungsvertrag, Verteilungsplan sowie die Lizenzbedingungen – darzustellen und vertieft zu erläutern. Einige Änderungen hat es im Grundlagenteil des Buches gegeben, der aktualisiert und neu geordnet ist. Entfallen ist das Kapitel über die Staatsaufsicht.

Die Verzögerung der Neuauflage hat verschiedene Gründe. Die GEMA hat ihren Verteilungsplan in den letzten Jahren mehrfach inhaltlich überarbeitet und 2015 vollständig neu „kodifiziert“. Mit dem 2016 in Kraft getretenen Verwertungsgesellschaftengesetz (VGG) hat sich der rechtliche Rahmen verändert. Und dieses neue Gesetz hat wiederum eine Fülle von Änderungen im Regelwerk der GEMA ausgelöst, vor allem in der Satzung. All dem trägt die Neuauflage umfassend Rechnung. Sie ist auf dem Stand vom 31.3.2018.

Für die Neuauflage haben wir einige neue Autoren gewinnen können, andere sind ausgeschieden. Wir nutzen die Gelegenheit, den Mitbegründern dieses Werkes, *Reinhold Kreile* und *Jürgen Becker* zu danken. Ohne ihre Initiative und ihr Engagement wäre auch diese Auflage nicht denkbar. Ebenso danken wir den Autoren, die zu den Vorauflagen beigetragen haben und jetzt nicht mehr mitwirken. Und schließlich danken wir allen Autoren für ihre engagierte Mitarbeit an der Neuauflage.

München und Bochum, im April 2018

Harald Heker
Karl Riesenhuber

https://doi.org/10.1515/9783110366792-202

Inhaltsübersicht

Autorenverzeichnis

Arndt Christoph Hendel	Dr. iur., Rechtsanwalt in Frankfurt a.M.
Tobias Holzmüller	Dr. iur., LL.M. (NYU), Justiziar, GEMA, München
Helge Langhoff	Dr. iur., Direktor Inkasso, VG Bild-Kunst, Bonn
Silke v. Lewinski	Dr. iur., Adj. Prof. (Franklin Pierce Center for IP, University of New Hampshire), Max-Planck-Institut für Innovation und Wettbewerb, München
Raik Mickler	Justiziar, Haufe Group, Freiburg i. Br.
Stefan Müller	Dr. iur., Rechtsanwalt in München
Ruth Nocker	LL.M. (MIPLC), Referentin, Rechtsabteilung, GEMA, München
Jürgen Paudtke	Referent, Rechtsabteilung, GEMA, München
Jörn Radloff	Dr. iur., Leitung Rights & Repertoire Management, International Copyright Enterprise (ICE Services Ltd.), London
Lars Hendrik Riemer	Dr. iur., M.A., Abteilungsleiter Mitglieder und Regelwerk, Rechtsabteilung, GEMA, München
Karl Riesenhuber	Dr. iur., M.C.J., o. Professor an der Ruhr-Universität Bochum, Richter am Oberlandesgericht Hamm
Manuela Schmidt	Dr. iur., Richterin am Landgericht, Trier
Nike Schmidt	Dr. iur., Juristische Referentin Online International, Direktion Sendung und Online, GEMA, München
Gernot Schulze	Dr. iur., Rechtsanwalt in München
Fedor Seifert	Dr. iur., Rechtsanwalt in Berlin
Monika Staudt	Dr. iur., Direktorin Vervielfältigungsrechte und Ausland, GEMA, München
Robert v. Steinau-Steinrück	Dr. iur., Rechtsanwalt in Berlin, Honorarprofessor an der Universität Potsdam
Andreas Thiele	M.A., Abteilungsleiter Ausland, Direktion Strategie und Entwicklung, GEMA, München
Björn Weber	LL.M. (Mainzer Medieninstitut), Abteilungsleiter Vertragswesen und Recht VR, Direktion Vervielfältigungsrechte und Ausland, GEMA, München
Kai Welp	Dr. iur., Abteilungsleiter Operative Rechtsfragen und Lizenzierung, Rechtsabteilung, GEMA, München
Stefan Wohlgemuth	Leiter Stabsstelle Nationale und Internationale Rechtsfragen, Direktion Mitglieder- und Repertoiremanagement, GEMA, Berlin

https://doi.org/10.1515/9783110366792-204

Abkürzungsverzeichnis

a.A.	anderer Ansicht
aaO	am angegebenen Ort
abgedr.	abgedruckt
ABl.	Amtsblatt der Europäischen Gemeinschaft
abl.	ablehnend
Abs.	Absatz
Abschn.	Abschnitt
a.E.	am Ende
AEPO-ARTIS	Association of European Performers' Organisations (Zusammenschluss von Verwertungsgesellschaften der ausübenden Künstler)
AEUV	Vertrag über die Arbeitsweise der Europäischen Union
a.F.	alte Fassung
AFMA	Anstalt für musikalisches Aufführungsrecht
AfP	Archiv für Presserecht
AG	Amtsgericht
AGB	Allgemeine Geschäftsbedingungen
AGM	Agreements Information (internationales Verzeichnis der Subverlags- und Generalverträge [Katalogvereinbarungen])
AGICOA	Association de Gestion Internationale Collective de Œuvres Audiovisuelle
AHB	Allgemeine Versicherungsbedingungen für die Haftpflichtversicherung
AKEP	Arbeitskreis Elektronisches Publizieren
AKM	Gesellschaft der Autoren, Komponisten und Musikverleger
AktG	Aktiengesetz vom 6. September 1965
Alt.	Alternative
a.M.	anderer Meinung
AMMRE	Anstalt für mechanisch-musikalische Rechte
amtl.	amtlich(e)
Anm.	Anmerkung
ANGA	ANGA Verband Deutscher Kabelnetzbetreiber e.V.
AöR	Archiv für öffentliches Recht
APR	Arbeitsgemeinschaft Privater Rundfunk
ARD	Arbeitsgemeinschaft der öffentlich-rechtlichen Rundfunkanstalten der Bundesrepublik Deutschland
ArbuR	Arbeit und Recht – Zeitschrift für Arbeitsrechtspraxis
Art.	Artikel
ASCAP	American Society of Composers, Authors and Publishers
Aufl.	Auflage
AUB	Allgemeine Unfallversicherungsbedingungen
AVB	Allgemeine Versicherungsbedingungen
AVI	Audiovisual Index – Suchsystem für audiovisuelle Werke bzw. Musikaufstellungen, Komponente des CIS
AWA	Anstalt zur Wahrung der Aufführungsrechte auf dem Gebiet der Musik
Az.	Aktenzeichen
BAG	Bundesarbeitsgericht
BAGE	Entscheidungen des Bundesarbeitsgerichts (amtliche Sammlung)
BayObLG	Bayerisches Oberstes Landesgericht
BayObLGZ	Entscheidungen des Bayerischen Obersten Landesgerichts in Zivilsachen (amtliche Sammlung)
BayVGH	Bayerischer Verwaltungsgerichtshof
BB	Betriebs-Berater
Bd.	Band
Begr.	Begründung
BEL	Büro für europäische Lizensierung
ber.	berichtigt
BerV	Berechtigungsvertrag
BFHE	Entscheidungen des Bundesfinanzhofs (amtliche Sammlung)

https://doi.org/10.1515/9783110366792-205

BGB	Bürgerliches Gesetzbuch in der Fassung der Bekanntmachung vom 2. Januar 2002
BGBl.	Bundesgesetzblatt
BGH	Bundesgerichtshof
BGHSt	Entscheidungen des Bundesgerichtshofs in Strafsachen (amtliche Sammlung)
BGHZ	Entscheidungen des Bundesgerichtshofs in Zivilsachen (amtliche Sammlung)
BIEM	Bureau International des Sociétés gérant les Droits d'Enregistrement et de Reproduction Mécanique
BITKOM	Bundesverband Informationswirtschaft, Telekommunikation und neue Medien
BKartA	Bundeskartellamt
BKR	Zeitschrift für Bank- und Kapitalmarktrecht
Bl. f. PMZ	Blatt für Patent-, Muster- und Zeichenwesen
BMG	Bertelsmann Music Group
BMI	Broadcast Music Incorporated
BMJ	Bundesministerium der Justiz
BOEV	Börsenverein des Deutschen Buchhandels
BPatG	Bundespatentgericht
BR-Drs.	Bundesrats-Drucksache
BStBl. II	Bundessteuerblatt, Teil II: Entscheidungen des Bundesfinanzhofs
BTAP	Bejing Treaty on Audiovisual Performances
BT-Drs.	Bundestags-Drucksache
BÜ	Berner Übereinkunft zum Schutz von Werken der Literatur und Kunst vom 9. September 1886, s.a. RBÜ
BVerfG	Bundesverfassungsgericht
BVerfGE	Entscheidungen des Bundesverfassungsgerichts (amtliche Sammlung)
BVerwG	Bundesverwaltungsgericht
BVerwGE	Entscheidungen des Bundesverwaltungsgerichts (amtliche Sammlung)
BVMI	Bundesverband Musikindustrie
BVV	Bundesverband audiovisueller Medien e.V.
bzgl.	bezüglich
bzw.	beziehungsweise
ca.	circa
CD	Compact Disc
CD-ROM	Compact Disc Read-Only Memory
CELAS	Centralized European Licensing and Administrative Service
CIS	Common Information System – Informationssystem im Rahmen der CISAC
CISAC	Confédération Internationale des Sociétés d'Auteurs et Compositeurs
CMMV	Clearingstelle Multimedia für Verwertungsgesellschaften von Urheber- und Leistungsschutzrechten GmbH
Colum J.L. & Arts	Columbia Journal of Law & the Arts (Jahrgang (Jahr), Seite)
COM	Dokumente der Kommission der Europäischen Union, s.a. KOM
CPI	Code de la propirété intellectuelle
CR	Computer und Recht
CRD	Common Royalty Distribution
DAB	Digital Audio Broadcasting
DB	Der Betrieb
DDR	Deutsche Demokratische Republik
DEHOGA	Deutsche Hotel- und Gaststättenverband
ders.	derselbe
d.h.	das heißt
DIDAS	Dokumentations- und Abrechnungssystem (der GEMA)
dies.	dieselbe/n
DJZ	Deutsche Juristen-Zeitung
DMB	Digital Multimedia Broadcasting
DPA	Deutsches Patentamt

DPMA	Deutsches Patent- und Markenamt
DR	Deutsches Recht (Jahr, Seite) (Zeitschrift)
DRM	Digital Rights Management
DRMV	Deutscher Rock-Musikverband
DStRE	Deutsches Steuerrecht Entscheidungsdienst (Jahr, Seite) (Zeitschrift)
DVBl.	Deutsches Verwaltungsblatt
DVB-H	Digital Video Broadcasting – Handhelds
DVB-T	Digital Video Broadcasting Terrestrial
DVD	Digital Versatile Disc
DZWiR	Deutsche Zeitschrift für Wirtschaftsrecht
ebd.	ebenda
ECCA	European Cable Communication Association
EDIFO	Société Générale Internationale de l'Édition Phonographique et Cinématographiquc
EG	1. Europäische Gemeinschaft; 2. Nach Bezeichnung eines Artikels: EG-Vertrag, Vertrag zur Gründung der Europäischen Gemeinschaft, Konsolidierte Fassung mit den Änderungen durch den Vertrag von Amsterdam vom 2. Oktober 1997 idF des Vertrags von Nizza vom 26. Februar 2001
EGBGB	Einführungsgesetz zum Bürgerlichen Gesetzbuche in der Fassung der Bekanntmachung vom 21. September 1994
EGV	EG-Vertrag, Vertrag zur Gründung der Europäischen Gemeinschaft in der Fassung des Vertrags über die Europäische Union vom 7. Februar 1992 (Maastrichter Fassung)
Einf.	Einführung
Einl.	Einleitung
EIPR	European Intellectual Property Review (Jahrgang (Jahr), Seite)
E.L. Rev.	European Law Review
Ent. L.R.	Entertainment Law Review
Entsch.	Entscheidung
Erg-Bd.	Ergänzungsband
ERPL	European Review of Private Law – Revue européenne de droit privé – Europäische Zeitschrift für Privatrecht
et al.	et alii, et aliae oder et alia; und andere
etc.	et cetera; und die übrigen, und so weiter
EU	1. Europäische Union; 2. Nach Bezeichnung eines Artikels: EU-Vertrag, Vertrag über die Europäische Union, Konsolidierte Fassung mit den Änderungen durch den Vertrag von Lissabon
EuG	Gericht [erster Instanz der] Europäischen Union
EuGH	Gerichtshof der Europäischen Union
EuGRZ	Europäische Grundrechte- Zeitschrift
EuR	Europarecht
EUR	Euro
EUV	EU-Vertrag, Vertrag über die Europäische Union vom 7. Februar 1992 (Maastricht-Vertrag)
EuZW	Europäische Zeitschrift für Wirtschaftsrecht
EWiR	Entscheidungen zum Wirtschaftsrecht
EWR	Europäischer Wirtschaftsraum
EWS	Europäisches Wirtschafts- und Steuerrecht
f., ff.	folgende
Fn.	Fußnote
FRK	Fachverband Rundfunkempfangs- und Kabelanlagen
FS	Festschrift
FuR	Film und Recht
GA	Generalanwalt
GbR	Gesellschaft bürgerlichen Rechts
GD	Generaldirektion (der Europäischen Kommission)
GDDN	General Documentation and Distribution Network (Suchmaschine)
GDT	Genossenschaft Deutscher Tonsetzer

GdW	Bundesverband deutscher Wohnungs- und Immobilienunternehmen
GELU	Gesellschaft zur Verwertung literarischer Urheberrechte
GEMA	Gesellschaft für musikalische Aufführungs- und mechanische Vervielfältigungsrechte
GEMA-WahrnV	GEMA-Wahrnehmungsvertrag, s.a. BerV
Gesch-Nr.	Geschäftsnummer
GG	Grundgesetz für die Bundesrepublik Deutschland
Ggf./ggf.	gegebenenfalls
GKG	Gerichtskostengesetz
GmbH	Gesellschaft mit begrenzter Haftung
GO	Geschäftsordnung
GO AR	Geschäftsordnung Aufsichtsrat
GO Schätzung B	Geschäftsordnung für das Schätzungsverfahren der Bearbeiter
GO Wertung KE	Geschäftsordnung Wertungsverfahren der Komponisten in der Sparte E
GO Wertung TE	Geschäftsordnung Wertungsverfahren der Textdichter in der Sparte E
GO Wertung VE	Geschäftsordnung Wertungsverfahren der Verleger in der Sparte E
GO Wertung U	Geschäftsordnung Wertungsverfahren in der Unterhaltungs- und Tanzmusik
GRUR	Gewerblicher Rechtsschutz und Urheberrecht (Jahr, Seite) (Zeitschrift)
GRUR Int.	Gewerblicher Rechtsschutz und Urheberrecht Internationaler Teil (Jahr, Seite) (Zeitschrift)
GÜFA	Gesellschaft zur Übernahme und Wahrnehmung von Filmaufführungsrechten
GVG	Gerichtsverfassungsgesetz
GVL	Gesellschaft zur Verwertung von Leistungsschutzrechten mbH
GWB	Gesetz gegen Wettbewerbsbeschränkungen
GWFF	Gesellschaft zur Wahrnehmung von Film und Fernsehrechten
GWVR	Gesellschaft zur Wahrnehmung von Veranstalterrechten mbH
HDE	Hauptverband des Deutschen Einzelhandels
HGB	Handelsgesetzbuch
HinterlegungsO	Hinterlegungsordnung
h.M.	herrschende Meinung
Hrsg.	Herausgeber
Hs.	Halbsatz
ICER	International Centre for Economic Research
IDA	International Documentation on Audiovisual Works - Referenzdatenbank für die Identifizierung audiovisueller Werke und fremdsprachiger Fassungen bzw. Film-Titel, Komponente des CIS
idF	in der Fassung
IDNV	Internationale Datenbank für Noten und Verlagsartikel
idR	in der Regel
idS	in diesem Sinne
i.E.	im Einzelnen
i. Erg.	im Ergebnis
ieS	im engeren Sinne
IFPI	International Federation of the Photographic Industry
IIC	International Review of Industrial Property and Copyright Law
IMPALA	Independent Music Companies Association
insb.	insbesondere
i.O.	im Original
IP	Internet-Protokoll
IPI	Interested Parties Information – internationaler Code für Rechteinhaber, Komponente des CIS
IPR	Internationales Privatrecht
IPRax	Praxis des Internationalen Privat- und Verfahrensrechts
ISAN	International Standard Audiovisual Number – internationaler Code für audiovisuelle Werke, Komponente des CIS
iSd	im Sinne der/des
ISMN	International Standard Music Number
ISO	Internationale Organisation für Normung

iSv	im Sinne von
ISWC	International Standard Work Code – internationaler Code für Werke der Musik, Komponente des CIS
iVm	in Verbindung mit
iwS	im weiteren Sinne
JBl.	Juristische Blätter (Jahr, Seite) (Zeitschrift)
JR	Juristische Rundschau (Jahr, Seite) (Zeitschrift)
JCPS	Journal of the Copyright Society of the U.S.A. (Jahrgang [Jahr], Seite)
JuS	Juristische Schulung (Jahr, Seite) (Zeitschrift)
JW	Juristische Wochenschrift (Jahr, Seite) (Zeitschrift)
JZ	Juristenzeitung (Jahr, Seite) (Zeitschrift)
Kart Rdsch	Kartell-Rundschau – Monatsschrift für Recht und Wirtschaft im Kartell- und Konzernwesen (Jahr, Seite) (Zeitschrift)
KG	Kammergericht
KGR	KG-Report – Schnelldienst zur Zivilrechtsprechung des Kammergerichts Berlin
KOM	Dokument(e) der Kommission der Europäischen Union
Kommission	Kommission der Europäischen Gemeinschaften
K&R	Kommunikation und Recht, Betriebsberater für Medien, Telekommunikation, Multimedia (Jahr, Seite) (Zeitschrift)
krit.	kritisch
KUG	Gesetz betreffend das Urheberrecht an Werken der bildenden Künste und der Photographie
KUR	Kunstrecht und Urheberrecht
KVO	Verordnung gegen Missbrauch wirtschaftlicher Machtstellungen (Kartellverordnung) vom 2. November 1923
LG	Landgericht
lit.	litera
LM	Lindenmaier-Möhring, Nachschlagewerk des Bundesgerichtshofs
LMK	Lindenmaier-Möhring – Kommentierte BGH-Rechtsprechung (seit dem 1. Januar 2003)
LS	Leitsatz
l. Sp.	linke Spalte (s.a. r. Sp.)
LUG	Gesetz betreffend das Urheberrecht an Werken der Literatur und der Tonkunst vom 19. Juni 1901
m. Anm. v.	mit Anmerkung von
MarkenR	Markenrecht – Zeitschrift für deutsches, europäisches und internationales Kennzeichenrecht (Jahr, Seite) (Zeitschrift)
maW	mit anderen Worten
MCPS	Mechanical Copyright Protection Society
MDR	Monatsschrift für Deutsches Recht
m.E.	meines Erachtens
Mio.	Millionen
MMR	Multimedia und Recht, Zeitschrift für Informations-, Telekommunikations- und Medienrecht (Jahr, Seite) (Zeitschrift)
m.N.	mit Nachweisen
MR	Medien und Recht
MR-Int.	Medien und Recht International
MWI	Musical Works Information (internationale Datenbank für Werkdokumentationen, insbesondere die beteiligten Rechteinhaber, ihre Gesellschaftszugehörigkeit und jeweiligen Anteile)
mwN	mit weiteren Nachweisen
n.F.	neue Fassung
NJOZ	Neue Juristische Online Zeitschrift (Jahr, Seite) (Zeitschrift)
NJW	Neue Juristische Wochenschrift (Jahr, Seite) (Zeitschrift)
Nr.	Nummer
n. rkr.	nicht rechtskräftig

NStZ	Neue Zeitschrift für Strafrecht (Jahr, Seite) (Zeitschrift)
n.v.	nicht veröffentlicht
NVwZ	Neue Zeitschrift für Verwaltungsrecht (Jahr, Seite) (Zeitschrift)
NZA	Neue Zeitschrift für Arbeitsrecht (Jahr, Seite) (Zeitschrift)
NZG	Neue Zeitschrift für Gesellschaftsrecht (Jahr, Seite) (Zeitschrift)
NUJS L.Rev.	National University of Juridical Sciences Law Review (Jahrgang [Jahr], Seite)
ÖJZ	Österreichische Juristenzeitung (Jahr, Seite) (Zeitschrift)
o.g.	oben genannt/e/r
OLG	Oberlandesgericht
OLGR	OLG-Report – Schnelldienst zur Zivilrechtsprechung der Oberlandesgerichte
OLGZ	Entscheidungen der Obergerichte in Zivilsachen
OVG	Oberverwaltungsgericht
Parlament	Europäisches Parlament
PC	Personal Computer
p.m.a.	post mortem auctoris
PPD	Published Price for Dealers
PRS	Performing Right Society
RabelsZ	Rabels Zeitschrift für ausländisches und internationales Privatrecht (Jahrgang [Jahr], Seite) (Zeitschrift)
Rat	1. Rat der Europäischen Gemeinschaft; 2. Rat der Europäischen Union
RBÜ	Revidierte Berner Übereinkunft zum Schutz von Werken der Literatur und der Kunst in der Fassung vom 24. Juli 1971 (Pariser Fassung), s.a. BÜ
RefE	Referentenentwurf
RegE	Regierungsentwurf
resp.	respektive
RG	Reichsgericht
RGBl.	Reichsgesetzblatt
RGZ	Entscheidungen des Reichsgerichts in Zivilsachen (amtliche Sammlung)
RIDA	Revue International du Droit d'Auteur
RIW	Recht der Internationalen Wirtschaft – Betriebs-Berater International
rkr.	rechtskräftig
Rn.	Randnummer; im Zusammenhang mit Entscheidungen des EuGH regelmäßig (außer bei älteren Entscheidungen) zur Verweisung auf die Absätze der Entscheidungsgründe verwandt (s.a. Tz.)
Rpfleger	Der Deutsche Rechtspfleger (Jahr, Seite) (Zeitschrift)
r. Sp.	rechte Spalte (s.a. l. Sp.)
Rs.	Rechtssache
RStV	Rundfunkstaatsvertrag
RTL Group	RTL Group SA (abgeleitet aus Radio Télévision Luxembourg)
RVG	Gesetz über die Vergütung der Rechtsanwältinnen und Rechtsanwälte (Rechtsanwaltsvergütungsgesetz)
S.	Seite
s.	siehe
SA	Société anonyme
SACEM	Société des Auteurs, Compositeurs et Éditeurs de Musique
Satzung SK	Satzung Sozialkasse
s.a.	siehe auch
sc.	scilicet (scire licet); das heißt, nämlich
Schiedsstelle	Schiedsstelle nach dem Gesetz über die Wahrnehmung von Urheberrechten und verwandten Schutzrechten
SchlA	Schlussanträge
Schulze RzU	Erich Schulze, Rechtsprechung zum Urheberrecht (Entscheidungssammlung)
Sec.	Section
SESAC	Society of European Stage Authors and Composers
sic!	Zeitschrift für Immaterialgüter-, Informations- und Wettbewerbsrecht
Slg.	Sammlung (der Rechtsprechung des EuGH)
SMS	Short Message Service

s.o.	siehe oben
sog.	sogenannte/r
STAGMA	Staatlich genehmigte Gesellschaft zur Verwertung musikalischer Urheberrechte
str.	strittig
st. Rspr.	ständige Rechtsprechung
SUISA	Suisse Auteurs - Genossenschaft der Urheber und Verleger von Musik (Schweizerische Muiskverwertungsgesellschaft)
TIS	Territory Information System – internationale Codierung für Länder und Gebiete, Komponente des CIS
TRIPS	Agreement on Trade-Related Aspects of Intellectual Property Rights (Übereinkommen über handelsbezogene Aspekte der Rechte am geistigen Eigentum) vom 15. April 1994
TWF	Treuhandgesellschaft Werbefilm GmbH
Tz.	Textziffer; im Zusammenhang mit Entscheidungen des EuGH regelmäßig zur Verweisung auf Ausführungen in den Schlussanträgen des Generalanwaltes verwandt (s.a. Rn.)
u.a.	unter anderem
u.ä.	und ähnliche(s)
UAbs.	Unterabsatz
uam	und andere(s) mehr
UFITA	Archiv für Urheber- und Medienrecht (Jahr/Heft, Seite) (Zeitschrift)
UK	United Kingdom
UKW	Ultrakurzwelle(n)
UMTS	Universal Mobile Telecommunications System
UrhG	Gesetz über Urheberrecht und verwandte Schutzrechte (Urheberrechtsgesetz)
UrhSchiedsV	Verordnung über die Schiedsstelle für Urheberrechtsstreitfälle (Urheberrechtsschiedsstellenverordnung)
UrhWG	Gesetz über die Wahrnehmung von Urheberrechten und verwandten Schutzrechten (Urheberrechtswahrnehmungsgesetz)
USA	United States of America
USD	US-Dollar
USt	Umsatzsteuer
usw.	und so weiter
v.	von/vom
v.a.	vor allem
VDM	Verband Deutscher Musikschaffender
verb. Rs.	verbundene Rechtssachen
Verf.	Verfasser
VerlG	Gesetz über das Verlagsrecht (Verlagsgesetz)
VersR	Versicherungsrecht – Zeitschrift für Versicherungsrecht, Haftungs- und Schadensrecht (Jahr, Seite) (Zeitschrift)
VEVA	Verein zur Verwertung musikalischer Aufführungsrechte
VFF	Verwertungsgesellschaft der Film- und Fernsehproduzenten
VG	Verwertungsgesellschaft; Verwaltungsgericht
VG Bild-Kunst	Verwertungsgesellschaft BILD-KUNST
VGF	Verwertungsgesellschaft für Nutzungsrechte an Filmwerken
vgl.	vergleiche
VG Media	Verwertungsgesellschaft Media zur Verwertung der Urheber- und Leistungsschutzrechte von Medienunternehmen
VGRL	Verwertungsgesellschaften-Richtlinie 2014/26
VGRLUG	Verwertungsgesellschaften-Richtlinie-Umsetzungsgesetz
VGWM	Verwertungsgesellschaft Werbung und Musik
VG Wort	Verwertungsgesellschaft Wort
Virtuos	Virtuos – das Magazin der GEMA (Zeitschrift)
VO	Verordnung
VP	Verteilungsplan
VPRT	Verband Privater Rundfunk und Telemedien (bis 16. Oktober 2006: Verband Privater Rundfunk und Telekommunikation)

VuR	Verbraucher und Recht (Jahr, Seite) (Zeitschrift)
VUT	Verband unabhängiger Tonträgerunternehmen, Musikverlage und Musikproduzenten
VV	Vergütungsverzeichnis (§ 2 Abs. 2 S. 1 RVG)
VVDStRL	Veröffentlichungen der Vereinigung der Deutschen Staatsrechtslehrer
WAP	Wireless Application Protocol
WiB	Wirtschaftsrechtliche Beratung
WIPO	World Intellectual Property Organization (Weltorganisation für geistiges Eigentum)
WM	Wertpapier Mitteilungen – Zeitschrift für Wirtschafts- und Bankrecht
WPPT	WIPO-Vertrag über Darbietungen und Tonträger
WRP	Wettbewerb in Recht und Praxis (Jahr, Seite) (Zeitschrift)
WUA	Welturheberrechtsabkommen vom 6. September 1952
WuW	Wirtschaft und Wettbewerb (Jahrgang [Jahr], Seite) (Zeitschrift)
WuW/E	Wirtschaft und Wettbewerb – Entscheidungssammlung zum Kartellrecht
ZAIKS	Związek Autorów i Kompozytorów Scenicznych (polnische Musikverwertungsgesellschaft)
ZaöRV	Zeitschrift für ausländisches öffentliches Recht und Völkerrecht (Jahrgang [Jahr], Seite) (Zeitschrift)
z.B.	zum Beispiel
ZBT	Zentralstelle Bibliothekstantieme
ZDF	Zweites Deutsches Fernsehen
ZEuP	Zeitschrift für Europäisches Privatrecht (Jahr, Seite) (Zeitschrift)
ZEuS	Zeitschrift für europarechtliche Studien (Jahr, Seite) (Zeitschrift)
ZfRV	Zeitschrift für Rechtsvergleichung (Jahr, Seite) (Zeitschrift)
ZFS	Zentralstelle Fotokopieren an Schulen
ZGR	Zeitschrift für Unternehmens- und Gesellschaftsrecht (Jahr, Seite) (Zeitschrift)
ZHR	Zeitschrift für das gesamte Handelsrecht und Wirtschaftsrecht (Jahr, Seite) (Zeitschrift)
Ziff.	Ziffer
ZIP	Zeitschrift für Wirtschaftsrecht (Jahr, Seite) (Zeitschrift)
ZPO	Zivilprozessordnung
ZPÜ	Zentralstelle für Private Überspielungsrechte
z.T.	zum Teil
ZUM	Zeitschrift für Urheber- und Medienrecht (Jahr, Seite) (Zeitschrift)
ZUM-RD	Rechtsprechungsdienst der Zeitschrift für Urheber- und Medienrecht (Jahr, Seite) (Zeitschrift)
zust.	zustimmend
zutr.	zutreffend
ZVglRWiss	Zeitschrift für vergleichende Rechtswissenschaft (Jahr, Seite) (Zeitschrift)
ZWF	Zentralstelle für die Wiedergabe von Fernsehwerken
ZVV	Zentralstelle für Videovermietung
zzgl.	zuzüglich
z.Zt.	zur Zeit

Verzeichnis der abgekürzt zitierten Rechtsakte

BGB – Bürgerliches Gesetzbuch v. 18.8.1896, RGBl. 1896, S. 195, in der Fassung der Bekanntmachung vom 2.1.2002, BGBl. 2002, I S. 42 (ber. S. 2909, 2003 S. 738)

EComRL – E-Commerce-Richtlinie 2000/31: Richtlinie 2000/31/EG v. 8.6.2000 über bestimmte rechtliche Aspekte der Dienste der Informationsgesellschaft, insbesondere des elektronischen Geschäftsverkehrs, im Binnenmarkt („Richtlinie über den elektronischen Geschäftsverkehr"), ABl. L 178/1

Gesetz zur Regelung des Urheberrechts in der Informationsgesellschaft v. 10.9.2003, BGBl. I S. 1774

Gesetz zur verbesserten Durchsetzung des Anspruchs der Urheber und ausübenden Künstler auf angemessene Vergütung und zur Regelung von Fragen der Verlegerbeteiligung v. 20.12.2016, BGBl. 2016 I, S. 3037

InfoRL – Informationsgesellschafts-Richtlinie 2001/29: Richtlinie 2001/29/EG des Europäischen Parlaments und des Rates vom 22. Mai 2001 zur Harmonisierung bestimmter Aspekte des Urheberrechts und der verwandten Schutzrechte in der Informationsgesellschaft, ABl. 2001 L 167/10

LUG – Literatur-Urheberrechtsgesetz: Gesetz, betreffend das Urheberrecht an Werken der Literatur und Tonkunst v. 19.6.1901, RGBl. 1901, 227

OME – Online-Musikdienste-Empfehlung 2005/737: Empfehlung 2005/737/EU über die länderübergreifende kollektive Wahrnehmung von Urheberrechten und verwandten Schutzrechten, die für legale Online-Musikdienste benötigt werden vom 18.5. 2005, ABl. L 256/54 vom 21.10.2005

PortVO – Portabilitäts-Verordnung 2017/1128: Verordnung (EU) 2017/1128 des Europäischen Parlaments und des Rates vom 14.6.2017 zur grenzüberschreitenden Portabilität von Online-Inhaltediensten im Binnenmarkt, ABl. L 168/1 vom 30.6.2017

RVG – Gesetz über die Vergütung von Rechtsanwältinnen und Rechtsanwälten, Artikel 3 des Gesetzes vom 5.5.2004 (KostRMoG), BGBl. I S. 718, in Kraft getreten am 1.7.2004

SDÄRL – Schutzdauer-Änderungsrichtlinie: Richtlinie 2011/77/EU des Europäischen Parlaments und des Rates vom 27. September 2011 zur Änderung der Richtlinie 2006/116/EG über die Schutzdauer des Urheberrechts und bestimmter verwandter Schutzrechte, ABl. 2011 L 265/1

SDRL – Schutzdauer-Richtlinie 93/98: Richtlinie 93/98/EWG zur Harmonisierung der Schutzdauer des Urheberrechts und der verwandten Schutzrechte, ABl. 1993 L 290/9

SKRL – Satelliten- und Kabelrichtlinie 93/83: Richtlinie 93/83/EWG des Rates vom 27. September 1993 zur Koordinierung bestimmter urheber- und leistungsschutzrechtlicher Vorschriften betreffend Satellitenrundfunk und Kabelweiterverbreitung, ABl. 1993 L 248/15

https://doi.org/10.1515/9783110366792-206

Stagma-Gesetz – Gesetz über die Vermittlung von Musikaufführungsrechten: Gesetz über die Vermittlung von Musikaufführungsrechten vom 7.7.1933, RGBl. I 1933, 452 (dazu weiterhin die Verordnung zur Durchführung des Gesetzes über die Vermittlung von Musikaufführungsrechten vom 15. 2. 1934, RGBl. I 1934, 100)

UrhG – Urheberrechtsgesetz: Gesetz über Urheberrecht und verwandte Schutzrechte v. 9.9.1965, BGBl. 1965 I, S. 1273

UrhG 1870 – Urheberrechtsgesetz 1870: Gesetz betreffend das Urheberrecht an Schriftwerken, Abbildungen, musikalischen Kompositionen und dramatischen Werken v. 11.6.1870, BGBl. des Norddeutschen Bundes 1870, Nr. 19, S. 339

UrhWissG – Urheberrechts-Wissensgesellschafts-Gesetz: Gesetz zur Angleichung des Urheberrechts an die aktuellen Erfordernisse der Wissensgesellschaft vom 30.6. 2017, BGBl. 2017 I, S. 3346

VGG – Verwertungsgesellschaftengesetz: Gesetz über die Wahrnehmung von Urheberrechten und verwandten Schutzrechten durch Verwertungsgesellschaften – Art. 1 VGRLUG

VGRLUG – Verwertungsgesellschaften-Richtlinie-Umsetzungsgesetz: Gesetz zur Umsetzung der Richtlinie 2014/26/EU über die kollektive Wahrnehmung von Urheber- und verwandten Schutzrechten und die Vergabe von Mehrgebietslizenzen für Rechte an Musikwerken für die Online-Nutzung im Binnenmarkt sowie zur Änderung des Verfahrens betreffend die Geräte- und Speichermedienvergütung (VG-Richtlinie-Umsetzungsgesetz), BGBl. I 2016 S. 1190

VGRL – Verwertungsgesellschaften-Richtlinie 2014/26: Richtlinie 2014/26/EU des Europäischen Parlaments und des Rates vom 26. Februar 2014 über die kollektive Wahrnehmung von Urheber- und verwandten Schutzrechten und die Vergabe von Mehrgebietslizenzen für Rechte an Musikwerken für die Online-Nutzung im Binnenmarkt Text von Bedeutung für den EWR, ABl. 2014 L 84/72

VO 1/2003 – Verordnung 1/2003: Verordnung (EG) Nr. 1/2003 des Rates vom 16. 12. 2002 zur Durchführung der in den Artikeln 81 und 82 des Vertrags niedergelegten Wettbewerbsregeln, ABl. 2003 L 1/1

VVRL – Vermiet- und Verleih-Richtlinie 2006/115/EG: Richtlinie 2006/115/EG des Europäischen Parlaments und des Rates vom 12. Dezember 2006 zum Vermietrecht und Verleihrecht sowie zu bestimmten dem Urheberrecht verwandten Schutzrechten im Bereich des geistigen Eigentums (kodifizierte Fassung), ABl. L 376/28 (ursprünglich: Richtlinie des Rates 92/100/EWG vom 19. November 1992 zum Vermietrecht, Verleihrecht und zu bestimmten dem Urheberrecht verwandten Schutzrechten im Bereich des geistigen Eigentums, ABl. L346/61)

VWRL – Verwaiste Werke Richtlinie 2012/28: Richtlinie 2012/28/EU des Europäischen Parlaments und des Rates vom 25. Oktober 2012 über bestimmte zulässige Formen der Nutzung verwaister Werke, ABl. L 299/5 vom 27.10.2012

Zehntes Gesetz zur Änderung des Urheberrechtsgesetzes v. 5.12.2014, BGBl. 2014 I, Nr. 57, S. 1974

ZPO – Zivilprozessordnung v. 30.1.1877, RGBl. 1877 S. 83, in der Fassung der Bekanntmachung vom 5.12.2005, BGBl. 2005, I S. 3202 (ber. 2006 S. 431, 2007 S. 1781)

Zweites Gesetz zur Regelung des Urheberrechts in der Informationsgesellschaft, BGBl. 2007 I, 2513

Kapitel 1
Einführung

Inhaltsübersicht

I. Verwertungsgesellschaften und Grundfragen der kollektiven Rechtewahrnehmung

1 „Die GEMA ist ein Unternehmen wie jedes andere – nur ganz anders", so wird die größte und älteste deutsche Verwertungsgesellschaft oft beschrieben. Tatsächlich ist sie zunächst ein privates Unternehmen. Als die Urheber durch das Gesetz betreffend das Urheberrecht an Werken der Literatur und der Tonkunst (LUG) von 1901 das Aufführungsrecht an erschienenen Werken der Tonkunst ohne das zusätzliche Erfordernis eines Vorbehalts als Ausschließlichkeitsrecht zuerkannt bekamen, war die individuelle Rechtewahrnehmung faktisch nicht mehr möglich. Der Gesetzgeber hatte aber darauf verzichtet, die kollektive Rechtewahrnehmung selbst – etwa durch eine Verwaltungsbehörde – einzurichten. Stattdessen vertraute er auf die **Eigeninitiative der Betroffenen**. Auf dem Boden des Privatrechtes gründeten sie die Genossenschaft der deutschen Tonsetzer (GDT), die mit ihrer Anstalt für Musikalisches Aufführungsrecht (AFMA) die erste deutsche Verwertungsgesellschaft darstellte **(Kap. 2)**.

2 Von Beginn an war damit die kollektive Rechtewahrnehmung privat organisiert. Verwertungsgesellschaften nehmen als Unternehmen am Geschäftsverkehr teil wie andere Unternehmen auch. Doch macht schon das eingangs zitierte Wort auch auf die Besonderheiten aufmerksam, die sich aus dem Unternehmensgegenstand ergeben. Sie sind zuerst der Grund dafür, Verwertungsgesellschaften als **Unternehmen *sui generis*** zu bezeichnen. Das liegt aber auch daran, dass die Verwertungsgesellschaften mit der kollektiven Wahrnehmung Aufgaben übernommen haben, die zur Durchsetzung des materiellen Urheberrechts unentbehrlich sind. Ihre Tätigkeit trägt so zur Gewährleistung des verfassungsrechtlich als (geistiges) Eigentum (Art. 14 GG) geschützten Urheberrechts bei. Auch über die Rechtewahrnehmung hinaus erfüllen die Verwertungsgesellschaften wichtige Funktionen beim Interessenausgleich im Urheberrecht **(Kap. 3)**.

3 Nicht von ungefähr wirft diese Kombination privater Organisation und gleichsam öffentlicher Aufgaben zahlreiche Fragen auf. Wegen der faktischen Monopolstellung der meisten Verwertungsgesellschaften in Deutschland – in anderen Staaten besteht teilweise auch ein rechtliches Monopol – stellen sich diese Fragen vor allem im Rahmen des Kartellrechts. Anders als das deutsche Kartellrecht, das die Sonderstellung der Verwertungsgesellschaften traditionell ausdrücklich anerkannt hatte, nehmen die Regelungen des Europäischen Kartellrechts auf die Besonderheiten des Wahrnehmungsrechts keine Rücksicht; ihnen ist durch teleologische Auslegung Rechnung zu tragen. Die kollektive Wahrnehmung von Urheberrechten wirft daher zahlreiche grundsätzliche Fragen des **Europäischen Kartellrechts** auf **(Kap. 4)**. Um die Grundsätze der Marktordnung in diesem Bereich geht es insbesondere im Hinblick auf die grenzüberschreitende Zusammenarbeit durch **Gegenseitigkeitsverträge**, die jetzt sog. Repräsentationsvereinbarungen **(Kap. 14)**.

II. Transparenz der Wahrnehmungstätigkeit

4 Die Unentbehrlichkeit der Verwertungsgesellschaften zur Verwirklichung des Urheberrechts und die vielfältige Nützlichkeit ihrer Tätigkeit stehen ebenso außer Frage wie

Harald Heker/Karl Riesenhuber

https://doi.org/10.1515/9783110366792-001

die Notwendigkeit, sie als nationale Monopole und marktstarke Unternehmen im Binnenmarkt zu kontrollieren. Daher ist es verständlich, dass schon das nationale Recht von den Verwertungsgesellschaften ein hohes Maß an **Transparenz** ihrer Tätigkeit erwartet. Die GEMA trägt dem bislang Rechnung. Bereits seit langem veröffentlicht sie jährlich eine Sammlung mit Informationen über den rechtlichen Rahmen ihrer Tätigkeit, die wichtigsten Wirtschaftsdaten aus ihrem Tätigkeitsbericht, die von ihr aufgestellten Regelwerke und weitere Informationen (das GEMA-Jahrbuch)[1].

5 Indes zeigt die Praxis zunehmend, dass darüber hinaus ein weitergehendes Informationsbedürfnis besteht. Dabei geht es um beides, den rechtlichen Rahmen der Wahrnehmungstätigkeit und seine autonome Ausfüllung durch die GEMA: in einer Kurzformel um **„Recht und Praxis der GEMA“**. Beides wird in diesem Band eingehend dargestellt und erläutert.

6 Die Rechteinhaber selbst – Komponisten, Textdichter und Verleger – entwarfen **die Organisationsformen**, die ihnen für die Durchsetzung ihrer ideellen und wirtschaftlichen Interessen am besten erschienen: Die GDT wurde als Verein gegründet, die österreichische Gesellschaft der Autoren, Komponisten und Musikverleger (AKM), ab 1913 ebenfalls in Deutschland tätig, war als Genossenschaft organisiert. Die später zunächst autonom vereinbarten Zusammenschlüsse zum Musikschutzverband erfolgten in Form der Gesellschaft bürgerlichen Rechts. Mit der staatlich durch das so genannte Stagma-Gesetz veranlassten Vereinigung zu einer Monopolgesellschaft erfolgte die Organisation als wirtschaftlicher Verein. Diese Rechtsform hat die GEMA als Nachfolgerin der Stagma beibehalten. Sie hat auf dieser Grundlage im Laufe der Jahre eine Organisation gewählt, die den Bedürfnissen der kollektiven Wahrnehmung musikalischer Rechte entspricht. Die **Satzung** der GEMA **(Kap. 5)** bildet die Grundlage ihrer Existenz und Tätigkeit.

7 Das **Rechtsverhältnis zwischen der GEMA und den Berechtigten** ist teilweise schon in der Satzung geregelt, wird aber in weiteren Regelungen näher ausgeformt. Der **rechtliche Rahmen** dafür ergibt sich vor allem aus den §§ 9 ff. VGG, ergänzend aber auch aus dem Vertrags- und Kartellrecht **(Kap. 6)**. Grundlage der Rechtsbeziehungen zwischen dem einzelnen Berechtigten und der GEMA ist der **Berechtigungsvertrag (Kap. 7)**. Davon unterscheidet schon das Gesetz die Regeln über die Verteilung der Einnahmen. Da die kollektive Rechtewahrnehmung sich weithin nicht in einem schlichten Inkasso erschöpft, wird die Verteilung in besonderen Bestimmungen näher geregelt, im **Verteilungsplan (Kap. 8)**. Dabei werden die primär ertragsabhängigen Verteilungsregeln unterschieden von den Bestimmungen über die kulturelle und soziale Förderung. Die kulturelle Förderung erfolgt bei der GEMA vor allem im Rahmen der so genannten **Wertung (Kap. 9)**. Der sozialen Förderung dient insbesondere die **GEMA-Sozialkasse (Kap. 10)**.

8 Auch das **Rechtsverhältnis zu den Nutzern** ist vor allem im Urheberrechtswahrnehmungsgesetz geregelt (§§ 10–17 UrhWG). Zu den **rechtlichen Grundlagen (Kap. 11)** gehört insbesondere der Zugang der Nutzer zu den Urheberrechten, der Kontrahierungszwang und die Kontrolle der Vertragsbedingungen auf ihre Angemessenheit sowie die Streitschlichtung durch die Schiedsstelle. Für den Nutzer ist über den rechtlichen Rahmen hinaus die **Lizenzierungspraxis der GEMA (Kap. 12)** von Bedeutung.

9 Rechtsbeziehungen unterhält die GEMA nicht nur zu den Berechtigten einerseits und den Nutzern andererseits, sondern auch zu anderen Verwertungsgesellschaften. Eine **Zusammenarbeit der Verwertungsgesellschaften** ist – gerade auch im Interesse der Nutzer – schon **auf nationaler Ebene** erforderlich **(Kap. 13)**, besonders um gesetzli-

1 S. *Heker* (Hrsg.), GEMA-Jahrbuch 2017/18 (2018).

che Vergütungsansprüche wahrzunehmen (zur privaten Vervielfältigung oben, Rn. 5). Darüber hinaus ist aber auch **international** eine Zusammenarbeit zwischen den Verwertungsgesellschaften erforderlich **(Kap. 14)**: Erst das Netz von Gegenseitigkeitsverträgen ermöglicht es jeder einzelnen nationalen Gesellschaft, das Produkt „Gesamtrepertoire" anzubieten.

Bei alledem unterliegen die Verwertungsgesellschaften zu Recht einer **Aufsicht**. Sie **10**
wird auch in der Europäischen Gemeinschaft vor allem auf nationaler Ebene geleistet, in Deutschland vom Deutschen Patent- und Markenamt (DPMA).

Die innere Aufsicht, der sich eine musikalische Verwertungsgesellschaft wie die **11**
GEMA in ihrer täglichen Arbeit nachhaltig und gerne unterzieht, ist die Liebe zur Musik und den Schöpfungen der Musik. Zwar ist für die Durchsetzung des Urheberrechts der Musik keine musikalische Bildung, kein Kompositionsstudium erforderlich, wohl aber die Kenntnis, dass das Recht des Urhebers und das Recht der Verwertungsgesellschaften Teil der Kultur sind, auf der sich – um das schöne Schillerwort zu zitieren – eine „gesittete Gesellschaftsordnung" gründet.

1. Teil: Grundlagen

Kapitel 2
Geschichte der musikalischen Verwertungsgesellschaften in Deutschland

Inhaltsübersicht

A. Von der Leipziger Anstalt zur Genossenschaft Deutscher Tonsetzer

I. Einleitung

1 Um die Wende vom 19. zum 20. Jahrhundert kam in Deutschland der Gedanke auf, musikalische Aufführungsrechte kollektiv zu verwerten. Glanzvoller Höhepunkt dieser Anfangsphase der sog. *Tantiemenbewegung* war die Gründung der *Genossenschaft Deutscher Tonsetzer (GDT)* und der von ihr getragenen *Anstalt für musikalisches Aufführungsrecht (AFMA)* am 14. Januar 1903. Die Errichtung der AFMA war das Ergebnis einer bewegten und von einem zähen Ringen begleiteten Entwicklung und die Antwort auf zwei

Manuela Schmidt

https://doi.org/10.1515/9783110366792-002

vorangegangene Versuche zur Errichtung einer sog. *Anstalt für musikalisches Aufführungsrecht*, die von den damaligen Zeitgenossen meist kurz als Verwertungs*anstalt* bezeichnet wurde.[1]

II. Der Anstoß zur Errichtung einer deutschen Verwertungsanstalt

2 Der Gedanke, auch in Deutschland musikalische Aufführungsrechte von einer Verwertungsanstalt wahrnehmen zu lassen – in Frankreich war die *SACEM* bereits seit dem Jahre 1851 erfolgreich tätig –, wurde erstmals auf zwei Kongressen der *Association Littéraire et Artistique Internationale*, einer von Victor Hugo gegründeten Vereinigung von Schriftstellern, Künstlern, Komponisten, Juristen und Verlegern aller Länder, in Dresden (1895) und Paris (1896) diskutiert. Als sich daraufhin auch die deutsche Reichsregierung für die Gründung einer deutschen Verwertungsanstalt ausgesprochen hatte, kam auch in Deutschland eine sog. **Tantiemenbewegung** in Gang.

III. Die Leipziger Anstalt als Ergebnis des ersten Versuches

3 Vorreiter in der Tantiemenbewegung wurde der *Verein der Deutschen Musikalienhändler zu Leipzig*, der im Jahre 1829 gegründete Berufsverband der Musikalienhändler. Sein Vorsteher *Oskar von Hase* (1846–1921; Verlagshaus *Breitkopf & Härtel*) hatte ursprünglich die Errichtung einer deutschen Verwertungsanstalt abgelehnt, bevor in Deutschland eine gesetzliche Regelung des Inhalts in Kraft getreten sei, dass Aufführungen musikalischer Werke und von Teilen dramatisch-musikalischer Werke nicht versagt werden dürften, wenn der Aufführende Noten benutze, die er rechtmäßig käuflich erworben habe. Nunmehr nahm *von Hase* den Wunsch der Reichsregierung nach Errichtung einer deutschen Verwertungsanstalt zum Anlass, in der Tantiemenfrage die Initiative zu ergreifen. Auf diese Weise glaubte er, die Interessen der Verleger am Besten zu wahren. Mit ins Boot genommen wurde der *Allgemeine Deutsche Musikverein*, ein im Jahre 1861 u.a. von *Franz Liszt* (1811–1886) gegründeter Verein aller deutschen Tonkünstler. Nach Abschluss der Vorarbeiten verabschiedeten die Hauptversammlung des Musikalienhändlervereins am 10. Mai 1898 in Leipzig und die des Musikvereins am 27. Juni 1898 in Mainz die *Satzung einer* ***Anstalt für musikalisches Aufführungsrecht.***[2] Diese Anstalt, die wegen ihres Sitzes als **Leipziger Anstalt** bezeichnet wurde, nahm ihre Tätigkeit am 1. Oktober 1898 auf. Ihre Aufgabe bestand in der Verwertung musikalischer Aufführungsrechte.

4 Allerdings war der Leipziger Anstalt kein Erfolg vergönnt; sie musste vor dem massiven Widerstand von Komponisten, Verlegern und Veranstaltern kapitulieren: Ihre außerordentliche Hauptversammlung beschloss bereits am 21. Januar 1899, die Gebührenerhebung vorläufig einzustellen und bereits erhobene Gebühren wieder zurückzuzahlen. Damit war der erste Versuch zur Errichtung einer deutschen Verwertungsanstalt kläglich gescheitert.

1 Die damalige Entwicklung war außerordentlich komplex und verworren. Sie kann hier nur in groben Umrissen geschildert werden. Eine ausführliche, archivarisch belegte Schilderung und Bewertung der damaligen Entwicklung findet sich in *meiner* Abhandlung „Die Anfänge der musikalischen Tantiemenbewegung in Deutschland – Eine Studie über den langen Weg der Genossenschaft Deutscher Tonsetzer (GDT) im Jahre 1903 und zum Wirken des Komponisten Richard Strauss (1864–1949) für Verbesserungen des Urheberrechts“ (mit Wiedergabe der wichtigsten Dokumente im Anhang II).

2 Die Satzung und die weiteren Vorschriften der Leipziger Anstalt sind abgedruckt bei M.M. *Schmidt*, Die Anfänge der musikalischen Tantiemenbewegung in Deutschland, S. 739 ff.

Die **Gründe für den Widerstand** waren vielfältig. Die Veranstalter wollten auch weiterhin wie bisher musikalische Werke öffentlich aufführen, ohne hierfür eine Lizenz gegen Entgelt erwerben zu müssen; sie vertraten nach wie vor die damals weit verbreitete Auffassung, im Kaufpreis für die Noten sei bereits die Vergütung für öffentliche Aufführungen des Werkes inbegriffen.[3] Ein Teil der Musikverleger wollte nicht mehr die ihnen zugedachte Kontrolltätigkeit für die Leipziger Anstalt wahrnehmen: Als sog. *Pfleger* sollten sie prüfen, ob die Veranstalter bei der Aufführung rechtmäßig käuflich erworbenes Notenmaterial verwendeten. Auf diese Weise wollte die Leipziger Anstalt den Kampf gegen das Nachdrucken von Noten aufnehmen – ein zentrales Anliegen der Musikverleger. Der entscheidende Nachteil des Pflegersystems lag darin, dass die Pfleger bei ihrer Kontrolltätigkeit gegen ihre Kunden vorgehen mussten. Durch den Widerstand der Pfleger wurde die Leipziger Anstalt besonders schwer getroffen, denn dadurch begann die Verwaltungsstruktur der Anstalt an einer entscheidenden Stelle zu bröckeln. 5

Die deutschen **Komponisten** leisteten bereits seit der Gründung der Leipziger Anstalt auf der Mainzer Hauptversammlung des Allgemeinen Deutschen Musikvereins, also sogar noch vor ihrem Tätigkeitsbeginn, erbitterten Widerstand gegen die Anstalt. Sie kritisierten, dass die Verleger in der Verwaltung der Anstalt das Übergewicht hatten und alle wichtigen Entscheidungen unabhängig von den komponierenden Mitgliedern des Allgemeinen Deutschen Musikvereins treffen konnten, die dieser in die Anstalt entsandte. Der Verteilungsmodus von 1:1 für die Verteilung der Tantiemen im Verhältnis von Komponist und Verleger ist nur auf den ersten Blick gerecht. Da die Tonsetzer aus ihrem Anteil die Textdichter entschädigen mussten, erhielten sie, was auch die Komponisten damals schon kritisierten, faktisch einen geringeren Anteil als die Verleger. Die fehlende Einbeziehung gemeinfreier Werke in die Gebührenerhebung entsprach zwar der damaligen Rechtslage – die Schutzfrist für Aufführungsrechte endete spätestens 30 Jahre nach dem Tod des Urhebers (§§ 52 Abs. 1, 8 UrhG 1870) –, war aber in den Augen der Komponisten ebenfalls nachteilig. Wären nur für die Aufführung geschützter Werke Lizenzgebühren zu zahlen, würden die gegen unerlaubte Aufführungen geschützten Werke im Vergleich zu gemeinfreien Werken an Attraktivität einbüßen. 6

Um den Widerstand besser organisieren zu können und um ihre Belange bei der bevorstehenden Reform des Urheberrechts besser geltend machen zu können, gründeten deutsche Komponisten am 30. September 1898 einen Berufsverband, die **Genossenschaft Deutscher Komponisten**. Treibende Kräfte waren *Richard Strauss* (1864–1949) und seine beiden Freunde *Hans Sommer* (1837–1922) und *Friedrich Rösch* (1862–1925).[4] Die auf der Gründungsversammlung der Genossenschaft ausgesprochene Kampfansage an die Leipziger Anstalt manifestierte sich in der Folgezeit besonders eindrucksvoll in einem öffentlichen Boykottaufruf gegen sie. Der Kampf gegen die Leipziger Anstalt zeigte sich aber auch darin, dass nahezu alle Komponisten der Leipziger Anstalt ihre Unterstützung versagten. Die meisten Komponisten, die als Mitglieder des sog. Urheberausschusses des Allgemeinen Deutschen Musikvereins an der Verwaltung der Leipziger Anstalt beteiligt waren, legten ihre Ämter nieder. Auf den Protest der Genossenschaft Deutscher Komponisten beschloss der geschäftsführende Ausschuss des Allgemeinen Deutschen Musikvereins am 6. November 1898, seine Beteiligung an der Leipziger Anstalt bis zur nächsten ordentlichen Generalversammlung ruhen zu lassen. Auch wenn das Scheitern der Leipziger Anstalt durch ein Zusammenspiel vieler Aspekte verursacht wurde, war es ein wichtiger Erfolg für die Genossenschaft. Innerhalb kürzester Zeit hatte sie sich als 7

3 S. dazu, dass an nahezu allen musikalischen Werken das Aufführungsrecht erloschen war, Rn. 8.

4 Zur Rolle von Rösch und seinen Verdiensten, s. *meine* Abhandlung in Richard-Strauss-Blätter Neue Folge (2006), 71ff.

Machtfaktor in der Tantiemenbewegung etabliert; ihre Position für die weitere Tantiemenbewegung war in bedeutender Weise gestärkt worden.

8 Bei vordergründiger Betrachtung erscheint es sehr bedauerlich, dass das „Pionierwerk“ der Leipziger Anstalt gescheitert ist, war doch der Gedanke, auch in Deutschland die Aufführungsrechte kollektiv durch eine Verwertungsanstalt zu verwerten, mehr als lobenswert. Im Ergebnis ist ihr Scheitern gleichwohl zu begrüßen, da die Leipziger Anstalt an mehreren rechtlichen Mängeln litt. Diese führten dazu, dass ihre Tätigkeit teilweise rechtswidrig war. Die Anstalt glaubte, über öffentlich-rechtliche Normsetzungsbefugnisse zu verfügen, die ihr aber niemals verliehen worden waren. In Ausübung dieser vermeintlichen Befugnisse verwertete sie die Aufführungsrechte unabhängig von einer Ermächtigung des Rechtsinhabers. Kraft dieser Befugnisse glaubte die Leipziger Anstalt auch, bereits jetzt schon von einer Rechtslage ausgehen zu können, wie sie der Gesetzgeber erst schaffen sollte: Die Anstalt verwertete auch die Aufführungsrechte an musikalischen Werken, die nicht mit einem sog. Aufführungsrechtsvorbehalt versehen waren. Damit setzte sie sich bewusst über die Wertung des § 50 II UrhG 1870 hinweg, wonach das Aufführungsrecht an musikalischen Werken (z.B. Sinfonien oder Liedern) mit der Veröffentlichung im Wege des Drucks erlosch, wenn der Komponist es sich nicht auf den Noten vorbehalten hatte.[5] Dies war bei nahezu allen musikalischen Werken der Fall, da die Verleger sich bislang stets geweigert hatten, den Vermerk aufzudrucken. Sie befürchteten Absatzschwierigkeiten, wenn ein Veranstalter zusätzlich zum Kaufpreis noch eine Lizenzvergütung für die öffentliche Aufführung entrichten musste. Damals herrschte nämlich die Ansicht vor, mit dem Kaufpreis sei auch die Befugnis zur Aufführung des Werkes mit abgegolten.

IV. Der zweite Versuch zur Errichtung einer Verwertungsanstalt

9 Trotz des massiven Widerstandes gegen die Leipziger Anstalt fassten sowohl die Genossenschaft Deutscher Komponisten als auch der Verein der Deutschen Musikalienhändler unmittelbar nach ihrem Scheitern einen **zweiten Versuch** zur Errichtung einer deutschen Verwertungsanstalt ins Auge. Der Allgemeine Deutsche Musikverein dagegen war an den weiteren Bemühungen zur Errichtung einer neuen Verwertungsanstalt nicht mehr beteiligt. Nach einer äußerst heftigen Auseinandersetzung mit der Genossenschaft Deutscher Komponisten – die Genossenschaft warf ihm u.a. vor, sich als Vertretung der Komponisten an der Leipziger Anstalt beteiligt zu haben – musste er dieser zugestehen, dass sie als reine Vereinigung von Komponisten das bessere Recht zur Vertretung des Komponistenstandes hatte als der Musikverein, der außer Komponisten auch alle anderen am Musikleben Interessierten in sich aufnahm. Dem Allgemeinen Deutschen Musikverein gebührt das Verdienst, gemeinsam mit dem Verein der Deutschen Musikalienhändler den ersten Vorstoß zur Errichtung einer deutschen Verwertungsanstalt gewagt zu haben. Nicht zu verkennen ist allerdings, dass die Führungsrolle von Anfang an unangefochten beim Verein der Deutschen Musikalienhändler und dessen Präsidenten *Oskar von Hase* lag und der Musikverein schon früh seine Beteiligung an der Leipziger Anstalt ruhen ließ.

5 § 50 II UrhG 1870 lautet wie folgt: „In Betreff der dramatischen und dramatisch-musikalischen Werke ist es hierbei (sc.: das ausschließliche Aufführungsrecht; Anm. der Verfasserin) gleichgültig, ob das Werk bereits durch den Druck etc. veröffentlicht worden ist oder nicht. Musikalische Werke, welche durch Druck veröffentlicht worden sind, können ohne Genehmigung des Urhebers öffentlich aufgeführt werden, falls nicht der Urheber auf dem Titelblatt oder an der Spitze des Werks sich das Recht der öffentlichen Aufführung vorbehalten hat.“

Die Führung der Genossenschaft Deutscher Komponisten hatte sich etwa seit Beginn des Jahres 1899 dazu entschlossen, ihre Protesthaltung aufzugeben und künftig die Führungsrolle in der Tantiemenbewegung zu übernehmen; bislang hatte die Genossenschaft stets erklärt, sie werde keine Verwertungsanstalt unterstützen, die nicht auch Aufführungen gemeinfreier Werke „besteuere" – so der damalige Sprachgebrauch. Getragen war dieser Meinungsumschwung von der Erkenntnis, auch die Komponisten könnten eine Verwertungsanstalt errichten, und zwar sogar bereits vor der Reform des Urheberrechts. Gleichwohl strebte die Genossenschaft eine Partnerschaft mit dem Verein der Deutschen Musikalienhändler an, da *Rösch* der Auffassung war, die Gründung einer von Komponisten getragenen Verwertungsanstalt sei ohne Unterstützung der Musikverleger nicht erfolgversprechend – eine kluge Überlegung, denn die Musikverleger waren zweifelsohne ein wichtiger Machtfaktor im deutschen Musikleben und in der Tantiemenfrage. Außerdem bestünde jetzt, so die weiteren Gedankengänge von *Rösch*, die einmalige Chance, die rechtliche und wirtschaftliche Situation der Komponisten gegenüber den Verlegern zu stärken, da diese zwischenzeitlich erkannt hätten, dass sie die Genossenschaft Deutscher Komponisten als Machtfaktor akzeptieren müssten. 10

Der zweite Versuch, eine Verwertungsanstalt zu errichten, scheiterte noch schneller als der erste. Bereits am 5. Mai 1899 brach der geschäftsführende Ausschuss der Genossenschaft Deutscher Komponisten, dem *Rösch, Strauss* und der Berliner Komponist und Lehrer am Stern'schen Konservatorium *Philipp Rüfer* (1844–1916) angehörten, die Verhandlungen mit dem Verein der Deutschen Musikalienhändler ab. Getragen war dies von der Erkenntnis, dass *Oskar von Hase*, der Vorsteher des Musikalienhändlervereins, die ganze Zeit die Verhandlungen mit dem alleinigen Ziel geführt hatte, die gerade so kläglich gescheiterte Leipziger Anstalt aufrechtzuerhalten – nur eben unter Beteiligung der Genossenschaft anstelle des Allgemeinen Deutschen Musikvereins. So hatte *von Hase* zunächst die Zustimmung des Vereins der Deutschen Musikalienhändler zum Verständigungsprogramm hinausgezögert, das u.a. die Errichtung einer neuen Verwertungsanstalt vorsah, in der die Komponisten gegenüber den Verlegern in der Verwaltung ein Übergewicht hatten und in der der Verteilungsmodus zwischen Komponist und Verleger $^3/_4$:$^1/_4$ betrug. Dann hatte die Hauptversammlung des Musikalienhändlervereins am 2. Mai 1899 das Verständigungsprogramm doch noch angenommen, gleichzeitig aber auch *Ausführungsbestimmungen für die Wahrnehmung des Aufführungsrechtes an Werken der Tonkunst.* Die – nicht mehr erhaltenen – *Ausführungsbestimmungen* hatten die Aufgabe, das Verständigungsprogramm zu unterlaufen und diejenigen Bestimmungen der Leipziger Anstalt aufrechtzuerhalten, die die Eigenart der deutschen Musikpflege – das verbreitete Musikleben in Schule, Kirche und Heer sowie das rege Vereinsleben – und des deutschen Musikalienhandels gewährleisteten. Außerdem enthielten sie die Klausel, dass die neue Anstalt nicht vom Gründungsort der Leipziger Anstalt, nämlich Leipzig, verlegt werden solle. Dies war eine Absage an den Plan der Genossenschaft, die neue Anstalt in Berlin, dem Sitz der Genossenschaft, zu errichten. 11

V. Die Gründung von GDT und AFMA

In dieser Situation sah es so aus, als würde die deutsche Tantiemenbewegung ohne Errichtung einer Verwertungsanstalt enden. Den Ausschlag für einen erneuten Versuch zur Errichtung einer Verwertungsanstalt bildete diesmal die **Reform des Urheberrechts**, deren Vorarbeiten im Herbst des Jahres 1898 angelaufen waren. Mit dem zweiten Gründungsversuch war zugleich die geplante gemeinsame Petition der Genossenschaft und des Musikalienhändlervereins gescheitert. Deren Einreichung wäre sehr wichtig gewesen, weil das Reichsjustizamt sowohl die Vertreter der Komponisten als auch die 12 der Musikverleger in mehreren Sachverständigenkonferenzen eindringlich zu einem gemeinsamen Vorgehen aufgefordert hatte. Nachdem das Reichsjustizamt erfahren hatte, dass die gemeinsame Petition nicht eingereicht werden würde, hatte es die Verlängerung der Schutzfrist von 30 auf 50 Jahre p.m.a. für Aufführungsrechte – an der beide Seiten ein Interesse hatten – wieder aus dem Gesetzentwurf gestrichen. Getragen von der Erkenntnis, dass die Belange der Musikverleger bei der Reform nur durch ein gemeinsames Vorgehen mit den Komponisten gewahrt werden könnten, entschloss sich daraufhin eine Gruppe hochrangiger Berliner Musikverleger (*Bock, Challier, Erler, Fürstner, Lienau, Simrock*) im Mai/Juni 1899 zu einer gemeinsamen Petition mit der Genossenschaft Deutscher Komponisten. Sie war auf die Verlängerung der Schutzfrist von 30 auf 50 Jahre p.m.a. sowie darauf gerichtet, dass der Aufführungsrechtsvorbehalt mit rückwirkender Kraft und der Maßgabe gestrichen werden sollte, dass die – durch die Nichtanbringung des Vorbehalts – verloren gegangenen und durch die rückwirkende Kraft wieder auflebenden Aufführungsrechte an musikalischen Werken den Komponisten zugutekommen sollten. Dieser am 9. Juni 1899 eingereichten Petition schlossen sich dank eines Aufrufes der Verleger zahlreiche weitere Musikverleger an – sehr zum Ärger der Führung des Vereins der Deutschen Musikalienhändler. Die Haltung des Reichsjustizamtes, die Verlängerung der Schutzfrist nur dann zu verwirklichen, wenn Komponisten und Musikverleger sich auf ein gemeinsames Vorgehen einigten, vereinte hier also viele Komponisten und Musikverleger.

13 Außerdem fassten die Genossenschaft und ihre verbündeten Verleger die Errichtung einer Verwertungsanstalt nach den Plänen der Genossenschaft ins Auge, allerdings erst für die Zeit nach Verabschiedung des neuen Urhebergesetzes. Hierbei konnten sie bereits an eine Verständigungskonferenz vom 13. April 1899 anknüpfen, die bereits damals – noch während des zweiten Versuches zur Errichtung einer Verwertungsanstalt – zu einer vollständigen Einigung zwischen der Genossenschaft Deutscher Komponisten und den Berliner Musikverlegern geführt hatte, u.a. über den Verteilungsmodus von $^3/_4$:$^1/_4$ zwischen Komponist und Verlegern. Dass die neue Verwertungsanstalt nach den Plänen der Genossenschaft Deutscher Komponisten errichtet werden sollte, hatte seinen Grund darin, dass sie seit Beginn des Jahres 1899, als sie ihre Protesthaltung aufgegeben hatte, ihre Pläne für die von ihr getragene Verwertungsanstalt immer mehr präzisiert hatte. Sie orientierte sich dabei an der französischen SACEM, versuchte aber deren Missstände bei der Auslandstätigkeit – in Elsass-Lothringen und Belgien gab es heftige Klagen darüber, dass die SACEM die Aufführungsrechte in rein kaufmännischer Werke verwerte, ihre Agenten rücksichtslos vorgingen und zu hohe Gebühren für die Aufführung von Werken erhebe, an denen kein Aufführungsrecht mehr bestünde – zu vermeiden. Besonders *Friedrich Rösch*, der Generalsekretär der Genossenschaft, er hatte sich hier durch ein ungeheures Engagement hervorgetan. Da er nicht nur Komponist, sondern auch Jurist war, war er geradezu dazu prädestiniert, die juristischen Details auszuarbeiten.

14 In dem am 19. Juni 1901 verkündeten neuen **Gesetz, betreffend das Urheberrecht an Werken der Literatur und Tonkunst** (LUG) blieben zwei zentrale Forderungen, die die Genossenschaft Deutscher Komponisten in mehreren Petitionen dem Gesetzgeber angetragen hatte, unberücksichtigt: So wurde die Schutzfrist für Aufführungsrechte von 30 auf 50 Jahre p.m.a. nicht verlängert; auch wurden Ausnahmebestimmungen nicht gestrichen, denenzufolge ein Werk ohne Einwilligung des Berechtigen bei Volksfesten, vereinsinternen Aufführungen und ehrenamtlichen Aufführungen zu wohltätigen Zwecken aufgeführt werden durfte (§ 27 LUG). Die Genossenschaft aber hatte sowohl die Verlängerung der Schutzfrist als auch die Streichung der eben genannten Ausnahmen zur Entstehungsbedingung für die geplante Verwertungsanstalt erklärt: Nur im Falle der Verlängerung der Schutzfrist würde die deutsche Verwertungsanstalt über ein annähernd gleich

großes Repertoire wie die anderen europäischen Verwertungsgesellschaften verfügen. Nur dann sei ein Anschluss der deutschen Anstalt an das internationale Kartell der europäischen Verwertungsgesellschaften – gemeint ist ein Zusammenschluss der europäischen Verwertungsgesellschaften – möglich. Dieser Anschluss wiederum sei, so die Genossenschaft weiter, Voraussetzung dafür, dass die deutsche Anstalt Tantiemen für Aufführungen deutscher Werke im Ausland an die eigenen Bezugsberechtigten weiterleiten könne. Die Streichung der eben genannten Ausnahmebestimmungen war in den Augen der Genossenschaft des Weiteren auch notwendig, um die finanzielle Leistungsfähigkeit der deutschen Anstalt zu sichern: Nur wenn für alle öffentlichen Aufführungen urheberrechtlich geschützter Werke eine „Gebühr" – so der damalige Sprachgebrauch – für die Erteilung der Aufführungsgenehmigung gezahlt werden müsse, würde die Anstalt – so die Überlegung der Genossenschaft – kostendeckend arbeiten können. Ihre frühere Forderung nach Schaffung einer Regelung, derzufolge gemeinfreie Werke verwertbar sein sollten, hatte sie fallen lassen, nachdem das Reichsjustizamt ihr erklärt hatte, eine solche Regelung sei nicht zu verwirklichen.

Unmittelbar nach Verabschiedung des LUG machte das Bündnis von Genossen- 15
schaft Deutscher Komponisten und hochrangigen Musikverlegern seine erstmals im März 1901 ausgesprochene Drohung wahr und gab den Plan zur Errichtung der Verwertungsanstalt vollständig auf. Es trat ein **vollständiger Stillstand in der Tantiemenbewegung** ein. Erst als im November des Jahres 1902, also mehr als ein Jahr nach Verabschiedung des LUG, die österreichische *Gesellschaft der Autoren, Komponisten und Musikverleger (AKM)* ihre Ausdehnung ins Deutsche Reich ankündigte und dies ausgerechnet mit der unterbliebenen Gründung der deutschen Anstalt begründete, trat eine **Wende** ein. Die Genossenschaft Deutscher Komponisten glaubte nämlich, dass eine ausländische Gesellschaft den Interessen der am deutschen Musikleben Beteiligten nicht in optimaler Weise Rechnung tragen könne. Die Führung der Genossenschaft und ihre verbündeten Verleger beschlossen deshalb in Konferenzen am 8. und 13./14. Dezember 1902 die Gründung der Verwertungsanstalt – nach den bisherigen Plänen. Daraufhin beschloss die Hauptversammlung der Genossenschaft Deutscher Komponisten am 14. Januar 1903 die **Errichtung einer Anstalt für musikalisches Aufführungsrecht**. Außerdem wurde die *Genossenschaft Deutscher Tonsetzer* als rechtsfähiger wirtschaftlicher Verein gegründet und die Genossenschaft Deutscher Komponisten aufgelöst. Die **AFMA**, wie die Verwertungsanstalt auch genannt wurde, war der wirtschaftliche Geschäftsbetrieb der GDT.[6] Sie nahm ihre Tätigkeit im Juli 1903 auf.

Im Gegensatz zur Leipziger Anstalt waren GDT und AFMA **nahezu perfekt organi-** 16
siert und an der französischen SACEM orientiert. Deren Aufbau und Arbeitsweise in Frankreich erachtete Rösch nämlich – anders als ihr Auftreten in Elsass-Lothringen und Belgien – als vorbildlich. Die Rechteinhaber übertrugen der GDT (AFMA)[7] ihre Aufführungsrechte durch den Berechtigungsvertrag. Mit den Veranstaltern kamen Lizenzverträge zustande, die ein sog. Pauschalsystem vorsahen, also die Erteilung einer Aufführungsgenehmigung für einen bestimmten Zeitraum und eine Höchstzahl von Aufführungen von Werken, die die AFMA verwaltete gegen eine einmalige Zahlung. Ein Einzelvertrag, die Erteilung einer Genehmigung für eine einzige Aufführung, setzte eine individuelle Vereinbarung voraus und war nur im Ausnahmefall vorgesehen. Die Kom-

6 Die maßgebenden Dokumente der GDT und der AFMA sind abgedruckt bei M.M. *Schmidt*, Die Anfänge der musikalischen Tantiemenbewegung in Deutschland, S. 774 ff.

7 Da die AFMA nicht rechtsfähig, sondern nur der wirtschaftliche Geschäftsbetrieb der GDT war, kam der Vertrag nicht mit der AFMA, sondern mit der GDT zustande. Um dies besser zu verdeutlichen, sollte die Bezeichnung *GDT (AFMA)* verwendet werden.

ponisten erhielten $^3/_4$, die Musikverleger $^1/_4$ der Einnahmen. War ein Textdichter am Werk beteiligt, erhielten er und der Musikverleger jeweils $^1/_4$, der Komponist $^1/_2$. 10% der Einnahmen flossen in eine Unterstützungskasse für bedürftige Komponisten. Viele Strukturen der GDT (AFMA) haben sich bis zum heutigen Tage erhalten, so etwa das System der Berechtigungsverträge, der Pauschalgebühren, die Unterstützungskasse oder die Rechtsform des wirtschaftlichen Vereins.

17 Gleichwohl war die AFMA ebenso wie seinerzeit die Leipziger Anstalt einem massiven **Widerstand** von Komponisten, Verlegern und Veranstaltern ausgesetzt: Letztere wollten nach wie vor keine Aufführungsgebühren zahlen. Viele Verleger sahen ihre Interessen in der AFMA nur in unzureichender Weise verwirklicht, weil ihnen – bis zum Jahre 1907 – keine Kontrollbefugnisse zustanden. Höhepunkte des Widerstandes waren beispielsweise ein Boykottaufruf des Leipziger *Gewandhauses* und die Veröffentlichung einer sog. *Verleger-Erklärung* durch den Verein der Deutschen Musikalienhändler, die diejenigen Verleger auflistete, die die AFMA ablehnten. Einer der schwersten Vorwürfe lautete dahin, die AFMA sei nichts anderes als die komponistenfreundliche Variante der Leipziger Anstalt und arbeite willkürlich.[8] Die GDT ging von Anfang an entschlossen gegen diesen Widerstand vor, sei es durch Aufklärungsarbeit, sei es durch Prozesse. Ihr gelang es in der Tat, den Widerstand so weit zu reduzieren, dass sie die Arbeit der AFMA festigen und Gewinne ausschütten konnte. Die Ausschüttung der Gewinne trug ihrerseits dazu bei, den Widerstand gegen die AFMA zu verringern.

VI. Schlusswort

18 GDT und AFMA stehen am Ende eines langen und zähen Ringens. Drei Versuche waren nötig, ehe eine erfolgreiche Verwertungsanstalt in Deutschland etabliert werden konnte. Gleichzeitig stehen sie am Anfang einer erfolgreichen Geschichte der kollektiven Verwertung der Aufführungsrechte in Deutschland. Erstmals konnten Komponisten, Textdichter und Musikverleger vom wirtschaftlichen Wert ihrer geistigen Schöpfung profitieren. Ermöglicht wurde dies durch das gemeinsame Vorgehen von Komponisten und Musikverlegern während des dritten Versuchs.

B. Wahrnehmungsrecht und Verwertungsgesellschaften von 1903 bis 1933[9]

I. Verwertungsgesellschaften

1. Vereinigungen zur Wahrnehmung von Urheberrechten

a) Die Genossenschaft Deutscher Tonsetzer (GDT) und die Anstalt für Musikalisches Aufführungsrecht (AFMA) von 1903

19 Am 14. Januar 1903 wurde in Berlin die Genossenschaft Deutscher Tonsetzer als wirtschaftlicher Verein von Komponisten gegründet. Sie richtete am 1. Juli 1903 die –

8 Dieser Ansicht war beispielsweise *Georg Göhler* (1876–1954), Dirigent und Direktor des Leipziger Riedelvereins. *Göhler* war zunächst in die Verwaltung der Leipziger Anstalt eingebunden, gab aber später zu, dass sie mit Fehlern behaftet gewesen sei, s. *meine* Veröffentlichung im Gewandhausmagazin Nr. 51 (2000), S. 51 ff.

9 Der Beitrag beruht auf der Ausarbeitung *Riesenhuber/Rosenkranz*, UFITA 2005 II, 467–519; an dieser Stelle können nur die wesentlichen Ergebnisse und Nachweise wiedergegeben werden.

vereinsähnlich organisierte, aber rechtlich unselbständige – Anstalt für Musikalisches Aufführungsrecht (AFMA) ein.[10] Als von der GDT betriebene Anstalt sollte sie die Rechte der Urheber und Verleger wahrnehmen.

Die GDT/AFMA war die Pionierorganisation – und hatte wohl nicht zuletzt deswegen mit Kinderkrankheiten der Verwertungsgesellschaften zu kämpfen. Die historisch bedingte gemeinsame Rechtewahrnehmung für Urheber und Verleger durch eine Organisation (AFMA) führte – nicht überraschend – zu Auseinandersetzungen über die Verteilung der Einnahmen. Die Einsicht, dass die Geschlossenheit der Rechtewahrnehmung durch eine einzige Verwertungsgesellschaft gerade auch im Interesse der Berechtigten geboten ist, wurde erst durch die Erfahrung der Nachteile konkurrierender Verwertungsgesellschaften gewonnen. Bereits 1913 zog sich eine Gruppe von Verlegern und Komponisten aus der GDT/AFMA zurück. Der Versuch der GDT/AFMA, diesen Auszug zu verhindern, jedenfalls aber die einmal übertragenen Rechte zu behalten, erwies sich als zwecklos.[11] In der Folge gründete eine Gruppe von Verlegern und Urhebern die (Alte) Gema (sogleich e), es gab jedoch konkurrierende Verwertungsgesellschaften. 20

b) Die österreichische Gesellschaft der Autoren, Komponisten und Musikverleger (AKM) von 1897

Neben der GDT/AFMA war auch die bereits am 5. Dezember 1897 gegründete österreichische Gesellschaft der Autoren, Komponisten und Musikverleger (AKM) frühzeitig in Deutschland tätig. Sie hatte zwar zunächst 1903 mit der GDT/AFMA ein Gegenseitigkeitsabkommen geschlossen, kündigte dieses aber 1911 endgültig und übte ab 1913 durch eine selbstständige Niederlassung ebenfalls eine Wahrnehmungstätigkeit in Deutschland aus. 21

c) Die Mechanische Abteilung der GDT von 1910

Mit der Anerkennung der mechanischen Vervielfältigung als ausschließlichem Recht des Urhebers durch die Revidierte Berner Übereinkunft (Berliner Revision von 1908, Art. 13), in Deutschland umgesetzt durch § 12 Abs. 2 Nr. 5 LUG idF v. 22. Mai 1910, suchten die Urheber nach Möglichkeiten, auch diese Rechte kollektiv wahrzunehmen. Schon die Gründung der (wohl) 1910 ins Leben gerufenen „Mechanischen Abteilung" bereitete indes Schwierigkeiten, da man sich über die Verteilung der Einnahmen zwischen Urhebern und Verlegern nicht einigen konnte. Erfolgreicher war die Anstalt für mechanisch-musikalische Rechte. 22

d) Die Anstalt für mechanisch-musikalische Rechte GmbH (AMMRE) von 1909

Bereits am 4. November1909 gründeten der Verein Deutscher Musikalienhändler und die *Société Générale Internationale de l'Édition Phonographique et Cinématographique* (EDIFO) die AMMRE. Die AMMRE arbeitete später eng mit der 1915 gegründeten Alten Gema (s. sogleich) zusammen, beiden Gesellschaften gehörten im Wesentlichen die gleichen Mitglieder an. 1938 ging sie – im Ergebnis – in der Stagma auf, die, anfangs nur für das Aufführungsrecht zuständig, nun auch das Vervielfältigungsrecht wahrnahm. 23

10 Eingehend zu Gründung und Tätigkeit der GDT/AFMA *d'Albert,* Die Verwertung des musikalischen Aufführungsrechts in Deutschland, S. 62–125 und heute M. M. *Schmidt,* Die Anfänge der musikalischen Tantiemenbewegung in Deutschland, S. 345–523.

11 Zu dem aus dem Austritt entstandenen Rechtsstreit RGZ 87, 215–221.

e) Die Genossenschaft zur Verwertung musikalischer Aufführungsrechte (Alte Gema) von 1915

24 Eine dritte Verwertungsgesellschaft auf dem Gebiet der „musikalischen Rechte" war schließlich die Genossenschaft zur Verwertung musikalischer Aufführungsrechte (nachfolgend – zur Unterscheidung von der heutigen GEMA – „Alte Gema"). Die in der Form einer eingetragenen Genossenschaft geführte Verwertungsgesellschaft wurde von den aus der GDT/AFMA ausgeschiedenen Komponisten – offenbar mit Unterstützung der AMMRE – am 16. Dezember 1915 gegründet.

f) Der Verein zur Verwertung musikalischer Aufführungsrechte (VEVA) von 1928

25 Gleichsam eine Tochtergründung der Alten Gema war der Verein zur Verwertung musikalischer Aufführungsrechte von 1928. Die Alte Gema sah sich vor das Problem gestellt, dass sie einerseits die Rechte möglichst vieler Berechtigter wahrnehmen wollte, umgekehrt aber nicht allen Berechtigten, unabhängig von der wirtschaftlichen Bedeutung ihrer Rechte, eine volle Mitgliedschaftsstellung einräumen wollte. Da sie sich durch das Genossenschaftsrecht gehindert sah, eine „außerordentliche Mitgliedschaft" einzuführen, gründete sie den VEVA. Ihm konnten auch die Berechtigten beitreten, die wirtschaftlich nicht so leistungsfähig waren. Der VEVA wiederum übertrug die ihm zur Wahrnehmung überlassenen Rechte der Alten Gema zur Wahrnehmung weiter. Er war zugleich Genosse der Alten Gema und vermittelte so seinen Vereinsmitgliedern einen (geringen) Einfluss auf die Willensbildung in der Genossenschaft.

2. Zusammenschlüsse: Die „Musikschutzverbände"

26 Die **Konkurrenz** mehrerer Verwertungsgesellschaften im Bereich der Musik hat zu den bekannten Schwierigkeiten geführt. Für die Nutzer war diese Konkurrenz lästig, weil sie das Gesamtrepertoire nur durch Lizenzen von mehreren Verwertungsgesellschaften erhalten konnten und faktisch oft gezwungen waren, auch von allen Verwertungsgesellschaften Lizenzen zu erwerben. Für die Berechtigten entstanden durch die Konkurrenz höhere Verwaltungskosten. Nicht nur musste dieselbe Anzahl Berechtigter mehrere Verwaltungsapparate finanzieren. Die Rechtewahrnehmung war auch dadurch erschwert, dass jede Verwertungsgesellschaft dem einzelnen Nutzer nachweisen musste, Werke aus *ihrem* Repertoire verwendet zu haben: ein mühseliges und aufwendiges Unterfangen, das wegen der Schlupflöcher für die Nutzer zu einem offenbar gelegentlich auch exzessiven Kontrollwesen führte. Zudem bestand die Gefahr, dass sich die Verwertungsgesellschaften im Bereich austauschbarer Musikwerke gegenseitig unterbieten würden. Und endlich verwandten die konkurrierenden Verwertungsgesellschaften offenbar einige Energie darauf, sich auf Kosten der jeweils anderen durchzusetzen. Daher verwundert es nicht, dass die Verwertungsgesellschaften schon frühzeitig die Zusammenarbeit suchten, bevor sie unter dem Stagma-Gesetz von 1933 staatlich zum Zusammenschluss gezwungen waren (zur Stagma nachfolgend C).

27 So gründete die Alte Gema bereits am 20. Februar 1916, zwei Monate nach ihrer Gründung, zusammen mit der AKM einen (ersten) „Verband zum Schutze musikalischer Aufführungsrechte für Deutschland" ([erster] „Musikschutzverband"). Dabei handelte es sich freilich nicht um einen Zusammenschluss oder eine Verschmelzung, sondern um eine Gesellschaft bürgerlichen Rechts nach §§ 705–740 BGB.

28 Schließlich schlossen sich am 22. Juli 1930 GDT, Alte Gema und AKM zum (zweiten) Musikschutzverband zusammen. Auch dies war keine Fusion der Gesellschaften, son-

dern lediglich ein Zusammenschluss zu einer GbR. Der Verband übernahm zwar die „Verwaltung des jeder der drei Vertragsschließenden im Vertragsgebiet unterstehenden Werkebestandes", die Rechte blieben aber bei den einzelnen Verwertungsgesellschaften.[12]

II. Wahrnehmungsrecht

1. Allgemeines Privatrecht als Wahrnehmungsrecht

Wahrnehmungsrecht i.S. eines besonderen Rechtsgebiets gab es in der Zeit von 1903 bis 1933 nicht. Verwertungsgesellschaften bildeten sich als staatsferne Organisationen. Als „Selbsthilfe" der Rechteinhaber kamen sie auf deren Initiative und auf der Grundlage der Privatautonomie zustande. Geregelt war ihre Tätigkeit daher wie anderes privatwirtschaftliches Handeln nur durch das Privatrecht: Urheberrecht, Vertragsrecht, Gesellschaftsrecht, Deliktsrecht. Ein spezielles Wahrnehmungsgesetz entstand zuerst mit dem so genannten Stagma-Gesetz von 1933 (dazu nachfolgend C, Rn. 38–60) und dann 1965 mit dem Urheberrechtswahrnehmungsgesetz. Das Kartellrecht, das heute auf nationaler und besonders auf europäischer Ebene die Wahrnehmungstätigkeit reguliert, wurde zwar auch schon in der Frühzeit der Verwertungsgesellschaften ausgebildet, auf die Verwertungsgesellschaften aber nicht angewandt.[13] 29

Die Sachfragen des Wahrnehmungsrechts waren indes seinerzeit weithin ähnlich wie heute, wenn auch manches mit Rücksicht auf die Konkurrenz mehrerer Verwertungsgesellschaften anders zu bewerten war. Die Praxis – die Verwertungsgesellschaften durch privatautonome Gestaltung und die Gerichte durch die Anwendung des Privatrechts – entwickelte darauf Gestaltungen und Regeln, die jenen des heutigen Wahrnehmungsrechts entsprechen. 30

2. Die Rechtsbeziehungen zu den Rechteinhabern

Für die Rechteinhaber ist die zentrale Frage, ob die Verwertungsgesellschaften gebunden sind, ihre Rechte auf Verlangen wahrzunehmen, ob es also einen **Kontrahierungszwang** gibt. Dass es ungeachtet der grundsätzlich herrschenden Vertragsfreiheit Fälle geben musste, wo Privatrechtssubjekte zum Vertragsschluss verpflichtet sind, war schon seinerzeit anerkannt. Die Voraussetzungen dafür waren indes eng beschränkt, der Kontrahierungszwang setzte zumeist eine Monopolstellung des Verpflichteten voraus,[14] die die musikalischen Verwertungsgesellschaften praktisch von Anfang an bis 1933 nicht hatten. Tatsächlich waren die Verwertungsgesellschaften allerdings auch nicht in der Lage, Interessenten abzuweisen. Im Gegenteil mussten sie um Mitglieder werben und Austritte zu verhindern suchen. 31

Wie das Beispiel der GDT zeigt (oben, Rn. 20), stellte sich die Situation geradezu umgekehrt dar: Konnten die Verwertungsgesellschaften einen **Austritt** der Rechteinhaber verhindern? Konnten Sie für den Fall der Vertragskündigung immerhin darauf bestehen, dass die ihnen einmal übertragenen Rechte nicht zurückgerufen werden? Das 32

12 Gesellschaftsvertrag v. 22.7.1930, (nebst Ergänzungsvereinbarungen) abgedruckt bei E. *Schulze*, Geschätzte und geschützte Noten, S. 162–168.
13 KG, Kart. Rdsch. 1930, 36, 37 f. (zur Alten Gema).
14 RGZ 48, 114, 127; 62, 264, 266; 133, 388, 391.

Reichsgericht hat das nach allgemeinen vertragsrechtlichen Grundsätzen verneint und gegenteilige Vereinbarungen für nichtig erklärt.[15]

33 Eine heute noch in Einzelheiten umstrittene Frage ist, in welchem **Umfang** die Verwertungsgesellschaft die **Rechteübertragung** verlangen kann. Sie stellte sich 1903 bis 1933 nicht in derselben Weise. Erstens war die Aufgabe der Verwertungsgesellschaften zunächst auf die Wahrnehmung des (sog. „kleinen") Aufführungsrechts beschränkt, das individuell nicht wahrgenommen werden kann. Weitere Rechte kamen erst nach und nach dazu (mechanische Vervielfältigung (s.o. Rn. 22), Sendung[16]), und auch bei diesen bestand keine echte Wahl zwischen individueller und kollektiver Wahrnehmung. Zweitens aber sorgte auch hier die Konkurrenz für eine gewisse Kontrolle.

3. Die Rechtsbeziehungen zu den Nutzern

34 Für die Nutzer war bei konkurrierenden Verwertungsgesellschaften oft genug zuerst die Frage, welche Werke zum Repertoire der jeweiligen Verwertungsgesellschaft gehören. Einen entsprechenden **Auskunftsanspruch** (heute § 55 VGG) gab es indes noch nicht, aus allgemeinem Zivilrecht war er nicht zu begründen.

35 Ein **Kontrahierungszwang** konnte vor allem eine Rolle spielen, wenn die Verwertungsgesellschaft aus der Warte des Nutzungsinteressenten überhöhte Vergütungsforderungen stellte. Für diesen Fall ist zum einen eine **Angemessenheitskontrolle** erforderlich. Zum anderen ist zum Schutz der Nutzer ein Mechanismus geboten, der sicherstellt, dass sie die Werke (gegen Sicherheitsleistung) schon nutzen dürfen, während über die Angemessenheit der Vergütungshöhe entschieden wird. Mit den zivilrechtlichen und zivilprozessualen Mitteln wurde die Problematik seinerzeit nur ansatzweise gelöst (heute § 34 VGG).

36 Die kollektive Rechtewahrnehmung wirft aber auch besondere Schutzbedürfnisse der Verwertungsgesellschaft auf. Um ihre Einnahmen möglichst individuell auf die Berechtigten zu verteilen, benötigt sie Angaben darüber, welche Werke in welchem Umfang genutzt wurden. Dafür gibt es heute einen gesetzlichen Anspruch (in § 42 VGG; Programmpflicht). Ohne einen solchen Anspruch blieb den Verwertungsgesellschaften nur ein **vertraglicher Auskunftsanspruch**, der im Lizenzvertrag vereinbart wurde.

37 Nicht weniger wichtig sind für die Verwertungsgesellschaft schneidige Rechtsbehelfe gegen rechtswidrige Nutzungen, die ohne vorherige Einwilligung der Verwertungsgesellschaft erfolgen. Zumal bei konkurrierenden Verwertungsgesellschaften, die kein Gesamtrepertoire (gar Weltrepertoire) bilden können, war der Nachweis der **Aktivlegitimation** schwierig. Eine Vermutung für die Aktivlegitimation, wie sie heute in Form der GEMA-Vermutung besteht, kam den Verwertungsgesellschaften in der Zeit von 1903 bis 1933 nicht zugute,[17] die Rechtsverfolgung war dadurch erheblich erschwert. Auch die Pauschalierung des Schadensersatzes, die der GEMA von den Gerichten heute in Form einer **doppelten Lizenzgebühr** zugestanden wird, gab es in dieser Zeit noch nicht.[18] Damit war der Anreiz, die Einwilligung im Vorhinein von der Verwertungsgesellschaft einzuholen, nicht besonders hoch.

---

15 RGZ 87, 215, 220 f.

16 RGZ 113, 413–424 (Sendung von Schriftwerken im Rundfunk als gewerbsmäßige Verbreitung iSv § 11 Abs. 1 LUG).

17 RGZ 123, 307–311.

18 Die doppelte Lizenzgebühr wurde erst in den späten 1930er Jahren vorsichtig vom KG entwickelt.

C. Wahrnehmungsrecht von 1933 bis 1945 und die Stagma[19]

Ein besonderes Wahrnehmungsrecht entstand in Deutschland erst 1933 mit dem so genannten „Gesetz über die Vermittlung von Musikaufführungsrechten". Im Hinblick auf seine Regelung wurde die „Staatlich genehmigte Gesellschaft zur Verwertung musikalischer Urheberrechte" (Stagma) gegründet, die von 1933 bis 1945 eine rechtliche Monopolstellung für die Wahrnehmung musikalischer Urheberrechte hatte. 38

I. Das Gesetz vom 4. Juli 1933 („Stagma-Gesetz")

Das „Gesetz über die Vermittlung von Musikaufführungsrechten" („Stagma-Gesetz") vom 4. Juli 1933 gliederte sich in fünf Paragraphen. Eine jederzeitig widerrufbare Genehmigung (§ 1) des Reichsministers für Volksaufklärung und Propaganda wurde ab Inkrafttreten für die gewerbliche Vermittlung der sog. „kleinen Rechte" notwendig. Alle ohne eine solche Genehmigung geschlossenen Verträge über die Verwertung von Aufführungsrechten waren nichtig (§ 2). Nach § 3 musste jeder Musikveranstalter nach Aufforderung sein Recht zur öffentlichen **Aufführung nachweisen.** Dieser Nachweis hatte in jedem Fall in schriftlicher Form zu erfolgen. Aufforderungsberechtigt gegenüber dem Musikveranstalter waren der Berechtigte selbst und die Polizei. In Fällen, in denen der Musikveranstalter das Recht zur öffentlichen Aufführung (idR durch Vertrag mit der Verwertungsgesellschaft oder dem Berechtigten) nicht nachweisen konnte, durfte die Polizei von Amts wegen oder der Berechtigte im Antragsverfahren die öffentliche Aufführung verhindern. Nach § 4 des Gesetzes entschied eine **Schiedsstelle** in den Fällen über Art und Höhe der Tarife, in denen sich der Vermittler und ein Verband von Musikveranstaltern nicht über die Höhe der Vergütung für die öffentliche Musikaufführung einigen konnten. Der Verband musste, um Vertragspartner sein zu können, vom Reichsminister für Volksaufklärung und Propaganda anerkannt werden. In § 5 erhielt der Reichsminister für Volksaufklärung und Propaganda eine umfassende **Verordnungsermächtigung** (s. sogleich Rn. 44 ff.). Nach dieser konnte er Bestimmungen zur Durchführung des Gesetzes vom 4. Juli 1933 erlassen. Von der Ermächtigung war aber gleichzeitig auch das Recht umfasst bereits geschlossene Verwertungsverträge aufzuheben. Einzige Voraussetzung für die Aufhebung der Verwertungsverträge war der Entzug der Genehmigung nach § 1 des Gesetzes. 39

Das „Stagma-Gesetz" zentralisierte die Tätigkeit und erschwerte die Bildung von Verwertungsgesellschaften. Insoweit setzt es allerdings einen Weg fort, der seit dem Zusammenschluss von GDT und Alter Gema bereits faktisch begonnen wurde. 40

Bemerkenswert war die Berechtigung der Polizei nach § 3 des „Stagma-Gesetzes". Vor Erlass des Gesetzes lag die Kontrolle der Berechtigung zur Musikaufführung ausschließlich in den Händen des Berechtigten selbst. Er musste im Konfliktfall seine Rechte zivilrechtlich durchsetzen. Nunmehr wurde ein direktes **Eingreifen der Polizei** ermöglicht. Durch diese starke polizeiliche Einbindung konnte man sich in der Folge eine große Anzahl zivilrechtlicher Prozesse zwischen Verwertungsgesellschaft und Veranstalter ersparen, die geführten Prozesse sanken drastisch. 41

Das „Stagma-Gesetz" wurde damals ganz überwiegend als positive staatliche Regulierung aufgenommen, da es das Nebeneinander konkurrierender Verwertungsgesellschaften und die damit einhergehenden Schwierigkeiten vermied. Man erhoffte sich u.a. die Aufteilung einzelner Aufführungsrechte und die sich daraus ergebende Rechtsunsicherheit auf Seiten der Urheber und der Musikveranstalter zu verhindern. 42

19 Dazu etwa *Becker-Bender*, Das Urheberpersönlichkeitsrecht im musikalischen Urheberrecht; *Heister/Klein*, Musik und Musikpolitik im faschistischen Deutschland; *Hoffmann/Ritter*, Das Recht der Musik.

43 Insbesondere die neu geschaffene Eingriffsbefugnis der Polizei ruft aus heutiger Sicht Bedenken hervor. Allerdings wurde diese Befugnis, soweit ersichtlich, nicht missbräuchlich ausgeübt. Zum einen wurde in der Praxis das nötige Antragserfordernis der Stagma nach §3 des Gesetzes in den Vordergrund gerückt. Zum anderen erging 1936 ein Erlass des Reichsministers für Volksaufklärung und Propaganda, der die bloße Hilfsstellung der Polizeibehörden ausdrücklich betonte.[20]

II. Verordnung zur Durchführung des „Stagma-Gesetzes" vom 15. Februar 1934

44 Ergänzt wurde das Gesetz durch eine – aufgrund seines § 5 erlassene – „Verordnung zur Durchführung des Gesetzes über die Vermittlung von Musikaufführungsrechten" vom 15. Februar 1934.[21] Sie war ähnlich kurz wie das Gesetz und umfasste nur drei Paragraphen. Im ersten Absatz des § 1 wurde die theoretische Möglichkeit der Zulassung weiterer Vermittler ausgeschlossen. Die Stagma erhielt als einzige Stelle eine, nunmehr auf Verordnungswege festgeschriebene Genehmigung, gewerbsmäßig die Vermittlung von Musikaufführungsrechten durchzuführen **(rechtliches Monopol)**. In Abs. 2 wurde die dazugehörige Berechtigung, sämtliche seit dem 1. Oktober 1933 fällig gewordenen Forderungen gegen Musikveranstalter einzuziehen, geregelt. Von diesem Einziehungsrecht waren insbesondere die Verträge der Alten Gema und der GDT umfasst. Durch § 2 wurde die im „Stagma-Gesetz" vorgesehene Schiedsstelle näher ausgestaltet und in § 3 der Schadensersatzanspruch der Verwerter in Fällen der unerlaubten Aufführung geregelt.

45 Betrachtet man das „Stagma-Gesetz" und die nachfolgende Verordnung einheitlich, so kommt man zur Einschätzung, dass durch diese Regelungen kein typisch nationalsozialistisches Recht gesetzt wurde.[22] Einen entgegengesetzten Schluss sollte man weder aus der (oben, Rn. 41) angesprochenen Polizeibefugnis noch aus der staatlich verordneten Alleinstellung der Stagma als Verwertungsgesellschaft ziehen. Zu dieser sei hier nur erwähnt, dass bereits weit vor 1933 das Reichskartell der Musikveranstalter e.V. eine zentrale Verwertungsgesellschaft gefordert hatte. Auch waren bereits in einigen anderen Ländern der Berner Übereinkunft, einem allgemeinen Trend folgend, zentrale Verwertungsgesellschaften eingerichtet worden.

III. Die Verwertungsgesellschaft Stagma

1. Gründung und Entwicklung ab 1933

46 Unmittelbar nach Erlass des „Stagma-Gesetzes" erhielten die Alte Gema und die GDT durch Ermächtigung des Reichsministers für Volksaufklärung und Propaganda vom 12. Juli 1933 nach § 1 iVm § 5 des „Stagma-Gesetzes" die Genehmigung zur Vermittlung von Musikaufführungsrechten. In dieser Ermächtigung wurde zusätzlich bereits die Gründung der späteren Stagma angeordnet. Weiterhin wurden alle bestehenden Verwertungsverträge in Ausübung des Aufhebungsrechts nach § 5 „Stagma-Gesetz" längstens bis zum 30. Juni 1934 befristet. Mit Ablauf dieser Frist wurde deren Außerkrafttreten angeordnet. Auch alle bestehenden Tarife zwischen den Verwertungsgesellschaften und

20 Erlass X 9171/30. Juni 36/6002 5/1 vom 5. 10. 1936 zitiert nach LG Limburg, UFITA 14 (1941), S. 209: *„... polizeiliche Hilfe nur dort, wo sie unbedingt erforderlich ist, in Anspruch zu nehmen, und alle Ermittlungen, Kontrollen usw., so weit wie möglich durch eigenes Kontrollpersonal vornehmen zu lassen."*

21 RGBl. I 1934, 100.

22 So im Ergebnis der BGH, GRUR 1955, 351, 355.

den Verbänden der Musikveranstalter wurden mit eigener Frist zum 31. Dezember 1933 außer Kraft gesetzt.

In der Folge des Bestehens der Stagma konnte sie sich, wie alle staatlichen Organisationen, personell und organisatorisch einer schleichenden Einbindung in das Herrschaftssystem der Nationalsozialisten nicht entziehen. Die gesetzlichen Regelungen des „Stagma-Gesetzes" ermöglichten eine Überwachung und Einflussnahme der staatlichen Stellen auf die Stagma. In der Folge wurde sie, wenn auch als nur „korporatives Mitglied" in den politischen Apparat der Reichsmusikkammer, einer der Einzelkammern der Reichskulturkammer, eingegliedert. Trotz ihrer fachlich unangefochtenen Arbeitsweise sind von der Entlassung der jüdischen Vorstände und Beschäftigten bis hin zum vorauseilenden Gehorsam gegenüber den staatlichen Machthabern aus heutiger Sicht auch alle Zeichen eines angepassten Wirkens feststellbar. **47**

2. Verhalten der Stagma gegenüber jüdischen Mitgliedern

Die jüdischen Mitglieder der Stagma hatten seit der Machtergreifung 1933 mit dra- **48**
matisch sinkenden Einnahmen zu kämpfen. Dies war zum einen, ganz unabhängig von der Tätigkeit der Stagma selbst, Folge von Aufführungsverboten sowie der mehr und mehr stattfindenden Programmkontrolle durch die staatlichen Behörden. Zum anderen scheute sich die Stagma allerdings nicht, ihre zum Teil von Anfang an bestehenden **Satzungsregeln** formalisiert zum Nachteil der jüdischen Mitglieder anzuwenden.

Insbesondere diejenigen Satzungsbestimmungen, die an die Staatsbürgerschaft oder **49**
den Berufsstand anknüpften, hatten dramatische Auswirkungen. Nach § 9 Abs. 2 der ab dem 25. Januar 1934 gültigen Satzung war für natürliche Personen die deutsche **Staatsbürgerschaft** Voraussetzung für die Bezugsberechtigung bei der Stagma. Die Staatsbürgerschaft entfiel bei ausgewanderten Juden unmittelbar nach dem Reichsbürgergesetz. In der ab 1936 gültigen Fassung der Satzung wurde zusätzlich die **Zugehörigkeit zu einem Berufsstand** aufgenommen. Durch den konsequenten Ausschluss der Juden aus den Berufsständen der deutschen Komponisten, deutschen Musikverleger und deutschen Textdichter der Reichsmusikkammer war ihnen somit nicht nur die Berufsausübung an sich verboten, es entfiel auch die Voraussetzung für die Bezugsberechtigung bei der Stagma.

Die Stagma beendete aufgrund der beschriebenen Satzungsregeln lückenlos die Be- **50**
zugsverhältnisse zu ihren jüdischen Mitgliedern. Den Gekündigten bot man als Ersatz reine Wahrnehmungsverträge an. Andererseits wurden insbesondere für die jüdischen Komponisten beträchtliche Einnahmen eingezogen, die aufgrund einer staatlichen Verordnung zum Reichsbürgergesetz nicht ausgeschüttet wurden, sondern an den Staat fielen.

3. Stagma-Tätigkeit in den besetzten Gebieten

Seit dem Zusammenschluss von GDT und Alter Gema und der Ermächtigung des **51**
Reichsministers für Volksaufklärung und Propaganda vom 12. Juli 1933 begannen in **Österreich** Verdrängungsaktivitäten gegenüber der AKM. Mit dem Einmarsch deutscher Truppen in Österreich wurden im März 1938 in Wien die Vermögenswerte der AKM beschlagnahmt und eine neue Leitung eingesetzt. Im Juni 1938 wurde die Gültigkeit des „Stagma-Gesetzes"auf Österreich ausgedehnt.

In **Polen** entstanden ab 1941, in Abhängigkeit der Eroberungen und Besetzungen von **52**
polnischem Hoheitsgebiet, neue Bezirksleitungen in Posen, Krakau, Danzig und Breslau.

Auf dem Gebiet der ehemaligen **Tschechoslowakei** wurde die Prager Autoren- **53**
schutzvereinigung der Komponisten, Schriftsteller und Verleger (OSA) in eine „Gebiets-

direktion“ umgewandelt und eine Bezirksleitung „Sudetenland“ installiert. Im Dezember 1938 wurde das „Stagma-Gesetz“ in der Tschechoslowakei in Kraft gesetzt.

54 In **Frankreich** wurde Lothringen 1941 der Stagma-Zweigstelle Saarbrücken, das Elsass der Bezirksleitung in Stuttgart und das Gebiet von Luxemburg der Bezirksleitung in Köln zugeordnet.

4. Die Tätigkeit der Stagma nach 1945

55 Das „Stagma-Gesetz“ war nach 1945 weiterhin **wirksam**, da im Ergebnis zu keiner Zeit ein Anwendungsverbot nach alliiertem Besatzungs- bzw. Kontrollratsrecht bestand. Dies hat die deutsche Rechtsprechung[23] später ausdrücklich festgestellt. Die Stagma war somit jederzeit zur ihrer Tätigkeit **berechtigt**. Allein der Genehmigungszwang nach § 1 des Stagma-Gesetzes entfiel nach alliiertem Recht aufgrund der Genehmigungsberechtigung des Reichsministers für Volksaufklärung und Propaganda. So blieb die Stagma faktisch die allein tätige deutsche Verwertungsgesellschaft in jener Zeit, dies aber **ohne** ihr bisheriges **gesetzliches Monopol.**

56 Da auch die **Tarife** der Stagma nach 1945 noch immer in Kraft waren, konnte sie diese unmittelbar, wie auch Schadensersatzansprüche bei Verletzung von Aufführungsrechten, geltend machen.

57 Die Stagma wurde, wie auch andere deutsche Organisationen, nach Ende des Krieges aufgrund der damaligen Militärregierungsgesetze kontrolliert. Es wurden **Treuhänder** und eine kommissarische Geschäftsführung bestellt, die die Tätigkeiten der Stagma überwachten bzw. das Tagesgeschäft führten.

58 Durch die ununterbrochene Tätigkeit der Stagma konnte die **GEMA** unter Weitergeltung des „Stagma-Gesetzes“ von 1933 **Rechtsnachfolgerin** der Stagma werden. Die zuständige britische Militärregierung genehmigte nach Beschluss des Alliierten Kontrollrates 1947 die Ausübung der zukünftigen Tätigkeit der Stagma unter der Bezeichnung „GEMA“.

59 Die GEMA wurde somit nicht neu gegründet, die Stagma änderte nur ihre Bezeichnung.[24] Unmittelbar und weiterhin faktisch **monopolartig** konnte die GEMA damit, da keine weitere Verwertungsgesellschaft existierte, die Rechte der Urheber wahrnehmen. Diese starke Stellung wurde zu jener Zeit vereinzelt angegriffen. Man sah alliiertes **Kartellrecht** verletzt. Von der deutschen Rechtsprechung[25] wurden diese Bedenken, gerade wegen der starken alliierten Kontrolle der GEMA und der bereits unter Geltung des Kartellrechts getroffenen Entscheidung der Alliierten Kontrollbehörde (dazu Rn. 57), nicht geteilt.

60 Eine zeitlang führte die GEMA noch den Namenszusatz **„vormals Stagma“**, danach war die Umbenennung vollständig vollzogen.

23 BGH, GRUR 1955, 351, 355.

24 Dazu die Feststellungen des LG Berlin, GRUR 1951, 522.

25 BGH, GRUR 1955, 351, 353 mit weiteren Nachweisen auf Rechtsprechung und Literatur zu dieser Diskussion; KG WuW 1953, 175; KG, GRUR 1954, 525 mit Hinweis auf die entscheidende st. Rspr. des erkennenden Senates.

Kapitel 3
Funktionen von Verwertungsgesellschaften im Zusammenhang mit dem Ausgleich von verschiedenen Interessen

Inhaltsübersicht

I. Einführung

1. Die relevanten Interessen

Im Bereich des Urheberrechts hat man seit jeher die drei folgenden Interessen unterschieden: Erstens, diejenigen der Urheber von Werken, zu deren Schutz das Urheberrecht überhaupt eingeführt wurde; ihr Hauptinteresse liegt darin, die Verwertung ihrer Werke zu kontrollieren, insbesondere um daraus ein Einkommen zu erzielen.[1] Zweitens, diejenigen der Verwerterunternehmen, wie etwa der Verleger oder Tonträgerhersteller, die wie Urheber ein Interesse an der Kontrolle der Verwertung ihrer Produkte, die die Werke enthalten, haben und daraus Einnahmen erzielen möchten, um ihre Investitionen zu amortisieren und Gewinne zu erzielen. Schließlich haben Nutzer von geschützten Werken ein Interesse daran, diese nutzen zu können, und dies insbesondere ohne Zustimmung des Urhebers oder anderweitigen Rechtsinhabers.[2] 1

2. Konflikte zwischen diesen Interessen und Mittel zum Interessensausgleich

Der primäre Interessenkonflikt zwischen Urhebern oder anderen Rechtsinhabern einerseits und Nutzern andererseits besteht darin, dass der Rechtsinhaber Nutzungen aufgrund seiner ausschließlichen Verwertungsrechte kontrollieren möchte und der Nutzer Werke ohne die Zustimmung des Urhebers oder anderen Rechtsinhabers nutzen möchte. Dieser Interessenskonflikt ist seit jeher durch gesetzliche Schrankenbestimmungen und die darauf beruhende Rechtsprechung – und, in gewissem Ausmaß, durch die Beschrän- 2

1 Für ausübende Künstler gilt die gleiche Interessenlage; die Ausführungen in diesem Beitrag zu Urhebern gelten daher auch analog für ausübende Künstler, selbst wenn dies nicht ausdrücklich gesagt ist.

2 Der Begriff des Nutzers wird in diesem Zusammenhang vorrangig als Endnutzer verstanden.

Silke v. Lewinski

https://doi.org/10.1515/9783110366792-003

kung der Schutzdauer – gelöst worden. Schranken der Rechte werden in Fällen besonderer, durch bestimmte Interessen gerechtfertigter Nutzungen vorgesehen; hierbei ist entweder sowohl die Zustimmung des Urhebers als auch die Zahlung einer Vergütung entbehrlich, oder es wird nur der ausschließliche Charakter des Rechts beschränkt, so dass der Nutzer zwar keine Zustimmung des Urhebers braucht, jedoch eine Vergütung für die Nutzung zahlen muss. Der Interessensausgleich durch Schranken ist in der Geschichte des Urheberrechts immer wieder den tatsächlichen Entwicklungen angepasst worden, so dass auf Dauer ein stabiles System des Interessenausgleichs innerhalb des Urheberrechts gefunden wurde.

3 Im Gegensatz dazu wurde der potentielle Konflikt zwischen den Interessen der Urheber einerseits und der Verwerter, wie der Verleger oder Produzenten andererseits, die die abgeleiteten Rechte der Urheber möglicherweise zusätzlich zu ihren eigenen verwandten Schutzrechten verwerten, sehr viel später vom Gesetzgeber geregelt. Dieser Konflikt ist innerhalb des Vertrages zwischen Urheber und Verwerter angesiedelt und betrifft insbesondere die Aufteilung der Vergütung der Einnahmen aus der Verwertung sowie andere Vertragsbestimmungen, z.B. zum Ausmaß der eingeräumten Rechte. Daher wurde die Lösung dieses Konflikts für lange Zeit dem allgemeinen und besonderen Urhebervertragsrecht und der diesbezüglichen Rechtsprechung überlassen. Inzwischen sind jedoch immer häufiger spezifische gesetzliche Regelungen zur Lösung dieses Konflikts eingeführt worden. Da dieser Konflikt durch eine typischerweise sehr unterschiedliche Verhandlungsmacht der Vertragsparteien verschärft wird, versuchen spezifische urhebervertragsrechtliche Regelungen, ihn u.a. durch Interpretationsregeln oder zwingende vertragsrechtliche Regeln zu entschärfen. Dieser Ansatz ist allerdings nur in Ländern des *Droit d'auteur*-Systems, jedoch nicht in solchen des *Copyright*-Systems üblich. Eine gewisse Art des Interessenausgleichs kann auch durch die Einführung von gesetzlichen Vergütungsansprüchen im Zusammenhang mit Schranken insbesondere dort erreicht werden, wo diese Vergütungsansprüche durch gut funktionierende Verwertungsgesellschaften wahrgenommen werden; hier kann eine Aushandlung von Vergütungsanteilen im Verteilungsplan dann einen angemessenen Ausgleich schaffen, wenn die Verhandlungen und Abstimmungen so strukturiert sind, dass den Gruppen der Urheber und der Verwerter eine ähnlich starke Verhandlungsposition zukommt. Auch dieser Ansatz der gesetzlichen Vergütungsansprüche ist allerdings vornehmlich auf Länder des *Droit d'auteur*-Systems beschränkt.[3] Im internationalen Urheberrecht ist dieser Interessenkonflikt bisher nicht behandelt worden.[4]

3. Entwicklung der Interessenkonflikte

4 In den letzten Jahren scheinen alle diese Interessenkonflikte stärker geworden zu sein und einen neuen Interessenausgleich zu erfordern. Dies spiegelt sich in der gesteigerten Aufmerksamkeit wider, die diesem Thema sowohl auf gesetzgeberischer Ebene

3 Zu diesem Ansatz s. auch unten, Rn. 11 ff. und, bzgl. gesetzlicher Vergütungsansprüche, Rn. 21 ff.; selbst nach dem Ausgang des Verfahrens Vogel ./. VG Wort; (LG München I, ZUM-RD 2012, 410; OLG München, GRUR 2014, 272; BGH, GRUR 2016, 596 – Verlegeranteil; s. dazu auch unten, Rn. 11 ff.) kann hierdurch ein Interessenausgleich erreicht werden, soweit Urheber freiwillig einer Verlegerbeteiligung zustimmen.

4 Allein Art. 12(3) BTAP (Bejing Treaty on Audiovisual Performances) von 2012, der noch nicht in Kraft getreten ist, sieht die Möglichkeit der Vertragsstaaten vor, im Zusammenhang mit einer möglichen Übertragungsvermutung bezüglich der Rechte audiovisueller Künstler an Filmproduzenten Regeln zur Vergütung der Künstler vorzusehen. Es handelt sich allerdings um eine fakultative Bestimmung, die allenfalls ein Signal an die Gesetzgeber bedeutet. S. dazu z.B. *von Lewinski*, GRUR Int. 2013, 12, 15.

als auch in der Rechtsprechung und Lehre in den letzten 15 Jahren zugekommen ist. Zunächst hat sich die Situation bezüglich des Interessenkonflikts zwischen Rechtsinhabern und Nutzern insbesondere durch die Einführung der digitalen Technologie verändert. Diese Technologie ermöglicht es den Endnutzern, Nutzungen vorzunehmen, die grundsätzlich durch das Urheberrecht oder verwandte Schutzrechte geschützt sind und die sie zuvor nicht vornehmen konnten. Auch handelt es sich bei diesen Nutzungen oft um solche mit bedeutenden wirtschaftlichen Auswirkungen; sie entsprechen oft solchen Nutzungen, die im analogen Bereich nur von Verwerterunternehmen durchgeführt werden konnten, wie etwa das Hochladen und Zurverfügungstellen von Werken über das Internet. Da sich die Nutzer dadurch an die de facto freie, wenn auch oft illegale, Verfügbarkeit von Werken im Internet gewöhnt haben und da Rechte gegenüber solchen Endnutzern im Internet nur erschwert durchgesetzt werden können, haben sich Nutzer u.a. im Rahmen von Lobbyverbänden stark dafür eingesetzt, den Urheberrechtsschutz zu beschränken und mehr freie Nutzungen zu ihren Gunsten vorzusehen.[5]

Auch der Konflikt zwischen Urhebern oder ausübenden Künstlern einerseits und 5
Unternehmern der Verwerterindustrie andererseits hat sich in vielen Bereichen verschärft. Dies mag an einem stärkeren Wettbewerb zwischen Verwerterunternehmen liegen, die daher ein Interesse daran haben, mehr Kosten – u.a. auch Vergütungen für Urheber oder ausübende Künstler – zu sparen. Es mag auch an der verstärkten Medienkonzentration liegen; die Verhandlungsposition der Urheber und ausübenden Künstler wird dadurch insofern weiter geschwächt, als letztere in einigen Bereichen keine realistische Chance haben, einen vergleichbaren anderen, unabhängigen Verwerter derselben Branche als Verwerter zu gewinnen.[6]

Im Zusammenhang mit der – durch die Globalisierung beflügelten – Medienkon- 6
zentration hat sich auch ein weiterer Interessenkonflikt ergeben, nämlich innerhalb der Beziehung zwischen sehr mächtigen Verlegern oder anderen Verwerterunternehmen einerseits und kleinen, verhandlungsschwachen Unternehmen andererseits. Ein vergleichbarer Konflikt kann auch innerhalb der Gruppen von Urhebern und Künstlern beobachtet werden, von denen einige wenige sehr gut verdienen, während dies den meis-

5 Zu dieser Entwicklung s. im Detail *von Lewinski*, Journal of the Copyright Society of the USA 50 (2003), S. 581, 597 ff. Zum Fokus der Gesetzgebung auf Schranken, s. z.B. Art. 5 Informationsgesellschaftsrichtlinie 2001/29 sowie Gesetzesvorschläge und -änderungen in vielen Ländern wie auch in der EU (z.B. den Gesetzesentwurf der Bundesregierung, Entwurf eines Gesetzes zur Angleichung des Urheberrechts an die aktuellen Erfordernisse der Wissensgesellschaft (Urheberrechts-Wissensgesellschafts-Gesetz), BT-Drs. 18/12329; die Richtlinie zu verwaisten Werken 2012/28; das Konsultationsdokument der EU vom Dezember 2013, http://ec.europa.eu/internal_market/consultations/2013/copyright-rules/index_de.htm, S. 16–30; Art. 3–6 und 7 des Vorschlags für eine Richtlinie des Europäischen Parlaments und des Rates über das Urheberrecht im digitalen Binnenmarkt vom 14.9.2016, COM(2016) 593 final), und von der WIPO (Marrakesch Vertrag 2013 – "Marrakesh Treaty to Facilitate Access to Published Works for Persons Who Are Blind, Visually Impaired, or Otherwise Print Disabled" vom 27.6.2013 sowie Umsetzungsinstrumente; Diskussionen im Ständigen Ausschuss der WIPO für Urheberrecht und verwandte Schutzrechte über Schranken insbesondere zugunsten von Bildung, Forschung, Bibliotheken, s. http://www.wipo.int/copyright/en/limitations/).

6 Auch dieser Interessenkonflikt ist in den letzten Jahren vermehrt behandelt oder diskutiert worden; s. z.B. das Gesetz zur Stärkung der vertraglichen Stellung von Urhebern und ausübenden Künstlern vom 22.3.2002, BGBl I, 2002, Nr. 21, Seite 1155–1158, s. dazu auch BVerfG, GRUR 2014, 169 zur Verfassungskonformität dieses Gesetzes; die fakultative Einführung eines Vergütungsanspruchs für ausübende Künstler in Art. 12(3) BTAP (im Zusammenhang mit einer möglichen Übertragungsvermutung), s.o. Fn. 4; die o.g. EU-Konsultation (Fn. 5), http://ec.europa.eu/internal_market/consultations/2013/copyright-rules/docs/consultation-document_en.pdf, S. 33–34 (Fragen 72–75); s.a. Art. 14–16 des Vorschlags für eine Richtlinie des Europäischen Parlaments und des Rates über das Urheberrecht im digitalen Binnenmarkt vom 14.9.2016, COM(2016) 593 final.

ten nicht möglich ist. Dieser Interessenskonflikt zwischen mächtigen und schwächeren Mitgliedern derselben Kategorie von Rechtsinhabern ist insbesondere innerhalb von bestimmten Verwertungsgesellschaften deutlich geworden.

4. Funktionen von Verwertungsgesellschaften

7 Im Allgemeinen besteht die Primärfunktion von Verwertungsgesellschaften darin, Urheberrechte oder verwandte Schutzrechte, die ihnen anvertraut wurden, für die Rechtsinhaber kollektiv wahrzunehmen, also in einer wirtschaftlichen Funktion. In Ländern des *Droit d'auteur*-Systems sind zusätzlich kulturelle und soziale Funktionen der Verwertungsgesellschaften anerkannt worden.[7] Diese kulturellen und sozialen Funktionen sind insbesondere im Auftrag an Verwertungsgesellschaften reflektiert, Kultur- und Sozialfonds zugunsten der Rechteinhaber zu bilden und letztere z.B. kulturell zu fördern oder in sozialer Not zu unterstützen. Sie können auch in Bewertungssystemen im Hinblick auf die Verteilung der Vergütungen zum Ausdruck kommen. Allein diese kulturellen und sozialen Funktionen können in gewissem Ausmaß zu einem Ausgleich der Interessen nicht nur innerhalb der Gruppen von Urhebern, Künstlern, Verlegern oder Produzenten, sondern auch zwischen Urhebern oder Künstlern einerseits und Verlegern oder Produzenten andererseits beitragen.

8 Der Fokus dieses Beitrags liegt auf den Funktionen von Verwertungsgesellschaften im Zusammenhang mit dem Interessenausgleich. Aufgrund der vorangegangenen Analyse kann man in dieser Hinsicht die folgenden Fragen aufwerfen: Inwieweit können Verwertungsgesellschaften eine Rolle im Interessenkonflikt zwischen Rechteinhabern und Nutzern spielen? Zweitens, inwieweit können gewisse Interessenkonflikte gelöst werden, die innerhalb von Verwertungsgesellschaften zwischen Urhebern/Künstlern und Verlegern/Produzenten sowie zwischen wirtschaftlich erfolgreichen und weniger erfolgreichen Mitgliedern einer Kategorie von Rechtsinhabern bestehen? Drittens ergibt sich die Frage, ob Verwertungsgesellschaften eine Funktion beim Interessenausgleich in Bezug auf Konflikte übernehmen können, die außerhalb von Verwertungsgesellschaften zwischen Urhebern oder Künstlern einerseits und Verwerterunternehmen andererseits entstehen; diese Funktion würde darin liegen, die Schwächen des bestehenden Urhebervertragsrechts auszugleichen. Diese Fragen werden im Folgenden behandelt.

II. Mögliche Funktionen von Verwertungsgesellschaften beim Ausgleich unterschiedlicher Interessen

1. Ausgleich der Interessen von Rechtsinhabern und Nutzern

9 Der Ausgleich von Interessen von Rechtsinhabern und Nutzern ist seit jeher im Rahmen von Schranken ausschließlicher Rechte (und in gewissem Ausmaß auch der beschränkten Schutzdauer) erfolgt. Dieses Mittel zum Interessenausgleich wird auch in Zukunft diesen Konflikt primär lösen. Es ist Aufgabe des Gesetzgebers zu entscheiden, ob ein ausschließliches Recht eines Urhebers oder anderen Rechtsinhabers zugunsten der Allgemeinheit im Sinne einer Zwangslizenz, einer gesetzlichen Lizenz – also mit einem Vergütungsanspruch – oder als Ausnahme ohne einen Vergütungsanspruch beschränkt werden soll, wobei der Gesetzgeber übergeordnetes Recht, wie Verfassungs-

7 S. z.B. § 32 Abs. 1, 2 VGG, Art. 12 Abs. 4 i.V.m. BE 3 VGRL und *Lerche*, GEMA-Jahrbuch 1997/98, S. 80; *Katzenberger/Nérisson*, GRUR Int. 2011, 283 ff.

recht und regionales und internationales Recht beachten muss. Verwertungsgesellschaften spielen in dieser Hinsicht keine Rolle. Nur wenn der Gesetzgeber eine gesetzliche Lizenz mit einem Vergütungsanspruch einführt, entsteht regelmäßig die Aufgabe der Verwertungsgesellschaft, diesen Vergütungsanspruch wahrzunehmen – sei es aufgrund einer freiwilligen Entscheidung der Rechtsinhaber oder aufgrund einer gesetzlichen Verwertungsgesellschaftenpflicht. Diese Wahrnehmungsfunktion der Verwertungsgesellschaften ist also nur eine Folge der grundlegenden Entscheidung des Gesetzgebers, eine Schranke in Kombination mit einem Vergütungsanspruch einzuführen. Die Verwertungsgesellschaft hat in diesem Falle daher keine eigenständige, unabhängige Funktion beim Interessenausgleich zwischen Rechtsinhabern und Nutzern.

Allerdings kommt die kollektive Rechtewahrnehmung insofern den Nutzern zugute, **10** als sie grundsätzlich – zumindest sofern, wie zumeist, ein Monopol besteht – einen *one-stop-shop* ermöglicht, also die Lizenzierung aller Rechte für ein bestimmtes Repertoire aus einer Hand. Im Übrigen unterliegt sie in vielen Rechtssystemen, wie etwa in Deutschland, bestimmten Verpflichtungen, die den Nutzerinteressen dienen. Dazu gehören insbesondere die Verpflichtung, angemessene Tarife aufzustellen (§§ 38–40 VGG), sowie der Kontrahierungszwang (§ 34 Abs. 1 VGG), durch den die Position der Rechteinhaber gegenüber den Nutzern geschwächt wird.[8]

2. Der Ausgleich von Interessenkonflikten innerhalb von Verwertungsgesellschaften

a) *Konflikt zwischen Urhebern/ausübenden Künstlern und Verlegern/Produzenten im Allgemeinen*

Ein solcher Konflikt kann innerhalb einer Verwertungsgesellschaft nur dann entste- **11** hen, wenn dort die unterschiedlichen Gruppen (z.B. Urheber und Verleger, oder Künstler und Tonträgerhersteller) vertreten sind.[9] In Fällen, in denen die Gruppen von Rechtsinhabern, die die gleichen Rechte innehaben, in unterschiedlichen Verwertungsgesellschaften organisiert sind, werden ihre Interessen daran, den bestmöglichen Anteil solcher Einkommen zu erhalten, im Rahmen von Verhandlungen zwischen den zuständigen Verwertungsgesellschaften berücksichtigt. Beispielsfälle hierfür sind die Vergütungsansprüche für die private Vervielfältigung und für die Bibliothekstantieme in Deutschland.[10]

In Fällen, in denen unterschiedliche Gruppen von Rechtsinhabern in einer einzigen **12** Verwertungsgesellschaft vertreten sind, kann man die folgenden Fälle unterscheiden. Wenn alle Mitglieder dieser Gruppen aufgrund eines gesetzlichen Vergütungsanspruchs Vergütungen aufgrund ihrer eigenen, originären Rechte geltend machen können, kann die Verteilung der Einnahmen folgendermaßen vorgenommen werden: Entweder kann das Gesetz selbst ausdrücklich die Prozentsätze bestimmen, die z.B. für die Anteile der ausübenden Künstler und Tonträgerhersteller gelten,[11] oder die Prozentsätze müssen zwischen den unterschiedlichen Gruppen von Rechtsinhabern innerhalb der Verwer-

---

8 Auf diese Aspekte soll in diesem Beitrag nicht weiter eingegangen werden.

9 Dies ist eine sehr weitverbreitete Konstellation; eine Ausnahme stellt die polnische Musikverwertungsgesellschaft ZAIKS dar, in der Verleger nicht beteiligt sind.

10 Zu den relevanten Dachgesellschaften ZPÜ und ZBT s. z.B. *Müller*, in diesem Band, Kap. 13; Loewenheim/*Melichar*, § 46 Rn. 23, 24 und zu Dachgesellschaften allgemein Rn 21 ff.; s.a. Schricker/Loewenheim/*Reinbothe*, vor §§ 1 UrhWG Rn. 14.

11 S. z.B. Art. L.214-1. des französischen CPI; Art. 49 Abs. 3 des griechischen Urheberrechtsgesetzes. Bezüglich der Vergütung für die private Vervielfältigung, s. z.B. Art. L.311-7. des französischen CPI.

tungsgesellschaft vereinbart werden. Im letzteren Falle spielen die Modalitäten der Entscheidungsfindung innerhalb der Verwertungsgesellschaften eine große Rolle. In Fällen, in denen die innere Struktur und das Abstimmungsverfahren von Verwertungsgesellschaften so gestaltet sind, dass alle relevanten Gruppen gleiche Chancen haben, ihre Interessen effizient zu vertreten, können Verwertungsgesellschaften ihre Funktion des Ausgleichs von Interessenkonflikten zwischen unterschiedlichen Gruppen von Rechtsinhabern erfüllen. Diese Konflikte können zum einen zwischen Urhebern/ausübenden Künstlern einerseits und Verlegern/Tonträgerherstellern andererseits bestehen, zum anderen jedoch auch zwischen unterschiedlichen Kategorien innerhalb einer dieser Gruppen.

14 Ein Beispiel für ein System der Entscheidungsfindung, das im Hinblick auf ein angemessenes Gleichgewicht zwischen verschiedenen Gruppen von Rechtsinhabern entworfen wurde, ist das Kuriensystem, das insbesondere in der GEMA und in der VG Wort besteht. Demnach erfolgen Abstimmungen zunächst separat in den unterschiedlichen Kurien oder Berufsgruppen[12] und danach zwischen den Gruppen als solchen.[13] Hervorzuheben ist auch, etwa für das Beispiel der GEMA, dass solche Abstimmungen – insbesondere zu Änderungen des für den Interessenausgleich besonders wichtigen Verteilungsplans – im Verhältnis der (bei der GEMA: drei) Berufsgruppen zueinander einstimmig erfolgen müssen, sodass keine Entscheidung gegen den Willen einer Berufsgruppe ergehen kann bzw. jede Berufsgruppe ein Vetorecht hat. Außerdem ist für Abstimmungen innerhalb der Berufsgruppen (wiederum am Beispiel der GEMA) eine Zweidrittelmehrheit notwendig.[14] Verteilungsregelungen werden allerdings in vielen Ländern bzw. Verwertungsgesellschaften nicht durch die Mitgliederversammlungen (und damit die breiteste Basis einer Verwertungsgesellschaft) beschlossen; selbst die EU-Richtlinie zur kollektiven Wahrnehmung schreibt dies nicht vor. Soweit solche internen Verfahren dazu geeignet sind, eine Chancengleichheit herzustellen, haben Verwertungsgesellschaften grundsätzlich eine Möglichkeit, bezüglich der von ihnen wahrgenommenen Rechte zum Ausgleich der unterschiedlichen Interessen beizutragen. Die Situation ist ähnlich, wenn Rechte, die die unterschiedlichen Rechtsinhaber einer Verwertungsgesellschaft direkt anvertraut haben, ausschließliche Rechte sind.

15 Die Situation ist allerdings anders, wenn ein Rechtsinhaber einer dieser Gruppen seinen Vergütungsanspruch oder sein ausschließliches Recht zunächst an ein Mitglied der anderen Gruppe überträgt bzw. einräumt, das sodann dieses Recht in die Verwertungsgesellschaft einbringt. Typischerweise tritt z.B. ein Urheber seinen Vergütungsanspruch an einen Verleger ab, der dieses Recht dann in die Verwertungsgesellschaft einbringt. In diesem Falle ist die Situation weniger einfach. Soweit man allein den Prioritätsgrundsatz anwendet, müsste man im Einzelfall prüfen, ob ein Urheber sein Recht zunächst dem Verleger oder direkt an die Verwertungsgesellschaft übertragen bzw. eingeräumt hat; im ersteren Falle bringt allein der Verleger sein Recht in die Verwertungsgesellschaft ein, im zweiten allein der Urheber.[15] Wenn man nach diesem Grundsatz verfährt und die Vergü-

12 In der VG Wort: drei Gruppen unterschiedlicher Urheber und drei Gruppen unterschiedlicher Verleger, s. § 3 (II) VG Wort-Satzung (idF v. 26.11.2016/genehmigt am 1.3.2017); in der GEMA gibt es drei Berufsgruppen, s. § 11 Satzung.

13 S. z.B. §§ 7, insbesondere Absätze 7–10 VG Wort-Satzung (Satzung vom 26.11.2016/genehmigt am 1.3.2017), § 11 GEMA-Satzung.

14 Für das Beispiel der GEMA, s. § 11b) GEMA-Satzung.

15 In der Praxis dürfte der zweite Fall häufiger vorkommen, da der Urheber im Wahrnehmungsvertrag regelmäßig auch die Rechte an künftigen Werken einräumt.

tung nur an denjenigen ausschüttet, der das Recht eingebracht hat,[16] so ist der Interessenausgleich zwischen Urheber und Verleger dem allgemeinen Urhebervertragsrecht überlassen und die Verwertungsgesellschaft kann hier unmittelbar keine Funktion ausüben.[17] Wenn jedoch die Verteilung der Vergütung unabhängig von der Priorität der Einbringung der Rechte aufgrund eines gemeinsam abgestimmten Verteilungsplans der Verwertungsgesellschaft an Urheber und Verleger erfolgt, so wie es bisher allgemein üblich war und noch in vielen Ländern praktiziert wird, so kann eine solche Festsetzung von fixen Verteilungsregeln zu einem Interessenausgleich beitragen.[18]

Die strikte Anwendung des Prioritätsprinzips, wie sie vom LG München und OLG **16** München verlangt und auch vom BGH – neben anderen Argumenten – befolgt worden ist,[19] hätte die folgenden Nachteile: Wenn Verleger aufgrund ihrer üblicherweise starken Verhandlungsposition von Urhebern verlangen, ihre Rechte an die Verleger abzutreten bzw. einzuräumen, würde den Urhebern keine Vergütung zustehen.[20] Dies gilt gleichermaßen umgekehrt. Ein erheblicher Nachteil bestünde im Übrigen darin, dass die Verwertungsgesellschaft in jedem einzelnen Fall prüfen müsste, ob das relevante Recht vom Urheber oder vom Verleger eingebracht wurde, um zu entscheiden, wer der alleinige Empfänger der Vergütung ist. Dies würde erhebliche zusätzliche Verwaltungskosten erfordern, soweit dies praktisch überhaupt möglich wäre.

Angesichts dieser Nachteile der strikten Anwendung des Prioritätsprinzips haben **17** Verwertungsgesellschaften seit langem die zweite oben genannte Lösung angewendet, nämlich unabhängig von der Priorität der Einbringung der Rechte pauschale Verteilungsschlüssel vereinbart und angewendet. Soweit diese Praxis rechtlich zulässig ist[21] und Abstimmungen über Verteilungspläne aufgrund von Verfahren erfolgen, die eine gewisse Chancengleichheit der unterschiedlichen Gruppen von Rechtsinhabern gewährleisten, kann eine Verwertungsgesellschaft über solche abgestimmten Verteilungspläne auch eine Rolle beim Interessenausgleich spielen. In der Praxis haben z.B. Urheber und Verleger, die einen Vertrag mit der VG Wort abgeschlossen oder ihr ihre Rechte zur Wahrnehmung anvertraut hatten, den kollektiv von den Mitgliedern beschlossenen Verteilungsplänen und der Satzung und damit den Verteilungsschlüsseln zugestimmt.[22] Auch die GEMA ist dieser Praxis gefolgt.[23]

---

16 So LG München I, ZUM-RD 2012, 410; OLG München, GRUR 2014, 272; BGH, GRUR 2016, 596 – Verlegeranteil; KG Berlin, ZUM 2017, 160. Zur Kritik der alleinigen Anwendung des Prioritätsprinzips s. *Riesenhuber*, ZUM 2012, 746–758.

17 S. jedoch unten, (S. 9), zur Lösung aufgrund der Gesetzesänderung vom Dezember 2016, durch die dennoch ein gewisser Interessenausgleich erreicht wird.

18 Auf die Sonderfrage des deutschen Rechts, ob § 63a UrhG ein solches Verfahren verbietet, wird hier nicht gesondert eingegangen. Nach der Auslegung der EuGH-Rechtsprechung zum Vergütungsanspruch für Reprographie und Privatkopie durch den BGH, GRUR 2016, 596 – Verlegeranteil, Rn. 79 kann ein Urheber seinen gesetzlichen Vergütungsanspruch im Voraus dann nicht nach § 63a UrhG an den Verleger abtreten, wenn letzterer ihn nicht allein im Interesse des Urhebers in eine Verwertungsgesellschaft einbringt.

19 S. oben, Fn. 16.

20 Dies hängt in Deutschland in Bezug auf gesetzliche Vergütungsansprüche von der Auslegung des § 63a UrhG ab; s. dazu, bzgl. der Privatkopie- und Reprographievergütung, oben Fn. 18. Es würde im Übrigen auch nur insoweit gelten, als der Urheber seine Rechte nicht schon zuvor der Verwertungsgesellschaft eingeräumt hat.

21 In Deutschland ist dies nach BGH, GRUR 2016, 596 – Verlegerbeteiligung nicht mehr zulässig.

22 § 10 Abs. 4 VG Wort-Satzung sowie § 6 Abs. 1 BerV, im Zusammenhang mit den relevanten Verteilungsplänen.

23 § 3 lit. b) Satzung sowie § 6 lit. a) BerV; s.a. *Goldmann*, Die kollektive Wahrnehmung musikalischer Rechte, S. 80.

18 Eine Verteilung zwischen Urhebern und Verlegern, wie sie bisher praktiziert wurde, dürfte nicht zuletzt dem Willen des Gesetzgebers entsprochen haben, auch wenn § 63a UrhG nicht glücklich formuliert ist. Als die Vorschrift im Jahre 2002 eingeführt wurde und vorsah, dass gesetzliche Vergütungsansprüche von Urhebern und Künstlern unverzichtbar sind und nur an eine Verwertungsgesellschaft abgetreten werden können, beriefen sich Urheber darauf, um geltend zu machen, allein sie könnten diese Rechte einer Verwertungsgesellschaft anvertrauen, sie müssten einhundert Prozent der eingenommenen Vergütungen erhalten. Nachdem sich die Verleger gegen diese Auslegung wendeten, legte die deutsche Regierung einen Gesetzesänderungsvorschlag vor, demzufolge auch eine Übertragung an Verleger möglich sein sollte, wenn diese das Recht dann einer Verwertungsgesellschaft übertragen, die Rechte von Verlegern und Urhebern gemeinsam wahrnimmt.[24] Das Gesetz wurde so angenommen.[25] Die Regierung rechtfertigte diesen Ansatz mit dem Argument, dass § 63a UrhG die Verleger von ihrer Teilhabe an den gesetzlichen Vergütungsansprüchen der Urheber nicht ausschließen wolle und dass ein solcher Ausschluss angesichts der erheblichen Leistungen von Verlegern auch nicht akzeptabel sei. Außerdem erwähnte die Gesetzesbegründung ausdrücklich, dass dieses Argument insbesondere deshalb gelte, weil Verleger, anders als andere Verwerterunternehmen, kein eigenes Leistungsschutzrecht hätten. Gemäß der Gesetzesbegründung bezweckte diese Bestimmung von Beginn an nur den Schutz der Urheber in ihrer Beziehung mit Verlegern – ein Ziel, das auch dann noch erreichbar wäre, wenn Verleger ihre abgeleiteten Rechte an eine gemeinsame Verwertungsgesellschaft übertragen würden, von der beide Gruppen von Rechtsinhabern Einnahmen aus der Vergütung erhielten.[26]

19 Dadurch schien der Gesetzgeber die bisherige Praxis der Verteilung von Einnahmen unabhängig von der Priorität der Einbringung der Rechte indirekt gebilligt und damit die Aufgabe der Verwertungsgesellschaften, die Interessen von Urhebern und Verlegern (wenn auch in diesem Falle zugunsten von Verlegern) auszugleichen, indirekt anerkannt zu haben. Diese Auslegung ist jedoch inzwischen durch die Rechtsprechung abgelehnt worden.[27]

20 Anschließend an diese Rechtsprechung, und um größeren Schaden für das Funktionieren der Verwertungsgesellschaften im bisherigen Sinne zu vermeiden, hat der deutsche Gesetzgeber im Dezember 2016 zwei Gesetzesänderungen angenommen: Demnach dürfen Verwertungsgesellschaften, die Rechte für mehrere Rechtsinhaber gemeinsam wahrnehmen, im Verteilungsplan regeln, dass die Einnahmen aus der Wahrnehmung dieser Rechte unabhängig davon, wer die Rechte eingebracht hat, nach festen Anteilen verteilt werden (§ 27 Abs. 2 VGG). In Bezug auf gesetzliche Vergütungsansprüche, die von § 63a UrhG erfasst sind, bestimmt der neue § 27a VGG, dass der Urheber nach Veröffentlichung eines verlegten Werks oder mit der Werkanmeldung bei der Verwertungsgesellschaft dieser gegenüber zustimmen kann, dass der Verleger an den Einnahmen aus solchen Vergütungsansprüchen beteiligt wird, und dass die Verwertungsgesellschaft die

24 RegE, BT-Drs. 16/1828, S. 8.

25 Zweites Gesetz zur Regelung des Urheberrechts in der Informationsgesellschaft vom 26. 10. 2007, BGBl 2007 I, S. 2513.

26 RegE, BT-Drs. 16/1828, S. 31 f.

27 LG München I, ZUM-RD 2012, 410; OLG München, GRUR 2014, 272; BGH, GRUR 2016, 596 – Verlegerbeteiligung. Der BGH argumentierte formalistisch, dass dieser Wille des Gesetzgebers nur in der Gesetzesbegründung, jedoch nicht im Wortlaut zum Ausdruck gekommen ist und daher nicht zu berücksichtigen sei (Rn. 69). Für einen etwas anders gelagerten Fall, der die GEMA betrifft und in dem die Komponisten im Vertrag mit dem Verleger auf die Verteilungsregeln der GEMA verwiesen hatten, s. KG Berlin, ZUM 2017, 160; LG Berlin, ZUM 2014, 818.

Höhe des Verlegeranteils festlegt.[28] Auf dieser Grundlage können also die Verwertungsgesellschaften auch in Deutschland weiterhin durch die intern abgestimmten Quoten einen Interessenausgleich erzielen. Wenn im Übrigen Art. 12 des Vorschlags der Europäischen Kommission für eine Richtlinie über das Urheberrecht im digitalen Binnenmarkt[29] unverändert angenommen werden sollte, kann der nationale Gesetzgeber die bisherige Praxis der Verlegerbeteiligung auch für gesetzliche Vergütungsansprüche im Zusammenhang mit einer Schranke gesetzlich festlegen und damit den bisherigen Interessenausgleich weiter praktizieren.

b) *Konflikt zwischen verhandlungsstarken und verhandlungsschwachen Rechtsinhabern*

In gewissen Bereichen, die mehr als andere durch die Globalisierung und den Einfluss multinationaler Konzerne geprägt sind, kann man seit einiger Zeit einen neuen Interessenkonflikt innerhalb von Verwertungsgesellschaften beobachten, und dies insbesondere im Bereich der Musik. So ist etwa in einigen Gesellschaften ein erhöhter Druck festzustellen, den mächtige Rechtsinhaber ausüben, um eine Reihe von Vorteilen zu erzielen, ohne auf das Solidaritätsprinzip Rücksicht zu nehmen, das den Tätigkeiten der Verwertungsgesellschaften in vielen Ländern, zumindest denen des *Droit d'auteur*-Systems, zugrunde liegt. Ein solcher Druck kann insbesondere dort ausgeübt werden, wo ausschließliche Rechte, die auch individuell wahrgenommen werden können, bisher von Verwertungsgesellschaften wahrgenommen werden. Insbesondere betrifft dies gewisse ausschließliche Rechte im Bereich der Musik, wie etwa mechanische Rechte oder Online-Rechte. Tatsächlich drohte ein Vertreter eines großen Musikverlages (sog. Major) schon bei der Musikmesse PopCom in Berlin am 1. Oktober 2004, seine Gesellschaft und andere große Musikverleger erwögen, ihre On-Demand-Rechte aus der relevanten Verwertungsgesellschaft herauszunehmen. Bei derselben Veranstaltung äußerte dagegen der Vertreter eines kleinen Musikverlags sein Interesse an der kollektiven Wahrnehmung der Online-Rechte. Solche Spannungen konnte man nicht nur zwischen starken und schwachen Rechtsinhabern derselben Kategorie beobachten, sondern auch zwischen Verlegern und Urhebern im Allgemeinen, wie z.B. in der folgenden Aussage ersichtlich ist: „After all, what our adversaries want most is to cut off authors from their work by any means, thus bringing on the collapse of the organizations that represent and defend them".[30] 21

Wenig später, nicht zuletzt mit der Rückendeckung der Online-Musikdienste-Empfehlung 2005/737 der Europäischen Kommission von 2005, haben viele große Musikverlage diese Drohung tatsächlich wahrgemacht und ihre Online-Rechte den Verwertungsgesellschaften entzogen und sie großen Plattformen wie der CELAS (heute: SOLAR) übertragen.[31] CELAS wurde nicht als Verwertungsgesellschaft und daher auch nicht als den Regeln unterworfen angesehen,[32] die es Verwertungsgesellschaften ermöglichen, zum 22

28 Art. 2 Gesetz zur verbesserten Durchsetzung des Anspruchs der Urheber und ausübenden Künstler auf angemessene Vergütung und zur Regelung von Fragen der Verlegerbeteiligung vom 20.12.2016, BGBl. 2016 I, S. 3037.

29 Vorschlag für eine Richtlinie des Europäischen Parlaments und des Rates über das Urheberrecht im digitalen Binnenmarkt vom 14.9.2016, COM(2016) 593 final.

30 *Demarny*, CISAC News, Januar 2004, S. 3.

31 *Heyde*, Die grenzüberschreitende Lizenzierung von Online-Musikrechten, S.136.

32 *Heyde*, Die grenzüberschreitende Lizenzierung von Online-Musikrechten, S. 139, 309 ff. S.a. *Evert*, in diesem Band, Kap. 12, Rn. 265 ff. (der die Frage zur heutigen Situation offenlässt).

Interessenausgleich beizutragen.[33] Verwertungsgesellschaften, die nicht auch im wesentlichen Ausmaß gesetzliche Vergütungsansprüche wahrnehmen, können durch einen umfangreichen Entzug der ausschließlichen Rechte erheblich geschwächt werden, sodass sie dann auch ihre Funktion im Bereich des Interessenausgleichs kaum mehr erfüllen werden können. In Fällen, in denen Verleger ihre zurückgenommenen Rechte nicht einer Plattform wie SOLAR anvertrauen, sondern eine Verwertungsgesellschaft mit dem bloßen Inkasso beauftragen, wäre diese Gesellschaft ein bloßer Dienstleister im Auftrag des Verlegers; dieser würde die Tarife bestimmen, und der Urheber wäre wiederum mit seiner typischerweise schwächeren Verhandlungsposition auch bezüglich der Beteiligung am Einkommen von ihm abhängig. Auch hier würden die Regeln für die Tätigkeiten von Verwertungsgesellschaften mit dem Ziel eines Interessenausgleichs keine Anwendung finden.[34]

23 Da diese Situation vor allem in Bezug auf ausschließliche Rechte entsteht, könnte man fragen, ob solche ausschließlichen Rechte auf gesetzliche Vergütungsansprüche in Kombination mit Schranken reduziert werden sollten, um einen Interessenausgleich im Rahmen von Verwertungsgesellschaften erreichen zu können – ein Ansatz, der wiederum ein Tätigwerden des Gesetzgebers erfordert und es den Verwertungsgesellschaften nur als Folge des gesetzlichen Vergütungsanspruchs[35] erlauben würde, die Interessen der unterschiedlichen Rechteinhaber auszugleichen.

24 Auf den ersten Blick könnte ein Vorteil dieses Ansatzes darin liegen, dass große Rechtsinhaber weniger Interesse haben, Vergütungsansprüche einer Verwertungsgesellschaft zu entziehen als dies bei ausschließlichen Rechten der Fall ist, die ihnen andere Möglichkeiten insbesondere der Marktgestaltung geben. Ein Vorteil auch für das Verhältnis zwischen Urhebern/Künstlern und Verwertern ist, dass Vergütungsansprüche, die durch Verwertungsgesellschaften wahrgenommen werden, Urhebern und ausübenden Künstlern insoweit besonders zugutekommen können, als letztere möglicherweise zu einem höheren Prozentsatz an den Einnahmen beteiligt werden als im Rahmen von individuellen Lizenzverträgen mit Verlegern – zumindest soweit die Verwertungsgesellschaft gut funktioniert und angemessene Verfahren zur gemeinsamen Entscheidungsfindung anwendet.[36] Nicht zuletzt könnte man diesen Ansatz deshalb favorisieren, weil auch Nutzer regelmäßig Vergütungsansprüche den ausschließlichen Rechten vorziehen.

25 Ein solcher Ansatz müsste jedoch auf die Vereinbarkeit mit relevanten internationalen und regionalen Normen in Bezug auf erlaubte Schranken überprüft werden. Dies würde vermutlich in vielen Fällen zu der Antwort führen, dass solche gesetzlichen Lizenzen nicht mit dem internationalen und europäischen Recht in Einklang stünden. Selbst unabhängig von übergeordneten Normen erscheint die Ersetzung von ausschließlichen Rechten durch Schranken in Kombination mit Vergütungsansprüchen nicht in jedem Falle als günstiger für verhandlungsschwächere Rechteinhaber innerhalb einer Gruppe und Urheber/Künstler als die Beibehaltung eines ausschließlichen Rechtes.

26 Zunächst sind Vergütungsansprüche aufgrund ihrer Natur nicht so stark wie ausschließliche Rechte, da der Rechtsinhaber – die Verwertungsgesellschaft – kein Recht hat, die Nutzer an der fortlaufenden Nutzung der Werke zu hindern und daher einerseits

33 Tatsächlich nimmt SOLAR die Verteilung der Lizenzeinnahmen aufgrund eines Vertrages mit Sony/ATV vor, s. *Evert*, in diesem Band Kap. 12, Rn. 272.

34 Zu Plattformen wie SOLAR, s. a. *Evert*, in diesem Band, Kap. 12 Rn. 257 ff., 263 ff.

35 Insbesondere dann, wenn er mit einer Verwertungsgesellschaftenpflicht und der Anerkennung der vereinbarten Verteilungspläne verbunden ist.

36 Zur derzeitigen Rechtslage in Deutschland zur pauschalen Verlegerbeteiligung s. allerdings oben, Rn. 19, 20.

keine Unterlassungsansprüche im Fall der Verletzung, und andererseits nicht immer problemlos und zeitnah die geschuldete Vergütung durchsetzen kann. Vielmehr muss eine Verwertungsgesellschaft oft einiges an Zeit und Geld investieren, um die Vergütung auszuhandeln und einzuziehen, wenn deren Schuldner den Anspruch in Frage stellt oder nicht zahlungswillig oder -fähig ist. Dieser Nachteil ist in den vergangenen Jahren in vielen Ländern insbesondere in Bezug auf den Vergütungsanspruch für private Vervielfältigungen deutlich geworden. Die Industrie, die im Prinzip zur Zahlung der Vergütung auch für Geräte und/oder Leermedien neuerer Art verpflichtet ist, hat solche Zahlungen oft systematisch verweigert und in jahrelangen Gerichtsprozessen Zeit gewonnen; auch besteht hier die Gefahr, dass die Zahlungsschuldner nach einer solchen längeren Zeit Insolvenz anmelden und daher selbst im Fall eines Gerichtsurteils zugunsten der Verwertungsgesellschaft keine Zahlungen geleistet werden, falls nicht eine gesetzliche Hinterlegungspflicht besteht. Dies zeigt, dass gerade in unserer heutigen Zeit, in der der Wettbewerb härter geworden ist und Zahlungsverpflichtete versuchen, jegliche Belastungen zu vermeiden, gesetzliche Vergütungsansprüche nicht immer, oder zumindest nicht in Bezug auf alle Rechte, eine ideale Lösung darstellen.

Im Übrigen sind auch Verleger und andere Unternehmen, die Werke und Darbietun- **27**
gen verwerten, einem härteren Wettbewerb unterworfen und müssen versuchen, bestmögliche Einkünfte aus den einzelnen Nutzungen zu erzielen; dies ist aufgrund eines ausschließlichen Rechtes am besten möglich.

Aus denselben Gründen dürfte auch eine Verwertungsgesellschaftenpflicht in Bezug **28**
auf ausschließliche Rechte, die in der Regel durch den Kontrahierungszwang eine Schwächung der Rechte herbeiführt,[37] keine ideale Lösung darstellen, auch soweit sie mit dem internationalen und europäischen Recht übereinstimmt.[38] Bedenkt man diese Argumente und macht sich zusätzlich bewusst, dass zumindest die Länder des Copyright-Systems kaum bereit wären, ausschließliche Rechte durch Vergütungsansprüche zu ersetzen oder sie einer Verwertungsgesellschaftenpflicht zu unterwerfen, erscheint dieser Ansatz, ausschließliche Rechte durch Vergütungsansprüche zu ersetzen, zur Lösung der beschriebenen Interessenkonflikte nicht geeignet.

Soweit ausschließliche Rechte in der Zukunft nur noch individuell durch Verwerter- **29**
unternehmen wahrgenommen werden sollten, können Gesetzgeber jedoch neue Aufgaben für Verwertungsgesellschaften in Bezug auf den Ausgleich von Interessenkonflikten, die außerhalb von Verwertungsgesellschaften zwischen Urhebern/ausübenden Künstlern und Verwerterunternehmen bestehen, vorsehen, die bestehende Mechanismen wie das Urhebervertragsrecht ergänzen. Diese Frage wird im folgenden Teil dieses Beitrags erläutert.

3. Die Lösung von externen Interessenkonflikten zwischen Urhebern/ausübenden Künstlern und Verlegern/Produzenten oder anderen Verwerterunternehmen durch Verwertungsgesellschaften

In der Beziehung zwischen Urhebern/ausübenden Künstlern und Verlegern/Produ- **30**
zenten oder anderen Verwerterunternehmen außerhalb von Verwertungsgesellschaften haben beide Gruppen von Rechtsinhabern zunächst ein starkes Interesse daran, die Verwertung der Werke oder Darbietungen zu kontrollieren, nicht zuletzt, um die best-

37 Ähnlich auch *Riesenhuber*, in: Peifer (Hrsg.), Forschung und Lehre im Informationszeitalter, S. 109, 122.

38 Für das Zugänglichmachungsrecht, s. *v. Lewinski*, e.Copyright Bulletin (UNESCO) no. 1/4, Jan.–Mar. 2004, S. 1–19.

mögliche Vergütung zu erzielen. Da die Vermarktung eines Werkes oder einer Darbietung in der Regel nicht vom Urheber oder ausübenden Künstler selbst vorgenommen wird, sondern von einem Verleger oder anderen Verwerterunternehmen, räumen Urheber und ausübende Künstler ihre ausschließlichen Rechte regelmäßig solchen Unternehmen ein.[39] Sobald sie dies getan haben, konzentriert sich ihr Interesse darauf, eine angemessene Vergütung für die Verwertung des Werks oder der Darbietung zu erzielen. Angesichts der typischerweise schwachen Verhandlungsposition des Urhebers/ausübenden Künstlers im Vergleich zu derjenigen von Verwerterunternehmen sind die Chancen von Urhebern/Künstlern, eine angemessene Vergütung im Lizenzvertrag zu erhalten, oft beschränkt. In vielen Ländern, insbesondere denjenigen des *Droit d'auteur*-Systems, bezwecken urhebervertragsrechtliche Bestimmungen in einem gewissen Ausmaß die Stärkung der Position des Urhebers oder Künstlers.[40] Hier ist zur Höhe der Vergütung insbesondere das noch heute neuartige Konzept des deutschen Urhebervertragsrechts von 2002 zu nennen.[41] Jedoch scheinen selbst so spezielle, die Stärkung der Position von Urhebern und Künstlern bezweckende Vorschriften bezüglich der Vergütung begrenzte Wirkung zu erzielen.

31 Im Gegensatz dazu gibt es ein Modell, das das Potential aufweist, das Ziel des Interessenausgleichs im Rahmen des Lizenzvertrags zwischen Urheber/Künstler und Verwerterunternehmen mit mehr Erfolg zu erreichen als herkömmliche gesetzliche Bestimmungen zum Urhebervertragsrecht. Dieses Modell wird im Folgenden vorgestellt.[42] Es erfordert ein Tätigwerden des Gesetzgebers und beruht im Wesentlichen auf der Rolle, die den Verwertungsgesellschaften innerhalb dieses Modells zugewiesen ist. Das Modell funktioniert wie folgt (vorausgesetzt, die notwendige Gesetzesgrundlage ist vorhanden): Ein Urheber oder Künstler muss ein bestimmtes ausschließliches Recht an seinem Werk bzw. seiner Darbietung einem Verleger oder anderen Verwerterunternehmen eingeräumt oder übertragen haben, so wie es in Bezug auf ausschließliche Rechte die Regel ist.[43] Dieses Modell kann auch auf Einräumungs- oder Übertragungsvermutungen Anwendung finden. Für diese Situation muss das Gesetz bestimmen, dass der Urheber oder Künstler selbst nach einer solchen Einräumung oder Übertragung ein Recht auf eine angemessene Vergütung für die relevante Nutzung zurückbehält. Dieser auf Gesetz beruhende Vergütungsanspruch müsste als unverzichtbar ausgestaltet sein und im Übrigen nur an eine Verwertungsgesellschaft übertragbar sein. Der Vergütungsanspruch müsste auch verwertungsgesellschaftenpflichtig ausgestaltet werden, wobei die relevante Verwertungsgesellschaft Urheber bzw. Künstler vertreten müsste. Das Gesetz kann bestimmen, ob die Vergütung vom Vertragspartner des Urhebers oder Künstlers oder von dem Nutzer, der eine Verwertungslizenz vom Verleger oder anderen Verwerterunternehmen erhalten hat, verlangt werden kann. Da der Verleger oder andere Rechteverwerter seine Vergütung vom Nutzer für die Lizenzierung der ausschließlichen Rechte erhält und der

39 Soweit ausschließliche Rechte durch Verwertungsgesellschaften wahrgenommen werden, wie im Bereich der Musik üblich, gelten die Überlegungen dieses Abschnitts nicht, der sich nur auf die Regelung der primären Vertragsbeziehung zwischen Parteien außerhalb von Verwertungsgesellschaften bezieht.

40 S. zuletzt Art. 15 des Vorschlags für eine Richtlinie des Europäischen Parlaments und des Rates über das Urheberrecht im digitalen Binnenmarkt vom 14.9.2016, COM(2016) 593 final.

41 Gesetz zur Stärkung der vertraglichen Stellung von Urhebern und ausübenden Künstlern vom 22.3.2002, BGBl I, 2002, Nr. 21, Seite 1155–1158; s. dazu z.B. *Berger*, Das neue Urhebervertragsrecht; *Dietz*, IIC 2002, 828 ff.

42 S. dazu auch *v. Lewinski*, in: dies. (Hrsg.), Remuneration for the use of works, S. 255 ff.

43 Eine Ausnahme besteht insbesondere im Bereich der Musikverwertung, für die die ausschließlichen Rechte der mechanischen Vervielfältigung und öffentlichen Aufführung in der Regel der Musikverwertungsgesellschaft direkt eingeräumt werden.

unverzichtbare Vergütungsanspruch des Urhebers und Künstlers nur die vertragliche Vergütung „ersetzen“ soll, sollte diese Vergütung den Urhebern bzw. Künstlern der Logik des Modells nach auch vollständig zustehen.

Der Vorteil dieses Modells liegt darin, dass es einerseits die Interessen der Verwerterunternehmen an einer möglichst erfolgversprechenden und effizienten Rechteverwertung berücksichtigt, die durch ein ausschließliches Recht in der Regel besser als durch einen Vergütungsanspruch ermöglicht werden kann. Gleichzeitig trägt das Modell durch die Beibehaltung des ausschließlichen Rechtes auch den Interessen der Urheber und Künstler an möglichst hohen Vergütungen Rechnung. 32

Die Interessen der Urheber und ausübenden Künstler sind in diesem Falle jedoch nur dann umfassend geschützt, wenn das Gesetz sie zusätzlich dabei unterstützt, an diesen Einkünften angemessen partizipieren zu können, wie es in dem hier vorgestellten Modell vorgesehen ist. Diesem Interesse wird das Modell durch das unverzichtbare gesetzliche Recht auf angemessene Vergütung und dessen Verwertungsgesellschaftenpflichtigkeit gerecht. Dieses Modell dürfte aus den folgenden vier Gründen dazu geeignet sein, die Partizipationsinteressen der Urheber und ausübenden Künstler wirksam zu berücksichtigen: Erstens bewirkt die Natur des Vergütungsanspruchs als eines gesetzlichen, nicht auf einem Individualvertrag beruhenden Rechts, dass es dem Urheber und ausübenden Künstler zunächst unabhängig von einer vertraglichen Vereinbarung mit dem Verwerter zusteht. Zweitens wird die Position der Urheber und ausübenden Künstler durch die Eigenschaft des Rechts als eines unverzichtbaren Rechts gestärkt; dadurch ist das Risiko ausgeschlossen, dass der Urheber und ausübende Künstler im Individualvertrag de facto dazu gezwungen wird, auf seinen Vergütungsanspruch zu verzichten. Diese Eigenschaft des Rechts ist ein wesentliches Element in diesem Modell. 33

Drittens beruht das Modell durch das Element der Verwertungsgesellschaftenpflicht für den Vergütungsanspruch auf der zentralen Rolle von Verwertungsgesellschaften. Dieses Element offenbart den zugrundeliegenden Gedanken, demzufolge die Urheber und Künstler durch die Einschaltung von Verwertungsgesellschaften im Verhältnis zu ihren Rechteverwertern eine kollektive, und daher stärkere Verhandlungsposition haben als innerhalb des Individualvertrags; nach dem Modell wird es also als sinnvoll angesehen, die delikate Frage der Vergütung aus dem Individualvertrag in den Rahmen kollektiver Verhandlungen durch Verwertungsgesellschaften zu verlagern. Dieses Modell gründet maW auf der Erfahrung, dass die Stärkung der Verhandlungsmacht einer Partei wirksamer sein kann als gesetzliche Bestimmungen, die der individuelle Urheber aufgrund seines individuellen Vertrages mit einem stärkeren Vertragspartner durchsetzen muss – wie etwa herkömmliche urhebervertragsrechtliche Regelungen. Die kollektive Rechtewahrnehmung bewirkt, dass Urheber und ausübende Künstler als Gruppe im Außenverhältnis zu den Rechteverwertern – sei es der einzelne Verleger bzw. Produzent oder der Lizenznehmer des letzteren, wie etwa der Kabelbetreiber – eine stärkere Verhandlungsposition als im Individualvertrag genießen; daher können Verwertungsgesellschaften, die in diesem Falle nur die Rechte der Urheber bzw. Künstler gegenüber externen Verwertern wahrnehmen, die Funktion des Ausgleichs von Interessen zwischen diesen beiden Gruppen (Urhebern/Künstlern innerhalb der Verwertungsgesellschaft, Verwertern außerhalb) erfüllen. Viertens soll die Bestimmung, der zufolge der Vergütungsanspruch nur an eine Verwertungsgesellschaft abgetreten werden kann, garantieren, dass der Urheber bzw. Künstler dieses Recht nicht aufgrund seines Individualvertrags an das Verwerterunternehmen „verliert“. 34

Dieses Modell ist weder neu noch rein theoretisch. Es wurde im Wesentlichen im 35
Rahmen des Vorschlags für eine EG-Richtlinie zum Vermietrecht im Jahre 1989 geschaffen

und zum ersten Mal im Rahmen von Art. 3 dieses Vorschlags vorgestellt.[44] Während des Gesetzgebungsverfahrens wurde dieser Artikel nur wenig verändert und schließlich als Art. 4 Vermiet- und Verleih-Richtlinie 92/100[45] angenommen. Im Rahmen dieser erstmaligen normativen Realisierung dieses Modells war es nicht möglich, alle o.g. Hauptelemente aufzunehmen. Insbesondere wurde das Modell auf die Rechteübertragung von Urhebern oder Künstlern an Tonträgerhersteller und Filmhersteller beschränkt.[46] Angesichts des beschränkten Regelungsbereichs der Richtlinie ist das Modell auch auf das ausschließliche Vermietrecht beschränkt.[47] Schließlich konnte eines der wesentlichen Elemente des Modells, die Verwertungsgesellschaftenpflicht des Vergütungsanspruchs, nicht realisiert werden, da sich die Filmindustrie schon vor der Annahme des Vorschlags durch die Europäische Kommission diesem Element erfolgreich widersetzt hatte; sowohl der Richtlinienvorschlag wie auch die Richtlinie überließ es daher den Mitgliedstaaten, ob sie eine solche Verwertungsgesellschaftenpflicht einführen wollten oder nicht.[48]

36 Insbesondere der deutsche Gesetzgeber wählte bei der Umsetzung der Richtlinie die Verwertungsgesellschaftenpflichtigkeit (s. § 27 Abs. 1, 3 UrhG). Er verstärkte sogar die relevanten Vorschriften der Richtlinie, indem er ausdrücklich bestimmte, dass der Vergütungsanspruch nicht nur unverzichtbar ist, sondern auch nur an eine Verwertungsgesellschaft abgetreten werden kann (§ 27 Abs. 1 S. 2, 3 UrhG). Außerdem wendete der deutsche Gesetzgeber dieses Modell auch auf das ausschließliche Recht der Kabelweiterleitung an, das durch einen unverzichtbaren Anspruch der Urheber und ausübenden Künstler auf eine angemessene Vergütung ergänzt wurde (§ 20b Abs. 2; für ausübende Künstler § 78 Abs. 4 iVm § 20b UrhG). Schon zur Zeit der Umsetzung der Vermietrichtlinie hatte die deutsche Regierung die mögliche, grundlegende Bedeutung dieses Modells im Hinblick auf den Ausgleich der Interessen von Urhebern/Künstlern und Verwerterunternehmen im Allgemeinen erkannt: In der Gesetzesbegründung ist ausdrücklich erwähnt, dass dieses Modell im Rahmen der damals geplanten Reform des Urhebervertragsrechts erwogen werden könnte.[49]

37 Die Tatsache, dass dieses Modell wirksamer sein könnte als Lösungen aufgrund des Individualvertrags im Rahmen insbesondere des Urhebervertragsrechts dürfte sich auch im frühzeitigen und starken Widerstand der Filmindustrie gegenüber der Verwertungsgesellschaftenpflicht[50] und in wiederholten Versuchen der Kabelunternehmen widerspiegeln, auf eine Abschaffung des Vergütungsanspruchs nach § 20b Abs. 2 UrhG mit dem Argument hinzuwirken, das 2002 neu eingeführte Urhebervertragsrecht mache diese Bestimmung überflüssig. Der Regierungsentwurf für den sog. Zweiten Korb wies dieses Argument jedoch mit der Begründung zurück, dass das neue Urhebervertragsrecht in dieser Hinsicht noch keine praktischen Ergebnisse erzielt habe.[51] Angesichts des Erfolges

---

44 S. den Richtlinienvorschlag vom 24.1.1991, KOM (90) 586 endg.; für die Begründung zu Art. 3, s. dort, Rn. 3.1.1., S. 45 ff.

45 Später konsolidiert, jedoch bezüglich Art. 4 nicht geändert, s. Art. 5 Vermiet- und Verleih-Richtlinie 2006/115. Zu Art. 4 der Vermiet- und Verleih-Richtlinie 92/100 Walter/v. Lewinski-*v. Lewinski*, Rn. 6.4.1 ff.

46 Zur Begründung, s. Walter/v. Lewinski-*v. Lewinski*, Rn. 6.4.8.

47 Walter/v. Lewinski-*v. Lewinski*, Rn. 6.4.7., auch zu der Frage, ob das Verleihrecht auch erfasst ist.

48 *v. Lewinski*, in: Rosén (Hrsg.), Individualism and Collectiveness in Intellectual Property Law, S. 117 ff., in Fn. 12. Das andere Element, demzufolge der Vergütungsanspruch nur an eine Verwertungsgesellschaft abgetreten werden kann, war als von der Unverzichtbarkeit des Rechtes abgedeckt angesehen.

49 RegE, BT-Drs. 13/115, S. 14; ähnlich auch *v. Lewinski*, ZUM 1995, 442, 447.

50 *v. Lewinski*, in: Rosén (Hrsg.), Individualism and Collectiveness in Intellectual Property Law, S. 117 ff., Fn. 12.

51 RegE, BT-Drs. 16/1828, S. 22 f.

dieses Modells[52] ist es erstaunlich, dass es lange Zeit kaum aufgegriffen, wenn auch vereinzelt diskutiert wurde, und erst in jüngerer Zeit vermehrt Aufmerksamkeit genossen hat.[53] Möglicherweise war dieses Modell, das von der bisherigen Urheberrechtsdogmatik abweicht, zu neuartig, um allzu leicht angenommen zu werden, oder es war seiner Zeit voraus – einer Zeit, in der die Interessenkonflikte vermutlich noch weniger ausgeprägt waren als heute. Daher bestehen derzeit vielleicht bessere Chancen, dieses Modell mit Hilfe des Gesetzgebers auf weitere Rechte anzuwenden,[54] und damit auch den Verwertungsgesellschaften eine erweiterte Rolle beim Interessenausgleich zuzuerkennen.

III. Schlussfolgerungen

Dieser Beitrag hat gezeigt, dass Verwertungsgesellschaften im Rahmen des Ausgleichs der Interessen von Rechteinhabern einerseits und Nutzern andererseits insofern keine eigenständige Rolle spielen können, als der grundlegende Interessenausgleich durch die Entscheidung des Gesetzgebers dazu vorgenommen wird, ob, in welchen Fällen und wie (als Zwangslizenz, gesetzliche Lizenz oder Ausnahme) das ausschließliche Recht der Rechtsinhaber beschränkt werden soll. In Fällen, in denen der Gesetzgeber eine gesetzliche Lizenz wählt, ist die kollektive Wahrnehmung des Vergütungsanspruchs – sei sie verpflichtend oder freiwillig – und deren mögliche Bedeutung für den Interessenausgleich zwischen unterschiedlichen Gruppen von Rechtsinhabern eine reine Folge dieser gesetzgeberischen Entscheidung und nicht ohne diese Entscheidung möglich. In Fällen, in denen ein Recht kollektiv wahrgenommen wird, dienen Verwertungsgesellschaften insofern den Nutzerinteressen, als sie einen *one-stop shop* bieten und gewissen Verpflichtungen zugunsten des Nutzers unterliegen. 38

In Bezug auf das Verhältnis zwischen verschiedenen Gruppen von Rechteinhabern muss man zwischen unterschiedlichen Fällen unterscheiden (s. oben, Rn. 11 ff.). Angesichts eines harten Wettbewerbs und des vermehrten Drucks auf den Solidaritätsgedanken im Rahmen von Verwertungsgesellschaften ist es fraglich, ob Verwertungsgesellschaften noch in allen Fällen die Interessen von unterschiedlichen Rechtsinhabern ausgleichen können – insbesondere dort, wo ausschließliche Rechte auch von Verwertern selbst individuell wahrgenommen werden können. Soweit Verwerterunternehmen daher 39

52 Insbesondere wurde es nicht nur in Deutschland in § 27 Abs. 1 bzgl. des Vermietrechts und in § 20b UrhG angewendet, sondern auch in Spanien bzgl. des Zugänglichmachungsrechts (s. Walter/v. Lewinski-*Xalabarder*, European Copyright Law, S. 1127), in Bulgarien bzgl. des Kabelweiterleitungsrechts (Art. 21 Abs. 3, 4 UrhG 1993, zuletzt geändert durch Gesetz S.G. 25 vom 25.3. 2011), und (wenn auch in etwas anderer Form) in Indien (Sec. 19 Abs. 9 und 10 (neu) des Indischen Copyright Act, geändert durch Copyright (Amendment) Act, 2012), s. dazu *Reddy*, 2012, 5 NUJS L.Rev. (2012), 469, 513 ff. S.a. die Studie von AEPO-ARTIS *Vanheusden*, http://www.aepo-artis.org/usr/files/di/fi/2/AEPO-ARTIS-study-on-performers-rights-1-December-2014-FINAL_201611291138.pdf, Dezember 2014.

53 Insbesondere ist hier zu nennen: die Studie von AEPO-ARTIS, *Vanheusden*, (Fn. 52), (s.a. auf dieser Website frühere Fassungen bis Juni; diverse WIPO-Seminare insbesondere zum Schutze audiovisueller Künstler, mit ausdrücklichem Bezug zu dem hier besprochenen Modell, s. WIPO Dok. SCCR/17/3 vom 17.10.2008, Nr. 27, insbesondere dort Fn. 12; s. auch die Konsultation der Europäischen Kommission, http://ec.europa.eu/internal_market/consultations/2013/copyright-rules/docs/consultation-document_en.pdf, S. 34 (auch wenn es dort nicht ausdrücklich angesprochen ist, sondern nur das Problem); die Kampagne „fair internet for performers" von Organisationen ausübender Künstler (AEPO-ARTIS, EuroFIA, FIM, IAO), https://www.fair-internet.eu/wp-content/uploads/QA-2015-04-18-EN.pdf, S. 2 (Q 1); das White Paper der Society of Audiovisual Authors (SAA) von 2015 mit seinem Rechtsetzungsvorschlag, dieses Modell für das Zugänglichmachungsrecht in der EU einzuführen, s. http://www.saa-authors.eu/file/13/download, S. 20 ff.

54 Dies wird insbesondere für das Zugänglichmachungsrecht gefordert, etwa von SAA und ausübenden Künstlern, s.o. Fn. 53.

ihre ausschließlichen Rechte aus solchen Verwertungsgesellschaften zurückziehen, die vor allem ausschließliche Rechte wahrnehmen, dürfte deren Bestand gefährdet sein, soweit sie nicht neue Funktionen, wie insbesondere die Wahrnehmung des unverzichtbaren Vergütungsanspruchs nach dem oben beschriebenen Modell (S. oben, 2.(c)), durch den Gesetzgeber erhalten. Die Kombination der Vorteile eines ausschließlichen Rechts für Verwerterunternehmen und eines – nach diesem Modell – durch Verwertungsgesellschaften wahrgenommenen, beim Urheber und Künstler verbleibenden Anspruchs auf angemessene Vergütung dürfte die Interessen beider Gruppen von Rechtsinhabern befriedigen. Während dieses Modell nicht notwendigerweise für alle Verwertungsrechte geeignet sein mag, könnte es auf weitere Rechte angewendet werden, wie etwa auf das Recht der Zugänglichmachung nach § 19a UrhG, wodurch eine Situation vermieden werden könnte, in der Urheber und Künstler nur Minimalbeträge erhalten, wie dies im Falle von Spotify kritisiert wird. Man könnte dieses Modell zudem dort anwenden, wo Gesetze statt des meist üblichen Vergütungsanspruchs von ausübenden Künstlern für die Sendung und öffentliche Wiedergabe ein ausschließliches Recht vorsehen; das Modell könnte ihnen etwa die im Bereich der kollektiven Wahrnehmung üblichen 50% der Einnahmen im Verhältnis von Tonträgerherstellern sichern.

Kapitel 4
Wettbewerbsrechtliche Fragen der kollektiven Rechtewahrnehmung

Inhaltsübersicht

I. Einleitung

1 Ergeben sich im Schnittbereich von materiellem Urheberrecht und Wettbewerbsrecht schon spannende Rechtsfragen, so gilt dies in besonderem Maße für die kollektive Wahrnehmung von Urheberrechten.

2 Streng genommen bedarf in der Wettbewerbsordnung bereits die Existenz einer Verwertungsgesellschaft der Rechtfertigung. Verwertungsgesellschaften bündeln möglichst umfassend Rechte unterschiedlicher Provenienz und machen sie zu einheitlichen Konditionen am Markt verfügbar. Dies ist einerseits wünschenswert und nach gängiger Betrachtung die Voraussetzung für die Funktionsfähigkeit des Rechtemarktes. Die Verwertungsgesellschaft stellt aber andererseits im Kern ein – wettbewerbspolitisch grundsätzlich unerwünschtes – horizontales Preiskartell verschiedener Rechteinhaber dar. Sie wird aus wettbewerbsrechtlicher Sicht daher häufig als eine Art „notwendiges Übel" wahrgenommen, dessen wettbewerbsökonomische Legitimität sich erst aus einer Abwägung der negativen gegen die positiven Effekte ergibt. Für die Existenz der Verwertungsgesellschaften spricht dabei in erster Linie die Transaktionskostenökonomie. Auf einem atomisierten Rechtemarkt ohne zentrale Strukturen wirken Such- und Transaktionskosten prohibitiv, d.h. Inhaber und Nutzer von Urheberrechten kommen nicht zusammen, weil der Aufwand der Rechteklärung den beiderseitigen Nutzen übersteigt. Die Folge wäre ein Marktversagen in Gestalt von unterlassener Werknutzung oder Piraterie. Die Verwertungsgesellschaft als One-stop-shop reduziert die Transaktionskosten auf ein effizientes Maß und macht damit einen funktionierenden Rechtemarkt erst möglich.[1] Zugleich überwindet die Verwertungsgesellschaft die aus ökonomischer Sicht immer wieder angeführte Paradoxie des Urheberrechts, das mit exklusiven Verbotsrechten das Ziel einer möglichst weitreichenden Werkverbreitung zu erreichen sucht.[2]

1 *Hansen/Schmidt-Bischoffshausen*, GRUR Int. 2007, 461 ff.; *Kretschmer*, EIPR, 24 (2002), 126; *Lichtenegger*, Verwertungsgesellschaft, Kartellverbot und neue Medien, 2014, S. 213 ff.
2 *Gervais*, Colum.JLA, 34 (2011), 430 ff.

Tobias Holzmüller

https://doi.org/10.1515/9783110366792-004

3 In diesem Spannungsfeld zwischen Marktermöglichung und Wettbewerbsbeschränkung bewegt sich die wettbewerbsrechtliche Beurteilung der Tätigkeit von Verwertungsgesellschaften. Und obgleich kollektive Strukturen auch in anderen Wirtschaftsbereichen, z.B. dem Gewerkschaftswesen, mit der Wettbewerbsordnung in Einklang gebracht werden müssen, ist gerade die kollektive Wahrnehmung von Urheberrechten immer wieder Gegenstand von Auseinandersetzungen.

II. Verwertungsgesellschaften als legitimierte Kartelle

4 Wie eingangs gezeigt, scheint die kollektive Rechtewahrnehmung alle Kriterien einer horizontalen Preisabsprache zu erfüllen.[3] Verwertungsgesellschaften bündeln die Nutzungsrechte verschiedener Rechtinhaber und machen sie im Rahmen einer sog. Blankettlizenz den Nutzern zu einheitlichen Tarifen und Konditionen zugänglich. Im Idealfall bündelt die Verwertungsgesellschaft dabei die Gesamtheit des verfügbaren Repertoires einer bestimmten Werkgattung („Weltrepertoire“).

5 Aus Sicht des Wettbewerbsrechts, das horizontale Preiskartelle strenger sanktioniert als jede andere Form der Wettbewerbsbeschränkung, stellt sich daher zunächst die Frage nach der Legitimität von Verwertungsgesellschaften. Mit dieser Frage hat sich aus wettbewerbsrechtlicher Sicht erstmals der U.S. Supreme Court 1979 in der Sache *BMI* vs. *CBS* befasst.[4] Er kam dabei zum Schluss, dass die Gründung einer Verwertungsgesellschaft schon begrifflich keine horizontale Preisabsprache darstelle und mithin nicht dem Kartellverbot unterfalle. Über die dogmatische Tragfähigkeit dieser Argumentation lässt sich streiten. Entscheidend sind die weiterführenden Überlegungen des Gerichts, wonach unter Effizienzgesichtspunkten die Zurverfügungstellung einer Blankettlizenz in einem atomisierten Markt die Transaktionskosten reduziere und damit erst einen funktionierenden Rechtemarkt ermögliche. Diese prokompetitive Wirkung überwiege die möglichen negativen Monopoleffekte.

6 In der Folge lösten die Wettbewerbsordnungen rund um den Globus den Konflikt zwischen kollektiver Rechtewahrnehmung und absolutem Kartellverbot auf vergleichbare Weise, indem sie Verwertungsgesellschaften aus Effizienzerwägungen vom Kartellverbot freistellten. Unterschiede ergeben sich lediglich dahingehend, dass in einigen Rechtsordnungen Verwertungsgesellschaften durch die Anordnung gesetzlicher Monopole ausdrücklich vorgeschrieben bzw. durch Bereichsausnahmen vom Kartellverbot gesetzlich legitimiert sind, während in anderen Rechtsordnungen lediglich die Spruchpraxis von Gerichten und Behörden die Gründung und Tätigkeit von Verwertungsgesellschaften vom Kartellverbot ausnimmt.

7 Im deutschen Kartellrecht waren Verwertungsgesellschaften bis zur 7. GWB-Novelle nach § 30 GWB a.F. von der Anwendung des Kartellverbots freigestellt, und zwar im Hinblick auf die Bildung einer Verwertungsgesellschaft wie auch auf die Verträge und Beschlüsse, die zu ihrer Tätigkeit erforderlich waren.[5] Mit der Streichung des § 30 GWB a.F.

---

3 *Drexl*, Copyright, Competition and Development, http://www.wipo.int/export/sites/www/ip-competition/en/studies/copyright_competition_development.pdf, sub 11.1.1.

4 *BMI* v. *ASCAP*, 441 U.S. 1, 99 (1979).

5 § 30 Abs. 1 GWB idF der 6. GWB-Novelle 1998: „Die §§ 1 und 14 gelten nicht für die Bildung von Verwertungsgesellschaften, die der Aufsicht nach dem Gesetz über die Wahrnehmung von Urheberrechten und verwandten Schutzrechten unterliegen, sowie für Verträge und Beschlüsse solcher Verwertungsgesellschaften, soweit sie zur wirksamen Wahrnehmung der Rechte im Sinne von § 1 des Gesetzes über die Wahrnehmung von Urheberrechten und verwandten Schutzrechten erforderlich sind und der Aufsichtsbehörde gemeldet sind.[...]“.

machte der Gesetzgeber klar, dass sich an der grundsätzlichen Rechtslage nichts ändern solle.[6] Ähnliches gilt im europäischen Wettbewerbsrecht. Nach Auffassung des EuGH erbringen Verwertungsgesellschaften keine Dienstleistungen von allgemeinem wirtschaftlichem Interesse im Sinne von Art. 106 AEUV und unterfallen damit grundsätzlich dem Kartellverbot des Art. 101 AEUV.[7] Zugleich wurde jedoch in der Anwendung des Art. 101 AEUV klargestellt, dass die Bildung und der Betrieb einer Verwertungsgesellschaft vom Kartellverbot freigestellt sind, solange die fraglichen Verhaltensweisen die Grenzen des zur Erreichung der Aufgaben Erforderlichen nicht überschreiten.[8] Die Frage wo diese Linie verläuft, ist in Wissenschaft und Praxis durchaus umstritten und immer wieder Gegenstand streitiger Verfahren.

III. Marktmachtkontrolle und sektorspezifische Regulierung

Aufgrund der Transaktionskostenstruktur und der damit verbundenen Netzwerkeffekte haben die Märkte der kollektiven Rechtewahrnehmung eine deutliche Monopolneigung. Als Konsequenz haben Verwertungsgesellschaften auf nationaler Ebene häufig faktische Monopole oder zumindest marktbeherrschende Stellungen inne. In einigen Staaten sind Verwertungsgesellschaften auch mit einem gesetzlichen Monopol ausgestattet.[9] Der EuGH hat dazu entschieden, dass der Schutz des geistigen Eigentums durch Verwertungsgesellschaften ein zwingender Grund des Allgemeinwohles ist, der im Rahmen der Erforderlichkeit auch die mitgliedsstaatliche Zuweisung von Monopolstellungen rechtfertigen kann.[10] 8

Auch wenn die Monopolstellung von Verwertungsgesellschaften aus ökonomischer Sicht effizient und damit juristisch legitim ist, bedeutet dies nicht, dass Verwertungsgesellschaften sich in einem wettbewerbsrechtlichen Vakuum bewegen. Vielmehr gilt hier – wie in anderen Bereichen des Wirtschaftslebens – der Grundsatz, dass faktische oder strukturelle Monopole der Regulierung bedürfen, damit der Monopolist seine Marktstärke nicht zu Lasten anderer Marktbeteiligter ausspielen kann. Diesem Ziel trägt in Deutschland das Verwertungsgesellschaftengesetz[11] Rechnung, das ähnlich wie andere sektorspezifische Monopolregulierungen, z. B. im Energie-, Post-, Telekommunikations- oder Eisenbahnrecht spezifische Verhaltenspflichten statuiert. Vergleichbare Regelungen wurden in den anderen EU-Mitgliedstaaten spätestens in Umsetzung der Verwertungsgesellschaftenrichtlinie 2014/26/EU geschaffen. 9

Neben die sektorspezifische Regulierung tritt die allgemeine kartellrechtliche Kontrolle von Unternehmen mit marktbeherrschender Stellung. Da sektorspezifische Regulierung und kartellrechtliche Missbrauchskontrollen vergleichbare Zielrichtungen verfolgen, jedoch von verschiedenen Behörden bzw. Gerichten angewandt werden, hängt die praktische Bedeutung der Missbrauchskontrolle stark von der Ausprägung der sektorspezifischen Regulierung ab. Wo die Regulierung Lücken aufweist, stößt die kartellrechtliche Missbrauchskontrolle hinein. Wenn überhaupt keine sektorspezifische Regu- 10

6 „Es bleibt dabei, dass Bildung und Tätigkeit von Verwertungsgesellschaften, soweit dies zur Wahrnehmung ihrer Aufgaben erforderlich ist, wie bisher nicht dem Kartellverbot unterfallen.“ RegE zur 7. GWB-Novelle, BT-Ds. 15/3640, S. 49.

7 EuGH v. 2.3.1983 – Rs. 7/82 *GVL*, Slg. 1983, 483.

8 EuGH v. 13.7.1989 – Rs. 395/87, GRUR Int. 1990, 622625 – Ministère public/Tournier.

9 Gesetzliche Monopole bestehen bspw. in Italien, Österreich und der Tschechischen Republik.

10 EuGH v. 24.2.2014 – Rs. C-351/12, GRUR 2014, 473 – OSA, Rn. 72.

11 Das VGG löste am 31.5.2016 das Urheberrechtswahrnehmungsgesetz ab.

lierung existiert, findet Regulierung praktisch ausschließlich auf Grundlage der kartellrechtlichen Missbrauchsvorschriften statt.[12]

11 Im deutschen Recht, das seit den 1960er Jahren ein ausdifferenziertes Wahrnehmungsrecht mit detaillierten Rechten und Pflichten für Verwertungsgesellschaften kennt, spielt die kartellrechtliche Missbrauchsaufsicht über Verwertungsgesellschaften keine große Rolle. Dort wo sie zur praktischen Anwendung kam, zeigte sie weitgehend deckungsgleiche Ergebnisse mit der Anwendung des Urheberrechtswahrnehmungsgesetzes oder des VGG.

12 Auf europäischer Ebene, wo bis zum Inkrafttreten der Verwertungsgesellschaften-Richtlinie 2014/26 im Frühjahr 2014 keinerlei sektorspezifische Regulierung existierte, findet sich hingegen eine reiche Spruchpraxis zur Anwendung der Missbrauchsvorschriften auf Verwertungsgesellschaften.

13 Insbesondere die gesamte Entscheidungspraxis von EU-Kommission und europäischen Gerichten zu den Mitgliederrechten basiert ganz wesentlich auf der Anwendung des Art. 102 AEUV. Viele der seit den 1970er Jahren getroffenen Entscheidungen, etwa zur Herausnahme von Rechten der Exklusivität der Rechteeinräumung, der Zulässigkeit von Kündigungsfristen, etc. fanden später auch in die Verwertungsgesellschaftsrichtlinie 2014/26 Eingang. Getreu dem Charakter der Verwertungsgesellschaft als – bei idealtypischer Betrachtung – zweiseitigem Monopol lässt sich dabei zwischen den Rechtsbeziehungen zu den Berechtigten einerseits und den Rechtsbeziehungen zu den Nutzern andererseits differenzieren.

1. Rechteeinräumung und Mitgliedschaft

14 Das grundsätzliche Verhältnis zwischen individueller Freiheit der Rechteinhaber und Effektivität der kollektiven Rechtewahrnehmung stand schon früh auf dem Prüfstand des europäischen Wettbewerbsrechts. Die hohe Aktivität europäischer Behörden und Gerichte in diesem Bereich beruht vor allem auf der binnenmarktpolitischen Betonung des Rechtes zu einer freien und effektiven Wahl der Verwertungsgesellschaft, während die mitgliedstaatlichen Regeln weitgehend dem Ideal eines zumindest faktischen Monopols verhaftet blieben. Getreu ihrer Rolle als Integrationsmotoren des Binnenmarktes wandten Kommission und Gerichtshof das europäische Primärrecht auf Sachverhalte an, die geeignet waren, den grenzüberschreitenden Wechsel der Verwertungsgesellschaft zu erschweren, wobei nicht immer klar zwischen der Anwendung des Kartellverbotes und der Missbrauchsvorschriften unterschieden wurde.

a) Exklusive Vorausabtretung

15 Dabei ging es zunächst um die Frage, in welchem Maße eine marktbeherrschende Verwertungsgesellschaft von ihren Mitgliedern eine umfassende und exklusive Vorausabtretung aller Nutzungsrechte verlangen könne. Auf die im Vorlageverfahren *BRT ./. SABAM* und *Fonior* vorgebrachte Auffassung, eine solche ausschließliche Globalabtretung sei unvereinbar mit Art. 101 und 102 AEUV erwiderte *GA Mayras*:

---

12 Das US Department of Justice reguliert die Verwertungsgesellschaften weitgehend über kartellrechtliche Instrumente, insbesondere die sogenannten *Consent Decrees;* dazu *Goldmann,* Die kollektive Wahrnehmung musikalischer Rechte. Für einen weltweiten Überblick der Spruchpraxis von Wettbewerbsbehörden und Gerichten: *Drexl,* Copyright, Competition and Development, http://www.wipo.int/export/sites/www/ip-competition/en/studies/copyright_competition_development.pdf, sub 11.

> „Zunächst kann man sich fragen, ob diese Auffassung nicht der Natur der Sache und den wirtschaftlichen Gegebenheiten widerspricht. Denn ein Textdichter oder Komponist, ja sogar ein Musikverleger, wenn es sich nicht um ein sehr mächtiges Unternehmen handelt, ist praktisch nicht in der Lage, seine Rechte selber auszuüben. Er verfügt nicht über die Mittel, die einzelnen Verwendungen zu kontrollieren, die möglicherweise von seinem Werk gemacht werden. Aber noch schwerer wiegt, dass bestimmte Musikverbraucher wie Schallplattenhersteller, öffentliche und private Rundfunk- und Fernsehstationen auf dem Markt eine so starke Stellung haben, dass sie die Textdichter und Komponisten in ein Abhängigkeitsverhältnis bringen könnten, indem sie die Abtretung bestimmter Werke, vor allem der erfolgsträchtigen, deren Nutzung besonders interessant ist, von ihnen verlangten."[13]

Auf dieser Grundlage entschied der Gerichtshof in seinem Grundsatzurteil, die Rechteeinräumung an Verwertungsgesellschaften müsse ein ausgewogenes Verhältnis zwischen der individuellen Freiheit der Urheber, über ihr Werk zu verfügen, und einer effektiven Verwaltung der Rechte durch die Verwertungsgesellschaft gewährleisten. Entscheidend sei dabei im Sinne eines Erforderlichkeitstests, welche Beschränkungen unerlässlich seien, um den Verwertungsgesellschaften die Erfüllung ihrer Aufgaben zu ermöglichen. Dabei sei vor allem auch die Notwendigkeit einer starken Verhandlungsposition der Verwertungsgesellschaften gegenüber gewerblichen Musiknutzern zu berücksichtigen. 16

> „Um diese Rechte und Interessen wirkungsvoll wahrnehmen zu können, muss die Vereinigung über eine Stellung verfügen, die voraussetzt, dass die angeschlossenen Urheber ihre Rechte an diese abtreten, soweit es notwendig ist, um ihrer Tätigkeit das erforderliche Volumen und Gewicht zu verleihen"[14]

Das Erfordernis einer exklusiven Rechteeinräumung, wie es die Berechtigungsverträge aller wichtigen europäischen Verwertungsgesellschaften vorsieht, genügt nach diesem Maßstab grundsätzlich den Anforderungen des Erforderlichkeitstests und ist daher konform mit den Regeln des europäischen und deutschen Wettbewerbsrechts.[15] Missbräuchlich kann nach Auffassung des EuGH aber das Beharren einer marktbeherrschenden Verwertungsgesellschaft auf einer Vorausabtretung der Rechte an sämtlichen – auch zukünftig vom Urheber zu schaffenden Werken – sein, wenn dabei nicht nach Nutzungsarten und Rechtekategorien differenziert wird (zur Spartenlizenzierung nachfolgend Rn. 21).[16] 17

b) Individuelle Wahrnehmung

Ebenfalls Gegenstand einer Kommissionsentscheidung war die Frage, ob Verwertungsgesellschaften ihren Mitgliedern die Eigenwahrnehmung trotz wirksam gekündigter Rechtekategorien und/oder Territorien verbieten können, indem sie die Kündigung von Rechten von der Einräumung an eine andere Verwertungsgesellschaft abhängig machen. In der sog. *Daft Punk*-Entscheidung sah die Kommission in einer solchen Klausel hinsichtlich der Onlinerechte unter Anwendung des Erforderlichkeitstests grundsätzlich einen Verstoß gegen Art. 102 AEUV.[17] Allerdings soll es möglich sein, die Selbstwahrnehmung nur auf begründeten Antrag hin zuzulassen. 18

---

13 GA *Mayras*, Schlussanträge v. 12.2.1974 – Rs. 127/73 *BRT ./. SABAM und Fonior*, Slg. 1974 I-320 Tz. B.1.

14 EuGH v. 27.3.1974 – Rs. 127/73 *BRT ./. SABAM und Fonior*, Slg. 1974, 313, Rn. 9–11.

15 EuGH v. 27.3.1974 – Rs. 127/73 *BRT ./. SABAM und Fonior*, Slg. 1974, 313, Rn. 9–11; KOM v. 2.6.1971, IV/26.760, ABl. 1971 Nr. L 134/15 – GEMA I. Anderes gilt z. B. in den USA, wo der aktuelle *Consent Decree* der ASCAP nur die Wahrnehmung nicht-exklusiver Rechte gestattet.

16 EuGH v. 27.3.1974 – Rs. 127/73 *BRT ./. SABAM und Fonior*, Slg. 1974, 313, Rn. 9–11.

17 KOM v. 12.8.2002 – COMP/C2/37.219 *Banghalter & Homem Christo ./. SACEM*.

c) *Freie Wahl der Verwertungsgesellschaft*

19 Als mit Art. 102 AEUV unvereinbare Diskriminierung haben Kommission und EuGH auch Mitgliedschaftsbeschränkungen angesehen, nach denen eine marktbeherrschende Verwertungsgesellschaft die Rechtewahrnehmung auf Berechtigte einer bestimmten Staatangehörigkeit beschränkt oder von einem steuerlichen Wohnsitz in einem bestimmten Mitgliedstaat abhängig macht.[18] Nachdem der EuGH in seiner *Phil-Collins*-Entscheidung ein allgemeines Diskriminierungsverbot für EU-Urheber und Leistungsschutzberechtigte begründet hatte,[19] wurde der zuvor auf deutsche Urheber beschränkte Wahrnehmungszwang in § 6 UrhWG auf Bürger von EU und EWR-Staaten ausgedehnt. § 9 VGG sieht nunmehr einen Wahrnehmungszwang gegenüber den Berechtigten unabhängig vom Herkunftsland vor.

20 Vereinbarungen zwischen Verwertungsgesellschaften, nur inländische Mitglieder aufzunehmen, verstoßen nach Auffassung der Kommission gegen Art. 101 AEUV, weil sie den Wettbewerb um Mitglieder beschränken und negative Auswirkungen auf den Repertoirewettbewerb haben.[20] Die früher in den Statuten vieler Verwertungsgesellschaften bestehenden und teilweise in den Gegenseitigkeitsverträgen vorgegebenen Mitgliedschaftsbeschränkungen auf Grundlage von Nationalität oder Wohnsitz wurden spätestens nach der CISAC-Entscheidung im Jahr 2008 beseitigt. Art. 5 Abs. 2 Verwertungsgesellschaftenrichtlinie 2014/26 hat die grenzüberschreitende Wahrnehmungspflicht dann europaweit verbindlich festgeschrieben.

d) *Spartenlizenzierung*

21 In *GEMA I* befasste sich die Kommission erstmals mit der Frage, wie umfassend sich Verwertungsgesellschaften von ihren Mitgliedern Rechte einräumen lassen dürfen. Die Kommission ließ die exklusive Vorausabtretung der Nutzungsrechte an allen bestehenden und zukünftigen Werken von den Urhebern an die Verwertungsgesellschaft grundsätzlich zu. Sie verlangte aber unter Anwendung des Erforderlichkeitstests im Rahmen von Art. 102 AEUV, die Urheber müssten die Möglichkeit haben, ihre Rechte nach Nutzungsbereichen und Territorien auf mehrere Verwertungsgesellschaften aufzuteilen.[21] Eine gezielte Einräumung bzw. Herausnahme einzelner Werke muss hingegen nicht ermöglicht werden. Daraus und aus der Folgeentscheidung *GEMA II*[22] entstand das Prinzip der Spartenlizenzierung nach den so genannten GEMA-Kategorien, das in der Folge von den meisten Verwertungsgesellschaften übernommen und schließlich auch in Art. 5 Abs. 2 VGRL zumindest dem Grunde nach kodifiziert wurde (vgl. BE 19 VGRL).

e) *Kündigungsfristen und Lizenzfortwirkung*

22 Ebenfalls Gegenstand der Kommissionsentscheidungen war die Frage, wie lange Verwertungsgesellschaften ihre Mitglieder an sich binden dürfen und mit welchen Fris-

---

18 KOM v. 2.6.1971, IV/26.760, ABl. 1971 Nr. L 134/15 – GEMA I; KOM v. 29.10.1981 – COMP/IV/29.839 – GVL, ABl. 1981 Nr. L 370/49, bestätigt durch EuGH v. 2.3.1983 – Rs. 7/82 *GVL ./. Kommission*, Slg. 1983, 483.

19 EuGH v. 20.10.1993 – Rs. C-92/92 und C-326/92 *Phil Collins u. a. ./. EMI Electrola*, Slg. 1993, I-S. 145.

20 KOM v. 16.9.2008, COMP/C2/38.698 – CISAC, C(2008) 3435 final, Rn. 127 ff., abrufbar unter: http://ec.europa.eu/competition/antitrust/cases/dec_docs/38698/38698_4565_1.pdf; *Drexl*, Copyright, Competition and Development, http://www.wipo.int/export/sites/www/ip-competition/en/studies/copyright_competition_development.pdf, sub 11.1.1., S. 223.

21 KOM v. 2.6.1971, IV/26.760, ABl. 1971 Nr. L 134/15 – GEMA I.

22 KOM v. 6.7.1972, IV/26.760, ABl. 1972 Nr. L 166/22 – GEMA II.

ten Wahrnehmungsverträge ganz oder beschränkt auf einzelne Sparten oder Territorien gekündigt werden können. Zunächst entschied die Kommission, eine Vertragsbindung von sechs Jahren beeinträchtige die Möglichkeit zum Wechsel der Verwertungsgesellschaft unbillig und verstoße daher gegen das Missbrauchsverbot.[23] Später sah die Kommission eine Mindestlaufzeit von drei Jahren in Verbindung mit einer weiter differenzierten Spartenlizenzierung nach zwölf unterschiedlichen Nutzungsarten als zulässig an, während bei Beibehaltung der sieben GEMA-Kategorien eine Kündigung zum Jahresende möglich bleiben müsse.[24] Durch die Festlegung einer einheitlichen Kündigungsfrist von sechs Monaten in Art. 5 Abs. 4 VGRL 2014/26 und die deutsche Umsetzung in § 12 VGG sind diese Entscheidungen überholt.

Weiter relevant ist die Frage, inwieweit der Berechtigungsvertrag bestimmen kann, 23 dass eine wirksame Kündigung den Rechteumfang einer bereits erteilten Lizenz unbeeinträchtigt lässt. Während an der grundsätzlichen Zulässigkeit einer solchen Regelung kein Zweifel besteht,[25] darf dadurch die Möglichkeit zum Wechsel der Verwertungsgesellschaft und zur individuellen Rechtewahrnehmung nicht unbillig beeinträchtigt werden. Überlange Weitergeltungsfristen von sechs Jahren und die Ausdehnung auf nach dem Wirksamwerden der Kündigung geschaffene Werke wurden daher als missbräuchlich angesehen.[26]

2. Rechtsbeziehungen zu den Nutzern

Im Vergleich zu den Mitgliedschaftsrechten findet sich für den Bereich der Rechts- 24 beziehungen zu den Nutzern weitaus weniger Entscheidungspraxis. Im deutschen Recht liegt das insbesondere daran, dass mit den Regeln des UrhWG (jetzt des VGG) über die Tarifaufsicht des DPMA und der Schiedsstelle Spezialregeln vorliegen, die einen Rückgriff auf die Missbrauchsregeln und eine Einschaltung der Kartellbehörden und -gerichte in der Regel entbehrlich machen. Im Bereich des Unionsrechts ist die Ursache eher in der territorialen Natur der zur Verfügung gestellten Nutzungsrechte und ein einer generellen Zurückhaltung gegenüber wettbewerbsrechtlicher Preiskontrolle zu finden.

a) Angemessenheit der Lizenzbedingungen

Grundsätzlich untersagen Art. 102 AEUV bzw. die §§ 19 ff. GWB auch die Erzwingung 25 unangemessener Preise oder Geschäftsbedingungen. Dennoch gibt es nur wenig wettbewerbsrechtliche Spruchpraxis im Hinblick auf die Angemessenheit der Tarife von Verwertungsgesellschaften.

Regelmäßig diskriminierend im Sinne von Art. 102 AEUV sind Tarife, die ausländi- 26 schen Nutzern höhere Vergütungen als Inländern abverlangen und dadurch Wettbewerbsnachteile bewirken.[27] Dies hindert eine Verwertungsgesellschaft allerdings nicht daran, für im Ausland erfolgende Nutzungen den Tarif des Bestimmungslandes heranzuziehen.

Nur vereinzelt befasste sich der Gerichtshof mit der Frage der Tarifhöhe – meist im 27 Rahmen von Vorabentscheidungsersuchen, die aus Mitgliedstaaten ohne effektive Instrumente zur Tarifkontrolle vorgelegt wurden. Ausgehend vom Grundsatz, dass Art. 102

23 KOM v. 2.6.1971, IV/26.760, ABl. 1971 Nr. L 134/15 – GEMA I.
24 KOM v. 6.7.1972, IV/26.760, ABl. 1972 Nr. L 166/22 – GEMA II.
25 So nunmehr auch BE 19 VGRL und § 12 Abs. 3 Nr. 2 VGG.
26 KOM v. 2.6.1971, IV/26.760, ABl. 1971 Nr. L 134/15 – GEMA I.
27 KOM v. 2.6.1971, IV/26.760, ABl. 1971 Nr. L 134/15 – GEMA I.

AEUV ein angemessenes Verhältnis von Lizenzwert und Lizenzvergütung erfordere, vermied der Gerichtshof konkrete Aussagen zur angemessenen Tarifhöhe, sondern beschränkte sich auf Aussagen zum Maßstab der Angemessenheitsprüfung. Auch hier war Ausgangspunkt häufig der aus dem Diskriminierungsverbot abgeleitete Gleichbehandlungsgrundsatz. Dabei ist auch bei marktbeherrschenden Verwertungsgesellschaften nicht jede ungerechtfertigte Ungleichbehandlung bei der Vergütungsberechnung ein Verstoß gegen Art. 102 AEUV. Zu ermitteln ist vielmehr unter Abwägung sämtlicher Umstände des Einzelfalls, wie z.B. Höhe der Ungleichbehandlung im Verhältnis zu Kosten, Verhandlungsmacht der Marktgegenseite, staatliche Preisregulierung, ob die Ungleichbehandlung grundsätzlich zur Verbesserung des Wettbewerbs auf der nachgelagerten Marktstufe geeignet ist. Der Nachweis einer konkreten Wettbewerbsverzerrung ist jedoch nicht erforderlich.[28] Im Hinblick auf die – notwendigen – Pauschalierungen bei der Ermittlung der Tarifgrundlagen kam die Kommission zu dem Schluss, dass ein Missbrauch dann vorliegen könne, wenn infolge der Pauschalierung auch Vergütungen für nicht geschützte oder nicht von der Verwertungsgesellschaft wahrgenommene Werke erhoben werden.[29] Demgegenüber hat der Gerichtshof klargestellt, dass Pauschal- und Blankettlizenzen samt einer entsprechend pauschalen Vergütungsberechnung grundsätzlich wettbewerbsrechtlich nicht zu beanstanden sind, solange sie durch Praktikabilitäts- und Kostenvorteile gerechtfertigt seien.[30] Insbesondere gebe Art. 102 AEUV keinen Anspruch auf die Lizenzierung von Teilrepertoires.

28 In einer Reihe von Verfahren stellte der Gerichtshof fest, dass es im Sinne einer Vergleichsmarktbetrachtung ein Indiz für die Unangemessenheit sei, wenn die beanstandeten Tarife

> „... bei einer auf der gleichen Grundlage erfolgten Gegenüberstellung merklich höher sind als die in den anderen Mitgliedstaaten praktizierten Tarife."[31]

Ein solcher Vergleich setzt voraus, dass die verglichenen Tarife und Mitgliedstaaten anhand objektiver und nachprüfbarer Kriterien als vergleichbar ausgewählt werden und etwaige Kaufkraftunterschiede zwischen den Mitgliedstaaten angemessen berücksichtigt werden.[32] Zudem müssen die Tarifunterschiede signifikant und anhaltend sein, um die Indizwirkung auszulösen.[33] Ist dies der Fall, obliege es der Verwertungsgesellschaft, die Tarifunterschiede durch objektive Umstände, wie z.B. unterschiedliche Kostenstrukturen oder unterschiedliche nationale Vorgaben zur angemessenen Vergütung, sachlich zu rechtfertigen.[34] Ähnlich urteilte der EuGH im Fall *STIM* zu der Frage, ob unterschiedliche Tarifstrukturen für öffentlich-rechtliche und private Fernsehsender mit dem Missbrauchsverbot vereinbar wären.[35] Hier kam der EuGH zum Ergebnis, dass Ungleichbehandlungen durch tatsächliche Unterschiede in der Finanzierung des Geschäftsbetriebes gerechtfertigt werden können, wenn sie keine unnötige Beeinträchtigung des Senderwettbewerbes mit sich bringen.

---

28 EuGH v. 19.4.2018 – Rs. C 525/16 *MEO ./. Autoridade da Concorrência*, Rn. 38, noch nicht in der offiziellen Sammlung.
29 KOM v. 2.6.1971, IV/26.760, ABl. 1971 Nr. L 134/15 – GEMA I.
30 EuGH v. 13.7.1989 – Rs. 385/87 *Tournier*, Slg. 1989, 2521 Rn. 45; EuGH v. 11.12.2008 – Rs. C-52/07 *Kanal 5 u.a. ./. STIM*, Slg. 2008, I-9275.
31 EuGH v. 13.7.1989 – Rs. 395/87 *Lucazeau ./. SACEM*, Slg. 1989, 2811 Rn. 25.
32 EuGH v. 14.9.2017 – Rs. C-177/16 *AKKA/LAA*, ECLI:EU:C:2017:689 Rn. 46, 52.
33 EuGH v. 14.9.2017 – Rs. C-177/16 *AKKA/LAA*, ECLI:EU:C:2017:689 Rn. 61.
34 EuGH v. 27.2.2014 – Rs. 351/12 *OSA*, ECLI:EU:C:2014:110, Rn. 87.
35 EuGH v. 11.12.2008 – Rs. C-52/07 *Kanal 5 u.a. ./. STIM*, Slg. 2008, I-9275, Rn. 47, 48.

Eine Tarifkontrolle auf Grundlage der kartellrechtlichen Missbrauchsvorschriften findet im deutschen Recht praktisch nicht und auf europäischer Ebene nur sehr eingeschränkt statt.[36] Abzuwarten bleibt, ob der EuGH die Angemessenheit von Lizenzbedingungen künftig an den Vorschriften zur Tarifgestaltung in Art. 16 Abs. 2 der Verwertungsgesellschaftenrichtlinie misst und damit in eine echte europäische Tarifkontrolle einsteigt. 29

b) Lizenzierungszwang

Grundsätzlich folgt aus Art. 102 AEUV unter bestimmten Voraussetzungen eine Verpflichtung des Marktbeherrschers zur Eingehung von Geschäftsbeziehungen unter Einschluss der Einräumung von urheberrechtlichen Nutzungsrechten.[37] Daher stellt sich die Frage, ob für Verwertungsgesellschaften neben der in den nationalen Regulierungsrechten weit verbreiteten Pflicht zur Lizenzerteilung ein allgemeiner Lizenzierungszwang aus Art. 102 AEUV oder den §§ 19, 20 GWB besteht. Dies dürfte grundsätzlich zu bejahen sein. Praktische Relevanz erlangte diese Frage aber bislang nicht, weil Verwertungsgesellschaften in der Regel ein ausgeprägtes Interesse an der Lizenzerteilung haben und im deutschen Recht bereits dem einfachgesetzlichen Abschlusszwang nach § 34 VGG unterliegen. Neue Bedeutung könnte die kartellrechtliche Lizenzierungspflicht im Zusammenhang mit unabhängigen Verwertungseinrichtungen iSv § 4 VGG erhalten, die nicht dem allgemeinen Abschlusszwang unterliegen. Hier stellt sich dann auch die Frage, ob – analog § 37 VGG oder in Anlehnung an die Grundsätze zum Zwangslizenzeinwand im Patentrecht[38] – der Lizenzanspruch dem Unterlassungsanspruch bei Forderung unangemessener Lizenzbedingungen entgegengehalten werden kann. 30

IV. Kooperationen zwischen Verwertungsgesellschaften

Um ihre Aufgaben zu erfüllen, sind Verwertungsgesellschaften auf eine enge Kooperation untereinander angewiesen. Dies gilt auf der nationalen Ebene, wo Verwertungsgesellschaften aus verschiedenen Nutzungsbereichen bei der Lizenzierung von Nutzungsrechten oder der Einziehung gesetzlicher Vergütungsansprüche zusammenarbeiten, um dem Interesse der Nutzer nach einem One-stop-shop entgegenzukommen. Besondere Bedeutung hat die Kooperation zwischen Verwertungsgesellschaften aber im internationalen Kontext (dazu näher Kap. 14). Das Rückgrat der internationalen Zusammenarbeit zwischen Verwertungsgesellschaften bildet dabei das Netz von Gegenseitigkeitsverträgen. Es versetzt Verwertungsgesellschaften in die Lage, den Nutzern ein aus den Rechten aller Schwestergesellschaften zusammengesetztes Weltrepertoire anzubieten und die Erträge aus der Verwertung dieses internationalen Rechteportfolios den jeweiligen Berechtigten zuzuleiten. Im traditionellen Wahrnehmungssystem räumten sich die Verwertungsgesellschaften dabei gegenseitig die Rechte für Nutzungen im jeweiligen Verwaltungsgebiet ein, so dass jede Verwertungsgesellschaft als nationaler One-stop-shop für das Weltrepertoire diente. Die bilateral vereinbarten Gegenseitigkeitsverträge basieren dabei häufig auf in internationalen Gremien, z.B. der CISAC, festgelegten Standard- oder Rahmenvereinbarungen. 31

---

36 Dazu auch GA *Wahl*, Schlussanträge vom 6.4.2017, C-177/16 – AKKA/LAA, ECLI:EU:C:286.

37 EuGH v. 6.4.1995 – Rs. C-241/91 P und C-242/91 P *Magill ./. RTE*, Slg. 1995, I-743; EuGH v. 29.4.2004 – Rs. C-418/01 *IMS Health ./. NDC Health*, Slg. 2004, I-5039.

38 EuGH v. 16.7.2015 – Rs. C-170/13 *Huawei ./. ZTE*, ECLI:EU:C:2015:477.

32 Wettbewerbstheoretisch ist dieses System ambivalent, weil es einerseits einen effizienten internationalen Rechtemarkt erst ermöglicht, andererseits aber den Anreiz zum Wettbewerb reduziert und nationale Monopole stützt. Aus diesem Grund und in Ermangelung spezialgesetzlicher Vorgaben zur Ausgestaltung von Repräsentationsvereinbarungen[39] spielen kartellrechtliche Fragen hier eine bedeutende Rolle. Vor allem das europäische Wettbewerbsrecht, das sich wie kein anderes dem Abbau nationaler Marktzugangshindernisse verschreibt, wurde mit diesen Fragen intensiv befasst und kann eine reiche Entscheidungspraxis vorweisen.

1. Mitgliedschaftsbeschränkungen

33 Unvereinbar mit Art. 101 AEUV sind Klauseln, in denen sich die Gesellschaften verpflichten, keine Mitglieder aus dem Mitgliedstaat des jeweiligen Vertragspartners aufzunehmen oder auf die Aufnahme von Mitgliedern der jeweils anderen Gesellschaft zu verzichten.[40] Dasselbe gilt für Vereinbarungen, welche die Aufnahme von Mitgliedern einer anderen Verwertungsgesellschaft von der Zustimmung dieser Verwertungsgesellschaft oder ähnlichen Bedingungen abhängig macht.

2. Territoriale Rechteeinräumung und Gebietsschutz

34 Ausgehend von der grundsätzlichen Erkenntnis, dass Gegenseitigkeitsverträge als solche keine wettbewerbsbeschränkende Wirkung haben,[41] haben sich Kommission und Unionsgerichte intensiv mit Frage des territorialen Zuschnitts der Mandate befasst.

35 Nicht zu beanstanden ist, dass Verwertungsgesellschaften in bilateralen Verträgen die Mandate territorial beschränken – etwa indem Nutzungsrechte nur für das Gebiet des Staates eingeräumt werden, in dem die mandatierte Gesellschaft ansässig ist.[42] Solche territorialen Einschränkungen des Lizenzgebietes beschränken zwar die Lizenzierungstätigkeit der mandatierten Gesellschaft auf ein bestimmtes Territorium, stellen aber grundsätzlich eine legitime Schutzrechtsausübung dar und sind keine Wettbewerbsbeschränkungen. Als mit Art. 101 AEUV unvereinbar angesehen hat der Gerichtshof jedoch territoriale Ausschließlichkeitsklauseln in Gegenseitigkeitsverträgen, die einen absoluten Gebietsschutz vermitteln und der mandatsgebenden Verwertungsgesellschaft eine eigene Lizenzierung im Verwaltungsgebiet der mandatierten Gesellschaft untersagen.[43] Folglich dürfen sich Verwertungsgesellschaften zwar nicht vertraglich verpflichten, keine grenzüberschreitenden Direktlizenzen für ihr eigenes Repertoire zu erteilen. Eine Verpflichtung zur Erteilung grenzüberschreitender Lizenzen ist damit aber nicht verbunden.

36 Ein Wettbewerbsverstoß soll allerdings vorliegen, wenn eine territoriale Beschränkung auf einer multilateralen Vereinbarung oder Verhaltensabstimmung beruht.[44] Konflikte entzündeten sich immer wieder an der Frage, ob die Beschränkung der Lizenzie-

39 Vgl. nun aber § 44 VGG.

40 EuG v. 12.4.2013 – Rs. T-432/08 *AKM ./. Kommission*, ECLI:EU:T:2013:185, Rn. 61 ff.

41 EuGH v. 13.7.1989 – Rs. 385/87 *Tournier*, Slg. 1989, 2521 Rn. 26; EuGH v. 13.7.1989, Rs. 395/87 *Lucazeau ./. SACEM*, Slg. 1989, 2811 Rn. 20.

42 EuGH v. 4.10.2011, C-403/08 und C-429/08 *Football Association Premier League*, Slg. 2011, I-9083 Rn. 137 ff.; EuGH v. 6.10.1982 – Rs. 262/81 *Coditel II*, Slg. 1982, 3381 Rn. 15; EuG v. 12.4.2013 – Rs. T-410/08 *GEMA ./. Kommission*, ECLI:EU:T:2013:171 Rn. 62.

43 EuGH v. 13.7.1989, Rs. 385/87 *Tournier*, Slg. 1989, 2521 Rn. 20.

44 EuGH v. 13.7.1989, Rs. 385/87 *Tournier*, Slg. 1989, 2521 Rn. 26; EuGH v. 13.7.1989 – Rs. 395/87 *Lucazeau ./. SACEM*, Slg. 1989, 2811 Rn. 20.

rungstätigkeit einer Verwertungsgesellschaft auf das angestammte Territorium eine legitime selbstbestimmte Entscheidung der Verwertungsgesellschaften darstellt oder aber auf einer unzulässigen Verhaltensabstimmung beruht.

Für den Fall der öffentlichen Aufführung und Wiedergabe entschied der EuGH, dass 37
die Notwendigkeit der physischen vor-Ort-Kontrolle der Nutzungen ein legitimer und plausibler Grund für die Selbstbeschränkung auf nationale Nutzungen sei und daher keine Indizien für eine Verhaltensabstimmung vorlägen. In ähnlicher Weise urteilte das EuG im Fall der Gegenseitigkeitsverträge für Onlinenutzungen, indem es eine anderslautende Verbotsentscheidung der Kommission aufhob.[45]

Die Einschränkung des Lizenzgebietes auf das Gebiet eines Mitgliedstaates hindert 38
die mandatierte Verwertungsgesellschaft nicht an der Lizenzierung von grenzüberschreitenden Verwertungen, die kraft Gesetzes nur einer inländischen Lizenz bedürfen (z.B. Satellitensendung). Nicht mehr im Rahmen der legitimen Schutzrechtsausübung und daher mit Art. 101 AEUV unvereinbar sind daher Klauseln, die z.B. durch Lizenzierungsverbote oder Geoblockingverpflichtungen auf die künstliche Aufrechterhaltung nationaler Marktgrenzen für Rechte/Nutzungen zielen, die der Erschöpfung unterliegen bzw. die kraft Gesetzes nur in einem Mitgliedstaat lizensiert werden müssen.[46]

3. Multiterritoriale Lizenzierung

An die Grenzen stößt das Konzept der territorialen Rechtwahrnehmung auf Grund- 39
lage bilateraler Verträge dort, wo grenzüberschreitende Nutzungssachverhalte an die Stelle rein nationaler Nutzungen treten oder wo territoriale Lizenzen eine grenzüberschreitende Nutzung ermöglichen.

Im Fall der Tonträgerherstellung war mit der Geburt des Grundsatzes der europawei- 40
ten Erschöpfung eine Situation entstanden, in der die territorial beschränkte Lizenz einer einzelnen nationalen Verwertungsgesellschaft das Inverkehrbringen der lizenzierten Tonträger im gesamten EWR gestattete.[47] Der Effekt war ein Preiswettbewerb der europäischen Verwertungsgesellschaften um die günstigsten Konditionen für die Tonträgerherstellung, die im Wege einer Abwärtsspirale das Vergütungsniveau für alle Repertoires reduzierte und besonders die repertoirestarken Verwertungsgesellschaften erwägen ließ, das Recht der mechanischen Vervielfältigung der eigenen Werke ausschließlich selbst wahrzunehmen. Um den Zusammenbruch des Systems der Gegenseitigkeitsverträge abzuwenden und den Tonträgerherstellern das Prinzip des One-stop-shops zu erhalten, trafen Verwertungsgesellschaften mit dem sog. Cannes-Agreement multilaterale Vereinbarungen, die einen Ordnungsrahmen für den Lizenzwettbewerb im Bereich des mechanischen Rechts bildeten. Danach räumten sich sämtliche teilnehmenden Gesellschaften weiterhin die Rechte für die europaweite Tonträgerverwertung ein, garantierten sich aber gleichzeitig die Anwendung bestimmter Tarifprinzipien und Verteilungsregeln. Die europäische Kommission genehmigte diese Kooperation unter der Bedingung, dass jede lizenzierende Verwertungsgesellschaft zumindest auf der Ebene ihres eigenen Verwaltungskostenabzugs Rabatte einräumen und dadurch mit anderen Gesellschaften um Lizenzkunden konkurrieren konnten.[48]

---

45 EuG v. 12.4.2013, Rs. T-410/08 *GEMA ./. Kommission*, ECLI:EU:T:2013:171.

46 KOM v. 26.7.2016, AT.40023 – Cross-border access to pay-TV; EuGH v. 4.10.2011, C-403/08 und C-429/08 *Football Association Premier League*, Slg. 2011, I-9083.

47 Z.B. EuGH v. 9.2.1982 – Rs. 270/80 *Polydor ./. Harlequin*, Slg. 1982, 329.

48 KOM v. 4.10.2006, COMP/C2/38.681, ABl. L 296/27 v. 15.11.2007– Die erweiterte Vereinbarung von Cannes.

41 Um den Bedürfnissen der Onlinedienste nach grenzüberschreitenden Lizenzen Rechnung zu tragen, haben sich die Verwertungsgesellschaften Anfang der 2000er Jahre bemüht, auch für den Onlinebereich multilaterale Lizenzmodelle zu entwickeln. Im sogenannten Santiago Agreement (Aufführungsrechte) und Barcelona Agreement (Mechanisches Recht) hatten sich die Verwertungsgesellschaften darauf verständigt, sich gegenseitig die Rechte zur grenzüberschreitenden Nutzung für Onlinedienste einzuräumen. Die Vereinbarungen sahen allerdings eine Klausel vor, welche die Lizenzierung durch die Verwertungsgesellschaft im Sitzland des Nutzers vorsah. Die Kommission sah darin eine unzulässige Markt- und Kundenaufteilung,[49] worauf das Abkommen nicht verlängert wurde und die beteiligten Verwertungsgesellschaften zur traditionellen Praxis der territorialen Rechtewahrnehmung zurückkehrten.

42 Die Kommission reagierte mit der sogenannten Online-Musikdienste-Empfehlung 2005/737, in der sie Rechteinhaber ermunterte, ihre Rechte aus dem Netzwerk der Gegenseitigkeitsverträge herauszulösen und einzelnen Verwertungsgesellschaften zur europaweiten Lizenzierung einzuräumen. Zudem untersagte die Kommission im Jahre 2006 die territorialen Beschränkungen der Rechteeinräumung im Onlinebereich als Ergebnis einer abgestimmten Verhaltensweise.[50] Zwar wurde diese Entscheidung in der Folge vom EuG aufgehoben.[51] Jedoch war damit die Abkehr von der nationalen Blankettlizenz hin zur repertoirebezogenen Lizenzierung eingeleitet, so dass nunmehr im Onlinebereich die Repertoirezersplitterung an die Stelle der territorialen Beschränkung getreten ist.

Mit den Folgen dieser Repertoirefragmentierung, unter denen der Markt bis heute zu leiden hat, befasst sich insbesondere Titel 3 VGRL (Teil 3 VGG), der einen Konsolidierungsprozess auf Grundlage des sogenannten Hub-Modells enthalten soll (vgl. dazu auch *Welp*, Kap. 12, Rn. 213ff.).

4. Vorgaben hinsichtlich der Lizenzbedingungen

43 Grundsätzlich gilt das Verbot der Preisbindung der zweiten Hand, also der Grundsatz, dass der Lieferant einer Ware dem Abnehmer keine Vorgaben zum Wiederverkaufspreis machen darf, auch für Lizenzverträge.[52] Dies bedeutet, dass in Repräsentationsvereinbarungen und Gegenseitigkeitsverträgen zwischen Verwertungsgesellschaften keine verbindlichen Vorgaben bezüglich der Tarifhöhe gemacht werden dürfen. Andererseits besteht ein legitimes Interesse der mandatsgebenden Verwertungsgesellschaft, für die Verwertung der eigenen Rechte einen bestimmten Mindestertrag festzuschreiben. Daher können die Verwertungsgesellschaften Mindestausschüttungen festlegen oder vereinbaren, welche Summen für eine bestimmte Nutzung mindestens an die mandatierende Gesellschaft ausbezahlt werden müssen. Zulässig ist es auch, die mandatierte Gesellschaft auf die Anwendung der Tarife des Bestimmungslandes festzulegen. Dies gilt auch im Rahmen von multilateralen Vertragswerken. Allerdings muss es der mandatierten Verwertungsgesellschaft möglich bleiben, dem Nutzer auf Kosten der eigenen Verwaltungsgebühren einen Preisnachlass zu gewähren.[53]

49 KOM, Pressemitteilung vom 3.5.2004 IP/04586 und Mitteilung vom 17.7.2005, COMP/C2/38126 und COMP/C2/39152 ABl. Nr. C 200/11 – Santiago Agreement.

50 KOM v. 16.7.2008, COMP/C2/38.698 – CISAC.

51 Vgl. u.a. EuG v. 12.4.2013 – Rs. T-410/08 *GEMA ./. Kommission* ECLI:EU:T:2013:171 und EuG v. 12.4.2013 – Rs. T-442/08 *CISAC ./. Kommission*, ECLI:EU:T:2013:188.

52 KOM v. 28.3.2014, TT-Leitlinien, ABl. 2014 C 89/3 Rn. 99, 118.

53 KOM v. 8.10.2002, COMP/C2/38.014, ABl. L 107/58, Rn. 69 ff. – IFPI Simulcasting; KOM v. 4.10.2006, COMP/C2/38.681, ABl. L 296/27 – Die erweiterte Vereinbarung von Cannes.

Ähnliches gilt für die Festlegung von Verwaltungskostenabzügen. Repräsentationsvereinbarungen dürfen festlegen, welche Abzüge die mandatierte Gesellschaft von den Lizenzeinnahmen vornehmen darf. Es muss der mandatierten Verwertungsgesellschaft aber möglich sein, die in Abzug gebrachten Beträge teilweise an die Nutzer weiterzugeben. Vorgaben bezüglich sonstiger Lizenzbedingungen wie z.B. Zahlungsfrequenzen und die Qualität von Nutzungsinformationen sind zulässig, solange die beauftragende Gesellschaft ein legitimes Interesse an der Festlegung geltend machen kann. 44

V. Verwertungsgesellschaften in der Zusammenschlusskontrolle

In der fusionskontrollrechtlichen Praxis spielen Verwertungsgesellschaften bislang eine untergeordnete Rolle. Mit der zunehmenden Integration des europäischen Binnenmarkts für digitale Inhalte und den damit einhergehenden Konsolidierungstendenzen könnte sich dies in Zukunft ändern. 45

Streng genommen könnte bereits die Gründung einer Verwertungsgesellschaft fusionskontrollpflichtig sein. Die Vereinigung mehrerer Rechteinhaber zur gemeinsamen Wahrnehmung und Verwertung ihrer Nutzungsrechte kann als Zusammenschluss in Gestalt der Gründung eines Gemeinschaftsunternehmens angesehen werden. In der Praxis wird dies allerdings kaum zu einer Anmeldepflicht führen, weil es in der Regel an der für die europäische und die meisten mitgliedstaatlichen Fusionskontrollregimes erforderlichen Vollfunktionsfähigkeit mangelt.[54] Zudem werden üblicherweise die umsatzbezogenen Aufgreifschwellen[55] nicht erreicht sein, wenn sich – wie es dem Wesen der Verwertungsgesellschaft entspricht – eine Vielzahl kleiner Rechtinhaber zur gemeinsamen Verwertung ihrer Rechte zusammenfinden. 46

Bedeutung erlangten Verwertungsgesellschaften im Rahmen der Fusionskontrolle bislang vor allem bei der Beurteilung von Zusammenschlüssen großer Rechteinhaber in der Musikindustrie.[56] In diesen Fällen wurde die Rolle der Verwertungsgesellschaften als Ausgleichsfaktor zwischen großen und kleinen Rechteinhabern regelmäßig als Argument gegen die Gefahr der Ausübung individueller Marktmacht durch große Musiklabels oder -verlage und damit für die Marktverträglichkeit auch großer Zusammenschlüsse angesehen.[57] 47

Unmittelbar fusionskontrollrechtlich relevant wurde die kollektive Rechtewahrnehmung bisher nur, wenn sich große und marktstarke Rechteinhaber an der Neugründung einer Verwertungsgesellschaft beteiligen[58] oder wenn sich bestehende Verwertungsgesellschaften zusammenschließen bzw. Gemeinschaftsunternehmen gründen.[59] 48

Bei der materiell-fusionskontrollrechtlichen Beurteilung von Zusammenschlüssen im Bereich der kollektiven Rechtewahrnehmung treten viele Einzelfragen auf, deren umfassende Darstellung den Rahmen dieses Beitrags sprengen würde. Bei der Beurteilung horizontaler Effekte auf der Lizenzseite wird sich regelmäßig die Frage stellen, inwiefern die Repertoires von Verwertungsgesellschaften überhaupt miteinander im Wettbewerb stehen, d.h. substituierbar statt komplementär sind. Viele Zweifelsfragen ergeben sich auch aus dem Zielkonflikt zwischen dem traditionell stark preis- und marktanteilsbasierten Beurteilungsmodell der Fusionskontrolle und den wettbewerbspolitischen Wertun- 49

54 Art. 3 Abs. 4 EU-FKVO. Anders die Rechtslage in Deutschland, vgl. § 37 Abs. 1 Nr. 3 S. 3 GWB.
55 Vgl. Art 1 Abs. 2 FKVO und § 35 GWB.
56 Überblick bei *Mestmäcker*, ZUM 2001, 185 ff.
57 KOM v. 19.4.2012, COMP/M.6459 – Sony/Mubdala Development/EMI Music Publishing.
58 KOM v. 21.5.2002, COMP/M.2723 – RTL/PRO7-SAT1/VG Media.
59 KOM v. 28.11.2014, COMP/M.6800 – PRSfM/STIM/GEMA JV.

gen der kollektiven Rechtewahrnehmung. Während Verwertungsgesellschaften grundsätzlich auf den Ausschluss von Repertoirewettbewerb inklusive der zugehörigen Preisdifferenzierung ausgerichtet sind, soll die Fusionskontrolle solche Effekte grundsätzlich bewahren, indem sie eine möglichst polypolistische Marktstruktur sichert. Dies führt dazu, dass die materielle Fusionskontrolle stark auf die Beurteilung von Preiseffekten konzentriert, während Erwägungen wie dynamische Effizienz, Innovation und kreative Vielfalt allenfalls im Rahmen der sog. „*efficiency defence*" zum Tragen kommen.

50 Wie Wettbewerbsbehörden und Gerichte mit diesen systematischen Herausforderungen im Rahmen des zu erwartenden Konsolidierungsprozesses in der Landschaft der europäischen Verwertungsgesellschaften umgehen werden, ist eine spannende Frage. Dabei stellt sich auch die Frage, inwieweit die strukturbezogene Untersuchung der Fusionskontrolle die verhaltensorientierten Maßgaben der Sektorregulierung zu berücksichtigen hat.[60]

VI. Ausblick

51 Die wettbewerbsrechtlichen Fragen im Zusammenhang mit Gründung und Betrieb einer Verwertungsgesellschaft sind sowohl im deutschen wie auch im europäischen Recht weitgehend geklärt. Die wettbewerbsrechtliche Kontrolle der Tätigkeit einer Verwertungsgesellschaft durch Kartell- und Missbrauchsverbot, insbesondere in ihren Rechtsbeziehungen zu Mitgliedern und Nutzern, spielte im deutschen Recht mit seinem differenzierten und konsequent durchgesetzten Wahrnehmungsrecht nie eine große Rolle und wird perspektivisch auch weiterhin nur dort zu Bedeutung gelangen, wo die sektorspezifische Regulierung Lücken aufweist. Auch auf europäischer Ebene und in anderen nationalen Rechtsordnungen, wo die wettbewerbsrechtliche Kontrolle von Verwertungsgesellschaften bislang die wahrnehmungsrechtliche Regulierung ersetzte, wird die Bedeutung des Wettbewerbsrechtes in der Monopolkontrolle infolge der Verwertungsgesellschaftenrichtlinie und ihrer Umsetzung in nationales Recht tendenziell weiter abnehmen.

52 Weiterhin nicht restlos geklärt und in Teilen kontrovers ist die Rolle der kollektiven Rechtewahrnehmung zwischen Wettbewerb und Kooperation. Hier zeigen sicher immer wieder Spannungen zwischen dem Ideal einer effizienten und traditionell national orientierten kollektiven Rechtewahrnehmung und den europäischen Wettbewerbsregeln, die dem Binnenmarktziel verpflichtet sind. Die Ziele einer möglichst umfassenden und einfachen Rechteklärung aus einer Hand und eines grenzüberschreitenden Wettbewerbs der Verwertungsgesellschaften stehen sich dabei häufig diametral gegenüber. Das teilweise von der europäischen Wettbewerbspolitik propagierte Zielbild, in dem mehr als dreißig europäische Verwertungsgesellschaften sich gegenseitig sämtliche Rechte zur Verfügung stellen und dann mit dem identischen Repertoire gegeneinander europaweit um Lizenznehmer konkurrieren, entspringt einer formalen und sachwidrigen Projizierung des gegenständlichen Vertriebskartellrechts auf den Markt für die Lizenzierung von Urheberrechten und verkennt die ökonomische Ratio der relevanten Akteure.

53 Dies zeigt sich besonders deutlich am Ringen um die Rolle der Verwertungsgesellschaften in einem europäischen digitalen Binnenmarkt. Hier wurde das System gleichlaufender Gegenseitigkeitsverträge mit monoterritorialem Mandat durch das Modell der europaweiten Direktlizenzierung einzelner Repertoires abgelöst. Der dadurch ausgelöste Repertoirewettbewerb stärkt die wirtschaftlich wertvollen Repertoires zulasten der weni-

60 KOM v. 21.5.2002, COMP/M.2723 – RTL/PRO7-SAT1/VG Media.

ger nachgefragten und bedroht die solidarischen Strukturen der Verwertungsgesellschaften. Zudem wird das Aggregationsziel verfehlt: An die Stelle der territorialen Fragmentierung ist die Repertoirefragmentierung getreten. Im Ergebnis kann damit die kollektive Rechtewahrnehmung ihre Kernaufgabe der Repertoireaggregation nicht mehr erfüllen. Längst zeigen sich Anzeichen für eine Ausdehnung dieses Systems auf andere Nutzungsbereiche.

Der Ausweg aus dieser auch aus Effizienzgründen unbefriedigenden Lage kann nur 54
über einen langwierigen Verdrängungs- und Konsolidierungsprozess oder über eine verstärkte Kooperation von Verwertungsgesellschaften führen.[61] Insbesondere bei der Beurteilung von Kooperationen und Zusammenschlüssen zwischen Verwertungsgesellschaften spielt die weitsichtige Anwendung der Wettbewerbsregeln eine Schlüsselrolle. Ohne ein klares wettbewerbspolitisches Konzept für die Überführung des nationalstaatlich geprägten Systems der kollektiven Rechtewahrnehmung auf die europäische Ebene, drohen die europäischen Verwertungsgesellschaften im Klammergriff zwischen nationalen Monopolen und dem von Konsolidierungsdruck und Wettbewerb geprägten multiterritorialen Lizenzgeschäft zu erstarren. Im Grundsatz geht es um die rechtspolitische Grundsatzfrage, ob man in einem gemeinsamen Binnenmarkt auch europäische Verwertungsgesellschaften möchte, die Aggregierungsfunktionen wahrnehmen, oder ob fragmentierte, größtenteils national geprägte Strukturen fortbestehen sollen. Auch der Vergleich mit den USA zeigt, dass in einem Markt dieser Größe eine Handvoll Verwertungsgesellschaften effektiv miteinander konkurrieren können.

61 In diesem Sinne ist auch Titel III der Verwertungsgesellschaften-Richtlinie 2014/26 zu verstehen, der Verwertungsgesellschaften für den Bereich der multiterritorialen Onlinelizenzierung einer Kooperationspflicht unterwirft.

2. Teil: Die Organisation der GEMA

Kapitel 5
Die Satzung der GEMA*

Inhaltsübersicht

Vorbemerkung

Die GEMA ist ein **rechtsfähiger Verein** kraft staatlicher Verleihung gemäß § 22 BGB. Rein wirtschaftlich betrachtet kann die GEMA aber durchaus mit mittelgroßen Aktiengesellschaften oder GmbHs mithalten: Sie beschäftigt 833 Mitarbeiter (Stand: 31. März 2018), erzielte 2017 Erträge in Höhe von 1.074,3 Millionen EUR und vertritt die Urheberrechte von über 2 Millionen Rechteinhabern aus aller Welt. 1

Bei ihrer Binnenorganisation haben die Verwertungsgesellschaften die Vorgaben des am 1. Juni 2016 in Kraft getretenen **Verwertungsgesellschaftengesetzes (VGG)** zu beachten. Das VGG überlässt den Verwertungsgesellschaften – ebenso wie das zuvor geltende Urheberrechtswahrnehmungsgesetz (UrhWG) – die **freie Wahl ihrer Rechtsform.** Die von der GEMA gewählte Form des wirtschaftlichen Vereins gemäß § 22 BGB stellt eine gut geeignete Rechtsform dar,[1] weil jeder Berechtigte ohne Änderung eines Gesellschaftsvertrages Mitglied werden und Mitbestimmungsrechte ausüben kann, ohne dass eine persönliche Haftung besteht. 2

Mit Blick auf die nähere Gestaltung ihrer Binnenorganisation schreibt das VGG den Verwertungsgesellschaften u.a. unabhängig von der gewählten Rechtsform die Einrich- 3

* Soweit die Überschriften der einzelnen §§ von den Verf. hinzugefügt wurden – also nicht schon Satzungsbestandteil sind – ist dies durch [eckige Klammern] kenntlich gemacht.

1 E. *Schulze*, NJW 1991, 3264.

Ruth Nocker/Lars Hendrik Riemer/Robert von Steinau-Steinrück/Stefan Wohlgemuth

https://doi.org/10.1515/9783110366792-005

tung einer Mitgliederhauptversammlung vor, die mindestens einmal jährlich einzuberufen ist und der bestimmte Zuständigkeiten zugewiesen sind (vgl. §§ 17–19 VGG). Auch die Einrichtung eines von der Mitgliederhauptversammlung zu wählenden Aufsichtsgremiums oder Aufsichtsrats, dessen Aufgabe es ist, die Tätigkeit und Aufgabenerfüllung des Vorstands zu überwachen, ist zwingend (vgl. § 22 VGG). Des Weiteren haben die Verwertungsgesellschaften die Voraussetzungen, unter denen Berechtigte als Mitglieder im vereinsrechtlichen Sinne aufzunehmen sind, in der Satzung zu regeln (vgl. 13 VGG). Da die Satzung der GEMA diese Vorgaben bereits vor Inkrafttreten des VGG in großen Teilen erfüllt hat, waren zur Umsetzung des VGG nur wenige Anpassungen im Regelwerk erforderlich. Sofern das VGG keine Regelungen enthält, gilt für die GEMA als Verein subsidiär das BGB-Vereinsrecht.

4 Ist eine **Auslegung** der Satzung notwendig, muss die Satzung aus sich heraus und **einheitlich** ausgelegt werden.[2] Es dürfen nur **objektive** Gesichtspunkte, so zum Beispiel Zweck und Sinnzusammenhang bei der Auslegung berücksichtigt werden.[3] Außerhalb der Satzung liegende Sachzusammenhänge können unter Umständen herangezogen werden, sofern die Kenntnis bei allen Organen und Mitgliedern des Vereins vorausgesetzt werden kann.[4] Nicht in Betracht zu ziehen sind hingegen Willensäußerungen und Interessen der Gründer, sonstige Vorgänge aus der Entstehungsgeschichte des Vereins, subjektive Vorstellungen der Beteiligten und für die Allgemeinheit nicht übersehbare Erwägungen und Absichten.[5] Wird die Satzung ständig in einem bestimmten Sinne gehandhabt, kann dies bei der Auslegung mit berücksichtigt werden.[6] Eine satzungsändernde oder -ergänzende Kraft hat ein solches Verfahren (sog. Vereinsobservanz)[7] für die GEMA jedoch nicht. Satzungsänderungen müssen erst durch die nach § 33 Abs. 2 BGB zuständige Konzessionsbehörde genehmigt werden (siehe § 19 Abs. 3 Satzung).

5 Im Folgenden werden die einzelnen Bestimmungen der GEMA-Satzung (Stand: 23./24.5.2017) sowie – soweit von Interesse – ihre Entstehungsgeschichte erläutert. Die **Geschäftsordnungen** der GEMA-Unterorganisationen und Organe wie Aufnahmeausschuss, Beschwerdeausschuss, Mitgliederversammlung (Versammlungsordnung), Aufsichtsrat und Vorstand sind im Anschluss an die jeweils maßgeblichen Vorschriften der Satzung abgedruckt. Wichtige spezielle Regelungen aus den einzelnen Geschäftsordnungen werden dort in der Kommentierung dargestellt und erläutert.

§ 1 Name und Sitz

Der wirtschaftliche Verein
GEMA
Gesellschaft für musikalische Aufführungs- und mechanische Vervielfältigungsrechte
hat seinen Sitz in Berlin.
Seine Rechtsfähigkeit beruht gemäß § 22 BGB auf staatlicher Verleihung.

Übersicht

2 Palandt-*Ellenberger*, Bürgerliches Gesetzbuch, § 25 Rn. 4; s. auch *Riesenhuber*, unten, **Kap. 6 Rn. 3–43**.
3 BGHZ 14, 25, 36; 96, 245, 250; 106, 67, 71; 123, 347; 152, 268, 275; BayObLG, NJW-RR 2002, 456.
4 BGHZ 123, 347, 350; BayObLG, NJW-RR 2001, 326.
5 BGHZ 47, 172, 180; 96, 245, 250; OLG Hamm, OLGZ 1993, 24, 28; BAGE 16, 329.
6 BGHZ 63, 282 – Deutscher Sportbund; offen gelassen in BGH, NJW 1989, 1212, 1213.
7 S. dazu Soergel/*Hadding*, § 25 BGB Rn. 5.

I. Entstehungsgeschichte

Der Ursprung der GEMA in der heutigen Form reicht bis in das 19. Jahrhundert zurück.[8] Ein offener Brief von Richard Strauss an seine deutschen Komponistenkollegen vom Juli 1898 gilt als Beginn des Kampfes der deutschen Komponisten um ihre Urheberrechte[9] (i.E. oben, **Kap. 2 Rn. 1–18**). Das „Gesetz betreffend das Urheberrecht an Werken der Literatur und der Tonkunst“ von 1901 (LUG) machte zwar die Entstehung von Verwertungsgesellschaften erforderlich, um das – nunmehr vorbehaltlos – gewährte Aufführungsrecht wahrzunehmen, doch traf das Gesetz dazu keine eigene Regelung.[10] Am 14. Januar 1903 wurde in Berlin die **Genossenschaft Deutscher Tonsetzer (GDT)** in vereinsrechtlicher Form von Komponisten gegründet. Die von ihr vereinsähnlich organisierte, aber rechtlich unselbständige Anstalt für musikalische Aufführungsrechte (AFMA) sollte die Rechte der Urheber und Verleger wahrnehmen. Es kam aber bald zum Streit und zur Gründung von Konkurrenzorganisationen wie der „Genossenschaft zur Verwertung musikalischer Aufführungsrechte“ (die „alte“ GEMA) im Jahre 1915. Erst 1933 erfolgte der Zusammenschluss zu einer einheitlichen Gesellschaft, der STAGMA (Staatlich genehmigte Gesellschaft zur Verwertung musikalischer Urheberrechte; i.E. oben, **Kap. 2 Rn. 38–60**). Nach dem Krieg benannten die Alliierten durch Kontrollratsbeschluss Nr. 55 (c) vom 24. August 1947[11] die Organisation in GEMA um, wobei die Abkürzung aber nun für „Gesellschaft für musikalische Aufführungs- und mechanische Vervielfältigungsrechte“ stand. 1950 wurde eine Neufassung der alten STAGMA-Satzung beschlossen,[12] die Basis der heute geltenden Satzung ist. 6

II. Rechtsform: Wirtschaftlicher Verein, Rechtsfähigkeit

Die GEMA hat die Rechtsform eines **wirtschaftlichen Vereins gemäß § 22 BGB.**[13] 7
Das ist für Verwertungsgesellschaften der Urheber in Deutschland eine übliche Rechtsform, vgl. z.B. VG Wort und VG Bild-Kunst.[14] Das Verwertungsgesellschaftengesetz (VGG) schreibt keine zwingende Rechtsform vor (§ 2 VGG). In der Praxis existieren derzeit auch als GmbH organisierte Verwertungsgesellschaften, z.B. die GVL (Gesellschaft zur Verwertung von Leistungsschutzrechten) und die VGF (Verwertungsgesellschaft der Film- und Fernsehproduzenten mbH).

Im Gegensatz zu nichtwirtschaftlichen Vereinen, die gemäß § 21 BGB mit Eintragung 8
ins Vereinsregister Rechtsfähigkeit erlangen, erlangt der wirtschaftliche Verein **Rechtsfähigkeit** gemäß § 22 BGB durch staatliche Verleihung. Dies ist im Fall der GEMA durch die staatliche Verleihung am 28. September 1933 an die STAGMA geschehen, deren Name am 24. August 1947 in GEMA geändert wurde. Eine neue staatliche Verleihung war nach 1945 nicht erforderlich, da die GEMA mit der STAGMA rechtlich identisch ist (vgl. o. **Kap. 2 Rn. 58**). Die vereinsrechtliche Verleihung der Rechtsfähigkeit gemäß § 22 BGB ist

8 *Wohlgemuth*, in: Handbuch des Fachanwalts Urheber- und Medienrecht, Rn. 55 ff.
9 *Dümling*, Musik hat ihren Wert, S. 48.
10 *Riesenhuber*, Die Auslegung und Kontrolle des Wahrnehmungsvertrags, S. 3 f.
11 Veröffentlicht als Anlage 1 zu den GEMA-Nachrichten Nr. 2/1949, S. 35.
12 Veröffentlicht als Anlage 1 zu den GEMA-Nachrichten Nr. 8/1950, S. 12.
13 S. zur Abgrenzung zum nichtwirtschaftlichen Verein *Reichert*, Handbuch des Vereins- und Verbandsrechts, Rn. 35.
14 S. Überblick über einzelne Verwertungsgesellschaften z. B. bei Dreier/Schulze-*Schulze*, vor § 1 UrhWG Rn. 16.

zu unterscheiden von der wahrnehmungsrechtlichen **Erlaubnis zum Geschäftsbetrieb** einer Verwertungsgesellschaft, die der GEMA nach Inkrafttreten des UrhWG am 22. September 1967 durch das Deutsche Patentamt als Aufsichtsbehörde erteilt wurde.[15] Nach der Ersetzung des Urheberrechtswahrnehmungsgesetzes (UrhWG) durch das Verwertungsgesellschaftengesetz (VGG) gilt die bereits erteilte Erlaubnis gemäß § 132 Abs. 1 VGG als erteilte Erlaubnis nach § 77 VGG.

9 Sitz des Vereins ist nach § 1 S. 1 Satzung Berlin. Die Festlegung des **Vereinssitzes** in der Satzung ist nach § 57 Abs. 1 BGB zwingend. Der Sitz ist insbesondere für die Staatsangehörigkeit des Vereins und den Gerichtsstand nach § 17 ZPO bedeutsam.[16] Der Verein kann grundsätzlich nur einen solchen Rechtssitz haben.[17] Die Begründung eines Doppelsitzes, also zweier Rechtssitze, ist damit ausgeschlossen. Eine Änderung des (Rechts-)Sitzes wäre eine Satzungsänderung nach § 19 Satzung. Der (juristische) Sitz muss aber nicht mit dem Ort übereinstimmen, an dem die Verwaltung geführt wird. Besteht die Verwaltung an einem anderen Ort, muss dieser so genannte Verwaltungssitz in der Satzung nicht erwähnt werden.[18] Der Verwaltungssitz hat nur Bedeutung für das interne Vereinsleben.[19] Die Verwaltung der GEMA wird zum Teil am Rechtssitz Berlin, hauptsächlich aber in München geführt. Neben der Generaldirektion (Berlin/München)[20] hat die GEMA noch fünf Geschäftsstellen (Berlin, Hamburg, Nürnberg, Stuttgart und Wiesbaden), die für die Lizenzierung und das Inkasso z.B. von Live-Musikveranstaltungen und von mechanischen Musikwiedergaben zuständig sind, sowie ein Kundencenter in Dresden.[21] Als zentrale Informationsstelle für Politik und Kultur unterhält die GEMA ein Hauptstadtbüro in Berlin mit einer Außenstelle in Brüssel.

10 Der **Name** GEMA Gesellschaft für musikalische Aufführungs- und mechanische Vervielfältigungsrechte wird gemäß § 57 Abs. 1 BGB in der Satzung genannt und unterfällt dem Schutz von § 12 BGB.[22]

§ 2 Zweck

1. **Zweck des Vereins ist der Schutz des Urhebers und die Wahrnehmung seiner Rechte im Rahmen dieser Satzung. Seine Einrichtung ist uneigennützig und nicht auf die Erzielung von Gewinn gerichtet.**
2. **Dem Verein obliegt die treuhänderische Verwaltung der ihm von seinen Mitgliedern und Dritten durch uni- oder bilaterale Verträge zur Verwertung übertragenen Rechte. Er kann alles tun, was zur Wahrung der ihm übertragenen Rechte erforderlich ist. Hierzu zählt zum Beispiel auch die Beteiligung der GEMA an Unternehmen, die urheberrechtliche Nutzungsrechte für mehrere Länder zentral wahrnehmen. Sofern dies einer effektiveren Wahrnehmung der übertragenen Rechte dient, kann sich die GEMA auch an sonstigen Unternehmen beteiligen.**
   Der Verein ist berechtigt, denjenigen, die die ihm übertragenen Rechte nutzen wollen, die hierzu notwendige Genehmigung zu erteilen.
3. **Der Verein ist auch berechtigt, Mandate von Verwertungsgesellschaften sowie von sonstigen Rechteinhabern zu übernehmen, wenn dies für die Mitglieder vorteilhaft ist. Der Verein kann**

---

15 Vgl. die entsprechende Bekanntmachung gemäß § 5 des Gesetzes über die Wahrnehmung von Urheberrechten und verwandten Schutzrechten vom 22. September 1967, abgedruckt in GEMA-Nachrichten 77, November 1967, S. 27.

16 Vgl. *Stöber*, Handbuch zum Vereinsrecht, Rn. 147 ff.

17 KG, MDR 1950, 740; OLG Hamburg, MDR 1972, 417; *Stöber*, Handbuch zum Vereinsrecht, Rn. 149; Sauter/Schweyer/Waldner-*Waldner*/*Wörle-Himmel*, Der eingetragene Verein, Rn. 65.

18 Sauter/Schweyer/Waldner-*Waldner*/*Wörle-Himmel*, Der eingetragene Verein, Rn. 65.

19 BayObLGZ 30, 102, 104.

20 Kontaktdaten unter www.gema.de/kontakt/generaldirektionen.

21 Kontaktdaten unter www.gema.de/kontakt/kundencenter.

22 S. zum Schutz des Vereinsnamens *Reichert*, Handbuch des Vereins- und Verbandsrechts, Rn. 520 ff.

ferner mit anderen zusammenzuwirken, auch soweit Gegenstand von deren Tätigkeit nicht nur Urheberrechte, sondern auch verwandte Schutzrechte im Sinne des UrhG sind.

4. **Bei Vergebung der Rechte werden die Bedürfnisse der kulturellen Musikpflege berücksichtigt.**

Übersicht

I. Vereinszweck, § 2 Ziff. 1 Satzung

Die Satzung eines Vereins muss nach § 57 Abs. 1 BGB zwingend den Vereinszweck nennen. Dieser ist als oberster Leitsatz für die Vereinstätigkeit[23] klar und deutlich zu bestimmen.[24] Zweck des Vereins GEMA ist der **Schutz des (Musik-)Urhebers** und die Wahrnehmung seiner Rechte im Rahmen der Satzung. Gemäß § 7 UrhG ist der Urheber der Schöpfer des Werkes, also diejenige Person, die ihrem individuellen Geist im Werk Form und Gestalt gegeben hat. Das deutsche Urheberrecht ist von großem Respekt gegenüber der schöpferischen Persönlichkeit des Urhebers geprägt:[25] Der Urheber erwirbt das Urheberrecht an seinem Werk zwingend und automatisch durch die Schöpfung, selbst wenn er für einen anderen auf Grund eines Dienst-, Arbeits- oder Werkvertrages tätig ist. Wer Rechte von einem Urheber erwerben will, bleibt immer darauf angewiesen, sich diese vertraglich einräumen zu lassen. Die GEMA wird aber nicht nur für die Urheber tätig, sondern auch für die Verleger, die die von den Urhebern geschaffenen Werke verlegen. Daher können auch Musikverlage Mitglied der GEMA werden.[26] 11

Der Vereinszweck „Schutz des Urhebers" ist nicht dahingehend zu verstehen, dass die GEMA die Werke des Urhebers schützt; diesen Schutz erhält der Urheber durch das Urheberrechtsgesetz (UrhG). Die Anmeldung des Werkes bei der GEMA ist also keine Voraussetzung für den urheberrechtlichen Schutz des Werkes. Die GEMA trägt jedoch dadurch zum Schutz des Urhebers bei, dass sie die ihr vom Urheber im Berechtigungsvertrag eingeräumten **Rechte treuhänderisch und zu angemessenen Bedingungen (§ 9 VGG) wahrnimmt.** Zu den wichtigsten Aufgaben der GEMA zählen dabei die Vergabe von Lizenzen an Nutzer gegen Zahlung einer angemessenen Lizenzvergütung gemäß §§ 11, 32 UrhG, 34ff. VGG, die Einforderung der angemessenen Lizenzvergütung bei Bekanntwerden nicht lizenzierter Nutzungen (ggf. zzgl. eines Schadensersatzes gemäß § 97 UrhG), die Aufstellung fester, willkürfreier Verteilungsregeln (Verteilungspläne) gemäß § 27 VGG sowie die Verteilung der eingenommenen Lizenzvergütungen an die Rechteinhaber nach diesen Verteilungsregeln. 12

Die Wahrnehmung durch die GEMA umfasst nur die so genannten Nutzungsrechte, die ihr von den Rechteinhabern auf Grundlage ihrer **Verwertungsrechte** nach §§ 15ff. UrhG im Berechtigungsvertrag eingeräumt werden können, sowie gesetzliche Vergütungsansprüche (vgl. i.E. die Erläuterungen zu § 1 Berechtigungsvertrag, unten, **Kap. 7 Rn. 6–277**). Nicht von der GEMA wahrgenommen wird dagegen das nicht übertragbare Urheberpersönlichkeitsrecht nach §§ 12–14 UrhG (*„droit moral"*), das den Urheber in seinen geistigen und persönlichen Beziehungen zu seinem Werk schützt und ihm zum Beispiel das Recht gibt, Entstellungen zu verhindern.[27] Auch das sog. „Große Recht" an dra- 13

23 BGHZ 96, 245, 251; BayObLG, NJW-RR 2001, 1260.
24 *Stöber*, Handbuch zum Vereinsrecht, Rn. 61.
25 Vgl. Schricker-*Dietz/Peukert*, vor § 12 UrhG Rn. 6ff.
26 Vgl. DPA UFITA Bd. 81 (1978), 348, 355 ff.; DPA UFITA Bd. 94 (1982), 364, 369.
27 Dreier/Schulze-*Schulze*, vor § 12 UrhG Rn. 1.

matisch-musikalischen Werken (§ 1a), b), d), g) GEMA-Berechtigungsvertrag und Ziffer I Abgrenzungsvereinbarung zwischen GEMA und Rundfunkanstalten) und das so genannte Bearbeitungsrecht nach § 23 S. 1 UrhG werden von der GEMA nicht wahrgenommen.

14 Der Schutz des Urhebers und die Wahrnehmung seiner Rechte durch die GEMA erfolgen treuhänderisch und **uneigennützig**. Dies bedeutet, dass die Tätigkeit der GEMA – entsprechend der Vorgabe in § 2 Abs. 2 Ziff. 2 VGG – nicht auf Gewinnerzielung ausgerichtet ist. Die frühere Formulierung „gemeinnützig“ wurde 1979 durch den Begriff „uneigennützig“ ersetzt, da die GEMA nicht iSd Steuerrechts gemeinnützig ist.

II. Wahrnehmung, § 2 Ziff. 2 Satzung

15 Gemäß § 9 VGG ist die GEMA verpflichtet, auf Verlangen des Rechtsinhabers Rechte seiner Wahl an Arten von Werken und sonstigen Schutzgegenständen seiner Wahl in Gebieten seiner Wahl wahrzunehmen. Voraussetzung ist, dass die Rechte, Werke und sonstigen Schutzgegenstände sowie die Gebiete zu ihrem Tätigkeitsbereich gehören und der Wahrnehmung keine objektiven Gründe entgegenstehen. Die Bedingungen, zu denen die Rechte wahrgenommen werden, müssen gemäß § 9 VGG angemessen sein. Gegenüber Dritten, die die der GEMA übertragenen Rechte nutzen wollen, ist sie zur **Einräumung** nach § 34 VGG verpflichtet (sog. doppelter Kontrahierungszwang; i.E. unten, **Kap. 6, Rn. 66f., Kap. 11, Rn. 30–64**).

16 Entsprechend der Verpflichtung in § 9 VGG sieht § 2 Ziffer 2 Satz 1 Satzung vor, dass der GEMA die treuhänderische Verwaltung der ihr von ihren Mitgliedern und Dritten durch uni- oder bilaterale Verträge zur Verwertung übertragenen Rechte obliegt. Die GEMA kann alles tun, was zur Wahrung der ihr übertragenen Rechte erforderlich ist. Hierzu zählt auch die Beteiligung an Unternehmen, die urheberrechtliche Nutzungsrechte für mehrere Länder zentral wahrnehmen. Demgemäß beteiligt sich die GEMA bereits seit längerer Zeit an internationalen Kooperationen mit anderen Verwertungsgesellschaften, um den Bedürfnissen des europäischen Binnenmarktes zu entsprechen und die Effizienz der **internationalen Rechtewahrnehmung** zu steigern, so zum Beispiel im Rahmen von FastTrack, einem internationalen Netzwerk für die musikalische Werke-Dokumentation. Die europäische Entwicklung des Musikmarktes speziell im Onlinebereich bedingt außerdem weitergehende Formen der Zusammenarbeit, an denen sich die GEMA beteiligt. Ein Beispiel hierfür ist das von der GEMA, der englischen Verwertungsgesellschaft PRS und der schwedischen Verwertungsgesellschaft STIM gegründete Gemeinschaftsunternehmen ICE, dessen Aufgabe die europaweite Lizenzierung und Verwaltung von Musikrechten im Onlinebereich ist (siehe unten **Kap. 12, Rn. 220–250**).[28] Im Rahmen der Umsetzung der Empfehlung der EU-Kommission vom 18.10.2005 „für länderübergreifende kollektive Wahrnehmung von Urheberrechten und verwandten Schutzrechten, die für legale Online-Musikdienste benötigt werden“ beteiligt sich die GEMA als Gesellschafterin darüber hinaus an so genannten **Option-3-Gesellschaften** wie der SOLAR-Music Rights Management Ltd. Gegenstand dieser Gesellschaften ist es, Rechte an Musikwerken, die im Mobilfunk- und im Onlinebereich genutzt werden, europaweit zur Lizenzierung anzubieten und zu verwalten (i.E. unten, **Kap. 12 Rn. 251–273**).

17 Darüber hinaus kann sich die GEMA auch an sonstigen Unternehmen beteiligen, sofern dies einer effektiveren Wahrnehmung der ihr übertragenen Rechte dient.[29] Ein Bei-

28 Informationen zu ICE stehen auf der GEMA-Website unter https://www.gema.de/die-gema/organisation/ice-international-copyright-enterprise/ zur Verfügung.

29 Ergänzt durch Beschluss der ordentlichen Mitgliederversammlung vom 23./24. Juni 2009 zum Antrag zu TOP 14.

spiel hierfür ist die 100-prozentige Beteiligung der GEMA an der IT for Intellectual Property Management GmbH (IT4IPM GmbH), die Dienstleistungen im Bereich der Informationstechnologie für die GEMA erbringt.

Gemäß § 2 Ziffer 2 Satz 1 Satzung ist die GEMA auch zur Wahrnehmung solcher Rech- 18
te berechtigt, die ihr von Dritten durch uni- und bilaterale Verträge übertragen werden. Eine besonders wichtige Rolle spielen dabei die so genannten Repräsentationsvereinbarungen,[30] die die GEMA mit ausländischen Verwertungsgesellschaften für musikalische Urheberrechte abgeschlossen hat. In Repräsentationsvereinbarungen vergibt die GEMA ihre Rechte an ausländische Schwestergesellschaften zur Wahrnehmung in deren jeweiligen Verwaltungsgebieten. Im Gegenzug erhält die GEMA die Rechte der ausländischen Verwertungsgesellschaften zur Wahrnehmung in ihrem eigenen Verwaltungsgebiet. Auf diese Weise wird zum einen sichergestellt, dass die Rechte der GEMA-Mitglieder auch im Ausland wahrgenommen werden, und zum anderen, dass die GEMA Nutzern für die Nutzung in Deutschland grundsätzlich das so genannte **Weltrepertoire** an Musik zur Verfügung stellen kann. So ist die GEMA aufgrund der betreffenden Repräsentationsvereinbarung beispielsweise für die Lizenzierung der Live-Aufführung, Sendung oder Wiedergabe eines Werkes ihrer französischen Schwestergesellschaft SACEM zuständig, sofern diese in Deutschland stattfindet. Die für die Nutzung eingenommene Vergütung gibt die GEMA an die SACEM weiter, die diese wiederum an die an dem Werk beteiligten SACEM-Mitglieder verteilt. In gleicher Weise nimmt die SACEM die Rechte von GEMA-Mitgliedern in Frankreich wahr. Derzeit hat die GEMA insgesamt 152 Verträge (Stand: 1.8.2017) mit ausländischen Verwertungsgesellschaften und Inkassoorganisationen abgeschlossen; auf diese Weise vertritt sie in Deutschland nicht nur ihre über 71.000 eigenen Mitglieder, sondern zusätzlich über zwei Millionen Berechtigte aus aller Welt und pflegt in ihren Werkedokumentationen die Daten von mehr als 17 Millionen Werken. In vielen Nutzungsbereichen kommt ihr daher ein so genanntes **faktisches Monopol** zu (i.E. unten, **Kap. 14 Rn. 1ff.**)

Aufgrund des von ihr vertretenen Weltrepertoires hat der Bundesgerichtshof der 19
GEMA prozessuale Erleichterungen durch die Entwicklung der so genannten **GEMA-Vermutung** zugebilligt: Die GEMA-Vermutung gilt insbesondere für den Bereich der Aufführung, Sendung, mechanischen Vervielfältigung und Verbreitung von Werken der inländischen und ausländischen Unterhaltungs- und Tanzmusik. Sie besagt, dass die Vermutung besteht, dass die in diesen Bereichen genutzten Werke urheberrechtlich geschützt sind[31] und unter die Wahrnehmungsbefugnis der GEMA fallen (i.E. unten, **Kap. 11 Rn. 5–11**).[32]

III. Mandate, § 2 Ziff. 3 Satzung

Gemäß § 2 Ziffer 3 Satzung kann die GEMA auch Mandate von anderen Verwertungs- 20
gesellschaften oder sonstigen Rechteinhabern übernehmen, wenn dies für die Mitglieder vorteilhaft ist. Die Bestimmung ist durch den Begriff des „Mandats“ bewusst offen gehalten, damit die GEMA im Interesse ihrer Mitglieder verschiedene Aufgaben für verschiedene Arten von Rechteinhabern wahrnehmen kann. Zu den **Mandaten von Verwertungsgesellschaften** zählen zum einen die Inkassomandate, die der GEMA u.a. übertragen worden sind von der Gesellschaft zur Verwertung von Leistungsschutzrech-

30 Bislang wurden diese Vereinbarungen in der Praxis als „Gegenseitigkeitsverträge“ bezeichnet. Der Begriff der „Repräsentationsvereinbarung“ wurde durch § 44 VGG eingeführt.
31 BGH, GRUR 1988, 296 – GEMA-Vermutung IV mwN.
32 BGH, GRUR 1961, 97 – Sportheim.

ten (GVL), die die Rechte der ausübenden Künstler, Veranstalter, Tonträgerhersteller und der Hersteller von Videoclips vertritt, sowie der Verwertungsgesellschaft Wort (VG Wort), die die Rechte an Sprachwerken wahrnimmt. Diese Form der Zusammenarbeit zwischen den Verwertungsgesellschaften – die nach dem Verständnis des deutschen Gesetzgebers ebenfalls unter den Begriff „Repräsentationsvereinbarung" fallen[33] – ist nicht nur für die Berechtigten, sondern auch für die Nutzer von großem Vorteil: Ein Nutzer, der z.B. in seinem Geschäft Musik auf Tonträgern öffentlich wiedergeben möchte, muss die hierfür erforderlichen Urheber- und Leistungsschutzrechte nicht separat bei der GEMA und der GVL einholen, sondern erhält sie von der GEMA „aus einer Hand". Daneben sind auch die ZPÜ (Zentralstelle für private Überspielungsrechte) und die ZVV (Zentralstelle für Videovermietung) als Inkassostellen bei der GEMA angesiedelt. Zur Zusammenarbeit der Verwertungsgesellschaften näher unten, **Kap. 13.** Zum anderen beinhaltet § 2 Ziffer 3 Satzung die Möglichkeit, Rechte auf der Grundlage von **Mandatsverträgen mit sonstigen Rechteinhabern**, die keine Verwertungsgesellschaften sind, wahrzunehmen.[34]

IV. Kulturelle Musikpflege, § 2 Ziff. 4 Satzung

21 Gemäß § 39 Abs. 3 VGG sollen die Verwertungsgesellschaften bei der Tarifgestaltung und bei der Einziehung der tariflichen Vergütung auf religiöse, kulturelle und soziale Belange der Nutzer, einschließlich der Belange der Jugendhilfe, angemessen Rücksicht nehmen. Die „angemessene Rücksicht" kann in einem besonderen Tarif, einem Nachlass oder anderen Vergünstigungen bestehen.[35] Obwohl § 39 Abs. 3 VGG nur eine Soll-Vorschrift und somit nicht erzwingbar ist, hat sich die GEMA in § 2 Ziffer 4 Satzung dazu verpflichtet, bei der Rechtevergabe die Bedürfnisse der kulturellen Musikpflege zu berücksichtigen. Sie kommt dieser Verpflichtung z.B. dadurch nach, dass sie bei der Lizenzierung im Live-U-Bereich Sondernachlässe für Veranstaltungen mit religiöser, kultureller oder sozialer Zweckbestimmung und für Konzerte im Bereich der musikalischen Nachwuchsarbeit gewährt.[36]

§ 3 Wahrnehmung

Die von dem Verein wahrzunehmenden Rechte werden ihm durch Abschluss eines besonderen Vertrages (Berechtigungsvertrag) übertragen, in dem auch der Umfang der wahrzunehmenden Rechte festgelegt wird. Im Fall des § 2 Ziffer 3 Satz 1 erfolgt die Rechteeinräumung durch Mandatsvertrag.

Der Berechtigungsvertrag muss enthalten:

- **a) dass sämtliche dem Berechtigten gegenwärtig zustehenden und alle zukünftig entstehenden Rechte mit der Maßgabe übertragen werden, dass der Berechtigungsvertrag unter Einhaltung einer Frist von sechs Monaten zum Ende eines jeden Kalenderjahres schriftlich gekündigt werden kann; der Berechtigungsvertrag kann für Onlinenutzungen kürzere Kündigungsfristen vorsehen.**
- **b) dass die Satzung und der Verteilungsplan anerkannt werden,**

---

33 Vgl. RegE VGG, BT-Drucks. 18/7223, Begr. zu § 44, S. 86 f. Der europäische Gesetzgeber versteht unter dem Begriff „Repräsentationsvereinbarung" dagegen ersichtlich nur internationale Kooperationen zwischen Verwertungsgesellschaften desselben Tätigkeitsbereichs, vgl. Riemer/Welp, Urheberrecht und Internet, Kap. 6 Rn. 87.

34 Vgl. die Begründung zum Antrag zu TOP 14 der ordentlichen Mitgliederversammlung vom 23./24. Juni 2009.

35 Vgl. zur inhaltlich entsprechenden Vorgängerregelung in § 13 Abs. 3 S. 4 UrhWG Schricker/Loewenheim-*Reinbothe*, § 13 WahrnG Rn. 10.

36 Vgl. Ziffer IV. 2 der Vergütungssätze U-V für Unterhaltungs- und Tanzmusik mit Musikern vom 1.1.2018.

c) dass die vom Aufsichtsrat zu bestimmenden Gebühren gezahlt werden,
d) dass im Falle des Todes des Berechtigten die Rechtsnachfolger in den Urheberrechten einen Bevollmächtigten zu ernennen haben, der für sie die Rechte aus dem Berechtigungsvertrag wahrzunehmen hat,
e) dass der Berechtigte die Tarifpartner der GEMA oder anderer Verwertungsgesellschaften nicht direkt oder indirekt an seinem Aufkommen beteiligt, damit diese bei der Nutzung des GEMA-Repertoires bestimmte Werke des Berechtigten in ungerechtfertigter Weise bevorzugen. (Eine solche „Bevorzugung in ungerechtfertigter Weise" ist z.B. dann gegeben, wenn der vorgenannte Berechtigte eine Verwertung von Werken durch den Tarifpartner von der unentgeltlichen Übertragung der Verlagsrechte an den Berechtigten auf direkte oder indirekte Weise zur Bedingung macht; die Gewährung verrechenbarer Vorschüsse stellt jedoch keine entgeltliche Übertragung im Sinne dieser Bestimmung dar. Über per Antrag zu begründende Ausnahmen befindet der Vorstand und Aufsichtsrat).
f) Im Falle der Zuwiderhandlung ist der Berechtigte verpflichtet, einen Betrag in der Höhe an die Sozialkasse der GEMA abzuführen, in der er den Tarifpartner an seinem Aufkommen beteiligt hat. Übersteigt der an den Tarifpartner abgeführte Betrag die auf den Berechtigten entfallende Vergütung für das betroffene Werk, so ist nur diese Vergütung an die Sozialkasse der GEMA abzuführen.
g) Die anderen Vorschriften der Satzung über satzungswidriges Verhalten bleiben unberührt.

Abschluss und Kündigung des Berechtigungsvertrages können auf die Rechtsübertragung für bestimmte Nutzungsarten und/oder für bestimmte Länder beschränkt werden. Solche Beschränkungen können sich jedoch nur auf die Übertragung der Rechte an allen Werken des Berechtigten, nicht auf die Rechte an einzelnen seiner Werke beziehen.

Von solchen Beschränkungen der Rechtsübertragung bleiben die Mitgliedschaftsrechte des Berechtigten unberührt. Für den Erwerb der ordentlichen Mitgliedschaft oder deren Erhaltung bleiben jedoch die Vorschriften der §§ 7 und 9 Abschnitt A der Satzung über das Erfordernis eines Mindestaufkommens maßgebend.

Übersicht

I. Allgemeines

Die Verträge, die die Verwertungsgesellschaften mit Berechtigten über die Wahrnehmung von Urheber- oder Leistungsschutzrechten schließen (Wahrnehmungsverträge bzw. im Fall der GEMA Berechtigungsverträge), sind gesetzlich nicht als eigener Vertragstypus geregelt. Von der Rechtsprechung werden sie als urheberrechtliche **Nutzungsverträge eigener Art** bezeichnet, die Elemente des Auftrags, insbesondere bzgl. der fremdnützigen treuhänderischen Rechtsübertragung, sowie des Gesellschafts-, Dienst- und Geschäftsbesorgungsvertrages enthalten.[37] Auf sie sind die AGB-Regeln der §§ 305 ff. BGB grundsätzlich anwendbar.[38] Die Berechtigten handeln beim Abschluss des Berechtigungsvertrages als Unternehmer iSd § 14 BGB. Damit entfällt die Einbeziehungskontrolle nach § 305 Abs. 2 und 3 BGB und es findet lediglich die nach § 310 Abs. 1 S. 1 BGB beschränkte Inhaltskontrolle statt.[39] Außerdem gilt § 310 Abs. 3 BGB (Besonderheiten bei Verbraucherverträgen) nicht. 22

37 BGH, GRUR 1982, 308, 309 – Kunsthändler.
38 *Riesenhuber*, Die Auslegung und Kontrolle des Wahrnehmungsvertrags, S. 20–23; ausdrücklich für den GEMA-Berechtigungsvertrag BGH, GRUR 2002, 332, 333 – Klausurerfordernis und BGH, GRUR 2013, 375 376, – Missbrauch des Verteilungsplans.
39 *Riesenhuber*, Die Auslegung und Kontrolle des Wahrnehmungsvertrags, S. 101; Schricker-*Schricker*, vor §§ 28 ff. UrhG Rn. 32; *Heker/Riemer*, FS Pfennig (2012), S. 424 ff.; zum Unternehmensbegriff des GWB bejahend auch BGH, GRUR 1988, 782, 784 – GEMA-Wertungsverfahren.

23 Inhalt des Berechtigungsvertrages ist eine **treuhänderische Rechteeinräumung;**[40] d.h. Rechtsinhaber bleibt der Berechtigte, aber die GEMA kann ohne seine Zustimmung einfache Nutzungsrechte an Nutzungswillige übertragen. Gemäß § 1 Berechtigungsvertrag erhält die GEMA das ausschließliche Nutzungsrecht an den Werken des Berechtigten. Erfasst sind auch die Wahrnehmungsrechte an solchen Werken, die der Berechtigte künftig noch schaffen wird. Die Verfügung über die Rechte für alle bestehenden und künftigen Werke erfolgt als (Voraus-)Abtretung.[41] Das entspricht der Regelung in § 40 UrhG und ist daher zulässig. Gemäß § 1 l) Berechtigungsvertrag übertragen die Berechtigten der GEMA zudem auch die Rechte für bei Vertragsschluss noch unbekannte Nutzungsarten im Sinne des § 31a UrhG (s. i.E. die Erläuterungen des Berechtigungsvertrags, unten, **Kap. 7**). Nach § 6 a) Berechtigungsvertrag sind Satzung und Verteilungsplan Bestandteil des Berechtigungsvertrages.

24 Gemäß § 2 Ziffer 3 Satz 1 Satzung ist die GEMA auch berechtigt, Mandate von Verwertungsgesellschaften sowie von sonstigen Rechteinhabern zu übernehmen, wenn dies für die Mitglieder vorteilhaft ist. In diesem Fall erfolgt die Rechteeinräumung durch Mandatsvertrag, § 3 Abs. 1 Satzung (näher hierzu s. Rn. 20).

II. Inhalt des Berechtigungsvertrages, § 3 Abs. 2 Satzung

25 Für den Inhalt des Berechtigungsvertrags macht § 3 Abs. 2 Satzung **bindende Vorgaben**, die hier nur wiedergegeben werden. Erläuterungen unten, **Kap. 7**:

a) **Übertragung** sämtlicher dem Berechtigten gegenwärtig zustehenden und zukünftig entstehenden Rechte (§§ 1, 2 Berechtigungsvertrag) wobei der Berechtigungsvertrag unter Einhaltung einer Frist von 6 Monaten zum Ende eines jeden Kalenderjahres schriftlich gekündigt werden kann (§ 10 Berechtigungsvertrag; § 12 VGG).[42] Für Onlinenutzungen kann der Berechtigungsvertrag kürzere Kündigungsfristen vorsehen (i.E. vgl. unten, **Kap. 7 Rn. 348 ff.**).
b) **Anerkennung** von Satzung und Verteilungsplan (§ 6a) Berechtigungsvertrag, siehe auch § 8 Ziff. 2a) Satzung).
c) **Zahlung** der Aufnahmegebühr (§ 8 Ziff. 1 Berechtigungsvertrag) und des jährlichen Mitgliedsbeitrages (§ 8 Ziff. 2 Berechtigungsvertrag).
d) Im Falle des Todes des Berechtigten **Benennung** eines **Bevollmächtigten**, der für die Rechtsnachfolger die Rechte aus dem Berechtigungsvertrag wahrzunehmen hat (§ 9 Abs. 2 Berechtigungsvertrag).
e) Keine direkte oder indirekte Beteiligung von Tarifpartnern der GEMA am Aufkommen, damit diese bestimmte Werke in ungerechtfertigter Weise bevorzugen (vgl. § 5a Berechtigungsvertrag). Eine Bevorzugung in ungerechtfertigter Weise liegt z.B. vor, wenn für die Verwertung von Werken die unentgeltliche Übertragung der Verlagsrechte Bedingung ist; nicht bei Gewährung verrechenbarer Vorschüsse. § 3 Abs. 2 e) S. 1 Satzung entspricht dem Text, dessen Formulierung auf Antrag der GEMA von der Kommission der Europäischen Gemeinschaft durch Entscheidung vom 4.12.1981 ge-

---

40 Wandtke/Bullinger-*Gerlach*, vor §§ 1 ff. WahrnG Rn. 24. Der gebräuchliche – auch von der Rechtsprechung verwendete – Begriff der „Rechtsübertragung“ ist streng genommen dogmatisch ungenau. Zwischen dem Berechtigten und der Verwertungsgesellschaft findet keine Übertragung von Nutzungsrechten gemäß § 34 UrhG statt, sondern eine Einräumung zur Wahrnehmung der Belange des Urhebers im Sinne des § 35 Abs. 1 Satz 2 UrhG; vgl. Dreier/Schulze-*Schulze*, § 35 UrhG, Rn. 4.

41 *Goldmann*, Die kollektive Wahrnehmung musikalischer Rechte, S. 299; *Riesenhuber*, Die Auslegung und Kontrolle des Wahrnehmungsvertrags, S. 9.

42 Vgl. den Beschluss der ordentlichen Mitgliederversammlung vom 26./27.4.2016 zum Antrag zu TOP 12.

billigt wurde.[43] Die Ergänzung in der Klammer „Bevorzugung in ungerechtfertigter Weise" wurde im Jahr 2002 beschlossen. Hiermit sollte die sog. automatische **„Zwangsinverlagnahme"** durch sendereigene Verlage, die meist ohne nennenswerte Gegenleistung erfolgte, erschwert werden und so ferner der freie Wettbewerb und die Teilnahme am Marktgeschehen von Urhebern und Verlagen, die nicht von den jeweiligen Tarifpartnern abhängig sind oder beherrscht werden, gefördert werden.

f) Bei einer Zuwiderhandlung gegen die Bestimmung des § 3 Abs. 2 e) Satzung: Zahlung einer **Vertragsstrafe** an die Sozialkasse in der Höhe, zu der der Berechtigte den Tarifpartner an seinem Aufkommen beteiligt hat (§ 5a S. 2 Berechtigungsvertrag).
g) Andere Vorschriften der Satzung über satzungswidriges Verhalten (z.B. Ausschluss nach § 9a Ziff. 4 Satzung) bleiben unberührt.

III. Beschränkungen der Rechtewahrnehmung, § 3 Abs. 3 Satzung

Gemäß § 3 Abs. 3 steht es den Mitgliedern frei, bestimmte Nutzungsarten und/oder Länder von der Rechtsübertragung auf die GEMA auszunehmen, um z.B. bestimmte Rechte selbst wahrzunehmen oder für ein Land Mitglied der dort ansässigen Verwertungsgesellschaft zu werden (§ 16 Berechtigungsvertrag). Durch die Mitgliederversammlung 2011 wurde beschlossen, dass diese im Berechtigungsvertrag zuvor nur für GEMA-Mitglieder aus den Mitgliedsstaaten der Europäischen Union – einschließlich der Bundesrepublik Deutschland – vorgesehenen Beschränkungsmöglichkeiten vor dem Hintergrund zunehmender Globalisierung nunmehr auch auf GEMA-Mitglieder aus Drittländern Anwendung finden.[44] Gleichzeitig wurden die Laufzeiten und Kündigungsfristen der Berechtigungsverträge (s. oben II.) vereinheitlicht, die zuvor für GEMA-Mitglieder aus der Europäischen Union bzw. aus Drittländern unterschiedlich geregelt waren. Eine derartige Differenzierung wäre nach dem am 1.6.2016 in Kraft getretenen Verwertungsgesellschaftengesetz nicht mehr möglich, dieses spricht bei den Bestimmungen zum Wahrnehmungszwang und zur Beendigung der Rechtewahrnehmung allgemein vom Rechtsinhaber bzw. Berechtigten (§§ 9, 12 VGG). 26

§ 4 Geschäftsjahr

Das Geschäftsjahr ist das Kalenderjahr.

Nach der allgemeinen Regel von § 240 Abs. 2 S. 2 HGB darf ein Geschäftsjahr die Dauer von 12 Monaten nicht überschreiten. Auch wenn in einer Satzung keine Regelung getroffen wird, gilt das Kalenderjahr als Geschäftsjahr.[45] 27

§ 5 Organe des Vereins

Die Organe des Vereins sind:
a) die Versammlung der ordentlichen Mitglieder,
b) der Aufsichtsrat,
c) der Vorstand im Sinne des BGB.

Der Verein handelt als körperschaftliche Organisation durch seine Organe. Diese sind zur Bildung und Äußerung seines Willens sowie zur Besorgung seiner Angelegenheiten notwendig.[46] Zwingend erforderliche **Organe** eines Vereins nach Vereinsrecht sind nur 28

43 Kommission v. 4. 12. 1981 – 82/204/EWG *GEMA*, ABl. 1981 L 94 /12 ff.
44 Vgl. Begründung zu Antrag 10 zur ordentlichen Mitgliederversammlung 2011.
45 *Burhoff*, Vereinsrecht, Rn. 61.
46 *Reichert*, Handbuch des Vereins- und Verbandsrechts, Rn. 1163.

der Vorstand (§ 26 BGB) und die Mitgliederversammlung (§ 32 BGB). Das Verwertungsgesellschaftengesetz hat hierzu für Verwertungsgesellschaften ebenso Regelungen getroffen. Danach zählen die Mitgliederhauptversammlung (§ 17 VGG), das Aufsichtsgremium bzw. der Aufsichtsrat (§ 18 Abs. 1 Ziff. 2 VGG) und die die Verwertungsgesellschaft vertretenden Personen – also beim Verein der Vorstand – (§ 18 Abs. 1 Ziff. 1 VGG) zu den zwingenden Organen der Verwertungsgesellschaft. Die GEMA regelt die Tätigkeit des Aufsichtsrates in § 13 Satzung sowie in der gemäß § 13 Ziff. 7 Satzung erlassenen Geschäftsordnung für den Aufsichtsrat,[47] Regelungen über die Mitgliederversammlung finden sich in § 10 Satzung und Regelungen über den Vorstand in § 14 Satzung.

§ 5a [Ehrenamtliche Tätigkeit und Vorstandsvergütung]

Die Tätigkeit der Mitglieder des Aufsichtsrats, der Ausschüsse und Kommissionen ist ehrenamtlich. Soweit nicht in dieser Satzung etwas anderes bestimmt ist, erhalten sie lediglich Ersatz ihrer Reisekosten und Barauslagen sowie pauschale Sitzungsgelder in angemessener Höhe.
Bei der Festlegung der Höhe der Sitzungsgelder ist der Natur der Tätigkeit, der Verantwortung und dem mit dem Amt typischerweise verbundenen Tätigkeitsumfang sowie der wirtschaftlichen Lage der GEMA Rechnung zu tragen. Dabei sollen der Vorsitz und der stellvertretende Vorsitz in Aufsichtsrat, Ausschüssen und Kommissionen berücksichtigt werden.
Die Mitglieder des Vorstands erhalten für ihre Tätigkeit eine Vergütung, die vom Aufsichtsrat festgelegt wird.

Übersicht

I. Ehrenamt und Vergütung von Aufsichtsrats- und Gremienmitgliedern

29 Die Tätigkeit der GEMA wird auf vielfältige Weise von ihren Mitgliedern mitgestaltet: Mitglieder werden nicht nur im Aufsichtsrat und dessen Kommissionen und Ausschüssen, sondern auch in diversen anderen, regelmäßig von der Mitgliederversammlung gewählten Gremien für die GEMA tätig, so z.B. im Werkausschuss, dem Beschwerdeausschuss, den Wertungsausschüssen und der Schätzungskommission. § 5a Abs. 1 Satzung stellt klar, dass dieses mitgliedschaftliche Engagement, das häufig unter Zurückstellung des eigenen Schaffens und eigener beruflicher Verpflichtungen erfolgt, **ehrenamtlich** ist: Soweit in der Satzung nichts anderes geregelt ist, erhalten die Mitglieder des Aufsichtsrats, der Kommissionen und Ausschüsse für ihre Tätigkeit lediglich Ersatz ihrer Reisekosten und Barauslagen sowie pauschale Sitzungsgelder in angemessener Höhe. Abweichende Regelungen enthält die Satzung für die Mitglieder des Beschwerdeausschusses und der Urheber-Verleger-Schlichtungsstelle – diese erhalten gemäß § 16 C. Ziff. 3 Satz 3 und 4 Satzung und § 16 E. Ziff. 6 Satz 2 Satzung kein Sitzungsgeld, sondern eine Fallpauschale – sowie für die Mitglieder der Sitzungsgeldkommission – letztere tagt unentgeltlich, um bei der Festsetzung der Sitzungsgelder keinem Interessenkonflikt ausgesetzt zu sein.

30 Die **Sitzungsgelder** werden gemäß § 10 Ziffer 6 der Satzung von der Mitgliederversammlung auf Vorschlag der Sitzungsgeldkommission festgelegt (zur Sitzungsgeldkommission näher unten, § 16 D Satzung, **Rn. 261ff.**). Die satzungsmäßige Zuständigkeit der Mitgliederversammlung geht zurück auf die Vorschrift des § 18 Absatz 1 VGG. Bei der Bemessung der Sitzungsgelder wiederum sind die Natur und Verantwortung der jeweiligen Tätigkeit, der mit dem Amt typischerweise verbundene Tätigkeitsumfang sowie die wirtschaftliche Lage der GEMA zu berücksichtigen, wobei unterschieden werden soll

47 Abgedruckt unten nach § 13 Satzung, Aufsichtsrat.

zwischen Vorsitz und einfacher Mitgliedschaft in den Gremien der GEMA. Diese Grundsätze orientieren sich an Ziffer 5.4.6. des **Deutschen Corporate Governance Kodex.**[48]

Die Erstattung von Reisekosten und Barauslagen sowie die Zahlung von pauschalen Sitzungsgeldern widersprechen nicht der ehrenamtlichen Tätigkeit der Gremienmitglieder. Nach der Rechtsprechung des Bundesfinanzhofs muss eine ehrenamtliche Tätigkeit nicht vollständig unentgeltlich ausgestaltet sein.[49] Das „Ehrenamt" iSd GEMA-Satzung bedeutet, dass die Gremienmitglieder ihre Funktion innerhalb der GEMA nur neben ihrer hauptberuflichen Tätigkeit als Urheber oder Musikverleger ausüben. Entsprechende Entschädigungsregelungen sind auch in vergleichbaren Organisationen – z.B. dem deutschen Leichtathletikverband, der Verwertungsgesellschaft Wort, der Verwertungsgesellschaft Bild-Kunst sowie der österreichischen Gesellschaft der Autoren, Komponisten und Musikverleger (AKM)[50] – oder etwa auch bei ehrenamtlichen Richtern (§§ 15 ff. JVEG) gängig. 31

II. Aufwendungsersatz und Vergütung des Vorstands

Die von der Mitgliederversammlung 2013 beschlossene ausdrückliche Regelung der Vorstandsvergütung in § 5a Abs. 3 Satzung trägt einer Änderung des **allgemeinen Vereinsrechts** Rechnung. Aufgrund des Gesetzes zur Stärkung des Ehrenamts (Ehrenamtsstärkungsgesetz) wurde § 27 Abs. 3 BGB zum 1. Januar 2015 dergestalt geändert, dass die Mitglieder des Vorstands eines Vereins grundsätzlich unentgeltlich tätig sind und regelmäßig nur einen Anspruch auf Aufwendungsersatz gemäß § 670 BGB haben. Aufwendungen bedeutet alle Vermögensopfer, die der Vorstand zur Erfüllung seiner Aufgaben freiwillig, auf Weisung des zuständigen Vereinsorgans oder als notwendige Folge seiner Geschäftsführung erbringt. Dazu gehören Auslagen des Vorstands wie Reise-, Post- und Telefonspesen und zusätzliche Beherbergungs- und Verpflegungskosten, nicht aber eine Vergütung als Entgelt für die Tätigkeit des Vorstands an sich.[51] Nur durch eine Regelung in der Satzung ist gemäß § 40 BGB ein Abweichen von diesem gesetzlichen Grundsatz dahingehend möglich, dass der Vorstand eine Vergütung erhält. Die Wertung des Gesetzgebers, dass der Vorstand eines Vereins grundsätzlich unentgeltlich tätig sein soll, wird den **Besonderheiten der GEMA** nicht gerecht. Bei der GEMA handelt es sich um eine Verwertungsgesellschaft in der Rechtsform eines wirtschaftlichen Vereins. Die Tätigkeit des GEMA-Vorstands ist naturgemäß sehr viel umfangreicher und vielfältiger als die des Vorstands bei einem nichtwirtschaftlichen Verein. Sie ist weit eher mit der Tätigkeit des Vorstands einer Aktiengesellschaft vergleichbar, für die § 87 AktG eine Vergütung vorsieht. Vor diesem Hintergrund hat die GEMA von der nach § 40 BGB bestehenden Möglichkeit Gebrauch gemacht, eine Regelung zur Vorstandsvergütung in ihre Satzung aufzunehmen. Gemäß § 5a Abs. 3 Satzung wird die Vergütung des Vorstands – wie bereits vor Inkrafttreten des Ehrenamtsstärkungsgesetzes – durch den Aufsichtsrat festgelegt. Dies entspricht der Regelung in § 18 VGG, die in ihrem Absatz 1 Ziffer 1 eine grundsätzliche Zuständigkeit der Mitgliederhauptversammlung für die Festlegung der Vergütung der Organmitglieder vorsieht; § 18 Absatz 2 VGG lässt aber insoweit eine Übertragung dieser Zuständigkeit auf den Aufsichtsrat zu, von der die GEMA in § 5a Absatz 3 der Satzung Gebrauch gemacht hat. 32

---

48 Der Deutsche Corporate Governance Kodex (DCGK) wurde 2001/2002 als Regelwerk für eine gute und verantwortungsvolle Führung von Unternehmen und Organisationen von einer Regierungskommission erarbeitet.

49 BFH, DStRE 2001, 130.

50 Vgl. § 9, 9.10 der Satzung des Deutschen Leichtathletik-Verbandes und § 5 Nr. 2 der Satzung der Verwertungsgesellschaft Bild-Kunst.

51 BGH, NJW-RR 1988, 745.

§ 6 Mitgliedschaft

1. Der Verein unterscheidet zwischen ordentlichen Mitgliedern, außerordentlichen Mitgliedern und angeschlossenen Mitgliedern. Nur die ordentlichen Mitglieder sind Mitglieder im Sinne des Vereinsrechts und des Verwertungsgesellschaftengesetzes.
Die ordentliche Mitgliedschaft kann nur in einer Berufsgruppe erworben werden.

2. Die Bezeichnung „angeschlossenes Mitglied" führt der Berechtigte, der weder die Voraussetzungen der außerordentlichen noch der ordentlichen Mitgliedschaft erfüllt, mit der Unterzeichnung des Berechtigungsvertrages (§ 3).

3. Ordentliches oder außerordentliches Mitglied der GEMA kann nur werden, wer selbst Urheber im Sinne des Urheberrechtsgesetzes ist oder einen Musikverlag betreibt.
Im Übrigen können ordentliche und außerordentliche Mitglieder der GEMA nur werden:

a) Komponisten und Textdichter, die die deutsche Staatsangehörigkeit oder die Staatsangehörigkeit eines Mitgliedsstaates der Europäischen Union oder des Europäischen Wirtschaftsraumes besitzen oder ihren steuerlichen Wohnsitz in Deutschland oder in einem anderen Mitgliedsstaat der Europäischen Union oder des Europäischen Wirtschaftsraumes haben. Ausnahmen bedürfen der Zustimmung des Aufsichtsrats.

b) Musikverlage, die ihren Sitz im Verwaltungsgebiet des Vereins oder in einem Mitgliedsstaat der Europäischen Union oder des Europäischen Wirtschaftsraumes haben und im Handelsregister eingetragen sind. Auf Verlangen der GEMA sind die Firmen verpflichtet, einen Handelsregisterauszug nach dem neuesten Stand vorzulegen. Bestehende Mitgliedschaften werden durch diese Bestimmungen nicht berührt.

Als Musikverlag kann nur eine Firma als ordentliches oder außerordentliches Mitglied aufgenommen werden, die verlegerische Leistungen im Sinne des Regelwerks der GEMA erbringt. Als verlegerische Leistung gilt die Vervielfältigung und Verbreitung von Werken der Musik (mit oder ohne Text) im Sinne des Verlagsgesetzes. Unabhängig hiervon kann die verlegerische Leistung auch durch Leistungen in den Bereichen Promotion und Vermarktung des Werkes, Finanzierung und Produktion oder Service und Administration erbracht werden. Zum Bereich Service und Administration gehört insbesondere die erforderliche Kommunikation gegenüber der GEMA hinsichtlich des Werkes und seiner Nutzungen auch im Interesse des Urhebers (z.B. durch die Anmeldung des Werkes, die Prüfung von Abrechnungsunterlagen und die Reklamationsbearbeitung).

Musikverlage, die in Form einer Gesellschaft geführt werden, sind verpflichtet, die Beteiligungsverhältnisse offen zu legen. Befinden sich Kapitalanteile unmittelbar oder mittelbar in Händen einer anderen Gesellschaft, so erstreckt sich die Verpflichtung zur Offenlegung auch auf diese.

4. Der Erwerb der außerordentlichen Mitgliedschaft setzt einen Antrag an den Vorstand voraus. Mit dem Antrag verpflichtet sich der Antragsteller im Besonderen, der GEMA alle für das Aufnahmeverfahren erforderlichen Auskünfte zu erteilen.
Näheres zum Aufnahmeverfahren und zu den Aufnahmebedingungen für die außerordentliche und angeschlossene Mitgliedschaft wird in einer Geschäftsordnung für das Aufnahmeverfahren geregelt, die der Aufsichtsrat beschließt.
Die besonderen zusätzlichen Voraussetzungen zum Erwerb der ordentlichen Mitgliedschaft sind in den §§ 7 und 8 geregelt.

Geschäftsordnung für das Aufnahmeverfahren

Fassung vom 13./14. Dezember 2017
Gemäß § 6 der Satzung beschließt der Aufsichtsrat folgende Geschäftsordnung:

§ 1

Die Aufnahme als angeschlossenes oder außerordentliches Mitglied ist abhängig von der Zahlung der vom Aufsichtsrat festgesetzten Aufnahmegebühr*.
Weitere Voraussetzung für die Aufnahme eines Musikverlags als angeschlossenes Mitglied ist die Vorlage eines wirksamen Verlagsvertrages, in dem die Beteiligung des Verlags an den Ausschüttungen der GEMA nach Maßgabe des GEMA-Verteilungsplans vereinbart ist, sowie die Vorlage einer Gewerbeanmeldung oder eines Handelsregisterauszuges.

* Die Aufnahmegebühr beträgt EUR 90,00 (zzgl. USt.) für Urheber und EUR 180,00 (zzgl. USt.) für Verleger.

§ 2

I. Über die Aufnahme als angeschlossenes Mitglied entscheidet die GEMA. Über die Aufnahme als außerordentliches Mitglied entscheidet der Vorstand auf der Grundlage der Empfehlung des Aufnahmeausschusses.

II. Bei Aufnahmeanträgen von Urhebern setzt sich der Aufnahmeausschuss wie folgt zusammen:
   a) Bei Anträgen von Komponisten
      aus zwei namhaften Mitgliedern der Berufsgruppe Komponisten der GEMA, von denen einer Lehrer an einer Musikhochschule sein sollte.
   b) Bei Anträgen von Textdichtern
      aus zwei namhaften Mitgliedern der Berufsgruppe Textdichter der GEMA.

III. Bei Aufnahmeanträgen von Musikverlegern setzt sich der Aufnahmeausschuss zusammen aus zwei namhaften Mitgliedern der Berufsgruppe Verleger der GEMA.

IV. Es wird für jede Berufsgruppe ein Stellvertreter gewählt.

V. Die Mitglieder des Ausschusses einschließlich der Stellvertreter müssen ordentliche Mitglieder der GEMA (§ 7 Ziff. 1 der Satzung) sein. Sowohl die Ausschussmitglieder als auch deren Stellvertreter dürfen nicht dem Aufsichtsrat der GEMA angehören. Bei der Wahl der Ausschussmitglieder und der Stellvertreter berücksichtigt der Aufsichtsrat das Ziel, den Anteil von Frauen in allen Gremien zu stärken.
Darüber hinaus kann der Ausschuss mit Zustimmung von Aufsichtsrat und Vorstand externe Sachverständige punktuell zur Beratung hinzuziehen oder als ständige Mitglieder mit beratender Funktion kooptieren. Die Amtsdauer der als ständige Mitglieder kooptierten Sachverständigen endet mit der Amtsperiode der stimmberechtigten Ausschussmitglieder oder durch Abberufung durch die stimmberechtigten Ausschussmitglieder.

VI. Die Ausschüsse halten ihre Sitzungen jeweils nach Bedarf auf Einladung des Vorstands ab. Über die Anträge auf Aufnahme als außerordentliches Mitglied wird nach Maßgabe dieser Geschäftsordnung und der einschlägigen Bestimmungen der Satzung der GEMA beraten.
Der Vorstand der GEMA oder ein von ihm benannter Vertreter kann an allen Sitzungen des Aufnahmeausschusses teilnehmen.
Die Direktion Mitglieder- und Repertoire-Management der GEMA hat die Anträge auf Erwerb der außerordentlichen Mitgliedschaft so vorzubereiten, dass der Aufnahmeausschuss über diese in der Sitzung sofort beraten und hierzu eine Empfehlung aussprechen kann.

§ 3

Die Aufnahme eines Urhebers als außerordentliches Mitglied ist von folgenden Bedingungen abhängig:

1. Aufnahmeanträgen von Komponisten sollen 5 vom Antragsteller allein oder in Miturheberschaft geschaffene Werke in Form von Partituren oder anderen geeigneten Unterlagen wie z.B. im Handel erhältlichen Tonträgern beigefügt werden.
2. Aufnahmeanträgen von Textdichtern sollen 5 vertonte Texte, die der Antragsteller allein oder in Miturheberschaft geschaffen hat, beigefügt werden.
3. Der Antragsteller hat gleichzeitig die verteilungsrelevante Nutzung dieser Werke nachzuweisen.
4. Falls ein Antragsteller die Aufnahme zugleich als Komponist und als Textdichter beantragt, sind die Aufnahmebedingungen für jede Berufsgruppe zu erfüllen.

§ 4

Von den Urhebern unter den Antragstellern kann verlangt werden, dass sie ihr berufsmäßiges Können nachweisen*.

---

* Der Aufsichtsrat hat gleichzeitig die folgenden Richtlinien beschlossen:
Dem Aufnahmeausschuss obliegt u.a. die Prüfung des berufsmäßigen Könnens des Antragstellers.
Die Prüfung sollte nach folgenden Kriterien erfolgen:
   a) Nachweis eines an einer Musikhochschule mit Erfolg absolvierten Kompositionsstudiums oder Vorlage von Partituren oder anderen Unterlagen, z.B. Tonträger, aus denen die Gewissheit gewonnen wird, dass der Antragsteller über das berufsmäßige Können verfügt.
   b) Sofern die unter a) erwähnten Nachweise nicht überzeugend erbracht werden können und der Aufnahmeausschuss Zweifel am berufsmäßigen Können hegt, kann er die Ableistung einer Klausurarbeit verlangen.

Die in der Klausurarbeit zu erbringenden Leistungen sind in das Ermessen des Aufnahmeausschusses gestellt und sollen den Erfordernissen der in der Tätigkeitssparte des Antragstellers üblichen professionellen Voraussetzungen entsprechen.

§ 5
Die Aufnahme von Musikverlagen als außerordentliches Mitglied ist von folgenden Bedingungen abhängig:
1. **Die Verlagswerke des Antragstellers müssen verteilungsrelevant genutzt worden sein.**
2. **Der antragstellende Verlag hat zusätzlich nachzuweisen, dass er verlegerische Leistungen im Sinne des Regelwerks der GEMA erbringt.**
   a) **Der Nachweis der verlegerischen Leistungen kann dadurch erbracht werden, dass der antragstellende Verlag für von ihm verlegte Werke ein Mindestaufkommen in Höhe von EUR 2.500,00 in mindestens einem der dem Jahr der Antragstellung vorausgehenden 5 Jahre nachweist und dem Aufnahmeausschuss zusätzlich zu 5 Werken Druckausgaben, veröffentlichte Tonträger oder andere geeignete Unterlagen, die die Erbringung verlegerischer Leistungen dokumentieren, vorlegt.**
   b) **Verlage der Ernsten Musik können den Nachweis der verlegerischen Leistungen auch durch Vorlage von 25 handelsüblichen Instrumentalmusikausgaben oder von 10 Orchesterleihmaterialien (Partitur und Stimmen) erbringen.**
   c) **Verlage der Unterhaltungs- und Tanzmusik können den Nachweis der verlegerischen Leistungen auch durch Vorlage von 30 Werken in handelsüblichen Gitarren-, Klavier- oder Akkordeon-Einzelausgaben oder von 10 Werken in Salonorchester- oder 15 Werken in Combo- (im Sinne eines kleinen Orchesterarrangements) oder Blasmusik-Ausgaben erbringen.**
3. **Der Antragssteller muss gemäß § 6 Ziffer 3 b) Abs. 1 der Satzung im Handelsregister eingetragen sein. Er muss dem Antrag einen Handelsregisterauszug sowie Unterlagen beifügen, aus denen die Geschäftspartner und die Beteiligungen ersichtlich sind.**

Der Aufnahmeausschuss kann die Aufnahme als außerordentliches Mitglied zurückstellen, solange die Erbringung verlegerischer Leistungen zwischen dem Antragsteller und Urhebern bei ihm verlegter Werke gemäß § 7 Abs. 3 i.V.m. § 10 des Verteilungsplans streitig ist.

§ 6
Die Bestimmungen von § 6 Ziff. 3 und 4 und § 16 E. der Satzung sowie § 7 Abs. 1 bis 3 i.V.m. § 10 des Verteilungsplans bleiben unberührt.

§ 7
Bei positiver Entscheidung wird der Antragsteller als außerordentliches Mitglied in die GEMA aufgenommen.

§ 8
Die Ablehnung und die Zurückstellung der Aufnahme als angeschlossenes oder außerordentliches Mitglied ist dem Antragsteller schriftlich mitzuteilen. Bei Ablehnung oder Zurückstellung der Aufnahme als außerordentliches Mitglied erhält der Antragsteller zusätzlich den betreffenden Auszug aus dem Protokoll des Aufnahmeausschusses. Der Antragsteller kann gegen die Ablehnung innerhalb von sechs Wochen nach Zugang Beschwerde beim Aufsichtsrat einlegen. Der Aufsichtsrat entscheidet endgültig über den Antrag.

§ 9
Änderungen dieser Geschäftsordnung beschließt der Aufsichtsrat der GEMA mit einfacher Stimmenmehrheit.

§ 10
Die vom Aufsichtsrat in der Sitzung vom 13./14. Dezember 2017 beschlossene Neufassung der Geschäftsordnung für das Aufnahmeverfahren gilt für Aufnahmeanträge, die ab dem 1.1.2018 bei der GEMA eingehen.

Übersicht

I. Die unterschiedlichen Arten der Mitgliedschaft, § 6 Ziff. 1 Satzung

Im Zusammenhang mit der GEMA ist zwischen verschiedenen Bedeutungen des Begriffs der „Mitgliedschaft" zu unterscheiden. Die **vereinsrechtliche Mitgliedschaft** ist die Gesamtheit der Rechtsbeziehungen zwischen dem Vereinsmitglied und dem Verein und umfasst alle Rechte und Pflichten des Mitglieds.[52] Sie begründet ein am Vereinszweck orientiertes gegenseitiges Treueverhältnis. Im Sinne des **Wahrnehmungsrechts** gelten als Mitglieder einer Verwertungsgesellschaft dagegen gemäß § 7 VGG die „von der Verwertungsgesellschaft als Mitglieder aufgenommene(n) Berechtigte(n)". Diese Bestimmung ist rechtsformneutral zu verstehen. Bei Verwertungsgesellschaften, die wie die GEMA als Verein organisiert sind, fällt die wahrnehmungsrechtliche Mitgliedschaft jedoch grundsätzlich mit der vereinsrechtlichen Mitgliedschaft zusammen.[53] Als „Berechtigter" im Sinne des Wahrnehmungsrechts gilt gemäß § 6 VGG jeder Rechtsinhaber, der auf „gesetzlicher oder vertraglicher Grundlage in einem unmittelbaren Wahrnehmungsverhältnis" zu einer Verwertungsgesellschaft steht. Im „Binnenrecht" der GEMA umfasst der Begriff des „Mitglieds" sowohl Mitglieder im Sinne des Vereins- und Wahrnehmungsrechts als auch sonstige Berechtigte, wobei § 6 Ziffer 1 Satzung drei verschiedene Stufen der Mitgliedschaft unterscheidet: die angeschlossene, außerordentliche und ordentliche Mitgliedschaft. 33

Die **angeschlossene Mitgliedschaft** erwirbt der Berechtigte gemäß § 6 Ziffer 2 Satzung bereits mit Abschluss des Berechtigungsvertrages und der Erfüllung der in § 6 Ziffer 4 Absatz 2 Satzung i.V.m. der Geschäftsordnung für das Aufnahmeverfahren geregelten Voraussetzungen (u.a. die Zahlung der Aufnahmegebühr). Der Erwerb der **außerordentlichen Mitgliedschaft** ist dagegen nur für Urheber bzw. Musikverlage möglich, die die Voraussetzungen in § 6 Ziffer 3 und 4 Satzung und der Geschäftsordnung für das Aufnahmeverfahren erfüllen.[54] Für die höchste Stufe der Mitgliedschaft – die **ordentliche Mitgliedschaft** – muss der Berechtigte gemäß § 6 Ziffer 4 Abs. 3 i.V.m. §§ 7 und 8 Satzung zudem eine bestimmte Mitgliedschaftsdauer und ein bestimmtes Mindestauskommen erreichen (i.E. unten, **Rn. 44ff., 54ff.**). Zugleich bestimmt § 6 Ziffer 1 Satzung, dass nur die ordentlichen Mitglieder Mitglieder im Sinne des Vereinsrechts und des Verwertungsgesellschaftengesetzes sind. Diese Unterscheidung zwischen den verschiedenen Stufen der Mitgliedschaft entspricht §§ 6, 7 und 13 VGG, wonach die Verwertungsgesellschaften in ihren Satzungen festlegen können, unter welchen Bedingungen sie Berechtigte als Mitglieder im vereins- und wahrnehmungsrechtlichen Sinne aufnehmen. Die Bedingungen müssen dabei objektiv, transparent und nichtdiskriminierend sein. Werden die Voraussetzungen für eine Vereinsmitgliedschaft (ordentliche Mitgliedschaft) erfüllt, wird der bestehende schuldrechtliche Berechtigungsvertrag (§ 3 Satzung) nicht beendet, sondern läuft daneben weiter.[55] 34

Insgesamt hat die GEMA derzeit 71.121 Mitglieder (Stand 31.1.2018), die sich wie folgt aufteilen: 35

ordentliche Mitglieder	4.185
außerordentliche Mitglieder	5.874
angeschlossene Mitglieder	61.062

52 Palandt-*Heinrichs*, § 38 BGB Rn. 1; Sauter/Schweyer/Waldner-*Waldner*, Der eingetragene Verein, Rn. 333; grundlegend zur Mitgliedschaft in privatrechtlichen Verbänden Lutter, AcP 180 (1980), 84.

53 Vgl. RegE VGG, BT-Drucks. 18/7223, Begr. zu § 7, S. 89 f.

54 Vgl. den Beschluss der ordentlichen Mitgliederversammlung vom 26./27.4.2016 zum Antrag zu TOP 13, durch den § 6 Satzung insgesamt neu strukturiert worden ist.

55 *Riesenhuber*, Die Auslegung und Kontrolle des Wahrnehmungsvertrags, S. 7.

36 Zu beachten ist dabei, dass die Differenzierung nach Mitgliedsstatus **keinerlei Auswirkung auf die Rechtewahrnehmung und** die Berücksichtigung bei der **Verteilung** hat – für eine bestimmte Werknutzung erhalten das angeschlossene Mitglied, das außerordentliche Mitglied sowie das ordentliche Mitglied Tantiemen in gleicher Höhe. Auch die kulturellen Fördermaßnahmen im Rahmen des Wertungsverfahrens der GEMA stehen allen Mitgliedern gleichermaßen offen.

37 Lediglich bei der Ausgestaltung der **vereinsinternen Teilhaberechte** spielt der jeweilige Mitgliedsstatus eine Rolle. So haben ordentliche Mitglieder bei der Mitgliederversammlung Zugang und Stimmrecht, während angeschlossene und außerordentliche Mitglieder sowie Rechtsnachfolger hier durch bis zu 64 Delegierte vertreten werden. Diese Regelung steht in Einklang mit den Vorgaben des deutschen Gesetzgebers: Gemäß § 19 Abs. 2 VGG sind nur die als Mitglieder im Sinne des Wahrnehmungsrechts aufgenommenen Berechtigten zur Teilnahme an der Mitglieder(haupt)versammlung und zur Abstimmung berechtigt. Diejenigen Berechtigten, die nicht als Mitglieder der Verwertungsgesellschaft aufgenommen werden, wählen gemäß § 20 VGG aus ihrer Mitte Delegierte, die zur Teilnahme an der Mitgliederversammlung berechtigt und hinsichtlich bestimmter Entscheidungen der Mitgliederversammlung – wie z.B. der Beschlussfassung über Änderungen des Verteilungsplans – auch stimmberechtigt sind. Die Rechte, die die Satzung der GEMA den Delegierten gewährt, gehen über diese gesetzlichen Mindestanforderungen teilweise hinaus. So stehen den Delegierten – mit Ausnahme des passiven Wahlrechts und des Rechts, sich in der Mitgliederversammlung vertreten zu lassen – alle Rechte der ordentlichen Mitglieder (aktives Wahlrecht, Rede-, Antrags- und Stimmrecht) zu (vgl. i.E. die Kommentierung zu § 12 Satzung, unten **Rn. 171–175**). Das Stimmrecht der Delegierten umfasst somit alle Beschlüsse der Mitgliederversammlung – wie z.B. Beschlüsse über Änderungen der Satzung und des Berechtigungsvertrages – und ist nicht auf bestimmte Beschlussgegenstände beschränkt.

38 Grund für die unterschiedliche Ausgestaltung der vereinsinternen Teilhaberechte der ordentlichen, außerordentlichen und angeschlossenen Mitglieder in der Satzung der GEMA ist insbesondere, dass nach dem Willen des Gesetzgebers gewährleistet sein muss, dass die Berechtigten, deren Repertoire das wirtschaftliche Fundament der Verwertungsgesellschaft bildet, durch die Berechtigten, die nur hobbymäßig oder nebenberuflich Werke schaffen, in der Mitgliederversammlung nicht überstimmt werden.[56] In diesem Zusammenhang ist zu berücksichtigen, dass die Anforderungen an den Erwerb der verschiedenen Formen der Mitgliedschaft unterschiedlich hoch sind. So gelten für die Urheber folgende Regelungen:

- Gemäß § 6 Ziffer 2 Satzung kann jede Person durch Abschluss eines Berechtigungsvertrages angeschlossenes Mitglied werden.
- Die Voraussetzungen für die Aufnahme eines Urhebers als außerordentliches Mitglied sind ebenfalls relativ leicht zu erfüllen. Erforderlich ist hierfür die Vorlage von lediglich fünf Werken, die verteilungsrelevant genutzt worden sind (vgl. § 6 Ziffer 4 der Satzung, § 3 Ziffer 1 bis 3 der Geschäftsordnung für das Aufnahmeverfahren; i.E. unten, **Rn. 44 ff.**).
- Dagegen kann die ordentliche Mitgliedschaft von Urhebern gemäß § 7 Satzung nur erworben werden, wenn der Urheber in fünf aufeinander folgenden Jahren ein Mindestaufkommen von insgesamt EUR 30.000 von der GEMA bezogen hat. Dabei muss das Aufkommen des Urhebers in vier aufeinander folgenden Jahren jeweils mindes-

56 Vgl. RegE VGG, BT-Drucks. 18/7223, Begr. zu § 13, S. 92.

tens EUR 1.800 betragen haben (vgl. i.E. die Kommentierung zu § 7 Satzung, unten **Rn. 54 ff.**)

39 Gemäß § 6 Ziffer 1 Absatz 2 der Satzung kann die ordentliche Mitgliedschaft nur in einer Berufsgruppe erworben werden.[57] Dieser Grundsatz, der sich auch aus § 8 Ziffer 2 c) der Satzung ergibt (siehe unten **Rn. 62**), dient der Vermeidung von Interessenkonflikten, die entstehen könnten, wenn ein und dieselbe Person in mehreren Berufsgruppen die ordentliche Mitgliedschaft erwerben und ihre Mitgliedschaftsrechte ausüben könnte.

Beispiel: Ein Komponist, der als eingetragener Kaufmann auch einen Verlag betreibt, kann die ordentliche Mitgliedschaft nicht gleichzeitig in der Komponistenkurie und in der Verlegerkurie erwerben, da ein und dieselbe natürliche Person nicht Mitglied in mehreren Berufsgruppen sein kann.

40 Sofern ein ordentliches Mitglied einer Autorenkurie zugleich Gesellschafter einer juristischen Person ist, die einen Verlag betreibt, steht dies der Aufnahme des Verlags als ordentliches Mitglied jedoch nicht entgegen, da in diesem Fall keine Personenidentität zwischen Verlag und Gesellschafter gegeben ist.

II. Angeschlossene Mitglieder, § 6 Ziff. 2 Satzung

41 Wie bereits dargestellt (oben **Rn. 33 f.**) sind „angeschlossene Mitglieder" Berechtigte iSd § 6 VGG, die der GEMA durch den Berechtigungsvertrag verbunden sind, aber (noch) nicht die außerordentliche oder ordentliche Mitgliedschaft erworben haben. Sie sind somit keine Mitglieder iSd Vereinsrechts und des § 7 VGG; ihr Rechtsverhältnis zur GEMA richtet sich ausschließlich nach dem Berechtigungsvertrag. **„Angeschlossene Mitglieder"** sind in der Regel solche Berechtigte, die nur gelegentlich komponieren, Texte dichten oder Musik verlegen. Der Begriff „angeschlossenes Mitglied" wurde 1966 in die Satzung eingefügt.[58]

III. Voraussetzungen der ordentlichen und außerordentlichen Mitgliedschaft, § 6 Ziff. 3 Satzung

42 Die materiellrechtlichen **Voraussetzungen** für die außerordentliche und ordentliche Mitgliedschaft sind bei **Komponisten und Textdichtern** gemäß § 6 Ziff. 3 Abs. 2 a) Satz 1:

- deutsche Staatsangehörigkeit

oder

- Staatsangehörigkeit eines Mitgliedstaates der Europäischen Union (EU) oder des Europäischen Wirtschaftsraumes (EWR)

oder

- steuerlicher Wohnsitz in Deutschland bzw. einem anderen Mitgliedsstaat der EU oder des Europäischen EWR.

Urheber, die die in § 6 Ziff. 3 Abs. 2 a) Satz 1 Satzung geregelten Voraussetzungen nicht erfüllen, haben gegenüber der GEMA keinen Anspruch auf Aufnahme als außerordent-

57 Vgl. Antrag zu TOP 11 zur ordentlichen Mitgliederversammlung 2017.
58 Vgl. den Beschluss der ordentlichen Mitgliederversammlung vom 29./30.6.1966 zum Antrag zu TOP 9.

liches bzw. ordentliches Mitglied. Gemäß § 6 Ziff. 3 Abs. 2 a) Satz 2 Satzung besteht jedoch die Möglichkeit, auch Urheber aus Nicht-EU- oder EWR-Mitgliedsstaaten als außerordentliche oder ordentliche Mitglieder aufzunehmen, sofern der Aufsichtsrat dem zustimmt.

43 Bei **Musikverlagen** sind die materiellrechtlichen Voraussetzungen für die außerordentliche und ordentliche Mitgliedschaft gemäß § 6 Ziff. 3 Abs. 2 b):

- Sitz im Verwaltungsgebiet des Vereins und Eintragung im Handelsregister oder
- Sitz in einem Mitgliedsstaat der EU oder des EWR und Eintragung im Handelsregister.
- Im Zuge der Neuregelung der Verlegerbeteiligung wurde durch Beschluss der ordentlichen Mitgliederversammlung 2017[59] zudem festgelegt, dass ein Musikverlag nur dann als außerordentliches oder ordentliches Mitglied aufgenommen werden kann, wenn er verlegerische Leistungen im Sinne des Regelwerks der GEMA erbringt. Als verlegerische Leistung gilt die Vervielfältigung und Verbreitung von Werken der Musik (mit oder ohne Text) im Sinne des Verlagsgesetzes. Unabhängig hiervon kann die verlegerische Leistung auch durch Leistungen in den Bereichen Promotion und Vermarktung des Werkes, Finanzierung und Produktion oder Service und Administration erbracht werden. Zum Bereich Service und Administration gehört insbesondere die erforderliche Kommunikation gegenüber der GEMA hinsichtlich des Werkes und seiner Nutzungen auch im Interesse des Urhebers (z.B. durch die Anmeldung des Werkes, die Prüfung von Abrechnungsunterlagen und die Reklamationsbearbeitung) (vgl. auch § 5 Geschäftsordnung für das Aufnahmeverfahren sowie unten **Rn. 49**).

IV. Aufnahmeverfahren, § 6 Ziff. 4 Satzung

1. Voraussetzungen und Aufnahmeverfahren

44 Um als angeschlossenes oder außerordentliches Mitglied aufgenommen zu werden, muss der Berechtigte zudem das in § 6 Ziff. 4 Satzung und in der Geschäftsordnung für das Aufnahmeverfahren geregelte **Aufnahmeverfahren** durchlaufen. Im Rahmen des Verfahrens für die Aufnahme als angeschlossenes Mitglied muss der Berechtigte einen entsprechenden Antrag mittels des hierfür vorgesehenen Formulars stellen.[60] Im Aufnahmeantrag verpflichtet sich der Antragssteller u.a. dazu, die vom Aufsichtsrat festgelegte Aufnahmegebühr und den jährlichen Mitgliedsbeitrag zu zahlen.

45 Bezüglich der Aufnahme als außerordentliches Mitglied bestimmt § 6 Ziff. 4 Abs. 1 Satzung, dass der Berechtigte zunächst einen (formlosen) **Antrag** an den Vorstand stellen muss, in dem er sich insbesondere verpflichtet, der GEMA alle erforderlichen Auskünfte für das Aufnahmeverfahren zu erteilen.

---

59 Vgl. den Antrag zu TOP 21 zur ordentlichen Mitgliederversammlung 2017.

60 Der Antrag und weiterführende Informationen zur Aufnahme als angeschlossenes Mitglied sind auf der GEMA-Website unter https://www.gema.de/musikurheber/mitglied-werden/ oder bei der GEMA Generaldirektion München, Abteilung Mitglieder- und Partner-Administration, Rosenheimer Straße 11, 81667 München, mitgliederservice@gema.de erhältlich. Darüber hinaus ist der Antrag auf Aufnahme als angeschlossenes Mitglied im GEMA-Jahrbuch unter dem Kapitel „Formulare“ abgedruckt.

Die näheren Einzelheiten des Aufnahmeverfahrens sind in der gemäß § 6 Ziff. 4 Abs. 2 Satzung vom Aufsichtsrat beschlossenen **Geschäftsordnung für das Aufnahmeverfahren** geregelt.[61] Gemäß § 2 Abs. 1 Satz 1 dieser Geschäftsordnung obliegt die Prüfung und Entscheidung über die Aufnahme als angeschlossenes Mitglied der GEMA-Verwaltung. Über die Aufnahme als außerordentliches Mitglied entscheidet dagegen der Vorstand auf Empfehlung des gemäß § 8 Abs. 2 der Geschäftsordnung für den Aufsichtsrat[62] vom Aufsichtsrat gebildeten Aufnahmeausschusses (vgl. § 2 Abs. 1 Satz 2). Grund hierfür ist, dass die Aufnahme als außerordentliches Mitglied strengeren Voraussetzungen unterliegt und daher einer umfassenderen Prüfung durch ein sachkundiges Gremium bedarf. Die Besetzung des Aufnahmeausschusses ist in § 2 Abs. 2 bis 5 geregelt. Der Aufnahmeausschuss besteht bei Aufnahmeanträgen von Komponisten aus zwei namhaften Mitgliedern der Berufsgruppe Komponisten, von denen eines Lehrer an einer Musikhochschule sein sollte. Über Aufnahmeanträge von Textdichtern entscheiden zwei namhafte Mitglieder der Berufsgruppe Textdichter und über Aufnahmeanträge von Verlegern zwei namhafte Mitglieder der Berufsgruppe Verleger. Die Mitglieder des Aufnahmeausschusses müssen ordentliche Mitglieder der GEMA sein und dürfen nicht dem Aufsichtsrat angehören. Darüber hinaus kann der Aufnahmeausschuss mit Zustimmung von Aufsichtsrat und Vorstand externe Sachverständige punktuell zur Beratung hinzuziehen oder als ständige Mitglieder mit beratender Funktion kooptieren. 46

Für die **Aufnahme eines Urhebers** (Komponist bzw. Textdichter) als **angeschlossenes Mitglied** enthält die Geschäftsordnung für das Aufnahmeverfahren – außer der in § 1 geregelten Zahlung der Aufnahmegebühr – keine gesonderten Voraussetzungen. Die Aufnahme eines Komponisten als **außerordentliches Mitglied** setzt gemäß § 3 Ziff. 1 der Geschäftsordnung für das Aufnahmeverfahren voraus, dass dieser dem Aufnahmeantrag 5 von ihm allein oder in Miturheberschaft geschaffene Werke in Form von Partituren oder anderen geeigneten Unterlagen (wie z.B. im Handel erhältlichen Tonträgern) beifügt. Die Aufnahme eines Textdichters als angeschlossenes Mitglied hängt gemäß § 3 Ziff. 2 der Geschäftsordnung für das Aufnahmeverfahren davon ab, dass der Antragsteller dem Aufnahmeantrag 5 vertonte Texte – d.h. Texte zu Musikwerken –, die er allein oder in Miturheberschaft geschaffen hat, beifügt. Gleichzeitig haben die Antragsteller nachzuweisen, dass die vorgelegten Werke **verteilungsrelevant genutzt** worden sind (vgl. § 3 Ziff. 3 der Geschäftsordnung für das Aufnahmeverfahren). 47

Gemäß § 4 der Geschäftsordnung für das Aufnahmeverfahren kann von den Urhebern unter den Antragstellern verlangt werden, dass sie ihr **berufsmäßiges Können** nachweisen. Dieser Nachweis kann sowohl durch ein an einer Musikhochschule mit Erfolg absolviertes Kompositionsstudium geführt werden, als auch durch Vorlage von Partituren oder anderen Unterlagen, aus denen die Gewissheit gewonnen wird, dass der Antragsteller über das berufsmäßige Können verfügt. Falls die Nachweise nicht überzeugend erbracht werden können und der Aufnahmeausschuss Zweifel am berufsmäßigen Können des Antragstellers hegt, kann er die Ableistung einer Prüfung verlangen. 48

Die Voraussetzungen für die **Aufnahme von Musikverlagen** als **angeschlossene Mitglieder** sind in § 1 der Geschäftsordnung für das Aufnahmeverfahren geregelt. Für die Aufnahme muss der Verlag zum einen die Aufnahmegebühr und den Mitgliedsbeitrag für 49

61 Abgedruckt oben nach § 6 Satzung, Mitgliedschaft.
62 Abgedruckt unten nach § 13, Aufsichtsrat.

das laufende Geschäftsjahr bezahlen und zum anderen die Kopie eines wirksamen Verlagsvertrages vorlegen, in dem die Beteiligung des Verlags an den Ausschüttungen der GEMA nach Maßgabe des GEMA-Verteilungsplans (vgl. § 7 Verteilungsplan) vereinbart ist. Darüber hinaus ist die Vorlage der Kopie einer Gewerbeanmeldung oder eines Handelsregisterauszuges erforderlich.

50 Die Aufnahme von Musikverlagen als außerordentliche Mitglieder ist gemäß § 5 der Geschäftsordnung für das Aufnahmeverfahren von folgenden Bedingungen abhängig:

- Zum einen müssen die Verlagswerke des Antragstellers **verteilungsrelevant genutzt** worden sein (§ 5 Abs. 1 Ziff. 1).
- Zum anderen muss der Verlag nachweisen, dass er **verlegerische Leistungen** im Sinne des Regelwerks der GEMA erbringt. Gem. § 5 Abs. 1 Ziff. 2, die insofern § 6 Ziff. 3 b) Satzung und § 7 Abs. 2 Verteilungsplan konkretisiert, ist die verlegerische Leistung im Zusammenhang mit der Aufnahme als außerordentliches Verlegermitglied wie folgt nachzuweisen:
  - Der Verlag muss für die von ihm verlegten Werke ein Mindestaufkommen in Höhe von EUR 2.500,00 in mindestens einem der dem Jahr der Antragstellung vorausgehenden 5 Jahre nachweisen und dem Aufnahmeausschuss zusätzlich zu 5 Werken Druckausgaben, veröffentlichte Tonträger oder andere geeignete Unterlagen, die die Erbringung verlegerischer Leistungen dokumentieren, vorlegen.
  - Alternativ hierzu können Verlage der Ernsten Musik den Nachweis der verlegerischen Leistungen auch durch Vorlage von 25 handelsüblichen Instrumentalmusikausgaben oder von 10 Orchesterleihmaterialien (Partitur und Stimmen) erbringen.
  - Verlage der Unterhaltungs- und Tanzmusik können den Nachweis der verlegerischen Leistungen auch durch Vorlage von 30 Werken in handelsüblichen Gitarren-, Klavier- oder Akkordeon-Einzelausgaben oder von 10 Werken in Salonorchester- oder 15 Werken in Combo- (im Sinne eines kleinen Orchesterarrangements) oder Blasmusik-Ausgaben erbringen.
- Darüber hinaus muss der Verlag gemäß § 6 Ziff. 3 b) Abs. 1 der Satzung im Handelsregister eingetragen sein (§ 5 Abs. 1 Ziff. 3). Als Nachweis sind dem Antrag ein Handelsregisterauszug sowie Unterlagen beizufügen, aus denen die Geschäftspartner und die Beteiligungen ersichtlich sind.

Die Prüfung der genannten Voraussetzungen erfolgt durch den Aufnahmeausschuss. Dieser hat gemäß § 5 Abs. 2 der Geschäftsordnung für das Aufnahmeverfahren die Möglichkeit, die Aufnahme als außerordentliches Mitglied zurückzustellen, solange die Erbringung verlegerischer Leistungen zwischen dem Antragsteller und Urhebern bei ihm verlegter Werke gemäß § 7 Abs. 3 i.V.m. § 10 Verteilungsplans streitig ist (siehe unten **Rn. 270 f.** sowie unten, **Kap. 8 Rn. 43–46**).

51 Sofern der Aufnahmeausschuss die Aufnahme empfiehlt und der Vorstand dieser Empfehlung folgt, wird der Antragssteller gemäß § 7 der Geschäftsordnung für das Aufnahmeverfahren als außerordentliches Mitglied aufgenommen.

52 Urheber und Musikverlage, deren Aufnahme als außerordentliches Mitglied abgelehnt wurde, haben **Anspruch** auf Aufnahme als angeschlossenes Mitglied.

2. Beschwerde gegen die Nichtaufnahme, § 8 der Geschäftsordnung für das Aufnahmeverfahren

53 Lehnt der Vorstand die Aufnahme als angeschlossenes oder außerordentliches Mitglied ab, ist die Ablehnung dem Antragsteller schriftlich mitzuteilen. Gleiches gilt,

wenn die Aufnahme zurückgestellt wird. Gemäß § 8 der Geschäftsordnung für das Aufnahmeverfahren, der den Vorgaben des § 33 VGG entspricht, kann der Antragsteller gegen die Ablehnung innerhalb von sechs Wochen nach Zugang **Beschwerde** beim Aufsichtsrat einlegen. Dieser entscheidet mit einfacher Mehrheit (§ 6 Abs. 2 Geschäftsordnung Aufsichtsrat) endgültig über den Aufnahmeantrag.

§ 7 [Ordentliche Mitgliedschaft]

1. Die ordentliche Mitgliedschaft kann nur nach fünfjähriger außerordentlicher Mitgliedschaft erworben werden von:

a) Komponisten, die in fünf aufeinander folgenden Jahren ein Mindestaufkommen von EUR 30.000,00, jedoch in vier aufeinander folgenden Jahren mindestens EUR 1.800,00 jährlich von der GEMA bezogen haben.

b) Textdichtern, die in fünf aufeinander folgenden Jahren ein Mindestaufkommen von EUR 30.000,00, jedoch in vier aufeinander folgenden Jahren mindestens EUR 1.800,00 jährlich von der GEMA bezogen haben.

c) Musikverlegern, die in fünf aufeinander folgenden Jahren ein Mindestaufkommen von EUR 75.000,00, jedoch in vier aufeinander folgenden Jahren mindestens EUR 4.500,00 jährlich von der GEMA bezogen haben.

Die in a) bis c) genannten Voraussetzungen müssen jeweils innerhalb von 10 Jahren vor dem Jahr der Antragstellung auf Erwerb der ordentlichen Mitgliedschaft vorgelegen haben.

Für Urheber und Musikverleger der Sparte E verringern sich die unter a) bis c) genannten Mindestbeträge um $^1/_3$.

Ist ein Mitglied bereits einmal ordentliches Mitglied gewesen, so betragen die Fristen in a) bis c) je drei Jahre und das Mindestaufkommen in a) und b) EUR 12.000,00 und in c) EUR 30.000,00. Frühere Mitgliedschaftsjahre werden dann voll angerechnet.

Die Beträge, die dadurch zufließen, dass der Verteilungsplan für die Wiedergabe und die Vervielfältigung dramatisch-musikalischer Werke die Auszahlung zu 100% an den Berechtigten zulässt, werden den Verlegern nur zu $33^1/_3$% angerechnet.

Die frühere Mitgliedschaft zu einer anderen Verwertungsgesellschaft in der Europäischen Union und das Aufkommen dort werden auf das jeweilige Mindestaufkommen und auf die Mindestfrist von fünf Jahren angerechnet. Die frühere Mitgliedschaft zu einer anderen Verwertungsgesellschaft und das Aufkommen dort können in Ausnahmefällen mit Zustimmung des Aufsichtsrats auf das jeweilige Mindestaufkommen und auf die Mindestfrist von fünf Jahren angerechnet werden.

2. Wird beim Erwerb der außerordentlichen Mitgliedschaft festgestellt, dass deren Voraussetzungen schon zu einem früheren Zeitpunkt erfüllt waren, erfolgt Anrechnung der früheren Zeit auf die Fünfjahresfrist nach Ziffer 1.

3. Der Aufsichtsrat kann ferner solche Komponisten, Textdichter und Musikverleger als ordentliches Mitglied kooptieren, die ihre Rechte dem Verein übertragen haben und bei denen kulturelle Erwägungen die ordentliche Mitgliedschaft wünschenswert erscheinen lassen.

Das gleiche gilt für Rechteinhaber, die natürliche Personen und unmittelbare Erben eines ordentlichen Mitglieds sind, insbesondere dann, wenn das Aufkommen in den drei auf den Erbfall folgenden Jahren dem eines ordentlichen Mitglieds entspricht, und sie bereit sind, auf das passive Wahlrecht zu verzichten; die vermögensrechtliche Rechtsstellung wird durch die Kooptation nicht verändert.

Die Feststellung, ob diese Voraussetzungen vorliegen, trifft der Aufsichtsrat, und zwar für jede der drei Berufsgruppen Komponisten, Textdichter und Musikverleger getrennt.

Der Aufsichtsrat darf höchstens die gleiche Zahl von ordentlichen Mitgliedern kooptieren, die die ordentliche Mitgliedschaft gemäß Absatz 1 dieser Satzungsbestimmung erworben haben.

Übersicht

I. Ordentliche Mitgliedschaft, § 7 Ziff. 1 Satzung

54 Die ordentliche Mitgliedschaft kann gemäß § 7 Ziff. 1 Abs. 1 a)–c) Satzung nur nach mindestens **fünfjähriger außerordentlicher Mitgliedschaft** und nach Erreichen eines bestimmten, über einen gewissen Zeitraum von der GEMA bezogenen **Mindestaufkommens** erworben werden. Die Festlegung solcher objektiven, nichtdiskriminierenden Voraussetzungen für den Erwerb der ordentlichen Mitgliedschaft ist sowohl vereinsrechtlich[63] als auch nach § 13 Abs. 1 VGG zulässig (siehe oben **Rn. 37 f.**).

55 Hinsichtlich des **Mindestaufkommens** bestimmt § 7 Ziff. 1 Abs. 1 a)–c) Satzung im Einzelnen:

Komponisten und Textdichter müssen in fünf aufeinander folgenden Jahren ein Mindestaufkommen von insgesamt EUR 30.000,00, davon in vier aufeinander folgenden Jahren mindestens EUR 1.800,00 jährlich von der GEMA bezogen haben.

Musikverleger müssen in fünf aufeinander folgenden Jahren insgesamt mindestens EUR 75.000,00, davon in vier aufeinander folgenden Jahren mindestens EUR 4.500,00 jährlich von der GEMA bezogen haben.

In diese Summen fließen auch **Auslandseinkünfte** in den Sparten A und A VR (§§ 188 f. des Verteilungsplans, vgl. hierzu **Kap. 8 Rn. 510**) ein, da Auszahlender die GEMA ist.

56 Für **Urheber und Verleger**, deren Schaffens- bzw. Tätigkeitsschwerpunkt im Bereich **der ernsten Musik** liegt, verringern sich die oben genannten Mindestbeträge um ein Drittel, § 7 Ziff. 1 Abs. 3 Satzung. Das heißt, Komponisten und Textdichter müssen in fünf aufeinander folgenden Jahren insgesamt mindestens EUR 20.000,00, davon in vier aufeinander folgenden Jahren mindestens EUR 1.200,00 jährlich von der GEMA bezogen haben, Musikverleger müssen in fünf aufeinander folgenden Jahren insgesamt mindestens EUR 50.000,00, davon in vier aufeinander folgenden Jahren mindestens EUR 3.000,00 jährlich von der GEMA bezogen haben. Hintergrund der Differenzierung ist, dass die Erwirtschaftung des für die ordentliche Mitgliedschaft erforderlichen Mindestaufkommens im Bereich der ernsten Musik in der Regel schwieriger ist als im Bereich der Unterhaltungs- und Tanzmusik.

57 Gemäß § 7 Ziff. 1 Abs. 2 Satzung müssen die in § 7 Ziff. 1 Abs. 1 a)–c) Satzung genannten Voraussetzungen jeweils innerhalb von **10 Jahren vor dem Jahr der Antragstellung** auf Erwerb der ordentlichen Mitgliedschaft vorgelegen haben. Durch diese Regelung soll gewährleistet werden, dass das für den Erwerb der ordentlichen Mitgliedschaft erforderliche Mindestaufkommen relativ zeitnah zum Zeitpunkt der Antragstellung erwirtschaftet worden ist und die Voraussetzungen für den Erwerb der ordentlichen Mitgliedschaft vom jeweiligen Berechtigten somit aktuell erfüllt werden.[64] Mitglieder, die das für den Erwerb der ordentlichen Mitgliedschaft erforderliche Mindestaufkommen erwirtschaftet haben, werden hierüber von der GEMA regelmäßig informiert.

58 Falls bereits einmal eine ordentliche Mitgliedschaft bei der GEMA bestanden hat, verringert sich die Frist für die Erzielung des Mindestaufkommens auf drei Jahre und sein Betrag auf EUR 12.000,00 für Komponisten und Textdichter bzw. auf EUR 30.000,00 für Musikverleger. Die **frühere Mitgliedschaft** wird – ebenso wie das in diesem Zusammenhang erwirtschaftete Aufkommen – voll angerechnet. Die Regelung greift zum Beispiel ein, wenn das Mitglied einen bestehenden Berechtigungsvertrag kündigt, später

63 *Stöber*, Handbuch zum Vereinsrecht, Rn. 338.
64 Vgl. die Begründung zum Antrag zu TOP 17 zur ordentlichen Mitgliederversammlung 2013.

erneut einen Berechtigungsvertrag mit der GEMA abschließt und hiernach einen Antrag auf Erwerb der ordentlichen Mitgliedschaft stellt. Auch die frühere Mitgliedschaft bei einer anderen Verwertungsgesellschaft in der Europäischen Union und das dort erwirtschaftete Aufkommen werden auf das jeweilige Mindestaufkommen und auf die Mindestfrist von fünf Jahren angerechnet. In Ausnahmefällen kann mit Zustimmung des Aufsichtsrats auch die frühere Mitgliedschaft bei einer anderen Verwertungsgesellschaft außerhalb der Europäischen Union und das dort erwirtschaftete Aufkommen angerechnet werden.

II. Anrechnung früherer Zeiten, § 7 Ziff. 2 Satzung

Wird bei Erwerb der außerordentlichen Mitgliedschaft festgestellt, dass deren Voraussetzungen (vgl. §§ 3ff. Geschäftsordnung für das Aufnahmeverfahren, oben Rn. 47) schon zu einem **früheren Zeitpunkt** erfüllt waren, wird diese frühere Zeit auf die 5-Jahresfrist des § 7 Ziff. 1 Satzung angerechnet. Mit dieser 1980 beschlossenen Regelung sollen mögliche Nachteile bei unverschuldet versäumter Beantragung der außerordentlichen Mitgliedschaft vermieden werden. 59

III. Kooptation, § 7 Ziff. 3 Satzung

Eine weitere Möglichkeit des Erwerbs der ordentlichen Mitgliedschaft ist die sogenannte **Kooptation**, § 7 Ziff. 3 Satzung. Die Aufnahme eines Komponisten, Textdichters oder Musikverlegers als ordentliches Mitglied im Wege der Kooptation kann vom Aufsichtsrat **aus kulturellen Erwägungen** beschlossen werden. Das gleiche gilt für Rechteinhaber, die natürliche Personen und unmittelbare Erben von ordentlichen Mitgliedern sind. Diese können insbesondere dann als ordentliche Mitglieder kooptiert werden, wenn ihr Aufkommen in den drei auf den Erbfall folgenden Jahren dem Aufkommen eines ordentlichen Mitglieds entspricht und sie bereit sind, auf das passive Wahlrecht zu verzichten. Der Aufsichtsrat stellt für jede der drei Berufsgruppen getrennt fest, ob die Voraussetzungen einer Kooptation vorliegen. Gemäß § 8a Geschäftsordnung für den Aufsichtsrat kann er vor einer Kooptation den Aufnahmeausschuss, den Wertungsausschuss oder den Werkausschuss anhören. Die Zahl der kooptierten Erben bzw. Rechtsnachfolger darf die Zahl der aus kulturellen Erwägungen kooptierten Komponisten, Textdichter und Musikverleger nicht übersteigen. Die Kooptation von Rechtsnachfolgern wurde 1993 eingeführt. Zum 31.1.2018 waren 25 Rechtsnachfolger kooptierte ordentliche Mitglieder der GEMA. 60

§ 8 [Aufnahmeverfahren]

1. Die ordentliche Mitgliedschaft wird erworben durch die Aufnahme. Über den Aufnahmeantrag entscheidet der Vorstand im Einvernehmen mit dem Aufsichtsrat.

2. Zusätzlich zu dem Aufnahmeantrag muss der Antragsteller eine unterzeichnete Beitrittserklärung einreichen, in der er ausdrücklich erklärt,

a) dass er die Satzung und den Verteilungsplan anerkennt,

b) dass er alles tun werde, um die Erreichung des satzungsgemäßen Zwecks des Vereins herbeizuführen und alles unterlassen werde, was der Erreichung dieses Zwecks abträglich sein könnte,

c) in welcher Berufsgruppe die Mitgliedschaft erworben und die Mitgliedschaftsrechte ausgeübt werden sollen, falls mehrere Berufsgruppen in Frage kommen,

d) dass der in § 3 vorgesehene Berechtigungsvertrag abgeschlossen ist.

Wenn der Aufnahmeantrag positiv beschieden wird, beginnt die ordentliche Mitgliedschaft mit dem 1. Januar des Jahres, das auf den Eingang der Beitrittserklärung folgt.

3. Die Aufnahme als ordentliches Mitglied kann, auch bei Vorliegen der Voraussetzungen nach § 7 Ziff. 1 und § 8 Ziff. 2 der Satzung, versagt werden, falls die Gesamtumstände es für unwahr-

scheinlich erscheinen lassen, dass das künftige Mitglied die in Ziff. 2b) übernommenen Verpflichtungen werde erfüllen können.
Antragsteller, die als Musikverwerter (z.B. Veranstalter, Tonträgerhersteller oder Sendeunternehmen) mit der GEMA oder einer anderen Verwertungsgesellschaft nicht nur vorübergehend oder in Einzelfällen in Vertragsbeziehungen stehen, können als ordentliche Mitglieder aufgenommen werden, wenn sie damit einverstanden sind, dass, solange die Vertragsbeziehungen bestehen, ihre Mitgliedschaftsrechte nicht ausgeübt werden können
a) bei Beschlussfassungen, die die tarifliche Gestaltung von Verträgen mit Musikverwertern zum Gegenstand haben,
b) hinsichtlich der passiven Wählbarkeit zum Mitglied des Aufsichtsrats, vorbehaltlich der Regelung in § 13 Ziff. 1 Abs. 2 der Satzung.
Antragstellern dieser Art stehen gleich diejenigen, welche von Musikverwertern wirtschaftlich abhängig sind.
Soweit diese Voraussetzungen vorliegen, begründen sie als solche nicht die Anwendung des § 3 Abs. 2e) der Satzung.
4. **Diese Regelung gilt entsprechend für Verlagsfirmen, die in wirtschaftlichem und personellem Zusammenhang mit Verlegern oder Musikverwertern außerhalb des Gebiets der Europäischen Union stehen.**
5. **Die Ablehnung des Aufnahmeantrags wird durch eingeschriebenen Brief mitgeteilt. Gegen die Ablehnung kann der Antragsteller alsdann innerhalb eines Monats durch eingeschriebenen Brief beantragen, dass die ordentliche Mitgliederversammlung endgültig über den Aufnahmeantrag entscheiden soll. Die Entscheidung trifft die nächste ordentliche Mitgliederversammlung, sofern der Antrag acht Wochen vor dem Tage der Mitgliederversammlung eingegangen ist. Ist er später eingegangen, entscheidet die darauf folgende Mitgliederversammlung. Die Mitgliederversammlung entscheidet durch einfache Mehrheit der Anwesenden ohne vorherige Beschlussfassung der Kurien.**

Übersicht

I. Aufnahmeantrag, § 8 Ziff. 1 Satzung

61 Über die Aufnahme, das heißt den Erwerb der ordentlichen Mitgliedschaft, **entscheidet** der Vorstand im Einvernehmen mit dem Aufsichtsrat. Anders als beim Erwerb der außerordentlichen Mitgliedschaft übt der Aufnahmeausschuss beim Erwerb der ordentlichen Mitgliedschaft also keine Funktion aus.

II. Erklärungen, Beginn, § 8 Ziff. 2 Satzung

62 Die Aufnahme als ordentliches Mitglied ist an zwei formale Voraussetzungen gebunden. Erforderlich ist zum einen ein (formloser) **Antrag** auf Aufnahme als ordentliches Mitglied. Zusätzlich muss der Antragsteller gemäß § 8 Ziff. 2 eine unterzeichnete **Beitrittserklärung** bei der GEMA einreichen, in der er ausdrücklich erklärt:
- dass er Satzung und Verteilungsplan **anerkennt** (vgl. auch § 3 Abs. 2 lit. b Satzung),
- dass er **alles tun** wird, um die Erreichung des satzungsgemäßen Zwecks der GEMA herbeizuführen, und dass er alles unterlassen wird, was der Erreichung dieses Zweckes abträglich sein könnte,
- in welcher **Berufsgruppe** die ordentliche Mitgliedschaft erworben und die Mitgliedschaftsrechte ausgeübt werden sollen, sofern mehrere Berufsgruppen in Frage kommen. Diese Regelung entspricht dem in § 6 Ziff. 1 Abs. 2 der Satzung niederge-

legten Grundsatz, dass die ordentliche Mitgliedschaft nur in einer Berufsgruppe erworben werden kann (siehe hierzu oben Rn. 39).

Beispiel: Wenn der Antragsteller sowohl Komponist als auch Textdichter ist und er in beiden Berufsgruppen die Aufnahmevoraussetzungen erfüllt, muss er sich entscheiden, ob er in der Berufsgruppe der Komponisten oder in der Berufsgruppe der Textdichter ordentliches Mitglied werden möchte. Wenn er sich beispielweise für die Aufnahme als Komponist entscheidet, kann er im Rahmen der Mitgliederversammlung nur in der Berufsgruppe der Komponisten als ordentliches Mitglied teilnehmen und seine Mitgliedschaftsrechte wie Stimmrecht, Rederecht sowie aktives und passives Wahlrecht ausüben. In der Berufsgruppe Textdichter bleibt er außerordentliches Mitglied.

– dass der in § 3 Satzung vorgesehene **Berechtigungsvertrag** abgeschlossen ist.

Die Beitrittserklärung kann – soweit sie die erforderlichen Angaben enthält und unterschrieben ist – ebenso wie der Aufnahmeantrag formlos abgegeben und auch mit diesem verbunden werden. In der Regel verwenden die Mitglieder jedoch das von der GEMA zur Verfügung gestellte Formular.[65] 63

Wenn der Aufnahmeantrag von Aufsichtsrat und Vorstand positiv beschieden wird, beginnt die ordentliche Mitgliedschaft mit dem 1. Januar des Jahres, das auf das Jahr folgt, in dem die Beitrittserklärung bei der GEMA eingegangen ist. 64

Beispiel: Wenn das Mitglied den Antrag und die Beitrittserklärung bei der GEMA bis Ende 2017 eingereicht hat und der Aufsichtsrat im Herbst 2018 die Aufnahme als ordentliches Mitglied beschließt, beginnt die ordentliche Mitgliedschaft rückwirkend zum 1. Januar 2018.

Dieser **rückwirkende Erwerb der ordentlichen Mitgliedschaft** hat keine Auswirkungen auf die vereinsrechtlichen Mitwirkungsrechte in der Mitgliederversammlung. Insoweit ist die positive Bescheidung durch Aufsichtsrat und Vorstand konstitutiv, das heißt, der Antragsteller darf zum Beispiel nicht an der Versammlung der ordentlichen Mitglieder teilnehmen, solange Vorstand und Aufsichtsrat noch nicht über seinen Antrag auf Aufnahme als ordentliches Mitglied entschieden haben – im vorstehenden Beispiel also an einer im Frühjahr 2018 stattfindenden Mitgliederversammlung. Hintergrund dieser Regelung ist, dass nicht in jedem Fall vorausgesetzt werden kann, dass der Antrag positiv beschieden und das damit verbundene Teilnahmerecht an der Mitgliederversammlung tatsächlich rückwirkend erworben wird. Soweit die Dauer der ordentlichen Mitgliedschaft im Rahmen der sozialen Förderung durch Alterssicherung und Sozialkasse von Bedeutung ist, wird für die Berechnung dagegen nicht auf die Entscheidung von Vorstand und Aufsichtsrat, sondern auf den Zeitpunkt abgestellt, zu dem der Aufnahmeantrag bei der GEMA eingegangen ist. Voraussetzung ist, dass der Antragsteller zu diesem Zeitpunkt die Bedingungen der ordentlichen Mitgliedschaft gemäß § 7 Ziff. 1 der Satzung erfüllt hat.[66] Durch diese Regelung wird gewährleistet, dass die Dauer des Aufnahmeverfahrens keine Auswirkungen auf die Teilhabe des Mitglieds an der sozialen Förderung haben kann. 65

---

65 Das Formular ist bei der GEMA Generaldirektion München, Abteilung Mitglieder- und Partner-Administration, Rosenheimer Straße 11, 81667 München, mitgliederservice@gema.de erhältlich.

66 Vgl. Ziffer I. 1. Absatz 1 Satz 2 des Anhangs zur Geschäftsordnung für das Wertungsverfahren der Komponisten in der Sparte E (GEMA-Jahrbuch 2017/2018, S. 438), Ziffer I. 1. Absatz Satz 2 des Anhangs zur Geschäftsordnung für das Wertungsverfahren in der Unterhaltungs- und Tanzmusik (GEMA-Jahrbuch 2017/2018, S. 453), Ziffer 1 lit. a der Ausführungsbestimmungen zu § 5 der Satzung der GEMA-Sozialkasse (GEMA-Jahrbuch 2017/2018, S. 471).

III. Voraussetzungen der Aufnahme, § 8 Ziff. 3 Satzung

1. Versagungsgründe

66 Die Aufnahme als ordentliches Mitglied kann gemäß § 8 Ziff. 3 Abs. 1 Satzung versagt werden, wenn die Gesamtumstände es **unwahrscheinlich** erscheinen lassen, dass das künftige Mitglied alles zu tun bereit ist, um die Erreichung des satzungsgemäßen Zweckes des Vereins herbeizuführen und alles zu unterlassen, was der Erreichung dieses Zweckes abträglich sein könnte.

2. Aufnahme von Musikverwertern

67 § 8 Ziff. 3 Abs. 2 Satzung enthält eine Sonderregelung für Berechtigte, die gleichzeitig als **Musikverwerter** tätig sind (z.B. als Veranstalter, Tonträgerhersteller oder Sendeunternehmen) und in dieser Eigenschaft mit der GEMA oder einer anderen Verwertungsgesellschaft (gemeint sind hier nur Verwertungsgesellschaften für musikalische Urheberrechte, nicht GVL, VG Wort u.ä.) nicht nur vorübergehend oder in Einzelfällen in Vertragsbeziehungen stehen. Durch die Rolle als Berechtigter auf der einen Seite und Musikverwerter auf der anderen Seite kann ein Interessenkonflikt – z.B. im Hinblick auf die angemessene Höhe der GEMA-Vergütung im Rahmen der Gestaltung von Tarifen – entstehen. Aus diesem Grunde regelt § 8 Ziff. 3 Abs. 2 Satzung, dass solche Berechtigte vor dem Erwerb der ordentlichen Mitgliedschaft eine gesonderte Erklärung (sog. **Revers**) abgeben müssen. Hierin müssen sie sich damit einverstanden erklären, dass während der Dauer der Vertragsbeziehungen, die sie als Verwerter mit der GEMA unterhalten, ihre Mitgliedschaftsrechte in bestimmten, abschließend geregelten Zusammenhängen nicht ausgeübt werden können, nämlich

a) bei Beschlussfassungen, die die **tarifliche Gestaltung** von Verträgen mit Musikverwertern zum Gegenstand haben, und
b) hinsichtlich der **passiven Wählbarkeit** zum Mitglied des Aufsichtsrats (vorbehaltlich der Regelung in § 13 Ziff. 1 Abs. 2 Satzung, nach der aus der Gruppe der Verlegermitglieder, die gleichzeitig Musikverwerter sind, ein Mitglied in den Aufsichtsrat gewählt werden kann, vgl. unten **Rn. 181**).

68 Die Einschränkung von Mitgliedschaftsrechten zur **Vermeidung von Interessenkonflikten** ist vereins- und wahrnehmungsrechtlich zulässig. So können die Verwertungsgesellschaften gemäß § 13 Abs. 1 VGG Bedingungen für die Aufnahme als ordentliches Mitglied festlegen, sofern diese objektiv, transparent und nichtdiskriminierend sind. Die Regelung in § 8 Ziff. 3 Abs. 2 Satzung entspricht diesen Vorgaben, da sie an objektive Kriterien wie die Verwertertätigkeit des Berechtigten anknüpft und die Vermeidung von Interessenkonflikten einen sachlichen Rechtfertigungsgrund für die Einschränkung der Mitgliedschaftsrechte darstellt. Bei Berechtigten, die nur in Einzelfällen selbst als Nutzer auftreten, indem sie z.B. ihre Werke selbst auf Tonträgern vervielfältigen oder als Veranstalter öffentlich aufführen, ist die Gefahr eines Interessenkonflikts jedoch gering. Aus Gründen der Verhältnismäßigkeit und wirtschaftlichen Verwaltung wurde die Regelung durch Beschluss der ordentlichen Mitgliederversammlung 2010 daher auf solche Musikverwerter beschränkt, die mit der GEMA oder einer anderen Verwertungsgesellschaft nicht nur vorübergehend oder in Einzelfällen in Vertragsbeziehungen stehen.[67] Die in § 8 Ziff. 3

67 Vgl. die Begründung des Antrags zu TOP 14 zur ordentlichen Mitgliederversammlung 2010.

Abs. 2 Satzung geregelten Einschränkungen gelten gemäß Abs. 3 auch für Antragsteller, die von Musikverwertern **wirtschaftlich abhängig** sind.[68]

Stehen Antragsteller als Musikverwerter mit der GEMA in Vertragsbeziehungen bzw. sind sie von Musikverwertern wirtschaftlich abhängig, so findet auf sie insoweit § 3 Abs. 2e) Satzung keine Anwendung, wonach eine direkte oder indirekte Beteiligung der Tarifpartner der GEMA oder anderer Verwertungsgesellschaften am eigenen Aufkommen nicht zulässig ist. 69

IV. Aufnahme von Verlagsfirmen, § 8 Ziff. 4 Satzung

Nach dem 1988 eingefügten § 8 Ziff. 4 Satzung gilt „diese Regelung" für Verlagsfirmen entsprechend, die in wirtschaftlichem und personellem Zusammenhang mit Verlagen oder Musikverwertern **außerhalb der Europäischen Union** stehen. Die Formulierung „diese Regelung" bezieht sich nach ihrem Sinn und Zweck auf den gesamten § 8 Satzung, wobei insbesondere die Regelung zur Beschränkung der Mitgliedschaftsrechte in § 8 Ziff. 3 Satzung zu beachten ist. 70

V. Ablehnung des Aufnahmeantrages, § 8 Ziff. 5 Satzung

Sofern der Antrag auf Aufnahme als ordentliches Mitglied durch Vorstand und Aufsichtsrat abgelehnt wird, erhält der Antragsteller einen eingeschriebenen Brief, in dem die Entscheidung gemäß den Vorgaben des § 13 Abs. 2 VGG mitgeteilt und begründet wird. Gemäß den Vorgaben des § 33 VGG regelt § 8 Abs. 5 Satzung, dass der Antragsteller in diesem Fall innerhalb eines Monats nach Zugang der Ablehnungsentscheidung beantragen kann, dass die ordentliche **Mitgliederversammlung** endgültig über seinen Antrag entscheidet. Die Mitgliederversammlung entscheidet in diesem Fall mit einfacher Mehrheit der Anwesenden. Die Aufnahme als ordentliches Mitglied setzt in einem solchen Fall also voraus, dass sich mehr als die Hälfte der in der Mitgliederversammlung anwesenden Mitglieder dafür ausspricht; Stimmenthaltungen werden hierbei als Nein-Stimmen gezählt.[69] Eine vorherige Beschlussfassung der Kurien findet bei dieser Entscheidung nicht statt. 71

§ 9 Beendigung der Mitgliedschaft

A

Die ordentliche oder außerordentliche Mitgliedschaft endet:

1. **durch schriftliche dem Vorstand gegenüber abzugebende Austrittserklärung des Mitgliedes. Die Austrittserklärung muss beim Vorstand mindestens sechs Monate vor Ablauf des Geschäftsjahres eingegangen sein. Sie wird wirksam zum Ende des jeweiligen Geschäftsjahres. Die Beendigung der ordentlichen oder außerordentlichen Mitgliedschaft hat keinen Einfluss auf die im Berechtigungsvertrag vereinbarte Dauer der Rechtsübertragung. Nach Beendigung der ordentlichen oder außerordentlichen Mitgliedschaft wird der Berechtigte für die Dauer des Berechtigungsvertrages als angeschlossenes Mitglied geführt.**
2. **(1) Bei Mitgliedern, die die ordentliche Mitgliedschaft nach § 7 Ziff. 1 erworben haben, kann vom Vorstand mit Zustimmung des Aufsichtsrates die ordentliche Mitgliedschaft mit dem Ende des Geschäftsjahres für beendet erklärt werden, in dem festgestellt wird, dass**

68 So liegt z. B. im Arbeitsrecht eine wirtschaftliche Abhängigkeit vor, wenn die Tätigkeit überwiegend für einen Auftraggeber erbracht wird und von diesem mehr als die Hälfte des erwirtschafteten Entgelts stammt, vgl. § 12a TVG.

69 *Reichert*, Handbuch des Vereins- und Verbandsrechts, Rn. 1801.

a) ein Komponist in drei aufeinander folgenden Jahren ein Durchschnittsaufkommen von weniger als EUR 1.200,00 jährlich oder in sechs aufeinander folgenden Jahren ein Durchschnittsaufkommen von weniger als EUR 1.000,00 jährlich von der GEMA bezogen hat;
b) ein Textdichter in drei aufeinander folgenden Jahren ein Durchschnittsaufkommen von weniger als EUR 1.200,00 jährlich oder in sechs aufeinander folgenden Jahren ein Durchschnittsaufkommen von weniger als EUR 1.000,00 von der GEMA bezogen hat;
c) ein Musikverleger in drei aufeinander folgenden Jahren ein Durchschnittsaufkommen von weniger als EUR 3.000,00 jährlich oder in sechs aufeinander folgenden Jahren ein Durchschnittsaufkommen von weniger als EUR 2.000,00 jährlich von der GEMA bezogen hat.

(2) Nach einer zehnjährigen ordentlichen Mitgliedschaft gemäß § 7 Ziff. 1 der Satzung entfällt jedoch die Bestimmung von § 9 A Ziff. 2 Abs. (1).

(3) Bei Mitgliedern, die die ordentliche Mitgliedschaft gemäß § 7 Ziff. 3 erworben haben, kann vom Vorstand mit Zustimmung des Aufsichtsrates mit Ablauf eines Geschäftsjahres die ordentliche Mitgliedschaft für beendet erklärt werden.

3. Durch Tod, bei Firmen im Falle der Eröffnung des Insolvenzverfahrens oder Ablehnung des Eröffnungsantrages mangels Masse oder nach Beendigung der Liquidation.

4. Durch Ausschluss, der erfolgen kann, wenn ein wichtiger Grund vorliegt. Ein solcher Grund liegt vor, wenn das Mitglied vorsätzlich oder grob fahrlässig gegen die Satzung, den Verteilungsplan, den Berechtigungsvertrag, das Vereinsinteresse oder das Urheberrecht verstoßen hat.

Bei einer juristischen Person oder einer Handelsgesellschaft kann der Ausschluss auch dann erfolgen, wenn ein Organ oder ein Mitglied eines Organs oder ein persönlich haftender Gesellschafter oder ein anderer Gesellschafter oder Aktionär, der einen maßgeblichen Einfluss auf die Gesellschaft ausüben kann, gegen die Satzung, das Vereinsinteresse oder das Urheberrecht gröblich verstößt.

Nutzt ein Mitglied im Rahmen der Verwertung der Urheberrechte seine Rechtsstellung gegenüber anderen Mitgliedern missbräuchlich aus, so ist dies ein Grund zum Ausschluss des Mitglieds, soweit nicht die Verhängung einer Konventionalstrafe als ausreichend angesehen werden kann.

Der Ausschluss erfolgt durch Beschluss des Aufsichtsrates, nachdem dem Mitglied Gelegenheit gegeben worden ist, seine Einwendungen gegen den beantragten Ausschluss mündlich oder schriftlich dem Aufsichtsrat vorzutragen.

Gegen den Beschluss des Aufsichtsrates kann binnen drei Wochen nach Zugang des Beschlusses die Entscheidung der Mitgliederversammlung verlangt werden.

B

Tritt bei einem ordentlichen Mitglied eine Änderung der nach § 8 Ziff. 3 Abs. 2 wesentlichen Verhältnisse ein, so kann der Aufsichtsrat die Aufnahmevoraussetzungen erneut nachprüfen. Der Aufsichtsrat kann in diesem Falle von dem Mitglied verlangen, dass es die in § 8 Ziff. 3 Abs. 2 vorgesehenen Beschränkungen der Mitgliedschaftsrechte als verbindlich anerkennt. Wird dieses Anerkenntnis verweigert, so endet die ordentliche Mitgliedschaft mit dem Ende des laufenden Geschäftsjahres.

Vor seiner Beschlussfassung muss der Aufsichtsrat dem Mitglied Gelegenheit geben, seine Einwendungen mündlich oder schriftlich dem Aufsichtsrat vorzutragen. Gegen den Beschluss des Aufsichtsrats kann binnen drei Wochen nach Zugang des Beschlusses die Entscheidung der Mitgliederversammlung verlangt werden. Geschieht das und bestätigt die Mitgliederversammlung den Beschluss des Aufsichtsrats, so endet die Mitgliedschaft frühestens mit Ablauf des auf die Mitgliederversammlung folgenden Geschäftsjahres.

C

Endet die Mitgliedschaft infolge Ausschlusses, so wird der Berechtigungsvertrag durch den Ausschluss nicht berührt. Dem Ausgeschlossenen bleiben für die Dauer des Berechtigungsvertrages die Rechte eines angeschlossenen Mitglieds erhalten.

Übersicht

I. Ende von ordentlicher und außerordentlicher Mitgliedschaft, § 9 A Satzung

Die ordentliche oder außerordentliche Mitgliedschaft kann durch **Austrittserklärung** (§ 9 A Ziff. 1 Satzung), Tod oder Insolvenz (§ 9 A Ziff. 3 Satzung) sowie Ausschluss aus **wichtigem Grund** (§ 9 A Ziff. 4 Satzung[70]) enden.[71] Die ordentliche Mitgliedschaft kann darüber hinaus auch durch **Beschluss von Vorstand und Aufsichtsrat** wegen eines zu geringen Durchschnittsaufkommens (§ 9 A Ziff. 2 Satzung) beendet werden. Nach einer zehnjährigen ordentlichen Mitgliedschaft ist eine Beendigung der ordentlichen Mitgliedschaft aus diesem letztgenannten Grund jedoch nicht mehr möglich (§ 9 A Ziff. 2 (2) Satzung). 72

Das ordentliche **Austrittsrecht** des Vereinsmitglieds ist nach § 39 BGB zwingend, es stellt ein zentrales Schutzrecht des Mitglieds dar.[72] Nach Beendigung der ordentlichen/außerordentlichen Mitgliedschaft aufgrund Austrittserklärung wird der Berechtigte für die Dauer des Berechtigungsvertrages (vgl. § 10 Berechtigungsvertrag, § 3 Abs. 2 a) Satzung) als angeschlossenes Mitglied geführt. Der schuldrechtliche Wahrnehmungsvertrag bleibt maW von dem Austritt unberührt. Das Gleiche gilt gemäß § 9 C Satzung auch bei Beendigung der Mitgliedschaft infolge Ausschlusses: Dem Ausgeschlossenen bleiben für die Dauer des Berechtigungsvertrages die Rechte eines angeschlossenen Mitglieds erhalten. Durch den Ausschluss enden jedoch die Mitgliedschaft im Sinne des Vereins- und Wahrnehmungsrechts und die hiermit verbundenen Teilnahme- und Stimmrechte in der Mitgliederversammlung.[73] 73

Der **Ausschluss** wegen eines **wichtigen Grundes** (§ 9 A Ziff. 4 Satzung) erfolgt durch Beschluss des Aufsichtsrats. Dem Mitglied wird vor der Beschlussfassung Gelegenheit gegeben, dem Aufsichtsrat seine Einwendungen gegen den beantragten Ausschluss mündlich oder schriftlich vorzutragen; eine vorherige Anhörung des Mitglieds ist also möglich. Nach der Satzung liegt ein wichtiger Grund vor, wenn das Mitglied vorsätzlich oder grob fahrlässig gegen die Satzung, den Verteilungsplan, den Berechtigungsvertrag, das Vereinsinteresse oder das Urheberrecht verstoßen hat. Ein solcher Fall kann etwa vorliegen, wenn das Mitglied gegenüber der GEMA in betrügerischer Absicht falsche Angaben macht, um bei der Verteilung einen rechtswidrigen Vermögensvorteil zu erlangen.[74] Der Ausschluss als wohl schwerste Strafe des Vereins ist aber nicht die einzige Möglichkeit der Ahndung von Verstößen gegen die Satzung. Als mildere Sanktion kann beispielsweise von einem Mitglied, das zum Zweck der Erlangung eines Vermögensvorteils bei der Werkanmeldung wissentlich oder grob fahrlässig falsche Angaben macht, eine Konventionalstrafe gefordert werden.[75] Entscheidet sich der Aufsichtsrat für einen Ausschluss, wird dies dem betreffenden Mitglied mittels eingeschriebenen Briefs mitgeteilt (vgl. § 8 Ziff. 5 Satzung). Gemäß den Vorgaben des § 33 VGG regelt § 9 A Ziff. 4 Abs. 5 Satzung, dass das Mitglied in diesem Fall innerhalb von drei Wochen nach Zugang des Beschlusses die **Entscheidung der Mitgliederversammlung** beantragen kann. In welchem zeitlichen Abstand die Mitgliederversammlung zu entscheiden hat, ist nicht geregelt. Allerdings dürfte die Regelung des § 8 Ziff. 5 Satzung entsprechend anwendbar sein, d.h. die Entscheidung obliegt der nächsten ordentlichen Mitgliederversammlung, wenn der Antrag spätestens acht Wochen vor deren Termin eingegangen ist, ansonsten der darauf folgenden ordentlichen Mitgliederversammlung. 74

70 Hierzu auch KG, Schulze RzU KGZ 91 und 92.
71 Vgl. *Reichert*, Handbuch des Vereins- und Verbandsrechts, Rn. 2941 ff.
72 Münchener Kommentar-*Reuter*, § 38 BGB Rn. 32.
73 Zur vereinsrechtlichen Perspektive vgl. E. *Schulze*, NJW 1991, 3264, 3265.
74 Vgl. insoweit auch den Verweis auf § 9 A Ziff. 4 Satzung in § 54 Abs. 7 des Verteilungsplans.
75 Vgl. §§ 42 Abs. 1, 54 Abs. 7 des Verteilungsplans.

II. Beschränkungen der Rechte bei ordentlichen Mitgliedern, § 9 B Satzung

75 Falls bei einem ordentlichen Mitglied eine Änderung der nach § 8 Ziff. 3 Abs. 2 Satzung wesentlichen Verhältnisse eintritt (d.h. das Mitglied steht nun als Musikverwerter mit der GEMA oder einer anderen Verwertungsgesellschaft nicht nur vorübergehend oder in Einzelfällen in Vertragsbeziehung, vgl. oben **Rn. 67–69**), kann der Aufsichtsrat die Aufnahmevoraussetzungen **erneut prüfen**. Der Aufsichtsrat kann von dem Mitglied verlangen, dass es die in § 8 Ziff. 3 Abs. 2 Satzung vorgesehenen Beschränkungen der Mitgliedschaftsrechte (Nichtausübung des Stimmrechts bei Beschlussfassungen, die die tarifliche Gestaltung von Verträgen mit Musikverwertern zum Gegenstand haben; keine Wählbarkeit in den Aufsichtsrat vorbehaltlich der Ausnahme in § 13 Ziff. 1 Abs. 2 Satzung) als verbindlich anerkennt. Bei Verweigerung dieses Anerkenntnisses endet die ordentliche Mitgliedschaft mit Ende des laufenden Geschäftsjahres.

76 Vor seiner Beschlussfassung muss der Aufsichtsrat dem Mitglied Gelegenheit geben, seine **Einwendungen** mündlich oder schriftlich dem Aufsichtsrat vorzutragen.

77 Stellt der Aufsichtsrat in seinem Beschluss das Ende der ordentlichen Mitgliedschaft fest, wird dies dem betreffenden Mitglied mittels eingeschriebenen Briefs mitgeteilt (vgl. § 8 Ziff. 5 Satzung). Gemäß den Vorgaben des § 33 VGG regelt § 9 B Abs. 2 Satz 2 Satzung, dass das Mitglied in diesem Fall binnen drei Wochen nach Zugang des Beschlusses die **Entscheidung der Mitgliederversammlung** verlangen kann. Zuständig für die Entscheidung ist in entsprechender Anwendung des § 8 Ziff. 5 Satzung die nächste ordentliche Mitgliederversammlung, falls der Antrag spätestens acht Wochen vor deren Termin eingegangen ist, ansonsten die darauf folgende ordentliche Mitgliederversammlung. Bestätigt die Mitgliederversammlung den Beschluss des Aufsichtsrats, so endet die ordentliche Mitgliedschaft des betreffenden Mitglieds „frühestens“ mit Ablauf des auf die Mitgliederversammlung folgenden Geschäftsjahres. Das „frühestens“ ergibt in diesem Zusammenhang wenig Sinn. Vielmehr ist die Regelung so zu verstehen, dass die Mitgliedschaft bei einer Bestätigung des Aufsichtsratsbeschlusses durch die Mitgliederversammlung in jedem Fall mit Ablauf des auf die Mitgliederversammlung folgenden Geschäftsjahres (§ 4 Satzung: Kalenderjahr) endet.

§ 10 Mitgliederversammlung

1. **Die ordentliche Mitgliederversammlung soll jeweils innerhalb von acht Monaten nach Ablauf des Geschäftsjahres stattfinden.**
   Der Versammlungstermin und die in der Mitgliederversammlung stattfindenden Wahlen sollen den Mitgliedern spätestens vier Monate vorher bekannt gegeben werden. Die Nichteinhaltung dieser Bekanntgabefrist hat nicht die Unwirksamkeit der durch die Mitgliederversammlung gefassten Beschlüsse zur Folge.
2. **In der Mitgliederversammlung haben die ordentlichen Mitglieder das aktive und passive Wahlrecht.**
3. **Eine außerordentliche Mitgliederversammlung ist außer den im Gesetz vorgesehenen Fällen einzuberufen, wenn der Aufsichtsrat es für nötig erachtet oder mindestens 10% der ordentlichen Mitglieder einschließlich der Delegierten es verlangen.**
4. **Die Einladung zur Mitgliederversammlung ergeht im Einvernehmen mit dem Aufsichtsrat durch den Vorstand. Die Versammlung wird von dem Vorsitzenden des Aufsichtsrates oder einem seiner Stellvertreter geleitet.**
5. **Die Einladung erfolgt schriftlich fünf Wochen vor dem Termin der Mitgliederversammlung. Die Frist wird durch Aufgabe der Einladung zur Post gewahrt.**
   Die Tagesordnung wird mit einem Auszug aus dem Geschäftsbericht fünf Wochen vor dem Termin der Mitgliederversammlung auf der Internetseite der GEMA bekannt gegeben. Das Mitglied kann schriftlich beantragen, dass ihm die Tagesordnung mit dem Auszug aus dem Geschäftsbericht bis auf Widerruf zusätzlich per Post zugeschickt wird. Der Versand per Post

erfolgt drei Wochen vor dem Termin der jeweiligen Mitgliederversammlung, erstmals jedoch zur ordentlichen Mitgliederversammlung des Jahres, das auf das Jahr folgt, in dem der Antrag bei der GEMA eingegangen ist. Die Dreiwochenfrist wird durch Aufgabe zur Post gewahrt.
Über Gegenstände, die nicht in der Tagesordnung aufgeführt sind, können Beschlüsse nicht gefasst werden.
Für Anträge an die Mitgliederversammlung sind mindestens zehn Unterschriften von ordentlichen Mitgliedern und/oder Delegierten (§ 12 Ziff. 4) erforderlich, soweit nicht die Anträge vom Aufsichtsrat oder Vorstand gestellt werden, jedoch müssen die Anträge des Vorstandes dem Aufsichtsrat zur Kenntnis gebracht werden.
Es besteht die Möglichkeit, der GEMA Entwürfe zu Anträgen für die ordentliche Mitgliederversammlung zur Prüfung vorzulegen. Voraussetzung ist, dass mindestens 20 antragsberechtigte Mitglieder und/oder Delegierte die Prüfung ihres mit einer Begründung versehenen Antragsentwurfs spätestens 16 Wochen vor Beginn der ordentlichen Mitgliederversammlung unter Benennung eines Ansprechpartners schriftlich verlangen.
Die GEMA teilt den betreffenden Mitgliedern und/oder Delegierten das Ergebnis ihrer Prüfung innerhalb von sechs Wochen mit. Die Frist beginnt zu laufen, sobald eine ausreichende Zahl von Mitgliedern und/oder Delegierten gemeinsam eine Stellungnahme zu einem Entwurf verlangt.
Die GEMA hat in ihrer Stellungnahme auf folgende Fragen einzugehen:
1. Ob und inwieweit formale oder sprachliche Einwände gegen den Wortlaut des Antragsentwurfes bestehen;
2. ob und inwieweit der anzunehmende Regelungsgehalt des Antragsentwurfes im Widerspruch zu anderen Bestimmungen des Regelwerks der GEMA steht;
3. ob und inwieweit Bedenken gegen die Vereinbarkeit des anzunehmenden Regelungsgehalts des Antragsentwurfes mit der geltenden Rechtslage bestehen.

Die GEMA ist nicht dazu verpflichtet, den Antragstellern ausformulierte Änderungsvorschläge zur Verfügung zu stellen.
Anträge für die Mitgliederversammlung müssen spätestens acht Wochen vorher eingegangen sein.

6. Der Mitgliederversammlung obliegt insbesondere:
   a) die Entgegennahme des Geschäftsberichtes und des Jahresabschlusses sowie die Verabschiedung des Transparenzberichts,
   b) die Entlastung des Vorstands, die Entlastung des Aufsichtsrats,
   c) die Wahl und die Abberufung der Mitglieder des Aufsichtsrates sowie die Wahl und Abberufung der in die Zuständigkeit der Mitgliederversammlung fallenden Ausschüsse und Kommissionen. Die GEMA setzt sich zum Ziel, den Anteil von Frauen in allen Gremien zu stärken. Die Mitgliederversammlung beschließt auf Vorschlag der Sitzungsgeldkommission über die Sitzungsgelder für die Mitglieder des Aufsichtsrats, der Ausschüsse und Kommissionen.
   d) die Ernennung von Ehrenpräsidenten und die Verleihung von Ehrenmitgliedschaften auf Vorschlag des Aufsichtsrates,
   e) die Beschlussfassung über Satzungsänderungen,
   f) die Beschlussfassung über Änderungen des Berechtigungsvertrages,
   g) die Beschlussfassung über Änderungen des Verteilungsplanes einschließlich der allgemeinen Grundsätze für die Abzüge von den Einnahmen und die Verwendung nicht verteilbarer Einnahmen,
   h) die Beschlussfassung über die allgemeine Anlagepolitik in Bezug auf die Einnahmen aus den Rechten,
   i) die Beschlussfassung über die Bedingungen, zu denen der Berechtigte jedermann das Recht einräumen kann, seine Werke für nicht-kommerzielle Zwecke vergütungsfrei zu nutzen,
   j) die Beschlussfassung über die Auflösung des Vereins.

   § 20 bleibt unberührt.
7. In der Mitgliederversammlung hat jedes ordentliche Mitglied eine Stimme. Ein ordentliches Mitglied kann sich in der Mitgliederversammlung vertreten lassen, sofern die Vertretung keinen Interessenkonflikt befürchten lässt. Ein Interessenkonflikt ist in der Regel zu befürchten bei der Bevollmächtigung von
   – Mitgliedern anderer Berufsgruppen,
   – angeschlossenen oder außerordentlichen Mitgliedern,
   – Nutzern oder mit Nutzern wirtschaftlich verflochtenen Personen,
   – Personen, die Interessen von Nutzern oder Mitgliedern anderer Berufsgruppen vertreten.

   Ein Interessenkonflikt ist in der Regel nicht zu befürchten, wenn ein anderes ordentliches Mitglied derselben Berufsgruppe oder ein naher Angehöriger des Mitglieds bevollmächtigt

wird. Die Anzahl der Mitglieder, die sich nach dieser Vorschrift durch denselben Vertreter vertreten lassen können, wird auf die gesetzlich vorgeschriebene Mindestanzahl beschränkt. Ziff. 7 Abs. 3 bleibt unberührt. Der Vertreter ist weisungsgebunden.
Die Vertretung gilt jeweils für eine Mitgliederversammlung und ist unwiderruflich. Die Vertretung ist der GEMA spätestens zwei Wochen vor Beginn der Mitgliederversammlung schriftlich unter Verwendung des hierzu vorgesehenen Formulars anzuzeigen. Ist ein Mitglied wegen Krankheit an der Teilnahme gehindert, ist die Anzeige der Vertretung unter Vorlage eines ärztlichen Attests bis spätestens drei Werktage vor Beginn der Mitgliederversammlung möglich.
Verlagsfirmen, die Einzelfirmen sind, üben ihr Stimmrecht durch den Inhaber aus. Verlagsfirmen, die Gesellschaften sind, üben ihr Stimmrecht durch einen verfassungsmäßig oder gesellschaftsvertraglich berufenen Vertreter aus. Ein Vertreter kann das Stimmrecht nicht für mehr als fünf Verlage ausüben. Falls eine Verlagsfirma rechtlich oder tatsächlich an der Ausübung des Stimmrechts gehindert ist, kann das Stimmrecht durch einen im Handelsregister eingetragenen Vertreter oder durch einen Handlungsbevollmächtigten im Sinne von § 54 HGB ausgeübt werden. Diese Vertreter müssen ständig in dem Verlagsunternehmen verlegerisch oder kaufmännisch tätig sein.
Ist ein Mitglied, das zur Berufsgruppe der Komponisten oder der Textdichter gehört, gleichzeitig verfassungsmäßig oder gesellschaftsvertraglich berufener Vertreter eines Musikverlages, so steht auch diesem Mitglied die Ausübung der Mitgliedschaftsrechte nur in einer Berufsgruppe zu.
Ist bei einer Gesellschaft nur Gesamtvertretung zulässig, so wird das Stimmrecht von einem der Gesamtvertreter ausgeübt; für den bzw. die weiteren Vertreter besteht lediglich das Teilnahmerecht.
Die Verlagsfirmen teilen der GEMA mit, wer zur Ausübung des Stimmrechts berechtigt ist. Absatz 2 gilt entsprechend.
Ist ein Verleger Inhaber mehrerer Einzelfirmen, so steht ihm nur ein Stimmrecht zu.
Angestellte oder Beauftragte von Mitgliedern, deren Mitgliedschaftsrechte nach Maßgabe von § 8 Ziff. 3 Abs. 2 bzw. § 9 B eingeschränkt sind, müssen, wenn sie als Vertreter eines Musikverlages auftreten, eine echte Verlagstätigkeit ausüben und dürfen nicht gleichzeitig im Dienste eines Musikverwerters stehen.
Werden Verlagsfirmen, die in wirtschaftlichem und personellem Zusammenhang mit ausländischen Verlegern oder Musikverwertern außerhalb des Gebietes der Europäischen Union stehen, als ordentliche Mitglieder nach § 8 Ziff. 4 aufgenommen, so haben die zu einem Konzern i. S. von § 18 AktG gehörenden Verlage nur eine Stimme.

8. Anstelle der Stimmrechtsausübung in der Mitgliederversammlung können die ordentlichen Mitglieder ihr Stimmrecht im Vorfeld der Mitgliederversammlung im Wege elektronischer Kommunikation ausüben (E-Voting). Darüber hinaus haben die ordentlichen Mitglieder die Möglichkeit, die Versammlung ihrer Berufsgruppe und die Hauptversammlung per Live-Stream zu verfolgen.
Die Stimmrechtsausübung per E-Voting ist nur hinsichtlich der in der Tagesordnung veröffentlichten Wahlvorschläge und Beschlussanträge möglich. Sie ist nicht übertragbar und unwiderruflich.
Mitglieder, die sich in der Mitgliederversammlung vertreten lassen oder als Stellvertreter für ein anderes Mitglied an der Mitgliederversammlung teilnehmen, können ihr Stimmrecht nicht per E-Voting ausüben.
Voraussetzung für die Stimmrechtsausübung per E-Voting und die Teilnahme per Live-Stream ist, dass das Mitglied die hierfür geltenden Fristen und Authentifizierungsanforderungen einhält. Diese werden vom Aufsichtsrat in einer Geschäftsordnung festgelegt, die zu veröffentlichen ist.
9. Die Mitgliederversammlung wird nach einer von der Mitgliederversammlung beschlossenen Versammlungs- und Wahlordnung abgehalten, welche Bestandteil dieser Satzung ist.
10. Die Unwirksamkeit von Beschlüssen der Mitgliederversammlung kann nur im Wege der Klage geltend gemacht werden. Sie kann nicht gestützt werden
    a) auf eine durch technische Störungen hervorgerufene Verletzung von Rechten, die auf elektronischem Wege wahrgenommen wurden, es sei denn, der GEMA ist grobe Fahrlässigkeit oder Vorsatz vorzuwerfen,
    b) auf eine Verletzung von Verfahrensvorschriften, soweit sich die Verletzung nicht auf die Beschlussfassung ausgewirkt hat.

    Zur Geltendmachung von Verfahrensverstößen befugt ist jedes in der Mitgliederversammlung erschienene Mitglied, sofern es gegen den Beschluss Widerspruch zum Protokoll erklärt hat, und jedes nicht erschienene Mitglied, sofern es sich darauf beruft, dass es zur Mitgliederversammlung zu Unrecht nicht zugelassen worden sei oder dass die Versammlung nicht ordnungsgemäß einberufen oder der Gegenstand der Beschlussfassung nicht ordnungsgemäß bekanntgemacht worden sei.

Die Klage muss innerhalb von sechs Wochen nach der Beschlussfassung erhoben werden. Zwingende Vorgaben des Gesetzes bleiben unberührt.

Geschäftsordnung für E-Voting und Live-Stream

Fassung vom 13./14. Dezember 2017

Gemäß § 10 Ziffer 8 Absatz 4 der Satzung beschließt der Aufsichtsrat folgende Geschäftsordnung:

§ 1 Registrierung für E-Voting und Live-Stream

(1) **Die Stimmrechtsausübung per E-Voting und die Teilnahme am Live-Stream der Mitgliederversammlung setzen voraus, dass sich das Mitglied innerhalb der in Absatz 3 geregelten Frist für das so genannte „Online-Paket" registriert.**

(2) **Die Registrierung erfolgt über ein Online-Registrierungssystem, das den Mitgliedern über ein Zugangsportal auf der GEMA-Website zur Verfügung gestellt wird. Die Zugangsdaten für das Online-Registrierungssystem und die Informationen zur Online-Registrierung erhalten die stimmberechtigten Mitglieder mit der Einladung zur Mitgliederversammlung.**

(3) **Die Frist für die Registrierung für das Online-Paket beginnt 5 Wochen vor dem Termin der jeweiligen Mitgliederversammlung um 10.00 Uhr deutscher Zeit und endet 4 Wochen vor dem Termin der jeweiligen Mitgliederversammlung um 18.00 Uhr deutscher Zeit.**

(4) **Für das Online-Paket wird ein Kostenbeitrag in Höhe von EUR 10,00 (zzgl. USt.) erhoben, der auf dem jeweiligen Mitgliedskonto belastet wird.**

(5) **Die Registrierung für das Online-Paket gilt jeweils nur für eine Mitgliederversammlung.**

§ 2 Authentifizierungsdaten für E-Voting und Live-Stream

(1) **Nach erfolgreicher Registrierung erhält das Mitglied seine persönlichen Authentifizierungsdaten für das E-Voting und für den Live-Stream mit Informationen zur Anmeldung beim E-Voting-System und Live-Stream-Portal per Post an die bei der GEMA registrierte Adresse zugesandt. Sofern das Mitglied seinen Wohnsitz in Deutschland hat, erfolgt der Versand per Übergabeeinschreiben („Einschreiben Eigenhändig"). Im Ausland erfolgt die Zustellung soweit möglich nach vergleichbaren Zustellungsmodalitäten.**

(2) **Die Authentifizierungsdaten sind vertraulich zu behandeln und dürfen nur vom Mitglied persönlich und nur für die Anmeldung beim E-Voting-System und beim Live-Stream-Portal der GEMA genutzt werden. Die Authentifizierungsdaten dürfen nicht an Dritte weitergegeben werden. Ein Verstoß gegen dieses Verbot kann vereinsrechtliche Maßnahmen gemäß § 10 Ziffer 8 Absatz 5 der Satzung nach sich ziehen.**

§ 3 Stimmabgabe per E-Voting

(1) **Die Stimmabgabe per E-Voting erfolgt über ein E-Voting-System, das den Mitgliedern über ein Zugangsportal auf der GEMA-Website zur Verfügung gestellt wird. Voraussetzung für die Stimmabgabe per E-Voting ist, dass sich das Mitglied mit seinen persönlichen Authentifizierungsdaten beim E-Voting-System innerhalb der in Absatz 3 geregelten Frist anmeldet.**

(2) **Die Stimmabgabe erfolgt geheim mittels eines elektronischen Stimmzettels. Der elektronische Stimmzettel ist entsprechend der im E-Voting-System enthaltenen Anleitung elektronisch auszufüllen und abzusenden. Mit dem Hinweis über die erfolgreiche Stimmabgabe gilt diese als vollzogen. Mit Vollzug der Stimmabgabe verliert das Mitglied die Möglichkeit, seine Stimme in der Mitgliederversammlung per Präsenz-Voting auszuüben oder durch einen Stellvertreter ausüben zu lassen.**

(3) **Die Frist für die Anmeldung beim E-Voting-System und die Stimmabgabe per E-Voting beginnt 3 Wochen vor dem Termin der jeweiligen Mitgliederversammlung um 10.00 Uhr deutscher Zeit und endet 2 Wochen vor dem Termin der jeweiligen Mitgliederversammlung um 18.00 Uhr deutscher Zeit.**

(4) **Ist die Stimmabgabe per E-Voting während der in Absatz 3 geregelten Frist aus von der GEMA zu vertretenden technischen Gründen für die stimmberechtigten, registrierten Mitglieder nicht möglich, kann die Frist für die Stimmabgabe per E-Voting mit Zustimmung von Aufsichtsrat und Vorstand verlängert werden. Die Verlängerung wird den Mitgliedern durch eine Veröffentlichung auf der GEMA-Website bekannt gegeben.**

§ 4 Ermittlung der Wahl- und Abstimmungsergebnisse

Die Wahl- und Abstimmungsergebnisse der Stimmabgabe per E-Voting („E-Voting-Ergebnisse") werden geheim auf einem besonders gesicherten, externen Server gespeichert. In der Mitglieder-

versammlung wird das Gesamtergebnis der Wahlen und Abstimmungen unter Berücksichtigung der E-Voting-Ergebnisse ermittelt und angezeigt.

§ 5 Teilnahme am Live-Stream

(1) Die Teilnahme am Live-Stream der Mitgliederversammlung erfolgt über das von der GEMA auf der GEMA-Website zur Verfügung gestellte Live-Stream-Portal. Voraussetzung für die Teilnahme am Live-Stream ist, dass sich das Mitglied mit seinen persönlichen Authentifizierungsdaten beim Live-Stream-Portal anmeldet.

(2) Die Anmeldung beim Live-Stream-Portal und Teilnahme am Live-Stream ist für das Mitglied während der Dauer der Versammlung seiner Berufsgruppe und während der Dauer der Hauptversammlung möglich.

(3) Der Live-Stream der Mitgliederversammlung ist nichtöffentlich. Die Teilnahme am Live-Stream ist nur dem hierfür registrierten und authentifizierten Mitglied erlaubt. Die Weitergabe der Authentifizierungsdaten an Dritte und die Vervielfältigung, Verbreitung, Veröffentlichung und jegliche sonstige Zugänglichmachung des Live-Streams für Dritte sind nicht erlaubt. Zur Wahrung dieses Verbots wird der Live-Stream durch Einblenden der Mitgliedsnummer des jeweiligen Mitglieds gekennzeichnet.

(4) Ein Verstoß gegen die in Absatz 3 geregelten Verbote kann strafrechtliche oder vereinsrechtliche Maßnahmen gemäß § 10 Ziffer 8 Absatz 5 der Satzung nach sich ziehen.

Versammlungs- und Wahlordnung

Fassung vom 23./24. Mai 2017

A. Versammlungsordnung gemäß § 10 Ziff. 9 der Satzung

I. Mitgliederversammlung

1.
Die Mitgliederversammlung besteht aus der Hauptversammlung und den Versammlungen der drei Berufsgruppen.
Beschlüsse können nicht vor den Berufsgruppenversammlungen gefasst werden.

2.
Die Hauptversammlung und die Berufsgruppenversammlungen sind nichtöffentlich. Neben den gesetzlich zur Anwesenheit befugten Personen und dem Vorstand sind die folgenden weiteren Personengruppen zugelassen:

die erforderliche Anzahl von Begleitern hilfsbedürftiger Mitglieder,
jeweils bis zu zwei Vertreter der mit den Kurien verbundenen Berufsverbände und
die vom Vorstand hinzugezogenen Redner, GEMA-Mitarbeiter, Rechtsberater, Wirtschaftsprüfer und sonstigen Personen.

Darüber hinaus werden Personen nur zugelassen, soweit die Mitgliederversammlung dies mit einfacher Mehrheit beschließt.
Die aus der Mitgliedschaft erwachsenden Teilhaberechte stehen den aufgrund dieser Ziffer zugelassenen Personen nicht zu.
Hilfsbedürftig im Sinne dieser Vorschrift ist, wer aufgrund von Krankheit oder Alter nicht dazu in der Lage ist, ohne Begleitperson Mitgliedschaftsrechte in angemessener Weise in der Versammlung auszuüben. Die Mitnahme von Begleitpersonen ist der GEMA spätestens eine Woche vor Beginn der Mitgliederversammlung schriftlich unter Beifügung der zur Prüfung der Hilfsbedürftigkeit erforderlichen Dokumente anzuzeigen. Der Nachweis ist durch Vorlage eines Schwerbehindertenausweises oder eines ärztlichen Attestes zu erbringen. Die Zulassung von Begleitpersonen gilt jeweils für eine Mitgliederversammlung.

II. Hauptversammlung

1.

(1) Die Hauptversammlung wird geleitet von dem Aufsichtsratsvorsitzenden oder einem seiner Stellvertreter oder durch das an Lebensjahren älteste Aufsichtsratsmitglied.

(2) Nach Eintritt in die Tagesordnung werden die Anträge in der Reihenfolge der Einladung behandelt. Abweichungen von dieser Reihenfolge können von der Hauptversammlung mit einfacher Mehrheit beschlossen werden.

(3) Den Vorrang erhalten Wortmeldungen von Mitgliedern zum Verfahren, im Besonderen Anträge auf

a) Anwendung der Versammlungsordnung,
b) Verweisung an einen Ausschuss,
c) Schluss der Aussprache,
d) Vertagung der Aussprache,
e) Übergang zur Tagesordnung.

Diese Wortmeldungen haben den Vorrang vor dem Hauptgegenstand, dessen Beratung durch sie unterbrochen wird.

(4) Die Redezeit für jeden Diskussionsbeitrag zu einem Tagesordnungspunkt ist auf 10 Minuten beschränkt. Dem Redner kann jedoch von der Hauptversammlung eine längere Redezeit eingeräumt werden. Bei Überschreitung der Redezeit kann der Vorsitzende dem Redner nach einmaliger Mahnung das Wort entziehen.

(5) Die Hauptversammlung kann den Schluss der Debatte beschließen. In diesem Falle ist nur noch den bereits vorgemerkten Rednern das Wort zu erteilen. Die Redezeit für den Einzelnen verkürzt sich dann auf 5 Minuten.

2.

(1) Die Abstimmung in der Hauptversammlung erfolgt mittels eines elektronischen Abstimmungssystems, per Stimmzettel oder per Handzeichen. Der Versammlungsleiter bestimmt, welches Abstimmungsverfahren zur Anwendung kommt. § 10 Ziffer 8 Satzung bleibt unberührt.

(2) Wird durch Handzeichen abgestimmt, so ist der Versammlungsleiter mit Zustimmung der Hauptversammlung berechtigt, das Stimmergebnis festzustellen, indem er die Nein-Stimmen und die Enthaltungen ermittelt (Subtraktionsverfahren).

(3) Werden die Ergebnisse solcher Abstimmungen angezweifelt, so erfolgt Stimmauszählung.

(4) Bei Abstimmungen kommt es für das Erreichen der erforderlichen Mehrheit auf das Verhältnis der Ja-Stimmen zur Summe der Ja- und Nein-Stimmen an. Bei Stimmengleichheit gelten Anträge als abgelehnt. Stimmenthaltungen werden nicht berücksichtigt. Ausdrücklich erklärte Stimmenthaltungen werden jedoch als solche im Protokoll erfasst.

(5) Während einer Abstimmung bleiben die Türen des Versammlungsraumes geschlossen.

(6) Jedes Abstimmungsergebnis ist zu protokollieren. Bei satzungsändernden Anträgen ist auch das Stimmverhältnis beziffert im Protokoll niederzulegen.

(7) Wird in der Hauptversammlung über einen von den Berufsgruppen bereits angenommenen oder abgelehnten Antrag vor Abschluss des betreffenden Tagesordnungspunktes eine nochmalige Diskussion und Abstimmung verlangt, so ist diesem Verlangen zu entsprechen, wenn dieser Antrag von der Hälfte der anwesenden Stimmen oder von Dreiviertel der anwesenden Stimmen einer Berufsgruppe unterstützt wird. Über Anträge, die von allen Berufsgruppen angenommen worden sind, jedoch nicht in derselben Fassung, findet in der Hauptversammlung stets eine nochmalige Diskussion und Abstimmung statt.
Ausgenommen hiervon sind Wahlen.

III. Berufsgruppenversammlungen

1.

Die Berufsgruppenversammlung muss die Tagesordnungspunkte der Hauptversammlung beraten und über diejenigen Punkte abstimmen, für die getrennte Abstimmung nach Berufsgruppen vorgeschrieben ist. Das Abstimmungsergebnis kann auf Zustimmung, Ablehnung oder Stimmenthaltung der Berufsgruppe lauten.
Einem Antragsteller kann Rederecht in einer anderen Kurie eingeräumt werden, wenn in dieser kein Mitglied an der Antragstellung beteiligt ist. Der Redewunsch sollte im Antrag angekündigt werden.

2.

Jede Berufsgruppenversammlung wird geleitet von dem Aufsichtsratsvorsitzenden, wenn er der betreffenden Berufsgruppe angehört, oder von demjenigen seiner Stellvertreter, der dieser Berufsgruppe angehört, oder durch ein von den anwesenden Aufsichtsratsmitgliedern gewähltes Aufsichtsratsmitglied.

3.

Im Übrigen sind die Bestimmungen des Teils II bis auf Ziff. 1 (1) entsprechend anzuwenden.

4.

(1) Die Vorsitzenden der Berufsgruppen unterrichten sich gegenseitig und den Vorstand über die Abstimmungsergebnisse.

(2) Wird ein Antrag, für den getrennte Abstimmung der Berufsgruppen vorgeschrieben ist, abgelehnt oder zwar von allen Berufsgruppen angenommen, jedoch nicht in derselben Fassung, so kann der Vermittlungsausschuss angerufen werden.
(3) Der Vermittlungsausschuss kann von den Vorsitzenden jeder Berufsgruppenversammlung oder vom Vorstand angerufen werden.
(4) Dem Vermittlungsausschuss gehören neben dem Vorstand und den Vorsitzenden der Berufsgruppenversammlungen aus jeder Berufsgruppe 2 weitere, von der jeweiligen Berufsgruppe zu wählende Vertreter an. Gewählt sind die Kandidaten, die die meisten Stimmen (relative Mehrheit) erhalten haben. Für jeden vom Vermittlungsausschuss zu behandelnden Antrag kann die jeweilige Berufsgruppe ihre Vertreter gesondert wählen.
Daneben nehmen an der Sitzung des Vermittlungsausschusses die Rechtsberater, der Justitiar sowie gegebenenfalls vom Vermittlungsausschuss hinzugezogene weitere GEMA-Mitarbeiter und sonstige Personen beratend teil.
(5) Der Vermittlungsausschuss berät und beschließt, ob der Antrag in der abgelehnten oder in einer davon abweichenden Fassung den Berufsgruppen zur erneuten Beschlussfassung vorgelegt werden soll.
(6) Über den vom Vermittlungsausschuss vorgelegten Antrag wird in der Hauptversammlung getrennt nach Berufsgruppen abgestimmt. Teil II Ziffer 2 (7) bleibt unberührt.

IV. Änderungen
Zu Änderungen der Versammlungsordnung bedarf es der für Satzungsänderungen erforderlichen Mehrheit der Mitgliederversammlung. § 20 der Satzung bleibt unberührt.

B. Wahlordnung für die Wahl zum Aufsichtsrat

I. Durchführung der Wahl in den Berufsgruppen Komponisten, Textdichter, Verleger

1.
Die Wahl der Aufsichtsräte innerhalb der einzelnen Berufsgruppen (6 Komponisten und 2 Stellvertreter, 4 Textdichter und 2 Stellvertreter, 5 Verleger und 2 Stellvertreter) erfolgt durch eine Gesamtwahl, bei der jedes zur Wahl berechtigte Mitglied so viele Stimmen hat, wie Aufsichtsräte bzw. Stellvertreter zu wählen sind.

2.
Gewählt sind die Kandidaten, die in der Reihenfolge der für sie abgegebenen gültigen Stimmen die meisten Stimmen (relative Mehrheit der Stimmen) erhalten haben. Ungültige Stimmen und Stimmenthaltungen gelten nicht als abgegebene Stimmen und werden nicht gezählt. Bei unklarem Wahlergebnis wegen Stimmengleichheit ist eine Stichwahl durchzuführen. Bei Stimmengleichheit in der Stichwahl entscheidet das vom Wahlleiter gezogene Los. § 10 Ziffer 8 Absatz 2 Satzung bleibt unberührt.

3.
Unter Leitung des Versammlungsleiters wählt jede Berufsgruppe einen Wahlausschuss, dessen Aufgabe es ist, die Listen zur Gesamtwahl im Vorfeld der Mitgliederversammlung aufzustellen und die Wahl zu leiten.
Die ordentlichen Mitglieder und Delegierten können die Wahlvorschläge für die Aufsichtsratsmitglieder und stellvertretenden Aufsichtsratsmitglieder ihrer Berufsgruppe beim Wahlausschuss unter Verwendung des hierfür vorgesehenen Formulars einreichen. Die Wahlvorschläge müssen spätestens acht Wochen vor dem Termin der Mitgliederversammlung, in der die Wahl stattfindet, eingegangen sein. Außer im Fall einer erforderlichen Nachnominierung sind zusätzliche Wahlvorschläge in der Mitgliederversammlung nicht möglich.
Der Wahlausschuss prüft die Wahlvorschläge auf das Vorliegen der Voraussetzungen für die passive Wählbarkeit und fasst diese zu einer Gesamtwahlliste zusammen. Die Gesamtwahlliste ist in der Tagesordnung zu der Mitgliederversammlung, in der die Wahl stattfindet, zu veröffentlichen.
Der Wahlausschuss besteht jeweils aus einem Wahlleiter und einem Stellvertreter des Wahlleiters. Die Mitglieder des Wahlausschusses müssen ordentliche Mitglieder der GEMA sein, dürfen nicht dem Aufsichtsrat angehören und können bei der Aufsichtsratswahl nicht kandidieren. Wahlvorschläge für den Wahlausschuss sind analog I Ziff. 3 Abs. 2 bei der GEMA einzureichen. Die Mitglieder des Wahlausschusses werden auf die Dauer von drei Jahren analog den Regelungen zu I Ziff. 1 und 2 dieser Wahlordnung gewählt. Ihre Amtsdauer läuft ab ihrer Wahl bis zur Neuwahl. Wiederwahl ist zulässig. Scheidet während der Amtsdauer ein Wahlausschussmitglied aus, so haben die Aufsichtsratsmitglieder seiner Berufsgruppe ein Ersatzmitglied zu wählen, das an dessen Stelle tritt. Dieses bedarf der Bestätigung durch die jeweilige Berufsgruppe in der nächsten Mitgliederversammlung, soweit die Amtsdauer über diese Mitgliederversammlung hinausgeht.

4.
Die Wahl in der Mitgliederversammlung erfolgt geheim mittels eines elektronischen Abstimmungssystems oder per Stimmzettel. Der Wahlleiter bestimmt, welches Verfahren zur Anwendung kommt. § 10 Ziffer 8 Satzung bleibt unberührt. Jedes ordentliche Mitglied hat soviele Stimmen, wie in seiner Berufsgruppe Aufsichtsräte zu wählen sind (6 Komponisten, 4 Textdichter, 5 Verleger). Die Stimmabgabe erfolgt dadurch, dass das Mitglied für die jeweils auf der Gesamtwahlliste stehenden Kandidaten seine Stimme abgibt bzw. sich enthält.

5.
Der Wahlleiter stellt nach Abschluss des Wahlvorganges das Ergebnis fest.

6.
Über die Tätigkeit des Wahlausschusses ist eine Niederschrift zu fertigen, die von allen Mitgliedern des Wahlausschusses zu unterschreiben ist. Die Niederschrift muss mindestens enthalten: Ort und Zeit der Wahlversammlung, Bezeichnung der Mitglieder des Wahlausschusses, Zahl der stimmberechtigten Mitglieder im jeweiligen Wahlgang, Namen der Kandidaten, Ergebnis des ersten Wahlganges und ggf. weiterer Wahlgänge, Annahme der Wahl.

II. Änderungen
Diese Wahlordnung kann als Teil der Versammlungsordnung mit der für Satzungsänderungen erforderlichen Mehrheit durch die Mitgliederversammlung geändert werden. § 20 der Satzung der GEMA bleibt unberührt.

Übersicht

I. Termin der ordentlichen Mitgliederversammlung, § 10 Ziff. 1 Satzung

78 § 19 Abs. 1 VGG sieht vor, dass die Verwertungsgesellschaften mindestens einmal jährlich eine „Mitgliederhauptversammlung" einberufen müssen. Dem entspricht § 10 Ziff. 1 der Satzung, wonach innerhalb von acht Monaten nach Ablauf eines jeden Geschäftsjahres eine **ordentliche Mitgliederversammlung** stattfinden soll. Die 1966 eingeführte Frist von acht Monaten geht auf § 9 Abs. 6 UrhWG (jetzt: § 57 Abs. 1 VGG) zurück, wonach die Verwertungsgesellschaft spätestens acht Monate nach dem Schluss jedes Geschäftsjahres einen Jahresabschluss und einen Lagebericht im Bundesanzeiger zu veröffentlichen hat. Ergänzend regelt nunmehr auch § 58 VGG, dass die Verwertungsgesellschaft spätestens acht Monate nach Schluss des Geschäftsjahres einen so genannten Transparenzbericht erstellen und veröffentlichen muss. Da der Mitgliederversammlung sowohl die Entgegennahme des Geschäftsberichts und des Jahresabschlusses (vgl. § 10 Ziff. 6 a) Satzung) als auch die Verabschiedung des Transparenzberichts (vgl. § 17 Abs. 1 Ziff. 2 VGG, § 10 Ziff. 6 a) Satzung) obliegt, muss sie ebenfalls jährlich tagen. Bis 2013 fand die ordentliche Mitgliederversammlung der GEMA in der Regel im Juni/Juli eines jeden Jahres statt. Seit 2014 fin-det die Mitgliederversammlung bereits im April/Mai statt.

79 Der **Versammlungstermin** soll den Mitgliedern spätestens vier Monate vorher bekannt gegeben werden, § 10 Ziff. 1 Abs. 2 Satz 1 Satzung. Gemäß Satz 2 hat die Nichteinhaltung dieser Bekanntgabefrist jedoch nicht die Unwirksamkeit der durch die Mitgliederversammlung gefassten Beschlüsse zur Folge.

II. Aktives und passives Wahlrecht, § 10 Ziff. 2 Satzung

80 In der Mitgliederversammlung haben die ordentlichen Mitglieder das aktive und passive **Wahlrecht**. Das aktive Wahlrecht (Wahlberechtigung) ist das Recht, durch Stimmabgabe an der Wahl teilzunehmen. Das passive Wahlrecht (Wählbarkeit) ist das Recht, gewählt zu werden. Beim passiven Wahlrecht ist § 8 Ziff. 3 Abs. 2b) Satzung zu beachten, wonach ordentliche Mitglieder, die als Musikverwerter mit der GEMA nicht nur vorübergehend oder in Einzelfällen in Vertragsbeziehungen stehen, zur Vermeidung von Interessenkonflikten nicht in den Aufsichtsrat gewählt werden können (siehe oben, **Rn. 67 f.**). Eine Ausnahme zu dieser Regelung enthält § 13 Ziff. 1 Abs. 2 Satzung: Gemäß dieser Bestimmung kann unter den dort geregelten Voraussetzungen aus dem Kreis der ordentlichen Verleger-Mitglieder, die den Beschränkungen des § 8 Ziff. 3 Abs. 2b) Satzung unterliegen, ein Mitglied in den Aufsichtsrat gewählt werden (siehe unten, **Rn. 181**).

81 Die Delegierten der angeschlossenen und außerordentlichen Mitglieder (§ 12 Ziff. 2 Satzung) haben in der Mitgliederversammlung ebenfalls kein passives Wahlrecht (§ 12 Ziff. 3 Satzung).

III. Außerordentliche Mitgliederversammlung, § 10 Ziff. 3 Satzung

Eine **außerordentliche Mitgliederversammlung**, die bisher fünfmal tagte (1950, 82
1956, 1965, 2010 und 2011; s. noch **Rn. 84**), ist nach § 10 Ziff. 3 Satzung einzuberufen, wenn der Aufsichtsrat es für nötig erachtet oder mindestens zehn Prozent der ordentlichen Mitglieder einschließlich der Delegierten es verlangen (am 31.12.2017 hatte die GEMA 4.188 ordentliche Mitglieder und 64 Delegierte = 4.252; zehn Prozent = 425 Mitglieder und Delegierte). Die Festlegung der Einberufungsvoraussetzungen in der Satzung entspricht der Sollvorschrift des § 58 Nr. 4 BGB.

Außerdem enthält § 10 Ziff. 3 Satzung einen Verweis auf die vom **Gesetz vorgese- 83
henen Fälle**. Gemäß § 36 BGB ist eine Mitgliederversammlung außer in den satzungsmäßig festgelegten Fällen dann einzuberufen, wenn das Interesse des Vereins es erfordert. Dies ist insbesondere dann der Fall, wenn ein für das Vereinsleben bedeutender Sachverhalt von der Mitgliederversammlung kurzfristig behandelt werden muss. Die Pflicht zur Einberufung nach § 36 BGB besteht gegenüber dem Verein, d.h. bei Angelegenheiten, die den gesamten Verein betreffen. Sonderinteressen einzelner Mitglieder sind dagegen in der Regel kein ausreichender Einberufungsgrund iSd § 36 BGB.[76] Die Mitglieder können die Einberufung der Versammlung jedoch gemäß § 37 Abs. 1 BGB erzwingen, wenn der durch die Satzung bestimmte Teil der Mitglieder diese fordert.[77]

Die außerordentliche Mitgliederversammlung **2010** war notwendig geworden, nach- 84
dem der Bundesgerichtshof überraschend entschieden hatte, dass der GEMA nach der damaligen Fassung des Berechtigungsvertrags keine Rechte zur werbemäßigen Nutzung von Musikwerken eingeräumt worden seien.[78] Durch die hierauf von der außerordentlichen Mitgliederversammlung beschlossenen Neufassung von § 1 k) Berechtigungsvertrag konnte die Rechtewahrnehmung der GEMA im Werbebereich im Interesse der Berechtigten und der Lizenznehmer kurzfristig auf eine neue, rechtssichere Grundlage gestellt werden (vgl. auch **Kap. 7 Rn. 239 f.**). Im Rahmen der außerordentlichen Mitgliederversammlung **2011** wurde anlässlich umfangreicher Nachzahlungen der ZPÜ aus der Geräteabgabe für PCs für den Zeitraum 2002–2007 eine Regelung zur Verteilung außerordentlicher – d.h. nachträglicher, außerhalb des gewöhnlichen Geschäftsverlaufs erzielter – Einnahmen beschlossen (vgl. § 32 des Verteilungsplans).

IV. Ort und Leitung der Mitgliederversammlung, § 10 Ziff. 4 Satzung

Die Einladung zur Mitgliederversammlung ergeht im Einvernehmen mit dem Auf- 85
sichtsrat durch den Vorstand.

Nicht in der Satzung geregelt ist der **Ort der Versammlung.** Während üblicherweise 86
Mitgliederversammlungen am Sitz des Vereins – im Fall der GEMA also in Berlin (vgl. § 1) – stattfinden, hat sich der Brauch herausgebildet, die ordentliche Mitgliederversammlung der GEMA jährlich **abwechselnd in Berlin und München** durchzuführen. Dies ermöglicht es den Mitgliedern, die im Süden bzw. Norden Deutschlands wohnen, zumindest alle zwei Jahre ohne längere Anreise an einer Versammlung teilzunehmen.

Die Mitgliederversammlung wird gemäß § 10 Ziff. 4 Satz 2 Satzung vom Vorsitzenden 87
des Aufsichtsrates (dies ist immer ein Komponist, vgl. § 2 (1) Abs. 2 Geschäftsordnung für den Aufsichtsrat) oder einem seiner Stellvertreter (Textdichter, Verleger) **geleitet**. Sind der Aufsichtsratsvorsitzende und seine Stellvertreter verhindert, wird die Versammlung durch

76 *Reichert*, Handbuch des Vereins- und Verbandsrechts, Rn. 1257.
77 Sauter/Schweyer/Waldner-*Waldner*, Der eingetragene Verein, Rn. 159.
78 BGH, MMR 2010, 106, m. krit. Anm. von Ventroni. Vgl. auch Feyock, GRUR-Prax 2010, 14.

das an Lebensjahren älteste Aufsichtsratsmitglied geleitet, vgl. Ziff. I.1 (1) Versammlungsordnung. Der **Versammlungsleiter** hat die Aufgabe, für einen sachgemäßen, möglichst reibungslosen und zügigen Ablauf der Mitgliederversammlung zu sorgen.[79] Darüber hinaus hat er sein Amt so auszuüben, dass eine einwandfreie Willensbildung und -feststellung gewährleistet sind.[80] Dazu gehört nicht notwendig, eine neutrale Haltung in den Debatten einzunehmen. Jedoch ist die Gleichbehandlung aller Teilnehmer zu gewährleisten. Zur Erfüllung seiner Aufgabe kommen dem Versammlungsleiter sowohl unentziehbare Ordnungsbefugnisse als auch verfahrensrechtliche Kompetenzen zu. Zu seinen **Ordnungsbefugnissen** gehört u.a. das Recht, einem Redner das Wort zu entziehen, wenn dieser trotz Abmahnung die Redezeit überschreitet (vgl. Ziff. II.1 (4) Versammlungsordnung), nicht zur Sache spricht oder Strafgesetze verletzt (zum Beispiel durch beleidigende Ausführungen).[81] Der Versammlungsleiter übt auch das Hausrecht aus. Seine **verfahrensrechtlichen Kompetenzen** umfassen u.a. das Recht, die Abstimmungsreihenfolge unter dem Gesichtspunkt der Logik und Effizienz festzulegen, wenn unter einem Tagesordnungspunkt über mehrere Anträge abzustimmen ist (z.B., wenn zu einem in der Tagesordnung abgedruckten Antrag ein zulässiger Änderungsantrag gestellt wird).[82] Maßnahmen des Versammlungsleiters können nicht gesondert gerichtlich angefochten werden. Ihre Rechtswidrigkeit kann aber die Rechtswidrigkeit der gefassten Beschlüsse zur Folge haben.[83] Insoweit ist § 10 Ziff. 10 Satzung zu beachten.

V. Einladung, Tagesordnung und Anträge, § 10 Ziff. 5 Satzung

1. Einladung und Tagesordnung

88 Gemäß § 10 Ziff. 5 Abs. 1 Satzung erfolgt die schriftliche **Einladung** zur Mitgliederversammlung bereits fünf Wochen vor dem Termin der Mitgliederversammlung. Zur Fristwahrung genügt die Aufgabe der Einladung zur Post.[84]

89 Ferner regelt § 10 Ziff. 5 Abs. 2 Satzung aus Umwelt- und Kostengründen, dass die **Tagesordnung** zur Mitgliederversammlung mit dem Auszug aus dem Geschäftsbericht nicht postalisch an alle Mitglieder versandt wird, sondern die Bekanntgabe durch Veröffentlichung auf der Internetseite der GEMA fünf Wochen vor dem Termin der Mitgliederversammlung erfolgt. Für Mitglieder, die eine Druckausgabe der Tagesordnung bevorzugen, besteht jedoch die Möglichkeit, den Postversand der Tagesordnung schriftlich zu beantragen. Voraussetzung für den postalischen Versand der Tagesordnung ist, dass das Mitglied den Antrag bei der GEMA bis zum 31.12. des Jahres einreicht, das der jeweiligen Mitgliederversammlung vorausgeht. In diesem Fall erhalten diese Mitglieder die Tagesordnung bis auf Widerruf drei Wochen vor dem Termin der Mitgliederversammlung zusätzlich per Post zugesandt.

Beispiel: Wenn ein Mitglied die Tagesordnung zur ordentlichen Mitgliederversammlung 2019 nicht nur über die Onlineveröffentlichung, sondern zusätzlich als Druckausgabe erhalten möchte, muss es hierfür einen schriftlichen Antrag an die GEMA schicken, der bis zum 31.12.2018 bei der GEMA eingegangen sein muss.

---

79 *Reichert*, Handbuch des Vereins- und Verbandsrechts, Rn. 1611.
80 Münchener Kommentar-*Reuter*, § 32 BGB Rn. 20.
81 Sauter/Schweyer/Waldner-*Waldner*, Der eingetragene Verein, Rn. 187; Münchener Kommentar-*Reuter*, § 32 BGB Rn. 20.
82 *Reichert*, Handbuch des Vereins- und Verbandsrechts, Rn. 1763.
83 Sauter/Schweyer/Waldner-*Waldner*, Der eingetragene Verein, Rn. 194.
84 Vgl. Antrag zu TOP 13 zur ordentlichen Mitgliederversammlung 2015.

Die Tagesordnung wird in diesem Fall drei Wochen vor der Mitgliederversammlung 2019 per Post an das Mitglied versandt. Auch die Tagesordnungen zu den folgenden Mitgliederversammlungen erhält das Mitglied jeweils drei Wochen vorher per Post, solange es seinen Antrag auf postalischen Versand nicht widerruft.

Neben dem Auszug aus dem Geschäftsbericht enthält die Tagesordnung bereits seit 90
2012 auch einen **Bericht des Aufsichtsrats**, wodurch die Vorgaben aus § 22 Abs. 4 VGG erfüllt werden.

Über **Gegenstände, die nicht in der Tagesordnung aufgeführt** sind, können ge- 91
mäß § 32 Abs. 1 S. 2 BGB und § 10 Ziff. 5 Abs. 3 Satzung Beschlüsse nicht gefasst werden. Grund hierfür ist, dass jedes Mitglied die Möglichkeit haben muss, sich im Vorfeld über sämtliche zu behandelnden Tagesordnungspunkte zu informieren, um entscheiden zu können, ob und auf welche Weise (persönliche Teilnahme, Teilnahme per E-Voting und Live-Stream oder Bevollmächtigung eines Stellvertreters) es an der Mitgliederversammlung teilnehmen möchte. Daher dürfen nicht in der Tagesordnung aufgeführte, für das Mitglied überraschende Tagesordnungspunkte nicht in der Versammlung behandelt und beschlossen werden. Änderungsanträge zu den in der Tagesordnung enthaltenen Tagesordnungspunkten sind jedoch möglich, soweit sie sich im Rahmen des mit der Tagesordnung angekündigten Gegenstandes halten.[85]

2. Anträge

Für die Einreichung von **Anträgen** an die Mitgliederversammlung – gemeint ist hier 92
das Verlangen, einen Beschlussgegenstand in die Tagesordnung zur Mitgliederversammlung einzubringen – sieht § 10 Ziff. 5 Abs. 4 mehrere Varianten vor:

- Ein Antrag kann aus dem Kreis der **Mitglieder** gestellt werden (auch „Mitgliederantrag" genannt). Hierfür sind mindestens zehn Unterschriften von ordentlichen Mitgliedern und/oder Delegierten (vgl. § 10 Ziff. 5 Abs. 4, § 12 Ziff. 4 Satzung) erforderlich.
- Ein Antrag kann vom **Aufsichtsrat** als Organ gestellt werden. Für solche Anträge gilt das vorstehende Unterschriftserfordernis nicht. Jedes Aufsichtsratsmitglied hat zudem die Möglichkeit, gemeinsam mit anderen ordentlichen Mitgliedern und/oder Delegierten einen Mitgliederantrag unter den entsprechenden Voraussetzungen zu stellen.
- Indem § 10 Ziff. 5 Abs. 4 ausdrücklich von Anträgen „vom Aufsichtsrat oder Vorstand" spricht, wird klargestellt, dass auch der **Vorstand** als weiteres Organ des Vereins Anträge an die Mitgliederversammlung stellen kann. Anträge des Vorstandes müssen (vor der Antragstellung) dem Aufsichtsrat zur Kenntnis gebracht werden. In der Praxis bringen Aufsichtsrat und Vorstand üblicherweise gemeinsame Anträge in die Mitgliederversammlung ein.

Um die Mitglieder bei der Entwicklung von Regelungsvorschlägen bei Bedarf fach- 93
kundig zu unterstützen und hierdurch ihre Mitwirkung und demokratische Teilhabe an der Gestaltung des Regelwerks zu fördern, hat die Mitgliederversammlung 2014 eine Ergänzung von § 10 Ziff. 5 Satzung beschlossen, nach der Entwürfe zu Mitgliederanträgen der GEMA vorab zur **Prüfung** vorgelegt werden können (§ 10 Ziff. 5 Abs. 6 und 7).[86] Voraussetzung ist, dass mindestens 20 ordentliche Mitglieder und/oder Delegierte schriftlich die Prüfung ihres mit einer Begründung versehenen Antragsentwurfs unter Benen-

85 *Reichert*, Handbuch des Vereins- und Verbandsrechts, Rn. 1658.
86 Vgl. Begründung des Antrags zu TOP 12 zur ordentlichen Mitgliederversammlung 2014. Es handelt sich um einen Mitgliederantrag, dem sich Aufsichtsrat und Vorstand angeschlossen haben.

nung eines Ansprechpartners verlangen. Damit die GEMA-Verwaltung ausreichend Zeit für die Prüfung hat, müssen der Antragsentwurf und das Prüfungsbegehren mit den erforderlichen Unterschriften spätestens 16 Wochen vor Beginn der ordentlichen Mitgliederversammlung bei der GEMA eingehen. Sofern diese Voraussetzungen erfüllt sind, teilt die GEMA den Antragstellern innerhalb von sechs Wochen nach Eingang des Antrags das Ergebnis ihrer Prüfung mit. In ihrer Stellungnahme hat sie zum einen auf formale und sprachliche Einwände hinzuweisen. Zum anderen hat sie darauf einzugehen, ob und inwieweit der anzunehmende Regelungsgehalt des Antragsentwurfs in Widerspruch zu anderen Bestimmungen des Regelwerks der GEMA steht oder sonstige Bedenken gegen die Vereinbarkeit mit der geltenden Rechtslage (z.B. gesetzlichen Vorschriften oder gerichtlichen Entscheidungen) bestehen. Die GEMA ist jedoch nicht dazu verpflichtet, den Antragstellern ausformulierte Änderungsvorschläge zur Verfügung zu stellen.

94 Anträge für die Mitgliederversammlung müssen einschließlich der erforderlichen Anzahl von Unterschriften spätestens **acht Wochen** vor dem jeweiligen Versammlungstermin bei der GEMA eingegangen sein. Sowohl aus Sinn und Zweck als auch aus dem Wortlaut von § 10 Ziff. 5 Abs. 8 Satzung ergibt sich, dass diese Frist **nur für Mitgliederanträge**, nicht aber für Anträge von Aufsichtsrat und Vorstand gilt. Sinn der Fristenregelung ist insbesondere, dass der Verwaltung hinreichend Zeit zur Verfügung stehen muss, um das nur für Mitgliederanträge bestehende Unterschriftenerfordernis zu prüfen. Eine solche Prüfung ist bei Anträgen von Aufsichtsrat und Vorstand nicht erforderlich, da für diese das Unterschriftenerfordernis naturgemäß nicht gilt. Da die Tagesordnung bereits fünf Wochen vor der Mitgliederversammlung auf der Internetseite der GEMA veröffentlicht wird, verbleiben der GEMA-Verwaltung für diese Prüfung und die Übertragung der Mitgliederanträge in ein für die Tagesordnung geeignetes Format nur drei Wochen. Auch der Wortlaut der Bestimmung spricht gegen eine Anwendung auf Anträge von Aufsichtsrat und Vorstand: Gemäß § 10 Ziff. 5 Abs. 8 der Satzung müssen Anträge spätestens acht Wochen vor der Mitgliederversammlung „eingegangen", d.h. zur Kenntnis der Organe der GEMA gelangt sein. Da Aufsichtsrat und Vorstand selbst Organe der GEMA sind, liegen deren Anträge ohne weiteres der GEMA vor und müssen nicht erst bei dieser „eingehen".

VI. Aufgaben der Mitgliederversammlung, § 10 Ziff. 6 Satzung

1. Übersicht

95 Bei der GEMA entscheidet die Mitgliederversammlung als oberstes Vereinsorgan über alle Gegenstände von zentraler Bedeutung. So obliegt ihr gemäß der – nicht abschließenden („insbesondere") – Aufzählung ihrer **Aufgaben** in § 10 Ziff. 6 Satzung u.a. die Beschlussfassung über Änderungen der Satzung, des Berechtigungsvertrages und des Verteilungsplans. Daneben ist die Mitgliederversammlung auch für die Beschlussfassung über Änderungen an zahlreichen anderen Teilen des Regelwerks zuständig.[87] Diese weitreichende Entscheidungskompetenz der Mitgliederversammlung, die beinahe das gesamte Regelwerk der GEMA umfasst, erfüllt die Vorgaben des deutschen Vereinsrechts[88] und

87 Vgl. etwa Ziff. IV Versammlungs- und Wahlordnung (GEMA-Jahrbuch 2017/2018, S. 305), § 7 der Geschäftsordnung für den Werkausschuss (GEMA-Jahrbuch 2017/2018, S. 331), § 12 der Geschäftsordnung für das Wertungsverfahren der Komponisten in der Sparte E und Ziffer III des Anhangs hierzu (GEMA-Jahrbuch 2017/2018, S. 438), § 12 der Geschäftsordnung für das Wertungsverfahren in der Unterhaltungs- und Tanzmusik und Ziffer V des Anhangs hierzu (GEMA-Jahrbuch 2017/2018, S. 452f.), § 10 der Geschäftsordnung für das Schätzungsverfahren der Bearbeiter (GEMA-Jahrbuch 2017/2018, S. 461).
88 Münchener Kommentar-*Reuter*, § 32 BGB Rn. 11.

die wahrnehmungsrechtlichen Anforderungen gemäß § 17 VGG. Bereits vor Inkrafttreten des Verwertungsgesellschaftengesetzes wurde ein Großteil der in § 17 VGG vorgesehenen Kompetenzen bei der GEMA von der Mitgliederversammlung wahrgenommen. Die durch Beschluss der ordentlichen Mitgliederversammlung 2016 in § 10 Ziff. 6 Satzung vorgenommenen Ergänzungen zur Umsetzung von § 17 VGG haben daher teilweise lediglich klarstellenden Charakter. Dies betrifft insbesondere die Beschlussfassung über die allgemeinen Grundsätze für die Abzüge von den Einnahmen aus den Rechten und die Verwendung unverteilbarer Einnahmen, die als Teil des Verteilungsplans bereits früher unter § 10 Ziff. 6 g) der Satzung fielen. Neu aufzunehmen waren dagegen die Zuständigkeit der Mitgliederversammlung für die Verabschiedung des jährlich zu erstellenden Transparenzberichts (§ 10 Ziff. 6 a) Satzung), für die Beschlussfassung über die allgemeine Anlagepolitik in Bezug auf die Einnahmen aus den Rechten (§ 10 Ziff. 6 h) Satzung) und für die Bedingungen, zu denen Berechtigte vergütungsfreie Lizenzen einräumen können (§ 10 Ziff. 6 i) Satzung). Darüber hinaus wurde die Zuständigkeit für die Beschlussfassung über die Vergütungen für die Mitglieder des Aufsichtsrats, der Ausschüsse und Kommissionen gemäß den Vorgaben aus § 18 Abs. 1 VGG von der bisher zuständigen Sitzungsgeldkommission auf die Mitgliederversammlung übertragen (§ 10 Ziff. 6 c) Satzung).[89]

Neben der Beschlussfassung über Änderungen des Regelwerks ist die Mitglieder- 96
versammlung gemäß den Vorgaben aus § 18 Abs. 1 Ziff. 2 VGG auch für die Wahl des Aufsichtsrats zuständig. Auch die Wahl diverser anderer Gremien der GEMA wie des Werkausschusses oder der Wertungsausschüsse fällt in die Zuständigkeit der Mitgliederversammlung. Diese mit Mitgliedern besetzten Gremien übernehmen ebenfalls wichtige Funktionen in der GEMA, wobei insbesondere dem Aufsichtsrat eine herausragende Bedeutung zukommt (siehe unten **Rn. 187–194**).

2. Einzelne Gegenstände

a) Die Entgegennahme des Geschäftsberichtes und des Jahresabschlusses und die Verabschiedung des Transparenzberichts

Der **Geschäftsbericht** wird vom (Vorsitzenden des) Vorstand(s) erstattet; der Jahres- 97
abschluss liegt den Mitgliedern in Form des Abdrucks des Prüfungsergebnisses und des Bestätigungsvermerks der Abschlussprüfer in der Tagesordnung vor. Darüber hinaus verabschiedet die Mitgliederversammlung gemäß den Vorgaben aus § 17 Abs. 1 Ziff. 2, § 58 VGG den jährlichen **Transparenzbericht**, der insbesondere detaillierte Informationen zur Organisation, zum Geschäftsbetrieb und zu den Einnahmen, Kosten und Abzügen im vergangenen Geschäftsjahr sowie über die Beziehungen zu anderen Verwertungsgesellschaften und Tochtergesellschaften enthält. Dieser wird mit der Tagesordnung fünf Wochen vor dem Termin der Mitgliederversammlung auf der GEMA-Website veröffentlicht.

b) Die Entlastung des Vorstands und des Aufsichtsrats

Durch die **Entlastung** spricht die Mitgliederversammlung dem Vorstand bzw. Auf- 98
sichtsrat ihr verbindliches Einverständnis mit der Art und Weise der Geschäftsführung bzw. Amtsausübung aus. Die Geschäftsordnung für den Aufsichtsrat[90] trifft keine Regelung für den Fall, dass dem Aufsichtsrat die Entlastung verweigert wird. Auch hinsichtlich der Entlastung des Vorstands bestehen keine entsprechenden Regelungen. Es

---

89 Vgl. Antrag zu TOP 15 zur ordentlichen Mitgliederversammlung 2016.
90 Abgedruckt unten nach § 13 Satzung, Aufsichtsrat.

dürften aber allgemeine gesellschaftsrechtliche Grundsätze über die Entlastung von Aufsichtsratsmitgliedern anwendbar sein, etwa aus dem Aktienrecht (vgl. § 120 AktG, § 46 Nr. 5 GmbHG). Rechtsnatur und Wirkung der Entlastung sind allerdings sehr umstritten. Nach wohl herrschender Meinung schafft die Entlastung durch die Mitgliederversammlung einen Vertrauenstatbestand, der im Vereinsrecht dazu führt, dass Schadensersatz- und Bereicherungsansprüche erlöschen.[91] Das betrifft aber nur die Ansprüche wegen solcher Tatsachen, die den Mitgliedern bekannt oder nach dem Rechenschaftsbericht (vgl. §§ 27 Abs. 3, 666 BGB) erkennbar waren.[92] Einen Anspruch auf Entlastung gibt es nicht, da sich Vertrauen nicht erzwingen lässt.[93]

c) Die Wahl und die Abberufung der Mitglieder des Aufsichtsrats und die Wahl und die Abberufung der in die Zuständigkeit der Mitgliederversammlung fallenden Ausschüsse und Kommissionen sowie die Beschlussfassung über die Sitzungsgelder

99 Die **Wahl des Aufsichtsrates** zählt gemäß § 18 Ziff. 2 VGG zu den obligatorischen Kompetenzen der Mitgliederversammlung. Sie ist in § 11 a) Abs. 1, § 13 Ziff. 1 Satzung und Ziff. I. der Wahlordnung geregelt (siehe unten, **Rn. 139–148, 178–184**).

100 Die Mitgliederversammlung wählt zudem folgende Ausschüsse und Kommissionen:
- Beschwerdeausschuss, § 16C Ziff. 4 Satzung
- Sitzungsgeldkommission, § 16D Ziff. 2 Satzung
- Werkausschuss, § 1 Abs. 2 Geschäftsordnung für den Werkausschuss
- Wertungsausschuss Komponisten E, § 1 (2) Geschäftsordnung für das Wertungsverfahren der Komponisten in der Sparte E
- Wertungsausschuss Textdichter E, § 1 Geschäftsordnung für das Wertungsverfahren der Textdichter in der Sparte E
- Wertungsausschuss U, § 1 (2) Abs. 1 Geschäftsordnung für das Wertungsverfahren in der Unterhaltungs- und Tanzmusik
- Schätzungskommission, § 1 (2) Abs. 1 Geschäftsordnung für das Schätzungsverfahren der Bearbeiter.

101 Die Mitglieder der Ausschüsse und Kommissionen werden nach den Grundsätzen gewählt, die für die Wahl der Mitglieder des Aufsichtsrates gelten. Auch die Abberufung von Ausschuss- und Kommissionsmitgliedern wäre – mangels einer anderweitigen Regelung – in analoger Anwendung von § 11 a) Satzung durchzuführen.

102 Um der allgemeinen gesellschaftlichen Entwicklung und den Empfehlungen des Deutschen Corporate Governance Kodex[94] Rechnung zu tragen, wurde durch Beschluss der ordentlichen Mitgliederversammlung 2017[95] in § 10 Ziff. 6 c) der Satzung das Ziel verankert, den Anteil von Frauen in allen Gremien der GEMA zu stärken. Dieses Ziel soll u.a. dadurch erreicht werden, dass Kandidaturen von Frauen durch eine aktive Ansprache und entsprechende Kommunikationsmaßnahmen gefördert werden. Als Signal zur Stärkung dieser Bemühungen wurde in § 16 C. Ziff. 4 der Satzung für den Beschwerdeausschuss und in den verschiedenen Geschäftsordnungen der weiteren von der Mitgliederversammlung zu wählenden Ausschüsse und Kommissionen zudem eine Regelung

---

91 BGHZ 24, 47, 54; Münchener Kommentar-*Reuter*, § 27 Rn. 47; Sauter/Schweyer/Waldner-*Waldner*, Der eingetragene Verein, Rn. 289.
92 Münchener Kommentar-*Reuter*, § 27 BGB Rn. 47 mwN.
93 K. *Schmidt*, ZGR 1978, 425, 440; BGHZ 94, 324; Münchener Kommentar-*Reuter*, § 27 BGB Rn. 48.
94 Vgl. Ziffer 5.4. des Deutschen Corporate Governance Kodex http://www.dcgk.de/de/kodex.html.
95 Vgl. Antrag zu TOP 13 zur ordentlichen Mitgliederversammlung 2017.

verankert, nach der der Aufsichtsrat das Ziel der Stärkung des Anteils von Frauen bei der Auswahl seiner Wahlvorschläge berücksichtigt.

Darüber hinaus beschließt die Mitgliederversammlung über die Sitzungsgelder, die die Mitglieder des Aufsichtsrats, der Ausschüsse und Kommissionen für ihre Tätigkeit erhalten. Diese Kompetenz wurde durch Beschluss der ordentlichen Mitgliederversammlung 2016 von der bislang zuständigen Sitzungsgeldkommission auf die Mitgliederversammlung übertragen, um den Vorgaben aus § 18 Abs. 1 VGG zu entsprechen, wonach die Mitgliederversammlung über die Vergütung und sonstigen Leistungen der Mitglieder des Aufsichtsrats zu entscheiden hat. In diesem Zusammenhang wurden auch § 5a und § 16 D Satzung dahingehend angepasst, dass die Sitzungsgeldkommission der Mitgliederversammlung in Anlehnung an die bewährte Praxis Vorschläge über die Höhe der Sitzungsgelder für den Aufsichtsrat sowie die Ausschüsse und Kommissionen unterbreitet, die anschließend durch die Mitgliederversammlung beschlossen werden (siehe unten **Rn. 261ff.**).[96] 103

d) Die Ernennung von Ehrenpräsidenten und die Verleihung von Ehrenmitgliedschaften auf Vorschlag des Aufsichtsrates

Mit Stand 31.3.2018 waren dies: 104

Ehrenpräsidenten:	Prof. Dr. Reinhold Kreile Prof. Dr. jur. h.c. Erich Schulze †
Ehrenmitglieder:	Prof. Harald Banter Prof. Christian Bruhn Klaus Doldinger Dr. Peter Hanser-Strecker Karl-Heinz Klempnow Prof. Dr. Hans Wilfred Sikorski Prof. Karl Heinz Wahren Hartmut Westphal Bruno Balz † Richard Bars † Prof. Jürg Baur † Prof. Werner Egk † Dr. Hans Gerig † Prof. Dr. Dr. h.c. Joseph Haas † Hans Hee † Kurt Hertha † Heinz Korn † Peter Jona Korn † Eduard Künneke † Jo Plée † Dr. Willy Richartz † Prof. Dr. Georg Schumann † Günter Schwenn † Dr. Hans Sikorski † Dr. Dr. h. c. Ludwig Strecker †

96 Vgl. Antrag zu TOP 15 zur ordentlichen Mitgliederversammlung 2016.

e) Die Beschlussfassung über Satzungsänderungen

105 Die Zuständigkeit der Mitgliederversammlung für Satzungsänderungen entspricht den Vorgaben des § 17 Abs. 1 Ziff. 1 VGG. Für das Verfahren bei Beschlüssen über Satzungsänderungen sind folgende Satzungsregelungen zu beachten:

– § 11 b) Satzung (²/₃-**Mehrheit** in jeder Berufsgruppe und **Einstimmigkeit** der drei Berufsgruppen Komponisten, Textdichter und Verleger; siehe unten **Rn. 150 f.**) und
– § 19 Satzung (Beachtung der gesetzlichen Vorschriften. Dies ist ein Verweis auf die in § 88 Abs. 2 VGG vorgeschriebene **Unterrichtung** des Deutschen Patent- und Markenamtes über jede Satzungsänderung und das Erfordernis einer Genehmigung durch die zuständige Senatsverwaltung gemäß § 33 Abs. 2 BGB; siehe unten **Rn. 296 ff.**).

f) Die Beschlussfassung über Änderungen des Berechtigungsvertrages

106 Auch für Änderungen des Berechtigungsvertrages sind eine **²/₃-Mehrheit** in jeder Berufsgruppe und **Einstimmigkeit** der drei Berufsgruppen erforderlich, vgl. § 15 Berechtigungsvertrag iVm § 11 b) Satzung. Die Satzung der GEMA sah bereits von jeher die Zuständigkeit der Mitgliederversammlung für die Änderung des Berechtigungsvertrags vor. Gesetzlich ist das nunmehr auch durch § 17 Abs. 1 Ziff. 15 VGG vorgeschrieben, soweit es um die zum Tätigkeitsbereich der Verwertungsgesellschaft gehörenden Rechte geht.

g) Die Beschlussfassung über Änderungen des Verteilungsplans

107 Die in der GEMA-Satzung seit jeher vorgesehene Zuständigkeit der Mitgliederversammlung für Änderungen des Verteilungsplans entspricht auch den Vorgaben des Verwertungsgesellschaftengesetzes (§ 17 Abs. 1 Ziff. 6 VGG). Die GEMA und der deutsche Gesetzgeber gehen mit den betreffenden Regelungen über die Anforderungen der VG-Richtlinie hinaus, die der Mitgliederhauptversammlung in Art. 8 Abs. 7 VG-RL lediglich die Entscheidung über die „Grundsätze der Verteilung" zuschreibt. Bei der GEMA basieren dagegen sämtliche Verteilungsregeln auf Beschlussfassungen der Mitgliederversammlung. Indem Änderungen des Verteilungsplans ebenfalls einer **²/₃-Mehrheit** in jeder Berufsgruppe und der **Einstimmigkeit** aller drei Berufsgruppen bedürfen (vgl. § 11 b) Satzung), ist gewährleistet, dass sie von einem breiten Konsens innerhalb der Mitgliedschaft getragen werden.

h) Die Beschlussfassung über die allgemeine Anlagepolitik in Bezug auf die Einnahmen aus den Rechten

108 Gemäß § 17 Abs. 1 Ziff. 8 VGG obliegt der Mitgliederversammlung auch die Beschlussfassung über die allgemeine Anlagepolitik in Bezug auf die Einnahmen aus den Rechten. Diese ist wiederum Grundlage für die Anlagerichtlinie, die die Verwertungsgesellschaft gemäß § 25 VGG aufstellen und einhalten muss, wenn sie Einnahmen aus den Rechten anlegt. Durch Beschluss der ordentlichen Mitgliederversammlung 2016 wurde diese Kompetenz in § 10 Ziff. 6 h) Satzung ergänzt. Darüber hinaus hat die Mitgliederversammlung folgende allgemeine Anlagepolitik der GEMA festgelegt:

> „Die GEMA-Verwaltung berücksichtigt bei der Anlage der Einnahmen aus den Rechten Sicherheit, Liquidität und Rentabilität des Portfolios. Dabei wird sie die Anlagen in angemessener Weise so

streuen, dass eine zu große Abhängigkeit von einem bestimmten Vermögenswert und eine Risikokonzentration im Portfolio insgesamt vermieden werden. Zugelassene Anlageformen sind die in § 1807 Abs. 1 BGB genannten Anlageformen oder andere Anlageformen unter Beachtung der Grundsätze einer wirtschaftlichen Vermögensverwaltung gemäß § 1811 S. 2 BGB."[97]

i) Die Beschlussfassung über die Bedingungen zur Vergabe vergütungsfreier Lizenzen

Die von der ordentlichen Mitgliederversammlung 2016 beschlossenen Neuregelungen in § 10 Ziff. 6 i) Satzung und § 1a des Berechtigungsvertrages[98] dienen der Umsetzung von §§ 11, 17 Abs. 1 Ziff. 16 und 53 Abs. 2 VGG. Nach diesen Vorschriften haben die Verwertungsgesellschaften durch Beschluss der Mitgliederversammlung Bedingungen festzulegen, zu denen ihre Berechtigten jedermann das Recht einräumen können, ihre Werke zu nicht-kommerziellen Zwecken vergütungsfrei zu nutzen. Den Berechtigten soll damit ermöglicht werden, vergütungsfreie Lizenzen für die nicht-kommerzielle Nutzung ihrer Werke zu vergeben (siehe unten, **Kap. 7 Rn. 278 ff.**). 109

j) Die Beschlussfassung über die Auflösung des Vereins

Eine Auflösung des Vereins GEMA ist gemäß § 11 b) der Satzung nur möglich, wenn in jeder Berufsgruppe mindestens **2/3 der abgegebenen Stimmen** dafür sind, wobei die abgegebenen Ja-Stimmen mindestens die Hälfte der insgesamt vorhandenen Zahl der zu der jeweiligen Berufsgruppe gehörenden (ordentlichen) Mitglieder ausmachen müssen. Zudem bedarf auch die Auflösung des Vereins gemäß § 19 Abs. 3 Satzung der Genehmigung durch die zuständige Senatsverwaltung. 110

VII. Stimmrecht, § 10 Ziff. 7 Satzung

1. Stimmrecht der ordentlichen Mitglieder, § 10 Ziff. 7 Abs. 1 Satzung

Das **Stimmrecht** ist das wichtigste Mitverwaltungsrecht eines Vereinsmitgliedes und wird grundsätzlich vom Mitglied persönlich ausgeübt (§ 38 Satz 2 BGB). Es gewährt das Recht zur Teilnahme an der Willensbildung im Verein und ist mit der Mitgliedschaft untrennbar verbunden.[99] Gemäß § 10 Ziff. 7 Abs. 1 Satz 1 Satzung hat jedes ordentliche Mitglied der GEMA in der Mitgliederversammlung **eine Stimme**. Gleiches gilt gemäß § 12 Ziff. 3 Satzung für die Delegierten der außerordentlichen und angeschlossenen Mitglieder. Von der vereinsrechtlich[100] vorgesehenen Möglichkeit, ein nach Aufkommen gestaffeltes Stimmrecht zu regeln oder die Ausübung des Stimmrechts an zusätzliche Voraussetzungen wie eine bestimmte Dauer der ordentlichen Mitgliedschaft anzuknüpfen, macht die GEMA also keinen Gebrauch. Vielmehr haben alle ordentlichen Mitgliedern sowie die Delegierten das gleiche Stimmrecht. 111

Gemäß den Vorgaben aus § 19 Abs. 4 VGG wurde durch Beschluss der ordentlichen Mitgliederversammlung 2016 in § 10 Ziff. 7 Abs. 1 Satzung eine Regelung aufgenommen, wonach sich ordentliche Mitglieder in der Mitgliederversammlung durch einen Stellver- 112

97 Beschluss der Mitgliederversammlung 2017 zu TOP 52, durch den der vorherige Beschluss der Mitgliederversammlung 2016 zu TOP 15 modifiziert wurde.
98 Vgl. Antrag zu TOP 22 zur ordentlichen Mitgliederversammlung 2016.
99 Vgl. *Reichert*, Handbuch des Vereins- und Verbandsrechts, Rn. 1487 ff.
100 Vgl. *Reichert*, Handbuch des Vereins- und Verbandsrechts, Rn. 1489.

treter vertreten lassen können.[101] Dies bedeutet, dass jedes ordentliche Mitglied einen Stellvertreter bevollmächtigen kann, der an seiner Stelle an der Mitgliederversammlung teilnimmt und das Rede- und Stimmrecht ausübt.

113 Voraussetzung für die **Stellvertretung** ist gemäß § 19 Abs. 4 Satz 1 VGG, dass diese nicht zu einem Interessenkonflikt führt. Das in diesem Zusammenhang in § 19 Abs. 4 Satz 2 VGG genannte Beispiel der Vertretung verschiedener Kategorien von Mitgliedern (bei der GEMA z.B. die Vertretung eines Komponistenmitglieds und eines Textdichtermitglieds) stellt allerdings nur eine von vielen denkbaren Konstellationen dar, die einen solchen Konflikt verursachen können. Ebenso können das solidarische Gefüge der Verwertungsgesellschaften und die geordnete Willensbildung der Mitglieder z.B. beeinträchtigt sein, wenn Verwerter wie Labels und Produzenten oder von diesen beauftragte Anwälte als Stellvertreter auftreten und hierdurch auf die Diskussion und Abstimmung in der Mitgliederversammlung Einfluss nehmen. Um die Gefahr solcher Interessenkonflikte zu vermeiden und die gesetzlichen Vorgaben zu konkretisieren, enthält § 10 Ziff. 7 Abs. 1 Satz 3 Satzung weitere Regelbeispiele für das Vorliegen eines Interessenkonflikts. Ein Interessenkonflikt ist demnach in der Regel zu befürchten bei der Bevollmächtigung von

- Mitgliedern anderer Berufsgruppen,
- angeschlossenen oder außerordentlichen Mitgliedern,
- Nutzern oder mit Nutzern wirtschaftlich verflochtenen Personen,
- Personen, die Interessen von Nutzern oder Mitgliedern anderer Berufsgruppen vertreten.

114 Dagegen ist ein Interessenkonflikt in der Regel nicht zu befürchten, wenn ein anderes ordentliches Mitglied derselben Berufsgruppe oder ein naher Angehöriger des Mitglieds bevollmächtigt wird. Als Stellvertreter können also auch vereinsfremde Personen wie z.B. ein Familienmitglied des vertretenen Mitglieds an der Mitgliederversammlung teilnehmen.

115 Darüber hinaus bestimmt § 10 Ziff. 7 Abs. 1 Satz 5 Satzung, dass die Anzahl der ordentlichen Mitglieder, die sich durch denselben Stellvertreter vertreten lassen können, auf die gesetzlich vorgeschriebene Mindestzahl von zehn (§ 19 Abs. 4 Satz 3 VGG) beschränkt ist. Der Stellvertreter ist gemäß § 19 Abs. 4 Satz 5 VGG, § 10 Ziff. 7 Abs. 1 Satz 6 Satzung weisungsgebunden, d.h. er muss entsprechend den Anweisungen der von ihm vertretenen Mitglieder abstimmen. Durch die genannten Bestimmungen in § 10 Ziff. 7 Abs. 1 Satz 3–5 Satzung sollen sowohl die Teilnahme- und Mitbestimmungsmöglichkeiten bei der Mitgliederversammlung im Sinne des Verwertungsgesellschaftengesetzes erweitert als auch dem Interesse der GEMA und ihrer Mitglieder Rechnung getragen werden, den höchstpersönlichen Charakter der Mitgliederversammlung und die Verbundenheit der Versammlungsteilnehmer (vereinsrechtlicher Gedanke) so weit wie möglich zu bewahren.

116 Die Stellvertretung gilt gemäß § 19 Abs. 4 Satz 4 VGG, § 10 Ziff. 7 Abs. 2 Satz 1 Satzung jeweils nur für eine Mitgliederversammlung. Damit die GEMA rechtzeitig prüfen kann, ob die Voraussetzungen für die Stellvertretung (kein Interessenkonflikt, ordnungsgemäße Bevollmächtigung etc.) vorliegen, und die Angaben zum Stellvertreter (Person des Stellvertreters, Anzahl der von ihm vertretenen Mitglieder etc.) in die bei der Mitgliederversammlung zum Einsatz kommenden Systeme für die Einlasskontrolle und

101 Vgl. Antrag zu TOP 16 zur ordentlichen Mitgliederversammlung 2016. Der in der Tagesordnung veröffentlichte Antrag wurde in einer von Aufsichtsrat und Vorstand in die Mitgliederversammlung eingebrachten modifizierten Fassung beschlossen.

Abstimmung übernehmen kann, muss die Stellvertretung gegenüber der GEMA bis zwei Wochen vor Beginn der Mitgliederversammlung unter Verwendung des hierfür vorgesehenen Formulars angezeigt werden, § 10 Ziff. 7 Abs. 2 Satz 1 und 2 Satzung. Im Krankheitsfall des zu vertretenden Mitglieds ist die Anzeige bei Vorlage eines ärztlichen Attests bis drei Werktage vor Beginn der Mitgliederversammlung möglich. Darüber hinaus ist die Vollmachtserteilung an den Stellvertreter unwiderruflich, damit die Dokumentation der an der Mitgliederversammlung teilnehmenden Personen im Abstimmungssystem der GEMA rechtzeitig und rechtssicher erfolgen kann.

Um die Anzeige der Stellvertretung so praktikabel und komfortabel wie möglich zu gestalten, stellt die GEMA ihren Mitgliedern ein Online-Registrierungssystem zur Verfügung, das über die GEMA-Website zu erreichen ist. Um eine Stellvertretung anzuzeigen, muss das Mitglied sich beim Online-Registrierungssystem anmelden und die erforderlichen Angaben zur eigenen Person und zur Person des Stellvertreters machen. Aus diesen Angaben wird ein Vollmachtsformular generiert, das das Mitglied herunterladen, ausdrucken und mit der eigenen Unterschrift sowie der Unterschrift des Stellvertreters per Post innerhalb der oben genannten Frist bei der GEMA einreichen muss. Sofern die Stellvertretung zulässig ist, kann der Stellvertreter für das Mitglied an der Mitgliederversammlung teilnehmen und das Stimmrecht ausüben. 117

2. Stimmrechtsausübung bei Verlagsfirmen, § 10 Ziff. 7 Abs. 3 Satzung

Neben der in § 10 Ziffer 7 Abs. 1 und 2 Satzung geregelten Möglichkeit der gewillkürten Stellvertretung besteht für Verlagsmitglieder auch die hiervon zu unterscheidende, in der Satzung bereits vor Inkrafttreten des Verwertungsgesellschaftengesetzes vorgesehene Möglichkeit, das Stimmrecht unter bestimmten Voraussetzungen für bis zu fünf „eigene" Verlage durch einen Verlagsvertreter auszuüben, § 10 Ziff. 7 Abs. 3 Satzung. Hierbei kommt es auf die Rechtsform des Verlags an: Während Verlagsfirmen, die Einzelfirmen sind, ihr Stimmrecht durch den Inhaber ausüben (§ 10 Ziff. 7 Abs. 3 Satz 1 Satzung), erfolgt die **Stimmrechtsausübung bei Verlagsfirmen, die Gesellschaften sind,** regelmäßig durch einen verfassungsmäßig oder gesellschaftsvertraglich berufenen **Vertreter.** Ein solcher (gesetzlicher) Vertreter darf das Stimmrecht gemäß § 10 Ziff. 7 Abs. 3 Satz 3 Satzung für bis zu fünf Verlage ausüben. Die Stimmrechtsausübung für mehrere Verlage kann mit einer gewillkürten Stellvertretung gemäß § 10 Ziff. 7 Abs. 1 und 2 Satzung kombiniert werden. 118

Beispiel: Ein Verlagsvertreter kann gemäß § 10 Ziff. 7 Abs. 3 Satzung das Stimmrecht für fünf eigene Verlage ausüben und gemäß § 10 Ziff. 7 Abs. 1 Satzung zusätzlich bis zu zehn weitere Verlagsmitglieder vertreten, d.h. insgesamt bis zu 15 Stimmen abgeben.

Ist eine Verlagsfirma rechtlich oder tatsächlich an der Ausübung des Stimmrechts gehindert, kann das Stimmrecht durch einen im Handelsregister eingetragenen Vertreter oder einen **Handlungsbevollmächtigten** iSv § 54 HGB ausgeübt werden. In diesem Fall ist bei der GEMA eine unterzeichnete Handlungsvollmacht einzureichen (siehe hierzu unten **Rn. 123**). Handlungsbevollmächtigter nach § 54 HGB kann jeder im Betrieb des Verlages Beschäftigte sein, wenn er zum Betrieb eines Handelsgewerbes berechtigt ist oder wenn er für bestimmte Arten von Geschäften oder ein einzelnes Geschäft, in diesem Fall also die Stimmabgabe, vom vertretungsberechtigten Organ ermächtigt wird. Die Ermächtigung wird nicht ins Handelsregister eingetragen. Im Innenverhältnis bestehende Beschränkungen sind nach § 54 Abs. 3 HGB für die GEMA nur beachtlich, wenn sie diese kannte oder kennen musste. Die Regelung in § 10 Ziff. 7 Abs. 3 Satz 4 Satzung bezweckt, dass die Stimmabgabe nicht unbedingt durch ein zur Vertretung der Gesellschaft 119 berechtigtes Organ – bei einer GmbH also etwa durch einen oder mehrere Geschäftsführer – erfolgen muss. Stattdessen kann auch ein „normaler" Angestellter die Stimme abgeben, wenn er die Voraussetzungen des § 54 HGB erfüllt. Dass diese Vertreter gemäß § 10 Ziff. 7 Abs. 3 Satz 5 Satzung ständig in dem Verlagsunternehmen verlegerisch oder kaufmännisch tätig sein müssen, stellt letztlich nur eine Konkretisierung der Anforderungen des § 54 HGB dar. Eine nur gelegentliche Tätigkeit – z.B. als Rechtsberater – ist dagegen nicht ausreichend.

120 Praxisrelevant ist vor allem der Fall einer tatsächlichen **Verhinderung des vertretungsberechtigten Organs**, z.B. wenn der Geschäftsführer einer Verlags-GmbH am Tag der Mitgliederversammlung einen anderen Termin hat oder erkrankt ist und ein Angestellter als Handlungsvertreter nach § 54 HGB die Stimme für ihn abgibt. Ist die Ausübung des Stimmrechts durch den Verlag dagegen aufgrund gesetzlicher Vorgaben ausgeschlossen – wie zum Beispiel gemäß § 34 BGB, wenn der Beschluss die Vornahme eines Rechtsgeschäfts oder die Einleitung oder Erledigung eines Rechtsstreits zwischen dem Verein und dem jeweiligen Mitglied betrifft – so kann die Stimmabgabe selbstverständlich auch nicht durch einen Vertreter erfolgen. Ein rechtlicher Hinderungsgrund, bei dem eine Vertretung iSd § 10 Ziffer 7 Abs. 3 Satz 4 Satzung möglich ist, kann daher nur dann vorliegen, wenn die Gesellschaft zum Zeitpunkt der Mitgliederversammlung überhaupt kein vertretungsberechtigtes Organ mehr hat, etwa weil alle Geschäftsführer einer GmbH kurz zuvor abberufen wurden und noch keine neuen bestellt sind. In der Praxis dürfte dies sehr selten sein.

3. Stimmrechtsausübung bei Mitgliedschaft in mehreren Berufsgruppen, § 10 Ziff. 7 Abs. 4 Satzung

121 Wenn ein Mitglied aus der Berufsgruppe der Komponisten oder der Textdichter **gleichzeitig** verfassungsmäßig oder gesellschaftsvertraglich berufener Vertreter eines Musikverlages ist, kann er seine Mitgliedschaftsrechte nur in einer der beiden Berufsgruppen ausüben.

4. Stimmrechtsausübung bei Gesamtvertretung, § 10 Ziff. 7 Abs. 5 Satzung

122 Ist bei einem als Gesellschaft organisierten Verlag nur **Gesamtvertretung** zulässig (d.h. mehrere Personen vertreten die Gesellschaft gemeinsam), wird das Stimmrecht nur von einem der Gesamtvertreter ausgeübt. Der/Die weitere(n) (Gesamt-)Vertreter besitzen in der Mitgliederversammlung lediglich ein Teilnahmerecht.

5. Anzeige der Stimmrechtsausübung, § 10 Ziff. 7 Abs. 6 Satzung

123 Für die Anzeige der Stimmrechtsausübung gelten die in § 10 Ziff. 7 Abs. 2 Satzung geregelten Fristen und Formerfordernisse entsprechend.[102] Die Verlagsfirmen müssen der GEMA daher bis zwei Wochen (im Krankheitsfall bei Vorlage eines Attests: drei Werktage) vor Beginn der Mitgliederversammlung über das auf ihrer Website zur Verfügung gestellte Online-Registrierungssystem mitteilen, wer zur Ausübung des Stimmrechts berechtigt ist (siehe oben **Rn. 117**). Diese Regelung gilt unabhängig davon, ob das Stimmrecht durch den Inhaber, einen verfassungsmäßig oder gesellschaftsvertraglich berufe-

102 Vgl. Antrag zu TOP 16 der ordentlichen Mitgliederversammlung 2016. Der in der Tagesordnung veröffentlichte Antrag wurde in einer von Aufsichtsrat und Vorstand in die Mitgliederversammlung eingebrachten modifizierten Fassung beschlossen.

nen Vertreter oder einen Handlungsbevollmächtigten ausgeübt wird. Sofern der Verlag einen Handlungsbevollmächtigten iSv § 54 HGB in die Mitgliederversammlung entsenden möchte, muss er bei der GEMA zusätzlich eine von ihm unterzeichnete Handlungsvollmacht einreichen. Zu diesem Zweck wird bei der Online-Registrierung des Verlagsvertreters ein entsprechendes Handlungsvollmacht-Formular generiert, das der Verlag ausdrucken, unterschreiben und an die GEMA bis zwei Wochen (im Krankheitsfall bei Vorlage eines Attests: drei Werktage) vor Beginn der Mitgliederversammlung senden muss. Für die Wahrung der Frist ist der Eingang bei der GEMA maßgeblich. Im Anschluss prüft die GEMA, ob die Stimmrechtsausübung zulässig ist. Sofern die Stimmrechtsausübung z.B. aufgrund einer fehlenden Vertretungsbefugnis der als Verlagsvertreter benannten Person unzulässig ist und daher abgelehnt werden muss, werden das Mitglied und der Verlagsvertreter von der GEMA benachrichtigt.

6. Inhaber mehrerer Einzelfirmen, § 10 Ziff. 7 Abs. 7 Satzung

Ist ein Verleger Inhaber mehrerer Einzelfirmen, so steht ihm nur **ein Stimmrecht** zu. 124
Hierdurch wird klargestellt, dass die Regelung nach § 10 Ziff. 7 Abs. 3 Satzung, wonach das Stimmrecht für bis zu fünf Verlage durch denselben Vertreter ausgeübt werden kann, nicht für Verlagsfirmen gilt, die Einzelfirmen sind. Auch für diese besteht dagegen die Möglichkeit der gewillkürten Stellvertretung gemäß § 10 Ziff. 7 Abs. 1 und 2 Satzung (oben **Rn. 112 ff.**).

7. Eingeschränkte Stimmrechte, § 10 Ziff. 7 Abs. 8 Satzung

Angestellte oder Beauftragte von Mitgliedern, deren Mitgliedschaftsrechte nach § 8 125
Ziff. 3 Abs. 2 bzw. § 9 B Abs. 1 Satzung **eingeschränkt** sind, müssen, wenn sie als Vertreter eines Musikverlages auftreten, eine echte Verlagstätigkeit ausüben und dürfen persönlich nicht (gleichzeitig) im Dienste eines Musikverwerters stehen. Da die Rechte des betreffenden Musikverlags ohnehin gem. § 8 Ziff. 3 Abs. 2 bzw. § 9 B Abs. 1 Satzung eingeschränkt sind, ist diese Regelung nicht von praktischer Bedeutung.

8. Verlagsfirmen, § 10 Ziff. 7 Abs. 9 Satzung

Werden Verlagsfirmen, die in wirtschaftlichem und personellem Zusammenhang 126
mit Verlegern oder Musikverwertern außerhalb des Gebietes der Europäischen Union stehen, als ordentliche Mitglieder nach § 8 Ziff. 4 Satzung (also mit Einschränkung der Mitgliedschaftsrechte) aufgenommen, so haben die zu einem **Konzern** iSv § 18 AktG gehörenden Verlage nur eine Stimme. Auch in diesem Fall greift somit nicht die Regelung nach § 10 Ziff. 7 Abs. 3 Satzung, wonach das Stimmrecht für bis zu fünf Verlage durch denselben Vertreter ausgeübt werden kann. Ein Konzern nach § 18 AktG liegt dann vor, wenn ein oder mehrere abhängige Unternehmen unter der einheitlichen Leitung eines herrschenden Unternehmens zusammengefasst sind. Dies wird vom Gesetzgeber angenommen, wenn zwischen den Unternehmen ein Beherrschungsvertrag nach § 291 AktG besteht oder das eine Unternehmen in das andere eingegliedert ist (§ 319 AktG).

Auch wenn keine **Abhängigkeit** besteht, bilden mehrere an sich selbständige Unter- 127
nehmen einen Konzern, wenn sie unter einheitlicher Leitung zusammengefasst sind (sog. Gleichordnungskonzern, § 18 Abs. 2 AktG). Schließlich gibt es den Fall des so genannten faktischen Konzerns, wenn ein Unternehmen von einem anderen abhängig ist (gemäß § 17 Abs. 1 AktG dann, wenn das andere Unternehmen unmittelbar oder mittelbar einen beherrschenden Einfluss ausüben kann), ohne dass ein Beherrschungsvertrag existiert.

128 Für die GEMA relevant sind vor allem die konzernrechtlich organisierten **Majors**, also die großen Musikverwerter, deren Verlagsgesellschaften meist in den Konzern eingebunden sind.

VIII. Elektronische Ausübung von Mitgliedschaftsrechten, § 10 Ziff. 8 Satzung

129 Gemäß § 19 Abs. 3 VGG haben die Verwertungsgesellschaften Voraussetzungen zu regeln, unter denen ihre Mitglieder an der Mitgliederversammlung ohne Anwesenheit vor Ort und ohne Vertreter teilnehmen und ihr Stimmrecht im Wege elektronischer Kommunikation ausüben können.[103] Zur Umsetzung dieser Vorschrift wurde § 10 Satzung durch Beschluss der ordentlichen Mitgliederversammlung 2016 um eine Regelung ergänzt,[104] die Folgendes vorsieht:

130 Alternativ zur Stimmrechtsausübung in der Mitgliederversammlung (so genanntes **„Präsenz-Voting"**) können die ordentlichen Mitglieder und Delegierten ihr Stimmrecht im Vorfeld der Mitgliederversammlung – d.h. in einem bestimmten Zeitraum zwischen der Veröffentlichung der Tagesordnung und dem Versammlungstermin – mittels eines internetbasierten Wahl- und Abstimmungssystems ausüben (so genanntes **„E-Voting"**). Darüber hinaus haben nichtanwesende ordentliche Mitglieder und Delegierte die Möglichkeit, die Versammlung ihrer Berufsgruppe sowie die Hauptversammlung per **Live-Stream** zu verfolgen, vgl. § 10 Ziff. 8 Abs. 1 Satzung.

131 Für die Stimmrechtsausübung per E-Voting und die Teilnahme per Live-Stream gelten aus organisatorischen und rechtlichen Gründen jedoch folgende Voraussetzungen und Einschränkungen:

- Die Stimmrechtsausübung per E-Voting und die Teilnahme an der Mitgliederversammlung per Live-Stream setzen voraus, dass das Mitglied die hierfür geltenden Fristen und **Authentifizierungsanforderungen** einhält. Diese werden vom Aufsichtsrat in einer Geschäftsordnung (vgl. die oben abgedruckte Geschäftsordnung für E-Voting und Live-Stream und zum praktischen Ablauf unten **Rn. 132**) festgelegt, die zu veröffentlichen ist (vgl. § 10 Ziff. 8 Abs. 4 Satzung).
- Da das E-Voting im Vorfeld der Mitgliederversammlung stattfindet, ist die Stimmrechtsausübung per E-Voting nur hinsichtlich der **in der Tagesordnung veröffentlichten Wahlvorschläge und Beschlussanträge** möglich (vgl. § 10 Ziff. 8 Abs. 2 Satzung). Über Anträge und Wahlvorschläge, die erst in der Mitgliederversammlung erfolgen (Bsp.: Verfahrensanträge, Änderungsanträge, ggf. erforderliche Nachnominierungen bei den Wahlen), kann dagegen nicht per E-Voting abgestimmt werden.
- Die Stimmrechtsausübung per E-Voting muss **durch das Mitglied persönlich** erfolgen und kann nicht auf einen Stellvertreter übertragen werden. Zudem ist die Stimmrechtsausübung per E-Voting **unwiderruflich**, d.h. eine Stimmrechtsausübung in der Mitgliederversammlung ist nicht mehr möglich, sobald das Mitglied seine Stimme per E-Voting abgegeben hat (vgl. § 10 Ziff. 8 Abs. 2 Satzung).

---

103 Indem der deutsche Gesetzgeber die Verwertungsgesellschaften verpflichtet, eine elektronische Mitgliederhauptversammlung mit der Möglichkeit einer elektronischen Stimmrechtsausübung durchzuführen, unterwirft er sie strengeren Anforderungen als sie etwa für börsennotierte Aktiengesellschaften gelten: § 118 Abs. 1 S. 2 AktG enthält eine bloße Kannvorschrift, wonach die AG vorsehen kann, dass die Aktionäre sämtliche oder einzelne ihrer Rechte ganz oder teilweise im Wege elektronischer Kommunikation ausüben können. Vgl. vor diesem Hintergrund die Kritik an § 19 Abs. 3 VGG bei *Holzmüller*, ZUM 2016, 88, 89.

104 Vgl. Antrag zu TOP 17 zur ordentlichen Mitgliederversammlung 2016.

- Ordentliche Mitglieder, die sich in der Mitgliederversammlung **vertreten lassen oder andere Mitglieder vertreten**, können nicht am E-Voting teilnehmen, da sie sich durch die Übernahme der Vertretung bzw. die Bevollmächtigung eines anderen Mitglieds für das Präsenz-Voting in der Mitgliederversammlung entschieden haben (vgl. § 10 Ziff. 8 Abs. 3 Satzung).
- Die gewählten **Stellvertreter der Delegierten** sind grundsätzlich nicht zur Stimmrechtsausübung per E-Voting berechtigt, da in der Regel erst zu Beginn der Mitgliederversammlung feststeht, ob und welche Stellvertreter anstelle der abwesenden Delegierten an der Versammlung teilnehmen können und dort stimmberechtigt sind (vgl. § 12 Ziff. 3 Abs. 2 Satzung).

Auf der Grundlage dieser Bestimmungen hat die GEMA ein Verfahren entwickelt, **132**
das für die Mitglieder eine komfortable und rechtssichere Ausübung ihrer Mitgliedschaftsrechte per E-Voting und Live-Stream gewährleistet. Dieses Verfahren umfasst folgende Schritte (siehe hierzu auch die untenstehende Übersicht):
- **Schritt 1:** Die ordentlichen Mitglieder und Delegierten erhalten mit der Einladung zur Mitgliederversammlung **Zugangsdaten** für die Online-Registrierung zur Mitgliederversammlung auf der GEMA-Website.
- **Schritt 2:** Mit diesen Zugangsdaten können sich die Mitglieder u.a. für die Stimmrechtsausübung per E-Voting und die Teilnahme per Live-Stream (so genanntes „Online-Paket") fünf bis vier Wochen vor dem Termin der Mitgliederversammlung beim Online-Registrierungssystem **anmelden.** Für das Online-Paket wird ein Kostenbeitrag in Höhe von EUR 10,00 (zzgl. USt.) erhoben, der auf dem jeweiligen Mitgliedskonto belastet wird (vgl. § 1 der Geschäftsordnung für E-Voting und Live-Stream).
- **Schritt 3:** Nach erfolgreicher Registrierung erhält das Mitglied seine persönlichen **Authentifizierungsdaten** für das E-Voting und für den Live-Stream mit Informationen zur Anmeldung beim E-Voting-System und Live-Stream-Portal per Post zugesandt (in Deutschland per Übergabeeinschreiben, im Ausland soweit möglich nach vergleichbaren Zustellungsmodalitäten) (vgl. § 2 der Geschäftsordnung für E-Voting und Live-Stream).
- **Schritt 4:** Mit den Authentifizierungsdaten für das E-Voting kann sich das Mitglied drei bis zwei Wochen vor der Mitgliederversammlung bei dem über die GEMA-Website zur Verfügung gestellten E-Voting-System anmelden und seine Stimme zu den in der Tagesordnung veröffentlichten Wahlvorschlägen und Beschlussanträgen abgeben. Die **Stimmabgabe** erfolgt geheim mittels eines elektronischen Stimmzettels (vgl. § 3 der Geschäftsordnung für E-Voting und Live-Stream). Nach Vollzug der Stimmabgabe per E-Voting ist eine Stimmabgabe in der Mitgliederversammlung (Präsenz-Voting) nicht mehr möglich (vgl. § 3 Abs. 2 Satz 4 der Geschäftsordnung für E-Voting und Live-Stream).
- **Schritt 5:** Mit den Authentifizierungsdaten für den **Live-Stream** kann sich das Mitglied während der Mitgliederversammlung bei dem auf der GEMA-Website zur Verfügung gestellten Live-Stream-Portal anmelden und die Versammlung seiner Berufsgruppe sowie die Hauptversammlung verfolgen (vgl. § 5 der Geschäftsordnung für E-Voting und Live-Stream).

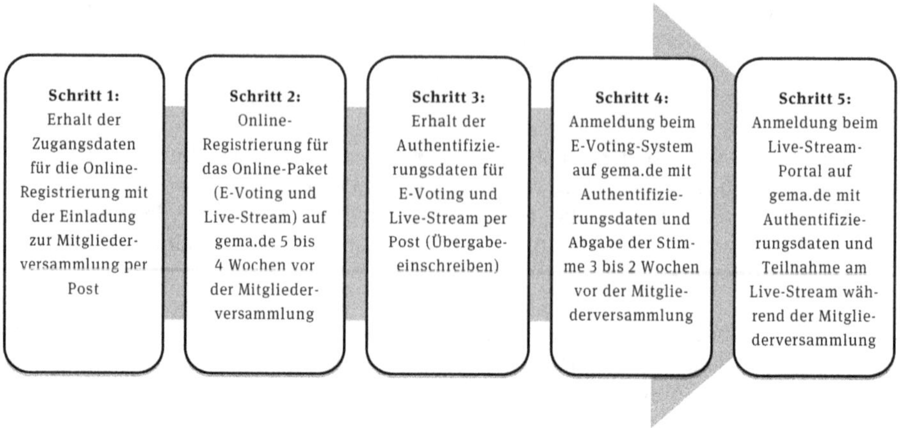

133 Neben den oben genannten Änderungen in § 10 Satzung hatte die Einführung der Möglichkeit des E-Voting einige Änderungen in § 11 a) Satzung und der Versammlungs- und Wahlordnung zur Folge, die sowohl das Verfahren bei Abstimmungen über Anträge (siehe unten **Rn. 134**) als auch das Verfahren bei der Wahl des Aufsichtsrats (Einrichtung eines ständigen Wahlausschusses und Wahl mit relativer Mehrheit, siehe unten **Rn. 140, 143f.**) betreffen. Da die Möglichkeit des E-Voting auch für die von der Mitgliederversammlung zu wählenden Ausschüsse und Kommissionen wie z.B. den Beschwerdeausschuss oder den Werkausschuss gilt, mussten darüber hinaus die betreffenden Bestimmungen in der Satzung und in den Geschäftsordnungen angepasst werden.[105]

IX. Versammlungsordnung, § 10 Ziff. 9 Satzung

134 Die Mitgliederversammlung wird nach einer von ihr beschlossenen **Versammlungsordnung** abgehalten,[106] welche gemäß § 10 Ziff. 9 Bestandteil der Satzung ist und die daher selbst Satzungsrang hat. Inhaltlich regelt sie die Durchführungsformalien der Mitgliederversammlung – das ist gemäß § 5 lit. a Satzung die Versammlung der ordentlichen Mitglieder –, die aus den so genannten **Berufsgruppenversammlungen** und der **Hauptversammlung** besteht (vgl. Ziff. I.1. Versammlungsordnung). Der zeitliche Ablauf der Mitgliederversammlung gestaltet sich in der Regel wie folgt:

- Am Tag vor der Mitgliederversammlung findet die Versammlung der außerordentlichen und angeschlossenen Mitglieder statt (vgl. § 12 Ziff. 1 Satzung). In dieser Versammlung, die unter Vorsitz des Aufsichtsratsvorsitzenden oder eines seiner Stellvertreter abgehalten wird, erstattet der Vorstand den Geschäftsbericht und steht der Versammlung zur Auskunftserteilung (Fragen zum Geschäftsbericht, Tagesordnung, Verschiedenes) zur Verfügung. Darüber hinaus wählen die außerordentlichen und angeschlossenen Mitglieder alle drei Jahre in getrennten Berufsgruppenversammlungen ihre bis zu 64 Delegierten (siehe unten **Rn. 156–170**).
- Am darauffolgenden Tag beginnt die eigentliche Mitgliederversammlung mit den so genannten Berufsgruppenversammlungen (vgl. Ziff. III. Versammlungsordnung).

105 Vgl. Antrag zu TOP 17 zur ordentlichen Mitgliederversammlung 2016.
106 Vgl. Versammlungsordnung in der Fassung vom 23./24. Mai 2017, abgedruckt oben nach § 10 Satzung.

Dies bedeutet, dass sich die ordentlichen Mitglieder, die Stellvertreter der ordentlichen Mitglieder und die Delegierten getrennt nach den drei Berufsgruppen (Komponisten, Textdichter und Verleger) treffen, um über die Tagesordnung zu beraten und über diejenigen Tagesordnungspunkte abzustimmen, für die eine nach Berufsgruppen getrennte Abstimmung vorgeschrieben ist. Gemäß § 11 a) und b) Satzung betrifft dies u.a. die Wahl des Aufsichtsrats und Änderungen der Satzung, des Berechtigungsvertrags und des Verteilungsplans. Die Tagesordnungspunkte werden dabei in der von der Tagesordnung vorgesehenen Reihenfolge behandelt, sofern die jeweilige Berufsgruppenversammlung nicht mit einfacher Mehrheit eine Abweichung von dieser Reihenfolge beschließt (vgl. Ziff. III.3. iVm Ziff. II.1. (2) Versammlungsordnung sowie unten **Rn. 149 ff.**). Das Abstimmungsergebnis der Berufsgruppen kann gemäß Ziff. III.1. Abs. 1 Satz 2 Versammlungsordnung auf Zustimmung, Ablehnung oder Stimmenthaltung lauten. Die Enthaltung einer Berufsgruppe kommt wegen der in § 11 b) Satzung bei wichtigen Entscheidungen verlangten einstimmigen Zustimmung der Berufsgruppen im Ergebnis einer Ablehnung gleich. In das Abstimmungsergebnis fließen neben den in der Berufsgruppenversammlung abgegebenen Stimmen (so genanntes Präsenz-Voting, **Rn. 130**) auch die bereits im Vorfeld der Mitgliederversammlung per E-Voting abgegebenen Stimmen der jeweiligen Berufsgruppe ein. Die Abstimmung erfolgt mittels eines elektronischen Abstimmungssystems, per Stimmzettel oder per Handzeichen. Der Versammlungsleiter bestimmt, welches Verfahren zur Anwendung kommt (vgl. Ziff. III.3. iVm Ziff. II.2.(1) Versammlungsordnung).[107] Da die Stimmrechtsabgabe aufgrund der in § 10 Ziff. 7 Satzung geregelten Stellvertretung (vgl. unten **Rn. 144**) sehr komplex sein kann, wird dies in der Regel die Abstimmung mittels eines elektronischen Abstimmungssystems sein.

- Am letzten Tag findet die **Hauptversammlung** statt, bei der sich alle an der Mitgliederversammlung teilnehmenden ordentlichen Mitglieder, die Stellvertreter der ordentlichen Mitglieder und die Delegierten der drei Berufsgruppen treffen. Hierbei werden die Tagesordnungspunkte nochmals in der in der Tagesordnung vorgesehenen Reihenfolge behandelt, gegebenenfalls zur Abstimmung gestellt und zu jedem Tagesordnungspunkt das Beschlussergebnis festgestellt (vgl. Ziff. II.1. Versammlungsordnung sowie unten **Rn. 149–155**).

Die Hauptversammlung und die Berufsgruppenversammlungen sind **nichtöffentlich**, d.h. Dritte haben grundsätzlich kein Recht zur Teilnahme.[108] Auch die in § 10 Ziff. 8 Satzung geregelte Möglichkeit, die Mitgliederversammlung per Live-Stream zu verfolgen, ändert hieran nichts, weil der Live-Stream nur für ordentliche Mitglieder und Delegierte nach entsprechender Authentifizierung zur Verfügung steht. Jedoch sieht Ziff. I.2. Versammlungsordnung Ausnahmen vom Grundsatz der Nichtöffentlichkeit vor. So sind neben den gesetzlich zur Anwesenheit befugten Personen – hierzu zählen z.B. die gemäß § 85 Abs. 4 VGG zur Teilnahme Beauftragten der Aufsichtsbehörde, also des Deutschen Patent- und Markenamtes – und dem Vorstand folgende weitere Personengruppen automatisch als Gäste zugelassen: 135

- Die erforderliche Anzahl von **Begleitern hilfsbedürftiger Personen** iSd Ziff. I.2. Abs. 4 Versammlungsordnung. Voraussetzung für die Mitnahme einer Begleitperson ist, dass dies der GEMA spätestens eine Woche vor Beginn der Mitgliederversammlung schriftlich unter Beifügung der zur Prüfung der Hilfsbedürftigkeit erforder-

107 Vgl. Antrag zu TOP 17 zur ordentlichen Mitgliederversammlung 2016.

108 Dies entspricht allgemeinen vereinsrechtlichen Grundsätzen; vgl. *Stöber*, Handbuch zum Vereinsrecht, Rn. 712.

lichen Dokumente (Kopie eines ärztlichen Attestes oder eines Schwerbehindertenausweises) angezeigt wird.

- Jeweils bis zu zwei Vertreter der mit den Kurien verbundenen **Berufsverbände**. Diesen soll die Möglichkeit gegeben werden, ihre Mitglieder über die Beratungen und Ergebnisse der Mitgliederversammlung zu informieren.
- Die **vom Vorstand hinzugezogenen** Redner, GEMA-Mitarbeiter, Rechtsberater und sonstige Personen. Diese Personen sind insbesondere deshalb zugelassen, um den Mitgliedern ausreichende Informationen, die ggf. für die Abstimmung über die einzelnen Tagesordnungspunkte erforderlich sein können, zu vermitteln.

136 Daneben kann die Mitgliederversammlung weitere Personen durch einen Beschluss mit einfacher Mehrheit als Gäste zulassen. Die zur Anwesenheit befugten oder als Gäste zugelassenen Personen haben nur ein Teilnahmerecht an der Mitgliederversammlung. Die aus der Mitgliedschaft erwachsenden Teilhaberechte wie das Antrags-, Rede-, und Stimmrecht stehen ihnen dagegen nicht zu.[109]

X. Regelung zur Geltendmachung der Unwirksamkeit von Beschlüssen der Mitgliederversammlung, § 10 Ziff. 10 Satzung

137 Bei einer Stimmrechtsausübung per E-Voting und einer Übertragung per Live-Stream können **technische Störungen** und Manipulationen von außen nie völlig ausgeschlossen werden. Daher besteht eine erhöhte Gefahr, dass die im Wege elektronischer Kommunikation ausgeübten Rechte durch eine technische Störung verletzt und sämtliche Beschlüsse der Mitgliederversammlung aus diesem Grunde gerichtlich angegriffen und für unwirksam erklärt werden könnten. Um dies zu vermeiden, wurde § 10 Satzung durch Beschluss der ordentlichen Mitgliederversammlung 2016[110] um eine Ziffer 10 ergänzt, nach der die Geltendmachung der Unwirksamkeit von Beschlüssen nicht auf eine durch technische Störung hervorgerufene Verletzung der elektronischen Mitwirkungsrechte gestützt werden kann, es sei denn, der GEMA ist grobe Fahrlässigkeit oder Vorsatz vorzuwerfen.[111] Darüber hinaus kann die Geltendmachung der Unwirksamkeit auch nicht auf die Verletzung von Verfahrensvorschriften gestützt werden, soweit sich die Verletzung nicht auf die Beschlussfassung ausgewirkt hat.

138 Des Weiteren regelt § 10 Ziff. 10 Satzung, dass die Unwirksamkeit eines Beschlusses der Mitgliederversammlung nur im Wege der **Klage** geltend gemacht werden kann. Die Klage ist innerhalb von sechs Wochen nach der Beschlussfassung zu erheben. Klagebefugt ist

- jedes in der Mitgliederversammlung erschienene Mitglied, sofern es gegen den Beschluss Widerspruch zum Protokoll erklärt hat (entspricht § 245 Ziff. 1 AktG), und
- jedes nicht erschienene Mitglied, sofern es sich darauf beruft, dass es zur Mitgliederversammlung zu Unrecht nicht zugelassen worden sei oder dass die Versammlung nicht ordnungsgemäß einberufen oder der Gegenstand der Beschlussfassung nicht ordnungsgemäß bekanntgemacht worden sei (entspricht § 245 Ziff. 2 AktG).

---

109 Vgl. Begründung des Antrags zu TOP 9 zur ordentlichen Mitgliederversammlung 2011.

110 Vgl. den Antrag zu TOP 17 zur ordentlichen Mitgliederversammlung 2016.

111 Vgl. hierzu auch die entsprechende Regelung in § 243 Abs. 3 Ziff. 1 AktG sowie den in der Gesetzesbegründung zu § 19 Abs. 3 VGG enthaltenen Regelungsauftrag, wonach die Verwertungsgesellschaft die Folgen technischen Versagens regeln soll.

§ 11 [Abstimmung nach Berufsgruppen]

a) Jede der drei Berufsgruppen (Komponisten, Textdichter, Verleger) wählt die für sie im Aufsichtsrat vorgesehenen Mitglieder getrennt. Innerhalb der einzelnen Berufsgruppen erfolgt die Wahl mit relativer Mehrheit. Die Abberufung erfolgt stets mit Zweidrittelmehrheit. Falls dreiviertel der in jeder der beiden anderen Berufsgruppen anwesenden Stimmen mit der Wahl eines in einer anderen Berufsgruppe gewählten Mitglieds nicht einverstanden sind, muss die Berufsgruppe eine Neuwahl vornehmen, es sei denn, dass sie den zuerst Gewählten mit dreiviertel ihrer Stimmen wiederwählt.

b) Satzungsänderungen, Änderungen des Berechtigungsvertrages, Änderungen des Verteilungsplanes und Beschlüsse über die Auflösung des Vereins werden getrennt nach Berufsgruppen beschlossen, wobei jede Berufsgruppe eine Stimme hat und Satzungsänderungen, Änderungen des Berechtigungsvertrages, Änderungen des Verteilungsplanes und Beschlüsse über Auflösung des Vereins nur wirksam sind, wenn Einstimmigkeit der drei Berufsgruppen vorliegt. § 20 bleibt unberührt.
Innerhalb der Berufsgruppen erfolgt die Abstimmung in der Weise, dass zu jedem Beschluss Zweidrittelmehrheit erforderlich ist, und zwar im Falle der Auflösung des Vereins mit der Maßgabe, dass die Zweidrittelmehrheit mindestens die Hälfte der insgesamt vorhandenen Zahl der zu der jeweiligen Berufsgruppe gehörenden Mitglieder ausmachen muss.

Übersicht

I. Wahl der Aufsichtsratsmitglieder, § 11 a) Satzung und Wahlordnung

139 Jede der drei Berufsgruppen wählt ihre Mitglieder für den Aufsichtsrat getrennt in den üblicherweise am ersten Tag der Mitgliederversammlung stattfindenden Berufsgruppenversammlungen (s. oben, **Rn. 134**). Das Verfahren für die **Wahl des Aufsichtsrats** und seiner Stellvertreter ist in § 11 a) Satzung und in der von der Mitgliederversammlung beschlossenen **Wahlordnung,**[112] welche Bestandteil der Satzung ist (vgl. § 10 Ziff. 9 Satzung), geregelt. Die Regelungen für die Aufsichtsratswahl finden regelmäßig entsprechende Anwendung auf die Wahl der anderen durch die Mitgliederversammlung zu wählenden Ausschüsse und Kommissionen.[113] Aufgrund der Einführung des so genannten E-Voting – d.h. der Möglichkeit, das Stimmrecht gemäß § 10 Ziff. 8 Satzung bereits im Vorfeld der Mitgliederversammlung mittels eines internetbasierten Wahl- und Abstimmungssystems auszuüben (oben, **Rn. 129–133**) – wurden die Regelungen zur Wahl des Aufsichtsrats durch Beschluss der ordentlichen Mitgliederversammlung 2016[114] teilweise geändert.

140 Folge der Stimmrechtsausübung per E-Voting ist zum einen, dass sämtliche **Kandidatenvorschläge** für die Wahl des Aufsichtsrats und der sonstigen von der Mitgliederversammlung zu wählenden Gremien bereits **im Vorfeld** der Mitgliederversammlung, in der die Wahlen stattfinden, eingereicht und in der Tagesordnung veröffentlicht werden müssen. Wahlvorschläge in der Mitgliederversammlung sind dagegen – außer im Fall einer ggf. erforderlichen Nachnominierung – nicht mehr möglich. Für die Entgegennah-

112 Vgl. Wahlordnung in der Fassung vom 23./24. Mai 2017, abgedruckt oben nach § 10 Satzung.
113 Vgl. § 16C. Ziff. 4 Abs. 1 Satzung (Wahl der Berufsgruppenvertreter des Beschwerdeausschusses); § 16D. Ziff. 2 Satz 2 Satzung (Wahl der Berufsgruppenvertreter der Sitzungsgeldkommission); § 1e Abs. 3 Satz 2 Geschäftsordnung für den Werkausschuss (GEMA-Jahrbuch 2017/2018, S. 329), § 1(2) Satz 1 der Geschäftsordnung für das Wertungsverfahren der Komponisten in der Sparte E (GEMA-Jahrbuch 2017/2018, S. 431), § 1(2) Abs. 1 der Geschäftsordnung für das Wertungsverfahren in der Unterhaltungs- und Tanzmusik (GEMA-Jahrbuch 2017/2018, S. 445), § 1(2) Abs. 1 der Geschäftsordnung für das Schätzungsverfahren der Bearbeiter (GEMA-Jahrbuch 2017/2018, S. 454).
114 Vgl. Antrag zu TOP 16 zur ordentlichen Mitgliederversammlung 2016.

me, Prüfung und Zusammenstellung der Wahlvorschläge sowie die Leitung der Wahlen wird von jeder Berufsgruppe ein **„ständiger Wahlausschuss"** gewählt,[115] der aus einem Wahlleiter und einem stellvertretenden Wahlleiter besteht und dessen Amtsdauer jeweils drei Jahre beträgt (vgl. Ziff. I.3. der Wahlordnung). Die Mitglieder des Wahlausschusses müssen ordentliche Mitglieder sein. Um ihre Neutralität sicherzustellen, dürfen sie nicht dem Aufsichtsrat oder einem anderen von der Mitgliederversammlung zu wählenden Gremium angehören und bei den Wahlen dieser Gremien nicht kandidieren.

141 Die ordentlichen Mitglieder und Delegierten der außerordentlichen und angeschlossenen Mitglieder können ihre **Wahlvorschläge** für die Wahl der Aufsichtsratsmitglieder und stellvertretenden Aufsichtsratsmitglieder bei dem für ihre Berufsgruppe zuständigen Wahlausschuss unter Verwendung des hierfür vorgesehenen Formulars einreichen. Die Wahlvorschläge müssen spätestens acht Wochen vor dem Termin der Mitgliederversammlung eingegangen sein. Der Wahlausschuss erstellt aus den Vorschlägen der Mitglieder eine Kandidatenliste (**„Gesamtwahlliste"**), die mindestens Kandidaten in der Zahl der für die jeweilige Berufsgruppe zu wählenden Aufsichtsräte (sechs Komponisten, fünf Verleger oder vier Textdichter; vgl. § 13 Ziff. 1 Satzung) enthält. Die Gesamtwahlliste ist in der Tagesordnung zur Mitgliederversammlung, in der die Wahl stattfindet, zu veröffentlichen (vgl. Ziff. I.3. Wahlordnung).

142 Jedes ordentliche Mitglied und jeder Delegierter hat bei der Wahl **so viele Stimmen**, wie in seiner Berufsgruppe Aufsichtsräte zu wählen sind. Die Stimmabgabe erfolgt dadurch, dass das Mitglied für die jeweils auf der Gesamtwahlliste stehenden Kandidaten seine Stimme abgibt oder sich enthält (vgl. Ziff. I.4. Abs. 1 Wahlordnung).

Beispiel: Die Berufsgruppenversammlung der Komponisten hat 6 Aufsichtsräte zu wählen. Zur Wahl haben sich 10 Kandidaten gestellt. Der oder die Wahlberechtigte kann für maximal 6 dieser Kandidaten eine Stimme vergeben.

143 Die Stimmen können entweder per **E-Voting** im Vorfeld der Mitgliederversammlung (vgl. § 10 Ziff. 8 Satzung) oder per **Präsenz-Voting** während der Mitgliederversammlung durch das Mitglied selbst oder einen von ihm bevollmächtigten Stellvertreter (vgl. § 10 Ziff. 7 Satzung) abgegeben werden.

144 Die Wahl des Aufsichtsrats erfolgt **geheim** mittels eines elektronischen Abstimmungssystems oder per Stimmzettel. Der Wahlleiter bestimmt, welches Verfahren zur Anwendung kommt (vgl. Ziff. I.4. Wahlordnung). Da die Stimmabgabe aufgrund der durch Beschluss der Mitgliederversammlung 2016 eingeführten Stellvertretung (vgl. oben **Rn. 112 ff.**) sehr komplex sein kann, wird dies in der Regel die Wahl mittels eines elektronischen Abstimmungssystems sein. Eine Wahl per Handzeichen ist dagegen nicht mehr praktikabel und daher in der Wahlordnung – anders als vor der Einführung des E-Votings – auch nicht mehr vorgesehen.

Beispiel: Ein ordentliches Mitglied der Berufsgruppe Komponisten kann bis zu zehn weitere ordentliche Mitglieder vertreten. Da die Berufsgruppenversammlung der Komponisten sechs Aufsichtsräte zu wählen hat, hat der Stellvertreter in diesem Fall sowohl sechs eigene als auch 60 „fremde" Stimmen der von ihm vertretenen Mitglieder zu vergeben. Dabei muss der Stellvertreter bei der Vergabe der „Fremdstimmen" die von den jeweiligen Mitgliedern erteilten Weisungen beachten (Mitglied A möchte z.B. die Kandidaten 1–6 wählen, Mitglied B aber die Kandidaten 7–12) und kann die Stimmen daher nicht einfach gebündelt abgeben.

---

115 Die ordentlichen Mitglieder und Delegierten können ihre Wahlvorschläge für die Wahl des Wahlausschusses ebenfalls bis spätestens 8 Wochen vor der Mitgliederversammlung bei der GEMA einreichen. Die Wahl des „ständigen Wahlausschusses" hat erstmalig in der ordentlichen Mitgliederversammlung 2017 stattgefunden.

Neben der Einrichtung eines ständigen Wahlausschusses bedingte die Einführung der Stimmrechtsausübung per E-Voting auch eine Änderung der für die Aufsichtsratswahl geltenden **Quoren**. Nach der früheren Regelung galt für die Wahl in den Aufsichtsrat (und die sonstigen Gremien) die einfache Mehrheit (= gewählt ist nur, wer mehr als 50% der abgegebenen Stimmen erreicht). Dies führte in der Regel dazu, dass pro Wahl mehrere Wahlgänge durchgeführt werden mussten, da die einfache Mehrheit nicht von der erforderlichen Anzahl an Kandidaten erreicht wurde. Die per E-Voting abgegebenen Stimmen hätten bei Beibehaltung dieses Verfahrens jeweils nur im ersten Wahlgang berücksichtigt werden können, weil erst nach Durchführung der Wahl in der Mitgliederversammlung unter Berücksichtigung der vor Ort anwesenden Stimmen feststeht, welche Kandidaten die einfache Mehrheit nicht erreicht haben und für einen weiteren Wahlgang zur Verfügung stehen. Um dies zu vermeiden, wurde die Regelung durch Beschluss der Mitgliederversammlung 2016[116] dahin gehend angepasst, dass die Wahlen nunmehr grundsätzlich nur noch in **einem Wahlgang mit relativer Mehrheit** durchgeführt werden (vgl. § 11 a) der Satzung und Ziff. I.2 Wahlordnung). Gewählt sind damit die Kandidaten, die die meisten Stimmen erhalten haben, auch wenn weniger als 50% der an der Wahl teilnehmenden Mitglieder und Delegierten für sie gestimmt haben. Ungültige Stimmen und Stimmenthaltungen gelten nicht als abgegebene Stimmen und werden nicht gezählt. 145

Sofern es im ersten Wahlgang zu einem unklaren Wahlergebnis wegen Stimmengleichheit mehrerer Kandidaten kommt, ist eine **Stichwahl** zwischen diesen durchzuführen. In dem – äußerst unwahrscheinlichen – Fall, dass auch die Stichwahl wegen Stimmengleichheit der Kandidaten kein klares Wahlergebnis liefert, ist die Wahl durch ein vom Wahlleiter gezogenes Los zu entscheiden (Ziff. I.2. Satz 3 und 4 Wahlordnung). Durch dieses Verfahren wird vermieden, dass Wahlen bei unklaren Ergebnissen wegen Stimmengleichheit ggf. unbegrenzt wiederholt werden müssen.[117] 146

Grundsätzlich ist **jede Berufsgruppe** in der Wahl ihrer Aufsichtsratsmitglieder **autonom.** Erklären sich jedoch zwei Berufsgruppen jeweils mit Dreiviertelmehrheit der in der Mitgliederversammlung anwesenden Stimmen als nicht mit der Wahl eines in der dritten Berufsgruppe gewählten Aufsichtsratsmitglieds einverstanden, muss diese Berufsgruppe eine **Neuwahl** vornehmen oder den zuerst Gewählten mit $^3/_4$ ihrer in der Mitgliederversammlung anwesenden Stimmen wiederwählen (§ 11 a) Satz 4 Satzung). 147

Jede Berufsgruppe kann die **Abberufung** eines von ihr gewählten Aufsichtsratsmitglieds beschließen. Hierfür ist gemäß § 11 a) Satz 3 Satzung eine Zweidrittelmehrheit in der betreffenden Berufsgruppe erforderlich. 148

II. Beschlussfassung, § 11 b) Satzung

Über Änderungen der Satzung, des Berechtigungsvertrages und des Verteilungsplans (vgl. § 10 Ziff. 6e), f) und g) Satzung) stimmen die **Berufsgruppen** getrennt voneinander ab. Die Stimmabgabe erfolgt entweder per E-Voting im Vorfeld der Mitgliederversammlung (vgl. § 10 Ziff. 8 Satzung) oder per Präsenz-Voting in den am ersten Tag der Mitgliederversammlung stattfindenden Berufsgruppenversammlungen. Für ordentliche Mitglieder besteht beim Präsenz-Voting zudem die Möglichkeit, sich durch einen Stellvertreter vertreten zu lassen (vgl. § 10 Ziff. 7 Satzung). 149

116 Vgl. den Antrag zu TOP 17 zur ordentlichen Mitgliederversammlung 2016.
117 Vgl. Begründung zum Antrag zu TOP 12 zur ordentlichen Mitgliederversammlung 2013.

150 Für die Zustimmung zu einer beantragten Änderung ist eine **Zweidrittelmehrheit** innerhalb der jeweiligen Berufsgruppe erforderlich. Für das Erreichen dieser Mehrheit kommt es – ebenso wie bei Beschlüssen mit einfacher Mehrheit – auf das Verhältnis der Ja- Stimmen zur Summe der Ja- und Nein-Stimmen an. Stimmenthaltungen werden also nicht berücksichtigt (vgl. Ziff. III.3. i.V.m. Ziff. II.2 (4) Versammlungsordnung).[118]

Beispiel: In der Berufsgruppenversammlung der Komponisten soll über einen Antrag abgestimmt werden, der eine Änderung der Satzung vorsieht. An der Abstimmung nehmen 100 Komponisten teil (per E-Voting und Präsenz-Voting). Von diesen stimmen 60 Komponisten mit Ja, 20 Komponisten mit Nein und 20 Komponisten enthalten sich der Stimme. Für die Ermittlung der erforderlichen Zweidrittelmehrheit ist nur das Verhältnis der Ja-Stimmen (= 60) zur Summe der Ja- und Nein-Stimmen (= 80) maßgeblich. Die Enthaltungen sind dagegen nicht zu berücksichtigen. Durch die 60 Ja-Stimmen sind mehr als zwei Drittel der abgegebenen Ja- und Nein-Stimmen (= 54) erreicht und ist der Antrag somit angenommen.

151 Aus den Abstimmungsergebnissen der einzelnen Berufsgruppen wird sodann in der üblicherweise am zweiten Tag der Mitgliederversammlung stattfindenden **Hauptversammlung** das Gesamtergebnis ermittelt, wobei jede Berufsgruppe gemäß § 11 b) Abs. 1 Satzung eine Stimme hat. Eine von § 11 b) Abs. 2 Satzung erfasste Regelwerksänderung ist nur dann wirksam beschlossen, wenn **Einstimmigkeit der drei Berufsgruppen** gegeben ist. Verbunden mit der hohen Anforderung einer Zweidrittelmehrheit in allen drei Berufsgruppen trägt dies dazu bei, dass Änderungen des Regelwerks stets von einem sehr breiten Konsens getragen werden. Dies entspricht der in § 16 Satz 2 VGG enthaltenen Vorgabe, dass die verschiedenen Kategorien von Mitgliedern – bei der GEMA also die Komponisten, Textdichter und Verleger – beim Entscheidungsfindungsprozess fair und ausgewogen vertreten sein müssen.

152 Im Rahmen der Hauptversammlung besteht die in Ziff. II.2 (7) Satz 1 Versammlungsordnung geregelte Möglichkeit der so genannten **Wiederaufnahme auf Antrag**: Sofern in der Hauptversammlung über einen nach den Abstimmungsergebnissen aus den Berufsgruppenversammlungen bereits angenommenen oder abgelehnten Antrag eine nochmalige Diskussion und Abstimmung verlangt wird, so ist diesem Verlangen zu entsprechen, wenn dieser Wiederaufnahmeantrag von der Hälfte aller anwesenden Mitglieder (und Delegierten) oder von Dreiviertel der anwesenden Mitglieder (und Delegierten) einer Berufsgruppe unterstützt wird. Der Wiederaufnahmeantrag kann bis zum Abschluss des jeweiligen Tagesordnungspunktes gestellt werden.[119] Ein Tagesordnungspunkt ist z.B. **abgeschlossen**, wenn den Mitgliedern das Ergebnis, das sich aus den Abstimmungen der Berufsgruppen ergibt, präsentiert, auf Rückfrage des Versammlungsleiters keine Wiederaufnahme beantragt und der Tagesordnungspunkt daraufhin abgeschlossen worden ist. Dabei kann sich der Abschluss des Tagesordnungspunkts auch daraus ergeben, dass die Versammlung zum nächsten Tagesordnungspunkt übergeht, nachdem auf Rückfrage des Versammlungsleiters eine Wiederaufnahme nicht beantragt worden ist. Ausgenommen von der Möglichkeit der Wiederaufnahme sind die in § 11 a) Satzung geregelte Wahl des Aufsichtsrats und sonstige Wahlen.

153 Neben der Wiederaufnahme auf Antrag findet eine **nochmalige Diskussion und Abstimmung** zu einem Tagesordnungspunkt automatisch statt, wenn der betreffende Antrag zwar in allen Berufsgruppen angenommen worden ist, jedoch **nicht in derselben Fassung** (vgl. Ziff. II.2 (7) Satz 2 Versammlungsordnung). Dies kann z.B. dann der Fall sein, wenn eine Berufsgruppe eine von den beiden anderen Berufsgruppen in der mit der Tagesordnung bekannt gegebenen Fassung verabschiedete Regelwerksänderung mit

118 Vgl. Begründung zum Antrag zu TOP 11 zur ordentlichen Mitgliederversammlung 2013.
119 Vgl. Begründung zum Antrag zu TOP 15 zur ordentlichen Mitgliederversammlung 2012.

einer Befristung beschlossen hat. Da keine Einstimmigkeit zwischen den Berufsgruppen über eine konkrete Fassung der beantragten Änderung besteht, wäre der Antrag ohne erneute Abstimmung als abgelehnt einzustufen. In solchen Fällen ist jedoch davon auszugehen, dass nur über die Details der Regelung zwischen den Berufsgruppen Uneinigkeit besteht und eine erneute Diskussion und Abstimmung daher in jedem Fall sinnvoll ist, um Einstimmigkeit zu erreichen.[120]

Sofern ein Antrag abgelehnt wird oder zwar von allen Berufsgruppen angenommen 154
wird, jedoch nicht in derselben Fassung, haben die Vorsitzenden der Berufsgruppenversammlungen und der Vorstand auch die Möglichkeit, den so genannten **Vermittlungsausschuss** anzurufen (vgl. Ziff. III.4 Versammlungsordnung). Dieser Ausschuss – dem neben den Vorsitzenden der Berufsgruppenversammlungen und dem Vorstand auch zwei weitere gewählte Vertreter aus jeder Berufsgruppe angehören – berät und beschließt, ob der Antrag in der abgelehnten Fassung oder einer davon abweichenden Fassung zur erneuten Beschlussfassung vorgelegt werden soll. Über den vom Vermittlungsausschuss vorgelegten Antrag wird in der Hauptversammlung getrennt nach Berufsgruppen nochmals abgestimmt. Die Möglichkeit der Wiederaufnahme bleibt hiervon unberührt (Ziff. III.4 (6) Satz 2 Versammlungsordnung), d.h. auch nach der Abstimmung über einen Vorschlag des Vermittlungsausschusses kann in der Hauptversammlung eine nochmalige Diskussion und Abstimmung über den Antrag verlangt werden.[121]

Neben den Änderungen des Regelwerks fällt auch die Entscheidung über die **Auf-** 155
lösung des Vereins in die Zuständigkeit der Mitgliederversammlung (vgl. § 10 Ziff. 6 j) Satzung). In diesem Fall muss die erforderliche Zweidrittelmehrheit mindestens die Hälfte der insgesamt vorhandenen Zahl der zu der jeweiligen Berufsgruppe gehörenden Mitglieder ausmachen (vgl. § 11 b) Abs. 2 Satzung).

§ 12 Versammlung der außerordentlichen und angeschlossenen Mitglieder

1. In Verbindung mit jeder ordentlichen und außerordentlichen Mitgliederversammlung der ordentlichen Mitglieder findet eine Versammlung aller außerordentlichen und angeschlossenen Mitglieder statt. Einladung ergeht im Einvernehmen mit dem Aufsichtsrat durch den Vorstand.
In dieser Versammlung, die unter Vorsitz des Aufsichtsratsvorsitzenden oder eines seiner Stellvertreter abgehalten wird, erstattet der Vorstand den Geschäftsbericht und steht der Versammlung zur Auskunftserteilung zur Verfügung. Die Erstattung des Geschäftsberichts erfolgt jedoch nicht, wenn die Versammlung in Verbindung mit einer außerordentlichen Mitgliederversammlung der ordentlichen Mitglieder stattfindet.
Schwerbehinderte Mitglieder mit einem behördlich rechtskräftig festgestellten Grad der Behinderung von 50 und mehr, die aufgrund von damit verbundenen Mobilitätsbeeinträchtigungen an der persönlichen Teilnahme an der Versammlung der außerordentlichen und angeschlossenen Mitglieder gehindert sind, können sich von einem anderen Mitglied ihrer Berufsgruppe vertreten lassen. Es gilt § 10 Ziff. 7 Abs. 2 sinngemäß. Ein Mitglied kann jeweils nur ein schwerbehindertes Mitglied vertreten.

2. Die Versammlung wählt alle drei Jahre aus ihrer Mitte in getrennten Berufsgruppenversammlungen bis zu 64 Mitglieder als Delegierte für die Mitgliederversammlung der ordentlichen Mitglieder, und zwar:
bis zu zweiunddreißig aus der Berufsgruppe Komponisten, von denen mindestens zwölf Rechtsnachfolger sein sollen;
bis zu zwölf aus der Berufsgruppe Textdichter, von denen mindestens vier Rechtsnachfolger sein sollen;
bis zu zwanzig aus der Berufsgruppe Verleger.
Die jeweilige Berufsgruppenversammlung wird geleitet von dem Aufsichtsratsvorsitzenden, wenn er der betreffenden Berufsgruppe angehört, oder von demjenigen seiner Stellvertreter, der dieser Berufsgruppe angehört. Für den Fall, dass der Aufsichtsratsvorsitzende oder einer

120 Vgl. Begründung zum Antrag zu TOP 15 zur ordentlichen Mitgliederversammlung 2012.
121 Vgl. Begründung zum Antrag zu TOP 17 zur ordentlichen Mitgliederversammlung 2012.

seiner Stellvertreter verhindert ist, erfolgt die Leitung durch das älteste anwesende Aufsichtsratsmitglied der jeweiligen Berufsgruppe.
Für jede Berufsgruppe werden bis zu fünf Stellvertreter gewählt. Als Delegierter oder Stellvertreter kann nur gewählt werden, wer der GEMA mindestens zwei Jahre angehört. Zudem kann als Delegierter oder Stellvertreter nur gewählt werden, wer in den beiden Kalenderjahren, die dem Jahr der Wahl vorausgegangen sind, Aufkommen in Höhe von insgesamt mindestens EUR 50,00 erzielt hat.
Innerhalb jeder Berufsgruppe wird die Wahl der einzelnen Delegierten beziehungsweise der einzelnen Stellvertreter zu einer Gesamtwahl zusammengefasst. Dazu werden alle Kandidaten auf einer Liste aufgeführt und zur Abstimmung gestellt. Jeder Wähler hat höchstens so viele Stimmen, wie in seiner Berufsgruppe Delegierte beziehungsweise Stellvertreter gewählt werden können. Für jeden Kandidaten kann jeder Wähler höchstens eine Stimme abgeben. Gewählt sind die Kandidaten, die die meisten Stimmen (relative Mehrheit) erhalten haben. Bei unklarem Wahlergebnis wegen Stimmengleichheit ist eine Stichwahl durchzuführen. Bei Stimmengleichheit in der Stichwahl entscheidet das vom Versammlungsleiter gezogene Los. Sofern sich bei der Delegiertenwahl nicht mehr Mitglieder zur Wahl stellen, als Delegierte gewählt werden können, kann die jeweilige Berufsgruppenversammlung mit einfacher Mehrheit entscheiden, dass die Wahl en-bloc stattfindet.
In den Berufsgruppen Komponisten und Textdichter erfolgt zunächst die Wahl der Rechtsnachfolger und anschließend die Wahl der übrigen Delegierten. Wird die vorgesehene Anzahl von Rechtsnachfolgern nicht erreicht, erhöht sich die Anzahl der noch wählbaren übrigen Delegierten entsprechend.
Die Amtsdauer der Delegierten und ihrer Stellvertreter läuft von der Beendigung der auf ihre Wahl folgenden Mitgliederversammlung bis zum Ablauf der vierten auf ihre Wahl folgenden ordentlichen Mitgliederversammlung. Wiederwahl ist zulässig. Erwirbt ein Delegierter oder ein Stellvertreter die ordentliche Mitgliedschaft, endet sein Amt mit dem Tag, an dem der Vorstand im Einvernehmen mit dem Aufsichtsrat über seine Aufnahme als ordentliches Mitglied entscheidet. Scheidet ein Delegierter oder Stellvertreter aus diesem oder einem anderen Grund während seiner Amtsdauer aus seinem Amt aus, so hat die jeweilige Berufsgruppe in der darauffolgenden Versammlung der außerordentlichen und angeschlossenen Mitglieder einen Ersatzdelegierten bzw. einen Ersatzstellvertreter zu wählen, der für die verbleibende Amtsdauer an die Stelle des ausgeschiedenen Delegierten bzw. Stellvertreters tritt. Im Übrigen finden Nachwahlen nicht statt.
Für den Fall, dass in einer Versammlung die Delegierten nicht vollständig anwesend sind, werden diese durch die für die jeweilige Berufsgruppe gewählten Stellvertreter ersetzt. Die Reihenfolge richtet sich dabei nach der Anzahl der Stimmen, die die Stellvertreter bei ihrer Wahl erhalten haben.
Wer für ein ordentliches Verlegermitglied vertretungsberechtigt ist, kann nicht gleichzeitig als Delegierter gewählt werden. Im Übrigen gelten die Bestimmungen in § 10 Ziff. 7 Abs. 1 Satz 1 und Abs. 3 bis 9 für die Delegiertenwahl sinngemäß.

3. **Den Delegierten stehen alle Rechte der ordentlichen Mitglieder zu mit Ausnahme des passiven Wahlrechts und des Rechts, sich vertreten zu lassen.**
   Die gewählten Stellvertreter der Delegierten können das Stimmrecht nicht per E-Voting ausüben.
4. **Die Delegierten sind berechtigt, unter den gleichen Voraussetzungen wie die ordentlichen Mitglieder Anträge für die ordentliche Mitgliederversammlung zu stellen.**

Übersicht

I. Verbindung mit der Mitgliederversammlung, § 12 Ziff. 1 Satzung

156 In Verbindung mit jeder ordentlichen und außerordentlichen Mitgliederversammlung der ordentlichen Mitglieder (vgl. §§ 7, 8, 10 Satzung) findet eine **Versammlung der außerordentlichen und angeschlossenen Mitglieder** (vgl. § 6 Satzung) statt. Die Einladung hierzu ergeht im Einvernehmen mit dem Aufsichtsrat durch den Vorstand (die

gleiche Regelung findet sich in § 10 Ziff. 4 Satzung für die Einladung zur Versammlung der ordentlichen Mitglieder). In der Einladung wird auf die Veröffentlichung der Tagesordnung, eines Auszugs aus dem Geschäftsbericht sowie des nach dem VGG zu veröffentlichenden Transparenzberichts auf der GEMA-Website fünf Wochen vor dem Termin der Mitgliederversammlung hingewiesen. Alle außerordentlichen und angeschlossenen Mitglieder können sich auf diese Weise frühzeitig mit den in der Mitgliederversammlung zu behandelnden Tagesordnungspunkten befassen und sich mit ihren Delegierten, die an der Mitgliederversammlung teilnehmen, hierzu abstimmen. Für Mitglieder, die eine Druckausgabe der Tagesordnung bevorzugen, besteht die Möglichkeit, den Postversand der Tagesordnung schriftlich zu beantragen. Voraussetzung für den postalischen Versand der Tagesordnung ist, dass das Mitglied den Antrag bei der GEMA bis zum 31. Dezember des Jahres einreicht, das der jeweiligen Mitgliederversammlung vorausgeht. In diesem Fall erhalten diese Mitglieder die Tagesordnung bis auf Widerruf drei Wochen vor dem Termin der Mitgliederversammlung zusätzlich per Post zugesandt.

In der Versammlung der außerordentlichen und angeschlossenen Mitglieder, die unter dem Vorsitz des Aufsichtsratsvorsitzenden oder eines seiner Stellvertreter abgehalten wird, erstattet der Vorstand den Geschäftsbericht und steht auch zur **Auskunftserteilung** (Fragen zum Geschäftsbericht, Tagesordnung, Verschiedenes) zur Verfügung. Da der Geschäftsbericht nur einmal jährlich zu erstatten ist, ist dieser Tagesordnungspunkt nur für solche Versammlungen der außerordentlichen und angeschlossenen Mitglieder vorgesehen, die in Verbindung mit einer ordentlichen Mitgliederversammlung stattfinden. 157

Für die Teilnahme an der Versammlung der außerordentlichen und angeschlossenen Mitglieder gilt der **Grundsatz der Höchstpersönlichkeit**, d.h. die Mitglieder müssen persönlich erscheinen. Die Möglichkeit, sich in der Versammlung vertreten zu lassen, ist für die außerordentlichen und angeschlossenen Mitglieder – anders als für die ordentlichen Mitglieder, denen dieses Recht gemäß § 19 Abs. 4 VGG zukommt – dagegen nicht vorgesehen. § 12 Ziff. 1 Abs. 3 Satzung sieht von diesem Grundsatz jedoch eine Ausnahme für schwerbehinderte Mitglieder mit einem behördlich festgestellten Grad von 50 und mehr vor, die aufgrund von damit verbundenen Mobilitätseinschränkungen nicht persönlich an der Versammlung teilnehmen können. Diese Mitglieder können sich von einem anderen Mitglied ihrer Berufsgruppe vertreten lassen, wobei ein Mitglied jeweils nur ein schwerbehindertes Mitglied vertreten kann. Die Vertretung muss der GEMA schriftlich unter Beifügung einer Kopie der erforderlichen Dokumente (z.B. Schwerbehindertenausweis) angezeigt werden. Für die Anmeldung und Dauer der Vertretung gilt § 10 Ziff. 7 Abs. 2 Satzung sinngemäß (siehe oben **Rn. 116 f.**). 158

II. Delegierte für die Versammlung der ordentlichen Mitglieder, § 12 Ziff. 2 Satzung

Die Versammlung der außerordentlichen und angeschlossenen Mitglieder wählt alle drei Jahre aus ihrer Mitte in getrennten Berufsgruppenversammlungen **Delegierte** für die Mitgliederversammlung. Um die Mitwirkungsrechte der außerordentlichen und angeschlossenen Mitglieder zu stärken, wurde die Anzahl der Delegierten durch Beschluss der ordentlichen Mitgliederversammlung 2011 von zuvor 34 auf insgesamt **bis zu 64** erhöht.[122] Diese Zahl setzt sich zusammen aus 159

– bis zu 32 Komponisten, von denen mindestens 12 Rechtsnachfolger sein sollen,

122 Vgl. Tagesordnung zur ordentlichen Mitgliederversammlung vom 21./22.06.2011, Begründung zum Antrag zu TOP 14.

- bis zu 12 Textdichtern, von denen mindestens 4 Rechtsnachfolger sein sollen, sowie
- bis zu 20 Verlegern.

Zudem werden für jede Berufsgruppe bis zu 5 Stellvertreter gewählt.

160 Die Delegierten haben die Aufgabe, die außerordentlichen und angeschlossenen Mitglieder in der Mitgliederversammlung zu vertreten. Ihnen stehen zu diesem Zweck grundsätzlich die **gleichen Rechte** wie den ordentlichen Mitgliedern zu. Ausgenommen sind lediglich das passive Wahlrecht sowie das Recht, sich in der Mitgliederversammlung durch einen bevollmächtigten Stellvertreter vertreten zu lassen.

161 Die Regelung des § 12 Ziff. 2 und 3 Satzung entspricht den Vorgaben in § 20 Abs. 1 und Abs. 2 VGG: Gemäß § 20 Abs. 1 und Abs. 2 VGG wählen die Berechtigten der Verwertungsgesellschaft, die nicht Mitglieder im wahrnehmungsrechtlichen Sinne sind (§ 7 VGG, vgl. hierzu oben **Rn. 33**), aus ihrer Mitte Delegierte, die an der Mitglieder(haupt)versammlung teilnehmen können und hinsichtlich bestimmter Entscheidungen – wie z.B. der Beschlussfassung über Änderungen des Verteilungsplans – auch stimmberechtigt sein müssen. Die Rechte, die die Satzung der GEMA den Delegierten gewährt, gehen über diese gesetzlichen Mindestanforderungen teilweise hinaus. So sind die Delegierten gemäß § 12 Ziff. 3 Satzung nicht nur hinsichtlich bestimmter Entscheidungen, sondern hinsichtlich aller Entscheidungen der Mitgliederversammlung – und somit auch bei Änderungen der Satzung oder des Berechtigungsvertrages – stimmberechtigt.

162 Die Vertretung durch bis zu 64 Delegierte gewährleistet, dass die außerordentlichen und angeschlossenen Mitglieder in der Mitgliederversammlung in angemessener Weise repräsentiert werden und auf den Entscheidungsfindungsprozess nachhaltigen Einfluss nehmen können, ohne jedoch die ordentlichen Mitglieder majorisieren zu können (siehe hierzu auch oben, **Rn. 38**). Der Entscheidung, die Zahl der Delegierten nicht auf mehr als 64 zu erhöhen, liegt auch die von den außerordentlichen und angeschlossenen Mitgliedern selbst eingebrachte Erwägung zugrunde, dass angesichts der durchschnittlichen Teilnehmerzahlen bei den bisherigen Versammlungen der außerordentlichen und angeschlossenen Mitglieder eine noch höhere Anzahl von Delegierten mangels ausreichender Kandidaturen nicht erreicht werden könne.[123] Vor diesem Hintergrund stellt die derzeitige Delegiertenregelung eine an den praktischen Gegebenheiten und den eigenen Wünschen der außerordentlichen und angeschlossenen Mitglieder orientierte Lösung dar, durch die deren politische Teilhaberechte in angemessener Weise gestärkt werden.

163 Wer für das Amt des Delegierten oder des Stellvertreters kandidieren möchte, muss gemäß § 12 Ziff. 2 Abs. 3 Satzung zwei **Voraussetzungen** erfüllen:
- Zum einen muss der jeweilige Berechtigte der GEMA mindestens **zwei (vollendete) Jahre** als außerordentliches oder angeschlossenes Mitglied angehören,
- zum anderen muss er in den beiden Kalenderjahren, die dem Jahr der Wahl vorausgegangen sind, bei der GEMA ein **Aufkommen** in Höhe von insgesamt mindestens **EUR 50,00** erzielt haben.[124]

164 Durch diese Voraussetzungen soll gewährleistet werden, dass Berechtigte, die das verantwortungsvolle Amt des Delegierten oder Stellvertreters übernehmen, keine absoluten „GEMA-Neulinge" sind, sondern über eine gewisses Maß an Sachkunde und aktueller Kenntnis im Bereich der Verwertungsgesellschaften und insbesondere der Verteilung verfügen.[125]

123 Vgl. den Beitrag des Delegierten Thomas Ritter in der Ausgabe der „virtuos" vom August 2011, S. 46.
124 Ergänzt durch Beschluss der ordentlichen Mitgliederversammlung 2011 zum Antrag zu TOP 14.
125 Vgl. Begründung zum Antrag zu TOP 14 zur ordentlichen Mitgliederversammlung 2011.

Im Zusammenhang mit der Erhöhung der Anzahl der Delegierten wurde durch Beschluss der ordentlichen Mitgliederversammlung 2011 auch die Anzahl der für jede Berufsgruppe zu wählenden **Stellvertreter** von einem auf **bis zu fünf** erhöht. Falls in einer Mitgliederversammlung die Delegierten nicht vollständig anwesend sind, werden die nicht anwesenden Delegierten durch die für die jeweilige Berufsgruppe gewählten Stellvertreter ersetzt. Die Reihenfolge richtet sich dabei nach der Anzahl der Stimmen, die die Stellvertreter bei ihrer Wahl erhalten haben (vgl. § 12 Ziff. 2 Abs. 7 Satzung). 165

Im Einklang mit § 20 Abs. 1 Ziff. 2 VGG enthält die Satzung auch Regelungen zur **Wahl der Delegierten** und Stellvertreter. Diese findet nach einem in § 12 Ziff. 2 Abs. 4 und 5 Satzung geregelten Verfahren statt, das durch Beschluss der Mitgliederversammlung 2013 reformiert wurde. Um den Zeitaufwand, der mit der Wahl von insgesamt bis zu 64 Delegierten verbunden ist, zu reduzieren, wurde u.a. geregelt, dass grundsätzlich nur noch ein Wahlgang durchzuführen ist, bei dem diejenigen Kandidaten gewählt sind, die in der Reihenfolge der für sie abgegebenen Stimmen die meisten Stimmen erhalten haben **(relative Mehrheit).** Sofern die Wahl wegen Stimmengleichheit zu unklaren Ergebnissen führt, ist eine **Stichwahl** durchzuführen. In dem unwahrscheinlichen Fall, dass auch die Stichwahl zu keinem klaren Ergebnis führt, entscheidet das vom Versammlungsleiter gezogene Los.[126] 166

Die Amtsdauer der Delegierten und ihrer Stellvertreter läuft gemäß § 12 Ziff. 2 Abs. 6 Satz 1 der Satzung von der Beendigung der auf ihre Wahl folgenden Mitgliederversammlung bis zum Ablauf der vierten auf ihre Wahl folgenden ordentlichen Mitgliederversammlung. 167

Beispiel: Die Amtsdauer der im Jahr 2018 am Tag vor der Mitgliederversammlung neu zu wählenden Delegierten beginnt erst am Tag nach Abschluss der Mitgliederversammlung 2018. An der Mitgliederversammlung 2018 nehmen somit noch die „alten", im Jahr 2015 gewählten Delegierten teil. Die neu gewählten Delegierten können dagegen erst an der Mitgliederversammlung 2019 teilnehmen und sind dann bis zur Beendigung der Mitgliederversammlung 2021 im Amt.

Diese Neuregelung wurde durch Beschluss der ordentlichen Mitgliederversammlung 2017[127] aufgrund der Vorgaben des VGG eingeführt. Nach der bis dahin geltenden Regelung begann die Amtsdauer der Delegierten unmittelbar mit ihrer Neuwahl; sie wurden also in der Versammung der außerordentlichen und angeschlossenen Mitglieder gewählt, um gleich am nächsten Tag an der Mitgliederversammlung teilzunehmen. Bei Beibehaltung dieser Regelung hätten die Delegierten im Jahr der Delegiertenwahl jedoch nicht am E-Voting teilnehmen können, da dieses bereits im Vorfeld der Mitgliederversammlung und somit auch im Vorfeld der Delegiertenwahl stattfindet (vgl. oben **Rn. 129 ff.**). Gegen diese Einschränkung hatte das Deutsche Patent- und Markenamt (DPMA) aufgrund der Vorgaben in § 20 Abs. 3 VGG, wonach die in § 19 Abs. 3 VGG geregelte Möglichkeit der Stimmrechtsausübung im Wege elektronischer Kommunikation für die Mitwirkung der Delegierten an der Mitgliederversammlung entsprechend gilt, Bedenken geäußert. Die Delegierten müssen nach Ansicht des DPMA auch im Jahr der Delegiertenwahl an der Stimmrechtsausübung per E-Voting teilnehmen können. Um diesen Bedenken Rechnung zu tragen, wurde die Regelung wie oben erläutert geändert. 168

Gemäß § 12 Ziffer 2 Absatz 6 Satz 2 der Satzung können Delegierte und Stellvertreter nach Ablauf ihrer Amtsdauer wiedergewählt werden. Sofern ein Delegierter oder ein 169

126 Vgl. Antrag zu TOP 25 zur ordentlichen Mitgliederversammlung 2013.
127 Vgl. Antrag zu TOP 14 zur ordentlichen Mitgliederversammlung 2017.

Stellvertreter ordentliches Mitglied wird, endet sein Amt mit dem Tag, an dem der Vorstand im Einvernehmen mit dem Aufsichtsrat über seine Aufnahme als ordentliches Mitglied entscheidet. In diesem Fall oder wenn ein Delegierter oder Stellvertreter aus einem anderen Grund aus seinem Amt ausscheidet, hat die jeweilige Berufsgruppe in der darauf folgenden Versammlung der außerordentlichen und angeschlossenen Mitglieder einen **Ersatzdelegierten** bzw. Ersatzstellvertreter zu wählen. Dieser tritt für die verbleibende Amtszeit an die Stelle des ausgeschiedenen Delegierten bzw. Stellvertreters. § 12 Ziff. 2 Abs. 6 Satz 5 Satzung stellt klar, dass Nachwahlen im Übrigen nicht stattfinden. Dies bedeutet, dass für Delegierte, die bei der Versammlung lediglich nicht anwesend sind und die nicht durch anwesende gewählte Stellvertreter ersetzt werden können, keine Ersatzdelegierten gewählt werden.[128]

170 Wer für ein ordentliches Verlegermitglied vertretungsberechtigt ist, kann nicht gleichzeitig als Delegierter gewählt werden (d.h. kein Mehrfachstimmrecht in der Mitgliederversammlung). Im Übrigen gelten die Bestimmungen in § 10 Ziff. 7 Abs. 1 Satz 1 und Abs. 3 bis 9 Satzung für die Delegiertenwahl sinngemäß (Näheres siehe dort).

III. Rechte der Delegierten, § 12 Ziff. 3 Satzung

171 Den Delegierten stehen in der Versammlung der ordentlichen Mitglieder grundsätzlich **alle Rechte der ordentlichen Mitglieder** zu wie z.B. das Rede- und Stimmrecht, das aktive Wahlrecht und die Antragsbefugnis (§ 12 Ziff. 4 Satzung). Eine gemäß § 20 Abs. 1 Ziff. 4 und 5 VGG grundsätzlich zulässige Unterscheidung zwischen Gegenständen, bei denen die Delegierten stimmberechtigt sind, und solchen, bei denen sie lediglich beratend mitwirken können, nimmt die Satzung der GEMA nicht vor. **Beschränkungen** der Rechte der Delegierten sind lediglich in folgenden Fällen vorgesehen:

- Die Delegierten sind vom passiven Wahlrecht ausgenommen (§ 12 Ziff. 3 Satz 1 Satzung). Dies bedeutet, dass die Delegierten nicht als Mitglieder in den Aufsichtsrat und in die von der Mitgliederversammlung zu wählenden Ausschüsse und Kommissionen gewählt werden können.
- Die Delegierten haben nicht das Recht, sich in der Mitgliederversammlung durch einen bevollmächtigten Stellvertreter vertreten zu lassen (§ 12 Ziff. 3 Satz 1 Satzung).[129] Grund hierfür ist, dass es sich bei dem Amt des Delegierten um ein höchstpersönliches Mandat handelt, das der Delegierte nicht auf einen von ihm bevollmächtigten Stellvertreter übertragen kann. Dementsprechend fehlt in § 20 Abs. 3 VGG auch ein Verweis auf die in § 19 Abs. 4 VGG für die ordentlichen Mitglieder geregelte Möglichkeit der gewillkürten Stellvertretung.
- Die gewählten Stellvertreter der Delegierten können das Stimmrecht grundsätzlich nicht per E-Voting ausüben (§ 12 Ziff. 3 Abs. 2 Satzung), da in der Regel erst zu Beginn der Mitgliederversammlung feststeht, ob und welche Stellvertreter anstelle der abwesenden Delegierten an der Versammlung teilnehmen können und dort stimmberechtigt sind.[130]

172 Auch wenn den Delegierten kein passives Wahlrecht zukommt, können außerordentliche und angeschlossene Mitglieder dennoch in bestimmten **Gremien** der GEMA bera-

128 Vgl. Begründung zum Antrag zu TOP 14 zur ordentlichen Mitgliederversammlung 2011.
129 Vgl. Antrag zu TOP 16 zur ordentlichen Mitgliederversammlung 2016.
130 Vgl. Begründung zum Antrag zu TOP 17 zur ordentlichen Mitgliederversammlung 2016.

tende Funktionen einnehmen: So werden die außerordentlichen und angeschlossenen Mitglieder in den Wertungsausschüssen durch einen Delegierten ihrer Berufsgruppe vertreten, der bei der Wertung der außerordentlichen und angeschlossenen Mitglieder seiner Berufsgruppe beratend mitwirkt. Diese Delegiertenvertreter – die nicht mit den gemäß § 12 Ziff. 2 Satzung zu wählenden Delegierten identisch sind – werden nicht in der Versammlung der ordentlichen, sondern in der Versammlung der außerordentlichen und angeschlossenen Mitglieder gewählt (vgl. § 1 (4) Geschäftsordnung für das Wertungsverfahren der Komponisten in der Sparte E, § 2 Geschäftsordnung für das Wertungsverfahren der Textdichter in der Sparte E iVm § 1 (4) Geschäftsordnung für das Wertungsverfahren der Komponisten in der Sparte E, § 1 (3) Geschäftsordnung für das Wertungsverfahren in der Unterhaltungs- und Tanzmusik).

Im Rahmen der persönlichen Aussprache der außerordentlichen und angeschlossenen Mitglieder bei ihrer Versammlung im Jahr 2014 haben die Delegierten aus ihrer Mitte zudem erstmalig so genannte **Delegiertensprecher** für die einzelnen Berufsgruppen gewählt.[131] Diese sollen als Ansprechpartner und Kommunikatoren zur Verfügung stehen, um die Interessen der außerordentlichen und angeschlossenen Mitglieder innerhalb der GEMA noch besser zu repräsentieren. Da es sich bei dem Amt des Delegiertensprechers nicht um eine in der Satzung vorgesehene Position handelt, sind weitergehende Rechte und Pflichten hiermit nicht verbunden. 173

Damit alle Delegierten regelmäßig an der Mitgliederversammlung teilnehmen können, haben sie die Möglichkeit, in begründeten Fällen die Erstattung der durch die Teilnahme entstehenden Reisekosten, Übernachtungskosten usw. zu beantragen.[132] Antragsunterlagen sind direkt im Rahmen der Mitgliederversammlung oder über die Abteilung Mitglieder- und Partneradministration bei der GEMA erhältlich. Der Antrag muss spätestens acht Wochen nach der Mitgliederversammlung per Post, Fax oder E-Mail zusammen mit den Angaben und Belegen zu den entstandenen Reise- und Übernachtungskosten sowie einer kurzen Begründung, warum das Mitglied die Erstattung beantragt, bei der GEMA eingereicht werden. 174

IV. Antragsbefugnis, § 12 Ziff. 4 Satzung

Die Delegierten sind berechtigt, unter den gleichen Voraussetzungen wie die ordentlichen Mitglieder **Anträge** für die Mitgliederversammlung zu stellen (vgl. § 10 Ziff. 5 Abs. 4 Satzung: Es sind mindestens 10 Unterschriften von ordentlichen Mitgliedern und/oder Delegierten erforderlich). 175

§ 13 Aufsichtsrat

1. **Der Aufsichtsrat besteht aus 15 Mitgliedern, von denen sechs Komponisten, fünf Verleger und vier Textdichter sein müssen. Für jede Berufsgruppe können zwei Stellvertreter gewählt werden, die zur Teilnahme an den Sitzungen des Aufsichtsrates mit vollem Stimmrecht berechtigt sind, wenn und soweit ordentliche Mitglieder ihrer Berufsgruppe an der Teilnahme zur Aufsichtsratssitzung verhindert sind; für die Wahl der Stellvertreter gilt das Wahlverfahren wie für die Mitglieder des Aufsichtsrates.**
Aus dem Kreis der ordentlichen Mitglieder der Berufsgruppe Verleger, deren Mitgliedschaftsrechte gemäß § 8 Ziff. 3 Abs. 2 und 3 bzw. Ziff. 4 der Satzung aufgrund entsprechender Einverständniserklärung eingeschränkt sind, kann ein Mitglied in den Aufsichtsrat gewählt werden. Dessen Stimmrecht ruht bei Beschlussfassungen, die die tarifliche Gestaltung von Verträgen mit Musikverwertern zum Gegenstand haben.

131 Vgl. Mitteilung in der virtuos, Ausgabe 2/2014, S. 22.
132 Beschluss der Mitgliederversammlung 1958 zum Antrag zu TOP 54 Ziff. 2.

Wählbar sind nur ordentliche Mitglieder mit deutscher Staatsangehörigkeit sowie der Staatsangehörigkeit eines Mitgliedstaates der Europäischen Union oder des Europäischen Wirtschaftsraumes, die dem Verein mindestens fünf Jahre lang als ordentliches Mitglied angehören.
Verleger sind wählbar, sofern sie mindestens fünf Jahre Inhaber einer Einzelfirma, persönlich haftender Gesellschafter einer Offenen Handelsgesellschaft oder Kommanditgesellschaft, Geschäftsführer einer GmbH, Vorstandsmitglied einer Aktiengesellschaft oder in leitender Funktion in einem Musikverlag tätig waren.
Aus einem Verlag oder einer Verlagsgruppe kann nur eine Person dem Aufsichtsrat angehören.

2. **Die Amtsdauer der Aufsichtsratsmitglieder läuft von der Beendigung der Mitgliederversammlung, in der ihre Wahl erfolgt ist, bis zum Ablauf der dritten auf die Wahl folgenden ordentlichen Mitgliederversammlung.**
Wiederwahl ist zulässig. Solange eine Neuwahl nicht stattfindet, bleibt der Aufsichtsrat im Amt. Scheidet während der Amtsdauer ein Aufsichtsratsmitglied aus, so haben die Aufsichtsratsmitglieder seiner Berufsgruppe ein Ersatzmitglied zu wählen, das an dessen Stelle tritt. Dieses bedarf der Bestätigung durch die nächste Mitgliederversammlung, soweit die Amtsdauer über diese Mitgliederversammlung hinausgeht.
3. **Der Aufsichtsrat hat die nach dem Verwertungsgesellschaftengesetz dem Aufsichtsgremium zugewiesenen Pflichten und Befugnisse.**
Er beschließt über
   a) **die Ernennung, Anstellung und Entlassung der Mitglieder des Vorstandes sowie über die Höhe ihrer Vergütung und sonstige Leistungen,**
   b) **die Bestellung und Abberufung des Abschlussprüfers,**
   c) **den Beitritt zu oder Austritt aus anderen Gesellschaften, Vereinen oder sonstigen Organisationen, die Gründung von Tochter-gesellschaften und den Erwerb von Anteilen an anderen Organisationen,**
   d) **die Grundsätze des Risikomanagements,**
   e) **den Erwerb, Verkauf und die Beleihung unbeweglicher Sachen,**
   f) **die Aufnahme und Vergabe von Darlehen sowie die Stellung von Darlehenssicherheiten,**
   g) **den Abschluss und die Beendigung von Repräsentationsvereinbarungen mit anderen Verwertungsgesellschaften,**
   h) **die Wahrnehmungsbedingungen, soweit nicht in dieser Satzung eine andere Zuständigkeit vorgesehen ist,**
   i) **die Aufstellung und Änderung von Tarifen und den Abschluss von Gesamtverträgen.**

   Der Aufsichtsrat hat gegenüber dem Vorstand ein Weisungsrecht.
Näheres zur Behandlung einzelner Geschäftsvorfälle durch Aufsichtsrat und Vorstand regelt der Aufsichtsrat in einer Geschäftsordnung
4. **Der Aufsichtsrat ist berechtigt, zu den Sitzungen der Ausschüsse und Kommissionen Aufsichtsratsmitglieder zu entsenden.**
Der Aufsichtsrat kann Beschlüsse der Ausschüsse und Kommissionen aufheben. Er entscheidet in letzter Instanz. Dies gilt nicht für Beschlüsse der Sitzungsgeldkommission und des Beschwerdeausschusses.
5. **Der Aufsichtsrat wählt aus seiner Mitte einen Vorsitzenden und zwei Stellvertreter.**
6. **Die Abstimmung im Aufsichtsrat erfolgt mit einfacher Stimmenmehrheit der anwesenden Mitglieder. Wenn die in einer Aufsichtsratssitzung anwesenden Komponisten einstimmig eine Meinung vertreten, so können sie von den übrigen anwesenden Aufsichtsratsmitgliedern nicht überstimmt werden.**
Stimmvertretung ist unzulässig.
Der Aufsichtsrat ist beschlussfähig, wenn mindestens die Hälfte seiner Mitglieder, davon mindestens je zwei Mitglieder jeder Berufsgruppe, anwesend sind.
7. **Der Aufsichtsrat gibt sich eine Geschäftsordnung.**

Geschäftsordnung für den Aufsichtsrat

Fassung vom 23./24. Mai 2017

Der Aufsichtsrat beschließt nach § 13 Ziff. 7 der Satzung nachstehende Geschäftsordnung:

§ 1 Aufgaben und Rechte

Aufgaben und Rechte des Aufsichtsrates ergeben sich aus Satzung, Berechtigungsvertrag und Verteilungsplan.

§ 2 Wahlen

(1) Der Aufsichtsrat wählt jährlich nach Schluss der ordentlichen Mitgliederversammlung in einer ohne besondere Einladung stattfindenden Sitzung aus seiner Mitte einen Vorsitzenden und zwei Stellvertreter.
Der Vorsitzende wird aus der Berufsgruppe der Komponisten, die beiden Stellvertreter jeweils aus der Berufsgruppe der Textdichter und der Musikverleger gewählt.

(2) Bei Verhinderung des Vorsitzenden erfolgt dessen Vertretung in der Zeit vom 1. Januar bis 30. Juni durch den zum Stellvertreter gewählten Textdichter, in der Zeit vom 1. Juli bis 31. Dezember durch den zum Stellvertreter gewählten Musikverleger.
Die stellvertretenden Vorsitzenden vertreten sich untereinander.

(3) Der verhinderte Vorsitzende oder dessen verhinderter Stellvertreter hat dem amtierenden Stellvertreter alle für die Vertretung erforderlichen Informationen und Unterlagen zur Verfügung zu stellen.

(4) Scheiden Vorsitzender oder Stellvertreter aus ihrem Amt aus, so hat der Aufsichtsrat für den Ausscheidenden unverzüglich eine Neuwahl vorzunehmen.

(5) Der Vorsitzende und seine Stellvertreter haben bei Beendigung ihres Amtes den von ihnen geführten Schriftwechsel in den Angelegenheiten des Aufsichtsrates ihrem jeweiligen Nachfolger im Amt auszuhändigen.

§ 3 Stellung des Vorsitzenden

(1) Zu den Geschäften des Vorsitzenden gehört, den Aufsichtsrat gegenüber dem Vorstand zu vertreten, den Aufsichtsrat einzuberufen und die Sitzungen des Aufsichtsrates zu leiten.

(2) Die Mitglieder des Aufsichtsrates führen in Angelegenheiten des Aufsichtsrates ihren Schriftwechsel ausschließlich mit dem Vorsitzenden des Aufsichtsrates, jedoch können informative Fragen oder technische Anregungen an den Vorstand gerichtet werden.

§ 4 Einberufung

(1) Die Einberufung des Aufsichtsrates hat unter Angabe der Tagesordnung mit einer Frist von mindestens einer Woche, gerechnet vom Tage der Aufgabe der Einladung bei der Post, zu erfolgen.

(2) Die Tagesordnung bestimmt der Vorsitzende; sie muss die Gegenstände der Verhandlung ihrem wesentlichen Inhalt nach bezeichnen.

(3) Jedes Aufsichtsratsmitglied und der Vorstand können unter Angabe des Zweckes und der Gründe verlangen, dass ein vierzehn Tage vorher gestellter Antrag auf die Tagesordnung gesetzt wird.
Anträge sind an den Aufsichtsratsvorsitzenden unter Übersendung einer Abschrift an den Vorstand zu richten.

(4) Der Aufsichtsrat muss einberufen werden, falls mindestens vier Aufsichtsratsmitglieder oder der Vorstand dies unter Angabe des Zweckes und der Gründe verlangen. Die Sitzung muss in einem solchen Fall binnen zwei Wochen, gerechnet vom Tage eines solchen Ersuchens, stattfinden. Lehnt der Vorsitzende dieses Ersuchen ab oder kommt er ihm innerhalb dieser Frist nicht nach, so können die Antragsteller unter Mitteilung des Sachverhalts selbst den Aufsichtsrat einberufen.

(5) Ist der Vorsitzende des Aufsichtsrates verhindert, lädt der Stellvertreter ein.

(6) Tagesordnungspunkte, die aus Zeitmangel vertagt werden mussten, sollen zu Anfang der darauf folgenden Sitzung behandelt werden.

§ 5 Teilnahme an Sitzungen des Aufsichtsrates

Teilnahmeberechtigt an den Aufsichtsratssitzungen sind außer den Mitgliedern des Aufsichtsrates

1. der Vorstand,

2. Rechtsberater und Sachverständige in dem vom Vorsitzenden des Aufsichtsrates oder vom Vorstand zu bestimmenden Umfang,

soweit der Aufsichtsrat nicht etwas anderes beschließt.

Die Stellvertreter sind zur Teilnahme an den Sitzungen des Aufsichtsrates mit vollem Stimmrecht berechtigt, wenn und soweit ordentliche Mitglieder ihrer Berufsgruppe an der Teilnahme verhin-

dert sind. Welcher Stellvertreter einzuladen ist, bestimmt in seiner Berufsgruppe der Vorsitzende bzw. der stellvertretende Vorsitzende des Aufsichtsrates.

§ 6 Beschlussfassung

(1) **Der Aufsichtsrat ist beschlussfähig, wenn mindestens die Hälfte seiner Mitglieder, davon mindestens je zwei Mitglieder jeder Berufsgruppe, anwesend sind.**

(2) **Die Beschlüsse werden mit einfacher Stimmenmehrheit der anwesenden Mitglieder gefasst. Bei Stimmengleichheit entscheidet die Stimme des Vorsitzenden. Wenn die in einer Aufsichtsratssitzung anwesenden Komponisten einstimmig eine Meinung vertreten, so können sie von den übrigen anwesenden Aufsichtsratsmitgliedern nicht überstimmt werden. Stimmvertretung ist unzulässig.**

(3) **Die Art der Abstimmung entscheidet der Vorsitzende, falls der Aufsichtsrat nichts anderes beschließt.**

(4) **Schriftliche, telegrafische oder fernmündliche Beschlussfassungen des Aufsichtsrates sind nur zulässig, wenn kein Mitglied diesem Verfahren widerspricht.**

§ 7 Protokoll

(1) **Über jede Sitzung des Aufsichtsrates ist ein Protokoll zu verfassen, das vom Aufsichtsratsvorsitzenden und vom Vorstand gemeinschaftlich zu unterzeichnen ist. In dem Protokoll sind Ort und Tag der Sitzung, Teilnehmer, Gegenstand der Tagesordnung, der wesentliche Inhalt der Verhandlungen und Beschlüsse des Aufsichtsrates wiederzugeben. Ein Verstoß gegen Satz 1 oder Satz 2 macht einen Beschluss nicht unwirksam.**

(2) **Jedes Mitglied des Aufsichtsrates und die Stellvertreter erhalten eine Abschrift des Protokolls. Diese Abschriften sollen innerhalb von vier Wochen nach der Aufsichtsratssitzung verteilt werden.**

(3) **Das Protokoll ist vom Aufsichtsrat in der nächsten Sitzung zu genehmigen. Einsprüche gegen das Protokoll sollen spätestens 14 Tage vor der nächsten Aufsichtsratssitzung schriftlich bei der GEMA eingegangen sein.**

§ 8 Ausschüsse und Kommissionen

(1) **Der Aufsichtsrat bestimmt die Errichtung von Ausschüssen und Kommissionen und deren Zusammensetzung mit Ausnahme der von der Mitgliederversammlung zu wählenden Ausschüsse und Kommissionen. Des Weiteren kann der Aufsichtsrat ad hoc Arbeitsgruppen bilden. Der Aufsichtsrat bestimmt ferner aus seiner Mitte auf Vorschlag der betreffenden Berufsgruppe für jede Berufsgruppe einen Delegierten für die verschiedenen Wertungsverfahren, für das Schätzungsverfahren der Bearbeiter und für den Werkausschuss.**

(2) **Der Aufsichtsrat bildet folgende ständige Ausschüsse:**
Wirtschaftsausschuss,
Tarifausschuss,
Programmausschuss,
Aufnahmeausschuss,
Wertungsausschuss der Verleger in der Sparte E.

(3) **Die Ausschüsse und Kommissionen sind nicht zu Weisungen an den Vorstand berechtigt. Ihre Beschlüsse haben – bis auf die der Wertungsausschüsse und die Beschlüsse der Verteilungsplankommission im Fall von § 130 Absatz 5 des Verteilungsplans – nur vorbereitenden Charakter.**

(4) **Die Mitglieder der ständigen Ausschüsse mit Ausnahme des Aufnahmeausschusses und des Wertungsausschusses der Verleger in der Sparte E müssen dem Aufsichtsrat als ordentliche Mitglieder oder Stellvertreter angehören, doch können zu den Beratungen auch andere ordentliche GEMA-Mitglieder als Sachverständige hinzugezogen werden.**

(5) **Die Amtsdauer der Mitglieder der Ausschüsse und Kommissionen endet spätestens mit der Amtsperiode des Aufsichtsrates. Wiederwahl ist zulässig.**
Der neu gewählte Aufsichtsrat kann nach Schluss der ordentlichen Mitgliederversammlung, in der er gewählt wurde, in einer ohne besondere Einladung stattfindenden Sitzung die Mitglieder der Ausschüsse und Kommissionen wählen.

(6) **Scheidet während der Amtsdauer ein Ausschuss- oder Kommissionsmitglied aus, so hat der Aufsichtsrat ein Ersatzmitglied zu wählen, das an dessen Stelle tritt.**

(7) **Wenn mehr als die Hälfte der Mitglieder eines Ausschusses oder einer Kommission zurücktritt, ist Neuwahl des Ausschusses oder der Kommission erforderlich.**

(8) **Der Aufsichtsrat erlässt eine Geschäftsordnung für die aus seiner Mitte gebildeten und zu bildenden Ausschüsse und Kommissionen. Diese regelt Näheres zu den Aufgaben, dem Verfahren, der Besetzung sowie zur Teilnahme an den Sitzungen dieser Ausschüsse und Kommissionen.**

§ 8a Anhörung bei Kooptationsanträgen
Vor der Entscheidung über den Erwerb der ordentlichen Mitgliedschaft durch Kooptation nach § 7 Ziff. 3 der Satzung kann der Aufsichtsrat den Aufnahmeausschuss, den Wertungsausschuss oder den Werkausschuss anhören.

§ 9 Verschwiegenheitspflicht
(1) Über vertrauliche Angaben ist Stillschweigen zu bewahren. Das gleiche gilt für Vorgänge und Tatsachen, die auf Grund eines Aufsichtsratsbeschlusses vertraulich zu behandeln sind.
Als vertrauliche Angaben gelten im besonderen geheimhaltungsbedürftige Angaben über das Auf- und Einkommen von Mitgliedern und sonstigen Berechtigten, Kredite, Abstimmungsvorgänge, Beratungen über Verhandlungen mit Vertragspartnern der GEMA sowie behördliche Eingaben.
Entsprechendes gilt für die Sitzungsprotokolle und die zur Vorbereitung einer Sitzung übermittelten Unterlagen.
(2) Die Verschwiegenheitspflicht erstreckt sich auf den gesamten, nach § 5 in Betracht kommenden Personenkreis unter Einschluss der ausgeschiedenen oder ausscheidenden Personen.
(3) Stellvertretende Mitglieder des Aufsichtsrates dürfen mit allen Vorgängen vertraut gemacht werden. Für ihre Verschwiegenheitspflicht gilt das gleiche wie für die Verschwiegenheitspflicht der Mitglieder des Aufsichtsrates.
(4) Neugewählte Aufsichtsratsmitglieder und Stellvertreter sind vom Vorsitzenden auf die Verschwiegenheitspflicht hinzuweisen.

§ 9a Richtlinien für Geschäfte unter Mitgliedern des Aufsichtsrates
Die Mitglieder des Aufsichtsrates verpflichten sich, die im Anhang zu dieser Geschäftsordnung enthaltenen Richtlinien für Geschäfte unter Mitgliedern des Aufsichtsrates zu beachten.

§ 10 Ehrenamtliche Tätigkeit der Mitglieder des Aufsichtsrates, der Ausschüsse und der Kommissionen
Die Tätigkeit der Mitglieder des Aufsichtsrates, der Ausschüsse und der Kommissionen ist ehrenamtlich. Sie erhalten lediglich Tage- und Übernachtungsgelder sowie ihre Reisekosten und Barauslagen ersetzt. Die Tage- und Übernachtungsgelder können durch einen Pauschalbetrag abgegolten werden.

§ 11 Inkrafttreten
Diese Geschäftsordnung tritt am 10. März 1970 in Kraft.

Geschäftsordnung für Ausschüsse und Kommissionen des Aufsichtsrats

(für gem. § 8 (1) der Geschäftsordnung für den Aufsichtsrat vom Aufsichtsrat aus seiner Mitte gebildete Ausschüsse und Kommissionen sowie gem. § 8 (2) vom Aufsichtsrat aus seiner Mitte zu bildende ständige Ausschüsse)
Fassung vom 11./12. Oktober 2017

§ 1
Vorbehaltlich anderer Regelungen haben die Ausschüsse und Kommissionen des Aufsichtsrats die Aufgabe, ihren Arbeitsbereich betreffende Themen zu prüfen, hierüber dem Aufsichtsrat zu berichten und gegebenenfalls Änderungsvorschläge zu machen.

§ 2
Der Vorstand ist verpflichtet, den Ausschüssen und Kommissionen alle für ihre Arbeit notwendigen Unterlagen zur Einsicht zur Verfügung zu stellen und ihnen alle gebotenen Auskünfte zu erteilen.

§ 3
Den Ausschüssen und Kommissionen gehören Vertreter der Berufsgruppen im Aufsichtsrat in von diesem jeweils zu bestimmender Anzahl an.
Dem Programmausschuss, der aus zwei Unterausschüssen besteht, und zwar
a) dem Ausschuss für E-Musik und
b) dem Ausschuss für U, R, FS,
gehören im Unterausschuss für E-Musik zwei Komponisten und zwei Verleger, im Unterausschuss für U, R, FS zwei Komponisten, zwei Textdichter und zwei Verleger an.
Für jede in einem Ausschuss/einer Kommission vertretene Berufsgruppe wird ein Stellvertreter gewählt.

Die Ausschüsse und Kommissionen wählen aus ihrer Mitte jeweils einen Vorsitzenden und einen stellvertretenden Vorsitzenden. Zudem kann ein Protokollführer gewählt werden.
Die Ausschüsse und Kommissionen fassen ihre Entschließungen mit einfacher Stimmenmehrheit. Bei Stimmengleichheit entscheidet die Stimme des jeweiligen Vorsitzenden.

§ 4
An den Sitzungen der Ausschüsse und Kommissionen können zudem folgende Personen beratend teilnehmen:
a) **die Vorsitzenden der Berufsgruppen im Aufsichtsrat, sofern diese nicht bereits Mitglied des jeweiligen Ausschusses/der jeweiligen Kommission sind,**
b) **nicht zum jeweiligen Ausschuss/zur jeweiligen Kommission gehörige weitere Mitglieder und ggf. stellvertretende Mitglieder des Aufsichtsrats, sofern der Aufsichtsrat entsprechend entscheidet,**
c) **der Vorstand,**
d) **Berater, Sachverständige, GEMA-Mitarbeiter und sonstige Personen in vom Ausschuss/von der Kommission im Einvernehmen mit dem Vorstand zu bestimmendem Umfang. Darüber hinaus können die Ausschüsse und Kommissionen Sachverständige im Einvernehmen mit dem Vorstand auch als ständige Mitglieder mit beratender Funktion kooptieren. Die Amtsdauer der als ständige Mitglieder kooptierten Sachverständigen endet mit der Amtsperiode der stimmberechtigten Ausschuss- bzw. Kommissionsmitglieder oder durch Abberufung durch die stimmberechtigten Ausschuss- bzw. Kommissionsmitglieder.**

§ 5
Ein Ausschuss/eine Kommission kann vom jeweiligen Vorsitzenden und vom Vorstand einberufen werden. Die jeweils erste Sitzung des Gremiums nach seiner Neuwahl beruft der jeweilige bisherige Vorsitzende im Einvernehmen mit dem Vorstand ein. Gehört der bisherige Vorsitzende dem neu gewählten Gremium nicht mehr an, so erfolgt die Einberufung im Einvernehmen mit dem Vorstand durch ein vom Aufsichtsrat bei der Neuwahl des jeweiligen Gremiums zu bestimmendes, bis zur Wahl eines Vorsitzenden federführendes Mitglied.

§ 6
Sofern ein verhindertes Mitglied eines Ausschusses/einer Kommission nicht von dem gewählten Stellvertreter aus seiner Berufsgruppe vertreten werden kann, wird vom Aufsichtsratsvorsitzenden oder dessen für die Berufsgruppe zuständigen Stellvertreter im Einvernehmen mit dem Vorstand ein Stellvertreter bestimmt. Sofern aus der Berufsgruppe des verhinderten Gremienmitglieds kein Stellvertreter bestimmt werden kann, besteht die Möglichkeit, einen Stellvertreter aus einer anderen Berufsgruppe zu bestimmen.

§ 7
Die Ausschuss- und Kommissionsmitglieder führen in Angelegenheiten des jeweiligen Gremiums ihre Korrespondenz ausschließlich mit dessen Vorsitzendem.

§ 8
Über die Sitzungen der Ausschüsse und Kommissionen wird jeweils ein Protokoll angefertigt, das vom Vorsitzenden und – sofern ein solcher gewählt wurde – vom Protokollführer zu unterzeichnen ist.

§ 9
Zur Regelung von Aspekten, die einzelne Ausschüsse und Kommissionen betreffen, kann der Aufsichtsrat spezifische Geschäftsordnungen verabschieden.

Übersicht

I. Vorbemerkung

§ 13 Satzung regelt die Zusammensetzung, die Wählbarkeit, die Amtsdauer und die Rechte des aus ordentlichen Mitgliedern der drei Berufsgruppen Komponisten, Textdichter und Musikverleger bestehenden Aufsichtsrats. Während die Bildung eines Aufsichtsrats aufgrund der Vereinsstruktur der GEMA vor Inkrafttreten des Verwertungsgesellschaftengesetzes rein fakultativ war,[133] sind die Verwertungsgesellschaften gemäß § 18 Abs. 1 Ziff. 4, § 22 Abs. 1 VGG nunmehr zur Einrichtung eines von der Mitglieder(haupt)versammlung zu wählenden **„Aufsichtsgremiums"** mit den in § 22 Abs. 3 VGG genannten Aufgaben und Befugnissen verpflichtet. Die Funktion dieses Aufsichtsgremiums erfüllt bei der GEMA der Aufsichtsrat (vgl. insbes. § 13 Ziff. 3 Abs. 1). 176

Aufgrund seiner bereits in der Vergangenheit bestehenden und durch die Umsetzung der Vorgaben des VGG neu hinzugekommenen Zuständigkeiten[134] kommt dem GEMA-Aufsichtsrat eine **herausragende Bedeutung** zu: Unter anderem ist er – ähnlich wie die Gesellschafterversammlung einer GmbH – gegenüber dem Vorstand gemäß § 13 Ziff. 3 Abs. 3 der Satzung weisungsbefugt. Darüber hinaus beschließt er gemäß § 13 Ziff. 3 der Satzung z.B. über die Ernennung, Anstellung und Entlassung der Mitglieder des Vorstandes, über die Aufstellung und Änderung von Tarifen und über den Abschluss von Gesamtverträgen. Weiterhin regelt der Aufsichtsrat im Rahmen einer Geschäftsordnung die Behandlung einzelner Geschäftsvorfälle durch Aufsichtsrat und Vorstand. Auf diese Weise hat der Aufsichtsrat maßgeblichen Einfluss auf zentrale Entscheidungen der GEMA und kann er hierdurch die Interessen der von ihm vertretenen Mitglieder effektiv wahrnehmen. 177

II. Mitglieder des Aufsichtsrats

1. Zusammensetzung, § 13 Ziff. 1 Satzung

Der Aufsichtsrat besteht aus **15 Mitgliedern**, von denen 178
- sechs Komponisten,
- fünf Verleger und
- vier Textdichter sein müssen.

Der Aufsichtsrat stellt somit ein Spiegelbild der in der GEMA zusammengeschlossenen Berufsgruppen dar: Alle drei Berufsgruppen sind, grob orientiert an ihrer jeweiligen Mitgliederstärke, durch Aufsichtsratsmitglieder vertreten und am Entscheidungsfindungsprozess beteiligt. Dies entspricht dem in § 22 Abs. 2 VGG enthaltenen Grundsatz, dass die verschiedenen Kategorien von Mitgliedern im Aufsichtsgremium fair und ausgewogen vertreten sein müssen. 179

133 *Reichert*, Vereins- und Verbandsrecht, Rn. 2865.
134 Vgl. zur Umsetzung der Vorgaben des VGG den Antrag zu TOP 19 zur ordentlichen Mitgliederversammlung 2016.

180 Neben den ordentlichen Aufsichtsratsmitgliedern können für jede Berufsgruppe zusätzlich zwei **Stellvertreter** gewählt werden. Hiervon wird in der Praxis regelmäßig Gebrauch gemacht. Für die Wahl der Stellvertreter gilt das gleiche Verfahren wie für die Wahl der Mitglieder des Aufsichtsrates (siehe oben **Rn. 139**). Die Stellvertreter sind zur Teilnahme an den Sitzungen des Aufsichtsrates mit vollem Stimmrecht berechtigt, wenn und soweit ordentliche Aufsichtsratsmitglieder ihrer Berufsgruppe an der Teilnahme verhindert sind. Ansonsten kommt den Stellvertretern die Stellung von Mitgliedern des Aufsichtsrats nicht zu. Gemäß § 5 Abs. 2 S. 2 Geschäftsordnung für den Aufsichtsrat bestimmen der Vorsitzende bzw. die stellvertretenden Vorsitzenden des Aufsichtsrats für ihre jeweilige Berufsgruppe, welcher Stellvertreter einzuladen ist.

2. Mitglieder mit eingeschränkten Stimmrechten, § 13 Ziff. 1 Abs. 2 Satzung

181 Aus dem Kreis der ordentlichen Verlegermitglieder, die zugleich als Musikverwerter mit der GEMA in Vertragsbeziehungen stehen und deren Mitgliedschaftsrechte gemäß § 8 Ziff. 3 Abs. 2 und 3 bzw. Ziff. 4 Satzung aufgrund entsprechender Einverständniserklärung eingeschränkt sind (so genannte Reversregelung, siehe oben, **Rn. 67–70**), kann nur ein Mitglied in den Aufsichtsrat gewählt werden. Darüber hinaus kann ein weiteres Mitglied aus diesem Kreis zum Stellvertreter gewählt werden. Dieser Stellvertreter kann jedoch nur dasjenige Aufsichtsratsmitglied, dessen Mitgliedschaftsrechte ebenfalls eingeschränkt sind, vertreten. Um Interessenkonflikte zu vermeiden, ruht das Stimmrecht des betreffenden Verlegermitglieds bei Beschlussfassungen, die die tarifliche Gestaltung von Verträgen mit Musikverwertern zum Gegenstand haben (vgl. auch § 8 Ziff. 3 Abs. 2a) Satzung).

3. Wählbarkeit von Komponisten und Textdichtern, § 13 Ziff. 1 Abs. 3 Satzung

182 Voraussetzung für die **Wählbarkeit** von Textdichtern und Komponisten ist die deutsche Staatsangehörigkeit oder die eines Mitgliedsstaates der Europäischen Union oder des Europäischen Wirtschaftsraumes.[135] Wählbar sind zudem nur Textdichter oder Komponisten, die dem Verein mindestens fünf Jahre lang als ordentliches Mitglied angehören. Damit soll eine ausreichende Sachkenntnis und Erfahrung der Aufsichtsratsmitglieder gewährleistet werden.

4. Wählbarkeit von Verlegern, § 13 Ziff. 1 Abs. 4 Satzung

183 Verleger sind wählbar, sofern der Verlag dem Verein mindestens fünf Jahre lang als ordentliches Mitglied angehört und der Kandidat mindestens **fünf Jahre** Inhaber einer Einzelfirma, persönlich haftender Gesellschafter einer Offenen Handelsgesellschaft oder Kommanditgesellschaft, Geschäftsführer einer GmbH, Vorstandsmitglied einer Aktiengesellschaft oder in leitender Funktion in einem Musikverlag tätig war (vgl. § 76 AktG [Vorstand], § 35 GmbHG [Geschäftsführer], § 125 HGB [Gesellschafter oHG]). Weitere Voraussetzung ist, dass der Musikverlag seinen Sitz im Verwaltungsgebiet des Vereins oder in einem Mitgliedsstaat der Europäischen Union oder des Europäischen Wirtschaftsraumes hat und im Handelsregister eingetragen ist. Dies ergibt sich aus § 6 Ziff. 3b) Satzung, wonach Verleger diese Voraussetzungen bereits für den Erwerb der ordentlichen Mitgliedschaft erfüllen müssen.

135 Durch die von der ordentlichen Mitgliederversammlung 2016 beschlossene Erweiterung auf den Europäischen Wirtschaftsraum (EWR) können auch Staatsangehörige der Länder Island, Liechtenstein und Norwegen berücksichtigt werden.

Gemäß § 13 Ziff. 1 Abs. 5 Satzung kann aus einem Verlag oder einer Verlagsgruppe nur **eine** Person dem Aufsichtsrat angehören. 184

III. Amtsdauer, § 13 Ziff. 2 Satzung

Nach § 13 Ziff. 2 Abs. 1 Satzung läuft die Amtsdauer der Aufsichtsratsmitglieder grundsätzlich von der Beendigung der Mitgliederversammlung, in der ihre Wahl erfolgt ist, bis zum **Ablauf der dritten** auf die Wahl folgenden ordentlichen **Mitgliederversammlung**. Dies bedeutet jedoch nicht, dass die Amtszeit automatisch mit Ablauf der dritten auf die Wahl folgenden ordentlichen Mitgliederversammlung endet, da der Verein sonst keinen Aufsichtsrat hätte, wenn eine Neuwahl zu diesem Zeitpunkt ausnahmsweise nicht stattfindet oder scheitert. Gemäß 13 Ziff. 2 Abs. 2 S. 2 Satzung bleibt der Aufsichtsrat daher im Amt, solange eine erfolgreiche Neuwahl nicht stattfindet. Die Wiederwahl der Aufsichtsratsmitglieder ist zulässig. 185

Scheidet ein Aufsichtsratsmitglied während seiner Amtsdauer aus, so haben die Aufsichtsratsmitglieder seiner Berufsgruppe gemäß § 13 Ziff. 2 Abs. 2 S. 3 ein **Ersatzmitglied** zu wählen. Da die Art dieser Wahl nicht geregelt ist, findet § 6 (3) Geschäftsordnung für den Aufsichtsrat Anwendung. Danach entscheidet der Vorsitzende des Aufsichtsrats über die Art der Abstimmung, falls der Aufsichtsrat nichts anderes beschließt. Das Ersatzmitglied muss nicht zwingend einer der gewählten Stellvertreter sein. Es kann jedes ordentliche Mitglied der jeweiligen Berufsgruppe zum Ersatzmitglied gewählt werden, das die Wählbarkeitsvoraussetzungen des § 13 Ziff. 1 Abs. 3 und 4 Satzung erfüllt. Nach § 13 Ziff. 2 Abs. 3 Satzung bedarf das Ersatzmitglied der Bestätigung durch die nächste Mitgliederversammlung, soweit seine Amtsdauer über das Datum dieser Mitgliederversammlung hinausgeht. 186

IV. Tätigkeit und Rechte des Aufsichtsrats, § 13 Ziff. 3 Satzung

Die Mitglieder des Aufsichtsrats sind **ehrenamtlich** tätig, vgl. § 5a Satzung, § 10 der Geschäftsordnung für den Aufsichtsrat. Dementsprechend erhalten sie lediglich Ersatz ihrer Reisekosten und Barauslagen sowie pauschale Sitzungsgelder in angemessener Höhe (siehe oben **Rn. 29–31**). 187

Anders als noch das Urheberrechtswahrnehmungsgesetz enthält das Verwertungsgesellschaftengesetz detaillierte Vorgaben hinsichtlich der Befugnisse und Aufgaben des Aufsichtsrats. So obliegt dem Aufsichtsrat gemäß § 22 Abs. 3 VGG insbesondere die Überwachung von Tätigkeit und Aufgabenerfüllung des Vorstandes als vertretungsberechtigten Personen (§ 22 Abs. 3 Ziff. 2 VGG). Auf diese Bestimmung wird in der von der ordentlichen Mitgliederversammlung 2016 beschlossenen Neufassung von § 13 Ziff. 3 Satzung verwiesen.[136] 188

Darüber hinaus sieht § 13 Ziff. 3 Abs. 3 Satzung ein **Weisungsrecht** des Aufsichtsrats gegenüber dem Vorstand vor, das (zulässigerweise) über die am Aktienrecht orientierten Vorgaben des VGG hinausgeht. So kommt dem Aufsichtsrat der GEMA nicht nur eine Überwachungsfunktion zu; vielmehr kann er dem Vorstand im Einzelfall Weisungen erteilen, ebenso wie die Gesellschafter einer GmbH ihrem Geschäftsführer Weisungen erteilen können (vgl. § 46 GmbHG). Grund ist das vom Modell der Kapitalgesellschaft abweichende Verständnis der Funktion und Wirkungsweise des Aufsichtsrats der GEMA: Er ist das Spiegelbild der Mitgliederversammlung und soll die Interessen der 189

136 Vgl. Antrag zu TOP 19 zur ordentlichen Mitgliederversammlung 2016.

Mitglieder aller drei Berufsgruppen auch zwischen den Mitgliederversammlungen kontinuierlich zur Geltung bringen.

190 Neben diesen „genuinen Zuständigkeiten" des Aufsichtsrats kann die Mitgliederversammlung einen Teil ihrer Zuständigkeiten an den Aufsichtsrat delegieren, vgl. §§ 17 Abs. 2 und 18 Abs. 2 VGG. Es handelt sich hierbei weitgehend um Zuständigkeiten, die gemäß § 13 Ziff. 3 Satzung in Verbindung mit der früheren Geschäftsordnung für den Vorstand[137] bereits vor Inkrafttreten des VGG beim Aufsichtsrat lagen und nunmehr in etwas anderer Form in § 13 Ziff. 3 Abs. 3 Satzung geregelt sind.[138] So beschließt der Aufsichtsrat u.a. über die **Ernennung, Anstellung und Entlassung** der Mitglieder des Vorstandes sowie über die Höhe ihrer Vergütung und sonstigen Leistungen, vgl. § 13 Ziff. 3 a) Satzung. Des Weiteren bedarf z.B. der **Abschluss und die Beendigung von Repräsentationsvereinbarungen** mit anderen Verwertungsgesellschaften der Zustimmung des Aufsichtsrats, § 13 Ziff. 3 g) Satzung. Eine weitere wichtige Aufgabe ist die **Beschlussfassung über die Aufstellung und Änderung von Tarifen und den Abschluss von Gesamtverträgen** mit Nutzervereinigungen nach § 35 VGG, vgl. § 13 Ziff. 3 i) Satzung. Zu diesem Zwecke hat der Aufsichtsrat gemäß § 8 (2) Geschäftsordnung für den Aufsichtsrat als ständigen Ausschuss einen Tarifausschuss gebildet. Dessen Aufgabe besteht gemäß § 1 der Geschäftsordnung für Ausschüsse und Kommissionen des Aufsichtsrats darin, die Angemessenheit von Tarifen und Pauschalverträgen zu prüfen, hierüber dem Aufsichtsrat zu berichten und Änderungsvorschläge zu machen.

191 Darüber hinaus hat der Aufsichtsrat eine **Geschäftsordnung** für die Behandlung von Geschäftsvorfällen durch Aufsichtsrat und Vorstand[139] verabschiedet. Bei den Geschäftsvorfällen, die hiernach der Zustimmung des Aufsichtsrats bedürfen, handelt es sich überwiegend um solche, bei denen eine finanzielle Verpflichtung der GEMA in einer bestimmten, in der Geschäftsordnung genannten (Mindest-)Größenordnung eingegangen wird. Daneben bedarf aber etwa auch der Beitritt zu oder Austritt aus anderen Gesellschaften, Vereinen oder sonstigen Organisationen der Zustimmung des Aufsichtsrats, wenn hierdurch die Interessen der GEMA berührt werden; ebenso die Gründung von Tochtergesellschaften und der Erwerb von Anteilen an anderen Organisationen oder Unternehmen. Zukunftsweisende Entwicklungen wie die Beteiligung an Unternehmen zur grenzübergreifenden Rechtewahrnehmung gemäß § 2 Ziff. 2 Satz 3 Satzung (vgl. oben **Rn. 16**) werden auf diese Weise der Kontrolle des von der Mitgliederversammlung gewählten Aufsichtsorgans unterstellt.

192 Durch Beschluss der ordentlichen Mitgliederversammlung 2016 wurden folgende, bislang im Regelwerk nicht als gesonderte Kompetenz des Aufsichtsrats genannte Zuständigkeiten in § 13 Ziff. 3 Satzung ergänzt:

- Die **Bestimmung der Grundsätze des Risikomanagements** (Ziff. 3 d)). Diese Zuständigkeit liegt gemäß § 17 Abs. 1 Ziff. 5 VGG grundsätzlich bei der Mitglieder(haupt)versammlung und kann von dieser gemäß § 17 Abs. 2 an das Aufsichtsgremium delegiert werden. Unter dem Begriff Risikomanagement versteht man die Sammlung von Risiken in den einzelnen Bereichen eines Unternehmens, um den Leitungsorganen einen Überblick über das Gesamtrisiko zu schaffen.
- Die **Gründung von Tochtergesellschaften** (Ziff. 3 c)); vgl. § 17 Abs. 1 Nr. 5 und Abs. 2 VGG. In der Praxis wurde zu entsprechenden unternehmerischen Entschei-

137 Vgl. GEMA-Jahrbuch 2015/2016, S. 292 f. Diese wurde durch Beschluss des Aufsichtsrats vom 12./13.10.2016 durch die Geschäftsordnung für die Behandlung von Geschäftsvorfällen durch Aufsichtsrat und Vorstand ersetzt. Diese ist abgedruckt unten nach § 14 Satzung Vorstand.

138 Vgl. Antrag zu TOP 19 zur ordentlichen Mitgliederversammlung 2016.

139 Abgedruckt unten nach § 14 Satzung Vorstand.

dungen schon in der Vergangenheit auf Basis der damaligen Geschäftsordnung für den Vorstand die Zustimmung des Aufsichtsrats eingeholt.

- Die **Bestimmung von Wahrnehmungsbedingungen**, soweit diese nicht in die Zuständigkeit anderer Gremien, insbesondere der Mitgliederversammlung, fallen (Ziff. 3 h)). Die neue, dem Aufsichtsrat gemäß § 17 Abs. 1 Nr. 13 und Abs. 2 VGG zugewiesene Zuständigkeit betrifft die Festlegung von Wahrnehmungsbedingungen außerhalb des Berechtigungsvertrags, für dessen Änderung gemäß § 10 Ziff. 6 f) Satzung weiterhin die Mitgliederversammlung zuständig ist. Damit soll dem Aufsichtsrat ermöglicht werden, Ausführungsbestimmungen wie z.B. Antragerfordernisse und Fristen zu beschließen. Ein Beispiel für solche Ausführungsbestimmungen ist die Geschäftsordnung für das Aufnahmeverfahren.[140]

Entsprechend den Vorgaben in § 22 Abs. 4 VGG tritt der Aufsichtsrat regelmäßig zusammen. Der Verpflichtung, der Mitgliederversammlung mindestens einmal im Jahr über seine Tätigkeit zu berichten, kommt der Aufsichtsrat u.a. in Form eines in der Tagesordnung zur Mitgliederversammlung veröffentlichten „Berichts des Aufsichtsrats" nach. Darüber hinaus werden auf der Website der GEMA regelmäßig Berichte über die einzelnen Aufsichtsratssitzungen veröffentlicht. 193

Zur organschaftlichen **Haftung** der Aufsichtsratsmitglieder trifft die GEMA-Satzung keine Regelung. Nach §§ 116, 93 AktG haften die Mitglieder des Aufsichtsrats einer Aktiengesellschaft genauso wie die Mitglieder des Vorstands, d.h. sie müssen die Sorgfalt eines ordentlichen und gewissenhaften Geschäftsleiters anwenden und haften bei Verletzung dieser Pflichten der Gesellschaft gegenüber. Damit wird nicht nur der Verschuldensmaßstab festgelegt, sondern auch ein Haftungstatbestand begründet. Im Vereinsrecht haften dagegen Organmitglieder dem Verein nach den allgemeinen Grundsätzen des Schuldrechts bei vorsätzlicher oder fahrlässiger Pflichtverletzung (§ 276 BGB). Das zugrunde liegende Schuldverhältnis ist ein Auftragsvertrag oder ein auf Dienstleistung gerichteter Geschäftsbesorgungsvertrag.[141] Dabei muss grundsätzlich der Anspruchsteller, also der Verein, die Pflichtverletzung beweisen. Außerdem wäre für die Inanspruchnahme der Aufsichtsratsmitglieder ein Beschluss der Mitgliederversammlung erforderlich. Der Verein wiederum haftet Dritten gegenüber für Pflichtverletzungen seiner Organe gemäß § 31 BGB. 194

V. Ausschüsse und Kommissionen

Ebenso wie die Mitgliederversammlung kann auch der Aufsichtsrat Ausschüsse und Kommissionen einrichten. Dies umfasst zum einen folgende, in § 8 Abs. 2 der Geschäftsordnung für den Aufsichtsrat ausdrücklich genannte **ständige Ausschüsse**: 195

- Wirtschaftsausschuss
- Tarifausschuss
- Programmausschuss
- Aufnahmeausschuss
- Wertungsausschuss der Verleger in der Sparte E.

Daneben hat der Aufsichtsrat auch **ständige Kommissionen** wie die Verteilungsplankommission und die Satzungskommission eingerichtet, deren Aufgabe es insbesondere ist, Änderungen des Regelwerks zu beraten und dem Aufsichtsrat diesbezüglich 196

140 Abgedruckt oben nach § 6 Mitgliedschaft.
141 *Reichert*, Handbuch des Vereins- und Verbandsrechts, Rn. 2627.

Empfehlungen zu geben. Schließlich kann der Aufsichtsrat auch **ad hoc Arbeitsgruppen** bilden, die nur vorübergehend tätig sind und üblicherweise mit konkreten Aufgaben wie der Konzeption neuer Modelle für die Verteilung in bestimmten Bereichen betraut werden.

197 Die vom Aufsichtsrat eingerichteten Ausschüsse und Kommissionen sind grundsätzlich mit **Mitgliedern des Aufsichtsrats** oder deren Stellvertretern besetzt, § 8 Abs. 4 der Geschäftsordnung für den Aufsichtsrat. Eine **Ausnahme** gilt jedoch für den Aufnahmeausschuss und den Wertungsausschuss der Verleger in der Sparte E: Diesen dürfen nur ordentliche Mitglieder angehören, die keine Aufsichtsratsmitglieder sind.

198 Die Tätigkeit der Ausschüsse und Kommissionen ist in der vom Aufsichtsrat beschlossenen **Geschäftsordnung für Ausschüsse und Kommissionen des Aufsichtsrats**[142] geregelt. Sie sind grundsätzlich nur **beratend** tätig, d.h. sie haben die ihren Arbeitsbereich betreffenden Themen zu prüfen, dem Aufsichtsrat hierzu zu berichten und gegebenenfalls Änderungsvorschläge zu machen, vgl. § 8 Abs. 3 der Geschäftsordnung für den Aufsichtsrat, § 1 der Geschäftsordnung für Ausschüsse und Kommissionen des Aufsichtsrats. Ausnahmen hiervon bestehen für den Wertungsausschuss der Verleger in der Sparte E und für die Verteilungplankommission: Beschlüsse des Wertungsausschusses der Verleger in der Sparte E, dessen Zusammensetzung und Tätigkeit in der Geschäftsordnung für das Wertungsverfahren der Verleger in der Sparte E geregelt ist, sind konstitutiv; gegen sie kann gemäß § 4 (1) der Geschäftsordnung für das Wertungsverfahren der Verleger in der Sparte E jedoch die Entscheidung des Aufsichtsrats angerufen werden. Die Verteilungsplankommission hat – neben ihrer beratenden Funktion im Hinblick auf Änderungen des Regelwerks – die Möglichkeit, Pauschalbeträge für die Berücksichtigung von Härtefällen festzusetzen, die sich bei der Verteilung im Bereich der mechanischen Wiedergabe ergeben können, vgl. § 130 Abs. 5 des Verteilungsplans, § 8 Abs. 3 der Geschäftsordnung für den Aufsichtsrat (siehe **Kap. 8 Rn. 453**).

199 Der Aufsichtsrat nimmt die **Kontrollfunktion** innerhalb der GEMA wahr. Entsprechend kann er zu den Sitzungen fast aller Ausschüsse und Kommissionen, die von der Mitgliederversammlung gewählt werden, Aufsichtsratsmitglieder entsenden sowie Beschlüsse der Ausschüsse und Kommissionen aufheben und vereinsintern letztinstanzlich und verbindlich selbst entscheiden. Ausgenommen hiervon sind lediglich die Sitzungen und Beschlüsse des Beschwerdeausschusses, der Sitzungsgeldkommission, der Urheber-Verleger-Schlichtungsstelle und des Wahlausschusses, die aufgrund ihrer besonderen Funktionen (siehe unten **Rn. 235 ff.**) nicht der Kontrolle des Aufsichtsrats unterliegen. Bis auf den Aufnahmeausschuss, den Beschwerdeausschuss, die Sitzungsgeldkommission, die Urheber-Verleger-Schlichtungsstelle und den Wahlausschuss ist der Aufsichtsrat in den nicht aus seiner Mitte gebildeten Ausschüssen und Kommissionen entweder direkt als Mitglied dieser Gremien oder durch Delegierte vertreten.

VI. Vorsitzender und Stellvertreter, § 13 Ziff. 5 Satzung

200 Gemäß § 2 Abs. 1 Geschäftsordnung für den Aufsichtsrat erfolgt die **Wahl** des Aufsichtsratsvorsitzenden und seiner zwei Stellvertreter jährlich nach Schluss der ordentlichen Mitgliederversammlung, wobei der Vorsitzende aus der Berufsgruppe der Komponisten und die beiden Stellvertreter jeweils aus der Berufsgruppe der Textdichter und der Verleger von den Mitgliedern des Aufsichtsrats („aus seiner Mitte“) gewählt werden.

142 Abgedruckt oben nach § 13 Aufsichtsrat.

VII. Abstimmungen, § 13 Ziff. 6 Satzung

Die Abstimmung im Aufsichtsrat erfolgt mit **einfacher Stimmenmehrheit** der anwesenden Mitglieder, d.h. es entscheidet das Verhältnis der Ja-Stimmen zur Summe der Ja-Stimmen, Nein-Stimmen und Enthaltungen. Jedoch besteht gemäß § 13 Ziff. 6 Satz 2 Satzung, § 6 (2) Geschäftsordnung für den Aufsichtsrat folgende **Einschränkung**: Wenn die in einer Aufsichtsratssitzung anwesenden Komponisten einstimmig eine Meinung vertreten, so können sie von den übrigen anwesenden Aufsichtsratsmitgliedern nicht überstimmt werden. Diese Bestimmung ist nach dem systematischen Zusammenhang und ihrem anzunehmenden begrenzten Zweck so auszulegen, dass den Komponisten im Aufsichtsrat ein **Vetorecht** zukommt: Wenn die in der Aufsichtsratssitzung anwesenden Komponisten einhellig gegen einen Beschlussvorschlag stimmen, gilt dieser selbst dann als abgelehnt, wenn er von der Mehrheit aller anwesenden Aufsichtsratsmitglieder unterstützt wird. Dagegen bedeutet die Bestimmung nicht, dass die Komponisten einen Beschluss im Aufsichtsrat, für den nur sie stimmen, durchsetzen können, wenn die Mehrheit aller Aufsichtsratsmitglieder dagegen stimmt. § 6 (2) Geschäftsordnung für den Aufsichtsrat bestimmt ferner, dass bei **Stimmengleichheit** im Aufsichtsrat die Stimme des Vorsitzenden entscheidet. 201

Eine Stimmvertretung durch ein anderes Aufsichtsratsmitglied ist nicht zulässig. 202
Dies entspricht dem im Aktienrecht geltenden Grundsatz, dass Aufsichtsratsmitglieder ihre Aufgaben nicht durch andere wahrnehmen lassen können (vgl. § 111 Abs. 5 AktG).

Der Aufsichtsrat ist **beschlussfähig**, wenn mindestens die Hälfte seiner Mitglieder 203
(bei 15 Mitgliedern also 8 Mitglieder) und davon mindestens je zwei Mitglieder jeder Berufsgruppe anwesend sind.

VIII. Geschäftsordnung, § 13 Ziff. 7 Satzung

Der Aufsichtsrat gibt sich eine **Geschäftsordnung**.[143] Dies hat er im Jahre 1970 mit 204
der Geschäftsordnung für den Aufsichtsrat, aktueller Stand vom 23./24. Mai 2017, getan. Darüber hinaus hat der Aufsichtsrat gemäß § 9a der Geschäftsordnung für den Aufsichtsrat Richtlinien für Geschäfte unter Mitgliedern des Aufsichtsrates aufgestellt.[144] Durch diese Richtlinien soll gewährleistet werden, dass die Aufsichtsratsmitglieder untereinander keine Rechtsgeschäfte oder sonstigen wirtschaftlichen Verbindungen eingehen, die über eine übliche Zusammenarbeit im Kreativbereich hinausgehen und zu Interessenkonflikten führen können.

§ 14 Vorstand

Der Vorstand vertritt den Verein gerichtlich und außergerichtlich.
Besteht der Vorstand aus mehreren Personen, so sind je zwei gemeinschaftlich zur Vertretung des Vereins berechtigt.
Der Vorstand wird vom Aufsichtsrat bestellt und abberufen.
Die Vertretungsbefugnis des Vorstandes wird durch ein von der für die Vereinsaufsicht zuständigen Senatsverwaltung auszustellendes Zeugnis nachgewiesen. Zu dem Zweck werden der zuständigen Senatsverwaltung die jeweiligen Berufungsniederschriften vorgelegt.
Der Vorstand hat der zuständigen Senatsverwaltung im Monat Januar eine Liste der Vorstandsmitglieder sowie der Mitglieder des Aufsichtsrates, aus welcher Name, Vorname, Stand und Wohnort zu entnehmen sind, einzureichen. Sind seit Einreichung der letzten Liste Änderungen hinsichtlich der Personen der Vorstandsmitglieder bzw. Aufsichtsratsmitglieder nicht eingetreten, so genügt die Einreichung einer entsprechenden Erklärung.

---

143 Abgedruckt oben nach § 13 Aufsichtsrat.
144 Abgedruckt im GEMA-Jahrbuch 2017/2018, S. 314 f.

Geschäftsordnung für die Behandlung von Geschäftsvorfällen durch Aufsichtsrat und Vorstand

Fassung vom 12./13.10.2016

Im Rahmen seiner Zuständigkeit gemäß § 13 Ziff. 3 Abs. 2 der Satzung und in Ausübung seines Weisungsrechts gemäß § 13 Ziff. 3 Abs. 3 der Satzung erklärt der Aufsichtsrat die folgenden Geschäftsvorfälle für seiner Zustimmung bedürftig:

1. **die Bestellung und Abberufung des Abschlussprüfers;**
2. **den Beitritt zu oder Austritt aus anderen Gesellschaften, Vereinen oder sonstigen Organisationen, wenn hierdurch die Interessen der GEMA berührt werden; die Gründung von Tochtergesellschaften und den Erwerb von Anteilen an anderen Organisationen oder Unternehmen;**
3. **die Festlegung der Grundsätze des Risikomanagements;**
4. **Erwerb, Verkauf oder Beleihung unbeweglicher Sachen, Erbbaurechten und anderer eigentumsähnlicher Rechte, Erwerb oder Veräußerung von Hypotheken, Grund- und Rentenschulden, sofern ein Betrag von EUR 200.000,– überschritten wird;**
5. **die Aufnahme von Darlehen und die Stellung von Darlehenssicherheiten, sofern ein Betrag von EUR 200.000,– überschritten wird;**
6. **den Abschluss und die Beendigung von Repräsentationsvereinbarungen mit ausländischen Verwertungsgesellschaften, soweit der Inhalt von den Musterverträgen internationaler Organisationen abweicht;**
7. **Wahrnehmungsbedingungen, die in die Zuständigkeit des Aufsichtsrats fallen;**
8. **die Aufstellung und Änderung von Tarifen und den Abschluss von Gesamtverträgen;**
9. **Neubauten, Zu- und Umbauten, sofern deren Kosten im Einzelfall EUR 200.000,– übersteigen;**
10. **Abschluss, Kündigung oder wesentliche Änderung langfristiger (über 5 Jahre) Miet- oder Pachtverträge;**
11. **den Abschluss sachlich bedeutsamer Lieferungs- und ähnlicher Verträge (mehr als EUR 200.000,–);**
12. **die Veräußerung von Gegenständen der Betriebseinrichtung, sofern ein Betrag von EUR 200.000,– überschritten wird; sofern kein normaler Abgang vorliegt;**
13. **das Eingehen von Akzeptverbindlichkeiten und Bürgschaften, sofern ein Betrag von EUR 200.000,– überschritten wird und die Laufzeit über 12 Monate beträgt;**
14. **die Festlegung der Unternehmensstrategie; die Stimmabgabe zu Beschlüssen von grundlegender oder rechtspolitischer Bedeutung; die Durchführung grundlegender organisatorischer Veränderungen; die Errichtung und Auflösung von Geschäftsstellen und Auslandsvertretungen;**
15. **Ernennung, Versetzung und Abberufung von Direktoren;**
    Abschluss, Änderung und Kündigung von Verträgen über die Einräumung von Anteilen am Ertrag oder über außertarifliche Pensionszusagen sowie von Beratungsverträgen mit einem Entgelt von mehr als EUR 75 000,– jährlich;
    Abschluss von Lohn- und Gehaltstarifverträgen;
16. **die Führung von Grundsatzprozessen, Rechtsstreitigkeiten mit einem Streitwert von mehr als EUR 200.000,–, sofern es sich nicht um vertraglich oder tariflich begründete Zahlungsansprüche gegen Musikverwerter handelt, oder die Einleitung von Aktivprozessen gegen Mitglieder, sofern sie nicht selbst Musikverwerter sind;**
    die Anrufung des Bundesgerichtshofs, des Bundesverfassungsgerichts oder Europäischer Gerichte;
17. **Aufträge zur Erstattung von Gutachten gegen ein Honorar von mehr als EUR 50.000,–;**
18. **Ertrags-, Aufwands- und Investitionsbudgets für ein Geschäftsjahr. Soweit solche Budgets nach den vorstehenden Ziffern 1–17 zustimmungsbedürftige Einzelpositionen enthalten, die im Budget spezifiziert und als zustimmungspflichtig gekennzeichnet worden sind und denen zugestimmt worden ist, bedürfen diese keiner nochmaligen Zustimmung;**
19. **die Festlegung der Grundsätze für die Gewährung von Vorauszahlungen an Mitglieder sowie von Vorauszahlungen, die von diesen Grundsätzen abweichen.**

205 Der Vorstand ist ein notwendiges, vom Gesetz zwingend vorgeschriebenes Vereinsorgan.[145] Er hat die Stellung eines **gesetzlichen Vertreters**, § 26 Abs. 1 S. 2 BGB. Bei einer als Verein organisierten Verwertungsgesellschaft wie der GEMA bildet der Vor-

145 Palandt-*Heinrichs*, § 26 BGB Rn. 2.

stand damit zugleich die **Geschäftsführung** iSd § 21 VGG. Grundsätzlich wird dem Verein das Verhalten des Vorstands umfassend zugerechnet, unabhängig davon, ob es sich um Rechtsgeschäfte oder sonstige Rechtshandlungen handelt.[146] Von der Möglichkeit des § 26 Abs. 1 S. 3 BGB, den Umfang der Vertretungsmacht durch die Satzung mit Wirkung gegen Dritte zu beschränken, hat die GEMA keinen Gebrauch gemacht. Die Vertretungsmacht des Vorstands ist deshalb grundsätzlich **unbeschränkt**. Sie erstreckt sich aber nicht auf Geschäfte, die auch für Dritte erkennbar ganz außerhalb des Vereinszwecks liegen.[147]

Eine Besonderheit der GEMA besteht darin, dass die Befugnisse des Vorstands im **Innenverhältnis** durch ein **Weisungsrecht des Aufsichtsrats** beschränkt werden (§ 13 Ziff. 3 Abs. 3). In der **Geschäftsordnung für die Behandlung von Geschäftsvorfällen durch Aufsichtsrat und Vorstand**[148] sind zudem diverse Geschäftsvorfälle geregelt, bei denen der Vorstand der Zustimmung des Aufsichtsrates bedarf (vgl. oben vor **Rn. 205**). 206

Besteht der Vorstand aus mehreren Personen, so sind je zwei gemeinschaftlich zur Vertretung des Vereins berechtigt. Dass der Vorstand aus mehreren Personen bestehen kann, ergibt sich aus § 26 Abs. 2 S. 1 BGB. Während der GEMA-Vorstand bis 1996 aus einer Person bestand, wurde er 1996 auf zwei Personen und schließlich 1999 auf **drei Personen** erweitert. 207

Der Vorstand wird vom Aufsichtsrat bestellt und abberufen (§ 13 Ziff. 3a), § 14 Abs. 3 Satzung). Nach der gesetzlichen Regelung im BGB-Vereinsrecht erfolgt die **Bestellung** des Vorstandes durch einen Beschluss der Mitgliederversammlung (§ 27 Abs. 1 BGB). Allerdings ist die Vorschrift des § 27 Abs. 1 BGB gemäß § 40 BGB nicht zwingend und kann – wie in diesem Fall von der GEMA – durch die Satzung anders geregelt werden. Auch § 18 Abs. 1 Ziff. 1 und § 18 Abs. 2 VGG sehen vor, dass die Mitgliederhauptversammlung die Ernennung oder Entlassung von Mitgliedern des Leitungsorgans – dies ist im Fall der GEMA der Vorstand – an das Aufsichtsgremium delegieren kann. Grundsätzlich ist die Bestellung des Vorstands zu unterscheiden vom Anstellungsvertrag:[149] Die Bestellung ist ein Rechtsgeschäft körperschaftsrechtlicher Natur aus Bestellungsbeschluss und Erklärung gegenüber dem Betroffenen sowie dessen Zustimmungserklärung gegenüber dem Verein. 208

Gemäß § 13 Ziff. 3a) Satzung beschließt der Aufsichtsrat u.a. über die Anstellung der Mitglieder des Vorstands sowie über die Höhe ihrer Vergütung. Nach § 5a Abs. 3 der Satzung erhalten die Mitglieder des Vorstands für ihre Tätigkeit eine Vergütung, die ebenfalls vom Aufsichtsrat festgelegt wird. Der **Anstellungsvertrag** ist ein schuldrechtliches Rechtsgeschäft, genauer ein Dienstvertrag iSv § 611 BGB. Für schuldhafte Verletzungen dieses Vertrages haften die Vorstandsmitglieder dem Verein nach den allgemeinen Regeln des Schuldrechts, also nach dem Verschuldensmaßstab des § 276 BGB (Vorsatz und Fahrlässigkeit). Grundsätzlich haften die Organmitglieder gegenüber dem Verein nur für eigenes Verschulden. Nur wenn mehrere Mitglieder des gleichen Organs oder verschiedener Organe für eine pflichtwidrige Schädigung verantwortlich sind, haften sie dem Verein als Gesamtschuldner (§§ 421ff. BGB). Im Falle einer Geschäftsverteilung im Vorstand ist grundsätzlich jedes Vorstandsmitglied eigenverantwortlich tätig.[150] 209

Den Vorstandsmitgliedern **obliegt** die Sorge für das rechtmäßige Verhalten des Vereins nach außen. Sie sind mitverantwortlich dafür, dass Entscheidungen im Verein sat- 210

146 Münchener Kommentar-*Reuter*, § 26 BGB Rn. 12.

147 *Wolf/Neuner*, Allgemeiner Teil des Bürgerlichen Rechts, § 17 Rn. 56; Palandt-*Heinrichs*, § 26 BGB Rn. 6; *Stöber*, Handbuch zum Vereinsrecht, Rn. 445, 448.

148 Abgedruckt oben nach § 14 Satzung Vorstand.

149 BAG, NJW 1996, 614, 615; *Stöber*, Handbuch zum Vereinsrecht, Rn. 399, 297.

150 *Reichert*, Handbuch des Vereins- und Verbandsrechts, Rn. 3718.

zungs- und gesetzeskonform getroffen werden, sie müssen die Finanzlage überprüfen und sind allein dafür verantwortlich, dass notfalls rechtzeitig die Eröffnung des Insolvenzverfahrens beantragt wird (§ 42 Abs. 2 BGB). Die Vereinsmitglieder haben jedoch keinen unmittelbar gegen den Vorstand gerichteten Anspruch auf richtige Amtsführung.[151]

211 Der **Verein haftet** für seine Vorstandsmitglieder gemäß § 31 BGB. Allgemein gilt: Ist eine Amtsführung gegeben, die mit der Sorgfalt eines ordentlichen Sachwalters nicht in Einklang steht, so muss der Verein für das schuldhafte Verhalten des Organmitglieds kraft der Zurechnungsnorm des § 31 BGB einstehen.

212 Das Verwertungsgesellschaftengesetz legt in § 21 darüber hinaus einen Rahmen für die Tätigkeit des Vorstands fest. Diese Vorschrift setzt wiederum weitgehend wörtlich Artikel 10 der VG-Richtlinie um. Die grundlegenden Pflichten der Geschäftsführung einer Verwertungsgesellschaft bestehen danach darin, dass die Geschäftsführung solide, umsichtig und angemessen ausgeübt wird. Das ist dann der Fall, wenn solide Verwaltungs- und Rechnungslegungsverfahren sowie interne Kontrollmechanismen angewendet werden.[152]

213 Die Vertretungsbefugnis muss der zuständigen Senatsverwaltung – das ist die aufgrund des Sitzes der GEMA (§ 1) für die **Vereinsaufsicht** zuständige Senatsverwaltung für Justiz in Berlin – nachgewiesen werden. Außerdem muss dieser im Januar eines jeden Jahres eine Liste der Vorstands- und Aufsichtsratsmitglieder eingereicht werden. Aus § 88 Abs. 1 VGG ergibt sich zudem die Verpflichtung, die **Aufsichtsbehörde** über jeden Wechsel der vertretungsberechtigten Personen zu informieren.

§ 15 [Geschäftsbericht]

Der Vorstand hat dem Aufsichtsrat vierteljährlich einen Geschäftsbericht und außerdem spätestens einen Monat vor der ordentlichen Mitgliederversammlung einen Geschäftsbericht über das abgelaufene Geschäftsjahr sowie einen Voranschlag für das folgende Jahr vorzulegen.

214 Der Vorstand erstattet die **Geschäftsberichte** in den jeweiligen Aufsichtsratssitzungen gegenüber dem Aufsichtsrat. Diese vierteljährlichen Geschäftsberichte sind zu unterscheiden von dem **Jahresgeschäftsbericht**, der dem Aufsichtsrat spätestens einen Monat vor der ordentlichen Mitgliederversammlung vorzulegen ist und der auszugsweise zusammen mit der Tagesordnung fünf Wochen vor dem Termin der Mitgliederversammlung auf der Internetseite der GEMA bekannt gegeben wird, vgl. § 10 Ziff. 5 Abs. 2 Satzung. Die GEMA veröffentlicht auch eine Version der Jahresgeschäftsberichte im Internet (https://www.gema.de/die-gema/publikationen/geschaeftsbericht/) sowie in Auszügen im jährlich erscheinenden GEMA-Jahrbuch. Den im Jahresgeschäftsbericht enthaltenen Jahresabschluss, Lagebericht sowie Bestätigungsvermerk der Abschlussprüfer veröffentlicht die GEMA gemäß § 57 Abs. 1 VGG spätestens acht Monate nach Schluss des Geschäftsjahres im Bundesanzeiger.

215 Der Jahresgeschäftsbericht hat – ähnlich wie der Lagebericht nach § 289 HGB – den Verlauf der Vereinstätigkeit und die Lage des Vereins darzustellen.[153] Die Mitglieder sind über alle wichtigen Vorkommnisse im Berichtszeitraum zu unterrichten. Der Jahresgeschäftsbericht dient der Meinungsbildung der GEMA-Mitglieder über die Entlastungsfrage und muss deshalb wahr und vollständig sein. Er muss alles beinhalten, was nach der Verkehrsanschauung und nach vernünftigem Ermessen für die sachgemäße Beurteilung

151 LG Frankfurt, NJW-RR 1998, 396, 397 f.

152 So die Gesetzesbegründung zum VGG, BT-Drucks 18/7223 zu § 21 VGG unter Bezug auf die VG-Richtlinie.

153 *Reichert*, Handbuch des Vereins- und Verbandsrechts, Rn. 1674.

der Geschäftsführung auch für juristisch und betriebswirtschaftlich unerfahrene Mitglieder erforderlich ist.[154]

Darüber hinaus hat der Aufsichtsrat gem. § 8 Abs. 2 Geschäftsordnung für den Aufsichtsrat als ständigen Ausschuss u.a. einen **Wirtschaftsausschuss** eingerichtet, der sich mit Fragen zur Wirtschaftlichkeit der GEMA befasst. Der Wirtschaftsausschuss hat gemäß § 1 der Geschäftsordnung für Ausschüsse und Kommissionen des Aufsichtsrats die seinen Arbeitsbereich betreffenden Themen zu prüfen, hierüber dem Aufsichtsrat zu berichten und gegebenenfalls Änderungsvorschläge zu machen. Der Wirtschaftsausschuss hält regelmäßig zwei Sitzungen im Geschäftsjahr ab. **216**

§ 16 [Schlichtungsausschuss, Schiedsgericht, Beschwerdeausschuss, Sitzungsgeldkommission, Urheber-Verleger-Schlichtungsstelle]

A. Schlichtungsausschuss
Streitende Parteien können beim Aufsichtsrat die Bildung eines Schlichtungsausschusses beantragen. Der Schlichtungsausschuss besteht aus einem Vorsitzenden und vier Beisitzern. Der Vorsitzende und die Beisitzer werden von Fall zu Fall vom Aufsichtsrat bestellt. Jede Partei hat das Vorschlagsrecht für zwei Beisitzer. Der Ausschuss zieht nach Bedarf Gutachter heran.
Der Schlichtungsausschuss kann von den Parteien angerufen werden zur Beilegung von Streitigkeiten; er hat einen Einigungsversuch zu machen, zum Erlass von Schiedssprüchen ist er nicht befugt.

B. Schiedsgericht
1. a) Über Streitigkeiten zwischen GEMA-Mitgliedern entscheidet – soweit sich aus den folgenden Bestimmungen nichts anderes ergibt – unter Ausschluss des Rechtsweges ein Schiedsgericht.
Das Schiedsgericht entscheidet insbesondere im Streitfalle über die Auslegung der Satzung, des Verteilungsplanes, des Berechtigungsvertrages, der Geschäftsordnungen, der Versammlungsordnung und über die Rechtswirksamkeit von Beschlüssen und sonstigen Maßnahmen der GEMA.
b) Die Geschäftsordnung des Schiedsgerichts wird vom Aufsichtsrat beschlossen.
c) Das Schiedsgericht besteht aus einem Obmann und vier Beisitzern, von denen jede Partei zwei Beisitzer zu benennen hat. Obmann und Beisitzer dürfen weder Vorstands- noch Aufsichtsratsmitglieder der GEMA sein und auch nicht zur GEMA in einem Anstellungsvertrag oder in einem ständigen sonstigen Auftragsverhältnis stehen. Der Obmann muss zum Richteramt befugt sein. Er wird von den Beisitzern aus einer vom Aufsichtsrat aufzustellenden Vorschlagsliste gewählt, es sei denn, dass sich die streitenden Parteien vorher bereits über einen Obmann geeinigt haben. Für die Ablehnung eines Beisitzers oder des Obmanns gelten §§ 1036, 1037 ZPO. Einigt sich die Mehrheit der Beisitzer nicht auf einen Obmann, so wird der Obmann auf Antrag einer der Parteien vom Senatspräsidenten des Urheberrechts-Spezialsenats beim Bundesgerichtshof aus der Vorschlagsliste ernannt.
2. Die Kosten des Schiedsgerichtsverfahrens werden unter entsprechender Anwendung der Kostenvorschriften der ZPO von den jeweiligen Prozessparteien nach Maßgabe der Entscheidung des Schiedsgerichts getragen.
3. Der Kläger kann, anstatt das Schiedsgericht anzurufen, auch die Klage vor dem zuständigen ordentlichen Gericht erheben. Das Wahlrecht erlischt mit der Einreichung der Klage. Vor Erhebung der Klage beim Schiedsgericht hat der Kläger das Einverständnis des Beklagten zur Entscheidung der Streitigkeiten durch das Schiedsgericht einzuholen. Verweigert der Beklagte seine Zustimmung, oder erfolgt die Zustimmungserklärung nicht innerhalb von 14 Tagen nach Erhalt der Anfrage, so kann nur das ordentliche Gericht angerufen werden.

C. Beschwerdeausschuss
1. Der Beschwerdeausschuss ist zuständig für Streitigkeiten zwischen der GEMA und ihren Mitgliedern, soweit sie sich aus dem Mitgliedschaftsverhältnis ergeben.

154 BGH, NJW-RR 1988, 745, 748.

Jedes Mitglied kann bei Verletzung seiner berechtigten Interessen als Vereinsmitglied den Beschwerdeausschuss anrufen.
Die Zuständigkeit des Beschwerdeausschusses ist ausgeschlossen, soweit in der Satzung oder weiteren Bestimmungen ein anderes vereinsinternes Verfahren vorgesehen ist.

2. Der Ausschuss erlässt auf Antrag des Mitglieds eine Entscheidung, die innerhalb von sechs Monaten erfolgen soll. Solange der Beschwerdeausschuss nicht entschieden hat, ist der Rechtsweg zu den ordentlichen Gerichten ausgeschlossen.
3. Der Ausschuss besteht aus je einem Vertreter der drei Berufsgruppen und einem Vorsitzenden sowie je einem Stellvertreter. Die Berufsgruppenvertreter dürfen nicht Mitglied des Aufsichtsrats sein.
   Die Berufsgruppenvertreter wählen aus einer vom Aufsichtsrat aufzustellenden Vorschlagsliste den Vorsitzenden sowie dessen Stellvertreter. Diese müssen die Befähigung zum Richteramt haben.
   Darüber hinaus kann der Ausschuss mit Zustimmung von Aufsichtsrat und Vorstand externe Sachverständige punktuell zur Beratung hinzuziehen oder als ständige Mitglieder mit beratender Funktion kooptieren. Die Amtsdauer der als ständige Mitglieder kooptierten Sachverständigen endet mit der Amtsperiode der stimmberechtigten Ausschussmitglieder oder durch Abberufung durch die stimmberechtigten Ausschussmitglieder.
4. Die Berufsgruppenvertreter werden auf die Dauer von 3 Jahren auf Grundlage der Wahlvorschläge des Aufsichtsrats durch die Mitgliederversammlung nach den Grundsätzen gewählt, die für die Wahl von Aufsichtsratsmitgliedern gelten. Bei der Auswahl der Wahlvorschläge berücksichtigt der Aufsichtsrat das Ziel, den Anteil von Frauen in allen Gremien zu stärken. Andere Wahlvorschläge können von den ordentlichen Mitgliedern und Delegierten im Vorfeld der Mitgliederversammlung, in der die Wahl stattfindet, beim Wahlausschuss eingereicht werden. B.II. Ziffer 3 Absätze 2 und 3 der Versammlungs- und Wahlordnung gelten entsprechend.
   Die Berufsgruppenvertreter bleiben bis zum Ablauf der dritten auf die Wahl folgenden ordentlichen Mitgliederversammlung im Amt. Wiederwahl ist zulässig.
   Scheidet ein Berufsgruppenvertreter oder ein Stellvertreter während seiner Amtszeit aus, so haben die Aufsichtsratsmitglieder seiner Berufsgruppe ein Ersatzmitglied zu wählen, das an dessen Stelle tritt. Die Ersatzwahl bedarf der Bestätigung durch die nächste Mitgliederversammlung, soweit die Amtsdauer über diese Mitgliederversammlung hinausgeht.
5. Die Beschwerde ist an den Vorstand zu richten. Der Vorstand oder – falls der Aufsichtsrat zuständig ist – der Aufsichtsrat können der Beschwerde abhelfen. Falls Vorstand oder Aufsichtsrat nicht abhelfen, entscheidet der Beschwerdeausschuss unverzüglich.
6. Die Kosten des Beschwerdeverfahrens mit Ausnahme der eigenen Kosten des Beschwerdeführers werden von der GEMA getragen. Die Mitglieder des Beschwerdeausschusses erhalten für ihre Tätigkeit lediglich Ersatz ihrer Reisekosten und Barauslagen. Darüber hinaus wird für jedes Beschwerdeverfahren eine Fallpauschale in Höhe von EUR 2.400,00 gezahlt. Hiervon erhält der Vorsitzende bzw. der stellvertretende Vorsitzende EUR 1.200,00, die Berufsgruppenvertreter erhalten jeweils EUR 400,00.
7. Der Beschwerdeausschuss gibt sich eine Geschäftsordnung, die der Mitgliederversammlung vorgelegt werden muss.

D. Sitzungsgeldkommission

1. Unter Berücksichtigung der Vorgaben des § 5a unterbreitet die Sitzungsgeldkommission der Mitgliederversammlung Vorschläge über die Höhe der Sitzungsgelder, über die die Mitgliederversammlung beschließt.
2. Die Sitzungsgeldkommission besteht aus je einem Vertreter der drei Berufsgruppen und dem Vorsitzenden des Beschwerdeausschusses als Vorsitzenden. Die Mitgliederversammlung wählt die Berufsgruppenvertreter auf die Dauer von jeweils drei Jahren nach den Grundsätzen, die für die Wahl von Aufsichtsratsmitgliedern gelten. Für jeden Berufsgruppenvertreter wird ein Stellvertreter gewählt. Wiederwahl ist zulässig. Wahlvorschläge können von den ordentlichen Mitgliedern und Delegierten im Vorfeld der Mitgliederversammlung, in der die Wahl stattfindet, beim Wahlausschuss eingereicht werden. B. II. Ziffer 3 Absätze 2 und 3 der Versammlungs- und Wahlordnung gelten entsprechend. Der Vorsitzende der Kommission wird durch den stellvertretenden Vorsitzenden des Beschwerdeausschusses vertreten. Die Berufsgruppenvertreter und ihre Stellvertreter dürfen weder Mitglieder des Aufsichtsrats noch Mitglieder sonstiger Ausschüsse oder Kommissionen sein. Scheidet ein Berufsgruppenvertreter oder ein Stellvertreter während seiner Amtszeit aus, so hat die betreffende Berufsgruppe in der darauffolgenden Mitgliederversammlung ein Ersatzmitglied zu wählen, das an dessen Stelle tritt, soweit die Amtsdauer über diese Mitgliederversammlung hinausgeht.

3. Die Kommission wird durch den Aufsichtsrat oder die Mitgliederversammlung einberufen. Sie berät nichtöffentlich. Der Vorsitzende des Aufsichtsrats und seine Stellvertreter sowie der Vorstand erhalten Gelegenheit zur Stellungnahme. Soweit über Sitzungsgelder für Ausschüsse oder Kommissionen beraten wird, die nicht aus Mitgliedern des Aufsichtsrats bestehen, steht dieses Recht auch dem Vorsitzenden des jeweils betroffenen Gremiums bzw. einem von diesem Gremium bestimmten Vertreter zu. Der Vorsitzende der Sitzungsgeldkommission entscheidet über die Hinzuziehung von Sachverständigen.
4. Die Kommission entscheidet mit einfacher Mehrheit, bei Stimmengleichheit entscheidet die Stimme des Vorsitzenden.
5. Die Mitglieder der Sitzungsgeldkommission erhalten für ihre Tätigkeit lediglich Ersatz ihrer Reisekosten und Barauslagen.
6. Die Mitglieder der GEMA werden im Rahmen des Geschäftsberichts über die Höhe der von der Sitzungsgeldkommission festgelegten jeweiligen pauschalen Sitzungsgelder sowie die Gesamtsumme der in einem Geschäftsjahr an die Mitglieder des Aufsichtsrats, der Kommissionen und Ausschüsse geleisteten Zahlungen informiert.
7. Bis zur erstmaligen Beschlussfassung durch die Mitgliederversammlung werden Sitzungsgelder in zuletzt geltender Höhe gezahlt.

E. Urheber-Verleger-Schlichtungsstelle

1. Die Urheber-Verleger-Schlichtungsstelle ist zuständig für Streitigkeiten zwischen Urhebern und Verlegern über die Erbringung der verlegerischen Leistung gemäß § 7 Abs. 2 und 3 des Verteilungsplans.
2. Die Urheber-Verleger-Schlichtungsstelle kann von jedem Urheber eines verlegten Werkes angerufen werden, der geltend macht, dass der Verleger wegen Nichterbringung verlegerischer Leistungen iSd § 7 Abs. 2 des Verteilungsplans ihm gegenüber nicht länger an der Verteilung der Einnahmen für das Werk zu beteiligen ist.
3. Die Urheber-Verleger-Schlichtungsstelle hat einen schriftlichen Schlichtungsspruch zu erlassen, der innerhalb von 6 Monaten erfolgen soll. Der Schlichtungsspruch ist zu begründen. In dem Schlichtungsspruch befindet die Urheber-Verleger-Schlichtungsstelle darüber, ob der Verleger eine verlegerische Leistung iSd § 7 Abs. 2 des Verteilungsplans erbracht hat und aus diesem Grund weiter an der Verteilung der Einnahmen für das Werk zu beteiligen ist. Hierbei hat die Urheber-Verleger-Schlichtungsstelle das Vorliegen einer verlegerischen Leistung im Rahmen einer umfassenden Abwägung unter Berücksichtigung der wirtschaftlichen Bedingungen der Werkentstehung und Werkverwertung, der Festlegungen des Verlagsvertrages und des Zeitablaufs seit der Werkschöpfung zu beurteilen. Vertragliche und gesetzliche Ansprüche im Innenverhältnis zwischen Urheber und Verleger wie z.B. Kündigungs-, Rücktritts- oder Rückrufsrechte bleiben von dem Schlichtungsspruch unberührt.
4. Bis zum Erlass des Schlichtungsspruchs ist der Rechtsweg zu den ordentlichen Gerichten ausgeschlossen. Nach Erlass des Schlichtungsspruchs kann die unterlegene Partei ihre Ansprüche binnen weiteren 6 Monaten im ordentlichen Rechtsweg geltend machen. Wird innerhalb dieser Frist kein Nachweis der gerichtlichen Geltendmachung erbracht oder wird der Schlichtungsspruch durch gemeinsame Erklärung, die der GEMA vorzulegen ist, von beiden Parteien akzeptiert, verteilt die GEMA entsprechend dem Schlichtungsspruch.
5. Die Urheber-Verleger-Schlichtungsstelle besteht aus je einem Vertreter der drei Berufsgruppen und einem Vorsitzenden sowie je einem Stellvertreter. Die Berufsgruppenvertreter werden von den Aufsichtsräten der jeweiligen Berufsgruppe jeweils für die Dauer von drei Jahren bestellt. Sie dürfen nicht Mitglied des Aufsichtsrats oder eines anderen von der Mitgliederversammlung zu wählenden Gremiums sein. Die Berufsgruppenvertreter wählen aus vom Aufsichtsrat aufzustellenden Vorschlagslisten den Vorsitzenden sowie dessen Stellvertreter. Diese müssen die Befähigung zum Richteramt haben.
   Die Urheber-Verleger-Schlichtungsstelle trifft ihre Entscheidungen mit einfacher Mehrheit. Die Berufsgruppenvertreter der Komponisten und Textdichter nehmen nur an Entscheidungen über solche Streitigkeiten teil, an denen Mitglieder ihrer jeweiligen Berufsgruppe beteiligt sind.
6. Die Mitglieder der Urheber-Verleger-Schlichtungsstelle erhalten für ihre Tätigkeit Ersatz ihrer Reisekosten und Barauslagen. Darüber hinaus wird für jedes Verfahren vor der Schlichtungsstelle eine Fallpauschale in Höhe von EUR 600 fällig, von der der Vorsitzende bzw. der stellvertretende Vorsitzende die Hälfte und die an der Entscheidung beteiligten Berufsgruppenvertreter zu gleichen Teilen die andere Hälfte als Aufwandsentschädigung erhalten. Über die Tragung dieser Kosten sowie der eigenen Kosten der Parteien entscheidet die Schlichtungsstelle nach Maßgabe der im Schlichtungsspruch getroffenen Entscheidung.
7. Näheres regelt eine Geschäftsordnung, die vom Aufsichtsrat beschlossen wird.

8. Aufsichtsrat und Vorstand werden das Funktionieren und den Arbeitsanfall der Urheber-Verleger-Schlichtungsstelle gründlich beobachten. Soweit dies entweder von der Mehrheit des Aufsichtsrats oder einstimmig von den Vertretern einer Berufsgruppe im Aufsichtsrat befürwortet wird, werden Aufsichtsrat und Vorstand einen Vorschlag für die Überarbeitung der Regelungen zur Funktionsweise der Urheber-Verleger-Schlichtungsstelle erarbeiten und in der ordentlichen Mitgliederversammlung 2020 zur Abstimmung stellen.

Geschäftsordnung des Schiedsgerichts der GEMA

gemäß § 16 der Satzung. Fassung vom 9./10. März 2005

1. Das Schiedsgericht besteht aus einem Obmann und vier Beisitzern, von denen jede Partei zwei Beisitzer zu benennen hat. Obmann und Beisitzer dürfen weder Vorstands- noch Aufsichtsratsmitglieder der GEMA sein und auch nicht zur GEMA in einem Anstellungsvertrag oder in einem ständigen sonstigen Auftragsverhältnis stehen. Der Obmann muss zum Richteramt befugt sein. Er wird von den Beisitzern aus einer vom Aufsichtsrat aufzustellenden Vorschlagsliste gewählt. Für die Ablehnung eines Beisitzers oder des Obmanns gelten §§ 1036, 1037 ZPO. Einigt sich die Mehrheit der Beisitzer nicht auf einen Obmann, so wird der Obmann auf Antrag einer der Parteien vom Senatspräsidenten des Urheberrechts-Spezialsenats beim Bundesgerichtshof aus der Vorschlagsliste ernannt.
2. Will eine Partei das Schiedsgericht anrufen, so hat sie unter Angabe des Streitgegenstandes die andere Partei aufzufordern, darin einzuwilligen, dass über den Streitgegenstand das Schiedsgericht entscheiden solle. Das Schiedsgericht kann angerufen werden, falls der Beklagte seine Zustimmung erteilt. Ist die Zustimmung erteilt, so hat die betreibende Partei unter Bezeichnung der ernannten eigenen Beisitzer die andere Partei schriftlich aufzufordern, ihrerseits ihre Beisitzer zu benennen. Die andere Partei muss hierauf 14 Tage nach Zugang der Aufforderung, ihre Beisitzer zu ernennen, entsprechen. Dasselbe gilt nach Wegfall eines Beisitzers.
3. Das Schiedsgericht hat nach dem geltenden deutschen Recht zu entscheiden.
Es urteilt hierbei nach freiem pflichtgemäßen Ermessen und ordnet das Verfahren unter Berücksichtigung der im 10. Buch der Zivilprozessordnung enthaltenen Vorschriften ebenfalls nach freiem Ermessen.
4. Das Schiedsgericht kann Zustellungen mit gleicher Wirkung an die Parteien oder an die Prozessbevollmächtigten vornehmen.
5. Die ernannten Beisitzer haben vor der Wahl des Obmanns zunächst eine Einigung zwischen den Parteien zu versuchen.
6. Das Schiedsgericht setzt den Streitwert nach freiem Ermessen fest. Es hat vor der Festsetzung den Parteien Gelegenheit zur Stellungnahme zu geben.
7. Der Obmann und die Beisitzer erhalten für ihre Tätigkeit die Gebühren, die einem Rechtsanwalt für die Vertretung der Parteien vor den staatlichen Gerichten zustehen würden, und zwar erhalten die von den Parteien ernannten Beisitzer je $^{5}/_{10}$, der Obmann $^{13}/_{10}$ der Gebühren des Anwalts in der ersten Instanz.
8. Als zuständiges Gericht im Sinne von §§ 1062–1064 der Zivilprozessordnung wird das Kammergericht Berlin vereinbart.

Geschäftsordnung für den Beschwerdeausschuss

gemäß § 16 Abschn. C Ziff. 6 der Satzung. Fassung vom 6./7. Mai 2015

1. Nach § 16 Abschnitt C Ziff. 3 besteht der Beschwerdeausschuss aus einem Vorsitzenden und je einem Vertreter der drei Berufsgruppen. Der Vorsitzende muss die Befähigung zum Richteramt haben. Die Berufsgruppenvertreter dürfen nicht Mitglieder des Aufsichtsrates sein.
2. Gemäß § 16 Abschnitt C Ziff. 5 der Satzung sind Beschwerden an den Vorstand zu richten.
Helfen Vorstand bzw. Aufsichtsrat der Beschwerde nicht ab, ist sie mit einer ausführlichen schriftlichen Stellungnahme dem Vorsitzenden des Beschwerdeausschusses innerhalb eines Monats ab Eingang vorzulegen.
3. Der Vorsitzende leitet die Beschwerde mit der Stellungnahme des Vorstandes bzw. Aufsichtsrates an die übrigen Mitglieder des Beschwerdeausschusses.
Gleichzeitig gibt er dem Beschwerdeführer unter Übersendung der Stellungnahme des Vorstandes bzw. Aufsichtsrates Gelegenheit, innerhalb von zwei Wochen zu erwidern.

4. **Der Beschwerdeausschuss trifft seine Entscheidungen nach mündlicher Beratung oder im schriftlichen Verfahren innerhalb von 6 Monaten ab Eingang der Beschwerde (§ 16 Abschnitt C Ziff. 2).**
   Widerspricht ein Mitglied des Beschwerdeausschusses dem schriftlichen Verfahren, so ist mündlich zu beraten. Wird eine mündliche Verhandlung als erforderlich angesehen, bestimmt der Vorsitzende den Verhandlungsort.
5. **Der Beschwerdeausschuss kann den Beschwerdeführer und/oder den Vorstand bzw. einen Vertreter des Aufsichtsrates anhören und auch eine vergleichsweise Regelung anstreben.**
6. **Der Beschwerdeausschuss ist nur bei Mitwirkung aller seiner Mitglieder beschlussfähig. Der Beschwerdeausschuss entscheidet mit der Mehrheit der nach der Satzung möglichen Stimmen.**
   Bei Stimmengleichheit entscheidet die Stimme des Vorsitzenden.
   Enthaltungen sind ausgeschlossen.
7. **Die Entscheidungen sind mit einer kurzen Begründung zu versehen, vom Vorsitzenden zu unterschreiben und dem Beschwerdeführer mittels eingeschriebenen Briefes gegen Rückschein sowie dem Vorstand bzw. Aufsichtsrat – je nach Zuständigkeit – einfach zu übersenden.**
8. **Der Beschwerdeausschuss hat über seine Beratungen eine Niederschrift zu fertigen, die deren wesentlichen Verlauf enthält.**
   Zur Protokollführung kann der Beschwerdeausschuss eine Hilfsperson hinzuziehen. Die Niederschrift ist vom Vorsitzenden zu unterzeichnen und innerhalb eines Monats den Mitgliedern des Beschwerdeausschusses und dem Vorstand bzw. dem Aufsichtsrat zu übersenden.
9. **Falls innerhalb eines Monats nach Aufgabe zur Post keine schriftlichen Einwände gegen die Niederschrift beim Vorsitzenden des Beschwerdeausschusses erhoben werden, gilt diese als genehmigt.**

Geschäftsordnung für die Urheber-Verleger-Schlichtungsstelle

gemäß § 16 Abschn. E Ziff. 7 der Satzung. Fassung vom 11./12. Oktober 2017

§ 1
Nach § 16 Abschnitt E. Ziff. 1 der Satzung ist die Urheber-Verleger-Schlichtungsstelle zuständig für Streitigkeiten zwischen Urhebern und Verlegern über die Frage, ob eine verlegerische Leistung gemäß § 7 Abs. 2 und 3 des Verteilungsplans erbracht worden ist.

§ 2

(1) **Nach § 16 Abschnitt E. Ziff. 2 der Satzung kann die Urheber-Verleger-Schlichtungsstelle von jedem Urheber eines verlegten Werkes angerufen werden, der geltend macht, dass der Verleger wegen Nichterbringung verlegerischer Leistungen iSd § 7 Abs. 2 des Verteilungsplans ihm gegenüber nicht länger an der Verteilung der Einnahmen für das Werk zu beteiligen ist. Die Urheber-Verleger-Schlichtungsstelle kann bei Streitigkeiten über die Erbringung verlegerischer Leistungen auch von einem Verleger angerufen werden.**

(2) **Rügen mehrere Urheber die Nichterbringung einer verlegerischen Leistung in Bezug auf einen Verlagsvertrag, ist über jede Urheber-Verleger-Rechtsbeziehung separat zu verhandeln und zu entscheiden.**

(3) **Die Anrufung der Urheber-Verleger-Schlichtungsstelle ist unter Verwendung des hierfür vorgesehenen Formulars mit einer Begründung und sämtlichen relevanten Unterlagen wie insbesondere dem Verlagsvertrag an den Vorstand zu richten. Darüber hinaus hat der Anrufende zu erklären, ob er eine mündliche Verhandlung vor der Urheber-Verleger-Schlichtungsstelle beantragen möchte, und die gemäß § 7 (2) geltende Fallpauschale zu entrichten.**

(4) **Der Vorstand leitet die Anrufung unverzüglich an den Vorsitzenden der Urheber-Verleger-Schlichtungsstelle weiter. Der Vorsitzende leitet die Anrufung unverzüglich an die gemäß § 6 (1) für die Entscheidung zuständigen Mitglieder der Urheber-Verleger-Schlichtungsstelle weiter.**

(5) **Der Vorsitzende informiert die weiteren beteiligten Parteien schriftlich über die Anrufung und fordert diese auf, innerhalb eines Monats ab Zugang der Mitteilung schriftlich Stellung zu nehmen, sämtliche relevanten Unterlagen einzureichen und zu erklären, ob sie eine mündliche Verhandlung vor der Urheber-Verleger-Schlichtungsstelle beantragen möchten.**

(6) **Sofern eine Partei einen Antrag auf mündliche Verhandlung gestellt hat oder der Vorsitzende eine mündliche Anhörung für erforderlich hält, ruft er eine Sitzung der Urheber-Verleger-Schlichtungsstelle ein und informiert die Parteien und den Vorstand schriftlich über den Termin und den Ort der Sitzung. Darüber hinaus kann der Vorsitzende die Parteien zur Einreichung weiterer schriftlicher Stellungnahmen und Unterlagen auffordern.**

(7) Nach Eingang der Stellungnahmen und Unterlagen leitet der Vorsitzende diese an die gemäß § 6 (1) für die Entscheidung zuständigen Mitglieder der Urheber-Verleger-Schlichtungsstelle weiter.

§ 3

(1) Nach § 16 Abschnitt E. Ziff. 3 der Satzung hat die Urheber-Verleger-Schlichtungsstelle einen schriftlichen Schlichtungsspruch zu erlassen, der innerhalb von 6 Monaten ab Zugang der Anrufung bei der Urheber-Verleger-Schlichtungsstelle erfolgen soll. Im Rahmen der 6-Monatsfrist bearbeitet die Urheber-Verleger-Schlichtungsstelle die eingehenden Streitigkeiten entsprechend ihrer Dringlichkeit. Hierbei ist neben inhaltlichen Aspekten auch der jeweilige Streitwert, gemessen an der Höhe der gesperrten Ausschüttungen, zu beachten.

(2) Der Schlichtungsspruch ist zu begründen. In dem Schlichtungsspruch befindet die Urheber-Verleger-Schlichtungsstelle darüber, ob der Verleger eine verlegerische Leistung iSd § 7 Abs. 2 des Verteilungsplans erbracht hat und aus diesem Grund weiter an der Verteilung der Einnahmen für das Werk zu beteiligen ist. Hierbei hat die Urheber-Verleger-Schlichtungsstelle das Vorliegen einer verlegerischen Leistung im Rahmen einer umfassenden Abwägung unter Berücksichtigung der wirtschaftlichen Bedingungen der Werkentstehung und Werkverwertung, der Festlegungen des Verlagsvertrages und des Zeitablaufs seit der Werkschöpfung zu beurteilen. Vertragliche und gesetzliche Ansprüche im Innenverhältnis zwischen Urheber und Verleger wie z.B. Kündigungs-, Rücktritts- oder Rückrufsrechte bleiben von dem Schlichtungsspruch unberührt.

(3) Der Schlichtungsspruch ist vom Vorsitzenden zu unterschreiben und den beteiligten Parteien mittels eingeschriebenen Briefes gegen Rückschein sowie dem Vorstand einfach zu übersenden.

§ 4

Nach § 16 Abschnitt E. Ziff. 4 der Satzung ist der Rechtsweg zu den ordentlichen Gerichten bis zum Erlass des Schlichtungsspruchs ausgeschlossen. Nach Erlass des Schlichtungsspruchs kann die unterlegene Partei ihre Ansprüche binnen weiteren 6 Monaten im ordentlichen Rechtsweg geltend machen. Wird innerhalb dieser Frist kein Nachweis der gerichtlichen Geltendmachung erbracht oder wird der Schlichtungsspruch durch gemeinsame Erklärung, die der GEMA vorzulegen ist, von beiden Parteien akzeptiert, verteilt die GEMA entsprechend dem Schlichtungsspruch.

§ 5

(1) Nach § 16 Abschnitt E. Ziff. 5 Abs. 1 der Satzung besteht die Urheber-Verleger-Schlichtungsstelle aus je einem Vertreter der drei Berufsgruppen und einem Vorsitzenden sowie je einem Stellvertreter. Die Berufsgruppenvertreter und ihre Stellvertreter werden von den Aufsichtsräten der jeweiligen Berufsgruppe jeweils für die Dauer von drei Jahren bestellt. Sie dürfen nicht Mitglied des Aufsichtsrats oder eines anderen von der Mitgliederversammlung zu wählenden Gremiums sein. Der Berufsgruppenvertreter der Verleger und dessen Stellvertreter müssen nicht notwendigerweise in einem Verlag tätig sein, der Berechtigter der GEMA ist. Sie müssen jedoch beruflich schwerpunktmäßig im Musikverlagswesen tätig sein oder gewesen sein.

(2) Die Berufsgruppenvertreter wählen aus vom Aufsichtsrat aufzustellenden Vorschlagslisten einstimmig den Vorsitzenden sowie dessen Stellvertreter. Diese müssen die Befähigung zum Richteramt haben.

(3) Scheidet ein Berufsgruppenvertreter oder ein Stellvertreter während seiner Amtszeit aus, so haben die Aufsichtsratsmitglieder seiner Berufsgruppe ein Ersatzmitglied zu bestellen, das an dessen Stelle tritt.

(4) Die Urheber-Verleger-Schlichtungsstelle kann externe Sachverständige punktuell zur Beratung hinzuziehen.

§ 6

(1) Nach § 16 Abschnitt E. Ziff. 5 Abs. 2 der Satzung nehmen die Berufsgruppenvertreter der Komponisten und Textdichter nur an Entscheidungen über solche Streitigkeiten teil, an denen Mitglieder ihrer jeweiligen Berufsgruppe beteiligt sind.

(2) Die Urheber-Verleger-Schlichtungsstelle ist nur bei Mitwirkung aller für die jeweilige Entscheidung zuständigen Mitglieder beschlussfähig.

(3) Nach § 16 Abschnitt E. Ziff. 5 Abs. 2 der Satzung trifft die Urheber-Verleger-Schlichtungsstelle ihre Entscheidungen mit einfacher Mehrheit. Bei Stimmengleichheit entscheidet die Stimme des Vorsitzenden. Enthaltungen sind ausgeschlossen.

(4) Über die Art der Abstimmung und den Gang des Verfahrens entscheidet der Vorsitzende.

§ 7

(1) Nach § 16 Abschnitt E. Ziff. 6 der Satzung erhalten die Mitglieder der Urheber-Verleger-Schlichtungsstelle für ihre Tätigkeit von der GEMA Ersatz ihrer Reisekosten und Barauslagen.

(2) Darüber hinaus wird für jedes Verfahren vor der Schlichtungsstelle eine Fallpauschale in Höhe von EUR 600 fällig, von der der Vorsitzende bzw. der stellvertretende Vorsitzende die Hälfte und die an der Entscheidung beteiligten Berufsgruppenvertreter zu gleichen Teilen die andere Hälfte als Aufwandsentschädigung erhalten. Über die Tragung der Fallpauschale, etwaiger Kosten für den Sachverständigen sowie der eigenen Kosten der Parteien entscheidet die Schlichtungsstelle nach Maßgabe der im Schlichtungsspruch getroffenen Entscheidung.
Der Vorsitzende bzw. der stellvertretende Vorsitzende kann zusätzlich eine aufwandsbezogene Entschädigung von der GEMA erhalten.

(3) Wird die Urheber-Verleger-Schlichtungsstelle wegen Nichterbringung verlegerischer Leistungen in Bezug auf mehrere Werke, die von demselben Verlagsvertrag erfasst sind, angerufen, handelt es sich lediglich um ein Verfahren.

§ 8

Die Urheber-Verleger-Schlichtungsstelle hat über ihre Beratungen eine Niederschrift zu fertigen, die deren wesentlichen Verlauf enthält. Die Niederschrift ist vom Vorsitzenden zu unterzeichnen und innerhalb eines Monats den Mitgliedern der Urheber-Verleger-Schlichtungsstelle und dem Vorstand zu übersenden.

Übersicht

I. Einführung

217 § 16 sieht vier **verschiedene außergerichtliche Möglichkeiten** vor, um Streitigkeiten im Zusammenhang mit der Tätigkeit der GEMA beizulegen. Die Bildung eines **Schlichtungsausschusses**, § 16 A Satzung, kann für die Beilegung von Streitigkeiten aller Art verlangt werden, wenn sich die Parteien darüber einig sind. Das **Schiedsgericht**, § 16 B Satzung, entscheidet über Streitigkeiten zwischen GEMA-Mitgliedern. Der **Beschwerdeausschuss**, § 16 C Satzung, ist zuständig für Streitigkeiten zwischen der GEMA und ihren Mitgliedern. Im Zusammenhang mit der Neuregelung der Verlegerbeteiligung hat die ordentlichen Mitgliederversammlung 2017 zudem die so genannte **Urheber-Verleger-Schlichtungsstelle** ins Leben gerufen, § 16 E Satzung.[155] Sie kann bei Streitigkeiten zwischen Urhebern und Verlegern über die Frage, ob eine verlegerische Leistung gemäß § 7 Abs. 2 und 3 des Verteilungsplans erbracht worden ist, angerufen werden.

218 Systematisch ist die Vorschrift des § 16 A Satzung als „lex generalis" für Streitigkeiten zu verstehen, während das Schiedsgericht gemäß § 16 B Satzung, der Beschwerdeausschuss gemäß § 16 C Satzung und die Urheber-Verleger-Schlichtigungsstelle gemäß § 16 E Satzung „leges speciales" zu § 16 A Satzung darstellen. Dies dürfte ein Grund dafür sein, dass der Schlichtungsausschuss **bislang noch nicht konstituiert** werden musste, da die bisherigen Streitigkeiten von diesen Spezialregelungen erfasst wurden. Aber auch Schiedsgericht und Beschwerdeausschuss spielen in der Praxis kaum eine Rolle. Dies dürfte nicht zuletzt darauf zurückzuführen sein, dass diese vereinsinternen Streitschlichtungsgremien im Unterschied zu den ordentlichen Gerichten keine vollstreckbaren Entscheidungen erlassen können.

219 Die Aufgabe der in § 16 D Satzung geregelten **Sitzungsgeldkommission** besteht darin, der Mitgliederversammlung unter Berücksichtigung der Vorgaben des § 5a Satzung einen Vorschlag für die Festlegung der pauschalen Sitzungsgelder für die Mitglieder des Aufsichtsrats sowie der Ausschüsse und Kommissionen zu unterbreiten (vgl. unten **Rn. 261ff.**).

II. Schlichtungsausschuss, § 16 A Satzung

220 Streitende Parteien können beim Aufsichtsrat die Bildung eines Schlichtungsausschusses beantragen. Eine nähere Definition, wer **„streitende Partei"** im Sinne der Vor-

155 Vgl. Antrag zu TOP 21 zur ordentlichen Mitgliederversammlung 2017.

schrift ist, erfolgt nicht. Somit könnte der Ausschuss sowohl bei Streitigkeiten zwischen Mitgliedern als auch bei Streitigkeiten zwischen der GEMA und ihren Mitgliedern angerufen werden. Da es sich bei dem Schlichtungsausschuss um einen vom Verein eingerichteten Ausschuss handelt, dürfte sich eine Zuständigkeit zumindest dann ergeben, wenn mindestens eine der streitenden Parteien Mitglied des Vereins ist.

Der Schlichtungsausschuss besteht aus einem Vorsitzenden und vier Beisitzern. 221
Diese werden von Fall zu Fall **vom Aufsichtsrat bestellt**, wobei jede Partei das Vorschlagsrecht für zwei Beisitzer hat. Bei Bedarf kann der Schlichtungsausschuss Gutachter heranziehen.

Der Schlichtungsausschuss kann zur Beilegung von Streitigkeiten von den Parteien 222
angerufen werden. Seine Aufgabe besteht darin, einen **Einigungsversuch** zu machen; zum Erlass von Schiedssprüchen ist er nicht befugt.

III. Schiedsgericht, § 16 B Satzung

1. Übersicht

§ 16 B regelt Streitgegenstand, Geschäftsordnung, Zusammensetzung und Kosten des 223
Schiedsgerichts(-verfahrens), das nach der Satzung bei Streitigkeiten zwischen GEMA-Mitgliedern entscheiden soll. Als Gremium zur Entscheidung von Rechtsstreitigkeiten ist das Schiedsgericht kein Vereinsorgan.[156] Wird es angerufen, ist der Rechtsweg zu den ordentlichen Gerichten ausgeschlossen. Dem sich in einer Streitigkeit befindenden GEMA-Mitglied bleibt es aber überlassen, sich direkt an das ordentliche Gericht zu wenden. In der Praxis wird dies vorgezogen: Bei dem Schiedsgericht handelt es sich um ein **„totes“ Gremium**, das bislang noch nicht angerufen wurde.

2. Zuständigkeit des Schiedsgerichts

Über **Streitigkeiten zwischen GEMA-Mitgliedern**, seien es ordentliche, außeror- 224
dentliche oder angeschlossene Mitglieder (vgl. § 6 Ziff. 1 Satzung) entscheidet – soweit sich aus den folgenden Bestimmungen nichts anderes ergibt – unter Ausschluss des Rechtsweges ein Schiedsgericht (§ 16 B Ziff. 1 a) Satzung). Die umgekehrte Regelung findet sich in § 16 B Ziff. 3 S. 2 Satzung: Wenn wegen dieser Streitigkeit bereits eine Klage vor den ordentlichen Gerichten erhoben wurde, ist eine Anrufung des Schiedsgerichtes nicht mehr zulässig.

Der Streitgegenstand muss im Zusammenhang mit der GEMA stehen. Dies wird 225
durch § 16 B Ziff. 1 a) Abs. 2 Satzung deutlich. Danach entscheidet das Schiedsgericht insbesondere im Streitfalle über

- die Auslegung der Satzung,
- des Verteilungsplans,
- des Berechtigungsvertrages,
- der Geschäftsordnungen,
- der Versammlungsordnung und
- über die Rechtswirksamkeit von Beschlüssen und sonstigen Maßnahmen der GEMA.

Hiermit sind **sämtliche Regelwerke der GEMA** der Auslegungsentscheidung des 226
Schiedsgerichts zugänglich. Auch die hier nicht aufgeführten Wertungsgeschäftsord-

156 *Stöber*, Handbuch zum Vereinsrecht, Rn. 1048.

nungen und die Satzung der GEMA-Sozialkasse sind über § 31 Abs. 1 des Verteilungsplans ebenso wie die Überprüfung der Rechtswirksamkeit von Beschlüssen und sonstigen Maßnahmen der GEMA einer Entscheidung durch das Schiedsgericht zugänglich.

3. Geschäftsordnung, § 16 B Ziff. 1 b) Satzung

227 Die **Geschäftsordnung des Schiedsgerichts** wird vom Aufsichtsrat beschlossen. Dies hat der Aufsichtsrat im Jahre 1960 getan. Die derzeit geltende Fassung der Geschäftsordnung des Schiedsgerichts der GEMA datiert vom 9./10. März 2005.

- Ziff. 1 dieser Geschäftsordnung ist identisch mit § 16 B Ziff. 1 c) Satzung und regelt die **Zusammensetzung** des Schiedsgerichts.
- Ziff. 2 der Geschäftsordnung regelt die einvernehmliche **Anrufung** des Schiedsgerichts durch die Parteien und das Verfahren der Benennung von je zwei Beisitzern pro Partei.
- Ziff. 3 der Geschäftsordnung bestimmt, dass eine **Entscheidung** des Schiedsgerichts nach dem geltenden deutschen Recht zu erfolgen hat, und zwar nach freiem pflichtgemäßem Ermessen unter Berücksichtigung der im 10. Buch der Zivilprozessordnung für schiedsrichterliche Verfahren enthaltenen Vorschriften.
- Ziff. 4 der Geschäftsordnung bestimmt, dass **Zustellungen** des Schiedsgerichts an die Parteien oder an die Prozessbevollmächtigten die gleiche Wirkung haben.
- Ziff. 5 der Geschäftsordnung bestimmt, dass die ernannten Beisitzer vor der Wahl des Obmanns (gemäß § 16 B Ziff. 1 c) der Satzung) zunächst eine **Einigung** zwischen den Parteien zu versuchen haben.
- Ziff. 6 der Geschäftsordnung regelt die **Streitwertfestsetzung** durch das Schiedsgericht, nachdem die Parteien Gelegenheit zur Stellungnahme hatten.
- Ziff. 7 der Geschäftsordnung regelt die **Vergütung** des Obmanns ($^{13}/_{10}$) und der Beisitzer ($^{5}/_{10}$) unter Zugrundelegung der Gebühren eines Rechtsanwaltes in der ersten Instanz nach dem Rechtsanwaltsvergütungsgesetz.
- Ziff. 8 der Geschäftsordnung bestimmt das Kammergericht Berlin als **zuständiges Gericht** im Sinne von §§ 1062–1064 ZPO.

4. Zusammensetzung des Schiedsgerichts, § 16 B Ziff. 1 c) Satzung

228 Das Schiedsgericht **besteht** aus einem Obmann und vier Beisitzern, von denen jede Partei zwei Beisitzer zu benennen hat. Diese Regelung findet sich in Ziff. 1 Geschäftsordnung des Schiedsgerichts der GEMA wieder.

229 Obmann und Beisitzer des Schiedsgerichts dürfen weder Vorstands- noch Aufsichtsratsmitglieder der GEMA sein. Auch Mitarbeiter der GEMA sind ausgeschlossen, da diese sich in einem Anstellungsverhältnis zur GEMA befinden. Ebenfalls **ausgeschlossen** sind solche Personen, die in einem sonstigen ständigen Auftragsverhältnis mit der GEMA stehen. Damit werden zum Beispiel regelmäßig als Rechtsbeistand der GEMA auftretende Rechtsanwälte erfasst. Nicht als Auftragsverhältnis angesehen werden kann dagegen der Berechtigungsvertrag der Mitglieder, so dass jedes GEMA-Mitglied als Beisitzer und theoretisch auch als Obmann in Frage kommt, sofern es die Befähigung zum Richteramt hat und nicht dem Aufsichtsrat angehört.

230 Der Obmann muss iSd § 5 Abs. 1 DRiG zum Richteramt befugt sein, d.h. er muss das 2. Juristische Staatsexamen bestanden haben, also Volljurist sein, sowie gem. § 9 Ziff. 1 DRiG Deutscher im Sinne des Art. 116 GG sein. Er wird von den Beisitzern aus einer vom Aufsichtsrat aufzustellenden **Vorschlagsliste** gewählt. Die Wahl durch die Beisitzer entfällt, wenn sich die streitenden Parteien vorher bereits auf ei-

nen Obmann geeinigt haben. Auch dieser Obmann muss zum Richteramt befugt sein.

§ 16 B Ziff. 1 c) S. 5 Satzung verweist hinsichtlich der **Ablehnung** eines Beisitzers oder des Obmanns auf §§ 1036, 1037 ZPO. Danach kann ein Schiedsrichter, d.h. vorliegend ein Beisitzer oder ein Obmann, nur abgelehnt werden, wenn Umstände vorliegen, die berechtigte Zweifel an seiner Unparteilichkeit oder Unabhängigkeit aufkommen lassen, oder wenn er die zwischen den Parteien vereinbarten Voraussetzungen nicht erfüllt (§ 1036 Abs. 2 ZPO). Einigt sich die Mehrheit der vier Beisitzer nicht auf einen Obmann, so wird der Obmann auf Antrag einer der Parteien vom Senatspräsidenten des Urheberrechts-Spezialsenats beim Bundesgerichtshof, dies ist zur Zeit der I. Zivilsenat des Bundesgerichtshofs, aus der Vorschlagsliste ernannt. 231

5. Kosten des Verfahrens, § 16 B Ziff. 2 Satzung

Für die Kostenentscheidung gilt **§ 1057 ZPO.** Das Schiedsgericht entscheidet – sofern keine andere Vereinbarung getroffen wird – nach pflichtgemäßem Ermessen unter Berücksichtigung aller Umstände des Einzelfalls, insbesondere des Ausgangs des Verfahrens, über die Kostentragung. 232

6. Rechtsweg zu den ordentlichen Gerichten, § 16 B Ziff. 3 Satzung

Der Kläger kann anstelle des Schiedsgerichts auch ein ordentliches Gericht anrufen. 233
Das **Wahlrecht** erlischt mit der Einreichung der Klage. Umgekehrt ist bei Anrufung des Schiedsgerichts nach § 16 B Ziff. 1 a) Satzung der Rechtsweg zu den ordentlichen Gerichten ausgeschlossen.

Nach § 16 B Ziff. 3 S. 3 Satzung hat der Kläger vor Erhebung der Klage beim Schieds- 234
gericht das Einverständnis des Beklagten zur Entscheidung der Streitigkeiten durch das Schiedsgericht einzuholen. Eine sinngemäß gleich lautende Formulierung findet sich in Ziff. 2 Geschäftsordnung des Schiedsgerichts der GEMA. Die Zuständigkeit des Schiedsgerichts ist somit nur gegeben, wenn der Beklagte sich **einvernehmlich** diesem Verfahren unterwirft. Verweigert der Beklagte seine Zustimmung oder erfolgt die Zustimmungserklärung nicht innerhalb von 14 Tagen nach Erhalt der Anfrage, so kann nur das ordentliche Gericht angerufen werden. Die 14-Tagesfrist ist keine Ausschlussfrist. Jedoch sollte der Kläger den Beklagten in seiner Anfrage darauf hinweisen, dass er nach Fristablauf die ordentlichen Gerichte anrufen werde. Eine einvernehmliche Anrufung des Schiedsgerichts bis zur Einreichung der Klageschrift bei Gericht dürfte immer möglich sein.

IV. Beschwerdeausschuss, § 16 C Satzung

1. Zuständigkeit des Beschwerdeausschusses, § 16 C Ziff. 1 Satzung

Die Zuständigkeit des 1981 konstituierten Beschwerdeausschusses besteht bei Strei- 235
tigkeiten zwischen der GEMA und ihren Mitgliedern, soweit sie sich aus dem Mitgliedschaftsverhältnis ergeben. Streitigkeiten können hier ebenso wie bei der Zuständigkeit des Schiedsgerichts nach § 16 B Satzung die Auslegung der Satzung, des Verteilungsplans, des Berechtigungsvertrages, der Geschäftsordnungen und der Versammlungsordnung sowie die Rechtswirksamkeit von Beschlüssen und sonstigen Maßnahmen der GEMA sein, mit dem Unterschied, dass hier keine Streitigkeit zwischen GEMA-Mitgliedern, sondern eine **Streitigkeit zwischen der GEMA und ihren Mitgliedern** vorliegen

muss. All diese Streitigkeiten müssen sich aus dem Mitgliedschaftsverhältnis ergeben. Auch hier ist der Begriff des Mitglieds weit auszulegen, d.h. er umfasst angeschlossene, außerordentliche und ordentliche Mitglieder.

236 Diese weite Auslegung wird durch den nachfolgenden Absatz bestätigt, wonach „jedes Mitglied (...) bei Verletzung seiner berechtigten Interessen als Vereinsmitglied den Beschwerdeausschuss anrufen (kann)". Es muss eine „Verletzung der berechtigten Interessen als Vereinsmitglied", eine **Beschwer**, vorliegen. Verletzte berechtigte Interessen können z.B. sein: eine termingerechte Abrechnung, treuhänderische Wahrnehmung der Interessen des Mitglieds, Beachtung der Mitgliedsrechte in der Mitgliederversammlung. Es reicht die Behauptung einer Verletzung der berechtigten Interessen des Beschwerdeführers aus. Ob tatsächlich eine Verletzung der Interessen vorliegt, ist der Entscheidung des Beschwerdeausschusses vorbehalten. Die Regelung wirksamer und zügiger Beschwerdeverfahren wird auch durch § 33 Abs. 1 VGG gefordert.

237 Die Zuständigkeit des Beschwerdeausschusses ist gem. § 16 C Ziff. 1 Abs. 3 Satzung **ausgeschlossen**, soweit in der Satzung oder weiteren Bestimmungen ein anderes vereinsinternes Verfahren vorgesehen ist. Andere vereinsinterne Verfahren sind z.B.:

- der Schlichtungsausschuss gem. § 16 A Satzung,
- das Schiedsgericht gem. § 16 B Satzung,
- die Urheber-Verleger-Schlichtungsstelle gem. § 16 E Satzung,
- Entscheidung des Aufsichtsrats gem. § 9 Geschäftsordnung für das Aufnahmeverfahren bei Ablehnung der Aufnahme als außerordentliches Mitglied,
- Entscheidung der ordentlichen Mitgliederversammlung gem. § 8 Ziff. 5 Satzung bei Ablehnung der Aufnahme als ordentliches Mitglied,
- Entscheidung der Mitgliederversammlung gem. § 9A Ziff. 4 Abs. 5 Satzung bei Ausschlussverfahren,
- Entscheidung der Mitgliederversammlung gem. § 9B Abs. 2 Satzung bei Beendigung der ordentlichen Mitgliedschaft,
- Entscheidungen der Mitgliederversammlung über Änderungen des Regelwerks gem. § 10 Nr. 6e–g Satzung – der Beschwerdeausschuss ist daher nicht für Entscheidungen über die Wirksamkeit einzelner Bestimmungen etwa des Verteilungsplans zuständig,[157]
- Entscheidung des Aufsichtsrats gem. § 6 Abs. 3 Geschäftsordnung für den Werkausschuss bei Entscheidungen des Werkausschusses,
- Entscheidung des Aufsichtsrats gem. § 51 Abs. 2 und § 62 Abs. 3 Verteilungsplan bei Entscheidungen des Werkausschusses,
- Entscheidung des Aufsichtsrats gem. § 8 (1) Geschäftsordnung für das Wertungsverfahren der Komponisten in der Sparte E bei Entscheidungen des Wertungsausschusses,
- Entscheidung des Aufsichtsrats gem. § 2 Geschäftsordnung für das Wertungsverfahren der Textdichter in der Sparte E i.V.m. § 8 (1) Geschäftsordnung für das Wertungsverfahren der Komponisten in der Sparte E bei Entscheidungen des Wertungsausschusses,
- Entscheidung des Aufsichtsrats gem. § 4 Geschäftsordnung für das Wertungsverfahren der Verleger in der Sparte E bei Entscheidungen des Wertungsausschusses,
- Entscheidung des Aufsichtsrats gem. § 8 (1) Geschäftsordnung für das Wertungsverfahren in der Unterhaltungs- und Tanzmusik bei Entscheidungen des Wertungsausschusses,

157 Beschluss des Beschwerdeausschusses vom 20.11.2014.

- Entscheidung des Aufsichtsrats gem. § 6 (1) Geschäftsordnung für das Schätzungsverfahren der Bearbeiter bei Entscheidungen der Schätzungskommission,
- Entscheidung des Aufsichtsrats gem. § 16 (3) Satzung der GEMA-Sozialkasse bei Entscheidungen des Gesamtkuratoriums.

2. Entscheidung; Rechtsweg zu den ordentlichen Gerichten, § 16 C Ziff. 2 Satzung

Der Ausschuss erlässt auf Antrag des Mitglieds eine Entscheidung, die innerhalb von sechs Monaten erfolgen soll. Gemäß Ziff. 4 Geschäftsordnung für den Beschwerdeausschuss trifft der Ausschuss seine Entscheidung nach mündlicher Beratung oder im schriftlichen Verfahren **innerhalb von 6 Monaten** ab Eingang der Beschwerde. Gemeint ist hier das Datum des Eingangs der Beschwerde beim Vorstand gem. § 16 C Ziff. 5 Satzung und nicht der Eingang beim Vorsitzenden des Beschwerdeausschusses. 238

Gemäß § 16 C Ziff. 2 S. 2 Satzung ist der Rechtsweg zu den ordentlichen Gerichten **ausgeschlossen**, solange der Beschwerdeausschuss nicht entschieden hat. Während das Verfahren vor dem Beschwerdeausschuss anhängig ist, besteht demnach eine Einwendung gegen die Zulässigkeit des Rechtsweges. Anders als beim Schiedsgericht, nach dessen Anrufung der Rechtsweg gänzlich ausgeschlossen ist (vgl. § 16 B Ziff. 1 Satzung), ist der Rechtsweg zu den ordentlichen Gerichten hier nur für die Dauer des Beschwerdeverfahrens gesperrt. Nach Abschluss des Beschwerdeverfahrens bleibt es den Parteien unbenommen, in der gleichen Angelegenheit nun auch die ordentlichen Gerichte anzurufen. 239

3. Zusammensetzung, § 16 C Ziff. 3 Satzung

Der Ausschuss besteht aus je einem Vertreter der drei Berufsgruppen und einem Vorsitzenden sowie je einem Stellvertreter pro Berufsgruppe. Die Berufsgruppenvertreter dürfen nicht Mitglied des Aufsichtsrats sein. Diese Regelung findet sich auch in Ziff. 1 Geschäftsordnung für den Beschwerdeausschuss wieder. Durch die **Repräsentation der drei Berufsgruppen** Komponisten, Textdichter und Verleger mit je einem Mitglied ist im Beschwerdeausschuss eine Sachkenntnis für die jeweilige Streitigkeit sichergestellt, da bei einer Streitigkeit zwischen einem Mitglied und der GEMA das Mitglied ebenfalls mindestens einer der drei Berufsgruppen angehört. Nach § 16 C Ziff. 5 Satzung kann der Aufsichtsrat der Beschwerde abhelfen, falls der Gegenstand der Beschwerde in seinen Zuständigkeitsbereich fällt. Hilft der Aufsichtsrat der Beschwerde nicht ab, hat der Beschwerdeausschuss zu entscheiden. Um für diesen Fall den Anschein einer möglichen Befangenheit zu vermeiden, soll ausgeschlossen werden, dass an der Entscheidung des Beschwerdeausschusses noch einmal ein oder mehrere Mitglieder des Aufsichtsrats mitwirken, die bereits an der Abhilfeentscheidung beteiligt waren. Dies wird dadurch gewährleistet, dass kein Mitglied des Beschwerdeausschusses dem Aufsichtsrat angehören darf. 240

Die Berufsgruppenvertreter wählen aus einer vom Aufsichtsrat aufzustellenden Vorschlagsliste den **Vorsitzenden** des Beschwerdeausschusses und einen Stellvertreter, die die Befähigung zum Richteramt haben müssen. Demnach müssen der Vorsitzende und sein Stellvertreter das 2. Juristische Staatsexamen bestanden haben, also Volljurist (d.h. im Sinne des § 5 Abs. 1 DRiG zum Richteramt befähigt) sein, und gemäß § 9 Ziff. 1 DRiG Deutsche im Sinne des Art. 116 GG sein. Bislang wurden erfahrene Richter des Bundesgerichtshofes bzw. der Oberlandesgerichte/des Kammergerichts/des Landgerichts Berlin als Vorsitzende gewählt. 241

Darüber hinaus wurde durch Beschluss der ordentlichen Mitgliederversammlung 2017 eine Regelung ergänzt, wonach der Beschwerdeausschuss mit Zustimmung von 242

Aufsichtsrat und Vorstand externe Sachverständige punktuell zur Beratung hinzuziehen oder als ständige Mitglieder mit beratender Funktion kooptieren kann.[158] Die Amtsdauer der als ständige Mitglieder kooptierten Sachverständigen endet mit der Amtsperiode der stimmberechtigten Ausschussmitglieder oder durch Abberufung durch die stimmberechtigten Ausschussmitglieder.

4. Amtszeit und Bestellung, § 16 C Ziff. 4 Satzung

243 Die Berufsgruppenvertreter werden auf die Dauer von drei Jahren auf Grundlage der Wahlvorschläge des Aufsichtsrats durch die Mitgliederversammlung nach den Grundsätzen gewählt, die für die **Wahl** von Aufsichtsräten gelten. Zu diesen Grundsätzen gehören die getrennte Wahl der Vertreter in den jeweiligen Berufsgruppen gemäß § 11 a) Satzung sowie die Wahl mit relativer Mehrheit und die Abberufung mit Zweidrittelmehrheit. Ein weiterer Grundsatz ist der des § 13 Ziff. 1 Abs. 3 Satzung. Hiernach ist die Wählbarkeit beschränkt auf ordentliche Mitglieder mit deutscher Staatsangehörigkeit sowie der Staatsangehörigkeit eines Mitgliedsstaates der Europäischen Union oder des Europäischen Wirtschaftsraumes. Die Kandidaten müssen überdies dem Verein mindestens fünf Jahre lang als ordentliches Mitglied angehören. Neben den Wahlvorschlägen des Aufsichtsrats können gemäß § 16 C Ziff. 4 Abs. 1 S. 2 Satzung andere Wahlvorschläge von den ordentlichen Mitgliedern und Delegierten im Vorfeld der Mitgliederversammlung, in der die Wahl stattfindet, gemäß B.II. Ziffer 3 Absätze 2 und 3 Versammlungs- und Wahlordnung beim Wahlausschuss eingereicht werden .

244 Die **Amtsdauer** der Mitglieder des Beschwerdeausschusses ist in § 16 C Ziff. 4 Abs. 2 Satzung ebenso wie bei den Aufsichtsräten, dort in § 13 Ziff. 2, geregelt; demnach bleiben die Berufsgruppenvertreter bis zum Ablauf der dritten auf die Wahl folgenden ordentlichen Mitgliederversammlung im Amt, die Wiederwahl ist zulässig.

245 Scheidet ein Berufsgruppenvertreter oder ein Stellvertreter während seiner Amtszeit aus, so haben die Aufsichtsratsmitglieder seiner Berufsgruppe ein Ersatzmitglied zu wählen, das an dessen Stelle tritt. Diese Ersatzwahl bedarf der Bestätigung durch die nächste Mitgliederversammlung, soweit die Amtsdauer über diese Mitgliederversammlung hinausgeht. Diese Vorschrift ist nahezu wortgleich zu § 13 Ziff. 2 Abs. 2 Satz 3 und Abs. 3 Satzung, die dort das Ausscheiden und die Ersatzwahl von Mitgliedern des Aufsichtsrats regeln .

5. Beschwerde, § 16 C Ziff. 5 Satzung

246 Die Beschwerde ist an den Vorstand zu richten. Der Vorstand oder – falls der Aufsichtsrat zuständig ist (z.B. in Fällen des Erwerbs der ordentlichen Mitgliedschaft durch Kooptation nach § 7 Ziff. 3 Satzung) – der Aufsichtsrat können der Beschwerde **abhelfen**. Gemäß Ziff. 2 Abs. 2 Geschäftsordnung für den Beschwerdeausschuss ist die Beschwerde, falls ihr Vorstand bzw. Aufsichtsrat nicht abhelfen, mit einer ausführlichen schriftlichen Stellungnahme dem Vorsitzenden des Beschwerdeausschusses innerhalb eines Monats ab Eingang vorzulegen.

247 Nach § 16 C Ziff. 5 S. 2 Satzung entscheidet der Beschwerdeausschuss unverzüglich, falls Vorstand oder Aufsichtsrat nicht abhelfen. Diese unverzügliche Entscheidung ist jedoch nicht im Sinne einer sofortigen Entscheidung zu verstehen, sondern dahingehend, dass die Verfahrensherrschaft nun auf den Beschwerdeausschuss übergeht.

158 Vgl. Antrag zu TOP 16 zur ordentlichen Mitgliederversammlung 2017.

6. Kosten, § 16 C Ziff. 6 Satzung

Nach dieser 2011[159] neu gefassten Regelung werden die Kosten des Beschwerdeverfahrens mit Ausnahme der eigenen Kosten des Beschwerdeführers **von der GEMA getragen.** Zuvor waren die Kosten nach Maßgabe der Entscheidung des Beschwerdeausschusses von den an dem Verfahren Beteiligten entsprechend ihrem jeweiligen Obsiegen bzw. Unterliegen zu tragen. Die Kosten des Beschwerdeverfahrens bestehen im Wesentlichen aus den Kosten des Beschwerdeausschusses. Die Mitglieder des Beschwerdeausschusses erhalten insoweit ihre Barauslagen sowie bei Sitzungen ihre Reisekosten ersetzt, weiter gibt es für jedes Beschwerdeverfahren eine **Fallpauschale** in Höhe von EUR 2.400,–, von der der Vorsitzende EUR 1.200,– und jeder Berufsgruppenvertreter je EUR 400,– erhält. Dies gilt unabhängig davon, ob die Entscheidung in mündlicher Beratung/Verhandlung oder im schriftlichen Verfahren ergeht (vgl. Ziffer 4 Geschäftsordnung für den Beschwerdeausschuss). 248

7. Geschäftsordnung, § 16 C Ziff. 7 Satzung

Für das weitere Verfahren finden die Regelungen der **Geschäftsordnung für den Beschwerdeausschuss** Anwendung, die sich der Beschwerdeausschuss gem. § 16 C Ziff. 7 Satzung gegeben hat und die 1984 der Mitgliederversammlung vorgelegt wurde. 249

Geschäftsordnung für den Beschwerdeausschuss

a) Übersicht

In der Geschäftsordnung für den Beschwerdeausschuss sind die **verfahrensrechtlichen Vorschriften** wie Zusammensetzung, Vorverfahren, Anhörung, Entscheidung und Protokoll geregelt. 250

b) Die Regelungen im Einzelnen

aa) Ziffer 1, Zusammensetzung

Ziff. 1 Geschäftsordnung für den Beschwerdeausschuss entspricht § 16 C Ziff. 3 Abs. 1 Satzung. Die Satzungsregelung weicht lediglich darin von der Geschäftsordnung ab, dass dort noch die jeweiligen Stellvertreter und die Wahl des Vorsitzenden aus einer vom Aufsichtsrat aufzustellenden Vorschlagsliste durch die Berufsgruppenvertreter erwähnt werden. Dies ist jedoch kein Widerspruch, da in der Geschäftsordnung das Verfahren für den bereits aufgestellten und tätigen Beschwerdeausschuss geregelt ist, während die Satzung die Voraussetzungen zur Aufstellung des Ausschusses regelt. 251

bb) Ziffer 2, Vorverfahren

Ziff. 2 Geschäftsordnung für den Beschwerdeausschuss entspricht § 16 C Ziff. 5 S. 1 und 2 Satzung. In Ergänzung zur Satzung findet sich in der Geschäftsordnung die Regelung, dass die Beschwerde im Falle der **Nichtabhilfe** mit einer ausführlichen schriftlichen Stellungnahme dem Vorsitzenden des Beschwerdeausschusses innerhalb eines Monats ab Eingang vorzulegen ist. Nach der Satzung entscheidet der Beschwerdeausschuss dann 252

159 Vgl. Begründung zum Antrag zu TOP 21 zur ordentlichen Mitgliederversammlung 2011.

unverzüglich, d.h. der Vorsitzende, der nun die Verfahrensherrschaft innehat, bringt das Verfahren in Gang, indem er nach Ziff. 3 Geschäftsordnung die Beschwerde mit der Stellungnahme des Vorstandes bzw. Aufsichtsrats den übrigen Mitgliedern des Beschwerdeausschusses zukommen lässt.

cc) Ziffer 3, Verfahrenseinleitung

253 Nach Ziff. 3 Abs. 2 Geschäftsordnung für den Beschwerdeausschuss übersendet der Vorsitzende dem Beschwerdeführer die Stellungnahme des Vorstands bzw. Aufsichtsrats und gibt ihm Gelegenheit, hierauf innerhalb von zwei Wochen zu **erwidern**. Eine Möglichkeit einer erneuten Stellungnahme für den Vorstand bzw. Aufsichtsrat ist in der Geschäftsordnung nicht vorgesehen, sie liegt daher im Ermessen des Vorsitzenden des Beschwerdeausschusses, der sie zumindest immer dann zulassen wird, wenn hierdurch das Verfahren nicht verzögert wird.

dd) Ziffer 4, Verfahren

254 Nach der Satzung (§ 16 C Ziff. 2) und der Geschäftsordnung (Ziff. 4 Abs. 1) trifft der Beschwerdeausschuss auf Antrag des Mitglieds innerhalb von 6 Monaten ab Eingang der Beschwerde seine Entscheidung. Als Eingangszeitpunkt zählt der Eingang der Beschwerde beim Vorstand gem. § 16 C Ziff. 5 Satzung, nicht die Vorlage der Beschwerde beim Vorsitzenden des Beschwerdeausschusses. Die Entscheidung kann sowohl nach mündlicher Beratung als auch im schriftlichen Verfahren ergehen (Ziff. 4 Abs. 2 der Geschäftsordnung). Wenn auch nur ein Mitglied des Beschwerdeausschusses dem schriftlichen Verfahren widerspricht, so ist mündlich zu beraten. Eine mündliche Beratung ist von der mündlichen Verhandlung zu unterscheiden. Eine **mündliche Beratung** ist eine beschwerdeausschussinterne Beratung des Vorsitzenden mit den drei Berufsgruppenvertretern. Neben mündlicher Beratung und **schriftlichem Verfahren** ist auch eine **mündliche Verhandlung** möglich. An ihr nehmen neben den Mitgliedern des Beschwerdeausschusses (Vorsitzender und drei Berufsgruppenvertreter) das beschwerdeführende Mitglied, der Vorstand der GEMA bzw. sein Vertreter, bei Zuständigkeit des Aufsichtsrats ein Vertreter desselben, ggf. weitere hinzugezogene Verwaltungsangehörige, Rechtsberater, Sachverständige und Zeugen teil. Gemäß Ziff. 4 Abs. 2 S. 2 Geschäftsordnung für den Beschwerdeausschuss bestimmt der Vorsitzende des Beschwerdeausschusses den Verhandlungsort.

ee) Ziffer 5, Anhörung

255 Der Beschwerdeausschuss kann den Beschwerdeführer und/oder den Vorstand bzw. einen Vertreter des Aufsichtsrats **anhören** und auch eine vergleichsweise Regelung anstreben. Eine Anhörung kann sowohl im mündlichen Verfahren als auch in solchen Fällen erfolgen, bei denen der Beschwerdeausschuss seine Entscheidung im schriftlichen Verfahren trifft. Die Regelung soll die Chancen für das Zustandekommen eines Vergleiches erhöhen. Darauf abzielende Verhandlungen sind nur Erfolg versprechend, wenn beide Parteien anwesend sind.

ff) Ziffer 6, Entscheidung

256 Eine **Beschlussfähigkeit** des Beschwerdeausschusses ist nur bei Mitwirkung aller seiner Mitglieder gegeben, d.h. bei Mitwirkung des Vorsitzenden bzw. seines Stell-

vertreters und je eines Vertreters der drei Berufsgruppen. Der Beschwerdeausschuss entscheidet mit der Mehrheit der nach der Satzung möglichen Stimmen. Diese Formulierung erscheint überflüssig, findet sich doch im vorhergehenden Satz die Regelung, dass der Ausschuss nur bei Mitwirkung aller seiner Mitglieder beschlussfähig ist. Dies sind nach der Satzung 4 Mitglieder. Da Stimmenthaltungen ausgeschlossen sind, ist für eine Stimmenmehrheit nur eine 4:0- oder 3:1-Entscheidung möglich; bei einer 2:2 Stimmengleichheit entscheidet gem. Ziff. 6 Abs. 2 die Stimme des Vorsitzenden.

gg) Ziffer 7, Zustellung der Entscheidung

Nur an den Beschwerdeführer ist eine **Zustellung** der Entscheidung, die mit einer kurzen Begründung zu versehen ist, mittels eingeschriebenem Brief gegen Rückschein vorgeschrieben; für die Zusendung der Entscheidungen an Vorstand bzw. Aufsichtsrat genügt ein einfacher Brief. 257

hh) Ziffer 8, Niederschrift

Der Beschwerdeausschuss hat über seine Beratungen eine **Niederschrift** im Sinne eines Protokolls zu fertigen, die deren wesentlichen Verlauf enthält. Diese Vorschrift gilt zumindest für die mündlichen Beratungen und die sich an die mündliche Verhandlung anschließende Entscheidungsberatung. Da beim schriftlichen Verfahren keine unmittelbare Beratung unter den Ausschussmitgliedern stattfindet, können in der Niederschrift die von den jeweiligen Ausschussmitgliedern getätigten Ansichten zusammengefasst werden. Zur Protokollierung kann der Beschwerdeausschuss eine Hilfsperson (Stenograph, Sekretärin) hinzuziehen. Die Niederschrift ist vom Vorsitzenden zu unterzeichnen und innerhalb eines Monats den Mitgliedern des Beschwerdeausschusses und dem Vorstand bzw. dem Aufsichtsrat zu übersenden. Die Monatsfrist beginnt mit der Fertigstellung der Niederschrift. 258

Auffallend ist hierbei, dass das beschwerdeführende Mitglied keine Niederschrift erhält, während diese dem Vorstand bzw. dem Aufsichtsrat übersandt wird. Hier soll jedoch die Niederschrift dem Vorstand bzw. dem Aufsichtsrat nicht als Partei des Verfahrens, sondern in seiner Eigenschaft als Organ des Vereins (vgl. § 5 Satzung) übersandt werden. 259

ii) Ziffer 9, Genehmigung der Niederschrift

Falls innerhalb eines Monats nach Aufgabe zur Post keine schriftlichen Einwände gegen die Niederschrift beim Vorsitzenden des Beschwerdeausschusses erhoben werden, gilt die Niederschrift als **genehmigt**. Einwendungsberechtigt sind nur die Mitglieder des Beschwerdeausschusses, da nur sie an den Beratungen teilgenommen haben. Der Vorstand bzw. der Aufsichtsrat sind daher hierzu nicht berechtigt. Nicht geregelt sind die Folgen für den Fall, dass gegen die Niederschrift Einwände erhoben werden. Hier dürfte der Vorsitzende diese Einwände, wenn er sie für nicht gerechtfertigt ansieht, den übrigen Ausschussmitgliedern mit einer kurzen Stellungnahme zur Kenntnis geben. Ansonsten wird er die aufgrund der Einwände korrigierte Niederschrift den Mitgliedern des Beschwerdeausschusses und dem Vorstand bzw. dem Aufsichtsrat übersenden. 260

V. Sitzungsgeldkommission, § 16 D Satzung

261 Die Sitzungsgeldkommission wurde 2011[160] im Zusammenhang mit der klarstellenden Regelung der **ehrenamtlichen Tätigkeit** in § 5a Satzung eingerichtet.

1. Zuständigkeit der Sitzungsgeldkommission, § 16 D Ziff. 1 Satzung

262 Die **Aufgabe** der Sitzungsgeldkommission besteht darin, unter Berücksichtigung der Vorgaben von § 5a Satzung der Mitgliederversammlung Vorschläge über die Höhe der Sitzungsgelder, über die die Mitgliederversammlung beschließt, zu unterbreiten. Nach § 5a Abs. 1 Satzung ist die Tätigkeit der Mitglieder des Aufsichtsrats sowie der Ausschüsse und Kommissionen der GEMA ehrenamtlich, sie erhalten lediglich Ersatz ihrer Reisekosten und Barauslagen sowie pauschale Sitzungsgelder in angemessener Höhe. Die pauschalen Sitzungsgelder sollen der Natur der Tätigkeit, der Verantwortung und dem mit dem Amt typischerweise verbundenen Tätigkeitsumfang sowie der wirtschaftlichen Lage der GEMA Rechnung tragen. Dabei sollen zudem der Vorsitz und der stellvertretende Vorsitz im Aufsichtsrat, Ausschüssen und Kommissionen berücksichtigt werden, § 5a Abs. 2 Satzung.

2. Zusammensetzung, § 16 D Ziff. 2 Satzung

263 Gemäß § 16 D Ziffer 2 Satzung wird die Sitzungsgeldkommission vom **Vorsitzenden des GEMA-Beschwerdeausschusses** geleitet; dieser ist mit den Verhältnissen der GEMA vertraut und überdies Volljurist (vgl. § 16 C Ziffer 3 der Satzung). Neben dem Vorsitzenden besteht die Sitzungsgeldkommission aus je einem Vertreter der drei Berufsgruppen (Komponisten, Textdichter und Verleger). Für jeden dieser Berufsgruppenvertreter wird ein Stellvertreter gewählt. Die Wahl der Berufsgruppenvertreter und ihrer Stellvertreter erfolgt durch die Mitgliederversammlung auf die Dauer von jeweils drei Jahren nach den Grundsätzen, die für die Wahl von Aufsichtsratsmitgliedern gelten. Zu diesen Grundsätzen gehören die getrennte Wahl der Vertreter in den jeweiligen Berufsgruppen gemäß § 11 a) Satzung sowie die Wahl mit relativer Mehrheit und die Abberufung mit Zweidrittelmehrheit. Für die passive Wählbarkeit gelten die Voraussetzungen gemäß § 13 Ziff. 1 Abs. 3 Satzung.

264 Mit der Regelung, dass die Berufsgruppenvertreter und ihre Stellvertreter weder dem Aufsichtsrat noch sonstigen Ausschüssen oder Kommissionen der GEMA angehören dürfen, soll unter **Compliance**-Gesichtspunkten verhindert werden, dass Mitglieder der Sitzungsgeldkommission über die ihnen in einer anderen Funktion selbst zustehenden Sitzungsgelder entscheiden.

3. Einberufung, Beratung, § 16 D Ziff. 3 Satzung

265 Einberufen wird die Sitzungsgeldkommission durch den **Aufsichtsrat** oder die **Mitgliederversammlung**. Sie berät in nichtöffentlicher Sitzung, wobei der Vorsitzende des Aufsichtsrats, seine Stellvertreter sowie der Vorstand Gelegenheit zur **Stellungnahme** haben. Wird über Sitzungsgelder von Ausschüssen oder Kommissionen beraten, die nicht aus Mitgliedern des Aufsichtsrats bestehen, erhält auch der Vorsitzende des betroffenen Gremiums oder ein Vertreter desselben die Gelegenheit zur Stellungnahme. Falls

160 Vgl. Begründung zum Antrag zu TOP 11 zur ordentlichen Mitgliederversammlung 2011.

der Vorsitzende der Sitzungsgeldkommission die Hinzuziehung von Sachverständigen für erforderlich hält, kann er dies selbständig entscheiden.

4. Entscheidung, § 16 D Ziff. 4 Satzung

Nach § 16 D Ziff. 4 Satzung entscheidet die Sitzungsgeldkommission mit einfacher **266** **Mehrheit**, wobei bei Stimmengleichheit die Stimme des Vorsitzenden entscheidet. Da die Sitzungsgeldkommission aus vier Mitgliedern besteht (je ein Berufsgruppenvertreter und der Vorsitzende), ist für eine Stimmenmehrheit nur eine 4:0- oder 3:1-Entscheidung möglich; bei einer 2:2 Stimmengleichheit entscheidet die Stimme des Vorsitzenden.

5. Aufwendungsersatz, § 16 D Ziff. 5 Satzung

Die Mitglieder der Sitzungsgeldkommission erhalten für ihre Tätigkeit lediglich Er- **267** satz ihrer Reisekosten und Barauslagen, darüber hinaus werden ihnen keine pauschalen Sitzungsgelder gewährt.

6. Information der Mitglieder, § 16 D Ziff. 6 Satzung

Die Mitglieder der GEMA sollen im Rahmen des Geschäftsberichts über die Höhe der **268** von der Sitzungsgeldkommission festgelegten jeweiligen pauschalen Sitzungsgelder sowie die Gesamtsumme der in einem Geschäftsjahr an die Mitglieder des Aufsichtsrats, der Kommissionen und Ausschüsse geleisteten Zahlungen informiert werden.

7. Übergangsregelung, § 16 D Ziff. 7 Satzung

Bis zur erstmaligen Beschlussfassung der Mitgliederversammlung gelten für die **269** Höhe der Sitzungsgelder die Bestimmungen des letzten Beschlusses der Sitzungsgeldkommission. Hintergrund dieser Regelung ist, dass die Sitzungsgeldkommission bei ihrer Einrichtung zunächst für die finale Entscheidung über die Höhe der Sitzungsgelder zuständig war. Im Rahmen der Umsetzung des Verwertungsgesellschaftengesetzes wurde diese Kompetenz auf die Mitgliederversammlung übertragen und die Sitzungsgeldkommission in ein beratendes Gremium umgewandelt (vgl. § 18 Abs. 1 VGG, § 10 Ziff. 6 c) Satzung).[161]

VI. Urheber-Verleger-Schlichtungsstelle, § 16 E Satzung

1. Zuständigkeit der Urheber-Verleger-Schlichtungsstelle, § 16 E Ziff. 1 Satzung

Im Zuge der Neuregelung der Verlegerbeteiligung (dazu **Kap. 8 Rn. 45**) hat die or- **270** dentliche Mitgliederversammlung 2017[162] die **Urheber-Verleger-Schlichtungsstelle** ins Leben gerufen und hierdurch einen vereinsrechtlichen Konfliktlösungsmechanismus für Auseinandersetzungen zwischen Urhebern und Verlegern über die Erbringung einer verlegerischen Leistung etabliert: Macht ein Urheber eines verlegten Werkes geltend, dass der Verleger wegen Nichterbringung verlegerischer Leistungen gemäß § 7 Abs. 2 des Verteilungsplans nicht mehr an den Ausschüttungen der GEMA auf ein Werk zu beteili-

161 Vgl. Tagesordnung zur ordentlichen Mitgliederversammlung vom 26./27.4.2016, Begründung zum Antrag zu TOP 15. Der Beschluss der Sitzungsgeldkommission vom 15.2.2016 ist ebd., S. 22 ff. abgedruckt.
162 Vgl. Antrag zu TOP 21 zur ordentlichen Mitgliederversammlung 2017.

gen ist, und tritt der Verleger dem entgegen, liegt ein Fall widerstreitender Ansprüche iSv § 10 des Verteilungsplans vor. Die GEMA wird daher die Ausschüttungen des bei Nutzungen des Werks anfallenden Verlegeranteils zunächst sperren. Um den Streit beizulegen und eine Aufhebung der Ausschüttungssperre zu bewirken, haben die Parteien – alternativ zur Beschreitung des Rechtswegs zu den ordentlichen Gerichten – die Möglichkeit, die Urheber-Verleger-Schlichtungsstelle anzurufen (§ 7 Abs. 3 des Verteilungsplans und § 16 E Ziff. 1 und 2 der Satzung). In diesem Fall befindet die Urheber-Verleger-Schlichtungsstelle im Rahmen eines Schlichtungsspruchs über die Frage, ob der Verleger eine verlegerische Leistung erbracht hat und daher weiter an der Verteilung der Einnahmen für das Werk zu beteiligen ist.

271 Die näheren Einzelheiten des Verfahrens vor der Urheber-Verleger-Schlichtungsstelle sind gemäß § 16 E Ziff. 7 der Satzung in einer vom Aufsichtsrat beschlossenen Geschäftsordnung für die Urheber-Verleger-Schlichtungsstelle geregelt, deren Bestimmungen im Folgenden ebenfalls erläutert werden.

2. Anrufung der Urheber-Verleger-Schlichtungsstelle, § 16 E Ziff. 2 Satzung

272 Die Urheber-Verleger-Schlichtungsstelle kann gemäß § 16 E Ziffer 2 der Satzung sowohl vom Urheber als auch vom Verleger angerufen werden. Die Anrufung muss gemäß § 7 Abs. 3 i.V.m. § 10 des Verteilungsplans binnen sechs Monaten ab Sperrung der Ausschüttungen erfolgen. Rufen die Parteien innerhalb dieser Frist weder die Urheber-Verleger-Schlichtungsstelle noch die ordentlichen Gerichte an, ist die GEMA berechtigt, die Ausschüttungssperre aufzuheben und den Verleger weiter an der Verteilung der Einnahmen für das Werk zu beteiligen.

273 Gemäß § 2 Absatz 3 der Geschäftsordnung für die Urheber-Verleger-Schlichtungsstelle ist die Anrufung der Urheber-Verleger-Schlichtungsstelle unter Verwendung des hierfür vorgesehenen Formulars an den Vorstand zu richten. Die Anrufung ist unter Angabe von Beispielen ausführlich zu begründen. Zudem hat das anrufende Mitglied den Verlagsvertrag sowie sämtliche sonstige Unterlagen, die für die Entscheidung der Urheber-Verleger-Schiedsstelle relevant sein können, vorzulegen. Weitere Voraussetzung ist, dass das anrufende Mitglied die in § 16 E Zifffer 6 der Satzung geregelte Fallpauschale in Höhe von EUR 600 vorab an die GEMA entrichtet (zur Tragung der Fallpauschale durch die Parteien unten **Rn. 288**).

274 Rügen mehrere Urheber die Nichterbringung einer verlegerischen Leistung in Bezug auf einen Verlagsvertrag, ist über jede Urheber-Verleger-Rechtsbeziehung separat zu verhandeln und zu entscheiden. Jeder Urheber hat daher einen eigenen Antrag auf Anrufung der Urheber-Verleger-Schlichtungsstelle zu stellen.

275 Im Rahmen der Anrufung kann das Mitglied eine mündliche Verhandlung vor der Urheber-Verleger-Schlichtungsstelle beantragen; das gleiche Recht steht gemäß § 2 Absatz 5 der Geschäftsordnung für die Urheber-Verleger-Schlichtungsstelle auch der gegnerischen Partei zu. Sofern eine der Partei einen solchen Antrag stellt oder der Vorsitzende der Schlichtungsstelle eine mündliche Anhörung für erforderlich hält, findet eine Sitzung der Urheber-Verleger-Schlichtungsstelle statt, in der beide Parteien angehört werden (§ 2 Absatz 6 der Geschäftsordnung für die Urheber-Verleger-Schlichtungsstelle).

276 Nach Eingang der Anrufung bei der GEMA leitet der Vorstand diese unverzüglich an den Vorsitzenden der Urheber-Verleger-Schlichtungsstelle weiter. Der Vorsitzende leitet die Anrufung unverzüglich an die gemäß § 16 E Ziff. 5 Abs. 2 der Satzung für die Entscheidung zuständigen Mitglieder der Urheber-Verleger-Schlichtungsstelle weiter (§ 2 Abs. 4 der Geschäftsordnung für die Urheber-Verleger-Schlichtungsstelle). Darüber hinaus informiert der Vorsitzende die gegnerische Partei schriftlich über die Anrufung und fordert die-

se gleichzeitig auf, innerhalb eines Monats ab Zugang der Mitteilung schriftlich Stellung zu nehmen, sämtliche relevanten Unterlagen einzureichen und zu erklären, ob sie eine mündliche Verhandlung vor der Urheber-Verleger-Schlichtungsstelle beantragen möchte (§ 2 Absatz 5 der Geschäftsordnung für die Urheber-Verleger-Schlichtungsstelle).

Sofern die von den Parteien eingereichten Stellungnahmen und Unterlagen für die Beurteilung durch die Schlichtungsstelle nicht ausreichend sind, kann der Vorsitzende die Parteien zur Einreichung weiterer schriftlicher Stellungnahmen und Unterlagen auffordern. Nach Eingang der Stellungnahmen und Unterlagen leitet der Vorsitzende diese an die für die Entscheidung zuständigen Mitglieder der Urheber-Verleger-Schlichtungsstelle weiter (§ 2 Absatz 6 und 7 der Geschäftsordnung für die Urheber-Verleger-Schlichtungsstelle). 277

3. Schlichtungsspruch, § 16 E Ziff. 3 Satzung

Das Verfahren vor der Urheber-Verleger-Schlichtungsstelle führt gemäß § 16 E Ziffer 3 der Satzung zu einem schriftlichen Schlichtungsspruch, der binnen sechs Monaten erlassen werden soll. Im Rahmen der 6-Monatsfrist bearbeitet die Urheber-Verleger-Schlichtungsstelle die eingehenden Streitigkeiten entsprechend ihrer Dringlichkeit. Hierbei ist neben inhaltlichen Aspekten auch der jeweilige Streitwert, gemessen an der Höhe der gesperrten Ausschüttungen, zu beachten (§ 3 Absatz 1 der Geschäftsordnung für die Urheber-Verleger-Schlichtungsstelle). 278

In ihrem Schlichtungsspruch, der zu begründen und an alle beteiligten Parteien sowie den Vorstand zu übermitteln ist, befindet die Urheber-Verleger-Schlichtungsstelle darüber, ob der Verleger eine verlegerische Leistung erbracht hat und daher weiter an der Verteilung der Einnahmen für das Werk zu beteiligen ist. Entscheidungen, die zu Veränderungen bei der Höhe der Verlegerbeteiligung führen könnten, sind dagegen nicht vorgesehen. Das Vorliegen einer verlegerischen Leistung wird von der Urheber-Verleger-Schlichtungsstelle im Rahmen einer umfassenden Abwägung beurteilt, in deren Rahmen die wirtschaftlichen Bedingungen der Werkentstehung und Werkverwertung, die Festlegungen des Verlagsvertrags und der Zeitablauf seit Werkschöpfung zu würdigen sind. Vertragliche und gesetzliche Ansprüche im Innenverhältnis zwischen Urheber und Verleger wie z.B. Kündigungs-, Rücktritts- oder Rückrufsrechte bleiben von dem Schlichtungsspruch unberührt. 279

4. Rechtsweg zu den ordentlichen Gerichten, § 16 E Ziff. 4 Satzung

Bei Anrufung der Urheber-Verleger-Schlichtungsstelle ist der Rechtsweg zu den ordentlichen Gerichten gemäß § 16 E Ziffer 4 der Satzung bis zum Erlass des Schlichtungsspruchs ausgeschlossen. Führt der Schlichtungsspruch der Urheber-Verleger-Schlichtungsstelle nicht zur Beilegung der Streitigkeit über die verlegerische Leistung, kann die unterlegene Partei ihre Ansprüche binnen weiteren 6 Monaten im ordentlichen Rechtsweg geltend machen. Bei Nichteinhaltung dieser Frist oder wenn beide Parteien den Schlichtungsspruch akzeptieren, verteilt die GEMA die gesperrten Gelder entsprechend dem Schlichtungsspruch. 280

5. Zusammensetzung, Amtszeit und Bestellung, § 16 E Ziff. 5 Absatz 1 Satzung

Die Urheber-Verleger-Schlichtungsstelle besteht gemäß § 16 E Ziff. 5 Absatz 1 der Satzung aus je einem Vertreter der drei Berufsgruppen und einem Vorsitzenden sowie je einem Stellvertreter. Die Berufsgruppenvertreter und ihre Stellvertreter werden von den Aufsichtsräten der jeweiligen Berufsgruppe jeweils für die Dauer von drei Jahren bestellt. 281

Sie dürfen nicht Mitglied des Aufsichtsrats oder eines anderen von der Mitgliederversammlung zu wählenden Gremiums sein. Aus kartellrechtlichen Gründen müssen der Berufsgruppenvertreter der Verleger und dessen Stellvertreter nicht notwendigerweise in einem Verlag tätig sein, der Berechtigter der GEMA ist. Sie müssen jedoch beruflich schwerpunktmäßig im Musikverlagswesen tätig sein oder gewesen sein. Der Vorsitzende und sein Stellvertreter – die beide die Befähigung zum Richteramt haben, also Volljuristen sein müssen – werden von den Berufsgruppenvertretern aus vom Aufsichtsrat aufzustellenden Vorschlagslisten einstimmig gewählt.

282 Scheidet ein Berufsgruppenvertreter oder ein Stellvertreter während seiner Amtszeit aus, so haben die Aufsichtsratsmitglieder seiner Berufsgruppe ein Ersatzmitglied zu bestellen, das an dessen Stelle tritt (§ 5 Absatz 3 der Geschäftsordnung für die Urheber-Verleger-Schlichtungsstelle).

283 Bei Bedarf kann die Urheber-Verleger-Schlichtungsstelle externe Sachverständige punktuell hinzuziehen. Diese haben jedoch kein Stimmrecht, sondern können nur beratend tätig werden (§ 5 Absatz 4 der Geschäftsordnung für die Urheber-Verleger-Schlichtungsstelle).

6. Verfahren, § 16 E Ziff. 5 Absatz 2 Satzung

284 Über die Art der Abstimmung und den Gang des Verfahrens entscheidet der Vorsitzende (§ 6 Absatz 4 der Geschäftsordnung für die Urheber-Verleger-Schlichtungsstelle). Sofern eine der Parteien eine mündliche Verhandlung beantragt hat (siehe oben **Rn. 275**) oder der Vorsitzende eine solche für erforderlich hält, findet vor Erlass des Schlichtungsspruchs eine Sitzung der Urheber-Verleger-Schlichtungsstelle statt, in der beide Parteien angehört werden und ihre Argumente austauschen können.

285 Um eine Majorisierung des Verlegervertreters durch die Vertreter der Berufsgruppen der Urheber zu verhindern, regelt § 16 E Ziffer 5 Absatz 2 der Satzung, dass die Berufsgruppenvertreter der Komponisten und Textdichter nur an Entscheidungen über Streitigkeiten teilnehmen, an denen Mitglieder ihrer jeweiligen Berufsgruppe beteiligt sind. Sofern eine Partei Mitglied in der Berufsgruppe Komponisten und in der Berufsgruppe Textdichter ist, muss sie daher angeben, ob die Entscheidung der Schlichtungsstelle für die Berufsgruppe Komponisten oder die Berufsgruppe Textdichter ergehen soll. Um eine paritätische Besetzung beim Erlass des Schlichtungsspruchs zu gewährleisten, ist die Urheber-Verleger-Schlichtungsstelle zudem nur bei Mitwirkung aller für die jeweilige Entscheidung zuständigen Mitglieder beschlussfähig (§ 6 Absatz 2 der Geschäftsordnung für die Urheber-Verleger-Schlichtungsstelle).

286 Nach § 16 E Ziff. 5 Abs. 2 der Satzung trifft die Urheber-Verleger-Schlichtungsstelle ihre Entscheidungen mit einfacher Mehrheit. Bei Stimmengleichheit entscheidet die Stimme des Vorsitzenden. Enthaltungen sind ausgeschlossen (§ 6 Absatz 3 der Geschäftsordnung für die Urheber-Verleger-Schlichtungsstelle).

287 Die Urheber-Verleger-Schlichtungsstelle hat über ihre Beratungen eine Niederschrift zu fertigen, die deren wesentlichen Verlauf enthält. Die Niederschrift ist vom Vorsitzenden zu unterzeichnen und innerhalb eines Monats den Mitgliedern der Urheber-Verleger-Schlichtungsstelle und dem Vorstand zu übersenden (§ 8 der Geschäftsordnung für die Urheber-Verleger-Schlichtungsstelle).

7. Kosten, § 16 E Ziff. 6 Satzung

288 Für jedes Verfahren vor der Schlichtungsstelle wird gemäß § 16 E Ziffer 6 Satz 2 der Satzung eine Fallpauschale in Höhe von EUR 600 fällig, von der der Vorsitzende bzw.

der stellvertretende Vorsitzende die Hälfte und die an der Entscheidung beteiligten Berufsgruppenvertreter zu gleichen Teilen die andere Hälfte als Aufwandsentschädigung erhalten. Die Fallpauschale ist zunächst vom Mitglied, das die Urheber-Verleger-Schlichtungsstelle anruft, zu entrichten (§ 2 Absatz 3 der Geschäftsordnung für die Urheber-Verleger-Schlichtungsstelle, s. oben **Rn. 273**). Über die Frage, zu welchen Teilen die Parteien die Fallpauschale, etwaige Kosten für einen Sachverständigen sowie ihre eigenen Kosten nach Abschluss des Verfahrens zu tragen haben, entscheidet die Schlichtungsstelle nach Maßgabe der im Schlichtungsspruch getroffenen Entscheidung. Wird die Urheber-Verleger-Schlichtungsstelle wegen Nichterbringung verlegerischer Leistungen in Bezug auf mehrere Werke, die von demselben Verlagsvertrag erfasst sind, angerufen, handelt es sich lediglich um ein Verfahren für das nur eine Fallpauschale fällig wird.

Die Reisekosten und Barauslagen der Mitglieder der Urheber-Verleger-Schlichtungsstelle werden gemäß § 16 E Ziffer 6 Satz 1 der Satzung von der GEMA getragen. Darüber hinaus können der Vorsitzende bzw. der stellvertretende Vorsitzende gemäß § 7 Absatz 2 Unterabsatz 2 der Geschäftsordnung für die Urheber-Verleger-Schlichtungsstelle zusätzlich eine aufwandsbezogene Entschädigung von der GEMA erhalten. **289**

8. Evaluierung der Regelungen zur Urheber-Verleger-Schlichtungsstelle, § 16 E Ziff. 8 Satzung

Gemäß § 16 E Ziffer 8 Satzung haben sich Aufsichtsrat und Vorstand dazu verpflichtet, das Funktionieren und den Arbeitsanfall der Urheber-Verleger-Schlichtungsstelle gründlich zu beobachten. Soweit dies entweder von der Mehrheit des Aufsichtsrats oder einstimmig von den Vertretern einer Berufsgruppe im Aufsichtsrat befürwortet wird, werden Aufsichtsrat und Vorstand einen Vorschlag für die Überarbeitung der Regelungen zur Funktionsweise der Urheber-Verleger-Schlichtungsstelle erarbeiten und in der ordentlichen Mitgliederversammlung 2020 zur Abstimmung stellen. **290**

§ 17 [Verteilung des Aufkommens]

Die Verteilung des Aufkommens einschließlich der für soziale und kulturelle Zwecke bereitgestellten Mittel erfolgt nach einem Verteilungsplan, dessen Änderung nur nach Maßgabe von § 11b) der Satzung zulässig ist. Der Verteilungsplan kann vorsehen, dass Aufsichtsrat und Vorstand einvernehmlich über den Ausgleich solcher Ansprüche entscheiden, die sich aus einer nachträglich festgestellten systematischen Fehlerhaftigkeit der Verteilung, insbesondere wegen Nichtigkeit einer Regelung des Verteilungsplans ergeben.

§ 17 S. 1 Satzung nimmt Bezug auf § 27 VGG. Danach hat die Verwertungsgesellschaft die Einnahmen aus ihrer Tätigkeit nach festen Regeln (**Verteilungsplan**) aufzuteilen, die ein willkürliches Vorgehen bei der Verteilung ausschließen. Des Weiteren sollen die Verwertungsgesellschaften einen Teil der Einnahmen aus ihrer Tätigkeit nach § 32 VGG zur Förderung kulturell bedeutender Werke und Leistungen und zur Einrichtung von Vorsorge- und Unterstützungseinrichtungen für ihre Berechtigten verwenden. Die GEMA hat die Bereitstellung von **Mitteln zur sozialen und kulturellen Förderung** in § 30 des Verteilungsplans wie folgt geregelt (i.E. unten, **Kap. 8 Rn. 117 ff.**). **291**

- In den Sparten der Rechte der öffentlichen Wiedergabe mit Ausnahme der Sparte A (Ausland) werden 10% der nach Abzug der Kosten zur Verfügung stehenden Einnahmen für soziale und kulturelle Zwecke bereitgestellt. Soweit die GEMA Rechte für eine andere Verwertungsgesellschaft für musikalische Urheberrechte wahrnimmt, erfolgt der 10%-Abzug nach Maßgabe der jeweiligen Repräsentationsvereinbarung.
- Darüber hinaus werden von den Aufnahmegebühren und Mitgliedsbeiträgen jeweils 10% für soziale und kulturelle Zwecke bereitgestellt.

– Schließlich werden auch Zinserträge, Konventionalstrafen, nicht verteilbare Einnahmen aus den Rechten im Sinne des VGG und andere unverteilbare Beträge für soziale und kulturelle Zwecke bereitgestellt.

292 Die soziale Förderung erfolgt gemäß § 31 Abs. 1 des Verteilungsplans zugunsten der GEMA-Sozialkasse und der Alterssicherung. Im Übrigen werden die Mittel im Rahmen der verschiedenen Wertungs- und Schätzungsverfahren verteilt (vgl. hierzu: Satzung der GEMA-Sozialkasse nebst Ausführungsbestimmungen, Geschäftsordnung für das Wertungsverfahren der Komponisten in der Sparte E, Geschäftsordnung für das Wertungsverfahren der Textdichter in der Sparte E, Geschäftsordnung für das Wertungsverfahren der Verleger in der Sparte E, Geschäftsordnung für das Wertungsverfahren in der Unterhaltungs- und Tanzmusik, Geschäftsordnung für das Schätzungsverfahren der Bearbeiter). Das Beteiligungsverhältnis hierfür wird von Vorstand und Aufsichtsrat einvernehmlich festgelegt.

293 Gemäß § 11b) Satzung werden Änderungen des Verteilungsplans getrennt nach Berufsgruppen (Komponisten, Textdichter und Verleger) beschlossen, wobei jede Berufsgruppe eine Stimme hat und Änderungen nur wirksam sind, wenn **Einstimmigkeit der drei Berufsgruppen** vorliegt. Innerhalb der Berufsgruppe ist zu jedem Beschluss eine **Zweidrittelmehrheit** erforderlich. Die Zuständigkeit der Mitgliederversammlung für Änderungen des Verteilungsplans folgt aus § 17 Abs. 1 Nr. 6 VGG und § 10 Ziff. 6 g) Satzung.

294 § 17 S. 2 Satzung wurde durch Beschluss der ordentlichen Mitgliederversammlung 2010 neu eingefügt. Die Regelung betrifft die Aufarbeitung der Folgen von Fällen, bei denen sich die **Verteilung** im Nachhinein ganz oder in Teilen als systematisch **fehlerhaft** erweist. In der Satzung wurde der allgemeine Grundsatz verankert, dass der Verteilungsplan Regelungen für den Ausgleich der aus einer solchen fehlerhaften Verteilung erwachsenden Ansprüche enthalten kann und Aufsichtsrat und Vorstand gegebenenfalls einvernehmlich über die betreffenden Abhilfemaßnahmen entscheiden. Die nähere Ausgestaltung dieses Grundsatzes erfolgt durch einander inhaltlich entsprechende Regelungen in § 33 des Verteilungsplans (**Kap. 8, Rn. 143 ff.**), § 10 Ziffer 1 der Geschäftsordnung für das Wertungsverfahren der Komponisten in der Sparte E; § 6 Ziffer 1 der Geschäftsordnung der Verleger in der Sparte E; § 10 Ziffer 1 der Geschäftsordnung für das Wertungsverfahren in der Unterhaltung- und Tanzmusik und § 8 Ziffer 1 der Geschäftsordnung für das Schätzungsverfahren der Bearbeiter). Die Regelung des allgemeinen Grundsatzes in § 17 S. 2 Satzung trägt dem Umstand Rechnung, dass es sich bei der Aufarbeitung systematischer Verteilungsfehler um einen einheitlichen, die gesamte Verteilung betreffenden Regelungsgegenstand handelt.[163]

§ 18
Entfällt.

295 In § 18 war die Festlegung der Zahlungstermine geregelt. Diese Vorschrift wurde in der Mitgliederversammlung 2016 aufgehoben, da die bisherige Regelung des § 18 Satzung nahezu gleichlautend in den Verteilungsplan (§ 57) überführt wurde.

163 Vgl. Tagesordnung zur ordentlichen Mitgliederversammlung vom 29./30.6.2010, Begründung zum Antrag zu TOP 27.

§ 19 [Satzungsänderungen]

Für Satzungsänderungen sind die gesetzlich vorgesehenen Vorschriften zu beachten.
Im Falle der Auflösung des Vereins muss etwa verbleibendes Vermögen Vereinigungen zugeführt werden, deren gemeinnütziger und kultureller Zweck anerkannt ist.
Satzungsänderungen bedürfen gemäß § 33 Abs. 2 BGB zu ihrer Wirksamkeit der Genehmigung der zuständigen Senatsverwaltung; das gleiche gilt für die Auflösung des Vereins.

Eine Änderung der Satzung kommt grundsätzlich immer dann in Betracht, wenn eine Satzungsvorschrift aufgehoben, geändert, ergänzt oder durch eine andere ersetzt werden soll.[164] Außer diesen sachlichen Änderungen unterfallen dem Begriff der Satzungsänderung aber auch solche, die keine Änderung der Rechtslage zum Zweck haben, sondern nur dem Wortlaut der jeweiligen Satzungsvorschrift eine andere Fassung geben wollen (sog. redaktionelle Änderung, s. hierzu auch unten, § 20 Satzung).[165] Auch die Annahme einer völlig neuen Satzung bedeutet rechtlich eine Änderung der bisherigen Satzung.[166] **296**

Die gesetzlichen **Voraussetzungen für eine Satzungsänderung** sind insbesondere in § 33 Abs. 1 S. 1 BGB geregelt: Danach ist für einen satzungsändernden Beschluss der Mitgliederversammlung eine Mehrheit von drei Viertel der abgegebenen Stimmen erforderlich. Gemäß § 40 BGB kann dieses **Quorum** in der Satzung aber anders geregelt werden, was durch § 11b) Satzung auch geschehen ist: Danach kann die Satzung (ebenso wie der Berechtigungsvertrag und der Verteilungsplan) nur geändert werden, wenn alle drei Berufsgruppen jeweils mit Zwei-Drittel-Mehrheit zustimmen. Eine **Zweckänderung** des Vereins GEMA (s.o. § 2 Satzung) ist dagegen gemäß § 33 Abs. 1 S. 2 BGB nur bei Zustimmung aller Mitglieder möglich. Inhaltlich setzt die Zweckänderung voraus, dass die bisherige Leitidee gegen eine andere ausgetauscht wird.[167] Die bloße redaktionelle Neufassung der Satzungsvorschrift, die die Zweckangabe enthält (§ 2 Satzung), ist nur eine Satzungs- und keine Zweckänderung.[168] Auch Ergänzungen oder Weiterentwicklungen des Vereinszwecks unter Beibehaltung der bisherigen grundsätzlichen Zweckrichtung sind bloße Satzungsänderungen iSd § 33 Abs. 1 S. 1 BGB.[169] **297**

Nach § 88 Abs. 2 Ziff. 1 VGG hat die Verwertungsgesellschaft der Aufsichtsbehörde jede Änderung des Statuts unverzüglich abschriftlich zu übermitteln. **Aufsichtsbehörde** der GEMA in wahrnehmungsrechtlichen Belangen ist gemäß § 75 Abs. 1 VGG das Deutsche Patent- und Markenamt (DPMA). Allerdings liegt mit Blick auf Satzungsänderungen der GEMA ein Fall des § 76 Abs. 3 VGG vor, weil diesbezüglich bereits aufgrund anderer gesetzlicher Vorschriften, nämlich der §§ 22 S. 2, 33 Abs. 2 BGB, eine andere staatliche Aufsicht – nämlich die Vereinsaufsicht – besteht. Danach ist für die Satzungsänderung die **staatliche Genehmigung** der zuständigen Behörde, hier der Berliner Senatsverwaltung für Justiz, erforderlich; das Gleiche gilt für die Auflösung des Vereins. Dies bestimmt § 19 Abs. 3 der GEMA-Satzung. Gemäß § 76 Abs. 3 VGG ist die Aufsicht der Berliner Senatsverwaltung für Justiz im Fall einer Satzungsänderung im „Benehmen" mit dem DPMA ausüben. Das bedeutet aber nur ein Informations-, kein Mitspracherecht des DPMA, denn die Vereinsaufsicht ist Ländersache, das DPMA aber Bundesbehörde, und eine Mischverwaltung soll vermieden werden. **298**

164 Sauter/Schweyer/Waldner-*Waldner/Wörle-Himmel*, Der eingetragene Verein, Rn. 133.
165 KG OLGZ 1974, 385, 386; BayObLGZ 1975, 435, 438.
166 Sauter/Schweyer/Waldner-*Waldner/Wörle-Himmel*, Der eingetragene Verein, Rn. 133.
167 BGHZ 96, 245, 252; Münchener Kommentar-*Reuter*, § 33 BGB Rn. 3.
168 RGRK-*Steffen*, § 33 Rn. 6.
169 Palandt-*Ellenberger*, § 33 BGB Rn. 3.

299 Im Falle der **Auflösung des Vereins** (vgl. §§ 11b), 10 Ziff. 6j) Satzung) muss etwa verbleibendes Vermögen der GEMA gem. § 19 Abs. 2 Satzung Vereinigungen zugeführt werden, deren gemeinnütziger und kultureller Zweck anerkannt ist.

§ 20 Redaktionelle Änderungen

Der Aufsichtsrat ist im Einvernehmen mit dem Vorstand befugt, redaktionelle Änderungen von Satzung, Verteilungsplan und den von der Mitgliederversammlung beschlossenen Geschäftsordnungen vorzunehmen, solange sie nur die sprachliche Form, jedoch nicht den Regelungsgehalt betreffen. Dies umfasst ausschließlich die Korrektur von Fehlern der Orthographie, Grammatik oder Interpunktion, die Anpassung von Verweisen und Nummerierungen innerhalb des GEMA-Regelwerks, die Anpassung von Verweisen auf Gesetzesbestimmungen und Namen von Organisationen sowie die Vereinheitlichung von Abkürzungen.

Die vorgenommenen redaktionellen Änderungen werden veröffentlicht. Die Mitglieder werden hierüber in der auf die Beschlussfassung des Aufsichtsrats folgenden Ausgabe der an alle Mitglieder versandten Publikation „virtuos" informiert, wobei auf dem Titelblatt in hervorgehobener Weise auf diese Information hingewiesen wird.

300 Die Zuständigkeit der Mitgliederversammlung für Änderungen des Regelwerks gemäß § 10 Ziff. 6 e) bis g) Satzung umfasst grundsätzlich alle Arten von Änderungen, auch solche rein redaktioneller Natur. So bedurfte es in der Vergangenheit jeweils eines Beschlusses der Mitgliederversammlung, um beispielsweise den in der Satzung verwendeten Begriff der „Europäischen Wirtschaftsgemeinschaft" im Einklang mit der europarechtlichen Entwicklung zunächst durch „Europäische Gemeinschaft"[170] und schließlich durch „Europäische Union"[171] zu ersetzen. Zur eigenen künftigen Entlastung in vergleichbaren Fällen hat die Mitgliederversammlung die Zuständigkeit für bestimmte redaktionelle Änderungen des Regelwerks delegiert. Zu diesem Zweck wurde durch Beschluss der ordentlichen Mitgliederversammlung 2013 ein neuer § 20 Satzung ergänzt, der den Aufsichtsrat dazu befugt, im Einvernehmen mit dem Vorstand **rein redaktionelle Änderungen** an Satzung, Verteilungsplan und den von der Mitgliederversammlung beschlossenen Geschäftsordnungen vorzunehmen. § 20 Absatz 1 Satz 1 stellt ausdrücklich klar, dass diese Änderungen nicht den Regelungsgehalt der jeweiligen Bestimmung betreffen dürfen. Durch die abschließende („ausschließlich") Aufzählung von Anwendungsfällen ist der Geltungsbereich der Regelung stark eingegrenzt und ihre praktische Bedeutung daher eher gering.

301 Vorgenommene redaktionelle Änderungen sind gemäß § 20 Abs. 2 zu veröffentlichen. Dies erfolgt nicht unmittelbar im Mitgliedermagazin der GEMA „virtuos", sondern z.B. auf der Website der GEMA, um die „virtuos" nicht zu überfrachten. Die Mitglieder werden in der „virtuos" jedoch über die Veröffentlichung der redaktionellen Änderungen informiert.[172]

170 Vgl. Antrag zu TOP 9 zur ordentlichen Mitgliederversammlung 2007.
171 Vgl. Antrag zu TOP 20 zur ordentlichen Mitgliederversammlung 2012.
172 Vgl. Begründung zum Antrag zu TOP 21 zur ordentlichen Mitgliederversammlung 2016.

3. Teil: Das Rechtsverhältnis der GEMA zu den Berechtigten

Kapitel 6
Auslegung und Kontrolle des Wahrnehmungsvertrags

Inhaltsübersicht

Karl Riesenhuber

https://doi.org/10.1515/9783110366792-006

A. Einleitung

Der Wahrnehmungsvertrag zwischen Urheber und GEMA unterliegt im deutschen und europäischen Recht einer **Mehrzahl von Regelungsregimen,** nämlich[1] 1

- als Vertrag dem Vertragsrecht,
- insbesondere als vorformulierter Vertrag den AGB-Regelungen (§§ 305–310 BGB),
- als Wahrnehmungsvertrag dem Verwertungsgesellschaftengesetz (VGG) (das seinerseits im Lichte der Verwertungsgesellschaftenrichtlinie 2014/26 zu sehen ist),
- als urheberrechtlicher Vertrag dem Urheberrechtsgesetz (UrhG) und schließlich
- als Geschäftsbedingungen eines Unternehmens mit einem – national regelmäßig gegebenen – faktischen Monopol: dem deutschen Kartellrecht des GWB sowie
- dem Europäischen Kartellrecht (Art. 101–109 AEUV).

Diese Regelungen enthalten vor allem Vorschriften, aus denen sich eine **Inhaltskontrolle des Wahrnehmungsvertrags** ergibt (nachfolgend C). Darüber hinaus enthalten sie aber auch Vorschriften über die – der Kontrolle notwendig vorangehende – **Auslegung des Wahrnehmungsvertrags** (sogleich B). 2

B. Die Auslegung des Wahrnehmungsvertrags

I. Einführung: Auslegungsprobleme in der Wahrnehmungspraxis

Sichtet man Wahrnehmungsverträge, Satzungen und Verteilungspläne der Verwertungsgesellschaften, so findet man darin mitunter Termini, die teils aus vergangenen Zeiten stammen und die teils schlicht nicht von Juristen, sondern von den Berechtigten der jeweiligen Verwertungsgesellschaft (mit-)formuliert wurden. Da der Verteilungsplan notwendig der Änderungskompetenz der (vom VGG sog.) Mitgliederhauptversammlung unterliegt (§ 17 Abs. 1 Nr. 6 VGG; nach der GEMA-Satzung: „Mitgliederversammlung"), werden – zumal bei den als Selbstverwaltungskörperschaft der Berechtigten organisierten Verwertungsgesellschaften wie GEMA und VG Wort – nicht selten noch in der Versammlung selbst Formulierungen gewählt oder geändert mit der Folge, dass manches aus Warte des Juristen **„laienhaft" formuliert** erscheint. Nur auf den ersten Blick liegt dagegen die Abhilfe nahe, missglückte Formulierungen in der nächsten Mitgliederversammlung zu glätten: Praktisch ist das nicht, da jede Revision, auch wenn sie nur das 3

1 Unberücksichtigt bleibt die Kontrolle, die sich aus dem Gesellschaftsrecht ergeben kann, insbesondere aus dem vereinsrechtlichen Gleichbehandlungsgrundsatz; ein Beispiel aus der Rechtsprechung ist KGR Berlin 2000, 412; dazu noch die Hinweise bei *Bezzenberger/Riesenhuber*, GRUR 2003, 1005–1014.

erklärte Ziel einer redaktionellen Änderung hat, in der Mitgliederversammlung Anlass für Auseinandersetzungen bietet, die sowohl die Verwaltung (Vorstand/Geschäftsführung; Aufsichtsrat/Beirat) als auch die Mitgliederversammlung aus guten Gründen scheuen mögen.[2] Besonders verständlich ist das, soweit es um Verteilungsregelungen geht: Jede Änderung von Verteilungsregelungen betrifft notwendig einige Berechtigte nachteilig, da es eben nur ein zu Verteilendes gibt und jede Änderung daher nur bedeuten kann, dass einzelne Berechtigte zulasten anderer Berechtigter begünstigt werden.[3]

4 Freilich gibt es – zumal in jüngerer Zeit – auch **Gegenbeispiele.** So hat die GEMA im Jahr 2016 – wie schon einige Jahre zuvor die VG Wort – ihren Verteilungsplan (**Kap. 8**) vollständig redaktionell überarbeitet und systematisch neu gefasst.

5 In der Praxis stellt sich daher die Frage, ob bei der Auslegung der Wahrnehmungsbedingungen (in Berechtigungsvertrag, Satzung und Verteilungsplan) ein **besonderer Sprachgebrauch**, der sich bei der Verwertungsgesellschaft eingebürgert hat, berücksichtigt werden kann. Unter dem Gesichtspunkt der AGB-Kontrolle ist die Frage umgekehrt, wann man von einem Zweifel ausgehen darf, der zu Lasten der Verwertungsgesellschaft als Verwenderin geht (§ 305c Abs. 2 BGB). Ein Beispiel für die Problematik findet sich in der Entscheidung des BGH Klausurerfordernis.[4] Dort hatte die GEMA unter bestimmten Umständen eine „Klausur" zur Voraussetzung für die Gewährung von Förderungsleistungen gemacht. Diesen Begriff der Klausur verwendete die Verwertungsgesellschaft schon seit Jahren in anderem Zusammenhang, sie bezeichnete damit eine den Umständen und Möglichkeiten der Beteiligten entsprechende Fachprüfung, die regelmäßig ein Fachgespräch bedeutete. Der Bundesgerichtshof sah sich nicht in der Lage, diesen besonderen Sprachgebrauch zu berücksichtigen, der sowohl Verwaltung als auch Mitgliederversammlung der Verwertungsgesellschaft als „natürlich" erschienen sein muss. Mochte eine Klausur der Wortbedeutung nach auch nur eine geschlossene Prüfung bezeichnen, so bedeute sie dem vom BGH herangezogenen allgemeinen Sprachgebrauch nach eine schriftliche Prüfung.

6 Das Beispiel verdeutlicht die praktischen Auswirkungen (auch) der Auslegungsregeln. Letztendlich geht es hier wie sonst bei den Wahrnehmungsbedingungen und Verteilungsregeln um die **Kosten der kollektiven Rechtewahrnehmung.**[5] Denn selbstverständlich ließen sich Auslegungszweifel bei den Wahrnehmungsbedingungen und auch bei den oft verhältnismäßig komplexen Verteilungsbedingungen bei entsprechender Anstrengung im Vorfeld jedenfalls erheblich reduzieren. Nur kostet das Geld, das für die Verteilung nicht zur Verfügung steht. Auch bei der Auslegung geht es daher um einen Ausgleich zwischen den Individualinteressen der einzelnen Berechtigten und dem Kollektivinteresse der Gesamtheit aller Berechtigten an einer effizienten und sparsamen Wahrnehmungstätigkeit.[6]

---

2 Einen guten Sinn für diese tatsächlichen Gegebenheiten hat BGH, GRUR 1988, 782, 785 – GEMA-Wertungsverfahren („unterschiedliche Interessen- und Abstimmungsverhältnisse in den Entscheidungsgremien der Betroffenen").

3 Es gilt der von *Medicus*, AcP 188 (1988), 489, 508, treffend formulierte Satz: „Das Zivilrecht kann eben keine Geschenke machen, die nicht doch von jemanden zu bezahlen wären."

4 BGH, GRUR 2002, 332, 334 – Klausurerfordernis.

5 Auch insoweit ist die Entscheidung BGH, GRUR 2002, 332, 334 – Klausurerfordernis, ein gutes Beispiel, beklagt das Gericht doch – wohl zu Unrecht – das Erfordernis einer Klausur sei „zudem unbestimmt, weil sie sämtliche Bedingungen, unter denen die Klausur zu leisten ist, der freien Gestaltung durch die Beklagte überlässt". An diesem Maßstab dürften selbst Schulgesetze und Prüfungsordnungen leicht scheitern.

6 Vgl. auch BGH, GRUR 1988, 782, 784 – GEMA-Wertungsverfahren.

Vor diesem Hintergrund sind Maßstab und Methode der Auslegung des Wahrnehmungsvertrags der GEMA zu erörtern. Da der **Wahrnehmungsvertrag** den **Verteilungsplan** und die **Satzung** inkorporiert (§ 6 lit. a) BerV),[7] ist dabei auch auf die Auslegung von Satzung und Verteilungsplan einzugehen. 7

II. Urheberrechtliche Auslegungsgrundsätze

Den Regeln des Urheberrechtsgesetzes entnimmt man das Prinzip, dem Urheberrecht wohne die Tendenz inne, möglichst weitgehend beim Urheber zu verbleiben, um ihm die Teilhabe am wirtschaftlichen Erfolg seiner Werke zu ermöglichen, vgl. § 11 S. 2 UrhG.[8] Einen allgemeinen Auslegungsgrundsatz ***in dubio pro auctore*** – der wohl auch an Unbestimmtheit und Einseitigkeit scheitern würde – gibt es gleichwohl nicht. Indes kann man den Übertragungszweckgedanken des § 31 Abs. 5 UrhG als eines solchen Schutzprinzips ansehen. 8

1. Der Übertragungszweckgedanke, § 31 Abs. 5 UrhG

Nach § 31 Abs. 5 S. 1 UrhG bestimmt der von den Parteien eines Nutzungsvertrags **zugrunde gelegte Vertragszweck**, *(1)* auf welche Nutzungsarten sich das Nutzungsrecht bezieht, wenn die Nutzungsarten nicht ausdrücklich einzeln bezeichnet sind.[9] Der Vertragszweck ist nach Satz 2 der Vorschrift auch das entscheidende Kriterium, um zu bestimmen, *(2)* ob überhaupt ein Nutzungsrecht eingeräumt wird, *(3)* ob es sich um ein einfaches oder ausschließliches Nutzungsrecht handelt, *(4)* wie weit Nutzungsrecht und Verbotsrecht reichen und *(5)* welchen Einschränkungen das Nutzungsrecht unterliegt. Mit dieser Vorschrift hat der Gesetzgeber die für das deutsche Urheberrecht bereits Anfang des 20. Jahrhunderts begründete,[10] missverständlich so genannte „Zweckübertragungstheorie"[11] kodifiziert; heute spricht man (treffender) vom Übertragungszweckgedanken. Die Auslegungsregel erfasst nicht nur Verfügungsverträge, sondern (teleologisch notwendig) auch Verpflichtungsverträge.[12] Sie findet immer dann Anwendung, wenn die Nutzungsrechte „nicht ausdrücklich einzeln bezeichnet" werden, gilt maW nicht nur „im Zweifel". Selbst wenn die Parteien unzweifelhaft umfassend alle Nutzungsrechte übertragen wollten, findet sie Anwendung.[13] 9

Obwohl der Wortlaut das nicht deutlich macht, handelt es sich *nicht* um eine „neutrale" Auslegungsregel, die lediglich dem Parteiwillen zum Durchbruch verhelfen will. Die Auslegungsregel **„ergreift Partei"** (*Schack*), und zwar zugunsten des Urhebers, der 10

---

7 Näher hierzu *Welp*, **Kap. 7 Rn. 321.**

8 *Ulmer*, Urheber- und Verlagsrecht, S. 365; Schricker/Loewenheim-*Schricker/Loewenheim*, § 31 UrhG Rn. 24.

9 BGH, GRUR 2011, 59 Rn. 11 – Lärmschutzwand; BGH, GRUR 2010, 623 Rn. 20 – Restwertbörse. S.a. BGH, GRUR 2013, 683 Rn. 29 f. – Internet-Videorecorder II.

10 Grundlegend *Goldbaum*, Urheberrecht und Urhebervertragsrecht, S. 47–59; 347–351. Zur Entwicklung eingehend *Donle*, Die Bedeutung des § 31 Abs. 5 UrhG für das Urhebervertragsrecht, S. 6–20; *Schweyer*, Die Zweckübertragungstheorie im Urheberrecht, S. 1–68.

11 Erstens ist das Wort unverständlich („Zweckübertragung"?), zweitens geht man nicht von einer Übertragung von Urheberrechten, sondern der Einräumung von Nutzungsrechten aus (*Schack*, Urheber- und Urhebervertragsrecht, Rn. 615 Fn. 82) und drittens handelt es sich wohl nicht um eine Theorie (vgl. *Canaris*, JZ 1993, 377 ff.). Hier geht es nicht nur um eine Frage der sprachlichen „Korrektheit", sondern um eine Frage der juristischen Methodik. Der Begriff ist auf ärgerliche Weise irreführend und trägt so zu einer Verdunkelung und Abschottung der Urheberrechtswissenschaft bei.

12 Schricker/Loewenheim-*Schricker/Loewenheim*, § 31 UrhG Rn. 77.

13 BGHZ 131, 8, 12 f. – Pauschale Rechtseinräumung.

vor zu weitreichenden Verfügungen geschützt werden soll. Sie dient letztlich dem Zweck, sicherzustellen, dass der Urheber am wirtschaftlichen Erfolg seiner Werke teilhat.[14] Die (tendenzielle) Zurückhaltung von Nutzungsrechten soll ihm die gesonderte Verfügung – gegen gesondertes Entgelt – ermöglichen.[15] Dass dieser Schutz mit Hilfe einer „bloßen" Auslegungsregel gesucht wird, ist entgegen mancher Kritik im Grundsatz durchaus einleuchtend. Ähnlich wie das Transparenzgebot des AGB-Rechts schützt die Zweckübertragungsregel die materiale Vertragsfreiheit, die man als **wirtschaftliche Selbstbestimmung** bezeichnet.[16] Der Urheber wird nicht vor Verfügungen an sich geschützt, sondern davor, diese unversehens mit einer großflächigen Vereinbarung vorzunehmen. Sind aber die zu übertragenden Nutzungsrechte einzeln bezeichnet, so kann man ihm die selbstbestimmte Entscheidung durchaus zutrauen, weil er sie dann sehenden Auges trifft (oder doch treffen kann). Freilich wird zu Recht auf die naheliegenden Auswirkungen dieser Regelung auf die Kautelarpraxis hingewiesen, die veranlasst wird, nach amerikanischer Formulierungstechnik alle Rechte möglichst umfassend einzeln zu bezeichnen.[17]

2. Anwendbarkeit auf den Wahrnehmungsvertrag

11 Der Übertragungszweckgedanke ist auch auf den Wahrnehmungsvertrag anwendbar.[18] Dabei sind jedoch seine Grenzen zu beachten. Voraussetzung ist nach § 31 Abs. 5 UrhG, dass die Rechte nicht ausdrücklich einzeln bezeichnet sind. Der Wahrnehmungsvertrag enthält indes üblicherweise einen Katalog der einzelnen übertragenen Rechte. Vor allem aber sind bei Anwendung der Zweckübertragungsregel die Zwecke des Wahrnehmungsvertrags zu berücksichtigen, wie sie sich letztlich aus dem Verwertungsgesellschaftengesetz ergeben.

12 Der **Zweck des Wahrnehmungsvertrags** liegt für den Berechtigten darin, an der kollektiven Rechtewahrnehmung teilzuhaben, aber auch, sie durch seinen Einzelbeitrag mit zu ermöglichen. Den ersten Aspekt beschreibt der Bundesgerichtshof zutreffend, wenn er ausführt:

> „Dem Berechtigungsvertrag liegt maßgeblich der Zweck zugrunde, der GEMA als Verwertungsgesellschaft zur kollektiven Wahrnehmung Rechte einzuräumen, deren individuelle Wahrnehmung dem einzelnen Urheberberechtigten nicht möglich ist, während Rechte, die der Urheberberechtigte individuell verwerten kann, diesem verbleiben sollen."[19]

Dieser Blickwinkel des **Individualinteresses** ist indes zu eng, soweit damit die kollektive Wahrnehmung auf den Bereich beschränkt wird, in dem die individuelle Wahr-

---

14 BGHZ 131, 8, 12 – Pauschale Rechtseinräumung; BGH, GRUR 1979, 637, 638 f. – White Christmas; Schricker/Loewenheim-*Schricker/Loewenheim*, § 31 UrhG Rn. 64; *Schack*, Urheber- und Urhebervertragsrecht, Rn. 615. Bei Filmwerken kommt allerdings § 89 Abs. 1 UrhG, der eine umfassende Rechteeinräumung vorsieht, der Vorrang vor § 31 Abs. 5 UrhG zu: BGH, GRUR 2005, 937, 939 – Zauberberg.

15 So schon RGZ 118, 282, 285 – Musikantenmädel; RGZ 123, 312, 319 f. – Wilhelm Busch; RGZ 134, 198, 201 – Schallplattenrechte.

16 Eingehend *Drexl*, Die wirtschaftliche Selbstbestimmung des Verbrauchers, 1998.

17 *Rehbinder*, Urheberrecht (14. Aufl.), Rn. 575 („Geschwätzigkeit amerikanischer Verträge"); s. ferner die kritische Würdigung bei *Schweyer*, Die Zweckübertragungstheorie im Urheberrecht, S. 116–119.

18 BGH, GRUR 2013, 618 Rn. 31; BGH, GRUR 2010, 62 Rn. 16 f. – Musik für Werbezwecke; BGHZ 142, 388, 396 – Musical-Gala; BGH, GRUR 1986, 62, 66 – GEMA-Vermutung I; *Mauhs*, Der Wahrnehmungsvertrag, S. 104 f.; Schricker/Loewenheim-*Reinbothe*, § 6 UrhWG Rn. 5; ablehnend hingegen OLG München, GRUR 1983, 571, 572 – Spielfilm Videogramme; LG Berlin, FuR 1984, 326, 331. Ausführliche Stellungnahme und rechtspolitische Bewertung bei *Riesenhuber*, Die Auslegung und Kontrolle des Wahrnehmungsvertrags, S. 39–43 mwN.

19 BGHZ 142, 388, 396 – Musical-Gala; BGH, GRUR 2013, 618 Rn. 31.

nehmung objektiv „nicht möglich" ist.[20] Der Zweck des Wahrnehmungsvertrags ist vielmehr auch durch das Kollektivinteresse aller Berechtigten (also auch des einzelnen Berechtigten als Vertragspartner) geprägt, eine wirkungsvolle Rechtewahrnehmung durch die Verwertungsgesellschaft zu ermöglichen (Grundsatz der zweiseitigen Begründung)[21]. Dieses Interesse, das im europäischen Kartellrecht treffend auch als **Funktionsinteresse der Verwertungsgesellschaft** bezeichnet wird,[22] ist bei der Auslegung mit zu berücksichtigen. Das deutet auch der BGH an, wenn er in der zitierten Entscheidung normativ (nicht tatsächlich) formuliert, es komme darauf an, ob die individuelle Rechtewahrnehmung „sinnvoll" sei.[23] Die doppelte Zweckbestimmung, die neben dem Individualinteresse des Berechtigten auch das von der Verwertungsgesellschaft vertretene Kollektivinteresse berücksichtigt, das den Vertragszweck ebenfalls mitbestimmt, kann etwa dann ganz greifbare Folgen haben, wenn ein Recht zwar – vielleicht gerade im Einzelfall (z.B. durch einen besonders marktstarken Urheber) – individuell wahrgenommen werden kann, aufs Ganze gesehen aber eine kollektive Wahrnehmung vorzugswürdig ist. Ungeachtet der Interessen des Einzelnen kann hier mit Rücksicht auf den Kollektivbezug jedes Wahrnehmungsvertrags auch nach der Zweckübertragungsregel eine Rechteübertragung anzunehmen sein.

III. Vertragsrechtliche Auslegungsgrundsätze

Neben dem urheberrechtlichen Übertragungszweckgedanken finden die allgemeinen Auslegungsregeln des Vertragsrechts Anwendung, die zum einen §§ 133, 157 BGB zu entnehmen sind, zum anderen der Zweifelsregel für die Auslegung von Allgemeinen Geschäftsbedingungen des § 305c Abs. 2 BGB.[24] Vor den Methoden der Auslegung (nachfolgend 2) ist der Maßstab der Auslegung darzulegen. 13

1. Maßstab der Auslegung

a) Grundsätze der Vertragsauslegung und Wahrnehmungsvertrag

Nach allgemeinen Grundsätzen der §§ 133, 157 BGB ist Ziel der Vertragsauslegung die Ermittlung des Gewollten aus der Perspektive des konkreten Erklärungsadressaten (sog. **Empfängerhorizont**).[25] Für den Wahrnehmungsvertrag ist diese individualisierende Tendenz bei der Auslegung indes deswegen problematisch, weil die Verwertungsgesellschaft in dem von ihr betriebenen Massengeschäft auf Umstände des Einzelfalls keine Rücksicht nehmen kann.[26] Das ist für den Urheber auf der anderen Seite auch erkennbar. 14

20 Vgl. *Russ*, ZUM 1995, 32, 33, ihm folgend Wandtke/Bullinger-*Gerlach*, § 6 UrhWG Rn. 5. Zu einseitig die Interessen des Berechtigten (nicht *der Vertragsparteien*) berücksichtigt dagegen *Staats*, Aufführungsrecht und kollektive Wahrnehmung bei Werken der Musik, S. 83.
21 Soergel/*Riesenhuber*, § 133 BGB Rn. 12 (erscheint demnächst).
22 Kommission v. 4.12.1981 – 82/204/EWG, ABl. 192 L 94/12 – GEMA-Satzung.
23 BGHZ 142, 388, 396 – Musical-Gala.
24 Zur Anwendbarkeit der AGB-Regeln auf den Wahrnehmungsvertrag nur BGH, GRUR 2002, 332, 334 – Klausurerfordernis; eingehend *Riesenhuber*, Die Auslegung und Kontrolle des Wahrnehmungsvertrags, S. 23–33; s.a. *ders.*, ZUM 2002, 777–781.
25 BGH, BeckRS 2016, 07029 Rn. 24; BGH, GRUR 2009, 395 Rn. 25 – Klingeltöne für Mobiltelefone. Siehe nur *Wolf*/*Neuner*, Allgemeiner Teil, § 35 Rn. 2ff.; Münchener Kommentar-*Busche*, § 133 BGB Rn. 3. Für die Auslegung des Wahrnehmungsvertrags will *Staats*, Aufführungsrecht und kollektive Wahrnehmung bei Werken der Musik, S. 81, diese Regeln ohne weiteres anwenden – insbesondere ohne Rücksicht auf die Besonderheiten des Vertrags.
26 Vgl. auch BGHZ 151, 92, 98f. – Mischtonmeister.

Der Wahrnehmungsvertrag ist daher grundsätzlich objektiv auszulegen, von den Interessen der einzelnen Beteiligten und ihren persönlichen Umständen abstrahierend. Zwar dient auch der Wahrnehmungsvertrag dem Ausgleich verschiedener Interessen. Der grundlegende Unterschied zur Regelsituation beim Vertragsschluss besteht jedoch darin, dass der **Interessenausgleich** hier nicht im Hinblick auf widerstreitende Interessen der beiden Vertragsparteien zu erfolgen hat. In Ausgleich zu bringen sind vielmehr die Interessen des Rechteinhabers einerseits und der übrigen von der Verwertungsgesellschaft vertretenen Gesamtheit aller Berechtigten andererseits, als deren Mittler die Verwertungsgesellschaft fungiert. Dieser Ausgleich wird innerhalb der Verwertungsgesellschaft getroffen, nämlich, wie jetzt § 17 Nr. 13 VGG vorschreibt, in der Mitgliederversammlung.

15 Neben dieser besonderen Interessenlage sind die **rechtlichen Besonderheiten** der einzelnen Bestandteile des Wahrnehmungsvertrags zu berücksichtigen. So drückt sich der **kollektivrechtliche Charakter** des Wahrnehmungsvertrags ieS bereits darin aus, dass seine Bestimmungen als **Standardbedingungen** abgefasst sind. Ferner kann eine in den Wahrnehmungsvertrag inkorporierte Satzung, da sie für einen **wechselnden Mitgliederbestand** gilt, als Akt kollektiver Willensbetätigung nicht nach vertragsrechtlichen Grundsätzen ausgelegt werden. Und endlich sind auch die Besonderheiten des regelmäßig umfangreichen Verteilungsplans zu berücksichtigen, der ebenfalls für eine Vielzahl andauernd wechselnder Mitglieder gilt und zudem eine in sich geschlossene, als **stimmiges Ganzes** konzipierte Regelung enthält.

b) Die Auslegung der einzelnen Regelwerke

aa) Die Auslegung des Wahrnehmungsvertrags ieS

16 Die Auslegung des Wahrnehmungsvertrags ieS erfolgt im Grundsatz nach den für die Auslegung von Verträgen geltenden allgemeinen **Grundsätzen der §§ 133, 157 BGB**. Leitbild ist der objektive Empfängerhorizont.

17 Die Bestimmungen des Wahrnehmungsvertrags sind – dem „Massengeschäft" der kollektiven Rechtewahrnehmung entsprechend – für eine Vielzahl von Fällen von der Verwertungsgesellschaft vorformuliert und werden von ihr, in weiten Teilen nicht verhandelbar, gestellt. Es handelt sich daher um **Allgemeine Geschäftsbedingungen (AGB)**, § 305 Abs. 1 BGB.[27] Sind Allgemeine Geschäftsbedingungen auch grundsätzlich als Vertragsbedingungen nach den allgemeinen Regeln der §§ 133, 157 BGB auszulegen,[28] so ergeben sich doch wegen der intendierten und erkennbaren Standardisierung einige Besonderheiten. Weil der Verwender von AGB damit einen legitimen Rationalisierungs- und Vereinheitlichungszweck verfolgt,[29] sind sie nicht subjektiv, sondern – ähnlich wie Gesetze –[30] **objek-**

---

27 BGH, GRUR 2016, 606 Rn. 17 – Allgemeine Marktnachfrage; GRUR 2013, 375 Rn. 13 – Missbrauch des Verteilungsplans; GRUR 2009, 395 Rn. 23, 25 – Klingeltöne für Mobiltelefone. Der Wahrnehmungsvertrag lässt regelmäßig nur wenig Raum für Individualvereinbarungen; zu denken ist insbesondere an die europarechtlich vorgegebene Möglichkeit der Wahl einer so genannten Spartenlizenzierung.

28 S. nur Münchener Kommentar-*Basedow*, § 305c BGB Rn. 18; Palandt-*Grüneberg*, § 305c BGB Rn. 16; Wolf/Lindacher/Pfeiffer-*Lindacher/Hau*, § 305c BGB Rn. 101. Anders Ulmer/Brandner/Hensen-*Ulmer/Schäfer*, § 305c BGB Rn. 68 ff., die allein individuell ausgehandelte Vertragsbestandteile eines Klauselvertrags gemäß §§ 133, 157 BGB auslegen wollen.

29 Ulmer/Brandner/Hensen-*Ulmer/Schäfer*, § 305c BGB Rn. 75.

30 Darauf abstellend noch RGZ 170, 233, 241; RGZ 171, 43, 48; in der Begründung anders, i. E. aber entsprechend BGH, NJW-RR 2000, 1341, 1342 (zu Versicherungsbedingungen): „[...] so auszulegen, wie ein durchschnittlicher Versicherungsnehmer sie bei verständiger Würdigung, aufmerksamer Durchsicht und Berücksichtigung des erkennbaren Sinnzusammenhangs verstehen muss".

tiv auszulegen;[31] die *individuellen* Umstände des Einzelfalls sind dabei grundsätzlich[32] nicht zu berücksichtigen.[33]

Eine objektive Auslegung ist aber auch unabhängig von der AGB-Form wegen des intendierten Zwecks der **Wahrnehmungsbedingungen als Grundlage der kollektiven Rechtewahrnehmung** geboten. Die kollektive Rechtewahrnehmung ist aus Gründen der Kostenvermeidung nämlich gerade darauf gerichtet, nach einer bestimmten Standardisierung zu verfahren, die für individuelle Vereinbarung im Einzelfall grundsätzlich keinen Raum lässt. Die objektive Auslegung entspricht dabei den Interessen sowohl der Verwertungsgesellschaften als auch den Interessen der einzelnen Berechtigten (oben, Rn. 14). 18

bb) Die Auslegung der Satzung

Auch Vereinssatzungen sind nach der Rechtsprechung grundsätzlich **„nach objektiven Gesichtspunkten aus sich heraus“**[34] auszulegen, wobei „Willensäußerungen oder Interessen der Gründer und sonstige Vorgänge aus der Entstehungsgeschichte nicht verwertet werden dürfen“.[35] Auszugehen ist von einem objektiven Satzungsverständnis aus Perspektive eines beliebigen Dritten.[36] 19

Die objektive Auslegung wird auch hier von manchen mit ihrem normähnlichen Charakter begründet, der gebiete, sie wie ein Gesetz auszulegen.[37] Die wohl herrschende Meinung geht demgegenüber von den **Auslegungsregeln für Rechtsgeschäfte** der §§ 133, 157 BGB aus,[38] modifiziert diese aber entsprechend dem Zweck der Regelung.[39] Bei einem auf wechselnden oder wachsenden Mitgliederbestand angelegten Verein ist die Satzung bestimmungsgemäß von den Gründern verselbstständigt und daher objektiv auszulegen.[40] Anderes gilt allerdings dann, wenn besondere, außerhalb des Satzungstextes liegende Umstände den neuen Mitgliedern von vornherein bekannt waren oder aufgrund langjähriger Vereinsübung nachträglich erkennbar geworden sind.[41] 20

---

31 BGH, BeckRS 2016, 07029 Rn. 24; BGH, BeckRS 2016, 07028 Rn. 24; BGH, GRUR 2009, 395 Rn. 24 f. iVm Rn. 22 – Klingeltöne I.

32 Anders nur in atypischen Sonderfällen; Ulmer/Brandner/Hensen-*Ulmer/Schäfer*, § 305c BGB Rn. 73.

33 Zum Berechtigungsvertrag BGH, GRUR 2009, 395 Rn. 25 f. – Klingeltöne I; allgemein etwa BGHZ 17, 1, 3; BGHZ 22, 109, 113; BGHZ 77, 116, 118 f.; Münchener Kommentar-*Basedow*, § 305c Rn. 22; Ulmer/Brandner/Hensen-*Ulmer/Schäfer*, § 305c BGB Rn. 73; jeweils mwN. Anders Staudinger-*Schlosser* (2013), § 305c BGB Rn. 130; Wolf/Lindacher/Pfeiffer-*Lindacher/Hau*, § 305c BGB Rn. 106 mwN, die freilich weithin zu ähnlichen Ergebnissen kommen, weil (soweit) beim Abschluss zu AGB regelmäßig keine besonderen Begleitumstände vorliegen.

34 BGHZ 113, 237, 240 mwN.

35 BGHZ 47, 172, 180.

36 Münchener Kommentar-*Busche*, § 133 BGB Rn. 39. Etwas anderes soll konsequenterweise dann gelten, wenn die außerhalb der Satzung liegenden Umstände den Beitretenden ausnahmsweise bekannt sind.

37 Münchener Kommentar-*Reuter*, § 25 BGB Rn. 23.

38 Siehe nur BGHZ 47, 172, 179 f.; BGHZ 96, 245, 250; BGHZ 106, 67, 71; BGHZ 113, 237, 240. Aus dem Schrifttum *Grunewald*, ZGR 1995, 68; *Fleischer*, DB 2013, 1466 ff.; Münchener Kommentar-*Busche*, § 133 BGB Rn. 39; K. *Schmidt*, Gesellschaftsrecht, S. 88.

39 Soergel-*Hadding*, § 25 BGB Rn. 17, 32; *Grunewald*, ZGR 1995, 68, 82; *Häuser/van Look*, ZIP 1986, 749, 752 f.; *Wiedemann*, DNotZ 1977, Sonderheft, S. 99–111.

40 *Grunewald*, ZGR 1995, 68, 82; BGHZ 47, 172, 179.

41 *Grunewald*, ZGR 1995, 68, 82 f.; K. *Schmidt*, Gesellschaftsrecht, S. 91–93; BGHZ 96, 245, 250.

cc) *Die Auslegung des Verteilungsplans*

21 Entsprechende Erwägungen gebieten auch eine **objektive Auslegung** des Verteilungsplans (eingehend unten, **Kap. 8**).[42] Dafür sprach unter Geltung des UrhWG bereits § 7 S. 3 des Gesetzes, wonach die Grundsätze der Verteilung Bestandteil der Satzung sind. Wichtiger sind zwei materielle Erwägungen. Zum einen gelten die Verteilungsregeln ebenso wie die Satzung für eine **Vielzahl von wechselnden Berechtigten**. Weil diese Regeln einheitlich Anwendung finden sollen und, nach dem Willkürverbot des § 27 Abs. 1 VGG,[43] auch müssen, kommt eine Auslegung nach dem für einzelne Berechtigte etwa unterschiedlichen Empfängerhorizont nicht in Betracht.[44] Zum anderen sind die Verteilungsregeln – insofern dem Gesetz ähnlich – als ein in sich geschlossenes und stimmiges Ganzes (System) konzipiert.[45] Das wird besonders in der Neufassung des GEMA-Verteilungsplans von 2016 deutlich. Dieser **Systemcharakter** unterscheidet den Verteilungsplan insbesondere auch von typischen Austauschverträgen, da für die Verteilungsregeln das dispositive Gesetzesrecht als Rückfallregelung („Reserverechtsordnung“) fehlt.

c) *Keine Berücksichtigung des Horizonts oder der Interessen der Nutzer*

22 Um die Auslegung des Wahrnehmungsvertrags geht es nicht selten auch im Streit zwischen Berechtigten und **Nutzern**. Von den Berechtigten wegen Rechtsverletzung in Anspruch genommen, wenden die Nutzer gelegentlich ein, sie hätten die Rechte von der Verwertungsgesellschaft erworben.[46] Oder umgekehrt: Von der Verwertungsgesellschaft in Anspruch genommen, wenden sie ein, die Berechtigten hätten ihnen die Rechte eingeräumt.[47] Dann kommt es auf den Umfang der wahrnehmungsvertraglichen Rechtseinräumung an. Je nach Lage berufen sich dann die Nutzer auf die Interessen der Berechtigten oder der Verwertungsgesellschaft.[48]

23 Ist demnach der Wahrnehmungsvertrag auch für Nutzer von Interesse, so können doch deren Empfängerhorizont oder Interessen für dessen Auslegung **keine Rolle** spielen. Die Nutzer sind nicht Partei des Wahrnehmungsvertrags und der Wahrnehmungsvertrag wird auch nicht in ihrem Interesse geschlossen. Nutzerinteressen können lediglich dort eine Rolle spielen, wo die Parteien des Wahrnehmungsvertrags sie sich zu eigen gemacht haben, z.B. um ein für die Nutzer wirtschaftlich attraktives Gesamtpaket an Rechten offerieren zu können. Indes wäre das im Einzelfall darzulegen. Nutzer haben freilich durchaus ein berechtigtes Interesse festzustellen, wer die Rechte hat. Diesem Interesse hatte bereits der Gesetzgeber des Urheberrechtswahrnehmungsgesetzes – nach früheren Klagen –[49] mit einem Auskunftsanspruch Rechnung getragen (§ 10 UrhWG), der jetzt in näher spezifizierter Form in § 55 VGG enthalten ist (näher unten, **Kap. 11 Rn. 23 ff.**).

---

42 BGH, BeckRS 2016, 07029 Rn. 24.

43 Zum Willkürverbot des § 27 Abs. 1 VGG eingehend unten Rn. 64–84.

44 Ebenso St. *Müller*, Der Verteilungsplan der GEMA, S. 77.

45 Dazu etwa LG Berlin v. 15.12.1998 – 16 O 683/97 (nicht veröffentlicht), Umdruck S. 18 f. – Glockenrequiem.

46 BGHZ 142, 388 – Musical-Gala; vgl. auch BGH, GRUR 2013, 618 Rn. 25 f. – Internet-Videorecorder II.

47 S. z.B. BGH, NJW 1988, 1847 – GEMA-Vermutung IV; LG Frankfurt a.M., ZUM 2004, 394.

48 S.a. den treffenden Hinweis von W. *Nordemann*, GRUR 1992, 584 f.

49 S. insbes. *Plugge/Roeber*, Das musikalische Tantiemerecht in Deutschland, S. 41 und öfter. Dazu auch *Riesenhuber/Rosenkranz*, UFITA 2005/II, 467, 505–507.

2. Methode der Auslegung

Sind Satzung und Verteilungsplan demnach grundsätzlich objektiv auszulegen, ist im Folgenden auf einzelne Auslegungskriterien sowie Besonderheiten einzugehen, die sich bei der Auslegung dieser Wahrnehmungsbedingungen ergeben. Entsprechend dem bekannten Kanon erfolgt die Sinnermittlung im Wege der grammatikalischen, der historischen, der systematischen sowie der teleologischen Auslegung. Zweifel bei der Auslegung vorformulierter Klauseln gehen nach § 305c Abs. 2 BGB zu Lasten des Verwenders, also der Verwertungsgesellschaft.[50] 24

a) Grammatikalische Auslegung

Jede Auslegung geht vom Wortlaut aus.[51] Dem liegt die berechtigte Erwartung zugrunde, dass die Erklärungszeichen sorgfältig gewählt sind und das Gemeinte ausdrücken; daran muss sich der Erklärende jedenfalls festhalten lassen. Grundsätzlich hat sich die Wortauslegung am **allgemeinen Sprachgebrauch** zu orientieren.[52] Nach unseren Vorüberlegungen (oben Rn. 3ff.) ist nachfolgend besonders zu untersuchen, inwieweit ein Fachsprachgebrauch (Rn. 26) oder die bei einer Verwertungsgesellschaft üblichen Gepflogenheiten bei der Auslegung (Rn. 27) zu berücksichtigen sind. 25

Fachbegriffe verwenden vor allem die Wahrnehmungsverträge bei der Bestimmung der zur Wahrnehmung übertragenen Rechte.[53] Hier muss man – mangels manifester anderer Hinweise – davon ausgehen, dass die GEMA **mit dem Fachbegriff auf den Fachsprachgebrauch verweist.**[54] So entschied beispielsweise der Bundesgerichtshof in der Entscheidung Musical-Gala. Den in § 1 lit. a WahrnV-GEMA enthaltenen Begriff der „bühnenmäßigen Aufführung“ legte das Gericht dort ebenso aus wie den entsprechenden Begriff der bühnenmäßigen Darbietung in § 19 Abs. 2 UrhG.[55] Das war zum einen deswegen begründet, weil die Verwertungsgesellschaft „Nutzungsrechte, Einwilligungsrechte [und] Vergütungsansprüche, die sich aus dem Urheberrechtsgesetz vom 9. September 1965 ergeben, (...) wahrnimmt“ (§ 1 Abs. 1 UrhWG; vgl. jetzt § 1 VGG). Nach dem (objektiven) Zweck des Wahrnehmungsvertrags spricht daher die Verwendung von Fachtermini des Urheberrechtsgesetzes dafür, dass damit auf die Regelung des Urheberrechtsgesetzes Bezug genommen werden soll. Nichts anderes ergibt sich in diesem Fall freilich auch aus den Interessen von Verwertungsgesellschaft und Berechtigtem, beurteilt nach dem objektiven Empfängerhorizont. Zum anderen ist die Entscheidung aber auch nach dem Grundsatz begründet, dass die von speziellen Verkehrskreisen verwendeten Begriffe nach dem dort **üblichen Sondersprachgebrauch** auszulegen sind.[56] 26

Bei der Auslegung der Wahrnehmungsbedingungen kann zweitens auch ein besonderer, bei der Verwertungsgesellschaft üblicher Sprachgebrauch zu berücksichtigen sein. Das ergibt sich aus den Grundsätzen über die Auslegung mit Rücksicht auf den 27

---

50 Zur Anwendbarkeit der AGB-Kontrollvorschriften auf den Wahrnehmungsvertrag *Riesenhuber*, Die Auslegung und Kontrolle des Wahrnehmungsvertrags, S. 23 f. mwN.
51 Vgl. BGH, NJW 2016, 2418 Rn. 81.
52 Jauernig-*Jauernig*, § 133 BGB Rn. 10; Münchener Kommentar-*Basedow*, § 305c BGB Rn. 25.
53 Gelegentlich wird freilich gerügt, nicht die Verwendung rechtlicher Fachtermini führe zu Auslegungsschwierigkeiten, sondern umgekehrt deren Vermeidung; *Dünnwald*, FuR 1974, 554–560.
54 Vgl. BGH, GRUR 2009, 395 Rn. 32 f. – Klingeltöne I.
55 BGHZ 142, 388, 397 – Musical-Gala; allgemein Münchener Kommentar-*Basedow*, § 305c BGB Rn. 25.
56 *Wolf/Neuner*, Allgemeiner Teil, § 35 Rn. 15 f.

Sprachgebrauch der betroffenen Verkehrskreise.[57] Kommt es bei der Auslegung von AGB allgemein auf den Verständnishorizont der angesprochenen Verkehrskreise an, so kann auch eine dort gebräuchliche Fachsprache berücksichtigt werden.[58] Weil und soweit die Berechtigten die Wahrnehmungs-, Verteilungs- und Satzungsbestimmungen unmittelbar oder vermittelt über die gemeinsame Vertretung (§ 6 Abs. 2 UrhWG) mitbestimmen und deshalb über einen Sondersprachgebrauch nicht im Zweifel sein können, ist dieser Sondersprachgebrauch auch im Rahmen der Auslegung der Bedingungen zu Grunde zu legen.

b) *Historische Auslegung*

28 Auch die **Entstehungsgeschichte** einer Vertragsbestimmung kann im Rahmen der Auslegung zu berücksichtigen sein. Dabei ist allerdings ganz unumstritten, dass eine „unbekannte" Entstehungsgeschichte für die Auslegung von AGB stets unbeachtlich ist: Bei der Auslegung müssen „Umstände außer Betracht bleiben, die nur einzelnen Beteiligten bekannt oder erkennbar sind".[59] Das gilt auch dann, wenn es sich um behördlich genehmigte AGB handelt oder solche Klauseln, die im Zusammenwirken der maßgeblich beteiligten Wirtschaftskreise ausgearbeitet wurden.[60] Auch Umstände der Entstehung, die der Satzung oder dem Verteilungsplan nicht unmittelbar entnommen werden können, können bei der Auslegung nicht berücksichtigt werden.[61] Umgekehrt kann eine bekannte Entstehungsgeschichte nach dem dargelegten **Grundsatz der Beachtlichkeit von Sonderwissen** durchaus für die Auslegung herangezogen werden.[62]

29 Praktische Bedeutung kann die historische Auslegung insbesondere erlangen, wenn es um die **Berücksichtigung der „Materialien"** für eine Regelung geht: den Regelungsvorschlag und seine Begründung in der Tagesordnung sowie ggf. die Protokolle der Mitgliederversammlung. Soweit diese Unterlagen den Berechtigten zur Verfügung stehen[63] und daher zur „bekannten" Entstehungsgeschichte einer Regelung gehören, können sie auch bei der Auslegung von Wahrnehmungsvertrag, Satzung und Verteilungsplan berücksichtigt werden.[64] Sonstige Äußerungen der GEMA über ihr Verständnis des Wahrnehmungsvertrags, seien sie auch „über die üblichen Kommunikationswege des Vereins [mit den Mitgliedern] abgegeben", hat der BGH allerdings zu Recht nicht für die Auslegung herangezogen, weil (und soweit) sie neu hinzutretenden Rechtsinhabern nicht erkennbar sind.[65]

---

57 BGH, BeckRS 2016, 07029 Rn. 24; BGH, GRUR 2013, 618 Rn. 27 – Internet-Videorecorder II. Vgl. auch RGZ 116, 198, 207, wo es um die Auslegung von Banken-AGB ging, die (objektiv) unklar formuliert waren, über deren Bedeutung aber der beklagte Kunde, ein bei der klagenden Bank tätiger Bankdirektor, nicht im Zweifel sein konnte. Dazu etwa Wolf/Lindacher/Pfeiffer-*Lindacher/Hau*, § 305c BGB Rn. 114; Staudinger-*Schlosser* (2013), § 305c BGB Rn. 128.

58 Staudinger-*Schlosser* (2013), § 305c BGB Rn. 128; Ulmer/Brandner/Hensen-*Ulmer/Schäfer*, § 305c BGB Rn. 83. S. z.B. BGH, NJW 1985, 559 (AVB für den Transport im grenzüberschreitenden Verkehr).

59 BGH, BeckRS 2016, 07029 Rn. 24; BGH, BeckRS 2016, 07028 Rn. 24; BGH, GRUR 2009, 395, Rn. 25 – Klingeltöne für Mobiltelefone.

60 BGH, NJW-RR 2000, 1341, 1342; Wolf/Lindacher/Pfeiffer-*Lindacher/Hau*, § 305c BGB Rn. 115; Staudinger-*Schlosser* (2013), § 305c BGB Rn. 129; Ulmer/Brandner/Hensen-*Ulmer/Schäfer*, § 305c BGB Rn. 82.

61 Für die Satzung *Grunewald*, ZGR 1995, 68, 82f.

62 Staudinger-*Schlosser* (2013), § 305c BGB Rn. 129; Ulmer/Brandner/Hensen-*Ulmer/Schäfer*, § 305c BGB Rn. 82f. Vgl. auch BGH, GRUR 2013, 618 Rn. 27 – Internet-Videorecorder II.

63 So z.B. gem. § 10 Ziff. 5, § 12 Ziff. 1 GEMA-Satzung.

64 Ansätze für eine historische Auslegung etwa bei BGH, GRUR 1988, 782 – GEMA-Wertungverfahren; KG WuW 1988, 56, 62 – GEMA-Wertungsverfahren.

65 BGH, GRUR 2009, 395 Rn. 24f. iVm Rn. 22 – Klingeltöne I.

Ein Beispiel ist die Auslegungsregel von **§ 224 Verteilungsplan.** Als die GEMA ihren Verteilungsplan im Jahr 2016 neu „kodifizierte“, war damit allein beabsichtigt, das gewachsene Regelwerk systematisch neu zu fassen, nicht aber inhaltlich zu ändern. Dies erläutert § 224 Verteilungsplan und ordnet an, dass die Neuregelung im Zweifel ebenso auszulegen ist wie der frühere Verteilungsplan. Damit wird die Entstehungsgeschichte auch für neu hinzutretende Mitglieder offen gelegt und nachvollziehbar gemacht. Es liegt damit in der Verantwortung neuer Mitglieder, ggf. die früheren Verteilungsregeln in Erfahrung zu bringen.[66] 30

c) Systematische Auslegung

Wenn eine Erklärung in einem größeren Zusammenhang steht, kommt auch eine systematische Auslegung in Betracht.[67] Als **Fortsetzung der Wortauslegung** findet die systematische Auslegung Anwendung, wenn man von der äußeren Stellung einer Regelung im Kontext auf ihre Bedeutung schließt.[68] Geht es darum, die einer Gesamtregelung zugrundeliegenden Prinzipien für die Auslegung fruchtbar zu machen, so ist die systematische Auslegung schon Teil der teleologischen Auslegung **(systematisch-teleologische Auslegung)**.[69] 31

Die hier untersuchten Regelwerke der GEMA sind regelmäßig so gestaltet, dass auch eine systematische Auslegung in Betracht zu ziehen ist. Anders als manche Austauschverträge sind sie **auf Dauer angelegt** und **in Einzelheiten ausgefeilt.** Gerade der Verteilungsplan der GEMA ist, zumal nach seiner Neufassung von 2016, gesetzesähnlich konzipiert und seinem Zweck entsprechend als ein in sich stimmiges geordnetes Ganzes gedacht. Die Rechtsprechung hat daher zu Recht sowohl den Berechtigungsvertrag[70] als auch den Verteilungsplan[71] der GEMA systematisch ausgelegt. 32

Ein Beispiel bildet die Entscheidung „Glockenrequiem“ des Landgerichts Berlin.[72] Der Kläger begehrte die Einordnung seines Musikstücks als ein Werk der E-Musik gemäß den Vorschriften des Verteilungsplans. Es handelte sich um ein Werk, dessen Töne durch Anschlagen von zahlreichen Glocken der Dresdner Kirchen erzeugt wurden, die sodann im Wege der elektrotechnischen Übertragung zentral zusammengeführt wurden. Das Gericht hatte die Vorschriften der (heutigen) §§ 63 ff. Verteilungsplans auszulegen (näher unten, **Kap. 8 Rn. 227 ff.**). Es stellte fest, dass die Verwertungsgesellschaft diese Regelungen als ein geordnetes Ganzes konzipiert habe. Für Zweifelsfälle sei in § 65 Verteilungsplan eine besondere Auffangregelung vorgesehen. Angesichts dieses systematischen Zusammenhangs kam eine Einordnung des „Glockenrequiem“ als Werk der E-Musik gem. § 63 Verteilungsplan nicht in Betracht. 33

d) Teleologische Auslegung

Verträge sind nicht zuletzt im Lichte des mit ihnen verfolgten Zwecks auszulegen.[73] Während der teleologischen Auslegung von Verträgen oft nur geringe Bedeutung beigemessen wird, weil ein einheitlicher, den Parteien **gemeinsamer Vertragszweck** 34

---

66 Vgl. auch *Fleischer*, DB 2013, 1466, 1475.

67 BGHZ 24, 39, 873 f.; Palandt-*Ellenberger*, § 133 BGB Rn. 16 f.

68 HK-BGB-*Dörner*, § 133 BGB Rn. 4.

69 Zur entsprechenden Unterscheidung bei der Gesetzesauslegung *Riesenhuber*, Die Auslegung und Kontrolle des Wahrnehmungsvertrags, S. 61 f.

70 BGH, GRUR 2009, 395 Rn. 33 – Klingeltöne für Mobiltelefone.

71 BGH, GRUR 2013, 375 Rn. 18 – Missbrauch des Verteilungsplans; KG, BeckRS 2013, 02499 zu B) III.3.b).

72 LG Berlin, Urt. v. 15.12.1998 – 16 O 683/97 (nicht veröffentlicht) – Glockenrequiem.

73 BGHZ 2, 379, 385; BGHZ 20, 109, 110; BGH, NJW-RR 2001, 1105.

nicht anzunehmen sei, liegen die Dinge beim Wahrnehmungsvertrag sowie Satzung und Verteilungsplan der Verwertungsgesellschaft wiederum anders, da diese Regelwerke einen gesetzlich klar umrissenen und den Beteiligten bekannten Zweck verfolgen.

35 Zum Beispiel hat der Bundesgerichtshof die teleologische Auslegung in der Entscheidung *Musical-Gala* fruchtbar gemacht.

> „Dem Berechtigungsvertrag liegt maßgeblich der Zweck zugrunde, der GEMA als Verwertungsgesellschaft zur kollektiven Wahrnehmung Rechte einzuräumen, deren individuelle Wahrnehmung dem einzelnen Urheberberechtigten nicht möglich ist, während Rechte, die der Urheberberechtigte individuell verwerten kann, diesem verbleiben sollen. Eine individuelle Wahrnehmung des Rechts der bühnenmäßigen Aufführung, das herkömmlich meist in der Hand von Bühnenverlagen liegt, bietet sich – unabhängig von der ursprünglichen Bestimmung für die bühnenmäßige Aufführung – bei allen Werken an, die in der Weise ‚dramatisch musikalischer' Art sind, dass sie als solche ‚in Szene' gesetzt werden können. Dies ist insbesondere dann der Fall, wenn schon im Ablauf der Wiedergabe des Werkes ein geschlossenes, dramatisch angelegtes Geschehen vermittelt wird.
>
> Eine individuelle Rechtswahrnehmung ist jedoch nicht in allen Fällen der bühnenmäßigen Aufführung von Werken sinnvoll. Gerade Musikwerke können in Bühnenaufführungen in verschiedenster Weise so integriert werden, dass sie bei diesen Aufführungen auch selbst als bühnenmäßig aufgeführt anzusehen sind, ohne selbst als dramatisch-musikalische Werke angelegt zu sein (z.B. die Wiedergabe eines Schlagers in einer Art und Weise, in der er integrierender Bestandteil einer Bühnenaufführung ist). Eine individuelle Rechtewahrnehmung ist den Urheberberechtigten in solchen Fällen kaum möglich. Es entspricht daher nicht dem Sinn und Zweck der Rechtseinräumung in § 1 Buchst. a des Berechtigungsvertrags, dieser Bestimmung auch einen Vorbehalt hinsichtlich der Einräumung von Rechten an solchen Werknutzungen zu entnehmen."[74]

36 Dem ist grundsätzlich zuzustimmen, freilich mit der Maßgabe, dass eine klare Bestimmung der Rechteeinräumung Vorrang hat vor Erwägungen, ob eine individuelle oder kollektive Rechtewahrnehmung „sinnvoll" ist. Diese Entscheidung mag in einigen Fällen „objektiv" aus der Natur der Sache zu beantworten sein, in einem breiten Grenzbereich ist sie aber nur aufgrund einer wertenden Entscheidung zu beantworten, die in den Grenzen des § 9 S. 2 VGG der Verwertungsgesellschaft zukommt und nicht paternalistisch vom Gericht zu treffen ist.[75]

37 Bei der teleologischen Auslegung von Satzung und Verteilungsplan lässt sich zudem der aus dem Gesellschafts- und Vereinsrecht bekannte **Gedanke des „dynamischen Vertragsverständnisses"** fruchtbar machen.[76] Soweit diese Regelungen ein in die Zukunft gerichtetes Handlungsprogramm enthalten, ist von mehreren möglichen Varianten die Auslegung zu wählen, die eine effiziente Verwirklichung des Vertragsziels gewährleistet. Praktische Bedeutung kann das etwa für Regelungen des Verteilungsplans haben, die auch (vom Wahrnehmungsvertrag erfasste) neue Nutzungsformen erfassen sollen.

38 Zum Beispiel kann man an die Einordnung von so genannten „Simultanaufführungen" – gleichzeitige und gemeinsame Darbietung ursprünglich gesonderter Musikwerke als neues Ganzes – in den Verteilungsplan der GEMA denken.[77] Diese Nutzungsart war unzweifelhaft vom Wahrnehmungsvertrag erfasst, doch bereitete ihre Einordnung Schwierigkeiten. Der Verteilungsplan war daher entsprechend seinem Zweck weiterzudenken. In ähnlicher Weise kann

74 BGHZ 142, 388, 397 f. – Musical-Gala (Nachweise weggelassen); zustimmend *Schricker*, EWiR 2000, 99, 100 („Die vom BGH getroffene Auslegung des GEMA-Berechtigungsvertrags wird in überzeugender Weise aus dem Zweck der kollektiven Rechtewahrnehmung entwickelt.").

75 Zu eng (und zudem in der Anwendung lebensfremd) BGH, GRUR 2010, 62 Rn. 24 f. – Musik für Werbezwecke; dagegen *Riesenhuber*, ZUM 2010, 137 ff. Zur Inhaltskontrolle nach § 6 Abs. 1 S. 1 UrhWG eingehend *Riesenhuber*, Die Auslegung und Kontrolle des Wahrnehmungsvertrags, S. 64–78.

76 *Grunewald*, ZGR 1995, 68, 69; Münchener Kommentar-*Busche*, § 133 BGB Rn. 39.

77 Dazu *Bezzenberger/Riesenhuber*, GRUR 2003, 1005, 1011 f.

der Gedanke des dynamischen Vertragsverständnisses auch für die Auslegung von Ermessensklauseln fruchtbar gemacht werden, wie sie insbesondere im Bereich der kulturellen Förderung vorkommen.

Zur teleologischen Auslegung kann man auch den **Grundsatz der rechtskonformen Auslegung** rechnen.[78] Da die Vertragsparteien mit dem Vertrag private Interessen gerade spezifisch mit den Mitteln des Rechts verfolgen, ist die Annahme begründet, dass sie dies auch rechtskonform tun wollen. Gestützt auf diesen Gedanken hat der BGH angenommen, einem Wahrnehmungsvertrag könne eine (nach seiner Ansicht) rechtlich unzulässige Vorausabtretung von Vergütungsansprüchen nicht entnommen werden.[79] 39

e) Die Zweifelsregel des § 305c Abs. 2 BGB: In dubio contra proferentem

Kann auch die Auslegung nach allgemeinen Grundsätzen Zweifel am Bedeutungsgehalt einzelner Vertragsbestimmungen nicht beseitigen, kommt, soweit es sich um AGB handelt, die Zweifelsregel des § 305c Abs. 2 BGB zum Tragen: *in dubio contra proferentem* – Zweifel gehen zu Lasten desjenigen, der die Klausel formuliert hat.[80] Hier wie allgemein gilt freilich, dass es vorzugswürdig ist, beanstandenswerte Klauseln inhaltlich zu überprüfen und gegebenenfalls für unwirksam zu erklären, anstatt sie einer Überprüfung als unverständlich zu entziehen.[81] 40

Die Vorschriften über die AGB-Kontrolle – und somit auch die Zweifelsregel – sind grundsätzlich auch auf den Wahrnehmungsvertrag anwendbar.[82] Umstritten ist aber das **Verhältnis** zwischen der **Zweifelsregel** des § 305c Abs. 2 BGB und der Vorschrift des § 31 Abs. 5 UrhG (**Übertragungszweckgedanke**, oben, Rn. 8–11). Überschneidungen können sich bei der Auslegung der Vorschriften über die Rechtseinräumung ergeben. Während der BGH von einem Nebeneinander beider Zweifelsregeln auszugehen scheint,[83] soll der Übertragungszweckgedanke nach anderer Meinung als Spezialvorschrift vorgehen.[84] Praktisch dürften beide Meinungen indes zu demselben Ergebnis führen.[85] 41

Umstritten ist weiterhin, wann ein Zweifelsfall vorliegt: Welche Auslegungsmethoden müssen erfolglos angewandt worden sein, bevor der *contra proferentem*-Grundsatz herangezogen werden kann. Die herrschende Meinung sieht die Anwendungsvoraussetzungen der Zweifelsregel erst erfüllt, wenn die „Ausschöpfung der in Betracht kommenden Auslegungsmethoden" kein eindeutiges Ergebnis erbracht hat.[86] Daher sind nicht 42

78 BGH, NJW 1990, 817; NJW 1971, 1034, 1035.
79 BGH, NJW 2016, 2418 Rn. 81.
80 BGH, GRUR 1986, 62, 65 f. – GEMA-Vermutung I. Zu dem Grundsatz etwa *Zimmermann*, The Law of Obligations, S. 639–642; *Riesenhuber*, Die Auslegung und Kontrolle des Wahrnehmungsvertrags, S. 357 f.
81 H. M. BGH, NJW 1992, 1097, 1099; NJW 1994, 1798, 1799; OLG Schleswig, ZIP 1995, 759, 762. Weitere Nachweise bei *Riesenhuber*, Die Auslegung und Kontrolle des Wahrnehmungsvertrags, S. 55.
82 BGH, GRUR 2013, 375, 376 Rn. 13 f. – Missbrauch des Verteilungsplans (ungeachtet § 310 Abs. 4 S. 1 BGB auch gegenüber Mitgliedern im vereinsrechtlichen Sinne); BGH, GRUR 2006, 319, 321 – Alpensinfonie; BGHZ 163, 119, 127 f. – PRO-Verfahren; BGH, GRUR 2002, 332, 333 – Klauserfordernis; OLG München, GRUR-RR 2007, 139, 140 – Nutzung von Musik für Werbezwecke; KG, BeckRS 2013, 02499 zu B)III.3.b)aa) (zur Unanwendbarkeit von § 310 Abs. 4 BGB. S. auch den Nachweis bei Rn. 24.
83 BGH, GRUR 1986, 62, 65 f. – GEMA-Vermutung I (insoweit in BGHZ 95, 274 nicht abgedruckt).
84 *Schweyer*, Die Zweckübertragungstheorie im Urheberrecht, S. 38 Fn. 59, S. 57 f.; *Staats*, Aufführungsrecht und kollektive Wahrnehmung bei Werken der Musik, S. 82. S.a. BGH, GRUR 1971, 480 – Schwarzwaldfahrt.
85 Im Einzelnen *Riesenhuber*, Die Auslegung und Kontrolle des Wahrnehmungsvertrags, S. 55.
86 BGH, NJW 2002, 2102, 2103; Münchener Kommentar-*Basedow*, § 305c BGB Rn. 29; Wolf/Lindacher/Pfeiffer-*Lindacher/Hau*, § 305c BGB Rn. 129.

nur der Wortlaut, sondern zusätzlich historische, teleologische und systematische Aspekte im Auslegungsprozess zu berücksichtigen.

43 Sind nach der Auslegung im Wege der allgemeinen Grundsätze noch **mindestens zwei vertretbare Auslegungsergebnisse** möglich, so geht das nach § 305c Abs. 2 BGB zu Lasten des Verwenders (Verwertungsgesellschaft). Es ist die dem Kunden (Urheber) günstigste Deutungsalternative maßgeblich. Was für den Kunden am „günstigsten" ist, hängt von dem rechtlichen Zusammenhang ab. Die Anwendung der Zweifelsregelung erfolgt daher in einem **mehrstufigen Verfahren** (nach dem situationsspezifisch für den Kunden Günstigsten).[87] Auf erster Stufe ist zu überprüfen, ob die nach allgemeinen Grundsätzen (oben, a–d) ausgelegte Klausel in ihrer *kundenfeindlichsten* Bedeutung der Inhaltskontrolle standhält. Ist dies nicht der Fall, so ist die Klausel ungeachtet ihrer Mehrdeutigkeit als unwirksam anzusehen.[88] Besteht die Klausel hingegen die Inhaltskontrolle, so ist sie nunmehr in ihrer *kundenfreundlichsten* Auslegungsvariante anzuwenden.[89]

C. Die Kontrolle des Wahrnehmungsvertrages

44 Der Wahrnehmungsvertrag unterliegt verschiedenen Kontrollregimen. Neben der Kontrolle nach dem UrhG und dem VGG (nachfolgend I und II) unterliegt er einer vertragsrechtlichen (III) sowie einer kartellrechtlichen Kontrolle (IV und V).

I. Das Urheberrechtsgesetz

45 Vorgaben für die Kontrolle des Wahrnehmungsvertrags ergeben sich zuerst aus dem Urheberrechtsgesetz. Allerdings begründet dieses keine speziellen Beschränkungen der Wahrnehmungstätigkeit. Im Gegenteil setzt das Urheberrechtsgesetz an verschiedener Stelle die Tätigkeit der Verwertungsgesellschaften voraus und nimmt sie in Dienst.[90]

1. Der Schutz des Urhebers bei der Einräumung von Nutzungsrechten für noch nicht bekannte Nutzungsarten

a) Die Entwicklung: Vom Verbot des § 31 Abs. 4 UrhG a.F. zum prozeduralen Schutz des § 31a UrhG

46 Nutzer und auch Verwertungsgesellschaften lassen sich vom Urheber öfter vorsorglich Nutzungsrechte für Nutzungsarten einräumen, die zur Zeit des Vertragsschlusses noch unbekannt sind.[91] Das ist im Grundsatz nicht zu beanstanden, sondern kann einem berechtigten wirtschaftlichen Interesse dienen. Gleichzeitig ist aber der **Urheber** in dieser Situation besonders **schutzbedürftig**: Da es um unbekannte Nutzungsarten geht, kann er deren praktische und wirtschaftliche Bedeutung, aber auch deren Persönlichkeitsrelevanz zum Zeitpunkt des Vertragsschlusses nicht gut abschätzen. In dieser Situa-

87 Ulmer/Brandner/Hensen-*Ulmer/Schäfer*, § 305c BGB Rn. 91; Wolf/Lindacher/Pfeiffer-*Lindacher/Hau*, § 305c Rn. 130 f.

88 Zur AGB-Kontrolle des Wahrnehmungsvertrags eingehend *Riesenhuber*, Die Auslegung und Kontrolle des Wahrnehmungsvertrags, S. 23–33 und 100–122; zu den Rechtsfolgen insbesondere S. 115 f.

89 Ulmer/Brandner/Hensen-*Ulmer/Schäfer*, § 305c Rn. 91; Wolf/Lindacher/Pfeiffer-*Lindacher/Hau*, § 305c BGB Rn. 130.

90 *Riesenhuber*, Die Auslegung und Kontrolle des Wahrnehmungsvertrags, S. 17–20.

91 Zu den vertraglichen Voraussetzungen (vor und nach Inkrafttreten des UrhG) BGH, GRUR 2011, 714 – Der Frosch mit der Maske.

tion der Unsicherheit läuft er Gefahr, Nutzungsrechte uninformiert und insbesondere ohne angemessene Gegenleistung einzuräumen und am wirtschaftlichen Erfolg der späteren Verwertung seines Werks nicht angemessen teilzuhaben.[92] Bis 2008 war der Urheber vor der Einräumung von Nutzungsrechten für noch nicht bekannte Nutzungsarten durch ein gesetzliches Verbot in § 31 Abs. 4 UrhG a.F. geschützt:[93] Zeitweilig, bis zum *Bekanntwerden* der Nutzungsart, war daher die Dispositionsmöglichkeit des Urhebers beschränkt.[94]

Die Regelung hat vor allem infolge der Entwicklung der digitalen Technologien zu Schwierigkeiten geführt, die Anlass für eine Neuregelung waren. Der Verwerter stand vor der praktischen Herausforderung, Rechte für neue Nutzungsarten nachzuerwerben. Das war oftmals auch deswegen problematisch, weil der Rechtsinhaber schwer zu ermitteln sein konnte, namentlich wenn die Rechte auf Erben übergegangen waren. Zudem blieb bis zu einer höchstrichterlichen Entscheidung unsicher, ob eine Nutzungsart wirklich „neu" war iSd Regelung. Die alte Regelung verursachte mithin hohe Transaktionskosten und gab dem Rechtsinhaber eine gewisse Blockademöglichkeit.[95] 47

Der Gesetzgeber hat das **gesetzliche Verbot** aus diesen Gründen zum 1. Januar 2008 durch eine **prozedurale Lösung** in §§ 31a, 32c UrhG (mit Übergangsregelung in § 137l UrhG) ersetzt.[96] Der **Tatbestand** der Neuregelung knüpft, wie bislang § 31 Abs. 4 UrhG, an „unbekannte Nutzungsarten" an, so dass die frühere Rechtsprechung insoweit nach wie vor herangezogen werden kann. Bezeichnet sind damit selbständige Nutzungsarten, die in ihrer wirtschaftlichen Bedeutung und Verwertbarkeit noch nicht bekannt sind.[97] Für die Bekanntheit kommt es dem Schutzzweck der Regelung nach und mit Rücksicht auf das Verkehrsinteresse zwar nicht auf die subjektive Bekanntheit für den Urheber an, wohl aber auf die objektive Bekanntheit in den betreffenden Urheber- und Verkehrskreisen.[98] Auf der **Rechtsfolgenseite** ist das gesetzliche Verbot indes durch ein neues Schutzkonzept mit zwei Elementen ersetzt: einem Schriftformerfordernis und einem Widerrufsrecht. 48

Ein Vertrag, durch den der Urheber Rechte für unbekannte Nutzungsarten einräumt oder sich dazu verpflichtet, bedarf der **Schriftform**, § 31a Abs. 1 S. 1 UrhG, § 126 BGB. Dadurch wird dem Urheber die Gefahr, die mit dieser Rechteeinräumung verbunden ist, besonders vor Augen geführt (sog. „Warnfunktion" der Formvorschrift). So wird eine bedachte Disposition des Urhebers gefördert. 49

---

92 Die Problematik hat in jüngerer Zeit v. a. wegen der Entwicklung der digitalen Technik eine Rolle gespielt; dazu *Siebert*, Die Auslegung der Wahrnehmungsverträge unter Berücksichtigung der digitalen Technik (2002), *passim;* ferner *Fitzek*, Die unbekannte Nutzungsart, S. 77–147, 209–234; *Reber*, GRUR 1997, 162–169; *ders.*, GRUR 1998, 792–798.

93 Zur Entwicklung etwa *Drewes*, Neue Nutzungsarten im Urheberrecht, S. 23–37; s.a. *Donhauser*, Der Begriff der unbekannten Nutzungsart, S. 14 f. Aus der Rechtsprechung RGZ 118, 282, 285 – Musikantenmädel; RGZ 123, 312, 315 f. – Wilhelm Busch; RGZ 134, 198–220 – Schallplattenrechte; RGZ 140, 255, 257 – Hampelmann; BGH, GRUR 1960, 197, 199 – Keine Ferien für den lieben Gott; GRUR 1969, 143, 144 f. – Curt Goetz-Filme II; GRUR 1982, 727, 729 f. – Altverträge; GRUR 2009, 395 Rn. 19 f. – Klingeltöne I; GRUR 2011, 714 – Der Frosch mit der Maske.

94 Zum Schutzzweck des § 31 Abs. 4 UrhG noch RegE, Begründung zu § 31, BT-Drs. IV/270, S. 56; BGHZ 95, 274, 283 – GEMA-Vermutung I; 133, 281, 288 – Klimbim; *Drewes*, Neue Nutzungsarten im Urheberrecht, S. 47–52; *Castendyk*, ZUM 2002, 332, 335; *Fitzek*, Die unbekannte Nutzungsart, S. 21 f.; *Reber*, GRUR 1997, 162 f.; Schricker[3]-*Schricker*, § 31 UrhG Rn. 26.

95 RegE, BT-Drs. 16/1828, S. 21 f. (Hervorhebungen hinzugefügt).

96 BGBl. 2007 I, 2513. Zur Verfassungsmäßigkeit der Neuregelung von unbekannten Nutzungsarten BVerfG, ZUM 2010, 235 ff.

97 BGHZ 128, 336, 341 – Videozweitauswertung III. Vgl. auch BGHZ 163, 109, 114 ff. – Zauberberg.

98 Schricker[3]-*Schricker*, § 31 UrhG Rn. 27; *Schack*[3], Urheber- und Urhebervertragsrecht, Rn. 550a; BGHZ 163, 109, 114 ff. – Zauberberg.

50 Zudem kann der Urheber die Rechteeinräumung oder die Verpflichtung dazu **widerrufen**, und zwar jederzeit und ohne Angabe von Gründen, § 31a Abs. 1 S. 3 UrhG. Durch den Widerruf entfällt die betreffende Rechteübertragung, bleibt aber der Vertrag im Übrigen bestehen. In drei Fällen wird das Widerrufsrecht jedoch wiederum **eingeschränkt**.

- Das Widerrufsrecht erlischt, wenn der Nutzungsberechtigte dem Urheber anzeigt, dass er eine neue Art der Werknutzung aufzunehmen beabsichtigt, und zwar drei Monate nach Absendung einer solchen Anzeige an den Urheber unter der ihm zuletzt bekannten Anschrift, § 31a Abs. 1 S. 4 UrhG. Dieser – erst auf Anregung des Bundesrats im Rechtsausschuss eingefügte –[99] Anzeigemechanismus ist zweckgerecht, da der Urheber den wirtschaftlichen Nutzen der – nunmehr bekannten – Nutzungsart bedenken und daraufhin innerhalb der Frist von regelmäßig gut drei Monaten informiert über die Ausübung des Widerrufsrechts entscheiden kann.
- Zweitens entfällt das Widerrufsrecht, wenn sich die Parteien nach Bekanntwerden der neuen Nutzungsart auf eine angemessene Vergütung (gem. § 32c Abs. 1 UrhG) einigen oder die Vergütung nach einer so genannten „gemeinsamen Vergütungsregel" vereinbaren, die Urheber- und Nutzervereinigungen aufgestellt haben (s. i.E. § 36 UrhG). Hier ist das wirtschaftliche Interesse des Urhebers an einer angemessenen Vergütung gesichert, vor allem aber ist die Rechteübertragung vom Urheber nach Bekanntwerden der Nutzungsart gleichsam bestätigt worden, so dass auch sein Dispositionsinteresse gewahrt ist.
- Schließlich erlischt das Widerrufsrecht auch mit dem Tod des Urhebers, es ist also nicht vererblich. Die Erben können demnach eine neue Verwertungsmöglichkeit nicht mehr zurückrufen, doch bleibt der Anspruch auf eine angemessene gesonderte Vergütung nach § 32c Abs. 1 UrhG.

51 Das Gesetz ist am 1. Januar **2008 in Kraft getreten**[100] und erfasst alle ab diesem Zeitpunkt geschlossenen Verträge. Für die zwischen dem 1. Januar 1966 (Inkrafttreten des UrhG, § 143 Abs. 1 UrhG) und dem 1. Januar 2008 geschlossenen Verträge gilt die **Übergangsregelung** des § 137l UrhG. Hat der Urheber in dieser Zeit einem anderen alle wesentlichen Nutzungsrechte[101] ausschließlich sowie zeitlich und räumlich unbegrenzt eingeräumt, so gelten damit auch die bei Vertragsschluss unbekannten Nutzungsrechte als eingeräumt, wenn der Urheber dem anderen gegenüber nicht widerspricht, § 137l Abs. 1 S. 1 UrhG.[102] Im Hinblick auf Nutzungsarten, die am 1. Januar 2008 bereits bekannt sind, kann der Widerspruch nur innerhalb eines Jahres erfolgen (S. 2). Für später bekannt gewordene Nutzungsarten erlischt das Widerspruchsrecht nach Ablauf von drei Monaten, nachdem der andere eine Mitteilung über die beabsichtigte Aufnahme der neuen Art der Werknutzung an den Urheber (unter der zuletzt bekannten Anschrift) abgesendet hat (S. 3). Ein Erlöschen des Widerspruchsrechts durch den Tod des Urhebers ist hier nicht vorgesehen. Diese Regeln der Sätze 1–3 gelten freilich nicht, wenn der Urheber zwischenzeitlich bekannt gewordene Nutzungsrechte bereits einem Dritten übertragen hat (S. 4).

b) Die Anwendung auf Wahrnehmungsverträge

52 Das Verbot des § 31 Abs. 4 UrhG a.F. war nach wohl überwiegender Auffassung **auch auf Wahrnehmungsverträge anzuwenden**, nicht zuletzt weil eine spezifische Ausnahme, wie sie § 35 Abs. 1 S. 2 UrhG enthält, fehlte.[103] Auch in der Neuregelung ist die

---

99 Stellungnahme des Bundesrates, BR-Drs. 257/06, S. 4.

100 Art. 4 Zweites Gesetz zur Regelung des Urheberrechts in der Informationsgesellschaft.

101 Unsicher ist die Konkretisierung des Wesentlichkeitsmaßstabs; dazu RegE, Begründung zu § 137l UrhG, BT-Drs. 16/1828, S. 33; aus dem Schrifttum *Flechsig*, ZRP 2004, 249, 250; *ders.*, ZRP 2006, 145, 148; *Hoeren*, MMR 2007, 615, 617.

102 Die Fiktion ist erforderlich, da wegen des grundsätzlichen Verbots des § 31 Abs. 4 UrhG a.F. in dieser Zeit eine Rechteübertragung im Hinblick auf unbekannte Nutzungsarten zumeist nicht erfolgt ist.

103 BGHZ 95, 274, 282 – GEMA-Vermutung I; BGH, GRUR 1988, 296, 297 f. – GEMA-Vermutung IV; OLG Hamburg, NJW-RR 2002, 1410, 1412 – Handy-Klingeltöne; *Mauhs*, Der Wahrnehmungsvertrag, S. 99 f.;

Frage nicht ausdrücklich geklärt. Teleologisch ließe sich durchaus rechtfertigen, den Wahrnehmungsvertrag § 31a UrhG nicht zu unterwerfen, denn erstens ist die Interessenlage im Verhältnis zur Verwertungsgesellschaft anders als im Verhältnis zum Verwerter als der Marktgegenseite und zweitens wird das Dispositionsinteresse hier bereits durch das Angemessenheitsgebot des § 9 S. 2 VGG geschützt, das wirtschaftliche Interesse durch das Willkürverbot des § 27 Abs. 1 VGG. Zudem passen nicht alle Einzelregelungen des § 31a UrhG auf den Wahrnehmungsvertrag (s. sogleich Rn. 54). Indes ist davon auszugehen, dass der Gesetzgeber, dem die Diskussion zum alten Recht nicht verborgen geblieben sein kann, in diesem Punkt nichts ändern und Wahrnehmungsvertrag mangels abweichender Anordnung den allgemeinen urhebervertragsrechtlichen Vorschriften unterwerfen wollte. Dass es dabei zu einer Kumulation urheber- und wahrnehmungsrechtlicher Schutzinstrumentarien kommt, hat er (wie auch sonst öfter) offenbar billigend in Kauf genommen.

Die **Anwendung** der Neuregelung auf Wahrnehmungsverträge wirft allerdings eine Reihe praktischer Probleme auf. Generell verträgt sich ein Widerrufsrecht mit den Bedürfnissen der kollektiven Rechtewahrnehmung nicht gut, da diese auf eine Standardisierung angewiesen ist und daher nur in begrenztem Umfang individuell divergierende Rechteübertragungen zulässt; hier hat der Gesetzgeber das Dispositionsinteresse des Urhebers höher bewertet als das Funktionsinteresse der Verwertungsgesellschaft. Verhindert ein (infolge Widerspruchs) disparater Rechtebestand die effektive Rechtewahrnehmung, so kann die Verwertungsgesellschaft darauf nur – im Rahmen von § 9 S. 2 VGG – (nur) durch eine Änderungskündigung reagieren. 53

Um sich der Wahrnehmung der anfänglich als unbekannt übertragenen Rechte zu vergewissern, kann die Verwertungsgesellschaft den **Informationsmechanismus** des § 31a Abs. 1 S. 4 UrhG nutzen und durch ein Mitgliederrundschreiben den Lauf der Dreimonatsfrist in Gang setzen.[104] Zwar nutzt sie die ihr zur Wahrnehmung übertragenen Rechte nicht selbst, sondern räumt Dritten Nutzungsrechte ein; doch passt § 31a Abs. 1 S. 4 UrhG zwanglos auch auf Fälle der Einräumung von Unterlizenzen, wie sie auch sonst vorkommen. Für die Mitteilung nach § 31a Abs. 1 S. 4 UrhG kommt es auf die *beabsichtigte*, aber nicht notwendig *eigene* Aufnahme der neuen Art der Werknutzung an.[105] Ein Entfallen des Widerrufsrechts nach § 31a Abs. 2 S. 1 und 2 UrhG kommt indes nicht in Betracht, da die Verwertungsgesellschaft eine gesonderte Vergütung für die neue Nutzungsart zwar durchaus im Verteilungsplan vorsieht, aber nicht individuell (als angemessene Vergütung gem. § 32c Abs. 1 UrhG oder nach einer gemeinsamen Vergütungsregel nach § 36 UrhG) vereinbart. Werden durch den Verteilungsplan auch die wirtschaftlichen Interessen des Urhebers gewahrt, so fehlt es doch an der individuellen Vereinbarung, die nach Sinn und Zweck der Regelung das entscheidende Element zur Sicherung der Dispositionsbefugnis des Urhebers darstellt (oben, Rn. 48ff.). Auch im Hinblick auf den Wahrnehmungsvertrag erlischt allerdings das Widerrufsrecht mit dem Tod des Urhebers, § 31a Abs. 2 S. 3 UrhG.[106] 54

Rehbinder, DVBl. 1992, 216, 219. S.a. *Melichar*, ZUM 1999, 12, 15; *Donhauser*, Der Begriff der unbekannten Nutzungsart, S. 55f. Ausführliche Stellungnahme und rechtspolitische Bewertung bei *Riesenhuber*, Die Auslegung und Kontrolle des Wahrnehmungsvertrags, S. 59–61. Anders für verwertungsgesellschaftenpflichtige Rechte; Dreier/Schulze-*Schulze*, § 31a Rn. 16.

104 Dreier/Schulze-*Schulze*, § 31a Rn. 105; Schricker/Loewenheim-*Spindler*, § 31a Rn. 90.

105 Dreier/Schulze-*Schulze*, § 31a Rn. 102; Schricker/Loewenheim-*Spindler*, §31a Rn. 90; Wandtke/Bullinger-*Wandtke/Grunert*, § 31a Rn. 84.

106 Dreier/Schulze-*Schulze*, § 31a Rn. 128; Schricker/Loewenheim-*Spindler*, § 31a Rn. 107; Wandtke/Bullinger-*Wandtke/Grunert*, § 31a Rn. 99.

55 Auch die Anwendung der **Übergangsregelung** des § 137l UrhG auf den Wahrnehmungsvertrag wirft Auslegungsfragen auf. Die Fiktion der Rechteeinräumung für unbekannte Nutzungsarten setzt voraus, dass der Urheber dem Vertragspartner in der Zeit vom 1. Januar 1966 bis 1. Januar 2008 „*alle wesentlichen* Nutzungsrechte ausschließlich sowie zeitlich und räumlich unbegrenzt" eingeräumt hat. Die Rechteübertragung nach §§ 1, 2 BerV ist zwar sehr weitgehend, lässt aber durchaus zentrale Rechte aus, etwa das Verlagsrecht. Generell scheint der Gesetzgeber eher an den Fall der Rechteübertragung an einer (individuellen) Treuhand gedacht zu haben, bei der Interessenkollisionen im Hinblick auf anfänglich unbekannte Nutzungsarten entweder nicht auftreten oder durch eine spezifisch vereinbarte Bindung gelöst werden. Daher greift die Fiktion der Rechteeinräumung beim Wahrnehmungsvertrag (der GEMA) nicht.[107] Für eine Analogie ist kein Raum, da schon eine planwidrige Lücke nicht ersichtlich ist, zudem aber, wie dargelegt, auch die Interessenlage zu dem geregelten Fall nicht wesentlich gleich ist.[108]

2. Ausgewählte Verbote und zwingende Inhaltsvorschriften

56 Das Urheberrechtsgesetz enthält darüber hinaus eine Reihe von Vorschriften, die in diesem Zusammenhang als Verbote oder zwingende Inhaltsvorschriften für den Wahrnehmungsvertrag von Bedeutung sind. So dürfen **Bearbeitungen oder andere Umgestaltungen des Werkes** nur mit Einwilligung des Urhebers des Originalwerks veröffentlicht oder verwertet werden, § 23 S. 1 UrhG. Nach § 39 Abs. 1 UrhG darf der Inhaber eines Nutzungsrechts das Werk, dessen Titel oder Urheberbezeichnung (§ 10 Abs. 1 UrhG) nicht ändern, wenn anderes nicht vereinbart ist. Dieses **Änderungsverbot** gilt zunächst für die Verwertungsgesellschaften selbst als Inhaber der Nutzungsrechte. Es gilt aber darüber hinaus auch für die Nutzer, die von der Verwertungsgesellschaft Rechte erwerben. Wegen des wirtschaftlichen wie persönlichkeitsrechtlichen Bezugs des Bezeichnungsrechts kann der Nutzer nicht durch Vertrag mit der Verwertungsgesellschaft (vgl. § 39 Abs. 1 Hs. 2 UrhG) Abweichendes vereinbaren. Das Gesetz sieht in §§ 41, 42 UrhG **Rückrufrechte** vor, die dem Urheber wegen ihres persönlichkeitsrechtlichen Bezugs[109] auch gegenüber der Verwertungsgesellschaft zustehen.[110] Er kann die Nutzungsrechte wegen Nichtausübung und wegen gewandelter Überzeugung zurückrufen.[111] Praktische Bedeutung haben die Rückrufrechte im Verhältnis zu den Verwertungsgesellschaften indes, soweit ersichtlich, nicht.

II. Das Verwertungsgesellschaftengesetz

1. Übersicht und Systematik

57 Das Verwertungsgesellschaftengesetz regelt die Rechte und Pflichten der Verwertungsgesellschaft (Teil 2) im „Innenverhältnis" (Abschnitt 1, §§ 9–33 VGG) deutlich eingehender als zuvor das Urheberrechtswahrnehmungsgesetz (dort im Wesentlichen §§ 6–9 UrhWG). Den Wahrnehmungsvertrag im weiteren Sinne betreffen Unterabschnitt 1 über „Rechtsinhaber, Berechtigte und Mitglieder" (§§ 9–20 VGG) und Unterabschnitt 3 über „Einnahmen aus den Rechten" (§§ 23–32 VGG). Unterabschnitt 2 („Geschäftsführung und Aufsicht") betrifft die Organe der Verwertungsgesellschaft (§§ 21–26), Unterabschnitt 4

107 Schricker/Loewenheim-*Katzenberger*, § 137l UrhG Rn. 37; aA Dreier/Schulze-*Schulze*, § 137l Rn. 32.
108 Schricker/Loewenheim-*Katzenberger*, § 137l UrhG Rn. 37 (für den Fall eines abgeleiteten Erwerbs vom prioritärem Rechteerwerber; § 137l Abs. 2 UrhG analog).
109 *Schack*, Urheber- und Urhebervertragsrecht, Rn. 357.
110 Dazu auch noch *Riesenhuber*, NZA 2004, 1363, 1366 f.
111 *Mauhs*, Der Wahrnehmungsvertrag, S. 78 f.

Beschwerdeverfahren (§33 VGG). Im Grundsatz hat der Gesetzgeber damit eine **Zweiteilung der Kontrolltatbestände** fortgesetzt, die sich schon aus dem UrhWG ergab, wo §6 UrhWG den **Wahrnehmungsvertrag** ieS und §§7, 8 UrhWG speziell die **Verteilung** betrafen. Dem entspricht jetzt die Gliederung in Unterabschnitt 1 und 3 VGG, die freilich differenziertere Regelungen enthält.

In Unterabschnitt 1 enthält § 9 VGG in S. 1 den – grundlegenden – Wahrnehmungszwang, in S. 2 das allgemeine **Angemessenheitsgebot**, das mit dem Kontrahierungszwang teleologisch folgerichtig verbunden ist. Einzelne Vorschriften konkretisieren spezifische Sachfragen, nämlich die Zustimmung zur Rechtewahrnehmung (§ 10), die Nutzung für nicht kommerzielle Zwecke (§ 11), die Beendigung der Rechtewahrnehmung (§ 12) sowie die elektronische Kommunikation (§ 14). Die übrigen Vorschriften (§§ 13, 15–20 VGG) betreffen Aspekte der Mitgliedschaft, die an dieser Stelle nicht zu erörtern sind. 58

Unterabschnitt 2 über die Einnahmen aus den Rechten umfasst sachlich zwei Teilbereiche. Die §§ 23–25 VGG regeln **allgemeine Sorgfaltspflichten**, nämlich in Form einer Generalklausel (§ 23 VGG) und speziellen Vorschriften über die Buchführung (§ 24 VGG) und die Anlage der Einnahmen (§ 25 VGG). §§ 26–32 VGG betreffen die **Verwendung der Einnahmen.** Dabei enthält § 26 VGG eine grundlegende **Zweckbindung.** Die Einnahmen dürfen nur für vier bestimmte Zwecke verwendet werden, nämlich vor allem für die **Verteilung** (§§ 27–29 VGG) und, auf der Grundlage entsprechender Beschlüsse der Mitgliederversammlung, für die Deckung der **Kosten**, für **kulturelle Förderung** (§ 32 VGG) und nach Grundsätzen über **nicht verteilbare Einnahmen** (§ 30 VGG). Neben speziellen Anordnungen enthält § 27 Abs. 1 VGG das allgemeine **Willkürverbot** für den Verteilungsplan. 59

2. Die Kontrolle der Wahrnehmungsbedingungen, §§ 9–12, 14 VGG

a) Spezielle Anordnungen, §§ 10–12, 14

Das VGG ergänzt die Generalklausel des Angemessenheitsgebots (dazu nachfolgend, b), um eine Reihe spezifischer Anordnungen. 60

aa) Erfordernis der Einzelzustimmung zur Rechtswahrnehmung, § 10 VGG

Einer Vorgabe der Verwertungsgesellschaftenrichtlinie (Art. 5 Abs. 7 S. 1 und 2 VGRL) folgend ordnet § 10 VGG an, dass die Verwertungsgesellschaft für jedes einzelne Recht, das sie wahrnimmt, die Zustimmung des Urhebers einholen und dokumentieren muss, und zwar in Textform. Freilich ergibt sich aus dem Übertragungszweckgedanken des §31 Abs. 5 UrhG (oben Rn. 9ff.) bereits das praktische Erfordernis, die der Verwertungsgesellschaft zur Wahrnehmung eingeräumten Rechte einzeln zu benennen. Für anfänglich unbekannte Nutzungsarten sind §§ 31a, 32c UrhG zu beachten (oben Rn. 46ff.). 61

bb) Bedingungen für nicht kommerzielle Nutzungen, § 11 VGG

Die Reichweite der Rechteeinräumung an die Verwertungsgesellschaft betrifft auch § 11 VGG. Die Verwertungsgesellschaften müssen den Berechtigten die Möglichkeit geben, ihre eigenen Werke selbst nicht-kommerziell zu nutzen und Dritten die Rechte für solche Nutzungen einzuräumen (Art. 5 Abs. 3, 8 VGRL). Die GEMA hat dafür die „GEMA-NK-Lizenz" geschaffen, § 1a BerV; dazu unten, **Kap. 7 Rn. 278ff.** 62

cc) Beendigung der Rechtewahrnehmung, § 12 VGG

63 Zu den angemessenen Wahrnehmungsbedingungen gehört auch die Möglichkeit, den Wahrnehmungsvertrag in einer angemessenen Frist und zu angemessenen Konditionen zu beenden. Schon vor Inkrafttreten des VGG war, ursprünglich aus dem Gemeinschaftskartellrecht begründet, eine Begrenzung der Bindungsdauer anerkannt (s. **Kap. 4 Rn. 22f.**); das war auch nach dem Angemessenheitsgebot des § 6 UrhWG begründet. Bei der Bemessung der Kündigungsfrist sind das Dispositionsinteresse des Rechtsinhabers einerseits und das Funktionsinteresse der Verwertungsgesellschaft andererseits in Ausgleich zu bringen. In § 12 Abs. 1 und 2 VGG (Art. 5 Abs. 4 S. 1 VGRL) hat der Gesetzgeber diesen Interessenausgleich dahin konkretisiert,[112] dass die **Kündigungsfrist** für den Rechtsinhaber höchstens sechs Monate zum Ende des Geschäftsjahres betragen darf. Ein selbstverständliches Gebot der Geschäftsbesorgung ist, dass die Verwertungsgesellschaft die Rechte weiter administrieren und ihre daraus erzielten Einnahmen an den Rechtsinhaber ausschütten muss, bis die Beendigung wirksam wird, für bereits vor Beendigung vergebene Nutzungsrechte ggf. auch darüber hinaus, § 12 Abs. 3 VGG (Art. 5 Abs. 5 VGRL). Als selbstverständlichen Ausfluss des Angemessenheitsgebots von Art. 9 S. 2 VGG hat der Gesetzgeber das Gebot von Art. 5 Abs. 6 VGRL nicht eigens umgesetzt, dass die Verwertungsgesellschaft die Vertragsbeendigung nicht davon abhängig machen darf, dass der Inhaber seine Rechte einer anderen Verwertungsgesellschaft zur Wahrnehmung einräumt.[113]

dd) Elektronische Kommunikation, § 14 VGG

64 Eine Selbstverständlichkeit in der Lebenswirklichkeit und ein „wahrnehmungsrechtliches Novum"[114] ist die Bindung der Verwertungsgesellschaften, den Mitgliedern und Berechtigten einen Zugang für die elektronische Kommunikation zu eröffnen, § 14 VGG (Art. 6 Abs. 4 VGRL). Systematisch liegt darin wiederum eine Konkretisierung des Angemessenheitsgebots, die allerdings ohne ausdrückliche Normierung keineswegs zwingend aus § 9 S. 2 VGG abzuleiten gewesen wäre. Elektronische Kommunikationsmittel sind solche, die auf der elektronischen Datenverarbeitung beruhen, gedacht ist vor allem an E-Mail.

b) Die Generalklausel des § 9 S. 2 VGG: Angemessenheitsgebot

aa) Der Kontrolltatbestand und sein Zweck

65 Zur Begründung von § 9 S. 2 VGG heißt es in den Materialien schlicht: „Über die Richtlinienvorgaben hinaus ordnet § 9 Satz 2 an, dass die Wahrnehmungsbedingungen der Verwertungsgesellschaft angemessen sein müssen. Dies entspricht der bisherigen Rechtslage." Mit der Vorschrift übernimmt der Gesetzgeber das **Angemessenheitsgebot** von § 6 Abs. 1 S. 1 UrhWG.[115] Dem **Kontinuitätsanliegen** des Gesetzgebers entsprechend kann man für die Auslegung von § 9 S. 2 VGG auf die Materialien, Rechtsprechung und Literatur zu § 6 UrhWG zurückgreifen, soweit Wortlaut, Systematik, Entstehungsgeschichte und Zweck im Einzelfall eine Änderung anzeigen.

112 BT-Drs. 18/7233 S. 75.
113 BT-Drs. 18/7233 S. 75.
114 BT-Drs. 18/7233 S. 75.
115 Eingehend hierzu *Riesenhuber*, Die Auslegung und Kontrolle des Wahrnehmungsvertrags, S. 64f. mit ausführlichen Nachweisen.

§ 9 VGG betrifft primär nicht die Inhaltskontrolle des Wahrnehmungsvertrags, sondern den Wahrnehmungszwang. Unter bestimmten Voraussetzungen[116] sind Verwertungsgesellschaften verpflichtet, Rechte von Rechtsinhabern (§ 5 VGG) wahrzunehmen.[117] Dabei ist der Gesetzgeber davon ausgegangen, dass die Verwertungsgesellschaften regelmäßig als Selbstverwaltungskörperschaften – z.B. in Form eines Vereins oder einer GmbH – organisiert sind, denen die Berechtigten als *Mitglieder* (§ 7 VGG) angehören können. 66

§ 9 S. 1 VGG schreibt aber nicht vor, dass die Verwertungsgesellschaften Rechtsinhaber als Mitglieder aufzunehmen hätten **(kein Aufnahmezwang**, vgl. § 13 Abs. 2 VGG**)**, sondern verpflichtet die Verwertungsgesellschaft lediglich dazu, die Rechte der Rechtsinhaber wahrzunehmen **(Wahrnehmungszwang)**. Der wesentliche Grund dafür ist die berechtigte Sorge, eine Mehrzahl von „Gelegenheitsurhebern" könnte eine Minderheit von Urhebern, mit deren Rechteverwertung die Verwertungsgesellschaft ihre Einnahmen hauptsächlich einspielt, majorisieren.[118] § 9 S. 2 VGG enthält daher keine Aussage über die Bedingungen, zu denen die Verwertungsgesellschaft die Rechte ihrer *Mitglieder* wahrnimmt.[119] Die Vorschrift betrifft schon nach ihrem unzweideutigen Wortlaut lediglich (sonstige) *Berechtigte* (§ 6 VGG). Ist § 9 S. 2 VGG auch im Zusammenhang mit dem Wahrnehmungszwang geregelt, so gilt das Angemessenheitsgebot doch teleologisch notwendig nicht nur gegenüber Rechtsinhabern, die den Vertragsschluss begehren, sondern auch gegenüber Berechtigten, die der Verwertungsgesellschaft bereits durch Wahrnehmungsvertrag (oder aufgrund Gesetzes) verbunden sind. 67

bb) Der Gegenstand der Kontrolle

Gegenstand der Kontrolle sind die **Wahrnehmungsbedingungen**: Die Bedingungen, zu denen die Verwertungsgesellschaft die Rechte des Berechtigten wahrnimmt. Das sind primär die Bedingungen, die im Wahrnehmungsvertrag selbst enthalten sind. 68

Der Wahrnehmungsvertrag inkorporiert üblicherweise – und auch bei der GEMA, § 6 BerV – Satzung und Verteilungsplan der Verwertungsgesellschaft, so dass sich die Frage stellt, ob auch diese der Kontrolle nach § 9 S. 2 VGG unterliegen. Gegen diese nur formal, primär aus dem Wortlaut begründete Annahme spricht, dass das VGG sowohl für die Satzung (§§ 13, 15–22 VGG) als auch für den Verteilungsplan (§§ 23–32 VGG) spezifische Vorgaben macht. Zumal für den Verteilungsplan enthält § 27 Abs. 1 VGG mit dem Willkürverbot eine spezielle Generalklausel der Inhaltskontrolle. Die Differenzierung ist auch sachlich gut begründet, weil es bei den Bedingungen des Wahrnehmungsvertrags (ieS) um die Rechteübertragung und Einzelheiten der Geschäftsbesorgung geht, bei der Verteilung hingegen um eine wertende Zuordnung von Einnahmen aus der Rechtewahrnehmung (s. noch unten, Rn. 82ff., 110). Die äußere Systematik des Gesetzes und diese teleologischen Erwägungen sprechen daher dafür, das Angemessenheitsgebot von § 9 69

116 Dazu etwa *Meyer*, Verwertungsgesellschaften und ihre Kontrolle, S. 70–76; Schricker/Loewenheim-*Reinbothe*, § 6 UrhWG Rn. 7–12.

117 S. etwa BGH, GRUR 1999, 577 – Sendeunternehmen als Tonträgerhersteller (Aufnahmebegehren des WDR gegenüber der GVL); KG v. 4.4.2001 – Kart U 4329/00 (nicht veröffentlicht) – Kinderkomponistin.

118 S. die Begründung des Regierungsentwurfs zu § 6 UrhWG, BT-Drs. IV/271, S. 15 f.

119 Im Ausgangspunkt wie hier Loewenheim-*Melichar*, § 47 Rn. 12, der aber die (herrschende) Gegenmeinung als „faktisch" unvermeidlich hinnimmt und aus praktischen Gründen billigt. Anders die h.M.: Schricker/Loewenheim-*Reinbothe*, § 6 UrhWG Rn. 13; Wandtke/Bullinger-*Gerlach*, § 6 UrhWG Rn. 16; *Mauhs*, Wahrnehmungsvertrag, S. 49–51; *Menzel*, Die Aufsicht über die GEMA, S. 48 f.; Fromm/Nordemann-*Nordemann*/*Wirtz*, § 6 UrhWG Rn. 8 f.

S. 2 VGG **allein auf den Wahrnehmungsvertrag** anzuwenden, den Verteilungsplan hingegen nach § 27 Abs. 1 VGG zu beurteilen.[120]

70 Die Bedingungen des Wahrnehmungsvertrags unterliegen außerdem als Allgemeine Geschäftsbedingungen bereits der Kontrolle nach §§ 305–310 BGB. Die AGB-Kontrolle ist für die Nebenbedingungen des Wahrnehmungsvertrags auch völlig ausreichend. Eine zusätzliche, neben die §§ 307–309 BGB tretende Inhaltskontrolle hat daneben keine eigenständige Bedeutung. Bei der Kontrolle nach § 9 S. 2 VGG geht es daher vor allem um einen zentralen Aspekt des Wahrnehmungsvertrags, nämlich den Umfang der **Rechteübertragung**. Insofern besteht in der Tat auch neben den AGB-Vorschriften Anlass für eine Inhaltskontrolle. Denn weil die Bestimmungen über die Rechteübertragungen nicht von (dispositiven) Rechtsvorschriften abweichen, unterliegen sie der AGB-Kontrolle grundsätzlich nicht, § 307 Abs. 3 S. 1 BGB.

cc) Der Kontrollmaßstab

71 Der anwendbare Kontrollmaßstab war unter § 6 UrhWG umstritten. Dieselbe Sachfrage stellt sich auch für § 9 VGG, und es ist davon auszugehen, dass auch die unterschiedlichen Meinungen zur Auslegung weiterhin vertreten werden. Während manche nur eine Art Willkürkontrolle vornehmen wollen, geht die wohl herrschende Meinung von einem Äquivalenzgebot aus. Im Grundsatz erweist eine historische und teleologische Auslegung, dass das Angemessenheitsgebot **als Willkürverbot zu verstehen** ist. Damit stellt es nur ein formales Kontrollkriterium dar, das indes durch eine materielle Komponente zu ergänzen ist.

(1) Das Angemessenheitsgebot als Korrelat zum Wahrnehmungszwang und seine grundsätzliche Bestimmung als Willkürverbot

72 Die **These vom Angemessenheitsgebot als Äquivalenzgebot**[121] leidet an der konzeptionellen Schwäche, dass eine materielle Äquivalenz im Sinne eines Gleichwerts von Leistung und Gegenleistung beim Wahrnehmungsvertrag von vornherein nicht in Betracht kommt, da der Wahrnehmungsvertrag als Auftrag iSv §§ 662ff. BGB ein **einseitig verpflichtender Vertrag** ist.[122] Daher kann es nicht gelingen, die Wahrnehmungsbedingungen auf ihre materielle Äquivalenz hin zu überprüfen.[123] Zumal als Kontrolle für den *Umfang* der Rechteeinbringung, um den es beim Wahrnehmungsvertrag primär geht, ist das Äquivalenzgebot hilflos. Stellt man auf die „Äquivalenz" von eingebrachten Rechten und Ausschüttungen ab, wie die Vertreter dieser These vorschlagen, hat man damit keinerlei Handhabe für die Beurteilung des Umfangs der Rechteeinbringung. Das Verhältnis von eingebrachten und Ausschüttungen betrifft im Übrigen die Verteilung, die in § 27 VGG *speziell* geregelt ist.

---

120 Zum UrhWG *Riesenhuber*, Die Auslegung und Kontrolle des Wahrnehmungsvertrags, S. 67f.

121 OLG München, ZUM 2002, 747f. – Fotokopiergebühren; *Dünnwald*, FS Kreile, S. 164f.; *Goldmann*, Die kollektive Wahrnehmung musikalischer Rechte, S. 188f.; *Menzel*, Die Aufsicht über die GEMA, S. 47–49; W. *Nordemann*, GRUR Int. 1973, 306, 307 (der jeden Ermessensspielraum der Verwertungsgesellschaft ablehnt!); Fromm/Nordemann-*Nordemann/Wirtz*, § 6 UrhWG Rn. 9; *Reber*, GRUR 2000, 203, 204; Schricker/Loewenheim-*Reinbothe*, § 6 UrhWG Rn. 13; *Wirtz*, Die Kontrolle von Verwertungsgesellschaften, S. 58f.

122 Andeutungsweise ebenso *Goldmann*, Die kollektive Wahrnehmung musikalischer Rechte, S. 188f.; *Meyer*, Verwertungsgesellschaften und ihre Kontrolle, S. 77; *Rehbinder*, DVBl. 1992, 216, 217. *Insoweit* liegen die Dinge hier grundlegend anders als beim Lizenzvertrag zwischen Verwertungsgesellschaft und Nutzer, dessen Bedingungen ebenfalls „angemessen" sein müssen, § 11 UrhWG.

123 Vertiefend *Riesenhuber*, Die Auslegung und Kontrolle des Wahrnehmungsvertrags, S. 68f.

Das Angemessenheitsgebot des § 9 S. 2 VGG steht **in Zusammenhang mit dem Wahrnehmungszwang** zugunsten von Rechtsinhabern nach Satz 1 der Vorschrift. Der Gesetzgeber ist davon ausgegangen, dass die **Mitglieder** durch ihre Mitwirkung an der vereinsinternen Willensbildung selbst ausreichend dafür sorgen können, dass ihre Rechte zu angemessenen Bedingungen wahrgenommen werden. Und weil zu den Mitgliedern in erster Linie diejenigen gehören, die wirtschaftlich stark sind, besteht kein Grund, an deren Durchsetzungskraft zu zweifeln. Für eine Inhaltskontrolle der Wahrnehmungsbedingungen von Mitgliedern sah der Gesetzgeber daher grundsätzlich keinen Anlass. 73

Die **Berechtigten**, die nicht Mitglieder sind, sind nicht in einer ebenso starken Position. Das gilt besonders für die **Rechtsinhaber**, die noch keinen Wahrnehmungsvertrag abgeschlossen haben, weil sie (regelmäßig) auf die Rechtewahrnehmung durch die Verwertungsgesellschaft angewiesen sind, diese aber daran kein erhebliches eigenes Interesse hat. Sie schützt zuerst der Wahrnehmungszwang. Weil aber der Vertrag bei einer solchen einseitigen Angewiesenheit die ihm sonst beigemessene „Richtigkeitsgewähr" (*Schmidt-Rimpler*) nicht entfalten könnte, muss der Kontrahierungszwang seinem Zweck entsprechend durch eine Inhaltskontrolle ergänzt werden. Die Verwertungsgesellschaft darf sich ihrer Bindung nicht dadurch entziehen, dass sie den Berechtigten den Vertragsschluss zu unangemessenen Bedingungen anbietet. 74

Es versteht sich, dass das gegenüber dem Rechtsinhaber erforderliche Angemessenheitsgebot auch den Berechtigten schützen muss, der nicht Mitglied ist. Zum einen ist seine Verhandlungsposition gegenüber der Verwertungsgesellschaft unverändert schwach. Zum anderen kann er aber, anders als die Mitglieder (soeben Rn. 73), über die Wahrnehmungsbedingungen auch nicht mitbestimmen. Daraus ergibt sich eine Unterscheidung der Schutzbedürftigkeit von Rechtsinhabern und Berechtigten (iSv §§ 5, 6 VGG) einerseits und Mitgliedern iSv § 7 VGG andererseits. Das hat der Gesetzgeber schon im Hinblick auf das Angemessenheitsgebot des § 6 UrhWG treffend hervorgehoben: 75

> „Als angemessen werden in der Regel die Bedingungen anzusehen sein, die die Verwertungsgesellschaft allgemein auch ihren Mitgliedern auferlegt. Verlangt z.B. die Verwertungsgesellschaft von ihren Mitgliedern eine Gesamtübertragung aller zu ihrem Tätigkeitsbereich gehörenden Rechte und Ansprüche, wie es häufig der Fall ist, weil nur auf diese Weise eine wirtschaftliche Wahrnehmung der Rechte und Ansprüche möglich ist, so kann die Verwertungsgesellschaft auch gegenüber den Wahrnehmungsberechtigten die Wahrnehmung von einer solchen Gesamtübertragung abhängig machen."[124]

Der Grundsatz ist demnach: Die Wahrnehmungsbedingungen der Berechtigten sind angemessen iSv § 9 S. 2 VGG, wenn sie den Bedingungen entsprechen, die die Verwertungsgesellschaft allgemein auch ihren Mitgliedern auferlegt.[125] Das ist nun verständlich, ebenso wie die Tatsache, dass der Gesetzgeber zur Angemessenheit nicht *mehr* gesagt hat. Wenn man davon ausgeht, dass die Wahrnehmungsbedingungen der Mitglieder eine Vermutung der Angemessenheit für sich haben, so kann man die angemessene Behandlung von Außenstehenden zumindest im Grundsatz schon allein dann als gewährleistet ansehen, wenn die Verwertungsgesellschaft den Außenstehenden dieselben Bedingungen anbietet wie ihren Mitgliedern. Nur wenn eine **Ungleichbehandlung vorliegt**, muss man in einem zweiten Schritt prüfen, ob die diese sachlich gerechtfertigt ist 76

---

124 RegE, Begr. zu § 6 RegE UrhWG, BT Drs. IV/271, S. 15 f., abgedruckt bei und zitiert nach *Mestmäcker/Schulze*, Anhang A (3), S. 22.
125 A.M. *Vogel*, GRUR 1993, 513, 519. Sein einziges Argument ist, § 6 Abs. 1 S. 1 UrhWG unterscheide, anders als Abs. 2 der Vorschrift, nicht zwischen Mitgliedern und sonstigen Berechtigten. Das ist, wie bereits oben, Rn. 66 f., gezeigt, falsch.

und ob die Wahrnehmungsbedingungen unter Berücksichtigung dieser Ungleichbehandlung noch insgesamt angemessen sind.[126]

(2) Die subsidiäre Heranziehung eines materiellen Kontrollmaßstabs

77 Damit bestimmt der Staat die Angemessenheit zuerst nicht selbst inhaltlich, sondern beschränkt sich darauf, die von den Berechtigten, die Mitglieder sind, selbst gesetzten Maßstäbe heranzuziehen. Allerdings kommt man doch nicht umhin, die Angemessenheit materiell näher zu bestimmen. Das ist insbesondere[127] dann erforderlich, wenn die Wahrnehmungsbedingungen für Mitglieder im vereinsrechtlichen Sinn von jenen für die nur schuldvertraglich Berechtigten abweichen. Die **Maßstäbe** dafür sind dem Urheberrechtswahrnehmungsgesetz und dem – darin vorausgesetzten – Zweck des Wahrnehmungsvertrags sowie dem Zweck des Wahrnehmungszwangs, den das Angemessenheitsgebot flankiert, zu entnehmen.[128]

78 Dabei ist zum einen die **Zwangslage des Berechtigten** zu berücksichtigen, der sich gerade deshalb auf den Wahrnehmungszwang berufen kann, weil „eine wirksame Wahrnehmung der Rechte oder Ansprüche anders nicht möglich ist" (§ 6 Abs. 1 S. 1 UrhWG). Andererseits anerkennt das VGG, dass die Verwertungsgesellschaften für ein **Kollektiv aller Berechtigten** tätig sind. Und schließlich ergibt sich aus dem **Treuhandcharakter des Wahrnehmungsvertrags**, dass die Verwertungsgesellschaft das – vom BGH so genannte – wirtschaftliche Gebot der Verhältnismäßigkeit beachten muss.[129] Auch dieses Gebot der wirtschaftlichen Verhältnismäßigkeit ist wiederum im Hinblick auf die kollektive Rechtewahrnehmung auszufüllen.[130]

dd) Verstoßfolgen: Staatsaufsicht und Vertragsrecht

79 § 9 S. 2 VGG enthält zwar einen Gebotstatbestand, bestimmt aber keine Rechtsfolgen. *Eine* Sanktion für die Pflichtverletzung ist dem Verwertungsgesellschaften indes schon selbst zu entnehmen, sie kann **aufsichtsrechtliche Konsequenzen** haben (§ 85 VGG) (Rn. 80). Darüber hinaus stellt sich die Frage, ob § 9 VGG auch eine **Vorschrift des Privatrechts** ist, auf die sich der einzelne gegenüber der Verwertungsgesellschaft berufen könnte (Rn. 81).

80 Umstritten ist, ob die aufsichtsrechtliche Bewehrung nach den § 85 VGG auch im Individualinteresses normiert und einzelnen – hier: Berechtigten – daher ein subjektives öffentliches **Recht auf ermessensfehlerfreie Entscheidung** zuzubilligen ist[131] oder der Individualschutz lediglich ein so genannter Rechtsreflex (besser: Schutzreflex) ist, der die Berechtigten nur faktisch begünstigt, ohne ihnen einen klagbaren Anspruch zu gewähren.[132] Das Deutsche Patentamt hat einen Anspruch auf ermessensfehlerfreie Entscheidung verneint und die Beschwerden einzelner nur als Anregungen behan-

126 Das lässt sich nicht schon pauschal verneinen; *Peinemann*, UFITA 52 (1969), 152, 159 f.

127 S. weiterhin *Riesenhuber*, Die Auslegung und Kontrolle des Wahrnehmungsvertrags, S. 71.

128 In diese Richtung auch *Vogel*, GRUR 1993, 513, 519; *ders.*, FG Schricker, S. 137; wohl auch *Rehbinder*, DVBl. 1992, 216, 218. Vornehmlich mit praktischen Erwägungen gegen *Rehbinder: W. Nordemann*, GRUR 1992, 584–589.

129 BGH, GRUR 1988, 782, 783 – GEMA-Wertungsverfahren.

130 Vertiefend hierzu *Riesenhuber*, Die Auslegung und Kontrolle des Wahrnehmungsvertrags, S. 71–73.

131 Dazu *Wolff/Bachof/Stober/Kluth*, Verwaltungsrecht I, § 31 Rn. 49 iVm § 43 Rn. 42, 10.; BeckOK-*Aschke*, § 40 VwVfG Rn. 75 f.

132 *Kopp/Schenke*, § 42 VwGO Rn. 87 („Reflexrechte"); *Wolff/Bachof/Stober/Kluth*, Verwaltungsrecht I, § 43 Rn. 9.

delt.[133] Nach anderer Auffassung ist auch die Aufsicht nach § 85 VGG über die Wahrung des Angemessenheitsgebots als individualschützend zugunsten der Berechtigten anzusehen.[134] Darauf deutet der „individualrechtlich" formulierte Wortlaut der Vorschrift hin, der die einzelnen Geschützten näher abgrenzt. Zudem dient der Wahrnehmungszwang seinem Zweck nach dem Schutz des Einzelnen, der zur Wahrung seiner Vermögensinteressen auf die Rechtewahrnehmung durch die Verwertungsgesellschaft angewiesen ist.[135] Auch die Gesetzesbegründung zum Wahrnehmungszwang weist auf diese individualschützende Tendenz der Vorschrift hin.[136]

Ob § 9 VGG eine **Norm des Privatrechts** ist, wird selten erörtert.[137] Das mag auch darin liegen, dass die Vorschrift schon ihrem Wortlaut nach als privatrechtliche Norm erscheint. Rechtsprechung und Literatur gehen daher regelmäßig ohne Weiteres davon aus, dass es sich dabei auch um Vertragsrecht handele. Dem ist in der Tat zuzustimmen. Schwierigkeiten kann indes die Bestimmung der Rechtsfolgen im Einzelfall bereiten.[138] 81

3. Die Kontrolle der Einnahmenverwendung, §§ 23–32 VGG

a) Verhaltens- und Sorgfaltsanforderungen, §§ 23–25 VGG

Am Kopf des Abschnitts über die „Einnahmen aus den Rechten" steht eine allge- 82
meine Sorgfaltspflicht, § 23 VGG. **„Einnahmen aus den Rechten"** ist ein feststehender Begriff, den der Gesetzgeber im VGG andauernd verwendet, allerdings nicht eigens definiert. Art. 3 lit. h) VGRL definiert denselben Begriff „Einnahmen aus den Rechten" als „die von einer Organisation für die kollektive Rechtewahrnehmung für die Rechtsinhaber eingezogenen Beträge aus einem ausschließlichen Recht oder einem Vergütungs- oder Ausgleichsanspruch". Man kann davon ausgehen, dass der Gesetzgeber des VGG dieselbe Definition stillschweigend zugrundegelegt hat. Über die Richtliniendefinition hinausgehend zählt er aber „auch die Erträge aus der Anlage dieser Einnahmen" (die die VGRL davon unterscheidet, vgl. z.B. Art. 3 lit. i) VGRL), § 23 S. 2 VGRL.

Die Verwertungsgesellschaft hat die so bestimmten Einnahmen aus den Rechten mit 83
der gebotenen Sorgfalt **einzuziehen, zu verwalten und zu verteilen**, § 23 S. 1 VGG. Was diese Sorgfaltspflicht verlangt, konkretisiert das Gesetz in zwei Einzelpunkten in den folgenden Vorschriften.

Die Verwertungsgesellschaft weist in ihrer **Buchführung** getrennte Konten für die 84
Einnahmen aus den Rechten einerseits und ihr eigenes Vermögen, Einnahmen aus eigenem Vermögen, Einnahmen zur Deckung der Verwaltungskosten (also z.B. Mitgliedsbeiträge) und Einnahmen aus sonstiger Tätigkeit (z.B. als Dienstleister) andererseits aus, § 24 VGG.

---

133 DPA, Bescheid v. 28.6.1978, GEMA-Nachrichten Nr. 108 (1978), S. 74, 76 f.; ebenso *Häußer*, FuR 1980, 57, 69; Loewenheim-*Melichar*, § 50 Rn. 21 f.

134 Im Einzelnen *Riesenhuber*, Die Auslegung und Kontrolle des Wahrnehmungsvertrags, S. 75 f.

135 *Fritsch*, GRUR 1984, 22, 24 f. Vgl. auch die Begründung von BGH, NJW 1979, 1354 (bestätigt in BGH, NJW 1979, 1879) zu einer entsprechenden bankaufsichtsrechtlichen Problematik.

136 RegE, Begründung zu § 6 UrhWG, BT-Drs. IV/271, S. 15 f. Der Gesetzgeber des VGG hat sich auf die „grundlegende und bewährte" Regelung berufen, BT-Drs. 18/7223 S. 74.

137 Die Möglichkeit der Durchsetzung ihrer Rechte vor den ordentlichen Gerichten erörtert Schricker/Loewenheim-*Reinbothe*, § 18 UrhWG Rn. 2 a.E. nur für die *Nutzer*, nicht für die hier betroffenen Berechtigten.

138 Hierzu *Riesenhuber*, Die Auslegung und Kontrolle des Wahrnehmungsvertrags, S. 77 f.

85 Wenn die Verwertungsgesellschaft **Einnahmen aus den Rechten anlegt**, erfolgt dies ausschließlich im Interesse der Berechtigten und unter Beachtung der von ihr aufzustellenden Anlagerichtlinie, § 25 Abs. 1 VGG. Die Anlagerichtlinie muss den Vorgaben von § 24 Abs. 2 VGG genügen. Die Vereinbarkeit einer Anlage mit der Richtlinie ist von einem Wirtschaftsprüfer zu prüfen und zu bestätigen, § 24 Abs. 3 VGG.

b) Spezielle Inhaltskontrollen, §§ 23–26, 27 Abs. 2, 28–32 VGG

86 Die Regelung über die Einnahmenverwendung enthält neben diesen Sorgfaltsanforderungen eine Generalklausel über die Inhaltskontrolle des Verteilungsplans in § 27 Abs. 1 VGG (dazu unten Rn. 104 ff.) sowie eine Reihe konkretisierender Einzelanordnungen.

aa) Begrenzte Verwendungszwecke, § 26 VGG

87 Grundlegend ist die Begrenzung der Verwendungszwecke in § 26 VGG (Art. 11 Abs. 4 VGRL): Die Verwertungsgesellschaft darf die Einnahmen aus den Rechten (oben, Rn. 82) **nur zu vier Zwecken** verwenden (abschließende Aufzählung)[139], nämlich (Nr. 1) zur Verteilung an die Berechtigten, (Nr. 3) zur Deckung der Verwaltungskosten und (Nr. 4) zu Zwecken der kulturellen Förderung. Einnahmen, die eigentlich nach Nr. 1 zu verteilen wären, für die der Berechtigte aber nicht festgestellt werden kann („nicht verteilbare Einnahmen", § 30 VGG), kann die Verwertungsgesellschaft nach speziellen, dafür aufgestellten Regeln verwenden (Nr. 2).

88 Neben diesen inhaltlichen Begrenzungen der Verwendungszwecke ist die Verwendung der Einnahmen aus den Rechten auch formell dadurch beschränkt, dass dafür ein **Beschluss der Mitgliederversammlung** erforderlich ist. Das hebt § 26 Nr. 2–4 VGG durch Verweis auf § 17 Abs. 1 S. 2 Nr. 7 und 9 VGG hervor und ergibt sich für die Verteilung aus § 27 i.V.m. § 17 Abs. 1 S. 2 Nr. 6 VGG.

bb) Beteiligung von Verlegern, § 27 Abs. 2 VGG

89 Infolge des Rechtsstreits *Vogel ./. VG Wort* war umstritten, ob die seit jeher geübte, vom Gesetzgeber vorgefundene und vom DPMA als Aufsichtsbehörde nie beanstandete pauschale Verlegerbeteiligung, unabhängig von der Rechteeinbringung, mit dem Willkürverbot von § 7 S. 1 UrhWG (heute § 27 Abs. 1 VGG) vereinbar sei. Der Bundesgerichtshof hat das schließlich in letzter Instanz verneint.[140] Der Gesetzgeber hat nicht lange gezögert, sondern die Entscheidung umgehend korrigiert und in das erst am 1.6.2016 in Kraft getretene VGG mit Wirkung vom 24.12.2016 eine **klarstellende Bestimmung** in § 27 Abs. 2 eingefügt:[141] Nimmt die Verwertungsgesellschaft Rechte für mehrere Rechtsinhaber gemeinsam wahr, kann sie im Verteilungsplan regeln, dass die Einnahmen aus der Wahrnehmung dieser Rechte unabhängig davon, wer die Rechte eingebracht hat, nach festen Anteilen verteilt werden.

90 Wer **„Rechtsinhaber"** iSv § 27 Abs. 2 VGG ist, ist im Gesetz nicht definiert. Es liegt aber nahe, dass der Gesetzgeber insoweit die Begriffsbestimmung von Art. 3 lit. c) VGRL zugrunde gelegt hat: „Rechtsinhaber" jede natürliche oder juristische Person mit Ausnahme von Organisationen für die kollektive Rechtewahrnehmung, die Inhaber eines

139 BT-Drs. 18/7233 S. 80.
140 BGH, NJW 2016, 2418 – Verlegeranteil (betr. VG Wort); krit. Bespr. v. *Riesenhuber*, ZUM 2016, 613 ff. S.a. KG, ZUM 2017, 160 (betr. GEMA)
141 BT-Drs. 18/10637 S. 24 f.

Urheber- oder eines verwandten Schutzrechts ist oder die aufgrund eines Rechteverwertungsvertrags oder gesetzlich Anspruch auf einen Anteil an den Einnahmen aus den Rechten hat. Rechtsinhaber kann danach auch ein Verleger sein, wenn im Verlagsvertrag vereinbart ist, dass er einen Anteil der Verwertungsgesellschafts-Tantiemen erhält.

In dem Verfahren *Vogel ./. VG Wort* (soeben Rn. 89) hatte der BGH auch die Ansicht 91
vertreten, **gesetzliche Vergütungsansprüche** könne der Urheber nicht wirksam an Dritte, also auch Verleger, abtreten, bevor sie entstanden sind (keine Vorausabtretung künftiger Ansprüche). Für möglich gehalten hatte er im Übrigen lediglich, dass der Urheber den bereits entstandenen Anspruch auf Zahlung von Tantiemen an Dritte (Verleger) abtrat. Der Gesetzgeber hat auch hier – soweit er dies europarechtlich für möglich hielt – gegengesteuert. § 27a VGG stellt klar, dass der Urheber nach der Veröffentlichung oder mit der Anmeldung eines verlegten Werks einer von der Verwertungsgesellschaft der Höhe nach bestimmten Verlegerbeteiligung an gesetzlichen Vergütungsansprüchen iSv § 63a S. 1 UrhG zustimmen kann.

cc) *Verteilungsfrist, § 28 VGG*

Kernaufgabe einer Verwertungsgesellschaft ist, für die Berechtigten Nutzungsent- 92
gelte und Vergütungsansprüche einzuziehen und die Einnahmen an die Berechtigten auszuschütten. Die kollektive Rechtewahrnehmung bringt es mit sich, dass die Ausschüttungen nicht individuell und laufend durchgeführt werden können, doch hat auch unter diesen Bedingungen eine zügige Auskehrung der Einnahmen an die Berechtigten eine hohe Priorität. § 28 VGG (Art. 13 Abs. 1 UAbs. 2, Abs. 2 VGRL) konkretisiert die Bindungen der Verwertungsgesellschaft dahin, dass im Grundsatz eine Verteilungsfrist von **neun Monaten nach Ablauf des Geschäftsjahrs** festgelegt wird. Formell muss die Verteilungsfrist im Verteilungsplan (§ 27 Abs. 1 VGG) oder in den Wahrnehmungsbedingungen (§ 9 S. 2 VGG) festgelegt werden. Hier kann auch vorgesehen werden, dass die Frist nicht abläuft, wenn die Verwertungsgesellschaft aus sachlichen Gründen an der Verteilung gehindert ist (z.B. weil sich mehrere Prätendenten über die Rechtsinhaberschaft streiten).

dd) *Feststellung der Berechtigten, § 28 VGG*

§ 28 VGG regelt, was die Verwertungsgesellschaft zu tun hat, wenn sie den nach dem 93
Verteilungsplan Berechtigten innerhalb der Verteilungsfrist entweder nicht feststellen kann (z.B. Urheber unklar) oder nicht ausfindig machen kann (z.B. unbekannt verzogen). Die Vorschrift schreibt als erstes „angemessene Maßnahmen, um den Berechtigten festzustellen oder ausfindig zu machen" vor, also: weitersuchen. Dazu sollen sie – selbstverständlich – ihre Mitglieder- oder Berechtigtenverzeichnisse sowie „sonstige leicht verfügbare Aufzeichnungen" überprüfen.[142] Bleiben die Bemühungen fruchtlos, folgt ein **sukzessive erweiterter „öffentlicher Aufruf"**: Drei Monate nach Ablauf der Verteilungsfrist informiert die Verwertungsgesellschaft ihre Berechtigten, Mitglieder und durch Repräsentationsvereinbarung verbundenen Verwertungsgesellschaften über Einzelheiten der betroffenen Werke usf., § 29 Abs. 2 VGG. Kann sie den Berechtigten bis dahin nicht feststellen, veröffentlicht die Verwertungsgesellschaft die näher bestimmten Angaben ein Jahr später, § 29 Abs. 3 VGG.

142 BT-Drs. 18/7233 S. 81 f.

ee) Abzüge von den Einnahmen, insbesondere Verwaltungskosten, § 31 VGG

94 „Die Vorschrift setzt die Maßstäbe für Abzüge von den Einnahmen aus den Rechten fest", sie gilt für **„sämtliche Abzüge** von den Einnahmen aus den Rechten, einschließlich der Verwaltungskosten".[143] Inhaltlich statuiert § 31 Abs. 1 VGG zwei Vorgaben, Angemessenheit und objektive Kriterien.

95 Die Abzüge müssen im Verhältnis zu den Leistungen der Verwertungsgesellschaft **angemessen** sein. Für die Verwaltungskosten konkretisiert Abs. 2 das noch einmal dahin, dass die Abzüge die gerechtfertigten und belegten Verwaltungskosten nicht übersteigen dürfen. Indes geht das Gebot darüber hinaus, z.B. wenn es um die Rechtfertigung von Abzügen für kulturelle oder soziale Zwecke geht. In diesem Fall ist eine Verhältnismäßigkeit nicht nur zu den verfolgten kulturellen und sozialen Zwecken zu verlangen. Auch das Ausmaß kultureller und sozialer Leistungen muss in einem angemessenen Verhältnis stehen. Als Bezugsgröße sind hier die Gesamteinnahmen und die allgemeine (vom Leistungsprinzip determinierte) Verteilung zu nehmen.

ff) Kulturelle und soziale Förderung, § 32 VGG

96 § 32 VGG übernimmt in Abs. 1 und 2 die bereits in §§ 7 S. 2, 8 UrhWG enthaltenen Gebote, kulturell bedeutende Werke und Leistungen zu fördern (**kulturelle Förderung**) und Vorsorge- und Unterstützungseinrichtungen für ihre Berechtigten einzurichten (**soziale Förderung**). Die Fördergebote werden von manchen mit der Erwägung begründet, es handele sich um staatliche Aufgaben (Verwertungsgesellschaften als Träger staatsentlastender Aufgaben).[144] Der materielle Gedanke wird auch in der Sozialbindung des Urheberrechts gesehen.[145] Freilich erfordert die Kulturförderung durch die Verwertungsgesellschaften, die ja keineswegs sachgesetzlich unvermeidlich ist, ihre ergänzende Legitimation durch die Selbstbestimmung der Berechtigten.[146] Bei der Verwirklichung des Solidargedankens müssen die Verwertungsgesellschaften berücksichtigen, inwieweit die solidarische Tragung sozialer Risiken durch die in der Verwertungsgesellschaft zusammengeschlossenen Berechtigten im Rahmen des Gesamtsystems der sozialen Sicherheit (noch) geboten ist.[147]

97 Nach § 26 Nr. 4 VGG gehören kulturelle und soziale Förderung zu den vier **legitimen Zwecken** der Einnahmenverwendung. § 32 Abs. 1 und 2 VGG macht allerdings keine Vorgaben dafür, wie diese legitimen Förderzwecke verfolgt werden können. Während es für Vorsorge- und Unterstützungseinrichtungen naheliegen kann, gesonderte Vermögensmassen zur Verfügung zu stellen, kann die kulturelle Förderung auf ganz unterschiedlichen Wegen erfolgen, z.B. durch Stipendien, Preise, Produktionskostenzuschüsse, aber auch durch die Honorierung des (Markt-) Erfolgs im Rahmen der Verteilung. § 32 VGG belässt es insoweit bei dem schon unter dem UrhWG anerkannten weiten Gestaltungsspielraum der Verwertungsgesellschaften.[148]

143 BT-Drs. 18/7233 S. 82.

144 *Becker*, FS Kreile, S. 27–51; *Kreile/Becker*, in: Handbuch der Musikwirtschaft, S. 602–605.

145 *Melichar*, in: Josef Kohler und der Schutz des geistigen Eigentums in Europa, S. 105–111. S.a. *Augenstein*, Rechtliche Grundlagen des Verteilungsplans, S. 117–147.

146 *Fiscor*, ZUM 2003, 3, 9 f.; *Melichar*, in: Josef Kohler und der Schutz des geistigen Eigentums in Europa, S. 107. Vertiefend *Riesenhuber*, Die Auslegung und Kontrolle des Wahrnehmungsvertrags, S. 88 f.

147 Insofern haben sich die Dinge seit Erlass des Wahrnehmungsgesetzes von 1965 erheblich verändert, vor allem durch die mit Gesetz vom 27.7.1981 eingeführte Künstlersozialversicherung, dazu nur *Schack*, Urheber- und Urhebervertragsrecht, Rn. 12 und 1373.

148 *Riesenhuber*, Die Auslegung und Kontrolle des Wahrnehmungsvertrags, S. 93 f. Ebenso Schricker/Loewenheim-*Reinbothe*, § 7 UrhWG Rn. 10; Fromm/Nordemann-*Nordemann/Wirtz*, § 7 UrhWG Rn. 8.

Bei der inhaltlichen Bewertung kultureller Förderung ist einerseits zu berücksichtigen, dass diese von irgendjemandem finanziert werden muss und daher besonderer Rechtfertigung bedarf. Andererseits ist zu berücksichtigen, dass der Gesetzgeber die (bereits 1965 vorgefundene) Praxis der kulturellen Förderung nicht nur für zulässig, sondern für besonders wünschenswert gehalten und den Verwertungsgesellschaften für den Regelfall aufgegeben hat („soll").[149] Die kulturelle Förderung durch die Verwertungsgesellschaften ist danach **im Grundsatz gesetzlich legitimiert**. Nicht das Bestehen von Förderungsregelungen, sondern deren Fehlen bedarf demnach der Begründung. 98

Wenn eine kulturelle oder soziale Förderung **durch Abzüge von den Einnahmen aus den Rechten finanziert** wird, bewirkt sie eine Abweichung vom Leistungsprinzip als dem fundamentalen Verteilungsgrundsatz (näher unten, Rn. 115) und bedarf deshalb **besonderer Rechtfertigung**. Das war schon unter dem UrhWG anerkannt und ist jetzt in § 32 Abs. 3 VGG besonders angeordnet. In der deutschen Wahrnehmungspraxis und auch nach deutschem Urheberrecht haben die Verwertungsgesellschaften keine eigenen Einnahmen, unabhängig von den Einnahmen aus den Rechten der Berechtigten, aus denen sie eine kulturelle Förderung finanzieren könnten, so dass die besonderen Anforderungen von § 32 Abs. 3 VGG stets zum Tragen kommen. 99

Als Abzug von den Einnahmen aus den Rechten bedarf die kulturelle oder soziale Förderung der Rechtfertigung nach § 31 Abs. 1 VGG. Was den *Umfang* betrifft, wird man die – schon bei Erlass des Urheberrechtswahrnehmungsgesetzes von 1965 – übliche Verwendung von fünf bis zehn Prozent der Einnahmen für die Förderung für gerechtfertigt halten dürfen,[150] eine darüber hinausgehende Verwendung der Einnahmen für Förderungszwecke dürfte indes mit dem Leistungsprinzip unvereinbar sein. 100

Als Förderung müssen kulturelle und soziale Leistungen nach festen Regeln erfolgen, die auf fairen Kriterien beruhen, § 32 Abs. 3 VGG. Das formale Gebot der **festen Regeln** sah § 7 S. 1 UrhWG für den Verteilungsplan allgemein vor. Ihm ist zu entnehmen, dass die kulturelle und soziale Förderung auf niedergeschriebenen und konkreten Regeln beruhen muss. Generalklauseln sind damit freilich nicht ausgeschlossen. 101

Mit dem Gebot **fairer Kriterien** hat der Gesetzgeber die Vorgabe des Art. 12 Abs. 4 VGRL umgesetzt. Dem deutschen Recht ist der dem Englischen entstammende Begriff der Fairness bislang weitgehend fremd.[151] Im Englischen hat er einerseits einen Bezug zu Spielregeln („fair play"; und darin ist auch ein Hintergrund für das Gebot des „fair trial" zu sehen). Andererseits wird Fairness aber auch zum Ausdruck grundlegender Gerechtigkeitsgebote verwendet („justice as fairness"), auch hier allerdings im Hinblick auf Verfahrensgerechtigkeit. Tatsächlich dürfte das für den europäischen Gesetzgeber im Vordergrund gestanden haben, hat er doch das Gebot fairer Kriterien „insbesondere im Hinblick auf den Zugang zu solchen Leistungen und deren Umfang" formuliert, Art. 12 Abs. 4 VGG. Insofern steht das Gebot fairer Kriterien in einem inhaltlichen Zusammenhang mit dem Gebot fester Regeln. Es ist demnach ganz im Sinne von Wettkampfregeln als Verfahrens- und **Chancengerechtigkeit** zu verstehen. 102

In diesem Sinne einer **Verfahrensgerechtigkeit** sollen Förderungsleistungen der Verwertungsgesellschaften, die aus den Einnahmen aus den Rechten finanziert werden, 103

149 S. bereits zum UrhWG RegE, Begründung zu § 7 UrhWG, BT-Drs. IV/271, S. 16 (wegen verfassungsrechtlicher Bedenken keine zwingende Vorschrift).

150 Eingehende Würdigung bei *Lerche*, GEMA-Jahrbuch 1997/1998, S. 80–127.

151 Vgl. § 14 Abs. 2 UKlaG (faires Schlichtungsverfahren), §§ 1, 24a AEntG (faire Wettbewerbsbedingungen), § 3 Nr. 1 lit. g) IFG (faires Verfahren); § 8 Abs. 1 Nr. 3 UIG (faires Verfahren); Art. 5 Abs. 1 GeringFordVO (faires Verfahren); §§ 17 Abs. 2 Nr. 2 lit. d), 18 Abs. 3 Nr. 5 lit. d) VOB/A (fairer Wettbewerb); §§ 77d Abs. 2 Nr. 1 77g Abs. 2 Nr. 6, 77k Abs. 3, 77n Abs. 2 TKG (faire Bedingungen).

grundsätzlich allen Berechtigten gleichermaßen offenstehen und in einem „Wettkampf“ verteilt werden, somit in gewisser Weise wiederum dem Leistungsprinzip folgend.

c) *Die Generalklausel des § 27 Abs. 1 VGG: Willkürverbot*

104 Soweit es um den Verteilungszweck (§ 26 Nr. 1 VGG) und seine Ausfüllung durch den Verteilungsplan geht, enthält § 27 Abs. 1 VGG einen allgemein und generalklauselartig formulierten Kontrolltatbestand. Die Vorschrift „greift die in der Praxis bewährten Vorgaben aus § 7 S. 1 UrhWG auf“,[152] die der Gesetzgeber nahezu wörtlich übernommen hat. Sie dient zugleich der Umsetzung des formalen Gebots von Art. 13 Abs. 1, 8 Abs. 5 lit. a) VGRL, dass die Mitgliederversammlung über den Verteilungsplan bestimmt (§ 17 Abs. 1 S. 2 Nr. 6 VGG).

aa) *Der Kontrolltatbestand und sein Zweck*

105 Die Auslegung des jetzt von § 27 Abs. 1 VGG übernommenen Willkürverbots war schon nach dem früheren Recht umstritten. Das rührt daher, dass die Verteilung als Teil der Wahrnehmungsbedingungen angesehen werden kann. Diese unterwirft § 9 S. 2 VGG aber einem Angemessenheitsgebot, während § 27 Abs. 1 VGG für die Verteilung ein Willkürverbot vorschreibt.

106 Nach der **Differenzierungsthese** sind die beiden Vorschriften über die Inhaltskontrolle auf der Tatbestandsebene abzugrenzen. § 9 S. 2 VGG betrifft den Berechtigungsvertrag, § 27 Abs. 1 VGG hingegen den Verteilungsplan. Folglich haben die beiden Kontrollmaßstäbe nichts mit einander zu tun. Das Willkürverbot des § 27 Abs. 1 VGG sei eine – in dem Kontrollmaßstab engere – *lex specialis* zu § 9 S. 2 VGG.[153]

107 Dieser Differenzierungsthese hat *Nordemann* – noch zu §§ 6, 7 UrhWG – eine **Einheitsthese** entgegengestellt.[154] Das Angemessenheitsgebot bedeute, dass die Bedingungen des Berechtigungsvertrags Art und Umfang der Rechte entsprechen müssen, die der Berechtigte der Verwertungsgesellschaft überträgt; das ist eine Art objektiver oder materieller Äquivalenzgrundsatz.[155] Das Willkürverbot

> „konkretisiert damit das Angemessenheitsgebot des § 6 für den Bereich der Verteilungspläne (...). Die Zweifel *Häußers* (...) an der Übereinstimmung der §§ 6 und 7, die er aus der unterschiedlichen Wortwahl (‚angemessen‘ bzw. ‚willkürlich‘) herleitet, lassen sich leicht ausräumen:
>
> Durch die Kurzformel des Willkürverbots wird nur der Grundsatz der Gleichbehandlung gekennzeichnet (...).
>
> Die Verpflichtung der Verwertungsgesellschaft aus § 6, eine den eingebrachten Rechten und Ansprüchen entsprechende Gegenleistung zu erbringen ..., lässt sich nur über die Verteilungspläne

---

152 BT-Drs. 18/7233 S. 81.

153 Schricker/Loewenheim-*Reinbothe*, § 7 UrhWG Rn. 5; Loewenheim-*Melichar*, § 47 Rn. 32; *Melichar*, Urheberrecht in Theorie und Praxis, S. 83 f.; *Menzel*, Die Aufsicht über die GEMA, S. 52; *Meyer*, Verwertungsgesellschaften und ihre Kontrolle, S. 96 f.; E. *Ulmer*, Zur Rechtsstellung der Musikverlage in der GEMA, GEMA-Nachrichten Nr. 108 (1978), S. 99, 106; DPA, Bescheid v. 28.6.1978, GEMA-Nachrichten Nr. 108 (1978), S. 74, 78 (allerdings mit dem einschränkenden Zusatz, die Grenze zwischen Unangemessenheit und Willkür sei fließend).

154 W. *Nordemann*, GRUR Int. 1973, 306, 308; Fromm/Nordemann-*Nordemann*/*Wirtz*, § 6 UrhWG Rn. 9, § 7 UrhWG Rn. 5. Ihm folgend *Mauhs*, Der Wahrnehmungsvertrag, S. 57; *Reber*, GRUR 2000, 203, 208; Dreier/Schulze-*Schulze*, § 7 UrhWG Rn. 5; *Vogel*, GRUR 1993, 513, 521; *ders.*, FG Schricker, S. 139; und wohl auch *Dünnwald*, FS Kreile, S. 164 f. Aus der Rechtsprechung etwa BVerfGE 79, 1, 17 f.; OLG München, ZUM 2002, 747 f. – Fotokopiergebühren (je ohne nähere Erörterung). I.E. ebenso *Augenstein*, Rechtliche Grundlagen der Verteilung, S. 67–73 (mit verfassungsrechtlicher Begründung).

155 W. *Nordemann*, GRUR Int. 1973, 306, 307.

> erfüllen (und kontrollieren); also müssen auch und gerade die Verteilungspläne schon dem Angemessenheitsgebot des § 6 entsprechen, was die Annahme eines abweichenden Regelungsgehalts in § 7 S. 1 ausschließt."[156]

Die **Rechtsprechung** ist uneinheitlich. Während manche Entscheidungen zur Einheitsthese tendieren,[157] lassen andere, die das Willkürverbot als Kontrollmaßstab hervorheben, eine Tendenz zur Differenzierungsthese erkennen.[158] 108

Das **Ziel des Individualschutzes**, um das es der Einheitsthese geht, konfligiert mit einem anderen Ziel des Verwertungsgesellschaftengesetzes, nämlich der **Konzeption der Verwertungsgesellschaften als staatsferne Selbstverwaltungsorganisationen**. Der Gesetzgeber fand die Verwertungsgesellschaften, die sich im gesellschaftlichen Bereich gebildet hatten, als solche Selbstverwaltungsorganisationen vor und wollte es aus guten Gründen auch dabei belassen. Die bei der Verteilung erforderlichen Wertungen sind ungleich besser legitimiert, wenn die Betroffenen sie selbst treffen. Die Regelung des § 27 Abs. 1 VGG ist **Ausgleich dieser widerstreitenden Prinzipien**. Der Gesetzgeber hat dabei die Autonomie der Verwertungsgesellschaften weitgehend gewahrt und sie primär formale Mechanismen gebunden. Die Verteilung muss in der Form von festen Regeln, eines Plans, erfolgen, so dass sie vorhersehbar und überprüfbar ist. Die inhaltliche Kontrolle ist auf das Willkürverbot beschränkt. 109

bb) Der Gegenstand der Kontrolle

Gegenstand der Kontrolle nach § 27 VGG ist **grundsätzlich nur der Verteilungsplan.**[159] Der Verteilungsplan ist damit insbesondere von den (sonstigen) Wahrnehmungsbedingungen zu unterscheiden, die nach § 9 S. 2 VGG einer Angemessenheitskontrolle unterliegen. Selbstverständlich kann man auch den Verteilungsplan zu den „Bedingungen" rechnen, „zu denen die Verwertungsgesellschaft die Rechte des Berechtigten wahrnimmt". Soll indes die Normierung des § 27 Abs. 1 VGG nicht obsolet sein, ist sie als spezielle Anordnung für die Kontrolle des Verteilungsplans zu verstehen. 110

cc) Der Kontrollmaßstab

Auch bei § 27 VGG stellt sich die Frage, welcher Kontrollmaßstab anwendbar ist. So enthält die Vorschrift nach der Vorstellung des Gesetzgebers nicht nur formale, sondern auch inhaltliche Vorgaben für die Ausgestaltung des Verteilungsplans.[160] Insbesondere sind das Angemessenheitsgebot des § 6 Abs. 1 UrhWG und das **Willkürverbot** des § 7 S. 1 UrhWG – entgegen der Einheitsthese (oben, Rn. 107) – inhaltlich nicht identisch, da das Willkürverbot lediglich einen „negativen Kontrollmaßstab" aufstellt, der die Kontrolle 111

---

156 Fromm/Nordemann-*Nordemann*/*Wirtz*, § 7 UrhWG Rn. 5; ebenso schon W. *Nordemann*, GRUR Int. 1973, 306, 308.

157 BGH, GRUR 2013, 375 Rn. 32 („weder unangemessen noch willkürlich") – Missbrauch des Verteilungsplans; BGH, GRUR 2005, 757, 759 – PRO-Verfahren; KG, ZUM 2013, 577, 579 – Druckbearbeiter; KG, GRUR-RR 2011, 354, 357 – Beteiligung von Musikverlegern am GEMA-Aufkommen für Werbefilme; noch offen gelassen von BGH, GRUR 1988, 782, 784 – GEMA Wertungsverfahren; KG, GRUR-RR 2010, 320, 321 – GEMA-Verteilungsplan.

158 BGH, GRUR 2014, 479 Rn. 25 – Verrechnung von Musik in Werbefilmen.

159 Vertiefend *Riesenhuber*, Die Auslegung und Kontrolle des Wahrnehmungsvertrags, S. 81 f.

160 Vgl. zur Entstehungsgeschichte der Vorgängerregelung (UrhWG) insbesondere den Wortlaut des Referentenentwurfs, *Mestmäcker*/*Schulze*, Anhang A (1), S. 3. Dazu *Riesenhuber*, Die Auslegung und Kontrolle des Wahrnehmungsvertrags, S. 83.

auf ein äußerstes Maß zurücknimmt.[161] In der seiner Entscheidung „Verrechnung von Musik in Werbefilmen“ hat der BGH allein das **Willkürverbot** des § 7 UrhWG als Maßstab zur Überprüfung des Verteilungsplans herangezogen:

> „[D]ie von der Verwertungsgesellschaft aufzustellenden Verteilungspläne [müssen] (lediglich) ein willkürliches Vorgehen bei der Verteilung ausschließen. Der Inhalt des Willkürverbots leitet sich aus dem allgemeinen Gleichheitssatz des Art. 3 I GG ab (...). Danach liegt Willkür vor, wenn ohne zureichenden sachlichen Grund wesentlich Gleiches ungleich oder wesentlich Ungleiches gleich behandelt wird (...). Damit ist der Verwertungsgesellschaft beim Aufstellen und Ändern der Regeln eines Verteilungsplans ein außerordentlich weiter Spielraum eingeräumt. Sie ist bei der Verteilung der Einnahmen grundsätzlich innerhalb der Grenzen der Willkür frei.[162]

Er hat gleichzeitig hervorgehoben, dass die Verwertungsgesellschaften bei der Gestaltung des Verteilungsplans einen **„außerordentlich weiten“ Beurteilungsspielraum.**[163] Wenn der BGH in diesem Zusammenhang zugleich auch das Leistungsprinzip hervorhebt, wonach jedem Berechtigten ein möglichst leistungsgerechter Anteil an den Einnahmen zusteht,[164] steht das der Differenzierungsthese nicht entgegen, da diese Erwägung folgerichtig im Rahmen des Willkürverbots zum Tragen kommen kann.

112 Nach dem klaren Wortlaut des § 27 Abs. 1 VGG unterliegt der Verteilungsplan somit nur einem Willkürverbot. Nach der äußeren Systematik von §§ 9 S. 2, 27 VGG geht das Willkürverbot dem Angemessenheitsgebot als ***lex specialis*** vor. Da eine willkürliche Regelung stets unangemessen ist, wäre es auch ganz sinnlos, das Willkürverbot in § 27 Abs. 1 VGG noch eigens zu normieren, wenn der Verteilungsplan schon dem Angemessenheitsgebot unterläge. Kontrollmaßstab für den Verteilungsplan ist daher das Willkürverbot.

dd) Konkretisierung des Maßstabs der Willkürfreiheit

113 Die Willkürfreiheit gebietet zunächst, **alle Berechtigten gleich zu behandeln**. Einer weitergehenden Angemessenheitskontrolle bedurfte es daher von vornherein nicht, soweit der Verteilungsplan Mitglieder wie sonstige Berechtigte gleichermaßen betrifft.[165] Ebenso wie beim Angemessenheitsgebot des § 9 S. 2 VGG wird man aber auch hier nicht darauf verzichten können, die **Willkürfreiheit** in Form einer äußersten Grenze **materiell zu bestimmen.** Dafür können verschiedene Gründe einen Anlass bieten. Zum einen kann es durchaus vorkommen, dass der Verteilungsplan unterschiedliche Regelungen für Mitglieder und sonstige Berechtigte vorsieht. Zum anderen kann die formal gleiche Behandlung aller Mitglieder sich im Einzelfall besonders positiv oder negativ für eine Gruppe von Berechtigten auswirken („mittelbare Diskriminierung“). Für solche Fälle ist die Willkürfreiheit als materielle Bindung zu bestimmen, die eine Rechtfertigung der Regelung aus einem legitimen Regelungszweck verlangt. Willkürlich ist danach eine Regelung, die jeder sachlichen Rechtfertigung entbehrt.

114 Die damit erforderlichen inhaltlichen Leitlinien ergeben sich aus dem Wahrnehmungsgesetz und dem Urheberrechtsgesetz, denen **vier Prinzipien** für die Verteilung entnommen werden können.

---

161 Dazu näher *Riesenhuber*, Die Auslegung und Kontrolle des Wahrnehmungsvertrags, S. 83 f.
162 BGH, GRUR 2014, 479 Rn. 25 – Verrechnung von Musik in Werbefilmen (Nachweise weggelassen).
163 BGH, GRUR 2014, 479 Rn. 25 – Verrechnung von Musik in Werbefilmen.
164 BGH, GRUR 2014, 479 Rn. 23 – Verrechnung von Musik in Werbefilmen.
165 Näher *Riesenhuber*, Die Auslegung und Kontrolle des Wahrnehmungsvertrags, S. 87.

(1) Das Leistungsprinzip

An erster Stelle steht das **Leistungsprinzip**, nach dem jedem Berechtigten ein Anteil an den Einnahmen gebührt, der den Einnahmen entspricht, die aus der Verwertung seiner Rechte erzielt wurden.[166] Das Leistungsprinzip ergibt sich schon aus dem Urheberrechtsgesetz, es liegt der dort statuierten Monopolisierung der wirtschaftlichen Verwertung der eigenen Schöpfung zugrunde.[167] Aber auch das VGG lässt erkennen, dass die Verwertungsgesellschaften das Leistungsprinzip zu berücksichtigen haben. Das ist der Hintergrund für die Programmpflicht von § 41 VGG.[168] Nichts anderes als eine Bestätigung des Leistungsprinzips enthält auch § 54h Abs. 2 UrhG, wonach jedem Berechtigten ein „angemessener Anteil" an den Vergütungen für Bild- und Tonaufzeichnungen sowie Ablichtungen zusteht.[169] 115

(2) Das Prinzip der kulturellen Förderung

Das zweite Prinzip ist das **Prinzip der kulturellen Förderung**, das der Verteilungsplan gem. § 32 Abs. 1 VGG berücksichtigen soll (s. bereits oben, Rn. 96ff.). 116

(3) Das Solidarprinzip

Ein drittes Prinzip ist das **Solidarprinzip**, das in der Bindung der Verwertungsgesellschaften zum Ausdruck kommt, Vorsorge- und Unterstützungseinrichtungen für ihre Berechtigten einzurichten, § 32 Abs. 2 VGG (s. bereits oben, Rn. 96ff.). 117

(4) Das Prinzip der kollektiven Rechtewahrnehmung

Schließlich darf – und muss zumeist – der Verteilungsplan das **Prinzip der kollektiven Wahrnehmung** berücksichtigen, das gewisse Pauschalierungen und Standardisierungen ermöglicht oder sogar gebietet.[170] Dieses Prinzip liegt dem Wahrnehmungsgesetz unausgesprochen zugrunde, es liegt aber auch in der Natur verschiedener Vergütungsansprüche des Urheberrechtsgesetzes, die von der individuellen Nutzung unabhängig sind. 118

Es kann, wie vor allem die **BGH-Entscheidung GEMA-Wertungsverfahren** deutlich macht, insbesondere Einschränkungen des Leistungsprinzips rechtfertigen. Dort hatte der Bundesgerichtshof im Hinblick auf die Kontrolle des Verteilungsplans insbesondere auf zweierlei hingewiesen. Zum einen hat er die mit der kollektiven Rechtewahrnehmung unvermeidlichen Pauschalierungen und Vereinfachungen bei der Verteilung hervorgehoben.[171] Zum zweiten hat er darauf hingewiesen, dass die vom Ge- 119

166 BGHZ 163, 119 – PRO-Verfahren.
167 Zur Begründung aus dem Ausschließlichkeitsprinzip *Hauptmann*, Die Vergesellschaftung des Urheberrechts, S. 15–40, und, zur Bindung der Verwertungsgesellschaften an das Leistungsprinzip, S. 44 (sehr weitgehend).
168 RegE, Begründung zu § 16 UrhG (der mit der Urheberrechtsnovelle 1985 als § 13a in das UrhwG überführt wurde), BT-Drs. IV/271, S. 19.
169 Dazu *Riesenhuber*, Die Auslegung und Kontrolle des Wahrnehmungsvertrags, S. 18 f.
170 Grundlegend BGH, GRUR 1988, 782, 783 – GEMA-Wertungsverfahren; nunmehr st. Rspr.; BGH, GRUR 2014, 479 Rn. 23f. – Verrechnung von Musik in Werbefilmen; BGH, GRUR 2016, 2416 Rn. 35 – Verlegeranteil; BGH, GRUR 2004, 767, 769 – Verteilung des Vergütungsaufkommens; BGH, GRUR 2002, 332, 335 – Klausurerfordernis; BGHZ 163, 119, 130 – PRO-Verfahren; OLG München, ZUM 2002, 747, 748 – Fotokopiergebühren; vgl. auch BGH, GRUR 2013, 1220 Rn. 76 – Gesamtvertrag Hochschul-Intranet.
171 BGH, GRUR 1988, 782, 783 – GEMA-Wertungsverfahren.

setzgeber vorausgesetzte privatrechtliche Organisation der Verwertungsgesellschaften dazu führen kann, dass die Verteilungsregeln Regelungsdisparitäten aufweisen, die zumindest übergangsweise hingenommen werden können, ohne dass ein Verstoß gegen das Willkürverbot vorliegt.[172] In der Sache wahrt das Gericht durch die Zuerkennung eines Beobachtungs- und Beurteilungsspielraums sowie einer Karenzzeit für die Herstellung der Gleichbehandlung die Autonomie der Verwertungsgesellschaften, die ihnen nach dem Wahrnehmungsgesetz gerade im Bereich der Verteilung zukommen soll.[173]

ee) *Verstoßfolgen: Staatsaufsicht und Vertragsrecht*

120 Für das Willkürverbot von § 27 Abs. 1 VGG stellt sich – ebenso wie für das Angemessenheitsgebot von § 9 S. 2 VGG (oben Rn. 79ff.) – die Frage, welche Rechtsfolgen eine Pflichtverletzung hat. dargelegten Grundsätze vorgezeichnet. Wiederum ist zwischen aufsichtsrechtlichen (Rn. 121) und vertragsrechtlichen (Rn. 122) Sanktionen zu unterscheiden.

121 Ebenso wie das Angemessenheitsgebot des § 9 S. 2 VGG unterliegt auch das Willkürverbot des § 27 Abs. 1 VGG der **Kontrolle durch das DPMA** (Staatsaufsicht).[174] Das Amt kann alle erforderlichen Maßnahmen ergreifen, um sicherzustellen, dass die Verwertungsgesellschaft das Willkürverbot beachtet, § 85 Abs. 1 VGG. Auch im Hinblick auf das Willkürverbot, das ebenfalls im Interesse der Berechtigten normiert wurde,[175] ist den einzelnen Berechtigten ein subjektiv-öffentliches Recht auf ermessensfehlerfreie Entscheidung des DPMA zuzuerkennen.[176]

122 Problematischer ist auch hier die Frage, ob das Willkürverbot des § 27 Abs. 1 VGG Bestandteil des **Vertragsrechts** ist und damit von einzelnen durchgesetzt werden kann, und wenn ja, wie.[177] Dafür spricht nicht nur die fundamentale Bedeutung des Willkürverbots, sondern auch die Tatsache, dass es sich um eine Ergänzung der vertragsrechtlichen Regelung des § 667 BGB handelt.[178] Schwieriger ist wiederum die Frage, welche Rechtsfolge eine willkürliche Verteilungsregelung hat. Da der Willkürvorwurf ein scharfes Unwerturteil bedeutet, ist die Regelung des § 27 VGG als Verbotsgesetz iSv § 134 BGB anzusehen. Eine willkürliche Verteilungsregel ist daher nichtig.[179] Die Rechtsprechung verfährt anders und entnimmt § 27 VGG „wesentliche Grundgedanken der gesetzlichen Regelung", von denen die Verwertungsgesellschaft nicht im Wege von AGB (solche enthält der Verteilungsplan vertragsrechtlich) abweichen kann, § 307 Abs. 2 Nr. 1 BGB.[180] Rechtsfolge ist auch nach dieser Ansicht die Nichtigkeit der willkürlichen Verteilungs-

---

172 BGH, GRUR 1988, 782, 785 – GEMA-Wertungsverfahren.

173 Ausführlich zum Prinzip der kollektiven Rechtewahrnehmung *Riesenhuber*, Die Auslegung und Kontrolle des Wahrnehmungsvertrags, S. 90–92.

174 *Löhr*, Die Aufsicht über Verwertungsgesellschaften, S. 36; *Meyer*, Verwertungsgesellschaften und ihre Kontrolle, S. 70; Schricker/Loewenheim-*Reinbothe*, § 19 UrhWG Rn. 1.

175 RegE, BT-Drs. IV/271, S. 16 („Um zu gewährleisten, dass die Einnahmen aus der Wahrnehmung der anvertrauten Rechte und Ansprüche gerecht verteilt werden, verpflichtet der Entwurf die Verwertungsgesellschaften zur Aufstellung eines festen Verteilungsplans").

176 S. nur *Meyer*, Verwertungsgesellschaften und ihre Kontrolle, S. 129f.; Schricker/Loewenheim-*Reinbothe*, § 18 UrhWG Rn. 2. Zu den Grundsätzen bereits oben Rn. 62.

177 Dazu auch *Riesenhuber*, GRUR 2006, 201, 203.

178 Näher *Riesenhuber*, Die Auslegung und Kontrolle des Wahrnehmungsvertrags, S. 95.

179 KG, GRUR-RR 2010, 320, 321 – GEMA-Verteilungsplan; vorausgesetzt in BGH v. 24.9.2013 – Verrechnung von Musik in Werbefilmen; ausdrücklich offen gelassen von BGH, GRUR 2013, 375 Rn. 32 – Missbrauch des Verteilungsplans; näher *Riesenhuber*, Die Auslegung und Kontrolle des Wahrnehmungsvertrags, S. 95f.

180 BGH, NJW 2016, 2418 Rn. 25ff. – Verlegeranteil.

planregel. Da sie nicht im Wege des dispositiven Rechts ersetzt werden kann (§ 306 Abs. 2 BGB), regelmäßig aber auch nicht ersatzlos entfallen kann, ist die Lücke entweder im Wege der sog. „ergänzenden Vertragsauslegung“ (näher unten, Rn. 138) oder, von einer nachfolgenden Mitgliederversammlung, durch Neuregelung zu füllen.

III. Vertragsrecht und AGB-Kontrolle

1. Einführung: Einbeziehungs- und Inhaltskontrolle

Neben der speziell wahrnehmungsrechtlichen Kontrolle des Berechtigungsvertrags steht die Kontrolle nach dem allgemeinen Vertragsrecht. Dabei bleiben die **allgemeinen Kontrollmaßstäbe** der §§ 134, 138 BGB hier außer Betracht: Selbstverständlich dürfen die Bestimmungen des Berechtigungsvertrags nicht gegen Gesetz oder die guten Sitten verstoßen; praktische Bedeutung hat das bislang nicht. Zahlreiche Fragen wirft indes die Kontrolle des Berechtigungsvertrags nach den Vorschriften über Allgemeine Geschäftsbedingungen auf. Das Gesetz unterscheidet insoweit zwischen der Einbeziehungskontrolle, die sich insbesondere aus §§ 305 Abs. 2 und 3 und § 305c Abs. 1 BGB ergibt (nachfolgend a)), und der Inhaltskontrolle, die §§ 307–309 BGB näher regeln (sogleich b)). 123

Die **Anwendbarkeit** der AGB-Kontrolle, § 310 BGB, haben wir bereits im Zusammenhang mit der Auslegung begründet (oben Rn. 17). Da die Berechtigten beim Abschluss des Wahrnehmungsvertrags Unternehmer iSv § 14 BGB sind, findet nur die nach § 310 Abs. 1 S. 1 BGB beschränkte Inhaltskontrolle statt.[181] 124

2. Die Einbeziehungskontrolle

Als Einbeziehungskontrolle bezeichnet man die Vorschriften aus dem Recht der Allgemeinen Geschäftsbedingungen, nach denen zu beurteilen ist, ob AGB überhaupt Vertragsinhalt werden. Das richtet sich speziell nach § 305 Abs. 2 und 3 BGB sowie § 305c Abs. 1, im Übrigen nach den allgemeinen Vorschriften über den Vertragsschluss. 125

a) Die Unanwendbarkeit von § 305 Abs. 2 und 3 BGB

Die besondere Einbeziehungskontrolle des § 305 Abs. 2 und 3 BGB greift allerdings nicht Platz. Da die Berechtigten beim Abschluss des Wahrnehmungsvertrags **Unternehmer iSv § 14 BGB** sind, finden die Vorschriften von § 305 Abs. 2 und 3 BGB gem. § 310 Abs. 1 S. 1 BGB keine Anwendung.[182] Die GEMA erfüllt beim Abschluss des Wahrnehmungsvertrags die Anforderungen von § 305 Abs. 2 und 3 BGB aber ohnehin stets. Die Bedingungen des praktisch immer schriftlich geschlossenen Wahrnehmungsvertrags liegen dem Berechtigten vor. Die darin enthaltene Einbeziehungsklausel des § 6 BerV macht hinreichend deutlich auf Satzung und Verteilungsplan aufmerksam. Zudem erhält der Berechtigte üblicherweise ein Druckexemplar dieser Regelwerke ausgehändigt.[183] Nicht zuletzt publiziert die GEMA ihr Regelwerk jährlich im GEMA-Jahrbuch, das sie zudem im Internet zum kostenlosen Download zur Verfügung stellt.[184] 126

181 *Riesenhuber*, Die Auslegung und Kontrolle des Wahrnehmungsvertrags, S. 24–29.
182 *Riesenhuber*, ZUM 2002, 777 ff.; Schulze, in: Dreier/Schulze UrhG, Vor. § 31 Rn. 14.
183 Vgl. § 6 lit. a Abs. 3 BerV.
184 https://www.gema.de/die-gema/publikationen/jahrbuch.

b) *Die Einbeziehung nach den allgemeinen Vorschriften über den Vertragsschluss*

127 Unabhängig von dieser Wahrnehmungspraxis ergibt sich ein Mindestschutz der Berechtigten bereits aus dem allgemeinen Vertragsrecht. Denn schon nach allgemeinen Grundsätzen müssen die Berechtigten die Allgemeinen Geschäftsbedingungen **vereinbaren.**[185] Die Parteien müssen sich – ausdrücklich oder konkludent – auf die Einbeziehung der AGB einigen. Allerdings reicht diese Einigung auch dann, wenn die AGB dem Verwendungsgegner nicht vorgelegt werden und er sie auch nicht kennt. Für die konkludente Einbeziehung reicht es aus, wenn der Verwender auf seine AGB verweist und der andere Teil ihrer Einbeziehung nicht widerspricht.

c) *Die Nichteinbeziehung von überraschenden Klauseln, § 305c Abs. 1 BGB*

128 Zur Einbeziehungskontrolle ist auch die Vorschrift des § 305c Abs. 1 BGB zu rechnen, nach der **überraschende Klauseln** nicht Vertragsbestandteil werden. „Bestimmungen in Allgemeinen Geschäftsbedingungen, die nach den Umständen, insbesondere nach dem äußeren Erscheinungsbild des Vertrags, so ungewöhnlich sind, dass der Vertragspartner des Verwenders mit ihnen nicht zu rechnen braucht, werden nicht Vertragsbestandteil“. Der Tatbestand setzt voraus, dass (1) eine Klausel objektiv ungewöhnlich ist und (2) der Vertragspartner mit ihr deswegen nach wertender Betrachtung nicht zu rechnen brauchte („Übertölpelung“, „Überrumpelung“).[186]

129 Angewendet auf den Wahrnehmungsvertrag bedeutet dies, dass als Maßstab für die Ungewöhnlichkeit die **Praxis der Verwertungsgesellschaften** heranzuziehen ist, die seit langem etabliert ist und die auch der Gesetzgeber des Urheberrechtswahrnehmungsgesetzes vorgefunden und im Grundsatz gutgeheißen hat. Die Inhalte der Wahrnehmungsverträge sind – abgesehen von der nach dem jeweiligen Tätigkeitsbereich unterschiedlichen Rechteübertragung – weithin einheitlich[187] und können daher als ein Beurteilungsrahmen herangezogen werden. Ob der Verwendungsgegner mit einer bestimmten Klausel rechnen musste, ist am Maßstab des durchschnittlichen Berechtigten zu ermitteln. Dabei ist zu berücksichtigen, dass der Abschluss des Wahrnehmungsvertrags für ihn zu seiner „unternehmerischen“ Tätigkeit gehört und von ihm daher eine gewisse Sorgfalt erwartet werden kann. In der Praxis der Verwertungsgesellschaften kommen überraschende Klauseln bislang, soweit ersichtlich, nicht vor.[188]

3. Die Inhaltskontrolle

a) *Der Kontrolltatbestand und sein Zweck*

130 § 307 BGB unterwirft Allgemeine Geschäftsbedingungen einer für das Vertragsrecht an sich untypischen Inhaltskontrolle. Grund hierfür ist, dass bei **Allgemeinen Geschäftsbedingungen** der Vertragsmechanismus insofern versagt, als der Verwender sie „stellt“ und der Gegner nur die Möglichkeit hat, sich mit ihnen einverstanden zu erklä-

---

185 S. nur BGHZ 117, 190, 194; Palandt-*Grüneberg*, § 305 BGB Rn. 24–26; Wolf/Lindacher/Pfeiffer-*Pfeiffer*, § 305 BGB Rn. 67.
186 Palandt-*Grüneberg*, § 305c BGB Rn. 3 f.
187 Vgl. *Riesenhuber*, Die Auslegung und Kontrolle des Wahrnehmungsvertrags, S. 7–11. S. ferner insbesondere die Arbeit von *Mauhs*, Der Wahrnehmungsvertrag (1990).
188 Vgl. OLG München, ZUM 1998, 1031, 1032; dazu *Riesenhuber*, Die Auslegung und Kontrolle des Wahrnehmungsvertrags, S. 103 f.

ren oder vom Vertrag Abstand zu nehmen. Ist seine Zustimmung auch „formal" gegeben (s. soeben Rn. 125 ff. zur Einbeziehungskontrolle), so fehlt doch jede Chance, auf den Inhalt der Bedingungen Einfluss zu nehmen. Vor allem aber liegt hier ein Fall von **Marktversagen** vor, da der Verwendungsgegner AGB aufgrund ihrer regelmäßig gegebenen Komplexität nicht sinnvoll vergleichen kann.[189]

b) Der Gegenstand der Kontrolle

Entsprechend dem Schutzzweck der Regelung hat der Gesetzgeber aber bestimmte Gegenstände von der (vertragsrechtlichen) Inhaltskontrolle ausgenommen. Das wirkt sich auch auf die Kontrolle des Wahrnehmungsvertrags aus. Drei Gruppen von Regelungen unterliegen der Spezialkontrolle nach dem Urheberrechtswahrnehmungsgesetz und lassen sich **mit den Mitteln der AGB-Kontrolle nicht sinnvoll überprüfen**: (1) der Umfang der Rechteeinräumung (Kontrolltatbestand: § 9 S. 2 VGG; oben, Rn. 65 ff.), (2) die materiellen Verteilungsregeln (Kontrolltatbestand: § 27 Abs. 1 VGG; oben, Rn. 104 ff.) und die Regeln über die kulturelle Förderung insbesondere (Kontrolltatbestand: § 32 VGG; oben, Rn. 96 ff.).[190] 131

c) Der Kontrollmaßstab

Ein Charakteristikum der Inhaltskontrolle von AGB im deutschen Recht ist, dass primär nicht eine freischwebende Bewertung der Vereinbarung erfolgt, sondern erstens eine **vergleichende Bewertung der Abweichung** von den wesentlichen Grundgedanken der als ausgewogen angesehenen gesetzlichen Regelung, von der abgewichen wird, und zweitens eine **Bewertung der Regelung im Lichte der „Natur des Vertrags" und des Vertragszwecks** (§ 307 Abs. 2 BGB). Bei der Konkretisierung dieser Kontrollmaßstäbe sind die Regeln und Prinzipien des Wahrnehmungsgesetzes und die Zwecke, die der Wahrnehmungsvertrag nach dem Urheberrechtswahrnehmungsgesetz hat, zu berücksichtigen. 132

aa) Grundgedanken der gesetzlichen Regelung

Der Wahrnehmungsvertrag ist vom Standpunkt des BGB aus betrachtet ein atypischer Vertrag mit Elementen vor allem des Auftrags.[191] Zwar findet sich im VGG eine rudimentäre gesetzliche Regelung des Vertragstyps, doch enthält diese gerade **keine allgemeinen Vorgaben** über die wesentlichen Rechte und Pflichten.[192] Als Kontrollmaßstab kann daher nicht ein bestimmter Vertragstyp mit seinen dispositiven Vorschriften dienen. Ein für die Beurteilung mitentscheidender Schritt ist es also zunächst, die maßgebliche dispositive Regelung zu ermitteln. Hier sind auch die Vorgaben zu berücksichtigen, die sich aus dem Verwertungsgesellschaftengesetz selbst ergeben. Wenn man z.B. 133

189 Zum Ganzen aus jüngerer Zeit etwa *Canaris*, AcP 200 (2000), 273, 320–327; *Riesenhuber*, System und Prinzipien des Europäischen Vertragsrechts, S. 426 f., 452–454.

190 Eingehend hierzu *Riesenhuber*, Die Auslegung und Kontrolle des Wahrnehmungsvertrags, S. 107–111.

191 *Riesenhuber*, Die Auslegung und Kontrolle des Wahrnehmungsvertrags, S. 20–23, a.A. Wandtke/Bullinger-*Gerlach*, § 6 UrhWG Rn. 4, der im Wahrnehmungsvertrag auch Elemente des Geschäftsbesorgungs- und Dienstvertrags sieht.

192 Eine weitergehende Regelung schlägt *de lege ferenda* vor *Dietz*, ZUM 2003, 41, 43 f.; ein Beispiel für eine konkretere gesetzliche Regelung liefert das österreichische Verwertungsgesellschaftengesetz 2006 in § 11 Abs. 1 S. 1; dazu *Riesenhuber*, Das österreichische Verwertungsgesellschaftengesetz 2006, S. 41 f.

eine klauselmäßige Beschränkung oder Formalisierung von Auskunftsansprüchen des Berechtigten überprüft, so ist der Vergleichsmaßstab des Rechts der Geschäftsbesorgung zwar grundsätzlich der des § 666 BGB. Indes ist diese Vorschrift im Lichte der Vorgaben auszulegen, die sich aus dem Urheberrechtswahrnehmungsgesetz ergeben. Wenn allgemein gesagt wird, dass sich der Inhalt des Auskunftsanspruchs mit Rücksicht auf das konkrete Auftragsverhältnis und den Grundsatz von Treu und Glauben bestimmt,[193] so bedeutet das für den Wahrnehmungsvertrag, dass auch die Sachgegebenheiten der *kollektiven Rechtewahrnehmung*, also vor allem die dabei im Interesse der Effizienz der Tätigkeit nötigen Pauschalierungen und Formalisierungen, zu beachten sind.[194, 195] Erst die Grundgedanken der so ausgelegten dispositiven Vorschrift des § 666 BGB ergeben den Kontrollmaßstab für § 307 Abs. 2 Nr. 1 BGB.[196]

bb) Natur und Zweck des Vertrags

134 Auf entsprechende Weise fließen die Wertungen des VGG ein, wenn man Klauseln daraufhin überprüft, ob sie wesentliche Rechte und Pflichten, die sich aus der Natur des Vertrags ergeben, so einschränken, dass die Erreichung des Vertragszwecks gefährdet ist.

135 Ein **Beispiel** für die Berücksichtigung des Vertragszwecks ist die AGB-Kontrolle des Rückrufrechts der VG Bild-Kunst durch das OLG Köln.[197] Zu Recht hielt das Gericht das wahrnehmungsrechtliche Rückrufrecht für wirksam. Die grundsätzliche Rechteübertragung entsprach dem Zweck des Vertrags, weil die betroffenen Rechte zur Vervielfältigung und Verbreitung sinnvoll nur kollektiv wahrgenommen bzw. vergeben werden können.[198] Das individuelle Rückrufrecht für bestimmte Nutzungen trug den Interessen der Berechtigten in ausreichendem Maße Rechnung. Insbesondere war auch nicht zu beanstanden, dass den Berechtigten der Rückruf auch „oblag". Weil nämlich die **Verteilung primär nach dem Leistungsprinzip** gerechtfertigt sein muss, muss die Verwertungsgesellschaft die Möglichkeit haben, einen Rückruf zu registrieren. Nicht zuletzt diente dieses Verfahren dem Schutz der Berechtigten.[199]

cc) Treuwidrige Benachteiligung

136 Helfen die Zweifelsregeln nicht weiter, so kommt es auf eine Bewertung an, ob die Klausel den Vertragspartner des Verwenders „entgegen den Geboten von **Treu und Glauben** unangemessen benachteiligt". Auch bei dieser Bewertung sind wiederum die Besonderheiten der kollektiven Rechtewahrnehmung zu berücksichtigen. Dabei können insbesondere die Treubindung gegenüber *allen* Berechtigten, die Sachgegebenheiten der *kollektiven Rechtewahrnehmung* und, damit zusammenhängend, das „wirtschaftliche Gebot der Verhältnismäßigkeit" (vgl. Rn. 78) eine Rolle spielen.

193 BeckOGK-*Riesenhuber*, § 666 BGB Rn. 13; Münchener Kommentar-*Seiler*, § 666 BGB Rn. 7.

194 Grundlegend BGH, GRUR 1988, 782, 783 – GEMA-Wertungsverfahren („wirtschaftliches Prinzip der Verhältnismäßigkeit").

195 Eingehend zu Informationspflichten *Riesenhuber*, ZUM 2004, 417–426.

196 I. Erg. wohl ebenso KG, BeckRS 2013, 02499 zu B)III.3.b).

197 OLG Köln, ZUM 1998, 505–508 – Kunstklotz; Vorinstanz LG Köln, ZUM 1998, 168–170. Ausführlich dazu *Riesenhuber*, Die Auslegung und Kontrolle des Wahrnehmungsvertrags, S. 113 f. mit weiteren Beispielen aus der Rechtsprechung.

198 Das meint offenbar OLG Köln, ZUM 1998, 505, 507, wenn es ausführt, auch wenn die „Zweckübertragungslehre" anwendbar wäre, wäre nach dem Zweck des Wahrnehmungsvertrags von einer Übertragung der Rechte auszugehen.

199 Zum Schutzbedürfnis *Pfennig*, ZUM 1998, 170 (Anmerkung zur Entscheidung der Vorinstanz).

dd) Transparenzgebot

137 Schließlich kann auch die Undurchsichtigkeit einer Regelung deren Unwirksamkeit begründen, § 307 Abs. 1 S. 2 BGB. Daraus leitet die Rechtsprechung konkretere Einzelforderungen zum Schutz des Verwendungsgegners ab, der seine Rechte und Pflichten erkennen und verstehen können, nicht dem Gutdünken des Verwenders ausgesetzt sein und nicht von der Durchsetzung seiner Rechte abgehalten werden soll. Transparenz verlangt daher erstens, dass der Verwender die Rechte und Pflichten des anderen Teils „klar, einfach und präzise" darstellt. Zweitens muss er die Tatbestandsvoraussetzungen und Rechtsfolgen so genau beschreiben, dass ihm „keine ungerechtfertigten Beurteilungsspielräume entstehen" („Bestimmtheitsgebot"). Und drittens muss der Verwender die AGB so formulieren, dass sein Vertragspartner nicht von der Durchsetzung seiner Rechte abgehalten wird.[200] Das Transparenzgebot bedeutet freilich nicht, dass vom AGB-Verwender Unmögliches verlangt würde; es „darf den AGB-Verwender nicht überfordern"[201]. Es versteht sich, dass komplexe Regelungsanliegen, wie sie zumal im Verteilungsplan auftreten, auch differenziert umgesetzt werden können, wenn dies dem Wunsch der Mitgliederversammlung entspricht. Im Rahmen dieser Umsetzung ist jedoch eine möglichst einfache und klare Regelung zu wählen. So hat der BGH z.B. beanstandet, wenn eine Regelung so gefasst war, „dass ihre Auswirkungen vom Durchschnittskunden nur mit Mühe zu durchschauen [waren], statt von der bestehenden Möglichkeit Gebrauch zu machen, eine leichter durchschaubare Formulierung zu wählen".[202] AGB sind nach Möglichkeit durch verständliche, präzise und trennscharfe Begriffe zu formulieren; Ermessensvorschriften sind tunlichst durch Kriterien für die Ermessensausübung zu konkretisieren (Bestimmtheitsgebot).[203]

d) Verstoßfolgen: Vertragsrecht und Staatsaufsicht

138 Für die AGB-Kontrolle sind die **vertragsrechtlichen Verstoßfolgen** gesetzlich klar geregelt. Unangemessene AGB sind nichtig, der Vertrag bleibt aber im Übrigen bestehen, §§ 307–309, § 306 Abs. 1 BGB. Die durch die Kassation entstandene Lücke ist durch das dispositive Gesetzesrecht zu schließen, § 306 Abs. 2 BGB. Als dispositive Rückfallregelung kommt, wie wir eingangs (Rn. 133) gesehen haben, vor allem das Auftragsrecht des BGB in Betracht, das freilich den Besonderheiten des Wahrnehmungsvertrags angepasst werden muss. Fehlen im dispositiven Recht sachgerechte Regelungen, so sind diese über § 242 BGB oder im Wege der Rechtsfortbildung, nach anderer (wohl herrschender) Meinung im Wege der ergänzenden Vertragsauslegung, zu begründen.[204] Dabei muss sich das Gericht an dem orientieren, was typische Vertreter des betroffenen Verkehrskreises als interessengerechte Lösung vereinbart hätten (objektiv-generalisierender Maßstab).[205] Im Ergebnis kann sich aus der Nichtigkeit einzelner Klauseln für die Verwertungsgesellschaft ein dringendes Bedürfnis ergeben, die Wahrnehmungs-

200 BGH, GRUR 2016, 606 Rn. 19 – Allgemeine Marktnachfrage; GRUR 2013, 375 Rn. 35 – Missbrauch des Verteilungsplans mwN.
201 BGH, NJW 1990, 2383, 2384 – Zinsberechnungsklausel.
202 BGH, NJW 1990, 2383, 2384 – Zinsberechnungsklausel.
203 Münchener Kommentar-*Wurmnest*, § 307 BGB Rn. 59 f.
204 Umstritten ist nur, woraus sich das Gebot der ergänzenden Vertragsauslegung im Anwendungsbereich des § 306 Abs. 2 BGB ergeben soll, dazu Münchener Kommentar-*Basedow* § 306 Rn. 22 ff.; Staudinger-*Schlosser* (2013), § 306 BGB Rn. 12 ff.; Ulmer/Brandner/Hensen-*Schmidt*, § 306 BGB Rn. 31 ff. mwN.
205 Ulmer/Brandner/Hensen-*Schmidt*, § 306 BGB Rn. 32.

oder Verteilungsbedingungen anzupassen bzw. zu ändern, um weitere Verwerfungen zu vermeiden.[206]

139 Fraglich ist, ob das Deutsche Patent- und Markenamt im Wege der **aufsichtsrechtlichen Kontrolle** gem. § 76 VGG auch über die Beachtung von § 307 BGB wacht. Das wäre unproblematisch dann der Fall, wenn dieser Kontrollmaßstab Teil des Angemessenheitsgebots nach § 9 S. 2 VGG wäre.[207] Dem ist indes zu widersprechen, da die verschiedenen Kontrollmaßstäbe soweit wie möglich formal voneinander abzugrenzen sind.[208] Auch in der Sache überzeugt es nicht, die AGB-Kontrolle in das Angemessenheitsgebot hineinzulesen: AGB-Kontrolle ist im deutschen Privatrecht ganz allgemein Sache der ordentlichen Gerichte. Ungeachtet seiner großen fachlichen Kompetenz im Bereich des Wahrnehmungsrechts ist dafür das DPMA, dessen Ausstattung in diesem Bereich beschränkt ist, für die AGB-Kontrolle nicht gut gerüstet. Daher hat es seinen guten Sinn, wenn § 19 Abs. 1 UrhWG die Aufsicht auf die Einhaltung der Bindungen beschränkt, die sich aus dem *Verwertungsgesellschaftengesetz* ergeben, § 76 Abs. 1 VGG.

IV. Das Gesetz gegen Wettbewerbsbeschränkungen

1. Einführung

140 Anders als namentlich im US-amerikanischen Recht[209] ist das Wahrnehmungsrecht in Deutschland speziell geregelt. Dadurch ist auch die kartellrechtliche Beurteilung wesentlich entschärft.[210] Nach Art. 3 der am 1. Mai 2004 in Kraft getretenen Verordnung 1/2003 ist allerdings auf **zwischenstaatliche Sachverhalte** europäisches Kartellrecht anzuwenden. Das deutsche Kartellrecht kann ungeachtet dessen weiterhin zur Anwendung kommen. Nach Wegfall der Freistellung von § 30 GWB a.F. durch die Novelle von 2005 findet das Kartellverbot grundsätzliche Anwendung. Indes geht man hier (wie im europäischen Kartellrecht) davon aus, dass die Bildung und Betätigung von Verwertungsgesellschaften zulässig ist, soweit sie für ihre Mitglieder unerlässlich sind.[211] Daneben findet die Missbrauchsaufsicht nach § 19 GWB Anwendung.[212]

2. Die Missbrauchskontrolle nach § 19 GWB

a) Einführung

141 Die Missbrauchskontrolle nach § 19 GWB hat im Wahrnehmungsrecht eine auch praktisch gelegentlich erwiesene Bedeutung. Allerdings greift die Missbrauchskontrolle des § 19 GWB nur für die Verwertungsgesellschaften Platz, die eine **marktbeherrschende** Stellung haben, doch ist das für Verwertungsgesellschaften zumeist der Fall, zumal wenn sie, wie die GEMA, sogar ein faktisches Monopol haben. § 19 Abs. 1 GWB enthält

206 Näher *Riesenhuber*, Die Auslegung und Kontrolle des Wahrnehmungsvertrags, S. 115.
207 So v. a. *Rehbinder*, DVBl. 1992, 216, 217 f., der folgerichtig auch die Aufsicht des DPMA bejaht.
208 Näher *Riesenhuber*, Die Auslegung und Kontrolle des Wahrnehmungsvertrags, S. 73, 115 f.
209 Eingehend *Goldmann*, Die kollektive Wahrnehmung musikalischer Rechte, S. 123–181.
210 S. aber BGH, GRUR 2012, 1062 Rn. 29 ff. – Elektronischer Programmführer. Vertiefend *Riesenhuber*, Die Auslegung und Kontrolle des Wahrnehmungsvertrags, S. 123 f.
211 *Bechtold/Bosch*, Vor § 28 GWB Rn. 6 ff.; Immenga/Mestmäcker-*Zimmer*, § 1 GWB Rn. 362.
212 Verwertungsgesellschaften als Adressaten der §§ 19, 20 GWB: *Bechtold/Bosch*, Vor § 28 GWB Rn. 9.; Loewenheim/Meessen/Riesenkampff-*Loewenheim*, § 19 GWB Rn. 11.

das grundsätzliche Verbot der missbräuchlichen Ausnutzung einer marktbeherrschenden Stellung. Absatz 2 konkretisiert den Missbrauchstatbestand.

142 Außer Betracht bleibt im Folgenden der **Aufnahmezwang** nach § 20 Abs. 5 GWB. Seine Anwendbarkeit neben § 9 S. 1 VGG ist umstritten: Während manche gesonderte Anwendungsbereiche beider Vorschriften bejahen,[213] ist der Wahrnehmungszwang nach § 9 S. 1 VGG nach anderer Ansicht abschließende Spezialvorschrift;[214] in der Tat hat der Gesetzgeber einen Aufnahmezwang bewusst abgelehnt.[215]

b) Der Kontrolltatbestand und sein Zweck

143 Die Kontrolle nach § 19 GWB knüpft an die marktbeherrschende bzw. marktstarke Stellung an. **Zweck der Missbrauchskontrolle** ist hier wie allgemein, marktbeherrschende Unternehmen, deren Entflechtung das deutsche Kartellrecht nicht ermöglicht oder – wie im Fall der Verwertungsgesellschaften – nicht erst für wünschenswert erachtet, einer spezifischen Kontrolle zu unterwerfen, um **Beeinträchtigungen des Marktes zu vermeiden**. Das GWB verbietet zwar die Marktbeherrschung nicht, nimmt sie aber zum Anlass für eine besonders wachsame Kontrolle.[216]

144 Die Vorschriften binden marktbeherrschende Unternehmen, und zwar insbesondere zum Schutz anderer Unternehmen. Die daraus resultierende Missbrauchskontrolle findet auch im Verhältnis zwischen Verwertungsgesellschaft und Berechtigten statt, sie ist insbesondere nicht durch die Sonderregeln des VGG derogiert.[217]

c) Der Gegenstand der Kontrolle

145 Der Kontrolltatbestand des § 19 GWB ist nicht speziell auf den Wahrnehmungsvertrag und die darin inkorporierten Bestandteile – Verteilungsplan und Satzung – zugeschnitten. Eine Kontrolle dieser Regelwerke kommt unter dem Gesichtspunkt des Konditionenmissbrauchs in Betracht.

146 Ein **Konditionenmissbrauch** liegt nach § 19 Abs. 2 Nr. 2 GWB vor, wenn ein marktbeherrschendes Unternehmen als Anbieter oder Nachfrager einer bestimmten Art von Waren oder gewerblichen Leistungen Entgelte oder sonstige Geschäftsbedingungen fordert, die von denjenigen abweichen, die sich bei wirksamem Wettbewerb mit hoher Wahrscheinlichkeit ergeben würden. Zu den Geschäftsbedingungen der Verwertungsgesellschaften als marktbeherrschende Unternehmen und Anbieter der Dienstleistung einer kollektiven Rechtewahrnehmung gehören die Bedingungen des **Wahrnehmungsvertrags** einschließlich des Umfangs der Rechtewahrnehmung ebenso wie die **Verteilungsbedingungen**. Auch aus der **Satzung** können sich kontrollfähige Geschäftsbedingungen ergeben, etwa soweit es um darin enthaltene Grundsätze der Verteilung geht oder um Schiedsabreden, wie sie teilweise in der Satzung enthalten sind.

---

213 *Mauhs*, Der Wahrnehmungsvertrag, S. 41 f.; *Menzel*, Die Aufsicht über die GEMA, S. 100–102; *Vogel*, FG Schricker, S. 137.

214 *Goldmann*, Die kollektive Wahrnehmung musikalischer Rechte, S. 189 f.; *Mestmäcker*, FS Lukes, S. 457 f.; *Wirtz*, Die Kontrolle von Verwertungsgesellschaften, S. 121; KG WuW/E OLG 4040, 4043; s.a. KG v. 4.4.2001 – Kart U 4239/00 (nicht veröffentlicht), Umdruck S. 5.

215 RegE, Begründung zu § 6 UrhWG, BT-Drs. IV/271, S. 16.

216 Zum umfassenden Begriff der unterschiedlichen Behandlung Immenga/Mestmäcker-*Fuchs/Möschel*, GWB, § 18 Rn. 1.

217 Näher *Riesenhuber*, Die Auslegung und Kontrolle des Wahrnehmungsvertrags, S. 127–129.

d) Der Kontrollmaßstab

147 Die – schon allgemein schwierige – Konkretisierung des Missbrauchsbegriffs zu einem handhabbaren Tatbestandsmerkmal bereitet bei der Anwendung auf das Verhalten der Verwertungsgesellschaften eigene Schwierigkeiten. Dem Zweck des Missbrauchsverbots entsprechend geht es darum, solche Verhaltensweise als missbräuchlich zu erfassen, die das marktbeherrschende Unternehmen **allein aufgrund seiner Marktmacht** erlangt. Als Prüfungsüberlegung dazu dient herkömmlich die Frage, welche Verhaltensweisen bei bestehendem Wettbewerb durchsetzbar wären (so genannte „Als-ob-Regel"; § 19 Abs. 2 Nr. 2 GWB).[218] Da indes der Gesetzgeber des Verwertungsgesellschaftengesetzes, der auch die Kartellaufsicht geregelt hat, davon ausging, dass ein Monopol der Verwertungsgesellschaft notwendig und wünschenswert ist, passt diese Kontrollüberlegung nicht. Wettbewerb würde nach der Annahme des Gesetzgebers nicht zu einem wünschenswerten Verhalten führen.[219]

148 Daher muss die Als-ob-Regel in diesem Fall modifiziert bzw. ersetzt werden.[220] An ihre Stelle muss eine **materielle Bestimmung des Missbrauchs** treten. Dabei besteht Einigkeit, dass die kartellrechtliche Bewertung mit den Wertungen des Urheberrechtswahrnehmungsgesetzes abzustimmen ist.[221] Nichts anderes bedeutet es, wenn bei der Bestimmung des Missbrauchs der Zweck der Freistellung berücksichtigt wird.[222] Diese inhaltliche Abstimmung entspricht in der Tat dem erkennbaren Willen des Gesetzgebers sowie dem Systemgebot der Einheit der Rechtsordnung. Zweifellos wollte der Gesetzgeber mit der kartellrechtlichen Missbrauchskontrolle nicht beanstanden, was er nach der wahrnehmungsrechtlichen Regelung für zulässig hielt.

149 Im Ergebnis sind bei der Missbrauchskontrolle unter dem Gesichtspunkt des Kartellrechts **dieselben Kontrollmaßstäbe** anzuwenden, wie sie schon **§§ 9 S. 2 und 27 Abs. 1 VGG** enthalten (s.o. Rn. 65ff. und Rn. 104ff.).[223] Die Missbrauchsaufsicht ist somit nicht materiell besonders, sondern allein aufsichtsrechtlich bzw. formell.[224] Auch der BGH hat in der Entscheidung GEMA-Wertungsverfahren im Rahmen der kartellrechtlichen Beurteilung die grundlegenden Funktionsvoraussetzungen der kollektiven Rechtewahrnehmung berücksichtigt.[225] Dabei hat er die GEMA keineswegs darauf verwiesen, Regelungen als notwendig oder verhältnismäßig („erforderlich") zu rechtfertigen, sondern ihr ausdrücklich einen Beurteilungsspielraum eingeräumt. In der Sache erfolgt die Prüfung des Verteilungsplans nach denselben Grundsätzen wie bei der Kontrolle nach § 27 VGG.

---

218 Bechtold/Bosch-*Bechtold/Bosch*, § 19 GWB Rn. 55; *Lux*, WRP 1998, 31, 37; *Reinbothe*, Schlichtung im Urheberrecht, S. 118f. S.a. KG v. 23.2.2000 – Kart U 1557/99, Umdruck S. 22.

219 *Reinbothe*, Schlichtung im Urheberrecht, S. 119; *Lux*, WRP 1989, 31, 37f.; s.a. *Mestmäcker*, FS Lukes, S. 455.

220 *Reinbothe*, Schlichtung im Urheberrecht, S. 117–120; *Lux*, WRP 1989, 31, 37f.

221 Schricker/Loewenheim-*Reinbothe*, § 24 UrhWG Rn. 2; Immenga/Mestmäcker^3-*Möschel*, § 30 GWB Rn. 16.

222 *Mestmäcker*, FS Lukes, S. 453f.; *Reinbothe*, Schlichtung im Urheberrecht, S. 119f. Kritisch zu dieser Begründung Immenga/Mestmäcker^3-*Möschel*, § 30 GWB Rn. 16, da § 30 GWB einen positiven Freistellungszweck nicht erkennen lasse.

223 Zur Herleitung im Einzelnen s. *Riesenhuber*, Die Auslegung und Kontrolle des Wahrnehmungsvertrags, S. 130–133.

224 Ebenso *Mestmäcker*, FS Lukes, S. 458f. A.M. KG WuW/E OLG 4040, 4043 (§ 20 I GWB könne „im Einzelfall eine größere Reichweite haben, weil er nicht nur ein Willkürverbot enthält"; zust. *Stockmann*, in: Die Verwertungsgesellschaften im Europäischen Binnenmarkt, S. 34f.

225 BGH, GRUR 1988, 782 – GEMA-Wertungsverfahren.

e) *Verstoßfolgen: Staatsaufsicht und Vertragsrecht*

Das Bundeskartellamt kann der Verwertungsgesellschaft die Verwendung missbräuchlicher oder diskriminierender Wahrnehmungsbedingungen untersagen, §§ 32 GWB. Die **Kartellaufsicht** wird von der Aufsicht durch das Deutsche Patent- und Markenamt nach dem VGG nicht verdrängt.[226] Nur dann, wenn die Wahrnehmungsbedingungen allein abstrakt eine Gefahr der Diskriminierung bilden und allein wegen Verletzung des Gebots der „festen Regeln" in § 7 S. 1 UrhWG zu beanstanden ist, ist dafür nach der Entscheidung GEMA-Wertungsverfahren ausschließlich das DPMA zuständig.[227] 150

Vertragsrechtlich sind missbräuchliche Wahrnehmungsbedingungen nichtig, § 19 Abs. 1 GWB iVm § 134 BGB. Gegen ihre Verwendung können sich die Berechtigten mit Unterlassungs- und Schadensersatzansprüchen wehren, §§ 19 Abs. 1, 33 GWB, 249–252 BGB. Auch gegen Diskriminierung haben die Berechtigten Anspruch auf Unterlassung und Schadensersatz, §§ 20, 33 GWB, 249–254 BGB. 151

V. Das europäische Kartellrecht

1. Einführung und Abgrenzung

Aufgrund ihrer regelmäßig gegebenen faktischen Monopolstellung in einem Mitgliedstaat oder als sonst marktbeherrschende Unternehmen im europäischen Binnenmarkt unterliegen die Verwertungsgesellschaften auch der Aufsicht und Kontrolle nach Europäischem Kartellrecht (oben, **Kap. 4**).[228] Diese Kartellaufsicht, die auf die Besonderheiten der kollektiven Wahrnehmung von Urheberrechten nicht zugeschnitten ist, wird oft kritisiert.[229] Weil sie der Sache nicht gerecht werde, wird eine spezielle Regelung gefordert, wie sie in Deutschland das Urheberrechtswahrnehmungsgesetz darstellt.[230] Ungeachtet dessen hat das europäische Kartellrecht durch die Verordnung 1/2003 an Bedeutung gewonnen, da es danach auch von den nationalen Kartellbehörden und Gerichten vorrangig anzuwenden ist (Rn. 140). Die sekundärrechtliche Regulierung in der Verwertungsgesellschaftenrichtlinie 2014/26, die auch die meisten kartellrechtlich relevanten Fragen regelt, steht zwar (in Form der mitgliedstaatlichen Umsetzungsrechtsakte) in der Praxis im Vordergrund, stellt die Verwertungsgesellschaften aber nicht vom Kartellrecht frei (BE 56 Richtlinie 2014/26). 152

Die Kartellvorschriften des EG-Vertrags finden auf Bildung und Tätigkeit von Verwertungsgesellschaften in vollem Umfang Anwendung. Eine **Anpassung der Kartellnormen**, wie sie Art. 106 Abs. 2 AEUV für Unternehmen ermöglicht, die mit Dienstleis- 153

226 BGH, GRUR 2012, 1062 Rn. 29 ff. – Elektronischer Programmführer.

227 BGH, GRUR 1988, 782, 785 – GEMA-Wertungsverfahren; dazu *Riesenhuber*, Die Auslegung und Kontrolle des Wahrnehmungsvertrags, S. 133 f., 135 f.

228 Zur grundsätzlichen Anwendbarkeit *Riesenhuber*, Die Auslegung und Kontrolle des Wahrnehmungsvertrags, S. 35 f. Übersicht über die Kommissionspraxis und die Rechtsprechung des EuGH bei *Dietz*, FS 100 Jahre GRUR, S. 1464–1471.

229 *Dietz*, Urheberrecht in der Europäischen Gemeinschaft, S. 276 (Rn. 571), 302 (Rn. 645); *ders.*, FS 100 Jahre GRUR, S. 1464; *Wallace*, GRUR Int. 1973, 357, 358.

230 Siehe insbesondere Entschließung des Europäischen Parlaments v. 15.1.2004 zu einem Gemeinschaftsrahmen für Verwertungsgesellschaften im Bereich des Urheberrechts und der verwandten Schutzrechte (2002/2274(INI)), ABl. C 92 E/425, und dazu *Dietz*, IIC 35 (2004), 809–820; Mitteilung der Kommission v. 16.4.2004 über die Wahrnehmung von Urheberrechten und verwandten Schutzrechten im Binnenmarkt, KOM(2004), 261 endg., und dazu *Riesenhuber*, Die Auslegung und Kontrolle des Wahrnehmungsvertrags, S. 151–158; *Riesenhuber/v. Vogel*, EuZW 2004, 519–523.

tungen von allgemeinem wirtschaftlichen Interesse betraut sind, haben Gerichtshof und Kommission **abgelehnt.**[231]

154 Neben der Anwendung des EG-Kartellrechts kann man auch die **Anwendung sonstigen Primärrechts** auf die Verwertungsgesellschaften erwägen. Hier ist nicht so sehr an die unmittelbare Anwendung der Grundfreiheiten zu denken[232] als an die öfter bejahte unmittelbare Anwendbarkeit des primärrechtlichen Verbots der Nationalitätendiskriminierung des Art. 18 Abs. 1 AEUV.[233] Diese Frage ist indes nur von theoretischem Interesse.[234] Soweit bereits die kartellrechtlichen Vorschriften des Art. 102 AEUV das allgemeine Diskriminierungsverbot des Art. 18 AEUV konkretisieren,[235] wird ihnen vom EuGH ein Anwendungsvorrang eingeräumt.[236] Kommission und Gerichtshof haben das Diskriminierungsverbot des Art. 18 AEUV daher nicht unmittelbar angewendet, sondern im Rahmen der prinzipiell-systematischen Auslegung des Missbrauchsbegriffs des Art. 102 AEUV berücksichtigt.[237] Zudem statuiert jetzt Art. 5 Abs. 2 VGRL (§ 9 S. 1 VGG) einen Wahrnehmungszwang.

155 Ob die Bildung von Verwertungsgesellschaften vom **Kartellverbot des Art. 101 AEUV** erfasst wird, ist umstritten. Bei einer buchstabengetreuen Anwendung wäre das wohl zu bejahen,[238] doch besteht im Ergebnis weithin Einigkeit, dass das Kartellverbot nach teleologischen Gesichtspunkten im Ergebnis nicht eingreift,[239] jedenfalls aber eine Freistellung nach Art. 101 Abs. 3 AEUV zu gewähren wäre.[240] Kommission und Gerichtshof haben zu der Frage bislang nicht Stellung genommen. Eine Kontrolle von Wahrnehmungsvertrag, Satzung und Verteilungsplan könnte aber in Form einer

---

231 Kommission v. 2.6.1971 – 71/224/EWG *GEMA*, ABl. 1971 L 134/15, 27 – GEMA I; Kommission v. 29.10.1981 – 81/1030/EWG *GVL*, ABl. 1981 L 370/49 Rn. 65–68 – GVL; EuGH v. 27.3.1974 – Rs. 127/73, *BRT ./. SABAM und Fonior*, Slg. 1974, 313 Rn. 19/22 und 23 – BRT II; EuGH v. 2.3.1983 – Rs. 7/82 *GVL ./. Kommission*, Slg. 1983, 483, Rn. 31 f. S.a. *Riesenhuber*, Die Auslegung und Kontrolle des Wahrnehmungsvertrags, S. 35 f.; *Holzmüller*, oben **Kap. 4 Rn. 7**.

232 Zur unmittelbaren Anwendbarkeit eingehend *Riesenhuber*, System und Prinzipien des Europäischen Vertragsrechts, S. 101–118 mwN. S. ferner *Wünschmann*, Die kollektive Verwertung von Urheber- und Leistungsschutzrechten, S. 29–32.

233 Gegen die unmittelbare Anwendbarkeit im Grundsatz *Riesenhuber*, System und Prinzipien des europäischen Vertragsrechts, S. 109 f. mwN auch zur Gegenmeinung. Im Ergebnis kann sich freilich gerade für Verwertungsgesellschaften mit Rücksicht auf ihre Monopolstellung im Wege der mittelbaren Drittwirkung eine Bindung ergeben. Für eine unmittelbare Drittwirkung kürzlich *Winghardt*, GRUR Int. 2001, 993, 1002.

234 S.a. *Wünschmann*, Die kollektive Verwertung von Urheber- und Leistungsschutzrechten, S. 34 f. Anders *Winghardt*, GRUR Int. 2001, 993–1011, der in Art. 12 EG geradezu „eines der wichtigsten Instrumente zur Harmonisierung der Rechtssysteme innerhalb des Gemeinsamen Marktes" sieht.

235 Dazu *Wünschmann*, Die kollektive Verwertung von Urheber- und Leistungsschutzrechten, S. 145.

236 EuGH v. 14.7.1976 – Rs. 13/76 *Donà ./. Mantero*, Slg. 1976, 1333 Rn. 20.

237 Kommission v. 29.10.1981 – 81/1030 EWG *GVL*, ABl. 1981 L 370/49 Rn. 46 – GVL; EuGH v. 2.3.1983 – Rs. 7/82 *GVL ./. Kommission*, Slg. 1983, 483 Rn. 47–57; um die Beurteilung von Rechtsvorschriften eines Mitgliedstaats, nicht von Verhalten Privater, ging es in EuGH v. 20.10.1993 – verb. Rs. C-92 und 326/92 *Phil Collins ./. Imtrat Handelsgesellschaft u.a. und Kraul ./. EMI Electrola*, Slg. 1994, I-5145 Rn. 29–33 – Phil Collins. Näher sogleich Rn. 127–135.

238 *Goldmann*, Die kollektive Wahrnehmung musikalischer Rechte, S. 227 f.

239 *Goldmann*, Die kollektive Wahrnehmung musikalischer Rechte, S. 232–234; *Stockmann*, in: Verwertungsgesellschaften im Europäischen Binnenmarkt, S. 40. Abl. *Pickrahn*, Verwertungsgesellschaften nach deutschem und europäischem Kartellrecht, S. 113–131; *Wünschmann*, Die kollektive Verwertung von Urheber- und Leistungsschutzrechten, S. 91–102. S.a. Regierungsentwurf eines Sechsten Gesetzes zur Änderung des Gesetzes gegen Wettbewerbsbeschränkungen, BT-Drs. 13/9720, S. 54.

240 *Wünschmann*, Die kollektive Verwertung von Urheber- und Leistungsschutzrechten, S. 88–116, der eine Restriktion des Art. 81 Abs. 1 EG ablehnt; *Pickrahn*, Verwertungsgesellschaften nach deutschem und europäischem Kartellrecht, S. 131–134; wohl auch schon *van Isacker*, FS Roeber, S. 229.

Verhältnismäßigkeitsprüfung unter Art. 101 Abs. 1 AEUV vorgenommen werden.[241] Sie würde zudem im Rahmen einer **Freistellungsentscheidung** stattfinden,[242] denn nach Art. 101 Abs. 3 AEUV ist dabei zu prüfen, ob den beteiligten Unternehmen (Berechtigten) Bedingungen auferlegt werden, die für die Verwirklichung der Ziele des Zusammenschlusses nicht unerlässlich sind. Es findet also eine Erforderlichkeitsprüfung statt. Diese kann sich insbesondere auf den Umfang der Rechteübertragung beziehen. Da indes eine Freistellung bislang von Kommission und Gerichtshof nicht erörtert (oder für erforderlich gehalten) wurde und da die hier anzustellende Erforderlichkeitsprüfung in der Sache nicht anders ausfallen kann als die Prüfung im Rahmen der Missbrauchskontrolle, kann insoweit auf die nachfolgenden Erörterungen zu Art. 102 AEUV verwiesen werden.

2. Die Missbrauchskontrolle des Art. 102 AEUV

In ähnlicher Weise wie nach nationalem Recht spielt auch nach Unionsrecht die kar- 156
tellrechtliche Missbrauchskontrolle praktisch eine gewisse Rolle.[243] In der Praxis steht indes die spezialgesetzliche Kontrolle und Aufsicht nach dem VGG, die man als Konkretisierung des Missbrauchsverbots ansehen kann, ganz im Vordergrund.

a) Der Kontrolltatbestand und sein Zweck

Art. 102 Abs. 1 AEUV verbietet als mit dem gemeinsamen Markt unvereinbar 157
- die missbräuchliche Ausnutzung
- einer beherrschenden Stellung auf dem gemeinsamen Markt oder einem wesentlichen Teil desselben
- durch ein oder mehrere Unternehmen
- soweit dies dazu führen kann, den Handel zwischen den Mitgliedstaaten zu beeinträchtigen.

In der Sache handelt es sich dabei um ein **Missbrauchsverbot**, das weithin jenem 158
der §§ 19, 20 GWB entspricht. Indes hat Art. 102 AEUV – worauf besonders das Tatbestandsmerkmal der Beeinträchtigung des innergemeinschaftlichen Handels hinweist – einen spezifischen Unionsbezug. Im Hinblick auf die Kontrolle der Wahrnehmungsbedingungen kommt diese Zwecksetzung besonders darin zum Ausdruck, dass Kommission und EuGH das Missbrauchsverbot vor allem mit dem Ziel angewandt haben, den Wettbewerb zwischen den Verwertungsgesellschaften der Gemeinschaft zu stärken. Das ist der Grund, warum der unbeschränkte Zugang zu allen Verwertungsgesellschaften der Gemeinschaft (Verbot der Nationalitätendiskriminierung) und die Erleichterung des Wechsels (keine überlange Bindung) im Vordergrund der Praxis standen.[244]

b) Der Gegenstand der Kontrolle

Die Kontrolle nach Art. 102 AEUV ist (ebenso wie jene nach §§ 19, 20 GWB) nicht auf den 159
Wahrnehmungsvertrag zugeschnitten. Ebenso wie im deutschen Recht ermöglicht aber

241 Vgl. Kommission v. 4.12.1981 – 82/204/EWG *GEMA*, ABl. 1982 L 94/12 Rn. 54 („dahingestellt" gelassen).
242 Dazu *Wünschmann*, Die kollektive Verwertung von Urheber- und Leistungsschutzrechten, S. 106–108.
243 Übersicht bei Immenga/Mestmäcker-*Fuchs/Möschel*, Art. 102 AEUV Rn. 189 ff.
244 *Mestmäcker*, FS Lukes, S. 456 f.; *Wallace*, GRUR Int. 1973, 357, 358.

auch Art. 102 AEUV die Kontrolle der Wahrnehmungsbedingungen von **Wahrnehmungsvertrag, Verteilungsplan und Satzung.**[245] Auch hier kann der Missbrauch insbesondere in einem Konditionenmissbrauch liegen, bei dem den Berechtigten, die auf die kollektive Wahrnehmung durch die Verwertungsgesellschaft angewiesen sind, unbegründet ungünstige oder diskriminierende Bedingungen angeboten werden. Die Regelbeispiele von Art. 102 Abs. 2 lit. a und b) AEUV machen das deutlich. Missbräuchlich ist insbesondere die Erzwingung von unangemessenen Geschäftsbedingungen oder die Anwendung unterschiedlicher Bedingungen für gleichwertige Leistungen gegenüber Handelspartnern.

c) *Der Kontrollmaßstab*

160 Der Missbrauchsbegriff des Art. 102 AEUV ist nicht näher definiert. Er wird durch die vier Regelbeispiele des Abs. 2 lit. a–d sowie unter Rückgriff auf den Missbrauchsbegriff des Art. 66 § 7 S. 1 EGKS konkretisiert. Im Hinblick auf den **Konditionenmissbrauch**, um den es in unserem Zusammenhang geht, hat der Gerichtshof das Missbrauchsverbot vor allem als ein Übermaßverbot konkretisiert.[246] Er überprüft die Wahrnehmungsbedingungen im Hinblick darauf, ob sie unter Abwägung der Interessen der Beteiligten angemessen sind.[247] Ergänzt wird die Übermaßkontrolle durch das Diskriminierungsverbot (vgl. Art. 102 Abs. 2 lit. c AEUV).[248]

161 Im Rahmen der Übermaßkontrolle setzt der EuGH die **Verfügungsfreiheit des Berechtigten** einerseits und das Interesse der Verwertungsgesellschaft an einer **wirkungsvollen Rechtewahrnehmung** andererseits ins Verhältnis.[249] Das Funktionsinteresse der Verwertungsgesellschaft ermöglicht es, auch die urheberrechtliche und kulturpolitische Funktion der Verwertungsgesellschaften zu berücksichtigen. Dafür ist auch im Rahmen der Kontrolle nach dem EG-Wettbewerbsrecht spätestens seit der Einfügung der „Kultur-Querschnittsklausel" des Art. 167 AEUV Raum.[250]

162 Anhand dieser Maßstäbe haben Kommission und Gerichtshof eine Reihe von praktisch bedeutsamen Einzelfragen – etwa zur Gleichbehandlung von EU-Ausländern, zum Umfang der Rechteübertragung (insbesondere Spartenlizenzierung), zur Vertragslaufzeit sowie zur Verteilung der Einnahmen – beurteilt.[251]

d) *Verstoßfolgen: Kommissionsaufsicht und Vertragsrecht*

163 Art. 82 EG verbietet den Missbrauch einer marktbeherrschenden Stellung, die Einzelheiten der aufsichtsrechtlichen Verstoßfolgen regelt die Verordnung 1/2003. Sie er-

---

245 EuGH v. 27.3.1974 – Rs. 1227/73 *BRT ./. SABAM und Fonior*, Slg. 1974, 313 Rn. 6/8 – BRT II; Kommission v. 4.12.1981 – 82/204/EWG *GEMA*, ABl. 1982 L 94/12 Rn. 36; *v. Gamm*, GRUR Int. 1983, 403, 406; *Mestmäcker*, FS Lukes, S. 456.
246 EuGH v. 27.3.1974 – Rs. 1227/73 *BRT ./. SABAM und Fonior*, Slg. 1974, 313 Rn. 6/8, 15 – BRT II; *Fikentscher*, FG Schricker, S. 191; *Goldmann*, Die kollektive Wahrnehmung musikalischer Rechte, S. 259. Weitergehend („mildestes Mittel") Kommission v. 2.6.1971 – 71/224/EWG *GEMA*, ABl. 1971 L 134/24 – GEMA I.
247 *Stockmann*, in: Die Verwertungsgesellschaften im Europäischen Binnenmarkt, S. 42 f.
248 Kommission v. 29.10.1981 – 81/1030/EWG *GVL*, ABl. 1981 L 370/49 Rn. 48–50 – GVL.
249 EuGH v. 27.3.1974 – Rs. 127/73 *BRT ./. SABAM und Fonier*, Slg. 1974, 313 Rn. 6/8 – BRT II.
250 Darauf weist zutreffend hin *Wünschmann*, Die kollektive Verwertung von Urheber- und Leistungsschutzrechte, S. 118 sowie S. 36–42.
251 Übersicht bei *Cherpillod*, in: Hilty, Die Verwertung von Urheberrechten in Europa, S. 33–39; *Dietz*, FS 100 Jahre GRUR, S. 1464–1471; Immenga/Mestmäcker/*Fuchs*/*Möschel*, Art. 102 AEUV Rn. 189 ff.; *Goldmann*, Die kollektive Wahrnehmung musikalischer Rechte, S. 244–254; *Riesenhuber*, Die Auslegung und Kontrolle des Wahrnehmungsvertrags, S. 144–148; *Wünschmann*, Die kollektive Verwertung von Urheber- und Leistungsschutzrechten, S. 122–148.

mächtigt die **Kommission**, die beteiligten Unternehmen im Wege der Entscheidung zu verpflichten, einen festgestellten Missbrauch abzustellen bzw. einen bereits eingestellten Missbrauch, der sich wiederholen könnte, festzustellen (Art. 7 Abs. 1 VO 1/2003).[252]

Die **zivilrechtlichen Folgen** eines Verstoßes gegen Art. 102 AEUV richten sich 164
nach nationalem Recht.[253] Da das Missbrauchsverbot gem. Art. 1 Abs. 3 VO 1/2003 ein unmittelbar anwendbares gesetzliches Verbot ist, ist ein missbräuchliches Rechtsgeschäft grundsätzlich nichtig, § 134 BGB.[254] Darüber hinaus kann die Verletzung von Art. 102 AEUV nach § 33 GWB Unterlassungs- und Beseitigungs- sowie Schadensersatzansprüche begründen.[255] Im Ergebnis besteht jedoch Einigkeit, dass der Umfang der Unwirksamkeit eingeschränkt sein kann. Die Reichweite der Unwirksamkeit ist maßgeblich von dem Gebot der effektiven Anwendung des Unionsrechts bestimmt. Bei seiner Umsetzung ist auch der Schutz legitimer Interessen Dritter zu berücksichtigen. Daher kommen als zivilrechtliche Folgen auch Teilnichtigkeit und Anpassung von Rechtsgeschäften in Betracht.[256]

---

252 Immenga/Mestmäcker-*Ritter*, Art. 7 VO 1/2003/EG Rn. 34 ff.; Immenga/Mestmäcker-*Möschel/Fuchs*, Art. 102 AEUV Rn. 408 ff.

253 Immenga/Mestmäcker-*Möschel/Fuchs*, Art. 102 AEUV Rn. 415.

254 Immenga/Mestmäcker-*Möschel/Fuchs*, Art. 102 AEUV Rn. 416 ff.

255 Immenga/Mestmäcker-*Möschel/Fuchs*, Art. 102 AEUV Rn. 422 ff.

256 Immenga/Mestmäcker-*Möschel/Fuchs*, Art. 102 AEUV Rn. 417–420.

Kapitel 7
Der Berechtigungsvertrag*

Inhaltsübersicht

Vor § 1

1 Der Berechtigungsvertrag bildet die Grundlage für das Rechtsverhältnis zwischen den berechtigten musikalischen Urhebern sowie Verlegern und der GEMA. Seine Bestimmungen regeln zum einen die **Rechteübertragungen** und enthalten zum anderen bestimmte vertragliche **Nebenbestimmungen**. Im Mittelpunkt des Vertrages stehen die Vereinbarungen darüber, welche Rechte der GEMA von dem Vertragspartner übertragen werden. Dabei verpflichten sich die Rechtsinhaber zur Übertragung bestimmter urheberrechtlicher Befugnisse und verfügen gleichzeitig über diese Rechte zu Gunsten der GEMA. Im allgemeinen Rechtsverkehr werden solche Verträge zwischen Rechtsinhabern und Verwertungsgesellschaften auch „Wahrnehmungsverträge“ genannt.

* Soweit die Überschriften der einzelnen §§ von den Verfassern hinzugefügt wurden – also nicht Bestandteil des Berechtigungsvertrages sind – ist dies durch [eckige Klammern] kenntlich gemacht.

Monika Staudt/Arndt Christoph Hendel

https://doi.org/10.1515/9783110366792-007

Auf Grund dieser Rechteübertragungen ist die GEMA in der Lage, die ihr übertragenen Rechte als **Treuhänderin** an Stelle der Berechtigten geltend zu machen (dazu nachfolgend Rn. 295ff.). Allerdings muss der Berechtigungsvertrag stetig überprüft und an die insbesondere mit dem technischen Fortschritt einhergehende Weiterentwicklung der urheberrechtlichen Befugnisse angepasst werden. Dies erfordert fortlaufende Beschlussfassungen der Mitgliederversammlung der GEMA, die dafür Sorge tragen muss, dass neu entwickelte Auswertungsformen und Änderungen des Urheberrechts Berücksichtigung finden. Umfassende Rechteübertragungen im Berechtigungsvertrag bilden die Basis für eine effektive und interessengerechte kollektive Rechtewahrnehmung, die es der GEMA ermöglicht, angemessene Vergütungen für die Nutzungen der Werke ihrer Mitglieder zu erreichen. 2

Zusätzlich zu den Regelungen zur Rechteübertragung enthält der Berechtigungsvertrag einige Nebenbestimmungen, die weitere Einzelheiten des Vertragsverhältnisses zwischen den Berechtigen und der GEMA näher ausgestalten. Diese Vorschriften legen die **allgemeinen vertraglichen Beziehungen** zwischen der GEMA und den Berechtigten fest, wie etwa die Verpflichtung des Berechtigten, die unter den Berechtigungsvertrag fallenden Werke bei der GEMA anzumelden oder den Wechsel seines Wohnsitzes mitzuteilen. 3

Das Gesetz sieht für Wahrnehmungsverträge keinen eigenen Vertragstyp vor. Entgegen einer weit verbreiteten Ansicht[1] enthält der Berechtigungsvertrag der GEMA keine Elemente des Geschäftsbesorgungsvertrages (§§ 675f. BGB) oder des Dienstvertrages (§§ 611–630 BGB). Da die GEMA für ihre Tätigkeit lediglich eine Art Aufwandsentschädigung (§ 670 BGB)[2] und keine Vergütung erhält, ist dieser gemischt-typische Vertrag vorrangig dem **Auftragsrecht** zuzuordnen.[3] Der **Zweck** des Berechtigungsvertrages besteht darin, der GEMA diejenigen Rechte zu übertragen, deren individuelle Wahrnehmung der einzelne Rechtsinhaber aufgrund gesetzlicher Vorgaben nicht vornehmen oder wegen der tatsächlichen Gegebenheiten nicht sinnvoll bewältigen kann bzw. deren Übertragung erforderlich ist, um eine effektive kollektive Rechtewahrnehmung zu ermöglichen.[4] 4

Zur Bestimmung des Regelungsinhalts der Klauseln sind zunächst die allgemeinen Auslegungsgrundsätze des BGB heranzuziehen. Die Vorschriften können in einen historischen Zusammenhang gestellt werden, indem ihre Entstehung und Entwicklung durch die Beschlüsse der Mitgliederversammlung aufgezeigt werden. Bestehen Zweifel über den Umfang der Rechteübertragung, spielt zudem die Auslegungsregel des § 31 Abs. 5 UrhG eine entscheidende Rolle:[5] Die darin zum Ausdruck kommende Übertragungszweckgedanke schreibt vor, derartige Zweifel im Sinne des Vertragszwecks zu lösen (zur Auslegung des Wahrnehmungsvertrages: **Kap. 6 Rn. 3–43**). Nach der Ermittlung des **Regelungsinhalts** kann noch die Frage zu klären sein, ob die jeweilige 5

1 BGH, GRUR 1966, 567, 569 – GELU; BGH, GRUR 1968, 321, 327 – Haselnuss; BGH, GRUR 1982, 308, 309 – Kunsthändler; Schricker/Loewenheim-*Ohly*, § 29 Rn. 50; Wandtke/Bullinger-*Gerlach* § 6 UrhWG Rn. 4; *Mauhs*, Der Wahrnehmungsvertrag, S. 43.

2 Die Verteilungssumme wird nach Abzug der Kosten bzw. nach Abzug einer Kommission nach den Regelungen des Verteilungsplans an die Berechtigten ausgeschüttet; § 2 VP; näher hierzu **Kap. 8 Rn. 17f.**

3 *Riesenhuber*, Die Auslegung und Kontrolle des Wahrnehmungsvertrags, S. 20.

4 BGH, NJW 2000, 2207, 2209 – Musical-Gala; *Riesenhuber*, Die Auslegung und Kontrolle des Wahrnehmungsvertrags, S. 41.

5 Die Vorschrift findet generell Anwendung auf Vertragsverhältnisse zwischen Verwertungsgesellschaften und Urhebern bzw. Leistungsschutzberechtigten; BGH, GRUR 2013, 618, 620 – Internet-Videorecorder II.

Bestimmung auch rechtlich **wirksam** ist. So müssen sich etwa die Rechteübertragungen, die eine Bindung der Berechtigten an die GEMA sowohl in zeitlicher als auch inhaltlicher Hinsicht vorsehen, an den Vorgaben des Verwertungsgesellschaftengesetzes (VGG) und am kartellrechtlichen Missbrauchsverbot messen lassen. Die Kontrolle der vertraglichen Nebenbestimmungen des Berechtigungsvertrages erfolgt vornehmlich anhand der Vorschriften der AGB-Kontrolle nach den §§ 305–310 BGB (zur Inhaltskontrolle des Berechtigungsvertrages: **Kap. 6 Rn. 44–164**).

§ 1 [Kopfteil]

Der Berechtigte überträgt hiermit der GEMA als Treuhänderin für alle Länder alle ihm gegenwärtig zustehenden und während der Vertragsdauer noch zuwachsenden, zufallenden, wieder zufallenden oder sonst erworbenen Urheberrechte in folgendem Umfang zur Wahrnehmung nach Maßgabe der folgenden Bestimmungen:
[...]

Übersicht

I. Einführung

6 Der Kopfteil des § 1 BerV zeigt in seinem Wortlaut die allgemeinen **Grundsätze** und **Grundlagen** der kollektiven Rechtewahrnehmung durch die GEMA auf. Diese finden somit auf alle in § 1 lit. a bis m BerV geregelten Einzelrechtsübertragungen Anwendung. Im Folgenden soll zunächst erläutert werden, wer als „Berechtigter“ mit der GEMA einen Wahrnehmungsvertrag abschließen kann (nachfolgend Rn. 7–20) und welche urheberrechtlichen Befugnisse grundsätzlich mit Abschluss des Berechtigungsvertrages in die GEMA eingebracht werden (nachfolgend Rn. 29–37). Sodann bedarf es einer näheren Betrachtung, in welchem Umfang die treuhänderische Rechteübertragung stattfindet (nachfolgend Rn. 39–45). Zuletzt sind die Grundsätze zur inhaltlichen und territorialen Reichweite der Rechteübertragung zu klären (nachfolgend Rn. 46–47).

II. Berechtigte der GEMA

1. Der Wahrnehmungszwang

Wer **Berechtigter** iSd § 1 BerV sein kann, richtet sich nach den Vorgaben des Verwertungsgesellschaftengesetzes. § 9 VGG verpflichtet die Verwertungsgesellschaften, diejenigen Rechte und Ansprüche, die in ihren jeweiligen Tätigkeitsbereich fallen, auf Antrag grundsätzlich für jeden Rechtsinhaber wahrzunehmen. Der Begriff des **Rechtsinhabers** wird in § 5 VGG definiert und umfasst danach jede natürliche oder juristische Person mit Ausnahme der Verwertungsgesellschaften selbst, die Inhaber eines Urheber- oder eines verwandten Schutzrechts ist oder die gesetzlich oder aufgrund eines Rechteverwertungsvertrages Anspruch auf einen Anteil an den Einnahmen aus den Rechten hat. Rechtsinhaber, die auf gesetzlicher oder vertraglicher Grundlage in einem unmittelbaren Wahrnehmungsverhältnis zu einer Verwertungsgesellschaft stehen, werden mittlerweile auch nach § 6 VGG als Berechtigte bezeichnet. Dies entspricht der bisherigen Verwendung des Begriffs in der vertragsrechtlichen Praxis der Verwertungsgesellschaften. 7

Hintergrund des in § 9 VGG statuierten **Wahrnehmungszwangs** ist, dass Urheber und Inhaber verwandter Schutzrechte vielfach aus rechtlichen oder tatsächlichen Gründen daran gehindert sind, ihre Rechte und Ansprüche selbst wahrzunehmen.[6] Bei verwertungsgesellschaftenpflichtigen Vergütungsansprüchen, wie beispielsweise der sog. Geräte- und Speichermedienabgabe nach § 54 UrhG (nachfolgend Rn. 261 f.), lässt das Urheberrechtsgesetz von vornherein keine individuelle Durchsetzung zu.[7] In tatsächlicher Hinsicht scheitert die individuelle Rechtewahrnehmung insbesondere in den Fällen massenweiser Nutzungen, die der Einzelne nicht kontrollieren oder lizenzieren kann. So verhält es sich etwa bei der öffentlichen Zugänglichmachung von Werken im Internet (nachfolgend Rn. 165 ff.) oder auch bei der öffentlichen Wiedergabe von Tonträgern (nachfolgend Rn. 117 ff.), beispielsweise in Geschäftslokalen. 8

Der Inhalt dieser Verpflichtung der Verwertungsgesellschaften bezieht sich ausschließlich auf die Tätigkeit der Rechtewahrnehmung und nicht auch auf die Art der Eingliederung Berechtigter in die Organisation. Die GEMA ist nach § 9 S. 1 VGG also nur verpflichtet, ein schuldrechtliches Wahrnehmungsverhältnis einzugehen. Ob und gegebenenfalls in welchem Umfang ein Berechtigter nach den Vorschriften der GEMA-Satzung den Status eines Vereinsmitglieds erlangt, ist von dieser Verpflichtung unabhängig. Dementsprechend sieht § 6 Ziffern 1, 2 GEMA-Satzung vor, dass es neben den ordentlichen Mitgliedern auch Berechtigte gibt, die keine Mitglieder im vereinsrechtlichen Sinne sind, nämlich außerordentliche und angeschlossene Mitglieder (dazu **Kap. 5 Rn. 34**). Diese Struktur entspricht der Regelung des § 20 VGG, nach der für die Berechtigten einer Verwertungsgesellschaft, die nicht deren Mitglieder sind, nur einige wenige Mitgliederrechte zwingend vorgesehen sein müssen. 9

Die Regelung des § 6 Ziffer 3 S. 1 GEMA-Satzung, wonach nur Urheber oder Verleger den Status eines außerordentlichen oder ordentlichen Mitglieds erlangen können,[8] lässt den Umkehrschluss zu, dass als angeschlossene Mitglieder auch Rechtsinhaber, die nicht Urheber oder Verleger sind, in ein „reines Berechtigungsverhältnis" mit der GEMA treten können. Dafür genügt der wirksame Abschluss eines Berechtigungsvertrags. Wegen des Wahrnehmungszwangs nach § 9 VGG darf die GEMA keine persönlichen Be- 10

6 *Seifert*, in: Handbuch der Musikwirtschaft, S. 983.

7 Dreier/Schulze-*Schulze*, § 6 UrhWG Rn. 1.

8 Nach § 7 Ziffer 3 GEMA-Satzung können unter bestimmten Voraussetzungen auch Erben eines ordentlichen Mitglieds als ordentliche Mitglieder kooptiert werden; siehe dazu *v. Steinau-Steinrück/Wohlgemuth*, **Kap. 5 Rn. 60**.

schränkungen vorsehen und bestimmten Rechtsinhabern die Wahrnehmung ihrer Rechte verweigern.[9] Die Wahrnehmungsverpflichtung gilt gleichermaßen gegenüber den Inhabern **originärer** wie gegenüber den Inhabern **abgeleiteter** Rechte.[10]

11 Nach dem Wortlaut der Vorgängervorschrift im Urheberrechtswahrnehmungsgesetz (§ 6 Abs. 1 S. 1 UrhWG) bestand die Verpflichtung zur Wahrnehmung nur dann, wenn eine wirksame Wahrnehmung der Rechte und Ansprüche „anders nicht möglich" war. Daher wurde erwogen, ob der Wahrnehmungszwang entfällt, wenn es mehrere konkurrierende Verwertungsgesellschaften dieselben Rechte und Ansprüche wahrnehmen, so dass der Berechtigte hätte ausweichen können.[11] Dies hätte jedoch dazu geführt, dass bei mehreren Verwertungsgesellschaften jeweils die eine auf die andere verweisen hätte können und die Rechte des Urhebers letztendlich entgegen der Zielsetzung des § 6 UrhWG durch keine Verwertungsgesellschaft wahrgenommen worden wären.[12] Es ist daher folgerichtig, dass § 9 VGG diese Bedingung nicht übernommen hat.[13] Daher wäre die GEMA zur Wahrnehmung von Rechten und Ansprüchen, die in ihren Tätigkeitsbereich fallen, auch dann verpflichtet, wenn es eine andere Verwertungsgesellschaft in ihrem Tätigkeitsbereich gäbe.

12 Stattdessen sieht § 9 VGG die allgemeine Möglichkeit zur Ablehnung der Rechtewahrnehmung aus „objektiven Gründe[n]" vor. Dies erlaubt den Verwertungsgesellschaften freilich auch weiterhin keine willkürliche Zurückweisung von Rechtsinhabern. Vielmehr müssen die gegen eine Verpflichtung sprechenden Gründe im Einzelfall mit den Interessen des betroffenen Rechtsinhabers abgewogen werden. Dadurch wird sichergestellt, dass die deutschen Verwertungsgesellschaften keine Nachteile im europäischen Wettberwerb erleiden, weil sie aus wirtschaftlichen oder sonstigen Gründen unzumutbare Wahrnehmungsverhältnisse eingehen müssen. Zudem kann von der Solidargemeinschaft der Berechtigten die Unterstützung von bestimmten Werken, insbesondere mit indizierten, beispielsweise volksverhetzenden Inhalten, billigerweise nicht erwartet werden.

2. Musikalische Urheber und deren Rechtsnachfolger

13 Berechtigte können grundsätzlich alle musikalischen Urheber sein, also Komponisten, musikalische Textdichter und Bearbeiter, als **originäre Inhaber** der Urheberrechte an musikalischen Werken. Diese umfassende Berechtigung hat jedoch der BGH zutreffend eingeschränkt: Demnach besteht der Anspruch auf Rechtewahrnehmung gegenüber der GEMA nur dann, wenn der Urheber generell in der Lage ist, **wirtschaftlich verwertbare Werke** der Musik zu schaffen.[14] Im zugrundeliegenden Sachverhalt forderte ein Kind für Kompositionen, die es im Alter von 3–4 Jahren geschaffen haben wollte, von der GEMA die Beteiligung am sog. Wertungsverfahren.[15] Der BGH führt in seiner Ur-

9 Dreier/Schulze-*Schulze*, § 6 UrhWG Rn. 11; BGH, GRUR 1999, 577 – Sendeunternehmen als Tonträgerhersteller; BGH, GRUR 2002, 961 – Mischtonmeister.

10 Schricker/Loewenheim-*Reinbothe*, § 6 UrhWG Rn. 11.

11 So RegE, Begr. zu § 6 UrhWG, BT-Drs. IV/271, S. 15.

12 Dreier/Schulze-*Schulze*, § 6 UrhWG Rn. 26; Fromm/Nordemann-*Nordemann/Wirtz*, § 6 UrhWG Rn. 6d; Schricker/Loewenheim-*Reinbothe*, § 6 UrhWG Rn. 12; *Mauhs*, Der Wahrnehmungsvertrag, S. 37; *Meyer*, Verwertungsgesellschaften und ihre Kontrolle nach dem Urheberrechtswahrnehmungsgesetz, S. 75.

13 Der Gesetzgeber selbst schweigt allerdings zu den Gründen der Streichung; RegE, Begr. Zu § 9 VGG, BR-Drs. 643/15, S. 87.

14 BGH, GRUR 2002, 332, 334 f. – Klausurerfordernis.

15 Im Rahmen des Wertungsverfahrens erfolgt – im Sinne des Auftrags zur Förderung kulturell bedeutender Werke gemäß § 32 Abs. 1 VGG – für bestimmte Nutzungen ein Zuschlag zur Tantiemenausschüttung. Die Wertung errechnet sich an einem Punktesystem, bei dem u. a. das Aufkommen der letzten drei Jahre, die Mitgliedschaftsdauer und die künstlerische Persönlichkeit

teilsbegründung aus, es widerspreche der allgemeinen Lebenserfahrung, dass Kompositionen von Kindern in diesem Alter wirtschaftlich verwertbar seien, auch wenn in Ausnahmefällen ein schutzfähiges Werk iSd § 2 Abs. 2 UrhG entstanden sein mag. Zur Rechtewahrnehmung sei die GEMA selbst dann nicht verpflichtet, wenn es sich aufgrund ganz ungewöhnlicher Umstände doch einmal um wirtschaftlich verwertbare Werke handele. Denn die GEMA könne sich auf ihre Pflicht zur wirtschaftlichen Verwaltung berufen, im Rahmen derer es unvermeidlich ist, in gewissem Umfang zu typisieren und zu pauschalieren, und daher die Wahrnehmung verweigern.[16] Die GEMA ist daher durch die Regelung des § 9 VGG nicht verpflichtet, Berechtigungsverträge abzuschließen, wenn die betroffenen Urheber überhaupt nicht in der Lage sind, wirtschaftlich verwertbare Werke zu schaffen. Es handelt sich um den Fall eines der Wahrnehmung entgegenstehenden objektiven Grunds iSd § 9 S. 1 Nr. 2 VGG.

Da das nach § 28 UrhG vererbliche Urheberrecht über die Lebenszeit des Urhebers 14
hinaus besteht und nach § 64 UrhG erst 70 Jahre nach seinem Tod (*post mortem auctoris, p.m.a.*) erlischt, gilt der Wahrnehmungszwang auch gegenüber den **Rechtsnachfolgern** eines Urhebers. Nach § 9 Abs. 2 BerV wird der Berechtigungsvertrag „automatisch" mit diesen Rechtsnachfolgern fortgesetzt (dazu nachfolgend Rn. 339ff.). Rechtsnachfolger in diesem Sinne kann nur sein, wem das Urheberrecht im Ganzen oder anteilig gem. §§ 28–30 UrhG übertragen worden ist, nicht aber der Erwerber bloßer Nutzungsrechte.[17] Es handelt sich also nur um Erben, Miterben, Vermächtnisnehmer und sonstige von Todes wegen begünstigte Personen.[18] Auf Grund der Rechtsnachfolge werden sie Berechtigte hinsichtlich der vom Wahrnehmungsumfang der GEMA umfassten urheberrechtlichen Befugnisse.

3. Zessionare

Der Wahrnehmungszwang nach § 9 VGG gilt auch gegenüber Inhabern abgeleiteter 15
Rechte (Zessionare).[19] Sonst wäre dem Zessionar die Verwertung der erworbenen Rechte insbesondere in den Fällen der **verwertungsgesellschaftenpflichtigen Vergütungsansprüche** nicht möglich. Nach § 6 GEMA-Satzung können Zessionare allerdings nicht Vereinsmitglieder der GEMA werden. Das Verhältnis zwischen der GEMA und Zessionaren bestimmt sich ausschließlich nach den Vorschriften des Berechtigungsvertrages und ist auf dieses Rechtsverhältnis beschränkt.[20]

4. Musikverleger

Musikverleger können ebenfalls mit der GEMA einen Berechtigungsvertrag ab- 16
schließen. Ein **Musikverlag** iSd § 6 GEMA-Satzung ist ein Unternehmen, dessen Zielset-

berücksichtigt werden; *Kreile/Becker*, in: Handbuch der Musikwirtschaft, S. 687, 706; Dreier/Schulze-*Schulze*, § 7 UrhWG Rn. 15.

16 BGH GRUR 2002, 332, 334f. – Klausurerfordernis.

17 Schricker/Loewenheim-*Ohly*, § 30 UrhG Rn. 1.

18 Dreier/Schulze-*Dreier*, § 30 UrhG Rn. 2.

19 *Häußer*, FuR 1980, 57, 60f.; Schricker/Loewenheim-*Reinbothe*, § 6 UrhWG Rn. 11. DPA v. 26.10.1981, UFITA 94 (1982), 364, 368.

20 Die Vertretung dieser Berechtigten erfolgt, wie in § 20 Abs. 1 VGG vorgeschrieben, durch sog. Delegierte (vgl. § 12 Ziffer 12 GEMA-Satzung) in der Mitgliederversammlung der GEMA. Dadurch ist die – auch in ErwGr. 21 der VG-Richtlinie geforderte – Einflussmöglichkeit dieser Berechtigten auf die Entscheidungsprozesse der GEMA gesichert; *Riesenhuber/Rosenkranz*, UFITA 2005/II, 467, 503–505; dazu näher *v. Steinau-Steinrück/Wohlgemuth*, **Kap. 5 Rn. 156–175.**

zung darauf gerichtet ist, auf eigene Rechnung und eigenes Risiko die musikalischen Werke seiner Autoren der künstlerischen und wirtschaftlichen Verwertung zuzuführen.[21] Zudem ist die Erbringung einer verlegerischen Leistung erforderlich. Es kommt nicht darauf an, ob der Verlag von einer natürlichen oder einer juristischen Person betrieben wird. Soweit es sich nicht um eine Einzelperson handelt, verlangt die GEMA allerdings, dass der Vertrag von den im Handelsregister eingetragenen Vertretungsberechtigten unter Hinzufügung des Firmenstempels unterzeichnet wird.[22] Neben den administrativen Tätigkeiten gehört es vor allem zu den Aufgaben eines Musikverlegers, für die Musikstücke zu werben und dafür zu sorgen, dass sie möglichst oft genutzt, also z.B. aufgeführt oder gesendet werden.[23]

17 Auch **Subverlage** sind Musikverlage im Sinne der Vorschrift. In der Regel erhalten inländische Subverlage von ausländischen Originalverlagen territorial – etwa auf Deutschland – beschränkte Nutzungsrechte, die sie auf die GEMA übertragen. Die GEMA behandelt die Subverlage wie ihre übrigen Berechtigten und rechnet direkt an sie ab. So können die ausländischen Originalverlage die Tantiemen für die Nutzungen ihrer Werke schneller erhalten als bei der Abrechnung auf Grundlage der Gegenseitigkeitsverträge. Denn danach müssten die Tantiemen zunächst an die ausländische Schwestergesellschaft ausgeschüttet und dann von dieser an den Originalverlag weitergegeben werden.[24]

5. Deutsche und Angehörige der EU- und EWR-Mitgliedstaaten bzw. sonstige Ausländer als „Berechtigte" nach § 1 BerV

18 Nach § 6 Abs. 1 UrhWG war die GEMA zur Rechtewahrnehmung gegenüber deutschen Rechtsinhabern (vgl. Art. 116 GG) und Angehörigen von Mitgliedstaaten der EU oder anderen Vertragsstaaten des Abkommens über den EWR verpflichtet.[25] Auch Inhaber von Unternehmen mit Sitz in einem Mitgliedstaat der Europäischen Union oder in einem Vertragsstaat des EWR-Abkommens waren von § 6 Abs. 1 S. 2 UrhWG umfasst. Andere Ausländer und Staatenlose konnten unter Geltung des § 6 Abs. 1 UrhWG daher nur dann von der GEMA die Wahrnehmung ihrer Rechte fordern, wenn sie ihren Wohnsitz iSd § 7 BGB in Deutschland hatten.

19 Im Gegensatz dazu sieht § 9 VGG keinerlei Einschränkung des Wahrnehmungszwangs nach Herkunft oder Aufenthalt der Rechtsinhaber mehr vor.[26] Dies ist vor dem Hintergrund von Art. 5 Abs. 2 und Begründungserwägung 18 VG-Richtlinie zu sehen: Die Rechtsinhaber haben das Recht, nach ihrer freien Wahl eine Verwertungsgesellschaft mit der Wahrnehmung ihrer Rechte zu betrauen. Eine Unterscheidung nach Staatsangehörigkeit, Wohnsitz oder Niederlassung ist explizit ausgeschlossen. Demnach ist die GEMA nunmehr auch gegenüber **Angehörigen von Drittländern**, die ihren steuerlichen Wohnsitz nicht in Deutschland bzw. ihren Geschäftssitz nicht in einem EU- oder EWR-Mitgliedstaat haben, zur Rechtewahrnehmung verpflichtet, soweit keine objektiven Gründe iSd § 9 S. 1 Nr. 2 VGG entgegenstehen.

---

21 *Sikorski*, Musikverlage, S. 319.
22 Fußnote 1) im Vertragsformular, GEMA-Jahrbuch 2017/2018, S. 210.
23 Dreier/Schulze-*Schulze*, Vor § 31 UrhG Rn. 224; BGH, GRUR 1970, 40, 43 – Musikverleger-I.
24 *Rossbach/Joos*, FG Schricker (1995), S. 361 f.; *Steden*, Das Monopol der GEMA, S. 45.
25 Dreier/Schulze-*Schulze*, § 6 UrhWG Rn. 22; EuGH, GRUR 1994, 280, 283 – Phil Collins; Kommission v. 28.12.1981 – 81/1030/EWG, ABl. 1981 L 370, 49, 55 f. – GVL.
26 In der Begründung des Regierungsentwurfs findet sich dazu keine Erläuterung; RegE, Begr. Zu § 9 VGG, BR-Drs. 643/15, S. 87.

6. Ehemalige Berechtigte der AWA

Vor dem Beitritt der ehemaligen DDR zur Bundesrepublik Deutschland am 3. Oktober 1990 nahm im Gebiet der ehemaligen DDR die **Anstalt zur Wahrung der Aufführungsrechte auf dem Gebiete der Musik (AWA)** Rechte an Werken der Musik wahr. Am Tag des Beitritts beendete diese Verwertungsgesellschaft ihre aktive Tätigkeit. Die musikalischen Urheber waren in der Lage, mit der GEMA „neue" Berechtigungsverträge zur Wahrnehmung ihrer Rechte abzuschließen. Die GEMA ist nicht Rechtsnachfolgerin der AWA.[27] 20

III. Gegenstand der Rechteübertragungen

Gegenstand der Rechteübertragungen ist die Einräumung von ausschließlichen Nutzungsrechten an „Werken der Tonkunst mit oder ohne Text" und die Abtretung entsprechender gesetzlicher Vergütungsansprüche. 21

1. Werke der Tonkunst mit oder ohne Text

Entsprechend ihrem Tätigkeitsbereich als „musikalische" Verwertungsgesellschaft nimmt die GEMA die Rechte an Werken der Musik iSd § 2 Abs. 1 Ziffer 2 UrhG und gegebenenfalls an Sprachwerken gemäß § 2 Abs. 1 Ziffer 1 UrhG wahr. Dabei ist missverständlich, dass sich die Bezugnahme auf „Werke der Tonkunst mit oder ohne Text" als Gegenstand der Rechteübertragung ausschließlich im Wortlaut der §§ 1 lit. a, lit. h Abs. 2, 3 und 4, lit. i und lit. k BerV findet. Aus dem systematischen Zusammenhang ergibt sich jedoch, dass sich sämtliche Rechteübertragungen auf Werke der Tonkunst mit oder ohne Text beziehen.[28] 22

Der Urheber kann Nutzungsrechte nur an einem **geschützten Werk** nach § 2 UrhG geltend machen. Ein geschütztes Werk der Musik ist nach § 2 Abs. 1 Ziffer 2 UrhG eine persönliche geistige Schöpfung, die sich der Töne als Ausdrucksmittel bedient.[29] Im Sinne der sog. „kleinen Münze" ist dafür ein nur geringer Schöpfungsgrad ausreichend.[30] Neben Werken der Musik können auch geschützte Sprachwerke nach § 2 Abs. 1 Ziffer 1 UrhG Gegenstand der Rechteübertragung sein, wenn es sich um „Werke der Tonkunst *mit Text*" handelt. Voraussetzung für die Schutzfähigkeit eines Sprachwerks ist, dass „die Sprache als Ausdrucksmittel verwendet wird und ein begrifflicher Inhalt vermittelt" wird.[31] 23

Im Allgemeinen handelt es sich bei einem Musikwerk mit Text um die Verbindung eines unabhängigen Sprachwerks mit einem Musikwerk zur gemeinsamen Verwertung und damit um ein **verbundenes Werk** iSd § 9 UrhG. Die Werkverbindung bewirkt zwischen Komponisten und Textdichtern eine urheberrechtliche Verwertungsgemeinschaft in Form einer Gesellschaft bürgerlichen Rechts (§§ 705ff. BGB).[32] In der Regel entsteht dadurch kein einheitliches Werk mit eigenen Urheberrechten.[33] 24

---

27 *Wandtke*, FS Kreile (1994), S. 789–799.

28 Soweit in der folgenden Abhandlung der Begriff des Musikwerks verwendet wird, ist dies „untechnisch" zu verstehen; der Begriff steht nicht nur für Werke der Tonkunst, sondern gleichzeitig auch für Werke der Tonkunst „mit Text".

29 Schricker/Loewenheim-*Loewenheim*, § 2 UrhG Rn. 144.

30 Eingehend zur Schutzfähigkeit eines musikalischen Werks z.B. Schricker/Loewenheim-*Loewenheim*, § 2 UrhG Rn. 144ff.

31 So etwa *Rehbinder/Peukert*, Urheberrecht, Rn. 248.

32 OLG München, ZUM 1991, 432, 433 – Gaby wartet im Park.

33 Grundsätzlich bleiben demnach die Werke getrennt verwertbar. Allerdings ergeben sich zwischen Komponist und Textdichter regelmäßig Treuepflichten auf schuldrechtlicher Ebene, etwa dahingehend,

25 Werke der Musik können (ebenso wie deren Texte als Sprachwerke) in der Form von selbständigen Werken oder als Bearbeitungen nach § 3 UrhG Gegenstand des Berechtigungsvertrages sein. Eine **Bearbeitung** als selbständiges Werk iSd § 3 UrhG liegt vor, wenn es sich um eine persönliche geistige Schöpfung des Bearbeiters handelt.[34] Bei Musikwerken ist dies idR dann der Fall, wenn die Veränderung die Grenze handwerksmäßiger Anwendung der musikalischen Lehren überschreitet.[35] Dabei ist das Recht des Bearbeiters nach § 3 UrhG vom Bearbeitungsrecht nach § 23 UrhG (nachfolgend Rn. 33) zu unterscheiden.

26 Ein Musikwerk kann nur innerhalb der sog. **Schutzfrist** Gegenstand der Rechteübertragungen im Berechtigungsvertrag sein. Nach deutschem Recht erlischt das Urheberrecht gemäß § 64 UrhG grundsätzlich siebzig Jahre nach dem Tod des Urhebers. Der Referentenentwurf für ein Zweites Gesetz zur Regelung des Urheberrechts in der Informationsgesellschaft hat ausdrücklich auf die Einführung eines Künstlergemeinschaftsrechts („Goethegroschen"), das auch nach Ablauf der Schutzfrist eine Vergütung vorsieht, verzichtet.[36] Nach Ablauf der Schutzfrist ist das Werk **gemeinfrei**, so dass keine Nutzungsrechte mehr auf die GEMA übertragen und von ihr wahrgenommen werden können.

27 Innerhalb der EU gilt seit der **europäischen Harmonisierung** durch die Schutzdauer-Richtlinie 93/98 eine einheitliche Schutzfrist von 70 Jahren p.m.a. Davon sind auch Werke umfasst, die vor dem 1. Juli 1995 geschaffen wurden, solange sie zu diesem Zeitpunkt zumindest in einem Mitgliedstaat noch geschützt waren.[37] Für die von der GEMA wahrzunehmenden Werke bedeutet dies, dass die Werke von Urhebern, die Angehörige eines Mitgliedstaates der EU sind, in Deutschland und über die europäischen Schwestergesellschaften auch im europäischen Ausland, grundsätzlich für einen Zeitraum von 70 Jahren p.m.a. zur Wahrnehmung in die GEMA eingebracht werden können.[38]

28 Am 1. November 2013 sind die Bestimmungen zur Umsetzung der Schutzdaueränderungsrichtlinie 2011/77, § 65 Abs. 3 und § 137m UrhG, in Kraft getreten.[39] Nach diesen Bestimmungen beträgt die Schutzdauer bei einer „Musikkomposition mit Text" einheitlich 70 Jahre nach dem Tod des **längstlebenden Urhebers**, sofern Musikwerk und Schriftwerk eigens für die betreffende Komposition mit Text geschaffen wurden. Nach bisherigem Recht wurde die Schutzdauer für Komposition und Text jeweils separat berechnet.

2. Urheberrechtliche Befugnisse und deren Übertragbarkeit zur kollektiven Rechtewahrnehmung

29 Nach § 1 BerV überträgt der Berechtigte bestimmte Nutzungsrechte und gesetzliche Vergütungsansprüche zur kollektiven Wahrnehmung auf die GEMA. Der Gesetzgeber unterscheidet nach §§ 12ff. UrhG Urheberpersönlichkeitsrechte (§§ 12–14 UrhG), Verwertungsrechte (§§ 15–24 UrhG) und sonstige Rechte (§§ 24–27 UrhG). Nicht alle urheber-

dass ein Schlagertext nicht mit einer neuen Melodie verbunden werden darf; Schricker/Loewenheim-*Loewenheim/Peifer*, § 9 UrhG Rn. 10.

34 *Grossmann*, Die Schutzfähigkeit von Bearbeitungen gemeinfreier Musikwerke, S. 52ff.

35 *Grossmann*, Die Schutzfähigkeit von Bearbeitungen gemeinfreier Musikwerke, S. 66f.

36 RefE, BT-Drs. 13/9856, S. 43f.

37 Dreier/Schulze-*Dreier*, vor § 64 UrhG Rn. 16ff.

38 Zu den komplexen Regelungen zur Schutzfrist für Werke von Urhebern aus Drittländern bzw. für Werke von Angehörigen von EU-Mitgliedstaaten, die in Drittländern genutzt werden, z.B. Schricker/Loewenheim-*Katzenberger/Metzger*, § 64 UrhG Rn. 9ff.

39 BGBl. 2013 I, 1940.

rechtlichen Befugnisse, die aus dem umfassenden Urheberrecht nach § 11 UrhG hervorgehen, eignen sich zur Übertragung und kollektiven Wahrnehmung durch eine Verwertungsgesellschaft.

a) Das „Urheberrecht"

Der „spezifische Gegenstand" des Urheberrechts besteht sowohl im Schutz der Persönlichkeitsrechte als auch im Schutz der wirtschaftlichen Rechte des Urhebers.[40] Im deutschen Urheberrecht sind diese Befugnisse im Sinn der **monistischen Theorie** als untrennbare Einheit miteinander verwoben.[41] Aus § 29 Abs. 1 UrhG, wonach das Urheberrecht nicht rechtsgeschäftlich übertragbar ist, geht hervor, dass ein gewisser Kern des Urheberrechts stets beim Urheber zurückbleibt. Der Urheber kann also weder sein Urheberrecht noch die Verwertungsrechte vollständig übertragen.[42] Dies bedeutet unter anderem, dass der Urheber nicht über sein Urheberrecht als Ganzes verfügen kann. Stattdessen werden nach § 29 Abs. 2 UrhG einzelne Nutzungsrechte abgespalten, die nach § 31 UrhG übertragen werden können. Die Nutzungsrechte stellen somit den verfügbaren Teil der Verwertungsrechte dar.[43] Die Formulierung im Kopfteil des § 1 BerV, wonach der Berechtigte *Urheberrechte* zur Wahrnehmung überträgt, ist im Lichte dieser gesetzlichen Vorgaben auszulegen:[44] Gemeint ist die Übertragung der Rechte, die heute als ausschließliche Nutzungsrechte und Vergütungsansprüche bezeichnet werden. 30

b) Urheberpersönlichkeitsrecht

Das Urheberpersönlichkeitsrecht ***(droit moral)*** schützt die ideellen Interessen des Urhebers an der Integrität seines Werks. Das Werk soll der Öffentlichkeit in der Gestalt präsentiert werden, die ihm der Urheber verliehen hat.[45] Bei den verschiedenen Nutzungen von Musikwerken ist insbesondere das Schutzrecht gegen Entstellungen und Beeinträchtigungen nach den §§ 14, 39 UrhG zu beachten. Verletzt ist dieses Recht jedoch nicht bereits durch jede (direkte und indirekte) Veränderung des Werks. Erforderlich ist darüber hinaus, dass der Eingriff im Einzelfall geeignet ist, die Interessen des Urhebers zu beeinträchtigen, und der Urheber die Beeinträchtigung seines Werks auch unter Berücksichtigung entgegenstehender Interessen der Nutzer nicht hinnehmen muss.[46] Dabei ist das Integritätsinteresse des Urhebers mit dem Verwertungsinteresse des Nutzers abzuwägen.[47] Das Urheberpersönlichkeitsrecht kann wegen der andauernden ideellen Bindung des Urhebers zu seinem Werk[48] nur in Ausnahmefällen auf Dritte übertragen werden.[49] Solche Rechte eignen sich nur im Einzelfall zur kollektiven Rechtewahrnehmung durch die GEMA, da diese nach § 34 Abs. 1 VGG grundsätzlich dazu verpflichtet ist, die in 31

---

40 EuGH, GRUR 1994, 280, 282 – Phil Collins.
41 *Ulmer*, Urheber- und Verlagsrecht, S. 133; *Schack*, Urheber- und Urhebervertragsrecht, Rn. 343 ff.; Dreier/Schulze-*Schulze*, § 11 UrhG Rn. 2.
42 Dreier/Schulze-*Schulze*, § 11 UrhG Rn. 3.
43 Dreier/Schulze-*Schulze*, § 29 UrhG Rn. 15.
44 Die Unübertragbarkeit des Urheberrechts wurde erst durch das Urhebergesetz aus dem Jahr 1965 gesetzlich festgelegt; *Brugger*, UFITA 51 (1968), 89, 115 (Fn. 47).
45 *Schack*, Urheber- und Urhebervertragsrecht, Rn. 353.
46 Eingehend *Staats*, Aufführungsrecht und kollektive Wahrnehmung bei Werken der Musik, S. 137 ff.
47 Schricker/Loewenheim-*Dietz/Peukert*, § 14 UrhG Rn. 26.
48 Dreier/Schulze-*Schulze*, § 29 UrhG Rn. 19; *Goldmann*, Die kollektive Wahrnehmung musikalischer Rechte, S. 289.
49 Dreier/Schulze-*Schulze*, § 31 UrhG Rn. 13; Schricker/Loewenheim-*Ohly*, § 29 UrhG Rn. 35.

ihren Wahrnehmungsbereich fallenden Rechte auf Nachfrage jedem zur Verfügung zu stellen.[50] Nutzungen, die das Urheberpersönlichkeitsrecht verletzen würden, kann daher nur der Rechtsinhaber selbst erlauben (vgl. zur Durchsetzung des Urheberpersönlichkeitsrechts unten Rn. 302). Dies bedeutet allerdings nicht, dass das Recht, ein Werk in seiner vom Urheber gegebenen Gestalt direkt oder indirekt zu ändern, in keinem Fall auf die GEMA zur kollektiven Wahrnehmung übertragen werden kann. Da eine Änderung nicht zwangsläufig das Urheberpersönlichkeitsrecht verletzt, ist eine kollektive Wahrnehmung des Rechts zur Änderung (bzw. deren Verwertung) grundsätzlich möglich.[51]

c) Verwertungsrechte nach den §§ 15–24 UrhG

32 Die Verwertungsrechte nach §§ 15 bis 24 UrhG konkretisieren die in § 11 S. 1 UrhG allgemein kodifizierte **Befugnis des Urhebers zur Nutzung** seiner Werke. Nach § 15 UrhG hat der Urheber das ausschließliche Recht, sein Werk körperlich (§ 15 Abs. 1 UrhG), also durch Nutzung des Originals oder eines Vervielfältigungsstücks, oder unkörperlich (§ 15 Abs. 2 UrhG), also durch öffentliche Wiedergabe, zu verwerten. Spiegelbildlich zum jeweiligen Nutzungsrecht steht dem Rechtsinhaber auch das negative Verbotsrecht im Hinblick auf Nutzungen durch Dritte zu.[52] Die Rechteübertragung im Berechtigungsvertrag umfasst beispielsweise das Vervielfältigungsrecht nach § 15 Abs. 1 Nr. 1, § 16 UrhG oder das Senderecht nach den §§ 15 Abs. 2 Nr. 3, § 20 UrhG. § 15 UrhG zählt nur beispielhaft Verwertungsrechte auf und ist damit eine offene Generalklausel. Damit erstreckt sich das Ausschließlichkeitsrecht des Urhebers automatisch auch auf neue Verwertungsformen.[53] Häufig werden die Verwertungsrechte noch in Erstverwertungs- und Zweitverwertungsrechte unterteilt, womit die Position der betreffenden Nutzung in der üblichen Verwertungskette aufgezeigt werden soll. So handelt es sich bei dem Recht der Wiedergabe durch Bild- oder Tonträger nach § 21 UrhG um ein Zweitverwertungsrecht, da dieser Verwertung die Vervielfältigung durch Herstellung eines Tonträgers als Erstverwertung vorausgehen muss.[54] Rechtliche Bedeutung hat diese aus der Musikwirtschaft übernommene, unpräzise Unterteilung jedoch nicht.[55]

33 Inhalt des Urheberrechts ist auch das **Bearbeitungsrecht** sowie das Recht zur **sonstigen Umgestaltung** eines Werks nach § 23 UrhG. Nach dieser Vorschrift kann der Rechtsinhaber bestimmen, unter welchen Voraussetzungen sein Werk verändert bzw. umgestaltet und verwertet werden darf.[56] Obwohl das Bearbeitungsrecht in § 15 UrhG nicht erwähnt wird, handelt es sich dabei um ein selbständiges Verwertungsrecht und damit um ein absolutes Recht mit Ausschließlichkeitscharakter.[57] Eine Bearbeitung oder Umgestaltung liegt bei einer Änderung des geistig-ästhetischen Gesamteindrucks des Werks vor.[58] Dies kann direkt durch einen Eingriff in die Werksubstanz (wie z.B. eine Werkkürzung), aber auch indirekt dadurch erfolgen, dass das körperlich unveränderte

50 *Schricker*, in: Schricker, Urheberrecht auf dem Weg zur Informationsgesellschaft, S. 94; Dreier/Schulze-*Schulze* Vor § 31 UrhG Rn. 130.
51 A.A. LG München I, GRUR 2005, 574, 575 – O Fortuna.
52 Dreier/Schulze-*Schulze*, § 31 UrhG Rn. 56.
53 *Schack*, Urheber- und Urhebervertragsrecht, Rn. 411.
54 Fromm/Nordemann-*Dustmann*, § 21 UrhG Rn. 1.
55 Schricker/Loewenheim-*v. Ungern-Sternberg*, § 15 UrhG Rn. 186.
56 Dreier/Schulze-*Schulze*, § 23 UrhG Rn. 2.
57 Dreier/Schulze-*Schulze*, § 23 UrhG Rn. 9 mwN.
58 G. *Schulze*, ZUM 1993, 255, 256, in Anlehnung an *v. Gamm*, § 15 UrhG Rn. 10, der ausführt, dass das Urheberrecht „das geschützte Werk in seiner konkreten Formgestaltung mit dem in dieser Formgestaltung zum Ausdruck gelangten geistig-ästhetischen Gesamteindruck" schützt.

Werk in einen anderen Gesamtzusammenhang gestellt wird.[59] Entscheidend ist demnach, ob in die geistige Substanz des Werkes eingegriffen wird.[60] Hintergrund dieses Verwertungsrechts ist, dass bei der Verwertung der Bearbeitung immer gleichzeitig auch das Originalwerk genutzt wird.[61] Ob bei einer solchen Werkveränderung die Schwelle zur schöpferischen Bearbeitung iSd § 3 UrhG überschritten wird, ist unerheblich. Das Bearbeitungsrecht nach § 23 UrhG ist also bei jeder Werkveränderung und deren Verwertung berührt, auch wenn die Veränderung nicht zur Schaffung eines selbstständigen Werks iSd § 3 UrhG führt.[62] Daher hat der Urheber beispielsweise das ausschließliche Recht, die Nutzung einer gekürzten Fassung seines Werks zu verbieten, wenngleich diese Fassung in der Regel kein selbstständiges Werk nach § 3 UrhG darstellt. Da jede Bearbeitung oder Umgestaltung die vom Urheber verliehene Gestalt des Originalwerks verändert, kommt bei der Nutzung von bearbeiteten oder umgestalteten Musikstücken neben dem berührten Verwertungsrecht immer auch eine Verletzung der nach den §§ 14, 39 UrhG gewährten Urheberpersönlichkeitsrechte in Betracht.[63] Dies ist nach den Umständen im Einzelfall unter Abwägung der Urheber- und Nutzerinteressen zu prüfen (dazu bereits oben Rn. 31).

Ohne Zustimmung des Urhebers dürfen Werke genutzt werden, die durch eine **freie** **34**
Benutzung des geschützten Originalwerks iSd. § 24 Abs. 1 UrhG geschaffen worden sind. Dazu ist erforderlich, dass sich der Benutzer in dem bestehenden Werk lediglich eine Anregung holt, um unter Einbeziehung einzelner schutzfähiger Elemente eine völlig selbsständige Neuschöpfung zu erschaffen.[64] Er darf es also gerade nicht bei der einfachen Umgestaltung oder Bearbeitung des Originalwerks belassen. Im Bereich der Musik hat die Vorschrift allerdings einen äußerst engen Anwendungsbereich, da nach § 24 Abs. 2 UrhG ein starrer Melodienschutz gilt. Sobald dem Originalwerk ein schutzfähiger Teil einer Melodie erkennbar entnommen und der Neuschöpfung zugrunde gelegt wird, bedarf es der Zustimmung des Urhebers. Die freie Benutzung einer Tonaufnahme ist zusätzlich dadurch erschwert, dass die Rechte der Leistungsschutzberechtigten nach §§ 73ff. UrhG zu beachten sind, die auch der Übernahme kleiner Teile einer Tonspur entgegenstehen können.[65]

Die Nutzungsrechte können nach § 31 UrhG auf die GEMA übertragen werden. Durch **35**
die Vereinbarungen in § 1 BerV werden der GEMA in gewissem Umfang auch Bearbeitungsrechte eingeräumt.[66] Das ergibt die Auslegung der Bestimmungen zur Rechteübertragung anhand der **Übertragungszwecklehre** nach **§ 31 Abs. 5 S. 1 UrhG**. So folgt etwa aus einer entsprechenden Auslegung des § 1 lit. a BerV, dass mit dem Aufführungs- und Vortragsrecht auch das Recht auf die GEMA übergeht, ein Werk nur teilweise aufzuführen, soweit dadurch nicht die geistigen und persönlichen Interessen des Urhebers verletzt werden. Dies entspricht dem Vertragszweck, da eine sinnvolle individuelle

59 S. bereits die Ausführungen zum Urheberpersönlichkeitsrecht unter Rn. 30.
60 Dreier/Schulze-*Schulze*, § 23 UrhG Rn. 8.
61 *Schack*, Urheber- und Urhebervertragsrecht, Rn. 415.
62 Dreier/Schulze-*Schulze*, § 23 UrhG Rn. 2.
63 Vgl. Schricker/Loewenheim-*Loewenheim*, § 23 UrhG Rn. 1.
64 Dreier/Schulze-*Schulze*, § 24 UrhG Rn. 5ff.
65 Vgl. BGH, NJW 2009, 770 – Metall auf Metall I; NJW 2013, 1885 – Metall auf Metall II; Dreier/Schulze-*Schulze*, § 24 UrhG Rn. 10. Der vom BGH im konkret entschiedenen Fall vertretenen Auffassung, dass selbst die Verwendung kleinster Tonschnipsel im Rahmen des Sound-Sampling einer Erlaubnis des Tonträgerherstellers bedarf, ist mittlerweile allerdings das Bunderverfassungsgericht wegen der nach Art. 5 Abs. 3 Satz 1 GG gebotenen kunstspezifischen Betrachtung des Urheberrechtsgesetzes entgegengetreten: BVerfG, GRUR 2016, 690 – Metall auf Metall.
66 Anders z.B. LG München I, ZUM 2005, 920, 921, hinsichtlich der Lizenzierung von Klingeltonnutzungsrechten, soweit der Kernbereich des Urheberpersönlichkeitsrechts betroffen ist.

Wahrnehmung auf Grund der Masse derartiger Nutzungen ebenso ausscheidet wie bei der ungekürzten Aufführung der Werke. Es handelt sich um Sachverhalte, die typischerweise nur im Wege der kollektiven Rechtewahrnehmung überwacht und lizenziert werden können (siehe unten insbesondere Rn. 53, 116, 126, 147und 192).

d) *Gesetzliche Vergütungsansprüche*

36 Gegenstand des Berechtigungsvertrages ist neben der Übertragung bestimmter Nutzungsrechte auch die **Abtretung** der **gesetzlichen Vergütungsansprüche**, die das Urheberrechtsgesetz im Wahrnehmungsbereich der GEMA vorsieht. Diese Ansprüche können zwei unterschiedlichen Kategorien zugeordnet werden.[67] Zum größten Teil handelt es sich um Befugnisse, die als Kompensation dafür gewährt werden, dass ausschließliche Verwertungsrechte der Urheber durch gesetzliche Schrankenvorschriften eingeschränkt werden.[68] Die tatbestandlichen Nutzungshandlungen kann der Urheber nicht verbieten.[69] Da es sich jedoch – anders als z.B. in den Fällen des § 44a UrhG – um wirtschaftlich nicht völlig irrelevante Nutzungsvorgänge handelt, erhält der Urheber anstelle des Ausschließlichkeitsrechts einen pauschalen gesetzlichen Vergütungsanspruch.[70] Die betreffenden Nutzungen sind demnach zwar erlaubnisfrei, aber vergütungspflichtig.[71] Der für die Praxis bedeutsamste derartige Anspruch ist die sog. Geräteabgabe nach § 54 UrhG. Er basiert auf der „Privatkopieschranke" des § 53 UrhG, durch die das ausschließliche Vervielfältigungsrecht des Urhebers abgeschwächt wird. Die zweite Kategorie der gesetzlichen Vergütungsansprüche bilden solche Ansprüche, die neben einem ausschließlichen Verwertungsrecht stehen.[72] So gewährt etwa der § 27 Abs. 1 UrhG dem Urheber ein Recht auf angemessene Vergütung, obwohl dieser sein Vermietrecht bereits einem Tonträger- oder Filmhersteller eingeräumt hat.[73] Der Anspruch besteht neben dem ausschließlichen Verbreitungsrecht nach § 17 UrhG und sichert dem Urheber eine finanzielle Mindestbeteiligung an den Erträgen aus der Werkvermietung.[74]

37 Bei den gesetzlichen Vergütungsansprüchen handelt es sich um schuldrechtliche Ansprüche, die reine Vermögensrechte darstellen. Als solche können sie im Rahmen des Berechtigungsvertrages wirksam nach §§ 398–413 BGB an die GEMA abgetreten werden.[75] Eine Abtretung an andere Personen als Verwertungsgesellschaften ist gem. § 63a S. 2 UrhG im Voraus grundsätzlich nicht möglich. An Verleger dürfen sie ausnahmsweise zusammen mit der Einräumung des Verlagsrechts abgetreten werden, wenn der Verlag diese Ansprüche wiederum selbst – mit Zustimmung des Rechtsinhabers nach § 27a VGG –

67 *Schack*, Urheber- und Urhebervertragsrecht, Rn. 476; *Ulmer*, Urheber- und Verlagsrecht, S. 278.
68 *Ulmer*, Urheber- und Verlagsrecht, S. 278 f., 293; *Schack*, ZUM 1989, 267, 271; a.A. Schricker/Loewenheim-*Melichar/Stieper*, Vor §§ 44a ff. UrhG Rn. 10 sowie *Plate*, Die Verwertungsgesellschaftenpflicht für urheberrechtliche Vergütungsansprüche und ausschließliche Verwertungsrechte, S. 69.
69 *Schack*, Urheber- und Urheberverlagsrecht, Rn. 483; *Augenstein*, Rechtliche Grundlagen des Verteilungsplans urheberrechtlicher Verwertungsgesellschaften, S. 25.
70 *Schack*, Urheber- und Urhebervertragsrecht, Rn. 483; *Plate*, Die Verwertungsgesellschaftspflicht für urheberrechtliche Vergütungsansprüche und ausschließliche Verwertungsrechte, S. 48; *Rossbach*, Die Vergütungsansprüche im deutschen Urheberrecht, S. 7ff.
71 *Ulmer*, Urheber- und Verlagsrecht, S. 279.
72 *Ulmer*, Urheber- und Verlagsrecht, S. 278.
73 Eine ähnliche Regelung findet sich auch in § 20b Abs. 2 UrhG für den Fall der Kabelweitersendung.
74 *Plate*, Die Verwertungsgesellschaftspflicht für urheberrechtliche Vergütungsansprüche und ausschließliche Verwertungsrechte, S. 57; Schricker/Loewenheim-*Loewenheim*, § 27 UrhG Rn. 1.
75 So etwa *Mauhs*, Der Wahrnehmungsvertrag, S. 84 f.; *Schack*, Urheber- und Urhebervertragsrecht, Rn. 597; Schricker/Loewenheim-*Ohly*, § 29 UrhG Rn. 38; *Mäger*, Die Abtretung urheberrechtlicher Vergütungsansprüche in Verwertungsverträgen, S. 30ff.

durch eine Verwertungsgesellschaft wahrnehmen lässt. Der Urheber kann auf solche Ansprüche zudem nach § 63a S. 1 UrhG nicht für künftige Nutzungen im Voraus verzichten. Anders als die ausschließlichen Nutzungsrechte entstehen die Vergütungsansprüche nicht schon mit der Schaffung eines geschützten Werks, sondern erst mit der Erfüllung der jeweiligen Tatbestandsvoraussetzungen.[76]

3. „Großes und kleines Recht“

In dem Umfang, in dem Nutzungsrechte nicht treuhänderisch von Verwertungsgesellschaften wahrgenommen, sondern von Verlagen oder den Urhebern individuell vergeben werden, spricht man in der Praxis vom „großen Recht“.[77] Demgegenüber werden die Rechte, die die Berechtigten im Rahmen der Wahrnehmungsverträge zur kollektiven Wahrnehmung auf die Verwertungsgesellschaften übertragen, als „kleine Rechte“ bezeichnet.[78] Die Abgrenzung erfolgt also nicht anhand abstrakter Kriterien, etwa nach Werktypus oder berührtem Verwertungsrecht.[79] Entgegen einem verbreiteten Sprachgebrauch umfasst der Begriff „großes Recht“ demnach nicht nur (bestimmte) Nutzungen dramatisch-musikalischer Werke, mag er auch am häufigsten auf die von den Bühnen- oder Musikverlagen individuell lizenzierten Aufführungsrechte Anwendung finden.[80] Vielmehr bestimmt die tatsächliche Rechteübertragung in den Wahrnehmungsverträgen der Verwertungsgesellschaften den Umfang des „großen“ und des „kleinen Rechts“.[81] Letztlich handelt es sich bei der Bezeichnung „großes Recht“ daher nur um die sprachliche Abgrenzung der sich gegenüberstehenden Organisationsformen der Rechtewahrnehmung, nämlich der kollektiven und individuellen Rechtewahrnehmung.[82] 38

IV. Grundsätze zur Reichweite der Rechteübertragung

1. Exklusive Rechteübertragung

Nach § 1 BerV überträgt der Berechtigte der GEMA seine „Urheberrechte zur Wahrnehmung als Treuhänderin“. Damit wird trotz der unklaren Begrifflichkeit nicht nur das Treuhandverhältnis begründet, sondern auch die Exklusivität der Rechteübertragung bestimmt. Dies bedeutet, dass die Berechtigten der GEMA die **ausschließlichen Nutzungsrechte** iSv § 31 Abs. 3 UrhG übertragen.[83] Ein anderes Verständnis der Vorschrift scheidet aus, da die Wahrnehmung durch die GEMA gerade auf die Einräumung einfacher Nutzungsrechte nach § 31 Abs. 2 UrhG ausgerichtet ist. Mithin ist auch der Berechtigte selbst nicht mehr in der Lage, über seine Nutzungsrechte zu verfügen.[84] Veranstaltet er beispielsweise Aufführungen seiner eigenen Werke, muss also auch der Urheber 39

---

76 *Plate*, Verwertungsgesellschaftspflicht, S. 63.
77 Dreier/Schulze-*Schulze*, Vor § 31 UrhG Rn. 120.
78 Zur historischen Entwicklung der Unterscheidung von „großem“ und „kleinem“ Recht eingehend *Staats*, Aufführungsrecht und kollektive Wahrnehmung bei Werken der Musik, S. 58 ff.
79 *Staats*, Aufführungsrecht und kollektive Wahrnehmung bei Werken der Musik, S. 52 ff.
80 Dreier/Schulze-*Schulze*, Vor § 31 UrhG Rn. 120; vgl. auch BGH, NJW-RR 2009, 764, 766 – Musical Starlights.
81 *Staats*, Aufführungsrecht und kollektive Wahrnehmung bei Werken der Musik, S. 66; *Haensel*, GEMA-Nachrichten Nr. 43 (1959), S. 22, 26.
82 *Karbaum*, GEMA-Nachrichten Nr. 152 (1995), S. 116; *Staats*, Aufführungsrecht und kollektive Wahrnehmung bei Werken der Musik, S. 67.
83 BGH, GRUR 1968, 321, 325 f. – Haselnuss.
84 LG Köln, ZUM 1998, 168 – Kunstklotz.

selbst nach § 42 Abs. 1 VGG eine Lizenz bei der GEMA einholen. Die Europäische Kommission hat diese Exklusivübertragung im Verfahren GEMA-I als grundsätzlich zulässig und erforderlich angesehen,[85] was vom EuGH in der Entscheidung SABAM III bestätigt worden ist.[86]

40 Da die GEMA als Verwertungsgesellschaft die ausschließlichen Nutzungsrechte zum Zweck der Wahrnehmung und nicht zur eigenen Nutzung erhält, entfällt die Zustimmungspflicht der Urheber nach § 35 Abs. 1 S. 2 UrhG im Falle der Weiterübertragung an Dritte.[87] Dadurch ist die GEMA in der Lage, gemäß § 34 Abs. 1 VGG „jedermann" auf Wunsch das Recht zur Nutzung einzuräumen. Die Verpflichtung nach § 34 VGG führt dazu, dass die GEMA ihrerseits die ihr übertragenen Rechte nur als einfache Nutzungsrechte an die Nutzer weiterübertragen kann.

41 Die „exklusive" Bindung an die Verwertungsgesellschaft gilt unterschiedslos für alle Berechtigten. Jeder Rechtsinhaber, der seine Rechte durch die GEMA wahrnehmen lassen möchte, hat ausschließliche Nutzungsrechte in die Solidargemeinschaft einzubringen.[88] Ebenso umfasst die exklusive Rechteübertragung grundsätzlich alle Werke des einzelnen Berechtigten. Er hat nicht die Möglichkeit auszuwählen, welche Werke kollektiv wahrgenommen werden sollen und welche er individuell wahrnehmen will. Ein solches **„Rosinenpicken"**[89] würde gerade dem von EU-Kommission und EuGH anerkannten Bedürfnis der GEMA entgegenstehen, das gesamte (Welt-) Repertoire zu vertreten.[90] Nur durch diese umfassende Übertragung der Rechte an allen Werken ist eine wirtschaftliche Wahrnehmungstätigkeit überhaupt möglich.[91] Zudem würde das Prinzip der Solidarität zwischen den Berechtigten der GEMA ausgehöhlt, wenn einzelne, besonders ertragreiche Werke aus dem kollektiven System herausgenommen werden könnten. Durch die Exklusivität der Rechteübertragung in Verbindung mit der Vorausverfügung werden die Urheber letztlich davor geschützt, ihre Rechte aufgrund der wirtschaftlichen Überlegenheit der Nutzer ohne angemessene Gegenleistung hergeben zu müssen (dazu sogleich unten Rn. 45). Schließlich darf der Urheber die Rechteübertragung auch nicht „persönlich" begrenzen, indem er beispielsweise bestimmte Nutzungsinteressenten ausnimmt, da dies dem Zweck des § 34 Abs. 1 VGG zuwiderlaufen würde.[92]

2. Verfügung über alle gegenwärtigen und künftigen Rechte

a) Gegenwärtige und künftige Rechte

42 Als weiteren Grundsatz der Rechteübertragungen im Berechtigungsvertrag der GEMA bestimmt der Kopfteil des § 1 BerV, dass der Berechtigte alle ihm gegenwärtig zustehenden und während der Vertragsdauer noch zuwachsenden, zufallenden oder sonst erworbenen urheberrechtlichen Befugnisse, die in den Tätigkeitsbereich der GEMA fallen, auf diese überträgt. Bei Abschluss des Vertrages verfügt der Berechtigte folglich nicht nur umfassend über diejenigen Rechte und Ansprüche, die er in diesem Moment

85 Kommission v. 2.6.1971, ABl. 1971 L 134, 26 – GEMA I.
86 EuGH, GRUR Int. 1974, 342, 344 – SABAM III.
87 Dreier/Schulze-*Schulze*, § 35 UrhG Rn. 14. Gleichwohl ist die Berechtigung der GEMA zur Weiterübertragung der Rechte an Dritte in § 3 BerV ausdrücklich geregelt.
88 *Wünschmann*, Kollektive Verwertung von Urheber- und Leistungsschutzrechten, S. 124 f.
89 *Riesenhuber*, Die Auslegung und Kontrolle des Wahrnehmungsvertrags, S. 145.
90 Kommission v. 2.6.1971 – 71/224/EWG, ABl. 1971 L 134/15, 23 – GEMA-I; EuGH, GRUR Int. 1974, 342, 344 – SABAM III.
91 RegE, Begr. zu § 6 RegE UrhWG, BT-Drs. IV/271, S. 15 f.
92 OLG München, ZUM 1994, 303, 306 – Beatles CD.

innehat, sondern auch über sämtliche Rechte und Ansprüche, deren Inhaber er erst während der Vertragslaufzeit werden wird.

Gegenwärtige Rechte sind in erster Linie die Rechte an den zum Zeitpunkt des Vertragsschlusses bereits geschaffenen eigenen Werken des Urhebers. Daneben handelt es sich auch bei abgeleiteten Rechten an Werken Dritter um gegenwärtige Rechte, die der Berechtigte bei Vertragsschluss in die GEMA einbringt. Dazu gehören auch die Rechte, die ein Berechtigter bereits vor Abschluss des Berechtigungsvertrages im Wege der Rechtsnachfolge „erlangt hat" (vgl. § 2 S. 2 BerV). **43**

Daneben regelt der Kopfteil des § 1 BerV auch die Einräumung bzw. Abtretung sämtlicher Rechte und Ansprüche, die dem Berechtigten im Laufe der Vertragsdauer noch zuwachsen, zufallen, wieder zufallen oder die der Berechtigte noch erwerben wird. Davon sind zunächst wiederum die **künftigen Rechte und Ansprüche** an eigenen Werken des Urhebers erfasst; diese „wachsen" dem Berechtigten während der Vertragsdauer durch Schaffung neuer Werke „zu". Darüber hinaus erstreckt sich die Vorausverfügung umfassend auf alle Rechte und Ansprüche an Werken Dritter, die dem Berechtigten künftig zustehen werden. Darunter fallen etwa die Rechte, die der Berechtigte während der Vertragsdauer durch Rechtsgeschäft erwirbt, die er im Wege der Rechtsnachfolge erlangt (vgl. unten Rn. 292f. zu § 2 BerV) oder die ihm aufgrund eines sonstigen gesetzlichen Anspruchs zufallen. Ebenso sind Rechte umfasst, die der Berechtigte auf Dritte übertragen hatte und später wiedererlangt, wie z.B. wenn ein vor dem Berechtigungsvertrag abgeschlossener Verlagsvertrag beendet wird. **44**

b) Keine Unzulässigkeit der Vorausverfügungen

Die **Vorausverfügung**, die auch § 40 Abs. 1 UrhG ausdrücklich vorsieht, ist weder nach § 9 S. 2 VGG noch nach § 307 BGB zu beanstanden.[93] Zwar werden die Rechtsinhaber dadurch in ihrer Verfügungsfreiheit eingeschränkt. Doch nur durch eine derartig umfassende Rechteübertragung erlangt die GEMA das Weltrepertoire und kann gegenüber den Nutzern die für das Funktionieren der kollektiven Rechtewahrnehmung erforderliche Marktmacht generieren.[94] Zudem entspricht die GEMA damit dem Gebot der Wirtschaftlichkeit ihrer Wahrnehmungstätigkeit, das dem Treuhandverhältnis gegenüber ihren Berechtigten entspringt, da anderenfalls die Verträge fortlaufend individuell angepasst werden müssten.[95] Auch die Kommission,[96] bestätigt durch den EuGH,[97] billigt die Vorausverfügung im Berechtigungsvertrag: Sie stelle keine unangemessene Bevormundung dar, die dem Selbstbestimmungsrecht und der Eigenverantwortung der Berechtigten entgegenstehe.[98] Vielmehr schützt die Vorausverfügung den Urheber vor Konfliktsituationen. Ohne diese Vorausverfügung bestünde bei jedem neu geschaffenen Werk die Gefahr, dass der Berechtigte – etwa in Abhängigkeit von einem Auftrag- oder Arbeitgeber[99] – **45**

93 Schricker/Loewenheim-*Reinbothe*, § 6 UrhWG Rn. 5; *Mauhs*, Der Wahrnehmungsvertrag, S. 94; *Steden*, Das Monopol der GEMA, S. 88; *v. Gamm*, § 31 UrhG Rn. 7; so auch schon RGZ 140, 231 – Tonfilm; das Reichsgericht wies darauf hin, dass die Übertragung künftiger Rechte dem „Verkehrsbedürfnis" entspreche. A.A. *Schack*, Urheber- und Urhebervertragsrecht, Rn. 1352.

94 *Riesenhuber*, NZA 2004, 1363, 1365; *Mauhs*, Der Wahrnehmungsvertrag, S. 92.

95 *Vogel*, GRUR 1993, 513, 525; Schricker/Loewenheim-*Reinbothe*, § 6 UrhWG Rn. 5.

96 Kommission, Entscheidung v. 2.6.1971 – 71/224/EWG, ABl. EG L 134/22f. – GEMA-I.

97 EuGH, GRUR Int. 1974, 342, 344 – SABAM III.

98 So aber *Schack*, Urheber- und Urhebervertragsrecht, Rn. 1352, der die Vorausverfügung für unangemessen iSd § 6 Abs. 1 UrhWG (jetzt § 9 S. 2 VGG) hält.

99 Soweit neben den Vorausverfügungen im Berechtigungsvertrag auch ein Arbeitsvertrag oder tarifliche Regelungen bestehen, die Vorausverfügungen bezüglich der gegenständlichen Nutzungsrechte

gedrängt wird, seine Rechte zu unangemessenen Bedingungen zu übertragen.[100] Dies könnte zum einen dazu führen, dass er die ihm für Nutzungen seines Werks zustehende Vergütung nicht erhält. Zum anderen besteht aber auch die Gefahr, dass die Auftrag- oder Arbeitgeber – gegenläufig zu den Interessen des Urhebers – dessen Werk schlecht oder überhaupt nicht verwerten. Unabhängig davon, ob dem Berechtigten hiergegen rechtliche Ansprüche zustehen, wird er sich typischerweise in einer Zwangslage befinden, wenn er das Verhältnis zu seinem Auftrag- oder Arbeitgeber nicht belasten will.

3. Inhaltliche und territoriale Reichweite der Rechteübertragung

a) *Inhaltliche Reichweite*

46 Nach § 1 BerV (Kopfteil) übertragen die Berechtigten grundsätzlich umfassend alle Rechte, die nach dieser Bestimmung in den Wahrnehmungsbereich der GEMA fallen. Gemäß § 16 BerV und § 3 Ziffer 2 GEMA-Satzung kann die Übertragung der Nutzungsrechte allerdings auf bestimmte **Nutzungsarten** beschränkt werden (nachfolgend Rn. 358 ff.). Einen besonderen Fall der inhaltlichen Begrenzung stellt die auflösend bedingte Übertragung des sog. **Herstellungsrechts** nach § 1 lit. i BerV dar. Durch Mitteilung kann der Berechtigte grundsätzlich das Filmherstellungsrecht im Einzelfall zurückrufen und selbst bzw. durch seinen Verlag wahrnehmen (nachfolgend Rn. 215 ff.).

b) *Territoriale Reichweite*

47 Die Berechtigten haben nach § 16 BerV und § 3 Ziffer 2 GEMA-Satzung außerdem die Möglichkeit, einzelne Länder von der Rechteübertragung auszunehmen (nachfolgend Rn. 362 f.). Damit ist sichergestellt, dass die Berechtigten frei wählen können, ob ihre Nutzungsrechte im Ausland direkt von den ausländischen Verwertungsgesellschaften, indirekt über die Gegenseitigkeitsverträge oder individuell wahrgenommen werden.

§ 1 lit. a [Das Aufführungs- und Vortragsrecht]

§ 1 Der Berechtigte überträgt hiermit der GEMA [...]

a) Die Aufführungsrechte an Werken der Tonkunst mit oder ohne Text, jedoch unter Ausschluss des Rechts zur bühnenmäßigen Aufführung dramatisch-musikalischer Werke (vollständig, als Querschnitt oder in größeren Teilen). Der Ausschluss umfasst auch die bühnenmäßige Aufführung sonstiger Werke der Tonkunst (mit oder ohne Text) als integrierende Bestandteile dramatisch-musikalischer Bühnenstücke, z.B. im Rahmen von Balletten oder Hit-Musicals. Unerheblich ist, ob die Werke eigens für die Umsetzung auf der Bühne geschaffen worden sind.

Bühnenmusiken, soweit sie nicht integrierender Bestandteil des Bühnenwerks sind, Bühnenschauen, Filmbegleitmusik, Einlagen in Revuen, Einlagen in Operetten, Possen und Lustspielen, melodramatische und Kabarettaufführungen sind Gegenstand dieses Vertrags, soweit es sich nicht um die Aufführung von Bestandteilen dramatisch-musikalischer Werke in anderen Bühnenwerken handelt.

enthalten, gilt der Prioritätsgrundsatz; vgl. Dreier/Schulze-*Dreier*, § 43 UrhG Rn. 19; Dreier/Schulze-*Schulze*, § 11 UrhWG Rn. 3.

100 Fromm/Nordemann-*Nordemann*/*Wirtz*, § 6 UrhWG Rn. 11; *Meyer*, Verwertungsgesellschaften und ihre Kontrolle nach dem Urheberrechtswahrnehmungsgesetz, S. 82 f.

Übersicht

I. Übersicht und Entstehungsgeschichte

§ 1 lit. a BerV regelt die Einräumung von Nutzungsrechten für den Bereich der **„(Live-)Aufführung"** von Musikwerken mit oder ohne Text. Die Aufführung eines Musikwerks berührt zum einen das in § 19 Abs. 2 UrhG geregelte Aufführungsrecht. Dieses ist aufgespalten in das Recht, ein Musikwerk durch persönliche Darbietung öffentlich zu Gehör zu bringen (musikalisches Aufführungsrecht; Abs. 2, Alt. 1) und das Recht, Werke öffentlich bühnenmäßig darzustellen (bühnenmäßiges Aufführungsrecht; Abs. 2, Alt. 2). Zum anderen betrifft die Aufführung eines textierten Musikwerks das Vortragsrecht gemäß § 19 Abs. 1 UrhG, also das Recht, ein Sprachwerk (§ 2 Abs. 1 Nr. 1 UrhG) öffentlich zu Gehör zu bringen. Sobald ein textiertes Musikwerk bühnenmäßig aufgeführt wird, umfasst das Recht der bühnenmäßigen Aufführung nach § 19 Abs. 2 Alt. 2 UrhG aber gleichzeitig auch die Nutzung des Textwerks. Voraussetzung für die urheberrechtliche Relevanz der „Live-Aufführungen" ist, dass sie **öffentlich** iSd § 15 Abs. 3 UrhG stattfinden, d.h. für eine Mehrzahl von Mitgliedern der Öffentlichkeit bestimmt sind. Werkaufführungen in der Privatsphäre, die sich an einen zahlenmäßig überschaubaren Kreis von Personen richten sollen, die alle mit dem Werkverwerter oder den übrigen Adressaten durch eine persönliche Beziehung verbunden sind, berühren das Aufführungs- bzw. Vortragsrecht hingegen nicht.[101] Die in der Rechtsprechung des EuGH entwickelten Kriterien für eine öffentliche Wiedergabe nach Art. 3 Abs. 1 InfoRL finden hier zumindest keine unmittelbare Anwendung, da sie nur Wiedergaben für eine Öffentlichkeit betreffen, „die an dem Ort, an dem die Wiedergabe ihren Ursprung nimmt, nicht anwesend ist" (Begründungserwägung 23). 48

Ausdrücklich aus der Rechteübertragung ausgenommen sind die **bühnenmäßigen Aufführungen dramatisch-musikalischer Werke** und sonstiger Werke als integrierende Bestandteile dramatisch-musikalischer Bühnenstücke, d.h. sog. „große" Aufführungsrechte (zum Begriff bereits oben, Rn. 38). Damit wird insbesondere der Wahrnehmungsbereich der GEMA von dem der Bühnen- bzw. Musikverleger abgegrenzt. Gleichwohl fallen nach § 1 lit. a Abs. 2 BerV bestimmte Sachverhalte der Aufführungen 49

101 Dazu ausführlich Schricker/Loewenheim-*v. Ungern-Sternberg*, § 15 UrhG Rn. 375 ff.

„auf Bühnen", wie beispielsweise Kabarettaufführungen, in den Wahrnehmungsbereich der GEMA.

50 Die Live-Aufführung von Musikwerken betrifft traditionell den Bereich der kollektiven Rechtewahrnehmung. Es waren gerade die nicht zu kontrollierenden massenweisen Nutzungen durch Live-Aufführungen, die den Anlass zur Gründung von musikalischen Verwertungsgesellschaften gaben (dazu näher **Kap. 2 Rn. 1ff.**). So enthielt bereits die Satzung der STAGMA eine ähnliche Regelung zur Übertragung der Aufführungsrechte, die dann bei der Formulierung des Berechtigungsvertrages aus dem Jahr 1955 in ihre im Wesentlichen bis heute gültige Fassung gebracht wurde.

II. Einzelerläuterungen

1. Die „Aufführungsrechte" nach § 1 lit. a BerV

51 Unter § 1 lit. a Abs. 1 BerV fallen grundsätzlich die Nutzungen, die das Aufführungsrecht nach § 19 Abs. 2 UrhG berühren. Dies betrifft nicht nur die Aufführung eines **Musikwerks ohne Text**; vielmehr geht nach dieser Regelung auch das Recht auf die GEMA über, ein **textiertes Musikwerk** – etwa eine Arie oder einen Schlager – aufzuführen. Obwohl der Wortlaut des § 1 lit. a Abs. 1 BerV lediglich vom „Aufführungsrecht" spricht, überträgt damit auch der berechtigte Textdichter sein Vortragsrecht auf die GEMA, soweit sein Sprachwerk musikalisch dargeboten wird.[102] Bezüglich der Sprachwerke sind nur die musikalischen Nutzungen, d.h. die Nutzungen eines Sprachwerks als Text eines Musikwerks erfasst. Sobald ein Musikstück lediglich den Vortrag des Sprachwerks untermalt, fällt der Vortrag selbst nicht in den Tätigkeitsbereich der GEMA.[103] Werden Sprachwerke von Berechtigten der VG Wort mit deren Einwilligung vertont, um das Sprachwerk zusammen mit der Musik zu verwerten, überträgt die VG Wort die Rechte an dem Sprachwerk auf Grund einer vertraglichen Vereinbarung auf die GEMA, die diese Rechte unter Anwendung der für ihre Berechtigten geltenden Bedingungen treuhänderisch wahrnimmt. Auf die entsprechenden Nutzungen entfallende Textdichtertantiemen schüttet die GEMA an die VG Wort aus, die diese an die Textdichter auskehrt.[104]

52 Vom Regelungsinhalt des § 1 lit. a BerV nicht umfasst ist das sog. **„Textierungrecht"**,[105] d.h. das Recht, ein Musikwerk bei einer Aufführung mit einem (neuen) Text zu verbinden.[106] Solche Werkverbindungen fallen nach § 31 Abs. 5 UrhG – entsprechend dem Zweck des Berechtigungsvertrages – **nicht** in den Wahrnehmungsbereich der GEMA. Die Entscheidung, ob sein Werk mit einem (neuen) Text zu einer Einheit[107] verbunden werden darf, kann nur der Berechtigte selbst treffen. Würde das Recht dagegen kollektiv wahrgenommen, müsste es die GEMA nach § 34 Abs. 1 VGG „jedermann" ge-

---

102 Schricker/Loewenheim-*v. Ungern-Sternberg*, § 19 UrhG Rn. 45; *Staats*, Aufführungsrecht und kollektive Wahrnehmung bei Werken der Musik, S. 88.

103 *Staats*, Aufführungsrecht und kollektive Wahrnehmung bei Werken der Musik, S. 87.

104 *Melichar*, Die Wahrnehmung von Urheberrechten durch Verwertungsgesellschaften, S. 111; E. *Schulze*, Urhebervertragsrecht, S. 76; entgegen BeckOK-*Kroitzsch/Götting*, § 19 UrhG Rn. 27 handelt es sich dabei nicht um einen Fall von kollidierenden Mitgliedschaften bei GEMA und VG Wort. Bei Doppelmitgliedschaft eines Textdichters bei GEMA und VG Wort rechnet die GEMA vielmehr selbständig an ihr Mitglied ab.

105 *Staats*, Aufführungsrecht und kollektive Wahrnehmung bei Werken der Musik, S. 89 f.

106 OLG München, ZUM 1991, 432, 433 – Gaby wartet im Park. Diese Entscheidung betraf allerdings das Senderecht; eingehend *Staats*, Aufführungsrecht und kollektive Wahrnehmung bei Werken der Musik, S. 89ff.

107 LG München, Schulze RzU LGZ 91, 4 – Ich küsse Ihre Hand, Madame.

währen.[108] Aus demselben Grund fällt auch das Recht, die **(Neu-) Vertonung** eines **Sprachwerks** aufzuführen, nicht in den Wahrnehmungsbereich der GEMA.[109]

Wird ein Werk nur **teilweise** bzw. **gekürzt** aufgeführt, stellt dies einen Eingriff in 53
die Substanz des Werks dar, durch den das Bearbeitungsrecht gem. § 23 UrhG betroffen ist. Dennoch ist das Recht der teilweisen bzw. gekürzten Werkaufführung grundsätzlich[110] ebenfalls Gegenstand der Rechteübertragung nach § 1 lit. a BerV.[111] Unter dieses Recht fallen dabei einerseits Konstellationen, in denen ein Werk gekürzt aufgeführt wird, beispielsweise, wenn nur einige Takte eines Schlagers dargeboten werden. Andererseits stellt auch die Aufführung eines von mehreren eigenständigen Werken, die als Gesamtkunstwerk zusammengefasst sind, wie etwa die Aufführung nur eines einzelnen Stücks aus einem Zyklus, eine Teilaufführung dar.[112] Dass solche Nutzungen vom Umfang des Berechtigungsvertrages umfasst sind, obwohl die Übertragung dieser Rechte darin nicht ausdrücklich bezeichnet wird, ergibt sich aus dem Zweck des Berechtigungsvertrags, der nach § 31 Abs. 5 UrhG zur Bestimmung des Umfangs der Rechtewahrnehmung heranzuziehen ist.[113] Insbesondere im Bereich der Unterhaltungsmusik wäre es den Nutzern kaum zuzumuten, jeweils die Einwilligung des Berechtigten einholen zu müssen, sobald ein Werk bei der Aufführung nicht bis auf den letzten Takt ausgespielt würde. Ein Veranstalter – etwa von Barpiano-Musik – müsste für die Werke, die der Pianist im Ganzen spielt, eine Lizenz von der GEMA erwerben, für die nur angespielten Werke hingegen Lizenzen von den einzelnen Rechtsinhabern einholen. Die dadurch entstehende Rechtsunsicherheit ginge letztlich zu Lasten der Berechtigten, da sie diese massenweisen Nutzungen weder kontrollieren noch lizenzieren könnten. Daher kann eine effektive Rechtewahrnehmung im Bereich von Werkaufführungen unabhängig von deren Vollständigkeit nur kollektiv erfolgen. Bei der Wahrnehmung durch die GEMA ist allerdings das Urheberpersönlichkeitsrecht zu berücksichtigen. Soweit eine teilweise Aufführung das Werk iSd §§ 14, 39 UrhG beeinträchtigt bzw. entstellt, ist die GEMA nicht mehr zur Lizenzvergabe befugt.[114] Dies ist jeweils nach den Umständen im Einzelfall zu beurteilen. Jedenfalls solange dem Werk durch die gekürzte Aufführung keine fremde Aussage hinzugefügt wird, spricht viel dafür, dass das Integritätsinteresse des Urhebers nicht verletzt ist.[115]

In ähnlicher Weise wird das Bearbeitungsrecht nach § 23 UrhG durch die Aufführung 54
eines textierten Musikwerks als **„Instrumentalfassung"** berührt. Auch diese Sachverhalte sind im Berechtigungsvertrag nicht ausdrücklich genannt und dennoch vom Wahrnehmungsumfang des § 1 lit. a BerV umfasst. Denn im Bereich der massenweisen persönlichen Live-Darbietungen stellt sich eine individuelle Wahrnehmung von Nutzungen als „Instrumentalfassung" ebenso schwierig dar wie bei Darbietungen in der textierten Originalfassung. Da diese Nutzungen also aus tatsächlichen Gründen nur von der GEMA wahrgenommen werden können, greift der Übertragungszweckgedanke iSd § 31 Abs. 5 UrhG.[116] Eine Verletzung urheberpersönlichkeitsrechtlicher Befugnisse ist hier in der Regel nicht zu befürchten, da das Werk durch eine solche Aufführung – anders als

108 *Staats*, Aufführungsrecht und kollektive Wahrnehmung bei Werken der Musik, S. 91.
109 *Staats*, Aufführungsrecht und kollektive Wahrnehmung bei Werken der Musik, S. 92.
110 Für die teilweise bühnenmäßige Aufführung dramatisch-musikalischer Werke gelten nach § 1 lit. a BerV bestimmte Ausnahmeregelungen; dazu nachfolgend Rn. 56ff.
111 Vgl. OLG Hamburg, ZUM 2002, 480, 483 – Handy-Klingelton.
112 G. *Schulze*, ZUM 1993, 255, 264.
113 Anders G. *Schulze*, ZUM 1993, 255, 259.
114 OLG Hamburg, ZUM 2002, 480, 483 – Handy-Klingelton.
115 Vgl. *Staats*, Aufführungsrecht und kollektive Wahrnehmung bei Werken der Musik, S. 93.
116 *Staats*, Aufführungsrecht und kollektive Wahrnehmung bei Werken der Musik, S. 92f.

bei der Verbindung mit einem neuen Text – lediglich „auf seinen eigenen ästhetischen Gehalt reduziert“ wird.[117]

2. Die Ausnahme der bühnenmäßigen Aufführung dramatisch-musikalischer Werke

55 Die Übertragung der Rechte zur „Aufführung“ gilt nach § 1 lit. a BerV nicht ausnahmslos. Nach dem Wortlaut der Bestimmung sind bühnenmäßige Aufführungen dramatisch-musikalischer Werke von der Rechteübertragung ausgeschlossen, wenn sie vollständig, als Querschnitt oder in größeren Teilen aufgeführt werden. Der Ausschluss umfasst auch die Aufführung sonstiger, „nicht dramatisch-musikalischer“ Werke als integrierende Bestandteile dramatisch-musikalischer Bühnenstücke.

a) Das Recht der bühnenmäßigen Aufführung

56 Die **bühnenmäßige Aufführung** eines Werks entspricht der bühnenmäßigen Darstellung iSd § 19 Abs. 2 UrhG und liegt dann vor, wenn ein gedanklicher Inhalt durch ein für das Auge oder für Auge und Ohr bestimmtes bewegtes Spiel im Raum dargeboten wird.[118] Dabei wird ein Sinngehalt vermittelt[119] und in individueller Form ausgedrückt,[120] so dass der Zuschauer den Gedankeninhalt und einen sinnvollen Handlungsablauf („roter Faden“) nachvollziehen kann.[121] Maßgeblich für die Bühnenmäßigkeit der Aufführung eines Werks ist, dass die Musik wesentlicher Faktor[122] und unlösbarer Bestandteil der szenischen Darstellung ist.[123] Beides muss inhaltlich zu einem einheitlichen Ganzen verschmelzen. Dabei genügt es für eine bühnenmäßige Aufführung, wenn dem Publikum der gedankliche Inhalt eines abgrenzbaren Bestandteils des verwendeten Werks vermittelt wird.[124] Demgegenüber handelt es sich bei **konzertmäßigen Musikaufführungen**, bei denen Musikwerke lediglich öffentlich wahrnehmbar gemacht werden, um **Aufführungen** iSd § 19 Abs. 2, Alt. 1 UrhG, die als „kleine Rechte“ in den Wahrnehmungsbereich der GEMA fallen. Solche Aufführungen liegen etwa dann vor, wenn Musikwerke „auf der Bühne“, jedoch ohne szenische Darstellung zu Gehör gebracht werden, aber auch dann, wenn die Musik das Spielgeschehen lediglich untermalt.[125]

b) Der Begriff des dramatisch-musikalischen Werks

57 Bei einem dramatisch-musikalischen Werk handelt es sich nicht um einen eigenen Werktyp, sondern um die Verbindung (§ 9 UrhG) von Musikwerken mit pantomimischen

117 *Staats*, Aufführungsrecht und kollektive Wahrnehmung bei Werken der Musik, S. 93.
118 BGH, ZUM 2008, 953, 954 ff. – Musical Starlights; BGH, NJW 2000, 2207, 2209 – Musical-Gala; BGH, GRUR 1960, 604, 605 – Eisrevue I; GRUR 1962, 256, 257 – Im weißen Rößl; Fromm/Nordemann-*Dustmann*, § 19 UrhG Rn. 17; *Ulmer*, Urheber- und Verlagsrecht, S. 248; *Staats*, Aufführungsrecht und kollektive Wahrnehmung bei Werken der Musik, S. 92 f.
119 Schricker/Loewenheim-*v. Ungern-Sternberg*, § 19 UrhG Rn. 36; *Ulmer*, Urheber- und Verlagsrecht, S. 143.
120 BGH, GRUR 1960, 604, 605 – Eisrevue I.
121 Dreier/Schulze-*Dreier*, § 19 UrhG Rn. 10.
122 *Reiners*, Das Bühnenwerk und sein urheberrechtlicher Schutz, S. 21.
123 *Karbaum*, GEMA-Nachrichten Nr. 152 (1995), S. 116, 119.
124 BGH, GRUR 1960, 604, 605 – Eisrevue; ZUM 2008, 953, 955 – Musical Starlights.
125 BGH, GRUR 1960, 604, 605 – Eisrevue I; BGH, GRUR 1960, 606, 607 – Eisrevue II; BGH, GRUR 1962, 256, 257 – Im weißen Rößl.

oder choreografischen Werken bzw. mit Sprachwerken.[126] Die Musik muss integrierender Bestandteil und gleichberechtigter Faktor sein.[127] Traditionelle Beispiele für dramatisch-musikalische Werke sind Opern, Musicals oder Handlungsballette.[128]

Darüber hinaus verlangt der BGH für die Einordnung als dramatisch-musikalisches Werk, dass es – unabhängig von seiner ursprünglichen Bestimmung – für die bühnenmäßige Aufführung „in Szene gesetzt" werden kann,[129] also objektiv dafür geeignet ist.[130] Dies sei insbesondere dann der Fall, wenn schon im Ablauf der Wiedergabe des Musikwerks ein geschlossenes, dramatisch angelegtes Geschehen vermittelt werde.[131] Nicht erforderlich ist demnach, dass das Musikwerk ursprünglich selbst als dramatisch-musikalisches Werk angelegt, also von vornherein für die bühnenmäßige Aufführung geschaffen worden ist. 58

c) Die bühnenmäßige Aufführung eines dramatisch-musikalischen Werks

Der Ausschluss nach § 1 lit. a Abs. 1 S. 1 BerV betrifft somit einerseits nicht nur Werke, die bereits als Bühnenwerke für die bühnenmäßige Aufführung konzipiert worden sind, umfasst andererseits aber auch nicht den gesamten Bereich der bühnenmäßigen Aufführung iSd § 19 Abs. 2, Alt. 2 UrhG, der schlichtweg für alle Werke gilt. Eine bühnenmäßige Aufführung eines dramatisch-musikalischen Werks liegt vielmehr dann vor, wenn ein Musikwerk, das *als solches* für die bühnenmäßige Aufführung objektiv geeignet (nicht notwendigerweise hierfür geschaffen) ist, auf Grund eines engen inneren Zusammenhangs als integrierender Bestandteil eines für das Auge oder für das Auge und das Ohr bestimmten bewegten Spiels dargeboten wird.[132] Ein typisches Beispiel ist die **szenische Aufführung einer Oper** als bühnenmäßige Aufführung eines verbundenen Werks iSd § 9 UrhG.[133] 59

Werden dramatisch-musikalische Werke dagegen konzertmäßig, d.h. ohne szenische Darstellung wiedergegeben, so handelt es sich nicht um bühnenmäßige Aufführungen iSd § 1 lit. a Abs. 1 BerV. Vielmehr wird das Recht, ein dramatisch-musikalisches Werk vollständig bzw. als Querschnitt oder in größeren Teilen konzertant aufzuführen, von der GEMA wahrgenommen.[134] Denn nach dem insoweit eindeutigen Wortlaut des § 1 lit. a BerV sind nicht alle Aufführungen der bezeichneten Werke ausgenommen, sondern nur diejenigen, die das Kriterium der Bühnenmäßigkeit erfüllen (zur Abgrenzung oben Rn. 56). Dass es bei der Abgrenzung zwischen kleinem und großem Recht nicht allein auf das Werk an sich, sondern auch auf die Art der Nutzung ankommt, kann man auch an § 1 lit. a Abs. 1 S. 2 BerV und daran erkennen, dass einige andere Nutzungen dramatisch-musikalischer Werke (§ 1 lit. c, e und f BerV) ausdrücklich vom Wahrnehmungsumfang 60

126 Schricker/Loewenheim-*v. Ungern-Sternberg*, § 19 UrhG Rn. 31.
127 *Staats*, Aufführungsrecht und kollektive Wahrnehmung bei Werken der Musik, S. 96; *Hubmann*, GEMA-Nachrichten Nr. 43 (1959), S. 10, 12.
128 *Karbaum*, GEMA-Nachrichten Nr. 152 (1995), S. 116, 119.
129 BGH, NJW 2000, 2207, 2209 – Musical-Gala; BGH, ZUM 2008, 953, 956 – Musical Starlights.
130 *Staats*, Aufführungsrecht und kollektive Wahrnehmung bei Werken der Musik, S. 95.
131 BGH, NJW 2000, 2207, 2209 – Musical-Gala.
132 Fromm/Nordemann-*Dustmann*, § 19 UrhG Rn. 17; *Ulmer*, Urheber- und Verlagsrecht, S. 248; *Staats*, Aufführungsrecht und kollektive Wahrnehmung bei Werken der Musik, S. 96 f.; BGH, NJW 2000, 2207, 2209 – Musical-Gala; BGH, GRUR 1960, 604, 605 – Eisrevue I; GRUR 1962, 256, 257 – Im weißen Rößl.
133 Schricker/Loewenheim-*v. Ungern-Sternberg*, § 19 UrhG Rn. 31.
134 E. *Schulze*, GEMA-Nachrichten Nr. 11 (1951), S. 7, 8; *Hubmann*, GEMA-Nachrichten Nr. 43 (1959), S. 10, 12; *Melichar*, Die Wahrnehmung von Urheberrechten durch Verwertungsgesellschaften, S. 21; *Karbaum*, GEMA-Nachrichten Nr. 152 (1995), S. 116, 117; *Staats*, Aufführungsrecht und kollektive Wahrnehmung bei Werken der Musik, S. 98.

umfasst sein sollen. Der Übertragungszweckgedanke nach § 31 Abs. 5 UrhG spricht ebenfalls nicht für eine gegenteilige Auffassung, da dramatisch-musikalische Werke ebenso massenhaft (konzertmäßig) aufgeführt werden können wie sonstige Werke.[135]

d) Teilaufführungen dramatisch-musikalischer Werke

61 Wie in § 1 lit. a Abs. 1 BerV durch einen Zusatz in Klammern klargestellt ist, gilt die Ausnahme für bühnenmäßige Aufführungen dramatisch-musikalischer Werke unabhängig davon, ob das Werk vollständig, als Querschnitt[136] oder in größeren Teilen aufgeführt wird. Dadurch wird verdeutlicht, dass dem Publikum durch die Aufführung kleinerer Teile dramatisch-musikalischer Werke der **Sinngehalt** des dramatisch-musikalischen Werks nicht mehr vermittelt werden kann. Die Regelung zieht damit die Grenze zwischen bühnenmäßigen und konzertmäßigen Darstellungen dramatisch-musikalischer Werke. Für den Sonderfall, dass ein kleinerer Teil eines dramatisch-musikalischen Werks als Bestandteil einer bühnenmäßigen Aufführung eines anderen musikalisch-dramatischen Werks verwendet wird und somit ebenfalls bühnenmäßig und nicht als isoliertes Einzelstück aufgeführt wird, regelt allerdings § 1 lit. a Abs. 2 a.E. BerV die Zugehörigkeit zum Bereich des großen Rechts.

e) Die bühnenmäßige Aufführung „sonstiger Werke" als integrierende Bestandteile dramatisch-musikalischer Bühnenstücke

62 Die durch die Mitgliederversammlung 2011 eingeführten Regelungen des § 1 lit. a Abs. 1 S. 2 und 3 BerV stellen nunmehr klar, dass vom Ausschluss des Rechts zur bühnenmäßigen Aufführung geschützter Werke vom Wahrnehmungsumfang der GEMA auch Sachverhalte erfasst sind, in denen sonstige, nicht-dramatisch musikalische Werke als integrierende Bestandteile dramatisch-musikalischer Bühnenstücke bühnenmäßig (§ 19 Abs. 2 Alt. 2 UrhG) aufgeführt werden. Dadurch wird der Begriff des dramatisch-musikalischen Werks insgesamt, also auch mit Blick auf die entsprechenden Regelungen in § 1 lit. b bis i BerV konkretisiert. Nutzungen, bei denen Werke in den Handlungsablauf einer dramatisch-musikalischen Bühnenaufführung integriert werden, sind somit grds. vom sog. großen Recht erfasst. Die in der Praxis sehr bedeutsame Abgrenzung zum kleinen Recht soll gerade nicht davon abhängen, dass die genutzten Werke wie eine Oper eigens für die szenische Umsetzung auf der Bühne geschaffen oder zumindest mit einer gewissen Handlung angelegt wurden.

63 Diese Klarstellung beseitigt die Unsicherheiten, die durch die einzelfallbezogene **Rechtsprechung des BGH** zur Auslegung des Begriffs „dramatisch-musikalisches Werk" entstanden waren. Hieraus wurde abgeleitet, dass die bühnenmäßige Aufführung von Werken, die sich aus objektiver Sicht nicht für eine solche Aufführung eignen, da sie als solche nicht in Szene gesetzt werden können, dem Wahrnehmungsumfang der GEMA unterfallen.[137] Dies verkennt jedoch, dass jedes Musikwerk – auch ein Werk der absolu-

---

135 Ebenso *Staats*, Aufführungsrecht und kollektive Wahrnehmung bei Werken der Musik, S. 97 ff.; a.A. Wandtke/Bullinger-*Ehrhardt*, § 19 UrhG Rn. 19, der sich dafür allerdings zu Unrecht auf die BGH-Entscheidungen beruft: BGH, NJW 2000, 2207, 2209 – Musical-Gala und BGH, ZUM 2008, 953, 956 – Musical Starlights gehen gerade davon aus, dass die Bühnenmäßigkeit der Aufführung entscheidungserheblich ist.

136 Eine Aufführung als Querschnitt liegt dann vor, wenn eine Übersicht über das Werk in seiner Gesamtheit gegeben wird und dem Hörer ein Gesamteindruck des Werks vermittelt wird; KG, Schulze, RzU KGZ 13, 4 – Carmen.

137 BGH, NJW 2000, 2007, 2009 – Musical-Gala; BGH, ZUM 2008, 953, 956 – Musical Starlights.

ten Musik, das keinerlei Handlungselemente aufweist – beispielsweise durch die Verbindung mit einer Choreographie als integrierender Bestandteil der Aufführung eines Balletts einen sinnvollen Handlungsablauf darstellen kann. Demnach können selbst die vom BGH als typisches Beispiel für „Musikwerke, die nicht als dramatisch-musikalische Werke angelegt sind" angeführten Schlager[138] als „sonstige Werke" unter das sog. große Recht fallen, wenn sie integrierende Bestandteile dramatisch-musikalischer Bühnenstücke werden und als solche bühnenmäßig iSd § 19 Abs. 2 UrhG aufgeführt werden.

Als Beispiele sind in § 1 lit. a Abs. 1 S. 2 BerV die bühnenmäßige Aufführung eines **Hit-Musicals** und **Ballettaufführungen** genannt. Damit wird nochmals klargestellt, dass etwa auch die Aufführung von Musikwerken in **Verbindung** mit einer **Choreographie** als bühnenmäßige Aufführung dramatisch-musikalischer oder sonstiger Werke aus dem Wahrnehmungsumfang der GEMA ausgenommen ist. Es spielt keine Rolle, ob das derart „vertanzte" Werk vom Urheber als Bühnenwerk bestimmt war oder nicht. Entscheidend ist allein, ob das Musikwerk in der Weise bühnenmäßig aufgeführt wird, also sein gedanklicher Inhalt durch die Vertanzung in Szene gesetzt wird. „Objektiv für die Bühnenaufführung geeignet" ist auch ein ursprünglich für den Konzertgebrauch geschriebenes, geschlossenes Werk, das in Verbindung mit einer Choreographie zum Handlungsballett wird („vertanzte Werke").[139] 64

3. Die Aufführungen von Bühnenmusiken, Bühnenschauen, Filmbegleitmusik, Einlagen, melodramatischen Aufführungen und Kabarettaufführungen als Gegenstand der Rechteübertragungen

§ 1 lit. a Abs. 2 BerV zählt bestimmte Musikaufführungen „auf der Bühne" auf, die vom Wahrnehmungsbereich der GEMA umfasst sind. Die dort geregelten Sachverhalte fallen in den **Grenzbereich** zwischen **bühnenmäßiger** und **rein musikalischer (konzertanter) Darbietung** von Musikwerken. Bei den aufgezählten Alternativen kann man zwischen bestimmten Arten der Verwendung von Musik, wie z.B. Bühnenmusik oder Filmbegleitmusik, und bestimmten Arten von Aufführungen „auf Bühnen", wie z.B. Bühnenschauen oder Kabarettaufführungen unterscheiden. Eine Einschränkung erfährt die Ausnahmeregelung allerdings im letzten Halbsatz des § 1 lit. a Abs. 2 BerV, wonach es sich nicht um die Aufführung von Bestandteilen dramatisch-musikalischer Werke in anderen Bühnenwerken handeln darf. Dieser letzte Teil der Vorschrift stellt also eine Ergänzung des Absatz 1 dar: Wird ein kleinerer Teil eines dramatisch-musikalischen Werks im Rahmen der Aufführung eines anderen Bühnenwerks ausnahmsweise bühnenmäßig aufgeführt, soll dieser Sachverhalt vom Wahrnehmungsbereich der GEMA ausgenommen sein. Obwohl der Wortlaut nur von „Aufführung" spricht, sind wiederum nur die Fälle der bühnenmäßigen Aufführung solcher Bestandteile gemeint.[140] Eine sinnvolle Abgrenzung kann auch hier nur nach der Art der Aufführung und nicht nach den Eigenschaften des benutzten Werks erfolgen. 65

§ 1 lit. a Abs. 2 Alt. 1 BerV bestimmt, dass Aufführungen von **Bühnenmusiken**, soweit sie nicht integrierender Bestandteil des Bühnenwerks sind, grundsätzlich in den Wahrnehmungsbereich der GEMA fallen. Unter dem Begriff der Bühnenmusik ist Musik im Sprechtheater, also Schauspielmusik zu verstehen.[141] Die Regelung ist daher auf die 66

138 BGH, ZUM 2008, 953, 956 – Musical Starlights.
139 *Karbaum*, GEMA-Nachrichten Nr. 152 (1995), S. 116, 118.
140 BGH, GRUR 1960, 604, 606 – Eisrevue I; a.A. *Staats*, Aufführungsrecht und kollektive Wahrnehmung bei Werken der Musik, S. 111 f.
141 *Finscher*, Die Musik in Geschichte und Gegenwart, Stichwort „Bühnenmusik", Sp. 255.

Aufführungen von Musikwerken im Sprechtheater beschränkt. Sie fallen jedoch nur dann unter den Berechtigungsvertrag, wenn die Musikwerke durch die Aufführung nicht integrierender Bestandteil des dramatisch-musialischen Bühnenstücks werden. Bühnenmusiken sind dann integrierender Bestandteil von dramatischen Werken, wenn sie in einem inneren Zusammenhang mit der Handlung stehen, so dass der Eindruck einer ästhetischen Einheit entsteht. Wird demnach in einem Sprechtheater Musik „bühnenmäßig" iSd § 19 Abs. 2 Alt. 2 UrhG aufgeführt, fällt dies nicht in den Wahrnehmungsbereich der GEMA. Soweit die Bühnenmusik dagegen nur als Untermalung eines Bühnenwerks genutzt wird, ist sie nicht integraler Bestandteil des Bühnenwerks. So würde die Rechteübertragung nach § 1 lit. a Abs. 2 BerV z.B. den Fall abdecken, dass Samuel Becketts „Endspiel" mit Musikwerken von Philip Glass untermalt wird.[142]

67 Unter der Aufführung von **Filmbegleitmusik** nach Absatz 2 Alt. 3 ist die „Live-Aufführung" von Musikstücken im Zusammenhang mit der Vorführung von (Stumm-)Filmen zu verstehen (sog. Filmkonzerte).[143] Dies wäre beispielsweise der Fall, wenn zu einer Vorführung des Stummfilms „Ich küsse Ihre Hand, Madame" mit Marlene Dietrich aus dem Jahr 1929 ein Orchester „live" die Filmmusik spielte. Die Wiedergabe der Filmmusik vom Bildtonträger ist von dieser Klausel allerdings nicht betroffen, da sie ausschließlich die Übertragung von Aufführungs- und Vortragsrechten regelt. Kann der Film selbst – mangels persönlicher Darbietung – nicht Gegenstand einer bühnenmäßigen Aufführung sein, so kann auch das Musikwerk nicht bühnenmäßig dargestellt werden. Filmvorführungsrechte werden vielmehr von § 1 lit. f BerV erfasst (dazu nachfolgend Rn. 108 ff.).

68 Ausdrücklich auf die GEMA übertragen werden gemäß Absatz 2 Alt. 4 außerdem die Rechte zur Aufführung von **Einlagen** in Revuen, Operetten, Possen und Lustspielen.[144] Der Begriff der Einlage bezeichnet ein geschlossenes, das Bühnengeschehen gleichsam unterbrechendes Musikstück, das mit dem Textbuch in keinem unmittelbaren inneren Zusammenhang steht.[145] Es ist also von vornherein ausgeschlossen, dass diese Musikstücke als integrierender Bestandteil eines Bühnenwerks und damit „bühnenmäßig" aufgeführt werden. Die in Absatz 2 Alt. 4 erwähnten Revuen, Possen und Lustspiele stellen Bühnenwerke dar, in denen solche Einlagen typischerweise vorkommen.[146] Die Aufzählung ist jedoch nicht als abschließend zu verstehen. Einlagen in anderen Bühnenwerken stellen jedenfalls musikalische Aufführungen nach § 19 Abs. 2 Alt. 1 UrhG dar, so dass diese Sachverhalte schon nach Absatz 1 der Vorschrift in den Wahrnehmungsbereich der GEMA fallen.

69 Weiterhin sind **Bühnenschauen** sowie **Kabarettaufführungen**[147] Gegenstand der Rechteeinräumung, Absatz 2 Alt. 2 und 5 BerV. Diese Aufführungen auf Bühnen werden nach dem klaren Wortlaut als Ganzes unter die Wahrnehmungsbefugnis der GEMA gestellt.[148] Da es im Einzelfall schwierig sein kann zu unterscheiden, ob eine solche Einzelaufführung rein musikalisch oder bühnenmäßig erfolgt, umfasst der Berechtigungsver-

---

142 Eingehend *Staats*, Aufführungsrecht und kollektive Wahrnehmung bei Werken der Musik, S. 102; *Finscher*, Die Musik in Geschichte und Gegenwart, Stichwort „Bühnenmusik", Sp. 255.

143 Vgl. *Staats*, Aufführungsrecht und kollektive Wahrnehmung bei Werken der Musik, S. 105.

144 Trotz der missverständlichen Satzstellung kann der in Absatz 2 der Bestimmung verwendete Begriff der „Einlage" nur so verstanden werden, dass er sich auch auf Possen und Lustspiele bezieht; andere Musikaufführungen als Einlagen kommen innerhalb dieser literarischen Aufführungsformen ohnehin nicht in Betracht.

145 LG Leipzig, UFITA 13 (1940), 82 – Hänsel und Gretel.

146 Ebenso *Staats*, Aufführungsrecht und kollektive Wahrnehmung bei Werken der Musik, S. 108.

147 Zu melodramatischen Aufführungen s. unten Rn. 69.

148 Für Kabarettaufführungen KG, Schulze RzU KGZ 17, 9 – Musikalischer Bilderbogen; auch OLG München, Schulze RzU OLGZ 178, 5 – Pol(h)itparade.

trag diese Veranstaltungsart insgesamt. Nur auf diese Weise kann eine lückenlose Rechtewahrnehmung sichergestellt werden.[149] Der Begriff „Bühnenschau" wird heute kaum noch verwendet. Gemeint sind Veranstaltungen wie Liveshows, Varietés oder Revuen, in deren Rahmen bestimmte Programmpunkte aneinandergereiht werden, ohne eine innere Einheit zu bilden, so dass die Musikwerke gerade nicht integrierender Bestandteil einer Handlung und damit typischerweise auch nicht Gegenstand einer bühnenmäßigen Aufführung sein können.[150] Dies gilt in gleicher Weise auch für Kabarettaufführungen. Im Ergebnis stellt die Regelung damit dennoch eine Erweiterung der Rechteübertragung nach Absatz 1 dar: Auch wenn es sich bei einer Musikaufführung innerhalb von Bühnenschauen und Kabarettaufführungen in einer Ausnahmekonstellation um die bühnenmäßige Aufführung dramatisch-musikalischer Werke handeln sollte, ist die GEMA zur Wahrnehmung befugt. Jedoch gilt dies nach Absatz 2 a.E. wiederum nur mit Ausnahme der bühnenmäßigen Aufführung von Bestandteilen eines dramatisch-musikalischen Werks in einem anderen (Gesamt-)Bühnenwerk.

Schließlich fallen nach § 1 lit. a Abs. 2 Alt. 5 BerV auch **melodramatische Aufführungen** in den Wahrnehmungsbereich der GEMA. Der Begriff des Melodrams bezeichnet die Verbindung von literarischem Text und untermalender Musik, also ein Werk, in dem ein gesprochener Text von einer Instrumentalbegleitung überlagert wird oder sich mit ihr abwechselt.[151] Angesichts dieses Charakters kann die Aufführung von Musikwerken innerhalb eines Melodrams niemals bühnenmäßig iSd § 19 Abs. 2 Alt. 2 UrhG sein. Allerdings ist nicht davon auszugehen, dass mit dieser Regelung auch melodramatische Einschübe, d.h. vom Komponisten festgelegte Teile in dramatisch-musikalischen Werken, erfasst sein sollen. Die Wahrnehmung der bühnenmäßigen Aufführung dramatisch-musikalischer Werke fällt traditionsgemäß nicht in den Wahrnehmungsbereich der GEMA. So gilt zwar z.B. die Kerkerszene aus Beethovens Fidelio als melodramatischer Einschub[152] in einer Oper, ist aber dennoch nicht von der Regelung in Absatz 2 erfasst.[153] Vielmehr lizenziert zweckmäßigerweise der Berechtigte bzw. Bühnenverleger individuell die bühnenmäßige Aufführung der Oper insgesamt. Nach Absatz 2 fallen demnach nur Melodramen als Bühnenwerke insgesamt in den Wahrnehmungsbereich der GEMA. 70

4. Urheberrechtliche Schranken als Begrenzung des gesetzlichen Aufführungsrechts

Für bestimmte Nutzungssachverhalte bestimmt das Gesetz urheberrechtliche Schranken, die das Ausschließlichkeitsrecht des Urhebers aufgrund gegenläufiger Interessen der Allgemeinheit begrenzen. Das Aufführungsrecht wird hinsichtlich musikalischer Werke durch die **Privilegierung** nach **§§ 45 Abs. 3, 51 Nr. 3, 52 und 57 UrhG** beschränkt. Entsprechende Nutzungen fallen daher grundsätzlich nicht in den Zuständigkeitsbereich der GEMA. Soweit allerdings gesetzliche Vergütungsansprüche bestehen, findet eine Übertragung nach § 1 lit. m BerV statt (oben Rn. 36f.). 71

---

149 Auf dieses Interesse der Urheber hat das KG in seiner Entscheidung „Musikalischer Bilderbogen", Schulze RzU KGZ 17, 7, hingewiesen.
150 *Staats*, Aufführungsrecht und kollektive Wahrnehmung bei Werken der Musik, S. 104 f.
151 *Honegger/Massenkeil*, Das große Lexikon der Musik, Bd. 5, S. 274 f.
152 *Honegger/Massenkeil*, Das große Lexikon der Musik, Bd. 5, S. 275.
153 Anders offenbar *Staats*, Aufführungsrecht und kollektive Wahrnehmung bei Werken der Musik, S. 108, insb. Fn. 509.

§ 1 lit. b und d [Das Senderecht]

§ 1 Der Berechtigte überträgt hiermit der GEMA [...]

b) Die Rechte der Hörfunk-Sendung mit Ausnahme der Sendung dramatisch-musikalischer Werke, sei es vollständig, als Querschnitt oder in größeren Teilen.[2)]

d) Die Rechte der Fernseh-Sendung mit Ausnahme von dramatisch-musikalischen Werken, sei es vollständig, als Querschnitt oder in größeren Teilen.[2)]

2) Die Rechte der zeitgleichen, unveränderten und vollständigen Weiterverbreitung dramatisch-musikalischer Werke in Fernseh- und Hörfunkprogrammen im Sinne und im Umfang der Satelliten- und Kabelrichtlinie 93/83 werden der GEMA von den betroffenen Berechtigten durch gesondertes Mandat übertragen.

Übersicht

I. Übersicht und Entstehungsgeschichte

72 Nach § 1 lit. b BerV übertragen die Berechtigten der GEMA das Recht, ihre Werke durch Hörfunk zugänglich zu machen und nach § 1 lit. d BerV das Recht, ihre Werke durch Fernsehrundfunk zugänglich zu machen. In Anlehnung an § 20 UrhG fasst man die von diesen Regelungen umfassten Rechte als **Senderecht** zusammen. Da bei Sendungen von Musikwerken wie im Bereich des Aufführungsrechts eine individuelle Rechtewahrnehmung auf Grund der massenweisen Nutzungen kaum möglich ist, fällt auch das Senderecht klassischerweise in den Wahrnehmungsbereich der GEMA. Von der Rechteübertragung ausgenommen sind allerdings die Rechte der Hörfunk- und Fernsehsendung dramatisch-musikalischer Werke, sei es vollständig, als Querschnitt oder in größeren Teilen. Dieser Bereich bleibt wiederum den berechtigten Urhebern bzw. deren Verlegern vorbehalten (nachfolgend Rn. 83ff.). Ab welcher Länge ein dramatisch-musikalisches Werk nur „zu einem kleineren Teil“ im Rundfunk gesendet wird, legt die zwischen der GEMA und den Rundfunkveranstaltern geschlossene Abgrenzungsvereinbarung fest (dazu Rn. 86f.). Das Recht, ein dramatisch-musikalisches Werk in Fernseh- und Hörfunkprogrammen zeitgleich, unverändert und vollständig weiterzuleiten, wird der GEMA auf Grund eines gesonderten Mandats übertragen.[154]

73 Die Regelungen des § 1 lit. b und d BerV sind seit der Neufassung des Berechtigungsvertrages im Jahr 1954 unverändert geblieben. Sie erfassen inhaltlich den Bereich

154 Dies ist in Fußnote 2 des Berechtigungsvertrages klargestellt; dazu nachfolgend Rn. 88ff.

des in den §§ 20 und 20a UrhG normierten Senderechts (als Recht der öffentlichen Wiedergabe nach § 15 Abs. 2 S. 2 Ziffer 3 UrhG). Die Regelungen beziehen sich somit auf Sachverhalte, in denen ein Musikwerk durch Funk, wie Ton- und Fernsehrundfunk, Satellitenrundfunk, Kabelfunk oder ähnliche technische Mittel zeitgleich der Öffentlichkeit zugänglich gemacht wird, ohne dass sich die potentiellen Empfänger am gleichen Ort befinden müssen.

II. Einzelerläuterungen

1. Die Senderechte nach § 1 lit. b und d BerV

§ 1 lit. b und lit. d BerV benennen pauschal das „Recht der Sendung". Dabei ist zu beachten, dass der Begriff der öffentlichen Wiedergabe iSd Art. 3 Abs. 1 InfoRL nach deren Sinn und Zweck weit zu verstehen ist.[155] Er umfasst jede Übertragung geschützter Werke unabhängig vom eingesetzten technischen Mittel oder Verfahren.[156] Daher beziehen sich auch die Regelungen im Berechtigungsvertrag grundsätzlich auf alle Arten der **„Sendung"** eines Musikwerks. 74

a) Zugänglichmachung „durch Funk"

Unter die Wahrnehmungsbefugnis der GEMA fallen alle Sachverhalte der **Hörfunk- und Fernseh-Sendungen iSd** § 20 UrhG – unabhängig von der verwendeten Übermittlungstechnik. Der Umfang der Rechteübertragung in § 1 lit. b und d BerV ist nicht auf klassische Rundfunksendungen beschränkt, sondern erstreckt sich vielmehr auf sämtliche Arten von Sendungen.[157] Dies entspricht dem Übertragungszweckgedanken (§ 31 Abs. 5 UrhG), da eine individuelle Lizenzierung bei allen Sachverhalten der Sendung grundsätzlich nicht in Betracht kommt. Es ist dem Einzelnen nicht möglich, alle Sendevorgänge festzustellen und zu lizenzieren. 75

Erfasst wird jede zeitgleiche Übertragung von Tönen durch elektromagnetische Wellen, die von einer Sendestelle ausgesandt und an anderen Orten von einer beliebigen Zahl von Empfangsanlagen aufgefangen und wieder in Töne zurückverwandelt werden können.[158] Derartige Übertragungen können nach § 20 UrhG durch Tonrundfunk, Fernsehrundfunk, Satellitenrundfunk, Kabelfunk oder ähnliche technische Mittel erfolgen. Auf die Art der Sendung, also darauf, ob es sich um eine Live-Sendung oder Wiederholungssendung bzw. um eine – zeitgleiche – Weitersendung eines gesendeten Werks handelt, kommt es nicht an.[159] Auch spielt es keine Rolle, ob es sich um Übertragungen mittels analoger oder digitaler Technik handelt.[160] Irrelevant ist schließlich auch das jeweilige Geschäftsmodell, so dass die nur gegen besonderes Entgelt zugänglichen, verschlüsselt gesendeten Hörfunk- und Fernseh-Programme (sog. Pay-Radio bzw. Pay-TV)[161] nach § 1 lit. b und d BerV ebenso in den Wahrnehmungsbereich der GEMA fallen. Verantwortlicher Werknutzer im urheberrechtlichen Sinn ist dabei immer derjenige, der 76

155 EuGH, GRUR 2011, 220, 223 – BSA/Kulturministerium; EuGH, GRUR 2013, 500, 501 – ITV Broadcasting/TVC.
156 EuGH, MMR 2011, 817, 824 – Football Association Premier League Ltd/Murphy.
157 Dazu Dreier/Schulze-*Dreier*, § 20 UrhG Rn. 7.
158 Reg Begr. § 20 UrhG BT-Drs. IV/270, S. 49 f.
159 Schricker/Loewenheim-*v. Ungern-Sternberg*, § 20 UrhG Rn. 25.
160 Dreyer/Kothoff/Meckel-*Dreyer*, § 20 UrhG Rn. 11; Schricker/Loewenheim-*v. Ungern-Sternberg*, § 20 UrhG Rn. 25; a.A. *Thurow*, FS Kreile (1994), S. 763, 770.
161 Wandtke/Bullinger-*Ehrhardt*, § 20 UrhG Rn. 2.

nach wertender Betrachtung die Kontrolle über den Sendevorgang ausübt und den hauptsächlichen wirtschaftlichen Vorteil generiert (vgl. **Kap. 12 Rn. 58**).

77 Im Einzelnen werden der GEMA die Rechte hinsichtlich aller drahtlosen Sendungsübertragungen eingeräumt. Dies umfasst die herkömmlichen **terrestrischen**[162] Sendungen von Musikwerken, die über Haus- oder Zimmerantenne empfangen werden können, ebenso wie **Satellitensendungen** iSd § 20 UrhG bzw. europäische Satellitensendungen gemäß § 20a UrhG. Daneben erfasst die Rechteübertragung nach § 1 lit. b und d BerV auch die Sendung von Musikwerken durch **Kabelfunk** iSd § 20 UrhG. Bei einer Kabelsendung werden die Funksignale von einer Sendestelle aus leitungsgebunden einer Mehrzahl von Empfangsanlagen übermittelt.[163] Dies betrifft zunächst die direkten leitungsgebundenen Ausstrahlungen durch den Kabelnetzbetreiber, entweder als selbständig gestaltetes Programm oder als veränderte oder zeitlich versetzte Weiterleitung eines zugeführten Programms.[164] In den Wahrnehmungsbereich der GEMA nach § 1 lit. b und d BerV fallen aber nicht nur die Übertragungen mit rundfunkartiger Breitenwirkung im Bereich des klassischen Rundfunks. Vielmehr werden auch die Übertragungen von Musikwerken über eine Verteileranlage in einzelne Räume – wie etwa in Hotels oder Justizvollzugsanstalten – durch zeitgleiche Weiterleitung von Hörfunk- und Fernsehprogrammen oder unter Benutzung von Ton- oder Bildtonträgern als eigenständiges Programm von der Rechteübertragung erfasst.[165] Auch Sendungen über sog. Gemeinschaftsantennenanlagen, durch die empfangene Sendungen an Endempfänger weitergeleitet werden, fallen grundsätzlich als „Sendungen“ nach § 20 UrhG unter die Wahrnehmungsbefugnis der GEMA. Für die Frage der Öffentlichkeit solcher Sendungen kommt es darauf an, dass die betroffenen Werke für ein Publikum übertragen werden, das die Rechteinhaber bei Erteilung der ursprünglichen Erlaubnis noch nicht berücksichtigt haben.[166] Eine feste Untergrenze für die Anzahl der Wohneinheiten, die zur Annahme einer öffentlichen Sendung beteiligt sein müssen, gibt es dabei nicht.[167]

78 Auch das Recht der **Kabelweitersendung** gemäß § 20b Abs. 1 S. 1 UrhG geht nach § 1 lit. b und d BerV auf die GEMA über. Dieses Recht umfasst die Fälle der Weitersendung eines gesendeten Werks im Rahmen eines zeitgleich, unverändert und vollständig über Kabelsysteme weiterübertragenen Programms durch Kabelsysteme oder Mikrowellensysteme. Es stellt einen Ausschnitt des Kabelfunks und damit einen Teil des allgemeinen Senderechts dar.[168] Nach § 20b UrhG ist die Geltendmachung des Rechts nur über eine Verwertungsgesellschaft möglich. Das bedeutet, dass nur Verwertungsgesellschaften aus dem genannten Recht vorgehen, die Nutzung untersagen und Lizenzen vergeben können. Die GEMA lizenziert das Kabelweitersenderecht direkt an die Kabelunternehmer. Da das Recht der Kabelweitersendung durch die Umsetzung der Satelliten- und Kabelrichtlinie 93/83 als ausschließliches Nutzungsrecht bestätigt wurde, steht fest, dass jede integrale Weitersendung im Versorgungsbereich des Sendeunternehmens einschließlich sog. Abschattungsgebiete urheberrechtlich relevant ist.[169] Soweit der Berech-

162 Dreier/Schulze-*Schulze*, § 20 UrhG Rn. 7.
163 BGH, NJW 1981, 1042 – Kabelfernsehen in Abschattungsgebieten.
164 Schricker-*v. Ungern-Sternberg*, § 20 UrhG Rn. 58.
165 Vgl. BGH, NJW 1993, 2871 f. – Verteileranlagen; BGH, GRUR 1994, 797 f. – Verteileranlage im Krankenhaus; Schricker-*v. Ungern-Sternberg*, § 20 UrhG Rn. 59.
166 EuGH, GRUR 2017, 510, 511 – AKM/Zürs.net.
167 Eingehend *Riesenhuber*, ZUM 2012, 433.
168 Schricker/Loewenheim-*v. Ungern-Sternberg*, Vor§§ 20ff. Rn. 47.
169 Die Entscheidungen des BGH zur Weitersendung in Abschattungsgebieten (BGH, NJW 1981, 1042 – Kabelfernsehen in Abschattungsgebieten; BGH, GRUR 1988, 206, 209ff. – Kabelfernsehen II) haben insofern ihre Bedeutung verloren.

tigte das Recht der Kabelweitersendung auf Sendeunternehmen oder Tonträger- und Filmhersteller übertragen hat, steht ihm der gesetzliche Vergütungsanspruch nach § 20b Abs. 2 UrhG zu. Die Abtretung dieses Anspruchs auf die GEMA erfolgt ausdrücklich nach § 1 lit. m BerV (dazu unten Rn. 271 f.).

Auch die Rechte betreffend Werknutzungen im Rahmen von **Webradio** und **Web-TV** gehen – als Sendungen durch „ähnliche technische Mittel"[170] – nach § 1 lit. b und d BerV auf die GEMA über.[171] In diesen Fällen werden Hörfunk- bzw. Fernsehprogramme ausschließlich im Internet (sog. Webcasting[172]) oder zeitgleich zur terrestrischen Ausstrahlung bzw. zur Satelliten- oder Kabelsendung bereitgestellt (sog. Simulcasting[173]). Dabei erfolgen die Ausstrahlungen an die Öffentlichkeit (zumindest nahezu) **gleichzeitig** iSd § 20 UrhG.[174] Entscheidend ist, dass es sich bei diesen Übertragungen um fortlaufende Sendungen handelt, auf die der Empfänger keinen Einfluss nehmen kann (vgl. **Kap. 12 Rn. 117 ff.**). Weder besteht die Möglichkeit zum Download von Musikbeiträgen,[175] noch erfolgen die Werknutzungen interaktiv. Bei diesem Streaming unterscheidet sich die Sachlage lediglich in den technischen Voraussetzungen, nicht aber funktional von den übrigen Sendevorgängen.[176] Der Empfänger hat nur Einfluss darauf, wann er sich in das laufende Programm einschaltet.[177] Ebenso verhält es sich bei sog. Near-On-Demand-Diensten.[178] Hierbei werden bestimmte Sendungen, wie etwa ein Spielfilm, fortlaufend wiederholt, ohne dass der Nutzer interaktiv auf den Beginn des Programms einwirken könnte. Auch in diesen Fällen entspricht der Abruf eines solchen Dienstes dem Aktivieren eines Empfangsgeräts bei einer herkömmlichen Sendung und wird somit nach § 1 lit. b und d BerV vom Wahrnehmungsbereich der GEMA umfasst.[179] Nutzungen durch elektronische Zugriffs- bzw. Abrufdienste auf Einzelabruf (sog. **On-Demand-Nutzungen**) fallen jedoch nicht unter die Rechteübertragung nach § 1 lit. b und d BerV; die Werkübermittlungen erfolgen hier nicht linear und gleichzeitig, sondern abrufbezogen und zeitversetzt, so dass die Öffentlichkeit nur sukzessive angesprochen wird.[180] Einschlägig ist daher die Rechteübertragung gemäß § 1 lit. h Abs. 2 und 3 BerV (nachfolgend Rn. 164 ff.). Dies gilt auch für Internet-Dienste, bei denen durch Einzelzugriff frühere Rundfunk- oder Internetsendungen bzw. Teile davon zu einem beliebigen Zeitpunkt abgerufen werden können.[181] 79

Sendungen von Musikwerken berühren das Recht nach § 20 UrhG nicht erst dann, wenn das Werk tatsächlich empfangen wird. Vielmehr genügt für eine Zugänglichmachung bereits die bloße **Ermöglichung** des **Empfangs.**[182] Ob ein Empfang stattfindet und 80

---

170 Vgl. Schricker-*v. Ungern-Sternberg*, § 20 UrhG Rn. 81.
171 Bei der Übermittlung von Musikwerken im Internet über Telefonleitungen handelt es sich um „Kabelfunk" iSd § 20 UrhG; *Siebert*, Die Auslegung der Wahrnehmungsverträge, S. 65.
172 Dieser Begriff steht für Programmangebote, die eigens für die Nutzung im Internet produziert werden.
173 Hierbei werden herkömmlich verbreitete Programme zeitgleich und unverändert übertragen.
174 *Siebert*, Die Auslegung der Wahrnehmungsverträge, S. 68; *Schwarz*, ZUM 2000, 816, 821 f.; Wandtke/Bullinger-*Ehrhardt*, § 20 UrhG Rn. 4; hierzu auch unten Rn. 178.
175 *Siebert*, Die Auslegung der Wahrnehmungsverträge, S. 65.
176 Schricker/Loewenheim-v. *Ungern-Sternberg*, § 20 UrhG Rn. 82 ff.; a.A. Dreier/Schulze-*Dreier*, § 20 UrhG Rn. 16.
177 *Sasse/Waldhausen*, ZUM 2000, 837, 842.
178 Schricker/Loewenheim-*v. Ungern-Sternberg*, § 20 UrhG Rn. 83; § 19a UrhG Rn. 54; *Reinbothe*, GRUR Int. 2001, 733, 736; a.A. Dreier/Schulze-*Dreier*, § 19a UrhG Rn. 10; § 20 UrhG Rn. 3, 16; Wandtke-Bullinger-*Bullinger*, § 19a UrhG Rn. 19ff.
179 Schricker/Loewenheim-*v. Ungern-Sternberg*, § 20 UrhG Rn 83.
180 *Siebert*, Die Auslegung der Wahrnehmungsverträge, S. 69.
181 Schricker/Loewenheim-*v. Ungern-Sternberg*, § 20 UrhG Rn. 88.
182 Dreier/Schulze-*Dreier*, § 20 UrhG Rn. 10.

wer der Empfänger ist, hat von jeher keine urheberrechtliche Relevanz.[183] Die Besonderheit der Sendung liegt darin, dass die Hörer bzw. Zuschauer ein Werk im Rahmen eines vom Sendenden in zeitlicher Hinsicht festgelegten Programms zwar gleichzeitig empfangen bzw. empfangen können, im Zeitpunkt des Werkgenusses jedoch – anders als beim Aufführungsrecht – nicht am selben Ort versammelt sein müssen.[184] Die Wahrnehmungstätigkeit der GEMA knüpft insofern an die Vorgänge des Zugänglichmachens eines Musikwerks und nicht an dessen tatsächlichen Empfang an.

b) *Öffentlichkeit der Sendung*

81 Voraussetzung für die urheberrechtliche Relevanz der Nutzung eines Werks durch Sendung ist deren **Öffentlichkeit** nach § 15 Abs. 3 UrhG.[185] Der Begriff ist im Lichte des Art. 3 Abs. 1 InfoRL und der dazu ergangenen Rechtsprechung des EuGH auszulegen. Die Signalübermittlungen müssen für eine unbestimmte Zahl potentieller Adressaten und eine recht große Anzahl von Mitgliedern der Öffentlichkeit bestimmt sein.[186] Einer „breiteren, rundfunkmäßigen Verbreitung“ bedarf es dazu allerdings nicht.[187] In diesem Sinne werden auch Hörfunk- und Fernseh-Programme durch Verteileranlagen – etwa in Krankenhäusern[188] oder Justizvollzugsanstalten[189] – iSd § 20 UrhG öffentlich zugänglich gemacht. Das Erfordernis der Unbestimmtheit potentieller Empfänger setzt voraus, dass die Wiedergabe nicht auf besondere Personen beschränkt ist, die einer privaten Gruppe angehören, sondern sich an Personen allgemein richtet.[190] Für die erforderliche Anzahl adressierter Personen gibt es keine feste Mindestschwelle. Lediglich eine „allzu kleine oder gar unbedeutende Mehrzahl“ Betroffener kann nicht ohne Weiteres eine Öffentlichkeit darstellen.[191] Bei der Bestimmung der konkreten Zahl von potentiellen Empfängern im Einzelfall ist nicht nur darauf abzustellen, wie vielen Personen gemeinsam der Zugang zum selben Werk eröffnet wird. Vielmehr ist die kumulative Zahl potentieller Empfänger zu berücksichtigen, wenn beispielsweise in einer größeren Einrichtung der Genuss der Werke gleichzeitig an mehreren Orten möglich gemacht wird.[192] Darüber hinaus sind bei der Ermittlung des Empfängerkreises auch diejenigen einzubeziehen, denen Werke „in der Folge“, also sukzessive zugänglich gemacht werden (kumulative Wirkung).[193] Daher können beispielsweise auch die aufeinanderfolgenden Bewohner eines Hotelzimmers oder die Nutzer von Audioguides in einer Ausstellung eine Öffent-

183 BGH, GRUR 2010, 530, 532 – Regio-Vertrag; *Schack*, Urheber- und Urhebervertragsrecht, Rn. 452.
184 Dreier/Schulze-*Dreier*, § 20 UrhG Rn. 1.
185 Schricker-*v. Ungern-Sternberg*, § 20 UrhG Rn. 42; BGH, NJW 1981, 1042, 1043 – Kabelfernsehen in Abschattungsgebieten.
186 EuGH, GRUR 2007, 225, 227 – SGAE/Rafael; GRUR 2013, 500, 502 – ITV Broadcasting/TVC; BGH, GRUR 2013, 818, 819 – Die Realität.
187 BGH, GRUR 1988, 206, 209 – Kabelfernsehen II; GRUR 2009, 845, 848 – Internet-Videorecorder I; Schricker/Loewenheim-*v. Ungern-Sternberg*, § 20 UrhG Rn. 42; anders noch *Ulmer*, Urheber- und Verlagsrecht, S. 255ff.
188 BGH, GRUR 1994, 797 f. – Verteileranlage im Krankenhaus.
189 BGH, NJW 1993, 2871 f. – Verteileranlagen.
190 EuGH GRUR 2012, 597, 598 f. – Phonographic Performance (Ireland).
191 EuGH, GRUR 2016, 684, 687 – Reha Training/GEMA. Vgl. aber BGH, NJW 1996, 3084, 3085 – Zweibettzimmer im Krankenhaus; BGH, GRUR 2009, 845, 848 – Internet-Videorecorder I.
192 EuGH, GRUR 2016, 684, 687 – Reha Training/GEMA.
193 EuGH, GRUR 2007, 225, 227 – SGAE/Rafael; GRUR 2012, 593, 596 – SCF/Del Corso; GRUR 2012, 597, 598 – Phonographic Performance (Ireland); dazu Schricker/Loewenheim-*v. Ungern-Sternberg*, § 15 UrhG Rn. 381.

lichkeit in diesem Sinne darstellen.[194] Nicht erheblich ist dagegen, ob mit der Wiedergabe ein Erwerbszweck verfolgt wird.[195]

c) *Werke der Tonkunst mit oder ohne Text als Gegenstand der Rechteeinräumung*

Obwohl im Wortlaut nicht ausdrücklich erwähnt, bezieht sich die Einräumung der Senderechte – wie bei § 1 lit. a BerV – sowohl auf Werke der Tonkunst mit als auch ohne Text. Soweit es sich um ein mit Text verbundenes Musikwerk handelt, räumt neben dem Komponisten gegebenenfalls auch der Textdichter die Senderechte hinsichtlich seines musikalisch dargestellten Sprachwerks der GEMA ein (dazu oben Rn. 22). Da die VG Wort ihre Rechte an erschienenen Sprachwerken, die mit Einwilligung des Berechtigten vertont wurden, auf die GEMA zur Wahrnehmung übertragen hat, nimmt die GEMA indirekt auch die Rechte für Textdichter wahr, die nicht Berechtigte der GEMA, sondern Mitglieder der VG Wort sind. Sie rechnet die Textdichtertantiemen an die VG Wort ab, die diese an die Berechtigten ausschüttet (dazu oben Rn. 51). **82**

2. Die Ausnahme der Sendung dramatisch-musikalischer Werke vollständig, als Querschnitt oder in größeren Teilen

Der Umfang der Rechteübertragung nach § 1 lit. b und d BerV ist dadurch beschränkt, dass Hörfunk- bzw. Fernsehsendungen dramatisch-musikalischer Werke ausgenommen sind, sei es vollständig, als Querschnitt oder in größeren Teilen. **83**

a) *Dramatisch-musikalisches Werk*

Der Begriff des dramatisch-musikalischen Werks entspricht jenem hinsichtlich des Aufführungsrechts in § 1 lit. a BerV (hierzu oben Rn. 57 f.). Entscheidend ist, dass das Musikwerk für die bühnenmäßige Aufführung objektiv geeignet ist, d.h. für die bühnenmäßige Aufführung „in Szene gesetzt“ werden kann. Dies ist insbesondere dann der Fall, wenn bei der Wiedergabe des Musikwerks ein geschlossenes, dramatisch angelegtes Geschehen vermittelt wird.[196] **84**

b) *Vollständig, als Querschnitt oder in größeren Teilen*

Auch bei der Ausnahme der Sendung dramatisch-musikalischer Werke nach § 1 lit. b und d BerV findet sich der Zusatz „sei es vollständig, als Querschnitt oder in größeren Teilen“. Da die Abgrenzung dieser Sachverhalte von den übrigen Konstellationen, in denen die Rechte der GEMA zur kollektiven Wahrnehmung überlassen werden, zu Schwierigkeiten führen kann, haben die Rundfunkveranstalter und die GEMA eine Abgrenzungsvereinbarung getroffen.[197] **85**

§ 1 lit. b und d BerV regeln, dass die vollständige Sendung eines dramatisch-musikalischen Werks nicht in den Wahrnehmungsbereich der GEMA fällt. Ebenso wenig umfasst die Rechteübertragung die Sendung von Querschnitten dramatisch-musikalischer Werke. Die Regelungen in Abschnitt I Ziffer 1a) und Ziffer 2a) der **Abgrenzungs-** **86**

---

194 Ungern-Sternberg, GRUR 2013, 248, 252.
195 EuGH, GRUR 2014, 473 – OSA; GRUR 2013, 500, 502 – ITV Broadcasting; anders noch EuGH, GRUR 2012, 593 – SCF/Del Corso im Hinblick auf die rein wirtschaftlich geprägten Leistungsschutzrechte.
196 BGH, NJW 2000, 2207, 2209 – Musical-Gala.
197 Abgedr. in: GEMA-Jahrbuch 2017/2018 S. 220ff.

vereinbarung sind in dieser Hinsicht allerdings missverständlich. Der Wortlaut sieht u.a. vor, dass Querschnitte in einer bestimmten Länge in den Wahrnehmungsbereich der GEMA fallen, soweit nicht das szenische Geschehen des gesamten Werks in seinen wesentlichen Zügen dargeboten wird. Unter den Begriff „Querschnitt" sind allerdings ohnehin nur Fälle zu fassen, in denen eine Übersicht über das Werk in seiner Gesamtheit gegeben und ein Gesamteindruck des Werks vermittelt wird. Andere Konstellationen sind nicht denkbar, weswegen die Abgrenzungsvereinbarung insoweit gegenstandslos ist.

87 Welche Sachverhalte nach § 1 lit. b und d BerV als „Sendungen dramatisch-musikalischer Werke in größeren Teilen" aus dem Wahrnehmungsbereich der GEMA fallen, ist der Abgrenzungsvereinbarung zu entnehmen. Danach ist die GEMA zur Rechtewahrnehmung befugt, wenn ein dramatisch-musikalisches Werk im Hörfunk weniger als 25 Minuten und im Fernsehen weniger als 15 Minuten (20 Minuten beim internationalen Programmaustausch) gesendet wird. Diese Teilwiedergaben dürfen nicht mehr als 25% der Sendedauer des ganzen Werks beanspruchen und nicht das szenische Geschehen des ganzen Werks in seinen wesentlichen Zügen darbieten. Auch „fernseheigene" Choreographien konzertanter Werke fallen in den Wahrnehmungsbereich der GEMA.[198] Zudem sollen die Sender z.B. für aktuelle Berichterstattungen über kulturelle Ereignisse die Rechte an der Sendung kleinerer Teile dramatisch-musikalischer Werke durch die mit der GEMA abgeschlossenen Pauschalverträge erhalten.[199] In solchen Fällen wäre die Einholung der Rechte bei den Urhebern und Verlegern unzumutbar aufwändig, insbesondere da die betreffenden Rechte typischerweise in sehr kurzer Zeit geklärt werden müssen.[200]

3. Das gesonderte Mandat

88 Wie in der Fußnote 2 zu § 1 lit. b und d BerV geregelt, können die Berechtigten die Rechte der zeitgleichen, unveränderten und vollständigen Weiterverbreitung dramatisch-musikalischer Werke in Fernseh- und Hörfunkprogrammen im Sinn und im Umfang der Satelliten- und Kabelrichtlinie 93/83 durch gesondertes Mandat auf die GEMA übertragen. Das **Recht der Kabelweitersendung** gemäß **§ 20b UrhG** kann also auch für die Sendung **dramatisch-musikalischer Werke – vollständig**, als **Querschnitt** oder in **größeren Teilen** – auf die GEMA übertragen werden. Da das Recht der Kabelweitersendung heute ohnehin verwertungsgesellschaftenpflichtig ist, ist eine solche Möglichkeit zur Rechteeinräumung unverzichtbar.

89 Im Jahr 1981 haben GEMA und VG Wort die **Arbeitsgemeinschaft (ARGE) DRAMA** zu dem Zweck gegründet, die Rechte dramatischer Autoren und Verleger bei gleichzeitiger, vollständiger und unveränderter Übermittlung von Ton- und Fernsehrundfunkprogrammen durch in- und ausländische Kabelsysteme (vgl. § 2 des Gesellschaftsvertrags[201]) zu wahren (s.a. **Kap. 13 Rn. 32**). Die berechtigten musikalischen Urheber und deren Verleger haben die Möglichkeit, der GEMA durch **Mandatsvertrag**[202] in Ergänzung des Berechtigungsvertrages das Recht zur gleichzeitigen, vollständigen und unveränderten

---

198 Abschnitte I und II der Abgrenzungsvereinbarung, abgedr. in: GEMA-Jahrbuch 2017/2018 S. 220ff.; *Karbaum*, GEMA-Nachrichten Nr. 152 (1995), S. 116, 117.

199 *Karbaum*, GEMA-Nachrichten Nr. 152 (1995), S. 116, 117.

200 Zu berücksichtigen sind jedoch die bereits nach der Schranke des § 50 UrhG freigestellten Nutzungen im Rahmen von Berichterstattungen.

201 Gesellschaftsvertrag abgedr. in: GEMA-Jahrbuch 2017/2018 S. 535 f. Die ARGE DRAMA wird im Hause der GEMA verwaltet.

202 Mandatsvertrag für das In- und Ausland, GEMA-Jahrbuch 2017/2018 S. 537.

Übermittlung dramatisch-musikalischer Werke (vgl. § 3 Abs. 2 des Gesellschaftsvertrags) von Tonrundfunk- und Fernsehprogrammen durch in- und ausländische Kabelunternehmen sowie daraus entstehende Vergütungsansprüche zu übertragen. Aus dem Gesellschaftsvertrag der ARGE DRAMA in Verbindung mit dem Mandatsvertrag geht hervor, dass es sich hierbei nicht um eine selbstständige Verwertungsgesellschaft, sondern um eine bloße **Arbeitsgemeinschaft** der GEMA und der VG Wort ohne eigenen Treuhandcharakter handelt. Gemäß § 3 des Gesellschaftsvertrages erfolgt die Übertragung der entsprechenden Kabelweitersenderechte durch Mandatsverträge als Ergänzung der Wahrnehmungs- bzw. Berechtigungsverträge der VG Wort bzw. der GEMA. Die Wahrnehmungstätigkeit iSd § 2 VGG wird auch in diesem Bereich durch die beiden Verwertungsgesellschaften selbst ausgeführt.

Dabei bezieht sich die genannte Ergänzung des Berechtigungsvertrages der GEMA **90**
jedoch nur auf die Kabelweitersendung von Sendungen dramatisch-musikalischer Werke. Das entsprechende Recht der ursprünglichen nicht-integralen Hörfunk- und Fernseh-Sendung verbleibt auch unter Berücksichtigung dieses gesonderten Mandats bei den Berechtigten bzw. bei deren Verlegern.

III. Die Übertragung von „unbekannten Nutzungsarten“

Vor Inkrafttreten des Zweiten Gesetzes zur Regelung des Urheberrechts in der Infor- **91**
mationsgesellschaft am 1. Januar 2008 war die Übertragung von Rechten für unbekannte Nutzungsarten sowie Verpflichtungen hierzu nach § 31 Abs. 4 UrhG a.F. unwirksam. Die Einräumung des Senderechts nach § 1 lit. b und d BerV konnte daher nicht im Hinblick auf alle neu entwickelten Nutzungsarten eine wirksame Übertragung darstellen. Mit Inkrafttreten der Neuregelungen des sog. Zweiten Korbs ist dieses **gesetzliche Verbot** für Verträge, die nach dem 1. Januar 2008 abgeschlossen werden, entfallen. Stattdessen sieht der neu geschaffene § 31a UrhG für die Übertragung von unbekannten Nutzungsarten insbesondere die Möglichkeit des Widerrufs der Rechteübertragung vor (näher **Kap. 6 Rn. 48 ff.**). Für die Frage, ob die Übertragung des Senderechts in den Berechtigungsverträgen am gesetzlichen Verbot nach § 31 Abs. 4 UrhG a.F. zu messen ist oder die Neuregelungen des Zweiten Korbs einschlägig sind, ist der Zeitpunkt des Abschlusses des jeweiligen Berechtigungsvertrages ausschlaggebend.

1. Berechtigungsverträge, die vor dem 1. Januar 2008 abgeschlossen wurden

Für Verträge, die vor dem 1. Januar 2008 geschlossen wurden, gilt, dass auch die **92**
nach Vertragsschluss entwickelten Auswertungsformen der Sendung unter die Rechteübertragung nach § 1 lit. b und d BerV fallen, soweit es sich jeweils nicht um technisch bzw. wirtschaftlich eigenständige Nutzungsarten handelt.[203] Von der Wahrnehmungstätigkeit der GEMA umfasst sind somit etwa die Nutzungen durch **Kabel- und Satellitenfernsehen,**[204] **Pay-TV,**[205] **Internet-Radio** oder **Internet-TV**[206]. Es handelt sich je-

203 Vgl. BGH, NJW 1986, 1244, 1246 – GEMA-Vermutung I.
204 BGH, NJW 1997, 320, 322 – Klimbim; Dreier/Schulze-*Schulze*, § 31a UrhG Rn. 43; a.A. *Donhauser*, Der Begriff der unbekannten Nutzungsart, S. 147.
205 KG, ZUM-RD 2000, 384, 386; *Platho*, ZUM 1986, 572, 578; a.A. *Donhauser*, Der Begriff der unbekannten Nutzungsart, S. 149.
206 *Siebert*, Die Auslegung der Wahrnehmungsverträge, S. 68 f.; Dreyer/Kotthoff/Meckel-*Kotthoff*, § 31 UrhG Rn. 119; a.A. *Donhauser*, Der Begriff der unbekannten Nutzungsart, S. 150, für den Bereich des Internet-TV; im Ergebnis so auch *Kornmeier*/*Cichon*, in: Handbuch der Musikwirtschaft, S. 894, 937.

weils nicht um eigenständige Nutzungsarten und damit auch nicht um „noch nicht bekannte Nutzungsarten", die der Berechtigte bei Abschluss des Berechtigungsvertrages gemäß **§ 31 Abs. 4 UrhG a.F.** nicht wirksam auf die GEMA übertragen hätte können.

2. Berechtigungsverträge, die nach dem 1. Januar 2008 abgeschlossen wurden

93 Rechteübertragungen nach § 1 lit. b und d BerV in Berechtigungsverträgen, die nach Inkrafttreten des Zweiten Gesetzes zur Regelung des Urheberrechts in der Informationsgesellschaft abgeschlossen wurden, umfassen nach § 31a Abs. 1 UrhG auch solche Formen der Sendung, die künftig neu entwickelt werden und bei denen es sich – anders als bei den bisher bekannten Formen der „Sendung" – um eigenständige Nutzungsarten handelt. Voraussetzung für die Wahrnehmung dieser Rechte durch die GEMA ist allerdings, dass der Berechtigte die Übertragung der neuen Nutzungsart nicht nach den Regelungen gemäß § 31a UrhG **widerrufen** hat (dazu **Kap. 6 Rn. 50**).

§ 1 lit. c [Das Recht der „Lautsprecherwiedergabe"]

§ 1 Der Berechtigte überträgt hiermit der GEMA [...]
c) Die Rechte der Lautsprecherwiedergabe einschließlich der Wiedergabe von dramatisch-musikalischen Werken durch Lautsprecher.

Übersicht

I. Übersicht und Entstehungsgeschichte

94 Das „Recht der Lautsprecherwiedergabe" übertragen die Berechtigten nach der seit der Neufassung des Berechtigungsvertrages im Jahr 1954 unveränderten Klausel des § 1 lit. c BerV. Von dieser Bestimmung werden die unter § 19 Abs. 3 UrhG fallenden Nutzungen vollumfänglich und die unter § 22 UrhG fallenden Nutzungen hinsichtlich der rein akustischen Wiedergaben erfasst. Dies bedeutet, dass damit einerseits die Sachverhalte der **Übertragung** einer **Live-Musikaufführung** an einen **anderen Ort über Lautsprecher**, Bildschirm oder ähnliche technische Mittel in den Wahrnehmungsbereich der GEMA fallen. Andererseits sind auch die rein akustischen öffentlichen Wiedergaben von vorangegangenen Funksendungen oder öffentlichen Zugänglichmachungen durch Lautsprecher umfasst.[207] Obwohl vom Wortlaut des § 1 lit. c BerV nicht ausdrücklich erwähnt, geht auch das Recht, diese **akustischen Wiedergaben von vorangegangenen Funksendungen** oder von **öffentlicher Zugänglichmachung außerhalb des Raums der**

207 So auch *Hubmann*, GEMA-Nachrichten Nr. 43 (1959), S. 10, 17, wonach unter Lautsprecherwiedergabe iSd § 1 lit. c BerV die „Wiedergabe von Rundfunksendungen und die Lautsprecherübertragung auf eine andere Veranstaltung" zu verstehen ist.

Wiedergabe öffentlich wahrnehmbar zu machen (vgl. §§ 22 S. 2 UrhG iVm § 19 Abs. 3 UrhG), auf die GEMA über. Hiervon abzugrenzen sind audiovisuelle Wiedergaben von Sendungen und öffentlicher Zugänglichmachung und deren Übertragungen in einen anderen Raum. Diese Sachverhalte fallen unter die Übertragung der Fernseh-Wiedergabe nach § 1 lit. e BerV (nachfolgend Rn. 104 ff.).

II. Einzelerläuterungen

1. Das Recht der Übertragung in „andere Räume" nach § 19 Abs. 3 UrhG

Nach § 1 lit. c BerV überträgt der Berechtigte zunächst das in § 19 Abs. 3 UrhG ausge- 95
staltete Recht der Lautsprecher- und Bildschirmwiedergabe außerhalb des Raums der persönlichen Darbietung. Eine solche Wiedergabe von Live-Musikaufführungen erfolgt häufig in Fällen, in denen die Größe des Orts der Werkaufführung nicht ausreicht.[208] Unter den Begriff der „Lautsprecherwiedergabe" fällt auch die Wiedergabe musikalischer Werke im Rahmen von **audiovisuellen Übertragungen** auf Bildschirmen, Leinwänden oder ähnlichen technischen Mitteln iSd § 19 Abs. 3 UrhG.

Obwohl das Übertragungsrecht nach § 19 Abs. 3 UrhG als Teil der Aufführungs- und 96
Übertragungsrechte in § 19 UrhG ausgestaltet ist („umfasst"), ist davon auszugehen, dass das Übertragungsrecht des § 19 Abs. 3 UrhG nicht nach § 1 lit. a BerV, sondern gemäß § 1 lit. c BerV auf die GEMA übergeht. Dafür spricht der Wortlaut des § 1 lit. c BerV, in dem – parallel zu § 1 lit. e BerV – nicht vom Recht der „Hörfunk-Übertragung", sondern vom „Recht der Lautsprecherwiedergabe" die Rede ist. Die Formulierung **„außerhalb des Raums"** in § 19 Abs. 3 UrhG ist nicht als Eingrenzung auf Übertragungen aus geschlossenen Räumlichkeiten zu verstehen. Nach Sinn und Zweck der Vorschrift fallen etwa auch Sachverhalte der Lautsprecherwiedergabe von Veranstaltungen im Freien hierunter.[209] Bei der öffentlichen Wahrnehmbarmachung einer persönlichen Darbietung durch Lautsprecher, Bildschirm oder ähnliche technische Mittel iSd § 19 Abs. 3 UrhG ist entscheidend, dass die persönliche Darbietung durch eine technische Maßnahme übermittelt wird, die **ergänzenden, untergeordneten Charakter** hat. Bei der Übermittlung darf es sich mit anderen Worten nicht um eine eigenständige urheberrechtliche und von der persönlichen Darbietung unabhängige Verwertungsform – wie etwa eine Sendung iSd § 20 UrhG – handeln.[210] Bei der Lautsprecherwiedergabe gemäß § 19 Abs. 3 UrhG geht es lediglich um das Recht zu entscheiden, ob die mangelnde Größe des „Raums" der Werkaufführung durch technische Mittel überwunden werden darf.[211]

2. Das Recht der Wiedergabe von Funksendungen und von öffentlicher Zugänglichmachung nach § 22 UrhG

Neben dem in § 19 Abs. 3 UrhG ausgestalteten Übertragungsrecht umfasst § 1 lit. c 97
BerV auch das in § 22 UrhG festgelegte Recht der Wiedergabe von Funksendungen und von öffentlicher Zugänglichmachung, allerdings nur soweit es sich um rein akustische Wahrnehmbarmachungen handelt. Anders als bei der Fernseh-Wiedergabe nach § 1 lit. e BerV enthält der Berechtigungsvertrag für den Bereich der **„Hörfunk-Wiedergabe"** kei-

---

208 Dreyer/Kotthoff/Meckel-*Dreyer*, § 19 UrhG Rn. 33–35.
209 Vgl. Fromm/Nordemann-*Dustmann*, § 19 UrhG Rn. 23; Schricker-*v. Ungern-Sternberg*, § 19 UrhG Rn. 52.
210 Wandtke/Bullinger-*Ehrhardt*, § 19 UrhG Rn. 47.
211 Dreyer/Kotthoff/Meckel-*Dreyer*, § 19 UrhG Rn. 33.

ne spezielle Regelung. Die Wiedergabe einer rein akustischen Sendung (idR „Hörfunk-Sendung") fällt daher unter das Recht der Lautsprecherwiedergabe nach § 1 lit. c BerV.[212] Der typische Fall der akustischen Wiedergabe einer Funksendung ist das Abspielen von Radiomusik in Gaststätten, Hotels, Kaufhäusern etc.[213] Daneben unterfallen dem § 1 lit. c BerV auch die Fälle, in denen ein durch öffentliche Zugänglichmachung iSd § 19a UrhG (vgl. Rn. 164ff.) erlangtes Musikwerk öffentlich durch Lautsprecher oder ähnliche technische Mittel akustisch wahrnehmbar gemacht wird.

98 Voraussetzung für eine nach § 22 UrhG relevante Nutzung ist, dass ein Werk **unmittelbar** für die **menschlichen Sinne wiedergegeben** wird.[214] Hier wird der Unterschied zum Bereich des Senderechts iSd § 20 UrhG deutlich, für das die bloße Empfangbarkeit ausreicht.[215] Nach § 15 Abs. 2 UrhG hat der Urheber das ausschließliche Recht, sein Werk in unkörperlicher Form **öffentlich** wiederzugeben. Öffentlich ist die Wiedergabe gemäß § 15 Abs. 3 UrhG dann, wenn sie für eine **Mehrzahl von Personen der Öffentlichkeit** bestimmt ist (vgl. dazu auch oben Rn. 81). Es ist also grundsätzlich auf alle abzustellen, an die sich die Werkwiedergabe wenden soll. Anders als bei der Sendung oder Weitersendung von Werken kommt es für eine öffentliche Wahrnehmbarmachung nach § 22 UrhG darauf an, dass das Werk für einen Empfängerkreis wiedergegeben wird, der es an einem Ort gemeinsam unmittelbar wahrnehmen kann.[216] Diesem Tatbestand unterfallen daher typischerweise Wiedergaben von Werken über Fernseher und Lautsprecher in Gaststätten oder Hotellobbies, während die Eröffnung des Zugangs in einzelnen Zimmern etwa eines Hotels oder Krankenhauses nach § 20 UrhG zu beurteilen ist.[217]

99 Schließlich sind auch die Sachverhalte von der Rechteübertragung nach § 1 lit. c BerV erfasst, in denen Funksendungen oder öffentlich zugänglich gemachte Werke in einen anderen Raum als den ursprünglichen Wiedergabeort über Lautsprecher weiter übertragen werden. Betroffen ist in diesen Fällen das Recht nach § 22 S. 2 iVm § 19 Abs. 3 UrhG, die Wiedergabe einer Funksendung oder öffentlichen Zugänglichmachung auch außerhalb des Raums der Wiedergabe durch Lautsprecher oder ähnliche technische Mittel wahrnehmbar zu machen.

3. Die Ausnahme für die Wahrnehmbarmachung in Theatern

100 Obwohl der Wortlaut des § 1 lit. c BerV keine Beschränkung vorsieht, gehen die Rechte „zur Lautsprecherübertragung" im Bereich der Nutzungen dramatisch-musikalischer Werke nicht vollumfänglich auf die GEMA über. Denn die **Ausnahmeregelung** des **§ 1 lit. g bb BerV** ist nach ihrem Sinn und Zweck trotz ihrer Stellung innerhalb der Vorschrift des § 1 lit. g BerV und damit innerhalb der Regelungen zur Wahrnehmbarmachung von Werkaufnahmen auch auf die Rechteübertragung nach § 1 lit. c BerV anzuwenden. Die Vorschrift bestimmt, dass die Sachverhalte der Wahrnehmbarmachung dramatisch-musikalischer Werke in Theatern iSd § 19 Abs. 3 UrhG nicht in den Wahrnehmungsbereich der GEMA fallen. Demnach handelt es sich vorrangig um eine Ausnahme hinsichtlich der Wahrnehmbarmachung von persönlichen Darbietungen über

212 IdS unterscheidet auch *Hubmann*, GEMA-Nachrichten Nr. 43 (1959), S. 10, 18, zwischen der Wiedergabe nur für das Ohr (Rundfunkwiedergabe) und der Wahrnehmbarmachung für Auge und Ohr (Fernseh-Wiedergabe).
213 Dreier/Schulze-*Dreier*, § 22 UrhG Rn. 3.
214 Schricker/Loewenheim-*v. Ungern-Sternberg*, § 22 UrhG Rn. 18.
215 Dreier/Schulze-*Dreier*, § 22 UrhG Rn. 1.
216 Dreier/Schulze-*Dreier*, § 22 UrhG Rn. 7.
217 BGH, GRUR 1994, 797 – Verteileranlage im Krankenhaus; GRUR 2010, 530, 531 – Regio-Vertrag.

Lautsprecher gem. § 19 Abs. 3 UrhG. Insofern regelt diese Klausel eine Ausnahme zur Rechteübertragung nach § 1 lit. c BerV für die Fälle der Übertragung von Live-Aufführungen dramatisch-musikalischer Werke iSd § 19 Abs. 3 UrhG.[218] In der Praxis sind von der Ausnahme des § 1 lit. g bb BerV etwa die Fälle der Übertragung **bühnenmäßiger Aufführungen dramatisch-musikalischer Werke** in das **Foyer** eines **Theaters** betroffen. Die Lizenzierung solcher Nutzungen bleibt den Bühnenverlagen vorbehalten, die den Theatern diese Rechte üblicherweise nur zum Zwecke der Übertragung für zu spät kommende Besucher einräumen.[219]

4. Das „Übertragungsrecht“ nach § 22 S. 2 UrhG iVm § 19 Abs. 3 UrhG

Auch das Recht gem. § 22 S. 2 UrhG iVm § 19 Abs. 3 UrhG, die rein akustischen Wiedergaben von Funksendungen durch Lautsprecher oder ähnliche technische Einrichtungen außerhalb des Raums der Wiedergabe öffentlich wahrnehmbar zu machen, geht auf die GEMA über, obgleich dies vom Wortlaut des § 1 lit. c BerV nicht ausdrücklich erwähnt wird. Dies entspricht dem **Zweck des Berechtigungsvertrages iSd § 31 Abs. 5 UrhG**, da eine individuelle Wahrnehmung hier ebenso wenig möglich ist wie im Rahmen der zu übertragenden Wiedergabe. 101

5. Die urheberrechtlichen Schranken als Begrenzung der nach § 1 lit. c BerV übertragenen Rechte

Der Gesetzgeber sieht in den §§ 45, 50, 51, 52, 56, 57 UrhG **Schrankenbestimmungen** für die öffentliche Wiedergabe vor, die auch die Nutzung von Werken der Musik iSd § 22 UrhG betreffen können. In den einschlägigen Fällen ist zugunsten der Allgemeinheit für die Nutzung des Werks weder eine Erlaubnis des Urhebers noch eine Lizenz von der GEMA erforderlich. In bestimmten Fällen bestehen allerdings gesetzliche Vergütungsansprüche (dazu oben Rn. 36 f.). 102

6. Das Recht der teilweisen Übertragung bzw. Werkwiedergabe

Werknutzungen, die unter § 1 lit. c BerV fallen, führen regelmäßig nicht zu Substanzänderungen der genutzten Werke. Möglich ist aber beispielsweise die gegenüber der Erstnutzung verkürzte Wiedergabe eines Werks. Soweit die GEMA zur Vergabe der Rechte nach § 1 lit. c BerV befugt ist, bezieht sich die Wahrnehmungsbefugnis – wie bei der Übertragung des Aufführungsrechts – iSd Übertragungszweckgedankens nach § 31 Abs. 5 UrhG auch auf verkürzte Wiedergaben. Der kollektiven Wahrnehmung dieser Sachverhalte stehen in der Regel auch keine persönlichkeitsrechtlichen Belange entgegen. 103

§ 1 lit. e [Das Recht der „Fernsehwiedergabe“]

§ 1 Der Berechtigte überträgt hiermit der GEMA [...]

e) Die Rechte der Fernseh-Wiedergabe einschließlich der Wiedergabe von dramatisch-musikalischen Werken.

---

218 Wandtke/Bullinger-*Ehrhardt*, § 19 UrhG Rn. 51; a.A. *Hubmann*, GEMA-Nachrichten Nr. 43 (1959), S. 10, 17.

219 Dreier/Schulze-*Dreier*, § 19 UrhG Rn. 24.

Übersicht

I. Übersicht und Entstehungsgeschichte

104 § 1 lit. e BerV umfasst – als Ergänzung zu § 1 lit. c BerV – die Sachverhalte, bei denen **Funksendungen audiovisuell** und nicht rein akustisch **wiedergegeben** werden, wie etwa die Fälle der öffentlichen Wiedergabe von Fernsehsendungen. Zudem fallen die in der Praxis relativ unbedeutenden Sachverhalte der audiovisuellen öffentlichen Wahrnehmbarmachung von Musikwerken mittels öffentlicher Zugänglichmachung über das Internet unter die Rechteübertragung nach § 1 lit. e BerV. Auch dieser Regelung liegt die urheberrechtliche Bestimmung des § 22 UrhG zugrunde. Dem Vertragszweck entsprechend fällt darüber hinaus – wie bei § 1 lit. c BerV – das Recht der audiovisuellen „Übertragung“ von audiovisuell wiedergegebenen Funksendungen außerhalb des Veranstaltungsraums nach § 22 S. 2 iVm § 19 Abs. 3 UrhG unter die Rechteübertragung nach § 1 lit. e BerV. Audiovisuelle Übertragungen von Live-Aufführungen nach § 19 Abs. 3 UrhG sind dagegen nicht von § 1 lit. e BerV erfasst. Sie fallen unter das Recht der „Lautsprecherwiedergabe“ nach § 1 lit. c BerV.

II. Einzelerläuterungen

1. Das Recht der Wiedergabe von Funksendungen und von öffentlicher Zugänglichmachung gemäß § 22 UrhG

105 Obwohl die audiovisuelle Wiedergabe von Funksendungen regelmäßig auch über einen „Lautsprecher“ erfolgt, enthält der Berechtigungsvertrag mit § 1 lit. e eine gesonderte Bestimmung für die Übertragung der Wiedergaberechte an Fernseh-Sendungen. Der typische Fall der „Fernseh-Wiedergabe“ ist die Wiedergabe von Fernsehsendungen mittels eines **Fernsehapparates in einer Gaststätte**. Auch die Fälle der direkten Wiedergabe von Web-TV fallen unter die Regelung des § 1 lit. e BerV.

2. Das „Übertragungsrecht“ nach § 22 S. 2 iVm § 19 Abs. 3 UrhG

106 § 1 lit. e BerV ist – parallel zur Regelung des § 1 lit. c BerV (vgl. oben Rn. 101) – dahingehend auszulegen, dass auch das Recht gem. § 22 S. 2 iVm § 19 Abs. 3 UrhG, die audiovisuellen Wiedergaben von Funksendungen durch Bildschirme oder ähnliche technische Einrichtungen zeitgleich **außerhalb des Raums** der Wiedergabe öffentlich **wahrnehmbar zu machen**, auf die GEMA übergeht.

3. Die urheberrechtlichen Schranken als Begrenzung der nach § 1 lit. e BerV übertragenen Rechte

107 Hinsichtlich der gesetzlichen **Schrankenregelungen** gilt das zur Rechteübertragung nach § 1 lit. c BerV Gesagte (siehe Rn. 102).

§ 1 lit. f [Die „Filmvorführungsrechte“]

§ 1 Der Berechtigte überträgt hiermit der GEMA [...]

f) Die Filmvorführungsrechte einschließlich der Rechte an dramatisch-musikalischen Werken.

Übersicht

I. Übersicht und Entstehungsgeschichte

Nach § 1 lit. f BerV fallen die Musiknutzungen innerhalb von Filmvorführungen in den Wahrnehmungsbereich der GEMA. Entsprechend ihrem Tätigkeitsbereich als musikalische Verwertungsgesellschaft geht es folglich nicht um das Recht, ein Filmwerk vorzuführen, sondern speziell um das **Recht der Wiedergabe der Filmmusik**. Diese Regelung unterscheidet sich somit von der Übertragung des Rechts, ein Musikwerk bei der Herstellung eines Films zu benutzen, die sich nach § 1 lit. i BerV richtet. Das Recht der Filmvorführung stellt im Verhältnis dazu die Nachfolgenutzung dar, indem die mit Einwilligung des Berechtigten oder der GEMA zur Filmherstellung verwendete Musik mit der Vorführung des Films der Öffentlichkeit wahrnehmbar gemacht wird. In der Praxis geht es insbesondere um die Fälle der Musiknutzungen innerhalb von Kinofilm-Vorführungen. Aber auch andere Sachverhalte der Filmvorführung, wie etwa in Flugzeugen, sind von dieser Rechteübertragung erfasst. Urheberrechtliche Grundlage für die Nutzung von Filmmusik innerhalb einer Filmvorführung ist entgegen dem Wortlaut des § 1 lit. f BerV nicht das Recht der Vorführung des Filmwerks selbst gem. § 19 Abs. 4 UrhG, sondern das von § 21 UrhG umfasste Recht der Wiedergabe durch Tonträger.[220] Denn die Filmmusik wird nach § 89 Abs. 3 UrhG nicht Teil des Filmwerks.[221] Bei der Herstellung eines Films werden entweder Aufführungen von Musikwerken direkt auf die Tonspur des Films übertragen oder Musikwerke, die zuvor auf einen Bild- oder Tonträger aufgenommen worden sind, auf die Tonspur des Films übernommen. Bei der Filmvorführung ist das Mittel der Wiedergabe iSd § 21 UrhG folglich die Tonspur des Films als Tonträger iSd § 16 Abs. 2 UrhG. 108

Die Bestimmung zur Übertragung des „Filmvorführungsrechts“ war bereits im Be- 109
rechtigungsvertrag von 1954 enthalten (damals als § 1 lit. g BerV). Ursprünglich waren „Tonfilm“ und „Fernsehfilm“ in Klammern als typische Fälle genannt, in denen das Filmvorführungsrecht auf die GEMA übertragen wurde. Um Missverständnisse zu vermeiden, ist diese Aufzählung jedoch im Jahr 1976 gestrichen worden, da das Recht der Fernsehwiedergabe bereits explizit in § 1 lit. e BerV geregelt ist.

---

220 BGH, GRUR 1977, 42, 45 – Schmalfilmrechte; BGH, NJW 1993, 2871 – Verteileranlagen; Dreier/Schulze-*Dreier*, § 19 UrhG Rn. 16; Schricker/Loewenheim-*v. Ungern-Sternberg*, § 19 UrhG Rn. 59; Wandtke/Bullinger-*Ehrhardt*, § 19 UrhG Rn. 57; Fromm/Nordemann-*Dustmann*, § 19 UrhG Rn. 28; a.A. *Rehbinder*, Urheberrecht, Rn. 274, 348; *Ulmer*, Urheber- und Verlagsrecht, S. 250.

221 Schricker/Loewenheim-*v. Ungern-Sternberg*, § 19 UrhG Rn. 59.

II. Einzelerläuterungen

1. Das „Filmvorführungsrecht" innerhalb des Veranstaltungsraums

110 Voraussetzung einer Musiknutzung iSd § 1 lit. f BerV ist das Vorliegen einer **Filmvorführung.** Darunter ist nach § 19 Abs. 4 UrhG jede Art der öffentlichen Wahrnehmbarmachung eines Filmwerks gemäß § 2 Abs. 1 Ziffer 6 UrhG[222] durch technische Einrichtungen zu verstehen. Ein Filmwerk liegt vor, wenn eine bewegte Bild- oder Bild-Tonfolge durch Aneinanderreihung von Einzelbildern den Eindruck eines bewegten Bildes entstehen lässt.[223] Unter den Begriff „Vorführung" fasst man in Abgrenzung zur „Aufführung" eines Werks iSd § 19 Abs. 2 UrhG alle unkörperlichen Werkwiedergaben mittels technischer Einrichtungen zur öffentlichen Wahrnehmbarmachung.[224] Typischerweise findet die Darstellung auf einer Fläche statt.[225] Um Filmvorführungen idS handelt es sich damit nicht nur bei Vorführungen in Filmtheatern (Kinos), sondern etwa auch bei Videofilmvorführungen in den Gemeinschaftsräumen eines Hotels oder in Flugzeugen. Dabei wird die mit einer Filmvorführung einhergehende Wiedergabe der Filmmusik nach § 21 UrhG jedoch erst dann urheberrechtlich relevant, wenn die Vorführung des Films und damit auch die Wiedergabe der Tonspur öffentlich iSd § 15 Abs. 3 UrhG stattfindet(vgl. oben Rn. 98).

111 § 1 lit. f BerV erfasst lediglich Sonderfälle der Wiedergaben von Musikstücken durch Tonträger nach § 21 UrhG. Das Filmvorführungsrecht gemäß § 1 lit. f BerV ist damit in den Fällen betroffen, in denen die Wiedergabe der Filmmusik im Rahmen derselben Nutzungshandlung wie die Filmvorführung gemäß § 19 Abs. 4 UrhG erfolgt.[226] Da die Einräumung des allgemeinen Rechts der Wiedergabe von Bild- oder Tonträgern gemäß § 21 UrhG allerdings bereits in § 1 lit. g BerV geregelt ist, hat § 1 lit. f BerV **keinen eigenen Regelungsinhalt.** Das Recht, die Filmmusik bei einer Filmvorführung von einem Speichermedium wiederzugeben, wird bereits nach § 1 lit. g BerV vollumfänglich auf die GEMA übertragen. Ein Kinoveranstalter muss vom Filmmusikurheber nicht das Recht zur Nutzung des Films einholen; aus § 89 Abs. 3 UrhG kann ersehen werden, dass die Musik gerade nicht Teil des Films ist. Für die Wiedergabe der Filmmusik im Rahmen der Filmvorführung genügt es daher, das Recht, ein Musikwerk mittels Tonträger öffentlich wahrnehmbar zu machen, vom Rechtsinhaber einzuholen. Die Gründe für die gesonderte Übertragung der Filmvorführungsrechte im Berechtigungsvertrag sind vielmehr in der historischen Entwicklung zu suchen.[227]

112 Ob die Musik im Rahmen der Filmvorführung von der Tonspur des Films abgespielt wird oder aber, wie z.B. zur Begleitung eines Stummfilms, von einem gesonderten Tonträger, ist nicht erheblich. Die Qualität der Werknutzung ist identisch. Eine abweichende Interessenlage der Betroffenen ist ausgeschlossen. Daher fallen auch diese Sachverhalte unter die Wahrnehmungsbefugnis der GEMA nach § 1 lit. f bzw. g BerV. Soweit die Filmbegleitmusik nicht vom Tonband abgespielt, sondern persönlich („live") dargeboten wird, gehen die erforderlichen Rechte allerdings nach § 1 lit. a BerV in den Wahrnehmungsbereich der GEMA über (vgl. oben Rn. 67).

113 Die Rechteübertragung gemäß § 1 lit. f BerV erfolgt ausdrücklich **einschließlich der dramatisch-musikalischen Werke** (dazu oben Rn. 57 f.), gleich ob es sich um vollstän-

222 Filmwerke sind Werke eigener Art, bei denen die benutzten Werke (z.B. Sprachwerke oder Musikwerke) zu einer Einheit verschmolzen und ins Bildliche umgewandelt werden, RegE zu § 2, BT-Drs. IV/270, S. 38.

223 Schricker/Loewenheim-*Loewenheim*, § 2 UrhG, Rn. 215.

224 Schricker/Loewenheim-*v. Ungern-Sternberg*, § 19 UrhG, Rn. 61.

225 *Hubmann*, GEMA-Nachrichten Nr. 43 (1959), S. 10, 14; RG, Schulze RzU RGZ 8, 18 f.

226 Fromm/Nordemann-*Dustmann*, § 19 UrhG Rn. 32.

227 Dazu *Staudt*, Die Rechteübertragungen im Berechtigungsvertrag der GEMA, S. 170.

dige oder nur teilweise Wiedergaben handelt. Somit werden etwa auch die Rechte an der Kinovorführung eines Opernfilms, bei dem die Opernmusik szenisch dargestellt wird, kollektiv von der GEMA und nicht von den Berechtigten selbst wahrgenommen. Hintergrund dieser unbeschränkten Rechteübertragung ist, dass die Berechtigten bereits im Rahmen der Filmherstellung die Gelegenheit haben, ihre wirtschaftlichen und persönlichkeitsrechtlichen Interessen zu verfolgen (vgl. § 1 lit. i Abs. 3 BerV). Im Ergebnis müssen daher Filmtheater und sonstige Filmvorführer die Filmvorführungsrechte hinsichtlich der Filmmusik bei der GEMA einholen. Der deutsche Filmhersteller wird nicht Inhaber der Musikurheberrechte und kann sie daher auch nicht den „Filmvorführern“ einräumen.[228]

2. Das „Filmvorführungsrecht“ außerhalb des Veranstaltungsraums

Auch das Recht, die Filmmusik gleichzeitig mit der Vorführung eines Films **außerhalb** des **Vorführungsraums öffentlich wahrnehmbar zu machen**, wird nach § 21 S. 2 iVm § 19 Abs. 3 UrhG vom Recht der Wiedergabe mittels Tonträger umfasst. Es geht daher ebenfalls nach § 1 lit. f bzw. lit. g BerV auf die GEMA über. Wie auch in den anderen Fällen der Übertragungen außerhalb des Veranstaltungsorts, entspricht es dem Interesse aller Betroffenen, die Übertragung außerhalb des Vorführungsraums wie die Vorführung selbst „aus einer Hand“ zu lizenzieren. 114

3. Die Schranke nach § 52 UrhG für das Recht der öffentlichen Wiedergabe

Obwohl nach dem Wortlaut des § 52 Abs. 3 UrhG nur die Vorführung eines Filmwerks iSd § 19 Abs. 4 aus den Privilegierungen des § 52 Abs. 1 und 2 UrhG ausgenommen ist, fällt auch die Wiedergabe der Filmmusik im Rahmen der Filmvorführung nach § 21 UrhG unter diese Ausnahme.[229] Schließlich handelt es sich bei der Vorführung der Musik und des Films um einen einheitlichen Sachverhalt, der nach dem Sinn und Zweck der Regelung als Ganzes erfasst sein soll. 115

4. Nutzung des Werks in veränderter Form

Durch die Vorführung des Films erfolgt regelmäßig keine urheberrechtlich relevante Veränderung der enthaltenen Werke. Eingriffe in die Substanz der Musikwerke finden hauptsächlich bei der Herstellung des Filmwerks statt, bei der gegebenenfalls Werke bearbeitet werden, um sie dem Film anzupassen (näher dazu unten Rn. 208 ff.). Der Filmproduzent benötigt die Rechte der berechtigten Urheber daher bereits für die Herstellung des Films. Eine gemäß § 23 UrhG relevante Werkänderung im Rahmen der Filmvorführung als Veröffentlichung bzw. Verwertung dieser veränderten Werkfassung ist beispielsweise denkbar, wenn ein Film und damit möglicherweise auch die darin enthaltene Musik nicht in der ursprünglichen Länge wiedergegeben werden. Auch das Recht der Teilnutzung eines Musikstücks geht entsprechend dem Übertragungszweckgedanken nach § 31 Abs. 5 UrhG auf die GEMA zur kollektiven Wahrnehmung über. Der Wahrnehmungsumfang erstreckt sich allerdings nicht auf die Fälle, in denen der Gesamtzusammenhang der Filmaufführung einen indirekten Eingriff in die Integrität der im Film verwendeten Musikwerke darstellt und dadurch die Persönlichkeitsrechte der Urheber 116

228 *Rehbinder*, Urheberrecht, Rn. 283.
229 Schricker/Loewenheim-*v. Ungern-Sternberg*, § 19 UrhG, Rn. 59.

gemäß §§ 14, 39 UrhG verletzt sind; Urheberpersönlichkeitsrechte fallen grundsätzlich nicht unter die Wahrnehmungsbefugnis der GEMA (dazu oben Rn. 31).

§ 1 lit. g [Das Recht der „Aufführung und Wahrnehmbarmachung" mittels Speichermedien]

§ 1 Der Berechtigte überträgt hiermit der GEMA [...]

g) die Rechte der Aufführung und Wahrnehmbarmachung mittels der gemäß Abs. h) hergestellten Vorrichtungen, mit Ausnahme

aa) der bühnenmäßigen Aufführung dramatisch-musikalischer Werke, sei es vollständig, als Querschnitt oder in größeren Teilen,

bb) der Wahrnehmbarmachung dramatisch-musikalischer Werke in Theatern im Sinne von § 19 Abs. 3 UrhG.

Übersicht

I. Übersicht und Entstehungsgeschichte

117 Nach der Regelung des § 1 lit. g BerV werden die Rechte zur Wiedergabe zuvor auf Bild- oder Tonträger iSd § 1 lit. h Abs. 1 BerV (dazu nachfolgend Rn. 128 ff.) aufgenommener musikalischer Werke auf die GEMA übertragen. Erfasst sind davon beispielsweise die Fälle, in denen Musik in **Gaststätten und Diskotheken von Ton- oder Bildtonträgern abgespielt** wird. Bei dieser Art der Nutzung handelt es sich um einen klassischen Fall der massenweisen Musiknutzung, hinsichtlich der eine individuelle Wahrnehmung in aller Regel ausscheidet.[230] Der einzelne Rechtsinhaber kann unmöglich diese Unzahl von Nutzungen seiner Werke kontrollieren. Nach dem Berechtigungsvertrag von 1954 übertrugen die Berechtigten unbeschränkt die Rechte für „Aufführungen mittels der in § 1 Abs. h BerV bestimmten Vorrichtungen". Die speziellen Ausnahmeregelungen des § 1 lit. g aa und bb hinsichtlich der bühnenmäßigen Aufführung dramatisch-musikalischer Werke und der Wahrnehmbarmachung dramatisch-musikalischer Werke in Theatern im Sinne von § 19 Abs. 3 UrhG wurden von der Mitgliederversammlung 1973 ergänzt.

118 Urheberrechtliche Grundlage des „Rechts der Aufführung und Wahrnehmbarmachung" mittels körperlicher Trägermedien nach § 1 lit. g BerV ist das **Recht der Wiedergabe durch Bild- oder Tonträger gemäß § 21 UrhG**. Entgegen dem Wortlaut wird durch diese Wiedergaben nicht das Aufführungsrecht nach § 19 Abs. 2 UrhG berührt, da es an einer persönlichen Darbietung fehlt. Die Formulierung ist darauf zurückzuführen, dass § 1 lit. g BerV noch unter dem bis 1965 geltenden Gesetz betreffend das Urheberrecht an Werken der Literatur und der Tonkunst (LUG) verfasst wurde, in dem die Wiedergabe

230 Schricker/Loewenheim-*v. Ungern-Sternberg*, § 21 UrhG, Rn. 9.

durch Bild- oder Tonträger noch als „Aufführung" bezeichnet wird.[231] § 1 lit. g BerV umfasst ebenfalls das Recht der „Übertragung" der Wiedergabe außerhalb des Veranstaltungsraums nach § 21 S. 2 iVm § 19 Abs. 3 UrhG.

II. Einzelerläuterungen

1. Das Recht der Wiedergabe durch Bild- oder Tonträger

Von der Rechteübertragung erfasst sind nur Sachverhalte, bei denen die musikalischen Werke mittels Bild- oder Tonträger **öffentlich** wahrnehmbar gemacht werden iSd § 21 iVm § 15 Abs. 3 UrhG. Insofern kann auf die Ausführungen zu § 1 lit. c (oben Rn. 98) verwiesen werden.[232] 119

Nach dem Wortlaut des § 1 lit. g BerV gehen die Rechte zur öffentlichen Wiedergabe von Musikwerken mittels der gemäß § 1 lit. h BerV hergestellten **Trägermedien** auf die GEMA über. § 1 lit. h Abs. 1 BerV nennt beispielhaft „Ton-, Bildton-, Multimedia- und andere Datenträger einschließlich z.B. Speichercard, DATAPlay Disc, DVD, Twin Disc, Ton- und Bildtonträger mit ROM-part und entsprechende Träger mit Datenlink" (dazu im Einzelnen nachfolgend Rn. 136ff.). Da unter den gesetzlichen Begriff der Bild- und Tonträger nach § 16 Abs. 2 UrhG allerdings sämtliche Vorrichtungen zur wiederholbaren Wiedergabe von Bild- und Tonfolgen fallen,[233] ist auch die Rechteübertragung nach § 1 lit. g BerV nicht auf bestimmte Trägermedien beschränkt. Auch auf die Art des zur Wahrnehmbarmachung verwendeten Gerätes kommt es nicht an, so dass beispielsweise auch Wiedergaben über Telefonwarteschleifen von § 1 lit. g BerV erfasst werden (vgl. auch **Kap. 8 Rn. 450**). 120

Auch die **Wiedergabe von Filmmusik** im Rahmen einer Filmvorführung fällt unter das Recht der Wiedergabe durch Bild- oder Tonträger nach § 1 lit. g BerV. Insofern hat § 1 lit. f BerV keinen eigenen Regelungsgehalt (dazu oben Rn. 111). Soweit die Musikwiedergabe innerhalb der Vorführung von bewegten Bildern stattfindet, die keine Filmwerke nach § 2 Abs. 1 Ziffer 6 UrhG[234] darstellen, fallen diese Nutzungen nicht unter § 1 lit. f BerV, sondern nur unter § 1 lit. g BerV. 121

2. Die Ausnahme für die „bühnenmäßige Wiedergabe" eines dramatisch-musikalischen Werks gemäß § 1 lit. g aa BerV

Die Regelung des § 1 lit. g aa BerV sieht vor, dass bühnenmäßige Aufführungen dramatisch-musikalischer Werke, sei es vollständig, als Querschnitt oder in größeren Teilen, von der Übertragung des Rechts der Aufführung und Wahrnehmbarmachung mittels Ton- oder Bildtonträger ausgenommen sind. Diese Formulierung scheint insofern widersprüchlich zu sein, als der typische Sachverhalt der bühnenmäßigen „Aufführung" eines dramatisch-musikalischen Werks keinesfalls einen Unterfall der „Wiedergabe durch Bild- oder Tonträger" darstellt. Der Sinn der Vorschrift erschließt sich aber bei Betrachtung des gewöhnlichen Gebrauchs des Aufführungsbegriffs: So wird etwa die Darbietung 122

231 *Staats*, Aufführungsrecht und kollektive Wahrnehmung bei Werken der Musik, S. 123; Schricker-*v. Ungern-Sternberg*, § 21 UrhG Rn. 4.

232 EuGH, GRUR 2012, 597 – Phonographic Performance (Ireland) bezieht sich ausdrücklich auch auf Fälle der Tonträgerwiedergabe.

233 Wandtke/Bullinger-*Ehrhardt*, § 21 UrhG Rn. 3.

234 Dabei handelt es sich um sog. Laufbilder (§ 95 UrhG), wie etwa Nachrichten oder Fernseh-Live-Übertragungen von Konzerten.

eines Ballettstücks, bei dem die Musik „vom Band" gespielt wird, als „Ballettaufführung" bezeichnet. Dementsprechend ist die Ausnahmeregelung so zu verstehen, dass die Wiedergabe eines dramatisch-musikalischen Werks (vgl. oben Rn. 57f.) dann vom Wahrnehmungsbereich der GEMA ausgenommen sein soll, wenn sie mittels Ton- oder Bildtonträger „bühnenmäßig" erfolgt.[235] Unter Berücksichtigung des bühnenmäßigen Aufführungsrechts nach § 19 Abs. 2 UrhG ist dies in allen Fällen anzunehmen, in denen das **vom Band wiedergegebene dramatisch-musikalische Werk „bühnenmäßig dargestellt"** wird, es also integrierender Bestandteil des Spielgeschehens ist. So verhält es sich auch im Beispielsfall der Tonbandwiedergabe eines Musikwerks zu einem Handlungsballett: Es spielt daher im Ergebnis keine Rolle, ob das Musikwerk „Der Nussknacker" von Tschaikowsky zur Aufführung des Handlungsballetts „vom Band" oder „live" wiedergegeben wird. In beiden Fällen sind statt der GEMA traditionell die Bühnenverleger zur Rechtewahrnehmung befugt.

123 Nach dem insoweit offenen Wortlaut der Bestimmung könnte auch die **öffentliche Wahrnehmbarmachung von Aufnahmen bühnenmäßiger Aufführungen dramatisch-musikalischer Werke** – sei es vollständig, als Querschnitt oder in größeren Teilen – auf Ton- oder Bildtonträgern aus dem Wahrnehmungsbereich der GEMA ausgenommen sein.[236] Dagegen spricht jedoch, dass es bei einer Wiedergabe vom Tonträger keinen Unterschied machen kann, ob das aufgenommene Werk bühnenmäßig oder konzertant aufgeführt wurde. Die „Bühnenmäßigkeit" der Aufführung ist bei der Wiedergabe nicht erkennbar.

3. Die ergänzende Ausnahmeregelung des § 1 lit. g bb BerV

124 Wegen der Bezugnahme auf § 19 Abs. 3 UrhG handelt es sich bei der Regelung in § 1 lit. g bb BerV vorrangig um eine Ausnahme zur Rechteübertragung nach § 1 lit. c BerV (siehe oben Rn. 100). Allerdings enthält diese Bestimmung auch eine Ergänzung zur Ausnahme nach § 1 lit. g aa BerV für den Fall, dass die „bühnenmäßige Wiedergabe" eines dramatisch-musikalischen Werks in einen **anderen Raum übertragen** wird. Das Recht der Übertragung der Wiedergabe von Ton- und Bildtonträger außerhalb des Veranstaltungsraums regelt § 21 Abs. 2 iVm § 19 Abs. 3 UrhG. Nach § 1 lit. g bb BerV sind somit beispielsweise Fälle, in denen eine Ballettaufführung, bei der Musik vom Tonband abgespielt wird, über Bildschirm ins Foyer eines Theaters übertragen wird, nicht vom Wahrnehmungsbereich der GEMA umfasst. Dabei erstreckt sich auch hier die Ausnahme nicht nur auf entsprechende Wahrnehmbarmachungen in Theatern, sondern auf sämtliche zeitgleichen Übertragungen derartiger Aufführungen außerhalb des Veranstaltungsorts.

4. Das Recht der „Übertragung" der Wiedergabe mittels Bild- oder Tonträger außerhalb des Veranstaltungsraums nach § 21 S. 2 UrhG iVm § 19 Abs. 3 UrhG

125 Wie aus dem Umkehrschluss zu § 1 lit. g bb BerV hervorgeht, räumt der Berechtigte nach § 1 lit. g BerV grundsätzlich auch das Recht der **Übertragung der Wiedergabe mittels Bild- oder Tonträger außerhalb des Veranstaltungsraums** nach § 21 S. 2 UrhG iVm § 19 Abs. 3 UrhG an die GEMA ein. Dieses Auslegungsergebnis entspricht auch dem

235 Ähnlich *Staats*, Aufführungsrecht und kollektive Wahrnehmung bei Werken der Musik, S. 124.
236 So *Staats*, Aufführungsrecht und kollektive Wahrnehmung bei Werken der Musik, S. 124.

Vertragszweck, da eine individuelle Wahrnehmung derartiger Nutzungen allenfalls in den seltenen Ausnahmefällen nach § 1 lit. g aa und bb BerV in Betracht kommt.

5. Das Recht der teilweisen Werkwiedergabe mittels Bild- oder Tonträger

Soweit lediglich Teile eines auf ein Trägermedium aufgenommenen Musikwerks öffentlich wiedergegeben werden, ist dadurch regelmäßig das Bearbeitungs- bzw. Umgestaltungsrecht gemäß § 23 S. 1 UrhG berührt, da es sich um die Verwertung eines gekürzten und damit zumindest umgestalteten Werks handelt.[237] Auch diese Teilwerk-Nutzungen fallen nach dem Übertragungszweckgedanken des § 31 Abs. 5 UrhG grundsätzlich in den Wahrnehmungsbereich der GEMA, da es um massenweise Nutzungen geht, die sich typischerweise nicht zur individuellen Wahrnehmung durch den einzelnen Rechtsinhaber eignen. Es kommt demnach nicht darauf an, ob die Wiedergabe eines bestimmten Werks von einem Bild- oder Tonträger vorzeitig abgebrochen wird. Anders verhält es sich jedoch, wenn neben der teilweisen Wiedergabe zudem durch den Gesamtzusammenhang der Werknutzung (indirekt) in dessen Integrität eingegriffen wird und es dadurch zu persönlichkeitsrechtlich relevanten Beeinträchtigungen oder Entstellungen iSd §§ 14, 39 UrhG kommt (vgl. oben Rn. 31). So wurde beispielsweise bei der (teilweisen) Wiedergabe eines Chorstücks aus Carl Orffs „Carmina Burana“ als „Stimmungsmusik“ bei dem dramaturgisch in Szene gesetzten Einmarsch eines Boxers in eine Box-Arena angenommen, dass das Bearbeitungs- bzw. Umgestaltungsrecht nicht nach § 1 lit. g BerV auf die GEMA übergegangen worden ist.[238] In solchen Einzelfällen ist vielmehr eine individuelle Entscheidung des Rechtsinhabers erforderlich, ob er die Verwertung seines auf diese Weise indirekt veränderten bzw. umgestalteten Werks erlaubt. 126

6. Schranken

Die nach § 1 lit. g BerV übertragenen Rechte der Aufführung und Wahrnehmbarmachung mittels Ton- oder Bildtonträger sind durch das Gesetz beschränkt. Einschlägig sind auch hier die Schrankenregelungen nach den **§§ 45, 50, 51, 52, 56 und 57 UrhG.** (dazu oben Rn. 102). 127

§ 1 lit. h Abs. 1 [Das Vervielfältigungs- und Verbreitungsrecht]

§ 1 Der Berechtigte überträgt hiermit der GEMA [...]

h) Die Rechte der Aufnahme auf Ton-, Bildton-, Multimedia- und andere Datenträger einschließlich z.B. Speichercard, DataPlay Disc, DVD (Digital Versatile Disc), Twin Disc, Ton- und Bildtonträger mit ROM-part und entsprechende Träger mit Datenlink, sowie die Vervielfältigungs- und Verbreitungsrechte an diesen Trägern.

Übersicht

237 Vgl. Schricker/Loewenheim-*Loewenheim*, § 23 UrhG, Rn. 8 f.
238 LG München I, GRUR 2005, 574, 575 – O Fortuna.

I. Regelungsgehalt und Entstehungsgeschichte

1. Regelungsgehalt

128 Die Berechtigten (§ 6 VGG) räumen der GEMA nach § 1 lit. h Abs. 1 BerV die ausschließlichen Nutzungsrechte der Vervielfältigung und Verbreitung ein, wobei insbesondere das Vervielfältigungsrecht im musikalischen Bereich als **„mechanisches Recht"** bezeichnet wird. Urheberrechtliche Grundlage dieser Rechteeinräumung sind die gesetzlichen Verwertungsrechte der Vervielfältigung nach § 16 UrhG und der Verbreitung nach § 17 UrhG. Die Begriffe der Vervielfältigung und Verbreitung werden im Berechtigungsvertrag deckungsgleich mit den gesetzlichen Bestimmungen verwendet. Die Rechteeinräumung bildet die Grundlage für die Lizenzierung der Herstellung und des Vertriebs von Tonträgern und Bildtonträgern, die in der GEMA durch die Direktion Vervielfältigungsrechte und Ausland vorgenommen wird.

129 Die GEMA lizenziert das Vervielfältigungsrecht auch für Online-Nutzungen. Die Rechteeinräumung ist für diesen Bereich allerdings speziell in § 1 lit. h Abs. 2 BerV geregelt (Rn. 106). Besonderheiten bestehen bei der Herstellung von audiovisuellen Produktionen, d.h. von „Filmen" im weitesten Sinn. Hier ist die Einräumung des Herstellungsrechts auflösend bedingt durch den Rückruf der Berechtigten (Rn. 215 ff.). Das **Herstellungsrecht bei Nutzungen zu Werbezwecken** fällt hingegen nicht in den Wahrnehmungsbereich der GEMA (Rn. 237). § 1 lit. h Abs. 6 BerV nimmt ausdrücklich die **grafischen Rechte** von der Rechteeinräumung nach § 1 lit. h Abs. 1 BerV aus (Rn. 204 ff.).[239] Ferner sind nach § 1 lit. h Abs. 7 BerV Vervielfältigungen **dramatisch-musikalischer Werke durch Theater** zum eigenen Gebrauch nicht vom Berechtigungsvertrag umfasst (Rn. 207). Das Vervielfältigungsrecht unterliegt zudem wie alle Verwertungsrechte den gesetzlichen Schrankenbestimmungen und zwar insb. der Privatkopierfreiheit nach § 53 UrhG (Rn. 143).

130 Neben dem Vervielfältigungsrecht räumen die Berechtigten der GEMA nach § 1 lit. h Abs. 1 BerV auch das **Verbreitungsrecht** ein. Nach § 17 Abs. 1 UrhG versteht man hierunter das Recht, das Original oder Vervielfältigungsstücke des Werkes der Öffentlichkeit

239 Vgl. § 3 des Berechtigungsvertrages der VG Musikedition in der Fassung vom 20.5.2014.

anzubieten oder in Verkehr zu bringen. Von Bedeutung ist dabei, dass sich das Recht an einem konkreten Werkstück durch das erstmalige in Verkehr bringen im Wege einer Veräußerung in der Europäischen Union oder in einem EWR-Staat erschöpft (Rn. 152ff.). Das Erstveröffentlichungsrecht ist nicht Gegenstand der Rechtewahrnehmung durch die GEMA. Das Verbreitungsrecht unterliegt den gesetzlichen Schranken (Rn. 155). Insgesamt hängt der Umfang der Rechteinräumung auch davon ab in welcher Fassung der Berechtigungsvertrag abgeschlossen wurde. In diesem Zusammenhang spielen das frühere Verbot der Übertragung von unbekannten Nutzungsarten und die Frage, ob eine Nutzungsform eine selbständige Nutzungsart darstellt, eine maßgebliche Rolle (Rn. 156ff.).

2. Entstehungsgeschichte

Bereits **§ 2 der STAGMA-Satzung** enthielt die Ermächtigung der GEMA, Rechte hinsichtlich der „Übertragung auf Schallvorrichtungen" treuhänderisch zu verwalten.[240] Obwohl die GEMA in den Vorberatungen zum „neuen Berechtigungsvertrag" von 1954 noch erwogen hatte, die Übertragung der mechanischen Vervielfältigungsrechte und die Übertragung der Aufführungs- und Senderechte in gesonderten Verträgen zu regeln, wurde schließlich doch ein einheitlicher Berechtigungsvertrag beschlossen. Die **Verbreitungsrechte** hat die GEMA 1962 in den Berechtigungsvertrag aufgenommen. 131

Unter Bezugnahme auf die Weiterentwicklung der Musiknutzungen im Multimediazeitalter wurde der Wortlaut des § 1 lit. h Abs. 1 BerV im Jahr 1996 dahingehend erweitert, dass nicht nur das Recht der Aufnahme auf Ton- und Bildtonträger, sondern auch das Recht der **Aufnahme auf Multimedia- und andere Datenträger** (sowie die Vervielfältigungs- und Verbreitungsrechte an diesen Trägern) der GEMA eingeräumt wurden. Schließlich ergänzte die Mitgliederversammlung 2002 diese Bestimmung dahingehend, dass unter die genannten Datenträger beispielsweise **„Speichercard, DataPlay Disc, DVD (Digital Versatile Disc), Twin Disc, Ton- und Bildtonträger mit ROM-Part und entsprechende Träger mit Datenlink"** fallen. Begründet wurde diese Änderung damit, dass es sich bei der Verwendung solcher Datenträger um eigenständige Nutzungsarten handeln könnte, die möglicherweise von der bisherigen Fassung des Berechtigungsvertrages nicht umfasst wären.[241] Anlass gab eine Entscheidung des Landgerichts München, in der die Auswertung durch DVD als eine gegenüber der herkömmlichen Auswertung über Videokassetten eigenständige Nutzungsart qualifiziert wurde.[242] Das Urteil hielt der instanzgerichtlichen Überprüfung allerdings nicht stand.[243] Der Bundesgerichtshof urteilte abschließend, dass die Verwertung durch DVD im Verhältnis zur Videokassettenvermarktung keine eigenständige Nutzungsart darstellt.[244] 132

240 *E. Schulze*, Geschätzte und geschützte Noten, S. 305.
241 Vgl. die Begründung zu Antrag 14 der Tagesordnung für die Versammlungen der ordentlichen Mitglieder am 25. und 26. Juni 2002.
242 LG München, ZUM 2002, 71ff. – Zauberberg.
243 OLG München, GRUR 2003, 50, 52ff. – Zauberberg.
244 BGH, GRUR 2005, 937ff. – Zauberberg.

II. Einzelerläuterungen

1. Das Vervielfältigungsrecht – § 16 UrhG

a) Das gesetzliche Vervielfältigungsrecht nach § 16 UrhG als Grundlage für die Rechteeinräumung nach § 1 lit. h Abs. 1 BerV

133 Nach § 1 lit. h Abs. 1 BerV werden der GEMA die Rechte der Aufnahme auf Ton-, Bildton-, Multimedia- und andere Datenträger sowie die Vervielfältigungs- und Verbreitungsrechte daran eingeräumt. Die **Begriffe der Vervielfältigung** nach § 1 lit. h Abs. 1 BerV und nach § 16 UrhG sind deckungsgleich und umfassen jede körperliche Festlegung eines Werkes, die geeignet ist, das Werk den menschlichen Sinnen unmittelbar oder mittelbar wahrnehmbar zu machen.[245] Der Berechtigungsvertrag unterscheidet dabei nach seinem Wortlaut zwischen der **(Erst-) Aufnahme** und weiteren **Vervielfältigungshandlungen**. In rechtlicher Hinsicht unterfallen beide Handlungen dem Vervielfältigungsrecht nach § 16 UrhG. Denn das Vervielfältigungsrecht umfasst nicht nur die wiederholte Festlegung eines bereits körperlich fixierten Werkes, sondern auch dessen erstmalige Fixierung.[246] Dies wird in der Vorschrift des § 16 Abs. 2 UrhG klargestellt, nach der die Aufnahme einer Wiedergabe eines Werkes und die weitere Herstellung der Ton- und Bildtonträger vom Vervielfältigungsrecht gedeckt sind.[247] Der gesonderten Erwähnung des Aufnahmerechts im Berechtigungsvertrag kommt daher keine Bedeutung zu.

134 Unerheblich sind das für die Vervielfältigungshandlung angewendete Verfahren und die Art und Weise der Festlegung des Musikwerkes, soweit die Vervielfältigung körperlich erfolgt.[248] Beispielsweise ist das Mitschneiden von Fernseh- oder Hörfunksendungen vom Vervielfältigungsrecht umfasst.[249] Ob die Fixierung des Musikwerkes mittels **digitaler** oder **analoger** Technik vorgenommen wird, spielt keine Rolle.[250] Gleichermaßen ist es unerheblich, auf welchen körperlichen Trägermedien das Musikwerk fixiert wird. In diesem Sinn können Vervielfältigungen digital, z.B. durch das Abspeichern eines Musikwerkes im **Arbeitsspeicher** bzw. auf der **Festplatte** eines Computers oder auf einem **USB-Stick** sowie durch das **Brennen oder Kopieren** einer CD, DVD oder Blu-ray Disc erfolgen. Auch analoge Techniken, wie z.B. die Aufnahme auf Ton- oder Videobänder sind umfasst.

135 Auch die **Vorstufen zur Herstellung** eines Vervielfältigungsstücks greifen in das Recht zur Vervielfältigung ein, soweit das Werk bereits verkörpert wird, wie etwa bei der Herstellung eines Masterbands.[251] Der Gebrauchszweck der Vervielfältigungsstücke ist ebenso wie deren Anzahl unerheblich.[252] Insbesondere kommt es nicht darauf an, ob das Vervielfältigungsstück für den Endverbraucher bestimmt ist.[253] Das Vervielfälti-

245 Dreier/Schulze-*Schulze*, § 16 UrhG Rn. 7.

246 BGH, GRUR 2006, 319, 321 f. – Alpensinfonie, für die Fernsehaufzeichnung eines Konzerts; BGH, GRUR 1982, 102, 103 – Masterbänder; BGH, GRUR 1955, 492, 495 ff. – Grundig-Reporter.

247 Bei der erstmaligen Fixierung eines audiovisuellen Werkes auf einem Bildtonträger ist allerdings der Vorbehalt des § 1 lit. h Abs. 5 BerV zu beachten, der auf die Spezialbestimmungen in § 1 lit. i BerV verweist.

248 Loewenheim-*Loewenheim*, § 20 Rn. 5.

249 Wandtke-Bullinger-*Heerma*, § 16 Rn. 12.

250 BGH, GRUR 2015, 1101, 1103 – Elektronische Leseplätze II; BGH, GRUR 1999, 325, 327 – Elektronische Pressearchive; Dreier/Schulze-*Schulze*, § 16 UrhG Rn. 7.

251 BGH, GRUR 1982, 102 ff. – Masterbänder. Masterbänder sind heute selbstverständlich keine Tonbänder mehr; die digitale Aufzeichnung wird aber immer noch als Masterband bezeichnet.

252 Dreier/Schulze-*Schulze*, § 16 UrhG Rn. 8.

253 BGH, GRUR 1982, 102, 103 – Masterbänder; BGH, GRUR 1963, 441, 443 – Mit dir allein.

gungsrecht nach § 16 UrhG sieht zudem **keine Beschränkung** auf **Vorgänge in der Öffentlichkeit vor.** Damit fallen auch Vervielfältigungen im privaten Bereich in den Wahrnehmungsbereich der GEMA. Diese können allerdings unter die gesetzliche Schranke der Privatkopierfreiheit nach § 53 Abs. 1 UrhG fallen und damit ohne Zustimmung des Urhebers zulässig sein (unten Rn. 143). Wie sich aus dem Wortlaut des § 16 Abs. 1 UrhG („vorübergehend oder dauerhaft") ergibt, spielt auch die Dauer der Festlegung keine Rolle. Damit gilt jede – **auch flüchtige** – körperliche Niederlegung eines Werkes als Vervielfältigungshandlung. Die vergütungsfreie Schranke nach § 44a UrhG für vorübergehende Vervielfältigungshandlungen kann allerdings einschlägig sein (unten Rn. 186 f.).

b) Die in § 1 lit. h Abs. 1 BerV aufgeführten Trägermedien

§ 1 lit. h Abs. 1 BerV zählt Vorrichtungen auf, die zur wiederholbaren Wiedergabe von Ton- und ggf. Bildfolgen geeignet sind. Der Berechtigungsvertrag unterscheidet dabei verschiedene Kategorien von **Trägermedien**, nämlich Ton-, Bildton-, Multimedia- und andere Datenträger. Die weiter genannten Technologien Speichercard, DataPlay-Disc, DVD (Digital Versatile Disc), Twin Disc, Ton- und Bildtonträger mit ROM-part sowie entsprechende Träger mit Datenlink stellen hingegen lediglich eine beispielhafte Aufzählung dar. Sie entsprechen dem Technologiestand des Jahres 2002, in dem die Aufzählung im Berechtigungsvertrag ergänzt wurde. Damit erklärt sich auch, dass einzelne aufgeführte Technologien veraltet sind und nicht mehr produziert werden. Für den Umfang der Rechtewahrnehmung durch die GEMA ist dies hingegen irrelevant, da die Aufzählung nur **beispielhaft** ist. Das Vervielfältigungsrecht geht im Rahmen der durch die Vorschrift vorgegebenen Kategoiren unabhängig von der konkreten Ausgestaltung der Technologie umfassend auf die GEMA über.[254] 136

Für den Begriff des **Tonträgers** kann die Legaldefinition des § 16 Abs. 2 UrhG herangezogen werden. Hiernach handelt es sich um eine Vorrichtung zur wiederholbaren Wiedergabe von Tonfolgen. Nach § 1 lit. h Abs. 1 BerV gehen somit einerseits die Rechte hinsichtlich der traditionellen Tonträger wie (Vinyl-) Schallplatten oder Tonbänder, andererseits aber auch die hinsichtlich digitaler Tonträger, wie vor allem der Compact Disc (CD), auf die GEMA über. 137

§ 1 lit. h Abs. 1 BerV nennt als weiteres Trägermedium **Bildtonträger.** Dabei handelt es sich um Vorrichtungen zur wiederholbaren Wiedergabe von Bild- und Tonfolgen. Außerhalb des digitalen Bereichs sind dies z.B. Filmstreifen oder Videobänder. Soweit die Vervielfältigung mittels digitaler Bildtonträger erfolgt, können solche Träger auch dem Begriff der Multimedia-Datenträger unterfallen. Die für die Praxis bedeutungslose Abgrenzung dürfte davon abhängig sein, inwieweit der Träger neben der Wiedergabe des audiovisuellen Werkes weitere interaktive Nutzungsmöglichkeit bietet. 138

Multimedia-Datenträger sind audiovisuelle Speichermedien, die über spezielle Abspielgeräte wiedergegeben werden und auf denen Musikwerke mit anderen Werkgattungen in digitalisierter Form verbunden sind.[255] Inhalte solcher Multimedia-Datenträger, etwa als Multimedia-CD-ROM oder DVD, sind beispielsweise Computerspiele oder Firmenpräsentationen.[256] Im Gegensatz zur reinen Audio-CD weisen Multimedia-Daten- 139

254 Vgl. die Begründung zu Antrag 14 der Tagesordnung für die Versammlungen der ordentlichen Mitglieder am 25. und 26. Juni 2002, wonach durch die Neufassung sichergestellt werden sollte, dass „die GEMA die Rechte ihrer Mitglieder in breitest möglichem Umfang schützen kann."

255 *Siebert*, Die Auslegung der Wahrnehmungsverträge, S. 17, 33.

256 *Siebert*, Die Auslegung der Wahrnehmungsverträge, S. 41.

träger ein anderes Speicherformat und eine erhöhte Speicherkapazität[257] sowie gegebenenfalls die Möglichkeit der interaktiven Nutzung auf.[258]

140 Der Berechtigungsvertrag nennt beispielhaft einige Technologien, die von der Rechteeinräumung umfasst sind. Bei einer **DVD (Digital Versatile Disc)** handelt es sich um einen Datenträger, der insbesondere der Wiedergabe von Filmwerken dient. Von den herkömmlichen Videokassetten unterscheiden sich DVDs aufgrund der digitalen Technik vor allem durch eine verbesserte Bildqualität, verschiedene Sprachfassungen, zusätzliche Informationen zum Film sowie durch die Möglichkeit, einzelne Passagen gezielt abzurufen oder zwischen verschiedenen Bildeinstellungen zu wechseln.[259] Abhängig von Umfang der interaktiven Nutzungsmöglichkeiten dürfte es sich bei der DVD um einen Bildtonträger oder um einen Multimedia-Datenträger handeln. Dies gilt auch für die **Blu-ray Disc**, die eine höhere Speicherkapazität als die DVD aufweist. Sie ist nicht ausdrücklich im Berechtigungsvertrag genannt, fällt aber abhängig vom Umfang der Interaktivität in eine der beiden Kategorien. Dabei ist auch zu berücksichtigten, dass die Blu-ray Disc nach der Rechtsprechung gegenüber der DVD keine eigenständige Nutzungsart darstellt.[260]

141 **Ton- und Bildtonträger mit ROM-Parts** (*read only memory*) weisen die Besonderheit auf, dass über den ROM-Part der Zugang zu weiteren Informationen zum Film etc. – etwa auch aus dem Internet – möglich ist.[261] Beispielweise kann auf einer DVD mit CD-ROM-Part ein zum Film passendes Computerspiel abgespeichert sein. Ähnlich funktioniert eine sog. **Twin Disc**. Sie enthält einen Audio- und einen „angehängten" DVD-Teil und ist über das CD-ROM-Laufwerk abspielbar. Die beispielhaft aufgezählten Trägermedien **Speichercard** und **DataPlay Disc**[262] stellen ebenfalls digitale Multimedia-Datenträger dar, wobei sich die DataPlay Disc am Markt nicht durchgesetzt hat. Auch die Nutzungsrechte hinsichtlich weiterer **Datenträger mit Datenlinks** gehen nach § 1 lit. h Abs. 1 BerV auf die GEMA über. Über einen Datenlink kann mit dem Datenträger direkt auf das Internet zugegriffen werden.

c) *Die gesetzlichen Schranken des Vervielfältigungsrechts*

142 Das in § 16 UrhG geregelte Vervielfältigungsrecht steht dem Urheber nicht unbeschränkt zu. Der Gesetzgeber regelt in den §§ 45, 45a, 46 Abs. 1, 47, 50, 51, 53, 55, 56, 57 UrhG bestimmte **privilegierte Sachverhalte**, bei denen die Einwilligung des Rechteinhabers für eine Werknutzung nicht erforderlich ist. Eine Lizenzierung findet insoweit also nicht statt. Zu unterscheiden sind dabei vergütungsfreie und vergütungspflichtige Schrankenregelungen. Bei letzteren können die Berechtigten der GEMA die gesetzlichen Vergütungsansprüche nach § 1 lit. m BerV zur Wahrnehmung einräumen (unten Rn. 255ff.). Die Ansprüche dienen der Kompensation der zustimmungsfreien Werknutzung.

143 Das Verwertungsrecht nach § 16 UrhG besteht unabhängig davon, ob eine Vervielfältigung zu öffentlichen oder privaten Zwecken erfolgt. Allerdings erlaubt **§ 53 UrhG Vervielfältigungen zum privaten und sonstigen eigenen Gebrauch**. Im Rahmen dieser gesetzlichen Schranke tritt das Ausschließlichkeitsrecht des Urhebers hinter den durch

257 *Siebert*, Die Auslegung der Wahrnehmungsverträge, S. 15f., 40.
258 *Castendyk*, ZUM 2002, 332, 347.
259 *Stieper/Frank*, MMR 2000, 643, 646.
260 OLG München, GRUR-RR 2011, 303ff. – Blu-ray Disc.
261 LG München, ZUM 2002, 71ff. – Zauberberg.
262 Eine DataPlay-Disc ist kleiner als eine CD und funktioniert ähnlich.

die Vorschrift geschützten Interessen zurück. Technische Schutzmaßnahmen nach § 95a UrhG schließen die **Privatkopierfreiheit** allerdings aus. Der mit der Schranke verbundene Eingriff in das Urheberrecht wird durch die Speichermedien- und Geräteabgabe kompensiert. Der insoweit bestehende gesetzliche Vergütungsanspruch nach § 54 Abs. 1 UrhG wird gemäß § 1 lit. m BerV durch die GEMA bzw. durch die Zentralstelle für private Überspielungsrechte (ZPÜ; dazu **Kap. 13**) wahrgenommen.

§ 51 S. 2 Ziff. 3 UrhG privilegiert darüber hinaus das **Musikzitat**, d.h. Sachverhalte, bei denen einzelne Stellen eines erschienenen Werkes der Musik in einem anderen selbständigen Werk der Musik angeführt werden. Denkbar ist auch eine Privilegierung als **unwesentliches Beiwerk nach § 57 UrhG.** Dies käme z.B. bei einem Bildtonträger in Betracht, bei dem die Musik zufällig in Erscheinung tritt und aufgrund ihrer fehlenden Beziehung zum Hauptgegenstand so nebensächlich ist, dass die Musik ohne Beeinträchtigung der Gesamtwirkung des Films und unmerklich ausgetauscht werden könnte.[263] Die Schranke ist insofern eng auszulegen. Allein der Umstand, dass die Musik in den Hintergrund tritt, ist für eine Privilegierung nicht ausreichend. Läuft etwa in einer filmischen Szene beiläufig Musik aus dem Radio oder dem Fernseher liegt eine lizenzierungspflichtige Nutzung vor. 144

Freigestellt sind außerdem bestimmte Vervielfältigungen zum Zweck der **Rechtspflege** und der **öffentlichen Sicherheit** nach § 45 UrhG, zur Unterstützung von **behinderten Menschen** nach § 45a UrhG, Vervielfältigungen von Musikwerken als Element einer **Sammlung für den religiösen Gebrauch** nach § 46 Abs. 1, Vervielfältigungen bezüglich **Schulfunksendungen** nach § 47 UrhG, **Vervielfältigungen im Rahmen der Berichterstattung über Tagesereignisse** nach § 50 UrhG, Vervielfältigungen durch **Sendeunternehmen** nach § 55 UrhG, in **Geschäftsbetrieben zum Zwecke der Vorführung oder Instandsetzung** nach § 56 UrhG sowie bestimmte Vervielfältigungen für Unterricht, Wissenschaft und Institutionen nach §§ 60aff. UrhG. 145

d) Die Einräumung des Rechts der Bearbeitung für Teilwerknutzungen

Durch die **Vervielfältigung von Teilen** eines Musikwerkes, wie diese für die Produktion von Ton- und Bildtonträgern häufig erforderlich ist, erfolgt ein Eingriff in die Substanz des Werkes. Aus diesem Grund ist bei der Veröffentlichung bzw. Verwertung neben dem Vervielfältigungsrecht auch das **Bearbeitungsrecht des Urhebers nach § 23 UrhG** betroffen (oben Rn. 35). Der Berechtigungsvertrag enthält jedoch keine ausdrückliche Einräumung des Rechts zur Lizenzierung von Teilwerknutzungen. Das Bearbeitungsrecht ist in diesem nicht ausdrücklich genannt. 146

Für die Auslegung des Berechtigungsvertrages, insb. für die Bestimmung des Umfangs der Rechteeinräumung ist jedoch nach § 31 Abs. 5 UrhG der Vertragszweck maßgeblich zu berücksichtigen. In ständiger Rechtsprechung ist dabei anerkannt, dass die Vorschrift des **§ 31 Abs. 5 UrhG** auch auf Wahrnehmungsverträge mit Verwertungsgesellschaften Anwendung findet.[264] Dem Berechtigungsvertrag liegt auch der Zweck zugrunde, der Verwertungsgesellschaft Rechte einzuräumen, deren individuelle Wahrnehmung nicht möglich ist. Bei Abschluss des Berechtigungsvertrages ist für den Bereich der Unterhaltungs- und Tanzmusik davon auszugehen, dass Musikwerke von unterschiedlichen Interpreten massenweise in einer von der ursprünglichen Komposition 147

263 Vgl. Dreier/Schulze-*Dreier*, § 57 UrhG Rn. 2.

264 BGH, GRUR 2013, 618, 620 – Internet-Videorecorder II; BGH, GRUR 2010, 62, 63 – Nutzung von Musik zu Werbezwecken; BGH, GRUR 2000, 228, 229 f. – Musical-Gala; BGH, GRUR 1988, 296, 299 – GEMA-Vermutung IV; BGH, GRUR 1986, 62, 66 – GEMA-Vermutung I.

abweichenden Länge „eingespielt" werden. Oft ist den ausübenden Künstlern die vom Komponisten vorgesehene Werklänge noch nicht einmal bekannt. Der einzelne Berechtigte ist dabei nicht in der Lage, diese Teilwerknutzungen selbst zu kontrollieren, zu lizenzieren oder zu inkassieren, so dass ein Bedürfnis für die kollektive Rechtewahrnehmung besteht. Die Auslegung anhand von § 31 Abs. 5 UrhG ergibt damit, dass die Berechtigten der GEMA auch das Recht zur Vervielfältigung von Teilen eines Musikwerkes einräumen.[265] Allerdings begrenzt auch hier das **Urheberpersönlichkeitsrecht** den Umfang der Rechteeinräumung. Soweit Werkveränderungen in die Integrität des Werkes eingreifen und dieser Eingriff eine Verletzung des Urheberpersönlichkeitsrechts darstellt, kommt eine kollektive Wahrnehmung durch die GEMA nicht in Betracht.

e) *Individuelle Wahrnehmung des Herstellungsrechts nach § 1 lit. k Abs. 1 BerV für die Herstellung von Werbespots*

148 Besonderheiten bestehen bei der Produktion von Werbespots. Da bei der Herstellung von Werbespots für den Hörfunk oder das Fernsehen Musikwerke auf einem Ton- oder Bildtonträger aufgenommen oder von einem Trägermedium auf das andere übertragen werden, ist das Vervielfältigungsrecht des Urhebers nach § 1 lit. h Abs. 1 BerV auch in diesem Bereich betroffen. Nach § 1 lit. k Abs. 1 BerV ist jedoch das **Herstellungsrecht für die Nutzung von Musik zu Werbezwecken** von der Rechtewahrnehmung durch die GEMA ausgenommen. Da die Verbindung eines Werkes mit einer werbemäßigen Aussage in besonderem Maße in die Urheberpersönlichkeitsrechte eingreift, trifft der Urheber oder ggf. dessen Verleger individuell die Entscheidung über die Verwendung von Musikwerken zu Zwecken der Werbung. Das Herstellungsrecht eignet sich insoweit nicht zur kollektiven Wahrnehmung. Auf der anderen Seite ist eine individuelle Wahrnehmung möglich, da es sich um vereinzelte Lizenzierungsvorgänge und nicht um massenhafte Nutzungen handelt. Die Rechte, die für die der Herstellung folgenden Nutzungshandlungen erforderlich sind, werden jedoch wiederum von der GEMA nach § 1 lit. k Abs. 2 BerV auflösend bedingt wahrgenommen (zur Nutzung von Musik zu Werbezwecken unten Rn. 237 ff.).

2. Das Verbreitungsrecht – § 17 UrhG

a) *Das gesetzliche Verbreitungsrecht nach § 17 UrhG als Grundlage für die Rechteeinräumung nach § 1 lit. h Abs. 1 BerV*

149 Neben dem Vervielfältigungsrecht räumen die Berechtigten der GEMA nach § 1 lit. h Abs. 1 BerV auch das Verbreitungsrecht ein. Nach der Legaldefinition in § 17 Abs. 1 UrhG ist das Verbreitungsrecht das Recht, das Original oder Vervielfältigungsstücke des Werkes der Öffentlichkeit anzubieten oder in Verkehr zu bringen. Obwohl das Vervielfältigungs- und das Verbreitungsrecht eng miteinander verbunden sind, handelt es sich um **eigenständige Nutzungsrechte**. Die Berechtigten räumen der GEMA das Verbreitungsrecht gesondert ein; das Recht wird von der GEMA bei der Lizenzierung gesondert berücksichtigt. In der Praxis werden beide Rechte jedoch in der Regel zugleich lizenziert. Es bestehen aber auch Ausnahmen. Z.B. wird das Verbreitungsrecht ohne das entsprechende Vervielfältigungsrecht lizenziert, wenn der Nutzer ein Vervielfältigungsstück aufgrund der Privatkopierfreiheit nach § 53 UrhG privilegiert hergestellt hat und dieses anschließend der Öffentlichkeit zugänglich machen möchte.

---

265 A.A. Dreier/Schulze-*Schulze*, vor § 31 UrhG Rn. 130 u. 135.

Das Verbreitungsrecht ist dann einschlägig, wenn Vervielfältigungsstücke des Werkes, beispielsweise die in § 1 lit. h Abs. 1 BerV genannten Bild- oder Tonträger, der **Öffentlichkeit angeboten** oder **in Verkehr gebracht** werden. Ein **öffentliches Angebot** ist dabei jede Aufforderung zum Eigentumserwerb; die bloße Besitzverschaffung ist insofern nicht ausreichend.[266] So stellen etwa Werbemaßnahmen, durch die wie z.B. in Katalogen zum Kauf aufgefordert wird, derartige Verbreitungshandlungen dar.[267] Allerdings muss das Angebot „öffentlich" sein; es darf demnach nicht ausschließlich gegenüber Personen ausgesprochen werden, mit denen der Anbietende in persönlicher Verbindung steht (vgl. § 15 Abs. 3 UrhG). Ausreichend ist aber das Angebot gegenüber einem begrenzten Personenkreis oder auch nur gegenüber einer Einzelperson, sofern nur keine persönliche Verbundenheit besteht.[268] Unerheblich ist dabei, ob die Nutzungshandlungen gewerbsmäßig erfolgen.[269] 150

Eine Verbreitung iSv § 17 Abs. 1 UrhG bzw. § 1 lit. h Abs. 1 BerV liegt zudem vor, wenn die Trägermedien in Verkehr gebracht werden. Unter einem **Inverkehrbringen** versteht man eine Handlung, durch die die Vervielfältigungsstücke aus der internen Betriebssphäre der Öffentlichkeit zugeführt werden. Es muss sich dabei um eine Eigentumsübertragung handeln, wie der Bundesgerichtshof nach einer Vorlage an den Europäischen Gerichtshof entschieden hat.[270] Maßgeblich ist insofern Art. 4 Abs. 1 der Informationsgesellschafts-Richtlinie (InfoRL), die eine Vollharmonisierung vorsieht und damit eine abweichende Regelung im nationalen Recht verbietet.[271] Das bloße Vermieten oder Verleihen eines Werkstücks ist damit für eine Verbreitungshandlung nicht ausreichend. 151

b) Die Erschöpfung des Verbreitungsrechts nach § 17 Abs. 2 UrhG

Das Verbreitungsrecht unterliegt nach § 17 Abs. 2 UrhG der Erschöpfung. Der Eintritt der Erschöpfung hat zur Folge, dass an dem konkreten Werkstück, das verbreitet wurde, **keine Ansprüche aus dem Verbreitungsrecht** mehr geltend gemacht werden können. Der Rechtsinhaber kann also eine Weiterverbreitung des betroffenen Werkstücks nach Eintritt der Erschöpfung nicht mehr verhindern. Erschöpfung tritt nach § 17 Abs. 2 UrhG ein, wenn Vervielfältigungsstücke mit Zustimmung des Urhebers oder eines zur Verbreitung Berechtigten im Gebiet der Europäischen Union oder in einem EWR-Staat im **Wege der Veräußerung in Verkehr gebracht** werden. 152

Die Erschöpfung führt dazu, dass die GEMA das Verbreitungsrecht grundsätzlich nur dann lizenziert, wenn das Werk erstmalig in Deutschland durch Veräußerung in Verkehr gebracht wird. Die GEMA lizenziert aber auch wie z.B. bei der **Zentrallizenzierung** Trägermedien außerhalb Deutschlands. In diesem Fall erfolgt die Lizenzierung für das Staatsgebiet, in dem das Trägermedium erstmalig durch Veräußerung in Verkehr gebracht wird. Wird das Verbreitungsrecht durch eine ausländische EU/EWR-Schwestergesellschaft, der der Berechtigte territorial beschränkt das Verbreitungsrecht eingeräumt hat, lizenziert, kann die GEMA grundsätzlich aufgrund der eingetretenen Erschöpfung 153

266 EuGH v.17.4.2008, Rs. C-456/06, GRUR 2008, 604, 605 – Le-Corbusier-Möbel; BGH, GRUR 2009, 840, 841 – Le-Corbusier-Möbel II.
267 Loewenheim-*Loewenheim*, § 20 Rn. 23.
268 BGH, GRUR 1991, 316, 317 – Einzelangebot.
269 Dreier/Schulze-*Schulze*, vor § 17 UrhG Rn. 10; Loewenheim-*Loewenheim*, § 20 Rn. 22.
270 BGH, GRUR 2009, 840, 841 – Le-Corbusier-Möbel II im Anschluss an EuGH v.17.4.2008, Rs. C-456/06, GRUR 2008, 604, 605 – Le-Corbusier-Möbel.
271 EuGH v. 13.2.2014, Rs. C-466/12, GRUR 2014, 360, 361 f. – Svensson; BGH, GRUR 2009, 840, 841 – Le-Corbusier-Möbel II.

die betroffenen Werkstücke nicht mehr lizenzieren, auch wenn diese nach Deutschland importiert werden. Bei einem Inverkehrbringen außerhalb der EU und des EWR findet hingegen keine Erschöpfung statt.

154 Die Erschöpfung umfasst nicht das **Vermietrecht**; dieses kann nach der ausdrücklichen gesetzlichen Regelung in § 17 Abs. 2 a.E. UrhG auch nach deren Eintritt weiterhin geltend gemacht werden. Im Gegensatz zum Vermietrecht unterliegt das **Verleihrecht** der Erschöpfung des Verbreitungsrechts. Eine territoriale Beschränkung des Verbreitungsrechts ist damit innerhalb der Europäischen Union und des Europäischen Wirtschaftsraums nicht möglich.

c) *Die gesetzlichen Schranken des Verbreitungsrechts*

155 Auch hinsichtlich des Verbreitungsrechts sind nach den §§ 45, 45a, 46 Abs. 1, 50, 51 Ziff. 3, 57 UrhG im Interesse der Allgemeinheit bestimmte Nutzungen **privilegiert**. Insofern findet eine Lizenzierung durch die GEMA nicht statt.

III. Die Übertragung von „unbekannten Nutzungsarten"

156 Für die Rechteeinräumung nach § 1 lit. h Abs. 1 BerV galt vor Inkrafttreten des Zweiten Gesetzes zur Regelung des Urheberrechts in der Informationsgesellschaft am 1. Januar 2008 nach § 31 Abs. 4 UrhG a.F., dass neu entwickelte **eigenständige Nutzungsarten** nicht übertragbar waren, wenn sie erst nach Vertragsschluss bekannt wurden. Wurde eine neue Nutzungsart bekannt, musste der bestehende Berechtigungsvertrag abgeändert werden, um den Wahrnehmungsumfang zu erweitern. Dies galt aber nur dann, wenn auch tatsächlich eine **neue eigenständige Nutzungsart** vorlag, da das Urheberrecht eine isolierte Übertragung nur von eigenständigen Nutzungsarten zulässt.[272] Da das Vorliegen einer eigenständigen Nutzungsart mit erheblicher Rechtsunsicherheit zu beurteilen ist, wurden neue technische Entwicklungen im Zweifel im Berechtigungsvertrag aufgenommen. Ob eine Nutzungsart eigenständig ist, bemisst sich nach der Rechtsprechung dabei danach, ob kumulativ eine technische und wirtschaftliche Eigenständigkeit vorliegt.[273]

157 Das **Verbot der Übertragung unbekannter Nutzungsarten** wurde durch das oben genannte Reformgesetz aufgehoben. Ihre Übertragung ist jetzt nach § 31a UrhG n.F. grundsätzlich bei Einhaltung der Schriftform möglich; sie kann jedoch insgesamt oder hinsichtlich einzelner Nutzungsarten unter bestimmten Voraussetzungen nach § 31a UrhG n.F. widerrufen werden.[274] Für die Frage, ob § 31a UrhG n.F. oder § 31 Abs. 4 UrhG a.F. auf einen Berechtigungsvertrag Anwendung findet, ist dabei der Zeitpunkt des Abschlusses des Berechtigungsvertrages maßgeblich. Die GEMA hat von der Möglichkeit der Übertragung unbekannter Nutzungsarten durch Einfügung von § 1 lit. l im Berechtigungsvertrag Gebrauch gemacht. Dennoch muss der Berechtigungsvertrag bei Aufkommen neuer Nutzungsarten stets angepasst werden. Berechtigungsverträge, die nach Aufkommen der neuen Nutzungsart abgeschlossen werden, würden ohne Anpassung keine Einräumung der neuen Nutzungsarte enthalten, da es sich zum Zeitpunkt des Vertragsschlusses für diese Verträge nicht mehr um eine unbekannte Nutzungsart handeln würde, so dass § 1 lit. l BerV nicht mehr einschlägig wäre.

---

272 Dreier/Schulze-*Schulze*, § 31 Rn. 9.
273 BGH, GRUR 2005, 937, 939 – Zauberberg; BGH, GRUR 1997, 215, 217 – Klimbim.
274 Dreier/Schulze-*Schulze*, § 31a UrhG Rn. 90.

1. Berechtigungsverträge, die vor dem 1. Januar 2008 abgeschlossen wurden

Soweit es sich bei den bis **heute bekannten** Auswertungsformen der Vervielfältigung und Verbreitung nicht um technisch und wirtschaftlich eigenständige Verwertungsformen handelt, sind diese unproblematisch auch von der Rechteeinräumung in den Berechtigungsverträgen, die vor dem 1. Januar 2008 abgeschlossen wurden, umfasst. Das Recht der Auswertung eines Musikstücks mittels einer **Musik-CD** geht in diesen Verträgen auf die GEMA über, da es sich bei dieser Auswertungsform im Verhältnis zur Vinyl-Schallplatte nicht um eine eigenständige (neue) Nutzungsart iSd § 31 Abs. 4 UrhG a.F. handelt.[275] Die fehlende wirtschaftliche Eigenständigkeit ergibt sich aus dem Umstand, dass der CD-Markt den Schallplatten-Markt weitgehend substituiert hat. Die Frage ist aber umstritten.[276] Ebenso wenig handelt es bei den weiteren digitalen Tonträgern zur reinen akustischen Wahrnehmbarmachung um eigenständige Nutzungsarten. 158

Im audiovisuellen Bereich stellt nach der Rechtsprechung die Auswertung eines Musikstücks mittels **DVD (Digital Versatile Disc)** oder **Blu-ray Disc** gegenüber der Auswertung mittels Videokassette keine eigenständige (neue) Nutzungsart iSd § 31 Abs. 4 UrhG a.F. dar.[277] Die Auswertungen mittels der beispielhaft in § 1 lit. h Abs. 1 BerV genannten Multimedia-Datenträger **„Speichercard, Dataplay Disc, Twin Disc, Ton- und Bildtonträger mit ROM-Part und Träger mit Datenlink“** waren zum Zeitpunkt ihrer Ergänzung im Berechtigungsvertrag im Jahr 2002 zumindest technisch bekannt, so dass ihrer Einräumung die Vorschrift des § 31 Abs. 4 UrhG a.F. nicht entgegenstand. Hierfür spricht auch, dass nach der Rechtsprechung des Bundesgerichtshofs zum bis zum 1.1.2008 geltenden Recht auch zum Zeitpunkt ihrer Übertragung wirtschaftlich bedeutungslose Nutzungsarten übertragen werden konnten, sofern sie ausdrücklich benannt waren.[278] 159

Berechtigungsverträge, die vor Inkrafttreten des Reformgesetzes am 1. Januar 2008 abgeschlossen wurden, beinhalten trotz der Gesetzänderung nicht automatisch diejenigen eigenständigen Nutzungsarten, die erst **nach Abschluss des Berechtigungsvertrages bekannt** wurden. Eine Einbeziehung allein aufgrund von Beschlüssen der Mitgliederversammlung zur Erweiterung des Wahrnehmungsumfangs auf der Grundlage der Vorschrift des § 6 lit. a BerV ist nicht möglich, da nach der Rechtsprechung des Bundesgerichtshofs Änderungen des Berechtigungsvertrages hinsichtlich der Rechteinräumung stets der individuellen Zustimmung der Berechtigten bedürfen.[279] Nach der derzeit geltenden Fassung des Berechtigungsvertrages wird diese Zustimmung fingiert, wenn der Berechtigte nicht binnen drei Monaten seit Absendung einer schriftlichen Mitteilung widerspricht (unten Rn. 322ff.). 160

Die durch das gesetzliche Verbot nach § 31 Abs. 4 UrhG a.F. entstandenen Lücken in der Rechteeinräumung hat die GEMA geschlossen, indem sie für eigenständige Nutzungsarten, die vor der Einführung der Zustimmungsfiktion im Jahr 2002 aber nach Abschluss des jeweiligen Berechtigungsvertrages bekannt wurden, mit den betroffenen Berechtigten individuelle **Ergänzungsvereinbarungen** abgeschlossen hat. In diesen 161

275 OLG Köln, ZUM 2001, 166 ff. – The Kelly Family; OLG Hamburg, GRUR-RR 2002, 153 ff. – Der grüne Tisch; a.A. KG, ZUM 2000, 164 ff.; OLG Düsseldorf, ZUM 2001, 164 ff.; OLG Düsseldorf, NJW-RR 1996, 420 f.

276 Wandtke/Bullinger-*Wandtke/Grunert*, § 31a UrhG Rn. 30 mwN.

277 Für die DVD: BGH, GRUR 2005, 937 – Zauberberg; für die Blu-ray Disc: OLG München, GRUR-RR 2011, 303 ff. – Blu-ray Disc.

278 BGH, GRUR 1995, 212 ff. – Videozweitauswertung III.

279 BGH, GRUR 1988, 296, 298 – GEMA-Vermutung IV.

wurde die Einräumung des Nutzungsrechts ausdrücklich geregelt und zudem von der GEMA bereits vorgenommenen Lizenzierungen durch die Berechtigten nach § 185 Abs. 2 S. 1 BGB genehmigt. In der beschriebenen Weise wurde im Jahr 1988 der Wahrnehmungsbereich der GEMA um das Recht zur Nutzung im Rahmen der **Videozweitauswertung** erweitert, da der Bundesgerichtshof in seiner Entscheidung GEMA-Vermutung I urteilte, dass es sich bei der Vervielfältigung und Verbreitung von Spielfilmen mittels Videobändern (Videozweitauswertung) um eine gegenüber der Schmalfilmauswertung eigenständige Nutzungsart iSd § 31 Abs. 4 UrhG a.F. handelte.[280]

162 Auch die **Multimedia-CD-ROM** stellt nach der Rechtsprechung eine technisch und wirtschaftlich selbstständige Nutzungsart dar,[281] die erst seit Anfang der 90er Jahre relevant ist.[282] Bei einem Abschluss eines Berechtigungsvertrages vor diesem Zeitpunkt lag demnach eine unbekannte Nutzungsart iSd § 31 Abs. 4 UrhG vor, so dass die Berechtigten der GEMA die entsprechenden Nutzungsrechte nach § 31 Abs. 4 UrhG a.F. nicht wirksam einräumen konnten. Auch für dieses Recht hat die GEMA Ergänzungsvereinbarungen mit den Berechtigten abgeschlossen, um die Lücken in der Rechteeinräumung zu schließen. Ebenso ließ sich die GEMA die Lizenzierung von **Nutzungen von Musik zu Werbezwecken** von ihren Berechtigten genehmigen und traf entsprechende Ergänzungsvereinbarungen, nachdem der Bundesgerichtshof im Jahr 2009 geurteilt hatte, dass es sich bei der Verwendung von Musik zu Werbezwecken um eine eigenständige Nutzungsart handele (hierzu unten Rn. 240).[283]

2. Berechtigungsverträge, die nach dem 1. Januar 2008 abgeschlossen wurden

163 Berechtigungsverträge, die nach dem 1. Januar 2008 abgeschlossen wurden und werden, beinhalten die Einräumung **unbekannter Nutzungsarten nach § 1 lit. l BerV** (hierzu unten Rn. 248 ff.) und enthalten eine wirksame Einbeziehungsklausel nach § 6 lit. a BerV (hierzu unten Rn. 322 ff.). Die Einräumung des Vervielfältigungs- und Verbreitungsrechts in diesen Verträgen umfasst daher auch solche Nutzungsformen im Rahmen des § 1 lit. h Abs. 1 BerV, die künftig neu entwickelt werden und bei denen es sich um eigenständige Nutzungsarten handelt. Die Einräumung an die GEMA setzt voraus, dass der Berechtigte die Übertragung der jeweiligen neuen Nutzungsart an die GEMA nicht nach § 1 lit. l S. 2 BerV bzw. § 31a Abs. 2 S. 3 UrhG widerruft und bei einer Ausweitung des Wahrnehmungsumfangs durch die Mitgliederversammlung einer Änderung des Berechtigungsvertrages nicht nach § 6 lit. a Abs. 3 BerV widerspricht.

§ 1 lit. h Abs. 2 und 3 [Die Rechte zur „Online-Nutzung“]

§ 1 Der Berechtigte überträgt hiermit der GEMA [...]

h)

[...]

Das Recht, Werke der Tonkunst (mit oder ohne Text) in Datenbanken, Dokumentationssysteme oder in Speicher ähnlicher Art einzubringen.

Das Recht, Werke der Tonkunst (mit oder ohne Text), die in Datenbanken, Dokumentationssysteme oder in Speicher ähnlicher Art eingebracht sind, elektronisch oder in ähnlicher Weise zu übermitteln, einschließlich z.B. für mobile Internetnutzung und für Musiktauschsysteme.

280 BGH, GRUR 1986, 62 ff. – GEMA-Vermutung I.

281 OLG Hamburg, ZUM 1999, 78 ff. – SPIEGEL-CD-ROM; *Castendyk*, ZUM 2002, 332, 346; *Siebert*, Die Auslegung der Wahrnehmungsverträge, S. 41.

282 *Siebert*, Die Auslegung der Wahrnehmungsverträge, S. 41.

283 BGH, GRUR 2010, 62 ff. – Nutzung von Musik für Werbezwecke.

Übersicht

I. Regelungsgehalt und Entstehungsgeschichte

Die Rechteeinräumung nach § 1 lit. h Abs. 2 und 3 BerV erfasst einen Teil der **Online-Musiknutzungen.** Eingeräumt werden die sogenannten **„On-Demand"-Rechte,** bei denen der Endnutzer Musikwerke individuell von Orten und zu Zeiten seiner Wahl abrufen kann. Abzugrenzen sind diese interaktiven Nutzungsformen von linearen Vorgängen, die dem Senderecht unterfallen. Im Berechtigungsvertrag wird davon ausgegangen, dass es sich bei interaktiven Online-Nutzungen um ein mehraktiges Geschehen handelt, bei denen zumindest der Vorgang des Uploads (§ 1 lit. h Abs. 2 BerV) und das spätere Bereithalten zum Abruf (§ 1 lit. h Abs. 3 BerV) unterschieden werden können (unten Rn. 166ff.). Die Rechteeinräumung an die GEMA ist umfassend. Dementsprechend räumen die Berechtigten der GEMA für Online-Nutzungen das **Recht der öffentlichen Zugänglichmachung** nach § 19a UrhG und das **Vervielfältigungsrecht** nach § 16 UrhG ein. Für Online-Nutzungen besteht nach § 10 Ziff. 2 BerV eine verkürzte Kündigungsfrist von drei Monaten zum Jahresende (unten Rn. 348f.). Von der Möglichkeit der isolierten Herauskündigung der Online-Rechte aus der Rechtewahrnehmung hat nur ein geringer Teil der Berechtigten Gebrauch gemacht. Die GEMA nimmt für ca. 94% ihrer Mitglieder auch die Online-Rechte wahr. 164

Die **Mitgliederversammlung 1996** hat die Regelungen in § 1 lit. h Abs. 2 u. 3 in den Berechtigungsvertrag aufgenommen. Nach der Antragsbegründung diente die Neuregelung der Klarstellung, dass der GEMA die „zur Lizenzierung von Musik off-line bzw. **on-line** notwendigen Rechte" bereits durch den zum damaligen Zeitpunkt gültigen Berechtigungsvertrag eingeräumt werden.[284] Absatz 3 der Klausel wurde durch die **Mitgliederversammlung 2002** ergänzt. Insofern wurde klargestellt, dass das „Übermittlungsrecht" auch die **mobile Internetnutzung** und **Musiktauschsysteme** einbezieht.[285] 165

284 Begründung zu Antrag 9 der Tagesordnung für die Versammlungen der ordentlichen Mitglieder am 9. und 10. Juli 1996.

285 Begründung zu Antrag 14 der Tagesordnung für die Versammlungen der ordentlichen Mitglieder am 25. und 26. Juni 2002.

II. Einzelerläuterungen

1. Das „Einbringen" von Werken nach § 1 lit. h Abs. 2 BerV

166 Nach § 1 lit. h Abs. 2 BerV räumen die Berechtigten der GEMA das Recht ein, Musikwerke in Datenbanken, Dokumentationssysteme oder in Speicher ähnlicher Art einzubringen. Dieses Recht betrifft die der Zugänglichmachung vorausgehende Speicherung des Werks auf einem Datenträger. Erfasst wird damit insbesondere der **Upload eines Musikwerkes auf einen Server**, um es im Internet, im Intranet oder in einem anderen Datennetz zum Abruf bereithalten zu können.

2. Das „Übermitteln" von Werken nach § 1 lit. h Abs. 3 BerV

167 § 1 lit. h Abs. 3 BerV betrifft das Recht, die nach § 1 lit. h Abs. 2 BerV eingebrachten Werke elektronisch oder in ähnlicher Weise zu übermitteln. Der Begriff der Übermittlung ist untechnisch zu verstehen und umfasst sämtliche technischen Vorgänge vom Bereithalten zum Abruf bis zum Konsum des Werkes durch den Endnutzer. Die Berechtigten räumen der GEMA damit insbesondere das **Recht der öffentlichen Zugänglichmachung** nach § 19a UrhG ein. Hierunter versteht man nach der Legaldefinition in § 19a UrhG das Recht ein Werk Mitgliedern der Öffentlichkeit von Orten und zu Zeiten ihrer Wahl zugänglich zu machen. Erfasst sind das **Bereithalten zum Abruf** sowie die **Übermittlung** des bereitgehaltenen Werkes an den Empfänger.[286] Neben dem Recht der öffentlichen Zugänglichmachung wird der GEMA nach § 1 lit. h Abs. 3 BerV auch das Recht zur **Vervielfältigung beim Empfänger** eingeräumt. Dies betrifft Download und Streaming. Ob diese Vervielfältigungsvorgänge von der Privatkopierfreiheit nach § 53 UrhG oder von der Schranke für vorübergehende Vervielfältigungshandlungen nach § 44a UrhG gedeckt sind, ist eine Frage des Einzelfalls bzw. eine von der Rechteeinräumung unabhängig zu beurteilende Frage (unten Rn. 186 f.).

168 Diese relativ **weite Auslegung** der Klausel nach § 1 lit. h Abs. 3 BerV folgt aus der Anwendung der **Auslegungsregel nach § 31 Abs. 5 UrhG.**[287] Hiernach räumt der Urheber im Zweifel keine weitergehenden Rechte ein, als es der Zweck der Vereinbarung erfordert.[288] Dabei bezieht sich die Rechteeinräumung grundsätzlich auf die Nutzungsrechte, die die Erreichung des **Vertragszwecks** erst ermöglichen und hierfür erforderlich sind.[289] Durch § 1 lit. h Abs. 2 u. 3 BerV sollte der GEMA die Auswertung der Werke für Online-Nutzungen „im breitest möglichen Umfang" ermöglicht werden.[290] Eine Lizenzierung der Online-Rechte ist in der Praxis nur möglich, wenn der Nutzer sämtliche Rechte, die für den gesamten Nutzungsvorgang erforderlich sind, erwerben kann. Ein solcher

---

286 Dreier/Schulze-*Dreier*, § 19a UrhG Rn. 1; Loewenheim-*Hoeren*, § 21 Rn. 52; a.A. Schricker/Loewenheim-*v. Ungern-Sternberg*, § 19a UrhG Rn. 55; Wandtke/Bullinger-*Bullinger*, § 19a UrhG Rn. 12; Fromm/Nordemann-*Dustmann*, § 19a UrhG Rn. 9. Der Streit ist für den Umfang der Rechteinräumung im Berechtigungsvertrag letztlich bedeutungslos, da dieser eine umfassende Rechteeinräumung im Online-Bereich vorsieht, von der der Übermittlungsvorgang ausdrücklich umfasst ist.

287 § 31 Abs. 5 UrhG ist auch auf Wahrnehmungsverträge mit Verwertungsgesellschaften anwendbar: BGH, GRUR 2013, 618, 620 – Internet-Videorecorder II; BGH, GRUR 2010, 62, 63 – Nutzung von Musik zu Werbezwecken; BGH, GRUR 2000, 228, 229 f. – Musical-Gala; BGH, GRUR 1988, 296, 299 – GEMA-Vermutung IV; BGH, GRUR 1986, 62, 66 – GEMA-Vermutung I.

288 Dreier/Schulze-*Schulze*, § 31 UrhG Rn. 110.

289 Dreier/Schulze-*Schulze*, § 31 UrhG Rn. 122.

290 Begründung zu Antrag 14 der Tagesordnung für die Versammlungen der ordentlichen Mitglieder am 25. und 26. Juni 2002.

„Kompletterwerb" wäre bei einer individuellen Auswertung einzelner „Teilakte" nicht gewährleistet. Dabei ist auch zu berücksichtigen, dass interaktive Übermittlungsvorgänge stets eine Zugänglichmachung voraussetzen. Zudem betreffen die in der Klausel aufgezählten Nutzungsformen der mobilen Internetnutzung und der Musiktauschsysteme das Recht der öffentlichen Zugänglichmachung nach § 19a UrhG und das Vervielfältigungsrecht nach § 16 UrhG. Insgesamt erklärt sich der etwas undifferenzierte Wortlaut der Klausel damit, dass zum Zeitpunkt der Fassung der für die Vorschrift maßgeblichen Beschlüsse durch die **Mitgliederversammlung in den Jahren 1996 und 2002** das Recht der öffentlichen Zugänglichmachung im Urheberrechtsgesetz noch nicht ausdrücklich kodifiziert war.

Beispielhaft werden in § 1 lit. h Abs. 3 BerV die mobile Internetnutzung und Musik- **169**
tauschsysteme genannt. Zu den **mobilen Internet-Nutzungen** (einschließlich der Nutzung auf der Grundlage vergleichbarer Datennetze) zählen insbesondere Nutzungen auf **Mobiltelefonen** und **Smartphones. Klingeltöne** fallen hingegen unter § 1 lit. h Abs. 4 BerV (Rn. 195ff.). Die Besonderheit bei **Musiktauschsystemen** (File-Sharing-Systeme) besteht darin, dass bei dezentralen Systemen mit Hilfe einer bestimmten Software der direkte Austausch von Endnutzer zu Endnutzer ermöglich wird. Gleichwohl liegt eine öffentliche Zugänglichmachung nach § 19a UrhG vor. Eine Zugänglichmachung nach § 19a UrhG setzt wie alle Rechte der öffentlichen Wiedergabe voraus, dass die Teilnehmer nicht persönlich miteinander verbunden sind, also eine **Öffentlichkeit** besteht (§ 15 Abs. 3 UrhG). Im beruflichen Umfeld ist dies typischerweise der Fall.

3. Nutzungsrechte bei On-Demand-Sachverhalten

Die Nutzung von urheberrechtlich geschützten Werken im Internet lässt sich grund- **170**
sätzlich in **vier verschiedene Phasen** einteilen, die eng und zum Teil untrennbar miteinander verbunden sind. Insofern können Upload, das Bereithalten zum Abruf, die Übermittlung an den Endnutzer und die Abspeicherung des Werkes beim Endnutzer unterschieden werden. In der ersten Phase wird das Werk auf den Datenträger (Server) hochgeladen (Upload). Der **Upload** ist technische Voraussetzung für einen Abruf des Werkes im Internet. In rechtlicher Hinsicht stellt der Upload eine Vervielfältigungshandlung iSd § 16 UrhG dar, da eine körperliche Festlegung des Werkes auf dem Speichermedium des Servers erfolgt, die geeignet ist, das Werk den menschlichen Sinnen wahrnehmbar zu machen.[291] Die Auffassung, dass es sich bei der für den Upload erforderlichen Vervielfältigungshandlung um eine untergeordnete Vorbereitungshandlung handelt, die keine eigenständige Nutzungsart darstelle, hat sich hingegen nicht durchgesetzt. Ein entsprechendes Urteil des OLG München wurde nicht rechtskräftig.[292]

Nach dem Upload wird das Werk **zum Abruf bereitgehalten**. Dieser Vorgang wird **171**
von dem Recht der öffentlichen Zugänglichmachung nach § 19a UrhG erfasst. Unter einer öffentlichen Zugänglichmachung versteht man nach ihrer Legaldefinition das Recht, das Werk drahtgebunden oder drahtlos der Öffentlichkeit in einer Weise zugänglich zu machen, dass es Mitgliedern der Öffentlichkeit von Orten und zu Zeiten ihrer Wahl zugänglich ist. Das Recht nach § 19a UrhG ist damit ein **„On-Demand" Recht**. Die Bezeichnung als Internet-Recht ist hingegen irreführend, da das Recht technologieneutral ausgestaltet, also nicht auf das Internet beschränkt ist. Auch das Zugänglichmachen von Musik-

---

291 BGH, GRUR 2015, 258, 260 – CT-Paradies; BGH, GRUR 2010, 628, 629 – Vorschaubilder; Dreier/Schulze-*Schulze*, § 16 UrhG Rn. 7.
292 OLG München, ZUM 2010, 709 ff. – MyVideo m. Bespr. v. *Müller*, ZUM 2011, 13, 16 ff.

werken im **Intranet** und in anderen Netzwerken, wie z.B. dem **WLAN** (Wireless Local Area Network) fällt unter § 19a UrhG.[293]

172 Andererseits werden Nutzungsvorgänge im Internet, bei denen der Endnutzer wie z.B. beim Webradio oder Web-TV den Zeitpunkt der Nutzung nicht bestimmen kann, vom Senderecht nach § 20 UrhG und nicht vom Recht nach § 19a UrhG erfasst. Das Recht der öffentlichen Zugänglichmachung ist unabhängig von dem Umstand betroffen, ob das Werk tatsächlich abgerufen wird; bereits das Bereithalten zum Abruf ist ausreichend. Wird das zugänglich gemachte Werk abgerufen, kommt es zu einer **Datenübermittlung** an den Endnutzer. Die Datenübermittlung selbst wird nach vorherrschender Ansicht als von § 19a UrhG abgedeckt gesehen oder stellt keine Vervielfältigungshandlung dar, da das Werk technisch in zahlreichen kleinsten Einzelpakten auf verschiedenen Wegen an den Empfänger übermittelt wird.[294] Insofern fehlt es an der Werkqualität der einzelnen Datenpakete. Allerdings wird das Werk auf dem Endgerät auf der Festplatte, dem Zwischenspeicher oder der Grafikkarte in technischer Form niedergelegt. Hierin ist eine **weitere Vervielfältigungshandlung** zu sehen.[295]

4. Einzelne Nutzungsformen

a) Download

173 Typische Nutzungshandlung im Internet ist der Download, bei dem der Datenstrom auf dem Endgerät des Endnutzers nicht nur vorübergehend gespeichert wird. Im Download liegt unproblematisch eine **Vervielfältigung** nach § 16 UrhG,[296] da eine körperliche Fixierung des Werkes erfolgt. Ob der Download zeitlich oder in anderer Form beschränkt ist oder ob eine dauerhafte unbeschränkte Speicherung möglich ist, ist für die Einordnung als Vervielfältigungshandlung irrelevant,[297] da auch vorübergehende Fixierungen vom Recht nach § 16 UrhG erfasst werden.[298]

174 Schwieriger zu beantworten ist, ob eine **Erschöpfung des Verbreitungsrechts** nach § 17 Abs. 2 UrhG beim **digitalen Download** von Werken eintreten kann, d.h. eine vergütungsfreie Weitergabe von Musik-Dateien zulässig ist, wenn die Dateien einmal käuflich durch einen Download im Internet erworben wurden.[299] So urteilte der **Europäische Gerichtshof** in der Sache **„UsedSoft"** im Jahr 2012, dass sich das Verbreitungsrecht bei digitalen Softwarekopien, die im Wege des Downloads erworben werden, nach § 69c Nr. 3 S. 2 UrhG erschöpfen kann, mithin die Veräußerung einer physischen Kopie des Werkes für den Eintritt der Erschöpfung nicht erforderlich ist.

175 Für die Online-Verwertung von Musik hat die Frage einer möglichen Erschöpfung durch den Vertrieb digitaler Kopien grundlegende Bedeutung. Zwar setzt die „digitale Erschöpfung" voraus, dass der Ersterwerber, der eine Kopie verkauft, zum Zeitpunkt des Weiterverkaufs seine eigene Kopie unbrauchbar macht,[300] jedoch dürfte in der Praxis die Anwendung des Erschöpfungsgrundsatzes die **unkontrollierte Weitergabe von Mu-**

293 Dreier/Schulze-*Schulze*, § 19a UrhG Rn. 6.
294 Wandtke/Bullinger-*Bullinger*, § 19a UrhG Rn. 27; Dreier/Schulze-*Schulze*, § 19a UrhG Rn. 1.
295 Von der Frage, ob eine urheberrechtlich relevante Nutzungshandlung vorliegt, ist die Frage zu trennen, ob diese vergütungspflichtig ist bzw. von einer vergütungsfreien Schranke gedeckt ist. Hierzu unten Rn. 186 f.
296 OLG München, GRUR 2001, 499, 503 – Midi-Files.
297 Schiedsstelle, ZUM 2010, 916, 923.
298 Wandtke/Bullinger-*Heerma*, § 16 UrhG Rn. 5.
299 Vgl. zum Streitstand *Biehler/Apel*, ZUM 2014, 727 ff.
300 EuGH v. 3.7.2012, Rs. C-128/11, ZUM 2012, 661 Rn. 70 – UsedSoft.

sikdateien über Tauschbörsen und Sharehoster zur Folge haben. Der Nachweis der unterbliebenen Unbrauchbarmachung ist durch den Rechteinhaber nicht zu führen. Von Rechtsverletzern vorgebrachte Schutzbehauptungen ließen sich nicht entkräften.

Die nunmehr **gefestigte Rechtsprechung** hat sich jedenfalls gegen die generelle Anwendung des Erschöpfungsgrundsatzes im digitalen Umfeld ausgesprochen.[301] Dem ist beizupflichten. Zum einen ist die elektronische Übermittlung einer Musikdatei mit einer körperlichen Fixierung auf dem Speichermedium des Empfängers verbunden; hierin ist eine **Vervielfältigung** des Werkes zu sehen,[302] die nicht der Erschöpfung nach § 17 Abs. 2 UrhG unterliegt. Zum anderen steht einer Erschöpfung durch den Download die **Informationsgesellschaftsrichtlinie** entgegen. Nach dieser ist für eine Erschöpfung des Verbreitungsrechts die Verkörperung des Werkes in einem Gegenstand erforderlich; vgl. Art. 4 Abs. 2 und BE 28 InfoRL. Auch der Europäische Gerichtshof geht abseits des Anwendungsbereichs der Softwareschutzrichtlinie davon aus, dass der Erschöpfungsgrundsatz nur auf einen **Gegenstand** Anwendung finden kann, der ein geschütztes Werk oder dessen Vervielfältigungsstück **verkörpert.**[303] 176

b) Streaming

Von zunehmender wirtschaftlicher Bedeutung im Online-Markt ist das Streaming. 177
Der Begriff wird dabei gleichermaßen für Audio- und Videofiles verwendet. Beim so genannten **On-Demand-Streaming** klickt der Endnutzer einen von einem Dienstanbieter im Internet bereitgehaltenen Audio- oder Videofile an, der dann unmittelbar auf dem Rechner des Endnutzers wiedergegeben wird. Technisch werden die auf einem Server bereitgehaltenen Daten zeitweise im Arbeitsspeicher oder auf der Festplatte des Endnutzers zwischengespeichert, bevor sie zu einem späteren Zeitpunkt automatisch gelöscht werden (Caching oder auch Progressive Download)[304]. Die Wiedergabe erfolgt bereits während der Übertragung der Datenpakete. Die Speicherung ist im Gegensatz zum Download aber nur vorübergehend. Ein manuelles Auslesen des Speichers ist aufgrund eines speziellen Formats nur mit technischen Hilfsmitteln möglich. Zumeist kann der Endnutzer die Audio- oder Videodatei nur bei einer aktiven Online-Verbindung und unter Nutzung der vom Diensteanbieter bereitgestellten Oberfläche wiedergeben.

Beim On-Demand-Streaming liegt ein Eingriff in das **Recht der öffentlichen Zugänglichmachung** nach § 19a UrhG vor,[305] da der Abruf interaktiv erfolgt, d.h. der Endnutzer insbesondere den Zeitpunkt des Zugriffs bestimmen kann. Abzugrenzen ist das On-Demand-Streaming vom **Live-Streaming**, bei dem die Wiedergabe in Echtzeit erfolgt. Bei einer zeitgleichen Übertragung des Hörfunks oder Fernsehens im Internet spricht man von **Simulcasting** (Web-Radio bzw. Web-TV). Sofern die Übertragung ausschließlich im Internet erfolgt, hat sich die Bezeichnung als **Webcasting** durchgesetzt. Den genannten Diensten ist gemein, dass der Endnutzer keinen Einfluss auf den Beginn einer einzelnen Übertragung hat. Aufgrund der fehlenden Interaktivität sind diese Dienste 178

301 So OLG Hamburg, ZUM 2015, 503 f. für Hörbücher und eBooks, OLG Hamm, GRUR 2014, 853 ff. für den Download von Hörbüchern und KG, ZUM-RD 2016, 182 f. für Computerspiele, wenn die Programmkopie auf dem Server verbleibt. Das OLG Stuttgart, ZUM 2012, 811 ff., und das LG Hamburg, K&R 2012, 297 ff., hatten schon vor der Entscheidung des Europäischen Gerichtshofs die Anwendung des Erschöpfungsgrundsatzes auf den digitalen Download von Hörbüchern bzw. E-Books verneint.

302 Der denkbare Fall der Weitergabe der digitalen Kopie ohne weiteren Vervielfältigungsakt wie z.B. die Weitergabe eines USB-Sticks dürfte die Ausnahme bilden. Vgl. hierzu OLG Hamm, ZUM 2014, 715, 721.

303 EuGH v. 22.1.2015, Rs. C-419/13, GRUR 2015, 256, 257 – Art & Allposters International BV.

304 Im Gegensatz hierzu werden beim Buffering verarbeitete Datenpakete sofort wieder gelöscht.

305 OLG Hamburg, ZUM 2009, 575, 577.

daher dem Senderecht nach § 20 UrhG zuzuordnen. Dies gilt generell auch für die Übertragung des Fernsehprogramms durch **IPTV.**

179 Dem Recht auf öffentliche Zugänglichmachung ist hingegen das so genannte **Catch-up-TV** zugehörig, bei dem die Rundfunkveranstalter programmbegleitend einzelne Sendungen, Trailer sowie Begleitmaterial in ihren **Mediatheken** zum Abruf bereithalten. Da hier der Nutzer über den genauen Zeitpunkt der Wiedergabe bestimmt, ist das Recht nach § 19a UrhG betroffen. Dies gilt ebenso für den Abruf aus Videotheken. Ob beim Streaming die erforderlichen Datenpakte in einzelnen Abschnitten auf den Rechner des Endnutzers übertragen werden und bereits wiedergegebene Datenpakte vor dem Abschluss der Wiedergabe der gesamten Datei wieder gelöscht werden, ist für die urheberrechtliche Beurteilung irrelevant.[306] Beim **Near-Music-on-Demand** und beim **Near-Video-on-Demand** ist hingegen umstritten, ob die Nutzungsvorgänge dem Senderecht oder dem Recht der öffentlichen Zugänglichmachung zuzuordnen sind.[307] Da sie dadurch gekennzeichnet sind, dass der Abruf nicht zu einem beliebigen Zeitpunkt, sondern nur in festen Intervallen erfolgen kann, sprechen zumindest bei längeren Intervallen die besseren Gründe für das Senderecht.

180 Beim Streaming ist streitig, wie die Wiedergabe des Streams auf dem Bildschirm des Endnutzers rechtlich zu qualifizieren ist. Fraglich ist insofern, ob eine Vervielfältigungshandlung iSd § 16 UrhG vorliegt und, falls dies zu bejahen ist, ob die Vervielfältigung eine **vorübergehende Vervielfältigung** nach § 44a Nr. 2 UrhG darstellt, die vergütungsfrei zulässig ist (zur zweiten Frage unten Rn. 186 f.). Technisch bedingt ist jede Wiedergabe auf einem Endgerät mit einer kurzfristigen Zwischenspeicherung der Daten im Arbeitsspeicher des Endgeräts verbunden. Da § 16 Abs. 2 UrhG nach seinem Wortlaut auch vorübergehende körperliche Fixierungen erfasst und zudem die Schranke des § 44a UrhG bzw. Art. 5 Abs. 1 InfoRL entbehrlich wäre, wenn vorübergehende Vervielfältigungen wie die im Arbeitsspeicher des Rechners beim Streaming schon keine Vervielfältigungen darstellten, ist davon auszugehen, dass auch beim Streaming auf dem Endgerät eine Vervielfältigungshandlung iSd § 16 UrhG stattfindet. Kommt es neben der Zwischenspeicherung im Arbeitsspeicher zu einer Anzeige auf einem Bildschirm handelt es sich zwar technisch um unterschiedliche Vorgänge, normativ ist aber von einem einheitlichen Vervielfältigungsvorgang iSd § 16 UrhG auszugehen.

181 Die hier vertretene Auffassung deckt sich mit der Rechtsprechung des **Europäischen Gerichtshofs**, der bereits in der **Murphy-**Entscheidung geurteilt hat, dass die sukzessive Übertragung von Fragmenten eines Werkes in einen Speicher oder auf einen Fernsehbildschirm auch dann eine Vervielfältigung darstellt, wenn die Fragmente umgehend nach ihrer Wiedergabe gelöscht werden und durch nachfolgende Fragmente ersetzt werden.[308] Diese Rechtsprechung hat der Europäische Gerichtshof in der Entscheidung **Filmspeler** bestätigt.[309]

c) *Links/Frames/Embedded Content*

182 Zweifelsfragen wirft auch die rechtliche Beurteilung von im Internet geschalteten Links auf. Der **Bundesgerichtshof** hatte hierzu früh in seiner **Paperboy-Entscheidung** Stellung bezogen und eine urheberrechtliche Nutzungshandlung mit dem Hinweis ver-

---

306 *Ensthaler*, NJW 2014, 1553, 1554.
307 Für § 19a UrhG Wandtke/Bullinger-*Bullinger*, § 19a UrhG Rn. 19 ff; Dreier/Schulze-*Dreier*, § 19a UrhG Rn. 10. Für § 20 UrhG *Schack*, GRUR 2007, 639, 641 f.
308 EuGH v. 4.10.2011, Rs. C-403/08 u. C-429/08, ZUM 2011, 803 Rn. 153 ff. – Murphy.
309 EuGH v. 26.4.2017, Rs. C-527/15, Rz 59 f. – Filmspeler.

neint, dass der Link-Setzende lediglich den Zugriff auf ein bereits zugänglich gemachtes Werke erleichtere, dieses aber nicht selbst zugänglich mache.[310] In einer späteren Entscheidung urteilte der Bundesgerichtshof hingegen, dass eine öffentliche Zugänglichmachung vorliege, wenn der Link einen unmittelbaren Zugriff auf ein Werk **unter Umgehung einer Schutzmaßnahme** ermögliche, wie z.B. einer zugangsbeschränkenden zeitlich befristeten Session-ID.[311] Das Verlinken von frei zugänglichen Webseiten war nach dieser Rechtsprechung vergütungsfrei, während Links auf zugriffsbeschränkte Webseiten einer Lizenz bedurften.

Mehrere Entscheidungen des **Europäischen Gerichtshofs** haben für erhebliche Rechtsunsicherheit im Bereich des Linking und des Framing gesorgt. Das Gericht stellt dabei die Sicht des Rechteinhabers und des Nutzers (des Verweisenden) in den Vordergrund und unterscheidet danach, ob sich der Nutzer im Verhältnis zum Angebot auf der Ausgangsseite an ein **neues Publikum** richtet. Das Vorliegen eines neuen Publikums ist nach dieser Rechtsprechung nur dann nicht erforderlich, wenn ein anderes technisches Verfahren für die Zugänglichmachung genutzt wird. Bei einer im Internet frei zugänglichen Seite hat sich dessen Betreiber nach dieser Argumentation bereits an alle Internetnutzer gewendet, so dass die Verlinkung mangels eines neuen Publikums nicht als öffentlich zu qualifizieren sei.[312] Anders sei dies, wenn der Rechteinhaber auf der Ausgangsseite den Kreis der Nutzer durch beschränkende Maßnahmen habe begrenzen wollen. Ermögliche der Link in diesem Fall dem Endnutzer das Umgehen der Beschränkung liege ein neues Publikum und damit eine öffentliche Wiedergabe vor.[313] 183

Allerdings trifft der **Europäische Gerichtshof** eine andere Wertung, wenn die urheberrechtlich geschützten Werke auf der Ausgangsseite ohne Zustimmung des Rechteinhabers, also rechtswidrig, zugänglich gemacht wurden.[314] In diesem Fall sei von einer öffentlichen Wiedergabe auszugehen, wenn der Linksetzende wusste oder fahrlässig nicht wusste, dass das Werk auf der Ausgangsseite unbefugt zugänglich gemacht wurde. Für diese Kenntnis bzw. fahrlässige Unkenntnis spreche eine **widerlegliche Vermutung**, wenn der Linksetzende mit Gewinnerzielungsabsicht gehandelt habe,[315] während bei einem Linksetzenden, der nicht mit Gewinnerzielungsabsicht handelt, „im Allgemeinen" nicht von einer Bösgläubigkeit auszugehen sei.[316] Der **Bundesgerichtshof** hatte bereits vor dieser Rechtsprechung des Europäischen Gerichtshofs über den Fall eines Frames mit rechtswidrig zugänglich gemachten Inhalten geurteilt und war von einer öffentlichen Zugänglichmachung ausgegangen.[317] 184

d) *Sog. „User-generated Content"*

Auch im Online-Bereich ist bei der Nutzung von Werken der Musik das Urheberpersönlichkeitsrecht zu beachten. Besondere Bedeutung gewinnt dies bei der Verbindung 185

310 BGH, GRUR 2003, 958 ff. – Paperboy.
311 BGH, GRUR 2011, 56 ff. – Session-ID.
312 EuGH v. 13.2.2014, Rs. C-466/12, GRUR 2014, 360 ff. – Svensson. Für das Framing: EuGH v. 21.10. 2014, Rs. C-348/13, GRUR 2014, 1196 ff. – Bestwater International; vgl. auch den Vorlagebeschluss des BGH, GRUR 2013, 818 ff. – Die Realität.
313 EuGH v. 13.2.2014, Rs. C-466/12, GRUR 2014, 360, 361 – Svensson.
314 EuGH, v. 8.9.2016, Rs. C- 160/15, GRUR 2016, 1152 ff. – GS Media; EuGH v. 26.4.2017, Rs. C-527/15, GRUR 2017, 610, 613 – Filmspeler.
315 EuGH, v. 8.9.2016, Rs. C- 160/15, GRUR 2016, 1152, 1155 – GS Media. Verneinend für Suchmaschinen BGH, GRUR 2018, 178 ff. – Vorschaubilder III.
316 EuGH, v. 8.9.2016, Rs. C- 160/15, GRUR 2016, 1152, 1154 – GS Media.
317 BGH, GRUR 2016, 171, 174 – Die Realität II.

von vorbestehender Musik mit selbst erstelltem Videomaterial. Auf einigen Internetplattformen kann dieser so genannte **User-generated Content** gehostet und mit anderen Endnutzern geteilt werden. Zu berücksichtigen ist dabei, dass neben den generell für die Online-Nutzung erforderlichen Rechten auch das **Herstellungsrecht** (Sync-right) betroffen sein kann. Dies gilt gleichermaßen auch, wenn ein Multimediawerk wie eine Homepage mit Musik hinterlegt wird.

5. Die Schranken des Online-Rechts

a) Vorübergehende Vervielfältigungshandlungen (§ 44a UrhG)

186 Nach § 44a UrhG sind bestimmte **vorübergehende Vervielfältigungshandlungen** ohne Einwilligung des Berechtigten zulässig und vergütungsfrei. Die Vorschrift beruht auf Art. 5 Abs. 1 InfoRL und war durch die Mitgliedsstaaten obligatorisch in nationales Recht umzusetzen. Durch die Schrankenregelung werden Speichervorgänge freigestellt, die lediglich flüchtig oder begleitend sind sowie einen integralen und wesentlichen Teil eines technischen Verfahrens darstellen. Darüber hinaus müssen sie eine rechtmäßige Nutzung ermöglichen und dürfen keine eigenständige wirtschaftliche Bedeutung haben. Problematisch ist insbesondere die Anwendbarkeit der Schranke auf die technischen Vorgänge des **Cachings**[318] und des **Browsings**[319] und damit auch auf das **Streaming** (hierzu schon oben Rn. 177 ff.). Insofern ist fraglich, ob das bloße Anzeigen eines Werkes auf dem Bildschirm bereits eine Vergütungspflicht auslöst.

187 Die Vorgänge waren jüngst Gegenstand zweier Verfahren vor dem Europäischen Gerichtshof. In seiner ersten Entscheidung hielt das Gericht Art. 5 Abs. 1 InfoRL für einschlägig und verneinte damit die Vergütungspflicht.[320] Nach Auffassung des **Europäischen Gerichtshofs** seien Bildschirm- und Cachekopien während des **Internet-Browsings** vorläufig und begleitend im Sinne der Schranke und bildeten einen integralen und wesentlichen Teil eines technischen Verfahrens. Das Gericht prüfte allerdings aufgrund der engen Fassung der Vorlagefragen nicht sämtliche Voraussetzungen der Schranke. Offen war damit insbesondere, ob der Stream von einer rechtswidrigen eingestellten Quelle als vorübergehende Vervielfältigung vergütungsfrei ist. Im Falle eines „multimedialen Medienabspielers“ der vorinstallierte Links zu Internetseiten mit rechtmäßigen, aber auch rechtswidrigen Inhalten enthielt, verneinte der Gerichtshof die Voraussetzungen der Schranke und ging von einer Vergütungspflicht aus, da sich der Erwerber des Medienabspielers freiwillig und in Kenntnis der Sachlage zu einem kostenlosen und nicht zugelassenen Angebot geschützter Werke Zugang verschaffe.[321]

b) Öffentliche Zugänglichmachung für Unterricht und Forschung (§ 52a UrhG a.F.)

188 Der Gesetzgeber stellte in § 52a UrhG a.F. bestimmte Fälle der öffentlichen Zugänglichmachung für Unterricht und Forschung frei. Diese sogenannte „Wissenschaftsschranke“ fand allerdings nur gegenüber einem **bestimmt abgegrenzten Kreis von Personen** Anwendung. Die unbeschränkte Zugänglichmachung im Internet war damit

---

318 Beim „Caching“ werden bereits aus dem Internet geladene Daten auf einem Server im lokalen Netzwerk zwischengespeichert, um beim späteren wiederholten Abruf schneller zugreifen zu können und Ressourcen zu sparen.

319 Als „Browsing“ bezeichnet man das Navigieren im Internet mit einem Webbrowser.

320 EuGH v. 5.6.2014, Rs. C- 360/13; GRUR 2014, 654 ff. – PRCA/NLA.

321 EuGH v. 26.4.2017, Rs. C-527/15, GRUR 2017, 610 ff. – Filmspeler.

von der Vorschrift nicht erfasst. In der Praxis war die Schranke für die öffentliche Zugänglichmachung von Musikwerken im Intranet der Hochschulen und Schulen relevant. Als Kompensation für die Nutzung erhielt der Urheber einen **verwertungsgesellschaftenpflichtigen Vergütungsanspruch nach § 52a Abs. 4 UrhG a.F.**, der der GEMA nach § 1 lit. m BerV zur Wahrnehmung übertragen werden kann (unten Rn. 269 f.). Mit Inkrafttreten des **Urheberrechts-Wissensgesellschafts-Gesetzes** am 1. März 2018 wird die Schranke in § 60a UrhG n.F. (Unterricht und Lehre) und § 60c UrhG n.F. (wissenschaftliche Forschung) neu geregelt. Der Anwendungsbereich wird ausgeweitet. Die Nutzung unterliegt weiterhin einer Vergütungspflicht nach § 60h Abs. 1 UrhG n.F. Der Vergütungsanspruch ist nach § 60h Abs. 4 n.F. verwertungsgesellschaftenpflichtig.

c) Privatkopierfreiheit (§ 53 Abs. 1 UrhG)

Grundsätzlich gilt die Privatkopierfreiheit auch im Internet, d.h. digitale Vervielfältigungen können **zu privaten Zwecken** erlaubnisfrei vorgenommen werden, wenn sie weder unmittelbar noch mittelbar Erwerbszwecken dienen. Durch das Zweite Gesetz zur Regelung des Urheberrechts in der Informationsgesellschaft wurde in § 53 Abs. 1 S. 1 UrhG in diesem Zusammenhang allerdings klargestellt, dass Vervielfältigungen von einer **offensichtlich rechtswidrig hergestellten oder öffentlich zugänglich gemachten Vorlage** nicht von der Privatkopierfreiheit gedeckt sind. Der Download von Musikwerken in File-Sharing-Systemen und von so genannten Sharehostern fällt damit regelmäßig nicht unter die Schranke, da es sich bei derartigen Angeboten geradezu aufdrängt, dass es an einer Zustimmung des Rechteinhabers fehlt. 189

Zu beachten ist außerdem, dass die Schranke nur die Vervielfältigung eines Werkes und nicht dessen öffentliche Zugänglichmachung deckt. **Grafische Aufzeichnungen von Werken der Musik** sind zudem von der Privatkopierfreiheit nach § 53 Abs. 4 lit. a) UrhG ausgenommen. Grafische Rechte werden von der GEMA mit Ausnahme des gesetzlichen Vergütungsanspruchs nach § 27 Abs. 2 UrhG allerdings nicht wahrgenommen (Rn. 267). 190

6. Der Vorbehalt des § 1 lit. h Abs. 5 iVm § 1 lit. i BerV

Nach § 1 lit. h Abs. 5 iVm § 1 lit. i BerV steht auch die Einräumung der Online-Rechte unter dem **Vorbehalt der Regelungen zum Herstellungsrecht nach § 1 lit. i BerV**. Bei einer Verbindung eines Musikwerkes mit einem Werk einer anderen Gattung wie z.B. einem Multimediawerk ist daher neben den Online-Rechten auch das Herstellungsrecht einzuholen (Rn. 208 ff.). Dies kann z.B. die Unterlegung einer individuell gestalteten Homepage mit Musik betreffen, wenn die Homepage selbst urheberrechtlichen Schutz erlangt hat. 191

7. Die Einräumung des Bearbeitungsrechts für Teilwerknutzungen

Im Rahmen von Online-Nutzungen kann es auch zur Nutzung von **Teilen eines Musikwerkes** kommen. So bieten z.B. Internetdienste häufig kurze Hörproben zur Förderung des Verkaufs an. Die Einräumung des für eine Teilwerknutzung erforderlichen Bearbeitungsrechts nach § 23 UrhG ist vom Zweck des Berechtigungsvertrages gedeckt, da ohne dieses Recht eine sinnvolle kollektive Verwertung des Online-Rechts kaum möglich wäre. Auf der anderen Seite ist eine individuelle Rechtewahrnehmung aufgrund der massenhaften Nutzungsvorgänge nicht praktikabel. Nach der in § 31 Abs. 5 UrhG kodifizierten Auslegungsregel (hierzu oben Rn. 147) geht daher das Bearbeitungsrecht 192 für Teilwerknutzungen auch ohne ausdrückliche Benennung im Berechtigungsvertrag auf die GEMA über. Die Wahrnehmungsbefugnis der GEMA endet aber jedenfalls dann, wenn durch die Teilwerknutzung die Grenzen der §§ 14, 39 UrhG überschritten werden.

III. Die Übertragung von „unbekannten Nutzungsarten"

193 Vor Inkrafttreten des Zweiten Gesetzes zur Regelung des Urheberrechts in der Informationsgesellschaft am 1. Januar 2008 konnten die Berechtigten der GEMA nach § 31 Abs. 4 UrhG a.F. keine Rechte an zum Zeitpunkt des Vertragsschlusses unbekannten eigenständigen Nutzungsformen im Bereich der Online-Nutzung einräumen. Seitdem ist eine Einräumung nach § 1 lit. l BerV iVm § 31a UrhG n.F. bei Bestehen eines Widerrufsrechts möglich (unten Rn. 248 ff.). Für die Frage, ob § 31 Abs. 4 UrhG a.F. oder § 1 lit. l BerV iVm § 31a UrhG n.F. einschlägig ist, ist der Zeitpunkt des Abschlusses des Berechtigungsvertrages maßgeblich.

194 **On-Demand-Nutzungen** (Video-On-Demand und Music-On-Demand) stellen eine eigenständige Auswertungsform der Online-Nutzung dar. Es ist davon auszugehen, dass On-Demand Nutzungen im Jahr 1995 bekannt wurden.[322] Auf der Basis von Berechtigungsverträgen, die nach diesem Zeitpunkt abgeschlossen wurden, gehen die Rechte an On-Demand Nutzungen daher unproblematisch auf die GEMA über. Mit Berechtigungsverträgen, die vor diesem Zeitpunkt abgeschlossen wurden, konnten die On-Demand Rechte hingegen nicht übertragen werden, da es sich bei diesen noch um unbekannte Nutzungsarten handelte, deren Übertragung nach der alten Rechtslage nicht möglich war. Die GEMA hat daher die Zustimmung der Berechtigten mit „Altverträgen" individuell eingeholt.

§ 1 lit. h Abs. 4 [Die Regelung für „Ruftonmelodien"]

§ 1 Der Berechtigte überträgt hiermit der GEMA […]

h) […]

Die Rechtewahrnehmung zur Nutzung der Werke der Tonkunst (mit oder ohne Text) als Ruftonmelodien und als Freizeichenuntermalungsmelodien erfolgt zweistufig. Stufe 1: Das Recht zur Einwilligung in die Benutzung eines Werkes als Ruftonmelodie oder als Freizeichenuntermalungsmelodie, insbesondere nach § 14 UrhG* und § 23 Satz 1 UrhG, bleibt beim Berechtigten. Stufe 2: Die Rechte nach lit. h Abs. 1 bis 3 überträgt der Berechtigte der GEMA zur Wahrnehmung.**

Übersicht

322 OLG München, ZUM 1998, 413, 416 für VoD; Dreier/Schulze-*Schulze*, § 31a UrhG Rn. 52; a.A.: Schricker/Loewenheim-*Spindler*, § 31a UrhG Rn. 49; Wandtke/Bullinger-*Wandtke/Grunert*, § 31a UrhG Rn. 45.

* § 14 UrhG lautet: „Der Urheber hat das Recht, eine Entstellung oder eine andere Beeinträchtigung seines Werkes zu verbieten, die geeignet ist, seine berechtigten geistigen oder persönlichen Interessen am Werk zu gefährden."

** § 23 Satz 1 UrhG lautet: „Bearbeitungen oder andere Umgestaltungen des Werkes dürfen nur mit Einwilligung des Urhebers des bearbeiteten oder umgestalteten Werkes veröffentlicht oder verwertet werden."

I. Regelungsgehalt und Entstehungsgeschichte

§ 1 lit. h Abs. 4 BerV regelt die Einräumung der Nutzungsrechte für die Lizenzierung von Handy-Klingeltönen und Freizeichenuntermalungsmelodien. Bei **Klingeltönen** handelt es sich dabei um digitalisierte Tonfolgen, die bei dem Anruf eines Mobiltelefons erklingen.[323] **Freizeichenuntermalungsmelodien** sind Signaltöne, bei denen Werke bzw. Werkteile mit dem gleichzeitig hörbaren Freizeichen des Telefons unterlegt werden.[324] Die Lizenzierung von Handyklingeltönen war für die Musikbranche für einige Jahre von erheblicher wirtschaftlicher Bedeutung.[325] Seit 2007 ist der Umsatz jedoch stark rückläufig. Heute spielt die Lizenzierung dieser Rechte bei der GEMA nur noch eine untergeordnete Rolle.[326] 195

Der Berechtigungsvertrag sieht für Klingeltöne und Freizeichenuntermalungsmelodien ein **zweistufiges Lizenzierungsverfahren** vor. Da bei der für die Herstellung notwendigen Umgestaltung des Musikwerkes das Urheberpersönlichkeitsrecht betroffen ist, verbleibt das Recht zur Einwilligung in die Benutzung eines Werkes als Klingelton oder Freizeichenuntermalungsmelodie beim Berechtigten und wird nicht von der GEMA wahrgenommen. Hat der Berechtigte im Einzelfall seine Einwilligung erteilt, lizenziert die GEMA ohne Mitwirkung des Berechtigten die weiteren erforderlichen Nutzungsrechte. Die Lizenzierung von Klingeltönen und Freizeichenuntermalungsmelodien hat damit ein individuelles und ein kollektives Element. 196

Abhängig vom jeweiligen Geschäftsmodell des Anbieters werden durch die Nutzung als Klingelton **unterschiedliche Verwertungsrechte** berührt. Die Speichervorgänge (etwa zum Online-Abruf oder auf dem Mobiltelefon selbst) stellen Vervielfältigungen nach § 16 UrhG dar. Das Bereitstellen zum Abruf und die Übermittlung der Werke auf das Mobiltelefon betreffen das Recht der öffentlichen Zugänglichmachung nach § 19a UrhG. Die Herstellung eines Handy-Klingeltons oder einer Freizeichenuntermalungsmelodie greift zudem in urheberpersönlichkeitsrechtliche Befugnisse bzw. das Bearbeitungsrecht ein. 197

Im **Jahr 2002** hat die **Mitgliederversammlung** mit § 1 lit. h Abs. 4 BerV das Recht zur Musiknutzung als „Klingelton" (und damit zusammenhängend in § 1 lit. h Abs. 3 BerV das Recht der Übermittlung von Werken aus Datenbanken etc. „für die mobile Internetnutzung") ausdrücklich in den **Berechtigungsvertrag** aufgenommen. Diese Ergänzung war durch einen Beschluss des Hanseatischen Oberlandesgerichts motiviert, nach dem es sich bei Handyklingeltönen aus urheberrechtlicher Sicht um eine **neue eigenständige Nutzungsart** handelte, die der GEMA durch die Berechtigungsverträge in den Fassungen vor der Änderung im Jahr 2002 nicht eingeräumt wurde.[327] Diese Einschätzung bestätigte der **Bundesgerichtshof** in einem weiteren Verfahren im Jahr 2008. Das Gericht stellte fest, dass der GEMA das Recht zur Klingeltonnutzung durch den Berechtigungsvertrag in der Fassung von 1996 nicht eingeräumt wurde.[328] Bereits zuvor hatte der Bundesgerichtshof entschieden, dass das bis zum 1.1.2008 bestehende Verbot der Übertragung unbekannter Nutzungsarten nach § 31 Abs. 4 UrhG a.F. (unten 198

323 *U. Müller*, in: Handbuch Multimedia-Recht, 7.5 Rn. 64.
324 Siehe hierzu die Begründung zu Antrag 13 der Tagesordnung für die Versammlungen der ordentlichen Mitglieder am 28. und 29.6.2005.
325 Die Branche schätzte den Umsatz im Jahr 2005 allein in Deutschland auf mehr als EUR 300 Mio. (*De Paoli*, FTD v. 15.3.2006, S. 6).
326 Nach Angaben des Bundesverbands der Musikindustrie (Musikindustrie in Zahlen 2015, S. 11) betrug der Umsatz im Jahr 2015 lediglich noch EUR 2 Mio.
327 OLG Hamburg, ZUM 2002, 480 ff. – Handy-Klingelton.
328 BGH, ZUM 2009, 288, 289 f. – Klingeltöne für Mobiltelefone I.

Rn. 248f.) auch auf das Verhältnis zwischen Verwertungsgesellschaften und ihren Mitgliedern Anwendung fand.[329] Im Ergebnis musste damit das Nutzungsrecht für seine Einräumung im Berechtigungsvertrag ausdrücklich genannt werden, was in der Fassung des Berechtigungsvertrages von 1996 noch nicht der Fall war.

199 Die Regelung zur Rechteeinräumung aus dem Jahr 2002 wurde in der **Mitgliederversammlung 2005** um einen **Vorbehalt** in § 1 lit. k Abs. 2 BerV 2005 ergänzt. Nach der Ergänzung sollten die für die Herstellung der Ruftonmelodie bzw. der Freizeichenuntermalungsmelodie erforderlichen Bearbeitungsrechte aufgrund ihres **persönlichkeitsrechtlichen Charakters** bei den Berechtigten verbleiben. Jedoch stellte der Bundesgerichtshof im Jahr 2008 fest, dass die Berechtigten mit den Berechtigungsverträgen in den Fassungen von 2002 und auch von 2005 der GEMA sämtliche Rechte – und damit auch die persönlichkeitsrechtlichen Befugnisse – einräumen, die für Nutzung eines Musikwerkes als Klingelton erforderlich sind.[330] Der Vorbehalt nach § 1 lit. k Abs. 2 BerV 2005 ging nach dieser Rechtsprechung ins Leere. Nach Auffassung des Gerichts stellte die Vorbehaltsklausel im Berechtigungsvertrag von 2005 wegen ihrer unklaren Fassung lediglich einen **Hinweis** auf die bei einer Bearbeitung, Umgestaltung oder Kürzung eines Werkes betroffenen Urheberpersönlichkeitsrechte des Berechtigten dar. Eine Beschränkung der Rechteeinräumung sei ihr hingegen nicht zu entnehmen. Aus diesem Grund entschied sich die **Mitgliederversammlung 2009** für das derzeit geltende **zweistufige Lizenzierungsverfahren**. Der **Bundesgerichtshof** bestätigte im **Jahr 2010** explizit, dass diese im Berechtigungsvertrag vorgesehene Rechteeinräumung unter dem Vorbehalt der Ausübung persönlichkeitsrechtlicher Befugnisse rechtlich nicht zu beanstanden ist.[331]

II. Einzelerläuterungen

1. Die einzelnen urheberrechtlichen Verwertungshandlungen

200 Abhängig vom Geschäftsmodell sind bei der Nutzung von Ruftonmelodien einzelne, verwertungsrechtlich relevante Handlungen zu unterscheiden: Die Aufnahme auf einen Datenträger und deren Verbreitung berühren das **Vervielfältigungs- und Verbreitungsrecht** nach §§ 16, 17 UrhG. Auch das Speichern des Klingeltons auf dem Mobiltelefon stellt eine Vervielfältigung nach § 16 UrhG dar. Soweit der Klingelton im Internet zum Abruf bereitgehalten wird, liegt eine öffentliche Zugänglichmachung nach § 19a UrhG vor. Die Nutzung eines vorbestehenden Musikwerkes als Klingelton stellt nach Auffassung des Bundesgerichtshofs eine **Entstellung iSd § 14 UrhG** sowie eine nach **§ 23 UrhG** nur mit Einwilligung des Urhebers zulässige Verwertung eines **bearbeiteten** und **umgestalteten** Werkes dar.[332] Damit liegt in der Verwertung eines vorbestehenden Werkes als Klingelton ein Eingriff in das **Urheberpersönlichkeitsrecht**. Der Bundesgerichtshof begründet dies damit, dass ein Musikwerk bei einer Verwendung als Klingelton „nicht als sinnlich-klangliches Erlebnis, sondern als – oft störender – Signalton" wahrgenommen werde. Zudem werde der in der Komposition angelegte Spannungsbogen durch das Abheben des Gesprächs zerstört. Zwar ist es grundsätzlich möglich, der GEMA auch persönlichkeitsrechtliche Befugnisse zur Wahrnehmung durch den Berechtigungsvertrag zu

329 BGH, NJW 1988, 1847, 1848 – GEMA-Vermutung IV; BGH, NJW 1986, 1244, 1246 – GEMA-Vermutung I.
330 BGH, ZUM 2009, 288, 291f. – Klingeltöne für Mobiltelefone I; auch BGH, ZUM 2010, 883 – Umgestaltung eines Musikwerkes zum Klingelton.
331 BGH, ZUM 2010, 792ff. – Klingeltöne für Mobiltelefone II.
332 BGH, ZUM 2009, 288, 289 – Klingeltöne für Mobiltelefone I; BGH, ZUM 2010, 792, 793 – Klingeltöne für Mobiltelefone II.

übertragen,[333] jedoch entspricht dies für die Herstellung von Klingeltönen nicht der Interessenlage der Berechtigten. Aus diesem Grund hat die GEMA ein **zweistufiges Lizenzierungsverfahren** etabliert und kann so dem Interesse der Urheber an einer individuellen Entscheidung über die Verwertung ihre Werke als Klingelton oder Freizeichenuntermalungsmelodie Rechnung tragen.

2. Die Einräumung der Nutzungsrechte an die GEMA unter Berücksichtigung der verschiedenen Fassungen des Berechtigungsvertrages

Vor der ausdrücklichen Ergänzung des Berechtigungsvertrages um das Recht zur 201
Klingeltonnutzung im Jahr 2002 war das Recht zur Nutzung eines Werkes als Klingelton nicht von der Rechtewahrnehmung der GEMA umfasst, da es sich hierbei nach der Rechtsprechung um eine eigenständige Nutzungsart handelte, die nicht ausdrücklich im Berechtigungsvertrag genannt war (oben Rn. 198). Berechtigte, die derzeit noch über einen Berechtigungsvertrag in den **Fassungen von 1996 oder früher** verfügen, räumen der GEMA daher keine Rechte zur Werknutzung als Klingelton ein. Anders ist dies bei Berechtigungsverträgen in den **Fassungen von 2002 und 2005.** Wie der Bundesgerichtshof urteilte, werden durch diese Verträge der GEMA die für die Nutzung eines Musikwerkes als Klingelton erforderlichen Rechte unbeschränkt eingeräumt (oben Rn. 199). Bei einer üblichen oder vorhersehbaren Umgestaltung bedarf es nach Auffassung des Gerichts bei diesen Vertragsfassungen daher keiner zusätzlichen Einwilligung des Urhebers.[334] Da aber Berechtigungsverträge ab der Fassung von 2002 eine **wirksame Einbeziehungsklausel** nach § 6 lit. a Abs. 2 BerV enthalten (hierzu unten Rn. 322ff.), gilt auch für diese Verträge das zweistufige Lizenzierungsverfahren, soweit die Berechtigten der Änderung des Berechtigungsvertrages im Jahr 2009 im Einzelfall nicht fristgerecht nach § 6 lit. a Abs. 2 BerV widersprochen haben. Berechtigungsverträge in den **Fassungen von 2009 und später** beinhalten das zweistufige Lizenzierungsverfahren.

Nach der **aktuellen Fassung** des Berechtigungsvertrages muss der Berechtigte der 202
Bearbeitung und Nutzung seines Werkes als Klingelton (bzw. Freizeichenuntermalungsmelodie) in jedem Einzelfall und für jeden Anbieter gesondert zustimmen. Dadurch sind die Berechtigten in der Lage, ihre durch die Klingeltonnutzung in erheblichem Ausmaß berührten **Persönlichkeitsrechte** individuell wahrzunehmen und selbst zu entscheiden, ob sie einer Nutzung ihrer Werke als Klingelton durch einen bestimmten Anbieter bzw. in einem bestimmten Nutzungszusammenhang zustimmen. Unberührt bleibt jedoch die Wahrnehmungsbefugnis der GEMA hinsichtlich der Nutzungsrechte nach erfolgter Einwilligung. Bei einer Einwilligung fällt insbesondere der gesamte Bereich der **mechanischen Vervielfältigung** und der **öffentlichen Zugänglichmachung** im Zusammenhang mit der Verwertung von Musikwerken als Klingeltöne oder Freizeichenuntermalungsmelodien nach § 1 lit. h BerV in den Wahrnehmungsbereich der GEMA.[335]

---

333 BGH, ZUM 2009, 288, 290 – Klingeltöne für Mobiltelefone I.

334 BGH, ZUM 2009, 288, 291f. – Klingeltöne für Mobiltelefone I; BGH, ZUM 2010, 883 – Umgestaltung eines Musikwerkes zum Klingelton.

335 Siehe hierzu die Begründung zum Änderungsantrag 13 der Tagesordnung für die Versammlungen der ordentlichen Mitglieder am 28. und 29.6.2005.

§ 1 lit. h Abs. 5 [Der Vorbehalt des Herstellungsrechts]

§ 1 [...]
h)
[...]
Die Rechtsübertragung erfolgt jeweils vorbehaltlich der Regelung nach Abs. i).

203 Die Rechteeinräumung im Rahmen der gesamten Vorschrift des § 1 lit. h BerV steht nach Absatz 5 unter dem Vorbehalt der Regelung in § 1 lit. i BerV, namentlich der Einräumung des **Herstellungsrechts.** Insofern bestehen Besonderheiten für die Verwendung von Musikwerken insbesondere bei der **Herstellung von audiovisuellen Produktionen** wie Film- oder Multimedia-Werken. Mit Ausnahme der Lizenzierung von Eigen- und Auftragsproduktionen der Fernsehsender stehen der GEMA die hierfür erforderlichen Herstellungsrechte lediglich auflösend bedingt zu. Der Berechtigte kann durch **Erklärung im Einzelfall** einen Rückfall des Herstellungsrechts bewirken und so das Herstellungsrecht an einzelnen Werken individuell lizenzieren (Einzelheiten hierzu unten Rn. 215ff.).

§ 1 lit. h Abs. 6 [Keine Einräumung der grafischen Rechte]

§ 1 [...]
h) [...]
Die vorgenannten Rechte umfassen nicht die graphischen Rechte, insbesondere nicht das Recht am Notenbild oder Textbild.

204 § 1 lit. h Abs. 6 BerV nimmt ausdrücklich die grafischen Rechte, d.h. das **Vervielfältigungs- und Verbreitungsrecht am Notenmaterial** von der Rechteeinräumung nach § 1 lit. h Abs. 1 BerV aus.[336] Diese Rechte werden traditionell von den Musikverlegern, in einigen Bereichen auch von der VG Musikedition, wahrgenommen. Lediglich der gesetzliche Vergütungsanspruch nach § 27 Abs. 2 UrhG, namentlich die Bibliothekstantieme, wird auch hinsichtlich des Notenmaterials von der GEMA wahrgenommen (unten Rn. 267). Die Klausel in Absatz 6 wurde durch Beschluss der Mitgliederversammlung 1996 in den Berechtigungsvertrag eingefügt. Die damit verbundene Klarstellung war notwendig geworden, da im Rahmen der **Mitgliederversammlung 1996** das Vervielfältigungs- und Verbreitungsrecht ausdrücklich auch auf Aufnahmen auf Multimedia- und andere Datenträger erstreckt wurde. Diese neuen Datenträger waren aber prinzipiell im Gegensatz zu den herkömmlichen Datenträgern auch zur Vervielfältigung und Verbreitung von digitalisierten Notenwerken geeignet, deren Lizenzierung nach dem Willen der Berechtigten nicht durch die GEMA erfolgen sollte.

205 Einerseits betrifft die Ausnahmeregelung für das „grafische Recht" das Vervielfältigungs- und Verbreitungsrecht an den **Musik- und Sprachwerken** selbst. So wird etwa durch die Kopie eines Notenbilds das Musik- bzw. Sprachwerk vervielfältigt. Andererseits ist vom Wahrnehmungsbereich der GEMA auch das **Recht am Notenbild oder am Textbild** ausgenommen. Dies betrifft Fälle, bei denen das Noten- oder Textbild ausnahmsweise selbst Werkschutz genießt.[337] So fällt etwa das im Musikverlagswesen übliche und rechtlich als Vermieten nach § 17 Abs. 3 UrhG zu qualifizierende „Verleihen von reversgebundenem Notenmaterial" für eine bestimmte Aufführung nicht in den Wahrnehmungsbereich der GEMA.[338] Ebenso wenig sind Nutzungen, bei denen Druckausgaben oder Notendarstellungen in Dateiform verwertet werden oder Texte in grafischer

336 Vgl. auch BGH, GRUR 2009, 939, 940 – Mambo No. 5.
337 Dies ist allerdings die Ausnahme: vgl. Schricker/Loewenheim-*Schricker*, § 2 UrhG Rn. 198.
338 Dreier/Schulze-*Schulze*, § 17 UrhG Rn. 15.

Form auf einer Homepage zugänglich gemacht werden, vom Wahrnehmungsbereich der GEMA umfasst. Die jeweiligen Rechte müssen in der Regel von den Musikverlagen erworben werden.

Sobald allerdings Notenmaterial durch **öffentliche Bibliotheken** verliehen wird, fällt die Geltendmachung des **gesetzlichen verwertungsgesellschaftenpflichtigen Vergütungsanspruchs nach § 27 Abs. 2 UrhG (Bibliothekstantieme)** in den Wahrnehmungsbereich der GEMA. Dies ergibt sich zum einen daraus, dass sich die Ausschlussklausel nach § 1 lit. h Abs. 6 BerV ausschließlich auf die Rechte nach § 1 lit. h BerV und damit nicht auf die Abtretung von gesetzlichen Vergütungsansprüchen an die GEMA bezieht. Zudem wird in § 1 lit. m Hs. 2 BerV ausdrücklich klargestellt, dass die Berechtigten der GEMA auch die gesetzlichen Vergütungsansprüche für das Verleihen von Musiknoten zur Wahrnehmung abtreten (unten Rn. 267). 206

§ 1 lit. h Abs. 7 [Der Vorbehalt bei Vervielfältigungen dramatisch-musikalischer Werke durch Theater]

§ 1

h) […]

Für Vervielfältigung dramatisch-musikalischer Werke – vollständig, im Querschnitt oder in größeren Teilen – zum persönlichen oder sonstigen eigenen Gebrauch durch Ton- oder Bildtonträger bleibt dem Berechtigten das Vervielfältigungsrecht vorbehalten, soweit es sich um die Wahrnehmung gegenüber Theatern handelt.

§ 1 lit. h Abs. 7 BerV regelt eine weitere Ausnahme zur Einräumung des Vervielfältigungsrechts. Die GEMA nimmt anders als im Aufführungsrecht das Recht zur Vervielfältigung weitgehend auch bei **dramatisch-musikalischen Werken** wahr.[339] Eine Ausnahme besteht nach § 1 lit. h Abs. 7 BerV, wobei die Vorschrift lediglich die in der Praxis kaum relevanten Fälle von der Wahrnehmung ausnimmt, in denen die Vervielfältigung durch ein Theater „zum persönlichen oder sonstigen eigenen Gebrauch" vorgenommen wird. Entsprechend der Auslegung in § 1 lit. g bb BerV fallen dabei unter den Begriff des „Theaters" sämtliche Veranstalter von Aufführungen dramatisch-musikalischer Werke, also etwa auch „Open-Air-Veranstalter". 207

§ 1 lit. i [Die Herstellungsrechte]

§ 1 Der Berechtigte überträgt hiermit der GEMA […]

i)

(1) Die Rechte zur Benutzung eines Werkes (mit oder ohne Text) zur Herstellung von Filmwerken oder jeder anderen Art von Aufnahmen auf Bildtonträger sowie jeder anderen Verbindung von Werken der Tonkunst (mit oder ohne Text) mit Werken anderer Gattungen auf Multimedia- und andere Datenträger oder in Datenbanken, Dokumentationssystemen oder in Speichern ähnlicher Art, u. a. mit der Möglichkeit interaktiver Nutzung, mit der Maßgabe, dass GEMA und Berechtigter sich gegenseitig von allen bekannt werdenden Fällen benachrichtigen. Der GEMA werden diese Rechte unter einer auflösenden Bedingung übertragen.

Die Bedingung tritt ein, wenn der Berechtigte der GEMA schriftlich mitteilt, dass er die Rechte im eigenen Namen wahrnehmen möchte. Diese Mitteilung muss innerhalb einer Frist von vier Wochen erfolgen; bei subverlegten Werken beträgt die Frist drei Monate. Die Frist wird von dem Zeitpunkt an berechnet, zu dem der Berechtigte im Einzelfall Kenntnis erlangt hat. In der Mitteilung des Berechtigten an die GEMA über einen ihm selbst bekannt gewordenen Einzelfall muss die Erklärung enthalten sein, ob er die Rechte im eigenen Namen wahrnehmen möchte. Der Rückfall tritt nur ein, soweit es sich um die Benutzung zur Herstellung eines bestimmten Filmwerkes oder sonstigen Bildtonträgers oder Multimedia- oder anderen Datenträgers oder die Verbindung mit Werken anderer Gattungen in einer bestimmten Datenbank, einem bestimmten Dokumentationssystem oder einem bestimmten Speicher ähnlicher Art handelt. Bei Filmwerken schließt der Rückfall das Recht zur

339 Zum Begriff des dramatisch-musikalischen Musikwerkes vgl. oben Rn. 57 f.

Vervielfältigung und Verbreitung ein, soweit es sich um Werke handelt, die zur öffentlichen Vorführung in Lichtspieltheatern oder zur Sendung bestimmt sind. Bei sonstigen Aufnahmen auf Bildtonträger beschränkt sich der Rückfall auf die Befugnis, die Zustimmung zur Werkverbindung und zur Herstellung von 50 gesondert zu kennzeichnenden Vervielfältigungsstücken für Einführungszwecke zu erteilen. Unberührt bleiben die Rechte für Fernsehproduktionen im Sinne von Abs. (2).

(2) Bei Fernsehproduktionen vergibt die GEMA die Herstellungsrechte an Sendeunternehmen und deren eigene Werbegesellschaften insoweit, als es sich um Eigen-oder Auftragsproduktionen für eigene Sendezwecke und Übernahmesendungen handelt. Die Einwilligung des Berechtigten ist jedoch erforderlich, wenn Dritte an der Herstellung beteiligt sind oder wenn die Fernsehproduktionen von Dritten genutzt werden sollen. Das gilt insbesondere für Coproduktionen. Für Fernseh-Coproduktionen zwischen Sendeunternehmen, an denen mindestens ein inländisches Sendeunternehmen beteiligt ist, gilt Satz 1 entsprechend.

Unter den vorgenannten Voraussetzungen vergibt die GEMA das Herstellungsrecht auch für Fernsehproduktionen zu Zwecken der Programmankündigung (Trailer), jedoch nur insoweit, als hierbei Werke der Tonkunst mit oder ohne Text verwendet werden, die eigens für eine mit dem Trailer angekündigte Eigen- oder Auftragsproduktion geschaffen worden sind (Auftragskompositionen).*

(3) In jedem Falle bleiben jedoch die Rechte bei Fernsehproduktionen und anderen Bildtonträgern bis auf die der GEMA vorbehaltenen Rechte dem Berechtigten selbst vorbehalten, wenn es sich handelt um

aa) vorbestehende dramatisch-musikalische Werke, sei es vollständig, als Querschnitt oder in größeren Teilen;

bb) die Benutzung eines Werkes (mit oder ohne Text) zur Herstellung eines dramatisch-musikalischen Werkes;

cc) die Verwendung von Konzertliedern, Schlagern oder Einlagen aus dramatisch-musikalischen Werken in anderen dramatisch-musikalischen oder dramatischen Werken oder in Fernsehproduktionen oder bei anderen Bildtonträgern, die eine Verbindung mehrerer Musiktitel unter einem Leitgedanken und mit einem Handlungsfaden darstellen. Bei Fernsehproduktionen bleibt in allen diesen Fällen dem Berechtigten das Einwilligungsrecht vorbehalten. Die Einwilligung kann jedoch, soweit es sich um Eigen- oder Auftragsproduktionen für eigene Sendezwecke und Übernahmesendungen der Fernsehanstalten und deren eigener Werbegesellschaften handelt, vom Berechtigten nicht von der Zahlung einer Vergütung abhängig gemacht werden. Wird die Einwilligung erteilt, erfolgt Verrechnung nach Maßgabe des Verteilungsplanes.

Übersicht

* § 1 i) Absatz (2) Unterabsatz 2 gilt ab 1.1.2016.

I. Regelungsgehalt und Entstehungsgeschichte

Sobald ein Musikwerk zur **Herstellung eines Films** oder einer sonstigen **audiovisuellen Produktion**, wie etwa einer mit Musik unterlegten Homepage, verwendet wird, liegt hierin eine Vervielfältigung des Musikwerkes. Trotz der Einräumung des Vervielfältigungsrechts geht jedoch das Recht zu dieser Nutzung nicht unbeschränkt auf die GEMA über. Vielmehr regelt § 1 lit. h Abs. 5 BerV, dass die Einräumung des Vervielfältigungsrechts im Bereich der „Herstellungsrechte" unter dem Vorbehalt des § 1 lit. i BerV steht. Nach § 1 lit. i BerV geht das Recht, ein Musikwerk bei der Herstellung von Filmwerken[340] zu benutzen oder bei jeder anderen Art von Aufnahmen auf Bildtonträger bzw. bei der Herstellung von Multimedia-Werken zu verwenden, lediglich **auflösend bedingt** auf die GEMA über. Die auflösende Bedingung tritt ein, wenn der Berechtigte der GEMA mitteilt, dass er das Recht selbst wahrnehmen will. Durch den Rückruf fallen die der GEMA eingeräumten Rechte an den Berechtigten zurück, der sie dann individuell – in der Regel durch seinen Musikverleger – lizenzieren kann (unten Rn. 215 ff.). Die Berechtigten können so unabhängig von den Tarifen der GEMA mit den Produzenten über die Lizenzbedingungen verhandeln. Eine Ausnahme von der Möglichkeit zum Rückruf besteht für Musik in **Eigen- und Auftragsproduktionen der Fernsehsender**. Die Nutzungsrechte werden der GEMA in diesem Bereich unter bestimmten Voraussetzungen unbeschränkt und damit ohne Rückrufmöglichkeit eingeräumt (unten Rn. 220 ff.). Besondereiten bestehen auch bei der **Nutzung von Musik zu Werbezwecken** (unten Rn. 237 ff.). Hier wird das Herstellungsrecht nach § 1 lit. k Abs. 1 BerV stets individuell durch den Berechtigten wahrgenommen. Wie auch bei einigen anderen Nutzungsrechten ist der Wahrnehmungsumfang der GEMA im Bereich der **dramatisch-musikalischen Werke** nach § 1 lit. i Abs. 3 BerV beschränkt (unten Rn. 233 ff.). 208

Die Regelungen in § 1 lit. i BerV in der heutigen Fassung des Berechtigungsvertrages sind das Ergebnis langjähriger und umfassender Änderungen und Beratungen. In der **Fassung des Berechtigungsvertrages von 1954** war – ähnlich wie in der heutigen Fassung – bereits die Einräumung der Ton- und Fernsehfilmherstellungsrechte mit der Beschränkung versehen, dass diese Rechte „auf Wunsch" für die Herstellung eines konkreten Films an die Berechtigten zurückübertragen werden mussten. Eine im Wesentlichen uneingeschränkte Einräumung der Herstellungsrechte für Fernsehproduktionen beschloss die **Mitgliederversammlung im Jahr 1964**. In den **70er Jahren** wurde zunächst die Übertragung der Vervielfältigungs- und Verbreitungsrechte um den Gegenstand der Bildtonträger erweitert. Zusätzlich wurde der Berechtigungsvertrag um das Recht, ein Musikwerk auf jede andere Art von Bildtonträger aufzunehmen, ergänzt und dieses Recht unter den Vorbehalt des § 1 lit. i BerV gestellt. Die **Mitgliederversammlung 1985** änderte die schuldrechtliche Verpflichtung zur Rückübertragung „auf Wunsch" in die bis heute geltende Einräumung unter einer auflösenden Bedingung und präzisierte die Modalitäten des Rückrufs. So muss der Berechtigte schriftlich und bei Originalrepertoire unter Einhaltung einer vierwöchigen Frist mitteilen, dass er die Rechte im eigenen Na- 209

340 Hierunter fallen Filme jeglicher Art, also nicht nur Kinofilme und Fernsehfilme, sondern auch Dokumentarfilme, Industriefilme etc.

men wahrnehmen will. Bei subverlegtem Repertoire beträgt die Frist drei Monate. Im **Jahr 1996** wurden auch Musiknutzungen im Multimedia-Bereich ausdrücklich in die Regelung einbezogen. Seither ist geregelt, dass auch das Recht, ein Musikwerk bei der Herstellung eines Multimedia-Produktes zu verwenden, der GEMA unter einer auflösenden Bedingung eingeräumt wird. Die **Mitgliederversammlung 2010** hob schließlich die bis dahin bestehende Sonderregelung für die Lizenzierung von Wochenschau-Herstellern auf, da diese Klausel gegenstandslos geworden war.

II. Einzelerläuterungen

1. Das Filmherstellungsrecht (§ 1 lit. i Abs. 1 S. 1 Alt. 1 BerV)[341]

a) Allgemeines

210 Die Berechtigten räumen der GEMA nach § 1 lit. h iVm lit. i Abs. 1 BerV das Recht zur Verfilmung ihrer Werke ein, das **Filmherstellungsrecht** oder auch **Synchronisationsrecht** genannt wird.[342] Gegenstand der Rechteeinräumung nach der ersten Alternative der Klausel (**Herstellung von Filmwerken**) sind die Rechte zur Herstellung von Filmwerken iSd § 2 Abs. 1 Nr. 6 UrhG, aber auch zur Verbindung des Musikwerks mit Bildfolgen, die mangels Werkqualität als sog. Laufbilder lediglich dem Schutz nach § 95 UrhG als Leistungsschutzrecht unterliegen.[343] Unter die erste Alternative fallen auch Multimediawerke wie z.B. Computerspiele, soweit es sich dabei um Filme handelt; anderenfalls erfolgt die Einräumung der Herstellungsrechte nach der dritten Alternative (**Verbindung mit Werken anderer Gattungen**; unten Rn. 219). Die zweite Alternative der Klausel (**Herstellung von Aufnahmen auf Bildtonträger**; unten Rn. 218) regelt insbesondere die Einräumung des Rechts zur Herstellung von sog. Musik-Bildtonträgern wie DVD und Blu-ray Disc.

211 Insgesamt werden von der Klausel gleichermaßen die Fälle, dass **vorbestehende Musikwerke** zur Untermalung der bewegten Bilder verwendet werden und dass Musik eigens für den Film komponiert wird (sog. **Score Music**) erfasst. Obwohl das Recht zur **Teilwerknutzung** nicht ausdrücklich im Berechtigungsvertrag benannt ist, wird es der GEMA im Rahmen des Herstellungsrechts eingeräumt. Dies folgt aus dem Zweck des Berechtigungsvertrages, der nach der Auslegungsregel[344] des § 31 Abs. 5 UrhG bei unterbliebener ausdrücklicher Benennung der Nutzungsart für den Umfang der Rechteeinräumung maßgeblich ist.[345] Da in den meisten Fällen der Verwendung vorbestehender Musik für die Herstellung eines Films die Werklänge an den Filmschnitt angepasst werden muss, liefe die Einräumung des Herstellungsrechts ohne das Recht zur Teilwerknut-

---

341 Der Gesetzgeber verwendet den Begriff des Filmherstellungsrechts nicht. In der amtlichen Überschrift zu § 88 UrhG findet sich der damit synonyme Begriff „Rechte zur Verfilmung"; Schricker/Loewenheim-*Katzenberger/N. Reber*, Vor § 88 UrhG Rn. 27.

342 Zum Multimedia-Herstellungsrecht s.u. Rn. 219. Die allgemeinen Erläuterungen zum Filmherstellungsrecht gelten grundsätzlich auch für die Einräumung des Multimedia-Herstellungsrechts.

343 Voraussetzung für die Entstehung eines Leistungsschutzrechts als Laufbild ist allerdings, dass die Folgen der Bilder den Eindruck eines bewegten Bildes entstehen lassen; Schricker/Loewenheim-*Katzenberger/N. Reber*, Vor §§ 88 ff. UrhG Rn. 20. Das Herstellungsrecht hinsichtlich sonstiger Aufnahmen auf Bildtonträger nach der zweiten Alternative und bei Multimediaproduktionen nach der dritten Alternative ist jedoch auch dann berührt, wenn es sich nicht um bewegte Bilder handelt.

344 BGH, GRUR 2012, 1031 ff. – Honorarbedingungen Freie Journalisten.

345 Der Zweckübertragungsgrundsatz ist auch auf die Rechteeinräumung an Verwertungsgesellschaften anwendbar. Vgl. BGH, NJW 1988, 1847, 1849 – GEMA-Vermutung IV.

zung in weiten Bereichen ins Leere, obwohl der Berechtigungsvertrag den betroffen Interessen der Berechtigen durch die Rückrufmöglichkeit gerade Rechnung trägt.

b) Die durch das Filmherstellungsrecht berührten urheberrechtlichen Befugnisse

Wird ein Musikwerk zur Herstellung eines Films verwendet, so können das **Vervielfältigungsrecht nach § 16 UrhG** und das **Bearbeitungsrecht nach § 23 UrhG** betroffen sein. Beide Rechte räumen die Berechtigten der GEMA nach § 1 lit. h iVm lit. i BerV als **Filmherstellungsrecht** ein. Unstreitig liegt eine Bearbeitung des vorbestehenden Werkes vor, wenn das Musikwerk für den Film **schöpferisch verändert bzw. gekürzt** wird.[346] Erfolgt die Bearbeitung wie bei der Verfilmung in der Form einer körperlichen Fixierung, stellt sie gleichzeitig eine Vervielfältigung des Originalwerkes in umgestalteter Form dar.[347] Bei einer **unveränderten Übernahme des Musikwerkes** gehen hingegen Rechtsprechung und große Teile der Literatur davon aus, dass nur eine Vervielfältigung des Musikwerkes und keine Bearbeitung vorliegt.[348] Dem dürfte für die filmische Aufzeichnung eines Musikkonzerts zuzustimmen sein, da insofern allein die Darbietung der Musik fixiert wird.[349] Anders wäre die Frage in dem seltenen Fall zu beurteilen, dass eigenständige Filmaufnahmen mit unveränderter, d.h. insbesondere ungekürzter Musik unterlegt werden. Nach hier vertretener Auffassung wäre dann wie bei einer Veränderung oder Kürzung des Werkes von einer Bearbeitung auszugehen, da das Musikwerk in einen anderen Gesamtzusammenhang gebracht wird. Die **persönlichkeitsrechtlichen Interessen** des Urhebers werden bei der Verbindung seines Musikwerks mit einem bestimmten Film in besonderem Maße tangiert, da der Urheber bei der Verbindung seines Musikwerks mit einem fremden Werk nicht nur mit seinem Werk, sondern auch mit dem fremden Werk identifiziert werden kann. 212

c) Sonderfälle

Nicht unter § 1 lit. i BerV fällt der **Austausch der Originalmusik** – etwa beim Export einer Fernsehserie – im Hinblick auf den Originalkomponisten. Durch einen solchen Austausch kann weder das Filmherstellungsrecht noch das Urheberpersönlichkeitsrecht des Originalkomponisten verletzt sein, da nicht dessen Musik, sondern die Musik eines anderen Komponisten genutzt wird.[350] Einen weiteren Sonderfall stellt das **Abspielen von Musik zum Film** von einem **gesonderten Tonträger** dar. Soweit der Film so produziert wurde, dass eine organische, durch seinen Schöpfer gewollte Verbindung zwischen Film und Musik besteht, ist das Filmherstellungsrecht auch dann betroffen, wenn die Musik nicht von der Tonspur des Films abgespielt, sondern mit Hilfe eines eigenen Tonträgers wiedergegeben wird.[351] 213

---

346 Schricker/Loewenheim-*Katzenberger/N. Reber*, Vor §§ 88 ff. UrhG Rn. 25; Fromm/Nordemann-*J. B. Nordemann*, § 88 UrhG Rn. 54.

347 Schricker/Loewenheim-*Loewenheim*, § 23 UrhG Rn. 3.

348 BGH, ZUM 2006, 318, 321 f. – Alpensinfonie; LG München I, ZUM-RD 2016, 55, 58, n.rk.; für die Aufzeichnung eines Silvesterkonzerts; Wandtke/Bullinger-*Manegold/Czernik*, § 88 UrhG Rn. 56; Schricker/Loewenheim-*Katzenberger/N. Reber*, Vor §§ 88 ff. UrhG Rn. 24; a.A.: Dreier/Schulze-*Schulze*, § 88 UrhG Rn. 11.

349 So lagen auch die in der Rechtsprechung behandelten Fälle: BGH, ZUM 2006, 318 ff. – Alpensinfonie; LG München I, ZUM-RD 2016, 55 ff., n.rk.

350 Vgl. auch den ähnlich gelagerten Fall in OLG Hamburg, GRUR 1997, 822 ff. – Edgar-Wallace-Filme. Anders wenn das Gesamtwerk gekürzt wird und wesentliche Teile der Originalmusik ersetzt werden: OLG München, GRURInt. 1993, 332 ff. – Christoph Columbus.

351 LG München, ZUM 1993, 289, 291 ff. – Michael Jackson-Show.

d) Zweitverwertungen

214 Der Bundesgerichtshof hat sich in seiner Entscheidung **„Videozweitauswertung II“** mit der lange Zeit umstrittenen Frage befasst, ob bei der Videozweitauswertung eines Kinofilms ein besonderes Verfilmungsrecht für die Herstellung der Videokassetten erforderlich ist, welches zusätzlich zu dem von der GEMA verwalteten Vervielfältigungs- und Verbreitungsrecht eingeholt werden muss.[352] Dies war insbesondere fraglich, weil das Filmherstellungsrecht für die Herstellung des Kinofilms bereits lizenziert worden war. Der **Bundesgerichtshof** verneinte die Existenz eines weiteren Herstellungsrechts für die Auswertung auf Videokassetten und ließ die Lizenzierung des Vervielfältigungs- und Verbreitungsrechts nach den §§ 16, 17 UrhG genügen. Für die Herstellung von Videokassetten auf der Grundlage eines Kinospielfilms ist daher kein weiteres Herstellungsrecht erforderlich; die Entscheidung ist auf die Auswertung mittels DVD und Bluray Disc übertragbar. Inwieweit dies auch für das Verhältnis zwischen anderen Verwertungsformen gilt, ist allerdings offen. Eindeutig bedarf es hingegen der Lizenzierung des Herstellungsrechts, wenn ein Film für die primäre Vermarktung auf einem Bildtonträger geschaffen wird.[353]

2. Der Rückruf bzw. Rückfall des Filmherstellungsrechts

215 Die Berechtigten räumen der GEMA die Filmherstellungsrechte nach § 1 lit. i Abs. 1 BerV unter einer **auflösenden Bedingung** iSd § 158 Abs. 2 BGB ein. Die Einräumung der weiteren für die Verwertung erforderlichen Nutzungsrechte erfolgt hingegen unbedingt. Die auflösende Bedingung tritt ein, wenn der Berechtigte gegenüber der GEMA schriftlich erklärt, das Filmherstellungsrecht selbst wahrnehmen zu wollen. Das Filmherstellungsrecht fällt dann an den Berechtigten zurück. Der Fortbestand der Rechteeinräumung steht somit unter einer auflösenden Potestativbedingung, bei der es allein von dem Willen der Berechtigten abhängig ist, ob das Recht zurückfällt. Das Rückrufrecht trägt einerseits **persönlichkeitsrechtlichen Aspekten** Rechnung;[354] der Urheber soll selbst entscheiden können, ob sein Werk mit einem fremden Werk gedanklich in Verbindung gebracht wird. Diese persönlichkeitsrechtlichen Aspekte können von einer Verwertungsgesellschaft im Rahmen der kollektiven Rechtewahrnehmung nicht ausreichend berücksichtigt werden, da Verwertungsgesellschaften durch den gesetzlichen Kontrahierungszwang nach § 34 VGG zur Lizenzierung verpflichtet sind und damit den Interessen des Berechtigten im Einzelfall nicht Rechnung tragen können. Neben den persönlichkeitsrechtlichen Aspekten spielen aber auch **wirtschaftliche Aspekte** eine Rolle. Ist z.B. die Verwendung eines erfolgreichen Musikwerkes in einem Film beabsichtigt, können die Berechtigten individuell mit den Filmherstellern verhandeln und dabei Lizenzvergütungen erzielen, die erheblich höher ausfallen können als die Vergütungen auf der Basis der GEMA-Tarife.[355]

216 Nach § 1 lit. i Abs. 1 UAbs. 2 BerV ist für den Rückfall des Herstellungsrechts eine **fristgerechte schriftliche Erklärung** des Berechtigten erforderlich. Die Frist beträgt bei originalverlegten Werken vier Wochen und bei subverlegten Werken drei Monate. Fragt

352 BGH, NJW 1993, 2939 ff. – Videozweitauswertung II; so auch für die Verwertung von Fernsehfilmen auf Videokassetten LG Hamburg, ZUM-RD 1997, 256 f.; Für ein eigenes Video-Verfilmungsrecht etwa *Krüger*, FS Reichardt (1990), S. 79, 84 ff.; *Becker*, in: Musik im Film, S. 53, 61.

353 So schon *Becker*, in: Musik im Film, S. 59.

354 *Goldmann*, Die kollektive Wahrnehmung musikalischer Rechte, S. 298.

355 Eingehend *Ventroni*, Das Filmherstellungsrecht, S. 60 f.

der Produzent die Lizenzierung zunächst bei der GEMA an, beginnt die Frist mit der **Kenntnis des Berechtigten** von der Nutzung seiner Musik im Film. Dies bedeutet, dass die fristauslösende Kenntnis erst dann vorliegt, wenn die GEMA den Berechtigten über die Lizenzierungsanfrage informiert hat.[356] Es besteht insofern eine **Informationspflicht der GEMA.** Wendet sich der Produzent hingegen direkt an den Berechtigten, trifft diesen eine **Mitteilungspflicht gegenüber der GEMA.** In diesem zweiten Fall muss der Berechtigte nach § 1 lit. i Abs. 1 UAbs. 2 S. 4 BerV bei seiner Mitteilung an die GEMA erklären, ob er das Recht selbst wahrnehmen möchte. Die Kenntnis des Berechtigten setzt in diesem Fall keine Frist in Gang, da die GEMA den Zeitpunkt der Kenntnisnahme durch den Berechtigten nicht kennen kann und damit nicht beurteilen könnte, ab welchem Zeitpunkt sie zur unbeschränkten Lizenzierung berechtigt wäre. Insgesamt muss die Lizenzierungsanfrage hinreichend bestimmt sein und den eindeutigen Willen zur Nutzung des Werkes erkennen lassen.

Nach § 1 lit. i Abs. 1 UAbs. 2 S. 6 BerV schließt der Rückfall bei Filmwerken das Recht 217
zur Vervielfältigung und Verbreitung ein, soweit es sich um Werke handelt, die zur **öffentlichen Vorführung in Lichtspieltheatern oder zur Sendung** bestimmt sind. Durch die Klausel sollte das Recht zur Vervielfältigung und Verbreitung von Filmrollen für die Kinos sowie das Recht zur Lieferung des Filmmaterials an die Sender ebenfalls vom Rückrufrecht erfasst werden, um so die individuelle Lizenzierung insgesamt zu ermöglichen. Andere Verwertungsformen sind vom Rückfall hingegen nicht betroffen. Heute werden ohnehin überwiegend digitale Techniken für die Lieferung des Filmmaterials an die Kinos und Sender verwendet.

3. Das Recht zur Benutzung eines Musikwerkes für „andere Arten von Aufnahmen auf Bildtonträger" (§ 1 lit. i Abs. 1 S. 1 Alt. 2 BerV)

Neben dem Filmherstellungsrecht nach der ersten Alternative der Vorschrift geht 218
nach der zweiten Alternative das Recht zur Benutzung eines Musikwerkes zur Herstellung von „jeder anderen Art von Aufnahmen auf Bildtonträger" auf die GEMA über. Unter diese Regelung fallen insbesondere **Musik-Bildtonträger,** bei denen die Musik im Vordergrund steht und die bewegten Bilder eine nur untergeordnete Rolle spielen. In Abgrenzung zu Spielfilmen fehlt diesen Bildern zumeist ein Handlungsstrang.[357] Anders als beim Filmherstellungsrecht umfasst der Rechterückfall in der zweiten Alternative nach § 1 lit. i Abs. 1 UAbs. 2 S. 7 BerV trotz des etwas missverständlichen Wortlauts die Zustimmung zur Werkverbindung sowie die Vervielfältigung und Verbreitung von **fünfzig gesondert zu kennzeichnenden Bildtonträgern für Einführungszwecke.** Bei diesen handelt es sich um Demonstrationsexemplare, die außerhalb der eigentlichen kommerziellen Verwertung verwendet werden können. Die Vervielfältigungsstücke müssen als „unverkäuflich" gekennzeichnet werden. Bis auf diese fünfzig Einführungsexemplare verbleibt das Vervielfältigungs- und Verbreitungsrecht jedoch bei der GEMA.

4. Das Multimediaherstellungsrecht (§ 1 lit. i Abs. 1 S. 1 Alt. 3 BerV)

Auch das Recht zur Verwendung eines Musikwerkes zur Herstellung eines **Multi-** 219
mediaprodukts geht nach der dritten Alternative der Vorschrift auflösend bedingt auf die GEMA über. Die Regelung bestimmt, dass das Recht zur Verbindung von Werken der

356 *Ventroni,* Das Filmherstellungsrecht, S. 54; *G. Schulze,* ZUM 1993, 255, 263.
357 *Becker,* in: Musik im Film, S. 67.

Tonkunst mit Werken anderer Gattungen auf Multimedia- und andere Datenträger oder in Datenbankendokumentationssystemen oder in Speichern ähnlicher Art, unter anderem mit der Möglichkeit interaktiver Nutzung, unter die Wahrnehmungsbefugnis der GEMA fällt. Typische Fälle sind etwa das Unterlegen einer **Homepage** mit Musik oder die Herstellung von CD-ROMs mit Musikinhalten. Die Besonderheit bei der Herstellung eines Multimediaprodukts liegt darin, dass das Musikwerk in digitalisierter Form mit Werken anderer Gattung verbunden wird, die ebenfalls digitalisiert sind. Hinsichtlich der auflösend bedingten Rechteübertragung nach § 158 Abs. 2 BGB bzw. hinsichtlich des Rückrufrechts bestehen keine Unterschiede zum Filmherstellungsrecht nach der ersten Alternative der Klausel (siehe im Einzelnen Rn. 215ff.). In der Praxis machen die Berechtigten regelmäßig von ihrem Rückrufrecht Gebrauch und lizenzieren das Herstellungsrecht individuell, zumeist über ihre Verleger.

5. Das Recht zur Herstellung einer Fernsehproduktion („Senderprivileg“)

a) *Überblick und Hintergrund*

220 Für die Verwendung von Musikwerken in Fernsehproduktionen sieht § 1 lit. i Abs. 2 BerV Besonderheiten für die Einräumung des Filmherstellungsrechts vor. Abweichend von Absatz 1 räumen die Berechtigten der GEMA das Filmherstellungsrecht zur Lizenzierung von Eigen- und Auftragsproduktionen **gegenüber den Fernsehanstalten und deren Werbetöchtern unbeschränkt** ein. Dies gilt gleichermaßen für öffentlich-rechtliche und private Fernsehsender. Der Begriff der Fernsehproduktion umfasst dabei nicht nur den Fernsehspielfilm, sondern den gesamten Bereich der audiovisuellen Produktionen der Fernsehsender, also auch Fernsehshows und Nachrichtensendungen. Obwohl sich die Klausel nach ihrem Wortlaut auf die Rechtevergabe durch die GEMA an die Fernsehsender bezieht, regelt die Vorschrift damit auch den Umfang der Rechteeinräumung an die GEMA.[358]

221 Das Herstellungsrecht geht im Rahmen des Senderprivilegs unbedingt und unbeschränkt auf die GEMA über.[359] Bei einer individuellen Lizenzierung des Filmherstellungsrechts durch die Berechtigten an die Filmproduzenten nach erfolgtem Rückruf unterliegt das Filmherstellungsrecht daher insoweit einer **dinglichen Beschränkung** nach § 1 lit. i Abs. 2 BerV.[360] Die unbedingte Rechteeinräumung nach § 1 lit. i Abs. 2 BerV versetzt die GEMA in die Lage, den Fernsehsendern das Herstellungsrecht in den Lizenzverträgen grundsätzlich uneingeschränkt einzuräumen. Dies gilt jedoch nur für Eigen- und Auftragsproduktionen der Fernsehsender für eigene Sendezwecke oder Übernahmesendungen und wenn keine Dritten an der Produktion wie etwa bei Coproduktionen beteiligt sind. Darüber hinaus gilt das Privileg nur für die Herstellung zur eigenen Nutzung durch die Fernsehsender.

222 Durch die **Privilegierung der Fernsehsender** wird einerseits dem Umstand Rechnung getragen, dass eine individuelle Rechtewahrnehmung bei der massenweisen Musiknutzung im Rahmen von Fernsehproduktionen kaum möglich wäre.[361] Die Fernsehsender können aufgrund des Privilegs ohne weitere zeitlich aufwendige Rechteklärung auf das Repertoire der GEMA zurückgreifen, was insbesondere bei der aktuellen Berichterstattung unentbehrlich ist. Andererseits sind die Fernsehsender auf Grund ihrer Bin-

358 OLG Hamburg, ZUM 1992, 304 – Piccolo Bolero.
359 LG München I, ZUM 2006, 580, 583.
360 LG München I, ZUM 2006, 580, 582.
361 *Ventroni*, Das Filmherstellungsrecht, S. 62.

dung an die rundfunkstaatsvertraglichen Bestimmungen (vgl. z.B. die Programmgrundsätze des § 41 Abs. 1 Rundfunkstaatsvertrag [RStV]) und an die Landesmediengesetze ohnehin regulatorisch verpflichtet, das Urheberpersönlichkeitsrecht der Beteiligten zu achten.[362] Dritte, die an der Herstellung oder Auswertung beteiligt sind, sollen allerdings nicht von dem Vertragsverhältnis zwischen der GEMA und den Fernsehsendern profitieren.

b) Die Begriffe der Eigen- und Auftragsproduktion

Privilegiert sind Eigen- und Auftragsproduktionen. Nach dem Wortsinn umfasst der Begriff der **Eigenproduktion** die Herstellung eines Films durch den Sender selbst. Unerheblich ist dabei, ob der Sender bei der Produktion eigenes oder (auch) fremdes Bildmaterial verwendet.[363] Eine eigene Verfilmungsleistung des Senders ist damit nicht Voraussetzung für eine Eigenproduktion. Entscheidend ist vielmehr, wer konkret **Film und Musik zusammengefügt** hat. Es handelt sich daher beispielsweise auch dann um eine Eigenproduktion, wenn der Sender einen Stummfilm mit Musik unterlegt.[364] **223**

Auch **Auftragsproduktionen** der Sender werden nach § 1 lit. i Abs. 2 UAbs. 1 S. 1 BerV durch die GEMA unbeschränkt lizenziert. Eine auflösende Bedingung bzw. ein Rückrufrecht bestehen insofern nicht. Auftragsproduktionen sind im Auftrag des Senders von Dritten produzierte Programme. Bei der Auslegung des Begriffs ist der Zweck des Senderprivilegs zu beachten. Auch wenn die Sender die Produktion eines Fernsehfilms durch Dritte durchführen lassen, soll es ihnen bei den von ihnen gesteuerten Produktionen erspart bleiben, mit den Berechtigten jeweils einzeln über das Filmherstellungsrecht verhandeln zu müssen. Kennzeichnend für die **echte Aufragsproduktion** ist, dass der Sender die Kosten der Herstellung trägt und die Rahmenvorgaben des Films bestimmt.[365] Im Gegensatz hierzu bestimmt der Sender bei der **unechten Auftragsproduktion** alle wesentlichen Elemente der Filmproduktion selbst.[366] Ob es sich um eine echte Auftragsproduktion, bei der der Auftragsproduzent Rechte als Filmhersteller iSd § 94 UrhG erwirbt, oder um eine unechte Auftragsproduktion, bei der der Sender Filmhersteller ist, handelt, spielt für das Senderprivileg keine Rolle. Es ist ebenfalls unerheblich, dass mit dem Auftragsproduzenten stets ein „Dritter" an der Herstellung beteiligt ist. Zwar ist bei einer Beteiligung Dritter nach § 1 lit. i Abs. 2 UAbs. 1 S. 2 BerV die Privilegierung ausgeschlossen. Jedoch schließt die Beteiligung der Auftragsproduzenten die Privilegierung nicht aus, da andernfalls die in der Regelung vorgesehene Privilegierung von Auftragsproduktionen insgesamt gegenstandslos wäre.[367] **224**

c) Die Coproduktion

Ausgenommen von der unbeschränkten Rechteeinräumung an die GEMA sind nach § 1 lit. i Abs. 2 UAbs. 1 S. 3 BerV hingegen **Coproduktionen.** Der Begriff der Coproduktion umfasst Produktionen, bei denen sich Fernsehsender mit Produzenten der freien Wirtschaft zur gemeinsamen Produktion eines Films zusammenschließen.[368] Coproduzent **225**

---

362 *Ventroni,* Das Filmherstellungsrecht, S. 62; *G. Schulze,* ZUM 1993, 255, 264.
363 A.A. OLG München, NJW 1998, 1413, 1415 – Carmina Burana.
364 *Ventroni,* Das Filmherstellungsrecht, S. 224 ff.
365 Wandtke/Bullinger-*Manegold/Czernik,* § 94 UrhG Rn. 33.
366 Fromm/Nordemann-*J.B. Nordemann,* Vor §§ 88 ff. UrhG, Rn. 64.
367 A.A. *Ventroni,* Das Filmherstellungsrecht, S. 230.
368 LG München I, ZUM-RD 2016, 55, 58, n.rk. *Ventroni,* Das Filmherstellungsrecht, S. 238.

und Sender treffen dabei alle wesentlichen Entscheidungen gemeinsam.[369] Sie sind gleichrangige Partner, es besteht keine Weisungsgebundenheit.[370] Regelungstechnisch handelt es sich bei der Coproduktion um einen Unterfall der Drittbeteiligung nach § 1 lit. i Abs. 2 UAbs. 1 S. 2 BerV.[371] Durch diese Ausnahme vom Senderprivileg soll verhindert werden, dass Dritte von den Vereinbarungen mit den Sendern profitieren können.

226 Nur aufgrund der Auslegung der Vorschrift ergab sich bisher, dass die GEMA auch bei Coproduktionen zwischen Sendern das Herstellungsrecht unbeschränkt lizenziert. Da Sender nicht als „Dritte" im Sinne der Klausel betrachtet wurden, wurden Coproduktionen zwischen Sendern wie Eigen- und Auftragsproduktionen behandelt.[372] Durch die Regelung in § 1 lit. i Abs. 2 UAbs. 1 S. 4 BerV, die durch die Mitgliederversammlung 2017 in den Berechtigungsvertrag eingefügt wurde, ist nun klargestellt, dass **Fernseh-Coproduktionen zwischen Sendeunternehmen** dem Senderprivileg unterliegen, soweit ein inländischer Sender beteiligt ist.

d) Die Einschränkung „für eigene Sendezwecke oder Übernahmesendungen"

227 § 1 lit. i Abs. 2 UAbs. 1 S. 1 BerV sieht zudem vor, dass das Recht zur Verwendung eines Musikwerkes in einer Eigen- oder Auftragsproduktion nur dann unbeschränkt auf die GEMA übergeht, wenn die entsprechenden Fernsehproduktionen für eigene Sendezwecke hergestellt oder in Übernahmesendungen verwendet werden. Somit gehen die Herstellungsrechte bei Eigen- und Auftragsproduktionen nur dann auf die GEMA über, wenn die Produktionen ausschließlich von den **Sendern selbst genutzt** werden sollen. Will der Auftragsproduzent die Auswertungsrechte nicht vollständig auf den Sender übertragen, sondern eine Teilauswertung wie z.B. die DVD-Auswertung eines Fernsehfilms selbst übernehmen, ist das Senderprivileg hingegen nicht einschlägig, da die Produktion nicht für eigene Sendezwecke erfolgt.[373]

228 § 1 lit. i Abs. 2 UAbs. 1 S. 1 BerV stellt darüber hinaus klar, dass die Rechteeinräumung für Eigen- und Auftragsproduktionen auch bei **Übernahmesendungen** unbeschränkt erfolgt. Unter einer Übernahmesendung versteht man die zeitgleiche oder zeitversetzte Übernahme einer Fernseheigen- oder Auftragsproduktion durch andere Fernsehveranstalter in ihren Programmen. Erfasst ist dabei zum einen der kostenlose Programmaustausch, zum anderen der entgeltliche Programmverkauf unter den Fernsehveranstaltern.[374]

e) Der „Einwilligungsvorbehalt" nach § 1 lit. i Abs. 2 UAbs. 1 S. 2 BerV

229 Nach § 1 lit. i Abs. 2 UAbs. 1 S. 2 BerV steht die grundsätzlich unbeschränkte Einräumung des Filmherstellungsrechts bei Eigen- und Auftragsproduktionen unter dem Einwilligungsvorbehalt des Berechtigten, wenn an der Herstellung Dritte beteiligt sind oder die Produktionen von Dritten genutzt werden sollen. Als typischer Fall der Beteiligung von Dritten werden in Satz 3 beispielhaft **Coproduktionen** genannt (oben Rn. 225). **Dritter** im Sinne der Vorschrift ist dabei jeder, der nicht Fernsehsender ist.[375] Der Aus-

369 Schricker/Loewenheim-*Katzenberger*, Vor §§ 88 ff. UrhG Rn. 36.
370 LG München I, ZUM-RD 2016, 55, 58, n.rk.
371 OLG München, NJW 2003, 683, 685 – Alpensinfonie.
372 *Becker*, Musik im Film, S. 74.
373 *Ventroni*, Das Filmherstellungsrecht, S. 228 ff.
374 Vgl. Loewenheim-*Castendyk*, § 75 Rn. 18, 301, 323.
375 *Ventroni*, Das Filmherstellungsrecht, S. 235.

schluss von Dritten ist deckungsgleich mit der Beschränkung der Privilegierung von Eigen- und Auftragsproduktionen auf eigene Sendezwecke. Insofern verhindert auch bereits eine geplante spätere Auswertung durch Dritte die unbeschränkte Rechteeinräumung an die GEMA. Auch der Einwilligungsvorbehalt nach § 1 lit. i Abs. 2 UAbs. 1 S. 2 BerV stellt eine **dingliche Beschränkung** der der GEMA eingeräumten Rechte dar.[376] Zusammenfassend wird das Recht, in die Herstellung einer Fernsehproduktion einzuwilligen, der GEMA nur dann eingeräumt, wenn es sich um Eigen- oder Auftragsproduktionen der Sender handelt, keine weisungsunabhängigen Dritten an der Herstellung beteiligt sind und die Produktionen nicht von Dritten genutzt bzw. ausgewertet werden.

f) Die privilegierten Sendeunternehmen und deren eigene Werbegesellschaften

Auf die Privilegierung können sich **Sendeunternehmen** berufen. Öffentlich-recht- 230
liche Anstalten und private Unternehmen sind gleichermaßen erfasst. Der noch aus der Zeit vor dem Start des Privatfernsehens stammende Begriff der „Fernsehanstalt" wurde durch die Mitgliederversammlung 2017 durch den Begriff der Sendeunternehmen ersetzt. Ebenfalls von der Privilegierung erfasst sind **eigene Werbegesellschaften** der Fernsehanstalten. Durch deren Aufzählung wird berücksichtigt, dass die privatrechtlich organisierten Tochtergesellschaften der Fernsehsender neben ihrer Aufgabe zur Vermarktung von Werbeplätzen auch im Bereich der Fernsehproduktionen – so etwa im Bereich der Serien für das Vorabendprogramm – tätig sind.

g) Senderprivileg bei Programmankündigungen (Trailer) nach § 1 lit. i Abs. 2 UAbs. 2 BerV

§ 1 lit. i Abs. 2 UAbs. 2 BerV bildet eine Schnittstelle zwischen dem Senderprivileg 231
und dem Recht der Nutzung von Musik zu Werbezwecken nach § 1 lit. k BerV. Nach der Klausel gilt das Senderprivileg nach § 1 lit. i Abs. 2 UAbs. 1 BerV auch für **Auftragskompositionen in Programmankündigungen (Trailer)**. Die Schaffung einer speziellen Regelung zum Senderprivileg bei Programmankündigungen war erforderlich, da nach der Rechtsprechung Programmtrailer als **Werbung** qualifiziert wurden, die zumindest von der bis 2010 geltenden Fassung der Klausel nach § 1 lit. k BerV a.F. (unten Rn. 239) erfasst waren.[377] Nach dem OLG München ist dabei Werbung in Form von Trailern von der bloßen **Ankündigung** eines Films, bei der lediglich Filmtitel, Uhrzeit und Programm genannt werden, abzugrenzen. Erst bei einer Ankündigung mit „Zutaten" wie einem Kurzfilm, bei dem die Musik werbemäßig eingesetzt wird, sei von Werbung auszugehen. Unerheblich für die rechtliche Einordnung sei hingegen, ob in einem Kurzfilm Bildfolgen des beworbenen Films verwendet würden, ob es sich um Fremdproduktionen handele oder ob die Ausstrahlung innerhalb eines Werbeblocks erfolge.[378] Infolge dieser Rechtsprechung war vor Inkrafttreten der Spezialregelung im Berechtigungsvertrag für die Herstellung von Trailern grundsätzlich eine individuelle Rechteklärung nach § 1 lit. k BerV erforderlich.

Den Bedürfnissen der Sendeanstalten nach einer kurzfristigen Produktion von Trai- 232
lern ohne individuelle Rechteklärung hat die **Mitgliederversammlung 2015** mit Einfügung des ab dem 1.1.2016 geltenden Unterabsatzes 2 Rechnung getragen und das Senderprivileg trotz ihres Werbecharakters auf Trailer erstreckt. Das Senderprivileg gilt al-

376 BGH, GRUR 2006, 319, 322 – Alpensinfonie.
377 OLG München, NJW 1998, 1413 ff. – Carmina Burana. A.A. KG, Urteil v. 8.6.2015, Az. 24 U 89/14 n.v.
378 OLG München, NJW 1998, 1413, 1415 – Carmina Burana.

lerdings nur, wenn zur Herstellung des Trailers Werke verwendet werden, die für die konkret angekündigte Eigen- oder Auftragsproduktion geschaffen worden sind (**Auftragskompositionen**). Werden hingegen **vorbestehende Werke** verwendet oder handelt es sich um **Trailer für Fremdproduktionen**, ist nach § 1 lit. k Abs. (1) BerV eine individuelle Rechteklärung erforderlich.

6. Die Ausnahmetatbestände für dramatisch-musikalische Werke

233 Nach § 1 lit. i Abs. 3 BerV gelten für die Einräumung der Herstellungsrechte Ausnahmen für die Nutzung **dramatisch-musikalischer Werke**. Hinsichtlich dieser Werke lizenzieren die Berechtigten die Herstellungsrechte individuell. Das Senderprivileg für Eigen- und Auftragsproduktionen für eigene Sendezwecke gilt insoweit nicht. Eine auflösend bedingte Rechteeinräumung erfolgt nicht, vielmehr sind die **Berechtigten** in den aufgeführten Fällen **von Anfang an** für die Vergabe der Herstellungsrechte zuständig.

234 § 1 lit. i Abs. 3 BerV enthält eine detaillierte Aufzählung der **Ausnahmetatbestände.** Absatz 3 aa betrifft den Fall, dass ein vorbestehendes dramatisch-musikalisches Werk, sei es vollständig, als Querschnitt oder in größeren Teilen, bei der Herstellung eines Films verwendet wird. Aus der Regelung ergibt sich im Umkehrschluss, dass die GEMA Fernseheigenproduktionen lizenziert, wenn nur kleinere Teile dramatisch-musikalischer Werke (wie etwa das Chorstück „Oh Fortuna“ aus Orffs „Carmina Burana“) verwendet werden.[379]

235 Nach Absatz 3 bb wird auch das Recht zur Benutzung eines Musikwerkes zur **(Film-) Herstellung eines dramatisch-musikalischen Werkes** von der Rechtewahrnehmung durch die GEMA ausgenommen. Hierunter fällt etwa die Regelung in Ziff. I. 2. lit. b Abs. 2 der zwischen den Rundfunkanstalten und der GEMA abgeschlossenen Abgrenzungsvereinbarung[380], nach der die GEMA das Filmherstellungsrecht nicht vergibt, wenn ein Konzertstück als „vertanzte Musik“ zur Herstellung eines Balletts, welches als Fernsehsendung aufgenommen wird, verwendet wird.

236 Schließlich bezieht sich die Ausnahmeregelung in Absatz 3 cc auf Fälle, in denen **eine „Einlage“** aus einem dramatisch-musikalischen Werk **als integrierender Bestandteil in einer Aufnahme** von dramatischen oder dramatisch-musikalischen Werken verwendet wird. So fällt beispielsweise die Verwendung einer Arie aus einer Operette in einer Revue als „Verbindung mehrerer Musiktitel unter einem Leitgedanken und mit einem Handlungsfaden“ nicht in den Wahrnehmungsbereich der GEMA. Dabei spielt es keine Rolle, ob es sich um eine Aufzeichnung für eine Fernsehsendung oder um eine Aufnahme für die Wiedergabe auf einem Bildton- oder Multimedia-Datenträger oder für die öffentliche Zugänglichmachung im Internet handelt. Für den Bereich der Fernsehfilmherstellung gilt im Rahmen der Ausnahmeregelung die Besonderheit, dass der Berechtigte die Einräumung des Herstellungsrechts an den selbst produzierenden Sender hinsichtlich der Fernseheigen- und Fernsehauftragsproduktionen nicht von einer Vergütung abhängig machen kann. Dies bedeutet, dass die Berechtigten im genannten Bereich die Erteilung des Herstellungsrechts lediglich ablehnen, aber nicht mit den Sendern eine Vergütung für die Einräumung des Herstellungsrechts aushandeln können.

379 *Russ*, ZUM 1995, 32, 35.
380 GEMA-Jahrbuch 2017/2018, S. 220 ff.

§ 1 lit. k [Das Recht zur Nutzung von Werken der Musik zu Werbezwecken]

§ 1 Der Berechtigte überträgt hiermit der GEMA [...]

k) Hinsichtlich der Nutzung von Werken der Tonkunst (mit oder ohne Text) zu Werbezwecken wird im Sinne einer separaten Rechtewahrnehmung durch den Berechtigten einerseits und die GEMA andererseits wie folgt unterschieden:

(1) Die Befugnis, im jeweiligen Einzelfall Dritten die Zustimmung zur Benutzung eines Werkes der Tonkunst (mit oder ohne Text) zu Werbezwecken zu erteilen oder eine solche Benutzung zu verbieten, verbleibt beim Berechtigten. Die Zustimmung kann räumlich, zeitlich und/oder inhaltlich beschränkt werden.

(2) Der Berechtigte überträgt der GEMA die in den Absätzen a) bis h) und l) genannten Rechte unter einer auflösenden Bedingung jeweils auch zu Werbezwecken. Die Bedingung tritt ein, wenn der Berechtigte von seiner Befugnis Gebrauch macht und die Benutzung gemäß Absatz (1) im Einzelfall gegenüber einem Dritten verbietet und der Berechtigte dies der GEMA schriftlich mitteilt.

§ 1 i) Absatz (2) Unterabsatz 2 in der Fassung ab 1.1.2016 bleibt unberührt.

Übersicht

I. Regelungsgehalt und Entstehungsgeschichte

Der Berechtigungsvertrag enthält in § 1 lit. k eine spezielle Regelung für die Einräumung des Rechts zur Nutzung von Musik zu Werbezwecken, das nach der Rechtsprechung des Bundesgerichtshofs eine eigenständige, isoliert übertragbare urheberrechtliche Nutzungsart darstellt.[381] Stellt man Musikwerke in Zusammenhang mit einer Werbeaussage, werden die **persönlichkeitsrechtlichen Interessen** des Urhebers berührt. Aus diesem Grund sieht der Berechtigungsvertrag eine zwischen dem Berechtigten und der GEMA **aufgeteilte Rechtewahrnehmung** vor. Das Recht, die Zustimmung zur Benutzung eines Werkes zu Werbezwecken im Einzelfall zu erteilen, verbleibt nach Absatz (1) der Klausel beim Berechtigten. Der Berechtigte entscheidet damit stets individuell und für den Einzelfall, ob sein Werk für die Vermittlung von Werbebotschaften oder für die Bewerbung von Waren oder Dienstleistungen zur Verfügung steht. Die Bearbeitungsrechte bzw. die Herstellungsrechte werden in diesem Bereich somit stets individuell von den Berechtigten lizenziert. 237

Die **weiteren für die Verwertung erforderlichen Rechte** nach den §§ 1 lit. a bis lit. h und lit. l BerV werden hingegen nach Absatz (2) der Klausel von der GEMA kollektiv wahrgenommen. Eine solche Lizenzierung kommt freilich nur in Betracht, wenn der Berechtigte die Zustimmung zur Benutzung des Werkes zu Werbezwecken nach Absatz (1) der Klausel zuvor individuell erteilt hat. Die Rechteeinräumung hinsichtlich der weiteren für die Verwertung erforderlichen Rechte erfolgt allerdings **auflösend bedingt**. Verbietet der Berechtigte die werbemäßige Nutzung einem Dritten und teilt dies der GEMA schriftlich mit, fallen auch die weiteren für die werbemäßige Nutzung erforderlichen Rechte an den Berechtigten zurück. Ein reiner Rückruf ist für den Rückfall nicht ausreichend. Hinzukommen muss stets das gegenüber einem Dritten erteilte Verbot. Der Berechtigte kann damit die zurückgerufenen Rechte nicht lizenzieren. Nach der Begründung dieser Rege- 238

381 BGH, GRUR 2010, 62 ff. – Nutzung von Musik für Werbezwecke.

lung im Antrag für die Mitgliederversammlung sollte durch den Rechterückfall sichergestellt werden, dass sich der Nutzer bei einem durch den Berechtigten ausgesprochenem Verbot nicht auf eine Lizenzierung der in §§ 1 lit. a bis lit. h und lit. l BerV genannten Rechte zu Werbezwecken durch die GEMA berufen kann.[382]

239 Die geltende Regelung im Berechtigungsvertrag zur Nutzung von Musik zu Werbezwecken wurde im Rahmen einer **außerordentlichen Mitgliederversammlung im Jahr 2010** in den Berechtigungsvertrag aufgenommen. In ihrer bis dahin geltenden Fassung war die Klausel als Einwilligungsvorbehalt des Berechtigten für die Herstellung von Werbespots und damit als reine Beschränkung der einzelnen im Berechtigungsvertrag aufgeführten Rechtekategorien ausgestaltet. Die GEMA war insoweit davon ausgegangen, dass die zur Herstellung eines Werbespots erforderlichen Rechte – wie international üblich – bereits vom Vervielfältigungs- und Herstellungsrecht umfasst sind. Der Vorbehalt trug dabei unter dieser Annahme dem Umstand Rechnung, dass die GEMA aufgrund des in § 34 Abs. 1 VGG geregelten **Abschlusszwangs** zur Lizenzierung gesetzlich verpflichtet ist und damit ohne einen entsprechenden Vorbehalt jedes von der GEMA wahrgenommene Werk mit einer beliebigen Werbeaussage bei entsprechenden Lizenzanfragen hätte verbunden werden können. Angesichts der Beeinträchtigung der persönlichkeitsrechtlichen Interessen des Urhebers bei der Verbindung seines Werkes mit einer Werbeaussage, sollte jedoch diese Entscheidung dem Berechtigten im Einzelfall vorbehalten bleiben.

240 Der **Bundesgerichtshof** sah jedoch in einem Urteil aus dem Jahr 2009 in der Verwendung von Musik zu Werbezwecken eine **eigenständige Nutzungsart**, die vom damaligen Berechtigungsvertrag der GEMA nicht umfasst war.[383] Geht man nämlich von einer eigenständigen Nutzungsart aus, wäre für eine Rechteeinräumung aufgrund des Zweckübertragungsgrundsatzes nach § 31 Abs. 5 UrhG entweder eine **ausdrückliche Nennung der Nutzungsart** im Vertrag oder eine **Übertragung auf der Grundlage des Vertragszwecks** erforderlich gewesen. Beides verneinte der Bundesgerichtshof aber für die damalige Fassung des Berechtigungsvertrages. Die rechtliche Bewertung von Musik zu Werbezwecken als eigenständige Nutzungsart ist allerdings höchst fragwürdig. Der Bundesgerichtshof verlangt für eine eigenständige Nutzungsart in ständiger Rechtsprechung, dass es sich um eine **wirtschaftlich-technisch selbständige und abgrenzbare** Verwertungsform handelt.[384] Eine technische Selbständigkeit kommt Musik zu Werbezwecken jedoch von vornherein nicht zu, da sie in unterschiedlichen Medien wie z.B. im Hörfunk, Fernsehen und Internet gleichermaßen genutzt wird. Die Nutzung von Musik zu Werbezwecken verläuft daher quer über die Verwertungsrechte nach den §§ 15 ff. UrhG. Aufgrund des rechtlich bindenden Urteils des Bundesgerichtshofs war die GEMA jedoch trotz dieser Bedenken gezwungen, das Recht zur Nutzung von Werken der Musik zu Werbezwecken im Rahmen einer außerordentlichen Mitgliederversammlung ausdrücklich in den Berechtigungsvertrag aufzunehmen. In der **Vergangenheit liegende Lizenzierungen** wurden von den Berechtigten damals durch Abgabe individueller Erklärungen genehmigt.

---

382 Begründung zur Tischvorlage zum Antrag für die außerordentliche Mitgliederversammlung am 12. März 2010.

383 BGH, GRUR 2010, 62, 63 – Nutzung von Musik für Werbezwecke. Dazu eingehend *Riesenhuber*, ZUM 2010, 137 ff.

384 BGH, GRUR 2010, 62, 63 – Nutzung von Musik für Werbezwecke; BGH, GRUR 1986, 62, 65 – GEMA-Vermutung I; BGH, GRUR 1995, 212, 213 f. – Videozweitauswertung III; BGH, GRUR 1997, 215, 217 – Klimbim.

II. Persönlichkeitsrechtliche und wirtschaftliche Interessen als Hintergrund der aufgeteilten Rechtewahrnehmung

Die im Berechtigungsvertrag vorgesehene aufgeteilte Rechtewahrnehmung zwischen den Berechtigten und der GEMA berücksichtigt einerseits persönlichkeitsrechtliche, andererseits wirtschaftliche Interessen der Berechtigten. Durch die werbemäßige Nutzung eines Musikwerkes ist das **Urheberpersönlichkeitsrecht** in besonderem Maß berührt.[385] Da der Urheber mit der Werbeaussage in Verbindung gebracht werden kann, soll er selbst über die Verwendung seines Werkes für die Herstellung von Werbung entscheiden können.[386] Dieser persönlichkeitsrechtliche Aspekt ließe sich bei einer unbeschränkten Rechteeinräumung wegen des gesetzlichen Kontrahierungszwangs der GEMA (oben Rn. 239) nicht berücksichtigen. Durch die zweigeteilte Rechtewahrnehmung kann dem Rechnung getragen werden. In **wirtschaftlicher Hinsicht** gibt die aufgeteilte Rechtewahrnehmung dem Berechtigten zudem die Möglichkeit, die Vergütung für die werbemäßige Nutzung seines Werkes individuell mit dem Nutzer ggf. oberhalb der GEMA-Tarife auszuhandeln.[387] **241**

III. Relevante Rechte bei der Nutzung von Werken der Tonkunst zu Werbezwecken

Die Nutzung eines Musikwerkes zur **Herstellung von Werbung** stellt regelmäßig eine **Bearbeitung** des Werkes nach § 23 UrhG dar.[388] Dies gilt unproblematisch, wenn für die Herstellung **Kürzungen oder andere Umgestaltungen** des Musikwerkes erforderlich sind. Aber auch wenn das Werk **unverändert ohne Eingriff in seine Substanz** mit einer Werbeaussage verbunden wird, ist das Urheberpersönlichkeitsrecht in erheblichem Maße betroffen. Durch die Verbindung des Musikwerkes mit der Werbeaussage entsteht ein das Werk beeinträchtigender neuer Sachzusammenhang.[389] Neben dem Eingriff in das Bearbeitungsrecht liegt damit auch eine **Entstellung des Werkes** nach § 14 UrhG vor,[390] und zwar als direkter Eingriff bei Veränderungen des Werkes und als indirekter Eingriff bei der unveränderten Übernahme Die Erstfixierung auf einem Trägermedium stellt zudem einen Eingriff in das **Vervielfältigungsrecht** dar, das in diesem Fall ebenfalls individuell durch die Berechtigten lizenziert wird. **242**

Welche konkreten Rechte durch die der **Herstellung nachfolgende Verwertung** betroffen sind, hängt von der Verwertungsform ab. Die erforderlichen Rechte werden der GEMA nach § 1 lit. k Abs. (2) BerV iVm §§ 1 lit. a bis lit. h und lit. l BerV **auflösend bedingt** eingeräumt. Die Nutzungsart „Nutzung von Musik zu Werbezwecken" verläuft insofern als Querschnitt über die Nutzungsarten nach § 1 lit. a bis h und l BerV. Die Überschneidungen ergeben sich aus dem Umstand, dass der Bundesgerichtshof in seiner Entscheidung zur Nutzung von Musik zu Werbezwecken[391] das Erfordernis der technischen Selbstständigkeit für die Bildung einer eigenständigen Nutzungsart nicht berücksichtigt hat. **243**

385 LG Düsseldorf, ZUM 1986, 158, 160; *Rossbach/Joos*, FG Schricker (1995), S. 350; *Staats*, Aufführungsrecht und kollektive Wahrnehmung bei Werken der Musik, S. 126 f.
386 Vgl. hierzu schon: BGH, GRUR 1959, 430, 432 – Caterina Valente und BGH, GRUR, 1956, 427, 428 – Paul Dahlke.
387 So schon zur Vorgängervorschrift OLG Hamburg, GRUR 1991, 599, 601 – Rundfunkwerbung.
388 OLG München, NJW 1998, 1413, 1414 – Carmina Burana; Loewenheim-*Czychowski*, § 68 Rn. 89.
389 Dreier/Schulze-*Schulze*, § 14 UrhG Rn. 20; Schricker/Loewenheim-*Dietz/Peukert*, § 14 UrhG Rn. 36.
390 Schricker/Loewenheim-*Dietz/Peukert*, § 14 UrhG Rn. 36; Wandtke/Bullinger-*Bullinger*, § 14 UrhG Rn. 57.
391 BGH, GRUR 2010, 62 ff. – Nutzung von Musik für Werbezwecke.

IV. Nutzungen zu Werbezwecken

244 Unter Werbemusik iSd § 1 lit. k BerV fällt nicht nur die „klassische" **Produktwerbung.**[392] Der Begriff der Nutzung von Musik zu Werbezwecken ist vielmehr weit auszulegen und kann damit z.B. auch **die Eigenwerbung** der Hörfunk- und Fernsehsender (Station Promotion), die Eigenwerbung mit Arbeitsergebnissen im Internet[393] und Programmtrailer (hierzu oben **Rn. 231**) umfassen. Der rundfunkrechtliche Werbebegriff ist infolge der Privatautonomie für die Einordnung als Werbung nicht maßgeblich; die GEMA vereinbart im Berechtigungsvertrag den Umfang der Rechteeinräumung autonom mit ihren Mitgliedern.[394] Auf der anderen Seite stellt nicht jede Nutzung von Musik im kommerziellen Zusammenhang eine Nutzung von Musik zu Werbezwecken dar.[395] So liegt etwa keine Nutzung von Musik zu Werbezwecken vor, wenn auf einer werbefinanzierten Website Musik angeboten wird. Ebenfalls stellt es keine Nutzung von Musik zu Werbezwecken dar, wenn ein Musikvideo mit **Pre-Roll** oder **Overlay Advertising** versehen wird. Beim Overlay Advertising wird ein semitransparenter Banner in ein gestreamtes Video eingeblendet, während beim Pre-Roll Advertising der Werbefilm vor dem eigentlichen Stream eingespielt wird. In beiden Fällen fehlt es an einem inneren Zusammenhang zwischen der Werbeaussage und der Musik.

1. Nutzungen im Hörfunk

245 Im **rein akustischen Bereich** umfasst die Nutzung von Musik zu Werbezwecken iSd § 1 lit. k BerV zunächst die „klassische" **Produktwerbung** im Radio. Darüber hinaus fallen aber auch rein akustische Senderkennungen oder Senderlogos, d.h. rein akustische Produktionen mit dem Zweck der Eigenwerbung des Rundfunkveranstalters (sogenannte **Radio Station Promotion**) nach einer Entscheidung des OLG Hamburg unter die Vorschrift.[396] Es kommt dabei nicht darauf an, dass die Merkmale eines „klassischen" kommerziellen Werbespots erfüllt sind. Senderkennung oder Senderlogos weisen nicht auf ein konkretes Produkt hin, jedoch dienen sie der stärkeren Einprägung des Sendernamens und fördern die Wiedererkennung und die Präsenz des Senders. Durch Kennung und Logo soll der Absatz der Dienstleistungen des Senders gesteigert werden, so dass eine Einordnung als Werbung gerechtfertigt ist.

2. Nutzungen im Fernsehen

246 Auch im audiovisuellen Bereich umfasst die Nutzung von Musik zu Werbezwecken iSd § 1 lit. k BerV den „klassischen" **Produktwerbefilm.** Dabei ist es unerheblich, ob ein vorbestehendes Werk oder ob eine eigens zu Werbezwecken komponierte Musik verwendet wird. Außerhalb des Bereichs der Produktwerbung werden auch Programmankündigungen, die zur Bewerbung eines Films dienen (**Trailer**) vom Werbebegriff erfasst. Um jedoch dem praktischen Bedürfnis der Fernsehveranstalter für eine kollektive Rechtevergabe Rechnung zu tragen, wird nach § 1 lit. i Abs. 2 UAbs. 2 BerV die Nutzung von Wer-

---

392 OLG München, NJW 1998, 1413, 1414 – Carmina Burana; OLG Hamburg, GRUR 1991, 599, 600 – Rundfunkwerbung.
393 BGH, GRUR 2010, 62ff. – Nutzung von Musik für Werbezwecke.
394 OLG München, NJW 1998, 1413, 1415 – Carmina Burana.
395 KG, Urteil v. 8.6.2015, Az. 24 U 89/14 n.v.
396 Für die Ansage „Der NDR – das Beste am Norden" OLG Hamburg, GRUR 1991, 599, 600 – Rundfunkwerbung. Die Entscheidung bezieht sich auf § 1 lit. k BerV a.F.

ken für die Herstellung von Trailern trotz des Werbecharakters vom Senderprivileg erfasst, wenn sie für die konkret angekündigte Eigen- oder Auftragsproduktion geschaffen worden sind (oben Rn. 231f.). In diesem Fall erfolgt also keine individuelle Lizenzierung der Sender. Wie **§ 1 lit. k Abs. 2 BerV** klarstellt, tritt insoweit die Regelung in § 1 lit. k BerV hinter § 1 lit. i Abs. 2 UAbs. 2 BerV zurück. Andere Formen der **Sendereigenwerbung** wie z.B. **Senderkennungen** und **Senderlogos** sowie **Werbetrenner**[397] fallen hingegen unter die Vorschrift des § 1 lit. k BerV. Dies gilt auch für **Sponsoring-Sendungen**, bei denen unerheblich ist, dass es sich nach den Vorschriften des Rundfunkrechts nicht um „Werbung" handelt.[398]

3. Weitere Nutzungen

Der Wortlaut des § 1 lit. k BerV stellt nicht auf ein bestimmtes Medium ab. Auch die **247**
Verwendung von Musik zur Herstellung von **Kino-Werbefilmen** oder von Werbefilmen zur Vorführung auf Messen etc. fällt daher unter die Klausel. Ebenfalls erfasst ist die rein akustische oder audiovisuelle **Werbung im Internet** oder in einem anderen Netzwerk.

§ 1 lit. l [Die Übertragung von unbekannten Nutzungsarten]

§ 1 Der Berechtigte überträgt hiermit der GEMA […]

l) Die Rechte für Nutzungen, die durch technische oder rechtliche Weiterentwicklung der in den Absätzen a) bis i) geregelten Nutzungsarten entstehen und diesen entsprechen sowie darüber hinaus diejenigen Rechte für eigenständige Nutzungsarten, die erst nach Abschluss des Berechtigungsvertrages bekannt werden. Der Berechtigte kann die Übertragung der Rechte für eigenständige Nutzungsarten insgesamt oder für einzelne neu entstandene Nutzungsarten im Sinne des § 31a UrhG schriftlich widerrufen. Das Widerrufsrecht erlischt nach Ablauf von drei Monaten seit Absendung der schriftlichen Mitteilung über die beabsichtigte Aufnahme der Lizenzierung der neuartigen Nutzung durch die GEMA. Die schriftliche Mitteilung erfolgt jeweils in der an alle Mitglieder versandten Publikation „virtuos", wobei auf dem Titelblatt in hervorgehobener Weise auf diese Mitteilung hingewiesen wird.

Übersicht

I. Regelungsgehalt und Entstehungsgeschichte

Die Klausel regelt die Einräumung von Nutzungsarten, die zum Zeitpunkt des Ab- **248**
schlusses des konkreten Berechtigungsvertrages noch unbekannt sind und nach dessen Abschluss bekannt werden. Die Übertragung von **unbekannten Nutzungsarten** wurde erstmalig seit Inkrafttreten des Urheberrechtsgesetzes im Jahr 1965 durch das am 1.1.2008 in Kraft getretene Zweite Gesetz zur Regelung des Urheberrechts in der Informationsgesellschaft gesetzlich ermöglicht. Mit dem Reformgesetz wurde das bisherige **gesetzliche Verbot der Übertragung von unbekannten Nutzungsarten** in § 31 Abs. 4

397 Werbetrenner dienen der gesetzlich vorgeschriebenen Trennung von Programm und Werbung, werden aber zum Teil auch zwischen den einzelnen Werbespots eingeblendet.

398 Nach § 2 Abs. 9 RStV ist Sponsoring definiert als ein Beitrag einer natürlichen oder juristischen Person oder einer Personenvereinigung, die an Rundfunktätigkeiten oder an der Produktion audiovisueller Werke nicht beteiligt ist, zur direkten oder indirekten Finanzierung einer Sendung, um den Namen, die Marke, das Erscheinungsbild der Person oder Personenvereinigung, ihre Tätigkeit oder ihre Leistungen zu fördern.

UrhG a.F. aufgehoben und die Modalitäten der nunmehr zulässigen Übertragung in § 31a Abs. 1 S. 1 UrhG n.F. geregelt. Die **Mitgliederversammlung 2008** hat dieser Änderung des Urheberrechtsgesetzes Rechnung getragen, indem sie mit der zweiten Alternative der Klausel die Einräumung unbekannter Nutzungsarten in den Berechtigungsvertrag eingefügt hat. Die bis dahin ausschließlich geltende erste Alternative, nach der neue Nutzungsrechte übertragen werden, die durch technische oder rechtliche Weiterentwicklung der bisher im Berechtigungsvertrag geregelten Nutzungsrechten entstehen und diesen entsprechen, ist mit der Neufassung gegenstandslos geworden. Eine Übertragung unbekannter Nutzungsarten hatte diese Klausel in der Vergangenheit wegen des gesetzlichen Verbots nach § 31 Abs. 4 UrhG a.F. ohnehin nicht ermöglicht.

249 Die Erweiterung der Rechteeinräumung auf unbekannte Nutzungsarten ermöglicht eine flexible **Anpassung des Wahrnehmungsumfangs** an die sich ständig verändernden technischen, wirtschaftlichen und rechtlichen Rahmenbedingungen. Mit dem Bekanntwerden einer neuen Nutzungsart wird diese ohne weitere Erklärung des Berechtigten unmittelbar Bestandteil der Rechtewahrnehmung. In Berechtigungsverträgen, die nach der Entstehung der neuen Nutzungsart abgeschlossen werden, muss die Nutzungsart allerdings ausdrücklich bezeichnet werden, da die Nutzungsart in diesem Fall bei Vertragsschluss keine unbekannte Nutzungsart mehr darstellt und damit nicht nach § 1 lit. l BerV eingeräumt werden kann.

II. Einzelerläuterungen

250 Die Ausgestaltung der Übertragungsklausel in § 1 lit. l BerV folgt weitgehend der gesetzlichen Regelung in § 31a UrhG. Nach § 31a Abs. 1 S. 3 UrhG steht dem Urheber, wenn er einen Vertrag über die Einräumung von unbekannten Nutzungsarten abgeschlossen hat, bei Bekanntwerden einer neuen Nutzungsart ein **Widerrufsrecht** zu. Dieses erlischt drei Monate nachdem der Nutzer dem Urheber die beabsichtigte Aufnahme der neuen Art der Werknutzung mitgeteilt hat. Dementsprechend sieht der Berechtigungsvertrag vor, dass der Berechtigte die Übertragung unbekannter Nutzungsarten insgesamt oder hinsichtlich einzelner bekannt gewordener Nutzungsarten widerrufen kann. Der Widerruf muss **schriftlich** erfolgen. Die **Widerrufsfrist** beträgt drei Monate und beginnt mit Absendung einer schriftlichen Mitteilung über die Aufnahme der Lizenzierung der neuartigen Nutzung durch die GEMA. Als Publikationsmittel sieht der Berechtigungsvertrag die Veröffentlichung der Mitteilung in der Mitgliederzeitschrift „virtuos" vor, die viermal jährlich in einer Print- und Digitalfassung erscheint und an alle Berechtigten versendet wird.

251 Die Einräumung der Rechte an einer neuen Nutzungsart nach § 1 lit. l Alt. 2 BerV setzt voraus, dass eine bisher unbekannte Nutzungsart bekannt wird. Es muss sich dabei um eine eigenständige Nutzungsart handeln, die nach deutschem Urheberrecht **dinglich isoliert übertragbar** ist. Nur in diesem Fall besteht ein Widerrufsrecht nach dem Urheberrechtsgesetz und dem Berechtigungsvertrag. Eine Nutzungsart ist dabei dann eigenständig, wenn sie nach der Verkehrsauffassung hinreichend klar abgrenzbar ist, d.h. wenn sie als **wirtschaftlich-technisch selbständige und abgrenzbare Verwertungsform** erscheint.[399] § 1 lit. l Alt. 2 BerV erfasst dabei nach dem Zweck des Berechtigungsvertrages nur Rechte an musikalischen Werken und solche Rechte, die sich für die kollektive Rechtewahrnehmung eignen.

399 BGH, GRUR 1986, 62, 65 – GEMA-Vermutung I; BGH, GRUR 1995, 212, 213 f. – Videozweitauswertung III; BGH, GRUR 1997, 215, 217 – Klimbim (ständige Rechtsprechung).

III. Die Aufnahme bekannt gewordener Nutzungsarten in den Berechtigungsvertrag in der Praxis

Aufgrund des bis zum Ende des Jahres 2007 bestehenden gesetzlichen Verbots der Übertragung unbekannter Nutzungsarten nach § 31 Abs. 4 UrhG a.F. und der einschränkenden Auslegung des Bundesgerichtshofs zu § 1 lit. l BerV a.F.[400] hat die GEMA hinsichtlich neuer Nutzungsformen, die möglicherweise als eigenständig angesehen werden könnten, gesonderte Vereinbarungen mit den Berechtigten abgeschlossen. Da bei neuen Nutzungsformen oft erst durch langwierige Gerichtsverfahren geklärt werden kann, ob es sich um unbekannte Nutzungsarten im Rechtssinne handelt, hat die GEMA durch den Abschuss sogenannter **Ergänzungsvereinbarungen** zu den Altverträgen für Rechtssicherheit gesorgt. Zugleich wurden durch die Mitgliederversammlung die bekannt gewordenen Nutzungsarten ausdrücklich in den Berechtigungsvertrag aufgenommen. 252

In den Ergänzungsvereinbarungen aus dem Jahr 1988 wurden die Rechte zur **Vervielfältigung und Verbreitung auf Bildtonträger**, insbesondere auf Videoband ausdrücklich auf die GEMA übertragen. Gegenstand weiterer Ergänzungsvereinbarungen war im Jahr 1996 die Einräumung der **Multimedia- und Online-Nutzungsrechte**. Auch der Ergänzung des Berechtigungsvertrages um die **Übertragung unbekannter Nutzungsarten** im Jahr 2008 folgte eine Aktualisierung der Berechtigungsverträge. 253

Eine unmittelbar gegenüber den Berechtigten wirkende Änderung der Berechtigungsverträge durch einen **Beschluss der Mitgliederversammlung** war hingegen nicht möglich. Zwar fingiert § 6 lit. a Abs. 2 S. 2–5 BerV die Zustimmung der Berechtigten zu einer Änderung des Berechtigungsvertrages bei einem unterbliebenem Widerspruch, jedoch findet die Vorschrift auf die Übertragung unbekannter Nutzungsarten keine Anwendung. Nach § 31a Abs. 1 S. 1 UrhG ist nämlich für Verträge über unbekannte Nutzungsarten die Einhaltung der **Schriftform nach § 126 BGB** vorgesehen. Das Schriftformerfordernis verlangt eine eigenhändige Namensunterschrift, die nicht durch eine Fiktion ersetzt werden kann. Neuabschlüsse des Berechtigungsvertrages mit den einzelnen Berechtigten waren daher erforderlich. 254

§ 1 lit. m [Die Abtretung gesetzlicher Vergütungsansprüche]

§ 1 Der Berechtigte überträgt hiermit der GEMA [...]
m)

(1) Die gesetzlichen Vergütungsansprüche aus §§ 20b Abs. 2, 27 Abs. 1 und 2, § 45a Abs. 2 Satz 1, 46 Abs. 4, 47 Abs. 2, 52 Abs. 1 Satz 2 und Abs. 2 Satz 2, 52a Abs. 4, 54 Abs. 1, 54b Abs. 1, 54e und 54f UrhG sowie 137l Abs. 5 UrhG. Mit Ausnahme des § 27 Abs. 2 UrhG umfassen die übertragenen Ansprüche nicht die Nutzung grafischer Aufzeichnungen musikalischer Werke.

(2) Die gesetzlichen Vergütungsansprüche, die durch die Schaffung neuer Vorschriften im Bereich der in den Absätzen a) bis l) genannten Rechte entstehen. Der Berechtigte kann die Übertragung der neu entstandenen Ansprüche schriftlich widerrufen. Das Widerrufsrecht erlischt nach Ablauf von drei Monaten seit Absendung der schriftlichen Mitteilung über die beabsichtigte Aufnahme der Wahrnehmung des neu geschaffenen Anspruchs durch die GEMA. Die schriftliche Mitteilung erfolgt jeweils in der an alle Mitglieder versandten Publikation „virtuos", wobei auf dem Titelblatt in hervorgehobener Weise auf diese Mitteilung hingewiesen wird.

400 Der Bundesgerichtshof wendete § 1 lit. k BerV a.F. schon dann nicht an, wenn der neuen Nutzungsart eigenständige und erhebliche wirtschaftliche Bedeutung zukam (vgl. BGH, GRUR 1986, 62, 65 – GEMA-Vermutung I).

Übersicht

I. Regelungsgehalt

255 Die Berechtigten übertragen der GEMA nach § 1 lit. m BerV **gesetzliche Vergütungsansprüche**, die ihnen das Urheberrechtsgesetz für den Verlust des Ausschließlichkeitsrechts bei bestimmten Nutzungen ihrer musikalischen Werke als Kompensation gewährt oder die der Sicherung der Beteiligung des Urhebers an bestimmten Verwertungsvorgängen dienen. Die von der GEMA wahrgenommenen Vergütungsansprüche sind dabei überwiegend verwertungsgesellschaftenpflichtig, d.h. die Ansprüche können nur durch Verwertungsgesellschaften und nicht individuell geltend gemacht werden. Aus wirtschaftlicher Sicht kommt der **Geräte- und Speichermedienabgabe** nach den §§ 54 ff. UrhG die weitaus größte Bedeutung zu. Relevant ist auch die **Bibliothekstantieme** nach § 27 Abs. 2 UrhG. Die übrigen gesetzlichen Vergütungsansprüche haben für die GEMA wirtschaftlich eher eine untergeordnete Bedeutung.

256 Methodisch sieht das Urheberrechtsgesetz zwei unterschiedliche Arten gesetzlicher Vergütungsansprüchen vor (hierzu bereits oben Rn. 36 f.). Zum einen gewährt die Mehrzahl der Ansprüche einen **Ausgleich für eingeschränkte Verwertungsrechte**, bei denen das Urheberrechtsgesetz den Urhebern in Form von gesetzlichen Lizenzen in bestimmten Nutzungszusammenhängen ihr Ausschließlichkeitsrecht (Verbotsrecht) entzieht. Zum anderen regelt das Urheberrechtsgesetz in einigen Fällen Vergütungsansprüche, durch die die **Beteiligung des Urhebers an bestimmten Verwertungen** sichergestellt werden soll. Diese Ansprüche können neben dem Verwertungsrecht bestehen oder eine Nutzungsform erfassen, für die kein Verwertungsrecht existiert.

II. Verkehrsfähigkeit von gesetzlichen Vergütungsansprüchen

257 Im Zentrum der jüngeren juristischen Diskussion stand die Frage der **Verkehrsfähigkeit von gesetzlichen Vergütungsansprüchen**. Den nationalen rechtlichen Rahmen bildet insofern § 63a UrhG nach dessen Satz 2 gesetzliche Vergütungsansprüche im Voraus nur an eine Verwertungsgesellschaft oder zusammen mit dem Verlagsrecht an einen Verleger abgetreten werden können. Der Verleger muss dabei die gesetzlichen Vergütungsansprüche durch eine Verwertungsgesellschaft wahrnehmen lassen, die Rechte von Verlegern und Urhebern gemeinsam wahrnimmt. Im europäischen Recht bildet Art. 5 InfoRL die rechtliche Basis für gesetzliche Vergütungsansprüche. Die Vor-

schrift lässt Ausnahmen und Beschränkungen der Ausschließlichkeitsrechte zu und regelt zugleich die für den nationalen Gesetzgeber zum Teil obligatorischen und zum Teil fakultativen Kompensationsansprüche der Rechteinhaber.

Im Hinblick auf die Beschränkungen nach Art. 5 Abs. 2 lit. a und b InfoSoc-RL (Reprografie- und Privatkopieausnahme), die im deutschen Recht als Speichermedien- und Geräteabgabe umgesetzt sind, hat der **Europäische Gerichtshof** in der Entscheidung **Reprobel** geurteilt, dass die europarechtlich gebotenen Kompensationsansprüche, die einen Anspruch auf einen gerechten Ausgleich vorsehen, nicht durch nationales Gesetz den Urhebern entzogen werden dürfen.[401] Nach dieser Rechtsprechung ist daher ein nationales Gesetz mit der Informationsgesellschaftsrichtlinie nicht zu vereinbaren und damit europarechtswidrig, wenn es Verlegern einen Anteil an den gesetzlichen Vergütungsansprüchen zuweist. Inwieweit hingegen Anteile an den Ausschüttungen auf gesetzliche Vergütungsansprüche aufgrund eines **privatautonom beschlossenen Verteilungsplans** einer Verwertungsgesellschaft dem Verleger zugewiesen werden können oder aufgrund einer **vertraglichen Vereinbarung** zwischen Autor und Verleger abgetreten werden können, ist europarechtlich nicht entschieden. 258

Allerdings hat der **Bundesgerichtshof** die Frage der Verkehrsfähigkeit von gesetzlichen Vergütungsansprüchen nach europäischem Recht in seiner Entscheidung zur Verlegerbeteiligung aufgegriffen und ein **Vorausabtretungsverbot** statuiert.[402] Hiernach sind gesetzliche Vergütungsansprüche sowie die aus ihnen resultierenden Ausschüttungsansprüche gegen Verwertungsgesellschaften entgegen dem Wortlaut von § 63a S. 2 UrhG an Verleger erst nach ihrer Entstehung abtretbar.[403] Der Bundesgerichtshof behilft sich insofern mit einer **richtlinienkonformen Auslegung** von § 63a S. 2 UrhG, nach der eine Vorausabtretung an Verleger nur dann zulässig sei, wenn der Verleger die Vergütungsansprüche im Interesse des Urhebers von der Verwertungsgesellschaft wahrnehmen lässt.[404] Die Ausschüttung eines Verlegeranteils wäre mit dieser Rechtsprechung also nicht vereinbar, da der Verleger insoweit nicht als Treuhänder des Urhebers handelt. 259

Da es sich bei der Statuierung eines Vorausabtretungsverbots um eine **entscheidungserhebliche Frage des Unionsrechts** handelt, wäre der Bundesgerichtshof zur Vorlage an den Europäischen Gerichtshof im **Vorabentscheidungsverfahren** nach Art. 267 Abs. 3 AEUV verpflichtet gewesen. In der unterbliebenen Vorlage ist ein rechtswidriger Entzug des **gesetzlichen Richters** nach Art. 101 Abs. 1 S. 2 GG zu sehen. Auf der Basis dieser Rechtsprechung werden die gesetzlichen Vergütungsansprüche bei der GEMA zumindest in der Regel durch die Urheber eingebracht. Rechtstechnisch treten die Urheber diese Ansprüche an die GEMA nach den §§ 398 ff. BGB im Voraus ab. Vorausabtretungen an Verwertungsgesellschaften sind nach § 63a S. 2 UrhG ausdrücklich zulässig. 260

III. Die einzelnen Vergütungsansprüche

1. Die Regelungen zur Geräte- und Speichermedienabgabe nach §§ 54 ff. UrhG

Die sogenannte Geräte- und Speichermedienabgabe nach den §§ 54 ff. UrhG stellt den typischen Fall einer Kompensation für die Einschränkung eines Verwertungsrechts 261

401 EuGH v.12.11.2015, Rs. C-572/13, GRUR 2016, 55, 57 – Reprobel. Hierzu *Riesenhuber*, EuZW 2016, 16 ff.
402 BGH, GRUR 2016, 596 ff. – Verlegeranteil. Hierzu ausführlich *Riesenhuber*, ZUM 2016, 613 ff.
403 BGH, GRUR 2016, 596, 603 – Verlegeranteil.
404 BGH, GRUR 2016, 596, 603 – Verlegeranteil.

dar. Das Verbotsrecht (Ausschließlichkeitsrecht) des Urhebers wird durch eine **gesetzliche Lizenz** nach § 53 UrhG eingeschränkt. Die Vervielfältigung zum privaten und sonstigen eigenen Gebrauch ist ohne Zustimmung des Urhebers zulässig. Als Ausgleich gewährt der Gesetzgeber dem Urheber nach § 54 Abs. 1 UrhG einen verwertungsgesellschaftenpflichtigen pauschalen Vergütungsanspruch gegen die **Hersteller, Importeure** und **Händler** von bestimmten Geräten und Speichermedien. Die gesetzliche Lizenz trägt dabei dem Umstand Rechnung, dass massenhafte Nutzungsvorgänge im privaten Bereich weder lizenzierbar noch kontrollierbar sind. Ein Eindringen in die Privatsphäre der Nutzer ist weder gewünscht noch durchführbar. Aus wirtschaftlicher Sicht kommt der Geräte- und Speichermedienabgabe unter den gesetzlichen Vergütungsansprüchen, die die GEMA wahrnimmt, die größte Bedeutung zu.

262 Mit dem Vergütungsanspruch gehen auch die **Empfangsberechtigung für Meldepflichten** nach § 54e UrhG, die **Auskunftsansprüche** nach § 54f sowie die **Schadensersatzansprüche** nach § 54e Abs. 2 und § 54f Abs. 3 UrhG auf die GEMA über. Die Ansprüche werden durch die **Zentralstelle für private Überspielungsrechte (ZPÜ dazu Kap. 16 Rn. 8ff.)** wahrgenommen. Bei dieser handelt es sich um einen Zusammenschluss von neun deutschen Verwertungsgesellschaften in der Rechtsform einer Gesellschaft bürgerlichen Rechts nach den §§ 705ff. BGB.[405] Die ZPÜ selbst ist keine Verwertungsgesellschaft nach § 2 VGG, sondern eine **abhängige Verwertungseinrichtung** nach § 3 Abs. 1 VGG, da ihre Anteile von Verwertungsgesellschaften gehalten werden. Die Geschäftsführung der ZPÜ erfolgt durch die GEMA,[406] die durch ihre 100%ige Tochter, die **ZPÜ-Service GmbH**, unterstützt wird.

2. Der Vergütungsanspruch für die Vermietung nach § 27 Abs. 1 UrhG

263 Nach § 1 lit. m Abs. 1 BerV nimmt die GEMA auch den gesetzlichen Vergütungsanspruch nach § 27 Abs. 1 UrhG für die Vermietung wahr. Dem Berechtigten steht nach dieser Vorschrift ein Vergütungsanspruch gegen den Vermieter zu, wenn er das **Vermietrecht** nach § 17 Abs. 3 UrhG an einem Bild- oder Tonträger einem **Tonträger- oder Filmhersteller** eingeräumt hat. Im Gegensatz zum Verleihrecht hat der Gesetzgeber das Vermietrecht als **ausschließliches Recht** kreiert, das nach der ausdrücklichen Regelung in § 17 Abs. 2 UrhG nicht der Erschöpfung unterliegt. Der Vergütungsanspruch steht daher neben dem Vermietrecht des Urhebers, d.h. der Urheber kann neben einer potentiellen Vergütung aus der Einräumung des Vermietrechts eine zusätzliche Vergütung erhalten. Die Intention des Gesetzgebers ist es, durch diese Regelung die Beteiligung des Urhebers gesetzlich sicherzustellen, da der Urheber in den seltensten Fällen vertraglich an den Erlösen aus der Einräumung des Vermietrechts beteiligt wird.[407]

264 Das Vermietrecht umfasst nach der Legaldefinition des § 17 Abs. 3 S. 1 UrhG die zeitlich begrenzte, unmittelbar oder mittelbar Erwerbszwecken dienende Gebrauchsüberlassung. Der Begriff **„Vermietung"** ist hiernach in einem **weiten Sinn** zu verstehen. Er ist nicht auf die im Bürgerlichen Gesetzbuch geregelten Fälle der §§ 535ff. beschränkt; es ist eine wirtschaftliche Betrachtungsweise vorzunehmen.[408] Der Vergütungsanspruch gegen den Vermieter ist nach § 27 Abs. 3 UrhG **verwertungsgesellschaftenpflichtig**. Auf ihn kann zudem nach § 27 Abs. 1 S. 2 UrhG nicht verzichtet werden und er ist nach § 27 Abs. 1 S. 3 UrhG im Voraus nur an eine Verwertungsgesellschaft abtretbar. Durch die im Be-

---

405 GEMA, GÜFA, GVL, GWFF, TWF, VFF, VGF, VG Bild-Kunst, VG Wort.
406 § 6 Ziff. 1 des Gesellschaftsvertrages in der Fassung vom 30.11.2016, GEMA Jahrbuch 2017/2018, S. 558.
407 Fromm/Nordemann-*Boddien*, § 27 UrhG Rn. 1.
408 BGH, GRUR 1989, 417, 418 – Kauf mit Rückgaberecht.

rechtigungsvertrag vorgesehene Vorausabtretung ist die GEMA bereits mit Entstehung des Anspruchs Anspruchsinhaber. Eine Abtretung durch den Urheber nach der Anspruchsentstehung – etwa an einen Produzenten – geht damit ins Leere,[409] so dass eine Verfügung des Urhebers über den Anspruch zu seinen Ungunsten ausgeschlossen ist.[410] Der Anspruch wird durch die sogenannte **Zentralstelle für Videovermietung (ZVV dazu Kap. 16 Rn. 27 f.)**, eine Gesellschaft bürgerlichen Rechts, in der sich die deutschen Verwertungsgesellschaften zur gemeinsamen Wahrnehmung des Vergütungsanspruchs zusammengeschlossen haben, wahrgenommen. Die Geschäftsführung erfolgt durch die GEMA.[411] Die ZVV schüttet den auf die GEMA entfallenden Anteil an die GEMA aus, die dann die Erträge an ihre Mitglieder nach den Regelungen des Verteilungsplans verteilt.

3. Die Bibliothekstantieme nach § 27 Abs. 2 UrhG

Mit Abschluss des Berechtigungsvertrages treten die Berechtigten auch ihren gesetzlichen **Vergütungsanspruch** aus § 27 Abs. 2 UrhG an die GEMA ab. Der Anspruch wird auch als „Bibliothekstantieme" oder „Bibliotheksgroschen" bezeichnet. Er fällt für das **Verleihen** von Originalen oder Werkstücken durch eine der **Öffentlichkeit zugängliche Einrichtung** an. Durch den Anspruch wird dem Umstand Rechnung getragen, dass der Gesetzgeber das Verleihrecht im Gegensatz zum Vermietrecht **nicht als eigenständiges Recht** ausgestaltet hat. Es ist Teil des Verbreitungsrechts, so dass es sich an einem konkreten Werkstück bereits mit seinem ersten Inverkehrbringen durch Veräußerung nach § 17 Abs. 2 UrhG erschöpft. Der Urheber partizipiert also nicht an der weiteren Verbreitung nach Veräußerung des Werkstücks. Da die Leihe potentiell mit einer Vielzahl von Verleihvorgängen an unterschiedliche Konsumenten verbunden ist und damit eine **besonders intensive Nutzungsform** darstellt, hat der Gesetzgeber zur Kompensation den gesetzlichen Vergütungsanspruch geschaffen. 265

Der Anspruch setzt ein Verleihen von **Originalen** oder von **Vervielfältigungsstücken** voraus. Auch das Verleihen einer **digitalen Kopie** kann von der Vorschrift erfasst sein.[412] Nach der Legaldefinition in § 27 Abs. 2 S. 2 UrhG ist unter einem **Verleihen** die zeitlich begrenzte, weder unmittelbar noch mittelbar Erwerbszwecken dienende Gebrauchsüberlassung zu verstehen. Maßgeblich ist insofern eine **wirtschaftliche Betrachtung** und nicht die rechtliche Qualifizierung als Leihe iSd §§ 598 ff. BGB.[413] Da die Verfolgung von Erwerbszwecken ein Verleihen ausschließt, fällt die Gebrauchsüberlassung durch Gewerbebetriebe nicht unter § 27 Abs. 2 UrhG.[414] Anspruchsschuldner sind **der Öffentlichkeit zugängliche Einrichtungen.**[415] Solche Einrichtungen sind beispielsweise öffentlich-rechtlich oder kirchlich getragene Bibliotheken sowie Werkbüchereien und Landesbildstellen. 266

Für die GEMA ist das Verleihen von sogenannten „Non-Book-Medien", d.h. **Tonträgern (Musik/Hörbuch/Hörspiel)** und **Bildtonträgern (Film)** relevant. Zudem treten die Berechtigten gemäß § 1 lit. m Abs. 1 S. 2 BerV ihren Vergütungsanspruch nach § 27 Abs. 2 267

409 Dreyer/Kotthoff/*Meckel-Dreyer*, § 27 UrhG Rn. 19 f.; *Mäger*, Die Abtretung urheberrechtlicher Vergütungsansprüche in Verwertungsverträgen, S. 53.
410 *Plate*, Verwertungsgesellschaftspflicht, S. 57; Schricker/Loewenheim-*Loewenheim*, § 27 UrhG Rn. 6, 10.
411 § 5 des Gesellschaftsvertrages in der Fassung vom 15.12.1998, vgl. GEMA Jahrbuch 2017/2018, S. 562 f.
412 EuGH v. 10.11.2016, Rs. C-174/15, GRUR 2016, 1266 ff. – VOB/Stichting Leenrecht.
413 BGH, GRUR 1989, 417, 418 – Kauf mit Rückgaberecht.
414 Dreier/Schulze-*Schulze*, § 27 UrhG Rn. 18.
415 EuGH v.30.6.2011, Rs. C-271/10, GRUR 2011, 913 ff. – VEWA für die Richtlinie zum Vermietrecht und Verleihrecht; BGH, GRUR 1985, 131, 132 – Zeitschriftenauslage.

UrhG auch für das **Verleihen von grafischen Aufzeichnungen musikalischer Werke (z.B. Notenbild und Textbild)** an die GEMA ab. Hierbei handelt es sich um eine Ausnahme zu § 1 lit. h Abs. 6 BerV, wonach grafische Rechte von der Rechtewahrnehmung durch die GEMA grundsätzlich nicht umfasst sind. Auf diesem Gebiet sind traditionell die Musikverleger tätig, die sich die entsprechenden Nutzungsrechte unmittelbar vom Urheber in Verlagsverträgen einräumen lassen. Durch die in § 27 Abs. 3 UrhG vorgesehene **Verwertungsgesellschaftenpflichtigkeit** des Vergütungsanspruchs ist für die Bibliothekstantieme jedoch eine individuelle Rechtewahrnehmung auch für die grafischen Rechte ausgeschlossen. Der Vergütungsanspruch für das Verleihen von Musiknoten wird daher von der GEMA wahrgenommen.

268 In entsprechender Anwendung von § 63a UrhG kann der Urheber auf den Anspruch aus § 27 Abs. 2 UrhG im Voraus nicht verzichten und kann ihn vorab nur an eine Verwertungsgesellschaft abtreten.[416] Zur Wahrnehmung des Anspruchs hat sich die GEMA mit einigen deutschen Verwertungsgesellschaften zur sogenannten **Zentralstelle Bibliothekstantieme (ZBT dazu Kap. 16 Rn. 22ff.)**, einer Gesellschaft bürgerlichen Rechts, zusammengeschlossen. Die Geschäftsführung erfolgt durch die Verwertungsgesellschaft Wort.[417] Die ZBT schüttet den auf die GEMA entfallenden Anteil an die GEMA aus, die dann die Erträge an ihre Mitglieder nach den Regelungen des Verteilungsplans verteilt.

4. Der Vergütungsanspruch für die öffentliche Zugänglichmachung für Unterricht und Forschung nach § 52a Abs. 4 S. 1 UrhG a.F.[418]

269 § 52a UrhG a.F. sah unter bestimmten Voraussetzungen eine vergütungspflichtige Schranke für die öffentliche Zugänglichmachung nach § 19a UrhG für **Unterricht und Forschung** vor. Die Schranke erfasste für die Veranschaulichung im Unterricht lediglich kleine Teile eines Werkes und Werke geringen Umfangs. Die Rechtsprechung ging dabei für den Buchbereich davon aus, dass kleine Teile eines Werkes bei einer Zugänglichmachung von maximal 12% des Gesamtwerkes vorlagen.[419] Die Zugänglichmachung musste **zur Veranschaulichung im Unterricht** oder **zu eigenen wissenschaftlichen Zwecken** der Adressaten der Zugänglichmachung geboten sein, durfte lediglich zur Verfolgung **nicht kommerzieller Zwecke** erfolgen und musste sich an einen **bestimmt abgegrenzten Kreis von Personen** richten. Neben dem Recht der öffentlichen Zugänglichmachung waren nach § 52a Abs. 3 UrhG auch die für die Zugänglichmachung erforderlichen Vervielfältigungshandlungen abgedeckt. Die Schranke fand im Jahr 2003 im Rahmen der Umsetzung der Informationsgesellschaftsrichtlinie durch das Gesetz zur Regelung des Urheberrechts in der Informationsgesellschaft Eingang in das Urheberrechtsgesetz und war zunächst als Experimentierklausel befristet. Anschließend wurde sie mehrfach verlängert, bevor sie durch das Zehnte Gesetz zur Änderung des UrhG entfristet wurde. Mit Inkrafttreten des **Urheberrechts-Wissensgesellschafts-Gesetzes** am 1. März 2018 wird die Schranke in § 60a UrhG n.F. (Unterricht und Lehre) und § 60c UrhG n.F. (wissenschaftliche Forschung) neu gefasst. Der Anwendungsbereich wird ausgeweitet. So können z.B. in Zukunft bis zu 15% eines veröffentlichten Werkes genutzt werden. Die Beschränkung auf kleine Teile eines Werkes fällt weg.

416 Schricker/Loewenheim-*Loewenheim*, § 63a UrhG Rn. 8.
417 § 5 des Gesellschaftsvertrages in der Fassung vom 14.7.2010, vgl. GEMA Jahrbuch 2017/2018, S. 552f.
418 Zur Schranke auch oben Rn. 188.
419 BGH, GRUR 2014, 549, 551 – Meilensteine der Psychologie; im Wissenschaftsbereich galt zudem eine absolute Obergrenze von 100 Seiten. Ein angemessenes Lizenzangebot zur digitalen Nutzung schloss die Schranke aus. Vgl. auch BGH, GRUR 2013, 1220ff. – Gesamtvertrag Hochschul-Intranet.

Der korrespondierende Vergütungsanspruch ergab sich aus § 52a Abs. 4 S. 1 UrhG a.F. (§ 60h Abs. 1 UrhG n.F.) und diente als Kompensation für die Beschränkung des Ausschließlichkeitsrechts. Durch Beschluss der **Mitgliederversammlung 2005** wurde der Anspruch explizit in den Berechtigungsvertrag aufgenommen. Er konnte nach § 52a Abs. 4 S. 2 UrhG a.F. (§ 60h Abs. 4 n.F.) nur durch eine Verwertungsgesellschaft wahrgenommen werden. Nach § 63a UrhG konnte der Berechtige auf den Anspruch im Voraus nicht verzichten und ihn im Voraus nur an eine Verwertungsgesellschaft abtreten. Praktisch relevant war der Vergütungsanspruch für die GEMA bei einer Zugänglichmachung von Werken im Intranet der Hochschulen und Schulen. Für die Wahrnehmung gegenüber den Hochschulen hat die GEMA die **VG Bild-Kunst** mandatiert, für die Wahrnehmung gegenüber den Schulen die **Zentralstelle Bibliothekstantieme (ZBT)**, bei der die GEMA Gesellschafterin ist. 270

5. Der Vergütungsanspruch für die Kabelweitersendung nach § 20b Abs. 2 UrhG

Nach § 20b Abs. 2 UrhG steht dem Urheber ein Anspruch auf angemessene Vergütung gegen den Kabelnetzbetreiber zu, wenn er das Kabelweitersendungsrecht einem Sendeunternehmen oder einem Tonträger- oder Filmhersteller eingeräumt hat. Der Vergütungsanspruch tritt ähnlich wie beim Vermietrecht nach § 27 Abs. 1 UrhG (oben Rn. 263f.) neben das Ausschließlichkeitsrecht, wobei im Unterschied zum Vermietrecht beim Kabelweitersendungsrecht bereits das Ausschließlichkeitsrecht nach § 20b Abs. 1 UrhG mit Ausnahme für Sendeunternehmen **verwertungsgesellschaftenpflichtig** ist. Durch die Verwertungsgesellschaftenpflichtigkeit des Ausschließlichkeitsrechts wird es den Kabelunternehmen ermöglicht, die erforderlichen Rechte pauschal aus einer Hand erwerben zu können (sogenannter „one-stop-shop"). So kann verhindert werden, dass Urheber, die mit der GEMA keinen Berechtigungsvertrag abgeschlossen haben (sogenannte **Außenseiter**), durch die Geltendmachung ihres Verbotsrechts an Teilen eines Programms die Weitersendung des gesamten Programms **blockieren** können.[420] 271

Nach § 20b Abs. 2 S. 3 Hs. 2 UrhG ist neben dem Ausschließlichkeitsrecht auch der Vergütungsanspruch verwertungsgesellschaftenpflichtig. Der Anspruch ist darüber hinaus nach § 20b Abs. 2 S. 2 UrhG unverzichtbar und kann nach § 20b Abs. 2 S. 3 Hs. 1 UrhG im Voraus nur an eine Verwertungsgesellschaft abgetreten werden. Das Gesetz trägt mit der Statuierung des Vergütungsanspruchs der strukturellen Unterlegenheit der Urheber bei Vertragsverhandlungen gegenüber den Sendeunternehmen Rechnung und sichert ihnen bei Einräumung des Ausschließlichkeitsrechts an die Sendeunternehmen eine Beteiligung an den Erlösen aus der Verwertung. 272

6. Die Vergütungsansprüche für die öffentliche Wiedergabe nach §§ 52 Abs. 1 S. 2 und Abs. 2 S. 2 UrhG

Die GEMA nimmt auch die gesetzlichen Vergütungsansprüche aus §§ 52 Abs. 1 S. 2 und Abs. 2 S. 2 UrhG wahr. Insofern erfolgte durch die Mitgliederversammlung 2015 eine Klarstellung im Berechtigungsvertrag. Beide Vergütungsansprüche beruhen auf Schrankenbestimmungen, die das **Recht der öffentlichen Wiedergabe** beschränken. § 52 Abs. 1 S. 1 UrhG privilegiert die öffentliche Wiedergabe von veröffentlichten Werken auf Veranstaltungen, bei denen die Wiedergabe **keinem Erwerbszweck** des Veranstalters 273

420 Dreier/Schulze-*Dreier*, § 20b UrhG Rn. 1.

dient, die Teilnehmer **ohne Entgelt** zugelassen werden und im Falle der Aufführung eines Werkes **keiner der ausübenden Künstler eine besondere Vergütung** erhält. Ein Erwerbszweck ist dabei schon dann anzunehmen, wenn die Veranstaltung der unmittelbaren oder mittelbaren Förderung des eigenen Erwerbs des Veranstalters dient.[421] Nach § 52 Abs. 1 S. 3 UrhG fällt die Vergütungspflicht in bestimmten eng umgrenzten Fällen weg. § 52 Abs. 1 S. 4 UrhG enthält hierzu eine Rückausnahme. Nach § 52 Abs. 2 S. 2 UrhG ist zudem die öffentliche Wiedergabe von erschienenen Werken bei **Gottesdiensten** oder **kirchlichen Feiern der Kirchen** oder **Religionsgemeinschaften** privilegiert. Die erlaubnisfreien Nutzungen werden durch die Vergütungsansprüche kompensiert.

7. Die gesetzlichen Vergütungsansprüche nach §§ 45a Abs. 2, 46 Abs. 4 und 47 Abs. 2 S. 2 UrhG

274 Die GEMA nimmt weitere nicht verwertungsgesellschaftenpflichtige Vergütungsansprüche wahr. § 45a Abs. 2 UrhG gewährt eine Kompensation für die in § 45a Abs. 1 UrhG vorgesehene Privilegierung von **Vervielfältigungs- und Verbreitungshandlungen zugunsten von behinderten Menschen.** Die Schranke greift nur dann, wenn den Betroffenen der Zugang zu dem Werk in einer bereits verfügbaren Art der sinnlichen Wahrnehmung auf Grund ihrer Behinderung nicht möglich oder erheblich erschwert ist. Die Schranke würde z.B. die Aufnahme eines Werkes der Literatur auf Tonträger oder die Übertragung in Blindenschrift ermöglichen.[422] Im Bereich der Nutzung von musikalischen Werken sind bisher keine Anwendungsfälle bekannt. Ein weiterer gesetzlicher Vergütungsanspruch, der der GEMA nach § 1 lit. m Abs. 1 BerV übertragen wird, bestand nach § 46 Abs. 4 UrhG a.F. Die Vorschrift trug der Schranke nach § 46 Abs. 1 iVm Abs. 2 UrhG a.F. Rechnung, nach der die Vervielfältigung, Verbreitung und öffentliche Zugänglichmachung von Werken der Musik geringen Umfangs **für Sammlungen von Musikwerken, die zum Gebrauch im Musikunterricht an allgemeinbildenden Schulen** bestimmt sind, erlaubnisfrei zulässig waren. Musikschulen waren ausdrücklich von der gesetzlichen Regelung ausgenommen. Mit Inkrafttreten des **Urheberrechts-Wissensgesellschafts-Gesetzes** am 1. März 2018 wird die gesetzliche Erlaubnis für die Erstellung von Sammlungen für den Unterrichtsgebrauch in § 60b UrhG n.F. neu gefasst. Nach § 47 Abs. 2 S. 2 UrhG besteht zudem ein Vergütungsanspruch, sofern nach § 47 Abs. 1 UrhG in zulässiger Weise hergestellte **Bild- oder Tonträger von Schulfunksendungen** nach dem Ende des auf die Übertragung der Schulfunksendung folgenden Schuljahres nicht gelöscht werden. Der Anspruch hat keine praktische Bedeutung.

8. Der Vergütungsanspruch nach § 137l Abs. 5 UrhG

275 Der gesetzliche Vergütungsanspruch nach § 137l Abs. 5 UrhG steht im Zusammenhang mit der Aufhebung des **Verbots der Übertragung unbekannter Nutzungsarten** nach § 31 Abs. 4 UrhG a.F. zum 1.1.2008 (oben Rn. 248). Für Verträge, die unter der Geltung dieses Verbots zwischen dem 1.1.1966 und dem 1.1.2008 abgeschlossen wurden, fingiert § 137l Abs. 1 UrhG n.F. vorbehaltlich eines Widerspruchsrechts des Urhebers die Übertragung unbekannter Nutzungsarten, wenn der Urheber alle wesentlichen Nutzungsrechte ausschließlich, sowie räumlich und zeitlich unbegrenzt eingeräumt hat. Zur Kompensation steht dem Berechtigten ein **verwertungsgesellschaftenpflichtiger** Ver-

421 Dreier/Schulze-*Dreier*, § 52 UrhG Rn. 6.
422 Dreier/Schulze-*Dreier*, § 45a UrhG Rn. 3

gütungsanspruch nach § 137l Abs. 5 UrhG n.F. bei Aufnahme der Nutzung zu. Der Vergütungsanspruch ist für die Rechtewahrnehmung durch die GEMA von geringer Bedeutung, da die Berechtigten in der Regel alle wesentlichen Nutzungsrechte bereits der GEMA durch den Berechtigungsvertrag eingeräumt haben und diese damit durch den Berechtigten nicht mehr eingeräumt werden können.

9. Abtretung künftig entstehender Vergütungsansprüche

Nach § 1 lit. m Abs. 2 BerV übertragen die Berechtigten der GEMA gesetzliche Vergütungsansprüche, die durch Schaffung neuer Vorschriften im Bereich der in den Absätzen a) bis l) genannten Rechte entstehen. Die Klausel wurde durch Beschluss der **Mitgliederversammlung 2015** in den Berechtigungsvertrag aufgenommen. Sie enthält eine Vorausabtretung gesetzlicher Vergütungsansprüche, die aufgrund von Gesetzesänderungen in der Zukunft zur Entstehung gelangen. Eine Wahrnehmung von gesetzlichen Vergütungsansprüchen durch die GEMA wird regelmäßig im Interesse der Berechtigten liegen, da eine individuelle Wahrnehmung bei den zumeist verwertungsgesellschaftenpflichtigen Ansprüchen rechtlich nicht in Betracht kommt oder die individuelle Wahrnehmung faktisch oder zumindest wirtschaftlich ausgeschlossen ist. Durch die Vorausabtretung ist in zeitlicher Hinsicht eine **lückenlose Rechtewahrnehmung** sichergestellt, die andernfalls für den Zeitraum zwischen einer gesetzlichen Neuregelung und dem Beschluss der Mitgliederversammlung über eine entsprechende Erweiterung des Wahrnehmungsumfangs nicht sichergestellt werden könnte. 276

Trotz dieser Interessenlage soll die Letztentscheidung über die Wahrnehmung eines gesetzlichen Vergütungsanspruchs durch die GEMA beim Berechtigten verbleiben. Hierzu steht ihm nach § 1 lit. m Abs. 2 S. 2 BerV ein **Widerrufsrecht** zu. Die Klausel ähnelt in ihrer Struktur dem Widerrufsrecht bei der Entstehung neuer, bisher unbekannter Nutzungsarten nach § 1 lit. l BerV bzw. § 31a UrhG. Von diesen Regelungen unterscheidet sich das Widerrufsrecht nach § 1 lit. m Abs. 2 BerV jedoch, indem es an rechtliche Veränderungen infolge von Gesetzesänderungen und nicht an tatsächliche Veränderungen der Nutzungsrealität anknüpft. Das Widerrufsrecht ist schriftlich auszuüben. Die Frist für seine Ausübung beträgt drei Monate seit der Mitteilung der GEMA über die beabsichtigte Aufnahme der Wahrnehmung des neuen Vergütungsanspruchs. Die Mitteilung erfolgt in der Mitgliederzeitschrift „virtuos". 277

§ 1a [Vergabe vergütungsfreier Lizenzen]

§ 1a Der Berechtigte hat die Möglichkeit, auf Antrag eine vergütungsfreie GEMA-Nicht-Kommerzielle-Lizenz („GEMA-NK-Lizenz") für die gemäß § 1 übertragenen Rechte zu erwerben, die ihn dazu berechtigt,

a) seine Werke selbst nicht-kommerziell zu nutzen und

b) jedermann oder einzelnen Personen eine vergütungsfreie Lizenz für die nicht-kommerzielle Nutzung seiner Werke einzuräumen.

Die Voraussetzungen für den Erwerb der GEMA-NK-Lizenz und die Bedingungen für die Vergabe vergütungsfreier Lizenzen für nicht-kommerzielle Nutzungen werden von der Mitgliederversammlung beschlossen und sind zu veröffentlichen.

Allgemeine Geschäftsbedingungen der GEMA-NK-Lizenz

(Stand 11.5.2016)

§ 1 Anforderungen an den Antragsteller

1. **Die GEMA-NK-Lizenz kann nur von einem GEMA-Mitglied erworben werden.**
2. **Das GEMA-Mitglied hat die GEMA-NK-Lizenz vor der Nutzungsaufnahme und vor der Vergabe einer vergütungsfreien Lizenz an Dritte zu erwerben.**

§ 2 Rechteinräumung

1. Sofern an den ausgewählten Werken mehrere GEMA-Mitglieder beteiligt sind, ist Voraussetzung für die Erteilung der GEMA-NK-Lizenz und die damit verbundene Rechteinräumung, dass der Antrag gemeinschaftlich gestellt wird. Hierfür müssen alle an den ausgewählten Werken beteiligten GEMA-Mitglieder den Antrag unterschreiben. Auch die Erteilung einer vergütungsfreien Lizenz an Dritte ist in diesem Fall nur durch alle Antragsteller gemeinschaftlich möglich.
2. Die Rechteeinräumung erfolgt ausschließlich zu folgenden Zwecken:
   1. Die nicht-kommerzielle Nutzung der ausgewählten Werke durch den Antragsteller.
   2. Die Vergabe einer vergütungsfreien Lizenz für nicht-kommerzielle Nutzungen an Dritte durch den Antragsteller.
3. Die Rechteeinräumung erstreckt sich nur auf die von der GEMA wahrgenommenen Rechte. Rechte Dritter, z.B. Leistungsschutzrechte, bleiben von der Lizenzierung durch die GEMA unberührt und müssen durch den Antragsteller vor der Nutzung der ausgewählten Werke selbständig geklärt werden. Zudem darf das Urheberpersönlichkeitsrecht nicht verletzt werden. Änderungen an einem Werk müssen insbesondere den möglichen Anforderungen der §§ 14 und 39 UrhG genügen.

§ 3 Umfang der GEMA-NK-Lizenz

Die GEMA-NK-Lizenz berechtigt ausschließlich zu Nutzungen, die sich im Rahmen der folgenden Bestimmungen halten. Soweit die Nutzung durch den Antragsteller oder Dritte diesen Bestimmungen nicht entspricht, ist hierfür eine vergütungspflichtige Lizenz gemäß den veröffentlichten Tarifen der GEMA zu erwerben. Der Antragsteller hat Dritte, denen er eine vergütungsfreie Lizenz erteilt, über diese allgemeinen Geschäftsbedingungen zu informieren.

1. Die GEMA-NK-Lizenz berechtigt den Antragsteller dazu, die ausgewählten Werke selbst nichtkommerziell zu nutzen und unter einer vergütungsfreien Lizenz für nicht-kommerzielle Nutzungen an Dritte zu vergeben.
   Sämtliche kommerzielle Nutzungen der ausgewählten Werke durch den Antragsteller oder Dritte werden – vorbehaltlich der gesetzlich geregelten und im GEMA-Berechtigungsvertrag vorgesehenen Ausnahmeregelungen – weiterhin von der GEMA lizenziert.
   Als kommerziell gelten alle Nutzungshandlungen, die direkt oder indirekt auf einen geschäftlichen Vorteil oder eine geldwerte Vergütung gerichtet sind. Umfasst sind damit alle Nutzungen, für die direkt oder indirekt ein vermögenswerter Vorteil erlangt oder angestrebt wird, ohne Rücksicht auf die Art der Nutzung und die Person des Begünstigten.
   Ein vermögenswerter Vorteil wird u.a. dann erlangt bzw. angestrebt, wenn
   - für die Nutzung des Werks oder den dadurch vermittelten Werkgenuss ein Entgelt geleistet/verlangt wird oder
   - durch die Nutzung oder im Zusammenhang mit der Nutzung des Werkes Werbe- und/oder Sponsoringeinnahmen erzielt werden (sollen) oder die Nutzung des Werkes in Zusammenhang mit dem unmittelbaren Angebot oder der Bewerbung eines Produkts oder einer Dienstleistung steht.

Eine kommerzielle Nutzung liegt demnach in der Regel vor
   - bei der Sendung oder sonstigen Nutzung des Werkes durch Sendeunternehmen,
   - bei der öffentlichen Wiedergabe von Werken in Verkaufsgeschäften, Diskotheken, Bewirtungseinrichtungen etc.,
   - bei der Aufführung von Werken im Rahmen von Live-Konzerten und anderen Veranstaltungen, die kostenpflichtig sind oder bei denen zwar kein Eintrittsgeld verlangt wird, aber Speisen, Getränke, Merchandisinggegenstände, etc. verkauft oder Unternehmen mit Gewinnerzielungsabsicht beworben werden,
   - bei der öffentlichen Zugänglichmachung des Werkes im Internet – z.B. im Wege des Downloads oder Streaming – durch die vom Nutzer oder einem Dritten – z.B. durch Werbung oder Sponsoring – ein vermögenswerter Vorteil erlangt oder angestrebt wird. Dies gilt insbesondere für die Nutzung auf der Website eines gewinnorientierten Internetproviders, auf der Werke zum Download oder Streaming bereitgestellt werden.
   - Bei der Vervielfältigung und öffentlichen Verbreitung des Werkes auf Bild- oder Tonträger oder sonstige Datenträger, mit denen direkt oder indirekt Erwerbszwecke verfolgt werden.

   Die Liste der Beispielsfälle ist nicht als abschließend zu verstehen.
2. Die GEMA-NK-Lizenz berechtigt den Antragsteller bzw. Dritte, die von diesem eine vergütungsfreie Lizenz erwerben, nur zu solchen nicht-kommerziellen Nutzungen, die keinen so genannten "mixed-use" darstellen. Ein "mixed-use" liegt vor,

- wenn die ausgewählten Werke zusammen mit Werken genutzt werden, die von der GEMA wahrgenommen werden und für die keine GEMA-NK-Lizenz erteilt worden ist,
- und wenn die gesamte Nutzung durch die GEMA pauschal lizenziert wird.

In diesen Fällen liegt die Zuständigkeit für die Lizenzierung der gesamten Nutzung weiterhin bei der GEMA.

Ein „mixed-use" ist beispielsweise gegeben, wenn im Rahmen einer nicht-kommerziellen Live-Aufführung sowohl Werke, für die eine GEMA-NK-Lizenz erteilt worden ist, als auch Werke, für die keine GEMA-NK-Lizenz erteilt worden ist, aufgeführt werden. In einem solchen Fall wird die gesamte Live-Aufführung durch die GEMA nach den einschlägigen Tarifen lizenziert.

3. Der Antragsteller muss im Antrag auf Erteilung der GEMA-NK-Lizenz angeben, welche Art der vergütungsfreien Lizenz (zeitlich, inhaltlich und territorial beschränkte Einzelfalllizenz oder (unbeschränkte) standardisierte Lizenz) er an Dritte vergeben möchte. Die GEMA-NK-Lizenz berechtigt den Antragsteller zur Vergabe der im Antrag ausgewählten und beschriebenen vergütungsfreien Lizenz. Nicht-kommerzielle Nutzungen, die den zeitlichen, inhaltlichen und territorialen Beschränkungen der vom Antragsteller ausgewählten Lizenz nicht entsprechen, sind gegenüber der GEMA vergütungspflichtig.
4. Darüber hinaus bleiben die unverzichtbaren gesetzlichen Vergütungsansprüche von der Erteilung der GEMA-NK-Lizenz und von der Erteilung der vergütungsfreien Lizenz für die nicht-kommerzielle Nutzung durch Dritte unberührt.
5. Die vorstehenden Bestimmungen gelten auch dann, wenn das Originalwerk im Rahmen einer Bearbeitung genutzt wird.

§ 4 Meldung der vergütungsfreien Nutzung bei der GEMA

Die GEMA kann die Vergütungsfreiheit der Nutzung bei der Lizenzierung nur berücksichtigen, wenn der Nutzer – d.h. der Antragsteller oder Dritte – der GEMA die Nutzung unter Verwendung des hierfür vorgesehenen Formulars ("Nutzungsmeldung für die Nutzung unter einer vergütungsfreien Lizenz") rechtzeitig mitteilt.

§ 5 Kein Anspruch auf Ausschüttung gegenüber der GEMA

Für nicht-kommerzielle Nutzungen von Werken, die von der GEMA-NK-Lizenz umfasst sind und für die die GEMA daher keine Vergütung erhält, besteht kein Anspruch auf Ausschüttung gegenüber der GEMA.

§ 6 Freistellungserklärung

Für den Fall, dass sich der Antragsteller gegenüber Nutzern seiner Werke, an die er eine vergütungsfreie Lizenz vergeben hat, im Nachhinein auf § 32 Abs. 3 Satz 1 Urheberrechtsgesetz beruft, stellt er die GEMA von etwaigen Regressansprüchen der Nutzer frei.

§ 7 Beginn und Dauer der GEMA-NK-Lizenz

Die GEMA-NK-Lizenz beginnt mit dem Tag, an dem der Antragsteller die GEMA-NK-Lizenz per E-Mail von der GEMA erhält. Die Dauer der GEMA-NK-Lizenz richtet sich nach dem zeitlichen Umfang der vergütungsfreien Lizenz (Einzelfalllizenz oder standardisierte Lizenz), die der Antragsteller im Antrag für die Vergabe an Dritte ausgewählt hat (siehe hierzu auch § 3 Ziffer 3). Der Ablauf des Projekts nach 12 Monaten (siehe § 12) lässt die Wirksamkeit der GEMA-NK-Lizenz unberührt.

§ 8 Sonstiges

1. Die GEMA kann aufgrund der mit den Begriffen „nicht-kommerziell"/„kommerziell" und „nicht-mixed-use"/„mixed-use" verbundenen Abgrenzungsschwierigkeiten nicht garantieren, dass sie in allen Fällen, in denen weder eine kommerzielle Nutzung noch ein "mixed-use" vorliegt, keine Vergütung inkassiert. Aus den gleichen Gründen kann die GEMA nicht garantieren, dass sie in allen Fällen, in denen eine kommerzielle Nutzung und/oder ein "mixed-use" vorliegt, Vergütungen für die Nutzung der ausgewählten Werke inkassiert.
2. Die GEMA kann nicht garantieren, dass sie in den Fällen, in denen Nutzer der ausgewählten Werke gegen die allgemeinen Geschäftsbedingungen der erteilten, vergütungsfreien Lizenzen verstoßen, rechtliche Schritte vornimmt.
3. Die vorstehenden Einschränkungen gelten auch für die Wahrnehmung der ausgewählten Werke durch die ausländischen Schwestergesellschaften der GEMA. Die GEMA kann insbesondere nicht garantieren, dass sie ihre ausländischen Schwestergesellschaften über die Einschränkung der Wahrnehmungsbefugnis der Verwertungsgesellschaften aufgrund der Erteilung der GEMA-NK-Lizenz informiert bzw. dass die ausländischen Schwestergesell-

schaften der GEMA diese Einschränkung bei der Lizenzierung der betreffenden Werke beachten. Dies gilt insbesondere für Schwestergesellschaften der GEMA, die die Möglichkeit der Vergabe von Werken unter vergütungsfreien Lizenzen zur nicht-kommerziellen Nutzung nicht vorsehen und bei denen somit keine entsprechende Dokumentationsmöglichkeit besteht.

§ 9 Gerichtsstand
Ist der Antragssteller Kaufmann und ist der Erwerb der GEMA-NK-Lizenz dem Betriebe seines Handelsgeschäfts zuzurechnen, oder ist er eine juristische Person des öffentlichen Rechts oder ein öffentlich-rechtliches Sondervermögen, oder hat er keinen allgemeinen Gerichtsstand in Deutschland, so sind der Erfüllungsort und der Gerichtsstand München.

§ 10 Schriftformerfordernis
Mündliche Nebenabreden sind nicht getroffen. Änderungen, Ergänzungen oder die Aufhebung des Lizenzvertrages bedürfen für ihre Rechtswirksamkeit der Schriftform.

§ 11 Regelung ohne Präjudiz
Die GEMA kann die nicht-kommerzielle Nutzungen von Werken des GEMA-Repertoires unter den genannten Voraussetzungen vergütungsfrei gestatten. Die Vergabe sonstiger Lizenzen durch die GEMA und die Wahrnehmung der Rechte ihrer Mitglieder auch im nicht-kommerziellen Bereich bleibt im Übrigen unberührt. Die GEMA behält sich das Recht auf Änderungen des Angebots zur Vergabe vergütungsfreier Lizenzen durch GEMA-Mitglieder auf ihrer eigenen Website vor.

§ 12 Dauer des Projekts
Das Projekt, in dessen Rahmen eine GEMA-NK-Lizenz erworben werden kann, ist zunächst auf 12 Monate befristet. Bei Anträgen, die nach Ablauf der 12 Monate eingereicht werden, besteht kein Anspruch auf Erteilung einer GEMA-NK-Lizenz.

Übersicht

I. Regelungsgehalt und Entstehungsgeschichte

278 § 1a BerV regelt die Vergabe vergütungsfreier Lizenzen für nicht-kommerzielle Nutzungen **(GEMA-Nicht-Kommerzielle-Lizenz [„GEMA-NK-Lizenz“]).** Die Mitglieder der GEMA haben in diesem Bereich die Möglichkeit, die unentgeltliche Nutzung ihrer eigenen bei der GEMA angemeldeten Werke zuzulassen. Regelungstechnisch sieht der Berechtigungsvertrag zu diesem Zweck ein zweistufiges Verfahren vor:

- **Stufe 1:** Das Mitglied erhält von der GEMA auf Antrag eine Lizenz (GEMA-Nicht-Kommerzielle-Lizenz [„GEMA-NK-Lizenz“]).
- **Stufe 2:** Diese GEMA-NK-Lizenz berechtigt das Mitglied dazu, die eigenen, vom Antrag erfassten Werke selbst nicht-kommerziell zu nutzen. Zum anderen kann das Mitglied auf der Basis der GEMA-NK-Lizenz jedermann (standardisierte Lizenz) oder einzelnen Personen (Einzelfalllizenz) eine vergütungsfreie Lizenz für die nicht-kommerzielle Nutzung dieser Werke einräumen. Ein Rechterückfall an den Berechtigten im Sinne einer Einräumung von Nutzungsrechten ist mit der GEMA-NK-Lizenz nicht verbunden.

§ 1a wurde durch Beschluss der **Mitgliederversammlung 2016** in den Berechtigungsvertrag aufgenommen. Darüber hinaus hat die Mitgliederversammlung auch die Bedingungen, die für die Vergabe vergütungsfreier Lizenzen gelten – wie z.B. den Begriff der kommerziellen/nicht-kommerziellen Nutzung – festgelegt (siehe im Einzelnen unten Rn. 286 f.). Anlass war die unmittelbar bevorstehende Verabschiedung des **Verwertungsgesellschaftengesetzes.** Dieses sieht in § 11 vor, dass Verwertungsgesellschaften Bedingungen festlegen müssen, zu denen der Berechtigte jedermann das Recht einräumen kann, seine Werke für nicht-kommerzielle Zwecke zu nutzen. Die Vorschrift beruht auf Art. 5 Abs. 3 u. 8 VG-Richtlinie, der eine obligatorische Umsetzung in nationales Recht vorsieht. Zuständig ist nach § 17 Abs. 1 Ziff. 16 VGG die Mitgliederversammlung. Nach § 53 Abs. 2 VGG ist das Recht zur Vergabe der vergütungsfreien Lizenz zu nicht-kommerziellen Zwecken im Statut (Satzung) oder in den Wahrnehmungsbedingungen (Berechtigungsvertrag) zu regeln. 279

Die weiteren Details zur GEMA-NK-Lizenz sind in **Allgemeinen Geschäftsbedingungen** geregelt, die auf den von der Mitgliederversammlung festgelegten Bedingungen basieren und im Rahmen der Antragstellung in die Lizenzvereinbarung der GEMA mit dem Berechtigten einbezogen werden. Eine Vergabe vergütungsfreier Lizenzen abweichend von diesen von der GEMA vorgegebenen Allgemeinen Geschäftsbedingungen ist nicht möglich. 280

II. Einzelerläuterungen

1. Erwerb der GEMA-NK-Lizenz

Der Erwerb der GEMA-NK-Lizenz (1. Stufe) erfolgt auf Antrag des Berechtigten über den GEMA-Online-Service „Vergütungsfreie Lizenzen". Die GEMA-NK-Lizenz ist **vergütungsfrei und werkbezogen,** d.h. der Berechtigte muss keine Lizenzvergütung an die GEMA zahlen und kann im Rahmen der Antragstellung auswählen, welche seiner Werke er unter die Lizenz stellen möchte. Der Erwerb einer Lizenz durch den Berechtigten für seine eigenen Werke ist erforderlich, da der Berechtigte der GEMA im Berechtigungsvertrag ausschließliche Nutzungsrechte einräumt, also selbst nicht mehr – auch nicht über einfache – Nutzungsrechte verfügt. Durch die GEMA-NK-Lizenz wird ihm die Befugnis zur Vergabe vergütungsfreier Lizenzen für seine Werke eingeräumt. 281

2. Mehrere Berechtigte an einem Werk

Sind an einem Werk **mehrere Berechtigte** beteiligt, bedarf die Erteilung der GEMA-NK-Lizenz der Zustimmung aller Berechtigten. Daher müssen alle beteiligten Berechtigten den Antrag auf Erteilung einer GEMA-NK-Lizenz gemeinschaftlich stellen, indem sie diesen unterschreiben. Für Miturheber und Urheber verbundener Werke ergibt sich dies aus §§ 8 Abs. 2 S. 1, 9 UrhG i.V.m. §§ 709, 714 BGB. Für Verlage folgt das Zustimmungserfordernis aus den schuldrechtlichen Bindungen des Verlagsvertrages. 282

3. Nicht-kommerzielle Nutzung und Vergabe von vergütungsfreien Lizenzen durch den Berechtigten

Sobald der Berechtigte die GEMA-NK-Lizenz erhalten hat, kann er die von ihm ausgewählten Werke **selbst nicht-kommerziell nutzen** (1. Stufe). Darüber hinaus berechtigt ihn die GEMA-NK-Lizenz, die Werke unter einer vergütungsfreien Lizenz für nicht-kommerzielle Nutzungen an Dritte zu vergeben und diesen hierdurch ebenfalls die kostenfreie Nutzung zu ermöglichen (2. Stufe). 283

284 Die jeweilige Nutzung muss sich jedoch im Rahmen der vom Berechtigten bei der Antragstellung gemachten Angaben halten. So kann der Berechtigte bei der Stellung des Antrags auf Erteilung der GEMA-NK-Lizenz z.B. auswählen, ob er seine Werke unter einer Einzelfalllizenz oder einer standardisierten Lizenz an Dritte lizenzieren möchte. Die **Einzelfalllizenz** dient der vergütungsfreien Lizenzierung eines einzelnen Nutzungsvorgangs. Sie ist auf den konkreten Nutzungsfall beschränkt und nicht übertragbar. Der Berechtigte muss daher den Nutzungsvorgang bei der Antragstellung genau bezeichnen. Hierzu sind detaillierte Angaben zu machen, wie z.B. Name und Adresse des Nutzers, Nutzungsart, Zeitpunkt und Dauer der Nutzung sowie die Umstände, aus der sich der nicht-kommerzielle Charakter der Nutzung ergibt. Diese Angaben bilden den Rahmen, in dem der Berechtigte später die vergütungsfreie Einzelfalllizenz an Dritte erteilen kann. Nutzungen, die über diesen Rahmen hinausgehen, sind dagegen gegenüber der GEMA weiterhin vergütungspflichtig. Ein Beispiel für den Anwendungsbereich der Einzelfalllizenz wäre die Lizenzierung der Vervielfältigung und Verbreitung von Werken auf einem **Benefiztonträger** oder die Aufführung der Werke im Rahmen eines bestimmten Konzerts. Voraussetzung ist, dass der Verkaufserlös bzw. die Eintrittsgelder vollständig für **wohltätige Zwecke** gespendet werden.

285 Wesentlich weiter geht die **standardisierte Lizenz**. Beispielhaft sind die so genannten Creative Commons Lizenzen, bei denen es sich um inhaltlich, zeitlich und territorial unbeschränkte Lizenzen handelt. Mittels einer solchen Lizenz kann der Berechtigte seine Werke z.B. auf seiner Website zur Weiterverbreitung durch beliebig viele Nutzer und für unterschiedliche Nutzungsarten vergütungsfrei zugänglich machen. Lizenzvoraussetzung ist allerdings, dass die Website zu nicht-kommerziellen Zwecken genutzt wird und die Weiterlizenzierung ebenfalls zu nicht-kommerziellen Zwecken erfolgt.

4. Begriff der nicht-kommerziellen Nutzung

286 Die GEMA-NK-Lizenz berechtigt ausschließlich zur Vergabe vergütungsfreier Lizenzen für nicht-kommerzielle Nutzungen. Kommerzielle Nutzungen werden auch bei Werken, die unter einer GEMA-NK-Lizenz stehen, weiterhin durch die GEMA lizenziert. Ob eine kommerzielle Nutzung vorliegt, bestimmt sich nach der von der Mitgliederversammlung beschlossenen Definition bzw. **§ 3 der Allgemeinen Geschäftsbedingungen zur GEMA-NK-Lizenz.** Kommerziell sind hiernach alle Nutzungshandlungen, die direkt oder indirekt auf einen geschäftlichen Vorteil oder eine geldwerte Vergütung gerichtet sind. Umfasst sind damit alle Nutzungen, für die direkt oder indirekt ein vermögenswerter Vorteil erlangt oder angestrebt wird, ohne Rücksicht auf die Art der Nutzung und die Person des Begünstigten. Ein vermögenswerter Vorteil wird u.a. dann erlangt bzw. angestrebt, wenn für die Nutzung des Werks oder den dadurch vermittelten Werkgenuss ein Entgelt geleistet bzw. verlangt wird oder durch die Nutzung oder im Zusammenhang mit der Nutzung des Werkes Werbe- und/oder Sponsoringeinnahmen erzielt werden (sollen) oder die Nutzung des Werkes in Zusammenhang mit dem unmittelbaren Angebot oder der Bewerbung eines Produkts oder einer Dienstleistung steht.

287 Zur Konkretisierung enthält § 3 der Allgemeinen Geschäftsbedingungen einen nicht-abschließenden Katalog von **Regelbeispielen.** Die Nutzung von Werken auf einer Website ist z.B. dann kommerziell und damit vergütungspflichtig, wenn diese Werbung, Kaufangebote oder Verlinkungen zu kommerziellen Websites enthält. Auch eine Nutzung durch Sendeunternehmen im Rahmen kostenpflichtiger (Live-)Veranstaltungen, in Verkaufsgeschäften und Bewirtungseinrichtungen oder auf kostenpflichtigen (Bild-)Tonträgern ist in der Regel kommerziell.

5. Weitere von der GEMA-NK-Lizenz ausgenommene Bereiche

Die Vergütungsfreiheit einer Nutzung setzt zudem voraus, dass diese keinen so genannten **„mixed use"** darstellt. Ein "mixed-use" liegt vor, wenn die von der GEMA-NK-Lizenz umfassten Werke zusammen mit Werken genutzt werden, die von der GEMA wahrgenommen werden, für die aber keine GEMA-NK-Lizenz erteilt worden ist, und die gesamte Nutzung durch die GEMA pauschal lizenziert wird. Eine pauschale Lizenzierung durch die GEMA findet insbesondere im Bereich der Live-Aufführung, im Bereich der mechanischen Wiedergabe und im Bereich der Sendung statt. In diesen Fällen ist die gesamte Nutzung und somit auch die Nutzung der Werke, für die eine GEMA-NK-Lizenz erteilt wurde, gegenüber der GEMA vergütungspflichtig, da im Bereich der pauschalen Lizenzierung nicht zwischen einzelnen Werken differenziert werden kann. **288**

Nutzungen, die unter **gesetzliche Vergütungsansprüche** fallen, bleiben von der GEMA-NK-Lizenz ebenfalls unberührt und sind daher gegenüber der GEMA vergütungspflichtig. Grund hierfür ist, dass der Rechteinhaber gemäß § 63a UrhG nicht im Voraus auf den gesetzlichen Vergütungsanspruch verzichten kann. Zudem sind einige der gesetzlichen Vergütungsansprüche verwertungsgesellschaftenpflichtig, so dass sie nicht individuell wahrgenommen werden können. **289**

6. Eigenpräsentation von Mitgliedern als Alternative zur Vergabe vergütungsfreier Lizenzen

Eine Alternative zu der Vergabe vergütungsfreier Lizenzen an Dritte und dem damit verbundenen Verzicht auf Vergütungsansprüche stellt die so genannte Eigenpräsentation von Mitgliedern dar: GEMA-Mitglieder können im **Online-Lizenzshop** der GEMA eine Lizenz erwerben, die für sie kostenlos ist und auf deren Grundlage sie Besuchern ihrer Homepage eigene Werke zum kostenfreien Streaming oder zum kostenfreien Download (so genannter **„promotional download"**) zur Verfügung stellen können. Dabei darf das Angebot der Werke auf der persönlichen Homepage auch mit der Bewerbung und dem Verkauf von Merchandise-Artikeln, Tickets für Konzerte, Tonträgern etc. verbunden werden. **290**

Wenn Dritte die auf der Homepage zur Verfügung gestellten Werke im Internet weiterverbreiten oder auf andere Art öffentlich nutzen, müssen sie hierfür hingegen eine Lizenz von der GEMA erwerben. Das Mitglied behält bei der Eigenpräsentation somit seinen Vergütungsanspruch gegenüber Dritten und damit eine **weitgehende Kontrolle** über seine Werke. **291**

§ 2 [Erläuterungen zu Rechterückfall und Rechtsnachfolge]

Soweit der Berechtigte über die Rechte gegenwärtig nicht verfügen kann, überträgt er sie für den Fall, dass ihm die Verfügungsbefugnis wieder zufällt. Die Übertragung umfasst die vorgenannten Rechte auch insoweit, als der Berechtigte sie durch Rechtsnachfolge erlangt oder erlangt hat.

Übersicht

I. Rechterückfall

Durch § 2 S. 1 BerV wird **klargestellt**, dass Rechte, über die der Berechtigte bei Abschluss des Berechtigungsvertrages nicht verfügen konnte, mit dem Rückfall an den Berechtigten der GEMA zufallen. Diese Rechtsfolge ergibt sich bereits aus § 1 BerV, da der **292**

Berechtigte mit Abschluss des Berechtigungsvertrages nach dieser Vorschrift über alle ihm während der Vertragsdauer wieder zufallenden Rechte im Voraus verfügt. Die Rechte fallen mit dem Rückfall unmittelbar der GEMA zu. Beispielsweise erfolgt ein solcher Rechterückfall, wenn Urheber und Verleger zu einem Zeitpunkt, zu dem sie nicht Mitglieder der GEMA sind, einen Verlagsvertrag abschließen, mit dem der Urheber dem Verleger ausschließliche Nutzungsrechte einräumt. Bei Beendigung des Verlagsvertrages fallen dann die Rechte, soweit der Urheber in der Zwischenzeit GEMA-Mitglied geworden ist, nach § 1 iVm § 2 BerV unmittelbar an die GEMA.

II. Rechtsnachfolge

293 Auch § 2 S. 2 BerV hat keinen eigenständigen Regelungsgehalt gegenüber § 1 BerV. In seiner **ersten Alternative** betrifft Satz 2 den Fall, dass ein GEMA-Mitglied während seiner Mitgliedschaft von der GEMA wahrgenommene Rechte durch Rechtsnachfolge erlangt. Begrifflich handelt es sich dabei in § 1 BerV um dem Berechtigten „zuwachsende" bzw. „zufallende" Rechte. Die Rechte fallen dann aufgrund der Vorausverfügung der GEMA zu. In der **zweiten Alternative** von § 2 S. 2 BerV wird klargestellt, dass auch die Rechte, die der Berechtigte im Wege der Rechtsnachfolge „erlangt hat", die ihm also bereits mit Abschluss des Berechtigungsvertrages zustehen, unter die Wahrnehmungsbefugnis der GEMA fallen. Dabei handelt es sich in der Diktion des § 1 BerV um Rechte, die dem Berechtigten „gegenwärtig zustehen".

294 Ein **Rechtsnachfolger** iSd Berechtigungsvertrages (vgl. § 9 Abs. 2 BerV [unten Rn. 339ff.]) ist eine natürliche oder juristische Person, die durch Verfügung von Todes wegen, d.h. Testament (§§ 2064 ff. BGB), Erbvertrag (§§ 2274 ff. BGB), Vermächtnis (§ 2174 BGB) oder Auflage (§ 2192 BGB) oder durch gesetzliche Erbfolge (§§ 1924 ff. BGB) Rechte erworben hat, die in den Wahrnehmungsbereich der GEMA fallen. Der Rechtsnachfolger bringt die mit dem Erbfall erworbenen Rechte in die GEMA ein. Für den Fall, dass der Berechtigte vor seinem Tod Mitglied der GEMA war, setzt die GEMA dabei nach § 9 Abs. 2 S. 1 BerV den Vertrag mit den Rechtsnachfolgern fort (unten Rn. 339). Der **Wahrnehmungszwang** besteht auch gegenüber Rechtsnachfolgern (oben Rn. 14). § 9 VGG knüpft den Wahrnehmungszwang an den Begriff des Rechtsinhabers, der in § 5 VGG legaldefiniert ist. Nach § 5 VGG ist u.a. der Inhaber eines Urheberrechts Rechtsinhaber. Da der Rechtsnachfolger nach § 28 Abs. 1 UrhG das Urheberrecht mit dem Erbfall erwirbt, ist er Rechtsinhaber iSd § 5 VGG.

§ 3 [(iVm § 1 BerV) Die Treuhandstellung der GEMA]

1. Die GEMA ist berechtigt, die ihr vom Berechtigten übertragenen Rechte im eigenen Namen auszuüben, sie auszuwerten, die zu zahlende Gegenleistung in Empfang zu nehmen und über den Empfang rechtsverbindlich zu quittieren, die ihr übertragenen Rechte an Dritte ganz oder zum Teil weiter zu übertragen oder die Benutzung zu untersagen, alle ihr zustehenden Rechte auch gerichtlich in jeder der GEMA zweckmäßig erscheinenden Weise im eigenen Namen geltend zu machen.

Erzielt die GEMA Erträge auf der Basis von Vergütungsvereinbarungen, die von veröffentlichten GEMA-Tarifen abweichen, so erteilt sie dem Berechtigten auf schriftliche Anfrage Auskunft über die Vergütungsgrundsätze dieser Vereinbarungen, soweit der Berechtigte an den im Rahmen der Vergütungsvereinbarung genutzten Werken beteiligt ist und ein berechtigtes Interesse des Berechtigten an der begehrten Auskunft besteht, dem keine überwiegenden Interessen der Gesamtheit der Mitglieder oder Dritter entgegenstehen.

2. Die GEMA sorgt durch den Abschluss von Mandats- und Gegenseitigkeitsverträgen mit ausländischen Verwertungsgesellschaften dafür, dass die ihr vom Berechtigten übertragenen Rechte auch international wahrgenommen werden. Darüber hinaus ist die GEMA außerhalb ihres Verwaltungsgebietes nicht zur Rechtewahrnehmung verpflichtet. Ist die Rechtewahrnehmung für ein Land insgesamt oder im Hinblick auf einzelne Nutzungsarten nicht durch Mandats- oder Gegenseitigkeitsverträge geregelt, so kann der Berechtigte für das entsprechende Land oder die entspre-

chenden Nutzungsarten jederzeit auch ohne Einhaltung der Kündigungsfrist gemäß § 10 schriftlich die Rückübertragung der eingeräumten Rechte verlangen. Derartige Beschränkungen der internationalen Rechtewahrnehmung werden den Berechtigten regelmäßig über die an alle Berechtigten versandte Publikation „virtuos" mitgeteilt, wobei auf dem Titelblatt in hervorgehobener Weise auf diese Mitteilung hingewiesen wird.

Übersicht

I. Die treuhänderische Rechtewahrnehmung als charakteristische Hauptleistungspflicht

§ 3 BerV iVm § 1 BerV regelt die Befugnis und die Verpflichtung der GEMA zur Rechtewahrnehmung, die die **charakteristische Hauptleistungspflicht des Berechtigungsvertrages** darstellt.[423] Obwohl § 3 Ziff. 1 Abs. 1 BerV nach seinem Wortlaut der GEMA lediglich eine „Berechtigung" einräumt, enthält die Klausel den Auftrag der Berechtigten an die GEMA, die ihr übertragenen Rechte treuhänderisch wahrzunehmen. Dabei sind die Befugnisse der GEMA im Innenverhältnis zu ihren Berechtigen gegenüber ihrer Rechtsmacht im Außenverhältnis abzugrenzen. Als Inhaberin **ausschließlicher Nutzungsrechte** kann die GEMA im Außenverhältnis als Rechteinhaberin über diese Rechte im Rahmen des Urheberrechtsgesetzes verfügen und die Erlöse inkassieren. Dieser überschießenden Rechtsmacht im Außenverhältnis stehen die Pflichten der GEMA aus dem Innenverhältnis zu ihren Berechtigten gegenüber. Das Innenverhältnis ist gekennzeichnet durch die schuldrechtlichen Vereinbarungen im Berechtigungsvertrag sowie die korporativen Bestimmungen in Satzung und Verteilungsplan, die einen Bestandteil des Berechtigungsvertrages bilden. 295

Da die Berechtigten der GEMA nach außen hin ein Mehr an Rechten einräumen als die GEMA aufgrund der schuldrechtlichen Vereinbarungen im Berechtigungsvertrag ausüben darf, begründet der Berechtigungsvertrag ein **Treuhandverhältnis.**[424] Bei diesem Treuhandverhältnis handelt es sich um eine sogenannte **fremdnützige Verwaltungstreuhand,**[425] da die Rechtewahrnehmung der GEMA den Interessen ihrer Berech- 296

423 *Riesenhuber,* Die Auslegung und Kontrolle des Wahrnehmungsvertrages, S. 8.
424 Für die Verwertungsgesellschaft GELU BGH, GRUR 1966, 568, 569 – GELU; vgl. auch Münchener Kommentar-*Schramm,* Vorbemerkung §§ 164 ff. BGB Rn. 28; Münchener Kommentar-*Ulmer/Schäfer,* § 705 BGB Rn. 84; Palandt-*Heinrichs,* Überbl. v § 104 BGB Rn. 25.
425 Verwaltungstreuhand in Abgrenzung zur Sicherungstreuhand.

tigten, also der Treugeber dient. Es liegt eine sogenannte **Vollrechtstreuhand** vor,[426] bei der die GEMA Rechteinhaberin wird und nicht nur als Stellvertreterin der Berechtigten auftritt.

297 Die Besonderheiten des durch den Berechtigungsvertrag begründeten Treuhandverhältnisses gegenüber der normalen Verwaltungstreuhand bestehen darin, dass die Erlöse aus der Rechtewahrnehmung nicht unmittelbar dem Berechtigten, sondern zunächst der Gesamtheit der Berechtigten zustehen[427] und erst in der Folge aufgrund der im Verteilungsplan durch die Mitgliederversammlung beschlossenen Regelungen verteilt werden. Man kann insofern auch von einem **kollektiven Treuhandverhältnis** sprechen. Ein Anspruch auf die gerade durch die Wahrnehmung der eingebrachten Rechte konkret erzielten Erlöse besteht nur in den durch den Verteilungsplan ausdrücklich vorgesehenen Fällen. Zudem sind die Erlöse nur zu den durch den Aufsichtsrat beschlossenen Ausschüttungsterminen auszukehren. Das Treuhandverhältnis ist in zeitlicher Hinsicht an die Kündigungsfristen des Berechtigungsvertrages gebunden. Ein Anspruch auf jederzeitige Herausgabe des Treuguts besteht somit nicht. Zudem haben die Berechtigten als Treugeber **kein individuelles Weisungsrecht** gegenüber der GEMA als Treunehmerin.[428] Die Treuhandstellung der GEMA ist gegenüber ihren Mitgliedern in besonderem Maße verselbständigt. Die GEMA muss sich bei der Geltendmachung von Ansprüchen keine Einwendungen entgegenhalten lassen, die dem Schuldner aus dem Rechtsverhältnis zum Berechtigten zustehen.[429]

II. Die Befugnis der GEMA im Außenverhältnis

298 § 3 Ziff. 1 Abs. 1 BerV zählt einzelne Befugnisse der GEMA im Außenverhältnis auf, die sich letztlich bereits aus der Einräumung ausschließlicher Nutzungsrechte nach § 1 BerV ergeben. Die Befugnisse im Außenverhältnis betreffen einerseits die Auswertung der Rechte, andererseits deren Durchsetzung.[430]

1. Der Bereich der Rechteauswertung

299 Die GEMA wertet die Rechte iSd § 3 BerV aus, indem sie mit Nutzern, die in der Vorschrift als Dritte bezeichnet werden, **Lizenzverträge** schließt. Die GEMA räumt im Rahmen dieser Verträge den Lizenznehmern **einfache nicht weiter übertragbare Nutzungsrechte** iSd § 31 Abs. 2 UrhG ein. Eine Einräumung ausschließlicher Nutzungsrechte iSd § 31 Abs. 3 UrhG ist nicht möglich, da die GEMA sich hierdurch der Möglichkeit zur Lizenzierung begeben würde und damit den Abschlusszwang nach § 34 Abs. 1 VGG umgehen würde, der sie zur Lizenzierung aller Nutzer verpflichtet. Einer individuellen Zustimmung der Berechtigten zu einem einzelnen Lizenzierungsvorgang bedarf es nicht, obwohl nach § 35 Abs. 1 S. 1 UrhG der Inhaber eines ausschließlichen Nutzungsrechts weitere (einfache) Nutzungsrechte nur mit Zustimmung des Urhebers einräumen kann. Von diesem Zustimmungserfordernis sind nach § 35 Abs. 1 S. 2 UrhG Verwertungsgesellschaften ausdrücklich ausgenommen. Die GEMA lizenziert **als Rechteinhaberin im eigenen Namen.** Auch die Berechtigten benötigen zur urheberrechtsrelevanten Nutzung ihrer Werke eine Lizenz der GEMA, da sie sich der ausschließlichen Nutzungsrechte durch Abschluss des Berechti-

---

426 Münchener Kommentar-*Schramm*, Vorbemerkung §§ 164 ff. Rn. 28.
427 Vgl. BGH, GRUR 1966, 568, 569 – GELU.
428 BGH, GRUR 2011, 720, 723 f. – Multimediashow; BGH, GRUR 1968, 321, 327 – Haselnuß.
429 BGH, GRUR 1968, 321, 327 f. – Haselnuß.
430 Dreier/Schulze-*Schulze*, § 6 UrhWG Rn. 14.

gungsvertrages begeben haben.[431] Als Rechteinhaber und Lizenzgeber ist die GEMA nach §§ 362 Abs. 1, 368 BGB zum Empfang der Lizenzvergütung und zur Quittierung berechtigt. Die Leistung des Lizenzschuldners an die GEMA hat also befreiende Wirkung.

2. Der Bereich der Rechtsdurchsetzung

Auch im Bereich der Rechtsdurchsetzung handelt die GEMA im eigenen Namen. 300
Hierzu gehört insbesondere die Geltendmachung des urheberrechtlichen **Unterlassungsanspruchs** nach § 97 Abs. 1 UrhG bei unterbliebener Lizenzeinholung. Die GEMA kann aber auch **Schadensersatz** nach § 97 Abs. 2 UrhG bei vorsätzlichen oder fahrlässigen Urheberrechtsverletzungen verlangen. Die Höhe des Schadensersatzes bestimmt sich dabei nach den Grundsätzen der **Lizenzanalogie** gemäß § 97 Abs. 2 S. 3 UrhG nach den von der GEMA aufgestellten Tarifen. Zudem kann die GEMA in bestimmten Bereichen, insbesondere für Live-Aufführungen und Musikwiedergaben einen **Kontrollkostenzuschlag** in Höhe der Lizenzvergütung als Schadensersatz verlangen.[432] Bei Rechtsverletzungen kann damit die doppelte Lizenzvergütung anfallen (**Kap. 11 Rn. 89 ff.**). Darüber hinaus gilt für den Beweis der Rechteinhaberschaft in einigen Bereichen die sogenannte **GEMA-Vermutung,**[433] die eine von der Rechtsprechung entwickelte Beweiserleichterung darstellt (**Kap. 11 Rn. 5 ff.**).

Die Befugnis der GEMA umfasst die **außergerichtliche** und **gerichtliche** Geltend- 301
machung der Ansprüche im eigenen Namen. Eine Verpflichtung der GEMA zur Verfolgung von Urheberrechtsverletzungen besteht jedoch nicht.[434] Nach dem Wortlaut des Berechtigungsvertrages kann die GEMA die Rechte in jeder ihr „zweckmäßig erscheinenden Weise“ geltend machen. Dabei ist insbesondere das Gebot der wirtschaftlichen Verhältnismäßigkeit zu berücksichtigen.[435] Eine flächendeckende Pirateriererfolgung kann unter diesem Gesichtspunkt von der GEMA nicht verlangt werden.[436]

3. Verletzungen des Allgemeinen Persönlichkeitsrechts

Eine Befugnis zur Rechtsdurchsetzung bei Verletzungen des Urheberpersönlich- 302
keitsrechts steht der GEMA nur in den engen Bereichen zu, in denen ihr persönlichkeitsrechtliche Befugnisse von ihren Berechtigten im Berechtigungsvertrag eingeräumt wurden. Ausgenommen hiervon sind etwa Ansprüche wegen einer **Entstellung des Werkes nach § 14 UrhG,** die nur durch den Berechtigten selbst geltend gemacht werden können.[437] Die GEMA kann daher nicht gegen eine Instrumentalisierung von Musikwerken zu politischen oder rechtswidrigen Zwecken vorgehen. Werden etwa Musikwerke zur Untermalung volksverhetzender Parolen oder generell in Zusammenhängen genutzt, die

---

431 LG Köln, ZUM 1998, 168, 169 – Kunstklotz.
432 BGH, GRUR 1986, 376, 380 – Filmmusik; BGH, GRUR 1973, 379 ff. – Doppelte Tarifgebühr; BGH, GRUR 1955, 549, 552 – Betriebsveranstaltungen.
433 BGH, GRUR 1988, 296, 298 f. – GEMA-Vermutung IV; BGH, NJW 1986, 1249, 1250 – GEMA-Vermutung III; BGH, GRUR 1986, 66, 67 ff. – GEMA-Vermutung II; BGH, GRUR 1955, 549, 552 – Betriebsveranstaltungen; auch bei Berufung auf Anonymität der Urheber: LG Frankfurt, ZUM-RD 2014, 35 f.
434 KG, Urteil v. 16.3.2016, Az. 24 U 212/14 n.v.
435 KG, Urteil v. 16.3.2016, Az. 24 U 212/14 n.v. Zum Gebot der wirtschaftlichen Verhältnismäßigkeit insbesondere BGH, GRUR 1988, 782, 783 – GEMA Wertungsverfahren.
436 KG, Urteil v. 16.3.2016, Az. 24 U 212/14 n.v.
437 LG Hamburg, AfP 2014, 542 ff. – Villa Germania – Forever Young; LG München I, GRUR 2005, 574, 575 f. – O Fortuna; vgl. auch OLG Frankfurt a.M., GRUR 1995, 215 f. – Springtoifel; vgl. auch BGH, GRUR-RR 2018, 61 f. – Die Höhner.

das Persönlichkeitsrecht des Urhebers betreffen, ist eine individuelle Rechtsverfolgung durch den Berechtigten erforderlich.

III. Die treuhänderische Verpflichtung im Innenverhältnis

303 Im Innenverhältnis ist die Rechtsstellung der GEMA als Treuhänderin ihrer Mitglieder beschränkt. Sie darf die ihr eingeräumten Befugnisse lediglich im ausschließlichen Interesse ihrer Treugeber, den Berechtigten, ausüben. Sie ist allerdings nicht verpflichtet, dem Individualinteresse einzelner Mitglieder bestmöglich Rechnung zu tragen. Ihre Verpflichtung besteht im Hinblick auf das **Gesamtinteresse aller Berechtigten (kollektive Treuhand)**. Demgemäß handelt die GEMA gegenüber den einzelnen Mitgliedern weitgehend selbständig. Sie ist bei der treuhänderischen Wahrnehmung der ihr eingeräumten Nutzungsrechte **nicht an Weisungen** einzelner Berechtigter gebunden.[438] Sie muss z.B. einzelne Mitglieder nicht über Vergleichsverhandlungen informieren oder ihnen die Möglichkeit verschaffen, eigene Erkenntnisse zu diesen beizusteuern und auf diese Einfluss zu nehmen.[439]

IV. Die internationale Rechtewahrnehmung aufgrund von Mandats- und Gegenseitigkeitsverträgen (Repräsentationsvereinbarungen)

1. Internationale Rechtewahrnehmung

304 Nach **§ 3 Ziff. 2 S. 1 BerV** sorgt die GEMA durch den Abschluss von Mandats- und Gegenseitigkeitsverträgen dafür, dass die ihr vom Berechtigten übertragenen Rechte auch international wahrgenommen werden. Die GEMA lizenziert im Ausland in weiten Bereichen nicht direkt, sondern überträgt ihren ausländischen Schwestergesellschaften jeweils beschränkt auf deren Territorium die ihr durch ihre Mitglieder übertragenen musikalischen Nutzungsrechte zur Lizenzierung. Die ausländischen Verwertungsgesellschaften rechnen dann gegenüber der GEMA ab. Erfolgt die Rechteübertragung in beide Richtungen, so dass die ausländische Verwertungsgesellschaft ihr Repertoire auch der GEMA zur Lizenzierung in Deutschland überträgt, handelt es sich um einen **Gegenseitigkeitsvertrag**, während man im Falle von einer einseitigen Rechteübertragung von einem **Mandatsvertrag** spricht. Ein Mandatsvertrag kann dabei auch die Zusammenarbeit zwischen Verwertungsgesellschaften mit unterschiedlichen Tätigkeitsbereichen erfassen, z.B. wenn die GEMA die Leistungsschutzrechte der ausübenden Künstler für die GVL mitlizenziert.[440] In der Terminologie des Verwertungsgesellschaftengesetzes wird für beide Vertragstypen einheitlich der Oberbegriff der **Repräsentationsvereinbarung** verwendet (§ 44 VGG). § 3 Ziff. 2 fand durch Beschluss der **Mitgliederversammlung 2008** Eingang in den Berechtigungsvertrag. Durch die Regelung sollte klargestellt werden, dass die GEMA außerhalb ihres Verwaltungsgebietes nicht zu einer Rechtewahrnehmung verpflichtet ist, die über den Vertragsschluss mit ausländischen Verwertungsgesellschaften hinausgeht.

2. Beschränkungen der Rechtewahrnehmung

305 Nicht in allen Ländern nehmen Verwertungsgesellschaften sämtliche musikalischen Nutzungsrechte wahr. Kann die GEMA die Rechtwahrnehmung im Ausland nicht durch

438 BGH, GRUR 2011, 720, 723 f. – Multimediashow; BGH, GRUR 1968, 321, 327 – Haselnuß.
439 BGH, GRUR 2011, 720, 723 f. – Multimediashow.
440 Zur Rechtewahrnehmung durch Gegenseitigkeits- und Mandatsverträge vgl. **Kap. 14**.

den Abschluss von Gegenseitigkeitsverträgen oder Mandatsverträgen im vollen Umfang sicherstellen, ist sie insoweit nicht zur Rechtewahrnehmung verpflichtet. Damit der Berechtigte bei einer solchen Beschränkung der Rechtewahrnehmung die betroffenen Rechte individuell wahrnehmen kann, steht ihm im Umfang der Beschränkung nach § 3 Ziff. 2 S. 3 BerV ein **fristloses außerordentliches Kündigungsrecht** zu. Ist die Rechtewahrnehmung in einem ausländischen Staat insgesamt beschränkt, bezieht sich das Kündigungsrecht auf sämtliche Nutzungsarten für dieses Territorium. Betrifft die Beschränkung lediglich einzelne Nutzungsarten, besteht das Kündigungsrecht nur in diesem Umfang. Die Kündigung bedarf zu ihrer Wirksamkeit der Schriftform. Die GEMA gibt regelmäßig nach § 3 Ziff. 2 S. 4 BerV die Länder, in denen die Rechtewahrnehmung insgesamt oder für einzelne Nutzungsarten beschränkt ist, in der Mitgliederzeitschrift „virtuos" bekannt.

V. Der Auskunftsanspruch des Berechtigten

1. Regelungsgehalt und Entstehungsgeschichte

Nach § 3 Ziff. 1 Abs. 2 BerV steht dem Berechtigten ein Auskunftsanspruch gegen die **306** GEMA zu, sofern die GEMA Vergütungsvereinbarungen mit Lizenznehmern trifft, die von veröffentlichten Tarifen abweichen. Der Anspruch setzt voraus, dass ein **berechtigtes Interesse** des Berechtigten an der Auskunft besteht. Er ist ausgeschlossen, wenn ein **überwiegendes Interesse** der Gesamtheit der Mitglieder oder Dritter der Auskunft entgegensteht. Gegenstand der Auskunft sind die **Vergütungsgrundsätze** der Vereinbarung. Der Anspruch fand durch Beschluss der **Mitgliederversammlung 2014** Eingang in den Berechtigungsvertrag der GEMA. Seine Aufnahme in das Regelwerk erfolgte vor dem Hintergrund, dass eine Veröffentlichungspflicht nach § 56 Abs. 1 Ziff. 3 u. 4 VGG nur für Standardnutzungsverträge und Tarife besteht und nach der vereinsrechtlichen Rechtsprechung ein individuelles Auskunftsrecht des Mitglieds gegen den Verein grundsätzlich nur in der Mitgliederversammlung geltend gemacht werden kann (unten **Rn. 308**).

2. Weitere Auskunftsrechte der Berechtigten

Neben dem Auskunftsanspruch nach § 3 Ziff. 1 Abs. 2 BerV stehen dem Berechtigten **307** weitere Auskunfts- und Rechnungslegungsansprüche zu. Dem Grunde nach ergeben sich Auskunftsansprüche der Berechtigten aus dem durch den Abschluss des Berechtigungsvertrages begründeten **Treuhandverhältnis**. Anspruchsgrundlage bilden insofern die Vorschriften nach §§ 666, 675, 259 BGB. Der Inhalt und der Umfang dieser Ansprüche sind jedoch durch die Regelungen in der Satzung und im Verteilungsplan ausgestaltet und durch die allgemeinen Grundsätze der Erforderlichkeit und der Zumutbarkeit begrenzt.[441] Auskunft und Rechnungslegung kann daher nur nach den **Vorschriften des Verteilungsplans** verlangt werden.[442] Die Auskunftsrechte sind insofern abschließend.[443] Zudem gelten für Auskunftsansprüche die Reklamationsfristen.[444] Für den Inhalt der Auskunft besteht das Prinzip der **abgestuften Information**, wonach detailliertere Auskünfte nur bei Bedarf, etwa bei einem Reklamationsfall erteilt werden.

---

441 KG, Urteil v. 16.3.2016, Az. 24 U 212/14 n.v.
442 KG, Urteil v. 16.3.2016, Az. 24 U 212/14 n.v.
443 KG, Beschluss v. 17.9.2012, Az. 24 U 113/11 n.v.; LG Berlin, Urteil v. 21.6.2011, Az. 16 O 459/09 n.v.; LG Berlin, Urteil v. 14.9.2010, Az. 16 O 7/06 n.v.; LG Berlin Urteil v. 3.7.2001, Az. 16 O 22/01 n.v.
444 KG, Urteil v. 16.3.2016, Az. 24 U 212/14 n.v.

308 Neben dem Auskunftsrecht aus dem Treuhandverhältnis besteht nach §§ 27 Abs. 3, 666 BGB ein **kollektives Auskunftsrecht** der Mitgliederversammlung gegen den Vorstand. Das Recht ist durch Beschluss geltend zu machen. Vereinsrechtlich besteht zudem ein **individuelles Informationsrecht** des einzelnen Mitglieds als Ausfluss des Mitgliedschaftsrechts. Dieses Recht kann nur in der Mitgliederversammlung geltend gemacht werden.[445] Die Auskunft muss dabei zur Meinungsbildung erforderlich sein und der ordnungsgemäßen Erledigung eines Tagesordnungspunktes dienen.[446] Dem Anspruch dürfen kein überwiegendes Geheimhaltungsinteresse des Vereins oder berechtigte Belange der Vereinsmitglieder entgegenstehen.[447]

3. Der Auskunftsanspruch nach § 3 Ziff. 1 Abs. 2 BerV

a) Anspruchsvoraussetzungen

309 Der Auskunftsanspruch nach § 3 Ziff. 1 Abs. 2 BerV setzt tatbestandlich voraus, dass die von der GEMA getroffenen Vergütungsvereinbarungen von veröffentlichten GEMA-Tarifen abweichen. Damit ist der Anwendungsbereich der Klausel von vornherein stark eingeschränkt, da die GEMA im Bereich der Eingebietslizenzen[448] nach § 38 VGG zur Tarifaufstellung verpflichtet ist. Die Tarife sind dabei nach § 56 Abs. 1 Ziff. 4 VGG im Internet zu veröffentlichen. Der Anwendungsbereich des Anspruchs beschränkt sich damit zum einen auf den **Abschluss von Vergleichen**, zu denen die GEMA im Rahmen ihrer treuhänderischen Pflichten berechtigt ist.[449] Zum anderen betrifft der Anspruch **neuartige Geschäftsmodelle,** bei denen die GEMA ohne Präjudiz für einen **Erprobungszeitraum** Nutzungsvereinbarungen treffen kann, ohne dabei an den Gleichbehandlungsgrundsatz gebunden zu sein. Die fehlende Bindungswirkung gegenüber anderen Lizenznehmern ist dabei für neuartige Online-Dienste ausdrücklich in § 34 Abs. 2 VGG geregelt. Nicht anwendbar ist der Auskunftsanspruch nach seinem Wortlaut im Bereich von Nutzungen für die kein GEMA-Tarif besteht. Für eine Auskunft muss der Anspruchsteller an den im Rahmen der Vergütungsvereinbarung genutzten Werken beteiligt sein und ein **berechtigtes Interesse** an der Auskunft haben. Ein berechtigtes Interesse besteht, wenn die auf den Anspruchsteller entfallende Vergütung von den Vergütungsgrundsätzen der Vereinbarung abhängig ist. Das Auskunftsverlangen muss zudem schriftlich gestellt werden.

b) Ausschluss der Auskunft

310 Der Auskunftsanspruch steht dem Berechtigten nicht uneingeschränkt zu. Er ist nach seinem Wortlaut ausgeschlossen, wenn **überwiegende Interessen der Gesamtheit der Mitglieder oder Dritter** der Auskunft entgegenstehen. Der Berechtigungsvertrag folgt damit der Rechtsprechung zur Beschränkung des vereinsrechtlichen Informationsrechts.[450] Entsprechend § 131 Abs. 3 AktG kann die GEMA die Auskunft daher

---

445 BGH, NJW-RR 2003, 830; KG, Urteil v. 16.3.2016, Az. 24 U 212/14 n.v.; OLG Nürnberg, Urteil v. 30.7.2010, Az. 4 U 1639/10 n.v.; KG, NJW-RR 1999, 1486.
446 LG Stuttgart, NJW-RR 2001, 1478.
447 BGH, NJW-RR 2003, 830, 831; BGH, MMR 2011, 207.
448 Eine Eingebietslizenz ist eine Lizenz für ein einzelnes Territorium. Hiervon zu unterscheiden sind die gebietsübergreifenden Lizenzen (Mehrgebietslizenzen), für die keine Tarifaufstellungspflicht besteht. Vgl. hierzu. **Kap. 12 Rn. 212.**
449 BGH, GRUR 2011, 720, 723 – Multimediashow.
450 BGH, NJW-RR 2003, 830, 831; BGH, MMR 2011, 207 f.

insbesondere verweigern, wenn sie erkennbar vereinsfremden Zwecken dient, wenn sich die GEMA durch die Offenlegung strafbar machen würde, wenn das Auskunftsbegehren rechtsmissbräuchlich ist, wenn berechtigte Belange anderer Vereinsmitglieder der Auskunft entgegenstehen oder wenn die Auskunft geeignet ist, der GEMA einen erheblichen Nachteil zuzufügen. Zudem ist der Anspruch ausgeschlossen, wenn die Auskunft gegen **datenschutzrechtliche Vorschriften** verstoßen würde oder **Geschäfts- oder Betriebsgeheimnisse** im Sinne von § 17 UWG betrifft. Die Rechtsprechung hat bei dem Abschluss einer Verschwiegenheitsvereinbarung mit einem Lizenznehmer den Auskunftsanspruch wegen eines überwiegenden Interesses des Lizenznehmers an der Wahrung von Geschäftsgeheimnissen abgelehnt.[451]

c) Umfang der Auskunft

In der Rechtsfolge ist der Anspruch auf Auskunft über die **Vergütungsgrundsätze** gerichtet. Hierzu kann der Umstand gehören, ob eine pauschale oder nutzungsbezogene Vergütung vereinbart wurde. Die konkrete Höhe der Vergütung muss hingen nicht mitgeteilt werden.[452] Ein Anspruch auf Herausgabe oder Vorlage der Vereinbarung besteht nicht. **311**

§ 4 [Abtretungsbeschränkungen]

Die Ansprüche des Berechtigten gegen die GEMA sind nur nach Vereinbarung mit der GEMA abtretbar. Dies gilt nicht, soweit der Urheber im Verlagsvertrag lediglich Ausschüttungsansprüche in Höhe der im Verteilungsplan für Verleger vorgesehenen Anteile an den Verleger abtritt. Die GEMA ist berechtigt, für die Bearbeitung von Abtretungen nach Satz 1 – mit Ausnahme von Beitragsabtretungen an die Berufsverbände – zu Lasten ihres Berechtigten (Schuldners) eine den Unkosten entsprechende Verwaltungsgebühr zu erheben.

Bei Vorauszahlungen tritt der Berechtigte seine Zahlungsansprüche bis zur Tilgung der Vorauszahlungen unwiderruflich an die GEMA ab.

Übersicht

I. Forderungsabtretungen

312 Nach § 398 BGB setzt die **Abtretung einer Forderung** lediglich eine Vereinbarung zwischen dem früheren Gläubiger (Zedent) und dem neuen Gläubiger (Zessionar) voraus. Eine Mitwirkungshandlung des Schuldners ist nicht erforderlich. Allerdings kann abweichend von dieser gesetzlichen Regelung mit dem Schuldner nach § 399 Alt. 2 BGB ein Abtretungsverbot vereinbart werden. Von dieser Möglichkeit hat die GEMA mit § 4 Abs. 1 S. 1 BerV in abgeschwächter Form Gebrauch gemacht, indem sie die Abtretung von Forderungen des Berechtigten gegen die GEMA unter den Vorbehalt der Vereinbarung mit der GEMA gestellt hat.

313 Die GEMA kann eine Abtretung nur dann berücksichtigen, wenn in ihr Zedent und Zessionar sowie ein genau bezifferter Betrag genannt sind. Um ihren Mitgliedern die Abtretung zu vereinfachen, stellt die GEMA eine Mustervereinbarung zur Verfügung. In der

451 KG, Urteil v. 16.3.2016, Az. 24 U 212/14 n.v.
452 KG, Urteil v. 16.3.2016, Az. 24 U 212/14 n.v.

Praxis wird von der Möglichkeit der Abtretung des Ausschüttungsanspruchs regelmäßig zwischen den Urhebern und Verlegern Gebrauch gemacht. Bei Abschluss des Verlagsvertrages gewähren die Verleger den Urhebern häufig **Vorschüsse.** Im Gegenzug treten die Urheber ihre zukünftigen Ausschüttungsansprüche gegen die GEMA in Höhe des Vorschusses an die Verleger ab.

314 Bei einer **Forderungspfändung** unterliegt die GEMA mit Zustellung des Pfändungsbeschlusses als sogenannter Drittschuldner nach § 829 Abs. 1 ZPO dem Verbot an den Schuldner (d.h. den Berechtigten) zu zahlen. Zudem hat sie auf Verlangen des Gläubigers innerhalb von zwei Wochen seit Zustellung des Beschlusses die sogenannte Drittschuldnererklärung nach § 840 ZPO abzugeben. In dieser hat sie anzugeben, ob und inwieweit sie die Forderung anerkennt und zur Zahlung bereit ist sowie weitere Angaben zum gepfändeten Anspruch zu machen. Die Pfändbarkeit der Forderung kann anders als die Abtretbarkeit nach § 851 Abs. 2 ZPO nicht durch eine Vereinbarung mit dem Berechtigten ausgeschlossen werden.

II. Ausnahme vom Vereinbarungsvorbehalt

315 Nach § 4 Abs. 1 S. 2 BerV gilt der Vereinbarungsvorbehalt der GEMA nicht für den Fall, dass der Urheber im Verlagsvertrag lediglich Ausschüttungsansprüche in Höhe der im Verteilungsplan für Verleger vorgesehenen Anteile an den Verleger abtritt. Zweck des Vereinbarungsvorbehalts ist es, im Interesse einer wirtschaftlich effizienten kollektiven Rechtewahrnehmung **möglichst einheitliche Rahmenbedingungen** für die Verteilung der Einnahmen zu wahren. Deshalb sollen Abweichungen von der regulären Verteilung nur mit Zustimmung der GEMA erfolgen können. Entsprechen sich aber Abtretung und Verteilungsplan, besteht kein Bedarf für einen Vereinbarungsvorbehalt.[453] Die Klarstellung wurde durch die **Mitgliederversammlung 2017** in den Berechtigungsvertrag aufgenommen.

III. Kostenerstattung

316 Nach § 4 Abs. 1 S. 3 BerV ist die GEMA berechtigt, für die Bearbeitung von Abtretungen eine den **Kosten entsprechende „Verwaltungsgebühr“** zu erheben. Der Begriff der Verwaltungsgebühr ist dabei nicht verwaltungsrechtlich zu verstehen, da die GEMA als privater Verein über keine hoheitlichen Befugnisse zur Gebührenerhebung verfügt. Rechtlich liegt vielmehr eine Aufwandsentschädigung vor, die die Kosten für die laufende Verwaltung berücksichtigt. Die Höhe der Gebühr wird nach § 29 Abs. 2 VP vom Vorstand im Einvernehmen mit dem Aufsichtsrat festgelegt. Derzeit beträgt sie einmalig € 15 pro Registrierung einer Abtretung.

IV. Beitragszahlungen an Berufsverbände, § 4 Abs. 1 S. 3 BerV

317 Die GEMA bietet zudem die Möglichkeit an, die Zahlung von Mitgliedsbeiträgen für die Mitgliedschaft in Berufsverbänden für ihre Berechtigten abzuwickeln. Hierzu treten die Berechtigten ihren Auszahlungsanspruch gegen die GEMA an die jeweiligen Berufsverbände in Höhe des jeweiligen Mitgliedsbeitrags ab. Die GEMA zahlt dann auf die abgetretene Forderung den Mitgliedsbeitrag an den Berufsverband. Hierfür fallen keine weiteren Kosten an. Derzeit erfolgen solche Zahlungen an den deutschen Komponis-

453 Anders wenig überzeugend: KG, GRUR-RR 2017, 94, 97.

tenverband, den Composers Club, den deutschen Textdichterverband und an die Vereinigung deutscher Musikbearbeiter. Voraussetzung ist stets eine Abtretung im Einzelfall.

V. Vorauszahlungen, § 4 Abs. 2 BerV

Nach § 18 S. 1 Alt. 2 der Satzung legt der Aufsichtsrat Vorauszahlungstermine fest, **318**
also Termine für Auszahlungen, die zeitlich den Ausschüttungsterminen vorausgehen. Die Möglichkeit von Vorauszahlungen soll den Berechtigten im Bedarfsfall Liquidität unabhängig von den Ausschüttungsterminen gewähren. Zur Sicherung der Rückzahlungsansprüche der GEMA treten die Berechtigten bei einer Vorauszahlung nach § 4 Abs. 2 BerV ihre zukünftigen Auszahlungsansprüche gegen die GEMA in Höhe der Vorauszahlung an die GEMA ab. Die GEMA verrechnet dann den Auszahlungsanspruch bei Fälligkeit mit dem Rückzahlungsanspruch aus der Vorauszahlung. In rechtlicher Hinsicht vereinigen sich Gläubiger- und Schuldnerstellung (sogenannte Konfusion) mit der Entstehung des Auszahlungsanspruchs mit der Folge, dass die Forderung nach § 362 Abs. 1 BGB erlischt.

§ 5 [Anmelde- und Auskunftspflicht]

Der Berechtigte verpflichtet sich, der GEMA alle unter diesen Vertrag fallenden Werke auf den von ihr ausgegebenen Formularen, insbesondere unter Angabe des Titels und der Gattung der Werke, der Namen der Komponisten, Textdichter, Verleger und auch eines eventuellen Pseudonyms anzumelden, ein vervielfältigtes Exemplar jedes angemeldeten Werkes zur Registrierung vorzulegen und die Richtigkeit seiner Angaben hinsichtlich seiner Urheberschaft in der von der GEMA vorgeschriebenen Form nachzuweisen.

Für Werke, die der Berechtigte nicht ordnungsgemäß anmeldet, verliert er gegenüber der GEMA den Anspruch auf Verrechnung bis zur ordnungsgemäßen Anmeldung.

Der Berechtigte verpflichtet sich, der GEMA für die Feststellung seiner Rechte jede erforderliche Auskunft zu erteilen.

§ 5 BerV sieht in Absatz 1 eine Anmeldepflicht für die unter den Berechtigungsver- **319**
trag fallenden Werke vor. Die Werkanmeldung ist zwar keine Voraussetzung für die Rechteeinräumung an die GEMA; die Nutzungsrechte gehen bereits mit der Entstehung des Werkes auf die GEMA über. Allerdings kann die GEMA ohne eine ordnungsgemäße Werkanmeldung Nutzungen des Werkes nicht abrechnen. Die ordnungsgemäße Werkanmeldung ist eine **echte vertragliche Verpflichtung** der Mitglieder. Bei einer falschen oder unterbliebenen Werkanmeldung hat der Berechtigte keinen Anspruch auf Auszahlung der Tantieme. Die Anmeldung erfolgt elektronisch, sie kann aber auch schriftlich mit den von der GEMA zur Verfügung gestellten Formularen vorgenommen werden.[454] Der dritte Absatz der Klausel sieht eine **Auskunftspflicht** der Berechtigten vor. Da die GEMA selbst keine Sachverhaltsermittlungen hinsichtlich der Rechteinhaberschaft anstellen kann, sind die Berechtigten verpflichtet, ihr die erforderlichen Auskünfte zu erteilen.

§ 5a [Verbot der Beteiligung von Tarifpartnern]

Der Berechtigte darf die Tarifpartner der GEMA oder anderer Verwertungsgesellschaften weder direkt noch indirekt an seinem Aufkommen beteiligen, damit diese bei der Nutzung des GEMA-Repertoires bestimmte Werke des Berechtigten in ungerechtfertigter Weise bevorzugen. Im Falle

454 Musterformulare im GEMA Jahrbuch 2017/2018 auf S. 491 ff.; auch abrufbar unter www.gema.de/werkanmeldung_formulare.

der Zuwiderhandlung ist der Berechtigte verpflichtet, einen Betrag in der Höhe an die Sozialkasse der GEMA abzuführen, in der er den Tarifpartner an seinem Aufkommen beteiligt hat. Übersteigt der an den Tarifpartner abgeführte Betrag die auf den Berechtigten entfallende Vergütung für das betroffene Werk, so ist nur diese Vergütung an die Sozialkasse der GEMA abzuführen.

Die anderen Vorschriften der Satzung über satzungswidriges Verhalten bleiben unberührt.

320 Durch das an die Berechtigten gerichtete Verbot, Tarifpartner an ihrem Aufkommen zu beteiligen, soll eine **sachwidrige Verfälschung der Ausschüttungen** vermieden werden. Da nach dem Leistungsprinzip die Nutzungshäufigkeit ein wesentliches Kriterium für die Berechnung der auf ein Werk entfallenden Ausschüttungssumme darstellt, gäbe eine Beteiligung am Aufkommen dem Verwerter den Anreiz, das unter die Beteiligung fallende Werk in erhöhtem Maße zu nutzen. Zudem könnte die Verwertung insgesamt von der Vereinbarung einer Beteiligung des Verwerters abhängig gemacht werden. Die Klausel wurde durch die **Mitgliederversammlung 1986** in den Berechtigungsvertrag aufgenommen. Sie ist nach § 3 Ziff. 1 e) und f) der Satzung zwingender Bestandteil des Berechtigungsvertrages (vgl. **Kap. 5 Rn. 25**).

§ 6 [Einbeziehungsklausel, Regelung zum Verzug des Berechtigten etc.]

a) **Satzung wie Verteilungsplan, auch soweit künftig die Satzung oder der Verteilungsplan geändert werden sollte, bilden einen Bestandteil dieses Vertrages.**
Beschließt die Mitgliederversammlung in Zukunft Abänderungen oder Ergänzungen des Berechtigungsvertrages, die aus Gründen der kollektiven Rechtewahrnehmung für alle Berechtigten einheitlich gelten müssen, so gelten auch diese Abänderungen oder Ergänzungen als Bestandteil des Berechtigungsvertrages. Alle sonstigen Änderungen oder Ergänzungen des Berechtigungsvertrages, insbesondere soweit sie den Umfang der von der GEMA wahrgenommenen Rechte betreffen, bedürfen der Zustimmung des Berechtigten. Abänderungen oder Ergänzungen des Berechtigungsvertrages sind dem Berechtigten schriftlich mitzuteilen. Soweit die Zustimmung des Berechtigten erforderlich ist, gilt diese als erteilt, wenn der Berechtigte der Abänderung oder Ergänzung nicht binnen drei Monaten seit Absendung der schriftlichen Mitteilung ausdrücklich schriftlich widerspricht; auf diese Rechtsfolge ist er in der Mitteilung hinzuweisen. Die schriftliche Mitteilung erfolgt in der auf die Mitgliederversammlung folgenden, an alle Mitglieder versandten Publikation „virtuos", wobei auf dem Titelblatt in hervorgehobener Weise auf diese Mitteilung hingewiesen wird.
Der Berechtigte erklärt, Satzung und Verteilungsplan ausgehändigt erhalten zu haben.

b) **Der Berechtigte, der seinen Verpflichtungen aus der Satzung, dem Verteilungsplan und dem Berechtigungsvertrag nicht nachkommt, ist verpflichtet, die der GEMA durch seinen Verzug entstandenen Kosten zu erstatten.**

Übersicht

I. Satzung und Verteilungsplan als Bestandteil des Berechtigungsvertrages

321 Nach § 6 lit. a Abs. 1 BerV sind Satzung und Verteilungsplan der GEMA Vertragsbestandteil des Berechtigungsvertrages. Diese **schuldrechtliche Bindung** der Berechtigten an das Regelwerk der GEMA ist erforderlich, da allein die **ordentlichen Mitglieder** der GEMA Mitglieder im vereinsrechtlichen Sinne sind und damit nur sie auf der Basis ihres mitgliedschaftlichen Verhältnisses unmittelbar an Satzung und Verteilungsplan der GEMA gebunden sind. Die Bindung der **angeschlossenen und außerordentlichen Mitglieder** erfolgt über den Berechtigungsvertrag. Die Einbeziehung künftiger Änderungen von Satzung und Verteilungsplan dient dem Interesse der GEMA an der Einheitlichkeit des Mitgliedschaftsverhältnisses und der Gleichförmigkeit der Verteilung sowie dem Gebot der Wirtschaftlichkeit. Dabei ist zu berücksichtigen, dass eine Verteilung ohne

einheitliches Regelwerk nicht durchführbar wäre. Rechtlich liegt in einer verbindlichen Änderung von Satzung oder Verteilungsplan eine zulässige nachträgliche Leistungsbestimmung nach § 315 BGB.[455]

II. Die Einbeziehungsklausel[456]

§ 6 lit. a Abs. 2 BerV regelt die Auswirkungen von Abänderungen oder Ergänzungen des Berechtigungsvertrages, die durch die Mitgliederversammlung beschlossen werden, auf bereits bestehende Berechtigungsverträge (sogenannte **Altverträge**). Die Änderungen werden nicht eo ipso Bestandteil der einzelnen bereits abgeschlossenen Berechtigungsverträge, da es sich beim Berechtigungsvertrag nicht um eine körperschaftliche Bestimmung, sondern um eine **individualrechtliche Vereinbarung** handelt.[457] 322

Nach § 6 lit. a Abs. 2 BerV ist zwischen solchen Abänderungen und Ergänzungen, die für alle Berechtigten einheitlich gelten müssen und sonstigen Abänderungen und Ergänzungen zu differenzieren. Abänderungen und Ergänzungen, die aus Gründen der kollektiven Rechtewahrnehmung **für alle Berechtigten einheitlich gelten müssen**, werden ohne weiteres Bestandteil des Berechtigungsvertrages. Hierzu zählen insbesondere Änderungen der für die Ertragsverteilung maßgeblichen Grundsätze, die nach Abschluss des Berechtigungsvertrages beschlossen werden.[458] 323

Alle **sonstigen Abänderungen und Ergänzungen** werden nur bei **Zustimmung des Berechtigten** Vertragsbestandteil. Der Berechtigungsvertrag enthält für die erforderliche Erklärung des Berechtigten eine **Fiktion**. Seine Zustimmung wird fingiert, wenn ihm die Abänderungen und Ergänzungen schriftlich von der GEMA mitgeteilt werden und er nicht innerhalb von drei Monaten seit der Mitteilung ausdrücklich schriftlich **widerspricht**.[459] Das Widerspruchsrecht betrifft dabei in erster Linie den Umfang der Rechteeinräumung, d.h. die im Berechtigungsvertrag ausdrücklich aufgeführten Nutzungsarten. Auf die Wirkungen des unterbliebenen Widerspruchs ist der Berechtigte hinzuweisen. Die Mitteilung über die die Fiktion auslösenden sonstigen Abänderungen und Ergänzungen erfolgt in der Mitgliederzeitschrift „virtuos", die seit Ende des Jahres 2008 an die Stelle der bisherigen GEMA Publikationen GEMA-Brief und GEMA-Nachrichten getreten ist und an alle Mitglieder der GEMA in einer Print oder Online-Fassung versendet wird. 324

Die **Zustimmungsfiktion** mit Ablauf der Widerspruchsfrist entspricht den ausdrücklichen Vorgaben des nationalen und europäischen Rechts. Nach § 10 VGG ist die Zustimmung des Rechtsinhabers für die Wahrnehmung eines jeden einzelnen Rechts einzuholen. Nach der Gesetzesbegründung kann diese Zustimmung auch stillschweigend eingeholt werden.[460] Die Vorschrift beruht auf Art. 5 Abs. 7 der Verwertungsgesellschaftenrichtlinie. Nach Erwägungsgrund 19 der Richtlinie ist es ausreichend, wenn Änderungen des Wahrnehmungsumfangs nach Abschluss des Berechtigungsvertrages stillschweigend angenommen werden. 325

In der **ursprünglichen** bis zur Mitgliederversammlung 2002 geltenden **Fassung** lautete § 6 lit. a Abs. 2 BerV schlicht dahingehend, dass „künftige Änderungen des Vertrages Bestandteil der Berechtigungsverträge" werden. Ein Widerspruchsrecht war nicht vorge- 326

455 *Riesenhuber*, Die Auslegung und Kontrolle des Wahrnehmungsvertrages, S. 121.
456 Hierzu ausführlich *Heker/Riemer*, FS Pfennig (2012), S. 419 ff.
457 BGH, GRUR 2009, 395, 400 – Klingeltöne für Mobiltelefone I; BGH, GRUR 2005, 757, 759 – PRO-Verfahren.
458 BGH, ZUM 2014, 800, 801 – Ausschluss eines Musikprogramms von der Verrechnung.
459 Das LG Hamburg, ZUM 2001, 711, 712, hält bereits eine Widerspruchsfrist von sechs Wochen für angemessen.
460 RegE VGG, BT-Drs. 18/7223 v. 12.1.2016, S. 75.

sehen. Der **Bundesgerichtshof** wies in seiner Entscheidung **GEMA-Vermutung-IV** jedoch bereits darauf hin, dass eine solche Einbeziehung ohne weitere Voraussetzungen keine Verfügungen über Nutzungsrechte erfassen könne, da eine Rechteeinräumung stets der Zustimmung des Berechtigten bedürfe.[461] Die Klausel könne daher lediglich die schuldrechtliche Verpflichtung zur Einräumung der Rechte, nicht aber die Verfügung selbst herbeiführen, für die eine **rechtsgeschäftliche Erklärung des Berechtigten** erforderlich sei.

327 In Folge der bestehenden Rechtsunsicherheit fasste die **Mitgliederversammlung 2002** die Einbeziehungsklausel insgesamt neu. Auch diese Neufassung beinhaltete eine pauschale Vertragsergänzung, die aber im Unterschied zu ihrer bisherigen Fassung nach ihrem Wortlaut bei jeder Art von Abänderungen oder Ergänzungen des Berechtigungsvertrages ein Widerspruchsrecht des Berechtigten vorsah. Dies war insofern impraktikabel als einige Bestimmungen des Berechtigungsvertrages von der GEMA nur einheitlich angewendet werden können. Aus diesem Grund beschloss die **Mitgliederversammlung 2009** die nunmehr geltende Fassung der Einbeziehungsklausel, bei der das Widerspruchsrecht bei Abänderungen oder Ergänzungen, die einheitlich für alle Berechtigten gelten müssen, ausgeschlossen ist.

328 Der Bundesgerichtshof bestätigte seine in der Entscheidung GEMA-Vermutung-IV angedeutete Rechtsauffassung in der ersten **Klingelton-Entscheidung** im Jahr 2008, die die ursprüngliche Fassung der Klausel zum Gegenstand hatte und stellte ihre Unwirksamkeit wegen eines Verstoßes gegen das AGB-rechtliche Benachteiligungsverbot nach § 307 Abs. 1 BGB fest.[462] Da die Mitgliederversammlung eine rechtlich gültige Fassung erst im Jahr 2002 beschlossen hat, enthalten Berechtigungsverträge **bis zur Fassung von 2002 keine wirksame Einbeziehungsklausel**. Sofern Berechtigte demnach ab 2002 keinen neuen Berechtigungsvertrag abgeschlossen haben, gilt der Berechtigungsvertrag in der Fassung zum Zeitpunkt des jeweiligen Vertragsschlusses.[463]

III. Verzug des Berechtigten

329 § 6 lit. b BerV gibt der GEMA bei **Verzug** des Berechtigten mit seinen Pflichten aus dem Berechtigungsvertrag, der Satzung oder dem Verteilungsplan einen Anspruch auf Ersatz der durch die Pflichtverletzung entstandenen Kosten. Zwar setzt § 6 lit. b BerV nach seinem Wortlaut kein Verschulden des Berechtigten voraus. Verzug tritt jedoch nach §§ 286 Abs. 4, 276 BGB nur bei Verschulden, d.h. bei einer vorsätzlichen oder fahrlässigen Pflichtverletzung des Berechtigten, ein. Die Beweislast für sein fehlendes **Verschulden** trifft aufgrund der gesetzlichen Beweislastumkehr nach § 286 Abs. 4 BGB den Berechtigten. In der Praxis kommt der Klausel lediglich geringe Bedeutung zu.

§ 7 [Pflicht zur Aktualisierung von personen-, firmen- und verlagsbezogenen Daten]

Der Berechtigte verpflichtet sich, jeden Wechsel des Wohnsitzes und der Staatsangehörigkeit, jede Änderung der Firma, ihrer Inhaber- und Gesellschafterverhältnisse oder in der Zeichnung der Fir-

461 BGH, GRUR 1988, 296, 298 – GEMA-Vermutung IV; bereits zweifelnd BGH, GRUR 1986, 61, 65 f. – GEMA-Vermutung I.

462 BGH, GRUR 2009, 395, 400 – Klingeltöne für Mobiltelefone I. Beim Berechtigungsvertrag handelt es sich um Allgemeine Geschäftsbedingungen, die der Inhaltskontrolle unterliegen. Vgl. BGH, GRUR 2009, 395, 400 – Klingeltöne für Mobiltelefone I; BGH, GRUR 2006, 319, 321 – Alpensinfonie; BGH, GRUR 2002, 332, 333 – Klausurerfordernis.

463 BGH, GRUR 2009, 395, 400 – Klingeltöne für Mobiltelefone I.

ma, jede Verlegung der Niederlassung sowie jeden Fall der Inverlagnahme oder des Verlagswechsels unverzüglich der GEMA anzuzeigen.

Wird die Anzeige der Adressenänderung vom Berechtigten oder im Todesfall durch seinen Rechtsnachfolger unterlassen und läßt sich die neue Adresse des Berechtigten nicht durch Rückfrage bei der für den letzten Wohnsitz zuständigen Meldebehörde feststellen, so ist die GEMA berechtigt, den Berechtigungsvertrag zum Ende des Geschäftsjahres vorzeitig zu kündigen, in dem die negative Nachricht der Meldebehörde eingegangen ist. Die Kündigung erfolgt in diesem Falle durch eingeschriebenen Brief, der an die letzte der GEMA bekannt gegebene Adresse zu richten ist.

Übersicht

I. Ergänzung der Anmelde- und Auskunftspflicht

Da die Anmelde- und Auskunftspflicht gem. § 5 BerV nur werkbezogene Informationen betrifft, enthält § 7 Abs. 1 BerV eine zusätzliche Verpflichtung der Berechtigten zur Anzeige bestimmter persönlicher Daten, die die GEMA zur wirksamen Wahrnehmung der Rechte an deren Werken benötigt. Die regelmäßige und rechtzeitige Verteilung der inkassierten Beträge an die Rechtsinhaber setzt voraus, dass die GEMA ständig in Kenntnis des aktuellen Stands dieser Daten bleibt. Die Vorschrift ist somit auch mit dem in Art. 4 VG-Richtlinie festgehaltenen Grundsatz vereinbar, wonach den Rechtsinhabern keine Pflichten auferlegt werden dürfen, die nicht aus objektiven Gründen für die Wahrnehmungstätigkeit notwendig sind. 330

II. Außerordentliches Kündigungsrecht gem. § 7 Abs. 2 BerV

1. Inhalt und Zweck

Aufgrund der großen Bedeutung dieser Informationen für den reibungslosen Ablauf der Wahrnehmungstätigkeit ist in § 7 Abs. 2 BerV ein außerordentliches Kündigungsrecht vorgesehen, das die GEMA geltend machen kann, wenn der Berechtigte seiner Pflicht nicht in ausreichendem Maße nachkommt. Wird der GEMA eine Adressenänderung nicht ordnungsgemäß angezeigt und lässt sich auch durch Rückfrage bei der für den letzten Wohnsitz zuständigen Meldebehörde keine neue gültige Adresse ermitteln, kann sie das Berechtigungsverhältnis zum Ende des laufenden Geschäftsjahres beenden. Dies widerspricht auch nicht dem grundsätzlichen Wahrnehmungszwang der GEMA, da der Rechtewahrnehmung in diesem Fall ein objektiver Grund gem. § 9 Satz 1 Nr. 2 VGG entgegensteht. 331

2. Voraussetzungen der Kündigung

a) Obliegenheitsverletzung des Berechtigten

Die Wirksamkeit der Kündigung richtet sich grundsätzlich nach den allgemeinen Regeln für einseitige empfangsbedürftige Willenserklärungen nach § 130 BGB. Hier besteht allerdings die Besonderheit, dass der Zugang der Kündigung durch das Unterlassen 332 der pflichtgemäßen Anzeige der Adressenänderung verhindert wird. Innerhalb bestehender vertraglicher Beziehungen hat jeder Vertragspartner durch angemessene Maßnahmen dafür Vorsorge zu treffen, dass Erklärungen der anderen Partei ihn auch erreichen können.[464] Da der Berechtigte das Scheitern des Zugangs durch die Verletzung seiner Obliegenheit aus § 7 Abs. 1 BerV selbst verursacht hat, müsste er sich der höchstrichterlichen Rechtsprechung zufolge schon nach dem Maßstab des § 242 BGB so behandeln lassen, als wäre die Willenserklärung rechtzeitig zugegangen.[465] Allerdings besteht in Rechtsprechung und Literatur keine ausreichende Sicherheit hinsichtlich der Anforderungen, die im Einzelnen an die Bemühungen des Erklärenden um einen tatsächlichen Zugang der Kündigung zu stellen sind.[466] § 7 Abs. 2 S. 2 BerV bestimmt daher, dass der Säumige bereits die einmalige Zusendung an die letzte Adresse, die er der GEMA bekannt gegeben hat, auch ohne tatsächlichen Zugang gegen sich gelten lassen muss.

b) Form

333 Aus Gründen der Rechtssicherheit schreibt § 7 Abs. 2 S. 2 BerV vor, dass die Kündigung in Form eines eingeschriebenen Briefs an die letztbekannte Adresse erfolgen muss. Frühestmöglicher Kündigungszeitpunkt ist das Ende des Geschäftsjahres, in dem der GEMA die negative Nachricht der Meldebehörde zugegangen ist.

3. Verfügung über das vorhandene Guthaben

334 Nach der ehemaligen Vorschrift des § 7 Abs. 2 S. 3 BerV stand es im Ermessen des Aufsichtsrates, über ein noch vorhandenes Guthaben zu bestimmen, wenn der Berechtigte auch nach Ablauf eines weiteren Geschäftsjahres nicht erreichbar war und keine eigene Verfügung darüber getroffen hatte. Diese Regelung erlangte allerdings in der Praxis keine Relevanz und wurde schließlich nach dem Inkraftreten des VGG gestrichen. Das Vorgehen in solchen Fällen richtet sich nunmehr nach § 30 Abs. 1 VGG: Beträge, die nicht verteilt werden können, da die Rechtsinhaber nicht ermittelt oder nicht ausfindig gemacht werden können, gelten erst drei Jahre nach Ablauf des Geschäftsjahres, in dem die Gelder eingezogen worden sind, als „nicht verteilbare Beträge“. Hinsichtlich der Verwendung dieser nicht verteilbaren Summen hat die Mitgliederversammlung im Rahmen ihrer Kompetenz nach § 17 Abs. 1 Nr. 7 VGG und § 10 Ziffer 6 lit. g) GEMA-Satzung entschieden, dass sie zusammen mit anderen unverteilbaren Beträgen für soziale und kulturelle Zwecke bereitgestellt werden (§ 30 Abs. 3 VP; dazu **Kap. 8 Rn. 117 ff.**).

§ 8 [Mitgliedsbeitrag]

1. Der Berechtigte verpflichtet sich, bei erstmaligem Vertragsabschluss einmalig eine vom Aufsichtsrat festzusetzende Aufnahmegebühr an die GEMA zu entrichten.

2. Der Berechtigte verpflichtet sich, einen vom Aufsichtsrat festzusetzenden jährlichen Mitgliedsbeitrag an die GEMA zu entrichten.
Bei Vertragsabschluss ist der Mitgliedsbeitrag im Voraus zu bezahlen. In den Folgejahren wird der Mitgliedsbeitrag jährlich dem Mitgliedskonto des Berechtigten belastet und gegen die in dem betreffenden Jahr anfallenden Gutschriften verrechnet. Soweit die für den Berechtigten anfallenden Gutschriften die Höhe des Mitgliedsbeitrages nicht erreichen, ist der Berechtigte zur umgehenden Zahlung des Differenzbetrages an die GEMA verpflichtet. Erreichen die für den Berechtigten erfolgenden Gutschriften die Höhe des Mitgliedsbeitrages in drei aufeinan-

464 Zuletzt BGH, NJW 2008, 50, 52 m w.N.; BeckOGK-*Gomille*, § 130 BGB Rn. 108.
465 BGH, LM Nr. 1 zu § 130 BGB; BAG, NZA 2006, 204.
466 Vgl. BGH, NJW 1996, 1967, 1968; Palandt-*Ellenberger*, § 130 BGB Rn. 18.

der folgenden Jahren nicht, so kann die GEMA den Berechtigungsvertrag zum Ende des darauf folgenden Geschäftsjahres vorzeitig schriftlich kündigen oder die weitere Wahrnehmung seiner Rechte davon abhängig machen, dass der Mitgliedsbeitrag bei Beginn des Geschäftsjahres im voraus entrichtet wird.

3. Im Gegensatz zu der Regelung über die Verteilung der Erträge aus dem Aufführungsrecht gilt vorbehaltlich anderweitiger Beschlüsse für die Verteilung der Erträge aus dem Vervielfältigungsrecht der Grundsatz, dass der GEMA aus diesen Erträgen eine Kommission in Höhe von bis zu 25% zusteht.

Übersicht

I. Aufnahmegebühr und Mitgliedsbeitrag

1. Regelungen

Nach § 8 Ziffer 1 BerV muss jeder Berechtigte bei erstmaligem Vertragsabschluss eine einmalige Aufnahmegebühr an die GEMA zahlen. Sie beträgt gegenwärtig EUR 90,00 (zzgl. USt.) für Urheber und EUR 180,00 (zzgl. USt.) für Verleger. Die Entrichtung des Betrags wird mit Einreichung des Aufnahmeantrags fällig, dem in der Praxis ein entsprechender Hinweis beigefügt ist. Zusätzlich haben die Berechtigten gem. § 8 Ziffer 2 S. 1 BerV einen jährlichen Mitgliedsbeitrag zu entrichten, der gegenwärtig EUR 50,00 (o. USt.) für Urheber und EUR 100,00 (o. USt.) für Verleger beträgt. Der erste Mitgliedsbeitrag ist nach Satz 2 ebenfalls bereits vor der Aufnahme fällig. Die Höhe der Aufnahmegebühr und des jährlichen Mitgliedsbeitrages wird im Einklang mit § 6 Abs. 3 S. 2 GEMA-Satzung vom Aufsichtsrat der GEMA festgesetzt. Die unterschiedliche Höhe der Beträge für Urheber und Verleger ist darin begründet, dass der administrative Aufwand für die Verlage bei der Prüfung der Aufnahmevoraussetzungen (siehe §§ 5 f. der Geschäftsordnung für das Aufnahmeverfahren; vgl. dazu **Kap. 6 Rn. 44 ff.**) sowie bei der Dokumentation und Wahrnehmung der Rechte (etwa aufgrund von Katalogveräußerungen oder unternehmerischen Transaktionen) deutlich größer ist als bei den Urhebern. 335

Der Aufnahmeantrag eines Rechtsinhabers wird von der GEMA erst bearbeitet, nachdem sowohl die Aufnahmegebühr als auch der erste Mitgliedsbeitrag beglichen worden sind. Die Mitgliederabteilung prüft zunächst den Zahlungseingang und die Vollständigkeit der eingereichten Unterlagen. Erst im Anschluss daran kann dem Berechtigten eine Aufnahmebestätigung zugesandt und mit der Wahrnehmungstätigkeit hinsichtlich der Nutzungsrechte des Berechtigten begonnen werden. Die laufenden Mitgliedsbeiträge werden gem. § 8 Ziffer 2 S. 3 BerV direkt vom jeweiligen Mitgliedskonto des Berechtigten abgezogen und mit den Einnahmen verrechnet, die diesem Berechtigten für die Nutzung seiner Werke im betreffenden Geschäftsjahr gutgeschrieben werden. Reichen die Gutschriften zur Begleichung des Beitrags nicht aus, so hat der Berechtigte den Differenzbetrag nach Satz 4 sofort nachzuzahlen. Wenn die Einnahmen eines Berechtigten in drei aufeinanderfolgenden Jahren nicht die Höhe des jeweiligen Mitgliedsbeitrags erreicht haben, steht der GEMA gem. § 8 Ziffer 2 S. 5 BerV ein außerordentliches Kündigungsrecht zum Ende des darauffolgenden Geschäftsjahres zu. Alternativ kann sie die Fortsetzung der Wahrnehmungstätigkeit hinsichtlich der Rechte dieses Berechtigten davon abhängig machen, dass der Mitgliedsbeitrag vor Beginn des betreffenden Geschäftsjahres gezahlt wird. 336

2. Angemessenheitsgebot gem. § 9 Satz 2 VGG

337 § 9 Satz 2 VGG verpflichtet die Verwertungsgesellschaften dazu, die Rechte der Rechtsinhaber zu angemessenen Bedingungen wahrzunehmen. Dies ist auch im Lichte des Art. 4 VG-Richtlinie zu sehen, nach dem die den Berechtigten auferlegten Pflichten jedenfalls für die wirtschaftliche Rechtewahrnehmung objektiv erforderlich sein müssen. Daher muss auch die Erhebung von Aufnahmegebühren und jährlichen Mitgliedsbeiträgen in einem angemessenen Verhältnis zur Wahrnehmungstätigkeit der GEMA stehen.[467] Zwar kann die GEMA die im Rahmen der Wahrnehmungstätigkeit tatsächlich entstandenen und gerechtfertigten Kosten vor der Verteilung als Verwaltungskosten von den Einnahmen in Abzug bringen. Doch entsteht nicht erst durch die Lizenzierung und Verteilung finanzieller Aufwand, sondern bereits durch die umfangreiche Dokumentation und die Verwaltung der Mitgliederkonten. Es entspricht daher internationalem Standard, dass die Verwertungsgesellschaften vom Inkasso unabhängige Beiträge von ihren Berechtigten erheben. Dadurch werden die Bezugsberechtigten als Kollektiv davor geschützt, mit laufenden Kosten für die Aufnahme und Pflege von Konten belastet zu werden, an denen einzelne Berechtigte kein Interesse (mehr) haben. Die Regelung spiegelt somit das Gebot einer wirtschaftlichen Wahrnehmungstätigkeit wider. Auch die übrigen Bestimmungen des § 8 Ziffer 2 BerV sind aus diesem Grund erforderlich und erfüllen die gesetzlichen Vorgaben.

II. Kommission bei Erträgen aus dem Vervielfältigungsrecht

338 Für die Verteilung der Erträge aus dem Vervielfältigungsrecht legt § 8 Ziffer 3 BerV – ebenso wie § 29 Abs. 4 Satz 1 VP (dazu im Einzelnen **Kap. 8 Rn. 113**) – eine Obergrenze der zulässigen Abzüge bei 25% fest. Jedenfalls in diesem Umfang ist ein Abzug der gerechtfertigten und tatsächlich entstandenen Kosten ohne Weiteres als angemessen iSd § 9 Satz 2 VGG anzusehen.

§ 9 [Rechtsnachfolge]

Für die Rechtsnachfolge im Vertragsverhältnis sind die allgemeinen gesetzlichen Bestimmungen maßgebend, soweit nicht die GEMA-Satzung und dieser Vertrag abweichende Bestimmungen enthalten.

Im Falle des Todes des Berechtigten wird der Berechtigungsvertrag mit dessen Rechtsnachfolger bzw. Rechtsnachfolgern in den Urheberrechten fortgesetzt. Die GEMA kann verlangen, dass der Nachweis der Rechteinhaberschaft durch einen Erbschein, die Vorlage eines Testamentvollstreckerzeugnisses oder sonstiger vom Nachlassgericht auszustellender Urkunden geführt wird. Bis zum Nachweis der Rechteinhaberschaft ist die GEMA zu Auszahlungen nicht verpflichtet.

Sind mehrere Rechtsnachfolger vorhanden, müssen diese ihre Rechte gegenüber der GEMA durch einen gemeinsamen Bevollmächtigten ausüben. Die GEMA kann verlangen, dass die Bevollmächtigung durch öffentlich beglaubigte Urkunden nachgewiesen wird. Bis zur Bestellung eines gemeinsam Bevollmächtigten ist die GEMA zur Auszahlungen nicht verpflichtet.

Jeder Rechtsnachfolger in den Urheberrechten eines verstorbenen Berechtigten ist verpflichtet, den Todesfall innerhalb von 6 Wochen nach Kenntniserhalt der GEMA mitzuteilen. Hinterlässt ein Berechtigter mehrere Rechtsnachfolger, so ist auch der nach Abs. 3 zu bestellende gemeinsame Bevollmächtigte zu dieser Mitteilung verpflichtet.

Kommt ein zur Mitteilung Verpflichteter dieser Pflicht nicht nach und bewirkt die GEMA deshalb rechtsgrundlose Zahlungen, so ist die GEMA berechtigt, diese Zahlungen zurückzufordern, ohne dass von den Zahlungsempfängern ein Wegfall der Bereicherung gem. § 818 Abs. 3 BGB geltend gemacht werden kann.

---

467 *Mauhs*, Der Wahrnehmungsvertrag, S. 73; *Menzel*, Die Aufsicht über die GEMA, S. 61.

Werden innerhalb von zwei Jahren nach dem Tode des Berechtigten keine Ansprüche auf die Rechtsnachfolge in den Urheberrechten geltend gemacht und erreichen die für die unbekannten Rechtsnachfolger insgesamt erfolgenden Gutschriften in zwei aufeinander folgenden Jahren die Summe der für diese Jahre insgesamt zu zahlenden Mitgliedsbeiträge nicht, so endet der Berechtigungsvertrag zum Ende des laufenden Geschäftsjahres.

Übersicht

1. Übergang des Wahrnehmungsverhältnisses

339 In § 9 Abs. 1 BerV wird zunächst klargestellt, dass für die Rechtsnachfolge in das Vertragsverhältnis mit der GEMA die allgemeinen gesetzlichen Bestimmungen Anwendung finden, soweit der Berechtigungsvertrag und die Satzung keine *leges speciales* vorsehen. Dabei ist zu beachten, dass § 9 BerV lediglich die Rechtsnachfolge von natürlichen Personen regelt. Hinsichtlich juristischer Personen bleibt es bei den allgemeinen Bestimmungen.[468] Bei ausländischen Erblassern finden gem. Art. 25 EGBGB die Vorschriften des jeweiligen Heimatlandes Anwendung. Grundsätzlich geht nach § 1922 Abs. 1 BGB mit dem Tode einer natürlichen Person deren Vermögen als Ganzes auf eine oder mehrere andere Personen über (zum Begriff des Rechtsnachfolgers oben Rn. 14). Dies bedeutet, dass mit dem Erbfall alle dinglichen und persönlichen Vermögensrechte und Verbindlichkeiten des Erblassers als Gesamtheit seiner Rechtsverhältnisse *ipso iure* dem Erben zufallen.[469] Auch das Rechtsverhältnis des Berechtigten mit der GEMA endet daher nicht mit dessen Tod, sondern geht mit allen Rechten und Pflichten auf dessen Rechtsnachfolger über (§ 9 Abs. 2 S. 1 BerV). Dabei wird der Erbe zudem Inhaber der Urheberpersönlichkeitsrechte[470] und der Verwertungsrechte und kann fortan gem. § 30 UrhG über diese verfügen, soweit der Erblasser sie nicht der GEMA oder Dritten zur Wahrnehmung oder Nutzung übertragen hatte.[471]

2. Mehrere Rechtsnachfolger

340 Folgen einem verstorbenen Berechtigten mehrere Personen nach, so treten sie nach §§ 2032ff. BGB in die Rechte und Pflichten des Berechtigungsvertrages ein. Um auch bei Erbfällen mit einer größeren Zahl an Rechtsnachfolgern eine effektive Rechtewahrnehmung zu gewährleisten, schreibt § 9 Abs. 3 BerV vor, dass diese zur Ausübung ihrer Rechte einen von ihnen oder einen Dritten, wie etwa einen Testamentsvollstrecker, als gemeinsamen Bevollmächtigten und alleinigen Ansprechpartner der GEMA bestimmen. Zum Zwecke des Nachweises der Bevollmächtigung stellt die GEMA in diesem Fall eine Vollmachtserklärung zur Unterschrift durch die einzelnen Mitglieder der Rechtsnachfolgergemeinschaft aus. Daneben erhalten die Rechtsnachfolger des Berechtigten neue Vertragsausfertigungen zur Unterzeichnung.

---

468 Dazu Palandt-*Weidlich*, § 1922 BGB Rn. 14 ff.
469 Palandt-*Weidlich*, § 1922 BGB Rn. 6–10.
470 Dazu im Einzelnen Schricker/Loewenheim-*Dietz/Peukert*, Vor §§ 12 ff. UrhG Rn. 21 ff.
471 Schricker/Loewenheim-*Schricker/Ohly*, § 30 UrhG Rn. 4 ff.

3. Mitteilungs- und Nachweispflicht

341 Erlangt die GEMA durch Mitteilung der Angehörigen, Postrücklauf oder in sonstiger Weise Kenntnis vom Versterben eines Berechtigten, ist sie nach § 9 Abs. 2 S. 2 BerV berechtigt, die zum Nachweis der Rechteinhaberschaft erforderlichen Dokumente anzufordern. Dies umfasst unter anderem Sterbeurkunden, Testamente, Erbscheine, Testamentsvollstreckerzeugnisse oder auch die Bestallungsurkunde bei Nachlasspflegschaften. Im Falle mehrerer Rechtsnachfolger kann die GEMA zudem den Nachweis der Bevollmächtigung gem. § 9 Abs. 3 S. 2 BerV verlangen. Solange die erforderlichen Nachweise nicht erbracht worden sind, hat die GEMA nach § 9 Abs. 2 S. 3 bzw. Abs. 3 S. 3 BerV ein vertragliches Leistungsverweigerungsrecht hinsichtlich der Ausschüttung der aus den Rechten des Erblassers eingenommenen Beträge. Damit wird verhindert, dass die GEMA trotz Zweifel über die Berechtigung des Zahlungsempfängers leisten und zu Unrecht ausgezahlte Beträge aufwendig zurückfordern muss.

342 Darüber hinaus enthält § 9 Abs. 4 BerV eine Mitteilungspflicht des Rechtsnachfolgers, wonach er der GEMA den Tod des Berechtigten innerhalb von 6 Wochen ab Kenntnis mitzuteilen hat. Stirbt einer von mehreren Rechtsnachfolgern, so trifft die Pflicht, diesen Todesfall der GEMA zu melden, den zu bestellenden gemeinsamen Bevollmächtigten. Auch diese Mitteilungspflichten dienen in erster Linie dem Zweck, Zahlungen der GEMA an unberechtigte Dritte von vornherein zu vermeiden. In den Fällen geteilter Rechtsnachfolge muss zudem gewährleistet werden, dass die Zahlungen – gerade auch im Hinblick auf die Vorschriften zur Wertung und Schätzung – richtig berechnet werden können.

4. Ausschluss der Einrede der Entreicherung

343 Wenn ein Rechtsnachfolger seiner Mitteilungspflicht aus § 9 Abs. 4 BerV nicht nachgekommen ist und die GEMA infolgedessen rechtsgrundlose Zahlungen geleistet hat, muss sie diese nach bereicherungsrechtlichen Vorschriften zurückfordern. Dabei kann es sich insbesondere um Zahlungen an Personen handeln, die gem. § 3 II GO Wertung KE bzw. § 3 Abs. 6 GO Wertung U nicht am Wertungsverfahren hätten beteiligt werden dürfen, die nach § 7 Satzung SK keine Leistungen aus der Sozialkasse hätten erlangen dürfen oder die zu Unrecht Zuwendungen aus der Alterssicherung erhalten haben. Um zumindest das naheliegende Ausfallrisiko der GEMA zu vermindern, bestimmt § 9 Abs. 5 BerV, dass der Zahlungsempfänger in einem solchen Fall nicht die Einrede der Entreicherung gem. § 818 Abs. 3 BGB geltend machen kann. Ein Ausschluss der dispositiven[472] Entreicherungsvorschrift ist auch in AGB iSd §§ 307 ff. BGB zumindest dann zulässig, wenn er wie hier davon abhängig ist, dass der Bereicherte die Ursache für die unberechtigte Leistung selbst gesetzt hat.[473]

II. Außerordentliches Kündigungsrecht der GEMA

344 § 9 Abs. 6 BerV regelt die Beendigung des Vertragsverhältnisses für den in der Praxis häufig vorkommenden Fall, dass nach dem Tod des Berechtigten gegenüber der GEMA keine Ansprüche auf die Rechtsnachfolge in den Urheberrechten geltend gemacht werden. Die Beendigung erfolgt unter der Voraussetzung, dass zum einen nach dem Erbfall

472 Palandt-*Sprau*, § 818 BGB Rn. 32; BeckOK-*Wendehorst*, § 818 BGB Rn. 51.

473 Vgl. für den Fall von Lohnüberzahlungen MüKo-*Schwab*, § 818 BGB Rn. 200; *Bieder*, DB 2006, 1318, 1320 ff.; *Lüderitz*, BB 2010, 2629; BAG, NJW 1964, 1241, 1242; LAG Hamm, NZA-RR 2000, 181, 182.

in einem Zeitraum von mindestens zwei Jahren niemand Erbansprüche geltend macht und zum anderen das innerhalb dieser zwei Jahre angefallene Guthaben die Summe der Mitgliedsbeiträge, die in den betreffenden Jahren zu zahlen waren, nicht übersteigt. Die Regelung ist erforderlich, um die Wirtschaftlichkeit der Wahrnehmungstätigkeit iSd § 9 Satz 2 VGG sicherzustellen. Wenn das Aufkommen innerhalb der zwei Jahre nicht wenigstens die geschuldeten Mitgliedsbeiträge erreicht und daher mit keiner Ausschüttung mehr zu rechnen ist, kann davon ausgegangen werden, dass ein Weiterführen des betreffenden Kontos unwirtschaftlich wäre. Dabei werden nur Rechte berührt, an denen aufgrund des geringen Aufkommens ohnehin kein vernünftiges Interesse mehr bestehen kann. Die Verwaltung der betreffenden Rechte würde dagegen weiterhin Kosten und Aufwand verursachen und die übrigen Berechtigten unnötig belasten. Aus diesem Grund endet der Berechtigungsvertrag bereits zum Ende des laufenden Geschäftsjahres und nicht mehr, wie nach einer früheren Fassung der Vorschrift, erst mit dem Ablauf des darauf folgenden Geschäftsjahres.

§ 10 [Vertragslaufzeit]

1. **Der Vertrag wird mit Wirkung vom ... geschlossen. Er kann unter Einhaltung einer Frist von sechs Monaten zum Ende eines jeden Kalenderjahres schriftlich gekündigt werden.**
2. **Abweichend von Ziff. 1 kann der Berechtigungsvertrag hinsichtlich der Rechtsübertragung für die von § 1h) Abs. 2 bis 4 erfassten Onlinenutzungen unter Einhaltung einer Frist von drei Monaten schriftlich zum Ende eines jeden Kalenderjahres gekündigt werden. Soweit dies für die von § 1h) Abs. 2 bis 4 erfassten Onlinenutzungen erforderlich ist, umfasst die Teilkündigung auch das Recht, Werke der Tonkunst aufzunehmen und technisch aufzubereiten. Umfasst ist auch die sich an eine solche Onlinenutzung unmittelbar anschließende Speicherung des übermittelten Werkes beim Endnutzer (Download). Im Übrigen bleibt der Berechtigungsvertrag von der Teilkündigung unberührt. Dies gilt insbesondere hinsichtlich der Rechtsübertragung für die von § 1b) und d) erfassten Sendevorgänge, auch soweit sie im Wege der Onlinedistribution erfolgen (z.B. Internetradio und Internetfernsehen).**
3. **Der Berechtigungsvertrag endet mit Ablauf der Schutzdauer sämtlicher Werke, an denen der Berechtigte der GEMA Rechte zur Wahrnehmung übertragen hat.**

Übersicht

I. Vertragslaufzeit nach § 10 Ziffer 1 BerV

1. Regelung der Vertragslaufzeit

Um eine hohe Flexibilität der Rechtsinhaber bei der Wahl ihrer Verwertungsgesell- 345
schaft innerhalb Europas sicherzustellen, hat der Gesetzgeber in § 12 Abs. 1 VGG für das Wahrnehmungsverhältnis eine allgemeine Kündigungsfrist von höchstens sechs Monaten vorgeschrieben. Es steht den Verwertungsgesellschaften nach § 12 Abs. 2 VGG jedoch ausdrücklich frei, die wirksame Kündigung nur zum Ende eines jeden Geschäftsjahres zuzulassen und damit einen einheitlichen Beendigungstermin für alle Berechtigten festzulegen. Entsprechend sieht § 10 Ziffer 1 BerV vor, dass die mit der GEMA auf unbestimmte Dauer geschlossenen Berechtigungsverträge jedes Jahr mit Wirkung zum 31. Dezember gekündigt werden können. Dafür ist die Kündigung unter Einhaltung einer Kündigungsfrist von sechs Monaten in schriftlicher Form zu erklären. Hinsichtlich der

Rechte für interaktive Onlinenutzungen sind die speziellen Vorschriften des § 10 Ziffer 2 BerV zu beachten (dazu sogleich Rn. 346 f.).

346 Die Kündigung kann sich auch auf einzelne Nutzungsarten und/oder bestimmte Länder beschränken (vgl. zur Spartenlizenzierung nachfolgend Rn. 358 ff.). Einzelne Werke können jedoch nicht von der Wahrnehmung ausgenommen werden (siehe oben Rn. 41 und 46).

2. Überprüfung der Regelungen zur Vertragslaufzeit

347 Der Gesetzgeber hat die Bereichsausnahme für Wahrnehmungsverträge in § 309 Nr. 9 BGB im Zuge der Einführung des VGG gestrichen, da eine Vertragslaufzeit von mehr als zwei Jahren nach § 12 Abs. 1 VGG ohnehin nicht mehr zulässig wäre.[474] Eine kürzere Frist als die gesetzlich vorgeschriebene Mindestfrist von sechs Monaten ist allerdings aus AGB-rechtlicher Sicht nicht geboten (vgl. **Kap. 6 Rn. 41**). Je kürzer die Vertragsbindung ist, desto größer wird die Gefahr, dass mächtige Verwerter die Berechtigten unter Druck setzen, die Nutzungsrechte kurzfristig zu kündigen und zu unangemessenen Bedingungen direkt an sie zu vergeben.[475] Zudem würden allzu häufige Wechsel der Berechtigten und deren Repertoire zu erhöhten Verwaltungskosten[476] führen und damit dem Interesse der Gesamtheit aller Mitglieder an einer wirkungsvollen Verwaltung der Rechte durch die GEMA entgegenstehen.[477]

II. Der Sonderbereich der Onlinenutzungen

348 § 10 Ziffer 2 BerV sieht eine Ausnahme für die von § 1 h Abs. 2 und 3 BerV erfassten Onlinenutzungen vor (dazu oben Rn. 165 ff.). Die Rechteübertragung kann für diesen Bereich nach Satz 1 jeweils mit einer Frist von nur drei Monaten zum Jahresende gekündigt werden. Mit dieser verkürzten Kündigungsfrist wird dem Umstand Rechnung getragen, dass sich der Onlinebereich durch einen ständigen Wandel der technischen und rechtlichen Verhältnisse auszeichnet und die Rechtsinhaber und Verwertungsgesellschaften den Umfang der Rechtewahrnehmung in diesem Gebiet fortwährend neu bestimmen müssen. Den Berechtigten soll daher die Möglichkeit gegeben werden, auf diese Veränderungen möglichst schnell zu reagieren.

349 In § 10 Ziffer 2 S. 2 und 3 BerV wird der Umfang einer Teilkündigung der Onlinenutzungen näher erläutert. Zweckmäßigerweise sollen neben den in § 1 h Abs. 2–4 BerV geregelten Nutzungen auch diejenigen Nutzungshandlungen ohne Onlinebezug von der Kündigung umfasst sein, die für die Vornahme der umfassten Onlinenutzungen erforderlich sind. An den Berechtigten fallen also insbesondere die Rechte zurück, Masteraufnahmen seiner Werke für die von der Teilkündigung erfassten Onlinenutzungen zu erstellen, seine Werke zum Zwecke solcher Onlinenutzungen technisch aufzubereiten („Konfiguration"), sie in Datenbanken, Dokumentationssysteme und andere Speicher

474 Vgl. dazu die Begründung des Gesetzesentwurfs der Regierung zu Artikel 3, BT-Drs. 18/7223, S. 107; zur alten Rechtslage: *Melichar*, Die Wahrnehmung von Urheberrechten durch Verwertungsgesellschaften, S. 64; *Mauhs*, Der Wahrnehmungsvertrag, S. 75.

475 *Wünschmann*, Kollektive Wahrnehmung von Urheber- und Leistungsschutzrechten, S. 128 f.; *Mauhs*, Der Wahrnehmungsvertrag, S. 75; ebenso Dreier/Schulze-*Schulze*, Vor § 31 UrhG Rn. 129; vgl. auch EuGH, GRUR Int. 1974, 342, 344 – SABAM III.

476 *Ochsner*, Die kollektive Verwertung von urheberrechtlichen Nutzungsbefugnissen, S. 93.

477 *Mauhs*, Der Wahrnehmungsvertrag, S. 75 f.; *Ochsner*, Die kollektive Verwertung von urheberrechtlichen Nutzungsbefugnissen, S. 93; *Wünschmann*, Kollektive Wahrnehmung von Urheber- und Leistungsschutzrechten, S. 128.

einzubringen („Upload“) und sie schließlich online zu übermitteln, also öffentlich zugänglich zu machen im Sinne des § 19a UrhG. Weiterhin zählt dazu nach Satz 3 ausdrücklich auch das Recht der Vervielfältigung eines Werks im unmittelbaren Anschluss an einen Download beim Endnutzer.

Weitere Vervielfältigungen sind von der Teilkündigung allerdings nicht erfasst. Vielmehr bleiben gem. § 10 Ziffer 2 S. 4 BerV die im restlichen Berechtigungsvertrag vorgesehenen Rechtsübertragungen unberührt. In Satz 5 ist klargestellt, dass dies auch für Nutzungen wie Internetradio und Internetfernsehen gilt, die unter die Senderechte iSd § 1b) und d) fallen, obgleich sie im Wege der Onlinedistribution erfolgen (dazu oben Rn. 79). 350

III. Ablauf der Schutzdauer

Der Berechtigungsvertrag endet schließlich gem. § 10 Ziffer 3 BerV automatisch ohne Einhaltung der ansonsten geltenden Kündigungsfristen mit Ablauf der Schutzdauer sämtlicher Werke, an denen der Berechtigte der GEMA Rechte zur Wahrnehmung übertragen hat. Sobald die betreffenden Werke gemäß § 64 UrhG 70 Jahre nach dem Tod des Urhebers gemeinfrei geworden sind, wird der Berechtigungsvertrag ohnehin inhaltsleer. Eine Fortsetzung des Vertrages wäre daher unter keinem Gesichtspunkt mehr sinnvoll. Die betroffenen Berechtigten werden von der GEMA über die Beendigung des Wahrnehmungsverhältnisses schriftlich informiert. Die Mitgliedsnummern und -konten bleiben auch nach Ende des Berechtigungsvertrages bestehen, so dass die Berechtigten für die zuvor erfolgten Nutzungen ihrer Werke auch nach Ende des Berechtigungsverhältnisses noch Ausschüttungen erhalten können. Bei der Berechnung der einschlägigen Schutzdauer sind zudem die zum 1. November 2013 in Kraft getretenen Bestimmungen der §§ 65 Abs. 3 und 137m UrhG zur Vereinheitlichung der Schutzdauer hinsichtlich sog. Musikkompositionen mit Text zu beachten.[478] 351

§ 11 [Rechterückfall bei Beendigung des Vertrags]

Mit Beendigung des Vertrages fallen die Rechte an den bisherigen Berechtigten zurück, ohne dass es einer besonderen Rückübertragung bedarf. Jedoch soll zur Vermeidung einer Störung der öffentlichen Musikpflege die Auseinandersetzung bezüglich der zurückfallenden Urheberrechte in der Weise erfolgen, dass die Musikverbraucher, deren Verträge vor Beendigung dieses Berechtigungsvertrages für die Nutzung von Werken des ausgeschiedenen Berechtigten abgeschlossen wurden und über den Zeitpunkt des Ablaufs des Berechtigungsvertrages hinaus bestehen, für die ganze Dauer ihrer Verträge zur Nutzung befugt bleiben. Die Verrechnung der demnach etwa noch auf den ausgeschiedenen Berechtigten entfallenden Erträge erfolgt nach den Bestimmungen des Verteilungsplanes der GEMA.

Die Regelung des § 11 BerV entspricht **der Rechtsprechung** zur treuhänderischen Wahrnehmung von Nutzungsrechten: Mit der Beendigung des Berechtigungsvertrages erlischt automatisch auch das der Rechtsübertragung zugrundeliegende Geschäftsbesorgungsverhältnis, so dass die Wahrnehmungsbefugnis auch ohne Rückübertragung der urheberrechtlichen Befugnisse auf den Berechtigten entfällt.[479] Die GEMA bleibt jedoch berechtigt, diejenigen Ansprüche geltend zu machen, die noch während der Vertragslaufzeit aus der Auswertung der ihr übertragenen Nutzungsrechte entstanden sind.[480] 352

478 Dreier/Schulze-*Dreier*, § 65 UrhG Rn. 2; Wandtke/Bullinger-*Lüft*, § 65 UrhG Rn. 5 f.
479 BGH, GRUR 1966, 567, 569 – GELU; *Ulmer*, Urheber- und Verlagsrecht, S. 359; *Seifert*, in: Handbuch der Musikwirtschaft, S. 923.
480 BGH, GRUR 1982, 308, 309 – Kunsthändler; *v. Gamm*, § 29 UrhG Rn. 7.

Die daraus gewonnen Erträge werden nach den normalen Verteilungsregeln an die ausgeschiedenen Berechtigten ausgeschüttet. Die Klausel bewegt sich innerhalb des Rahmens von § 12 Abs. 3 VGG, demzufolge die GEMA nach Beendigung des Wahrnehmungsverhältnisses weiterhin Einnahmen für den Rechtsinhaber nach den allgemeinen Vorschriften einziehen, verwalten und verteilen muss, wenn die entsprechende Lizenzierung oder Nutzung vor dem Rechterückfall stattgefunden hat. Dies hat neben der Anwendung der Bestimmungen über Verwaltung und Verteilung auch zur Folge, dass die ausgeschiedenen Berechtigten bis zur letzten Ausschüttung die wesentlichen Auskunfts- und Beschwerderechte behalten.

§ 12 [Beendigung bei Auflösung der GEMA]

Wird die GEMA aufgelöst, so gilt dieser Vertrag zum Ende desjenigen Vierteljahres als gekündigt, welches auf das Vierteljahr folgt, in dem der Auflösungsbeschluss durch die zuständige Staatsbehörde genehmigt ist.

353 § 12 BerV korrespondiert mit §10 Ziffer 6 lit. j der Satzung der GEMA. Danach obliegt der **Mitgliederversammlung** die Beschlussfassung über die Auflösung der GEMA. Dieser Beschluss wird nach **§ 11 lit. b Abs. 1 GEMA-Satzung** nur wirksam, wenn er einstimmig von allen drei Berufsgruppen (Komponisten, Textdichter und Verleger) getroffen wird (dazu näher **Kap. 5 Rn. 149 ff.**). Die Vorschrift dient der Vereinfachung der Liquidation des aufgelösten Vereins. Im Übrigen ist es Aufgabe der Liquidatoren gem. § 49 Abs. 1 S. 1 BGB, die laufenden Geschäfte unter Beachtung des Liquidationszwecks zu beenden.

§ 13 [Erfüllungsort und Gerichtsstandvereinbarung]

Der Erfüllungsort dieses Vertrages ist der Sitz der GEMA, durch den auch der Gerichtsstand für Streitigkeiten zwischen den Parteien aus diesem Vertrage bestimmt wird.

354 In § 13 BerV ist für die aus dem Berechtigungsvertrag geschuldeten Leistungen sowohl eine Vereinbarung über den Erfüllungsort als auch eine Vereinbarung über den Gerichtsstand getroffen. Die vertragliche Vereinbarung eines Erfüllungsortes ist ohne Weiteres möglich und geht den Bestimmungen der §§ 269, 270 BGB vor.

355 Die Bestimmung eines Gerichtsstands in Abweichung der gesetzlichen Vorgaben ist allerdings gem. § 38 Abs. 1 ZPO nur unter Kaufleuten, juristischen Personen des öffentlichen Rechts oder öffentlich-rechtlichen Sondervermögen zulässig. Dies gilt wegen § 29 Abs. 2 ZPO auch für die mittelbare Bestimmung eines Gerichtsstands durch Vereinbarung eines abweichenden Erfüllungsorts. Daher muss im Einzelfall geprüft werden, ob es sich bei den Parteien um Kaufleute im Sinne dieser Vorschrift handelt, also um Inhaber eines Handelsbetriebes (§ 1 HGB), im Handelsregister gem. den §§ 2, 3 HGB eingetragene Unternehmen, Handelsgesellschaften (§ 6 HGB) oder die persönlich haftenden Gesellschafter von OHG und KG.[481] Andernfalls bleibt es bei den allgemeinen Vorschriften: Während für Ansprüche eines Berechtigten gegen die GEMA demnach in aller Regel deren Sitz in Berlin nach § 17 ZPO maßgebend ist, muss die GEMA ihre Ansprüche gegenüber den Berechtigten grundsätzlich am jeweiligen Wohn- bzw. Hauptverwaltungssitz nach §§ 13, 17 ZPO gerichtlich geltend machen.

481 Zöller-*Schultzky*, § 38 ZPO Rn. 22.

§ 14 [Formalien zum Vertragsschluss]

Dieser Vertrag, von dem der Berechtigte eine Ausfertigung erhält, wird von beiden Teilen unterzeichnet. Soweit zwischen den vertragsschließenden Parteien bereits ein Vertragsverhältnis bestanden hat, tritt dieser Vertrag an die Stelle der bisherigen Vereinbarungen.

§ 14 S. 1 BerV enthält die Vereinbarung eines Schriftformerfordernisses nach dem Vorbild des § 126 Abs. 2 BGB. In der Praxis schließen GEMA und Berechtigter den Wahrnehmungsvertrag durch eigenhändige Unterzeichnung der Vertragsurkunde. Ungeachtet dessen, dass sich die Einräumung von Nutzungsrechten auch auf künftige Werke iSv § 40 Abs. 1 Satz 1 UrhG bezieht, genügt nach § 10 Satz 2 VGG allerdings die Textform iSd § 126b BGB. Nach § 14 S. 2 BerV werden alle im Zeitpunkt des Vertragsschlusses zwischen der GEMA und dem Berechtigten bestehenden Vertragsverhältnisse über die Rechtewahrnehmung durch den neuen Berechtigungsvertrag vollständig ersetzt und damit hinfällig. Dadurch werden eventuell bestehende Widersprüche zwischen neuen und alten Vertragsinhalten von vornherein ausgeschlossen und Rechtsunsicherheiten vermieden. **356**

§ 15 [Änderungen und Ergänzungen des Berechtigungsvertrages]

Zu Änderungen des Berechtigungsvertrages bedarf es der für Satzungs- und Verteilungsplanänderungen erforderlichen Mehrheit in der Mitgliederversammlung.

Die Vorschrift des § 15 BerV stellt eine direkte Umsetzung der Vorgaben von § 10 Ziffer 6 lit. f iVm § 11 lit. b GEMA-Satzung dar. Nach diesen Vorschriften ist für Änderungen und Ergänzungen des Berechtigungsvertrages zwingend ein Beschluss der Mitgliederversammlung erforderlich, der zudem in Einstimmigkeit der drei Berufsgruppen (Komponisten, Textdichter, Verleger) erfolgen muss (dazu näher **Kap. 5 Rn. 149 ff.**). **357**

§ 16 Besondere Vereinbarungen

Abschluss und Kündigung des Berechtigungsvertrages können auf die Rechtsübertragung für bestimmte Nutzungsarten und/oder für bestimmte Länder beschränkt werden. Solche Beschränkungen können sich jedoch nur auf die Übertragung der Rechte an allen Werken des Berechtigten, nicht auf die Rechte an einzelnen seiner Werke beziehen. Ausgenommen von der Rechtsübertragung werden folgende Länder – Nutzungsarten –: […]

Übersicht

I. Spartenlizenzierung

1. Grundsätze zur inhaltlichen Reichweite der Rechteübertragungen nach §§ 1, 16 BerV

Die Berechtigten können die Übertragung ihrer Nutzungsrechte nach § 16 BerV iVm § 3 Abs. 3 GEMA-Satzung auf bestimmte Nutzungsarten beschränken (sog. „Spartenli- **358** zenzierung"). Dazu werden die Sparten, die von der Wahrnehmung durch die GEMA nicht umfasst sein sollen, am Ende des Vertragstextes einzeln aufgeführt. Die Berechtigten können die ausgenommenen Rechte auch während der Berechtigungsvertragslaufzeit einer anderen Verwertungsgesellschaft oder direkt an die Verwerter übertragen, ohne dabei den Vertrag mit der GEMA insgesamt kündigen zu müssen.

2. Kommissionsentscheidungen als Hintergrund der besonderen Vereinbarungen zur Spartenlizenzierung

359 Die mittlerweile von § 9 VGG geforderte Spartenlizenzierung ist bereits in Folge zweier Entscheidungen der Europäischen Kommission aus den Jahren 1971[482] und 1972[483] in den Berechtigungsvertrag eingeführt worden. Darin bemängelte die Kommission die ursprünglich sachlich unbegrenzte Rechteübertragung nach § 1 BerV als missbräuchlich, da die Berechtigten dadurch in einer objektiv nicht gerechtfertigten Weise an die GEMA gebunden würden.[484] Sie schrieb daher zunächst eine Aufspaltung in sieben Sparten vor, wobei diese sieben Sparten den Katalog der damals gültigen Fassung des § 1 BerV wiedergaben. In der Entscheidung GEMA-II korrigierte die Kommission die geforderte Mindestvertragslaufzeit auf drei Jahre und verlangte gleichzeitig eine größere Verfügungsfreiheit hinsichtlich der sachlichen Begrenzung der Rechteeinräumung.

3. Der Begriff der „Nutzungsart" iSd § 16 S. 1 BerV

360 Nach § 16 S. 1 BerV können die Berechtigten „Nutzungsarten"[485] aus der Rechteübertragung ausnehmen. Dies trägt der zu Grunde liegenden Kommissionsentscheidung Rechnung, nach der die Berechtigten „alle wirtschaftlich trennbaren Formen der Ausübung des Urheberrechts unter Berücksichtigung der Unterschiede der nationalen Gesetzgebung über das Urheberrecht" gesondert übertragen können sollen.[486] Indem die Kommission anschließend einen der damaligen Fassung des Berechtigungsvertrages entsprechenden Rechtekatalog zur Verdeutlichung anführt, zeigt sie, dass sich die Aufteilung am jeweils aktuellen Rechtekatalog des § 1 BerV orientieren soll, soweit es sich um eigenständige Nutzungsarten in diesem Sinne handelt.

361 Die Möglichkeit, bestimmte Sparten aus der Rechtewahrnehmung auszunehmen, bedeutet jedoch nicht, dass die Berechtigten auch wählen könnten, welche ihrer einzelnen Werke sie einbringen möchten. Eine solche Beschränkung würde gegen § 3 Abs. 3 GEMA-Satzung verstoßen, wonach sich die Rechteübertragung nur auf Nutzungsarten von Rechten an allen Werken, nicht aber auf die Rechte an einzelnen Werken beziehen darf.[487] Dies wird nunmehr in § 16 S. 2 BerV ausdrücklich klargestellt. Wäre es den Berechtigten möglich, Rechte an einzelnen Werken aus dem kollektiven System herauszunehmen, würde dies jedoch aufgrund der tatsächlichen Marktgegebenheiten in der Praxis eine mit Art. 4 VG-Richtlinie konforme, interessengerechte und wirtschaftliche Wahrnehmungstätigkeit durch die GEMA verhindern (siehe oben Rn. 41 und 46). Vor diesem Hintergrund hat auch der europäische Gesetzgeber bewusst davon abgesehen,

482 Kommission v. 2.6.1971 – 71/224/EWG, ABl. 1971 L 134/15 ff. – GEMA-I.
483 Kommission v. 6.7.1972 – 72/268/EWG, ABl. 1972 L 166/22 f. – GEMA-II.
484 Kommission v. 2.6.1971 – 71/224/EWG, ABl. 1971 L 134/15, 22 – GEMA I.
485 Dieser Begriff ist von dem der Verrechnungssparte nach den Bestimmungen der §§ 11 ff. VP zu unterscheiden, da es hier nicht um bestimmte Arten der Tantiemenausschüttung, sondern um die Aufteilung von Nutzungsrechten geht.
486 Kommission v. 6.7.1972 – 72/268/EWG, ABl. 1972 L 166/22 – GEMA-II.
487 OLG München, ZUM 1994, 303, 306 – Beatles CD.

den Rechtsinhabern in Art. 5 Abs. 2 VG-Richtlinie das Recht zu einer derartigen Gestaltung ihrer Verträge gegenüber den Verwertungsgesellschaften einzuräumen. § 9 Satz 1 VGG übernimmt diese Regelung ohne inhaltliche Abweichung. Der Begriff „Rechte seiner Wahl“ ist daher nur im Sinne der bereits zuvor üblichen Spartenlizenzierung zu verstehen.

II. Die territoriale Beschränkbarkeit der Rechteübertragung nach § 16 BerV

1. Die territoriale Reichweite der Rechteübertragungen

§ 16 BerV iVm § 3 Abs. 3 GEMA-Satzung sieht weiterhin die Möglichkeit vor, einzelne 362
Länder von der Rechteübertragung auszunehmen. Auch eine Kombination aus territorialer und nutzungsartbezogener Einschränkung ist zulässig, wie die Formulierung „und/oder“ zeigt.

2. Kommissionsentscheidungen als Hintergrund der besonderen Vereinbarungen zur territorialen Beschränkung

Die ursprünglich geregelte Rechteübertragung „für die ganze Welt“ bemängelte die 363
Kommission ebenfalls als missbräuchlich, da hierdurch die Berechtigten in objektiv nicht gerechtfertigter Weise an die GEMA gebunden würden.[488] Aus diesem Grund erlaubt § 16 BerV auch die territoriale Begrenzung der Wahrnehmungsbefugnis der GEMA. Dies entspricht § 31 Abs. 1 S. 2 UrhG, der explizit von der Möglichkeit der territorialen Beschränkung von Nutzungsrechten ausgeht. Durch diese territoriale Begrenzbarkeit der Rechteübertragung ist gewährleistet, dass die Rechtsinhaber sich frei entscheiden können, ob ihre Nutzungsrechte im Ausland direkt von einer dort ansässigen Verwertungsgesellschaft, von der GEMA über Gegenseitigkeitsverträge oder von ihnen selbst oder ihrem Verlag wahrgenommen werden. Mittlerweile ist das Recht zur freien Wahl der Wahrnehmungsgebiete auch in § 9 Satz 1 VGG kodifiziert worden.

488 Kommission v. 2.6.1971 – 71/224/EWG, ABl. 1971 L 134/15, 23 – GEMA I.

Kapitel 8
Der Verteilungsplan

Inhaltsübersicht

Lars Hendrik Riemer
https://doi.org/10.1515/9783110366792-008

Einleitung

I. Rechtsrahmen

1 Neben der Lizenzierung und der Durchsetzung von Vergütungsansprüchen gegenüber den Nutzern zählt auch die Verteilung der hieraus erzielten Einnahmen an die Rechteinhaber zu den **zentralen Aufgaben** einer Verwertungsgesellschaft. Hierbei sind die Rahmenbedingungen der kollektiven Rechtewahrnehmung zu berücksichtigen: Zwar hat ein Berechtigter aufgrund des mit der GEMA geschlossenen Wahrnehmungsvertrages grundsätzlich einen Anspruch, mit einem Anteil an den Einnahmen der GEMA beteiligt zu werden, der den Erlösen entspricht, die durch die Auswertung seiner Rechte erzielt wurden. Aufgrund der Komplexität unterschiedlicher Nutzungssachverhalte und der Vielzahl lizenzierter Werknutzungen kann dieser Anteil jedoch vielfach nicht ohne weiteres bestimmt werden. Insbesondere in Nutzungsbereichen, in denen die GEMA Pauschallizenzen für ihr gesamtes Repertoire erteilt (z.B. im Aufführungs- und Senderecht), oder mit Blick auf gesetzliche Vergütungsansprüche, für die keine Hinweise zu den konkret genutzten Werken vorliegen, lassen sich gewisse Typisierungen, Pauschalierungen und Schätzungen bei der Verteilung nicht vermeiden.[1]

2 Vor diesem Hintergrund ist zum einen anerkannt, dass den Verwertungsgesellschaften ein **Leistungsbestimmungsrecht** gemäß § 315 BGB für die Ermittlung eines möglichst leistungsgerechten Anteils an den Einnahmen zusteht. Dieses Leistungsbestimmungs-

1 Grundlegend insoweit BGH, GRUR 1988, 782, 783 – GEMA-Wertungsverfahren; BGH, GRUR 2005, 757, 760 – PRO-Verfahren; st. Rspr.

recht ist nach billigem Ermessen auszuüben, wobei die Verwertungsgesellschaft unter anderem auch das **wirtschaftliche Gebot der Verhältnismäßigkeit** zu beachten hat.[2]

3 Zum anderen hat der Gesetzgeber einen speziellen **Rechtsrahmen** für die Verteilung der durch Verwertungsgesellschaften erzielten Einnahmen geschaffen: Gemäß § 27 des Verwertungsgesellschaftengesetzes (VGG)[3] haben die Verwertungsgesellschaften für die Verteilung feste Regeln aufzustellen, die ein willkürliches Vorgehen ausschließen. Diese Regeln bilden nach der **Legaldefinition** des § 27 VGG den Verteilungsplan der Verwertungsgesellschaft. Dem Gebot der festen Regeln ist zu entnehmen, dass der Verteilungsplan bestimmt genug sein muss, um im Voraus feststellen zu können, nach welchen Grundsätzen die Einnahmen verteilt werden.[4] Das **Willkürverbot** orientiert sich am Maßstab des allgemeinen Gleichheitsgrundsatzes (Art. 3 GG): Ohne sachlichen Grund darf die Verwertungsgesellschaft bei der Verteilung wesentlich gleiche Sachverhalte nicht ungleich und wesentlich ungleiche Sachverhalte nicht gleich behandeln.[5] Innerhalb dieser Grenzen haben Verwertungsgesellschaften einen außerordentlich weiten inhaltlichen Spielraum beim Aufstellen und Ändern von Verteilungsregeln.[6]

4 Die Beschlussfassung über den Verteilungsplan der GEMA obliegt gemäß § 10 Ziff. 6 g) Satzung der **Mitgliederversammlung** (vgl. oben, **Kap. 5, Rn. 107**). Diese bei der GEMA bereits seit Jahrzehnten bestehende Kompetenzzuordnung entspricht auch den Anforderungen des 2016 in Kraft getretenen Verwertungsgesellschaftengesetzes (vgl. § 17 Abs. 1 Ziff. 6 VGG). Der Verteilungsplan der GEMA wird somit unmittelbar von ihren Mitgliedern aufgestellt und weiterentwickelt. Das strenge Quorum gemäß § 11 b) Satzung, wonach Änderungen des Verteilungsplans nur wirksam beschlossen werden können, wenn alle drei Berufsgruppen (Komponisten, Textdichter, Verleger) jeweils mit Zweidrittelmehrheit zustimmen, stellt zudem sicher, dass die Regelungen des Verteilungsplans einen breiten Konsens innerhalb der Mitgliedschaft widerspiegeln.

5 Gemäß § 32 VGG ist die GEMA als Verwertungsgesellschaft gehalten, auch **soziale und kulturelle Belange** zu beachten und zu fördern. Diesem gesetzgeberischen Auftrag kommt die GEMA derzeit insbesondere dadurch nach, dass sie Mittel für soziale und kulturelle Zwecke zur Verfügung stellt und den hierfür außerhalb des Verteilungsplans geregelten gesonderten Verfahren der Wertung, Schätzung, Alterssicherung und Sozialkasse zuführt (§§ 30, 31 des Verteilungsplans). Daneben finden sich auch in den Regelungen zur Verteilung in einzelnen Sparten Elemente der kulturellen Förderung, beispielsweise in Gestalt der Punktbewertung der Werke nach den Verrechnungsschlüsseln I–IV (§§ 63–66) und der Ermittlung so genannter Kulturfaktoren für die einzelnen Hörfunkwellen im Rahmen der Rundfunkverteilung (§ 98).

6 Nicht zuletzt haben die Verwertungsgesellschaften im Rahmen der Verteilungspläne die Interessen der **unterschiedlichen in ihnen vertretenen Berufsgruppen** zu berücksichtigen (s.a. **Kap. 3 Rn. 11–29**). So enthält der Verteilungsplan der GEMA in Kapitel 9 und 10 des Besonderen Teils Anteilsschlüssel für die Beteiligung von Komponisten, Textdichtern, Bearbeitern und Musikverlegern, die ebenfalls am gesetzlichen Willkür-

---

2 Bei dem wirtschaftlichen Gebot der Verhältnismäßigkeit handelt es sich um einen anerkannten Verteilungsgrundsatz, nach dem die Berechtigten im Interesse eines möglichst geringen Verwaltungsaufwands Schätzungen, Pauschalierungen und sonstige Vereinfachungen in der Berechnung hinnehmen müssen, selbst wenn diese im Einzelfall zu Benachteiligungen führen können; grundlegend BGH, GRUR 1988, 782, 783 – GEMA-Wertungsverfahren, st. Rspr.

3 § 27 VGG entspricht i.W. der früheren Regelung in § 7 S. 1 UrhWG, so dass die hierzu in Rechtsprechung und Literatur entwickelten Grundsätze weiterhin Gültigkeit beanspruchen können.

4 BGH, GRUR 2016, 606, 610 – Allgemeine Marktnachfrage.

5 Dreier/Schulze-*Schulze*, § 7 UrhWG, Rn. 4, mwN.

6 BGH, NJW-RR 2014, 733, 736 – Verrechnung von Musik in Werbefilmen.

verbot zu messen sind.[7] Die Verwertungsgesellschaften sorgen so für einen allgemeinen Ausgleich zwischen den am kreativen Prozess Beteiligten unabhängig von deren jeweiliger individueller Verhandlungsmacht.

7 Bei den Bestimmungen des Verteilungsplans handelt es sich um **Allgemeine Geschäftsbedingungen** im Sinne des § 305 Abs. 1 BGB, da sie für eine Vielzahl von Verträgen vorformuliert sind und bei Abschluss des Berechtigungsvertrags mit dem einzelnen Berechtigten nicht ausgehandelt, sondern durch die GEMA einseitig gestellt werden.[8] Auch Änderungen des Verteilungsplans werden aufgrund der in § 6 lit. a Abs. 1 BerV enthaltenen Einbeziehungsklausel automatisch Bestandteil des Berechtigungsvertrags.[9]

II. Entwicklung und Struktur des Verteilungsplans

8 Im Jahr 1951 umfasste der Verteilungsplan der GEMA lediglich zehn (wenn auch eng bedruckte) Seiten.[10] In den folgenden Jahrzehnten führten das Entstehen neuer Nutzungsarten und Nutzungszusammenhänge im Musikbereich, die Etablierung neuer Verteilungstechniken und die Einführung neuer, teils stark ausdifferenzierter Verteilungsregeln dazu, dass der Verteilungsplan auf ein Vielfaches dieses anfänglichen Umfangs anwuchs.[11] Mit der ursprünglichen Struktur des Verteilungsplans, die im Wesentlichen nicht nach den einzelnen Musikverwertungsgebieten – den so genannten „Sparten" –, sondern nach Themen geordnet war, ließen sich die zahlreichen Unterscheidungen und Besonderheiten innerhalb der Verteilung nicht mehr adäquat und anschaulich abbilden. Die ordentliche Mitgliederversammlung 2016 hat daher eine **redaktionelle Neufassung** des Verteilungsplans beschlossen, die mit Wirkung zum 1. Januar 2017 in Kraft getreten ist.[12] Mit dieser Neufassung des Verteilungsplans wurden die zuvor auf drei separate Verteilungspläne (Verteilungsplan A. für das Aufführungs- und Senderecht, Verteilungsplan B. für das mechanische Vervielfältigungsrecht und Verteilungsplan C. für den Nutzungsbereich Online) aufgeteilten Verteilungsregeln durch ein **einheitliches Regelwerk** ersetzt.

9 Im **Allgemeinen Teil** des Verteilungsplans (§§ 1–59) werden zunächst diejenigen Regelungen zusammengefasst, die unabhängig von der Verteilung in einzelnen Sparten bzw. für alle oder viele Sparten einheitlich gelten. Dies umfasst zum einen so genannte **Allgemeine Grundsätze der Verteilung** (§§ 1–33) wie etwa Regelungen zur Bestimmung der Ausschüttungsberechtigten, zur Bildung von Sparten, zur Zuordnung der Einnahmen zu den einzelnen Sparten, zur Kostendeckung und den Mitteln für soziale und kulturelle Zwecke. Zum anderen enthält der Allgemeine Teil auch **Allgemeine Ausführungsbestimmungen** (§§ 34–59), insbesondere zur Regelung von Verfahrensfragen wie der Anmeldung und Registrierung von Werken, der Erfassung von Nutzungsmeldungen, den Ausschüttungsterminen und Reklamationsmöglichkeiten. Die Unterscheidung zwischen Allgemeinen Grundsätzen und Allgemeinen Ausführungsbestimmungen dient nur der Übersichtlichkeit und hat keine rechtliche Relevanz.[13]

---

7 Vgl. DPA, UFITA 81/1978, 348, 360 f.

8 St. Rspr., s. z.B. BGH, GRUR 2002, 332, 333 – Klausurerfordernis.

9 Zur Wirksamkeit dieser Einbeziehungsklausel vgl. *Heker/Riemer*, FS Pfennig (2012), S. 419 ff.

10 Vgl. die Neufassung aufgrund der Beschlüsse der ordentlichen Mitgliederversammlung vom 18.7.1951, abgedruckt in GEMA-Nachrichten 13 (März 1952), S. 29–39.

11 Vgl. den Verteilungsplan in der Fassung aufgrund der Beschlüsse der ordentlichen Mitgliederversammlung vom 6./7.5.2015 in GEMA-Jahrbuch 2015/2016, S. 307–373.

12 Tagesordnung für die Mitgliederversammlung v. 26./27.4.2016, TOP 23 sowie die Anlage 1 zu diesem TOP. Vgl. zur redaktionellen Überarbeitung des Verteilungsplans auch *Riemer*, virtuos 4/2016, 21–23.

13 Dies war nicht immer so: Nach § 7 S. 3 UrhWG waren die „Grundsätze des Verteilungsplans" in die Satzung der Verwertungsgesellschaft aufzunehmen. Zur Umsetzung dieser gesetzlichen Vorgabe erklärte

Im **Besonderen Teil** des Verteilungsplans (§§ 60–222) wird zunächst die **Verteilung pro Werk** in den einzelnen Sparten im Zusammenhang dargestellt. Hierbei werden die Sparten unter rechtlichen und sachlichen Gesichtspunkten zu **Nutzungsbereichen** zusammengefasst. Die Anordnung orientiert sich zum einen an den Verwertungsrechten der §§ 15 ff. UrhG. Zum anderen werden Sparten, die denselben tatsächlichen Nutzungssachverhalt betreffen, auch dann im selben Nutzungsbereich geregelt, wenn die Nutzungen unterschiedliche Rechte berühren. So finden sich beispielsweise alle Sparten, die die Verteilung von Einnahmen aus Live-Aufführungen betreffen, in Kapitel 2 des Besonderen Teils („Nutzungsbereich Aufführung") und alle Sparten zur Verteilung der von Rundfunkveranstaltern erzielten Einnahmen – auch soweit es um die Verteilung für die Nutzung von Rechten der Vervielfältigung und Verbreitung geht – in Kapitel 3 („Nutzungsbereich Sendung"). Im Anschluss an die Darstellung der Verteilung in den einzelnen Sparten sind in den Kapiteln 9 und 10 des Besonderen Teils schließlich die Regelungen zur **Aufteilung** der pro Sparte und Werk ermittelten Ausschüttung **auf die am Werk beteiligten Berechtigten** – getrennt nach GEMA-Originalrepertoire und subverlegtem Repertoire – aufgeführt. Die Struktur des Verteilungsplans lässt sich demnach wie folgt darstellen: 10

Allgemeiner Teil	
Kapitel 1	Allgemeine Grundsätze der Verteilung (§§ 1-33)
Kapitel 2	Allgemeine Ausführungsbestimmungen (§§ 34-59)
Besonderer Teil	
Kapitel 1	Punktbewertung und Einstufung (§§ 60-66)
Kapitel 2-8	Verteilung pro Werk, gegliedert nach Nutzungsbereichen und Sparten (§§ 67-189)
Kapitel 9-10	Aufteilung auf die am Werk Beteiligten bei GEMA-Originalwerken (§§ 190-208) bzw. subverlegten Werken (§§ 209-222)
Schlussbestimmungen (§§ 223, 224)	

Die einzelnen Nutzungsbereiche sind von unterschiedlicher wirtschaftlicher Relevanz für die Verteilung. Die nachfolgende Übersicht zeigt exemplarisch die Aufteilung der im Geschäftsjahr 2016 ausgeschütteten Beträge auf die verschiedenen Nutzungsbereiche des Verteilungsplans. 11

die GEMA in § 17 S. 2 a.F. Satzung die Allgemeinen Grundsätze des Verteilungsplans zum Bestandteil der Satzung. Diese Bestimmungen unterlagen somit der vereinsrechtlichen Kontrolle durch die Berliner Senatsverwaltung der Justiz. Da § 7 S. 3 UrhWG nicht in § 27 VGG übernommen wurde, war auch die Regelung in § 17 S. 2 a.F. Satzung entbehrlich und wurde durch Beschluss der ordentlichen Mitgliederversammlung 2017 gestrichen; vgl. Tagesordnung für die Mitgliederversammlung v. 23./24.5.2017, TOP 17.

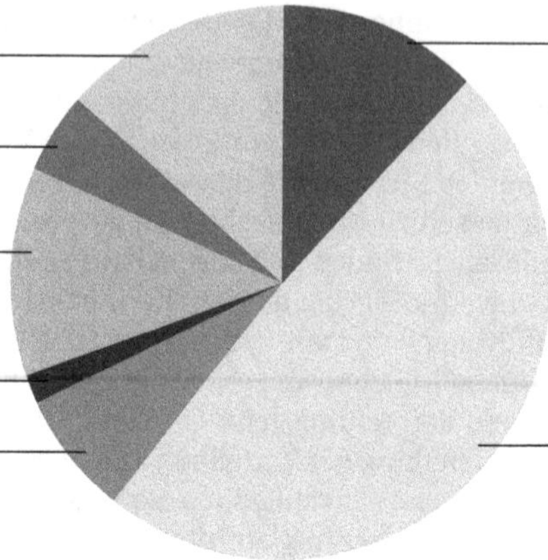

Allgemeiner Teil

Kapitel 1: Allgemeine Grundsätze der Verteilung

Abschnitt 1. Gegenstand, Geschäftsjahr

§ 1 Gegenstand des Verteilungsplans

Die GEMA ermittelt nach Maßgabe dieses Verteilungsplans die Ausschüttung für diejenigen geschützten Musikwerke (mit oder ohne Text), für die ihr Rechte und Ansprüche durch ihre Berechtigten im Berechtigungsvertrag oder durch eine andere Verwertungsgesellschaft auf Grundlage einer Repräsentationsvereinbarung zur Wahrnehmung eingeräumt worden sind.

§ 2 Geschäftsjahr

Das Geschäftsjahr ist das Kalenderjahr. Die Höhe der in jedem Jahr insgesamt zu verteilenden Summe entspricht den Gesamteinnahmen aus den Rechten aus dem In- und Ausland nach Abzug der Gesamtkosten, der sonstigen im Verteilungsplan vorgesehenen Abzüge sowie der Beträge, die den ausländischen Verwertungsgesellschaften zustehen, mit denen die GEMA eine Repräsentationsvereinbarung geschlossen hat.

Übersicht

I. Gegenstand des Verteilungsplans (§ 1)

12 § 1 definiert den Gegenstand des Verteilungsplans dahingehend, dass nach Maßgabe der Bestimmungen des Verteilungsplans eine **Ausschüttung** ermittelt wird. Die Ausschüttung ist der unter Anwendung der für die einzelnen Nutzungsbereiche und Sparten geltenden Verteilungsregeln pro Werk ermittelte Geldbetrag. Dieser wird anschließend nach den Regelungen der Kapitel 9 und 10 des Besonderen Teils (§§ 190–222) auf die am Werk beteiligten Ausschüttungsberechtigten aufgeteilt und an diese ausgekehrt („ausgeschüttet").

13 Der Verteilungsplan regelt nur die Verteilung der Einnahmen für **Musikwerke (mit oder ohne Text)**. Dies entspricht dem Tätigkeitsbereich der GEMA als Verwertungsgesellschaft für musikalische Urheberrechte, wie er sich aus § 2 Satzung iVm § 1 BerV er-

gibt. Im Rahmen der Verteilung hat die GEMA nur urheberrechtlich **geschützte Musikwerke** zu berücksichtigen.[14] Werke, bei denen die urheberrechtlichen Schutzfristen der §§ 64ff. UrhG bereits abgelaufen sind (auch „gemeinfreie Werke" genannt), oder solche Erzeugnisse, die auch nach den geringen Anforderungen des Maßstabs der so genannten „kleinen Münze"[15] keine urheberrechtliche Schutzfähigkeit genießen, können demnach nicht an der Verteilung partizipieren.

Voraussetzung dafür, dass ein Werk bei der Verteilung berücksichtigt wird, ist zudem, dass die GEMA die Rechte und Ansprüche, aus deren Verwertung sie Einnahmen erwirtschaftet und in den einzelnen Sparten des Verteilungsplans verteilt, in Bezug auf das jeweilige Werk **zur Wahrnehmung eingeräumt** erhalten hat. Ohne eine entsprechende vertragliche Grundlage besteht kein Anspruch auf Beteiligung an der Verteilung der GEMA. Mit Blick auf die angeschlossenen, außerordentlichen und ordentlichen Mitglieder der GEMA erfolgt die Rechteeinräumung über den **Berechtigungsvertrag** (hierzu oben, **Kap. 7**). Mit Urhebern und Verlegern, die anderen Verwertungsgesellschaften für musikalische Urheberrechte – insbesondere den ausländischen Schwestergesellschaften der GEMA – angehören, unterhält die GEMA dagegen keine unmittelbaren vertraglichen Beziehungen. Die Berücksichtigung dieser Berechtigten bei der Verteilung ist vielmehr durch ein engmaschiges, internationales Netzwerk aus Verträgen zwischen den Verwertungsgesellschaften geregelt – den so genannten Gegenseitigkeitsverträgen, bei denen es sich um **Repräsentationsvereinbarungen** iSd § 44 VGG handelt (hierzu unten, **Kap. 14**). Gemäß § 46 Abs. 1 VGG ist der Verteilungsplan der GEMA grundsätzlich auch für die Verteilung der Einnahmen aus Rechten anzuwenden, die die GEMA auf Grundlage einer Repräsentationsvereinbarung mit einer anderen Verwertungsgesellschaft wahrnimmt. Die GEMA schüttet allerdings nicht direkt an die Berechtigten der jeweiligen anderen Verwertungsgesellschaft aus, sondern an die betreffende Gesellschaft, die dann ihrerseits die Weiterverteilung an ihre Berechtigten zu besorgen hat. 14

Nicht im Verteilungsplan geregelt ist dagegen die Verteilung solcher Einnahmen, die die GEMA aufgrund nationaler **Inkassovereinbarungen** für andere deutsche, nicht im Bereich des Musikurheberrechts tätige Verwertungsgesellschaften erzielt, z.B. indem sie in bestimmten Bereichen im Auftrag der GVL auch die Vergütungen für die Nutzung von Leistungsschutzrechten an Musikaufnahmen inkassiert (vgl. hierzu unten, **Kap. 12, Rn. 30**). Auch bei diesen Verträgen handelt es sich nach dem Verständnis des deutschen Gesetzgebers zwar um Repräsentationsvereinbarungen iSd § 44 VGG.[16] Es wäre jedoch nicht sachgerecht und würde die Verteilungshoheit der jeweiligen Schwestergesellschaft ohne Grund einschränken, wenn die GEMA Verteilungsregeln für die Verteilung solcher Einnahmen aufstellen würde, die nicht in ihren eigenen Tätigkeitsbereich fallen. Den jeweiligen Inkassovereinbarungen liegt daher – als „abweichende Vereinbarung" iSd § 46 Abs. 1 S. 1 VGG – zugrunde, dass die Verteilung der Einnahmen nach Abzug einer Kommission für die Inkassotätigkeit der GEMA allein durch die beauftragende Verwertungsgesellschaft erfolgt. 15

14 Vgl. BGH, NJW 2012, 3512, 3514f. – Delcantos Hits.
15 Vgl. Dreier/Schulze-*Schulze*, § 2 UrhG, Rn. 2, 25, 139 mwN.
16 Vgl. die Gesetzesbegründung zu § 44 VGG, BT-Drs. 18/7223, S. 87.

II. Geschäftsjahr (§ 2)

16 § 2 S. 1 legt das **Kalenderjahr** als Geschäftsjahr fest und entspricht damit § 4 Satzung. Das Geschäftsjahr ist u.a. der maßgebliche Bezugszeitraum für den Jahresabschluss, den die GEMA gemäß § 57 des Verwertungsgesellschaftengesetzes (VGG) iVm §§ 242ff. des Handelsgesetzbuchs (HGB) aufzustellen hat, sowie für den durch Verwertungsgesellschaften gemäß § 58 VGG zu erstattenden jährlichen Transparenzbericht.

17 Die für die Verteilung pro Jahr zur Verfügung stehenden Beträge (auch **Verteilungssumme** genannt) bestehen gemäß § 2 S. 2 aus den Gesamteinnahmen aus den Rechten, die die GEMA aus der in- und ausländischen Rechtewahrnehmung erzielt, jedoch vermindert um

18 – die für die Tätigkeit der GEMA anfallenden Kosten (vgl. § 29 sowie hierzu unten **Rn. 112–114**),
– sonstige im Verteilungsplan vorgesehene Abzüge wie insbesondere die Abzüge für soziale und kulturelle Zwecke (vgl. § 30 sowie hierzu unten **Rn. 117**) und
– Beträge, die die GEMA aus der Rechtewahrnehmung für ausländische Verwertungsgesellschaften erzielt und an diese abführen muss.

19 Die Verteilungssumme wird für jedes Geschäftsjahr gesondert ermittelt. Die Grundlage hierfür bildet der nach periodengerechter Zuordnung der Einnahmen (Erträge) und Kosten (Aufwendungen) erstellte Jahresabschluss.

Abschnitt 2. Die Ausschüttungsberechtigten und ihre Bestimmung durch die GEMA

§ 3 Grundsätze

[1] Ausschüttungsberechtigt nach Maßgabe und unter den Voraussetzungen der Regelungen dieses Verteilungsplans sind Komponisten, Textdichter, Bearbeiter (zusammengefasst „Urheber“) und Verleger, soweit sie mit der GEMA einen Berechtigungsvertrag geschlossen haben. Ausschüttungsberechtigt ist auch der Rechtsnachfolger nach Maßgabe von § 9 des Berechtigungsvertrags. Das Verhältnis zu Urhebern und Verlegern, die einer Verwertungsgesellschaft für musikalische Urheberrechte angehören, mit der die GEMA eine Repräsentationsvereinbarung geschlossen hat, richtet sich nach der jeweiligen Repräsentationsvereinbarung.

[2] Die Ausschüttungsberechtigung der Urheber und Verleger besteht ohne Rücksicht darauf, durch wen die Rechte der GEMA zur Wahrnehmung eingeräumt worden sind.

[3] Anspruch auf Berücksichtigung bei der Verteilung haben nur diejenigen Urheber und Verleger, die an den während des Geschäftsjahres genutzten Werken nachgewiesenermaßen beteiligt sind.

§ 4 Komponist

Komponist ist, wer das Werk tatsächlich komponiert hat.

§ 5 Textdichter

[1] Textdichter ist, wer den Text tatsächlich geschaffen hat.

[2] Der Textdichter wird auch dann beteiligt, wenn das Musikwerk, zu dem der Text gehört, ohne den Text genutzt wird. Jedoch werden nachträglich unterlegte Texte von Musikwerken nur verrechnet, wenn auch der Text genutzt wird, es sei denn, dass die Zugkraft des Musikwerks auf die nachträgliche Textierung zurückgeht. Gleiches gilt bei subtextierten Werken für den Subtext. Ferner wird der Textdichter in den Sparten der Rechte der öffentlichen Wiedergabe nicht beteiligt für die Nutzung von Musikwerken, die zwar auf textierten Musikwerken beruhen, aber eine selbständige musikalische Gestaltung haben; auch in diesen Fällen ist der Textdichter dann zu beteiligen, wenn die Zugkraft des Musikwerks auf den Text zurückgeht. Die Entscheidung, ob die Zugkraft auf die nachträgliche Textierung bzw. den Subtext oder den

Text zurückgeht, ist im Streitfall durch den Werkausschuss zu treffen. In solchen Fällen entscheidet der Werkausschuss in der Besetzung von 2 Komponisten und 2 Textdichtern. Für die Prüfung sind vom Anspruchsteller grundsätzlich das ungedruckte oder gedruckte Belegexemplar, d.h. die partiturmäßige Festlegung (in sechsfacher Ausfertigung), sowie ergänzend gegebenenfalls veröffentlichte oder anderweitig verfügbare Tonträger vorzulegen. Auf Antrag kann der Werkausschuss auf die Vorlage der partiturmäßigen Festlegung verzichten. Bei Werken ganz oder überwiegend improvisatorischen Charakters oder elektroakustischer Musik genügt die Vorlage von Tonträgern und schriftlichen Erläuterungen zur Werkgestaltung. Gegen die Entscheidung des Werkausschusses kann Einspruch gemäß § 6 der Geschäftsordnung für den Werkausschuss eingelegt werden.

[3] Spezialtextdichter ist, wer den Originaltext eines Werkes bearbeitet hat. Der Spezialtextdichter ist in allen Sparten des Verteilungsplans ausschüttungsberechtigt, wenn seine Textbearbeitung bei der GEMA angemeldet und in den Nutzungsmeldungen identifizierbar ist. Bei der Bearbeitung des Originaltextes eines geschützten Werkes müssen seine Textbearbeitung und seine Beteiligung zudem zum Zeitpunkt der Anmeldung von den am geschützten Werk beteiligten Berechtigten genehmigt worden sein.

§ 6 Bearbeiter

[1] Bearbeiter ist, wer das Werk tatsächlich bearbeitet hat. Die Umschreibung einer bereits vorhandenen Stimme für ein anderes Instrument stellt keine Bearbeitung im Sinne des Verteilungsplans dar. Die Beteiligung der Spezialbearbeiter richtet sich nach der Geschäftsordnung für das Schätzungsverfahren der Bearbeiter.

[2] Der Bearbeiter freier Werke ist in allen Sparten des Verteilungsplans ausschüttungsberechtigt.

[3] Der Bearbeiter geschützter Werke ist nur in den Sparten der Rechte der öffentlichen Wiedergabe ausschüttungsberechtigt. Er hat Anspruch auf Beteiligung, wenn seine Bearbeitung und seine Beteiligung vom Urheber des geschützten Werkes genehmigt worden sind und seine Bearbeitung bei der GEMA angemeldet und ausdrücklich in den Nutzungsmeldungen genannt ist. Die Regelungen zu Glaubhaftmachung und Reklamation gemäß § 59 bleiben unberührt.

§ 7 Verleger

[1] Verleger eines Werkes ist, wer mit dem Urheber einen Verlagsvertrag geschlossen und das Werk vereinbarungsgemäß verlegt hat. Der Verleger ist nur bei Ausschüttungen für Werke ausschüttungsberechtigt, die er verlegt hat. Die Beteiligung des Verlegers an den Ausschüttungen der GEMA nach Maßgabe dieses Verteilungsplans muss im Verlagsvertrag vereinbart und für das jeweilige Werk gemäß § 35 bei der GEMA angemeldet sein. Für die Beteiligung des Verlegers an Ausschüttungen auf gesetzliche Vergütungsansprüche gilt zusätzlich § 26. Zur Prüfung der zwischen Urheber und Verleger über die Ausschüttungsberechtigung getroffenen Vereinbarungen ist die GEMA nicht verpflichtet. Es gilt § 9.

[2] Voraussetzung für die Beteiligung des Verlegers ist die Erbringung einer verlegerischen Leistung in Bezug auf das Werk. Als verlegerische Leistung gilt die Vervielfältigung und Verbreitung des Werkes im Sinne des Verlagsgesetzes. Unabhängig hiervon kann die verlegerische Leistung auch durch Leistungen in den Bereichen Promotion und Vermarktung des Werkes, Finanzierung und Produktion oder Service und Administration erbracht werden. Zum Bereich Service und Administration gehört insbesondere die erforderliche Kommunikation gegenüber der GEMA hinsichtlich des Werkes und seiner Nutzungen auch im Interesse des Urhebers (z.B. durch die Anmeldung des Werkes, die Prüfung von Abrechnungsunterlagen und die Reklamationsbearbeitung).

[3] Die GEMA ist nicht verpflichtet, das Vorliegen einer verlegerischen Leistung zu überprüfen. Besteht zwischen dem Urheber und dem Verleger Uneinigkeit über die Erbringung der verlegerischen Leistung, findet die Regelung zum Vorgehen bei widerstreitenden Ansprüchen gemäß § 10 entsprechende Anwendung mit der Maßgabe, dass jede Partei anstelle der ordentlichen Gerichte zunächst die Urheber-Verleger-Schlichtungsstelle gemäß § 16. E der Satzung anrufen kann. Ruft keine Partei innerhalb der Fristen des § 10 die ordentlichen Gerichte oder die Urheber-Verleger-Schlichtungsstelle an, so ist die GEMA berechtigt, den Verleger weiter an der Verteilung der Einnahmen für das Werk zu beteiligen.

[4] Bei Auftragskompositionswerken zu Fernsehproduktionen, die bei der GEMA ab dem 1.1.2007 angemeldet werden, ist Voraussetzung für die Beteiligung eines Verlegers eine schriftliche, werkbezogene Bestätigung durch den Verleger an die GEMA, dass die Übertragung der Ver-

lagsrechte nicht Bedingung oder Voraussetzung für die Erteilung des Kompositionsauftrags war.

§ 8 Subverleger

[1] Subverleger ist derjenige Verleger, der ein Werk mit Einverständnis des Originalverlegers für ein oder mehrere Länder laut Subverlagsvertrag übernimmt, das Werk gemäß den Regelungen dieses Verteilungsplans in einer eigenen neugedruckten Ausgabe veröffentlicht und in denjenigen Ländern vertreibt, in denen er zum Vertrieb berechtigt ist.

[2] Für die Beteiligung des Subverlegers müssen die Voraussetzungen gemäß § 210 erfüllt sein.

§ 9 Bestimmung der Ausschüttungsberechtigten durch die GEMA

[1] Die GEMA leistet die sich aus dem Verteilungsplan ergebenden Ausschüttungen mit befreiender Wirkung an diejenigen Urheber und Verleger, welche ihr aufgrund der Anmeldungen der Werke oder aufgrund anderer Umstände als die Empfangsberechtigten bekannt sind.

[2] Bei berechtigten Zweifeln an der Ausschüttungsberechtigung ist diese durch den Anspruchsteller darzulegen und zu beweisen.

§ 10 Vorgehen bei widerstreitenden Ansprüchen

Treten Ansprüche Mehrerer in Widerstreit, so ist die GEMA verpflichtet und berechtigt, die Auszahlung so lange zu verweigern, bis eine gemeinsame Erklärung der streitenden Parteien oder eine für die Parteien verbindliche Entscheidung über die Berechtigung vorliegt. Die GEMA kann eine Frist von 6 Monaten zur Geltendmachung der Ansprüche (im ordentlichen Rechtsweg oder nach Vereinsrecht gemäß § 16 der Satzung) setzen. Wird der Nachweis der Geltendmachung innerhalb dieser Frist nicht erbracht, ist die GEMA zur Auszahlung an denjenigen berechtigt, der nach der Werkanmeldung die Priorität hat. Ist zwischen den Parteien streitig, ob der Urheber der Beteiligung des Verlegers an Ausschüttungen auf gesetzliche Vergütungsansprüche zugestimmt hat, ist die GEMA nach fruchtlosem Ablauf der Frist zur Ausschüttung an den Urheber berechtigt.

Übersicht

I. Grundsätze (§ 3)

1. Die Ausschüttungsberechtigten (§ 3 Abs. 1)

20 § 3 Abs. 1 benennt zunächst die verschiedenen Gruppen von **Ausschüttungsberechtigten**, die an der Verteilung der GEMA beteiligt werden können. Dies sind zum einen die an Musikwerken beteiligten **Urheber** – nämlich Komponist (vgl. § 4), Textdichter (einschließlich Textbearbeiter, vgl. § 5) und (Musik-)Bearbeiter (vgl. § 6) – zum anderen die **Verleger** der betreffenden Werke (einschließlich Subverleger, vgl. §§ 7, 8). Gemäß § 28 UrhG ist das Urheberrecht vererblich. Dementsprechend können auch die **Rechtsnachfolger** der vorgenannten Urheber an der Verteilung der GEMA beteiligt werden.

Hierfür müssen die in § 9 BerV geregelten Voraussetzungen erfüllt sein (vgl. oben, **Kap. 7, Rn. 339–344**).

Die Beteiligung an den Ausschüttungen der GEMA setzt das Bestehen eines **Vertragsverhältnisses mit der GEMA** voraus. Ohne vertragliche Beziehung zur GEMA besteht kein Ausschüttungsanspruch nach dem Verteilungsplan. Bei den Urhebern und Verlegern, die selbst angeschlossenes, außerordentliches oder ordentliches Mitglied der GEMA sind, bildet der Abschluss des **Berechtigungsvertrags** die vertragliche Grundlage für die Ausschüttungsberechtigung. In Bezug auf Urheber und Verleger, die anderen Verwertungsgesellschaften für musikalische Urheberrechte – insbesondere den ausländischen Schwestergesellschaften der GEMA – angehören, ist die Berücksichtigung bei der Verteilung dagegen in den **Repräsentationsvereinbarungen** mit diesen Verwertungsgesellschaften geregelt (vgl. hierzu bereits die Kommentierung zu § 1, oben **Rn. 14**). Die Ausschüttung erfolgt hier nicht direkt an die Urheber und Verleger, sondern an die jeweilige Schwestergesellschaft der GEMA, die für die Weitergabe an ihre Berechtigten zu sorgen hat. 21

2. Beteiligung unabhängig vom Rechtefluss (§ 3 Abs. 2)

Die Ausschüttungsberechtigung der Urheber und Verleger besteht gemäß § 3 Abs. 2 **unabhängig vom Rechtefluss**, d.h. ohne Rücksicht darauf, durch wen die Rechte an dem jeweiligen Werk bei der GEMA eingebracht worden sind. Hintergrund dieser Regelung ist der zivilrechtliche Grundsatz, dass die Rechte an einem Werk generell nur entweder durch den Urheber oder durch den Verleger, aber nicht durch beide gemeinsam bei der GEMA eingebracht werden können. Denn die Berechtigten räumen der GEMA mit dem Abschluss des Berechtigungsvertrags ein ausschließliches Nutzungsrecht an ihren Werken ein (vgl. oben, **Kap. 7, Rn. 39–41**). Dies hat zur Folge, dass ein Urheber, der mit der GEMA einen Berechtigungsvertrag abgeschlossen und ihr hierin die Rechte auch an seinen künftigen Werken eingeräumt hat, über diese Rechte anschließend nicht mehr verfügen und sie auch nicht mehr einem Dritten – namentlich einem Verleger – wirksam übertragen kann.[17] Umgekehrt ist es denkbar, dass ein Urheber vor Abschluss seines Berechtigungsvertrags die Rechte an einem Werk per Verlagsvertrag an einen Verleger überträgt und dieser sie dann über seinen eigenen Berechtigungsvertrag der GEMA zur Wahrnehmung einräumt. Da nach dem zivilrechtlichen **Prioritätsgrundsatz** dinglich nur die jeweils erste Verfügung wirksam ist, hängt es letztlich von den oft zufälligen zeitlichen Abläufen ab, auf welchem Weg ein Recht zur GEMA gelangt. Würde die GEMA ihre Verteilung nach dem Rechtefluss ausrichten, dürfte sie dementsprechend im Ergebnis je nach Priorität der Vertragsabschlüsse grundsätzlich nur entweder den Urheber oder den Verleger an der Ausschüttung beteiligen. Eine solche Verteilung nach dem Prioritätsprinzip widerspräche jedoch nicht nur der jahrzehntelangen Praxis einer **anteiligen Beteiligung** von Urhebern und Verlegern an der Verteilung der GEMA und anderer Verwertungsgesellschaften, sondern regelmäßig auch dem Willen der Urheber und Verleger beim Abschluss des Verlagsvertrags – hier stellt die Beteiligung des Verlegers an den Ausschüttungen der GEMA regelmäßig eine Gegenleistung für die von letzterem erbrachten verlegerischen Leistungen dar.[18] 22

---

17 So bereits BGH, GRUR 2009, 939 – Mambo No. 5.

18 Vgl. *Riesenhuber*, ZUM 2012, 746 sowie die Ausführungen des Rechtsausschusses des Bundestags zu § 27 Abs. 2 VGG in BT-Drs. 18/10637, S. 24 f. Vgl. zur gemeinsamen Rechteeinbringung im Rahmen von Musikverlagsverträgen auch Ulmer-Eilfort/Obergfell-*Ulmer-Eilfort*, Verlagsrecht, Kap. B. Rn. 48 ff. sowie Ziff. 2.4 des ebd. in Kapitel H. abgedruckten Muster-Musikverlagsvertrags.

23 In einem Urteil vom November 2016[19] hat das **Kammergericht** gleichwohl entschieden, dass die GEMA nach damaliger Rechtslage grundsätzlich nur zur Ausschüttung an die Inhaber originärer oder abgeleiteter Rechte befugt war. Zwar könnten Urheber und Verleger schuldrechtlich auch eine Erlösteilung unabhängig vom Rechtefluss vereinbaren, die GEMA dürfe aber nicht pauschal davon ausgehen, dass solche Vereinbarungen in den Verlagsverträgen getroffen worden seien. Die anteilige Beteiligung von Urhebern und Verlegern unabhängig vom Rechtefluss, wie sie in § 3 Abs. 2 des Verteilungsplans bzw. dessen Vorgängerregelungen vorgesehen war, sei daher für den urteilsrelevanten Zeitraum als willkürlich zu bewerten. Durch die zum 24. Dezember 2016 in Kraft getretene Ergänzung von **§ 27 Abs. 2 VGG** hat der Gesetzgeber mittlerweile jedoch klargestellt, dass Verwertungsgesellschaften, die wie die GEMA Rechte für mehrere Arten von Rechteinhabern wahrnehmen, im Verteilungsplan regeln können, dass die Einnahmen aus der Wahrnehmung dieser Rechte unabhängig vom Rechtefluss nach festen Anteilen verteilt werden.[20] Die GEMA hat diesen in § 3 Abs. 2 des Verteilungsplans verankerten Grundsatz hierauf durch Beschluss der ordentlichen Mitgliederversammlung 2017 nochmals bestätigt.[21]

3. Nachgewiesene Beteiligung an genutzten Werken (§ 3 Abs. 3)

24 Nach der Rechtsprechung des BGH sind die **Voraussetzungen für die Ausschüttungsberechtigung** gegenüber der GEMA nach allgemeinen zivilrechtlichen Grundsätzen von dem jeweiligen Anspruchsteller nachzuweisen. Dabei ist die GEMA berechtigt und aufgrund ihrer gegenüber allen Berechtigten bestehenden Treuhandstellung auch verpflichtet, einen Anspruchsteller auf den ordentlichen Rechtsweg und die Beweisführung in einem Gerichtsverfahren zu verweisen, wenn sie begründete, nicht ausgeräumte Zweifel daran hat, dass die notwendigen Voraussetzungen für eine Beteiligung vorliegen.[22]

25 Der den Berechtigten danach obliegende **Nachweis einer Werknutzung** wird durch den Verteilungsplan erleichtert. Grundsätzlich reicht es für die Beteiligung nach den Regeln des Verteilungsplans aus, dass eine Werknutzung durch eine Nutzungsmeldung belegt ist. Voraussetzung ist allerdings, dass es sich um verwertbare Nutzungsmeldungen handelt (vgl. §§ 54 ff.). Ausnahmsweise werden Nutzungen auch dann berücksichtigt, wenn sie von einem Berechtigten glaubhaft gemacht werden (vgl. § 59 Abs. 3).

26 Gemäß § 3 Abs. 3 genügt für eine Berücksichtigung bei der Verteilung nicht die bloße tatsächliche Beteiligung an einem im betreffenden Geschäftsjahr genutzten Werk, sondern es ist eine **nachgewiesene Beteiligung** erforderlich. Die Regelung steht in engem Zusammenhang mit den Vorschriften zur Werkanmeldung (§§ 34 ff.). Auch für den Nachweis der Beteiligung an einem Werk enthält der Verteilungsplan eine Verfahrenserleichterung: Grundsätzlich genügen zu diesem Nachweis die in der Werkanmeldung enthaltenen Angaben der Berechtigten. Bei berechtigten Zweifeln der GEMA oder wenn ein bei der Werkanmeldung genannter Berechtigter oder ein Dritter die Richtigkeit dieser

19 KG, GRUR-RR 2017, 94. Das Kammergericht bezieht sich in seinem Urteil maßgeblich auf das Urteil des BGH, GRUR 2016, 596 – Verlegeranteil, das allerdings allein die Beteiligung von Verlegern an den Ausschüttungen auf gesetzliche Vergütungsansprüche zum Gegenstand hat, für die europarechtlich gemäß Art. 5 Abs. (2) der Richtlinie 2001/29/EG spezielle Voraussetzungen gelten. Kritisch zu diesem Urteil *Riesenhuber*, ZUM 2016, 613.

20 Vgl. die detaillierte Begründung des Rechtsausschusses des Bundestages in BT-Drs. 18/10637, S. 24 f.

21 Tagesordnung für die Mitgliederversammlung v. 23./24.5.2017, Antrag zu TOP 21, S. 47, 65.

22 Vgl. allgemein BGH, GRUR 2002, 332, 333 – Klausurerfordernis; mit Blick auf die Schutzfähigkeit BGH, GRUR 2012, 910, 912 f. – Delcantos Hits; zur Richtigkeit der Nutzungsmeldungen BGH, GRUR 2013, 375, 376 ff. – Missbrauch des Verteilungsplans.

Angaben bezweifelt, hat der Anspruchsteller die eigene Berechtigung jedoch konkret nachzuweisen (vgl. §§ 9 und 10).

II. Komponist (§ 4)

Komponist iSd Verteilungsplans ist gemäß § 4, wer das **Werk tatsächlich komponiert** hat. Hierdurch wird klargestellt, dass es für die Ausschüttungsberechtigung nicht darauf ankommt, wer im Rahmen der Werkanmeldung als Komponist angegeben wird, sondern allein darauf, wer Urheber der Komposition iSd § 7 UrhG ist. 27

III. Textdichter (§ 5)

Textdichter iSd Verteilungsplans ist gemäß § 5 Abs. 1, wer den **Text tatsächlich geschaffen** hat. Ebenso wie bei der Definition des Komponisten in § 4 kommt es für die Ausschüttungsberechtigung somit nicht auf die Angaben im Rahmen der Werkanmeldung an, sondern allein auf die tatsächliche Position als Urheber des Textes zu einem Musikwerk. 28

Bei textierten Musikwerken besteht regelmäßig die Möglichkeit, die Komposition auch ohne den Text zu nutzen. Gemäß § 5 Abs. 2 wird der Textdichter grundsätzlich auch in solchen Fällen der **Nutzung eines textierten Werks ohne Text** an der Ausschüttung auf das Werk beteiligt. Dies ist zum einen dadurch gerechtfertigt, dass sich den Nutzungsmeldungen in der Praxis nicht immer entnehmen lässt, ob die textierte oder die untextierte Fassung des Werks genutzt worden ist. Zum anderen geht der Verteilungsplan davon aus, dass der Erfolg eines textierten Musikwerks in der Regel sowohl auf die Komposition als auch auf den Text zurückzuführen ist und die Popularität der textierten Fassung dementsprechend auch die Nachfrage nach der untextierten Fassung fördert. Dies gilt jedoch nicht für Musikwerke, die ursprünglich als reine Instrumentalkomposition angelegt waren und erst nachträglich mit einem Text unterlegt worden sind, denn hier ist das Interesse an der Werknutzung nicht ohne weiteres auf die textierte Fassung zurückzuführen. Daher wird der Textdichter in den zuletzt genannten Fällen grundsätzlich nur dann an der Verteilung beteiligt, wenn der Text tatsächlich (nachweisbar) genutzt wurde. Es ist allerdings möglich, dass eine nachträgliche Textierung so maßgeblich zum Erfolg eines Werks beiträgt, dass auch die Nachfrage nach der untextierten Fassung durch die Bekanntheit der textierten Fassung bestimmt wird und somit die **„Zugkraft"** des Musikwerks auf die nachträgliche Textierung zurückzuführen ist. In solchen Fällen, über die im Streitfall der Werkausschuss der GEMA zu entscheiden hat, wird der Urheber der nachträglichen Textierung – wie im Ausgangsfall eines von Anfang an textierten Werks – auch dann an der Verteilung beteiligt, wenn das Werk ohne Text genutzt wird. 29

Entsprechende Regelungen zur Zugkraft gelten gemäß § 5 Abs. 2 auch für die Beteiligung des Textdichters bei Musikwerken, die zwar auf textierten Musikwerken beruhen, aber eine selbständige musikalische Gestaltung aufweisen, sowie für die Beteiligung des **Subtextdichters**. Als Subtextdichter wird der vom Subverlag (vgl. § 8) zur Erstellung eines Subtextes – z.B. einer Übersetzung – autorisierte Textbearbeiter verstanden. 30

Der Bearbeiter des Originaltextes eines Werkes wird im Verteilungsplan **Spezialtextdichter** genannt (§ 5 Abs. 3). Der Spezialtextdichter wird in allen Sparten an der Ausschüttung beteiligt, wenn seine Textbearbeitung bei der GEMA **angemeldet** und in den Nutzungsmeldungen **identifizierbar** ist, beispielsweise durch einen vom Original abweichenden Titel oder die explizite Nennung des Spezialtextdichters bzw. eines speziellen, mit dem bearbeiteten Text verbundenen Interpreten. Bei der Bearbeitung des 31

Originaltextes eines geschützten Werks bedürfen die Textbearbeitung und die Beteiligung des Spezialtextdichters an der Ausschüttung zudem der **Genehmigung** durch die am geschützten Werk beteiligten Berechtigten. Dies entspricht den Anforderungen des § 23 UrhG. In der Praxis werden die betreffenden Genehmigungen bei verlegten Werken üblicherweise durch den Verleger erteilt. Zur Höhe der Beteiligung des Spezialtextdichters vgl. § 199a sowie die Kommentierung unten **Rn. 542.**

IV. Bearbeiter (§ 6)

32 Als Bearbeiter iSd Verteilungsplan gilt gemäß § 6 Abs. 1 S. 1, wer das Werk **tatsächlich bearbeitet** hat. Ob eine schutzfähige und damit grundsätzlich für eine Berücksichtigung im Rahmen der Verteilung geeignete Bearbeitung vorliegt, ist am Maßstab des § 3 UrhG zu bemessen. § 6 Abs. 1 S. 2 stellt insoweit klar, dass die bloße Transkription einer bereits vorhandenen Stimme für ein anderes Instrument unter keinen Umständen als Bearbeitung iSd Verteilungsplans anerkannt wird.[23]

33 Der Verteilungsplan verwendet den Begriff des Bearbeiters allein für den **Musikbearbeiter.**[24] Der Bearbeiter des Textes wird „Spezialtextdichter" genannt. Seine Beteiligung ist in § 5 Abs. 3 geregelt (vgl. oben, **Rn. 31**).

34 Die Musikbearbeitung kann in einer **Druckbearbeitung** und in einer **Spezialbearbeitung** bestehen. Der Druckbearbeiter ist ein in der Regel vom Verlag beauftragter Bearbeiter, der ein Werk für eine bestimmte Besetzung – z.B. für Klavier oder für Gesang – bearbeitet, wobei die Bearbeitung für den Druck vorgesehen ist. Dagegen ist Spezialbearbeiter, wer einem Werk die für eine bestimmte Besetzung geeignete Form verleiht, wobei diese Bearbeitung für einen speziellen Zweck erfolgt, nämlich zur Herstellung von handelsüblichen Tonträgern, für die Bereitstellung zu kostenpflichtigen Nutzungen im Internet oder für Sendezwecke (vgl. § 3 Abs. 1 GO Schätzung B). Die Beteiligung der Spezialbearbeiter richtet sich gemäß § 6 Abs. 1 S. 3 grundsätzlich nicht nach dem Verteilungsplan, sondern nach der Geschäftsordnung für das Schätzungsverfahren der Bearbeiter (vgl. hierzu unten, **Kap. 9.5**). Da die Geschäftsordnung für das Schätzungsverfahren lediglich Regelungen für Spezialbearbeitungen geschützter Werke enthält, wird der Spezialbearbeiter bei Bearbeitungen freier Werke jedoch ebenso nach dem Verteilungsplan beteiligt wie der Druckbearbeiter.

35 Der **Bearbeiter freier Werke** ist gemäß § 6 Abs. 2 in allen Sparten des Verteilungsplans ausschüttungsberechtigt.

36 Dagegen wird der **Bearbeiter geschützter Werke** gemäß § 6 Abs. 3 nur in den Sparten der Rechte der öffentlichen Wiedergabe iSd § 12 nach den Regelungen des Verteilungsplans beteiligt. Unberührt hiervon bleibt die Beteiligung der Spezialbearbeiter im Schätzungsverfahren. Voraussetzung für die Beteiligung nach dem Verteilungsplan ist gemäß § 6 Abs. 3 S. 2, dass die Bearbeitung und die Beteiligung des Bearbeiters durch den Urheber des geschützten Werks genehmigt wurden und die Bearbeitung bei der GEMA angemeldet ist.[25] Das Erfordernis einer **Einwilligung des Urhebers** in die Veröffentlichung und Verwertung der Bearbeitung entspricht den gesetzlichen Anforderungen gemäß § 23 UrhG. In der Praxis übertragen die Urheber das Recht zur Genehmigung von Bearbeitungen jedoch häufig im Verlagsvertrag auf ihre Verleger.

---

23 Vgl. zum fehlenden Urheberrechtsschutz für das bloße Wechseln eines Instruments auch LG Berlin, ZUM 1999, 252, 254 f.

24 Siehe zur Tätigkeit des Musikbearbeiters *Bruhn*, GEMA-Nachrichten Nr. 163 (Juni 2001), S. 28 f.

25 Vgl. das Formular einer Bearbeitungsgenehmigung, abgedruckt im GEMA-Jahrbuch 2017/2018, S. 507.

Damit eine vom Urheber bzw. vom Verlag autorisierte Bearbeitung eines geschützten Werkes bei der Verteilung berücksichtigt werden kann, muss sie gemäß § 6 Abs. 3 S. 2 ferner **ausdrücklich in den Nutzungsmeldungen genannt** sein. Eine pauschale Berücksichtigung von Druckbearbeitungen, ohne dass deren tatsächliche Nutzung belegt ist, begegnet jedenfalls in Nutzungsbereichen, in denen gedruckte Noten nicht (mehr) in beachtlichem Umfang genutzt werden, rechtlichen Bedenken.[26] Auf der anderen Seite kann es vorkommen, dass die Nutzer eine Bearbeitung nicht als solche erkennen und korrekt in den Nutzungsmeldungen angeben. Der Verweis auf § 59 in § 6 Abs. 3 S. 3 stellt vor diesem Hintergrund zum einen klar, dass die Bearbeiter die Möglichkeit haben, in den Nutzungsmeldungen nicht erfasste Nutzungen ihrer Bearbeitung zu reklamieren oder glaubhaft zu machen. Daneben wurde in § 4 Abs. 1 S. 2 und 3 der Geschäftsordnung für das Wertungsverfahren in der Unterhaltungs- und Tanzmusik durch Beschluss der Mitgliederversammlung 2014 eine bis Geschäftsjahr 2017 befristete Regelung für Ausgleichszahlungen an Druck- und Subbearbeiter in einer Gesamthöhe von maximal 75.000 EUR pro Jahr verankert.[27] 37

V. Verleger (§ 7)

1. Vorbemerkung

Die **gemeinsame Rechtewahrnehmung für Musikurheber und -verleger** durch Verwertungsgesellschaften und die anteilige Beteiligung beider Gruppen an der Verteilung hat in Deutschland eine lange Tradition[28] und ist auch international etabliert.[29] Sie dient nicht zuletzt dem Interessenausgleich zwischen den an einem Musikwerk Beteiligten, denn die festen Quoten, die der Verteilungsplan für die Partizipation der einzelnen Berufsgruppen an der Verteilung vorgibt (vgl. § 26 sowie die Anteilsschlüssel in Kap. 9 und 10 des Besonderen Teils, §§ 190 ff.), neutralisieren in gewissem Umfang die unterschiedlichen Kräfteverhältnisse, die im Rahmen individualvertraglicher Vereinbarungen zwischen Urhebern und Verlegern zum Tragen kommen können. Dementsprechend ist in Musikverlagsverträgen regelmäßig eine „gemeinsame Rechteeinbringung bei der GEMA" vorgesehen. Eben diese anteilige Beteiligung der Verleger an den Ausschüttungen der GEMA zu festen Quoten hat das Kammergericht in einem Urteil vom November 2016[30] nach damaliger Rechtslage mit dem Argument beanstandet, dass die Einnahmen aus den Rechten grundsätzlich an die Inhaber originärer oder abgeleiteter Rechte zu verteilen seien, die Verleger aufgrund der üblichen Chronologie der Vertragsschlüsse jedoch regelmäßig nicht in relevantem Umfang Rechte bei der GEMA einbrächten. Zwar sei auch eine schuldrechtliche Vereinbarung über eine Erlösteilung unabhängig vom Rechtefluss zulässig, allerdings dürfe die GEMA nicht pauschal davon ausgehen, dass solche Vereinbarungen in den Verlagsverträgen getroffen worden seien (vgl. hierzu bereits oben die Kommentierung zu § 3 Abs. 2, **Rn. 22 f.**). Mit Erlass von § 27 Abs. 2 VGG hat der Gesetzgeber indes eine neue, sichere Rechtsgrundlage für die Verlegerbeteiligung bei der GEMA geschaffen. Er hat hierbei 38

26 Vgl. KG, GRUR-RS 2013, 06389. Die GEMA hat aufgrund dieses Urteils eine umfassende Neuregelung der Bearbeiterbeteiligung vorgenommen, vgl. Tagesordnung für die Mitgliederversammlung v. 8./9.4.2014, Antrag zu TOP 11, nebst ausf. Begr.

27 Vgl. Tagesordnung für die Mitgliederversammlung v. 8./9.4.2014, Begr. zu TOP 11.

28 Zur Genese der ersten deutschen Verwertungsgesellschaft, der Genossenschaft Deutscher Tonsetzer (GDT), im Jahre 1903 vgl. *Dümling*, Musik hat ihren Wert, S. 34–63.

29 Vgl. nur den Namen der ältesten Verwertungsgesellschaft für musikalische Urheberrechte, der französischen SACEM („Société des Auteurs, Compositeurs et Éditeurs de Musique").

30 KG, GRUR-RR 2017, 94.

klargestellt, dass die Verteilung der Einnahmen aus Rechten, die zur gemeinsamen Wahrnehmung im Interesse mehrerer Rechtsinhaber bei einer Verwertungsgesellschaft eingebracht worden sind, anteilig erfolgen kann, ohne dass es auf den Rechtefluss im Einzelfall ankommt. Dies gilt insbesondere im Zusammenhang mit der gemeinsamen kollektiven Rechtewahrnehmung für Urheber und Verleger.[31] Nach Inkrafttreten von § 27 Abs. 2 VGG hat die GEMA die in § 7 des Verteilungsplans geregelten Voraussetzungen der Verlegerbeteiligung durch Beschluss der ordentlichen Mitgliederversammlung 2017 unter Anpassung an die neuen rechtlichen Rahmenbedingungen ergänzt und modernisiert.[32]

2. Allgemeine Grundsätze der Verlegerbeteiligung (§ 7 Abs. 1)

39 Nach der Definition des § 7 Abs. 1 S. 1 gilt als Verleger iSd Verteilungsplans, wer mit dem Urheber einen **Verlagsvertrag** über ein Musikwerk geschlossen und das Werk vereinbarungsgemäß **verlegt** hat. Die Beteiligung des Verlegers an den Ausschüttungen der GEMA muss im Verlagsvertrag vereinbart und bei der GEMA für jedes einzelne Werk unter Einhaltung der Formvorschriften gemäß § 35 angemeldet sein. § 7 Abs. 1 S. 2 stellt klar, dass der Verleger nur bei Ausschüttungen für Werke ausschüttungsberechtigt ist, die er verlegt hat. Die Beteiligung des Verlegers erfolgt somit stets werknutzungsbezogen. Der Verteilungsplan der GEMA kennt **keine pauschale Verlegerbeteiligung** ohne Bezug zur Nutzung konkreter, durch den jeweiligen Verlag verlegter Werke.[33] Für die Beteiligung des Verlegers an Ausschüttungen auf gesetzliche Vergütungsansprüche gilt aufgrund von § 27a VGG zudem das spezielle Zustimmungserfordernis gemäß § 26 Abs. 3 (vgl. unten, **Rn. 96 f.**).

40 Aufgrund des Massengeschäfts der kollektiven Rechtewahrnehmung und ihrer Neutralität gebietenden Stellung als Treuhänderin beider Parteien kann die GEMA die Vereinbarungen, die Urheber und Verleger über die Ausschüttungsberechtigung treffen, grundsätzlich nicht im Einzelfall **überprüfen**. Dies stellt der Verteilungsplan in § 7 Abs. 1 S. 5 klar und verweist in S. 6 auf § 9. Hiernach kann die GEMA die Ausschüttung schuldbefreiend an diejenigen Urheber und Verleger leisten, die ihr aufgrund der Werkanmeldung oder anderer Umstände als die Empfangsberechtigten bekannt sind. Bei berechtigten Zweifeln an der Ausschüttungsberechtigung kann die GEMA vom jeweiligen Anspruchsteller jedoch einen entsprechenden Nachweis bis hin zum Vollbeweis verlangen.

3. Verlegerische Leistung (§ 7 Abs. 2)

41 Eine weitere Voraussetzung für die Beteiligung eines Verlegers an den Ausschüttungen der GEMA ist gemäß § 7 Abs. 2 das Erbringen einer verlegerischen Leistung. Die Anforderungen hieran wurden durch Beschluss der ordentlichen Mitgliederversammlung 2017 neu geregelt und an die Entwicklung der **musikverlegerischen Praxis** angepasst.[34] Hiermit wird zugleich dem Petitum des Gesetzgebers Rechnung getragen, die „typische Leistung der Beteiligten bei der Schöpfung und Vermarktung" des Werkes im Rahmen der Verteilung zu berücksichtigen.[35]

---

31 Vgl. die Begründung des Rechtsausschusses des Bundestages in BT-Drs. 18/10637, S. 24 f.

32 Tagesordnung für die Mitgliederversammlung v. 23./24.5.2017, Antrag zu TOP 21, S. 48 f., 65.

33 Vgl. demgegenüber die Beanstandung des Abzugs eines pauschalen Verlegeranteils von der Verteilungsmasse nach dem früheren Verteilungsplan der VG Wort durch BGH GRUR 2016, 596 – Verlegeranteil.

34 Vgl. Tagesordnung für die Mitgliederversammlung v. 23./24.5.2017, Antrag zu TOP 21, S. 48, 65.

35 Vgl. BT-Drs. 18/10637, S. 25.

Eine musikverlegerische Leistung kann zwar auch im 21. Jahrhundert noch im klassischen **Notendruck** und somit in der Vervielfältigung und Verbreitung des Werkes im Sinne des Verlagsgesetzes vom 19. Juni 1901 liegen. Unabhängig hiervon übernehmen Verleger jedoch **vielfältige Tätigkeiten** in den Bereichen Promotion und Vermarktung des Werkes, Finanzierung und Produktion oder Service und Administration. Nicht zuletzt zählt die z.T. sehr umfangreiche Kommunikation mit der GEMA hinsichtlich der verlegten Werke und deren Nutzungen – etwa in Form der Werkanmeldung oder der Prüfung von Abrechnungsunterlagen – zu den typischen Leistungen, die Musikverlage zugunsten der bei ihnen verlegten Urheber erbringen.[36] Auch diese Leistungen werden durch § 7 Abs. 2 grundsätzlich als verlegerische Leistungen iSd Verteilungsplans anerkannt. 42

4. Streitschlichtung (§ 7 Abs. 3)

Aus den bereits im Zusammenhang mit den allgemeinen Voraussetzungen der Verlegerbeteiligung genannten Gründen (vgl. oben, **Rn. 40**) kann die GEMA zwar definieren, was als verlegerische Leistung iSd Verteilungsplans gilt, das tatsächliche Vorliegen einer verlegerischen Leistung im Einzelfall aber nicht kontrollieren. Dies stellt § 7 Abs. 3 S. 1 klar. Für Auseinandersetzungen zwischen Urhebern und Verlegern über die Erbringung verlegerischer Leistungen hat die GEMA jedoch spezielle Konfliktlösungsmechanismen etabliert, die die allgemeinen Regelungen ergänzen. 43

Macht ein Urheber eines verlegten Werkes geltend, dass der Verleger wegen Nichterbringung verlegerischer Leistungen nicht mehr an den Ausschüttungen der GEMA auf ein Werk zu beteiligen ist, und tritt der Verleger dem entgegen, so handelt es sich um einen Fall **widerstreitender Ansprüche** iSd § 10. Die GEMA wird die Ausschüttungen des bei Nutzungen des Werks anfallenden Verlegeranteils daher zunächst gemäß § 10 S. 1 sperren. Die Parteien haben hierauf unterschiedliche Optionen, ihren Konflikt zu klären und eine Aufhebung der Ausschüttungssperre zu bewirken. 44

Zum einen haben beide Parteien die Möglichkeit, die **ordentlichen Gerichte** anzurufen, die bei der Prüfung des Vorliegens einer verlegerischen Leistung iSd Verteilungsplans den Maßstab des § 7 Abs. 2 zu beachten haben. Alternativ können sich die Parteien jedoch auch an die bei der GEMA gemäß § 16 E. Satzung eingerichtete **Urheber-Verleger-Schlichtungsstelle** wenden, die auf Streitigkeiten zwischen Urhebern und Verlegern über die Erbringung verlegerischer Leistungen iSd Verteilungsplans spezialisiert ist (vgl. hierzu auch oben, **Kap. 5, Rn. 270–290**). Das Verfahren vor der Urheber-Verleger-Schlichtungsstelle führt gemäß § 16 E. Ziff. 3 Satzung zu einem Schlichtungsspruch, der binnen sechs Monaten erlassen werden soll. Hierin befindet die Urheber-Verleger-Schlichtungsstelle darüber, ob der Verleger eine verlegerische Leistung erbracht hat und daher weiter an der Verteilung der Einnahmen für das Werk zu beteiligen ist. Entscheidungen, die zu Veränderungen bei der Höhe der Verlegerbeteiligung führen könnten, sind dagegen nicht vorgesehen. Das Vorliegen einer verlegerischen Leistung wird von der Urheber-Verleger-Schlichtungsstelle im Rahmen einer **umfassenden Abwägung** beurteilt, in der die wirtschaftlichen Bedingungen der Werkentstehung und Werkverwertung, die Festlegungen des Verlagsvertrags und der Zeitablauf seit Werkschöpfung zu würdigen sind. 45

36 Vgl. zu den Aufgaben eines Musikverlegers auch Ulmer-Eilfort/Obergfell-*Ulmer-Eilfort*, Verlagsrecht, Kap. B. Rn. 48, 50.

46 Die Parteien müssen die ordentlichen Gerichte oder die Urheber-Verleger-Schlichtungsstelle gemäß § 7 Abs. 3 iVm § 10 binnen einer **Frist** von sechs Monaten anrufen. Andernfalls ist die GEMA berechtigt, die Ausschüttungssperre aufzuheben und den Verleger weiter an der Verteilung der Einnahmen für das Werk zu beteiligen. Bei Anrufung der Urheber-Verleger-Schlichtungsstelle ist der Rechtsweg zu den ordentlichen Gerichten gemäß § 16 E. Ziff. 4 Satzung bis zum Erlass des Schlichtungsspruchs ausgeschlossen. Nach Erlass des Schlichtungsspruchs kann die unterlegene Partei ihre Ansprüche binnen weiterer sechs Monate im ordentlichen Rechtsweg geltend machen. Bei Nichteinhaltung dieser Frist oder wenn beide Parteien den Schlichtungsspruch akzeptieren, verteilt die GEMA entsprechend dem Schlichtungsspruch.

5. Verlegerbeteiligung bei Auftragskompositionswerken zu Fernsehproduktionen (§ 7 Abs. 4)

47 Bei ab dem 1. Januar 2007 bei der GEMA angemeldeten Auftragskompositionswerken zu Fernsehproduktionen erfolgt eine Beteiligung des Verlegers nur dann, wenn dieser bestätigt hat, dass die Übertragung der Verlagsrechte nicht Bedingung oder Voraussetzung für den Kompositionsauftrag war (§ 7 Abs. 4). Diese Bestätigung ist in die Anmeldeformulare für verlegte Werke eingearbeitet worden.[37] Mit der Regelung soll der von den Berechtigten beobachteten Tendenz begegnet werden, dass Urheber als Voraussetzung für eine Auftragsvergabe im Fernsehbereich einen Verlagsvertrag mit einem vom Auftraggeber benannten Verleger schließen müssen, der häufig keine verlegerische Gegenleistung erbringt.[38] Fernsehproduktionen im Sinne der Bestimmung sind die in § 1 lit. i Ziff. 2 BerV genannten Eigen- und Auftragsproduktionen des Fernsehens.

VI. Subverleger (§ 8)

48 Die Tätigkeit von Verlagen ist üblicherweise territorial begrenzt. Um verlegte Werke auch außerhalb des eigenen Verwaltungsgebietes zu administrieren, greifen Originalverleger auf die Unterstützung ortsansässiger Verleger im jeweiligen Territorium zurück, die auch in Verbindung mit den jeweiligen nationalen Verwertungsgesellschaften stehen. Der Verteilungsplan unterscheidet in Bezug auf diese durch Originalverleger beauftragten Verleger zwischen Subverlegern und Repräsentanten. **Subverleger** im Sinne des Verteilungsplans ist gemäß § 8 Abs. 1 derjenige Verleger, der ein Werk mit Einverständnis des Originalverlegers und aufgrund eines mit diesem geschlossenen Subverlagsvertrags in einer eigenen neu gedruckten Ausgabe veröffentlicht und in denjenigen Ländern vertreibt, in denen er zum Vertrieb berechtigt ist. Die Voraussetzungen für die Beteiligung des Subverlegers an der Verteilung der GEMA sind in § 210 geregelt (vgl. unten, **Rn. 558 ff.**). Dagegen wird ein Verleger, der ausländische Werke lediglich zum Zwecke der Verbreitung von einem Originalverleger übernimmt, ohne eine eigene Ausgabe zu drucken und handelsüblich zu vertreiben, gemäß § 214 als **Repräsentant** bezeichnet. Subverleger und Repräsentant werden bei Vorliegen der sonstigen Voraussetzungen in gleicher Höhe bei der Verteilung berücksichtigt. Der Repräsentant erhält die auf das Werk entfallenden Subverlagsanteile jedoch gemäß § 214 grundsätzlich nicht auf sein Hauptkonto gutgeschrieben, sondern auf ein Sonderkonto. Auf das Hauptkonto werden alle Beträge gebucht, die einem Berechtigten endgültig zufließen. Die auf einem Sonder-

37 Siehe das Formular Anmeldung für audiovisuelle Produktionen, abgedruckt im GEMA-Jahrbuch 2017/2018, S. 514.
38 Vgl. Tagesordnung für die Mitgliederversammlung v. 27./28.6.2006, Begr. des Antrags zu TOP 27.

konto gebuchten Beträge werden im Rahmen der Wertung und bei der Berechnung des für die Erlangung der ordentlichen Mitgliedschaft erforderlichen Aufkommens nicht berücksichtigt (vgl. im Einzelnen unten, **Rn. 571f.**).

VII. Bestimmung der Ausschüttungsberechtigten durch die GEMA (§ 9)

Die Frage, wer tatsächlich als Urheber oder Verleger eines Werks anzusehen ist, kann von der GEMA nicht standardmäßig nachgeprüft werden. Die GEMA muss deshalb gemäß § 9 Abs. 1 grundsätzlich auf die Richtigkeit der von den Berechtigten in den **Werkanmeldungen** gemachten Angaben vertrauen und kann an diejenigen Komponisten, Textdichter und Verleger ausschütten, die in den Anmeldungen genannt sind. 49

Die GEMA kann auch an andere als die in den Anmeldungen genannten Berechtigten ausschütten, wenn ihr diese aufgrund **anderer Umstände** als die Empfangsberechtigten bekannt sind, so beispielsweise, wenn der GEMA für ein angemeldetes Werk eine rechtskräftige Gerichtsentscheidung vorliegt, in der festgestellt wird, wer als Berechtigter anzusehen ist. 50

Die Ausschüttung an die in § 9 Abs. 1 genannten Berechtigten erfolgt mit **befreiender Wirkung** für die GEMA. Stellt sich nach der Ausschüttung heraus, dass der Empfänger der Zahlung tatsächlich nicht der Berechtigte war, so bestehen Ansprüche nur im Verhältnis zwischen dem wahren Berechtigten und dem Zahlungsempfänger. Zu einer Rückabwicklung ist die GEMA grundsätzlich nicht verpflichtet. 51

Auch wenn eine regelmäßige Prüfung der Ausschüttungsberechtigung durch die GEMA im Rahmen des Massengeschäfts einer Verwertungsgesellschaft nicht möglich ist, bedeutet dies nicht im Umkehrschluss, dass die GEMA unter allen Umständen zur Ausschüttung an die in § 9 Abs. 1 genannten Berechtigten verpflichtet wäre. Hat die GEMA **berechtigte Zweifel an der Ausschüttungsberechtigung**, ist diese gemäß § 9 Abs. 2 vielmehr vom jeweiligen Anspruchsteller darzulegen und zu beweisen. Die Regelung ist Ausfluss des allgemeinen zivilrechtlichen Grundsatzes, dass derjenige, der einen Anspruch geltend macht, die Darlegungs- und Beweislast für das Vorliegen der Anspruchsvoraussetzungen trägt. Dabei ist die GEMA berechtigt und aufgrund ihrer gegenüber allen Berechtigten bestehenden Treuhandstellung auch verpflichtet, einen Anspruchsteller auf den Rechtsweg und die Beweisführung in einem Gerichtsverfahren zu verweisen, wenn sie begründete, nicht ausgeräumte Zweifel daran hat, dass die notwendigen Voraussetzungen für den geltend gemachten Anspruch vorliegen.[39] 52

Wird die Ausschüttungsberechtigung nicht von der GEMA, sondern von anderen Berechtigten in Frage gestellt, so findet § 10 Anwendung. 53

VIII. Vorgehen bei widerstreitenden Ansprüchen (§ 10)

§ 10 regelt das Vorgehen der GEMA für den Fall, dass die auf ein Werk oder einen Werkanteil entfallenden Ausschüttungsansprüche ganz oder teilweise von mehreren Urhebern oder Verlegern geltend gemacht werden. Dies kann beispielsweise der Fall sein, wenn mehrere Urheber – etwa im Zusammenhang mit Plagiatsvorwürfen – darüber streiten, wer von ihnen das Werk geschaffen hat oder welchen Anteil an der Werkschöpfung der Einzelne hatte, oder auch bei Konflikten zwischen Urhebern und Verlegern in 54

39 Vgl. allgemein BGH, GRUR 2002, 332, 333 – Klausurerfordernis; mit Blick auf die Schutzfähigkeit BGH, GRUR 2012, 910, 912f. – Delcantos Hits; zur Richtigkeit der Nutzungsmeldung BGH, GRUR 2013, 375, 376ff – Missbrauch des Verteilungsplans.

Bezug auf die Wirksamkeit des Abschlusses oder der Kündigung eines Verlagsvertrages oder die Wirksamkeit eines Rückrufs wegen Nichtausübung nach § 41 UrhG. Grundlage des Streits ist demnach üblicherweise, dass die bei der GEMA bestehende Registrierung des Werks nicht der tatsächlichen Ausschüttungsberechtigung entspricht.

55 Da die GEMA als Treuhänderin regelmäßig für beide streitenden Parteien tätig ist, muss sie sich bei widerstreitenden Ansprüchen zwischen Berechtigten **neutral** verhalten. Sie entscheidet in derartigen Fällen daher nicht über die Begründetheit der geltend gemachten Ansprüche, sondern informiert die jeweilige Gegenseite und bittet um Stellungnahme. Enthält diese Stellungnahme keine Bestätigung des geltend gemachten Anspruchs und ist dieser schlüssig, so werden das Werk bzw. die Werkanteile vorerst **gesperrt**, das heißt, die auf das Werk bzw. den Werkanteil zu verteilenden Beträge werden berechnet, aber an keine der streitenden Parteien ausgeschüttet. Die Sperre wird grundsätzlich so lange aufrechterhalten, bis der Konflikt durch eine gemeinsame Erklärung der streitenden Parteien oder eine für die Parteien verbindliche Entscheidung – dies kann insbesondere eine rechtskräftige gerichtliche Entscheidung sein – geklärt ist. Anschließend werden die zwischenzeitlich angefallenen Ausschüttungsbeträge entsprechend der gemeinsamen Erklärung oder verbindlichen Entscheidung an die Ausschüttungsberechtigten ausgekehrt.

56 Die GEMA kann dem Anspruchsteller eine Frist von 6 Monaten zur **Geltendmachung der Ansprüche** setzen. Erreichen die Parteien innerhalb dieser Frist keine einvernehmliche Klärung und erbringen auch nicht den Nachweis, dass in der Sache ein Verfahren vor den ordentlichen Gerichten oder den gem. § 16 Satzung zur Konfliktlösung eingerichteten vereinsinternen Gremien eingeleitet wurde, so hebt die GEMA die Sperre auf. Sie wird jedoch dann aufrechterhalten, wenn beide Parteien der GEMA ihr Einverständnis hiermit rechtzeitig vor Ablauf der Sperrfrist mitteilen. Wird die Sperre wegen des fehlenden Nachweises der Geltendmachung vor den ordentlichen Gerichten oder vereinsinternen Gremien aufgehoben, so werden die bis dahin angefallenen Ausschüttungsbeträge grundsätzlich an den Berechtigten ausgeschüttet, der nach der Werkeanmeldung Priorität genießt, somit im Regelfall entsprechend der bestehenden Registrierung. Dies gilt jedoch gemäß § 10 S. 4 nicht für den Fall, dass die Parteien darüber streiten, ob der Urheber der Beteiligung des Verlegers an Ausschüttungen auf gesetzliche Vergütungsansprüche zugestimmt hat. In diesem Fall ist die GEMA nach fruchtlosem Ablauf der Frist vielmehr stets zur Ausschüttung an den Urheber berechtigt, da die Beteiligung des Verlegers an Ausschüttungen auf gesetzliche Vergütungsansprüche aufgrund der gesetzlichen Vorschrift des § 27a Abs. 1 UrhG zwingend der Zustimmung des Urhebers bedarf.

57 Fordert ein Berechtigter nach der Aufhebung einer Sperre in der gleichen Sache **erneut** eine Sperrung, so kommt die GEMA diesem Verlangen nur nach, wenn die gerichtliche Geltendmachung des Anspruchs nachgewiesen ist. Eine rückwirkende Sperrung und/oder Rückbuchung bereits ausgeschütteter Beträge durch die GEMA erfolgt grundsätzlich nicht.

Abschnitt 3. Die Bildung von Sparten zur Verteilung der Einnahmen auf die Werke

§ 11 Grundsätze

[1] Für die Verteilung werden Sparten entsprechend den verschiedenen Musikverwertungsgebieten gebildet.

[2] Die Verteilung in den Sparten erfolgt im Wege der Direktverteilung oder im Wege der kollektiven Verteilung.

[3] Soweit Direktverteilung erfolgt, werden die Einnahmen, die die GEMA für eine Nutzung erzielt, abzüglich Kosten und sonstiger Abzüge auf die jeweils genutzten Werke verteilt. Soweit sich einzelnen Werken keine gesonderten Einnahmen zuordnen lassen, erfolgt die Verteilung auf die Werke pro rata numeris.

[4] Soweit kollektive Verteilung erfolgt, werden die Einnahmen, die die GEMA für eine Vielzahl von Nutzungen erzielt, zur gemeinsamen Verteilung zusammengefasst. Dabei wird die Gesamtsumme der jeweiligen Einnahmen für die betreffenden Nutzungen abzüglich Kosten und sonstiger Abzüge (Nettoverteilungssumme) auf alle genutzten Werke verteilt.

§ 12 Die Sparten der Rechte der öffentlichen Wiedergabe gemäß § 15 Abs. 2 UrhG

Zur Verteilung für Nutzungen der Rechte der öffentlichen Wiedergabe gemäß § 15 Abs. 2 UrhG werden die folgenden Sparten gebildet:

A	Ausland
BM	Bühnenmusik
DK	Diskotheken-Wiedergaben
E	E-Musik-Veranstaltungen
ED	E-Musik-Direktverteilung
EM	E-Musik-Wiedergaben
FS	Fernsehen
I R	Internetradio
I FS	Internetfernsehen
I T FS	Internetfernsehen-Tonfilm
KI	Musik im Gottesdienst
KMOD	Ruftonmelodien
M	U-Musik-Wiedergaben
MOD D	Music-on-Demand-Download
MOD S	Music-on-Demand-Streaming
R	Hörfunk
T	Tonfilm
TD	Tonfilm-Direktverteilung
T FS	Tonfilm im Fernsehen
U	U-Musik-Veranstaltungen
UD	U-Musik-Direktverteilung
VOD D	Video-on-Demand-Download
VOD S	Video-on-Demand-Streaming
WEB	Websites

§ 13 Die Sparten der Rechte der Vervielfältigung und Verbreitung gemäß § 15 Abs. 1 UrhG

Zur Verteilung für Nutzungen der Rechte der Vervielfältigung und Verbreitung gemäß § 15 Abs. 1 UrhG werden die folgenden Sparten gebildet:

A VR	Ausland-Vervielfältigungsrecht
BT VR	Bildtonträger-Vervielfältigungsrecht
DK VR	Diskotheken-Wiedergaben-Vervielfältigungsrecht
FS VR	Fernsehen-Vervielfältigungsrecht
I R VR	Internetradio-Vervielfältigungsrecht
I FS VR	Internetfernsehen-Vervielfältigungsrecht
I T FS VR	Internetfernsehen-Tonfilm-Vervielfältigungsrecht
KMOD VR	Ruftonmelodien-Vervielfältigungsrecht
MOD D VR	Music-on-Demand-Download-Vervielfältigungsrecht
MOD S VR	Music-on-Demand-Streaming-Vervielfältigungsrecht
Phono VR	Tonträger-Vervielfältigungsrecht
R VR	Hörfunk-Vervielfältigungsrecht
TD VR	Tonfilm-Direktverteilung-Vervielfältigungsrecht
T FS VR	Tonfilm im Fernsehen-Vervielfältigungsrecht
VOD D VR	Video-on-Demand-Download-Vervielfältigungsrecht
VOD S VR	Video-on-Demand-Streaming-Vervielfältigungsrecht
WEB VR	Websites-Vervielfältigungsrecht

Übersicht

I. Grundsätze (§ 11)

1. Die Bildung von Sparten (§ 11 Abs. 1)

58 Für die Verteilung der Einnahmen werden so genannte **Sparten** gebildet, die in §§ 12 und 13 abschließend aufgelistet sind. Die einzelnen Sparten entsprechen gemäß § 11 Abs. 1 jeweils unterschiedlichen **Musikverwertungsgebieten**. Ein Musikverwertungsgebiet beschreibt eine von anderen Nutzungen abgrenzbare Nutzung von Musikwerken, beispielsweise die Liveaufführung oder die Sendung von Musikwerken. Die Bildung der Sparten orientiert sich zwar an den Verwertungsrechten des Urheberrechtsgesetzes, entspricht diesen aber nicht ohne weiteres. Auf der einen Seite können für die Verwertung eines Nutzungsrechts mehrere Musikverwertungsgebiete iSd Verteilungsplans und damit mehrere Sparten bestehen – so wird etwa aufgrund unterschiedlicher Tarife und Nutzungsumstände bei Live-Aufführungen zwischen Sparten für Nutzungen von ernster Musik einerseits und Unterhaltungsmusik andererseits sowie zwischen Sparten der Direktverteilung und Sparten der kollektiven Verteilung differenziert (vgl. Kapitel 2 des Besonderen Teils, §§ 67ff.). Umgekehrt sind nicht für sämtliche Nutzungsformen von Musik eigene Sparten gebildet. Insbesondere in Fällen, in denen für Musiknutzungen keine Nutzungsmeldungen vorliegen, werden die betreffenden Einnahmen regelmäßig gemeinsam mit den Einnahmen aus sachnahen anderen Musikverwertungen in den für diese gebildeten Sparten auf die dort genutzten Werke verteilt (vgl. § 14 Abs. 2 sowie hierzu unten **Rn. 70**). Dies betrifft etwa die Verteilung von Einnahmen aus privater Vervielfältigung gemäß § 25. Für welche Musikverwertungen die einzelnen Sparten konkret gebildet sind, ist aus den jeweils mit „Gegenstand der Sparte(n)" überschriebenen Regelungen des Besonderen Teils zu entnehmen.

2. Die Arten der Verteilung (§ 11 Abs. 2–4)

59 Die Verteilung erfolgt gemäß § 11 Abs. 2 im Wege der Direktverteilung oder der kollektiven Verteilung.

60 Die **Direktverteilung** (vor der redaktionellen Neufassung des Verteilungsplans auch „Nettoeinzelverrechnung" oder „Direktverrechnung" genannt) wird in § 11 Abs. 3 dahingehend definiert, dass die Einnahmen, die die GEMA für eine Nutzung erzielt, abzüglich der Kosten gemäß § 29 sowie sonstiger Abzüge (insbesondere für soziale und kulturelle Zwecke, § 30 Abs. 1) unmittelbar auf die jeweils genutzten Werke verteilt werden. Lassen sich den Nutzungen der einzelnen Werke konkrete Beträge zuordnen, bilden diese die Grundlage der Direktverteilung. Ist dies nicht der Fall, erfolgt die Verteilung der Einnahmen auf die Werke gemäß § 11 Abs. 3 S. 2 *pro rata numeris*. Sind zum Beispiel im Rahmen einer in der Sparte UD (U-Musik-Direktverteilung, §§ 88–90) zu verrechnenden Veranstaltung 10 schutzfähige und von der GEMA vertretene Werke jeweils einmal aufgeführt worden, so erhält jedes dieser Werke 1/10 der zu verteilenden

Nettoeinnahme. Ist eines der zehn Werke zweimal aufgeführt worden – und haben somit in der Veranstaltung insgesamt elf Werkaufführungen stattgefunden –, so entfallen auf das zweimal aufgeführte Werk 2/11 und auf die übrigen neun Werke je 1/11 der zu verteilenden Nettoeinnahme. Bei Direktverteilung erfolgt keine weitere Gewichtung. So finden etwa die werkbezogenen Punktbewertungen nach den Verrechnungsschlüsseln I–IV (§§ 63–66) in den Direktverteilungssparten BM, ED, EM und UD keine Anwendung. Aufgrund des unmittelbaren Zusammenhangs zwischen dem für eine konkrete Werknutzung erzielten Inkasso und der Verteilung gilt die Direktverteilung als besonders leistungsgerecht.[40]

Sparten mit Direktverteilung sind die Sparten BM (Bühnenmusik, §§ 69 ff.) ED (E-Musik-Direktverteilung, §§ 75 ff.), EM (E-Musik-Wiedergaben, §§ 123 ff.), TD (Tonfilm-Direktverteilung, §§ 136 ff.) und UD (U-Musik-Direktverteilung, §§ 88 ff.), daneben strukturell auch sämtliche Sparten der Nutzungsbereiche Vervielfältigung und Verbreitung (§§ 139 ff.) und Online (§§ 146 ff.). Auch die Verteilung in den oberen Inkassosegmenten der Sparte U gemäß § 86 basiert auf dem Prinzip der Direktverteilung, indem hier in einem ersten Verrechnungsschritt jede durch ein Programm belegte Veranstaltung eine Ausschüttung in Höhe des für sie erzielten Nettoinkassos erhält. Auch in Sparten mit grundsätzlich kollektiver Verteilung kann unter bestimmten Voraussetzungen eine Direktverteilung einzelner Nutzungen erfolgen. So sieht § 130 innerhalb der Sparte M eine Direktverteilung auf Antrag für bestimmte Fälle der Musikwiedergabe vor. 61

Aufgrund der Rahmenbedingungen der kollektiven Rechtewahrnehmung ist eine Direktverteilung der Einnahmen nicht in allen Bereichen möglich oder sachgerecht. So erzielt die GEMA etwa im Sendebereich Pauschalvergütungen von den Rundfunkveranstaltern für alle Werknutzungen in den jeweiligen Fernseh- oder Hörfunkprogrammen. Zudem hat die GEMA bei ihrer Tätigkeit das wirtschaftliche Gebot der Verhältnismäßigkeit zu beachten. Vor diesem Hintergrund ist anerkannt, dass die GEMA bei der Verteilung in gewissem Umfang pauschalieren und typisieren kann und unter Umständen sogar muss.[41] Dies geschieht unter anderem durch die **kollektive Verteilung** der Einnahmen in bestimmten Bereichen. Bei der kollektiven Verteilung werden die Einnahmen, die die GEMA für eine Vielzahl von Nutzungen erzielt, gemäß § 11 Abs. 4 zur gemeinsamen Verteilung zusammengefasst und nach Abzug der Kosten und sonstigen Abzüge auf alle genutzten geschützten Werke verteilt. Auch im Rahmen der kollektiven Verteilung wird die Nutzungsintensität der einzelnen Werke – z.B. die Zahl der Aufführungen oder die Länge der Sendung – berücksichtigt. Daneben kommen vielfach Gewichtungen zur Anwendung, die die wirtschaftliche Relevanz (vgl. z.B. die Bildung von Senderkoeffizienten in Hörfunk und Fernsehen gemäß §§ 97 und 108) oder kulturelle Bedeutung (vgl. z.B. die Bildung von Kulturfaktoren für Hörfunkwellen gemäß § 98) der einzelnen Nutzungen berücksichtigen. Die Verteilung erfolgt sodann in der Regel über einheitliche Punkt- oder Minutenwerte. 62

Sparten mit kollektiver Verteilung sind die Sparten E (E-Musik-Veranstaltungen, §§ 72 ff.), KI (Musik im Gottesdienst, §§ 78 ff.), U (U-Musik-Veranstaltungen, §§ 82 ff.), DK (Diskotheken-Wiedergaben, §§ 116 ff.), DK VR (Diskotheken-Wiedergaben-Vervielfältigungsrecht, §§ 120 ff.), M (U-Musik-Wiedergaben, §§ 127 ff.) und T (Tonfilm, §§ 132 ff.) sowie alle Sparten des Nutzungsbereichs Sendung (§§ 91 ff.). 63

40 Vgl. etwa KG, Urteil v. 15.11.2010, Az. 24 U 6/10, S. 7 n.v.
41 Vgl. BGH, ZUM 2005, 739, 742, PRO-Verfahren der GEMA.

II. Die Sparten der Rechte der öffentlichen Wiedergabe gemäß § 15 Abs. 2 UrhG (§ 12)

64 Der Verteilungsplan unterscheidet in §§ 12 und 13 zwischen „Sparten der Rechte der öffentlichen Wiedergabe“ und „Sparten der Rechte der Vervielfältigung und Verbreitung“. Diese **Differenzierung** ist etwa mit Blick auf die Kostenabzüge gemäß § 29 oder den Abzug für soziale und kulturelle Zwecke gemäß § 30 relevant, die für die beiden Rechtekategorien jeweils unterschiedlich geregelt sind. Entsprechende Differenzierungen sind auch international gebräuchlich, was sich etwa in unterschiedlichen Musterverträgen für die Repräsentationsvereinbarungen zwischen Verwertungsgesellschaften für beide Rechtekategorien widerspiegelt.[42] In einigen Ländern erfolgt die Wahrnehmung der Rechte der öffentlichen Wiedergabe einerseits und der Vervielfältigung und Verbreitung andererseits durch unterschiedliche Verwertungsgesellschaften.

65 Die für Nutzungen der **Rechte der öffentlichen Wiedergabe** gebildeten Sparten sind in § 12 genannt.

66 Zu den Rechten der öffentlichen Wiedergabe gehören gemäß § 15 Abs. 2 UrhG folgende für die GEMA relevanten Verwertungsrechte:

- das Aufführungsrecht gemäß § 19 Abs. 2 UrhG,
- das Vorführungsrecht gemäß § 19 Abs. 4 UrhG,
- das Recht der öffentlichen Zugänglichmachung gemäß § 19a UrhG,
- das Senderecht gemäß § 20 UrhG,
- das Recht der Wiedergabe durch Bild- oder Tonträger gemäß § 21 UrhG und
- das Recht der Wiedergabe von Funksendungen und von öffentlicher Zugänglichmachung gemäß § 22 UrhG.

67 Im internationalen Sprachgebrauch werden die Rechte der öffentlichen Wiedergabe auch als **Performing Rights** bezeichnet. Im GEMA-Sprachgebrauch ist – hieran angelehnt – auch das Kürzel „AR“ (von „Aufführungsrecht“) für Sachverhalte gebräuchlich, die die Verteilung in Sparten der Rechte der öffentlichen Wiedergabe betreffen (vgl. etwa die Bezeichnung „AR-Senderkoeffizient“ im Zusammenhang mit den Fernsehsparten in § 108).

III. Die Sparten der Rechte der Vervielfältigung und Verbreitung gemäß § 15 Abs. 1 UrhG (§ 13)

68 Die für Nutzungen der **Rechte der Vervielfältigung und Verbreitung** gebildeten Sparten sind in § 13 genannt. Hierunter fallen gemäß § 15 Abs. 1 UrhG von den für die GEMA relevanten Verwertungsrechten das Vervielfältigungsrecht gemäß § 16 UrhG und das Verbreitungsrecht gemäß § 17 UrhG. Auch das Herstellungsrecht gemäß § 1 lit. i BerV ist in diesem Zusammenhang einschlägig (hierzu ausführlich oben **Kap. 7, Rn. 208 ff.**).

69 International werden die Rechte der Vervielfältigung und Verbreitung auch als **Mechanical Rights** bezeichnet. Im Sprachgebrauch der GEMA sind dementsprechend – neben dem Kürzel „VR“ – auch die Begriffe „mechanische Rechte“/„mechanisches Recht“ für Sachverhalte gebräuchlich, die die Verteilung in Sparten der Rechte der Vervielfältigung und Verbreitung betreffen.

42 Vgl. den „Mustervertrag im EU-Bereich für das Aufführungs- und Senderecht gemäß CISAC-Standardvertrag“ einerseits und den „Mustervertrag im EU-Bereich für das Vervielfältigungsrecht gemäß BIEM-Standardvertrag“ andererseits, abgedruckt im GEMA-Jahrbuch 2017/2018, S. 285 ff.

Abschnitt 4. Die Zuordnung der Einnahmen zu den Sparten

§ 14 Grundsatz

[1] Einnahmen für Nutzungen, die den Gegenstand einer Sparte bilden, werden in den entsprechenden Sparten verteilt.

[2] Einnahmen, für die keine gesonderten Sparten gebildet sind, werden den bestehenden Sparten nach Maßgabe der nachstehenden Regelungen zugewiesen.

§ 15 Einnahmen für die Wiedergabe von Fernsehsendungen

Die Einnahmen für die Wiedergabe von Fernsehsendungen werden den Sparten FS und T FS zugewiesen.

§ 16 Einnahmen für die Wiedergabe von Bildtonträgern

Die Einnahmen für die Wiedergabe von Bildtonträgern werden zu 20% der Sparte M, zu 30% der Sparte T, zu 20% den Sparten FS und T FS und zu 30% als prozentualer Zuschlag der Sparte BT VR zugewiesen.

§ 17 Einnahmen für Wiedergaben mittels mechanischer Vorrichtungen in Kinos

Von den Einnahmen aus betriebsüblichen Musikdarbietungen in Kinos werden 8% für Wiedergaben mittels mechanischer Vorrichtungen in Kinos zur Verfügung gestellt. Dieser Anteil wird zu 60% der Sparte R und zu 40% der Sparte M zugewiesen.

§ 18 Einnahmen für sonstige Wiedergaben von Tonträgern und Wiedergaben von Hörfunksendungen

Die Einnahmen für sonstige Wiedergaben von Tonträgern (mit Ausnahme der in den Sparten BM, EM und DK abgerechneten Wiedergaben) und Wiedergaben von Hörfunksendungen werden zu 60% der Sparte R und zu 40% der Sparte M zugewiesen.

§ 19 Einnahmen für die Kabelweitersendung von Rundfunksendungen

[1] Die Einnahmen für die Kabelweitersendung von Rundfunksendungen durch inländische Kabelunternehmen werden auf die Sparte R sowie die Sparten FS und T FS im Verhältnis der Reichweite der Kabelweitersendung von Hörfunkwellen zur Reichweite der Kabelweitersendung von Fernsehprogrammen aufgeteilt.

[2] Die Einnahmen, die für die Kabelweitersendung deutscher Rundfunksendungen durch ausländische Kabelunternehmen nach Kostenabzug zur Verfügung stehen, werden auf die Nettoverteilungssumme der Sparte R sowie auf die Nettoverteilungssumme der Sparten FS und T FS nach Maßgabe der von den ausländischen Verwertungsgesellschaften mitgeteilten Zuordnung der Kabelweitersendung zu Hörfunk und Fernsehen aufgeteilt.

§ 20 Einnahmen für die gewerbliche Vervielfältigung von Tonträgeraufnahmen ohne Nutzungsmeldungen

[1] Die Einnahmen für die gewerbliche Vervielfältigung von Tonträgeraufnahmen, für die keine Nutzungsmeldungen erhältlich sind, werden zu 75% der Sparte R VR und zu 25% als prozentualer Zuschlag der Sparte Phono VR zugewiesen.

[2] Ausgenommen von dieser Regelung sind die in der Sparte DK VR abzurechnenden Einnahmen.

§ 21 Einnahmen für die gewerbliche Vervielfältigung von Bildtonträgeraufnahmen ohne Nutzungsmeldungen

Die Einnahmen für die gewerbliche Vervielfältigung von Bildtonträgeraufnahmen, für die keine Nutzungsmeldungen erhältlich sind, werden zu 95% den Sparten FS VR und T FS VR und zu 5% als prozentualer Zuschlag der Sparte BT VR zugewiesen.

§ 22 Einnahmen aus dem Vergütungsanspruch gemäß § 27 Abs. 1 UrhG

[1] Die Einnahmen aus dem Vergütungsanspruch gemäß § 27 Abs. 1 UrhG für die Vermietung von Tonträgern werden als prozentualer Zuschlag zu 75% der Sparte Phono VR und zu 25% der Sparte R VR zugewiesen.

[2] **Die Einnahmen aus dem Vergütungsanspruch gemäß § 27 Abs. 1 UrhG für die Vermietung von Bildtonträgern werden als prozentualer Zuschlag zu 75% der Sparte BT VR und zu 25% den Sparten FS VR und T FS VR zugewiesen.**

§ 23 Einnahmen aus dem Vergütungsanspruch gemäß § 27 Abs. 2 UrhG

[1] **Die Einnahmen aus dem Vergütungsanspruch gemäß § 27 Abs. 2 UrhG für das Verleihen durch der Öffentlichkeit zugängliche Einrichtungen (Bibliothekstantieme) werden nach Maßgabe der folgenden Regelungen verteilt.**

[2] **Der auf den Verleih von Tonträgern entfallende Anteil wird als prozentualer Zuschlag zu 75% der Sparte Phono VR und zu 25% der Sparte R VR zugewiesen.**

[3] **Der auf den Verleih von Bildtonträgern entfallende Anteil wird als prozentualer Zuschlag zu 75% der Sparte BT VR und zu 25% den Sparten FS VR und T FS VR zugewiesen.**

[4] **Der auf den Verleih von Notenmaterial entfallende Anteil wird als unverteilbar behandelt.**

§ 24 Einnahmen aus dem Vergütungsanspruch gemäß § 52a Abs. 4 UrhG

[1] **Die Einnahmen aus dem Vergütungsanspruch gemäß § 52a Abs. 4 UrhG für die öffentliche Zugänglichmachung für Unterricht und Forschung werden nach Maßgabe der folgenden Regelungen verteilt.**

[2] **Die Einnahmen aus der öffentlichen Zugänglichmachung von Audiowerken werden als prozentualer Zuschlag in den Sparten MOD S und MOD S VR verteilt.**

[3] **Die Einnahmen aus der öffentlichen Zugänglichmachung von audiovisuellen Werken werden als prozentualer Zuschlag in den Sparten VOD S und VOD S VR verteilt.**

§ 25 Einnahmen aus dem Vergütungsanspruch gemäß § 54 Abs. 1 UrhG

[1] **Die Einnahmen aus dem Vergütungsanspruch gemäß § 54 Abs. 1 UrhG für private Vervielfältigung werden nach Maßgabe der folgenden Regelungen verteilt.**

[2] **Die Einnahmen aus privater Vervielfältigung von Tonträgeraufnahmen werden als prozentualer Zuschlag zu 50% der Sparte R, zu 25% der Sparte R VR und zu 25% der Sparte Phono VR zugewiesen.**

[3] **Die Einnahmen aus privater Vervielfältigung von Bildtonträgeraufnahmen werden als prozentualer Zuschlag zu 95% den Sparten des Fernsehens, davon zu 2/3 (somit 63 1/3% der Gesamteinnahme) den Sparten FS und T FS und zu 1/3 (somit 31 2/3% der Gesamteinnahme) den Sparten FS VR und T FS VR, zugewiesen. Die verbleibenden 5% werden als prozentualer Zuschlag der Sparte BT VR zugewiesen.**

[4] **Die Verteilung dieser Einnahmen erfolgt an die Ausschüttungsberechtigten des Geschäftsjahres, in dem die Einnahmen durch die GEMA erzielt worden sind. Bei der Verteilung werden solche Werknutzungen nicht berücksichtigt, bei denen die Werke durch technische Maßnahmen gemäß § 95a UrhG gegen die Vornahme privater Vervielfältigungen geschützt sind.**

Übersicht

I. Grundsätze (§ 14)

§ 14 Abs. 1 stellt klar, dass die Einnahmen, die die GEMA aus Nutzungen in solchen Musikverwertungsgebieten erzielt, für die im Verteilungsplan eigene Sparten gebildet sind, in den entsprechenden Sparten verteilt werden. Dagegen nimmt § 14 Abs. 2 Bezug auf Einnahmen aus solchen Nutzungen, für deren Verteilung der Verteilungsplan keine gesonderten Sparten vorsieht. Es handelt sich hier um Nutzungssachverhalte, für die regelmäßig keine konkreten Nutzungsmeldungen verfügbar sind. Diese Einnahmen werden daher gemäß §§ 15–25 entweder vollständig der Verteilung in anderen, sachnahen Sparten zugewiesen oder (im Fall der Sparte M) zwar in einer eigenen Sparte, jedoch unter Rückgriff auf die Verteilung in einer anderen Sparte verteilt. Für diese Art der Verteilung auf der Basis von Referenzsparten ist – zu ihrer Unterscheidung von Direktverteilung und kollektiver Verteilung – der Begriff der **analogen Verteilung** gebräuchlich. 70

II. Zuweisung von Einnahmen für Wiedergaben ohne eigene Sparten (§§ 15–18)

1. Vorbemerkung

§§ 15–18 regeln die Verteilung von Einnahmen aus der **Vergabe von Wiedergaberechten gemäß §§ 21, 22 UrhG** für die öffentliche Wiedergabe von Hörfunk- und Fernsehsendungen sowie von Ton- und Bildtonträgern. Hierbei handelt es sich um Zweitverwertungen, die an eine Erstnutzung der Werke – die Sendung bzw. die Vervielfältigung und Verbreitung auf Ton- oder Bildtonträgern – anknüpfen. Zur Abgrenzung von Nutzungen sonstiger Rechte der öffentlichen Wiedergabe im Sinne des § 15 Abs. 2 UrhG (z.B. Aufführung oder Sendung) werden diese Nutzungen im Sprachgebrauch der GEMA traditionell auch als Wiedergaben „mittels mechanischer Vorrichtungen" oder **„mechanische Wiedergaben"** bezeichnet. Da für mechanische Wiedergaben grundsätzlich **keine Meldepflicht der Nutzer** gemäß § 42 Abs. 2 VGG in Bezug auf die konkret genutzten Werke besteht, ist die analoge Verteilung in diesem Bereich der Regelfall. Sie erfolgt zum Teil in der gesonderten Wiedergaberechts-Sparte M (§§ 127 ff.), ansonsten durch Zuweisung der aus Wiedergaben erzielten Einnahmen zu Sparten, die die GEMA für die Verteilung in anderen, sachnahen Nutzungsbereichen gebildet hat. Nicht unter §§ 15–18 fallen Einnahmen, die die GEMA für solche Wiedergaben von Tonträgern erzielt, die zum Gegenstand der Sparten BM (Bühnenmusik, §§ 69 ff.), DK (Diskotheken-Wiedergaben, §§ 116 ff.) oder EM (E-Musik-Wiedergaben, §§ 123 ff.) zählen. 71

2. Einnahmen für die Wiedergabe von Fernsehsendungen (§ 15)

Die Einnahmen, die aus Wiedergaben von Fernsehsendungen im Sinne des § 22 UrhG zur Verfügung stehen, werden gemäß § 15 vollständig der Verteilung in den Senderechtssparten des Fernsehens (**Sparten FS und T FS**) zugewiesen. Sie fließen damit in die Berechnung des Minutenwerts Fernsehen-Senderecht (§ 110 Abs. 2) ein. Sämtliche Werke, die eine Ausschüttung für ihre Sendung im Sinne des § 20 UrhG im Fernsehen erhalten, partizipieren somit proportional auch an den Einnahmen, die die GEMA für die Wiedergabe von Fernsehsendungen erzielt. 72

3. Einnahmen für die Wiedergabe von Bildtonträgern (§ 16)

73 Die Einnahmen für die Wiedergabe von Bildtonträgern im Sinne des § 21 UrhG werden gemäß § 16 auf die **Sparten M, T, FS, T FS und BT VR** aufgeteilt.

4. Einnahmen für Wiedergaben mittels mechanischer Vorrichtungen in Kinos (§ 17)

74 In Kinos können neben der Nutzung des Vorführungsrechts nach § 19 Abs. 4 UrhG weitere Musiknutzungen vorkommen, insbesondere mechanische Musikwiedergaben im Sinne der §§ 21 und 22 UrhG vor und nach den Filmvorführungen oder auch außerhalb der Kinosäle, z.B. im Foyerbereich. Die GEMA erhält für diese unterschiedlichen Wiedergaben keine abgrenzbare Vergütung von den Kinobetreibern.[43] Der Verteilungsplan trägt diesem Umstand Rechnung, indem gemäß § 17 für die betreffenden mechanischen Musikwiedergaben pauschal 8% von den Gesamteinnahmen aus betriebsüblichen Musikdarbietungen in Kinos zur Verfügung gestellt werden. Der sich hieraus ergebende Betrag wird – ebenso wie bei sonstigen Wiedergaben von Tonträgern gemäß § 18 – zu **60%** der **Sparte R** und zu **40%** der **Sparte M** zugewiesen.

5. Einnahmen für sonstige Wiedergaben von Tonträgern und Wiedergaben von Hörfunksendungen (§ 18)

75 § 18 regelt zum einen die Verwendung der Einnahmen, die die GEMA für Wiedergaben von Hörfunksendungen im Sinne des § 22 UrhG erzielt. Zum anderen beinhaltet § 18 einen **Auffangtatbestand** für die Verwendung aller Einnahmen aus „sonstigen", d.h. nicht durch anderweitige Spartenzuordnungen speziell geregelten Wiedergaben von Tonträgern im Sinne des § 21 UrhG. Ausdrücklich ausgenommen vom Anwendungsbereich des § 18 sind insoweit die Einnahmen für Nutzungssachverhalte der Sparte BM (Bühnenmusik, §§ 69ff.), Einnahmen für die Wiedergabe von Tonträgern in Diskotheken, Clubs u.Ä. (Sparte DK, §§ 116ff.) sowie die in der Sparte EM verteilten Einnahmen für die Wiedergabe von Tonträgern der ernsten Musik (§§ 123ff.). Alle unter § 18 fallenden Einnahmen werden zu **40%** in der **Sparte M** und zu **60%** in der **Sparte R** verteilt.[44]

III. Einnahmen für die Kabelweitersendung von Rundfunksendungen (§ 19)

76 Die Einnahmen, die die GEMA aus der Vergabe des Kabelweitersendungsrechts an in- und ausländische Kabelnetzbetreiber erzielt, werden im Wege einer analogen Verteilung zusammen mit den Einnahmen aus Musiknutzungen in Hörfunk und Fernsehen verteilt. Die **Aufteilung** der Einnahmen aus Kabelweitersendung auf die Bereiche **Hörfunk und Fernsehen** richtet sich für die Inlandseinnahmen gemäß § 19 Abs. 1 nach dem Verhältnis

43 Vgl. die Vergütungssätze T-F für Kinobetriebe, abrufbar unter https://www.gema.de/musiknutzer/tarife-formulare/tarif-t-f/.

44 Bis einschließlich Geschäftsjahr 2008 wurden 60% dieser Einnahmen in der Sparte M und 40% in der Sparte R verrechnet. Die Umkehr dieses Anteilsverhältnisses ist zum einen dadurch begründet, dass ein wesentlicher Anteil der hier relevanten Einnahmen ohnehin auf die Wiedergabe von Hörfunksendungen entfällt. Zum anderen wurde im Rahmen einer umfangreichen Stichprobe auf repräsentative Weise festgestellt, dass auch bei der mechanischen Wiedergabe von Tonträgern der Unterhaltungsmusik im Wesentlichen dasselbe Repertoire wiedergegeben wird, das auch im Radio erklingt. Die zunächst befristete Neuregelung wurde durch Beschluss der Mitgliederversammlung 2014 entfristet; vgl. Tagesordnung für die Mitgliederversammlung v. 8./9.4.2014, Begr. zu TOP 20.

der Reichweite der Kabelweitersendung von Hörfunkwellen zur Reichweite der Kabelweitersendung von Fernsehprogrammen. Die Reichweite – gemessen an der Anzahl der jeweils versorgten Haushalte mit Radio- bzw. Fernsehempfang – ermittelt die GEMA aufgrund der Meldungen der Kabelnetzbetreiber.[45] Bei den Auslandseinnahmen aus Kabelweitersendung erfolgt die Aufteilung auf die Bereiche Hörfunk und Fernsehen gemäß § 19 Abs. 2 entsprechend den Mitteilungen der ausländischen Schwestergesellschaften der GEMA.

Die Einnahmen aus Kabelweitersendung werden nur in den Senderechtssparten des Hörfunks (**Sparte R**) und des Fernsehens (**Sparten FS und T FS**) verteilt, nicht aber in den Sparten der Rechte der Vervielfältigung und Verbreitung (Sparten R VR, FS VR und T FS VR). Dies ist dadurch begründet, dass durch die Kabelweitersendung lediglich das den Wiedergaberechten zuzuordnende Recht aus § 20 b UrhG berührt wird, nicht aber das Vervielfältigungsrecht. Die Einnahmen aus Kabelweitersendung fließen somit vollständig in die Berechnung der Minutenwerte Hörfunk-Senderecht (§ 100 Abs. 2) bzw. Fernsehen-Senderecht (§ 110 Abs. 2) ein. 77

IV. Einnahmen für die gewerbliche Vervielfältigung von Ton- und Bildtonträgeraufnahmen ohne Nutzungsmeldungen (§§ 20, 21)

Gewerbliche Vervielfältigungen von Musikwerken auf Ton- und Bildtonträgern werden durch die GEMA grundsätzlich werknutzungsbezogen lizenziert[46] und die betreffenden Einnahmen in den Sparten Phono VR (vgl. § 142) bzw. BT VR (vgl. § 145) direkt verteilt. In bestimmten Nutzungskontexten kommen jedoch auch gewerbliche Vervielfältigungen auf Ton- und Bildtonträgern vor, für die die GEMA keine Nutzungsmeldungen erhält und für die daher keine Direktverteilung der Einnahmen erfolgen kann. Hierbei handelt es sich im Wesentlichen um Vervielfältigungen, die **zur Verwendung bei öffentlichen Wiedergaben bestimmt** sind.[47] Erfasst sind zum Beispiel Tonträger, die von einem Gastwirt oder einem sonstigen Veranstalter zum Zwecke der öffentlichen Wiedergabe selbst aufgenommen werden. In den zugrunde liegenden Fällen werden regelmäßig nur einzelne oder zumindest nur eine sehr geringe Anzahl von Ton- oder Bildtonträgern hergestellt, so dass aus Gründen der wirtschaftlichen Verhältnismäßigkeit von der Einholung von Nutzungsmeldungen abgesehen wird. 78

Die aus gewerblichen Vervielfältigungen von **Tonträgern** ohne Nutzungsmeldungen erzielten Einnahmen werden gemäß § 20 Abs. 1 zu **75%** der Hörfunksparte **R VR** und zu **25%** der Sparte **Phono VR** zugewiesen. Nicht unter diese Regelung fallen gemäß § 20 Abs. 2 die Einnahmen für gewerbliche Vervielfältigungen auf Tonträgern, die Discjockeys zum Zwecke der öffentlichen Wiedergabe in Diskotheken, Clubs und ähnlichen Veranstaltungsorten herstellen. Die Verteilung dieser Einnahmen erfolgt in der Sparte DK VR und ist in §§ 120 ff. gesondert geregelt. 79

---

45 Vgl. Tagesordnung für die Mitgliederversammlung v. 8./9.4.2014, Begr. zu TOP 10, S. 35.

46 Vgl. insbesondere die Vergütungssätze VR-T-H 1 „für die Vervielfältigung von Werken des GEMA-Repertoires auf handelsüblichen Tonträgern und deren Verbreitung“, online abrufbar unter https://www.gema.de/musiknutzer/tarife-formulare/tarif-vr-t-h-1/ und VR-BT-H 3 „für die Vervielfältigung und Verbreitung von in Filmvideos enthaltenen Werken des GEMA-Repertoires bei der Erstverwertung von originären Filmvideoproduktionen und der Zweitverwertung von Kino- und Fernsehfilmen im Filmvideofachhandel“, online abrufbar unter https://www.gema.de/musiknutzer/tarife-formulare/tarife-vr-bt-h-3vr-bt-h-4/.

47 S. hierzu die Vergütungssätze VR-Ö „für die Vervielfältigung von Werken des GEMA-Repertoires, die zur Verwendung bei öffentlicher Wiedergabe bestimmt sind“ vom 1.1.2018, online abrufbar unter https://www.gema.de/musiknutzer/tarife-formulare/tarif-vr-oe/.

80 Die aus gewerblichen Vervielfältigungen von **Bildtonträgern** ohne Nutzungsmeldungen erzielten Einnahmen werden gemäß § 21 zu **95%** den Fernsehsparten **FS VR und T FS VR** und zu **5%** der Sparte **BT VR** zugewiesen. Der den Sparten FS VR und T FS VR zugewiesene Anteil fließt in die Berechnung des Minutenwerts Fernsehen-Vervielfältigungs- und Herstellungsrecht (§ 114 Abs. 2) ein.

V. Zuweisung von Einnahmen aus gesetzlichen Vergütungsansprüchen (§§ 22–25)

1. Vorbemerkung

81 Für die Verteilung der Einnahmen aus gesetzlichen Vergütungsansprüchen, die in §§ 22–25 geregelt ist, gilt die Besonderheit, dass **Verleger** gemäß § 26 Abs. 3 nur bei Zustimmung des Urhebers an den Ausschüttungen beteiligt werden dürfen (vgl. unten **Rn. 96f.**). Diese Zustimmung ist gemäß § 35 S. 3 gesondert zu erklären. Die Verlegerbeteiligung an der Ausschüttung auf Nutzungsrechte einerseits und gesetzliche Vergütungsansprüche andererseits kann somit auseinanderfallen. Es kann daher der Fall eintreten, dass der Verleger zwar grundsätzlich an den Ausschüttungen in den Sparten zu beteiligen ist, denen die Einnahmen aus bestimmten gesetzlichen Vergütungsansprüchen gemäß §§ 22–25 zugeordnet sind, aber nicht an den Ausschüttungen auf die betreffenden gesetzlichen Vergütungsansprüche. Die Einnahmen aus gesetzlichen Vergütungsansprüchen werden daher als gesonderter **Zuschlag** auf die Ausschüttungen in den jeweiligen Referenzsparten verteilt. Im Rahmen dieser Zuschlagsverteilung ist es technisch möglich, danach zu differenzieren, ob der Urheber der Verlegerbeteiligung an den gesetzlichen Vergütungsansprüchen zugestimmt hat.

2. Einnahmen aus dem Vergütungsanspruch gemäß § 27 Abs. 1 UrhG (§ 22)

82 § 27 Abs. 1 UrhG gewährt dem Urheber einen gesetzlichen Vergütungsanspruch gegen **Vermieter von Ton- oder Bildtonträgern.** Hierdurch soll eine angemessene Vergütung des Urhebers für die Vermietung seiner Werke auch dann gewährleistet werden, wenn er das ausschließliche Vermietrecht gem. § 17 UrhG – ggf. ohne gesonderte Vergütung – dem Tonträger- oder Filmhersteller eingeräumt hat.[48] Wirtschaftlich hat dieser Vergütungsanspruch allerdings hinsichtlich der Vermietung von Tonträgern in der Praxis keine nennenswerte Relevanz mehr, und auch die Erträge aus der Vermietung von Bildtonträgern (Videotheken) sind stark rückläufig.[49]

83 Die Einnahmen, die die GEMA aus dem Vergütungsanspruch gem. § 27 Abs. 1 UrhG für die Vermietung von **Tonträgern** erzielt, werden gemäß § 26 Abs. 1 zu **75%** der Sparte **Phono VR** und zu **25%** der Sparte **R VR** zugewiesen. Die Einnahmen für die Vermietung von **Bildtonträgern** werden gem. § 26 Abs. 2 zu **75%** der Sparte **BT VR** und zu **25%** den Sparten **FS VR und T FS VR** zugewiesen. Die Verteilung der Einnahmen aus dem Vergütungsanspruch gemäß § 27 Abs. 1 UrhG erfolgt somit zugunsten derselben Sparten und mit denselben Anteilen wie die Verteilung der Audio- und Video-Einnahmen aus dem Vergütungsanspruch gem. § 27 Abs. 2 UrhG („Bibliothekstantieme", hierzu sogleich **Rn. 84ff.**).

---

48 Vgl. Dreier/Schulze-*Schulze*, § 27 UrhG, Rn. 8.

49 Die Erträge im Videobereich sind allein zwischen 2009 und 2014 von 5 Mio. EUR auf 2,6 Mio. EUR gesunken. Vgl. GEMA-Geschäftsbericht für das Geschäftsjahr 2009 (GEMA-Jahrbuch 2010/2011, S. 43) und GEMA-Geschäftsbericht für das Geschäftsjahr 2014 (GEMA-Jahrbuch 2015/2016, S. 47).

3. Einnahmen aus dem Vergütungsanspruch gemäß § 27 Abs. 2 UrhG (§ 23)

§ 23 regelt die Verteilung der Einnahmen aus der so genannten „Bibliothekstantieme".[50] Hierbei handelt es sich um den gesetzlichen Vergütungsanspruch gemäß § 27 Abs. 2 UrhG für das körperliche Verleihen von Werken durch bestimmte öffentliche Einrichtungen, insbesondere durch öffentliche Bibliotheken. Von den Gegenständen, die in solchen Einrichtungen verliehen werden, sind für die GEMA Musiknutzungen auf Tonträgern und Bildtonträgern sowie – da die GEMA im Bereich der Bibliothekstantieme gemäß § 1 lit. m Abs. 2 BerV ausnahmsweise auch die so genannten grafischen Rechte für ihre Berechtigten wahrnimmt – auch Musikaufzeichnungen in Form von Noten relevant. Für die Wahrnehmung des verwertungsgesellschaftspflichtigen Vergütungsanspruchs gemäß § 27 Abs. 2 UrhG gegenüber den Vergütungsschuldnern haben sich die GEMA und andere Verwertungsgesellschaften zur Zentralstelle Bibliothekstantieme (ZBT) zusammengeschlossen (zur ZBT vgl. unten, **Kap. 13, Rn. 22–24**). 84

Bei der Verteilung des GEMA-Anteils an der Bibliothekstantieme ist zu unterscheiden zwischen der Aufteilung auf die für die GEMA relevanten Verleihgegenstände (**Tonträger, Bildtonträger und Noten**) einerseits und der weiteren Verwendung der hiernach auf die einzelnen Medienarten entfallenden Anteile andererseits. 85

Die Aufteilung des GEMA-Anteils an der Bibliothekstantieme auf die relevanten Medienarten wurde durch Beschluss der ordentlichen Mitgliederversammlung 2016 neu geregelt.[51] Hintergrund war die Einführung neuer Verteilungsregeln innerhalb der ZBT: Während der GEMA-Anteil durch die ZBT in der Vergangenheit pauschalierend ermittelt worden war, erlauben die neuen Verteilungsregeln eine **Zuordnung** konkreter Anteile an den Einnahmen **zu den einzelnen Verleihgegenständen**. Vor diesem Hintergrund konnte auch die Binnenverteilung des auf die GEMA entfallenden Anteils neu gestaltet werden: Während der Verteilungsplan den einzelnen Medienarten zuvor pauschale Anteile an der Bibliothekstantieme zugewiesen hatte,[52] kann die GEMA nunmehr aufgrund der Angaben der ZBT präzise zuordnen, welche Anteile an ihren Einnahmen aus § 27 Abs. 2 UrhG jeweils auf den Verleih von Tonträgern, Bildtonträgern und Noten entfallen. § 23 sieht daher keine pauschalen Quoten für die Aufteilung der Bibliothekstantieme auf die für die GEMA relevanten Medienarten mehr vor, sondern regelt lediglich die weitere Verwendung der jeweils auf den Verleih von Tonträgern, Bildtonträgern und Notenmaterial entfallenden Anteile. 86

Der auf den Verleih von **Tonträgern** entfallende Anteil an der Bibliothekstantieme wird hierbei gemäß § 23 Abs. 2 zu **75%** der Sparte **Phono VR** und zu **25%** der Sparte **R VR** zugewiesen, der auf den Verleih von **Bildtonträgern** entfallende Anteil gemäß § 23 Abs. 3 zu **75%** der Sparte **BT VR** und zu **25%** den Sparten **FS VR und T FS VR**. Durch die Einbeziehung der Sparten des Hörfunks und des Fernsehens in die Verteilung der Einnahmen aus § 27 Abs. 2 UrhG trägt die GEMA dem Umstand Rechnung, dass in Bibliotheken auch solche Ton- und Bildtonträger verliehen werden, die nicht mehr aktuell vervielfältigt und verbreitet werden und daher in den Sparten Phono VR und BT VR unberücksichtigt bleiben.[53] Bei dem auf den Verleih von **Notenmaterial** entfallenden Anteil fehlt es an Anhaltspunkten für eine analoge Verteilung auf konkrete Werke durch die Zuweisung zu einer Referenzsparte, da die GEMA die grafischen Rechte in anderen Nutzungsbereichen 87

50 Zum Gebrauch dieses Begriffs vgl. Dreier/Schulze-*Schulze*, § 27 UrhG Rn. 2.

51 Vgl. Tagesordnung für die Mitgliederversammlung v. 26./27.4.2016, Antrag zu TOP 26.

52 Vgl. die Kommentierung zu § 1 Ziff. 6 der Allgemeinen Grundsätze zum Verteilungsplan für das Aufführungs- und Senderecht in der Voraufl., Kap. 11.1, Rn. 29.

53 Vgl. Tagesordnung für die Mitgliederversammlung v. 26./27.4.2016, Begr. zu TOP 26.

nicht wahrnimmt. Dieser Anteil wird daher gemäß § 23 Abs. 4 als **unverteilbar** behandelt und somit gemäß § 30 Abs. 3 den Mitteln für soziale und kulturelle Zwecke zugeführt.

4. Einnahmen aus dem Vergütungsanspruch gemäß § 52a Abs. 4 UrhG (§ 24)

88 Die Schrankenregelung des § 52a UrhG trägt den Interessen von Unterricht und Wissenschaft Rechnung, indem sie die **öffentliche Zugänglichmachung** von Werken und Werkteilen für Zwecke der Veranschaulichung im **Unterricht** und der eigenen wissenschaftlichen **Forschung** in eng begrenztem Umfang ohne Einwilligung der Berechtigten zulässt. Vereinfacht gesagt privilegiert die Vorschrift Intranetnutzungen an Schulen und Hochschulen. Neben der öffentlichen Zugänglichmachung (§ 19a UrhG) gestattet § 52a Abs. 3 UrhG auch die hierfür (etwa im Rahmen des Uploads) erforderlichen Vervielfältigungen (§ 16 UrhG). Nicht erfasst sind dagegen nachgelagerte Vervielfältigungen (z.B. im Wege des Downloads durch Schüler oder Studenten). Als Kompensation für die Privilegierung der genannten Nutzungen sieht § 52a Abs. 4 UrhG eine Vergütungspflicht vor, die verwertungsgesellschaftspflichtig ausgestaltet ist.[54] Über die von Schulen und Hochschulen insoweit geschuldete Vergütung haben die Verwertungsgesellschaften Gesamtverträge mit den Bundesländern abgeschlossen.[55]

89 Da es sich bei den privilegierten Nutzungen um **Streaming** handelt, verteilt die GEMA die Einnahmen, die sie aus dem Vergütungsanspruch gemäß § 52a Abs. 4 UrhG erzielt, in den Streamingsparten des Nutzungsbereichs Online. Hierbei wird zwischen Einnahmen für die öffentliche Zugänglichmachung von Audiowerken einerseits und audiovisuellen Werken andererseits unterschieden. Die für Nutzungen von **Audiowerken** erzielten Einnahmen werden gemäß § 24 Abs. 2 in den Sparten **MOD S** und **MOD S VR** (§§ 168 ff.) verteilt. Hierbei entfallen gemäß § 170 66,67% der Einnahmen auf die Sparte MOD S und 33,33% auf die Sparte MOD S VR. Die für Nutzungen von Musik in **audiovisuellen Werken** erzielten Einnahmen werden gemäß § 24 Abs. 3 in den Sparten **VOD S** und **VOD S VR** (§§ 178 ff.) verteilt. Gemäß § 180 entfallen insoweit 66,67% der Einnahmen auf die Sparte VOD S und 33,33% auf die Sparte VOD S VR.

5. Einnahmen aus dem Vergütungsanspruch gemäß § 54 Abs. 1 UrhG (§ 25)

90 Durch den verwertungsgesellschaftspflichtigen Anspruch gemäß § 54 Abs. 1 UrhG, der sich gegen Hersteller sowie Händler und Importeure von Vervielfältigungsgeräten und Speichermedien richtet, gewährt der Gesetzgeber den Rechteinhabern einen Ausgleich dafür, dass **Vervielfältigungen zum privaten und sonstigen eigenen Gebrauch** im Rahmen des § 53 UrhG erlaubnisfrei zulässig sind.[56] Die GEMA hat die von ihr wahrgenommenen gesetzlichen Vergütungsansprüche nach § 54 Abs. 1 UrhG der Zentralstelle für private Überspielungsrechte (ZPÜ) zur Wahrnehmung übertragen (zur ZPÜ

54 Der 2003 zunächst befristet eingeführte § 52a UrhG wurde erst durch das 10. Urheberrechtsänderungsgesetz vom 5.12.2014 (BGBl I S. 1974) entfristet. Zur Entwicklung vgl. Dreier/Schulze-*Dreier*, § 52a UrhG Rn. 1 ff. Mit dem Gesetz zur Angleichung des Urheberrechts an die aktuellen Erfordernisse der Wissensgesellschaft (Urheberrechts-Wissensgesellschafts-Gesetz, UrhWissG) vom 1.9.2017 (BGBl. I S. 3346) wurde § 52a UrhG mit Wirkung zum 1.3.2018 aufgehoben. Die wesentlichen Regelungsinhalte sind in § 60a ff. UrhG aufgegangen. An die gesetzlichen Veränderungen wird auch das Regelwerk der GEMA anzupassen sein.

55 Vgl. für die Schulen den Gesamtvertrag unter http://www.schure.de/2230/1,1,1,1-uk.htm und für die Hochschulen den zwischen den Verwertungsgesellschaften mit Ausnahme der VG Wort und den Ländern geschlossenen Gesamtvertrag unter http://www.bibliotheksverband.de/dbv/vereinbarungen-und-vertraege/urheberrecht-gesamtvertraege.html.

56 Vgl. Dreier/Schulze-*Dreier*, § 54 UrhG Rn. 1.

vgl. unten, **Kap. 13, Rn. 8–21**). Die ZPÜ unterscheidet bei den Auszahlungen an ihre Gesellschafter zwischen den Verwertungsgebieten AUDIO und VIDEO. Die GEMA ist sowohl (für die Vervielfältigung von reinen Musikwerken) am AUDIO-Anteil als auch (für die Vervielfältigung von Musikwerken in Filmen) am VIDEO-Anteil der ZPÜ beteiligt.

Der auf das Verwertungsgebiet **AUDIO** entfallende Anteil an den Einnahmen aus § 54 Abs. 1 UrhG, den die GEMA von der ZPÜ erhält, wird gemäß § 25 Abs. 2 zu **50%** der **Sparte R**, zu **25%** der **Sparte R VR** und zu **25%** der **Sparte Phono VR** zugewiesen. Der auf das Verwertungsgebiet **VIDEO** entfallende Anteil der Einnahmen aus § 54 Abs. 1 UrhG, den die GEMA von der ZPÜ erhält, wird gemäß § 25 Abs. 3 zu **95%** den **Sparten des Fernsehens** zugewiesen, davon zu 2/3 (somit 63 1/3% der Gesamteinnahme) den Sparten FS und T FS und zu 1/3 (somit 31 2/3% der Gesamteinnahme) den Sparten FS VR und T FS VR. Die verbleibenden **5%** werden der Sparte **BT VR** zugewiesen.[57] 91

Mit § 25 Abs. 4 hat die GEMA § 54h Abs. 2 S. 2 UrhG umgesetzt. Nach dieser Norm dürfen Werke insoweit nicht bei der Verteilung der Einnahmen aus privater Vervielfältigung berücksichtigt werden, als sie mit technischen Maßnahmen gemäß § 95a des Urheberrechtsgesetzes gegen Vervielfältigungen geschützt sind, also einen **„Kopierschutz"** aufweisen. Der Gesetzgeber hat dies wie folgt begründet: 92

> „Wer durch technische Maßnahmen die Vervielfältigung seiner Werke unterbindet, schließt dadurch die Anwendung des Grundtatbestands für den Vergütungsanspruch aus und kann insoweit nicht an den Einnahmen aus der Pauschalvergütung teilhaben. Soweit diese Werke allerdings über andere Quellen (z.B. Rundfunk) vervielfältigt werden können, besteht natürlich ein Recht auf Teilhabe an der Erlösverteilung."[58]

Die GEMA beachtet diese vom Gesetzgeber gewollte Differenzierung, indem gemäß § 25 Abs. 4 nicht gesamte Werke von der Verteilung der Einnahmen aus privater Vervielfältigung ausschlossen werden, sondern lediglich solche **konkreten Werknutzungen**, bei denen die Vornahme privater Vervielfältigungen durch den Einsatz technischer Schutzmaßnahmen unterbunden wird. Konkret bedeutet dies, dass die Nutzung eines Werkes der Filmmusik auf einem kopiergeschützten Bildtonträger bei der Verteilung der ZPÜ-Einnahmen der GEMA unberücksichtigt bleibt, während die nicht kopiergeschützte Sendung desselben Werkes im Fernsehen oder seine gewerbliche Vervielfältigung auf einer nicht kopiergeschützten Filmmusik-CD berücksichtigt werden. 93

Abschnitt 5. Die Aufteilung der Ausschüttung pro Werk auf die am Werk Beteiligten

§ 26 Grundsätze

[1] Die pro Werk ermittelte Ausschüttung wird auf die am Werk Beteiligten nach Anteilen aufgeteilt. In den Sparten der Rechte der öffentlichen Wiedergabe mit Ausnahme der Sparte KI sowie der Sparten der Nutzungsbereiche Ausland und Online werden die Anteile in Zwölfteln und Vierundzwanzigsteln gebildet. In den Sparten der Rechte der Vervielfältigung und Verbreitung sowie in allen Sparten der Nutzungsbereiche Ausland und Online erfolgt die Aufteilung nach prozentualen Anteilen. In der Sparte KI erfolgt die Aufteilung auf die Ausschüttungsberechtigten gemäß § 81.

[2] Für die Höhe der Anteile und ihre Zuordnung zu den Urhebern und Verlegern gelten die in Kapitel 9 und 10 des Besonderen Teils dieses Verteilungsplans geregelten Anteilsschlüssel unabhängig davon, wer die Rechte an dem Werk bei der GEMA eingebracht hat.

57 Für die ordentliche Mitgliederversammlung 2018 ist ein Antrag vorgesehen, durch den die Spartenzuweisung der ZPÜ-Einnahmen neu geordnet werden soll. Hintergrund ist die Entwicklung des privaten Kopierverhaltens, der insbesondere durch die Berücksichtigung von Onlinesparten Rechnung getragen werden soll.

58 BT-Drs. 16/1828, S. 31.

[3] Bei der Verteilung von Einnahmen aus gesetzlichen Vergütungsansprüchen auf verlegte Werke werden die gemäß Kapitel 9 des Besonderen Teils dem Verleger zugeordneten Anteile nur dann an den Verleger ausgeschüttet, wenn der Urheber der Beteiligung des Verlegers an Ausschüttungen auf gesetzliche Vergütungsansprüche gemäß § 27a des Verwertungsgesellschaftengesetzes zugestimmt hat und diese Zustimmung der GEMA unter Berücksichtigung der Fristen gemäß §§ 36 Abs. 2 und 41 Abs. 3 mitgeteilt worden ist. Stimmt der Urheber der Beteiligung des Verlegers an Ausschüttungen auf gesetzliche Vergütungsansprüche nicht zu, werden die gemäß Kapitel 9 des Besonderen Teils dem Verleger zugeordneten Anteile an den Einnahmen aus gesetzlichen Vergütungsansprüchen an den Urheber ausgeschüttet.

§ 27 Wechsel von Verlegern zu anderen Verwertungsgesellschaften

Wenn Verleger einer ausländischen Verwertungsgesellschaft beitreten, so dürfen die Anteile ihrer Urheber und deren Rechtsnachfolger dadurch nicht geschmälert werden.

§ 28 Ausfall

[1] In den Sparten DK, DK VR, E, FS und FS VR, M, R und R VR, T, T FS, T FS VR und U (alle Inkassosegmente) wird auch für freie und nicht vertretene Anteile, die sich bei der Aufteilung der pro Werk ermittelten Ausschüttung unter Anwendung dieses Verteilungsplans ergeben, ein Ausschüttungsbetrag ermittelt. Die Summe der hiernach pro Sparte auf freie und nicht vertretene Anteile entfallenden Ausschüttungsbeträge wird als Ausfall bezeichnet. In der Sparte U wird der Ausfall für jedes Inkassosegment gesondert ermittelt.

[2] Der Ausfall wird auf die Ausschüttungsberechtigten proportional zu der Ausschüttung aufgeteilt, die sie jeweils pro Sparte und Berufsgruppe erhalten. In der Sparte U erfolgt die Aufteilung für die einzelnen Inkassosegmente gesondert.

[3] Die auf die ordentlichen Mitglieder der GEMA entfallenden Anteile am Ausfall werden nach den Regelungen der Anhänge zu den Geschäftsordnungen für die Wertungsverfahren in den Sparten E und U verteilt. Die übrigen Ausschüttungsberechtigten erhalten die auf sie entfallenden Anteile am Ausfall als prozentualen Zuschlag zur Ausschüttung für die jeweilige Sparte und Berufsgruppe. Ausschüttungsberechtigte einer Verwertungsgesellschaft, die mit der GEMA eine Repräsentationsvereinbarung geschlossen hat, werden bei der Verteilung des Ausfalls nur nach Maßgabe der jeweiligen Repräsentationsvereinbarungen unter Voraussetzung der Gegenseitigkeit berücksichtigt.

Übersicht

I. Grundsätze (§ 26)

94 Die Verteilung erfolgt grundsätzlich in zwei Schritten: Zunächst wird berechnet, welche Ausschüttungsbeträge auf die einzelnen Werke entfallen. Im zweiten Schritt muss der pro Werk ermittelte Ausschüttungsbetrag auf die an dem Werk beteiligten Urheber und Verleger aufgeteilt werden. Diese Aufteilung erfolgt nach **festen Anteilen für die jeweiligen Berufsgruppen.** In den meisten Sparten der Rechte der öffentlichen Wiedergabe iSd § 12 werden die Anteile traditionell in Zwölfteln und Vierundzwanzigsteln gebildet, in den Sparten der Nutzungsbereiche Ausland und Online sowie in allen Sparten der Rechte der Vervielfältigung und Verbreitung iSd § 13 dagegen in Prozenten. Eine Sonderregelung besteht gemäß § 81 für die Sparte KI (Musik im Gottesdienst).

95 Die Höhe der einzelnen Anteile und ihre Zuordnung zu den Urhebern und Verlegern ist in den **Anteilsschlüsseln** geregelt, die in den Kapiteln 9 und 10 des Besonderen Teils des Verteilungsplans (§§ 190 ff.) verortet sind. § 26 Abs. 2 stellt insoweit klar, dass die Beteiligung entsprechend den für die jeweiligen Berufsgruppen vorgesehenen Anteilen unabhängig davon erfolgt, wer die Rechte an dem Werk bei der GEMA eingebracht hat. Diese anteilige Beteiligung von Urhebern und Verlegern **unabhängig vom Rechtefluss** entspricht § 27 Abs. 2 VGG (vgl. auch § 3 Abs. 2 sowie die Kommentierung hierzu oben **Rn. 22 f.**).

Mit § 26 Abs. 3 setzt die GEMA § 27a VGG um. Mit dieser zum 24. Dezember 2016 in Kraft getretenen Vorschrift hat der Gesetzgeber geregelt, dass Verleger an den Ausschüttungen der Verwertungsgesellschaften auf **gesetzliche Vergütungsansprüche** nur dann beteiligt werden dürfen, wenn der Urheber der Verlegerbeteiligung nach der Veröffentlichung des Werkes oder mit dessen Anmeldung bei der Verwertungsgesellschaft zugestimmt hat. Hintergrund dieses besonderen **Zustimmungserfordernisses** ist die Auslegung von Art. 5 Abs. 2 lit. a und b der Richtlinie 2001/29/EG durch die deutschen Gerichte, wonach gesetzliche Vergütungsansprüche durch den Urheber eines Werks nicht im Voraus an einen Dritten – auch nicht an einen Verleger – abgetreten werden können. Schließt ein Urheber einen Verlagsvertrag über ein noch zu schaffendes Werk, kann er hierin demnach keine gesetzlichen Vergütungsansprüche an den Verleger übertragen. Die Annahme des geschilderten Vorausabtretungsverbots hat auch dazu geführt, dass die Beteiligung von Verlegern an den Ausschüttungen der Verwertungsgesellschaften auf gesetzliche Vergütungsansprüche gerichtlich beanstandet wurde.[59] Mit § 27a VGG hat der deutsche Gesetzgeber vor diesem Hintergrund einen Rechtsrahmen geschaffen, um die Beteiligung der Verleger an den Ausschüttungen auf gesetzliche Vergütungsansprüche bis zu einer möglichen Weiterentwicklung des Gemeinschaftsrechts auf eine sichere Grundlage zu stellen.[60] Durch die nach Veröffentlichung des Werks oder mit seiner Anmeldung bei der GEMA gesondert zu erklärende Zustimmung hat der Urheber die Möglichkeit, den Verleger ohne eine Vorausabtretung an den Einnahmen aus gesetzlichen Vergütungsansprüchen zu beteiligen. 96

Für die GEMA ist § 27a VGG mit Blick auf die Verteilung der in §§ 22–25 des Verteilungsplans erfassten gesetzlichen Vergütungsansprüche von Bedeutung (vgl. hierzu auch bereits die Vorbemerkung zu §§ 22–25, oben, **Rn. 81**). Gemäß § 26 Abs. 3 muss der GEMA die Zustimmung des Urhebers zur Verlegerbeteiligung an den betreffenden Einnahmen innerhalb der üblichen für Werkanmeldungen (§ 36 Abs. 2) bzw. Veränderungsmitteilungen (§ 41 Abs. 3) geregelten Fristen mitgeteilt werden. Hierbei sind die Formvorgaben des § 35 S. 3 einzuhalten, wonach die Berechtigten der GEMA die Zustimmung zur Verlegerbeteiligung an gesetzlichen Vergütungsansprüchen **gesondert mitzuteilen** haben. Stimmt der Urheber der Verlegerbeteiligung an gesetzlichen Vergütungsansprüchen nicht zu, werden die nach den Anteilsschlüsseln des Kapitels 9 ansonsten dem Verleger zugeordneten Anteile an den Einnahmen aus gesetzlichen Vergütungsansprüchen gemäß § 26 Abs. 3 S. 2 an den Urheber ausgeschüttet. Dies entspricht der Wertung des Gesetzgebers, wonach Einnahmen aus gesetzlichen Vergütungsansprüchen originär dem Urheber zustehen. 97

II. Wechsel von Verlegern zu anderen Verwertungsgesellschaften (§ 27)

Wenn Verlage ihre Mitgliedschaft bei der GEMA beenden und Mitglied einer ausländischen Verwertungsgesellschaft werden, so kann ein solcher Wechsel der Mitgliedschaft zu einer Vergrößerung der Verlagsanteile führen, falls das Beteiligungsverhältnis zwischen Urhebern und Verlegern bei einer ausländischen Verwertungsgesellschaft von den Regelungen des Verteilungsplans der GEMA abweicht. So erfolgt beispielsweise bei 98

59 Vgl. BGH, GRUR 2016, 596 – Verlegeranteil, und hierzu die Begründung des Rechtsausschusses zu § 27a VGG, BT-Drs. 18/10637, S. 25. Vgl. auch EuGH, GRUR 2016, 55 – Reprobel.

60 Vgl. BT-Drs. 18/10637, S. 20. Die Europäische Kommission hat am 14.9.2016 einen Vorschlag für eine Richtlinie zum Urheberrecht im Digitalen Binnenmarkt vorgelegt (COM(2016) 593 final), der in Art. 12 eine Regelung zur Verlegerbeteiligung an gesetzlichen Vergütungsansprüchen enthält. § 27a VGG ist vor diesem Hintergrund bewusst als Übergangsregelung geschaffen worden.

der US-amerikanischen Gesellschaft BMI im Aufführungsrecht üblicherweise eine Aufteilung zwischen Urhebern und Verlegern im Verhältnis 1:1,[61] während der Verlegeranteil nach dem Verteilungsplan der GEMA in diesem Bereich regelmäßig bei 4/12 liegt (§§ 195 ff.). § 27 verhindert vor diesem Hintergrund eine nach Abschluss des Verlagsvertrages zu Lasten der Urheber eintretende Veränderung und stellt sicher, dass auch nach einem Wechsel eines Verlegers zu einer anderen Verwertungsgesellschaft das zuvor geltende Aufteilungsverhältnis zwischen Urheber- und Verlegeranteilen erhalten bleibt.[62]

III. Ausfall (§ 28)

1. Begriff

99 Werden Komposition, Text oder Bearbeitung eines Werks von verschiedenen Urhebern geschaffen, kann der Fall eintreten, dass die GEMA nur für einen Teil dieser Rechtsinhaber wahrnehmungsbefugt ist. Beträge, die im Rahmen der Verteilung für bestimmte Sparten aus abrechnungstechnischen Gründen auf solche Werkanteile entfallen, für die die GEMA keine Rechte wahrnimmt und daher auch keine Vergütungen erzielt, werden gemäß § 28 Abs. 1 als „Ausfall" bezeichnet. In den betreffenden Sparten werden Pauschalvergütungen verteilt, die die Nutzer für die Nutzung des gesamten von der GEMA wahrgenommenen Repertoires zahlen. Diese Pauschalvergütungen werden im Wege einer kollektiven Verteilung iSd § 11 Abs. 4 (vgl. hierzu oben, **Rn. 62**) auf die zu berücksichtigenden Werke verteilt und in einem zweiten Schritt entsprechend den Anteilsschlüsseln der Kapitel 9 und 10 des Besonderen Teils auf die am jeweiligen Werk beteiligten Berechtigten aufgeteilt. Ergeben sich im Zuge dieser Aufteilung pro Werk Ausschüttungsbeträge für Werkanteile, für die die GEMA keine Rechte wahrnimmt, werden diese Beträge grundsätzlich nicht den am Werk beteiligten Berechtigten gutgeschrieben, deren Rechte von der GEMA wahrgenommen werden, sondern als „Ausfall" gesondert verteilt. Mit Blick auf die Entstehung des Ausfalls sind zwei Sachverhalte zu unterscheiden:

100 – **Freie Anteile:** Da das Urheberrecht gemäß § 64 UrhG 70 Jahre nach dem Tod des Urhebers erlischt, können Teile eines Werks geschützt, andere Teile aber bereits urheberrechtlich frei sein. Ein Beispiel hierfür ist ein Werk, bei dem Komposition und Text unabhängig voneinander geschaffen wurden[63] und bei dem die Schutzfrist für die Komposition abgelaufen ist, für den Text jedoch noch nicht. Ausschüttungsbeträge, die im Rahmen der Verteilung in den in § 28 genannten Sparten auf solche Anteile entfallen, die keinen urheberrechtlichen Schutz mehr genießen, werden als „Ausfall Domaine Public" **(„Ausfall DP")** bezeichnet.

101 – **Nicht vertretene Anteile:** Auch bei geschützten Werken nimmt die GEMA die Rechte nicht in allen Fällen für sämtliche an einem Werk beteiligten Urheber wahr, so

61 Vgl. den Hinweis „How Royalties are Devided" unter http://www.bmi.com/creators/royalty/general_information.

62 Dagegen betrifft § 27 nicht solche Fälle, in denen aufgrund einer bestimmten Interessenlage der beteiligten Parteien von vorneherein ein Verlagsvertrag zwischen Urhebern, die Mitglieder der GEMA sind, und einem Verlag, der Mitglied einer ausländischen Verwertungsgesellschaft ist, geschlossen wird. Hier sind den Parteien die Auswirkungen im Bereich der Verteilung schon bei Vertragsschluss bekannt. Unabhängig davon kann der Verteilungsplan der GEMA keine Bindungswirkung für einen Verlag entfalten, zu dem keine vertraglichen Beziehungen in Gestalt eines Berechtigungsvertrages bestehen.

63 Für Musikkompositionen mit Text, bei denen beide Beiträge eigens zu diesem Zweck geschaffen wurden, gilt dagegen gemäß § 65 Abs. 3 UrhG eine einheitliche Schutzfrist von 70 Jahren nach dem Tod des längstlebenden Urhebers (Komponist oder Textdichter).

beispielsweise dann, wenn einer von mehreren Urhebern weder Berechtigter der GEMA ist noch einer anderen Verwertungsgesellschaft angehört, mit der die GEMA eine Repräsentationsvereinbarung geschlossen hat. Ausschüttungsbeträge, die im Rahmen der Verteilung in den in § 28 genannten Sparten auf Werkbestandteile von nicht vertretenen Urhebern entfallen, werden als „Ausfall Pas Membre" (**„Ausfall PM"**) oder auch als „Ausfall Non Sociétaire" („Ausfall NS") bezeichnet.

2. Verwendung

Der Ausfall wird gemäß § 28 Abs. 2 auf die Ausschüttungsberechtigten proportional zu der Ausschüttung aufgeteilt, die sie jeweils pro Sparte und Berufsgruppe erhalten. Dies erfolgt, indem die auf sämtliche freien Anteile der Werke und die auf sämtliche nicht vertretenen Anteile entfallenden Ausschüttungsbeträge pro Sparte als Gesamtbetrag erfasst werden. Dieser Gesamtbetrag wird anschließend der für die vertretenen und geschützten Werke bzw. Werkanteile ermittelten Ausschüttung anteilig zugeordnet. Beträgt beispielsweise der gesamte Ausfall in einer Sparte € 100.000 bei einer auf die geschützten und vertretenen Anteile entfallenden Ausschüttung von € 5 Mio., so erhalten die geschützten und vertretenen Anteile über den Ausfall eine zusätzliche Ausschüttung in Höhe von 2%. In der Sparte U (U-Musik-Veranstaltungen) erfolgt diese Aufteilung für jedes gemäß § 84 gebildete Inkassosegment (vgl. hierzu unten, **Rn. 285–287**) gesondert. Bei der weiteren Verwendung der auf diese Weise aufgeteilten **Ausfallanteile** ist gemäß § 28 Abs. 3 zwischen den ordentlichen Mitgliedern der GEMA, den außerordentlichen und angeschlossenen Mitgliedern der GEMA und den Berechtigten anderer Verwertungsgesellschaften zu unterscheiden. 102

Die **ordentlichen Mitglieder der GEMA** stellen ihre Ausfallanteile zur Verteilung nach den „Regelungen der Anhänge zu den Geschäftsordnungen für die Wertungsverfahren in den Sparten E und U" zur Verfügung. Hiermit ist die Alterssicherung der ordentlichen Mitglieder gemeint, die in den Anhängen zu den Geschäftsordnungen der Wertungsverfahren geregelt ist.[64] 103

Die **außerordentlichen und angeschlossenen Mitglieder** erhalten die auf sie entfallenden Ausfallanteile gemäß § 28 Abs. 3 S. 2 in den einzelnen Sparten als so genannten „Ausfallzuschlag" zu ihrem Aufkommen ausgeschüttet. 104

Berechtigte ausländischer Verwertungsgesellschaften erhalten die rechnerisch auf sie entfallenden Ausfallanteile gemäß § 28 Abs. 3 S. 3 nur dann ausgeschüttet, wenn sie einer Verwertungsgesellschaft angehören, die an die Berechtigten der GEMA ihrerseits Ausfallanteile abrechnet. Ist diese „Gegenseitigkeit" nicht gegeben, so werden die auf die entsprechenden Berechtigten entfallenden Ausfallanteile als unverteilbar behandelt und gemäß § 30 Abs. 3 den Mitteln für soziale und kulturelle Zwecke zugeführt. 105

Abschnitt 6. Kostendeckung und Mittel für soziale und kulturelle Zwecke

§ 29 Kostendeckung

[1] Aufnahmegebühren und Mitgliedsbeiträge werden, nach Abzug von 10% für soziale und kulturelle Zwecke gemäß § 30 Abs. 2, für die Finanzierung der allgemeinen Kosten der Rechtewahrnehmung zur Verfügung gestellt.

64 Anhang zur GO für das Wertungsverfahren der Komponisten in der Sparte E, GEMA-Jahrbuch 2017/2018, S. 438 f.; GO für das Wertungsverfahren der Textdichter in der Sparte E, § 2, a.a.O., S. 440; Anhang zur GO für das Wertungsverfahren der Verleger in der Sparte E, a.a.O., S. 444; Anhang zur GO für das Wertungsverfahren in der Unterhaltungs- und Tanzmusik, a.a.O., S. 452 f.

[2] Für die Finanzierung der Inanspruchnahme individueller Verwaltungsleistungen durch Berechtigte setzt der Vorstand im Einvernehmen mit dem Aufsichtsrat Verwaltungsgebühren in angemessener Höhe fest. Die Verwaltungsgebühren sind zu veröffentlichen.

[3] Die Kosten aus Beteiligungen an Unternehmen und die Kosten aus Leistungen der GEMA für Dritte wie der Übernahme von Mandaten von anderen Verwertungsgesellschaften und sonstigen Rechteinhabern werden mit den jeweiligen Einnahmen verrechnet.

[4] In den Sparten der Rechte der Vervielfältigung und Verbreitung (ohne die Sparten der Nutzungsbereiche Online und Ausland) wird von den Einnahmen eine Kommission von bis zu 25% berechnet. Dies gilt auch für Einnahmen aus gesetzlichen Vergütungsansprüchen, die diesen Sparten gemäß §§ 22, 23, 24 und 25 zugewiesen sind. Die Höhe der Kommission wird von Aufsichtsrat und Vorstand einvernehmlich festgelegt.

[5] In den Sparten des Nutzungsbereichs Online wird von den Einnahmen eine einheitliche Kommission von bis zu 15% berechnet. Der Kommissionssatz wird von Aufsichtsrat und Vorstand einvernehmlich festgelegt.

[6] Von den Einnahmen, die die GEMA für Auslandsnutzungen ihres Repertoires aufgrund von Repräsentationsvereinbarungen mit anderen Verwertungsgesellschaften erzielt, wird eine gesonderte Kommission berechnet, deren Höhe von Aufsichtsrat und Vorstand einvernehmlich festgelegt wird.

[7] Im Übrigen werden die Kosten der GEMA durch Anwendung eines pro Geschäftsjahr ermittelten einheitlichen Kostensatzes auf die Einnahmen in den Sparten der Rechte der öffentlichen Wiedergabe (ohne die Sparten des Nutzungsbereichs Online und die für Auslandsnutzungen aufgrund von Repräsentationsvereinbarungen mit anderen Verwertungsgesellschaften erzielten Einnahmen) gedeckt.

§ 30 Mittel für soziale und kulturelle Zwecke

[1] In den Sparten der Rechte der öffentlichen Wiedergabe mit Ausnahme der Sparte A werden 10% der nach Abzug der Kosten zur Verfügung stehenden Einnahmen für soziale und kulturelle Zwecke bereitgestellt. Soweit die GEMA Rechte für eine andere Verwertungsgesellschaft für musikalische Urheberrechte wahrnimmt, erfolgt der 10%-Abzug nach Maßgabe der jeweiligen Repräsentationsvereinbarung.

[2] Von den Aufnahmegebühren und Mitgliedsbeiträgen werden jeweils 10% für soziale und kulturelle Zwecke bereitgestellt.

[3] Zinserträge, Konventionalstrafen, nicht verteilbare Einnahmen aus den Rechten im Sinne des Verwertungsgesellschaftengesetzes und andere unverteilbare Beträge werden für soziale und kulturelle Zwecke bereitgestellt. Wenn die Kosten für die Verteilung in keinem Verhältnis zur Einnahme stehen, kann die GEMA mit Zustimmung des Aufsichtsrates die betreffenden Einnahmen als unverteilbar behandeln.

§ 31 Verwendung der Mittel für soziale und kulturelle Zwecke

[1] Die Erfüllung des sozialen Zweckes erfolgt durch die Bereitstellung von Mitteln zugunsten der GEMA-Sozialkasse und der Alterssicherung. Die Höhe des der Sozialkasse zur Verfügung zu stellenden Betrags bestimmt sich nach der Satzung der Sozialkasse. Im Übrigen werden die Mittel im Rahmen der verschiedenen Wertungs- und Schätzungsverfahren verteilt. Das Beteiligungsverhältnis wird von Vorstand und Aufsichtsrat einvernehmlich festgelegt.

[2] Die Zuwendungen in der Sparte E dürfen 30,07% der insgesamt für soziale und kulturelle Zwecke zur Verfügung stehenden Mittel nach Abzug des für die Sozialkasse zur Verfügung zu stellenden Betrags nicht unterschreiten.

Übersicht

I. Grundsätze

106 Die GEMA wird als Treuhänderin für ihre Mitglieder und ihre ausländischen Schwestergesellschaften tätig. Ihre Tätigkeit ist gemäß § 2 Ziff. 1 S. 2 Satzung nicht auf die Erzie-

lung von Gewinn gerichtet. Sie erfüllt damit auch die Anforderungen gem. § 2 Abs. 2 Ziff. 2 VGG.[65] Die Einnahmen, die die GEMA aus der Rechtewahrnehmung erzielt, werden daher grundsätzlich vollständig an die Ausschüttungsberechtigten der GEMA bzw. an die ausländischen Schwestergesellschaften verteilt. Abzüge werden im Einklang mit dem Verwertungsgesellschaftengesetz nur in zweierlei Hinsicht vorgenommen: Zum einen zieht die GEMA von den Einnahmen die für ihre Tätigkeit anfallenden Kosten ab (§ 31 VGG), zum anderen nimmt sie Abzüge für soziale und kulturelle Zwecke vor (§ 32 VGG).

II. Kostendeckung (§ 29)

§ 29 regelt die Umlage der **Kosten** der GEMA. Abgesehen von einigen speziellen, in § 29 Abs. 1–3 geregelten Tatbeständen werden die Kosten, die für die Tätigkeit der GEMA anfallen, aus den Einnahmen gedeckt, die sie aus der Rechtewahrnehmung erzielt. Diese Art der Kostendeckung stellt sich rechtlich als **Aufwendungsersatz** gemäß § 670 BGB dar, den die GEMA von den Lizenzvergütungen – d.h. von der den Rechteinhabern gemäß §§ 11, 32 UrhG zustehenden angemessenen Vergütung – in Abzug bringt. In Anlehnung an Art. 11 Abs. 3 der Verwertungsgesellschaftenrichtlinie 2014/26/EU ist in § 24 Ziff. 2 VGG zwar auch die Möglichkeit angelegt, dass Verwertungsgesellschaften gesonderte „Einnahmen zur Deckung der Verwaltungskosten“ erzielen. Der deutsche Gesetzgeber hat jedoch klargestellt, dass hierunter insbesondere die „von den Einnahmen aus den Rechten entsprechend vorgenommenen Abzüge“ im Sinne des vorgenannten Aufwendungsersatzes zu verstehen sind.[66] Die Abzüge, die die Verwertungsgesellschaften zur Deckung ihrer Verwaltungskosten von den Einnahmen aus den Rechten vornehmen, dürfen gemäß § 31 Abs. 2 VGG die gerechtfertigten und belegten Verwaltungskosten nicht übersteigen.[67] Bei der Festlegung der im Einzelfall gerechtfertigten Kosten steht der Verwertungsgesellschaft jedoch ein Ermessen zu. So können unterschiedliche Kosten für die einzelnen Nutzungsbereiche gerechtfertigt sein.[68] Die Verwertungsgesellschaft ist gemäß § 58 Abs. 2 VGG iVm Ziff. 2 b) der Anlage zum VGG verpflichtet, in ihrem jährlichen Transparenzbericht umfassende Informationen zu den Kosten der Rechtewahrnehmung und den Kosten für sonstige Leistungen zu veröffentlichen. 107

Die in § 29 zusammengefassten Bestimmungen zur Kostendeckung der GEMA wurden teilweise durch Beschluss der ordentlichen Mitgliederversammlung 2015 neu geregelt.[69] Hiernach werden die Kosten der GEMA wie folgt gedeckt: 108

90% der Einnahmen, die die GEMA aus **Aufnahmegebühren und Mitgliedsbeiträgen** erzielt (vgl. hierzu § 8 Ziff. 1 und 2 BerV), werden für die Finanzierung der allgemeinen Kosten der Rechtewahrnehmung zur Verfügung gestellt (§ 29 Abs. 1). Auf diese Weise werden die Berechtigten an der Kostendeckung für die vielfältigen Tätigkeiten beteiligt, die die GEMA bei der Aufnahme eines Berechtigten in die GEMA entfaltet bzw. allen Mitgliedern gleichermaßen (als kostenfreie Basis-Dienstleistungen) zur Verfügung stellt. Hierzu zählen etwa die Betreuung und Beratung des Mitglieds vor und während des Aufnahmeverfahrens, allgemeine Leistungen im Zusammenhang mit der kollektiven 109

65 Gemäß § 2 Abs. 2 Ziff. 1 VGG darf eine Verwertungsgesellschaft ihre Tätigkeit nur dann auf Gewinnerzielung ausrichten, wenn ihre Anteile von ihren Mitgliedern gehalten werden oder wenn sie von ihren Mitgliedern beherrscht wird.

66 RegE VGG, BT-Drs. 18/7223, Begr. zu § 24 VGG, S. 80.

67 Die Regelung setzt Art. 3 Abs. 3 UAbs. 1 VGRL um.

68 RegE VGG, BT-Drs. 18/7223, Begr. zu § 31 VGG, S. 82.

69 Vgl. Tagesordnung für die Mitgliederversammlung v. 6./7.5.2015, Antrag zu TOP 17, mit ausf. Begr.

Rechtewahrnehmung wie die Bearbeitung von Werkanmeldungen und -registrierungen oder die Organisation der Mitgliederversammlung.

110 Ferner erhebt die GEMA von den Berechtigten gemäß § 29 Abs. 2 **Verwaltungsgebühren** für die Finanzierung bestimmter Verwaltungsleistungen, die von einzelnen Berechtigten individuell in Anspruch genommen werden und die deshalb nicht zu einer Belastung der Gesamtheit aller Berechtigten führen sollen, so z.B. für die Registrierung von mehr als einem Pseudonym für einen Urheber (§ 46 Abs. 4) oder mehr als einer Editionsbezeichnung für einen Musikverlag (§ 48 Abs. 2 S. 2). Die betreffenden Verwaltungsgebühren – auch solche, die tatbestandlich nicht ausdrücklich im Verteilungsplan geregelt sind – werden vom Vorstand im Einvernehmen mit dem Aufsichtsrat festgesetzt und veröffentlicht.[70]

111 § 29 Abs. 3 stellt klar, dass die Kosten aus **sonstigen satzungsgemäßen Tätigkeiten** der GEMA – so z.B. aus der Beteiligung an Unternehmen wie der SOLAR-Music Rights Management GmbH (vormals CELAS GmbH) oder der Übernahme von Mandaten von anderen Verwertungsgesellschaften und sonstigen Rechteinhabern – mit den aus der jeweiligen Tätigkeit resultierenden Einnahmen verrechnet werden.

112 Die verbleibenden Kosten werden gemäß § 29 Abs. 4–7 aus den Einnahmen gedeckt, die die GEMA aus der Rechtewahrnehmung erzielt. Hierbei unterscheidet der Verteilungsplan zwischen Abzügen in Form von Kommissionen, die für bestimmte Sparten festgesetzt werden, und einem einheitlichen Kostensatz für die übrigen Sparten.

113 Für die Festsetzung der **Kommissionen** enthält der Verteilungsplan nur Obergrenzen. Die genaue Höhe wird durch Aufsichtsrat und Vorstand der GEMA einvernehmlich beschlossen. Anders als der einheitliche Kostensatz gelten die Kommissionen nicht nur für ein bestimmtes Geschäftsjahr, sondern solange, bis ihre Änderung beschlossen wird. Für die Sparten der Rechte der Vervielfältigung und Verbreitung iSd § 13 (mit Ausnahme der Sparten der Nutzungsbereiche Online und Ausland) wird gemäß § 29 Abs. 4 eine Kommission von bis zu 25% festgesetzt. Dies gilt auch für den Anteil der Einnahmen aus gesetzlichen Vergütungsansprüchen (z.B. aus privater Vervielfältigung), der den betreffenden Sparten zugewiesen ist. Im Nutzungsbereich Online gilt gemäß § 29 Abs. 5 ein einheitlicher Kommissionssatz für die Wiedergaberechtssparten iSd § 12 und die Vervielfältigungsrechtssparten iSd § 13. Die Obergrenze für diesen Kommissionssatz konnte durch Beschluss der Mitgliederversammlung 2015 aufgrund der weitgehend maschinellen Abrechnung im Onlinebereich von vormals maximal 25% auf maximal 15% abgesenkt werden.[71] Die von den ausländischen Verwertungsgesellschaften an die GEMA abgerechneten und bereits um die Kostenabzüge dieser Gesellschaften verminderten Einnahmen unterliegen gemäß § 29 Abs. 6 einem gesonderten Kommissionsabzug.[72]

114 Die übrigen Kosten der GEMA werden gemäß § 29 Abs. 7 durch Anwendung eines **einheitlichen Kostensatzes** gedeckt, der gleichmäßig auf alle Einnahmen in den Sparten der Rechte der öffentlichen Wiedergabe (mit Ausnahme der vorstehend genannten Online- und Auslandssparten) angewandt wird. Dieser einheitliche Kostensatz wird für jedes Geschäftsjahr neu festgesetzt, indem die nach den vorstehenden Grundsätzen zu berücksichtigenden Gesamtkosten ins Verhältnis zu den Gesamteinnahmen der betreffenden Sparten gesetzt werden. Er ist vom durchschnittlichen Kostensatz der GEMA zu unterscheiden.[73]

70 Vgl. https://www.gema.de/musikurheber/dienstleistungen/.

71 Vgl. Tagesordnung für die Mitgliederversammlung v. 6./7.5.2015, Begr. zu Antrag 26, S. 58.

72 Dieser gesonderte Kommissionssatz lag in der jüngeren Vergangenheit bei maximal 5%.

73 Der durchschnittliche Kostensatz der GEMA errechnet sich aus dem Verhältnis der Erträge zu den Aufwendungen gemäß der Gewinn- und Verlustrechnung der GEMA.

III. Soziale und kulturelle Förderung

1. Vorbemerkung

Verwertungsgesellschaften wie die GEMA sind keine reinen Inkassoorganisationen. 115
Vielmehr erfüllen sie neben ihrer ökonomischen Funktion traditionell auch wichtige kulturfördernde und soziale Aufgaben. Dies erkennt auch der Gesetzgeber ausdrücklich an[74] und hat im VGG einen gesetzlichen Rahmen für die soziale und kulturelle Förderung durch Verwertungsgesellschaften geschaffen: Zum einen sollen die Verwertungsgesellschaften kulturell bedeutende Werke und Leistungen fördern (§ 32 Abs. 1 VGG). Daneben sollen sie Vorsorge- und Unterstützungseinrichtungen für ihre Berechtigten einrichten (§ 32 Abs. 2 VGG).[75]

Soziale und kulturelle Förderung kann auf unterschiedliche Weise erfolgen. Die 116
GEMA hat zu diesem Zweck insbesondere zwei Ansätze etabliert: Zum einen regelt der Verteilungsplan bestimmte Maßnahmen kultureller Förderung im Rahmen der Verteilung im engeren Sinne, dem vom BGH so genannten **„Verrechnungsverfahren"**[76] – so z.B. durch die Möglichkeit einer gesonderten Einstufung von „Unterhaltungsmusikwerken von besonderem künstlerischem Wert" gemäß § 64 Ziff. 5 oder über die Anwendung von Kulturfaktoren bei der Verteilung in den Sparten des Hörfunks (§ 98). Zum anderen hat die GEMA mit der Wertung und der Bearbeiterschätzung **eigenständige Verfahren** zur kulturellen Förderung entwickelt sowie soziale Fördermaßnahmen in Form einer Alterssicherung und einer Sozialkasse etabliert. Die Finanzierung dieser Maßnahmen ist in § 30 geregelt, die Grundlagen für die Verwendung der Mittel finden sich in § 31.

2. Mittel für soziale und kulturelle Zwecke (§ 30)

Gemäß § 30 Abs. 1 werden die Mittel für soziale und kulturelle Zwecke zunächst 117
durch einen Abzug in Höhe von 10% von denjenigen (Netto-)Einnahmen gespeist, die in den Sparten der Rechte der öffentlichen Wiedergabe zur Verfügung stehen (so genannter **„10%-Abzug"**). Dieser 10%-Abzug erfolgt nach Maßgabe der jeweiligen Repräsentationsvereinbarung auch von dem Aufkommen, das in den entsprechenden Sparten auf Werke von Berechtigten ausländischer Verwertungsgesellschaften entfällt. Die Vornahme solcher Abzüge von den auf ausländisches Repertoire entfallenden Einnahmen ist international üblich[77] und bei Zustimmung der ausländischen Verwertungsgesellschaft auch gemäß Art. 15 Abs. 1 VG-Richtlinie und § 45 VGG zulässig. Es ist somit davon auszugehen, dass die ausländischen Schwestergesellschaften der GEMA ihrerseits ebenfalls Abzüge für soziale und kulturelle Zwecke von denjenigen Einnahmen vornehmen, die sie in ihren jeweiligen Verwaltungsgebieten durch Nutzungen von GEMA-Repertoire generieren. Daher findet bei der Verteilung der Einnahmen, die die GEMA von ausländischen Verwertungsgesellschaften für Nutzungen im Bereich der „Performing Rights" erhält, in der Sparte A kein (weiterer) 10%-Abzug statt. Für die Verteilung der aus dem 10%-Abzug für soziale und kulturelle Zwecke bereitgestellten Mittel gilt § 32 Abs. 3 VGG. Hiernach sind die Maßnahmen zur kulturellen und sozialen Förderung nach festen, auf fairen Kri-

74 RegE VGG; BT-Drs. 18/7223, S. 68; vgl. auch zur wissenschaftlichen Einordnung *Katzenberger/Nérisson*, GRUR Int. 2011, 283.
75 Die Regelungen entsprechen weitgehend den bisherigen §§ 7 S. 2, 8 UrhWG.
76 Vgl. zu dieser Begrifflichkeit BGH, GRUR 1988, 782 – Wertungsverfahren.
77 Vgl. Art. 8 Abs. II des Mustervertrags im EU-Bereich für das Aufführungs- und Senderecht gemäß CISAC-Standardvertrag, GEMA-Jahrbuch 2017/2018, S. 290.

terien beruhenden Regeln zu erbringen, soweit sie aus Abzügen von den Einnahmen aus den Rechten finanziert werden.

118 Neben dem 10%-Abzug werden zur Finanzierung der sozialen und kulturellen Förderung auch 10% der aus **Aufnahmegebühren und Mitgliedsbeiträgen** erzielten Beträge verwendet (§ 30 Abs. 2). Die übrigen 90% werden gemäß § 29 Abs. 1 zur Finanzierung der allgemeinen Kosten der Rechtewahrnehmung zur Verfügung gestellt (vgl. hierzu oben, **Rn. 109**).[78]

119 Schließlich fließen den Mitteln für soziale und kulturelle Zwecke gemäß § 30 Abs. 3 die so genannten **„unverteilbaren Beträge"** zu. Dies sind Einnahmen, für die keine Verteilung auf konkrete Werknutzungen und Berechtigte erfolgen kann. In § 30 Abs. 3 werden beispielhaft folgende unverteilbare Beträge benannt:

120 – **Zinserträge**. Zinsen erwirtschaftet die GEMA insbesondere aus der Anlage der Einnahmen für die Zeiträume zwischen Zahlungseingang und Ausschüttung an die Berechtigten. Hierbei hat sie die Vorgaben des § 25 VGG zu beachten, die die Anlagensicherheit als vorrangiges Anlageziel für Verwertungsgesellschaften definieren und u.a. für Einnahmen aus den Rechten mündelsichere Anlageformen gemäß § 1807 Abs. 1 BGB oder Anlagen unter Beachtung der Grundsätze einer wirtschaftlichen Vermögensverwaltung nach § 1811 BGB vorschreiben. Da es sich bei den anzulegenden Beträgen um treuhänderisch gebundenes Fremdvermögen handelt, muss das Risiko von Verlusten möglichst gering gehalten werden.[79] Gemäß § 23 S. 2 VGG zählen die Zinserträge, die die GEMA aus der Anlage von Einnahmen aus der Rechtewahrnehmung erzielt, begrifflich zu den „Einnahmen aus den Rechten" iSd Verwertungsgesellschaftengesetzes. Indem der Verteilungsplan die Zinserträge den Mitteln für soziale und kulturelle Zwecke zuweist, stellt er klar, dass den Berechtigten kein individueller Anspruch auf Verzinsung der auf ihre Werke entfallenden Ausschüttungsbeträge zusteht. Dies ist auch dadurch gerechtfertigt, dass eine präzise, werknutzungs- und taggenaue Zuordnung von Zinserträgen zu einzelnen Berechtigten und deren Werken angesichts der großen zeitlichen Disparitäten von Lizenzierung, Zahlungseingang, Eingang und Verarbeitung von Nutzungsmeldungen im Rahmen der kollektiven Rechtewahrnehmung nicht umsetzbar wäre.

121 – **Konventionalstrafen**. Konventionalstrafen können gegen Berechtigte im Falle von Falschangaben bei der Werkanmeldung (§ 42 Abs. 1) sowie bei falschen Angaben, die einen rechtswidrigen Vermögensvorteil bezwecken (§ 54 Abs. 7), verhängt werden.

122 – **Nicht verteilbare Beträge iSd VGG**. Die „nicht verteilbaren Beträge" im Sinne des Verwertungsgesellschaftengesetzes sind mit den „unverteilbaren Beträgen" im Sinne des Verteilungsplans nicht gleichzusetzen, sondern stellen nur einen Unterfall der letzteren dar. Nach der Legaldefinition des § 30 Abs. 1 VGG gelten Einnahmen aus den Rechten nur dann als „nicht verteilbar", wenn die Verteilung daran scheitert, dass der Berechtigte trotz angemessener Maßnahmen der Verwertungsgesellschaft iSd § 29 VGG binnen drei Jahren nach Ablauf des Geschäftsjahres, in dem die Einnahmen erzielt wurden, nicht festgestellt oder ausfindig gemacht werden kann. Dieser Fall kann beispielsweise eintreten, wenn ein Berechtigter unbekannt verzogen ist. Scheitert die Verteilung aus anderen Gründen – z.B. daran, dass der Berechtigte zwar bekannt ist, das Werk aber noch nicht angemeldet wurde –, liegt kein Fall des § 30 Abs. 1 VGG vor. Gemäß § 30 Abs. 2 VGG hat die Verwertungsgesellschaft all-

---

78 Die Regelung gilt seit dem 1.1.2016. Zuvor wurden die Aufnahmegebühren und Mitgliedsbeiträge vollständig für soziale und kulturelle Zwecke verwendet; vgl. Tagesordnung für die Mitgliederversammlung v. 6./7.5.2015, Antrag 17, m. ausf. Begr.

79 RegE VGG, BT-Drs. 18/7223, Begr. zu § 25 VGG, S. 80.

gemeine Regeln über die Verwendung der nicht verteilbaren Beträge aufzustellen. Zuständig hierfür ist gemäß § 17 Abs. 1 Ziff. 7 VGG die Mitgliederhauptversammlung. Die ordentliche Mitgliederversammlung der GEMA hat im Jahr 2016 beschlossen, diese Einnahmen – ebenso wie sonstige unverteilbare Beträge – für soziale und kulturelle Zwecke zur Verfügung zu stellen.[80]

Die möglichen Fallgruppen von unverteilbaren Beträgen werden in § 30 Abs. 3 nicht ab- 123
schließend aufgezählt. Zu den **sonstigen unverteilbaren** und den Mitteln für soziale und kulturelle Zwecke zugeführten **Beträgen** zählt z.B. der Anteil an den Einnahmen aus der Bibliothekstantieme, der auf den Verleih von Notenmaterial entfällt (§ 23 Abs. 4, vgl. hierzu oben, **Rn. 87**). Ferner können Einnahmen gemäß § 30 Abs. 3 S. 2 als unverteilbar behandelt werden, wenn die Kosten für die Verteilung in keinem Verhältnis zur Einnahme stehen.

3. Verwendung der Mittel für soziale und kulturelle Zwecke (§ 31)

§ 31 regelt die Aufteilung des für soziale und kulturelle Zwecke zur Verfügung ste- 124
henden Gesamtbetrages auf die verschiedenen Einrichtungen, die zur Verfolgung dieser Zwecke gebildet sind.

In einem ersten Schritt werden vorab die für die Finanzierung der **Sozialkasse** benö- 125
tigten Mittel abgezogen, wobei sich die Höhe dieser Mittel nach der Satzung der Sozialkasse bestimmt. Gemäß § 2 dieser Satzung stellt die GEMA der Sozialkasse die notwendigen Mittel grundsätzlich nach dem im Vorfeld festzustellenden voraussichtlichen Bedarf zur Verfügung. Die Zuwendung an die Sozialkasse ist jedoch auf maximal 17% der Mittel beschränkt, die nach der Planungsrechnung der GEMA für das betreffende Geschäftsjahr voraussichtlich insgesamt für soziale und kulturelle Zwecke zur Verfügung stehen werden. Eingehend zur Sozialkasse unten, **Kap. 10**.

Der verbleibende Betrag wird im Rahmen der **Wertungsverfahren**, der **Alterssiche-** 126
rung der ordentlichen Mitglieder und des **Schätzungsverfahrens der Bearbeiter** verteilt (dazu **Kap. 9**). Dabei ist für die Zuweisung zu den Wertungsverfahren der Sparte E gemäß § 31 Abs. 2 ein Mindestbetrag vorgeschrieben (dazu unten **Rn. 129**). Im Übrigen erfolgt die Aufteilung auf die einzelnen Verfahren gemäß § 31 Abs. 1 S. 4 durch einvernehmliche Festlegung von Vorstand und Aufsichtsrat. Bei dieser Festlegung handelt es sich um eine Leistungsbestimmung durch Vorstand und Aufsichtsrat im Sinne von § 315 Abs. 1 BGB.[81] Diese betrifft sowohl das Beteiligungsverhältnis von Wertungsverfahren, Alterssicherung und Schätzungsverfahren untereinander als auch das Beteiligungsverhältnis der einzelnen Berufsgruppen – d.h. also der Komponisten, Textdichter und Verleger – innerhalb der Wertungsverfahren.[82] Ausführlich zum Wertungsverfahren unten, **Kap. 9**.

Die Aufteilung zwischen Wertungsverfahren, Alterssicherung und Schätzungsver- 127
fahren erfolgt seit 1990 unverändert. Auf die Wertungsverfahren der Sparte E entfallen 30,07%, auf das Wertungsverfahren der Sparte U 58,67%, auf die Alterssicherung 6,90%[83] und auf das Schätzungsverfahren der Bearbeiter 4,36% der nach Abzug des

80 Vgl. Tagesordnung für die Mitgliederversammlung v. 26./27.4.2016, TOP 25.

81 KG vom 23.10.2001, Az. 5 U 1983/00 n.v., Umdruck S. 10. Der sich aus § 315 Abs. 1 BGB ergebende Maßstab des billigen Ermessens wird jedoch durch den aus § 27 VGG (ehemals § 7 S. 1 UrhWG) abzuleitenden Maßstab verdrängt; *Riesenhuber*, Die Auslegung und Kontrolle des Wahrnehmungsvertrages, S. 20.

82 KG v. 23.10.2001, Az. 5 U 1983/00 n.v., Umdruck S. 10.

83 Im Übrigen erfolgt die Finanzierung der Alterssicherung durch die ordentlichen Mitglieder selbst: Diese stellen den auf sie entfallenden Anteil am Ausfall gemäß § 28 Abs. 3 S. 1 der Alterssicherung zur Verfügung.

Finanzierungsbedarfs der Sozialkasse verbleibenden Mittel für soziale und kulturelle Zwecke.

128 Das Beteiligungsverhältnis der Komponisten, Textdichter und Verleger an den für das Wertungsverfahren der Sparte E zur Verfügung gestellten Mitteln basiert seit 1957, das Beteiligungsverhältnis an den für das Wertungsverfahren der Sparte U zur Verfügung gestellten Mitteln seit 1956 auf demselben Schlüssel. Hiernach erhalten im Wertungsverfahren der Sparte E die Komponisten 57,5%, die Textdichter 3% und die Verleger 39,5% der Mittel. Im Wertungsverfahren der Sparte U beträgt dieses Verhältnis 42,5 : 20 : 37,5.

129 § 31 Abs. 2 betrifft den Anteil der Zuwendungen für die **Wertungsverfahren der Sparte E** an dem für die Wertungsverfahren, die Alterssicherung und das Schätzungsverfahren zur Verfügung stehenden Gesamtbetrag. Dabei wird für die Wertungsverfahren der Sparte E ein Mindestbetrag vorgeschrieben. Dieser Mindestbetrag wurde bis einschließlich Geschäftsjahr 2004 unabhängig von der Höhe der für die übrigen Wertungsverfahren, die Alterssicherung und das Schätzungsverfahren zur Verfügung stehenden Mittel errechnet und belief sich auf 3,93% der Erträge im Aufführungs- und Senderecht im jeweiligen Geschäftsjahr.[84] Diese Berechnungsweise hatte zur Folge, dass sich bei steigenden Erträgen im Aufführungs- und Senderecht und gleichzeitig stagnierender Höhe der Beträge für soziale und kulturelle Zwecke der prozentuale Anteil der auf die Wertungsverfahren der Sparte E entfallenden Mittel am Gesamtbetrag der für soziale und kulturelle Zwecke zur Verfügung stehenden Mittel erhöhen konnte. Um die damit verbundenen Verschiebungen zulasten der finanziellen Dotierung der übrigen Verfahren zu verhindern, wurde die Formel zur Berechnung des Mindestbetrages mit Wirkung ab dem Geschäftsjahr 2005 geändert. Der Mindestbetrag beläuft sich nunmehr auf 30,07% der für die genannten Verfahren zu verteilenden Mittel. Diese an die Höhe der zur Verfügung stehenden Beträge anknüpfende Berechnung stellt sicher, dass den Wertungsverfahren E mindestens derjenige prozentuale Anteil zufließt, der sich in der Zeit vor dem Geschäftsjahr 2005 aufgrund der Festlegungen durch Aufsichtsrat und Vorstand ergeben hatte.

Abschnitt 7. Vorgänge außerhalb des gewöhnlichen Geschäftsverlaufs

§ 32 Außerordentliche Einnahmen aus der Rechtewahrnehmung

[1] Erzielt die GEMA für einen oder mehrere bereits abgerechnete Verteilungszeiträume außerhalb des gewöhnlichen Geschäftsverlaufs nachträgliche Einnahmen (außerordentliche Einnahmen) und ist eine werk- und nutzungsbezogene Verteilung der außerordentlichen Einnahmen in den betroffenen Sparten und Verteilungszeiträumen nicht oder nur mit wirtschaftlich unverhältnismäßigem Aufwand möglich, so findet eine Zuschlagsverteilung statt. Hierbei werden die außerordentlichen Einnahmen als prozentualer Zuschlag für die betreffenden Sparten an die Ausschüttungsberechtigten der einzelnen Verteilungszeiträume verteilt. § 28 findet entsprechende Anwendung. Soweit sich Teilbeträge konkreten Verteilungszeiträumen zuordnen lassen, werden sie als prozentualer Zuschlag zu diesen Verteilungszeiträumen verteilt (periodengenaue Zuschlagsverteilung). Soweit eine solche periodengenaue Zuschlagsverteilung nicht oder nur mit wirtschaftlich unverhältnismäßigem Aufwand möglich ist, werden die Beträge proportional auf alle betroffenen Verteilungszeiträume aufgeteilt.

[2] Soweit eine Zuschlagsverteilung nach Abs. 1 nicht oder nur mit wirtschaftlich unverhältnismäßigem Aufwand möglich ist, werden die außerordentlichen Einnahmen wie Ertrag des Verteilungszeitraumes behandelt, in dem sie erzielt worden sind. Dies ist insbesondere der Fall, wenn die zu erwartenden Kosten einer Zuschlagsverteilung mehr als 25% der zu verteilenden Gesamtsumme der außerordentlichen Einnahmen betragen würden oder die für ein bereits abgerechnetes Geschäftsjahr erzielten außerordentlichen Einnahmen insgesamt weniger als 1 Mio. Euro betragen.

84 Siehe dazu 1. Aufl., Kap. 11.1 Rn. 17.

[3] Auf die Zuschlagsverteilung finden die für die jeweiligen Sparten und Verteilungszeiträume geltenden Kostenabzüge und Kommissionen keine Anwendung. Von den außerordentlichen Einnahmen werden lediglich vorab die zu erwartenden unmittelbaren Kosten der Zuschlagsverteilung in Abzug gebracht. Diese Kosten setzt der Aufsichtsrat im Vorhinein im Einvernehmen mit dem Vorstand in pauschalierter Weise fest.

[4] Von den außerordentlichen Einnahmen in den Sparten der Rechte der öffentlichen Wiedergabe werden gemäß § 30 Abs. 1 Abzüge für soziale und kulturelle Zwecke vorgenommen. Diese Abzüge sowie gegebenenfalls in den außerordentlichen Einnahmen enthaltene unverteilbare Beträge werden als prozentualer Zuschlag zu den betreffenden Geschäftsjahren der verschiedenen Wertungs- und Schätzungsverfahren sowie der Alterssicherung verteilt. Vorab erhält die Sozialkasse aus diesen Abzügen und unverteilbaren Beträgen Mittel zur Verteilung für das Geschäftsjahr, in dem die außerordentlichen Einnahmen erzielt worden sind, sofern die der Sozialkasse für dieses Geschäftsjahr insgesamt zur Verfügung gestellten Mittel zur Deckung des Bedarfs der wiederkehrenden Leistungen im Sinne der Satzung der Sozialkasse nicht ausreichen. Die Höhe des der Sozialkasse aus den vorgenannten Abzügen und unverteilbaren Beträgen zur Verfügung zu stellenden Betrags bestimmt sich nach der Satzung der Sozialkasse.

[5] Hat sich die Verteilung für einen betroffenen Verteilungszeitraum gemäß § 33 als systematisch fehlerhaft erwiesen, ist die GEMA berechtigt, bei der Ermittlung der Berechnungsgrundlage für die Zuschlagsverteilung Pauschalierungen vorzunehmen. Hierbei sind das Interesse an einer möglichst präzisen Berechnung und das wirtschaftliche Gebot der Verhältnismäßigkeit abzuwägen. Der Gleichbehandlungsgrundsatz ist zu beachten und auf Härtefälle angemessen Rücksicht zu nehmen.

§ 33 Korrektur systematischer Verteilungsfehler

[1] Erweist sich die Verteilung für einen Verteilungszeitraum im Nachhinein insgesamt oder in Teilen als systematisch fehlerhaft, insbesondere wegen der Nichtigkeit einer Regelung dieses Verteilungsplans, und ist eine vollständige Rückabwicklung und Neuvornahme der Verteilung nicht oder nur mit wirtschaftlich unverhältnismäßigem Aufwand möglich, können Aufsichtsrat und Vorstand einvernehmlich beschließen,

(a) bei der Berechnung der Höhe der sich aus der fehlerhaften Verteilung ergebenden Ansprüche Pauschalierungen vorzunehmen, soweit eine präzise Berechnung nicht oder nur mit wirtschaftlich unverhältnismäßigem Aufwand möglich ist;

(b) die Ansprüche der durch die fehlerhafte Verteilung nachteilig betroffenen Berechtigten aus den laufenden und künftigen Einnahmen zu befriedigen;

(c) Rückforderungsansprüche der GEMA gegen künftige Zahlungsansprüche der durch die fehlerhafte Verteilung begünstigten Berechtigten aufzurechnen;

(d) statt einer Aufrechnung ganz oder teilweise auf Rückforderungsansprüche der GEMA zu verzichten.

[2] Bei der Auswahl unter den zur Verfügung stehenden Maßnahmen haben Aufsichtsrat und Vorstand das Interesse an einer möglichst vollständigen Erfüllung der jeweiligen Ansprüche und das wirtschaftliche Gebot der Verhältnismäßigkeit abzuwägen. Der Gleichbehandlungsgrundsatz ist zu beachten und auf Härtefälle angemessen Rücksicht zu nehmen.

Übersicht

I. Die Verteilung außerordentlicher Einnahmen (§ 32)

Es können Fälle auftreten, in denen die GEMA außerhalb des gewöhnlichen Geschäftsverlaufs umfangreiche **nachträgliche Einnahmen** für ansonsten bereits abgerechnete Zeiträume erzielt. § 32, der auf den Beschluss einer außerordentlichen Mitgliederversammlung im Jahr 2011 zurückgeht, enthält detaillierte Bestimmungen für eine 130 leistungsgerechte, effiziente und kostengerechte Verteilung solcher „außerordentlichen Einnahmen". Demnach sind die außerordentlichen Einnahmen nach Möglichkeit an diejenigen Berechtigten zu verteilen, deren Werke in den Sparten und Verteilungszeiträumen genutzt worden sind, für die die betreffenden Einnahmen erzielt werden. Hierbei sind jedoch die Grundsätze der kollektiven Rechtewahrnehmung und insbesondere das wirtschaftliche Gebot der Verhältnismäßigkeit[85] zu beachten.

1. Tatbestand

131 Nach der Defintion in § 32 Abs. 1 S. 1 handelt es sich bei außerordentlichen Einnahmen um **nachträgliche Einnahmen** für bereits abgerechnete Zeiträume, die **außerhalb des gewöhnlichen Geschäftsverlaufs** erzielt werden. Ob die Verteilung für einen bestimmten Zeitraum bereits erfolgt ist und somit eine nachträgliche Einnahme im Sinne der Vorschrift vorliegt, richtet sich nach den regulären Ausschüttungsterminen für die betreffenden Sparten und Verteilungszeiträume, die gemäß § 57 Abs. 2 aufgrund der Vorschläge des Vorstands durch den Aufsichtsrat festgelegt werden.[86] Die Regelung umfasst grundsätzlich Nachzahlungen in allen Sparten, jedoch nur Fälle mit „Sondercharakter". Ein zentraler Anwendungsfall für Einnahmen „außerhalb des gewöhnlichen Geschäftsverlaufs" sind beispielsweise umfangreiche Nachzahlungen, die sich beim rückwirkenden Abschluss eines Gesamtvertrags mit einem Nutzerverband nach langjährigen Auseinandersetzungen über die geschuldete Vergütung ergeben können.[87] Dagegen findet § 32 keine Anwendung auf Nachzahlungen, die **im Rahmen des gewöhnlichen Geschäftsverlaufs** der GEMA für zurückliegende Verteilungszeiträume vereinnahmt werden – z.B., wenn sich Zahlungen einzelner Lizenz- oder Vergütungsschuldner aufgrund von Rechtsstreitigkeiten oder vorübergehender Zahlungsunfähigkeit verzögern.

2. Verteilung

132 Für die Verteilung der außerordentlichen Einnahmen sieht § 32 ein **dreistufiges Modell** unterschiedlicher Ansätze vor: Vorrang genießt die werk- und nutzungsbezogene Verteilung (nachfolgend a)). Ist diese nicht oder nur mit unverhältnismäßigem Aufwand möglich, werden die außerordentlichen Einnahmen grundsätzlich als prozentualer Zuschlag verteilt (nachfolgend b.). Kann auch eine Zuschlagsverteilung nicht mit wirtschaftlich verhältnismäßigem Aufwand durchgeführt werden, erfolgt eine Verteilung nach dem Zuflussprinzip (nachfolgend c.).

a) Werk- und nutzungsbezogene Verteilung

133 Bei einer werk- und nutzungsbezogenen Verteilung werden die außerordentlichen Einnahmen nach Abzug der Kosten gemäß § 29 und gegebenenfalls den Abzügen für

85 Vgl. zum Gebot der wirtschaftlichen Verhältnismäßigkeit insbes. BGH, GRUR 1988, 782, 783 – GEMA-Wertungsverfahren.

86 Vgl. die Ausschüttungstermine in GEMA-Jahrbuch 2017/2018, S. 464 f. Die Ausschüttungstermine werden auch regelmäßig in der Zeitschrift „virtuos" publiziert.

87 Anlass für die Regelung der Verteilung außerordentlicher Einnahmen waren Nachzahlungen in erheblicher Höhe, die die GEMA von der ZPÜ aus der Geräteabgabe für PCs erhielt. Die Nachzahlungen waren das Ergebnis einer Einigung, die die Verwertungsgesellschaften nach langen Verhandlungen mit den im Bundesverband Computerhersteller (BCH) zusammengeschlossenen Unternehmen über die Vergütung gem. §§ 54 ff. UrhG erzielt hatten; vgl. Tagesordnung für die außerordentliche Mitgliederversammlung am 12.1.2011.

soziale und kulturelle Zwecke gemäß § 30 Abs. 1 im Sinne einer **Direktverteilung** gemäß § 11 Abs. 3 unmittelbar an die Ausschüttungsberechtigten verteilt, für deren Werke die Einnahmen erzielt wurden. Voraussetzung einer solchen Verteilung ist also, dass sich die außerordentlichen Einnahmen unmittelbar konkreten Werknutzungen zuordnen lassen. Dies ist beispielsweise regelmäßig in den Sparten des Nutzungsbereichs Vervielfältigung und Verbreitung (Phono VR und BT VR) der Fall.[88]

b) *Zuschlagsverteilung*

Im Rahmen der Zuschlagsverteilung erhalten die Ausschüttungsberechtigten derjenigen Sparten und Verteilungszeiträume, für die die außerordentlichen Einnahmen erzielt werden, einen anteiligen **Zuschlag auf ihre ursprünglichen Ausschüttungen**. Dies ist etwa regelmäßig bei der Verteilung außerordentlicher Einnahmen in den Sparten des Nutzungsbereichs Sendung sowie bei Nachzahlungen der ZPÜ der Fall: Da in den Rundfunksparten eine kollektive Verteilung erfolgt und die für private Vervielfältigungen gezahlten Vergütungen grundsätzlich keinen konkreten Werknutzungen zugeordnet werden können, ist eine werk- und nutzungsbezogene Verteilung außerordentlicher Einnahmen in diesen Bereichen nicht umsetzbar.[89] Die Zuschlagsverteilung erfolgt nicht werk-, sondern berechtigtenbezogen, d.h. es wird das ursprüngliche Aufkommen des Berechtigten ohne Differenzierung nach einzelnen Werken zugrunde gelegt. Haben sich zwischen der ursprünglichen Ausschüttung und der Zuschlagsverteilung Veränderungen in den Beteiligungen an einem Werk ergeben, z.B. aufgrund der Veräußerung von Verlagskatalogen, so können diese bei der Zuschlagsverteilung nicht berücksichtigt werden. 134

Grundsätzlich erfolgt im Rahmen der Zuschlagsverteilung eine **periodengenaue Zuordnung** der außerordentlichen Einnahmen zu den einzelnen Verteilungszeiträumen. Nur wenn dies im Einzelfall nicht oder nur mit wirtschaftlich unverhältnismäßigem Aufwand möglich ist – zum Beispiel bei pauschalierten Nachzahlungen für lange Zeiträume aufgrund eines Vergleichsschlusses – werden die außerordentlichen Einnahmen im Rahmen der Zuschlagsverteilung proportional auf alle betroffenen Verteilungszeiträume verteilt. Aufgrund der proportionalen Aufteilung erhalten die Ausschüttungsberechtigten aller erfassten Verteilungszeiträume unabhängig von der Höhe der jeweiligen Zuschlagsbasis (d.h. der ursprünglichen Gesamtausschüttungen der einzelnen Perioden) denselben prozentualen Zuschlag aus den außerordentlichen Einnahmen.[90] 135

Die für die bereits abgerechneten Sparten und Verteilungszeiträume ursprünglich geltenden Kostensätze und Kommissionen finden im Rahmen der Zuschlagsverteilung außerordentlicher Einnahmen keine Anwendung. Diese ursprünglichen Kostensätze und Kommissionen dienten der Deckung des Verwaltungsaufwandes, der mit der ursprünglichen Verteilung verbunden war und regelmäßig deutlich höher zu veranschlagen ist als der Aufwand einer prozentualen Verteilung von Zuschlägen. Stattdessen kommen bei der Zuschlagsverteilung gemäß § 32 Abs. 3 spezielle – sofern die Nachzahlungen mehrere Sparten umfassen: einheitliche – **Kostensätze** zur Anwendung. Diese werden von Aufsichtsrat und Vorstand einvernehmlich in pauschalierter Weise vorab festgesetzt, und zwar allein auf Basis der zu erwartenden unmittelbaren Kosten der Zuschlagsverteilung. 136

88 Vgl. Tagesordnung für die außerordentliche Mitgliederversammlung am 12.1.2011, S. 21.

89 Z.B. erfolgte zum 1.1.2015 eine Zuschlagsverteilung außerordentlicher Einnahmen aus Nachzahlungen der Sendeunternehmen für die Geschäftsjahre 2009–2012 sowie aus Nachzahlungen der ZPÜ aus der Geräteabgabe für PCs für die Jahre 2011–2013; vgl. virtuos 4/2014, 20.

90 Vgl. hierzu auch Tagesordnung für die Mitgliederversammlung v. 23./24.5.2017, Begr. des Antrags zu TOP 26.

137 Für den Fall, dass eine Zuschlagsverteilung außerordentlicher Einnahmen solche bereits abgerechneten Zeiträume betrifft, für die sich die Verteilung nachträglich als systematisch fehlerhaft erwiesen hat, ist die GEMA gemäß § 32 Abs. 5 unter bestimmten Voraussetzungen berechtigt, **Pauschalierungen** bei der Ermittlung der Berechnungsgrundlage für die Zuschlagsverteilung vorzunehmen. Die Regelung korrespondiert insoweit mit § 33 (vgl. unten **Rn. 143 ff.**).

c) Verteilung nach dem Zuflussprinzip

138 Soweit im Einzelfall weder eine werk- und nutzungsbezogene Verteilung, noch eine Zuschlagsverteilung mit wirtschaftlich verhältnismäßigem Aufwand durchgeführt werden kann, werden die außerordentlichen Einnahmen gemäß § 32 Abs. 2 „wie Ertrag des Verteilungszeitraums behandelt, in dem sie erzielt worden sind." Dies bedeutet, dass die außerordentlichen Einnahmen an die Ausschüttungsberechtigten desjenigen **Verteilungszeitraums** verteilt werden, in dem die entsprechenden Beträge der GEMA **tatsächlich zugeflossen** sind (so genanntes „Zuflussprinzip"). Der unmittelbare Zusammenhang zwischen dem Nutzungszeitraum, für den die GEMA die nachträglichen Einnahmen erhält, und den in diesem Zeitraum genutzten Werken wird also in diesen Fällen aus Gründen der wirtschaftlichen Verhältnismäßigkeit aufgehoben.

139 Die nicht abschließende („insbesondere") Regelung in § 32 Abs. 2 nennt zwei **Grenzwerte**, ab denen jedenfalls von der wirtschaftlichen Unverhältnismäßigkeit einer Zuschlagsverteilung auszugehen ist: Zum einen ist dies der Fall, wenn der mit einer Zuschlagsverteilung verbundene Aufwand so hoch wäre, dass die zu erwartenden Kosten mehr als 25% der zu verteilenden Gesamtsumme der außerordentlichen Einnahmen betragen würden. Dieser Grenzwert liegt deutlich höher als der durchschnittliche Kostensatz der GEMA, der regelmäßig ca. 15% beträgt.[91] Zum anderen findet eine Zuschlagsverteilung nicht statt, wenn die für ein bereits abgerechnetes Geschäftsjahr erzielten außerordentlichen Einnahmen insgesamt weniger als 1 Mio. EUR betragen. Bei Nachzahlungen unterhalb dieser Schwelle ist regelmäßig davon auszugehen, dass die Zuschläge an die einzelnen Berechtigten sehr niedrig ausfallen würden. Die Umverteilungseffekte, die aus einer Verteilung nach dem Zuflussprinzip resultieren können, sind entsprechend gering.

d) Ausschüttungstermine

140 Die Ausschüttungstermine für die Verteilung außerordentlicher Einnahmen werden gemäß § 57 Abs. 2 Satz 2 **gesondert festgelegt**, soweit die Verteilung werk- und nutzungsbezogen oder als Zuschlag auf die bereits erfolgten Ausschüttungen erfolgt. Werden die Einnahmen nach dem Zuflussprinzip verteilt, gelten dagegen die üblichen Ausschüttungstermine desjenigen Verteilungszeitraums, in dem die Einnahmen erzielt wurden.

e) Soziale und kulturelle Förderung

141 Gemäß § 32 Abs. 4 wird auch von außerordentlichen Einnahmen, die in den Sparten der Rechte der öffentlichen Wiedergabe erzielt werden, der **10%-Abzug** für soziale und kulturelle Zwecke gemäß § 30 Abs. 1 vorgenommen. Die entsprechenden Beträge werden

91 Vgl. GEMA-Jahrbuch 2014/15, S. 48; GEMA-Jahrbuch 2017/2018, S. 38.

– zusammen mit in den außerordentlichen Einnahmen eventuell enthaltenen unverteilbaren Beträgen wie z.B. Zinsen – als **prozentualer Zuschlag** zu den betreffenden Geschäftsjahren auf die verschiedenen Wertungs- und Schätzungsverfahren sowie die Alterssicherung aufgeteilt. Die Aufteilung auf die einzelnen Verfahren der sozialen und kulturellen Förderung erfolgt nach dem für das jeweilige bereits abgerechnete Geschäftsjahr geltenden Verteilungsschlüssel. Die Verteilung an die einzelnen Berechtigten im Rahmen dieser Verfahren ist in den jeweiligen Geschäftsordnungen geregelt.[92]

Gemäß § 32 Abs. 4 S. 3 und 4 ist unter bestimmten Voraussetzungen auch die **GEMA-** 142
Sozialkasse (vgl. zu dieser unten **Kap. 10**) bei der Verteilung außerordentlicher Einnahmen zu berücksichtigen. Sie erhält einen Teil der gemäß § 32 Abs. 4 S. 1 und 2 vorgenommenen Abzüge und unverteilbaren Beträge, um diese Beträge für das Geschäftsjahr zu verwenden, in dem die außerordentlichen Einnahmen erzielt worden sind. Es entspricht dem Solidarsystem der Sozialkasse, dass aktuell zur Verfügung stehende Gelder zur Deckung aktuell bestehenden Bedarfs verwendet werden. Aus diesem Grund werden der Sozialkasse aus außerordentlichen Einnahmen ausschließlich Mittel zur Verteilung für das laufende Geschäftsjahr zur Verfügung gestellt (Zuflussprinzip). Voraussetzung für die Beteiligung der Sozialkasse an außerordentlichen Einnahmen ist jedoch, dass der Bedarf der Sozialkasse für wiederkehrende Leistungen des betreffenden Geschäftsjahres nicht vollständig gedeckt werden konnte. Hintergrund dieser von der Mitgliederversammlung 2012 beschlossenen Regelung ist eine Änderung von § 2 (1) Satzung der Sozialkasse, wonach der Sozialkasse der Betrag, den sie zur Deckung ihres Bedarfs benötigt, nur noch bis zu einer Grenze von 17% der insgesamt für soziale und kulturelle Zwecke verfügbaren Mittel zur Verfügung gestellt wird. Dies kann dazu führen, dass wiederkehrende soziale Leistungen gekürzt werden müssen. Durch die Beteiligung der Sozialkasse an der Verteilung außerordentlicher Einnahmen können diese Kürzungen prozentual verringert werden.[93]

II. Die Aufarbeitung systematischer Verteilungsfehler (§ 33)

Im Rahmen der kollektiven Rechtewahrnehmung können Ausnahmesituationen ein- 143
treten, in denen sich die Verteilung für einen Verteilungszeitraum im Nachhinein insgesamt oder in Teilen als systematisch fehlerhaft erweist. Die Ursachen können zum einen in systematischen Fehlern bei der **Anwendung des Verteilungsplans** (z.B. aufgrund von technischen Defekten) liegen. Zum anderen kann nach Abschluss der Verteilung die **Nichtigkeit einer** – buchstabengetreu und damit zunächst „fehlerfrei" angewandten – **Verteilungsregel** festgestellt werden.[94] Zu unterscheiden sind solche systematischen Fehler, die sich grundsätzlich auf die Verteilung für alle gleich gelagerten Sachverhalte auswirken, von Fehlern, die lediglich auf der Ebene der **individuellen Abrechnung** an einzelne Berechtigte auftreten. Solche individuellen Abrechnungsfehler, die zum Beispiel aufgrund von Lücken oder inhaltlichen Mängeln bei Nutzungsmeldungen auftreten können, werden nicht von § 33 erfasst, sondern sind nach den Reklamationsvorschriften gemäß § 59 (dazu unten **Rn. 221 ff.**) zu behandeln.

---

92 Vgl. § 10 Ziffer 2 GO Wertung KE; § 6 Ziffer 2 GO Wertung VE; § 10 Ziffer 2 GO Wertung U und § 8 Ziffer 2 GO Schätzung B.

93 Vgl. Tagesordnung für die Mitgliederversammlung v. 26./27.6.2012, Begr. zu TOP 31.

94 Vgl. Tagesordnung für die Mitgliederversammlung v. 29./30.6.2010, Begr. zu TOP 27. Anlass für die Einführung der Bestimmungen zur Aufarbeitung systematischer Verteilungsfehler war ein Urteil des Kammergerichts Berlin vom 8.7.2009 (GRUR-RR 2010, 320), mit dem die Nichtigkeit einer Koeffizientenregelung für Fernsehwerbemusik festgestellt worden war.

144 Aus einer fehlerhaften Verteilung im Sinne des § 33 resultieren regelmäßig Zahlungsansprüche auf zwei Ebenen: Zum einen haben die Berechtigten, die von einer fehlerhaften Verteilung nachteilig betroffen sind, Ausgleichsansprüche gegen die GEMA. Auf der anderen Seite hat die GEMA ihrerseits Rückforderungsansprüche gegen diejenigen Berechtigten, die durch die fehlerhafte Verteilung ungerechtfertigt begünstigt worden sind. Je nach Sachverhalt kann es sich um eine Vielzahl unterschiedlichster Ansprüche zahlreicher Berechtigter für einen oder mehrere bereits abgeschlossene Verteilungszeiträume handeln. Die vollständige Rückabwicklung und Neuvornahme einer fehlerhaften Verteilung zur Befriedigung der jeweiligen Ansprüche ist vor diesem Hintergrund regelmäßig mit einem hohen Kosten- und Verwaltungsaufwand verbunden, der zu erheblichen Belastungen für die GEMA und die Gesamtheit ihrer Mitglieder führen kann. Um eine im Einzelfall unangemessen aufwändige und kostspielige Neuverteilung zu vermeiden, hat die ordentliche Mitgliederversammlung 2010 daher detaillierte Regelungen zur sach- und kostengerechten Aufarbeitung systematischer Verteilungsfehler beschlossen. Hierbei wurden entsprechende Bestimmungen neben dem Verteilungsplan auch in den Geschäftsordnungen der Wertungs- und Schätzungsverfahren verankert.[95]

145 Im Rahmen der Aufarbeitung eines systematischen Verteilungsfehlers ist in jedem Einzelfall eine **zweistufige Abwägung** vorzunehmen: In einem ersten Schritt haben Aufsichtsrat und Vorstand zu prüfen, ob eine vollständige Rückabwicklung und Neuvornahme der Verteilung mit wirtschaftlich verhältnismäßigem Aufwand möglich ist. Nur wenn dies nicht der Fall ist, können Aufsichtsrat und Vorstand im Rahmen einer zweiten Abwägung über den Einsatz eines Katalogs aufeinander abgestimmter und einander ergänzender Abhilfemaßnahmen entscheiden.

146 Die zur Verfügung stehenden **Maßnahmen** sind in § 33 Abs. 1 abschließend aufgelistet, können aber untereinander kombiniert werden. Im Einzelnen können Aufsichtsrat und Vorstand einvernehmlich beschließen,

a. Pauschalierungen bei der Berechnung der Ansprüche vorzunehmen, die sich aus der fehlerhaften Verteilung ergeben,
b. die Ansprüche der Berechtigten, die von der fehlerhaften Verteilung nachteilig betroffen sind, aus den laufenden und künftigen Einnahmen der GEMA zu befriedigen,
c. die Rückforderungsansprüche der GEMA gegen diejenigen Berechtigten, die durch die fehlerhafte Verteilung begünstigt worden sind, gegen künftige Zahlungsansprüche dieser Berechtigten aufzurechnen sowie
d. statt einer Aufrechnung ganz oder teilweise auf Rückforderungsansprüche der GEMA zu verzichten.

147 Bei der Abwägung, welche Maßnahmen im Einzelfall zu ergreifen sind, haben Aufsichtsrat und Vorstand verschiedene, in § 33 Abs. 2 ausdrücklich genannte Aspekte und Prinzipien zu berücksichtigen.[96] So ist das Interesse an einer möglichst vollständigen Erfüllung der jeweiligen Ansprüche gegen das wirtschaftliche Gebot der Verhältnismäßigkeit abzuwägen. Das ebenfalls zu beachtende allgemeine Gleichbehandlungsgebot wirkt sich beispielsweise dahingehend aus, dass die GEMA in gleichgelagerten Fällen nicht nur bei einem Teil der Berechtigten auf die Geltendmachung von Rückforderungsansprüchen verzichten darf. Das Gebot, auf Härtefälle angemessen Rücksicht zu neh-

95 Vgl. § 10 Ziffer 1 der Geschäftsordnung für das Wertungsverfahren der Komponisten in der Sparte E; § 6 Ziffer 1 der Geschäftsordnung der Verleger in der Sparte E; § 10 Ziffer 1 der Geschäftsordnung für das Wertungsverfahren in der Unterhaltung- und Tanzmusik und § 8 Ziffer 1 der Geschäftsordnung für das Schätzungsverfahren der Bearbeiter.

96 Vgl. Tagesordnung für die Mitgliederversammlung v. 29./30.6.2010, Begr. zu TOP 27.

men, kann insbesondere dadurch beachtet werden, dass Belastungen von Mitgliedern über mehrere Geschäftsjahre erstreckt werden.

Kapitel 2: Allgemeine Ausführungsbestimmungen

Abschnitt 1. Anmeldung der Werke

§ 34 Zuständigkeit

[1] Bei verlegten Werken ist der Verleger zugleich für die Urheber zur Anmeldung verpflichtet. Ein Werk gilt als verlegt, soweit ein Verleger gemäß § 7 an den Ausschüttungen auf die Nutzungsrechte für das Werk zu beteiligen ist. Nicht verlegte Werke (Manuskriptwerke) müssen vom Komponisten angemeldet werden. Wenn dies nicht möglich ist, sind die übrigen Urheber berechtigt und verpflichtet, die Werkanmeldung vorzunehmen.

[2] Verleger, welche lediglich Abdrucks- oder Bearbeitungsgenehmigungen an Werken erhalten haben, ohne an der auf diese Werke entfallenden Ausschüttung beteiligt zu sein, haben die Anmeldung unter Berücksichtigung dieser Tatsache vorzunehmen. Ist jedoch ein solcher Verleger an der auf den Originalverleger entfallenden Ausschüttung zu beteiligen, so ist der Anmeldung die Zustimmung des Originalverlegers über die Beteiligung beizufügen. Für Subverlagsverträge mit dem Ausland gelten die Sonderregelungen gemäß § 210 Abs. 5 und 6.

[3] Bei audiovisuellen Werken kann die Anmeldung abweichend von Abs. 1 durch den Urheber, den Verleger oder durch den Produzenten des audiovisuellen Werks erfolgen. Bei den durch Werke verschiedener Komponisten musikalisch unterlegten audiovisuellen Werken ist im Zweifelsfall die Aufstellung des Produzenten maßgebend.

§ 35 Form

Die Anmeldung erfolgt unter Einhaltung der Formvorgaben der GEMA. Bei verlegten Werken ist mit der Anmeldung anzugeben, ob im Verlagsvertrag die Beteiligung des Verlegers an den Ausschüttungen der GEMA auf Nutzungsrechte nach Maßgabe dieses Verteilungsplans vereinbart ist. Die Zustimmung des Urhebers zur Beteiligung des Verlegers an Ausschüttungen auf gesetzliche Vergütungsansprüche gemäß § 26 Abs. 3 ist gesondert unter Einhaltung der hierfür geltenden Formvorgaben der GEMA mitzuteilen.

§ 36 Frist

[1] Ein Anspruch auf Ausschüttung besteht nur bei rechtzeitiger Anmeldung. Die GEMA ist aber berechtigt, auch Werknutzungen zu verrechnen, die vor dem Eingang einer nicht rechtzeitigen, jedoch im Übrigen ordnungsgemäßen Anmeldung stattgefunden haben.

[2] Eine Anmeldung ist rechtzeitig im Sinne von Abs. 1, wenn sie innerhalb folgender Fristen bei der GEMA eingeht:

Sparten	**Anmeldefrist**
KMOD, KMOD VR, MOD D, MOD D VR, MOD S, MOD S VR, VOD D, VOD D VR, VOD S, VOD S VR	**Ende des auf das jeweilige Nutzungsquartal folgenden Monats**
Sonstige Sparten – halbjährliche Ausschüttung	**1. September des Nutzungsjahres für Nutzungen in der Zeit vom 1. Januar bis 30. Juni 1. März des auf die Nutzung folgenden Jahres für Nutzungen in der Zeit vom 1. Juli bis 31. Dezember**
Sonstige Sparten – jährliche Ausschüttung mit Ausschüttungstermin zum 1. April	**1. November des Nutzungsjahres**
Sonstige Sparten – jährliche Ausschüttung mit Ausschüttungstermin zum 1. Juli	**31. März des auf die Nutzung folgenden Jahres für die Verrechnung von Nutzungen audiovisueller Werke (audiovisuelle Produktionen und audiovisuelle Werbespots) in der Zeit vom 1. November bis 31. Dezember in den Sparten FS, FS VR, T FS und T FS VR 31. Januar des auf die Nutzung folgenden Jahres für sonstige Nutzungen und Sparten**

§ 37 Anmeldung audiovisueller Werke

In den Anmeldungen von audiovisuellen Werken (audiovisuelle Produktionen und audiovisuelle Werbespots) sind die jeweils im audiovisuellen Werk vorkommenden eigenen Kompositionen und die sonstigen musikalischen Werke aufzuführen. Meldungen der an einem audiovisuellen Werk Beteiligten, insbesondere die Ansprüche der Bearbeiter, müssen vom Komponisten bestätigt werden. Die Anmeldung hat in Sekunden der Laufzeit zu erfolgen. Die GEMA ist berechtigt, die Anmeldung bezüglich der gemachten Angaben zu überprüfen.

§ 38 Vorlage von Notenbelegen

[1] Grundsätzlich ist bei jeder Anmeldung bei verlegten Werken ein Exemplar der Druckausgabe vorzulegen. Der Anmelder genügt der Vorlagepflicht gegenüber der GEMA, wenn er in Erfüllung seiner nach der Pflichtablieferungsverordnung vom 17. Oktober 2008 (BGBl. I S. 2013) bestehenden Ablieferungspflicht dem Deutschen Musikarchiv (Deutsche Nationalbibliothek, Deutsches Musikarchiv, Deutscher Platz 1, 04103 Leipzig) 2 Exemplare der Druckausgabe einreicht und der GEMA dies unter Nennung der Einzeltitel der Werke schriftlich mitteilt. Eine Ausnahme von der Pflicht zur Herstellung einer Druckausgabe bedarf der schriftlichen Einwilligung des Urhebers gegenüber der GEMA nach einem von ihr herauszugebenden Muster. Wird vom Verleger nicht innerhalb von 6 Monaten nach Ablieferung des Manuskripts gedruckt, benachrichtigt der Urheber die GEMA. Die GEMA setzt dann dem Verleger eine angemessene Nachfrist, nach deren Ablauf die GEMA berechtigt ist, das als verlegt angemeldete Werk als Manuskriptwerk umzuregistrieren. Soweit inzwischen Verlagsanteile schon gutgeschrieben wurden, ist die GEMA zu deren Rückforderung durch Aufrechnung berechtigt. Diese Verfahrensweise entfällt, wenn der Urheber das Fristversäumnis selbst verschuldet hat.

[2] Bei Manuskriptwerken erfolgt die Vorlage des Manuskripts oder einer Ablichtung erst auf Anforderung. Das gleiche gilt für Mietmaterial.

[3] Für Werke, für die weder eine Druckausgabe noch ein Manuskript vorgelegt oder ein anderer Werknachweis geführt werden kann, besteht kein Anspruch auf Ausschüttung.

[4] Gehört der Verleger eines verlegten Werkes nicht der GEMA, sondern einer ausländischen Verwertungsgesellschaft an, so ist entweder der Komponist oder ein anderer der Ausschüttungsberechtigten verpflichtet, das Belegexemplar einzusenden.

§ 39 Nachweis der Benutzung fremder Werke

[1] Die Anmeldenden sind verpflichtet, Werke, die unter Benutzung fremder Werke oder fremder Motive entstanden sind, entsprechend zu kennzeichnen und die Quellenstellen der benutzten Werke anzugeben.

[2] Neben dem Belegexemplar der angemeldeten Komposition oder Bearbeitung ist auf Verlangen das benutzte Originalwerk, gleich ob urheberrechtlich geschützt oder frei, der Anmeldung beizufügen.

[3] Kompositionen, Texte und Bearbeitungen, die unter Benutzung fremder geschützter Werke entstanden sind, werden nur dann bei der Verteilung berücksichtigt, wenn der Anmeldung die Zustimmung des Inhabers des Urheberrechts des verwendeten Originalwerkes oder der Bearbeitung – in der von der GEMA vorgeschriebenen Form – beiliegt.

§ 40 Bestätigung über die Inverlagnahme

Bei Anmeldung von Instrumental- oder Vokalwerken der gehobenen U-Musik mit einer Punktbewertung ab 24 und der E-Musik, deren Aufführungsmaterial vom Verleger nur mietweise vertrieben wird, ist dem Anmeldebogen die Bestätigung des Urhebers über die Inverlagnahme beizufügen.

§ 41 Mitteilung von Veränderungen

[1] Ergeben sich nach der Anmeldung eines Werkes Veränderungen des Sachverhalts (z.B. Inverlagnahme, Vertragsauflösung, Einzelherausgabe, Titelveränderung, Bearbeitungen, Verkürzungen, Erweiterungen usw.), so ist der Ausschüttungsberechtigte verpflichtet, der GEMA diese Änderungen mit den entsprechenden Unterlagen mitzuteilen. Soweit Änderungen erfolgen, erhalten die Anteilberechtigten eines Werkes eine erneute Bestätigung über die geänderte Werkregistrierung. Differenzen, die sich aus Veränderungen unter den Beteiligten ergeben, müssen vorher unter den Beteiligten selbst geklärt werden.

[2] Veränderungen können im laufenden Geschäftsjahr nur bei rechtzeitiger Mitteilung berücksichtigt werden. Innerhalb eines Verteilungszeitraumes können unterschiedliche Beteiligungen an einem Werk nicht berücksichtigt werden. Bei verspäteter Mitteilung erfolgt die Berück-

sichtigung der Veränderung erst mit Beginn des Verteilungszeitraums, der auf den Eingang der Mitteilung folgt; eine Nachverrechnung ist ausgeschlossen.

[3] Die Mitteilung einer Veränderung ist rechtzeitig im Sinne von Abs. 2, wenn sie innerhalb folgender Fristen bei der GEMA eingeht:

Sparten	Mitteilungsfrist
KMOD, KMOD VR, MOD D, MOD D VR, MOD S, MOD S VR, VOD D, VOD D VR, VOD S, VOD S VR	**Ende des auf das jeweilige Nutzungsquartal folgenden Monats**
Sonstige Sparten – halbjährliche Ausschüttung	**31. Juli des Nutzungsjahres für Nutzungen in der Zeit vom 1. Januar bis 30. Juni** **31. Januar des auf die Nutzung folgenden Jahres für Nutzungen in der Zeit vom 1. Juli bis 31. Dezember**
Sonstige Sparten – jährliche Ausschüttung	**bis zum 1. Oktober des Nutzungsjahres**

§ 42 Falsche Angaben bei der Anmeldung

[1] Falls ein Urheber oder Verleger bei seiner Werkanmeldung wissentlich oder grob fahrlässig falsche Angaben macht, so verliert er für diese nicht ordnungsgemäß angemeldeten Werke bis zur ordnungsgemäßen Anmeldung den Anspruch auf Ausschüttung. Ferner kann der Vorstand oder der Aufsichtsrat der GEMA Maßnahmen gemäß § 9 A Ziff. 4 der Satzung und § 54 Abs. 7 dieses Verteilungsplans gegen den Urheber oder Verleger ergreifen.

[2] Für falsche Angaben bei der Mitteilung von Veränderungen an angemeldeten Werken gilt Abs. 1 entsprechend.

§ 43 Vorgehen bei fehlender Anmeldung

[1] Sind nicht angemeldete Originalkompositionen aufgeführt worden, so ergeht nach Abschluss des jeweiligen Verteilungszeitraums eine einmalige Aufforderung an den Urheber oder Verleger zur Anmeldung, wenn der auf das Werk entfallende Ausschüttungsbetrag mindestens EUR 10,23 beträgt. Auf Anmahnung innerhalb einer Frist von 3 Monaten gemeldete Werke gelangen im nächsten Verteilungszeitraum zur Verteilung.

[2] Sind nicht oder nicht ordnungsgemäß angemeldete Originalkompositionen mechanisch vervielfältigt worden, so ergeht eine einmalige Aufforderung an den oder die Urheber oder Verleger zur Anmeldung. Auf Anmahnung innerhalb einer Frist von 3 Monaten gemeldete Werke gelangen im nächsten Verteilungszeitraum zur Verteilung.

Übersicht

I. Hintergrund

Die Berechtigten sind gemäß § 5 BerV verpflichtet, ihre Werke bei der GEMA anzumelden. Die Werkanmeldung ist allerdings nicht konstitutiv für die Rechtewahrnehmung durch die GEMA – gemäß § 1 BerV räumen die Berechtigten der GEMA die Rechte an ihren Werken unabhängig von der Anmeldung ein. In Nutzungsbereichen, in denen eine werkbezogene Lizenzierung erfolgt (z.B. bei der Vervielfältigung von Tonträgern oder bei den meisten Nutzungen im Onlinebereich), ist eine Anmeldung der Werke jedoch erfor- 148 derlich, damit die GEMA vergütungspflichtige Nutzungen erkennen und gegenüber dem Nutzer in Rechnung stellen kann. Unverzichtbar ist die Werkanmeldung zudem für die Verteilung der Einnahmen: Die Verteilung basiert bei der GEMA auf dem Prinzip, dass die Einnahmen werknutzungsbezogen ausgeschüttet werden. Werke, die nicht angemeldet sind und von denen die GEMA folglich keine Kenntnis hat, können demzufolge nicht an der Verteilung partizipieren. Dies stellt bereits § 5 Abs. 2 BerV klar, wonach der Berechtigte für Werke, die er nicht ordnungsgemäß anmeldet, bis zur ordnungsgemäßen Anmeldung den Anspruch auf „Verrechnung" verliert. Im **Massengeschäft** der kollektiven Rechtewahrnehmung sind einheitliche Standards für die Erfassung, Registrierung und Verarbeitung der relevanten Werkinformationen, wie sie der Verteilungsplan in §§ 34 ff. aufstellt, unverzichtbar.

II. Zuständigkeit (§ 34)

149 Gemäß § 34 Abs. 1 erfolgt bei **verlegten Werken** die Anmeldung grundsätzlich durch den Verleger zugleich für die Urheber. Als verlegtes Werk iSd Verteilungsplans gilt gemäß § 34 Abs. 1 S. 2 jedes Werk, bei dem ein Verleger gemäß § 7 an den Ausschüttungen auf die Nutzungsrechte zu beteiligen ist. Die Zustimmung des Urhebers zur Verlegerbeteiligung an gesetzlichen Vergütungsansprüchen gemäß § 26 Abs. 3 ist dagegen nicht erforderlich, um ein Werk als verlegt iSd Verteilungsplans zu qualifizieren.

150 Bei nicht verlegten Werken (so genannten **Manuskriptwerken**) erfolgt die Anmeldung grundsätzlich durch den Komponisten (ggf. zugleich für den Textdichter). Ist eine Anmeldung durch den Komponisten oder den Verleger nicht möglich, beispielsweise weil diese nicht Berechtigte der GEMA sind, so sind gemäß § 34 Abs. 1 S. 4 die übrigen Urheber zur Werkanmeldung berechtigt und verpflichtet.

151 Darüber hinaus ermöglicht § 34 Abs. 2 auch solchen Verlegern die Anmeldung, denen durch den Originalverleger lediglich Abdrucks- oder Bearbeitungsgenehmigungen erteilt wurden, ohne dass sie an der Ausschüttung der GEMA beteiligt werden sollen (sogenannte **Abdruckverleger**). Ein praktischer Anwendungsfall sind Sammlungen von Werken, die für den Musikunterricht in Schulen oder in Musikschulen oder für den Gottesdienst in Kirchen verwendet und für diese Zwecke in einer eigenen Druckausgabe verbreitet und bearbeitet werden. Der Abdruckverleger soll bei der Anmeldung angeben, dass er als solcher tätig wird, damit die GEMA ihn nicht als ausschüttungsberechtigten Verleger registriert. Anderes gilt, wenn der Abdruckverleger nach der Vereinbarung mit dem Originalverleger an der Ausschüttung beteiligt werden soll; in diesem Fall ist die Zustimmung des Originalverlegers der Anmeldung beizufügen. Da der Abdruckverleger in der Regel jedoch nicht über alle für die Werkanmeldung erforderlichen Informationen verfügt, empfiehlt sich aus Sicht der GEMA die direkte Anmeldung durch die Ausschüttungsberechtigten.

152 Die Anmeldung **audiovisueller Werke** kann gemäß § 34 Abs. 3 nicht nur durch die Urheber und Verleger, sondern auch durch den Produzenten des audiovisuellen Werks erfolgen; vgl. hierzu näher die Kommentierung zu § 37, unten **Rn. 161 ff.**.

III. Form (§ 35)

153 Im Rahmen des Massengeschäfts der kollektiven Rechtewahrnehmung kann eine fehlerfreie Erfassung, Registrierung und Administration der Werke nur bei Einhaltung einheitlicher Datenstandards gewährleistet werden. Gemäß § 35 hat die Anmeldung daher unter Einhaltung der **Formvorgaben** der GEMA zu erfolgen.

Die **Anmeldung** kann online[97] oder unter Verwendung der von der GEMA vorgegebenen Anmeldebögen[98] erfolgen. Im Rahmen der Anmeldung werden Informationen erfasst, die zur Identifikation der Werke erforderlich oder aus anderen Gründen für die Verteilung relevant sind, darunter 154

- Werktitel, ggf. mit ergänzender Opuszahl;
- Gattung;
- Spieldauer; diese ist insbesondere für die Punktbewertung nach den Verrechnungsschlüsseln I-IV (§§ 63–66) relevant;
- Besetzung und Zahl der selbstständig geführten Stimmen; vgl. hierzu u.a. §§ 63 Abs. 3 und 4, 64 Abs. 1 Ziff. 4, 65 Abs. 5;
- alle am Werk beteiligten Urheber mit ihren jeweiligen Rollen und Anteilen;
- Verleger mit entsprechender Urheber-/Verlagsbeziehung;
- ggf. Verwendung von Melodien oder Textteilen anderer Urheber; vgl. hierzu § 39;
- bei textierten Werken die Angabe, ob Musik und Text eigens für die Musikkomposition mit Text geschaffen wurde; dies ist insbesondere für die urheberrechtliche Schutzdauer von Bedeutung, da § 65 Abs. 3 UrhG für Musikkompositionen mit Text eine einheitliche Schutzfrist vorsieht, „sofern beide Beiträge eigens für die betreffende Musikkomposition mit Text geschaffen wurden".

Bei verlegten Werken iSd § 34 S. 2 ist mit der Werkanmeldung zugleich anzugeben, ob die **Verlegerbeteiligung** an den Ausschüttungen der GEMA auf Nutzungsrechte im Verlagsvertrag vereinbart ist (vgl. auch § 7 Abs. 1 S. 3 sowie die Kommentierung hierzu oben **Rn. 39**). Soll der Verleger neben den Ausschüttungen auf Nutzungsrechte auch an den Ausschüttungen auf **gesetzliche Vergütungsansprüche** beteiligt werden, muss der GEMA die hierfür gemäß § 26 Abs. 3 erforderliche Zustimmung des Urhebers gemäß § 35 S. 3 gesondert unter Einhaltung der entsprechenden Formvorgaben mitgeteilt werden (vgl. hierzu auch die Kommentierung zu § 26 Abs. 3 oben **Rn. 96 f.**). 155

Spezielle Anforderungen an die Form der Anmeldung bestehen ferner bei Musikwerken mit oder ohne Text, die in **audiovisuellen Werken (Filmen)** verwendet werden, vgl. § 37. 156

IV. Frist (§ 36)

Damit eine Anmeldung bei der Verteilung für einen bestimmten Verteilungszeitraum noch berücksichtigt werden kann, muss sie **rechtzeitig** vor dem hierfür jeweils vorgesehenen Ausschüttungstermin bei der GEMA erfolgen. Die insoweit geltenden Fristen sind in § 36 Abs. 2 geregelt. 157

Die vergleichsweise kurze Frist für bestimmte Sparten des Nutzungsbereichs **Online** (Ende des auf das jeweilige Nutzungsquartal folgenden Monats) ist dadurch begründet, dass die Lizenzgebühren in den Bereichen Music-on-Demand, Video-on-Demand und Ruftonmelodien auf Basis der Nutzung konkreter Werke bzw. Werkanteile gezahlt werden. Anders als in anderen Nutzungsbereichen benötigt die GEMA hier daher bereits zum Zeitpunkt der Rechnungsstellung eine vollständige Dokumentation des von ihr wahrgenommenen Repertoires, um die Lizenzgebühr berechnen und dem Nutzer gegenüber geltend machen zu können.[99] 158

97 Vgl. https://www.gema.de/musikurheber/online-services-fuer-gema-mitglieder/werkanmeldung/ mit ausführlichen Bedienungsanleitungen.

98 Vgl. „Anmeldebogen für Originalwerke", GEMA-Jahrbuch 2017/2018, S. 491 ff.

99 Vgl. Tagesordnung für die Mitgliederversammlung v. 6./7.5.2015, Begr. des Antrags zu TOP 26, S. 58.

159 Im Übrigen ergeben sich die **Anmeldefristen für die einzelnen Sparten** aus der Zusammenschau mit dem Zahlungsplan der GEMA. Hiernach sind

- Sparten mit halbjährlicher Ausschüttung: die Sparten der Nutzungsbereiche Vervielfältigung und Verbreitung;
- Sparten mit jährlicher Ausschüttung zum 1. April: die Sparten der Nutzungsbereiche Aufführung und Wiedergabe sowie die Sparten WEB und WEB VR;
- Sparten mit jährlicher Ausschüttung zum 1. Juli: die Sparten der Nutzungsbereiche Sendung[100] und Vorführung.

Solange keine oder keine fristgerechte Anmeldung erfolgt, besteht gemäß § 36 Abs. 1 **kein Anspruch auf Ausschüttung** (vgl. hierzu auch § 5 Abs. 2 BerV).

V. Anmeldung audiovisueller Werke (§ 37)

160 Für die Anmeldung von Musikwerken, die in **audiovisuellen Werken (Filmen)** Verwendung finden, enthält § 37 besondere Regelungen. Hintergrund hierfür ist, dass in einem audiovisuellen Werk mehrere Musikwerke enthalten sein können – z.B. unterschiedliche Filmmusiken, aber auch vorbestehende Werke, die nicht für den jeweiligen Film geschaffen wurden. Zudem enthalten audiovisuelle Werke häufig auch musikfreie Inhalte in beachtlichem Umfang. Damit die Einnahmen, die die GEMA aus der Wahrnehmung der ihr übertragenen Rechte erzielt, den einzelnen Musikwerken und den an ihnen beteiligten Berechtigten zugeordnet werden können, muss der Musikinhalt der audiovisuellen Werke vollständig dokumentiert werden. Grundlage dieser Dokumentation und der Verteilung sind nicht Anmeldungen der einzelnen Musikwerke, sondern Anmeldungen des gesamten Musikinhalts des audiovisuellen Werks. Dementsprechend muss der Anmeldende bei audiovisuellen Werken gemäß § 37 S. 1 sowohl alle im jeweiligen audiovisuellen Werk vorkommenden eigenen Kompositionen als auch alle sonstigen darin enthaltenen Musikwerke angeben.

161 Der Verteilungsplan unterscheidet zwischen **audiovisuellen Werbespots** einerseits und **sonstigen audiovisuellen Produktionen** (Kinofilme, Fernsehproduktionen, Wirtschaftsfilme etc.) andererseits. Hintergrund für diese Differenzierung ist u.a. die Regelung des § 45 zur Registrierung audiovisueller Werke bei nicht bekannter Laufzeit, die nicht für audiovisuelle Werbespots gilt (vgl. unten, **Rn. 181**). Für audiovisuelle Werbespots und sonstige audiovisuelle Produktionen sind jeweils gesonderte Anmeldeformulare vorgesehen.[101]

162 Eine **Musikaufstellung eines audiovisuellen Werks** enthält die Metadaten des audiovisuellen Werks, u.a. mit den folgenden Angaben:

- Originaltitel der Produktion, bei Serien den Serientitel, Episodentitel und Episodennummer;
- Produktionsland;
- Produktionsjahr;
- Art der Produktion (Kino-, Fernseh- oder Wirtschaftsfilm);
- Angaben zum Produzenten, Lizenznehmer, Regisseur und Darsteller;
- Gesamtlänge der Produktion und der Musik (in Sekunden der Laufzeit);

100 Der frühere separate Termin für Ausschüttungen auf Rundfunknutzungen dramatisch-musikalischer Werke des „Großen Rechts" entfällt ab der Verteilung für das Geschäftsjahr 2017.

101 Vgl. die Formulare „Anmeldung für audiovisuelle Produktionen (AV-Produktionen)" bzw. „Anmeldung für audiovisuelle Werbespots einschließlich Werbetrenner und Trailer" in GEMA-Jahrbuch 2017/2018, S. 512ff., 517f.

- Musikinhalt der Produktion, einschließlich Angaben zur Art der Verwendung (z.B. Vorspannmusik oder Illustrationsmusik), die insbesondere für die Anwendung der Koeffizienten für Fernsehsendungen gemäß § 107 von Bedeutung sind.
- Sofern es sich nicht um Fernsehproduktionen im Sinne von § 1 lit. i Abs. 2 BerV handelt, muss die Anmeldung auch Angaben dazu enthalten, ob die Herstellungsrechte durch die Berechtigten oder durch die GEMA wahrgenommen werden.

Eine **Musikaufstellung eines audiovisuellen Werbespots** enthält die Metadaten des audiovisuellen Werbespots, u.a. mit den folgenden Angaben: **163**
- Originalspottitel;
- Produkt bzw. – bei einem Filmtrailer – mit dem Trailer beworbene Produktion;
- Vollständige Anschrift des Werbeproduzenten, der Werbeagentur oder des Auftraggebers;
- Produktionsjahr;
- Produktionsland;
- Spotlänge;
- Anzahl der Gesamtsekunden der Musik und ggf. die Dauer der einzelnen Werke des Spots;
- Verwendung (Kino-, TV- oder Onlinewerbung);
- Art des Werbespots (Produktwerbung, Sendereigenwerbung, Trailer); Hintergrund für diese Unterscheidung ist, dass es sich bei Produktwerbung um Fremdproduktionen handelt, die im Fernsehen in den Sparten T FS und T FS VR verrechnet werden, während Sendereigenwerbung als Eigen- oder Auftragsproduktion des Fernsehens in den Sparten FS und FS VR berücksichtigt wird (vgl. §§ 105, 111, sowie hierzu unten, **Rn. 376**). Für Trailer iSd § 1 lit. i Abs. 2 UAbs. 2 BerV nimmt die GEMA das Herstellungsrecht wahr, so dass hierfür – anders als für sonstige Werbung – nicht die „Zehntelregelung" des § 113 Abs. 1 S. 2 greift (vgl. unten, **Rn. 417**).
- Angaben zum Musikinhalt.

164 Gemäß § 1 lit. i Abs. 1 BerV sind die Berechtigten verpflichtet, die GEMA von allen ihnen bekanntwerdenden Fällen zu benachrichtigen, in denen ihre Werke in audiovisuellen Werken genutzt werden. Diese **Verpflichtung zur Anmeldung** richtet sich an die Komponisten der Werke oder deren Verleger. Sie besteht unabhängig davon, ob dem Komponisten oder Verleger bereits eine Aufstellung der verwendeten Musikwerke für die gesamte audiovisuelle Produktion vorliegt. Ist dies nicht der Fall, so nimmt die GEMA die Benachrichtigung des Komponisten oder des Verlegers zum Anlass, eine solche Musikaufstellung beim Produzenten anzufordern.[102]

165 Neben dem Urheber und dem Verleger kann bei audiovisuellen Werken gemäß § 34 Abs. 3 auch der **Produzent** des audiovisuellen Werks die Anmeldung vornehmen. Gemäß § 34 Abs. 3 S. 2 ist in Zweifelsfällen bei audiovisuellen Werken mit Musikwerken verschiedener Komponisten die Musikaufstellung des Produzenten maßgebend, da dieser über die genauen Daten der gesamten Produktion verfügt. Bei audiovisuellen Werbespots muss die Anmeldung stets entweder durch den Produzenten des Werbespots, durch den Auftraggeber des Werbespots oder durch die mit der Erstellung des Werbespots beauftragte Werbeagentur unterzeichnet werden, um die Richtigkeit und Vollständigkeit der Angaben nachzuweisen.[103] Bei Auslandsproduktionen audiovisueller Werbe-

102 Für die Benachrichtigung ist das Formular „Rückfall/Übertragung – Erstinformation" zu verwenden; vgl. GEMA-Jahrbuch 2017/2018, S. 516.
103 S. zur diesbezüglichen Nachweisverpflichtung der Berechtigten LG Berlin vom 3.7.2011, 16 O 17/01 n.v.

spots kann es im Einzelfall Schwierigkeiten bereiten, die Unterzeichnung des Anmeldeformulars durch den ausländischen Produzenten, Auftraggeber oder die Werbeagentur zu erreichen. Alternativ akzeptiert die GEMA deshalb bei Auslandsproduktionen von audiovisuellen Werbespots die Vorlage eines Auszugs aus dem Lizenzvertrag, wenn aus diesem die Unterschriften, die Adresse von Rechteinhaber und Lizenznehmer, der Titel des Musikwerkes, der Hinweis zum Einsatz zu Werbezwecken, der Name der Werbekampagne, der Produkttitel und – soweit vorhanden – mögliche Spottitel ersichtlich sind.

166 Grundsätzlich ist neben der Anmeldung einer audiovisuellen Produktion eine **zusätzliche Werkanmeldung für die einzelnen Musikwerke** erforderlich, es sei denn, bei der Anmeldung der audiovisuellen Produktion wurden bereits alle Angaben zu den verwendeten musikalischen Werken und ihren Berechtigten gemacht. Praktische Bedeutung hat die Regelung vor allem für Auftragskompositionen.

VI. Vorlage von Notenbelegen (§ 38)

167 Ein Anspruch auf Verrechnung besteht gemäß § 38 Abs. 3 nur dann, wenn ein **Werknachweis** geführt werden kann. Der Nachweis kann grundsätzlich durch Vorlage eines Manuskripts oder einer Druckausgabe oder in sonstiger Weise erfolgen.

168 Bei **Manuskriptwerken** und verlegten Werken, deren Aufführungsmaterial nur mietweise vertrieben wird (**Mietmaterial**), muss dieser Nachweis gemäß § 38 Abs. 2 jedoch nicht schon bei der Anmeldung erbracht werden, sondern erst auf Anforderung durch die GEMA. Dasselbe gilt bei verlegten Werken, für die der Verleger gemäß § 38 Abs. 1 keine Druckausgabe vorlegen musste.

169 Gemäß § 38 Abs. 1 ist der Verleger bei **verlegten Werken** iSd § 34 S. 2 grundsätzlich zur Vorlage einer **Druckausgabe** verpflichtet. Anstelle der Vorlage bei der GEMA kann der Originalverleger seiner Vorlagepflicht auch genügen, indem er in Erfüllung der gesetzlichen Pflichtablieferungsverordnung vom 17. Oktober 2008 (BGBl. I Seite 2013) zwei Druckexemplare des Werkes beim Deutschen Musikarchiv der Deutschen Nationalbibliothek in Leipzig einreicht und die GEMA hierüber schriftlich benachrichtigt.

170 Der Urheber kann den Verleger von der Pflicht zur Vorlage einer Druckausgabe befreien, indem er eine so genannte **Druckverzichtserklärung** abgibt.[104] Die Abgabe von Druckverzichtserklärungen ist in der Praxis weit verbreitet. Liegt keine Druckverzichtserklärung vor und wird das Werk vom Verleger nicht innerhalb von 6 Monaten nach Ablieferung des Manuskripts gedruckt, ist die GEMA bei entsprechender Benachrichtigung durch den Urheber berechtigt, das Werk nach Ablauf einer angemessenen Nachfrist als Manuskriptwerk (d.h. ohne Beteiligung des Verlegers an den Ausschüttungen) umzuregistrieren. Inzwischen gutgeschriebene Verlagsanteile dürfen von der GEMA durch Aufrechnung zurückgefordert werden. Dies gilt nicht, soweit der Urheber die Fristversäumnis selbst verschuldet hat.

VII. Nachweis der Benutzung fremder Werke (§ 39)

171 Gemäß § 39 Abs. 1 müssen Werke, die unter Benutzung fremder Werke und Motive entstanden sind, vom Anmeldenden entsprechend gekennzeichnet und es müssen die **Quellenstellen** der benutzten Werke angegeben werden. Dies gilt unabhängig davon, ob es sich bei dem benutzten Werk um ein freies oder um ein geschütztes Werk gehandelt hat. Die GEMA registriert die Werke auf der Grundlage dieser Angaben, da sie nicht ver-

104 Vgl. das Formular „Druckverzichtserklärung" im GEMA-Jahrbuch 2017/2018, S. 495.

pflichtet ist, bereits bei der Anmeldung abschließend festzustellen, ob die angemeldeten Werke schutzfähig sind.[105] Bei Benutzung freier Werke wird das angemeldete (neue) Werk zunächst als Bearbeitung registriert. § 39 Abs. 2 gibt der GEMA jedoch die Möglichkeit, die Angaben der Berechtigten durch Vergleich der Notentexte zu überprüfen, indem sie die Vorlage des Belegexemplars des angemeldeten Werkes und des benutzten Originalwerks verlangen kann.

Bei Werken, die unter Benutzung freier fremder Werke und Motive entstanden sind, kann sich die Frage stellen, ob eine urheberrechtlich schutzfähige Bearbeitung vorliegt, die bei der Verteilung gemäß § 199 Abs. 1 zu berücksichtigen ist, oder ob der Anteil des Neugeschaffenen am Gesamtwerk so hoch ist, dass der Bearbeiter mit einem **halben Komponistenanteil** gemäß § 199 Abs. 2 registriert werden kann. 172

Gemäß § 39 Abs. 3 muss bei der Anmeldung von Kompositionen, Texten und Bearbeitungen, die unter Benutzung fremder geschützter Werke entstanden sind, die **Zustimmung des Rechteinhabers** am benutzten Originalwerk bzw. der benutzten Bearbeitung in der von der GEMA vorgeschriebenen Form beigelegt werden. Ohne eine solche Zustimmung werden unter Benutzung fremder geschützter Werke geschaffene Werke nicht bei der Verteilung der GEMA berücksichtigt. Bei der Bearbeitung vorbestehender geschützter Kompositionen wird diese Zustimmung als „Bearbeitungsgenehmigung“[106] bezeichnet. Handelt es sich dagegen um eine bloße Benutzung des vorbestehenden Werkes, ist eine „Verwendungsgenehmigung“ vorzulegen.[107] In diesem Fall erhält der Komponist des neuen Werkes bei der Verteilung den in der Verwendungsgenehmigung angegebenen Komponistenanteil von bis zu 100% ausgeschüttet. Wird ein vorbestehender geschützter Text vertont, so ist die Vorlage einer Vertonungsgenehmigung erforderlich.[108] 173

Die Voraussetzungen für eine Beteiligung des Bearbeiters ergeben sich aus § 6. Je nach Umfang des Neugeschaffenen am Gesamtwerk kann – bei Vorliegen einer Zustimmung des Urhebers des benutzten Werks – auch eine Beteiligung als Komponist in Betracht kommen. 174

VIII. Bestätigung über die Inverlagnahme (§ 40)

Für verlegte Werke, deren Aufführungsmaterial vom Verleger nur mietweise vertrieben wird, entfällt gemäß § 40 das Erfordernis einer Vorlage einer Druckausgabe bei Anmeldung. Dem Anmeldebogen ist in diesem Falle vom Urheber die Bestätigung der Inverlagnahme beizufügen. Die Ausnahmebestimmung ist auf E- und U-Werke ab einer Punktbewertung von 24 gemäß den Verrechnungsschlüsseln I–IV (§§ 63–66) beschränkt. 175

IX. Mitteilung von Veränderungen (§ 41)

Die Berechtigten sind gemäß § 41 verpflichtet, Veränderungen der für die Verteilung relevanten Daten an den Werken mitzuteilen, die nach der Anmeldung erfolgen. Damit eine Änderung bei der Verteilung für einen bestimmten Zeitraum noch berücksichtigt werden kann, muss sie der GEMA rechtzeitig vor dem für die jeweilige Sparte und den betreffenden Verteilungszeitraum vorgesehenen Ausschüttungstermin mitgeteilt werden. Die insoweit geltenden Fristen sind in § 41 Abs. 3 geregelt. Die Zuordnung der ein- 176

105 BGH, GRUR 2012, 910, 913 – Delcantos Hits.
106 Vgl. Muster Bearbeitungsgenehmigung, GEMA-Jahrbuch 2017/2018, S. 507.
107 Vgl. Muster Verwendungsgenehmigung, GEMA-Jahrbuch 2017/2018, S. 509.
108 Vgl. Muster Vertonungsgenehmigung, GEMA-Jahrbuch 2017/2018, 508.

zelnen Fristen zu den jeweiligen Sparten folgt wie im Falle der Werkanmeldung aus dem Zahlungsplan der GEMA; vgl. oben, **Rn. 159**. Erfolgt keine oder keine fristgerechte Mitteilung einer Veränderung, so kann diese bei der Verteilung nicht berücksichtigt werden. Die Berücksichtigung unterschiedlicher Beteiligungen an einem Werk innerhalb eines Verteilungszeitraums ist nicht möglich – so erfolgt beispielsweise die Ausschüttung für ein Werk in den Sparten des Nutzungsbereichs Aufführung bei einem Verlagswechsel je nach Einhaltung der Fristen für das gesamte Geschäftsjahr entweder an den bisherigen oder an den neuen Verlag.

177 Im Rahmen der Änderungsmitteilung haben die Berechtigten zu bestätigen, dass die Ergänzung bzw. Veränderung zwischen allen am Werk Beteiligten geklärt wurde.[109] Soweit aufgrund der Änderungsmitteilung Änderungen in der Registrierung des Werkes erfolgen, erhalten alle Anteilsberechtigten eine erneute Bestätigung über die geänderte Werkregistrierung, vgl. § 41 Abs. 1 S. 2.

X. Falsche Angaben bei der Anmeldung (§ 42)

178 Macht der Anmeldende bei der Werkanmeldung wissentlich (vorsätzlich) oder grob fahrlässig falsche Angaben, so besteht gemäß § 42 Abs. 1 solange **kein Verrechnungsanspruch** für das Werk, bis dieses ordnungsgemäß angemeldet wird. Im Übrigen verweist § 42 Abs. 1 im Falle von vorsätzlich oder grob fahrlässig falschen Angaben auf die weiteren im Regelwerk der GEMA vorgesehenen Sanktionsmöglichkeiten (Aberkennung der ordentlichen oder außerordentlichen Mitgliedschaft gemäß § 9 A Ziff. 4 Satzung oder Konventionalstrafe gemäß § 54 Abs. 7 des Verteilungsplans). § 42 Abs. 2 stellt klar, dass dieselben Rechtsfolgen auch dann gelten, wenn die falschen Angaben im Rahmen einer Mitteilung über Veränderungen an angemeldeten Werken iSd § 41 erfolgen.

XI. Vorgehen bei fehlender Anmeldung (§ 43)

179 Ergibt sich aus den der GEMA vorliegenden Nutzungsmeldungen, dass ein nicht angemeldetes Werk aufgeführt oder mechanisch vervielfältigt worden ist, so wird der Berechtigte unter den Voraussetzungen des § 43 zur nachträglichen Anmeldung aufgefordert. Auf Anmahnung innerhalb einer Frist von 3 Monaten gemeldete Werke gelangen im nächsten Verteilungszeitraum zur Verrechnung.

Abschnitt 2. Registrierung der Werke

§ 44 Grundsatz

Die Werke werden auf der Grundlage der Angaben in den Anmeldungen registriert.

§ 45 Registrierung von audiovisuellen Werken bei nicht bekannter Laufzeit

[1] **Audiovisuelle Werke, bei denen die Laufzeiten der einzelnen Musikwerke nicht bekannt sind, während die Gesamtlaufzeit festgestellt werden konnte, werden registriert, indem die Gesamtmusiklaufzeit gleichmäßig auf die einzelnen Musikwerke verteilt wird.**

[2] **Audiovisuelle Werke, bei denen die Laufzeiten der einzelnen Musikwerke nicht bekannt sind und deren Gesamtmusiklaufzeit nicht festgestellt werden konnte, werden nach folgendem Schlüssel registriert und verrechnet:**

109 Vgl. Muster Mitteilung über eine Veränderung am Werk, GEMA-Jahrbuch 2017/2018, S. 506.

Zahl der im audiovisuellen Werk verwendeten Musikwerke	pro Musikwerk registrierte Laufzeit in Sekunden
1–30	36
31–50	24
51–100	12
über 100	6

[3] Wird ein Musikwerk in einem audiovisuellen Werk nur teilweise (partial) benutzt, so wird für dieses Musikwerk die Hälfte der Musiksekunden nach dem Schlüssel gemäß Abs. 2 zuerkannt.
[4] Ist die gemäß Abs. 2 und 3 errechnete Gesamtmusiklaufzeit länger als zwei Drittel der Länge des Films, wie sie sich nach etwaiger Kürzung aufgrund einer Altersfreigabeprüfung ergibt, so ist die Gesamtmusiklaufzeit verhältnismäßig zu kürzen.
[5] Die Regelungen zur Registrierung bei nicht bekannter Laufzeit gelten nicht für Musiknutzungen im Rahmen von audiovisuellen Werbespots.

§ 46 Registrierung unter Verwendung eines Pseudonyms
[1] Urheber können unter Beachtung der gesetzlichen Vorschriften neben ihrem bürgerlichen oder ständigen Künstlernamen auch Pseudonyme benutzen. Voraussetzung hierfür ist eine schriftliche Bestätigung der GEMA, dass das gewählte Pseudonym noch nicht von einem Dritten benutzt wird.
[2] Der Name einer Gruppe wird nicht anerkannt. Die Werkanmeldung muss vielmehr für jeden einzelnen Urheber in der sonst üblichen Weise vorgenommen werden.
[3] Die benutzten Pseudonyme dürfen zusammen mit dem bürgerlichen oder dem ständigen Künstlernamen den Verwertern mitgeteilt werden.
[4] Für das zweite Pseudonym und alle weiteren ist eine Verwaltungsgebühr gemäß § 29 Abs. 2 zu zahlen.
[5] Es ist unzulässig, den Namen – sei es der bürgerliche Name oder das Pseudonym – eines Urhebers als Pseudonym zu wählen. Ebenso wenig ist die Annahme eines Pseudonyms zulässig, das Verwechslungsgefahr mit anderen Namen in sich birgt. Bei Verstößen gegen diese Regelung verliert der Verletzer des Namenrechts für die unter den unerlaubterweise benutzten Pseudonymen erschienenen Werke jeglichen Zahlungsanspruch gegen die GEMA.

§ 47 Registrierung bei Gleichheit bürgerlicher Namen
Bei Gleichheit bürgerlicher Namen sollen sich die Beteiligten zur Vermeidung einer Verwechslungsgefahr darüber einigen, in welcher Weise die Namen durch Zusätze unterschiedlich gemacht werden können.

§ 48 Registrierung unter Verwendung einer Editionsbezeichnung
[1] Musikverlage können unter Beachtung der gesetzlichen Vorschriften neben der Firmenbezeichnung auch Editionsbezeichnungen benutzen. Voraussetzung hierfür ist eine schriftliche Bestätigung der GEMA, dass die gewählte Editionsbezeichnung noch nicht von einem Dritten benutzt wird.
[2] Die benutzten Editionsbezeichnungen dürfen zusammen mit der Firmenbezeichnung den Verwertern mitgeteilt werden. Für die zweite Editionsbezeichnung und alle weiteren ist eine Verwaltungsgebühr gemäß § 29 Abs. 2 zu zahlen.

§ 49 Einspruch gegen die Registrierung
Die am Werk beteiligten Urheber und Verleger erhalten eine Bestätigung über die erfolgte Werkregistrierung. Gegen die Werkregistrierung kann vom Berechtigten innerhalb von 3 Monaten nach Zugang der Mitteilung Einspruch erhoben werden. In diesem Fall findet die Regelung zum Vorgehen bei widerstreitenden Ansprüchen gemäß § 10 entsprechende Anwendung.

Auf der Grundlage der Werkanmeldungen nimmt die GEMA gemäß § 44 eine Regist- 180
rierung der Werke vor und bestätigt die Registrierung anschließend gemäß § 49 S. 1 gegenüber allen Komponisten, Textdichtern, Bearbeitern und Originalverlegern, die an dem jeweiligen Werk beteiligt und die zum Zeitpunkt der Registrierung Berechtigte der GEMA sind. Änderungen der Registrierung werden den Berechtigten gemäß § 41 Abs. 1

S. 2 ebenfalls mitgeteilt. Zusätzlich haben die am Werk Beteiligten die Möglichkeit, ihre Werke über die Online-Datenbank der GEMA einzusehen.[110] Erhält die GEMA aufgrund der Werkanmeldung Kenntnis davon, dass an dem Werk ein Rechteinhaber beteiligt ist, der seine Rechte nicht der GEMA oder einer anderen Verwertungsgesellschaft zur Wahrnehmung eingeräumt hat, und sind die Kontaktdaten dieses Rechteinhabers bekannt, bietet die GEMA ihm den Abschluss eines Berechtigungsvertrages an.

181 § 45 enthält Sonderregelungen für die Registrierung **audiovisueller Werke**, bei denen die Laufzeiten der einzelnen, im audiovisuellen Werk enthaltenen Musikwerke nicht bekannt sind. In der Praxis ist dies von Bedeutung, wenn die GEMA für eine Nutzung keine Sendemeldung erhalten hat und die Berücksichtigung der Nutzung im Rahmen einer Reklamation geltend gemacht wird. § 45 Abs. 1–4 enthalten für solche Fälle detaillierte Bestimmungen zur pauschalierenden Festsetzung der Laufzeiten. Gemäß § 45 Abs. 5 gelten die betreffenden Bestimmungen jedoch nicht für Musiknutzungen in audiovisuellen Werbespots, da hier aufgrund der in der Praxis häufig unterschiedlichen Gesamtlaufzeiten gleichartiger Spots eine pauschalierende Vereinheitlichung nicht sachgerecht wäre.

182 Urheber können ihre Werke gemäß § 46 auch mit einem **Pseudonym** registrieren lassen. Bei Pseudonymen handelt es sich Deck- oder Künstlernamen, die bei hinreichender Unterscheidbarkeit auch namensrechtlichen Schutz im Rahmen des § 12 BGB genießen.[111] Die GEMA ist berechtigt, das benutzte Pseudonym zusammen mit dem bürgerlichen Namen oder dem ständigen Künstlernamen den Verwertern mitzuteilen. Grundsätzlich stellt die GEMA jedoch sicher, dass alle Wünsche der Urheber im Hinblick auf die Wahrung der Vertraulichkeit gewahrt bleiben. Wünscht ein Urheber keine Offenlegung des Pseudonyms, so erfolgt die Kommunikation zwischen Verwerter und Urheber über die GEMA. Gleichwohl ist durch die Werkregistrierung bei der GEMA die zweifelsfreie Feststellung der Identität des Urhebers gewährleistet, so dass eine Anwendung der verkürzten Schutzfrist für pseudonyme Werke gemäß § 66 Abs. 1 UrhG nicht in Betracht kommt.

183 Die in § 46 enthaltenen Vorgaben zur Wahl des Pseudonyms sollen insbesondere dem Risiko von Verwechslungen vorbeugen, die die Verteilung beeinträchtigen können. Demselben Zweck dient auch die Regelung in § 47, wonach sich Urheber mit gleichen bürgerlichen Namen darüber verständigen sollen, inwieweit die Unterscheidung zwischen ihnen durch Zusätze zum Namen erleichtert werden kann.

184 Verlage können gemäß § 48 neben ihrer Firmenbezeichnung auch eine **Editionsbezeichnung** benutzen. Sie erhalten auf diese Weise die – in der Praxis vielfach genutzte – Möglichkeit, das bei ihnen verlegte Repertoire nach Genres oder anderen Kriterien zu strukturieren und abzugrenzen.

185 Die am Werk Beteiligten haben gemäß § 49 S. 2 die Möglichkeit, **Einspruch gegen die Werkregistrierung** zu erheben. Das Versäumen der insoweit vorgesehenen Frist von drei Monaten nach Zugang der Mitteilung über die Werkregistrierung führt nach der derzeitigen Praxis der GEMA jedoch nicht zum Verlust der Einspruchsmöglichkeit. Die Berechtigten können vielmehr jederzeit gegen eine unrichtige Werkanmeldung vorgehen. Wird gegen die Registrierung eines Werks Einspruch eingelegt, so richtet die GEMA ein Sperrkonto ein, auf dem die für das betreffende Werk ermittelten Ausschüttungsbeträge gutgeschrieben werden. Eine Auszahlung erfolgt erst bei Vorliegen der in § 10 geregelten Voraussetzungen (vgl. hierzu oben **Rn. 54–57**).

110 https://www.gema.de/musikurheber/online-services-fuer-gema-mitglieder/repertoiresuche-erweiterter-zugang/. Die Berechtigten erhalten auf diesem Weg detailliertere Informationen über die Werke als sonstige Nutzer in der allgemein zugänglichen Werkedatenbank, insbesondere mit Blick auf die Anteile, die die einzelnen Berechtigten an den Werken halten.

111 BGH, NJW 2003, 2978; BVerfG, NJW 2007, 671 – maxem.de; Palandt-*Ellenberger*, § 12 BGB Rn. 7.

Die GEMA informiert über das von ihr wahrgenommene Repertoire unter anderem über das Angebot einer **Online-Repertoiresuche.**[112] 186

Abschnitt 3. Prüfungsrechte

§ 50 Spieldauer und Besetzung

[1] Die GEMA ist berechtigt, die gemeldete Spieldauer und die gemeldete Besetzung zu prüfen. Ergeben sich die Verteilung beeinflussende Differenzen zwischen der gemeldeten und der von der GEMA festgestellten Spieldauer oder Besetzung, so ist die GEMA unter gleichzeitiger Benachrichtigung der Ausschüttungsberechtigten zur Korrektur berechtigt.

[2] Ist keine Einigung zwischen dem Anmeldenden und der GEMA hinsichtlich der Spieldauer oder der Besetzung zu erzielen, so entscheidet der Werkausschuss über die der Verteilung zugrunde zu legende und zu registrierende Spieldauer oder Besetzung. Für die Prüfung sind vom Ausschüttungsberechtigten grundsätzlich das ungedruckte oder gedruckte Belegexemplar, d.h. die partiturmäßige Festlegung (in sechsfacher Ausfertigung), sowie ergänzend gegebenenfalls veröffentlichte oder anderweitig verfügbare Tonträger vorzulegen. Bei Werken ganz oder überwiegend improvisatorischen Charakters oder elektroakustischer Musik genügt die Vorlage von Tonträgern und schriftlichen Erläuterungen zur Werkgestaltung. Gegen die Entscheidung des Werkausschusses kann Einspruch gemäß § 6 der Geschäftsordnung für den Werkausschuss eingelegt werden.

§ 51 Schutzfähigkeit

[1] In Zweifelsfällen prüft der Werkausschuss der GEMA die Schutzfähigkeit der ihm vorgelegten Werke. Für die Prüfung sind vom Urheber oder Verleger grundsätzlich das ungedruckte oder gedruckte Belegexemplar, d.h. die partiturmäßige Festlegung (in sechsfacher Ausfertigung), sowie ergänzend gegebenenfalls veröffentlichte oder anderweitig verfügbare Tonträger vorzulegen. Bei Werken ganz oder überwiegend improvisatorischen Charakters oder elektroakustischer Musik genügt die Vorlage von Tonträgern und schriftlichen Erläuterungen zur Werkgestaltung.

[2] Gegen die Entscheidung des Werkausschusses kann Einspruch gemäß § 6 der Geschäftsordnung für den Werkausschuss eingelegt werden. Es bleibt dem Urheber oder Verleger unbenommen, den ordentlichen Rechtsweg zu beschreiten, falls er die Entscheidung des Aufsichtsrats über seinen Einspruch nicht billigt. Bis zur rechtskräftigen Entscheidung des ordentlichen Gerichts ist die Entscheidung des Werkausschusses bzw. des Aufsichtsrats für die GEMA wie für die Urheber oder Verleger bindend.

§ 52 Autorenschaft bei Bearbeitungen freier Werke

[1] Bei Bearbeitungen freier Werke kann der Werkausschuss gebeten werden, anhand der vorgelegten Partituren, Particells oder entsprechenden Arbeitsvorlagen die Wahrscheinlichkeit der Autorenschaft zu prüfen und hierzu gutachterlich Stellung zu nehmen.

[2] Gegen die Entscheidung des Werkausschusses kann Einspruch gemäß § 6 der Geschäftsordnung für den Werkausschuss eingelegt werden.

Nach der Rechtsprechung des BGH sind die Voraussetzungen für Ansprüche der Be- 187
rechtigten gegen die GEMA nach allgemeinen zivilrechtlichen Grundsätzen von dem jeweiligen Anspruchsteller nachzuweisen. Die ausdrückliche Regelung einer entsprechenden **Prüfkompetenz** der GEMA ist hierfür nicht erforderlich.[113] Gleichwohl enthält der Verteilungsplan in §§ 50–52 spezielle Regelungen für die Überprüfung bestimmter verteilungsrelevanter Parameter, die eine Mitwirkung der Berechtigten erfordern oder eine Einbeziehung des Werkausschusses vorsehen. Nach diesen Bestimmungen ist die GEMA zwar berechtigt, die betreffenden Verteilungsvoraussetzungen zu prüfen. Eine flächen-

112 https://online.gema.de/werke/search.faces.
113 BGH, GRUR 2002, 332, 334 – Klausurerfordernis.

deckende Prüfung ist dagegen nicht vorgesehen und wäre im Massengeschäft der kollektiven Rechtewahrnehmung auch nicht mit wirtschaftlich vertretbarem Aufwand umsetzbar.

188 Der **Werkausschuss** wird in bestimmten Fallkonstellationen tätig, bei denen eine qualitative Bewertung der Werke oder der schöpferischen Leistungen der Berechtigten erforderlich ist. Vgl. zu Funktion und Zusammensetzung des Werkausschusses allgemein unten, **Rn. 233–236** zu § 62).

189 Gemäß § 50 Abs. 1 ist die GEMA berechtigt, die gemeldete Spieldauer und die gemeldete Besetzung nachzuprüfen und bei festgestellten verteilungsrelevanten Differenzen zu korrigieren. **Spieldauer und Besetzung**[114] der Werke sind insbesondere für die Einstufungen und die Punktvergabe nach den Verrechnungsschlüsseln I-IV (§§ 63–66) verteilungsrelevant. Daneben kann die Spieldauer der aufgeführten Werke auch maßgeblich für die Frage sein, ob die Einnahmen aus einer Veranstaltung kollektiv oder direkt verteilt werden (vgl. § 88 lit. g 1. Alt. und hierzu unten **Rn. 302f.**). Die Besetzung kann dagegen bei Potpourris von Bedeutung sein, da Aufführungen von „Potpourris geschützter Werke für große Besetzung" in der Sparte U (U-Musik-Veranstaltungen) gemäß § 85 Abs. 3 mit dem Faktor vier gewichtet werden. Wird zwischen der GEMA und dem Berechtigten keine Einigung über die Spieldauer und Besetzung erreicht, entscheidet der Werkausschuss gemäß § 50 Abs. 2. Hierfür hat der Berechtigte dem Werkausschuss die für die Prüfung erforderlichen Unterlagen (insbesondere Notenbelege und Tonträgeraufnahmen) in der erforderlichen Anzahl vorzulegen.[115]

190 Gemäß § 51 prüft der Werkausschuss in Zweifelsfällen die **Schutzfähigkeit** der ihm vorgelegten Werke. Da nur für urheberrechtlich geschützte Werke eine Vergütungspflicht besteht, sind gemäß § 1 des Verteilungsplans auch nur solche bei der Verteilung zu berücksichtigen.[116]

191 Die seit 2005[117] bestehende Regelung, wonach der Werkausschuss bei Bearbeitungen freier Werke auf Antrag die Wahrscheinlichkeit der **Autorenschaft** der angemeldeten Bearbeiter prüfen und hierzu gutachterlich Stellung nehmen soll (§ 52), hat in der Praxis keine Bedeutung erlangt.[118]

Abschnitt 4. Nutzungsmeldungen

§ 53 Erfassung von Nutzungsmeldungen

Die GEMA ist verpflichtet, die ihr gegenüber den Veranstaltern von öffentlichen Wiedergaben zustehenden gesetzlichen Ansprüche auf Abgabe von Aufstellungen über die bei der Veranstaltung genutzten Werke (Nutzungsmeldungen) geltend zu machen. Sie trägt jedoch keine Verantwortung für den vollständigen Eingang der Nutzungsmeldungen und deren Vollständigkeit.

---

114 Das Prüfungsrecht bzgl. der Besetzung wurde durch Beschluss der ordentlichen Mitgliederversammlung 2014 ergänzt. Hierbei handelt es sich um eine Klarstellung; vgl. Tagesordnung für die Mitgliederversammlung v. 8./9.4.2014, Antrag zu TOP 18.

115 Vgl. hierzu Tagesordnung für die Mitgliederversammlung v. 29./30.6.2010, Antrag zu TOP 30 nebst Begr.

116 Vgl. auch BGH, GRUR 2012, 910, 913 – Delcantos Hits.

117 Vgl. Tagesordnung für die Mitgliederversammlung v. 28./29.6.2005, TOP 16. Die Regelung wurde von der Mitgliederversammlung in modifizierter Fassung beschlossen.

118 Vgl. Tagesordnung für die Mitgliederversammlung v. 6./7.5.2015, Begr. zu TOP 21. Statt der von Aufsichtsrat und Vorstand vorgeschlagenen letztmaligen Verlängerung der zuvor befristeten Regelung bis zum 31.12.2017 beschloss die Mitgliederversammlung deren Entfristung.

§ 54 Bedingungen für die Verrechnung von Nutzungsmeldungen

[1] Die GEMA ist nach der Rechtsprechung als Treuhänderin aller Mitglieder verpflichtet, der missbräuchlichen Ausnutzung des Verteilungsplans entgegenzuwirken. Diesem Zweck dienen die folgenden Regelungen.

[2] Zur Verrechnung gelangen nur Nutzungsmeldungen, die den Tatsachen entsprechen.

[3] Es ist dem Ausschüttungsberechtigten untersagt, auf die Erstellung der Nutzungsmeldungen Einfluss zu nehmen oder Nutzungsmeldungen selbständig oder im Auftrage zu erstellen.

[4] Ausgenommen von diesem Verbot sind Ausschüttungsberechtigte, die als ausübende Berufsmusiker oder aufgrund vertraglicher Verpflichtungen zur Erstellung von Nutzungsmeldungen verpflichtet sind. Sie haben im eigenen Interesse nach der Veranstaltung geeignete Nachweise zu sichern (zum Beispiel Zeugenaussagen neutraler und unbeteiligter Dritter, Belege einer geordneten Buchhaltung), um in den Fällen des Abs. 6 die Richtigkeit der Angaben in den Nutzungsmeldungen darlegen zu können. Nimmt ein solcher Ausschüttungsberechtigter an einer von der GEMA lizenzierten Veranstaltung teil, die im Freien auf öffentlich frei zugänglichen, auch überdachten Plätzen (z.B. in Bahnhofshallen, in Eingangshallen, in dem öffentlichen Publikumsverkehr zugänglichen Galerien und Passagen, auf Straßenfesten, in Fußgängerzonen, in Malls) stattfindet und auf der für die dort anzutreffenden Passanten Werke dargeboten werden, so bedürfen die von ihm erstellten Nutzungsmeldungen einer Bestätigung des Veranstalters.

[5] Die GEMA kann Ausschüttungsberechtigte im Sinne von Abs. 4 auffordern, für einen bestimmten Zeitraum, etwa bis zu 2 Monate, ihre Auftrittstermine und -orte rechtzeitig mitzuteilen. Als rechtzeitig gilt die Mitteilung, wenn sie mindestens 2 Wochen vor dem jeweiligen Auftrittstermin bei der GEMA eingeht.

[6] Soweit eine Nutzungsmeldung nicht den Tatsachen entspricht, ist die GEMA berechtigt, Nutzungsmeldungen des betroffenen Veranstalters bzw. des nach Abs. 4 zur Abgabe von Nutzungsmeldungen Befugten von der Verrechnung eines Geschäftsjahres zurückzustellen, bis der Veranstalter bzw. der Ausschüttungsberechtigte die Richtigkeit der darin enthaltenen Angaben nachgewiesen hat. Dasselbe gilt, soweit begründete Zweifel an der Richtigkeit von wesentlichen Bestandteilen von Nutzungsmeldungen bestehen. Die GEMA benachrichtigt den Veranstalter bzw. den Ausschüttungsberechtigten bis zum Ausschüttungstermin von der Zurückstellung und fordert ihn auf, den Nachweis zu erbringen. Wird dieser nicht innerhalb von 6 Monaten nach der Benachrichtigung erbracht, sind die zurückgestellten Nutzungsmeldungen von der Verrechnung ausgeschlossen.

[7] In Fällen von falschen Angaben, die einen rechtswidrigen Vermögensvorteil bezwecken, ist der Vorstand im Zusammenwirken mit dem Aufsichtsrat berechtigt, Konventionalstrafen zu fordern, die mit den dem Ausschüttungsberechtigten zufallenden Ausschüttungsansprüchen verrechnet werden können. Das Recht auf Ausschluss nach § 9 A Ziff. 4 der Satzung bleibt davon unberührt.

§ 55 Von der Verrechnung ausgeschlossene Nutzungsmeldungen

[1] Von der Verrechnung ausgeschlossen sind Nutzungsmeldungen zu Nutzungen, für die nach Maßgabe gesetzlicher Vorschriften oder aus anderen Gründen keine Lizenzvergütungen an die GEMA gezahlt werden.

[2] Von der Verrechnung ausgeschlossen sind Nutzungsmeldungen, die entgegen § 54 Abs. 3 von den Ausschüttungsberechtigten erstellt sind.

[3] Von der Verrechnung ausgeschlossen sind Nutzungsmeldungen, die nach § 54 Abs. 4 einer Bestätigung des Veranstalters bedürfen, diese aber nicht enthalten.

[4] Von der Verrechnung ausgeschlossen sind Nutzungsmeldungen für Veranstaltungen, für die ein Ausschüttungsberechtigter seiner Mitteilungspflicht gemäß § 54 Abs. 5 nicht rechtzeitig nachgekommen ist, es sei denn, der Ausschüttungsberechtigte legt durch konkrete, nachprüfbare Angaben dar, dass eine Mitteilung aus objektiven Gründen nicht möglich war.

§ 56 Nach Abschluss des Geschäftsjahres eingehende Nutzungsmeldungen

Nutzungsmeldungen, die erst nach Abschluss eines Geschäftsjahres eingehen, gelangen im folgenden Geschäftsjahr zur Verrechnung. Nutzungsmeldungen mit Verrechnung in den Sparten E, ED, EM, BM, U und UD können nur verrechnet werden, wenn sie bis zum 31.03. des auf die Veranstaltung folgenden Jahres bei der GEMA eingehen. Später eingehende Nutzungsmeldungen sind von der Verrechnung ausgeschlossen. Unberührt bleiben die Fristen gemäß § 59.

Übersicht

I. Erfassung von Nutzungsmeldungen (§ 53)

192 Die Veranstalter von öffentlichen Wiedergaben im Sinne des § 15 Abs. 2 UrhG sind gemäß § 42 Abs. 1 VGG verpflichtet, vor der Veranstaltung die Einwilligung der zuständigen Verwertungsgesellschaft einzuholen. Dabei müssen sie jedoch nicht im Voraus angeben, welche Werke im Rahmen der Veranstaltung genutzt werden sollen.[119] Bei den seitens der Verwertungsgesellschaft vorab erteilten Einwilligungen handelt es sich daher regelmäßig um **Blankettlizenzen**, die zur Nutzung des gesamten von der Verwertungsgesellschaft vertretenen Repertoires berechtigen.[120] Damit die Verwertungsgesellschaft die aus der Rechtevergabe erzielten Einnahmen verteilen kann, sind die Veranstalter jedoch im Rahmen des § 42 Abs. 2 VGG gesetzlich verpflichtet, im Nachhinein eine „Aufstellung über die bei der Veranstaltung genutzten Werke" zu übersenden (so genannte „Programmpflicht"). Diese Aufstellungen werden in § 53 als **Nutzungsmeldungen** definiert. Daneben sind in der Praxis je nach Nutzungsbereich auch andere Bezeichnungen gebräuchlich, so die Begriffe „Programm", „Setlist" und „Musikfolge" für Nutzungsmeldungen zu Live-Aufführungen oder „Sendemeldung" für Nutzungsmeldungen der Rundfunkveranstalter.

193 § 53 S. 1 verpflichtet die GEMA, die ihr gemäß § 42 Abs. 2 UrhG zustehenden gesetzlichen Ansprüche auf die Abgabe von Nutzungsmeldungen gegenüber den Veranstaltern geltend zu machen. Hierbei sind zum einen die **Grenzen der gesetzlichen Programmpflicht** zu beachten: Diese gilt gemäß § 42 Abs. 2 S. 2 insbesondere regelmäßig nicht für mechanische Wiedergaben, weshalb für die betreffenden Einnahmen eine analoge Verteilung gemäß §§ 15–18 erfolgt (vgl. oben, **Rn. 71 ff.**). Zum anderen können Nutzungsmeldungen oder deren Erfassung unvollständig sein, etwa wenn die Veranstalter nicht alle im Rahmen einer Veranstaltung genutzten Werke melden oder ihrer Meldepflicht insgesamt nicht nachkommen. Gemäß § 53 S. 2 trägt die GEMA hierfür keine Verantwortung. Sie ist somit nicht zu einer vollständigen Erfassung aller Nutzungsmeldungen für alle Veranstaltungen verpflichtet. Hintergrund hierfür ist, dass eine lückenlose Durchsetzung der gesetzlichen Programmpflicht nicht mit wirtschaftlich verhältnismäßigem Aufwand realisiert werden kann.

II. Bedingungen für die Verrechnung von Nutzungsmeldungen (§ 54)

194 § 54 regelt Voraussetzungen für die Berücksichtigung von Nutzungsmeldungen bei der Verteilung. Ein besonderes Augenmerk gilt hierbei – wie § 54 Abs. 1 klarstellt – der **Missbrauchsbekämpfung**. In der Rechtsprechung ist anerkannt, dass Verwertungsgesellschaften gehalten sind, der missbräuchlichen Ausnutzung des Verteilungsplans durch einzelne Berechtigte entgegenzuwirken.[121] Das Risiko einer solchen missbräuchli-

---

119 Vgl. zur insoweit inhaltsgleichen Regelung des UrhWG Schricker-*Reinbothe*, § 13b WahrnG Rn. 4.
120 Eine Ausnahme gilt für Konzerte der ernsten Musik, da die Zahl der aufgeführten urheberrechtlich geschützten Werke hier für die Höhe der Lizenzvergütung relevant ist.
121 BGH, GRUR 2004, 767, 768 – Verteilung des Vergütungsaufkommens; in Bezug auf die entsprechende, nunmehr in § 54 Abs. 1 verortete Regelung des GEMA-Verteilungsplans bestätigt durch BGH, GRUR 2013, 375, 376 – Missbrauch des Verteilungsplans.

chen Ausnutzung ist besonders hoch, wo Berechtigte selbst Einfluss auf Nutzungen und Nutzungsmeldungen ausüben und sich somit gleichsam ihren eigenen „Gehaltszettel" schreiben können.[122] Dies ist bei der GEMA insbesondere (aber nicht ausschließlich) im Bereich der Live-Aufführung der Fall. Um Missbräuche zu verhindern, ist die GEMA auch berechtigt, Kontrollen der Veranstaltungen durchzuführen.[123]

§ 54 Abs. 2 enthält zunächst den allgemeinen Grundsatz, dass nur solche Nutzungsmeldungen bei der Verrechnung berücksichtigt werden, die den Tatsachen entsprechen. Die **Darlegungs- und Beweislast** für die Richtigkeit der Nutzungsangaben liegt hierbei beim Berechtigten.[124] Nicht den Tatsachen entsprechen z.B. Musikfolgen zu Live-Veranstaltungen, denen keine öffentlichen Aufführungen im Sinne von § 15 Abs. 3 UrhG zugrunde liegen, sowie solche, die andere oder mehr Werke enthalten, als tatsächlich zur Aufführung gekommen sind. **195**

Gemäß § 54 Abs. 3 ist es den **Ausschüttungsberechtigten** grundsätzlich nicht gestattet, Nutzungsmeldungen zu erstellen oder auf die Erstellung Einfluss auszuüben. Vorbehaltlich der in § 54 Abs. 4 enthaltenen Ausnahme sind die Nutzungsmeldungen damit von den Nutzern auszufüllen, die hierzu im Rahmen von § 42 VGG auch gesetzlich verpflichtet sind (vgl. oben, **Rn. 192 f.**). Grundsätzlich kann davon ausgegangen werden, dass die Angaben in den Nutzungsmeldungen von Veranstaltern korrekt sind, denn ein Nutzer hat in der Regel kein eigenes wirtschaftliches Interesse an den Angaben in den Nutzungsmeldungen, sofern er nicht selbst Ausschüttungsberechtigter der GEMA oder an den Einnahmen eines Berechtigten der GEMA unmittelbar oder mittelbar beteiligt ist. Soweit Nutzungsmeldungen von Berechtigten ausgefüllt werden, besteht wegen deren wirtschaftlichen Eigeninteresses dagegen nicht in gleichem Maße eine Richtigkeitsvermutung. **196**

Zur Erstellung von Nutzungsmeldungen sind die Berechtigten nur in den in § 54 Abs. 4 ausdrücklich genannten Fällen berechtigt. Dies betrifft namentlich den Fall, dass ein GEMA-Mitglied gleichzeitig als ausübender Berufsmusiker aktiv ist und beispielsweise als **„Selbstaufführer"** eigene Kompositionen in vergütungspflichtigen Veranstaltungen öffentlich aufführt. In der Rechtsprechung ist anerkannt, dass der zur Erstellung von Nutzungsmeldungen befugte Berechtigte aufgrund seiner wirtschaftlichen Eigeninteressen in besonderem Maße das Vertrauen der GEMA und der Gemeinschaft der Musikschaffenden in Anspruch nimmt. Er muss daher bei der Ausfüllung der Nutzungsmeldungen besonders sorgfältig verfahren. Dasselbe gilt, wenn sich ein eigenes wirtschaftliches Interesse am Inhalt der Nutzungsmeldungen aus engen wirtschaftlichen und persönlichen Verflechtungen zwischen den beteiligten Interpreten, Urhebern, Verlegern und Veranstaltern ergibt.[125] Um der GEMA eine Kontrolle der zur Einreichung von Nutzungsmeldungen befugten Berechtigten zu ermöglichen, können diese gemäß § 54 Abs. 5 – ggf. auch mehrmals im Jahr[126] – aufgefordert werden, ihre Auftrittstermine und -orte für einen bestimmten Zeitraum rechtzeitig mitzuteilen. **197**

Hat ein Veranstalter oder ein gemäß § 54 Abs. 4 zur Erstellung von Nutzungsmeldungen befugter Ausschüttungsberechtigter Programme eingereicht, die nicht den Tatsachen entsprechen, so ist die GEMA gemäß § 54 Abs. 6 bereits bei einer unrichtigen **198**

---

122 LG Berlin, Urt. v. 13.6.2006, 16 O 679/05, S.16, n.v.

123 BGH, GRUR 2013, 375 – Missbrauch des Verteilungsplans, Rn.23.

124 BGH, GRUR 2013, 375, 376 – Missbrauch des Verteilungsplans. Die aktuelle, in § 54 Abs. 2 übernommene Formulierung wurde 2012 beschlossen; vgl. Tagesordnung für die Mitgliederversammlung v. 26./27.6.2012, TOP 33.

125 KG v. 12.7.2011, Az. 5 U 142/07 n.v., Umdruck S. 12.

126 LG Berlin v. 27.1.2009, Az. 16 O 482/07 n.v., Umdruck S. 8 f.

Nutzungsmeldung berechtigt, sämtliche weiteren Nutzungsmeldungen desselben Veranstalters oder Ausschüttungsberechtigten im selben Geschäftsjahr bis zum Nachweis der Richtigkeit **von der Verrechnung zurückzustellen**. Zum Schutz vor einer missbräuchlichen Ausnutzung des Verteilungsplans erfolgt eine solche Zurückstellung von Nutzungsmeldungen für ein Geschäftsjahr auch dann, wenn begründete Zweifel an der Richtigkeit wesentlicher Bestandteile bestehen. Erbringt der Veranstalter bzw. der Ausschüttungsberechtigte auf Aufforderung der GEMA nicht binnen sechs Monaten den Nachweis für die Richtigkeit der zurückgestellten Nutzungsmeldungen, sind diese dauerhaft von der Verrechnung ausgeschlossen. Die Berechtigung der GEMA zu derartigen Zurückstellungen und Ausschlüssen ergibt sich bereits aus ihrer Stellung als Treuhänderin und der daraus folgenden Verpflichtung zur Verhinderung von Missbräuchen. Der Bundesgerichtshof hat die Wirksamkeit und sachliche Rechtfertigung der jetzt in § 54 Abs. 6 verorteten Regelung dementsprechend ausdrücklich bestätigt. Er hat unter anderem ausgeführt, dass die GEMA im Interesse der Gesamtheit der Berechtigten gehalten ist, unzureichend belegte Nutzungsmeldungen zurückzuweisen und gegebenenfalls auf einem vollen Nachweis der Voraussetzungen für einen Anspruch auf Beteiligung am Vergütungsaufkommen zu bestehen.[127]

199 Sofern die GEMA Nutzungsmeldungen, die ein Berechtigter gemäß § 54 Abs. 4 ausnahmsweise ausgefüllt hat, wegen Zweifeln an der inhaltlichen Richtigkeit gemäß § 54 Abs. 6 von der Verrechnung zurückstellt, obliegt es dem betreffenden Berechtigten, die Richtigkeit der Nutzungsangaben darzulegen. § 54 Abs. 4 S. 2 stellt daher klar, dass die zur Erstellung von Nutzungsmeldungen befugten Berechtigten im eigenen Interesse unmittelbar nach der Veranstaltung geeignete **Nachweise** zu sichern haben, um bei Bedarf das Stattfinden und den Inhalt der betreffenden Nutzungen belegen zu können. Ein Nachweis kann beispielsweise dadurch erbracht werden, dass neutrale und unbeteiligte Dritte aus eigener Wahrnehmung darlegen, dass die Angaben in der Nutzungsmeldung richtig sind. Auch Belege einer geordneten Buchhaltung können als Nachweis geeignet sein, sofern sich hieraus die Einnahmen aus Eintrittsgeldern o.ä. für die einzelnen Veranstaltungen ablesen lassen.[128]

200 **Verstöße** der Ausschüttungsberechtigten gegen die in § 54 enthaltenen Anforderungen werden durch die Regelungen in § 54 Abs. 7 sanktioniert.

III. Von der Verrechnung ausgeschlossene Nutzungsmeldungen (§ 55)

201 § 55 regelt verschiedene Sachverhalte, in denen Nutzungsmeldungen von der Verrechnung ausgeschlossen sind und daher nicht bei der Verteilung berücksichtigt werden.

202 Gemäß § 55 Abs. 1 gilt dies für Meldungen zu Nutzungen, für die die GEMA aufgrund gesetzlicher Bestimmungen **keine Vergütung** erhält, so zum Beispiel bei Aufführungen, für die aufgrund spezieller sozialer oder erzieherischer Zweckbestimmungen gemäß § 52

127 BGH, GRUR 2013, 375, 376 – Missbrauch des Verteilungsplans. Als nicht hinreichend bestimmt verworfen hat der BGH dagegen die damalige Regelung in Abschnitt IV Ziffer 4 Absatz 3 Satz 1 der Ausführungsbestimmungen zum Verteilungsplan A. Hiernach waren Programme, die den Namen einzelner Berechtigter auffallend häufig enthielten, ohne dass hierfür ein sachlicher Grund gegeben war, von der Verrechnung insoweit ausgeschlossen, als sie auf diesem Tatbestand beruhten. Die auffallend häufige Nennung einzelner Berechtigter kann aber anerkanntermaßen auch weiterhin in einer Gesamtschau mit anderen Anhaltspunkten Zweifel an der Richtigkeit von Programmen begründen oder verstärken; vgl. Tagesordnung für die Mitgliederversammlung v. 25./26.6.2013, Begr. des Antrags zu TOP 41.

128 Vgl. Tagesordnung für die Mitgliederversammlung v. 23./24.6.2009, Begr. des Antrags zu TOP 22.

Abs. 1 S. 3 UrhG ausnahmsweise keine Vergütungspflicht besteht. Ebenso sind Nutzungsmeldungen von der Verrechnung ausgeschlossen, für die aus anderen Gründen keine Lizenzvergütungen gezahlt werden, so etwa im Falle der Zahlungsunfähigkeit des Veranstalters. Mit der Regelung soll sichergestellt werden, dass jeder für die Verteilung berücksichtigten Nutzungsmeldung eine Einnahme aus der betreffenden Nutzung gegenübersteht.[129] Die Regelung ist insbesondere für diejenigen Sparten relevant, in denen eine kollektive Verteilung mit Punkt- oder Minutenwerten für eine Vielzahl einzelner Nutzungsvorgänge aufgrund von Nutzungsmeldungen erfolgt, z B. also für die Sparte E (E-Musik-Veranstaltungen, §§ 72ff.). In Sparten mit Direktverteilung gemäß § 11 Abs. 3 (z.B. Sparte ED, E-Musik-Direktverteilung, §§ 75ff.) wäre eine Verteilung für unvergütete Nutzungen dagegen auch ohne die Regelung in § 55 Abs. 1 bereits *per definitionem* ausgeschlossen, da als Basis für eine Direktverteilung stets konkrete Einnahmen für die betreffenden Nutzungen vorliegen müssen.

Nutzungsmeldungen, die **von Ausschüttungsberechtigten unter Verstoß gegen formale oder inhaltliche Vorgaben erstellt** werden, sind gemäß § 55 Abs. 2–4 von der Verrechnung ausgeschlossen. Im Einzelnen handelt es sich um folgende Sachverhalte: 203

- unbefugte Erstellung oder Einflussnahme auf die Erstellung von Nutzungsmeldungen durch Ausschüttungsberechtigte (§ 55 Abs. 2 iVm § 54 Abs. 3);
- von Ausschüttungsberechtigten gemäß § 54 Abs. 4 erstellte Nutzungsmeldungen, die eine gemäß § 54 Abs. 4 S. 3 erforderliche Bestätigung des Veranstalters nicht enthalten (§ 55 Abs. 4);
- von Ausschüttungsberechtigten gemäß § 54 Abs. 4 erstellte Nutzungsmeldungen zu Nutzungen, bei denen der Ausschüttungsberechtigte der Aufforderung zur rechtzeitigen Mitteilung seiner Auftrittstermine und -orte gemäß § 54 Abs. 5 nicht nachgekommen ist, soweit die Mitteilung nicht aus nachweisbaren objektiven Gründen unmöglich war (§ 55 Abs. 4).

Die vorgenannten Regelungen in § 55 Abs. 2–4 korrespondieren mit der in § 54 Abs. 1 normierten Aufgabe der GEMA, der missbräuchlichen Ausnutzung des Verteilungsplans entgegenzuwirken (dazu oben **Rn. 194**). 204

IV. Nach Abschluss des Geschäftsjahres eingehende Nutzungsmeldungen (§ 56)

Nutzungsmeldungen, die erst nach Abschluss eines Geschäftsjahres eingehen, werden gemäß § 56 nicht endgültig von der Verteilung ausgeschlossen. Ihre Verrechnung wird lediglich auf das nächste Geschäftsjahr verschoben. Im Rahmen der kollektiven Rechtewahrnehmung können nachträglich eingereichte Nutzungsmeldungen nicht zeitlich unbeschränkt berücksichtigt werden. Die Verrechnung von Nutzungsmeldungen, die mit mehrjähriger Verzögerung bei der GEMA eingereicht werden, wäre nicht nur aufwändig und mit hohen Kosten verbunden, sondern könnte auch die Verrechnung der übrigen Nutzungsmeldungen beeinträchtigen: Müsste die GEMA Verteilungseinbehalte für die Verrechnung einer unabsehbaren Zahl eventuell noch zu erwartender Nutzungsmeldungen über das laufende Geschäftsjahr hinaus bilden, so könnte dies zu unkalkulierbaren Belastungen der regulären Verteilungssumme führen.[130] In den Sparten des Aufführungsrechts (Sparten E, ED, EM, BM, U und UD) können Nutzungsmeldungen 205

129 LG Berlin v. 22.2.2005, Az. 16 O 681/03 n.v., Umdruck S. 34; vgl. auch LG Berlin v. 27.1.2009, Az. 16 O 482/07 n.v., Umdruck S. 7.

130 Vgl. Tagesordnung für die Mitgliederversammlung v. 25./26.6.2013, Begr. des Antrags zu TOP 42.

gemäß § 56 S. 2 und 3 daher nur dann bei der Verteilung berücksichtigt werden, wenn sie spätestens bis zum 31. März des auf die jeweilige Nutzung folgenden Jahres bei der GEMA eingehen. Für die Berücksichtigung von Nutzungsmeldungen, die im Rahmen von Reklamationen durch die Berechtigten selbst bei der GEMA eingereicht werden, gelten dagegen, wie § 56 S. 4 klarstellt, die Reklamationsfristen gemäß § 59 (s.u., **Rn. 222**). Der Berechtigte hat demnach beispielsweise nach einer Ausschüttung in der Sparte U zum 1. April eines Jahres noch drei Monate – folglich bis zum 1. Juli desselben Jahres – die Möglichkeit, nicht berücksichtigte Nutzungen durch Nutzungsmeldungen zu belegen.

206 Soweit Nutzungsmeldungen, die erst nach Abschluss eines Geschäftsjahres bei der GEMA eingehen, nach den vorstehenden Regelungen berücksichtigt werden können, erfolgt die Verteilung auf der Grundlage desjenigen Dokumentationsstands, der für das Geschäftsjahr gilt, in dem die Nutzungsmeldungen verrechnet werden.

Beispiel: Ein Werk wird im Jahr 2016 im Fernsehen gesendet. Im Zeitpunkt der Sendung ist das Werk unverlegt. Das Sendeunternehmen reicht die Sendemeldungen jedoch erst im Jahr 2017 bei der GEMA ein. Die Berechtigten schließen über die betreffenden Werke Anfang 2017 einen Verlagsvertrag. Die GEMA rechnet in diesem Fall grundsätzlich sämtliche Sendungen, d.h. also auch die Sendungen aus dem Jahr 2016, mit der Verteilung für das Geschäftsjahr 2017 nach dem für das Jahr 2017 geltenden Dokumentationsstand ab, so dass der Verleger auch für die Werknutzungen aus dem Vorjahr Verlagsanteile ausgeschüttet erhält.

207 Die im Beispiel beschriebene Vorgehensweise ist durch das Erfordernis der Verwaltungsvereinfachung geboten, da die Heranziehung des Dokumentationsstandes desjenigen Geschäftsjahres, in dem die Werknutzungen stattgefunden haben, einen erheblichen Aufwand auslösen würde. Entscheidend ist somit immer das Geschäftsjahr, mit dem die Nutzungsmeldungen verrechnet werden. Sollte – wie im Beispielfall – ein Verlagsanteil zu Unrecht an einen Verlag ausgeschüttet werden, so kann im Innenverhältnis zwischen Verlag und Urheber ein Erstattungsanspruch bestehen.

Abschnitt 5. Ausschüttung

§ 57 Verteilungsfristen und Ausschüttungstermine

[1] **Die GEMA verteilt die Einnahmen aus den Rechten spätestens neun Monate nach Ablauf des Geschäftsjahrs, in dem sie eingezogen wurden. Einnahmen aus den Rechten, die die GEMA für Nutzungen ihres Repertoires aufgrund von Repräsentationsvereinbarungen mit anderen Verwertungsgesellschaften für musikalische Urheberrechte erzielt, werden spätestens sechs Monate nach Erhalt an die Mitglieder verteilt. Die Verteilungsfristen nach Satz 1 und 2 gelten nicht, soweit die GEMA aus sachlichen Gründen an der Durchführung der Verteilung gehindert ist.**

[2] **Die Ausschüttungstermine für die einzelnen Sparten (Zahlungsplan) und die Vorauszahlungstermine werden unter Berücksichtigung der Verteilungsfristen des Absatz 1 durch den Aufsichtsrat jeweils für das kommende Geschäftsjahr aufgrund der Vorschläge des Vorstands festgelegt. Soweit Einnahmen, die die GEMA außerhalb des gewöhnlichen Geschäftsverlaufs für bereits abgerechnete Verteilungszeiträume erzielt, als prozentualer Zuschlag zu diesen Verteilungszeiträumen oder werk- und nutzungsbezogen verteilt werden, legt der Aufsichtsrat die Ausschüttungstermine aufgrund der Vorschläge des Vorstands gesondert fest. Die Ausschüttungs- und Vorauszahlungstermine sind zu veröffentlichen.**

§ 58 Detailaufstellungen

[1] **In den Sparten BM, DK, E, ED, EM, FS, FS VR, KMOD, KMOD VR, M, MOD D, MOD D VR, MOD S, MOD S VR, R, R VR, T, TD, TD VR, T FS, T FS VR, U, UD, VOD D, VOD D VR, VOD S, VOD S VR, WEB und WEB VR kann der Ausschüttungsberechtigte innerhalb einer Frist von 8 Wochen ab dem jeweiligen Ausschüttungstermin eine Aufstellung der verrechneten Werke, der Beteiligungsquote und der Beträge sowie in den Sparten U und UD der Zahl der abgerechneten Aufführungen anfordern (Detailaufstellung 1).**

[2] In den Sparten R, R VR, FS, FS VR, T FS und T FS VR kann der Ausschüttungsberechtigte innerhalb einer Frist von 8 Wochen ab dem jeweiligen Ausschüttungstermin für die verrechneten Werke und Filme eine Aufstellung mit Angabe des Senders, des Sendedatums, der genauen tatsächlichen Spieldauer und der Koeffizienten für Fernsehsendungen gemäß § 107 anfordern, soweit die GEMA von den Sendeunternehmen die entsprechenden Angaben erhalten hat (Detailaufstellung 2).

[3] In den Sparten BM, E, ED, EM, U und UD kann der Ausschüttungsberechtigte innerhalb von 8 Wochen ab dem jeweiligen Ausschüttungstermin eine Aufstellung mit Angabe des Ortes, des Datums der Aufführung und des Namens des Veranstalters verlangen (Detailaufstellung 3).

[4] In den Sparten Phono VR und BT VR kann der Ausschüttungsberechtigte innerhalb einer Frist von 8 Wochen ab dem jeweiligen Ausschüttungstermin eine Aufstellung mit den verrechneten Werken, den Beteiligungsquoten, den werkweise verrechneten Beträgen und den Angaben zum Lizenznehmer, zum Träger, zur Anzahl der Vervielfältigungen und zum Nutzungszeitraum anfordern (Detailaufstellung 4).

[5] In der Sparte A und der Sparte A VR kann der Ausschüttungsberechtigte innerhalb einer Frist von 8 Wochen ab dem jeweiligen Termin der Auslandsausschüttung eine Aufstellung der in Abs. 1–4 genannten Informationen anfordern, soweit die GEMA diese Informationen von der ausländischen Verwertungsgesellschaft erhalten hat (Detailaufstellung 5).

[6] Die elektronische Bereitstellung der Detailaufstellungen erfolgt kostenfrei. Darüber hinaus kann der Ausschüttungsberechtigte den postalischen Versand der Detailaufstellungen gegen Zahlung einer Verwaltungsgebühr gemäß § 29 Abs. 2 beantragen. Die elektronische Bereitstellung und der postalische Versand der Detailaufstellungen erfolgen bis auf Widerruf.[1)]

1) Die von der ordentlichen Mitgliederversammlung 2017 beschlossene Fassung von § 58 Absätze 1 bis 6 gilt ab dem 1.1.2018.

§ 59 Reklamationen

[1] Reklamationen können nur berücksichtigt werden, wenn sie in den Sparten der Nutzungsbereiche Sendung, Vorführung und Ausland innerhalb einer Frist von 18 Monaten, in den Sparten E, ED, EM und BM innerhalb einer Frist von 12 Monaten und in den übrigen Sparten innerhalb einer Frist von 3 Monaten nach dem jeweiligen Ausschüttungstermin gemäß § 57 eingehen.

[2] Reklamationen müssen konkrete Angaben enthalten, die eine Prüfung zulassen, und können ferner nur dann berücksichtigt werden, wenn das Ergebnis einen Mindestbetrag von EUR 5,00 pro Werk erwarten lässt. Ergibt die Prüfung der Reklamation einen Zahlungsanspruch, so wird dieser nach Abschluss der Prüfung mit dem nächsten Ausschüttungstermin fällig. Auf Antrag kann ein angemessener Vorschuss gewährt werden.

[3] Macht ein Urheber oder Verleger in den Sparten E, ED, EM und BM innerhalb einer Frist von 12 Monaten und in den übrigen Sparten innerhalb von 3 Monaten nach dem Ausschüttungstermin des jeweiligen Verteilungszeitraums gemäß § 57 glaubhaft, dass Aufführungen stattgefunden haben, ohne dass diese in den verwertbaren Nutzungsmeldungen enthalten sind, werden diese Aufführungen bei der Verteilung für das laufende Geschäftsjahr berücksichtigt. Die Möglichkeit der Glaubhaftmachung besteht nicht für solche Nutzungsmeldungen, die gemäß § 54 Abs. 6 von der Verrechnung ausgeschlossen oder zurückgestellt wurden. In diesen Fällen setzt eine Verrechnung voraus, dass der Urheber oder Verleger den vollen Beweis (zum Beispiel Zeugenaussagen neutraler und unbeteiligter Dritter) für die Richtigkeit der Nutzungsmeldungen erbringt.

[4] Im Rahmen der Reklamation einer Nachverrechnung in den Sparten U, UD, M, E, ED, EM und BM können keine weiteren Nutzungen gemeldet oder glaubhaft gemacht werden, die zum regulären Ausschüttungstermin unberücksichtigt geblieben sind.

Übersicht

I. Verteilungsfristen und Ausschüttungstermine (§ 57)

1. Verteilungsfristen (§ 57 Abs. 1)

208 Die Regelung zu den Verteilungsfristen in § 57 Abs. 1 wurde durch Beschluss der ordentlichen Mitgliederversammlung 2016 in den Verteilungsplan aufgenommen[131] und steht im Zusammenhang mit dem Inkrafttreten des Verwertungsgesellschaftengesetzes (VGG) zum 1.6.2016. Anders als das zuvor geltende Urheberrechtswahrnehmungsgesetz gibt das **Verwertungsgesellschaftengesetz** konkrete Fristen vor, die die Verwertungsgesellschaften bei der Verteilung einzuhalten haben. Gemäß § 28 Abs. 1 VGG müssen die Fristen, binnen derer die Einnahmen aus den Rechten verteilt werden, im Regelwerk der Verwertungsgesellschaft ausdrücklich bestimmt werden. Für die Verteilungspraxis der GEMA haben sich durch die Umsetzung der neuen gesetzlichen Vorgaben keine nennenswerten Veränderungen ergeben, da die Ausschüttungstermine der GEMA schon zuvor regelmäßig innerhalb der betreffenden Fristen lagen.

209 Grundsätzlich sind die Einnahmen der Verwertungsgesellschaft gemäß § 28 Abs. 2 VGG **spätestens neun Monate nach Ablauf des Geschäftsjahrs** zu verteilen, in dem sie eingezogen wurden.[132] Diese gesetzliche Frist hat die GEMA in § 57 Abs. 1 S. 1 des Verteilungsplans übernommen. Einnahmen, die die GEMA auf der Grundlage von Repräsentationsvereinbarungen mit anderen Verwertungsgesellschaften erzielt, müssen dagegen gemäß § 57 Abs. 1 S. 1 spätestens binnen sechs Monaten nach Erhalt verteilt werden. Diese Regelung, mit der § 46 Abs. 3 VGG umgesetzt wird,[133] betrifft insbesondere die Sparten des Nutzungsbereichs Ausland (Sparten A und A VR, §§ 188 f.). In diesen Sparten werden die Einnahmen verteilt, die die GEMA von ihren ausländischen Schwestergesellschaften für Nutzungen des GEMA-Repertoires in deren jeweiligen Territorien erhält. Die Ausschüttung erfolgt in der Praxis nach Eingang laufend zum 1. eines jeden Quartals. Nicht gesondert erwähnt ist im Verteilungsplan, dass die Verteilung von Einnahmen aus der gebietsübergreifenden Vergabe von Online-Rechte gemäß § 68 Abs. 1 VGG „unverzüglich" zu erfolgen hat. Da sich die entsprechende Regelung unmittelbar aus dem Gesetz ergibt, bedarf es keiner ausdrücklichen Regelung im Verteilungsplan.

210 Im Massengeschäft der kollektiven Rechtewahrnehmung können verschiedene Umstände eintreten, die die Verwertungsgesellschaft an einer fristgerechten Verteilung hindern. Vielfach liegen diese Umstände nicht in der Einflusssphäre der Verwertungsgesellschaft. So können sich Verzögerungen beispielsweise dadurch ergeben, dass Nutzer mangelhafte Nutzungsmeldungen einreichen oder der Berechtigte nicht identifiziert oder ausfindig gemacht werden kann. Wäre die Verwertungsgesellschaft auch in solchen Fällen zur Einhaltung der vorgenannten Fristen verpflichtet, liefe sie Gefahr, sich Schadensersatz- und Verzugszinsansprüchen der Berechtigten auszusetzen, ohne dass es hierbei auf ein Verschulden ankäme. Der Gesetzgeber hat dieses Problem erkannt und in § 28 Abs. 3 VGG geregelt, dass die Verwertungsgesellschaft **Ausnahmen von den Verteilungsfristen** für den Fall vorsehen kann, dass sie aus sachlichen Gründen an der Durchführung einer fristgerechten Verteilung gehindert ist.[134] Diese Vorschrift hat die GEMA in § 57 Abs. 1 S. 3 des Verteilungsplans umgesetzt.

---

131 Vgl. Tagesordnung für die Mitgliederversammlung v. 26./27.4.2016, Antrag zu TOP 25.

132 Die Regelung setzt Art. 13 Abs. 1 UAbs. 2 der Verwertungsgesellschaftenrichtlinie 2014/26/EU um.

133 § 46 Abs. 3 VGG setzt Art. 15 Abs. 3 UAbs. 2 der Verwertungsgesellschaftenrichtlinie 2014/26/EU um.

134 Vgl. hierzu RegE VGG, Begr. zu § 28, S. 81 sowie Art. 13 Abs. 1 UAbs. 2 VG-RL. Nach der Gesetzesbegründung zu § 28 VGG ist es ferner „grundsätzlich sachlich gerechtfertigt, wenn die

2. Ausschüttungstermine (§ 57 Abs. 2)

Die Veröffentlichung von Ausschüttungs- und Vorauszahlungsterminen für die einzelnen Sparten dient der **Transparenz und Planungssicherheit** im Interesse der Mitglieder. Gemäß § 57 Abs. 2 werden die Ausschüttungstermine vom Aufsichtsrat aufgrund der Vorschläge des Vorstands festgelegt. Sie müssen sich im Rahmen der Verteilungsfristen des § 57 Abs. 1 halten. Die Termine werden im GEMA-Jahrbuch,[135] im Magazin der GEMA „virtuos" und im Internet auf der Homepage der GEMA **veröffentlicht**. Zudem ist die GEMA seit Inkrafttreten des Verwertungsgesellschaftengesetzes gemäß Ziff. 2. c) cc) der Anlage zu § 58 Abs. 2 VGG verpflichtet, die Ausschüttungstermine in ihrem jährlichen Transparenzbericht zu veröffentlichen. Feste Ausschüttungstermine sind derzeit der 1. Januar, 1. April, 1. Juli und 1. Oktober eines jeden Jahres. Da die Gutschriften bereits vor den jeweiligen Ausschüttungsterminen erfolgen, wird auch bei den Ausschüttungen zum 1. Oktober die 9-Monats-Frist des § 57 Abs. 1 gewahrt. Nachverrechnungen in den Sparten BM, E, ED, EM, KI, M, U und UD erfolgen jährlich zum 1. November. 211

Die Spezialvorschrift in § 57 Abs. 2 S. 2 beruht auf einem Beschluss der außerordentlichen Mitgliederversammlung 2011, mit dem die nunmehr in § 32 verorteten Regelungen für die **Verteilung außerordentlicher Einnahmen** eingeführt wurden. Da derartige nachträgliche Einnahmen – soweit sie nicht als Ertrag des laufenden Geschäftsjahres behandelt werden – zu gesonderten Ausschüttungsterminen verteilt werden, war eine ergänzende Regelung dahingehend erforderlich, dass auch diese Termine durch den Aufsichtsrat auf Vorschlag des Vorstands festgelegt werden. 212

II. Detailaufstellungen (§ 58)

§ 58 regelt die Auskunftsansprüche der Berechtigten im Zusammenhang mit der Ausschüttung. Ein Auskunftsanspruch der Berechtigten ergibt sich grundsätzlich aus dem Wahrnehmungsverhältnis iVm § 666 BGB. Dieser Anspruch ist jedoch durch die Grundsätze der Erforderlichkeit und Zumutbarkeit begrenzt. So können die Ausschüttungsberechtigten nicht unbeschränkt alle Angaben verlangen, die zur Bestimmung und Überprüfung der Ausschüttung irgendwie hilfreich und nützlich sind oder sein können. Angaben können vielmehr nur insoweit verlangt werden, als dies zur Nachprüfung berechtigter Interessen erforderlich ist.[136] Eine weitere Einschränkung des Auskunftsanspruchs ergibt sich durch die in § 58 Abs. 1–5 einzeln aufgezählten, sachlich begrenzten Informationspflichten der GEMA in Bezug auf die Verteilung. In dieser Enumeration liegt zugleich der Ausschluss weitergehender Informationsansprüche.[137] Die damit verbundene Standardisierung und Formalisierung der Informationspflichten dient dem Ausgleich der Individualinteressen der einzelnen Berechtigten einerseits und des Kollektivinteresses der Gesamtheit der Berechtigten insbesondere an einem möglichst niedrigen Verwaltungsaufwand andererseits.[138] 213

Verwertungsgesellschaft die Frist nicht einhält, weil die zu verteilenden Einnahmen in keinem angemessenen wirtschaftlichen Verhältnis zu den Kosten für diese Verteilung stünden."

135 Vgl. etwa GEMA-Jahrbuch 2017/2018, S. 464 f.

136 LG Berlin v. 19.10.2004 – 16 O 627/03 n.v., Umdruck S. 22; Hinweisbeschluss des KG v. 17.9.2012 in der Sache 24 U 113/11, n.v.

137 LG Berlin v. 3.7.2001 – 16 O 22/01 n.v., Umdruck S. 7; *Riesenhuber*, ZUM 2004, 417, 422 mwN; siehe dazu auch *Bezzenberger/Riesenhuber*, GRUR 2003, 1005, 1009.

138 *Riesenhuber*, ZUM 2004, 417, 422.

214 In der Praxis erfolgt die Information der Berechtigten im Wege eines **zweistufigen Verfahrens.**[139] Auf der ersten Ebene erhält jeder Ausschüttungsberechtigte von der GEMA mindestens einmal jährlich einen **Kontoauszug**, in dem seine Ausschüttungen für das jeweilige Geschäftsjahr spartenbezogen und je Berufsgruppe ausgewiesen sind. Zu den entsprechenden Mitteilungen ist die GEMA gemäß § 54 VGG gesetzlich verpflichtet. Eine Regelung im Verteilungsplan ist daher entbehrlich. Die Kontoauszüge können per Post oder in elektronischer Form bezogen werden.

215 Auf der zweiten Ebene kann der Ausschüttungsberechtigte gemäß § 58 detailliertere und umfangreichere Informationen zu den Ausschüttungen und den Nutzungen seiner Werke anfordern – die so genannten **Detailaufstellungen**. Die GEMA stellt diese weiterreichenden Informationen nicht automatisch, sondern erst auf Verlangen des Berechtigten zur Verfügung. Der Berechtigte hat hierbei gemäß § 58 Abs. 6 die Möglichkeit, zwischen einer kostenlosen elektronischen Bereitstellung und einer kostenpflichtigen postalischen Übermittlung der detaillierten Verteilungsunterlagen zu wählen. Die Detailaufstellungen müssen jeweils innerhalb von acht Wochen ab dem Ausschüttungstermin der betreffenden Sparten gemäß § 57 angefordert werden. Im Einzelnen sieht § 58 folgende Detailaufstellungen vor:

216 – **Detailaufstellung 1:** In den in § 58 Abs. 1 genannten Sparten kann der Ausschüttungsberechtigte eine Aufstellung der Werke, der Beteiligungsquote und der Ausschüttungsbeträge sowie in den Sparten U (U-Musik-Veranstaltungen) und UD (U-Musik-Direktverteilung) eine Aufstellung der Zahl der verrechneten Aufführungen anfordern.

217 – **Detailaufstellung 2:** In den Sparten des Nutzungsbereichs Rundfunk kann der Ausschüttungsberechtigte gemäß § 58 Abs. 2 zusätzlich für die zu seinen Gunsten verrechneten Werke und Filme eine Aufstellung mit Angaben des Senders, des Sendedatums, der genauen tatsächlichen Spieldauer und der Fernsehkoeffizienten gemäß § 107 anfordern. Da die GEMA für die betreffenden Daten auf die Mitteilungen der Sendeunternehmen angewiesen ist, steht der Auskunftsanspruch unter der Bedingung, dass sie die entsprechenden Angaben von diesen erhalten hat.

218 – **Detailaufstellung 3:** In den Sparten BM (Bühnenmusik), E (E-Musik-Veranstaltungen), ED (E-Musik-Direktverteilung), EM (E-Musik-Wiedergaben), U und UD kann der Ausschüttungsberechtigte gemäß § 58 Abs. 3 zusätzlich zu den Informationen nach Abs. 1 auch eine Aufstellung mit Angabe des Ortes, des Datums der Aufführung und des Namens des Veranstalters verlangen.

219 – **Detailaufstellung 4:** In den Sparten Phono VR (Tonträger-Vervielfältigungsrecht) und BT VR (Bildtonträger-Vervielfältigungsrecht) kann der Ausschüttungsberechtigte gemäß § 58 Abs. 4 eine Aufstellung anfordern, die die verrechneten Werke, die Beteiligungsquoten, die werkweise ausgeschütteten Beträge und Angaben zum Lizenznehmer, zum Träger, zur Anzahl der Vervielfältigungen und zum Nutzungszeitraum enthält.

220 – **Detailaufstellung 5:** In den Sparten A (Ausland) und A VR (Ausland-Vervielfältigungsrecht) kann der Ausschüttungsberechtigte eine Aufstellung der in Abs. 1–4 für die betreffenden Nutzungsbereiche genannten Informationen anfordern, soweit

139 Die betreffenden Bestimmungen wurden durch Beschluss der ordentlichen Mitgliederversammlung 2017 mit Wirkung zum 1.1.2018 geändert; vgl. Tagesordnung für die Mitgliederversammlung v. 23./24.5.2017, Antrag zu TOP 28, nebst ausf. Begr. Zuvor sah der Verteilungsplan einen obligatorischen postalischen Versand der Kontoauszüge vor und unterschied hinsichtlich der sonstigen Informationen zwischen Einzel- und Nutzungsaufstellungen. Für die Sparten der Rechte der Vervielfältigung und Verbreitung und die Onlinesparten enthielt der Verteilungsplan keine Regelungen zu Auskunftsansprüchen der Berechtigten.

die GEMA diese Informationen von ihren ausländischen Schwestergesellschaften erhalten hat.

III. Reklamationen (§ 59)

Im Massengeschäft der kollektiven Rechtewahrnehmung kann es vorkommen, dass nicht alle zu verrechnenden Musiknutzungen zum jeweiligen Ausschüttungstermin vollständig erfasst werden. Regelmäßig wird dies von der Verwertungsgesellschaft nicht zu vertreten sein, so etwa wenn Nutzer (Veranstalter, Sendeunternehmen etc.) gegen ihre Auskunfts- und Meldepflichten gemäß §§ 41, 42 VGG verstoßen oder im Falle inhaltlicher Mängel der eingereichten Nutzungsmeldungen. **Reklamationen** der Berechtigten sind deshalb in den Regelungen des Verteilungsplans ausdrücklich vorgesehen und in der Praxis unverzichtbar. 221

Würde die Verwertungsgesellschaft derartige Reklamationen zeitlich unbeschränkt bis zur Grenze der gesetzlichen Verjährung zulassen, so würde dies den Verwaltungsaufwand erheblich erhöhen und es könnte der Kreis der Ausschüttungsberechtigten für ein bestimmtes Geschäftsjahr oder eine bestimmte Nutzung erst nach langer Zeit abschließend festgestellt werden.[140] Aus diesem Grund regelt § 59 Abs. 1 **Reklamationsfristen**, nach deren Ablauf die Geltendmachung von Reklamationen ausgeschlossen ist.[141] Hierbei ist für die Sparten der Nutzungsbereiche Sendung, Vorführung und Ausland eine Reklamationsfrist von 18 Monaten, für die Sparten E, ED, EM und BM eine Frist von zwölf Monaten und für alle übrigen Sparten eine Frist von drei Monaten vorgesehen. Der Fristbeginn bestimmt sich jeweils nach dem Ausschüttungstermin gemäß § 57. Die Regelung unterschiedlich langer Reklamationsfristen für die verschiedenen Nutzungsbereiche ist dadurch gerechtfertigt, dass sich weit zurückliegende Nutzungssachverhalte etwa im Bereich des Aufführungs- und Wiedergaberechts aufgrund fehlender Dokumentation und Erinnerungslücken der Veranstalter kaum aufklären lassen. 222

Feste Fristen für die Bearbeitung von Reklamationen durch die GEMA sind im Verteilungsplan nicht vorgesehen und wären auch nicht zielführend. Aufwand und Dauer der Reklamationsbearbeitung können je nach den Umständen des Einzelfalls erheblich variieren. Die Einflussmöglichkeiten der GEMA auf diesen Prozess sind insoweit begrenzt, als sie bei der Reklamationsbearbeitung regelmäßig auf die Mitwirkung sowohl des Berechtigten als auch des Nutzers angewiesen ist: Ohne detaillierte Angaben der Berechtigten zum reklamierten Nutzungsvorgang kann dieser nicht identifiziert werden, und ohne Unterstützung durch die Nutzer ist die GEMA vielfach nicht in der Lage, die Begründetheit der Reklamation zu prüfen. Den Berechtigten trifft daher gemäß § 59 Abs. 2 die Obliegenheit, seine **Reklamation hinreichend zu substantiieren**, um der GEMA eine Prüfung zu ermöglichen. Er muss also konkret darlegen, inwieweit die Verteilung seiner Auffassung nach fehlerhaft war. So benötigt die GEMA beispielsweise Angaben zum Titel des Werks bzw. der Werknummer sowie zu Veranstalter, Aufführungsdatum und Aufführungsort, um eine bei der Verteilung nicht berücksichtigte Aufführung recherchieren zu können. Pauschale Reklamationen, mit denen die Korrektheit der Verteilung insgesamt und ohne solche näheren Angaben angezweifelt wird, können nicht bearbeitet werden. Auch kann der GEMA nicht zugemutet werden, aus ungeordnetem Zahlenmaterial, das ein Berechtigter vorlegt, ihrerseits die für die Verteilung relevanten Informationen herauszusuchen und selbst weiteres 223

140 Vgl. hierzu auch Tagesordnung für die Mitgliederversammlung v. 23./24.5.2017, Begr. des Antrags zu TOP 27.

141 Siehe zur Zulässigkeit einer derartigen Ausschlussklausel im Verteilungsplan der VG Wort OLG München, ZUM 1998, 1031.

Datenmaterial heranzuziehen, um etwaige Widersprüche aufzuklären.[142] Die Mitwirkungspflichten des Nutzers wiederum ergeben sich insbesondere aus § 41 Abs. 1 S. 1 VGG. Hiernach kann die Verwertungsgesellschaft von dem Nutzer Auskunft über die Nutzung ihres Repertoires verlangen, soweit die Auskunft für die Verteilung erforderlich ist.

224 § 59 Abs. 2 S. 2 enthält eine **Fälligkeitsregelung**. Diese sieht vor, dass Zahlungsansprüche, die sich aufgrund einer begründeten Reklamation des Berechtigten ergeben, erst mit dem nächsten Ausschüttungstermin nach Abschluss der Prüfung fällig werden. Solche festen Zahlungstermine auch für die Nachverrechnung bei begründeten Reklamationen sind im Rahmen der kollektiven Rechtewahrnehmung unentbehrlich, um eine IT-gestützte Bearbeitung zu ermöglichen und die Kosten so in einem wirtschaftlich verhältnismäßigen Rahmen zu halten. Um Härten zu vermeiden, die sich aus einem einheitlichen Fälligkeitstermin für Nachzahlungen aus Reklamationen ergeben können, haben die Berechtigten jedoch gemäß § 59 Abs. 2 S. 3 die Möglichkeit, einen angemessenen Vorschuss auf die aus der Reklamation zu erwartenden Nachzahlungen zu erhalten.

225 § 59 Abs. 3 enthält eine Ausnahme von dem Grundsatz, dass Aufführungen anhand von Nutzungsmeldungen zur ermitteln sind. Danach können Aufführungen bei der Verteilung auch dann berücksichtigt werden, wenn sie innerhalb der auch für Reklamationen geltenden Fristen **glaubhaft gemacht** worden sind. Für die Glaubhaftmachung im Sinne des § 294 ZPO genügt es, dass eine überwiegende Wahrscheinlichkeit für die behauptete Tatsache spricht. Der Berechtigte kann sich hierzu grundsätzlich aller nach § 294 ZPO zulässigen Beweismittel bedienen.[143] Die reine Behauptung einer Aufführung ohne Vorlage von geeigneten Unterlagen ist indes nicht ausreichend. Durch § 59 S. 2 und 3 wird klargestellt, dass die Möglichkeit einer bloßen Glaubhaftmachung nicht besteht, wenn Nutzungsmeldungen gemäß § 54 Abs. 6 wegen Falschangaben oder eines begründeten Missbrauchsverdachts von der Verrechnung ausgeschlossen oder zurückgestellt wurden (vgl. die Kommentierung zu § 54 oben unter **Rn. 198**). Damit die betreffenden Aufführungen berücksichtigt werden können, muss der Berechtigte in solchen Fällen den vollen Beweis für die Richtigkeit der Nutzungsmeldung erbringen – zum Beispiel durch Zeugenaussagen neutraler und unbeteiligter Dritter. Andernfalls liefe das für eine effektive Missbrauchsbekämpfung wichtige Instrument des Ausschlusses und der Rückstellung zweifelhafter Nutzungsmeldungen leer.

226 Auch die Ausschüttungen, die ein Berechtigter zu einem **Nachverrechnungstermin** in den Sparten U, UD, M, E, ED, EM und BM erhält, können Gegenstand von Reklamationen sein, etwa wenn die GEMA bei der Aufteilung auf die am Werk beteiligten Berechtigten einen falschen Anteilsschlüssel zugrunde gelegt haben sollte. Gemäß § 59 Abs. 4 ist es den Berechtigten aber nicht mehr möglich, im Rahmen einer solchen Reklamation weitere Nutzungen zu melden oder glaubhaft zu machen, die zum regulären Ausschüttungstermin in den betreffenden Sparten (dies ist üblicherweise der 1. April) unberücksichtigt geblieben sind. Insoweit sind die Fristen des § 59 Abs. 1 und 3 vielmehr abschließend. Andernfalls würden die Vorteile der Verwaltungsvereinfachung und Beschleunigung der Verteilung, die sich aus den vergleichsweise kurzen Einreichungs- und Reklamationsfristen der §§ 56 und 59 Abs. 1 und 3 für die betreffenden Sparten ergeben, erheblich reduziert. In den Sparten E, ED, EM und BM haben die Berechtigten gemäß § 59 Abs. 1 und 3 allerdings generell bis zwölf Monate nach dem regulären Ausschüttungstermin – und damit auch über den derzeitigen Nachverrechnungstermin vom 1. November hinaus – die Möglichkeit, nicht berücksichtigte Nutzungen zu reklamieren und glaubhaft zu machen, so dass § 59 Abs. 4 für diese Sparten aktuell keine praktische Relevanz hat.

---

142 LG Berlin, Urt. v. 17.9.2010, 16 O 7/06, Umdruck S. 9, n.v.
143 Zu den Voraussetzungen der Glaubhaftmachung allgemein vgl. BGH, NJW 2003, 3558.

Besonderer Teil

Kapitel 1: Punktbewertung und Einstufung

§ 60 Geltungsbereich

In den Sparten E, U (Inkassosegmente gemäß § 84 Ziff. (1) bis (8)), R und FS erfolgt eine Punktbewertung und Einstufung der Werke nach Maßgabe der folgenden Regelungen.

§ 61 Die Festsetzung der Punkte durch die GEMA

[1] Nach Nutzung der angemeldeten und registrierten Werke setzt die GEMA die Punkte nach den Verrechnungsschlüsseln I, II und III fest.

[2] Bei Aufführungen von Teilen eines Gesamtwerkes der E-Musik werden die Punkte entsprechend der zur Aufführung gebrachten Spieldauer nach den Verrechnungsschlüsseln I oder III festgesetzt.

[3] Erfolgt die Aufführung eines Werkes in einer kleineren Besetzung als angemeldet, ist bei der Festlegung der Punkte die Anzahl der an der Aufführung beteiligten Spieler maßgebend. § 65 Abs. 5 bleibt unberührt.

[4] Bei Simultanaufführung mehrerer Werke erfolgt die Verrechnung der simultan aufgeführten Werke zusammengefasst wie die Aufführung eines Werkes nach dem Punktesystem der Verrechnungsschlüssel I oder III, wobei die tatsächlich erklingende Spielzeit und die tatsächliche Anzahl von Mitwirkenden maßgebend sind.

[5] Die Veranstalter und die die Veranstaltung durchführenden Musiker sind verpflichtet, die insoweit erforderlichen Angaben über die tatsächlich erklingende Spielzeit und die tatsächliche Anzahl von Mitwirkenden an die GEMA zu melden.

§ 62 Die Einstufung und Festsetzung der Punkte durch den Werkausschuss

[1] In Zweifelsfällen prüft der Werkausschuss die ihm vorgelegten Werke und setzt für diese die Einstufung bzw. die Punkte nach den Verrechnungsschlüsseln I bis IV fest. In Zweifelsfällen oder auf Antrag prüft der Werkausschuss, ob Auftragskompositionen für Eigen- oder Auftragsproduktionen des Fernsehens in das Wertungsverfahren der Komponisten in der Sparte E einzubeziehen sind. Das Ergebnis ist den Ausschüttungsberechtigten bekanntzugeben.

[2] Soweit in den Verrechnungsschlüsseln I bis IV nicht etwas anderes geregelt ist, sind für die Prüfung vom Ausschüttungsberechtigten das ungedruckte oder gedruckte Belegexemplar, d.h. die partiturmäßige Festlegung (in sechsfacher Ausfertigung), sowie ergänzend gegebenenfalls veröffentlichte oder anderweitig verfügbare Tonträger vorzulegen. Bei Werken ganz oder überwiegend improvisatorischen Charakters oder elektroakustischer Musik genügt die Vorlage von Tonträgern und schriftlichen Erläuterungen zur Werkgestaltung. Bei der Prüfung auf Einstufung als zeitgenössischer Jazz gemäß Verrechnungsschlüssel II Ziff. 2 genügt die Vorlage von Tonträgern.

[3] Gegen die Entscheidung des Werkausschusses kann Einspruch gemäß § 6 der Geschäftsordnung für den Werkausschuss eingelegt werden.

§ 63 Verrechnungsschlüssel I (Werke der ernsten Musik)

[1] Für Werke der ernsten Musik gilt folgender Verrechnungsschlüssel:

		Punktbewertung in der Sparte E	Punktbewertung in den Sparten R und FS
1.	Instrumentalwerke (1–2 Instrumentalstimmen) sowie 1–4stimmige solistische Vokalwerke a cappella oder mit Begleitung von 1–2 Instrumenten		
	bis zu 2 Minuten	12	1
	über 2 Minuten bis zu 4 Minuten	24	1

	über 4 Minuten bis unter 5 Minuten ab 5 Minuten ab 10 Minuten ab 20 Minuten ab 30 Minuten ab 45 Minuten ab 60 Minuten	36 96 180 360 480 720 960	1 ¼ 1 ¼ 1 ¼ 1 ¾ 1 ¾ 1 ¾ 1 ¾
2.	**Instrumentalwerke (3–9 Instrumentalstimmen) sowie solistische Vokalwerke mit mehr als vier realen Stimmen a cappella oder mit Begleitung von 3–6 obligaten Instrumenten**		
	bis zu 2 Minuten über 2 Minuten bis zu 4 Minuten über 4 Minuten bis unter 5 Minuten ab 5 Minuten ab 10 Minuten ab 20 Minuten ab 30 Minuten ab 45 Minuten ab 60 Minuten	24 36 60 120 240 480 720 960 1200	1 ¼ 1 ½ 2 2 2 2 2 2 2
3.	**Chorwerke a cappella (1–4 stimmig) oder mit Begleitung von 1–2 Instrumenten**		
	bis zu 2 Minuten[1)] über 2 Minuten bis zu 3 Minuten[1)] bis unter 5 Minuten ab 5 Minuten ab 10 Minuten ab 20 Minuten ab 30 Minuten ab 45 Minuten ab 60 Minuten	12 24 36 96 180 360 720 960 1200	1 1 1 ½ 1 ½ 1 ½ 1 ½ 1 ½ 1 ½ 1 ½
	1) Gilt für ab dem 1.1.2002 angemeldete Werke.		
4.	**Chorwerke mit Begleitung von 3–6 obligaten Instrumenten oder a cappella mit mehr als 4 realen Stimmen**		
	bis zu 2 Minuten[1)] über 2 Minuten bis zu 3 Minuten[1)] bis unter 5 Minuten ab 5 Minuten ab 10 Minuten ab 20 Minuten ab 30 Minuten ab 45 Minuten ab 60 Minuten	36 72 96 120 240 480 720 960 1200	1 ¼ 1 ½ 1 ¾ 1 ¾ 1 ¾ 1 ¾ 1 ¾ 1 ¾ 1 ¾
	1) Gilt für ab dem 1.1.2002 angemeldete Werke.		
5.	**Werke für Streich- und Kammerorchester in beliebiger Besetzung sowie Vokal-, Chor- und Instrumentalwerke mit Streich- und Kammerorchesterbegleitung**		

	bis zu 2 Minuten über 2 Minuten bis zu 3 Minuten über 3 Minuten bis unter 5 Minuten ab 5 Minuten ab 10 Minuten ab 20 Minuten ab 30 Minuten ab 45 Minuten ab 60 Minuten	40 80 120 240 480 960 1200 1680 2160	1 3/4 2 2 1/4 2 1/4 2 1/4 2 1/4 2 1/4 2 1/4 2 1/4
6.	**Werke für großes Orchester sowie Vokal-, Chor- und Instrumentalwerke mit großem Orchester** bis zu 2 Minuten über 2 Minuten bis zu 3 Minuten über 3 Minuten bis unter 5 Minuten ab 5 Minuten ab 10 Minuten ab 20 Minuten ab 30 Minuten ab 45 Minuten ab 60 Minuten	 80 160 240 480 960 1200 1680 2160 2400	 2 2 1/4 2 1/2 2 1/2 2 1/2 2 1/2 2 1/2 2 1/2 2 1/2
7.	**Elektroakustische Musik, Musik mit überwiegend elektroakustischen Anteilen** bis zu 2 Minuten über 2 Minuten bis zu 4 Minuten über 4 Minuten bis zu 5 Minuten über 5 Minuten bis zu 10 Minuten über 10 Minuten bis zu 20 Minuten über 20 Minuten bis zu 30 Minuten über 30 Minuten bis zu 45 Minuten über 45 Minuten bis zu 60 Minuten über 60 Minuten	 12 24 36 96 180 360 720 960 1200	 1 1 1 1 1 1 1 1 1
8.	**Werke oder Werkfragmente gemäß Ziff. 1. bis 7., die in den Sparten R und FS als Pausen- und Vorlaufmusik, Einleitungs-, Zwischen- und Schlussmusik, Titel- und Erkennungsmusiken zu regelmäßig wiederkehrenden Sendungen, d.h. zu sich mindestens an 5 aufeinanderfolgenden Tagen oder wöchentlich einmal in 7 aufeinanderfolgenden Wochen wiederholenden Sendungen zur Verrechnung kommen.**		1

[2] **Auf Antrag und bei Vorlage der entsprechenden Unterlagen kann der Werkausschuss zu den in Ziff. 7 genannten Werken die Punktbewertung in den Sparten R und FS bis auf 2 1/2 festsetzen.**

[3] **Jedes selbstständig geführte Instrument gilt als eine Stimme. Es gilt höchstens die Zahl der mitwirkenden Spieler. Elektroakustische Zuspielungen bzw. Bandzuspielungen zu live gespielten Instrumenten werden insgesamt als eine Stimme gezählt.**

[4] **Als Werke für Kammerorchester bzw. kleine Orchester gelten diejenigen in Ziff. 5. und 6. genannten Kompositionen, die in der Partiturbesetzung bis zu 18 selbstständig geführte Stimmen aufweisen. Alle Werke in Partiturbesetzung ab 19 Stimmen zählen als Werke für große Orchester.**

§ 64 Verrechnungsschlüssel II (Werke der Unterhaltungsmusik)

Für Werke der Unterhaltungsmusik gilt folgender Verrechnungsschlüssel:

		Punkt-bewertung in der Sparte U	Punkt-bewertung in den Sparten R und FS
1.	Tanz-, Pop-, Jazz- und Rockmusik mit oder ohne Text, Märsche und andere vokale, instrumentale und elektronisch erzeugte Unterhaltungsmusik, Potpourris geschützter Werke gemäß § 194 Abs. 4 sowie urheberrechtlich geschützte Texte zu urheberrechtlich freien unbearbeiteten Werken der Musik	12	1
2.	Konzertstücke mit und ohne Text, Suitensätze (bei mehreren Sätzen insgesamt höchstens 60 Punkte); Konzertlieder sowie Musiknummern mit und ohne Text, die von Anfang an zu musikalischen Bühnen- oder Filmwerken gehörten, wenn sie in einer gesonderten Ausgabe im zuständigen Vertragsgebiet für großes Orchester erschienen sind und der Werkausschuss eine entsprechende Bewertung vorgenommen hat; Werke, die für ein oder mehrere Solo-Instrumente mit Orchesterbegleitung komponiert und in dieser Besetzung erschienen sind; Vokalmusik mit oder ohne Instrumente, soweit sie nicht unter Verrechnungsschlüssel I einzustufen ist; zeitgenössischer Jazz von künstlerischer Bedeutung und mit Konzertcharakter, ausgenommen sogenannte Standards. Im Falle von Zweifeln am Jazzcharakter eines Werkes entscheidet der Werkausschuss nach Vorlage eines Belegexemplars über die Zugehörigkeit		
	bis zu 10 Minuten	24	1
	über 10 Minuten bis zu 20 Minuten	36	1
	über 20 Minuten	48	1
3.			
a)	U-Chansons[1)]	36	1 1/4
b)	Textierte Werke der U-Musik, die einen urheberrechtlich geschützten Text von besonderem künstlerischen Wert haben. Voraussetzung für die Einstufung ist eine erkennbare Verzahnung der Musik mit der Dramaturgie des Textes. Die Einstufung erfolgt auf Antrag durch den Werkausschuss auf der Grundlage von vollständigen Belegexemplaren.	36	1 1/4 [2)]
	1) Ziff. 3 a) gilt für Einstufungen bis Geschäftsjahr 2011. 2) Gilt für bis zu 150 nach §§ 97–99 und §§ 107–109 gewichtete Minuten, darüber hinaus erfolgt die Verrechnung mit der Punktbewertung 1.		

4.	Konzertwerke für Orchester bzw. Bigband-, große Fusion- und Jazzbesetzungen ab 10 selbstständig geführten Stimmen bis zu 2 Minuten über 2 Minuten bis zu 4 Minuten über 4 Minuten bis zu 10 Minuten über 10 Minuten bis zu 15 Minuten über 15 Minuten bis zu 20 Minuten über 20 Minuten bis zu 30 Minuten über 30 Minuten bis zu 45 Minuten über 45 Minuten bis zu 60 Minuten[1)] über 60 Minuten[1)] Bei variabler Spieldauer wird bei der Aufführung die Mindestspieldauer für die Verteilung zugrunde gelegt. Die Einstufung nach dieser Ziffer erfolgt auf Antrag unter Vorlage der vollständigen Partitur. In Zweifelsfällen entscheidet der Werkausschuss. 1) Die Punktbewertungen für Spieldauern über 45 Minuten gelten für die Geschäftsjahre 2016 bis einschließlich 2019.	 24 36 60 120 180 360 480 720 960	 1 1 1 ¼ 1 ½ 1 ¾ 1 ¾ 2 2 2
5.	Unterhaltungsmusikwerke von besonderem künstlerischen Wert, die vom Werkausschuss als solche anerkannt worden sind. Die Einstufung durch den Werkausschuss nach dieser Ziff. erfolgt auf Antrag, mit dem die Partitur und eine Erklärung des Komponisten vorzulegen sind, dass das Werk von ihm allein komponiert worden ist und die Partitur von ihm selbst stammt. Weitere Voraussetzung für die Einstufung ist, dass die Aufführung an die in der Partitur festgelegte Besetzung gebunden ist. Die Punktbewertung erfolgt nach U und richtet sich entsprechend der Besetzung und Spieldauer nach dem Punkteschema in Verrechnungsschlüssel I.	12 bis 2400	1 bis 2 ½
6.	*Für Einstufungen bis Geschäftsjahr 2008*		
a)	Konzertwerke für Orchester (Originalkompositionen), Ouvertüren, Rhapsodien, Ballettmusiken, Konzertsätze bis zu 10 Minuten Spieldauer, Große mehrteilige Walzer sowie Potpourris bis zu 5 Minuten Spieldauer (ausgenommen Potpourris gemischten Inhalts)	36	1
b)	Konzertwerke für Orchester (Originalkompositionen), Ouvertüren, Rhapsodien, Ballettmusiken, Konzertsätze über 10 Minuten Spieldauer, Fantasien aus Opern, Operetten und Filmen, Potpourris über 5 Minuten Spieldauer (ausgenommen Potpourris gemischten Inhalts).	48	1 ¼

c)	**Konzertwerke für Orchester (Originalkompositionen), Ouvertüren, Rhapsodien, Ballettmusiken, Fantasien aus Opern und Operetten, Potpourris (ausgenommen Potpourris gemischten Inhalts), Konzertsätze, Spieldauer über 15 Minuten.**	60	1 ½
7.	**Werke oder Werkfragmente gemäß Ziff. 1 bis 6, die in den Sparten R und FS als Pausen- und Vorlaufmusik, Einleitungs-, Zwischen- und Schlussmusik, Titel- und Erkennungsmusiken zu regelmäßig wiederkehrenden Sendungen, d.h. zu sich mindestens an 5 aufeinanderfolgenden Tagen oder wöchentlich einmal in 7 aufeinanderfolgenden Wochen wiederholenden Sendungen zur Verrechnung kommen.**		1

§ 65 Verrechnungsschlüssel III (Werke, die sich nicht nach den Verrechnungsschlüsseln I, II oder IV einstufen lassen)

[1] Für Werke, die sich nicht nach Verrechnungsschlüssel I, Verrechnungsschlüssel II oder Verrechnungsschlüssel IV einstufen lassen, gilt folgender Verrechnungsschlüssel:

	Punktbewertung bei Live-Aufführung	Punktbewertung in den Sparten R und FS
bis zu 2 Minuten	12	1
über 2 Minuten bis zu 4 Minuten	24	1
über 4 Minuten bis zu 5 Minuten	36	1
über 5 Minuten bis zu 10 Minuten	96	1
über 10 Minuten bis zu 20 Minuten	180	1
über 20 Minuten bis zu 30 Minuten	360	1
über 30 Minuten bis zu 45 Minuten	720	1
über 45 Minuten bis zu 60 Minuten	960	1
über 60 Minuten	1200	1

[2] Bei Live-Aufführung erfolgt die Verteilung in der Sparte E.

[3] Auf Antrag und bei Vorlage der entsprechenden Unterlagen kann der Werkausschuss die Punktbewertung in den Sparten R und FS bis auf 2 ½ festsetzen.

[4] Bei variabler Spieldauer wird bei der Aufführung die Mindestspieldauer für die Verteilung zugrunde gelegt.

[5] Die Einstufung ist an die in der Partitur festgelegte Besetzung gebunden. Bei Aufführungen und Sendungen mit abweichender Besetzung und/oder abweichender Spieldauer entfällt für diese Nutzungen die Einstufung des Werkes nach Verrechnungsschlüssel III und es erfolgt eine Verteilung gemäß Verrechnungsschlüssel II Abs. 1 Ziff. 1 mit der Punktbewertung in der Sparte U = 12 und der Punktbewertung in den Sparten R und FS = 1.

[6] Bei Nutzungsmeldungen, die gemäß § 54 Abs. 4 von einem Ausschüttungsberechtigten ausgefüllt worden sind und die Werke dieses Ausschüttungsberechtigten ausweisen, für welche die Punkte nach dem Verrechnungsschlüssel III festgelegt wurden, kann die GEMA den Ausschüttungsberechtigten spätestens bis zum Ausschüttungstermin auffordern zu erklären, in welcher Besetzung und mit welcher Spieldauer die Werke aufgeführt wurden. Wird die Erklärung nicht innerhalb von 6 Monaten nach dem Zugang der Aufforderung vorgelegt oder entspricht sie nicht den Tatsachen, besteht kein Anspruch auf Verrechnung der betroffenen Werknutzungen. Wird die Erklärung rechtzeitig vorgelegt und entspricht sie den Tatsachen, so wird der sich danach ergebende Anspruch auf Verrechnung mit dem nächsten Ausschüttungstermin fällig. Entspricht die Erklärung nicht den Tatsachen, so gelten § 3 II (6) der Geschäftsordnung für das Wertungsverfahren der Komponisten in der Sparte E bzw. § 3 (8) der Geschäftsordnung für das Wertungsverfahren der Verleger in der Sparte E.

§ 66 Verrechnungsschlüssel IV

[1] Der Verrechnungsschlüssel IV gilt in folgenden Fällen:

1.	**Hörstücke und Werke der akustischen Kunst, soweit sie nicht als elektroakustische Musik gemäß Verrechnungsschlüssel I Ziff. 7 einzustufen sind**
2.	**Musik zu vorgetragenem Text gemäß § 19 Abs. 1 UrhG**
3.	**Werke ganz oder überwiegend improvisatorischen Charakters und Musik, die nicht auf andere Weise einzuordnen ist**
4.	**Werke, die nur aus einer Spielanweisung bestehen**

[2] Im Falle der Aufführung erfolgt Direktverteilung in den Sparten ED oder UD gemäß deren jeweiligem Gegenstand.

[3] Im Falle der Sendung erfolgt die Verteilung in den Sparten des Nutzungsbereichs Sendung. Die Werke erhalten in diesem Fall die Punktbewertung 1. Die Punktbewertung 1 gilt auch für Sendungen, denen eine sonstige direkt zu verteilende Nutzung in den Sparten der Rechte der öffentlichen Wiedergabe zugrunde liegt.

Übersicht

I. Geltungsbereich (§ 60)

Kapitel 1 des Besonderen Teils enthält Bestimmungen zur Punktbewertung und Einstufung von Werken. Diese gelten für mehrere Sparten und sind daher der mit Kapitel 2 beginnenden Darstellung der Verteilung in den einzelnen Sparten vorangestellt. Bei der Punktbewertung und Einstufung handelt es sich um eine **werkbezogene Gewichtung**, die als Differenzierungskriterium im Rahmen der Verteilung in bestimmten Sparten zur Anwendung kommt. Bei im Übrigen gleichen Nutzungsbedingungen erhalten Werke mit einer höheren Punktbewertung in den betreffenden Sparten eine höhere Ausschüttung als Werke mit niedrigerer Punktbewertung. **227**

Gemäß § 60 gelten die Bestimmungen des Kapitels 1 des Besonderen Teils für die Verteilung in den Sparten E (E-Musik-Veranstaltungen), R (Hörfunk) und FS (Fernsehen) sowie für die Inkassosegmente 1–8 in der Sparte U (U-Musik-Veranstaltungen). Es handelt sich hierbei durchgehend um Bereiche der **kollektiven Verteilung** iSd § 11 Abs. 4 (vgl. hierzu oben, **Rn. 62f.**). Für Sparten mit Direktverteilung iSd § 11 Abs. 3 (einschließlich der auf einer Direktverteilung basierenden Verteilung in den Inkassosegmenten 9–12 der Sparte U) findet dagegen keine Gewichtung in Form einer Punktbewertung der Werke statt, da bei der Direktverteilung die Nettoeinnahmen, die die GEMA für eine konkrete Werknutzung erzielt hat, unmittelbar auf die jeweils genutzten Werke verteilt werden. **228**

Die Punktbewertung und Einstufung erfolgt, indem das jeweilige Werk im Rahmen der in §§ 61 und 62 geregelten Verfahren einem in den Verrechnungsschlüsseln I-IV (§§ 63–66) geregelten Tatbestand zugeordnet wird. Der Verteilungsplan unterscheidet zunächst zwischen Werken der ernsten Musik (Verrechnungsschlüssel I, § 63), Werken der Unterhaltungsmusik (Verrechnungsschlüssel II, § 64), Werken, bei deren Nutzung generell Direktverteilung erfolgt (Verrechnungsschlüssel IV, § 66), und Werken, bei denen eine Einstufung nach den Verrechnungsschlüsseln I, II oder IV nicht möglich ist **229**

(Verrechnungsschlüssel III, § 65). Maßgeblich für die weitere Zuordnung und somit für die Höhe der individuellen Punktbewertung des einzelnen Werks sind zum einen die Werkgattung als qualitatives Kriterium, zum anderen messbare Eigenschaften wie Spieldauer und Besetzung. Die Punktbewertungen sind somit Teil der **kulturellen Förderung** iSd § 32 Abs. 1 VGG, berücksichtigen aber auch quantitative Merkmale des Werkes.

II. Die Festsetzung der Punkte durch die GEMA (§ 61)

230 Gemäß § 61 Abs. 1 erfolgt die Punktbewertung der Werke nicht bereits bei der Anmeldung, sondern erst **nach erfolgter Nutzung** der angemeldeten und registrierten Werke. Die Festsetzung der Punkte wird durch die Mitarbeiter der GEMA vorgenommen, soweit nicht die Zuständigkeit des Werkausschusses berührt ist.

231 Bei den in § 61 Abs. 2–4 geregelten Spezialfällen sind nicht die allgemeinen Eigenschaften des Werkes, sondern die **konkreten Nutzungsumstände des Einzelfalls** maßgeblich für die Punktvergabe. So bestimmt § 61 Abs. 2, dass die Punktvergabe bei der Aufführung von Teilen eines Gesamtwerks der ernsten Musik (z.B. einzelne Sätze einer Symphonie oder einzelne Arien einer Oper) entsprechend der tatsächlich aufgeführten Spieldauer erfolgt. Hintergrund ist, dass aufgrund der Regelung zur kollektiven Verteilung in der Sparte E (§ 74 Abs. 2) andernfalls auf die Teilaufführung eines Werkes dieselbe Ausschüttung entfallen würde wie auf die Aufführung des Gesamtwerks, was nicht sachgerecht erscheint. Gemäß § 61 Abs. 3 wird bei der Festlegung der Punkte auch berücksichtigt, ob das Werk in der angemeldeten oder in einer kleineren Besetzung aufgeführt wurde. Diese Differenzierung erfolgt grundsätzlich innerhalb des Verrechnungsschlüssels, dem das Werk ansonsten zugeordnet ist. Die Einstufung nach Verrechnungsschlüssel III ist dagegen gemäß § 65 Abs. 5 generell an die in der Partitur festgelegte Besetzung gebunden. Bei Aufführungen mit kleinerer Besetzung und/oder kürzerer Spieldauer entfällt somit die Einstufung nach Verrechnungsschlüssel III und das Werk wird nach Verrechnungsschlüssel I behandelt. Gemäß § 61 Abs. 4 wird die simultane Aufführung mehrerer Werke bei der Punktbewertung wie die Aufführung eines einzelnen Werks behandelt.[144]

232 § 61 Abs. 5 betrifft die **Mitwirkungspflicht** von Veranstaltern und Interpreten bei der Ermittlung der Angaben, die für die Beurteilung gemäß § 61 Abs. 2–4 erforderlich sind. Seit Inkrafttreten des Verwertungsgesellschaftengesetzes ist in diesem Zusammenhang auch § 41 Abs. 1 VGG zu beachten, wonach die Verwertungsgesellschaft von dem Nutzer solche Auskünfte über die Nutzung der Werke verlangen kann, die für die Verteilung erforderlich sind.

III. Die Einstufung und Festsetzung der Punkte durch den Werkausschuss (§ 62)

233 Gemäß § 62 Abs. 1 S. 1 ist in Zweifelsfällen der **Werkausschuss** der GEMA für die Einstufung und Festsetzung der Punkte zuständig. Zweifelsfälle im Sinne der Regelung entstehen beispielsweise, wenn zwischen dem Berechtigten und der GEMA keine Einigung über die richtige Punktbewertung erzielt werden kann oder die Bewertung eines Werks nach Prüfung der eingereichten Belege einen Grenzfall darstellt. Die Beurteilung solcher Zweifelsfälle verlangt in der Regel musikalischen Sachverstand und lässt sich nur unter Berücksichtigung der Umstände des jeweiligen Einzelfalls treffen. Dies gilt

144 Vgl. LG Berlin, 16 O 235/96, n. rkr., und hierzu *Bezzenberger/Riesenhuber*, GRUR 2003, 1005, 1011.

auch für die in § 62 Abs. 1 S. 2 geregelte Prüfung, ob Auftragskompositionen für Eigen- und Auftragsproduktionen des Fernsehens im Wertungsverfahren der Komponisten in der Sparte E (vgl. hierzu unten **Kap. 9.1**) statt im Wertungsverfahren in der Unterhaltungs- und Tanzmusik berücksichtigt werden können. Ein entsprechender Antrag bietet sich für solche Auftragskompositionen für Eigen- und Auftragsproduktionen des Fernsehens an, die Werke der zeitgenössischen ernsten Musik sind und deren Urheber ihren Schaffensschwerpunkt in der Sparte E haben.

Neben den in § 62 Abs. 1 geregelten Fällen weist der Verteilungsplan dem Werkausschuss auch die **Zuständigkeit** für Entscheidungen in diversen anderen Fällen zu, in denen die Verteilung eine qualitative Bewertung der Werke im Verhältnis zu anderen Werken oder der schöpferischen Leistung einzelner Berechtigter im Vergleich zum Beitrag anderer Berechtigter erfordert. Zu seinem Zuständigkeitsbereich zählen etwa 234
- die Beurteilung der Zugkraft des Textes (§ 5 Abs. 2);
- die Prüfung von Spieldauer, Besetzung und Schutzfähigkeit der Werke sowie der Autorenschaft bei Bearbeitungen freier Werke (§§ 50–52);
- Einstufungen auf Antrag in bestimmten Fällen, z.B. Verrechnungsschlüssel I (§ 63) Abs. 2 und Verrechnungsschlüssel II (§ 64) Abs. 1 Ziff. 3 lit. b, Ziff. 5;
- Ermittlung der Kulturfaktoren für den Hörfunk im Rahmen des Hörfunkausschusses (§ 98 Abs. 4);
- Entscheidungen über die Beteiligung des Textdichters bei Werken der ernsten Musik (§ 196) oder des Bearbeiters bei der Benutzung urheberrechtlich freier Werke (§ 199 Abs. 2).

Der Werkausschuss setzt sich aus **Vertretern der drei Berufsgruppen** zusammen, die von der Mitgliederversammlung direkt gewählt werden. Die Mitgliederversammlung hat eine Geschäftsordnung beschlossen, die insbesondere das Verfahren des Werkausschusses und die gegen die Entscheidungen des Werkausschusses möglichen Rechtsbehelfe – in letzter Instanz unter Einschaltung des Aufsichtsrats – regelt.[145] 235

Damit der Werkausschuss seine Tätigkeit ausüben kann, muss ihm das Werk in einer beurteilungsfähigen Form vorliegen. Gemäß § 62 Abs. 2 hat der Ausschüttungsberechtigte zu diesem Zweck grundsätzlich je nach Werkcharakter eine Partitur oder schriftliche Erläuterungen zur Werkgestaltung sowie veröffentlichte oder anderweitig verfügbare ergänzende Tonaufnahmen des Werks zur Verfügung zu stellen. 236

IV. Verrechnungsschlüssel I (Werke der ernsten Musik) (§ 63)

Der Verrechnungsschlüssel I[146] regelt die Punktbewertung für **Werke der ernsten Musik.** Anknüpfungspunkt für die Vergabe der Punkte sind grundsätzlich die Spieldauer und die Besetzung der Werke. Die Zahl der vergebenen Punkte steigt mit zunehmender Spieldauer und Größe der Besetzung. Für die Besetzungsgröße ist gemäß § 63 Abs. 3 grundsätzlich nicht die Zahl der Mitwirkenden, sondern der selbständig geführten Stimmen maßgeblich. Wird beispielsweise die Violine 1 bei einem Symphoniekonzert von 12 Musikern und Musikerinnen gespielt, handelt es sich gleichwohl nur um eine einzige selbständig geführte Stimme iSd Verteilungsplans. Die Zahl der Stimmen kann jedoch die Zahl der beteiligten Spieler gemäß § 63 Abs. 3 S. 2 nicht überschreiten. Ab 19 selbständig geführten Stimmen gilt ein Werk gemäß § 63 Abs. 4 als ein solches für großes Orchester. 237

145 Geschäftsordnung für den Werkausschuss, GEMA-Jahrbuch 2017/2018, S. 329 ff.
146 Vor der redaktionellen Neufassung des Verteilungsplans: Abschn. X der Ausführungsbestimmungen zum Verteilungsplan für das Aufführungs- und Senderecht.

238 Für die **Sparte E** sieht §63 Abs.1 eine stark ausdifferenzierte Skala von 12 bis 2.400 Punkten pro Werk vor. Mit den betreffenden Punktzahlen werden gemäß §74 Abs.2 iVm §§68, 72 Abs.1 die für Aufführungen des jeweiligen Werkes in Veranstaltungen der ernsten Musik ermittelten Aufführungszahlen multipliziert (vgl. hierzu unten **Rn. 262**).

239 Für die Verteilung in den **Sparten R und FS** gelten Punktbewertungen von 1 bis 2 ½. Für die Entscheidung, ob ein im Hörfunk oder im Fernsehen gesendetes Werk nach Verrechnungsschlüssel I oder dem für Werke der Unterhaltungsmusik anwendbaren Verrechnungsschlüssel II einzuordnen ist, kann – anders als in den Live-Sparten E und U – nicht ohne Weiteres auf einen Aufführungszusammenhang zurückgegriffen werden, sondern es ist eine Einordnung der einzelnen Werke erforderlich. In Anbetracht der Vielzahl der abzurechnenden Werke kann diese Einordnung grundsätzlich nur pauschalierend erfolgen, so zum Beispiel in Anlehnung an vorangegangene Nutzungen und Ausschüttungen im Nutzungsbereich Aufführung.[147] Soweit Werke und Werkfragmente bereits aufgrund eines bestimmten Sendeplatzes bzw. einer bestimmten Funktion (z.B. als Titel- und Erkennungsmusik) im Rahmen einer Sendung hohe Nutzungszahlen erreichen, erhalten sie für die betreffenden Nutzungen gemäß § 63 Abs. 1 Ziff. 8 unabhängig von ihrer Einstufung im Übrigen die Punktbewertung 1.

V. Verrechnungsschlüssel II (Werke der Unterhaltungsmusik) (§ 64)

240 Der Verrechnungsschlüssel II[148] regelt die Punktbewertung für **Werke der Unterhaltungsmusik.** Anknüpfungspunkt für die Vergabe der Punkte sind grundsätzlich die verschiedenen Werkgattungen im Bereich der Unterhaltungsmusik. Daneben ist – mit Ausnahme der von §64 Ziff.1, 3a) und 3 b) erfassten Werke – die Spieldauer von Bedeutung. Gemäß Ziff. 3 b) kann bei textierten Werken der Unterhaltungsmusik auch ein besonderer künstlerischer Wert des Textes eine höhere Einstufung begründen. Voraussetzung für die nur auf Antrag erfolgende Einstufung nach dieser Bestimmung ist eine erkennbare Verzahnung der Musik mit der Dramaturgie des Textes. Gemäß §64 Ziff. 5 besteht die Möglichkeit, Werke von besonderem künstlerischem Wert auf Antrag durch den Werkausschuss individuell einstufen zu lassen. Abgesehen von dieser Regelung sieht der Verrechnungsschlüssel II die höchsten Punktbewertungen für Werke der Unterhaltungsmusik gemäß §64 Ziff. 4 für längere Konzertwerke für Orchester bzw. Bigband-, große Fusion- und Jazzbesetzungen ab 10 selbständig geführten Stimmen vor. Die hohe Bewertung dieser Werke trägt dem Umstand Rechnung, dass sie bereits aufgrund ihres Umfangs mit außergewöhnlichem kompositorischem und verlegerischem Aufwand verbunden sind.[149] Mit der Einführung von §64 Ziff. 4 wurde zugleich die Möglichkeit gestrichen, Werke nach den nunmehr in §64 Ziff. 6 zusammengefassten Regelungen einstufen zu lassen. Bereits bestehende Einstufungen bleiben hiervon unberührt, weshalb auch diese Einstufungssachverhalte – ebenso wie die für Neueinstufungen nur bis Geschäftsjahr 2011 mögliche Einstufung als U-Chanson gemäß § 64 Ziff. 3 lit. a – weiterhin im Verteilungsplan genannt werden.

147 Auch historisch betrachtet hat sich die Punktbewertung zunächst im Bereich des Aufführungsrechts entwickelt und hier frühzeitig ausdifferenziert; vgl. *Dümling*, Musik hat ihren Wert, S. 71. Die Punktbewertungen im Rundfunkbereich entstanden zunächst unabhängig von den Verrechnungsschlüsseln für Live-Aufführungen mit nur wenigen Differenzierungen; vgl. Verteilungsplan der GEMA, GEMA-Nachrichten Nr. 1 (1948), S. 18. 1951 wurden die Verrechnungsschlüssel zusammengeführt, wobei im Wesentlichen die zuvor für Live-Aufführungen geltenden Differenzierungen nach Werkart und Spieldauer übernommen wurden; GEMA-Nachrichten Nr. 13 (März 1952), S. 35 f.

148 Vor der redaktionellen Neufassung des Verteilungsplans: Abschn. XI der Ausführungsbestimmungen zum Verteilungsplan für das Aufführungs- und Senderecht.

149 Vgl. Tagesordnung für die Mitgliederversammlung v. 25./26.6.2008, Begr. zu Antrag 28.

Für die **Sparte U** sieht der Verrechnungsschlüssel II grundsätzlich eine stark ausdifferenzierte Skala von 12 bis 2.400 Punkten pro Werk vor. Mehr als 60 Punkte können allerdings nur bei Konzertwerken ab 10 selbständig geführten Stimmen (§ 64 Ziff. 4) oder bei Werken mit besonderem künstlerischem Wert aufgrund entsprechender Einstufung durch den Werkausschuss (§ 64 Ziff. 5) vergeben werden. Ein Großteil aller Werke der Unterhaltungsmusik fällt unter § 64 Ziff. 1 und erhält daher 12 Punkte. Die durchschnittlichen Punktbewertungen in der Sparte U sind daher deutlich niedriger als die Punktbewertungen in der Sparte E gemäß Verrechnungsschlüssel I (§ 63). Aus diesem Umstand folgt jedoch keine generelle Besserstellung von Werken der ernsten Musik, da die Einnahmen aus Veranstaltungen der ernsten bzw. der Unterhaltungsmusik in den Sparten E und U getrennt voneinander verteilt werden. Die vergleichsweise hohen Punktbewertungen des Verrechnungsschlüssels I haben somit keinen Einfluss auf die Verteilung in der Sparte U.[150] **241**

Bei der „Verteilung nach Punktwerten" in der Sparte U werden gemäß § 85 Abs. 5 iVm §§ 68, 82 Abs. 1 die Punktzahlen berücksichtigt, die sich für das Werk aus der Multiplikation der Punktbewertungen gemäß § 64 (Verrechnungsschlüssel II) mit denjenigen Aufführungszahlen ergeben, die für Aufführungen des jeweiligen Werks in Veranstaltungen der Unterhaltungsmusik im jeweiligen Inkassosegment ermittelt wurden (vgl. hierzu unten **Rn. 288–292** mit Berechnungsformel). Die Verteilung nach Punktwerten findet gemäß § 85 Abs. 1 nur für Aufführungen in Veranstaltungen der Inkassosegmente 1–8 statt, d.h. bei Veranstaltungen mit einem Inkasso bis zu EUR 500,00. Im Rahmen der Verteilung nach Veranstaltungen gemäß § 86 (Inkassosegmente 9–12) findet die Punktbewertung dagegen keine Anwendung (vgl. oben, **Rn. 228**). **242**

Für die Verteilung in den **Sparten R und FS** sieht der Verrechnungsschlüssel II ebenso wie der Verrechnungsschlüssel I Punktbewertungen mit einer Skala von 1 bis 2 ½ vor. Zur Einordnung der Werke nach Verrechnungsschlüssel I oder II vgl. oben, **Rn. 239.** Die generelle Vergabe der Punktbewertung 1 in bestimmten, stark repetitiven Nutzungszusammenhängen gemäß § 64 Ziff. 7 entspricht der Regelung in Verrechnungsschlüssel I (§ 63 Abs. 1 Ziff. 8). **243**

VI. Verrechnungsschlüssel III (Werke, die sich nicht nach den Verrechnungsschlüsseln I, II oder IV einstufen lassen) (§ 65)

Der Verrechnungsschlüssel III[151] ist ein **Auffangtatbestand** für alle Werke, die sich nicht nach Verrechnungsschlüssel I, II oder IV einstufen lassen. Eine ergänzende Auslegung der Verrechnungsschlüssel I, II und IV dahingehend, dass diese auch weitere, dort nicht ausdrücklich genannte Sachverhalte erfassen, kommt nicht in Betracht.[152] Der Verrechnungsschlüssel III ermöglicht eine Berücksichtigung einzelner Werke bei der Verteilung unabhängig und abweichend von dem Aufführungszusammenhang der jeweiligen Veranstaltung. Für eine Einordnung nach Verrechnungsschlüssel III kommen all diejenigen Werke in Frage, die noch über hinreichende musikalische Merkmale verfügen, um feststellen zu können, dass sie nicht unter einen der in den Verrechnungsschlüsseln I, II **244**

150 Insoweit unzutreffend die Behauptung bei *Hertin*, GRUR 2013, 469, 470, die Urheber von Werken der ernsten Musik würden von der unterschiedlichen Punktbewertung für ernste Musik und Unterhaltungsmusik profitieren.

151 Vor der redaktionellen Neufassung des Verteilungsplans: Abschn. XII der Ausführungsbestimmungen zum Verteilungsplan für das Aufführungs- und Senderecht.

152 So zu den Vorgängerregelungen LG Berlin v. 15.12.1998 – 16 O 683/97 n.v., Umdr. S. 18 – Glockenrequiem.

oder IV genannten Tatbestände fallen, wie zum Beispiel Werke, die zu gleichen Teilen Merkmale sowohl der E- als der U-Musik zeigen. Fehlt es an solchen Merkmalen, so erfolgt Direktverteilung nach Verrechnungsschlüssel IV (§ 66) Abs. 1 Ziff. 3 2. Alternative („Musik, die nicht auf andere Weise einzuordnen ist").

245 Bei Live-Aufführungen von Werken, die nach Verrechnungsschlüssel III verrechnet werden, erfolgt die Verteilung gemäß § 65 Abs. 2 in der **Sparte E**. Als Folge der Einordnung in die Sparte E werden sämtliche nach Verrechnungsschlüssel III eingestuften Werke im Wertungsverfahren der Sparte E berücksichtigt.

246 Die Einstufung nach Verrechnungsschlüssel III erfolgt gemäß § 65 Abs. 5 jeweils als Einzelfallentscheidung aufgrund der vorgelegten Partitur und ist an die dort festgelegte Besetzung gebunden. Wird ein nach Verrechnungsschlüssel III eingestuftes Werk in anderer **Besetzung** oder mit abweichender **Spieldauer** aufgeführt oder gesendet als angegeben, so entfällt für die entsprechenden Nutzungen die Einstufung. Die betreffenden Werknutzungen werden unter Anwendung des Verrechnungsschlüssels II (§ 64) Abs. 1 Ziff. 1 wie Werke der Unterhaltungsmusik mit der niedrigsten Punktbewertung verrechnet. Gegenüber Berechtigten, die gemäß § 54 Abs. 4 selbst zur Erstellung von Nutzungsmeldungen berechtigt sind, hat die GEMA gemäß § 65 Abs. 6 spezielle Auskunftsansprüche, um sicherzustellen, dass die Werke in der angemeldeten Spieldauer und Besetzung aufgeführt werden. Bei Fehlangaben drohen dem Berechtigten gemäß § 3 II (6) der Geschäftsordnung für das Wertungsverfahren der Komponisten in der Sparte E bzw. § 3 (8) der Geschäftsordnung für das Wertungsverfahren der Verleger in der Sparte E Maßnahmen wie der zeitweilige Ausschluss vom Wertungsverfahren oder die Kürzung der Wertungszuweisungen.

VII. Verrechnungsschlüssel IV (§ 66)

247 Der Verrechnungsschlüssel IV in § 66 umfasst verschiedene Fallgruppen, bei denen aufgrund des **Werkcharakters** eine Einstufung nach den Verrechnungsschlüsseln I-III nicht möglich ist oder die Berücksichtigung von Live-Aufführungen im Rahmen der kollektiven Verteilung in den Sparten E und U nicht sachgerecht erscheint. Werden die betreffenden Werke live aufgeführt, erfolgt gemäß § 66 Abs. 2 Direktverteilung in der Sparte ED oder UD, wobei sich die Spartenzuordnung nach dem jeweiligen Aufführungszusammenhang richtet (vgl. hierzu unten, **Rn. 260**, sowie §§ 75 lit. a und 88 lit. a). Im Falle der Sendung erhalten Werke des Verrechnungsschlüssels IV gemäß § 66 Abs. 3 die Punktbewertung 1. Diese Punktbewertung gilt gemäß § 66 Abs. 3 S. 3 auch für Sendungen, denen eine sonstige direkt zu verteilende Nutzung in den Sparten der Rechte der öffentlichen Wiedergabe zugrunde liegt – also beispielsweise, wenn die öffentliche Generalprobe eines Orchesters, bei der gemäß § 75 lit. b eine Direktverteilung der aus der Aufführung erzielten Einnahmen erfolgt, im Radio übertragen wird. Im Einzelnen sind in § 66 folgende Fallgruppen geregelt:

248 – **Hörstücke und Werke der akustischen Kunst** (§ 66 Abs. 1 Ziff. 1): Hierbei handelt es sich um Werke, die überwiegend collagierte Alltags- und Umgebungsgeräusche, Texte und vorbestehende Instrumental- und Vokalklänge – z.B. in Form einer Montage – nutzen. Die betreffenden Werke bewegen sich im Grenzbereich zwischen Klangdokumentation, Report und Collage vorbestehender „Soundscapes" und unterscheiden sich somit von den in Verrechnungsschlüssel I (§ 63) Abs. 1 Ziff. 7 geregelten Werken der elektroakustischen Musik.[153]

153 Vgl. Tagesordnung für die Mitgliederversammlung v. 29./30.6.2010, Begr. des Antrag zu TOP 44.

- **Musik zu vorgetragenem Text** (§ 66 Abs. 1 Ziff. 2): Musik zu vorgetragenem Text gemäß § 19 Abs. 1 UrhG nimmt, ähnlich wie Bühnen-, Hörspiel- und Illustrationsmusik Bezug auf die Stimmung und die Dramaturgie der Handlung. Auch hier basiert die Zuordnung zu Verrechnungsschlüssel IV auf dem Werkcharakter, so dass § 66 Abs. 1 Ziff. 2 Sachverhalte umfasst, bei denen Musik und Text gemeinsam registriert werden z.B. als „Märchen mit Musik". 249
- § 66 Abs. 1 Ziff. 3 und 4 umfassen Fälle, in denen sich der Inhalt der aufgeführten Werke aus den Nutzungsmeldungen nicht entnehmen lässt, weil es an einer Fixierung des musikalischen Inhalts, beispielsweise in Gestalt herkömmlicher Notenschrift, fehlt. Dies ist der Fall bei Werken ganz oder überwiegend **improvisatorischen Charakters** (Ziff. 3, 1. Alternative) und bei Werken, die nur aus einer **Spielanweisung** bestehen (Ziff. 4). Eine Einstufung nach den Verrechnungsschlüsseln I-III scheidet auch dann aus, wenn zwar der musikalische Inhalt des aufgeführten Werks bekannt ist, das Werk jedoch nicht über die für eine Einordnung erforderlichen musikalischen und stilistischen Merkmale verfügt. Aus diesem Grund sind auch **Werke, die nicht auf andere Weise einzuordnen sind** (Ziff. 3, 2. Alternative), von Verrechnungsschlüssel IV umfasst. Ein Beispiel für diese Fallgruppe ist das Werk „4'33" von John Cage, bei dem bewusst für 4 Minuten und 33 Sekunden keinerlei Musik erklingt. 250

Kapitel 2: Die Verteilung in den Sparten des Nutzungsbereichs Aufführung

Abschnitt 1. Allgemeine Regelungen

§ 67 Die Sparten des Nutzungsbereichs Aufführung

Der Nutzungsbereich Aufführung umfasst die Sparten der Live-Aufführung (Sparten E, ED, U und UD) sowie die Sparten BM und KI.

§ 68 Die Ermittlung der Nutzungen in den Sparten des Nutzungsbereichs Aufführung

In den Sparten BM, E, ED, U und UD stellt die GEMA alljährlich für jedes Werk die Zahl der Aufführungen anhand der bei ihr eingegangenen verwertbaren Nutzungsmeldungen und Angaben über veranstaltete Aufführungen fest. Die Ermittlung der Nutzungen in der Sparte KI erfolgt gemäß § 80.

Der Nutzungsbereich Aufführung umfasst gemäß § 67 alle **Sparten**, die eigens zur Verteilung von Einnahmen aus Nutzungen des Aufführungsrechts gemäß § 19 Abs. 2 UrhG gebildet sind (Sparten E, ED, U und UD), sowie die Sparten BM und KI, in denen vorrangig Live-Aufführungen, im Einzelfall aber auch andere im Zusammenhang mit Bühnenstücken bzw. Gottesdiensten erfolgte Musiknutzungen verrechnet werden. 251

Gemäß § 68 werden die **Nutzungen** in den Sparten des Nutzungsbereichs Aufführung mit Ausnahme der Sparte KI (vgl. hierzu § 80 sowie die Kommentierung unten **Rn. 276 f.**) festgestellt, indem die GEMA die Zahl der Aufführungen anhand der verwertbaren Nutzungsmeldungen und der Angaben über abgehaltene Aufführungen ermittelt. Bei Aufführungen von Werken der ernsten Musik ist davon auszugehen, dass für nahezu alle Veranstaltungen Nutzungsmeldungen eingereicht werden (siehe zur Pflicht der Veranstalter zur Einreichung von Nutzungsmeldungen oben **Rn. 192**). In der Sparte E erfolgt die Ermittlung der Zahl der Aufführungen deshalb allein anhand der eingegangenen Programme. In den Sparten BM, ED und UD sieht der Verteilungsplan Direktverteilung 252 gemäß § 11 Abs. 3 vor. Diese setzt das Vorliegen einer Nutzungsmeldung für die jeweilige konkrete Veranstaltung voraus. Dasselbe gilt in der Sparte U für die „Verteilung nach Veranstaltungen" gemäß § 86, d.h. bei der Verteilung der Einnahmen aus Veranstaltungen mit einem Inkasso über 500 EUR (Inkassosegmente 9–12), denn auch hier erfolgt die Verteilung auf der Grundlage des konkreten Veranstaltungsinkassos. Für die Verteilung der Einnahmen aus Veranstaltungen mit einem Inkasso bis 500 EUR in der Sparte U („Verteilung nach Punktwerten" gemäß § 85, Inkassosegmente 1–8) besteht dagegen die Besonderheit, dass die Verteilung auf Basis hochgerechneter Aufführungszahlen erfolgt. Hierbei wird gemäß § 85 Abs. 1 für jedes Inkassosegment gesondert festgestellt, wie viele Veranstaltungen insgesamt lizenziert wurden und für wie viele dieser Veranstaltungen Nutzungsmeldungen eingegangen sind. Das Verhältnis der durch Nutzungsmeldungen belegten Veranstaltungen zu den lizenzierten Veranstaltungen des jeweiligen Segments wird als **Programmabdeckungsquote** bezeichnet. Für Veranstaltungen, für die keine Nutzungsmeldung vorliegt, werden die Aufführungszahlen unter Berücksichtigung der jeweiligen Programmabdeckungsquote des Segments durch eine lineare Hochrechnung ermittelt. Die bis Geschäftsjahr 2012 geltende Hochrechnung nach dem PRO-Verfahren, die einheitlich für die gesamte Sparte U erfolgte,[154] ist insoweit durch segmentbezogene lineare Hochrechnungen ersetzt worden. Detaillierte statistische Untersuchungen haben gezeigt, dass – infolge der Zusammenfassung von grundsätzlich gleichartigen Veranstaltungen zur gemeinsamen Verrechnung in einem Inkassosegment – die nunmehr mittels linearer Hochrechnung erzielten Ergebnisse vergleichbar exakt sind wie die bisherige Hochrechnung nach dem PRO-Verfahren. Die Hochrechnung der Aufführungszahlen in den unteren Inkassosegmenten der Sparte U ist insbesondere für die hierauf aufbauende Verteilung in der Sparte M gemäß § 129 Abs. 2 und 3 relevant.

Abschnitt 2. Verteilung in der Sparte BM (Bühnenmusik)

§ 69 Gegenstand der Sparte

In der Sparte BM (Bühnenmusik) erhalten Werke eine Ausschüttung für die Aufführung im Sinne des § 19 Abs. 2 UrhG oder die Wiedergabe im Sinne des § 21 UrhG, soweit es sich um folgende Nutzungen handelt:

(a) Bühnenmusik (Kleines Recht),
(b) Bühnen-Aufführungen von vorbestehenden Werken des Kleinen Rechts.
(c) Hörspielmusik (Kleines Recht).

§ 70 Die zu verteilenden Einnahmen

In der Sparte BM werden die Einnahmen verteilt, die aus der Vergabe von Nutzungsrechten für die in § 69 genannten Nutzungen zur Verfügung stehen.

§ 71 Durchführung der Verteilung

Es erfolgt Direktverteilung.

253 Die Sparte BM (Bühnenmusik) ist für die Verteilung für bestimmte bühnenmäßige Nutzungen von Werken gebildet, die das Aufführungsrecht gemäß § 19 Abs. 2 UrhG oder (im Falle von Hörspielmusik) das Wiedergaberecht gemäß § 21 UrhG berühren. Im Einzelnen handelt es sich gemäß § 69 um folgende Nutzungssachverhalte:

154 Vgl. hierzu BGH, ZUM 2005, 739, 741 – PRO-Verfahren.

Der Tatbestand **„Bühnenmusik (kleines Recht)"** gemäß § 69 lit. a knüpft sowohl an die Funktion des Werkes als auch an die Aufführungsumstände an. Zunächst muss es sich um Bühnenmusik handeln, d.h. also um ein Musikwerk, das z.B. zur Begleitung des Bühnengeschehens in einem Theaterstück geschaffen wurde. Zum anderen muss das Werk auch im Rahmen des Bühnenstücks genutzt werden. Wird ein für die Bühne geschriebenes Musikwerk dagegen beispielsweise konzertant aufgeführt, so erfolgt die Verteilung für diese Nutzung nicht in der Sparte BM, sondern je nach Veranstaltungszusammenhang in den Sparten E oder U gemäß den Verrechnungsschlüsseln I-IV. 254

Bühnenmäßige Nutzungen von Musikwerken können sowohl unter den Begriff des „Kleinen" wie des „Großen" Rechts fallen. Diese weder im Urheberrechtsgesetz noch im Verwertungsgesellschaftengesetz angelegte Unterscheidung bezieht sich sowohl auf den Werktypus als auch auf den konkreten Nutzungszusammenhang.[155] Eine Aufführung im Rahmen des **„Großen" Rechts** liegt vor, wenn es sich um die bühnenmäßige Aufführung eines **dramatisch-musikalischen Werks,** also z.B. einer Oper, handelt. Für solche Nutzungen nimmt die GEMA das Aufführungsrecht gemäß § 1 lit. a BerV nicht wahr. Bei den von § 69 lit. a erfassten Bühnenmusiken des „Kleinen" Rechts kann es sich dagegen beispielsweise um Musik handeln, die lediglich der Untermalung des Spielgeschehens dient, nicht aber aufgrund eines engen inneren Zusammenhangs dessen integrierender Bestandteil ist (zur Abgrenzung zwischen „Kleinem" und „Großem" Recht im Bereich des Aufführungsrechts vgl. auch oben, **Kap. 7, Rn. 55–64**). 255

Der Tatbestand der **Bühnen-Aufführungen von vorbestehenden Werken des Kleinen Rechts** gemäß § 69 lit. b knüpft allein an die Aufführungsumstände an. Vorbestehende Werke sind solche, die nicht für die jeweilige Bühnenaufführung geschrieben worden sind. Ferner muss es sich um Nutzungen des „Kleinen" Rechts handeln, nicht also um bühnenmäßige Aufführungen dramatisch-musikalischer Werke. Ein häufiger Praxisfall des § 69 lit. b ist die Aufführung von Schlagern und anderen vorbestehenden Werken in Revuen und Compilation-Shows. Voraussetzung ist, dass die vorbestehenden Werke nicht als integrierender Bestandteil eines dramatisch-musikalischen Bühnenstücks (z.B. eines Balletts oder Hit-Musicals) bühnenmäßig aufgeführt werden, denn auch in diesen Fällen wird das Aufführungsrecht gemäß § 1 lit. a BerV Abs. 1 S. 2 nicht von der GEMA wahrgenommen. 256

Ein Beispiel für **Hörspielmusik (Kleines Recht)** gemäß § 69 lit. c wäre etwa die Tonträgerwiedergabe der Musik aus einem Hörspiel für Kinder im Rahmen einer Kindertheateraufführung. Auch hier ist somit nicht die Werkgattung, sondern der konkrete Nutzungszusammenhang maßgeblich für die Zuordnung zur Sparte BM. Wird ein als Hörspielmusik geschaffenes Werk dagegen konzertant aufgeführt, erfolgt die Verteilung in den Sparten E oder U. 257

In der Sparte BM werden von den Einnahmen der einheitliche Kostensatz gemäß § 29 Abs. 7 sowie der 10%-Anteil für soziale und kulturelle Zwecke gemäß § 30 Abs. 1 abgezogen. Sodann erfolgt gemäß §§ 70, 71 **Direktverteilung** der für die jeweiligen Nutzungen erzielten Nettoeinnahmen. Demnach finden insbesondere die Punktbewertungen der Verrechnungsschlüssel I–IV (§§ 63–66) in diesem Bereich keine Anwendung. 258

155 *Karbaum*, GEMA-Nachrichten Nr. 152 (Dezember 1995), S. 117.

Abschnitt 3. Verteilung in der Sparte E (E-Musik-Veranstaltungen)

§ 72 Gegenstand der Sparte

[1] In der Sparte E (E-Musik-Veranstaltungen) erhalten Werke eine Ausschüttung für die Aufführung im Sinne von § 19 Abs. 2 UrhG in Veranstaltungen der ernsten Musik, soweit nicht Direktverteilung in den Sparten ED oder BM vorgesehen ist oder eine Ausschüttung in der Sparte KI erfolgt.

[2] Sind in einer Veranstaltung der ernsten Musik Werke der Unterhaltungsmusik aufgeführt worden, so werden diese in der Sparte U abgerechnet. Aufführungen von Potpourris geschützter Werke im Verwertungsgebiet E werden als Aufführungen im Verwertungsgebiet U verrechnet.

[3] Sind in einer Nutzungsmeldung neben Werken, die nach Verrechnungsschlüssel I oder III einzuordnen sind, auch nach Verrechnungsschlüssel IV einzuordnende Werke enthalten, so wird der auf Nutzungen dieser Werke entfallende Anteil an den Einnahmen proportional zur Gesamtzahl der Werknutzungen ermittelt. Der hiernach auf Werke nach Verrechnungsschlüssel IV entfallende Anteil an den Einnahmen wird in der Sparte ED verteilt.

§ 73 Die zu verteilenden Einnahmen

In der Sparte E werden die Einnahmen verteilt, die aus der Vergabe von Nutzungsrechten für die in § 72 genannten, in der Sparte E zu berücksichtigenden Nutzungen zur Verfügung stehen.

§ 74 Durchführung der Verteilung

[1] Es erfolgt kollektive Verteilung.

[2] Für jedes Werk wird durch Multiplikation der gemäß § 68 ermittelten Aufführungszahlen mit den Punktbewertungen der Verrechnungsschlüssel I oder III eine Punktzahl errechnet.

[3] Werden Werke oder Werkfragmente als Pausen- und Vorlaufmusik, Einleitungs-, Zwischen- und Schlussmusik, Titel- und Erkennungsmusik aufgeführt, so werden solche Aufführungen mit dem Faktor 1/3 multipliziert.

[4] Der Wert eines Punkts ergibt sich durch Division der Nettoverteilungssumme durch die Gesamtzahl aller Punkte. Die Ausschüttung pro Werk ergibt sich durch Multiplikation der für das Werk errechneten Punktzahl mit dem Punktwert.

Für die Verteilungen der Geschäftsjahre 2018 bis 2020 gilt:

[1] Es erfolgt kollektive Verteilung. Zu diesem Zweck werden folgende Verteilungssegmente gebildet:

Segment 1: Pauschallizenzverträge, ausgenommen Pauschallizenzverträge mit staatlichen Musikhochschulen.

Segment 2: sonstige Lizenzverträge, einschließlich Pauschallizenzverträgen mit staatlichen Musikhochschulen.

[2] In jedem Segment werden grundsätzlich die Einnahmen aus denjenigen Lizenzverträgen verteilt, für die das Segment gebildet ist. Jedoch wird der Nettoverteilungssumme des Segments 1 bei der Verteilung für das Geschäftsjahr 2018 ein Nettobetrag in Höhe von EUR 400.000,00 und bei der Verteilung für das Geschäftsjahr 2019 ein Nettobetrag in Höhe von EUR 200.000,00 aus den mit Lizenzverträgen des Segments 2 erzielten Einnahmen zugeführt.

[3] Die Verteilung erfolgt für jedes Verteilungssegment gesondert nach Punktwerten. Zur Berechnung des Punktwertes pro Segment wird für jedes im jeweiligen Segment genutzte Werk durch Multiplikation der gemäß § 68 ermittelten Aufführungszahlen mit den Punktbewertungen der Verrechnungsschlüssel I oder III eine Punktzahl errechnet. Im Segment 1 wird die jeweils erste Aufführung eines jeden Werkes pro Geschäftsjahr zusätzlich mit dem Faktor 2 multipliziert.

[4] Werden Werke oder Werkfragmente als Pausen- und Vorlaufmusik, Einleitungs-, Zwischen- und Schlussmusik, Titel- und Erkennungsmusik aufgeführt, so werden solche Aufführungen mit dem Faktor 1/3 multipliziert.

[5] Der Wert eines Punkts ergibt sich durch Division der Nettoverteilungssumme des jeweiligen Segments durch die Gesamtzahl aller Punkte dieses Segments. Die Ausschüttung pro Werk ergibt sich durch Multiplikation der für das Werk im jeweiligen Segment errechneten Punktzahl mit dem Punktwert dieses Segments. Die Nettoverteilungssumme im Sinne dieser Regelung ist der Betrag, der für die Verteilung im jeweiligen Segment unter Berücksichtigung von Abs. 2 zur Verfügung steht.

Übersicht

I. Gegenstand der Sparte E (§ 72)

In der Sparte E (E-Musik-Veranstaltungen) werden **Aufführungen** iSd § 19 Abs. 2 UrhG in Veranstaltungen der **ernsten Musik** verrechnet, soweit diese Nutzungen nicht bereits der Verteilung in einer anderen Sparte zugewiesen sind. Die Verteilung in der Sparte E ist somit subsidiär gegenüber der Verteilung in den Sparten BM (§§ 69 ff.), ED (§§ 75 ff.) und KI (§§ 78 ff.).[156] 259

Maßgeblich für die Einordnung einer Veranstaltung als ernste Musik ist grundsätzlich die Lizenzierung durch die GEMA nach einem entsprechenden Tarif, also der so genannte **Aufführungszusammenhang**. Dieser bestimmt sich nach Ort und Umständen der Aufführung sowie nach der Art der aufgeführten Werke. Durch die Anknüpfung an die Art der Veranstaltung ist es möglich, dass Nutzungen desselben Werks je nach Aufführungszusammenhang einmal in der Sparte E und in anderen Fällen in der Sparte U berücksichtigt werden. Werden in einer Veranstaltung der ernsten Musik auch **Werke der Unterhaltungsmusik** mit entsprechender Einstufung gemäß Verrechnungsschlüssel II (§ 64) aufgeführt, so werden die Nutzungen dieser Werke gemäß § 72 Abs. 2 S. 1 in der Sparte U berücksichtigt. Zu diesem Zweck wird auch ein dem Anteil der Nutzung der Unterhaltungsmusikwerke an der Gesamtnutzung entsprechender Anteil am jeweiligen Veranstaltungsinkasso in die Sparte U überführt. Werden in einer Veranstaltung der ernsten Musik auch Werke des **Verrechnungsschlüssels IV** (§ 66) aufgeführt – also Werke, bei denen aufgrund ihres Werkcharakters stets eine Direktverteilung erfolgt –, so wird der auf die Nutzungen dieser Werke entfallende Inkassoanteil gemäß § 72 Abs. 3 *pro rata numeris* ermittelt und in der Sparte ED verteilt. 260

II. Die zu verteilenden Einnahmen (§ 73)

In der Sparte E werden die aus den gemäß § 72 in der Sparte E zu berücksichtigenden Nutzungen zur Verfügung stehenden Einnahmen verteilt. Von diesen Einnahmen werden der einheitliche Kostensatz gemäß § 29 Abs. 7 sowie der 10%-Anteil für soziale und kulturelle Zwecke gemäß § 30 Abs. 1 abgezogen. 261

III. Durchführung der Verteilung (§ 74)

1. Die Verteilung in der Sparte E bis einschließlich Geschäftsjahr 2017

In der Sparte E erfolgt gemäß § 74 eine **kollektive Verteilung** iSd § 11 Abs. 4. Bis einschließlich Geschäftsjahr 2017 findet hierbei keine Binnendifferenzierung nach Segmenten statt. Für alle geschützten und von der GEMA vertretenen Werke, die in den Nut- 262

156 Vgl. zum Verhältnis der Sparten untereinander auch LG Berlin, Schulze RzU LGZ 232, S. 5.

zungsmeldungen für die gemäß § 72 Abs. 1 in der Sparte E zu berücksichtigenden Veranstaltungen ernster Musik genannt sind, wird die Anzahl der Aufführungen ermittelt. Diese Aufführungszahlen werden anschließend mit den Punktbewertungen multipliziert, die in den Verrechnungsschlüsseln I (§ 63) bzw. III (§ 65) für die Sparte E vorgesehen sind. Die Verteilungssumme der Sparte E wird gemäß § 74 Abs. 4 durch die Gesamtzahl der so ermittelten Punkte geteilt. Es ergibt sich so ein einheitlicher Geldbetrag pro Punkt, der so genannte Punktwert für das betreffende Geschäftsjahr. Durch Multiplikation dieses Punktwerts mit der Anzahl der für das jeweilige Werk ermittelten Punkte ergibt sich die Ausschüttung pro Werk in der Sparte E.

2. Die Verteilung in der Sparte E für die Geschäftsjahre 2018 bis 2020

263 Die von der ordentlichen Mitgliederversammlung 2017 beschlossene, auf die Geschäftsjahre 2018–2020 befristete **Neufassung** des § 74 sieht für die Verteilung in der Sparte E dagegen eine Differenzierung nach zwei Segmenten mit getrennten Verteilungssummen und Punktwertberechnungen vor.[157]

264 Die Verteilung in der Sparte E soll demnach für die Geschäftsjahre 2018 bis 2020 in folgenden zwei **Verteilungssegmenten** erfolgen:

- In **Segment 1** sollen die Einnahmen verteilt werden, die die GEMA aus **Pauschallizenzverträgen** – z.B. mit Kirchen,[158] Chor- und Blasmusikverbänden – erzielt.
- In **Segment 2** sollen dagegen die Einnahmen aus **sonstigen Lizenzverträgen** verteilt werden, die gemäß § 72 unter den Gegenstand der Sparte E fallen.

265 Die Aufführungen an **staatlichen Musikhochschulen** und die entsprechenden Einnahmen werden jedoch auch dann, wenn sie aus Pauschallizenzverträgen stammen, Segment 2 zugeordnet. Hierdurch sollen der spezielle Bildungsauftrag der Musikhochschulen und ihre besondere Bedeutung für die Pflege und Weiterentwicklung der ernsten Musik berücksichtigt werden.[159]

266 Der Abfederung von Härten, die sich für Berechtigte mit Werkaufführungen in Segment 1 ergeben könnten, dient die Regelung in § 74 Abs. 2 S. 2 n.F., wonach der Punktwert des Segments 1 für eine Übergangszeit von zwei Jahren durch betragsmäßig fixierte **Zuwendungen** aus der Nettoverteilungssumme des Segments 2 gestützt werden soll.

267 Bei der **Verteilung** innerhalb der beiden Verteilungssegmente finden gemäß § 74 Abs. 3–5 n.F. grundsätzlich dieselben Regeln Anwendung wie nach der bis einschließlich Geschäftsjahr 2017 geltenden Fassung von § 74, d.h. es wird für jedes Segment ein gesonderter Punktwert auf Basis der jeweiligen Aufführungszahlen und der Punktbewertungen nach den Verrechnungsschlüsseln I oder III berechnet.[160]

---

157 Vgl. Tagesordnung für die Mitgliederversammlung v. 23./24.5.2017, Begr. des Antrag zu TOP 32. Aufsichtsrat und Vorstand hatten eine unbefristete Einführung der Neuregelung beantragt, die Mitgliederversammlung beschloss jedoch eine Befristung.

158 Dies betrifft nur die Vergütung von Konzertveranstaltungen der Kirchen. Die Einnahmen aus Musik im Gottesdienst werden in der Sparte KI (§§ 78 ff.) verteilt.

159 Vgl. Tagesordnung für die Mitgliederversammlung v. 23./24.5.2017, Begr. des Antrag zu TOP 32.

160 Vgl. Tagesordnung für die Mitgliederversammlung v. 23./24.5.2017, Begr. des Antrag zu TOP 32.

Abschnitt 4. Verteilung in der Sparte ED (E-Musik-Direktverteilung)

§ 75 Gegenstand der Sparte

In der Sparte ED (E-Musik-Direktverteilung) erfolgt in den nachfolgend genannten Fällen eine Ausschüttung für die Aufführung von Werken der ernsten Musik im Sinne des § 19 Abs. 2 UrhG.

(a) Aufführungen von Werken nach Verrechnungsschlüssel IV gemäß § 66 Abs. 2.

(b) Werkaufführungen in an die GEMA abgerechneten öffentlichen Veranstaltungen mit eingeschränktem Konzertcharakter, wie z.B. Proben, Generalproben, offenes Singen oder offenes Musizieren.

(c) Werkaufführungen veranstaltet von oder durchgeführt in Hochschulen, Schulen und anderen Bildungsanstalten während der üblichen Vorlesungs- und Unterrichtszeit, in Krankenhäusern und anderen Einrichtungen der Gesundheitspflege sowie in Altenheimen oder anderen sozialen Einrichtungen (ausgenommen hochschul- oder schuleigene Veranstaltungen mit Lehrpersonal und/oder Schülern bzw. Studenten als Musiker).
Bei Veranstaltungen innerhalb eines Pauschalinkassovertrags wird für die Verteilung ein Inkasso von EUR 20,00 zugrunde gelegt. Bei einer Veranstaltungsdauer von weniger als einer Stunde wird dieser Betrag auf EUR 10,00 reduziert.

(d) Werkaufführungen im Freien, auf öffentlich zugänglichen, auch überdachten Plätzen (z.B. Bahnhofshallen, Eingangshallen, dem öffentlichen Publikumsverkehr zugängliche Galerien und Passagen, Fußgängerzonen, Malls u.ä.) für die dort anzutreffenden Passanten.

(e) Werkaufführungen in sogenannten Happenings, Hauskonzerten oder ähnlichen Veranstaltungen.

(f) Werkaufführungen mit einer Gesamtbesucherzahl von weniger als 10 Zuhörern. Anwesende, die zum Kreis der Veranstalter und Mitwirkenden gehören, sind hierbei nicht zu berücksichtigen.
Bei der Verrechnung von Veranstaltungen innerhalb eines Pauschalinkassovertrags wird in der Verrechnung ein Inkasso von EUR 20,00 zugrunde gelegt. Bei einer Veranstaltungsdauer von weniger als einer Stunde reduziert sich dieser Betrag auf EUR 10,00.

§ 76 Die zu verteilenden Einnahmen

In der Sparte ED werden die Einnahmen verteilt, die aus der Vergabe von Nutzungsrechten für die in § 75 genannten Nutzungen zur Verfügung stehen.

§ 77 Durchführung der Verteilung

Es erfolgt Direktverteilung.

Übersicht

I. Grundsätze

268 In der Sparte ED (E-Musik-Direktverteilung) werden die Einnahmen verteilt, die die GEMA für die **Aufführung** iSd § 19 Abs. 2 UrhG von **Werken der ernsten Musik** (vgl. hierzu § 63 sowie die Kommentierung oben **Rn. 237–239**) in bestimmten, in § 75 lit. a–f abschließend genannten Fällen erzielt. Die betreffenden Fallgruppen der Direktverteilung finden sich wortgleich auch in § 88 lit. a–f und gelten somit auch für die Verrechnung von Aufführungen von Werken der Unterhaltungsmusik in der Sparte UD (U-Musik-Direktverteilung).

269 In der Sparte ED werden von den Einnahmen der einheitliche Kostensatz gemäß § 29 Abs. 7 sowie der 10%-Anteil für soziale und kulturelle Zwecke gemäß § 30 Abs. 1 abgezogen. Gemäß §§ 76, 77 findet eine **Direktverteilung** der verbleibenden, für die von § 75 erfassten Nutzungen erzielten Nettoeinnahmen iSd § 11 Abs. 3 (s.o., **Rn. 60**) statt.

II. Fallgruppen der Direktverteilung

270 § 75 lit. a unterscheidet sich von den anderen in § 75 geregelten Sachverhalten, indem er an den **Werkcharakter** anknüpft und unter Verweis auf § 66 Abs. 2 die Aufführung bestimmter Werke insgesamt der Verteilung in der Sparte ED zuordnet. Gemäß § 66 Abs. 2 erfolgt bei der Live-Aufführung von Werken des Verrechnungsschlüssels IV Direktverteilung. Handelt es sich um die Nutzung von Werken der ernsten Musik, erfolgt die Direktverteilung in der Sparte ED. Vgl. zum Verrechnungsschlüssel IV die Kommentierung oben, **Rn. 247–250**.

271 Bei den anderen Fallgruppen des § 75 erfolgt die Direktverteilung in der Sparte ED aufgrund bestimmter **Aufführungszusammenhänge**, für die eine Berücksichtigung im Rahmen der kollektiven Verteilung in der Sparte E nicht sachgerecht erscheint. Dies hat zur Folge, dass ein Werk der ernsten Musik für einige Aufführungen gemäß § 75 lit. b–f eine Ausschüttung in der Sparte ED erhalten kann, während andere Aufführungen desselben Werkes, die keinen der in § 75 geregelten Tatbestände erfüllen, bei der Verteilung in der Sparte E berücksichtigt werden können.

272 In der Sparte E richtet sich die Höhe der Ausschüttung pro Werk grundsätzlich nicht nach für die Aufführungen des Werks konkret erzielten Einnahmen, sondern nach der Zahl der Aufführungen des Werks und seiner Punktbewertung nach den Verrechnungsschlüsseln I und III (vgl. § 74). Wenn die Verteilung dergestalt bei der Zahl der Aufführungen ansetzt, so basiert dies auf „traditionellen Marktmechanismen", d.h. also auf der Annahme, dass Werke nur dann aufgeführt werden, wenn eine bestimmte – unmittelbare oder mittelbare – Nachfrage seitens des Publikums besteht und dies in der Bereitschaft zum Ausdruck kommt, angemessene Eintrittsgelder zu entrichten.[161] Werkaufführungen in Veranstaltungen, die von diesem „herkömmlichen Konzertcharakter"[162] abweichen, nimmt der Verteilungsplan von der Verteilung in der Sparte E aus und ordnet Direktverteilung an. Maßgebend hierfür ist insbesondere die Erwägung, dass die Zahl der Aufführungen ihre Eignung als Indikator für Nachfrage und Einspielergebnis verliert, „wo dem Publikum eine angemessene Gegenleistung nicht abverlangt wird oder ihm – wie bei Konzerten an öffentlich zugänglichen Orten – die Musik quasi aufgedrängt wird."[163] Die Direktverteilung dient in den entsprechenden Fällen der Sicherung der Verteilungsgerechtigkeit und der Vermeidung einer missbräuchlichen Ausnutzung des Verteilungsplans durch gezielte Aufführungen ohne allgemeine Nachfrage und wirtschaftliche Relevanz.[164] Aufgrund dieser Überlegungen gilt Direktverteilung für Werkaufführungen mit eingeschränktem Konzertcharakter (§ 75 lit. b),[165] für Werkaufführungen veranstaltet von oder durchgeführt in Bildungs- und sozialen Einrichtungen (§ 75 lit. c),[166] für Werkaufführungen im Freien und auf öffentlich zugänglichen, auch über-

161 KG, KGR Berlin 2000, 412, 413. Siehe auch Tagesordnung für die Mitgliederversammlung v. 25./26.6.2002, Begr. des Antrags zu TOP 17, abgedr. in GEMA-Nachrichten Nr. 166 (November 2002), S. 92.

162 Tagesordnung für die Mitgliederversammlung v. 7./8.7.1998, Begr. des Antrags zu TOP 16.

163 KG, KGR Berlin 2000, 412, 413.

164 Vgl. etwa Tagesordnung für die Mitgliederversammlung v. 26./27.4.2016, Begr. des Antrag zu TOP 33.

165 Aufführungen mit eingeschränktem Konzertcharakter im Sinne dieser Regelung sind solche, die mit Unterbrechungen erfolgen oder bei denen das Publikum nicht in einer Zuschauer- bzw. Zuhörerrolle bleibt; LG Berlin, Schulze RzU LGZ 232, S. 6.

166 Voraussetzung für eine Direktverteilung der in Ziff. 7 aufgezählten Werkaufführungen in Bildungs- und sozialen Einrichtungen ist das Bestehen einer Vergütungspflicht gemäß § 52 Abs. 1 UrhG. Auch bei bestehender Vergütungspflicht erzielt die GEMA für die betreffenden Werkaufführungen regelmäßig nur ein geringes Inkasso, da die jeweiligen Veranstaltungen in den Anwendungsbereich von § 39 Abs. 3 VGG

dachten Plätzen für die dort anzutreffenden Passanten (§ 75 lit. d)[167] und für Werkaufführungen in Happenings,[168] Hauskonzerten oder ähnlichen Veranstaltungen (§ 75 lit. e).[169] Aus der Gesamtschau der genannten Tatbestände ergibt sich, dass die Direktverteilung regelmäßig für Sachverhalte vorgesehen ist, „die keinen festen Rahmen haben bzw. nicht fest organisiert bzw. von vorneherein zielgerichtet an ein bestimmtes Publikum gerichtet sind".[170] Unabhängig von Art und Umständen der konkreten Veranstaltung findet die Direktverteilung ferner gemäß § 75 lit. f bei Werkaufführungen mit einer Gesamtbesucherzahl von weniger als 10 Zuhörern statt, denn auch der Umfang der Zuhörerschaft kann ein Indikator für die Nachfrage und wirtschaftliche Relevanz einer Veranstaltung sein.[171]

Da eine Direktverteilung nicht ohne weiteres möglich ist, soweit es sich um Einnahmen aus **Pauschalverträgen** handelt, sieht § 75 in den relevanten Fällen konkrete Beträge vor, die sich an den tariflichen Mindestvergütungen orientieren und bei der Verteilung in der Sparte ED als (fiktives) Inkasso zugrunde zu legen sind. 273

Abschnitt 5. Verteilung in der Sparte KI (Musik im Gottesdienst)

§ 78 Gegenstand der Sparte

In der Sparte KI (Musik im Gottesdienst) erhalten Werke eine Ausschüttung für die Nutzung im Rahmen von Gottesdiensten, insbesondere im Wege der Aufführung im Sinne des § 19 Abs. 2 UrhG.

§ 79 Die zu verteilenden Einnahmen

In der Sparte KI werden die Einnahmen verteilt, die aus der Vergabe von Nutzungsrechten für die in § 78 genannten Nutzungen zur Verfügung stehen. Dabei werden die Einnahmen für Musiknutzungen in der katholischen Kirche in der Untersparte KK verteilt, die Einnahmen für Musiknutzungen in der evangelischen Kirche in der Untersparte EK und die Einnahmen für Musiknutzungen in der neuapostolischen Kirche in der Untersparte NAK.

§ 80 Ermittlung der Nutzungen

[1] **In der Sparte KI erfolgt die Ermittlung der Nutzungen grundsätzlich anhand stichprobenartiger Erhebungen der Kirchen. Art und Umfang der Erhebungen werden von Aufsichtsrat und Vorstand festgelegt. Die Grundsätze der stichprobenartigen Erhebung werden veröffentlicht. Reklamationen einzelner Nutzungen sind wegen der stichprobenartigen Erhebung ausgeschlossen.**

[2] **Abweichend von Abs. 1 werden längere Werke mit einer Spieldauer von über 10 Minuten, die nicht bereits im Rahmen stichprobenartiger Erhebungen erfasst wurden, aufgrund von Einzelmeldungen der Kirchen berücksichtigt.**

---

fallen, wonach bei der Gestaltung und Anwendung der Tarife auf religiöse, kulturelle und soziale Belange sowie die Belange der Jugendpflege angemessen Rücksicht zu nehmen ist.

167 Siehe zur Einordnung von Freiluftveranstaltungen auch LG Berlin, Teilurteil vom 22.2.2005 – 16 O 681/03 n.v., Umdruck S. 33f.

168 Kennzeichnend für das Vorliegen eines Happenings ist die Verbindung der Musikaufführung mit Aktionen der aufführenden Künstler, teilweise unter Einbeziehung des Publikums. Dabei wird lediglich ein grober Rahmen vorgegeben, innerhalb dessen spontane, allenfalls teilweise gelenkte Musikäußerungen erfolgen und bei dem Besetzung und Spieldauer der Werke typischerweise dem Zufall überlassen sind.

169 „Ähnliche Veranstaltungen" im Sinne dieser Regelung sind z.B. Workshops in Privatwohnungen; siehe LG Berlin, Teilurteil v. 22.2.2005 – 16 O 681/03 n.v., Umdruck S. 20.

170 Berlin, Teilurteil v. 22.2.2005 – 16 O 681/03 n.v., Umdruck S. 20.

171 Vgl. Tagesordnung für die Mitgliederversammlung v. 26./27.4.2016, Begr. des Antrag zu TOP 33.

§ 81 Durchführung der Verteilung

[1] Es erfolgt kollektive Verteilung.

[2] Die in den Untersparten KK, EK und NAK jeweils zur Verfügung stehende Nettoverteilungssumme wird an diejenigen Urheber und Verleger verteilt, die in den Nutzungsmeldungen genannt sind. Dabei werden für jede gemäß § 80 ermittelte Werknutzung jedem genannten Urheber zwei Anteile und jedem genannten Verleger ein Anteil gutgeschrieben. Die Anteile, die auf die im Rahmen der stichprobenartigen Erhebung gemäß § 80 Abs. 1 ermittelten Werknutzungen entfallen, werden mit einem Faktor multipliziert, der durch lineare Hochrechnung der Stichprobe ermittelt wird. Die Anteile, die auf die gemäß § 80 Abs. 2 aufgrund von Einzelmeldungen der Kirchen berücksichtigten Werknutzungen entfallen, werden bei Werken mit einer Spieldauer von über 10 Minuten mit dem Faktor 3 und bei Werken mit einer Spieldauer von über 20 Minuten mit dem Faktor 6 multipliziert.

[3] Der Ausschüttungsbetrag pro Anteil ergibt sich durch Division der pro Untersparte zur Verfügung stehenden Nettoverteilungssumme durch die Gesamtzahl aller für die jeweilige Untersparte zu berücksichtigenden Anteile. Die Ausschüttung pro Ausschüttungsberechtigtem ergibt sich durch Multiplikation der für diesen errechneten Zahl der Anteile mit dem Ausschüttungsbetrag pro Anteil.

274 In der Sparte KI (Musik im Gottesdienst) werden gemäß § 78 solche Werknutzungen verrechnet, die im Rahmen von **Gottesdiensten** erfolgen. Insbesondere handelt es sich hierbei um Aufführungen iSd § 19 Abs. 2 UrhG. Werden Musikwerke in Kirchen dagegen außerhalb des Gottesdienstes aufgeführt, wie zum Beispiel im Rahmen von Kirchenkonzerten, werden diese Nutzungen je nach Charakter der Veranstaltung in den Sparten E bzw. ED (E-Musik-Veranstaltungen, §§ 72 ff., E-Musik-Direktverteilung, §§ 75 ff.) oder U bzw. UD (U-Musik-Veranstaltungen, §§ 82 ff., U-Musik-Direktverteilung, §§ 88 ff.) verrechnet.

275 In der Sparte KI werden gemäß § 79 die nach Abzug des einheitlichen Kostensatzes gemäß § 29 Abs. 7 sowie des 10%-Anteils für soziale und kulturelle Zwecke gemäß § 30 Abs. 1 verbleibenden Einnahmen verteilt, die die GEMA von den Kirchen für die Vergabe von Nutzungsrechten für die in § 78 genannten Nutzungen im Gottesdienst erhält. Hierbei werden für die verschiedenen Kirchen jeweils **gesonderte Verteilungssummen** gebildet und in eigenen Untersparten (KK für die katholische, EK für die evangelische und NAK für die neuapostolische Kirche) verteilt.

276 Gemäß § 80 Abs. 1 werden die in der Sparte KI zu berücksichtigenden Nutzungen grundsätzlich anhand stichprobenartiger Erhebungen der Kirchen ermittelt. Hintergrund dieses **Stichprobenverfahrens** ist das wirtschaftliche Gebot der Verhältnismäßigkeit: Angesichts der sehr hohen Anzahl von Gottesdiensten einerseits und der überschaubaren Verteilungssumme in der Sparte KI andererseits wäre eine Verteilung auf der Grundlage von Nutzungsmeldungen, wie sie § 68 für die übrigen Sparten des Nutzungsbereichs Aufführung vorsieht, für diese Sparte wirtschaftlich unverhältnismäßig. Wie die stichprobenartigen Erhebungen durchzuführen sind, richtet sich nach den Festlegungen von Aufsichtsrat und Vorstand, die mit den Kirchen zu vereinbaren sind. Die Grundsätze der Erhebungen sind zu veröffentlichen.[172] Da die zu verrechnenden Werke anhand einer repräsentativen Stichprobe ermittelt werden, können die Berechtigten nicht reklamieren, ob und in welchem Umfang ihre Werke tatsächlich in Gottesdiensten zur Aufführung gelangt sind (§ 80 Abs. 1 S. 4). Sonstige Reklamationen – etwa wegen Fehlern hinsichtlich der Zuordnung der Bezugsberechtigten – sind dagegen möglich.

---

172 Vgl. beispielsweise die Veröffentlichung der Grundsätze für die Erhebung der neuapostolischen Kirche in virtuos 1/2014, 20.

Eine Ausnahme von der Stichprobenerhebung sieht § 80 Abs. 2 für **Werke mit einer überdurchschnittlichen Spieldauer** von über 10 Minuten vor. Um die angemessene Beteiligung dieser Werke – z.B. Messen, Oratorien oder Kantaten – an der Verteilung in der Sparte KI zu gewährleisten, können sie auch aufgrund von **Einzelmeldungen** der Kirchen berücksichtigt werden. Da eine Mehrfachberücksichtigung bei der Verteilung auszuschließen ist, erfolgt die Berücksichtigung aufgrund von Einzelmeldungen nur dann, wenn das betreffende überdurchschnittlich lange Werk nicht bereits in den stichprobenartigen Erhebungen erfasst wurde.[173] 277

In der Sparte KI findet gemäß § 81 eine **kollektive Verteilung** statt. Die pro Untersparte zur Verfügung stehende Nettoverteilungssumme wird hierbei nicht werkbezogen aufgeteilt. Vielmehr werden für jede gemäß § 80 erfasste Werknutzung **personenbezogene Anteile** vergeben (§ 81 Abs. 2). Dabei erhält jeder in den Meldungen der Kirchen genannte Urheber pro erfasster Werknutzung zwei Anteile, jeder genannte Verleger einen Anteil. Die Anteile, die auf Werknutzungen im Rahmen der Stichprobenerhebungen gemäß § 80 Abs. 1 entfallen, werden mit einem Faktor multipliziert, der sich aus einer linearen Hochrechnung der Stichprobe auf alle Kirchengemeinden der jeweiligen Untersparte ergibt. Bei einer fiktiven Abdeckung von 10% der Gemeinden hätte dieser Faktor beispielsweise den Wert 10. Soweit Werke von überdurchschnittlicher Länge gemäß § 80 Abs. 2 aufgrund von Einzelmeldungen der Kirchen berücksichtigt werden, entfällt die Hochrechnung auf der Basis von Stichprobenerhebungen. Stattdessen werden die auf diese Werknutzungen entfallenden Anteile bei Werken von über 10 Minuten Spieldauer mit dem Faktor 3 und bei Werken von über 20 Minuten Spieldauer mit dem Faktor 6 multipliziert. 278

Der **Ausschüttungsbetrag pro Anteil** in der Sparte KI wird schließlich errechnet, indem die pro Untersparte zur Verfügung stehende Nettoverteilungssumme durch die Gesamtzahl der jeweils ermittelten Anteile geteilt wird (§ 81 Abs. 3). Ein Ausfall iSd § 28 wird aufgrund der vereinfachten und nicht werkbezogenen Abrechnungsmethode in der Sparte KI nicht gebildet. 279

Abschnitt 6. Verteilung in der Sparte U (U-Musik-Veranstaltungen)

§ 82 Gegenstand der Sparte

[1] In der Sparte U (U-Musik-Veranstaltungen) erhalten Werke eine Ausschüttung für die Aufführung im Sinne des § 19 Abs. 2 UrhG in Veranstaltungen der Unterhaltungsmusik, soweit nicht Direktverteilung in den Sparten UD oder BM oder Verteilung in der Sparte KI vorgesehen ist.

[2] Sind in einer Veranstaltung der Unterhaltungsmusik Werke der ernsten Musik aufgeführt worden, so werden diese in der Sparte E abgerechnet. Nutzungsmeldungen von Kur- und Bäderveranstaltungen, die im Verwertungsgebiet U eingehen, gelangen in dem Verwertungsgebiet E zur Verteilung, wenn es sich um Konzerte mit Werken der ernsten Musik handelt.

§ 83 Die zu verteilenden Einnahmen

In der Sparte U werden die Einnahmen verteilt, die aus der Vergabe von Nutzungsrechten für die in § 82 genannten, in der Sparte U zu berücksichtigenden Nutzungen zur Verfügung stehen.

173 Vgl. hierzu Tagesordnung für die Mitgliederversammlung v. 26./27.6.2012, Begr. des Antrags zu TOP 35.

§ 84 Bildung von Inkassosegmenten

Es werden folgende Inkassosegmente gebildet:

(1) Inkasso aus Lizenzverträgen, bei denen eine Zuordnung des Inkassos zu einzelnen Veranstaltungen, insbesondere aufgrund tariflicher Regelungen, nicht möglich ist,
(2) Veranstaltungen mit einem Inkasso bis einschließlich EUR 50,00,
(3) Veranstaltungen mit einem Inkasso von EUR 50,01 bis einschließlich EUR 100,00,
(4) Veranstaltungen mit einem Inkasso von EUR 100,01 bis einschließlich EUR 150,00,
(5) Veranstaltungen mit einem Inkasso von EUR 150,01 bis einschließlich EUR 200,00,
(6) Veranstaltungen mit einem Inkasso von EUR 200,01 bis einschließlich EUR 250,00,
(7) Veranstaltungen mit einem Inkasso von EUR 250,01 bis einschließlich EUR 350,00,
(8) Veranstaltungen mit einem Inkasso von EUR 350,01 bis einschließlich EUR 500,00,
(9) Veranstaltungen mit einem Inkasso von EUR 500,01 bis einschließlich EUR 1.000,00,
(10) Veranstaltungen mit einem Inkasso von EUR 1.000,01 bis einschließlich EUR 5.000,00,
(11) Veranstaltungen mit einem Inkasso von EUR 5.000,01 bis einschließlich EUR 10.000,00,
(12) Veranstaltungen mit einem Inkasso von EUR 10.000,01 und mehr.

§ 85 Verteilung nach Punktwerten

[1] Das Inkasso aus den Inkassosegmenten gemäß § 84 Ziff. (1) bis (8) wird für jedes Inkassosegment gesondert nach Punktwerten verteilt. Hierzu werden für jedes Inkassosegment die Nettoverteilungssumme und die Aufführungszahlen ermittelt. Für die Veranstaltungen, für die keine Nutzungsmeldungen vorliegen, werden die Aufführungszahlen durch lineare Hochrechnung der sich aus den Nutzungsmeldungen ergebenden Aufführungen ermittelt.

[2] Die für Varieté- und Kabarettveranstaltungen mit Ausnahme der Zirkusveranstaltungen sowie für Konzerte der Unterhaltungsmusik festgestellten Aufführungszahlen werden mit dem Faktor 2 und die für Kur- und Bäderveranstaltungen festgestellten Aufführungszahlen mit dem Faktor 1,5 multipliziert.

[3] Die für Potpourris geschützter Werke für große Besetzung (ab 19 selbständig geführte Stimmen) festgestellten Aufführungszahlen werden mit dem Faktor 4 multipliziert. Voraussetzung ist, dass das betreffende Potpourri für große Besetzung bei der GEMA angemeldet und in der angemeldeten Besetzung aufgeführt wurde. Dieser Absatz gilt nicht für Potpourris eigener Werke gemäß § 194 Abs. 6.

[4] Werden Werke oder Werkfragmente als Pausen- und Vorlaufmusik, Einleitungs-, Zwischen- und Schlussmusik, Titel- und Erkennungsmusik aufgeführt, so werden solche Aufführungen mit dem Faktor 1/3 multipliziert.

[5] In jedem Inkassosegment wird für jedes Werk eine Punktzahl errechnet. Hierfür werden die jeweils ermittelten Aufführungszahlen mit den Punktbewertungen des Verrechnungsschlüssels II multipliziert.

[6] Der Wert eines Punkts ergibt sich durch Division der Nettoverteilungssumme durch die Gesamtzahl aller für das jeweilige Inkassosegment ermittelten Punkte. Die Ausschüttung pro Werk erfolgt durch Multiplikation der für das Werk errechneten Punktzahl mit dem Punktwert.

§ 86 Verteilung nach Veranstaltungen

Das Inkasso aus den Inkassosegmenten gemäß § 84 Ziff. (9) bis (12) wird für jedes Inkassosegment gesondert auf die durch Nutzungsmeldungen belegten Veranstaltungen verteilt. Dabei erhält jede durch eine Nutzungsmeldung belegte Veranstaltung eine Ausschüttung in Höhe des für sie erzielten Nettoinkassos. Dieses wird zu gleichen Teilen auf alle Werkaufführungen der jeweiligen Veranstaltung aufgeteilt. Das auf die nicht durch Nutzungsmeldungen belegten Veranstaltungen entfallende Nettoinkasso jedes Inkassosegments wird als prozentualer Zuschlag auf die gemäß den vorstehenden Sätzen ermittelte Ausschüttung verteilt.

§ 87 Verteilung bei Vor- und Hauptprogramm

Unterscheidet die vom Veranstalter eingereichte Nutzungsmeldung zwischen Vor- und Hauptprogramm bzw. zwischen Vor- und Hauptgruppen, so wird die Nutzungsmeldung in dem Inkassosegment verrechnet, in das das Gesamtinkasso der Veranstaltung fällt. Bei der Verteilung nach Veranstaltungen gemäß § 86 wird das Gesamtinkasso zu 10% dem Vorprogramm bzw. der Vorgruppe und zu 90% dem Hauptprogramm bzw. der Hauptgruppe zugeordnet. Sind mehrere Vor- oder Hauptgruppen aufgetreten, so erfolgt die Aufteilung des auf Vor- oder Hauptgruppen jeweils entfallenden Inkassos zu gleichen Teilen.

Übersicht

I. Gegenstand der Sparte U

In der Sparte U (U-Musik-Veranstaltungen) werden **Aufführungen** iSd § 19 Abs. 2 UrhG in Veranstaltungen der **Unterhaltungsmusik** verrechnet, soweit diese Nutzungen nicht bereits der Verteilung in einer anderen Sparte zugewiesen sind. Die Verteilung in der Sparte U ist somit subsidiär gegenüber der Verteilung in den Sparten BM (§§ 69ff.), KI (§§ 78ff.) und UD (§§ 88ff.). **280**

Maßgeblich für die Einordnung einer Veranstaltung als Unterhaltungsmusik ist grundsätzlich die Lizenzierung durch die GEMA nach einem entsprechenden Tarif. Werden in einer Veranstaltung der Unterhaltungsmusik auch **Werke der ernsten Musik** mit entsprechender Einstufung gemäß Verrechnungsschlüssel I oder III (§§ 63, 65) aufgeführt, so werden die Nutzungen dieser Werke gemäß § 82 Abs. 2 S. 1 in der Sparte E berücksichtigt. Zu diesem Zweck wird auch ein dem Anteil der Nutzung der Werke der ernsten Musik an der Gesamtnutzung entsprechender Anteil am jeweiligen Veranstaltungsinkasso in die Sparte E überführt. **281**

Nutzungsmeldungen für **Kur- und Bäder-Veranstaltungen** lassen sich aufgrund von Besonderheiten des in solchen Veranstaltungen genutzten Repertoires nicht einheitlich der Sparte E oder der Sparte U zuordnen. Üblicherweise werden die betreffenden Nutzungsmeldungen bei Eingang zunächst dem Verwertungsgebiet U zugeordnet. § 82 Abs. 2 S. 2 stellt jedoch klar, dass eine Verteilung in der Sparte E erfolgt, wenn die standardmäßige Prüfung der eingehenden Nutzungsmeldungen ergibt, dass es sich bei einer Kur- oder Bäderveranstaltung um ein Konzert mit Werken der ernsten Musik gehandelt hat. **282**

II. Die zu verteilenden Einnahmen (§ 83)

In der Sparte U werden die aus den gemäß § 82 in der Sparte U zu berücksichtigenden Nutzungen zur Verfügung stehenden Einnahmen verteilt. Von diesen Einnahmen werden der einheitliche Kostensatz gemäß § 29 Abs. 7 sowie der 10%-Anteil für soziale und kulturelle Zwecke gemäß § 30 Abs. 1 abgezogen. **283**

III. Die Verteilung in der Sparte U bis einschließlich Geschäftsjahr 2012 („PRO-Verfahren")

Bis einschließlich Geschäftsjahr 2012 wurden sämtliche in U-Musikveranstaltungen live aufgeführten geschützten und von der GEMA vertretenen Werke – soweit es sich nicht um der Direktverteilung unterliegende Werknutzungen handelte – in der Sparte U mit einem einheitlichen Punktwert verrechnet. Für jedes Werk wurde zunächst die Zahl der Gesamtaufführungen pro Jahr festgestellt. Hierbei wurden zum einen die durch Nutzungsmeldungen (Programme) belegten Aufführungen berücksichtigt, zum anderen die auf dieser Grundlage unter Anwendung eines komplexen Hochrechnungsverfahrens **284**

(„PRO-Verfahren“) ermittelten nicht programmbelegten Aufführungen. Durch Multiplikation der Aufführungszahlen mit den derzeit in § 64 bzw. § 85 Abs. 2–4 geregelten Punktbewertungen und Gewichtungen wurden sodann Punktzahlen pro Werk ermittelt. Die Verteilungssumme der Sparte U wurde durch die Gesamtzahl der so festgestellten Punkte geteilt. Es ergab sich auf diese Weise ein einheitlicher Geldbetrag pro Punkt, der so genannte Punktwert U. Durch Multiplikation dieses Punktwerts mit der Anzahl der Punkte pro Werk wurde die Ausschüttung pro Werk in der Sparte U berechnet.[174] Wesentliches Merkmal der Verteilung in der Sparte U war somit, dass kein unmittelbarer Zusammenhang zwischen dem aus der jeweiligen Veranstaltung erzielten Inkasso und der Ausschüttung auf die in der Veranstaltung genutzten Werke bestand.

IV. Die Verteilung in der Sparte U ab Geschäftsjahr 2013 („INKA“)

1. Bildung von Inkassosegmenten (§ 84)

285 Während beim PRO-Verfahren somit kein direkter Bezug zwischen der Höhe der für die Lizenzierung eines Werkes erzielten Einnahme und der Höhe der auf dieses Werk entfallenden Ausschüttung bestand, beruht die von der ordentlichen Mitgliederversammlung 2012 beschlossene,[175] ab Geschäftsjahr 2013 angewandte Neuregelung auf dem Grundgedanken, einen derartigen Bezug herzustellen. Die neu geregelte Verteilung in der Sparte U wird daher in Abgrenzung zum PRO-Verfahren häufig auch als **„INKA“** („INKAssobezogene Verteilung“) bezeichnet.

286 Hierzu ist die Sparte U in zwölf so genannte **Inkassosegmente** unterteilt worden, in denen jeweils Veranstaltungen mit einem Inkasso in einer bestimmten, eng gewählten Bandbreite zur gemeinsamen Verrechnung zusammengefasst werden (§ 84). Die Verteilung in diesen Inkassosegmenten erfolgt nach zwei unterschiedlichen Verfahren.

287 Bei Veranstaltungen mit einem Inkasso bis zu EUR 500,00 findet gemäß § 85 eine kollektive Verteilung nach Punktwerten in den Inkassosegmenten 2–8 (nachfolgend: untere Inkassosegmente) statt. Werkaufführungen in Veranstaltungen mit einem Inkasso ab EUR 500,01 werden dagegen in den Inkassosegmenten 9–12 (nachfolgend: obere Inkassosegmente) auf der Basis des konkreten Veranstaltungsinkassos verrechnet (§ 86). Inkassosegment 1 stellt einen Auffangtatbestand für solche Fälle dar, in denen eine Zuordnung des Inkassos zu einzelnen Veranstaltungen nicht durchgeführt werden kann, insbesondere aufgrund tariflicher Bestimmungen.

2. Verteilung nach Punktwerten (§ 85)

288 In den Inkassosegmenten 1–8 erfolgt für jedes Segment gesondert eine **kollektive Verteilung** iSd § 11 Abs. 4, bei der für jedes Segment ein eigener Punktwert ermittelt wird.

289 Ausgangspunkt der Verteilung sind die sich aus den Nutzungsmeldungen ergebenden Aufführungen (§ 68). Für lizenzierte Veranstaltungen, zu denen keine Nutzungsmeldungen vorliegen, werden die Aufführungszahlen in den Inkassosegmenten 2–8 unter Berücksichtigung der **Programmabdeckungsquote** (vgl. oben **Rn. 252**) des jeweiligen Segments durch eine lineare Hochrechnung ermittelt. Die bis Geschäftsjahr 2012 geltende Hochrechnung nach dem PRO-Verfahren, die einheitlich für die gesamte Sparte U erfolgte, ist insoweit durch segmentbezogene Hochrechnungen ersetzt worden. Für Nut-

174 Vgl. zum PRO-Verfahren auch BGH, GRUR 2005, 757, 760 – PRO-Verfahren.
175 Vgl. Tagesordnung für die Mitgliederversammlung v. 26./27.6.2012, Antrag zu TOP 28, mit ausf. Begr.

zungen in Inkassosegment 1 findet keine Hochrechnung statt, da in diesem Segment keine Zuordnung des Inkassos zu einzelnen Veranstaltungen erfolgen kann und daher auch die Zahl der nicht durch Nutzungsmeldungen belegten Veranstaltungen unbekannt ist. Aufgrund ihrer Linearität haben die Hochrechnungen in den Inkassosegmenten 2–8 keine unmittelbaren Auswirkungen auf die Ausschüttungen pro Werk in der Sparte U. Sie sind aber relevant für die Verteilung in der Sparte M, die zum Teil auf die Gesamtaufführungszahlen in den unteren Inkassosegmenten der Sparte U rekurriert (§ 129 Abs. 2). Würden hierbei nur die durch Nutzungsmeldungen belegten Werkaufführungen herangezogen, würden Werke mit Aufführungen in Segmenten mit niedrigen Programmabdeckungsquoten schlechter gestellt als Werke mit Aufführungen in Segmenten mit hoher Programmabdeckung. Insgesamt betrachtet ist die Programmabdeckung in der Sparte U in der jüngeren Vergangenheit erheblich gestiegen, so dass die Ermittlung der nicht durch Nutzungsmeldungen erfassten Aufführungen an Bedeutung verliert. Lag der Anteil der durch Nutzungsmeldungen belegten Veranstaltungen in der Sparte U im Jahr 2004 noch bei ca. 25%, so liegt die Programmabdeckungsquote im Durchschnitt aller Inkassosegmente mittlerweile bei deutlich mehr als 50%.

Neben der Hochrechnung sieht § 85 Abs. 2–4 für bestimmte Werke und Nutzungszu- 290
sammenhänge eine zusätzliche **Gewichtung** vor. So werden die Aufführungszahlen bei der Nutzung von Werken als Pausenmusik mit dem Faktor 1/3, bei Kur- und Bäderveranstaltungen mit dem Faktor 1,5 und bei Konzerten der Unterhaltungsmusik mit dem Faktor 2 multipliziert. Der höchste Faktor 4 gilt für den Sonderfall, dass Potpourris geschützter Werke im Sinne des § 194 Abs. 4 für große Besetzung geschaffen, angemeldet und in dieser Besetzung aufgeführt werden. Hierbei handelt es sich um besonders anspruchsvoll gestaltete Potpourris: Die Anknüpfung an 19 selbständig geführte Stimmen entspricht der Definition von „Werken für großes Orchester“ im Bereich der Punktbewertung für E-Musik gemäß § 63 Abs. 4 Satz 2.[176]

In einem zweiten Schritt werden die hochgerechneten und gegebenenfalls gewichte- 291
ten Aufführungszahlen mit den gemäß § 64 für die jeweils genutzten Werke geltenden Punktbewertungen multipliziert. Der **Punktwert** des jeweiligen Inkassosegments wird sodann gemäß § 85 Abs. 6 durch Division der für das Segment zur Verfügung stehenden Nettoverteilungssumme durch die Gesamtzahl aller für dieses Segment ermittelten Punkte berechnet. Der **Ausschüttungsbetrag** pro Werk ergibt sich durch Multiplikation der für das Werk aufgrund seiner hochgerechneten und gegebenenfalls gewichteten Aufführungszahlen sowie seiner Punktbewertung gemäß § 64 ermittelten Punktzahl mit dem Punktwert.

Formel:

Anzahl gemeldeter Nutzungen des Werks in Segment A x Hochrechnungsfaktor Segment A x Gewichtungen gem. § 85 Abs. 2–4 x Punktbewertung des Werks gem. § 64 x Punktwert Segment A =
Ausschüttungsbetrag für das Werk in Segment A für alle Beteiligten in EUR

Indem innerhalb eines jeden Inkassosegments Veranstaltungen verrechnet werden, 292
für die annähernd gleich hohe Inkassi erzielt werden, wirkt sich die mit der Bildung von Punktwerten verbundene Pauschalierung nur noch innerhalb enger Grenzen aus. Hierdurch wird dem aus Gründen der Verteilungsgerechtigkeit vielfach geforderten Inkassobezug im Rahmen der Verteilung in weit höherem Maße Rechnung getragen als im Rahmen der bis Geschäftsjahr 2012 geltenden Regelung.

176 Vgl. Tagesordnung für die Mitgliederversammlung v. 8./9.4.2014, Begr. des Antrags zu TOP 17.

3. Verteilung nach Veranstaltungen (§ 86)

293 In den oberen Inkassosegmenten 9 bis 12 erfolgt im ersten Schritt eine **Direktverteilung**, indem jeder durch Nutzungsmeldungen belegten Veranstaltung ein Betrag in Höhe des für die konkrete Veranstaltung erzielten Nettoinkassos zugeordnet und *pro rata numeris* auf die jeweiligen Werknutzungen aufgeteilt wird. In einem zweiten Schritt wird derjenige Anteil an der für das jeweilige Inkassosegment zur Verfügung stehenden Nettoverteilungssumme, der auf nicht durch Nutzungsmeldungen belegte Veranstaltungen entfällt, proportional als **Zuschlag** auf die sich aus der Direktverteilung ergebende Ausschüttung verteilt. Diese Vorgehensweise führt wegen der Direktverteilung im ersten Schritt zu einem noch stärkeren Bezug zwischen Einnahme und Ausschüttung als in den unteren Inkassosegmenten. Der Unterschied zur reinen Direktverteilung besteht in den oberen Inkassosegmenten allein aus dem Zuschlag für die Einnahmen aus nicht durch Nutzungsmeldungen belegten Veranstaltungen. Bei einer Programmabdeckung von 100%, die in den obersten Segmenten nahezu erreicht wird, würde die Verteilung nach Veranstaltungen gemäß § 86 zum selben Ausschüttungsergebnis in der Sparte U führen wie eine Direktverteilung.

4. Verteilung bei Vor- und Hauptprogramm (§ 87)

294 Wird bei Veranstaltungen mit Vor- und Hauptgruppen ein Gesamtinkasso erzielt, das nicht nach Vor- und Hauptprogramm differenziert, so bedarf es einer **Zuordnung** der jeweiligen Einnahmen und Nutzungsmeldungen zu den Inkassosegmenten der Sparte U. § 87 Satz 1 regelt insoweit, dass die Vor- und Hauptprogramme insgesamt dem Inkassosegment zugeordnet werden, das dem Gesamtinkasso der Veranstaltung entspricht.[177]

295 Bei Veranstaltungen mit Vor- und Hauptprogramm, die nach der Zuordnung gem. § 87 Satz 1 in den oberen Inkassosegmenten 9 bis 12 zu verrechnen sind, wird das Inkasso der betreffenden Veranstaltung gemäß § 87 S. 2 in einem zweiten Schritt zu 10% dem Vorprogramm und zu 90% dem Hauptprogramm zugeordnet. Diese **Gewichtung** berücksichtigt, dass eine Gleichbehandlung von Vor- und Hauptprogramm in diesen auf der Direktverteilung aufbauenden Inkassosegmenten dem Beitrag des Hauptprogramms zum Inkasso nicht gerecht würde.

296 Bei **mehreren Vor- oder Hauptgruppen** erfolgt die Aufteilung des auf Vor- oder Hauptgruppen jeweils entfallenden Inkassos gem. § 87 Satz 3 *pro rata numeris.*

Abschnitt 7. Verteilung in der Sparte UD (U-Musik-Direktverteilung)

§ 88 Gegenstand der Sparte

In der Sparte UD (U-Musik-Direktverteilung) erfolgt in den nachfolgend genannten Fällen eine Ausschüttung für die Aufführung von Werken der Unterhaltungsmusik im Sinne des § 19 Abs. 2 UrhG.

(a) Aufführungen von Werken nach Verrechnungsschlüssel IV gemäß § 66 Abs. 2.

(b) Werkaufführungen in an die GEMA abgerechneten öffentlichen Veranstaltungen mit eingeschränktem Konzertcharakter, wie z.B. Proben, Generalproben, offenes Singen oder offenes Musizieren.

(c) Werkaufführungen veranstaltet von oder durchgeführt in Hochschulen, Schulen und anderen Bildungsanstalten während der üblichen Vorlesungs- und Unterrichtszeit, in Krankenhäusern und anderen Einrichtungen der Gesundheitspflege sowie in Altenheimen

177 Vgl. Tagesordnung für die Mitgliederversammlung v. 25./26.6.2013, Antrag zu TOP 46.

oder anderen sozialen Einrichtungen (ausgenommen hochschul- oder schuleigene Veranstaltungen mit Lehrpersonal und/oder Schülern bzw. Studenten als Musiker).
Bei Veranstaltungen innerhalb eines Pauschalinkassovertrags wird für die Verteilung ein Inkasso von EUR 20,00 zugrunde gelegt. Bei einer Veranstaltungsdauer von weniger als einer Stunde wird dieser Betrag auf EUR 10,00 reduziert.

(d) Werkaufführungen im Freien, auf öffentlich zugänglichen, auch überdachten Plätzen (z.B. Bahnhofshallen, Eingangshallen, dem öffentlichen Publikumsverkehr zugängliche Galerien und Passagen, Fußgängerzonen, Malls u.ä.) für die dort anzutreffenden Passanten.

(e) Werkaufführungen in sogenannten Happenings, Hauskonzerten oder ähnlichen Veranstaltungen.

(f) Werkaufführungen mit einer Gesamtbesucherzahl von weniger als 10 Zuhörern. Anwesende, die zum Kreis der Veranstalter und Mitwirkenden gehören, sind hierbei nicht zu berücksichtigen.
Bei der Verrechnung von Veranstaltungen innerhalb eines Pauschalinkassovertrags wird in der Verrechnung ein Inkasso von EUR 20,00 zugrunde gelegt. Bei einer Veranstaltungsdauer von weniger als einer Stunde reduziert sich dieser Betrag auf EUR 10,00.

(g) Nutzungsmeldungen, die überwiegend Werke mit einer Spieldauer von bis zu 2 Minuten enthalten oder bei denen das Verhältnis von Gesamtaufführungsdauer und Anzahl der Werkaufführungen durchschnittlich mehr als 30 Werkaufführungen pro Stunde ergibt.
Soweit die entsprechende Veranstaltung innerhalb eines Lizenzvertrages lizenziert wurde, bei dem eine Zuordnung des Inkassos zu einzelnen Veranstaltungen nicht möglich ist, wird die Nutzungsmeldung in der Sparte U in dem Inkassosegment gemäß § 84 Ziff. (1) mit einem Drittel der Aufführungen verrechnet.

(h) Auf Antrag erfolgt Direktverteilung für die Werke in Veranstaltungen im Bereich der U-Musik gemäß § 84 Ziff. (1) bis (8), in denen fast ausschließlich (zumindest 80%) Werke eines Urhebers bzw. einer Urhebergemeinschaft im Sinne der §§ 8 und 9 UrhG (Autorenteam) aufgeführt werden und die in den Jahren 2001 bis einschließlich 31.12.2016 stattgefunden haben.
Bei Pauschalinkasso findet eine Direktverteilung nicht statt. Unter Pauschalinkasso wird das Inkasso aus solchen Verträgen verstanden, die mit einem Vertragspartner für eine unbegrenzte Anzahl von Aufführungen im Vertragsgebiet und Vertragszeitraum geschlossen werden – so z.B. der Pauschalvertrag mit der Bundeswehr, dem Bundesgrenzschutz, den politischen Parteien und den Länder-Schulverwaltungen.
Werden nicht nur ausschließlich Werke der antragstellenden Rechteinhaber aufgeführt, sondern bis zu 20% auch Werke anderer Rechteinhaber, so ist Bemessungsgrundlage für die Direktverteilung der Teil des Inkassos, der dem zahlenmäßigen Anteil der Werke, für die die Direktverteilung beantragt wird, an den in der Veranstaltung aufgeführten Werken entspricht. Maßgebend für die Zuordnung der Werke anderer Rechteinhaber zu den Inkassosegmenten nach § 84 ist das Gesamtinkasso der Veranstaltung.
Voraussetzung für die Direktverteilung ist das Vorliegen einer Nutzungsmeldung, deren Vollständigkeit von dem Veranstalter bestätigt worden ist.
Der Antrag kann nur von allen an den vom Antrag erfassten Werken beteiligten Rechteinhabern gemeinsam gestellt werden und bezieht sich nur auf die Werke des Antragstellers oder der Antragsteller, soweit diese in den in lit. h Abs. 1 genannten Veranstaltungen aufgeführt wurden.
Der Antrag ist innerhalb von 3 Monaten nach der Veranstaltung zu stellen.

(i) Die Regelung in lit. h gilt auch für Zirkusveranstaltungen.

§ 89 Die zu verteilenden Einnahmen
In der Sparte UD werden die Einnahmen verteilt, die aus der Vergabe von Nutzungsrechten für die in § 88 genannten Nutzungen zur Verfügung stehen.

§ 90 Durchführung der Verteilung
Es erfolgt Direktverteilung.

Übersicht

I. Grundsätze

297 In der Sparte UD (U-Musik-Direktverteilung) werden die Einnahmen verteilt, die die GEMA für die **Aufführung** iSd § 19 Abs. 2 UrhG von Werken der **Unterhaltungsmusik** (vgl. hierzu § 64 sowie die Kommentierung oben **Rn. 240**) in bestimmten, in § 88 lit. a–i abschließend genannten Fällen erzielt. Die in § 88 lit. a–f geregelten Fallgruppen der Direktverteilung finden sich wortgleich auch in § 75 lit. a–f wieder und gelten somit auch für Verrechnung von Aufführungen von Werken der ernsten Musik in der Sparte ED (E-Musik-Direktverteilung).

298 In der Sparte UD werden von den Einnahmen der einheitliche Kostensatz gemäß § 29 Abs. 7 sowie der 10%-Anteil für soziale und kulturelle Zwecke gemäß § 30 Abs. 1 abgezogen. Gemäß §§ 89, 90 findet eine **Direktverteilung** der verbleibenden, für die von § 88 erfassten Nutzungen erzielten Nettoeinnahmen iSd § 11 Abs. 3 (s.o., **Rn. 60**) statt.

II. Fallgruppen der Direktverteilung

299 § 88 lit. a knüpft an den **Werkcharakter** an und ordnet unter Verweis auf § 66 Abs. 2 die Aufführung von Werken des Verrechnungsschlüssels IV insgesamt der Verteilung in der Sparte UD zu, soweit es sich um Werke der Unterhaltungsmusik handelt (vgl. zum Verrechnungsschlüssel IV die Kommentierung oben, **Rn. 247–250)**.

300 Bei den anderen Fallgruppen des § 88 erfolgt die Direktverteilung in der Sparte UD aufgrund bestimmter **Aufführungszusammenhänge**. Dies hat zur Folge, dass ein Werk der Unterhaltungsmusik für einige Aufführungen gemäß § 88 lit. b-i eine Ausschüttung in der Sparte UD erhalten kann, während andere Aufführungen desselben Werkes, die keinen der in § 88 geregelten Tatbestände erfüllen, bei der Verteilung in der Sparte U berücksichtigt werden können.

301 Bei § 88 lit. b–g handelt es sich um Sachverhalte, für die eine Berücksichtigung im Rahmen der **kollektiven Verteilung** in der Sparte U **nicht sachgerecht** erscheint. Für die kollektive Verteilung nach Punktwerten in den unteren Inkassosegmenten der Sparte U gelten insoweit die bereits im Zusammenhang mit den Sparten E / ED dargestellten Erwägungen (vgl. oben, **Rn. 271–273**): Da die Ausschüttung pro Werk hier nicht auf den für die konkrete Veranstaltung erzielten Einnahmen basiert, sondern auf der Zahl der Aufführungen des Werks im jeweiligen Inkassosegment, und zudem eine Hochrechnung für nicht durch Nutzungsmeldungen belegte Aufführungen stattfindet, kann die Verteilungsgerechtigkeit beeinträchtigt werden, wenn Werkaufführungen in Veranstaltungen, die vom üblichen Veranstaltungscharakter abweichen, der Punktwertverteilung gemäß § 85 zugeführt werden. In den oberen Inkassosegmenten 9 bis 12 der Sparte U bildet zwar das für die jeweilige Veranstaltung konkret erzielte Inkasso die Grundlage der Verteilung, so dass diese der Direktverteilung in der Sparte UD ähnlich sind. Daneben findet in diesen Inkassosegmenten jedoch gemäß § 86 S. 4 eine Zuschlagsverteilung des Inkassos statt, das auf nicht durch Nutzungsmeldungen belegte Veranstaltungen entfällt. Indem Veranstaltungen, die einen Tatbestand des § 88 lit. b–g erfüllen, nicht als Indikator für eine über den jeweiligen Einzelfall hinausgehende Nachfrage geeignet sind, erlauben die Nutzungsmeldungen für solche Veranstaltungen auch keine Rückschlüsse auf Werkaufführungen in nicht durch Nutzungsmeldungen belegten Veranstaltungen. Eine Berücksichtigung der betreffenden Veranstaltungen in den oberen Inkassosegmenten der Sparte U wäre somit auch bei entsprechendem Inkasso nicht sachgerecht.

302 § 88 lit. g regelt eine Direktverteilung der Einnahmen für Veranstaltungen mit einer **unüblichen Häufung kurzer Werke.** Ohne eine solche Regelung könnten sich für Veranstaltungen, die eine Vielzahl von kurzen Werken enthalten, sehr hohe Ausschüttun-

gen in den unteren Inkassosegmenten der Sparte U oder auch in der Sparte M ergeben, die zu den für die jeweilige Veranstaltung erzielten Lizenzeinnahmen außer Verhältnis stünden. Im Bereich der ernsten Musik besteht keine solche Gefahr, da die Werklänge bereits im Rahmen der Punktbewertungen für die Sparte E gemäß Verrechnungsschlüssel I (§ 63) durchgehend berücksichtigt wird.

Eine Direktverteilung nach § 88 lit. g Abs. 1 erste Alternative findet statt für Programme, die „**überwiegend Werke mit einer Spieldauer von bis zu 2 Minuten** enthalten". Dies ist der Fall, wenn mehr als die Hälfte oder mehr als 50% der in der Nutzungsmeldung enthaltenen Werke eine Spieldauer von nicht mehr als zwei Minuten aufweisen. In der Praxis kann zudem der Fall eintreten, dass Werke von unbekannter Spieldauer zur Aufführung kommen oder dass die Werke nicht mit der angemeldeten, sondern einer verkürzten Spieldauer aufgeführt werden. Aus diesem Grund sieht § 88 lit. g Abs. 1 zweite Alternative die Direktverteilung auch dann vor, wenn bei einer Nutzungsmeldung „das Verhältnis von Gesamtaufführungsdauer und Anzahl der Werkaufführungen **durchschnittlich mehr als 30 Werkaufführungen pro Stunde** ergibt". Werden Veranstaltungen, die den Tatbestand des § 88 lit. g Abs. 1 erfüllen, innerhalb eines Lizenzvertrags lizenziert, bei dem eine Zuordnung des Inkassos zu einzelnen Veranstaltungen nicht möglich ist, erfolgt keine Direktverteilung. Stattdessen werden die betreffenden Programme gemäß § 88 lit. g Abs. 2 pauschalierend verrechnet, indem sie mit einem Drittel der Aufführungen im Inkassosegment 1 der Sparte U berücksichtigt werden. In diesem Inkassosegment werden gemäß § 84 Ziff. (1) die Einnahmen aus Lizenzverträgen verteilt, bei denen das Inkasso, insbesondere aufgrund tariflicher Bestimmungen, keinen konkreten Veranstaltungen zugeordnet werden kann.[178] 303

Für Veranstaltungen bis zum 31. Dezember 2016 bestand gemäß § 88 lit. h – der gemäß § 88 lit. i auch für Zirkusveranstaltungen galt – die Möglichkeit einer **Direktverteilung auf Antrag**. Voraussetzung war, dass bei der betreffenden Veranstaltung fast ausschließlich Werke eines Urhebers oder einer Urhebergemeinschaft im Sinne der §§ 8 und 9 UrhG aufgeführt wurden und die Veranstaltung ansonsten in den unteren Inkassosegmenten der Sparte U gemäß § 84 Ziff. (1)-(8) verrechnet worden wäre. Die Verteilung nach Veranstaltungen in den oberen Inkassosegmenten gemäß § 84 Ziff. (9)-(12) war hiervon ausgenommen, da sie ohnehin auf dem Prinzip der Direktverteilung (zzgl. eines Zuschlags für nicht durch Nutzungsmeldungen belegte Aufführungen) basiert, so dass eine (reine) Direktverteilung auf Antrag hier keinen Vorteil für die Berechtigten gebracht hätte. Doch auch bei Werkaufführungen im unteren Inkassobereich bewirkte die Direktverteilung auf Antrag für die Berechtigten regelmäßig keinen wirtschaftlichen Vorteil gegenüber der kollektiven Verteilung nach Punktwerten, da die Inkassosegemente gemäß § 84 Ziff. (1)–(8) eng zugeschnitten sind und innerhalb der Inkassosegmente eine Hochrechnung der Aufführungen erfolgt. Die Regelung in § 88 lit. h ist daher ersatzlos ausgelaufen. 304

Kapitel 3: Die Verteilung in den Sparten des Nutzungsbereichs Sendung

Abschnitt 1. Allgemeine Regelungen

§ 91 Die Sparten des Nutzungsbereichs Sendung

[1] Der Nutzungsbereich Sendung umfasst die Sparten des Hörfunks (Sparten R und R VR) und des Fernsehens (Sparten FS, T FS, FS VR und T FS VR).

---

178 Wirksamkeit und sachliche Rechtfertigung der nunmehr in § 88 lit. g (zuvor in Abschn. IV Ziff. 8 der Ausführungsbestimmungen zum Verteilungsplan A) enthaltenen Regelung wurden gerichtlich bestätigt, KG v. 15.11.2010, Az. 24 U 6/10 n.v.

[2] Für die Verteilung in den Sparten des Hörfunks und des Fernsehens hat die Mitgliederversammlung im Sinne einer Präambel als eine untrennbare Gesamtlösung die nachfolgenden Grundsätze beschlossen. Diese dienen dazu, die Prinzipien der nutzungsbezogenen Verteilung und der kulturellen Förderung (insbesondere des deutschsprachigen Repertoires und der zeitgenössischen ernsten Musik) in einem ausgewogenen Verhältnis zur Geltung zu bringen. Aufsichtsrat und Vorstand werden die Auswirkungen dieser Verteilungsregeln fortlaufend überprüfen. Sie werden den Mitgliedern spätestens im Herbst 2016 und erneut im Herbst 2018 ausführlich Bericht hierüber erstatten und in der ordentlichen Mitgliederversammlung 2019 zur Abstimmung stellen, ob die Verteilungsregeln für die Sparten des Hörfunks und des Fernsehens überarbeitet werden sollen. Stimmt mindestens eine Berufsgruppe mit Zweidrittelmehrheit für eine Überarbeitung, werden Aufsichtsrat und Vorstand für die ordentliche Mitgliederversammlung 2020 einen Vorschlag zur Neugestaltung der Verteilung in den Sparten des Hörfunks und des Fernsehens erarbeiten.

§ 92 Die Aufteilung der Einnahmen für Musiknutzungen im Rundfunk auf die Sparten des Nutzungsbereichs Sendung

[1] Der Aufteilung des Inkassos, das die GEMA für Musiknutzungen im Rundfunk erzielt, auf die Sparten des Hörfunks und des Fernsehens liegen die Vergütungen zu Grunde, die für die einzelnen Hörfunkwellen und Fernsehprogramme entsprechend den sich aus den jeweiligen Tarifen ergebenden Bemessungsgrundlagen und Musikanteilen ermittelt wurden. Bei der Berechnung der Vergütung der öffentlich-rechtlichen Rundfunkveranstalter, die auf deren Einnahmen aus Rundfunkbeiträgen beruht, wird derzeit auch der Finanzierungsbedarf von Hörfunk und Fernsehen innerhalb des öffentlich-rechtlichen Rundfunks berücksichtigt. Der Aufsichtsrat kann beschließen, dass bei der Aufteilung der auf Rundfunkbeiträgen beruhenden Einnahmen aus Musiknutzungen im öffentlich-rechtlichen Rundfunk auf die Sparten des Hörfunks und des Fernsehens auch solche Kosten berücksichtigt werden, die bei der Vergütungsberechnung ausgesondert werden, soweit hierfür sachliche Gründe vorliegen. Die Auswirkungen, die die Ermittlung von Vergütungsanteilen auf der Grundlage des Finanzierungsbedarfs des öffentlich-rechtlichen Rundfunks auf die Verteilung hat, sind regelmäßig zu überprüfen. Der Vorstand ist verpflichtet, den Aufsichtsrat über wesentliche strukturelle und quantitative Veränderungen bei der Ermittlung dieses Finanzierungsbedarfs zeitnah zu informieren.

[2] Von den Einnahmen, die zur Verteilung aus Musiknutzungen im Hörfunk zur Verfügung stehen, werden 66 2/3% zugunsten des Senderechts und 33 1/3% zugunsten der mechanischen Rechte verteilt. Der dem Senderecht zuzuordnende Anteil wird in der Sparte R gemäß §100 verteilt. Der den mechanischen Rechten zuzuordnende Anteil wird in der Sparte R VR gemäß § 104 verteilt.

[3] Die Aufteilung der aus Musiknutzungen im Fernsehen zur Verfügung stehenden Einnahmen auf das Senderecht und die mechanischen Rechte richtet sich danach, welcher Anteil der für das jeweilige Vorjahr pro Fernsehprogramm ermittelten Minuten auf die Sparte FS (ohne Werbung im Sinne von § 1 k des Berechtigungsvertrags) entfallen ist (FS-Anteil). Minuten im Sinne dieser Vorschrift sind die mit den Koeffizienten für Fernsehsendungen gemäß §107 multiplizierten Sendeminuten. Je nach FS-Anteil erfolgt die Aufteilung nach folgenden drei Segmenten:

(a) Segment 1: Bei Fernsehprogrammen mit einem FS-Anteil von 100% bis 66,67% werden die aus Musiknutzungen im Fernsehen zur Verfügung stehenden Einnahmen im Verhältnis 2 zu 1 auf das Senderecht und die mechanischen Rechte aufgeteilt.

(b) Segment 2: Bei Fernsehprogrammen mit einem FS-Anteil von 66,66% bis 33,33% werden die aus Musiknutzungen im Fernsehen zur Verfügung stehenden Einnahmen im Verhältnis 2 zu 2/3 auf das Senderecht und die mechanischen Rechte aufgeteilt.

(c) Segment 3: Bei Fernsehprogrammen mit einem FS-Anteil von 33,32% bis 0% werden die aus Musiknutzungen im Fernsehen zur Verfügung stehenden Einnahmen im Verhältnis 2 zu 1/3 auf das Senderecht und die mechanischen Rechte aufgeteilt.

Für die Aufteilung der Einnahmen aus Musiknutzungen in solchen Fernsehprogrammen, für die kein eigener FS-Anteil ermittelt werden kann, wird ein FS-Anteil zugrunde gelegt, der dem Durchschnitt aller ermittelten FS-Anteile entspricht.

[4] Der dem Senderecht zuzuordnende Anteil an den aus Musiknutzungen im Fernsehen zur Verfügung stehenden Einnahmen wird in den Sparten FS und T FS zu einem Minutenwert auf der Grundlage einer gemeinsamen Nettoverteilungssumme verteilt. Der den mechanischen Rechten zuzuordnende Anteil an den aus Musiknutzungen im Fernsehen zur Verfügung stehenden Einnahmen wird in den Sparten FS VR und T FS VR zu einem Minutenwert auf der Grundlage einer gemeinsamen Nettoverteilungssumme verteilt. Die Verteilung erfolgt für die Sparten FS und T FS gemäß § 110 und für die Sparten FS VR und T FS VR gemäß § 114.

§ 93 Die Ermittlung der Nutzungen in den Sparten des Nutzungsbereichs Sendung

[1] In den Sparten des Hörfunks und des Fernsehens erfolgt die Ermittlung der Nutzungen grundsätzlich aufgrund der durch die Rundfunkveranstalter, gegebenenfalls auch durch Dritte, gelieferten Nutzungsmeldungen. Über nähere Einzelheiten befindet jeweils der Aufsichtsrat.

[2] Die Verteilung erfolgt aufgrund der Spieldauerangaben in den Nutzungsmeldungen.

§ 94 Ausnahme von der Verteilung auf der Grundlage von Nutzungsmeldungen

[1] Nicht auf der Grundlage von Nutzungsmeldungen verteilt werden im Hörfunk und Fernsehen die Einnahmen von Rundfunkveranstaltern, die unter Berücksichtigung anteiliger Einnahmen aus der Kabelweitersendung und der Inkassoaufteilung gemäß § 92 Abs. 1 unterhalb einer vom Aufsichtsrat für den jeweiligen Bereich festzusetzenden Grenze liegen. Die Berücksichtigung anteiliger Einnahmen aus der Kabelweitersendung im Inland erfolgt nur bei Hörfunkwellen und Fernsehprogrammen mit einem vergütungsrelevanten Musikanteil von mindestens 1%.

[2] Die gemäß Abs. 1 nicht auf der Grundlage von Nutzungsmeldungen zu verteilenden Einnahmen werden als prozentualer Zuschlag zu den Verteilungssummen in den Sparten des Hörfunks und Fernsehens verteilt. Werden einzelne Werke eines Ausschüttungsberechtigten in einem Geschäftsjahr überwiegend (gemessen an den tatsächlich gesendeten Minuten) von Rundfunkveranstaltern genutzt, für die die GEMA gemäß Abs. 1 Einnahmen unterhalb der jeweiligen vom Aufsichtsrat festgesetzten Grenze erhält, erfolgt auf Antrag für diese Nutzungen eine Verteilung nach Maßgabe von Abs. 3.

[3] Der Antrag kann nur berücksichtigt werden, wenn er innerhalb einer Frist von 6 Monaten nach dem jeweiligen Ausschüttungstermin gestellt wird. Der Antrag muss nachprüfbare Angaben zu Werktitel, Beteiligten, Rundfunkveranstalter und Sender, Titel der Sendung, Sendeterminen und Sendedauer des Werkes enthalten und kann ferner nur dann berücksichtigt werden, wenn diese Angaben vom betreffenden Rundfunkveranstalter bestätigt wurden und die Verrechnung einen Mindestbetrag von EUR 5,00 pro Werk erwarten lässt. Der Ausschüttungsbetrag wird nach dem tatsächlichen Umfang der betreffenden Musiknutzung im Verhältnis zu den auf den jeweiligen Rundfunkveranstalter entfallenden Einnahmen ermittelt. Wenn der betreffende Ausschüttungsberechtigte bei der Verteilung für das jeweilige Geschäftsjahr eine Ausschüttung in den Sparten des Hörfunks beziehungsweise Fernsehens erhalten hat, vermindert sich der Ausschüttungsbetrag um den in dieser Verteilung enthaltenen Zuschlag für die nicht auf der Grundlage von Nutzungsmeldungen verrechneten Rundfunkveranstalter. Die Ausschüttung erfolgt im Rahmen der auf die Antragstellung folgenden Rundfunkverteilung.

Übersicht

I. Die Sparten des Nutzungsbereichs Sendung (§ 91 Abs. 1)

Der Nutzungsbereich Sendung umfasst die Sparten, die zur Verteilung für Nutzungen im **Hörfunk** und im **Fernsehen** (zusammenfassend auch als „Rundfunk“ bezeichnet) gebildet sind.[179] Werknutzungen in diesem Bereich berühren sowohl das Senderecht 305

179 Der Rundfunkbegriff des Verteilungsplans ist insoweit enger als der des Rundfunkstaatsvertrags (RStV), der Rundfunk in § 2 Abs. 1 allgemein als linearen Informations- und Kommunikationsdienst

nach § 20 UrhG als auch die so genannten „mechanischen Rechte“, worunter je nach Sachverhalt das Vervielfältigungsrecht nach § 16 UrhG[180] sowie ggf. das Herstellungsrecht an Fernsehproduktionen zu verstehen sind.[181] Dementsprechend erzielt die GEMA von den Sendeunternehmen Einnahmen aus der Vergabe der Rechte für beide Rechtekategorien. Für Hörfunk und Fernsehen sind daher jeweils sowohl Sparten zur Verteilung für die Nutzung von Rechten der öffentlichen Wiedergabe (hier: des Senderechts) als auch Sparten zur Verteilung für die Nutzung von Rechten der Vervielfältigung und Verbreitung gebildet. Innerhalb des Fernsehbereichs erfolgt zudem eine Differenzierung zwischen Sparten für Nutzungen von Werken, die in Eigen- und Auftragsproduktionen des Fernsehens verwendet werden, und Sparten für Nutzungen von Werken in so genannten Fremdproduktionen. Die Gesamtstruktur der Sparten des Nutzungsbereichs Sendung lässt sich demnach wie folgt darstellen:

	Hörfunk	**Fernsehen**	
		Eigen- und Auftragsproduktionen	**Fremdproduktionen**
Sparten des Senderechts	Sparte R (Hörfunk)	Sparte FS (Fernsehen)	Sparte T FS (Tonfilm im Fernsehen)
Sparten des Vervielfältigungs- und Verbreitungsrechts	Sparte R VR (Hörfunk-Vervielfältigungsrecht)	Sparte FS VR (Fernsehen-Vervielfältigungsrecht)	Sparte T FS VR (Tonfilm im Fernsehen-Vervielfältigungsrecht)

306 Die Aufnahme der Sparten R VR, FS VR und T FS VR, bei denen es sich um Sparten der Rechte der Vervielfältigung und Verbreitung iSd § 13 handelt, in den Nutzungsbereich Sendung erfolgt aus Gründen der Übersichtlichkeit, da es sich bei Werknutzungen im Rundfunk unabhängig von den berührten Rechten um einheitliche Lebenssachverhalte handelt.

II. Grundzüge der Verteilung in den Sparten des Nutzungsbereichs Sendung bis einschließlich Geschäftsjahr 2012

307 Bis zum Geschäftsjahr 2012 wurden die Einnahmen aus der Nutzung des GEMA-Repertoires in Hörfunk und Fernsehen zu **einheitlichen Minutenwerten** für beide Bereiche verteilt. Zu diesem Zweck wurden die von den Hörfunk- und Fernsehveranstaltern erzielten Einnahmen sowie die dem Rundfunkbereich zugewiesenen sonstigen Zuflüsse (etwa aus den Einnahmen aus privater Vervielfältigung) zu gemeinsamen Nettoverteilungssummen für das Senderecht einerseits und die mechanischen Rechte andererseits zusammengefasst. Im Senderecht wurden ein einheitlicher Minutenwert für

definiert. Der Verteilungsplan ordnet lineare Onlinenutzungen (Internetfernsehen, Webradios) dagegen dem Nutzungsbereich Online (§§ 146 ff.) zu.

180 § 16 UrhG ist betroffen, soweit es im Rahmen der Sendung zu Vervielfältigungen kommt, die über das nach § 55 UrhG erlaubnisfrei zulässige Maß hinausgehen, z.B. also bei der Aufzeichnung von Live-Sendungen.

181 Das Herstellungs- oder Verfilmungsrecht ist das Recht, ein Werk der Musik mit einem Filmwerk zu verbinden.

die Sparten R und FS sowie ein hieraus abgeleiteter Musiksekundenwert für die Sparte T FS berechnet, im mechanischen Recht ein einheitlicher Minutenwert für die Sparten R VR und FS VR sowie ein hieraus abgeleiteter Musiksekundenwert für die Sparte T FS VR. Bei der Berechnung dieser Werte wurden die tatsächlich gesendeten Minuten mit verschiedenen Multiplikatoren gewichtet. Zum einen fand eine Gewichtung mit Senderkoeffizienten statt, die berücksichtigten, in welchen Programmen (Hörfunkwellen bzw. Fernsehprogramme)[182] das betreffende Werk gesendet wurde. Für Sendungen von Werken im öffentlich-rechtlichen Rundfunk sah der Verteilungsplan generell **„feste“ Senderkoeffizienten** vor. Hierbei erhielten alle Sendungen in einer Hörfunkwelle des öffentlich-rechtlichen Hörfunks den Koeffizienten 1. Koeffizient 1 galt auch für die Dritten Fernsehprogramme der ARD. Sendungen in den Vollprogrammen „Das Erste“ und ZDF wurden mit Koeffizient 10 verrechnet. Für die Programme des privaten Rundfunks wurden dagegen variable Senderkoeffizienten im Verhältnis zur Vergütung gebildet. In den Sparten R und FS wurden zudem die jetzt in den Verrechnungsschlüsseln I bis IV (§§ 63–65) geregelten Punktbewertungen berücksichtigt, in den Fernsehsparten ferner die nutzungsbezogenen Koeffizienten, die nunmehr in § 107 verortet sind.[183]

Die mit der Bildung einheitlicher Minutenwerte und fester Senderkoeffizienten verbundene Pauschalierung war dadurch gerechtfertigt, dass die GEMA **Pauschalvergütungen** von den öffentlich-rechtlichen Rundfunkveranstaltern erhielt, die es nicht ermöglichten, die betreffenden Einnahmen den einzelnen Hörfunkwellen und Fernsehprogrammen des öffentlich-rechtlichen Rundfunks zuzuordnen. 308

III. Allgemeine Regelungen für die Verteilung in den Sparten des Nutzungsbereichs Sendung seit Geschäftsjahr 2013

1. Grundsätze (§ 91 Abs. 2)

Mit dem Abschluss neuer Gesamtverträge konnte 2013 eine einheitliche Vergütungssystematik für alle öffentlich-rechtlichen wie privaten Rundfunkveranstalter etabliert werden. Seither erhält die GEMA auch von den öffentlich-rechtlichen Rundfunkveranstaltern konkrete **programmbezogene Inkassi** für deren jeweilige Hörfunkwellen und Fernsehprogramme. Vor diesem Hintergrund ergab sich die Möglichkeit und rechtliche Notwendigkeit, die Rundfunkverteilung einer grundlegenden Reform zu unterziehen.[184] Die von der ordentlichen Mitgliederversammlung 2014 zu diesem Zweck beschlossenen Grundsätze verfolgen nach § 91 Abs. 2 S. 2 das Ziel, die wahrnehmungsrechtlichen Prinzipien der **nutzungsbezogenen Verteilung**[185] einerseits 309

182 Der Verteilungsplan verwendet den Begriff „Hörfunkwelle“ (und nicht „Hörfunkprogramm“), um klarzustellen, dass sich die betreffenden Regelungen insbesondere im Bereich des öffentlich-rechtlichen Rundfunks nicht auf das gesamte Hörfunkangebot einer Landesrundfunkanstalt (z.B. des Bayerischen Rundfunks) als Einheit beziehen, sondern auf die einzelnen Wellen (z.B. die Wellen „Bayern 1“, „Bayern 2“, „Bayern 3“ etc.). Bei Ausführungen, die sich sowohl auf Hörfunkwellen als auch auf Fernsehprogramme beziehen, wird bei der Kommentierung aus Gründen der Leserfreundlichkeit der vereinheitlichende Begriff „Programm“ verwendet.

183 Vor der redaktionellen Neufassung des Verteilungsplans war die Verteilung für den Nutzungsbereich Sendung an zahlreichen unterschiedlichen Stellen der Verteilungspläne A und B geregelt. Vgl. zur früheren Regelung der Verteilung insbes. Vorauﬂ. Kap. 11.1, Rn. 176 ff., 232 ff., 287 ff., 345 ff., 381 f. sowie Kap. 11.2, Rn. 84 ff.

184 Zur Reform der Rundfunkverteilung vgl. Tagesordnung für die Mitgliederversammlung v. 8./9.4.2014, Begr. zu Antrag 10 sowie *Riemer/Goebel*, virtuos 3/2014, 12, 14 ff.

185 Vgl. BGH, ZUM 2005, 739, 741 – PRO-Verfahren.

und der **kulturellen Förderung** gemäß § 32 VGG – insbesondere des deutschsprachigen Repertoires und der zeitgenössischen Ernsten Musik – andererseits in einem ausgewogenen Verhältnis zur Geltung zu bringen. Die einzelnen Elemente der Rundfunkverteilung sind hierbei gemäß § 91 Abs. 2 S. 1 als untrennbare Bestandteile einer Gesamtlösung zu verstehen. Es handelt sich hierbei insbesondere um folgende Prinzipien:

- Bildung **getrennter Verteilungssummen und Minutenwerte** für Hörfunk und Fernsehen (§§ 92 Abs. 1, 96, 100, 102, 104, 106, 110, 112, 114). Hierbei werden die sonstigen Zuflüsse, die gemeinsam mit dem von den Sendeunternehmen erzielten Inkasso im Rahmen der Rundfunkverteilung zu verteilen sind, entsprechend ihrem Ursprung in Audio- bzw. Videonutzungen auf die Verteilungssummen des Hörfunks und des Fernsehens aufgeteilt;
- Regelungen zur **Aufteilung** der von den Sendeunternehmen erzielten Einnahmen auf das Senderecht und die mechanischen Rechte (§ 92 Abs. 2 und 3);
- Bildung variabler **Senderkoeffizienten** für alle nach Programm verrechneten Hörfunkwellen und Fernsehprogramme des öffentlich-rechtlichen wie privaten Rundfunks (§§ 97, 108, 113 Abs. 2);
- Bildung von **Kulturfaktoren im Hörfunk** (§ 98);
- Berücksichtigung des Nutzungszusammenhangs durch **Koeffizienten für Fernsehsendungen** (§ 107);
- Berücksichtigung der **Punktbewertungen** für die Sparten R und FS gemäß den Verrechnungsschlüsseln I bis IV (§§ 100 Abs. 3, 110 Abs. 2 S. 3 und Abs. 3 S. 3).

310 Die von der Mitgliederversammlung 2014 beschlossene Reform der Rundfunkverteilung brachte beachtliche Veränderungen gegenüber der früheren Regelung mit sich. Der Beschluss beinhaltete daher eine Regelung, wonach in der ordentlichen Mitgliederversammlung 2017 – also nach dreimaliger Ausschüttung nach den vorgenannten Grundsätzen – mit einem speziellen Quorum darüber abgestimmt werden sollte, ob die Verteilungsregeln im Rundfunkbereich noch einmal überarbeitet werden sollten. Die ordentliche Mitgliederversammlung 2017 entschied sich jedoch dafür, die Auswirkungen der neuen Verteilungsregeln im Rundfunkbereich noch zwei Jahre länger zu beobachten und für das Jahr 2019 eine erneute Abstimmung vorzuschreiben.[186] Wenn sich demnach in der ordentlichen Mitgliederversammlung 2019 mindestens eine der drei Berufsgruppen Komponisten, Textdichter oder Musikverlage mit Zweidrittelmehrheit für eine **Neugestaltung der Rundfunkverteilung** aussprechen sollte, haben Aufsichtsrat und Vorstand für die ordentliche Mitgliederversammlung 2020 einen entsprechenden Vorschlag zu erarbeiten (§ 91 Abs. 2 S. 4 f.). Daneben galt für die Verteilung der Geschäftsjahre 2013 bis 2015 eine Härtefallregelung, um besondere individuelle Härten abzufedern, die sich aus der Reform der Rundfunkverteilung für einzelne Berechtigte ergeben konnten.[187]

186 Vgl. Tagesordnung für die Mitgliederversammlung v. 23./24.5.2017, Anträge zu TOP 33.
187 Vgl. Abschn. IX Ziff. 1 Abs. 5 der Ausführungsbestimmungen zum Verteilungsplan für das Aufführungs- und Senderecht in GEMA-Jahrbuch 2015/2016, S. 332.

2. Die Aufteilung der Einnahmen für Musiknutzungen im Rundfunk auf die Sparten des Nutzungsbereichs Sendung (§ 92)

§ 92 regelt ausschließlich die Aufteilung der Einnahmen, die die GEMA **von den Rundfunkveranstaltern** für deren Musiknutzungen im Hörfunk und Fernsehen erhält. Die Zuweisung sonstiger Einnahmen (etwa aus gesetzlichen Vergütungsansprüchen oder Wiedergaben ohne Nutzungsmeldungen) zur Verteilung in den Sparten des Nutzungsbereichs Sendung erfolgt durch gesonderte Bestimmungen (vgl. die Übersichten und Verweise in §§ 96, 102, 106 und 112). 311

a) *Aufteilung der Einnahmen auf Hörfunk und Fernsehen (§ 92 Abs. 1)*

Der Aufteilung des von der GEMA für Musiknutzungen im Rundfunk erzielten Inkassos auf die Sparten des Hörfunks einerseits und des Fernsehens andererseits werden grundsätzlich die für die einzelnen Hörfunkwellen und Fernsehprogramme ermittelten **Vergütungen** zugrunde gelegt. § 92 Abs. 1 berücksichtigt in diesem Zusammenhang jedoch eine Besonderheit bei der Ermittlung der Vergütung für den öffentlich-rechtlichen Rundfunk. 312

Zu den Mitteln des öffentlich-rechtlichen Rundfunks, die bei der Berechnung der GEMA-Vergütung zu berücksichtigen sind, zählen neben Werbeeinnahmen insbesondere auch die Einnahmen der Rundfunkveranstalter aus dem **Rundfunkbeitrag** gemäß Rundfunkbeitragsstaatsvertrag. Dieses Aufkommen wird innerhalb der ARD entsprechend dem jeweiligen Finanzbedarf ermittelt. Demzufolge wird das Gebührenaufkommen der ARD auch für die Berechnung der GEMA-Vergütung entsprechend den jeweiligen Anteilen von Hörfunk und Fernsehen am Finanzbedarf (konkret: den direkten Programmkosten) der Rundfunkanstalten aufgeteilt. Gemäß § 92 Abs. 2 ist auch für die Verteilung grundsätzlich von dieser Aufteilung auf Inkassoebene auszugehen. Der Aufsichtsrat kann jedoch sachgerechte Modifikationen hiervon beschließen, indem bei der Aufteilung der auf Rundfunkbeiträgen beruhenden Einnahmen aus Musiknutzungen im öffentlich-rechtlichen Rundfunk auf die Sparten des Hörfunks und des Fernsehens auch solche Kosten berücksichtigt werden, die bei der Vergütungsberechnung ausgesondert werden. Hierdurch soll vermieden werden, dass die Anknüpfung an den Finanzbedarf des öffentlich-rechtlichen Rundfunks bei der Verteilung im Einzelfall zu unausgewogenen oder nicht sachgerechten Verschiebungen führt. So kann beispielsweise die besondere Bedeutung der Klangkörper der öffentlich-rechtlichen Rundfunkanstalten (Orchester, Chöre, Big Bands etc.) für das Musikleben bei der Verteilung berücksichtigt werden, indem deren Kosten, die bei der Berechnung der Vergütung derzeit unberücksichtigt bleiben, bei der Aufteilung des Inkassos auf die Verteilungssummen für Hörfunk und Fernsehen einbezogen werden. 313

b) *Aufteilung der Einnahmen auf das Senderecht und die mechanischen Rechte (§ 92 Abs. 2–4)*

Die Vergütungen, die die Sendeunternehmen für Musiknutzungen im Rundfunk an die GEMA entrichten, differenzieren nicht nach gesonderten Anteilen für die Nutzung des Senderechts einerseits und der mechanischen Rechte andererseits. Vielmehr handelt es sich insoweit um **Pauschalvergütungen,** mit denen die Nutzung aller für die jeweiligen Sendezwecke erforderlichen und von der GEMA wahrgenommenen Rechte abgegolten wird. Für die Aufteilung der Einnahmen nach den berührten Rechten bedarf es daher einer Regelung auf Verteilungsebene. Diese erfolgt in Form der in § 92 Abs. 2–4 geregel- 314 ten Gewichtungen. Die GEMA hat bei der Gewichtung zwischen verschiedenen Rechten, für die sie keine gesonderten Einnahmen erzielt, ein Ermessen.[188]

315 Die für Musiknutzungen im **Hörfunk** erzielten Einnahmen werden gemäß § 92 Abs. 2 im Verhältnis 2:1 auf das Senderecht (Sparte R) und die mechanischen Rechte (Sparte R VR) aufgeteilt. Dieses Aufteilungsverhältnis entspricht internationalen Standards.[189]

316 Für die Aufteilung der für Musiknutzungen im **Fernsehen** erzielten Einnahmen auf das Senderecht (Sparten FS und T FS) und die mechanischen Rechte (Sparten FS VR und T FS VR) galt für die Verteilung bis einschließlich Geschäftsjahr 2015 ebenfalls das Verhältnis 2:1. Diese pauschale Aufteilung ließ jedoch unberücksichtigt, dass die GEMA die mechanischen Rechte im Fernsehen – anders als im Hörfunk – nicht für alle gesendeten Produktionen im selben Umfang wahrnimmt: Während sie für Eigen- und Auftragsproduktionen des Fernsehens sowohl das Vervielfältigungs- als auch das Herstellungsrecht an die Sendeunternehmen vergibt, ist bei Fremdproduktionen (einschließlich Sendereigenwerbung) lediglich das Vervielfältigungsrecht erfasst. Diesem Umstand trägt die von der ordentlichen Mitgliederversammlung 2016 beschlossene Neufassung von § 92 Abs. 3 Rechnung, die für die Verteilung ab Geschäftsjahr 2016 Anwendung findet. Hiernach wird im Rahmen der Aufteilung der von den Fernsehveranstaltern erzielten Einnahmen auf das Senderecht und die mechanischen Rechte der Anteil der jeweiligen Fernsehprogramme an Eigen- und Auftragsproduktionen einerseits und Fremdproduktionen andererseits berücksichtigt.[190]

317 In einem ersten Schritt wird gemäß § 92 Abs. 3 für die einzelnen Fernsehprogramme ermittelt, welcher Anteil an den für das jeweilige Programm für das jeweilige Vorjahr ermittelten Minuten auf die Sparte FS entfallen ist **(FS-Anteil)**. In der Sparte FS werden Eigen- und Auftragsproduktionen verrechnet, für die die GEMA grundsätzlich das Herstellungsrecht an die Sendeunternehmen vergibt. Für von § 1 lit. k BerV erfasste Nutzungen zu Werbezwecken nimmt die GEMA dagegen auch dann kein Herstellungsrecht wahr, wenn es sich um Eigen- und Auftragsproduktionen handelt, etwa in Gestalt von Sendereigenwerbung. Die auf solche Werbenutzungen entfallenden Minuten werden daher nicht bei der Ermittlung des FS-Anteils berücksichtigt.

318 In einem nächsten Schritt werden die Fernsehprogramme entsprechend ihren jeweiligen FS-Anteilen einem von drei **Segmenten** zugeordnet. Für jedes der drei Segmente ist ein einheitliches Verhältnis festgelegt, nach dem die auf Vergütungen der Sendeunternehmen basierenden Einnahmen auf die Verteilungssummen im Senderecht bzw. mechanischen Recht aufgeteilt werden. Im Einzelnen sind folgende Segmente gebildet:

Segment	FS-Anteil in %	Verhältnis Senderecht : mechanische Rechte
1	100 – 66,67	2 : 1
2	66,66 – 33,33	2 : 2/3
3	33,32 – 0	2 : 1/3

319 Für Fernsehprogramme mit hohem Anteil an Eigen- und Auftragsproduktionen gilt somit auch weiterhin das bisherige Aufteilungsverhältnis von 2:1, während für Programme mit einem niedrigeren Anteil an Eigen- und Auftragsproduktionen ein geringerer

188 Vgl. KG v. 13.3.2013, Az. 24 U 36/12 n.v., Umdruck S. 9.
189 Vgl. Art. IV Abs. 2 des Mustervertrags im EU-Bereich für das Vervielfältigungsrecht gemäß BIEM-Standardvertrag, GEMA-Jahrbuch 2017/2018, S. 296.
190 Vgl. Tagesordnung für die Mitgliederversammlung v. 26./27.4.2016, Antrag zu TOP 24, nebst ausf. Begr.

Anteil an den auf Vergütungen der Sendeunternehmen basierenden Erträgen in die Verteilungssumme der Sparten FS VR und T FS VR fließt.

Die differenzierte Aufteilung wird auch auf Ebene der Senderkoeffizienten berücksichtigt, indem für die Fernsehsparten **getrennte Senderkoeffizienten** für die Verteilung im Senderecht („AR-Senderkoeffizienten“ gemäß § 108) und im mechanischen Recht („VR-Senderkoeffizienten“ gemäß § 113 Abs. 2) gebildet werden. Die jeweiligen Senderkoeffizienten finden Anwendung sowohl bei der Berechnung der Minutenwerte für das Senderecht bzw. für das Vervielfältigungs- und Herstellungsrecht als auch bei der Berechnung der Ausschüttung pro Werk (vgl. unten **Rn. 398–402, 406–408, 418f., 423–425**). 320

3. Die Ermittlung der Nutzungen in den Sparten des Nutzungsbereichs Sendung (§ 93)

Gemäß § 93 Abs. 1 erfolgt die Ermittlung der Nutzungen in den Sparten des Hörfunks und des Fernsehens grundsätzlich anhand der von den Rundfunkveranstaltern gelieferten Nutzungsmeldungen, auch **Sendemeldungen** genannt. Die Rundfunkveranstalter unterliegen insoweit der Meldepflicht gemäß § 42 Abs. 2 VGG. Bei Bedarf kann die GEMA im Einzelfall jedoch auch auf durch Dritte gelieferte Nutzungsmeldungen zurückgreifen. § 93 Abs. 2 stellt klar, dass die Verteilung aufgrund der Spieldauerangaben in den Nutzungsmeldungen erfolgt. Hintergrund dieser Regelung ist, dass Werke im Sendebetrieb häufig nur in Teilen oder auch wiederholt genutzt werden und die Spieldauerangaben im Rahmen der Werkanmeldung daher keine sicheren Anhaltspunkte für den tatsächlichen Nutzungsumfang bieten. 321

4. Ausnahmen von der Verteilung auf der Grundlage von Nutzungsmeldungen (§ 94)

Nicht auf der Grundlage von Nutzungsmeldungen verteilt werden gemäß § 94 Abs. 1 die Nettoeinnahmen von Rundfunkveranstaltern, die unterhalb eines bestimmten Schwellenwertes liegen. Diese Beschränkung der Verteilung nach Nutzungsmeldungen ist durch das **Gebot der wirtschaftlichen Verhältnismäßigkeit** bedingt, da die Zuordnung der in den Nutzungsmeldungen enthaltenen Werke auf die in den Datenbanken der GEMA registrierten Werke nicht vollständig maschinell erfolgt und somit erheblichen Verwaltungsaufwand auslösen kann. Bei dem Gebot der wirtschaftlichen Verhältnismäßigkeit handelt es sich um einen anerkannten Verteilungsgrundsatz, nach dem die Berechtigten im Interesse eines möglichst geringen Verwaltungsaufwands Schätzungen, Pauschalierungen und sonstige Vereinfachungen in der Berechnung hinnehmen müssen, selbst wenn diese im Einzelfall zu Benachteiligungen führen können.[191] 322

Die **Grenzwerte** für die Verteilung nach Nutzungsmeldungen werden für die Bereiche Hörfunk und Fernsehen gesondert vom Aufsichtsrat festgesetzt. Im Hörfunk liegt die Grenze derzeit bei € 90.000,00, im Fernsehbereich bei € 204.000,00. Der Grund für die Festlegung unterschiedlicher Grenzwerte besteht darin, dass die Verteilung nach Nutzungsmeldungen im Fernsehbereich regelmäßig aufwändiger ist als im Hörfunkbereich, da nur in den Fernsehsparten eine Bewertung der einzelnen Nutzungen durch die Koeffizienten für Fernsehsendungen gemäß § 107 erfolgt. 323

Bei der Prüfung, ob ein öffentlich-rechtlicher oder privater Rundfunkveranstalter die Grenzwerte für ein bestimmtes Geschäftsjahr unterschreitet, sind zunächst die **Einnah-** 324

191 BGH, GRUR 1988, 782, 783 – GEMA-Wertungsverfahren.

men zu berücksichtigen, die die GEMA von dem jeweiligen Rundfunkveranstalter für dessen Musiknutzungen im Hörfunk oder Fernsehen erzielt. Bei öffentlich-rechtlichen Rundfunkveranstaltern ist hierbei gegebenenfalls die Regelung zur Aufteilung der auf Rundfunkbeiträgen beruhenden Einnahmen auf die Sparten des Hörfunks und des Fernsehens gemäß § 92 Abs. 1 zu beachten. Ferner werden bei der Berechnung auch die Anteile an den Einnahmen aus **Kabelweitersendung** berücksichtigt, die den Hörfunkwellen bzw. Fernsehprogrammen des jeweiligen Rundfunkveranstalters zuzuordnen sind. Die Zuordnung der Einnahmen aus Kabelweitersendung erfolgt hierbei nach denselben Grundsätzen wie bei der Berechnung der Senderkoeffizienten gemäß §§ 97 Abs. 3 S. 2 und 3, 108 Abs. 3 S. 2 und 3 (vgl. unten, **Rn. 332, 400**).

325 Die Einnahmen von Rundfunkveranstaltern, die unterhalb der vom Aufsichtsrat für den jeweiligen Bereich festgesetzten Grenzwerte liegen, werden gemäß § 94 Abs. 2 den Nettoverteilungssummen der Sparten im Hörfunk bzw. Fernsehen zugeschlagen und erhöhen somit die jeweiligen Minutenwerte, ohne dass die im Einzelnen gesendeten Werke anhand von Nutzungsmeldungen ermittelt werden. Da davon auszugehen ist, dass von Rundfunkveranstaltern mit Einnahmen unterhalb der betreffenden Grenzwerte in der Regel das gleiche Repertoire genutzt wird wie von Rundfunkveranstaltern, deren Nutzungsmeldungen für die Verteilung ausgewertet werden, führt diese **Zuschlagsverteilung** grundsätzlich zu sachgerechten Verteilungsergebnissen.[192]

326 Nachteile aus der Zuschlagsverteilung können sich allerdings ergeben, wenn ein Werk ausschließlich oder überwiegend (d.h. zu über 50%, gemessen an den tatsächlich gesendeten Minuten,) in Programmen solcher Rundfunkveranstalter genutzt wird, die für das betreffende Geschäftsjahr unterhalb der geltenden Grenzwerte liegen. In solchen Fällen haben die Ausschüttungsberechtigten daher gemäß § 94 Abs. 2 S. 2 iVm Abs. 3 unter bestimmten Voraussetzungen die Möglichkeit, auf Antrag eine **nutzungsbezogene Verteilung** für die Nutzungen des betreffenden Werks zu erhalten (so genannter „Antrag auf Verrechnung"), ohne dass auch alle übrigen Werknutzungen des betreffenden Rundfunkveranstalters nach Nutzungsmeldungen verteilt werden müssten. Der Antrag muss gemäß § 94 Abs. 3 innerhalb einer Frist von sechs Monaten nach dem jeweiligen Ausschüttungstermin gestellt werden und nachprüfbare Angaben enthalten, die eine Zuordnung der jeweiligen Werknutzungen ermöglichen. Um sicherzustellen, dass die vom Antrag erfassten Werknutzungen tatsächlich wie vorgetragen stattgefunden haben, müssen die Angaben des Berechtigten ferner durch den betreffenden Rundfunkveranstalter bestätigt werden. Aus Gründen der wirtschaftlichen Verhältnismäßigkeit muss die Verrechnung schließlich einen Mindestbetrag von € 5,00 pro Werk erwarten lassen. Sind die Antragsvoraussetzungen erfüllt, wird der Ausschüttungsbetrag aufgrund des Umfangs der vom Antrag erfassten Musiknutzungen im Verhältnis zu den auf das jeweilige Programm entfallenden Einnahmen berechnet. Hat der betreffende Ausschüttungsberechtigte für das jeweilige Geschäftsjahr eine Ausschüttung in den Sparten des Hörfunks bzw. des Fernsehens erhalten, vermindert sich der Ausschüttungsbetrag um den in dieser Verteilung enthaltenen, bereits ausgeschütteten Zuschlag für die nicht auf der Grundlage von Nutzungsmeldungen verrechneten Rundfunkveranstalter. Hierdurch wird eine Doppelberücksichtigung solcher Nutzungen verhindert, die nicht der Verteilung nach Nutzungsmeldungen unterliegen.

---

192 Vgl. Tagesordnung für die Mitgliederversammlung v. 26./27.6.2012, Begr. des Antrags zu TOP 34.

Abschnitt 2. Die Verteilung in den Sparten des Hörfunks

Unterabschnitt 1. Verteilung in der Sparte R (Hörfunk)

§ 95 Gegenstand der Sparte

In der Sparte R (Hörfunk) erhalten Werke eine Ausschüttung für die Sendung im Sinne des § 20 UrhG im Hörfunk.

§ 96 Die zu verteilenden Einnahmen

In der Sparte R werden folgende Einnahmen verteilt:

(a) der dem Senderecht zuzuordnende Anteil von 66 2/3% der Einnahmen, die zur Verteilung aus Musiknutzungen im Hörfunk zur Verfügung stehen, gemäß § 92 Abs. 2,

(b) 60% der Einnahmen für Wiedergaben mittels mechanischer Vorrichtungen in Kinos gemäß § 17,

(c) 60% der Einnahmen für sonstige Wiedergaben von Tonträgern und Wiedergaben von Hörfunksendungen gemäß § 18, soweit keine Direktverteilung auf Antrag gemäß § 130 erfolgt,

(d) 100% der Einnahmen für die Kabelweitersendung von Hörfunksendungen im In- und Ausland gemäß § 19,

(e) 50% der Einnahmen aus dem Vergütungsanspruch für die private Vervielfältigung von Tonträgeraufnahmen gemäß § 25 Abs. 2,

(f) 66,67% der Einnahmen aus Nutzungen im Internetradio, die nicht in den Sparten I R und I R VR verteilt werden, gemäß § 152 Abs. 2,

(g) 66,67% des den Sparten des Hörfunks zugewiesenen Anteils an den Einnahmen aus Nutzungen als Hintergrund- oder Funktionsmusik auf Internet- und Intranetseiten, die nicht in den Sparten WEB und WEB VR verteilt werden, gemäß § 187 Abs. 2 lit. b.

§ 97 Die Gewichtung der Nutzungen mit Senderkoeffizienten

[1] Für die der Verteilung auf der Grundlage von Nutzungsmeldungen gemäß § 93 unterliegenden Hörfunkwellen werden für jedes Geschäftsjahr variable Senderkoeffizienten gebildet. Die Bildung der Senderkoeffizienten im Hörfunk erfolgt einheitlich für die Verteilung in den Sparten R und R VR.

[2] Die Bildung der Senderkoeffizienten für den privaten Hörfunk erfolgt, indem der jeweils pro Hörfunkwelle zu berücksichtigende Nettobetrag durch die für die jeweilige Hörfunkwelle ermittelten Minuten dividiert wird. Für den öffentlich-rechtlichen Hörfunk wird ein Senderkoeffizient für jede Landesrundfunkanstalt gebildet, der einheitlich für alle Hörfunkwellen der jeweiligen Landesrundfunkanstalt gilt. Hierzu wird der für die jeweilige Landesrundfunkanstalt dem Hörfunk zuzuordnende Nettobetrag durch die Summe der ermittelten Minuten aller einzelnen Wellen dieser Landesrundfunkanstalt geteilt. Die Ermittlung der Minuten für digitale Hörfunkwellen erfolgt hierbei unter Anwendung eines Faktors, der der wirtschaftlichen und strukturellen Bedeutung des digitalen Hörfunks innerhalb des öffentlich-rechtlichen Hörfunks Rechnung trägt. Dieser Faktor beträgt für das Geschäftsjahr 2013 einheitlich ein Zehntel. Über Anpassungen des Faktors für spätere Geschäftsjahre beschließt der Aufsichtsrat.

[3] Der Nettobetrag im Sinne dieser Regelung ist die Vergütung, wie sie sich unter Berücksichtigung der Inkassoaufteilung gemäß § 92 Abs. 1 auf Grund der jeweiligen tariflichen Bemessungsgrundlagen und Musikanteile der Hörfunkwellen ergibt, zuzüglich anteiliger Einnahmen aus der Kabelweitersendung, vermindert um die in §§ 29 und 30 vorgesehenen Abzüge. Die Zuordnung der Einnahmen aus der Kabelweitersendung im Inland erfolgt nach Maßgabe der Reichweite der Kabelweitersendung und die Zuordnung der Einnahmen aus der Kabelweitersendung im Ausland nach Maßgabe der Meldungen der ausländischen Verwertungsgesellschaften. Die Berücksichtigung anteiliger Einnahmen aus der Kabelweitersendung im Inland erfolgt nur bei Hörfunkwellen mit einem vergütungsrelevanten Musikanteil von mindestens 1%. Minuten im Sinne dieser Regelung sind die Sendeminuten. Um die Minutenwerte nach der von der ordentlichen Mitgliederversammlung 2014 beschlossenen Neuordnung der Rundfunkverteilung vergleichbar zu halten, werden die Senderkoeffizienten im Hörfunk mit 1/3 multipliziert.

§ 98 Die Gewichtung der Nutzungen mit Kulturfaktoren

[1] Für alle Hörfunkwellen, die der Verteilung auf der Grundlage von Nutzungsmeldungen gemäß § 93 unterliegen, wird auf der Grundlage empirischer Untersuchungen anhand der folgenden Kriterien ein Kulturfaktor gebildet:

(1) Anteil deutschsprachigen Repertoires,
(2) Anteil an ernster Musik, Jazz und sonstiger gehobener Vokal- und Instrumentalmusik,
(3) Anteil der Sendung von Eigen- und Auftragsproduktionen,
(4) Anteil der Sendung von Live-Produktionen bzw. Live-Mitschnitten,
(5) Anteil redaktionell betreuter Beiträge mit Musikbezug,
(6) Anteil regionalen Repertoires,
(7) Anteil an Nischenrepertoire abseits des Mainstreams,
(8) Anteil des Repertoires von Nachwuchsurhebern,
(9) Anteil eigener musikalischer Ereignisse mit Sendebezug (Festivals, Konzerte etc.),
(10) Programmvielfalt, gemessen an der Zahl unterschiedlicher Werke pro Welle.

[2] Für jedes Geschäftsjahr wird für jede Hörfunkwelle festgestellt, in welchem Maße sie jedes der in Abs. 1 genannten Kriterien erfüllt. Hierzu werden für die Kriterien gemäß Abs. 1 Ziff. (3) bis (10) jeweils 3 Erfüllungsstufen gebildet, denen die folgenden Punktzahlen zugeordnet werden:
1. Stufe: 1 Punkt
2. Stufe: 3 Punkte
3. Stufe: 5 Punkte

Für die Kriterien gemäß Abs. 1 Ziff. (1) und (2) werden jeweils 5 Erfüllungsstufen gebildet, denen die folgenden Punktzahlen zugeordnet werden:
1. Stufe: 1 Punkt
2. Stufe: 3,5 Punkte
3. Stufe: 6 Punkte
4. Stufe: 8,5 Punkte
5. Stufe: 11 Punkte

[3] Der Kulturfaktor für eine Hörfunkwelle ergibt sich durch Division der Summe der für diese ermittelten Punkte durch die Anzahl der Kriterien.

[4] Zur Ermittlung, regelmäßigen Überprüfung und Anpassung der Kulturfaktoren wird ein Hörfunkausschuss gebildet aus 3 vom Aufsichtsrat zu benennenden Aufsichtsratsmitgliedern, darunter je ein Mitglied jeder Berufsgruppe, und 3 vom Werkausschuss zu benennenden Mitgliedern des Werkausschusses, darunter je ein Mitglied jeder Berufsgruppe. Auf den Hörfunkausschuss findet die Geschäftsordnung für Ausschüsse und Kommissionen des Aufsichtsrats entsprechende Anwendung. Die Einberufung des Hörfunkausschusses erfolgt durch ein vom Aufsichtsrat bei der Benennung zu bestimmendes Aufsichtsratsmitglied des Hörfunkausschusses.

[5] Die vom Hörfunkausschuss ermittelten Kulturfaktoren bedürfen der Genehmigung durch den Aufsichtsrat. Die für die einzelnen Hörfunkwellen festgelegten Kulturfaktoren werden veröffentlicht.

§ 99 Die Gewichtung bei paralleler und gleichzeitiger Sendung

[1] Werden über eine Hörfunkwelle zeitweise parallel mehrere regionale Sendungen ausgestrahlt, ohne dass für diese Sendungen ein gesondertes Inkasso erzielt wird, wird die Sendezeit der regionalen Sendungen durch die Zahl der parallel stattfindenden Ausstrahlungen geteilt.

[2] Wird eine Hörfunkwelle gleichzeitig über mehrere Wellenbereiche desselben Rundfunkveranstalters ausgestrahlt, z.B. analog über MW und UKW oder analog und digital usw., so erfolgt nur eine einmalige Berücksichtigung.

§ 100 Durchführung der Verteilung

[1] Es erfolgt kollektive Verteilung.

[2] In der Sparte R wird ein Minutenwert gebildet, indem die Nettoverteilungssumme durch die Summe der für die einzelnen Hörfunkwellen ermittelten Minuten dividiert wird (Minutenwert Hörfunk-Senderecht). Die Nettoverteilungssumme im Sinne dieser Regelung besteht aus den gemäß § 96 in der Sparte R zu verteilenden Einnahmen mit Ausnahme der Einnahmen aus gesetzlichen Vergütungsansprüchen. Die Ausschüttung pro Werk ergibt sich durch Multiplikation der für die Nutzungen des Werkes ermittelten Minutenzahl mit dem Minutenwert Hörfunk-Senderecht. Die Einnahmen aus gesetzlichen Vergütungsansprüchen werden als prozentualer Zuschlag verteilt. Die Verteilung für die Kabelweitersendung, Wiedergabe und sonstige Zweitverwertung von dramatisch-musikalischen Werken, sei es vollständig, als Querschnitt oder in größeren Teilen, erfolgt unter Anwendung eines anteiligen Minutenwerts (Minutenwert Hörfunk-Großes Recht).

[3] Minuten im Sinne dieser Regelung sind die jeweils anhand der Nutzungsmeldungen ermittelten Sendeminuten, multipliziert mit den Gewichtungen gemäß §§ 97 bis 99 und den Punktbewertungen für die Sparte R gemäß den Verrechnungsschlüsseln I bis IV.

[4] **Werden Werke oder Werkfragmente als Pausen- und Vorlaufmusik, Einleitungs-, Zwischen- und Schlussmusik, Titel- und Erkennungsmusiken regelmäßig wiederkehrend, d.h. zu sich mindestens an 5 aufeinanderfolgenden Tagen oder wöchentlich einmal in 7 aufeinanderfolgenden Wochen wiederholenden Sendungen, gesendet, so werden die gemäß §§ 97 bis 99 gewichteten Minuten mit folgenden Faktoren multipliziert:**
(1) bis 5 000 Minuten mit einem Drittel;
(2) über 5 000 Minuten bis 10 000 Minuten mit einem Sechstel;
(3) über 10 000 Minuten mit einem Zehntel.
Dies gilt nicht für Werke gemäß Verrechnungsschlüssel II Ziff. 5.

Übersicht

I. Gegenstand der Sparte R (§ 95)

In der Sparte R (Hörfunk) erhalten die im Hörfunk genutzten Werke gemäß § 95 eine Ausschüttung für die Nutzung des **Senderechts** im Sinne des § 20 UrhG. 327

Gemäß § 1 lit. b BerV werden die Rechte der Hörfunksendung von der GEMA insoweit nicht wahrgenommen, als es sich um die Sendung **dramatisch-musikalischer Werke** handelt, sei es vollständig, als Querschnitt oder in größeren Teilen. Derartige Sendungen werden zwar in der Sparte R berücksichtigt, jedoch unter Anwendung eines speziellen Minutenwerts „Hörfunk-Großes Recht", der nicht aus den Einnahmen aus dem Senderecht, sondern nur aus den Zuweisungen für die Kabelweitersendung, Wiedergabe und sonstige Zweitverwertung gespeist wird (vgl. § 100 Abs. 2 S. 5 sowie hierzu unten **Rn. 364**). 328

II. Die zu verteilenden Einnahmen (§ 96)

§ 96 fasst die Einnahmen zusammen, die in der Sparte R verteilt werden. Hierbei handelt es sich zum einen um den gemäß § 92 Abs. 2 dem Senderecht gemäß § 20 UrhG zuzuordnenden Anteil von 66 2/3% an den von **Hörfunkveranstaltern** erzielten Einnahmen, zum anderen um **sonstige Einnahmen** aus der Nutzung von Audiowerken, die der Verteilung im Hörfunkbereich zugeordnet sind (vgl. zu diesen im Einzelnen die Kommentierung zu den jeweiligen Referenzbestimmungen). Die Summe dieser Beträge ergibt nach Abzug der Kosten gemäß § 29 Abs. 7 und nach Abzug von 10% zugunsten sozialer und kultureller Zwecke gemäß § 30 Abs. 1 die Nettoverteilungssumme für die Sparte R. Die Zusammenstellung aller in der Sparte R zu verteilenden Einnahmen in § 96 dient allein der Übersichtlichkeit und hat keinen eigenständigen Regelungsgehalt. 329

III. Die Gewichtung der Nutzungen mit Senderkoeffizienten (§ 97)

Die Einnahmen, die die GEMA von den Sendeunternehmen pro Musikminute erzielt, können je nach Programm unterschiedlich hoch sein. Dies ist darauf zurückzuführen, dass die GEMA von den öffentlich-rechtlichen und privaten Rundfunkveranstaltern eine **programmbezogene Vergütung** für jede einzelne Hörfunkwelle und für jedes einzelne Fernsehprogramm erhält. Als Bemessungsgrundlage für die Berechnung dieser Vergü- 330 tung dienen die geldwerten Vorteile, die der Rundfunkveranstalter aus der Veranstaltung des jeweiligen Programms erlangt. Zu diesen geldwerten Vorteilen zählen insbesondere die Werbeeinnahmen der Rundfunkveranstalter sowie beim öffentlich-rechtlichen Rundfunk die Einnahmen aus den Rundfunkbeiträgen gemäß Rundfunkbeitragsstaatsvertrag (RBStV). Die an die GEMA zu entrichtende Vergütung entspricht einem prozentualen Anteil an diesen geldwerten Vorteilen, wobei sich die Höhe des prozentualen Anteils nach dem Musikanteil des jeweiligen Programms richtet.

331 Der Verteilungsplan trägt dem Bestehen eines programmbezogenen Inkassos dadurch Rechnung, dass die einzelnen Hörfunkwellen durch die Bildung so genannter **Senderkoeffizienten** gemäß § 97 unterschiedlich gewichtet werden. Die Senderkoeffizienten für die einzelnen Programme sind **variabel**, d.h., ihre Höhe wird nicht durch den Verteilungsplan vorgegeben, sondern für jedes Geschäftsjahr neu berechnet, indem das jeweils zu berücksichtigende Inkasso („Nettobetrag“) durch die entsprechenden Musiksendeminuten dividiert wird.[193] Für Programme, für die die GEMA gemessen am Musikanteil ein höheres Inkasso erzielt, ergibt sich somit ein höherer Senderkoeffizient als für Programme mit geringerem Inkasso.

332 Der bei der Berechnung der Senderkoeffizienten zu berücksichtigende **Nettobetrag** setzt sich gemäß § 97 Abs. 3 S. 1 zusammen aus der **Vergütung der Sendeunternehmen**, wie sie sich unter Berücksichtigung der Inkassoaufteilung gemäß § 92 Abs. 1 auf Grund der jeweiligen tariflichen Bemessungsgrundlagen und Musikanteile für das jeweilige Programm ergibt, sowie aus anteiligen Einnahmen aus der **Kabelweitersendung**. Da die GEMA für die Kabelweitersendung gemäß § 20b UrhG kein unmittelbares nutzungsbezogenes Inkasso erzielt, werden die Einnahmen aus der Kabelweitersendung im Inland hierbei nach Maßgabe der Reichweite – d.h. nach der von den Kabelnetzbetreibern gemeldeten Anzahl versorgter Haushalte mit Radio- bzw. Fernsehempfang – zugeordnet. Bei den Einnahmen aus der Kabelweitersendung im Ausland erfolgt die Zuordnung nach Maßgabe der Meldungen der ausländischen Verwertungsgesellschaften. Bei Hörfunkwellen, die einen außergewöhnlich niedrigen vergütungspflichtigen Musikanteil von unter 1% aufweisen, wird gemäß § 97 Abs. 3 S. 3 kein Anteil an den inländischen Kabeleinnahmen der GEMA berücksichtigt, da die Reichweite in diesen Fällen kein adäquates Indiz für die Relevanz des Programms für die Kabelweitersendung von GEMA-Repertoire und somit für die Verteilung der Kabeleinnahmen der GEMA darstellt.[194] Schließlich sind bei der Berechnung des Nettobetrags die **Abzüge** für Kosten gemäß § 29 Abs. 7 und für soziale und kulturelle Zwecke gemäß § 30 Abs. 1 zu berücksichtigen.

333 Als **Minuten** werden bei der Berechnung der Senderkoeffizienten gemäß § 97 Abs. 3 S. 4 die für die jeweiligen Hörfunkwellen ermittelten (Musik-)Sendeminuten zugrunde gelegt.

334 Gemäß § 97 Abs. 1 S. 1 werden variable Senderkoeffizienten für alle Hörfunkwellen gebildet, die der Verteilung auf der Grundlage von Nutzungsmeldungen gemäß § 93 unterliegen. Für Hörfunkwellen von Rundfunkveranstaltern, bei denen die Einnahmen unterhalb der gemäß § 94 Abs. 1 festgelegten Grenzwerte für die Verteilung nach Nutzungsmeldungen liegen, werden dagegen keine Senderkoeffizienten gebildet. Im Hörfunkbereich wird bei der Bildung der Senderkoeffizienten gemäß § 97 Abs. 2 wie folgt differenziert:

335 – Für den **privaten Hörfunk** erfolgt die Bildung der Senderkoeffizienten für jede Hörfunkwelle gesondert, indem der für die jeweilige Hörfunkwelle zu berücksichtigende

193 Für die Verteilung bis einschließlich Geschäftsjahr 2013 galten dagegen generell „feste“ Senderkoeffizienten für die Sendungen von Werken im öffentlich-rechtlichen Rundfunk. Vgl. oben Rn. 307.

194 Vgl. Tagesordnung für die Mitgliederversammlung v. 23./24.5.2017, Antrag zu TOP 34, nebst Begr.

Nettobetrag durch die jeweils ermittelten Minuten dividiert wird. Hierdurch ergibt sich für jede private Hörfunkwelle ein eigener Senderkoeffizient.

– Dagegen wird für den **öffentlich-rechtlichen Hörfunk** gemäß § 97 Abs. 2 S. 2 und 3 jeweils ein einheitlicher Senderkoeffizient für alle Hörfunkwellen einer Landesrundfunkanstalt gebildet. Hierzu wird der Nettobetrag, der jeweils pro Landesrundfunkanstalt dem Hörfunk zuzuordnen ist, durch die Summe der ermittelten Minuten aller einzelnen Wellen dieser Landesrundfunkanstalt geteilt. Es kommt demnach für alle Hörfunkwellen einer Landesrundfunkanstalt – also zum Beispiel für alle Radioprogramme des WDR – ein einheitlicher Senderkoeffizient zur Anwendung, der sich jedoch von Jahr zu Jahr und von Landesrundfunkanstalt zu Landesrundfunkanstalt unterscheidet. Die Bildung einheitlicher Senderkoeffizienten für alle Hörfunkwellen einer Landesrundfunkanstalt reflektiert, dass die öffentlich-rechtlichen Rundfunkveranstalter aufgrund ihres Kulturauftrags gemäß §§ 11 Abs. 1 S. 4–6, 41 Abs. 2 des Rundfunkstaatsvertrags (RStV) gehalten sind, in ihren Radioprogrammen eine große Bandbreite an inhaltlicher Vielfalt zu präsentieren, ohne sich hierbei allein von wirtschaftlichen Erwägungen leiten zu lassen. So wird namentlich in den Kultur- und Jugendprogrammen des öffentlich-rechtlichen Hörfunks regelmäßig keine Werbung geschaltet, und die GEMA erhält dementsprechend keine auf Werbeeinnahmen basierenden Vergütungen für diese Wellen.[195] Durch die Bildung einheitlicher Senderkoeffizienten auf Ebene der einzelnen Landesrundfunkanstalten wird verhindert, dass sich diese marktfremden Regulierungen negativ auf die Ausschüttungen an diejenigen Berechtigten auswirken, deren Werke in den betreffenden Wellen gesendet werden. 336

Gemäß § 97 Abs. 2 S. 4 werden die in **digitalen Hörfunkwellen des öffentlich-rechtlichen Rundfunks** gesendeten Minuten bei der Berechnung der Senderkoeffizienten für die betreffenden Landesrundfunkanstalten nicht im selben Umfang berücksichtigt wie die in anderen Wellen gesendeten Minuten, sondern unter Anwendung eines Faktors, „der der wirtschaftlichen und strukturellen Bedeutung des digitalen Hörfunks innerhalb des öffentlich-rechtlichen Hörfunks Rechnung trägt“. Dieser Faktor wurde für das Geschäftsjahr 2013 zunächst auf den einheitlichen Wert von 1/10 für alle digitalen Hörfunkwellen des öffentlich-rechtlichen Rundfunks festgelegt. Für künftige Geschäftsjahre kann der Faktor durch Aufsichtsratsbeschluss angepasst werden. Die Regelung berücksichtigt zum einen, dass das Inkasso, das die GEMA für die digitalen Hörfunkwellen erzielt, derzeit noch deutlich unterhalb des Inkassos für die sonstigen Hörfunkwellen des öffentlich-rechtlichen Rundfunks liegt. Zum anderen hat die GEMA die Möglichkeit, auf künftige Entwicklungen in der wirtschaftlichen und strukturellen[196] Bedeutung des digitalen Hörfunks durch Anpassungen des Faktors flexibel zu reagieren. 337

Die auf die vorgenannte Weise ermittelten Senderkoeffizienten werden schließlich gemäß § 97 Abs. 3 S. 5 mit dem Faktor 1/3 multipliziert. Dieser Rechenschritt wurde zu dem Zweck eingeführt, die Minutenwerte für Hörfunk nach den durch die Mitgliederversammlung 2014 beschlossenen Änderungen der Rundfunkverteilung vergleichbar zu 338

195 Einen Überblick über die Hörfunkwellen der ARD, in denen Werbung geschaltet wird, vermittelt die ARD-Werbestatistik, die auch online veröffentlicht wird, so z.B. für das Jahr 2015 unter www.ard.de/download/329322/ARD_Werbestatistik.pdf. Besonders streng ist der Einsatz von Werbung für den NDR reglementiert: Gemäß § 36 des NDR-Staatsvertrags darf der NDR lediglich in einem einzigen Hörfunkprogramm Werbung veranstalten. Aktuell ist dies die Welle NDR 2.

196 Ein Wandel in der strukturellen Bedeutung des digitalen Hörfunks kann sich etwa ergeben, wenn sich eine Landesrundfunkanstalt entscheidet, ganze Programmsparten – z.B. ihr Hörfunkangebot an ernster Musik – vollständig ins Digitalradio zu verlagern.

halten. Da der Faktor 1/3 einheitlich für alle Senderkoeffizienten im Hörfunk angewandt wird, bewirkt er eine lineare Verschiebung und hat somit keine unmittelbaren Auswirkungen auf das Verhältnis zwischen den Senderkoeffizienten für einzelne Hörfunkwellen oder auf die Ausschüttung pro Originalsendeminute.[197] Während für die Verteilung im Fernsehbereich gesonderte Senderkoeffizienten für die Verteilung im Senderecht und den mechanischen Rechten gebildet werden (vgl. §§ 108, 113 Abs. 2), gelten die gemäß § 97 ermittelten Senderkoeffizienten einheitlich für die Verteilung in den Sparten R und R VR (§ 97 Abs. 1 S. 2). Hintergrund dieser einheitlichen Geltung ist, dass die GEMA das Senderecht und das Vervielfältigungsrecht für alle Nutzungen im Hörfunk im selben Umfang wahrnimmt. Das Verhältnis zwischen den einzelnen Hörfunkwellen ist daher mit Blick auf das von den Sendeunternehmen erzielte Inkasso unabhängig von den konkreten Nutzungen für beide Rechtekategorien identisch.

IV. Die Gewichtung der Nutzungen mit Kulturfaktoren (§ 98)

339 Im Rahmen der grundlegenden Reform der Rundfunkverteilung der GEMA hat die Mitgliederversammlung 2014 als ein zentrales neues Element für die Verteilung im Hörfunkbereich die Einführung so genannter Kulturfaktoren beschlossen. Dieses in § 98 geregelte zusätzliche Differenzierungskriterium soll dazu dienen, das **Prinzip der kulturellen Förderung** gemäß § 32 Abs. 1 VGG (vormals § 7 S. 2 UrhWG) bei der Verteilung in den Sparten des Hörfunks zu stärken, indem die Relevanz und kulturelle Bedeutung der Musik im Sendekontext mit Rücksicht auf die Inhalte der einzelnen Hörfunkwellen berücksichtigt wird.[198] Die Grundlage für die Bildung der Kulturfaktoren bildet hierbei das Programmprofil der jeweiligen Hörfunkwelle. Es erfolgt somit grundsätzlich eine gleichmäßige Förderung aller in einer bestimmten Welle gesendeten Werke. Hintergrund dieser wellenspezifischen Herangehensweise ist, dass eine weiter ausdifferenzierte Förderung, etwa auf Basis bestimmter Nutzungszusammenhänge, im Hörfunkbereich nicht mit wirtschaftlich verhältnismäßigem Aufwand umsetzbar wäre.[199]

340 Zur **Bildung der Kulturfaktoren** wird für jede Hörfunkwelle des öffentlich-rechtlichen wie privaten Rundfunks, die der Verteilung auf der Grundlage von Nutzungsmeldungen unterliegt (vgl. hierzu oben **Rn. 321 ff.**), für jedes Geschäftsjahr anhand empirischer Daten festgestellt, in welchem Maße sie bestimmte objektive Kriterien erfüllt (nachfolgend unter 1.). Für die Erfüllung der Kriterien werden Punkte vergeben, die nach so genannten „Erfüllungsstufen“ gestaffelt sind (nachfolgend unter 2.). Der Kulturfaktor für die jeweilige Hörfunkwelle ergibt sich sodann durch Division der Summe der für die betreffende Hörfunkwelle ermittelten Punkte durch die Anzahl der Kriterien (nachfolgend unter 3.). Die auf diese Weise für die einzelnen Hörfunkwellen festgelegten Kulturfaktoren sind zu veröffentlichen.[200]

---

197 Vgl. Tagesordnung für die Mitgliederversammlung v. 8./9.4.2014, Begr. des Antrags zu TOP 10, S. 31. Ohne die Einführung dieses Rechenschritts wäre die Zahl „gewichteter Minuten“, die gemäß §§ 100 Abs. 3, 104 Abs. 3 für die Berechnung der Minutenwerte im Hörfunk zugrunde zu legen sind, nach dem seit Geschäftsjahr 2013 geltenden Modell der Rundfunkverteilung erheblich höher gewesen als nach dem bis einschließlich Geschäftsjahr 2012 geltenden Modell. Dieser Anstieg der Minutenzahl hätte zu einem Absinken der Minutenwerte geführt.

198 Vgl. Tagesordnung für die Mitgliederversammlung v. 8./9.4.2014, Begr. des Antrags zu TOP 10, S. 32.

199 Vgl. Tagesordnung für die Mitgliederversammlung v. 8./9.4.2014, Begr. des Antrags zu TOP 10, S. 32. Für die Fernsehsparten findet dagegen durch die Koeffizienten für Fernsehsendungen gem. § 107 eine Differenzierung nach Nutzungszusammenhängen statt.

200 Vgl. Information zur Verteilung im Rundfunkbereich für das Geschäftsjahr 2014, virtuos 2/2015, 30 f.; Information zur Verteilung im Rundfunkbereich für das Geschäftsjahr 2015, virtuos 2/2016, 38 f.; Information zur Verteilung im Rundfunkbereich für das Geschäftsjahr 2016, virtuos 2/2017, 30 f.

Die erstmalige Festlegung der Kulturfaktoren für das Geschäftsjahr 2013 erfolgte durch Beschluss der Mitgliederversammlung 2014.[201] Zur Ermittlung, regelmäßigen Überprüfung und Anpassung der Kulturfaktoren für die folgenden Geschäftsjahre ist gemäß § 98 Abs. 4 ein spezieller **Hörfunkausschuss** gebildet. Dieser besteht aus drei Aufsichtsratsmitgliedern und drei Mitgliedern des von der Mitgliederversammlung gewählten Werkausschusses, wobei die drei Berufsgruppen Komponisten, Textdichter und Verleger jeweils durch ein Aufsichtsratsmitglied und ein Mitglied des Werkausschusses repräsentiert werden. Die vom Hörfunkausschuss ermittelten Kulturfaktoren bedürfen gemäß § 98 Abs. 5 der Genehmigung durch den Aufsichtsrat. 341

Durch die intensive Auseinandersetzung mit der Programmstruktur aller relevanten Hörfunkwellen bei der Vergabe von Kulturfaktoren erhält der GEMA einen außerordentlich tiefen Einblick in die deutsche Radiokultur. Die hierbei gewonnenen Erkenntnisse bilden die Basis für eine besondere Auszeichnung, die die GEMA seit 2015 jährlich vergibt: den **Radiokulturpreis.**[202] Mit diesem Preis sollen Hörfunkwellen ausgezeichnet werden, die sich um die Musikkultur besonders verdient machen und durch ihre Arbeit wesentlich dazu beitragen, eine vielfältige und lebendige Musikkultur in Deutschland zu ermöglichen.[203] 342

1. Kriterien für die Bildung der Kulturfaktoren

§ 98 Abs. 1 sieht zehn verschiedene Kriterien für die Bildung der Kulturfaktoren vor. Hierbei wurde bewusst auf ein möglichst **breites Spektrum an förderungswürdigen Merkmalen** abgestellt.[204] Im Einzelnen handelt es sich um folgende Kriterien: 343

(1) Anteil deutschsprachigen Repertoires 344

Durch dieses Kriterium soll gezielt der besonderen Bedeutung von Werken in deutscher Sprache für die Musikkultur in Deutschland Rechnung getragen werden.

(2) Anteil an ernster Musik, Jazz und sonstiger gehobener Vokal- und Instrumentalmusik 345

Das Kriterium stellt auf die Förderungswürdigkeit bestimmter Repertoires ab. Neben der zeitgenössischen ernsten Musik und dem Jazz sollen hierbei auch andere Formen gehobener Vokal- und Instrumentalmusik gefördert werden.

(3) Anteil der Sendung von Eigen- und Auftragsproduktionen 346

Abgestellt wird auf den Anteil, zu dem Produktionen gesendet werden, die der betreffende Rundfunkveranstalter selbst hergestellt oder in Auftrag gegeben hat. Die betreffenden Werke repräsentieren einen eigenen, innovativen Beitrag zur Musikkultur, der auch mit entsprechenden Investitionen der Rundfunkveranstalter verbunden ist.

---

201 Die Liste der Kulturfaktoren für 126 Hörfunkwellen ist abgedruckt in der Tagesordnung für die Mitgliederversammlung v. 8./9.4.2014, S. 27 f. Zusätzlich hat die Mitgliederversammlung die Kulturfaktoren für 12 weitere Hörfunkwellen beschlossen, bei denen sich aufgrund positiver Entwicklung der Ertragszahlen noch nach Drucklegung der Tagesordnung ergeben hatte, dass sie nach Programm abzurechnen waren.

202 Vgl. hierzu auch https://www.gema.de/die-gema/auszeichnungen/radiokulturpreis/ sowie virtuos 2/2015, 33.

203 Ausgezeichnet werden jeweils eine Hörfunkwelle mit Schwerpunkt Rock- und Popmusik und eine Hörfunkwelle mit Schwerpunkt Ernste Musik, Jazz sowie sonstige gehobene Vokal- und Instrumentalmusik. Die Preisträger der ersten Jahre waren Radio Fritz und BR-Klassik (2015), radioeins (rbb) und WDR 3 (2016) sowie hr2-kultur und SWR4 Baden-Württemberg/Rheinland-Pfalz (2017).

204 Vgl. im Einzelnen Tagesordnung für die Mitgliederversammlung v. 8./9.4.2014, Begr. des Antrags zu TOP 10, S. 33 f.

347 **(4) Anteil der Sendung von Live-Produktionen bzw. Live-Mitschnitten**
Berücksichtigt werden allein Live-Produktionen und -mitschnitte der Hörfunkwellen selbst, nicht dagegen Einspielungen von Live-Aufnahmen auf Tonträgern oder dergleichen. Insofern handelt es sich auch bei den Produktionen, die im Rahmen dieses Kriteriums gewürdigt werden, um einen eigenständigen, innovativen Beitrag zur Musikkultur, der auch mit entsprechenden Investitionen der Rundfunkveranstalter verbunden ist. Zudem würdigt das Kriterium die besondere Bedeutung live dargebotener Musik.

348 **(5) Anteil redaktionell betreuter Beiträge mit Musikbezug**
Abgestellt wird allein auf die redaktionelle Betreuung von Beiträgen mit Musikbezug wie etwa Präsentationen von Neuerscheinungen und Künstlern, Berichte über Music Events, eigene Hitparaden etc. Hierdurch wird berücksichtigt, dass die Musik bei Sendungen mit individueller und informativer Musikauswahl und -präsentation im Mittelpunkt des Publikumsinteresses steht.

349 **(6) Anteil regionalen Repertoires**
Das Kriterium bezieht sich nicht allein auf die traditionsverbundene, z.B. mundartlich geprägte Musik einer bestimmten Region, sondern auf jede Musik, die das Musikleben einer Region prägt, indem sie in dieser Region verwurzelt ist und vorrangig hier nachgefragt wird. So besteht beispielsweise einer der typischen Entwicklungswege für zeitgenössische Popularmusik in der Entwicklung von einer regionalen Neugründung über die Erschließung eines lokalen bzw. regionalen Anhängerkreises, den Erfolg bei Band-Contests, die Sendung im Hörfunk bis hin zur überregionalen Bedeutung. Gefördert werden soll insoweit regionale Vielfalt als Teil der kulturellen Vielfalt.

350 **(7) Anteil an Nischenrepertoire abseits des Mainstreams**
Abgestellt wird auf Repertoire, das sich vom Mainstream abhebt. Was „Mainstream" ist, bestimmt sich hierbei nicht anhand des Profils der einzelnen Welle, sondern durch eine Gesamtbetrachtung des Hörfunkrepertoires: Gewürdigt wird der spezifische Beitrag der Welle zur Präsentation von Musikwerken, die in durchschnittlichen Hörfunkprogrammen nur wenig oder gar nicht berücksichtigt werden. Das Kriterium ist daher grundsätzlich offen für verschiedene Stilrichtungen wie z.B. Musik für Kinder, experimentelle Musik, zeitgenössischer Jazz etc.

351 **(8) Anteil des Repertoires von Nachwuchsurhebern**
Durch dieses Kriterium soll ein gezieltes Signal zur Nachwuchsförderung als Teil der kulturellen Förderung gesetzt werden. So können Nachwuchsbands z.B. dadurch definiert werden, dass sie in der Regel nicht mehr als zwei Alben veröffentlich haben.

352 **(9) Anteil eigener musikalischer Ereignisse mit Sendebezug (Festivals, Konzerte etc.)**
Durch die Veranstaltung eigener kultureller Ereignisse mit Musikbezug (Konzerte, Festivals, Musikwettbewerbe etc.) leisten viele Rundfunkveranstalter selbst einen wichtigen Beitrag zur Musikkultur in Deutschland. Für die Festsetzung der Kulturfaktoren im Rahmen der Verteilung in den Sparten des Hörfunks sind allerdings nur solche Ereignisse relevant, die einen unmittelbaren Sendebezug haben. Angeknüpft wird demnach an die Live-Übertragung oder die Sendung von Mitschnitten der entsprechenden Veranstaltungen. Unberücksichtigt bleibt dagegen z.B. das weit verbreitete Sponsoring von Partys, bei denen die dargebotene Musik nicht für Sendezwecke mitgeschnitten wird.

353 **(10) Programmvielfalt, gemessen an der Zahl unterschiedlicher Werke pro Welle**
Kulturelle Vielfalt wird entscheidend mit geprägt durch das Angebot an unterschiedlichen Werken. Die Anzahl unterschiedlicher Werke, die in einzelnen Hörfunkwellen

eingesetzt werden, differiert hierbei zum Teil sehr stark: Bei Wellen mit vergleichbarem Musikanteil kann sie bei deutlich unter 1.000, aber auch bei weit über 10.000 Werken pro Jahr liegen. Es liegt in der Natur der Sache, dass die einzelnen Werke im Durchschnitt umso seltener gesendet werden, je größer die Zahl unterschiedlicher Werke einer Welle ist. Das Kriterium der Programmvielfalt schafft hier ein Gegengewicht.

2. Bewertung der einzelnen Hörfunkwellen anhand der Kriterien

Die einzelnen Hörfunkwellen werden auf Basis **empirischer Daten** darauf hin beurteilt, in welchem Maße sie jedes einzelne der vorgenannten zehn Kriterien erfüllen. Für die Kriterien 1–9 werden die entsprechenden Daten durch externe Dienstleister mit Erfahrung bei der Auswertung von Senderprofilen ermittelt. Für die Beurteilung der Programmvielfalt (Kriterium 10) kann die GEMA auf eigene Daten zurückgreifen. 354

Für die Erfüllung der einzelnen Kriterien werden **Punkte** gemäß § 98 Abs. 2 vergeben. Hierbei sind für die Kriterien 3–10 je drei Erfüllungsstufen zu 1, 3 und 5 Punkten vorgesehen. Für die ersten beiden Kriterien sind dagegen fünf Erfüllungsstufen zu 1, 3,5, 6, 8,5 und 11 Punkten gebildet. Durch diese größere Spreizung soll die besondere Bedeutung des deutschsprachigen Repertoires und der gehobenen Vokal- und Instrumentalmusik gewürdigt werden.[205] 355

3. Berechnung des Kulturfaktors einer Hörfunkwelle

Gemäß § 98 Abs. 3 wird der Kulturfaktor für eine Hörfunkwelle durch die Division der Summe der für die jeweilige Welle ermittelten Punkte durch die Anzahl der Kriterien berechnet. Die Anzahl der Kriterien ist hierbei stets 10, die Summe der ermittelten Punkte variiert je nach dem Profil der einzelnen Welle. Mathematisch lässt sich die Berechnung des Kulturfaktors mit folgender **Formel** darstellen: 356

(Summe der Punktzahlen der 10 Kriterien) / 10 = Kulturfaktor

Die maximal mögliche Punktzahl für eine Hörfunkwelle, die die höchsten Erfüllungsstufen für alle 10 Kriterien erreicht, beträgt 62 (je 11 Punkte für die Kriterien 1 und 2 sowie je 5 Punkte für die Kriterien 3–10). Der Kulturfaktor für eine solche Welle läge bei 6,2. Der niedrigste rechnerisch mögliche Kulturfaktor beträgt 1. 357

Beispiel:

Eine Hörfunkwelle erfüllt die Kriterien gemäß § 98 Abs. 1 wie folgt:

Kriterium 1: Erfüllungsstufe 5 = 11 Punkte
Kriterium 2: Erfüllungsstufe 1 = 1 Punkt
Kriterium 3: Erfüllungsstufe 3 = 5 Punkte
Kriterium 4: Erfüllungsstufe 3 = 5 Punkte
Kriterium 5: Erfüllungsstufe 2 = 3 Punkte
Kriterium 6: Erfüllungsstufe 3 = 5 Punkte
Kriterium 7: Erfüllungsstufe 2 = 3 Punkte
Kriterium 8: Erfüllungsstufe 3 = 5 Punkte
Kriterium 9: Erfüllungsstufe 3 = 5 Punkte
Kriterium 10: Erfüllungsstufe 3 = 5 Punkte

Die Welle erreicht somit insgesamt 48 Punkte. Der Kulturfaktor für die Welle beträgt 4,8.

205 Vgl. Tagesordnung für die Mitgliederversammlung v. 8./9.4.2014, Begr. des Antrags zu TOP 10, S. 32.

V. Die Gewichtung bei paralleler und gleichzeitiger Sendung (§ 99)

358 Es kommt vor, dass über eine Hörfunkwelle oder ein Fernsehprogramm zeitweise mehrere unterschiedliche regionale Sendungen **parallel** ausgestrahlt werden, ohne dass die GEMA hierfür ein gesondertes Inkasso erzielt. Ab Geschäftsjahr 2014[206] wird die Sendezeit der regionalen Sendungen bei der Verteilung in der Sparte R in solchen Fällen wie in § 99 Abs. 1 geregelt durch die Zahl der jeweils parallel stattfindenden Ausstrahlungen geteilt. Diese Gewichtung gilt gemäß § 103 auch für die Sparte R VR. Für die Fernsehsparten finden sich Parallelvorschriften in §§ 109 Abs. 1 und 113 Abs. 3.

Beispiel: Ein Drittes Fernsehprogramm der ARD strahlt für eine bestimmte Sendezeit parallel elf verschiedene, regional begrenzte „Lokalzeiten" aus. Die für die einzelnen „Lokalzeiten" ermittelten Musiksendeminuten werden für die Verteilung durch 11 geteilt.

359 Von der Konstellation der parallelen Ausstrahlung innerhalb eines Programms ist die **gleichzeitige Sendung** in mehreren unterschiedlichen Programmen, für die die GEMA gesonderte Vergütungen erhält, zu unterscheiden: Schließen sich etwa mehrere Rundfunkveranstalter zu bestimmten Tageszeiten für ein gemeinsames Nachtprogramm zusammen, wird jede dieser gleichzeitigen Sendungen bei der Verteilung gesondert berücksichtigt. Wird dagegen ein einzelnes Programm lediglich **in unterschiedlicher technischer Weise** (z.B. analog über Mittelwelle und UKW oder analog und digital) gleichzeitig über mehrere Wellenbereiche desselben Rundfunkveranstalters ausgestrahlt, wird diese Sendung gemäß § 99 Abs. 2 nur einmal berücksichtigt. Auch diese Regelung gilt für sämtliche Sparten des Nutzungsbereichs Sendung (vgl. §§ 103, 109 Abs. 2 und 113 Abs. 3).

VI. Durchführung der Verteilung (§ 100)

360 In der Sparte R erfolgt gemäß § 100 eine **kollektive Verteilung** iSd § 11 Abs. 4 auf der Basis eines Minutenwerts. Der Minutenwert wird gebildet, indem die Nettoverteilungssumme durch die Summe der für alle Hörfunkwellen ermittelten Minuten dividiert wird (so genannter **„Minutenwert Hörfunk-Senderecht"**).

361 Die **Nettoverteilungssumme** besteht gemäß § 100 Abs. 2 S. 2 aus den gemäß § 96 in der Sparte R zu verteilenden Einnahmen, jedoch ohne die Einnahmen aus gesetzlichen Vergütungsansprüchen. Letztere werden gemäß § 100 Abs. 2 S. 4 als prozentualer Zuschlag zu den übrigen Ausschüttungen in der Sparte R verteilt. Hintergrund dieser Regelung ist, dass im Wege der Zuschlagsverteilung berücksichtigt werden kann, ob der Urheber der Beteiligung des Verlegers an den Ausschüttungen auf gesetzliche Vergütungsansprüche gemäß § 26 Abs. 3 zugestimmt hat (vgl. Vorbemerkung zu §§ 22–25, oben **Rn. 81**).

362 Die Zahl der **Minuten**, die die Grundlage sowohl für die Berechnung des Minutenwerts Hörfunk-Senderecht als auch für die Ausschüttung pro Werk bildet, ergibt sich gemäß § 100 Abs. 3, indem die aufgrund von Nutzungsmeldungen gemäß § 93 ermittelten Sendeminu-

206 Für die Verteilung für das Geschäftsjahr 2013 galt gemäß der früheren Regelung in Abschn. V Ziff. 3 d Abs. 1 der Ausführungsbestimmungen zum Verteilungsplan A noch der frühere, pauschalierende Ansatz, wonach Regionalsendungen innerhalb des Bereichs einer öffentlich-rechtlichen Rundfunkanstalt stets mit der Hälfte, subregionale Sendungen für den Bereich eines Landesstudios mit einem Viertel und regionale Fensterprogramme sowie Orts- und Stadtsender mit einem Zehntel der Sendezeit verrechnet wurden. Die Beibehaltung dieser Regelung für das Geschäftsjahr 2013 war dem Umstand geschuldet, dass die technischen Voraussetzungen für die Umsetzung der individualisierenden, nunmehr in § 99 verankerten Regelung zunächst geschaffen werden mussten; vgl. Tagesordnung für die Mitgliederversammlung v. 8./9.4.2014, Begr. des Antrags zu TOP 10, S. 32.

ten mit den Senderkoeffizienten gemäß § 97, den Kulturfaktoren gemäß § 98, den Gewichtungen für parallele und gleichzeitige Sendung gemäß § 99 und den Punktbewertungen für die Sparte R gemäß den Verrechnungsschlüsseln I bis IV (§§ 63–66) multipliziert werden. Soweit Werke oder Werkfragmente regelmäßig wiederkehrend – d.h. in Sendungen, die mindestens an fünf aufeinander folgenden Tagen oder wöchentlich einmal in sieben aufeinander folgenden Wochen ausgestrahlt werden – als Pausen- und Vorlaufmusik, Einleitungs-, Zwischen- und Schlussmusik, Titel- und Erkennungsmusik gesendet werden, gilt ferner die Gewichtung gemäß § 100 Abs. 4: Von den betreffenden Nutzungen werden die ersten 5.000 Minuten nur zu einem Drittel berücksichtigt, die zweiten 5.000 Minuten nur zu einem Sechstel und alle weiteren Minuten nur zu einem Zehntel. Hintergrund dieser Regelung ist, dass der wirtschaftliche Wert dieser stark repetitiven, nicht auf Publikumsinteresse beruhenden Nutzungen für die Rundfunkveranstalter als vergleichsweise gering betrachtet werden kann. Sie gilt nicht für Unterhaltungsmusikwerke von besonderem künstlerischen Wert gemäß Verrechnungsschlüssel II (§ 64) Ziff. 5.

Die **Ausschüttung pro Werk** in der Sparte R ergibt sich sodann durch Multiplikation der für die Nutzungen des Werkes unter Anwendung der jeweiligen Multiplikatoren ermittelten Minutenzahl mit dem Minutenwert Hörfunk-Senderecht. Die Berechnung lässt sich in folgender **Formel** darstellen: 363

Sendeminuten des Werks x Senderkoeffizient gem. § 97 x Kulturfaktor gem. § 98 x ggf. Gewichtungen gem. §§ 99, 100 Abs. 4 x Punktbewertung gem. §§ 63–66 x Minutenwert Hörfunk-Senderecht
= **Ausschüttungsbetrag pro Werk für alle Beteiligten in Euro**

Eine Sonderregelung enthält § 100 Abs. 2 S. 5 für **dramatisch-musikalische Werke**, 364
soweit diese vollständig, als Querschnitt oder in größeren Teilen im Hörfunk gesendet werden. Für die betreffenden Nutzungen nimmt die GEMA zwar gemäß § 1 lit. b BerV nicht das Senderecht wahr, wohl aber die sonstigen Rechte und gesetzlichen Vergütungsansprüche, aus deren Einnahmen sich die Verteilungssumme der Sparte R speist (vgl. § 96 sowie oben **Rn. 328**). Der Verteilungsplan sieht daher vor, dass die vorgenannten Nutzungen dramatisch-musikalischer Werke in der Sparte R mit einem anteiligen Minutenwert (**Minutenwert Hörfunk-Großes Recht**) verrechnet werden. Bei der Berechnung dieses Minutenwerts bleibt der auf das Senderecht entfallende Anteil an der Nettoverteilungssumme in der Sparte R unberücksichtigt. Die Ausschüttungen, die unter Anwendung des anteiligen Minutenwertes erfolgen, werden GEMA-intern gesondert mit der Kennzeichnung „R GR" („Rundfunk Großes Recht") ausgewiesen. Im Übrigen gelten für die Verteilung bei den § 100 Abs. 2 S. 5 unterfallenden Sendungen dramatisch-musikalischer Werke in der Sparte R dieselben Regelungen wie für die Verteilung bei sonstigen Nutzungen. Ab wann ein dramatisch-musikalisches Werk bei der Hörfunksendung als vollständig, querschnitthaft oder in größeren Teilen gesendet gilt, richtet sich nach einer zwischen der GEMA und den Rundfunkveranstaltern geschlossenen Abgrenzungsvereinbarung.[207] Soweit die GEMA die Senderechte für Nutzungen dramatisch-musikalischer Werke wahrnimmt, werden die hierauf entfallenden Sendeminuten unter Anwendung des gewöhnlichen Minutenwerts „Hörfunk-Senderecht" bei der Verteilung in der Sparte R berücksichtigt.

207 Abgedruckt im GEMA-Jahrbuch 2017/2018, S. 220–222. Danach wird das Senderecht für die Hörfunksendung von Teilen, Querschnitten und Ausschnitten dramatisch-musikalischer Werke grundsätzlich nur bis zu einer Gesamtsendedauer von bis zu 25 Minuten von der GEMA wahrgenommen (und entsprechend bei der Verteilung berücksichtigt), vorausgesetzt, dass die Sendung der Teile „nicht mehr als 25% der Sendedauer des ganzen Werkes beansprucht und nicht das szenische Geschehen des ganzen Werkes in seinen wesentlichen Zügen dargeboten wird."

365 Die **Aufteilung** auf die Ausschüttungsberechtigten erfolgt in der Sparte R nach dem Allgemeinen Anteilsschlüssel gemäß § 195.

Unterabschnitt 2. Verteilung in der Sparte R VR (Hörfunk-Vervielfältigungsrecht)

§ 101 Gegenstand der Sparte

In der Sparte R VR (Hörfunk-Vervielfältigungsrecht) erhalten Werke eine Ausschüttung für die Vervielfältigung im Sinne des § 16 Abs. 1 UrhG für Hörfunksendungen.

§ 102 Die zu verteilenden Einnahmen

In der Sparte R VR werden folgende Einnahmen verteilt:

(a) der den mechanischen Rechten zuzuordnende Anteil von 33 1/3% der Einnahmen, die zur Verteilung aus Musiknutzungen im Hörfunk zur Verfügung stehen, gemäß § 92 Abs. 2,

(b) 75% der Einnahmen für die gewerbliche Vervielfältigung von Tonträgeraufnahmen, für die keine Nutzungsmeldungen erhältlich sind, gemäß § 20 Abs. 1,

(c) 25% der Einnahmen aus dem Vergütungsanspruch für die Vermietung von Tonträgern gemäß § 22 Abs. 1,

(d) 25% des auf den Verleih von Tonträgern entfallenden Anteils an der Bibliothekstantieme gemäß § 23 Abs. 2,

(e) 25% der Einnahmen aus dem Vergütungsanspruch für die private Vervielfältigung von Tonträgeraufnahmen gemäß § 25 Abs. 2,

(f) 33,33% der Einnahmen aus Nutzungen im Internetradio, die nicht in den Sparten I R und I R VR
verteilt werden, gemäß § 152 Abs. 2,

(g) 33,33% des den Sparten des Hörfunks zugewiesenen Anteils an den Einnahmen aus Nutzungen als Hintergrund- oder Funktionsmusik auf Internet- und Intranetseiten, die nicht in den Sparten WEB und WEB VR verteilt werden, gemäß § 187 Abs. 2 lit. b.

§ 103 Die Gewichtung der Nutzungen in der Sparte R VR

Bei der Verteilung in der Sparte R VR finden die für die jeweilige Hörfunkwelle gebildeten Senderkoeffizienten gemäß § 97 und Kulturfaktoren gemäß § 98 sowie die Gewichtungen für parallele und gleichzeitige Sendung gemäß § 99 Anwendung.

§ 104 Durchführung der Verteilung

[1] Es erfolgt kollektive Verteilung.

[2] In der Sparte R VR wird ein Minutenwert gebildet, indem die Nettoverteilungssumme durch die Summe der für die einzelnen Hörfunkwellen ermittelten Minuten dividiert wird (Minutenwert Hörfunk-Vervielfältigungsrecht). Die Nettoverteilungssumme im Sinne dieser Regelung besteht aus den gemäß § 102 in der Sparte R VR zu verteilenden Einnahmen mit Ausnahme der Einnahmen aus gesetzlichen Vergütungsansprüchen. Die Ausschüttung pro Werk ergibt sich durch Multiplikation der für die Nutzungen des Werkes ermittelten Minutenzahl mit dem Minutenwert Hörfunk-Vervielfältigungsrecht. Die Einnahmen aus gesetzlichen Vergütungsansprüchen werden als prozentualer Zuschlag verteilt.

[3] Minuten im Sinne dieser Regelung sind die jeweils anhand der Nutzungsmeldungen ermittelten Sendeminuten multipliziert mit den Gewichtungen gemäß § 103. § 100 Abs. 4 gilt entsprechend.

[4] Bei in Deutschland verlegten Werken ausländischer Urheber, deren mechanische Rechte der Verleger zu 100% erworben hat, erhält der Verleger auch die Anteile der Urheber ausgezahlt.

Übersicht

I. Gegenstand der Sparte R VR (§ 101)

In der Sparte R VR (Hörfunk-Vervielfältigungsrecht) erhalten die im Hörfunk gesendeten Werke gemäß § 101 eine Ausschüttung für die Nutzung des **Vervielfältigungsrechts** im Sinne des § 16 Abs. 1 UrhG. Bei den zugrundeliegenden Nutzungen handelt es sich um solche im Zusammenhang mit der Sendung stehenden Vervielfältigungsvorgänge, die über das nach § 55 Abs. 1 UrhG erlaubnisfrei zulässige Maß hinausgehen, wie beispielsweise die Aufzeichnung von Live-Sendungen oder die Erstellung von Archivaufnahmen. Dabei geht der Verteilungsplan davon aus, dass sämtliche gesendeten Werke auch vervielfältigt worden sind, so dass für die Verteilung in der Sparte R VR dieselben gemäß § 93 ermittelten Werknutzungen zugrunde gelegt werden wie für die Verteilung in der Sparte R. 366

II. Die zu verteilenden Einnahmen (§ 102)

§ 102 fasst die Einnahmen zusammen, die in der Sparte R VR verteilt werden. Hierbei handelt es sich zum einen um den gemäß § 92 Abs. 2 den mechanischen Rechten zuzuordnenden Anteil von 33 1/3% an den von Hörfunkveranstaltern erzielten Einnahmen, zum anderen um sonstige Einnahmen aus der Nutzung von Audiowerken, die der Verteilung im Hörfunkbereich zugeordnet sind (vgl. zu diesen im Einzelnen die Kommentierung zu den jeweiligen Referenzbestimmungen). Die Summe dieser Beträge ergibt nach Abzug einer Kommission gemäß § 29 Abs. 4 die Nettoverteilungssumme für die Sparte R VR. Die Zusammenstellung aller in der Sparte R VR zu verteilenden Einnahmen in § 102 dient allein der Übersichtlichkeit und hat keinen eigenständigen Regelungsgehalt. 367

III. Die Gewichtung der Nutzungen in der Sparte R VR (§ 103)

Gemäß § 103 finden bei der Verteilung in der Sparte R VR die für das jeweilige Geschäftsjahr gemäß § 97 ermittelten variablen **Senderkoeffizienten** (vgl. oben **Rn. 330–338**), die **Kulturfaktoren** der einzelnen Hörfunkwellen gemäß § 98 (vgl. oben **Rn. 339–357**) und die **Gewichtungen für parallele und gleichzeitige Sendung** gemäß § 99 (vgl. oben **Rn. 358 f.**) Anwendung. Die für die Sparte R vorgesehenen Punktbewertungen gemäß §§ 63–66 (Verrechnungsschlüssel I-IV) gelten dagegen nicht für die Sparte R VR. 368

IV. Durchführung der Verteilung (§ 104)

In der Sparte R VR erfolgt gemäß § 104 eine kollektive Verteilung auf der Basis eines Minutenwerts. Der Minutenwert wird gebildet, indem die Nettoverteilungssumme durch die Summe der für die einzelnen Hörfunkwellen ermittelten Minuten dividiert wird (so genannter **„Minutenwert Hörfunk-Vervielfältigungsrecht“**). Dieser Minutenwert ist mit dem gemäß § 100 für die Sparte R gebildeten Minutenwert Hörfunk-Senderecht (s. oben **Rn. 360**) nicht identisch, da sowohl die zu verteilenden Einnahmen als auch das Verfahren zur Gewichtung der zu berücksichtigenden Minuten voneinander abweichen. Der Minutenwert Hörfunk-Vervielfältigungsrecht gilt auch für alle Hörfunknutzungen dramatisch-musikalischer Werke, da die GEMA die Rechte und gesetzlichen Vergütungsansprüche, aus deren Einnahmen sich die Verteilungssumme der Sparte R VR speist, auch an dramatisch-musikalischen Werken ohne Einschränkung wahrnimmt. 369

Die **Nettoverteilungssumme** besteht gemäß § 104 Abs. 2 S. 2 aus den gemäß § 102 in der Sparte R VR zu verteilenden Einnahmen, jedoch ohne die Einnahmen aus gesetzlichen Vergütungsansprüchen. Letztere werden gemäß § 104 Abs. 2 S. 4 als prozentualer Zuschlag 370 zu den übrigen Ausschüttungen in der Sparte R VR verteilt. Hintergrund dieser Regelung ist, dass im Wege der Zuschlagsverteilung berücksichtigt werden kann, ob der Urheber der Beteiligung des Verlegers an den Ausschüttungen auf gesetzliche Vergütungsansprüche gemäß § 26 Abs. 3 zugestimmt hat (vgl. Vorbemerkung zu §§ 22–25, oben **Rn. 81**).

371 Die Zahl der **Minuten,** die die Grundlage sowohl für die Berechnung des Minutenwerts Hörfunk-Vervielfältigungsrecht als auch für die Ausschüttung pro Werk bildet, ergibt sich gemäß § 104 Abs. 3, indem die aufgrund von Nutzungsmeldungen gemäß § 93 ermittelten Sendeminuten mit den in § 103 geregelten Gewichtungen – also den Senderkoeffizienten, den Kulturfaktoren und den Gewichtungen für parallele und gleichzeitige Sendung – multipliziert werden. Hierbei kommt gemäß § 104 Abs. 3 S. 2 auch die in § 100 Abs. 4 geregelte Gewichtung bei regelmäßigen Nutzungen von Werken als Pausen- und Vorlauf-, Einleitungs-, Zwischen- und Schlussmusik sowie Titel- und Erkennungsmusiken zur Anwendung.

372 Die **Ausschüttung pro Werk** in der Sparte R VR ergibt sich sodann durch Multiplikation der für die Nutzungen des Werkes unter Anwendung der jeweiligen Multiplikatoren ermittelten Minutenzahl mit dem Minutenwert Hörfunk-Vervielfältigungsrecht. Die Berechnung lässt sich in folgender **Formel** darstellen:

Sendeminuten des Werks x Senderkoeffizient gem. § 97 x Kulturfaktor gem. § 98 x ggf. Gewichtungen gem. §§ 99, 100 Abs. 4 x Minutenwert Hörfunk-Vervielfältigungsrecht
= **Ausschüttungsbetrag pro Werk für alle Beteiligten in Euro**

373 Die **Aufteilung** auf die Ausschüttungsberechtigten in der Sparte R VR erfolgt nach dem Anteilsschlüssel gemäß § 207.

374 § 104 Abs. 4 regelt die Verteilung bei in Deutschland verlegten Werken ausländischer Urheber. Demnach erhält ein Verleger, der die Rechte zur Vervielfältigung und Verbreitung zu 100% erworben hat, bei in Deutschland original- oder subverlegten Werken ausländischer Urheber – soweit diese nicht selbst GEMA-Mitglied sind – auch die Anteile der Urheber ausgeschüttet. Eine Auszahlung zu 100% an den Verleger ist jedoch nur insoweit möglich, als dem nicht Regelungen in einer Repräsentationsvereinbarung entgegenstehen, die die GEMA mit einer anderen Verwertungsgesellschaft geschlossen hat. Es gilt insoweit der **Vorrang der Repräsentationsvereinbarungen.** Hauptanwendungsfall der Regelung sind vor diesem Hintergrund bei GEMA-Verlagen verlegte Werke von Urhebern aus den USA, da dort für den Rundfunkbereich keine Wahrnehmung mechanischer Rechte durch eine Verwertungsgesellschaft stattfindet. Der GEMA-Verlag erhält in diesen Fällen die gesamten in der Sparte R VR anfallenden Beträge ausgeschüttet und verteilt diese nach den im Verlagsvertrag getroffenen Vereinbarungen weiter. § 104 Abs. 4 entsprechende Regelungen bestehen auch für die Sparten FS VR und T FS VR (§ 114 Abs. 5), Phono VR (§ 142 Abs. 3) und BT VR (§ 145 Abs. 3).

Abschnitt 3. Die Verteilung in den Sparten des Fernsehens

Unterabschnitt 1. Verteilung in den Sparten FS (Fernsehen) und T FS (Tonfilm im Fernsehen)

§ 105 Gegenstand der Sparten

[1] **In der Sparte FS (Fernsehen) erhalten Werke in Eigen- und Auftragsproduktionen des Fernsehens eine Ausschüttung für die Sendung im Sinne des § 20 UrhG im Fernsehen.**

[2] **In der Sparte T FS (Tonfilm im Fernsehen) erhalten Werke in Filmen, bei denen es sich nicht um Eigen- und Auftragsproduktionen des Fernsehens handelt (Fremdproduktionen), eine Ausschüttung für die Sendung im Sinne des § 20 UrhG im Fernsehen.**

§ 106 Die zu verteilenden Einnahmen

Es wird eine gemeinsame Verteilungssumme für die Verteilung in den Sparten FS und T FS gebildet. In dieser werden folgende Einnahmen zusammengefasst:

- **(a) der dem Senderecht zuzuordnende Anteil der Einnahmen, die zur Verteilung aus Musiknutzungen im Fernsehen zur Verfügung stehen, gemäß § 92 Abs. 3,**
- **(b) 100% der Einnahmen für die Wiedergabe von Fernsehsendungen gemäß § 15,**
- **(c) 20% der Einnahmen für die Wiedergabe von Bildtonträgern gemäß § 16,**
- **(d) 100% der Einnahmen für die Kabelweitersendung von Fernsehsendungen im In- und Ausland gemäß § 19,**
- **(e) 63 1/3% der Einnahmen aus dem Vergütungsanspruch für die private Vervielfältigung von Bildtonträgeraufnahmen gemäß § 25 Abs. 3,**
- **(f) 66,67% der Einnahmen aus Nutzungen im Internetfernsehen, die nicht in den Sparten I FS, I T FS, I FS VR und I T FS VR verteilt werden, gemäß § 157 Abs. 2,**
- **(g) 33,33% des den Sparten des Fernsehens zugewiesenen Anteils an den Einnahmen aus Nutzungen durch Anbieter von Video-on-Demand-Diensten (Download), die nicht in den Sparten VOD D und VOD D VR verteilt werden, gemäß § 177 Abs. 2,**
- **(h) 66,67% des den Sparten des Fernsehens zugewiesenen Anteils an den Einnahmen aus Nutzungen durch Anbieter von Video-on-Demand-Diensten (Streaming), die nicht in den Sparten VOD S und VOD S VR verteilt werden, gemäß § 182 Abs. 2,**
- **(i) 66,67% des den Sparten des Fernsehens zugewiesenen Anteils an den Einnahmen aus Nutzungen als Hintergrund- oder Funktionsmusik auf Internet- und Intranetseiten, die nicht in den Sparten WEB und WEB VR verteilt werden, gemäß § 187 Abs. 2 lit. c.**

§ 107 Die Gewichtung der Nutzungen mit Koeffizienten für Fernsehsendungen

[1] Die Verteilung in den Sparten FS und T FS erfolgt unter Anwendung der nachfolgenden nutzungsbezogenen Koeffizienten.

[2] Koeffizient 0,1 gilt für Musik zu Videotextprogrammen.

[3] Koeffizient 1 gilt für folgende Werknutzungen:

- **(a) Tonsignete, Pausen- und Vorlaufmusik; Einleitungs- und Schlussmusik zu Sendereihen oder Serien (Eigen- und Auftragsproduktionen), bei denen die jeweiligen Einzelsendungen im Programm eines Senders regelmäßig, d.h. mindestens an 5 aufeinanderfolgenden Tagen oder wöchentlich einmal in 7 aufeinanderfolgenden Wochen, ausgestrahlt werden. Bei Werknutzungen nach diesem Absatz werden die jeweils nach §§ 107 bis 109 gewichteten Minuten bei über 5 000 Minuten mit dem Faktor 1/3 und bei über 10 000 Minuten mit dem Faktor 1/10 multipliziert;**
- **(b) sonstige Illustrationsmusik (außer Einleitungs- und Schlussmusik), die wiederkehrend zur Kennzeichnung oder Untermalung von standardisierten Formatelementen in den Einzelsendungen einer regelmäßig ausgestrahlten Sendereihe oder Serie im Sinne von lit. a, z.B. im Rahmen von Talk-, Koch- oder Gerichtsshows sowie Spielsendungen, zum Einsatz kommt. Bei diesen Werknutzungen werden die jeweils nach §§ 107 bis 109 gewichteten Minuten bei über 5 000 Minuten mit dem Faktor 1/6 und bei über 10 000 Minuten mit dem Faktor 1/10 multipliziert;**
- **(c) sonstige Illustrationsmusik (außer Einleitungs- und Schlussmusik), die in regelmäßig ausgestrahlten Sendereihen oder Serien im Sinne von lit. a mit bewegten oder unbewegten Bildern (z.B. Landschafts- oder Weltraumaufnahmen) überwiegend ohne Wortbeitrag zum Einsatz kommt. Bei diesen Werknutzungen werden die jeweils nach §§ 107 bis 109 gewichteten Minuten bei über 5 000 Minuten mit dem Faktor 1/6 und bei über 10 000 Minuten mit dem Faktor 1/10 multipliziert.**

[4] Koeffizient 1,25 gilt für Musik in Fremdproduktionen in täglichen, d.h. in der Regel an 5 Tagen pro Woche und in mehreren Wochen eines Jahres ausgestrahlten Serien.

[5] Koeffizient 2 gilt für folgende Werknutzungen:

- **(a) Musik in Fremdproduktionen, die nicht unter Koeffizient 1,25 fällt;**
- **(b) Musik in Eigen- und Auftragsproduktionen in täglichen, d.h. in der Regel an 5 Tagen pro Woche und in mehreren Wochen eines Jahres ausgestrahlten Sendereihen oder Serien (z.B. Fernsehfilm-, Sport- und Info-Serien), die nicht unter Koeffizient 1 fällt;**
- **(c) Musik zu Werbespots und zu sonstigen Werbefilmen; hier erfolgt eine Kappung der jeweils nach §§ 107 bis 109 gewichteten und mit Koeffizient 2 multiplizierten Minuten bei über 5 000 Minuten auf ein Drittel und bei über 10 000 Minuten auf ein Zehntel; im Übrigen bleiben unberührt die gemäß Abs. 3 mit Koeffizient 1 in der Sparte FS abzurechnenden Sachverhalte (wie z.B. Tonsignete).**

[6] Koeffizient 3 gilt für Musik, die nicht unter Koeffizient 0,1, 1, 1,25, 2 und 6 fällt.
[7] Koeffizient 6 gilt für dargestellte Musik.

§ 108 Die Gewichtung der Nutzungen mit AR-Senderkoeffizienten

[1] Für die der Verteilung auf der Grundlage von Nutzungsmeldungen gemäß § 93 unterliegenden Fernsehprogramme werden für jedes Geschäftsjahr variable AR-Senderkoeffizienten gebildet.

[2] Die Bildung der AR-Senderkoeffizienten erfolgt, indem der jeweils pro Fernsehprogramm zu berücksichtigende Nettobetrag durch die für das jeweilige Fernsehprogramm ermittelten Minuten dividiert wird.

[3] Der Nettobetrag im Sinne dieser Regelung ist der gemäß § 92 Abs. 3 dem Senderecht zuzuordnende Anteil an der Vergütung, wie sie sich unter Berücksichtigung der Inkassoaufteilung gemäß § 92 Abs. 1 ergibt, zuzüglich anteiliger Einnahmen aus der Kabelweitersendung, vermindert um die in §§ 29 und 30 vorgesehenen Abzüge. Die Zuordnung der Einnahmen aus der Kabelweitersendung im Inland erfolgt nach Maßgabe der Reichweite der Kabelweitersendung und die Zuordnung der Einnahmen aus der Kabelweitersendung im Ausland nach Maßgabe der Meldungen der ausländischen Verwertungsgesellschaften. Die Berücksichtigung anteiliger Einnahmen aus der Kabelweitersendung im Inland erfolgt nur bei Fernsehprogrammen mit einem vergütungsrelevanten Musikanteil von mindestens 1%. Minuten im Sinne dieser Regelung sind die Sendeminuten multipliziert mit den Koeffizienten für Fernsehsendungen gemäß § 107 und der Gewichtung bei paralleler und regionaler Sendung gemäß § 109. Um die Minutenwerte nach der von der ordentlichen Mitgliederversammlung 2014 beschlossenen Neuordnung der Rundfunkverteilung vergleichbar zu halten, werden die AR-Senderkoeffizienten mit ½ multipliziert.

§ 109 Die Gewichtung bei paralleler und gleichzeitiger Sendung

[1] Werden über ein Fernsehprogramm zeitweise parallel mehrere regionale Sendungen ausgestrahlt, ohne dass für diese Sendungen ein gesondertes Inkasso erzielt wird, wird die Sendezeit der regionalen Sendungen durch die Zahl der parallel stattfindenden Ausstrahlungen geteilt.

[2] Wird ein Fernsehprogramm gleichzeitig über mehrere Wellenbereiche desselben Rundfunkveranstalters ausgestrahlt, z.B. analog und digital usw., so erfolgt nur eine einmalige Berücksichtigung.

§ 110 Durchführung der Verteilung

[1] Es erfolgt kollektive Verteilung.

[2] In den Sparten FS und T FS wird ein Minutenwert gebildet, indem die gemeinsame Nettoverteilungssumme beider Sparten durch die Summe der für die einzelnen Fernsehprogramme ermittelten Minuten dividiert wird (Minutenwert Fernsehen-Senderecht). Die Nettoverteilungssumme im Sinne dieser Regelung besteht aus den gemäß § 106 in den Sparten FS und T FS zu verteilenden Einnahmen mit Ausnahme der Einnahmen aus gesetzlichen Vergütungsansprüchen, die als prozentualer Zuschlag verteilt werden. Minuten im Sinne dieser Regelung sind die jeweils anhand der Nutzungsmeldungen ermittelten Sendeminuten multipliziert mit den Gewichtungen gemäß §§ 107 bis 109 sowie den Punktbewertungen für die Sparte FS gemäß den Verrechnungsschlüsseln I bis IV.

[3] In der Sparte FS ergibt sich die Ausschüttung pro Werk durch Multiplikation der für die Nutzungen des Werkes ermittelten Minutenzahl mit dem Minutenwert Fernsehen-Senderecht. Die Minuten für Werke mit Verrechnung in der Sparte FS werden ermittelt, indem die jeweils anhand der Nutzungsmeldungen ermittelten Sendeminuten mit den Gewichtungen gemäß §§ 107 bis 109 sowie den Punktbewertungen für die Sparte FS gemäß den Verrechnungsschlüsseln I bis IV multipliziert werden.

[4] In der Sparte T FS ergibt sich die Ausschüttung pro Werk durch Multiplikation der für die Nutzungen des Werkes ermittelten Musiksekundenzahl mit einem aus dem Minutenwert Fernsehen-Senderecht abgeleiteten Musiksekundenwert. Die Musiksekunden für Werke mit Verrechnung in der Sparte T FS werden ermittelt, indem die jeweils anhand der Nutzungsmeldungen ermittelten Sendesekunden mit den Gewichtungen gemäß §§ 107 bis 109 multipliziert werden.

[5] Die Verteilung für die Kabelweitersendung, Wiedergabe und sonstige Zweitverwertung von dramatisch-musikalischen Werken, sei es vollständig, als Querschnitt oder in größeren Teilen, erfolgt unter Anwendung eines anteiligen Minutenwerts (Minutenwert Fernsehen-Großes Recht).

Übersicht

I. Gegenstand der Sparten FS und T FS (§ 105)

In den Sparten FS (Fernsehen) und T FS (Tonfilm im Fernsehen) erhalten die im Fernsehen genutzten Werke gemäß § 105 eine Ausschüttung für die Nutzung des **Senderechts** im Sinne des § 20 UrhG. Hierbei findet eine Unterscheidung nach der Art der genutzten Produktionen statt: In der **Sparte FS** werden die in **Eigen- und Auftragsproduktionen des Fernsehens** genutzten Werke berücksichtigt, in der **Sparte T FS** die im Fernsehen in **Fremdproduktionen** gesendeten Werke. 375

Maßgeblich für die **Abgrenzung** zwischen Eigen- und Auftragsproduktionen des Fernsehens einerseits und Fremdproduktionen andererseits ist, vereinfacht gesagt, ob eine Produktion von einem Fernsehveranstalter oder in dessen Auftrag für die Erstverwertung im Fernsehen hergestellt worden und auch keine (Zweit-)Verwertung durch einen Dritten vorgesehen ist (dann Eigen- und Auftragsproduktion des Fernsehens), oder aber ob die Produktion für die Erstverwertung in anderen Medien, wie insbesondere im Kino oder auf Bildtonträgern, erfolgt ist (dann Fremdproduktion). Auch Nutzungen von Musik in **Sendereigenwerbung** sind daher der Sparte FS zuzuordnen, da es sich bei dieser um Eigen- oder Auftragsproduktionen der Sendeunternehmen für eigene Sendezwecke handelt. Unter Sendereigenwerbung werden alle Formen von Fernsehwerbung verstanden, die die Sendeunternehmen selbst herstellen oder in ihrem Auftrag herstellen lassen, um sich oder ihr Programm zu bewerben. **Coproduktionen** iSd § 1 lit. i Abs. 2 UAbs. 1 S. 3 BerV, bei denen sich Rundfunkveranstalter mit Produzenten der freien Wirtschaft zur gemeinsamen Produktion eines Films zusammenschließen, werden als Fremdproduktionen behandelt und daher bei der Verteilung in der Sparte T FS berücksichtigt. **Fernseh-Coproduktionen zwischen Sendeunternehmen** gemäß § 1 lit. i Abs. 2 UAbs. 1 S. 4 BerV gelten dagegen als Eigen- und Auftragsproduktionen des Fernsehens und werden daher der Sparte FS zugeordnet (vgl. zum Begriff der Coproduktion oben **Kap. 7, Rn. 225 f.**). 376

Die **Verteilung** für die Sparten FS und T FS erfolgt aus einer gemeinsamen Verteilungssumme (§ 106) und auf Basis eines gemeinsamen Minutenwertes (§ 110). Auch die Regeln zur Gewichtung durch AR-Senderkoeffizienten (§ 108) und zur Gewichtung bei paralleler und gleichzeitiger Sendung (§ 109) gelten einheitlich für beide Sparten. Dagegen ergeben sich Differenzierungen bei den nutzungsbezogenen Koeffizienten für Fernsehsendungen (§ 107), bei denen Nutzungen in der Sparte T FS tendenziell niedrigere Gewichtungen erhalten als Nutzungen in der Sparte FS. Dies ist dadurch gerechtfertigt, dass Eigen- und Auftragsproduktionen im Unterschied zu Fremdproduktionen einen eigenen, innovativen Beitrag der Rundfunkveranstalter zur Musikkultur darstellen, der auch mit entsprechenden Investitionen verbunden ist. Ferner finden nur in der Sparte FS die Punktbewertungen gemäß §§ 63–66 (Verrechnungsschlüssel I bis IV) Anwendung. Bei der Aufteilung der Ausschüttung auf die Ausschüttungsberechtigten gelten für die 377

Sparten FS und T FS unterschiedliche Anteilsschlüssel (§§ 200 bzw. 202), wobei der Anteilsschlüssel für die Sparte T FS mit dem für Filmvorführungen in Kinos geltenden Anteilsschlüssel der Sparte T (Tonfilm) identisch ist.

378 Gemäß § 1 lit. d BerV werden die Rechte der Fernsehsendung von der GEMA insoweit nicht wahrgenommen, als es sich um die Sendung **dramatisch-musikalischer Werke** handelt, sei es vollständig, als Querschnitt oder in größeren Teilen. Derartige Sendungen werden zwar bei der Verteilung für die Sparten FS und T FS berücksichtigt, jedoch unter Anwendung eines speziellen Minutenwerts „Fernsehen-Großes Recht", der nicht aus den Einnahmen aus dem Senderecht, sondern nur aus den Zuweisungen für die Kabelweitersendung, Wiedergabe und sonstige Zweitverwertung gespeist wird (vgl. § 110 Abs. 5 sowie hierzu unten **Rn. 409**).

II. Die zu verteilenden Einnahmen (§ 106)

379 § 106 fasst die Einnahmen zusammen, die in den Sparten FS und T FS verteilt werden. Für beide Sparten wird eine **gemeinsame Nettoverteilungssumme** gebildet (vgl. auch § 92 Abs. 4 S. 1). Hintergrund ist, dass die GEMA **keine gesonderten Vergütungen** für Nutzungen von Eigen- und Auftragsproduktionen des Fernsehens einerseits und Nutzungen von Fremdproduktionen im Fernsehen andererseits erhält. Die Zuordnung bestimmter Beträge zu den Sparten FS und T FS erfolgt somit nicht auf Inkassoebene, sondern erst im Rahmen der Verteilung.

380 In den Sparten FS und T FS wird zum einen der gemäß § 92 Abs. 3 ermittelte, dem Senderecht zuzuordnende Anteil an den von Fernsehveranstaltern erzielten Einnahmen verteilt, zum anderen sonstige Einnahmen aus der Nutzung von audiovisuellen Werken, die der Verteilung im Fernsehbereich zugeordnet sind (vgl. zu diesen im Einzelnen die Kommentierung zu den jeweiligen Referenzbestimmungen). Die Summe dieser Beträge ergibt nach Abzug der Kosten gemäß § 29 Abs. 7 und nach Abzug von 10% zugunsten sozialer und kultureller Zwecke gemäß § 30 Abs. 1 die **Nettoverteilungssumme für die Sparten FS und T FS**. Die Zusammenstellung aller in den Sparten FS und T FS zu verteilenden Einnahmen in § 106 dient allein der Übersichtlichkeit und hat keinen eigenständigen Regelungsgehalt.

III. Die Gewichtung der Nutzungen mit Koeffizienten für Fernsehsendungen (§ 107)

1. Zweck und Systematik

381 § 107 sieht für die Verteilung in den Fernsehsparten FS und T FS nutzungsbezogene Koeffizienten in einer Bandbreite von 1/10 bis 6 vor, mit denen die Sendeminuten im Fernsehen multipliziert bzw. gewichtet werden. Die Anwendung der Koeffizienten erfolgt nicht werkbezogen, sondern je nach **Nutzungszusammenhang**. Wird ein Werk in einem Geschäftsjahr in unterschiedlichen Zusammenhängen genutzt – z.B. sowohl als dargestellte Musik im Rahmen einer Live-Sendung als auch in einem Werbespot – werden die einzelnen Nutzungen differenziert mit dem jeweils geltenden Koeffizienten berücksichtigt. Die in § 107 geregelten Koeffizienten gelten auch für die Sparten FS VR und T FS VR (vgl. § 113 sowie hierzu unten **Rn. 416**). Die Nutzungszusammenhänge lassen sich in der Regel den Sendemeldungen der Rundfunkveranstalter entnehmen. Die Rundfunkveranstalter sind im Rahmen des § 41 VGG verpflichtet, der GEMA alle für die Verteilung erforderlichen Auskünfte zu erteilen. Hierzu zählen bei Musiknutzungen im Fernsehen auch Auskünfte über den jeweiligen Nutzungszusammenhang.

Die Koeffizientenregelung des § 107 und die darin angelegte Differenzierung nach Nutzungszusammenhängen wirken einer Gleichbehandlung ungleicher Sachverhalte gezielt entgegen. Bei Werknutzungen in Fernsehsendungen erhält die GEMA von den Sendeunternehmen Pauschalvergütungen für alle Musiknutzungen in ihren jeweiligen Programmen. Würden jedoch zwischen der GEMA und den Sendeunternehmen nicht Pauschalvergütungen, sondern gesonderte Vergütungen für einzelne Nutzungsformen vereinbart, so würden sich aufgrund der **unterschiedlich hohen geldwerten Vorteile** für die jeweiligen Nutzungen auch unterschiedlich hohe Einzelvergütungen ergeben. Diesem Umstand wird im Rahmen der Verteilung durch die Koeffizientenregelung Rechnung getragen.[208] 382

§ 107 stellt bei der Abstufung der Koeffizienten unter anderem darauf ab, inwieweit die Musik bei bestimmten Nutzungszusammenhängen im **Mittelpunkt der Sendung und des Publikumsinteresses** steht – so ist etwa die Vergabe des höchsten Koeffizienten für „dargestellte Musik" dadurch gerechtfertigt, dass hier die musikalische Darbietung den eigentlichen Anlass des Zuschauerinteresses bildet. Bei Musik zu Videotextprogrammen verhält es sich dagegen genau umgekehrt, so dass hier der niedrigste Koeffizient vergeben wird. 383

Daneben berücksichtigt die Abstufung der Koeffizienten aber auch das Ausmaß, in dem es typischerweise zu **Wiederholungen** von Musikwerken in bestimmten Nutzungszusammenhängen kommt. Dem liegt die Erwägung zu Grunde, dass Wiederholungen, die auf eine bestimmte Funktionalität der Musik im Rahmen der Sendung, nicht aber auf eine gezielte Nachfrage des Publikums zurückzuführen sind, für das Sendeunternehmen mit einem vergleichsweise geringen wirtschaftlichen Vorteil verbunden sind. Aus diesem Grund werden Nutzungen, bei denen wiederkehrend dieselben Werke innerhalb von regelmäßig ausgestrahlten Sendereihen bzw. Serien (Eigen- und Auftragsproduktionen) zum Einsatz kommen, unter Berücksichtigung des Koeffizienten 1 verrechnet. Ansonsten würden sie unangemessen an der jeweiligen Verteilungssumme beteiligt werden, denn bei den erfassten Sachverhalten kommt es typischerweise zu außergewöhnlich häufigen Nutzungen. 384

Schließlich gelten für Nutzungen in **Fremdproduktionen** (Sparte T FS) tendenziell niedrigere Koeffizienten als für Nutzungen in **Eigen- und Auftragsproduktionen** des Fernsehens (Sparte FS), da Eigen- und Auftragsproduktionen für die Sendeunternehmen regelmäßig mit höheren Investitionen verbunden sind als die Sendung „eingekaufter" Produktionen. 385

2. Die Koeffizienten

Zu unterscheiden ist zwischen den Koeffizienten für die in der Sparte FS zu berücksichtigenden Werknutzungen (Eigen- und Auftragsproduktionen) und für die in der Sparte T FS zu berücksichtigenden Werknutzungen (Fremdproduktionen). 386

a) Koeffizienten in der Sparte FS

Koeffizient 1/10: Dieser Koeffizient gilt gemäß § 107 Abs. 2 ausschließlich für Musik zu **Videotextprogrammen**. Diese Gewichtung wurde „im Hinblick auf den untergeordneten Stellenwert des Musikeinsatzes" bei diesem Nutzungssachverhalt eingeführt.[209] 387

---

208 Die Rechtmäßigkeit der Koeffizientenregelung wird aus diesem Grund bestätigt durch LG Berlin, Urteil v. 14.3.2017, Az. 16 O 385/16, Umdruck S. 7 n. rkr.
209 Tagesordnung für die Mitgliederversammlung v. 16./17.6.1992, Begr. des Antrags zu TOP 29.

388 **Koeffizient 1:** Dieser Koeffizient gilt für Nutzungen, deren wirtschaftlicher Wert für die Rundfunkveranstalter als vergleichsweise gering betrachtet werden kann. Hierbei unterscheidet der Verteilungsplan folgende Sachverhalte:

389 – Gemäß § 107 Abs. 3 lit. a gilt Koeffizient 1 zum einen für **Tonsignete,**[210] **Pausen- und Vorlaufmusik**, zum anderen für **Einleitungs- und Schlussmusik** zu regelmäßig ausgestrahlten Sendereihen oder Serien. **Sendereihen** bestehen aus mehreren Folgen, die durch eine gemeinsame Idee, ein Thema oder ein Konzept zusammengehalten werden. Zusätzliche Merkmale sind oftmals ein gleichbleibender Reihentitel sowie eine gemeinsame Erkennungsmusik. Nicht erforderlich ist eine fortlaufende Handlung, die die einzelnen Folgen verknüpft. Beispiele für Sendereihen sind die in § 107 Abs. 3 lit. b genannten „Talk-, Koch- oder Gerichtsshows sowie Spielsendungen", aber auch der ARD-„Tatort" als Krimireihe. Im Gegensatz dazu besteht bei **Serien** über die für Sendereihen geltenden Merkmale hinaus eine Verknüpfung der einzelnen Folgen durch eine fortlaufende Handlung.[211] Die **Regelmäßigkeit** iSd § 107 Abs. 3 lit. a setzt voraus, dass die Einzelsendungen der Sendereihe oder Serie (nicht aber das einzelne Werk) mindestens an fünf aufeinanderfolgenden Tagen oder wöchentlich einmal in sieben aufeinanderfolgenden Wochen ausgestrahlt worden sind. Die für die betreffenden Werknutzungen ermittelten und gemäß §§ 107–109 gewichteten Sendeminuten werden bei über 5.000 Minuten mit dem Faktor 1/3 und bei über 10.000 Minuten mit dem Faktor 1/10 multipliziert.

390 – Bei den in § 107 Abs. 3 lit. b geregelten Sachverhalten basiert die Anwendung des Koeffizienten 1 auf dem repetitiven Charakter des Werkeinsatzes aufgrund der Verwendung in **standardisierten Formatelementen** einer regelmäßig ausgestrahlten Sendereihe oder Serie iSd § 107 Abs. 3 lit. a – hierunter fällt z.B. Musik, die in einer Gerichtsshow standardmäßig den Auftritt des Richters untermalt. Neben derartigen standardisierten Formatelementen enthalten solche Sendereihen oder Serien regelmäßig auch Musikwerke, die speziell für die Untermalung der Handlung in einzelnen Folgen komponiert wird. Da die Einzelfolgen solcher Sendereihen oder Serien regelmäßig bereits aufgrund des Wunsches des Publikums nach Abwechslung nicht häufig wiederholt werden, ist hinsichtlich dieser Werke nicht typischerweise von zahlreichen Wiederholungen auszugehen. Vor diesem Hintergrund werden nicht alle Musiken in regelmäßig ausgestrahlten Sendereihen oder Serien mit dem vergleichsweise niedrigen Koeffizienten 1 verrechnet, sondern nur die in standardisierten Formatelementen verwendete Musik. Die für die betreffenden Werknutzungen ermittelten und gemäß §§ 107–109 gewichteten Sendeminuten werden bei über 5.000 Minuten mit dem Faktor 1/6 und bei über 10.000 Minuten mit dem Faktor 1/10 multipliziert.

391 – Bei den von § 107 Abs. 3 lit. c erfassten Nutzungssachverhalten ist die Anwendung von Koeffizient 1 durch den Charakter der regelmäßig ausgestrahlten Sendereihe oder Serie begründet. Bei Formaten, die allein aus **bewegten oder unbewegten Bildern ohne nennenswerten Worteinsatz** bestehen, ist regelmäßig sowohl von einem geringen Publikumsinteresse als auch von niedrigen Produktionskosten und somit einer geringen wirtschaftlichen Relevanz für die Sendeunternehmen auszuge-

210 Tonsignete sind Erkennungsmelodien. Dabei kann es sich um ganze Musiktitel handeln oder auch um Titelfragmente bzw. eigens für diesen Zweck geschriebene Melodien. Ein Beispiel für ein Tonsignet ist ein Pausenzeichen des Rundfunks zur Stationsidentifikation, vgl. *Wicke/Ziegenrücker/Ziegenrücker*, Handbuch der populären Musik, S. 488, Stichwort „Signature Tunes".

211 Wikipedia etwa definiert eine Fernsehserie als „eine Filmproduktion über eine mindestens zwei Folgen umfassende, abgeschlossene oder nicht abgeschlossene, fiktionale oder auch an Tatsachen orientierte Handlung im Fernsehen"; https://de.wikipedia.org/wiki/Fernsehserie.

hen. Es handelt sich bei den Fällen des § 107 Abs. 3 lit. c typischerweise um reines „Füllprogramm“, das nicht aufgrund einer spezifischen Publikumsnachfrage, sondern zur Überbrückung von Lücken im eigentlichen Tag- und Nachtprogramm der Sender eingesetzt wird. Das Fehlen von Wortbeiträgen ist bei solchen Formaten kein Indiz für einen besonderen Stellenwert der Musiknutzung. Vielmehr entspricht es der Funktion als „Füllprogramm“, dass die Produktion je nach der Länge der im Einzelfall zu überbrückenden Programmlücke in variabler Länge eingesetzt werden kann, ohne dass hierdurch ein Handlungszusammenhang oder sonstige inhaltliche Wortbeiträge beeinträchtigt würden. Bei besonders umfangreichen Nutzungen von mehr als 5.000 gewichteten Sendeminuten erfolgt dieselbe Gewichtung wie im Fall des § 107 Abs. 3 lit. b.

Koeffizient 2: Dieser Koeffizient gilt in der Sparte FS gemäß § 107 Abs. 5 lit. b zum ei- 392
nen für Musik in **täglichen Sendereihen oder Serien**, die nicht – wie z.B. die jeweilige Einleitungsmusik – unter Koeffizient 1 fällt. Tägliche Sendereihen oder Serien sind solche, die in der Regel an fünf Tagen pro Woche und in mehreren Wochen eines Jahres ausgestrahlt werden. Der Verteilungsplan nennt insoweit beispielhaft (nicht abschließend) Fernsehfilm-, Sport- und Info-Serien. Zum anderen gilt Koeffizient 2 gemäß § 107 Abs. 5 lit. c für **Werbung** in der Sparte FS, also für Nutzungen von Musik zu Werbezwecken in Eigen- und Auftragsproduktionen des Fernsehens. Dies umfasst sowohl **Sendereigenwerbung** im engeren Sinne (wie z.B. gezielte Imagewerbung für ein bestimmtes Fernsehprogramm) als auch **Trailer**, die die Sendeunternehmen zu Zwecken der Programmankündigung erstellen. Unerheblich ist insoweit, ob es sich um Trailernutzungen handelt, für die die GEMA gemäß § 1 lit. i Abs. 2 UAbs. 2 BerV das Herstellungsrecht wahrnimmt, oder um Trailernutzungen, die unter § 1 lit. k BerV fallen (vgl. hierzu oben, **Kap. 7, Rn. 231 f., 237**):[212] Im Rahmen des § 107 Abs. 5 lit. c ist für die Auslegung des Begriffs „Werbung“ allein auf den Nutzungszusammenhang und somit auf den Zweck der Nutzung abzustellen. Dieser besteht bei sämtlichen Trailernutzungen im Fernsehen in der Bewerbung des Programmangebots des betreffenden Fernsehprogramms gegenüber dem Publikum, unabhängig vom Umfang der durch die GEMA eingeräumten Rechte. Der Koeffizient für Werbung – der auch für Werbung in der Sparte T FS gilt, vgl. unten **Rn. 396** – wurde zuletzt durch Beschluss der Mitgliederversammlung 2012 geändert. Bei seiner Höhe wird berücksichtigt, dass Werbemusiken im Fernsehen typischerweise eine hohe Anzahl von Sendungen erreichen.[213] Aus diesem Grund sieht § 107 Abs. 5 lit. c zudem eine so genannte Kappung vor. Hiernach werden die nach §§ 107–109 gewichteten Minuten für Nutzungen iSd § 107 Abs. 5 lit. c mit einem Drittel gewichtet, soweit die Grenze von 5.000 Minuten überschritten wird. Bei über 10.000 gewichteten Minuten erfolgt eine Multiplikation mit dem Faktor 1/10.

Koeffizient 6: Dieser Koeffizient gilt gemäß § 107 Abs. 7 ausschließlich für so ge- 393
nannte **dargestellte Musik**. Hierunter fallen z.B. Musikaufführungen in Hit- oder Schlagerparaden des Fernsehens oder die Übertragungen von Konzerten. Dargestellte Musik steht im Gegensatz zu Illustrationsmusiken im Mittelpunkt der Sendung und ist eigentlicher Anlass des Zuschauerinteresses.[214] Der Koeffizient für dargestellte Musik gilt allein

212 Die Differenzierung zwischen Trailernutzungen, die unter § 1 lit. k BerV fallen, und sonstigen Trailernutzungen beruht auf der Rechtsprechung des Landgerichts Berlin und des Kammergerichts. Vgl. KG Urteil vom 8.6.2015, 24 U 89/14 n.v., sowie die Begründung zur Anpassung von § 1 lit. i Abs. 2 BerV in Tagesordnung für die Mitgliederversammlung v. 5./6.5.2015, TOP 15.

213 Tagesordnung für die Mitgliederversammlung v. 26./27.6.2012, Begr. des Antrags zu TOP 29a.

214 Tagesordnung für die Mitgliederversammlung v. 29./30.6.1999, Begr. des Antrags zu TOP 36.

für Musiknutzungen in Eigen- und Auftragsproduktionen, nicht also bei in der Sparte T FS abgerechneten Fremdproduktionen. Dies folgt aus der Regelung zu Koeffizient 1,25 und 2, die für Musik in Fremdproduktionen abschließend ist.

394 **Koeffizient 3**: Dieser Koeffizient (§ 107 Abs. 6) kommt als **Auffangtatbestand** zur Anwendung für Musiknutzungen in Eigen- und Auftragsproduktionen, für die nicht ein anderer Koeffizient vorgesehen ist. Er gilt damit beispielsweise für Illustrationsmusik in Fernsehfilmen oder in unregelmäßig ausgestrahlten Sendereihen oder Serien.

b) Koeffizienten in der Sparte T FS

395 **Koeffizient 1,25**: Dieser Koeffizient gilt gemäß § 107 Abs. 4 für Musiknutzungen in Fremdproduktionen, bei denen es sich um **tägliche**, d.h. in der Regel an fünf Tagen pro Woche und in mehreren Wochen eines Jahres ausgestrahlte **Serien** handelt.

396 **Koeffizient 2**: Dieser Koeffizient gilt gemäß § 107 Abs. 5 lit. c auch für Werbenutzungen in der Sparte T FS (vgl. oben **Rn. 392**). Er findet ferner gemäß § 107 Abs. 5 lit. a als **Auffangtatbestand** Anwendung auf alle sonstigen Musiknutzungen in Fremdproduktionen, soweit diese nicht unter Koeffizient 1,25 fallen, also beispielsweise für Illustrationsmusik in Kinofilmen, die im Fernsehen gesendet werden.

IV. Die Gewichtung der Nutzungen mit AR-Senderkoeffizienten (§ 108)

397 Ebenso wie für die Verteilung in den Hörfunksparten (vgl. § 97 sowie hierzu oben **Rn. 330 ff.**) werden auch für die Verteilung in den Sparten des Fernsehens **variable Senderkoeffizienten** gebildet. Vor dem Hintergrund einer programmbezogenen Vergütung durch die Sendeunternehmen bilden die Senderkoeffizienten das Verhältnis ab, in dem die für die einzelnen Programme zu berücksichtigenden Inkassobeträge zueinander stehen.

398 Anders als im Hörfunkbereich, in dem jeweils einheitliche Senderkoeffizienten für die Sparten R und R VR gebildet werden, unterscheidet der Verteilungsplan im Fernsehbereich zwischen Senderkoeffizienten für die Verteilung in den Sparten FS und T FS („AR-Senderkoeffizienten“ gemäß § 108) und Senderkoeffizienten für die Verteilung in den Sparten FS VR und T FS VR („VR-Senderkoeffizienten“ gemäß § 113 Abs. 2; vgl. hierzu unten, **Rn. 418 f.**). Hintergrund dieser Differenzierung ist, dass die aus Musiknutzungen im Fernsehen zur Verfügung stehenden Einnahmen bei der Verteilung nicht pauschal nach einer für alle Fernsehprogramme geltenden Quote auf das Senderecht und die mechanischen Rechte aufgeteilt werden. Vielmehr richtet sich das Aufteilungsverhältnis gemäß § 92 Abs. 3 nach dem so genannten FS-Anteil des jeweiligen Programms (vgl. hierzu oben, **Rn. 316–320**). Aufgrund der unterschiedlichen Aufteilungsverhältnisse kann sich auch das für die Berechnung der Senderkoeffizienten zugrunde zu legende Inkassoverhältnis zwischen den verschiedenen Fernsehprogrammen im Senderecht anders gestalten als im mechanischen Recht.[215]

399 Die **Berechnung** der AR-Senderkoeffizienten erfolgt gemäß § 108 Abs. 2, indem das für das jeweilige Geschäftsjahr zu berücksichtigenden Inkasso („Nettobetrag“) durch die entsprechenden Musiksendeminuten dividiert wird.[216] Die AR-Senderkoeffizienten werden für jedes Programm gesondert berechnet, so dass sich für jedes öffentlich-rechtliche wie private Fernsehprogramm ein eigener AR-Senderkoeffizient ergibt. Für Fernsehpro-

215 Vgl. Tagesordnung für die Mitgliederversammlung v. 26./27.4.2016, Antrag zu TOP 26.

216 Für die Verteilung bis einschließlich Geschäftsjahr 2013 galten dagegen generell „feste“ Senderkoeffizienten für die Sendungen von Werken im öffentlich-rechtlichen Rundfunk.

gramme, für die die GEMA gemessen am Musikanteil ein höheres Inkasso erzielt, ergibt sich hierbei ein höherer AR-Senderkoeffizient als für Programme mit geringerem Inkasso.

Der bei der Berechnung der AR-Senderkoeffizienten zu berücksichtigende **Nettobetrag** setzt sich gemäß § 108 Abs. 3 S. 1 zusammen aus dem Anteil an den **Vergütungen der Sendeunternehmen**, der für das jeweilige Programm unter Berücksichtigung der Inkassoaufteilung gemäß § 92 Abs. 1 und der Aufteilung auf die Rechte gemäß § 92 Abs. 3 dem Senderecht zuzuordnen ist, sowie aus anteiligen Einnahmen aus der **Kabelweitersendung**. Die Zuordnung der Einnahmen aus der Kabelweitersendung erfolgt gemäß § 108 Abs. 3 S. 2 und 3 nach denselben Grundsätzen wie im Hörfunkbereich (vgl. § 97 Abs. 3 S. 2 und 3 und hierzu oben **Rn. 332**). Schließlich sind bei der Berechnung des Nettobetrags die **Abzüge** für Kosten gemäß § 29 und für soziale und kulturelle Zwecke gemäß § 30 zu berücksichtigen. 400

Als **Minuten** gelten bei der Berechnung der AR-Senderkoeffizienten gemäß § 108 Abs. 3 S. 4 die für die jeweiligen Fernsehprogramme ermittelten und mit den Faktoren gemäß § 107 (Koeffizienten für Fernsehsendungen) und § 109 (Gewichtung bei paralleler und gleichzeitiger Sendung) multiplizierten Sendeminuten. Die auf die vorgenannte Weise ermittelten AR-Senderkoeffizienten werden schließlich gemäß § 108 Abs. 3 S. 5 mit dem Faktor 1/2 multipliziert. Dieser Rechenschritt wurde zu dem Zweck eingeführt, die Minutenwerte nach den durch die Mitgliederversammlung 2014 beschlossenen Änderungen der Rundfunkverteilung vergleichbar zu halten. Aufgrund der einheitlichen Anwendung des Faktors für alle AR-Senderkoeffizienten ergibt sich eine lineare Verschiebung, die keine unmittelbaren Auswirkungen auf das Verhältnis zwischen den AR-Senderkoeffizienten für einzelne Fernsehprogramme oder auf die Ausschüttung pro Originalsendeminute hat.[217] 401

Die AR-Senderkoeffizienten werden **einheitlich für die Sparten FS und T FS** gebildet, es gilt also derselbe AR-Senderkoeffizient für alle im jeweiligen Fernsehprogramm gesendeten Eigen-, Auftrags- und Fremdproduktionen. Gemäß § 108 Abs. 1 S. 1 werden AR-Senderkoeffizienten für alle Fernsehprogramme gebildet, die der Verteilung auf der Grundlage von Nutzungsmeldungen gemäß § 93 unterliegen. Für Fernsehprogramme von Rundfunkveranstaltern, bei denen die Einnahmen unterhalb der gemäß § 94 Abs. 1 festgelegten Grenzwerte für die Verteilung nach Nutzungsmeldungen liegen, werden dagegen keine Senderkoeffizienten gebildet. 402

V. Die Gewichtung bei paralleler und gleichzeitiger Sendung (§ 109)

§ 109 entspricht inhaltlich der für die Sparte R geltenden Regelung zur Gewichtung bei paralleler und gleichzeitiger Sendung in § 99; vgl. hierzu oben **Rn. 358 f.** 403

VI. Durchführung der Verteilung (§ 110)

In den Sparten FS und T FS erfolgt gemäß § 110 eine **kollektive Verteilung** auf der Basis eines Minutenwerts. Der Minutenwert wird gebildet, indem die gemeinsame Nettoverteilungssumme beider Sparten durch die Summe der für die einzelnen Fernsehprogramme ermittelten Minuten dividiert wird (so genannter **„Minutenwert Fernsehen-Sende-** 404

217 Vgl. Tagesordnung für die Mitgliederversammlung v. 8./9.4.2014, Begr. des Antrags zu TOP 10, S. 31. Der Faktor wurde zunächst mit 1/3 festgesetzt, im Zusammenhang mit der Einführung getrennter AR- und VR-Senderkoeffizienten jedoch auf ½ abgesenkt; vgl. Tagesordnung für die Mitgliederversammlung v. 26./27.4.2016, Antrag zu TOP 26.

recht"). Für die Verteilung in der Sparte T FS wird der Minutenwert Fernsehen-Senderecht traditionell in einen rechnerisch identischen **Musiksekundenwert** umgerechnet; vgl. § 110 Abs. 4 S 1. Dieser Musiksekundenwert wird üblicherweise als Wert pro 1.000 Sekunden Musik dargestellt.

405 Die bei der Berechnung des Minuten- bzw. Sekundenwerts zugrunde zu legende **Nettoverteilungssumme** besteht gemäß § 110 Abs. 2 S. 2 aus den gemäß § 106 in den Sparten FS und T FS zu verteilenden Einnahmen, jedoch ohne die Einnahmen aus gesetzlichen Vergütungsansprüchen. Letztere werden als prozentualer Zuschlag zu den übrigen Ausschüttungen in den Sparten FS und T FS verteilt. Hintergrund dieser Regelung ist, dass im Wege der Zuschlagsverteilung berücksichtigt werden kann, ob der Urheber der Beteiligung des Verlegers an den Ausschüttungen auf gesetzliche Vergütungsansprüche gemäß § 26 Abs. 3 zugestimmt hat (vgl. Vorbemerkung zu §§ 22–25, oben **Rn. 81**).

406 Die Zahl der **Minuten**, die die Grundlage sowohl für die Berechnung des Minutenwerts Fernsehen-Senderecht als auch für die Ausschüttung pro Werk bildet, ergibt sich gemäß § 110 Abs. 2 S. 3, indem die aufgrund von Nutzungsmeldungen gemäß § 93 ermittelten Sendeminuten mit den Koeffizienten für Fernsehsendungen gemäß § 107, den AR-Senderkoeffizienten gemäß § 108, den Gewichtungen für parallele und gleichzeitige Sendung gemäß § 109 sowie gegebenenfalls mit den Punktbewertungen für die Sparte FS nach den Verrechnungsschlüsseln I bis IV (§§ 63–66) multipliziert werden.

407 Die **Ausschüttung pro Werk in der Sparte FS** ergibt sich sodann gemäß § 110 Abs. 3 durch Multiplikation der für die Nutzungen des Werkes unter Anwendung der jeweiligen Multiplikatoren ermittelten Minutenzahl mit dem Minutenwert Fernsehen-Senderecht. Die Berechnung lässt sich in folgender **Formel** darstellen:

Sendeminuten des Werks x Koeffizient für Fernsehsendungen gem. § 107 x AR-Senderkoeffizient gem. § 108 x ggf. Gewichtung gem. § 109 x Punktbewertung gem. §§ 63–66 x Minutenwert Fernsehen-Senderecht
= Ausschüttungsbetrag pro Werk für alle Beteiligten in EURO

408 Zur Berechnung der **Ausschüttung pro Werk in der Sparte T FS** wird die für die Nutzungen des Werkes unter Anwendung der jeweiligen Multiplikatoren ermittelte Musiksekundenzahl gemäß § 110 Abs. 4 mit dem aus dem Minutenwert Fernsehen-Senderecht abgeleiteten Musiksekundenwert pro 1.000 Sekunden multipliziert und das Ergebnis sodann durch 1.000 Sekunden dividiert. Die Berechnung lässt sich in folgender **Formel** darstellen:

Musiksekunden des Werks x Koeffizient für Fernsehsendungen gem. § 107 x AR-Senderkoeffizient gem. § 108 x ggf. Gewichtung gem. § 109 x Musiksekundenwert pro 1.000 Sekunden / 1.000 Sekunden
=Ausschüttungsbetrag pro Werk für alle Beteiligten in EURO

409 Für die Sendung von **dramatisch-musikalischen Werken**, soweit diese vollständig, als Querschnitt oder in größeren Teilen im Fernsehen erfolgt, sieht § 110 Abs. 5 die Verrechnung mit einem anteiligen Minutenwert (**Minutenwert Fernsehen-Großes Recht**) vor. Hintergrund ist, dass die GEMA für die betreffenden Nutzungen gemäß § 1 lit. d BerV kein Senderecht wahrnimmt, wohl aber die sonstigen Rechte und gesetzlichen Vergütungsansprüche, aus deren Einnahmen sich die Verteilungssumme der Sparten FS und T FS speist (vgl. § 106 sowie oben **Rn. 378**). Bei der Berechnung des Minutenwerts Fernsehen-Großes Recht bleibt daher der auf das Senderecht entfallende Anteil an der Nettoverteilungssumme in den Sparten FS und T FS unberücksichtigt. Die Ausschüttungen, die unter Anwendung des anteiligen Minutenwertes erfolgen, werden GEMA-intern

gesondert mit der Kennzeichnung „FS GR" („Fernsehen Großes Recht") ausgewiesen. Im Übrigen gelten für die Verteilung bei den § 110 Abs. 5 unterfallenden Sendungen dramatisch-musikalischer Werke dieselben Regelungen wie für die Verteilung bei sonstigen Nutzungen im Fernsehen. Ab wann ein dramatisch-musikalisches Werk bei der Fernsehsendung als vollständig, querschnitthaft oder in größeren Teilen gesendet gilt, richtet sich nach einer zwischen der GEMA und den Rundfunkanstalten geschlossenen Abgrenzungsvereinbarung.[218] Soweit die GEMA die Senderechte für Nutzungen dramatisch-musikalischer Werke wahrnimmt, werden die hierauf entfallenden Sendeminuten unter Anwendung des gewöhnlichen Minutenwerts „Fernsehen-Senderecht" bei der Verteilung berücksichtigt.

Die **Aufteilung** auf die Ausschüttungsberechtigten erfolgt für die Sparte FS nach dem Anteilsschlüssel gemäß § 200, für die Sparte T FS nach dem Anteilsschlüssel gemäß § 202, der auch für die Sparte T (Tonfilm) zur Anwendung kommt. 410

Unterabschnitt 2. Verteilung in den Sparten FS VR (Fernsehen-Vervielfältigungsrecht) und T FS VR (Tonfilm im Fernsehen-Vervielfältigungsrecht)

§ 111 Gegenstand der Sparten

[1] In der Sparte FS VR (Fernsehen-Vervielfältigungsrecht) erhalten Werke in Eigen- und Auftragsproduktionen des Fernsehens eine Ausschüttung für die Vervielfältigung im Sinne des § 16 Abs. 1 UrhG für Fernsehsendungen sowie gegebenenfalls für die Nutzung des Herstellungsrechts.

[2] In der Sparte T FS VR (Tonfilm im Fernsehen-Vervielfältigungsrecht) erhalten Werke in Fremdproduktionen eine Ausschüttung für die Vervielfältigung im Sinne des § 16 Abs. 1 UrhG für Fernsehsendungen.

§ 112 Die zu verteilenden Einnahmen

Es wird eine gemeinsame Verteilungssumme für die Verteilung in den Sparten FS VR und T FS VR gebildet. In dieser werden folgende Einnahmen zusammengefasst:

(a) der den mechanischen Rechten zuzuordnende Anteil der Einnahmen, die zur Verteilung aus Musiknutzungen im Fernsehen zur Verfügung stehen, gemäß § 92 Abs. 3,

(b) 95% der Einnahmen aus der gewerblichen Vervielfältigung von Bildtonträgeraufnahmen, für die keine Nutzungsmeldungen erhältlich sind, gemäß § 21,

(c) 25% der Einnahmen aus dem Vergütungsanspruch für die Vermietung von Bildtonträgern gemäß § 22 Abs. 2,

(d) 25% des auf den Verleih von Bildtonträgern entfallenden Anteils an der Bibliothekstantieme gemäß § 23 Abs. 3,

(e) 31 2/3% der Einnahmen aus dem Vergütungsanspruch für die private Vervielfältigung von Bildtonträgeraufnahmen gemäß § 25 Abs. 3,

(f) 33,33% der Einnahmen aus Nutzungen im Internetfernsehen, die nicht in den Sparten I FS, I T FS, I FS VR und I T FS VR verteilt werden, gemäß § 157 Abs. 2,

(g) 66,67% des den Sparten des Fernsehens zugewiesenen Anteils an den Einnahmen aus Nutzungen durch Anbieter von Video-on-Demand-Diensten (Download), die nicht in den Sparten VOD D und VOD D VR verteilt werden, gemäß § 177 Abs. 2,

(h) 33,33% des den Sparten des Fernsehens zugewiesenen Anteils an den Einnahmen aus Nutzungen durch Anbieter von Video-on-Demand-Diensten (Streaming), die nicht in den Sparten VOD S und VOD S VR verteilt werden, gemäß § 182 Abs. 2,

218 Abgedruckt im GEMA-Jahrbuch 2017/2018, S. 220–222. Danach wird das Senderecht für die Fernsehsendung von Teilen, Querschnitten und Ausschnitten dramatisch-musikalischer Werke grundsätzlich nur bis zu einer Gesamtsendedauer von bis zu 15 Minuten von der GEMA wahrgenommen (und entsprechend bei der Verteilung berücksichtigt). Voraussetzung ist, dass die Sendung der Teile „nicht mehr als 25% der Sendedauer des ganzen Werkes beansprucht und nicht das szenische Geschehen des ganzen Werkes in seinen wesentlichen Zügen dargeboten wird."

(i) 33,33% des den Sparten des Fernsehens zugewiesenen Anteils an den Einnahmen aus Nutzungen als Hintergrund- oder Funktionsmusik auf Internet- und Intranetseiten, die nicht in den Sparten WEB und WEB VR verteilt werden, gemäß § 187 Abs. 2 lit. c.

§ 113 Die Gewichtung der Nutzungen in den Sparten FS VR und T FS VR

[1] Bei der Verteilung in den Sparten FS VR und T FS VR finden die Koeffizienten für Fernsehsendungen gemäß § 107 Anwendung. Bei Nutzungen, für die die GEMA das Herstellungsrecht nicht an die Sendeunternehmen vergibt, werden die mit den Koeffizienten gewichteten Minuten mit 1/10 multipliziert.

[2] Für die der Verteilung auf der Grundlage von Nutzungsmeldungen gemäß § 93 unterliegenden Fernsehprogramme werden für jedes Geschäftsjahr variable VR-Senderkoeffizienten gebildet. Die Bildung der VR-Senderkoeffizienten erfolgt, indem der jeweils pro Fernsehprogramm zu berücksichtigende Nettobetrag durch die für das jeweilige Fernsehprogramm ermittelten Minuten dividiert wird. Der Nettobetrag im Sinne dieser Regelung ist der gemäß § 92 Abs. 3 den mechanischen Rechten zuzuordnende Anteil an der Vergütung, wie sie sich unter Berücksichtigung der Inkassoaufteilung gemäß § 92 Abs. 1 ergibt, vermindert um die in § 29 Abs. 4 vorgesehene Kommission. Minuten im Sinne dieser Regelung sind die Sendeminuten multipliziert mit den sich gemäß Abs. 1 und 3 ergebenden Gewichtungen.

[3] Bei der Verteilung in den Sparten FS VR und T FS VR finden die Gewichtungen für parallele und gleichzeitige Sendung gemäß § 109 Anwendung.

§ 114 Durchführung der Verteilung

[1] Es erfolgt kollektive Verteilung.

[2] In den Sparten FS VR und T FS VR wird ein Minutenwert gebildet, indem die gemeinsame Nettoverteilungssumme beider Sparten durch die Summe der für die einzelnen Fernsehprogramme ermittelten Minuten dividiert wird (Minutenwert Fernsehen-Vervielfältigungs- und Herstellungsrecht). Die Nettoverteilungssumme im Sinne dieser Regelung besteht aus den gemäß § 112 in den Sparten FS VR und T FS VR zu verteilenden Einnahmen mit Ausnahme der Einnahmen aus gesetzlichen Vergütungsansprüchen, die als prozentualer Zuschlag verteilt werden. Minuten im Sinne dieser Regelung sind die jeweils anhand der Nutzungsmeldungen ermittelten Sendeminuten multipliziert mit den sich gemäß § 113 Abs. 1 bis 3 ergebenden Gewichtungen.

[3] In der Sparte FS VR ergibt sich die Ausschüttung pro Werk durch Multiplikation der für die Nutzungen des Werkes ermittelten Minutenzahl mit dem Minutenwert Fernsehen-Vervielfältigungs- und Herstellungsrecht. Die Minuten für Werke mit Verrechnung in der Sparte FS VR werden ermittelt, indem die jeweils anhand der Nutzungsmeldungen ermittelten Sendeminuten mit den Gewichtungen gemäß § 113 Abs. 1 bis 3 multipliziert werden.

[4] In der Sparte T FS VR ergibt sich die Ausschüttung pro Werk durch Multiplikation der für die Nutzungen des Werkes ermittelten Musiksekundenzahl mit einem aus dem Minutenwert Fernsehen-Vervielfältigungs- und Herstellungsrecht abgeleiteten Musiksekundenwert. Die Musiksekunden für Werke mit Verrechnung in der Sparte T FS VR werden ermittelt, indem die jeweils anhand der Nutzungsmeldungen ermittelten Musiksekunden mit den Gewichtungen gemäß § 113 Abs. 1 bis 3 multipliziert werden.

[5] Bei in Deutschland verlegten Werken ausländischer Urheber, deren mechanische Rechte der Verleger zu 100% erworben hat, erhält der Verleger auch die Anteile der Urheber ausgezahlt.

Übersicht

I. Gegenstand der Sparten FS VR und T FS VR (§ 111)

In der Sparte **FS VR** (Fernsehen-Vervielfältigungsrecht) erhalten die in **Eigen- und Auftragsproduktionen** des Fernsehens (siehe oben, **Rn. 376**) genutzten Werke eine Ausschüttung für die Nutzung der mechanischen Rechte. Dies umfasst zum einen die Nutzung des **Vervielfältigungsrechts** nach § 16 Abs. 1 UrhG. Zum anderen vergibt die GEMA für Eigen- und Auftragsproduktionen des Fernsehens gemäß § 1 lit. i Abs. 2 BerV in der Regel auch das **Herstellungsrecht** – also das Recht, Musikwerke zur Herstellung von Filmwerken zu benutzen[219] – an die Sendeunternehmen (siehe hierzu oben, **Kap. 7 Rn. 220–236**). Die in Eigen- und Auftragsproduktionen verwendeten Werke werden jedoch auch dann in der Sparte FS VR berücksichtigt, wenn die GEMA das Herstellungsrecht im Einzelfall nicht an das Sendeunternehmen vergeben hat. Dies betrifft insbesondere die Verwendung von Werken zur Herstellung von Eigenwerbung der Senderunternehmen, soweit das Herstellungsrecht gemäß § 1 lit. k BerV beim Berechtigten verbleibt (vgl. unten **Rn. 417**). Die Zuordnung zur Sparte FS VR richtet sich somit allein danach, ob ein Werk in einer Eigen- oder Auftragsproduktion des Fernsehens verwendet wurde. Innerhalb der Sparte FS VR wird dem Umstand, dass das Herstellungsrecht für einen Werbespot, den ein Sendeunternehmen z.B. zur eigenen Imagepflege produziert, nicht von der GEMA, sondern vom Berechtigten vergeben wird, jedoch Rechnung getragen, indem die Verrechnung der betreffenden Werknutzung gemäß § 113 Abs. 1 S. 2 nur zu einem Zehntel erfolgt (vgl. hierzu unten **Rn. 417**). 411

In der Sparte **T FS VR** erhalten die in **Fremdproduktionen** (siehe oben, **Rn. 376**) genutzten Werke eine Ausschüttung für die Nutzung des **Vervielfältigungsrechts** nach § 16 Abs. 1 UrhG. Die Sparte wurde durch Beschluss der ordentlichen Mitgliederversammlung 2012 (rückwirkend für die Geschäftsjahre ab 2003) neu gebildet, nachdem das Kammergericht festgestellt hatte, dass auch Fremdproduktionen wie z.B. Werbefilme der Werbung betreibenden Wirtschaft wegen der Nutzung des Vervielfältigungsrechts durch die Sendeunternehmen generell bei der Verteilung im mechanischen Recht zu berücksichtigen seien.[220] Zu beachten ist allerdings, dass die GEMA das Herstellungsrecht für Fremdproduktionen (im Unterschied zu Eigen- und Auftragsproduktionen) nie an die Sendeunternehmen vergibt, sondern allenfalls – soweit sich der Berechtigte nicht gemäß § 1 lit. i Ziff. 1 BerV für eine individuelle Wahrnehmung des Herstellungsrechts entscheidet – an einen Dritten, nämlich den Produzenten der jeweiligen Fremdproduktion. Auf die in der Sparte T FS VR verrechneten Fremdproduktionen findet daher stets § 113 Abs. 1 S. 2 Anwendung, wonach die Nutzungen insoweit, als die GEMA das Herstellungsrecht nicht an die Sender vergibt, zu einem Zehntel verrechnet werden (vgl. auch unten **Rn. 417**). 412

Bei den der Verteilung in den Sparten FS VR und T FS VR zugrunde liegenden **Vervielfältigungen** handelt es sich um solche im Zusammenhang mit der Sendung stehen- 413

---

219 Das Herstellungsrecht ist im Katalog der Verwertungsrechte des § 15 UrhG nicht aufgenommen, da die Verfilmung eines Werks nicht als eigenständiges Verwertungsrecht angesehen wird, sondern entweder als Vervielfältigung (§ 16 UrhG) oder als Bearbeitung (§ 23 UrhG) dieses Werks; siehe BGHZ 123, 142, 146 – Videozweitauswertung II. Das Herstellungsrecht kann aber gleichwohl – wie im GEMA-Berechtigungsvertrag angelegt – als selbständiges, vertraglich einräumbares Nutzungsrecht ausgestaltet werden; siehe KG v. 13.3.2013, Az. 24 U 36/12 n.v., Umdruck S. 8. Siehe zur Rechteeinräumung an die GEMA bei Fremdproduktionen § 1 lit. i Abs. 1 BerV bzw. an Eigen- und Auftragsproduktionen des Fernsehens § 1 lit. i Abs. 2 BerV.

220 KG, GRUR-RR 2011, 354; vgl. die (von der Mitgliederversammlung in dieser Form angenommene) Änderung in Abschn. V. Ziff. 6 der Ausführungsbestimmungen zum Verteilungsplan B. im Antrag von Aufsichtsrat und Vorstand in Tagesordnung für die Mitgliederversammlung v. 26./27.6.2012, Antrag zu TOP 29a., insbes. die Begründung auf S. 69 f.

den Vervielfältigungsvorgänge, die über das nach § 55 Abs. 1 UrhG erlaubnisfrei zulässige Maß hinausgehen, wie beispielsweise die Aufzeichnung von Live-Sendungen oder die Erstellung von Archivaufnahmen. Dabei geht der Verteilungsplan davon aus, dass sämtliche gesendeten Werke auch vervielfältigt worden sind, so dass für die Verteilung in den Sparten FS VR und T FS VR dieselben gemäß § 93 ermittelten Werknutzungen zugrunde gelegt werden wie für die Verteilung in den Sparten FS und T FS.

II. Die zu verteilenden Einnahmen (§ 112)

414 § 112 fasst die Einnahmen zusammen, die in den Sparten FS VR und T FS VR verteilt werden. Für beide Sparten wird eine **gemeinsame Nettoverteilungssumme** gebildet (vgl. auch § 92 Abs. 4 S. 2). Hintergrund ist, dass die GEMA auch mit Blick auf die mechanischen Rechte keine gesonderten Vergütungen für Nutzungen von Eigen- und Auftragsproduktionen des Fernsehens einerseits und Nutzungen von Fremdproduktionen im Fernsehen andererseits erhält. Die Zuordnung bestimmter Beträge zu den Sparten FS VR und T FS VR erfolgt somit nicht auf Inkassoebene, sondern erst im Rahmen der Verteilung.

415 In den Sparten FS VR und T FS VR wird zum einen der gemäß § 92 Abs. 3 ermittelte, den mechanischen Rechten zuzuordnende Anteil an den von **Fernsehveranstaltern** erzielten Einnahmen verteilt, zum anderen **sonstige Einnahmen** aus der Nutzung von audiovisuellen Werken, die der Verteilung im Fernsehbereich zugeordnet sind (vgl. zu diesen im Einzelnen die Kommentierung zu den jeweiligen Referenzbestimmungen). Die Summe dieser Beträge ergibt nach Abzug einer Kommission gemäß § 29 Abs. 4 die Nettoverteilungssumme für die Sparten FS VR und T FS VR. Die Zusammenstellung aller in den Sparten FS VR und T FS VR zu verteilenden Einnahmen in § 112 dient allein der Übersichtlichkeit und hat keinen eigenständigen Regelungsgehalt.

III. Die Gewichtung der Nutzungen in den Sparten FS VR und T FS VR (§ 113)

1. Die Gewichtung mit Koeffizienten für Fernsehsendungen (§ 113 Abs. 1 S. 1)

416 Bei der Verteilung in den Sparten FS VR und T FS VR finden die **nutzungsbezogenen Koeffizienten für Fernsehsendungen** gemäß § 107 Anwendung (§ 113 Abs. 1 S. 1). Da die Art der berührten Rechte für die Beurteilung eines Nutzungszusammenhangs im Fernsehen unerheblich ist, gelten für die Verteilung im mechanischen Recht grundsätzlich dieselben Koeffizienten wie für die Verteilung im Senderecht: Eine in der Sparte FS als dargestellte Musik mit Koeffizient 6 verrechnete Werknutzung erhält auch in der Sparte FS VR den Koeffizienten 6, Nutzungen von Illustrationsmusiken für Fernsehfilme werden in beiden Sparten mit Koeffizient 3 verrechnet etc.

2. Die Gewichtung bei Nutzungen ohne Vergabe des Herstellungsrechts (§ 113 Abs. 1 S. 2)

417 Der Umstand, dass die GEMA die mechanischen Rechte nicht für alle in den Sparten FS VR und T FS VR verrechneten Werknutzungen im selben Umfang wahrnimmt, wird jedoch durch eine gesonderte, in § 113 Abs. 1 S. 2 geregelte Gewichtung berücksichtigt: Soweit es sich um Sendezeiten von Produktionen handelt, für die die GEMA nur das Vervielfältigungsrecht, nicht aber das Herstellungsrecht an die Sendeunternehmen vergeben hat, werden die betreffenden Minuten nach Anwendung der Koeffizienten für Fernsehsendungen mit dem Faktor 1/10 multipliziert. Diese **Zehntelregelung** berücksichtigt

im Rahmen einer sachgerechten und ermessensfehlerfreien Gewichtung, dass das Herstellungsrecht im Fernsehbereich von erheblicher wirtschaftlicher Relevanz ist, während die Fernsehveranstalter das Vervielfältigungsrecht im Übrigen nur in geringem Umfang vergütungspflichtig nutzen.[221] Die Verrechnung zu einem Zehntel gilt für alle Fremdproduktionen und somit für alle Nutzungen in der Sparte **T FS VR**, daneben aber auch in der Sparte FS VR für diejenigen Eigen- und Auftragsproduktionen, für die die GEMA das Herstellungsrecht ausnahmsweise nicht wahrnimmt, insbesondere also für **Sendereigenwerbung**. Einen Sonderfall der Sendereigenwerbung stellt insoweit die Verwendung von Auftragskompositionen für bestimmte Programmtrailer dar, die von den Sendeunternehmen oder in deren Auftrag zum Zweck der Programmankündigung produziert werden: Soweit für einen solchen Programmtrailer ein Werk verwendet wird, das eigens für eine mit dem jeweiligen Trailer angekündigte Eigen- oder Auftragsproduktion geschaffen wurde, nimmt die GEMA das Herstellungsrecht für den Trailer wahr und sind die auf Sendungen des Trailers entfallenden Minuten daher nicht zu einem Zehntel, sondern in vollem Umfang zu berücksichtigen.[222] Verwendet ein Sendeunternehmen für einen Programmtrailer dagegen ein vorbestehendes Werk – z.B. einen Schlager –, so verbleibt das Herstellungsrecht für den Trailer gemäß § 1 lit. k Abs. 1 BerV auch dann beim Berechtigten, wenn das vorbestehende Werk in der mit dem Trailer angekündigten Fernsehproduktion zum Einsatz kommt. Die für den Trailer ermittelten Sendeminuten sind daher in diesem Fall in der Sparte FS VR zu einem Zehntel zu verrechnen. Handelt es sich bei dem Trailer um eine Fremdproduktion – z.B. um einen Werbetrailer für einen Kinofilm, den der betreffende Kinofilmproduzent herstellen lässt – erfolgt die Verrechnung zu einem Zehntel in der Sparte T FS VR.

3. Die Gewichtung mit VR-Senderkoeffizienten (§ 113 Abs. 2)

Wie für die Verteilung in den Sparten FS und T FS (vgl. § 108 und hierzu oben **Rn. 397–402**) werden gemäß § 113 Abs. 2 auch für die Verteilung in den Sparten FS VR und T FS VR **variable Senderkoeffizienten** gebildet, um das zwischen den einzelnen Fernsehprogrammen bestehende Inkassoverhältnis abzubilden. Die Senderkoeffizienten für die Sparten FS VR und T FS VR werden als **„VR-Senderkoeffizienten"** bezeichnet. Da die aus Musiknutzungen im Fernsehen zur Verfügung stehenden Einnahmen gemäß § 92 Abs. 3 nicht zu einer einheitlichen Quote, sondern in Abhängigkeit vom FS-Anteil des jeweiligen Programms auf das Senderecht und die mechanischen Rechte aufgeteilt werden, stimmen die VR-Senderkoeffizienten der Höhe nach regelmäßig nicht mit den für die Sparten FS und T FS gebildeten AR-Senderkoeffizienten der jeweiligen Programme überein (vgl. hierzu oben, **Rn. 316–320**).[223] Gemäß § 113 Abs. 2 S. 1 werden VR-Senderkoefizienen für alle Fernsehprogramme gebildet, die der Verteilung auf der Grundlage von Nutzungsmeldungen gemäß § 93 unterliegen, nicht dagegen für Fernsehprogramme von Rundfunkveranstaltern, bei denen die Einnahmen die gemäß § 94 Abs. 1 festgelegten **418**

221 KG v. 13.3.2013, Az. 24 U 36/12 n.v. S. hierzu auch *Riemer*, virtuos 2/2014, 36 f.

222 Die Wahrnehmung des Herstellungsrechts durch die GEMA in diesen Fällen ist für die Zeit ab dem 1.1.2016 in § 1 lit. i Abs. 2 UAbs. 2 BerV ausdrücklich geregelt; vgl. hierzu Tagesordnung für die Mitgliederversammlung v. 6./7.5.2015, Begr. zu TOP 15. Nach einem rechtskräftigen Urteil des Kammergerichts vom 8.6.2015 (24 U 89/14, n.v.) waren Programmtrailer des Fernsehens, die die in § 1 lit. i Abs. 2 UAbs. 2 BerV geregelten Voraussetzungen erfüllten, jedoch schon zuvor in vollem Umfang bei der Verrechnung in der Sparte FS VR zu berücksichtigen. Die von der Mitgliederversammlung 2015 beschlossene Neufassung des Berechtigungsvertrags hatte somit aus Sicht des Kammergerichts keine konstitutive, sondern lediglich eine klarstellende Bedeutung.

223 Vgl. Tagesordnung für die Mitgliederversammlung v. 26./27.4.2016, Antrag zu TOP 26.

Grenzwerte unterschreiten. Die VR-Senderkoeffizienten gelten jeweils einheitlich für sämtliche Nutzungen des jeweiligen Fernsehprogramms, unabhängig davon, ob diese in der Sparte FS VR oder in der Sparte T FS VR verrechnet werden.

419 Die **Berechnung** der VR-Senderkoeffizienten erfolgt gemäß § 113 Abs. 2 S. 2 für jedes Fernsehprogramm gesondert, indem das für das jeweilige Geschäftsjahr zu berücksichtigende Inkasso („Nettobetrag") durch die für das jeweilige Programm ermittelten Musiksendeminuten dividiert wird. Der bei der Berechnung der VR-Senderkoeffizienten zugrunde zu legende **Nettobetrag** entspricht gemäß § 113 Abs. 2 S. 3 dem (Netto-)Anteil an den Vergütungen der Sendeunternehmen, der aufgrund der Inkassoaufteilung gemäß § 92 Abs. 1 (vgl. oben **Rn. 312 f.**) und der Aufteilung auf die Rechte gemäß § 92 Abs. 3 (vgl. oben **Rn. 316–320**) den mechanischen Rechten zuzuordnen ist. Als **Minuten** werden bei der Berechnung der VR-Senderkoeffizienten gemäß § 113 Abs. 2 S. 4 die für die jeweiligen Fernsehprogramme ermittelten und mit den Faktoren gemäß § 113 Abs. 1 iVm § 107 (Koeffizienten für Fernsehsendungen einschließlich Zehntelregelung) und § 113 Abs. 3 iVm § 109 (Gewichtung bei paralleler und gleichzeitiger Sendung) multiplizierten Sendeminuten zugrunde gelegt.

4. Die Gewichtung für parallele und gleichzeitige Sendung (§ 113 Abs. 3)

420 Gemäß § 113 Abs. 4 finden bei der Verteilung in den Sparten FS VR und T FS VR auch die in § 109 geregelten Gewichtungen bei paralleler und gleichzeitiger Sendung Anwendung; vgl. hierzu die Kommentierung zur inhaltsgleichen Regelung für die Sparte R oben **Rn. 358 f.**

IV. Durchführung der Verteilung (§ 114)

421 In den Sparten FS VR und T FS VR erfolgt gemäß § 114 eine **kollektive Verteilung** auf der Basis eines Minutenwerts. Der Minutenwert wird gebildet, indem die gemeinsame Nettoverteilungssumme beider Sparten durch die Summe der für die einzelnen Fernsehprogramme ermittelten Minuten dividiert wird (so genannter **„Minutenwert Fernsehen-Vervielfältigungs- und Herstellungsrecht"**). Für die Verteilung in der Sparte T FS VR wird der Minutenwert Fernsehen-Vervielfältigungs- und Herstellungsrecht in einen rechnerisch identischen **Musiksekundenwert** umgerechnet; vgl. § 114 Abs. 4 S. 1. Dieser Musiksekundenwert wird üblicherweise als Wert pro 1.000 Sekunden Musik dargestellt. Die Minuten- und Sekundenwerte sind mit den korrelierenden Werten im Senderecht (vgl. § 110 und hierzu oben **Rn. 404 ff.**) nicht identisch, da sowohl die zu verteilenden Einnahmen als auch das Verfahren zur Gewichtung der zu berücksichtigenden Minuten voneinander abweichen. Der Minutenwert Fernsehen-Vervielfältigungs- und Herstellungsrecht gilt auch für alle Fernsehnutzungen dramatisch-musikalischer Werke, da die GEMA die Rechte und gesetzlichen Vergütungsansprüche, aus deren Einnahmen sich die Verteilungssumme der Sparten FS VR und T FS VR speist, auch an dramatisch-musikalischen Werken ohne Einschränkung wahrnimmt.

422 Die **Nettoverteilungssumme** besteht gemäß § 114 Abs. 2 S. 2 aus den gemäß § 112 in den Sparten FS VR und T FS VR zu verteilenden Einnahmen, jedoch ohne die Einnahmen aus gesetzlichen Vergütungsansprüchen. Letztere werden als prozentualer Zuschlag zu den übrigen Ausschüttungen in den Sparten FS VR und T FS VR verteilt. Hintergrund dieser Regelung ist, dass im Wege der Zuschlagsverteilung berücksichtigt werden kann, ob der Urheber der Beteiligung des Verlegers an den Ausschüttungen auf gesetzliche Vergütungsansprüche gemäß § 26 Abs. 3 zugestimmt hat (vgl. Vorbemerkung zu §§ 22–25, oben **Rn. 81**).

Die Zahl der **Minuten**, die die Grundlage sowohl für die Berechnung des Minutenwerts Fernsehen-Vervielfältigungs- und Herstellungsrecht als auch für die Ausschüttung pro Werk bildet, wird gemäß § 114 Abs. 2 S. 3 iVm § 113 Abs. 1–3 berechnet, indem die aufgrund von Nutzungsmeldungen gemäß § 93 ermittelten Sendeminuten mit den Koeffizienten für Fernsehsendungen gemäß § 113 Abs. 1 iVm § 107, den VR-Senderkoeffizienten gemäß § 113 Abs. 2 und den Gewichtungen für parallele und gleichzeitige Sendung gemäß § 113 Abs. 3 iVm § 109 multipliziert werden. Hierbei wird auch die „Zehntelregelung" des § 113 Abs. 1 S. 2 berücksichtigt. 423

Die **Ausschüttung pro Werk in der Sparte FS VR** ergibt sich sodann gemäß § 114 Abs. 3 durch Multiplikation der für die Nutzungen des Werkes unter Anwendung der jeweiligen Multiplikatoren ermittelten Minutenzahl mit dem Minutenwert Fernsehen-Vervielfältigungs- und Herstellungsrecht. Auch hierbei werden Werknutzungen, für die die GEMA das Herstellungsrecht nicht an die Sendeunternehmen vergeben hat, gemäß § 113 Abs. 1 S. 2 zu einem Zehntel verrechnet. Die Berechnung lässt sich in folgender **Formel** darstellen: 424

Sendeminuten des Werks x Koeffizient für Fernsehsendungen gem. § 113 Abs. 1 S. 1 iVm § 107
[ggf. x 1/10] x VR-Senderkoeffizient gem. § 113 Abs. 2 x ggf. Gewichtung gem. § 113 Abs. 3 iVm § 109 x
Minutenwert Fernsehen-Vervielfältigungs- und Herstellungsrecht
= Ausschüttungsbetrag pro Werk für alle Beteiligten in EURO

Zur Berechnung der **Ausschüttung pro Werk in der Sparte T FS VR** wird die für die Nutzungen des Werkes unter Anwendung der jeweiligen Multiplikatoren ermittelte Musiksekundenzahl gemäß § 114 Abs. 4 mit dem aus dem Minutenwert Fernsehen-Vervielfältigungs- und Herstellungsrecht abgeleiteten Musiksekundenwert pro 1.000 Sekunden multipliziert und das Ergebnis sodann durch 1.000 Sekunden dividiert. Die Verrechnung von Werknutzungen in der Sparte T FS VR erfolgt stets unter Anwendung der Zehntelregelung gemäß § 113 Abs. 1 S. 2. Die Berechnung lässt sich in folgender **Formel** darstellen: 425

Musiksekunden des Werks x Koeffizient für Fernsehsendungen gem. § 113 Abs. 1 S. 1 iVm § 107
x 1/10 x VR-Senderkoeffizient gem. § 113 Abs. 2 x ggf. Gewichtung gem. § 109 x Musiksekundenwert
pro 1.000 Sekunden / 1.000 Sekunden
=Ausschüttungsbetrag pro Werk für alle Beteiligten in EURO

Die Regelung zur **Verteilung bei in Deutschland verlegten Werken ausländischer Urheber** in § 114 Abs. 5 entspricht § 104 Abs. 4 (vgl. oben, **Rn. 374**). 426

Die **Aufteilung** auf die Ausschüttungsberechtigten erfolgt nach dem Anteilsschlüssel gemäß § 207. 427

Kapitel 4: Die Verteilung in den Sparten des Nutzungsbereichs Wiedergabe

§ 115 Die Sparten des Nutzungsbereichs Wiedergabe

Der Nutzungsbereich Wiedergabe umfasst die Sparten der öffentlichen Wiedergabe gemäß §§ 21 und 22 UrhG (Sparten DK, EM und M) sowie die Sparte DK VR.

Der Nutzungsbereich Wiedergabe umfasst zum einen die Sparten, die eigens zur Verteilung von Einnahmen aus Nutzungen der Wiedergaberechte gem. §§ 21 und 22 UrhG gebildet sind (Sparten DK, EM und M), daneben aber auch die Sparte DK VR, bei der es sich um eine Sparte der Rechte der Vervielfältigung und Verbreitung iSd § 13 handelt. Die Aufnahme der Sparte DK VR in den Nutzungsbereich Wiedergabe ist dadurch be- 428 gründet, dass die Verteilung in dieser Sparte in Analogie zur Verteilung in der Sparte DK erfolgt.

Abschnitt 1. Verteilung in der Sparte DK (Diskotheken-Wiedergaben)

§ 116 Gegenstand der Sparte

In der Sparte DK (Diskotheken-Wiedergaben) erhalten Werke eine Ausschüttung für die öffentliche Wiedergabe im Sinne des § 21 UrhG in Diskotheken, Clubs u.Ä.

§ 117 Die zu verteilenden Einnahmen

In der Sparte DK werden die Einnahmen verteilt, die aus der Vergabe von Nutzungsrechten für die in § 116 genannten Nutzungen zur Verfügung stehen.

§ 118 Ermittlung der Nutzungen

In der Sparte DK erfolgt die Ermittlung der Wiedergabeminuten auf der Grundlage eines statistisch abgesicherten Monitoring-Verfahrens, das vom Aufsichtsrat und vom Vorstand festgelegt wird. Die Grundsätze des Monitoring-Verfahrens sind zu veröffentlichen. Reklamationen einzelner Nutzungen sind wegen der Ermittlung des Repertoires aufgrund des Monitoring-Verfahrens bzw. einer repräsentativen Stichprobe ausgeschlossen.

§ 119 Durchführung der Verteilung

[1] **Es erfolgt kollektive Verteilung.**

[2] **Die Verteilung erfolgt nach einem Minutenwert. Für jedes im Rahmen des Monitoring-Verfahrens ermittelte Werk wird die Gesamtzahl der wiedergegebenen Minuten ermittelt. Der Minutenwert ergibt sich durch Division der Nettoverteilungssumme durch die Gesamtzahl aller wiedergegebenen Minuten. Die Ausschüttung pro Werk ergibt sich durch Multiplikation der für ein Werk ermittelten Minuten mit dem Minutenwert.**

429 In der Sparte DK (Diskotheken-Wiedergabe) werden seit dem Geschäftsjahr 2005 die Einnahmen verteilt, die die GEMA aus der **öffentlichen Wiedergabe** (§ 21 UrhG) von Musikwerken in Diskotheken, Clubs und ähnlichen Einrichtungen erzielt. Für diese Nutzungen besteht ein eigener Tarif.[224]

430 Bis einschließlich Geschäftsjahr 2004 wurden die betreffenden Einnahmen ebenso wie andere Einnahmen für Wiedergaben von Audiowerken (vgl. § 18) zugunsten der Sparten R und M verteilt. Dies erschien angesichts der **Besonderheiten des in Diskotheken wiedergegebenen Repertoires** nicht mehr sachgerecht.[225] Die Verteilung in einer eigenen Sparte gewährleistet nunmehr, dass die Einnahmen aus der mechanischen Wiedergabe in Diskotheken demjenigen Repertoire zugeordnet werden können, für das diese Einnahmen erzielt worden sind.

431 Da für öffentliche Wiedergaben mittels Tonträger gem. § 42 Abs. 2 Ziff. 1 VGG keine Programmpflicht der Veranstalter besteht, lässt die GEMA die wiedergegebenen Werke über ein **Monitoring-Verfahren** ermitteln: Im Rahmen einer „geschichteten Zufallsstichprobe" werden mittels so genannter Monitoring-Boxen, die direkt an den Mischpulten installiert sind, Mitschnitte von nach statistischen Kriterien ausgewählten Tanzflächen generiert. Die Auswahl der Tanzflächen erfolgt in einem ersten Schritt regionenspezifisch (Nord, Süd, West und Ost). Innerhalb der vier regionalen Schichten wird sodann zwischen Gebieten mit mehr als 500.000 und weniger als 500.000 Einwohnern

---

224 Vgl. Tarif M-CD „für Unterhaltungsmusik mit Tonträgern in Musikkneipen, Clubs, Diskotheken und ähnlichen Betrieben", abrufbar unter https://www.gema.de/musiknutzer/tarife-formulare/tarif-m-cd/.
225 Zur Einführung der Sparte DK vgl. Tagesordnung für die Mitgliederversammlung v. 24./25.6.2003, Begr. des Antrags zu TOP 43, abgedr. in den GEMA-Nachrichten Nr. 168 (November 2003).

differenziert. Zusätzlich werden Städte mit mehr als einer Million Einwohner gesondert berücksichtigt. Insgesamt entstehen auf diese Weise zwölf Schichten, in denen jeweils eigene Stichproben gezogen werden. Auf diese Weise wird gewährleistet, dass die Monitoring-Boxen in urbanen und ländlichen Gebieten proportional zur Verteilung aller Tanzflächen in Deutschland aufgestellt werden. Für jede ausgewählte Tanzfläche wird pro Betriebswoche eine Stunde mitgeschnitten, wobei weder für den Discjockey noch für die Gäste erkennbar ist, ob und wann Aufzeichnungen vorgenommen werden.[226] Um das in Diskotheken gespielte Repertoire möglichst umfassend identifizieren zu können, haben die Musikurheber seit dem 1. Juli 2016 die Möglichkeit, ihre Werke direkt und eigenständig in das Monitoringsystem einzupflegen.[227]

In der Sparte DK erfolgt gemäß § 119 eine **kollektive Verteilung**. Hierzu werden die von den einzelnen Nutzern erhaltenen Vergütungen nach Abzug des einheitlichen Kostensatzes gemäß § 29 Abs. 7 sowie des 10%-Anteils für soziale und kulturelle Zwecke gemäß § 30 Abs. 1 zu einer gemeinsamen **Nettoverteilungssumme** zusammengefasst. Die Verteilung in der Sparte DK erfolgt sodann vergleichbar mit der Vorgehensweise in den Sparten des Senderechts durch die Bildung eines **Minutenwerts**. Hierzu wird für die in der Monitoring-Stichprobe enthaltenen Werke die Gesamtzahl der wiedergegebenen Minuten ermittelt. Die Verteilungssumme wird durch diese Gesamtzahl geteilt, so dass sich ein einheitlicher Wert pro Minute ergibt. Der Minutenwert multipliziert mit der Anzahl der Minuten pro Werk ergibt die Ausschüttung pro Werk. 432

Da die zu verrechnenden Werke anhand einer repräsentativen Stichprobe ermittelt werden, können die Berechtigten nicht **reklamieren**, in welchem Umfang ihre Werke tatsächlich in den Diskotheken zur Aufführung gelangt sind (§ 118 S. 3). 433

Die **Aufteilung** auf die Ausschüttungsberechtigten erfolgt nach dem Allgemeinen Anteilsschlüssel gemäß § 195. 434

Abschnitt 2. Verteilung in der Sparte DK VR (Diskotheken-Wiedergaben-Vervielfältigungsrecht)

§ 120 Gegenstand der Sparte

In der Sparte DK VR (Diskotheken-Wiedergaben-Vervielfältigungsrecht) erhalten Werke eine Ausschüttung für die Vervielfältigung im Sinne des § 16 Abs. 1 UrhG durch Discjockeys zum Zwecke der öffentlichen Wiedergabe in Diskotheken, Clubs u. Ä.

§ 121 Die zu verteilenden Einnahmen

In der Sparte DK VR werden die Einnahmen verteilt, die aus der Vergabe von Nutzungsrechten für die in § 120 genannten Nutzungen zur Verfügung stehen.

§ 122 Durchführung der Verteilung

[1] Es erfolgt kollektive Verteilung.

[2] Die Verteilung erfolgt nach einem Minutenwert. Der Minutenwert ergibt sich durch Division der Nettoverteilungssumme durch die Gesamtzahl der gemäß § 118 für die Sparte DK ermittelten wiedergegebenen Minuten. Die Ausschüttung pro Werk ergibt sich durch Multiplikation der für ein Werk gemäß § 119 Abs. 2 ermittelten Minutenzahl mit dem Minutenwert.

226 Eine Beschreibung des Monitoringverfahres ist online abrufbar unter https://www.gema.de/musiknutzer/musik-lizenzieren/diskothek-club-mit-tanz/; vgl. auch *Klare/Chau*, virtuos 1/2014, 44. In die Weiterentwicklung des Monitoringverfahrens wurde auch die LIVEKOMM e.V., eine Vertretung von mehr als 350 Musikclubs in Deutschland, einbezogen.

227 Vgl. virtuos 3/2016, 39 sowie https://www.gema.de/musiknutzer/musik-lizenzieren/diskothekenmonitoring/#c154.

435 In der Sparte DK VR werden die Einnahmen aus solchen **gewerblichen Vervielfältigungen** im Sinne des § 16 Abs. 1 UrhG verteilt, die Discjockeys anfertigen, um sie für die öffentliche Wiedergabe der vervielfältigten Werke in Diskotheken, Clubs und ähnlichen Einrichtungen zu verwenden. Die GEMA erhält für diese Vervielfältigungen zwar abgrenzbare Vergütungen,[228] jedoch keine Nutzungsmeldungen, so dass die entsprechenden Einnahmen in der Vergangenheit – ebenso wie sonstige Einnahmen aus gewerblicher Vervielfältigung von Tonträgeraufnahmen ohne Nutzungsmeldungen, vgl. § 20 Abs. 1 – zugunsten der Hörfunk- und Phono-Sparten verteilt wurden. Um den Besonderheiten des Diskothekenrepertoires Rechnung zu tragen, beschloss die Mitgliederversammlung 2013 jedoch die Bildung einer gesonderten Sparte für die Verteilung dieser Einnahmen.[229]

436 Gemäß § 122 erfolgt in der Sparte DK VR eine **kollektive Verteilung** der nach Abzug einer Kommission gemäß § 29 Abs. 4 verbleibenden Nettoverteilungssumme nach einem **Minutenwert**. Dieser Minutenwert und die sich hieraus ergebende Ausschüttung pro Werk werden auf Basis der gemäß § 118 im Rahmen des Monitoringverfahrens für die Sparte DK ermittelten Werke und Minuten berechnet. Indem die GEMA die Einnahmen, die sie von Discjockeys für Vervielfältigungen zu Wiedergabezwecken erzielt, auf diese Weise in **Analogie zur korrespondierenden Wiedergaberechts-Sparte DK** verteilt, wird gewährleistet, dass die tatsächlich in Diskotheken öffentlich wiedergegebenen Werke auch eine Ausschüttung für die der Wiedergabe regelmäßig vorangehende Vervielfältigung erhalten.[230] Indem die aus Vervielfältigungen der Discjockeys zur Verfügung stehenden Einnahmen nicht in der Sparte DK, sondern auf Basis eines eigenen Minutenwerts in der Sparte DK VR verteilt werden, kann gleichzeitig berücksichtigt werden, dass die Anteile der Berufsgruppen in der Sparte DK VR regelmäßig zu anderen Quoten aufgeteilt werden als in der Wiedergaberechts-Sparte DK (vgl. §§ 195, 206: Die Sparte DK unterfällt dem Allgemeinen Anteilsschlüssel für die Sparten der Rechte der öffentlichen Wiedergabe, der Anteilsschlüssel für die Sparte DK VR entspricht dagegen dem der Sparte Phono VR).[231]

437 **Reklamationen** einzelner Werknutzungen sind in der Sparte DK VR – ebenso wie in der Sparte DK – nicht möglich. Die Berücksichtigung einzelner reklamierter Nutzungen in einer Sparte, in der die Einnahmen im Übrigen nicht aufgrund von Nutzungsmeldungen, sondern auf der Basis eines Monitoring-Verfahrens verteilt werden, wäre sachfremd und würde zwangsläufig zu Verzerrungen führen.

Abschnitt 3. Verteilung in der Sparte EM (E-Musik-Wiedergaben)

§ 123 Gegenstand der Sparte

In der Sparte EM (E-Musik-Wiedergaben) erhalten Werke der ernsten Musik eine Ausschüttung für die öffentliche Wiedergabe durch Tonträger im Sinne des § 21 UrhG, soweit nicht eine Ausschüttung in der Sparte BM erfolgt.

---

228 Vgl. Vergütungssätze VR-Ö „für die Vervielfältigung von Werken des GEMA-Repertoires, die zur Verwendung bei öffentlicher Wiedergabe bestimmt sind", abrufbar unter https://www.gema.de/musiknutzer/tarife-formulare/tarif-vr-oe/.

229 Tagesordnung für die Mitgliederversammlung v. 25./26.6.2013, Begr. des Antrags zu TOP 49.

230 Tagesordnung für die Mitgliederversammlung v. 25./26.6.2013, Begr. des Antrags zu TOP 49.

231 Vgl. hierzu auch Tagesordnung für die Mitgliederversammlung v. 23./24.5.2017, Antrag zu TOP 37 nebst Begr.

§ 124 Die zu verteilenden Einnahmen
In der Sparte EM werden die Einnahmen verteilt, die aus der Vergabe von Nutzungsrechten für die in § 123 genannten Nutzungen zur Verfügung stehen.

§ 125 Ermittlung der Nutzungen
Die Verteilung in der Sparte EM erfolgt auf der Grundlage von Nutzungsmeldungen. Für die Ermittlung der Nutzungen gilt § 68 entsprechend.

§ 126 Durchführung der Verteilung
Es erfolgt Direktverteilung.

In der Sparte EM (E-Musik-Wiedergaben) werden **Wiedergaben von Werken der ernsten Musik mittels Tonträgern** im Sinne von § 21 UrhG verrechnet. Denkbare, in der Praxis jedoch seltene Beispielsfälle sind Vorträge mit auf Tonträger wiedergegebenen Musikbeispielen ernster Musik oder aber Live-Konzerte mit Tonträgereinspielungen ernster Musik. Nicht in der Sparte EM verrechnet werden gemäß § 123 Nutzungen, die gemäß § 69 zum Gegenstand der Sparte BM zählen, also beispielsweise die Wiedergabe einer Hörspielmusik im Rahmen eines Bühnenstücks. Gemäß §§ 124–126 erfolgt in der Sparte EM **Direktverteilung** der für die jeweiligen Nutzungen nach Abzug des einheitlichen Kostensatzes gemäß § 29 Abs. 7 sowie des 10%-Anteils für soziale und kulturelle Zwecke gemäß § 30 Abs. 1 verbleibenden Nettoeinnahmen auf der Grundlage der von den Veranstaltern eingereichten Nutzungsmeldungen. Die Aufteilung auf die Ausschüttungsberechtigten erfolgt nach dem Allgemeinen Anteilsschlüssel gemäß § 195. 438

Abschnitt 4. Verteilung in der Sparte M (U-Musik-Wiedergaben)

§ 127 Gegenstand der Sparte
In der Sparte M (U-Musik-Wiedergaben) erhalten Werke eine Ausschüttung für die öffentliche Wiedergabe im Sinne der §§ 21 und 22 UrhG, soweit nicht eine Verteilung in einer anderen Sparte erfolgt.

§ 128 Die zu verteilenden Einnahmen
In der Sparte M werden folgende Einnahmen verteilt:

- **(a) 20% der Einnahmen für die Wiedergabe von Bildtonträgern gemäß § 16,**
- **(b) 40% der Einnahmen für Wiedergaben mittels mechanischer Vorrichtungen in Kinos gemäß § 17,**
- **(c) 40% der Einnahmen für sonstige Wiedergaben von Tonträgern und Wiedergaben von Hörfunksendungen gemäß § 18.**

§ 129 Durchführung der Verteilung
[1] Aufkommen in der Sparte U gemäß § 86 sowie Aufkommen in der Sparte UD mit Ausnahme der Werkaufführungen gemäß § 88 lit. b bis f erhält einen M-Zuschlag in Höhe von 20%.

[2] Die nach Abzug dieses Zuschlags verbleibende Nettoverteilungssumme der Sparte M wird auf die in U-Veranstaltungen gemäß § 85 aufgeführten Werke nach hochgerechneten und gewichteten Aufführungszahlen abgerechnet. Für jedes Werk wird durch Multiplikation der hochgerechneten und gegebenenfalls gewichteten Aufführungszahlen mit den Punktbewertungen des Verrechnungsschlüssels II eine Punktzahl errechnet. Der Wert eines Punkts ergibt sich durch Division der Nettoverteilungssumme durch die Gesamtzahl aller Punkte. Die Ermittlung der Ausschüttung pro Werk erfolgt durch Multiplikation der für das Werk errechneten Punktzahl mit dem Punktwert, wobei die Ausschüttung pro Werk auf den zweifachen Betrag der Ausschüttung begrenzt ist, die das Werk für Aufführungen in U-Veranstaltungen gemäß § 85 für das jeweilige Geschäftsjahr insgesamt erhält. Der aufgrund dieser Begrenzung verbleibende Restbetrag wird als prozentualer Zuschlag auf die Ausschüttungen verteilt, die sich in der Sparte M durch die Verrechnung nach hochgerechneten und gewichteten Aufführungszahlen ergeben. Wenn die Kosten für eine Zuschlagsverteilung in keinem Verhältnis zur Höhe des zu

verteilenden Restbetrages stehen, kann dieser mit Zustimmung des Aufsichtsrats als unverteilbar behandelt werden.

[3] Die Berücksichtigung von mehr als 100 tatsächlichen und gemäß § 85 Abs. 4 gewichteten Aufführungen für ein Werk in der Sparte M ist nur möglich, wenn im gleichen oder im vorhergehenden Geschäftsjahr in der Sparte R oder in der Sparte FS für dieses Werk mindestens 2 gemäß §§ 97 bis 99 oder §§ 107 bis 109 gewichtete Minuten abgerechnet worden sind. Bei Potpourris geschützter Werke gemäß § 194 Abs. 4 und 5 wird jede tatsächliche Aufführung entsprechend dem in dieser Bestimmung geregelten Anteilsschlüssel den verrechneten Werken oder Werkteilen zugeordnet, wobei 12/12 (100%) als eine Aufführung zu werten sind.

§ 130 Direktverteilung auf Antrag

[1] Ist bei Einnahmen aus sonstigen Wiedergaben von Tonträgern und Wiedergaben von Hörfunksendungen gemäß § 18 eine Verteilung in der Sparte M nach § 129 nicht möglich, weil die wiedergegebenen Werke nicht live aufgeführt werden, so wird der der Sparte M zugeordnete Anteil von 40% dieser Einnahmen auf Antrag direkt verteilt. Bei Werken, die weder live aufgeführt werden, noch eine Ausschüttung in der Sparte R erhalten, werden die aus Nutzungen gemäß Satz 1 zur Verfügung stehenden Einnahmen auf Antrag zu 100% direkt verteilt.

[2] Voraussetzung für die Direktverteilung ist, dass

(a) sich der jeweiligen Nutzung eine konkrete Einnahme zuordnen lässt,

(b) ein an den genutzten Werken beteiligter Berechtigter – gegebenenfalls zugleich stellvertretend für alle übrigen an den vom Antrag erfassten Werken beteiligten Berechtigten – bis zum 30.06. des auf das jeweilige Nutzungsjahr folgenden Jahres einen schriftlichen Antrag auf Direktverteilung bei der GEMA eingereicht hat. Der Antrag muss die Werke, für die die Direktverteilung beantragt wird, den Nutzer und den vom Antrag erfassten Nutzungszeitraum benennen.

(c) dem Antrag eine Bestätigung des Nutzers beiliegt, aus der sich ergibt, in welchem Zeitraum die im Antrag benannten Werke genutzt wurden und welchen Anteil sie an den insgesamt in diesem Zeitraum erfolgten Werkwiedergaben ausmachen. In begründeten Fällen kann die GEMA als Nachweis die Vorlage einer vollständigen, vom Nutzer bestätigten Wiedergabeliste verlangen.

(d) die Direktverteilung einen Mindestbetrag von EUR 10,00 pro Werk erwarten lässt.

[3] Die Bemessungsgrundlage für die Direktverteilung richtet sich nach dem Verhältnis des vom Antrag erfassten Zeitraums zur Gesamtnutzungsdauer sowie nach dem Anteil der Werkwiedergaben, für die die Direktverteilung beantragt wird, an der Gesamtzahl der Werkwiedergaben, die in dem vom Antrag erfassten Zeitraum stattgefunden haben.

[4] Die Direktverteilung erfolgt zum 1.11. des auf die Nutzung folgenden Jahres.

[5] Die Verteilungsplankommission kann Pauschalbeträge für die Berücksichtigung von Härtefällen festsetzen. Als Härtefälle gelten regelmäßige Wiedergaben im Sinne des Abs. 1 in regelmäßig auftretenden Nutzungskontexten, bei denen eine Direktverteilung nach Abs. 2 nicht möglich ist, da die Zuordnung einer konkreten Einnahme gemäß Abs. 2 lit. a oder die Ermittlung des Anteils an den Werkwiedergaben gemäß Abs. 2 lit. b nicht oder nur mit wirtschaftlich unverhältnismäßigem Aufwand durchgeführt werden kann. Die übrigen Voraussetzungen der Absätze 1 und 2 gelten entsprechend. Bei der Festsetzung der Pauschalen sind Erfahrungswerte zu den durchschnittlichen Einnahmen und der Anzahl der Werkwiedergaben bei vergleichbaren Nutzungen zu berücksichtigen. Die Pauschalen sind zu veröffentlichen.

Übersicht

I. Gegenstand der Sparte M (§ 127)

439 In der Sparte M (U-Musik-Wiedergaben) werden Werknutzungen verrechnet, die im Rahmen öffentlicher Wiedergaben iSd §§ 21 und 22 UrhG erfolgt sind und nicht bereits der Verteilung in einer anderen Sparte zugewiesen sind. Die Verteilung in der Sparte M ist somit **subsidiär** gegenüber der Verteilung in den übrigen Sparten des Nutzungsbe-

reichs Wiedergabe (Sparten DK und EM) sowie – mit Blick auf Wiedergaben im Rahmen der in § 69 geregelten Tatbestände – gegenüber der Verteilung in der Sparte BM (Bühnenmusik). Da die tatsächlich wiedergegebenen Werke wegen des Fehlens einer Meldepflicht der Veranstalter (vgl. § 42 Abs. 2 S. 2 VGG) in der Regel nicht bekannt sind, erfolgt in der Sparte M eine **analoge Verteilung** auf die im Rahmen dieser Wiedergaben mutmaßlich genutzten Werke unter Rückgriff auf die Nutzungen in den Sparten U und UD. Unter bestimmten Voraussetzungen ist gemäß § 130 jedoch auch eine **Direktverteilung** möglich.

II. Die zu verteilenden Einnahmen (§ 128)

In der Sparte M werden die in § 128 genannten Anteile an Einnahmen aus der Vergabe von Wiedergaberechten nach den §§ 21, 22 UrhG verteilt. Diese bestehen insbesondere aus 40% der Einnahmen, die auf die von § 18 erfassten Wiedergaben von Tonträgern der Unterhaltungsmusik und Hörfunksendungen entfallen. Die übrigen 60% dieser Einnahmen werden gemäß § 18 in der Sparte R (Hörfunk) verteilt. Zusätzlich werden in der Sparte M gemäß § 17 3,2% der Verteilungssumme der Sparte T (Tonfilm) für mechanische Musikwiedergaben in Kinos verteilt[232] sowie 20% der Verteilungssumme, die für die Wiedergabe von Bildtonträgern zur Verfügung steht (vgl. § 16). Die Summe dieser Beträge ergibt – nach Abzug der Kosten gemäß § 29 Abs. 7 und nach Abzug von 10% zugunsten sozialer und kultureller Zwecke gemäß § 30 Abs. 1 – die **Nettoverteilungssumme in der Sparte M.** 440

III. Durchführung der Verteilung (§ 129)

Die Verteilung in der Sparte M erfolgt in Analogie zu den Sparten U und UD. Sie wurde daher im Zusammenhang der Einführung des „INKA“-Verfahrens für die Sparte U durch Beschluss der ordentlichen Mitgliederversammlung 2012 mit Wirkung ab der Verteilung für das Geschäftsjahr 2013 ebenfalls neu gestaltet.[233] Der nunmehr in § 129 verankerten Regelung liegt folgende **Differenzierung** zugrunde: 441

– Werke, die in U-Veranstaltungen gemäß § 85 (d.h. in Veranstaltungen der Inkassosegmente 1–8) aufgeführt worden sind, erhalten bei der Verteilung in der Sparte M gemäß § 129 Abs. 2 eine **Ausschüttung nach Punktwerten** auf Basis der in der Sparte U festgestellten, hochgerechneten und gewichteten Aufführungszahlen. 442
– Dagegen erhalten Werke, die in Veranstaltungen gemäß § 86 (d.h. in Veranstaltungen der Inkassosegmente 9–12) aufgeführt worden sind, gemäß § 129 Abs. 1 einen pauschalen **M-Zuschlag** in Höhe von 20% auf das entsprechende in der Sparte U erzielte Aufkommen. 443

Diese Differenzierung beruht auf der Annahme, dass Werke, die in Veranstaltungen mit hohem Inkasso aufgeführt werden, regelmäßig kommerziell erfolgreich sind und folglich auch im Rahmen mechanischer Wiedergaben intensiver genutzt werden als andere Werke. Würde man angesichts dieser Sachlage bei der Verteilung in der Sparte M 444

---

232 Nach § 17 werden 8% der Einnahmen aus betriebsüblichen Musikdarbietungen in Kinos für die Wiedergabe mittels mechanischer Vorrichtungen zur Verfügung gestellt. Dieser Anteil wird im Verhältnis von 60: 40 auf die Sparten R und M aufgeteilt, so dass letztlich 3,2% (40% aus 8% der Nettoverteilungssumme der Sparte T) in die Sparte M fließen.

233 Vgl. Tagesordnung für die Mitgliederversammlung v. 26./27.6.2012, Antrag zu TOP 28, nebst ausf. Begr. Zur früheren Regelung vgl. Voraufl., Kap. 11.1, Rn. 262.

für Werkaufführungen in den oberen Inkassosegmenten der Sparte U auf die Zahl der Werkaufführungen abstellen, so erhielten diese Werke eine dem Umfang ihrer mutmaßlichen mechanischen Wiedergabe nicht entsprechende – zu niedrige – Ausschüttung in der Sparte M.

445 Aufführungen, die in der **Sparte UD** verrechnet werden, erhalten gemäß § 129 Abs. 1 grundsätzlich ebenfalls den M-Zuschlag von 20%. Ausgenommen hiervon sind jedoch Werkaufführungen nach § 88 lit. b bis f, da die Annahme gerechtfertigt erscheint, dass diese Werkaufführungen im Hinblick auf die zugrunde liegenden Aufführungsumstände prinzipiell keine Rückschlüsse auf eine mechanische Wiedergabe der betreffenden Werke erlauben.[234] Die verschiedenen Alternativen der Berücksichtigung in der Sparte M schließen sich hierbei nicht gegenseitig aus: Ist ein Werk beispielsweise sowohl in U-Veranstaltungen der Inkassosegmente 1–8 als auch in U-Veranstaltungen der Inkassosegmente 9–12 aufgeführt worden, werden diese Nutzungen bei der Verteilung in der Sparte M gesondert betrachtet, wobei die erstgenannten Aufführungen bei der Verteilung nach Punktwerten berücksichtigt werden, während auf das mit den zuletzt genannten Aufführungen in den oberen Inkassosegmenten erzielte Aufkommen der M-Zuschlag in Höhe von 20% ausgeschüttet wird.

446 Die **Umsetzung** der in § 129 angelegten Differenzierung erfolgt, indem von der Nettoverteilungssumme in der Sparte M zunächst die Beträge abgezogen werden, die auf den M-Zuschlag von 20% entfallen. Die verbleibende Nettoverteilungssumme der Sparte M wird gemäß § 129 Abs. 2 auf die Werke mit Aufführungen in U-Veranstaltungen der Inkassosegmente 1–8 verteilt, indem für die einzelnen Werke eine Punktzahl und für die Punkte ein Punktwert ermittelt wird. Die Punktzahl wird auf Basis der Aufführungszahlen berechnet, die sich für die einzelnen Werke aufgrund der linearen Hochrechnung der für das jeweilige Inkassosegment gemeldeten Nutzungen gemäß § 85 Abs. 1 (vgl. hierzu oben **Rn. 289**) sowie der Gewichtungen gemäß § 85 Abs. 2–4 ergeben. Die hiernach hochgerechneten und gewichteten Aufführungszahlen werden zudem mit den Punktbewertungen des Verrechnungsschlüssels II für Werke der Unterhaltungsmusik (§ 64) multipliziert.

447 Die auf diese Weise berechnete Ausschüttung nach Punktwerten wird jedoch in zweierlei Hinsicht **gekappt**:

448 – Mehr als 100 tatsächliche und mit dem Faktor gemäß § 85 Abs. 4 gewichtete Aufführungen in der Sparte U werden für ein Werk in der Sparte M gemäß § 129 Abs. 3 nur dann berücksichtigt, wenn das Werk in einem bestimmten Mindestumfang auch an der Verteilung in der Sparte R oder in der Sparte FS partizipiert hat. Dem liegt die Annahme zugrunde, dass Werke mit hohen Aufführungszahlen in Livemusikveranstaltungen eine entsprechend hohe Anzahl von Wiedergaben nach den §§ 21, 22 UrhG grundsätzlich nur dann erreichen, wenn sie auch in Hörfunk oder Fernsehen genutzt werden.[235]

449 – Ferner wird die Ausschüttung nach Punktwerten für ein Werk in der Sparte M gemäß § 129 Abs. 2 S. 4 auf das Doppelte der Ausschüttung begrenzt, die das betreffende Werk für das jeweilige Geschäftsjahr in der Sparte U für Aufführungen in U-Veranstaltungen der Inkassosegmente 1–8 erreicht. Anderenfalls könnten Werke mit zahlreichen Aufführungen in Veranstaltungen mit niedrigem Inkasso eine dem Umfang

234 Vgl. Tagesordnung für die Mitgliederversammlung v. 26./27.6.2012, Begr. des Antrags zu TOP 28, S. 59. Die in § 88 lit. b–f geregelten Sachverhalte entsprechen den seinerzeit in Abschn. XIII. A. Ziff. 6–9 und 11 enthaltenen Regelungen, wobei Ziff. 11 durch Beschluss der ordentlichen Mitgliederversammlung 2016 geändert wurde, vgl. Tagesordnung für die Mitgliederversammlung v. 26./27.4.2016, Antrag zu TOP 33.

235 Vgl. die Begründung zur bis einschließlich Geschäftsjahr 2012 geltenden Vorgängerregelung in Tagesordnung für die Mitgliederversammlung v. 23./24.6.2009, TOP 25, S. 37.

ihrer mutmaßlichen mechanischen Wiedergabe nicht entsprechende M-Ausschüttung erzielen.[236] Der aufgrund solcher Kappungen gegebenenfalls in der Sparte M verbleibende Restbetrag wird als prozentualer Zuschlag auf sämtliche im Rahmen der Punktwertverteilung gemäß § 129 Abs. 2 erfolgenden Ausschüttungen in der Sparte M verteilt. Steht der Aufwand einer solchen Zuschlagsverteilung außer Verhältnis zum gekappten und zu verteilenden Restbetrag, so können die Mittel mit Zustimmung des Aufsichtsrats als unverteilbar eingestuft werden und fließen dann gemäß § 30 Abs. 3 den Mitteln für soziale und kulturelle Zwecke zu.

IV. Direktverteilung auf Antrag (§ 130)

Aufgrund der Analogie zu den Sparten U und UD können Werke nicht an der Verteilung in der Sparte M partizipieren, wenn sie nicht in Veranstaltungen der Unterhaltungsmusik aufgeführt werden. Eine derartige Konstellation kann insbesondere bei **für spezifische bzw. begrenzte Zwecke erstellten Auftragskompositionen** eintreten, so etwa bei Klanginstallationen für Messe- oder Ausstellungsräume, bei Auftragskompositionen für Telefonwarteschleifen, Freizeitparks und Planetarien oder bei Angeboten von Spezialrepertoire in Verkaufsräumen (so genannter Ladenfunk). Um für diese Werke, die regelmäßig eigens zum Zwecke der Wiedergabe iSd § 21 UrhG geschaffen werden, eine Verteilung der aus ihrer Wiedergabe erzielten Einnahmen zu ermöglichen, sieht § 130 die Möglichkeit einer Direktverteilung auf Antrag vor. Die Direktverteilung ist in diesen Fällen grundsätzlich möglich, da den Berechtigten die Werknutzungen selbst bekannt sind. 450

Sind die wiedergegebenen Werke zwar **nicht live aufgeführt**, aber im Hörfunk gesendet worden, ist die Direktverteilung gemäß § 130 Abs. 1 S. 1 auf den nach § 18 in der Sparte M verteilten Anteil beschränkt, somit auf 40% der jeweiligen Einnahme. Die verbleibenden 60% fließen in die Verteilungssumme der Sparte R. Soweit Werke **weder live aufgeführt noch im Hörfunk gesendet** worden sind, erstreckt sich die Möglichkeit der Direktverteilung auf Antrag dagegen gemäß § 130 Abs. 1 S. 2 auf die gesamte aus der jeweiligen Wiedergabe erzielte Einnahme. 451

§ 130 Abs. 2 regelt die **Voraussetzungen für die Direktverteilung** im Detail.[237] Insbesondere ist es erforderlich, dass sich der Nutzung, für die Direktverteilung beantragt wird, eine konkrete Einnahme zuordnen lässt. Damit auch ohne das Bestehen einer gesetzlichen Meldepflicht der Nutzer gemäß § 42 VGG sichergestellt werden kann, dass die Werke tatsächlich öffentlich mittels Tonträger wiedergegeben wurden, ist dem Antrag auf Direktverteilung ferner eine Bestätigung des Nutzers beizufügen. Aus dieser Bestätigung muss sich auch ergeben, welchen zeitlichen und quantitativen Anteil die vom Antrag erfassten Werknutzungen an der Gesamtnutzung haben. Nur so ist es möglich, die Einnahmen gegebenenfalls pro rata auf die vom Antrag erfassten Werke einerseits und eventuelle sonstige Werke andererseits aufzuteilen. In begründeten Fällen kann die GEMA als Nachweis die Vorlage einer vollständigen, vom Nutzer bestätigten Wiedergabeliste verlangen. 452

§ 130 Abs. 5 enthält schließlich eine **Härtefallregelung** für bestimmte Wiedergaben, bei denen weder eine analoge Verteilung in der Sparte M erfolgen kann, noch die Voraussetzungen einer Direktverteilung nach § 130 Abs. 2 gegeben sind.[238] Als Härtefälle 453

236 Vgl. Tagesordnung für die Mitgliederversammlung v. 25./26.6.2013, Begr. des Antrags zu TOP 45.
237 Vgl. hierzu im Einzelnen Tagesordnung für die Mitgliederversammlung v. 6./7.5.2015, Begr. des Antrags zu TOP 23.
238 Vgl. hierzu im Einzelnen Tagesordnung für die Mitgliederversammlung v. 23./24.5.2017, Begr. des Antrags zu TOP 38.

gelten demnach **regelmäßige Wiedergaben in regelmäßig auftretenden Nutzungskontexten**, bei denen eine Direktverteilung nach § 130 Abs. 2 nicht möglich ist, da die Zuordnung einer konkreten Einnahme oder die Ermittlung des Anteils an den Werkwiedergaben nicht oder nur mit wirtschaftlich unverhältnismäßigem Aufwand durchgeführt werden kann. Dies ist beispielsweise bei **Musikwiedergaben bei Sportveranstaltungen** regelmäßig der Fall: Zwar lässt sich hier üblicherweise eine Vergütung für die jeweilige Veranstaltung ermitteln, diese deckt aber in aller Regel eine Vielzahl von Werknutzungen an unterschiedlichen Orten (im Zuschauerraum, in den VIP-Lounges, den Umkleiden, auf Vorplätzen des Stadions etc.) und zu unterschiedlichen Zeiten (vor dem Spiel, während eines Programms in der Halbzeitpause, während des Spiels – z.B. bei erzielten Toren – und im Anschluss an das Spiel) ab. Gleichzeitig wird etwa in Gestalt so genannter „Stadionhymnen" spezielles Repertoire in relevantem Umfang wiedergegeben, das in den Live- und Hörfunksparten kaum vorkommt. Vor diesem Hintergrund räumt § 130 Abs. 5 der Verteilungsplankommission des Aufsichtsrats die Möglichkeit ein, für die Berücksichtigung der betreffenden Nutzungen bei der Verteilung in der Sparte M Pauschalbeträge festzusetzen. Die Höhe der Pauschalen hat sich an Erfahrungswerten zu den durchschnittlichen Einnahmen und der Anzahl der Werkwiedergaben bei vergleichbaren Nutzungen zu orientieren. Die Pauschalen sind zu veröffentlichen.[239] Die Beteiligung erfolgt sodann unter denselben Voraussetzungen wie bei der Direktverteilung gemäß § 130 Abs. 1 und 2. Erforderlich sind demnach insbesondere ein form- und fristgerechter Antrag und eine Bestätigung des Nutzers über die tatsächlich erfolgte Nutzung.

Kapitel 5: Die Verteilung in den Sparten des Nutzungsbereichs Vorführung

§ 131 Die Sparten des Nutzungsbereichs Vorführung

Der Nutzungsbereich Vorführung umfasst die Sparten der Filmvorführung (Sparten T, TD und TD VR).

Abschnitt 1. Verteilung in der Sparte T (Tonfilm)

§ 132 Gegenstand der Sparte

In der Sparte T (Tonfilm) erhalten Werke eine Ausschüttung für die Vorführung von audiovisuellen Werken (Filmen) im Sinne des § 19 Abs. 4 UrhG in Kinos, soweit nicht eine Verteilung in der Sparte TD erfolgt.

§ 133 Die zu verteilenden Einnahmen

In der Sparte T werden folgende Einnahmen verteilt:

- **(a) der nach dem Abzug für Wiedergaben mittels mechanischer Vorrichtungen gemäß § 17 verbleibende Anteil von 92% der Einnahmen, die aus der Vergabe von Nutzungsrechten für betriebsübliche Musikdarbietungen in Kinos zur Verfügung stehen,**
- **(b) 30% der Einnahmen für die Wiedergabe von Bildtonträgern gemäß § 16.**

§ 134 Ermittlung der Nutzungen

In der Sparte T wird die Zahl der Vorführungen jedes einzelnen Filmes grundsätzlich aufgrund der durch die Kinos, ggf. auch durch Dritte, gelieferten Nutzungsmeldungen festgestellt.

239 Die Pauschalen sind unter dem Schlagwort „Härtefallregelung" online abrufbar auf der folgenden Seite: https://www.gema.de/musikurheber/tantiemen/tantiemenabrechnungverteilung-inland/.

§ 135 Durchführung der Verteilung

[1] Es erfolgt kollektive Verteilung.

[2] In der Sparte T wird ein Musiksekundenwert gebildet, indem die Nettoverteilungssumme durch die Summe der für alle Werke mit Verrechnung in der Sparte T ermittelten Sekunden dividiert wird. Die Sekundenzahl pro Werk wird ermittelt, indem die Musiksekunden, die sich für das Werk aufgrund der Anmeldungen für audiovisuelle Werke pro Film ergeben, mit der Anzahl der Vorführungen der betreffenden Filme multipliziert werden. Die Ausschüttung pro Werk ergibt sich durch Multiplikation der für die Nutzungen des Werkes ermittelten Sekundenzahl mit dem Musiksekundenwert.

Abschnitt 2. Verteilung in den Sparten TD (Tonfilm-Direktverteilung) und TD VR (Tonfilm-Direktverteilung-Vervielfältigungsrecht)

§ 136 Gegenstand der Sparten

[1] In der Sparte TD (Tonfilm-Direktverteilung) erhalten Werke in Wirtschaftsfilmen eine Ausschüttung, insbesondere für die Vorführung im Sinne des § 19 Abs. 4 UrhG.

[2] In der Sparte TD VR (Tonfilm-Direktverteilung-Vervielfältigungsrecht) erhalten Werke in Wirtschaftsfilmen eine Ausschüttung für die Vervielfältigung im Sinne von § 16 Abs. 1 UrhG zum Zwecke der Vorführung.

§ 137 Die zu verteilenden Einnahmen

In den Sparten TD und TD VR werden die Einnahmen verteilt, die aus der Vergabe von Nutzungsrechten für die in § 136 genannten Nutzungen zur Verfügung stehen. Diese Einnahmen werden zu 2/3 in der Sparte TD und zu 1/3 in der Sparte TD VR verteilt.

§ 138 Durchführung der Verteilung

In den Sparten TD und TD VR erfolgt jeweils Direktverteilung auf die sich aus der Anmeldung des audiovisuellen Werks ergebenden Werke.

Übersicht

I. Die Sparten des Nutzungsbereichs Vorführung (§ 131)

Der Nutzungsbereich Vorführung umfasst die Sparten, die zur Verteilung von Einnahmen aus Nutzungen des (Film-)Vorführungsrechts gemäß § 19 Abs. 4 UrhG gebildet sind. Hierbei wird zwischen Nutzungen von Musikwerken in Wirtschaftsfilmen (Sparten TD und TD VR) und sonstigen Filmvorführungen (Sparte T) unterschieden. **454**

II. Verteilung in der Sparte T (Tonfilm) (§§ 132–135)

In der Sparte T (Tonfilm) erhalten die in audiovisuellen Werken (Filmen) verwendeten Musikwerke gemäß § 132 eine Ausschüttung für die **Vorführung** gemäß § 19 Abs. 4 UrhG in Kinos, soweit nicht eine Verteilung in der Sparte TD erfolgt (dazu §§ 136 ff. sowie die Kommentierung unter **Rn. 459 ff.**). Audiovisuelle Werke im Sinne der Sparte T sind sämtliche Filme unabhängig von ihrer Einordnung als Eigen- und Auftragsproduktionen des Fernsehens oder als Fremdproduktionen. **455**

Die **Verteilungssumme** in der Sparte T speist sich gemäß § 133 im Wesentlichen aus 92% der Einnahmen, die aus der Vergabe von Nutzungsrechten für betriebsübliche Musikdarbietungen in Kinos zur Verfügung stehen – die restlichen 8% dieser Einnahmen **456** werden gemäß § 17 für mechanische Musikwiedergaben in Kinos (z.B. im Foyerbereich oder vor und nach der Filmvorführung in den Kinosälen) zur Verfügung gestellt und zugunsten der Sparten R (Hörfunk) und M (U-Musik-Wiedergaben) verteilt. Daneben werden in der Sparte T gemäß § 16 auch 30% der für die Wiedergabe von Bildtonträgern erzielten Einnahmen verteilt.

457 In der Sparte T erfolgt gemäß § 135 eine **kollektive Verteilung** der nach Abzug des einheitlichen Kostensatzes gemäß § 29 Abs. 7 sowie des 10%-Anteils für soziale und kulturelle Zwecke gemäß § 30 Abs. 1 verbleibenden Nettoverteilungssumme. Hierbei wird ein **Musiksekundenwert** für die Sparte T berechnet, indem die Nettoverteilungssumme durch die Summe der für alle Werke mit Verrechnung in der Sparte T ermittelten Sekunden dividiert wird. Wie in der Sparte T FS (vgl. oben, **Rn. 404, 408**) wird der Musiksekundenwert in der Sparte T üblicherweise als Wert pro 1.000 Sekunden Musik dargestellt. Die Grundlage für die Ermittlung der Musiksekunden bilden die gemäß § 134 durch die Kinobetreiber, ggf. auch durch Dritte gelieferten Nutzungsmeldungen, aus denen sich die Zahl der Vorführungen der einzelnen Filme ergibt. Die im jeweiligen audiovisuellen Werk vorkommenden Kompositionen und deren Laufzeiten lassen sich den gemäß § 37 auszufüllenden Anmeldungen der audiovisuellen Werke entnehmen. Eine Gewichtung der Musiksekunden – etwa nach den Verrechnungsschlüsseln I–IV (§§ 63–66) – findet in der Sparte T nicht statt. Die **Ausschüttung pro Werk** in der Sparte T ergibt sich sodann gemäß § 135 Abs. 2 S. 3 durch Multiplikation der für die Nutzungen des Musikwerks ermittelten Sekundenzahl mit dem Musiksekundenwert. Die Berechnung lässt sich in folgender **Formel** darstellen:

Anzahl der Vorführungen des Films x Musiksekunden des Werks x Musiksekundenwert pro 1.000 Sekunden / 1.000 Sekunden
= **Ausschüttungsbetrag pro Werk für alle Beteiligten in EURO**

458 Die **Aufteilung auf die Berechtigten** erfolgt nach dem Anteilsschlüssel gemäß §§ 202ff. Dieser gilt auch für die Sparte T FS (Tonfilm im Fernsehen), in der insbesondere auch Musikwerke in Kinofilmen eine Verrechnung erhalten, wenn der Film im Fernsehen gesendet wird.

III. Verteilung in den Sparten TD (Tonfilm-Direktverteilung) und TD VR (Tonfilm-Direktverteilung-Vervielfältigungsrecht) (§§ 136–138)

459 In der **Sparte TD** (Tonfilm-Direktverteilung) erhalten die Werke in so genannten Wirtschaftsfilmen eine Verteilung für die Vergabe des **Vorführungsrechts** nach § 19 Abs. 4 UrhG, im Einzelfall auch für die Vergabe anderer Rechte der öffentlichen Wiedergabe einschließlich der öffentlichen Zugänglichmachung. **Wirtschaftsfilme** sind insbesondere Firmenpräsentationen, die von den Verwendern für Messen, Verkaufsniederlassungen oder ähnlich eng begrenzte Zwecke hergestellt und vervielfältigt werden, ferner Lehr-, Fortbildungs-, Aufklärungs- sowie Dokumentationsfilme, die öffentlich und unentgeltlich vorgeführt werden.[240]

460 Für die Nutzung von Wirtschaftsfilmen im vorgenannten Sinne vergibt die GEMA auch das **Vervielfältigungsrecht** gemäß § 16 Abs. 1 UrhG. Zur Verteilung der betreffenden, gemäß § 137 Satz 2 mit einem Drittel veranschlagten Einnahmen ist die **Sparte TD VR** (Tonfilm-Direktverteilung-Vervielfältigungsrecht) gebildet.

240 Siehe den Geltungsbereich des Tarifs T-W-AV, veröffentlicht im Internet unter https://www.gema.de/musiknutzer/tarife-formulare/tarif-t-w-av/.

In der Sparte TD werden von den Einnahmen der einheitliche Kostensatz gemäß § 29 Abs. 7 sowie der 10%-Anteil für soziale und kulturelle Zwecke gemäß § 30 Abs. 1 abgezogen. In der Sparte TD VR erfolgt ein Kommissionsabzug gemäß § 29 Abs. 4. Die nach Vornahme dieser Abzüge verbleibenden Beträge werden gemäß § 138 **direkt verteilt**. Die Grundlage für die Verteilung bilden die Anmeldungen der audiovisuellen Werke, in denen gemäß § 37 alle im audiovisuellen Werk vorkommenden Kompositionen und deren Laufzeiten anzugeben sind. Die Aufteilung auf die Berechtigten erfolgt in der Sparte TD gemäß § 195 nach dem allgemeinen Anteilsschlüssel, in der Sparte TD VR gemäß § 208 nach demselben Anteilsschlüssel wie in der Sparte BT VR (Bildtonträger-Vervielfältigungsrecht). **461**

Kapitel 6: Die Verteilung in den Sparten des Nutzungsbereichs Vervielfältigung und Verbreitung

§ 139 Die Sparten des Nutzungsbereichs Vervielfältigung und Verbreitung

Der Nutzungsbereich Vervielfältigung und Verbreitung umfasst die Sparten der Vervielfältigung und Verbreitung auf Tonträgern (Sparte Phono VR) und Bildtonträgern (Sparte BT VR).

Abschnitt 1. Verteilung in der Sparte Phono VR (Tonträger-Vervielfältigungsrecht)

§ 140 Gegenstand der Sparte

In der Sparte Phono VR (Tonträger-Vervielfältigungsrecht) erhalten Werke eine Ausschüttung für die Vervielfältigung im Sinne des § 16 Abs. 1 UrhG und die Verbreitung im Sinne des § 17 Abs. 1 UrhG auf Tonträgern.

§ 141 Die zu verteilenden Einnahmen

In der Sparte Phono VR werden folgende Einnahmen verteilt:

(a) 100% der Einnahmen, die aus der Vergabe von Nutzungsrechten für die in § 140 genannten Nutzungen zur Verfügung stehen,

(b) 25% der Einnahmen für die gewerbliche Vervielfältigung von Tonträgeraufnahmen, für die keine Nutzungsmeldungen erhältlich sind, gemäß § 20 Abs. 1,

(c) 75% der Einnahmen aus dem Vergütungsanspruch für die Vermietung von Tonträgern gemäß § 22 Abs. 1,

(d) 75% des auf den Verleih von Tonträgern entfallenden Anteils an der Bibliothekstantieme gemäß § 23 Abs. 2,

(e) 25% der Einnahmen aus dem Vergütungsanspruch für die private Vervielfältigung von Tonträgeraufnahmen gemäß § 25 Abs. 2.

§ 142 Durchführung der Verteilung

[1] Es erfolgt Direktverteilung der Einnahmen, die aus den in § 140 genannten Nutzungen zur Verfügung stehen, auf die sich aus der Anmeldung des Tonträgers ergebenden Werke. Die übrigen in der Sparte Phono VR zu verteilenden Einnahmen werden als prozentualer Zuschlag zu den direkt verteilten Beträgen verteilt.

[2] Lizenzeinnahmen bis zu EUR 1,00 pro Werk werden nicht werkbezogen, sondern als prozentualer Zuschlag auf die in der Sparte Phono VR verrechneten Werke verteilt.

[3] Bei in Deutschland verlegten Werken ausländischer Urheber, deren mechanische Rechte der Verleger zu 100% erworben hat, erhält der Verleger auch die Anteile der Urheber ausgezahlt.

Abschnitt 2. Verteilung in der Sparte BT VR (Bildtonträger-Vervielfältigungsrecht)

§ 143 Gegenstand der Sparte

In der Sparte BT VR (Bildtonträger-Vervielfältigungsrecht) erhalten Werke eine Ausschüttung für die Vervielfältigung im Sinne des § 16 Abs. 1 UrhG und die Verbreitung im Sinne des § 17 Abs. 1 UrhG auf Bildtonträgern sowie gegebenenfalls für die Nutzung des Herstellungsrechts.

§ 144 Die zu verteilenden Einnahmen

In der Sparte BT VR werden folgende Einnahmen verteilt:

(a) 100% der Einnahmen, die aus der Vergabe von Nutzungsrechten für die in § 143 genannten Nutzungen zur Verfügung stehen,
(b) 30% der Einnahmen für die Wiedergabe von Bildtonträgern gemäß § 16,
(c) 5% der Einnahmen für die gewerbliche Vervielfältigung von Bildtonträgeraufnahmen, für die keine Nutzungsmeldungen erhältlich sind, gemäß § 21,
(d) 75% der Einnahmen aus dem Vergütungsanspruch für die Vermietung von Bildtonträgern gemäß § 22 Abs. 2,
(e) 75% des auf den Verleih von Bildtonträgern entfallenden Anteils an der Bibliothekstantieme gemäß § 23 Abs. 3,
(f) 5% der Einnahmen aus dem Vergütungsanspruch für die private Vervielfältigung von Bildtonträgeraufnahmen gemäß § 25 Abs. 3,
(g) 30% der Einnahmen für Nutzungen durch Anbieter von Video-on-Demand-Diensten (Download), die nicht in den Sparten VOD D und VOD D VR verteilt werden, gemäß § 177 Abs. 2,
(h) 30% der Einnahmen für Nutzungen durch Anbieter von Video-on-Demand-Diensten (Streaming), die nicht in den Sparten VOD S und VOD S VR verteilt werden, gemäß § 182 Abs. 2.

§ 145 Durchführung der Verteilung

[1] Es erfolgt Direktverteilung der Einnahmen, die aus den in § 143 genannten Nutzungen zur Verfügung stehen, auf die sich aus der Anmeldung des Bildtonträgers ergebenden Werke. Die übrigen in der Sparte BT VR zu verteilenden Einnahmen werden als prozentualer Zuschlag zu den direkt verteilten Beträgen verteilt.
[2] Lizenzeinnahmen bis zu EUR 1,00 pro Werk werden nicht werkbezogen, sondern als prozentualer Zuschlag auf die in der Sparte BT VR verrechneten Werke verteilt.
[3] Bei in Deutschland verlegten Werken ausländischer Urheber, deren mechanische Rechte der Verleger zu 100% erworben hat, erhält der Verleger auch die Anteile der Urheber ausgezahlt.

Übersicht

I. Die Sparten des Nutzungsbereichs Vervielfältigung und Verbreitung (§ 139)

462 Der Nutzungsbereich Vervielfältigung und Verbreitung umfasst die Sparten, die zur Verteilung von Einnahmen aus Nutzungen des **Vervielfältigungsrechts** gemäß § 16 Abs. 1 UrhG und des **Verbreitungsrechts** gemäß § 17 Abs. 1 UrhG gebildet sind. Hierbei wird unterschieden zwischen Nutzungen von Musikwerken auf Tonträgern einerseits (Sparte Phono VR) und Bildtonträgern andererseits (Sparte BT VR). Eine Differenzierung zwischen Vervielfältigungs- und Verbreitungsrecht erfolgt dagegen nicht, da beide Rechte gemeinsam lizenziert werden.[241]

241 Vgl. etwa für Tonträger den Tarif VR-T-H 1 https://www.gema.de/musiknutzer/tarife-formulare/tarif-vr-t-h-1/ und für Bildtonträger die Tarife VR-BT-H 3 und VR-BR-H 4 https://www.gema.de/musiknutzer/tarife-formulare/tarife-vr-bt-h-3vr-bt-h-4/.

II. Verteilung in der Sparte Phono VR (Tonträger-Vervielfältigungsrecht) (§§ 140–142)

In der Sparte Phono VR (Tonträger-Vervielfältigungsrecht) erhalten Werke gemäß § 140 eine Ausschüttung für die Vervielfältigung und Verbreitung auf physischen **Tonträgern** (CDs, LPs etc.). 463

§ 141 fasst die **Einnahmen** zusammen, die in der Sparte Phono VR verteilt werden. Hierbei handelt es sich zum einen um werkbezogene Einnahmen, die die GEMA aus der Vergabe von Nutzungsrechten für die Vervielfältigung und Verbreitung von Tonträgern erzielt (lit. a). Zum anderen sind der Verteilung in der Sparte Phono VR die in § 141 lit. b-e genannten sonstigen Einnahmen zugeordnet, die im Zusammenhang mit Tonträgernutzungen stehen. Hierbei handelt es sich um Einnahmen aus gewerblichen Vervielfältigungen von Tonträgern ohne Nutzungsmeldungen sowie um Einnahmen aus gesetzlichen Vergütungsansprüchen (vgl. im Einzelnen die Kommentierung zu den jeweiligen Referenzbestimmungen). Nicht in der Sparte Phono VR verteilt werden die Einnahmen, die die GEMA aus der Vergabe von Nutzungsrechten für die Vervielfältigung durch Discjockeys zum Zwecke der öffentlichen Wiedergabe in Diskotheken, Clubs u.Ä. erzielt, auch wenn die Vervielfältigung auf Tonträgern erfolgt. Zur Verteilung dieser Einnahmen ist die Sparte DK VR gebildet (§§ 120 ff.). 464

In der Sparte Phono VR erfolgt gemäß § 142 Abs. 1 **Direktverteilung** der aus den in § 140 genannten Nutzungen zur Verfügung stehenden Einnahmen. Dabei wird zunächst der pro Tonträger zu verteilende Betrag ermittelt. Die Aufteilung dieses Betrags auf die einzelnen Werke erfolgt im Verhältnis zur jeweiligen Spieldauer, d.h. also nach dem Prinzip *pro rata temporis*. Die sonstigen, der Sparte Phono VR nach § 141 lit. b-e zugewiesenen Einnahmen werden gemäß § 142 Abs. 1 S. 2 als **Zuschlag** zu den direkt verteilten Beträgen verteilt. Kleinumsätze bis zu € 1,00 pro Werk werden in der Sparte Phono VR gemäß § 142 Abs. 2 ebenfalls nicht werkbezogen, sondern als Zuschlag verteilt. 465

§ 142 Abs. 3 enthält eine Regelung zur Verteilung bei in Deutschland verlegten Werken ausländischer Urheber, bei denen der Verleger die mechanischen Rechte zu 100% erworben hat. Vgl. zum Hintergrund die Kommentierung zu § 104 Abs. 4, oben **Rn. 374**. 466

III. Verteilung in der Sparte BT VR (Bildtonträger-Vervielfältigungsrecht) (§§ 143–145)

In der Sparte BT VR erhalten gemäß § 143 die Werke eine Abrechnung, die auf physischen **Bildtonträgern** (DVDs, Blu-rays etc.) vervielfältigt und verbreitet wurden. Siehe zum Begriff des Bildtonträgers § 16 Abs. 2 UrhG. Hierunter fallen auch Multimedia-Datenträger im Sinne von § 1 lit. h Abs. 1 BerV. 467

§ 144 fasst die **Einnahmen** zusammen, die in der Sparte BT VR verteilt werden. Hierbei handelt es sich zum einen um werkbezogene Einnahmen, die die GEMA aus der Vergabe von Nutzungsrechten für die Vervielfältigung und Verbreitung von Bildtonträgern erzielt (lit. a). Hierunter fallen gegebenenfalls auch Einnahmen aus der Vergabe des Herstellungsrechts, soweit dieses im Einzelfall gemäß § 1 lit. i Abs. 1 BerV durch die GEMA wahrgenommen wird. Zum anderen sind der Verteilung in der Sparte BT VR die in § 144 lit. b–h genannten sonstigen Einnahmen zugeordnet, die im Zusammenhang mit Nutzungen von Musik in Filmwerken stehen. Hierbei handelt es sich um Einnahmen aus der Wiedergabe von Bildtonträgern, aus gewerblichen Vervielfältigungen von Bildtonträgern ohne Nutzungsmeldungen und aus gesetzlichen Vergütungsansprüchen sowie um nicht direkt zu verteilende Einnahmen im Bereich Video-on-Demand (vgl. im Einzelnen die Kommentierung zu den jeweiligen Referenzbestimmungen). 468

469 In der Sparte BT VR erfolgt gemäß § 145 Abs. 1 **Direktverteilung** der aus den in § 143 genannten Nutzungen zur Verfügung stehenden Einnahmen. Dabei wird zunächst der pro Bildtonträger zu verteilende Betrag ermittelt. Die Aufteilung dieses Betrags auf die einzelnen Werke erfolgt im Verhältnis zur jeweiligen Spieldauer, d.h. also nach dem Prinzip *pro rata temporis*. Die sonstigen, der Sparte BT VR nach § 144 lit. b-h zugewiesenen Einnahmen werden gemäß § 145 Abs. 1 S. 2 als **Zuschlag** zu den direkt verteilten Beträgen verteilt. Kleinumsätze bis zu € 1,00 pro Werk werden in der Sparte BT VR gemäß § 145 Abs. 2 ebenfalls nicht werkbezogen, sondern als Zuschlag verteilt.

470 § 145 Abs. 3 enthält eine Regelung zur Verteilung bei in Deutschland verlegten Werken ausländischer Urheber, bei denen der Verleger die mechanischen Rechte zu 100% erworben hat. Vgl. zum Hintergrund die Kommentierung zu § 104 Abs. 4, oben **Rn. 374**.

Kapitel 7: Die Verteilung in den Sparten des Nutzungsbereichs Online

Abschnitt 1. Allgemeine Regelungen

§ 146 Die Sparten des Nutzungsbereichs Online

Der Nutzungsbereich Online umfasst die Sparten des Internetradios (Sparten I R und I R VR), des Internetfernsehens (Sparten I FS, I T FS und I FS VR, I T FS VR), der Nutzung durch Onlineanbieter von Ruftonmelodien (Sparten KMOD und KMOD VR), der Nutzung durch Anbieter von Music-on-Demand-Diensten (Download) (Sparten MOD D und MOD D VR), der Nutzung durch Anbieter von Music-on-Demand-Diensten (Streaming) (Sparten MOD S und MOD S VR), der Nutzung durch Anbieter von Video-on-Demand-Diensten (Download) (Sparten VOD D und VOD D VR), der Nutzung durch Anbieter von Video-on-Demand-Diensten (Streaming) (Sparten VOD S und VOD S VR) und der Nutzung als Hintergrund- oder Funktionsmusik auf Internet- und Intranetseiten (Sparten WEB und WEB VR).

§ 147 Der Grundsatz der Direktverteilung im Nutzungsbereich Online

[1] **Die Verteilung von Einnahmen aus dem Nutzungsbereich Online erfolgt im Wege der Direktverteilung.**

[2] **Eine Direktverteilung wird nicht durchgeführt, soweit für Einnahmen aus Onlinenutzungen keine Nutzungsmeldungen erhältlich sind oder die Kosten für eine Verteilung im Wege der Direktverteilung außer Verhältnis zu den Einnahmen stünden. Die Verteilung der hiernach nicht im Wege der Direktverteilung zu verteilenden Einnahmen erfolgt gemäß den für die einzelnen Sparten getroffenen Regelungen.**

Übersicht

I. Einführung

471 Die Verteilung der Einnahmen aus Online-Nutzungen wurde erstmals durch Beschluss der ordentlichen Mitgliederversammlung 2002 gesondert geregelt. Angesichts eines raschen technologischen Fortschritts und sich wandelnder Märkte wählte die Mitgliederversammlung hierbei regelungstechnisch zunächst den Weg eines provisorischen, in seiner Geltung befristeten Verteilungsplans und beschloss einen **„Vorläufigen Verteilungsplan für den Nutzungsbereich Online"**. Dieser so genannte Verteilungsplan C wurde in seiner Geltungsdauer mehrmals verlängert und im Detail an zwischenzeitlich eingetretene Veränderungen angepasst. Die ordentliche Mitgliederversammlung 2015 beschloss sodann eine unbefristete Neufassung des Verteilungsplans C mit Wirkung

ab Geschäftsjahr 2016. Bei dieser Gelegenheit wurden die bis dahin vorgesehenen Untergliederungen der Nutzungsbereiche Internetradio und Websites in zahlreiche nachgeordnete Kategorien, die in der Praxis keine Bedeutung erlangt hatten, gestrichen und die Bezeichnungen der Sparten redaktionell teils an den international üblichen Sprachgebrauch, teils an die Abrechnungspraxis angepasst.[242]

Kennzeichnend für den Verteilungsplan C war eine spezielle **Verweistechnik:** In Form einer **Generalklausel** bestimmte § 1 Abs. 1 des Verteilungsplans C, dass die Verteilung in den Sparten des Nutzungsbereichs Online „im Wege der Nettoeinzelverrechnung" (Direktverteilung) erfolge und sich, „soweit es der Nettoeinzelverrechnung nicht widerspricht", nach den Allgemeinen Grundsätzen und Ausführungsbestimmungen der Verteilungspläne A und B richte. Der Verteilungsplan C enthielt daher im Wesentlichen nur einzelne Spezialvorschriften für die Onlinesparten (z.B. zum Kommissionsabzug, vgl. nunmehr § 29 Abs. 5), verzichtete aber auf eine detaillierte Darstellung der Verteilung in diesen Sparten, wie sie nun, nach der redaktionellen Überarbeitung des gesamten Verteilungsplans, in §§ 146 ff. enthalten ist. 472

II. Die Sparten des Nutzungsbereichs Online (§ 146)

Im Nutzungsbereich Online sind alle Sparten zusammengefasst, die zur Verteilung von Einnahmen aus der Vergabe von Rechten für Onlinenutzungen gebildet sind. Dies umfasst sowohl Sparten für interaktive, als auch für nicht-interaktive Onlinenutzungen.[243] 473

- **Interaktive Onlinenutzungen** sind solche, bei denen der Nutzer das Werk zu Zeiten und an Orten seiner Wahl abrufen kann und somit eine **öffentliche Zugänglichmachung** im Sinne des § 19a UrhG erfolgt. Daneben erfordern interaktive Onlinenutzungen das Abspeichern der Werke auf einen Server durch den Anbieter („Upload"), in vielen Fällen zusätzlich auch ein Abspeichern der Werke durch den Endnutzer („Download"). Mit dem „Up-" und „Download" der Musikwerke erfolgt eine **Vervielfältigung** der Werke im Sinne von § 16 Abs. 1 UrhG. Typische interaktive Onlinenutzungen sind die so genannten On-Demand-Angebote, z.B. von Musik oder Filmen, unabhängig davon, ob der Nutzer eine **Download-Möglichkeit** hat (z.B. bei iTunes) oder die Nutzung lediglich im Wege des **Streamings** erfolgt (z.B. bei Spotify oder YouTube).[244] 474
- **Nicht-interaktive Onlinenutzungen** finden dagegen im Internet für alle Nutzer zur selben Zeit und ohne Möglichkeit der Interaktion auf der Basis eines vorgegebenen Sendeplans statt. Urheberrechtlich betrachtet berührt eine nicht-interaktive Onlinenutzung somit nicht das Recht der öffentlichen Zugänglichmachung, sondern das **Senderecht** gemäß § 20 UrhG. Daneben ist ebenfalls das **Vervielfältigungsrecht** berührt. Zu den nicht-interaktiven Onlinenutzungen zählen etwa das Simulcasting[245] und das Webcasting[246] von Hörfunk- und Fernsehprogrammen. 475

Die Bildung der Sparten für den Nutzungsbereich Online spiegelt die – auch bei der Lizenzierung zu berücksichtigende – Vielfalt verschiedener Nutzungsmöglichkeiten von 476

242 Vgl. Tagesordnung für die Mitgliederversammlung v. 6./7.5.2015, Antrag zu TOP 26, mit ausf. Begr.
243 Vgl. zu dieser Differenzierung *Müller*, ZUM 2009, 121, 122.
244 Zur Unterscheidung zwischen Download und Streaming vgl. etwa *Sasse/Waldhausen*, ZUM 2000, 837.
245 Hiermit ist die Onlinenutzung eines zeitgleich auch auf andere Weise, z.B. terrestrisch, ausgestrahlten und insoweit „vorbestehenden" Programms gemeint.
246 Webcasting bezeichnet die originäre Zurverfügungstellung eines Programms im Internet.

Musik im Internet wider. Die für die einzelnen Nutzungssachverhalte benötigten Wiedergabe- und mechanischen Rechte lizenziert die GEMA jeweils zu einheitlichen Tarifen (vgl. **Kap. 12.D.**). Im Rahmen der Verteilung sind **jeweils gesonderte Sparten** zur Verteilung für Nutzungen der Rechte der öffentlichen Wiedergabe einerseits und Nutzungen der Rechte der Vervielfältigung und Verbreitung andererseits gebildet. Bei der Gewichtung zwischen diesen Sparten hat sich die Mitgliederversammlung an dem bereits für andere Bereiche gebräuchlichen Grundmodell orientiert, wonach bei Nutzungen, die sowohl Wiedergabe- als auch mechanische Rechte betreffen, Aufteilungen im Verhältnis von 2 : 1 vorgenommen werden.[247] Für die Aufteilung im Einzelnen hat die Mitgliederversammlung dabei auf den jeweiligen Schwerpunkt der Nutzungen abgestellt.[248]

477 Vor diesem Hintergrund lassen sich die Sparten des Nutzungsbereichs Online im Überblick aktuell[249] wie folgt klassifizieren:

Nutzungssachverhalt	**Sparten der Rechte der öffentlichen Wiedergabe**	**Sparten der Rechte der Vervielfältigung und Verbreitung**
Interaktive Onlinenutzung von Musikwerken	MOD D (Downloadangebote)	MOD D VR (Downloadangebote)
	MOD S (Streamingangebote)	MOD S VR (Streamingangebote)
Interaktive Onlinenutzung von Musikwerken in Filmen/Videos	VOD D (Downloadangebote)	VOD D VR (Downloadangebote)
	VOD S (Streamingangebote)	VOD S VR (Streamingangebote)
Interaktive Onlinenutzung von Ruftonmelodien	KMOD	KMOD VR
Interaktive Onlinenutzung als Hintergrund- oder Funktionsmusik auf Internet- und Intranetseiten	WEB	WEB VR
Nicht-interaktive Onlinenutzung im Internetradio	IR	IR VR
Nicht-interaktive Onlinenutzung im Internetfernsehen	I FS / I T FS	I FS VR / I T FS VR

478 In allen Sparten des Nutzungsbereichs Online wird von den Einnahmen gemäß § 29 Abs. 5 eine einheitliche Kommission von bis zu 15% zur **Kostendeckung** abgezogen. In den Sparten der Rechte der öffentlichen Wiedergabe erfolgt zudem der 10%-Abzug für soziale und kulturelle Zwecke gemäß § 30 Abs. 1.

247 Vgl. Tagesordnung für die Mitgliederversammlung v. 25./26.6.2002, Antrag zu TOP 18.

248 *Kreile/Becker*, in: Handbuch der Musikwirtschaft, S. 657.

249 Für die ordentliche Mitgliederversammlung 2018 ist ein Antrag zur Bildung zweier neuer Sparten für die Verteilung der Einnahmen geplant, die die GEMA für Nutzungen auf Gemischten Online-Plattformen (z.B. YouTube) erzielt.

III. Der Grundsatz der Direktverteilung im Nutzungsbereich Online (§ 147)

Gemäß § 147 Abs. 1 werden die Einnahmen in den Sparten des Nutzungsbereichs Online grundsätzlich im Wege der besonders leistungsgerechten **Direktverteilung** verteilt. Dies wird dadurch ermöglicht, dass die Onlinetarife der GEMA in der Regel eine werknutzungsbezogene Lizenzierung und Vergütung vorsehen. 479

Eine **Ausnahme** von der Direktverteilung gilt gemäß § 147 Abs. 2, wenn eine solche Verteilung im Einzelfall wirtschaftlich unverhältnismäßig wäre oder wegen des Fehlens verwertbarer Nutzungsmeldungen nicht durchgeführt werden kann. Die Verteilung erfolgt in diesem Fall nach gesonderten, für die einzelnen Sparten getroffenen Regelungen (vgl. §§ 152 Abs. 2, 157 Abs. 2, 162 Abs. 2, 167 Abs. 2, 172 Abs. 2, 177 Abs. 2, 182 Abs. 2 und 187 Abs. 2). Diese sehen eine Verteilung der nicht direkt zu verteilenden Einnahmen als Zuschlag in den betreffenden Onlinesparten oder zugunsten sachnaher Referenzsparten außerhalb des Nutzungsbereichs Online vor. 480

Abschnitt 2. Verteilung in den Sparten I R (Internetradio) und I R VR (Internetradio-Vervielfältigungsrecht)

§ 148 Gegenstand der Sparten

[1] In der Sparte I R (Internetradio) erhalten Werke eine Ausschüttung für die Sendung im Sinne des § 20 UrhG im Internet-Hörfunk.

[2] In der Sparte I R VR (Internetradio-Vervielfältigungsrecht) erhalten Werke eine Ausschüttung für die Vervielfältigung im Sinne des § 16 UrhG für Hörfunksendungen im Internet.

§ 149 Die zu verteilenden Einnahmen

Es werden die Einnahmen verteilt, die aus der Vergabe von Nutzungsrechten für die in § 148 genannten Nutzungen zur Verfügung stehen.

§ 150 Aufteilung der Einnahmen auf die Sparten

Die zur Verfügung stehenden Einnahmen werden zu 66,67% in der Sparte I R und zu 33,33% in der Sparte I R VR verteilt.

§ 151 Ermittlung der Nutzungen

Die GEMA stellt die genutzten Werke grundsätzlich anhand der von den Internet-Radioveranstaltern zur Verfügung gestellten Nutzungsmeldungen fest. Die für die Ermittlung der Nutzungen und die Verteilung auf der Grundlage von Nutzungsmeldungen in den Sparten des Nutzungsbereichs Sendung geltenden Regelungen gemäß §§ 93 und 94 finden entsprechende Anwendung.

§ 152 Durchführung der Verteilung

[1] Es erfolgt Direktverteilung gemäß § 147. Hierbei finden die für die Verteilung in den Sparten des Nutzungsbereichs Sendung (Hörfunk) geltenden Regelungen entsprechende Anwendung, soweit sie der Direktverteilung nicht widersprechen.

[2] Soweit die Voraussetzungen für eine Direktverteilung nicht vorliegen, werden die Einnahmen zu 66,67% in der Sparte R und zu 33,33% in der Sparte R VR verteilt.

Die Sparten I R und I R VR sind für die Verteilung von Einnahmen aus der Vergabe der Sende- und Vervielfältigungsrechte für nicht-interaktive Onlinenutzungen in Form von Internet-Hörfunksendungen („Internetradios" oder **„Webradios"**) gebildet. Der Markt ist in diesem Bereich durch eine Vielzahl kleiner und kleinster Webradio-Angebote geprägt, für die die GEMA über ihren Lizenzshop Lizenzen von 32,50 EUR pro Monat 481 vergibt.[250] Aufgrund der geringen Vergütungen bei zugleich potenziell sehr hohen Werknutzungszahlen ist eine Direktverteilung auf der Basis von Nutzungsmeldungen in diesem Bereich regelmäßig wirtschaftlich unverhältnismäßig iSd § 147 Abs. 2. Zu beachten ist insoweit gemäß § 151 S. 2 auch die vom Aufsichtsrat gemäß § 94 Abs. 1 S. 1 für den Hörfunkbereich festgesetzte Mindestgrenze für die Verteilung von Einnahmen auf der Grundlage von Nutzungsmeldungen (vgl. hierzu oben, **Rn. 323**). Die nicht direkt zu verteilenden Einnahmen aus Internet-Hörfunksendungen werden gemäß § 152 Abs. 2 zugunsten der traditionellen Hörfunksparten R und R VR verteilt und fließen somit in die Berechnung der Minutenwerte Hörfunk-Senderecht und Hörfunk-Vervielfältigungsrecht ein (vgl. §§ 96 lit. f, 100 Abs. 2, 102 lit. f, 104 Abs. 2).

482 Sollten aus einem Webradio-Angebot im Einzelfall Einnahmen in einer Höhe erzielt werden, die die Durchführung einer **Direktverteilung** in den Sparten I R und I R VR rechtfertigt, erfolgt diese gemäß § 152 Abs. 1 S. 2 unter entsprechender Anwendung der für den Nutzungsbereich Sendung (Hörfunk) geltenden Regelungen (§§ 91–104), soweit diese dem Prinzip der Direktverteilung nicht widersprechen.

Abschnitt 3. Verteilung in den Sparten I FS (Internetfernsehen), I T FS (Internetfernsehen-Tonfilm), I FS VR (Internetfernsehen-Vervielfältigungsrecht) und I T FS VR (Internetfernsehen-Tonfilm-Vervielfältigungsrecht)

§ 153 Gegenstand der Sparten

[1] In der Sparte I FS (Internetfernsehen) erhalten Werke in Eigen- und Auftragsproduktionen des Fernsehens eine Ausschüttung für die Sendung im Sinne des § 20 UrhG im Internet-Fernsehen.

[2] In der Sparte I T FS (Internetfernsehen-Tonfilm) erhalten Werke in Fremdproduktionen eine Ausschüttung für die Sendung im Sinne des § 20 UrhG im Internet-Fernsehen.

[3] In der Sparte I FS VR (Internetfernsehen-Vervielfältigungsrecht) erhalten Werke in Eigen- und Auftragsproduktionen des Fernsehens eine Ausschüttung für die Vervielfältigung im Sinne des § 16 Abs. 1 UrhG für Fernsehsendungen im Internet sowie gegebenenfalls für die Nutzung des Herstellungsrechts.

[4] In der Sparte I T FS VR (Internetfernsehen-Tonfilm-Vervielfältigungsrecht) erhalten Werke in Fremdproduktionen eine Ausschüttung für die Vervielfältigung im Sinne des § 16 Abs. 1 UrhG für Fernsehsendungen im Internet.

§ 154 Die zu verteilenden Einnahmen

Es werden die Einnahmen verteilt, die aus der Vergabe von Nutzungsrechten für die in § 153 genannten Nutzungen zur Verfügung stehen.

§ 155 Aufteilung der Einnahmen auf die Sparten

Die Einnahmen werden zu 66,67% in den Sparten I FS und I T FS und zu 33,33% in den Sparten I FS VR und I T FS VR verteilt.

§ 156 Ermittlung der Nutzungen

Die GEMA stellt die genutzten Werke grundsätzlich anhand der von den Internet-Fernsehveranstaltern zur Verfügung gestellten Nutzungsmeldungen fest. Die für die Ermittlung der Nutzungen und die Verteilung auf der Grundlage von Nutzungsmeldungen in den Sparten des Nutzungsbereichs Sendung geltenden Regelungen gemäß §§ 93 und 94 finden entsprechende Anwendung.

250 Vgl. Ziff. I.2.d des Tarifs S-VR/Hf-Pr unter https://www.gema.de/musiknutzer/tarife-formulare/tarif-s-vrhf-pr/ und das Angebot für Webradio-Lizenzen im Lizenzshop der GEMA unter https://online.gema.de/lipo/portal.

§ 157 Durchführung der Verteilung

[1] Es erfolgt Direktverteilung gemäß § 147. Hierbei finden die für die Verteilung in den Sparten des Nutzungsbereichs Sendung (Fernsehen) geltenden Regelungen entsprechende Anwendung, soweit sie der Direktverteilung nicht widersprechen.

[2] Soweit die Voraussetzungen für eine Direktverteilung nicht vorliegen, werden die Einnahmen zu 66,67% in den Sparten FS und T FS und zu 33,33% in den Sparten FS VR und T FS VR verteilt. Soweit sich nicht direkt zu verteilende Einnahmen der Vergabe des Filmherstellungsrechts zuordnen lassen, erfolgt die Verteilung zugunsten der Sparte FS VR.

Die Sparten I FS / I FS VR und I T FS / I T FS VR sind für die Verteilung von Einnahmen aus der Vergabe der Sende- und mechanischen Rechte für nicht-interaktive Onlinenutzungen in Form von **Internet-Fernsehsendungen** gebildet. Mangels relevanter Erträge in diesem Bereich hat in den genannten Sparten bislang noch keine Verteilung stattgefunden. Nicht unter den durch § 153 bestimmten Gegenstand der Sparten des „Internetfernsehens" fallen interaktive Angebote im Rahmen von programmbegleitenden Onlinenutzungen, wie sie zahlreiche Rundfunkveranstalter mittlerweile als Ergänzung zu ihrem linearen Sendebetrieb eingerichtet haben. 483

Für den Fall, dass sich künftig ein eigener Markt für Internet-Fernsehangebote etablieren sollte, sieht § 157 Abs. 1 grundsätzlich eine **Direktverteilung** der entsprechenden Einnahmen vor. Hierbei ist gemäß § 153 in Anlehnung an die Fernsehsparten des Nutzungsbereichs Sendung (vgl. §§ 105 und 111 sowie hierzu die Kommentierung oben, **Rn. 375 f., 411 f.**) zu unterscheiden zwischen Sparten für die Verteilung von Einnahmen aus Werknutzungen in Eigen- und Auftragsproduktionen des Fernsehens (Sparten I FS / I FS VR) und Sparten für die Verteilung der Einnahmen für Werknutzungen in Fremdproduktionen (Sparten I T FS / I T FS VR). Die für die Fernsehsparten des Nutzungsbereichs Sendung geltenden Regelungen (§§ 91–94, 105–114) finden gemäß § 157 Abs. 1 S. 2 auch für die Sparten des Internetfernsehens Anwendung, soweit sie dem Prinzip der Direktverteilung nicht widersprechen. Ist eine Direktverteilung gemäß § 147 Abs. 2 nicht oder nicht mit wirtschaftlich verhältnismäßigem Aufwand möglich, werden die Einnahmen gemäß § 157 Abs. 2 zugunsten der Fernsehsparten des Nutzungsbereichs Sendung verteilt. Dies gilt auch, soweit eine Direktverteilung gemäß § 157 S. 2 iVm § 94 nicht stattfindet, weil die Einnahmen aus Internet-Fernsehsendungen unterhalb der vom Aufsichtsrat für die Verteilung auf der Grundlage von Nutzungsmeldungen im Fernsehbereich festgesetzten Grenze liegen. 484

Abschnitt 4. Verteilung in den Sparten KMOD (Ruftonmelodien) und KMOD VR (Ruftonmelodien-Vervielfältigungsrecht)

§ 158 Gegenstand der Sparten

[1] In der Sparte KMOD (Ruftonmelodien) erhalten Werke eine Ausschüttung für die öffentliche Zugänglichmachung im Sinne des § 19a UrhG durch Onlineanbieter von Ruftonmelodien.

[2] In der Sparte KMOD VR (Ruftonmelodien-Vervielfältigungsrecht) erhalten Werke eine Ausschüttung für die Vervielfältigung im Sinne des § 16 UrhG durch Onlineanbieter von Ruftonmelodien.

§ 159 Die zu verteilenden Einnahmen

Es werden die Einnahmen verteilt, die aus der Vergabe von Nutzungsrechten für die in § 158 genannten Nutzungen zur Verfügung stehen.

§ 160 Aufteilung der Einnahmen auf die Sparten

Die Einnahmen werden zu 33,33% in der Sparte KMOD und zu 66,67% in der Sparte KMOD VR verteilt.

§ 161 Ermittlung der Nutzungen

Die Ermittlung der Nutzungen erfolgt aufgrund der Nutzungsmeldungen der Onlineanbieter von Ruftonmelodien.

§ 162 Durchführung der Verteilung

[1] Es erfolgt Direktverteilung gemäß § 147.

[2] Soweit die Voraussetzungen für eine Direktverteilung nicht vorliegen, werden die Einnahmen als prozentualer Zuschlag in den Sparten KMOD und KMOD VR verteilt.

485 Die Sparten KMOD (Ruftonmelodien) und KMOD VR (Ruftonmelodien-Vervielfältigungsrecht) sind gemäß § 158 für die Verteilung von Einnahmen aus der Vergabe des Rechts der öffentlichen Zugänglichmachung gemäß § 19a UrhG bzw. des Vervielfältigungsrechts gemäß § 16 UrhG an Onlineanbieter von „Handy-Klingeltönen", den so genannten **Ruftonmelodien**, gebildet. Zum Begriff des Klingeltons vgl. die Kommentierung zu § 1 lit. h Abs. 4 BerV, oben **Kap. 7 Rn. 195**. Die wirtschaftliche Bedeutung des Onlineangebots von Ruftonmelodien ist seit der zweiten Hälfte der 2000er Jahre stark zurückgegangen. Sollten Ruftonmelodien im Einzelfall offline (z.B. auf CD-ROM) angeboten werden, werden die Einnahmen aus den betreffenden Nutzungen nicht in den Sparten KMOD und KMOD VR, sondern in den für die betreffende Offlinenutzung gebildeten Sparten verteilt.

486 Die Lizenzierung von Onlineangeboten von Ruftonmelodien erfolgt nach dem Tarif VR-OD 1.[251] Die pro Nutzung erzielten Einnahmen werden gemäß § 160 zu 33,33% in der Sparte KMOD und zu 66,67% in der Sparte KMOD VR verteilt. Gemäß § 162 erfolgt **Direktverteilung** iSd § 147. Nicht direkt zu verteilende Einnahmen werden als **prozentualer Zuschlag** innerhalb der Sparten KMOD und KMOD VR verteilt.

Abschnitt 5. Verteilung in den Sparten MOD D (Music-on-Demand-Download) und MOD D VR (Music-on-Demand-Download-Vervielfältigungsrecht)

§ 163 Gegenstand der Sparten

[1] In der Sparte MOD D (Music-on-Demand-Download) erhalten Werke eine Ausschüttung für die öffentliche Zugänglichmachung im Sinne des § 19a UrhG durch Anbieter von Music-on-Demand-Diensten (Download).

[2] In der Sparte MOD D VR (Music-on-Demand-Download-Vervielfältigungsrecht) erhalten Werke eine Ausschüttung für die Vervielfältigung im Sinne des § 16 UrhG durch Anbieter von Music-on-Demand-Diensten (Download).

§ 164 Die zu verteilenden Einnahmen

Es werden die Einnahmen verteilt, die aus der Vergabe von Nutzungsrechten für die in § 163 genannten Nutzungen zur Verfügung stehen.

§ 165 Aufteilung der Einnahmen auf die Sparten

Die Einnahmen werden zu 33,33% in der Sparte MOD D und zu 66,67% in der Sparte MOD D VR verteilt.

§ 166 Ermittlung der Nutzungen

Die Ermittlung der Nutzungen erfolgt aufgrund der Nutzungsmeldungen der Anbieter der Music-on-Demand-Dienste.

251 Vgl. https://www.gema.de/musiknutzer/tarife-formulare/tarif-vr-od-1/.

§ 167 Durchführung der Verteilung

[1] Es erfolgt Direktverteilung gemäß § 147.

[2] Soweit die Voraussetzungen für eine Direktverteilung nicht vorliegen, werden die Einnahmen als prozentualer Zuschlag in den Sparten MOD D und MOD D VR verteilt.

Die Sparten MOD D (Music-on-Demand-Download) und MOD D VR (Music-on-Demand-Download-Vervielfältigungsrecht) sind gemäß § 163 für die Verteilung von Einnahmen gebildet, die die GEMA aus der Vergabe des Rechts der öffentlichen Zugänglichmachung gemäß § 19a UrhG bzw. des Vervielfältigungsrechts gemäß § 16 UrhG an Anbieter solcher **Music-on-Demand-Dienste** erzielt, bei denen der Endverbraucher die Möglichkeit des **Downloads** hat. Beispiele sind insbesondere die klassischen Downloadportale wie iTunes oder Amazon, aber auch Geschäftsmodelle, die eine bestimmte Zahl von Abrufmöglichkeiten für einen bestimmten Zeitraum vorsehen (limitierte Abonnements). 487

Die Lizenzierung der betreffenden Music-on-Demand-Download-Angebote erfolgt über den Tarif VR-OD 7.[252] Dieser umfasst neben reinen Audiowerken auch Downloadangebote von **Musikvideos** (insbesondere Musikvideoclips, Konzertmitschnitte), die daher im Rahmen der Verteilung ebenfalls in den Sparten MOD D und MOD D VR berücksichtigt werden. 488

Die pro Nutzung erzielten Einnahmen werden gemäß § 165 zu 33,33% in der Sparte MOD D und zu 66,67% in der Sparte MOD D VR verteilt. Gemäß § 167 Abs. 1 erfolgt grundsätzlich **Direktverteilung** iSd § 147. Nicht direkt zu verteilende Einnahmen werden gemäß § 167 Abs. 2 als **prozentualer Zuschlag** innerhalb der Sparten MOD D und MOD D VR verteilt. 489

Abschnitt 6. Verteilung in den Sparten MOD S (Music-on-Demand-Streaming) und MOD S VR (Music-on-Demand-Streaming-Vervielfältigungsrecht)

§ 168 Gegenstand der Sparten

[1] In der Sparte MOD S (Music-on-Demand-Streaming) erhalten Werke eine Ausschüttung für die öffentliche Zugänglichmachung im Sinne des § 19a UrhG durch Anbieter von Music-on-Demand-Diensten (Streaming).

[2] In der Sparte MOD S VR (Music-on-Demand-Streaming-Vervielfältigungsrecht) erhalten Werke eine Ausschüttung für die Vervielfältigung im Sinne des § 16 UrhG durch Anbieter von Music-on-Demand-Diensten (Streaming).

§ 169 Die zu verteilenden Einnahmen

In den Sparten MOD S und MOD S VR werden folgende Einnahmen verteilt:

(a) 100% der Einnahmen, die aus der Vergabe von Nutzungsrechten für die in § 168 genannten Nutzungen zur Verfügung stehen,

(b) 100% des auf Audiowerke entfallenden Anteils an den Einnahmen aus dem Vergütungsanspruch für die öffentliche Zugänglichmachung für Unterricht und Forschung gemäß § 52a UrhG gemäß § 24 Abs. 2,

(c) 33 1/3% der Einnahmen aus Nutzungen als Hintergrund- oder Funktionsmusik auf Internet- und Intranetseiten, für die keine Direktverteilung in den Sparten WEB und WEB VR erfolgt, gemäß § 187 Abs. 2 lit. a.

§ 170 Aufteilung der Einnahmen auf die Sparten

Die Einnahmen werden zu 66,67% in der Sparte MOD S und zu 33,33% in der Sparte MOD S VR verteilt.

---

252 Vgl. https://www.gema.de/musiknutzer/tarife-formulare/tarif-vr-od-7/.

§ 171 Ermittlung der Nutzungen

Die Ermittlung der Nutzungen erfolgt aufgrund der Nutzungsmeldungen der Anbieter der Music-on-Demand-Dienste.

§ 172 Durchführung der Verteilung

[1] Es erfolgt Direktverteilung gemäß § 147 für die Einnahmen, die aus den in § 168 genannten Nutzungen zur Verfügung stehen. Die übrigen in den Sparten MOD S und MOD S VR zu verteilenden Einnahmen werden als prozentualer Zuschlag zu den direkt verteilten Beträgen verteilt.

[2] Soweit die Voraussetzungen für eine Direktverteilung nicht vorliegen, werden die Einnahmen als prozentualer Zuschlag in den Sparten MOD S und MOD S VR verteilt.

490 Die Sparten MOD S (Music-on-Demand-Streaming) und MOD S VR (Music-on-Demand-Streaming-Vervielfältigungsrecht) sind gemäß § 168 für die Verteilung von Einnahmen gebildet, die die GEMA aus der Vergabe des Rechts der öffentlichen Zugänglichmachung gemäß § 19a UrhG bzw. des Vervielfältigungsrechts gemäß § 16 UrhG an Anbieter solcher **Music-on-Demand-Dienste** erzielt, bei denen der Endverbraucher keine Möglichkeit des Downloads, sondern nur des **Streamings** hat. Ein Beispiel für ein solches Musikstreaming-Angebot ist etwa Spotify.

491 Für die Lizenzierung von Music-on-Demand-Angeboten im Bereich Streaming hat die GEMA mehrere, nach dem Geschäftsmodell des Anbieters differenzierende Tarife aufgestellt.[253] Die Verteilung der Einnahmen erfolgt jedoch einheitlich in den Sparten MOD S und MOD S VR. Wie im Bereich Music-on-Demand Download (vgl. oben, **Rn. 488**) umfassen die betreffenden Tarife auch Streamingangebote von **Musikvideos** (insbesondere Musikvideoclips, Konzertmitschnitte), die daher im Rahmen der Verteilung ebenfalls in den Sparten MOD S und MOD S VR berücksichtigt werden.

492 Die Verteilung der Einnahmen erfolgt gemäß § 170 zu 66,67% in der Sparte MOD S und zu 33,33% in der Sparte MOD S VR. Neben den unmittelbar von den Anbietern der Musikstreamingdienste erzielten Einnahmen sind den Sparten MOD S und MOD S VR noch die in § 169 lit. b und c genannten **sonstigen Einnahmen** zugewiesen. Hierbei handelt es sich zum einen um den auf Audiowerke entfallenden Anteil an den Einnahmen aus dem gesetzlichen Vergütungsanspruch gemäß § 52a UrhG (vgl. § 24 Abs. 2 sowie hierzu oben, **Rn. 88f.**), zum anderen um ein Drittel der nicht direkt zu verteilenden Einnahmen aus Nutzungen als Hintergrund- oder Funktionsmusik auf Internet- und Intranetseiten (vgl. § 187 Abs. 2 lit. a. sowie hierzu unten, **Rn. 508**). Diese sonstigen Einnahmen werden gemäß § 172 Abs. 1 als prozentualer Zuschlag zu den von den Anbietern der Musikstreamingdienste erzielten Einnahmen verteilt.

493 Gemäß § 172 Abs. 1 erfolgt grundsätzlich **Direktverteilung** iSd § 147. Nicht direkt zu verteilende Einnahmen werden gemäß § 172 Abs. 2 als **prozentualer Zuschlag** innerhalb der Sparten MOD S und MOD S VR verteilt.

Abschnitt 7. Verteilung in den Sparten VOD D (Video-on-Demand-Download) und VOD D VR (Video-on-Demand-Download-Vervielfältigungsrecht)

§ 173 Gegenstand der Sparten

[1] In der Sparte VOD D (Video-on-Demand-Download) erhalten Werke in Filmen eine Ausschüttung für die öffentliche Zugänglichmachung im Sinne des § 19a UrhG durch Anbieter von Video-on-Demand-Diensten (Download).

253 Vgl. https://www.gema.de/musiknutzer/tarife-formulare/tarif-vr-od-8/ und https://www.gema.de/musiknutzer/tarife-formulare/tarif-vr-od-9/.

[2] In der Sparte VOD D VR (Video-on-Demand-Download-Vervielfältigungsrecht) erhalten Werke in Filmen eine Ausschüttung für die Vervielfältigung im Sinne des § 16 UrhG durch Anbieter von Video-on-Demand-Diensten (Download).

§ 174 Die zu verteilenden Einnahmen

Es werden die Einnahmen verteilt, die aus der Vergabe von Nutzungsrechten für die in § 173 genannten Nutzungen zur Verfügung stehen.

§ 175 Aufteilung der Einnahmen auf die Sparten

Die Einnahmen werden zu 33,33% in der Sparte VOD D und zu 66,67% in der Sparte VOD D VR verteilt.

§ 176 Ermittlung der Nutzungen

Die Ermittlung der Nutzungen erfolgt aufgrund der Nutzungsmeldungen der Anbieter der Video-on-Demand-Dienste.

§ 177 Durchführung der Verteilung

[1] Es erfolgt Direktverteilung gemäß § 147.

[2] Soweit die Voraussetzungen für eine Direktverteilung nicht vorliegen, werden die Einnahmen als prozentualer Zuschlag in den Sparten VOD D und VOD D VR verteilt, soweit der im Wege der Direktverteilung zu verteilende Anteil an den für diese Sparten insgesamt zur Verfügung stehenden Einnahmen mindestens 50% beträgt. Liegt der im Wege der Direktverteilung zu verteilende Anteil der Gesamteinnahmen der Sparten VOD D und VOD D VR unter 50%, werden die nicht im Wege der Direktverteilung zu verteilenden Einnahmen zu 70% zugunsten der Sparten des Fernsehens (hiervon zu 33,33% in den Sparten FS und T FS und zu 66,67% in den Sparten FS VR und T FS VR) und zu 30% zugunsten der Sparte BT VR verteilt. Soweit sich nicht direkt zu verteilende Einnahmen der Vergabe des Filmherstellungsrechts zuordnen lassen, erfolgt die Verteilung zugunsten der Sparte FS VR.

Die Sparten VOD D (Video-on-Demand-Download) und VOD D VR (Video-on-Demand-Download-Vervielfältigungsrecht) sind gemäß § 173 für die Verteilung von Einnahmen gebildet, die die GEMA aus der Vergabe des Rechts der öffentlichen Zugänglichmachung gemäß § 19a UrhG bzw. des Vervielfältigungsrechts gemäß § 16 UrhG an Anbieter solcher **Video-on-Demand-Dienste** erzielt, bei denen der Endverbraucher die Möglichkeit des **Downloads** hat. Da der insoweit einschlägige Tarif VR-OD 4[254] keine Musikvideos umfasst, sondern diese bei der Lizenzierung und bei der Verteilung dem Bereich Music-on-Demand zugeordnet werden (vgl. oben, **Rn. 488**), sind nur **„Filmvideowerke"** iSd Tarifs VR-OD 4 (Spielfilme, Serien, Dokumentationen etc.) bei der Verteilung in den Sparten VOD D und VOD D VR zu berücksichtigen. **494**

Die pro Nutzung erzielten Einnahmen werden gemäß § 175 zu 33,33% in der Sparte VOD D und zu 66,67% in der Sparte VOD D VR verteilt. Gemäß § 177 Abs. 1 erfolgt grundsätzlich **Direktverteilung** iSd § 147. Nicht direkt zu verteilende Einnahmen werden als **prozentualer Zuschlag** verteilt. Hierbei sieht § 177 Abs. 2 folgende Differenzierung vor: **495**

- Liegt der direkt zu verteilende Anteil an den für die Sparten VOD D und VOD D VR insgesamt zur Verfügung stehenden Einnahmen bei **mindestens 50%**, werden auch die nicht direkt zu verteilenden Einnahmen als Zuschlag zu diesen Sparten verteilt. **496**
- Liegt der nicht direkt zu verteilende Anteil an den für die Sparten VOD D und VOD D VR insgesamt zur Verfügung stehenden Einnahmen dagegen bei **unter 50%**, so werden die nicht direkt zu verteilenden Einnahmen zu 70% zugunsten der Fernsehsparten und zu 30% zugunsten der Sparte BT VR verteilt. Der auf die Fernsehsparten **497**

254 Vgl. https://www.gema.de/musiknutzer/tarife-formulare/tarif-vr-od-4/.

entfallende Anteil wird in einem zweiten Schritt im Verhältnis 33,33 : 66,67 auf die Senderechtssparten einerseits und die Sparten des mechanischen Rechts andererseits aufgeteilt. Nicht direkt zu verteilende Einnahmen, die sich unmittelbar der Vergabe des Filmherstellungsrechts zuordnen lassen, werden zugunsten der Sparte FS VR verteilt.

498 Durch diese Differenzierung soll zum einen gewährleistet werden, dass eine vollständige Zuschlagsverteilung in den Sparten VOD D und VOD DVR nur dann erfolgt, wenn der Anteil der direkt zu verrechnenden Werknutzungen in diesen Sparten ausreichend hoch ist, um als repräsentative Basis für die nicht nach Nutzungsmeldungen verrechneten Nutzungen betrachtet werden zu können. Zum anderen trägt die Aufteilung auf mehrere Referenzsparten der großen Bandbreite unterschiedlicher Repertoires Rechnung, die auf Video-on-Demand-Angeboten genutzt werden können.[255] Entsprechende Regelungen finden sich auch für die Sparten in den Bereichen VOD Streaming und WEB, vgl. §§ 182 Abs. 2 und 187 Abs. 2 sowie die Kommentierung unten **Rn. 501–503, 506–508.**

Abschnitt 8. Verteilung in den Sparten VOD S (Video-on-Demand-Streaming) und VOD S VR (Video-on-Demand-Streaming-Vervielfältigungsrecht)

§ 178 Gegenstand der Sparten

[1] In der Sparte VOD S (Video-on-Demand-Streaming) erhalten Werke in Filmen eine Ausschüttung für die öffentliche Zugänglichmachung im Sinne des § 19a UrhG durch Anbieter von Video-on-Demand-Diensten (Streaming).

[2] In der Sparte VOD S VR (Video-on-Demand-Streaming-Vervielfältigungsrecht) erhalten Werke in Filmen eine Ausschüttung für die Vervielfältigung im Sinne des § 16 UrhG durch Anbieter von Video-on-Demand-Diensten (Streaming).

§ 179 Die zu verteilenden Einnahmen

In den Sparten VOD S und VOD S VR werden folgende Einnahmen verteilt:

(a) 100% der Einnahmen, die aus der Vergabe von Nutzungsrechten für die in § 178 genannten Nutzungen zur Verfügung stehen,

(b) 100% des auf audiovisuelle Werke entfallenden Anteils an den Einnahmen aus dem Vergütungsanspruch für die öffentliche Zugänglichmachung für Unterricht und Forschung gemäß § 52a UrhG gemäß § 24 Abs. 3.

§ 180 Aufteilung der Einnahmen auf die Sparten

Die Einnahmen werden zu 66,67% in der Sparte VOD S und zu 33,33% in der Sparte VOD S VR verteilt.

§ 181 Ermittlung der Nutzungen

Die Ermittlung der Nutzungen erfolgt aufgrund der Nutzungsmeldungen der Anbieter der Video-on-Demand-Dienste.

§ 182 Durchführung der Verteilung

[1] Es erfolgt Direktverteilung gemäß § 147 für die Einnahmen, die aus den in § 178 genannten Nutzungen zur Verfügung stehen. Die übrigen in den Sparten VOD S und VOD S VR zu verteilenden Einnahmen werden als prozentualer Zuschlag zu den direkt verteilten Beträgen verteilt.

[2] Soweit die Voraussetzungen für eine Direktverteilung nicht vorliegen, werden die Einnahmen als prozentualer Zuschlag in den Sparten VOD S und VOD S VR verteilt, soweit der im Wege der Direktverteilung zu verteilende Anteil an den für diese Sparten insgesamt zur Verfügung ste-

255 Tagesordnung für die Mitgliederversammlung v. 6./7.5.2015, Begr. des Antrags zu TOP 26, S. 57 f., sowie Tagesordnung für die Mitgliederversammlung v. 23./24.5.2017, Begr. des Antrags zu TOP 41, S. 117 f.

henden Einnahmen mindestens 50% beträgt. Liegt der im Wege der Direktverteilung zu verteilende Anteil der Gesamteinnahmen der Sparten VOD S und VOD S VR unter 50%, werden die nicht im Wege der Direktverteilung zu verteilenden Einnahmen zu 70% zugunsten der Sparten des Fernsehens (hiervon zu 66,67% in den Sparten FS und T FS und zu 33,33% in den Sparten FS VR und T FS VR) und zu 30% in der Sparte BT VR verteilt. Soweit sich nicht direkt zu verteilende Einnahmen der Vergabe des Filmherstellungsrechts zuordnen lassen, erfolgt die Verteilung zugunsten der Sparte FS VR.

Die Sparten VOD S (Video-on-Demand-Streaming) und VOD S VR (Video-on-Demand-Streaming-Vervielfältigungsrecht) sind gemäß § 178 für die Verteilung von Einnahmen gebildet, die die GEMA aus der Vergabe des Rechts der öffentlichen Zugänglichmachung gemäß § 19a UrhG bzw. des Vervielfältigungsrechts gemäß § 16 UrhG an Anbieter solcher **Video-on-Demand-Dienste** erzielt, bei denen der Endverbraucher keine Möglichkeit des **Downloads**, sondern nur des Streamings hat. Wie im Bereich VOD Download sind hiervon keine Musikvideos, sondern lediglich **„Filmvideowerke“** iSd Tarifs VR-OD 4[256] umfasst (vgl. oben, **Rn. 494**). **499**

Die Verteilung der Einnahmen erfolgt gemäß § 180 zu 66,67% in der Sparte VOD S **500**
und zu 33,33% in der Sparte VOD S VR. Neben den unmittelbar von den Anbietern der VOD-Streamingdienste erzielten Einnahmen ist in den Sparten VOD S und VOD S VR auch der auf audiovisuelle Werke entfallende Anteil an den Einnahmen aus dem gesetzlichen Vergütungsanspruch gemäß § 52a UrhG zu verteilen (vgl. § 24 Abs. 2 sowie hierzu oben, **Rn. 88 f.**). Dieser wird gemäß § 182 Abs. 1 als prozentualer Zuschlag verteilt.

Gemäß § 182 Abs. 1 erfolgt grundsätzlich **Direktverteilung** iSd § 147. Nicht direkt zu **501**
verteilende Einnahmen werden als **prozentualer Zuschlag** verteilt. Hierbei sieht § 182 Abs. 2 folgende Differenzierung vor:

- Liegt der direkt zu verteilende Anteil an den für die Sparten VOD S und VOD S VR **502**
  insgesamt zur Verfügung stehenden Einnahmen bei **mindestens 50%**, werden auch die nicht direkt zu verteilenden Einnahmen als Zuschlag zu diesen Sparten verteilt.
- Liegt der nicht direkt zu verteilende Anteil an den für die Sparten VOD S und **503**
  VOD S VR insgesamt zur Verfügung stehenden Einnahmen dagegen bei **unter 50%**, so werden die nicht direkt zu verteilenden Einnahmen zu 70% zugunsten der Fernsehsparten und zu 30% zugunsten der Sparte BT VR verteilt. Der auf die Fernsehsparten entfallende Anteil wird in einem zweiten Schritt im Verhältnis 66,67 : 33,33 auf die Senderechtssparten einerseits und die Sparten des mechanischen Rechts andererseits aufgeteilt. Nicht direkt zu verteilende Einnahmen, die sich unmittelbar der Vergabe des Filmherstellungsrechts zuordnen lassen, werden zugunsten der Sparte FS VR verteilt.

Diese Differenzierung beruht auf denselben Erwägungen wie im Falle der Sparten **504**
VOD D und VOD D VR (vgl. § 177 Abs. 2 sowie hierzu oben **Rn. 498**).

Abschnitt 9. Verteilung in den Sparten WEB (Websites) und WEB VR (Websites-Vervielfältigungsrecht)

§ 183 Gegenstand der Sparten

[1] In der Sparte WEB (Websites) erhalten Werke eine Ausschüttung für die öffentliche Zugänglichmachung im Sinne des § 19a UrhG als Hintergrund- oder Funktionsmusik auf Internet- und Intranetseiten.

256 Vgl. https://www.gema.de/musiknutzer/tarife-formulare/tarif-vr-od-4/.

[2] In der Sparte WEB VR (Websites-Vervielfältigungsrecht) erhalten Werke eine Ausschüttung für die Vervielfältigung im Sinne des § 16 UrhG zum Zweck der öffentlichen Zugänglichmachung der Werke als Hintergrund- oder Funktionsmusik auf Internet- und Intranetseiten.

§ 184 Die zu verteilenden Einnahmen

Es werden die Einnahmen verteilt, die aus der Vergabe von Nutzungsrechten für die in § 183 genannten Nutzungen zur Verfügung stehen.

§ 185 Aufteilung der Einnahmen auf die Sparten

Die Einnahmen werden zu 66,67% in der Sparte WEB und zu 33,33% in der Sparte WEB VR verteilt.

§ 186 Ermittlung der Nutzungen

Die Ermittlung der Nutzungen erfolgt aufgrund der Nutzungsmeldungen der Betreiber der Internet- und Intranetseiten.

§ 187 Durchführung der Verteilung

[1] Es erfolgt Direktverteilung gemäß § 147.

[2] Soweit die Voraussetzungen für eine Direktverteilung nicht vorliegen, werden die Einnahmen als prozentualer Zuschlag in den Sparten WEB und WEB VR verteilt, soweit der im Wege der Direktverteilung zu verteilende Anteil an den für diese Sparten insgesamt zur Verfügung stehenden Einnahmen mindestens 50% beträgt. Liegt der im Wege der Direktverteilung zu verteilende Anteil der Gesamteinnahmen der Sparten WEB und WEB VR unter 50%, werden die nicht im Wege der Direktverteilung zu verteilenden Einnahmen wie folgt verteilt:

(a) 33 1/3% werden als prozentualer Zuschlag zu den Sparten des Nutzungsbereichs Music-on-Demand Streaming verteilt, hiervon 66,67% zugunsten der Sparte MOD S und 33,33% zugunsten der Sparte MOD S VR.

(b) 33 1/3% werden zugunsten der Sparten des Hörfunks verteilt, hiervon 66,67% zugunsten der Sparte R und 33,33% zugunsten der Sparte R VR.

(c) 33 1/3% werden zugunsten der Sparten des Fernsehens verteilt, hiervon 66,67% zugunsten der Sparten FS und T FS und 33,33% zugunsten der Sparten FS VR und T FS VR.

[3] Soweit sich nicht direkt zu verteilende Einnahmen der Vergabe des Filmherstellungsrechts zuordnen lassen, erfolgt die Verteilung zugunsten der Sparte FS VR.

505 Die Sparten WEB (Websites) und WEB VR (Websites-Vervielfältigungsrecht) sind gemäß § 183 für die Verteilung von Einnahmen aus der Vergabe des Rechts der öffentlichen Zugänglichmachung gemäß § 19a UrhG bzw. des Vervielfältigungsrechts gemäß § 16 UrhG für die Nutzung von Werken als **Hintergrund- oder Funktionsmusik auf Internet- und Intranetseiten** gebildet. Hierbei kann es sich beispielsweise um Musik handeln, mit der eine Firma ihre Website zum Zweck der Eigenwerbung unterlegt, aber auch um Hintergrundmusik auf privaten Websites.

506 Die Einnahmen werden gemäß § 185 entsprechend dem auch für die anderen Streaming-Sparten geltenden Aufteilungsverhältnis zu 66,67% in der Sparte WEB und zu 33,33% in der Sparte WEB VR verteilt. Gemäß § 187 Abs. 1 erfolgt grundsätzlich **Direktverteilung** iSd § 147. Nicht direkt zu verteilende Einnahmen werden als **prozentualer Zuschlag** verteilt. Hierbei sieht § 187 Abs. 2 folgende Differenzierung vor:

507 – Liegt der direkt zu verteilende Anteil an den für die Sparten WEB und WEB VR insgesamt zur Verfügung stehenden Einnahmen bei **mindestens 50%**, werden auch die nicht direkt zu verteilenden Einnahmen als Zuschlag zu diesen Sparten verteilt.

508 – Liegt der nicht direkt zu verteilende Anteil an den für die Sparten WEB und WEB VR insgesamt zur Verfügung stehenden Einnahmen dagegen bei **unter 50%**, so werden die nicht direkt zu verteilenden Einnahmen zu je einem Drittel als Zuschlag auf die Music-on-Demand-Sparten, die Hörfunksparten und die Fernsehsparten verteilt und kommen damit einem sehr breit gefächerten Repertoire zugute. Innerhalb der genannten drei Bereiche werden die Einnahmen wiederum jeweils im Verhältnis

66,67 : 33,33 auf die Sparten der Rechte der öffentlichen Wiedergabe einerseits und die Sparten der Rechte der Vervielfältigung und Verbreitung andererseits aufgeteilt.

Diese Regelung berücksichtigt zum einen, dass der Anteil der direkt zu verrechnenden Werknutzungen in den Sparten WEB und WEB VR ausreichend hoch sein muss, damit sie als repräsentative Basis für eine vollständige Zuschlagsverteilung in diesen Sparten ausreichen. Zum anderen trägt die Aufteilung auf mehrere Referenzsparten der großen Bandbreite unterschiedlicher Repertoires Rechnung, die als Funktions- und Hintergrundmusiken auf Internet- und Intranetseiten genutzt werden können.[257] Entsprechende Regelungen finden sich auch für die VOD-Sparten, vgl. §§ 177 Abs. 2 und 182 Abs. 2 sowie die Kommentierung oben **Rn. 495–497, 501–503**. 509

Kapitel 8: Die Verteilung in den Sparten des Nutzungsbereichs Ausland

§ 188 Verteilung in der Sparte A

[1] In der Sparte A (Ausland) erhalten Werke des GEMA-Repertoires eine Ausschüttung für die Nutzung im Wege der Aufführung, Vorführung, öffentlichen Zugänglichmachung, Sendung und Wiedergabe im Ausland, soweit die Rechtewahrnehmung auf der Grundlage von Repräsentationsvereinbarungen zwischen der GEMA und den jeweiligen ausländischen Verwertungsgesellschaften für musikalische Urheberrechte erfolgt.

[2] Es erfolgt eine Ausschüttung der von den ausländischen Verwertungsgesellschaften erhaltenen Einnahmen nach Maßgabe der von diesen vorgenommenen Verteilung unter Berücksichtigung der in den Repräsentationsvereinbarungen getroffenen Regelungen.

§ 189 Verteilung in der Sparte A VR

[1] In der Sparte A VR (Ausland-Vervielfältigungsrecht) erhalten Werke des GEMA-Repertoires eine Ausschüttung für die Nutzung im Wege der Vervielfältigung und Verbreitung im Ausland, soweit die Rechtewahrnehmung auf der Grundlage von Repräsentationsvereinbarungen zwischen der GEMA und den jeweiligen ausländischen Verwertungsgesellschaften für musikalische Urheberrechte erfolgt.

[2] Es erfolgt eine Ausschüttung der von den ausländischen Verwertungsgesellschaften erhaltenen Einnahmen nach Maßgabe der von diesen vorgenommenen Verteilung unter Berücksichtigung der in den Repräsentationsvereinbarungen getroffenen Regelungen.

In den Sparten A (Ausland) und A VR (Ausland-Vervielfältigungsrecht) werden die Einnahmen verteilt, die die GEMA auf der Grundlage von Repräsentationsvereinbarungen iSd § 44 VGG von ausländischen Verwertungsgesellschaften für **Nutzungen des GEMA-Repertoires im Ausland** erhält. In der Sparte A werden hierbei die Einnahmen aus Nutzungen der „Performing Rights" verteilt, in der Sparte A VR die Einnahmen aus Nutzungen der „Mechanical Rights" (vgl. zu dieser Begrifflichkeit oben **Rn. 67, 69**). Diese Einnahmen werden den einzelnen Werken bereits von den ausländischen Verwertungsgesellschaften nach den bei diesen geltenden Verteilungsregeln zugeordnet.[258] Gemäß § 57 Abs. 1 S. 2, der insoweit auf den gesetzlichen Vorgaben des § 46 Abs. 3 VGG basiert, hat die GEMA die Einnahmen, die sie aus Repräsentationsvereinbarungen mit ihren ausländischen Schwestergesellschaften erzielt, binnen sechs Monaten nach Erhalt an ihre Berechtigten zu verteilen, soweit sie hieran nicht aus sachlichen Gründen gehindert ist. 510

257 Tagesordnung für die Mitgliederversammlung v. 6./7.5.2015, Begr. des Antrags zu TOP 26, S. 57 f.

258 Vgl. hierzu auch die Regelung in Art. 7 des CISAC-Mustervertrags, abgedruckt im GEMA-Jahrbuch 2017/2018, S. 289, wonach die Verteilung grundsätzlich nach dem Verteilungsplan der abrechnenden Gesellschaft erfolgt.

Da bei der Weiterverteilung der Einnahmen an die Berechtigten der GEMA ein reduzierter Verwaltungsaufwand anfällt, wird bei der Verteilung in den Sparten A und A VR gemäß § 29 Abs. 6 ein spezieller Kommissionsabzug vorgenommen, der in der Praxis in der jüngeren Vergangenheit nicht über 5% betrug. Ein Abzug für soziale und kulturelle Zwecke erfolgt durch die GEMA nicht.

511 Nicht in der Sparte A verteilt werden die Einnahmen für die **Kabelweitersendung** von deutschen Hörfunkwellen und Fernsehprogrammen im Ausland. Diese werden gemäß § 19 Abs. 2 der Verteilung in den Sparten R (Hörfunk) bzw. FS (Fernsehen) und T FS (Tonfilm im Fernsehen) zugewiesen.

Kapitel 9: Die Aufteilung der Ausschüttung auf die Ausschüttungsberechtigten bei GEMA-Originalwerken

Abschnitt 1. Allgemeine Regelungen

§ 190 Anwendungsbereich

Die Regelungen dieses Kapitels gelten für Werke, bei denen mindestens ein Originalurheber oder Originalverlag GEMA-Mitglied ist (GEMA-Originalwerke).

§ 191 Die Ausschüttung bei mehreren Beteiligten derselben Berufsgruppe

Sind mehrere Ausschüttungsberechtigte derselben Berufsgruppe beteiligt, so findet eine Teilung der betreffenden Anteile statt.

§ 192 Die Ausschüttung bei Berechtigten der GEMA und anderer Verwertungsgesellschaften derselben Berufsgruppe

Sind bei Werken von GEMA-Mitgliedern mit Mitgliedern anderer Verwertungsgesellschaften derselben Berufsgruppe unterschiedliche Beteiligungen vereinbart, so findet die Aufteilung gemäß Anmeldung statt.

§ 193 Freie Vereinbarkeit bei Werken der Unterhaltungsmusik

[1] Für Werke der Unterhaltungsmusik nach Verrechnungsschlüssel II Ziff. 1, 3 a) und 3 b), die bei der GEMA ab dem 1.1.1996 angemeldet werden, gilt hinsichtlich der Anteile der grundsätzlich gleichberechtigten Urheber die freie Vereinbarkeit der Anteilsaufteilung zwischen den berechtigten Urhebern. Die zwischen den berechtigten Urhebern vereinbarte Anteilsaufteilung muss der GEMA von einem an dem jeweiligen Werk beteiligten Ausschüttungsberechtigten unter Verwendung der von der GEMA zur Verfügung gestellten Formulare mitgeteilt werden. Hierbei muss der Ausschüttungsberechtigte versichern, dass er die Zustimmung aller berechtigten Urheber zu der vereinbarten Anteilsaufteilung eingeholt hat. In der durch die GEMA versandten Bestätigung über die Werkregistrierung werden alle am Werk beteiligten Urheber und Verleger auf die Anteilsaufteilung hingewiesen.[1)]

[2] Für Werke, bei denen Musik und Text von einem Urheber allein geschaffen wurden, besteht die Möglichkeit der Gleichstellung der Anteile für Musik und Text.

[3] Der aufgrund freier Vereinbarung festgelegte Schlüssel gilt für alle Sparten der Rechte der öffentlichen Wiedergabe.

[4] Kommt es zu keiner solchen Vereinbarung, gilt der bisherige Verteilungsschlüssel.

1) Die von der ordentlichen Mitgliederversammlung 2017 beschlossene Neufassung der Sätze 2 bis 4 gilt ab dem 1.1.2018.

§ 194 Die Aufteilung der Ausschüttung bei Potpourris

[1] Der Anteilsschlüssel für die Aufteilung bei Potpourris gilt für Potpourris in allen Sparten.

[2] Potpourris sind zusammengesetzte Werke, die aus 3 oder mehr vorbestehenden Einzelwerken oder Teilen von 3 oder mehr vorbestehenden Einzelwerken bestehen, welche von einem Pot-

pourri-Bearbeiter zusammengestellt und durch Überleitungen verbunden oder in sonstiger Weise musikalisch bearbeitet wurden.

[3] Potpourris, die ausschließlich aus urheberrechtlich freien Werken oder Werkteilen zusammengesetzt sind (Potpourris freier Werke), werden als Bearbeitungen freier Werke registriert. Soweit es sich um eine urheberrechtlich schutzfähige Bearbeitung handelt, erfolgt die Beteiligung des Potpourri-Bearbeiters und ggf. des Potpourri-Verlegers entsprechend den Anteilsschlüsseln für die Bearbeitung freier Werke gemäß Abschnitt 2 und 3 dieses Kapitels.

[4] Bei Potpourris, die aus vorbestehenden urheberrechtlich geschützten Werken zusammengesetzt sind (Potpourris geschützter Werke), wird für die Verteilung wie folgt unterschieden:

(a) Bei unverlegten Potpourris geschützter Werke werden 6/12 (50%) zugunsten des Potpourri-Bearbeiters und 6/12 (50%) zu gleichen Teilen auf die im Potpourri verwendeten geschützten Werke aufgeteilt.

(b) Bei verlegten Potpourris geschützter Werke werden 3/12 (25%) zugunsten des Potpourri-Bearbeiters, 3/12 (25%) zugunsten des Potpourri-Verlegers und 6/12 (50%) zu gleichen Teilen auf die im Potpourri verwendeten geschützten Werke aufgeteilt.

[5] Soweit Potpourris geschützter Werke auch freie Werke enthalten, werden die auf die freien Werke entfallenden Anteile zu gleichen Teilen auf die vorbestehenden geschützten Werke aufgeteilt.

[6] Abweichend von Abs. 4 und 5 werden Potpourris geschützter Werke, bei denen am Potpourri sowie an allen im Potpourri verwendeten vorbestehenden Werken dieselben Ausschüttungsberechtigten beteiligt sind (Potpourris eigener Werke), entsprechend den Anteilsschlüsseln gemäß Abschnitt 2 und 3 dieses Kapitels als neue Werke dieser Ausschüttungsberechtigten ohne Bearbeiterbeteiligung verrechnet. Werden Potpourris eigener Werke von Dritten bearbeitet, gelten Abs. 4 und 5.

§ 194a Die Aufteilung der Ausschüttung bei Nutzungen dramatisch-musikalischer Werke

Die in diesem Kapitel geregelten Anteilsschlüssel gelten ab Geschäftsjahr 2017 auch für die Ausschüttung für Nutzungen dramatisch-musikalischer Werke, sei es vollständig, als Querschnitt oder in größeren Teilen.

Übersicht

I. Anwendungsbereich (§ 190)

Während in den Kapiteln 1–8 des Besonderen Teils geregelt ist, wie die Einnahmen der GEMA auf die genutzten Werke verteilt werden, ergibt sich aus den Bestimmungen der Kapitel 9 und 10, wie der pro Werk ermittelte Ausschüttungsbetrag auf die am Werk beteiligten Ausschüttungsberechtigten aufzuteilen ist. Kapitel 9 fasst die Regelungen für die Aufteilung bei GEMA-Originalwerken zusammen. Als **GEMA-Originalwerk** gilt nach der Definition gemäß § 190 jedes Werk, bei dem mindestens ein beteiligter Originalurheber oder Originalverleger GEMA-Mitglied ist. 512

Die Regelungen des Kapitels 9 finden somit **keine Anwendung** auf Auslandswerke und subverlegte Werke. Die Aufteilung der auf **Auslandswerke** entfallenden Ausschüttungsbeträge auf die beteiligten Berechtigten ist durch gesonderte Vereinbarungen zwischen den Verwertungsgesellschaften geregelt. Sind an einem Werk nur Berechtigte 513 einer ausländischen Schwestergesellschaft der GEMA beteiligt, zahlt die GEMA grundsätzlich den gesamten Ausschüttungsbetrag, der für das Werk gemäß den Bestimmungen der Kapitel 1–8 des Besonderen Teils ermittelt wurde, an die betreffende Schwestergesellschaft aus.[259] Die Aufteilung bei **subverlegten Werken** ist in Kapitel 10 gesondert geregelt. Bei diesen handelt es sich auch bei Beteiligung eines GEMA-Subverlags nicht um GEMA-Originalwerke iSd § 190.

Beispiel 1: An einem Werk sind ein GEMA-Komponist und ein Textdichter der französischen Verwertungsgesellschaft SACEM[260] beteiligt. Diese haben das Werk gemeinsam bei einem französischen Originalverlag verlegt. Das Werk gilt als GEMA-Originalwerk iSd § 190.

Beispiel 2: An einem Werk sind ein Komponist der SACEM und ein französischer Originalverlag beteiligt. Das Werk ist in Deutschland bei einem GEMA-Subverlag subverlegt. Es gilt nicht als GEMA-Originalwerk iSd § 190.

514 Nicht als Originalurheber iSd. Verteilungsplans gilt der so genannte **Umgestalter.** Umgestalter sind von den Originalberechtigten autorisierte GEMA-Bearbeiter oder GEMA-Spezialtextdichter bzw. von einem Subverlag autorisierte GEMA-Subbearbeiter oder GEMA-Subtextdichter. Im Falle von Bearbeitungen freier Werke tritt indes der Bearbeiter an die Stelle des Komponisten. Umgestaltungen freier Auslandswerke gelten demnach als GEMA-Werke, wenn der Bearbeiter GEMA-Berechtigter ist.

II. Die Ausschüttung bei mehreren Beteiligten derselben Berufsgruppe (§ 191)

515 Sind an einem Werk **mehrere Urheber einer Berufsgruppe** beteiligt, z.B. also mehrere Komponisten, mehrere Textdichter oder mehrere Bearbeiter, so wird der auf die jeweilige Berufsgruppe entfallende Anteil gemäß § 191 geteilt. Grundsätzlich werden die Anteile gleichmäßig auf die Ausschüttungsberechtigten der jeweiligen Berufsgruppe verteilt. Der Verteilungsplan schließt jedoch auch individuelle Aufteilungsverhältnisse innerhalb einer Berufsgruppe nicht aus.

III. Die Ausschüttung bei Berechtigten der GEMA und anderer Verwertungsgesellschaften derselben Berufsgruppe (§ 192)

516 An einem GEMA-Originalwerk können neben GEMA-Mitgliedern auch **Mitglieder anderer Verwertungsgesellschaften** beteiligt sein, z.B. indem ein Komponist, der GEMA-Mitglied ist, ein Werk in Miturheberschaft gemeinsam mit einem Mitglied der österreichischen Verwertungsgesellschaft AKM komponiert. Soweit es sich um Mitglieder derselben Berufsgruppe handelt, kann die Aufteilung gemäß § 192 frei vereinbart werden. Die Anteile der Berufsgruppen stehen dagegen grundsätzlich nicht zur Disposition der Berechtigten: Wird beispielsweise die Komposition von einem GEMA-Mitglied und der Text von einem AKM-Mitglied geschaffen, richtet sich die Höhe der Komponisten- und Textdichteranteile im Geltungsbereich des Verteilungsplans unabhängig von etwaigen abweichenden internen Vereinbarungen zwischen den beiden Urhebern nach den in Kapitel 9 geregelten Anteilsschlüsseln.

259 Siehe insoweit Art. 7 II CISAC Standardvertrag, abgedruckt im GEMA-Jahrbuch 2017/2018, S. 289.
260 Société des Auteurs, Compositeurs et Éditeurs de Musique.

IV. Freie Vereinbarkeit bei Werken der Unterhaltungsmusik (§ 193)

Treffen die an einem Werk beteiligten Berechtigten **unterschiedlicher Berufsgruppen** eine von den Anteilsschlüsseln des Verteilungsplans abweichende Aufteilungsvereinbarung, so wird diese von der GEMA grundsätzlich nicht anerkannt. In ihrer Beziehung zur GEMA können die Berechtigten das Aufteilungsverhältnis zwischen den Berufsgruppen somit generell nicht verändern. Abweichende Aufteilungsvereinbarungen wirken vielmehr nur im Innenverhältnis zwischen den Berechtigten. 517

Für bestimmte Werke der Unterhaltungsmusik besteht jedoch gemäß § 193 Abs. 1 die Möglichkeit, die Aufteilung der Anteile zwischen den beteiligten Urhebern frei – d.h. abweichend von den im Verteilungsplan ansonsten vorgesehenen Anteilsschlüsseln – zu vereinbaren. Umfasst sind zum einen die Werke nach Verrechnungsschlüssel II (§ 64) Ziff. 1, die die große Mehrzahl aller Unterhaltungsmusikwerke ausmachen, zum anderen die U-Chansons gemäß Verrechnungsschlüssel II Ziff. 3 lit. b sowie die in Verrechnungsschlüssel II Ziff. 3 lit. b geregelten textierten Werke der U-Musik mit urheberrechtlich geschützten Texten von besonderem künstlerischem Wert. Die vereinbarte Anteilsaufteilung gilt gemäß § 193 Abs. 3 für alle **Sparten der Rechte der öffentlichen Wiedergabe**. In der Praxis findet die Regelung insbesondere dann Anwendung, wenn sich Komponist und Textdichter darauf verständigen, ihre jeweiligen Anteile an einem Werk abweichend von den Anteilsschlüsseln des Abschnitts 2 (§§ 195 ff.) gleich zu gewichten. 518

Nach der ab dem 1.1.2018 geltenden Fassung[261] von § 193 Abs. 1 ist die zwischen den Urhebern vereinbarte Anteilsaufteilung der GEMA von einem an dem jeweiligen Werk beteiligten Ausschüttungsberechtigten – dies kann bei verlegten Werken auch der Verleger sein – mitzuteilen. Dieser Ausschüttungsberechtigte muss der GEMA gegenüber bestätigen, dass er die **Zustimmung aller berechtigten Urheber** eingeholt hat. Um sicherzustellen, dass alle berechtigten Urheber über die Abweichung vom üblichen Anteilsschlüssel informiert sind, werden alle am Werk beteiligten Urheber und Verleger zudem in der an alle beteiligten Ausschüttungsberechtigten versandten Werkbestätigung auf die Anteilsaufteilung hingewiesen. 519

Hat der Urheber eines Werkes Komposition und Text allein geschaffen, hat er gemäß § 193 Abs. 2 stets die Möglichkeit, die auf Musik und Text in den Sparten der Rechte der öffentlichen Wiedergabe entfallenden Anteile für dieses Werk abweichend von §§ 195 ff. gleichstellen zu lassen. 520

V. Die Aufteilung der Ausschüttung bei Potpourris (§ 194)

1. Begriff und Formen des Potpourris

Für Potpourris sieht der Verteilungsplan aufgrund ihrer besonderen Struktur einen speziellen Anteilsschlüssel vor. Dieser gilt gemäß § 194 Abs. 1 für sämtliche Sparten, also sowohl für die Sparten der öffentlichen Wiedergabe – hierauf beziehen sich die in Zwölfteln angegebenen Anteile –, als auch für die Sparten der Vervielfältigung und Verbreitung, für die die Anteile in Prozent angegeben sind. Potpourris werden in § 194 Abs. 2 **definiert** als zusammengesetzte Werke, die aus drei oder mehr vorbestehenden Einzelwerken oder Teilen von drei oder mehr vorbestehenden Einzelwerken 521

261 Zuvor war die freie Vereinbarkeit auf die Erstanmeldung der Werke beschränkt und bedurfte der Bestätigung durch alle berechtigten Urheber mit ihrer Originalunterschrift; vgl. Tagesordnung für die Mitgliederversammlung v. 23./24.5.2017, Antrag zu TOP 43, nebst Begr.

bestehen, welche von einem so genannten Potpourri-Bearbeiter zusammengestellt und durch Überleitungen verbunden oder in sonstiger Weise musikalisch bearbeitet wurden. Eine simple Aneinanderreihung von Einzeltiteln ist noch kein Potpourri. Die Besonderheit eines Potpourri liegt somit darin, dass es stets sowohl vorbestehende Anteile als auch einen neuen schöpferischen Beitrag des Potpourri-Bearbeiters (auch „Potpourri-Kopf" genannt) beinhaltet. Die Berücksichtigung dieser verschiedenen Anteile und der hieran beteiligten Berechtigten bei der Verteilung bedarf einer gesonderten Regelung.[262] Im Einzelnen unterscheidet der Verteilungsplan folgende Formen von Potpourris:

522 – **Potpourris freier Werke** (§ 194 Abs. 3): Hierbei handelt es sich um Potpourris, bei denen die urheberrechtliche Schutzfrist für sämtliche verwendeten vorbestehenden Werke oder Werkteile bereits abgelaufen ist. Soweit Potpourris freier Werke ihrerseits schutzfähig sind, werden sie im Rahmen der Verteilung als Bearbeitungen freier Werke behandelt. Der Potpourri-Bearbeiter und – bei verlegten Potpourris – der Potpourri-Verleger erhalten demnach die in §§ 195 ff. für die Bearbeitung eines urheberrechtlich freien Werkes vorgesehenen Anteile.

523 – **Potpourris geschützter Werke**: Hierunter fallen zum einen **Potpourris aus vorbestehenden urheberrechtlich geschützten Werken unterschiedlicher Berechtigter**. Die Aufteilung für diese Potpourris ist in § 194 Abs. 4 detailliert geregelt. Zum anderen umfasst der Begriff des „Potpourris geschützter Werke" aber auch solche Potpourris, bei denen am Potpourri-Kopf sowie an allen im Potpourri verwendeten vorbestehenden Werken dieselben Ausschüttungsberechtigten beteiligt sind. Ein Beispiel eines solchen **„Potpourris eigener Werke"** liegt etwa vor, wenn ein Komponist ein Potpourri aus seinen erfolgreichsten Hits zusammenstellt. Potpourris eigener Werke werden gemäß § 194 Abs. 6 als neue Werke der betreffenden Ausschüttungsberechtigten ohne Bearbeiterbeteiligung behandelt.

2. Die Verteilung bei Potpourris geschützter Werke unterschiedlicher Berechtigter

524 Bei einem Potpourri geschützter Werke unterschiedlicher Berechtigter handelt es sich um eine **„Benutzung fremder geschützter Werke"** im Sinne des § 39. Damit ein solches Potpourri bei der Verteilung berücksichtigt wird, muss daher gemäß § 39 Abs. 3 bei der Anmeldung eine Zustimmungserklärung der Inhaber der Urheberrechte an allen im Potpourri verwendeten geschützten Werken vorgelegt werden. Im Rahmen der Verteilung wird die Nutzung eines Potpourris geschützter Werke unterschiedlicher Berechtigter grundsätzlich ebenso behandelt wie die Nutzung eines einzelnen eigenständigen Werkes. Die hiernach auf das Potpourri entfallenden Beträge werden gemäß § 194 Abs. 4 wie folgt auf die an Potpourri-Kopf und vorbestehenden Werken beteiligten Berechtigten aufgeteilt:

- Bei **unverlegten Potpourris** entfällt ein Anteil von 6/12 bzw. 50% auf den Potpourri-Bearbeiter. Der verbleibende Anteil von 6/12 bzw. 50% wird auf die Berechtigten an den im Potpourri verwendeten vorbestehenden Werken aufgeteilt.
- Bei **verlegten Potpourris** entfallen je 3/12 bzw. 25% auf den Potpourri-Bearbeiter und den Potpourri-Verleger. Der verbleibende Anteil von 6/12 bzw. 50% wird auch in

262 Die Berücksichtigung von Potpourris bei der Verteilung wurde durch Beschluss der ordentlichen Mitgliederversammlung 2014 neu geregelt und vereinheitlicht; vgl. Tagesordnung für die Mitgliederversammlung v. 8./9.4.2014, Antrag zu TOP 17, m. ausf. Begr.

diesem Fall auf die Berechtigten an den im Potpourri verwendeten vorbestehenden Werken aufgeteilt.

Demnach entfällt auf die Beteiligten am Potpourri-Kopf im Ergebnis stets ein ebenso hoher Anteil wie auf die Berechtigten, die an den verwendeten vorbestehenden Werken beteiligt sind. Dies gilt auch dann, wenn ein Potpourri neben geschützten Werken auch freie Werke enthält. In diesem Fall werden die rechnerisch auf die freien Werke entfallenden Anteile gemäß § 194 Abs. 5 zu gleichen Teilen auf die im Potpourri verwendeten geschützten Werke verteilt. **525**

Beispiel: Ein verlegtes Potpourri enthält sechs vorbestehende Werke, von denen zwei gemeinfrei sind. Auf den Potpourri-Bearbeiter und den Potpourri-Verleger entfallen bei der Verteilung je 3/12, demnach zusammen 6/12. Auf die vier geschützten vorbestehenden Werke entfallen je 3/24 (1/12 aus dem jeweiligen eigenen Anteil, 1/24 aus der Aufteilung des auf die beiden gemeinfreien Werke entfallenden Anteils von 2/12), demnach zusammen ebenfalls 6/12. Insgesamt wird die Nutzung des Potpourris mit 12/12 bei der Verteilung berücksichtigt und damit ebenso wie die Nutzung eines einzelnen sonstigen Werkes.

Der im Rahmen einer Potpourrinutzung auf ein vorbestehendes Werk entfallende Anteil wird auf die an diesem Werk beteiligten Berechtigten nach demselben Anteilsschlüssel aufgeteilt, der auch für unabhängige Nutzungen des vorbestehenden Werkes gilt. **526**

Die häufigsten Nutzungen von Potpourris sind in der **Sparte U** (U-Musik-Veranstaltungen) zu verzeichnen. Auch in dieser Sparte wird die Aufführung eines Potpourris geschützter Werke grundsätzlich ebenso gewertet wie die Aufführung eines anderen Werks der Unterhaltungsmusik. Eine Sonderregelung in Form einer zusätzlichen Gewichtung ist gemäß § 85 Abs. 3 lediglich für so genannte „Potpourris geschützter Werke für große Besetzung“ (ab 19 selbständig geführten Stimmen) vorgesehen (vgl. hierzu oben, **Rn. 290**). **527**

Im Bereich der **ernsten Musik** sind Potpourris grundsätzlich unüblich. Soweit im Einzelfall Potpourris aus urheberrechtlich geschützten Werken der ernsten Musik (z.B. Opern) zusammengestellt werden, sind diese Potpourris ihrerseits grundsätzlich dem Bereich der Unterhaltungsmusik zuzuordnen. Aufführungen von Potpourris geschützter Werke im Verwertungsgebiet E werden daher in den Sparten der Unterhaltungsmusik verrechnet. **528**

VI. Die Aufteilung der Ausschüttung bei Nutzungen dramatisch-musikalischer Werke (§ 194a)

§ 194a bestimmt, dass die in Kapitel 9 geregelten Anteilsschlüssel auch für die Ausschüttung auf **Nutzungen dramatisch-musikalischer Werke**, sei es vollständig, als Querschnitt oder in größeren Teilen zur Anwendung kommen, soweit die Rechte für die betreffenden Nutzungen von der GEMA wahrgenommen werden. Die Regelung gilt ab Geschäftsjahr 2017. Zuvor erfolgten die Ausschüttungen bei Nutzungen dramatisch-musikalischer Werke gewöhnlich an den Bühnenverleger, der verpflichtet war, die weitere Verteilung an die übrigen Berechtigten nach Maßgabe des Bühnenverlagsvertrags vorzunehmen.[263] **529**

263 Vgl. Tagesordnung für die Mitgliederversammlung v. 23./24.5.2017, Antrag zu TOP 44, m. Begr.

Abschnitt 2. Die Aufteilung der Ausschüttung in den Sparten der Rechte der öffentlichen Wiedergabe

Unterabschnitt 1. Allgemeiner Anteilsschlüssel

§ 195 Anteilsschlüssel

In den Sparten BM, DK, E, ED, EM, I R, I FS, I T FS, KMOD, M, MOD D, MOD S, R, TD, U, UD, VOD D, VOD S und WEB wird die pro Werk ermittelte Ausschüttung auf die am Werk beteiligten Ausschüttungsberechtigten wie folgt aufgeteilt:

	am Werk Beteiligte	Anteile	
			bei erhöhtem Bearbeiteranteil gemäß § 198
A.	Komponist	12/12	
B.	Komponist Textdichter	8/12 4/12	
C.	Komponist Bearbeiter	11/12 1/12	10/12 2/12
D.	Komponist Bearbeiter Textdichter	7/12 1/12 4/12	6/12 2/12 4/12
E.	Komponist Verleger	8/12 4/12	
F.	Komponist Textdichter Verleger	5/12 3/12 4/12	
G.	Komponist Bearbeiter Verleger	7/12 1/12 4/12	6/12 2/12 4/12
H.	Komponist Bearbeiter Textdichter Verleger	4/12 1/12 3/12 4/12	4/12 2/12 3/12 3/12

§ 196 Beteiligung des Textdichters bei Werken der ernsten Musik

Bei Werken der ernsten Musik, bei denen in geringem Umfang Text aufgeführt wird, ist der Anteil des Textdichters entsprechend dem Verhältnis des verwendeten Textes zum Gesamtumfang des Werkes zu verrechnen. In Zweifelsfällen oder auf Antrag entscheidet der Werkausschuss. Gegen die Entscheidung des Werkausschusses kann Einspruch gemäß § 6 der Geschäftsordnung für den Werkausschuss eingelegt werden.

§ 197 Beteiligung bei textierten Werken der U-Musik mit Gleichrangigkeit von Musik und Text

Soweit der Werkausschuss textierte Werke der U-Musik, die auf Antrag unter Verrechnungsschlüssel II Ziff. 3 a) oder Ziff. 3 b) eingestuft worden sind, als gleichrangig in Musik und Text ansieht, gelten für die Anteile von Komponisten und Textdichtern folgende Regelungen:

	am Werk Beteiligte	Anteile	
			bei erhöhtem Bearbeiteranteil gemäß § 198
B.	Komponist Textdichter	6/12 6/12	
D.	Komponist Bearbeiter Textdichter	6/12 1/12 5/12	5/12 2/12 5/12

F.	Komponist Textdichter Verleger	4/12 4/12 4/12	

Gegen die Entscheidung des Werkausschusses kann Einspruch gemäß § 6 der Geschäftsordnung für den Werkausschuss eingelegt werden.

§ 198 Beteiligung des Bearbeiters geschützter Werke

Bei Bearbeitungen geschützter Werke beträgt der Bearbeiteranteil 1/12, soweit es sich bei den Bearbeitungen nach den Verrechnungsschlüsseln I bis III um Werke mit der Punktbewertung 12 für Live-Aufführungen handelt, und 2/12, soweit es sich bei den Bearbeitungen nach den Verrechnungsschlüsseln I bis III um Werke mit Punktbewertungen ab 24 für Live-Aufführungen handelt.

§ 199 Die Beteiligung des Bearbeiters urheberrechtlich freier Werke

[1] Bei Bearbeitungen freier Werke beträgt der Anteil des Bearbeiters 3/12. Bei Werken mit Text wird der Bearbeiter in Höhe des Textdichters beteiligt. Für die nicht zu verteilenden Anteile findet § 28 Anwendung.

[2] Bei der Benutzung urheberrechtlich freier Werke kann auf Antrag und unter Vorlage der Notenbelege die Beteiligung des Bearbeiters auf einen halben Komponistenanteil gemäß § 195 festgesetzt werden, wenn das neue Werk zugleich vom vorbestehenden fremden Werk und von neuen, eigenen kompositorischen Leistungen geprägt ist. In Zweifelsfällen entscheidet der Werkausschuss der GEMA. Für die Prüfung sind vom Ausschüttungsberechtigten grundsätzlich das ungedruckte oder gedruckte Belegexemplar, d.h. die partiturmäßige Festlegung (in sechsfacher Ausfertigung), sowie ergänzend gegebenenfalls veröffentlichte oder anderweitig verfügbare Tonträger vorzulegen. Bei Werken ganz oder überwiegend improvisatorischen Charakters oder elektroakustischer Musik genügt die Vorlage von Tonträgern und schriftlichen Erläuterungen zur Werkgestaltung. Gegen die Entscheidung des Werkausschusses kann Einspruch gemäß § 6 der Geschäftsordnung für den Werkausschuss eingelegt werden. Für die nicht zu verteilenden Anteile findet § 28 Anwendung.

§ 199a Beteiligung des Spezialtextdichters

Bei der Bearbeitung geschützter Originaltexte erhält der Spezialtextdichter die Hälfte des Textdichteranteils.

Unterabschnitt 2. Anteilsschlüssel für die Sparte FS

§ 200 Anteilsschlüssel

Für Werke mit Verteilung in der Sparte FS gilt folgender Anteilsschlüssel:

	am Werk Beteiligte	Anteile	
			bei erhöhtem Bearbeiteranteil gemäß § 198
A.	Komponist	24/24	
B.	Komponist Textdichter	12/24 12/24	
C.	Komponist Bearbeiter	22/24 2/24	20/24 4/24
D.	Komponist Bearbeiter Textdichter	11/24 2/24 11/24	10/24 4/24 10/24
E.	Komponist Verleger	16/24 8/24	
F.	Komponist Textdichter Verleger	9/24 7/24 8/24	

G.	Komponist Bearbeiter Verleger	14/24 2/24 8/24	12/24 4/24 8/24
H.	Komponist Bearbeiter Textdichter Verleger	8/24 2/24 7/24 7/24	7/24 4/24 6/24 7/24

§ 201 Beteiligung des Bearbeiters und des Spezialtextdichters

[1] Für die Beteiligung des Bearbeiters geschützter Werke gilt § 198 entsprechend.
[2] Für die Beteiligung des Bearbeiters urheberrechtlich freier Werke gilt § 199 entsprechend.
[3] Für die Beteiligung des Spezialtextdichters gilt § 199a entsprechend.

Unterabschnitt 3. Anteilsschlüssel für die Sparten T und T FS

§ 202 Anteilsschlüssel

Für Werke mit Verteilung in den Sparten T und T FS gilt folgender Anteilsschlüssel:

	Am Werk Beteiligte	Anteile
A.	Komponist	12/12
B.	Komponist Textdichter	8/12 4/12
C.	Komponist Bearbeiter	10/12 2/12
D.	Komponist Bearbeiter Textdichter	6/12 2/12 4/12
E.	Komponist Verleger	8/12 4/12
F.	Komponist Textdichter Verleger	5/12 3/12 4/12
G.	Komponist Bearbeiter Verleger	6/12 2/12 4/12
H.	Komponist Bearbeiter Textdichter Verleger	4/12 2/12 3/12 3/12

§ 203 Beteiligung des Textdichters

[1] Der Textdichter erhält eine Beteiligung für die von ihm textierten Musiklängen sowie für diejenigen Längen der Illustrationsmusiken, denen die von ihm textierten Lieder motivisch zugrunde liegen.
[2] Bei Neutextierungen bzw. Übersetzungen erhalten sowohl der Original-Textdichter als auch der Übersetzer bzw. der Dichter des neuen Textes je 1/2 des auf den ganzen Text entfallenden Anteils.

§ 204 Beteiligung des Bearbeiters und des Spezialtextdichters

[1] Der Bearbeiter erhält eine Beteiligung für die von ihm bearbeiteten Musiklängen.
[2] Bei Bearbeitungen geschützter Werke erhält der Bearbeiter die Anteile gemäß § 202.
[3] Bei Bearbeitungen urheberrechtlich freier Werke erhält der Bearbeiter 4/12.
[4] Ist im Falle von Abs. 3 außer dem Bearbeiter ein Textdichter vorhanden, so erhält der Textdichter 3/12 für die von ihm textierten, der Bearbeiter 3/12 für die von ihm bearbeiteten Musiklängen.
[5] Ist im Falle von Abs. 3 außer dem Bearbeiter ein Verleger vorhanden, jedoch kein Textdichter, so erhalten der Bearbeiter 3/12 und der Verleger 3/12.

[6] Sind im Falle von Abs. 3 ein Verleger, ein Textdichter und ein Bearbeiter vorhanden, so erhalten der Textdichter 2/12 für die von ihm textierten, der Bearbeiter 2/12 für die von ihm bearbeiteten Musiklängen; der Verleger erhält 2/12.

[7] Bei der Benutzung urheberrechtlich freier Werke kann der Bearbeiteranteil unter entsprechender Anwendung von § 199 Abs. 2 auf einen halben Komponistenanteil festgesetzt werden.

[8] Für die Beteiligung des Spezialtextdichters gilt § 199a entsprechend.

§ 205 *Entfällt*

Übersicht

I. Vorbemerkung

Abschnitt 2 des Kapitels 9 regelt die Aufteilung der Ausschüttung auf **GEMA-Originalwerke** iSd § 190 in den **Sparten der Rechte der öffentlichen Wiedergabe** iSd § 12. Die Anteile der Berufsgruppen sind in Zwölfteln bzw. Vierundzwanzigsteln festgelegt (vgl. auch § 26). 530

II. Allgemeiner Anteilsschlüssel

1. Anteilsschlüssel (§ 195)

Der in Unterabschnitt 1 (§§ 195ff.) geregelte Allgemeine Anteilsschlüssel findet bei der Aufteilung der Ausschüttung auf GEMA-Originalwerke für die **meisten Sparten der Rechte der öffentlichen Wiedergabe** Anwendung. Sonderregelungen bestehen lediglich für die Sparten FS (vgl. §§ 200 f.), T und T FS (vgl. §§ 202ff.) und KI (vgl. § 81). Für die Sparte A (Ausland) ist kein eigener Anteilsschlüssel gebildet. Hier erfolgt die Aufteilung der Einnahmen auf die Berechtigten bereits durch die jeweils zuständige ausländische Verwertungsgesellschaft (s. bereits oben, **Rn. 510**), bei Werken, an denen ausschließlich GEMA-Berechtigte beteiligt sind, üblicherweise unter Anwendung der Anteilsschlüssel, die der GEMA-Verteilungsplan für die jeweiligen Nutzungsbereiche vorsieht. 531

Im Anwendungsbereich des Allgemeinen Anteilsschlüssels erhält der Komponist bei **unverlegten und unbearbeiteten textierten Werken** 8/12, der Textdichter 4/12 des auf das Werk entfallenden Ausschüttungsbetrags (§ 195 lit. B.). Musik und Text werden im Rahmen des Allgemeinen Anteilsschlüssels somit grundsätzlich nicht gleich gewichtet. Ausnahmen hierzu bestehen gemäß § 197 bei bestimmten textierten Werken der U-Musik, für die der Werkausschuss die Gleichrangigkeit von Musik und Text festgestellt hat, sowie gegebenenfalls im Rahmen der freien Vereinbarkeit gemäß § 193. 532

Bei **verlegten Werken** erhält der Verleger im Anwendungsbereich des Allgemeinen Anteilsschlüssels grundsätzlich[264] einen Anteil in Höhe von 4/12. Im Standardfall eines 533

264 Eine Ausnahme gilt für den Fall eines erhöhten Bearbeiteranteils gem. § 198 bei der in § 195 lit. H. geregelten Konstellation.

verlegten textierten Werkes wird die auf das Werk entfallende Ausschüttung im Verhältnis von 5 : 3 : 4 auf Komponist, Textdichter und Verleger aufgeteilt (§ lit. F.).

534 Soweit der **Bearbeiter eines geschützten Werkes** an der Ausschüttung zu beteiligen ist, reduziert sich der Komponistenanteil um den dem Bearbeiter zustehenden Anteil. § 195 sieht für die Beteiligung des Bearbeiters in jeder relevanten Konstellation zwei unterschiedliche Anteilsschlüssel vor: einen Schlüssel mit einem Bearbeiteranteil von 1/12 sowie einen Schlüssel für den Fall, dass der Bearbeiteranteil gemäß § 198 auf 2/12 erhöht ist. Ein solcher erhöhter Bearbeiteranteil kommt zur Anwendung, soweit es sich bei der Bearbeitung um ein höher punktiertes Werk handelt (vgl. unten, **Rn. 538**).

2. Beteiligung des Textdichters bei Werken der ernsten Musik (§ 196)

535 Bei Werken der ernsten Musik kann es vorkommen, dass nur geringe Teile der Komposition textiert sind, z.B. in Form eines Choreinsatzes von wenigen Minuten Länge im Rahmen einer Sinfonie mit einer Gesamtspieldauer von einer Stunde. Gemäß § 196 wird der Textdichter in einem solchen Fall nur in Bezug auf die Spieldauer der von ihm **textierten Passagen** beteiligt.

3. Beteiligung bei textierten Werken der U-Musik mit Gleichrangigkeit von Musik und Text (§ 197)

536 § 197 enthält eine Sonderregelung für Werke, die auf Antrag unter Verrechnungsschlüssel II (§ 64) Abs. 1 Ziff. 3 a) oder Ziff. 3 b) eingestuft sind. Es handelt sich hierbei um U-Chansons bzw. um textierte Werke der Unterhaltungsmusik mit einem urheberrechtlich geschützten Text von besonderem künstlerischem Wert. Der besonderen Bedeutung des Textes in den betreffenden Fällen trägt der in § 197 geregelte Anteilsschlüssel durch einen im Vergleich zum Allgemeinen Anteilsschlüssel **höheren Textdichteranteil** Rechnung. Voraussetzung für die Anwendung des Anteilsschlüssels gemäß § 197 ist, dass der Werkausschuss Musik und Text des jeweiligen Werkes als gleichrangig anerkannt hat.

4. Beteiligung des Bearbeiters (§§ 198, 199)

537 §§ 198, 199 enthalten Regelungen zur **Höhe der Bearbeiterbeteiligung.** Die Voraussetzungen, unter denen ein Bearbeiter überhaupt an der Verteilung zu beteiligen ist, sind dagegen in § 6 geregelt. Als Bearbeiter iSd Verteilungsplans gilt lediglich der **Musikbearbeiter** (vgl. § 6 und die Kommentierung oben **Rn. 33**). Der Bearbeiter des Textes wird als Spezialtextdichter bezeichnet (vgl. § 5 Abs. 3 und die Kommentierung oben **Rn. 31**). Seine Beteiligung ist in § 199a gesondert geregelt. Hinsichtlich der Höhe der Bearbeiterbeteiligung wird wie folgt unterschieden:

538 – Bei **Bearbeitungen geschützter Werke** beträgt der Bearbeiteranteil gemäß § 198 1/12, soweit es sich bei der Bearbeitung um ein Werk handelt, für das die Verrechnungsschlüssel I-III (§§ 63–65) eine Punktbewertung von 12 für Live-Aufführungen in den Sparten U bzw. E vorsehen. Handelt es sich bei der Bearbeitung um ein Werk mit höherer Punktbewertung für Live-Aufführungen, wird der Bearbeiter dagegen zu 2/12 berücksichtigt. Abgestellt wird somit auf die qualitativen und quantitativen Merkmale der Bearbeitung. Auf die Einstufung des der Bearbeitung zugrundeliegenden Ursprungswerks kommt es dagegen nicht an. Die Differenzierung gilt auch für diejenigen Sparten des Allgemeinen Anteilsschlüssels, in denen die Punktbewertungen der Verrechnungsschlüssel I-III selbst keine Anwendung finden, also beispielsweise für die Sparten des Nutzungsbereichs Online. Wie sich die je nach Bearbeitung unterschied-

lich hohen Bearbeiteranteile auf die Anteile für die anderen Berufsgruppen auswirken, ist den Anteilsschlüsseln in §§ 195 und 197 zu entnehmen, die entsprechende Differenzierungen enthalten.

– Bei geschützten **Bearbeitungen urheberrechtlich freier Werke** erhöht sich der Bearbeiteranteil gemäß § 199 Abs. 1 S. 1 auf 3/12. Handelt es sich um ein textiertes Werk mit freier Komposition, so wird der Bearbeiter der Komposition gemäß § 199 Abs. 1 S. 2 in derselben Höhe beteiligt wie der Textdichter, also im Rahmen des § 195 je nach Fallgruppe mit 3/12 oder 4/12. Der im Vergleich zu der Beteiligung bei Bearbeitungen geschützter Werke höhere Bearbeiteranteil wirkt sich jeweils zu Lasten des – freien – Anteils des Komponisten aus. Für die verbleibenden freien Anteile gelten die Regelungen zum Ausfall gemäß § 28. **539**
– § 199 Abs. 2 regelt, dass der Bearbeiteranteil im Fall der **Benutzung freier Werke** auf Antrag auf die Hälfte des gemäß § 195 für die jeweilige Fallkonstellation vorgesehenen Komponistenanteils festgesetzt werden kann. Voraussetzung ist, dass das neue Werk zugleich vom vorbestehenden fremden Werk und von neuen, eigenen kompositorischen Leistungen geprägt wird, was im Zweifelsfall durch den Werkausschuss zu entscheiden ist. Der Begriff der „Benutzung" ist in diesem Zusammenhang nicht rechtsdogmatisch im Sinne einer freien Benutzung gemäß § 24 UrhG zu verstehen, sondern im anwendungspraktischen Sinne des § 39 des Verteilungsplans. **540**

Die Regelungen der §§ 198, 199 gelten unmittelbar nur für die Sparten des Allgemeinen Anteilsschlüssels, finden gemäß § 201 aber auch in der Sparte FS Anwendung. **541**

5. Beteiligung des Spezialtextdichters (§ 199a)

Der **Textbearbeiter** – im Verteilungsplan Spezialtextdichter genannt, vgl. § 5 Abs. 3 sowie die Kommentierung oben, **Rn. 31** – wird gemäß § 199a bei der Bearbeitung geschützter Originaltexte mit der Hälfte des Textdichteranteils beteiligt. Die Regelung gilt für alle Sparten, vgl. die Verweise auf § 199a in §§ 201 Abs. 3, 204 Abs. 8, 206 Abs. 6, 207 Abs. 3 und § 208 Abs. 3. Bei Bearbeitungen von im Original freien Texten richtet sich die Beteiligung des Spezialtextdichters nach den allgemeinen Bestimmungen. Für verbleibende freie Anteile gelten die Regelungen zum Ausfall gemäß § 28. **542**

III. Anteilsschlüssel für die Sparte FS (§§ 200 f.)

Für die Sparte FS (Fernsehen) enthält § 200 einen gesonderten, in Vierundzwanzigsteln gemessenen Anteilsschlüssel. Dieser sieht im Vergleich zum Allgemeinen Anteilsschlüssel gemäß § 195 eine grundsätzlich höhere Beteiligung des Textdichters zu Lasten des Komponisten vor. So werden Komponist und Textdichter bei unverlegten Werken zu gleichen Anteilen berücksichtigt (§ 200 lit. B. und D.). Bei Hinzutreten eines Verlegers erfolgt die Aufteilung zwischen Komponist, Textdichter und Verleger in der Sparte FS im Verhältnis von 9 : 7 : 8 (§ 200 lit. F) im Gegensatz zu 5 : 3 : 4 im Anwendungsbereich des Allgemeinen Anteilsschlüssels (§ 195 lit. F). Für die Beteiligung des Bearbeiters in der Sparte FS gelten gemäß § 201 dieselben Regelungen wie nach dem Allgemeinen Anteilsschlüssel (vgl. oben, **Rn. 537–540**). **543**

IV. Anteilsschlüssel für die Sparten T und T FS (§§ 202–204)

§ 202 enthält einen speziellen Anteilsschlüssel für die Verteilung in den Sparten T (Tonfilm) und T FS (Tonfilm im Fernsehen). Dieser unterscheidet sich vom Allgemeinen Anteils- **544** schlüssel gemäß § 195 nur durch höhere Anteile für den Bearbeiter bei Bearbeitungen geschützter Werke. Die Beteiligung des Bearbeiters freier Werke in den Sparten T und T FS ist in § 204 Abs. 3 ff. gesondert geregelt. § 203 Abs. 1 stellt klar, dass der Textdichter in den Sparten T und T FS lediglich für die textierten Musiklängen an der Verteilung beteiligt wird, § 203 Abs. 2 regelt für Neutextierungen bzw. Übersetzungen die hälftige Aufteilung des Textdichteranteils auf Originaltextdichter und Übersetzer bzw. Dichter des neuen Textes.

Abschnitt 3. Die Aufteilung der Ausschüttung in den Sparten der Rechte der Vervielfältigung und Verbreitung

§ 206 Anteilsschlüssel für die Sparten Phono VR, DK VR, I R VR, KMOD VR, MOD D VR, MOD S VR und WEB VR

[1] Für Werke mit Verteilung in den Sparten Phono VR, DK VR, I R VR, KMOD VR, MOD D VR, MOD S VR und WEB VR gelten folgende Anteilsschlüssel:

		Werkanmeldungen ab dem 1.1.1979	Werkanmeldungen vor dem 1.1.1979
A.	Komponist	100%	100%
B.	Komponist Textdichter	50% 50%	50% 50%
C.	Komponist Verleger	60% 40%	50% 50%
D.	Komponist Textdichter Verleger	30% 30% 40%	25% 25% 50%
E.	Komponist (frei) Textdichter Verleger	– 60% 40%	– 50% 50%
F.	Komponist Textdichter (frei) Verleger	60% – 40%	50% – 50%
G.	Komponist Textdichter (frei)	100% –	100% –
H.	Komponist (frei) Textdichter	– 100%	– 100%
I.	Komponist (frei) Bearbeiter Textdichter Verleger	– 37,5% 25% 37,5%	– 37,5% 25% 37,5%
K.	Komponist (frei) Bearbeiter Textdichter (Neutext) Verleger	– 25% 37,5% 37,5%	– 25% 37,5% 37,5%
L.	Komponist (frei) Bearbeiter Textdichter	– 50% 50%	– 50% 50%
M.	Komponist (frei) Bearbeiter Verleger	– 60% 40%	– 50% 50%
N.	Komponist (frei) Bearbeiter	– 100%	– 100%

[2] Für Werke, bei denen die Werkanmeldungen vor dem 1.1.1979 eingegangen sind, kann auf Antrag des Urhebers oder seines Rechtsnachfolgers der Anteil des Verlegers bei Abs. 1 lit. C bis F und M entsprechend dem für Werkanmeldungen ab dem 1.1.1979 geltenden Anteilsschlüssel herab-

gesetzt werden. Bei einem textierten urheberrechtlich geschützten Werk der Musik muss der Antrag von Komponist und Textdichter gemeinsam gestellt werden. Voraussetzung für Anträge dieser Art ist entweder ein Schiedsspruch nach § 16 B Ziff. 1 a) der GEMA-Satzung oder die rechtskräftige Entscheidung eines ordentlichen Gerichts. Die Vorschriften in §§ 17, 30, 32 des Gesetzes über das Verlagsrecht und in §§ 36, 41 des Gesetzes über Urheberrecht und verwandte Schutzrechte sind anwendbar.

[3] Abs. 2 gilt entsprechend für einen Antrag des Verlegers, wenn die Voraussetzungen für die Herabsetzung des Anteils weggefallen sind.

[4] Für Werke, bei denen die Werkanmeldungen zwischen dem 1.1.1979 und dem 31.12.1989 eingegangen sind, erfolgt bei Abs. 1 lit. C bis F und M eine Beteiligung von 50% für die Urheber und 50% für die Verleger, soweit eine solche Beteiligung zwischen den Beteiligten vereinbart und der GEMA unter den Voraussetzungen der Ausnahmeregelung gemäß Abschn. IV Ziff. 1 a) der Ausführungsbestimmungen zum Verteilungsplan B für das mechanische Vervielfältigungsrecht in der jeweils geltenden Fassung angemeldet worden ist.

[5] Bei Bearbeitungen urheberrechtlich freier Werke tritt der Bearbeiter an die Stelle des Komponisten.

[6] Für die Beteiligung des Spezialtextdichters gilt § 199a entsprechend.

§ 207 Anteilsschlüssel für die Sparten FS VR, R VR und T FS VR

[1] Für Werke mit Verteilung in den Sparten FS VR, R VR und T FS VR gilt folgender Anteilsschlüssel:

A.	Komponist	100%
B.	Komponist Textdichter	50% 50%
C.	Komponist Verleger	60% 40%
D.	Komponist Textdichter Verleger	30% 30% 40%
E.	Komponist (frei) Textdichter Verleger	30% 30% 40%
F.	Komponist Textdichter (frei) Verleger	30% 30% 40%
G.	Komponist Textdichter (frei)	70% 30%
H.	Komponist (frei) Textdichter	50% 50%
I.	Komponist (frei) Bearbeiter Textdichter Verleger	– 30% 30% 40%
K.	Komponist (frei) Bearbeiter Textdichter (Neutext) Verleger	– 30% 30% 40%
L.	Komponist (frei) Bearbeiter Textdichter	– 50% 50%
M.	Komponist (frei) Bearbeiter Verleger	– 60% 40%
N.	Komponist (frei) Bearbeiter	– 100%

[2] Bei Bearbeitungen urheberrechtlich freier Werke tritt der Bearbeiter an die Stelle des Komponisten.

[3] Für die Beteiligung des Spezialtextdichters gilt § 199a entsprechend.

§ 208 Anteilsschlüssel für die Sparten BT VR, I FS VR, I T FS VR, TD VR, VOD D VR und VOD S VR

[1] Für Werke mit Verteilung in den Sparten BT VR, I FS VR, I T FS VR, TD VR, VOD D VR und VOD S VR gilt folgender Anteilsschlüssel:

A.	Komponist	100%
B.	Komponist Textdichter	50% 50%
C.	Komponist Verleger	60% 40%
D.	Komponist Textdichter Verleger	30% 30% 40%
E.	Komponist (frei) Textdichter Verleger	– 60% 40%
F.	Komponist Textdichter (frei) Verleger	60% – 40%
G.	Komponist Textdichter (frei)	100% –
H.	Komponist (frei) Textdichter	– 100%
I.	Komponist (frei) Bearbeiter Textdichter Verleger	– 30% 30% 40%
K.	Komponist (frei) Bearbeiter Textdichter (Neutext) Verleger	– 30% 30% 40%
L.	Komponist (frei) Bearbeiter Textdichter	– 50% 50%
M.	Komponist (frei) Bearbeiter Verleger	– 60% 40%
N.	Komponist (frei) Bearbeiter	– 100%

[2] Bei Bearbeitungen urheberrechtlich freier Werke tritt der Bearbeiter an die Stelle des Komponisten.

[3] Für die Beteiligung des Spezialtextdichters gilt § 199a entsprechend.

Übersicht

I. Vorbemerkung

545 Abschnitt 3 des Kapitels 9 regelt die Aufteilung der Ausschüttung auf GEMA-Originalwerke iSd § 190 in den Sparten der Rechte der Vervielfältigung und Verbreitung iSd § 13. Die Anteile der Berufsgruppen sind in Prozenten festgelegt (vgl. auch § 26). Für

die Sparte A VR (Ausland-Vervielfältigungsrecht) ist kein eigener Anteilsschlüssel gebildet, da die Aufteilung der Einnahmen auf die Berechtigten bereits durch die jeweils zuständigen ausländischen Verwertungsgesellschaften erfolgt (vgl. auch zur entsprechenden Regelung für die Sparte A oben **Rn. 531**).

II. Anteilsschlüssel für die Sparten Phono VR, DK VR, I R VR, KMOD VR, MOD D VR, MOD S VR und WEB VR (§ 206)

Der Anteilsschlüssel gemäß § 206 gilt für die Sparten **Phono VR** (Tonträger-Vervielfältigungsrecht) und **DK VR** (Diskotheken-Wiedergaben-Vervielfältigungsrecht) sowie für jene Sparten der Rechte der Vervielfältigung und Verbreitung, die im **Nutzungsbereich Online** für die Verteilung der Einnahmen aus der **Nutzung von Audiowerken** (einschließlich Musikvideos) gebildet sind. 546

In den genannten Sparten gelten gemäß § 206 Abs. 1 unterschiedliche Anteilsschlüssel für **Werke mit Anmeldung vor und ab dem 1.1.1979.** Da auch Werke, die vor dem 1.1.1979 bei der GEMA angemeldet wurden, aktuell noch genutzt werden können, ist auch der für diese Werke geregelte Anteilsschlüssel nach wie vor relevant. Die beiden Schlüssel unterscheiden sich insbesondere hinsichtlich der Höhe der Anteile von Urhebern und Verlegern bei verlegten Werken: Während der **Verlegeranteil** bei Werken mit Anmeldung vor dem 1.1.1979 grundsätzlich 50% beträgt, liegt er bei Werkanmeldungen ab dem 1.1.1979 bei 40%. Diese Differenzierung gilt für unbearbeitete Werke sowie gemäß § 206 Abs. 1 lit. M. auch für Bearbeitungen freier, untextierter Werke. § 206 Abs. 2 und 3 enthalten Regelungen, nach denen der für Werkanmeldungen ab dem 1.1.1979 geltende Schlüssel zur Verlegerbeteiligung unter bestimmten Voraussetzungen auch für früher angemeldete Werke angewandt werden kann. Im Gegenzug verweist § 206 Abs. 4 auf eine Übergangsregelung, nach der für Werke mit Werkanmeldung zwischen dem 1.1.1979 und dem 31.12.1989 noch eine Beteiligung des Verlegers mit einem Anteil von 50% vereinbart werden konnte.[265] 547

Im Geltungsbereich des § 206 erhalten **Komponist und Textdichter** bei unverlegten textierten Werken jeweils einen Anteil von 50% (§ 206 Abs. 1 lit. B.). Auch bei verlegten textierten Werken sind die Anteile von Komponist und Textdichter identisch – sie erhalten gemäß § 206 Abs. 1 lit. D. jeweils 25% (bei Werkanmeldungen vor dem 1.1.1979) bzw. 30% (bei Werkanmeldungen ab dem 1.1.1979). Dieselben paritätischen Aufteilungsverhältnisse zwischen Komponist und Textdichter gelten gemäß § 207 Abs. 1 lit. B. und D. sowie 208 Abs. 1 lit. B. und D. auch für die übrigen Sparten der Rechte der Vervielfältigung und Verbreitung. Diese unterscheiden sich insoweit von den Sparten der Rechte der öffentlichen Wiedergabe, nach deren Anteilsschlüsseln der Komponist regelmäßig eine höhere Beteiligung erhält als der Textdichter. 548

§ 206 Abs. 1 lit. K gilt für Werke mit so genanntem **Neutext.** Der Textdichter des Neutextes ist ein Originalschöpfer, der für ein im Original in Musik und Text freies Werk einen vollständig neuen Text geschrieben hat. 549

Der **Bearbeiter** einer freien Komposition tritt bei der Verteilung in den Sparten der Vervielfältigung und Verbreitung grundsätzlich an die Stelle des Komponisten, das heißt er erhält eine Ausschüttung in der Höhe, wie sie der Komponist erhalten hätte, wenn die Musik geschützt gewesen wäre. Eine Ausnahme zu dieser Regel findet sich jedoch in § 206 Abs. 1 lit. I. 550

265 Die Regelung in Abschn. IV Ziff. 1 a) der Ausführungsbestimmungen zum Verteilungsplan B für das mechanische Recht ist abgedruckt in der Voraufl., S. 549. Vgl. auch die Kommentierung ebd., Kap. 11.2, Rn. 65 f.

III. Anteilsschlüssel für die Sparten FS VR, R VR und T FS VR (§ 207)

551 § 207 enthält einen speziellen Anteilsschlüssel für die Sparten des Nutzungsbereichs **Sendung**. Dieser entspricht weitgehend dem in § 206 Abs. 1 für Werke mit Anmeldung ab dem 1.1.1979 geregelten Schlüssel. Abweichungen ergeben sich lediglich insoweit, als in den Sparten FS VR, R VR und T FS VR – ebenso wie in den korrespondierenden Senderechtssparten FS, R und T FS – bei Werken mit freien und nicht vertretenen Anteilen ein Ausfall gemäß § 28 gebildet wird (vgl. zum Ausfall oben **Rn. 99 ff.**). Die Schlüssel in § 206 Abs. 1 lit. E.-H. ordnen daher auch den jeweiligen freien Anteilen einen prozentualen Anteil an der Ausschüttung zu, der in den Ausfall fließt. Auch in den Sparten FS VR, R VR und T FS VR unterbleibt die Bildung eines Ausfalls jedoch bei Bearbeitungen freier Werke. In diesen Fällen erhält der Bearbeiter die bei geschützten, unbearbeiteten Werken auf den Komponisten entfallenden Anteile (vgl. § 207 Abs. 1 lit. I.-N.).

IV. Anteilsschlüssel für die Sparten BT VR, I FS VR, I T FS VR, TD VR, VOD D VR und VOD S VR (§ 208)

552 Der Anteilsschlüssel gemäß § 208 gilt für die Sparte **BT VR** (Bildtonträger-Vervielfältigungsrecht), die Sparte **TD VR** (Tonfilm-Direktverteilung-Vervielfältigungsrecht) und für jene Sparten der Rechte der Vervielfältigung und Verbreitung, die im **Nutzungsbereich Online** für die Verteilung der Einnahmen aus der **Nutzung von Musik in audiovisuellen Werken** (ohne Musikvideos) gebildet sind. Die Aufteilung der Anteile entspricht grundsätzlich derjenigen, die § 207 für die Sparten des Nutzungsbereichs Sendung vorsieht, jedoch mit der Ausnahme, dass bei Werken mit freien und nicht vertretenen Anteilen generell kein Ausfall gemäß § 28 gebildet wird, sondern sich die Anteile der übrigen am Werk Beteiligten entsprechend erhöhen.

Kapitel 10: Die Aufteilung der Ausschüttung an die Ausschüttungsberechtigten bei subverlegten Werken

Abschnitt 1. Allgemeine Regelungen

§ 209 Anwendungsbereich

Die Regelungen dieses Abschnitts gelten für Werke mit Beteiligung von GEMA-Originalverlegern, die außerhalb Deutschlands subverlegt werden, sowie für Werke mit Beteiligung von ausländischen Originalverlegern, die in Deutschland subverlegt werden.

§ 210 Voraussetzungen für die Beteiligung eines Subverlegers

[1] Die Beteiligung des Subverlegers bedarf der Zustimmung der GEMA. Dies gilt sowohl für inländische als auch für ausländische Werke. Die Zustimmung gilt als erteilt, wenn der Subverlagsvertrag den Regelungen des Verteilungsplanes nicht widerspricht.

[2] Die Beteiligung des Subverlegers bedarf der Zustimmung der Urheber. Diese kann bereits im Verlagsvertrag erteilt werden. Die Zustimmung der Urheber ist nicht erforderlich, wenn lediglich der normale Verlagsanteil des Originalverlegers zwischen dem Original- und Subverleger aufgeteilt wird. Abs. 4 bleibt unberührt.

[3] Der Subverleger hat das übernommene Werk in einer eigenen neugedruckten Ausgabe zu veröffentlichen. Die aus technischen und wirtschaftlichen Gründen gemeinsam mit dem Originalverleger veröffentlichte Ausgabe wird als eine eigene Ausgabe des Subverlegers angesehen, wenn Original- und Subverleger für das Subverlagsgebiet im Impressum stehen.

[4] Die Veröffentlichung einer eigenen neugedruckten Ausgabe ist nicht erforderlich, wenn es sich um ein großes Instrumental- oder Vokalwerk der E- und gehobenen U-Musik handelt, dessen Aufführungsmaterial von dem Originalverleger selbst nur mietweise abgegeben wird

oder vom Subverleger wegen zu hoher Herstellungskosten in der ausländischen Originalausgabe vertrieben wird. In diesen Fällen ist eine Werkanmeldung des Subverlegers bei der GEMA erforderlich. Die Beteiligung des Subverlegers bedarf in diesen Fällen stets der Zustimmung der Urheber und der jeweils zuständigen Auslandsgesellschaft.

[5] Verleger können Werke und/oder Verlagskataloge an ausländische Verleger mit einer Beteiligung des ausländischen Verlegers oder ausländischer Mitautoren an den Einnahmen aus den Rechten nur mit Zustimmung der inländischen Autoren, der GEMA und derjenigen ausländischen Verwertungsgesellschaft vergeben, die das Werk für das betreffende Land verwaltet.

[6] Abschlüsse ausländischer Verleger mit deutschen Verlegern über Werke, die mit einer Beteiligung des deutschen Verlegers oder deutscher Mitautoren an in Deutschland oder im Ausland anfallenden Einnahmen aus den Rechten in Verlag genommen werden, bedürfen der Zustimmung der betreffenden ausländischen Autoren und Verwertungsgesellschaften sowie der GEMA.

[7] Subverlagsverträge müssen für eine Laufzeit von mindestens 3 Kalenderjahren geschlossen werden. Die Laufzeiten der Verträge müssen mit den Kalenderjahren übereinstimmen. Innerhalb eines Verteilungszeitraums können unterschiedliche Beteiligungen an einem Werk nicht berücksichtigt werden.

[8] Für ein im Verwaltungsgebiet der GEMA originalverlegtes Werk ist der Abschluss eines Subverlagsvertrages für dieses Gebiet nicht zulässig.

[9] Der Abschluss eines Subverlagsvertrages ist von den GEMA-Ausschüttungsberechtigten umgehend unter Verwendung des hierfür vorgesehenen Formulars bei der GEMA anzumelden. Die Anmeldenden haften der GEMA für die Richtigkeit der Anmeldung. Die GEMA ist berechtigt, die Ausschüttungen mit befreiender Wirkung zugunsten der in den Anmeldungen der Werke oder den Mitteilungen der ausländischen Schwestergesellschaften angegebenen Urheber und Originalverleger oder deren Rechtsnachfolger zu leisten, sofern im Zeitpunkt der Verteilung keine Anmeldung des Subverlagsvertrages vorliegt.

[10] Erwirbt ein ausländischer Verleger einen deutschen Verlagskatalog, so bleiben die Anteile der Urheber hiervon unberührt, selbst wenn der Erwerber für den Katalog oder Einzelwerke einen Subverlagsvertrag mit einem deutschen Verleger schließt.

[11] Abtretungen von GEMA-Originalwerken an Verleger, die einer Verwertungsgesellschaft angehören, mit der die GEMA keine Repräsentationsvereinbarung geschlossen hat, werden nicht anerkannt.

[12] Eine Abtretung des zwischen dem Original- und dem Subverleger vereinbarten Anteils ist lediglich intern zwischen den beteiligten Verlegern möglich und hat keinen Einfluss auf die Abrechnung der GEMA.

§ 211 Beteiligung mehrerer Verleger bei in Deutschland subverlegten Werken

Sind bei in Deutschland subverlegten Werken mehrere Verleger unterschiedlich zu beteiligen, so findet die Aufteilung gemäß Anmeldung statt.

§ 212 Zweiter Subverleger

Falls ein GEMA-Verlagsmitglied ein Werk von einem ausländischen ersten Subverleger in den zweiten Subverlag übernimmt, beteiligt die GEMA lediglich ihr Verlagsmitglied und den Originalverleger des Werkes mit Ausnahme von Werken eines Originalverlegers in den USA. Erwirbt ein GEMA-Verlagsmitglied von dem kontinentalen Subverleger eines Originalverlegers aus den USA ein Werk, so beteiligt die GEMA ihr Verlagsmitglied und den kontinentalen Subverleger.

§ 213 Gemeinschaftsproduktionen

[1] Vollständig verlegte Werke, an denen mindestens ein GEMA-Originalverleger sowie mindestens ein ausländischer Originalverleger beteiligt sind (Gemeinschaftsproduktionen), können weder zwischen den beteiligten Verlegern der Gemeinschaftsproduktion noch in den Ländern, in denen die Verleger ihren Sitz haben, subverlegt werden.

[2] Im Falle einer Gemeinschaftsproduktion ist der Anteil für die beteiligten Verleger in den Sparten der Rechte der öffentlichen Wiedergabe nicht höher als 4/12 und in den Sparten der Rechte der Vervielfältigung und Verbreitung nicht höher als 50%.

§ 214 Repräsentant

[1] Übernimmt ein GEMA-Verleger ausländische Werke lediglich zum Zwecke der Verbreitung von einem ausländischen Originalverleger, ohne eine eigene Ausgabe zu drucken und (bei An- und

Ummeldungen ab dem 1.1.2007) handelsüblich zu vertreiben (zum Beispiel durch die Aufnahme in die Internationale Datenbank für Noten und Verlagsartikel (IDNV-Verzeichnis) oder durch die Vergabe einer ISMN-Nummer und/oder eines Barcodes), so soll dieser Verleger (Repräsentant) grundsätzlich nicht über sein Hauptkonto beteiligt werden. § 210 Abs. 4 bleibt unberührt.

[2] **Die mit dem ausländischen Originalverleger vereinbarte Beteiligung ist dem Repräsentanten nach Abzug einer Verwaltungsgebühr gemäß § 29 Abs. 2 auf ein Sonderkonto gutzuschreiben. Die dem Sonderkonto gutgeschriebene Ausschüttung wird im Rahmen der Wertung und bei der Berechnung des für die Erlangung der ordentlichen Mitgliedschaft erforderlichen Aufkommens nicht berücksichtigt.**

[3] **Abweichend von Abs. 1 und 2 kann der Repräsentant in den Sparten T, TD, TD VR, T FS und T FS VR mit bis zu 6/12 über sein Hauptkonto beteiligt werden. Voraussetzung hierfür ist die Zustimmung der GEMA und der ausländischen Verwertungsgesellschaft und das Einverständnis der Autoren, das vor Abschluss des Vertrages der GEMA nachzuweisen ist. Der Repräsentant muss der GEMA die im Tonfilm übliche Musikaufstellung einsenden.**

Übersicht

I. Anwendungsbereich (§ 209)

553 Kapitel 10 des Besonderen Teils fasst die Regelungen für die Aufteilung der Ausschüttung bei subverlegten Werken zusammen. Ein **subverlegtes Werk** ist ein solches, das für ein oder mehrere Länder mit Einverständnis des Originalverlegers von einem Subverleger gemäß § 8 übernommen, veröffentlicht und vertrieben wird. Bei der Ausschüttung auf subverlegte Werke ist gemäß § 209 zwischen zwei Fällen zu unterscheiden:

554 – Zum einen gelten die Regelungen des Kapitels 10 für **im Ausland subverlegte Werke mit Beteiligung von GEMA-Originalverlegern** und somit für bestimmte Auslandsnutzungen von GEMA-Originalwerken. Für diese Werknutzungen wird die Ausschüttung pro Werk von der jeweiligen ausländischen Schwestergesellschaft der GEMA nach den Bestimmungen der mit der GEMA geschlossenen Repräsentationsvereinbarung und ihres eigenen Verteilungsplans berechnet. Die weitere Aufteilung dieser Ausschüttung auf die am Werk Beteiligten wird ebenfalls von der abrechnenden ausländischen Verwertungsgesellschaft vorgenommen, jedoch nach Maßgabe der von der GEMA nach den Bestimmungen des GEMA-Verteilungsplans erstellten Dokumentation. Die GEMA verfährt entsprechend im umgekehrten Fall der in Deutschland subverlegten Auslandswerke.

555 – Zum anderen finden die Regelungen des Kapitels 10 für subverlegte Werke bei **in Deutschland subverlegten Auslandswerken** Anwendung, indem sie für die Ausschüttung auf Nutzungen solcher ausländischen Werke im Verwaltungsgebiet der GEMA die Anteile der deutschen Subberechtigten, d.h. der Subverleger, Subbearbeiter und/oder Subtextdichter, festlegen. Im Gegenzug ist die Festlegung der Anteile ausländischer Subberechtigter an den im Ausland subverlegten GEMA-Originalwerken Gegenstand der Verteilungspläne der jeweiligen ausländischen Verwertungsgesellschaften.

556 Soweit in einzelnen Bestimmungen nichts Anderes geregelt ist, gelten die Regelungen des Kapitels 10 jeweils für beide vorgenannte Fälle.

Neben den Originalberechtigten und dem Subverleger können an subverlegten Werken auch **subausschüttungsberechtigte Urheber** beteiligt sein. Hierbei handelt es sich um Urheber, die vom Subverleger mit der Bearbeitung der Komposition (**Subbearbeiter**) bzw. des Textes (**Subtextdichter**) des subverlegten Werkes beauftragt werden. Ein typischer Fall ist beispielsweise die Übersetzung des Originaltextes eines fremdsprachigen Werks ins Deutsche durch einen vom Subverleger autorisierten Subtextdichter. Die Beteiligung dieser subausschüttungsberechtigten Urheber ist ebenfalls in Kapitel 10 des Besonderen Teils geregelt. 557

II. Voraussetzungen für die Beteiligung eines Subverlegers (§ 210)

Die Voraussetzungen für die Beteiligung eines Subverlegers an den Ausschüttungen der GEMA sind in § 210 detailliert geregelt. 558

Erforderlich ist demnach zunächst die **Zustimmung** der GEMA (§ 210 Abs. 1) und des Urhebers (§ 210 Abs. 2) zur Beteiligung des Subverlegers. Die Zustimmung des Urhebers wird – mit Ausnahme der in § 210 Abs. 4 geregelten Fälle (s.u.) – vorausgesetzt, wenn durch die Beteiligung des Subverlegers lediglich der im Verteilungsplan für den Originalverleger vorgesehene Anteil geschmälert werden soll, während der Urheberanteil unberührt bleibt. § 210 Abs. 5 regelt die Zulässigkeit des Abschlusses von Subverlagsverträgen für das Ausland, in denen eine Beteiligung des ausländischen Verlegers oder ausländischer Mitautoren vereinbart wird. § 210 Abs. 6 betrifft den umgekehrten Fall des Abschlusses eines Subverlagsvertrages für Deutschland. In beiden Fällen ist die Zustimmung der Urheber, der GEMA und der beteiligten ausländischen Verwertungsgesellschaften erforderlich. Die Zustimmung einer ausländischen Verwertungsgesellschaft wird angenommen, wenn sich aus deren Dokumentation nichts Gegenteiliges ergibt. § 210 Abs. 8 schließt den Abschluss eines Subverlagsvertrags für GEMA-Originalwerke für das eigene Verwaltungsgebiet der GEMA aus. 559

Grundsätzlich hat der Subverleger das übernommene Werk gemäß § 210 Abs. 3 in einer **eigenen neugedruckten Ausgabe** oder – im Rahmen des § 210 Abs. 3 S. 2 – gemeinsam mit dem Originalverleger zu veröffentlichen. Andernfalls kommt lediglich seine Beteiligung als Repräsentant iSd § 214 in Betracht. Eine **Ausnahme** gilt gemäß § 210 Abs. 4 bei großen Instrumental- oder Vokalwerken der E- und gehobenen U-Musik, deren Aufführungsmaterial durch den Originalverleger selbst nur mietweise abgegeben oder vom Subverleger wegen zu hoher Herstellungskosten in der ausländischen Originalausgabe vertrieben wird. Diese Ausnahme vom Erfordernis einer eigenen Druckausgabe des subverlegten Werks ist dadurch begründet, dass diese Werke nur in der Originalversion aufgeführt werden und die Erstellung einer lokalen bzw. deutschen Subausgabe daher nicht erforderlich ist. Das benötigte Notenmaterial wird den aufführenden Orchestern jedoch im Regelfall durch den Subverlag vermietet. 560

Die **Mindestlaufzeit** für Subverlagsverträge wird durch § 210 Abs. 7 auf drei Kalenderjahre festgelegt.[266] 561

Gemäß § 210 Abs. 9 ist der Abschluss eines Subverlagsvertrages bei der GEMA **anzumelden.**[267] Liegt zum Zeitpunkt der Verteilung keine Anmeldung des Subverlagsvertrags vor, ist die GEMA gemäß § 210 Abs. 9 S. 3 berechtigt, mit schuldbefreiender Wirkung an die in den Werkanmeldungen oder den Mitteilungen ihrer ausländischen 562

266 Vgl. hierzu auch Tagesordnung für die Mitgliederversammlung v. 23./24.5.2017, Begr. des Antrags zu TOP 45. Hiermit wurde die früher als Regel vorgesehene Mindestlaufzeit von zehn Jahren auf die in der Praxis etablierten drei Jahre reduziert.

267 Vgl. den Anmeldebogen für Subverleger, abgedruckt in GEMA-Jahrbuch 2017/2018, S. 503 ff.

Schwestergesellschaften angegebenen Originalberechtigten oder deren Rechtsnachfolger auszuschütten.[268]

563 § 210 Abs. 10 betrifft den Fall, dass ein ausländischer Verleger den Katalog eines GEMA-Originalverlegers erwirbt, und bestimmt, dass die Anteile der Urheber durch eine solche **Katalogveräußerung** nicht verändert werden dürfen. Soweit an einem Werk mindestens ein GEMA-Originalurheber beteiligt ist, bleibt das Werk auch im Falle einer Katalogveräußerung an einen ausländischen Verlag ein GEMA-Originalwerk iSd § 190.

564 Gemäß § 210 Abs. 11 können GEMA-Originalwerke im Ausland nur von Verlegern in Subverlag genommen werden, die einer Verwertungsgesellschaft angehören, mit der die GEMA eine **Repräsentationsvereinbarung** iSd § 44 VGG geschlossen hat.

565 § 210 Abs. 12 stellt schließlich klar, dass etwaige **Abtretungsvereinbarungen** hinsichtlich der zwischen Original- und Subverleger vereinbarten und der GEMA gemeldeten Anteile nur im Innenverhältnis zwischen den Beteiligten gelten und keinen Einfluss auf die Ausschüttungen der GEMA haben.

III. Sonderfälle

566 §§ 211–213 regeln die Beteiligung in verschiedenen Sonderfällen, bei denen an einem Werk **mehrere Original- oder Subverleger** beteiligt sind.

1. Beteiligung mehrerer Verleger bei in Deutschland subverlegten Werken (§ 211)

567 Gemäß § 211 können bei in Deutschland subverlegten Werken **mehrere Subverleger nebeneinander** an den Ausschüttungen der GEMA beteiligt werden, wobei die GEMA auch unterschiedlich hohe Beteiligungen akzeptiert.

2. Zweiter Subverleger (§ 212)

568 § 212 betrifft den Fall, dass ein Werk von **mehreren Subverlegern nacheinander** subverlegt wird, indem ein GEMA-Subverlag das Werk nicht aufgrund eines Vertrags mit dem Originalverleger, sondern mit einem ausländischen Subverleger in einen so genannten „zweiten Subverlag“ übernimmt. In diesem Fall beteiligt die GEMA grundsätzlich nur den Originalverleger und den GEMA-Subverleger an ihrer Ausschüttung, nicht dagegen den ausländischen (ersten) Subverleger. Eine Ausnahme gilt für den Fall, dass ein GEMA-Subverleger ein Werk, an dem ein US-amerikanischer Originalverleger beteiligt ist, von dessen kontinentaleuropäischem Subverleger übernimmt. In diesem Fall werden der GEMA-Subverleger und der kontinentaleuropäische Subverleger an der Verteilung der GEMA beteiligt.

3. Gemeinschaftsproduktionen (§ 213)

569 § 213 regelt den Fall, dass an einem Werk **zwei oder mehr Originalverleger** beteiligt sind. Handelt es sich hierbei um mindestens einen GEMA-Originalverleger und mindestens einen ausländischen Originalverleger, spricht der Verteilungsplan von einer

268 Die Regelung wurde durch Beschluss der ordentlichen Mitgliederversammlung 2017 aktualisiert. Vgl. Tagesordnung für die Mitgliederversammlung v. 23./24.5.2017, Antrag zu TOP 46.

„Gemeinschaftsproduktion". Unter diesen Begriff fallen sowohl **Splitcopyrightwerke** als auch **Co-Produktionen**. Als Splitcopyrightwerke werden solche Werke bezeichnet, bei denen die Berechtigten Verlagsverträge mit unterschiedlichen Originalverlagen geschlossen haben, z.B. der Komponist einen Verlagsvertrag mit Verlag A und der Textdichter einen Verlagsvertrag mit Verlag B. Bei einer Co-Produktion haben dagegen alle Berechtigten gemeinsam einen einheitlichen Verlagsvertrag mit mehreren Originalverlagen geschlossen, z.B. sowohl der Komponist als auch der Textdichter jeweils einen Verlagsvertrag mit den Verlagen A und B.

Gemäß § 213 Abs. 1 können Gemeinschaftsproduktionen weder zwischen den beteiligten Verlegern noch in den Ländern, in denen diese ihren Sitz haben, subverlegt werden. § 213 Abs. 2 legt fest, dass der auf die beteiligten Verleger entfallende Anteil auch im Fall einer Gemeinschaftsproduktion nicht die üblichen Höchstgrenzen der Verlegerbeteiligung (4/12 in den Sparten der Rechte der öffentlichen Wiedergabe bzw. 50% in den Sparten der Rechte der Vervielfältigung und Verbreitung) überschreiten darf. Beide Regelungen dienen dem Schutz der Urheber, deren Anteile durch die Einbeziehung mehrerer Verlage nicht geschmälert werden sollen. **570**

IV. Repräsentant (§ 214)

Der Repräsentant[269] unterscheidet sich gemäß § 214 Abs. 1 dadurch von einem Subverleger, dass er ein Werk von einem ausländischen Originalverleger lediglich zum Zwecke der **Verbreitung** übernimmt, ohne es in einer eigenen Ausgabe zu drucken und handelsüblich zu vertreiben (vgl. auch die Kommentierung zu § 8, oben **Rn. 48**). Merkmale eines handelsüblichen Vertriebs sind etwa die Aufnahme in die „Internationale Datenbank für Noten und Verlagsartikel" (IDNV)[270] oder die Vergabe einer „International Standard Music Number" (ISMN)[271] und/oder eines Barcodes. Die Differenzierung findet keine Anwendung bei großen Instrumental- oder Vokalwerken, soweit hierfür gemäß § 210 Abs. 4 eine Beteiligung des Subverlegers auch ohne Veröffentlichung einer eigenen neugedruckten Ausgabe vorgesehen ist. **571**

Der Repräsentant wird bei Vorliegen der sonstigen Voraussetzungen in gleicher Höhe bei der Verteilung berücksichtigt wie der Subverleger. Er erhält die entsprechenden, mit dem ausländischen Originalverleger vereinbarten Anteile jedoch gemäß § 214 Abs. 1 S. 2, Abs. 2 grundsätzlich nicht auf sein Hauptkonto bei der GEMA gutgeschrieben, sondern auf sein so genanntes **Sonderkonto**. Eine Ausnahme gilt gemäß § 214 Abs. 3 unter bestimmten Voraussetzungen für Aufkommen in den Sparten T, TD, TD VR, T FS und T FS VR. Die auf dem Sonderkonto gebuchten Beträge werden gemäß § 214 Abs. 2 S. 2 im Rahmen der Wertung und bei der Berechnung des für die Erlangung der ordentlichen Mitgliedschaft erforderlichen Aufkommens (vgl. § 7 Ziff. 1 Satzung) nicht berücksichtigt und stellen für den Berechtigten daher nur durchlaufende Posten dar. Differenzierungen mit Blick auf Wertung und ordentliche Mitgliedschaft sind nur für solche Verleger relevant, bei denen es sich um Berechtigte der GEMA handelt. Der Geltungsbereich des § 214 ist daher gemäß Abs. 1 S. 1 auf „GEMA-Verleger" beschränkt. Für die Gutschrift auf dem Sonderkonto wird eine Verwaltungsgebühr gemäß § 29 Abs. 2 erhoben. **572**

269 Vor der redaktionellen Neufassung des Verteilungsplans wurde der Repräsentant als „Propagandavertreter" bezeichnet.
270 www.idnv.de/de.
271 Die Vergabe der ISMN-Nummern für Deutschland, Österreich und die Schweiz erfolgt im Auftrag des Deutschen Musikverlegerverbands durch die ACAMAR Management und Service GmbH & Co. KG; http://www.acamar.de/de/ISMN.html.

Diese Gebühr beträgt seit Beginn der 1990er Jahre unverändert 0,5% der auf dem Sonderkonto im Aufführungs- und Senderecht gebuchten Ausschüttungen.

Abschnitt 2. Die Aufteilung der Ausschüttung bei subverlegten Werken in den Sparten der Rechte der öffentlichen Wiedergabe

§ 215 *Entfällt*

§ 216 Anteilsschlüssel

[1] Der Anteil, der auf die Urheber (Komponist, Originalbearbeiter, Subbearbeiter, Originaltextdichter, Subtextdichter) entfällt, beträgt 6/12 (50%) der Gesamtanteile des subverlegten Werkes. Die Anteile, die auf den Original- und Subverleger zusammen entfallen, betragen 6/12 (50%) der Gesamtanteile.

[2] Die Aufteilung zwischen Original- und Subverleger richtet sich nach den zwischen den beteiligten Verlegern getroffenen Vereinbarungen.

[3] Die deutschen Subverleger haben, wenn die Zustimmung der GEMA erfolgen soll, in den Subverlagsverträgen darauf zu achten, dass die Anteile eventueller GEMA-Subtextdichter nicht unter 3/24 (12 1/2%) der Gesamtanteile und die Anteile eventueller GEMA-Subbearbeiter nicht unter 2/24 (8 1/3%) der Gesamtanteile liegen.

[4] Der Subtextdichter hat Anspruch auf Beteiligung, wenn

- **(a) seine Subtextierung und seine Beteiligung zum Zeitpunkt der Anmeldung von einem autorisierten Subverlag genehmigt worden sind,**
- **(b) seine Subtextierung bei der GEMA angemeldet ist und**
- **(c) seine Subtextierung in den Nutzungsmeldungen identifizierbar ist.**

§ 59 bleibt unberührt.

[5] Bei in Deutschland subverlegten Werken aus dem fremdsprachigen Ausland gilt zudem Folgendes:

- **(a) Mit schriftlicher Einwilligung des Subtextdichters kann vom Subverleger im Einzelfalle ein Spezialsubtext autorisiert werden. Stellt der Spezialsubtext lediglich eine Bearbeitung oder Umgestaltung des Subtextes dar, so wird der Subtextdichteranteil zwischen dem Subtextdichter und dem Spezialsubtextdichter geteilt. Ist dagegen ein selbständiger Text entstanden, so erhält nur der Urheber dieses Textes als neuer Subtextdichter den Subtextdichteranteil für seine Textversion.**
- **(b) Unter veränderten Verhältnissen kann vom Subverleger die Aktualisierung des Subtextes verlangt werden. Lehnt der Subtextdichter dies ab oder ist er dazu nicht in der Lage, so hat der Subverleger das Recht, nach 3 Monaten, von der Aufforderung durch den Subverleger an gerechnet, einen anderen Subtextdichter zu wählen. Der bisherige Subtextdichter darf nicht widersprechen, wenn seine Weigerung gegen Treu und Glauben verstoßen würde. Stellt der neue Subtext lediglich eine Bearbeitung oder Umgestaltung des bisherigen Subtextes dar, so wird der Subtextdichteranteil zwischen dem Subtextdichter und dem Spezialsubtextdichter geteilt. Ist dagegen ein selbständiger Text entstanden, so erhält nur der Urheber dieses Textes als neuer Subtextdichter den Subtextdichteranteil für seine Textversion.**
- **(c) Die Originalversionen werden an die Berechtigten (gemäß Anmeldung des Subverlegers) des Originalwerks verrechnet.**

[6] Bei Subbearbeitungen geschützter Originalwerke beträgt der Subbearbeiteranteil in den Sparten des Allgemeinen Anteilsschlüssels gemäß § 195 und in der Sparte FS 1/24, soweit es sich bei den Subbearbeitungen nach den Verrechnungsschlüsseln I bis III um Werke mit der Punktbewertung 12 für Live-Aufführungen handelt, und 2/24, soweit es sich bei den Subbearbeitungen nach den Verrechnungsschlüsseln I bis III um Werke mit Punktbewertungen ab 24 für Live-Aufführungen handelt.

[7] Der Subbearbeiter hat Anspruch auf Beteiligung, wenn er von einem Subverleger hierzu autorisiert und seine Subbearbeitung ausdrücklich in den Nutzungsmeldungen genannt ist. Die Regelungen zu Glaubhaftmachung und Reklamation gemäß § 59 bleiben unberührt.

§ 217 *Entfällt*

Der Anteilsschlüssel für die Aufteilung der Ausschüttung bei subverlegten Werken in den Sparten der Rechte der öffentlichen Wiedergabe (vgl. die Spartenübersicht in § 12) ist in § 216 geregelt. Es handelt sich hierbei um eine in ihren Grundzügen als internationaler Standard etablierte, auch als **Londoner Schlüssel** bezeichnete Regelung,[272] die um GEMA-spezifische Anpassungen mit Blick auf die Beteiligung von Subbearbeitern und Subtextdichter ergänzt wurde. 573

Gemäß § 216 Abs. 1 wird bei der Aufteilung auf der ersten Ebene zwischen den Anteilen der **Urheber** einerseits und der **Verleger** andererseits unterschieden, wobei jeweils die auf Original- und Subausschüttungsberechtigte entfallenden Anteile zusammengefasst werden. Sowohl den Urhebern (Komponist, Originalbearbeiter, Subbearbeiter, Originaltextdichter und Subtextdichter), als auch den Verlegern (Original- und Subverleger) steht demnach die Hälfte der auf das Werk insgesamt entfallenden Ausschüttung (6/12 bzw. 50%) zu. Die Aufteilung des auf die Verleger entfallenden Anteils kann zwischen Original- und Subverleger gemäß § 216 Abs. 2 frei vereinbart werden. 574

Für die Beteiligung subausschüttungsberechtigter Urheber bei in Deutschland subverlegten Werken sieht § 216 Abs. 3 bestimmte **Mindestanteile** vor. Demnach darf der Anteil eines GEMA-Subtextdichters nicht weniger als 3/24 (12 1/2%) und der Anteil eines GEMA-Subbearbeiters nicht weniger als 2/24 (8 1/3%) betragen. 575

Die allgemeinen Voraussetzungen für die Beteiligung eines **Subtextdichters** sind in § 216 Abs. 4 geregelt. Demnach setzt eine Beteiligung voraus, dass die Subtextierung und die Beteiligung des Subtextdichters von einem hierzu autorisierten Subverlag genehmigt worden sind. Ferner muss die Subtextierung bei der GEMA angemeldet und die Nutzung der subtextierten Werkfassung muss in den Nutzungsmeldungen identifizierbar sein. Die Beteiligung des Subtextdichters entfällt demnach nicht nur bei eindeutigen Nutzungen des Originaltextes, sondern auch bei Unklarheit hinsichtlich der genutzten Fassung. Mit dieser Regelung hat die GEMA einen Beschluss der CISAC umgesetzt und ihre Regeln zur Subtextdichterbeteiligung an internationale Standards angepasst.[273] Der Subtextdichter hat aber gemäß § 59 die Möglichkeit, Nutzungen der subtextierten Werkfassung zu reklamieren. Eine Ausnahme gilt ferner gemäß § 5 Abs. 2. Hiernach wird der Subtextdichter unabhängig von einer identifizierbaren Nutzung seines Subtextes an der Ausschüttung beteiligt, wenn die Zugkraft des Werks auf den Subtext zurückzuführen ist (vgl. hierzu die Kommentierung oben, **Rn. 29 f.**). 576

§ 216 Abs. 5 enthält Sonderregelungen für die Beteiligung des Subtextdichters, der einen bereits bestehenden Subtext bearbeitet oder zu einem subtextierten Werk einen neuen, selbständigen Subtext schafft. Diese gelten zusätzlich zu den sonstigen Voraussetzungen für die Beteiligung des Subtextdichters gemäß § 216 Abs. 4. 577

- § 216 Abs. 5 lit. a betrifft den Fall, dass ein Textdichter mit schriftlicher Einwilligung des ursprünglichen Subtextdichters durch den Subverleger mit der Erstellung eines so genannten Spezialsubtextes zu einem subtextierten Werk beauftragt wird. Stellt der Spezialsubtext lediglich eine Bearbeitung oder Umgestaltung des ursprünglichen Subtextes dar, wird der auf den Subbearbeiter entfallende Anteil zwischen dem ursprünglichen Subtextdichter und dem Verfasser des Spezialsubtextes – dem so 578

272 Der Londoner Anteilsschlüssel wird vereinzelt auch als „konföderaler Schlüssel" bezeichnet. Er wurde 1947 auf internationaler Ebene durch die in der CISAC organisierten Verwertungsgesellschaften entwickelt und ersetzte den älteren so genannten „Stockholmer Schlüssel". Die Neuregistrierung von Werken nach dem Stockholmer Anteilsschlüssel bei der GEMA ist nicht mehr möglich. Vereinzelt bei älteren Werken noch bestehende Registrierungen nach diesem Schlüssel werden aber weiterhin anerkannt; vgl. Tagesordnung für die Mitgliederversammlung v. 23./24.5.2017, Antrag zu TOP 47.

273 Vgl. Tagesordnung für die Mitgliederversammlung v. 26./27.4.2016, Antrag zu TOP 27, nebst ausf. Begr.

genannten **Spezialsubtextdichter** – aufgeteilt. Ist der Spezialsubtext dagegen als ein eigenständiger Text zu beurteilen, wird der Urheber dieses neuen Textes als **neuer Subtextdichter** bezeichnet und erhält den gesamten Subtextdichteranteil.

579 – Gemäß § 216 Abs. 5 lit. b kann der Subverleger unter bestimmten Voraussetzungen auch ohne Einwilligung des ursprünglichen Subtextdichters einen neuen Subtext in Auftrag geben: Wünscht der Subverleger aufgrund veränderter Verhältnisse – z.B. geänderter Sprachkonventionen – eine **Aktualisierung des Subtextes**, hat er sich zwar vorrangig an den ursprünglichen Subtextdichter als den Urheber des zu aktualisierenden Textes zu wenden. Lehnt der ursprüngliche Subtextdichter die Aktualisierung jedoch ab oder ist er dazu nicht in der Lage, so kann der Subverleger binnen drei Monaten ab der Aufforderung an den ursprünglichen Subtextdichter einen anderen Subtextdichter mit der Aktualisierung beauftragen. Die Beteiligung dieses anderen Subtextdichters entspricht derjenigen nach § 216 Abs. 5 lit. a.

580 Die Regelungen des § 216 Abs. 5 gelten nur für in Deutschland subverlegte Werke. Sie finden auch in den Sparten der Rechte der Vervielfältigung und Verbreitung Anwendung, vgl. § 220 Abs. 3 und § 221 Abs. 2. § 216 Abs. 5 lit. c stellt nochmals klar, dass der Subtextdichter gleich welcher Art nicht beteiligt wird, wenn eindeutig die Originalversion des Werks genutzt worden ist.

581 Der **Subbearbeiter** ist gemäß § 216 Abs. 7 ebenfalls nur dann an der Ausschüttung zu beteiligen, wenn seine Bearbeitung durch den Subverleger genehmigt worden ist. Ferner muss die von ihm subbearbeitete Werkfassung ausdrücklich in den Nutzungsmeldungen genannt sein. Die Regelung entspricht den Voraussetzungen für die Beteiligung von Originalbearbeitern (vgl. § 6 Abs. 3 sowie die Kommentierung hierzu oben **Rn. 36 f.**).[274]

582 Subbearbeiter und Subtextdichter werden unabhängig von der räumlichen und zeitlichen Geltung des Subverlagsvertrages bei nachweislichem Vorkommen ihrer Version auch außerhalb des Subverlagsgebietes und nach Ablauf des Subverlagsvertrages an den auf diese Version entfallenden Einnahmen beteiligt.[275]

Abschnitt 3. Die Aufteilung der Ausschüttung bei subverlegten Werken in den Sparten der Rechte der Vervielfältigung und Verbreitung

§ 218 Allgemeine Regelungen

[1] Bei in Deutschland subverlegten Werken richtet sich die Beteiligung des Subverlegers nach den zwischen den Beteiligten getroffenen Vereinbarungen unter Berücksichtigung der Verteilungspläne der betreffenden ausländischen Verwertungsgesellschaften. Bei in Deutschland subverlegten Werken aus dem fremdsprachigen Ausland erfolgt eine Beteiligung von 50% für die Urheber und 50% für den Originalverleger, wenn mindestens einer der Urheber der GEMA angehört.

[2] Bei im Ausland subverlegten GEMA-Originalwerken richtet sich die Verteilung der Anteile der Originalbezugsberechtigten nach den Regelungen des Kapitels 9 des Besonderen Teils dieses Verteilungsplans. Für die Sparten Phono VR, DK VR, I R VR, KMOD VR, MOD D VR, MOD S VR und WEB VR erkennt die GEMA die Beteiligungsquoten gemäß Abs. 1 Satz 2 an.

[3] Bei in den deutschsprachigen Ländern erstmalig erschienenen Werken mit deutschsprachigem Originaltext dürfen im Falle eines Subverlages in einem deutschsprachigen Land die auf

274 Wie die Beteiligung des Originalbearbeiters wurde auch die Beteiligung des Subbearbeiters durch Beschluss der ordentlichen Mitgliederversammlung 2014 neu geregelt; vgl. Tagesordnung für die Mitgliederversammlung v. 8./9.4.2014, Antrag zu TOP 11, nebst ausf. Begr.

275 Grundlage hierfür ist ein Beschluss des CISAC-Verwaltungsrats vom 20. Juni 1970: „Jeder Schöpfer, der zur Schaffung eines Werkes beigetragen hat, soll bei der Verteilung der Erträgnisse aus der Verwertung dieses Werkes beteiligt werden" (so genannte *Las Palmas Resolution*).

den Original- und Subverleger entfallenden Anteile zusammen nicht mehr als 60% der Gesamtausschüttung betragen. Diese Regelung gilt sowohl für in Deutschland subverlegte ausländische Werke als auch für im Ausland subverlegte GEMA-Originalwerke.

§ 219 Die Aufteilung bei nicht vertretenen ausländischen Originalverlegern

Gehört der ausländische Originalverleger keiner Verwertungsgesellschaft an, mit der die GEMA eine Repräsentationsvereinbarung geschlossen hat, so erhält der deutsche Subverleger in den Sparten Phono VR, DK VR, BT VR, TD VR und den Sparten des Nutzungsbereichs Online auch den Anteil des Originalverlegers verrechnet mit der Maßgabe, die Weiterverteilung an den Originalverleger nach den Regelungen seines Subverlagsvertrages vorzunehmen. Gehört auch der Urheber keiner solchen Verwertungsgesellschaft an, so erhält der deutsche Subverleger auch dessen Anteil. Im Falle der Weitergabe des Werkes an Subverleger in Österreich und der Schweiz erhält der österreichische bzw. schweizerische Subverleger an Stelle des deutschen Subverlegers dessen Anteil. Der Anteil des deutschen Subtextdichters gemäß §§ 220 und 221 bleibt davon unberührt.

§ 220 Beteiligung des deutschen Subtextdichters in den Sparten Phono VR, DK VR, I R VR, KMOD VR, MOD D VR, MOD S VR und WEB VR

[1] Bei in Deutschland subverlegten Werken aus dem fremdsprachigen Ausland hat der Subtextdichter Anspruch auf Beteiligung, wenn

(a) seine Subtextierung und seine Beteiligung zum Zeitpunkt der Anmeldung von einem autorisierten Subverlag genehmigt worden sind,

(b) seine Subtextierung bei der GEMA angemeldet ist und

(c) seine Subtextierung in den Nutzungsmeldungen identifizierbar ist.

§ 59 Abs. 1 und 2 bleiben unberührt.

[2] Es wird lediglich ein Subtext für die Dauer der Schutzfrist anerkannt. Der Subtextdichter erhält von 100% einen festen Anteil von 16 2/3%. Dieser Anspruch besteht unabhängig von der Höhe der Beteiligung des Subverlegers.

[3] § 216 Abs. 5 gilt entsprechend.

§ 221 Beteiligung des deutschen Subtextdichters in den Sparten R VR, FS VR, T FS VR, TD VR, BT VR, I FS VR, I T FS VR, VOD D VR und VOD S VR

[1] Für angemeldete Subtextierungen ausländischer Originalwerke erhält der Subtextdichter 30%, der Subverleger 70% des in Deutschland verbleibenden Anteils. Für den Beteiligungsanspruch des Subtextdichters gelten die in § 220 Abs. 1 geregelten Voraussetzungen entsprechend.

[2] § 216 Abs. 5 gilt entsprechend.

§ 222 Beteiligung des ausländischen Subtextdichters

Bei autorisierten fremdsprachigen Textierungen deutschsprachiger Werke, die nicht im Ausland subverlegt sind, erhält der ausländische Textdichter in den Sparten Phono VR, DK VR, BT VR, TD VR und den Sparten des Nutzungsbereichs Online bei Nutzungen von Aufnahmen mit seinem Text in dem autorisierten Gebiet die Hälfte des in seinem Land geltenden Textdichteranteils, jedoch in den Sparten Phono VR, DK VR, I R VR, KMOD VR, MOD D VR, MOD S VR und WEB VR nicht mehr als 12,5% und in den Sparten BT VR, I FS VR, I T FS VR, TD VR, VOD D VR und VOD S VR nicht mehr als 15% der Ausschüttung. Der Restbetrag wird nach dem jeweiligen Originalanteilsschlüssel verteilt.

Übersicht

I. Allgemeine Regelungen (§ 218)

583 Der 3. Abschnitt des 10. Kapitels im Besonderen Teil (§§ 218–222) regelt die Aufteilung der Ausschüttung bei subverlegten Werken iSd § 209 in den Sparten der Rechte der Vervielfältigung und Verbreitung iSd § 13. Hierbei ist zwischen in Deutschland subverlegten Werken einerseits und im Ausland subverlegten GEMA-Originalwerken andererseits zu unterscheiden.

584 Bei **in Deutschland subverlegten Werken** gelten für die Anteilsaufteilung grundsätzlich die Bestimmungen der jeweiligen ausländischen Schwestergesellschaften der GEMA. § 218 Abs. 1 S. 1 stellt dies in Bezug auf die Beteiligung des GEMA-Subverlegers ausdrücklich klar. Ist bei einem in Deutschland subverlegten Werk aus dem fremdsprachigen Ausland mindestens einer der beteiligten Originalurheber GEMA-Mitglied, werden die Anteile gemäß § 218 Abs. 1 S. 2 hälftig zwischen Urhebern und Originalverlag aufgeteilt.

585 Für **im Ausland subverlegte GEMA-Originalwerke** gelten hinsichtlich der Anteile der GEMA-Originalberechtigten gemäß § 216 Abs. 2 S. 1 die Anteilsschlüssel des Kapitels 9 des Besonderen Teils (§§ 206 ff.). Diese sehen bei verlegten Werken regelmäßig eine Aufteilung im Verhältnis 60 : 40 auf Urheber und Verleger vor. Für die in § 206 genannten Sparten besteht jedoch die Besonderheit, dass der Verlegeranteil bei Werken mit Anmeldung vor dem 1.1.1979 grundsätzlich 50% beträgt. Das Verhältnis zwischen Urheber- und Verlegeranteilen liegt insoweit also – wie in den Fällen des § 218 Abs. 1 S. 2 – bei 50 : 50. Gemäß § 216 Abs. 2 S. 2 erkennt die GEMA diese hälftige Aufteilung für die betreffenden Nutzungsbereiche auch im Zusammenhang mit Auslandsnutzungen subverlegter GEMA-Originalwerke an, und zwar unabhängig davon, wann die Werke angemeldet wurden. Daneben kann für im Ausland subverlegte GEMA-Originalwerke aber auch für die in § 218 Abs. 1 S. 2 genannten Sparten ein Aufteilungsverhältnis von 60 : 40 auf Urheber und Originalverlag vereinbart werden.

586 Nicht im Verteilungsplan geregelt ist der **Anteil des Subverlegers.** Dieser kann aus den vorstehenden Bestimmungen je nach den zwischen den Urhebern und Verlegern individualvertraglich getroffenen Vereinbarungen auf unterschiedliche Weise abgeleitet werden. In der internationalen Praxis haben sich zwei zentrale Berechnungsmethoden etabliert:

587 – Bei der **Berechnung „vom Verlagsanteil"** vermindert sich der Anteil des Originalverlegers um den vereinbarten Prozentsatz. Ist zum Beispiel im Subverlagsvertrag vereinbart, dass der Subverleger mit 50% „vom Verlagsanteil" beteiligt werden soll, so erhält er die Hälfte aus den dem Originalverleger nach den vorstehenden Bestimmungen zustehenden Anteilen. Bei dieser Art der Berechnung der Höhe des Subverlegeranteils erkennt die GEMA beliebige Beteiligungsquoten des Subverlegers zwischen 1 und 100% an.

588 – Bei der **Berechnung „vom Gesamt"** werden dagegen auch die Urheberanteile anteilig um den Subverlegeranteil geschmälert. Ist zum Beispiel im Subverlagsvertrag vereinbart, dass der Subverleger eine Beteiligung von 50% „vom Gesamt" erhalten soll, so erhält er 50% des Urheberanteils und 50% des Originalverlegeranteils, somit also insgesamt 50% der Gesamtausschüttung. Bei dieser Art der Berechnung der Höhe des Subverlegeranteils erkennt die GEMA maximal eine Quote des Subverlegers in Höhe von 50% an, um eine völlige Aushöhlung der Urheberanteile zu verhindern. Für in deutschsprachigen Ländern erstmalig erschienene Werke mit deutschsprachigem Originaltext sind die auf Original- und Subverleger insgesamt entfallenden Anteile gemäß § 218 Abs. 3 auf maximal 60% der Gesamtausschüttung gedeckelt.

II. Die Aufteilung bei nicht vertretenen ausländischen Originalverlegern (§ 219)

§ 219 betrifft den Fall, dass bei einem in Deutschland subverlegten Werk entweder keiner der beteiligten Originalverlage (S. 1) oder aber keiner der beteiligten Originalverleger und Urheber (S. 2) Mitglied einer Verwertungsgesellschaft ist, mit der die GEMA eine Repräsentationsvereinbarung geschlossen hat. Bei einem derartigen Sachverhalt erhält der deutsche Subverleger in den Sparten Phono VR, DK VR, BT VR, TD VR und den Sparten des Nutzungsbereichs Online auch den Anteil des Originalverlegers bzw. die Anteile der Urheber ausgeschüttet mit der Maßgabe, die Weiterverteilung nach den Bestimmungen seines Subverlagsvertrages vorzunehmen. Im Ergebnis erfolgt damit eine **Umleitung** der auf etwaige nicht vertretene Berechtigte entfallenden Ausschüttung an den Subverlag. Die Beträge, die einem Subverleger nach § 219 für andere Berechtigte gutgeschrieben werden, werden auf das Sonderkonto des Subverlegers gebucht (vgl. hierzu die Kommentierung zu § 214 oben **Rn. 572**). In den übrigen, nicht in § 219 genannten Sparten der Rechte der Vervielfältigung und Verbreitung ist eine Umleitung nicht erforderlich, da in diesen gemäß § 28 ein Ausfall für freie und nicht vertretene Anteile gebildet wird. 589

In der Praxis erkennt die GEMA in den Sparten der Rechte der Vervielfältigung und Verbreitung auch unabhängig davon, ob der ausländische Originalverleger einer mit der GEMA durch Repräsentationsvereinbarung verbundenen Verwertungsgesellschaft angehört, so genannte **Zahlbarkeitsstellungen** an. Diese werden zwischen Subverleger und Originalverleger vereinbart und berechtigen den Subverleger, auch die dem Originalverleger zustehende Beteiligung, d.h. den Originalverlagsanteil, mit zu kassieren. 590

III. Die Beteiligung des Subtextdichters

Die §§ 220–222 regeln die Beteiligung des Subtextdichters bei Ausschüttungen auf subverlegte Werke in den Sparten der Rechte der Vervielfältigung und Verbreitung. Die Beteiligung eines **Subbearbeiters** kommt in diesen Sparten nicht in Betracht, da der Bearbeiter im mechanischen Recht gemäß § 6 Abs. 3 nur bei Bearbeitungen von im Original freien Werken beteiligt wird und eine Subbearbeitung nur in der von einem Subverlag autorisierten Bearbeitung eines geschützten Werks bestehen kann. 591

1. Beteiligung des deutschen Subtextdichters in den Sparten Phono VR, DK VR, I R VR, KMOD VR, MOD D VR, MOD S VR und WEB VR (§ 220)

Die in § 220 Abs. 1 geregelten **allgemeinen Voraussetzungen** für die Subtextdichterbeteiligung in den Sparten Phono VR, DK VR, I R VR, KMOD VR, MOD D VR, MOD S VR und WEB VR entsprechen denen in § 216 Abs. 4; vgl. hierzu die Kommentierung oben **Rn. 576**. Gemäß § 220 Abs. 2 erhält der Subtextdichter in den genannten Sparten einen **festen Anteil** in Höhe von 16 2/3% der auf das Werk insgesamt entfallenden Ausschüttung. Dieser Anteil des Subtextdichters geht zu Lasten des Anteils des Subverlegers. Gemäß § 220 Abs. 3 gelten die in § 216 Abs. 5 geregelten Bestimmungen für die Beteiligung des Subtextdichters, der einen bereits bestehenden Subtext bearbeitet oder zu einem subtextierten Werk einen neuen, selbständigen Subtext schafft, entsprechend auch für die von § 220 erfassten Sparten. 592

2. Beteiligung des deutschen Subtextdichters in den Sparten R VR, FS VR, T FS VR, TD VR, BT VR, I FS VR, I T FS VR, VOD D VR und VOD S VR (§ 221)

593 Die Regelungen zur Beteiligung des Subtextdichters in den Sparten R VR, FS VR, T FS VR, TD VR, BT VR, I FS VR, I T FS VR, VOD D VR und VOD S VR unterscheiden sich von denen in § 220 lediglich hinsichtlich der Höhe der Anteile. Im Anwendungsbereich des § 221 erhält der GEMA-Subtextdichter eine Beteiligung in Höhe von 30% des in Deutschland verbleibenden Anteils, die übrigen 70% erhält der GEMA-Subverleger.

3. Beteiligung des ausländischen Subtextdichters (§ 222)

594 § 222 betrifft die Beteiligung ausländischer Textdichter bei GEMA-Originalwerken in den Bereichen Phono VR, DK VR, BT VR, TD VR und Online. Ist ein deutschsprachiges GEMA-Originalwerk im Ausland nicht subverlegt und haben die Originalberechtigten – der Textdichter oder der Originalverlag – einen ausländischen Textbearbeiter zu einer fremdsprachigen Textierung autorisiert, so erhält dieser Textbearbeiter für die Nutzungen – i.W. Ton- und Bildtonträgerverkäufe – im von den Originalberechtigten autorisierten Gebiet die Hälfte desjenigen Textdichteranteils, der nach dem Verteilungsplan der Verwertungsgesellschaft im Heimatland des ausländischen Textdichters gilt. Voraussetzung für die Beteiligung ist, dass tatsächlich die mit dem autorisierten fremdsprachigen Text unterlegte Werkfassung genutzt worden ist. Der verbleibende Restbetrag wird nach dem Originalanteilsschlüssel der jeweiligen Sparte an die Originalberechtigten verteilt.

Schlussbestimmungen

§ 223 Inkrafttreten

Dieser Verteilungsplan tritt mit Wirkung zum 1.1.2017 in Kraft.

§ 224 Auslegungsregel

Dieser Verteilungsplan ersetzt gemäß dem Beschluss der ordentlichen Mitgliederversammlung vom 26./27.4.2016 zu Tagesordnungspunkt 23 den bisherigen Verteilungsplan der GEMA, bestehend aus den Verteilungsplänen A. für das Aufführungs- und Senderecht, B. für das mechanische Vervielfältigungsrecht und C. für den Nutzungsbereich Online. Die mit der Beschlussfassung über Tagesordnungspunkt 23 der ordentlichen Mitgliederversammlung vom 26./27.4.2016 verbundenen Änderungen des Wortlauts sowie des Aufbaus des bisherigen Verteilungsplans sind in der Absicht erfolgt, diesen redaktionell zu überarbeiten. Inhaltliche Änderungen sind mit dieser Überarbeitung nicht beabsichtigt, es sei denn, eine Änderung ist in der Begründung des Beschlussantrages zum Tagesordnungspunkt 23, abgedruckt in der Tagesordnung für die Mitgliederversammlung vom 26./27.4.2016, ausdrücklich als inhaltliche Änderung gekennzeichnet worden. Bei der Auslegung der Regelungen des vorliegenden Verteilungsplans ist deshalb im Zweifel anzunehmen, dass mit einer im Rahmen des Tagesordnungspunkts 23 der ordentlichen Mitgliederversammlung vom 26./27.4.2016 beschlossenen Änderung des Wortlauts und des Aufbaus keine inhaltliche Abweichung von der bis zum 31.12.2016 geltenden Fassung des Verteilungsplans gewollt war.

595 Gemäß §§ 223, 224 hat der vorliegende, alle Sparten umfassende Verteilungsplan die drei zuvor geltenden separaten Verteilungspläne für das Aufführungs- und Senderecht („Verteilungsplan A."), für das mechanische Recht („Verteilungsplan B.") und für den Nutzungsbereich Online („Verteilungsplan C.") mit Wirkung zum 1.1.2017 ersetzt (vgl. auch Einleitung, **Rn. 8**). Mit dem entsprechenden Beschluss der ordentlichen Mitgliederversammlung 2016 war lediglich das Ziel einer redaktionellen Neufassung des Verteilungsplans verbunden. Inhaltliche Änderungen der Verteilung waren – mit Ausnahme

einzelner in der Tagesordnung zur Mitgliederversammlung abschließend genannter Punkte[276] – nicht gewollt. Dies stellt die **Auslegungsregel** in § 224 ausdrücklich klar: Hiernach sind die Regelungen des Verteilungsplans im Zweifel dahingehend auszulegen, dass mit Änderungen des Wortlauts und des Aufbaus, die im Zuge der Zusammenführung der Verteilungspläne A., B. und C. im vorliegenden, einheitlichen Verteilungsplan erfolgt sind, keine inhaltlichen Abweichungen von der früher geltenden Fassung des Verteilungsplans gewollt waren. Durch diese Regelung wird ausgeschlossen, dass etwaige unbeabsichtigte inhaltliche Änderungen, die im Zuge der redaktionellen Überarbeitung des Verteilungsplans eingetreten sein könnten, rechtlich wirksam werden können.

276 Vgl. Tagesordnung für die Mitgliederversammlung v. 26./27.4.2016, Begründung des Antrags zu TOP 23, S. 183. Es handelte sich im Wesentlichen um die Tilgung historisch überholter oder gegenstandsloser Regelungen.

Kapitel 9
Die Wertung

Inhaltsübersicht

Kapitel 9.1
Das Wertungsverfahren der Komponisten in der Sparte E (GO Wertung KE)

Übersicht

Geschäftsordnung

Fassung aufgrund der Beschlüsse der ordentlichen Mitgliederversammlung vom 7.–23. und 24. Mai 2017

Die nach §§ 30 und 31 des Verteilungsplans zur Verfügung stehenden Beträge werden nach Maßgabe folgender Bestimmungen verteilt:

§ 1 [Zusammensetzung und Wahl des Wertungsausschusses]

(1) Es wird ein Wertungsausschuss gebildet aus
3[1] Komponisten (davon 2 Chorkomponisten)
und weiteren
2[1] Komponisten (davon 2 Chorkomponisten) als Stellvertreter.

Darüber hinaus wird ein Sachverständiger (mit Stellvertreter) gewählt, der in Fällen von Chormusik beratend mitwirkt.[1]

Wählbar sind Mitglieder mit mindestens zehnjähriger Mitgliedschaft. Davon müssen fünf Jahre auf die ordentliche Mitgliedschaft entfallen. Aufsichtsratsmitglieder sind nicht wählbar.

(2) Die Mitglieder des Wertungsausschusses werden auf die Dauer von drei Jahren auf Grundlage der Wahlvorschläge des Aufsichtsrates durch die Mitgliederversammlung nach den Grundsätzen gewählt, die für die Wahl von Aufsichtsratsmitgliedern gelten. Bei der Auswahl der Wahlvorschläge berücksichtigt der Aufsichtsrat das Ziel, den Anteil von Frauen in allen Gremien zu stärken. Andere Wahlvorschläge können von den ordentlichen Mitgliedern und Delegierten im Vorfeld der Mitgliederversammlung, in der die Wahl stattfindet, beim Wahlausschuss eingereicht werden. B. I. Ziffer 3 Absätze 2 und 3 der Versammlungs- und Wahlordnung gelten entsprechen. Die Ausschussmitglieder bleiben bis zum Ablauf der dritten auf die Wahl folgenden ordentlichen Mitgliederversammlung im Amt. Wiederwahl ist zulässig.

(3) Scheidet während der Amtsdauer ein Ausschussmitglied aus, so haben die Aufsichtsratsmitglieder seiner Berufsgruppe ein Ersatzmitglied zu wählen, das an dessen Stelle tritt. Die Ersatz-

Karl Riesenhuber

https://doi.org/10.1515/9783110366792-009

wahl bedarf der Bestätigung durch die nächste Mitgliederversammlung, soweit die Amtsdauer über diese Mitgliederversammlung hinausgeht.

(4) Die außerordentlichen und angeschlossenen Mitglieder werden im Wertungsausschuss durch einen Delegierten ihrer Berufsgruppe vertreten, der bei der Wertung der außerordentlichen und angeschlossenen Mitglieder seiner Berufsgruppe beratend mitwirkt. Der Delegierte wird jeweils für die Amtsperiode des Wertungsausschusses von der Versammlung der außerordentlichen und angeschlossenen Mitglieder gewählt. Er muss 5 Jahre außerordentliches oder angeschlossenes Mitglied der GEMA gewesen sein. Die für die Wahl von Aufsichtsratsmitgliedern geltenden Grundsätze sind entsprechend anzuwenden.

---

1) Gilt für Wahlen ab Geschäftsjahr 2013.

Übersicht

I. Übersicht

§ 1 GO Wertung KE regelt die Zusammensetzung des Wertungsausschusses (Abs. 1 S. 1), die Wahl seiner Mitglieder (Abs. 1 UAbs. 3, Abs. 2 und 3) sowie die Vertretung der außerordentlichen und angeschlossenen Mitglieder im Wertungsausschuss durch einen Delegierten und seine Wahl (Abs. 4). Sofern die Geschäftsordnung keine spezielleren Anordnungen enthält, kommen die Grundsätze über die Wahl von Aufsichtsratsmitgliedern (§ 13 Satzung) zur Anwendung (Abs. 2 S. 1, Abs. 4 S. 4). 1

Die **Zuständigkeiten** des Wertungsausschusses sind in § 6 GO Wertung KE geregelt; s. die Erläuterungen Rn. 110 ff. 2

II. Zusammensetzung und Wahl des Wertungsausschusses

1. Zusammensetzung des Wertungsausschusses

Der Wertungsausschuss setzt sich aus drei Komponisten als **Ausschussmitglieder** sowie zwei weiteren Komponisten als **Stellvertreter** zusammen. Als Berater (nicht Mitglied) wird zudem ein **Sachverständiger für Chormusik** nebst Stellvertreter gewählt. 3

Nicht eigens hervorgehoben, von der Regelung aber vorausgesetzt ist, dass nur **Komponisten ernster Musik** als Mitglieder, Stellvertreter oder Sachverständige wählbar sind. Dafür spricht systematisch die Parallelregelung in § 1 Abs. 1 UAbs. 2 S. 4 GO Wertung U; teleologisch folgt es daraus, dass die Hauptaufgabe des Wertungsausschusses darin besteht, die künstlerische Persönlichkeit und das Gesamtschaffen von E-Komponisten zu bewerten. 4

Die **Stellvertreter** vertreten das Ausschussmitglied im Falle einer Verhinderung, vgl. § 2 Abs. 2 GO Wertung KE. Sie rücken aber nicht für den Fall vorzeitigen Ausscheidens nach; dann ist vielmehr ein Ersatzmitglied zu wählen (Rn. 13 f.). Entsprechend ihrer Funktion werden die Stellvertreter nur tätig, soweit ein Ausschussmitglied verhindert ist. Sie werden (wie sich schon aus ihrer Zahl ergibt) nicht als Vertreter für ein bestimmtes Ausschussmitglied gewählt, sondern allgemein als Vertreter; daher ist es sachlich falsch und missverständlich, wenn § 2 Abs. 2 GO Wertung KE von „ihren" Vertretern spricht. 5

2. Die Rechtsstellung der Mitglieder des Wertungsausschusses

6 Die Mitglieder des Wertungsausschusses werden ehrenamtlich tätig, § 5a Abs. 1 Satzung. Ein Vertragsverhältnis mit der GEMA kommt nicht zustande. Sie erhalten Ersatz ihrer erforderlichen Aufwendungen (Reisekosten; Barauslagen) nach § 5a Satzung und entsprechend § 670 BGB sowie „pauschale Sitzungsgelder“, deren Höhe nach §§ 5a Abs. 2, 16 D Satzung von der Sitzungsgeldkommission festgelegt wird.

3. Wählbarkeit

7 Das **passive Wahlrecht** (Wählbarkeit) regelt § 1 Abs. 1 S. 2–4 GO Wertung KE. Wählbar sind nur E-Komponisten (Rn. 4) die erstens **ordentliche Mitglieder** sind (§§ 6–9 Satzung; **Kap. 5 Rn. 33 ff.**); die angeschlossenen und außerordentlichen Mitglieder werden durch einen Delegierten vertreten (Abs. 4; näher unten, Rn. 15 ff.). Die ordentlichen Mitglieder müssen der GEMA zweitens bereits seit mindestens **zehn Jahren** angehören. Für die – praktisch freilich wenig bedeutsame – Anrechnung der Mitgliedschaft in anderen Verwertungsgesellschaften gilt mit der impliziten Verweisung („Mitgliedschaft“) auf die Satzung § 6 Abs. 5 Satzung. Drittens setzt die Wählbarkeit eine mindestens **fünfjährige ordentliche** Mitgliedschaft voraus. Die frühere Ausschussmitgliedschaft steht der Wählbarkeit nicht entgegen, eine Wiederwahl ist zulässig, § 1 Abs. 2 S. 4 GO Wertung KE.

8 **Ausgeschlossen** von der Wählbarkeit sind gem. § 1 Abs. 1 S. 4 GO Wertung KE die **Aufsichtsratsmitglieder.** Da der Aufsichtsrat zuständig ist für die Entscheidung über Einsprüche gegen die Entscheidungen des Wertungsausschusses (§ 8 Abs. 1 GO Wertung KE), können seine Mitglieder nicht gleichzeitig dem kontrollierten Gremium angehören. Gem. § 2 Abs. 5, 7 GO Wertung KE kann ein Delegierter des Aufsichtsrats an Sitzungen des Wertungsausschusses mit beratender Stimme teilnehmen (unten, Rn. 30–32).

4. Wahl

9 Die **Wahl** der Mitglieder des Wertungsausschusses erfolgt grundsätzlich[1] durch die Mitgliederversammlung, § 1 Abs. 2 GO Wertung KE.

10 **Vorschläge** für die Wahl kann der Aufsichtsrat machen (§ 1 Abs. 2 S. 1 GO Wertung KE), aber auch die Mitglieder und Delegierten im Vorfeld der Mitgliederversammlung (§ 1 Abs. 2 S. 2 GO Wertung KE). Vorschlagsberechtigt ist jedes Mitglied, ein Quorum ist nicht erforderlich.

11 Das **Wahlverfahren** vollzieht sich nach den „Grundsätzen für die Wahl der Aufsichtsratsmitglieder“ (§ 13 Satzung), soweit die GO Wertung KE keine spezielleren Regelungen enthält, § 2 Abs. 2 S. 1 a.E. Mit den Grundsätzen der Aufsichtsratswahl sind die verschiedenen Regeln der Satzung (§ 10 Abs. 6 lit. c), Abs. 7, 8 Satzung) und die ergänzenden Regeln in Abschn. B Versammlungs- und Wahlordnung („Wahlordnung für die Wahl zum Aufsichtsrat“)[2] gemeint.

5. Amtszeit

12 Die Ausschussmitglieder werden jeweils auf **drei Jahre** gewählt. Die Amtsperiode endet mit Ablauf der dritten ordentlichen Mitgliederversammlung, die auf die Wahl

1 Anders nur bei vorzeitigem Ausscheiden gem. § 1 Abs. 3 GO Wertung KE; dazu sogleich, Rn. 13 f.
2 Abgedruckt in diesem Band nach § 10 Satzung, **Kap. 5 vor Rn. 78.**

folgt, § 1 Abs. 2 S. 3 GO Wertung KE. Eine Wiederwahl ist zulässig. Die Amtszeit endet **vorzeitig** im Falle eines jederzeit und ohne Gründe zulässigen Rücktritts.

6. Ersatzleute bei vorzeitigem Ausscheiden

Scheidet ein Ausschussmitglied zwischen zwei Mitgliedsversammlungen aus, so haben die Aufsichtsratsmitglieder der betroffenen Berufsgruppe einen Nachfolger zu wählen. Es rückt maW in diesem Fall **nicht ein Vertreter** nach. Die Bestimmung eines der Vertreter zum Ersatzmitglied ist indes nicht ausgeschlossen. 13

Soll das Ersatzmitglied nicht nur für die Interimszeit bis zur nächsten Mitgliederversammlung tätig sein, sondern darüber hinaus, so bedarf seine Wahl der **Bestätigung** der Mitgliederversammlung. Die **Amtsperiode** des Ersatzmitglieds endet daher mit der nächsten Mitgliederversammlung, wenn die Bestätigung ausbleibt, also versäumt oder verweigert wird. Erfolgt die Bestätigung, so ist das Ersatzmitglied, wie sich aus seiner Funktion ergibt, für die Restdauer des Mandats des ursprünglichen Mitglieds bestellt. 14

III. Der Delegierte der außerordentlichen und angeschlossenen Mitglieder

Außerordentliche und angeschlossene Mitglieder sind zum Wertungsausschuss nicht wählbar, § 1 Abs. 1 UAbs. 3 GO Wertung KE (Rn. 7). Damit ihre Interessen im Wertungsverfahren angemessen berücksichtigt werden, können sie jedoch einen Delegierten ihrer Berufsgruppe (E-Komponisten) entsenden, § 1 Abs. 4 GO Wertung KE. 15

Wählbar sind außerordentliche und angeschlossene Mitglieder (§ 6 Satzung), die der GEMA fünf Jahre angehören. Analog § 1 Abs. 2 S. 4 GO Wertung KE ist auch hier eine Wiederwahl zulässig; aus dem Regelungsmangel kann man nicht auf eine negative Regelung schließen, und die Interessenlage ist gleich: Erfahrung nützt für die Tätigkeit. Ordentliche Mitglieder sind nicht wählbar. Erlangt der gewählte Delegierte nachträglich die ordentliche Mitgliedschaft, so erlischt sein Mandat. 16

Die **Wahl** erfolgt durch die Versammlung der außerordentlichen und angeschlossenen Mitglieder (§ 12 Satzung), § 1 Abs. 4 S. 2 GO Wertung KE. Die für die Wahl von Aufsichtsratsmitgliedern geltenden Grundsätze sind entsprechend anzuwenden (Rn. 11). 17

Die **Amtsperiode** des Delegierten entspricht der des Wertungsausschusses, § 1 Abs. 4 S. 2 GO Wertung KE (Rn. 12), dauert also drei Jahre. Für den Fall des vorzeitigen Ausscheidens aus dem Amt (z.B. Rücktritt, Tod, Beendigung der Mitgliedschaft, Erlangung der ordentlichen Mitgliedschaft) fehlt hier (anders als für den Wertungsausschuss, § 1 Abs. 3 GO Wertung KE; Rn. 13f.) eine Regelung. Nach den gem. Abs. 4 S. 4 entsprechend anwendbaren „Grundsätzen über die Wahl von Aufsichtsratsmitgliedern" wählen die Aufsichtsratsmitglieder der Komponisten in diesem Fall ein Ersatzmitglied, das durch die darauffolgende Versammlung der außerordentlichen und angeschlossenen Mitglieder zu bestätigen ist, § 13 Abs. 2 UAbs. 2 S. 3 Satzung. 18

Die **Rechtsstellung** des Delegierten ist doppelt beschränkt. Er wirkt nur bei der Wertung der außerordentlichen und angeschlossenen Mitglieder mit und hat dabei zudem nur eine beratende Stimme, § 1 Abs. 4 S. 1 Hs. 2 GO Wertung KE. 19

§ 2 [Verfahren und Beschlussfassung]

(1) Der Wertungsausschuss wählt aus seiner Mitte einen Vorsitzenden und einen stellvertretenden Vorsitzenden.

Darüber hinaus kann der Ausschuss mit Zustimmung von Aufsichtsrat und Vorstand externe Sachverständige punktuell zur Beratung hinzuziehen oder als ständige Mitglieder beratender

Funktion kooptieren. Die Amtsdauer der als ständige Mitglieder kooptierten Sachverständigen endet mit der Amtsperiode der stimmberechtigten Ausschussmitglieder oder durch Abberufung durch die stimmberechtigten Ausschussmitglieder.

(2) Der Wertungsausschuss ist nur beschlussfähig, wenn 3 stimmberechtigte Mitglieder oder ihre Stellvertreter anwesend sind.

(3) Der Wertungsausschuss entscheidet mit einfacher Mehrheit der bei der Abstimmung vorhandenen Stimmen. Bei Stimmengleichheit entscheidet die Stimme des Vorsitzenden.

(4) An den Sitzungen des Wertungsausschusses kann ein Delegierter des Aufsichtsrates teilnehmen.

(5) Der Vorstand kann an allen Sitzungen des Wertungsausschusses teilnehmen.

(6) Der Delegierte des Aufsichtsrates und der Vorstand haben lediglich beratende Stimme.

Übersicht

I. Übersicht

20 Der Wertungsausschuss trifft seine Entscheidungen durch Abstimmung. Die Vorschrift regelt das Verfahren der kollektiven Beschlussfassung (Beschlussfassung und Stimmrecht, § 2 Abs. 1–3 und 6 GO Wertung KE) und die Beteiligungsmöglichkeiten der Vereinsorgane der GEMA (§ 2 Abs. 4–6 GO Wertung KE).

II. Der Vorsitzende

21 Der Wertungsausschuss wählt aus seiner Mitte einen Vorsitzenden und einen stellvertretenden Vorsitzenden, § 2 Abs. 1 GO Wertung KE. Der Vorsitzende leitet die Ausschusssitzungen. Seine Stimme entscheidet bei Stimmengleichheit, § 2 Abs. 3 S. 2 GO Wertung KE (unten, Rn. 29). Er kann einer Beschwerde zum Aufsichtsrat (nach Rücksprache mit den übrigen Ausschussmitgliedern) nach § 8 Abs. 3 GO Wertung KE abhelfen (unten, Rn. 123–126).

22 **Zum Vorsitzenden wählbar** sind nur die Ausschussmitglieder, nicht aber die Stellvertreter. Da die Stellvertreter funktionsgemäß nicht an allen Sitzungen teilnehmen, wäre ihre Wahl zum Vorsitzenden oder dessen Vertreter zweckwidrig. Der Sachverständige für Chormusik (§ 1 Abs. 2 UAbs. 2 GO Wertung KE; oben Rn. 3) ist nicht Mitglied des Wertungsausschusses und kann ebenfalls nicht zum Vorsitzenden oder seinem Vertreter gewählt werden. Zum Vorsitzenden kann daher maW nur einer der drei E-Komponisten gewählt werden. Die **Wahl** erfolgt durch einfache Mehrheit.

23 Einen besonderen **Sitzungsvorsitzenden** gibt es im Fall von § 7 GO Wertung KE; dazu unten, Rn. 119.

III. Beschlussfähigkeit

24 Der Wertungsausschuss ist *nur* **beschlussfähig,** wenn drei stimmberechtigte Ausschussmitglieder oder deren Vertreter anwesend sind, § 2 Abs. 2 GO Wertung KE. Fehlen der Sachverständige für Chormusik und sein Stellvertreter oder ein kooptierter Sachverständiger, so hindert das die Beschlussfassung nicht. Auch die Abwesenheit der teilnahmeberechtigten Mitglieder von Aufsichtrsrat und Vorstand (§ 2 Abs. 4 und 5 GO Wertung KE) ist unschädlich.

Im Fall von Stimmrechtsausschluss und Teilnahmeverbot nach § 7 GO Wertung KE wird das ausgeschlossene Mitglied durch den Vorstand ersetzt, so dass die Beschlussfähigkeit bestehen bleibt; s. a. unten, Rn. 118. 25

IV. Stimmrecht

Stimmrecht haben im Grundsatz alle Ausschussmitglieder, im Vertretungsfall (Rn. 5) deren Vertreter. Ausgenommen sind nur die kooptierten Sachverständigen nach § 2 Abs. 1 UAbs. 2. 26

Ein Stimmverbot besteht für die **einzelnen Ausschussmitglieder** (einschließlich Stellvertreter), soweit es um ihre eigene Wertung geht, § 7 GO Wertung KE. Um Interessenkonflikten vorzubeugen (*nemo iudex in causa sua*), dürfen sie an der Beschlussfassung nicht mitwirken und müssen während der Beratung abwesend sein. Zu den Besonderheiten der Beschlussfassung in diesen Fällen näher unten, Rn. 118 f. 27

V. Erforderliche Mehrheit

Der Wertungsausschuss entscheidet mit einfacher Mehrheit der bei der Abstimmung anwesenden Stimmen, § 2 Abs. 3 S. 1 GO Wertung KE. Da für die Beschlussfähigkeit drei Mitglieder anwesend sein müssen, erfolgt die Beschlussfassung mit mindestens 2:1 Stimmen. 28

Bei **Stimmengleichheit** entscheidet die Stimme des Vorsitzenden (§ 2 Abs. 3 S. 2 GO Wertung KE) oder seines Vertreters. Eine Pattsituation kann mit Rücksicht auf die Regeln über die Beschlussfähigkeit (oben, Rn. 24) nur entstehen, wenn sich ein Ausschussmitglied der Stimme enthält. Die Vorschrift setzt voraus, dass sich der Vorsitzende nicht enthalten darf, wenn dadurch eine Pattsituation entsteht. 29

VI. Teilnahmerecht des Delegierten des Aufsichtsrats und des Vorstands

An den Sitzungen des Wertungsausschusses kann ein **Delegierter des Aufsichtsrats** teilnehmen, § 2 Abs. 5 GO Wertung KE, § 13 Abs. 4 Satzung. Der Delegierte wird vom Aufsichtsrat „aus seiner Mitte auf Vorschlag der betreffenden Berufsgruppe für jede Berufsgruppe" bestimmt, § 8 Abs. 1 S. 2 GO AR[3]. Obwohl das in § 2 Abs. 5 GO Wertung KE nicht ausdrücklich gesagt ist, muss der Delegierte selbst Komponist sein (vgl. § 2 Abs. 4 GO Wertung U). 30

Weiterhin kann der **Vorstand** (§ 14 Satzung) an den Sitzungen des Wertungsausschusses teilnehmen, § 2 Abs. 6. Von dem mehrköpfigen Vorstand ist jedes seiner Mitglieder teilnahmeberechtigt, Rechte „des Vorstands" (sogleich Rn. 32) können die Vorstandsmitglieder indes nur einheitlich ausüben. 31

Der Delegierte des Aufsichtsrats und der Vorstand haben im Grundsatz lediglich **beratende Stimme,** § 2 Abs. 7 GO Wertung KE, sie haben kein Stimmrecht. Ausnahmsweise kommt dem Vorstand im Fall von § 7 GO Wertung KE eine Stimme zu; dazu unten, Rn. 118 f. Zudem sind der Delegierte des Aufsichtsrats und der Vorstand antragsberechtigt nach § 8 Abs. 1 S. 2 GO Wertung KE (Anrufung des Aufsichtsrats). 32

§ 3 [Beteiligung an der Wertung, allgemeine Regeln]

Alle lebenden Komponisten der GEMA und deren Rechtsnachfolger gem. § 3 Abs. 2 können nach Maßgabe folgender Bestimmungen am Wertungsverfahren beteiligt werden:

3 Abgedruckt in diesem Band nach § 13 Satzung, **Kap. 5 vor Rn. 176.**

I. (1) Soweit in den für das Wertungsverfahren bestehenden Gruppen eine längere Mitgliedschaftsdauer verlangt wird, wird die Zugehörigkeit des Mitgliedes zu den früheren Verwertungsgesellschaften STAGMA, GEMA, GDT oder AKM angerechnet.

Die Zugehörigkeit zu einer anderen Verwertungsgesellschaft kann angerechnet werden.

(2) Die Mitgliedschaftsdauer wird vom 1. Januar des Jahres an berechnet, in dem das Mitglied die Mitgliedschaft erworben hat.

(3) Mitglieder, die nicht über das erforderliche berufsmäßige Können verfügen, um ihre Werke auch ohne die schöpferische Unterstützung durch andere schaffen zu können, können keine Wertung erhalten.

Das Mitglied kann zum Nachweis seines berufsmäßigen Könnens aufgefordert werden.

(4) Soweit bei der Bewertung Auslandseinnahmen zugrunde zu legen sind, die sich unter den Berufsgruppen nicht aufteilen lassen, wird der Betrag der Berufsgruppe zugeordnet, in der die Abrechnung erfolgt ist. Bei Beteiligung eines Mitglieds sowohl an der U- als auch an der E-Wertung werden die Abrechnungen der Sparten BM, T und A in dem Wertungsverfahren berücksichtigt, in dem das Mitglied seinen Schaffenschwerpunkt hat.

II. (1) Nach dem Tode des Urhebers sind Beteiligte am Wertungsverfahren nur dessen Ehegatte oder eingetragener Lebenspartner und seine Kinder, soweit sie Rechtsnachfolger in den Urheberrechten sind.

Leistungen an Kinder des verstorbenen Urhebers, erfolgen nur bis zur Vollendung des 30. Lebensjahres.

(2) Voraussetzung für Zuwendungen an den Ehegatten ist, dass

a) die Ehe mindestens 3 Monate bestanden hat,

b) im Falle der Eheschließung nach Vollendung des 60. Lebensjahres des Mitglieds mit einem um mehr als 20 Jahre jüngeren Ehegatten die Ehe mindestens 10 Jahre, mit einem weniger als 20 Jahre jüngeren Ehegatten die Ehe mindestens 5 Jahre bestanden hat.

Die in a) und b) geregelten Voraussetzungen gelten entsprechend für Zuwendungen an den eingetragenen Lebenspartner.

Soweit ein überlebender Ehegatte die in a) bzw. b) geregelte Voraussetzung der Ehedauer nicht erfüllt, kann er mit Zustimmung des Aufsichtsrats als Beteiligter anerkannt werden, wenn er Rechtsnachfolger in den Urheberrechten ist und vor der Eheschließung langjähriger Lebensgefährte des Urhebers war. Diese Bestimmung gilt entsprechend für eingetragene Lebenspartner.

(3) Wenn weder ein überlebender Ehegatte oder eingetragener Lebenspartner noch Kinder vorhanden sind, kann mit Zustimmung des Aufsichtsrats auch ein langjähriger Lebensgefährte, der Rechtsnachfolger in den Urheberrechten ist, als Beteiligter anerkannt werden.

(4) Der Wertungszuschlag gemäß § 5 Abs. (1) wird mit 33¹/₃% der Aufkommensbeträge berechnet. Punkte für die Dauer der Mitgliedschaft werden einschließlich des Todesjahres des Mitglieds vergeben.

(5) Die Zuwendung beträgt jedoch höchstens 10% der jeweils nach § 4 Abs. (1) für den Ausgleichsfonds zur Verfügung stehenden Gesamtsumme.

(6) Wer als Bezugsberechtigter sich oder einem anderen wissentlich oder grob fahrlässig durch falsche Angaben einen rechtswidrigen Vermögensvorteil verschafft und/oder wer gegen die Missbrauchsvorschriften in § 42, § 53 Abs. 1–4, 6 und 7 oder § 65 Abs. 6 des Verteilungsplans verstößt, kann durch den Wertungsausschuss vom Wertungsverfahren für das auf den Verstoß folgende Geschäftsjahr ausgeschlossen werden. Bei solchen Verstößen entscheidet der Wertungsausschuss, ob es geboten ist, die Einstufung für das Wertungsverfahren gem. § 5 (1) zu ändern.

Statt eines Ausschlusses vom Wertungsverfahren kann in minder schweren Fällen die Wertungszuweisung entsprechend der Schwere des Verstoße gekürzt werden.

III. Werden urheberrechtliche Nutzungsrechte eines Nicht-GEMA-Mitglieds an ein GEMA-Mitglied abgetreten (zediert), so nimmt weder der Abtretende (Zedent) noch der Abtretungsempfänger (Zessionar) für die abgetretenen Rechte an diesem Wertungsverfahren teil. Dies gilt für alle ab dem 1.6.2003 bei der GEMA eingereichten Abtretungen sowie für Werkanmeldungen aus Abtretungen vor diesem Stichtag.

Übersicht

I. Übersicht

33 Die Vorschrift regelt die Voraussetzungen für eine Beteiligung am Wertungsverfahren. Sie enthält zudem, vor die Klammer gezogen, einige Bestimmungen, die für die Wertung ieS (§ 5 GO Wertung KE) von Bedeutung sind.

II. Die Beteiligung an der Wertung

34 Die Beteiligung an der Wertung unterliegt unterschiedlichen Erfordernissen, je nachdem ob es sich um originär Berechtigte (lebende Komponisten, § 3 I GO Wertung KE, Rn. 35–39) oder um derivativ Berechtigte handelt, die ihre Rechte lediglich von Dritten herleiten (Rechtsnachfolger, § 3 II GO Wertung KE, Rn. 40–52; sowie Zedenten, § 3 III GO Wertung KE, Rn. 53f.).

1. Beteiligung von lebenden Komponisten und Prüfungsrecht der GEMA

a) Grundsatz

35 Grundsätzlich können alle lebenden Komponisten der GEMA an der Wertung beteiligt werden, § 3 Einleitungsabsatz GO Wertung KE. Auf den Status als ordentliche, außerordentliche oder angeschlossene Mitglieder kommt es nicht an.

b) Prüfungsrecht der GEMA

aa) Nachweis des berufsmäßigen Könnens, § 3 I Abs. 3 GO Wertung KE

36 Komponisten, die nicht über das erforderliche berufsmäßige Können verfügen, um ihre Werke auch ohne die schöpferische Unterstützung anderer zu schaffen, sind von der Wertung ausgeschlossen, § 3 I Abs. 3 UAbs. 1 GO Wertung KE. Wenn Zweifel bestehen, kann das Mitglied nach UAbs. 2 der Regelung zum Nachweis seines berufsmäßigen Könnens aufgefordert werden. Mit dem Zweck der Wertung – als Kernbereich der kulturellen Förderung (vgl. § 27 Abs. 1 VGG) im Bereich des Musikschaffens – würde verfehlt, wenn daran auch partizipieren würde, wer nicht über das berufsmäßige Können verfügt. Dabei geht es nicht zuletzt darum, Missbrauchsfällen zu begegnen. So hatten in den 1990er Jahren Eltern ihre Kinder im Alter von zweieinhalb Jahren als Komponisten bei der GEMA angemeldet und für sie auch Wertungsleistungen begehrt.[4] Für solche und ähnliche Fälle bietet das Nachweiserfordernis die Möglichkeit einer Überprüfung.

37 Eine **Vorgängerregelung** hatte der Bundesgerichtshof 2001[5] für **unwirksam** erklärt,[6] da sie die Berechtigten entgegen den Geboten von Treu und Glauben unangemessen benachteilige und daher der heute in § 307 BGB lozierten Inhaltskontrolle nicht standhielt.[7] Der wesentliche Grund dafür lag indes nicht darin, dass das Gericht die Kontrollbefugnis geleugnet hätte. Im Gegenteil hat der BGH sogar die Pflicht der GEMA hervorgehoben, solche Prüfungen vorzunehmen. Der BGH rügte die Vorschrift vielmehr deswegen, weil er das darin noch vorgesehene Erfordernis einer „Klausur" anders als die GEMA eng auslegte und darunter nur eine *schriftliche Prüfung* verstand.[8] Als schriftliche Prüfung würde sie gerade die Berechtigten, die ihre Werke „nur mit Hilfe anderer schreiben können", insbesondere auch Behinderte, unangemessen benachteiligen. Das Gericht beanstandete ferner, dass die Einzelheiten der Prüfung nicht bestimmt seien.[9]

bb) Das allgemeine Prüfungsrecht der GEMA

38 Neben dem speziellen Prüfungsrecht in § 3 I Abs. 3 GO Wertung KE hat die GEMA nach der Rechtsprechung des BGH ein **allgemeines Prüfungsrecht**, das sich schon aus allgemeinen Grundsätzen der Beweislast ergibt:[10]

> „Wer als (angeschlossenes) Mitglied Ansprüche auf Beteiligung als Komponist am Wertungsverfahren der Sparte E geltend macht, muss gegebenenfalls nachweisen, dass er in der Lage ist, wirtschaftlich verwertbare Werke dieser Sparte zu schaffen, und dass die Aufführungen seiner Werke, auf die er seinen Anspruch stützt, Werke dieser Art zum Gegenstand hatten."[11]
>
> „Die Voraussetzungen für Ansprüche gegen die Beklagte [GEMA] sind nach allgemeinen Grundsätzen vom Anspruchsteller nachzuweisen. Wer am Wertungsverfahren der Sparte E teilnehmen will, hat deshalb darzulegen und gegebenenfalls zu beweisen, dass die von ihm angemeldeten Werke für eine wirtschaftliche Verwertung in Betracht kommen und er in der Lage ist, gem. § 7 S. 2 WahrnG förderungswürdige Werke zu schaffen."[12]
>
> „Auf eine formlose Prüfung der Anspruchsvoraussetzungen, wie sie mit § 3 I Abs. 3 GO Wertung E möglicherweise angestrebt war, ist die Bekl. weder beschränkt noch angewiesen. Sie kann den An-

---

4 Vgl. BGH, GRUR 2002, 332 – Klausurerfordernis.

5 BGH, GRUR 2002, 332 – Klausurerfordernis.

6 Die Entscheidung erwächst zwar nur zwischen den Parteien des Rechtsstreits in Rechtskraft, wirkt sich aber tatsächlich auf alle Berechtigten aus, da die Frage nur einheitlich beurteilt werden kann.

7 BGH, GRUR 2002, 332 – Klausurerfordernis.

8 Zur Problematik *Riesenhuber*, Die Auslegung und Kontrolle des Wahrnehmungsvertrags, S. 43 f.

9 Dagegen krit. *Riesenhuber*, Die Auslegung und Kontrolle des Wahrnehmungsvertrags, S. 45 Fn. 5.

10 BGH, GRUR 2002, 332, 334 f. – Klausurerfordernis; BGH, GRUR 2004, 767 – Verteilung des Vergütungsaufkommens; BGH, GRUR 2013, 375 – Missbrauch des Verteilungsplans; KG, ZUM-RD 2013, 571, 576. Eingehend *Riesenhuber*, ZUM 2005, 136–145.

11 BGH, GRUR 2002, 332, 334 – Klausurerfordernis.

12 BGH, GRUR 2002, 332, 334 – Klausurerfordernis.

> spruchsteller vielmehr auf den Rechtsweg und die Beweisführung in einem Gerichtsverfahren verweisen, wenn sie begründete, nicht ausgeräumte Zweifel daran hat, dass die notwendigen Voraussetzungen vorliegen."[13]

Zu Recht hat der Bundesgerichtshof hervorgehoben, dass die GEMA nicht nur berechtigt, sondern mit Rücksicht auf ihre Treuhandstellung auch verpflichtet ist, in Zweifelsfällen die Anspruchsberechtigung zu prüfen: 39

> „Die Bekl. ist allerdings im Interesse der Mitglieder, deren Rechte sie treuhänderisch wahrnimmt, gehalten, soweit möglich Mitglieder vom Wertungsverfahren auszuschließen, die zu den Einnahmen nichts oder nur unwesentlich beitragen und auch keine kulturell bedeutenden Werke schaffen, die nach dem Gebot des § 7 S. 2 WahrnG bei der Verteilung gefördert werden sollen."[14]

2. Beteiligung von Erben

Der Ehegatte, eingetragene Lebenspartner, Kinder und, eingeschränkt, Lebensgefährten können nach dem Tod des Urhebers am Wertungsverfahren beteiligt werden, soweit sie Erben sind, § 3 II Abs. 1–5 GO Wertung KE. Voraussetzung ist für alle Fälle einheitlich, dass der Betreffende Rechtsnachfolger in den Urheberrechten geworden ist. Das bestimmt sich nach den Vorschriften des Bürgerlichen Gesetzbuchs (§§ 1922ff. BGB: Erbeinsetzung oder Vermächtnis). Entgegen der missverständlichen Formulierung („soweit") kommt es allein darauf an, dass der Betreffende Erbe geworden ist, nicht aber, zu welchem Anteil. 40

Im Einzelnen sind die Voraussetzungen für die Beteiligung der verschiedenen Hinterbliebenen am Wertungsverfahren unterschiedliche geregelt (nachfolgend Rn. 42–48). § 3 II Abs. 4 und 5 GO Wertung KE enthält zudem besondere Vorschriften über die Berechnung der Wertung (unten, Rn. 49–52). 41

a) Beteiligungsfähige Rechtsnachfolger in den Urheberrechten

aa) Ehegatten, § 3 II Abs. 1, 2 GO Wertung KE

Ehegatten nehmen nur dann an der Wertung teil, wenn die Ehe für eine **Mindestdauer** bestanden hat. Im Grundsatz beträgt die Mindestdauer drei Monate. Wird die Ehe nach Vollendung des 60. Lebensjahrs und mit einem mehr als 20 Jahre jüngeren Ehegatten geschlossen, beträgt sie 10 Jahre, bei einem weniger als 20 Jahre jüngeren Ehegatten beträgt die Mindestdauer fünf Jahre. Der erkennbare Zweck der Regelung besteht darin, die Möglichkeit einer „Versorgungsehe" zu versperren (lit. a) und die Wertung nicht unverhältnismäßig lang mit Ansprüchen der Erben zu belasten (lit. b). Wenn der überlebende Ehegatte die Voraussetzungen zu lit. a) und b) nicht erfüllt, kann der Aufsichtsrat ihn in einer Ermessensentscheidung trotzdem als wertungsberechtigt anerkennen, wenn er (i) Rechtsnachfolger des Urhebers ist und (ii) vor der Eheschließung bereits dessen langjähriger Lebensgefährte war. 42

Partner einer **eingetragenen Lebenspartnerschaft** nach dem Lebenspartnerschaftsgesetz (LPartG) sind Ehegatten gleichgestellt. 43

---

13 BGH, GRUR 2002, 332, 334 – Klausurerfordernis.
14 BGH, GRUR 2002, 332, 333 – Klausurerfordernis.

bb) Kinder, § 3 II Abs. 1 UAbs. 1 und 2 GO Wertung KE

44 Auch für die Wertungsbeteiligung der Kinder des verstorbenen Komponisten ist nach § 3 II Abs. 1 UAbs. 1 GO Wertung KE Voraussetzung, dass sie Erben sind (oben, Rn. 41). Zudem ist ihre Beteiligung am Wertungsverfahren durch die **Altersgrenze** von 30 Jahren beschränkt. Das 30. Lebensjahr ist mit Erreichen des 30. Geburtstags vollendet.

45 **Kinder** sind die leiblichen Kinder des Mitglieds, ebenso wie die Adoptivkinder (§§ 1754 f. BGB). Stiefkinder, die von einem Ehepartner abstammen, aber weder leibliche Kinder des verstorbenen Komponisten noch von diesem adoptiert sind, werden an der Wertung nicht beteiligt, und zwar unabhängig von einer (bloß „äußerlichen") Einbenennung gem. § 1618 BGB (Erteilung des gemeinsamen Ehenamens an das Stiefkind).

cc) Langjährige Lebensgefährten, § 3 II Abs. 3 GO Wertung KE

46 **Lebensgefährten** eines Mitglieds nehmen nach dessen Tod **grundsätzlich nicht** an der Wertung teil, und zwar auch dann nicht, wenn sie Rechtsnachfolger in den Urheberrechten geworden sind. Grund der Regelung ist, dass hier eine hinreichend intensive und (formal) feststellbare Bindung, wie sie zum Ehepartner oder zum Kind besteht, fehlt.

47 Um Härten zu vermeiden, „kann mit Zustimmung des Aufsichtsrats auch ein langjähriger Lebensgefährte, der Erbe ist, als Beteiligter anerkannt werden", § 3 II Abs. 3 GO Wertung KE. Die Beteiligung ist indes an enge Voraussetzungen gebunden. *Erstens* setzt sie (als Ausnahme von § 3 II Abs. 1 GO Wertung KE) voraus, dass weder ein wertungsberechtigter Ehegatte noch wertungsberechtigte Kinder des Berechtigten vorhanden sind (vorverstorben oder nicht Rechtsnachfolger geworden). *Zweitens* setzt die Regelung voraus, dass ein „langjähriger Lebensgefährte" die Beteiligung begehrt. **Lebensgefährte** ist, wer mit dem Partner auf der Grundlage einer eheähnlichen emotionalen Bindung zusammenlebt und -wirtschaftet. Eine bloße Wohngemeinschaft reicht daher so wenig wie eine bloße Freundschaft. Die Beziehung muss zudem „langjährig" sein. Der Begriff ist – der Natur der Sache angemessen – nicht fest umrissen, um einer Einzelfallbeurteilung Raum zu lassen. Als Mindestmaß wird man aber einen Zeitraum von sieben Jahren fordern müssen. Der Nachweis über die langjährige Beziehung ist von dem Anspruchsteller zu führen. Vorausgesetzt ist *drittens*, dass der Anspruch stellende Lebensgefährte **Rechtsnachfolger in den Urheberrechten** des verstorbenen Mitglieds geworden ist. Darin kommt einerseits eine besondere Bindung zum Verstorbenen zum Ausdruck (innerer Bezug zur Voraussetzung „Lebensgefährte"), andererseits aber auch eine Versorgungsabsicht und eine innere Verbindung zur Wertung.

48 Da die Voraussetzungen naturgemäß nicht scharf umrissen sind, setzt die Vorschrift *viertens* eine **Anerkennungsentscheidung** voraus. Zuständig ist nicht der Aufsichtsrat (der nur zustimmen muss), sondern der Wertungsausschuss. Ihm kommt bei der Entscheidung ein (gerichtlich nur begrenzt überprüfbarer) Beurteilungsspielraum zu, ob der Anspruchsteller „langjähriger" „Lebensgefährte" des verstorbenen Mitglieds war. Er muss zudem eine Ermessensentscheidung treffen, ob es nach den Umständen gerechtfertigt ist, den Anspruchsteller als Beteiligten anzuerkennen.

b) Berechnung der Wertung, § 3 II Abs. 4, 5 GO Wertung KE

49 Für die Berechnung der Wertung von Erben enthält § 3 II Abs. 4, 5 GO Wertung KE Sonderregeln, die die Grundregel von § 5 Abs. 3 GO Wertung KE modifizieren und eine Höchstgrenze („Kappungsgrenze") für die Wertungszahlungen festlegen. Diese Sonder-

regeln sind mit den gesetzlichen Vorgaben für den Verteilungsplan (§ 27 Abs. 1 VGG) vereinbar.[15]

aa) Sonderregel über das nach § 5 Abs. 1 GO Wertung KE berücksichtigungsfähige Aufkommen, § 3 II Abs. 4 S. 1 GO Wertung KE

Zunächst enthält § 3 II Abs. 4 GO Wertung KE in S. 1 eine Sonderregel über das für die Berechnung der Wertung nach § 5 Abs. 1 GO Wertung KE berücksichtigungsfähige Aufkommen. Welches Aufkommen bei der Berechnung der Wertung Berücksichtigung findet, regelt im Grundsatz § 5 Abs. 1 Fn. 2 GO Wertung KE. Von dem nach dieser Regelung ermittelten Betrag ist für die an der Wertung beteiligten Erben nur ein Drittel ($33^1/_3$%) zu berücksichtigen. Die Regelung ist rechtlich nicht zu beanstanden und insbesondere mit wahrnehmungs-, AGB- und erbrechtlichen Vorgaben vereinbar.[16] **50**

bb) Sonderregel für die Berechnung der Punktzahl nach § 5 Abs. 3 lit. A GO Wertung KE, § 3 II Abs. 4 S. 2 GO Wertung KE

Für die Berechnung der Punktzahl für die Dauer der Mitgliedschaft (§ 5 Abs. 3 lit. A) GO Wertung KE) wird die Mitgliedschaftszeit nach lit. A bis zum Todesjahr einschließlich berücksichtigt, § 3 II Abs. 4 S. 2 GO Wertung KE. **51**

cc) Kappungsgrenze

Zudem ist die Wertungszahlung an den Erben der Höhe nach begrenzt.[17] Er erhält höchstens 10% der Summe, die gemäß § 4 Abs. 1 für den Ausgleichsfonds zur Verfügung gestellt wird. Die Regelung drückt durch die Bezugnahme zum einen aus, dass die Wertungszahlungen an Erben nicht als kulturelle Förderung im eigentlichen Sinn verstanden werden, sondern als eine sonstige Zuwendung. Sie begrenzt diese Zahlungen zugleich mit dem Ziel, den Hauptteil der Wertungssumme für die eigentliche kulturelle Förderung freizuhalten. **52**

3. Rechtsstellung von Zedenten und Zessionaren

Die GEMA nimmt – infolge einer umstrittenen Entscheidung des DPA aus dem Jahr 1977 – auch die Rechte wahr, die von Rechteinhabern (Abtretenden, Zedenten) an Dritte (Abtretungsempfänger, Zessionare) übertragen (abgetreten, zediert) werden (näher oben, **Kap. 7 Rn. 15**). Das ist schon generell problematisch, da so die Gefahr besteht, dass auch Vertreter der Marktgegenseite wie Rundfunkveranstalter oder Filmproduzenten als Inhaber abgetretener Rechte Mitglieder der GEMA werden. Im Bereich der Wertung ist eine Beteiligung von Zedenten und Zessionaren besonders problematisch. Für die Zedenten folgt das daraus, dass sie der GEMA nicht (notwendig) angehören. Eine Wertungsbeteiligung der Zessionare auf der anderen Seite würde ihren Zweck (kulturelle Förderung!) verfehlen. **53**

---

15 Noch zu § 7 UrhWG (heute § 27 Abs. 1 VGG) KG v. 15.8.2003 – 5 U 8/03 n.v.; LG Berlin v. 19.11.2002 – 16 O 303/02 n.v.

16 LG Berlin v. 19.11.2002 – 16 O 303/02 n.v.

17 Zur Kappungsgrenze nach § 5 Abs. 2 UAbs. 6 GO Wertung KE unten, Rn. 108 ff.

54 Mit der 2003 eingefügten Vorschrift des § 3 III GO Wertung KE nimmt die GEMA daher zu Recht Zedenten ebenso wie Zessionare im Hinblick auf die abgetretenen Rechte von der Wertung aus. Die Regelung erfasst (1.) alle Zessionen, die der GEMA ab dem 1. Juni 2003 eingereicht wurden und (2.) alle Zessionen im Hinblick auf Werke, die erst ab dem 1. Juni 2003 bei der GEMA angemeldet wurden.

III. Regelung allgemeiner Fragen

1. Die Mitgliedschaftsdauer, § 3 I Abs. 1, 2 GO Wertung KE

55 Für die Ermittlung der Wertung kommt es nach § 5 Abs. 3 lit. A GO Wertung u.a. auf die Dauer der Mitgliedschaft an. § 3 I Abs. 1, 2 GO Wertung KE enthält einige allgemeine Vorschriften über die Berechnung der Mitgliedschaftsdauer.

a) Anrechnung von Mitgliedschaftszeiten

56 Eine frühere Mitgliedschaft in den früheren deutschen Verwertungsgesellschaften STAGMA, (Alte) GEMA, GDT und AKM wird stets und ohne weiteres angerechnet.

57 Die frühere Mitgliedschaft in einer **anderen** (z.B. ausländischen) **Verwertungsgesellschaft** kann auf Antrag des Mitglieds nach dem Ermessen des Wertungsausschusses angerechnet werden. Bei der Ermessensausübung ist der Wertungsausschuss an die Grundsätze der Billigkeit (§ 315 BGB) gebunden, die das Willkürverbot (§ 27 Abs. 1 VGG) umfassen. Die Anrechnungsentscheidung darf daher nicht auf sachfremde Erwägungen (z.B. Geschlecht, ethnische Herkunft) gestützt werden. An eine ausgeübte Praxis bei den Entscheidungen ist der Wertungsausschuss grundsätzlich gebunden, bis er sie durch eine neue Praxis ersetzt (Willkürverbot).

b) Mitgliedschaftsjahre

58 Bei der Berechnung der Wertung wird u.a. die Dauer der Mitgliedschaft berücksichtigt, § 5 Abs. 3 lit. A) GO Wertung KE (unten, Rn. 78 ff.). Mangels einschränkender Regelung zählt nicht nur die ordentliche Mitgliedschaft, sondern bereits die – zeitlich vorangehende – „angeschlossene“ und die „außerordentliche“ iSv § 6 Abs. 1 Satzung; dafür spricht auch § 3 Einleitungsabsatz sowie I Abs. 1 GO Wertung KE. Für die Wertung wird die Mitgliedschaftsdauer vom 1. Januar des Jahres an berechnet, in dem der Komponist Mitglied geworden ist, § 3 I Abs. 2 GO Wertung KE. Für die ordentliche Mitgliedschaft ergibt sich der Beginn zum (auf den Eingang der Beitrittserklärung folgenden!) 1. Januar aus § 8 Ziffer 2 UAbs. 2 Satzung. Die für die Berechnung im Rahmen der Wertung ausschlaggebende angeschlossene Mitgliedschaft, die durch den Berechtigungsvertrag bestimmt ist, beginnt indes mit der Wirksamkeit des Vertragsschlusses (vgl. § 6 Ziffer 2 Satzung), daher gegebenenfalls unterjährig. Aus § 3 I Abs. 2 GO Wertung KE folgt daher: Wurde die angeschlossene Mitgliedschaft erst am 31. Dezember erworben, so ist im Wertungsverfahren demnach dennoch das gesamte Kalenderjahr anzusetzen.

2. Berücksichtigung von Auslandseinnahmen, § 3 I Abs. 4 GO Wertung KE

59 Auslandseinnahmen können wegen der unterschiedlichen Verteilungsregeln der Verwertungsgesellschaften oft nicht einzelnen Berufsgruppen zugerechnet werden. Für die Wertung, die maßgeblich anhand der Einnahmen ermittelt wird, ergibt sich damit die

Sachfrage, wie die Auslandseinnahmen eines Mitglieds zu berücksichtigen sind, das mehreren Berufsgruppen angehört (z.B. Komponist und Textdichter). Hier trifft § 3 I Abs. 4 GO Wertung KE die Regelung, dass die Auslandseinnahmen in diesem Fall für die Zwecke der Wertung der Berufsgruppe zuzurechnen sind, in der das Mitglied seinen Schaffensschwerpunkt hat. Darin liegt eine sachnahe Pauschalierung, die auch aus Gründen der effizienten Wahrnehmungstätigkeit gerechtfertigt ist.

3. Ausschluss wegen Missbrauchs

§ 3 II Abs. 6 GO Wertung KE enthält Missbrauchstatbestände, deren Erfüllung zum Ausschluss von der Wertung führen können. Ungeachtet ihrer (verfehlten) systematischen Einordnung unter II finden die Missbrauchsvorschriften nicht nur in den (dort hauptsächlich geregelten) Fällen der Erbenbeteiligung Anwendung, sondern allgemein. Der allgemeine Gedanke hinter den Missbrauchstatbeständen, ist, dass derjenige, der sich auf Kosten der Solidargemeinschaft bereichert, schlechterdings nicht die Solidarität einfordern kann, die der kulturellen Förderung zugrunde liegt. § 3 II Abs. 6 GO Wertung KE enthält zwei Missbrauchstatbestände (a), an die jeweils drei Sanktionen geknüpft sind (b).[18] **60**

a) Missbrauchstatbestände

aa) Falsche Angaben

Der erste Missbrauchstatbestand ist erfüllt, wenn **61**

[1] ein Bezugsberechtigter (also ein Mitglied, das an der Wertung teilnimmt)
[2] wissentlich oder grob fahrlässig
[3] falsche Angaben macht und sich oder einem anderen
[4] dadurch (Kausalität)
[5] einen rechtswidrigen Vermögensvorteil verschafft.

Es handelt sich damit um einen betrugsähnlichen Tatbestand (vgl. § 263 Abs. 1 StGB). Objektiv [3] sind falsche Angaben erforderlich, die z.B. die Wertung betreffen können (z.B. Angaben über Auszeichnungen und Preise im Rahmen von § 5 Abs. 3 lit. H) GO Wertung KE), die sich aber auch auf andere ausschüttungsrelevante Daten beziehen können, z.B. die Durchführung von Aufführungen. Subjektiv [2] muss das Mitglied wissentlich (vorsätzlich) oder grob fahrlässig gehandelt haben. Grob fahrlässig handelt, wer die Sorgfaltsanforderungen missachtet, die im konkreten Fall schlechthin jedermann einleuchten. Der Berechtigte muss zudem einen rechtswidrigen, d.h. ihm nach den Verteilungsregeln nicht zustehenden, Vermögensvorteil für sich oder einen Dritten erlangt haben [5]. Erforderlich ist der Erfolg; der bloße Versuch ist nicht sanktioniert. Und endlich muss der rechtswidrige Vermögensvorteil auch auf den falschen Angaben beruhen, die falschen Angaben müssen maW für den Vermögensvorteil ursächlich sein [4].

18 Zur früheren Fassung LG Berlin, ZUM 1999, 252.

bb) Verstoß gegen die Missbrauchsvorschriften des Verteilungsplans

62 § 3 II Abs. 6 GO Wertung KE stellt dem besonderen Missbrauchstatbestand jene gleich, die normiert sind in
- § 42 (falsche Angaben bei der Werkanmeldung),
- § 54 Abs. 1–4, 6 und 7 (unzulässiger Einfluss auf die Programmausfüllung) und
- § 65 Abs. 6 (unrichtige Programmangaben)

Verteilungsplan. S. dazu die Erläuterungen **Kap. 8 Rn. 246.**[19]

b) Sanktionen

aa) Ausschluss vom Wertungsverfahren

63 Das Mitglied kann vom Wertungsausschuss für das auf den Verstoß folgende Jahr vom Wertungsverfahren ausgeschlossen werden. In diesem Jahr erhält das Mitglied daher keinerlei Wertung. Das gilt ungeachtet der Tatsache, dass die Wertung auf der Grundlage der durchschnittlichen Einnahmen der vergangenen drei Jahre berechnet wird.

bb) Kürzung der Wertungszuweisung

64 Statt eines völligen Ausschlusses kommt nach billigem Ermessen des Wertungsausschusses **in minder schweren Fällen** auch eine Kürzung der Wertungszuweisung in Betracht. Ein minder schwerer Fall kann z.B. angenommen werden, wenn die Täuschung (falsche Angaben) nicht schwer wiegt, der Vermögensvorteil oder die Schuld (Vorsatz, grobe, mittlere, leichte Fahrlässigkeit) des Mitglieds gering ist. Die Kürzung muss dann unter Abwägung aller Umstände dem Gewicht des Falles entsprechen.

cc) Zurückstellung von Zahlungen

65 Bis zur Entscheidung des Werkausschusses ist die GEMA berechtigt, die Wertungszahlungen zurückzustellen. Diese Befugnis hat das Kammergericht zum einen dem Zweck der Ausschlussentscheidung entnommen, im Übrigen aber auch der Verweisung auf § 54 Abs. 6 VP.[20]

dd) Herabstufung der Wertungsgruppe

66 Darüber hinaus kann der Wertungsausschuss die Einstufung für das Wertungsverfahren ändern. Wie § 3 II Abs. 6 UAbs. 1 a.E. klarstellt, ist die Einstufung in eine der Wertungsgruppen von § 5 Abs. 1 GO Wertung KE gemeint. Innerlich ist eine Herabstufung gerechtfertigt – und ggf. auch *geboten* –, soweit entweder die Täuschung eine fehlerhafte Einstufung zunächst überhaupt begründet hatte (z.B. Erlangen von Aufkommenspunkten durch Vortäuschung einer Vielzahl von Aufführungen; z.B. Zuerkennung von Punkten für das Gesamtschaffen mit Rücksicht auf vorgetäuschte Auszeichnungen oder Preise) oder die Täuschung aufgrund der darin zum Ausdruck kommenden Persönlichkeitsmerkmale eine andere Einschätzung von der künstlerischen Persönlichkeit oder

---

19 Zur entsprechenden Regelung in § 3 Abs. 2 GO Wertung U KG, ZUM-RD 2013, 571, 576.
20 KG, ZUM-RD 2013, 571, 577 (zur Parallelnorm des § 3 Abs. 7 GO Wertung U).

des Gesamtschaffens im Rahmen von § 5 Abs. 3 lit. H) GO Wertung KE gebietet. Die Bestandsschutzregel von § 5 Abs. 4 S. 1 GO Wertung KE findet ihrem Zweck nach insoeit keine Anwendung, da der Täter sonst dauerhaft von seiner Pflichtverletzung profiieren würde; ein den Bestandsschutz rechtfertigendes Vertrauen fehlt hier. § 5 Abs. 4 S. 2 GO Wertung KE lässt daher die Herabstufung für Missbrauchsfälle ausdrückich zu.

§ 4 [Ausgleichsfonds und Förderung zeitgenössischen Musikschaffens]

(1) Bis zu 3% der zur Verfügung gestellten Wertungssumme können einem Ausgleichsfonds zugeführt werden.

(2) Dieser Fonds hat einmal den Zweck, an Mitglieder, deren Schaffen künstlerisch erfolgreich war, in Härtefällen Zuwendungen zu machen. Zum anderen sollen daraus die unmittelbaren Abkömmlinge derjenigen Komponisten, die als politisch oder „rassisch" Verfolgte Deutschland vor 1945 verlassen mussten, Zuwendungen erhalten.

Ferner sollen daraus in begründeten Ausnahmefällen Mitglieder dafür entschädigt werden, dass ihre Werke in den Programmen nicht oder nicht vollständig erfasst wurden.

(3) Bis zu 20% der bereitgestellten E-Wertungssumme können der Förderung des zeitgenössischen Musikschaffens zur Verfügung gestellt werden.

Übersicht

I. Übersicht und Zweck

§ 4 GO Wertung KE richtet einen Ausgleichsfonds und einen Fonds zur Förderung zeitgenössicher Musik ein. Der **Ausgleichsfonds** dient dazu, Nachteile einzelner Berechtigter im Rahmen der Wertung auszugleichen. Die Vorschrift nennt drei Zwecke: 67
- Zuwendungen in Härtefällen mit Rücksicht auf kulturelle Verdienste, Abs. 2 UAbs. 1 S. 1;
- Zuwendungen an unmittelbare Abkömmlinge von Komponisten, die als politisch oder „rassisch" Verfolgte Deutschland vor 1945 verlassen mussten, Abs. 2 UAbs. 1 S. 2;
- Zuwendungen an Mitglieder als Entschädigung dafür, dass ihre Werke in Programmen nicht oder nicht vollständig erfasst wurden, Abs. 2 UAbs. 2.

Über das Ob und das Wie der Zuwendungen entscheidet der Wertungsausschuss, der bei seiner Entscheidung an die genannten Zwecke gebunden ist.

II. Finanzielle Ausstattung, § 4 Abs. 1, 3 GO Wertung KE

Die finanzielle Ausstattung von Ausgleichsfonds und die Höhe der Mittel zur Förderung zeitgenössischen Musikschaffens sind nur durch die Obergrenzen von 3 und 20% der zur Verfügung stehenden Gesamtsumme bestimmt. Über den Umfang der finanziellen Ausstattung entscheidet in diesem Rahmen der **Wertungsausschuss.** Er kann dabei 68 zum einen die Lage der Anträge berücksichtigen, vor allem bei der Förderung zeitgenössischer Musik aber auch in wertender Entscheidung eigene Akzente setzen.

III. Die Zuwendungszwecke

1. Härtefälle, § 4 Abs. 2 UAbs. 1 S. 1 GO Wertung KE

69 In Härtefällen können Zuwendungen an Mitglieder gemacht werden, deren Schaffen künstlerisch erfolgreich war. **Härtefälle** können zum einen finanzielle Notlagen sein. Eine Härte liegt vor, wenn die „normale" Wertung, die sich vor allem mit Rücksicht auf das Aufkommen errechnet (§ 5 Abs. 3 lit. B–G GO Wertung KE), ihren Zweck nicht erreicht, weil das Schaffen ungeachtet seines künstlerischen Erfolgs nicht „kommerziell" erfolgreich war.[21] Künstlerischer Erfolg kann sich insbesondere durch Auszeichnungen, Preise oder sonstige Anerkennungen in der Fachwelt zeigen.

2. Abkömmlinge politisch oder „rassisch" Verfolgter, § 4 Abs. 2 UAbs. 1 S. 2 GO Wertung KE

70 Dem Ausgleich nationalsozialistischen Unrechts dienen Zuwendungen an die unmittelbaren Abkömmlinge von Komponisten, die als politisch oder „rassisch" Verfolgte Deutschland vor 1945 verlassen mussten. **Unmittelbare Abkömmlinge** sind die Kinder. Auch Adoptivkinder sind hierzu zu rechnen, nicht aber Stiefkinder.

3. Ausgleich für unvollständige Nutzungserfassung

71 In manchen Fällen werden Werke öfter gespielt als in Programmen nachgewiesen. Im Rahmen der kollektiven Wahrnehmung führt das allerdings insoweit zu keiner Benachteiligung, als davon alle Berechtigten gleichmäßig betroffen sind. Zudem können unvollständige Nutzungsnachweise auch durch Hochrechnungsverfahren ausgeglichen werden. Und nicht zuletzt gibt es nach § 59 Abs. 3 VP die Möglichkeit, Aufführungen, die nicht in Programmen enthalten sind, glaubhaft zu machen. Ungeachtet dessen kann ein unvollständiger Nutzungsnachweis in Ausnahmefällen zu einer Benachteiligung eines Berechtigten führen, der in der ersten Stufe der Verteilung nur ein geringes Aufkommen erzielt und deswegen in der zweiten Stufe der Verteilung eine zu geringe Wertung erhält (vgl. § 5 Abs. 3 lit. B)-G) GO Wertung KE). In solchen Ausnahmefällen kommt eine Zuwendung aus dem Ausgleichsfonds in Betracht.

4. Förderung zeitgenössischen Musikschaffens

72 Die zuerst 2006 eingefügte Bestimmung von Abs. 3 erweitert die Zuwendungszwecke um die Förderung zeitgenössischen Musikschaffens. Die Art und Weise der Förderung ist dabei (implizit: mangels konkreter Vorgaben) in das Ermessen des Wertungsausschusses gestellt. Die Mitgliederversammlung 2007 hat in § 4 Abs. 3 GO Wertung U eine entsprechende Regelung eingefügt (unten, **Kap. 9.4 Rn. 197**).

21 Vgl. *Kreile/Becker*, in: Handbuch der Musikwirtschaft, S. 706.

IV. Zuständigkeit und Verfahren

Für die Zuwendungen aus dem Ausgleichsfonds und zur Förderung zeitgenössischer Musik ist der **Wertungsausschuss** zuständig, § 6 GO Wertung KE. Der Wertungsausschuss entscheidet nach einem **weiten Ermessen,** das gerichtlich nur beschränkt überprüfbar ist. Dieses Ermessen ist vor allem durch die Merkmale der Zuwendungszwecke (soeben Rn. 69ff.) gebunden. Dabei ist aber zu beachten, dass insbesondere die Härtefallregelung (Rn. 69) ihrerseits durch die unbestimmten, vom Wertungsausschuss zu konkretisierenden Begriffe des „künstlerischen Erfolgs" und der „kulturellen Förderungswürdigkeit" bestimmt ist. Sie auszufüllen ist eine der Verwertungsgesellschaft vom Gesetzgeber zugewiesene (§ 27 Abs. 1 VGG) Aufgabe, so dass die Entscheidung des Wertungsausschusses in diesem Bereich nicht durch das Gericht ersetzt werden kann. Der Wertungsausschuss ist nur an die allgemeinen Grundsätze der Ermessensausübung gebunden. Er darf sich nicht von sachfremden Erwägungen leiten lassen und nicht wesentlich gleiche Fälle ungleich behandeln (Willkürverbot, § 27 Abs. 1 VGG). 73

§ 5 [Wertung ieS]

(1) Es bestehen bei der Wertung insgesamt 7 Gruppen mit folgenden Punktzahlen und Wertungszuschlägen:

Gruppe	Punktzahl	Wertungszuschlag in Wertungsmark[2)]
I	120 Punkte und mehr	100%
II	100 Punkte und mehr	90%
III	80 Punkte und mehr	80%
IV	60 Punkte und mehr	60%
V	40 Punkte und mehr	40%
VI	20 Punkte und mehr	20%
VII	10 Punkte und mehr	10%

(2) Mindestens ein Drittel der Punkte müssen Punkte zu (3) B) bis H) sein.

Zugrunde gelegt wird jeweils das Aufkommen des Mitglieds in dem Geschäftsjahr, das dem des Wertungsverfahrens vorausgeht, bei einem Dreijahresdurchschnitt das Aufkommen der drei Geschäftsjahre, die dem des Wertungsverfahrens vorausgehen. Für Auslandsaufkommen gilt das Jahr als Geschäftsjahr, in dem die Beträge dem Mitgliedskonto zugeflossen sind. Aufkommen, das im Wege einer Zuschlagsverrechnung von außerordentlichen Einnahmen gemäß § 32 des Verteilungsplans erzielt worden ist, wird bei der Berechnung der Punktzahl nicht berücksichtigt.

Kein Mitglied erhält aus den Mitteln des Wertungsverfahrens mehr als 2% des zur Verfügung stehenden Gesamtbetrages.

(3) Die Punktzahl errechnet sich wie folgt:

A) Dauer der Mitgliedschaft
Pro Jahr 1 Punkt

B) Aufkommen in der Sparte E
1) Komponisten nach H) a), b) und c)
Dreijahresdurchschnitt
je EUR 75,– 1 Punkt bis zu 30 Punkten
2) Komponisten nach H) d)
Dreijahresdurchschnitt
je EUR 190,– 1 Punkt bis zu 30 Punkten

C) Aufkommen in den Sparten Ki
je EUR 75,– 1 Punkt bis zu 20 Punkten

D) Aufkommen in den Sparten BM, ED[3)] und EM
je EUR 100,– 1 Punkt bis zu 25 Punkten

E) **Aufkommen in den Sparten R und FS**
Dreijahresdurchschnitt
je EUR 100,– 1 Punkt bis zu 30 Punkten

F) **Aufkommen in der Sparte T (einschließlich FS-Fremdproduktionen)**
je EUR 255,– 1 Punkt bis zu 15 Punkten

G) **Auslandsaufkommen**
Unter Zugrundelegung des Dreijahresdurchschnitts
je EUR 75,– 1 Punkt bis zu 20 Punkten

H) **Bewertung der künstlerischen Persönlichkeit und des Gesamtschaffens**
a) Komponisten, deren Schaffen als umfassend bezeichnet werden kann.
Bei der Bewertung sind die abgerechneten Werke nach §§ 63 und 65 des Verteilungsplans maßgebend. Oper und Ballett werden zur Bewertung nur herangezogen, wenn diese Werkgattungen nach Umfang und Verbreitung im Schaffen des Komponisten eine den kleinen Rechten vergleichbare Geltung haben.
Stufe 1 80 Punkte
Komponisten, für die folgende Merkmale zutreffen:
Ein im echten Sinne des Wortes umfassendes Gesamtschaffen, das vorliegt, wenn Aufführungen und Sendungen aus der Mehrzahl der Werkgattungen, besonders von Werken nach § 63 Abs. 1 Ziff. 5 und 6 des Verteilungsplans nachgewiesen sind.
Stetige Aufführungen und Sendungen innerhalb eines Jahrzehnts von Werken verschiedener Gattungen, darunter Kompositionen nach § 63 Abs. 1 Ziff. 5 und 6 des Verteilungsplans. Voraussetzung ist das Vorhandensein von Standard- oder Repertoire-Werken. Internationale Geltung durch Aufführungen ausländischer Institutionen oder Ensembles an einer Vielzahl von bedeutenden Musikstätten im Ausland.
Stufe 2 60 Punkte
Komponisten, für die folgende Merkmale zutreffen:
Ein im echten Sinne des Wortes umfassendes Gesamtschaffen, das vorliegt, wenn Aufführungen und Sendungen aus der Mehrzahl der Werkgattungen, besonders von Werken nach § 63 Abs. 1 Ziff. 5 und 6 des Verteilungsplans nachgewiesen sind.
Stetige Aufführungen und Sendungen im In- und Ausland innerhalb eines Jahrzehnts von Werken verschiedener Gattungen, darunter Kompositionen nach § 63 Abs. 1 Ziff. 5 und 6 des Verteilungsplans.
Stufe 3 50 Punkte
Komponisten, für die folgende Merkmale zutreffen:
Ein im echten Sinne des Wortes umfassendes Gesamtschaffen, das vorliegt, wenn Aufführungen und Sendungen für mindestens 3 Punkte zu E) aus der Mehrzahl der Werkgattungen, besonders von Werken nach § 63 Abs. 1 Ziff. 5 und 6 des Verteilungsplans nachgewiesen sind.
Aufführungen im In- und Ausland und Sendungen in genügender Anzahl für mindestens 3 Punkte zu E).
Stufe 4 45 Punkte
Komponisten, für die folgende Merkmale zutreffen:
Ein im echten Sinne des Wortes umfassendes Gesamtschaffen, das vorliegt, wenn Aufführungen und Sendungen aus der Mehrzahl der Werkgattungen bzw. Abrechnungen in Rundfunk und Fernsehen nachgewiesen sind.
b) Komponisten, auf die die Voraussetzungen der in Abschn. a) bezeichneten Merkmale nicht zutreffen bis zu 40 Punkte
Die Zuerkennung von mehr als 15 Punkten setzt eine angemessene Anzahl von Aufführungen und Sendungen voraus.
c) Komponisten, deren Schaffen überwiegend der Kirchenmusik gewidmet ist
bis zu 50 Punkte
d) Komponisten, deren Schaffen überwiegend Werke der Chormusik umfasst
bis zu 40 Punkte

Bei erstmals am Wertungsverfahren zu beteiligenden Komponisten erfolgt eine Prüfung der Voraussetzungen für eine Bewertung der künstlerischen Persönlichkeit und des Gesamtschaffens nur, wenn mindestens vier Punkte zu § 5 (3) B) bis G) errechnet worden sind, wobei die Punkte zu C), D), F) und G) nur berücksichtigt werden, wenn mindestens 2 Punkte zu B) oder E) erreicht sind.

(4) Sobald das Mitglied eine bestimmte Gruppe erreicht hat, verbleibt es selbst dann in dieser Gruppe, wenn die Voraussetzungen sich soweit geändert haben sollten, dass das Mitglied in eine niedrigere Gruppe umgestuft werden müsste. Diese Vorschrift schließt eine Änderung der Einstufung nach § 3 II (6) nicht aus.

(5) Die durch das Limit in Abs. (2) freigewordenen Beträge werden jeweils mit der Wertungssumme des nächsten Jahres verteilt.

(6) Bei Anwendung von Ziff. (3) B) bis G) erfolgt Aufrundung auf volle EUR 10,– bzw. EUR 5,–.

---

2) Berechnet wird der Wertungszuschlag:
a) vom Aufkommen in der Sparte E (Dreijahresdurchschnitt) bis zu EUR 9.000,–, darüber hinaus bis zum 10 fachen des Aufkommens der Sparten R und FS (Dreijahresdurchschnitt);
b) vom Aufkommen in den Sparten Ki und FKi, soweit es 25% des Durchschnittsaufkommens in der Sparte E nicht übersteigt;
c) vom Aufkommen in den Sparten R und FS (Dreijahresdurchschnitt) bis zu EUR 1.550,– zu 100%, von dem EUR 1.550,– übersteigenden Aufkommen bis EUR 7.700,– zu 33¹/₃%, vom weiteren Aufkommen 10%.
Aufkommen, das in den genannten Sparten im Wege einer Zuschlagsverrechnung von außerordentlichen Einnahmen gemäß § 32 des Verteilungsplans erzielt worden ist, wird bei der Berechnung des Wertungszuschlags nicht berücksichtigt.
Der Wertungszuschlag stellt zunächst nur eine Verrechnungseinheit dar, aus der sich die später zu ermittelnde sog. Wertungsmark ergibt. Die Höhe der Wertungsmark wird errechnet aus dem Verhältnis der Verteilungssumme zu der im Rahmen des Wertungsverfahrens verfügbaren Summe.
Bei Komponisten, die ihre Werke durch einen oder mehrere Zessionare der GEMA bis zum 31.5.2003 zur Wahrnehmung übertragen haben, liegt der Berechnung des Wertungszuschlags das Gesamtaufkommen des Komponisten aus allen Zessionen zugrunde.

3) ED-Aufkommen nach § 75 lit. b–f des Verteilungsplans bleiben ohne Berücksichtigung

Übersicht

I. Übersicht

74 § 5 GO Wertung KE ist die Zentralnorm des Wertungsverfahrens. Sie enthält die Kriterien für die Berechnung der Wertung und damit auch die maßgeblichen Förderungskriterien.

75 Die Wertung (der „Wertungszuschlag“) wird berechnet als aus der Multiplikation des **berücksichtigungsfähigen Aufkommens** (Rn. 93–102) mit dem für die erreichte **Wertungsgruppe** (Rn. 90–92) anwendbaren Prozentsatz und der sog. **Wertungsmark** (Rn. 103–105); ggf. erfolgt eine Kappung des Betrags (Rn. 108–110). Die Wertungsgruppen sind durch die **Wertungspunkte** bestimmt, die sich nach Absätzen 2 bis 4 und 6 errechnen (Rn. 75–89). Nach der Grundregelung in Abs. 3 werden jedem Mitglied Punkte zuerkannt für die Dauer der Mitgliedschaft (lit. A), die Höhe des Aufkommens in den verschiedenen Sparten (lit. B–G) und für die vom Wertungsausschuss nach näher bestimmten Vorgaben zu treffende Beurteilung der künstlerischen Persönlichkeit und des Gesamtschaffens (lit. H).

II. Die Berechnung der Wertung

76 Für die Ermittlung der Wertung ist daher zunächst
- die Wertungspunktzahl zu ermitteln (nachfolgend 1, **Rn. 77–88**) und daraus
- die Wertungsgruppe zu bestimmen (nachfolgend 2, **Rn. 89–91**).
- Sodann ist das berücksichtigungsfähige Aufkommen festzustellen (nachfolgend 3, **Rn. 92–101**).
- Mit diesen Daten kann zunächst die Wertungsmark (nachfolgend 4, **Rn. 102–104**) und
- sodann für den Einzelfall die Wertung errechnet werden (nachfolgend 5, **Rn. 105–106**).
- Ggf. ist der Betrag durch die Kappungsgrenze zu reduzieren (nachfolgend 6, **Rn. 107–109**).

1. Die Ermittlung der Wertungspunktzahl, § 5 Abs. 3 GO Wertung KE

77 Die Wertungspunkte des § 5 Abs. 3 GO Wertung KE lassen sich in drei Gruppen einteilen. Nach lit. A erhält das Mitglied Punkte für die Dauer der Mitgliedschaft, nach lit. B–G für das Aufkommen in den einzelnen Sparten und nach lit. H für eine Bewertung der künstlerischen Persönlichkeit und des Gesamtschaffens.

a) Dauer der Mitgliedschaft, § 5 Abs. 3 lit. A GO Wertung KE

aa) Grundsatz

Für jedes Jahr der Mitgliedschaft erhält das Mitglied einen Punkt. Zu berücksichtigen sind alle Formen der Mitgliedschaft iSv § 6 Abs. 1 UAbs. 1 Satzung (angeschlossenes, außerordentliches, ordentliches Mitglied). Zur Anrechnung der Mitgliedschaft in anderen Verwertungsgesellschaften, s. § 3 I Abs. 1 GO Wertung KE (Rn. 56f.). Die Mitgliedschaftsdauer wird vom 1. Januar des Jahres an berechnet, in dem das Mitglied die Mitgliedschaft erworben hat, § 3 I Abs. 2 GO Wertung KE (Rn. 58). **78**

bb) Eingeschränkte Berücksichtigung der Wertungspunkte für die Mitgliedschaftsdauer, § 5 Abs. 2 UAbs. 1 GO Wertung KE

Die Punkte für die Dauer der Mitgliedschaft werden **nicht uneingeschränkt** berücksichtigt: Mindestens ein Drittel der Punkte müssen solche nach lit. B–H sein, sich also aufgrund des Lizenzaufkommens oder der Bewertung der künstlerischen Persönlichkeit und des Gesamtschaffens berechnen, § 5 Abs. 2 UAbs. 1 GO Wertung KE. Der Gedanke hinter der Regelung ist, dass die langjährige Mitgliedschaft allein die kulturelle Förderungswürdigkeit nicht begründen kann, durch „Ersitzung" erlangt man keine Förderungswürdigkeit. **79**

cc) Zu berücksichtigende Mitgliedschaftsdauer bei Wertungsbeteiligung von Erben, § 3 II Abs. 4 S. 2 GO Wertung KE

Ist der Komponist verstorben, so können unter bestimmten Voraussetzungen seine Ehefrau, seine Kinder oder ggf. ein Lebensgefährte an der Wertung teilnehmen (oben, Rn. 40ff.). Für die Punkte nach § 5 Abs. 3 lit. A GO Wertung KE wird in diesem Fall die Mitgliedschaft **bis zum Todesjahr** des Komponisten berücksichtigt. **80**

b) Lizenzaufkommen nach Sparten, § 5 Abs. 3 lit. B–G GO Wertung KE

aa) Grundregel

Gem. § 5 Abs. 3 lit. B–G GO Wertung KE wird das Lizenzaufkommen für die Ermittlung der Wertungspunkte herangezogen. Dem liegt der Gedanke zugrunde, dass das im Wesentlichen nutzungsabhängig errechnete Aufkommen ein Indikator für die Wertschätzung der Musik am Markt ist und sich deshalb für die Ermittlung der kulturellen Förderungswürdigkeit eignet.[22] Das Aufkommen der verschiedenen Sparten wird nach einer (von der Mitgliederversammlung vorgenommenen) wertenden Differenzierung in unterschiedlichem Maße berücksichtigt. In allen Fällen erhält der Berechtigte für einen bestimmten Aufkommensbetrag bis zu einer Höchstgrenze je einen Punkt. **81**

22 Vgl. KG, ZUM 2004, 380, 385; KG v. 23.2.2000 – Kart U 1557/99 (Umdruck S. 25, insoweit nicht in KGR Berlin 2000, 412 abgedruckt). S. a. *Mestmäcker*, FS Lukes, S. 445, –460.

bb) *Aufkommen und Dreijahresdurchschnitt, § 5 Abs. 2 UAbs. 2 GO Wertung KE*

82 Die Vorschriften der lit. C, D und F stellen auf „das Aufkommen" ab, die der lit. B, E und G auf den Dreijahresdurchschnitt. Was damit bezeichnet ist, bestimmt Abs. 2 UAbs. 2. Mit **Aufkommen** wird das Aufkommen des Mitglieds in dem Geschäftsjahr bezeichnet, das dem Wertungsverfahren vorausgeht. Mit dem **Dreijahresdurchschnitt** wird das (Gesamt-)Aufkommen der drei Geschäftsjahre bezeichnet, die dem Geschäftsjahr der Wertung vorausgehen, geteilt durch drei.

cc) *Maßgebliches Geschäftsjahr, § 5 Abs. 2 UAbs. 2 GO Wertung KE*

83 Für die Zwecke der Wertung wird das Aufkommen zugrunde gelegt, das das Mitglied in dem Geschäftsjahr erzielt hat, das dem Wertungsverfahren vorausgeht. Soweit ein Dreijahresdurchschnitt zu bilden ist (Rn. 82) kommt es auf die drei dem Wertungsverfahren vorausgehenden Geschäftsjahre an.

dd) *Die Rundungsregel, § 5 Abs. 6 GO Wertung KE*

84 Für die Zwecke von Abs. 3 lit. B–G werden die Aufkommensbeträge auf volle € 10 bzw. volle € 5 *auf*gerundet. Z.B. sind € 71 für diese Zwecke zu berücksichtigen als € 75.

c) *Die Bewertung der künstlerischen Persönlichkeit und des Gesamtschaffens, § 5 Abs. 3 lit. H GO Wertung KE*

85 Am unmittelbarsten kommt der Zweck der kulturellen Förderung in der Bestimmung des § 5 Abs. 3 lit. H GO Wertung KE zum Ausdruck. Nach dieser Vorschrift können die Berechtigten bis zu 80 Punkte für die Bewertung der künstlerischen Persönlichkeit und des Gesamtschaffens erhalten.

86 Die Wertungspunkte werden vom Wertungsausschuss zuerkannt. Er entscheidet nach **Ermessen.** Bei der Ermessensausübung ist er an die Bewertungskriterien des § 5 Abs. 3 lit. H, lit. a–d GO Wertung KE und die darin vorgegebenen Rahmenvorgaben sowie an die allgemeinen Grundsätze der Ermessensausübung gebunden. Innerhalb dieser Grenzen kommt ihm indes ein **weites, gerichtlich nur beschränkt überprüfbares** Ermessen zu.[23] Nach § 32 Abs. 1 VGG ist den Verwertungsgesellschaften die kulturelle Förderung als Verteilungsprinzip aufgegeben.[24] Der Gesetzgeber hat dafür mit Recht die Verwertungsgesellschaften als besser legitimiert angesehen: Die Berechtigten sind näher daran, eine Entscheidung über die kulturelle Förderung zu treffen als der Staat mit einer Verwaltungsbehörde oder einem Gericht. Der Wertungsausschuss auf der anderen Seite ist als „vereinsdemokratisch" legitimierte Einrichtung und als ein Gremium von Fachleuten besonders dazu berufen, die Entscheidung über die kulturelle Förderung zu treffen.

87 Das Landgericht Berlin hat diese Grundsätze in einer Entscheidung aus dem Jahr 1998 bestätigt:

---

23 LG Berlin, ZUM 1999, 252, 256; LG Berlin v. 15.12.1998 – 16 O 683/97 n.v. – Glockenrequiem; s. a. KG, ZUM 2004, 380, 384. Dazu bereits *Bezzenberger/Riesenhuber*, GRUR 2003, 1005, 1012. S. a. Fromm/Nordemann-*Nordemann*, § 7 UrhWG Rn. 3.

24 *Riesenhuber*, Die Auslegung und Kontrolle des Wahrnehmungsvertrags, S. 88 f.

„Die Erteilung dieser Wertungspunkte nach § 5 Abs. 3 lit. H erfolgt für die Bewertung der künstlerischen Persönlichkeit und des Gesamtschaffens ihrer Mitglieder. Die Einstufung der künstlerischen Persönlichkeit der Mitglieder der Beklagten ist damit eine Wertungsfrage, die im Ermessen der Beklagten liegt. Diese Entscheidung wird von dem Wertungsausschuss der Beklagten gefällt, der mit Komponisten fachlich besetzt ist. Diese Wertungsentscheidung des Wertungsausschusses als pluralistisches Fachgremium kann das Gericht aber nur begrenzt überprüfen. Nachprüfbar ist lediglich, ob die von dem Wertungsausschuss seiner Entscheidung zugrunde gelegten Tatsachen richtig waren und ob er die Grenzen seiner Entscheidungsbefugnis überschritten hat.“[25]

d) *Voraussetzungen für die erstmalige Beteiligung am Wertungsverfahren, § 5 Abs. 3 Schlussabsatz GO Wertung KE*

Eine Schwelle für die erstmalige Beteiligung am Wertungsverfahren enthält der Schlussabsatz von § 5 Abs. 3 GO Wertung KE. Eine Prüfung der Voraussetzungen für die „Bewertung der künstlerischen Persönlichkeit und des Gesamtschaffens“ – gemeint ist damit die Wertung an sich („erstmals am Wertungsverfahren *zu beteiligende* Komponisten“) – erfolgt nur, wenn **88**

a. mindestens vier Punkte zu lit. B–G für das Aufkommen errechnet worden sind,
b. von denen mindestens zwei Punkte auf lit. B, C oder E entfallen (die Punkte zu C, D, F und G werden nur berücksichtigt, wenn der Berechtigte mindestens zwei Punkte zu lit. B, oder E erreicht hat).

Grund für die Regelung ist, dass die Aufkommensbeträge nach lit. C für die Sparte Ki (Musik im Gottesdienst) nach lit. D für die Sparte BM (Bühnenmusik), nach lit. F für die Sparten T, T FS und TD (Tonfilm) und nach lit. G für die Sparte A (Auslandsaufkommen) zumeist nicht eindeutig der E-Musik oder der U-Musik zugerechnet werden können und daher eine Förderung im Bereich der E-Musik allein nicht rechtfertigen (entsprechend nach § 5 Abs. 2 UAbs. 3 GO Wertung U für die U-Wertung).

2. Die Bestimmung der Wertungsgruppe, § 5 Abs. 1, 4 GO Wertung KE

a) *Die Zuordnung zu den Wertungsgruppen nach § 5 Abs. 1 GO Wertung KE*

Die Summe der Punkte, die ein Mitglied nach den Bestimmungen von § 5 Abs. 3 lit. A–H iVm Abs. 2 UAbs. 1, 2 GO Wertung KE erhält, bestimmt die Zuordnung zu einer der sieben (I–VII) Wertungsgruppen von § 5 Abs. 1 GO Wertung KE. Je nach erreichter Wertungsgruppe ist ein unterschiedlicher Anteil des Lizenzaufkommens für die Berechnung der Wertung zu berücksichtigen. **89**

b) *Keine Herabstufung, § 5 Abs. 4 GO Wertung KE*

Da das Aufkommen variiert und auch die Zuerkennung von Punkten für die Bewertung der künstlerischen Persönlichkeit (wohl nicht: des Gesamtschaffens) sich auch nach unten ändern kann, ist denkbar, dass ein Mitglied in einem Jahr weniger Wertungspunkte erhält als im Vorjahr und deshalb die Voraussetzungen für die früher erreichte Wertungsgruppe nicht mehr erfüllt. Eine Herabstufung erfolgt jedoch nach der **Bestandsschutz**regel von Abs. 4 S. 1 nicht. **90**

25 LG Berlin, ZUM 1999, 252, 256.

91 Anders liegen die Dinge, wenn einer der **Missbrauch**statbestände von § 3 II Abs. 6 GO Wertung KE erfüllt ist. In diesem Fall ist eine Herabstufung als Sanktion möglich. Näher oben, Rn. 64.

3. Das berücksichtigungsfähige Lizenzaufkommen, § 5 Abs. 1 Fn. 2 GO Wertung KE

a) Grundregeln

92 In einem dritten Schritt ist für die Berechnung der Wertung das berücksichtigungsfähige Aufkommen zu ermitteln. Dafür enthält die Fußnote 2 zu § 5 nähere Vorgaben.

aa) Aufkommen in der Sparte E

93 Das Aufkommen in der Sparte E, das als Dreijahresdurchschnitt berücksichtigt wird, ist für die Berechnung der Wertung ohne weiteres **bis zu einem Betrag von € 9.000** zu berücksichtigen, Fußnote 2 lit. a zu § 5 GO Wertung KE.

94 Übersteigt der Dreijahresdurchschnitt des Aufkommens in dieser Sparte den Betrag von € 9.000, so ist der darüber hinausgehende Anteil bei der Berechnung der Wertung nur insoweit zu berücksichtigen, als er das **10fache des Aufkommens der Sparten Tonrundfunk (R) und Fernsehrundfunk (FS)** (Dreijahresdurchschnitt) nicht übersteigt. Die Regel bedeutet maW, dass die kulturelle Förderungswürdigkeit nur eingeschränkt anhand des Aufkommens für Musikaufführungen (in Konzerten etc.) ermittelt wird. Hintergrund dafür ist, dass die Praxis gezeigt hat, dass einzelne Berechtigte ihr Aufkommen in der Sparte E ohne Rücksicht auf die Nachfrage am Markt dadurch erhöht haben, dass sie ihre eigenen Werke selbst oder durch andere möglichst häufig aufführten.[26] Die begrenzte Berücksichtigung des E-Aufkommens durch eine Bindung an das Aufkommen in den Sparten R und FS wirkt daher als Korrektiv.

95 Die eingeschränkte Berücksichtigung des E-Aufkommens ist auf die Klage eines Mitglieds hin gerichtlich überprüft worden. Das Landgericht Berlin und das Kammergericht haben die Wirksamkeit der Regelung indes bestätigt.[27] Die Regelung sei ausreichend klar, verstoße nicht gegen das Willkürverbot und sei darüber hinaus sogar „angemessen". Das Kammergericht führt dazu u. a. aus:

> „Die (...) Neuregelung hält sich innerhalb [des den Verwertungsgesellschaften zukommenden] Beurteilungsspielraums.
>
> aa) Die Gefahr lag hier vor dem Änderungsbeschluss nahe, dass Komponisten ihre Werke – ohne entsprechende Nachfrage des Publikums und ohne Interesse der Künstler an daraus erzielbaren eigenen Auftrittshonoraren sowie Lizenzeinnahmen der Beklagten – nur deshalb aufführen, weil sich dies schon nach dem Verrechnungs- und dem Wertungsverfahren der Beklagten wirtschaftlich lohnte. (...)
>
> bb) Unter diesen Umständen ist es nicht beurteilungsermessensfehlerhaft, wenn die Beklagte die für einige wenige Komponisten mit hohem Aufkommen insbesondere von Selbstaufführungen (wie beim Kläger) anfallenden Anteile an ihrem Wertungsfond und [die] daraus folgenden Missbrauchsgefahren als Missstand zulasten der anderen Komponisten der Sparte E im Rahmen der kulturellen Förderung angesehen hat.
>
> Zwar kann die Zahl der Aufführungen grundsätzlich auch ein Indiz für die kulturelle Bedeutung des Werkes sein, wenn dies Ausdruck einer entsprechenden Publikumsnachfrage wäre. Gerade bei

26 Vgl. die Fälle von KG, ZUM 2004, 380; KG, KGR Berlin 2000, 412.
27 KG, ZUM 2004, 380; LG Berlin v. 23.5.2000 – 16 O 8/00 n.v.

Selbstaufführungen ist dies aber hier (...) nicht sicher gewährleistet. Dies gilt umso mehr, als den Veranstaltern dieser Selbstaufführungen (beim Kläger etwa zum großen Teil auch die Kirche) nur eher geringe Kosten (Lizenzzahlungen, Saalmiete, Gagen) entstehen, die zur Verfügung stehenden Konzerträume (Kirchen, Gemeindesäle usw.) ohnehin nicht ausgelastet sind und ein Publikumserfolg zum wirtschaftlichen Überleben nicht zwingend gefordert ist. Angesichts der erheblichen Bedeutung des Aufführungsaufkommens für die Höhe der Verrechnungs- und Wertungszahlungen der Beklagten liegt es dann umso mehr nahe, dass Selbstaufführungen im wesentlichen zur Steigerung der Zahlungen der Beklagten veranlasst und durchgeführt werden, ohne dass dem ein entsprechendes Hörbedürfnis des Publikums – und einer daraus folgenden kulturellen Bedeutung der aufgeführten Werke – entspricht.

cc) Es liegt dann auch im Beurteilungsermessen der Beklagten, dieser Gefahr durch eine gestufte Koppelung der Aufführungsaufkommen an das Sendeaufkommen zu begegnen. Denn immerhin zeigt die Auslese durch Radio und Fernsehanstalten, dass eine gewisse Qualität der Stücke vorliegt, weil die verantwortlichen Redakteure sich vordringlich daran orientieren werden, wie sie den Geschmack des Hörerpublikums treffen können, um Akzeptanz der Sendungen und damit die Sendungen selbst zu erhalten."[28]

bb) Aufkommen in den Sparten Ki und FKi

Das Aufkommen in den Sparten der Musik im Gottesdienst (Ki) und der Funktionellen Musikwiedergabe im Gottesdienst (FKi) wird nur bis zur Höhe von 25% des Durchschnittsaufkommens (gemeint ist der Dreijahresdurchschnitt) in der Sparte E berücksichtigt, Fußnote 2 lit. b zu § 5 GO Wertung KE. 96

cc) Aufkommen in den Sparten R und FS

Das E-Aufkommen in den Sparten Tonrundfunk (R) und Fernsehrundfunk (FS), das im Dreijahresdurchschnitt zu berücksichtigen ist, wird nach den Bestimmungen von Fußnote 2 lit. c zu § 5 Abs. 1 GO Wertung KE für die Berechnung der Wertung folgendermaßen zu Grunde gelegt: 97

bis zu € 1.550	zu 100%
von € 1.551–7.700	zu $33^1/_3$%
ab € 7.701	zu 10%.

Ein Rundfunk- und Fernsehaufkommen iHv 8.000 € wird also mit einem Betrag von 3.630 € = 1.550,00 + ([7.700 – 1.550] x 33 1/3) + ([8.000 – 7.700] x 10%) berücksichtigt.

b) Das berücksichtigungsfähige Aufkommen bei der Wertungsbeteiligung von Erben, § 3 II Abs. 4 GO Wertung KE

Bereits in § 3 II Abs. 4 GO Wertung KE ist bestimmt, dass der Wertungszuschlag für die am Wertungsverfahren beteiligten Erben (Ehefrau, Lebenspartner, Kinder, ggf. Lebensgefährten) in jedem Fall von $33^1/_3$% der Aufkommensbeträge berechnet wird. Dazu bereits oben, Rn. 50. 98

Konkret bedeutet dies, dass bei der Wertungsbeteiligung von Erben zunächst das berücksichtigungsfähige Aufkommen nach den vorgenannten Regeln (Rn. 93–98) ermittelt und anschließend mit $33^1/_3$% multipliziert wird. 99

c) Das zu Grunde zu legende Aufkommen im Fall von Zessionen

Nach der Vorschrift des § 3 III GO Wertung KE nehmen im Falle der Rechteübertragung von einem Nicht-Mitglied (Zedent) auf ein GEMA-Mitglied (Zessionar) weder der 100

28 KG, ZUM 2004, 380, 385.

Zedent noch der Zessionar für die abgetretenen Rechte am Wertungsverfahren teil (oben, Rn. 53f.). Diese Regelung gilt indes erst für Abtretungen, die ab dem 1. Juni 2003 bei der GEMA eingereicht wurden bzw. Werke betreffen, die ab dem 1. Juni 2003 bei der GEMA angemeldet wurden. Für die früher eingereichten Abtretungen kommt daher eine Wertungsbeteiligung durchaus in Betracht. Insoweit bestimmt Fn. 2 Abs. 4 zu § 5 Abs. 1 GO Wertung KE, dass für die Ermittlung der Wertung das Gesamtaufkommen des Komponisten aus allen Zessionen zu Grunde zu legen ist.

101 Zweck der Regelung ist es, eine **Umgehung** der Regeln über die Berechnung des berücksichtigungsfähigen Aufkommens in Fn. 2 und über die Kappungsgrenze (§ 5 Abs. 2 UAbs. 3 GO Wertung KE; Rn. 107f.) zu verhindern. Ein Komponist soll also nicht etwa dadurch, dass er die Rechte an seinen Werken mehreren Zessionaren abtritt, die Regel umgehen können, dass das E-Aufkommen ab dem Betrag von € 9.000 nur bis zum 10fachen des Aufkommens in den Sparten R und FS berücksichtigt wird.

4. Die Bestimmung der Wertungsmark

102 Als letztes Datum für die Berechnung der Wertung ist die Wertungsmark festzulegen. Darüber bestimmt Fn. 3 Abs. 3 S. 2 zu § 5 GO Wertung KE: Die Höhe der Wertungsmark wird errechnet aus dem Verhältnis der Verteilungssumme zu der im Rahmen des Wertungsverfahrens verfügbaren Summe.

103 Die **Verteilungssumme** ist die Summe der berücksichtigungsfähigen Aufkommen aller am Wertungsverfahren teilnehmenden Berechtigten. Sie wird maW errechnet, indem für jeden Berechtigten das berücksichtigungsfähige Aufkommen (Rn. 92–100) ermittelt und mit dem Prozentsatz der anwendbaren Wertungsgruppe (Rn. 89) multipliziert wird. Die Summe der so errechneten Einzelbeträge ergibt die Verteilungssumme. Diese Verteilungssumme wird sodann zu der im Rahmen des Wertungsverfahrens **verfügbaren Summe** in Verhältnis gesetzt.

104 Beträgt z.B. die verfügbare Summe 100 und die Verteilungssumme 50, so ist die Wertungsmark 2:1, also 2.

5. Die Berechnung des Wertungsbetrags

105 Der Wertungsbetrag, den ein Berechtigter erhält, ist auf der Grundlage der so ermittelten Daten zu errechnen. In einer Formel ausgedrückt erfolgt die Berechnung so:

Wertung = berücksichtigungsfähiges Aufkommen x%-Satz der Wertungsgruppe × Wertungsmark.

106 An **Berechnungsbeispielen** lässt sich das verdeutlichen.

Beispiel 1: M, Mitglied der GEMA seit 1974, hat folgende **Lizenzaufkommen** erzielt:

Sparte E (Durchschnitt 2004, 2005, 2006)	20.000 €
Sparte R und FS (Durchschnitt 2004, 2005, 2006)	15 €
Damit erhält er folgende Wertungspunkte:	
lit. A (34 Jahre Mitgliedschaft)	34 Punkte
lit. B	30 Punkte
lit. E	0 Punkte
lit. H (gegriffene Zahl)	10 Punkte
Summe Wertungspunkte	74 Punkte
Anrechenbare Wertungspunkte gem. § 5 Abs. 2 UAbs. 1	74 Punkte

Danach ist M einzustufen in die **Wertungsgruppe** IV.

Sein berücksichtigungsfähiges Aufkommen beträgt:	
Für den 9.000 € übersteigenden Betrag (11.000 €) beschränkt auf das 10 fache des Aufkommens in der Sparte R, FS (150 €):	9.150 €
Sparte R und FS (Durchschnitt 2004, 2005, 2006)	15 €
Summe	9.165 €
Die Wertungsmark betrage (gegriffener Wert)	5
Daraus errechnet sich folgender **Wertungszuschlag:**	
9.165 € × 60% × 5 =	27.495 €

Beispiel 2: N, Mitglied der GEMA seit 1974, hat folgende **Lizenzaufkommen** erzielt:	
Sparte E (Durchschnitt 2004, 2005, 2006)	150 €
Sparte R und FS (Durchschnitt 2004, 2005, 2006)	15 €
Sparte A	30 €
Damit erhält er folgende Wertungspunkte:	
lit. A (34 Jahre Mitgliedschaft)	34 Punkte
lit. B	2 Punkte
lit. E	0 Punkte
lit. G	0 Punkte
lit. H (gegriffene Zahl)	5 Punkte
Summe Wertungspunkte	41 Punkte
Anrechenbare Wertungspunkte gem. § 5 Abs. 2 UAbs. 1	21 Punkte
Danach ist N einzustufen in die **Wertungsgruppe** VI.	
Sein berücksichtigungsfähiges Aufkommen beträgt:	
Sparte E	150 €
Sparte R	15 €
(Hinweis: Sparte A bleibt gem. § 5 Abs. 1 Fn. 2 GO Wertung KE bei der Berechnung unberücksichtigt.)	
Summe	165 €
Die Wertungsmark betrage (gegriffener Wert)	5
Daraus errechnet sich folgender **Wertungszuschlag:**	
165 € × 20% × 5 € =	165 €

6. Die Kappungsgrenze, § 5 Abs. 2 UAbs. 6, Abs. 5 GO Wertung KE

a) Die Kappungsgrenze

Kein Mitglied erhält aus den Mitteln des Wertungsverfahrens mehr als 2% des zur Verfügung stehenden Gesamtbetrags, sog. Kappungsgrenze. Der Zweck der Regelung liegt auf der Hand: die kulturelle Förderung, die zwar naturgemäß Leistungselemente berücksichtigt, soll auf ein vernünftiges Maß begrenzt werden, nicht zuletzt, damit möglichst viele Mitglieder daran teilhaben können. Die Herabsetzung dieser Kappungsgrenze war vor allem deshalb erforderlich geworden, weil einzelne Mitglieder dadurch exorbitant hohe Aufkommen generierten, dass sie unter Umgehung der Gesetze des Marktes und ohne Rücksicht auf eine Nachfrage selbst dafür sorgten, dass ihre eigenen Werke so oft wie möglich aufgeführt wurden.[29] Da aber die Aufkommenshöhe ein wesentlicher Faktor für die Ermittlung der Wertung ist, konnten die betreffenden Mitglieder auf diese Weise auch ihre Wertungsansprüche in vom Regelungsgeber ungeahnte Höhen treiben. 107

Auf Klage eines Komponisten wurde die Neuregelung der Kappungsgrenze gerichtlich überprüft.[30] Das Landgericht Berlin und das Kammergericht haben die Regelung 108

29 Im Fall von KG, KGR Berlin 2000, 412, wies eine Übersicht über die Veranstaltungen, in denen die Werke des Klägers aufgeführt wurden, „für 1996 344 Veranstaltungen – häufig mehrere am selben Tag – aus. Sie fanden nahezu ausschließlich in Kirchen, Schulen, Universitäten, Krankenhäusern oder ähnlichen Veranstaltungsorten und ganz überwiegend bei freiem Eintritt statt" (Umdruck S. 25, insoweit nicht in KGR Berlin 2000, 412 abgedruckt).

30 S. bereits *Bezzenberger/Riesenhuber*, GRUR 2003, 1005, 1013.

bestätigt, sie sei sachlich nicht zu beanstanden. Der BGH nahm die Revision nicht zur Entscheidung an.[31] Das Kammergericht führt zur Begründung seines Urteils u.a. aus:

> „Nach Maßgabe dieser Überlegungen [zum Willkürverbot des § 7 UrhWG, heute § 27 Abs. 1 VGG] handelte die Beklagte nicht willkürlich, sondern verantwortungsbewusst, wenn sie die im Einzelfall auszuschüttende Wertung auf einen Anteil von 2% limitierte. (…)
>
> Wenn die Verteilung von Zuwendungen bei der Zahl der Aufführungen ansetzt, dann basiert dieses Vorgehen auf den traditionellen Marktmechanismen: Werke werden nur aufgeführt, wenn eine bestimmte – mittelbare oder unmittelbare – Nachfrage seitens des Publikums besteht und dies in der Bereitschaft zum Ausdruck kommt, angemessene Eintrittsgelder zu entrichten. Die Zahl der Aufführungen verliert aber ihre Eignung als Indikator für Nachfrage und Einspielergebnis, wo dem Publikum eine angemessene Gegenleistung nicht abverlangt oder ihm – wie bei Konzerten an öffentlich zugänglichen Orten – die Musik quasi aufgedrängt wird.“[32]

b) Übertragung von freigewordenen Beträgen, § 5 Abs. 5 GO Wertung KE

109 Beträge, die infolge der Kappungsgrenze (in Abs. 5 als „Limit“ bezeichnet) frei geworden sind, werden mit der Wertungssumme des nächsten Jahres verteilt. Da die Wertungszahlungen sich als Anteil der gesamten für die Wertung zur Verfügung stehenden Summe errechnen, wäre eine Verteilung im selben Jahr unverhältnismäßig aufwendig.

§ 6 [Zuständigkeit des Wertungsausschusses]

Der Wertungsausschuss entscheidet, abgesehen von der Mitgliedschaftsdauer und dem Aufkommen, über die Eingruppierung gemäß § 5 und über die Ausschüttung aus dem Ausgleichsfonds gemäß § 4.

Übersicht

110 § 6 GO Wertung KE regelt die Zuständigkeit des Wertungsausschusses, die Regelung ist allerdings nicht abschließend. Für den Einspruch gegen Entscheidungen des Wertungsausschusses ist der Aufsichtsrat zuständig, § 8 GO Wertung KE.

I. Zuständigkeiten nach § 6 GO Wertung KE

111 Nach § 6 entscheidet der Wertungsausschuss über
[1] die **Eingruppierung** gemäß § 5 und
[2] die Ausschüttung aus dem **Ausgleichsfonds** des § 4.

1. Eingruppierung nach § 5 GO Wertung KE

112 Der Wertungsausschuss entscheidet über die „Eingruppierung gemäß § 5“. Gemeint ist damit allerdings nicht die Zuordnung eines Mitglieds zu einer der Gruppen von § 5 Abs. 1 GO Wertung KE, die sich ohne weiteres aus den erreichten Punkten ergibt. Von der Zuständigkeit des Wertungsausschusses werden zudem die Entscheidungen über die Mitgliedschaftsdauer (§ 5 Abs. 3 lit. A GO Wertung KE) und über „das Aufkommen“ (§ 5

31 KG, KGR Berlin 2000, 412; LG Berlin v. 7.1.1999 – 16 O 385/99 n.v.; Revision nicht angenommen, BGH v. 6.3.2001 – KZR 6/00 n.v. – Kappungsgrenze.
32 KG, KGR Berlin 2000, 412, 413.

Abs. 3 lit. B–G GO Wertung KE) ausgenommen („abgesehen von der Mitgliedschaftsdauer und dem Aufkommen"). Auch hier bedarf es keiner wertenden Entscheidung, mit der ein Fachausschuss zu befassen wäre. Bezeichnet ist daher die „Eingruppierung", die im Rahmen der Bewertung der **künstlerischen Persönlichkeit und des Gesamtschaffens** nach § 5 Abs. 3 lit. H GO Wertung KE vorzunehmen ist.

2. Zuwendungen aus dem Ausgleichsfonds und dem Förderungsfonds des § 4 GO Wertung KE

Der Wertungsausschuss entscheidet zudem über die Zuwendungen aus dem Ausgleichsfonds und aus dem Förderungsfonds, für die § 4 GO Wertung KE nur rahmenhafte Vorgaben macht; dazu näher Rn. 73. 113

Darüber hinaus ist der Wertungsausschuss auch zuständig für die Konkretisierung der Finanzausstattung des Ausgleichsfonds sowie des Förderungsfonds. Für sie gibt § 4 Abs. 1 GO Wertung KE nur eine Obergrenze von 3% der zur Verfügung gestellten Wertungssumme an; näher oben, Rn. 67, § 4 Abs. 3 eine Obergrenze von weiteren 10%. 114

II. Ungeschriebene Zuständigkeiten

Weitere Zuständigkeiten ergeben sich aus dem Sachzusammenhang daraus, dass die GO Wertung KE in verschiedenen Fragen eine wertende Entscheidung voraussetzt, dafür aber kein besonderes Entscheidungsgremium benennt. Das betrifft folgende Gegenstände: 115

- die Anerkennung eines langjährigen **Lebensgefährten** als Beteiligten der Wertung nach § 3 II Abs. 3 GO Wertung KE (mit Zustimmung des Aufsichtsrats); dazu Rn. 46–48.
- die **Anrechung von Mitgliedschaftszeiten** in anderen Verwertungsgesellschaften nach § 3 I Abs. 1 UAbs. 2 GO Wertung KE; dazu Rn. 57.
- die **Änderung der Einstufung** für das Wertungsverfahren wegen **Missbrauchs** nach § 3 II Abs. 6 GO Wertung KE; dazu Rn 66.
- die **Abhilfeentscheidung** bei Einsprüchen von Mitgliedern gem. § 8 Abs. 3 GO Wertung KE; dazu Rn. 124–126.

§ 7 [Wertung der Ausschussmitglieder und des Delegierten des Aufsichtsrats]

Die Wertung der Mitglieder des Ausschusses und des Delegierten des Aufsichtsrates erfolgt in Abwesenheit des Betroffenen durch die übrigen Ausschussmitglieder und den Vorstand. Bei Stimmengleichheit entscheidet die Stimme des Sitzungsvorsitzenden.

Übersicht

I. Stimmrechtsausschluss und Teilnahmeverbot

Wenn es um ihre eigene Wertung geht, haben die Mitglieder des Ausschusses und der Delegierte des Aufsichtsrats jeweils kein Stimmrecht. Um eine freie und ungehemmte Erörterung nicht zu gefährden, müssen sie sich zudem aus dem Sitzungssaal entfernen, es besteht also nicht nur ein Mitberatungsverbot, sondern ein Teilnahmeverbot. Zum einen soll die ungehemmte Beratung der übrigen sichergestellt werden, zum anderen auch der Anschein einer Beeinflussungsmöglichkeit. 116

117 Nicht eigens geregelt ist die Sachfrage für den **Delegierten der außerordentlichen und angeschlossenen Mitglieder** (§ 1 Abs. 4 GO Wertung KE), auf den die Regelung für das Teilnahmerecht ihrem Zweck entsprechend **analog** anzuwenden ist (Stimmrecht hat er generell nicht, § 1 Abs. 4 S. 1 GO Wertung KE).

II. Entscheidungskompetenz und -verfahren

118 **Zuständig** für die Entscheidung sind in diesem Fall die übrigen Ausschussmitglieder und der Vorstand. Der **Vorstand** (§ 14 Satzung) ist als Gremium zuständig, ihm kommt daher nur eine Stimme zu. Damit ist zugleich bestimmt, dass das Teilnahmeverbot des § 7 S. 1 GO Wertung KE **kein Vertretungsfall** ist, in dem einer der nach § 1 Abs. 1 GO Wertung KE gewählten Stellvertreter tätig werden müsste. Vielmehr wird das ausgeschlossene Ausschussmitglied durch den Vorstand ersetzt. Der Wertungsausschuss ist daher auch in diesem Fall **beschlussfähig** iSv § 2 Abs. 2 GO Wertung KE (dazu oben, Rn. 24).

119 Geleitet wird die Ausschusssitzung auch in diesen Fällen grundsätzlich von dem gewählten Vorsitzenden oder seinem Vertreter (§ 2 Abs. 1 GO Wertung KE). Wenn diese nicht teilnehmen, weil es um ihre Wertung geht (oder aus anderen Gründen), so bestimmt der Wertungsausschuss ad hoc einen **Sitzungsvorsitzenden.** Bei Stimmengleichheit entscheidet dann die Stimme des Sitzungsvorsitzenden, § 7 S. 2 GO Wertung KE.

§ 8 [Einspruchsverfahren]

(1) Gegen die Entscheidung des Wertungsausschusses kann von dem betroffenen Mitglied die Entscheidung des Aufsichtsrates der GEMA angerufen werden. Darüber hinaus haben der Delegierte des Aufsichtsrates und der Vorstand das Recht, gegen jede Entscheidung des Wertungsausschusses die Entscheidung des Aufsichtsrates anzurufen.

(2) Der Aufsichtsrat kann nur innerhalb einer Frist von 8 Wochen angerufen werden. Die Frist beginnt für das betroffene Mitglied mit dem Zugang Entscheidung, für den antragsberechtigten Delegierten des Aufsichtsrates und den Vorstand vom Tage der Entscheidung des Wertungsausschusses an zu laufen.

(3) Falls die Anrufung des Aufsichtsrates durch das betroffene Mitglied auf neuem Tatsachenvortrag beruht, der bei der Entscheidung des Wertungsausschusses noch nicht berücksichtigt werden konnte, ist der Vorsitzende des Wertungsausschusses berechtigt, nach Rücksprache mit den übrigen Ausschussmitgliedern dem Antrag des Mitglieds ohne Vorlage an den Aufsichtsrat zu entsprechen.

(4) Ruft der Delegierte des Aufsichtsrates oder der Vorstand die Entscheidung des Aufsichtsrates an, so hat dies aufschiebende Wirkung.

(5) Hat ein Mitglied gegen die Entscheidung des Wertungsausschusses die Entscheidung des Aufsichtsrates angerufen, so muss dem Mitglied im ablehnenden Fall eine schriftliche Begründung mitgeteilt werden.

(6) Bei diesen Entscheidungen des Aufsichtsrates hat der Delegierte kein Stimmrecht.

Übersicht

I. Übersicht

120 § 8 GO Wertung KE regelt das vereinsinterne Einspruchsverfahren. Gegen die Entscheidung des Wertungsausschusses können das betroffene Mitglied, der Delegierte des

Aufsichtsrats oder der Vorstand (Rn. 122) innerhalb einer Frist von 8 Wochen (Rn. 123) den Aufsichtsrat anrufen. In bestimmten Fällen kann der Vorsitzende des Wertungsausschusses dem Antrag abhelfen (Rn. 124–126), im Übrigen entscheidet der Aufsichtsrat (Rn. 127–129).

Das Einspruchsverfahren ist ein einfacher, kostengünstiger und schneller Weg für den Berechtigten, Rechtsschutz zu erhalten. Es ist daher durchzuführen, bevor eine Klage vor den ordentlichen Gerichten erhoben wird. Eine vor erfolglosem Abschluss des Einspruchsverfahrens erhobene Klage ist unzulässig, da der Kläger kein Rechtsschutzbedürfnis hat.[33] **121**

II. Antragsberechtigte, § 8 Abs. 1 GO Wertung KE

Antrag auf Entscheidung des Aufsichtsrats können stellen **122**
- das betroffene Mitglied (Abs. 1 S. 1),
- der Delegierte des Aufsichtsrates und
- der Vorstand der GEMA (Abs. 1 S. 2).

Während das betroffene Mitglied nur wegen es belastender Entscheidungen und mit dem Ziel einer Verbesserung den Aufsichtsrat anrufen darf (sonst nicht „*betroffenes* Mitglied“), können der Delegierte des Aufsichtsrats und der Vorstand auch eine Verschlechterung der Entscheidung zu Lasten des Mitglieds begehren. Bedeutung hat das vor allem für den Fall, dass sich eine von dem Delegierten oder dem Vorstand nicht geteilte Grundsatzentscheidung für ein Mitglied positiv auswirkt: Auch in diesem Fall muss die Möglichkeit zu einer Korrektur bestehen.

III. Antragsfrist, § 8 Abs. 2 GO Wertung KE

Die Antragsfrist beträgt acht Wochen. Sie beginnt zu laufen **123**

a. für den Berechtigten: mit Zugang der Entscheidung,

b. für den Delegierten des Aufsichtsrats und den Vorstand: mit dem Tag der Entscheidung des Wertungsausschusses.

Anders als nach der Vorgängerregelung, die unter dem Gesichtspunkt der einfachen und kostengünstigen Wahrnehmungstätigkeit auf die Postaufgabe abstellte,[34] kommt es jetzt auf den Zugang an. Damit ist auf die zivilrechtlichen Regeln über das Wirksamwerden von empfangsbedürftigen verkörperten Willenserklärungen unter Abwesenden Bezug genommen, § 130 BGB. Zugang liegt vor, wenn „die Entscheidung“ (genauer: die Mitteilung über die Entscheidung) so in den Machtbereich des Mitglieds gelangt, dass es unter normalen Umständen davon Kenntnis nehmen kann.

IV. Abhilfe durch den Wertungsausschuss, § 8 Abs. 3 GO Wertung KE

Der Vorsitzende des Wertungsausschusses kann dem Antrag auf Entscheidung des Aufsichtsrats nach Rücksprache mit den übrigen Ausschussmitgliedern abhelfen. **Voraussetzung** ist, dass der Einspruch auf neuem Tatsachenvortrag beruht, der bei der Entscheidung noch nicht berücksichtigt werden konnte. **Neuer Tatsachenvortrag** kann indes nur der Vortrag solcher Tatsachen sein, die zwar schon bei der Entscheidung des **124**

33 LG Berlin, ZUM 1999, 252, 256. Vgl. auch *Riesenhuber*, GRUR 2014, 443.
34 Dazu noch LG Berlin v. 15.12.1988 – 16 O 683/97 n.v. – Glockenrequiem.

Wertungsausschusses bestanden und von ihm auch objektiv hätten berücksichtigt werden können, die er aber noch nicht kannte und deshalb subjektiv noch nicht berücksichtigen konnte. Wollte man auch solche Tatsachen zulassen, die erst nach der Entscheidung des Wertungsausschusses entstanden sind (z.B. ein später komponiertes großes Werk oder eine später verliehene Auszeichnung), so würde man den Antragsteller gegenüber anderen Mitgliedern ungerechtfertigt bevorzugen. Zudem kann sich der neue Tatsachenvortrag nur auf den wertungsrelevanten Zeitraum beziehen, also beispielsweise bei einem Einspruch gegen die „Wertung 2014" auf Sachverhalte in den Jahren 2011–2013 (Dreijahresdurchschnitt!).

125 Die Abhilfe setzt eine Rücksprache des Vorsitzenden mit den übrigen Ausschussmitgliedern voraus. Die **übrigen Ausschussmitglieder** sind nur die in der Sache stimmberechtigten Mitglieder (§ 2 Abs. 2 GO Wertung KE). **Rücksprache** bedeutet nicht nur Information, sondern Abstimmung iSv § 2 Abs. 3 GO Wertung KE.

126 In Betracht kommt allein eine **dem Antrag ganz oder teilweise entsprechende** Entscheidung. Ist der Wertungsausschuss nicht bereit, dem vollständig Antrag abzuhelfen, so entscheidet der Aufsichtsrat.

V. Entscheidung durch den Aufsichtsrat

1. Zuständigkeit, Verfahren und Entscheidung

127 Zuständig für die Entscheidung über den Einspruch ist der Aufsichtsrat (§ 13 Satzung). Für das Verfahren und die Entscheidung gelten im Grundsatz die allgemeinen Regeln, wie sie sich aus § 13 Satzung und aus der GO AR ergeben. Der Delegierte des Aufsichtsrats (§ 2 Abs. 5 GO Wertung KE) hat bei der Entscheidung **kein Stimmrecht,** § 8 Abs. 6 GO Wertung KE, und zwar unabhängig davon, ob er den Einspruchsantrag gestellt hat und ob er an der betreffenden Sitzung des Wertungsausschusses teilgenommen hat. Er ist aber berechtigt, an der Sitzung des Aufsichtsrats und auch an der Beratung teilzunehmen.

2. Begründung, § 8 Abs. 5 GO Wertung KE

128 Wenn ein Mitglied gegen die Entscheidung des Wertungsausschusses Einspruch erhoben hat, so muss eine **ablehnende** Entscheidung begründet werden. Die Begründungspflicht entspricht einem allgemeinen (rechtsstaatlichen) Gebot. Sie soll dem Betroffenen die Möglichkeit geben, die Entscheidung zu verstehen und nachzuvollziehen (Akzeptanz). Sie soll ihm zugleich ermöglichen, die Erfolgsaussichten einer Klage gegen die Entscheidung zu prüfen.

129 **Keiner Begründung** bedarf daher eine antragsgemäße Einspruchsentscheidung, da sie den Berechtigten nicht belastet. Keiner Begründung bedarf zudem eine Entscheidung, die auf Antrag des Delegierten des Aufsichtsrats oder des Vorstands ergeht. In diesen beiden Fällen kennen die Antragsteller die Gründe; der Delegierte des Aufsichtsrats ist selbst Aufsichtsratsmitglied und der Vorstand kann nach § 5 UAbs. 1 Nr. 1 GO AR grundsätzlich an den Aufsichtsratssitzungen teilnehmen.

§ 9 [Kosten des Wertungsverfahrens]

Die durch das Wertungsverfahren entstehenden Kosten gehen zu Lasten der von der GEMA für das Wertungsverfahren zur Verfügung gestellten Mittel.

130 Die durch das Wertungsverfahren entstehenden Kosten sind die Kosten der Tätigkeit des Wertungsausschusses. Dessen Mitglieder werden zwar ehrenamtlich tätig und erhalten keine Vergütung, doch entstehen Kosten für Reise und Unterkunft, die den Ausschussmitgliedern als Aufwendungen zu ersetzen sind (oben, Rn. 6).

§ 10 [Korrektur systematischer Verteilungsfehler]

(1) Erweist sich die Wertung für ein Geschäftsjahr im Nachhinein insgesamt oder in Teilen als systematisch fehlerhaft, insbesondere wegen der Nichtigkeit einer Regelung dieser Geschäftsordnung, und ist eine vollständige Rückabwicklung und Neuvornahme der Wertung nicht oder nur mit wirtschaftlich unverhältnismäßigem Aufwand möglich, können Aufsichtsrat und Vorstand einvernehmlich beschließen,

bei der Berechnung der Höhe der sich aus der fehlerhaften Wertung ergebenden Ansprüche Pauschalierungen vorzunehmen, soweit eine präzise Berechnung nicht oder nur mit wirtschaftlich unverhältnismäßigem Aufwand möglich ist;

die Ansprüche der durch die fehlerhafte Wertung nachteilig betroffenen Berechtigten aus den für laufende und künftige Wertungsverfahren zur Verfügung gestellten Mitteln zu befriedigen;

Rückforderungsansprüche der GEMA gegen künftige Zahlungsansprüche der durch die fehlerhafte Wertung begünstigten Berechtigten aufzurechnen;

statt einer Aufrechnung ganz oder teilweise auf Rückforderungsansprüche der GEMA zu verzichten.

Bei der Auswahl unter den zur Verfügung stehenden Maßnahmen haben Aufsichtsrat und Vorstand das Interesse an einer möglichst vollständigen Erfüllung der jeweiligen Ansprüche und das wirtschaftliche Gebot der Verhältnismäßigkeit abzuwägen. Der Gleichbehandlungsgrundsatz ist zu beachten und auf Härtefälle angemessen Rücksicht zu nehmen.

(2) Mittel, die aufgrund außerordentlicher Einnahmen der GEMA für die Wertung für ein bereits abgerechnetes Geschäftsjahr zur Verfügung gestellt werden, werden als prozentualer Zuschlag in dem betreffenden Geschäftsjahr verrechnet. Soweit eine solche Verrechnung als Zuschlag nicht oder nur mit wirtschaftlich unverhältnismäßigem Aufwand möglich ist, werden die zur Verfügung gestellten Mittel der Wertung für das Geschäftsjahr zugeführt, in dem die außerordentlichen Einnahmen erzielt worden sind.

Hat sich die Wertung für ein Geschäftsjahr gemäß Absatz (1) dieser Vorschrift als systematisch fehlerhaft erwiesen, ist die GEMA berechtigt, Pauschalierungen bei der Ermittlung der Berechnungsgrundlage für eine Zuschlagsverrechnung solcher Mittel vorzunehmen, die aufgrund außerordentlicher Einnahmen der GEMA nachträglich für die Wertung für dieses Geschäftsjahr zur Verfügung gestellt werden. Hierbei sind das Interesse an einer möglichst präzisen Berechnung und das wirtschaftliche Gebot der Verhältnismäßigkeit abzuwägen. Der Gleichbehandlungsgrundsatz ist zu beachten und auf Härtefälle angemessen Rücksicht zu nehmen.

Inhaltlich entspricht die Regelung der entsprechenden Vorschrift von § 33 Verteilungsplan. Auf die Erläuterungen dazu wird verwiesen; oben, **Kap. 8 Rn. 143 ff.** 131

§ 11 [Inkrafttreten]

Die Geschäftsordnung gilt vom Geschäftsjahr 1984 an.

§ 12 [Änderungskompetenz und -verfahren]

Änderungen dieser Geschäftsordnung erfolgen durch die Mitgliederversammlung nach den Regeln, die für eine Satzungs- und Verteilungsplanänderung vorgesehen sind. § 20 der Satzung der GEMA bleibt unberührt.

Die **Kompetenz** zur Änderung der GO Wertung KE liegt bei der Mitgliederversamm- 132
lung. Anders als für den Verteilungsplan ergibt sich diese Zuständigkeit nicht schon aus § 11 lit. b Satzung.

Für das Verfahren verweist § 11 GO Wertung KE auf die Regeln, die für eine Sat- 133
zungs- und Verteilungsplanänderung vorgesehen sind in § 11 lit. b Satzung; s. die Erläuterungen **Kap. 5 Rn. 149 ff.**

Ungeachtet dieser Zuständigkeits- und Verfahrensregeln ist die GO Wertung KE 134
nicht Bestandteil der Satzung.

Anhang zur Geschäftsordnung für das Wertungsverfahren der Komponisten in der Sparte E

Besondere Regelung für ordentliche Mitglieder der GEMA mit mindestens 20 Mitgliedschaftsjahren zur GEMA

Fassung vom 25./26. Juni 2013

I. Die Komponisten, die ordentliche Mitglieder der GEMA sind, stellen ihre Anteile am sogenannten Ausfall einem Fonds zur Verfügung, aus dem sie Zuwendungen erhalten, wenn sie sowohl ihr 60. Lebensjahr vollendet haben als auch seit mindestens 20 Jahren ordentliche Mitglieder der GEMA sind.
Die Höhe dieser Zuwendungen wird wie folgt errechnet:
1. Für jedes Mitglied wird seine im Wertungsverfahren aus § 5 (3) der Geschäftsordnung in einem Jahr errechnete Höchstpunktzahl festgestellt, die sich aus dem günstigsten Verhältnis von Aufkommenspunkten zu Punkten für die Dauer der ordentlichen Mitgliedschaft ergibt. Für die Berechnung der Dauer der ordentlichen Mitgliedschaft wird der 1. Januar des Jahres zugrunde gelegt, in dem der Aufnahmeantrag bei der GEMA eingegangen ist. Voraussetzung ist, dass zum Zeitpunkt des Einganges des Aufnahmeantrages die Bedingungen gemäß § 7 Ziff. 1 der Satzung der GEMA erfüllt waren.
Nicht angerechnet werden die Ermessenspunkte für die Bewertung des Gesamtschaffens und der künstlerischen Persönlichkeit.
2. Mindestens ein Drittel der Punkte müssen Aufkommenspunkte sein. Hat das Mitglied in einem anderen Jahr ein günstigeres Verhältnis zwischen Aufkommens- und Mitgliedschaftspunkten, so wird dieses Jahr der Berechnung zugrunde gelegt.
3. Hat das Mitglied Anspruch auch in der Sparte U, so werden bei der Feststellung der Höchstpunktzahl die in der U-Wertung erzielten Aufkommenspunkte mit berücksichtigt.
4. Aus der Gesamtzahl der errechneten Punkte und dem zur Verfügung gestellten Betrag ergibt sich der Punktwert für die Zuwendung.
5. Mittel, die dem Fonds für ein bereits abgerechnetes Geschäftsjahr aufgrund außerordentlicher Einnahmen der GEMA nachträglich zur Verfügung gestellt werden, werden als prozentualer Zuschlag in dem betreffenden Geschäftsjahr verrechnet. Soweit eine solche Verrechnung als Zuschlag nicht oder nur mit wirtschaftlich unverhältnismäßigem Aufwand möglich ist, werden die zur Verfügung gestellten Mittel dem Fonds für das Geschäftsjahr zugeführt, in dem die außerordentlichen Einnahmen erzielt worden sind.

II. Gegen die Entscheidung kann vom Mitglied innerhalb einer Frist von acht Wochen Einspruch beim Aufsichtsrat eingelegt werden. Die Frist beginnt mit dem Zugang der Entscheidung zu laufen.

III. Änderungen dieses Anhangs sind nur durch die Mitgliederversammlung nach den Regeln zulässig, die für eine Satzungs- und Verteilungsplanänderung vorgesehen sind. § 20 der Satzung der GEMA bleibt unberührt.

IV. Dieser Anhang zur Geschäftsordnung ist erstmalig für das GEMA-Geschäftsjahr 1973 anzuwenden.

Kapitel 9.2
Das Wertungsverfahren der Textdichter in der Sparte E (GO Wertung TE)

Geschäftsordnung

Fassung aufgrund der Beschlüsse der ordentlichen Mitgliederversammlung vom 25./26. Juni 2013

Die vom Vorstand und Aufsichtsrat nach §§ 30 und 31 des Verteilungsplans für ein Wertungsverfahren der Textdichter in der Sparte E (Veranstaltungen ernster Musik) zur Verfügung gestellten Mittel werden nach Maßgabe der nachstehenden Bestimmungen verteilt:

§ 1 [Wertungsausschuss]
Die Mitglieder des Wertungsausschusses sind mit den Mitgliedern des für den Wertungsausschuss in der Unterhaltungs- und Tanzmusik gewählten Mitgliedern der Berufsgruppe Textdichter identisch.

§ 2 [Verweisung auf die GO Wertung KE]
Die Bestimmungen der Geschäftsordnung für das Wertungsverfahren der Komponisten in der Sparte E mit Anhang gelten entsprechend.

§ 3 [Inkrafttreten]
Die Geschäftsordnung gilt vom Geschäftsjahr 1986 an.

§ 4 [Änderungskompetenz und Verfahren]
Änderungen dieser Geschäftsordnung beschließt die Mitgliederversammlung nach den Regeln, die für eine Satzungs- und Verteilungsplanänderung vorgesehen sind. § 20 der Satzung der GEMA bleibt unberührt.

Übersicht

I. Übersicht

135 Die GO Wertung TE enthält im Wesentlichen keine eigenen Regeln, sondern verweist auf die GO Wertung U (§ 1 GO Wertung TE) oder die GO Wertung KE (§ 2 GO Wertung TE).

II. Wertungsausschuss

136 Auch für die Wertung TE besteht ein eigener Wertungsausschuss. Er besteht indes aus denselben Mitgliedern, die als Textdichter dem Wertungsausschuss nach **§ 1 GO Wertung U** angehören; Rn. 174.

III. Verfahren und Wertung

137 Für sämtliche inhaltlichen Fragen verweist § 2 GO Wertung TE auf die Regelung in der **GO Wertung KE.** Das gilt sowohl für die Verfahrensregeln (§§ 1, 2, 6–9) als auch für die Bewertungsregeln (§§ 3–5 GO Wertung KE). Obwohl das nicht ausdrücklich gesagt ist, ist damit ein **dynamische Verweisung** auf die GO Wertung KE in ihrer jeweils gültigen Fassung gemeint. Das ist deswegen unproblematisch, weil beide Geschäftsordnungen

die gleichen Regeln über Änderungskompetenz und -verfahren enthalten (§ 11 GO Wertung KE, § 4 GO Wertung TE; die geringfügigen sprachlichen Unterschiede spielen keine Rolle) und weil das Änderungsverfahren nicht nur die Mitwirkung beider betroffener Berufsgruppen vorsieht, sondern zudem Einstimmigkeit der Berufsgruppen verlangt (§ 11 lit. b Satzung).

IV. Änderungskompetenz und -verfahren

138 § 4 GO Wertung TE enthält für die Änderung (mit irrelevanten sprachlichen Abweichungen) dieselbe Regelung wie § 11 GO Wertung KE für jene Wertungsordnung. Auf die dortige Kommentierung wird verwiesen (oben, **Rn. 132 ff.**).

Kapitel 9.3
Das Wertungsverfahren der Verleger in der Sparte E (GO Wertung VE)

Übersicht

Geschäftsordnung

Fassung vom 11./12. Oktober 2017

Die vom Vorstand und Aufsichtsrat nach §§ 30 und 31 des Verteilungsplans für ein Wertungsverfahren der Verleger in der Sparte E (Veranstaltungen Ernster Musik) zur Verfügung gestellten Mittel werden nach Maßgabe der nachstehenden Bestimmungen verteilt:

§ 1 [Wertungsausschuss – Zusammensetzung und Wahl]

(1) Es wird ein Wertungsausschuss aus
2 Verlegern und 1 Stellvertreter gebildet.
Die Ausschussmitglieder müssen ordentliche Mitglieder der GEMA sein, dürfen jedoch nicht dem Aufsichtsrat angehören.

(2) Die Mitglieder des Wertungsausschusses werden auf die Dauer von 3 Jahren durch den Aufsichtsrat gewählt. Bei der Wahl berücksichtigt der Aufsichtsrat das Ziel, den Anteil von Frauen in allen Gremien zu stärken.
Wiederwahl ist zulässig.

(3) Scheidet während der Amtsdauer ein Ausschussmitglied oder ein Stellvertreter aus, so hat der Aufsichtsrat einen Ersatzmitglied zu wählen, das an dessen Stelle tritt.

Der Wertungsausschuss besteht aus zwei **Verlegern,** für den Verhinderungsfall wird zudem ein Stellvertreter gewählt. Zu dieser Selbstverwaltung hat das Kammergericht ausgeführt: 139

> „Die Tatsache, dass der Wertungsausschuss aus Verlegern besteht, also aus Personen, die selbst an der Förderung teilnehmen, ist unschädlich. Die Organisation der Beklagten [GEMA], wie auch die der anderen Verwertungsgesellschaften beruht grundsätzlich auf dem Prinzip der Selbstverwaltung durch die Berechtigten. Alle Berechtigten sind zumindest potentielle ordentliche Mitglieder der Beklagten. Die Wahrnehmung der eigenen Interessen in den Vereinsgremien kann deshalb nicht gleichzeitig zur Befangenheit der jeweiligen Mitglieder führen."[35]

Dem ist zuzustimmen. Richtigerweise ist die Besetzung des Wertungsausschusses mit gewählten Vertretern aus dem Kreis der Mitglieder allerdings nicht nur „unschädlich", sondern zweckgerecht und wünschenswert. In der Selbstverwaltung durch die Betroffenen liegt gerade die besondere **Legitimation** der kulturellen Förderung durch die Verwertungsgesellschaften. Sie entspricht zudem dem Subsidiaritätsgedanken.

Der Stellvertreter wird im Vertretungsfall tätig. Da der Wertungsausschuss seine Entscheidungen grundsätzlich in „Sitzungen" trifft und nicht etwa in telefonischer oder schriftlicher Abstimmung (Ausnahme: § 4 Abs. 3), liegt ein Vertretungsfall vor, soweit das Ausschussmitglied nicht an der Sitzung teilnehmen kann. 140

Wählbar sind nur Verleger, die ordentliche Mitglieder sind; eine Mindestdauer der Mitgliedschaft ist hier (anders als in § 1 GO Wertung KE; **Rn. 7**) nicht vorausge- 141

35 KG v. 29.8.2000 – 5 U 4352/99 n.v., Umdruck S. 17 f.

setzt. Die Verleger dürfen nicht dem Aufsichtsrat angehören, der nach § 4 GO Wertung VE als Einspruchsgremium fungiert. Die **Wahl** erfolgt durch den Aufsichtsrat.

142 Die **Amtsperiode** beträgt drei Jahre, eine Wiederwahl ist zulässig. Bei **vorzeitigem Ausscheiden** (z.B. Rücktritt, Verlust der Mitgliedschaft, Tod) rückt nicht der Stellvertreter nach (der nur für Verhinderung in Einzelfällen bestellt ist), sondern wählt der Aufsichtsrat ein Ersatzmitglied, das an die Stelle des Ausscheidenden tritt, § 1 Abs. 2 GO Wertung VE. Die Amtszeit des Ersatzmitglieds ist die verbleibende Amtsperiode des Wertungsausschusses.

143 Die Mitglieder des Wertungsausschusses werden ehrenamtlich tätig, § 5a Abs. 1 Satzung. Ein Vertragsverhältnis mit der GEMA kommt nicht zustande. Sie erhalten Ersatz ihrer erforderliche Aufwendungen (Reisekosten; Barauslagen) nach § 5a Satzung und entsprechend § 670 BGB sowie „pauschale Sitzungsgelder“, deren Höhe nach §§ 5a Abs. 2, 17 D Satzung von der Sitzungsgeldkommission festgelegt wird.

§ 2 [Verfahren, Teilnahmerechte]

(1) An allen Sitzungen des Wertungsausschusses können der Vorstand und ein Delegierter des Aufsichtsrates teilnehmen.

(2) Der Vorstand und der Delegierte des Aufsichtsrates haben lediglich beratende Stimme.

(3) Darüber hinaus kann der Ausschuss mit Zustimmung von Aufsichtsrat und Vorstand externe Sachverständige punktuell zur Beratung hinzuziehen oder als ständige Mitglieder mit beratender Funktion kooptieren. Die Amtsdauer der als ständige Mitglieder kooptierten Sachverständigen endet mit der Amtsperiode der stimmberechtigten Ausschussmitglieder oder durch Abberufung durch die stimmberechtigten Ausschussmitglieder.

(4) Die Wertung für Ausschussmitglieder und den Delegierten des Aufsichtsrats erfolgt in Abwesenheit des Betroffenen durch die übrigen Ausschussmitglieder und den Vorstand. Bei Stimmengleichheit entscheidet die Stimme des Sitzungsvorsitzenden.

Übersicht

I. Verfahren

144 Anders als § 2 GO Wertung KE enthält die Vorschrift **keine allgemeinen Verfahrensregeln.** Grund dafür ist, dass der Ausschuss hier aus nur zwei Mitgliedern besteht. Vorschriften über die Abstimmung oder einen Vorsitzenden fehlen, so dass ein Einigungszwang besteht (anders nur nach Abs. 4, unten Rn. 147).

II. Teilnahmerechte

145 Zur Teilnahme berechtigt sind der **Vorstand** und ein **Delegierter des Aufsichtsrats** (§ 13 Abs. 4 Satzung). Sie haben grundsätzlich nur eine beratende Stimme. Anderes gilt nur für die Beschlussfassung über Ausschussmitglieder (§ 2 Abs. 4 GO Wertung VE), bei der der Vorstand als Organ Stimmrecht hat.

III. Sachverständige

146 Der Wertungsausschuss kann externe Sachverständige entweder zu einzelnen Beratungen hinzuziehen oder als ständige Mitglieder kooptieren. Ersteres wird sich anbieten, wenn Sonderfälle zur Beratung anstehen, zweiteres wenn regelmäßig Fälle auftreten, die

einen bestimmten Sachverstand erfordern. Die „Mitgliedschaft" des Sachverständigen im Ausschuss ist von der Mitgliedschaft der „ordentlichen" Ausschussmitglieder abgeleitet (Kooptation) und endet folgerichtig mit jener.

IV. Beschlussfassung über Ausschussmitglieder und den Delegierten des Aufsichtsrats

Soweit es um ihre eigene Wertung geht, haben Ausschussmitglieder und der Delegierte des Aufsichtsrats **kein Teilnahmerecht**; der Ausschuss soll (auch in diesen Fällen) ungehemmt beraten und Beschluss fassen können. Für das Verfahren bestimmt § 2 Abs. 4 GO Wertung VE, dass die Abstimmung dann durch „die übrigen Ausschussmitglieder" und den Vorstand erfolgt. Ungeachtet der Mehrzahl-Formulierung (Ausschussmitglieder) ist die Beschlussfassung über die Wertung eines Mitglieds indes **kein Vertretungsfall**. Die Beschlussfassung erfolgt daher durch das verbleibende Ausschussmitglied und den Vorstand. Für den Fall der Stimmengleichheit entscheidet die Stimme des ad hoc bestimmten **Sitzungsvorsitzenden**. 147

§ 3 [Wertung ieS]

Die Mitglieder der GEMA können nach Maßgabe folgender Bestimmungen am Wertungsverfahren beteiligt werden:

(1) Bis zu 20% des zur Verfügung stehenden Betrages werden vorab einem Ausgleichsfonds für Härtefälle zugeführt sowie der Förderung zeitgenössischer Musik zur Verfügung gestellt.

(2) 40% des zur Verfügung stehenden Betrages werden anteilmäßig dem Aufkommen aus den Senderechten in den Sparten R und FS zugeschlagen, wobei Aufkommen für Werke nach § 63 Abs. 1 Ziff. 3 und 4 des Verteilungsplans zu 80% und Aufkommen für Werke nach § 65 des Verteilungsplans zu 66²/₃% angerechnet werden. Zugrundegelegt wird jeweils das Aufkommen des Verlages in dem Geschäftsjahr, das dem des Wertungsverfahrens vorausgeht.

(3) Vom Restbetrag werden bis zu 5% einem Fonds zur Verfügung gestellt, aus dem Verlage mit Abrechnungen aus Veranstaltungen mit Inkasso von mehr als EUR 3.000,– einen entsprechenden Ausgleich erhalten.

Der verbleibende Betrag wird anteilmäßig dem Aufkommen aus dem Konzert-Aufkommen der Sparte E zugeschlagen, wobei das Aufkommen für Werke nach § 63 Abs. 1 Ziff. 3 und 4 des Verteilungsplans zu 80% und das Aufkommen für Werke nach § 65 des Verteilungsplans zu 66²/₃% angerechnet wird.

Der sich daraus ergebende Gesamtbetrag E wird bis zu Euro 18.000,– darüber hinaus bis zum 10 fachen des Aufkommens R + FS berücksichtigt. Zugrundegelegt wird jeweils das Aufkommen des Verlages in dem Geschäftsjahr, das dem des Wertungsverfahrens vorausgeht.

Die neu gefassten Bestimmungen werden für das Geschäftsjahr 2.000 ihre Anwendung finden für die Abrechnung im Geschäftsjahr 2001.

(4) Bei den Berechnungen nach Absatz (2) und (3) bleibt Aufkommen, das im Wege einer Zuschlagsverrechnung von außerordentlichen Einnahmen gemäß § 32 des Verteilungsplans erzielt worden ist, unberücksichtigt.

(5) Für alle an einem Werk beteiligten Originalverleger werden insgesamt in keinem Fall mehr als 4/12 Verlegeranteile am Werk zugrunde gelegt. Höhere Verlegerbeteiligungen werden – bei mehreren beteiligten Verlegern im Verhältnis der Anteile – gekürzt.

(6) Für alle an einem Werk beteiligten GEMA-Subverleger werden insgesamt in keinem Fall mehr als 3/12 Verlegeranteile am Werk zugrunde gelegt. Höhere Verlegerbeteiligungen werden – bei mehreren beteiligten Verlegern im Verhältnis der Anteile – gekürzt.

(7) Mittel, die aufgrund außerordentlicher Einnahmen der GEMA für die Wertung für ein bereits abgerechnetes Geschäftsjahr zur Verfügung gestellt werden, werden als prozentualer Zuschlag in dem betreffenden Geschäftsjahr verrechnet. Soweit eine solche Verrechnung als Zuschlag zu einem bereits abgerechneten Geschäftsjahr nicht oder nur mit wirtschaftlich unverhältnismäßigem Aufwand möglich ist, werden die zur Verfügung gestellten Mittel der Wertung für das Geschäftsjahr zugeführt, in dem die außerordentlichen Einnahmen erzielt worden sind.

(8) Wer als Bezugsberechtigter sich oder einem anderen wissentlich oder grob fahrlässig durch falsche Angaben einen rechtswidrigen Vermögensvorteil verschafft und/oder wer gegen die

Missbrauchsvorschriften in § 42, § 54 Abs. 1–4, 6 und 7 oder § 65 Abs. 6 des Verteilungsplans verstößt, kann durch den Wertungsausschuss vom Wertungsverfahren für das auf den Verstoß folgende Geschäftsjahr ausgeschlossen werden.

Statt des Ausschlusses vom Wertungsverfahren kann in minder schweren Fällen die Wertungszuweisung entsprechend der Schwere des Verstoßes gekürzt werden.

Übersicht

I. Übersicht

1. Allgemein

148 § 3 GO Wertung VE enthält die materiellen Wertungsregeln. Die Wertung erfolgt hier durch bis zu vier Arten von Zuwendungen. (1) Erstens können die Mitglieder Zuwendungen aus einem Fonds erhalten, der (a) dem Ausgleich von Härten und (b) der Förderung zeitgenössischer Musik dient, § 3 Abs. 1 GO Wertung VE. Zweitens kommen Zuwendungen aus einem Fonds für Veranstaltungen mit hohem Inkasso in Betracht. Im Übrigen erfolgt die Wertung durch die Zahlung von Zuschlägen zu bestimmten Aufkommensarten, und zwar (2) nach Abs. 2 als Zuschlag zum Sendeaufkommen (Sparten R und FS) und (3) nach Absatz 3 als Zuschlag zum Konzertaufkommen (Sparte E).

2. Verteilung der Mittel auf Förderungsarten

149 § 3 regelt zunächst die Verteilung der zur Verfügung stehenden Mittel auf die einzelnen Förderungsarten („Förderungstöpfe“) und sodann die Verteilung innerhalb dieser Förderungsarten. Etwas vereinfachend kann man sagen, dass 20% der Gesamtsumme „vorab“ für Härtefälle und zeitgenösissche Musik abgezogen werden. Der nach diesem Abzug verbleibende Betrag wird zu 40% dem Rundfunkaufkommen zugeschlagen, zu 60% dem Konzertaufkommen, wobei von dem Anteil für das Konzertaufkommen wiederum ein Anteil von 5% für Veranstaltungen mit hohem Inkasso reserviert ist.

<table>
<tr><th colspan="4">Der zur Verfügung stehende Gesamtbetrag – 100%</th></tr>
<tr><td rowspan="3">bis zu 20%
Ausgleichsfonds für Härtefälle und Förderung zeitgenössischer Musik</td><td colspan="3">(mindestens) 80%
Verteilung als Zuschlag zum Aufkommen</td></tr>
<tr><td rowspan="2">40%
Zuschlag zum Rundfunkaufkommen</td><td colspan="2">60%
Zuschlag zum Konzertaufkommen</td></tr>
<tr><td>bis zu 5%
Zuschlag zu Abrechnungen aus Veranstaltungen mit Inkasso über 3.000 €</td><td>(mindestens) 95%
Zuschlag zum Konzertaufkommen</td></tr>
</table>

Der zur Verfügung stehende Gesamtbetrag für die Wertung VE	100%
[I] Ausgleichsfonds für Härtefälle und Förderung zeitgenössischer Musik:	bis zu 20%
[II] Zuschlag zum Aufkommen	(mindestens) 80%
davon:	100%
[1] Zuschlag zum Rundfunkaufkommen (R und FS)	40%
[2] Zuschlag zum Aufführungsaufkommen (E)	60%
davon:	100%
[a] Fonds für Veranstaltungen mit hohem Inkasso	bis zu 5%
[b] Zuschlag zum Konzertaufkommen allgemein	(mindestens 95%

Im Einzelnen: Von dem für die Wertung VE zur Verfügung stehenden Gesamtbetrag (vgl. §§ 30, 31 VP) sind nach § 3 Abs. 1 GO Wertung VE für den Ausgleichsfonds sowie zur Förderung zeitgenössischer Musik *vorab* bis zu 20% zur Verfügung zu stellen. Über die Höhe des Anteils entscheidet in diesem Rahmen der Wertungsausschuss. Der nach diesem (*vorab* vorzunehmenden) Abzug verbleibende Betrag ist im Weiteren der (noch) „zur Verfügung stehende Betrag", von dem nach § 3 Abs. 2 GO Wertung VE 40% als Zuschlag zum Rundfunkaufkommen ausgeschüttet werden, der „Restbetrag", also 60% als Zuschlag zum Konzertaufkommen. Im Wortlaut von § 3 Abs. 2 und 3 GO Wertung VE kommt das nur undeutlich zum Ausdruck, da Absatz 2 (so wie schon Absatz 1) wieder vom „zur Verfügung stehenden Betrag" spricht, Absatz 3 vom „Restbetrag". Dass der Abzug für Härtefälle und zeitgenössische Musik zulasten der Zuschläge in beiden Bereichen, Rundfunk und Konzert, gehen soll, ergibt sich aber daraus, dass er nach Absatz 1 „vorab" vorzunehmen ist. Dies ist auch teleologisch begründet, da kein Grund ersichtlich ist, warum dieser Abzug allein zulasten des Zuschlags zum Konzertaufkommen gehen sollte. Schließlich wird der Anteil von 60% für den Konzertbereich noch einmal aufgeteilt: mindestens 95% davon werden anteilig den Konzertaufkommen allgemein zugeschlagen; bis zu 5% sind reserviert für die Konzertaufkommen, die aus Veranstaltungen mit besonders hohen Inkassi stammen. 150

II. Der Ausgleichsfonds und Förderung zeitgenössischer Musik, § 3 Abs. 1 GO Wertung VE

Bis zu 20% des zur Verfügung stehenden Betrags (vgl. §§ 30, 31 VP) werden einem Ausgleichsfonds für Härtefälle zugeführt und der Förderung zeitgenössischer Musik zur Verfügung gestellt. Die **Höhe** des Anteils liegt im **Ermessen** des Wertungsausschusses, der nur durch die Obergrenze von (insgesamt) 20% beschränkt ist. 151

Regeln über die Verteilung der so zur Verfügung gestellten Wertungsmittel enthält § 3 Abs. 1 GO Wertung VE nur in Form der allgemeinen **Zweckbindung:** Der Ausgleichsfonds dient dem Ausgleich von **Härtefällen,** der weitere Betrag dient der Förderung **zeitgenössischer E-Musik.**[36] Innerhalb dieser Zweckbestimmungen liegt die Verteilung 152

36 Dazu KG v. 29.8.2000 – 5 U 4352/99 n.v.

im **weiten Ermessen** des Wertungsausschusses, der sich allerdings über allgemein anerkannte Beurteilungskriterien nicht hinwegsetzen darf.[37] Eine Änderung der einmal gewählten Beurteilungskriterien ist dabei nicht ausgeschlossen.[38]

III. Der Wertungszuschlag, § 3 Abs. 2–5 GO Wertung VE

153 Die Wertung erfolgt in der Sparte der E-Verleger durch einen pauschalen Zuschlag zum Aufkommen aus den Senderechten (2.) und dem Konzertaufkommen (3.). Für die Ermittlung des berücksichtigungsfähigen Aufkommens enthalten Abs. 4 und 5 Regelungen für die berücksichtigungsfähigen Anteile.

1. Die berücksichtigungsfähigen Verlagsanteile, § 3 Abs. 4, 5 GO Wertung VE

154 Die für jedes Werk errechneten Aufkommensbeträge sind schon im Rahmen der Verteilung auf die einzelnen Beteiligten aufzuteilen (§§ 195–197 VP). Entsprechendes gilt auch für die Wertung. Nach § 3 Abs. 4 GO Wertung VE wird dabei in der Berufsgruppe der Verleger in keinem Fall ein höherer Werkanteil als $^4/_{12}$ zugrunde gelegt. Ein etwa zwischen Urheber(n) und Verlag vereinbartes, zugunsten des Verlags abweichendes Aufteilungsverhältnis wird für die Wertung nicht berücksichtigt.

155 Bei **subverlegten Werken** kann sich für einen deutschen Subverleger ein Anteil von $^6/_{12}$ ergeben (vgl. § 216 VP). Von diesem Anteil muss der Subverleger indes normalerweise mindestens die Hälfte, also $^3/_{12}$, an den Originalverleger auskehren. Gemäß § 3 Abs. 5 GO Wertung VE wird in diesem Fall nur bis zu 50% des gesamten Verlagsanteils am Werk, also höchstens ein Anteil von $^3/_{12}$ für die Wertung des deutschen Subverlegers als Aufkommen berücksichtigt.

2. Zuschlag zum Senderecht, § 3 Abs. 2 GO Wertung VE

a) Grundregel

156 40% des (nach Abzug für Härtefälle und zeitgenössische Musik) für die VE-Wertung zur Verfügung stehenden Betrags (oben, Rn. 149f.) werden dem Aufkommen aus den Senderechten in den Sparten R (Rundfunk) und FS (Fernsehen) zugeschlagen. Die Verteilung erfolgt „anteilmäßig", d.h. im Verhältnis des Aufkommensbetrags des einzelnen E-Verlegers zur Summe der Aufkommensbeträge aller E-Verleger.

b) Das berücksichtigungsfähige Aufkommen

157 Für die Berechnung der Wertung wird das Aufkommen für Werke gem. §§ 63, 65 VP zu Grunde gelegt, § 3 Abs. 2 S. 1 GO Wertung VE. Maßgeblich ist das Aufkommen des Geschäftsjahrs, das dem Wertungsverfahren vorausgeht, § 3 Abs. 2 S. 2 GO Wertung VE.

158 Das aus der Sendung von Chorwerken (§ 63 Abs. 1 Ziff. 3 und 4 VP) erzielte Aufkommen wird indes nur zu einem Anteil von 80% berücksichtigt; das Aufkommen aus § 65 VP (das Sonderfälle betrifft, die sich nicht schon §§ 63, 64, 66 VP zuordnen lassen) nur zu einem Anteil von $66^2/_3$%.

---

37 KG v. 29.8.2000 – 5 U 4352/99 n.v., Umdruck S. 13f.
38 KG v. 29.8.2000 – 5 U 4352/99 n.v., Umdruck S. 18f.

3. Zuschlag zum Konzertaufkommen, § 3 Abs. 3 GO Wertung VE

Nach den Bestimmungen von Abs. 3 wird die Wertung als Zuschlag zum Aufkommen in der Sparte E ermittelt. 159

a) Grundregel

60% des (nach Abzug für Härtefälle und zeitgenössische Musik) für die VE-Wertung zur Verfügung stehenden Betrags (oben, Rn. 149f.) werden dem Aufkommen aus der Sparte E (Konzert-Aufkommen) zugeschlagen. Die Verteilung erfolgt „anteilmäßig", d.h. im Verhältnis des Aufkommensbetrags des einzelnen E-Verlegers zur Summe der Aufkommensbeträge aller E-Verleger. 160

b) Fonds für Abrechnungen aus Veranstaltungen mit hohem Inkasso

Im Rahmen des Zuschlags zum Konzertaufkommen werden noch einmal zwei Bereiche unterschieden: Aus der Gruppe aller Abrechnungen sind in § 3 Abs. 3 UAbs. 1 GO Wertung VE diejenigen hervorgehoben, die aus Veranstaltungen mit Inkasso von über 3.000,00 € herrühren. Der hohe „Marktwert", der in solchen besonders hohen Inkassi zum Ausdruck kommt, wird als Anzeichen für die besondere Förderungswürdigkeit der Verleger der betreffenden Werke herangezogen. Für diese Zwecke richtet § 3 Abs. 3 UAbs. 1 GO Wertung VE einen „Fonds", dem 5% der für den Konzertaufkommenszuschlag zur Verfügung stehenden Mittel zugewiesen werden. Zusätzlich zu dem allgemeinen Zuschlag zum Konzertaufkommen nach § 5 Abs. 3 UAbs. 2–4, Abs. 4–6 GO Wertung KE erhalten die betreffenden Verleger aus diesem Fonds „einen entsprechenden Ausgleich". Wie aus der Bezeichnung „entsprechend" – wenn auch nur undeutlich – zum Ausdruck kommt, wird der „Ausgleich" auch hier als anteiliger Zuschlag zu dem auf die einzelnen Werke entfallenden Aufkommen berechnet. 161

c) Das berücksichtigungsfähige Aufkommen

Ebenso wie nach § 3 Abs. 2 GO Wertung VE (Rn. 18f.) wird auch hier das Aufkommen für Werke der §§ 63, 65 VP zu Grunde gelegt. Auch hier wird das Aufkommen für Chorwerke (§ 63 Abs. 1 Ziff. 3 und 4 VP) nur zu 80% berücksichtigt, das für Werke iSv § 65 nur zu $66^2/_3$%. 162

Entsprechend der Bestimmung in § 5 Abs. 1 Fn. 2 GO Wertung KE und aus denselben Gründen **(Rn. 93ff.)** fließt das Aufkommen in der Sparte E nur bis zu einem Höchstbetrag in die Wertung ein. Nur bis zu einem Betrag von € 18.000 wird das E-Aufkommen ohne weiteres für die Ermittlung der Wertung berücksichtigt. Die übersteigenden Beträge werden nur bis zum 10fachen des Aufkommens in den Sparten R und FS berücksichtigt. 163

4. Berechnungsbeispiel

Die Berechnung der Wertung VE illustriert das folgende Berechnungsbeispiel: 164

Verleger V hat folgende Aufkommensbeträge erzielt:

(1)	Sparte E	20.000 €	
	davon § 63 ohne Abs. 1 Ziff. 3 und 4		10.000 €
	davon § 63 Abs. 1 Ziff. 3 und 4	6.000 € davon 80%	4.800 €
	davon § 65	4.000 € davon 66 2/3%	2.666,67 €
	Summe anrechenbares Aufkommen Sparte E		17.466,67 €

	Die Wertungsmark betrage: (gegriffene Zahl)		2
	Daraus errechnet sich folgender Wertungszuschlag für die E-Aufkommen		
	17.466,67 × 2 = (gerundet)		34.933 €
(2)	Sparte R und FS	1.500 €	
	davon § 63 ohne Abs. 1 Ziff. 3 und 4	1.000 €	
	davon § 63 Abs. 1 Ziff. 3 und 4	400 € davon 80%	320 €
	davon § 65	100 € davon $66^2/_3$%	66,67 €
	Summe anrechenbares Aufkommen Sparte E		1.386,67 €
	Die Wertungsmark betrage: (gegriffene Zahl)		1,5
	Daraus errechnet sich folgender Wertungszuschlag für die R- und FS-Aufkommen		
	1.386,67 × 1,5 = (gerundet)		2.080 €
	Wertung für Anteile E und R/FS		37.013 €

IV. Verteilung außerordentlicher Einnahmen, § 3 Abs. 7 GO Wertung VE

165 Die Vorschrift entspricht § 10 Abs. 2 UAbs. 1 GO Wertung KE. Vgl. **Rn. 131.**

V. Ausschluss wegen Missbrauchs, § 3 Abs. 8 GO Wertung VE

166 Die Missbrauchsvorschrift von § 3 Abs. 6 GO Wertung VE entspricht jener des § 3 II Abs. 6 S. 1 GO Wertung KE. Auf die dortigen Erläuterungen wird verwiesen; **Rn. 60 ff.**

§ 4 [Einspruchsverfahren]

(1) Gegen die Entscheidung des Wertungsausschusses kann von dem betroffenen Mitglied die Entscheidung des Aufsichtsrates der GEMA angerufen werden. Darüber hinaus haben der Delegierte des Aufsichtsrates und der Vorstand das Recht, gegen jede Entscheidung des Wertungsausschusses die Entscheidung des Aufsichtsrates anzurufen.

(2) Der Aufsichtsrat kann nur innerhalb einer Frist von 8 Wochen angerufen werden. Die Frist beginnt für das betroffene Mitglied mit dem Zugang der Entscheidung, für den antragsberechtigten Delegierten des Aufsichtsrates und den Vorstand vom Tage der Entscheidung des Wertungsausschusses an zu laufen.

(3) Falls die Anrufung des Aufsichtsrates durch das betroffene Mitglied auf neuem Tatsachenvortrag beruht, der bei der Entscheidung des Wertungsausschusses noch nicht berücksichtigt werden konnte, ist der Vorsitzende des Wertungsausschusses berechtigt, nach Rücksprache mit den übrigen Ausschussmitgliedern dem Antrag des Mitglieds ohne Vorlage an den Aufsichtsrat zu entsprechen.

(4) Ruft der Delegierte des Aufsichtsrates oder der Vorstand die Entscheidung des Aufsichtsrates an, so hat dies aufschiebende Wirkung.

(5) Bei diesen Entscheidungen des Aufsichtsrates hat der Delegierte kein Stimmrecht.

167 Die Regelung entspricht – mit einer Ausnahme (Rn. 168) – jener des § 8 GO Wertung KE. Auf die dortigen Erläuterungen wird verwiesen (oben, **Rn. 120 ff.**).

168 Anders als in § 8 Abs. 5 GO Wertung KE ist hier keine **Begründungspflicht** für den Fall einer ablehnenden Entscheidung auf die Beschwerde eines Mitglieds vorgesehen. Eine solche Begründungspflicht ergibt sich jedoch schon aus allgemeinen Grundsätzen.

§ 5 [Kostentragung]

Die durch das Wertungsverfahren entstehenden Kosten gehen zu Lasten der von der GEMA für das Wertungsverfahren zur Verfügung gestellten Mittel.

169 Die Vorschrift entspricht jener des § 9 GO Wertung KE. Auf die dortigen Erläuterungen wird verwiesen (oben, **Rn. 130**).

§ 6 [Korrektur systematischer Verteilungsfehler]

(1) Erweist sich die Wertung für ein Geschäftsjahr im Nachhinein insgesamt oder in Teilen als systematisch fehlerhaft, insbesondere wegen der Nichtigkeit einer Regelung dieser Geschäftsordnung, und ist eine vollständige Rückabwicklung und Neuvornahme der Wertung nicht oder nur mit wirtschaftlich unverhältnismäßigem Aufwand möglich, können Aufsichtsrat und Vorstand einvernehmlich beschließen,

bei der Berechnung der Höhe der sich aus der fehlerhaften Wertung ergebenden Ansprüche Pauschalierungen vorzunehmen, soweit eine präzise Berechnung nicht oder nur mit wirtschaftlich unverhältnismäßigem Aufwand möglich ist;

die Ansprüche der durch die fehlerhafte Wertung nachteilig betroffenen Berechtigten aus den für laufende und künftige Wertungsverfahren zur Verfügung gestellten Mitteln zu befriedigen;

Rückforderungsansprüche der GEMA gegen künftige Zahlungsansprüche der durch die fehlerhafte Wertung begünstigten Berechtigten aufzurechnen;

statt einer Aufrechnung ganz oder teilweise auf Rückforderungsansprüche der GEMA zu verzichten.

Bei der Auswahl unter den zur Verfügung stehenden Maßnahmen haben Aufsichtsrat und Vorstand das Interesse an einer möglichst vollständigen Erfüllung der jeweiligen Ansprüche und das wirtschaftliche Gebot der Verhältnismäßigkeit abzuwägen. Der Gleichbehandlungsgrundsatz ist zu beachten und auf Härtefälle angemessen Rücksicht zu nehmen.

(2) Hat sich die Wertung für ein Geschäftsjahr gemäß Absatz (1) dieser Vorschrift als systematisch fehlerhaft erwiesen, ist die GEMA berechtigt, Pauschalierungen bei der Ermittlung der Berechnungsgrundlage für eine Zuschlagsverrechnung solcher Mittel vorzunehmen, die aufgrund außerordentlicher Einnahmen der GEMA nachträglich für die Wertung für dieses Geschäftsjahr zur Verfügung gestellt werden. Hierbei sind das Interesse an einer möglichst präzisen Berechnung und das wirtschaftliche Gebot der Verhältnismäßigkeit abzuwägen. Der Gleichbehandlungsgrundsatz ist zu beachten und auf Härtefälle angemessen Rücksicht zu nehmen.

Die Regelung entspricht § 10 GO Wertung KE mit dem Unterschied, dass die § 10 Abs. 2 UAbs. 1 GO Wertung KE entsprechende Regelung schon in § 3 Abs. 7 GO Wertung VE enthalten ist. Inhaltlich entspricht die Regelung der entsprechenden Vorschrift von § 33 Verteilungsplan. Auf die Erläuterungen dazu wird verwiesen; oben, **Kap. 8 Rn. 143 ff.** 170

§ 7 [Inkrafttreten]

Diese Geschäftsordnung tritt mit Wirkung vom GEMA-Geschäftsjahr 1982 in Kraft.

§ 8 [Änderungskompetenz]

Änderungen dieser Geschäftsordnung erfolgen mit Zweidrittel-Mehrheit durch den Aufsichtsrat.

Anders als bei den übrigen Geschäftsordnungen für die Wertungsverfahren liegt die 171
Änderungskompetenz hier nicht bei der Mitgliederversammlung, sondern beim **Aufsichtsrat.** Von Rechts wegen ist das nicht zu beanstanden.[39]

Anhang zur Geschäftsordnung für das Wertungsverfahren der Verleger in der Sparte E

Fassung vom 31. Januar 2011

1. Die Verteilung der von den ordentlichen Mitgliedern zur Verfügung gestellten Anteile der Verleger am sogenannten Ausfall erfolgt durch prozentualen Zuschlag zur Verteilungssumme ohne Rücksicht auf die Dauer der ordentlichen Mitgliedschaft.

Mittel, die für ein bereits abgerechnetes Geschäftsjahr aufgrund außerordentlicher Einnahmen der GEMA nachträglich zur Verfügung gestellt werden, werden als prozentualer Zuschlag in dem betreffenden Geschäftsjahr verrechnet. Soweit eine solche Verrechnung als Zuschlag zu einem bereits abgerechneten Geschäftsjahr nicht oder nur mit wirtschaftlich unverhältnismäßigem Aufwand möglich ist, werden die zur Verfügung gestellten Mittel dem Geschäftsjahr zugeführt, in dem die außerordentlichen Einnahmen erzielt worden sind.

2. Dieser Anhang tritt mit Wirkung vom Geschäftsjahr 1970 an in Kraft.
3. Änderungen dieses Anhangs erfolgen mit Zweidrittel-Mehrheit durch den Aufsichtsrat.

39 KG v. 23.10.2001 – 5 U 1983/00 n.v.

Kapitel 9.4
Das Wertungsverfahren in der Unterhaltungs- und Tanzmusik (GO Wertung U)

Übersicht

Geschäftsordnung

Fassung aufgrund der Beschlüsse der ordentlichen Mitgliederversammlung vom 27. und 23. und 24. Mai 2017

Die nach §§ 30 und 31 des Verteilungsplans zur Verfügung stehenden Beträge werden nach Maßgabe folgender Bestimmungen verteilt:

§ 1 [Zusammensetzung und Wahl des Wertungsausschusses]

(1) Es wird ein Wertungsausschuss aus
3 Komponisten
3 Textdichtern
3 Verlegern und
je 3 Stellvertretern
gebildet.

Wählbar sind Mitglieder mit mindestens zehnjähriger Mitgliedschaft. Davon müssen fünf Jahre auf die ordentliche Mitgliedschaft entfallen. Aufsichtsratsmitglieder sind nicht wählbar. Unter den drei Komponisten muss mindestens ein Komponist der gehobenen Unterhaltungsmusik sein.

(2) Die Mitglieder des Wertungsausschusses werden auf die Dauer von drei Jahren auf Grundlage der Wahlvorschläge des Aufsichtsrates durch die Mitgliederversammlung nach den Grundsätzen gewählt, die für die Wahl von Aufsichtsratsmitgliedern gelten. Bei der Auswahl der Wahlvorschläge berücksichtigt der Aufsichtsrat das Ziel, den Antrag von Frauen in allen Gremien zu stärken. Andere Wahlvorschläge können von den ordentlichen Mitgliedern und Delegierten im Vorfeld der Mitgliederversammlung, in der die Wahl stattfindet, beim Wahlausschuss eingereicht werden. B. I. Ziffer 3 Absätze 2 und 3 der Versammlungs- und Wahlordnung gelten entsprechend. Die Ausschussmitglieder bleiben bis zum Ablauf der dritten auf die Wahl folgenden ordentlichen Mitgliederversammlung im Amt. Wiederwahl ist zulässig.

Scheidet während der Amtsdauer ein Ausschuss-Mitglied aus, so haben die Aufsichtsratsmitglieder seiner Berufsgruppe ein Ersatzmitglied zu wählen, das an dessen Stelle tritt. Die Ersatzwahl bedarf der Bestätigung durch die nächste Mitgliederversammlung, soweit die Amtsdauer über diese Mitgliederversammlung hinausgeht.

(3) Die außerordentlichen und angeschlossenen Mitglieder werden im Wertungsausschuss durch je einen Delegierten ihrer Berufsgruppe vertreten, der bei der Wertung der außerordentlichen und angeschlossenen Mitglieder seiner Berufsgruppe beratend mitwirkt. Diese Delegierten werden jeweils für die Amtsperiode des Wertungsausschusses von der Versammlung der außerordentlichen und angeschlossenen Mitglieder gewählt. Sie müssen 5 Jahre außerordentliche oder angeschlossene Mitglieder der GEMA gewesen sein. Die für die Wahl von Aufsichtsratsmitgliedern geltenden Grundsätze sind entsprechend anzuwenden.

Übersicht

I. Übersicht

§ 1 GO Wertung U regelt die Zusammensetzung des Wertungsausschusses (Abs. 1 UAbs. 1), die Wahl seiner Mitglieder (Abs. 1 UAbs. 2, Abs. 2) sowie die Vertretung der außerordentlichen und angeschlossenen Mitglieder im Wertungsausschuss durch je einen Delegierten und deren Wahl (Abs. 3). Sofern die Geschäftsordnung keine spezielleren Anordnungen enthält, kommen die Grundsätze über die Wahl von Aufsichtsratsmitgliedern (§ 13 Satzung) zur Anwendung (Abs. 2 UAbs. 1, Abs. 3 S. 4). 172

Die Regelung **entspricht** weitgehend **der Regelung in § 1 GO Wertung KE**. Auf die dortige Erläuterungen wird daher verwiesen (oben, **Rn. 3–14**), insbesondere für die Fragen 173
- der Wählbarkeit,
- der Wahl,
- der Amtszeit,
- der Ersatzleute.

Unterschiede bestehen lediglich im Hinblick auf
- die Zusammensetzung des Wertungsausschusses und
- die Delegierten der außerordentlichen und der angeschlossenen Mitglieder.

II. Zusammensetzung

Der Wertungsausschuss der Unterhaltungs- und Tanzmusik (nachfolgend auch **Wertungsausschuss U**) besteht aus **neun Mitgliedern**, drei Komponisten, drei Textdichtern und drei Verlegern, sowie je Berufsgruppe drei Stellvertretern. Die Mitglieder und Stellvertreter müssen, wie die Regelung voraussetzt, im Bereich der **U-Musik** tätig sein (vgl. oben, **Rn. 4**). Nach Abs. 1 UAbs. 2 S. 4 muss unter den Komponisten mindestens ein Komponist der gehobenen Unterhaltungsmusik sein. 174

Die außerordentlichen und angeschlossenen Mitglieder werden im Wertungsausschuss der Unterhaltungs- und Tanzmusik durch **je einen** Delegierten ihrer Berufsgruppe vertreten. Da die Delegierten all diejenigen Mitglieder vertreten, die nicht schon als ordentliche Mitglieder durch Mitglieder des Wertungsausschusses unmittelbar „vertreten" werden, bezieht sich „je" nicht auf die beiden Gruppen der außerordentlichen und der angeschlossenen Mitglieder, sondern auf die drei Berufsgruppen (Kurien). Es können also drei Delegierte entsandt werden, einer aus der Berufsgruppe der Komponisten, einer aus der Berufsgruppe der Textdichter und einer aus der Berufsgruppe der Verleger. 175

§ 2 [Verfahren und Beschlussfassung]

(1) Der Wertungsausschuss wählt aus seiner Mitte einen Vorsitzenden und einen stellvertretenden Vorsitzenden.

Darüber hinaus kann der Ausschuss mit Zustimmung von Aufsichtsrat und Vorstand externe Sachverständige punktuell zur Beratung hinzuziehen oder als ständige Mitglieder beratender Funktion kooptieren. Die Amtsdauer der als ständige Mitglieder kooptierten Sachverständigen endet mit der Amtsperiode der stimmberechtigten Ausschussmitglieder oder durch Abberufung durch die stimmberechtigten Ausschussmitglieder.

(2) Der Wertungsausschuss ist nur beschlussfähig, wenn die jeweils für einen Wertungsfall zuständige Berufsgruppe mit allen 3 stimmberechtigte Mitgliedern bzw. Stellvertretern besetzt ist.

(3) Der Wertungsausschuss entscheidet mit einfacher Mehrheit der bei der Abstimmung vorhandenen Stimmen.

Bei Stimmengleichheit entscheidet die Stimmenzahl in der für den Wertungsfall zuständigen Berufsgruppe.

(4) An den Sitzungen des Wertungsausschusses kann je ein Delegierter einer jeden Berufsgruppe des Aufsichtsrates teilnehmen.

(5) Der Vorstand kann an allen Sitzungen des Wertungsausschusses teilnehmen.

(6) Die delegierten Aufsichtsratsmitglieder und der Vorstand haben lediglich beratende Stimme.

Übersicht

I. Übersicht

176 Der Wertungsausschuss trifft seine Entscheidungen durch Abstimmung. Die Vorschrift regelt das Verfahren der kollektiven Entscheidung (Beschlussfassung und Stimmrecht, § 2 Abs. 1–4 GO Wertung U) und die Beteiligungsmöglichkeiten der Vereinsorgane der GEMA (§ 2 Abs. 5–6 GO Wertung U).

177 Die Vorschrift **entspricht** mit wenigen Abweichungen der des **§ 2 GO Wertung KE**; auf die dortige Erläuterungen wird verwiesen (oben, **Rn. 20–29**).

178 **Unterschiede** ergeben sich daraus, dass der Wertungsausschuss U für alle drei Berufsgruppen zuständig und entsprechend besetzt ist und zudem die Sonderregel für Chorkomponisten, die die GO Wertung E enthält, hier fehlt. Soweit die Regelung von jener des § 2 GO Wertung KE abweicht, wird sie nachfolgend erläutert.

II. Der Vorsitzende

179 Der Wertungsausschuss wählt aus seiner Mitte einen Vorsitzenden und einen stellvertretenden Vorsitzenden, § 2 Abs. 1 GO Wertung U. Der Vorsitzende leitet die Sitzung. Er kann einer Beschwerde zum Aufsichtsrat (nach Rücksprache mit den übrigen Ausschussmitgliedern) nach § 8 Abs. 3 GO Wertung U abhelfen. Anders als nach § 2 Abs. 3 S. 2 GO Wertung KE gibt bei Stimmengleichheit nicht die Stimme des Vorsitzenden den Ausschlag.

III. Beschlussfähigkeit, § 2 Abs. 2 GO Wertung U

180 Der Wertungsausschuss ist beschlussfähig, wenn die jeweils für einen Wertungsfall zuständige Berufsgruppe mit allen drei Mitgliedern (§ 1 Abs. 1 UAbs. 1 GO Wertung U) bzw. deren Stellvertretern besetzt ist. Es können also die drei Mitglieder einer Kurie über Wertungsfragen ihrer Kurie allein entscheiden; das ermöglicht (im Verein mit der Mehrheitsregel von § 2 Abs. Abs. 3 UAbs. 2 GO Wertung U) eine sinnvolle Arbeitsteilung. Zur Verfahrensweise durch **Vorberatungen** der Berufsgruppenvertreter, s. § 6 GO Wertung U; unten, Rn. 238 ff.

IV. Abstimmung und Mehrheit, § 2 Abs. 3 GO Wertung U

181 Der Wertungsausschuss entscheidet mit einfacher Mehrheit der bei der Abstimmung vorhandenen Stimmen. Da die Beschlussfähigkeit Anwesenheit von den drei Mitgliedern der betroffenen Berufsgruppe oder deren Stellvertretern voraussetzt, bedeutet die Regelung, dass auch die Mitglieder der übrigen, nicht betroffenen Berufsgruppen, mitstimmen können. Bedeutung hat das im Ergebnis nicht, da bei Stimmengleichheit die „Stimmenzahl" (gemeint ist das Stimmenverhältnis) in der für den Wertungsfall zustän-

digen Berufsgruppe entscheidet. Wenn also in einer Gesamtsitzung der Wertungsausschuss über den einen Komponisten betreffenden Antrag mit 2 Ja-Stimmen und einer Enthaltung der Komponistenvertreter und je zwei Nein-Stimmen und einer Enthaltung der anderen Berufsgruppenvertreter entscheidet, ist der Antrag mit Rücksicht auf das Stimmenverhältnis in der Komponistenkurie angenommen.

V. Teilnahmerecht des Delegierten des Aufsichtsrats und des Vorstands

An den Sitzungen des Wertungsausschusses kann **je ein Delegierter einer jeden Berufsgruppe** des Aufsichtsrats (§ 2 Abs. 4 GO Wertung U) sowie der Vorstand (§ 2 Abs. 5 GO Wertung U) teilnehmen. Die weiteren Einzelheiten sind ebenso wie in § 2 GO Wertung KE geregelt. 182

Zum Teilnahmerecht des **Vorstands**, vgl. die Erläuterungen zu § 2 GO Wertung KE, **Rn. 30 ff.** 183

S. ferner zu den Teilnahmerechten von Aufsichtsratsdelegierten und Vorstand bei den Beratungen der Berufsgruppen-Mitglieder nach § 6 Abs. 3 GO Wertung U unten, Rn. 70. 184

§ 3 [Beteiligung an der Wertung, allgemeine Regeln]

Die ordentlichen, außerordentlichen und angeschlossenen Mitglieder der GEMA können nach Maßgabe folgender Bestimmungen am Wertungsverfahren beteiligt werden:

(1) Soweit in den für das Wertungsverfahren bestehenden Gruppen eine längere Mitgliedschaftsdauer verlangt wird, wird die Zugehörigkeit des Mitglieds zu den früheren Verwertungsgesellschaften STAGMA, GEMA, GDT oder AKM angerechnet.

Die Zugehörigkeit zu einer anderen Verwertungsgesellschaft kann angerechnet werden.

(2) Die Mitgliedschaftsdauer wird vom 1. Januar des Jahres an berechnet, in dem das Mitglied die Mitgliedschaft erworben hat.

(3) Mitglieder, die nicht über das erforderliche berufsmäßige Können verfügen, um ihre Werke auch ohne die schöpferische Unterstützung durch andere zu schaffen, können keine Wertung erhalten.

Das Mitglied kann zum Nachweis seines berufsmäßigen Könnens aufgefordert werden.

(4) Verleger sind verpflichtet, auf Anforderung einen Verlagskatalog nach neuestem Stand dem Wertungsausschuss einzureichen.

(5) Soweit bei der Bewertung Auslandseinnahmen zugrunde zu legen sind, die sich unter den Berufsgruppen nicht aufteilen lassen, wird der Betrag der Berufsgruppe zugeordnet, in der die Abrechnung erfolgt ist. Bei Beteiligung eines Mitglieds sowohl an der U- als auch an der E-Wertung werden die Abrechnungen der Sparten BM, T und A in dem Wertungsverfahren berücksichtigt, in dem das Mitglied seinen Schaffensschwerpunkt hat.

(6) Nach dem Tode des Urhebers sind Beteiligte am Wertungsverfahren nur dessen Ehegatte oder eingetragener Lebenspartner sowie seine Kinder, soweit sie Rechtsnachfolger in den Urheberrechten sind. Die Auszahlung der Zuwendungen erfolgt an denjenigen, von dem der Berechtigungsvertrag mit der GEMA fortgesetzt wird. Wenn weder ein überlebender Ehegatte oder eingetragener Lebenspartner noch Kinder vorhanden sind, kann ausnahmsweise mit Zustimmung des Aufsichtsrates auch ein langjähriger Lebensgefährte, der Rechtsnachfolger in den Urheberrechten ist, als Beteiligter anerkannt werden.

(7) Wer als Bezugsberechtigter sich oder einem anderen wissentlich oder grob fahrlässig durch falsche Angaben einen rechtswidrigen Vermögensvorteil verschafft und/oder wer gegen die Missbrauchsvorschriften in § 42, § 54 Abs. 1–4, 6 und 7 des Verteilungsplans verstößt, kann durch den Wertungsausschuss vom Wertungsverfahren für das auf den Verstoß folgende Geschäftsjahr ausgeschlossen werden. Bei solchen Verstößen entscheidet der Wertungsausschuss, ob es geboten ist, die Einstufung für das Wertungsverfahren gemäß § 5 (1) zu ändern.

Statt des Ausschlusses vom Wertungsverfahren kann in minder schweren Fällen die Wertungszuweisung entsprechend der Schwere des Verstoßes gekürzt werden.

(8) Werden urheberrechtliche Nutzungsrechte eines Nicht-GEMA-Mitglieds an ein GEMA-Mitglied abgetreten (zediert), so nimmt weder der Abtretende (Zedent) noch der Abtretungsempfänger (Zessionar) für die abgetretenen Rechte an diesem Wertungsverfahren teil. Dies gilt für alle

ab dem 1.6.2003 bei der GEMA eingereichten Abtretungen sowie für Werkanmeldungen aus Abtretungen vor diesem Stichtag.

Übersicht

I. Übersicht

185 § 3 GO Wertung U regelt, wer an der Wertung teilnehmen kann. Die Vorschrift enthält zudem einige allgemeine Regeln für die Ermittlung der Wertung.

186 § 3 GO Wertung entspricht in mehreren Punkten der Vorschrift des § 3 GO Wertung KE, so dass auf die dortigen Erläuterungen verwiesen werden kann. Das gilt für folgende Gegenstände:

- Anrechnung der Mitgliedschaft in anderen Verwertungsgesellschaften, § 3 Abs. 1 GO Wertung U; vgl. oben, **Rn. 56 f.**
- Berechnung der Mitgliedschaftsdauer, § 3 Abs. 2 GO Wertung U; vgl. oben, **Rn. 58.**
- die Voraussetzung des „berufsmäßigen Könnens" und das Prüfungsrecht der GEMA, § 3 Abs. 3 GO Wertung U; vgl. oben, **Rn. 36 ff.**
- Berücksichtigung von Auslandseinnahmen, § 3 Abs. 5 GO Wertung U; vgl. oben, **Rn. 59.**
- Missbrauchstatbestand, § 3 Abs. 7 GO Wertung U;[40] vgl. oben, **Rn. 60–66.**
- Behandlung von Zessionen, § 3 Abs. 8 GO Wertung U; vgl. **Rn. 53 f.**

Zwei Einzelheiten, die in § 3 GO Wertung U besonders geregelt sind, sind nachfolgend zu erörtern.

II. Einreichung des Verlagskatalogs, § 3 Abs. 4 GO Wertung U

187 Für die nach § 5 Abs. 3 lit. I GO Wertung U erfolgende Bewertung des Gesamtschaffens in der Berufsgruppe der Musikverleger kann der Verlagskatalog eine wichtige Beurteilungsgrundlage sein. Er kann zudem die Grundlage für Leistungen aus dem Ausgleichsfonds nach § 4 GO Wertung U sein. Nach § 3 Abs. 4 GO Wertung U sind Verleger verpflichtet, einen Verlagskatalog nach neuestem Stand dem Wertungsausschuss einzureichen.

III. Wertungsbeteiligung von Erben, § 3 Abs. 6 GO Wertung U

188 Ähnlich wie in § 3 II GO Wertung KE (oben, **Rn. 40 ff.**) regelt § 3 Abs. 6 GO Wertung U die Wertungsbeteiligung von Erben. Als Beteiligte kommen der Ehegatte, eingetragener Lebenspartner und die Kinder (hier: ohne Altersgrenze), nachrangig und nur ausnahmsweise mit Zustimmung des Aufsichtsrates auch ein Lebensgefährte des verstorbenen Mitglieds in Betracht. Voraussetzung ist in jedem Fall, dass der Angehörige Rechtsnachfolger in den Urheberrechten des Verstorbenen geworden ist. Insoweit wird auf die Erläuterungen zu § 3 GO Wertung KE verwiesen; oben, **Rn. 40 ff.**).

40 Dazu KG, ZUM-RD 2013, 571 ff.

Ein **Rangverhältnis** besteht nur zwischen Ehegatten/Lebenspartner und Kindern einerseits und einem Lebensgefährten andererseits: Der Lebensgefährte kommt jedenfalls erst dann zum Zuge, wenn weder ein wertungsberechtigter Ehegatte oder Lebenspartner noch wertungsberechtigte Kinder vorhanden sind (vorverstorben oder nicht Erbe geworden). Ehegatten und Kinder können hingegen (anders als bei § 3 II Abs. 1 GO Wertung KE) **nebeneinander** zum Zuge kommen. Die **Auszahlung** erfolgt bei mehreren Erben (z.B. Ehegatte und Kind oder mehrere Kinder) an denjenigen, „von dem der Berechtigungsvertrag mit der GEMA fortgesetzt wird", § 3 Abs. 6 S. 2 GO Wertung U. Gemeint ist damit der nach § 9 Abs. 2 S. 2 BerV zu benennende „Bevollmächtigte", der im Falle der Fortsetzung des Berechtigungsvertrags die Rechte für die Erben ausübt. 189

Bei der **Ermittlung der Wertung** werden hier (wiederum anders als nach § 3 II Abs. 4 S. 1 GO Wertung KE) die Aufkommensbeträge für Aufführungen ungekürzt berücksichtigt. Die Punkte für die Dauer der Mitgliedschaft laufen auch nach dem Tod des Urhebers weiter (anders § 3 II Abs. 4 S. 2 GO Wertung KE); da gem. § 5 Abs. 2 UAbs. 1 GO Wertung U 1/3 der Punkte „Aufkommenspunkte" (nach § 5 Abs. 3 lit. B)-H) GO Wertung U) sein müssen (und zudem die höchste Wertungsgruppe bei 100 Punkten erreicht ist), spielt dies freilich regelmäßig praktisch keine Rolle. 190

§ 4 [Ausgleichsfonds]

(1) Es wird ein Ausgleichsfonds gebildet. Für diesen Ausgleichsfonds wird aus den Wertungsmitteln in der Sparte U jährlich ein betrag in Höhe von maximal EUR 75.000,– zur Finanzierung von Auslgeichszahlungen an Druck- und Subbearbeiter zur Verfügung gestellt. Über die Bedingungen der Mittelberechnung und -vergabe an die Druck- und Subbearbeiter entscheidet der Aufsichtsrat.[1] Zudem wird für diesen Ausgleichsfonds aus den Wertungsmitteln in der Sparte U jährlich ein Betrag in Höhe von maximal EUR 40.000,– zur Verfügung gestellt. Über die Bedingungen der Mittelberechnung und -vergabe an die Subtextdichter entscheidet ebenfalls der Aufsichtsrat.[2] Darüber hinaus können die Berufsgruppen der Komponisten, Textdichter und Musikverleger dem Ausgleichsfonds bis zu 10% der auf ihre Berufsgruppe entfallenden Beträge zuführen.

(2) Der Ausgleichsfonds hat einmal den Zweck, an solche Mitglieder, deren Schaffen künstlerisch erfolgreich war oder kulturell besonders förderungswürdig ist, in Härtefällen Zuwendungen zu machen. Zum anderen sollen daraus die unmittelbaren Abkömmlinge derjenigen Komponisten und Textdichter, die als politisch oder „rassisch" Verfolgte Deutschland vor 1945 verlassen mussten, Zuwendungen erhalten.

Ferner sollen daraus in begründeten Ausnahmefällen Mitglieder dafür entschädigt werden, dass ihre Werke in den Programmen nicht oder nicht vollständig erfasst wurden.

(3) Außerdem können Mittel des Ausgleichsfonds zur Förderung des zeitgenössischen Musikschaffens zur Verfügung gestellt werden.[3]

(4) Verleger von Unterhaltsmusik und von Opern-, Operetten-Potpourris und -Fantasien können aus dem Ausgleichsfonds besondere Zuwendungen erhalten.

(5) Der Wertungsausschuss kann darüber hinaus mit Zustimmung des Aufsichtsrats für Härtefälle, auch solche, die durch Änderungen des Verteilungsplans entstehen, Übergangshilfen beschließen. Die nur auf Antrag zu gewährenden Übergangsleistungen sind auf maximal 2 Jahre begrenzt.

---

1) § 4 (1) Sätze 2 und 3 sind befristet für die Wertung der Geschäftsjahre 2015 bis 2017.
2) § 4 (1) Sätze 4 und 5 sind befristet für die Wertung der Geschäftsjahre 2017 bis 2019.
3) Befristet für die Wertung der Geschäftsjahre 2007 bis einschließlich 2019.

Übersicht

I. Übersicht

191 § 4 GO Wertung U richtet den Ausgleichsfonds ein, der – im Einzelnen unterschiedliche – Härtefälle (Rn. 194 ff.) ausgleichen soll. Die Entscheidung über seine finanzielle Ausstattung ist teilweise ausdrücklich getroffen und liegt im Übrigen in gewissen Grenzen beim Wertungsausschuss (Rn. 192f.), der auch für die Entscheidung über Zuwendungen im Einzelfall zuständig ist (Rn. 202f.).

II. Die Finanzierung des Ausgleichsfonds, § 4 Abs. 1 GO Wertung U

192 Die finanzielle Ausstattung des Ausgleichsfonds ist **in allgemeiner Weise** nur durch die Obergrenze von 10% der für die jeweilige Berufsgruppe zur Verfügung stehenden Beträge (vgl. §§ 31, 32 VP) bestimmt. Über den Umfang der finanziellen Ausstattung entscheiden nach § 4 Abs. 1 GO Wertung U „die Berufsgruppen“. Gemeint sind damit aber nicht die Berufsgruppenversammlungen der Mitgliederversammlung (vgl. § 11 Satzung). Vielmehr ist die Formulierung als Hinweis auf die Vorschrift des § 2 Abs. 2 und 3 GO Wertung U über das Abstimmungsverfahren zu verstehen. Sie bedeutet maW, dass der **Wertungsausschuss** über die finanzielle Ausstattung entscheidet, der nach § 2 Abs. 2 beschlussfähig ist, wenn die für die Berufsgruppe zuständigen drei Mitglieder anwesend sind, und dass bei Stimmengleichheit das Stimmenverhältnis der betroffenen Berufsgruppenvertreter im Wertungsausschuss den Ausschlag gibt. In seiner Entscheidung über den Umfang der finanziellen Ausstattung ist der Wertungsausschuss nur durch den genannten Höchstbetrag beschränkt.

193 Zwei **Spezialregeln** ergänzend diese allgemeine Vorschrift:

- Für Ausgleichszahlungen an **Druck- und Subbearbeiter** wird ein Betrag von bis 75.000,– € (nachfolgend Rn. 200);
- für Ausgleichzsahlungen an **Subtextdichter** ein Betrag von bis zu 40.000,– € bereit gestellt (nachfolgend Rn. 201).

Diese Zuweisungen an den Ausgleichsfonds erfolgen maW zweckgebunden. Über die Höhe im Einzelnen entscheidet der Aufsichtsrat („Bedingungen der Mittelberechnng“).

III. Die Zuwendungszwecke

1. Härtefälle, § 4 Abs. 2 UAbs. 1 S. 1 GO Wertung U

Die Vorschrift entspricht § 4 Abs. 2 UAbs. 1 S. 1 GO Wertung KE; auf die dortigen Erläuterungen wird verwiesen; oben, **Rn. 69.** **194**

2. Abkömmlinge politisch oder „rassisch" Verfolgter, § 4 Abs. 2 UAbs. 1 S. 2 GO Wertung U

Die Vorschrift entspricht § 4 Abs. 2 UAbs. 1 S. 2 GO Wertung KE; auf die dortigen Erläuterungen wird verwiesen; oben, **Rn. 70.** **195**

3. Ausgleich für unvollständige Nutzungserfassung, § 4 Abs. 2 UAbs. 2 GO Wertung U

Die Vorschrift entspricht § 4 Abs. 2 UAbs. 2 GO Wertung KE; auf die dortigen Erläuterungen wird verwiesen; oben, **Rn. 71.** **196**

4. Förderung zeitgenössischer Musik, § 4 Abs. 3 GO Wertung U

Der Wertungsausschuss ist zudem ermächtigt (aber nicht verpflichtet: „können"), **197** Mittel des Ausgleichsfonds zur Förderung zeitgenössischen Musikschaffens zu verwenden. Eine ähnliche Regelung bestand schon zuvor in § 4 Abs. 3 GO Wertung KE (oben, **Rn. 72**). Da die Bewertung zeitgenössischen Musikschaffens in beiden Bereichen eine unterschiedliche Rolle spielen kann, war dieses Nachziehen der in der U-Wertung freilich nicht schon aus Gründen der Gleichbehandlung geboten. Die Regelung ist gem. Fn. 1 befristet für die Wertung der Geschäftsjahre 2007 bis einschließlich 2016.

5. Verleger von Unterhaltungsmusik, Potpourris und Fantasien, § 4 Abs. 4 GO Wertung U

Verleger von Unterhaltungsmusik und von Opern-, Operetten-Potpourris und -Fan- **198** tasien können aus dem Ausgleichsfonds besondere Zuwendungen erhalten. Hintergrund der Regelung ist, dass die entsprechenden Drucke sehr aufwendig sind und die dadurch entstehenden Kosten durch die Aufführungseinnahmen regelmäßig nicht gedeckt werden.

6. Übergangshilfen für Härtefälle, § 4 Abs. 5 GO Wertung U

Eine Auffangregel enthält § 4 Abs. 5 UAbs. 1 GO Wertung U. Sie stellt es in das Er- **199** messen des Wertungsausschusses, mit **Zustimmung des Aufsichtsrats** für Härtefälle Übergangshilfen zu beschließen. Diese Möglichkeit ist indes durch mehrere Voraussetzungen begrenzt. Vorausgesetzt ist, dass es sich um **Härtefälle** handelt, also um finanzielle Notlagen von einigem Gewicht. Die Vorschrift stellt klar, dass auch solche Härten darunter fallen können, die durch Änderungen des Verteilungsplans entstehen. Gewährt werden können nur **Übergangshilfen**, also finanzielle Zuwendungen, die den Zweck haben, den Übergang von der Notlage zu einer neuen Normalität oder einer anderen Hilfestellung (z.B. staatliche Sozialleistungen) zu ermöglichen. Entsprechend diesem Zweck („Übergang") sind die Zuwendungen auf maximal zwei Jahre begrenzt, sie werden also normalerweise nur einmal gewährt. Die Übergangshilfen dürfen zudem nur **auf Antrag** zuerkannt werden.

7. Ausgleichszahlungen an Druck- und Subbearbeiter, § 4 Abs. 1 S. 2, 3 GO Wertung U

200 Mit einem Betrag von bis zu 75.000,– € jährlich können nach der 2014 eingeführten (und zunächst für die Geschäftsjahre 2015–17 befristeten) Regelung von § 4 Abs. 1 S. 2 GO Wertung U Druck- und Subbearbeiter gefördert werden. Der Grund dafür ist, dass diese zwar durch ihre Tätigkeit in vielen Fällen zur Verbreitung der Originalwerke sowie zur kulturellen Vielfalt im Bereich der Unterhaltung- und Tanzmusik beitragen, ihre Bearbeitung in den Nutzungsmeldungen aber erfahrungsgemäß nur unzureichend belegt sind.[41]

8. Ausgleichszahlungen an Subtextdichter, § 4 Abs. 1 S. 4, 5 GO Wertung U

201 Nach § 4 Abs. 1 S. 3 GO Wertung U kann jährlich ein Betrag von bis zu 40.000,– € für Ausgleichszahlungen an Subtextdichter zur Verfügung gestellt werden. Die Regelung wurde 2016 eingeführt und ist auf die Geschäftsjahre 2017–19 beschränkt. Sie steht im Zusammenhang mit der – von einem CISAC-Beschluss aus dem Jahr 2014 vorgeschriebenen – Neuregelung der Beteiligung von Subtextdichtern an der Verteilung. War bis dahin eine Beteiligung des Subtextdichters auch in bei Unklarheit möglich, so können sie seither nur noch beteiligt werden, wenn die Subtextierung „identifizierbar" ist;[42] s. heute § 216 Abs. 4 VP. Der Ausgleichsfonds von § 4 Abs. 1 S. 3 GO Wertung U dient dem Zweck, Härten abzumildern, die sich im Zuge der Neuregelung ergeben können.[43] Die Förderung setzt einen Antrag voraus. Über Mittelberechnung und -vergabe entscheidet der Aufsichtsrat.

IV. Zuständigkeit und Verfahren

202 Für die Zuwendungen aus dem Ausgleichsfonds ist grundsätzlich der **Wertungsausschuss** zuständig, § 6 Abs. 1 GO Wertung U. Die Zuwendung setzt (sachlogisch) einen **Antrag** des Berechtigten voraus (eigens hervorgehoben in § 4 Abs. 4 UAbs. 1 S. 2 GO Wertung U). Der Wertungsausschuss entscheidet nach einem **weiten Ermessen**, das gerichtlich nur beschränkt überprüfbar ist. Dieses Ermessen ist vor allem durch die Merkmale der Zuwendungszwecke (soeben Rn. 194 ff.) gebunden. Doch ist es die – ihnen vom Gesetzgeber in § 32 Abs. 1 VGG zugewiesene – Aufgabe der Verwertungsgesellschaften, die in den Zuwendungszwecken enthaltenen unbestimmten Rechtsbegriffe (Härte, künstlerisch erfolgreich, kulturell besonders förderungswürdig) auszufüllen. Daher kann die Entscheidung des Wertungsausschusses in diesem Bereich nicht durch das Gericht ersetzt werden. Der Wertungsausschuss ist nur an die allgemeinen Grundsätze der Ermessensausübung gebunden. Er darf sich nicht von sachfremden Erwägungen leiten lassen und nicht wesentlich gleiche Fälle ungleich behandeln (Willkürverbot, § 27 Abs. 1 VGG).

203 Für die – zeitlich befristeten – Ausgleichsfonds für Druck- und Subbearbeiter sowie Subtextdichter nach § 4 Abs. 1 S. 2–4 GO Wertung U ist der Aufsichtsrat zuständig. Er

41 Tagesordnung zur Mitgliederversammlung 2014, S. 43.
42 Tagesordnung zur Mitgliederversammlung 2016, S. 80.
43 Tagesordnung zur Mitgliederversammlung 2016, S. 80.

entscheidet über die – von der Regelung nur durch eine Obergrenze bestimmte – Höhe der Ausgleichsfonds sowie über die Bedingungen der Mittelberechnung und –vergabe.

§ 5 [Wertung ieS – Wertungsgruppen, Wertungspunkte]

(1) Es bestehen bei der Wertung insgesamt 6 Gruppen mit folgenden Punktzahlen und Wertungszuschlägen:

Gruppe	Punktzahl	Wertungszuschlag in Wertungsmark[4] (berechnet vom Aufkommen aus dem Aufführungs- und Senderecht, und zwar 100%ig in der Sparte U bei Verrechnung gemäß § 85 des Verteilungsplans und 50%ig bei Verrechnung gemäß § 86 des Verteilungsplans,[5] in den Sparten R, FS und T FS anteilig mit 50% bei den Komponisten, 54% bei den Textdichtern und 53% bei den Verlegern bei Werbung in den Sparten R, FS und T FS anteilig mit 37,5% bei den Komponisten, 40,5% bei den Textdichtern und 39,75% bei den Verlegern)[6]
Gruppe I	100 Punkte und mehr	50%
Gruppe II	80 Punkte und mehr	40%
Gruppe III	60 Punkte und mehr	30%
Gruppe IV	40 Punkte und mehr	20%
Gruppe V	20 Punkte und mehr	10%
Gruppe VI	10 Punkte und mehr	5%

(2) Mindestens 1/3 der Punkte müssen Aufkommenspunkte sein.

Zugrunde gelegt wird jeweils das Aufkommen des Mitglieds in dem Geschäftsjahr, das dem Jahr des Wertungsverfahrens vorausgeht. Für das Auslandsaufkommen gilt das Jahr als Geschäftsjahr, in dem die Beträge dem Mitgliedskonto zugeflossen sind. Aufkommen, das im Wege einer Zuschlagsverrechnung von außerordentlichen Einnahmen gemäß § 32 des Verteilungsplans erzielt worden ist, wird bei der Berechnung der Punktzahl nicht berücksichtigt.

Für die Beteiligung am Wertungsverfahren ist eine Punktzahl von mindestens 10 erforderlich, wobei mindestens 2 Punkte in einer der Sparten U, R, FS oder T FS ohne Werbung[7] erreicht werden müssen.

Kein Mitglied erhält aus den Mitteln des Wertungsverfahrens mehr als 10% des in seiner Berufsgruppe zur Verfügung stehenden Gesamtbetrages.

Jedoch erhält kein Mitglied der Berufsgruppe Komponisten und kein Mitglied der Berufsgruppe Textdichter aus den Mitteln des Wertungsverfahrens mehr als 4% des in seiner Berufsgruppe zur Verfügung stehenden Gesamtbetrages.

(3) Die Punktzahlen errechnen sich wie folgt:

A) Dauer der Mitgliedschaft
Pro Jahr 1 Punkt, bei Verlagen beschränkt auf höchstens 50 Punkte.

B) Aufkommen in der Sparter U:

aa) Komponisten	je EUR 510,–	1 Pkt. bis zu 30 Pkt.
für Unterhaltungsmusik Zuschläge		bis zu 10 Pkt.
bb) Textdichter	je EUR 510,–	1 Pkt. bis zu 30 Pkt.
für Unterhaltungsmusik Zuschläge		bis zu 10 Pkt.
cc) Verleger	je EUR 510,–	1 Pkt. bis zu 30 Pkt.
für Unterhaltungsmusik Zuschläge		bis zu 10 Pkt.
dd) Unterhaltungsmusikwerke nach § 64 Abs. 1 Ziff. 5 Komponisten und Textdichter	je EUR 125,–	1 Pkt. bis zu 10 Pkt.
Verleger je EUR 255,–		1 Pkt. bis zu 10 Pkt.

C) Aufkommen in den Sparten R und FS:

aa) Komponisten	je EUR 610,–	1 Pkt. bis zu 25 Pkt.
bb) Textdichter	je EUR 610,–	1 Pkt. bis zu 25 Pkt.

	cc) Verleger	**je EUR 610,–**	**1 Pkt. bis zu 25 Pkt.**
	dd) Unterhaltungsmusikwerke nach § 64 Abs. 1 Ziff. 5		
	Komponisten und Textdichter je EUR 150,–		**1 Pkt. bis zu 10 Pkt.**
	Verleger je EUR 305,–		**1 Pkt. bis zu 10 Pkt.**
D)	**Aufkommen in der Sparte T: (einschließlich FS-Fremdproduktion):**		
	aa) Komponisten	**je EUR 255,–**	**1 Pkt. bis zu 15 Pkt.**
	bb) Textdichter	**je EUR 255,–**	**1 Pkt. bis zu 15 Pkt.**
	cc) Verleger	**je EUR 255,–**	**1 Pkt. bis zu 15 Pkt.**
E)	**Aufkommen in den Sparten BM und UD[8]:**		
	aa) Komponisten	**je EUR 255,–**	**1 Pkt. bis zu 15 Pkt.**
	bb) Textdichter	**je EUR 255,–**	**1 Pkt. bis zu 15 Pkt.**
	cc) Verleger	**je EUR 255,–**	**1 Pkt. bis zu 15 Pkt.**
F)	**enfällt ab Geschäftsjahr 2007**		
G)	**enfällt ab Geschäftsjahr 2007**		
H)	**Auslandsaufkommen:**		
	aa) Komponisten	**je EUR 255,–**	**1 Pkt. bis zu 20 Pkt.**
	bb) Textdichter	**je EUR 125,–**	**1 Pkt. bis zu 20 Pkt.**
	cc) Verleger	**je EUR 410,–**	**1 Pkt. bis zu 20 Pkt.**

I) Bewertung des Gesamtschaffens und der Bedeutung als Urheber in den Berufsgruppen der Komponisten und der Textdichter; Bewertung des Gesamtschaffens in der Berufsgruppe der Musikverleger bis zu 25 Punkten.

(4) Für den Bearbeiter gehört zum Aufkommen in den Sparten R und FS auch der Betrag, der ihm gemäß § 4 (2) A) und B) jeweils 1.-3. Abs. BB) der Geschäftsordnung für das Schätzungsverfahren der Bearbeiter zufließt.

(5) a) In der Berufsgruppe Verleger werden für alle an einem Werk beteiligten Originalverleger insgesamt in keinem Fall mehr als 4/12 Verlagsanteile am Werk zugrunde gelegt. Höhere Verlagsbeteiligungen werden – bei mehreren beteiligten Verlegern im Verhältnis der Anteile – gekürzt.

b) Für alle an einem Werk beteiligten GEMA-Subverleger werden insgesamt in keinem Fall mehr als 3/12, in der Sparte T FS (ohne Werbung)[9] 1/12 Verlegeranteile am Werk zugrunde gelegt. Höhere Verlagsbeteiligungen werden – bei mehreren beteiligten Verlegern im Verhältnis der Anteile – gekürzt.

(6) Soweit bei der Eingruppierung das Aufkommen zugrunde gelegt wird, erfolgt Aufrundung auf volle EUR 10,– bzw. EUR 5,–.

(7) *Entfällt*

(8) a) Sobald das Mitglied eine bestimmte Gruppe erreicht hat, verbleibt es selbst dann in dieser Gruppe, wenn die Voraussetzungen sich soweit geändert haben sollten, dass das Mitglied in eine niedrigere Gruppe umgestuft werden müsste. Diese Vorschrift schließt eine Änderung der Einstufung nach § 3 Abs. (7) nicht aus.

b) In der Berufsgruppe Verleger ist im Falle von Katalogverkäufen der in der Wertung erworbene Besitzstand an den Katalog gebunden.

(9) Die durch das Limit in Abs. (2) freigewordenen Beträge werden in den Berufsgruppen der Komponisten und Textdichter jeweils mit der Wertungssumme des nächsten Jahres in den betreffenden Sparten verteilt. Die Verleger stellen die durch das Limit freigewordenen Beträge kleineren Verlagen als zusätzliche Wertung zur Verfügung unter der Voraussetzung, dass die kleineren Verlage eine Mitgliedschaft von mindestens 15 Jahren und ein geringeres Aufkommen als EUR 15 338,76 (ohne Wertung) haben.

---

4) Der Wertungszuschlag stellt zunächst nur eine Verrechnungseinheit dar, aus der sich die später zu ermittelnde so genannte Wertungsmark ergibt. Die Höhe der Wertungsmark wird errechnet aus dem Verhältnis der Verteilungssumme zu der im Rahmen des Wertungsverfahrens verfügbaren Summe.

Bei Urhebern, die ihre Werke durch einen oder mehrere Zessionare der GEMA bis zum 31.5.2003 zur Wahrnehmung übertragen haben, liegt der Berechnung des Wertungszuschlags das Gesamtaufkommen des Urhebers aus allen Zessionen zugrunde.

Aufkommen, das im Wege einer Zuschlagsverrechnung von außerordentlichen Einnahmen gemäß § 32 des Verteilungsplans erzielt worden ist, wird bei der Berechnung des Wertungszuschlags nicht berücksichtigt.

5) Der Zusatz „bei Verrechnung gemäß § 85 des Verteilungsplans und 50%ig bei Verrechnung gemäß § 86 des Verteilungsplans" gilt für die Wertung ab Geschäftsjahr 2014.
6) Neufassung gültig für die Wertung ab Geschäftsjahr 2013. Für die Wertung der Geschäftsjahre 2006 bis 2012 gilt: „(berechnet vom Aufkommen aus dem Aufführungs- und Senderecht, und zwar 100%ig in den Sparten U und VK, in den Sparten R, FS und T FS (ohne Werbung) anteilig mit 50% bei den Komponisten, 54% bei den Textdichtern und 53% bei den Verlegern)".
Die von der ordentlichen Mitgliederversammlung 2015 beschlossene nachträgliche Berücksichtigung des mit Werbung in der Sparte T FS erzielten Aufkommens bei der Berechnung der Wertungszuschläge für die Geschäftsjahre 2006 bis 2012 erfolgt ohne Anerkenntnis einer Rechtspflicht und für die Geschäftsjahre 2006 bis 2010 nur hinsichtlich solcher Ansprüche, die der Berechtigte in verjährungshemmender Weise geltend gemacht hat.
7) Zusatz „ohne Werbung" entfällt für die Wertung ab Geschäftsjahr 2013.
8) UD-Aufkommen nach § 88 lit. b-f des Verteilungsplans bleiben ohne Berücksichtigung.
9) Zusatz „(ohne Werbung)" entfällt für die Wertung ab Geschäftsjahr 2013. Er findet ferner keine Anwendung im Rhamen der von der ordentlichen Mitgliederversammlung 2015 beschlossenen nachträglichen Berücksichtigung des mit Werbung in der Sparte T FS erzielten Aufkommens bei der Berechnung der Wertungszuschläge für die Geschäftsjahre 2006 bis 2012.

Übersicht

I. Übersicht

204 § 5 GO Wertung U ist die Zentralnorm des Wertungsverfahrens. Sie enthält die Kriterien für die Berechnung der Wertung und damit auch die maßgeblichen Förderungskriterien.

205 Die Wertung (der „Wertungszuschlag") wird berechnet durch Multiplikation des **berücksichtigungsfähigen Aufkommens** (Rn. 53ff.), mit dem für die erreichte **Wertungsgruppe** (Rn. 49–52) anwendbaren Prozentsatz und der sog. **Wertungsmark** (Rn. 55–57); ggf. erfolgt eine Kappung des Betrags (Rn. 60–63). Die Wertungsgruppen sind durch die **Wertungspunkte** bestimmt, die sich nach den Absätzen 2 bis 7 errechnen (Rn. 33–48). Nach der Grundregelung in Abs. 3 werden jedem Mitglied Punkte zuerkannt für die Dauer der Mitgliedschaft (lit. A), die Höhe des Aufkommens in den verschiedenen Sparten bzw. Kategorien (lit. B–H) und für die vom Wertungsausschuss nach näher bestimmten Vorgaben zu treffende Beurteilung des Gesamtschaffens, bei Komponisten und Textdichtern auch der Bedeutung als Urheber (lit. I).

II. Die Berechnung der Wertung

206 Für die Ermittlung der Wertung ist daher zunächst
- die Wertungspunktzahl zu ermitteln (nachfolgend 1.) und daraus
- die Wertungsgruppe zu bestimmen (nachfolgend 2.).
- Sodann ist das berücksichtigungsfähige Aufkommen festzustellen (nachfolgend 3.).
- Mit diesen Daten kann zunächst die Wertungsmark (nachfolgend 4.) und
- sodann für den Einzelfall die Wertung errechnet werden (nachfolgend 5.).
- Ggf. ist der Betrag durch die Kappungsgrenze zu reduzieren (nachfolgend 6.).

1. Die Ermittlung der Wertungspunktzahl, § 5 Abs. 3 GO Wertung U

207 Die Wertungspunkte des § 5 Abs. 3 GO Wertung U lassen sich in vier Gruppen einteilen:

(1) nach lit. A erhält das Mitglied Punkte für die Dauer der Mitgliedschaft;

(2) nach lit. B-E und H erhält es Punkte für das Aufkommen in den einzelnen Sparten;

(3) nach lit. I können Punkte für eine Bewertung des Gesamtschaffens und, bei Urhebern, für die Bedeutung als Urheber vergeben werden; in ähnlicher Weise kann der Wertungsausschuss auch nach lit. B für das Aufkommen in den Sparten U Zuschläge für Unterhaltungsmusik vergeben.

a) Dauer der Mitgliedschaft, § 5 Abs. 3 lit. A GO Wertung U

aa) Grundsatz

208 Für jedes Jahr der Mitgliedschaft erhält das Mitglied einen Punkt. Zu berücksichtigen sind alle Formen der Mitgliedschaft iSv § 6 Abs. 1 UAbs. 1 Satzung (angeschlossenes, außerordentliches, ordentliches Mitglied). Zur Anrechnung der Mitgliedschaft in anderen Verwertungsgesellschaften, s. § 3 Abs. 1 GO Wertung U (oben, **Rn. 56f.**). Die Mitgliedschaftsdauer wird vom 1. Januar des Jahres an berechnet, in dem das Mitglied die Mitgliedschaft erworben hat, § 3 Abs. 2 GO Wertung U (**Rn. 58**).

bb) Eingeschränkte Berücksichtigung der Wertungspunke für die Mitgliedschaftsdauer, § 5 Abs. 2 UAbs. 1 GO Wertung U

Die Punkte für die Dauer der Mitgliedschaft werden **nicht uneingeschränkt** berücksichtigt: Mindestens ein Drittel der Punkte müssen „Aufkommenspunkte" nach lit. B–E und H sein. Der Gedanke hinter der Regelung ist, dass die langjährige Mitgliedschaft allein die Förderungswürdigkeit nicht begründen kann. 209

cc) Höchstgrenze der Wertungspunkte für die Mitgliedschaftsdauer von Verlagen, § 5 Abs. 3 lit. A Hs. 2 GO Wertung U

Bei Verlagen ist die Anzahl der Punkte für die Mitgliedschaftsdauer auf 50 begrenzt. Das hat seinen Grund darin, dass Verlage als Unternehmen keine natürliche Lebensdauer haben und sich deshalb die Punktzahl ohne eine Grenze unverhältnismäßig erhöhen könnte. 210

dd) Zu berücksichtigende Mitgliedschaftsdauer bei Wertungsbeteiligung von Erben

Ist der Urheber verstorben, so können unter bestimmten Voraussetzungen seine Ehefrau, seine Kinder oder ggf. ein Lebensgefährte an der Wertung teilnehmen, § 3 Abs. 6 GO Wertung U (oben, § 3 GO Wertung U Rn. 17–19). Anders als nach § 3 II Abs. 4 GO Wertung KE werden in diesem Fall die Punkte für die Dauer der Mitgliedschaft auch nach dem Tod des Urhebers fortlaufend vergeben (oben, Rn. 58). 211

b) Lizenzaufkommen nach Sparten, § 5 Abs. 3 lit. B–E und H GO Wertung U

aa) Grundregel

Gem. § 5 Abs. 3 lit. B–E, H GO Wertung U wird das Lizenzaufkommen für die Ermittlung der Wertungspunkte herangezogen. Dem liegt der Gedanke zugrunde, dass das im Wesentlichen nutzungsabhängig errechnete Aufkommen ein Indikator für die Wertschätzung der Musik am Markt ist und sich deshalb für die Ermittlung der kulturellen Förderungswürdigkeit eignet.[44] Das Aufkommen der verschiedenen Sparten wird nach einer (von der Mitgliederversammlung vorgenommenen) wertenden Differenzierung in unterschiedlichem Maße berücksichtigt. In allen Fällen erhält der Berechtigte für einen bestimmten Aufkommensbetrag bis zu einer Höchstgrenze je einen Punkt. 212

bb) Verteilung auf die Beteiligten (Komponist, Textdichter, Verleger)

Die für jedes Werk errechneten Aufkommensbeträge sind schon im Rahmen der Verrechnung auf die einzelnen Beteiligten aufzuteilen (§§ 195–197 VP). Entsprechendes gilt auch für die Wertung. Nach § 5 Abs. 5 lit. a GO Wertung U wird dabei in der Berufsgruppe der Verleger in keinem Fall ein höherer Werkanteil als $^{4}/_{12}$ zugrunde gelegt. Ein etwa zwischen Urheber(n) und Verlag vereinbartes, zugunsten des Verlags abweichendes Aufteilungsverhältnis wird für die Wertung nicht berücksichtigt. 213

Bei **subverlegten Werken** kann sich aus den kumulierten Anteilen für Original- und Subverleger sowie aufgrund interner Aufteilungsvereinbarung für einen deutschen Sub- 214

44 Vgl. (zur Wertung KE) KG, ZUM 2004, 380, 385; KG v. 23.2.2000 – Kart U 1557/99 (Umdruck S. 25, insoweit nicht in KGR Berlin 2000, 412 abgedruckt). S. a. *Mestmäcker*, FS Lukes, S. 445–460.

verleger ein Ausschüttungsanteil von $^{6}/_{12}$ ergeben (vgl. § 219 VP). Im Rahmen der Wertung soll der Subverleger (der die eigentliche Verlagsleistung nicht erbringt und der den Originalverlegeranteil regelmäßig auskehren muss) nicht besser gestellt sein als ein Originalverleger (ohne Subverleger), der bei der Verteilung in der Regel nur 4/12 der Anteile erhält (§ 195 VP). Gemäß § 5 Abs. 5 lit. b GO Wertung U wird in diesem Fall nur der Anteil des deutschen Subverlegers für die Wertung als Aufkommen berücksichtigt. Dieser Anteil wird – unabhängig von der Aufteilung im Einzelfall – pauschaliert berücksichtigt mit $^{3}/_{12}$, in der Sparte T FS (ohne Werbung) mit $^{1}/_{12}$.

215 Die Regelung gilt sowohl für die Ermittlung der Wertungspunkte nach § 5 Abs. 3 GO Wertung U als auch für das berücksichtigungsfähige Aufkommen, das bei der Berechnung der Wertung zu Grunde gelegt wird.

cc) Maßgebliches Geschäftsjahr, § 5 Abs. 2 GO Wertung U

216 Für die Zwecke der Wertung wird das Aufkommen zugrunde gelegt, das das Mitglied in dem Geschäftsjahr erzielt hat, das dem Geschäftsjahr des Wertungsverfahrens vorausgeht.

dd) Die Rundungsregel, § 5 Abs. 6 GO Wertung U

217 Für die Zwecke von Abs. 3 lit. B–E und H werden die Aufkommensbeträge auf volle € 10 bzw. volle € 5 aufgerundet. Z.B. sind € 501 für diese Zwecke zu berücksichtigen als € 510.

ee) Sonderregel für Bearbeiter, § 5 Abs. 4 GO Wertung U

218 Für Bearbeiter wird der Betrag, den sie nach § 4 Abs. 2 lit. A und B jeweils lit. BB GO Schätzung erhalten, zum Aufkommen in den Sparten R und FS hinzugerechnet. Diese Regelung gilt sowohl für die Ermittlung der Punktzahl nach Abs. 3 als auch für die Ermittlung des berücksichtigungsfähigen Aufkommens nach Abs. 1.

c) Zuschläge für Unterhaltungsmusik, § 5 Abs. 3 lit. B GO Wertung U

219 § 5 Abs. 3 lit. B GO Wertung U ermöglicht dem Wertungsausschuss, im Rahmen der Punkte für das Aufkommen in den Sparten U und VK „Zuschläge für Unterhaltungsmusik" zu vergeben. Die Punktvergabe ist nicht an ein bestimmtes Aufkommen gebunden und steht im **Ermessen** des Wertungsausschusses. Hintergrund der in den 1950er Jahren eingeführten Regelung ist, dass eine Möglichkeit geschaffen werden sollte, gehobene U-Musik besonders zu fördern. Gedacht war v.a. an großbesetzte Werke der Unterhaltungsmusik, die aufwendig zu schreiben und aufwendig aufzuführen sind. Wegen dieser Eigenheiten wird die normale Punktbewertung solchen Werken nicht gerecht.

d) Die Bewertung des Gesamtschaffens, § 5 Abs. 3 lit. I GO Wertung U

220 Am unmittelbarsten kommt der Zweck der kulturellen Förderung in der Bestimmung des § 5 Abs. 3 lit. I GO Wertung KE zum Ausdruck. Nach dieser Vorschrift können die Berechtigten bis zu 25 Punkte erhalten, die Urheber für die Bewertung des Gesamtschaffens und ihrer Bedeutung als Urheber, die Verleger für das Gesamtschaffen.

221 Die Wertungspunkte werden vom Wertungsausschuss zuerkannt. Er entscheidet nach **Ermessen.** Bei der Ermessensausübung ist er an die allgemeinen Grundsätze der

Ermessensausübung gebunden. Innerhalb dieser Grenzen kommt ihm indes ein **weites, gerichtlich nur beschränkt überprüfbares** Ermessen zu. Näher dazu oben, **Rn. 86f.**

e) Mindestpunktzahl für die Beteiligung am Wertungsverfahren, § 5 Abs. 2 UAbs. 3 GO Wertung U

Eine Mindestpunktzahl sieht § 5 Abs. 2 UAbs. 3 GO Wertung U als Voraussetzung für die Teilnahme am Wertungsverfahren vor. Die **Mindestpunktzahl** beträgt **zehn**, davon müssen mindestens zwei in einer der Sparten U, VK, R, FS oder T FS (T FS ohne Werbung) erreicht werden. Grund für die Regelung ist, dass die Aufkommensbeträge nach lit. E für die Sparte BM (Bühnenmusik) und nach lit. H für die Sparte A (Auslandsaufkommen) zumeist nicht eindeutig der E-Musik oder der U-Musik zugerechnet werden können und daher eine Förderung im Bereich der U-Musik allein nicht rechtfertigen (entsprechend nach § 5 Abs. 3 Schlussabsatz GO Wertung KE für die E-Wertung; oben, **Rn. 88**). 222

2. Die Bestimmung der Wertungsgruppe, § 5 Abs. 1, 8 GO Wertung U

a) Die Zuordnung zu den Wertungsgruppen nach § 5 Abs. 1 GO Wertung U

Die Summe der anrechenbaren (Rn. 35) Punkte, die ein Mitglied nach den Bestimmungen von § 5 Abs. 3 lit. A–I GO Wertung U erhält, bestimmt die Zuordnung zu einer der sechs (I–VI) Wertungsgruppen von § 5 Abs. 1 GO Wertung U. Je nach erreichter Wertungsgruppe ist ein unterschiedlicher Anteil des Lizenzaufkommens für die Berechnung der Wertung zu berücksichtigen. 223

b) Keine Herabstufung, § 5 Abs. 8 GO Wertung U

Da das Aufkommen variiert, ist es denkbar, dass ein Mitglied in einem Jahr weniger Wertungspunkte erhält als im Vorjahr und deshalb die Voraussetzungen für die früher erreichte Wertungsgruppe nicht mehr erfüllt. Eine Herabstufung erfolgt jedoch nach der **Bestandsschutz**regel von Abs. 8 lit. a nicht; ebenso nach § 5 Abs. 4 GO Wertung KE, oben, Kap. 9.1 Rn. 90. 224

Anders liegen die Dinge, wenn einer der **Missbrauch**statbestände von § 3 Abs. 7 GO Wertung U erfüllt ist. In diesem Fall ist eine Herabstufung als Sanktion möglich. Näher oben, **Rn. 60ff., 186.** 225

Bei **Verlegern** hängt die erreichte Wertungsgruppe von dem von ihnen aufgebauten **Katalogbestand** ab, § 5 Abs. 8 lit. b GO Wertung U. Verkauft ein Verleger seinen Katalog ganz oder teilweise, so muss damit auch die erreichte Wertungsgruppe entsprechend (ganz oder teilweise) auf den Erwerber übergehen. Andernfalls würde die Besitzstandsregel dazu führen, dass dasselbe verlegerische Schaffen doppelt berücksichtigt wird, einmal zugunsten des Veräußerers und einmal zugunsten des Erwerbers. 226

3. Das berücksichtigungsfähige Lizenzaufkommen, § 5 Abs. 1 GO Wertung U

a) Grundregeln

In einem dritten Schritt ist für die Berechnung der Wertung das berücksichtigungsfähige Aufkommen zu ermitteln. Dafür enthält der „Klammerzusatz“ zu § 5 Abs. 1 GO 227

Wertung U nähere Vorgaben. Berücksichtigung findet nur das Aufkommen aus dem **Aufführungs- und Senderecht** (ohne T, BM und UD[45]), und zwar

Aufkommen in der Sparte U
bei Verrechnung nach Punktwerten gem. § 85 VP zu 100%
bei Verrechnung nach Veranstaltungen § 86 VP zu 50%

Aufkommen in den Sparten R, FS, T FS
für Komponisten zu 50%
für Textdichter zu 54%
für Verleger zu 53%

Die früher in § 5 Abs. 1 GO Wertung U enthaltene Beschränkung, wonach das Aufkommen in der Sparte T FS „(ohne Werbung)" zu berücksichtigen sei, hat die Mitgliederversammlung 2012 im Zuge eines Gesamtkonzepts zur Berücksichtigung von Werbungsmusik in Verteilung und Wertung aufgehoben.[46]

b) *Das zu Grunde zu legende Aufkommen im Fall von Zessionen*

228 Nach der Vorschrift des § 3 Abs. 8 GO Wertung U nehmen im Falle der Rechteübertragung von einem Nicht-Mitglied (Zedent) auf ein GEMA-Mitglied (Zessionar) weder der Zedent noch der Zessionar für die abgetretenen Rechte am Wertungsverfahren teil (oben, **Rn. 53f., 186**). Diese Regelung gilt indes erst für Abtretungen, die ab dem 1. Juni 2003 bei der GEMA eingereicht wurden bzw. Werke betreffen, die ab dem 1. Juni 2003 bei der GEMA angemeldet wurden. Für die früher eingereichten Abtretungen kommt daher eine Wertungsbeteiligung durchaus in Betracht. Insoweit bestimmt Abs. 2 von Fn. 1 zu § 5 GO Wertung U, dass für die Ermittlung der Wertung das Gesamtaufkommen des Komponisten aus allen Zessionen zu Grunde zu legen ist. Zweck der Regelung ist es, eine **Umgehung** der Kappungsgrenzen in § 5 Abs. 2 UAbs. 4 und 5 GO Wertung U (Rn. 234f.) zu verhindern.

4. Die Bestimmung der Wertungsmark

229 Als letztes Datum ist für die Berechnung der Wertung die Wertungsmark zu bestimmen. Darüber bestimmt Abs. 1 S. 2 der Fn. 2 zu § 5 GO Wertung U: „Die Höhe der Wertungsmark wird errechnet aus dem Verhältnis der Verteilungssumme zu der im Rahmen des Wertungsverfahrens verfügbaren Summe".

230 Die **Verteilungssumme** ist die Summe der berücksichtigungsfähigen Aufkommen aller am Wertungsverfahren teilnehmenden Berechtigten. Sie wird maW errechnet, indem für jeden Berechtigten das berücksichtigungsfähige Aufkommen (Rn. 227f.) ermittelt und mit dem Prozentsatz der anwendbaren Wertungsgruppe (Rn. 223ff.) multipliziert wird. Die Summe der so errechneten Einzelbeträge ergibt die Verteilungssumme. Diese Verteilungssumme wird sodann zu der im Rahmen des Wertungsverfahrens **verfügbaren Summe** in Verhältnis gesetzt.

231 Beträgt z.B. die verfügbare Summe 100 und die Verteilungssumme 50, so ist die Wertungsmark 2:1, also 2.

45 UD ist Direktverteilung, § 90 VP.

46 Vgl. auch KG v. 7.8.2013 – 24 U 32/12, n.v.; das KG hat den Ausschluss von Werbung für mit § 7 UrhWG unvereinbar und nichtig gehalten.

5. Die Berechnung des Wertungsbetrags

Der Wertungsbetrag, den ein Berechtigter erhält, ist auf der Grundlage der so ermittelten Daten zu errechnen. In einer Formel ausgedrückt erfolgt die Berechnung so: 232

Wertung = berücksichtigungsfähiges Aufkommen x%-Satz der Wertungsgruppe × Wertungsmark.

An einem **Berechnungsbeispiel** lässt sich das verdeutlichen. 233

Komponist K, Mitglied der GEMA seit 1984, hat folgende Lizenzaufkommen erzielt:
Sparte U 2012, davon gehobene U-Musik 500 € 8.000 €
Sparte R 2012, davon gehobene U-Musik 100 € 1.500 €
Auslandsaufkommen 3.000 €
Damit erhält er folgende Wertungspunkte:
lit. A (30 Jahre Mitgliedschaft) 30 Punkte
lit. B 15 Punkte
lit. B dd) 4 Punkte
lit. C 2 Punkte
lit. C dd) 0 Punkte
lit. H 11 Punkte
lit. I (gegriffene Zahl) 10 Punkte
Summe Wertungspunkte 72 Punkte
Danach ist K einzustufen in die Wertungsgruppe III.
Sein berücksichtigungsfähiges Aufkommen beträgt:
Sparte U (§ 5 Abs. 1 GO Wertung U: 100%) 8.000 €
Sparte R (§ 5 Abs. 1 GO Wertung U: 50%) 750 €
Summe 8.750 €
Die Wertungsmark betrage (gegriffene Zahl) 2.
Daraus errechnet sich folgender **Wertungszuschlag**:
8.750 € × 30% × 2 = 5.250 €.

6. Kappungsgrenzen, § 5 Abs. 2 UAbs. 4 und 5, Abs. 9 GO Wertung U

a) Die Kappungsgrenzen

Ähnlich wie die GO Wertung KE (§ 5 Abs. 2 UAbs. 6; oben, **Rn. 107 f.**) enthält auch die GO Wertung U eine so genannte Kappungsgrenze. Sie ist für Urheber und Verleger differenziert geregelt. 234

Urheber, Komponisten und Textdichter, erhalten aus den Mitteln des Wertungsverfahrens höchstens einen Anteil von **4%** des für ihre Berufsgruppe zur Verfügung stehenden Gesamtbetrags, § 5 Abs. 2 UAbs. 5 GO Wertung U. Allein für **Verleger** hat die Kappungsgrenze von **10%** des in dieser Berufsgruppe zur Verfügung stehenden Gesamtbetrags Bedeutung. Der Unterschied findet seine Rechtfertigung darin, dass die Wertung der Verleger ihre vermittelnde Förderungstätigkeit für die Urheber belohnen soll, diese aber nicht auf einen Urheber beschränkt ist, sondern sich auf viele Urheber beziehen kann. Da die Wertungszuschläge aus nach Berufsgruppen getrennten „Töpfen" gezahlt werden und sich die Kappungsgrenzen auf diese gesonderten „Gesamtbeträge" beziehen, wirkt sich die höhere Kappungsgrenze für Verleger nicht zulasten der Urheber aus. 235

b) Verwendung von freigewordenen Beträgen, § 5 Abs. 9 GO Wertung U

Beträge, die infolge der Kappungsgrenze (in Abs. 9 als „Limit" bezeichnet) in den Berufsgruppen der **Komponisten** und der **Textdichter** frei geworden sind, werden gem. 236

§ 5 Abs. 9 S. 1 GO Wertung U jeweils mit der Wertungssumme des nächsten Jahres in den betreffenden Sparten (gemeint ist: Berufsgruppen) verteilt.

237 Die in der Berufsgruppe der **Verleger** freigewordenen Beträge werden kleineren Verlagen unter bestimmten Voraussetzungen als zusätzliche Wertung zur Verfügung gestellt, Abs. 9 S. 2.

§ 6 [Zuständigkeit und Verfahren des Wertungsausschusses]

(1) Soweit in dieser Geschäftsordnung nichts anderes bestimmt ist, entscheidet der Wertungsausschuss, abgesehen von der Mitgliedschaftsdauer und dem Aufkommen, über die Eingruppierung gemäß § 5 und über die Ausschüttung aus dem Ausgleichsfonds gemäß § 4 aufgrund der Vorschläge, die ihm für die jeweils in Betracht kommende Berufsgruppe aufgrund von Vorberatungen der Mitglieder des Wertungsausschusses gemacht werden, die dieser Berufsgruppe angehören.

(2) Der Aufsichtsrat hat das Recht, zu den Beratungen der Berufsgruppen-Mitglieder ein Mitglied des Aufsichtsrates als Delegierten zu entsenden, das der in Betracht kommenden Berufsgruppe angehören muss.

(3) Der Vorstand kann an allen Beratungen der Berufsgruppen-Mitglieder teilnehmen.

Übersicht

I. Übersicht

238 § 6 GO Wertung U regelt (nicht abschließend) die Zuständigkeiten des Wertungsausschusses (Abs. 1 Hs. 1; Rn. 239 ff.) und, ausschnittweise, das Verfahren (Abs. 1 Hs. 2; Rn. 245). In Ergänzung zu § 2 Abs. 4 und 5 GO Wertung U bestimmt die Vorschrift in Abs. 2 und 3 Teilnahmerechte des Aufsichtsratsdelegierten sowie des Vorstands für die Vorberatungen der Berufsgruppen (Rn. 246).

II. Zuständigkeiten von Wertungsausschuss und Aufsichtsrat

1. Zuständigkeiten nach § 6 Abs. 1 GO Wertung U

239 Für die nach der GO Wertung U zu treffenden Entscheidungen ist grundsätzlich der Wertungsausschuss zuständig, § 6 Abs. 1. Er entscheidet insbesondere über
a) die **Eingruppierung** gemäß § 5 und
b) die Ausschüttung aus dem **Ausgleichsfonds** des § 4.

a) Eingruppierung nach § 5 GO Wertung U

240 Der Wertungsausschuss entscheidet über die „Eingruppierung gemäß § 5". Gemeint ist damit allerdings nicht die Zuordnung eines Mitglieds zu einer der Gruppen von § 5 Abs. 1 GO Wertung U, die sich ohne weiteres aus den erreichten Punkten ergibt. Von der Zuständigkeit des Wertungsausschusses werden zudem die Entscheidungen über die

Mitgliedschaftsdauer (§ 5 Abs. 3 lit. A GO Wertung U) und über „das Aufkommen" (§ 5 Abs. 3 lit. B–E, H GO Wertung U) ausgenommen. Auch hier bedarf es keiner wertenden Entscheidung, mit der ein Fachausschuss zu befassen wäre. „Eingruppierung" bezeichnet daher die Voraussetzungen der Einstufung in eine der Gruppen von § 5 Abs. 1 GO Wertung U, die einer wertenden Zuordnung bedürfen:

- die Bewertung der **künstlerischen Persönlichkeit und des Gesamtschaffens** nach § 5 Abs. 3 lit. I GO Wertung U (oben, Rn. 46);
- die Gewährung der „Unterhaltungsmusik Zuschläge" gem. § 5 Abs. 3 lit. B) GO Wertung U (oben, Rn. 45).

b) Zuwendungen aus dem Ausgleichsfonds des § 4 GO Wertung U

Der Wertungsausschuss entscheidet grundsätzlich über die Zuwendungen aus dem Ausgleichsfonds (s.a. schon § 4 Abs. 5 GO Wertung U), für die § 4 GO Wertung U nur rahmenhafte Vorgaben macht; näher Rn. 202f. **241**

Darüber hinaus ist der Wertungsausschuss auch zuständig für die Konkretisierung der Finanzausstattung des Ausgleichsfonds. Für sie gibt § 4 Abs. 1 GO Wertung U nur eine Obergrenze von 10% der zur Verfügung gestellten Wertungssumme an; oben, Rn. 192f. **242**

2. Weitere Zuständigkeiten

Weitere Zuständigkeiten ergeben sich aus dem Sachzusammenhang daraus, dass die GO Wertung U in verschiedenen Fragen eine wertende Entscheidung voraussetzt, dafür aber kein besonderes Entscheidungsgremium benennt. Das betrifft folgende Gegenstände: **243**

- Die Anerkennung eines langjährigen **Lebensgefährten** als Beteiligten der Wertung nach § 3 Abs. 6 S. 3 GO Wertung U (mit Zustimmung des AR); dazu Rn. 188f.
- Die **Anrechung von Mitgliedschaftszeiten** in anderen Verwertungsgesellschaften nach § 3 Abs. 1 UAbs. 2 GO Wertung U; dazu Rn. 186.
- Die **Änderung der Einstufung** für das Wertungsverfahren wegen **Missbrauchs** nach § 3 Abs. 7 S. 2 GO Wertung U; dazu Rn. 186.

3. Zuständigkeit des Aufsichtsrats

In einigen Fällen ist der Aufsichtsrat zuständig. Er entscheidet insbesondere über die Bedingungen der Mittelberechnung und –vergabe an die Druck- und Subbearbeiter sowie an die Subtextdichter, § 4 Abs. 1 S. 2–5. **244**

III. Verfahren

1. Vorberatungen der Berufsgruppenvertreter

Der Wertungsausschuss für die Unterhaltungsmusik ist mit neun Mitgliedern verhältnismäßig groß. Schon § 2 Abs. 3 UAbs. 2 GO Wertung U bestimmt, dass die Entscheidungen in einzelnen Fällen maßgeblich mit den Stimmen der betroffenen Berufsgruppe gefällt werden sollen. Daher ist es sinnvoll (wenn auch systematisch falsch verortet), wenn § 6 Abs. 1 a.E. GO Wertung U entsprechende **Vorberatungen** der Berufsgruppenvertreter vorsieht. Diese Vorberatungen dienen dazu, dem Wertungsausschuss als Gesamtgremium **Vorschläge** für die Abstimmung zu machen. **245**

2. Teilnahmerechte

246 § 6 Abs. 2 und 3 GO Wertung U erstreckt die Teilnahmerechte von § 2 Abs. 4 und 5 GO Wertung U auf die Beratungen der Berufsgruppenvertreter und konkretisiert sie. Der **Aufsichtsrat** kann zu diesen Vorbesprechungen (nur) einen Delegierten entsenden, der der jeweiligen Berufsgruppe angehört. Das soll gewährleisten, dass diese Beratungen ausschließlich nach den Interessen und Wertungen der jeweiligen Berufsgruppe erfolgen können.

§ 7 [Wertung der Ausschussmitglieder und des Delegierten des Aufsichtsrats]

Die Wertung für Ausschussmitglieder und die Delegierten des Aufsichtsrates erfolgt in Abwesenheit des Betroffenen durch die übrigen Ausschussmitglieder und den Vorstand. Bei Stimmengleichheit entscheidet die Stimme des Sitzungsvorsitzenden.

247 Die Vorschrift entspricht jener des § 7 GO Wertung KE. Auf die dortigen Erläuterungen wird verwiesen; **Rn. 116 ff.**

§ 8 [Beschwerdeverfahren]

(1) Gegen die Entscheidung des Wertungsausschusses kann von dem betroffenen Mitglied die Entscheidung des Aufsichtsrates der GEMA angerufen werden. Darüber hinaus haben die Delegierten des Aufsichtsrates und der Vorstand das Recht, gegen jede Entscheidung des Wertungsausschusses die Entscheidung des Aufsichtsrates anzurufen.

(2) Der Aufsichtsrat kann nur innerhalb einer Frist von 8 Wochen angerufen werden. Die Frist beginnt für das betroffene Mitglied mit dem Zugang der Entscheidung, für die antragsberechtigten Delegierten des Aufsichtsrates und den Vorstand vom Tage der Entscheidung des Wertungsausschusses an zu laufen.

(3) Falls die Anrufung des Aufsichtsrates durch das betroffene Mitglied auf neuem Tatsachenvortrag beruht, der bei der Entscheidung des Wertungsausschusses noch nicht berücksichtigt werden konnte, ist der Vorsitzende des Wertungsausschusses berechtigt, nach Rücksprache mit den übrigen Ausschussmitgliedern dem Antrag des Mitglieds ohne Vorlage an den Aufsichtsrat zu entsprechen.

(4) Ruft ein Delegierter des Aufsichtsrates oder der Vorstand die Entscheidung des Aufsichtsrates an, so hat dies aufschiebende Wirkung.

(5) Bei diesen Entscheidungen des Aufsichtsrates haben die Delegierten kein Stimmrecht.

248 Die Regelung entspricht – mit einer Ausnahme (Rn. 76) – jener des § 8 GO Wertung KE. Auf die dortigen Erläuterungen wird verwiesen; **Rn. 120 ff.**

249 Anders als in § 8 Abs. 5 GO Wertung KE ist hier keine **Begründungspflicht** für den Fall einer ablehnenden Entscheidung auf die Beschwerde eines Mitglieds vorgesehen. Eine solche Begründungspflicht ergibt sich jedoch schon aus allgemeinen Grundsätzen.

§ 9 [Kosten des Wertungsverfahrens]

Die durch das Wertungsverfahren entstehenden Kosten gehen zu Lasten der von der GEMA für das Wertungsverfahren zur Verfügung gestellten Mittel.

250 Die Vorschrift entspricht jener des § 9 GO Wertung KE. Auf die dortigen Erläuterungen wird verwiesen; oben, **Rn. 130**).

§ 10 [Korrektur systematischer Verteilungsfehler]

(1) Erweist sich die Wertung für ein Geschäftsjahr im Nachhinein insgesamt oder in Teilen als systematisch fehlerhaft, insbesondere wegen der Nichtigkeit einer Regelung dieser Geschäftsordnung, und ist eine vollständige Rückabwicklung und Neuvornahme der Wertung nicht oder nur mit wirtschaftlich unverhältnismäßigem Aufwand möglich, können Aufsichtsrat und Vorstand einvernehmlich beschließen,

bei der Berechnung der Höhe der sich aus der fehlerhaften Wertung ergebenden Ansprüche Pauschalierungen vorzunehmen, soweit eine präzise Berechnung nicht oder nur mit wirtschaftlich unverhältnismäßigem Aufwand möglich ist;
die Ansprüche der durch die fehlerhafte Wertung nachteilig betroffenen Berechtigten aus den für laufende und künftige Wertungsverfahren zur Verfügung gestellten Mitteln zu befriedigen;
Rückforderungsansprüche der GEMA gegen künftige Zahlungsansprüche der durch die fehlerhafte Wertung begünstigten Berechtigten aufzurechnen;
statt einer Aufrechnung ganz oder teilweise auf Rückforderungsansprüche der GEMA zu verzichten.

Bei der Auswahl unter den zur Verfügung stehenden Maßnahmen haben Aufsichtsrat und Vorstand das Interesse an einer möglichst vollständigen Erfüllung der jeweiligen Ansprüche und das wirtschaftliche Gebot der Verhältnismäßigkeit abzuwägen. Der Gleichbehandlungsgrundsatz ist zu beachten und auf Härtefälle angemessen Rücksicht zu nehmen.

(2) Mittel, die aufgrund außerordentlicher Einnahmen der GEMA für die Wertung für ein bereits abgerechnetes Geschäftsjahr zur Verfügung gestellt werden, werden als prozentualer Zuschlag in dem betreffenden Geschäftsjahr verrechnet. Soweit eine solche Verrechnung als Zuschlag nicht oder nur mit wirtschaftlich unverhältnismäßigem Aufwand möglich ist, werden die zur Verfügung gestellten Mittel der Wertung für das Geschäftsjahr zugeführt, in dem die außerordentlichen Einnahmen erzielt worden sind.

Hat sich die Wertung für ein Geschäftsjahr gemäß Absatz (1) dieser Vorschrift als systematisch fehlerhaft erwiesen, ist die GEMA berechtigt, Pauschalierungen bei der Ermittlung der Berechnungsgrundlage für eine Zuschlagsverrechnung solcher Mittel vorzunehmen, die aufgrund außerordentlicher Einnahmen der GEMA nachträglich für die Wertung für dieses Geschäftsjahr zur Verfügung gestellt werden. Hierbei sind das Interesse an einer möglichst präzisen Berechnung und das wirtschaftliche Gebot der Verhältnismäßigkeit abzuwägen. Der Gleichbehandlungsgrundsatz ist zu beachten und auf Härtefälle angemessen Rücksicht zu nehmen.

Die Vorschrift entspricht § 10 GO Wertung KE. Inhaltlich entspricht die Regelung der entsprechenden Vorschrift von § 33 Verteilungsplan. Auf die Erläuterungen dazu wird verwiesen; oben, **Kap. 8 Rn. 143 ff.** 251

§ 11 [Inkrafttreten]

Diese Geschäftsordnung tritt mit Wirkung vom GEMA-Geschäftsjahr 1983 in Kraft.

§ 12 [Änderungskompetenz und -verfahren]

Änderungen dieser Geschäftsordnung erfolgen durch die Mitgliederversammlung nach den Regeln, die für eine Satzungs- und Verteilungsplanänderung vorgesehen sind. § 20 der Satzung der GEMA bleibt unberührt.

Die Vorschrift entspricht jener des § 11 GO Wertung KE. Auf die dortigen Erläuterungen wird verwiesen; oben, **Rn. 132 ff.** 252

Anhang zur Geschäftsordnung für das Wertungsverfahren in der Unterhaltungs- und Tanzmusik

Besondere Regelung für ordentliche Mitglieder der GEMA mit mindestens 20 Mitgliedschaftsjahren zur GEMA

Gültig ab Geschäftsjahr 1970

Fassung vom 25./26. Juni 2013

I. Die Komponisten und Textdichter, die ordentliche Mitglieder der GEMA sind, stellen ihre Anteile am sogenannten Ausfall einem Fonds zur Verfügung, aus dem sie Zuwendungen erhalten, wenn sie sowohl ihr 60. Lebensjahr vollendet haben als auch seit mindestens 20 Jahren ordentliche Mitglieder der GEMA sind.

Die Höhe dieser Zuwendungen wird wie folgt errechnet:

1. Für jeden Urheber wird für die Sparte, in der er ordentliches Mitglied ist, seine in dem bisherigen Wertungsverfahren aus § 5 (3) der Geschäftsordnung in einem Jahr errechnete Höchstpunktzahl festgestellt, die sich aus dem günstigsten Verhältnis von Aufkommenspunkten zu Punkten für die Dauer der ordentlichen Mitgliedschaft ergibt. Für die Berechnung der Dauer der ordentlichen Mitgliedschaft wird der 1. Januar des Jahres zugrunde gelegt, in dem der Aufnahmeantrag bei der GEMA eingegangen ist. Voraussetzung ist, dass zum Zeitpunkt des Einganges des Aufnahmeantrages die Bedingungen gemäß § 7 Ziff. 1 der Satzung der GEMA erfüllt waren. Nicht angerechnet werden die Ermessenspunkte für Unterhaltungsmusikzuschläge, Standardwerke der Unterhaltungsmusik, Evergreens der Tanzmusik sowie Bewertung des Gesamtschaffens und der künstlerischen Persönlichkeit. Das Jahr, das Gegenstand des laufenden Wertungsverfahrens ist, wird dabei nicht berücksichtigt.

2. Mindestens ein Drittel der Punkte müssen Aufkommenspunkte sein. Hat das Mitglied in einem anderen Jahr ein günstigeres Verhältnis zwischen Aufkommens- und Mitgliedschaftspunkten, so wird dieses Jahr der Berechnung zugrunde gelegt.

3. Hat der Urheber Anspruch auch in der Sparte E, so werden bei der Feststellung der Höchstpunktzahl die in der E-Wertung erzielten Aufkommenspunkte mit berücksichtigt.

4. Aus der Gesamtzahl der errechneten Punkte und dem zur Verfügung gestellten Betrag ergibt sich der Punktwert für die Zuwendung.

II. Die Verteilung bei den Verlegern erfolgt erstmals in dem Jahr nach Erreichen der ordentlichen Mitgliedschaft durch prozentualen Zuschlag zur Verteilungssumme.

III. Mittel, die für ein bereits abgerechnetes Geschäftsjahr aufgrund außerordentlicher Einnahmen der GEMA nachträglich zur Verfügung gestellt werden, werden als prozentualer Zuschlag in dem betreffenden Geschäftsjahr verrechnet. Soweit eine solche Verrechnung als Zuschlag zu einem bereits abgerechneten Geschäftsjahr nicht oder nur mit wirtschaftlich unverhältnismäßigem Aufwand möglich ist, werden die zur Verfügung gestellten Mittel dem Geschäftsjahr zugeführt, in dem die außerordentlichen Einnahmen erzielt worden sind.

IV. Gegen die Entscheidung kann vom Mitglied innerhalb einer Frist von acht Wochen Einspruch beim Aufsichtsrat eingelegt werden. Die Frist beginnt mit dem Zugang der Entscheidung zu laufen.

V. Änderungen dieses Anhangs sind nur durch die Mitgliederversammlung nach den Regeln zulässig, die für eine Satzungs- und Verteilungsplanänderung vorgesehen sind. § 20 der Satzung der GEMA bleibt unberührt.

Kapitel 9.5
Das Schätzungsverfahren der Bearbeiter (GO Schätzung B)

Geschäftsordnung

Fassung aufgrund der Beschlüsse der ordentlichen Mitgliederversammlung vom 6. und 23. und 24. Mai 2017

Das Schätzungsverfahren dient dazu, Spezialbearbeitern einen Ausgleich dafür zu verschaffen, dass sie nach den Verteilungsplänen A, B und C nicht berücksichtigt werden können. Die Geschäftsordnung ist als vorgegebener Rahmen zu betrachten, innerhalb dessen die Schätzungskommission ihre Entscheidungen nach bestem Wissen und Gewissen trifft.

Die vom Vorstand und Aufsichtsrat nach §§ 30 und 31 des Verteilungsplans für ein Schätzungsverfahren der Bearbeiter in der Sparte U zur Verfügung gestellten Mittel werden jährlich zusammen mit 0,4 Prozent des jeweils in den Sparten R, FS und M auf die Komponisten entfallenden Aufkommens[1)] nach Maßgabe der nachstehenden Bestimmungen verteilt:

---

1) Die von der ordentlichen Mitgliederversammlung 2014 beschlossene Neuregelung zur Finanzierung des Schätzungsverfahrens gilt ab dem 1.1.2015.

§ 1 [Zusammensetzung und Wahl der Schätzungskommission]

(1) Es wird eine Schätzungskommission aus
5 Bearbeitern
und
3 Stellvertretern
gebildet.

Wählbar sind Mitglieder mit mindestens zehnjähriger Mitgliedschaft. Davon müssen fünf Jahre auf die ordentliche Mitgliedschaft entfallen. Aufsichtsratsmitglieder sind nicht wählbar.

(2) Die Mitglieder der Schätzungskommission werden auf die Dauer von drei Jahren auf Grundlage der Wahlvorschläge des Aufsichtsrates durch die Mitgliederversammlung nach den Grundsätzen gewählt, die für die Wahl von Aufsichtsratsmitgliedern gelten. Bei der Auswahl der Wahlvorschläge berücksichtgt der Aufsichtsrat das Ziel, den Anteil von Frauen in allen Gremien zu stärken. Andere Wahlvorschläge können von den ordentlichen Mitgliedern und Delegierten im Vorfeld der Mitgliederversammlung, in der die Wahl stattfindet, beim Wahlausschuss eingereicht werden. B. I. Ziffer 3 Absätze 2 und 3 der Versammlungsordnung gelten entsprechend.

Andere Wahlvorschläge können in den Berufsgruppenversammlungen erfolgen. Die Kommissionsmitglieder bleiben bis zum Ablauf der dritten auf die Wahl folgenden ordentlichen Mitgliederversammlung im Amt. Wiederwahl ist zulässig.

(3) Scheidet während der Amtsdauer ein Ausschussmitglied aus, so hat der Aufsichtsrat ein Ersatzmitglied zu wählen, das an dessen Stelle tritt. Die Ersatzwahl bedarf der Bestätigung durch die nächste Mitgliederversammlung, soweit die Amtsdauer über diese Mitgliederversammlung hinausgeht.

§ 2 [Verfahren und Beschlussfassung]

(1) Die Kommission wählt aus ihrer Mitte einen Vorsitzenden und einen stellvertretenden Vorsitzenden.

Darüber hinaus kann die Kommission mit Zustimmung von Aufsichtsrat und Vorstand externe Sachverständige punktuell zur Beratung hinzuziehen oder als ständige Mitglieder beratender Funktion kooptieren. Die Amtsdauer der als ständige Mitglieder kooptierten Sachverständigen endet mit der Amtsperiode der stimmberechtigten Kommissionsmitglieder oder durch Abberufung durch die stimmberechtigten Kommissionsmitglieder.

(2) Die Kommission ist nur beschlussfähig, wenn mindestens 3 stimmberechtigte Mitglieder bzw. Stellvertreter anwesend sind.

(3) Die Kommission entscheidet mit einfacher Mehrheit der bei der Abstimmung vorhandenen Stimmen.

Bei Stimmengleichheit entscheidet die Stimme des Vorsitzenden.

(4) Der Vorstand und der Delegierte des Aufsichtsrates können an allen Sitzungen der Schätzungskommission teilnehmen.

Beide haben lediglich beratende Stimme.

§ 3 [Spezialbearbeitungen]

(1) Als Spezialbearbeitungen im Sinne des Schätzungsverfahrens gelten im Auftrag erstellte vollständige Bearbeitungen von vorbestehenden Werken, sofern sie im Verteilungsplan der GEMA unberücksichtigt bleiben. Die Aufträge müssen erteilt worden sein

- zur Herstellung von handelsüblichen Tonträgern oder für die Bereitstellung zu kostenpflichtigen Nutzungen im Internet, und zwar von einer Industrietonträgerfirma oder einer Produktionsgemeinschaft
- für Sendezwecke, und zwar von einem Hörfunk- oder Fernsehsender, einem Verlag oder einer Produktionsgemeinschaft.

Für eine Bereücksichtigung im Schätzungsverfahren müssen Spezialbearbeitungen lizenzpflichtig genutzt worden sein. Im Zweifelsfall kann die Schätzungskommission einen Nachweis der lizenzpflichtigen Nutzung verlangen. Für eine Berücksichtigung als Spezialbearbeitung für Hörfunk und Fernsehen muss die Spzeialbearbeitung von Hörfunk und Fernsehen gesendet worden sein. Die Bemusterung von Sendern gilt für sich nicht als lizenzpflichtige Nutzung. Nutzungen, die später als fünf Jahre nach der Anmeldung erfolgt sind, werden im Rahmen der Erstschätzung nicht berücksichtigt.

Eine Bearbeitung lediglich des eigenen bzw. eines Parts (Instrument, Chorstimme) stellt in keinem Fall eine Spezialbearbeitung dar.

Die Durchführung einer Tonaufzeichnung als Tonmeister oder Produzent stellt für sich keine Bearbeitung im Sinne des Schätzungsverfahrens dar.

Nicht berücksichtigt werden:

a) Bearbeitungen freier Werke, auch wenn diese durch eine Bearbeitung wieder geschützt sein sollten.

b) earbeitungen eigener Kompositionen, die der GEMA als Manuskript gemeldet wurden oder im Eigenverlag erschienen sind sowie andere Bearbeitungen eigener Kompositionen, die keine Spezialbearbeitungen im Sinne des Schätzungsverfahrens sind.
ür Werke, die bis einschließlich Geschäftsjahr 1989 gemeldet wurden, gilt die Regelung, die bis einschließlich 1989 in Kraft war.[2)]

c) earbeitungen für Tonfilme, Tonfilme im Fernsehen, Fernsehfilme, Fernsehspiele und Hörspiele sowie Werbemusiken.

d) earbeitungen, bei denen unter Verwendung einer vorbestehenden Tonaufnahme nur geringfügige Änderungen (z.B. Einfügen von Drumloops, Geräuschen, Effektflächen) an der Vorlage vorgenommen werden.

e) earbeitungen für Musikverwerter, die mit der GEMA in keinem direkten Vertragsverhältnis stehen mit Ausnahme von Bearbeitungen, für die die GEMA eine Vergütung im Rahmen der Zentrallizenzierung durch Dritte erhält.[3)]

f) utzungen von Bearbeitungen im Ausland.

g) earbeitungen, für die in Zweifelsfällen auf Anforderung der Schätzungskommission Tonträger und/oder Notenbelege nicht vorgelegt werden können, sowie Bearbeitungen, für die der Nachweis eines vorbestehenden Werkes nicht erbracht werden kann.

(2) Für die Verrechnung einer Spezialbearbeitung kann grundsätzlich nur ein Bearbeiter in der Schätzung berücksichtigt werden. In Ausnahmefällen können höchstens drei Bearbeiter berücksichtigt werden, wenn sie das Werk gemeinsam bearbeitet haben. In diesem Fall müssen die Betreffenden ihre Aufstellungen mit Nennung der anderen Beteiligten einreichen.

Zusatzbearbeitungen (z.B. nur Chor-, Streicher- oder Bläserstimmen zu einer fertigen Bearbeitung) können im Rahmen der Schätzung nur dann berücksichtigt werden, wenn der Hauptbearbeiter der Berücksichtigung zugestimmt hat. Die Zustimmung muss bei der Anmeldung der Zusatzbearbeitung nachgewiesen werden und Angaben darüber enthalten, zu welchen Anteilen Haupt- und Zusatzbearbeiter an der Schätzung beteiligt werden sollen.

2) Bis Geschäftsjahr 1989 galt folgende Fassung von b):
b) Bearbeitungen eigener Kompositionen, die der GEMA als Manuskript gemeldet wurden oder im Eigenverlag erschienen sind.

3) Die Ergänzung „mit Ausnahme von Bearbeitungen für die die GEMA eine Vergütung im Rahmen der Zentrallizenzierung durch Dritte erhält" gilt für die Schätzung ab Geschäftsjahr 2015.

§ 4 [Beteiligung am Schätzungsverfahren]

Die Mitglieder der GEMA werden nach Maßgabe folgender Bestimmungen am Schätzungsverfahren beteiligt:

(1) Bis zu 10% der zur Verfügung stehenden Mittel können einem Ausgleichsfonds zugeführt werden.

Der Ausgleichsfonds hat den Zweck, in Härtefällen oder in Fällen von besonderer künstlerischer Bedeutung Zuwendungen zu machen.

Der verbleibende Rest wird nunmehr wie folgt verteilt:

(2) Circa 60% der zur Verfügung stehenden Summe werden anhand der eingereichten Unterlagen nach folgendem Schlüssel verteilt:

A) 1. Spezialbearbeitungen für Industrietonträger	3 Punkte
hiervon	
AA) für mechanisches Vervielfältigungsrecht	1 Punkt
BB) für die übrigen Rechte	2 Punkte
2. Spezialbearbeitungen für kostenpflichtige Nutzungen im Internet	½ Punkt
hiervon	
AA) für mechanisches Vervielfältigungsrecht	1/6 Punkt
BB) für die übrigen Rechte	2/6 Punkt
3. Potpourris (Medleys) pro Minute	1 Punkt
hiervon	
AA) für mechanisches Vervielfältigungsrecht	1/3 Punkt
BB) für die übrigen Rechte	2/3 Punkte
B) 1. Spezialbearbeitungen für Hörfunk und Fernsehen	2 Punkte
hiervon	
AA) für mechanisches Vervielfältigungsrecht	1/2 Punkt
BB) für die übrigen Rechte	1 1/2 Punkte
2. Spezialbearbeitungen für Hörfunk und Fernsehen , Spieldauer länger als 8 Minuten und Partiturbesetzung ab 19 selbständig geführten Stimmen pro Minute	1 Punkt
hiervon	
AA) für mechanisches Vervielfältigungsrecht pro Minute	1/4 Punkt
BB) für die übrigen Rechte pro Minute	3/4 Punkt
3. Potpourris (Medleys) pro Minute	1 Punkt
hiervon	
AA) für mechanisches Vervielfältigungsrecht pro Minute	1/4 Punkt
BB) für die übrigen Rechte pro Minute	3/4 Punkt

Die unter A) 1. und 2. sowie B) 1. genannten Punktzahlen gelten für eine Spieldauer von 3 bis 4 Minuten. Bei kürzeren oder längeren Zeiten werden sie entsprechend dividiert bzw. multipliziert.

Bearbeitungen von 2 Stimmen werden im Regelfall nicht berücksichtigt, bei 3 bis 4 Stimmen wird die Punktzahl halbiert. Computerspuren (Tracks) gelten nicht als Einzelstimmen.

Sofern der Spezialbearbeiter an dem der Bearbeitung zu Grunde liegenden Originalwerk als (Mit-) Komponist oder Verleger beteiligt ist, erfoglt seine Beteiligung mit der halben Punktzahl. Dies gilt bei Spezialbearbeitungen für Hörfunk und Fernsehen auch dann, wenn der Spezialbearbeiter an dem der Bearbeitung zu Grunde liegenden Originalwerk als Bearbeiter registriert ist.[4)]

Werden mehrere Bearbeiter, die einen Titel gemeinsam bearbeitet haben, berücksichtigt, so werden die auf die jeweilige Spezialbearbeitung entfallenden Punkte unter den beteiligten Bearbeitern verteilt. Dies geschieht, soweit die Beteiligten der Schätzungskommission nichts anderes mitteilen, zu gleichen Teilen.

Im Rahmen der Erstschätzung kann jede Bearbeitung nur einmal zur Schätzung angemeldet und berücksichtigt werden. Die hierfür erforderlichen Unterlagen sind bis zum 15. März des Kalenderjahres einzureichen, das auf das Geschäftsjahr folgt, in dem die Spezialbearbeitung lizenzpflichtig genutzt wurde.

Im Rahmen der Zweitschätzung können Spezialbearbeitungen für Industrietonträger, die für ein vorhergehendes Jahr bei der Erstschätzung anerkannt wurden, auf Antrag wiederholt berücksichtigt werden. Hierbei muss eine Spezialbearbeitung in dem Geschäftsjahr, für das der Antrag gestellt wird, oder in einem späteren Geschäftsjahr einmalig etwa 20.000 verkaufte Tonträgerexemplare aufweisen, um generell an der Zweitschätzung beteiligt zu werden. Nach Erreichen dieser Schwelle erfolgt die Beteiligung in der Zweitschätzung automatisch. Die Berücksichtigung in der Zweitschätzung muss für jede Spezialbearbeitung von jedem beteiligten Bearbeiter nur einmal beantragt werden. Anträge auf Berücksichtigung einer Spezialbearbeitung bei der Zweitschätzung sind jeweils bis zum 1. Februar eines Kalenderjahres einzureichen.

(3) Circa 35% der zur Verfügung stehenden Summe werden wie folgt verteilt:

Mitglieder, die

A) mindestens 3 Jahre am Schätzungsverfahren beteiligt gewesen sind, erhalten zusätzlich 1 Wertungspunkt,

B) mindestens 5 Jahre am Schätzungsverfahren beteiligt gewesen sind, erhalten zusätzlich 2 Wertungspunkte,
C) mindestens 10 Jahre am Schätzungsverfahren beteiligt gewesen sind, erhalten zusätzlich 3 Wertungspunkte,
D) mindestens 20 Jahre am Schätzungsverfahren beteiligt gewesen sind, erhalten zusätzlich 4 Wertungspunkte,
E) mindestens 30 Jahre am Schätzungsverfahren beteiligt gewesen sind, erhalten zusätzlich 5 Wertungspunkte.

Im Übrigen kann die Kommission je nach Gesamtschaffen zusätzlich bis zu 10 Wertungspunkte zuerkennen. Dies gilt ebenfalls für Bearbeiter, die noch nicht 3 Jahre am Schätzungsverfahren beteiligt gewesen sind.

Erfolgt für ein Geschäftsjahr keine Meldung zur Erstschätzung, so erhält das Mitglied lediglich die Wertungspunkte zuerkannt, die ihm im Jahr zuvor zugesprochen wurden. Wer jedoch zwei oder mehr Jahre hintereinander keine Unterlagen einreicht, erhält für diese Jahre keine Wertungspunkte angerechnet. Erfolgen nach einer mehrjährigen Unterbrechung erneut Meldungen, so besteht ein Anspruch auf die zuletzt zugesprochenen Wertungspunkte.

(4) Circa 5% der zur Verfügung stehenden Summe dienen als Rücklage für eventuelle Reklamationen und Spesen.

(5) Mittel, die aufgrund außerordentlicher Einnahmen der GEMA für das Schätzungsverfahren für ein bereits abgerechnetes Geschäftsjahr zur Verfügung gestellt werden, werden als prozentualer Zuschlag in dem betreffenden Geschäftsjahr verrechnet. Soweit eine solche Verrechnung als Zuschlag nicht oder nur mit wirtschaftlich unverhältnismäßigem Aufwand möglich ist, werden die zur Verfügung gestellten Mittel dem Schätzungsverfahren für das Geschäftsjahr zugeführt, in dem die außerordentlichen Einnahmen erzielt worden sind.

(6) Mitglieder, die nicht über das erforderliche berufsmäßige Können verfügen, um Spezialbearbeitungen im Sinne des Schätzungsverfahrens auch ohne die schöpferische Unterstützung durch andere zu schaffen, können keine Schätzung erhalten. Das Mitglied kann zum Nachweis seines berufsmäßigen Könnens aufgefordert werden.

(7) Mitglieder, welche 15 Geschäftsjahre (davon mindestens 10 Jahre ununterbrochen) am Schätzungsverfahren beteiligt gewesen sind, erhalten vom 16. Jahre an die Wertungspunkte nach Absatz (3) automatisch weiter zuerkannt. Nach dem Tod des Bearbeiters werden diese Wertungspunkte in Höhe von 75% auch den Ehegatten, eingetragenen Lebenspartnern oder minderjährigen Abkömmlingen dieser Mitglieder weiterhin zuerkannt, soweit sie Rechtsnachfolger in den Urheberrechten sind. Wenn weder ein überlebender Ehegatte oder eingetragener Lebenspartner noch Kinder vorhanden sind, kann ausnahmsweise mit Zustimmung des Aufsichtsrats auch ein langjähriger Lebensgefährte, der Rechtsnachfolger in den Urheberrechten ist, als Beteiligter anerkannt werden.

(8) Kein Mitglied erhält aus Mitteln des Schätzungsverfahrens mehr als 4% des jeweils zur Verfügung stehenden Gesamtbetrages.

(9) Wer als Bearbeiter im Rahmen des Schätzungsverfahrens wissentlich oder grob fahrlässig falsche Angaben macht, kann von der Schätzung für das Jahr, in dem der Verstoß begangen wird, ausgeschlossen werden, wenn er oder ein Dritter aufgrund der falschen Angaben einen rechtswidrigen Vermögensvorteil erlangt hat oder bei ungehindertem Fortgang erlangen würde.

Statt des Ausschlusses vom Schätzungsverfahren kann in minder schweren Fällen die Summe, die das Mitglied für das betreffende Jahr aus der Schätzung erhält, entsprechend der Schwere des Verstoßes gekürzt werden.

Vorstand und Aufsichtsrat sind zur Verhängung von Konventionalstrafen berechtigt. Das Recht auf Ausschluss nach § 9 A Ziff. 4 der Satzung bleibt davon unberührt.

(10) Werden urheberrechtliche Nutzungsrechte eines Nicht-GEMA-Mitglieds an ein GEMA-Mitglied abgetreten (zediert), so nimmt weder der Abtretende (Zedent) noch der Abtretungsempfänger (Zessionar) für die abgetretenen Rechte an diesem Schätzungsverfahren teil. Dies gilt für alle ab dem 1.6.2003 bei der GEMA eingereichten Abtretungen.

---

4) Gilt für die Schätzung ab Geschäftsjahr 2015.

§ 5 [Schätzung für Kommissionsmitglieder und den Delegierten des Aufsichtsrats]

Die Schätzung für Kommissionsmitglieder und den Delegierten des Aufsichtsrats erfolgt bei Abwesenheit des jeweils zu schätzenden Mitglieds durch die übrigen Kommissionsmitglieder und den Vorstand. Bei Stimmengleichheit entscheidet die Stimme des Sitzungsvorsitzenden.

§ 6 [Einspruchsverfahren]

(1) Gegen die Entscheidung der Kommission kann von dem betroffenen Mitglied die Entscheidung des Aufsichtsrates der GEMA angerufen werden. Darüber hinaus haben der Delegierte des Aufsichtsrates und der Vorstand das Recht, gegen jede Entscheidung der Kommission die Entscheidung des Aufsichtsrates anzurufen.

(2) Die Entscheidung des Aufsichtsrates kann nur innerhalb einer Frist von 8 Wochen angerufen werden. Die Frist beginnt für das betroffene Mitglied mit dem Tage der Aufgabe der Entscheidung zur Post, für den antragsberechtigten Delegierten des Aufsichtsrates und den Vorstand vom Tage der Entscheidung der Kommission an zu laufen.

(3) Falls die Anrufung des Aufsichtsrates durch das betroffene Mitglied auf neuem Tatsachenvortrag beruht, der bei der Entscheidung der Schätzungskommission noch nicht berücksichtigt werden konnte, ist der Vorsitzende der Schätzungskommission berechtigt, nach Rücksprache mit den übrigen Kommissionsmitgliedern dem Antrag des Mitglieds ohne Vorlage an den Aufsichtsrat zu entsprechen.

(4) Ruft der Delegierte des Aufsichtsrates oder der Vorstand die Entscheidung des Aufsichtsrates an, so hat dies aufschiebende Wirkung.

(5) Bei diesen Entscheidungen des Aufsichtsrates hat der Delegierte kein Stimmrecht.

§ 7 [Kosten]

Die durch das Schätzungsverfahren entstehenden Kosten gehen zu Lasten der von der GEMA für das Schätzungsverfahren zur Verfügung gestellten Mittel.

§ 8 [Korrektur systematischer Verteilungsfehler]

(1) Erweist sich das Schätzungsverfahren für ein Geschäftsjahr im Nachhinein insgesamt oder in Teilen als systematisch fehlerhaft, insbesondere wegen der Nichtigkeit einer Regelung dieser Geschäftsordnung, und ist eine vollständige Rückabwicklung und Neuvornahme des Schätzungsverfahrens nicht oder nur mit wirtschaftlich unverhältnismäßigem Aufwand möglich, können Aufsichtsrat und Vorstand einvernehmlich beschließen,

bei der Berechnung der Höhe der sich aus dem fehlerhaften Schätzungsverfahren ergebenden Ansprüche Pauschalierungen vorzunehmen, soweit eine präzise Berechnung nicht oder nur mit wirtschaftlich unverhältnismäßigem Aufwand möglich ist;

die Ansprüche der durch das fehlerhafte Schätzungsverfahren nachteilig betroffenen Berechtigten aus den für laufende und künftige Wertungsverfahren zur Verfügung gestellten Mitteln zu befriedigen;

Rückforderungsansprüche der GEMA gegen künftige Zahlungsansprüche der durch das fehlerhafte Schätzungsverfahren begünstigten Berechtigten aufzurechnen;

statt einer Aufrechnung ganz oder teilweise auf Rückforderungsansprüche der GEMA zu verzichten.

Bei der Auswahl unter den zur Verfügung stehenden Maßnahmen haben Aufsichtsrat und Vorstand das Interesse an einer möglichst vollständigen Erfüllung der jeweiligen Ansprüche und das wirtschaftliche Gebot der Verhältnismäßigkeit abzuwägen. Der Gleichbehandlungsgrundsatz ist zu beachten und auf Härtefälle angemessen Rücksicht zu nehmen.

(2) Hat sich das Schätzungsverfahren für ein Geschäftsjahr gemäß Absatz (1) dieser Vorschrift als systematisch fehlerhaft erwiesen, ist die GEMA berechtigt, Pauschalierungen bei der Ermittlung der Berechnungsgrundlage für eine Zuschlagsverrechnung solcher Mittel vorzunehmen, die aufgrund außerordentlicher Einnahmen der GEMA nachträglich für das Schätzungsverfahren für dieses Geschäftsjahr zur Verfügung gestellt werden. Hierbei sind das Interesse an einer möglichst präzisen Berechnung und das wirtschaftliche Gebot der Verhältnismäßigkeit abzuwägen. Der Gleichbehandlungsgrundsatz ist zu beachten und auf Härtefälle angemessen Rücksicht zu nehmen.

§ 9 [Inkrafttreten]

Diese Geschäftsordnung tritt mit Wirkung vom GEMA-Geschäftsjahr 1983 in Kraft.

§ 10 [Änderungskompetenz]

Änderungen dieser Geschäftsordnung erfolgen durch die Mitgliederversammlung nach den Regeln, die für eine Satzungs- und Verteilungsplan-Änderung vorgesehen sind. § 20 der Satzung der GEMA bleibt unberührt.

253 Das Schätzungsverfahren der Bearbeiter gehört **nicht** in den Bereich der **kulturellen Förderung** ieS. Die Regelung dient vielmehr dem Ausgleich dafür, dass die **Spezialbearbeiter** (Definition in § 3 GO Schätzung B) geschützter Werke an der Verteilung für die mechanische Vervielfältigung nicht teilnehmen (§ 6 Abs. 3 S. 1 VP). Zudem erhalten sie oftmals auch keine Ausschüttungen aus dem Aufführungsaufkommen, nämlich dann, wenn ihre Bearbeitungen zwar mit Einwilligung des Originalurhebers (§ 23 S. 1 UrhG) verwertet und auch genutzt werden, die Inhaber der Rechte am Original aber die wahrnehmungsvertragliche Bearbeitungsgenehmigung nicht erteilt haben, die Voraussetzung für die Teilnahme an der Verteilung ist (§ 39 Abs. 3 VP).

254 Die **Organisations- und Verfahrensregeln** der GO Schätzung B entsprechen in zahlreichen Einzelheiten den aus den Geschäftsordnungen für die Wertungsverfahren bekannten Regeln. Ähnlich ausgestaltet sind insbesondere die Regeln über

- die **Wählbarkeit**, § 1 Abs. 1 GO Schätzung B;
- die **Wahl**, § 1 Abs. 2 GO Schätzung B;
- die **Amtsperiode** und über **Ersatzleute**, § 1 Abs. 2, 3 GO Schätzung B;
- **Verfahren** und **Abstimmung**, § 2 GO Schätzung B;
- **Teilnahme**- und **Stimmverbot**, § 4 GO Schätzung B;
- den **Einspruch** gegen die Entscheidung der Schätzungskommission, § 5 GO Schätzung B;
- die **Kosten** sowie über **Änderungsverfahren** und **-kompetenz.**

255 Die **materiellen Schätzungsregeln** teilen den zur Verfügung stehenden Betrag in drei Anteile auf:

(1) Zuerst wird ein Anteil von **bis zu 10%** einem **Ausgleichsfonds** zugeführt, aus dem Zuwendungen für **Härtefälle** oder Fälle von besonderer **künstlerischer Bedeutung** erfolgen können; § 4 Abs. 1 GO Schätzung B. Ob und Wie der Zuwendung steht im Ermessen des Wertungsausschusses.

(2) Von dem dann, nach Abzug des Betrags für den Ausgleichsfonds verbleibenden Rest, wird ein Anteil von **circa 60%** nach dem **Punktesystem** des Abs. 2 verteilt. Die Punkte werden differenziert nach Art der Bearbeitung vergeben. Der Anteil des einzelnen Mitglieds errechnet sich aus dem Verhältnis der von ihm erreichten Punkte zur Gesamtsumme der Punkte aller Mitglieder.

(3) Ein Anteil von weiteren **circa 35%** (des nach Abzug des Betrags für den Ausgleichsfonds verbleibenden Restes) wird nach einem **Punktesystem** des Abs. 3 vergeben, das wesentlich auf die Dauer der Beteiligung am Schätzungsverfahren abstellt. Darüber hinaus kann die Schätzungskommission nach ihrem Ermessen hier auch Punkte für das Gesamtschaffen zuerkennen.

256 Die **Aufteilung** des nach Finanzierung des Ausgleichsfonds verbleibenden Betrags ist nicht fest bestimmt („circa"), sie steht im Ermessen der Schätzungskommission. Daher kann hier auch ein **Rest** verbleiben, der nach § 4 Abs. 4 GO Schätzung B **bis zu 5%** betragen darf und der dann als Rücklage für eventuelle Reklamationen und Spesen dient, § 4 Abs. 4 GO Schätzung B.

Ergänzende Regeln sind wiederum in ähnlicher Weise geregelt, wie aus den Geschäftsordnungen für die Wertungsverfahren bekannt.

- Die GEMA hat in Zweifelsfällen (Mitglieder, die nicht über das erforderliche berufsmäßige Können verfügen) ein **Prüfungsrecht**, § 4 Abs. 6 GO Schätzung B; das Prüfungsrecht ergibt sich freilich schon aus allgemeinen Grundsätzen; oben **Rn. 36ff.**).
- **Zedenten** sind hier wie in den Wertungsverfahren ab dem 1. Juni 2003 von der Beteiligung ausgeschlossen, § 4 Abs. 10 GO Schätzung B; vgl. Rn. 53f.

- Die Zuwendungen unterliegen einer **Kappungsgrenze**, § 4 Abs. 8 GO Schätzung B; vgl. Rn. 107 ff.
- Auch hier ist ein **Ausschluss wegen Missbrauchs** vorgesehen, § 4 Abs. 9 GO Schätzung B; vgl. Rn. 60.

Kapitel 10
Die Sozialkasse

Satzung der GEMA-Sozialkasse

Abteilung Komponisten, Abteilung Textdichter, Abteilung Verleger
Fassung vom 11./12.Oktober 2017

Da dem Wert der schöpferischen Leistung eines Urhebers oder der verlegerischen Leistung eines Musikverlegers nicht immer und automatisch ein adäquater Ertrag (Erlös aus der Verwertung des Urheberrechts) entspricht, hat die GEMA durch ihre Mitgliederversammlung neben den Differenzierungen des Verteilungsplans und des Wertungsverfahrens die Errichtung einer sozialen Ausgleichskasse beschlossen.

§ 1 Name

Die soziale Ausgleichskasse führt den Namen „GEMA-Sozialkasse“. Sie hat ihren Sitz in Berlin. Das Geschäftsjahr ist das Kalenderjahr.

§ 2 Leistungen

(1) Die Leistungen der GEMA-Sozialkasse werden durch die Solidargemeinschaft aller GEMA-Mitglieder ermöglicht. Die notwendigen Mittel für ein Geschäftsjahr werden von der GEMA grundsätzlich nach dem im Vorfeld festzustellenden voraussichtlichen Bedarf zur Verfügung gestellt, jedoch maximal in Höhe von 17% der Mittel, die für soziale und kulturelle Zwecke für das Geschäftsjahr nach der Planungsrechnung der GEMA voraussichtlich zur Verfügung stehen werden. Sofern der voraussichtliche Bedarf diesen Betrag übersteigt, werden alle zuerkannten Leistungen nach §§ 8 I. und 8 II. mit Ausnahme des Mindestsatzes für das Geschäftsjahr gleichermaßen anteilig gekürzt.

Dies gilt sowohl für Leistungsberechtigte, die erstmalig einen Anspruch auf Leistungen der Sozialkasse erwerben, als auch für Leistungsberechtigte, die Leistungen der Sozialkasse bereits erhalten.

Sofern die Sozialkasse an außerordentlichen Einnahmen beteiligt wird, erhält sie hieraus Mittel in Höhe des Betrages, der zur Deckung des noch nicht gedeckten Bedarfs für wiederkehrende Leistungen des Geschäftsjahres, in dem die außerordentlichen Einnahmen erzielt worden sind, erforderlich ist, jedoch maximal in Höhe von 17% der aus den jeweiligen außerordentlichen Einnahmen für soziale und kulturelle Zwecke insgesamt zur Verfügung gestellten Mittel.

Die Mittel werden als prozentualer Zuschlag zu den im betreffenden Geschäftsjahr anteilig gekürzten wiederkehrenden Leistungen an die jeweiligen Leistungsempfänger ausgezahlt.

(2) Leistungen der GEMA-Sozialkasse werden im Alter sowie bei Krankheit, Unfall und sonstigen Fällen der Not gewährt. Darlehen werden nicht gewährt. Beim Tod eines ordentlichen Mitgliedes wird auf Antrag ein Sterbegeld gewährt.

(3) Leistungen werden auch dem hinterbliebenen Ehepartner eines ordentlichen Mitgliedes oder dem hinterbliebenen eingetragenen Lebenspartner eines ordentlichen Mitgliedes sowie minderjährigen Waisenkindern des ordentlichen Mitgliedes gewährt.

(4) Alle Leistungen sind freiwillig und widerrufbar. Ein Rechtsanspruch besteht nicht. Die Leistungen unterliegen jedoch dem Gleichbehandlungsgrundsatz.

§ 3 Aufbau der Kasse

(1) Die Sozialkasse besteht aus 3 selbständigen Abteilungen: der Abteilung Komponisten, der Abteilung Textdichter, der Abteilung Musikverleger.

(2) Jede dieser 3 Abteilungen wird von einem Abteilungskuratorium verwaltet, das aus 3 Mitgliedern besteht, die von den betreffenden Kurien im Aufsichtsrat der GEMA auf die Dauer von jeweils 4 Jahren zu wählen sind. Bei der Wahl berücksichtigt der Aufsichtsrat das Ziel, den Anteil von Frauen in allen Gremien zu stärken.

(3) Die Mitglieder der Kuratorien müssen ordentliche Mitglieder der GEMA und dürfen nicht ordentliche Mitglieder des Aufsichtsrates der GEMA sein.

Darüber hinaus können die Abteilungskuratorien mit Zustimmung von Aufsichtsrat und Vorstand externe Sachverständige punktuell zur Beratung hinzuziehen oder als ständige Mitglieder mit beratender Funktion kooptieren. Die Amtsdauer der als ständige Mitglieder kooptierten Sachverständigen endet mit der Amtsperiode der stimmberechtigten Kuratoriumsmitglieder oder durch Abberufung durch die stimmberechtigten Kuratoriumsmitglieder.

Karl Riesenhuber
https://doi.org/10.1515/9783110366792-010

(4) Scheidet während der Amtsdauer ein stimmberechtigtes Kuratoriumsmitglied aus, so haben die verbleibenden stimmberechtigten Mitglieder seines Kuratoriums ein Ersatzmitglied zu wählen, das an dessen Stelle des Ausscheidenden tritt. Dieses bedarf der Bestätigung durch die betreffende Kurie im Aufsichtsrat.

(5) Jedes Abteilungskuratorium entscheidet selbständig für die Mitglieder seiner Kurie über Leistungen gemäß den in der Satzung vorgesehenen Richtlinien.

(6) Jedes Abteilungskuratorium fasst seine Beschlüsse mit einfacher Mehrheit und ist beschlussfähig, wenn mindestens 2 stimmberechtigte Mitglieder anwesend sind.

(7a) Jedes Abteilungskuratorium wählt aus seiner Mitte einen geschäftsführenden Kurator. Die 3 geschäftsführenden Abteilungskuratoren bilden zusammen das geschäftsführende Kuratorium der Sozialkasse, das für die Vertretung der Sozialkasse zuständig ist, soweit es sich nicht um die Belange der einzelnen Abteilungen handelt.

(7b) Das geschäftsführende Kuratorium bildet den Vorstand der Sozialkasse. Beschlüsse des geschäftsführenden Kuratoriums bedürfen der Einstimmigkeit, wobei jeder geschäftsführende Kurator an die Beschlüsse des Kuratoriums seiner Abteilung gebunden ist.

§ 4 Verteilung der Mittel

(1) Die Verteilung der verfügbaren Mittel an die Abteilungskuratorien erfolgt durch das geschäftsführende Kuratorium der Sozialkasse derart, dass die 3 Abteilungskuratorien den satzungsmäßig notwendigen Betrag nach Maßgabe des echten Bedarfs beim geschäftsführenden Kuratorium anfordern.

(2) Unbeschadet dessen, dass grundsätzlich der ursprüngliche Verteilungsschlüssel von $51^1/_3$% für die Komponisten, $16^2/_3$% für die Textdichter und 32% für die Verleger gegenseitig weiter anerkannt bleibt, verpflichten sich die Abteilungskuratorien der Textdichter und Verleger, die ihren echten Bedarf übersteigenden Beträge dem Abteilungskuratorium der Komponisten für dessen echten Bedarf zur Verfügung zu stellen.

§ 5 Voraussetzung für einmalige oder wiederkehrende Leistungen

(1) Einmalige oder wiederkehrende Leistungen können in der Regel nur ordentliche Mitglieder erhalten, die zum Zeitpunkt der Antragstellung

a) im Kalenderjahr 2010 das 60. Lebensjahr vollendet haben,
im Kalenderjahr 2011 60 Jahre und 6 Monate vollendet haben,
im Kalenderjahr 2012 das 61. Lebensjahr vollendet haben,
im Kalenderjahr 2013 61 Jahre und 6 Monate vollendet haben,
im Kalenderjahr 2014 das 62. Lebensjahr vollendet haben,
im Kalenderjahr 2015 62 Jahre und 6 Monate vollendet haben,
im Kalenderjahr 2016 das 63. Lebensjahr vollendet haben,
im Kalenderjahr 2017 63 Jahre und 6 Monate vollendet haben,
im Kalenderjahr 2018 das 64. Lebensjahr vollendet haben,
im Kalenderjahr 2019 64 Jahre und 6 Monate vollendet haben,
im Kalenderjahr 2020 oder in den darauffolgenden Jahren das 65. Lebensjahr vollendet haben.

b) mindestens 5 Jahre, ab Geschäftsjahr 2015 mindestens 10 Jahre, ununterbrochen der GEMA als ordentliches Mitglied angehören und

c) nachweisen können, dass ihre Einnahmen – einschließlich der Einnahmen des Ehepartners oder des eingetragenen Lebenspartners – zum Lebensunterhalt nicht ausreichen.

(2) In Ausnahmefällen können wiederkehrende Leistungen vor dem in § 5 (1) a) geregelten Eintrittsalter bewilligt werden, wenn das Mitglied z.B. durch Krankheit oder Unfall in Not geraten ist. Diese Leistungen können auch zeitlich begrenzt werden. Voraussetzungen sind ausreichende Nachweise für eine andauernde Pflegebedürftigkeit und vollständige Erwerbsunfähigkeit als Komponist, Textdichter oder Verleger.

(3) Bei einmaligen Leistungen kann in besonders begründeten Fällen von den Bestimmungen in Abs. 1 eine Ausnahme gemacht werden.

(4) Ein Verlegermitglied kann unter den Voraussetzungen des § 12 auch Verlagsangestellte als Empfänger einer wiederkehrenden Leistung benennen.

§ 6 Voraussetzung für die Zahlung eines Sterbegeldes

(1) Im Falle des Todes eines ordentlichen Mitgliedes wird auf Antrag an den hinterbliebenen Ehepartner, den hinterbliebenen eingetragenen Lebenspartner oder einen anderen Hinterbliebenen ein Sterbegeld gezahlt.

(2) Das gleiche gilt in der Verlegerabteilung beim Tode eines leitenden Verlagsangestellten, der gemäß § 12 dieser Satzung Bezieher einer wiederkehrenden Leistung war.

(3) Anträge auf Zahlung eines Sterbegeldes sind innerhalb von 6 Monaten nach dem Sterbefall schriftlich bei der GEMA-Sozialkasse einzureichen. Anträge, die nicht fristgerecht eingereicht werden, können nicht berücksichtigt werden.

§ 7 Voraussetzung für einmalige oder wiederkehrende Leistungen an den hinterbliebenen Ehepartner, den hinterbliebenen eingetragenen Lebenspartner oder an minderjährige Waisenkinder

(1) Der hinterbliebene Ehepartner eines ordentlichen Mitglieds oder der hinterbliebene eingetragene Lebenspartner eines ordentlichen Mitglieds kann in der Regel eine einmalige oder wiederkehrende Leistung erhalten, wenn

a) das verstorbene ordentliche Mitglied zum Zeitpunkt des Todes mindestens 5 Jahre, ab Geschäftsjahr 2015 mindestens 10 Jahre, ununterbrochen der GEMA als ordentliches Mitglied angehört hat und
b) das Vertragsverhältnis zur GEMA fortgesetzt wird und
c) die Ehe oder die eingetragene Lebenspartnerschaft mindestens 1 Jahr, ab Geschäftsjahr 2015 mindestens 5 Jahre, bestanden hat beziehungsweise bei Eheschließung oder Eintragung der Lebenspartnerschaft nach Vollendung des 60. Lebensjahres des Mitgliedes mit einem mehr als 20 Jahre jüngeren Partner die Ehe oder die eingetragene Lebenspartnerschaft mindestens 5 Jahre, ab Geschäftsahr 2015 mindestens 10 Jahre, bestanden hat und
d) er nachweist, dass seine Einnahmen zum Lebensunterhalt nicht ausreichen.

(2) Bei einmaligen Leistungen kann von den Bestimmungen in Abs. (1) in besonders begründeten Fällen eine Ausnahme gemacht werden.

(3) Sofern der hinterbliebene Ehepartner oder der hinterbliebene eingetrageneLebenspartner wieder heiratet beziehungsweise Partner in einer neuen eingetragenen Lebenspartnerschaft wird, entfällt jede weitere Zahlung.

(4a) Wenn kein hinterbliebener Ehepartner oder hinterbliebener eingetragener Lebenspartner vorhanden ist, können minderjährigen Waisenkindern des verstorbenen ordentlichen Mitglieds bei nachgewiesener wirtschaftlicher Not einmalige Leistungen gewährt werden.

(4b) Wenn kein hinterbliebener Ehepartner und keine minderjährigen Waisenkinder des verstorbenen ordentlichen Mitglieds vorhanden sind, können in Ausnahmefällen wiederkehrende Leistungen durch Beschluss des Gesamtkuratoriums und mit Zustimmung des Aufsichtsrats, einer langjährigen Lebensgefährtin oder einem langjährigen Lebensgefährten gewährt werden. Diese Regelung gilt nur für solche langjährigen Lebensgefährtinnen oder Lebensgefährten, die bis zum 31.12.2013 einen Antrag auf wiederkehrende Leistung gestellt haben und denen eine Zuerkennung auf wiederkehrende Leistung bewilligt wurde beziehungsweise wird. Bei Heirat entfällt jede weitere Zahlung.

(5) Die Bestimmungen in Abs. (1) c) und Abs. (3) gelten auch für den hinterbliebenen Ehepartner oder hinterbliebenen eingetragenen Lebenspartner eines Verlagsangestellten im Sinne von § 12.

§ 8 Höhe der wiederkehrenden Leistungen

I. Für das Mitglied

(1a) Die Zuerkennung für die wiederkehrende Leistung für Komponisten und Textdichter wird auf 80% des durchschnittlichen Jahresaufkommens des Mitgliedes bei der GEMA festgesetzt.[2] Sie wird aus den 15 besten den veränderten Lebenshaltungskosten angepassten Jahresaufkommen errechnet. Die wiederkehrende Leistung beträgt mindestens EUR 446,– und höchstens EUR 1.600,– im Monat.

(1b) Unabhängig von diesem Höchstsatz wird ein Zuschlag gewährt, wenn das Durchschnittsaufkommen des Mitgliedes bei der GEMA jährlich EUR 16 000,00 übersteigt. Der Zuschlag beträgt für Durchschnittsaufkommen

zwischen	EUR 16.000,00 und EUR 21.000,00	= im Monat EUR 78,–
zwischen	EUR 21.000,00 und EUR 26.000,00	= im Monat EUR 156,–
zwischen	EUR 26.000,000 und EUR 31.000,00	= im Monat EUR 234,–
zwischen	EUR 31.000,000 und EUR 36.000,00	= im Monat EUR 312,–
zwischen	EUR 36.000,00 und EUR 41.000,00	= im Monat EUR 390,–
zwischen	EUR 41.000,00 und EUR 46.000,00	= im Monat EUR 468,–
über EUR 46.000,00		= im Monat EUR 546,–

(1c) Für die Abteilung Verleger beträgt die wiederkehrende Leistung einheitlich EUR 750,– im Monat.

(2a) In den Abteilungen Komponisten und Textdichter gilt folgende Freibetragsregelung:

Hat das Mitglied neben der wiederkehrenden Leistung noch weitere Einnahmen (einschließlich der Einnahmen des Ehepartners oder des eingetragenen Lebenspartners), so bleibt hierauf ein jährlicher Freibetrag von EUR 18.200,– ohne Anrechnung. Insoweit die Jahreseinnahmen den Freibetrag übersteigen, werden sie auf die wiederkehrende Leistung angerechnet.

(2b) In der Abteilung Verleger gilt folgende Freibetragsregelung:

Den wirtschaftlichen Berufserfordernissen der Musikverleger Rechnung tragend, wird der jährliche Freibetrag auf EUR 54.600,– festgesetzt.

Soweit die wiederkehrende Leistung von einem leitenden Angestellten bezogen wird, werden dessen Einnahmen nicht auf die Leistung angerechnet.

(2c) Der Nachweis der Einnahmen ist durch entsprechende Unterlagen zu führen.

II. Für den hinterbliebenen Ehepartner oder den hinterbliebenen eingetragenen Lebenspartner

(1a) Die wiederkehrende Leistung für den hinterbliebenen Ehepartner oder den eingetragenen Lebenspartner oder in den Ausnahmefällen gemäß § 7 (4) b) wird auf 75% der dem Mitglied zustehenden wiederkehrenden Leistung festgesetzt, jedoch mindestens EUR 334,50 im Monat.

(1b) Die Zuschläge entsprechend § 8 I (1 b) betragen dann für den hinterbliebenen Ehepartner oder den hinterbliebenen eingetragenen Lebenspartner oder in den Ausnahmefällen gemäß § 7 (4) b) bei angepasstem durchschnittlichen Jahresaufkommen:

zwischen	EUR 16.000,00 und EUR 21.000,00	= im Monat EUR 58,50
zwischen	EUR 21.000,00 und EUR 26.000,00	= im Monat EUR 117,–
zwischen	EUR 26.000,00 und EUR 31.000,00	= im Monat EUR 175,50
zwischen	EUR 31.000,00 und EUR 36.000,00	= im Monat EUR 234,–
zwischen	EUR 36.000,00 und EUR 41.000,00	= im Monat EUR 292,50
zwischen	EUR 41.000,00 und EUR 46.000,00	= im Monat EUR 351,–

über EUR 46.000,00 = im Monat EUR 409,50

(1c) Für die Abteilung Verleger beträgt die monatliche Leistung einheitlich EUR 562,50.

(2a) In den Abteilungen Komponisten und Textdichter gilt folgende Freibetragsregelung:

Der Freibetrag im Sinne von Ziff. I (2 a) wird auf EUR 13.650,– jährlich festgesetzt.

(2b) In der Abteilung Verleger gilt folgende Freibetragsregelung:

Der Freibetrag im Sinne der Ziff. I (2 b) wird auf EUR 40.950,– jährlich festgesetzt.

Soweit die wiederkehrende Leistung von dem hinterbliebenen Ehepartner oder dem hinterbliebenen eingetragenen Lebenspartner eines leitenden Angestellten bezogen wird, werden dessen Einnahmen nicht auf die Leistung angerechnet.

§ 9 Höhe des Sterbegeldes

Das Sterbegeld beträgt EUR 1.700,– (EURO eintausendsiebenhundert).

§ 10 Höhe der einmaligen Leistungen

Die Höhe der einmaligen Leistungen wird nach Prüfung des jeweiligen Bedarfs von den zuständigen Abteilungskuratorien festgesetzt. Anträge auf einmalige Leistungen von außergewöhnlicher Höhe können nur vom Gesamtkuratorium genehmigt werden.

§ 11 Beginn und Beendigung von Leistungen

(1) Die Zahlung einer wiederkehrenden Leistung an ordentliche Mitglieder beginnt an dem auf die Vollendung des in § 5 (1) a) geregelten Eintrittsalters folgenden Monatsersten. Werden die weiteren Bedingungen des § 5 jedoch erst nach Vollendung des darin geregelten Eintrittsalters erfüllt, so beginnt die Zahlung der wiederkehrenden Leistung mit dem Monatsersten, der auf den Eintritt dieser Bedingungen folgt.

(2) Die Zahlung einer wiederkehrenden Leistung an den hinterbliebenen Ehepartner oder den hinterbliebenen eingetragenen Lebenspartner beginnt mit dem Monatsersten, der auf den Tod des Mitgliedes folgt.

Werden die satzungsgemäßen Voraussetzungen zu einem späteren Zeitpunkt erfüllt, so beginnt die Zahlung mit dem Monatsersten, der auf den Eintritt dieser Bedingungen folgt.

(3) Eine Auszahlung erfolgt ohne rückwirkende Kraft, und zwar erst nachdem der Betreffende einen Antrag auf Zuerkennung gestellt hat und die erforderlichen Unterlagen ordnungsgemäß beigebracht sind.

Beruht die verspätete Einreichung von Unterlagen jedoch auf Umständen, für die der Antragsteller nicht verantwortlich ist, so kann ausnahmsweise auch eine rückwirkende Zahlung erfolgen.

(4) Bei Beendigung der Mitgliedschaft zur GEMA entfallen sämtliche Ansprüche des Berechtigten und seiner Hinterbliebenen. Die von den Verlagen bereits benannten leitenden Angestellten und/oder ihre hinterbliebenen Ehepartner oder hinterbliebenen eingetragenen Lebenspartner behalten ihre Bezugsberechtigung auf wiederkehrende Leistung auch bei Beendigung der Mitgliedschaft des Verlages bei der GEMA nach Maßgabe des § 12 (5).

(5) Die Zahlungen entfallen, wenn sie beschlagnahmt, abgetreten, verpfändet, gepfändet oder auf andere Bezüge angerechnet werden. Entfällt der Hinderungsgrund, ist die Wiederaufnahme der Zahlungen möglich.

Die Zahlung einer wiederkehrenden Leistung endet mit dem Monat des Sterbedatums.

Vorausgezahlte Beträge von wiederkehrenden Leistungen werden für die dem Sterbedatum folgenden Monate zurückgefordert. Beim Vorliegen besonderer Gründe kann durch Beschluss des zuständigen Kuratoriums auf die Rückforderung verzichtet werden.

§ 12 Sonderregelung für die Abteilung Verleger

(1) Ein Verlegermitglied, welches die Leistungen der Sozialkasse in Anspruch nehmen will, muss nachweislich hauptberuflich mindestens 10 Jahre entweder Inhaber, Mitinhaber, Komplementär, Kommanditist, geschäftsführender Gesellschafter einer GmbH oder Vorstandsmitglied (einer AG) der Firma sein.

(2) Bei Besitzwechsel des Verlages kommt für das ausscheidende Mitglied keine Leistung der Sozialkasse in Betracht, es sei denn, dass das ausscheidende Mitglied im Zeitpunkt des Besitzwechsels bereits eine Leistung erhält. In diesem Falle erfolgt die Leistung bis zu dessen Tode.

Der direkte Erbgang wird davon nicht berührt, sofern die Erben die Firma unverändert weiterführen.

(3) In jedem Falle müssen für den Verlag die Voraussetzungen betreffend Dauer der ordentlichen Mitgliedschaft und für die von ihm benannte Person die weiteren Voraussetzungen für eine Leistung nach der Satzung gegeben sein.

(4) Verlage, die auf dem Verwertungsgebiet der ernsten Musik in 10 Jahren ein Durchschnittsaufkommen von EUR 9.203,25 im Jahr von der GEMA bezogen haben, können eine zweite Person als Leistungsempfänger benennen, bei einem Durchschnittsaufkommen von EUR 18.406,51 eine dritte Person und bei einem Durchschnittsaufkommen von EUR 27.609,76 und darüber eine vierte Person.

Für Durchschnittsaufkommen auf dem Gebiet der Tanz- und Unterhaltungsmusik sind die doppelten Beträge erforderlich.

(5) Die Voraussetzungen für die Benennung eines leitenden Angestellten für eine laufende Leistung sind erfüllt, wenn dieser mindestens 20 Jahre im Verlag oder im Musikhandel und davon mindestens die letzten 10 Jahre als leitender Angestellter in der antragstellenden Firma beschäftigt gewesen ist.

Die Benennung ist unwiderruflich, es sei denn, dass ein Benannter selbst verzichtet.

Die von den Verlagen bereits benannten leitenden Angestellten und/oder ihre hinterbliebenen Ehepartner oder hinterbliebenen eingetragenen Lebenspartner behalten ihre Bezugsberechtigung auf wiederkehrende Leistungen auch bei Aufgabe der Mitgliedschaft des Verlages bei der GEMA, sofern der Benannte keinen Einfluss auf die Aufgabe der Mitgliedschaft bei der GEMA gehabt hat.

Die Benennung ist auch für Rechtsnachfolger des Unternehmens, für Rechtsnachfolger von Anteilseignern des benennenden Unternehmens sowie für solche Personen bindend, welche die Verlagstätigkeit ganz oder zu wesentlichen Teilen fortsetzen.

(6) Außerordentliche Mitglieder, die die Staatsangehörigkeit eines Mitgliedstaates eines EG-Landes haben und die wegen der Bestimmungen in § 8 Ziff. 3 der GEMA-Satzung nicht die ordentliche Mitgliedschaft erwerben können, werden wie ordentliche Mitglieder behandelt. Auch bei Beendigung der ordentlichen Mitgliedschaft aus Gründen des § 9 B der GEMA-Satzung wird das Mitglied so behandelt, als wäre es noch ordentliches Mitglied.

Das gleiche gilt für Verlagsfirmen, die in wirtschaftlichem sowie personellem Zusammenhang mit ausländischen Verlegern außerhalb des Gebiets der EG stehen und deswegen nicht die Zustimmung des Aufsichtsrates zur Aufnahme als ordentliches Mitglied gefunden haben.

§ 13 Verwaltungskosten

Die durch die Verwaltung der Sozialkasse entstehenden Kosten gehen zu Lasten der von der GEMA zur Verfügung gestellten Mittel.

Die Kuratoren sind ehrenamtlich tätig. Sie erhalten Ersatz ihrer Reisekosten und Barauslagen. Die geschäftsführenden Kuratoren erhalten darüber hinaus eine monatliche Aufwandsentschädigung sowie pauschale Sitzungsgelder in angemessener Höhe für die Teilnahme an Sitzungen des Gesamtkuratoriums. Die weiteren Kuratoriumsmitglieder erhalten pauschale Sitzungsgelder in angemessener Höhe für die Teilnahme an Sitzungen ihres jeweiligen Abteilungskuratoriums und an Sitzungen des Gesamtkuratoriums.

Die Höhe der monatlichen Aufwandsentschädigung und der pauschalen Sitzungsgelder wird durch Beschluss des Aufsichtsrates der GEMA festgelegt. Dabei ist der Natur der Tätigkeit, der Verantwortung und dem mit dem Amt typischerweise verbundenen Tätigkeitsumfang Rechnung zu tragen.

§ 14 Satzungsänderungen

Satzungsänderungen werden von den drei Abteilungskuratorien beraten und sind vom Aufsichtsrat der GEMA zu bestätigen.

Die Angleichung der Leistungen (mit Ausnahme der Leistungen nach § 17) an die veränderten Lebenshaltungskosten wird in Ausführungsbestimmungen geregelt, die ebenfalls von den drei Abteilungskuratorien beraten werden und vom Aufsichtsrat der GEMA zu bestätigen sind.

§ 15 Auflösung

Die Sozialkasse kann nur durch die Mitgliederversammlung der GEMA aufgelöst werden, wobei die Abstimmung gemäß § 11 b) der GEMA-Satzung zu erfolgen hat.

§ 16 Prüfung und Aufsicht

(1) Die Verwendung der Mittel im Sinne dieser Satzung wird durch einen Wirtschaftsprüfer nach einheitlichen Gesichtspunkten kontrolliert. Dieser wird vom Vorstand der GEMA-Sozialkasse bestellt.

(2) Das Aufsichtsrecht hat der Aufsichtsrat der GEMA. Das geschäftsführende Kuratorium erstattet dem Aufsichtsrat der GEMA zum Jahresabschluss Bericht unter Vorlage des Rechnungsabschlusses und des Berichts des Wirtschaftsprüfers.

(3) Gegen Entscheidungen der zuständigen Abteilung der GEMA-Sozialkasse kann der Betroffene innerhalb einer Frist von 4 Wochen nach Zugang der Entscheidung das Gesamtkuratorium der GEMA-Sozialkasse anrufen. Gegen dessen Entscheidung kann der Betroffene innerhalb 4 Wochen nach Zugang dieser Entscheidung Einspruch beim Aufsichtsrat erheben. Der Aufsichtsrat entscheidet nach Anhörung des Vorstands der GEMA-Sozialkasse endgültig.

§ 17 Übergangsbestimmungen

Die bisherigen Bezieher von Alterssold und Witwengeld verbleiben weiterhin im Genuss ihrer bisherigen Bezüge und des Anrechts auf Sterbegeld gemäß den Satzungen der alten Versorgungsstiftungen.

§ 18 [Inkrafttreten]

(1) Die vorstehende Neufassung der Satzung tritt mit Wirkung vom 1. Januar 2014 in Kraft.

(2) Die Ausführungsbestimmungen sind Bestandteil der Satzung der GEMA-Sozialkasse. Änderungen bedürfen der Bestätigung durch den Aufsichtsrat.

Übersicht

I. Einführung und Übersicht

1 Um soziale Härten aufzufangen, die aus dem Missverhältnis von kultureller Bedeutung und wirtschaftlichem Erfolg einzelner Urheber und Verleger resultieren können (vgl. Präambel), hat die GEMA eine Sozialkasse eingerichtet. Diese ist Ausdruck der Solidargemeinschaft der Mitglieder.[1] Sie trägt den Namen „GEMA-Sozialkasse" und hat ihren Sitz in Berlin, § 1 der Satzung der GEMA Sozialkasse (nachfolgend **Satzung SK**). Die Sozialkasse der GEMA diente dem deutschen Gesetzgeber als Vorbild für die Regelung des § 8 UrhWG, wonach alle deutschen Verwertungsgesellschaften Vorsorge- und Unterstützungseinrichtungen für die von ihnen vertretenen Berechtigten einrichten sollen.[2] Auch nach § 32 Abs. 2 VGG gibt den Verwertungsgesellschaften auf („soll"), Vorsorge- und Unterstützungseinrichtugen für ihre Berechtigten einzurichten. Die hierdurch finanzierten Leistungen der Vorsorge- und Unterstützungseinrichtungen müssen nach festen Regeln, die auf fairen Kriterien beruhen, erbracht werden, § 32 Abs. 3 VGG (dazu oben, Kap. 6 Rn. 96ff.).

2 Die Satzung der GEMA-Sozialkasse (Satzung SK) – jetzt in der Fassung v. 12./13. Oktober 2016 – und die dazu ergangenen **Ausführungsbestimmungen**[3] setzen dieses Gebot von § 32 Abs. 3 VGG um und stellt für Leistungen „festen Regeln" auf. Änderungen der Satzung SK sowie der Ausführungsbestimmungen sind nach vorhergehender Beratung der drei Abteilungskuratorien (dazu sogleich unten Rn. 4) vom Aufsichtsrat der GEMA zu bestätigen, § 14, § 18 Abs. 2 Satzung SK. Die Sozialkasse kann durch Beschluss der Mitgliederversammlung aufgelöst werden, § 15 Satzung SK.

3 Neben der Organisation der Sozialkasse (II.) regelt die Satzung die Grundsätze der Bereitstellung und Verteilung der Mittel (III.), den Kreis der Leistungsberechtigten (IV.), die Leistungsvoraussetzungen (V.), die Höhe der Zuwendungen (VI.) den Leistungszeitraum (VII.) sowie die Kontrolle der Mittelvergabe (IX.) und das Beschwerdeverfahren (VIII.).

---

1 Vgl. § 2 Abs. 1 S. 1 Satzung SK. Erläuternd *Kreile/Becker*, in: Handbuch der Musikwirtschaft, S. 687, 706f. Kritisch *Rehbinder/Peukert*, Urheberrecht, Rn. 1221; *Schack*, Urheber- und Urhebervertragsrecht, Rn. 1372f.; und jüngst eingehend *Bartels*, UFITA 2006/II, S. 325–479.
2 RegE UrhWG, BT-Drs. IV/271, S. 16.
3 Abgedruckt im GEMA-Jahrbuch 2016/2017, S. 465ff.

II. Organisation der Sozialkasse

1. Aufbau

a) *Abteilungskuratorien*

Der Aufbau der Sozialkasse folgt dem **Kuriensystem** der GEMA. Die Sozialkasse untergliedert sich demnach in drei selbstständige Abteilungen (Komponisten, Textdichter, Verleger), die jeweils von einem Abteilungskuratorium geleitet werden, § 3 Abs. 1 und 2 Satzung SK. Die Kuratorien setzen sich wiederum aus drei Mitgliedern zusammen, die von den entsprechenden Kurien im Aufsichtsrat der GEMA für die Dauer von vier Jahren gewählt werden. Wählbar sind nur ordentliche Mitglieder, die nicht zugleich ordentliche Mitglieder des Aufsichtsrats sind (stellvertretende Aufsichtsratsmitglieder sind wählbar), § 3 Abs. 3 Satzung SK. Im Falle des Ausscheidens eines Kuratoriumsmitgliedes wählen die beiden übrigen Kuratoriumsmitglieder ein Ersatzmitglied, das von den einschlägigen Kurienvertretern im Aufsichtsrat zu bestätigen ist, § 3 Abs. 4 Satzung SK. 4

Darüber hinaus können die Abteilungskuratorien mit Zustimmung von Aufsichtsrat und Vorstand externe Sachverständige punktuell zur Beratung hinzuziehen oder als ständige Mitglieder mit beratender Funktion kooptieren. Die Amtsdauer der als ständige Mitglieder kooptierten Sachverständigen endet mit der Amtsperiode der stimmberechtigten Kuratoriumsmitglieder oder durch Abberufung durch die stimmberechtigten Kuratoriumsmitglieder.

b) *Geschäftsführendes Kuratorium als Vorstand der Sozialkasse*

Die Abteilungskuratorien wählen aus ihrer Mitte einen sog. **geschäftsführenden Kurator.** Die drei geschäftsführenden Kuratoren bilden zusammen das sog. geschäftsführende Kuratorium, das die Sozialkasse als **Vorstand** „vertritt", § 3 Abs. 7a und 7b Satzung SK. Die Vertretungsbefugnis bezieht sich indes nur auf solche Angelegenheiten, die nicht in den originären Kompetenzbereich der einzelnen Kuratorien fallen (z.B. nicht: Ausschüttungen an die jeweiligen Kurienangehörigen). 5

Das geschäftsführende Kuratorium hat einen **Wirtschaftsprüfer** zu bestellen, der neben dem Aufsichtsrat der GEMA die satzungsgemäße Mittelverwendung kontrolliert, § 16 Abs. 1 S. 2 Satzung SK. Zudem hat das Kuratorium dem Aufsichtsrat der GEMA über die Tätigkeit der Sozialkasse Bericht zu erstatten, § 16 Abs. 2 S. 2 Satzung SK. 6

c) *Gesamtkuratorium*

Zusammen bilden sämtliche Abteilungskuratorien das sogenannte **Gesamtkuratorium.** Der Begriff ist in der Satzung SK nicht definiert, die Bestimmung ergibt sich aber aus den Vorschriften der §§ 7 Abs. 4b, 10 S. 2, 13 Abs. 2 S. 2, 16 Abs. 3 Satzung SK, wo er vorausgesetzt ist. Das Gesamtkuratorium ist **zuständig** für 7

- die Entscheidung über einmalige Leistungen in außergewöhnlicher Höhe (§ 10 S. 2 Satzung SK **Rn. 37**) und
- die Entscheidung über Einsprüche gegen Entscheidungen der Abteilungen der GEMA-Sozialkasse (§ 16 Abs. 3 S. 1 Satzung SK **Rn. 42**).

Der Sache nach ist auch in § 14 Satzung SK das Gesamtkuratorium berufen, wenn nach dieser Vorschrift „die drei Abteilungskuratorien" Satzungsänderungen sowie die Angleichung von Leistungen beraten.

d) Ehrenamtliche Tätigkeit, Vergütung und Aufwendungsersatz

8 Die Kuratoren sind **ehrenamtlich** tätig. Erforderliche **Aufwendungen** sind ihnen entsprechend § 670 BGB zu ersetzen, § 13 Abs. 2 Satzung SK. Die geschäftsführenden Kuratoren erhalten darüber hinaus eine monatliche **Aufwandsentschädigung**. Für die Teilnahme an Sitzungen des Gesamtkuratoriums erhalten sie „pauschale **Sitzungsgelder**" in angemessener Höhe; ihre Teilnahme an den Sitzungen der Abteilungskuratorien ist mit der pauschalen Aufwandsentschädigung abgegolten. Die weiteren Kuratoriumsmitglieder erhalten pauschale Sitzungsgelder in angemessener Höhe für die Teilnahme an Sitzungen ihres jeweiligen Abteilungskuratoriums und für die Teilnahme an Sitzungen des Gesamtkuratoriums. Die Höhe von Aufwandsentschädigung und Sitzungsgeldern legt der Aufsichtsrat der GEMA fest, § 13 Abs. 3 Satzung SK.

2. Beschlussfassung

9 Jedes **Abteilungskuratorium** entscheidet selbstständig über Leistungen aus der Sozialkasse an die Mitglieder seiner Kurie, § 3 Abs. 5 Satzung SK. Die Kuratorien stimmen dabei unabhängig voneinander ab. Sie sind beschlussfähig, wenn mindestens zwei der drei Kuratoriumsmitglieder anwesend sind. Erforderlich wie ausreichend ist dabei stets die einfache Mehrheit der abgegebenen Stimmen, § 3 Abs. 6 Satzung SK.

10 Das **geschäftsführende Kuratorium** kann seine Beschlüsse demgegenüber nur einstimmig fassen, § 3 Abs. 7 b S. 2 Satzung SK. Die geschäftsführenden Kuratoren sind dabei an die Beschlüsse ihrer Abteilungskuratorien gebunden („imperatives Mandat").

III. Bereitstellung und Verteilung der Mittel, § 2 Abs. 1, § 4 Satzung SK

1. Bereitstellung der Mittel

11 Die Mittel für die Sozialkasse werden von der GEMA für jedes Geschäftsjahr grundsätzlich **„nach Bedarf"** zur Verfügung gestellt, § 2 Abs. 1 S. 2 Satzung SK. Die Mittelaufbringung regelt § 30 VP (dazu **Kap. 8 Rn. 115 ff.**).

12 Der der Sozialkasse zur Verfügung zu stellende Betrag ist jedoch **„gedeckelt"** auf **höchstens 17 % des Gesamtbetrags**, der für kulturelle und soziale Zwecke für das jeweilige Geschäftsjahr nach der Planungsrechnung der GEMA voraussichtlich zur Verfügung steht, § 2 Abs. 1 UAbs. 1 Satzung SK. Zweck dieser Begrenzung ist es, ein angemessenes Verhältnis zwischen den für kulturelle Zwecke einerseits und soziale Zwecke andererseits verwendeten Mitteln zu wahren; dies wird insbesondere auch mit Rücksicht auf den demographischen Wandel bedeutsam. Da die Mittel der Sozialkasse im Vorhinein feststehen müssen, wird der „voraussichtliche Bedarf" ins Verhältnis gesetzt zu den „nach der Planungsrechnung der GEMA für soziale und kulturelle Zwecke voraussichtlich zur Verfügung" stehenden Mitteln. Übersteigt der tatsächliche Bedarf den Betrag i.H.v. 17% der Gesamtmittel für soziale und kulturelle Zwecke, werden die Leistungen gem. § 8 I. und II. Satzung SK (mit Ausnahme der Mindestsätze) gleichermaßen anteilig gekürzt.

13 Erzielt die GEMA in einem Geschäftsjahr **außerordentliche Einnahmen** (§ 32 des Verteilungsplans; **Kap. 8 Rn. 130 ff.**; z.B. aus der Auszahlung hinterlegter Beträge), so partizipiert daran grundsätzlich auch die Sozialkasse. Bedeutung erlangt das allerdings nur, wenn ihr tatsächlicher Bedarf in dem betreffenden Geschäftsjahr infolge der Deckelung von 17% (Rn. 12) nicht gedeckt war, § 32 Abs. 4 VP iVm § 2 Abs. 1 UAbs. 3 und 4 Satzung SK. Der Betrag, der der Sozialkasse aus den außerordentlichen Einnahmen in

diesem Fall zur Verfügung gestellt wird, ist wiederum auf 17% der aus den jeweiligen außerordentlichen Einnahmen für soziale und kulturelle Zwecke insgesamt zur Verfügung gestellten Mittel begrenzt, § 2 Abs. 1 UAbs. 3 Satzung SK. Die zusätzlichen Mittel werden den Berechtigten, deren Leistungsanspruch für das betreffende Geschäftsjahr gekürzt werden musste, als prozentualer Zuschlag ausgezahlt, § 2 Abs. 1 UAbs. 4 Satzung SK.

2. Verteilung auf die Kurien

Die Abteilungskuratorien haben den für ihre jeweilige Kurie erforderlichen Betrag beim geschäftsführenden Kuratorium anzufordern, § 4 Abs. 1 Satzung SK. Dieses verteilt die bereitgestellten Mittel sodann auf die drei Abteilungskuratorien. Die Verteilung auf die Abteilungskuratorien erfolgt nach deren jeweiligen **Bedarf** (hervorgehoben als „echter Bedarf", § 4 Abs. 1 Satzung SK). Nichts Anderes ergibt sich aus Absatz 2 der Vorschrift. Dieser nimmt zwar zunächst auf die fixen Anteile Bezug ($51^1/_3$% für die Komponisten, $16^2/_3$% für die Textdichter und 32% für die Verleger), die „gegenseitig weiter anerkannt bleib[en]". Letztendlich verpflichten sich indes auch nach Absatz 2 die Kuratorien, die Mittel im Verhältnis der Kurien nach dem „echten Bedarf" zuzuweisen. 14

IV. Leistungsberechtigte

Leistungsberechtigt sind in erster Linie die **ordentlichen Mitglieder** der GEMA (vgl. §§ 5–8 Satzung SK). Außerordentliche und angeschlossene Mitglieder erhalten daher grundsätzlich keine Zuwendungen aus der Sozialkasse.[4] **Ausnahmen** sind insbesondere vorgesehen in: 15
- § 5 Abs. 3 Satzung SK für einmalige Leistungen (Ermessen);
- § 12 Abs. 6 Satzung SK für außerordentliche Mitglieder, die Inhaber eines Verlages sind (in den Fällen von § 8 Abs. 3 und § 9 B Satzung; **Kap. 5 Rn. 66 ff., 75 ff.**), und Verlagsfirmen, die aus besonderen Gründen nicht die ordentliche Mitgliedschaft erhalten haben.

Neben den ordentlichen Mitgliedern können auch deren **hinterbliebene Ehepartner** oder **hinterbliebene eingetragene Lebenspartner** sowie **minderjährige Waisen** (§ 7 Abs. 4a Satzung SK) des ordentlichen Mitglieds bestimmte Leistungen aus der Sozialkasse erhalten, § 2 Abs. 3 Satzung SK. Voraussetzungen und Höhe der Leistungen richten sich in diesen Fällen nach besonderen Regeln (näher § 7, § 8 II Satzung SK). Ein Sterbegeld kann vom hinterbliebenen Ehepartner, eingetragenen Lebenspartner oder (subsidiär) einem anderen Hinterbliebenen des verstorbenen ordentlichen Mitglieds beantragt werden, § 6 Satzung SK. 16

Die Rechte von Mitgliedern der GEMA oder deren Hinterbliebenen, die bereits aufgrund früherer Versorgungseinrichtungen (**Versorgungsstiftungen** der Komponisten und Textdichter) Zuwendungen erhalten, werden durch die GEMA-Sozialkasse im Grundsatz nicht berührt, vgl. die Übergangsregelung des § 17 Satzung SK iVm Ausführungsbestimmungen zu § 17. Die praktische Bedeutung der Regelung läuft aus. 17

4 Kritisch *Bartels*, UFITA 2006/II, S. 403 ff.

V. Leistungsvoraussetzungen, §§ 5–7 Satzung SK

1. Grundsatz der Freiwilligkeit der Mittelvergabe und Antragserfordernis

18 Sämtliche Leistungen aus der Sozialkasse erfolgen **freiwillig und widerrufbar.** Ein Rechtsanspruch auf Beteiligung am Ausschüttungsverfahren besteht nicht, § 2 Abs. 4 Satzung SK. Die Abteilungskuratorien unterliegen jedoch aufgrund des allgemeinen **Gleichheitsgrundsatzes** einer gewissen Selbstbindung. Eine Ungleichbehandlung einzelner Berechtigter ohne sachlichen Grund ist unzulässig. Zu beachten ist aber, dass die Selbstbindung nicht zu einer Petrifizierung einer Leistungspraxis führt. Die Kuratorien können eine eingeübte Praxis durchaus für die Zukunft ändern.

19 Voraussetzung für eine Berücksichtigung ist in allen Fällen, dass der Anspruchsteller einen **Antrag** gestellt und die insoweit benötigten Unterlagen (insbesondere Einkommensnachweise) beigebracht hat, vgl. §§ 5 Abs. 1, 11 Abs. 3 Satzung SK.

2. Einmalige oder wiederkehrende Leistungen an ordentliche Mitglieder, § 5 Satzung SK

20 Ordentliche Mitglieder können grundsätzlich unter drei Voraussetzungen Zuwendungen aus der Sozialkasse erhalten: Sie müssen nach § 5 Abs. 1 Satzung SK zum Zeitpunkt der Antragstellung

(1) das erforderliche **Lebensalter** erreicht haben (das seit 2010 bis 2020 schrittweise von 60 auf 65 Jahre angehoben wird),
(2) mindestens fünf Jahre, ab Geschäftsjahr 2015 mindestens zehn Jahre, ununterbrochen der GEMA als ordentliches **Mitglied** angehören und
(3) belegen, dass sie ihren **Lebensunterhalt** nicht aus eigener Kraft bestreiten können, wobei die Einnahmen eines Ehegatten oder eingetragenen Lebenspartners zu berücksichtigen sind.

21 Nähere Bestimmungen für die **Berechnung der Mitgliedschaftsdauer** enthalten die Ausführungsbestimmungen zu § 5 Satzung SK. Den **Einkommensnachweis** hat das Mitglied durch Beibringung entsprechender Unterlagen zu führen, § 8 I Abs. 2c Satzung SK. Welche Unterlagen in Betracht komen, richtet sich nach dem Einzelfall; zu denken ist z.B. an die Einkommensteuererklärung, den Einkommenssteuerbescheid, an Rentenbescheide, Zinsbescheinigungen sowie sonstige Einkommensnachweise.

22 Dem Zweck der Sozialkasse entsprechend sind **Ausnahmen** möglich. Ist die finanzielle Notlage auf besondere schicksalhafte Umstände (Krankheit, Unfall etc.) zurückzuführen, so entfällt die Altersgrenze, § 5 Abs. 2 Satzung SK. Ferner können in Ausnahmefällen auch ohne Berücksichtigung der eigentlichen Leistungsvoraussetzungen einmalige Zuwendungen erfolgen, § 5 Abs. 3 Satzung SK.

3. Einmalige oder wiederkehrende Leistungen an Hinterbliebene

a) Sterbegeld, § 6 Satzung SK

23 Verstirbt ein ordentliches Mitglied der GEMA, so können die Hinterbliebenen auf Antrag eine einmalige Zuwendung aus der Sozialkasse, das sog. Sterbegeld, erhalten. Der **Antrag** ist innerhalb einer **Ausschlussfrist** von sechs Monaten ab dem Todesfall bei der GEMA zu stellen.

b) Sonstige einmalige oder wiederkehrende Leistungen, § 7 Satzung SK

Im Übrigen können hinterbliebene Ehepartner und hinterbliebene eingetragene Lebenspartner von ordentlichen Mitgliedern gemäß § 7 Abs. 1 Satzung SK Leistungen aus der Sozialkasse erhalten, wenn die folgenden fünf **Voraussetzungen** erfüllt sind: 24

(1) Der Verstorbene hat der GEMA zum Zeitpunkt des Todes mindestens fünf Jahre, ab Geschäftsjahr 2015 mindestens zehn Jahre, ununterbrochen als ordentliches **Mitglied** angehört
(2) das Vertragsverhältnis zur GEMA wird mit den **Rechtsnachfolgern** des Verstorbenen fortgesetzt (vgl. § 3 Abs. 2 lit. d) Satzung, § 9 Abs. 2 BerV **Kap. 5 Rn. 339 ff.**),
(3) die **Ehe** oder die eingetragene Lebenspartnerschaft hat mindestens ein Jahr (ab 2015: mindestens fünf Jahre) (in Ausnahmefällen fünf/zehn; s. i.E. § 7 Abs. 1 lit. c)) Jahr(e) bestanden und
(4) der Hinterbliebene weist nach, dass seine Einnahmen nicht zum **Lebensunterhalt** ausreichen.
(5) **Heiratet** der hinterbliebene Ehepartner erneut oder geht der hinterbliebene eingetragene Lebenspartner eine neue eingetragene Lebenspartnerschaft ein, so erlischt die Leistungsberechtigung, § 7 Abs. 3 Satzung SK.

Bei einmaligen Zuwendungen können die Abteilungskuratorien in begründeten Ausnahmefällen von diesen Voraussetzungen absehen, § 7 Abs. 2 Satzung SK.

Hinterlässt das verstorbene Mitglied keinen Ehepartner oder eingetragenen Lebenspartner, so können (in diesem Sinne: nachrangig) **minderjährige Abkömmlinge** des Mitgliedes sowie, wenn auch solche fehlen (also: weiter nachrangig) – unter engen formellen und materiellen Voraussetzungen – ein **langjähriger Lebensgefährte** (Begriff und Nachweis, s. Ausführungsbestimmungen Satzung SK zu § 7 Abs. 4b) Leistungen aus der Sozialkasse erhalten, § 7 Abs. 4a und 4b Satzung SK. Leistungen an langjährige Lebensgefährten setzen allerdings voraus, dass ein entsprechender Antrag bis 31.12.2013 gestellt (und sodann positiv beschieden) wurde, laufen also künftig aus. 25

4. Sonderregeln für Verleger

Die Satzung enthält verschiedene Sonderregeln für die Berufsgruppe der Musikverleger. Sie ergeben sich aus der unterschiedlichen Stellung des Verlegers (als natürliche Person) und des Verlags (als Unternehmen). Während die Urheber – Komponisten und Textdichter – notwendig natürliche Personen sind, sind Verlage kaufmännische Unternehmen, die oft als juristische Personen organisiert sind. Als solche können sie nicht in die persönliche Notlage geraten, die die Sozialkasse mildern will. 26

Ein Verleger kann Leistungen der Sozialkasse nur in Anspruch nehmen, wenn folgende kumulative **Voraussetzungen** erfüllt sind: 27

(1) der Verlag erfüllt die Voraussetzungen hinsichtlich der Dauer der ordentlichen **Mitgliedschaft**, §§ 12 Abs. 3, 5 Abs. 1 b) Satzung SK;
(2) der **Verleger** war nachweislich mindestens zehn Jahre hauptberuflich als Verleger tätig, und zwar (alternativ) als (a) Inhaber, (b) Mitinhaber, (c) Komplementär, (d) Kommanditist, (e) bei einer Verlags-GmbH: geschäftsführender Gesellschafter oder (f) bei einer Verlags-AG: Vorstandsmitglied und
(3) der Inhaber des Verlages bzw. die vom Verlag benannte Person erfüllt die **Altersvoraussetzungen** des § 5 Abs. 1 a) Satzung SK.
(4) Der Inhaber eines Verlages muss zusätzlich nachweisen, dass seine Einnahmen nicht zum **Lebensunterhalt** ausreichen, § 5 Abs. 1 c) Satzung SK.

Dabei kann grundsätzlich nur **eine Person** für jeden Verlag als Verleger Mitglied der GEMA sein und Leistungen der Sozialkasse beanspruchen. Werden die Umsatzschwellen von § 12 Abs. 4 Satzung SK überschritten, können **weitere Personen** als Leistungsempfänger der Sozialkasse benannt werden. **Leitende Angestellte** des Verlags können nur dann als Empfänger einer laufenden Leistung benannt werden, wenn sie mindestens 20 Jahre im Verlag oder im Musikhandel beschäftigt waren, davon zehn Jahre als leitender Angestellter in dem antragstellenden Verlag, § 12 Abs. 5 Satzung SK.

Ergänzende Sonderregeln enthalten:

- § 5 Abs. 4 Satzung SK (Verweis auf § 12 Satzung SK für die Benennung eines leitenden Verlagsangestellten als Empfänger wiederkehrender Leistungen);
- § 6 Abs. 2 Satzung SK (Anspruch der Hinterbliebenen auf Sterbegeld);
- § 7 Abs. 5 Satzung SK (Voraussetzungen für Leistungen an Hinterbliebene);
- §§ 8 Nr. I Abs. 1c), 8 Nr. II Abs. 1c) (Höhe der Leistung) und §§ 8 Nr. I Abs. 2b), 8 Nr. II Abs. 2b) Satzung SK (Freibetragsregelung für die Höhe von Leistungen).[5]

VI. Höhe der Zuwendungen, §§ 8–10 Satzung SK

28 Die Regeln über die Höhe der Zuwendungen, die der Einzelne aus der Sozialkasse erhalten kann, variieren je nach Art der Leistung.[6] Die Satzung unterscheidet zwischen wiederkehrenden und einmaligen Leistungen sowie dem Sterbegeld für Hinterbliebene.

1. Wiederkehrende Leistungen, § 8 Satzung SK

29 Die Höhe der wiederkehrenden Leistungen für ordentliche Mitglieder oder leistungsberechtigte Hinterbliebene (aus den Kurien der Komponisten und der Textdichter) wird in einem zweistufigen Verfahren ermittelt. Zunächst wird die sogenannte **Zuerkennung** festgestellt. Das ist der Betrag der wiederkehrenden Leistung, wie er nach den generell-abstrakten Vorschriften von § 8 I Abs. 1a und 1b und § 8 II Abs. 1a und 1b Satzung SK bestimmt und durch Mindest- und Höchstbeträge begrenzt ist. In einem zweiten Schritt wird der tatsächliche **Auszahlungsbetrag** festgestellt, indem ausgehend von der zuerst festgestellten Zuerkennung das den Freibetrag übersteigende Einkommen abgezogen wird. Im Einzelnen unterscheidet die Satzung zwischen wiederkehrenden Leistungen für ordentliche Mitglieder einerseits und Hinterbliebene der ordentlichen Mitglieder.

a) Ordentliche Mitglieder, § 8 I Satzung SK

30 Die wiederkehrenden Leistungen für **Komponisten und Textdichter** betragen 80% des durchschnittlichen Jahresaufkommens des Mitglieds bei der GEMA. (Zur Ermittlung des maßgeblichen Aufkommens i.e. Ausführungsbestimmungen zu § 8 I Abs. 1a Satzung SK.) Die Zuerkennung beträgt mindestens 446 € und höchstens 1.600 € pro Monat. Sie kann um einen Zuschlag erhöht werden, wenn das Durchschnittseinkommen 16.000,00 € übersteigt, § 8 I Abs. 1b Satzung SK. Der jährliche Freibetrag beträgt 18.200,00 €, § 8 I Abs. 2a Satzung SK.

---

5 Beachte auch die Ausführungsbestimmungen zu § 12.

6 Beachte auch die umfangreichen Ausführungsbestimmungen zu den §§ 8–10 Satzung SK.

Beispiel: Für einen Komponisten mit einem durchschnittlichen Jahresaufkommen (aus den 15 besten Jahresaufkommen) von 15.000 €, beträgt die Zuerkennung von 80 % 12.000 €. Hat er, von den wiederkehrenden Leistungen der Sozialkasse abgesehen, noch weitere Einnahmen iHv 20.000 €, so sind davon 1.800,00 € anzurechnen. Der Auszahlungsbetrag beträgt daher (vorbehaltlich einer Kürzung nach § 2 Abs. 1 UAbs. 1 S. 3 Satzung SK) 10.200,00 € im Jahr oder 850 € im Monat. 31

Beispiel: Lag das durchschnittliche Jahreseinkommen bei 100.000,00 €, so beträgt die Zuerkennung 80.000,00 €. Da der daraus resultierende Monatsbetrag mit 6.666,67 € indes die Höchstgrenze von § 8 I Abs. 1a Satzung SK überschreitet, erhält der Komponist nur den Höchstbetrag von 1.600,00 €. Dieser ist aber gem. § 8 I Abs. 1b Satzung SK zu erhöhen um einen Zuschlag von 546,00 € auf 2.146,00 €. Beträgt das sonstige Einkommen wiederum 20.000,00 €, so ist der Jahresbetrag von 25.752,00 (= 12 x 2.146,00 €) wiederum um 1.800 € zu vermindern auf 23.952,00 €; das ergibt (vorbehaltlich einer Kürzung nach § 2 Abs. 1 UAbs. 1 S. 3 Satzung SK) einen Monatsbetrag der wiederkehrenden Leistung iHv 1.996,00 €. 32

Für **Verleger** beträgt die Zuerkennung einheitlich 750,00 €, § 8 I Abs. 1c Satzung SK. Der jährliche Freibetrag beträgt 54.600,00 €, § 8 I Abs. 2b Satzung SK. 33

b) *Hinterbliebene Ehegatten und hinterbliebene eingetragene Lebenspartner, § 8 II Satzung SK*

Wiederkehrende Leistungen an hinterbliebene **Ehepartner** oder hinterbliebene eingetragene Lebenspartner von Komponisten oder Textdichtern betragen 75% der Zuwendungen, die dem Mitglied gemäß § 8 I Satzung SK zustehen würde. Der Mindestbetrag beträgt 334,50 € monatlich (das entspricht 75 % des Mindestbetrags von 446,00 € gem. § 8 I Abs. 1a S. 3 Satzung SK). Ein Höchstbetrag ist nicht festgelegt, doch ergibt sich aus der anteiligen Berechnung ein Höchstbetrag von 1.200 € monatlich (75% von 1.600 €). Die Hinterbliebenen können zudem einen gestaffelten Zuschlag erhalten, der sich nach dem angepassten durchschnittlichen Jahreseinkommen des verstorbenen Mitglieds bemisst, § 8 II Abs. 1b Satzung SK. Der jährliche Freibetrag beläuft sich auf 13.650 €, § 8 II Abs. 2a Satzung SK. 34

Bei den hinterbliebene **Ehepartnern** oder hinterbliebenen eingetragenen Lebenspartnern **von Verlegern** beträgt die Höhe der wiederkehrenden Leistungen einheitlich 562,50 € monatlich, § 8 II Abs. 1c Satzung SK. Der jährliche Freibetrag beläuft sich auf 40.950 €, § 8 II Abs. 2b Satzung SK. 35

2. Einmalige Leistungen und Sterbegeld, §§ 9, 10 Satzung SK

Das Sterbegeld beträgt (einmalig) 1.700 €, § 9 Satzung SK. 36

Für die Höhe sonstiger einmaliger Leistungen macht die Satzung nur rahmenhafte Vorgaben. Maßgeblich ist insoweit der jeweilige konkrete Bedarf, den das zuständige Abteilungskuratorium auf Grundlage der beizubringenden Unterlagen zu ermitteln hat, § 10 S. 1 Satzung SK. Bei Anträgen auf außergewöhnlich hohe Zuwendungen – d.h. nach den Ausführungsbestimmungen zu § 10 Satzung SK: Zuwendungen über 2.100 € – ist die Entscheidung vom Gesamtkuratorium (**Rn. 7**) zu treffen. 37

VII. Leistungszeitraum, § 11 Satzung SK

Die Ausschüttung wiederkehrender Leistungen an **ordentliche Mitglieder** aus der Sozialkasse beginnt grundsätzlich zum Ersten desjenigen Monats, der auf die Vollen- 38 dung des Eintrittsalters nach § 5 Abs. 1 lit. a) Satzung SK (das bis 2020 auf 65 angehoben wird; **Rn. 20**) folgt, sofern der Leistungsberechtigte den Antrag (**Rn. 19**) rechtzeitig gestellt hat, § 11 Abs. 1 Satzung SK. Erfüllt das Mitglied die weiteren Voraussetzungen nicht schon zu diesem Zeitpunkt, sondern erst später, so beginnt die Zahlung erst mit dem Ersten des darauf folgenden Monats, § 11 Abs. 1 S. 2 Satzung SK.

39 Bei wiederkehrenden Leistungen an **Hinterbliebene** beginnen die Zahlungen grundsätzlich am ersten Tag des Monats, der auf den Tod des Mitgliedes folgt, § 11 Abs. 2 UAbs. 1 Satzung SK, wiederum vorausgesetzt, der Antrag wurde rechtzeitig gestellt. Werden die Voraussetzungen (insbes. § 7, § 11 Abs. 3 Satzung SK – Antrag! **Rn. 19**) erst später erfüllt, so beginnt die Zahlung mit dem Ersten des darauf folgenden Monats, § 11 Abs. 2 UAbs. 2 Satzung SK.

40 Bei **Beendigung der Mitgliedschaft** bei der GEMA entfällt der Leistungsanspruch des Mitglieds bzw. der Hinterbliebenen, § 11 Abs. 4 S. 1 Satzung SK (eine Ausnahmeregelung für leitende Angestellte eines Verlags und Hinterbliebene enthält § 11 Abs. 4 S. 2 Satzung SK). Des Weiteren entfallen die Zahlungsansprüche („Zahlungen"), wenn sie beschlagnahmt, abgetreten, verpfändet, gepfändet oder auf andere Bezüge angerechnet werden, § 11 Abs. 5 S. 1 Satzung SK. Die Regelung soll dem Zuwendungszweck sowie dem Solidargedanken Rechnung tragen. Entfällt der Hinderungsgrund, so entsteht der Anspruch auf Leistung nicht automatisch wieder; eine Wiederaufnahme der Leistung ist aber nach § 11 Abs. 5 S. 2 Satzung SK „möglich". Voraussetzung ist (neben dem Wegfall des Hinderungsgrundes), dass die formellen (Antrag!) und materiellen Anspruchsvoraussetzungen erfüllt sind.

41 Der Anspruch auf wiederkehrende Leistungen endet auch mit dem Tod des Berechtigten, und zwar mit Ablauf des Monats, in dem er gestorben ist. Hatte die Sozialkasse eine Vorauszahlung für weitere Zeiträume nach diesem Monat geleistet, ist sie insoweit zu erstatten. Auf die Rückforderung kann das zuständige Kuratorium bei Vorliegen „besonderer Gründe" verzichten; dem Zweck der Leistungen entsprechend kommt das vor allem bei besonderen sozialen Härten in Betracht.

VIII. Einspruchsverfahren, § 16 Abs. 3 Satzung SK

42 Gegen Entscheidungen der Abteilungskuratorien kann der Betroffene innerhalb von vier Wochen nach Zugang der Entscheidung das Gesamtkuratorium anrufen. Gegen die Entscheidung des Gesamtkuratoriums steht dem Betroffenen der Einspruch beim Aufsichtsrat zu, wobei wiederum eine vierwöchige Frist gilt. Die Entscheidung des Aufsichtsrats darf erst nach Anhörung des geschäftsführenden Kuratoriums ergehen. Sie ist (für die GEMA als Verein) „endgültig".

IX. Kontrolle der Mittelverwendung, § 16 Abs. 1 und 2 Satzung SK

43 Der **Aufsichtsrat** der GEMA hat die Aufsicht über die Sozialkasse. Zusätzlich hat das geschäftsführende Kuratorium als Vorstand der Sozialkasse einen **Wirtschaftsprüfer** zu bestellen, § 16 Abs. 1 Satzung SK.

4. Teil: Die Rechtsbeziehungen der GEMA zu den Nutzern

Kapitel 11
Rechtliche Grundlagen

Inhaltsübersicht

Karl Riesenhuber

https://doi.org/10.1515/9783110366792-011

A. Rechte und Pflichten der Beteiligten*

Die GEMA nimmt als Verwertungsgesellschaft eine Mittlerfunktion zwischen Rechteinhabern und Nutzern ein. In diesem Kapitel beleuchten wir die Rechtsbeziehungen zu den Nutzern. 1

Das Schuldverhältnis zwischen der GEMA und den Nutzern kann auf verschiedenen Grundlagen beruhen (I.). Um der GEMA die Rechtsverfolgung zu erleichtern, sehen Gesetz und Rechtsprechung verschiedene Vermutungen und Fiktionen der Aktivlegitimation vor (II.). Die GEMA schuldet interessierten Nutzern ferner bestimmte Auskünfte, um ihnen die Möglichkeit zu geben, in Erfahrung zu bringen, ob die GEMA die Rechte an den begehrten Werken wahrnimmt (III.). Von besonderer Bedeutung ist der Abschlusszwang nach § 34 VGG (IV.), der die Verwertungsgesellschaften verpflichtet, auf Verlangen zu angemessenen Bedingungen Nutzungsrechte einzuräumen.[1] Daneben bestehen jedoch auch Pflichten der Nutzer, die sich insbesondere auf bestimmte Auskünfte und Meldungen beziehen (V.). Endlich sind Besonderheiten bei der gerichtlichen Geltendmachung der Ansprüche zu beachten (VI.). 2

Die Rechtsbeziehungen zwischen Verwertungsgesellschaft und Nutzer waren waren von 1966 bis 2016 im Urheberrechtswahrnehmungsgesetz (UrhWG) geregelt, das, veranlasst durch die Verwertungsgesellschaftenrichtlinie, seit 1.6.2016 vom **Verwertungsge-** 3

* 1. und 2. Auflage unter Mitarbeit von Dr. *Alexander v. Vogel.*

1 Zu den Ausnahmen vom Abschlusszwang s.u. Rn. 35 ff.

sellschaftengesetz abgelöst ist. Daneben finden die allgemeinen privat- und urheberrechtlichen Vorschriften Anwendung.

I. Das Schuldverhältnis zwischen der GEMA und den Nutzern

4 Die Rechte und Pflichten im Verhältnis zwischen GEMA und den Nutzern können sowohl vertraglich als auch gesetzlich begründet sein. Aufgrund des gesetzlichen Abschlusszwanges ist die GEMA gemäß § 34 VGG dazu verpflichtet, interessierten Nutzern Nutzungsrechte zu angemessenen Bedingungen einzuräumen.[2] Regelmäßig bestimmen sich die Pflichten daher nach dem jeweiligen **Lizenzvertrag**. Das Schuldverhältnis zwischen der GEMA und den Nutzern kann sich indes auch unmittelbar aus dem Gesetz ergeben.[3] So verhält es sich zum einen bei den **gesetzlichen Lizenzen**, bei denen der Gesetzgeber anstelle des ausschließlichen Verwertungsrechts des Urhebers einen Vergütungsanspruch von Gesetzes wegen vorgesehen hat – etwa in den Fällen des § 45a Abs. 2 S. 1 UrhG (Werkvervielfältigung und -verbreitung zugunsten behinderter Menschen) oder des § 52 Abs. 1 S. 2 UrhG (öffentliche Wiedergabe).[4] Das gesetzliche Schuldverhältnis entsteht hier bereits durch die erlaubte Nutzung. Gleiches gilt für die Fälle, in denen dem Urheber keine gesetzliche Lizenz, sondern lediglich ein **gesetzlicher Vergütungsanspruch** zugebilligt wird (Kabelweitersendung, § 20b Abs. 2 UrhG; Folgerecht, §§ 26f. UrhG).[5] In Fällen *unbefugter* Nutzung ergibt sich das Schuldverhältnis zwischen GEMA und Nutzer unmittelbar aus den §§ 97ff. UrhG bzw. aus den §§ 823ff. BGB, die als allgemeine Vorschriften aufgrund der ausdrücklichen Anordnung in § 97 Abs. 3 UrhG anwendbar bleiben **(deliktsrechtliches Schuldverhältnis)**.[6]

II. Die Aktivlegitimation der GEMA

1. Die GEMA-Vermutung

a) Grund und Entstehungsgeschichte der GEMA-Vermutung

5 Die GEMA erteilt interessierten Nutzern in Ausübung ihrer Wahrnehmungstätigkeit Nutzungslizenzen. Darüber hinaus kommt ihr als Verwertungsgesellschaft die Aufgabe zu, die Ansprüche wegen Verletzung der ihr von den Mitgliedern übertragenen Rechte geltend zu machen. Insoweit wäre die GEMA **nach allgemeinen Grundsätzen** für alle anspruchsbegründenden Tatsachen **beweispflichtig**.[7] Sie müsste daher bei jeder Klage im Einzelnen darlegen, *welche* Werke rechtswidrig aufgeführt wurden (1) und dass die verletzten Werke überhaupt *zu ihrem Repertoire gehören* (2). In der Tat hatten die Verwertungsgesellschaften früher sämtliche Voraussetzungen des Verletzungsanspruchs im Prozess im Einzelnen nachzuweisen.[8]

6 Diese Situation erwies sich indes sowohl aus Sicht der Rechteinhaber als auch aus Perspektive der Verwertungsgesellschaften als unbefriedigend: Die illegalen Nutzer

---

2 Zum Abschlusszwang sogleich näher Rn. 30 ff., zum Lizenzierungsverfahren der GEMA unten **Kap. 12**.
3 Anders hingegen im Verhältnis der Berechtigten untereinander, da die §§ 9, 27 VGG insoweit kein gesetzliches Schuldverhältnis begründen, BGH, NJOZ 2004, 3209.
4 Schricker/Loewenheim-*Melichar/Stieper*, Vor §§ 44a ff. UrhG Rn. 10.
5 Loewenheim-*Melichar*, § 48 Rn. 5.
6 S. nur *Schack*, Urheber- und Urhebervertragsrecht, Rn. 756–792.
7 Vgl. nur *Baumgärtel*, Handbuch der Beweislast im Privatrecht, Schuldrecht AT, § 249 BGB Rn. 1; Münchener Kommentar-*Oetker*, § 249 BGB Rn. 480–485.
8 *Riesenhuber/Rosenkranz*, UFITA 2005/II, 467–519.

konnten sich der Rechtsverfolgung durch die Verwertungsgesellschaften entziehen, indem sie deren Aktivlegitimation bestritten und behaupteten, sie hätten lediglich solche Werke gespielt, an denen die klagende Verwertungsgesellschaft keine Rechte besäße (s.a. unten, Rn. 15. Die Verwertungsgesellschaften waren somit gezwungen, die erforderlichen Nachweise unter **hohem Verwaltungsaufwand** beizubringen, zulasten der Verteilungssumme.

Die Werknutzer sind demgegenüber regelmäßig ohne weiteres im Stande anzuge- 7
ben, welche Werke sie verwendet haben.[9] Da bereits die Vorgängerin der GEMA, die Stagma (zu ihr **Kap. 2 Rn. 38ff.**), ein (freilich rechtliches) Monopol für die Wahrnehmung musikalischer Urheberrechte inne hatte,[10] bestand von jeher eine starke Vermutung dafür, dass die Stagma/GEMA mit der Rechtewahrnehmung deutscher Musikwerke auch tatsächlich betraut war.

Die die Rechtsprechung begann daher in den 1930er Jahren, Beweiserleichterungen 8
zugunsten der Verwertungsgesellschaften zu etablieren. So urteilte das Kammergericht 1937 in einer Entscheidung zugunsten der Stagma: „Die […] Musikaufführungsrechte stehen aber der Klägerin [Stagma] zu, denn es ist gerichtsbekannt, dass alle in Betracht kommenden deutschen Komponisten ihre Aufführungsrechte an sämtlichen vorhandenen und zukünftigen Werken der Klägerin übertragen haben und dass diese infolge der zwischen ihr und den ausländischen Aufführungsgesellschaften abgeschlossenen Gegenseitigkeitsverträge auch die Rechte der meisten ausländischen Komponisten wahrzunehmen hat.“[11] In einer nachfolgenden Entscheidung stellte das Kammergericht weiter fest: „Bei dieser Sachlage braucht die Klägerin nicht mehr für jeden Fall den Nachweis der Aufführung geschützter Musikwerke zu erbringen. Würde man ihr im Prozesse solche Pflicht auferlegen, so müsste die Klägerin die Zahl ihrer Prüfer vervielfachen, und selbst dann würde es ihr noch nicht möglich sein, jede Veranstaltung zu erfassen.“[12] Die Untergerichte griffen diese Rechtsprechung auf und der BGH verfestigte sie zu einer echten Vermutungsregel, die heute allgemein als **„GEMA-Vermutung“** bekannt ist.[13] Diese Vermutung greift auch dann ein, wenn das Netz von Gegenseitigkeitsverträgen Lücken aufweist und konkurrierende Verwertungsgesellschaften existieren.[14] Ungeachtet ihrer Entstehungsgeschichte findet die GEMA-Vermutung heute auch auf andere Verwertungsgesellschaften Anwendung, sofern diese eine vergleichbare Monopolstellung besitzen (etwa VG Wort und VG Bild-Kunst).[15]

Nach der GEMA-Vermutung ist davon auszugehen, dass die **GEMA zur Wahrneh- 9
mung** der entsprechenden Rechte **legitimiert ist, wenn urheberrechtlich geschützte Musikwerke genutzt werden** sollen. Die Aktivlegitimation erstreckt sich dabei nicht allein auf Auskunfts-, sondern auch auf Schadensersatz- und Unterlassungsansprüche.[16]

9 So schon KG, UFITA 12 (1939), 133, 134 („Hingegen bedeutet es für den Veranstalter musikalischer Aufführungen keine besondere Schwierigkeit, nachzuweisen, welche Stücke, und dass er nur freie Stücke dargeboten hat“).

10 Zur historischen Entwicklung der Verwertungsgesellschaften in Deutschland *Riesenhuber*, Die Auslegung und Kontrolle des Wahrnehmungsvertrags, S. 3–5; *ders./Rosenkranz*, UFITA 2005/II, 467–519, zur „Stagma“-Vermutung s.a. *Schneider*, GRUR 1986, 657.

11 KG, UFITA 11 (1938), 55. Zur Entwicklung auch *Riesenhuber/Rosenkranz*, UFITA 2005/II, 467–519.

12 KG, UFITA 12 (1939), 133, 134.

13 Eingehend A. *Schneider*, GRUR 1986, 657–663. Zur österreichischen AKM-Vermutung siehe § 11 Abs. 3 S. 2 Verwertungsgesellschaftengesetz 2006 – (VerwGesG 2006).

14 OLG Hamburg v. 4.11.2004 – 3 U 63/99 n.v., Umdruck S. 29.

15 Für die VG Wort noch ablehnend BGH, GRUR 1963, 213, 214 (insoweit nicht in BGHZ 38, 356 abgedruckt) – Fernsehwiedergabe von Sprachwerken, bejahend jetzt hingegen OLG München, ZUM 2000, 243, 246 – Mediaspiegel. BeckOK UrhR/*Freudenberg*, § 13 WahrnG Rn. 5.

16 OLG Hamburg v. 4.11.2004 – 3 U 63/99 n.v., Umdruck S. 28.

Wird also beispielsweise Tanz- und Unterhaltungsmusik öffentlich aufgeführt, so spricht eine Vermutung dafür, dass es sich dabei überhaupt um geschützte Werke handelt (1) und dass diese Rechte der GEMA zur Wahrnehmung eingeräumt sind (2).[17] Entsprechendes gilt für die Wiedergabe von Schallplattenmusik in Gaststätten,[18] aber auch für die mechanische Vervielfältigung und Verbreitung von Musikwerken.[19]

b) *Praktische und rechtliche Bedeutung*

10 Die GEMA-Vermutung erleichtert den Verwertungsgesellschaften die praktische Rechtsverfolgung erheblich. Macht die GEMA einen Verletzungsanspruch gerichtlich geltend, so hat der Nutzer zu beweisen, dass er lediglich freie Werke verwendet hat. Die Verwertungsgesellschaften können sich insofern eine aufwendige und vor allem kostspielige Überwachung sparen, und das kommt unmittelbar den Rechteinhabern zugute.

11 Die GEMA-Vermutung lässt sich nicht ohne weiteres in die Systematik des deutschen Beweisrechts einfügen. Es handelt sich insbesondere nicht um einen echten **Anscheinsbeweis.** Zwar gründet auch die GEMA-Vermutung auf der Wahrscheinlichkeit eines bestimmen Regelsachverhalts.[20] Anders als bei dem auf Erfahrungssätzen beruhenden Anscheinsbeweis, wie er insbesondere im Haftungsrecht angewendet wird, genügt es zur Widerlegung der GEMA-Vermutung jedoch nicht, darzulegen, dass „in einem bestimmten Bereich üblicherweise keine Musikwerke aus dem Repertoire der GEMA verwendet werden". Die Vermutung dient vielmehr dazu, „im Hinblick auf die besondere Situation der [GEMA] bei der Wahrnehmung der betreffenden Nutzungsrechte [...], die vom Urheberrechtsgesetz gewährten urheberechtlichen Befugnisse bei den betroffenen Arten von Musiknutzungen weithin erst voll wirksam werden zu lassen."[21] Der Werknutzer muss daher substantiiert darlegen, dass er die der GEMA übertragenen Rechte im konkreten Fall nicht verletzt hat. Demnach hat er etwa bei der Nutzung von Musik in Filmen für jeden einzelnen Film sämtliche verwendeten Musikstücke unter Angabe der an diesen Musikstücken jeweils beteiligten Bezugsberechtigten zu benennen.[22]

2. Die Aktivlegitimation nach §§ 48, 49 VGG

12 Eine ausschnittweise Regelung der Vermutung der Sachbefugnis enthalten §§ 48, 49 VGG, die nahezu wortgetreu die Vorschriften von § 13c Abs. 1 und 2 UrhWG übernehmen.[23]

17 BGHZ 95, 274, 276 – GEMA-Vermutung I.

18 BGHZ 17, 376 – Betriebsfeiern; BGH, GRUR 1961, 97, 98 f. – Sportheim; BGH, GRUR 1974, 35, 39 – Musikautomat.

19 BGH, GRUR 1964, 94, 96 f. – Tonbandgeräte-Händler; BGHZ 95, 285, 287 ff. – GEMA-Vermutung II; BGH, NJW 1986, 1249, 1250 f. – GEMA-Vermutung III; OLG Hamburg, ZUM 2009, 421, 422 – WOS. Weitere Beispiele bei Dreier/Schulze-*Schulze*, § 13c UrhWG Rn. 5.

20 Sie wird daher mitunter auch als ein dem Anscheinsbeweis ähnliches Rechtsinstitut eingestuft, s. *Schack*, Urheber- und Urhebervertragsrecht, Rn. 824 („rechtspolitisch motivierte Aktivlegitimation"); Loewenheim-*Melichar*, § 48 Rn. 22.

21 So zutreffend OLG München, GRUR 1984, 122, 123 – Sex- und Pornofilme.

22 BGHZ 95, 285, 292 – GEMA-Vermutung II; BGH, NJW 1986, 1249, 1250 f.– GEMA-Vermutung III; OLG Hamburg, GRUR 2009, 421, 422 – WOS. Zur Darlegungs- und Beweislast im Verteilungsverfahren der GEMA *Riesenhuber/Bezzenberger*, GRUR 2003, 1005, 1008.

23 Da eine sachliche Änderung nicht intendiert war, sondern die Fortführungen des bisherigen Rechts, kann uneingeschränkt auch auf Rechtsprechung und Erläuterungen zu § 13c UrhWG Bezug genommen werden.

Gegenüber der von der Rechtsprechung entwickleten GEMA-Vermutung erweitert die Vorschrift die Vermutungswirkung teilweise.[24] Anders als jene setzt sie keine faktische Monopolstellung der jeweiligen Verwertungsgesellschaft voraus.[25]

a) Die Aktivlegitimation für Auskunfts- und Vergütungsansprüche, §§ 48, 49 VGG

§§ 48, 49 VGG enthalten **Vermutungen der Aktivlegitimation** und statuieren somit eine Beweislastumkehr zugunsten der Verwertungsgesellschaften.[26] Hierbei handelt es sich um gesetzliche Vermutungen iSd § 292 ZPO, die durch entsprechenden Sachvortrag widerlegt werden können (Beweislastumkehr). Der Nutzer muss also im Prozess substantiiert darlegen, dass die einzelnen Rechte an den von ihm genutzten Werken nicht von der klagenden Verwertungsgesellschaft wahrgenommen werden.[27] Ein lediglich pauschales Bestreiten genügt diesen Anforderungen nicht. Die Vermutungsregeln betreffen als flankierende Maßnahmen indes nur die Frage der Aktivlegitimation; die weiteren materiellrechtlichen Voraussetzungen des geltend gemachten Anspruchs müssen demnach von der Verwertungsgesellschaft nachgewiesen werden.[28] 13

aa) Die Vermutung der Aktivlegitimation für verwertungsgesellschaftspflichtige Auskunftsansprüche, § 48 VGG

Macht die GEMA einen Auskunftsanspruch geltend, der nur durch eine Verwertungsgesellschaft geltend gemacht werden kann, so wird gemäß § 48 VGG vermutet, dass sie die Rechte aller Berechtigten wahrnimmt. 14

Zweck dieser Regelung ist es, den *„circulus vitiosus“*[29] zu durchbrechen, dem sich die Verwertungsgesellschaften zuvor ausgesetzt sahen: Ohne die Auskunft des Nutzers darüber, welche Werke er verwendet hat, konnten die Verwertungsgesellschaften die Voraussetzungen ihres Zahlungsanspruches nicht beweisen und dessen Höhe nicht beziffern. Der entsprechende Auskunftsanspruch setzte indes wiederum voraus, dass überhaupt eine Zahlungsverpflichtung des verklagten Nutzers bestand. Bestritt der Nutzer also im Prozess pauschal, Werke genutzt zu haben, deren Rechte von der klagenden Verwertungsgesellschaft wahrgenommen werden, so konnte er sich der Rechtsverfolgung entziehen.[30] 15

Die gesetzliche Vermutung in § 48 VGG begegnet dieser Problematik, indem sie die faktische Durchsetzung der Auskunftsansprüche erleichtert.[31] Da gemäß § 48 VGG zu vermuten ist, dass die Verwertungsgesellschaft die Rechte aller Berechtigten wahrnimmt, muss der Auskunftsverpflichtete mitunter **mehrmals Auskunft an verschiedene Verwertungsgesellschaften** geben;[32] eine dem § 13c Abs. 2 S. 2 UrhWG vergleichbare 16

24 Vgl. Schiedsstelle, ZUM 1989, 426, 428; Dreier/Schulze-*Schulze*, § 13c UrhWG Rn. 8.
25 BGH, GRUR 1989, 819 – Gesetzliche Vermutung I; BGH, GRUR 1991, 595 – Gesetzliche Vermutung II.
26 Vgl. auch BGH, GRUR 1989, 819, 820 – Gesetzliche Vermutung I; BGH, GRUR 1991, 595, 596 – Gesetzliche Vermutung II; BVerfG, GRUR 2001, 48, 50. BeckOK UrhR/*Freudenberg*, § 13c WahrnG Rn. 11.
27 BGH, GRUR 1989, 819, 821 – Gesetzliche Vermutung I; BGH, GRUR 1991, 595, 596 – Gesetzliche Vermutung II.
28 BGHZ 95, 274, 280 f. – GEMA-Vermutung I; BGHZ 95, 285, 292 f. – GEMA-Vermutung II; ebenso Loewenheim-*Melichar*, § 48 Rn. 20; Schricker/Loewenheim-*Reinbothe*, § 13c UrhWG Rn. 7, 9 (keine rechtsbegründende Funktion).
29 Fromm/Nordemann-*Nordemann*/*Wirtz*, § 13c UrhWG Rn. 3.
30 BeckOK UrhR/*Freudenberg*, § 13c WahrnG Rn. 9; Fromm/Nordemann-*Nordemann*/*Wirtz*, § 13c UrhWG Rn. 1.
31 Zur Vorgängerreglung des § 13b UrhWG RegE, BT-Drs. 10/837 S. 23.
32 BGH, GRUR 2017, 716 Rn. 25.

Einschränkung kennt § 13c Abs. 1 UrhWG nicht. Er wird hierdurch jedoch nicht übermäßig beschwert, da er die Auskunft ohne Umstände reproduzieren kann.[33]

17 Die Vermutungswirkung des § 48 VGG erfasst nur **verwertungsgesellschaftspflichtige Auskunftsansprüche**. Ausdrückliche gesetzliche Regelungen finden sich insoweit lediglich in § 26 Abs. 3 bis 6 UrhG (Folgerecht) sowie in den §§ 54f, 54h UrhG (Vergütung für Vervielfältigung im Wege der Bild- und Tonaufzeichnung sowie der Ablichtung). Bei allen übrigen Auskunftsansprüchen ist darauf abzustellen, ob der zugrundeliegende *Zahlungsanspruch* verwertungsgesellschaftenpflichtig ausgestaltet ist;[34] auch hier ist die Verwertungsgesellschaft auf die Auskunft des Nutzers angewiesen, um die Voraussetzungen des Zahlungsanspruchs darlegen zu können.[35] Die Vermutung der Aktivlegitimation bezieht sich in diesen Fällen jedoch nur auf den Auskunftsanspruch, nicht auch auf den zugrundeliegenden Zahlungsanspruch.

bb) Die Vermutung der Aktivlegitimation für bestimmte Vergütungsansprüche, § 49 VGG

18 Macht die GEMA einen der in § 49 Abs. 1 VGG genannten Vergütungsansprüche geltend, so wird vermutet, dass sie die Rechte aller Berechtigten wahrnimmt. Falls mehrere, konkurrierende Verwertungsgesellschaften zur Geltendmachung berechtigt sind, greift die Vermutung nur, wenn diese den Anspruch gemeinsam geltend machen, § 49 Abs. 2 VGG.[36] Anders als die bloße Mehrfachauskunft würde eine Doppelvergütung den Vergütungsschuldner ungerechtfertigt belasten.[37] Aus diesem Grunde hat die GEMA den Zahlungsverpflichteten ferner von Vergütungsansprüchen Dritter freizustellen, sofern sie für diese Zahlungen erhalten hat, vgl. § 49 Abs. 3 VGG.

19 Die Regelung soll den Verwertungsgesellschaften einen „effektiven Rechtsschutz zur Durchsetzung der urheberrechtlichen Ansprüche in zivilrechtlichen Verfahren [...] gewährleisten".[38] Die Vermutungswirkung nach § 49 Abs. 1 VGG erfasst indes nur die **Vergütungsansprüche** für **Vermietung und Verleihen** (§ 27 UrhG), für die **Vervielfältigung** gemäß **§§ 54 Abs. 1, 54c Abs. 1 UrhG** sowie für **neue Nutzungsarten nach der Übergangsvorschrift** des § 137l Abs. 5 UrhG; dies jedoch hinsichtlich der Werke sowohl der Urheber als auch der Leistungsschutzberechtigten (ausübende Künstler, § 77 Abs. 2 UrhG; Tonträgerhersteller, § 85 Abs. 4 UrhG; Filmhersteller, § 94 Abs. 4 UrhG). „Da der einzelne Vermietungs-, Verleihungs- oder Vervielfältigungsvorgang bei diesen Ansprüchen üblicherweise nicht erfasst wird, wäre die klagende Verwertungsgesellschaft nicht in der Lage, ihre Sachbefugnis darzutun und zu beweisen."[39] Auf andere Ansprüche, bei denen der einzelne Nutzungsvorgang ebenfalls nicht zu erfassen ist, kann die Vermutung ggf. entsprechend anwendbar sein.[40]

---

33 Dreier/Schulze-*Schulze*, § 13c UrhWG Rn. 13.
34 So in den Fällen der §§ 20b Abs. 2, 26 Abs. 5 UrhG, 27 Abs. 3, 45a Abs. 2 S. 2, 49 Abs. 1 S. 3, 52a Abs. 4 S. 2, 52b S. 4 und 54h Abs. 1 UrhG. Hierzu s.a. Loewenheim-*Melichar*, § 48 Rn. 18.
35 OLG München, ZUM 2000, 243, 245 f. – Mediaspiegel; Dreier/Schulze-*Schulze*, § 13c UrhWG Rn. 12; BeckOK UrhR/*Freudenberg*, § 13c WahrnG Rn. 10.
36 Zur Zusammenarbeit der Verwertungsgesellschaften *Müller*, **Kap. 13**.
37 Dreier/Schulze-*Schulze*, § 13c UrhWG Rn. 17.
38 BVerfG, GRUR 2001, 48, 49.
39 RegE, BT-Drs. 10/837 S. 23.
40 OLG München, ZUM 2000, 243, 245 f. – Mediaspiegel; BGHZ 141, 13, 39 f. – Kopienversanddienst; BeckOK UrhR/*Freudenberg*, § 13c WahrnG Rn. 17; Dreier/Schulze-*Schulze*, § 13c UrhWG Rn. 14.

b) Die Aktivlegitimation bei der Kabelweitersendung, § 50 VGG

§ 50 VGG trägt dem Umstand Rechnung, dass das **Recht der Kabelweitersendung** sowohl für Urheber als auch für bestimmte Leistungsschutzberechtigte (ausübende Künstler, Filmhersteller) **verwertungsgesellschaftenpflichtig** ausgestaltet ist.[41] Um den Erwerb der notwendigen Rechte nicht übermäßig zu erschweren, erklärt § 50 Abs. 1 S. 1 VGG die Verwertungsgesellschaft auch hinsichtlich solcher Rechteinhaber, die *keinen* Wahrnehmungsvertrag geschlossen haben (sog. Außenseiter), für aktivlegitimiert. 20

Anders als bei den Vermutungsregeln der §§ 48 f. VGG handelt es sich bei der Regelung des § 50 VGG um eine **unwiderlegliche Fiktion**.[42] Danach gilt die GEMA als berechtigt, die Kabelweitersendungsrechte auch für solche Rechteinhaber wahrzunehmen, die ihre Rechte nicht an die GEMA übertragen haben (Außenseiter). Die Vorschrift dient der Umsetzung des Art. 9 Abs. 2 S. 1 Satelliten- und Kabel-Richtlinie 93/83[43] und verschafft derjenigen „Verwertungsgesellschaft, die Rechte dieser Art wahrnimmt", die notwendige Sachbefugnis. Sofern mehrere Verwertungsgesellschaften in Betracht kommen, gelten sie grundsätzlich gemeinsam als berechtigt, § 50 Abs. 1 S. 2 HS 1 VGG. Bestimmt der Rechteinhaber indes eine Verwertungsgesellschaft, so gilt nur diese als berechtigt, § 50 Abs. 1 S. 2 HS 2 VGG. Für Sendeunternehmen, die ihre eigenen Sendungen weiterleiten, gilt die Fiktion der Aktivlegitimation gemäß § 50 Abs. 1 S. 3 VGG nicht. 21

§ 50 Abs. 2 VGG betrifft demgegenüber das **Innenverhältnis** zwischen dem Außenseiter und der als aktivlegitimiert geltenden Verwertungsgesellschaft.[44] Der Außenseiter ist hier wie ein vertraglich gebundener Wahrnehmungsberechtigter zu behandeln. Die Ansprüche des Außenseiters gegen die Verwertungsgesellschaft verjähren gemäß § 50 Abs. 2 S. 2 VGG in drei Jahren ab dem Zeitpunkt, in dem die Verwertungsgesellschaft die Abrechnung der Kabelweitersendung gemäß ihren Statuten vorzunehmen hat. Diese Dreijahresfrist darf durch die Verwertungsgesellschaft nicht einseitig beschnitten werden, § 50 Abs. 2 S. 2 HS 2 VGG. 22

III. Die Auskunftspflichten der GEMA gegenüber den Nutzern

1. Der Zweck der Auskunftspflichten nach § 55 VGG

Die GEMA ist als Verwertungsgesellschaft gemäß § 55 Abs. 1 VGG dazu verpflichtet, u.a. Nutzer auf begründete Anfrage hin Informationen über die von ihr wahrgenommenen Werke oder sonstigen Schutzgegenstände sowie die Rechte zu geben.[45] In Umsetzung von Art. 20, 25 VGRL hat der Gesetzgeber damit im Grundsatz die frühere Auskunftspflicht von § 10 UrhWG übernommen.[46] Diese Informationspflicht dient insbesondere dem **Zweck**, Nutzern die Möglichkeit zu geben, in Erfahrung zu bringen, welche Verwertungsgesellschaft die Rechte an welchen Werken wahrnimmt.[47] Bei Musikwerken war dieser Auskunftsanspruch freilich vor allem vor 1933 von Bedeutung, als es noch kon- 23

41 Vgl. §§ 20b Abs. 1, 78 Abs. 4, 94 Abs. 4 UrhG.
42 RegE, BT-Drs. 13/4796 S. 16. Dreier/Schulze-*Schulze*, § 13c UrhWG Rn. 21.
43 Zu ihr *Dreier*, ZUM 1995, 458–463; Walter/v. Lewinsky-*Dreier*, European Copyright Law, Satellite and Cable Directive.
44 Vgl. Art. 9 Abs. 2 S. 3 SKRL, dazu Walter/v. Lewinsky-*Dreier*, European Copyright Law, Satellite and Cable Directive Rn. 7.9.8.
45 Zum alten Recht BGH, GRUR 2013, 717, 722 – Covermount (zur Frage, ob bei unrichtiger Auskunft ein Anspruch auf Schadensersatz nach § 280 Abs. 1 BGB begründet ist).
46 BT-Drs. 18/7223, S. 89.
47 RegE, BT-Drs. IV/270 S. 16 f.

kurrierende Verwertungsgesellschaften auf dem Gebiet der Wahrnehmung von Musikrechten gab, so dass nicht ohne weiteres erkennbar war, von welcher Gesellschaft die Rechte erworben werden mussten.[48] Da die GEMA praktisch das Weltrepertoire wahrnimmt, hat die Verpflichtung für sie nur geringere Bedeutung. Praktisch kommt die GEMA ihrer Auskunftspflicht heute durch die als Online-Service angebotene Repertoirsuche nach.[49]

24 Mit dem Auskunftsrecht nach § 55 VGG korrespondiert eine **Obliegenheit des interessierten Nutzers**, sich um die Auskunft auch tatsächlich zu bemühen. Macht er von seinem Auskunftsanspruch keinen Gebrauch, so trägt er grundsätzlich das Risiko der Rechtsverletzung.[50]

2. Voraussetzungen und Umfang der Auskunftspflicht

25 Auskunftsberechtigt ist – neben Rechtsinhabern und durch Repräsentationsvereinbarung verbundenen Verwertungsgesellschaften – jeder Nutzer. Das wird man dem Zweck der Vorschrift weit dahin verstehen müssen, dass auch der Nutzungsinteressent ein Informationsrecht hat. § 55 Abs. 1 VGG verlangt, dass die Anfrage „hinreichend begründet" sein muss. Da indes weitere Tatbestandsvoraussetzungen nicht genannt sind, wird man jedes rechtlich begründete Interesse als hinreichende Begründung ansehen können. Für den „Nutzer" gehört dazu typischerweise die Absicht, in der Zukunft ein Werk zu nutzen. Formale Voraussetzungen (wie das in § 10 UrhWG noch vorgesehene Erfordernis der Schriftlichkeit) enthält § 55 VGG nicht, so dass grundsästzlich auch ein elektronisches oder mündliches Auskunftsersuchen den Anspruch begründet. Anderes kann sich aber (aus teleologischen Erwägungen) aus dem Auskunftsbegehren selbst (z.B. Umfang oder Komplexität) oder aus dem Erfordernis einer „hinreichenden Begründung" ergeben. Nach allgemeinen Grundsätzen brauch die GEMA rechtsmissbräuchliche oder schikanöse Anfragen, die etwa allein dazu dienen sollen, der Verwertungsgesellschaft unnötige Verwaltungsarbeit aufzuhalsen, nicht zu beantworten, §§ 242, 226 BGB.[51] Der Gesetzgeber ging darüber hinaus von einer inhärenten **Begrenzung** der Auskunftspflicht aus: „Der mit der Beantwortung der Anfrage verbundene Aufwand darf den Geschäftsbetrieb der Verwertungsgesellschaft jedoch nicht unangemessen beeinträchtigen."[52]

26 Über den **Umfang** der Auskunftspflicht bestimmt § 55 Abs. 1 VGG, dass die GEMA grundsätzlich über die von ihr wahrgenommenen Werke und Rechte sowie die jeweils umfassten Gebiete informieren muss. Dabei kann das Begehren auf bestimmte Werke, aber auch umgekehrt auf Werke bestimmter Urheber gerichtet sein. Der Nutzer kann mehrere Einzelanfragen miteinander verbinden.[53] Weitergehende Auskünfte, etwa über die Schutzdauer eines bestimmten Werkes oder die Zahl der an einem Werk beteiligten Berechtigten, schuldet die GEMA **nur**, soweit davon ihre Rechtewahrnehmung betroffen ist. Sie muss ihre Auskunft auch nicht etwa durch Vorlage der Wahrnehmungsverträge

48 Zu dieser ratio siehe die RegE, BT-Drs. IV/271, S. 16. Zum historischen Hintergrund in der Wahrnehmungspraxis von 1903–1933 *Riesenhuber/Rosenkranz*, UFITA 2005/II, 467–519. Seit 2004 gibt es mit der VG Werbung + Musik mbH (VGWM) allerdings wieder eine weitere Verwertungsgesellschaft auf dem Gebiet der Wahrnehmung von Musikrechten.

49 https://online.gema.de/werke/search.faces.

50 BGH, GRUR 1988, 373, 375 – Schallplattenimport III.

51 Dreier/Schulze-*Schulze*, § 10 UrhWG Rn. 3 mit Beispielen; Schricker/Loewenheim-*Reinbothe*, § 10 UrhWG Rn. 3.

52 RegE, BT-Drs. 18/7223, S. 89.

53 Dreier/Schulze-*Schulze*, § 10 UrhWG Rn. 5; Schricker/Loewenheim-*Reinbothe*, § 10 UrhWG Rn. 5.

belegen.[54] An Information in Form eines **Verzeichnisses sämtlicher vertretener Werke oder Rechteinhaber** hat der Nutzungsinteressent kein berechtigtes Interesse.[55] Sie ist indes nicht daran gehindert, die begehrten Auskünfte auf diese Weise zu erteilen.

Die GEMA im Rahmen der Auskunftserteilung gegenläufige eigene Interessen berücksichtigen. Sie darf angemessene und verhältnismäßige (Erforderlichkeit) Maßnahmen ergreifen, um die Richtigkeit und Integrität der Informationen zu schützen, um ihre Weiterverwendung zu kontrollieren und um wirtschaftlich sensible Informationen zu schützen, § 55 Abs. 2 VGG. 27

Die Verwertungsgesellschaft kann die Erteilung der Information von der vorherigen Erstattung der damit verbundenen **Kosten** verlangen, soweit dies angemessen ist, § 55 Abs. 3 VGG. Erläuternd heißt es in der Entwurfsbegründung, die Kostenerstattung wäre unangemessen, wenn die Information nur auf bestimmte Werke oder sonstige Schutzgegenstände beschränkt ist.[56] Der Erstattungsanspruch ist der Höhe nach auf die „damit verbundenen Kosten" beschränkt, also die kausal verursachten Kosten. Das schließt indes eine gewisse Pauschalierung nicht aus, die im Gegenteil auch im Interesse der Nutzer an Gleichbehandlung und Planungssicherheit ist. 28

3. Auskunftspflicht und GEMA-Vermutung

Die Auskunftspflicht nach § 55 VGG wird durch die GEMA-Vermutung und die Regelungen der §§ 48f. VGG (oben, Rn. 14ff.) nicht modifiziert. Die Vermutungsregeln dienen allein dem Nachweis der Aktivlegitimation für Auskunfts- und Vergütungsansprüche der GEMA, sie entbinden sie daher nicht von ihrer Auskunftspflicht. 29

IV. Der Abschlusszwang, § 34 VGG

Nach § 34 VGG unterliegen die Verwertungsgesellschaften gegenüber den Nutzern einem Kontrahierungszwang. Damit hat der Gesetzgeber an § 11 UrhWG angeknüpft und ist er über die Vorgaben der Verwertungsgesellschaftenrichtlinie 2014/26 hinausgegangen, die in Art. 16 keinen Kontrahierungszwang, sondern lediglich die Gebote vor, nach Treu und Glauben über Lizenzen zu verhandeln.[57] Die Lizenzierungsbedingungen müssen nach den Richtlinienvorgaben auf objektive und diskriminierungsfreie Kriterien gestützt sein, die Vergütung der Rechteinhaber muss angemessen sein. Im praktischen Ergebnis dürfte die Bindung, redlich zu verhandeln, ähnlich wirken wir der Kontrahierungszwang. 30

1. Der Abschlusszwang und seine Rechtfertigung

Als Verwertungsgesellschaft ist die GEMA nach dem Wortlaut von § 34 Abs. 1 S: 1 VGG verpflichtet, aufgrund der von ihr wahrgenommenen Rechte „jedermann" auf Verlangen zu angemessenen Bedingungen Nutzungsrechte einzuräumen. Da sie zudem nach § 9 VGG dazu verpflichtet ist, mit den Rechteinhabern Wahrnehmungsverträge abzuschließen, unterliegt sie einem **„doppelten Kontrahierungszwang"**.[58] § 2 Abs. 2 31

54 Dreier/Schulze-*Schulze*, § 10 UrhWG Rn. 2.
55 Vgl. zu § 10 UrhWG RegE, BT-Drs. IV/271 S. 17 (kein Anspruch wegen unverhältnismäßiger Kosten).
56 BT-Drs. 18/7223, S. 89.
57 Krit. *Janik/Tiwisina*, ZUM 2013, 177, 179; *Staats*, ZUM 2013, 162, 166.
58 Dreier/Schulze-*Schulze*, § 11 UrhWG Rn. 2; Dreyer/Kotthoff/Meckel-*Zeisberg*, § 11 UrhWG Rn. 1; *Schack*, Urheber- und Urhebervertragsrecht, Rn. 1208.

UAbs. 2 GEMA-Satzung a.F. bezog sich der Sache nach auf den Kontrahierungszwang des § 34 VGG.[59]

32 Der Abschlusszwang stellt für die GEMA wie für die Berechtigten einen empfindlichen Eingriff die Vertragsfreiheit (§ 305 BGB) dar.[60] Diese können nicht mehr frei bestimmen, *ob* und *mit wem* sie vertragliche Beziehungen eingehen wollen **(negative Vertragsfreiheit).**[61] Er bedarf daher einer besonderen Rechtfertigung. Diese ist im Fall des § 34 VGG vor allem in der **Monopolstellung der Verwertungsgesellschaften** zu sehen.[62] Obwohl das VGG kein rechtliches Monopol der einzelnen Verwertungsgesellschaften vorsieht, hielt der deutsche Gesetzgeber eine faktische Monopolstellung für wahrscheinlich und durchaus wünschenswert.[63] Da der interessierte Nutzer im Einzelfall darauf angewiesen ist, die begehrten Lizenzen auch tatsächlich erlangen zu können, spielt es letztlich keine Rolle, ob es nur eine einzige oder aber mehrere konkurrierende Verwertungsgesellschaften gibt.[64] Die mit der Monopolstellung einhergehende marktmächtige Position der Verwertungsgesellschaften gebietet es daher, einen Kontrahierungszwang vorzusehen. So wäre beispielsweise ein Tanzlokal, das keine Lizenzen von der GEMA erhielte, ruiniert.[65] Teilweise wird die spezielle Anordnung eines Kontrahierungszwangs für überflüssig gehalten, da sich der Kontrahierungszwang bereits aus allgemeinen Vorschriften (Art. 82 EG, §§ 19, 20 GWB und aus § 826 BGB) herleiten ließe;[66] indes dient die spezialgesetzliche Normierung jedenfalls einem Interesse an Rechtsklarheit und Rechtssicherheit, das die allgemeinen Normen nicht in gleicher Weise befriedigen können.

33 Der Kontrahierungszwang gegenüber den Nutzern wurde **anfänglich kritisiert** und gar als verfassungswidrig in Frage gestellt.[67] Zum einen verschiebe er die Chancengleichheit auf Kosten der Verwertungsgesellschaften einseitig zugunsten der Nutzer; zum anderen würden die Persönlichkeitsinteressen des Urhebers allzu leicht ins Hintertreffen geraten. Diese Bedenken lassen sich jedoch durch eine entsprechende Ausgestaltung der Wahrnehmungs- und Lizenzierungsbedingungen entkräften.[68] So werden bestimmte Rechte in der Wahrnehmungspraxis lediglich auflösend bedingt oder unter Vereinbarung eines Rückübertragungsrechts eingeräumt.[69] Die GEMA lässt sich etwa das Filmherstellungsrecht lediglich unter der auflösenden Bedingung einräumen, dass der Berechtigte die Rechte nicht im eigenen Namen wahrnehmen will.[70]

---

59 Dazu oben **Kap. 5 Fn. 23.**

60 S. allgemein Soergel-*Riesenhuber*, vor § 145 BGB Rn. 49 ff.

61 Zum Grundsatz der negativen Vertragsfreiheit *Wolf/Neuner*, Allgemeiner Teil, § 10 Rn. 34; Soergel-*Riesenhuber*, vor § 145 BGB Rn. 6 ff.

62 RegE, BT-Drs. IV/271, S. 17; kritisch Loewenheim-*Melichar*, § 48 Rn. 9. S.a. OLG Nürnberg, ZUM 2016, 546 ff.

63 *Riesenhuber*, Die Auslegung und Kontrolle des Wahrnehmungsvertrags, S. 4 f., 13–17.

64 Fromm/Nordemann-*Nordemann/Wirtz*, § 11 UrhWG Rn. 1. Vgl. auch RegE, BT-Drs. IV/271, S. 17.

65 Vgl. das Beispiel bei *Seifert*, unten **Kap. 12 Rn. 35.**

66 Dreier/Schulze-*Schulze*, § 11 UrhWG Rn. 1; Fromm/Nordemann-*Nordemann/Wirtz*, § 11 UrhWG Rn. 1; ähnlich Loewenheim-*Melichar*, § 48 Rn. 10, in der Bewertung zurückhaltender Schricker/Loewenheim-*Reinbothe*, § 11 UrhWG Rn. 3. Zur kartellrechtlichen Kontrolle der Verwertungsgesellschaften *Holzmüller*, oben **Kap. 4**, speziell für den Wahrnehmungsvertrag *Riesenhuber*, Die Auslegung und Kontrolle des Wahrnehmungsvertrags, S. 34–36; 123–148 sowie *Riesenhuber*, oben **Kap. 6 Rn. 140 ff.**

67 Schricker/Loewenheim-*Reinbothe*, § 11 UrhWG Rn. 2 m. umf. Nw. Zur Entstehungsgeschichte eingehend *Banck*, Kontrahierungszwang, S. 37 ff.

68 Dreier/Schulze-*Schulze*, § 11 UrhWG Rn. 3; Fromm/Nordemann-*Nordemann/Wirtz*, § 11 UrhWG Rn. 5; Schricker/Loewenheim-*Reinbothe*, § 11 UrhWG Rn. 2.

69 Vgl. Wandtke/Bullinger-*Gerlach*, § 11 UrhWG Rn. 2.

70 § 1 i Abs. 1 GEMA-Berechtigungsvertrag. Eingehend hierzu unter besonderer Berücksichtigung der Entscheidung BGH, GRUR 2006, 319 – Alpensinfonie, *Staudt/Welp*, oben **Kap. 7 Rn. 208 ff.**; siehe ferner Dreier/Schulze-*Schulze*, Vor § 31 UrhG Rn. 136.

2. Der Vertragsschluss nach § 34 Abs. 1 S. 1 VGG

a) Voraussetzungen des Abschlusszwangs

aa) Bindung gegenüber „jedermann"

Der Abschlusszwang nach § 34 Abs. 1 S. 1 VGG gilt grundsätzlich gegenüber **„jedermann"**. In der Regel werden Individualverträge abgeschlossen.[71] Voraussetzung ist ein entsprechendes „Verlangen" des potentiellen Nutzers (Vertragsantrag iSv §§ 145 BGB). Der Abschlusszwang besteht indes von vorneherein nur gegenüber (natürlichen oder juristischen) Personen, die die erforderliche Nutzereigenschaft aufweisen. So sind etwa im Bereich des Online-Musikdownloads die Tonträgerhersteller jedenfalls dann nicht als Lizenzschuldner bzw. Nutzer anzusehen, wenn sie nicht zugleich sog. Content-Provider sind.[72] 34

bb) Ausnahmen

Der Abschlusszwang ist dem Wortlaut von § 34 Abs. 1 S. 1 VGG nach unbegrenzt. In besonderen Fällen ist es jedoch mit der herrschenden Lehre zum Schutz der Rechteinhaber geboten, im Wege der teleologischen Reduktion **Ausnahmen vom Kontrahierungszwang** zuzulassen.[73] Auch die Rechtsprechung geht davon aus, dass im Einzelfall Konstellationen denkbar sind, die der Verwertungsgesellschaft die „Lizenzverweigerung erlauben, wenn nicht gebieten".[74] Nach Ansicht des BGH soll eine Abschlusspflicht nicht bestehen, „wenn im Einzelfall eine missbräuchliche Ausnutzung der Monopolstellung ausscheidet und die Verwertungsgesellschaft dem Verlangen auf Einräumung von Nutzungsrechten vorrangige berechtigte Interessen entgegenhalten kann". Das ist im Rahmen einer Interessenabwägung zu begründen. Einerseits kann das Interesse der Verwertungsgesellschaft unter Berücksichtigung der Belange des Verwerters als vorrangig anzusehen sein oder können berechtigte Interessen des betroffenen Berechtigten entgegenstehen.[75] Die Gründe hierfür sind von der Verwertungsgesellschaft substantiiert darzulegen. Dabei kann sie sich aufgrund ihrer Treuhandstellung indes einen vom betroffenen Mitglied erhobenen Missbrauchseinwand (§ 242 BGB) zu eigen machen.[76] Andererseits kann sich auch aus der Rechtstellung des Nutzungsinteressenten ein mangelndes Interesse ergeben; so wenn er aus rechtlichen Gründen gehindert wäre, von der Lizenz Gebrauch zu machen.[77] Freilich wird die GEMA Lizenzen im eigenen Interesse eher zurückhaltend verweigern. 35

---

71 *Kreile/Becker*, in: Handbuch der Musikwirtschaft, S. 703.
72 Schiedsstelle, ZUM 2007, 243, 247.
73 So wohl auch BGH, GRUR 2009, 1052 f. – Seeing is believing (der zusätzlich erwägt, dass schon in dem Angemessenheitsgebot auch eine *Beschränkung* des Kontrahierungszwangs liege und damit eine Lösung im Rahmen der Auslegung andeutet); *Banck*, Kontrahierungszwang, S. 111 ff.; Dreier/Schulze-*Schulze*, § 11 UrhWG Rn. 5; Dreyer/Kotthoff/Meckel-*Zeisberg*, § 11 UrhWG Rn. 3; Fromm/Nordemann-*Nordemann/Wirtz*, § 11 UrhWG Rn. 3; Loewenheim-*Melichar*, § 48 Rn. 12; Wandtke/Bullinger-*Gerlach*, § 11 UrhWG Rn. 8; Schricker/Loewenheim-*Reinbothe*, § 11 UrhWG Rn. 8.
74 OLG München, ZUM 1994, 303, 306 – Beatles-CD. Siehe auch OLG Hamburg, NJW-RR 1999, 1133, 1136.
75 OLG München, ZUM 2007, 152, 154; OLG München, ZUM 1994, 303, 306 – Beatles-CD. S. a. Fromm/Nordemann-*Nordemann/Wirtz*, § 11 UrhWG Rn. 3.
76 OLG München, ZUM 2007, 152, 154.
77 So im Fall BGH, GRUR 2009, 1052 ff. – Seeing is believing.

(1) Der „notorische Rechtsbrecher“

36 Eine Ausnahme vom Kontrahierungszwang besteht in Fällen, in denen der interessierte Nutzer wiederholt und bewusst Rechtsverletzungen zum Nachteil der Verwertungsgesellschaft (und damit der Rechteinhaber) verübt hat („notorischer Rechtsbrecher“).[78] Verstößt ein Verwerter beispielsweise wiederholt gegen seine Pflicht zur Lizenzvergütung, so ist die GEMA nicht verpflichtet, ihm weiterhin Lizenzen zu erteilen.[79] Die ratio des Abschlusszwanges, potentielle Nutzer vor Machtmissbrauch durch die marktstarken Verwertungsgesellschaften zu schützen, ist hier nicht tangiert. So hat der Gesetzgeber zur Vorgängerregelung im UrhWG ausgeführt:

> „Mit der Einführung der Bestimmung [des § 11 Abs. 1 UrhWG] sollte jedoch lediglich verhindert werden, dass die Verwertungsgesellschaft ihre Monopolstellung zum Nachteil der Allgemeinheit ausnutzt, was nicht zutrifft, wenn sie vorrangige berechtigte Interessen geltend machen kann“.[80]

37 Bei anhaltenden Verstößen gegen die Programmpflicht (§ 42 VGG) können die von der GEMA wahrgenommenen Interessen der Rechteinhaber an einer abrechnungsfähigen Werkverwertung daher eine **teleologische Reduktion** des Kontrahierungszwanges gebieten.

(2) Verletzung von Urheberpersönlichkeitsrechten

38 Weitere Ausnahmen vom Abschlusszwang sind dort anzuerkennen, wo die Lizenzerteilung erkennbar **schwere Verletzungen des Urheberpersönlichkeitsrechts** zur Folge hätte. Beabsichtigt ein Nutzer etwa, Musikwerke im Rahmen von verfassungsfeindlichen Veranstaltungen zu spielen, so ist die GEMA aufgrund ihrer Treuhandfunktion gegenüber dem Rechteinhaber gehalten, keine Lizenz zu erteilen.[81] Gleiches gilt, wenn der Urheber von seinem Rückrufsrecht wegen gewandelter Überzeugung (§ 42 UrhG) Gebrauch macht.[82]

39 Die GEMA ist ferner nicht zur Rechteeinräumung verpflichtet, wenn die begehrte Nutzung im Innenverhältnis eine **Genehmigung des Rechteinhabers voraussetzt.**[83] Sonst bliebe der GEMA nur die Wahl zwischen zwei rechtlich unzulässigen Verhaltensweisen: Würde sie die Lizenz erteilen, so verstieße sie gegen ihre Pflichten aus dem Wahrnehmungsvertrag mit dem Rechteinhaber; würde sie die Lizenz hingegen verweigern, so verstieße sie gegen ihre gesetzliche Pflicht zur Lizenzeinräumung aus § 34 Abs. 1 S. 1 VGG. Die GEMA ist daher in diesen Fällen berechtigt und verpflichtet, den Abschluss unter Hinweis auf die berechtigten Interessen des Rechteinhabers zu verweigern.[84] Eine Lizenzverweigerung kommt vor dem Hintergrund der Rechtsprechung des Bundesge-

---

78 *Banck*, Kontrahierungszwang, S. 112 ff.; Fromm/Nordemann-*Nordemann/Wirtz*, § 11 UrhWG Rn. 3 unter Hinweis auf § 20 Abs. 1 GWB. Zustimmend Dreier/Schulze-*Schulze*, § 11 UrhWG Rn. 5; Dreyer/Kotthoff/Meckel-*Zeisberg*, § 11 UrhWG Rn. 3, im Ergebnis auch *Schack*, Urheber- und Urhebervertragsrecht, Rn. 1356 Fn. 43 (unter Bezugnahme auf § 242 BGB).
79 Zur Programmpflicht unten, Rn. 71–74.
80 Vgl. OLG Hamburg, NJW-RR 1999, 1133, 1136. BeckOK UrhR/*Freudenberg*, § 11 WahrnG Rn. 13.
81 *Banck*, Kontrahierungszwang, S. 125 ff.; Loewenheim-*Melichar*, § 48 Rn. 12.
82 Offen gelassen von OLG München, ZUM 2007, 152, 155.
83 *Dördelmann*, GRUR 1999, 890, 893; *Pfennig*, KUR 1999, 10, 11; vgl. auch OLG Hamburg, NJW-RR 1999, 1133, 1136 (berechtigte Erlaubnisverweigerung durch die VG Bild-Kunst hinsichtlich der Herstellung originalgetreuer Kopien von Malereiwerken).
84 Vgl. OLG Hamburg, NJW-RR 1999, 1133, 1136.

richtshofes beispielsweise in Betracht, wenn bei der Zweitverwertung einer Fernsehproduktion keine Einwilligung des Berechtigten vorliegt.[85]

40 Möchte der Rechteinhaber verhindern, dass seine Werke von der Allgemeinheit kostenpflichtig genutzt werden können, so kann er den Wahrnehmungsvertrag kündigen. Eine **Kündigung**, die lediglich dazu dienen soll, **bestimmte Interessenten von der Werknutzung auszuschließen**, ist als „Umgehung" des Abschlusszwanges nach teleologischer Auslegung von § 34 Abs. 1 VGG unzulässig.[86]

b) Rechtsfolgen, Art und Weise der Rechteeinräumung

aa) Erfordernis der vorherigen Einwilligung

41 Der gesetzliche Abschlusszwang entbindet die Nutzer jedoch nicht von ihrer Pflicht, **vor der beabsichtigten Nutzung die Einwilligung** (§ 183 BGB) der Verwertungsgesellschaften **einzuholen.** Das Ausschließlichkeitsrecht wird durch die Übertragung der Rechte an die GEMA nicht berührt; insoweit unterscheiden sich die dem Kontrahierungszwang des § 34 VGG unterliegenden Rechte von den gesetzlichen Lizenzen.[87] Unterlässt es der Nutzer, die erforderliche Einwilligung rechtzeitig einzuholen, so begeht er eine **Urheberrechtsverletzung**, die entsprechende Verletzungsansprüche des Berechtigten auslöst.[88] Zur Verteidigung kann er sich maW nicht darauf berufen, die Lizenz hätte ihm von Gesetzes wegen ohnehin erteilt werden müssen.

bb) Umfang des Nutzungsrechts

42 Aus der gesetzlichen Konzeption des § 34 VGG folgt zwingend, dass die GEMA **nur einfache Nutzungsrechte** iSd § 31 Abs. 2 UrhG einräumen darf; andernfalls könnte sie dem Abschlusszwang nach einmal erfolgter Lizenzierung nicht mehr nachkommen, da alle anderen Interessenten fortan von der Werknutzung ausgeschlossen wären, § 31 Abs. 3 UrhG.[89]

43 Es ist dem Nutzer nicht erlaubt, die ihm eingeräumten Rechte **an Dritte zu übertragen**, § 34 Abs. 1 UrhG. Wollen Dritte die Rechte nutzen, so müssen sie sich vielmehr selbst an die GEMA wenden.[90]

44 Ferner kann die GEMA selbstverständlich nur hinsichtlich solcher Rechte Lizenzen einräumen, die ihr auch **tatsächlich zur Wahrnehmung übertragen** wurden. Daher beschränkt die GEMA die Rechtsübertragung in ihren Lizenzverträgen auf das ihr zur Wahrnehmung übertragene Repertoire.[91] Einen gutgläubigen Erwerb von urheberrechtlichen Nutzungsrechten kennt das deutsche Recht nicht.[92]

---

85 BGH, GRUR 2006, 319 – Alpensinfonie, eingehend hierzu *Staudt/Welp*, oben **Kap. 7 Rn. 229 ff.**

86 OLG München, ZUM 1994, 303, 306 – Beatles-CD; zustimmend Schricker/Loewenheim-*Reinbothe*, § 11 UrhWG Rn. 8.

87 Zu den gesetzlichen Lizenzen oben, Rn. 4.

88 BGH, GRUR 1983, 565, 567 – Tarifüberprüfung II; BGH, GRUR 2000, 872, 874 – Schiedsstellenanrufung; LG München I, ZUM 1985, 224, 225; Dreier/Schulze-*Schulze*, § 11 UrhWG Rn. 4, 6; Loewenheim-*Melichar*, § 48 Rn. 11.

89 Dreyer/Kotthoff/Meckel-*Zeisberg*, § 11 UrhWG Rn. 4; *Kreile/Becker*, in: Handbuch der Musikwirtschaft, S. 703; Schricker/Loewenheim-*Reinbothe*, § 11 UrhWG Rn. 4.

90 Dreier/Schulze-*Schulze*, § 11 UrhWG Rn. 7.

91 Vgl. auch KG v. 5.3.2002 – 5 U 6420/00 n.v. – Pink Floyd.

92 BGHZ 5, 116, 119 – Parkstraße 13; BGH, GRUR 1959, 200, 203 – Der Heiligenhof; KG, ZUM 1997, 397, 398 – Franz Hessel; *Schack*, Urheber- und Urhebervertragsrecht, Rn. 601 f.

45 Der Umfang des Nutzungsrechts ist auch **in zeitlicher Hinsicht begrenzt.** In der Regel erfolgt die Lizenzierung nur für einen konkreten Nutzungsvorgang. Mitunter wird das Nutzungsrecht aber auch für mehrere Verwertungsvorgänge eingeräumt. Dann ergibt sich die zeitliche Geltungsdauer aus der zugrundeliegenden Vereinbarung zwischen GEMA und Nutzer, wobei den Parteien regelmäßig ein vorzeitiges Kündigungsrecht eingeräumt wird.[93]

cc) Angemessene Bedingungen

(1) Grundsätze

46 Die GEMA ist als Verwertungsgesellschaft gemäß § 34 Abs. 1 VGG dazu verpflichtet, die Nutzungsrechte zu **angemessenen Bedingungen** einzuräumen. S. 2 der Vorschrift konkretisiert das – in Umsetzung von Art. 16 Abs. 2 UAbs. 1 VGG – jetzt dahin, dass die Bedingungen objektiv und nicht-diskriminierend sein und eine angemessene Vergütung vorsehen müssen. Der Gesetzgeber hat den Begriff der „angemessenen Bedingungen" – ebenso wie in § 9 VGG – nicht weiter präzisiert. Da der Lizenzvertrag ein gegenseitiger Vertrag ist, kommt es in erster Linie die Äquivalenz von **Leistung und Gegenleistung**, die im jeweiligen Einzelfall in einem ausgewogenen Verhältnis zueinander stehen müssen (Angemessenheit der Vergütung).[94] Die Vergütung ist nach dem urheberrechtlichen Beteiligungsgrundsatz so zu berechnen, dass die Berechtigten an den durch die Verwertung erzielten geldwerten Vorteilen angemessen partizipieren, vgl. § 39 Abs. 1 S. 1 VGG.[95] Zudem muss sie es der GEMA erlauben, ihre Tätigkeit kostendeckend auszuüben, wobei auch die Kosten für Vorsorge- und Unterstützungseinrichtungen zu berücksichtigen sind.[96]

Im Hinblick auf Veranstaltungen, die keinem *unmittelbaren* wirtschaftlichen Zweck dienen, führt der Beteiligungsgedanke von § 39 Abs. 1 S. 1 VGG keineswegs zum Wegfall der Vergütungspflicht: „[A]uch dann, wenn mit einer wirtschaftlichen Nutzung keine geldwerten Vorteile erzielt werden, (ist) jedenfalls eine Mindestvergütungsregelung erforderlich, um die Urheber und Leistungsschutzberechtigten vor einer möglichen Entwertung ihrer Rechte zu schützen. Eine solche Mindestvergütung darf nur nicht so weit gehen, dass der Beteiligungsgrundsatz zu Lasten des Verwerters in einem unangemessenen Verhältnis überschritten wird (...)."[97]

47 Die Angemessenheit der Vergütung ist ferner durch formale Gerechtigkeitskriterien sicherzustellen: Gleichgelagerte Fälle sind grundsätzlich gleich zu behandeln **(Gleichbehandlungsgebot**; vgl. jetzt das Diskriminierungsverbot von § 34 Abs. 1 S. 2 VGG).[98]

93 Vertiefend Dreier/Schulze-*Schulze*, § 11 UrhWG Rn. 14 f.
94 BGH, GRUR 2012, 711 Rn. 20 – Barmen Live; Dreier/Schulze-*Schulze*, § 11 UrhWG Rn. 10; Wandtke/Bullinger-*Gerlach*, § 11 UrhWG Rn. 3.
95 BGH, GRUR 2013, 717, 719 f. – Covermount; BGH, GRUR 2012, 711 Rn. 20 – Barmen Live; BGH, GRUR 1982, 102, 103 – Masterbänder; BGH, GRUR 1985, 131, 132 – Zeitschriftenauslage; BGHZ 97, 37, 43 – Filmmusik; Wandtke/Bullinger-*Gerlach*, § 11 UrhWG Rn. 3. Vertiefend zur Tarifbemessung *v. Gamm*, FS Nirk, S. 315–320; E. *Schulze*, GRUR 1989, 257 f. S.a. den am 12. April 2005 vom DPMA zugunsten der GEMA entschiedenen Tarifstreit mit der IFPI (Az: Sch-Urh 28/00). Das DPMA stellte fest, dass die bisherige Tonträgervergütung von 9,009% vom Händlerabgabepreis für Tonträger angemessen ist. Die IFPI hatte demgegenüber eine prozentuale Vergütung von 6,6% sowie weitere Abzüge für medienbeworbene Tonträger beantragt.
96 KG, GRUR 1978, 247, 248 – Verwertungsgesellschaft; *Reber*, GRUR 2000, 203, 204; Schricker/Loewenheim-*Reinbothe*, § 11 UrhWG Rn. 5; Wandtke/Bullinger-*Gerlach*, § 11 UrhWG Rn. 3.
97 BGH, GRUR 2012, 711 Rn. 20 – Barmen Live (Nachweise weggelassen).
98 BGH, GRUR 2012, 711 Rn. 20 – Barmen Live ; BGH, GRUR 2004, 669, 671 – Musikmehrkanaldienst; Dreier/Schulze-*Schulze*, § 11 UrhWG Rn. 11, § 13 UrhWG Rn. 1; Wandtke/Bullinger-*Gerlach*, § 11 UrhWG Rn. 4.

Die GEMA ist demnach berechtigt, für regelmäßig wiederkehrende Nutzungsvorgänge im Wege typisierender Betrachtung bestimmte Tarife aufzustellen, vgl. § 38 VGG. Der BGH hat hierzu in der Entscheidung „Musikautomat" ausgeführt:

> „Hierdurch soll im Interesse der Allgemeinheit eine gleichmäßige Behandlung aller gleichgelagerten Fälle durch die Verwertungsgesellschaft sichergestellt, zugleich aber auch der Verwertungsgesellschaft in ihrem eigenen Interesse erspart werden, in jedem Einzelfall langwierige Verhandlungen über Art und Höhe der zu zahlenden Vergütung zu führen (...)."[99]

(2) Tarife als Maßstab

Umstritten ist, ob die von der GEMA nach § 38 VGG aufgestellten **Tarife als Maßstab für die Angemessenheitsprüfung** herangezogen werden können.[100] Nach *einer Ansicht* sind die Tarife für die Angemessenheitsprüfung zugrunde zulegen.[101] Da die Tarife gemäß § 39 VGG selbst angemessen sein müssen und sie zudem von der Aufsichtsbehörde überprüft werden können (vgl. § 88 Abs. 2 Nr. 2 VGG),[102] spreche jedenfalls der erste Anschein für die Angemessenheit der Vergütung.[103] Die *Gegenauffassung* stellt darauf ab, dass die Tarife in vollem Umfang gerichtlich überprüfbar sind[104] und die Aufsichtsbehörde nur bei völlig unangemessenen Tarifen einschreiten kann.[105] Die Vermutung der Angemessenheit entbehre daher jeglicher Grundlage. 48

Die *herrschende Meinung* vertritt eine vermittelnde Position. Haben die Parteien einen bestimmten Tarif **vertraglich vereinbart** und hat dieser sich bereits durchgesetzt, so ist die Angemessenheit der Vergütung nicht mehr zu prüfen.[106] Dies folgt bereits aus dem Grundsatz der Vertragsfreiheit: 49

> „Den Vertragsparteien bleibt es grundsätzlich überlassen, den Inhalt eines Vertrages frei zu bestimmen. Ist ein Vertrag als wirksam zu beurteilen, so sind die Parteien daran bis zu seiner – im Streitfall durch Kündigung möglichen – Beendigung gebunden. In seinen Bestand kann grundsätzlich nicht auf dem Wege über eine gerichtliche Überprüfung der Angemessenheit eines dem Vertrag zugrunde gelegten Tarifs eingegriffen werden."[107]

Zudem zeigt die Tatsache, dass sich ein Tarif in der Praxis durchgesetzt hat, dass beide Seiten die Regelung im Grundsatz für angemessen halten.[108] Insoweit maßgeblich ist derjenige Tarif, der „nach seinen Merkmalen der im Einzelfall vorliegenden Art und Weise und dem Umfang der Nutzung möglichst nahe kommt".[109]

99 BGH, GRUR 1974, 35, 37 – Musikautomat (Nachweise weggelassen).

100 Kontrahierungszwang und Angemessenheitsgebot bestehen unabhängig davon, *ob* die GEMA einen Tarif aufstellt; BGH, GRUR 2012, 715 Rn. 11 ff. – Bochumer Weihnachtsmarkt, ebenso die Vergütungspflicht; BGH, GRUR 2017, 684 Rn. 25 ff. – externe Festplatten.

101 BGH, GRUR 1974, 35, 37 – Musikautomat; BGH, GRUR 1983, 565, 566 – Tarifüberprüfung II; Dreier/Schulze-*Schulze*, § 11 UrhWG Rn. 12; *Schulze*, UFITA 80 (1977) 151, 152.

102 Vgl. aber jetzt VG München, ZUM 2017, 779.

103 Fromm/Nordemann-*Nordemann*/*Wirtz*, § 13 UrhWG Rn. 4.

104 BGHZ 97, 37, 39 ff. – Filmmusik; OLG München, GRUR 1983, 578, 579 f. – Musiknutzung bei Videokassetten; *Reimer*, GRUR Int. 1982, 215, 217.

105 *Häußer*, FuR 1980, 57, 66; *Menzel*, Die Aufsicht über die GEMA, S. 65.

106 BGHZ 87, 281, 284 f. – Tarifüberprüfung I; *v. Gamm*, FS Nirk, S. 317; *Becker*, FS Kreile, S. 46; *Reber*, GRUR 2000, 203, 204; Dreyer/Kotthoff/Meckel-*Zeisberg*, § 11 UrhWG Rn. 11; Loewenheim-*Melichar*, § 48 Rn. 13; Schricker/Loewenheim-*Reinbothe*, § 11 UrhWG Rn. 6; Wandtke/Bullinger-*Gerlach*, § 11 UrhWG Rn. 5.

107 BGHZ 87, 281, 284 f. – Tarifüberprüfung I.

108 Zutreffend Loewenheim-*Melichar*, § 48 Rn. 28 („die Vertragspartner wissen selbst am besten, was ihnen frommt").

109 BGH, GRUR 1976, 35, 36 – Bar-Filmmusik; vgl. auch BGH, GRUR 1983, 565, 567 – Tarifüberprüfung II.

50 Können sich GEMA und Nutzer **nicht auf einen bestimmten Tarif einigen**, so muss die Vergütung eigenständig ausgehandelt und gegebenenfalls vor Gericht durchgesetzt werden.[110] In diesen Fällen ist der Tarif nicht für die Angemessenheitsprüfung heranzuziehen. Eine selbständige Vergütungsabrede ist zudem erforderlich, wenn **kein einschlägiger Tarif existiert** und auch eine entsprechende Anwendung anderer Tarife nicht in Betracht kommt.[111] In beiden Fällen ist der Nutzer durch das Hinterlegungsverfahren des § 37 VGG (sogleich Rn. 52ff.) geschützt.

51 Hat sich ein Tarif noch nicht durchgesetzt, so ist dessen Angemessenheit grundsätzlich von der GEMA zu beweisen.[112] Sofern sich der Tarif jedoch in der Praxis bewährt hat, kommt der GEMA eine **Beweiserleichterung** zugute. Trägt sie im Prozess Gründe vor, die den Tarif als angemessen erscheinen lassen, so muss der Nutzer dezidiert darlegen, weshalb er den Tarif dennoch für unangemessen hält.[113]

3. Ergänzung durch das Hinterlegungsverfahren des § 37 VGG

a) Zweck der Regelung

52 Der Kontrahierungszwang wird durch das Hinterlegungsverfahren nach § 37 VGG ergänzt, das ebenfalls der **Monopolstellung** der Verwertungsgesellschaften Rechnung trägt. Dem Nutzer sollen die begehrten Lizenzen nicht allein deswegen versagt bleiben, weil sich beide Parteien zwar über die Verpflichtung zur Zahlung einer angemessenen Vergütung, nicht aber über die Höhe der geschuldeten (angemessenen) Vergütung einigen können.[114] Ob die Norm darüber hinaus auch dem Schutz der Verwertungsgesellschaften dient, ist umstritten (näher unten, Rn. 58).

b) Der Abschluss nach § 37 VGG

53 Steht die Höhe der Vergütung in Streit, so gelten die Nutzungsrechte als eingeräumt, wenn der Nutzer den von ihm anerkannten Betrag zahlt und den darüber hinaus von der GEMA geforderten Betrag entweder **unter Vorbehalt** an die GEMA **zahlt oder** zu ihren Gunsten **hinterlegt** (Fiktion der Rechteeinräumung).

54 Das **Verfahren bei der Hinterlegung** bestimmt sich nach den §§ 372–386 BGB sowie den Hinterlegungsgesetzen der Länder.[115] Der Nutzer hat der GEMA die Hinterlegung unverzüglich anzuzeigen (§ 374 Abs. 2 S. 1 BGB). Da der hinterlegte Betrag nicht verzinst wird, ist die Zahlung unter Vorbehalt – z.B. auf ein Sperrkonto – für beide Parteien regelmäßig vorteilhafter.

---

110 BGH, GRUR 2017, 684 Rn. 25ff.; Dreyer/Kotthoff/Meckel-*Zeisberg*, § 11 UrhWG Rn. 11; Schricker/Loewenheim-*Reinbothe*, § 11 UrhWG Rn. 6.

111 BGH, GRUR 1988, 373, 376 – Schallplattenimport III.

112 BGHZ 97, 37, 47f. – Filmmusik; Dreier/Schulze-*Schulze*, § 11 UrhWG Rn. 13; Schricker/Loewenheim-*Reinbothe*, § 11 UrhWG Rn. 6.

113 KG, GRUR 1978, 247, 248f. – Verwertungsgesellschaft; Wandtke/Bullinger-*Gerlach*, § 11 UrhWG Rn. 6.

114 BGH, GRUR 2012, 711 Rn. 11 – Barmen Live; BGH, GRUR 2000, 872, 874f. – Schiedsstellenanrufung (unter Berufung auf RegE, BT-Drs. IV/271, S. 17).

115 Die §§ 232–240 BGB sind hingegen nicht einschlägig, da es sich bei dem nach § 11 Abs. 2 UrhWG zu zahlenden Betrag nicht um eine Sicherheitsleistung handelt, Loewenheim-*Melichar*, § 48 Rn. 17.

Der vorenthaltene Betrag darf nach dem unzweideutigen Wortlaut des § 37 VGG indes **nur den streitigen Teil** der Vergütung erfassen.[116] Der anerkannte Betrag („Sockelbetrag“) ist demgegenüber vorbehaltlos zu entrichten, um die GEMA und ihre Berechtigten nicht zu benachteiligen. Das Hinterlegungsverfahren soll den Nutzer lediglich vor Benachteiligung schützen; ihm sollen indes keine Vorteile aus dem Streit um die Vergütungshöhe erwachsen. Als problematisch erweist sich insoweit, dass die Nutzer den Hinterlegungsbetrag massiv absenken können, indem sie die Vergütungshöhe bewusst in vollkommen unrealistischem Umfang in Streit ziehen, um erhöhten wirtschaftlichen Druck auf die Verwertungsgesellschaft auszuüben.[117] 55

Da die Nutzungsrechte mit der ordnungsgemäßen Hinterlegung bzw. der Zahlung unter Vorbehalt als eingeräumt gelten, muss der Nutzer nun nicht mehr auf Erteilung bzw. Ersetzung der Einwilligung nach § 894 ZPO klagen. Er schuldet jedoch diejenigen Angaben, die die GEMA benötigt, um die Zahlung auf ihre Richtigkeit hin überprüfen zu können.[118] Eine entssprechende Pflicht ist jetzt schon als allgemeine Verhandlungspflicht statuiert, § 36 Abs. 1 S. 2 VGG. 56

Die Fiktion des § 37 VGG greift jedoch erst ein, wenn die Verhandlungen über die Vergütungshöhe (vgl. § 36 VGG) gescheitert sind.[119] Sie setzt daher voraus, dass der Nutzer seine **Zahlungspflicht grundsätzlich anerkennt** und darlegt, welchen Betrag er zu zahlen bereit ist.[120] 57

Umstritten ist, ob die GEMA Hinterlegung auch **im Wege des Schadensersatzes** und damit ohne vorgängiges Schiedsverfahren geltend machen kann, um sich so vor der Insolvenz des Nutzers zu schützen. Nach Auffassung des **BGH** dient § 37 VGG allein dem Schutz des Verwerters. Die Vorschrift räume ihm daher das Recht ein, den Betrag hinterlegen zu dürfen; ein damit korrespondierender Anspruch der Verwertungsgesellschaften auf Hinterlegung bestehe nicht.[121] Daher könne die Hinterlegung auch nicht als Schadensersatz gemäß § 97 UrhG geltend gemacht werden.[122] 58

> „Die Vorschrift des § 11 Abs. 2 UrhWG [entspricht § 37 VGG] soll nicht eine Vermögensposition der Verwertungsgesellschaften begründen und sie – anders als andere Inhaber urheber- und leistungsschutzrechtlicher Befugnisse – gegen die Gefahr sichern, Ansprüche wegen Rechtsverletzungen nach Erwirkung eines Schadensersatztitels nicht mehr vollstrecken zu können. Zweck des § 11 Abs. 2 UrhWG ist vielmehr allein der Schutz des Verwerters.“[123]

Diese Ansicht ist mit dem überwiegenden Schrifttum **abzulehnen**.[124] Zum einen bürdet diese Lösung den Verwertungsgesellschaften ein übermäßig hohes Insolvenzrisi-

116 Dies war früher ob des insoweit unklaren Wortlauts des § 11 Abs. 2 UrhWG a. F. jedenfalls zweifelhaft, vgl. Dreyer/Kotthoff/Meckel-*Zeisberg*, § 11 UrhWG Rn. 14; Fromm/Nordemann-*Nordemann/Wirtz*, § 11 UrhWG Rn. 5. Der Gesetzgeber hat § 11 Abs. 2 UrhWG daher im Zuge des Gesetzes zur Regelung des Urheberrechts in der Informationsgesellschaft („Korb 1“) neugefasst, vgl. RegE, BR-Drs. 684/02; BGBl. 2003 I, 1774.
117 Vgl. den beigelegten Streit zwischen der deutschen Landesgruppe der IFPI und der GEMA, Entscheidung des DPMA vom 12. April 2005 (Az.: Sch-Urh 28/00), hierzu s.a. Fn. 90 sowie vertiefend *Kreile*, GEMA-Jahrbuch 2004/2005.
118 LG Berlin, ZUM 1985, 222, 223; Loewenheim-*Melichar*, § 48 Rn. 14.
119 LG Berlin, ZUM 1985, 222, 223.
120 BGH, GRUR 2012, 711 – Barmen Live; Dreier/Schulze-*Schulze*, § 11 UrhWG Rn. 18.
121 BGH, GRUR 2000, 872, 874 – Schiedsstellenanrufung (zur Vorgängerregelung des § 11 Abs. 2 UrhWG).
122 A. A. noch OLG Naumburg, ZUM 1997, 937, 940, hierzu *Kröber*, ZUM 1997, 927 f.
123 BGH, GRUR 2000, 872, 874 – Schiedsstellenanrufung.
124 Loewenheim-*Melichar*, § 48 Rn. 16; Wandtke/Bullinger-*Gerlach*, § 11 UrhWG Rn. 11, wohl auch Dreyer/Kotthoff/Meckel-*Zeisberg*, § 11 UrhWG Rn. 15, differenzierend Dreier/Schulze-*Schulze*, § 11 UrhWG Rn. 24.

ko auf, da sie nach Ansicht des BGH[125] zunächst die Schiedsstelle anrufen müssen, was zu einer deutlich längeren Verfahrensdauer führt.[126] Zudem ist die GEMA als Verwertungsgesellschaft nicht mit anderen Rechteinhabern vergleichbar, unterliegt sie doch einem gesetzlichen Kontrahierungszwang.[127]

4. Die Pflicht zum Abschluss von Gesamtverträgen nach § 35 VGG

59 Der Abschlusszwang des § 34 VGG wird durch die **Pflicht zum Abschluss von Gesamtverträgen** flankiert. Die GEMA ist als Verwertungsgesellschaft verpflichtet, mit Nutzervereinigungen, über die von ihr wahrgenommenen Rechte und Ansprüche Gesamtverträge zu angemessenen Bedingungen abzuschließen, § 35 VGG.[128] Die Verpflichtung entfällt indes, wenn ihr „der Abschluss eines Gesamtvertrages nicht zuzumuten ist, insbesondere weil die Vereinigung eine zu geringe Mitgliederzahl hat", § 35 Hs. 2 VGG (unten Rn. 63f.). Ferner erfasst der Anspruch nur solche Rechte, die nach *deutschem* Urheberrecht geschützt sind.[129]

60 Der Gesamtvertrag regelt lediglich die **schuldrechtlichen Rahmenbedingungen** für die später gesondert einzuräumenden Nutzungsrechte.[130] Da der Gesamtvertrag nur die jeweiligen Vertragsparteien verpflichtet, sind potentielle Nutzer an seine Bedingungen insbesondere die Vergütungssätze nicht gebunden, solange sie sich dem Vertrag nicht als Mitglieder der Vereinigung „unterwerfen", d.h. durch rechtsgeschäftliche Erklärung anerkennen.[131] In diesen Fällen steht es ihnen frei, die Angemessenheit des Tarifs durch die Schiedsstelle und – nachgeordnet – durch die ordentlichen Gerichte überprüfen zu lassen.[132]

61 Die in einem Gesamtvertrag vereinbarten Vergütungssätze gelten nur für diejenigen **Nutzer**, die **der Vereinigung** angehören.[133] Sie können jedoch nicht herangezogen werden, um die Angemessenheit von Einzeltarifen zu bestimmen. Der BGH hat hierzu in der Entscheidung „Musikautomat" ausgeführt:

> „Hinsichtlich derjenigen Veranstalter, die nicht dem Verband angehören, gelten dagegen die Tarife, die die [GEMA] gemäß § 13 Abs. 1 Satz 1 UrhWG [§ 39 Abs. 1 S. 1 VGG] aufzustellen hat. Hierin liegt kein Verstoß gegen den Grundsatz der gleichmäßigen Behandlung aller gleichgelagerten Fälle. Denn mit dem Abschluß von Gesamtverträgen erzielt die [GEMA] eine Verringerung ihres Verwaltungs- und Kontrollaufwands. Die Verbände erbringen der [GEMA] gegenüber Leistungen, die sonst in deren Aufgabenbereich fallen würden".[134]

Der mit dem Abschluss von Gesamtverträgen einhergehende „Harmonisierungseffekt in der Administration"[135] dient somit vor allem dem Interesse der in der Ver-

125 BGH, GRUR 2000, 872, 874 – Schiedsstellenanrufung.
126 Loewenheim-*Melichar*, § 48 Rn. 16 („unerträgliche wirtschaftliche Belastungen und Risiken der Verwertungsgesellschaften"); Wandtke/Bullinger-*Gerlach*, § 11 UrhWG Rn. 11.
127 Loewenheim-*Melichar*, § 48 Rn. 16 (§ 11 Abs. 2 UrhWG als „Korrelat zum Abschlusszwang der Verwertungsgesellschaften").
128 Zum Anspruch auf Verhandlung nach Treu und Glauben OLG München, GRUR-RR 2010, 278, 279 – Gerätetarif.
129 OLG München, GRUR-RR 2006, 312, 314.
130 RegE, BT-Drs. IV/271, S. 17.
131 Vgl. OLG München, GRUR 1990, 358, 359 – Doppelmitgliedschaft. Schricker/Loewenheim-*Reinbothe*, § 12 UrhWG Rn. 6.
132 OLG München, GRUR 1990, 358, 359 – Doppelmitgliedschaft.
133 OLG München, GRUR-RR 2010, 278, 279 – Gerätetarif.
134 BGH, GRUR 1974, 35, 37 – Musikautomat.
135 Wandtke/Bullinger-*Gerlach*, § 12 UrhWG Rn. 1.

wertungsgesellschaft zusammengeschlossenen Rechteinhaber an einer effektiven und kostengünstigen Verwaltung ihrer Rechte. Der Vorteil für die Mitglieder der Nutzungsvereinigung liegt in der regelmäßig niedrigeren Vergütung (sogleich, Rn. 62).[136]

Auch die Bedingungen der Gesamtverträge müssen **angemessen** sein. Im Gegenzug 62
für die Verringerung des Verwaltungsaufwandes ist die GEMA jedoch berechtigt, den Angehörigen der Nutzervereinigungen günstigere Nutzungskonditionen einzuräumen. Diese **Gesamtvertragsrabatte** können maximal bis zu 20% betragen.[137]

Der Abschlusszwang nach § 35 VGG entfällt, wenn der GEMA ein Abschluss **nicht** 63
zuzumuten ist.[138] Dies ist insbesondere der Fall, wenn die Nutzervereinigung eine zu geringe Mitgliederzahl aufweist.[139] Unzumutbarkeit kann jedoch nach dem Sinn und Zweck des Kontrahierungszwanges auch in allen anderen Fällen vorliegen, in denen der Abschluss eines Gesamtvertrages keine nennenswerte Vereinfachung des Verwaltungsverfahrens mit sich bringen würde.[140] Die Tatsachen, die die Unzumutbarkeit begründen, sind von der Verwertungsgesellschaft **zu beweisen.**[141]

Kommt es zum Streit über den Abschluss oder die Änderung eines Gesamtvertrages, 64
kann jeder Beteiligte gemäß § 92 Abs. 1 Nr. 3 VGG die **Schiedsstelle** anrufen (näher unten, Rn. 111 ff.). Der ordentliche Rechtsweg ist erst nach Durchführung des Schiedsstellenverfahrens eröffnet, § 128 Abs. 1 VGG. Soweit die Gerichte den Inhalt eines Gesamtvertrages rechtsgestaltend festsetzen (§ 110 Abs. 1 VGG) kommt ihnen ein **weiter Ermessensspielraum** zu.[142] Die gerichtliche Entscheidung muss jedoch die geldwerten Vorteile, die durch die Verwertung erzielt werden, berücksichtigen, wobei früher zwischen den Parteien getroffene Vereinbarungen und vergleichbare Gesamtverträge als Indiz heranzuziehen sind.[143]

V. Die Pflichten der Nutzer

1. Die Lizenzierungspflicht des Veranstalters, § 42 Abs. 1 VGG

Veranstalter von öffentlichen Wiedergaben musikalischer Werke haben gemäß 65
§ 42 Abs. 1 VGG vor der Veranstaltung – rechtzeitig –[144] die Einwilligung der GEMA einzuholen, soweit sie die Rechte an diesen Werken wahrnimmt. Da geschützte Werke[145] schon nach dem UrhG nur genutzt werden dürfen, wenn zuvor eine entsprechende Einwilligung erteilt worden ist, hat die Vorschrift in erster Linie **deklaratorischen Cha-**

136 Vgl. BGH, GRUR 2011, 61 Rn. 11 – Gesamtvertrag Musikabrufdienst.
137 Hierzu siehe auch E. *Schulze*, GRUR 1989, 257, 258.
138 Vgl. OLG München, GRUR-RR 2010, 278, 280 – Gerätetarif.
139 BGH, GRUR 2011, 61 Rn. 12 ff. – Gesamtvertrag Musikabrufdienst; OLG Nürnberg, ZUM 2016, 546; Schiedsstelle, ZUM 1989, 314, 315; *v. Gamm*, FS Nirk, S. 316 mwN.
140 BGH, GRUR 2011, 61 Rn. 13 ff. (geringe Mitgliederzahl [13]); Rn. 28 ff. (Mitglieder nehmen die Nutzungshandlung nicht selbst vor); s. aber auch Rn. 20 ff. zu Bestimmung der Zumutbarkeit nach dem Gleichbehandlungsgrundsatz – Gesamtvertrag Musikabrufdienst; OLG Nürnberg, ZUM 2016, 546; OLG Düsseldorf, ZUM 2011, 256, 262 – EPG-Daten (Gesamtvertrag liegt außerhalb des satzungsmäßigen Aufgabenkreises des Verbands).
141 Fromm/Nordemann-*Nordemann*/*Wirtz*, § 12 UrhWG Rn. 1; Schricker/Loewenheim-*Reinbothe*, § 12 UrhWG Rn. 12; Wandtke/Bullinger-*Gerlach*, § 12 UrhWG Rn. 7.
142 BGH, GRUR 2001, 1139, 1142 – Gesamtvertrag privater Rundfunk.
143 BGH, GRUR 2001, 1139, 1142 – Gesamtvertrag privater Rundfunk.
144 BGH, GRUR 2012, 715 Rn. 10 – Bochumer Weihnachtsmarkt.
145 Sind die Rechte der GEMA zur Wahrnehmung übertragen, bedarf auch der Urheber für die Nutzung der Einwilligung der GEMA; s. z.B. OLG München, ZUM 2010, 459 ff.

raker.[146] Der Gesetzgeber wollte den Veranstaltern diese Pflicht jedoch nochmals vor Augen führen, insbesondere, da das Gesetz kein besonderes Überwachungssystem für die öffentliche Wiedergabe vorsieht.[147]

66 **Veranstalter** ist, wer eine Aufführung anordnet und ihre Durchführung veranlasst, insbesondere wer für sie organisatorisch und finanziell Hinsicht verantwortlich ist.[148] Auf einen ins Einzelne gehenden inhaltlichen Einfluss auf die Programmgestaltung kommt es nicht an.[149] Mehrere Mitveranstalter sind im Außenverhältnis gegenüber der GEMA selbständig verantwortlich,[150] unabhängig davon, welche Abrede sie darüber unter sich im Innenverhältnis getroffen haben[151]. Nicht als Veranstalter verantwortlich ist, wer lediglich äußere Vorkehrungen für die Aufführung trifft.[152] Veranstalter sind daher etwa die Organisatoren von Live-Aufführungen im Sinne des § 81 UrhG, Gastwirte, Kino- und Diskothekenbetreiber sowie Rundfunkanstalten.[153]

67 Die Nutzerpflichten des § 42 VGG bestehen für **Veranstaltungen von öffentlichen Wiedergaben** iSv § 15 Abs. 2, 3 UrhG. So wie das entsprechende Nutzungsrecht umfassst dies insbesondere das Vortrags-, Aufführungs- und Vorführungsrecht (§ 19 UrhG), das Recht der öffentlichen Zugänglichmachung (§ 19a UrhG), das Senderecht (§ 20 UrhG), das Recht der Wiedergabe durch Bild- und Tonträger (§ 21 UrhG) sowie das Recht der Wiedergabe von Funksendungen und von öffentlicher Zugänglichmachung (§ 22 UrhG).[154]

68 Der Veranstalter muss der GEMA vor der Veranstaltung **sämtliche Angaben** machen, die diese benötigt, um die einschlägigen Tarife bzw. die Höhe der Vergütung ermitteln zu können.[155] Erforderlich sind insbesondere Angaben über Art und Größe der Veranstaltung, die Dauer der Nutzung sowie über die Höhe des Eintrittsgeldes.[156] Darüber hinaus muss der Veranstalter zwar nicht die einzelnen Werke selbst, wohl aber die Werkart (klassische Werke, Tanzmusik o.ä.) bezeichnen.[157] Spielt er bei der Veranstaltung Werke, die den zuvor gemeldeten Werkarten nicht unterfallen, so begeht er eine Urheberrechtsverletzung.[158]

69 Beabsichtigt der Veranstalter, allein solche Werke aufzuführen, deren **Wiedergabe** gemäß den §§ 52, 52a UrhG **privilegiert** ist (fehlender Erwerbszweck, öffentliche Zu-

146 Dreyer/Kotthoff/Meckel-*Zeisberg*, § 13b UrhWG Rn. 1; Schricker/Loewenheim-*Reinbothe*, § 13b UrhWG Rn. 3.

147 RegE, BT-Drs. IV/271, S. 18. Anders noch die Stagma-Gesetzgebung von 1933/34, die den Verwertungsgesellschaften Verwaltungshilfe bei der Überwachung zur Seite stellte, dazu *Riesenhuber/Rosenkranz*, UFITA 2005/II, 467–519.

148 BGH, GRUR 2015, 987 Rn. 16 – Trassenfieber; GRUR 1972, 141, 142 – Konzertveranstalter; GRUR 1956, 515, 516 – Tanzkurse.

149 BGH, GRUR 2015, 987 Rn. 17 – Trassenfieber (aber Rn. 18: nicht der bloße Saalvermieter).

150 OLG Hamburg, ZUM 2001, 523, 525 f. – Sunrise Organisation.

151 LG Köln, ZUM 2010, 906, 908 f. – Abi-Party-Tour.

152 KG, GRUR 1959, 150, 151 – Musikbox-Aufsteller; OLG Schleswig-Holstein, ZUM-RD 2016, 195 und 198 (Kieler Woche).

153 Dreier/Schulze-*Schulze*, § 13b UrhWG Rn. 2.

154 Schricker/Loewenheim-*Reinbothe*, § 13b UrhWG Rn. 2; Dreier/Schulze-*Schulze*, § 13b Rn. 3.

155 OLG München, ZUM 2010, 459; LG Erfurt, ZUM-RD 1997, 25, 26; Wandtke/Bullinger-*Gerlach*, § 13b UrhWG Rn. 3; vgl. auch BGHZ 59, 286 – Doppelte Tarifgebühr.

156 Dreier/Schulze-*Schulze*, § 13b UrhWG Rn. 7; Schricker/Loewenheim-*Reinbothe*, § 13b UrhWG Rn. 4; Wandtke/Bullinger-*Gerlach*, § 13b UrhWG Rn. 3.

157 Fromm/Nordemann-*Nordemann/Wirtz*, § 13b UrhWG Rn. 2; vgl. auch Schiedsstelle, ZUM-RD 1998, 197, 203 – Drei Tenöre.

158 Dreier/Schulze-*Schulze*, § 13b UrhWG Rn. 7, 9.

gänglichmachung für Forschungs- und Unterrichtszwecke), so hat er die GEMA gleichwohl über die Veranstaltung zu informieren.[159]

2. Die vertragliche Auskunftspflicht des Nutzers, § 41 VGG

In Umsetzung von Art. 17 VGRL hat der Gesetzgeber mit § 41 VGG eine vertragliche Auskunftspflicht neu eingeführt. Die vertragliche Nebenpflicht ist als zwingende gesetzliche Rahmenvorgabe ausgestaltet (Abs. 1), die von den Vertragsparteien (Verwertungsgesellschaft und Nutzer) näher auszugestalten ist (Abs. 2 und 3). In der Sache ist die Auskunftspflicht nicht neu, nur war sie bislang ausschließlich von den Vertragsparteien vereinbart.[160] 70

Die Auskunftspflicht besteht nur im Rahmen einer bestehenden vertraglichen Nutzungsvereinbarung.[161] Die GEMA kann von dem Nutzer, Auskunft verlangen über die Nutzung der Werke, an denen sie ihm vertraglich Nutzungsrechte eingeräumt hat. „Die Verwertungsgesellschaft kann Auskunft nur zu solchen Werken und sonstigen Schutzgegenständen verlangen, für die sie Nutzungsrechte tatsächlich innehat."[162] Sie kann sich daher insoweit nicht etwa auf die Vermutungsregelung von § 48 VGG oder andere Vermutungen berufen, sondern muss ihre Rechtsinhaberschaft nachweisen.[163] Der Anspruch ist beschränkt auf die Angaben, die die GEMA für die Einziehung der Einnahmen aus den Rechten (vgl. Art. 3 lit. h) VGRL) oder für deren Verteilung benötigt. Grenze der Auskunftspflicht ist eine Art Zumutbarkeit: Der Nutzer schuldet sie nicht, wenn die Auskunft nur mit unangemessen hohem Aufwand möglich ist. Dabei ist ihm freilich ein Mindestmaß an Aufwand selbstverständlich zuzumuten, da regelmäßig nur der Nutzer Kenntnis von den Einzelheiten der Nutzung hat. 71

Die Auskunftspflicht hat der Gesetzgeber – in kluger Selbstbeschränkung – nicht im Einzelnen vorgegeben, sondern den Vertragspartnern zur näheren Ausgestaltung überlassen, § 41 Abs. 2 und 3 VGG. Sie vereinbaren im Nutzungsvertrag „angemessene Regelungen über die Erteilung der Auskunft", also etwa Fälligkeit, Zeitabschnitte, Formate und andere Modalitäten. Hinsichtlich des Formats sollen sie, was im Eigeninteresse der Partein selbstverständlich erscheint, branchenübliche Standards berücksichtigen § 41 Abs. 3 VGG (Art. 17 S. 2 VGRL). 72

3. Die Auskunftspflichten des Veranstalters

a) *Die Programmpflicht nach § 42 Abs. 2 VGG*

Der Veranstalter (Rn. 66) ist verpflichtet, der GEMA *nach der Veranstaltung* eine Aufstellung über sämtliche gespielten Werke zu übersenden, § 42 Abs. 2 VGG (**Programmpflicht**).[164] Während von ihm im Vorfeld der Veranstaltung nach § 42 Abs. 1 VGG lediglich generelle Angaben verlangt werden, hat er nun detailliert aufzuschlüsseln, welche Werke tatsächlich genutzt wurden. Die Angaben sind der GEMA unverzüglich nach der Veranstaltung schriftlich zu erteilen.[165] Diese erhebt auf Grundlage ihrer allge- 73

159 Dreier/Schulze-*Schulze*, § 13b UrhWG Rn. 5 f.
160 Vgl. ach BT-Drs. 18/7223, S. 69.
161 BT-Drs. 18/7223, S. 86.
162 BT-Drs. 18/7223, S. 86.
163 BT-Drs. 18/7223, S. 86.
164 *Melichar*, Die Wahrnehmung von Urheberrechten durch Verwertungsgesellschaften, S. 43.
165 Dreier/Schulze-*Schulze*, § 13b UrhWG Rn. 10.

meinen Geschäftsbedingungen Säumnisbeträge für die nicht rechtzeitige Übersendung der Programme.

74 Der Veranstalter muss die Programmpflicht grundsätzlich selbst erfüllen. Im *Verhältnis von GEMA und Mitgliedern* bestimmt § 54 Abs. 4 VP, dass der Veranstalter seine Programmpflicht ausnahmsweise auf den Bezugsberechtigten übertragen darf, wenn dieser ausübender Berufsmusiker oder aufgrund vertraglicher Verpflichtungen zur Ausfüllung von Programmen verpflichtet ist; dazu oben, Kap. 8 Rn. 194 ff.

75 Die Programmpflicht soll es den Verwertungsgesellschaften ermöglichen, eine **nutzungsgerechte Verteilung** an ihre Mitglieder vorzunehmen.[166] Dies entspricht dem Leistungsprinzip des Wahrnehmungsrechts, wonach jedem Berechtigten ein Anteil an den Einnahmen gebührt, der den Einnahmen entspricht, die die Verwertungsgesellschaft aus der Verwertung seiner Rechte erzielt hat.[167]

76 Für Fälle, in denen der Zweck des § 42 Abs. 2 VGG regelmäßig nicht einschlägig ist, sieht das Gesetz **Ausnahmen von der Programmpflicht** vor. Erfolgt die *Wiedergabe mittels eines Tonträgers oder im Rahmen einer Funksendung*, so ist der Veranstalter von der Programmpflicht gemäß § 42 Abs. 2 S. 2 Nr. 1 und 2 VGG befreit. Die Ausnahme ist gerechtfertigt, da sich die GEMA die für die Verteilung erforderlichen Informationen in diesen Fällen bereits anderweitig – namentlich durch Rückgriff auf die Schallplattenumsätze und die Rundfunkprogramme – verschaffen kann.[168] Die Programmpflicht entfällt ferner bei *Veranstaltungen, auf denen in der Regel nicht geschützte oder nur unwesentlich bearbeitete nicht geschützte Werke der Musik aufgeführt werden*, § 42 Abs. 2 S. 2 Nr. 3 VGG. Der Gesetzgeber wollte hierdurch sicherstellen, dass solche Veranstalter, die überwiegend gemeinfreie Musikwerke verwenden, von dem mit der Programmpflicht verbundenen Verwaltungsaufwand entbunden werden.[169] Die Regelung ist im Schrifttum zu Recht auf **Kritik** gestoßen. Zum einen wird der mit ihr verfolgte Zweck nur zum Teil erreicht, da die Veranstalter nur von der Programmpflicht befreit werden, nicht aber von der Mitteilungspflicht des § 42 Abs. 1 VGG.[170] Spielt der Veranstalter ausschließlich nicht geschützte Werke, so unterliegt er ohnehin keinerlei Meldepflichten. Zum anderen stellt die Vorschrift die Programmpflicht ohne Not in das Belieben des Veranstalters, da er selbst darüber zu befinden hat, ob es sich um eine Veranstaltung handelt, bei der „in der Regel“ keine geschützten Werke gespielt werden oder nicht.[171] Vor allem aber stellt die Ausnahme des § 42 Abs. 2 S. 2 Nr. 3 VGG – im Zusammenspiel mit § 3 S. 2 UrhG – einen Eingriff in das ausschließliche Verwertungsrecht des Urhebers und somit in den Schutzbereich des Art. 14 GG dar. Verfassungsrechtliche Bedenken[172] hat das BVerfG indes nicht geteilt.[173]

---

166 RegE, BT-Drs. IV/271, S. 19.

167 *Riesenhuber*, Die Auslegung und Kontrolle des Wahrnehmungsvertrags, S. 88, 93 f.

168 RegE, BT-Drs. IV/271, S. 19; Fromm/Nordemann-*Nordemann*/*Wirtz*, § 13b UrhWG Rn. 4.

169 RegE, BT-Drs. 10/3360, S. 21. Redaktionelle Berichtigung durch das VGG, s. BT-Drs. 18/7223 S. 86.

170 Schricker/Loewenheim-*Reinbothe*, § 13b UrhWG Rn. 7. Zustimmend Dreier/Schulze-*Schulze*, § 13b UrhWG Rn. 12.

171 Dreyer/Kotthoff/Meckel-*Zeisberg*, § 13b UrhWG Rn. 10.

172 BeckOK UrhR/*Freudenberg*, § 13b WahrnG Rn. 9; Loewenheim-*Melichar*, § 48 Rn. 53; *Schack*, Urheber- und Urhebervertragsrecht, Rn. 1213; Schricker/Loewenheim-*Reinbothe*, § 13b UrhWG Rn. 7; Dreyer/Kotthoff/Meckel-*Zeisberg*, § 13b UrhWG Rn. 10; zurückhaltender Dreier/Schulze-*Schulze*, § 13b UrhWG Rn. 12; Wandtke/Bullinger-*Gerlach*, § 13b UrhWG Rn. 6 („verfassungsrechtlich bedenklich“).

173 BVerfGE 79, 1, 19 ff.

b) *Die Auskunftspflicht nach § 42 Abs. 3 VGG*

Sendeunternehmen, die **Funksendungen** veranstaltet haben, bei denen geschützte Werke gespielt wurden, müssen der GEMA die verteilungsrelevanten Angaben zur Verfügung stellen. Sofern es sich um Senderechte nach § 20 UrhG handelt, die von der GEMA wahrgenommen werden, folgt diese Verpflichtung bereits aus der Programmpflicht des § 42 Abs. 2 VGG. Anders verhält es sich bei den Wiedergaberechten nach den §§ 21, 22 UrhG. Da die Programmpflicht hier nach § 42 Abs. 2 Nr. 2 VGG entfällt, kann die Verwertungsgesellschaft im Einzelfall auf weitere Auskünfte angewiesen sein: Nimmt sie das Senderecht an diesen Werken nicht wahr, besteht nämlich auch keine Programmpflicht des Sendeunternehmens nach § 42 Abs. 2 S. 1 VGG.[174] 77

Die GEMA hat den Sendeunternehmen insoweit die mit dieser Auskunft nach § 42 Abs. 3 VGG verbundenen **Unkosten zu erstatten.**[175] Aus diesem Grunde spielt die Regelung in der Praxis bislang nur eine untergeordnete Rolle.[176] 78

4. Der selbständige Anspruch auf „Grundauskünfte" nach § 242 BGB

Neben den bereits genannten Auskunftsrechten hat die GEMA ferner einen Anspruch darauf, dass ihr die Nutzer bestimmte „Grundauskünfte" erteilen. Die Rechtsprechung leitet diesen Ankunftsanspruch aus § 242 BGB her.[177] 79

Der Anspruch auf Erteilung von Grundauskünften setzt voraus, dass zwischen der Verwertungsgesellschaft und dem Anspruchsgegner eine **„besondere rechtliche Beziehung"** besteht, wobei insoweit auch ein Schuldverhältnis aus unerlaubter Handlung in Betracht kommt.[178] Weitere Voraussetzung ist, dass der Anspruchsteller „in entschuldbarer Weise nicht nur über den Umfang, sondern auch über das Bestehen seines Rechts im Ungewissen ist, er sich die zur Vorbereitung und Durchführung seines Zahlungsanspruchs notwendigen Auskünfte nicht auf zumutbare Weise selbst beschaffen kann und der Verpflichtete sie unschwer, d.h. ohne unbillig belastet zu sein, zu geben vermag".[179] 80

Zu den **Grundauskünften** zählen lediglich diejenigen Angaben, die die Verwertungsgesellschaft benötigt, um prüfen zu können, ob und in welchem Umfang von ihr wahrgenommene Nutzungsrechte verletzt worden sind (etwa Werktitel und deren Komponisten, Dauer der wiedergegebenen Werke in Minuten und Sekunden, Gesamtmusikspieldauer jeder Produktion in Minuten und Sekunden).[180] Gegenstand des Auskunftsanspruchs sind nur „die dem Auskunftspflichtigen bekannten und zugänglichen Informationen. Sind ihm Umstände, auf die sich die Auskunftspflicht bezieht, nicht bekannt und auch sonst nicht zugänglich, so kommt er der Verpflichtung durch das Bekunden seines Nichtwissens nach".[181] 81

174 BT-Drs. IV/3402 S. 3 (zu § 16); Dreyer/Kotthoff/Meckel-*Zeisberg*, § 13b UrhWG Rn. 11; Schricker/Loewenheim-*Reinbothe*, § 13b UrhWG Rn. 8.
175 Insoweit kritisch Dreier/Schulze-*Schulze*, § 13b UrhWG Rn. 13.
176 Loewenheim-*Melichar*, § 48 Rn. 57.
177 BGHZ 95, 274, 278 ff. – GEMA-Vermutung I; BGHZ 95, 285, 292 – GEMA-Vermutung II; BGH, GRUR 1988, 604, 605 – Kopierwerk.
178 BGH, GRUR 1988, 604, 605 – Kopierwerk.
179 BGHZ 95, 274, 278 f. – GEMA-Vermutung I unter Hinweis auf RGZ 108, 1, 7; RGZ 158, 377, 379; BGHZ 10, 385, 387; BGHZ 81, 21, 24.
180 Vgl. BGHZ 95, 285, 292, 294 – GEMA-Vermutung II.
181 BGH, GRUR 1988, 604, 605 – Kopierwerk. Zum Umfang der Auskunftspflicht vgl. auch Loewenheim-*Melichar*, § 48 Rn. 56 mwN.

5. Die Meldepflicht nach § 54e UrhG

82 Die Hersteller und Importeure von Geräten und Speichermedien iSv §§ 54 Abs. 1, 54b Abs. 2 UrhG schulden den Verwertungsgesellschaften gemäß § 54e UrhG Angaben über Art und Stückzahl der eingeführten Gegenstände. Die Informationen sind monatlich bis zum zehnten Tag nach Ablauf eines jeden Kalendermonats **schriftlich** mitzuteilen.

83 Die Meldepflicht soll die GEMA in die Lage versetzen, die nach den §§ 54ff. UrhG anfallenden Vergütungen auch tatsächlich berechnen und einziehen zu können. Die Regelung wurde ursprünglich erforderlich, da die sog. Einfuhrkontrollmeldungen im Zuge der Errichtung eines einheitlichen europäischen Binnenmarktes entfielen.[182] Ihrem Zweck entsprechen muss die Meldung **inhaltlich** sowohl zur Berechnung der Vergütung als auch zur Überprüfung der Richtigkeit und Vollständigkeit der gemeldeten Angaben geeignet sein.

84 Die Meldung ist gegenüber einer **gemeinsamen Empfangsstelle** vorzunehmen, §§ 54e Abs. 1, 54b Abs. 3 iVm 54h Abs. 3 S. 1 UrhG. Für die Kopierabgabe ist dies die VG Wort, für die private Überspielung die ZPÜ.[183] Der Meldepflichtige hat sich hierbei der Mustervorlagen des Deutschen Patent- und Markenamtes zu bedienen, § 54h Abs. 4 S. 2 UrhG.

85 Verstößt der Meldepflichtige gegen die Meldepflicht, so kann die GEMA den doppelten Vergütungssatz verlangen, § 54e Abs. 2 UrhG. Diese **Sanktion** erfolgt unabhängig davon, ob die Meldung lediglich unvollständig oder sonst unrichtig ist.

86 Gemäß § 54g UrhG sind die Betreiber von Kopiergeschäften zur Duldung von Kontrollbesuchen verpflichtet.

6. Weitere Auskunfts- und Benachrichtigungspflichten

87 Zum Schutz vor **Produktpiraterie** gewährt § 101a UrhG dem Rechteinhaber einen Auskunftsanspruch hinsichtlich der Herkunft und der Vertriebswege von Vervielfältigungsstücken, die unter Verletzung des Urheberrechts hergestellt wurden. Die GEMA kann diesen Auskunftsanspruch geltend machen, soweit sie die mechanischen Rechte iSd § 16 Abs. 2 UrhG an diesen Werken wahrnimmt.[184]

88 Ferner besteht neben der allgemeinen Auskunftspflicht eine allgemeine **Meldepflicht**, die ebenfalls auf § 242 BGB gestützt wird. So haben die Nutzer die GEMA unaufgefordert über sämtliche Handlungen zu informieren, die ein gesetzliches Schuldverhältnis mit der GEMA begründen.[185] Danach ist etwa die tatsächliche Nutzungshandlung, die eine gesetzliche Lizenz auslöst, zu offenbaren.

7. Die doppelte Lizenzgebühr bei Pflichtverletzungen (GEMA-Zuschlag)

89 Werden von der GEMA wahrgenommene Rechte verletzt,[186] so gewährt die Rechtsprechung regelmäßig einen pauschalen Kontrollzuschlag in Höhe des einschlägigen Tarifsatzes, **GEMA-Zuschlag.**[187] Der nach § 97 Abs. 1 UrhG schadensersatzpflichtige Ur-

---

182 Dreier/Schulze-*Dreier*, § 54 UrhG Rn. 1, 2a.

183 Vertiefend zur ZPÜ siehe unten *Müller*, **Kap. 13 Rn. 8ff.**

184 Loewenheim-*Melichar*, § 48 Rn. 54.

185 Loewenheim-*Melichar*, § 48 Rn. 59; Schricker/Loewenheim-*Melichar*, Vor §§ 44aff. UrhG Rn. 32.

186 Zum Anspruch aus ungerechtfertigter Bereicherung nach der „Lizenzanalogie", BGH, GRUR 2013, 717, 718 – Covermount.

187 BGHZ 59, 286, 293f. – Doppelte Tarifgebühr; BGHZ 19, 376, 383 – Betriebsfeiern; BGHZ 97, 37, 49 – Filmmusik; BGH, ZUM 1986, 199, 201 – GEMA-Vermutung III sowie bereits vorher KG, UFITA 11 (1938), 284,

heberrechtsverletzer[188] muss somit de facto die doppelte Tarifgebühr entrichten. Dies gilt auch dann, wenn Berechtigte ihre eigenen Werke aufführen, ohne zuvor die erforderlichen Lizenzen bei der GEMA eingeholt zu haben.[189]

Diese ungewöhnliche Art der Schadensberechnung wird mit den Besonderheiten der immateriellen Urheberrechte begründet. Da Rechte an Immaterialgütern besonders leicht verletzt werden können, muss sich die GEMA eines **umfassenden Kontroll- und Überwachungssystems** – der sog. Nutzungserfassung – bedienen. Dies verursacht hohe Kosten. Der BGH führt hierzu in seiner grundlegenden Entscheidung „Doppelte Tarifgebühr" aus: 90

> „Würde ein Tarifzuschlag bei Rechtsverletzungen nicht gewährt, so müssten die umfangreichen Überwachungskosten entweder von den einzelnen Urhebern getragen werden oder aber es würden die Normaltarife erhöht, und die gesetzestreuen Lizenznehmer müssten für Kosten aufkommen, die ohne das widerrechtliche Verhalten anderer Benutzer nicht entstanden wären. Beides hält der erkennende Senat für unbillig".[190]

Die doppelte Lizenzgebühr beruht demnach in erster Linie auf **Billigkeitserwägungen.** In der Tat lässt sie sich nur schwer mit den Grundsätzen des deutschen Schadensersatzrechts in Einklang bringen. Zum einen widerspricht diese Form der Schadensberechung der Differenzhypothese des deutschen Schadensrechts. Danach sind nur solche Schäden ersatzfähig, die der Schädiger adäquat kausal verursacht hat. Die Kosten für den Überwachungs- und Kontrollapparat von Verwertungsgesellschaften entstehen jedoch bereits vor und vor allem unabhängig von der jeweiligen Verletzungshandlung.[191] Zum anderen sind die §§ 249–254 BGB vom Grundsatz der Naturalrestitution geprägt. Danach hat der Schädiger den Zustand wiederherzustellen, der bestehen würde, wenn das schädigende Ereignis niemals eingetreten wäre. Bei der unberechtigten Werknutzung liegt das schädigende Ereignis in der unterlassenen Einholung einer Einwilligung in die Nutzung. Demnach müsste der Urheberrechtsverletzer an sich lediglich die normale Vergütung ersetzen. Ungeachtet dessen ist der GEMA-Zuschlag **sachlich gerechtfertigt und geboten,** um einen effektiven Schutz des Urheberrechts zu gewährleisten. Hätte auch der Verletzer nur den normalen Lizenzsatz zu entrichten, so wäre dies ein Anreiz, fremde Urheberrechte zu verletzen und darauf zu vertrauen, dass die Verletzung unentdeckt bleibt. 91

Nach Auffassung des BGH ist dem GEMA-Zuschlag „nicht die Funktion einer – auch nur der Prävention dienenden – Strafe"[192] beizumessen. Der Zuschlag dürfte jedoch dennoch **pönalen Charakter** haben, da er durchaus geeignet ist, potentielle Schädiger von Urheberrechtsverletzungen abzuhalten.[193] Die Steuerungsfunktion auch des Zivilrechts ist heute in Deutschland weithin anerkannt.[194] 92

Konsequenterweise versagt die Rechtsprechung den GEMA-Zuschlag überall dort, wo die Verletzung auch ohne einen speziellen Überwachungsapparat hätte festgestellt 93

286; KG, UFITA 12 (1939), 194, 196. Zur Entstehungsgeschichte des GEMA-Zuschlags Loewenheim-*Melichar*, § 48 Rn. 34 mwN; *Wagner*, AcP 206 (2006), 352, 376–378; zur Vereinbarkeit mit der Rechtsdurchsetzungsrichtlinie *Goldmann*, WRP 2011, 950, 968 f.

188 Z.B. BGH, GRUR 2012, 715 Rn. 7 ff. – Bochumer Weihnachtsmarkt.

189 AG München v. 24.8.2006 – 161 C 9132/06 (nicht veröffentlicht).

190 BGHZ 59, 286, 292 f. – Doppelte Tarifgebühr.

191 *Schack*, Urheber- und Urhebervertragsrecht, Rn. 692. Kritisch auch *Bodewig/Wandtke*, GRUR 2008, 220, 222.

192 BGH, GRUR 1988, 296, 299 – GEMA-Vermutung IV. Hierzu *Wagner*, AcP 206 (2006), 352, 376–378.

193 Ebenso Loewenheim-*Melichar*, § 48 Rn. 34; *Schack*, Urheber- und Urhebervertragsrecht, Rn. 692.

194 Eingehend *Wagner*, AcP 206 (2006), 352 ff.

werden können, etwa bei Verletzungen des Bühnenaufführungsrechts oder des Rechts an der Vervielfältigung und Verbreitung von Musik auf Bildtonträgern.[195]

VI. Die gerichtliche Geltendmachung von Ansprüchen

1. Prozessführungsbefugnis

94 Die GEMA nimmt die Rechte ihrer Berechtigten treuhänderisch wahr. Sie ist daher auch prozessual befugt, die Rechte ihrer Mitglieder vor Gericht im eigenen Namen geltend zu machen. In der Regel folgt die Prozessführungsbefugnis dabei unproblematisch aus eigenem Recht, da sich die GEMA die Rechte im Wahrnehmungsvertrag einräumen oder abtreten lässt. Ist der GEMA indes nur eine Inkassovollmacht erteilt worden, so kann sie die – für sie – fremdem Rechte im Wege der **gewillkürten Prozessstandschaft** geltend machen.[196]

2. Das Schiedsstellenverfahren als Prozessvoraussetzung

95 Für Streitigkeiten zwischen der GEMA und den Nutzern ist der **ordentliche Rechtsweg** vor den Zivilgerichten eröffnet.

96 Klagen, die die Nutzung von Werken bzw. geschützten Leistungen sowie den Abschluss oder die Änderung von Gesamtverträgen oder die Vergütungspflicht nach §§ 54 oder 54c UrhG betreffen (§ 92 Abs. 1 Nr. 2 VGG), dürfen grundsätzlich erst **nach Durchführung eines Schiedsstellenverfahrens** erhoben werden, § 128 VGG.[197] Die Durchführung des Schiedsstellenverfahrens ist somit **Prozessvoraussetzung** einer Klage vor den Zivilgerichten.[198] Die Klage ist daher als unzulässig abzuweisen, wenn das erforderliche Schiedsstellenverfahren zuvor nicht durchgeführt worden ist.

97 Die Schiedsstelle ist indes nicht in allen Fällen des § 92 VGG anzurufen, § 128 Abs. 2 und 3 sieht **Ausnahmen** vor. So entfällt das vorgeschaltete Schiedsstellenverfahren gemäß § 128 Abs. 2 S. 1 VGG bei Streitigkeiten, die nicht die Anwendbarkeit und Angemessenheit des Tarifs betreffen.[199] Wegen der besonderen Eilbedürftigkeit ist die vorherige Anrufung der Schiedsstelle ferner bei Anträgen auf Erlass eines Arrests oder einer einstweiligen Verfügung iSd §§ 916–945 ZPO entbehrlich, § 128 Abs. 3 S. 1 VGG. Darüber hinaus hat die Rechtsprechung § 128 VGG im Wege der teleologischen Reduktion eingeschränkt und von der vorherigen Anrufung der Schiedsstelle abgesehen, wenn deren Sachkunde im konkreten Fall nicht erforderlich ist, weil es auf die Anwendbarkeit oder Angemessenheit eines Tarifs nicht ankommt.[200]

98 Zu den Einzelheiten siehe unten, B, über das Schiedsstellenverfahren, insbesondere den Unterabschnitt über die Notwendigkeit des Schiedsstellenverfahrens, Rn. 111ff.

---

195 BGH, GRUR 1966, 570, 572 – Eisrevue I; BGHZ 97, 37, 50 – Filmmusik; BGH, GRUR 1988, 296, 298 – GEMA-Vermutung IV. Weitere Nachweise bei Dreier/Schulze-*Dreier*, § 97 UrhG Rn. 71; Fromm/Nordemann-*J.B Nordemann*, § 97 UrhG Rn. 100.

196 OLG Frankfurt, GRUR 1994, 116, 117; Möhring/Nicolini-*Lütje*, Vor § 97 UrhG Rn. 107.

197 OLG München, GRUR-RR 2010, 278, 279 – Gerätetarif.

198 Dreier/Schulze-*Schulze*, § 16 UrhWG Rn. 3.

199 BGH, GRUR 2016, 71 Rn. 17 – Ramses. S.a. BGH, GRUR 2015, 1251 Rn. 9 ff. – Schiedsstellenanrufung II.

200 BGH, ZUM 2000, 952, 953 – Schiedsstellenanrufung; OLG Brandenburg, ZUM 2013, 212, 215 f.; OLG Hamm, NJOZ 2011, 219 – Bochum Total (zu § 16 UrhWG).

3. Zuständigkeit

a) *Zuständigkeit bei Einzelnutzerstreitigkeiten*

§ 131 Abs. 1 VGG sieht einen **ausschließlichen Gerichtsstand** für Klagen einer Verwertungsgesellschaft gegen den Verletzer eines von ihr wahrgenommenen Nutzungs- oder Einwilligungsrechts vor.[201] Danach ist entweder der besondere Gerichtsstand des Ortes der Verletzungshandlung (§ 32 ZPO) oder der allgemeine Gerichtsstand am Wohnsitz des Verletzers (§§ 13, 17 ZPO) gegeben. Die Regelung ist zwingend, abweichende Parteivereinbarungen über den Gerichtsstand sind unzulässig.[202] 99

Der Gesetzgeber wollte mit der Regelung der früheren Rechtsprechung der Berliner Gerichte entgegenwirken.[203] Diese gingen davon aus, dass bei Urheberrechtsstreitigkeiten über die unerlaubte Aufführung von Musikwerken stets der Sitz der GEMA für den Gerichtsstand nach § 32 ZPO maßgeblich sei, da der Vermögensschaden der Urheberrechtsverletzungshandlung an diesem Ort eingetreten sei und der Nutzungsvertrag hier hätte abgeschlossen werden müssen.[204] Diese Lesart war für die Nutzer jedoch mit erheblichen finanziellen Nachteilen verbunden, mussten sie doch eigens für den Prozess anreisen und (früher auch:) ggf. einen beim Landgericht Berlin zugelassen Anwalt beauftragen. Da diese ratio im Wortlaut des § 17 Abs. 1 UrhWG/§ 131 VGG jedoch keinen Niederschlag gefunden hat, legte die Rechtsprechung die Vorschrift dahingehend aus, dass die Verletzungshandlung nicht als am Sitz der Verwertungsgesellschaft begangen galt.[205] 100

Begeht ein Verletzer **an mehreren Orten** Rechtsverletzungen zulasten der GEMA – etwa im Zuge einer Konzertreise –, so kann die GEMA sämtliche Ansprüche bei einem der Gerichte geltend machen, in deren Bezirken sich die Rechtsverletzungen ereignet haben, § 131 Abs. 2 VGG. Die GEMA ist indes auch in diesen Fällen nicht gehindert, die Ansprüche am Wohnort des Verletzers einzuklagen. 101

Der ausschließliche Gerichtsstand des § 131 VGG gilt nur für Klagen der GEMA gegen die Nutzer. Bei **Klagen gegen die GEMA** findet § 131 VGG keine Anwendung. Der Gerichtsstand für solche Streitigkeiten ist daher nach den allgemeinen Regeln der Sitz der GEMA in Berlin. 102

Die **Spezialzuständigkeiten nach § 105 UrhG** bleiben ausdrücklich unberührt, § 131 Abs. 1 S. 2 VGG. Soweit die Bundesländer also durch Rechtsverordnung Urheberrechtsstreitsachen bei bestimmten Amtsgerichten und Landgerichten konzentriert haben, bleibt deren Zuständigkeit bestehen. 103

b) *Zuständigkeit bei Gesamtvertragsstreitigkeiten*

Für Streitigkeiten über **Abschluss oder Änderung von Gesamtverträgen**[206], hat der Gesetzgeber in § 129 VGG einen eigenen ausschließlichen Gerichtsstand vorgesehen.[207] 104

---

201 S. z.B. AG Mannheim, GRUR-RR 2009, 78 f. (teleologische Reduktion von § 32 ZPO mit Rücksicht auf § 17 UrhWG).
202 Schricker/Loewenheim-*Reinbothe*, § 17 UrhWG Rn. 2; Wandtke/Bullinger-*Gerlach*, § 17 UrhWG Rn. 1; insoweit kritisch Fromm/Nordemann-*Nordemann*/*Wirtz*, § 17 UrhWG Rn. 1.
203 RegE, BT-Drs. IV/271, S. 19.
204 LG Berlin, GRUR 1955, 552, 553.
205 BGHZ 52, 108, 109 f. – Festzeltbetrieb.
206 OLG München, GRUR-RR 2010, 278 f. – Gerätetarif (Annexzuständigkeit für Streitigkeiten über die Einhaltung des gesetzlich vorgesehenen Verfahrens).
207 Dreier/Schulze-*Schulze*, § 16 UrhWG Rn. 26; Schricker/Loewenheim-*Reinbothe*, § 16 UrhWG Rn. 6; Wandtke/Bullinger-*Gerlach*, § 16 UrhWG Rn. 13. Zur Neuregelung durch den „2. Korb", vgl. den

105 Soweit nach §§ 92 Abs. 1 Nr. 2 und 3, Abs. 2, 94 VGG ein Schiedsstellenverfahren durchzuführen ist, erfolgt regelmäßig eine **ausführliche Sachprüfung durch die Schiedsstelle.** Daher hielt es der Gesetzgeber für ausreichend, nur noch eine Tatsacheninstanz in Gestalt des OLG vorzusehen.[208] Im jedem Falle ist ein konkreter Gestaltungsantrag zu stellen, der die einzelnen Punkte des begehrten Gesamtvertrages hinreichend genau bezeichnet; andernfalls ist die Klage bereits unzulässig.[209]

106 Örtlich zuständig ist das **OLG München** als Oberlandesgericht am Sitz der Schiedsstelle. Dies gilt jedoch nicht in Fällen, in denen eine ausländische Nutzervereinigung den Abschluss eines Gesamtvertrages nach ihrem „Heimatrecht" verlangt.[210]

4. Besonderheiten des Verfahrens

107 Für das Verfahren vor dem OLG München gelten nach § 129 Abs. 2 VGG die **Vorschriften über das Verfahren vor dem Landgericht** (§§ 253–494 ZPO) entsprechend. Das OLG wird damit als reine Tatsacheninstanz tätig.

108 Das OLG **ersetzt die entsprechende Vereinbarung der Beteiligten**, indem es den Inhalt der Verträge – insbesondere Art und Höhe der Vergütung – festsetzt, § 130 VGG. Es schafft damit ein Schuldverhältnis, das kraft Gesetzes zwischen den Parteien wie ein Vertrag wirkt. Bei der Vertragsfestsetzung ist dem Gericht ausdrücklich ein „billiges Ermessen" eingeräumt.[211]

109 Die Festsetzung ist nur insoweit **rückwirkend** möglich, als sie frühestens mit Wirkung vom 1. Januar des Jahres erfolgt, in dem der Antrag gestellt wurde, § 130 S. 2 VGG. Um das Vakuum eines gesamtvertragslosen Zeitraumes zu vermeiden, ist hier unter dem „Antrag" im Einklang mit § 110 Abs. 1 S. 2 VGG der Antrag bei der Schiedsstelle zu verstehen.

110 Die Urteile des OLG München sind gemäß § 129 Abs. 3 VGG nach Maßgabe der §§ 542–566 ZPO **revisibel.**

B. Das Schiedsstellenverfahren

I. Allgemeines

1. Vorbemerkung

111 Bereits seit der Urheberrechtsreform von 1965 und dem mit dieser Reform zeitgleich erlassenem Urheberrechtswahrnehmungsgesetz gibt es neben der Möglichkeit, Ansprüche gerichtlich geltend zu machen, eine Schiedsstelle beim Deutschen Patent- und Markenamt und ein Schiedsstellenverfahren für bestimmte Streitigkeiten zwischen Verwertungsgesellschaften und Nutzern sowie für bestimmte weitere die Verwertungsgesellschaft oder die Kabelweitersendung betreffende Bereiche. Diese für die Überprüfung der Wahrnehmung von Rechten durch Verwertungsgesellschaften neben den Gerichten bestehende Institution hat sich bewährt. Nachdem das Recht der Verwertungsgesell-

Referentenentwurf für ein Zweites Gesetz zur Regelung des Urheberrechts in der Informationsgesellschaft, S. 17, im Internet einzusehen unter http://www.bundesjustizministerium.de/media/archive/760.pdf.
208 RegE, BT-Drs. 10/837, S. 25.
209 OLG München, GRUR-RR 2006, 312, 313 f.
210 OLG München, GRUR-RR 2006, 312, 316.
211 Dazu BGH, GRUR 2013, 1220 Rn. 19 ff. – Gesamtvertrag Hochschul-Intranet.

schaften mit der **Richtlinie 2014/26/EU** vom 26.2.2014 (VG-RL) europaweit harmonisiert und darin für bestimmte Streitigkeiten ein alternatives Streitbeilegungsverfahren (Art. 34 VG-RL) sowie eine Streitbeilegung vor Gericht oder einer anderen Streitbeilegungsstelle (Art. 35 Abs. 1 VG-RL) verlangt worden ist, lag es nahe, die Schiedsstelle neben ihren bisherigen Aufgaben hiermit ebenfalls zu betrauen und an dem Schiedsstellenverfahren festzuhalten. Für dessen Durchführung gewährt die VG-RL den Mitgliedstaaten einen weiten Gestaltungsspielraum, so dass viele Einzelheiten aus dem Urheberrechtswahrnehmungsgesetz (UrhWG) beibehalten werden konnten. Das ist mit einer kompletten **Neufassung des Verwertungsgesellschaftengesetzes** (VGG) vom 24.5.2016 geschehen. Zugleich wurde darin die ehemalige Urheberrechtsschiedsstellenverordnung (UrhSchiedsV), die die Durchführung des Schiedsstellenverfahrens neben dem UrhWG gesondert regelte, integriert (§§ 95ff VGG). Zahlreiche Gerichtsentscheidungen und Einigungsvorschläge der Schiedsstelle, die unter dem UrhWG zum Schiedsstellenverfahren ergangen sind, behalten weiterhin ihre Bedeutung. Demgemäß kann an manchen Ausführungen der Vorauflage festgehalten werden.

Die GEMA unterliegt dem **Abschlusszwang** (§ 34 Abs. 1 VGG). Sie ist verpflichtet, je- 112
dermann diejenigen Nutzungsrechte zu angemessenen Bedingungen einzuräumen, die ihr im Wege des Berechtigungsvertrags von den Urhebern oder Rechteinhabern (z.B. Musikverlegern) zur treuhänderischen Wahrnehmung übertragen worden sind (s.a. oben Rn. 30ff.). In dieser Treuhandstellung nimmt sie wie ein Verlag, ein Agent oder ein sonstiges Verwerterunternehmen, das die Nutzungsrechte nicht selbst auswertet, sondern Dritten für diesen Zweck Nutzungsrechte einräumt, am allgemeinen Geschäftsleben teil. Außerdem muss sie die **Vergütungsansprüche aus diversen gesetzlichen Lizenzen** (z.B. §§ 20b, 27 Abs. 1, 54 UrhG) einziehen. Für beide Bereiche stellt sie **Tarife** auf. Für welche Nutzung der jeweilige Tarif anwendbar ist und wie hoch die hierfür zu zahlende Vergütung ausfällt, bestimmt die GEMA grundsätzlich selbst. Insoweit genießt sie **Tarifhoheit.**

Mit dem 2. Gesetz zur Informationsgesellschaft vom 26. Oktober 2007 wurde es den 113
betroffenen Kreisen überlassen, die **Höhe der Vergütung für Geräte und Speichermedien** (§§ 54, 54a UrhG) selbst auszuhandeln. Zuvor war die Vergütungshöhe in der Anlage zu § 54d UrhG a.F. gesetzlich bestimmt worden. Gemäß § 54a UrhG ist für die Vergütungshöhe entscheidend, in welchem Maße die Geräte und Speichermedien als Typen tatsächlich für Vervielfältigungen nach § 53 Abs. 1 bis 3 UrhG genutzt werden. Grundsätzlich bedarf es hierfür **empirischer Untersuchungen**. Um diesen Untersuchungen von vornherein den Vorwurf der Parteilichkeit zu nehmen, kann die GEMA in einem einseitigen Verfahren, an dem sich die einschlägigen Verbände der Geräteindustrie ggf. beteiligen können (§ 112 VGG), die Schiedsstelle anrufen, um derartige empirische Untersuchungen durchführen zu lassen (§ 93 VGG). Die **Tarifhoheit** der Verwertungsgesellschaft ist hier dahingehend beschränkt, erst ein Schiedsstellenverfahren zur Ermittlung empirischer Untersuchungen durchführen zu müssen, bevor sie den Tarif aufstellt. Alternativ hierzu besteht die Möglichkeit, die Vergütungshöhe für Geräte und Speichermedien in einem Gesamtvertrag zwischen Verwertungsgesellschaft und Vergütungsschuldner einvernehmlich zu bestimmen (§§ 38 Satz 2, 40 Abs. 1 Satz 3 VGG).

Manche Tarife werden nicht einseitig von der GEMA, sondern durch **Gesamtverträ-** 114
ge aufgestellt, welche die GEMA mit Nutzervereinigungen, z.B. dem Verband der Gaststätten, der Konzertveranstalter oder der Gerätehersteller, abschließt (§ 35 VGG). Bei diesen Gesamtverträgen haben beide Seiten die Möglichkeit, die aus ihrer Sicht maßgeblichen Kriterien einzubringen, um die Vergütung in angemessener Höhe zu bestimmen.

Diese Maßnahmen können zu Streitigkeiten führen, sei es über die **Angemessen-** 115
heit der Vergütungshöhe oder sei es über die **Anwendbarkeit** des Tarifs für die jeweilige

Nutzung, und zwar nicht nur bei der einzelnen Nutzung, sondern auch beim Abschluss und bei der Geltung von Gesamtverträgen. Die GEMA muss gegen Nutzer vorgehen, die die von ihr wahrgenommenen Rechte nutzen, ohne sie zuvor erworben zu haben oder ohne die verlangte Vergütung zu zahlen (s.a. Rn. 94). Umgekehrt können auch die Nutzer veranlasst sein, gegen die Vorstellungen und Forderungen der GEMA einzuschreiten. Außerdem kann über die Verpflichtung zum Abschluss eines Vertrages über die Kabelweitersendung (§ 87 Abs. 5 UrhG) sowie über die gebietsübergreifende Vergabe von Online-Rechten an Musikwerken (§ 59 VGG) gestritten werden. Es handelt sich dann um **Urheberrechtsstreitigkeiten**, für die die ordentlichen Gerichte und dort meistens die speziell eingerichteten Urheberrechtskammern und Urheberrechtssenate zuständig sind (§§ 104, 105 UrhG). Ist bei einer derartigen Urheberrechtsstreitigkeit eine Verwertungsgesellschaft beteiligt, kann – und in manchen Fällen muss – zuvor ein **Verfahren bei der Schiedsstelle** durchgeführt werden (§§ 92ff., 128 VGG; s.a. Rn. 95ff.).

2. Sinn und Zweck des Schiedsstellenverfahrens

116 Nachdem es bei den ordentlichen Gerichten für Urheberrechtsstreitsachen idR bereits spezielle Urheberrechtskammern und -senate gibt, die den Vorgaben der Art. 34, 35 VG-RL genügen und die ohnehin zuständig bleiben, wenn dem Einigungsvorschlag der Schiedsstelle widersprochen wird, das Schiedsstellenverfahren also erfolglos bleibt, stellt sich die Frage, weshalb dem Verfahren bei den ordentlichen Gerichten ein zusätzliches Verfahren bei der Schiedsstelle vorgeschaltet werden soll.

117 Zum einen schließt die GEMA – und jede andere Verwertungsgesellschaft – eine Vielzahl gleichartiger Nutzungsverträge auf der Basis der von ihr aufgestellten Tarife ab. Erfahrungsgemäß zieht dies eine Vielzahl gleichartiger Rechtsstreitigkeiten nach sich. Manche Frage klärt sich dann bereits in erster Instanz. Durch das vorgeschaltete Schiedsstellenverfahren sollen die **Gerichte entlastet** werden.

118 Zum anderen geht es bei der Aufstellung und Anwendung von Tarifen nicht nur um rechtliche, sondern auch um wirtschaftliche und praktische Fragen. Es sollte eine zentrale Instanz geschaffen werden, die aufgrund ihrer laufenden Tätigkeit, die Tarifpraxis der Verwertungsgesellschaften zu überprüfen, **besondere Erfahrungen** auf diesem Gebiet sammeln und anwenden kann. In der Praxis ist die Schiedsstelle mit derartigen Verfahren wesentlich häufiger befasst als die Gerichte. Deshalb billigt der BGH einem **überzeugend begründeten Einigungsvorschlag** der Schiedsstelle eine gewisse **Vermutung der Angemessenheit** zu.[212]

119 Als sachkundige Spezialinstanz ist die Schiedsstelle ein **Instrument der Vertragshilfe und der Streitschlichtung.** Soweit derartige Schlichtungsbemühungen z.B. bei geringen Streitwerten auch anderweitig vorgesehen sind (vgl. § 15a EGZPO), ist das Schiedsstellenverfahren als lex specialis vorrangig und ersetzt andere Schlichtungsverfahren oder Güteversuche.[213]

3. Überblick über das Schiedsstellenverfahren

120 Das Schiedsstellenverfahren kommt nur dann zum Zuge, wenn eine Verwertungsgesellschaft beteiligt ist (§§ 92 Abs. 1, 93, 94 VGG) oder wenn im Falle der Kabelweitersendung ein Sendeunternehmen und ein Kabelunternehmen beteiligt sind (§ 92 Abs. 2 VGG).

212 Vgl. BGH, GRUR 2013, 717 Rn. 18 – Covermount.
213 Vgl. § 278 Abs. 2 ZPO; Loewenheim-*Melichar*, § 49 Rn. 36f.

Die Schiedsstelle ist beim Deutschen Patent- und Markenamt eingerichtet (§§ 75 Abs. 1, 124 Abs. 1 VGG). Das Verfahren vor der Schiedsstelle ist in §§ 95 ff VGG geregelt. Die Vorschriften der ZPO gelten nicht generell, die Schiedsstelle kann sich aber im Einzelfall an den Vorschriften der ZPO orientieren, soweit dies sachgerecht erscheint.[214] Mitunter wird auf die Vorschriften der ZPO ausdrücklich verwiesen. 121

Die Schiedsstelle wird **auf Antrag** einer der Parteien tätig (§ 97 Abs. 1 VGG), wirkt auf eine **gütliche Beilegung des Streitfalls** (§ 102 Abs. 1 VGG) sowie auf eine **Beschleunigung des Verfahrens** (§ 95 Abs. 1 Satz 2 VGG) hin und macht den Parteien einen **Einigungsvorschlag** (§ 105 Abs. 1 VGG). Dabei kann sich die Schiedsstelle auf die Anwendbarkeit und Angemessenheit des Tarifs beschränken und andere Fragen (z.B. zur Urheberrechtsverletzung) ausklammern (§ 109 Abs. 1 VGG). Wird um den Abschluss oder die Änderung eines Gesamtvertrags gestritten (§ 92 Abs. 1 Nr. 3 VGG), muss die Schiedsstelle mit dem Einigungsvorschlag den Inhalt eines Gesamtvertrages formulieren (§ 110 Abs. 1 Satz 1 VGG); bei Streitfällen über die Kabelweitersendung einen entsprechenden Vertrag über die Kabelweitersendung (§§ 111, 110 Abs. 1 VGG). Geht es um die Aufstellung von Tarifen für die Geräte- und Speichermedienvergütung (§§ 54, 54a UrhG), hat sie auf Antrag der Verwertungsgesellschaft die maßgebliche Nutzung dieser Geräte durch empirische Untersuchungen zu ermitteln (§ 93 VGG) und hierfür die sachgerechten Schritte einzuleiten (§§ 104, 113 VGG). 122

Wird dem Einigungsvorschlag der Schiedsstelle nicht binnen eines Monats – bei Verträgen über die Kabelweitersendung binnen drei Monaten – von einer der Parteien widersprochen, gilt er als angenommen (§ 105 Abs. 3 VGG). Hieraus kann vollstreckt werden (§ 105 Abs. 5 VGG). Wurde dem Einigungsvorschlag fristgerecht widersprochen, ist das Schiedsstellenverfahren beendet. Die Parteien können ihren Streit nun bei den ordentlichen Gerichten fortsetzen (§ 128 Abs. 1 VGG), sei es beim Amts- oder Landgericht bei Streitigkeiten mit Einzelnutzern (§§ 92 Abs. 1 Nr. 1, 128 Abs. 1 VGG) oder sei es (erstinstanzlich) beim OLG München bei Streitigkeiten über die Vergütungspflicht für Geräte und Speichermedien oder die Betreibervergütung (§§ 92 Abs. 1 Nr. 2, 129 Abs. 1 VGG), Gesamtvertragsstreitigkeiten (§§ 92 Abs. 1 Nr. 3, 129 Abs. 1 VGG), Verträgen über die Kabelweitersendung (§§ 92 Abs. 2, 129 Abs. 1 VGG) oder bei Streitfällen über die gebietsübergreifende Vergabe von Online-Rechten an Musikwerken (§§ 94, 129 Abs. 1 VGG). Hat die Schiedsstelle binnen eines Jahres nach ihrer Anrufung keinen Einigungsvorschlag gemacht, waren die Beteiligten mit einer Fortsetzung des Verfahrens über die Jahresfrist hinaus nicht einverstanden (§ 105 Abs. 1 VGG) und kam auch eine Aussetzung des Verfahrens nicht in Betracht (§ 103 VGG), kann ein Gerichtsverfahren sogleich eingeleitet werden (§ 128 Abs. 1 VGG). 123

II. Einzelheiten

1. Zuständigkeit der Schiedsstelle

Welche Streitigkeiten vor die Schiedsstelle gebracht werden können, regeln §§ 92 ff VGG. Diese Vorschriften stehen in engem Zusammenhang mit § 128 VGG. Darin ist bestimmt, in welchen Fällen ein Schiedsstellenverfahren vorgeschaltet werden muss, bevor ein ordentliches Gerichtsverfahren eingeleitet werden kann. Zum einen betrifft dies **sämtliche Gesamtvertragsstreitigkeiten**, an denen die GEMA beteiligt ist (§ 92 Abs. 1 Nr. 3 VGG), sowie sämtliche Streitigkeiten zu **Verträgen über die Kabelweitersendung** 124

214 Vgl. BT-Drs. 18/7223, S. 99.

(§§ 92 Abs. 2, 128 Abs. 1 VGG). Zum anderen betrifft dies sämtliche **Streitigkeiten mit Einzelnutzern** über die Anwendbarkeit oder Angemessenheit eines Tarifs (§ 92 Abs. 1 Nr. 1 VGG) sowie sämtliche Streitigkeiten über die Vergütungspflicht nach §§ 54, 54c UrhG (§ 92 Abs. 1 Nr. 3 VGG). Letzterenfalls bedarf es keines Schiedsstellenverfahrens, wenn die Anwendbarkeit und Angemessenheit eines Tarifs nicht im Streit stehen (§ 128 Abs. 2 VGG). Gleichwohl kann die Schiedsstelle auch in **anderen Streitfällen mit der GEMA** angerufen werden, bei denen es um die Nutzung von urheberrechtlich geschützten Musikwerken geht (§ 92 Abs. 1 Nr. 1 VGG). Mit dem 2. Gesetz zur Informationsgesellschaft vom 26. Oktober 2007 waren außerdem Gesamtvertragsverfahren zur Vergütungshöhe von Geräte- und Speichermedienvergütungen hinzugekommen (§§ 13a Abs. 1, 14 Abs. 5a UrhWG). Sie wurden dahingehend ersetzt, dass die Verwertungsgesellschaft einseitig und unabhängig von einem Antragsgegner die Schiedsstelle anrufen kann, um eine selbständige empirische Untersuchung zur Ermittlung der maßgeblichen Nutzung der Geräte und Speichermedien durchführen zu lassen (§ 93 VGG). Außerdem kann die Schiedsstelle bei Streitfällen über die gebietsübergreifende Vergabe von Online-Rechten an Musikwerken angerufen werden (§ 94 VGG). Im Einzelnen sind folgende Voraussetzungen zu beachten.

a) *Keine GEMA-interne Streitigkeiten*

125 Die Schiedsstelle kann nur in Streitigkeiten zwischen der GEMA und Nutzern (Einzelnutzern, Nutzervereinigungen oder Beteiligten an der gebietsübergreifenden Vergabe von Online-Rechten an Musikwerken) angerufen werden. Streitigkeiten zwischen der GEMA und ihren Mitgliedern oder Wahrnehmungsberechtigten (Komponisten, Textdichter, Bearbeiter oder Musikverleger) können nicht vor die Schiedsstelle gebracht werden.[215] Die Wahrnehmungsbedingungen oder die Beteiligungen der Rechteinhaber an den Erlösen der Verwertungsgesellschaften sind nicht Gegenstand der Tarife und Gesamtverträge. Letztere regeln vielmehr die Nutzungsbedingungen für die Werknutzer. Streitigkeiten zwischen GEMA-Mitgliedern, welche die Auslegung der Satzung, des Verteilungsplans, des Berechtigungsvertrags und andere GEMA-interne Fragen betreffen, entscheidet ein Schiedsgericht (§ 16 B der GEMA-Satzung; dazu Kap. 5 Rn. 223ff.). Für Streitigkeiten zwischen der GEMA und ihren Mitgliedern gibt es einen Beschwerdeausschuss (§ 16 C der GEMA-Satzung; dazu Kap. 5 Rn. 235ff.). Beschwerdeverfahren müssen insbesondere für die Aufnahme und die Beendigung der Rechtewahrnehmung oder den Entzug von Rechten, die Bedingungen für die Mitgliedschaft und die Wahrnehmungsbedingungen, die Einziehung, Verwaltung und Verteilung der Einnahmen aus den Rechten und die Abzüge von den Einnahmen aus den Rechten zur Verfügung stehen (Art. 33 VG-RL sowie § 33 VGG). Die Aufzählung ist nicht abschließend, so dass Gegenstand von Beschwerden auch andere, nicht ausdrücklich benannte Angelegenheiten aus dem Wahrnehmungsverhältnis oder einer Repräsentationsvereinbarung (mit einer anderen Verwertungsgesellschaft) sein können (s.a. Kap. 5 Rn. 237).[216] Abgesehen von dieser Beschwerdemöglichkeit können Mitglieder ihre Ansprüche auch gerichtlich durchsetzen, was hinsichtlich diverser Verteilungsfragen immer wieder geschieht.[217]

---

215 Vgl. amtl. Begr., BT-Drs. 10/837, S. 23; Schiedsstelle, ZUM 1989, 312, 313.
216 BT-Drs. 18/7223, S. 83.
217 Vgl. BGH, GRUR 2005, 757 – PRO Verfahren; BGH, GRUR 2004, 767 – Verteilung des Vergütungsaufkommens; BGH, GRUR 2013, 375 – Missbrauch des Verteilungsplans; BGH, GRUR 2016, 596 – Verlegeranteil.

b) Keine Streitigkeiten zwischen Verwertungsgesellschaften

Die Schiedsstelle ist **nicht zuständig für Streitigkeiten unter den Verwertungsgesellschaften**, z.B. über die Aufteilung der Erlöse an die Urheber verschiedener Werkarten oder an die Berechtigten unterschiedlicher Verwertungsgesellschaften. Nach Art. 34 Abs. 1 VG-RL können die Mitgliedstaaten für Streitigkeiten zwischen Verwertungsgesellschaften, Mitgliedern der Verwertungsgesellschaften, Rechtsinhabern oder Nutzern ein alternatives Streitbeilegungsverfahren über die zur Umsetzung der VG-RL erlassenen nationalen Rechtsvorschriften vorsehen. Hiervon wurde im VGG kein Gebrauch gemacht. Solche Streitigkeiten sind bei den ordentlichen Gerichten einzubringen. Geht es um die Erlaubnis für eine Verwertungsgesellschaft (§ 77 VGG) oder um Maßnahmen der Aufsichtsbehörde (§ 85 VGG), sind die Verwaltungsgerichte zuständig (§ 89 VGG).[218] 126

c) Keine Streitigkeiten zwischen Urhebern und Nutzern

Für Urheberrechtsstreitigkeiten, an denen keine Verwertungsgesellschaft beteiligt ist, z.B. wenn ein Verlag oder Urheber wegen unerlaubter Nutzung seiner Werke gegen eine Filmfirma vorgehen will, ist das Schiedsstellenverfahren nicht vorgesehen. Dort kann und muss gleich bei den ordentlichen Gerichten geklagt werden. 127

d) Streitfälle über die Nutzung von Werken (§ 92 Abs. 1 Nr. 1 VGG)

Das Schiedsstellenverfahren kann in **allen** Streitigkeiten zwischen einer Verwertungsgesellschaft und einem Nutzer eingeleitet werden, gleichviel, ob es um die Einräumung von Nutzungsrechten nach § 34 VGG, um einen Vergütungsanspruch aus den gesetzlichen Lizenzen (z.B. §§ 20b, 27 Abs. 1, 54 UrhG), um Auskunftsansprüche (z.B. § 54f UrhG) oder um Ansprüche wegen Urheberrechtsverletzungen u.a. auf Unterlassung, Auskunft, Rechnungslegung, Schadensersatz[219] oder auch aus ungerechtfertigter Bereicherung geht.[220] Es müssen also nicht unbedingt Fragen zur Anwendbarkeit und Angemessenheit der Tarife, sondern es können **auch reine Rechtsfragen** sein, z.B. ob Readerprinter, Telefaxgeräte, PCs, Drucker oder andere Geräte iSv § 54 UrhG bestimmt sind, Vervielfältigungsstücke herzustellen.[221] Nach den Vorstellungen des Gesetzgebers soll jedoch das Schwergewicht bei der **Überprüfung der Tarife** liegen. Deshalb hat die Schiedsstelle die Möglichkeit, sich hierauf zu beschränken (§ 109 VGG). Sie muss es nicht.[222] 128

Es ist zwischen der **Möglichkeit** und der **Notwendigkeit** eines Schiedsstellenverfahrens zu unterscheiden. Ist die Anwendbarkeit oder Angemessenheit eines Tarifs im Streit, muss ein Schiedsstellenverfahren durchgeführt werden, bevor deswegen vor den ordentlichen Gerichten geklagt wird. Dies ist eine von Amts wegen zu beachtende Prozessvoraussetzung (s.u. Rn. 141). Ist die Anwendbarkeit oder Angemessenheit eines Tarifs nicht im Streit, z.B. weil die GEMA mit dem Nutzer vereinbart hat, dass für bestimmte Nutzungen ein Betrag nach einem bestimmten Tarif zu bezahlen ist, dann ist 129

---

218 Vgl. BayVGH, ZUM 2003, 78, 79 – PMG.
219 Vgl. BGH, GRUR 2000, 872, 874 – Schiedsstellenanrufung.
220 Vgl. amtl. Begr., BT-Drs. 10/837, S 23.
221 Schiedsstelle, ZUM-RD 2004, 498, 502 – Multifunktionsgeräte.
222 Vgl. hierzu Wandtke/Bullinger-*Gerlach*, § 14 UrhWG Rn. 4; Fromm/Nordemann-*Nordemann*, § 16 UrhWG Rn. 4; Dreier/Schulze-*Schulze*[6], § 92 VGG Rn. 9.

das Schiedsstellenverfahren zwar nicht notwendig, es kann aber gleichwohl durchgeführt werden.[223] In diesem Falle bleibt es den Parteien unbenommen, ohne vorangegangenes Schiedsstellenverfahren den Gerichtsweg zu beschreiten oder parallel hierzu Klage zu erheben (s.u. Rn. 152ff.). Desgleichen kann die Schiedsstelle in diesem Falle von einem Einigungsvorschlag absehen (§ 109 Abs. 2 VGG) und das Verfahren einstellen (s.u. Rn. 152).

130 **Gegenstand des Schiedsstellenverfahrens** können nur die Anwendbarkeit und Angemessenheit eines von der GEMA bereits aufgestellten Tarifs sowie weitere Streitigkeiten aus der Nutzung von urheberrechtlich geschützten Werken oder Leistungen sein. Der Antragsteller kann über das Schiedsstellenverfahren nicht verlangen, dass die GEMA einen bestimmten Tarif aufstellen soll oder nicht aufstellen darf.[224]

e) *Streitfälle über die Vergütungspflicht nach §§ 54, 54c UrhG (§ 92 Abs. 1 Nr. 2 VGG)*

131 Das Schiedsstellenverfahren kann ferner in allen Streitigkeiten zwischen der Verwertungsgesellschaft und den Schuldnern für die **Geräte- und Speichermedienvergütung** nach § 54 UrhG sowie für die **Betreibervergütung** nach § 54c UrhG eingeleitet werden.

132 Während früher die Höhe der zu leistenden Vergütung gesetzlich bestimmt war (Anlage zu § 54d UrhG a.F.), war es seit 2008 zunächst Sache der beteiligten Kreise (Verwertungsgesellschaften und Geräteindustrie), die Höhe der Geräte- und Speichermedienvergütung im Rahmen eines Gesamtvertragsverfahrens, ggf. unter Einschaltung der Schiedsstelle und dort zu veranlassenden empirischen Untersuchungen zu bestimmen (§ 13a UrhWG). Grundsätzlich konnte erst danach ein Tarif aufgestellt werden. Mit Erlass des VGG wurde die Tarifaufstellung vereinfacht. Die Verwertungsgesellschaft kann ihrerseits, ohne auf die Einleitung eines Gesamtvertragsverfahrens angewiesen zu sein, die Schiedsstelle anrufen, um eine **selbständige empirische Untersuchung** zur Ermittlung der nach § 54a Abs. 1 UrhG maßgeblichen Nutzung durchführen zu lassen (§ 93 VGG; s.u. Rn. 185ff.). Auf dieser Basis kann sie anschließend einen Tarif aufstellen (§ 40 Abs. 1 VGG). Den Beteiligten bleibt es unbenommen, sich im Rahmen eines Gesamtvertrags einvernehmlich auf Vergütungssätze zu verständigen (§§ 38 Satz 2, 40 Abs. 1 Satz 3 VGG).

133 Streitfälle über die Vergütungspflicht nach §§ 54, 54c UrhG (Geräte- und Betreibervergütung) beschränken sich nicht nur auf die **Aufstellung** von Tarifen, sondern sie erstrecken sich auch auf deren **Anwendung**. Letzterenfalls kann nicht verlangt werden, die maßgebliche Nutzung des betreffenden Geräts in jedem Verfahren zunächst durch empirische Untersuchungen zu ermitteln. Waren sie durchgeführt und war ein Tarif aufgestellt worden, bedarf es keiner weiteren empirischen Untersuchung mehr, es sei denn, der Vergütungspflichtige trägt substanziiert vor und weist nach, die maßgebliche Nutzung des betreffenden Geräts habe sich so sehr geändert, dass erneute Untersuchungen notwendig seien.

134 Streitigkeiten über Geräte- und Speichermedienvergütungen müssen sich nicht auf die Angemessenheit und Anwendbarkeit der Tarife beziehen, sondern können zu anderen Fragen entstehen, z.B. über die Anzahl und Leistungsfähigkeit der nach dem Tarif zu vergütenden Geräte im Falle der Betreibervergütung. In diesen Fällen kann sich die Schiedsstelle auf eine Stellungnahme zur Anwendbarkeit oder Angemessenheit des Tarifs beschränken (§ 109 Abs. 1 VGG) oder von einem Einigungsvorschlag absehen (§ 109 Abs. 2 VGG). Wird die Anwendbarkeit oder die Angemessenheit des Tarifs nicht bestrit-

223 A.A. wohl Dreyer/Kotthoff/Meckel-*Zeisberg*, § 14 WahrnG Rn. 2.
224 Schiedsstelle, Schulze RzU SchSt 9, 44f. – PC-Vergütung.

ten, bedarf es grundsätzlich keines Schiedsstellenverfahrens, um gerichtlich vorgehen zu können (§ 128 Abs. 2 VGG). Erstinstanzlich zuständig für sämtliche Streitigkeiten über die Geräte- und Speichermedienvergütung sowie über die Betreibervergütung ist ausschließlich das Oberlandesgericht München, auch wenn die Angemessenheit oder Anwendbarkeit des Tarifs nicht im Streit steht (§ 129 Abs. 1 VGG).[225]

Die Schiedsstelle ist ferner zuständig für die **Anordnung von Sicherheitsleistungen** gemäß § 107 VGG. Danach kann die Verwertungsgesellschaft im Rahmen einer Streitigkeit über die Vergütungspflicht für Geräte und Speichermedien beantragen, dass die beteiligten Hersteller, Importeure oder Händler für die Erfüllung ihrer Vergütungsschulden Sicherheit leisten (§ 107 Abs. 1 VGG). 135

f) Streitfälle über den Abschluss oder die Änderung eines Gesamtvertrages (§ 92 Abs. 1 Nr. 3 VGG)

Die GEMA ist verpflichtet, mit Nutzervereinigungen **Gesamtverträge** abzuschließen (§ 35 Abs. 1 VGG). Einigt man sich nicht, kann jeder Beteiligte den Abschluss eines Gesamtvertrages vor der Schiedsstelle geltend machen und einen dahingehenden Einigungsvorschlag beantragen (§§ 92 Abs. 1 Nr. 3, 110 Abs. 1 VGG). Die Verpflichtung trifft jedoch einseitig nur die Verwertungsgesellschaft. Einen **Anspruch** auf Abschluss eines Gesamtvertrages hat **nur die Nutzervereinigung**. Die GEMA kann zwar ebenfalls den Abschluss eines Gesamtvertrages beantragen. Die Nutzervereinigung ist jedoch nicht verpflichtet, hierauf einzugehen.[226] Anders verhält es sich bei der **Änderung eines bereits bestehenden Gesamtvertrages**, z.B. durch Anpassung an veränderte Umstände. Sie kann uneingeschränkt nicht nur von der Nutzervereinigung, sondern auch von der GEMA im Schiedsstellenverfahren beantragt werden (§ 92 Abs. 1 Nr. 3 VGG). Außerdem müssen Gesamtvertragsstreitigkeiten zunächst an die Schiedsstelle herangetragen werden, bevor der Gerichtsweg beschritten wird (§§ 128 Abs. 1, 129 Abs. 1 VGG). 136

Beteiligte einer Gesamtvertragsstreitigkeit sind die Verwertungsgesellschaft (GEMA) und die Nutzervereinigung, nicht das einzelne Mitglied der Nutzervereinigung; denn durch den Gesamtvertrag ist nur die Nutzervereinigung, nicht hingegen das einzelne Mitglied gebunden, solange es keinen (zusätzlichen) Einzelvertrag mit der GEMA abgeschlossen hat. **Gesamtvertragsstreitigkeiten** und **Einzelnutzerstreitigkeiten** sind zu unterscheiden und können unabhängig voneinander durchgeführt werden. Hat der Nutzer keinen Einzelvertrag mit der GEMA abgeschlossen oder ist er kein Mitglied der Nutzervereinigung, kann über die Anwendbarkeit oder Angemessenheit des Tarifs auch dann im Rahmen einer Einzelnutzerstreitigkeit gestritten werden, wenn dieser Tarif gesamtvertraglich bereits vereinbart worden war. Umgekehrt kann die GEMA gegen Nutzer der von ihr wahrgenommenen Rechte vorgehen, solange sie keine Verträge mit ihr geschlossen haben, gleichviel, ob sie Mitglieder einer Nutzervereinigung sind oder nicht.[227] 137

g) Streitfälle zum Abschluss eines Vertrages über die Kabelweitersendung (§ 92 Abs. 2 VGG)

Verträge über die Kabelweitersendung kann ein Kabelunternehmen nicht nur mit der GEMA, sondern auch mit Sendeunternehmen abschließen (§ 20b Abs. 1 Satz 2 UrhG). 138

225 Vgl. BT-Drs. 18/7223, S. 105.
226 Vgl. BT-Drs. 18/7223, S. 83.
227 Vgl. BGH, ZUM 1988, 575, 577 – Kopierwerk; Schiedsstelle, ZUM 1988, 351, 352; Schiedsstelle, ZUM 1988, 471, 477.

Wie die GEMA unterliegen die **Sendeunternehmen** einem **Kontrahierungszwang** (§ 87 Abs. 5 UrhG). Zur Vermittlung von Verträgen zwischen Sendeunternehmen und Kabelunternehmen ist ebenfalls das Schiedsstellenverfahren vorgesehen (§ 92 Abs. 2 VGG; Art. 11 Satelliten- und Kabelrichtlinie 93/83). Die GEMA kann hinsichtlich des Rechts zur Kabelweitersendung sowohl Einzelnutzerverträge als auch Gesamtverträge abschließen. Für Streitigkeiten hieraus ist das Schiedsstellenverfahren wie bei anderen Einzelnutzer- oder Gesamtvertragsstreitigkeiten nach § 92 Abs. 1 Nr. 1 und Nr. 3 VGG möglich und notwendig, soweit Letzteres § 128 VGG verlangt. Beruft sich der Betreiber eines Internet-Videorekorders, dem der Verstoß gegen das Weitersenderecht vorgehalten wird, auf einen möglicherweise bestehenden Zwangslizenzeinwand zum Abschluss eines Vertrages über die Kabelweitersendung, ist auch insoweit zunächst ein Schiedsstellenverfahren durchzuführen.[228]

h) Durchführung empirischer Untersuchungen (§ 93 VGG)

139 Verwertungsgesellschaften können ohne vorangegangenes Gesamtvertragsverfahren von sich aus die Schiedsstelle anrufen, um eine **selbständige empirische Untersuchung** zur Ermittlung der nach § 54a Abs. 1 UrhG maßgeblichen Nutzung durchführen zu lassen (§ 93 VGG). Die Verbände der Geräte- und Speichermedienunternehmen können sich zwar an dem Verfahren beteiligen (§ 112 Abs. 2 VGG), sie haben aber kein eigenes Antragsrecht.[229] Das Ergebnis der empirischen Untersuchungen benötigt die Verwertungsgesellschaft, um auf dieser Basis Tarife für Geräte und Speichermedien aufzustellen (§ 40 Abs. 1 Satz 2 VGG). Werden Angemessenheit oder Anwendbarkeit der Tarife bestritten, kann dies wiederum Gegenstand eines weiteren Schiedsstellenverfahrens sein. Den Beteiligten bleibt es unbenommen, Tarife für Geräte und Speichermedien im Rahmen eines Gesamtvertrags einvernehmlich zu bestimmen (§§ 40 Abs. 1 Satz 3, 38 Satz 2 VGG).

i) Streitfälle über die gebietsübergreifende Vergabe von Online-Rechten an Musikwerken (§ 94 VGG)

140 Für Streitigkeiten bei der Vergabe von **Mehrgebietslizenzen** für Online-Rechte an Musikwerken ist nach den Vorgaben der VG-RL ein unabhängiges, unparteiisches alternatives Streitbeilegungsverfahren einzuführen (Art. 34 Abs. 2 VG-RL). Im Zuge der Umsetzung wurde hiermit ebenfalls die Schiedsstelle betraut (§ 94 VGG). In einem Streitfall zwischen der GEMA, soweit sie gebietsübergreifend Online-Rechte an Musikwerken vergibt, und Anbietern von Online-Diensten, Rechtsinhabern oder anderen Verwertungsgesellschaften kann die Schiedsstelle von jedem Beteiligten zu den einschlägigen Streitpunkten (Rechte und Pflichten nach §§ 59 – 74 VGG oder nach §§ 34 Abs. 1 Satz 2, Abs. 2, 36, 39, 43 VGG) angerufen werden (§ 94 VGG).

2. Notwendigkeit des Schiedsstellenverfahrens

141 In Streitfällen nach § 92 VGG muss ein Schiedsstellenverfahren durchgeführt werden, bevor bei den ordentlichen Gerichten geklagt wird (§ 128 Abs. 1 VGG). Dies ist eine **von Amts wegen zu berücksichtigende Prozessvoraussetzung.**[230] War das Schieds-

228 BGH, GRUR 2013, 618 Rn. 47 f. – Internet-Videorecorder II; OLG München, ZUM 2016, 658, 663, nicht rechtskräftig.

229 Vgl. BT-Drs. 18/7223, S. 99.

230 Dreier/Schulze-*Schulze*[6], § 128 VGG Rn. 2 mwN; Dreyer/Kotthoff/Meckel-*Zeisberg*, § 16 WahrnG Rn. 7.

stellenverfahren zuvor nicht durchgeführt worden, ist die Klage als unzulässig abzuweisen.[231] Stellt sich erst im Laufe des Rechtsstreits heraus, dass die Anwendbarkeit oder die Angemessenheit eines Tarifs im Streit ist und deshalb ein Schiedsstellenverfahren durchgeführt werden muss, setzt das Gericht den Rechtsstreit aus, um den Parteien die Anrufung der Schiedsstelle zu ermöglichen (§ 128 Abs. 2 Satz 2 VGG). Soll eine Klage zu den ordentlichen Gerichten erhoben werden, sei es eine Klage der GEMA oder sei es eine Klage gegen die GEMA, muss geprüft werden, ob zuvor ein Schiedsstellenverfahren durchzuführen ist oder nicht.

a) Einzelnutzerstreitigkeiten

Bei Streitfällen mit einzelnen Nutzern ist ein vorgeschaltetes Schiedsstellenverfah- 142
ren dann unumgänglich, wenn die Anwendbarkeit oder die Angemessenheit des Tarifs bestritten ist. Es genügt das Bestreiten eines der beiden, der Anwendbarkeit oder der Angemessenheit des Tarifs.[232] Die **Anwendbarkeit des Tarifs** ist **streitig**, wenn der Nutzer z.B. bestreitet, dass PCs, CD-Brenner oder andere Geräte, für die der Tarif vorgesehen ist, nach § 54 UrhG vergütungspflichtig sind. Die Frage, ob ein Tarif rechtswidrig aufgestellt wurde, betrifft ebenfalls dessen Anwendbarkeit.[233] Will der Nutzer weniger zahlen, als die GEMA verlangt, dann muss über die **Angemessenheit des Tarifs** gestritten werden. Sind die Anwendbarkeit und die Angemessenheit des Tarifs unstreitig, bedarf es keines Schiedsstellenverfahrens.[234] **Unstreitig** ist der Tarif, wenn die Vergütungspflicht der Geräte nicht bestritten wird und der Nutzer glaubt, sich ihr durch andere Vorkehrungen entziehen zu können, z.B. indem er Schilder aufstellt, dass mit diesen Geräten keine urheberrechtlich geschützten Werke vervielfältigt werden dürfen. Dann bedarf es keines Schiedsstellenverfahrens.[235] Ähnlich verhält es sich, wenn lediglich umstritten ist, ob der Nutzer z.B. CD-ROM-Rechte hat oder ob diese Rechte bei der Verwertungsgesellschaft liegen und letztere hieraus Ansprüche herleiten kann.[236] Unstreitig ist der Tarif ferner, wenn lediglich gestritten wird, ob eine vergütungspflichtige oder eine nach § 50 UrhG privilegierte Handlung vorliegt;[237] wenn die Angemessenheit und die Anwendbarkeit des Tarifs grundsätzlich unstreitig sind und nur über die Anknüpfungstatsachen gestritten wird, aus denen sich die jeweilige konkrete Einordnung und Höhe der Vergütung ergeben.[238]

Anwendbarkeit und Angemessenheit des Tarifs sind dann nicht mehr streitig, wenn 143
die GEMA mit dem Nutzer zuvor hierüber eine **Vereinbarung** getroffen hatte. Hieran sind die Parteien grundsätzlich gebunden, so dass es für die Dauer des Vertrages keines Schiedsstellenverfahrens bedarf, wenn (Vergütungs-)Ansprüche nach dem vereinbarten Tarif nicht beglichen wurden und deshalb geltend gemacht werden sollen.[239] Sieht die Vereinbarung beispielsweise eine Preiserhöhungsklausel vor und wird deren Wirksamkeit in Zweifel gezogen, geht es um die Wirksamkeit der Vereinbarung, nicht um die Höhe des Tarifs. Diese Frage kann ohne die tarifbezogene Sachkunde der Schiedsstelle

231 BGH, GRUR 2000, 872, 873 – Schiedsstellenanrufung.
232 Schricker/Loewenheim-*Reinbothe*, § 16 UrhWG Rn. 3.
233 Schiedsstelle, ZUM-RD 2012, 176, 178.
234 BGH, GRUR 2016, 71 Tz 17, 21 – Ramses.
235 OLG Hamburg, ZUM-RD 1997, 19, 21; vgl. auch AG München, ZUM-RD 2008, 105, 107.
236 LG Hamburg, ZUM 2001, 711.
237 LG Köln, ZUM-RD 2010, 283, 291, nicht rechtskräftig.
238 LG Köln, ZUM 2011, 268 zur Musikaufführung bei einem Stadtfest.
239 BGHZ 87, 281, 284 – Tarifüberprüfung I; BGH, GRUR 2000, 872, 873 – Schiedsstellenanrufung; A.A. *v. Ungern-Sternberg*, FS Schricker (2005), S. 567, 575 f.

gleich von den Gerichten geklärt werden, so dass es eines vorgeschalteten Schiedsstellenverfahrens nicht bedarf.[240] Ist lediglich umstritten, ob sich der Betreiber einer hoteleigenen Kabelanlage auf eine Vereinbarung stützen kann, die die Verwertungsgesellschaft mit einem Kabelnetzbetreiber geschlossen hat, geht es nicht um den Tarif, so dass kein Schiedsstellenverfahren erforderlich ist.[241] In Ausnahmefällen kann die vertragliche Bindung entfallen oder anzupassen sein. Dann können auch die Anwendbarkeit und Angemessenheit des Tarifs wiederum in Frage stehen, so dass ein Schiedsstellenverfahren erforderlich ist.[242]

144 Ein gesamtvertraglich vereinbarter Tarif schließt einen Streitfall über den gleichen Tarif im Einzelnutzervertrag zwischen GEMA und Nutzer nicht aus, wenn der Nutzer kein Mitglied der Nutzervereinigung des Gesamtvertrages ist[243] oder wenn er den Gesamtvertrag weder ausdrücklich noch konkludent anerkannt hat[244] und Streit über die Anwendbarkeit oder Angemessenheit des Tarifs besteht.

b) *Gerätevergütungsstreitigkeiten*

145 Bei Streitigkeiten über die Geräte- und Betreibervergütung (§§ 54, 54c UrhG) ist ebenfalls ein Schiedsstellenverfahren unumgänglich, wenn die Anwendbarkeit oder die Angemessenheit des Tarifs bestritten ist (§ 128 Abs. 1 und Abs. 2 VGG; s.a. Rn. 142). Wird über den Tarif nicht gestritten, kann ohne vorgeschaltetes Schiedsstellenverfahren geklagt werden (§ 128 Abs. 2 VGG).[245]

146 Außerdem muss die Verwertungsgesellschaft bei der Schiedsstelle die Durchführung empirischer Untersuchungen im Rahmen eines Schiedsstellenverfahrens veranlassen, bevor Tarife zur Geräte- und Speichermedienvergütung aufgestellt werden (§§ 40 Abs. 1, 93 VGG). Dessen bedarf es nicht, wenn mit den Verbänden der Geräteindustrie einvernehmlich ein Gesamtvertrag zur Gerätevergütung zustande kommt (§§ 38 Satz 2, 40 Abs. 1 Satz 3 VGG).

c) *Gesamtvertragsstreitigkeiten*

147 Wer den Abschluss oder die Änderung eines Gesamtvertrages verlangt, muss in jedem Falle das Schiedsstellenverfahren durchführen, bevor er klagt (§ 128 Abs. 1 VGG). Auf der einen Seite wirkt der Einigungsvorschlag, der den Inhalt des Gesamtvertrages enthalten soll (§ 110 Abs. 1 VGG), nur inter partes. Hat die GEMA mit verschiedenen Nutzervereinigungen über die gleiche Nutzungsart mehrere Gesamtverträge abzuschließen und sind diese Abschlüsse strittig, müsste grundsätzlich in allen Fällen zuvor ein Schiedsstellenverfahren durchgeführt werden.[246] Auf der einen Seite müssten bei gleichgelagerten Fällen immer wieder gleichlautende Einigungsvorschläge von der Schiedsstelle gemacht werden; denn für ungleiche Regelungen ist dort kein Raum und die ver-

---

240 LG Frankfurt/M., GRUR-RR 2006, 395, 396 – Preiserhöhungsklause.
241 LG Köln, ZUM 2007, 219, 221 nicht rechtskräftig.
242 Vgl. BGHZ 87, 281 – Tarifüberprüfung I; Dreier/Schulze-*Schulze*[6], § 34 VGG Rn. 14 f. und § 39 VGG Rn. 22f.
243 Vgl. BGH, ZUM 1988, 575, 577 – Kopierwerk; Schiedsstelle, ZUM 1988, 351, 352; Schiedsstelle, ZUM 1988, 471, 477.
244 Vgl. Schiedsstelle, ZUM 1987, 183, 184.
245 Nach vorangegangener Gesetzeslage musste auch in diesem Falle ein Schiedsstellenverfahren durchgeführt werden (vgl. BGH GRUR 2015, 1251 Tz 9 ff – Schiedsstellenanrufung II). Im Zuge der Umsetzung der VG-RL wurde dieses „Redaktionsversehen" behoben.
246 Vgl. zu Einzelnutzerstreitigkeiten OLG Karlsruhe, GRUR 1993, 909, 910 – Tarifstreit.

langte Angemessenheit gebietet ebenfalls eine einheitliche Regelung. Man könnte in solchen Fällen das Erfordernis eines vorgeschalteten Schiedsstellenverfahrens als Förmelei ansehen.[247] Gleichwohl kommt man um das Schiedsstellenverfahren nicht herum. Die Schiedsstelle kann sich aber auf die in vergleichbaren Fällen bereits ergangenen Einigungsvorschläge berufen und das Verfahren zügig durchführen.

Pauschalverträge, die die GEMA **mit Nutzervereinigungen von Rundfunkanstalten** abschließt, werden ebenfalls als Gesamtverträge[248] oder als **unechte Gesamtverträge**[249] angesehen, obwohl die GEMA dort keine weiteren Einzelnutzerverträge abschließen muss, weil die Nutzervereinigung ihre Mitglieder bereits verbindlich vertritt.[250] Dort ist ebenfalls ein Schiedsstellenverfahren notwendig, bevor geklagt wird. 148

d) *Streitigkeiten zu Verträgen über die Kabelweitersendung*

Bei Streit über die Verpflichtung zum Abschluss eines Vertrages über die Kabelweitersendung (§ 87 Abs. 5 UrhG) ist ein Schiedsstellenverfahren durchzuführen, bevor geklagt werden kann (§ 128 Abs. 1 VGG; s.a. Rn. 147). 149

e) *Schiedsstellenverfahren in jedem Einzelfall*

Die GEMA nimmt vor allem solche Rechte wahr, die massenweise genutzt werden und schwer kontrollierbar sind. Demgemäß werden auch die Tarife zum einen für derartige Nutzungen aufgestellt und zum anderen in zahlreichen vergleichbaren Fällen eingesetzt. Man könnte deshalb dazu neigen, dass ein Schiedsstellenverfahren dort nicht mehr erforderlich ist, wo die Schiedsstelle in einem vorangegangenen vergleichbaren Fall die Anwendbarkeit und Angemessenheit des Tarifs bereits bestätigt oder einen hiervon abweichenden Einigungsvorschlag gemacht hat. So wie das gerichtliche Verfahren nur inter partes gilt, wirkt aber auch das **Schiedsstellenverfahren nur inter partes**. Der an früheren Verfahren nicht beteiligten Partei soll die Möglichkeit nicht genommen werden, Besonderheiten ihres Falls ebenso in einem Schiedsstellenverfahren vorzutragen und dort entscheiden zu lassen.[251] Die rechtskräftige Entscheidung eines anderen Verfahrens ändert nichts daran, dass anderswo der Tarif strittig bleibt. Anders verhält es sich, wenn die betreffende Partei in einem früheren Schiedsstellenverfahren bereits hinreichend beteiligt war, so z.B. der Geschäftsführer einer GmbH, der nach dem Schiedsstellenverfahren gegen die GmbH erst im Rahmen der Klage neben der GmbH ebenfalls verklagt worden ist.[252] 150

Wer sich jedoch auf die Unanwendbarkeit und Unangemessenheit des Tarifs stützen will, muss dies **rechtzeitig kundtun**. Einerseits ist das gerichtliche Verfahren auszusetzen und den Parteien die Anrufung der Schiedsstelle zu ermöglichen, wenn sich erst im Laufe des Gerichtsverfahrens ein Streit über die Anwendbarkeit oder Angemessenheit des Tarifs herausstellt (§ 128 Abs. 2 Satz 2 VGG). Andererseits kann es **rechtsmissbräuchlich** sein, sich hierauf erst nach Klageerhebung zu berufen, wenn der Einwand schon vorher hätte vorgebracht werden können und der Eindruck entsteht, das Verfah- 151

247 Vgl. zu Einzelnutzerverträgen LG Bielefeld, ZUM 1995, 803, 804; LG Mannheim, ZUM-RD 1998, 222, 226 – Drei Tenöre.
248 BGH, ZUM 2001, 983, 988 – Gesamtvertrag privater Rundfunk.
249 Wandtke/Bullinger-*Gerlach*, § 12 UrhWG Rn. 4.
250 Dreier/Schulze-*Schulze*[6], § 35 VGG Rn. 17 ff.
251 OLG Karlsruhe, GRUR 1993, 909, 910 – Tarifstreit.
252 LG Mannheim, ZUM-RD 1998, 222, 226 – Drei Tenöre.

ren solle nur verzögert werden.[253] Dieser Eindruck entsteht vor allem dann, wenn dem Anspruchsgegner frühere vergleichbare Fälle bekannt sind, in denen die Schiedsstelle oder die Gerichte die Anwendbarkeit und Angemessenheit des Tarifs bestätigt haben. Dann muss der Anspruchsgegner konkret darlegen, weshalb der Tarif in seinem Falle nicht anwendbar oder unangemessen sein soll. Desgleichen muss er konkret darlegen, welchen Betrag er für angemessen hält; denn soweit die urheberrechtliche Relevanz der Nutzung unstreitig ist, wird er idR nicht davon ausgehen können, hierfür gar keine Vergütung leisten zu müssen. Wer die Anwendbarkeit und Angemessenheit des Tarifs lediglich bestreitet, obwohl sie in vergleichbaren Fällen von der Schiedsstelle oder einem Gericht bereits bestätigt worden sind, gibt zu erkennen, dass es ihm in erster Linie darum geht, das Verfahren zu verzögern. Dies ist ebenfalls rechtsmissbräuchlich. Wer außerdem nutzt, ohne die tariflich verlangte Vergütung zu hinterlegen oder unter Vorbehalt zu zahlen (vgl. § 37 VGG), begeht eine **Urheberrechtsverletzung**, soweit die Nutzung nicht gesetzlich gestattet ist. Ihm gegenüber können zumindest Unterlassungsansprüche ohne vorheriges Schiedsstellenverfahren gerichtlich geltend gemacht werden.[254] Es darf nicht übersehen werden, dass das Schiedsstellenverfahren dort, wo es nicht zu einem gütlichen Abschluss kommt, der das gerichtliche Verfahren überflüssig werden lässt, häufig die **Verfahrensdauer erheblich verlängert**. Mitunter wird dies ausgenutzt, einfach um für die Nutzung der Werke nicht (sofort) zahlen zu müssen. Wo sich dies abzeichnet, sollte die Schiedsstelle zumindest bei einfach gelagerten oder auf vergleichbare Weise schon mehrfach entschiedenen Fällen zügig verfahren.

f) Keine Tarifstreitigkeit, paralleles Gerichtsverfahren

152 Geht es in einer Einzelnutzerstreitigkeit nicht um die Anwendbarkeit oder Angemessenheit eines Tarifs, bedarf es nach § 128 Abs. 2 VGG keines Schiedsstellenverfahrens. Diese Ausnahmeregelung ist im Zusammenhang mit **§ 109 VGG** zu lesen. Danach kann die Schiedsstelle hinsichtlich Streitfragen außerhalb der Tarife ihren **Einigungsvorschlag beschränken** oder sogar von einem Vorschlag ganz absehen. Dort gibt es keinen Anlass, gerichtliche Schritte erst nach einem Schiedsstellenverfahren zuzulassen. Es kommt also darauf an, ob die Anwendbarkeit oder Angemessenheit des Tarifs vom Anspruchsgegner bestritten wird und ob der jeweilige Anspruch tarifgestützt ist. Das gilt auch für Streitigkeiten hinsichtlich der Geräte- und Betreibervergütung. Ist nicht der Tarif, sondern beispielsweise die Anzahl der unter den Tarif fallenden Geräte eines Copyshops streitig, muss das Schiedsstellenverfahren nicht durchgeführt werden.

153 Begeht der Nutzer eine Urheberrechtsverletzung, weil die betreffende Nutzung gesetzlich nicht gestattet ist und er sich weder die Rechte beschafft noch die verlangte Vergütung hinterlegt oder unter Vorbehalt bezahlt hat (vgl. § 37 VGG), können ihm gegenüber **Unterlassungsansprüche** geltend gemacht werden, **ohne** zuvor die **Schiedsstelle** einschalten zu müssen.[255]

154 Da durch ein Verfahren vor der Schiedsstelle keine Rechtshängigkeit eintritt,[256] kann parallel hierzu ein gerichtliches Verfahren hinsichtlich derjenigen Fragen eingeleitet

---

253 Vgl. LG Bielefeld, ZUM 1995, 803, 804; AG München, ZUM-RD 2008, 105, 107.

254 BGH, GRUR 2000, 872 – Schiedsstellenanrufung; OLG Brandenburg, ZUM 2013, 212, 216, nicht rechtskräftig; Dreier/Schulze-*Schulze*[6], § 128 VGG Rn. 18 mwN; s.a. Rn. 41.

255 BGH, GRUR 2000, 872 – Schiedsstellenanrufung; hinsichtlich des Nutzungsverbots hatte der BGH die Revision nicht angenommen; OLG Naumburg, ZUM 2004, 847, 849; vgl. ferner Dreier/Schulze-*Schulze*[6], § 128 VGG Rn. 18 mwN.

256 Vgl. Thomas/Putzo-*Reichold*, § 261 ZPO Rn. 8; LG München I v. 26.9.2001 – Az: 21 O 24574/00 (nicht veröffentlicht).

werden, deren gerichtliche Klärung kein vorgeschaltetes Schiedsstellenverfahren voraussetzt. Unterlassungsansprüche können also in einem parallel zum Schiedsstellenverfahren anhängigen Gerichtsverfahren geltend gemacht werden. Auf diese Weise lassen sich die durch ein Schiedsstellenverfahren zwangsläufig eintretenden Verzögerungen teilweise vermeiden.

Inwieweit dies auch für **Schadensersatzansprüche** und hierzu vorbereitende **Auskunftsansprüche** gilt, ist umstritten. Auf der einen Seite vertritt der BGH den Standpunkt, die Schadensberechnung nach der angemessenen Lizenzgebühr führe regelmäßig dazu, dass die Tarifvergütung zugrunde zu legen sei, die der Rechtsverletzer bei ordnungsgemäßer Einholung der Erlaubnis der GEMA hätte entrichten müssen. Beruhe aber ein Anspruch auf dem Tarif, dann müsse dessen Anwendbarkeit und Angemessenheit durch die Schiedsstelle überprüft werden. Die Prozessvoraussetzung der vorgängigen Durchführung des Schiedsstellenverfahrens sei deshalb auch bei einer Schadensersatzklage zu beachten.[257] Auf der anderen Seite begeht eine **Urheberrechtsverletzung**, wer sich die Rechte zuvor nicht ordnungsgemäß beschafft. Für Schadensersatzansprüche gibt es **drei Berechnungsarten**. Sie können, müssen aber nicht nach der angemessenen Lizenzgebühr berechnet werden. Deshalb sind Schadensersatzansprüche meines Erachtens **tarifunabhängig** und können ohne vorgeschaltetes Schiedsstellenverfahren geltend gemacht werden.[258] Außerdem muss zwischen der erlaubten Nutzung, für die die GEMA Tarife aufstellt, und der Urheberrechtsverletzung (also der unerlaubten Nutzung) unterschieden werden, für die die Tarife lediglich Anhaltspunkte zur Schadensberechnung sind. Sie stellen aber keine Obergrenze des zu ersetzenden Betrages dar.[259] 155

g) *Aussetzung des Gerichtsverfahrens bei nachträglicher Tarifstreitigkeit*

Mitunter stellt sich erst im Laufe des Rechtstreits heraus, dass die Anwendbarkeit oder Angemessenheit des Tarifs bestritten wird. Dann muss das Gericht den **Rechtsstreit aussetzen** und den Parteien die Anrufung der Schiedsstelle ermöglichen (§ 128 Abs. 2 Satz 2 VGG). Dies setzt voraus, dass der Tarif tatsächlich erst im Laufe des Rechtstreits infrage gestellt worden ist. War seine Anwendbarkeit und Angemessenheit schon zuvor umstritten und wurde geklagt, ohne das Schiedsstellenverfahren durchzuführen, fehlt eine Prozessvoraussetzung, und die Klage ist als unzulässig abzuweisen. Ferner kann es rechtsmissbräuchlich sein, wenn der Tarif schon im Voraus hätte bestritten werden können, dies aber nicht geschehen ist.[260] Außerdem muss der Tarif **substantiiert bestritten**, also vorgetragen werden, weshalb er nicht anwendbar sein soll und warum er zu hoch ist, insbesondere wenn der Tarif in anderen vergleichbaren Fällen von der Schiedsstelle oder den Gerichten bereits als angemessen erachtet worden war (s.o. Rn. 151). 156

Das Gericht hat die Aussetzung des Verfahrens von Amts wegen zu beachten.[261] Gegen die Anordnung oder Ablehnung kann die sofortige Beschwerde eingelegt werden (§ 252 ZPO). 157

Mit der Aussetzung tritt ein **Stillstand des Verfahrens** ein. Der Lauf etwaiger Verjährungsfristen bleibt gehemmt (§ 249 Abs. 1 ZPO; § 204 Abs. 1 Nr. 4a BGB).[262] Wer sich 158

257 BGH, GRUR 2000, 872, 874 – Schiedsstellenanrufung.
258 Dreier/Schulze-*Schulze*[6], § 37 VGG Rn. 9 f. mwN; kritisch zur BGH-Rechtsprechung auch Loewenheim-*Melichar*, § 49 Rn. 7; s.a. Rn. 58.
259 Vgl. BGHZ 59, 286, 292 – Doppelte Tarifgebühr.
260 Vgl. LG Bielefeld, ZUM 1995, 803, 804; s.o. Rn. 151.
261 Schricker/Loewenheim-*Reinbothe*, § 16 UrhWG Rn. 4.
262 BT-Drs. 18/7223, S. 100.

jedoch nachträglich darauf beruft, der Tarif sei nicht anwendbar oder unangemessen, muss innerhalb von 2 Monaten, nachdem das Gericht den Rechtsstreit ausgesetzt hat, die Schiedsstelle anrufen. Versäumt er dies oder weist er innerhalb besagter Frist nicht nach, dass er bei der Schiedsstelle einen entsprechenden Antrag gestellt hat, wird das gerichtliche Verfahren fortgesetzt. Untätigkeit geht also zu seinen Lasten. Sie gilt als Zustimmung des von der GEMA zugrunde gelegten und von dem Nutzer zunächst bestrittenen Tarifs.[263] Werden mit der Klage zusätzliche Ansprüche (z.B. Unterlassungsansprüche) geltend gemacht, die kein Schiedsstellenverfahren voraussetzen, ist das Verfahren insoweit fortzusetzen, es sei denn, beide Parteien beantragen das Ruhen des gerichtlichen Verfahrens (§ 251 ZPO).

h) Tarife für Geräte und Speichermedien

159 Die GEMA darf Tarife für Geräte und Speichermedien nur auf der Basis empirischer Untersuchungen aufstellen, mit denen die nutzungsrelevanten Eigenschaften der Geräte und Speichermedien, insbesondere die Leistungsfähigkeit von Geräten sowie die Speicherkapazität und die Mehrfachbeschreibbarkeit von Speichermedien, festgestellt werden soll (vgl. § 54a Abs. 3 UrhG; § 40 Abs. 1 VGG). Die empirische Untersuchung ist im Wege eines Schiedsstellenverfahrens durchzuführen, welches die GEMA bei der Schiedsstelle einleiten kann (§§ 40 Abs. 1 Satz 2, 93 VGG). Dieses Verfahren wird einseitig von der GEMA betrieben. Sie hat in ihrem Antrag die Verbände der betroffenen Hersteller, Importeure und Händler aufzulisten (§ 112 Abs. 1 VGG). Letztere können sich an dem Verfahren beteiligen (§ 112 Abs. 2 VGG). Die Schiedsstelle soll darauf hinwirken, dass das Ergebnis der empirischen Untersuchung spätestens ein Jahr nach Eingang des Antrags vorliegt (§ 113 Satz 3 VGG). Grundsätzlich muss also vor der Aufstellung der Tarife für Geräte und Speichermedien ein Schiedsstellenverfahren durchgeführt werden.

160 Von der Aufstellung eines Tarifs und der hierfür erforderlichen empirischen Untersuchung kann abgesehen werden, wenn zu erwarten ist, dass der wirtschaftliche Aufwand außer Verhältnis zu den zu erwartenden Einnahmen stehen würde (§ 40 Abs. 2 VGG). Das kann bei Geräten oder Speichermedien zutreffen, die nur in geringer Stückzahl hergestellt oder nur in geringem Umfang für relevante Vervielfältigungen genutzt werden.[264] Dann dürften die wohl erheblichen Kosten die Erlöse unverhältnismäßig übersteigen.

i) Sicherheitsleistung für die Geräte- und Speichermedienvergütung

161 Geräte, Speichermedien oder Zubehör zur Vornahme von Vervielfältigungen nach § 53 UrhG können verbreitet und von den Erwerbern urheberrechtlich relevant genutzt werden, ohne sich hierfür eine Erlaubnis beschaffen und eine Vergütung zahlen zu müssen. Eine Pflicht zur Hinterlegung oder Vorbehaltszahlung der tariflichen Vergütungssätze ist nicht vorgesehen (§ 37 VGG). Insoweit handelt es sich um eine **einseitige Vorleistung der Urheber und Rechtsinhaber**, insbesondere dann, wenn über Grund oder Höhe der Vergütung Streit besteht und sich die Streitigkeit über längere Zeit hinzieht. Mitunter besteht dann das **Risiko**, die später zugesprochenen Ansprüche, z.B. wegen Insolvenz des Vergütungsschuldners, nicht mehr durchsetzen zu können. Dieses Risiko kann dadurch verringert werden, dass die Verwertungsgesellschaft in einem Schieds-

263 Vgl. amtl. Begr., BT-Drs. 10/837, S. 25.
264 Vgl. BT-Drs. 18/7223, S. 86.

stellenverfahren (nach § 92 Abs. 1 Nr. 2 VGG) beantragt, dem beteiligten Hersteller, Importeur oder Händler für die Erfüllung des Anspruchs aus § 54 Abs. 1 UrhG eine Sicherheitsleistung aufzuerlegen (§ 107 Abs. 1 VGG). In ihrem Antrag muss die Verwertungsgesellschaft die Höhe der begehrten Sicherheit beziffern (§ 107 Abs. 2 VGG). Die Schiedsstelle entscheidet über Art und Höhe der Sicherheitsleistung nach billigem Ermessen, nach oben begrenzt durch den Antrag der Verwertungsgesellschaft (§ 107 Abs. 3 VGG). Die Anordnung der Sicherheitsleistung kann vollzogen werden, nachdem das OLG München dessen Vollziehung beschlossen hat (§ 107 Abs. 4 VGG).

j) Einstweilige Regelungen

Arrest und einstweilige Verfügung können **ohne vorgeschaltetes Schiedsstellenverfahren** bei Gericht beantragt werden (§ 128 Abs. 3 VGG). Hierfür müssen aber die Voraussetzungen der Dringlichkeit (§ 935 ZPO) erfüllt sein. Die Dringlichkeit besteht insbesondere bei Unterlassungsansprüchen wegen Urheberrechtsverletzungen. Derartige Ansprüche können idR ohnehin gerichtlich geltend gemacht werden, ohne ein Schiedsstellenverfahren vorschalten zu müssen (s.o. Rn. 153). Sie sind tarifunabhängig. Eine Leistungsverfügung kommt nur ausnahmsweise in Betracht, wenn sonst schwere finanzielle Nachteile drohen, die durch eine Geltendmachung des Erfüllungsanspruches im Hauptsacheverfahren nicht mehr aufgefangen werden können.[265] Wer sich im Wege der einstweiligen Verfügung von der Verwertungsgesellschaft Nutzungsrechte beschaffen will, wird dies idR nur gegen Hinterlegung oder Vorbehaltszahlung der hierfür verlangten Vergütung (§ 37 VGG) durchsetzen können. Sollen lediglich Vergütungsansprüche durchgesetzt werden, fehlt meistens die erforderliche Dringlichkeit. Wurden dennoch Arrest oder einstweilige Verfügung erlassen und wurde dem Antragsteller eine Frist zur Erhebung der Hauptsacheklage gesetzt, bedarf es ebenfalls keines vorgeschalteten Schiedsstellenverfahrens; denn innerhalb der nach §§ 926, 936 ZPO zu setzenden Frist ließe sich dieses Verfahren nicht durchführen (§ 128 Abs. 3 Satz 2 VGG). Nach Erhebung der Hauptsacheklage muss das Gericht das Verfahren aussetzen, wenn die Anwendbarkeit oder die Angemessenheit des Tarifs im Streit ist (§ 128 Abs. 2 Satz 2 VGG). Will der Antragsteller von sich aus die Hauptsacheklage erheben, ohne dass ihm der Antragsgegner vom Gericht eine Frist nach § 926 ZPO setzen lässt, muss er das ggf. erforderliche Schiedsstellenverfahren zuvor durchführen, wenn die Anwendbarkeit oder Angemessenheit des Tarifs im Streit ist. Letzterenfalls wäre eine Klage ohne vorgeschaltetes Schiedsstellenverfahren unzulässig. 162

Darüber hinaus können Arrest oder einstweilige Verfügung **innerhalb des Schiedsstellenverfahrens** beantragt und von der Schiedsstelle vorgeschlagen werden (§ 106 Satz 1 VGG). Auf die Dringlichkeitsvorschriften der ZPO wird nicht verwiesen. Es liegt deshalb im **Ermessen der Schiedsstelle**, eine einstweilige Regelung vorzuschlagen. Sie ergeht in einem Einigungsvorschlag, der als angenommen gilt, wenn ihm nicht innerhalb eines Monats widersprochen wird (§§ 106 Satz 2, 105 Abs. 2 und 3 Satz 1 VGG). Soweit nichts anderes vereinbart wird, gilt die einstweilige Regelung bis zum Abschluss des Schiedsstellenverfahrens (§ 106 Satz 3 VGG). 163

k) Schiedsvertrag

In dem Umfang, in dem die Parteien vereinbaren können, eine gerichtliche Auseinandersetzung durch ein schiedsrichterliches Verfahren zu klären, entfällt auch die 164

265 Vgl. OLG München, ZUM 1994, 303, 305 – Beatles-CDs.

Prozessvoraussetzung eines zusätzlichen Verfahrens bei der Schiedsstelle. Für **Streitfälle mit Einzelnutzern** gilt dies uneingeschränkt. Ging es jedoch um den Abschluss oder die Änderung eines **Gesamtvertrages**, hatten die Beteiligten weiterhin das Recht, im Einzelfall statt des Schiedsgerichts die Schiedsstelle anzurufen. Desgleichen blieb ihnen der Weg zu den ordentlichen Gerichten erhalten. Gegenteilige Absprachen waren nichtig, soweit es sich um künftige Streitfälle handelte (§ 14 Abs. 7 UrhWG). Da Gesamtverträge nur mit Wirkung vom 1. Januar des Jahres vorgeschlagen werden konnten, in dem der Antrag gestellt worden war (§ 14c Abs. 1 Satz 2 UrhWG; s.a. § 110 Abs. 1 Satz 2 VGG), und da auch Änderungen eines Gesamtvertrages in die Zukunft wirken, hatte das **Schiedsstellenverfahren** idR **Vorrang.**[266] Diese Regelung wurde **in das VGG nicht übernommen.** Außerdem stand es den Beteiligten frei, von dem Vorrang des Schiedsstellenverfahrens keinen Gebrauch zu machen, so dass im konkreten Einzelfall die Zuständigkeit eines privaten Schiedsgerichts nachträglich vereinbart werden konnte.[267] Das gilt nach wie vor.

3. Die Schiedsstelle

a) Verwaltungsorgan

165 Die Schiedsstelle ist kein Gericht, sondern ein Verwaltungsorgan, welches bei der Aufsichtsbehörde[268] eingerichtet ist (§ 124 Abs. 1 Satz 1 VGG).[269] Sie arbeitet selbständig und unterliegt nicht der Aufsicht des Deutschen Patent- und Markenamts (§ 125 Abs. 1 VGG).[270] Die Dienstaufsicht über die Schiedsstelle übt der Präsident des Deutschen Patent- und Markenamts aus (§ 125 Abs. 2 VGG).

b) Zusammensetzung der Schiedsstelle

166 Die Schiedsstelle entscheidet als **Spruchkörper**, bestehend aus einem **Vorsitzenden und zwei Beisitzern** (§ 124 Abs. 1 Satz 2 VGG). Die Mitglieder müssen Volljuristen sein (§ 124 Abs. 2 VGG). Sie werden vom Bundesministerium der Justiz und für Verbraucherschutz für mindestens 1 Jahr berufen. Ihre Wiederberufung ist unbeschränkt zulässig. Das Bundesministerium der Justiz und für Verbraucherschutz entscheidet, ob sie haupt-, neben- oder ehrenamtlich tätig werden. Angesichts der mit dem VGG erneut erweiterten Zuständigkeit der Schiedsstelle und der Vorgabe, Einigungsvorschläge binnen eines Jahres zu unterbreiten (§ 105 Abs. 1 VGG), wird man umhinkommen, die Schiedsstelle nur mit hauptamtlich tätigen Volljuristen oder mit weiteren Teilzeit-Kräften zu besetzen. Es können mehrere Kammern gebildet werden (§ 124 Abs. 3 VGG). Vorübergehend gab es bei der Schiedsdsstelle zwei Kammern. Seit 2005 besteht sie wieder nur aus einer einzigen Kammer.

c) Aufgabe der Schiedsstelle

167 Auf der einen Seite soll die Schiedsstelle Streitigkeiten, an denen die GEMA beteiligt ist, gütlich beilegen und hierzu Vorschläge unterbreiten. Sie führt ein dem gerichtlichen

266 Vgl. Loewenheim-*Melichar*, § 49 Rn. 27.
267 Vgl. Schricker/Loewenheim-*Reinbothe*, § 14 UrhWG Rn. 14.
268 § 75 Abs. 1 VGG; dem Deutschen Patent- und Markenamt, Zweibrückenstrasse 12, 80331 München.
269 Amtl. Begr., BT-Drs. 10/837, S. 24.
270 Schricker/Loewenheim-*Reinbothe*, § 14 UrhWG Rn. 3.

Verfahren vorgeschaltetes Schlichtungsverfahren durch.[271] Auf der anderen Seite trifft sie mit ihren **Einigungsvorschlägen** durchaus Entscheidungen von tragender Bedeutung (z.B. ob bestimmte Geräte vergütungspflichtig sind), die sich von gerichtlichen Entscheidungen nur dadurch unterscheiden, dass sie **nicht durch Rechtsmittel angreifbar** sind. Wird dem Einigungsvorschlag widersprochen, endet das Schiedsstellenverfahren, und den Parteien bleibt es unbenommen, es hierbei zu belassen oder Widerspruch einzulegen und ein gerichtliches Verfahren anzuschließen. Der Einigungsvorschlag ist deshalb nicht wirkungslos; denn er wird im gerichtlichen Verfahren durchaus wie ein vorangegangenes Urteil als **Argumentations- und Orientierungshilfe** herangezogen. Darüber hinaus hat ein **überzeugend begründeter Einigungsvorschlag** der Schiedsstelle eine gewisse **Vermutung der Angemessenheit** für sich; denn die Schiedsstelle ist wesentlich häufiger als die Gerichte mit den ihr übertragenen Fragen insbesondere zur Anwendbarkeit und Angemessenheit der Tarife befasst. Daraus folgt der **Grundsatz**, dass sich der Tatrichter auch danach richten kann und muss, was die Schiedsstelle im vorgeschalteten oder in einem vergleichbaren Verfahren vorgeschlagen hat.[272]

Die **Zuständigkeit** der Schiedsstelle folgt aus §§ 92 ff VGG (s.o. Rn. 124 ff.). 168

d) Keine Weisungsgebundenheit

Die Mitglieder der Schiedsstelle sind an keine Weisungen gebunden (§ 125 Abs. 1 169 VGG). Da die Schiedsstelle kein Gericht, sondern ein Verwaltungsorgan ist, wurde hiermit die einem Richter ähnliche Funktion ihrer Mitglieder unterstrichen.[273] Die Mitglieder der Schiedsstelle können abgelehnt werden. Über Ablehnungsgesuche entscheidet das Amtsgericht München (§ 127 Satz 1 VGG). Hierfür gelten die §§ 42 ff. ZPO entsprechend.

4. Durchführung des Schiedsstellenverfahrens

Die Schiedsstelle ist kein Gericht, sondern ein Verwaltungsorgan (Rn. 165). Wie von 170 der Schiedsstelle verfahren werden soll, musste deshalb eigens bestimmt werden. Bis zum Inkrafttreten des VGG (am 1.6.2016) galt hierfür die Urheberrechtsschiedsstellenverordnung (UrhSchiedsV) vom 20.12.1985. Die dortigen Regelungen zum Verfahren vor der Schiedsstelle und zu den Verfahrenskosten sind weitgehend in das VGG einbezogen worden (§§ 92–127 VGG). Was dort nicht ausdrücklich geregelt ist, bestimmt die Schiedsstelle nach billigem Ermessen (§ 95 Abs. 1 Satz 1 VGG). Auf die ZPO wird nicht generell, sondern nur vereinzelt verwiesen.[274] Die Verfahrensvorschriften im VGG sind vorrangig. Das hindert die Schiedsstelle nicht, sich an den Regelungen der ZPO zu orientieren, soweit dies sachgerecht erscheint.[275] Es wird zwischen allgemeinen Verfahrensregeln (§§ 95–105 VGG) und besonderen Verfahrensvorschriften z.B. für die Anordnung der Sicherheitsleistung und die Durchführung empirischer Untersuchungen (§§ 106 – 116 VGG) unterschieden. Die Kostenregelungen sind in einem weiteren Abschnitt getroffen worden (§§ 117–123 VGG).

271 Loewenheim-*Melichar*, § 49 UrhWG Rn. 2.
272 So BGH, GRUR 2013, 717 Rn. 18 – Covermount; s.a. Rn. 118.
273 Schricker/Loewenheim-*Reinbothe*, § 14 UrhWG Rn. 6.
274 Vgl. §§ 96, 102 Abs. 2 Satz 2, 105 Abs. 2, 117 Abs. 2 Satz 3, 122 Abs. 3, 127 Satz 2 VGG.
275 BT-Drs. 18/7223, S. 99.

a) Einleitung des Verfahrens

aa) Schriftlicher Antrag

171 Die Schiedsstelle wird nur auf Antrag tätig. Er muss bei ihr schriftlich eingereicht werden (§ 97 Abs. 1 Satz 1 VGG). Ferner muss er Namen und Anschrift des Antragsgegners sowie eine Darstellung des Sachverhalts enthalten (§ 97 Abs. 1 Satz 2 VGG). Der Antrag kann – ähnlich wie im gerichtlichen Verfahren – zurückgenommen werden (§ 98 Abs. 1 VGG). Die Kosten einschließlich der notwendigen Auslagen des Antragsgegners trägt dann der Antragsteller (§ 98 Abs. 2 VGG).

bb) Bestimmter Antrag

172 Mit dem Antrag wird umrissen, worüber die Schiedsstelle entscheiden soll. Es war umstritten, ob gem. § 10 UrhSchiedsV iVm § 308 ZPO die **Dispositionsmaxime** gilt und die Schiedsstelle an die Parteianträge gebunden ist.[276] Auf der einen Seite muss der Antrag z.B. im Hinblick auf die Hemmung der Verjährungsfrist (§ 204 Abs. 1 Nr. 4a BGB) entsprechend konkret formuliert sein, nämlich einen bestimmten Einigungsvorschlag zu erlassen, z.B. Auskunft über die Anzahl und Leistungsfähigkeit bestimmter Geräte zu erteilen und festzustellen, dass pro Gerät die nach dem konkreten Tarif vorgesehene Vergütung zu zahlen ist. Auf der anderen Seite soll die Schiedsstelle einen Einigungsvorschlag machen, also gütlich auf die Parteien einwirken (§ 102 Abs. 1 VGG) und eine für beide Seiten akzeptable Regelung vorschlagen. Hierfür benötigt sie einen **Gestaltungsspielraum**, der ihr durch einen exakt vorformulierten Antrag genommen werden kann. Insbesondere bei Gesamtverträgen wird man den der Schiedsstelle zur Verfügung stehenden Rahmen nicht zu eng ziehen dürfen, zumal die in § 102 Abs. 3 VGG vorgesehene Vorbereitung der Verhandlung indiziert, dass mit den Beteiligten eine Lösung ggf. erst noch gesucht werden muss.[277] Eine strikte Bindung an die Parteianträge (§ 308 ZPO) besteht für die Schiedsstelle nicht. Vielmehr muss sie nach billigem Ermessen entscheiden (§ 95 Abs. 1 Satz 1 VGG). Durch **Hinweise** und **Aufklärungsbeschlüsse** kann sie auf eine für sie vertretbare Lösung hinwirken.[278] Sollten die Parteien hierauf jedoch nicht eingehen und an ihren Anträgen festhalten, müssen sie damit rechnen, dass die Anträge ganz oder teilweise zurückgewiesen werden. Um dies zu vermeiden, kann es sinnvoll sein, **Hilfsanträge** zu stellen oder die Entscheidung in das Ermessen der Schiedsstelle zu legen.[279]

cc) Kein Anwaltszwang

173 Es besteht kein Anwaltszwang. Die Beteiligten können sich selbst vertreten. Wollen sie sich vertreten lassen, müssen idR Rechtsanwälte oder vergleichbar sachkundige Personen eingeschaltet werden (§ 100 Abs. 3 VGG).

---

276 Schricker/Loewenheim-*Reinbothe*, § 14a UrhWG Rn. 9; a.A. Wandtke/Bullinger-*Gerlach*, § 14a UrhWG Rn. 9.

277 Vgl. BGH, ZUM 2001, 983, 986 – Gesamtvertrag privater Rundfunk; Schiedsstelle, ZUM 2005, 670, 675.

278 Vgl. *Strittmatter*, Tarife vor der urheberrechtlichen Schiedsstelle, S. 126 f.

279 *Strittmatter*, Tarife vor der urheberrechtlichen Schiedsstelle, S. 126; *Kreile*, FS Roeber (1982), S. 245, 250.

dd) Gebührenvorschuss

Der Antrag wird der Gegenseite erst zugestellt, nachdem der Antragsteller einen **Vorschuss in Höhe eines Drittels der vollen Gebühr** eingezahlt hat (§ 118 Abs. 2 VGG). Um Verzögerungen zu vermeiden, empfiehlt es sich, diesen Vorschuss zusammen mit Einreichung der Antragsschrift einzuzahlen oder die Schiedsstelle zu bitten, das Aktenzeichen mitzuteilen, damit der Vorschuss sogleich überwiesen werden kann. 174

Nur die Verwertungsgesellschaft, nicht die Nutzervereinigung ist verpflichtet, einen Gesamtvertrag abzuschließen (§ 35 VGG). Beantragt die GEMA den Abschluss eines Gesamtvertrages, ist der Antragsgegner nicht verpflichtet, sich auf dieses Verfahren einzulassen. Erklärt er, hierzu nicht bereit zu sein, oder lässt er sich auf das Verfahren nicht ein, ist es einzustellen.[280] Sinnvollerweise ist der Antragsgegner hierauf mit der Zustellung des Antrags und der Aufforderung, sich innerhalb eines Monats schriftlich zu äußern (§ 97 Abs. 2 VGG) hinzuweisen. Da in diesem Falle kein Einigungsvorschlag ergeht, ermäßigt sich der Gebührensatz von 3,0 auf 1.0 (§ 117 Abs. 3 Satz 2 VGG). Um jegliche Gebühren zu vermeiden, kann die GEMA vor Einleitung des Verfahrens mit dem Antragsgegner klären, ob er zu einem Gesamtvertragsverfahren bereit ist (s.a. Rn. 180f.). 175

b) Hemmung der Verjährung

Durch die Anrufung der Schiedsstelle wird die **Verjährung in gleicher Weise gehemmt wie durch Klageerhebung** (§ 204 Abs. 1 Nr. 4a BGB).[281] Die Hemmung endet 6 Monate nach der rechtskräftigen Entscheidung oder anderweitigen Beendigung des eingeleiteten Verfahrens, also nach Einlegung des Widerspruchs oder nach Ablauf der einmonatigen (bei Kabelweitersendeverträgen dreimonatigen) Widerspruchsfrist (§ 105 Abs. 3 VGG) im Falle eines Einigungsvorschlags, nach Beendigung des Schiedsstellenverfahrens durch einen Vergleich (§ 204 Abs. 2 BGB), nach Rücknahme des Antrags (§ 98 VGG) oder nach Stillstand des Verfahrens (§ 204 Abs. 2 Satz 2 BGB).[282] Außerdem beschränkt sich die Hemmung der Verjährung nur auf dasjenige, was Gegenstand des Antrags ist.[283] 176

c) Erwiderungsfrist

Die Schiedsstelle stellt den Antrag dem Antragsgegner zu und fordert ihn auf, sich innerhalb eines Monats schriftlich zu äußern (§ 97 Abs. 2 VGG). Es gilt der **Grundsatz des schriftlichen Verfahrens** (§ 99 Abs. 1 VGG). Die Schiedsstelle kann nach Aktenlage entscheiden und den Sachverhalt des Antragstellers als unstreitig unterstellen, wenn innerhalb der genannten Frist keine Stellungnahme des Antragsgegners bei der Schiedsstelle eingeht. Hierauf weist die Schiedsstelle den Antragsgegner hin. 177

An diese **Monatsfrist** ist die Schiedsstelle gebunden. Sie kann grundsätzlich nicht verlängert werden. Auf der einen Seite ist es im Interesse eines zügigen Verfahrens sinnvoll und vielfach ausreichend, innerhalb eines Monats zu erwidern. Insbesondere bei zahlreichen gleichgelagerten und deshalb häufig schon entschiedenen Verfahren, z.B. zur Angemessenheit der GEMA-Tarife für die Nutzung von Unterhaltungsmusik in Gaststätten, muss das Verfahren zügig abgewickelt werden. Auf der anderen Seite geht es 178

280 Die Regelung des § 1 Abs. 3 Satz 2 UrhSchiedsV, das Verfahren einzustellen, wenn der Antragsgegner sich innerhalb eines Monats nicht erklärt, wurde nicht übernommen.

281 BT-Drs. 18/7223, S. 100.

282 Vgl. Palandt-*Heinrichs*, § 204 BGB Rn. 47.

283 Fromm/Nordemann-*Nordemann*, § 16 UrhWG Rn. 5; Loewenheim-*Melichar*, § 49 Rn. 13.

mitunter um Fragen grundsätzlicher Natur, z.B. wenn erstmals darum gestritten wird, ob CD-Brenner iSv § 54 UrhG bestimmt sind und hierfür deshalb die Gerätevergütung verlangt werden kann. In diesen Fällen kann es knapp werden, innerhalb eines Monats erwidern zu müssen, zumindest wenn sich die Schiedsstelle und die Gerichte mit diesen Fragen zuvor noch nicht befasst haben. Es sollte dann genügen, in einer ersten Erwiderung die Gründe für die Ablehnung des Antrags zu umreißen und hinsichtlich eines ergänzenden Sachvortrags eine **weitere Erwiderungsfrist** zu **beantragen**, zumal gerade bei komplizierten Verfahren ohnehin mit einer längeren Verfahrensdauer gerechnet werden muss und die Schiedsstelle dort nicht selten auch von Amts wegen ermittelt (vgl. § 104 Abs. 1 VGG). Die Schiedsstelle kann nach billigem Ermessen verfahren (§ 95 Abs. 1 Satz 1 VGG) und den Parteien Gelegenheit geben, in einem weiteren Schriftsatz ergänzend vorzutragen, wenn es sich um Fragen handelt, die innerhalb der Monatsfrist schwerlich beantwortet werden können. Da die Schiedsstelle versuchen soll, die Sache gütlich (§ 102 Abs. 1 VGG) oder durch einen Einigungsvorschlag (§ 105 Abs. 1 VGG) zu schlichten, wird sie eine weitere Stellungnahme jedenfalls dann ermöglichen, wenn nicht davon auszugehen ist, dass der Antragsgegner die Sache, z.B. bei einfach gelagerten und schon mehrfach entschiedenen Fällen, nur verzögern will.

179 Wird die Erwiderungsfrist versäumt, gibt es **keine Wiedereinsetzung in den vorigen Stand**. Da es den Beteiligten jedoch freisteht, einem ungünstigen Einigungsvorschlag zu widersprechen und nun sämtliche Fragen gerichtlich klären zu lassen, hat die Fristversäumnis, abgesehen von einer etwaigen Kostenlast (s.u. Rn. 233), keine einschneidende Wirkung.

d) Ablehnungsrecht bei Gesamtverträgen

180 Den **Abschluss eines Gesamtvertrages** kann nur die Nutzervereinigung, nicht hingegen die GEMA durchsetzen (§ 35 Abs. 1 VGG). Verlangt Letztere den Abschluss eines Gesamtvertrages, kann die Nutzervereinigung dies ablehnen. Erklärt sie, nicht zum Abschluss eines Gesamtvertrages bereit zu sein, oder lässt sie die Erwiderungsfrist (§ 97 Abs. 2 VGG) verstreichen, kann die Schiedsstelle das Verfahren einstellen. Die GEMA muss sich in diesem Falle mit Einzelnutzerverträgen begnügen oder gegen die Nutzer einschreiten, wenn sich Letztere die erforderlichen Rechte nicht beschaffen.

181 Außerdem bleibt sie auf ihren Kosten sitzen. Einerseits mag dies unbillig sein, weil das Schiedsstellenverfahren bei Gesamtvertragsstreitigkeiten unumgänglich ist.[284] Andererseits muss sich die Nutzervereinigung ein zusätzliches Aufgabengebiet, Gesamtverträge für ihre Mitglieder abzuschließen, nicht gegen ihren Willen aufbürden lassen. Die GEMA könnte vor Einleitung des Schiedsstellenverfahren die Nutzervereinigung fragen, ob sie zum Abschluss eines Gesamtvertrages grundsätzlich bereit ist (s.a. Rn. 175). Bejaht sie dies, ist sie hieran meines Erachtens gebunden. Zumindest wird man sie für die Kosten aufkommen lassen können, wenn sie sich nachträglich eines anderen besinnen und das Verfahren ablehnen sollte. Verneint die Nutzervereinigung die Bereitschaft oder schweigt sie auf die Anfrage, muss gegebenenfalls von einem Gesamtvertragsverfahren Abstand genommen und auf Einzelnutzerverträge ausgewichen werden. Das erübrigt sich, wenn, wie häufig, das Gesamtvertragsverfahren von der Nutzerseite eingeleitet wird.

182 Anders verhält es sich bei der **Änderung eines bestehenden Gesamtvertrages**. Sie kann auch von der GEMA gegenüber der Nutzervereinigung durchgesetzt werden. Hatte

284 Vgl. zur Kritik an der Kostenlast Loewenheim-*Melichar*, § 49 Rn. 26.

sich Letztere zum Abschluss eines Gesamtvertrages bereiterklärt, entfallen die für den Abschluss genannten Ablehnungsgründe (s.a. Rn. 180). Meistens sind Gesamtverträge jedoch ohnehin zeitlich befristet und enthalten eine Kündigungsregelung. Davon können beide Seiten Gebrauch machen. Wurde der Gesamtvertrag beendet, müsste gegebenenfalls ein neuer Gesamtvertrag abgeschlossen werden. Dem kann sich die Nutzervereinigung widersetzen (s.a. Rn. 180).

e) Amtsermittlung

Einerseits ist die Schiedsstelle **zur Amtsermittlung nicht verpflichtet.**[285] Andererseits ist sie nicht an Beweisanträge der Parteien gebunden, sondern **kann von Amts wegen ermitteln** und hierfür diejenigen Beweismittel heranziehen, die sie für geeignet erachtet (§ 104 Abs. 1 VGG). Sie kann nicht nur Zeugen, sondern auch die beteiligten Parteien vernehmen, Gutachten erstellen lassen sowie Nutzervereinigungen und Verwertungsgesellschaften anhören, auch wenn sie nicht am Verfahren beteiligt sind (§§ 95 Abs. 1, 104 VGG). Auf diese Weise soll sie sich von den jeweils einschlägigen Usancen ein umfassendes Bild verschaffen können. **183**

Die Ladung von Zeugen und den Beweis durch Sachverständige kann die Schiedsstelle von der Zahlung eines hinreichenden **Kostenvorschusses** abhängig machen (§ 104 Abs. 2 VGG). Weigern sich Zeugen oder Sachverständige oder sollen sie vereidigt werden, so wird hierfür auf Ersuchen der Schiedsstelle das **Amtsgericht München** tätig (§ 104 Abs. 4 VGG in Verbindung mit §§ 1050, 1062 Abs. 4 ZPO). Im Übrigen bleibt es der Schiedsstelle überlassen, das Verfahren nach billigem Ermessen zu bestimmen und die Vorschriften der ZPO als Orientierung zugrunde zu legen. Beispielsweise können Zeugen auch durch den beauftragten oder ersuchten Richter vernommen werden (§ 375 ZPO). **184**

f) Tarife für Geräte und Speichermedien

aa) Durchführung empirischer Untersuchungen

Die Verwertungsgesellschaft stellt Tarife auch für Geräte und Speichermedien auf. Für die Vergütungshöhe ist maßgebend, in welchem Maß die Geräte und Speichermedien als Typen tatsächlich für Vervielfältigungen nach § 53 Abs. 1–3 UrhG genutzt werden (§ 54a Abs. 1 Satz 1 UrhG). Hierfür sind die nutzungsrelevanten Eigenschaften der Geräte und Speichermedien zu bestimmen, insbesondere die Leistungsfähigkeit von Geräten sowie die Speicherkapazität und Mehrfachbeschreibbarkeit von Speichermedien (§ 54a Abs. 3 UrhG). Sie sind auf der Basis empirischer Untersuchungen festzustellen (§ 40 Abs. 1 Satz 2 VGG). Die Verwertungsgesellschaften können einseitig, also ohne einen Antragsgegner, die Schiedsstelle anrufen, um eine selbständige empirische Untersuchung von ihr durchführen zu lassen (§ 93 VGG). Sie müssen ein derartiges Verfahren einleiten, wenn mit den Verbänden der Geräteindustrie keine einvernehmliche Lösung zustande kommt. Es bleibt der Verwertungsgesellschaft überlassen, zunächst eine einvernehmliche Lösung zu versuchen oder gleich die empirische Untersuchung durch Einleitung des Verfahrens bei der Schiedsstelle durchführen zu lassen. **185**

Mit ihrem Antrag auf Durchführung der empirischen Untersuchung muss die Verwertungsgesellschaft die **Verbände** der betroffenen Hersteller, Importeure und Händler, soweit bekannt, **auflisten** (§ 112 Abs. 1 VGG). Den von der Verwertungsgesellschaft auf- **186**

285 Vgl. BT-Drs. 18/7223, S. 101.

gelisteten Verbänden stellt die Schiedsstelle die Antragsschrift der Verwertungsgesellschaft mit der Aufforderung zu, binnen eines Monats schriftlich zu erklären, ob sie sich an dem Verfahren beteiligen wollen (§ 112 Abs. 2 Satz 1 VGG). Um auch diejenigen Verbände zu erreichen, die von der Verwertungsgesellschaft möglicherweise nicht angegeben worden sind, veröffentlicht die Schiedsstelle den Antrag zB durch Einstellen ins Internet[286] und fordert sie ebenfalls auf, binnen eines Monats schriftlich zu erklären, ob sie sich an den Verfahren beteiligen wollen (§ 112 Abs. 2 Satz 2 VGG). Antragsberechtigt ist aber nur die Verwertungsgesellschaft.[287] Desgleichen gibt die Schiedsstelle den **bundesweiten Dachorganisationen** der mit öffentlichen Mitteln geförderten **Verbraucherverbände** die Gelegenheit zur schriftlichen Stellungnahme (§ 116 VGG). Die Verbraucherverbände haben keinen Anspruch, gehört zu werden, zumal die Verfahren bei der Schiedsstelle nicht öffentlich sind (§ 100 Abs. 2 Satz 1 VGG). Die Schiedsstelle kann aber ähnlich wie bei Zeugen oder anderen Personen anordnen, Vertreter der Verbraucherverbände anzuhören (§ 104 VGG).

187 Die Schiedsstelle kann die Durchführung der empirischen Untersuchung nicht ablehnen (§ 113 Satz 1 VGG). Sie soll von der Verwertungsgesellschaft einen **Vorschuss** für die Kosten verlangen. Diese Kosten werden gegebenenfalls bei der Höhe der Tarife zu berücksichtigen sein.[288] Außerdem soll die Schiedsstelle darauf hinwirken, dass das Ergebnis der empirischen Untersuchung spätestens 1 Jahr nach Eingang der Antragsschrift vorliegt (§ 113 Satz 3 VGG).

188 Für die Durchführung der empirischen Untersuchung kann die Schiedsstelle Beweise erheben und andere Vorkehrungen treffen, um die wesentlichen Informationen zu erhalten (§§ 113, 104 VGG). Sie hat das ihr vorgelegte Ergebnis der empirischen Untersuchung zu überprüfen und festzustellen, ob es den Anforderungen genügt. Andernfalls muss sie veranlassen, dass die Untersuchung ergänzt oder geändert wird (§ 114 Abs. 1 VGG). Das Ergebnis stellt sie den Beteiligten zu und veröffentlicht es in geeigneter Form, zB im Internet (§ 114 Abs. 2 VGG). Ein **Widerspruch** gegen das Ergebnis ist **nicht möglich** (§ 114 Abs. 2 Satz 3 VGG). Genügt die empirische Untersuchung den Anforderungen, wird sie den Beteiligten zugestellt und in geeigneter Form veröffentlicht (§ 114 Abs. 2 VGG). Sie kann in späteren Einzel- oder Gesamtvertragsverfahren, die den gleichen Gegenstand betreffen, zugrunde gelegt werden (§ 115 VGG). Es bleibt im Ermessen der Schiedsstelle, ob zB wegen des Alters der vorliegenden Untersuchung eine neuerliche Untersuchung erforderlich ist.[289]

bb) Sicherheitsleistung

189 Die Pflicht zur **Hinterlegung** oder **Vorbehaltszahlung** zu Gunsten der Verwertungsgesellschaft ist nur in Fällen der **Rechtseinräumung** vorgesehen (§ 37 VGG). Im Rahmen der **gesetzlichen Lizenzen** werden die Werke jedoch in gleicher Weise genutzt. Naheliegenderweise muss auch dort eine Regelung bestehen, wonach nicht nur der Urheber vorleistungspflichtig (durch gesetzlich gestattete Nutzung seiner Werke) ist, sondern auch die Nutznießer (Geräteindustrie und mittelbar die Endverbraucher) in die Pflicht genommen werden. Außerdem müssen angesichts der oft lang dauernden Streitigkeiten über die Vergütungspflicht und die Vergütungshöhe Risiken u.a. hinsichtlich der Insolvenz der Vergütungsschuldner verringert werden. Die Verwertungsgesellschaft

286 Vgl. BT-Drs. 18/7223, S. 103.
287 Vgl. BT-Drs. 18/7223, S. 99.
288 Vgl. BT-Drs. 18/7223, S. 85.
289 Vgl. BT-Drs. 18/7223, S. 103.

kann deshalb in Verfahren über die Vergütungspflicht für Geräte und Speichermedien (§ 92 Abs. 1 Nr. 2 VGG) bei der Schiedsstelle beantragen, anzuordnen, dass der beteiligte Hersteller, Importeur oder Händler für die Erfüllung des Anspruchs aus § 54 Abs. 1 UrhG **Sicherheit zu leisten** hat (§ 107 Abs. 1 VGG). In ihrem Antrag hat die Verwertungsgesellschaft die Höhe der begehrten Sicherheit anzugeben (§ 107 Abs. 2 VGG). Die Schiedsstelle entscheidet über Art und Höhe der Sicherheitsleistung nach billigem Ermessen. Sie kann unter dem beantragten Betrag bleiben, darf ihn aber nicht überschreiten (§ 107 Abs. 3 Satz 2 VGG). Bei ihrer Entscheidung hat sie die Umstände des Einzelfalls, insbesondere das Vorliegen einer Interimsvereinbarung oder das Angebot des Vergütungsschuldners hierzu, das besondere Risiko sowie das Ergebnis vorliegender empirischer Untersuchungen, bestehende Tarife, Gesamtverträge, gerichtliche Entscheidungen oder frühere Einigungsvorschläge der Schiedsstelle, zu berücksichtigen.[290] Ist die Schiedsstelle der Auffassung, der Vergütungsanspruch sei nach vorläufiger Einschätzung schon dem Grunde nach nicht gegeben, muss sie keine Sicherheit anordnen.[291]

Die Schiedsstelle ordnet die Sicherheit an. Es handelt sich nicht um einen Eini- **190**
gungsvorschlag, dem widersprochen werden könnte. Die Verwertungsgesellschaft kann beim OLG München beantragen, die Vollziehung der von der Schiedsstelle angeordneten Sicherheit zu beschließen. Dabei kann das Oberlandesgericht die Anordnung gegebenenfalls abweichend formulieren (§ 107 Abs. 4 VGG). Außerdem kann das Oberlandesgericht den Beschluss auf Antrag nachträglich aufheben oder ändern (§ 107 Abs. 5 VGG).

Stellt sich nachträglich heraus, dass die Anordnung der Sicherheitsleistung von An- **191**
fang an ungerechtfertigt war, ist die Verwertungsgesellschaft, welche die Vollziehung der Anordnung erwirkt hat, zum Schadensersatz an den Antragsgegner verpflichtet (§ 108 VGG; §§ 945, 1041 Abs. 4 ZPO).

g) *Aussetzung*

Die Schiedsstelle hat oft in mehreren bei ihr gleichzeitig anhängigen Verfahren über **192**
dieselbe Rechtsfrage zu entscheiden. Ist dort die Angemessenheit oder Anwendbarkeit eines Tarifs strittig, kann es sinnvoll sein, zunächst ein einziges Verfahren zu entscheiden und anschließend die weiteren vergleichbaren Verfahren daran zu orientieren. Zu diesem Zweck kann die Schiedsstelle ein Verfahren aussetzen (§ 103 Abs. 1 VGG).

Während der Aussetzung ist die Schiedsstelle nicht verpflichtet, den Einigungsvor- **193**
schlag innerhalb eines Jahres zu unterbreiten (§ 103 Abs. 2 VGG). Solange das Schiedsstellenverfahren ausgesetzt ist, können die Parteien kein gerichtliches Verfahren beginnen. Die Verjährung der geltend gemachten Ansprüche ist weiterhin gehemmt (§ 249 Abs. 1 ZPO; § 204 Abs. 1 Nr. 4a BGB).

h) *Schriftliches Verfahren*

Bei Streitfällen, die die GEMA betreffen und die in anderen ähnlich gelagerten Fällen **194**
dem Grunde nach bereits entschieden worden sind, entscheidet die Schiedsstelle **grundsätzlich im schriftlichen Verfahren** (§ 99 Abs. 1 VGG). Das gilt auch dann, wenn die Schiedsstelle eine mündliche Verhandlung nicht für erforderlich hält und die Beteiligten keine mündliche Verhandlung beantragen (§ 99 Abs. 2 VGG).

290 BT-Drs. 18/7223, S. 102.
291 BT-Drs. 18/7223, S. 102.

i) Mündliche Verhandlung

aa) Voraussetzung

195 Grundsätzlich wird das Schiedsstellenverfahren schriftlich durchgeführt. Es wird mündlich verhandelt, wenn die Schiedsstelle dies für erforderlich hält oder wenn einer der Beteiligten dies beantragt und die anderen Beteiligten zustimmen (§ 99 Abs. 2 VGG). Eine mündliche Verhandlung dürfte insbesondere dann sinnvoll sein, wenn sich der Sachverhalt gütlich eher im Beisein der Parteien beilegen lässt[292] oder wenn sich die Schiedsstelle z.B. die Funktionsweise von vergütungspflichtigen Geräten erläutern lassen will. Die Notwendigkeit des Schiedsstellenverfahrens (s.o. Rn. 141ff.) bringt es mit sich, dass die Schiedsstelle in der Regel vor den Gerichten mit Fragen zur Vergütungspflicht neuartiger Geräte befasst wird. Solange es noch keine Entscheidungen zur Vergütungspflicht dieser Geräte gibt, wird es sinnvoll sein, die Standpunkte beider Seiten nicht nur schriftlich zur Kenntnis zu nehmen, sondern auch anzuhören und zu erörtern. Die Schiedsstelle wirkt auf eine gütliche Beilegung des Streitfalls hin (§ 102 Abs. 1 VGG) und kann die Beteiligten mit ihrem Einverständnis zu einem Vergleichsversuch ohne Zuziehung der Beisitzer laden. Das können beide Beteiligte auch beantragen (§ 102 Abs. 3 VGG). Eine mündliche Verhandlung dürfte insbesondere für den Abschluss oder die Änderung eines Gesamtvertrages (§ 92 Abs. 1 Nr. 3 VGG), die Durchführung empirischer Untersuchungen für Gerätetarife (§ 93 VGG) und auch bei Streitfällen über die gebietsübergreifende Vergabe von Online-Rechten an Musikwerken (§ 94 VGG) sinnvoll sein, wenn es hierfür keine vergleichbaren Entscheidungen der Schiedsstelle oder der Gerichte gibt, an denen sie sich orientieren kann.

bb) Ladung

196 Die Beteiligten sind zu der Verhandlung mit einer **Ladungsfrist** von mindestens **2 Wochen** zu laden (§ 100 Abs. 1 VGG). In der Ladung sind sie auf die Folgen ihres Ausbleibens hinzuweisen (§ 101 Abs. 4 VGG).

cc) Säumnis

197 Erscheint der Antragsteller nicht, gilt sein Antrag als zurückgenommen. Hiergegen kann jedoch die **Wiedereinsetzung** in den vorigen Stand beantragt werden (§ 101 Abs. 1 VGG). Bleibt der Antragsgegner der mündlichen Verhandlung fern, kann die Schiedsstelle **nach Aktenlage** entscheiden (§ 101 Abs. 2 VGG). Es gibt also **kein Versäumnisurteil,** sondern es wird so entschieden, wie die Schiedsstelle ohne mündliche Verhandlung im schriftlichen Verfahren entschieden hätte. Unentschuldigt nicht erschienene Beteiligte tragen die durch ihr Nichterscheinen verursachten Kosten (§ 101 Abs. 3 VGG).

dd) Keine Öffentlichkeit

198 Die Verhandlung ist **nicht öffentlich** (§ 100 Abs. 2 Satz 1 VGG). Beauftragte des Bundesministers der Justiz und für Verbraucherschutz, der Aufsichtsbehörde (des Deutschen Patent- und Markenamts) und des Bundeskartellamts dürfen während der Verhandlung anwesend sein (§ 100 Abs. 2 Satz 2 VGG). Anderen Personen außer den

---

292 Dreier/Schulze-*Schulze*[6], § 102 VGG Rn. 1.

Verfahrensbeteiligten kann deshalb kein Zutritt zum Verhandlungsraum gewährt werden.

j) Güteversuch

Das Schiedsstellenverfahren dient der Vertragshilfe und der Streitschlichtung. Primäres Ziel ist deshalb auch der Versuch, die Parteien zu einer gütlichen Lösung zu führen (§ 102 Abs. 1 VGG). Dies kann sowohl schriftlich als auch mündlich geschehen. Letzterenfalls kommt vor der mündlichen Verhandlung ein Vergleichsversuch allein vor dem Vorsitzenden der Schiedsstelle (also ohne Beisitzer) in Betracht (§ 102 Abs. 3 VGG). **199**

Ist der Güteversuch erfolgreich, kommt es zu einem **Vergleich** (§ 102 Abs. 2 VGG). Er wird einem vollstreckbaren gerichtlichen Vergleich gleichgestellt, wenn er mit dem Tag seines Zustandekommens datiert und von dem Vorsitzenden der Schiedsstelle sowie den Parteien unterschrieben wird. Der Vergleich kann auch im schriftlichen Verfahren abgeschlossen werden. Er ist ein **Vollstreckungstitel** gem. § 794 Abs. 1 Nr. 1 ZPO. Die Vollstreckungsklausel wird vom Amtsgericht München erteilt (§ 102 Abs. 2 VGG; § 797a Abs. 1 ZPO). Diese Formalien sind für die Vollstreckbarkeit des Vergleichs erforderlich. Werden sie nicht eingehalten, kann der Vergleich materiellrechtlich durchaus wirksam sein und nun z.B. die Grundlage für den anzuwendenden Tarif bilden.[293] Auf diese Weise wird das Verfahren beendet.[294] **200**

k) Einigungsvorschlag

Schlägt der Güteversuch fehl, ist die Schiedsstelle verpflichtet, einen Einigungsvorschlag zu machen (§ 105 Abs. 1 VGG). **201**

aa) Beschluss

Die Schiedsstelle beschließt den Einigungsvorschlag in **Stimmenmehrheit** (§ 126 Satz 1 VGG). Alle beteiligten Mitglieder haben jeweils die gleiche Stimme. Müssen z.B. bei der Höhe der Tarife bestimmte Summen festgelegt werden, könnte jedes der drei beteiligten Mitglieder eine eigene, von den anderen abweichende Vorstellung haben, so dass es keine Mehrheit gibt. Dann gilt der zweithöchste vorgeschlagene Betrag (§ 126 Satz 2 VGG iVm § 196 Abs. 2 GVG). **202**

bb) Inhalt des Einigungsvorschlags

Man könnte meinen, das Schiedsstellenverfahren müsse in jedem Falle auf einen Kompromiss hinauslaufen, sei es auf gütlichem Wege mit den Beteiligten (§ 102 Abs. 1 VGG) oder sei es als Vorschlag zur Güte für die Beteiligten (§ 105 Abs. 1 Satz 1 VGG). Demnach wäre es ausgeschlossen, antragsgemäß zu entscheiden oder den Antrag abzuweisen. So eng ist der Einigungsvorschlag jedoch nicht zu verstehen. Grundsätzlich bestimmt der Antragsteller den Gegenstand des Schiedsstellenverfahrens, so dass die Schiedsstelle sich hieran zu orientieren hat. Ein unbegründeter Antrag kann die Schiedsstelle aber nicht so weit binden, dass diesem Antrag nur deswegen teilweise zu entsprechen sei, weil im Wege des Einigungsvorschlags ein Kompromiss gefunden werden müs- **203**

293 Vgl. BGHZ 87, 281, 284 f. – Tarifüberprüfung I.
294 Vgl. § 1053 ZPO; BT-Drs. 10/837, S. 34.

se, obwohl der Antrag unbegründet ist. Außerdem ist die Schiedsstelle auch für reine Rechtsfragen zuständig. Deswegen kann sie den Streitstoff beschränken oder von einem Einigungsvorschlag absehen (§ 109 VGG). Geht es aber nicht lediglich um die Höhe und Angemessenheit eines Tarifs, sondern ist z.B. strittig, ob ein bestimmtes Gerät nach § 54 UrhG vergütungspflichtig und der Tarif hierfür anwendbar ist, dann muss entschieden werden, ob dem Antrag stattgegeben oder ob er abgewiesen wird. Der Einigungsvorschlag kann also durchaus dem Antrag der das Schiedsstellenverfahren betreibenden Partei in vollem Umfang entsprechen oder ihn ebenso in vollem Umfang abweisen.

204 Darüber hinaus hat die Schiedsstelle im Rahmen des Antrags einen **Ermessens- und Gestaltungsspielraum** für einen Vorschlag zur Lösung des Streitfalls. Sie ist wie das Gericht an Gesetz und Recht gebunden. Ihre Beschlüsse müssen angemessen sein und ein ausgewogenes Verhältnis zwischen Leistung und Gegenleistung erreichen.[295]

cc) Beschränkung des Einigungsvorschlags

205 Notwendig ist das Schiedsstellenverfahren bei Einzelnutzerstreitigkeiten (§ 92 Abs. 1 Nr. 1 VGG) und bei Streitigkeiten über die Vergütung für Geräte und Speichermedien (§ 92 Abs. 1 Nr. 2 VGG) nur dann, wenn die Anwendbarkeit oder Angemessenheit des Tarifs streitig ist (§ 128 Abs. 2 VGG). Die Schiedsstelle kann sich **auf die tariflichen Fragen beschränken** und im Einigungsvorschlag aussprechen, welcher Tarif anwendbar und in welcher Höhe er angemessen ist (§ 109 Abs. 1 VGG). Dabei lässt sich häufig gar nicht vermeiden, auch vorgeschaltete Rechtsfragen zu entscheiden. Wird beispielsweise beantragt, Auskunft zu erteilen, wie viele CD-Brenner hergestellt oder importiert wurden, und weiterhin beantragt, für die hergestellten oder importierten CD-Brenner den einschlägigen Tarif zu bezahlen, und wird die Vergütungspflicht von dem Nutzer bestritten, dann muss die Schiedsstelle vorab prüfen, ob der Typ dieses Geräts nach § 54 Abs. 1 UrhG benutzt wird, um Vervielfältigungen eines Werkstücks herzustellen; denn hiervon hängt die Vergütungspflicht und damit auch die Anwendbarkeit des Tarifs ab.[296]

206 Ist jedoch strittig, ob der Antragsgegner Telefaxgeräte hergestellt oder importiert hat, steht nicht nur die Vergütungspflicht der Geräte, sondern auch die Passivlegitimation in Frage. Die Schiedsstelle kann davon absehen, die Passivlegitimation ggf. durch aufwendige Beweiserhebungen zu klären, und den Einigungsvorschlag auf die Anwendbarkeit und Angemessenheit des Tarifs beschränken (§ 109 Abs. 1 VGG). Sie muss dies im Einigungsvorschlag entsprechend begründen.[297]

207 Sind weder die Anwendbarkeit noch die Angemessenheit eines Tarifs im Streit, sondern geht es nur um anderweitige Fragen, kann die Schiedsstelle **insgesamt davon absehen, einen Einigungsvorschlag zu unterbreiten** (§ 109 Abs. 2 VGG). Sie muss ihren ablehnenden Beschluss begründen und zustellen, damit das Schiedsstellenverfahren in jedem Fall beendet wird und die Parteien sich an die ordentlichen Gerichte wenden können, gleichviel, ob die Einschätzung der Schiedsstelle zutrifft oder nicht. Ein Rechtsmittel gibt es gegen die Entscheidung der Schiedsstelle nicht. Das ursprüngliche Anliegen kann aber gerichtlich verfolgt werden. Sollte sich im Gerichtsverfahren herausstellen,

---

295 Vgl. OLG München, ZUM 2003, 319, 322 – Gesamtvertrag GVL/Vereinigungen der privaten Sendeunternehmen; Schricker/Loewenheim-*Reinbothe*, § 14a UrhWG Rn. 9; *Strittmatter*, Tarife vor der urheberrechtlichen Schiedsstelle, S. 103 ff.: etwas enger wohl Wandtke/Bullinger-*Gerlach*, § 14a UrhWG Rn. 8.

296 Zur vergleichbaren Fragestellung bei Telefaxgeräten Schiedsstelle, ZUM 1993, 149, 151 – Telefaxgeräte; BGHZ 140, 326 – Telefaxgeräte.

297 Vgl. Schiedsstelle, ZUM 1989, 312, 313; Schiedsstelle, Schulze RzU SchSt 9, 4 f. – PC-Vergütung.

dass die Anwendbarkeit oder Angemessenheit des Tarifs entgegen den Vorstellungen der Schiedsstelle doch streitig war oder im Laufe des Rechtsstreits streitig wurde, muss das gerichtliche Verfahren ausgesetzt und das Schiedsstellenverfahren erneut eingeleitet werden (§ 128 Abs. 2 Satz 2 VGG).[298] Die Schiedsstelle ist an die gerichtliche Entscheidung nicht gebunden. Sollte sie entgegen der Auffassung des Gerichts erneut den Standpunkt vertreten, Anwendbarkeit und Angemessenheit des Tarifs stünden nicht im Streit, wird das Gericht das Verfahren nicht nochmals aussetzen können, sondern in der Sache entscheiden müssen.

dd) Textvorschlag zu Gesamtverträgen

Wird über den Abschluss oder die Änderung eines Gesamtvertrages gestritten, hat die Schiedsstelle einen **vollständigen Textvorschlag** für einen derartigen Vertrag zu machen (§ 110 Abs. 1 Satz 1 VGG).[299] Auf der einen Seite hat sich die Schiedsstelle an dem Gegenstand der Anträge zu orientieren. Deshalb hat der Antragsteller in seinem Antrag bereits konkret anzugeben, was der Gesamtvertrag oder dessen Änderung regeln und wie er formuliert sein soll. Auf der anderen Seite besitzt die Schiedsstelle einen Ermessens- und Gestaltungsspielraum, um innerhalb des durch den Antrag vorgegebenen Rahmens ihrerseits einen eigenen Textvorschlag zu formulieren, den sie für angemessen hält.[300] Mit der Komplexität der im Gesamtvertrag zu regelnden Fragen wachsen die Lösungsmöglichkeiten und der für die Schiedsstelle erforderliche Ermessensspielraum. Der Gesamtvertrag muss billigem Ermessen (§ 315 Abs. 3 BGB) sowie dem Gleichbehandlungsgebot entsprechen. Da ein abgeschlossener Gesamtvertrag die Wirkung eines Tarifs hat (§ 38 Satz 2 VGG), sind die Vorgaben des § 39 VGG zu beachten. Berechnungsgrundlage sind insbesondere die geldwerten Vorteile, die durch die Verwertung erzielt werden.[301] Ein überzeugend begründeter Einigungsvorschlag hat aufgrund der Sachkompetenz der Schiedsstelle eine gewisse **Vermutung der Angemessenheit** für sich.[302] Abweichungen von einem solchen Vorschlag müssen daher gleichfalls überzeugend begründet werden.[303] **208**

Nach den Vorstellungen des Gesetzgebers soll die Verpflichtung zum Abschluss eines Gesamtvertrages nur für die Zukunft bestehen.[304] Infolgedessen kann auch die Schiedsstelle in Streitfällen nur einen **in die Zukunft wirkenden Gesamtvertrag** vorschlagen, nämlich mit Wirkung ab 1. Januar des Kalenderjahres, in welchem der Antrag auf Abschluss oder Änderung des Gesamtvertrages bei der Schiedsstelle eingeht (§ 110 Abs. 1 Satz 2 VGG).[305] Allerdings dauern Gesamtvertragsstreitigkeiten oft mehrere Jahre, insbesondere wenn sich ein gerichtliches Verfahren anschließt. Insoweit wirkt die rechtskräftige Entscheidung meistens auch in die Vergangenheit bis zu dem Jahr, in dem das Verfahren eingeleitet worden war. Außerdem steht es den Parteien frei, einvernehmlich einen rückwirkend bindenden Gesamtvertrag zu schließen, um auch für die zurückliegende Zeit die Rechtseinräumung zu vereinfachen. Kommt insoweit kein Gesamtvertrag zustande, bleibt es der GEMA unbenommen, die Rechte und Ansprüche für die **209**

298 Schricker/Loewenheim-*Reinbothe*, § 14b UrhWG Rn. 3.
299 Dreyer/Kotthoff/Meckel-*Zeisberg*, § 14c UrhWG Rn. 2.
300 Vgl. *Strittmatter*, Tarife vor der urheberrechtlichen Schiedsstelle, S. 122 f.; vgl. auch BGH, GRUR 2013, 1220 Rn. 19 – Gesamtvertrag Hochschul-Intranet.
301 Vgl. Schiedsstelle, ZUM 1988, 471, 478; Dreier/Schulze-*Schulze*[6], § 39 VGG Rn. 5.
302 BGH, ZUM 2001, 983, 986 – Gesamtvertrag privater Rundfunk.
303 So BGH, GRUR 2013, 1220 Rn. 21 – Gesamtvertrag Hochschul-Intranet.
304 Amtl. Begr., BT-Drs. 10/837, S. 24.
305 BGH, GRUR 2013, 1220 Rn. 85 – Gesamtvertrag Hochschul-Intranet.

Vergangenheit statt in Form eines Gesamtvertrages mit Nutzervereinigungen direkt bei den einzelnen Nutzern geltend zu machen und **Einzelnutzerverträge** abzuschließen. Soweit die Nutzer fremde Rechte ohne vorherige Rechtseinräumung genutzt hatten, begingen sie **Urheberrechtsverletzungen**, so dass der GEMA sämtliche Rechte aus § 97 UrhG zustehen und sie die üblichen Ansprüche auf Unterlassung, Auskunft und Schadensersatz geltend machen kann.[306]

ee) Rechte der Kabelweitersendung

210 Bei Streitfällen über Rechte der Kabelweitersendung gilt § 110 VGG (Streitfälle über Gesamtverträge) entsprechend (§ 111 VGG). Dort hat die Schiedsstelle ebenfalls einen Textvorschlag zu unterbreiten (s.a. Rn. 208 f.).

ff) Gerätevergütung

211 Um Tarife für die Geräte- und Speichermedienvergütung aufstellen zu können, muss die Verwertungsgesellschaft zuvor bei der Schiedsstelle beantragen, eine empirische Untersuchung durchführen zu lassen (§§ 40 Abs. 1 Satz 2, 93, 112 Abs. 1 VGG), falls der jeweilige Tarif mit den einschlägigen Verbänden nicht einvernehmlich bestimmt werden kann. Nach Durchführung der empirischen Untersuchung stellt die Schiedsstelle fest, ob sie den Anforderungen entspricht. Gegebenenfalls veranlasst sie Änderungen oder Ergänzungen (§ 114 Abs. 1 VGG). Die Schiedsstelle stellt das Ergebnis den Beteiligten zu (§ 114 Abs. 2 VGG). Die Verwertungsgesellschaft kann nun auf der Basis dieser Untersuchung den Tarif aufstellen (§ 40 Abs. 1 Satz 2 VGG). Zuvor hatte die Schiedsstelle auf der Basis empirischer Untersuchungen einzelne Tarife vorgeschlagen.[307]

212 Es ergeht kein Einigungsvorschlag, sondern das Ergebnis der empirischen Untersuchung wird von der Schiedsstelle festgestellt (§ 114 Abs. 1 VGG). Ein **Widerspruch** hiergegen ist **nicht vorgesehen** (§ 114 Abs. 2 Satz 2 VGG). Eine gerichtliche Überprüfung ist nur im Rahmen einer Streitigkeit über den von der Verwertungsgesellschaft aufgestellten Tarif möglich.

213 Ähnlich verhält es sich mit der Sicherheitsleistung welche die Verwertungsgesellschaft im Hinblick auf die Vergütungspflicht für Geräte und Speichermedien bei der Schiedsstelle anordnen lassen kann (§ 107 Abs. 1 VGG). Auch insoweit wird kein Einigungsvorschlag unterbreitet, dem widersprochen werden könnte, sondern die Sicherheitsleistung wird nach billigem Ermessen der Schiedsstelle angeordnet (§ 107 Abs. 3 VGG). Die Verwertungsgesellschaft kann beim OLG München beantragen, die Vollziehung der Anordnung zu beschließen (§ 107 Abs. 4 VGG). Auch hier entfällt die Möglichkeit des Widerspruchs iSv § 105 Abs. 3 VGG. Mit dem Beschluss der Vollziehung durch das Oberlandesgericht München kann die Anordnung gerichtlich überprüft werden (§ 107 Abs. 4 VGG).[308] Außerdem kann beim Oberlandesgericht München beantragt werden, den Beschluss nachträglich aufzuheben oder zu ändern (§ 107 Abs. 5 VGG).

---

306 Dreier/Schulze-*Schulze*[6], § 37 VGG Rn. 13 und § 128 VGG Rn. 18 ff.

307 Schiedsstelle v. 15.2.2012 – Sch-Urh 37/08 – zu PCs u.a.; Schiedsstelle, ZUM-RD 2010, 575 zu Speichermedien (CD und DVD); Schiedsstelle, ZUM-RD 2011, 46 zu DVD-Rekorder, CD-Rekorder, Videorekorder etc.

308 BT-Drs. 18/7223, S. 102.

gg) *Gebietsübergreifende Vergabe von Online-Rechten an Musikwerken*

Bei Streitfällen über die gebietsübergreifende Vergabe von Online-Rechten an Musikwerken zwischen der inländischen Verwertungsgesellschaft (GEMA) und Anbietern von Online-Diensten, Rechtsinhabern oder anderen Verwertungsgesellschaften kann die Schiedsstelle von jedem Beteiligten angerufen werden (§ 94 VGG), soweit es um sämtliche Fragen des Teils 3 (§§ 59–91 VGG) sowie u.a. um Fragen der angemessenen Vergütung, der Gesamtverträge und der Tarifgestaltung geht. Das **Schiedsstellenverfahren** ist **nicht obligatorisch.** Die Beteiligten können auch ohne Durchführung des Schiedsstellenverfahrens den Gerichtsweg beschreiten. Erstinstanzlich zuständig ist das OLG München (§ 129 Abs. 1 VGG). Wird ein Antrag bei der Schiedsstelle gestellt, ist das Schiedsstellenverfahren durchzuführen, sei es schriftlich oder sei es mündlich. Die Schiedsstelle hat einen Einigungsvorschlag zu unterbreiten, dem widersprochen werden kann. **214**

hh) *Einstweilige Regelungen*

In sämtlichen Streitfällen – bis auf die Durchführung empirischer Untersuchungen (§ 93 VGG) – kann die Schiedsstelle auf Antrag eines Beteiligten eine **einstweilige Regelung vorschlagen** (§ 106 Satz 1 VGG). Hierfür hat sie einen Einigungsvorschlag zu unterbreiten (§§ 106 Satz 2, 105 Abs. 2 VGG). Es sind dieselben formalen Erfordernisse zu erfüllen wie bei sonstigen Einigungsvorschlägen (§§ 106 Satz 2, 105 Abs. 2 VGG). Außerdem bleibt es bei dem Charakter eines **Vorschlags, der die Parteien nur bindet, wenn sie nicht (innerhalb eines Monats) widersprechen** (§§ 106 Satz 2, 105 Abs. 3 Satz 1 VGG). Darin unterscheidet sich die einstweilige Regelung der Schiedsstelle von der einstweiligen Verfügung, die ein Gericht ohne vorheriges Schiedsstellenverfahren erlassen kann (§ 128 Abs. 3 VGG). **215**

Wird die einstweilige Regelung der Schiedsstelle von den Parteien angenommen, gilt sie bis zum Abschluss des Schiedsstellenverfahrens, soweit nichts anderes vereinbart wird (§ 106 Satz 3 VGG). Wird sie nicht eingehalten, kann hieraus gerichtlich vorgegangen werden. Aus ihr kann jedoch nicht vollstreckt werden, da insoweit auf § 105 Abs. 5 VGG nicht verwiesen wird. **216**

ii) *Jahresfrist*

Schiedsstellenverfahren hatten sich früher oft sehr lang hingezogen. Das sollte durch das 2. Gesetz zur Informationsgesellschaft vom 26. Oktober 2007 geändert werden. Das Verfahren sollte gestrafft und – vergleichbar einem Gütetermin – in kurzer Zeit abgeschlossen werden.[309] Seit 1. Januar 2008 kann der Anspruch gerichtlich geltend gemacht werden, wenn das Schiedsstellenverfahren nicht innerhalb eines Jahres durch Vorlage eines Einigungsvorschlags abgeschlossen worden ist (§§ 105 Abs. 1 Satz 1, 128 Abs. 1 Satz 1 VGG). Die Jahresfrist beginnt mit der Zustellung des Antrags an den Antragsgegner.[310] Ihr Lauf wird gehemmt, wenn das Verfahren ausgesetzt wird (§ 103 Abs. 2 VGG; s.a. Rn. 192f.). Die Schiedsstelle hat im Falle der Durchführung empirischer Untersuchungen ebenfalls darauf hinzuwirken, dass das Ergebnis der empirischen Untersuchung spätestens ein Jahr nach Eingang des Antrags der Verwertungsgesellschaft vorliegt (§ 113 Satz 3 VGG). **217**

309 Vgl. BT-Drs. 16/1828, S. 35.
310 Vgl. BT-Drs. 18/7223, S. 101.

218 Manche Schiedsstellenverfahren lassen sich möglicherweise nicht innerhalb eines Jahres abschließen, z.B. weil die Gesamtverträge zu komplex sind. Den Parteien wird dann wenig damit gedient sein, gleich zu klagen; denn vor Gericht müssten grundsätzlich dieselben komplexen Fragen gelöst werden. Außerdem hat die Schiedsstelle auf dem jeweils einschlägigen Gebiet eine besondere Sachkunde, die auch von den Gerichten geschätzt wird. Würde einerseits das Schiedsstellenverfahren nach Ablauf eines Jahres abgebrochen und insoweit verkürzt werden, könnte sich andererseits das Gerichtsverfahren entsprechend verlängern, wenn dort die angestrebten Ermittlungsergebnisse samt Einigungsvorschlag nicht vorliegen. Die Parteien haben deshalb die Möglichkeit, ein bereits begonnenes Schiedsstellenverfahren nach Ablauf der Jahresfrist für **jeweils ein halbes Jahr** (mehrfach) weiterzubetreiben (§ 105 Abs. 1 Satz 2 VGG). Das muss **einvernehmlich** geschehen. Die Parteien werden sich hierfür entscheiden, wenn bloße Verzögerungen einer Partei ausgeschlossen werden können und sich beide von der Verlängerung eine endgültige Einigung versprechen.[311]

219 Gegenstand der Jahresfrist und ihrer Verlängerungsmöglichkeiten sind – mit Ausnahme des Verfahrens zur Durchführung empirischer Untersuchungen (§§ 113, 114 Abs. 2 Satz 2 VGG) – **sämtliche Schiedsstellenverfahren**; denn § 128 Abs. 1 Satz 1 VGG ermöglicht gerichtliche Schritte generell, wenn das eingeleitete Schiedsstellenverfahren innerhalb eines Jahres oder der verlängerten Frist nicht abgeschlossen wurde, gleichviel, ob es sich um Einzelnutzerstreitigkeiten, Streitigkeiten über die Vergütungspflicht nach §§ 54, 54c UrhG, Gesamtvertragsstreitigkeiten oder um Verträge über die Kabelweitersendung handelt. Bei Verfahren zur Durchführung empirischer Untersuchungen zu Geräten und Speichermedien soll zwar ebenfalls auf die Einhaltung einer Jahresfrist hingewirkt werden (§ 113 Satz 2 VGG). Eine einvernehmliche Verlängerung der Frist ist jedoch nicht vorgesehen (§ 114 Abs. 2 Satz 2 VGG). Hier muss die Schiedsstelle nach billigem Ermessen entscheiden (§ 95 Abs. 1 VGG), insbesondere wenn die zur Durchführung der empirischen Untersuchung eingeschalteten Unternehmen nicht fristgerecht abliefern oder nachträglich Änderungen oder Ergänzungen erforderlich sind.

220 Wird der Einigungsvorschlag innerhalb der Jahresfrist von der Schiedsstelle nicht unterbreitet, endet das Schiedsstellenverfahren deswegen noch nicht. Die Schiedsstelle bleibt weiterhin verpflichtet, einen Einigungsvorschlag zu machen. Die **Parteien können wählen**, ob sie das Schiedsstellenverfahren fortsetzen oder ihr Anliegen sogleich gerichtlich weiterverfolgen wollen (§ 128 Abs. 1 Satz 1 VGG). Eine Frist ist hierfür nicht vorgesehen. Wird die Klage eingereicht, könnten sie das Schiedsstellenverfahren für erledigt erklären. Eine Antragsrücknahme wird sich weniger empfehlen, weil der Antragsteller dann möglicherweise nicht nur die Verfahrenskosten, sondern auch die notwendigen Auslagen des Antragsgegners zu tragen hätte. Die entsprechende Regelung des § 2 Abs. 2 UrhSchiedsV wurde zwar nicht in das VGG übernommen. Vielmehr entscheidet die Schiedsstelle nach billigem Ermessen hinsichtlich der Kostenpflicht einschließlich der notwendigen Auslagen (§ 121 Abs. 1 VGG). Es kann aber nicht ausgeschlossen werden, dass sich die Schiedsstelle insoweit an § 269 Abs. 3 Satz 2 ZPO orientiert.

jj) Formalien

221 Der Einigungsvorschlag muss **begründet** und von sämtlichen Mitgliedern **unterschrieben** sein (§ 105 Abs.2 Satz 1 VGG). Deshalb ist er insgesamt **schriftlich** abzufassen.

311 Vgl. BT-Drs. 16/1828, S. 35.

Außerdem muss er den einer Rechtsbehelfsbelehrung gleichkommenden **Hinweis** enthalten, dass er wirksam wird, wenn hiergegen nicht binnen eines Monats ab Zustellung schriftlich bei der Schiedsstelle Widerspruch eingelegt wird (§ 105 Abs. 2 Satz 2 VGG). Um den Ablauf der Widerspruchsfrist feststellen zu können, muss der Einigungsvorschlag den Parteien formell zugestellt werden (§ 105 Abs. 2 Satz 3 VGG; §§ 166 ff ZPO). Außerdem ist der Aufsichtsbehörde (dem Deutschen Patent- und Markenamt) eine Abschrift des Einigungsvorschlags zu übermitteln (§ 105 Abs. 2 Satz 4 VGG).

kk) Annahmefiktion

Der Einigungsvorschlag wird stillschweigend angenommen und damit bindend, **222** wenn nicht eine der Parteien innerhalb eines Monats nach Zustellung des Vorschlags hiergegen schriftlich Widerspruch bei der Schiedsstelle einlegt (§ 105 Abs. 3 Satz 1 VGG). Bei Streitfällen zu Kabelweitersenderechten beträgt die Widerspruchsfrist wegen Art. 11 Abs. 3 Satalliten- und Kabelrichtlinie 93/83 3 Monate, so dass auch die Annahmefiktion dort erst nach 3 Monaten eintritt (§ 105 Abs. 3 Satz 2 VGG).

ll) Vollstreckungstitel

Wird dem Einigungsvorschlag nicht widersprochen, gilt dies als stillschweigende **223** Annahme wie bei einem wirksam zustande gekommenen Vergleich. Er ist ein Vollstreckungstitel gem. § 794 Abs. 1 Nr. 1 ZPO, aus dem vollstreckt werden kann (§ 105 Abs. 5 VGG). Die Vollstreckungsklausel wird vom Amtsgericht München erteilt.[312]

l) Widerspruch

Will eine Partei den Einigungsvorschlag der Schiedsstelle nicht akzeptieren und die **224** Annahmefiktion vermeiden, muss sie hiergegen Widerspruch bei der Schiedsstelle einlegen (§ 105 Abs. 3 VGG).

aa) Form

Der Widerspruch muss **schriftlich** bei der Schiedsstelle **eingelegt**, aber **nicht begründet** werden. Er hat lediglich die Funktion, die Annahme des Einigungsvorschlags **225** zu verhindern. Auf diese Weise wird in den Fällen, die ein vorgeschaltetes Schiedsstellenverfahren voraussetzen, die Fortsetzung der Streitigkeit im gerichtlichen Verfahren ermöglicht. In anderen Fällen kann ohnehin geklagt werden, ohne ein Schiedsstellenverfahren durchführen zu müssen.[313]

bb) Teilwiderspruch

Die von der Schiedsstelle vorgeschlagene Einigung kann nur zustande kommen, **226** wenn sich beide Parteien einigen, indem beide nicht widersprechen. Widerspricht nur eine Partei, wird der Vorschlag zur Einigung insgesamt hinfällig. So wie er auf der einen Seite die gesamte Streitigkeit bereinigen soll, kann ihm meines Erachtens auch **nur ins-**

312 § 797a Abs. 1 ZPO; Dreier/Schulze-*Schulze*[6], § 102 VGG Rn. 2.
313 Dreier/Schulze-*Schulze*[6], § 128 VGG Rn. 14 ff.

gesamt widersprochen werden. Der Widerspruch lässt sich – wie beim Widerruf eines Vergleichs – nicht auf einzelne Teile des Einigungsvorschlags beschränken.[314] Ergeht er zu Gunsten und zu Lasten beider Parteien, genügt der Widerspruch einer Partei; denn eine Einigung entfällt, wenn bereits eine der Parteien „nein" sagt. Die andere Partei wird nicht etwa teilweise an den Einigungsvorschlag gebunden, weil sie ihrerseits hiergegen keinen Widerspruch eingelegt hat. Vielmehr sind sämtliche Fragen im nun möglichen gerichtlichen Verfahren erneut in vollem Umfang zu klären.[315]

cc) Widerspruchsfrist

227 Die Widerspruchsfrist beträgt grundsätzlich **einen Monat** ab Zustellung des vollständigen Einigungsvorschlags (§ 105 Abs. 3 Satz 1 VGG). Bei Streitfällen, welche die Einräumung oder Übertragung von Nutzungsrechten der **Kabelweitersendung** betreffen, beträgt sie – wegen Art. 11 Abs. 3 Satelliten- und Kabelrichtlinie 93/83 – **3 Monate** (§ 105 Abs. 3 Satz 2 VGG).

dd) Wiedereinsetzung in den vorigen Stand

228 War einer der Beteiligten ohne sein Verschulden gehindert, den Widerspruch rechtzeitig einzulegen, so ist ihm auf Antrag **Wiedereinsetzung in den vorigen Stand** zu gewähren (§ 105 Abs. 4 Satz 1 VGG). Hierüber entscheidet die Schiedsstelle (§ 105 Abs. 4 Satz 2 VGG). Wird der Antrag abgelehnt, ist die **sofortige Beschwerde** an das für den Sitz des Antragsstellers zuständige Landgericht möglich (§ 105 Abs. 4 Satz 3 VGG). Wiedereinsetzung und sofortige Beschwerde richten sich nach den Vorschriften der ZPO (§ 104 Abs. 4 Satz 4 VGG; §§ 236 ff, 567 ff ZPO).

ee) Rechtsfolge

229 Wird dem Einigungsvorschlag nicht innerhalb der Widerspruchsfrist widersprochen, **endet das Schiedsstellenverfahren** durch einen stillschweigend zustande gekommenen und vollstreckungsfähigen Vergleich mit dem Inhalt des Einigungsvorschlags. Wird Letzterem fristgerecht widersprochen, endet das Schiedsstellenverfahren ebenfalls. Wo vor gerichtlichen Schritten ein Schiedsstellenverfahren durchgeführt werden muss (s.o. Rn. 141 ff.), ist diese Prozessvoraussetzung erfüllt. Das Anliegen der Parteien kann nun bei den Gerichten weiterverfolgt werden, sei es beim Amts- oder Landgericht (und den dortigen Urheberrechtskammern) für Einzelnutzerstreitigkeiten oder sei es beim OLG München (und den dortigen Urheberrechtssenaten) für Streitfälle zu Geräte- und Speichermedienvergütungen, Gesamtverträge, Verträge zur Kabelweitersendung und die gebietsübergreifende Vergabe von Online-Rechten an Musikwerken (§ 129 Abs. 1 VGG). Außerdem ist das OLG München erstinstanzlich zuständig für eine etwaige Schadensersatzpflicht durch Vollziehung der Anordnung einer Sicherheitsleistung (§§ 108, 129 VGG). In das Gerichtsverfahren können dann sowohl der Einigungsvorschlag der Schiedsstelle als auch die im Schiedsstellenverfahren vorgebrachten Argumente unbeschränkt vorgebracht werden. Die Gerichte sind an den Einigungsvorschlag nicht gebunden. Sie können sich aber hieran orientieren und greifen in vielen Fällen die dortige Argumentation auf. Außerdem haben sie sich danach zu richten, wenn

314 A.A. *Strittmatter*, Tarife vor der urheberrechtlichen Schiedsstelle, S. 65.
315 Dreier/Schulze-*Schulze*[6], § 105 VGG Rn. 10.

der Einigungsvorschlag überzeugend begründet ist und deshalb seine Angemessenheit vermutet werden kann.[316]

6 Monate nach dem Widerspruch **endet die Hemmung der Verjährung** (vgl. § 204 Abs. 2 BGB). Die Klage zu den ordentlichen Gerichten muss also innerhalb der 6 Monate nach dem Widerspruch eingereicht werden, damit die Hemmung der Verjährung erneut beginnen und auf diese Weise fortwirken kann (§ 204 Abs. 2 Satz 3 BGB). **230**

m) Kosten

aa) Verfahrenskosten

Die Verfahrenskosten bemessen sich weitgehend nach den Kosten gerichtlicher Verfahren. In Einzelnutzerstreitigkeiten (§ 92 Abs. 1 Nr. 1 VGG) und bei Anträgen auf die Durchführung empirischer Untersuchungen (§ 93 VGG) fällt eine 1,0-Gebühr an. In anderen Verfahren beträgt die Verfahrensgebühr 3,0 (§ 117 Abs. 3 Satz 1 und Abs. 4 VGG). Die Höhe der Gebühr richtet sich nach dem Streitwert und der hierzu vorgesehenen Tabelle des Gerichtskostengesetzes (§§ 117 Abs. 2 Satz 2, 119 VGG). Demgemäß setzt die Schiedsstelle den Streitwert fest (§ 117 Abs. 2 Satz 2 VGG). Ein Drittel der Verfahrensgebühr wird vom Antragsteller als Vorschuss verlangt, bevor die Antragsschrift an den Antragsgegner zugestellt wird (§ 118 Abs. 2 VGG; s.o. Rn. 174f.). **231**

Wird der Antrag zurückgenommen, das Verfahren eingestellt oder auf andere Weise als durch einen Einigungsvorschlag beendet, ermäßigt sich die Gebühr auf 1,0 (§ 117 Abs. 3 Satz 2 VGG). Das gilt auch, wenn die Beteiligten den Einigungsvorschlag der Schiedsstelle annehmen (§ 117 Abs. 3 Satz 3 VGG). **232**

bb) Verteilung der Kosten

Die Schiedsstelle entscheidet innerhalb ihres Einigungsvorschlags nach billigem Ermessen, welche Partei die Verfahrenskosten trägt (§ 121 Abs. 1 Satz 1 VGG). Zunächst wurden idR nur die bei der Schiedsstelle angefallenen Verfahrenskosten verteilt oder einer Partei aufgebürdet. Die notwendigen Auslagen (insbesondere Anwaltskosten) trug meistens jede Partei selbst.[317] Von dieser Praxis ist die Schiedsstelle vorübergehend dahin abgewichen, dass auch die notwendigen Auslagen je nach Einzelfall gequotelt werden.[318] Unter neuer Besetzung ist die Schiedsstelle wieder zu ihrer früheren Praxis zurückgekehrt, dass die Beteiligten die ihnen erwachsenen Auslagen grundsätzlich selbst zu tragen haben.[319] Nach Auffassung des AG München kann die Schiedsstelle so verfahren, da § 121 Abs. 1 Satz 2 VGG (zuvor § 14 Abs. 1 Satz 2 UrhSchiedsV) von der Kostentragungsregel der ZPO abweicht. Es sei billig, dass die Verfahrensbeteiligten im Regelfall ihre notwendigen Auslagen selbst zu tragen haben.[320] **233**

Der **Rechtsanwalt** erhält für das Schiedsstellenverfahren eine 1,5 **Geschäftsgebühr** (§ 17 Nr. 7d RVG in Verbindung mit VV 2303 Nr. 4 RVG). War er vor dem Schiedsstellenverfahren in derselben Sache tätig, so dass eine Geschäftsgebühr schon nach VV 2300 RVG angefallen ist, wird die Hälfte dieser Gebühr, soweit es sich um denselben Gegen- **234**

316 BGH, GRUR 2013, 717 Rn. 18 – Covermount; s.a. Rn. 118.

317 Vgl. § 14 Abs. 1 Satz 2 UrhSchiedsV = § 121 Abs. 1 Satz 2 VGG; kritisch hierzu *Strittmatter*, Tarife vor der urheberrechtlichen Schiedsstelle, S. 69 ff.; Loewenheim-*Melichar*, § 49 Rn. 24.

318 Schiedsstelle, Schulze RzU SchSt 9, 45 f. – PC-Vergütung.

319 Schiedsstelle v. 21.6.2005 – Sch-Urh 28/03 (nicht veröffentlicht).

320 AG München v. 11.7.2005 – 161 C 26246/04 (nicht veröffentlicht).

stand handelt, bis höchstens 0,75 angerechnet. Bei einer Mittelgebühr von 1,5 gem. VV 2300 RVG sind also 0,75 Gebühren hiervon anzurechnen und die weiteren 0,75 Gebühren hinzuzurechnen, so dass insgesamt Gebühren in Höhe von 2,25 anfallen (VV 2303 Nr. 4 RVG).[321] Bei einem anschließenden Gerichtsverfahren ist wiederum die Hälfte der im Schiedsstellenverfahren angefallenen **Verfahrensgebühr** (höchstens 0,75) auf die im Gerichtsverfahren anfallende Verfahrensgebühr anrechenbar.[322]

235 Kommt in dem Schiedsstellenverfahren eine Einigung zustande, erhält der Rechtsanwalt zusätzlich eine 1,5 **Einigungsgebühr** (VV 1000 RVG).

cc) Anfechtung der Kostenentscheidung

236 Die Entscheidung der Schiedsstelle über die Verteilung der Kosten kann gesondert angefochten werden, auch wenn ihr Einigungsvorschlag im Übrigen angenommen wird (§ 121 Abs. 2 Satz 1 VGG). Eine Frist ist hierfür in § 121 Abs. 2 VGG nicht geregelt. Für den vergleichbaren Fall bei der Kostenfestsetzung sieht § 122 Abs. 2 VGG eine 2-Wochen-Frist vor. Sie kommt der Beschwerdefrist des § 569 Abs. 1 ZPO gleich. Da über die Verteilung der Kosten jedoch innerhalb des Einigungsvorschlags entschieden wird, könnte man auch an die Monatsfrist des § 105 Abs. 3 Satz 1 VGG denken, zumal auch in einem gerichtlichen Verfahren die Kostenentscheidung zusammen mit dem Rechtsmittel angefochten werden kann. Angesichts dieser Unklarheit empfiehlt es sich, innerhalb von 2 Wochen anzufechten. Eine sofortige Beschwerde wird als Antrag auf gerichtliche Entscheidung ausgelegt.[323] Über die Anfechtung entscheidet dann das **Amtsgericht München** (§ 121 Abs. 2 Satz 2 VGG). Überprüfbar ist aber nur, ob die Schiedsstelle ihr Ermessen fehlerfrei ausgeübt hat, nicht hingegen, ob der Einigungsvorschlag in der Sache zutrifft. Es bleibt bei der (angemessenen) Kostenentscheidung, auch wenn im anschließenden Gerichtsverfahren in der Sache anders entschieden werden sollte.[324] § 121 Abs. 2 VGG sieht gegen die Entscheidung des Amtsgerichts **keine Beschwerde** vor. Deshalb war sie als unzulässig angesehen worden,[325] da nicht die ZPO, sondern § 121 Abs. 2 VGG einschlägig und danach der Rechtsweg abschließend geregelt ist.[326] Vertritt man hier eine andere Auffassung, muss gegen die Kostenentscheidung der Schiedsstelle eine sofortige Beschwerde innerhalb der Beschwerdefrist von 2 Wochen eingelegt werden (§§ 567, 569 Abs. 1 ZPO).

dd) Kostenfestsetzung

237 Während die Schiedsstelle über die Verteilung der Kosten entscheidet (§ 121 Abs. 1 VGG), wird der **Kostenfestsetzungsbeschluss** von der Aufsichtsbehörde (dem **Deutschen Patent- und Markenamt**) erlassen (§ 122 Abs. 1 VGG). Aus diesem Beschluss kann vollstreckt werden (§ 122 Abs. 3 VGG mit Verweis auf die entsprechende Anwendung der ZPO). Er kann wie ein gerichtlicher Kostenfestsetzungsbeschluss innerhalb von 2 Wochen nach Zustellung in der Weise überprüft werden, dass die gerichtliche Festsetzung der Kosten beantragt wird. Zuständig ist das Amtsgericht München (§ 122 Abs. 2 Satz 2

321 Zur Erstattungsfähigkeit der Geschäftsgebühr *Hartung*, NJW 2004, 1409, 1415.
322 VV 3100 RVG Vorbemerkung 3 Abs. 4; Gerold/Schmidt-*Müller-Rabe*, RVG, 22. Auflage 2015 VV Vorb. 3 Rn. 250 und Gerold/Schmidt-*Mayer*, VV 2303 Rn. 14..
323 Vgl. AG München v. 21.2.2008 – 161 C 36431/04 (nicht veröffentlicht).
324 OLG München, GRUR 2003, 788 – Schiedsstellenverfahren.
325 Vgl. Loewenheim-*Melichar*, § 49 Rn. 24 mit Hinweisen auf unveröffentlichte Entscheidungen des AG München und des LG München I; s.a. Dreier/Schulze-*Schulze*[6], § 121 VGG Rn. 3.
326 LG München I v. 24.8.2006 – 21 T 14401/06, mit Hinweis auf § 14 UrhSchiedsV.

VGG). Zuvor hat die Aufsichtsbehörde (das Deutsche Patent- und Markenamt) die Möglichkeit, dem Antrag abzuhelfen. Deshalb ist er dort einzureichen (§ 122 Abs. 2 Satz 3 VGG).

5. Vor- und Nachteile des Schiedsstellenverfahrens

Es hat sich bewährt, tarifliche und gesamtvertragsrechtliche Fragen zunächst gewissermaßen durch das Nadelöhr einer besonders sachkundigen und auf diesem Gebiet erfahrenen Institution – der Schiedsstelle – passieren zu lassen. Gleichgelagerte Fälle ließen sich auf diese Weise klären, ohne ein Gerichtsverfahren durchführen zu müssen. Das Schiedsstellenverfahren dient einer einheitlichen Spruchpraxis. **238**

Nachteilig war aber die häufig recht **lange Verfahrensdauer**. Manches Schiedsstellenverfahren zog sich über mehrere Jahre hin. Diese Erfahrung haben diverse Nutzer der Werke missbraucht und die Anwendbarkeit oder Angemessenheit von Tarifen bestritten, auch wenn sie durch frühere Entscheidungen der Schiedsstelle oder der Gerichte in vergleichbaren Fällen mehrfach bestätigt worden waren, allein um die Sache zu verzögern. Derartigen Verzögerungsversuchen kann die Schiedsstelle dadurch begegnen, dass sie sich auf tarifliche Fragen beschränkt (§ 109 VGG) und sich auf bereits bestehende Entscheidungen zum jeweiligen Tarif bezieht. Da die Schiedsstelle bei Einzelnutzerstreitigkeiten im schriftlichen Verfahren entscheiden kann, müsste eine zügige Entscheidungspraxis möglich sein. **239**

Mit dem 2. Gesetz zur Informationsgesellschaft vom 26. Oktober 2007 wurden einzelne Schritte unternommen, um das Schiedsstellenverfahren zu straffen. Zum einen kann der Weg zu den Gerichten beschritten werden, wenn ein Einigungsvorschlag nicht innerhalb eines Jahres nach Anrufung der Schiedsstelle vorliegt (damals §§ 14a Abs. 2 Satz 1, 16 Abs. 1 UrhWG; jetzt §§ 105 Abs. 1 Satz 1, 128 Abs. 1 Satz 1 VGG). Verzögerungen muss der Antragsteller nicht mehr hinnehmen. Das ist zu begrüßen. Wo das Schiedsstellenverfahren innerhalb eines Jahres nicht durchführbar ist, bleibt es den Parteien unbenommen, es trotz Ablaufs eines Jahres weiter zu betreiben. Zum anderen können bei der Schiedsstelle mehrere Kammern gebildet werden (§ 124 Abs. 3 VGG). Demnach kann auf eine Steigerung der Verfahren flexibel reagiert werden. Das dürfte erforderlich sein, falls der erweiterte Zuständigkeitsbereich (Durchführung empirischer Untersuchungen, Anordnung von Sicherheitsleistungen, Streitfälle über die gebietsübergreifende Vergabe von Online-Rechten an Musikwerken) die Einhaltung der Jahresfrist nicht mehr gewährleistet. **240**

C. Freiwillige Schlichtung

Im Zuge der Neuregelung der Vergütungspflicht für Geräte und Speichermedien durch das 2. Gesetz zur Informationsgesellschaft vom 26. Oktober 2007 wurde die freiwillige Schlichtung nach § 17a UrhWG eingeführt. Von dieser zusätzlichen Schlichtungsmöglichkeit war kein einziges Mal Gebrauch gemacht worden. Das Verfahren nach § 17a UrhWG wurde deshalb im Zuge der Umsetzung der VG-RL durch das VGG nicht übernommen.[327] **241**

327 Vgl. BT-Drs. 18/7223, S. 99. Zur freiwilligen Schlichtung vgl. Vorauflage Rn. 222 ff.

Kapitel 12
Die Lizenzierung

Inhaltsübersicht

https://doi.org/10.1515/9783110366792-012

A. Die Lizenzierung von öffentlichen Musikwiedergaben

I. Überblick über den Markt

1 Die Geschichte der Verwertungsgesellschaften begann 1847 mit einem Streit in einem Pariser Konzert-Café:[1] Der Komponist Ernest Bourget verweigerte die Bezahlung seiner Rechnung mit dem Argument, das Orchester habe seine Musik gespielt. Wenn man hier seine Musik spiele, ohne ihm als Komponisten dafür Geld zu geben, müsse er seinerseits auch nichts bezahlen. Dem Streit folgte ein Gerichtsverfahren. Dem Wirt des Konzert-Cafés wurde gerichtlich untersagt, Musik Bourgets ohne dessen Erlaubnis zu spielen. Damit war erstmals auch in der Praxis durchgesetzt, dass öffentliche Musikaufführungen nur mit Zustimmung des Urhebers zulässig sind. Etwas später wurde der Wirt auch zum Schadensersatz verurteilt. Er musste also Bourget die diesem bisher vorenthaltene Lizenzgebühr bezahlen. Aufgrund dieses Erfolges gründete Bourget mit anderen Komponisten zusammen die erste Verwertungsgesellschaft, auf die die heutige SACEM zurückgeht. Die Gründung der ersten Verwertungsgesellschaft war also die Konsequenz und notwendige Folge daraus, dass nun feststand, dass nur der Urheber selbst berechtigt ist, sein Werk öffentlich wiederzugeben.[2] Jeder, der das Werk öffentlich spielen will, bedarf seiner Erlaubnis.

2 Schon Bourget konnte seinerzeit angesichts der großen Zahl parallel möglicher Nutzungsvorgänge (Musikaufführungen in Konzerten, Cafés, Bars etc.) seine Rechte allein

1 Vgl. *Kreile/Becker*, in: Handbuch der Musikwirtschaft, S. 593, 595.
2 Zur Geschichte der Verwertungsgesellschaften in Deutschland vgl. *M. Schmidt/Riesenhuber/Mickler*, **Kap. 2.**

nicht wahrnehmen, doch ging es damals nur um Livemusik. Spätestens mit der Erfindung der Schallplatte und der darauf folgenden immer rasanter werdenden technischen Entwicklung ist der Markt, auf dem öffentliche Musikwiedergaben zu lizenzieren sind, fast unbegrenzt groß. Da die GEMA nahezu das gesamte Weltrepertoire an Musik vertritt, bedarf es praktisch wo immer Musik öffentlich gespielt wird, der Lizenzierung durch und der Zahlung an die GEMA, die die Rechte der Komponisten, Textdichter und Musikverleger wahrnimmt. Das gilt für die Eckkneipe, in der das Radio läuft, ebenso wie für die Aufführung eines Sinfoniekonzertes, das Musikangebot in den Diskotheken oder die Filmmusik in den Kinos. Eine Aufzählung der Beispiele wäre endlos. Nahezu jedes Mal und überall, wenn in Deutschland öffentlich Musik erklingt, ist die Lizenzierung durch die GEMA erforderlich.

Gemäß § 38 VGG hat die GEMA „Tarife" über die von ihr jeweils geforderte Vergütung aufzustellen (vgl. dazu unten Rn. 39 ff.). In der Praxis stellt die GEMA für nahezu alle Fälle der Lizenzierung des Rechts der öffentlichen Wiedergabe den Tarif – also den Preis für die Rechtevergabe – nicht einseitig auf, sondern schließt mit den Nutzervereinigungen Gesamtverträge (§ 35 VGG), in denen die Vergütungssätze vereinbart sind. Diese in den Gesamtverträgen vereinbarten Vergütungssätze gelten als Tarife, § 38 Satz 2 VGG. 3

So wurden beispielsweise die im hier interessierenden Zusammenhang wirtschaftlich wichtigen Vergütungssätze „U-V für Unterhaltungs- und Tanzmusik mit Musikern", „M-V für Unterhaltungs- und Tanzmusik mit Tonträgerwiedergabe mit Veranstaltungscharakter" und „M-CD für Unterhaltungsmusik mit Tonträgern in Musikkneipen, Clubs, Diskotheken und ähnlichen Betrieben", die seit dem 1. Januar 2014 gelten, mit der Bundesvereinigung der Musikveranstalter e.V. vereinbart, der wiederum so einflussreiche Verbände wie beispielsweise der Deutsche Hotel- und Gaststättenverband (DEHOGA) und der Hauptverband des Deutschen Einzelhandels (HDE) angehören. Gerade den genannten Tarifen gingen lange und harte Verhandlungen voraus, da sie Ausdruck einer grundlegenden GEMA-Tarifreform sind, nach der die Tarife nun linear statt degressiv gestaltet sind: Je größer die Veranstaltungsfläche und je höher das Eintrittsgeld, umso höher ist die Vergütung, die der Veranstalter leisten muss.[3] Grundsätzlich gilt also, dass die anzuwendenden Tarife im Regelfalle mit der Marktgegenseite ausgehandelt sind. 4

Die kollektive Wahrnehmung der Rechte durch die GEMA senkt – wie die Ökonomen formulieren – die Kosten, die bei der Benutzung eines Marktes, hier des Marktes des Lizenzerwerbs und der Lizenzvergabe, entstehen (so genannte Transaktionskosten), indem die Rechteinhaber (Urheber) bei der Rechtsdurchsetzung entlastet werden und andererseits den jeweiligen Nutzungswilligen, also den Musiknutzern als Marktgegenseite, der Zugang zu den Nutzungsrechten erleichtert wird.[4] Zu diesen Transaktionskosten, die durch die Tätigkeit von Verwertungsgesellschaften gesenkt werden, gehören aber auch und in besonderem Maße die Kosten der Überwachung und Durchsetzung gegenüber Rechtsverletzern. Denn die Vermarktung der Urheberrechte durch Lizenzvergabe einerseits und die Verhinderung und Verfolgung von unerlaubten Nutzungen andererseits sind zwei Seiten derselben Medaille – der treuhänderischen Rechtewahrnehmung. 5

II. Relevante Rechte

Welche Rechte müssen vom Nutzungswilligen erworben bzw. von der GEMA lizenziert werden? Es geht um das Recht der öffentlichen Wiedergabe, § 15 Abs. 2 UrhG. Das 6

3 Zu dieser Tarifreform im Veranstaltungsbereich vgl. z.B. Pressemitteilungen der GEMA vom 11.12.2013, 18.4.2013, 20.12.2012, 5.11.2012 und 5.10.2012, https://www.gema.de/presse/pressemitteilungen.html.

4 Vgl. dazu im Einzelnen *Hansen/Schmidt-Bischoffshausen*, GRUR Int. (2007), 461 ff.

Gesetz formuliert: Der Urheber hat das ausschließliche Recht, sein Werk in unkörperlicher Form öffentlich wiederzugeben.

1. Öffentliche Wiedergabe

7 Allerdings geht es immer nur um die **öffentliche** Wiedergabe von Werken. Nichtöffentliche Musikwiedergaben, etwa solche im Kreis der Familie oder unter engen Freunden, sind frei und unterfallen nicht dem ausschließlichen Recht des Urhebers.

8 Wann sind Musikwiedergaben öffentlich? – Immer, wenn sie für eine Mehrzahl von Personen (also mindestens zwei Personen) bestimmt sind, es sei denn, dass diese Personen untereinander oder mit dem Veranstalter persönlich verbunden sind, vgl. die Legaldefinition des § 15 Abs. 3 UrhG. Im Ergebnis fehlt es selten an dem Merkmal der Öffentlichkeit. Der Bundesgerichtshof hat fehlende Öffentlichkeit angenommen bei der Fernsehwiedergabe in einem Zweibettzimmer im Krankenhaus.[5] Er hat darauf abgestellt, dass durch den gemeinsamen Aufenthalt in einem Zweibettzimmer zwischen den beiden Patienten, auch wenn sie an sich einander fremd sind, eine gemeinsame private Sphäre entsteht. Bei dieser Bewertung des Bundesgerichtshofs war auch maßgeblich, dass es hier nur um zwei Personen ging, also um den denkbar kleinsten Personenkreis einer „Mehrzahl von Personen". Öffentlich sind dagegen regelmäßig die Musikwiedergaben in Gemeinschaftsräumen in Altersheimen[6] oder Justizvollzugsanstalten,[7] in Sportheimen,[8] Hochschulvorlesungen,[9] Tanzschulen[10] etc. Wer sich darauf berufen will, dass seine Musikwiedergabe, obwohl sie sich an eine Mehrzahl von Personen richtet, nicht öffentlich ist, trägt dafür die Darlegungs- und Beweislast.[11]

9 Entsprechend der heutigen technischen Entwicklung setzt Öffentlichkeit nicht voraus, dass alle Personen gleichzeitig anwesend sind (wie die Zuhörer vor einer Bühne). Deshalb sind beispielsweise auch die Übertragungen z.B. durch Verteileranlagen in (nichtöffentliche) Hotelzimmer, Krankenhauszimmer oder Hafträume einer Justizvollzugsanstalt (nicht anders als Radiosendungen) öffentlich und unterfallen dem Senderecht.[12] Es ist auch nicht erforderlich, dass die Zuhörer gleichzeitig zuhören (wie die Radiohörer). Dies wird an dem 2003 im Gesetz normierten Recht der öffentlichen Zugänglichmachung (§ 19a UrhG) exemplarisch. Für die öffentliche Wiedergabe genügt, dass ein Werk im Internet zugänglich ist, das die Nutzer – so der Gesetzestext – „zu Zeiten ihrer Wahl" abrufen können.

10 Die Legaldefinition des 15 Abs. 3 UrhG und die vorstehend dargestellten Grundsätze der deutschen Rechtsprechung müssen zurücktreten, wenn der Europäische Gerichtshof (EuGH) im Rahmen der Auslegung einer EU-Richtlinie eine Entscheidung verbindlich vorgibt. Das ausschließliche Recht der Urheber zur öffentlichen Wiedergabe ihrer Werke (§ 15 Abs. 2 Nr. 1 UrhG) einschließlich ihres Rechts, Funksendungen ihrer Werke durch Lautsprecher öffentlich wahrnehmbar zu machen (§ 15 Abs. 2 Nr. 5 UrhG), hat seine uni-

---

5 BGH, GRUR 1996, 875, 876 – Zweibettzimmer im Krankenhaus.

6 BGH, GRUR 1975, 33 – Alters-Wohnheim.

7 BGH, GRUR 1984, 734 – Vollzugsanstalten.

8 BGH, GRUR 1961, 97 – Sportheim.

9 OLG Koblenz, NJW-RR 1987, 699.

10 BGH, GRUR 1960, 338 – Tanzstundenabschlussbälle; OLG München, ZUM 1986, 482; OLG Frankfurt, ZUM 1987, 91.

11 Das folgt schon aus dem bis 2003 geltenden Wortlaut des § 15 Abs. 3 UrhG („... es sei denn, ..."). Mit der neuen Formulierung des § 15 Abs. 3 UrhG wollte der Gesetzgeber die Darlegungs- und Beweislast nicht ändern.

12 BGH, GRUR 1994, 797 – Verteileranlage im Krankenhaus.

onsrechtliche Grundlage in Art. 3 Abs. 1 Informationsgesellschaftsrichtlinie 2001/29/EG (InfoRL). Danach sehen die Mitgliedstaaten vor, dass den Urhebern das ausschließliche Recht zusteht, die drahtgebundene oder drahtlose öffentliche Wiedergabe ihrer Werke zu erlauben oder zu verbieten. Die Auslegung und damit die Entscheidung darüber, ob in einem konkreten Fall, etwa im Falle von Hintergrundmusik in einer Zahnarztpraxis, eine öffentliche Wiedergabe im Sinne des Art. 3 Abs. 1 InfoRL 2001/29/EG vorliegt, obliegt im Zweifel dem EuGH. Der Begriff der öffentlichen Wiedergabe des deutschen UrhG ist – wie der Bundesgerichtshof formuliert – in Übereinstimmung mit den entsprechenden Bestimmungen der Richtlinien und der dazu ergangenen Rechtsprechung des EuGH richtlinienkonform auszulegen.

Bei der Beurteilung der Frage, ob eine öffentliche Wiedergabe vorliegt, betrachtet der EuGH den Sachverhalt anhand verschiedener Kriterien, beispielsweise auch danach, welche Vorteile die Nutzer durch die Nutzung haben. So hat der EuGH auf Vorlage eines irischen Gerichts entschieden, dass es eine öffentliche Musikwiedergabe darstellt, wenn ein Hotel in seinen Gästezimmern Tonträger und Abspielgeräte zur Verfügung stellt.[13] Jedenfalls im Fall des bloßen Zurverfügungstellens von Tonträgern und Abspielgeräten würde man nach traditionellem deutschen Urheberrecht gemäß § 15 Abs. 3 UrhG wohl annehmen, dass die Musikwiedergaben in einem Hotelzimmer nicht öffentlich sind. Demgegenüber stellt der EuGH unter anderem maßgeblich darauf ab, dass das Hotel dadurch seine Zimmer attraktiver macht und durch die Nutzung geistigen Eigentums höhere Einnahmen erzielt. Auch das Aufstellen von empfangsbereiten Fernsehgeräten in den Gästezimmern eines Hotels ist nach ständiger Rechtsprechung des EuGH eine öffentliche Wiedergabe (dazu noch unten Rn. 23).

Die Rechtsprechung des EuGH zum Recht der öffentlichen Wiedergabe ist „nicht immer widerspruchsfrei und bisher noch tastend und schwankend“.[14] Ein Beispiel dafür ist die Problematik der Hintergrundmusik in Zahnarztpraxen. Der Bundesgerichtshof hat in seiner Entscheidung „Hintergrundmusik in Zahnarztpraxen“ sehr anschaulich die bisherige deutsche Rechtslage und die entsprechenden Urteile referiert[15], die aber auf Grund des Zahnarzt-Urteils des EuGH im Fall des Turiner Zahnarztes Del Corso in Frage gestellt ist.[16] **11**

Diese Problematik der Musik in Arztpraxen ist noch nicht abschließend geklärt. Wegen der Unklarheit und teilweise Widersprüchlichkeit der verschiedenen Urteile des EuGH zur öffentlichen Wiedergabe hat das Landgericht Köln dem EuGH einen weiteren Fall zur Vorabentscheidung vorgelegt.[17] Es ging um Musikwiedergaben mittels Fernseher in Aufenthaltsräumen eines Reha-Zentrums. Das LG Köln, das der Klage der GEMA stattgeben wollte, sah sich durch das EuGH-Urteil SCF/Del Corso daran gehindert. Es hat im Einzelnen und sehr präzise die Unterschiede und Widersprüche herausgearbeitet, die zwischen den anderen Urteilen zur öffentlichen Wiedergabe und dem Zahnarzt-Urteil des EuGH SCF/Del Corso bestehen. In diesem Verfahren GEMA/Rehazentrum vor dem EuGH wies dann der Generalanwalt daraufhin, dass der EuGH mit dem Urteil SCF/Del Corso von seiner sonstigen ständigen Rechtsprechung abgewichen sei und es gelte, die Auswirkungen dieses Urteils nicht auszuweiten, sondern zu beschränken.[18] **12**

---

13 EuGH, GRUR 2012, 597.

14 So *Ohly*, Urheberrecht in der digitalen Welt, Gutachten F zum 70. Deutschen Juristentag 2014, S. 58.

15 BGH, GRUR 2016, 278 – Hintergrundmusik in Zahnarztpraxen, dort Tz. 16 ff.

16 EuGH, GRUR 2012, 593.

17 OLG Köln, GRUR 2015, 885.

18 Die Generalanwälte am EuGH machen jeweils nach der mündlichen Verhandlung dem EuGH einen Urteilsvorschlag in Form von begründeten Schlussanträgen. In den allermeisten Fällen entscheidet der EuGH entsprechend den Schlussanträgen des jeweiligen Generalanwalts. Im Ergebnis ist auch in diesem

13 Unabhängig davon gelten die Überlegungen, die der EuGH in seinem Zahnarzturteil angestellt hat, sofern sie überhaupt noch gelten sollten, nur für Zahnarztpraxen. Auch der Bundesgerichtshof hat wohl deswegen in seiner Entscheidung ohne eigene Stellungnahme lediglich eins zu eins die Argumentation des EuGH übernommen.[19]

2. Die einzelnen Rechte

14 In § 15 Abs. 2 UrhG wird das Recht der öffentlichen Wiedergabe normiert, welches – so der Gesetzestext – „insbesondere“ (vgl. dazu unten Rn. 16) folgende Rechte umfasst:

a) Vortrags-, Aufführungs- und Vorführungsrecht, § 19 UrhG

15 Das Vortrags- und das Aufführungsrecht betreffen insbesondere Livewiedergaben vor einem anwesenden Publikum. Das Vortragsrecht bezieht sich dabei auf Sprachwerke, das Aufführungsrecht auf Werke der Musik. Wichtig in unserem Zusammenhang ist deshalb das Aufführungsrecht, § 19 Abs. 2 UrhG. Das ist – so der Gesetzeswortlaut – das Recht, ein Werk der Musik durch persönliche Darbietung öffentlich zu Gehör zu bringen oder ein Werk öffentlich bühnenmäßig darzustellen.

16 Das Recht der bühnenmäßigen Aufführung wird teilweise auch als „großes Recht“ bezeichnet, im Gegensatz zu den so genannten „kleinen Rechten“. Die GEMA nimmt nur die „kleinen Rechte“ wahr, nicht – wie es in § 1 lit. a) des Berechtigungsvertrages heißt – die Rechte der „bühnenmäßigen Aufführung dramatisch-musikalischer Werke“.[20] Diese werden individuell durch den Urheber wahrgenommen, und zwar entweder von diesem selbst oder durch einen Verlag oder Bühnenvertrieb. Die Abgrenzung zwischen großem und kleinem Recht kann im Einzelfall schwierig sein.[21] Eine bühnenmäßige Aufführung, liegt jedenfalls dann vor, wenn ein Werk „durch ein für das Auge oder für Auge und Ohr bestimmtes bewegtes Spiel im Raum dargeboten wird“.[22] Werden dagegen beispielsweise in einer Eisrevue Musikstücke und Schlager aus Operetten gespielt, aber nicht gleichzeitig der gedankliche Inhalt der Operetten oder ihrer Bestandteile durch bewegtes Spiel für Auge und Ohr dem Publikum vermittelt, so liegt eine bühnenmäßige Aufführung der Operetten nicht vor. Die Rechte der öffentlichen Wiedergabe werden in einem solchen Fall von der GEMA wahrgenommen.[23]

17 Wird eine öffentliche Darbietung, also beispielsweise eine Musikaufführung, außerhalb des Veranstaltungsraumes durch technische Einrichtungen öffentlich wahrnehmbar gemacht, ist auch das (zusätzlich) lizenzpflichtig (§ 19 Abs. 3 UrhG), etwa im Fall der Übertragung eines ausverkauften Konzerts in einen Nebenraum.

18 Das Vorführungsrecht (§ 19 Abs. 4 UrhG) betrifft insbesondere die öffentliche Wiedergabe von Film- und Lichtbildwerken, und zwar vor anwesendem Publikum. Filmvor-

---

Fall der EuGH den Schlussanträgen gefolgt, EuGH, GRUR 2016, 684 – GEMA/Rehaklinik. Unabhängig davon hatte sich der EuGH von seinem Zahnarzturteil bereits in seinem Urteil OSA, GRUR 2014, 473, distanziert, indem er dort erklärt hatte, die Grundsätze des Zahnarzturteils gelten gar nicht für das Urheberrecht, sondern hätten nur das Leistungsschutzrecht der Tonträgerhersteller betroffen (Rn. 34/35 des OSA-Urteils).

19 Die BGH-Entscheidung erging im Übrigen zeitlich vor der angesprochenen Entscheidung des EuGH GEMA/Rehaklinik und den dazugehörenden Schlussanträgen des Generalanwalts.

20 Im Einzelnen vgl. dazu *Staudt/Hendel*, **Kap. 7 Rn. 56 ff.**

21 Vgl. dazu z.B. BGHZ 142, 388 – Musical-Gala; BGH, GRUR 1960, 604 – Eisrevue I und insbesondere *Staudt/Hendel*, **Kap. 7 Rn. 56 ff.**

22 BGHZ 142, 388 – Musical-Gala.

23 BGH, GRUR 1960, 604 – Eisrevue I.

führungen in einem Kino oder als Freiluftveranstaltungen müssen also hinsichtlich der Musik von der GEMA lizenziert werden.

b) Recht der öffentlichen Zugänglichmachung, § 19a UrhG

Diesem 2003 neu in das Gesetz aufgenommenen Recht unterfällt beispielsweise das Vorhalten von Musik oder anderen urheberrechtlich geschützten Werken zum Abruf in digitalen Netzen (On-Demand-Dienste). Der urheberrechtliche Schutz setzt dabei in einem sehr frühen Stadium ein, nämlich bereits mit der Herstellung der technischen Möglichkeit des Abrufs durch die Nutzer. **19**

Dieses Recht ist auch ein Beispiel dafür, dass die Aufzählung der dem Urheber ausschließlich zustehenden Rechte der öffentlichen Wiedergabe in § 15 Abs. 2 UrhG nicht abschließend ist. Das Recht der öffentlichen Zugänglichmachung seines Werkes stand dem Urheber als unbenanntes Recht aus § 15 Abs. 2 UrhG schon zu, bevor der Gesetzgeber es als § 19a UrhG klarstellend normiert hat.[24] **20**

c) Senderecht, § 20 UrhG

Unter das Senderecht fallen nicht nur – wie man vielleicht denken mag – Sendungen von Fernseh- und Rundfunkanstalten, sondern auch (zeitgleiche oder zeitlich versetzte) „Weitersendungen" z.B. durch Verteileranlagen, etwa in einzelne Hotelzimmer,[25] in die einzelnen Zimmer eines Krankenhauses[26] oder in die Räume einer Justizvollzugsanstalt.[27] Dasselbe gilt, wenn in diesen Fällen nicht Fernseh- oder Radioprogramme weiter übertragen, sondern Ton- oder Bildtonträger verwendet werden. In allen diesen Fällen ist das Senderecht betroffen und muss lizenziert werden. **21**

Der Bundesgerichtshof stellt dabei weniger darauf ab, ob nach technischen Kriterien eine „Sendung" vorliegt, sondern wertet den Vorgang der Werknutzung. So hat er in der Entscheidung „Verteileranlage in Haftanstalt" darauf abgestellt, dass der Betreiber der Anlage besondere Anstrengungen unternimmt, um die Rundfunksendungen in einem bestimmten Bereich zugänglich zu machen und insbesondere die Empfangsgeräte zur Verfügung stellt. Unter dem Gesichtspunkt der Werknutzung kann es – so der Bundesgerichtshof – nicht entscheidend sein, wo das geschützte Werk letztlich wahrnehmbar gemacht wird, ob in einem Gemeinschaftsraum oder in verschiedenen Räumen.[28] Insbesondere die Weiterleitung von Rundfunk- oder Fernsehsendungen in Hotelzimmer unterliegt nach diesen Grundsätzen im Regelfall dem Senderecht und muss von der GEMA lizenziert werden.[29] **22**

Dabei kommt es unter dem Einfluss des EU-Rechts in diesen Hotelzimmer-Fällen inzwischen gar nicht mehr darauf an, ob technisch eine (Weiter-)Sendung etwa durch eine Verteileranlage vorliegt. Der Europäische Gerichtshof hat klargestellt, dass bereits die Ermöglichung des Empfangs in Hotelzimmern durch Aufstellen eines Fernseh- oder Rundfunkgerätes eine vergütungspflichtige öffentliche Wiedergabe ist.[30] Entsprechendes **23**

---

24 BGH, GRUR 2003, 958, 961 – Paperboy.
25 LG Berlin, ZUM-RD 2003, 313, unter Bezugnahme auf BGHZ 123, 149, 154 – Verteileranlage in Haftanstalt.
26 BGH, GRUR 1994, 797 – Verteileranlage im Krankenhaus.
27 BGHZ 123, 149, 154 – Verteileranlage in Haftanstalt.
28 BGHZ 123, 149, 154 – Verteileranlage in Haftanstalt.
29 LG Berlin, ZUM-RD 2003, 313, unter Bezugnahme auf BGHZ 123, 149, 154 – Verteileranlage in Haftanstalt.
30 EuGH, GRUR 2007, 225.

gilt auch – wie oben schon angesprochen – für das Bereitstellen von Tonträgern und Abspielgeräten in Hotelzimmern.[31]

24 Entgegen dem BGH-Urteil „Königshof“[32] (ein Hotel in Berlin) liegt – was der Bundesgerichtshof verkannt hat – nach der Rechtsprechung des EuGH eine öffentliche Wiedergabe auch dann vor, wenn der Hotelier in seinen Gästezimmern Fernsehgeräte mit Zimmerantennen aufstellt, also keine Weiterleitung seitens des Hoteliers von einer zentralen Empfangsstelle in die einzelnen Hotelzimmer erfolgt.[33] Wo man die öffentliche Wiedergabe von Fernsehsendungen in Hotelzimmern im deutschen UrhG verortet, beim Senderecht (§ 20 UrhG) in Fällen der Weiterleitung von einem zentralen Empfang in die Hotelzimmer, bei § 22 UrhG oder als unbenanntes Verwertungsrecht gemäß § 15 Abs. 2 UrhG ist letztlich unerheblich.[34]

d) Recht der Wiedergabe durch Bild- oder Tonträger, § 21 UrhG

25 Kauft jemand eine CD mit Musik oder eine DVD mit einem Film, so ist damit die private Nutzung, etwa das Anschauen des Films im Familien- oder Freundeskreis, abgegolten, nicht aber, wenn der Bild- oder Tonträger öffentlich wiedergegeben wird, etwa als Musik in einer Gaststätte oder als Musikberieselung in einem Parkhaus. Die öffentliche Wiedergabe von Bild- oder Tonträgern ist, sofern diese Musik enthalten, von der Erlaubnis der GEMA abhängig.

e) Recht der Wiedergabe von Funksendungen und von öffentlicher Zugänglichmachung, § 22 UrhG

26 Nicht anders ist es, wenn Funksendungen öffentlich wiedergegeben werden, etwa Radiomusik in einer Gaststätte. Dasselbe gilt, wenn es sich nicht um Sendungen handelt, sondern um Inhalte, die gem. § 19a UrhG öffentlich zugänglich gemacht werden, etwa durch On-Demand-Dienste.

f) Vergütungsansprüche

27 In einigen Fällen hat der Gesetzgeber dem Urheber kein Ausschließlichkeitsrecht, sondern einen Vergütungsanspruch zugebilligt. Soweit (nur) solche Vergütungsansprüche bestehen, ist keine Lizenzierung erforderlich, sondern es besteht ein gesetzliches Schuldverhältnis, auf Grund dessen der Urheber die Zahlung der Vergütung verlangen kann. Auch in diesen Fällen zieht die GEMA die Vergütung ein, beispielsweise die Vergütung aus § 27 Abs. 1 UrhG (Vermietpauschale) oder aus § 52 Abs. 1 Satz 2 UrhG für privilegierte öffentliche Wiedergaben. Solche Vergütungsansprüche können in vielen Fällen nur von einer Verwertungsgesellschaft geltend gemacht werden (vgl. z.B. § 27 Abs. 3 UrhG).

---

31 EuGH, GRUR 2012, 597.

32 BGH, GRUR 2016, 697 – Königshof.

33 Gemäß der Rechtsprechung des EuGH ist bereits das Aufstellen der Fernsehgeräte in den Hotelzimmern eine öffentliche Wiedergabe durch „Verbreitung“ des Fernsehsignals in den Zimmern. Auf die Art und Weise, wie das Fernsehsignal in die Hotelzimmer gelangt (zentraler Empfang durch Kabel oder Satellit mit Weiterleitung in die Hotelzimmer, direkte Zuleitung, Empfang durch Zimmerantennen etc.), kommt es nicht an.

34 Letzteres nimmt v. Ungern-Sternberg m.E. zutreffend an, wenn der Hotelier Geräte mit Zimmerantenne einsetzt (GRUR 2016, 321, 324).

III. Inkassotätigkeit

1. Repertoire

Die GEMA lizenziert faktisch nahezu das gesamte Weltrepertoire der Musik. Denn mit dem so genannten Berechtigungsvertrag haben die Urheber (Komponisten und Texter), teilweise unter Einbeziehung ihrer Verleger, die Rechte der öffentlichen Wiedergabe der GEMA zur treuhänderischen Wahrnehmung übertragen. Die Rechte ausländischer Urheber nimmt die GEMA auf Grund von Gegenseitigkeitsverträgen (jetzt sog. Repräsentationsvereinbarungen, §§ 44 ff. VGG) mit den ausländischen Verwertungsgesellschaften wahr (dazu näher **Kap. 14 Rn. 1 ff.**).[35] 28

Die GEMA muss nicht im Einzelnen darlegen und beweisen, dass die Musik, die gespielt wird oder gespielt werden soll, zu dem von ihr wahrgenommenen Repertoire gehört. Die Rechtsprechung hat der GEMA eine tatsächliche Vermutung zugebilligt, die **GEMA-Vermutung.**[36] Diese besagt, dass zu Gunsten der GEMA angesichts ihres umfassenden In- und Auslandsrepertoires eine tatsächliche Vermutung ihrer Wahrnehmungsbefugnis für die Wiedergaberechte an in- und ausländischer Tanz- und Unterhaltungsmusik und für die so genannten mechanischen Rechte besteht. Für die meisten gesetzlichen Vergütungsansprüche hat der Gesetzgeber diese tatsächliche Vermutung in §§ 48, 49 VGG[37] nachgebildet und eine **gesetzliche** Vermutung geschaffen (dazu schon oben, **Kap. 11 Rn. 12**).[38] 29

Auf Grund einer Inkassovereinbarung mit der Gesellschaft zur Verwertung von Leistungsschutzrechten (GVL) und der Verwertungsgesellschaft Wort (VG Wort) zieht die GEMA auch deren Ansprüche ein, die zusammen mit der von der GEMA lizenzierten Nutzung der öffentlichen Wiedergabe anfallen. Dies erfolgt entsprechend den Tarifen dieser Verwertungsgesellschaften durch einen Zuschlag auf die GEMA-Vergütung, beispielsweise für die Wiedergabe von Rundfunksendungen durch einen Zuschlag auf die GEMA-Vergütung von 26% für die GVL und 20% für die VG Wort. 30

2. Keine Musikwiedergaben ohne Lizenz der GEMA

Bevor der Nutzer die Musik öffentlich wiedergaben darf, muss er grundsätzlich die Einwilligung der GEMA einholen. Dies ergibt sich schon aus dem Urheberrechtsgesetz, nämlich daraus, dass der Urheber das ausschließliche Recht der öffentlichen Wiedergabe hat, das die GEMA für ihn wahrnimmt. Der Gesetzgeber hat diese Verpflichtung aber ausdrücklich zusätzlich in § 42 Abs. 1 VGG normiert, weil die Erfahrungen der Praxis gezeigt hatten, dass dieser gesetzlichen Verpflichtung von einem Teil der Veranstalter nicht hinreichend Rechnung getragen wird.[39] 31

Die GEMA, die die Urheberrechte der Berechtigten treuhänderisch wahrnimmt, muss im Rahmen ihrer Lizenzierung auch das Verbot gegenüber denjenigen durchsetzen, die Musik ohne Einholung einer Lizenz der GEMA nutzen. Urheberrechte als geistiges Eigen- 32

---

35 Die Verträge der GEMA mit ausländischen Verwertungsgesellschaften und Inkassoorganisationen sind aufgeführt z.B. im GEMA-Jahrbuch 2016/2017, S. 221 ff.

36 St. Rspr., vgl. BGHZ 17, 376, 378 – Betriebsfeiern; BGH, GRUR 1961, 97, 98 – Sportheim; BGH, GRUR 1974, 35, 39 – Musikautomat, sowie *Riesenhuber*, **Kap. 11 Rn. 5 ff.**

37 Bis zum 31.12.2007: § 13a UrhWG.

38 Vgl. (zur Vorgängervorschrift, die in §13b, ab 2008 in § 13c UrhWG normiert war) BGH, GRUR 1989, 819 – Gesetzliche Vermutung I; BGH, GRUR 1991, 595 – Gesetzliche Vermutung II; die Regelung ist verfassungsgemäß, BVerfG, GRUR 2001, 48.

39 S. die Begründung zur Vorgängervorschrift in § 16 UrhWG, BT-Drs. IV/271, S. 18 f.

tum sind faktisch leichter zu verletzen als Sacheigentum. Zunächst einmal kann deshalb der Rechtsverletzer relativ mühelos und scheinbar „kostengünstig“ die Musik nutzen. Indes gilt gerade hier, dass sich im Regelfall Rechtsbruch nicht lohnt.

a) Doppelte Tarifgebühr

33 Die Rechtsprechung billigt der GEMA zu, dass sie für unerlaubte öffentliche Musikwiedergaben einen Zuschlag von 100% auf die Vergütung ansetzt, die ein rechtmäßiger Nutzer zu zahlen hätte.[40] Dies wird damit begründet, dass die Musikrechte im Bereich der öffentlichen Wiedergabe besonders leicht zu verletzen sind und deshalb eine umfangreiche Überwachungstätigkeit erforderlich ist. Diese Überwachungskosten sollen von den Rechtsverletzern getragen werden. Dieser Zuschlag von 100% wird deshalb auch **„Kontrollzuschlag“** genannt. Er steht der GEMA bei Musikwiedergaben zu, für die vor deren Durchführung in schuldhafter Weise nicht ordnungsgemäß die Erlaubnis eingeholt wurde. Dabei kommt es nicht darauf an, ob im konkreten Fall tatsächlich eine Kontrolle stattgefunden hat.[41] Die Zuerkennung der doppelten Tarifgebühr beruht auf Billigkeitsüberlegungen. Die Kosten der Kontrollen sollen nicht die rechtstreuen Musiknutzer tragen müssen, sondern die Rechtsverletzer. Dass ein solcher Zuschlag auf die fiktiven Lizenzkosten auch nach EU-Recht zulässig ist, hat kürzlich der EuGH entschieden.[42]

b) Hausverbote

34 Gelegentlich wird versucht, die Feststellung unrechtmäßiger Musikwiedergaben zu verhindern, etwa dadurch, dass gegenüber Mitarbeitern oder Beauftragten der GEMA ein Hausverbot ausgesprochen wird. Solche Hausverbote sind regelmäßig unzulässig. Das hat der Bundesgerichtshof wiederholt für so genannte Testkäufer entschieden.[43] Wer seine Geschäftsräume dem allgemeinen Verkehr öffnet, darf sich nicht legitimen Überwachungsmaßnahmen durch die Berufung auf sein Hausrecht entziehen. Dieser zum Recht des lauteren Wettbewerbs entwickelte Grundsatz gilt erst recht für die von der GEMA wahrgenommenen Rechte der öffentlichen Wiedergabe. Der Bundesgerichtshof hat ausdrücklich die leichte Verletzbarkeit von Urheberrechten und die Schwierigkeit der Aufdeckung von Rechtsverletzungen anerkannt und Kontrollen für notwendig erklärt. Gerade darauf beruht der oben dargestellte „Kontrollzuschlag“ von 100% (soeben Rn. 33). Diese **Kontrollen in der Form üblichen Kundenverhaltens** hat ein Geschäftsbetrieb hinzunehmen und kann sich ihnen nicht durch ein Hausverbot entziehen.[44]

c) Unterlassung: Einstellung des Geschäftsbetriebes

35 Eine wirksame Waffe gegen die Verletzer ihrer Rechte steht der GEMA mit dem **Unterlassungsanspruch** zur Verfügung. Sie kann einem Rechtsverletzer gerichtlich unter Androhung von Ordnungsmitteln (Ordnungsgeld und/oder Ordnungshaft) untersagen lassen, Musik aus ihrem Repertoire weiterhin öffentlich wiederzugeben oder wiedergeben

---

40 BGHZ 59, 286 – Doppelte Tarifgebühr. Vgl. auch *Riesenhuber/v. Vogel*, **Kap. 11 Rn. 89 ff.**
41 BGH, NJW 1986, 1249 – GEMA-Vermutung III.
42 EuGH, GRUR 2017, 264.
43 BGH, NJW 1966, 1558 – Hausverbot; BGH, GRUR 1979, 859 – Hausverbot II; BGH, GRUR 1981, 827 – Vertragswidriger Testkauf.
44 BGH, GRUR 2004, 420, 421 – Kontrollbesuch.

zu lassen. In der Praxis bedeutet dies, dass etwa einem Diskothekenbetrieb das GEMA-Repertoire nicht mehr zu Verfügung steht. Regelmäßig ist dann kein Geschäftsbetrieb mehr möglich. In Berlin hat einmal eine damals bekannte **Diskothek** als Folge einer solchen gerichtlichen einstweiligen Verfügung auf Unterlassung der Musikwiedergaben ihren Betrieb endgültig eingestellt.[45] Hält sich ein Betreiber nicht an ein gerichtliches Unterlassungsgebot, setzt das Gericht Ordnungsmittel gegen ihn fest (§ 890 ZPO), und zwar zunächst **Ordnungsgeld** und dann, wenn er das gerichtliche Verbot weiter missachtet, **Ordnungshaft**. Kann verhängtes Ordnungsgeld nicht beigetrieben werden, tritt an seine Stelle Ordnungshaft, vgl. § 890 Abs. 1 S. 1 ZPO. Bei juristischen Personen ist die Ordnungshaft an deren Organen zu vollziehen, bei einer GmbH also am Geschäftsführer.

d) *Strafbarkeit*

Wer entgegen der Verpflichtung des § 42 Abs. 1 VGG vor seinen Veranstaltungen die Einwilligung der GEMA und deren Lizenz nicht einholt, macht sich auch strafbar, § 106 UrhG. Diese Strafdrohung wird durch § 108a UrhG noch verschärft, wenn der Täter gewerbsmäßig handelt. Gewerbsmäßig i.S. von § 108a UrhG handelt, wer sich aus wiederholter Tatbegehung eine nicht nur vorübergehende Einnahmequelle von einigem Umfang verschaffen will.[46] Das gilt regelmäßig für einen Betreiber einer Diskothek oder einer Gaststätte, in der öffentliche Musikwiedergaben stattfinden. Diskothekenbetreiber sind auch schon wegen unerlaubter Musikwiedergaben strafrechtlich verurteilt worden.[47] 36

3. Erwerb der Lizenz der GEMA

Die Einwilligung (Lizenz) für die relevanten Rechte der öffentlichen Wiedergaben erteilt die GEMA für die von ihr wahrgenommenen Rechte. Zudem führt sie teilweise das Inkasso der Ansprüche anderer Verwertungsgesellschaften wie z.B. der GVL und der VG Wort durch. 37

Will ein Nutzer geltend machen, dass er nur Musik öffentlich wiedergibt, die nicht zum GEMA-Repertoire gehört, greift die oben (Rn. 29) besprochene **GEMA-Vermutung** ein. Es ist dann Sache des Musikverwerters, den Nachweis zu führen, dass die konkreten von ihm wiedergegebenen Musikstücke nicht zum Repertoire der GEMA gehören. An diesen Nachweis werden strenge Anforderungen gestellt. Regelmäßig ist die konkrete Darlegung erforderlich, welche Musikstücke, welche Komponisten und ggf. Textdichter, Bearbeiter und Verleger gespielt worden sind und dass deren Rechte nicht von der GEMA wahrgenommen werden.[48] 38

a) *Lizenzhöhe: das Tarifwerk*

Gemäß § 38 VGG hat jede Verwertungsgesellschaft „Tarife“ über die von ihr jeweils geforderte Vergütung aufzustellen (s. schon Rn. 3). Dadurch soll im Interesse der All- 39

45 Vgl. z.B. Berliner Zeitung v. 15.2.2003, S. 20: Eine Diskothek ohne Musik.
46 BGHSt 49, 93, 111 – Tonträgerpiraterie durch CD-Export.
47 Z.B. AG (Berlin-)Tiergarten v. 26.4.2006 – 329 Cs 793/05 (nicht veröffentlicht); AG Neuruppin v. 13.7.2006 – 84 Cs 287/05 (nicht veröffentlicht); AG (Berlin-)Tiergarten v. 17.12.2014 – 336 Cs 205/14 (Einspruch gegen Strafbefehl verworfen).
48 Vgl. z.B. BGHZ 95, 285, 292 – GEMA-Vermutung II; BGH, NJW 1986, 1249, 1250 – GEMA-Vermutung III.

gemeinheit eine gleichmäßige Behandlung aller gleichgelagerten Fälle durch die Verwertungsgesellschaft sichergestellt, zugleich aber auch der Verwertungsgesellschaft in ihrem eigenen Interesse erspart werden, in jedem Einzelfall langwierige Verhandlungen über Art und Höhe der zu zahlenden Vergütung zu führen.[49]

40 Das GEMA-Tarifwerk ist, um möglichst vielen Sachverhalten gerecht zu werden, vielfältig und differenziert, wobei man zunächst zwischen den Wiedergabearten unterscheiden kann. So gibt es verschiedene Tarife für die Aufführung von Livemusik bis (beispielsweise) hin zu dem Tarif B für Musikaufführungen von Kurverwaltungen mit Kurkapellen. Ähnlich differenziert gliedern sich die Tarife für die anderen Wiedergabearten, etwa die Wiedergabe von Tonträgern und Bildtonträgern oder die Wiedergabe von Funksendungen oder Filmvorführungen. In den einzelnen Tarifen selbst wird dann wiederum nach Nutzungsformen und spezifischen Tarifkriterien differenziert, etwa nach der Raumgröße, der Zeitdauer, der Anzahl der Musikwerke usw. Ziel dieses differenzierten Tarifsystems ist, möglichst vielen Sachverhalten gerecht zu werden, wobei sich eine Schematisierung naturgemäß nicht völlig vermeiden lässt.

41 Der Bundesgerichtshof hat einmal über die Tarife der GEMA formuliert: „Der Zweck des von der Kl. [GEMA] aufzustellenden Tarifwerks besteht daher (…) darin, bestimmte Sachverhalte in ihren typischen Gegebenheiten schematisch zu erfassen. Die praktische Anwendbarkeit eines Tarifs würde jedoch in Frage gestellt, wenn er auf Seiten des Musikveranstalters nicht in sachgerechter Differenzierung die typischen Gegebenheiten, sondern die jeweiligen besonderen Umstände berücksichtigen würde."[50]

42 Informationen über die einzelnen Tarife der GEMA findet man z.B. im Internet unter https://www.gema.de/musiknutzer/tarife-formulare/.

43 Gibt es für eine Werknutzung keinen einschlägigen Tarif, so ist im Allgemeinen von dem Tarif auszugehen, der nach seinen Merkmalen der im Einzelfall vorliegenden Art und Weise und dem Umfang der Nutzung möglichst nahe kommt.[51] Beispielsweise für die Musikwiedergaben im Rahmen einer Peep-Show waren dies die Vergütungssätze für Varieté- und Cabaret-Betriebe.[52]

44 Auch wenn die Tarife regelmäßig mit den Nutzervereinigungen ausgehandelt sind, sind sie nicht bindend, sondern letztlich ein Angebot der GEMA, zu diesen Bedingungen zu lizenzieren. Der einzelne Verwerter muss dieses Angebot nicht akzeptieren. Dann wird, wenn er den langen, mühseligen und kostenträchtigen Weg geht, am Ende durch die Gerichte entschieden, welches die angemessene Vergütung für die Lizenz ist.[53] Entscheidend ist aber, dass der Nutzer, solange keine Einigung erzielt ist, die Rechte nur nutzen darf, wenn er das in § 37 VGG vorgegebene Verfahren einhält (vgl. dazu unten Rn. 46).

45 In jüngerer Zeit ist ein Beispiel für eine Tarifstreitigkeit die Frage gewesen, wie die Musikwiedergaben bei Straßen- und Stadtteilfesten zu vergüten sind. Einen Tarif, der ausdrücklich die Vergütung für die Musikwiedergaben bei derartigen Festen regelt, gab es ursprünglich nicht.[54] Die GEMA hat ihre Vergütung entsprechend ihrem seinerzeitigen Tarif U-VK, der bei Veranstaltungen in geschlossenen Räumen auf die Raumgröße ab-

---

49 So die Begründung des Regierungsentwurfs zu § 13 UrhWG, UFITA 46 (1966), 282.

50 BGH, GRUR 1974, 35 – Musikautomat.

51 BGH, GRUR 1976, 35 – Bar-Filmmusik, zuletzt BGH, GRUR 2012, 715 – Bochumer Weihnachtsmarkt.

52 BGH, GRUR 1983, 565 – Tarifüberprüfung II.

53 Einem solchen Rechtsstreit muss zunächst ein Verfahren vor der Schiedsstelle vorausgehen (§ 128 Abs. 1 VGG, früher § 16 Abs. 1 UrhWG), vgl. *Riesenhuber*, **Kap. 11 Rn. 94 ff.** Im Einzelnen zum Schiedsstellenverfahren *Schulze*, **Kap. 11 Rn. 111 ff.**

54 Heute sind die „Vergütungssätze U-ST für Unterhaltungsmusik bei Bürger-, Straßen-, Dorf- und Stadtfesten, die im Freien stattfinden," maßgeblich.

stellt, nach der gesamten Veranstaltungsfläche einer derartigen Freiluftveranstaltung berechnet. Einzelne Veranstalter wollten das nicht akzeptieren und demgegenüber nur auf den Teil der Veranstaltungsfläche abstellen, der tatsächlich von den Bühnen mit Musik beschallt wird und der regelmäßig wesentlich kleiner ist als die Gesamtveranstaltungsfläche. Die Rechtsstreite gingen bis zum Bundesgerichtshof, der in zwei Urteilen entschieden hat, dass die von der GEMA praktizierte Berechnung der Vergütung nach der Größe der gesamten Veranstaltungsfläche angemessen gewesen ist.[55] Da bei solchen Festen das Publikum vor den Musikbühnen ständig wechselt, hören im Laufe der Zeit in der Summe mehr Zuhörer die Musik, als vor der Bühne Platz finden. Eine Abrechnung lediglich nach der Größe der Fläche vor einer Bühne wäre also nicht sachgerecht. Eine Abrechnung nach der Gesamtveranstaltungsfläche ist darüber hinaus auch aus Praktikabilitätsgründen geboten. Denn es ist ja gerade der Zweck der Aufstellung von Tarifen, der Verwertungsgesellschaft zu ersparen, umfangreiche Prüfungen für jeden Einzelfall (etwa die Ermittlung der Größe der jeweils tatsächlich beschallten Fläche) durchführen und langwierige Verhandlungen über Art und Höhe der zu zahlenden Vergütung führen zu müssen.[56]

b) *Lizenzerwerb durch Zahlung unter Vorbehalt oder Hinterlegung: § 37 VGG (früher § 11 Abs. 2 UrhWG)*

Bekommt der Verwerter die Einwilligung der GEMA zu der von ihm geplanten öffentlichen Musikwiedergabe nicht, weil er die tarifliche Vergütung nicht akzeptieren will, so gibt es für den Verwerter nur einen Weg, wenn er trotzdem die Musikwiedergaben durchführen will: den Weg des § 37 VGG. Er muss den Teil der von der GEMA geforderten Vergütung, den er für angemessen hält, bezahlen und die Differenz zu der restlichen Forderung **unter Vorbehalt zahlen oder hinterlegen.** Tut er dies, erwirbt er eine gesetzliche, den Verwertungsgesellschaften durch § 37 VGG auferlegte (Zwangs-)Lizenz und ist zur Musiknutzung berechtigt. Anderenfalls handelt er unerlaubt, ist Rechtsverletzer und macht sich als solcher schadensersatzpflichtig und strafbar (dazu oben Rn. 32ff.; insbes. 33 u. 36). 46

c) *Lizenzverträge*

Im Regelfalle schließt die GEMA mit den Werknutzern Verträge ab, in denen sie die erforderliche Lizenz gegen Zahlung der tariflichen Vergütung erteilt. Der Nutzer hat dabei die Auswahl zwischen unterschiedlichen Laufzeiten der Verträge. Regelmäßig kann er Monats-, Quartals- oder Jahresverträge abschließen. Die Dauer der Vertragsbindung wirkt sich meist auf die Vergütungshöhe aus. Die Vergütung für einen Jahresvertrag beträgt regelmäßig nur $^{10}/_{12}$ der Summe, die sich beim Abschluss eines Monatsvertrages in einem Jahr ergeben würde. 47

Wichtig ist, dass diese Verträge, wenn die Musiknutzung enden soll, fristgemäß gekündigt werden müssen und auch nur im Rahmen der **Kündigungsfrist** gekündigt werden können. Es ist in der Praxis beispielsweise sehr häufig, dass jemand sein Lokal aufgibt, aber nicht rechtzeitig vorher seinen Vertrag mit der GEMA kündigt. Ebenso wie bei dem Mietvertrag des Lokals oder beim Arbeitsvertrag des Angestellten ist dann auch der Lizenzvertrag weiter zu erfüllen, also bis zum Ablauf der Kündigungsfrist zu bezahlen. 48

55 BGH, GRUR 2012, 711 – Barmen Live und GRUR 2012, 715 – Bochumer Weihnachtsmarkt.
56 BGH, GRUR 2012, 715, 717 – Bochumer Weihnachtsmarkt.

Die Geschäftsaufgabe fällt in das Risiko des Gewerbetreibenden und ist weder ein Kündigungsgrund noch führt sie zu einem Wegfall der Geschäftsgrundlage des Vertrages.[57]

B. Die Lizenzierung von Sendungen

I. Überblick über den Markt

49 Die Massenmedien Fernsehen und Hörfunk setzen jede Art von elektronischen Übertragungswegen ein, um ihre Zuschauer und Zuhörer zu erreichen. Zugleich finden in diesen Medien vielfältige Musiknutzungen statt. Diese Medien sind daher für die GEMA und ihre Wahrnehmungsberechtigten von großer Relevanz. Denn fasst man das Aufkommen an Rundfunkbeiträgen der öffentlich-rechtlichen Rundfunkanstalten sowie die Nettowerbeeinnahmen des öffentlich-rechtlichen und des privaten Rundfunks zusammen, handelt es sich um einen zweistelligen Milliardenmarkt. Da die GEMA von den Rundfunkveranstaltern für deren Musiknutzungen eine angemessene Vergütung verlangt, die sich generell in einer Umsatzbeteiligung ausdrückt, zeigt sich diese Bedeutung für die Musikschaffenden daran, dass die GEMA alleine aus der direkten Lizenzierung von Musik in Rundfunksendungen in etwa **ein Viertel ihrer Erträge** erwirtschaftet. Weitere Erträge werden erzielt, wenn Rundfunkprogramme von Kabelunternehmen an private Haushalte weitergesendet werden.

1. Digitalisierung und Konvergenz

50 Da zu Zeiten der analogen Signalübertragung zunächst nur eingeschränkt terrestrische Frequenzen zur Ausstrahlung von Rundfunkprogrammen zur Verfügung standen, stellte der Ausbau der Kabelnetze einen ersten Schritt zur Diversifizierung der Übertragungswege dar. Dies trug wegen der damit zusätzlich zur Verfügung stehenden Übertragungskapazitäten zum Entstehen des privaten Fernsehens bei. Daneben wurde der Erwerb von Parabolantennen für den privaten Endkunden immer erschwinglicher, sodass der Satellit als weiterer Übertragungsweg hinzutrat. Mit der Einführung der digitalen Signalübertragung können die vorhandenen Übertragungswege nun effektiver genutzt werden. Denn für die Verbreitung eines Programms in digitaler Technik wird gegenüber der analogen Verbreitung deutlich weniger Brandbreite der vorhandenen Frequenzkapazitäten benötigt.[58] Darüber hinaus können nun digitale Signale auch auf Basis des Internet-Protokolls (IP) übermittelt werden. Dadurch kann nunmehr im untechnischen Sinne „das Internet" als zusätzlicher Übertragungsweg genutzt werden. Die Endkunden haben somit die Möglichkeit, neben dem klassischen Fernseh- und Radioempfangsgerät auch PCs, Laptops, Netbooks und Smartphones als stationäre und mobile Empfangsgeräte einzusetzen. Wegen der Rückkanalfähigkeit der IP-basierten Empfangsgeräte können darüber hinaus Zusatzdienste angeboten werden wie Elektronische Programmführer (*electronic program guides*, kurz EPG) oder Abrufdienste. Zu letzteren zählen auch sog. Mediatheken, in denen Sendeunternehmen die von ihnen in ihrem linearen Programm gesendeten Beiträge den Endkunden zum späteren interaktiven Abruf bereitstellen. Er-

57 Vgl. z.B. BGH, NJW 1985, 2693 für den Bierlieferungsvertrag; LG Braunschweig v. 28.10.1986 – 9 O 58/86 (nicht veröffentlicht) für einen GEMA-Nutzungsvertrag mit einer Gaststätte; AG Erfurt v. 6.9.2002 – 3 C 2937/02 (nicht veröffentlicht).

58 Die analoge terrestrische Ausstrahlung von TV-Programmen wurde Ende des Jahres 2008 beendet; die analoge Satellitenverbreitung endete zum 30.4.2012.

gebnis dieser Entwicklung ist neben der Austauschbarkeit oder **Konvergenz der Übertragungswege** auch eine **Konvergenz der Medien**: Aus Endkundensicht ist es irrelevant, auf welchem Wege die Inhalte auf ihre Endgeräte gelangen, die sie konsumieren wollen. Für die Endkunden ist vielmehr allein von Bedeutung, dass sie die Programme an jedem Ort empfangen können, wo sie sich gerade befinden.[59] Mit der Digitalisierung einher geht aber auch eine Zunahme des inhaltlichen Angebots: Neben den öffentlich-rechtlichen Fernsehprogrammen existiert eine Vielzahl an privaten Free- und Pay-TV-Veranstaltern, deren Palette von den Vollprogrammen zu einer Fülle von Spartenkanälen reicht. Zudem werden diese Programme mittlerweile häufig sowohl in normaler als auch in hoher Bildauflösung verbreitet (*Standard* oder *High Definition*, kurz SD oder HD). Für den Hörfunkmarkt hingegen hat die terrestrische digitale Verbreitung im Standard DAB+ längst noch nicht die Relevanz erreicht wie im Fernsehmarkt der Standard DVB-T2.[60] Daneben treten die verschiedenen Anbieter der für die Verbreitung eingesetzten technischen Infrastrukturen – Kabelnetz- oder Satellitenbetreiber ebenso wie Internet Service Provider oder Mobilfunkanbieter – zunehmend als Inhalteanbieter auf, indem sie ihren jeweiligen Endkunden neben der Vermittlung eines technischen Anschlusses auch den Empfang von Rundfunkprogrammen ermöglichen. Gerade die steigende Versorgung der Privathaushalte mit breitbandigen Internetanschlüssen eröffnet darüber hinaus sog. *Over-the-top*-Anbietern (OTT-Anbieter) die Möglichkeit, mit eigenen IP-basierten Hörfunk- oder TV-Angeboten Endkunden zu erreichen. Hierfür müssen die Endkunden nur die jeweilige Software oder Applikation des OTT-Anbieters auf ihren Endgeräten installieren, während die Übermittlung der IP-Signale über jedwede Internetverbindung erfolgt. Der OTT-Anbieter muss daher keine eigene technische Infrastruktur vorhalten, sondern nutzt Fremdnetze „over the top" für die Verbreitung „seiner" IP-Signale.[61]

2. Einordnung von Angeboten als lineare Dienste

Während im Analog-Zeitalter die Ein- und Zuordnung der Angebote von Sendeunternehmen als lineare Sendung ohne weiteres möglich war, wird diese Aufgabe aufgrund der unterschiedlichen **neuen Geschäftsmodelle** im digitalen Umfeld schwieriger. Hinzu kommt, dass bestimmte Dienste als „TV" oder „Radio" bezeichnet werden, während sie eigentlich aus Endkundensicht zunehmend interaktive Funktionalitäten in sich vereinen: Ist ein Angebot ein linearer Dienst, wenn sich der Zuhörer in einen laufenden Stream einschalten kann? Gilt dasselbe auch dann, wenn der Zuhörer selbst eine *Playlist* von Musiktiteln anlegen kann, bei der er die Reihenfolge der einzelnen Titel individuell ganz nach seinem Musikgeschmack zusammenstellen kann? 51

Die funktionale Ausgestaltung des jeweiligen Dienstes gibt die Antwort darauf, ob das Senderecht betroffen ist (§ 20 UrhG) oder das Recht der öffentlichen Zugänglichmachung (§ 19a UrhG). Für den Werknutzer mag dies letztendlich gleichgültig sein, so lange er die begehrte Lizenz für seine Tätigkeit erhält. Für die Rechteinhaber ist diese Klassifizierung jedoch wichtig, weil Berechtigungsvertrag (Kap. 7 Rn. 1, 72–80, 164) und Verteilungsplan (Kap. 8 Rn. 62f., 66) der GEMA an die im Urheberrecht definierten Verwertungsrechte an- 52

59 *Beckert/Riehm*, Zugang zur Informationsgesellschaft, S. 187.

60 Während 92,9% der deutschen Haushalte im Jahr 2017 über ein oder mehrere analoge UKW-Empfangsgeräte verfügen, sind lediglich 15,1% der Haushalte mit einem digitalen DAB-Empfangsgerät zu Hause oder im Auto ausgestattet; hinzukommen 10,2% der Haushalte, die ein reines IP-Radiogerät verwenden, vgl. *Gerlitsch*, Digitalisierung des Hörfunks, S. 47, 50.

61 Vgl. zum Ganzen *Langhoff*, Der urheberrechtliche Schutz von Sendeunternehmen, S. 36–53.

knüpfen. Eine Sendung liegt dann vor, wenn der Dienst linear ausgestaltet ist, wenn also alle Zuschauer oder Zuhörer aufgrund einer von dem Anbieter festgelegten Sendefolge zu derselben Zeit dasselbe hören und gegebenenfalls sehen. Wenn ein neuartiges „Radio" hingegen Funktionen anbietet, mit denen der Zuhörer aktiv durch Auswahl bestimmter Musiktitel oder Interpreten eine *Playlist* selbst zusammenstellen, diese zu einem Zeitpunkt seiner Wahl starten, unterbrechen, wieder fortsetzen oder einzelne Titel überspringen kann, dann hört der Konsument letztendlich seine eigene, persönliche Audiodarbietung. Der Dienst mag sich zwar „Radio" nennen, eine Sendung nach § 20 UrhG liegt dann allerdings nicht mehr vor, sondern eine öffentliche Zugänglichmachung nach § 19a UrhG. Gleiches hat zu gelten, wenn der Zuhörer nicht jedes Mal aktiv die Reihenfolge der Musikwerke bestimmt, sondern dies durch den Anbieter geschieht, jedoch auf Basis individueller Voreinstellungen, die der Zuhörer bei dem Anbieter hinterlegt hat.

3. Angemessene Vergütung für Komponisten, Textdichter und Verleger

53 Maßstab für die Ermittlung einer angemessenen Vergütung sind die gesetzlichen Vorgaben gemäß § 39 Abs. 1 und 2 VGG. Hiernach sind als Berechnungsgrundlage die erzielten (geldwerten) Vorteile heranzuziehen und der Anteil der Werknutzung am Gesamtumfang des Verwertungsvorgangs sowie der wirtschaftliche Wert der von der Verwertungsgesellschaft erbrachten Leistungen angemessen zu berücksichtigen. Diesen Richtgrößen kommt im Zeitalter der Digitalisierung eine immer größere Bedeutung zu. Denn die Finanzierungskonzepte und Angebotsstrukturen werden komplexer, wodurch auch die Zahl an Marktakteuren steigt, insbesondere dann, wenn diese arbeitsteilig zusammenwirken. Gerade letzteres führt dazu, dass die Einnahmen der Verwertungen zwischen mehreren Beteiligten aufgeteilt werden. Um die angemessene Beteiligung der Rechteinhaber an den geldwerten Vorteilen zu ermitteln, ist daher auf den funktionellen Vorgang der Werknutzung abzustellen. Dabei sind sowohl das Geschäftsmodell, d.h. die Anbieterseite, als auch die Intensität des Werkgenusses zu berücksichtigen, der den Endkunden mit dem jeweiligen Dienst vermittelt wird. Hat die rechtliche Einordnung ergeben, dass der Zuschauer oder Zuhörer auf die von dem Anbieter festgelegte Sendefolge keinen Einfluss nehmen kann, dann handelt es sich um einen linearen Dienst. In diesem Fall bilden im Ausgangspunkt die Tarife Radio und Fernsehen sowie gegebenenfalls auch der Gemeinsame Tarif Kabelweitersendung den maßgeblichen Vergütungsrahmen, um auch für neue Geschäftsmodelle eine Vergütung festzulegen.

54 Wendet man diese Maßstäbe beispielsweise auf IP-basierte Audiodienste im Internet an, dann lassen sich mit Blick auf die Intensität des Musikgenusses folgende Abstufungen feststellen: Wird nur ein einziges lineares Programm, bei dem der Veranstalter die Sendefolge einseitig vorgibt (ohne dabei individuelle Vorgaben des Zuhörers zu berücksichtigen), über das Internet verbreitet, dann werden bei diesem Angebot in der Regel dieselben Vergütungsparameter angewendet wie bei einem klassischen Radioprogramm, das über UKW-Wellen oder DAB+ gesendet wird. Kann der Zuhörer bei einem Angebot zwischen einer Vielzahl von Musikkanälen auswählen, bei denen die jeweilige Sendefolge ebenfalls durch den Veranstalter vorgegeben wird, die sich aber nach einzelnen Musikgenres unterscheiden, so handelt es sich dabei zwar weiterhin um ein lineares Hörfunkangebot. Jedoch erhöht sich die Intensität des Musikgenusses dadurch, dass der Zuhörer zwischen den einzelnen Kanälen eines solchen Musikmehrkanaldienstes wechseln kann je nachdem, welcher Kanal seinem (aktuellen) Musikgeschmack gerade am nächsten kommt. Dies rechtfertigt eine höhere Vergütung als bei einem einzigen her-

kömmlichen Hörfunkprogramm.[62] Kann der Zuhörer demgegenüber aktiv eine *Playlist* anlegen oder anpassen und das Abspielen der Playlist starten, unterbrechen und fortsetzen, wann er will, dann ist das Angebot noch stärker auf die individuellen Bedürfnisse der einzelnen Konsumenten ausgerichtet. Der Bereich eines linearen Programms ist verlassen und die Intensität des vermittelten Musikgenusses steigt, da der Konsument sich seinen Werkgenuss zeitlich und inhaltlich gezielt verschaffen kann, ohne sich dabei nach Vorgaben des Anbieters richten zu müssen. Bei einem solchen Angebot gilt dann der Vergütungsrahmen der einschlägigen „Online"-Tarife der GEMA.

II. Relevante Rechte

1. Senderecht

Um die Lizenzierung des Senderechts iSd §§ 20 und 20a UrhG geht es immer dann, wenn ein elektronisches Medium gleichzeitig einer Mehrzahl von Mitgliedern der Öffentlichkeit iSv § 15 Abs. 3 UrhG **mittels Funktechnik** oder ähnlichen technischen Mitteln zugänglich gemacht wird. Die Lizenzierung von Fernseh- oder Hörfunkprogrammen erfordert die Einräumung des Senderechts gemäß §§ 20, 20a UrhG. Die GEMA räumt das Senderecht gegenüber einem Nutzer allerdings nicht umfassend ein, sondern je nach Bedarf **konkretisiert** hinsichtlich der **Art des tatsächlichen Sendevorgangs**: Unterschieden wird die primäre Ausstrahlung der Programmsignale über terrestrische Antenne,[63] über Satellit,[64] auf Basis des Internet-Protokolls,[65] über Mobilfunk[66] und durch Kabel. Da jedoch jede eigenständige Stufe einer Verwertungskette einer separaten Vergütungspflicht unterliegt, ist von der Primärausstrahlung durch das Sendeunternehmen die „Weitersendung" der Programmsignale durch einen von dem Rundfunkveranstalter verschiedenen Dritten zu unterscheiden. Greift der Betreiber eines Breitbandkabelnetzes bereits vorhandene Primärsignale ab und sendet diese – zeitgleich, vollständig und unverändert – über sein Kabelnetz nochmals an die Öffentlichkeit weiter, wird dies als „Kabelweitersendung" bezeichnet.[67] 55

Speziell bei arbeitsteiligen Geschäftsmodellen wird dem Zuhörer oder Zuschauer das Programm nicht mehr allein durch einen klassischen Rundfunkveranstalter zugänglich gemacht. Vielmehr liefern diese als „Produktionsfirmen" fertige Programme einer oder mehreren Vermarktungsplattformen zu. Letztere fassen mehrere Programme thematisch zu Paketen zusammen und verbreiten diese – in der Regel verschlüsselt gegen ein programm- bzw. paketbezogenes Entgelt – über eigene oder fremde technische Infrastrukturen an Endkunden. Aus urheberrechtlicher Sicht stellt sich in dieser Konstellation die Frage, wer für den Erwerb der Musikrechte verantwortlich ist. In der Praxis weisen nicht 56

62 BGH, ZUM 2004, 669, 671 f. – Musikmehrkanaldienst.

63 Terrestrisch ausgestrahlt werden vor allem Radioprogramme (analog über UKW, digital über DAB; Fernsehprogramme im Digital-Standard DVB-T2 erreichten im Jahr 2017 ca. 7,4% der TV-Haushalte).

64 45,7% der deutschen TV-Haushalte empfangen ihre TV-Programme via Satellit (Stand 2017).

65 Im Jahr 2005 starteten Pilotprojekte zur Übertragung von TV auf IP-Basis. Da im Jahr 2016 in Deutschland ca. 25,3 Mio. breitbandige Internet-Anschlüsse existierten (10 Mbit/s oder mehr) und internetfähige Fernsehgeräte (sog. „Smart TVs") in ca. 22% der TV-Haushalte aktiv genutzt werden, mit denen auch hochbitratige Fernsehprogramme empfangen werden können, ist die IP-basierte Übertragung von Programmen für die Sendeunternehmen als zusätzlicher oder auch alternativer Verbreitungsweg mittlerweile von wirtschaftlicher Relevanz. Erfolgt die Sendung durch den Veranstalter selbst über das Internet parallel z.B. zu der terrestrischen Verbreitung, wird dies als „Simulcasting" bezeichnet.

66 Während Mobil-TV über UMTS vereinzelt schon länger angeboten wird, konnte sich Mobil-TV über Rundfunknetze in den Standards DMB und DVB-H in Deutschland bislang nicht durchsetzen.

67 Rund 46% der deutschen TV-Haushalte werden via Breitbandkabel versorgt (Stand 2017).

selten die Akteure, insbesondere die Vermarktungsplattformen, jede Verantwortung von sich oder es wird der wirtschaftlich schwächste Akteur von den stärkeren Partnern zum Rechteerwerb verpflichtet. Hat überhaupt keine Rechteklärung stattgefunden, dann stellt dies selbstverständlich eine rechtswidrige Nutzung dar (§ 42 Abs. 1 VGG), bei der sich sämtliche Beteiligte Unterlassungsansprüchen der GEMA ausgesetzt sehen müssen. Doch auch dann, wenn die Beteiligten vertraglich miteinander vereinbart haben, wer die Musikrechte erwerben soll, ist dies im Verhältnis zur GEMA nicht bindend. Denn die Frage der Nutzereigenschaft und damit des Rechteerwerbs ist objektiv zu entscheiden und kann nicht zwischen den Beteiligten durch vertragliche Vereinbarungen geregelt werden. Im Senderecht ist die Frage der urheberrechtlichen Verantwortlichkeit vielmehr im Rahmen einer wertenden Betrachtung zu beantworten: Grundsätzlich trägt derjenige Akteur die urheberrechtliche Verantwortung, der das „Ob" und das „Wie" des Sendevorgangs kontrolliert und der den primären wirtschaftlichen Vorteil der Werknutzung erzielt.[68] Sollten zwei Akteure in gleicher Weise das Geschäftsmodell verwirklichen und wirtschaftliche Vorteile generieren, so tragen sie beide eine Mitverantwortung.[69]

2. Kabelweitersenderecht

57 Das Kabelweitersenderecht ist in § 20 UrhG verankert (Kabelfunk) und wurde mit Umsetzung der Satelliten- und Kabelrichtlinie 93/83 in § 20b Abs. 1 UrhG einer Legaldefinition zugeführt sowie in § 20b Abs. 2 UrhG durch den deutschen Gesetzgeber um einen Vergütungsanspruch für Urheber und Leistungsschutzberechtigte gegen das Kabelunternehmen ergänzt. Hiernach sind Kabelnetzbetreiber, die ihre Netze auf deutschem Gebiet betreiben, verpflichtet, die Kabelweitersenderechte zu erwerben und die Vergütungsansprüche abzugelten. Eigenständige oder „integrierte" Kabelnetze bestehen aus einer **Kopfstation**, über die der Betreiber z.B. terrestrisch oder satellitär ausgestrahlte Programmsignale empfängt, und dem **eigentlichen Netz**, durch das diese Signale an die Haushalte weitergesendet werden. In Deutschland hatte früher die Deutsche Bundespost Kopfstationen und überregionale Netze betrieben (sog. „Netzebene 3"), während die „letzte Meile", insbesondere die Hausinnenverteilung, von Privatunternehmern betrieben wurde (sog. „Netzebene 4"). Nach Privatisierung und Verkauf der Netze der ehemaligen Deutschen Bundespost gibt es in Deutschland eine Vielzahl von Betreibern der Netzebene 3, Netzebene 4 oder integrierter Netze. Im Unterschied zur Satellitensendung handelt es sich bei der Kabelweitersendung um einen **eigenständigen Verwertungsvorgang**, weil der Netzbetreiber als ein von dem Sendeunternehmen unabhängiger Dritter den (Weiter-) Sendevorgang kontrolliert und beispielsweise über die Kabelanschlussentgelte, die von den Kabelhaushalten an das Kabelunternehmen entrichtet werden, einen eigenen wirtschaftlichen Vorteil generiert. Es liegt somit keine Doppelvergütung vor, wenn sowohl Rundfunkveranstalter als auch Kabelnetzbetreiber urheberrechtliche Vergütungen entrichten.

58 Im Falle eines **Free-TV-Programms** erwirtschaftet der Rundfunkveranstalter den mit der Sendung bezweckten primären Umsatz in Form von Werbeeinnahmen; der Kabelnetzbetreiber erwirtschaftet demgegenüber mit den von ihm eingenommenen Kabel-

68 Fromm/Nordemann-*Dustmann*, § 20 UrhG Rn. 16; Schricker/Loewenheim-*v. Ungern-Sternberg*, § 20 UrhG Rn. 16; BGH, ZUM 2010, 588, 589 – Regio-Vertrag.

69 EuGH v. 13.10.2011 – verb. Rs. C-431/09 und C-432/09 *Airfield NV ./. Sabam*, Slg. 2011, I-9363, Rn. 71 ff; *Langhoff*, Der urheberrechtliche Schutz von Sendeunternehmen, S. 195–199, 207–211 zur gemeinschaftlichen Verantwortung bei einheitlichen und zweiaktiven, aber unteilbaren Ausstrahlungsvorgängen.

anschlussentgelten einen weiteren, zusätzlichen wirtschaftlichen Vorteil. Deshalb ist die Einstufung der Kabelverbreitung als Kabelweitersendung und damit als akzessorischer Zweitverwertung gerechtfertigt. Anders hingegen fällt die Wertung bei **Pay-TV-Programmen** aus, die über alle Verbreitungswege hinweg stets nur gegen ein programmbezogenes Extraentgelt – die Abonnementgebühr – freigeschaltet werden. Hier kann kein Umsatz – Satelliten-Aboentgelt/Kabel-Aboentgelt – als „zusätzlicher wirtschaftlicher Vorteil" klassifiziert werden, der der Zweitverwertungsstufe zugeordnet werden könnte. Denn bei allen Umsätzen handelt es sich um die primär bezweckten wirtschaftlichen Vorteile. Demnach wäre es willkürlich, die Kabelverbreitung als Weitersendevorgang und die Satellitenverbreitung als Primärsendung zu klassifizieren und nicht umgekehrt. Daher müssen sämtliche Beteiligte an der Verbreitung von Pay-TV für alle Verbreitungswege stets das Primärsenderecht bei der GEMA klären.

Wie bereits ausgeführt stellt für die Ausstrahlung von Fernsehen und Hörfunk ne- 59
ben den klassischen Übertragungswegen der Terrestrik, des Satelliten und der Weitersendung von Rundfunkprogrammen über Breitbandkabelnetze das **Internet** eine weitere Distributionsmöglichkeit dar. So werden mittlerweile DSL-Internet-Anschlüsse oder verschiedene Mobilfunktechniken als zusätzliche Verbreitungswege für Radio und Fernsehen genutzt. Vermehrte Distributionskanäle für Free-TV-Programme führen zu vermehrten Weitersendevorgängen, insbesondere wenn die Freischaltung der Programme gegen ein Anschlussentgelt erfolgt.

Gleichwohl muss bei einer IP-basierten Weitersendung von Rundfunksignalen diffe- 60
renziert werden: Wenn die Empfangsmöglichkeit der Rundfunkprogramme leitungsgebunden über DSL-Anschlüsse mit großen Bandbreiten – sei es über das herkömmliche Telefonnetz, sei es mittels moderner Glasfasernetze – nur durch den jeweiligen Telekommunikationsanbieter für seine DSL-Anschlusskunden geschaffen wird, findet eine Weitersendung über ein proprietäres Netz statt. Funktional betrachtet ist dieser Vorgang vergleichbar mit einer Weitersendung von Rundfunkprogrammen über das Breitbandnetz eines traditionellen Kabelnetzbetreibers. Rechtlich wird daher diese IP-basierte, leitungsgebundene Weitersendung in einem geschlossenen DSL-Netz als Kabelweitersendung iSd § 20b UrhG eingestuft, sofern die Weitersendung der Rundfunkprogramme zeitgleich, vollständig und unverändert erfolgt (sog. „IPTV").[70]

Schwieriger hingegen ist wegen der technologiespezifischen Ausgestaltung des 61
§ 20b UrhG die rechtliche Einordnung, wenn Rundfunkprogramme zeitgleich, vollständig und unverändert über das offene Internet oder über Mobilfunknetze weitergesendet werden oder OTT-Anbieter ihren Endkunden den Empfang der Programme allein über Web-Applikationen ermöglichen. Es fehlt hier an einer leitungsgebundenen Vermittlung der Signale bzw. an einer Verbreitung der Signale an einen geschlossenen Kreis von Endkunden, da die Vermittlung infrastrukturunabhängig erfolgt. Nicht abschließend geklärt ist in diesen Fällen, ob diese Verbreitungsformen als Weitersendung über Kabel- oder Mikrowellensysteme anzusehen sind.[71] Die Anwendbarkeit des § 20b UrhG zu bejahen, hätte aus Nutzersicht erhebliche Vorteile. Denn aufgrund der Verwertungsgesellschaftenpflichtigkeit der Ansprüche aus der Kabelweitersendung könnten die Anbieter

---

70 *Hoeren/Neurauter*, IPTV, S. 36; *Kreile/von Kruedener*, ZUM 2014, 772, 775; *Weber*, ZUM 2009, 460, 461; a.A. *Haedicke*, ZUM 2017, 1, 6ff. So empfangen bereits 6,9% der deutschen TV-Haushalte über DSL-Anschlüsse weitergesendete Rundfunkprogramme (Stand 2017).

71 Bejahend *Kempermann/Pieper*, CR 2013, 661, 665f.; *Kreile/von Kruedener*, ZUM 2014, 772, 775 f.; *Ory*, ZUM 2007, 7, 9; *Schmittmann*, MR-Int 2010, 68, 70f., 73; *Weber*, ZUM 2009, 460, 462; verneinend *Haedicke*, ZUM 2017, 1, 6ff. (der jedoch nicht zwischen geschlossenen und offenen Infrastrukturen unterscheidet); *Hoeren*, MMR 2008, 139, 143; *Hoeren/Neurauter*, IPTV, S. 236ff.; LG Hamburg, ZUM 2009, 582, 586 – Zattoo.

die notwendigen Rechte weitestgehend gebündelt über Verwertungsgesellschaften erwerben und müssten diese nicht mit dem jeweiligen Rechteinhaber individuell klären. Wegen der Vielzahl der beteiligten Rechteinhaber auch bei diesen Weitersendevorgängen ist die Situation mit der der klassischen Kabelnetzbetreiber durchaus vergleichbar. Denn für den einzelnen Rechteinhaber ist auch bei diesen Formen der Massennutzung eine Einzelfallklärung ebenfalls nur mit erheblichem Aufwand möglich. Nach Auffassung der GEMA sind diese Weitersendevorgänge jedenfalls als Unterform des Senderechts iSv § 20 UrhG zu klassifizieren, ebenso wie die Kabelweitersendung vor Inkrafttreten des § 20b UrhG. Endgültige Rechtssicherheit kann jedoch nur durch eine Klarstellung des Gesetzes erfolgen – hier ist der nationale oder der EU-Gesetzgeber gefordert. So hat die Europäische Kommission auch einen Vorschlag für einen Entwurf einer Verordnung vorgelegt[72], durch die für weitere technische Spielarten von Weiterverbreitungsvorgängen nahezu dieselben Regelungen zur kollektiven Rechtwahrnehmung gelten sollen, wie sie in Umsetzung der Art. 8 ff. SKRL hinsichtlich der technologiespezifischen Kabelweitersendung in § 20b Abs. 1 UrhG und § 50 VGG eingeführt worden sind. Diese Regelungen sollen nach Erwägungsgrund 12 des Verordnungsentwurfs nun auch für Weiterverbreitungsdienste über Satellit, digitale terrestrische Netze, geschlossene internetprotokollgestützte Netze, Mobilnetze oder ähnliche Netze gelten, die auf dezidierten technischen Infrastrukturen basieren, nicht aber für Weiterverbreitungsdienste, die über das offene Internet angeboten werden. Eine Lizenzierung von OTT-Anbietern unter einem mit dem des § 20b UrhG vergleichbaren Regime wäre somit nur dann möglich, wenn der Anwendungsbereich der Verordnung auch auf solche Weitersendedienste erstreckt würde, die zwar über das offene Internet angeboten werden, sich aufgrund ihrer technischen Ausgestaltung jedoch ebenso an geschlossene Endkundengruppen richten, wie dies bei klassischen Kabelnetzen der Fall ist. Da die EU-Verordnung zwar direkt im nationalen Recht, jedoch nur bei grenzüberschreitenden Sendevorgängen anwendbar wäre, erscheint des Weiteren eine Angleichung des § 20b UrhG an die zu erwartende EU-Verordnung angeraten, um so die kollektive Rechtewahrnehmung – wie auch bei der Kabelweitersendung – auf rein inländische Weitersendevorgänge zu erstrecken und so einen vollständigen inhaltlichen Gleichlauf der Regelungsregimes sicherzustellen.

3. Vervielfältigungsrecht

62 Die GEMA räumt den Sendeunternehmen auch das **Vervielfältigungsrecht als Nebenrecht** ein, weil die gesetzliche Schranke des § 55 UrhG in der Praxis nicht ausreicht. Die Vervielfältigungen dürfen allerdings nur „zu Sendezwecken" vorgenommen werden.

4. Fernsehfilmherstellungsrecht

63 Für die Sendeunternehmen von Bedeutung ist die Praxis der GEMA, auch das Fernsehfilmherstellungsrecht für **Eigen- und Auftragsproduktionen** zu eigenen Sendezwecken zu vergeben. Wenn Dritte, die nicht selbst Sendeunternehmen sind, an der Herstellung beteiligt sind, müssen die Filmherstellungsrechte jedoch gesondert, in der Regel über die Musikverlage, erworben werden.

72 Vorschlag vom 14.9.2016 für eine Verordnung des Europäischen Parlaments und des Rates mit Vorschriften für die Wahrnehmung von Urheberrechten und verwandten Schutzrechten in Bezug auf bestimmte Online-Übertragungen von Rundfunkveranstaltern und die Weiterverbreitung von Fernseh- und Hörfunkprogrammen, COM(2016) 594 final.

5. Vervielfältigungsrecht und Recht der öffentlichen Zugänglichmachung für bestimmte Onlinenutzungen

Stellen Sendeunternehmen Beiträge, die im Rahmen ihres linearen Programms gesendet worden sind, den Konsumenten nach der Sendung für einen begrenzten Zeitraum zum individuellen Abruf im Rahmen eigener Online-Angebote zur Verfügung (z.B. in **Mediatheken**), dann unterfällt diese Nutzung nicht mehr dem Senderecht. Im Rahmen ihres Wahrnehmungsumfangs räumt die GEMA den Sendeunternehmen vielmehr für diese **programmbegleitenden Onlinenutzungen** das Vervielfältigungsrecht gemäß § 16 UrhG und das Recht der öffentlichen Zugänglichmachung gemäß § 19a UrhG über den Sendevertrag ein, sofern das Online-Angebot des jeweiligen Sendeunternehmens das lineare Programm insgesamt widerspiegelt.[73] 64

III. Inkassotätigkeit der GEMA im Sendebereich

1. Bisherige Vergütungsmodelle

Seit Beginn des öffentlich-rechtlichen Rundfunks in der Bundesrepublik Deutschland in den 50er Jahren des zurückliegenden Jahrhunderts hat die GEMA mit den öffentlich-rechtlichen Rundfunkanstalten Pauschalverträge abgeschlossen, über die die Musiknutzungen in allen öffentlich-rechtlichen Hörfunk- und Fernsehprogrammen abgegolten wurden. Dabei sah das Vergütungssystem zunächst einen bestimmten Pfennigbetrag pro gebührenpflichtigen Haushalt vor, um die GEMA an den Rundfunkgebühren partizipieren zu lassen. Parallel zu den Gebührenperioden und nach jeder Gebührenerhöhung wurde dieser Pfennigbetrag neu verhandelt. Wegen der langen Vertragshistorie und der von Zeit zu Zeit notwendigen Anpassungen aufgrund aktueller Bedürfnisse, wie z.B. der Einführung von Werbung in den öffentlich-rechtlichen Programmen, war der Pfennigbetrag bzw. Centbetrag pro gebührenpflichtigen Haushalt zuletzt nur noch ein Teil des Vergütungssystems im öffentlich-rechtlichen Rundfunk. Im Wesentlichen verhandelte die GEMA bis zum Jahr 2008 mit den Landesrundfunkanstalten der ARD und dem ZDF Vergütungspauschalen, also feste Jahresvergütungsbeträge, bei deren Festsetzung die vergütungsrelevanten Parameter, insbesondere die Intensität der Musiknutzung und der von den Anstalten generierte wirtschaftliche Vorteil, in geeigneter Weise Beachtung fanden. 65

Nach Einführung des privaten Rundfunks (Fernsehen und Hörfunk) in den achtziger Jahren des letzten Jahrhunderts als zweiter Säule der **dualen Rundfunkordnung** schloss die GEMA auch mit den kommerziellen Veranstaltern Pauschalverträge ab. Hier erfolgte die Abgeltung der Musiknutzungen im Wege einer prozentualen Beteiligung der GEMA an den Werbeeinnahmen. Die Höhe des Prozentsatzes richtete sich nach dem Musikanteil der jeweiligen Programme, wobei zuletzt sechs Musikanteilsstufen festgelegt wurden. 66

2. Vereinheitlichung des Tarifsystems für Fernsehen und Hörfunk

Mit dem Abschluss neuer Gesamtverträge in den Jahren 2012/2013 sowohl mit dem öffentlich-rechtlichen als auch mit dem privaten Rundfunk hat die GEMA nun die Vergü- 67

73 Sofern die GEMA nicht über die mechanischen Onlinerechte einzelner Verlage am anglo-amerikanischen Repertoire verfügt, werden diese Rechte im Rahmen entsprechender Vereinbarungen mit den Verlagen reaggregiert (vgl. hierzu auch zur Ausnahmeregelung des § 74 VGG), um so einen Gleichlauf des Repertoireumfangs für lineare und non-lineare Nutzungen der Sendeunternehmen sicherzustellen.

tungssysteme für die beiden Säulen der dualen Rundfunkordnung strukturell angeglichen, um die **Gleichbehandlung** des öffentlich-rechtlichen und des privaten Rundfunks noch transparenter zu gestalten. Die von den Sendeunternehmen für deren Musiknutzungen zu leistende Vergütung besteht seitdem einheitlich in einer prozentualen Beteiligung an den Einnahmen. Die Höhe des Prozentsatzes hängt von der Höhe des Musikanteils des jeweiligen Fernseh- oder Hörfunkprogramms ab. Die bisherigen Musikanteilsstufen wurden durch eine lineare Ausgestaltung der einschlägigen Vergütungssysteme ersetzt. Ist der Musikanteil eines Programms niedriger als 100%, wird der Maximalvergütungssatz, der diesem Musikanteil entspricht, entsprechend pro rata angepasst. Für die Ermittlung des Musikanteils ist allein die Quantität maßgeblich. Eine Bewertung oder Gewichtung nach dem jeweiligen Nutzungskontext erfolgt nicht. Durch diesen Ansatz werden nunmehr sowohl das individuelle Profil des jeweiligen Programms im Rahmen der Musikanteilsermittlung stärker berücksichtigt als auch die durch das jeweilige Programm generierten Einnahmen als Basis für die Vergütungsermittlung herangezogen. Dies ist sinnvoll, weil angesichts der inhaltlichen Diversifizierung der Programmangebote so dem urheberrechtlichen Beteiligungsgrundsatz und den Vorgaben des § 39 Abs. 1 und 2 VGG angemessen Rechnung getragen wird sowie ein programmbezogenes Inkasso durch die GEMA ermittelt werden kann.

a) Hörfunk

68 Während die Anzahl der öffentlich-rechtlichen Hörfunkprogramme durch § 11c RStV beschränkt ist, existiert auf lokaler und regionaler Ebene eine vielfältige Radiolandschaft privater Anbieter in Deutschland. Die Anbieter operieren dabei auch heute noch weitestgehend auf der Grundlage der etablierten Geschäftsmodelle. Zurückzuführen ist dies auf die fortbestehende Frequenzknappheit im analogen UKW-Bereich, die zu quasi-abgeschotteten Märkten führt. Bundesweiter privater Hörfunk wird sich erst dann etablieren können, wenn sich die digital-terrestrische Hörfunkübertragung im DAB+-Standard durchsetzt. Diese ist aber so lange nicht attraktiv, wie nur geringe Reichweiten erzielt werden. Denn dadurch steht die wirtschaftliche Refinanzierbarkeit der Hörfunkprogramme durch Werbeeinnahmen in Frage, während gleichzeitig für die Übertragung hohe Technikkosten anfallen. Fehlen jedoch attraktive Digital-Angebote, die einen Mehrwert gegenüber dem bestehenden UKW-Angebot darstellen, gibt es – neben der besseren Tonqualität und multimedialer Zusatzdienste – eher nur geringe Anreize für die Zuhörer, digitale Empfangsgeräte zu erwerben und einzusetzen, auch wenn mittlerweile eine technische Abdeckung in der Fläche von 95% besteht. Insofern ist davon auszugehen, dass auch in den kommenden Jahren eine Parallelverbreitung von Hörfunkprogrammen sowohl im UKW- als auch im DAB+-Standard erfolgen wird.[74] Demgegenüber hat sich im Internet eine vielfältige Webradio-Landschaft etabliert, in der Hörfunkprogramme ausschließlich IP-basiert übertragen werden und die vor allem nicht-kommerziell ausgerichtet ist. Die technische Eintrittsschwelle für die Veranstaltung von Webradio ist kontinuierlich gesunken, so dass heute nahezu jedermann sein eigenes Webradio betreiben kann. Dazu trägt bei, dass Anbieter von Webradios anders als der klassische Hörfunk keine medienrechtliche Lizenz benötigen, sondern gem. § 20b RStV lediglich einer Anzeigepflicht unterliegen.

74 Anders als in anderen europäischen Ländern, in denen der Zeitpunkt einer UKW-Abschaltung bereits festgelegt (in Norwegen im Jahr 2017) oder angestrebt (in der Schweiz zwischen 2020 und 2024) bzw. an eine digitale Empfangsquote von 50% der Radiohörer gekoppelt wird (Belgien), sind in Deutschland die Modalitäten eines Umstiegs auf DAB+ sowie eine mögliche Abschaltung der UKW-Verbreitung weiterhin in der rundfunkpolitischen Diskussion.

Die GEMA verfolgt bei der Lizenzvergabe im Bereich Radio einen funktionalen, **technologieneutralen Ansatz**, um dem Gebot der Gleichbehandlung zu entsprechen: Es gibt nur einen **Tarif Radio**, der für alle Angebote Gültigkeit beansprucht, unabhängig von deren jeweiliger technischen Art und Weise der Ausstrahlung. UKW-Radio, Satellitenradio, Webradio, Kabelradio, DAB-Radio – für alle Spielarten von Radio gelten die gleichen Vergütungsgrundsätze. Der Radioveranstalter erhält einen Lizenzvertrag und kann damit die von ihm verantworteten Programme über alle Verbreitungswege ausstrahlen. 69

Neben dem Tarif Radio hat die GEMA einen ebenfalls technologieneutralen **Tarif Premium-Radio** veröffentlicht, der Anwendung findet auf lineare Musikmehrkanaldienste mit hundert und mehr Kanälen. Weil diese Premium-Angebote geeignet sind, die Hörer vom Kauf von CDs oder vom legalen Download bzw. interaktivem Streaming abzuhalten und damit einen Substitutionseffekt entfalten, fällt die Vergütung hier höher aus als beim herkömmlichen Radio. 70

Die Vergütung für normales, kommerzielles Radio und Premium-Radio drückt sich in einer **Beteiligung der GEMA am sendungsbezogenen Umsatz** des Veranstalters aus, also im Regelfall in einer Beteiligung an dessen Werbeeinnahmen. Von den Netto-Werbeeinnahmen können Abzüge für Akquisitionsaufwendungen zwischen 5% und 15% vorgenommen werden. Beim öffentlich-rechtlichen Hörfunk werden zusätzlich entsprechend den Zuweisungen der „Kommission zur Ermittlung des Finanzbedarfs der Rundfunkanstalten" (KEF) die hörfunkrelevanten Anteile der jeweiligen Wellen an den Rundfunkbeiträgen (ehemals Rundfunkgebühren) der Vergütungsberechnung zugrunde gelegt. Die Höhe der Beteiligung richtet sich für alle Hörfunkveranstalter einheitlich nach dem Musikanteil im Programm.[75] Sollte ein Radio oder Premium-Radio keinen oder nur einen geringen Umsatz tätigen, so kommt eine Mindestvergütung zur Anwendung.[76] 71

Im kommerziellen Hörfunkmarkt sind knapp 90% der Veranstalter Mitglied in einem der Rundfunkverbände APR[77] und VPRT[78], mit denen die GEMA einen **Gesamtvertrag** verhandelt hat. Die Landesrundfunkanstalten der ARD sind in einer eigenen Nutzervereinigung zusammengeschlossen, mit der die GEMA ebenfalls einen Gesamtvertrag geschlossen hat. Die Lizenzverträge entsprechen demgemäß stets dem mit der Nutzervereinigung vereinbarten Vertragsmuster. Die Abrechnung der Werbeeinnahmen gegenüber der GEMA erfolgt einerseits über die Veranstalter selbst und andererseits über die in der Branche tätigen Vermarktungsorganisationen. Auf diese Weise wird sichergestellt, dass alle vergütungsrelevanten Einnahmen erfasst werden. Im Gegenzug für die durch den Gesamtvertrag verwirklichte Verwaltungserleichterung erhalten die Mitgliedsunternehmen der Gesamtvertragspartner einen so genannten Gesamtvertragsrabatt in Höhe von 20%. 72

Für die meist nicht-kommerziell veranstalteten Webradios gestaltet sich der Lizenzerwerb deutlich einfacher: Für sie hat die GEMA auf ihrer Website einen **Lizenzshop** eingerichtet, der es erlaubt, den gesamten Lizenzierungsvorgang mit wenigen Mausklicks selbst vorzunehmen, wenn sie nur eine geringe Hörer-Reichweite aufweisen. 73

---

75 100% Musikanteil = Vergütung 7,5% vom Umsatz; ist der Musikanteil niedriger als 100%, reduziert sich der Vergütungssatz entsprechend pro rata. Bei Premium-Radio beträgt die Beteiligung der GEMA 9% vom Umsatz bei 100% Musikanteil, ebenfalls mit einer entsprechenden Reduzierung pro rata bei niedrigerem Musikanteil.

76 Die Mindestvergütung knüpft an den im Radiomarkt etablierten Parameter des „weitesten Hörerkreises" an, also der Anzahl der Personen im Verbreitungsgebiet des Programms, die das Programm innerhalb der letzten 14 Tage einmal oder mehrmals gehört haben, wobei jede Person nur einmal gezählt wird. Die Mindestvergütung beträgt nicht weniger als EUR 32,50 im Monat (zzgl. 7% USt.).

77 http://www.privatfunk.de.

78 http://www.vprt.de.

b) Fernsehen

74 Auch im Fernsehen ist die Anzahl der von den öffentlich-rechtlichen Rundfunkanstalten veranstalteten Programme in § 11b RStV fixiert.[79] Umso dynamischer entfaltet die Konvergenz der Medien ihre Dynamik seit mehreren Jahren im privaten Fernsehmarkt in Deutschland und führt weiter zu einer Erhöhung des Fernsehangebots: Statt nur weniger Vollprogramme wie zu Beginn des privaten Rundfunks kann der Zuschauer heute seine TV-Präferenz aus einer ausdifferenzierten Angebotspalette auswählen.[80] Weil die Akquisition von Werbeeinnahmen für die Fernsehunternehmen bei wachsender Konkurrenz naturgemäß schwieriger wird, werden auch die Geschäftsmodelle erweitert.[81] Demgegenüber haben sich – anders als im Radio – bislang nur wenige IP-basierte TV-Programme etabliert (sog. „Web-TV"), die sich zudem einer zunehmenden Konkurrenz von Video-on-Demand-Diensten ausgesetzt sehen.[82]

75 Auch im Bereich Fernsehen verfolgt die GEMA einen funktionalen, **technologieneutralen Ansatz**, der eine Differenzierung der Vergütung nach Art der Übertragungswege ausschließt. Ebenso wie im Bereich Hörfunk gibt es nur ein **Vergütungssystem Fernsehen**, das bei allen – öffentlich-rechtlichen wie privaten – Angeboten Anwendung findet und bei dem neben Einnahmen aus Werbung, Sponsoring und Bartering, Telekommunikationsvorgängen, Spenden, Media for Equity[83] und Produktplatzierung auch hier die sendungsbezogenen Einnahmen der öffentlich-rechtlichen Rundfunkveranstalter aus dem Rundfunkbeitrag als Berechnungsgrundlage herangezogen werden.[84]

76 Die großen privaten Fernsehveranstalter sind alle Mitglieder des Rundfunkverbandes VPRT, kleinere regionale und lokale Stationen sind Mitglied im Verband APR, während sich die ARD-Landesrundfunkanstalten und das ZDF zu einer eigenen Nutzervereinigung zusammengeschlossen haben. Ebenso wie im Hörfunk verhandelt die GEMA mit diesen Verbänden zeitlich befristete **Gesamtverträge Fernsehen**, die in regelmäßigen Abständen den geänderten Entwicklungen angepasst werden. Auch im Fernsehen erhal-

---

79 Das rein internetbasierte Jugendangebot FUNK gem. § 11g RStV von ARD und ZDF wird weder als Hörfunk noch als Fernsehen lizenziert, da es auf keiner von den Veranstaltern festgelegten linearen Sendefolge basiert.

80 Neben die klassischen Vollprogramme (u. a. RTL, ProSieben, SAT.1, VOX, RTL II, Kabel 1) tritt eine große Anzahl an Spartenprogrammen, mit denen teilweise auch die großen Sendergruppen ihre Programmangebote arrondieren. Das Angebot reicht von Nachrichten-, Sport-, Männer-, Frauen-, Spielfilm- und Kinderprogrammen bis hin zu solchen Angeboten, die sich ausschließlich *Special-interest-*Themen widmen, z.B. dem Reisen, der Wissenschaft, Hochzeitsthemen, der Astrologie oder dem Kochen.

81 Die Veranstalter bemühen sich verstärkt, ihre Programme nicht nur über Werbung zu refinanzieren, sondern an die Zuschauer zu verkaufen; das Pay-TV verzeichnet weiterhin wachsende Abonnentenzahlen. Teleshopping differenziert sich zunehmend aus: neben dem klassischen Verkauf von Waren trat in den letzten Jahren der Verkauf von Reisen oder die Versteigerung von Waren in Anlehnung an *eBay*. Zumindest das Genre des „Mitmach-Senders" scheint ohne Erfolg zu sein: Nach der Einstellung des Vorreiters 9Live hat nun auch Joiz – trotz der speziell jungen Zielgruppe – seinen Sendebetrieb im Jahr 2016 wieder eingestellt.

82 So bieten die ProSiebenSat.1-Gruppe mit „maxdome" und der Pay-TV-Anbieter Sky mit „Sky ticket" eigene Video-on-Demand-Portale an, daneben gibt es weitere eigenständige Angebote wie beispielsweise „Netflix", „Amazon Instant Video" oder „videoload".

83 Bei Media for Equity erhalten Unternehmen (insbesondere Start-ups) zur Eigenwerbung Werbezeit (Medialeistungen) unter anderem von Sendeunternehmen in ihren Fernseh- oder Hörfunkprogrammen zur Verfügung gestellt. Dafür erhalten die Sendeunternehmen anstelle einer Geldleistung idR eine gesellschaftsrechtliche Beteiligung an diesen Unternehmen.

84 Die Vergütungsstruktur gleicht der Struktur des Tarifs Hörfunk, vgl. Rn. 71 Fn. 75, nur dass die prozentuale Beteiligung der GEMA bei 100% Musikanteil einem Vergütungssatz von 6% entspricht (Musik trägt zum Erfolg eines Fernsehprogramms weniger bei als zum Erfolg eines Radioprogramms); ist der Musikanteil niedriger als 100%, reduziert sich der Vergütungssatz auch hier entsprechend pro rata.

ten die Mitgliedsunternehmen der Verbände im Gegenzug für die durch den Gesamtvertrag verwirklichte Verwaltungserleichterung einen Gesamtvertragsrabatt in Höhe von 20%.

3. Kabelweitersendung

Ende der achtziger Jahre des zwanzigsten Jahrhunderts hatten die GEMA und weitere deutsche Verwertungsgesellschaften sowie die öffentlich-rechtlichen und privaten Rundfunkveranstalter sich zu der sog. **„Münchener Gruppe"** zusammengeschlossen, um gebündelt die Verhandlungen mit den Kabelnetzbetreibern in Deutschland zu führen. Die GEMA ist heute neben der Wahrnehmung ihres eigenen Repertoires als Inkassostelle mit der Lizenzierung und Inkassierung der Vergütungen für acht weitere Verwertungsgesellschaften tätig, nachdem die VG Media die „Münchener Gruppe" mit Wirkung ab dem Jahr 2003 verlassen hat.[85] Über einen Lizenzvertrag mit der GEMA erhalten die Kabelnetzbetreiber somit die Wort-, Bild-, Musik- und Filmrechte für die Weitersendung jeglicher Hörfunk- und Fernsehprogramme sowie zusätzlich die originären Leistungsschutzrechte und die von diesen erworbenen, abgeleiteten Rechte der öffentlich-rechtlichen Anstalten und eines Teils der privaten Rundfunkveranstalter von der GEMA eingeräumt und leisten hierfür eine Vergütung an die GEMA. 77

a) Überregionale Netze

Zu Beginn der Kabelweitersendung hatte die „Münchener Gruppe" einen sog. **„Kabelglobalvertrag"** mit der Deutschen Bundespost geschlossen, der die Einräumung und Abgeltung der Kabelweitersenderechte regelte und der bis zum Jahresende 2002 gültig war. Für den Zeitraum von 2003 bis 2006 konnte ein **Vergleichsvertrag** mit den Rechtsnachfolgern des ehemaligen Bundespost-Netzes geschlossen werden. Seit dem Jahr 2007 gehören diese Rechtsnachfolger dem Kabelverband ANGA an und werden über den entsprechenden Gesamtvertrag lizenziert. 78

b) Regionale Netze

Die Verwertungsgesellschaften der „Münchener Gruppe" haben mit verschiedenen Nutzervereinigungen – dem Verband Deutscher Kabelnetzbetreiber (ANGA)[86], dem Fachverband Rundfunk- und Breitbandkommunikation (FRK)[87], dem Gesamtverband der Wohnungswirtschaft (GdW)[88] sowie dem Mitteldeutschen Fachverband für Antennen- und Kabelanlagen (MFAK)[89] – **Gesamtverträge** geschlossen sowie einen **Gemeinsamen Tarif Kabelweitersendung** aufgestellt. Lizenziert werden danach flächendeckend **große, mittelständische und kleinere Kabelnetzbetreiber, Wohnungsunternehmen,** 79

85 Beteiligt sind neben der GEMA die Verwertungsgesellschaften AGICOA, GÜFA, GVL, VFF, VG Bild-Kunst, VGF, VG Wort und seit dem Jahr 2011 die TWF; die öffentlich-rechtlichen und verschiedene private Rundfunkveranstalter sind seit dem Jahr 2007 Wahrnehmungsberechtigte der VFF. Der Großteil der privaten Fernseh- und Hörfunkveranstalter lässt seine Rechte weiterhin durch die VG Media wahrnehmen, während die RTL-Gruppe ihre Programme mittlerweile aus der VG Media herausgenommen hat, sodass die Kabelnetzbetreiber die originären und abgeleiteten Rechte zur Kabelweitersendung von RTL-Programmen nun direkt mit dem Unternehmen klären müssen.

86 http://www.anga.de.

87 http://www.kabelverband-frk.de.

88 http://web.gdw.de.

89 http://www.mfak-ev.de.

Antennengemeinschaften sowie Mehrparteienhäuser. Auf diese Lizenzierungspraxis hat auch die „Ramses"-Entscheidung des BGH[90] keine erhebliche Auswirkung, da bei dem streitgegenständlichen Sachverhalt die Besonderheit darin bestand, dass die Wohnungseigentümergemeinschaft (WEG) das Kabelnetz selbst betreibt und dadurch die Kabelweitersendung der betroffenen Adressaten auf die Eigentümer der WEG, die zugleich die Bewohner sind, beschränkt ist. Nicht übertragbar ist diese Entscheidung insbesondere auf Antennengemeinschaften oder auch auf Kabelanlagen einer WEG, die von Hausverwaltungen betreut und bei denen die einzelnen Wohnungen vermietet werden.[91]

c) Rechtsnatur des Zusammenschlusses in der „Münchener Gruppe"

80 Die Rechtsverhältnisse zwischen den Verwertungsgesellschaften der „Münchener Gruppe" sind über Zusatzvereinbarungen geregelt, die diese untereinander abschließen und die sich auf die von allen Verwertungsgesellschaften gemeinsam abgeschlossenen Gesamtverträge sowie auf den veröffentlichten Gemeinsamen Tarif Kabelweitersendung beziehen. Über diese Zusatzvereinbarungen räumen die acht Verwertungsgesellschaften der GEMA ihre jeweiligen Rechte aus der Kabelweitersendung ein bzw. treten ihre hierauf basierenden Vergütungsansprüche an die GEMA ab; zugleich enthalten die Zusatzvereinbarungen Regelungen zur Verteilung des Kabel-Inkassos zwischen den Verwertungsgesellschaften. Die GEMA übernimmt als geschäftsführende Verwertungsgesellschaft die Gesamtvertrags- und Einzelvertragsverhandlungen mit Nutzervereinigungen und einzelnen Kabelnetzbetreibern. Die Lizenzierung erfolgt allein durch die GEMA und das hieraus vereinnahmte Inkasso verteilt sie entsprechend den Regelungen in den Zusatzvereinbarungen an die weiteren Verwertungsgesellschaften der „Münchener Gruppe" (Kap. 13 Rn. 33).

81 Durch diese gemeinsame Wahrnehmung von Kabelweitersenderechten und hieraus abgeleiteten Vergütungsansprüchen, die von der GEMA nach außen für alle Verwertungsgesellschaften vorgenommen wird, reduzieren die beteiligten Gesellschaften nicht nur ihren eigenen, sondern auch den Verwaltungsaufwand bei den Kabelnetzbetreibern. Denn letztere müssen aufgrund dieses einheitlichen Auftretens der Verwertungsgesellschaften nur mit der GEMA und nicht mit allen neun Verwertungsgesellschaften einen Lizenzvertrag abschließen. Zugleich profitieren sie davon, dass die Verwertungsgesellschaften der „Münchener Gruppe" im Wege gemeinschaftlicher Willensbildung zusammenwirken und eine einheitliche Rechtsausübung sicherstellen, weil dadurch für alle Marktteilnehmer diskriminierungsfreie Konditionen gewährleistet werden. Aus gesellschaftsrechtlicher Sicht fördern die Verwertungsgesellschaften damit einen gemeinsamen Zweck im Rahmen ihrer treuhänderischen Verpflichtungen gegenüber ihren jeweiligen Wahrnehmungsberechtigten, sodass die „Münchener Gruppe" als eine **Gesellschaft bürgerlichen Rechts** einzuordnen ist. Da allein die GEMA als geschäftsführende Gesellschafterin nach außen im Rechtsverkehr die Interessen der übrigen Verwertungsgesellschaften wahrnimmt, sie das Inkasso im eigenen Namen und auf eigene Rechnung vornimmt, ihr hierfür die Rechte und Ansprüche von den weiteren Verwertungsgesellschaften eingeräumt bzw. übertragen werden (mithin kein Gesamthandsvermögen gebildet wird) und sich die Organisation der Ge-

---

90 BGH, ZUM 2016, 216 – Ramses.

91 OLG Dresden, ZUM-RD 2017, 205; OLG Naumburg, Urt. v. 9.3.2017, Az. 9 U 58/16; LG Halle, ZUM 2016, 1069; LG Leipzig, ZUM 2016, 553; LG Potsdam, ZUM 2016, 564; AG Charlottenburg, ZUM 2017, 258.

sellschaft im Rahmen der Zusatzvereinbarungen im Wesentlichen auf die internen Verhältnisse beschränkt, ist die „Münchener Gruppe" als **Innengesellschaft** anzusehen.

Angesichts dessen stellt die „Münchener Gruppe" **keine abhängige Verwertungseinrichtung** iSv § 3 VGG dar. Denn auch wenn aufgrund der Zusammensetzung der „Münchener Gruppe" anzunehmen ist, dass dieser Zusammenschluss durch Verwertungsgesellschaften iSv § 3 Abs. 1 Var. 2 VGG „beherrscht" wird, so fehlt es doch an dem Vorliegen einer „Organisation" gemäß § 3 Abs. 1 VGG. Da dieser Begriff im Gesetz selbst nicht definiert wird, muss er im Lichte von § 3 Abs. 2 VGG ausgelegt werden, wonach die Bestimmungen dieses Gesetzes auf abhängige Verwertungseinrichtungen anzuwenden sind, soweit diese Tätigkeiten einer Verwertungsgesellschaft ausüben. Jedoch erfolgen die Vertretung und das Auftreten im Rechtsverkehr gegenüber den Kabelnetzbetreibern ausschließlich durch die GEMA und gerade nicht durch die „Münchener Gruppe". Auch genügen die Zusatzvereinbarungen zwischen den Verwertungsgesellschaften nicht, um als Ersatz eines Gesellschaftsvertrages von einem verfestigten Organisationsgrad auszugehen, was auf eine „Organisation" iSv § 3 VGG schließen ließe. Anderenfalls würde die Regelung des § 46 VGG leerlaufen, wonach bei Repräsentationsvereinbarungen zwischen Verwertungsgesellschaften auch abweichende Vereinbarungen hinsichtlich der Verteilung getroffen werden dürfen. Bereits dies weist darauf hin, dass die Kooperation der Verwertungsgesellschaften der „Münchener Gruppe" den Vorschriften der §§ 44 ff. VGG zur Wahrnehmung von Rechten auf **Grundlage von Repräsentationsvereinbarungen** unterfällt. Denn als Anwendungsfall des § 44 VGG kommen „auch rein nationale Inkassovereinbarungen oder ähnliche Vereinbarungen in Betracht".[92] Mithin darf die GEMA nicht ohne sachlichen Grund bei der Wahrnehmung und Verwaltung ihrer eigenen und der ihr eingeräumten bzw. übertragenen Rechte und Ansprüche unterscheiden (§ 44 VGG), es müssen die Regelungen der §§ 45 f. VGG bei der Verteilung des erzielten Kabel-Inkassos berücksichtigt werden und die GEMA unterliegt gegenüber den weiteren Verwertungsgesellschaften den Informationspflichten nach § 47 VGG. 82

C. Die Lizenzierung für die Herstellung und Verbreitung von physischen Tonträgern und Bildtonträgern sowie von sonstigen physischen Datenträgern[93]

I. Überblick über den Markt

Wenngleich die digitalen Nutzungsformate und ihre vielfältigen Geschäftsmodelle die **physischen Ton- und Bildtonträger** in erheblichem Umfang zurückgedrängt haben, so entfällt dennoch weltweit nach wie vor ein großer Anteil der Umsätze der sog. Recording Industry auf den Verkauf von physischen Tonträgern. Im bisher physisch außergewöhnlich starken deutschen Markt zeichnet sich inzwischen ein Gleichgewicht zwischen physischem und digitalem Geschäft ab.[94] Beachtenswert sind die – im Sinne des Retrotrends – anhaltend ansteigenden Produktionszahlen auf dem Vinylmarkt. Das 83

92 Gesetzentwurf der Bundesregierung zur Umsetzung der Richtlinie 2014/26/EU über die kollektive Wahrnehmung von Urheber- und verwandten Schutzrechten und die Vergabe von Mehrgebietslizenzen für Rechte an Musikwerken für die Online-Nutzung im Binnenmarkt sowie zur Änderung des Verfahrens betreffend die Geräte- und Speichermedienvergütung, BT-Drs. 18/7223, S. 87.

93 Neubearbeitung auf der Grundlage des in den Vorauflagen von Reinhard Nicklas und Alexander Wolf verantworteten Beitrags.

94 *Schlinger*, MusikWoche 30/2017, S. 15.

haptische Erlebnis „Schallplatte“ hat sich in den letzten Jahren als Nischenprodukt im Bereich der physischen Tonträger wieder etabliert.[95]

84 Bei der Herstellung und Verbreitung von Musikaufnahmen auf **Tonträgern** sind verschiedene Verwertungsphasen zu unterscheiden. So wird im Anschluss an die Produktion der Musikaufnahme die Matritze erstellt, welche als Pressvorlage für die Tonträgerherstellung dient (Mastering). Die eigentliche Herstellung der Tonträger und deren Vertrieb an den Endverbraucher sind weitere Phasen in der Verwertungskette. Neben der Verbreitung der Tonträger zum Verkauf über den Fachhandel (sei es durch Ladengeschäfte oder Onlinebestelldienste etc.), werden Tonträger auch über besondere Vertriebswege ggf. mit spezieller Zielsetzung auf den Markt gebracht (z.B. zu Werbezwecken). Die GEMA bezeichnet Tonträger, die auf diese Weise vermarktet werden, als **„Sonderprodukte“**.

Hauptumsatzträger im Bereich des Marktes der physischen Tonträger ist die CD, auf die ein Anteil von rund 90% der Gesamtumsätze entfällt.[96] Die DVD hat sich im reinen Audiobereich nicht durchgesetzt.

85 Der **Tonträgermarkt** ist vor allem durch die drei sog. „Majors“ Sony Music, Universal Music Group und Warner Music Group mit ihrem Marktanteil von insgesamt rund 70% geprägt. Andererseits geben mittelgroße Tonträgerunternehmen und viele kleine Tonträgerlabels dem Markt immer wieder Impulse und setzen wichtige Trends. Die fortwährende Dominanz der Majors gründet sich auf ihre Finanzstärke, die es ihnen erlaubt, Künstler mit großer Marktbedeutung im internationalen Rahmen an sich zu binden. Sie sind global tätig und können über ihre jeweils national maßgeblichen Vertriebssysteme ihre Musikaufnahmen auswerten.

86 Entsprechend der Politik der Majors bestimmen internationale Musikaufnahmen mit Ursprung in den USA und UK die Tonträgermärkte. Daneben haben jedoch nationale Tonträgeraufnahmen erhebliche Bedeutung für die jeweiligen nationalen Märkte. Dass im Jahr 2016 der deutsche Musikmarkt zum vierten Mal in Folge ein Wachstum vorweisen kann,[97] dürfte auch auf erfolgreiche Veröffentlichungen der lokalen deutschen Hersteller zurückzuführen sein.

87 Bei der Herstellung von **physischen Bildtonträgern und Multimedia-Datenträgern** werden mit der Musikaufnahme weitere Produktelemente, wie z.B. visuelle und textliche Beiträge miteinander verbunden. Der Begriff der Multimedia-Datenträger umfasst dabei insbesondere die physischen Trägermedien zur Verbreitung von PC-Spielen. Außer der Verbreitung über den Fachhandel sind auch bei den Bildtonträgern spezielle Vertriebsformen (z.B. der Bildtonträger als Zeitschriftenbeigabe) relevant. Hauptumsatzträger bei Bildtonträgern ist die DVD.[98]

88 Der **Bildtonträgermarkt** ist geprägt durch die Auswertung US-amerikanischer Filme (Zweitverwertung von Kinofilmen). Aber auch deutsche und andere europäische Kinoerfolge spielen für die Zweitauswertung als Bildtonträgerverkauf an den Endverbraucher eine bedeutsame Rolle. Darüber hinaus werden auch Fernsehfilme auf physischen Bildtonträgern ausgewertet. Zudem erfolgen die Erstverwertungen von sog. Special-Interest-Filmen (z.B. Reiseführer oder Dokumentationen) zumindest auch durch die Vermarktung von pysischen Bildtonträgern.

95 *Schwenger*, MusikWoche 10/2017, S. 6, 7. Zu den Zahlen der Musikindustrie im Jahr 2016 ausführlich Bundesverband Musikindustrie , Musikindustrie in Zahlen 2016.

96 *BVMI*, Musikindustrie in Zahlen 2016, S. 8.

97 *BVMI*, Musikindustrie in Zahlen 2016, Editorial.

98 Bundesverband Audiovisuelle Medien, BVV Businessreport 2016, www.bvv-medien.org.

Bei der Vermarktung von **Multimedia-Datenträgern** geht es insbesondere um US-amerikanische und asiatische Produktionen von PC-Spielen, die speziell für den deutschen Markt modifiziert werden. 89

II. Relevante Rechte

Die Aufnahme und das Vervielfältigen von Musikwerken auf körperlichen, also physischen Trägermedien und das anschließende Inverkehrbringen bzw. Angebot des Trägermediums an die Öffentlichkeit berühren die Vervielfältigungs- und Verbreitungsrechte gemäß den § 16 und § 17 UrhG. Im Sprachgebrauch der Musikindustrie werden diese urheberrechtlichen Nutzungsrechte als „mechanisches Recht" bezeichnet. Verwerter müssen diese Rechte erwerben, wenn sie physische Träger herstellen und diese auf den Markt bringen wollen. Dabei berührt bereits die Herstellung der sog. Matrize das Vervielfältigungsrecht gemäß § 16 UrhG.[99] 90

Produzenten, die **Bildtonträger und Multimedia-Datenträger herstellen,** müssen im Hinblick auf die verwendeten Musikwerke darüber hinaus regelmäßig das Film- bzw. Multimediaherstellungsrecht von den Rechteinhabern einholen, da das Musikwerk hierbei mit Werken anderer Gattungen, z.B. dem Filmwerk bei der Verfilmung verbunden wird.[100] Berührt ist hierbei regelmäßig das Bearbeitungsrecht gemäß § 23 UrhG (s. **Kap. 7 Rn. 212 f.**). 91

Werden physische Tonträger, Bildtonträger oder sonstige physische Datenträger nach Deutschland eingeführt, muss der **Importeur** von der GEMA die Verbreitungsrechte einholen, soweit diese zuvor nicht für die Verbreitung in Deutschland erworben wurden. 92

Die GEMA macht für die Nutzung von Werken ihres Repertoires Lizenzansprüche im Rahmen der Herstellung und Verbreitung von physischen Trägermedien im Hinblick auf die ihr übertragenen Nutzungsrechte geltend. Bei Tonträger-, Bildtonträger- und sonstigen Datenträgerherstellungen sind neben den der GEMA übertragenen Nutzungsrechte **Urheberpersönlichkeitsrechte** zu beachten, z.B. im Falle von Bearbeitungen oder Erstveröffentlichungen. Diese Rechte müssen von den produzierenden und verbreitenden Unternehmen vor der Verwertung mit den Originalberechtigten bzw. deren Verlagen geklärt werden. 93

III. Inkassotätigkeit

1. Tonträgerherstellungen und deren Verbreitung

a) Einführung und allgemeine Grundsätze

Die GEMA unterscheidet bei der Lizenzierung der Vervielfältigungs- und Verbreitungsrechte für Werke ihres Repertoires auf physischen Tonträgern zwischen fortlaufenden Ton- 94

---

99 Vgl. BGH, GRUR 1982, 102 – Masterbänder: Werden ohne urheberrechtliche Zustimmung Masterbänder (Aufnahme-Matrizen) selbstständig – nicht im Lohnauftrag Berechtigter – hergestellt und an gewerbliche Abnehmer zum Zwecke der Herstellung von Tonträgern vertrieben, ohne dass diesbezüglich eine urheberrechtliche Zustimmung vorliegt, dann stellt dies keine vergütungsfreie Vorbereitungshandlung, sondern einen Eingriff in das Vervielfältigungs- und Verbreitungsrecht gem. §§ 16, 17 UrhG dar.

100 Die GEMA erteilt den Verwertern Auskunft darüber, ob sie für ein betroffenes Werk das Filmherstellungsrecht wahrnimmt. Soweit ihr das Recht zur Wahrnehmung übertragen wurde gelten die Tarife VR-TH-F 1, VR-TH-F 2 bzw. VR-TH-F 3.

trägerherstellungen (sog. **Industrielizenzierung**) und fallweisen Tonträgerherstellungen (sog. **Einzellizenzierung**). Die fortlaufende Tonträgerherstellung deckt den Bereich der industriellen Produktionen mit meist hohen Stückzahlen ab. Demgegenüber betreffen die fallweisen Tonträgerherstellungen Sachverhalte, in denen Träger eher in kleinen Stückzahlen von meist nicht professionellen Lizenznehmern angefertigt werden. Formal besteht zwischen der GEMA und den industriellen Lizenznehmern eine fortlaufende Vertragsbeziehung, die die Rahmenbedingungen der regelmäßigen Lizenzvergabe für die Tonträgerherstellung regelt. Bei der fallweisen Tronträgerherstellung hingegen erfolgt die Lizenzierung schlicht durch Anmeldung der Produktion und Begleichung der Lizenzrechnung.

95 Hauptsächlich erfolgen industrielle Produktionen durch Lizenznehmer, die **Nutzerverbänden** wie z.B. IFPI (International Federation of the Phonographic Industry) und VUT (Verband unabhängiger Tonträgerunternehmen) angehören. Diese Verbände legen mit der GEMA in sog. **Gesamtverträgen** gemäß § 35 VGG die für alle Verbandsmitglieder allgemein gültigen Rahmenbedingungen für die Lizenzierung fest. Im Rahmen der Industrielizenzierung wird zwischen gesamtvertraglich vereinbarten **Normalverträgen** und gesamtvertraglich vereinbarten **Einzelverträgen** unterschieden. Die beiden Vertragstypen unterscheiden sich hauptsächlich dadurch, dass im Rahmen eines **Normalvertrages** nur diejenigen Träger in Rechnung gestellt werden, die tatsächlich ausgeliefert werden. Bedingung für die Lizenzierung im Rahmen eines Normalvertrags ist eine transparente Warenwirtschaft der Lizenznehmer. Bei **Einzelverträgen** hingegen wird die Lizenzvergütung für jeden hergestellten Träger bereits mit Herstellung der Träger fällig.

96 Die Normal- und Einzelverträge regeln im Wesentlichen die Bedingungen für die Rechteeinräumung durch die GEMA und die Verpflichtungen des Tonträgerherstellers (Lizenznehmers) gegenüber der GEMA. Sie gelten für die Vervielfältigung von Werken des GEMA-Repertoires auf handelsüblichen Tonträgern und deren Verbreitungen. Vergütungsgrundlage ist in der Regel der **Listenpreis für Detailhändler** (*Published Price for Dealers;* PPD). Es gelten bestimmte Mindestvergütungen.[101] Der Tonträgerhersteller unterliegt bestimmten vertraglich geregelten Meldeverpflichtungen im Hinblick auf die Tonträgerinhalte und die Tonträgerabrechnungen. Die GEMA hat ein vertraglich geregeltes Kontrollrecht beim Tonträgerhersteller, wodurch sie die vom Hersteller erteilten Meldungen auf Vollständigkeit und Richtigkeit prüfen kann.[102] Soweit Tonträger auch Musikvideo-, Film- oder Multimediainhalte enthalten, werden diese Träger im Rahmen der Lizenzierung als Tonträger eingestuft, solange der Tonträgerinhalt überwiegt.[103]

97 Kommt es in Fällen fortlaufender Tonträgerherstellungen mit Nutzerverbänden zu Tarifstreitigkeiten und in der Folge zu einem Schiedsverfahren gemäß § 92 VGG, bietet die GEMA **Interimsvereinbarungen** an, die im Zusammenhang mit § 37 VGG weiterhin die industrielle Nutzung von Musikwerken auf Tonträgern erlauben sollen. Solche Interimsvereinbarungen während anhängiger Schiedsgerichtsverfahren können im Bereich der Industrielizenzierung auch für die Herstellung anderer Trägermedien abgeschlossen werden.

98 Der Hersteller ist bevor er das Werk zu nutzen beginnt verpflichtet, die notwendigen Nutzungsrechte einzuholen.[104] Vor Beginn der Nutzung meldet er daher der GEMA die

100 Vgl. BGH, GRUR 2013, 717 – Covermount „Mindestvergütungen sind erforderlich, um die Rechteinhaber vor einer möglichen Entwertung ihrer Rechte zu schützen, wenn der urheberrechtliche Beteiligungsgrundsatz deshalb leerläuft, weil der Verwerter keine geldwerten Vorteile erzielt.".

102 Entsprechendes gilt für sämtliche im Abschnitt dargestellte Nutzungssachverhalte.

103 Entsprechend erfolgen die Einstufungen als Bildtonträger oder Multimedia-Datenträger, wenn der filmische bzw. multimediale Inhalt überwiegt.

104 Dreier/Schulze-*Schulze*, § 11 UrhWG Rn. 6 mwN.

Musikwerke, die er auszuwerten beabsichtigt. Im Unterschied zu den vertraglich geregelten Verpflichtungen der Industrielizenzierung zu regelmäßigen und gebündelten Meldungen erfolgt im Rahmen der Einzellizenzierung die Mitteilung der Musiknutzungen durch die Abgabe von sog. Herstellungsmeldungen gegenüber der GEMA unter Angabe der Vermarktungsabsichten für den konkreten Fall der Herstellung und Verbreitung. Durch Zahlung der auf Grundlage der Meldung erstellten Lizenzrechnung der GEMA erlangt der Tonträgerhersteller die Nutzungsrechte.

b) Industrielizenzierung von handelsüblichen Tonträgern

aa) IFPI- und VUT-Normalverträge

Im Rahmen der Gesamtvertragsverhandlungen zwischen GEMA und dem Bundesverband Musikindustrie (vormals Deutsche Landesgruppe der IFPI) wird der **international** zwischen BIEM (Bureau International des Sociétés Gérant les Droits d'Enregistrement et de Reproduction Mécanique[105]) und IFPI ausgehandelte **Standardvertrag** (sog. **BIEM-Vertrag**) für die phonographische Industrie (Tonträger) **national umgesetzt** und um nationale Lizenzierungsbedingungen ergänzt. Dieser national sog. **Normalvertrag** enthält für industrielle Tonträgerherstellungen und deren Verbreitung grundsätzliche Bedingungen und konkrete Tarifbestimmungen. Gemäß Artikel 7 Nr. 4 der Satzung des BIEM ist der Standardvertrag für die Mitgliedsgesellschaften des BIEM, vorbehaltlich nationaler gesetzlicher Vorschriften, der maßgebliche Vertrag für die Nutzung des von ihnen übertragenen, geschützten Repertoires auf Tonträgern. Einen dem Normalvertrag inhaltsgleichen Vertrag hat die GEMA mit dem Verband VUT gesamtvertraglich abgeschlossen. 99

Der in den Normalveträgen enthaltene Tarif ist der von der GEMA für die Herstellung und Verbreitung von Tonträgern über den Tonträgerfachhandel veröffentlichte Tarif VR-T-H 1.[106] 100

bb) Sonstige Normalverträge

Für Lizenznehmer, die fortlaufende industrielle Tonträgerherstellungen vornehmen, jedoch nicht Mitglied der Nutzerverbände sind, mit denen die GEMA Gesamtverträge geschlossen hat, wendet die GEMA den Tarif VR-T-H 1 ebenfalls im Rahmen eines **Normalvertrages** an, jedoch ohne dass ein Gesamtvertragsrabatt gewährt werden kann. 101

cc) Einzelverträge

Bestimmte Nutzerverbände wie z.B. der Verband unabhängiger Tonträgerunternehmen (VUT), haben mit der GEMA zugunsten ihrer Mitglieder für **fortlaufende Tonträgerherstellungen** und deren anschließende Verbreitung über den Tonträgerfachhandel **Gesamtverträge** geschlossen, die gegenüber dem Normalvertrag vereinfachte administrati- 102

105 Das BIEM ist der internationale Dachverband der Verwertungsgesellschaften im musikalischen Bereich für das mechanische Recht.

106 Sämtliche nachfolgend genannten Tarife der GEMA für die Herstellung und Verbreitung von physischen Trägermedien sind abrufbar unter http://www.gema.de/musiknutzer/tarifsuche.

ve Bedingungen aufweisen.[107] Die Grundtarifbedingungen stimmen mit dem Normalvertrag überein. Es gilt hier der Tarif VR-T-H 1.

dd) Sonderpressungen von handelsüblichen Tonträgern

103 Sofern Tonträgerhersteller von der GEMA für ihre Tonträgerproduktion selbst keine Lizenz einholen wollen, haben Presswerke die Möglichkeit, mit der GEMA Verträge für die Lizenzierung dieser Tonträgerherstellungen im Auftrag Dritter (Lizenznehmer) abzuschließen. Das Presswerk übernimmt in diesem Rahmen die Verpflichtung des Lizenznehmers die Lizenz einzuholen, indem es für den Lizenznehmer die Tonträgerinhalte und die Tonträgerabrechnungen meldet sowie die anfallende Lizenzvergütung zahlt. Schuldner der Lizenzvergütung sowie Empfänger der Lizenz ist der das Presswerk beauftragende Lizenznehmer. Es gilt der Tarif VR-T-H 1, ohne dass ein Gesamtvertragsnachlass eingeräumt werden kann. Dieses Verfahren wird auch bei ausländischen Auftraggebern von Tonträgerherstellungen in Deutschland angewandt.

c) Einzellizenzierung von handelsüblichen Tonträgern und Sonderprodukten

104 Für Lizenznehmer, welche **fallweise Tonträgerherstellungen** vornehmen, erteilt die GEMA die Lizenz im Rahmen der sog. **Einzellizenzierung**. Für die Herstellung und Verbreitung von Tonträgern über den Fachhandel gilt der Tarif VR-T-H 1. Für Tonträger als Sonderprodukte (z.B. Promotion-Tonträger, Produktbeigaben oder bei Vertrieb über besondere Vertriebswege) gilt der Tarif VR-T-H 2.[108]

d) Hörbücher

105 Auch bei der Vervielfältigung und Verbreitung von **„physischen Hörbuchträgern“** lizenziert die GEMA die Nutzung ihres Repertoires. Es gilt der Tarif VR-T-H 6.

e) Musikvideoträger

106 Für die Nutzung von GEMA-Repertoire auf **Musikvideoträgern** (z.B. Konzertmitschnitte), bestehen zwischen der GEMA und den Nutzerverbänden Bundesverband Musikindustrie (BVMI) und VUT ebenfalls Gesamtverträge iSd § 35 VGG. Für **fortlaufende Musikvideoproduktionen** sind somit die Lizenzierungsbedingungen in Form von Normal- und Einzelverträgen gesamtvertraglich vereinbart. Für die **fallweise Herstellung und Verbreitung** von Musikvideoträgern räumt die GEMA im Rahmen der Einzellizenzierung die Nutzungsrechte ein. Grundlage ist der Tarif VR-T-H 3 mit seinen Vergütungssätzen für Musikvideos. Für die Verbreitung von Musikvideos als **Sonderprodukte** (z.B. Promotion-Musikvideos, Produktbeigaben oder bei Vertrieb über besondere Vertriebswege) gilt der Tarif VR-T-H 5.

---

107 Zwischen VUT und GEMA sind sowohl der sog. Normal- als auch der Einzelvertrag für Tonträgerherstellungen gesamtvertraglich vereinbart.

108 Für die in aller Regel fallweise Herstellung und Verbreitung von Drehorgelwalzen und Kartonnoten findet der Tarif VR-T-DK 1 für Musikspielwerke der Tarif VR-T-SP 1 Anwendung.

f) Lohnfertigungen

Presswerke haften neben dem Auftraggeber gesamtschuldnerisch aus Urheberrechtsverletzungen gemäß § 97 UrhG, soweit der Auftraggeber die Vervielfältigungs- und Verbreitungsrechte für seine Tonträgerproduktion nicht erworben hat.[109] Die GEMA bietet den Presswerken den Abschluss eines **Lohnfertigungsvertrages** an, im Rahmen dessen die Frage, ob der Auftragsgeber die notwendigen Rechte erworben hat, standardisiert geklärt werden kann. Das Presswerk verpflichtet sich in diesem Vertrag, Prüfungen und Kontrollen vorzunehmen. Soweit das Presswerk die vertraglichen Prüf- und Kontrollpflichten erfüllt, besteht keine Haftung des Presswerkes wegen der Entrichtung der Urheberrechtsvergütungen für Herstellungen im Auftrage Dritter bzgl. der geschützten und zum GEMA-Repertoire gehörigen Musikwerke.[110] 107

2. Bildtonträgerherstellungen und deren Verbreitung

Bei der Nutzung von Werken des GEMA-Repertoires für die Bildtonträgerherstellung und deren anschließender Verbreitung unterscheidet die GEMA – wie im Tonträgerbereich (oben, Rn. 94) – zwischen fortlaufender Bildtonträgerherstellung (**Industrielizenzierung**) und fallweiser Bildtonträgerherstellung (**Einzellizenzierung**). 108

a) Industrielizenzierung von handelsüblichen Bildtonträgern

aa) BVV-Normalvertrag

Für **fortlaufende Bildtonträgerherstellungen**, d.h. für Filmvideoherstellungen insbesondere in Form von Zweitverwertungen von Kinofilmproduktionen oder auch Erstverwertungen von Filmen (z.B. Special-Interest-Filmen; oben Rn. 88) gelten sog. Normalverträge, deren Grundlage der zwischen der GEMA und dem BVV (Bundesverband Audiovisuelle Medien) nach § 35 VGG geschlossene Gesamtvertrag ist. Neben vertraglich standardisierten Meldeverpflichtungen und einem diesbezüglichen Kontrollrecht der GEMA ist der von der GEMA veröffentlichte Tarif VR-BT-H 3 mit den Vergütungssätzen für Filmvideos Gegenstand der Regelungen. 109

bb) Sonstige Normalverträge

Für Lizenznehmer, die nicht Mitglieder des Gesamtvertragspartners BVV sind, gelten für fortlaufende, also industrielle Bildtonträgerherstellungen und deren Verbreitung als Filmvideo die Vergütungssätze des veröffentlichten Tarifes VR-BT-H 3 im Rahmen eines **Normalvertrages**. Die GEMA kann hier keine Gesamtvertragsnachlässe einräumen. 110

b) Einzellizenzierung von handelsüblichen Bildtonträgern und Sonderprodukten

Für Nutzer, die **fallweise Bildtonträger** für die Verbreitung über den Fachhandel herstellen, gelten die Bedingungen der Einzellizenzierung. Sie müssen bei der GEMA 111

---

109 Dreier/Schulze-Schulze, § 85 UrhG, Rn. 8; Dreier/Schulze-*Dreier*, § 97 UrhG, Rn. 23ff.; BeckOK Urheberrecht-*Reber*, § 97 UrhG Rn. 39.

110 Der Vertrag findet nach der Rechtsprechung auch für Bildtonträgernutzungen und Multimedia-Datenträgernutzungen Anwendung; vgl. z.B. OLG Köln, GRUR 1983, 568 – Video-Kopieranstalt.

entsprechend dem Tarif VR-BT-H 3 eine Herstellungsmeldung einreichen und die dann ermittelte Lizenzvergütung für die im Filmvideo genutzte Musik entrichten. Für Filmvideos als **Sonderprodukte** (z.B. Promotion-Filme, Produktbeigaben sowie bei dem Vertrieb über besondere Vertriebswege) gilt der Tarif VR-BT-H 4.

3. Datenträgerherstellungen und deren Verbreitung

112 Auch im Bereich der sog. Datenträgerproduktionen muss der Produzent vor der Herstellung für die genutzen Musikwerke die betroffenen Nutzungsrechte von der GEMA bzw. bei multimedialen Inhalten die Herstellungsrechte von den Rechteinhabern einholen. Die GEMA unterscheidet grundsätzlich auch hier zwischen der Industrielizenzierung und der Einzellizenzierung (oben, Rn. 94).

a) MIDI Files

113 Bei der Herstellung von MIDI Files räumt die GEMA die Vervielfältigungs- und Verbreitungsrechte im Rahmen der Einzellizenzierung gemäß den Vergütungssätzen für Audio-Datenträger über den Tarif VR-A DT-H 1 ein.

b) Spiele

114 Für **elektronische Spiele auf Datenträgern** finden die Tarife VR-AV DT-H 1 und VR-AV DT-H 3 Anwendung. Dabei wird unterschieden, ob in dem Spiel sog. vorbestehende Werke genutzt werden oder ob Musik zum Einsatz kommt, die eigens für das Spiel als sog. Auftragskomposition geschaffen wurde. Im Falle der Verwendung von vorbestehenden Werken bemisst sich die Lizenzvergütung nach dem Tarif für Multimediale Produkte (VR-AV DT-H 1). Wird eigens für das Spiel Musik komponiert (Auftragskomposition) gilt der Tarif VR-AV DT-H 3 mit den Vergütungssätzen für Videospiele und Games.

Besonderheiten bestehen bei der Verwendung vorbestehender Werke des GEMA-Repertoires bei **Karaoke-Spielen**. Der Tarif VR-AV DT-H 1 (Multimediale Produkte) gilt für diese Sachverhalte ausdrücklich nicht. Hier finden die Tarife für Musikvideoherstellungen entsprechend Anwendung.[111]

c) Einzellizenzierung von sonstigen handelsüblichen Datenträgern

115 Für die Nutzung von Musikwerken des GEMA-Repertoires bei der fallweisen Herstellung und Verbreitung von Datenträgern bemessen sich die Lizenzvergütungen für **Audio-Datenträger** nach dem Tarif VR-A DT-H 1 und für **Multimediale Produkte** nach dem Tarif VR-AV DT-H 1. Für Audio-Datenträger als Sonderprodukt (z.B. als Promotion-Datenträger, als Beigabe zu Produkten oder Dienstleistungen oder beim Vertrieb über besondere Vertriebswege) gilt der Tarif VR-A DT-H 2.

111 Bei Karaokespielen handelt es sich um eine vergleichbare Musiknutzung wie bei Musikvideos, u.a. ist die Nutzung auf die Werklänge begrenzt.

D. Die Lizenzierung von Online-Nutzungen

I. Überblick über den Markt

1. Der Markt der Rechtenutzer

Der Musikmarkt befindet sich seit jeher in einem steten Wandel, getrieben von technischen Entwicklungen, die immer wieder aufs Neue die Art und Weise des Musikgenusses verändern. Dies ist für sich gesehen nichts Neues, indes verleiht doch die Geschwindigkeit, mit der sich der Wandel im Zeitalter des Internets vollzog und immer noch vollzieht, dem Ganzen eine andere Dimension. Eine Beschreibung des **Online-Musikmarktes** kann daher immer nur eine Momentaufnahme sein. Musik „online" anzubieten und zu hören, gehört jedenfalls längst zur Normalität aller Beteiligten am Markt. In der Folge hat sich auch der Lizenzbereich „Online" neben den Bereichen „öffentliche Aufführung", „Rundfunk" und „Tonträger" etabliert. In absoluten Zahlen trägt der Bereich noch nicht im selben Maße zum Ertrag bei, die enorm hohen Wachstumsraten zeigen aber einen positiven Trend.[112] **116**

a) Der Begriff der „Online-Nutzung"

Auf welche Art und Weise wird Musik „online" genutzt und wie sind diese Nutzungen rechtlich einzuordnen? **„Online-Nutzung"** ist kein rechtlich definierter Begriff und bezeichnet umgangssprachlich all jene Nutzungen, die via Internet oder Mobilfunknetzen stattfinden. Die Lizenzierung hingegen richtet sich in erster Linie nach den Vorgaben des Urheberrechtsgesetzes, die eine genauere Einordnung ermöglichen (näher unten, Rn. 118). Dabei sind die Tatbestandsmerkmale des § 19a UrhG entscheidend, der auf Art. 3 Abs. 1 Informationsgesellschafts-Richtlinie 2001/29 beruht. Dort ist die Nutzung definiert als **öffentliche Zugänglichmachung**, d.h. die Werke müssen für „Mitglieder der Öffentlichkeit", in der Regel also Endverbrauchern, „von Orten und zu Zeiten ihrer Wahl" zugänglich sein. Dies kann „drahtgebunden oder drahtlos" geschehen, der Gesetzgeber formuliert hier also die Übertragungswege technologieneutral. Damit sind mit dem umgangssprachlichen Begriff „Online" aus rechtlicher Sicht sämtliche Kommunikationsnetze erfasst, die diese Nutzung ermöglichen, in der Praxis also in erster Linie das Internet. **117**

Nicht jede Nutzung, die sich dieser Technologien bedient, ist auch eine öffentliche Zugänglichmachung im Sinne des Urheberrechtsgesetzes. In der Praxis spielt vor allem die **Abgrenzung** zu angrenzenden Lizenzbereichen eine Rolle. Dabei geht es in erster Linie um Nutzungen wie einer Sendung oder wie dem Live-Streaming z.B. eines Konzertes, die selbstverständlich auch über das Internet stattfinden können. Die bloße Verwendung derselben Technologie macht sie aber gerade nicht zu einer „Online-Nutzung" im Sinne der öffentlichen Zugänglichmachung nach § 19a UrhG. Vielmehr kommt es auf die konkrete Ausgestaltung des Angebots an. Im Gegensatz zur öffentlichen Zugänglichmachung sind diese Nutzungen nämlich linear, d.h. der Endverbraucher kann gerade nicht „zu Zeiten seiner Wahl" darüber entscheiden, wann er etwas hört oder sieht (näher unten, Rn. 119). Alle Nutzer hören zur selben Zeit dasselbe. **118**

Entscheidend für die Abgrenzung ist aus Sicht des Urheberrechtsgesetzes die **zeitliche Unabhängigkeit** bei der Nutzung der Musik. „Zu Zeiten seiner Wahl" im Sinne des **119**

112 Im Einzelnen zu den Ertragszahlen siehe die Geschäftsberichte der GEMA, abrufbar unter: https://www.gema.de/die-gema/publikationen/geschaeftsbericht/transparenzbericht.

§ 19a UrhG bedeutet aber nicht, dass nur dann eine Online-Nutzung vorliegt, wenn der Endverbraucher jederzeit auf sämtliche von einem Online-Dienst angebotenen Musikwerke vollkommen frei zugreifen kann. So gibt es beispielsweise auch radioähnliche Angebote, bei denen der Nutzer nur eingeschränkten Einfluss auf die Musikauswahl hat, aber dennoch zum Zeitpunkt seiner Wahl z.B. eine bestimmte vorprogrammierte Playlist anwählen, starten, pausieren und ggf. einzelne Titel überspringen kann. Auch diese Form der Interaktion erfüllt bereits die Tatbestandsvoraussetzungen des § 19a UrhG. Somit kann auch bei niedrig interaktiven Angeboten von einer Online-Nutzung gesprochen werden. Dementsprechend ordnet auch die GEMA diese Nutzungen grundsätzlich lizenzrechtlich und tariflich ein (näher unten, Rn. 197).

120 Diese scharfe Trennung ist allerdings in der Praxis bei der Lizenzierung nicht immer aufrecht zu erhalten, z.B. bei Mischangeboten. Zudem kann man mit guten Argumenten kritisieren, dass der Anwendungsbereich des § 19a UrhG von vorneherein zu eng abgesteckt ist und eben nicht das „Online-Recht" schafft, das die europarechtlichen Vorgaben vorsehen. Danach wäre nämlich insgesamt eine großzügigere Regelung möglich gewesen. Mit der Einführung des Verwertungsgesellschaftengesetzes scheint der Gesetzgeber diese strenge Trennung auch aufzugeben, wenn z.B. in § 59 Abs. 2 VGG ausdrücklich auf die Online-Rechte aus Art. 2 und 3 InfoRL Bezug genommen wird (näher unten, Rn. 212), die wiederum durch die Ziff. 1 f) Online-Musikdienste-Empfehlung 2005/737 konkretisiert wurden und die danach sowohl das Vervielfältigungsrecht, das Recht der öffentlichen Wiedergabe, einschließlich linearer Nutzungen wie Simulcasting, als auch das Recht der öffentlichen Zugänglichmachung umfassen. Insofern ist in der Praxis stets auch eine europarechtskonforme Auslegung der nationalen Vorschriften angezeigt.

b) Marktüberblick

121 Der Online-Markt ist enorm vielfältig. Er spiegelt zunächst einmal den analogen Markt der „Offline-Welt" in seiner ganzen Vielfalt wider, d.h. alles, was es bislang in der analogen Welt zu kaufen oder auszuleihen gab, gibt es auch online, von Musik über Bücher, Hörbücher und Videospielen bis hin zu Spielfilmen. Darüber hinaus hat der Verbreitungsweg Internet bzw. Mobilfunk ganz neue **Inhalte** entstehen lassen, z.B. Handy-Klingeltöne, Podcasts zu allen erdenklichen Themen, interaktive Stadt- oder Museumsführer, von Nutzern selbst hergestellte Videos oder mit Musik unterlegte Bilder als Kommunikationsmittel innerhalb sozialer Netzwerke (sog. „User Generated Content"), speziell für die Online-Nutzung aufbereitete Sammlungen journalistischer Inhalte jeglicher Couleur, interaktive Kinder- und Schulbücher etc. Und es werden ständig mehr.

122 Doch nicht nur die Inhalte decken eine große Bandbreite ab, auch die **Nutzungsformen** sind vielfältig. Auch hier bietet der Online-Markt prinzipiell das, was auch in der analogen Welt zu finden ist. Es gibt sowohl den Kauf in Form des Downloads, den Verleih bzw. die Miete in Form von zeitlich begrenzten Downloads (sog. „Offline-Nutzung"), radioähnliche Angebote, die keine Interaktion erfordern, aber zusätzlich auch „On-Demand"-Streaming, bei dem der Nutzer auf die Auswahl der Inhalte gezielt Einfluss nehmen kann.

123 Dementsprechend finden sich auf dem Online-Markt **Geschäftsmodelle**, die aus der analogen Welt schlicht übernommen wurden wie z.B. der Kauf von Musikalben oder einzelnen Filmen. Die ständige Verfügbarkeit der Inhalte über das Internet hat allerdings auch zur Entwicklung neuer Geschäftsmodelle beigetragen. Physischer Besitz des Trägers ist heute eben nicht mehr Voraussetzung für den Genuss von Musik oder Filmen. Entscheidend ist der Zugang zu den Inhalten. So spielen kostenpflichtige Abonnements, die diesen dauerhaften Zugang zu Inhalten vermitteln, eine immer größere Rolle. Aber

auch kostenfreie Streaming-Angebote finden sich zuhauf. Die Finanzierung dieser Angebote erfolgt im professionellen Bereich in der Regel durch Werbung, Sponsoren oder Bartering-Modelle. Wird das Angebot als privates Hobby oder im Rahmen einer gemeinnützigen Tätigkeit gemacht, erfolgt die Finanzierung ggf. vollständig mit eigenen Mitteln.

Erwähnenswert ist auch die Veränderung der **Anbieter** selbst. So finden sich heute 124
unter den größten professionellen Online-Anbietern von Musik- und Video-Inhalten einige global agierende Technologiekonzerne, deren Hauptgeschäft nicht Musik oder Film ist, sondern z.B. die Herstellung von Smartphones und Computern, der Online-Versandhandel oder der Betrieb von Suchmaschinen. Sie bilden eine neue Art von Konkurrenz für diejenigen Anbieter, die sich ausschließlich auf den Vertrieb von Musik oder Filmen konzentrieren.

Die ständige Verfügbarkeit der Inhalte für den Endnutzer führt zu einer insgesamt 125
hohen **Nutzungsintensität**. Die Verteilung auf die verschiedenen Nutzungsformen und -inhalte spiegelt letztlich die Altersgruppen in der Bevölkerung und deren Lebensumstände wider. Während die ganz jungen Nutzer („Digital Natives") in erster Linie kostenlose oder günstigere Streaming-Angebote für Musik und Videos intensiv nutzen, zeigt sich bereits bei den Nutzern in der Altersgruppe ab 30 Jahren eine größere Affinität zum Download und zu kostenpflichtigen Streaming-Abonnements, die wiederum weniger stark genutzt werden. Die Altersgruppe ab 60 Jahren nutzt derzeit praktisch keine Online-Angebote und wenn doch, dann nur sehr eingeschränkt. Auch was die Inhalte angeht, zeigt sich eine eindeutige Verteilung. So werden massentaugliche Inhalte wie Musik und Videos in Form von Filmen, Serien, Clips etc. insgesamt sehr viel stärker genutzt als Nischenprodukte wie z.B. Online-Games. Dabei haben größere Anbieter eindeutig strategische Vorteile auf dem Markt. Dies führt im Bereich der Musiknutzung bereits zu einer ersten Konsolidierung der Anbieter.

Allerdings ist der Online-Markt insgesamt weit entfernt von einer Stabilisierung. Die 126
Anbieter sind nicht nur vom veränderten **Nutzerverhalten** getrieben, sondern auch von der **technischen Entwicklung**. So ist bereits heute fast nicht mehr vorstellbar, dass der Vertrieb von Klingeltönen, der teilweise sogar im Wege des kostenpflichtigen Abonnements erfolgte, mit der Weiterentwicklung des Mobiltelefons in den frühen Nullerjahren ein äußerst lukratives Geschäftsmodell war. Die Entwicklung des Smartphones und seine Verbreitung hat diese Nutzungsform nahezu vollständig obsolet werden lassen.

Mit der massenhaften Verbreitung von internetfähigen Smartphones und veränder- 127
ten Mobilfunk-Angeboten in Form von sog. Daten-Flatrates entwickelt sich das Streaming von Musik immer mehr zur stärksten Nutzungsform noch vor der Nutzung von Downloads. Bezogen auf die Online-Nutzung von Musik sorgte Streaming im Jahr 2016 bereits für ca. 30% der **Umsätze** des Gesamtmusikmarkts in Deutschland. Allerdings ist der deutsche Markt – verglichen etwa mit Skandinavien – eher konservativ, was sich an den nach wie vor relativ stabilen Umsätzen für Tonträger zeigt. So entfielen in Deutschland im Jahr 2016 immer noch ca. 60% der Umsätze auf Musik-Tonträger und nur ca. 38% auf Download und Streaming zusammengenommen. In Skandinavien liefert die Online-Nutzung von Musik bereits etwa 84% der Umsätze, wobei Streaming hier mit durchschnittlich 81% den Löwenanteil ausmacht[113].

Eine ähnliche Entwicklung nimmt der Bereich Video-on-demand. Aufgrund des 128
weiträumigen Ausbaus stabiler und leistungsfähigerer Internetverbindungen wird die Übertragung größerer Datenmengen, mithin die Übermittlung von **Video-Inhalten**, zunehmend erleichtert. Überdies trägt auch die steigende Beliebtheit von Tablets zur Ver-

113 Streaming Service Overview & Music Market Summary, Futuresource Consulting Ltd., März 2017.

änderung der Nutzergewohnheiten bei. Dies schlägt sich in einem größeren Angebot an Video-Inhalten und einem höheren Nutzungsaufkommen nieder. In der Folge steigen die Umsätze in diesem Bereich. Mittlerweile ist der digitale Vertrieb von Video-Inhalten insgesamt (Streaming und Download zusammengenommen) für knapp 37% der Umsätze im Videomarkt verantwortlich, mit steigender Tendenz.[114] Auch hier zeigt sich der Trend weg vom Download – im Jahr 2016 entfielen nur ca. 14% der Umsätze auf Download – und hin zum Streaming mit bereits 23% der Umsätze im Jahr 2016, jeweils bezogen auf den gesamten Videomarkt.

129 Mit dem veränderten Nutzerverhalten steigen wiederum die **Anforderungen** an Politik, Gesetzgeber und Rechteinhaber. So fordert der Endnutzer heute beispielsweise eine grenzüberschreitende Portabilität von Daten, d.h. Zugang zu Inhalten auf mobilen Endgeräten unabhängig vom Aufenthaltsort, also nicht nur im Heimatland, sondern auch bei Reisen im Ausland. Dieser Forderung ist die EU-Kommission mit der Verabschiedung der sog. Portabilitäts-Verordnung 2017/1128 nachgekommen.

130 Die Lizenzierung von Musikrechten für die Online-Nutzung findet also vor dem Hintergrund eines fortwährenden Wandels statt, der zudem immer schneller voranschreitet. Alle Beteiligten am Markt stehen vor der Herausforderung, dieser Situation angemessen Rechnung zu tragen. Vor dem Hintergrund der immer noch verbreiteten sog. **„Internetpiraterie“** ist es umso wichtiger für alle Beteiligten, diesem veränderten Nutzerverhalten Rechnung zu tragen und tragfähige Geschäftsmodelle zu entwickeln, die im Wettbewerb um die Nutzer so attraktiv sind, dass sich zum einen das Risiko, illegale Angebote zu nutzen, für den Endverbraucher nicht mehr lohnt, und dass zum anderen eine faire und angemessene Beteiligung der Urheber auch in der Zukunft sichergestellt ist.

2. Internetpiraterie und Rechtsverfolgung im Netz

131 Die Etablierung von Geschäftsmodellen im Internet wird durch vielfältige Formen der **Internetpiraterie** gefährdet, die kommerzielle Angebote substituieren. Wer kostenlosen Zugriff auf kreative Inhalte im Internet hat und dabei keine Rechtsverfolgung befürchten muss, wird häufig trotz Illegalität „zugreifen“ und kaum kommerzielle Angebote nutzen. Übersehen wird dabei, dass die Nutzung illegaler Angebote die Produktivität der Kreativen mindert, stellen doch die an die Rechteinhaber auszuschüttenden Tantiemen einen maßgeblichen Anreiz für kreatives Schaffen dar. Musikkonsum im digitalen Umfeld ist heute finanziell erschwinglich. Günstige Abonnement-Streamingdienste wie z.B. Spotify oder kostenlose Streaming-Angebote wie YouTube haben Download-Dienste in ihrer wirtschaftlichen Bedeutung überholt. Dennoch bleibt die Internet-Piraterie ein signifikantes Problem.[115]

132 Erschwerend wirkt dabei, dass die Rechtsverfolgung im Internet durch die Möglichkeit des **anonymen Agierens**, aber auch durch die Beteiligung verschiedener Akteure schwierig ist. Allein der technische Infrastrukturanbieter, der Internetzugangsanbieter, ist potentiell dazu in der Lage den Inhaber eines Anschlusses, von dem eine Rechtsverletzung ausgegangen ist, zu identifizieren. Darüber hinaus hat die Rechtsverfolgung im Internet in der Öffentlichkeit einen schlechten Ruf.

133 Für die GEMA steht nach ihrem Selbstverständnis nicht die rechtliche Verfolgung des Endnutzers im Vordergrund. Sie will Geschäftsmodelle im Internet nicht verhindern, sondern lizenzieren, um die Erlöse an ihre Berechtigten auskehren zu können. Erst wenn

114 Der Home Video Markt im Jahr 2016, GfK im Auftrag der FFA, 2017.
115 Vgl. etwa Music Consumer Insight Report 2016, abrufbar unter www.ifpi.org.

Geschäftsmodelle so gestaltet sind, dass sie ausschließlich durch illegale Verwertungen funktionieren, geht es um deren Unterbindung. Durch Lizenzierung und Rechtsverfolgung soll vermieden werden, dass allein die am „Vertrieb" Beteiligten, d.h. die Infrastrukturanbieter und Plattformbetreiber von der Verwertung von Inhalten im Netz profitierten, während diejenigen, die die Inhalte schaffen, leer ausgehen. Sharehoster verdienen durch das Schalten kostenpflichtiger Werbung oder durch entgeltliche Abonnements Einnahmen in vielfacher Millionenhöhe Demzufolge betreibt die GEMA **keine systematische Rechtsverfolgung von Endnutzern**, sondern versucht die **Verantwortlichkeiten der Plattformbetreiber** zu klären, um so deren Lizenzierung voranzutreiben. Um die Etablierung legaler Geschäftsmodelle nicht zu gefährden, sollen solche Geschäftsmodelle, deren wirtschaftlicher Erfolg auf der rechtswidrigen Verwertung von Inhalten beruht, unterbunden werden. Letztlich profitieren Internetdiensteanbieter von der Verwertung nicht lizenzierten Contents, in dem sie auf ihren Plattformen kostenpflichtige Werbung schalten oder durch entgeltliche Abonnements Einnahmen erzielen.

a) Haftung von Sharehostern

Die Verfolgung von Diensteanbietern, deren Geschäftsmodell auf die Monetarisierung von urheberrechtswidrig hochgeladenen Inhalten durch die Schaltung von Werbung oder den Verkauf von Abonnements gerichtet ist, erscheint für die GEMA erfolgsversprechender als die Verfolgung von Nutzern. Im Zentrum stehen dabei **Sharehoster**, die ihren Kunden ein Speichern und Abrufen von Dateien ermöglichen und hiervon wirtschaftlich profitieren.[116] Ein gängiges Modell ist dabei, dass der Sharehoster beim Upload einen Link generiert, mit dem andere Endnutzer die gespeicherten Dateien ggf. gegen Entgelt abrufen können. Die Links werden dann auf vielfältige Weise z.B. durch von Dritten angebotene Linksammlungen im Internet verbreitet, so dass geschützte Werke von jedem beliebigen Nutzer gesucht und heruntergeladen werden können. 134

aa) Haftung als Störer

Erschwerend wirkt bei der Rechtsverfolgung von Sharehostern allerdings, dass die Rechtsprechung bisher weitgehend eine Haftung der Diensteanbieter als **Täter** einer Urheberrechtsverletzung verneint hat und auch eine **Gehilfenhaftung** nur bei Kenntnis des Diensteanbieters von einer bevorstehenden konkreten Urheberrechtsverletzung bejaht (s.a. unten Rn. 139ff.).[117] Allerdings wendet sie auf Diensteanbieter die so genannte **Störerhaftung** an,[118] nach der aus kausalen Mitwirkungshandlungen an einer Rechtsverletzung **Unterlassungspflichten** resultieren, sofern zumutbare Prüfungspflichten verletzt wurden.[119] Im Unterschied zur Täterhaftung entsteht eine Pflicht zur Beseitigung von Rechtsverletzungen bei der Störerhaftung in der Regel erst bei Kenntnis von einer Rechtsverletzung. In der Praxis ist hierfür häufig die **Mitteilung der Rechtsverletzung** durch den Rechteinhaber ausschlaggebend. Nach der Rechtsprechung muss dabei dieser Hinweis so konkret gefasst sein, dass der Diensteanbieter den Rechtsverstoß unschwer, 135

116 Eingehend *Rehbinder*, ZUM 2013, 241, 248ff.
117 BGH, GRUR 2013, 1030, 1031f. – File-Hosting-Dienst; BGH, GRUR 2013, 370, 371 – Alone in the Dark.
118 So schon BGH, GRUR 2004, 860ff. – Internetversteigerung I.
119 Diese Einschränkung hat der Bundesgerichtshof im Urheber- und Wettbewerbsrecht entwickelt. Vgl. für das Urheberrecht BGH, GRUR 1999, 418ff. – Möbelklassiker und für das Wettbewerbsrecht BGH, GRUR 1997, 313ff. – Architektenwettbewerb.

d.h. ohne eingehende rechtliche und tatsächliche Überprüfung feststellen kann.[120] Der Diensteanbieter muss allerdings nach einem einmal erfolgten Hinweis auf eine Rechtsverletzung nicht nur die bereits eingetretene Rechtsverletzung beseitigen (*notice and take down*), sondern auch **„kerngleiche" Rechtsverletzungen** in der Zukunft unterbinden (*notice and stay down*).[121] Dies bedeutet, dass der Anbieter verhindern muss, dass dasselbe Werk ggf. auch in einer anderen Fassung erneut auf der Plattform angeboten bzw. verlinkt wird.

136 Maßgeblich für die Haftung der Provider ist damit nach der bisherigen Rechtsprechung in erster Linie die Verletzung von **Prüfungspflichten** durch den Provider. Die im Telemediengesetz (TMG) vorgesehenen Haftungsprivilegierungen der Provider wendet die deutsche Rechtsprechung hingegen auf Unterlassungsansprüche nicht an,[122] während die Anwendbarkeit nach der Rechtsprechung des Europäischen Gerichtshofs zu der insofern relevanten E-Commerce Richtlinie 2000/31 als offen betrachtet werden muss (näher unten, Rn. 141). Der Umfang der Prüfungspflichten ist reines Richterrecht und weder im europäischen noch im deutschen Recht kodifiziert. Zu unterscheiden sind Pflichten, die vor dem Hinweis auf eine Rechtsverletzung und solchen, die nach dem Hinweis auf eine Rechteverletzung zur Vermeidung kerngleicher Rechtsverletzungen in der Zukunft bestehen.

137 *Ohne Hinweis* auf eine Rechtsverletzung nimmt die Rechtsprechung nur sehr zurückhaltend Prüfungspflichten an. Hintergrund ist das in § 7 Abs. 2 TMG niedergelegte **Verbot proaktiver Prüfungspflichten** für Diensteanbieter. *Nach einem Hinweis* auf eine Rechtsverletzung hat der Diensteanbieter hingegen im Rahmen des **technisch und wirtschaftlich Zumutbaren** gleichartige Rechtsverletzungen zu verhindern. Die Prüfungspflichten beziehen sich dabei auf das konkrete Werk, das in dem Hinweis benannt war. Sie sind hingegen nicht auf Rechtsverletzungen durch den Nutzer beschränkt, der die ursprüngliche Rechtsverletzung begangen hat, sondern erstrecken sich auf Rechtsverletzungen durch beliebige Nutzer. Zu den technisch und wirtschaftlich zumutbaren Prüfungspflichten hat die Rechtsprechung bisher den Einsatz von **Wortfiltern** zur Filterung der Dateinamen bei zukünftigen Uploads,[123] den Einsatz von Wortfiltern bei bereits gespeicherte Dateien,[124] die manuelle Überprüfung von bestehenden kleineren Link-Sammlungen,[125] den Einsatz eines **MD5-Filters,**[126] mit dem identische Dateien aufgefunden werden können, den Einsatz von **Content-ID-Programmen,**[127] die die Filterung von ähnlichen Dateien ermöglichen und den Einsatz von Filtersoftware, die durch die Eingabe von Suchbegriffen Verdachtsfälle aufspüren kann, mit nachfolgender manueller Kontrolle[128] gezählt. Berücksichtigt werden

---

120 BGH, GRUR 2011, 1038 ff. – Stiftparfüm.

121 BGH, GRUR 2004, 860 ff. – Internetversteigerung I; BGH, GRUR 2007, 708 ff. – Internetversteigerung II; BGH, GRUR 2008, 702 ff. – Internetversteigerung III; BGH, GRUR 2007, 890 ff. – Jugendgefährdende Medien bei eBay.

122 Grundlegend BGH, GRUR 2004, 860 ff. – Internetversteigerung I; BGH, GRUR 2016, 855, 857 – www.jameda.de.

123 BGH, GRUR 2013, 370, 372 – Alone in the Dark; OLG Hamburg, ZUM-RD 2016, 83, 136 ff. – Haftung eines UGC-Streaming-Dienstes. Das Urteil des OLG Hamburg wurde nicht rechtskräftig.

124 BGH, GRUR 2013, 370, 372 – Alone in the Dark; a.A.: OLG Hamburg, ZUM-RD 2016, 83, 122 f. – Haftung eines UGC-Streaming-Dienstes. Das Urteil des OLG Hamburg wurde nicht rechtskräftig.

125 BGH, GRUR 2013, 370, 372 f. – Alone in the Dark.

126 OLG Hamburg, ZUM-RD 2016, 83, 131 – Haftung eines UGC-Streaming-Dienstes. Das Urteil des OLG Hamburg wurde nicht rechtskräftig. Der Einsatz eines MD5-Filters ist allerdings nicht hinreichend um den Prüfungs- und Kontrollpflichten zu genügen: BGH, GRUR 2013, 1030, 1034 – File-Hosting-Dienst.

127 OLG Hamburg, ZUM-RD 2016, 83, 131 f. – Haftung eines UGC-Streaming-Dienstes. Das Urteil des OLG Hamburg wurde nicht rechtskräftig.

128 BGH, GRUR 2007, 708, 710 – Internetversteigerung II.

muss allerdings stets, dass der Umfang der Prüfungspflichten jeweils im Einzelfall zu bestimmen ist. Durch Bereitstellen eines Löschinterfaces für den Rechteinhaber kann der Dienst seine Prüfungs- und Kontrollpflichten hingegen nicht erfüllen.[129]

Verschärfte Prüfungspflichten bestehen nach der Rechtsprechung für **Dienste mit besonderer Gefahrengeneigtheit.**[130] Dazu zählen Dienste, die von vornherein auf Rechtsverletzungen durch die Endnutzer angelegt sind oder bei denen der Betreiber durch eigene Maßnahmen die Gefahr von rechtsverletzenden Nutzungen fördert. Die besondere Gefahrgeneigtheit kann sich z.B. aus einer Bewerbung mit einer massenhaften Zahl von Downloads für manche Dateien,[131] der von der Downloadhäufigkeit abhängigen Vergabe von Premiumpunkten[132] oder aus einem besonderen Tarifmodell, das die Direktvergütung der Uploader für häufige Downloads ihrer Dateien vorsieht in Kombination mit der standardmäßigen Ausgabe eines unbeschränkten Downloadlinks[133] ergeben. Auch durch das Schalten von Adword-Anzeigen bei einer Suchmaschine, die bei Eingabe des entsprechenden Suchbegriffs zu den Angeboten verlinken, können erhöhte Prüfungspflichten folgen.[134] Unter der Anwendung von **verschärften Prüfungspflichten** ging der Bundesgerichtshof davon aus, dass eine Kontrolle von Link-Ressourcen in der Weise erforderlich ist, dass der Diensteanbieter verpflichtet ist, gezielt nach weiteren Links auf rechtsverletzende Dateien durch den Einsatz von Suchmaschinen oder Webcrawlern zu suchen.[135] 138

bb) Haftung als Täter oder Teilnehmer einer Urheberrechtsverletzung

Die Frage, unter welchen Voraussetzungen ein Sharehoster auch als **Täter oder Teilnehmer einer Urheberrechtsverletzung** haften kann, ist in der Rechtsprechung noch nicht abschließend geklärt. Im Gegensatz zur Störerhaftung hat die Täter- oder Gehilfenhaftung für den Rechteinhaber den Vorteil, dass der Internetdienst auch **Schadensersatzansprüchen** ausgesetzt ist und zudem ohne konkreten Hinweis auf eine Rechtsverletzung haftet. In rechtlicher Hinsicht sind zwei Punkte entscheidend: 139

1) Begeht der Sharehoster eine **urheberrechtliche Nutzungshandlung** oder kann ihm eine urheberrechtliche Nutzungshandlung des Uploaders zugerechnet werden?
2) Stellen die **Haftungsprivilegierungen** nach dem Telemediengesetz den Sharehoster von der Haftung frei?

In der Rechtsprechung wird überwiegend vertreten, dass allein der Uploader eine Nutzungshandlung vornehme. Für ein zu Eigen machen hochgeladener Inhalte reicht nach dieser Rechtsprechung die Strukturierung und wirtschaftliche Verwertung der Inhalte nicht aus.[136] Für eine Gehilfenhaftung fehle es an der erforderlichen Kenntnis von konkret drohenden Haupttaten.[137] Für die Annahme einer urheberrechtlich relevanten 140

---

129 BGH, GRUR 2013, 1030, 1034 – File-Hosting-Dienst. OLG Hamburg, ZUM-RD 2016, 83, 133 ff. – Haftung eines UGC-Streaming-Dienstes. Das Urteil des OLG Hamburg wurde nicht rechtskräftig.
130 BGH, GRUR 2013, 370, 371 f. – Alone in the Dark; BGH, GRUR 2013, 1030, 1032 f. – File-Hosting-Dienst; BGH, GRUR 2009, 841, 843 – Cybersky.
131 BGH, GRUR 2013, 1030, 1032 – File-Hosting-Dienst.
132 BGH, GRUR 2013, 1030, 1033 – File-Hosting-Dienst.
133 OLG München, GRUR-RS 2017, 106250, Rz. 56.
134 BGH, GRUR 2015, 485, 491 f. – Kinderhochstühle im Internet III.
135 BGH, GRUR 2013, 1030, 1034 f. – File-Hosting-Dienst.
136 OLG München, GRUR 2016, 612, 614 f. – Allegro barbaro; OLG Hamburg, ZUM-RD 2016, 83, 98 ff. – Haftung eines UGC-Streaming-Dienstes. Die Urteile wurden nicht rechtskräftig.
137 OLG München, GRUR 2016, 612, 615 f. – Allegro barbaro; OLG Hamburg, ZUM-RD 2016, 83, 116 – Haftung eines UGC-Streaming-Dienstes. Die Urteile wurden nicht rechtskräftig. A.A. OLG München, GRUR-

Nutzungshandlung spricht jedoch, dass zur Beurteilung der Werknutzereigenschaft eine wertende Betrachtung vorzunehmen ist.[138] Im Rahmen der **Gesamtabwägung** dürfte die wirtschaftliche Verwertung der hochgeladenen Inhalte durch den Dienst das entscheidende Kriterium darstellen. So hat auch der **Europäische Gerichtshof** in seiner jüngeren Rechtsprechung angenommen, dass der Betreiber einer Filesharing-Plattform bei einer Indexierung von Metadaten selbst eine öffentliche Wiedergabehandlung vornehme.[139] Selbst der **Verkauf eines „Medienabspielers"**, auf dem Hyperlinks zu öffentlichen Websites installiert sind, auf denen urheberrechtlich geschützte Werke ohne Zustimmung des Rechteinhabers zugänglich gemacht werden, wird vom Gerichtshof als öffentliche Wiedergabehandlung klassifiziert.[140]

141 Auf Schadensersatzansprüche sind allerdings die **Haftungsprivilegierungen des Telemediengesetzes** anwendbar, nach denen Host-Provider von einer Haftung befreit sind, soweit sie keine Kenntnis oder grob fahrlässige Unkenntnis von der rechtswidrigen Handlung oder Information haben. Eine Privilegierung ist allerdings nur für fremde Inhalte vorgesehen. Einer Anwendung dürfte daher entgegenstehen, dass sich Provider, wenn sie fremden Content wirtschaftlich verwerten, die eingestellten Inhalte zu Eigen machen. Zudem ist zweifelhaft, ob derartige Diensteanbieter noch als Host-Provider iSd Telemediengesetzes oder der E-Commerce-Richtlinie zu klassifizieren sind. Nach der Rechtsprechung des Europäischen Gerichtshofs können sich Diensteanbieter, die eine **aktive Rolle** spielen, d.h. die sich nicht darauf beschränken, den Dienst mittels rein technischer und automatischer Verarbeitung neutral zu erbringen, nicht auf die Haftungsprivilegierungen in der **E-Commerce Richtlinie 2000/31** berufen.[141] So hat auch das OLG Hamburg eine Berufung des Streamingdienstes YouTube auf die Haftungsprivilegierungen des Telemediengesetzes abgelehnt.[142] Soweit die Ausgestaltung des Dienstes eine Berufung auf die Haftungsprivilegierungen hingegen zulässt, haftet der Dienst nach Mitteilung einer Rechtsverletzung auf Schadensersatz, sofern er die Löschung der rechtsverletzenden Dateien unterlässt oder nicht ausreichend dafür Sorge trägt, dass dieselben Werke erneut hochgeladen werden.[143]

b) Netzsperren

142 Ein weiteres Mittel im Kampf gegen die Internetpiraterie können Netzsperren sein. Hierbei blockiert der **Internet-Zugangsanbieter** (Internet-Access-Provider) für seine Kunden den Zugang zu bestimmten Piraterieseiten. In Deutschland hat sich diese Praxis aufgrund des Widerstandes der Provider bisher nicht durchgesetzt. Dennoch lässt sich nicht bestreiten, dass Netzsperren der einzige Weg sein können, um den Zugang zu ur-

---

RS 2017, 106250, Rz. 40, n.rk., nach dem allerdings eine Haftung des Dienstes an der Haftungsprivilegierung nach § 10 TMG scheitert.

138 BGH, GRUR 2015, 987, 988 – Trassenfieber; GRUR 2013, 818, 820 f. – Die Realität I; ZUM 2009, 765, 768 f. – Save TV.

139 EuGH v. 14.6.2017 – Rs. C-610/15, GRUR 2017, 790 ff. – The Pirate Bay.

140 EuGH v. 26.4.2017 – Rs. C-527/15, GRUR 2017, 610 ff. – Filmspeler.

141 EuGH v. 12.7.2011 – Rs. C-324/09, GRUR 2011, 1025, 1032 – L'Orèal/eBay; EuGH v. 23.3.2010 – Rs. C-236/08 bis C-238/08, GRUR 2010, 445, 451 – Google France und Google.

142 OLG Hamburg, ZUM-RD 2016, 83, 106 ff. – Haftung eines UGC-Streaming-Dienstes. Das Urteil des OLG Hamburg wurde nicht rechtskräftig

143 LG Hamburg, BeckRS 2015, 18592; A.A. für den Verstoß gegen notice and stay down Verpflichtungen: OLG München, GRUR-RS 2017, 106250, Rz. 46 ff. n.rk., nach dem die Mitteilung einer Rechtsverletzung keine Kenntnis von dem Upload weiterer Dateien, die das urheberrechtlich geschützte Werk ebenfalls enthalten, vermittelt. Eine solche Kenntnis sei für das Entfallen der Haftungsprivilegierung nach § 10 TMG erforderlich.

heberrechtsverletzenden Inhalten im Internet zumindest zu erschweren. Eine direkte Inanspruchnahme der Sharehoster scheitert regelmäßig an der Identifizierung der Betreiber. Zudem lassen sich ladungsfähige Anschriften häufig nicht ermitteln.

Die Zulässigkeit von Netzsperren zur Durchsetzung von zivilrechtlichen Ansprüchen wurde in der **deutschen Rechtsprechung** lange verneint.[144] Der **Europäische Gerichtshof** entschied im März 2014, dass das Unionsrecht zivilrechtlichen Netzsperren grundsätzlich nicht entgegensteht. Rechtsgrundlage sei Art. 8 Abs. 3 InfoRL, wonach gerichtliche Anordnungen gegen Vermittler ergehen können, deren Dienste zur Verletzung des Urheberrechts genutzt werden. Netzsperren sind nach Auffassung des Gerichts insbesondere mit der unternehmerischen Freiheit der Provider vereinbar, soweit den Providern die Wahl der konkreten Maßnahme überlassen werde.[145] Allerdings müsse die Informationsfreiheit der Nutzer durch ausreichende Rechtsschutzmöglichkeiten gewahrt werden und zudem müssten die Sperren den unerlaubten Zugriff auf die Webseiten zumindest erschweren. Ein vollständiges Abstellen der Rechtsverletzung sei hingegen nicht erforderlich. 143

Gegen Ende des Jahres 2015 entschied dann auch der **Bundesgerichtshof** auf Klagen der GEMA und einiger Tonträgerhersteller über die Zulässigkeit von Netzsperren in Deutschland.[146] Das Gericht sah in der zivilrechtlichen **Störerhaftung** eine taugliche Grundlage für die Verpflichtung der Provider zur Blockierung der Piraterieseiten. Allerdings seien enge Voraussetzungen zu erfüllen. Aus dem Verhältnismäßigkeitsgrundsatz leitet das Gericht eine grundsätzliche **Subsidiarität** der Inanspruchnahme der Internetzugangsprovider gegenüber den Betreibern der Webseiten und deren Hostprovidern her.[147] Eine vorrangige Rechtsverfolgung könne auf der anderen Seite entfallen, wenn die Inanspruchnahme ohne jede Erfolgsaussicht sei. Dies sei etwas bei einem Sitz des Hostproviders in Russland der Fall. Allerdings seien zur Aufdeckung der Identität des Seitenbetreibers die Einschaltung der staatlichen Ermittlungsbehörden im Wege der **Strafanzeige** oder auch die Vornahme **privater Ermittlungen** durch einen Detektiv oder andere Unternehmen erforderlich. Welche Anforderungen hier konkret zu stellen sind, wird die weitere Rechtsprechung vorgeben. Die Erfahrung zeigt, dass strafrechtliche Ermittlungsverfahren wenig erfolgsversprechend sind. Dass die gängigen technischen Maßnahmen zur Sperrung von Webseiten[148] von Nutzern umgangen werden könnten, steht nach Auffassung des Gerichts der Zulässigkeit der Sperrungsverpflichtung hingegen ebenso wenig entgegen[149] wie die die technisch bedingte Mitbetroffenheit von rechtmäßigen Inhalten in geringem Umfang (**Over-blocking**).[150] 144

3. Der Markt der Rechteinhaber

a) Die Beteiligten

Der Markt der Rechteinhaber lässt sich grundsätzlich in zwei Hauptbeteiligte aufteilen, die zudem das System der Rechtewahrnehmung widerspiegeln: die Rechteinhaber und die Wahrnehmungsberechtigten. 145

---

144 OLG Köln, GRUR 2014, 1081 ff.; OLG Hamburg, GRUR-RR 2014, 140 ff.
145 EuGH v. 27.3.2014 – Rs. C- 314/12, GRUR Int. 2014, 469 ff. – UPC Telekabel / Constantin.
146 BGH, ZUM-RD 2016, 156; BGH, GRUR 2016, 268 ff.
147 BGH, ZUM-RD 2016, 156 Rn. 69 ff.; BGH, GRUR 2016, 268, 277 f.
148 In Betracht kommen eine Domain Name System-Sperre, eine IP-Adressen-Sperre und eine URL-Sperre.
149 BGH, GRUR 2016, 268, 273 f.
150 BGH, ZUM-RD 2016, 156 Rn. 42 ff.; BGH, GRUR 2016, 268, 274 f.

146 Die Rechteinhaber lassen sich in verschiedene Beteiligte einteilen: die **originären** Rechteinhaber im Sinne des VGG – namentlich die Urheber eines Werks, mithin die Komponisten, Textdichter, Bearbeiter und teilweise die Musikverlage – sowie die Inhaber von **derivativen** Rechten, mithin die zur Wahrnehmung befugten Nutzungsrechtsinhaber, nämlich die Verwertungsgesellschaften, die Musik- und (Sub)verlage, vereinzelt auch sog. Option 3 Entitäten, die Lizenzierungs-Hubs und weitere Marktteilnehmer wie zum Beispiel Aggregatoren.

aa) Die Rechteinhaberschaft

147 Grundsätzlich genießen nach kontinentaleuropäischem Urheberrecht lediglich die Urheber gesetzlichen Urheberrechtschutz und somit sind einzig sie als *originäre* Rechteinhaber im Sinne des VGG zu bezeichnen, während Verwertungsgesellschaften diese Rechte derivativ von den Urhebern durch entsprechende Verträge erwerben.

148 Neben der **alleinigen Rechteinhaberschaft** besteht bei einer Vielzahl von Musikwerken eine – unter Umständen mehrfach – geteilte (Urheber)rechtsinhaberschaft, d.h. die Rechte an einem Werk können einem oder mehreren zustehen, sog. ***split rights***. So kann das Musikwerk beispielsweise von mehreren Urhebern gemeinsam geschaffen worden sein und zusätzlich können sodann Rechte an diesem Werk an verschiedene Verlage ganz oder teilweise eingeräumt worden werden. Für die Nutzung eines solchen Werkes, ist die Zustimmung von allen beteiligten Rechteinhabern oder Wahrnehmungsberechtigten erforderlich.

149 Im Rahmen der Rechteinhaberschaft sind im Onlinebereich zwei **Hauptkategorien von Rechten** interessant, die zudem im Bereich des anglo-amerikanischen Repertoires auch die Stellung als Rechteinhaber beeinträchtigen: das Vervielfältigungsrecht, auch mechanisches Recht genannt, und das Aufführungsrecht. Mechanische Rechte verleihen dabei das Recht zur Vervielfältigung durch die Herstellung von physischen und immateriellen Kopien; Aufführungsrechte verleihen hingegen unkörperliche Verwertungsrechte, mithin das Recht, das Werk öffentlich zu Gehör zu bringen bzw. darzustellen sowie das Recht der öffentlichen Zugänglichmachung.

bb) Die Wahrnehmung

150 Die Wahrnehmung von Urheber- bzw. übertragbaren Nutzungsrechten[151] kann im Onlinebereich grundsätzlich auf zwei verschiedene Arten erfolgen, nämlich **individuell** durch den originären oder derivativen Rechteinhaber, d.h. den Urheber oder den Musikverlag, die direkt mit dem Nutzer verhandeln und die erforderlichen Nutzungsrechte lizenzieren oder kollektiv durch Verwertungsgesellschaften. Da sich die individuelle Wahrnehmung von Rechten bei der Vielzahl von Nutzungen von Musikwerken in allen Staaten der Welt als nicht durchführbar erweist, hat sich die **kollektive Wahrnehmung durch Verwertungsgesellschaften** auch im Onlinebereich grundsätzlich durchgesetzt. Hierbei überträgt der Rechteinhaber die Rechte zur Wahrnehmung an einen kollektiven Rechtewahrnehmer, der diese dann für den Rechteinhaber wahrnimmt.[152]

151 Zwar ist das Urheberrecht selbst nicht übertragbar, allerdings wird in dem hier zu betrachtenden Zusammenhang, in Abgrenzung zu den sog. Leistungsschutzrechten, häufig von der Übertragung des Urheberrechts gesprochen, da Leistungsschutzrechte den Inhabern zustehen, die als Vermittler von Werken betrachtet werden, nämlich den ausübenden Künstlern und Tonträgerherstellern. Dogmatisch genauer handelt es sich bei der Übertragung von Urherberrechten um die Übertragung von Verwertungs- bzw. Nutzungsrechten.

152 Darüber hinaus wurde für das anglo-amerikanische Repertoire der großen Majorverlage neuerdings eine Mischform eingeführt. Hierbei nehmen die großen Verlage die Verwertungsrechte teilweise

Grundsätzlich umfasst die **Wahrnehmung von Nutzungsrechten** für Berechtigte im Sinne des § 6 VGG durch die Verwertungsgesellschaft **151**
- die Festlegung oder das Aushandeln von Lizenzgebühren bzw. Tarifen;
- die Lizenzierung, mithin die Erteilung der Einwilligung zur Verwertung von Musikinhalten;
- die Einziehung der vereinbarten Lizenzgebühr und
- die Berechnung, Verteilung und Ausschüttung der Erträge an die Rechteinhaber.

b) Der Markt

Der Musikmarkt hat sich im Hinblick auf die digitale Verwertung und Lizenzierung **152** von Onlinerechten in den letzten Jahren grundlegend gewandelt und soll nachfolgend kurz skizziert werden.

aa) Die Zersplitterung – von der einzelterritorialen Multirepertoirelizenz zur multiterritorialen Einzelrepertoirelizenz

Verwertungsgesellschaften sind traditionell nur in ihrem jeweiligen eigenen Gebiet **153** tätig (Territorialitätsprinzip). Dies bedeutet, dass sich die Wahrnehmung von durch Verwertungsgesellschaften aggregiertem Repertoire auf nur ein Gebiet beschränkt, nämlich das Gebiet, in dem die Verwertungsgesellschaft tätig ist.[153] Auf der Grundlage von Verträgen mit ihren ausländischen Schwestergesellschaften (Repräsentationsvereinbarungen bzw. Gegenseitigkeitsverträge) nehmen sie dabei das sog. **Weltrepertoire** (s. im Einzelnen Kap. 14). Ein Lizenznehmer hatte somit für jedes Territorium eine einzige Anlaufstelle und konnte nach erfolgter Lizenzierung das Weltrepertoire in diesem Territorium nutzen.

In ihrer **Online-Musikdienste-Empfehlung 2005/737**[154] sprach sich die EU-Kom- **154** mission für eine multiterritoriale Online-Lizenzierung aus. Übergeordnetes Ziel war es, Verwertungsgesellschaften am Markt zu etablieren, die sog. **Mehrstaatenlizenzen** an einem allumfassenden Repertoire anbieten. Es sollte maW eine sog. *one-stop-shop* Lizenzierung – ohne territoriale Beschränkung auf das Verwaltungsgebiet der lizenzerteilenden Verwertungsgesellschaft – ermöglicht werden. Die Kommission versprach sich davon unter anderem, die Entwicklung gesamteuropäischer digitaler Musikdienste zu fördern. Insbesondere sollte aber die territoriale Segmentierung der Urheberrechtsverwaltung im digitalen Bereich überwunden werden, indem Rechteinhaber die Möglichkeit

---

eigenständig wahr und lizenzieren diese zusammen mit den Verwertungsgesellschaften, während die Administration der Lizenzen weiterhin von den Verwertungsgesellschaften allein übernommen wird.

153 Für die GEMA war dies Deutschland. Andere Gesellschaften waren hingegen bereits historisch bedingt auch in anderen Territorien tätig, so umfasst das Verwaltungsgebiet der englischen Verwertungsgesellschaft PRS beispielsweise u.a. auch Malta und Gibraltar, das der SACEM Tunesien und andere nordafrikanische Staaten.

154 Diese Empfehlung der GD Binnenmarkt wurde infolge der bereits 2004 geäußerten kartellrechtlichen Bedenken der EU-Kommission hinsichtlich einer möglichen unzulässigen Marktaufteilung iSd Art. 101 Abs. 1 AEUV in den Santiago- und Barcelona Abkommen zwischen den europäischen Verwertungsgesellschaften erlassen. Im Rahmen dieser Abkommen sollten die Gegenseitigkeitsverträge der Verwertungsgesellschaften um den Bereich der Onlinerechte ergänzt werden. Um die Handhabung zu vereinfachen, sollte danach jede Verwertungsgesellschaft berechtigt sein, das Repertoire der Schwestergesellschaft wahrnehmen zu können, aber nur zur Lizenzierung an Nutzer mit einem wirtschaftlichen Sitz in dem jeweiligen Verwaltungsgebiet der Verwertungsgesellschaft. Im Juli 2008 wurden die zuvor geäußerten Bedenken der Europäischen Kommission gegen diese territoriale Abgrenzung durch die sog. CISAC-Entscheidung bestätigt.

erhalten, die Wahrnehmung ihrer Rechte *einer* Verwertungsgesellschaft zur Wahrnehmung in mehreren Gebieten übertragen zu können. Zuvor wurden im Rahmen einer Studie drei Optionen vorgeschlagen:

- *Option 1* sah vor, die weitere Entwicklung dem Markt zu überlassen und somit nicht einzuschreiten;
- *Option 2* griff die Konzeption eines ***one-stop-shops*** auf, wie es die Verwertungsgesellschaften in den Abkommen von Santiago und Barcelona entwickelt hatten, allerdings mit der Maßgabe, dass der Lizenznehmer die Lizenz bei einer Verwertungsgesellschaft seiner Wahl erwerben können sollte, nicht zwingend bei der Verwertungsgesellschaft seines Sitzlandes;
- ***Option 3*** sah eine Wahlmöglichkeit der Rechteinhaber vor, nicht der Lizenznehmer. Der Rechteinhaber sollte die Wahl haben, welche Verwertungsgesellschaft seine Rechte wahrnimmt und in welchem territorialen Umfang, mithin, ob diese Rechtewahrnehmung zudem über das System der Gegenseitigkeitsverträge (oder ggf. durch eine direkte multiterritoriale Lizenzierung) erfolgen soll.

155 Die **EU-Kommission** entschied sich schließlich nach einem Konsultationsprozess für Option 3. Sie begründete dies u.a. mit der Erwägung, Option 2 könnte einen Wettkampf um die Lizenznehmer und damit eine negative Preisspirale zu Lasten der Rechteinhaber auslösen.

156 Als **Folge** hiervon **entzogen** die internationalen Musikverlage, die sog. **Major-Verlage,**[155] ihr anglo-amerikanisches Verlagsrepertoire den lokalen Verwertungsgesellschaften. Dieses **Repertoire** wurde somit aus dem System der Gegenseitigkeitsverträge und Subverlage entnommen und sodann einzelnen Verwertungsgesellschaften oder sog. **Option-3-Gesellschaften** (s. im Einzelnen Kap. 12 Rn. 251). zur multiterritorialen statt zur lokalen Lizenzierung übertragen. Der Grund dafür, dass nur das anglo-amerikanische Repertoire herausgenommen wurde, liegt an der besonderen Ausgestaltung des anglo-amerikanischen Urheberrechts. Dieses folgt dem sog. Auftragswerkprinzip, im Gegensatz zu dem sog. Schöpferprinzip des kontinentaleuropäischen Urheberrechts. Auf dieser Grundlage ermöglicht das anglo-amerikanische Urheberrechtssystem eine translative Rechteübertragung vom Urheber an den Musikverlag (sog. *work made for hire*) und damit einen sog. *buy-out*. Infolgedessen haben die großen Musikverlage beim anglo-amerikanischen Verlagsrepertoire das Urheberrecht inne und können über dieses verfügen und es eigenständig lizenzieren.

bb) Die multiterritorial tätigen Marktteilnehmer

157 Die meisten Modelle, die als Reaktion auf die Online-Musikdienste Empfehlung der EU-Kommission entstanden sind, wurden von den großen internationalen Musikverlagen in **Kooperation** mit Verwertungsgesellschaften entwickelt. Im Zuge dieser Entwicklung gingen zudem einige Verwertungsgesellschaften selbst dazu über, ihr Repertoire ebenfalls multiterritorial bei größeren Lizenznehmern zu lizenzieren. Statt eines *one-stop-shops*, haben sich dadurch mehrere *closed-shops*[156] gebildet; mithin wurden einzelne Verlags- und Verwertungsgesellschaftsrepertoires multiterritorial und auch nur an bestimmte Lizenznehmer lizenziert, das restliche Repertoire hingegen weiterhin nur für

155 Hierunter fallen aufgrund der Höhe ihres Markanteils BMG, Sony/ATV, EMI, Universal und Warner Music.
156 *Poll*, ZUM 2008, 500 (505).

ein einzelnes Territorium. Insgesamt haben sich die nachfolgend beschriebenen **Modelle** herausgebildet:

- Eine lokale Verwertungsgesellschaft lizenziert ihr Repertoire **eigenständig** an große, multiterritorial aktive Lizenznehmer mit einer multiterritorialen Lizenz, anstatt es durch das System der Gegenseitigkeitsverträge in den jeweiligen Territorien von den lokalen Verwertungsgesellschaften lizenzieren zu lassen. So verfahren zum Beispiel die SUISA[157], die AMRA[158], SABAM[159], SGAE[160], die SIAE[161] und die SACEM[162].
- Eine lokale Gesellschaft schafft eine **(interne) Lizenzierungseinheit** mit einem eigenen Markenauftritt und eigenem Repertoire und lizenziert dieses Repertoire paneuropäisch. Ein solches Angebot hält beispielsweise die nunmehr eigenständige IMPEL-Initiative der PRS for Music[163] speziell für das anglo-amerikanische Repertoire für Independent Verlage und die mittlerweile eingestellt WOI-Initiative der STIM bereit.
- Es wird eine sog. **Option-3-Entität** als Tochtergesellschaft einer Verwertungsgesellschaft geschaffen (auch SPV – *Special Purpose Vehicle* genannt), die das Repertoire eines der Majorverlage multiterritorial direkt lizenziert. Beispiele sind die ARESA GmbH der GEMA für das anglo-amerikanische BMG-Repertoire und die SOLAR Ltd.[164] als Joint-Venture zwischen der GEMA und der PRS for Music für das anglo-amerikanische Sony/ATV und EMI Repertoire.[165]
- Musikverlage schaffen eine eigene **Lizenzierungsinitiative** der sich Verwertungsgesellschaften anschließen können; diese lizenzieren das Repertoire nach Vorgabe der Musikverlage pan-europäisch. Beispiele sind die P.E.D.L. Initiative von Warner/Chappell Music und die D.E.A.L. Initiative von Universal Music.
- Es werden sog. **„Lizenzierungs-Hubs"** in Form des Zusammenschlusses von Verwertungsgesellschaften gegründet, die das aggregierte Repertoire gebündelt lizenzieren, wie zuletzt im Rahmen der Kooperation zwischen PRS for Music, STIM[166] und GEMA.

Ziel der eigenständigen multiterritorialen Lizenzierung ist vor allem, die Kontrolle über das jeweilige Repertoire zu behalten und Einfluss auf die Lizenzbedingungen zu nehmen. 158

cc) *Status quo und Ausblick – von der multiterritorialen Einzelrepertoirelizenz zur multiterritorialen Multirepertoirelizenz*

Als Maßnahme gegen die zunehmende Rechtezersplitterung und Rechtsunsicherheit 159
am Markt bilden sich vermehrt sog. **Lizenzierungs-Hubs**, die aggregiertes Repertoire multiterritorial lizenzieren. Dies bedeutet im Vergleich zu den Option-3 Gesellschaften,

157 Genossenschaft der Komponisten, Textautoren und Musikverleger der Schweiz und Liechtenstein.
158 *American Music Rights Association* (U.S.A.).
159 *Société d'Auteurs Belge – Belgische Auteurs Maatschappij* (Belgien).
160 *Sociedad General de Autores y Editores* (Spanien).
161 *Società Italiana degli Autori ed Editori* (Italien).
162 *Société des Auteurs, Compositeurs et Editeurs de musique* (Frankreich).
163 Kooperation zwischen der britischen *Performing Rights Society* (PRS) und der britischen *Mechanical-Copyright Protection Society* (MCPS).
164 Als Nachfolgerin der CELAS GmbH.
165 Vor einigen Jahren waren zudem noch die nunmehr eingestellte KSTAR AB für das anglo-amerikanische Kobalt-Repertoire und PAECOL für das nunmehr von SOLAR verwaltete Sony/ATV Repertoire am Markt aktiv.
166 *Svenska Tonsättares Internationella Musikbyrå* (Schweden).

dass nicht bloß das Repertoire eines Major-Verlages multiterritorial lizenziert wird, sondern versucht wird, Repertoires von Verwertungsgesellschaften und Verlagen zu aggregieren. Diese Entwicklung wird maßgeblich von den Verwertungsgesellschaften vorangetrieben. So ist beispielsweise ARMONIA als eine Partnerschaft von ARTISJUS, SABAM, SACEM, SGAE, SIAE und SUISA am Markt tätig und lizenziert zurzeit zusätzlich zu dem Repertoire der genannten Verwertungsgesellschaften unter anderem das Repertoire von Universal Music.

160 Darüber hinaus haben GEMA, PRS for Music und STIM das Lizenzierungs-Hub **International Copyright Enterprise Services Ltd.** als Joint Venture in London gegründet, von wo aus das Repertoire aggregiert und **pan-europäisch** lizenziert wird. (s. im Einzelnen Rn. 220). ICE Ltd. ist – anders als etwa ARMONIA – eine eigenständig am Markt agierende Gesellschaft. Die Gesellschaft verwendet zudem ein gemeinsames **Dokumentationssystem**, betrieben von der *ICE International Copyright Services Gemany GmbH (Berlin)*, in dem die Onlinerechte aller drei Verwertungsgesellschaften sowie weiterer Verlage und Verwertungsgesellschaften zusammengefasst verwaltet, dokumentiert und prozessiert werden. Dies hat für die Lizenznehmer den Vorteil nur einer Anlaufstelle und nur eines Verhandlungspartners für die Klärung mehrerer Repertoires. Die damit verbundene Zeit- und Kostenersparnis der Lizenznehmer kommt letztlich den Kunden von ICE und somit auch den Berechtigten zugute, da auf diese Weise die multi-territoriale Lizenzierung auch von national erfolgreichem Repertoire wahrscheinlicher wird. Dahinter steckt der Gedanke, dass für einen gesamteuropäisch tätigen Lizenznehmer die Abklärung des Repertoires eine Vielzahl von Recherchen und Verhandlungen bedeutet. Diese Ressourcen werden häufig zunächst nur auf das kommerziell erfolgreichste Repertoire (zumeist das anglo-amerikanische) verwendet; nun erfolgt jedoch eine gemeinsame Lizenzierung des aggregierten Repertoires.

161 Insgesamt scheint der Markt wieder mehr von einer Repertoireaggregation bestimmt zu sein, denn von einer weiteren Zersplitterung. Insbesondere durch die **Verwertungsgesellschaften-Richtlinie 2014/26** für Rechte an Musikwerken im Bereich der Online-Nutzung besteht zudem die Möglichkeit eines sog. ***„tag-on"***: Kleine Verwertungsgesellschaften können sich bereits existierenden Lizenzierungs-Hubs anschließen und diese mit der Lizenzierung auch ihres Repertoires beauftragen.

II. Überblick über das Repertoire

162 Wurde soeben ein Überblick über den Markt sowie die Beteiligten gegeben, soll nun das Repertoire als Gegenstand der Lizenzierung im Online-Musikmarkt näher betrachtet werden.

1. Abgrenzung

163 Zu unterscheiden ist zwischen Repertoire und Rechten: Ein Repertoire besteht aus einer **Vielzahl von Musikwerken**. An diesen Musikwerken wiederum bestehen verschiedene Nutzungsrechte (s.o. Rn. 117), die sich im Online-Bereich in zwei grundsätzliche Rechtekategorien einteilen lassen, das Vervielfältigungsrecht und das Aufführungsrecht.

164 Die **Klärung des Repertoires** ist nicht weniger wichtig, als die Frage des Umfangs der eingeräumten Nutzungsrechte. Ein Lizenznehmer muss nicht nur sicherstellen, dass er die benötigen Nutzungsrechte erhält, sondern auch, dass er sie für die intendierten Musikwerke erhält. So wird beispielsweise der Anbieter eines *Streaming* oder *Downloadservices* bestrebt sein, ein möglich umfangreiches Repertoire anbieten zu können.

2. Das Weltrepertoire

Mit Ausnahme des Online-Bereichs, kann ein Lizenznehmer davon ausgehen, dass er für Nutzungen in Deutschland von der GEMA das sog. Weltrepertoire erhält. Nach der sog. **GEMA-Vermutung** wird zur Vereinfachung der Lizenzierungstätigkeit und zur Schaffung von Rechtssicherheit für den Lizenznehmer vermutet, dass die GEMA berechtigt ist, das gesamte Musikrepertoire der Welt in Deutschland wahrzunehmen und zu lizenzieren (näher **Kap. 5, Rn. 19**). Diese Vermutung ist dadurch begründet, dass grundsätzlich nur die GEMA die Rechte zur Wahrnehmung in Deutschland eingeräumt bekommt. Eine solche Rechteeinräumung an die GEMA erfolgt auf zwei Wegen: durch **Berechtigungsverträge** zwischen einzelnen Rechteinhabern und der GEMA sowie durch **Gegenseitigkeitsverträge** zwischen ausländischen Verwertungsgesellschaften („Schwestergesellschaften") und der GEMA. Da die Rechteinhaber regelmäßig Mitglieder der Verwertungsgesellschaft ihres Heimat- oder Sitzstaates sind,[167] kann diese Verwertungsgesellschaft über das gesamte lokale Repertoire verfügen. Die nationalen Verwertungsgesellschaften räumen einander die jeweiligen lokalen Repertoires durch ein Netz von Gegenseitigkeitsverträgen zur Wahrnehmung ein. Auf diese Weise ist jede Verwertungsgesellschaft in ihrem Verwaltungsgebiet in der Lage, sämtliches Repertoire – das sog. **Weltrepertoire** – durch gegenseitige Vertretung wahrzunehmen und zu lizenzieren. Somit erteilt eine Verwertungsgesellschaft nicht bloß Lizenzen für das Repertoire der eigenen Mitglieder (das sog. lokale Repertoire), sondern auch für das Repertoire der sog. Schwestergesellschaften. Die hieraus erzielten Lizenzeinnahmen werden dadurch auch für die Mitglieder der Schwestergesellschaften eingenommen und an diese weitergeleitet. **165**

3. Das fragmentierte Repertoire im Onlinebereich

Die Verwertungsgesellschaften hatten mit den Abkommen von Santiago und Barcelona die Voraussetzungen dafür geschaffen, das System der Gegenseitigkeitsverträge auch für den Online-Bereich zu nutzen (s. oben, **Rn. 154**). Mit der Online-Musikdienste Empfehlung hat die EU-Kommission jedoch einen anderen regulatorischen Rahmen bereitgestellt, das sog. Option 3-Modell. Auf dieser Grundlage sind mittlerweile verschiedene Lizenzierungsentitäten entstanden, nachdem die großen Musikverlage ihr angloamerikanisches Repertoire im Hinblick auf die Verwertung im Onlinebereich aus dem Gefüge der nationalen Verwertungsgesellschaften herausgenommen haben, um es individuell pan-europäisch zu lizenzieren. **166**

a) *Von der territorialbasierten Lizenzierung zur repertoirebasierten Lizenzierung von Onlinerechten*

Anders als unter dem System der Gegenseitigkeitsverträge können die Verwertungsgesellschaften nun nicht mehr das Weltrepertoire für ein Territorium lizenzieren. Stattdessen räumen die entstandenen verschiedenen Lizenzierungsentitäten nunmehr für ein bestimmtes Repertoire und für bestimmte Territorien Lizenzen ein, sog. **multiterritoriale Einzelrepertoirelizenzen**. Der von der EU-Kommission angestrebte Erfolg einer multiterritorialen Multirepertoirelizenz wird damit im praktischen Ergebnis nicht erreicht, da **167**

167 Obwohl die Ablehnung von Wahrnehmungstätigkeit aufgrund einer Staatsangehörigkeit gegen EU-Wettbewerbsrecht verstoßen würde, stellt die Mitgliedschaft bei der Verwertungsgesellschaft des Heimatlandes die von den Rechteinhabern immer noch bevorzugte Variante dar.

jeweils nur ein Repertoire, nämlich das repräsentierte (anglo-amerikanische) Repertoire eines Majorverlags, multiterritorial lizenziert werden kann. Die Zahl der benötigten Lizenzen hat sich somit nicht verringert, sondern erhöht. Das neue System führt zu größerer Rechtsunsicherheit und erhöht den Zeit- und Kostenaufwand der Lizenznehmer deutlich. Waren vormals für einen europaweit tätigen Lizenznehmer Lizenzen von sämtlichen lokalen Verwertungsgesellschaften nötig, aber eben auch für sämtliches Repertoire ausreichend, so sind durch die Herausnahme des anglo-amerikanischen Repertoires die Lizenzen für das anglo-amerikanische Repertoire heute zusätzlich zu den weiterhin erforderlichen lokalen Lizenzen für das einheimische Repertoire zu erwerben.[168] Relevant für die Lizenzierung ist nun neben der Frage, für welches Territorium die Lizenz erteilt wurde, vor allem die Frage, welches Repertoire von der Lizenz umfasst ist, da – infolge des nicht mehr zur Verfügung stehenden Weltrepertoires – nun eine **repertoirebasierte Lizenzierung** stattfindet.

b) Die relevanten Repertoires

168 Grundsätzlich wird im Zuge des fragmentierten Repertoires zwischen anglo-amerikanischem und kontinentaleuropäischem Repertoire, sowie zwischen lokalem und fremdem Repertoire unterschieden.

169 Bei dem **anglo-amerikanischen** Repertoire handelt es sich nicht um ein Repertoire, welches aus Musikwerken in englischer Sprache besteht oder sich nach der Staatsangehörigkeit des Urhebers bestimmt. Vielmehr bestimmt sich die Zuordnung zum anglo-amerikanischen Repertoire nach der Mitgliedschaft des Urhebers zu einer im anglo-amerikanischen Rechtskreis ansässigen Verwertungsgesellschaft für *performing rights* wie APRA[169], ASCAP[170], BMI[171], IMRO[172], PRS[173], SAMRO[174], SESAC[175], SOCAN[176] (sog. *Performing Rights Organisations*) und teilweise AMRA[177], da der Urheber im anglo-amerikanischen System nur sein Aufführungsrecht kollektiv wahrnehmen lässt (s. oben, Rn. 156). Unter **kontinentaleuropäischem** Repertoire, auch BIEM-Repertoire genannt, sind hingegen die Musikwerke zusammengefasst, deren Urheber Mitglied in einer kontinentaleuropäischen Verwertungsgesellschaft ist.[178]

170 Hieran anknüpfend kann wiederum zwischen eigenem und fremdem Repertoire unterschieden werden. Bei **Originalrepertoire** (*member repertoire, local* repertoire) handelt es sich um die Gesamtheit der Musikwerke, welche der lokalen Verwertungsgesellschaft von ihren eigenen Mitgliedern über den Berechtigungsvertrag zur Wahrnehmung eingeräumt werden. Dieses Repertoire kann der Verwertungsgesellschaft entweder zur weltweiten Wahrnehmung, für bestimmte Territorien oder aber zumindest zur Wahrneh-

168 Dies bedeutet, dass ein pan-europäisch tätiger Lizenznehmer bis zu 28 Lizenzen von den jeweiligen lokalen Verwertungsgesellschaften sowie von allen Option-3 Gesellschaften bzw. Lizenzierungsinitiativen benötigt, um ein vollumfängliches Repertoire anbieten zu können. Um dieser Entwicklung entgegen zusteuern wird durch Joint-Ventures versucht, Repertoire pan-europäisch zu aggregieren.

169 *Australasian Performing Rights Association* (Australien).

170 *American Society of Composers, Authors and Publishers* (U.S.A.).

171 *Broadcast Music Incorporated* (U.S.A.).

172 *Irish Music Rights Organisation* (Irland).

173 *Performing Rights Society* (UK).

174 *Southern African Music Rights Organisation* (Südafrika).

175 *Society of European Stage Authors and Composers* (U.S.A.).

176 *Society of Composers, Authors and Music Publishers of Canada* (Kanada).

177 *American Music Rights Association* (U.S.A.).

178 Diese Art der Zuordnung nach der Mitgliedschaft des Urhebers bei einer Verwertungsgesellschaft wird auch bei dem sog. Latin- und Asia Repertoire vorgenommen.

mung in dem eigenen Territorium eingeräumt worden sein. **Gegenseitigkeitsrepertoire** (*reciprocal [agreement] repertoire, foreign repertoire*) wird einer Verwertungsgesellschaft hingegen über einen Gegenseitigkeitsvertrag von einer Verwertungsgesellschaft aus einem anderen Territorium eingeräumt. Auch dieses Repertoire wird der empfangenden Verwertungsgesellschaft mindestens zur Wahrnehmung im eigenen Territorium eingeräumt, kann je nach vertraglicher Ausgestaltung jedoch auch eine Vielzahl von Territorien umfassen.

Darüber hinaus kann Repertoire auch im Hinblick auf die bereits erwähnten **Rechtekategorien** unterschieden werden, da die Urheber von anglo-amerikanischen Musikwerken ihre Rechte getrennt vergeben. Die mechanischen Rechte werden an den Musikverlag zur weltweiten Nutzung übertragen und die Aufführungsrechte an Verwertungsgesellschaften. Daher umfasst beispielsweise das Repertoire der anglo-amerikanischen *performing rights* Gesellschaften Werke, deren Aufführungsrechte sie wahrnehmen, und das Repertoire eines Majorverlages beinhaltet Werke, an denen der Verlag die mechanischen Rechte erworben hat. 171

III. Die nationale Lizenzierung

Bei der Lizenzierung im Online-Bereich stellen sich – wie bei jeder Lizenzierung – drei Fragen: 172
- Was ist Gegenstand der Lizenz, d.h. welches Repertoire und welche Rechte stehen der GEMA im Online-Bereich für den jeweiligen Lizenznehmer zur Lizenzierung zur Verfügung?
- Wer ist Lizenznehmer, d.h. wer ist der Vertragspartner der GEMA?
- Wie sind die Konditionen der Lizenz, d.h. wie ist die angemessene Vergütung in Tarifen und Gesamtverträgen geregelt?

1. Was ist Gegenstand der nationalen GEMA-Lizenz?

Das GEMA-Repertoire umfasst zwei Repertoirekategorien (zu ihnen bereits soeben, Rn. 170). Sie nimmt das sogenannte **Originalrepertoire** (*member repertoire, local repertoire*) sowie das sogenannte **Gegenseitigkeitsvertragsrepertoire** (*reciprocal [agreement] repertoire, foreign repertoire*) wahr. 173

Der Umfang des von der GEMA wahrgenommenen Repertoires bestimmt sich stets nach dem Inhalt des jeweiligen Berechtigungs- bzw. Gegenseitigkeitsvertrags. So sind folgende **Determinanten** ausschlaggebend, um im Einzelfall den Umfang des Repertoires zu bestimmen: 174
- der territoriale Umfang der Wahrnehmungsbefugnis;
- der jeweilige Anteil der GEMA am sog. *split copyright* sowie
- die Exklusivität bzw. Nicht-Exklusivität.

2. Wer ist Lizenznehmer?

a) Allgemeines

Die Frage, wen die GEMA lizenzieren kann, richtet sich unmittelbar nach den Vorgaben von Berechtigungsvertrag und den mit ausländischen Schwestergesellschaften abgeschlossenen Repräsentationsvereinbarungen. Dort ist jeweils geregelt, in welchem Umfang die GEMA Rechte wahrnimmt und wie sie folglich Dritten Rechte einräumen kann. Auf dieser Grundlage ist die GEMA berechtigt, lediglich einfache, nicht weiterüber- 175 tragbare und auch nicht sub-lizenzierbare Nutzungsrechte an den wahrgenommenen Musikwerken einzuräumen. Als **Lizenznehmer** kommt daher nur diejenige natürliche oder juristische Person in Betracht, die diese Musikwerke in einer oder mehreren der oben genannten Auswertungsformen auch selbst nutzt. Nur sie kann **Lizenzschuldnerin** sein.

176 Dies ist in den meisten Fällen vollkommen unproblematisch und tatsächlich ist eine entsprechende Einordnung in der täglichen Praxis in der Regel auch relativ einfach, sodass der zu lizenzierende **Nutzer** eindeutig feststeht. Bei den meisten Anbietern – als Beispiele seien hier nur iTunes oder Spotify genannt – gibt es gar keinen Zweifel daran, dass sie als Betreiber des jeweiligen Dienstes für die dort öffentlich zugänglich gemachten Inhalte als Nutzer lizenzrechtlich verantwortlich sind.

177 Umstritten ist dagegen die Einordnung als **Lizenzschuldner** besonders in zwei Konstellationen:

- Zum einen kann ein Unternehmen ein Interesse daran haben, eine Lizenzvereinbarung mit der GEMA abzuschließen, obwohl es nicht unmittelbarer Nutzer ist. Dies ist zum Beispiel dann der Fall, wenn ein Unternehmen zeitgleich zahlreichen Drittfirmen technische Dienstleistungen für den Betrieb von deren Musik- oder Videoservices anbietet und als Teil dieser Dienstleistung auch die Rechteklärung mit der GEMA übernehmen möchte.
- Zum anderen gibt es Anbieter, die sich – insbesondere in arbeitsteiligen Konstellationen – einer Lizenzierung verweigern mit dem Hinweis auf ihre Rolle als bloßer technischer Dienstleister oder die sich zumindest auf ihre untergeordnete Rolle bei der öffentlichen Zugänglichmachung von Inhalten zurückziehen wollen, sodass aus ihrer Sicht nur der jeweils andere Beteiligte als Lizenzschuldner in Betracht kommt.

178 In der Welt des digitalen Musikvertriebs gibt es verschiedenste Ausprägungen dieser beiden Konstellationen. Das geläufigste Modell sind die sog. **„App-Stores“**, die Smartphone- und Tablet-Apps vertreiben. Dort stellt sich zum Beispiel die Frage, ob der Anbieter des App-Stores selbst oder der zuliefernde Entwickler die Musikinhalte öffentlich zugänglich macht, also im lizenzrechtlichen Sinne nutzt und damit Lizenzschuldner ist. Ähnlich liegt der Sachverhalt bei sog. **White-Label-Konstellationen,** bei denen ein Dienstleister die Online-Dienste von mehreren Anbietern betreibt. Aber auch Modelle von **Plattformen** wie YouTube oder Webseiten, die Fremdinhalte in das eigene Angebot einbetten oder verlinken, werfen immer wieder die Frage nach der lizenzrechtlichen Verantwortlichkeit auf. Die rechtliche Einordnung der arbeitsteiligen Konstellationen ist im Hinblick auf die Lizenzierung umstritten.

b) Grundsätze der rechtlichen Beurteilung

179 Insbesondere zur Fallgruppe der mehraktigen bzw. arbeitsteiligen Angebote gab es in den vergangenen Jahren einige höchstrichterliche Grundsatzentscheidungen. So ist mittlerweile entschieden, dass die reine **Verlinkung** auf urheberrechtlich geschützte Inhalte grundsätzlich keine zu lizenzierende Nutzungshandlung darstellt.[179] Nach zwei wegweisenden Entscheidungen des EuGH gilt dies auch für das Einbinden von Inhalten, die von anderen Webseiten stammen (sog. **Embedding** oder **Framing)**, solange kein neues und damit gegenüber dem Ursprungsangebot erweitertes Publikum erreicht bzw.

179 BGH, ZUM 2003, 855 – Paperboy.

geschaffen wird[180] und keine Kenntnis oder grob fahrlässige Unkenntnis der Rechtswidrigkeit der Veröffentlichung des Werks auf der anderen Webseite vorliegt.[181]

Andere Sachverhalte sind immer noch nicht abschließend höchstrichterlich geklärt. 180
Eine allgemeingültige Formel haben bislang weder der Gesetzgeber noch die Gerichte geschaffen. Vielmehr wurden Zweifelsfälle in der Rechtsprechung jeweils einzelfallbezogen anhand einer Vielzahl unterschiedlicher Kriterien geprüft und das Ergebnis in einer Art **wertender Gesamtbetrachtung** zusammengeführt. In Betracht kommen insbesondere die folgenden **Kriterien**, die teilweise auch die Rechtsprechung herangezogen hat:

- Welcher der Beteiligten hält den **Endkundenkontakt**?
- Wer bestimmt den **Preis** eines Angebots?
- Wer **vermarktet** die angebotenen Inhalte? Wer zieht den **wirtschaftlichen Nutzen** aus dem Angebot?
- Wer bestimmt den **Inhalt**, die Aufbereitung und Darstellung eines Angebots?
- Wer hat **Kenntnis** oder ggf. **grob fahrlässige Unkenntnis** von den Inhalten?
- Wer hat die **technische Hoheit** über den angebotenen Service?
- Welcher der Beteiligten geriert sich als **Anbieter**, z.B. indem er sich Rechte an den Inhalten einräumen lässt oder sich dieser zumindest berühmt?

Der BGH hat zur Frage der Lizenzschuldnerschaft in einer arbeitsteiligen Konstella- 181
tion bislang nur in der sog. **Chefkoch-Entscheidung** Stellung bezogen. Dort war darüber zu entscheiden, ob der Betreiber der Seite „Chefkoch.de" die Bilder, welche von Nutzern der Seite hochgeladen worden waren, im Sinne des § 19a UrhG selbst öffentlich zugänglich macht. In der Entscheidung geht der BGH – vereinfacht zusammengefasst – davon aus, dass eine öffentliche Zugänglichmachung iSd § 19a UrhG durch den Betreiber des Angebots auf jeden Fall dann vorliegt, wenn dieser die volle redaktionelle Kontrolle über das Angebot ausübt, indem er die einzelnen Inhalte für die Öffentlichkeit freischaltet und sie sich damit zu eigen macht.[182] Der BGH greift also auf einige der vorstehend genannten Kriterien zurück und gelangt anhand einer wertenden Gesamtbetrachtung zu dem dargestellten Ergebnis.

Diese Gesamtbetrachtung des **„Sich-zu-eigen-Machens"** ist durchaus kritisch zu 182
sehen, denn sie löst die Problematik letztlich ergebnisorientiert, und zwar dadurch, dass sie einen der Beteiligten aus der Betrachtung gänzlich ausnimmt. Geht man nämlich mit dem BGH davon aus, dass sich der Anbieter die hochgeladenen Inhalte jedenfalls zu eigen macht, spielt die Arbeitsteilung zwischen den verschiedenen Beteiligten keine Rolle mehr. Die Beantwortung der Frage nach der Lizenzschuldnerschaft ist eben nur dann durch eine solche wertende Gesamtbetrachtung der Beiträge des einen Beteiligten zu lösen, wenn der Beitrag des anderen in die Bewertung überhaupt nicht einfließt.

Die Rechtsprechung der Instanzgerichte im Nachgang zur „Chefkoch"-Entscheidung 183
ist insbesondere hinsichtlich der lizenzrechtlichen Verantwortlichkeit bzw. **täterschaftlichen Haftung** von Plattformbetreibern uneinheitlich.[183] Der BGH hatte bislang keine neuerliche Gelegenheit, Klarheit im Hinblick auf die Anwendung der von ihm entwickelten Kriterien zu schaffen. Der Europäische Gerichtshof hatte im Wege eines Vorabent-

180 EuGH v. 21.10.2014 – Rs. C-348/13, GRUR 2014, 1196 – Bestwater International; siehe hierzu auch BGH, GRUR 2016, 171 – Die Realität II.

181 EuGH v. 8.9.2016 – Rs. C-160/15, GRUR 2016, 1152 – GS Media / Sanoma u.a.

182 BGH, ZUM-RD 2010, 456 – Chefkoch.

183 So bejahen die täterschaftliche Haftung z. B. KG, GRUR-RR 2016, 265; LG Berlin, ZUM-RD 2015, 741, n.rk.; verneint wird die täterschaftliche Haftung z. B. vom OLG Hamburg, ZUM-RD 2016, 83 – Haftung eines UGC-Streaming-Dienstes, n.rk., und vom OLG München, GRUR 2016, 612 – Allegro barbaro, n.rk.

scheidungsverfahrens des Niederländischen Obersten Gerichtshofs[184] jüngst die Frage zu entscheiden, wann eine öffentliche Wiedergabe im Sinne des Art. 3 Abs. 1 InfoRL vorliegt, der auch § 19a UrhG zu Grunde liegt. Hierzu entschied der EuGH, dass hier bereits die Bereitstellung und das Betreiben einer Online-Plattform die Merkmale einer öffentlichen Wiedergabe erfüllen können. Als Kriterium wurde insbesondere die Kenntnis der auf der Plattform getauschten Inhalte angeführt. Danach könne sich der Betreiber nicht auf eine bloße Bereitstellung der Plattform zurückziehen, wenn er die Dateien z.B. indexiere und so erheblich leichter auffindbar mache.[185]

184 Es bleibt abzuwarten, wie sich die Rechtsprechung zu anderen Konstellationen entwickeln wird, in denen möglicherweise andere Kriterien als in den vorstehend dargestellten Entscheidungen oder sogar gänzlich neue in die Gesamtbetrachtung einfließen müssen. Hierbei wird gegebenenfalls auch die **Gewichtung** der einzelnen Kriterien eine Rolle spielen.[186] Die bislang entwickelten rechtlichen Grundsätze bedürfen also weiterer Schärfung in vielerlei Hinsicht. Letztlich könnte auch der Gesetzgeber durch eine klarstellende Neufassung des §19a UrhG die urheberrechtliche Einordnung von Nutzungshandlungen wesentlich erleichtern und damit die in diesem Bereich bestehende Rechtsunsicherheit beenden.

c) *Keine Privilegierung nach § 10 TMG*

185 Neben der umstrittenen urheberrechtlichen Einordnung berufen sich Plattformbetreiber im Hinblick auf die lizenzrechtliche Verantwortlichkeit regelmäßig auf die **Privilegierung nach § 10 TMG**. Damit stellt sich die Frage, ob eine Lizenzpflicht aufgrund dieser Privilegierung nicht von vorneherein oder zumindest in einem zweiten Schritt ausscheidet. Diese Frage lässt sich inzwischen aufgrund der neueren Rechtsprechung des EuGH[187], insbesondere in Sachen „Google France“[188] aus dem Jahr 2010, klar beantworten. Der EuGH stellt in dieser Entscheidung Maßstäbe zum Anwendungsbereich der Privilegierung gemäß Art. 14 E-Commerce-Richtlinie 2000/31/EG, der europarechtlichen Grundlage des § 10 TMG, auf. Voraussetzung für die Anwendung der Privilegierung ist danach, dass „das Verhalten d(ieses)es Anbieters auf das eines Vermittlers (...) beschränkt bleibt.“[189] Seine Rolle müsse „neutral“[190] sein.[191]

186 Wendet man diesen Maßstab auf die vorstehend dargestellten arbeitsteiligen Konstellationen an, so ergibt sich zwanglos, dass der Privilegierungstatbestand aufgrund der **fehlenden Neutralität** gar nicht greifen kann, und zwar von vorneherein nicht. Auch in einem zweiten Schritt ist ein Rückgriff auf die Privilegierung nicht mehr statthaft. Wenn nämlich bereits das Ergebnis der Gesamtbetrachtung aller Umstände lautet, dass der Anbieter die Inhalte selbst öffentlich zugänglich macht[192], kann nicht zugleich seine

184 EuGH v. 14.6.2017 – Rs. C-610/15, GRUR 2017, 790 – The Pirate Bay. Siehe hierzu auch Rn. 141.
185 EuGH v.14.6.2017 – Rs. C-610/15, Rz. 37, GRUR 2017, 790,792 – The Pirate Bay.
186 Vgl. hierzu BGH, ZUM-RD 2010, 456 – Chefkoch. Der BGH geht hier davon aus, dass sich die Erfüllung einzelner Kriterien so verdichten kann, dass von einem „Zu-eigen-Machen“ der Inhalte durch den Anbieter gesprochen werden kann, wobei ein besonderer Schwerpunkt auf dem Kriterium des „Freischaltens der Inhalte“ lag; so wohl auch der EuGH v. 14.6.2017 – Rs. C-610/15, GRUR 2017, 790, 791 – The Pirate Bay.
187 S. nur EuGH v. 14.6.2017 – Rs. C-610/15, GRUR 2017, 790 – The Pirate Bay.
188 EuGH v. 23.3.2010 – Rs. C-236/08 bis C-238/08, GRUR 2010, 445, 451 – Google France.
189 EuGH v. 23.3.2010 – Rs. C-236/08 bis C-238/08, GRUR 2010, 445, 451 Rn. 112 – Google France.
190 EuGH v. 23.3.2010 – Rs. C-236/08 bis C-238/08, GRUR 2010, 445, 451 (Ziff. 113) – Google France.
191 Ebenso BGH, MMR 2010, 475, 480.
192 Und zwar unabhängig davon, ob er sich die Inhalte zu eigen gemacht hat oder nicht.

Neutralität vorliegen. Damit bleibt dem Anbieter auch hier bereits die Eröffnung des Privilegierungstatbestands versagt. Die Möglichkeit der Berufung auf diese sog. Safe-Harbour-Regelung scheidet also in beiden Fällen aus.

Dieser Rechtsprechung folgen inzwischen auch Instanzgerichte in Deutschland.[193] 187
Die Verfahren betrafen jeweils die **Haftung von Plattformbetreibern** für Urheberrechtsverletzungen durch die Verwendung von Fotos bzw. Musikwerken. Die Gerichte urteilten, dass der Plattformbetreiber bereits dann seine rein technische, automatische und passive Rolle verlasse, wenn er eigens programmierten Algorithmen Kriterien vorgebe, nach denen diese Algorithmen Entscheidungen über die auf der Plattform gezeigten Inhalte treffen.[194] Damit leiste der Plattformbetreiber aktiv Hilfestellung für die Nutzer der Plattform (Uploader) bei der Präsentation der Inhalte, was ihm letztlich die Kontrolle über die Inhalte ermögliche.[195] Eine Privilegierung wurde dementsprechend verneint. Andere Instanzgerichte stellen (wohl) etwas höhere Anforderungen an die aktive Rolle, sprechen den Plattformbetreibern aber ebenfalls die Privilegierung gemäß § 10 TMG ab, wenn das Angebot funktionell „weit über die Notwendigkeiten und die Stellung eines Host-Providers hinausgeht“[196], sich der Plattformbetreiber eine eigentümerähnliche Rolle anmaßt und sich insbesondere „nicht auf das Hosting fremder Inhalte [beschränkt], sondern sich der von [seinen] Nutzern gespeicherten Inhalte bemächtigt und diese im Eigeninteresse Dritten wie eigene Inhalte anbietet [...] und sie ihnen zur eigenen Nutzung zuleitet.“[197]

Unklar ist dabei noch das **Verhältnis von Privilegierung und täterschaftlicher** 188
Haftung nach den vom BGH in der „Chefkoch“-Entscheidung entwickelten Kriterien (s. bereits oben, Rn. 181). So führte die Verneinung der Privilegierung gemäß § 10 TMG in einigen Fällen zur Annahme der täterschaftlichen Haftung,[198] in einigen Fällen hingegen nicht,[199] sodass bei der Haftungsfrage nunmehr ein Graubereich besteht und folglich Rechtsunsicherheit herrscht. Einige dieser Entscheidungen sind nicht rechtskräftig[200], die Entwicklung insbesondere der höchstrichterlichen Rechtsprechung bleibt daher auch in diesem Zusammenhang abzuwarten. Auch die EU hat sich dieses Themas im Rahmen ihrer Strategie für den digitalen Binnenmarkt inzwischen angenommen und am 14.9.2016 einen **Richtlinienvorschlag** für die Regelung des Urheberrechts im digitalen Binnenmarkt veröffentlicht.[201] Dort macht die EU-Kommission z.B. in Erwägungsgrund 38 bereits konkrete Vorschläge, die auf eine Klarstellung der Verantwortlichkeit von Plattformbetreibern abzielen. Auch hier bleibt also abzuwarten, wie die konkrete Regelung auf europäischer und im Nachgang dazu auf nationaler Ebene ausgestaltet sein wird.

193 Siehe z. B. KG, GRUR-RR 2016, 265; LG Berlin, ZUM-RD 2015, 741, n.rk. Das Urteil des LG Berlin wurde vom Kammergericht mit Beschl. v. 24.2.2016 – Az. 24 U 68/15 für wirkungslos erklärt.
194 KG, GRUR-RR 2016, 265, 266; LG Berlin, ZUM-RD 2015, 741, 743, n.rk.
195 KG, GRUR-RR 2016, 265, 266.
196 OLG Hamburg, ZUM-RD 2016, 83, 114 – Haftung eines UGC-Streaming-Dienstes, n.rk.
197 OLG Hamburg, ZUM-RD 2016, 83, 115 – Haftung eines UGC-Streaming-Dienstes, n.rk.
198 KG, GRUR-RR 2016, 265, 266; LG Berlin, ZUM-RD 2015, 741, 743, n.rk.
199 S. insbesondere OLG München, GRUR 2016, 612, 613 – Allegro barbaro, n.rk., und OLG Hamburg, ZUM-RD 2016, 83, 115 – Haftung eines UGC-Streaming-Dienstes, n.rk.
200 Aufgrund der Einigung zwischen GEMA und YouTube erlangen insbesondere folgende Urteile keine Rechtskraft: OLG Hamburg, ZUM-RD 2016, 83 – Haftung eines UGC-Streaming-Dienstes und OLG München, GRUR 2016, 612 – Allegro barbaro.
201 Vorschlag für eine Richtlinie des Europäischen Parlaments und des Rates über das Urheberrecht im digitalen Binnenmarkt vom 14.9.2016, COM(2016) 593 final.

d) Der Fall GEMA ./. YouTube

189 Das wohl bekannteste Beispiel einer Auseinandersetzung über die Frage der Lizenzschuldnerschaft ist der mehrere Jahre dauernde Streit zwischen der **GEMA** und dem Streaming-Dienst **YouTube**, der nicht nur die Fachkreise, sondern auch die breite Öffentlichkeit bewegt hat. Die GEMA führte mehrere Gerichtsverfahren gegen YouTube, zuletzt vor dem BGH. Dabei ging es sowohl im Unterlassungsverfahren[202] als auch im Schadensersatzverfahren[203] immer schwerpunktmäßig um die Frage, ob YouTube als Inhalteanbieter lizenzrechtlich für die Nutzungen auf der Plattform verantwortlich ist oder als Host-Provider lediglich der sog. **„Störerhaftung“** unterliegt und damit nicht verpflichtet ist, Rechte von der GEMA zu erwerben.

190 Die Rechtsauffassung der GEMA war es in allen Verfahren und ist es nach wie vor, dass die Ausgestaltung des Dienstes in seiner Gesamtheit **YouTube als Anbieter eines Musikdienstes und damit als Nutzer** der betroffenen Rechte ausweist. YouTube dagegen stand immer und steht nach wie vor auf dem Standpunkt, lediglich **Speicherplatz für Drittinhalte** zur Verfügung zu stellen und daher nicht zum Erwerb von Rechten verpflichtet zu sein.

191 Nach insgesamt sieben Jahren haben die Parteien im November 2016 unter Aufrechterhaltung ihrer jeweiligen rechtlichen Standpunkte auf dem Verhandlungsweg eine **Einigung** erzielt. Die beiden noch anhängigen Gerichtsverfahren wurden daraufhin in beiderseitigem Einvernehmen beendet, sodass die jeweiligen in der Vorinstanz ergangenen Urteile keine Rechtskraft erlangten.

3. Wie sind die Konditionen der Lizenz? – Tarife und Gesamtverträge

a) Allgemeines

192 Wie in allen anderen Lizenzbereichen ist die GEMA auch bei der Online-Lizenzierung grundsätzlich zur **Aufstellung und Veröffentlichung von Tarifen** verpflichtet. Dies hat sich für den Bereich der nationalen, d.h. der auf Deutschland als Lizenzgebiet beschränkten, Lizenzierung auch durch die Einführung des Verwertungsgesellschaftengesetzes nicht geändert (s. § 38 VGG) (s. auch unten Rn. 195). Ziel ist es, durch die so geschaffene **Transparenz** die Nicht-Diskriminierung von Anbietern bei der Vergütung für eine bestimmte Nutzungsform sicherzustellen. Den noch im Urheberrechtswahrnehmungsgesetz geregelten strengen Gleichbehandlungsgrundsatz hat der Gesetzgeber hingegen zugunsten eines **Diskriminierungsverbots** (§ 34 Abs. 1 Satz 2 VGG) aufgegeben. Dennoch bieten die veröffentlichten Tarife allen potenziellen Nutzern nach wie vor die Möglichkeit, sich verbindlich über die Kosten eines Vorhabens zu informieren.

193 Es gibt allerdings eine Ausnahme von der Tarifveröffentlichungspflicht, nämlich in der Anfangsphase von **neu auftretenden Nutzungsformen und Geschäftsmodellen** (§ 34 Abs. 2 VGG). Eine Karenzzeit ist in diesen Fällen notwendig, da die Festlegung einer angemessenen Vergütung für eine bestimmte Nutzung schon gesetzlich an verschiedene Kriterien geknüpft ist (§ 39 VGG) und damit nur dann abschließend möglich ist, wenn diese Nutzung bekannt ist und gewisse Erfahrungswerte vorliegen, die eine Beurteilung insgesamt möglich machen. Gibt es also aus den vorstehend genannten Grün-

---

202 Revisionsverfahren gegen das Urteil des OLG Hamburg, ZUM-RD 2016, 83 – Haftung eines UGC-Streaming-Dienstes (Az. BGH I ZR 156/16).

203 Revisionsverfahren gegen das Urteil des OLG München, GRUR 2016, 612 – Allegro barbaro (Az. BGH I ZR 61/16).

den in dieser Zeit noch keinen Tarif, lizenziert die GEMA auf der Basis von **Experimentalverträgen**, die für die finale tarifliche Beurteilung der jeweiligen Nutzung **keine präjudizielle Wirkung** entfalten. Natürlich ist die GEMA auch im Rahmen dieser Experimentalverträge an das Gebot der Nicht-Diskriminierung gebunden. Diese müssen daher sowohl systematisch als auch inhaltlich aufeinander abgestimmt sein und in angemessenem Verhältnis zu den bereits veröffentlichten, jeweils aktuell gültigen Tarifen stehen. Insbesondere sind solche veröffentlichten Tarife bei der Lizenzierung zu beachten, die zwar die Vergütung für den fraglichen Bereich nicht unmittelbar, aber dennoch „sachnah" regeln.

Ist auch nach Ablauf der Karenzzeit eine finale Bestimmung der angemessenen Vergütung noch nicht möglich, beispielsweise weil die Datengrundlage noch nicht ausreicht oder weil noch umfangreichere Auswertungen durch die GEMA erforderlich sind, so ist zwar dennoch ein Tarif aufzustellen und zu veröffentlichen. Auch dieser Tarif kann aber wiederum **unter Vorbehalt** gestellt und zunächst nur als zeitlich befristeter **Experimentaltarif** veröffentlich werden. Ein Beispiel für einen solchen Experimentaltarif ist der Tarif VR OD 8 für Streaming-Abonnements, dessen Laufzeit aktuell auf Ende 2018 begrenzt ist. 194

b) Aktuelles Tarifportfolio und Vergütungsstruktur der Tarife

Das **Tarifportfolio** der GEMA für Online-Nutzungen lässt sich in drei Lizenzbereiche untergliedern, und zwar Music-on-Demand, Video-on-Demand und Ruftonmelodien (Klingeltöne). Insgesamt umfasst das Tarifportfolio sechs Tarife. Im Bereich **Music-on-Demand** gibt es drei Tarife, nämlich für die beiden grundlegend relevanten Nutzungsformen Download (VR OD 7) und Streaming (VR OD 9), sowie den spezielleren und zeitlich befristeten Experimentaltarif für Streaming-Abonnements (VR OD 8). Für Nutzungen im Bereich **Video-on-Demand** (VR OD 4) und **Ruftonmelodien** (VR OD 1) gibt es jeweils einen Tarif. Für Online-Nutzungen in geringem Umfang gibt es einen bereichsübergreifenden Tarif (VR OD 10), der eine Begrenzung hinsichtlich Abrufzahlen und Netto-Einnahmen pro Jahr vorsieht. Dieser Tarif greift z.B. für Hintergrundmusik auf Firmen-Webseiten oder für Webseiten von Chören und Musikvereinen. 195

Rechtlicher Anknüpfungspunkt für die Tarifierung ist grundsätzlich die **Nutzungshandlung.** Auch tatsächlich ist die Nutzungshandlung in vielen Fällen der kleinste gemeinsame Nenner von auf den ersten Blick äußerst unterschiedlichen Services. Dies liegt in erster Linie an der Bindung der GEMA an den Grundsatz der Nicht-Diskriminierung. So ist sie besipielsweise gehalten, den Download eines Musikwerkes immer als solchen zu behandeln und folglich dieselbe Vergütung zu verlangen, ohne Ansehen von Größe oder Marktbedeutung des Services. 196

Unterschieden innerhalb der jeweiligen Nutzungsform trägt die GEMA durch inhaltliche Ausdifferenzierung der Tarife Rechnung. Dies spiegelt sich beispielsweise in mehreren Tarifsätzen innerhalb desselben Tarifs wider, die die relevanten Unterschiede im Rahmen der Nutzung abbilden. So legt z.B. der Streaming-Tarif VR OD 9 abhängig von der **Interaktivität** der Nutzung verschiedene Mindestvergütungssätze pro Stream fest, um der Abstufung zwischen einem hoch interaktiven On-Demand-Abruf, bei welchem beispielsweise die direkte und gezielte Auswahl eines einzelnen Titels erfolgt ist, und einer **radioähnlichen Nutzung**, bei der der Nutzer lediglich einzelne Titel überspringt, gerecht zu werden. Der Video-on-Demand-Tarif VR OD 4 wiederum unterscheidet neben Download und Streaming zwischen neun verschiedenen inhaltlichen Kategorien vom Spielfilm bis zu kurzen Clips mit jeweils eigenen Vergütungssätzen, wobei hier die verschiedenen Musikanteile jeweils bereits eingepreist sind. 197

198 Die bereits zu Beginn des Kapitels dargestellte Vielfalt des Online-Marktes sowie seine schnelle Entwicklung bringt es aber mit sich, dass das Tarifportfolio trotz seiner bereits bestehenden inhaltlichen Bandbreite stets überprüft, **weiterentwickelt** und ggf. durch neue Tarife ergänzt werden muss.

199 Die **Vergütungsstruktur** hingegen ist bei allen Tarifen gleich. Es gibt eine Regelvergütung und eine Mindestvergütung. Die **Regelvergütung** ist ein bestimmter Prozentsatz der auf die Musiknutzung zurückzuführenden Netto-Einnahmen. Um eine Entwertung der Rechte zu verhindern, enthält jeder Tarif zugleich immer eine **Mindestvergütung** als absoluten Betrag in Euro, der für die Rechtenutzung in jedem Fall zu leisten ist, in der Regel bezogen auf den einzelnen Abruf. Zum Tragen kommt die Mindestvergütung also in Fällen, in denen der Anbieter nur geringe oder gar keine Einnahmen aus der Verwertung der Musikrechte erzielt. Damit wird in der Praxis unter anderem sichergestellt, dass die Beteiligung der Urheber zum Beispiel auch bei offensichtlich subventionierten Geschäftsmodellen solcher Anbieter, die mit Niedrigpreisen Reichweite erzielen und letztlich einen Verdrängungswettbewerb führen wollen, einen gewissen absoluten Mindestbetrag nicht unterschreiten kann.

200 Alle tariflichen Vergütungssätze, und zwar sowohl Regel- als auch Mindestvergütung, beziehen sich auf 100% **Repertoire**. Da der GEMA für die Lizenzierung im Online-Bereich in der Regel nicht mehr 100% des Repertoires zur Verfügung stehen, werden die tatsächlich zu entrichtenden Vergütungen durch **Pro-Ratierung**[204] anhand des zur Lizenzierung jeweils verbleibenden Repertoireanteils (s. oben, Rn. 166ff.) ermittelt.

c) *Gesamtverträge*

201 Neben den vorstehend erläuterten veröffentlichten Tarifen bilden Gesamtverträge eine weitere Säule der Lizenzierung. Die GEMA ist gemäß § 35 VGG verpflichtet, **Gesamtverträge** mit **Nutzervereinigungen** wie z.B. Branchenverbänden abzuschließen. Diese Gesamtverträge entfalten ebenfalls Tarifwirkung im Verhältnis zwischen den Parteien des jeweiligen Gesamtvertrags (§ 38 Satz 2 VGG).

202 Die GEMA hat inzwischen nahezu alle wichtigen **Nutzungsformen** durch Gesamtverträge abgedeckt, darunter Music-on-Demand Download (Bitkom und VUT), Music-on-Demand Streaming für den Bereich der kostenpflichtigen sog. unlimitierten Abonnements (Bitkom), Music-on-Demand Streaming für den Bereich der kostenlosen bzw. werbefinanzierten Angebote (VPRT), Ruftonmelodien (Bitkom) sowie zu den sog. transaktionalen Nutzungsformen – Miete und Kauf – im Bereich Video-on-Demand (Bitkom).

203 Mit dem bloßen Abschluss eines Gesamtvertrags zwischen einer Nutzervereinigung und der GEMA geht jedoch noch keine Einräumung der Rechte einher. Der Gesamtvertrag selbst stellt nämlich keine Lizenz dar, sondern ist lediglich ein Rahmenvertrag. Erst mit dem Abschluss des zum Gesamtvertrag gehörenden **Mustereinzelvertrags** durch den jeweiligen Anbieter besteht zwischen der GEMA und diesem eine Lizenzvereinbarung. Zwingende Voraussetzung ist dabei die Mitgliedschaft des jeweiligen Anbieters in der betreffenden Nutzervereinigung.

204 Gesamtverträge hatten im Online-Bereich aufgrund vieler völlig neuer Nutzungsformen und der stetigen Marktentwicklung eine besondere Bedeutung, bieten sie doch die Möglichkeit des direkten Austauschs über **Vergütungshöhe und -struktur**. Insbe-

204 Diese Pro-Ratierung erfolgt im Rahmen der Abrechnung gesondert für jedes genutzte Werk.

sondere die Konsolidierung von Partikularinteressen auf Verbandsebene schuf eine perspektivische Ausrichtung auf branchenweite Anliegen und machte die Verhandlung für alle Beteiligten letztlich effizienter. Die Verhandlungen über Gesamtverträge, insbesondere wenn es inhaltlich um völlig neue Nutzungsformen oder Geschäftsmodelle geht, geben daher auch im Hinblick auf die **Aufstellung von Tarifen** einen Einblick in die Branche. Konsolidierte Zahlen, sonstige aufbereitete Daten und strukturelle Anliegen aus der Verwertungspraxis, die in diesem Rahmen von den Verbänden in die Verhandlungen eingebracht werden, fließen in aller Regel in die Ermittlung der angemessenen Vergütung ein. So bilden derzeit in einigen Bereichen Gesamtverträge bzw. die darin festgelegte Vergütungsstruktur auch die Grundlage für die in diesem Bereich veröffentlichten Tarife.

Neben der Einigung über Vergütungshöhe und -struktur ermöglichen Gesamtverträge auch eine branchenweite **Vereinheitlichung technisch-administrativer Prozesse**. Die Abrechnung von Online-Nutzungen erfolgt – anders als in anderen Lizenzbereichen – nicht pauschal, sondern im Wege der sog. Einzelverrechnung. Dies bedeutet, dass die Abrechnung auf Einzelwerk(anteil)s- bzw. Nutzungsebene stattfindet. Aufgrund der großen Datenmengen geschieht dies selbstredend nicht manuell, sondern maschinell. Insofern besteht hier besonderer Bedarf an **standardisierten technischen Verfahren** zum Datenaustausch und einheitlichen Formaten, beispielsweise für Nutzungsmeldungen und sog. Rechnungsbegleitdateien, die dem Lizenznehmer einen Überblick über die abgerechneten Nutzungen ermöglichen. Diese einheitlichen Standards bieten folglich eine erhebliche Erleichterung bei der Abwicklung von Verträgen. 205

Ausnahmen von der Verpflichtung Gesamtverträge abzuschließen, regelt das Gesetz an zwei Stellen, zum einen generell bei Unzumutbarkeit für die Verwertungsgesellschaft (§ 35 VGG), zum anderen speziell für den Bereich der multi-territorialen Online-Lizenzierung (§ 60 Abs. 2 VGG). 206

d) Rechteerwerb

Der Rechteerwerb findet grundsätzlich auf Basis einer vertraglichen Einigung statt, sei es auf der Grundlage eines gesamtvertraglich abgedeckten **Mustereinzelvertrags** oder auf der Grundlage eines **Lizenzvertrags**, der auf dem veröffentlichten Tarif aufsetzt. Diese Verträge enthalten über die tariflichen Regelgungen hinaus insbesondere Bestimmungen zur konkreten Abwicklung, d.h. zu den Modalitäten von Nutzungsmeldung, Rechnungsstellung, Zahlungsfristen, aber auch allgemeine Regelungen zu Informationspflichten, Laufzeit, Kündigungsfristen etc. Anders als die gesamtvertraglich abgedeckten Mustereinzelverträge bieten diese Lizenzverträge Raum für individuelle Anpassungen hinsichtlich der konkreten Gestaltung der Vertragsadministration. Aber auch hier wird in der Regel eine technisch-administrative Vereinheitlichung angestrebt. 207

Neben dem Rechteerwerb auf vertraglichem Wege gibt es einen weiteren Weg, Rechte von der GEMA zu erwerben, nämlich über die gesetzliche Fiktion, ausgelöst durch **Hinterlegung** bzw. **Vorbehaltszahlung** (§ 37 VGG). Voraussetzung ist die Zahlung des unstreitigen Betrags an die GEMA sowie die Hinterlegung bzw. Zahlung unter Vorbehalt des streitigen Betrags. Rechtsfolge ist dann, dass die Rechte als eingeräumt gelten. Grundlage für die Berechnung der Vergütung und in der Folge für Rechnungsstellung und Zahlung während dieses Zeitraums ist der veröffentlichte Tarif. 208

Ansprechpartner für die Lizenzierung von Online-Diensten, die auf das Lizenzgebiet Deutschland beschränkt sind, ist grundsätzlich die Abteilung Lizenzierung Online der Direktion Sendung und Online der Generaldirektion München. 209

IV. Die multiterritoriale Rechtewahrnehmung

210 Das am 1. Juni 2016 in Kraft getretene Verwertungsgesellschaftengesetz widmet der **gebietsübergreifenden Lizenzierung von Online-Rechten** an Musikwerken einen eigenen Teil (Teil 3: §§ 59–74). Das Gesetz folgt damit der Struktur der Verwertungsgesellschaftenrichtlinie 2014/26. Der doch recht ungewöhnliche Ansatz, die Wahrnehmung einzelner Nutzungsrechte für eine bestimmte Werkart und für eine bestimmte Art von Territorium einem besonderen Regulierungsregime zu unterwerfen, erklärt sich mit dem wesentlichen Ziel der Richtlinie, die durch die Online-Musikdienste-Empfehlung 2005/737 ausgelösten Fragmentierung des Online-Repertoires zu überwinden (s. oben, Rn. 153 ff.).[205] Die Richtlinie und das Verwertungsgesellschaftengesetz setzen hierzu auf die Herausbildung von so genannten **Lizenzierungshubs**, die als zentrale europäische Plattformen ein möglichst breites Repertoire pan-europäisch anbieten und dabei untereinander in Wettbewerb stehen. Durch Teil 3 des Verwertungsgesellschaftengesetzes bzw. den 3. Titel der Wahrnehmungsrichtlinie sollen die rechtlichen Rahmenbedingungen geschaffen werden, die die Bildung dieser Hubs fördern.

211 Regelungstechnisch sieht das Verwertungsgesellschaftengesetz in §§ 61–73 besondere Pflichten für die gebietsübergreifende Lizenzierung vor, die neben den allgemeinen Pflichten aus dem Verwertungsgesellschaftengesetz bestehen. Andererseits senkt das Gesetz das allgemeine **Regulierungsniveau**, indem es in § 60 VGG einige seiner Vorschriften für die gebietsübergreifende Lizenzierung für unanwendbar erklärt. Bestimmte Bereiche der Hörfunk- und Fernsehlizenzierung sind nach § 74 VGG von den besonderen Regelungen zur gebietsübergreifenden Lizenzierung gänzlich ausgenommen.

1. Anwendungsbereich der besonderen Vorschriften zur gebietsübergreifenden Lizenzierung

212 Der Geltungsbereich des 3. Teils des Verwertungsgesellschaftengesetzes erstreckt sich nach § 59 Abs. 1 VGG auf die gebietsübergreifende Lizenzierung von Online-Rechten an Musikwerken durch Verwertungsgesellschaften. Der Begriff der **Online-Rechte** umfasst dabei nach § 59 Abs. 2 VGG unter Bezugnahme auf Art. 2 und Art. 3 InfoSocRL das Recht der öffentlichen Zugänglichmachung nach § 19a UrhG, die damit zusammenhängenden Vervielfältigungshandlungen nach § 16 UrhG, aber auch lineare Musikwiedergaben im Internet, die dem Senderecht unterfallen wie z.B. das Simulcasting. Eine **gebietsübergreifende Lizenzierung** liegt nach der Legaldefinition in § 59 Abs. 3 VGG vor, wenn die Lizenz für das Gebiet von mehr als einem Mitgliedstaat der Europäischen Union bzw. Vertragsstaat des EWR erteilt wird. Irrelevant ist, ob das Verwaltungsgebiet der lizenzierenden Verwertungsgesellschaft von der Lizenz umfasst ist. Erteilt die GEMA z.B. eine Lizenz allein für Österreich, sind die Vorschriften des 3. Teils unanwendbar. Ausgenommen von den besonderen Vorschriften für die gebietsübergreifende Lizenzierung sind **Online-Lizenzen für Sendeunternehmen**, die diese für die zeitgleiche Übertragung oder spätere Abrufbarkeit der Programme im Internet benötigen. Dies betrifft auch die so genannten programmbegleitenden Online-Nutzungen, die in einem engen sachlichen und zeitlichen Zusammenhang mit der Sendung stehen. Durch die Ausnahme vom Anwendungsbereich soll dem Interesse der Sender, die Online-Rechte zusammen mit

205 Hierzu Ensthaler/Weidert-*Riemer*/*Welp*, Urheberrecht und Internet, Kap. 6 Rn. 125 ff.

den Senderechten aus einer Hand von der Verwertungsgesellschaft erwerben zu können, Rechnung getragen werden.

2. Passport-Modell

Das Gesetz stellt die Vergabe von Mehrgebietslizenzen im Online-Bereich zwar nicht unter eine Erlaubnispflicht, andererseits muss die lizenzierende Gesellschaft aber einige Kriterien erfüllen, um sich für die pan-europäische Lizenzierung zu qualifizieren (so genanntes **Passport-Modell**).[206] Im Vordergrund stehen dabei die notwendigen administrativen Kapazitäten, um eine korrekte und möglichst effiziente Identifizierung des genutzten Repertoires zu gewährleisten (§ 61 VGG). Das Gesetz trägt damit dem Umstand Rechnung, dass die Verarbeitung von Nutzungsdaten im Online Bereich eine Massenverarbeitung darstellt, die neben dem notwendigen Know-how erhebliche Investitionen in die IT-Infrastruktur und ausreichende personelle Ressourcen erfordert. Darüber hinaus müssen die Verwertungsgesellschaften für die pan-europäische Lizenzierung Prozesse etablieren, die den Nutzern die Rechteklärung erleichtern (§ 62 VGG) und den Rechteinhabern eine Überprüfung der sachlichen Richtigkeit der Dokumentation ermöglichen (§ 63 VGG). Auch in den Bereichen der Rechnungsstellung (§ 67 VGG) und Ausschüttung (§ 68 VGG) verlangt das Gesetz neben einer **zügigen Abwicklung** eine ausreichende **Transparenz** der Unterlagen, die den Nutzern bzw. den Berechtigten eine Kontrolle ermöglichen soll. 213

3. Repräsentationszwang

Die Repertoirebündelung für die paneuropäische Lizenzierung soll zwar grundsätzlich freiwillig erfolgen, flankierend ist in § 69 VGG allerdings ein zivilrechtlicher Kontrahierungszwang, den das Gesetz **Repräsentationszwang** nennt, für die pan-europäisch lizenzierenden Hubs vorgesehen. Das Modell, das dem Gesetz zu Grunde liegt, geht davon aus, dass einige wenige leistungsfähige Verwertungsgesellschaften oder Zusammenschlüsse von Verwertungsgesellschaften Online-Rechte gebietsübergreifend lizenzieren, während die weniger leistungsfähigen Verwertungsgesellschaften von einer eigenen gebietsübergreifenden Lizenzierung absehen und ihr Repertoire durch die anderen Verwertungsgesellschaften lizenzieren lassen. Da die Verwertung einzelner Repertoires unterschiedlich wirtschaftlich attraktiv ist, soll durch den Repräsentationszwang sichergestellt werden, dass auch weniger attraktive Repertoires ihren Zugang zum paneuropäischen Markt finden. 214

Dem Kontrahierungszwang unterliegen nach § 69 Abs. 1 VGG Verwertungsgesellschaften, die das Repertoire zumindest einer anderen Verwertungsgesellschaft gebietsübergreifend lizenzieren. Sie sind verpflichtet, das Repertoire anderer Verwertungsgesellschaften, die selbst keine gebietsübergreifenden Lizenzen für Musikwerke anbieten, auf deren Verlangen mitzulizenzieren (so genannte **„tag on"-Verpflichtung**). Verwertungsgesellschaften, die nur ihr eigenes Online-Repertoire pan-europäisch lizenzieren, unterliegen keinem Repräsentationszwang. Die Wahrnehmung des Repertoires der beauftragenden Verwertungsgesellschaft erfolgt nach § 69 Abs. 3 VGG auf nicht-exklusiver Basis. Die beauftragende Verwertungsgesellschaft ist daher nicht gehindert, ihr Repertoire einem weiteren Hub zur gebietsübergreifenden Lizenzierung einzuräumen oder selbst Eingebietslizenzen zu erteilen. Die Wahrnehmung des Repertoires der beauftra- 215

206 Näher Ensthaler/Weidert-*Riemer*/*Welp*, Urheberrecht und Internet, Kap. 6 Rn. 154 ff.

genden Verwertungsgesellschaft muss nach § 73 VGG diskriminierungsfrei erfolgen. Dazu zählt auch, dass die beauftragte Verwertungsgesellschaft das Repertoire der beauftragenden Gesellschaft in ihre Lizenzangebote mit aufnimmt.

216 Hat eine Verwertungsgesellschaft ihren Mitglieder bis zum 10.4.2017 keine gebietsübergreifende Lizenzierung – sei es durch eigene Lizenzierung oder durch Abschluss einer Repräsentationsvereinbarung mit einem Hub – ermöglicht, haben deren Mitglieder nach § 72 VGG das Recht, die Rechte zur gebietsübergreifenden Online-Lizenzierung anderweitig zu vergeben. Die Vorschrift ist für die GEMA nicht (mehr) relevant, da sie bereits seit Mitte des Jahres 2016 durch ihr zusammen mit der britischen Verwertungsgesellschaft PRS for Music und der schwedischen Verwertungsgesellschaft STIM betriebenes Tochterunternehmen, die **International Copyright Enterprise (ICE) Services Ltd.** (zu ihr unten Rn. 220ff.) gebietsübergreifend lizenziert.

4. Lockerung der Wahrnehmungsbedingungen für die pan-europäische Lizenzierung

217 Der nationale Gesetzgeber war bei der Umsetzung der Verwertungsgesellschaftenrichtlinie bestrebt, die Regulierung im Verwertungsgesellschaftengesetz nicht hinter dem Standard des Urheberrechtswahrnehmungsgesetzes zurückfallen zu lassen, obwohl die Richtlinie Spielraum für eine **Absenkung des Regulierungsniveaus** gelassen hätte. Im Bereich der pan-europäischen Lizenzierung von Online-Rechten hätte indes die Beibehaltung des europaweit strengsten Regulierungsmaßstabs den nationalen Verwertungsgesellschaften eine Aggregierung des Online-Repertoires unmöglich gemacht. Der Gesetzgeber war daher zu einer Lockerung der Wahrnehmungsbedingungen gezwungen. § 60 VGG erklärt bestimmte Regelungen des Verwertungsgesellschaftengesetzes auf die gebietsübergreifende Lizenzierung für unanwendbar. Insgesamt muss dieser Ansatz jedoch als inkonsequent bezeichnet werden, da Verwertungsgesellschaften längst nicht nur im Bereich der pan-europäischen Online-Lizenzierung untereinander und mit Dritten im Wettbewerb stehen.

218 Nach § 60 Abs. 1 VGG ist § 9 S. 2 des Gesetzes auf die gebietsübergreifende Lizenzierung nicht anwendbar. Der **Wahrnehmungszwang** gegenüber den Berechtigten besteht daher nur eingeschränkt. Hinsichtlich des „ob“ der Rechtewahrnehmung bleibt es beim dem Grundsatz des § 9 S. 1 VGG, wonach eine Zurückweisung des Rechteinhabers nur aus objektiven Gründen zulässig ist. Allerdings ist die Verwertungsgesellschaft **nicht auf angemessene Wahrnehmungsbedingungen** verpflichtet, d.h. es besteht keine Verpflichtung zur Gleichbehandlung der Berechtigten. Letztlich kann die Verwertungsgesellschaft damit mit den Rechteinhabern individuelle Vereinbarungen über die Rechteeinbringung treffen und muss nicht den einheitlichen Berechtigungsvertrag verwenden.

219 Auch im Verhältnis zu den Nutzern ist der Kontrahierungszwang modifiziert. Nach § 60 Abs. 2 VGG ist § 34 Abs. 1 S. 1 VGG auf die gebietsübergreifende Lizenzierung nicht anwendbar. Demgemäß besteht **kein Abschlusszwang.** Zudem unterliegen die Wahrnehmungsbedingungen nicht dem Maßstab der Angemessenheit, sondern müssen dem **Diskriminierungsverbot** genügen. Dies entspricht den Vorgaben der Verwertungsgesellschaftenrichtlinie. Die Verwertungsgesellschaft ist daher gegenüber den Lizenznehmern nicht zur Gleichbehandlung verpflichtet. Sie hat hinsichtlich der Lizenzbedingungen einen weiten Ermessensspielraum. Da insofern individuelle Lizenzvereinbarungen möglich sind, entfällt nach § 60 Abs. 2 VGG folgerichtig auch die **Tarifaufstellungspflicht** sowie die Verpflichtung zum Abschluss von **Gesamtverträgen,** die der Tarifaufstellung vorausgehen.

E. Das ICE-Hub

I. Überblick

Aufgrund der fortschreitenden Fragmentierung des Rechtemarktes sowie der Notwendigkeit einer einheitlichen Dokumentation von Musikwerken, unternahm die GEMA den Schritt von der territorial begrenzten Rechtewahrnehmung lediglich in Deutschland, hin zu der **multi-territorialen Wahrnehmung** des ihr von den Mitgliedern übertragenen Online-Repertoires. Konkret bedeutet dies, dass die GEMA seit 2016 das **GEMA-Repertoire im Online-Bereich** nun nicht mehr nur für das Territorium Deutschland, sondern für multiterritorial tätige Lizenznehmer über ICE **direkt, multi-territorial** und über Deutschland und Europa hinaus lizenziert. Das GEMA-Repertoire im Online-Bereich wird mithin nicht mehr über das Netzwerk von lokalen Verwertungsgesellschaften in dem jeweiligen Territorium lizenziert, sondern direkt über ICE. Dieser Wandel stellt den bereits erwähnten Schritt zu einer **multiterritorialen-Multirepertoirelizenz** dar (näher oben Kap. 12, Rn. 159). 220

Umgesetzt wird die multi-territoriale Lizenzierung des GEMA Online-Repertoires und die Verarbeitung diesbezüglicher Nutzungsmeldungen von dem sog. **ICE-Hub**, welches als gemeinsamer Lizenz- und Verarbeitungsdienst der drei Verwertungsgesellschaften GEMA (Deutschland), PRS for Music (Großbritannien) und STIM (Schweden) gegründet wurde. Unter dem Dach des **Joint Ventures** fließen die **Dokumentation** der Rechteinhaberschaft, die **Lizenzierung** digitaler Musikanbieter und die **Verarbeitung** von digitalen Nutzungsmeldungen zusammen. 221

Ziel des Gemeinschaftsunternehmens ist es, mit dem integrierten **Lizenz- und Verarbeitungsservice** die Online-Lizenzierung zu **vereinfachen** und den Umgang mit der weitergehenden Fragmentierung des Repertoires am Markt sowie den stetig wachsenden Datenmengen, die durch die große Zahl individueller Musiknutzungen über digitale Musikdienste entstehen, **effizienter** zu gestalten. 222

II. Entstehungsgeschichte

Das Gemeinschaftsunternehmen hat eine Geschichte, die in das **Jahr 2007** zurückgeht. Zunächst bestand die Idee, eine gemeinsame Datenbank für Musikwerke zu schaffen. Hierzu wurde 2007 die International Copyright Enterprise Services AB[207] mit Sitz in Bromma bei Stockholm von der PRS for Music und STIM als Anbieter von Dokumentationsdienstleistungen in den Bereichen Werke und Verträge gegründet, die seit 2010 am Markt tätig ist. Die GEMA ist **Mitte 2015** als Gesellschafter hinzugekommen. Seitdem führt die GEMA gemeinsam mit den Partnern PRS for Music und STIM das **ICE-Dokumentationsprojekt** durch, im Rahmen dessen die drei Partner und zusätzliche Gesellschaften[208] ihre Dokumentation, mithin die Datenbanken mit ihren musikalischen und audiovisuellen Werken[209], zusammenlegen. 223

Zusätzlich zu dieser gemeinsamen Repertoireverwaltung wurde der Tätigkeitsbereich von ICE erweitert. Nachdem die **Europäische Kommission** im **Juni 2015** das 224

207 Heute firmierend als *ICE Operations AB*.

208 Neben den Gründungspartnern sind gegenwärtig die Verwertungsgesellschaften BUMA/STEMRA (Niederlande), SABAM (Belgien) und die POLARIS Gruppe, bestehend aus KODA (Dänemark), TEOSTO (Finnland) und TONO (Norwegen) Kunden der ICE Datenbank.

209 Der Service-Umfang der ICE Datenbank soll perspektivisch erweitert werden: ICE wird dann zusätzlich die Dokumentation von audiovisuellen Produktionen (wie Filmen und Fernsehproduktionen) übernehmen.

Gemeinschaftsunternehmen für die länderübergreifende Lizenzierung von Online-Musikdiensten im Rahmen des **Fusionskontrollverfahrens** genehmigte,[210] gehören die **Vergabe von multi-territorialen Lizenzen** an digitale Musikdienste für das von ICE betreute Repertoire sowie begleitende Lizenzierungsservices seit **2016** zu dem Leistungsspektrum des ICE-Hubs. Hierzu wurde eine zentrale Lizenzierungsstelle in London gegründet, in der die nationalen Repertoires aller drei Verwertungsgesellschaften und zukünftigen Kunden von ICE aggregiert und über die ICE Services Ltd. lizenziert werden. Das so entstehende **Gesamtrepertoire** zählt damit zu den umfangreichsten in ganz Europa und ermöglicht einen Zugriff auf Millionen von Titeln, die als Download, im Abonnement oder via Streaming lizenziert werden können.

III. Die Struktur des ICE-Hubs

225 Am Markt tätig wird das ICE-Hub unter der **Dachmarke** „International Copyright Enterprise" bzw. – abgekürzt – „ICE". Die bereits seit 2010 betriebene ICE-Datenbank bildete dabei die Grundlage des neuen ICE-Hubs und gab dem gesamten Lizenz- und Verarbeitungssystem seinen Namen. Insgesamt besteht das ICE-Hub nunmehr aus drei Gesellschaften, der International Copyright Enterprise Services Ltd. (ICE Ltd.), der ICE Operations AB sowie der ICE International Copyright Enterprise Germany GmbH (ICE GmbH), wobei die ICE Operations AB die Holding-Gesellschaft der ICE GmbH ist.

226 Die Dienstleistungen des ICE-Hubs sind in drei Geschäftsbereiche aufgeteilt (1) Front-Office (*ICE Licensing*), (2) Middle-Office (*ICE Service)* und (3) Back-Office (*ICE Operations)* mit Sitz in Berlin bzw. London:

- die Lizenzierung und das Repertoiremanagement (das sog. **Front Office**, am Markt unter der Bezeichnung **ICE Licensing** aktiv) sowie
- begleitende administrative Aufgaben (das sog. **Middle-Office,** am Markt unter der Bezeichnung **ICE Service** aktiv) werden von der ICE Ltd. mit Sitz in London übernommen;
- die ICE Datenbank, mithin die Dokumentation der Musikwerke und die dazugehörige Verarbeitung der von den lizenzierten Musikdiensten übermittelten Nutzungsmeldungen, wird unter dem Dach der ICE Operations AB von der ICE GmbH mit Sitz in Berlin betrieben (das sog. **Back-Office,** am Markt unter der Bezeichnung **ICE Operations** aktiv).

227 **Front-Office Funktionen** sind die Lizenzierung und das Repertoiremanagement. sowie die Evaluation des Online-Marktes. Aufgrund des fragmentierten Rechteflusses kommt im Front-Office dem **Rechte- und Repertoiremanagement** eine entscheidende Bedeutung zu. Als Voraussetzung jeder Lizenzierung muss der jeweilige Rechtefluss identifiziert und koordiniert werden, um sicherzustellen, dass das aggregierte Repertoire jedes Kunden in den lizenzierten Territorien zeitlich und inhaltlich vollumfänglich zur Lizenzierung zur Verfügung steht.

228 **Middle-Office Funktionen** sind die an das Processing und Matching anschließende Inrechnungstellung der genutzen Werk(teile) an den Online-Musikdienst, die gegebenenfalls notwendige Analyse und Lösung von Disputes (für den Fall, dass mehrere Marktteilnehmer die Tantiemen beanspruchen), das Inkasso der Tantiemen und die Auszahlung an die Kunden. Diese Middle-Office Services werden von ICE grundsätzlich nicht

210 Pressemitteilung der Europäischen Kommission vom 16. Juni 2015: http://europa.eu/rapid/press-release_IP-15-5204_de.htm.

nur für das über ICE lizenzierte Repertoire durchgeführt, sondern vielmehr auch für am Markt eigenständig aktive Direktlizenzierer wie die Major-Verlage. Hierdurch wird ca. 70% bis 80% des Repertoires am Europäischen Markt von ICE prozessiert und durch eine zentrale Werkdatenbank identifiziert.

Back-Office Funktionen sind – vereinfacht dargestellt – die erstmalige Registrie- 229
rung oder Aktualisierung der Rechteinhaberschaft von (Teil)-Musikwerken in der Datenbank, die Verarbeitung der von den Musikdiensten übermittelten Nutzungsmeldungen (Processing), die Identifizierung der übermittelten Musiktitel mit dem jeweils korrekten und von ICE administrierten Musikwerk in der Datenbank (Matching), sowie die Identifizierung der Rechteinhaberschaft des jeweiligen Werk(teil)s.

Gemäß diesem Modell von Front-, Middle- und Back-Office kommt dem Gemein- 230
schaftsunternehmen eine **integrative Funktion** zu, die im Bereich der globalen Online-Lizenzierung und Repertoireverwaltung in dieser Form ein **Novum** ist. Der integrative Ansatz kommt zum Ausdruck, indem das gesamte Abwicklungsspektrum einer multiterritorialen Lizenz für aggregiertes Repertoire abgedeckt wird: Von der Dokumentation der Musikwerke, der Lizenzierung des Repertoires über die Verarbeitung der Nutzungsmeldung bis hin zu der Inrechnungstellung an die Musikdienste und die Auszahlung der Tantiemen an die von ICE betreuten Verwertungsgesellschaften und Musikverlage, wird der **gesamte Prozess** integriert und die notwendigen Lizenzierungs- und Abrechnungsinformationen zudem aus einer **Musikwerkedatenbank** abgerufen.

IV. Die Auswirkungen auf den Markt

Sowohl originäre Rechteinhaber im Sinne des VGG, Kunden von ICE im Sinne von 231
Verwertungsgesellschaften und Musikverlage – welche die Rechte der originären Rechteinhaber im Rahmen ihrer jeweils einschlägigen Rechtsordnung wahrnehmen – als auch Lizenznehmer profitieren von der Effizienz- und Leistungssteigerung infolge des **integrativen Ansatzes** auf mehreren Ebenen. Neben den bereits dargestellten integrativen Funktionen des ICE-Hubs an sich, ist der Ansatz zudem aus Repertoiresicht integrativ, da zum einen **Repertoire aggregiert** und in die Lizenz integriert wird und zum anderen dieses Repertoire nunmehr multi-territorial statt lokal wahrgenommen wird.

Auf dem Markt der Rechtenutzer wird insbesondere deutlich, dass der Zugang von 232
Lizenznehmern zu dem Repertoire der Rechteinhaber und der Erwerb europaweiter Lizenzen erleichtert wird. Digitale Musikdienste, die europaweite Musiklizenzen beziehen möchten, haben nun die Möglichkeit, eine einzige gebietsübergreifende Lizenz zu erwerben. Dies stellt insbesondere für innovative neue Onlinedienste eine **Erleichterung des Marktzugangs** dar. Zum einen wird für das von ICE administrierte Repertoire vermieden, dass ein Online-Musikdienst einen kosten- und zeitintensiven Lizenzierungsprozess in jedem einzelnen Territorium durchlaufen muss, zum anderen, dass gegebenenfalls unterschiedliche Formate für Nutzungen und Abrechnungen verwendet und unterschiedliche Kalkulationen von Tantiemen für verschiedene Rechteinhaber bzw. Wahrnehmungsberechtigte zum Ansatz kommen.

Die integrative Funktion wird auch für die Rechteinhaber deutlich, und zwar indem 233
die Verfügbarkeit ihres Repertoires für multi-territorial tätige Online-Musikdienste und damit die Monetarisierung ihres Repertoires erleichtert wird. Wurde das Repertoire einer Verwertungsgesellschaft zuvor im Rahmen des **Netzwerkes** durch eine Vielzahl von nationalen Verwertungsgesellschaften lokal lizenziert, war es der Verwertungsgesellschaft hierdurch teilweise nur mit großem Aufwand möglich, zu erfahren, bei welchem Online-Musikdienst, zu welchen Konditionen und in welchem Territorium wahrgenommenes Repertoire lizenziert wurde. Neben der gestiegenen **Transparenz** für alle Beteilig-

ten wirken sich insbesondere die genaueren Verarbeitungs-, Abrechnungs- und Auszahlungsprozesse positiv für die an ICE beteiligten Verwertungsgesellschaften und Kunden von ICE aus.

234 Zudem wird ein wichtiger Beitrag zur **kulturellen Vielfalt** auf Seiten der Rechteinhaber erreicht, indem insbesondere neuen und kleineren Repertoires – über das Angebot der **Integration** dieser Repertoires in einer Kernlizenz zusammen mit dem übrigen von ICE aggregierten Repertoire – der Zugang zur grenzüberschreitenden Lizenzierung ermöglicht und vereinfacht wird. Dies verbessert somit die Möglichkeiten, auch kleineres Repertoire Online-Musikdiensten und Musikkonsumenten verfügbar zu machen.

235 Durch die integrativen Front-, Middle- und Back-Office Funktionen trägt das Gemeinschaftsunternehmen ferner zur **konsistenten** Handhabung von **Split Copyrights** bei, indem die Verarbeitung auf einer gemeinsamen Datenbasis die Gefahr verringert, dass aufgrund von widersprüchlichen Rechnungen an Lizenznehmer Verzögerungen im Bearbeitungsprozess entstehen. Die angestrebten **Effizienzgewinne** können hierdurch direkt an die Rechteinhaber und Kunden durchgereicht werden.

V. Das ICE-Repertoire

236 Das von dem Gemeinschaftsunternehmen aggregierte und im Rahmen des **Repertoiremanagements** kontrollierte Repertoire, kann in **drei Unterarten** eingeteilt werden: (1) das dokumentierte Repertoire, (2) das lizenzierte Repertoire und (3) das administrierte Repertoire.

237 Der Unterschied besteht in dem Umfang des integrativen Marktansatzes für das jeweilige Repertoire. Wird das Repertoire des Kunden in der ICE Datenbank lediglich dokumentiert und nimmt der jeweilige Kunde die Lizenzierung und Verarbeitung des Repertoires entweder multi-territorial oder lokal eigenständig vor, so handelt es sich für ICE um **dokumentiertes Repertoire**.

238 Daneben besteht das sog. **administrierte Repertoire.** Dieses Repertoire wird nicht über ICE lizenziert, sondern seitens des Kunden direkt.[211] ICE übernimmt jedoch die Administration des Repertoires, mithin die Verarbeitung der Nutzungsmeldungen, die Inrechnungstellung an den Musikdienst sowie die Auszahlung an den Kunden.

239 Wird das Repertoire hingegen im Rahmen der ICE-Mehrgebietslizenz multi-territorial lizenziert und zusätzlich die eingehendenen Nutzungsmeldungen verarbeitet, wird von **lizenziertem Repertoire** gesprochen.[212] Das lizenzierte Repertoire kann im Falle von Verwertungsgesellschaften als Kunden wiederum in zwei Repertoirekategorien eingeteilt werden: zum einen (1) das **Originalrepertoire** einer Verwertungsgesellschaft und zum anderen (2) das **Gegenseitigkeitsrepertoire** (s. bereits oben, Rn. 170). Diese Unterscheidung wird im Rahmen des lizenzierten Repertoires und des territorialen Umfangs der ICE-Lizenz relevant. Wird das Originalrepertoire der vertretenen Verwertungsgesellschaft stets multi-territorial lizenziert, so wird das Gegenseitigkeitsrepertoire entweder in einem territorial begrenzten Umfang oder lediglich in dem jeweiligen Territorium der vertretenen Verwertungsgesellschaft, mithin lokal oder regional lizenziert.

211 Dieses betrifft z.B. das Repertoire der großen Musikverlage, die eigenständig und direkt lizenzieren, die Administration hingegen auslagern.

212 Gegenwärtig wird über ICE das Repertoire von GEMA, PRS und STIM sowie mittelbar von IMRO und IMPEL multi-territorial lizenziert, wodurch ca. 250.000 Rechteinhaber vertreten werden (Stand Ende 2017).

VI. Die ICE-Territorien

Das von ICE aggregierte Repertoire wird **multi-territorial** verwaltet. Oftmals wird multi-territorial in diesem Zusammenhang mit **pan-europäisch** gleichgesetzt, was missverständlich ist. Zum einen, weil nicht alle international tätigen Kunden und Lizenznehmer ihren Service in allen Ländern Europas anbieten und somit auch nur einige europäische Länder lizenziert werden können. Zum anderen, weil Europa nicht im politischen Sinne zu verstehen ist, sondern den Europäischen Wirtschaftsraum meint, in der Regel ergänzt durch die Schweiz. 240

Stehen einer Lizenz keine rechtlichen Schranken der lokalen Gesetzgebung entgegen,[213] wird eine Lizenz aber auch weit über Europa hinaus erteilt.[214] Hierbei sind vorab eine Vielzahl von politischen, ökonomischen, technologischen und vertragliche Faktoren zu berücksichtigen, um das Repertoire verfügbar zu machen. Insbesondere die oftmals seit Jahrzehnten bestehenden vertraglichen Beziehungen von Musikverlagen und Verwertungsgesellschaften zu Vertragspartnern in einzelne Territorien muss bei diesem Ansatz eingehend vorab geprüft werden, um das gesamte Repertoire in jedem Territorium aggregiert verwalten und lizenzieren zu können. 241

Die Erweiterung des territorialen Umfangs und der Eintritt in neue, ungesättigte Märkte stellt ein Hauptaugenmerk von ICE dar, um der globalen Ausrichtung der Online-Musikanbieter zu folgen und Tantiemen erstmals oder – infolge des teilweise intransparenten lokalen Lizenzierungsnetzwerks – effektiver zu generieren. Rein lokale Online-Musikanbieter, mithin solche, die nur in einem Land aktiv sind, werden jedoch weiterhin von der lokalen Verwertungsgesellschaft lizenziert. 242

VII. Die ICE-Mehrgebietslizenz

Die multiterritoriale Lizenzierung über ICE weist in der Praxis gegenüber der rein nationalen Lizenzierung, d.h. der Lizenzierung solcher Angebote, die ausschließlich eine Lizenz für Deutschland benötigen, einige Unterschiede auf. 243

1. Lizenznehmer

Entsprechend der rechtlichen Vorgaben richtet sich ICE in der Praxis ausschließlich an solche Anbieter von Online-Musikdiensten, die **international**, mindestens aber in mehr als einem Territorium in Europa, tätig sind. In der ganz überwiegenden Zahl der Fälle handelt es sich dabei um Anbieter aus dem anglo-amerikanischen Raum, sodass sich für den potenziellen Lizenznehmer bereits durch den in der Musikbranche insgesamt wichtigen Standort London und das dort ansässige ICE Front Office erhebliche Vorteile ergeben. Die Größe eines Unternehmens bzw. der mit der Nutzung erzielte Umsatz etc. ist dagegen nicht entscheidend. ICE bietet grundsätzlich allen multiterritorial tätigen Anbietern die Möglichkeit, eine **Mehrgebietslizenz** über die von ICE vertretenen Repertoires zu erwerben. Auch innerhalb der Zielgruppe der internationalen Anbieter gibt es eine große Vielfalt von Unternehmen, vom Start-Up bis zum Technologieriesen, vom kleinen Nischenanbieter bis zum Platzhirsch der Branche. Hinzu kommt die Vielfalt der verschiedenen Angebote, die sich wiederum hinsichtlich Geschäftsmodellen, Nutzungsformen, Zielgruppen, Verbreitungswegen, aber auch der territorialen Abdeckung unterscheiden. 244

213 Wie z.B. in den U.S.A., Kanada und Argentinien.
214 So umfasste die erste über ICE erteilte Lizenz ca. 130 Territorien.

2. Territorialer Umfang

245 Die über ICE abgeschlossenen Lizenzen sind stets gebietsübergreifend, daher wird auch von **multiterritorialen** Lizenzen gesprochen. Die Territorien, für welche ICE Lizenzen erteilt, hängen von dem Bedarf des Online-Musikanbieters ab. Der Bedarf kann, je nach der Marktstrategie des Anbieters, durchaus unterschiedlich ausfallen. Einige konzentrieren sich ausschließlich auf für sie relevante Kernmärkte und damit auch auf wenige Länder, andere setzen auf Reichweite und damit auf ein flächendeckendes Angebot in vielen Ländern von Anfang an. Andere wiederum verfolgen eine Strategie der sukzessiven Erweiterung der Territorien, in denen sie ihren Service anbieten.

3. Lizenzierungspraxis

246 Neben dieser territorialen Flexibilität ermöglichen die neuen rechtlichen Rahmenbedingungen auch insgesamt eine weitaus größere **Flexibilität** bei der Lizenzierung, und zwar sowohl für die Lizenznehmer als auch für die Rechteinhaber. Die Flexibilität bezieht sich dabei auf die bereits erwähnte Wahl der lizenzierten Territorien, aber eben auch auf Art und Umfang der Lizenzierung des Repertoires sowie auf die Festlegung der jeweiligen Lizenzierungsbedingungen.

247 Anknüpfungspunkt der Lizenzierung und damit der Vergütung ist auch bei der Vergabe von Mehrgebietslizenzen die jeweilige Nutzung. Zusätzlich kann auf Seiten der Rechteinhaber neben der rein rechtlichen Betrachtung nun noch stärker die **wirtschaftliche Ausgestaltung** des Angebots berücksichtigt werden wie z.B. im Fall von neuartigen Angeboten, Hybrid-Angeboten, sog. White-Label-Konstellationen etc. Auch können Angebote desselben Betreibers in verschiedenen Territorien an die kulturellen Unterschiede und Konsumgewohnheiten der Endnutzer angepasst und dadurch stark diversifiziert sein. Zudem schwankt unter Umständen die durchschnittliche Kaufkraft im Vergleich zwischen einzelnen Ländern. Der rechtliche Rahmen lässt es nun zu, auf diese verschiedenen Geschäftsmodelle mit allen Besonderheiten bei der Lizenzierung noch flexibler einzugehen. Dennoch gelten die Grundsätze der umsatzorientierten **Regelvergütung** und der die Entwertung der Musik verhindernden **Mindestvergütung** auch hier.

248 Basierend auf den Anforderungen der Kunden liegt der Schwerpunkt des **Lizenzierungsspektrums** aktuell auf dem Bereich Music-on-Demand. Dabei ist zu berücksichtigen, dass auch hier eine größere Flexibilität möglich ist, sodass im Einzelfall, z.B. bei Mischangeboten, auch bestimmte Video-Inhalte über ICE mitlizenziert werden können, um eine künstliche Aufspaltung einzelner Angebote zu vermeiden. Der lizenzrechtlichen Beurteilung liegen dabei stets objektive Kriterien zugrunde. Insbesondere gilt auch im Bereich der multi-territorialen Lizenzierung der **Grundsatz der Nicht-Diskriminierung**. Einziger struktureller Unterschied zur nationalen Lizenzierung ist das Fehlen einer strengen Tarifaufstellungs- und Veröffentlichungspflicht, was als notwendige Kehrseite der nunmehr ermöglichten Flexibilität wiederum durch die Bindung an objektive und nicht-diskriminierende Kriterien ausreichend flankiert wird (s.o. Rn. 217ff.).

249 Perspektivisch soll das Lizenzierungsspektrum erweitert werden, um weitere Bereiche des **Online-Marktes** abzudecken, im ersten Schritt auf Video-on-Demand-Angebote. Um die integrative Funktion des ICE Hubs ingesamt erfüllen zu können, geht jede **Erweiterung des Lizenzierungsspektrums** Hand in Hand mit der technisch anspruchsvollen Erweiterung der Funktionalitäten der Musikwerkedatenbank sowie derjenigen Vorsysteme, die die Nutzungsmeldungen von Lizenznehmern verarbeiten. Zugleich erfordert eine Erweiterung in diesem Sektor auch von Seiten der Lizenznehmer eine Anpassung der zuzuliefernden Daten in Form von Nutzungsmeldungen an branchenweite Standards. Ohne

eine solche branchenweite Vereinheitlichung ist eine effiziente und transparente Lizenzierung, Abrechnung und Auszahlung an die Berechtigten nicht sinnvoll zu realisieren. Die Erweiterung des Lizenzierungsspektrums dient also insgesamt dem Ziel der Vereinheitlichung und Integration von Branchenstandards, Lizenzierungsbedingungen und technischen Verfahren, wovon sowohl Rechteinhaber als auch Lizenznehmer profitieren.

Einen weiteren Baustein der integrativen Funktion von ICE bilden die Lizenzverträge **250**
selbst. So unterliegen die über ICE abgeschlossenen Lizenzverträge – wie im internationalen Rechtsverkehr üblich – grundsätzlich englischem Recht, sodass auch hier eine spürbare **Vereinheitlichung** und damit größere Rechtssicherheit für alle Beteiligten erreicht wird.

F. Lizenzierung nach dem „Option-3-Modell“: SOLAR, ARESA, DEAL, PEDL, IMPEL, AMRA

I. Die Online-Musikdienste-Empfehlung

1. Überblick

Die Online-Musikdienst-Empfehlung 2005/737 hat sich für die Möglichkeit der Rech- **251**
teinhaber von Musikwerken ausgesprochen, die Wahrnehmung der betreffenden Digital-Rechte einer Gesellschaft ihrer Wahl in einem territorialen Umfang ihrer Wahl anzuvertrauen. „Rechteinhaber“ schließt hierbei Komponisten, Textdichter, Bearbeiter und Verlage ein. Die Rechteinhaber haben demnach sowohl die Wahl, welche Digital-Rechte sie der jeweiligen Gesellschaft zur Wahrnehmung anvertrauen, als auch die Wahl, in welchem geographischen Umfang dies erfolgt. Der Sitzstaat oder die Staatsangehörigkeit der Gesellschaft bzw. des Rechteinhabers spielen hierfür keine Rolle.

Hintergrund war, dass sich durch die Strukturen des Internets ein verstärkter Bedarf **252**
an der Internationalisierung der Nutzung und Einräumung von Rechten an Musikwerken abzeichnete. Diese nach den herkömmlichen Grundsätzen des Urheberrechts bereits bestehende Möglichkeit der Wahrnehmung wurde durch die Empfehlung nunmehr politisch opportun und deren Umsetzung damit gefördert.

Ergänzt wurde die Empfehlung um Governance-Strukturen und Obliegenheiten bei **253**
der Rechtewahrnehmung und Lizenzierung, insbesondere im Hinblick auf Transparenz, Effizienz und die gerechte Eintreibung sowie Verteilung der Lizenzerlöse. Diese umfassen z.B.:

- Einhaltung von Sorgfalts- und Informationspflichten,
- Nicht-Diskriminierung von Nutzern bei der Lizenzierung und von Rechteinhabern bei der Erbringung der Wahrnehmungsleistungen durch Anwendung objektiver Kriterien,
- die gerechte Verteilung der erzielten Einnahmen unter allen vertretenen Rechteinhabern und/oder Kategorien von Rechteinhabern,
- die Beteiligung der Rechteinhaber an internen Entscheidungsprozessen im fairen und ausgewogenen Umfang.

2. Studie über eine Initiative zur grenzüberschreitenden kollektiven Verwertung von Urheberrechten vom 7. Juli 2005

Die Online-Musikdienste-Empfehlung basierte auf den Erkenntnissen der „Studie **254**
über eine Initiative zur grenzüberschreitenden kollektiven Verwertung von Urheberrechten“ der Generaldirektion Binnenmarkt vom 7. Juli 2005. Diese wiederum ging auf eine

im Jahr 2000 von der RTL Group angestrengte Beschwerde bei der EU-Kommission zurück, die darauf abzielte, von der GEMA eine europaweite Lizenz für den Sendebetrieb der RTL Group zu erhalten. Die Studie zeigte drei gangbare Alternativen auf, wie die Vergabe EU-weiter Online-Lizenzen umgesetzt werden könnte:

Option 1: das bestehende Lizenzsystem so zu belassen wie es ist,

Option 2: dem Verwerter das Recht einzuräumen, sich eine Gesellschaft seiner Wahl auszuwählen, die ihm grenzüberschreitend das Weltrepertoire an Musik einräumt,

Option 3: dem Rechteinhaber die Möglichkeit einzuräumen, sein Repertoire auf die Gesellschaft seiner Wahl zu übertragen, die dann in der Folge dieses Repertoire europaweit administriert und lizenziert.

Da sich die Europäische Kommission in der Online-Musikdienste-Empfehlung schließlich auf die dritte Option festgelegt hat, wird dieser Ansatz auch „Option-3-Modell" genannt.

3. Umsetzung der Empfehlung – SOLAR, ARESA, DEAL, PEDL, IMPEL, AMRA

255 In der Folge der Online-Musikdienste-Empfehlung haben die „Majorverlage" wie auch ausgewählte „Indepedent-Verlage" die Vergabe und Administration ihrer Online-Rechte vornehmlich für das anglo-amerikanische Repertoire entsprechend umstrukturiert und den traditionellen europäischen Verwertungsgesellschaften die betreffenden mechanischen Nutzungsrechte für den Digitalbereich entzogen. Demnach werden jene Rechte nicht mehr wie zuvor durch die Verwertungsgesellschaften vertreten. Es sind nun vielmehr getrennte Unternehmen bzw. Einheiten, die sie zumeist europaweit und auf Einzelfallbasis auch darüber hinaus einräumen und/oder administrieren.

256 Alle betroffenen Verwertungsgesellschaften haben dabei gemäß der Online-Musikdienste-Empfehlung vorbehaltlich der sonstigen zwischen ihnen bestehenden Kooperationen sicherzustellen, dass diese Online-Rechte vom Geltungsbereich aller Gegenseitigkeitsvereinbarungen untereinander ausgenommen werden. Ferner haben die Verwertungsgesellschaften einander und gewerblichen Nutzern Veränderungen des Repertoires, das sie vertreten, innerhalb einer angemessenen Frist bekanntzugeben. Gewerbliche Nutzer wiederum sollten Verwertungsgesellschaften über die Dienste, für die Rechte erworben werden, informieren.

257 Auf die Online-Musikdienste-Empfehlung setzen unter anderem folgende Unternehmen bzw. Einheiten auf:

- Das Sony/ATV Repertoire, das die Kataloge von Sony/ATV sowie EMI Music Publishing umfasst, wird aktuell durch SOLAR Music Rights Management Ltd (SOLAR) administriert. Bei SOLAR handelt es sich um ein Joint Venture der GEMA und der PRS for Music, an dem beide Gesellschafter jeweils 50% der Anteile halten.
- Das Repertoire von BMG Rights Management wird über ARESA lizenziert, einer 100% Tochter der GEMA.
- Die französische Verwertungsgesellschaft SACEM administriert unter dem Namen „DEAL" das Repertoire von Universal Music Publishing.
- Das Warner Chappell Music Repertoire unter dem Namen „PEDL" sowie Teile des englischen „Independent" Repertoires werden u.a. von PRS for Music verwaltet.
- Das Kobalt Music Publishing Repertoire schließlich wird von AMRA repräsentiert.

Die betreffenden Verlage haben mit den jeweiligen vorstehenden Unternehmen bzw. Einheiten Verträge abgeschlossen, die die spezifischen Details der Rechteverwaltung der Repertoires regeln.

II. SOLAR Repertoire und Rechte der SOLAR

Das SOLAR Repertoire umfasst die anglo-amerikanischen Werke der Kataloge von Sony/ATV sowie EMI Music Publishing. Es enthält zahlreiche Musikgenres und eine Vielzahl international renommierter Komponisten und Künstler. Mit den Katalogen von Sony/ATV wird ein maßgeblicher Anteil der Lizenzeinkünfte im Online-Bereich generiert. 258

Die über SOLAR administrierten Rechte umfassen die Online-Rechte am SOLAR Repertoire, die etwa für Nutzungen im Rahmen von Download- oder Streamingangeboten erforderlich sind. Dies betrifft zum Beispiel die Bereiche Music on Demand, Video on Demand und Ruftonmelodien. Weitere Onlinenutzungen sind auf Einzelfallbasis umfasst. 259

Die Einräumung gegebenenfalls erforderlicher Synchronisations- und Bearbeitungsrechte oder die Freigabe von Nutzungen im werberelevanten Kontext erfolgt wie zuvor durch den Verlag selbst. 260

Das Angebot der SOLAR richtet sich insbesondere an diejenigen gewerblichen Nutzer bzw. Online-Diensteanbieter, deren Angebote grenzüberschreitend und/oder europaweit zugänglich sind. 261

Die Rechte für Offline-Nutzungen werden wie bisher von den lokalen Verwertungsgesellschaften jeweils für das Gebiet ihrer Zuständigkeit eingeräumt und entsprechend gegenüber den Online-Diensteanbietern abgerechnet. 262

III. Organisation der SOLAR

1. Regelwerk der SOLAR

SOLAR agiert auf Grundlage eines Gesellschaftsvertrages, der Unternehmensgegenstand, Organisation, Struktur und Handlungsweisen der Gesellschaft regelt. 263

Der hiervon zu unterscheidende mit Sony/ATV geschlossene Administrationsvertrag legt die spezifischen Details der Rechteverwaltung des SOLAR Repertoires fest, unter anderem etwa die Administrationsdienstleistungen bzw. -pflichten gegenüber Sony/ATV, Repertoiredefinitionen sowie Abrechnungs- und Ausschüttungsstandards. 264

2. Rechtliche Einordnung der SOLAR

Der rechtliche Status der SOLAR lässt sich wie folgt zusammenfassen:[215] 265

a) Deutsches Patent- und Markenamt

Das Deutsche Patent- und Markenamt (DPMA) hat die GEMA mit Schreiben vom 7. Februar 2007 sowie vom 25. September 2009 darüber in Kenntnis gesetzt, dass es die CELAS GmbH [heutige SOLAR] „zurzeit“ nicht als Verwertungsgesellschaft ansehe. 266

b) Verwertungsgesellschaftengesetz (VGG)

Nachdem 2016 das Verwertungsgesellschaftengesetz (VGG) in Kraft getreten ist, das auf die EU-Richtlinie 2014/26/EU über die kollektive Wahrnehmung von Urheber- und 267

215 Einen guten Überblick zur rechtlichen Einordnung und zu den verschiedenen Positionen geben die folgenden Beiträge: Dreier/Schulze-*Schulze*, UrhWG § 1 Rn. 15–18; *Peifer*, ZUM 2014, 453 ff.; Wandtke/Bullinger-*Gerlach*, Urheberrecht, Vorbemerkung vor §§ 1 ff. Rn. 28–31; *Müller*, ZUM 2011, 13 ff.; *Altemark/Hoeren*, GRUR Int. 2010, 16 ff.; *Müller*, ZUM 2009, 121 ff.; *Jani*, ZUM 2009, 722 ff.; *Alich*, GRUR Int. 2008, 996 ff.

verwandten Schutzrechten zurückgeht, stellt sich die Frage, inwieweit dieses auf Option-3-Gesellschaften wie SOLAR Anwendung findet.

268 Unabhängig davon, ob SOLAR als abhängige Verwertungseinrichtung iSv Art. 2 Abs. 3 der EU-Richtlinie 2014/26/EU über die kollektive Wahrnehmung von Urheber- und verwandten Schutzrechten[216] einzuordnen sein könnte, unterliegt sie jedoch nicht den Bestimmungen des VGG: Die Gesellschaft hat ihren Sitz in London und fällt nach dem Sitzlandprinzip (§§ 76 Abs. 2, 86 VGG) in den Anwendungsbereich des britischen Umsetzungsgesetzes zur Richtlinie 2014/26/EU.[217]

269 Vor dem Hintergrund, dass SOLAR sich schwerpunktmäßig an diejenigen Online-Diensteanbieter richtet, deren Angebote grenzüberschreitend und/oder europaweit zugänglich sind, könnten insbesondere die Vorgaben für die gebietsübergreifende Vergabe von Online-Rechten an Musikwerken nach Titel III der Richtlinie 2014/26/EU für SOLAR einschlägig sein, soweit diese auf die Tätigkeit der Gesellschaft entsprechend Anwendung finden.

3. Geografische Reichweite der SOLAR-Lizenz

270 Die SOLAR administriert das SOLAR Repertoire für folgende Länder, zum Teil nur auf Einzelfallbasis:

> Albanien, Andorra, Österreich, Belgien, Bosnien-Herzegowina, Bulgarien, Kroatien, Zypern, Tschechien, Dänemark, Estland, Finnland, Frankreich, Deutschland, Gibraltar, Griechenland, Ungarn, Island, Irland, Italien, Lettland, Liechtenstein, Litauen, Luxemburg, Mazedonien, Malta, Moldawien, Monaco, Holland, Norwegen, Polen, Portugal, Rumänien, San Marino, Serbien und Montenegro, Slowakei, Slowenien, Spanien, Schweden, Schweiz, England sowie Türkei und die sog. MENA-Region.

IV. Administration des SOLAR Repertoires

271 Die Online-Diensteanbieter übermitteln regelmäßig Nutzungsmeldungen, die Art und Umfang der von ihnen genutzten Musikwerke abbilden. Auf dieser Grundlage erfolgt ein Nutzungsabgleich mit den Datenbanken, die die Urheberrechtsdaten enthalten, um sicherzustellen, dass die Nutzungen des durch SOLAR vertretenen Repertoires vollständig und akkurat abgerechnet werden. Ausschließlich auf das der SOLAR zuzuordnende Repertoire werden die mit dem Online-Diensteanbieter vereinbarten Vergütungsgrundsätze angewandt.

V. Verteilung

272 Die Verteilung der Lizenzerträge, die sich aus der Administration des SOLAR Repertoires ergeben, richtet sich nach den Verteilungskriterien, die SOLAR entsprechend der vertraglichen Vereinbarung mit Sony/ATV bestimmt hat.

---

216 Richtlinie 2014/26/EU des Europäischen Parlaments und des Rates vom 26. Februar 2014 über die kollektive Wahrnehmung von Urheber- und verwandten Schutzrechten und die Vergabe von Mehrgebietslizenzen für Rechte an Musikwerken für die Online-Nutzung im Binnenmarkt, Abl. 2014 L 84/72.

217 Es handelt sich hierbei um die „Collective Management of Copyright (EU Directive) Regulations 2016" (im Folgenden „UK Regulations").

VI. Ausblick

Die GEMA hat sich mit der Gründung der SOLAR und der ARESA im neuen Wettbewerbsumfeld für musikalische Urheberrechte etabliert. Im Zukunftsmarkt der grenzüberschreitenden Vergabe von digitalen Musikrechten und dem internationalen Rechtemanagement hat die GEMA zum Schutz der ihr anvertrauten Autorenrechte eine maßgebliche Position eingenommen. SOLAR hat hierbei eine Vorreiterrolle eingenommen, die weitere Verlage zum Anlass genommen haben, entsprechend nachzufolgen. Kombiniert mit der Beteiligung an ICE und den entsprechenden Aktivitäten ist die GEMA international aufgestellt und umfassend an der Lizenzierung und Administration von Autoren-, Textdichter- und Verlagsrechten im globalen Kontext beteiligt. 273

Till Evert

5. Teil:
Die Rechtsbeziehungen zwischen Verwertungsgesellschaften

Kapitel 13
Die Zusammenarbeit der Verwertungsgesellschaften

Inhaltsübersicht

Es gibt derzeit in Deutschland dreizehn Verwertungsgesellschaften.[1] Gemeinsam ist allen Verwertungsgesellschaften, dass sie die ihnen von ihren Mitgliedern übertragenen Nutzungsrechte sowie gesetzliche Vergütungsansprüche wahrnehmen. Mit Ausnahme der GEMA nehmen die Verwertungsgesellschaften jedoch überwiegend nur gesetzliche Vergütungsansprüche wahr. 1

Die Verwertungsgesellschaften arbeiten auf einer Reihe von Gebieten effizient zusammen. Dabei geht es überwiegend um die gemeinsame Wahrnehmung von gesetzlichen Vergütungsansprüchen, die nicht sinnvoll durch einzelne Verwertungsgesellschaften wahrgenommen werden können (I.). Entsprechend den unterschiedlichen Rechten und Ansprüchen haben sich die Verwertungsgesellschaften in verschiedenen Kooperationsformen zusammengefunden (II. und III.). Auch insoweit unterliegt ihre Tätigkeit der staatlichen Aufsicht, wenngleich die **Zusammenschlüsse der Verwertungsgesellschaften** nach bisheriger Auffassung nicht selbst als Verwertungsgesellschaften anzusehen sind (IV.). 2

I. Die gemeinsame Rechtewahrnehmung durch mehrere Verwertungsgesellschaften

In bestimmten Bereichen hat der Gesetzgeber die ausschließlichen Nutzungsrechte der Rechteinhaber beschränkt, indem er Nutzungen urheberrechtlich geschützter Werke und Leistungen gesetzlich erlaubt und den Rechteinhabern zum Ausgleich für diese Beschränkungen **gesetzliche Vergütungsansprüche** eingeräumt hat. Die meisten dieser 3

1 Siehe die auf der Internetseite des DPMA veröffentlichte Liste der Verwertungsgesellschaften, abrufbar unter http://dpma.de/amt/aufgaben/urheberrecht/aufsichtueberverwertungsgesellschaften/listederverwertungsgesellschaften/index.html.

Stefan Müller

https://doi.org/10.1515/9783110366792-013

gesetzlichen Vergütungsansprüche können kraft Gesetzes nur durch eine Verwertungsgesellschaft geltend gemacht werden. Dies liegt sowohl im Interesse der einzelnen Urheber und Leistungsschutzberechtigten, die nicht in der Lage wären, ihre Ansprüche individuell gegenüber einer Vielzahl von Schuldnern durchzusetzen, als auch im Interesse der Vergütungsschuldner, die ansonsten einer Vielzahl von Anspruchstellern ausgesetzt wären.[2]

4 Die gesetzlichen Vergütungsansprüche stehen denjenigen Urhebern und Leistungsschutzberechtigten zu, deren Werke und Leistungen im Rahmen der entsprechenden gesetzlichen Schrankenregelungen erlaubnisfrei genutzt werden können. Die Urheber und Leistungsschutzberechtigten sind in unterschiedlichen Verwertungsgesellschaften organisiert, die nach ihrer jeweiligen Satzung nur die Vergütungsansprüche für bestimmte Werke und Leistungen wahrnehmen, und räumen ihre Vergütungsansprüche den jeweiligen Verwertungsgesellschaften im Wahrnehmungsvertrag zur Wahrnehmung ein. Als Folge hiervon werden gleichartige Vergütungsansprüche – jedoch für unterschiedliche Werke und Leistungen – in der Regel von mehreren Verwertungsgesellschaften wahrgenommen, so etwa der **Vergütungsanspruch gemäß § 54 Abs. 1 UrhG** für die Vervielfältigung zum privaten und sonstigen eigenen Gebrauch von GEMA, GÜFA, GVL, GWFF, TWF, VFF, VGF, VG Bild-Kunst und VG Wort, jeweils für die von ihnen wahrgenommenen Werke und Leistungen.

5 Grundsätzlich wäre es zwar rechtlich zulässig, wenn jede Verwertungsgesellschaft die ihr für ihr jeweiliges Repertoire eingeräumten gesetzlichen Auskunfts- und Vergütungsansprüche gesondert wahrnehmen würde, da weder das UrhG noch das VGG eine gemeinsame Wahrnehmung dieser Ansprüche durch mehrere Verwertungsgesellschaften zwingend vorgeben. § 49 Abs. 2 VGG sieht lediglich vor, dass die Vermutung der Wahrnehmungsbefugnis gemäß § 49 Abs. 1 VGG nur dann gilt, wenn der Anspruch von allen berechtigten Verwertungsgesellschaften gemeinsam geltend gemacht wird.

6 Eine gesonderte Wahrnehmung gesetzlicher Auskunfts- und Vergütungsansprüche durch einzelne Verwertungsgesellschaften wäre jedoch vor allem in wirtschaftlicher Hinsicht nicht sinnvoll, da dann der mit der Wahrnehmung und insbesondere der mit der rechtlichen Durchsetzung der Ansprüche verbundene Aufwand mehrfach anfallen würde. Darüber hinaus bietet eine gemeinsame Geltendmachung durch alle Verwertungsgesellschaften in rechtlicher Hinsicht den Vorteil, dass in diesem Fall die Wahrnehmungsbefugnis gemäß § 49 Abs. 2 VGG gesetzlich vermutet wird. Aus diesem Grund werden in der Praxis in den Fällen, in denen mehrere Verwertungsgesellschaften zur Geltendmachung eines Vergütungsanspruchs berechtigt sind, die Ansprüche grundsätzlich durch die betreffenden Verwertungsgesellschaften gemeinsam geltend gemacht.

7 Auch im Bereich der Wahrnehmung urheberrechtlicher Nutzungsrechte kann eine gemeinsame Wahrnehmung gleichartiger Ansprüche durch mehrere Verwertungsgesellschaften in bestimmten Fällen sinnvoll sein.

II. Die Zusammenarbeit der deutschen Verwertungsgesellschaften bei der Wahrnehmung gesetzlicher Vergütungsansprüche

1. ZPÜ (Zentralstelle für Private Überspielungsrechte)

a) Gründung und Weiterentwicklung

8 Die älteste und wirtschaftlich bedeutendste Form der Zusammenarbeit der deutschen Verwertungsgesellschaften ist die **Zentralstelle für Private Überspielungsrechte**

2 Grundlegend *Rossbach*, Die Vergütungsansprüche im deutschen Urheberrecht.

(ZPÜ). Gesellschaftszweck der ZPÜ ist die Geltendmachung von Ansprüchen auf Vergütung, Auskunft und Meldung für Vervielfältigungen gemäß § 53 Abs. 1–3 UrhG von Audiowerken und von audiovisuellen Werken gegen Hersteller, Importeure und Händler von Geräten und Speichermedien, deren Typ allein oder in Verbindung mit anderen Geräten, Speichermedien oder Zubehör zur Vornahme solcher Vervielfältigungen benutzt wird.[3] Da die ZPÜ für die Kooperation der Verwertungsgesellschaften exemplarisch ist, soll sie hier im Einzelnen dargestellt werden:

Anlass für die **Gründung der ZPÜ** als BGB-Gesellschaft im Jahr 1963 war die Verbreitung der damals neuen Technologie der Vervielfältigung mittels Tonbandgeräten und die Schaffung eines gesetzlichen Vergütungsanspruchs gegenüber den Herstellern und Importeuren dieser Geräte, der bei der ersten großen Urheberrechtsnovelle im Jahr 1965 Eingang in den damaligen § 53 UrhG gefunden hat. Diese Gerätevergütung ist im Jahr 1985 durch eine gesetzliche Vergütung für Speichermedien (ursprünglich als Leerkassettenvergütung bezeichnet) ergänzt worden. 9

Die ZPÜ wurde von den damals allein existierenden Verwertungsgesellschaften GEMA, VG Wort und GVL gegründet, wobei es zu diesem Zeitpunkt auch nur um die Urheber- und Leistungsschutzrechte an Musikwerken und – zu einem geringen Teil – um Urheberrechte an Sprachwerken ging. Die private Vervielfältigung von audiovisuellen Werken zeichnete sich damals erst kaum am technischen Horizont ab. Da nach der Markteinführung von Bildaufzeichnungsgeräten (damals in der Gestalt von Videorekordern) auch die Werke und Leistungen von Rechteinhabern an Filmwerken privat vervielfältigt wurden, wurde die Wahrnehmungstätigkeit auf die insoweit gegebenen Vergütungsansprüche erweitert und es traten die für die Filmurheber und Filmleistungsschutzberechtigten tätigen Verwertungsgesellschaften der ZPÜ zum 1.1.1988 als weitere Gesellschafter bei. Zuletzt wurde im Jahr 2011 die TWF GmbH als weitere Gesellschafterin aufgenommen. 10

b) Rechtsnatur

Die ZPÜ wurde als Verwertungsgesellschaft gegründet und verfügte ursprünglich auch über eine entsprechende Erlaubnis des Deutschen Patentamtes. Später hat die ZPÜ den Charakter einer Verwertungsgesellschaft jedoch wieder aufgegeben und hat sich als eine Gesellschaft von Verwertungsgesellschaften zum gemeinsamen Inkasso konstituiert. 11

Der Bundesgerichtshof hat in mehreren Entscheidungen die Einordnung der ZPÜ als **Inkassogesellschaft** und ihre Aktivlegitimation zur Geltendmachung von Vergütungsansprüchen bejaht. Die Verwertungsgesellschaften dürfen die nach § 54h Abs. 1 UrhG nur von ihnen wahrzunehmenden urheberrechtlichen Vergütungsansprüche auf eine von ihnen gegründete Gesellschaft bürgerlichen Rechts zur Geltendmachung übertragen, die selbst keine Verwertungsgesellschaft, sondern lediglich eine Inkassogesellschaft ist.[4] Eine Inkassogesellschaft ist in entsprechender Anwendung von § 35 VGG zum Abschluss eines Gesamtvertrages berechtigt und verpflichtet sowie in entsprechender Anwendung von § 38 S. 1 VGG berechtigt, Tarife über die geforderten Vergütungen aufzustellen.[5] 12

3 Gesellschaftsvertrag abgedruckt im GEMA-Jahrbuch 2016/2017, Seite 551.

4 BGH, GRUR 2009, 480 Rn. 10; BGH, GRUR 2012, 705 Rn. 19; BGH, GRUR 2013, 1037 Rn. 13; zuletzt BGH, GRUR 2017, 1243 Rn. 15.

5 BGH, GRUR 2017, 1243 Rn. 27.

13 Die Geschäftsführung der ZPÜ liegt bei der GEMA, die der ZPÜ die für diese Zwecke notwendigen Einrichtungen zur Verfügung stellt. Das Vergütungsaufkommen wird – nach Abzug der mit der Geschäftsführung verbundenen Kosten – nach einem von den Gesellschaftern einstimmig beschlossenen Verteilungsplan auf die einzelnen Gesellschafter aufgeteilt.

c) Die der ZPÜ eingeräumten Ansprüche

14 Alle deutschen Verwertungsgesellschaften, denen Ansprüche gemäß den §§ 54ff. UrhG zur Wahrnehmung übertragen worden sind, sind entweder Gesellschafter der ZPÜ oder haben ihre Ansprüche einem der Gesellschafter der ZPÜ übertragen.

15 **Gesellschafter der ZPÜ** sind derzeit folgende Verwertungsgesellschaften:

- GEMA Gesellschaft für musikalische Aufführungs- und mechanische Vervielfältigungsrechte (Ansprüche der Urheber und Verleger von Werken der Musik). Die GEMA nimmt dabei aufgrund einer Vereinbarung mit der VG Musikedition auch die in deren Wahrnehmungsbereich fallenden Ansprüche wahr.
- GÜFA Gesellschaft zur Übernahme und Wahrnehmung von Filmaufführungsrechten mbH (Ansprüche von Urhebern, Produzenten und ausübenden Künstlern von erotischen und pornographischen Filmen)
- GVL Gesellschaft zur Verwertung von Leistungsschutzrechten mbH (Ansprüche von ausübenden Künstlern, Tonträgerherstellern und Videoclipherstellern). Die GVL ist dabei von der Gesellschaft für die Wahrnehmung von Veranstalterrechten (GWVR) ermächtigt, auch die dem Veranstalter zustehenden Ansprüche gemäß den §§ 83, 54 UrhG wahrzunehmen.
- GWFF Gesellschaft zur Wahrnehmung von Film- und Fernsehrechten mbH (Ansprüche von in- und ausländischen Filmproduzenten, Fernsehproduzenten, Videogrammherstellern sowie Urhebern)
- TWF Treuhandgesellschaft Werbefilm mbH (Ansprüche von Filmherstellern aus § 94 UrhG)
- VFF Verwertungsgesellschaft der Film- und Fernsehproduzenten mbH (Ansprüche von Filmherstellern von Eigen- und Auftragsproduktionen von Rundfunkanstalten und Sendeunternehmen)
- VGF Verwertungsgesellschaft für Nutzungsrechte an Filmwerken mbH (Ansprüche von Filmherstellern und deren Rechtsnachfolgern sowie von Filmregisseuren)
- VG Bild-Kunst Verwertungsgesellschaft Bild-Kunst (Ansprüche von Filmproduzenten, Regisseuren, Kameraleuten, Cuttern, Szenen- und Kostümbildnern)
- VG Wort Verwertungsgesellschaft WORT (Ansprüche von Autoren und Verlagen von Sprachwerken)

Die vorgenannten Verwertungsgesellschaften haben der ZPÜ ihre Ansprüche für ihre jeweils genannten Berechtigten für **Vervielfältigungen von Audiowerken und von audiovisuellen Werken** gemäß § 53 Abs. 1–3 UrhG, geregelt in den §§ 54, 54a, 54b, 54e und 54f UrhG, zur Geltendmachung gegenüber den vergütungspflichtigen Unternehmen eingeräumt.

16 Dagegen ist bei den entsprechenden Ansprüchen gemäß den §§ 54ff. UrhG für **Vervielfältigungen von stehendem Text und stehendem Bild** gemäß § 53 Abs. 1–3 UrhG, die in den Wahrnehmungsbereich der Verwertungsgesellschaften VG Wort und VG Bild-Kunst fallen, wie folgt zu unterscheiden:

17 Bei Geräten und Speichermedien, die sowohl zu Vervielfältigungen von Audiowerken und von audiovisuellen Werken als auch zu Vervielfältigungen von stehendem Text

und stehendem Bild genutzt werden (z.B. digitale Speichermedien oder PCs), werden der ZPÜ von den Verwertungsgesellschaften VG Wort und VG Bild-Kunst die Ansprüche für Vervielfältigungen von stehendem Text und stehendem Bild zum Zwecke der Geltendmachung in Verfahren vor der Schiedsstelle und in gerichtlichen Verfahren abgetreten. Die Geltendmachung aller Ansprüche erfolgt somit durch die ZPÜ.

Bei Geräten und Speichermedien, die ausschließlich zu Vervielfältigungen von stehendem Text und stehendem Bild genutzt werden (z.B. Fotokopierer oder Drucker), erfolgt die Geltendmachung von Ansprüchen gemäß den §§ 54 ff. UrhG durch die VG Wort und VG Bild-Kunst. Gleiches gilt für Ansprüche auf Vergütung gegen die Betreiber von Fotokopiergeräten gemäß § 54c UrhG. 18

d) Verteilung

Der deutsche Gesetzgeber hat auf detaillierte gesetzliche Vorschriften zur Verteilung des Vergütungsaufkommens aus gesetzlichen Vergütungsansprüchen verzichtet und in § 54h Abs. 2 UrhG lediglich bestimmt, dass den Berechtigten jeweils ein angemessener Teil an der Vergütung zustehen soll.[6] Für diese Zurückhaltung des Gesetzgebers gibt es gute Gründe. Es ist kaum möglich, abstrakt und im Voraus bindende Feststellungen für angemessene Verteilungsquoten zu treffen, da sich die Angemessenheit der den einzelnen Gruppen von Rechteinhabern zustehenden Anteile am insgesamt erzielten Vergütungsaufkommen grundsätzlich danach richtet, zu welchen Anteilen die jeweiligen Gruppen bzw. deren Werke und Leistungen zu diesem Vergütungsaufkommen beigetragen haben. Diese Anteile sind für die einzelnen Geräte und Speichermedien unterschiedlich und sie können sich entsprechend den Veränderungen des Nutzungsverhaltens verändern. 19

Der Gesetzgeber hat den Vergütungsanspruch für die Vervielfältigung zum privaten und sonstigen eigenen Gebrauch im Zweiten Gesetz zur Regelung des Urheberrechts in der Informationsgesellschaft zum 1.1.2008 neu geregelt. Für die Vergütungshöhe soll nach Vorstellung des Gesetzgebers unter anderem maßgebend sein, in welchem Maße die Geräte und Speichermedien zu vergütungspflichtigen Vervielfältigungen genutzt werden (§ 54a Abs. 1 UrhG). Die ZPÜ hat deshalb ihre bisherigen Verteilungsregeln auf der Grundlage empirischer Untersuchungen neu gefasst, um bei den Ausschüttungen das tatsächliche Vervielfältigungsverhalten gemäß den Vorstellungen des Gesetzgebers besser abzubilden. Da das Vervielfältigungsverhalten bei den einzelnen Geräten und Speichermedien unterschiedlich sein kann, können für die einzelnen Geräte und Speichermedien jeweils gesonderte Verteilungsregelungen erforderlich sein. 20

Neue Verteilungspläne konnte die ZPÜ bisher allerdings nur dort sinnvoll aufstellen, wo sie – nach den neuen Regeln des UrhG vom 1.1.2008 – auch bereits Einnahmen erzielt hat. Da seit dem Inkrafttreten dieser Regelungen eine Vielzahl von Fragen betreffend das Bestehen der Vergütungspflicht dem Grunde und der Höhe nach streitig ist, hat die ZPÜ Zahlungen der Hersteller und Importeure von Geräten und Speichermedien für Ansprüche nach § 54 Abs. 1 UrhG grundsätzlich erst erhalten, nachdem Gesamtverträge abgeschlossen werden konnten. Für den Zeitraum ab dem 1.1.2008 konnten Gesamtverträge bisher jedoch nur für einen Teil der Geräte und Speichermedien geschlossen werden, so insbesondere für PCs. Die in der ZPÜ zusammengeschlossenen Verwertungsgesellschaften haben deshalb einen Verteilungsplan für die für PCs erzielten Vergütungen aufgestellt, der auf der Website der ZPÜ abrufbar ist. Das DPMA sieht derzeit keine An- 21

6 Dazu *Riesenhuber*, Die Auslegung und Kontrolle des Wahrnehmungsvertrags, S. 18 f.

haltspunkte für eine aufsichtsrechtliche Beanstandung dieses Verteilungsplans. Damit können die darin festgelegten Prinzipien auch eine Grundlage für zukünftige Verteilungspläne für Vergütungen für andere Geräte und für Speichermedien bilden.

2. ZBT (Zentralstelle Bibliothekstantieme)

22 Die Verwertungsgesellschaften GEMA, GVL, GWFF, VFF, VGF, VG Musikedition, VG Bild-Kunst und VG WORT haben sich in der **Zentralstelle Bibliothekstantieme (ZBT)** zusammengeschlossen, einer Gesellschaft bürgerlichen Rechts. Die Geschäftsführung liegt bei der VG WORT.[7]

23 Die ZBT macht den gesetzlichen Vergütungsanspruch gemäß § 27 Abs. 2 UrhG für das Verleihen von Originalen oder Vervielfältigungsstücken eines Werkes durch öffentliche Bibliotheken („Bibliothekstantieme") geltend. Sie hat mit Bund und Ländern einen Gesamtvertrag über die Abgeltung der Ansprüche gemäß § 27 Abs. 2 UrhG abgeschlossen, der alle Verleihvorgänge durch öffentliche Bibliotheken abdeckt.

24 Die ZBT macht ferner den gesetzlichen Vergütungsanspruch gemäß § 52a Abs. 4 UrhG für die Intranetnutzung an Schulen geltend.

3. ZFS (Zentralstelle Fotokopieren an Schulen)

25 Die Verwertungsgesellschaften VG Musikedition, VG Bild-Kunst und VG WORT haben sich in der **Zentralstelle Fotokopieren an Schulen (ZFS)** zusammengeschlossen, einer Gesellschaft bürgerlichen Rechts. Die Geschäftsführung liegt bei der VG Wort.

26 Die ZFS macht den gesetzlichen Vergütungsanspruch gemäß § 54c UrhG gegenüber allgemeinbildenden sowie berufsbildenden Schulen als Betreiber von Vervielfältigungsgeräten geltend. Dieser Vergütungsanspruch bezieht sich insbesondere auf Vervielfältigungen, die gemäß § 53 Abs. 3 UrhG in Schulen gesetzlich zulässig sind.

4. ZVV (Zentralstelle für Videovermietung)

27 Die Verwertungsgesellschaften GEMA, GÜFA, GVL, GWFF, VGF, VG Bild-Kunst und VG WORT haben sich in der **Zentralstelle für Videovermietung (ZVV)** zusammengeschlossen, einer Gesellschaft bürgerlichen Rechts. Die Geschäftsführung liegt bei der GEMA, auch das Inkasso wird durch die GEMA durchgeführt.[8]

28 Die ZVV macht den gesetzlichen Vergütungsanspruch gemäß § 27 Abs. 1 UrhG für die Vermietung von Bildtonträgern geltend.

5. Gemeinsame Wahrnehmung von gesetzlichen Vergütungsansprüchen in sonstigen Fällen

29 Die Geltendmachung des gesetzlichen Vergütungsanspruchs gemäß § 52a Abs. 4 UrhG für die Intranetnutzung an Hochschulen (zum durch die ZBT geltend gemachten Vergütungsanspruch gemäß § 52a Abs. 4 UrhG für die Intranetnutzung an Schulen, s. oben Rn. 24) erfolgt zum einen durch die VG Wort für die von ihr wahrgenommenen Ansprüche, zum anderen durch die Verwertungsgesellschaften GEMA, GVL, GWFF, VFF,

7 Gesellschaftsvertrag abgedruckt im GEMA-Jahrbuch 2016/2017, Seite 549.
8 Gesellschaftsvertrag abgedruckt im GEMA-Jahrbuch 2016/2017, Seite 553.

VGF, VG Musikedition und VG Bild-Kunst für die von diesen wahrgenommenen Ansprüche. Die gemeinsame Wahrnehmung der Ansprüche durch diese Gesellschaften erfolgt durch den Abschluss von Gesamtverträgen mit den Bundesländern. In den Gesamtverträgen wird eine einheitliche Vergütung für sämtliche Ansprüche vereinbart. Die Aufteilung der Einnahmen erfolgt nach Maßgabe gesonderter Vereinbarungen zwischen den Verwertungsgesellschaften.

Die von VG Wort und VG Bild-Kunst wahrgenommenen gesetzlichen Vergütungsansprüche gemäß § 49 Abs. 1 S. S. 2 UrhG (Pressespiegelvergütung), gemäß § 52b S. 3 UrhG (Elektronische Leseplätze), gemäß § 53a Abs. 2 S. 1 UrhG (Kopienversand auf Bestellung), gemäß § 54 UrhG für reine Reprographiegeräte (z.B. Drucker oder Scanner) sowie gemäß § 54c UrhG (Betreibervergütung) werden durch VG Wort und VG Bild-Kunst gemeinsam geltend gemacht. Das Inkasso erfolgt in den genannten Fällen durch die VG Wort, die Aufteilung der Einnahmen erfolgt nach Maßgabe gesonderter Vereinbarungen. 30

In den vorgenannten Fällen dürfte die gemeinsame Wahrnehmung der Ansprüche jeweils als Gesellschaft bürgerlichen Rechts zu qualifizieren sein. 31

III. Die Zusammenarbeit der deutschen Verwertungsgesellschaften bei der Wahrnehmung urheberrechtlicher Nutzungsrechte

1. ARGE Drama

Die Verwertungsgesellschaften GEMA und VG Wort haben sich in der **Arbeitsgemeinschaft DRAMA,** einer Gesellschaft bürgerlichen Rechts, zusammengeschlossen. Die Geschäftsführung üben GEMA und VG Wort gemeinsam aus. Zweck der Gesellschaft ist die Wahrung der Rechte dramatischer Autoren und Verleger bei gleichzeitiger, vollständiger und unveränderter Übermittlung von Ton- und Fernsehrundfunkprogrammen durch in- und ausländische Kabelsysteme.[9] 32

2. Münchener Gruppe und ARGE Kabel

Die so genannte **Münchener Gruppe** ist eine zusammenfassende Bezeichnung für alle Verwertungsgesellschaften, die Rechte und Ansprüche im Bereich der Kabelweitersendung gemäß § 20b UrhG wahrnehmen, mit Ausnahme der VG Media und der Gesellschaft zur Wahrnehmung von Veranstalterrechten mbH (GWVR). Die beteiligten Verwertungsgesellschaften schließen Gesamtverträge mit den Kabelverbänden, deren Parteien auf Seiten der Verwertungsgesellschaften die einzelnen Gesellschaften sind. Die Administration der Gesamtverträge erfolgt durch die GEMA, die auf der Grundlage der Gesamtverträge Einzelverträge mit den Nutzern schließt. Hierzu werden der GEMA von den übrigen Verwertungsgesellschaften die jeweiligen Rechte und Ansprüche im Rahmen von Zusatzvereinbarungen abgetreten. Die Aufteilung der Einnahmen auf die beteiligten Verwertungsgesellschaften erfolgt ebenfalls auf der Grundlage dieser Zusatzvereinbarungen, die zu den jeweiligen Gesamtverträgen geschlossen werden.[10] 33

Die sogenannte **ARGE-Kabel** beschreibt eine dreiseitige Vereinbarung zwischen ARD und ZDF einerseits, den Verwertungsgesellschaften GVL, VG Bild-Kunst und VG Wort andererseits, sowie den Gewerkschaften der Filmurheber. Diese Vereinbarung verteilt einen Teil des Anteils von ARD und ZDF, die innerhalb der Münchner Gruppe ihre 34

9 Gesellschaftsvertrag abgedruckt im GEMA-Jahrbuch 2016/2017, Seite 527. Hierzu auch Loewenheim-*Melichar*, § 46 Rn. 28.
10 Vgl. *Langhoff*, Kap. 12 Rn. 77 ff.

Rechte und Ansprüche über die Verwertungsgesellschaft VFF wahrnehmen lassen, auf die genannten Verwertungsgesellschaften um. Grundlage ist die Wertung des § 20b Abs. 2 UrhG. Auf diese Weise müssen die Gesellschaften der ARGE Kabel die Ansprüche nach § 20b Abs. 2 UrhG hinsichtlich der Weiterleitung von öffentlich-rechtlichen Programmen nicht außerhalb der Verträge der Münchner Gruppe gegenüber den Kabelnetzbetreibern geltend machen.

3. ZWF (Zentralstelle für die Wiedergabe von Fernsehsendungen)

35 Die Verwertungsgesellschaften AGICOA, GÜFA, GWFF, VGF, VFF, VG Bild-Kunst haben sich in der **Zentralstelle für die Wiedergabe von Fernsehsendungen (ZWF)** zusammengeschlossen, einer Gesellschaft bürgerlichen Rechts. Die Geschäftsführung liegt bei der VG Bild-Kunst.

36 Die ZWF macht die Ansprüche für die Kabelweitersendung (§ 20 b Abs. 2 UrhG) und die öffentliche Wiedergabe von Fernsehsendungen (§ 22 UrhG) in Hotels, Krankenhäusern, Seniorenhäusern und sonstigen vergleichbaren Einrichtungen geltend. Das Inkasso wird von der GEMA durchgeführt.

IV. Aufsicht des DPMA über Zusammenschlüsse von Verwertungsgesellschaften

37 In der Vergangenheit sind die zu II. dargestellten Kooperationen und Zusammenschlüsse der Verwertungsgesellschaften nach verbreiteter Auffassung nicht als Verwertungsgesellschaften im Sinne des UrhWG angesehen worden.[11] Die Frage, ob und inwieweit Kooperationen und Zusammenschlüsse unter das aufsichtsrechtliche Regime des UrhWG fallen, hat dabei in der Praxis keine Rolle gespielt. Denn die Verwertungsgesellschaften und das DPMA waren sich darin einig, die Kooperationen und Zusammenschlüsse faktisch so zu behandeln, als unterlägen sie den aufsichtsrechtlichen Bestimmungen des UrhWG. Das DPMA erhielt deshalb sämtliche Unterlagen, wie Jahresabschlüsse, Bilanzen, Berichte, Protokolle etc., der von den Verwertungsgesellschaften gegründeten BGB-Gesellschaften und nahm an deren Versammlungen teil.

38 Die Verwertungsgesellschaftenrichtlinie 2014/26, die am 26.2.2014 in Kraft getreten ist und das zu deren Umsetzung beschlossene VG-Richtlinie-Umsetzungsgesetz haben hier zu Änderungen geführt. Gemäß § 1 VGG gilt das Gesetz auch für **abhängige Verwertungseinrichtungen** im Sinne von § 3 Abs. 1 VGG. In der Gesetzesbegründung zu dieser Vorschrift wird insoweit klargestellt, dass die so genannten „Z-Gesellschaften", wie etwa die ZPÜ, als abhängige Verwertungseinrichtungen anzusehen sind und damit unter den Anwendungsbereich des Gesetzes fallen, soweit sie Tätigkeiten einer Verwertungsgesellschaft ausüben.[12] Abhängige Verwertungseinrichtungen bedürfen unter den Voraussetzungen des § 90 Abs. 1 S. 2 VGG, die bei den zu II. dargestellten Kooperationen und Zusammenschlüssen der Verwertungsgesellschaften regelmäßig vorliegen, keiner Erlaubnis nach dem VGG. Sie unterliegen gemäß § 90 Abs. 3 VGG der Aufsicht durch das DPMA.

---

11 Schricker/Loewenheim-*Reinbothe*, vor § 1ff. UrhWG Rn. 14. Im Ergebnis ebenso Loewenheim-*Melichar*, § 46 Rn. 20; Wandtke/Bullinger-*Gerlach*, Vor §§ 1ff. UrhWG Rn. 17.

12 RegE-VGG, BT-Drs. 18/7223, zu § 3 VGG.

Kapitel 14
Rechtsbeziehungen der GEMA zu ausländischen Verwertungsgesellschaften[1]

Die Gestaltung durch Gegenseitigkeitsverträge

Inhaltsübersicht

1 Völlig neu bearbeitete und erweiterte Fassung des in den ersten beiden Auflagen von *Michael Karbaum* und *Georg Oeller* verantworteten Textes.

Andreas Thiele/Jürgen Paudtke

https://doi.org/10.1515/9783110366792-014

Die Gestaltung durch Gegenseitigkeitsverträge

I. Gegenseitigkeitsverträge als Grundlage der Rechtsbeziehungen der GEMA zu ausländischen Verwertungsgesellschaften

1 Traditionell erfolgt die Administration von Musikrechten auf internationaler Ebene über das Netz von Gegenseitigkeits- und Mandatsverträgen, welche die Verwertungsgesellschaften untereinander abschließen. Damit ist eine Verwertungsgesellschaft in der Lage, Lizenzierungen des Weltrepertoires zu erteilen. In diesem Kapitel werden die Einbettung der Gegenseitigkeitsverträge in der Rechtewahrnehmungskette erläutert sowie Vertragsvoraussetzungen, -inhalt und -rechtsfolgen beschrieben. Neben diesen Rechtsbeziehungen über die Gegenseitigkeitsverträge ist die GEMA zusätzlich mit der britischen Verwertungsgesellschaft PRS for Music über die gemeinsame Tochtergesellschaft SOLAR Music Rights Management Ltd. (dazu **Kap. 12 Rn. 258 ff.**) sowie mit PRS for Music und der schwedischen Verwertungsgesellschaft STIM über das Joint Venture „ICE" vertraglich verbunden (dazu näher **Kap. 12 Rn. 220 ff.**).

2 Über die Gegenseitigkeitsverträge sind die GEMA und die mit ihr diesen Vertrag schließende ausländische Verwertungsgesellschaft in der Lage, den Nutzern (Lizenznehmern) für das von ihnen wahrgenommene und übertragene Repertoire urheberrechtlich geschützter Musik Lizenzen zu erteilen. Durch Gegenseitigkeitsverträge mit mittlerweile über 90 anderen Verwertungsgesellschaften entstand über Jahrzehnte ein weltweites Netzwerk der musikalischen Rechtewahrnehmung. Für die Nutzer (Lizenznehmer) wird damit in großen Teilen ein globaler, wenn auch territorial begrenzter ***one-stop-shop*** im Bereich der Musik ermöglicht. Für die GEMA-Mitglieder bedeuten die Gegenseitigkeitsverträge der GEMA mit ausländischen Verwertungsgesellschaften die Grundlage für die Sicherung ihrer Ansprüche im Ausland in allen Rechten, soweit sie der GEMA im Berechtigungsvertrag übertragen wurden. Dies sind insbesondere die Aufführungs- und Senderechte sowie das Vervielfältigungs- und Verbreitungsrecht.

II. Gegenseitigkeitsverträge im System der Wahrnehmungsverträge

1. Definition des Gegenseitigkeitsvertrages

3 Unter „Vertrag über die gegenseitige Vertretung" (Gegenseitigkeitsvertrag) ist ein Vertrag zwischen zwei nationalen Gesellschaften zur Wahrnehmung von musikalischen Urheberrechten zu verstehen, durch den diese Gesellschaften einander das Recht gewähren, in dem Gebiet, in welchem sie tätig sind, für die lizenzpflichtige Nutzung von Musikwerken des Repertoires der vertragschließenden Gesellschaften, an denen Mitgliedern der anderen Gesellschaften Urheberrechte zustehen, die erforderliche Erlaubnis zu erteilen[2] und die urheberrechtlichen Vergütungen zu kassieren und abzurechnen.

4 Die zwischen der GEMA und ihren Schwestergesellschaften im weltweiten Ausland bestehenden Gegenseitigkeitsverträge für die Aufführungs- und Senderechte sowie für die mechanischen Vervielfältigungsrechte beruhen in der Regel auf Standardverträgen[3],

---

2 Vgl. statt aller EuGH v. 13.7.1989 – verb. Rs. 110/88, 241/88 und 242/88 *Lucazeau u.a. ./. SACEM u.a.*, Slg. 1990 I-2823 Rn. 11.

3 S. Mustervertrag im EU-Bereich für das Aufführungs- und Senderecht gemäß CISAC-Standardvertrag: GEMA-Jahrbuch 2017/2018, S. 285 ff. sowie für das Mechanische Vervielfältigungsrecht gemäß BIEM-Standardvertrag: GEMA-Jahrbuch 2017/2018, S. 295 ff.

die jeweils von den internationalen Dachorganisationen der Verwertungsgesellschaften[4] entwickelt worden sind, Rn. 19ff.

Bei der Erhebung und Verteilung von urheberrechtlichen Vergütungen wenden die vertragschließenden Gesellschaften hinsichtlich der zum Repertoire des Vertragspartners gehörenden Musikwerke die gleichen Tarife und Verfahren wie für das eigene Repertoire an. § 44 VGG regelt insoweit ein **Diskriminierungsverbot**, nach dem eine Verwertungsgesellschaft die Rechtsinhaber, deren Rechte sie auf Grundlage einer Repräsentationsvereinbarung (vgl. unten Rn. 7) wahrnimmt, nicht diskriminieren darf. 5

Darüber hinaus gilt der u.a. in Art. 5 RBÜ festgelegte **Gleichbehandlungsgrundsatz** für in- und ausländische Urheber. Ein Mitgliedsstaat dieser Übereinkunft verstößt gegen seine Schutzpflicht, wenn er Handlungen einer privatrechtlichen Organisation, die gegen den Gleichbehandlungsgrundsatz verstoßen, nicht unterbindet. Dies gilt vor allem dann, wenn eine solche Organisation über ein Monopol verfügt.[5] Die zwischen der GEMA und ihren Schwestergesellschaften bestehenden Gegenseitigkeitsverträge setzen durch die Wahrnehmung des jeweils ausländischen Repertoires zu gleichen Bedingungen wie für das inländische Repertoire das Gebot der Inländerbehandlung iSv Art. 5 Abs 1 RBÜ in die Praxis um. 6

Wahrnehmungsrechtlich unterfallen Gegenseitigkeitsverträge dem in § 44 VGG legaldefinierten Begriff der Repräsentationsvereinbarung, der vom deutschen Gesetzgeber aus der Verwertungsgesellschaften-Richtlinie übernommen wurde. Der Begriff der Repräsentationsvereinbarung ist jedoch weiter als der des Gegenseitigkeitsvertrags und umfasst u.a. auch rein nationale Inkassovereinbarungen sowie Kooperationen zwischen Verwertungsgesellschaften, deren Tätigkeitsbereiche nicht identisch sind.[6] Nach deutschem Recht handelt es sich bei Gegenseitigkeitsverträgen um Dienstverträge, die eine Geschäftsbesorgung iSv § 675 Abs. 1 BGB zum Gegenstand haben[7], wobei anstatt Geld oder geldwerter Vorteil als „Entgelt" die Leistung von Diensten, die eine Geschäftsbesorgung zum Gegenstand haben, vereinbart ist[8]. Ob also ein „weiter Geschäftsbesorgungsbegriff" des Auftragsrechts iSd § 662ff. BGB auch auf die entgeltliche Geschäftsbesorgung anzuwenden ist oder ob sogar ein sog. „enger Geschäftsbesorgungsbegriff" berücksichtigt werden muss, der eine Abgrenzung gegenüber den reinen Dienst- und Werkverträgen ermöglicht[9], kann dahinstehen. Der „enge Geschäftsbesorgungsbegriff" bezeichnet eine selbständige Tätigkeit wirtschaftlicher Art zur Wahrnehmung fremder Vermögensinteressen. Die Wahrnehmung des Repertoires und die Ausschüttung der vereinnahmten Gelder durch die jeweilige Partnergesellschaft haben großen wirtschaftlichen Wert zugunsten fremder Vermögensinteressen, indem hierdurch der den Immaterialgüterrechten zu Grunde liegende wirtschaftliche Wert für den jeweiligen Rechteinhaber realisiert wird. Es handelt sich um eine fremdnützige, wirtschaftliche Tätigkeit mit Vermögensbezug und damit bereits um eine Geschäftsbesorgung iSd „engen Geschäftsbesorgungsbegriffes". Gegenseitigkeitsverträge ersparen den vertragschließen- 7

4 Internationale Dachorganisation der Verwertungsgesellschaften sind die „Confédération Internationale des Sociétés d'Auteurs et Compositeurs" (CISAC) sowie für die spezifischen Belange des mechanischen Vervielfältigungsrechts das „Bureau International des Sociétés gérant les Droits d'Enregistrement et de Reproduction Mécanique" (BIEM).

5 *Bartels*, UFITA, 2006/II, S. 325, 348 f.

6 RegE VGG, BT-Drs. 18/7223 S. 87.

7 Vgl. *Mestmäcker/Schulze*, Bd. 2, Teil III (IntR), 6. Abschnitt, B § 7 VI.; so auch *Block*, Die Lizenzierung von Tonträgern im Binnenmarkt, S. 54; *Wünschmann*, Die kollektive Verwertung von Urheber- und Leistungsschutzrechten nach europäischem Wettbewerbsrecht, S. 25, Fn. 38.

8 S. *Euhus*, Die Gegenseitigkeitsverträge der Verwertungsgesellschaften im Musikbereich, S. 60.

9 BGH, BB 1959, 134; BGHZ 45, 223, 228.

den Parteien eine eigene Wahrnehmungstätigkeit im Territorium der jeweils anderen Verwertungsgesellschaft. Die Vernetzung aller Verwertungsgesellschaften durch Gegenseitigkeitsverträge ermöglicht einer Verwertungsgesellschaft in ihrem Tätigkeitsbereich die Wahrnehmung urheberrechtlicher Nutzungsrechte für das Weltrepertoire geschützter Werke der Musik.

2. Abgrenzung des Gegenseitigkeitsvertrages von unilateralen Wahrnehmungsverträgen mit ausländischen Verwertungsgesellschaften

8 Bei der Darstellung von Wahrnehmungsverträgen mit ausländischen Verwertungsgesellschaften ist zwischen bilateralen und unilateralen Vereinbarungen zu unterscheiden:

9 Mit ausländischen Verwertungsgesellschaften hat die GEMA entweder **bilaterale Mandate** bzw. Gegenseitigkeitsverträge (vgl. auch Rn. 18) oder **unilaterale Mandate,** d.h. einseitige Rechteeinräumungen auf die GEMA bzw. von Seiten der GEMA auf den ausländischen Vertragspartner vereinbart. Bei den unilateralen Vereinbarungen ist wiederum zwischen direkten und indirekten Mandaten zu unterscheiden. **Direkte Mandate** sind solche Rechteeinräumungen des jeweils eigenen Repertoires zur Wahrnehmung durch eine ausländische Gesellschaft in deren originärem Territorium. **Indirekte Mandate** sind Rechteeinräumungen des jeweils eigenen Repertoires zur Wahrnehmung durch eine ausländische Gesellschaft außerhalb deren originären Territoriums, für das diese Gesellschaft aber wiederum einen (gegenseitigen) Wahrnehmungsvertrag mit der dortigen nationalen Verwertungsgesellschaft geschlossen hat. Unilaterale Vereinbarungen werden vor allem dann abgeschlossen, wenn konkurrierende Verwertungsgesellschaften in einem Land existieren, welche die gleichen Verwertungsrechte wahrnehmen. Die GEMA schließt in solchen Fällen nur mit einer ausländischen Gesellschaft einen Gegenseitigkeitsvertrag. Damit die GEMA dennoch alle Rechte aus dem jeweiligen Ausland vertreten kann, übertragen ihr die sonstigen Verwertungsgesellschaften ihre Rechte jeweils einseitig[10]. Auch hier handelt es sich um einen Dienstvertrag, der eine entgeltliche Geschäftsbesorgung iSd § 675 Abs. 1 BGB zum Inhalt hat, s. Rn. 7.

10 Eine weitere Form der internationalen Rechtewahrnehmung durch die GEMA findet im Rahmen der europäischen **Zentrallizenzierung** statt: Eine Verwertungsgesellschaft übernimmt die Aufgabe, für die Verkäufe eines bestimmten Tonträgerherstellers in den Wahrnehmungsgebieten der beteiligten Verwertungsgesellschaften Lizenzen zu erteilen und Vergütungen zu kassieren, welche sie wiederum anteilig an die Schwestergesellschaften weiterleitet, damit diese sodann die Verteilung gegenüber ihren Rechteinhabern vornehmen können, s. *Staudt/Welp*, Kap. 7 Rn. 15.

3. Verhältnis von Gegenseitigkeitsvertrag und Berechtigungsvertrag

11 Der Berechtigungsvertrag ist ein individueller Vertrag zwischen der GEMA und ihrem Mitglied im Hinblick auf die treuhänderische Wahrnehmung der der GEMA übertragenen Rechte, s. eingehend Kap. 7. Der Berechtigungsvertrag ist somit die Grundlage, auf der die Gegenseitigkeitsverträge aufbauen. Die Gegenseitigkeitsverträge umfassen die Gesamtheit der zur Wahrnehmung via Berechtigungsvertrag übertragenen Rechte. Durch den Abschluss von Mandats- und Gegenseitigkeitsverträgen mit ausländischen

10 Vgl. statt aller *Euhus*, Die Gegenseitigkeitsverträge der Verwertungsgesellschaften im Musikbereich, S. 40; GEMA-Jahrbuch 2017/2018, S. 223 ff.

Verwertungsgesellschaften sorgt die GEMA dafür, dass die ihr vom Berechtigten übertragenen Rechte auch im Ausland wahrgenommen werden. Gemäß § 3 des Berechtigungsvertrages ist die GEMA darüber hinaus außerhalb ihres originären Verwaltungsgebietes nicht zur Rechtewahrnehmung verpflichtet. Ist die Rechtewahrnehmung für ein Land insgesamt oder im Hinblick auf einzelne Nutzungsarten nicht durch Mandats- oder Gegenseitigkeitsverträge geregelt, so kann der Berechtigte für das entsprechende Land oder die entsprechenden Nutzungsarten jederzeit auch ohne Einhaltung der Kündigungsfrist gemäß § 10 schriftlich die Rückübertragung der eingeräumten Rechte verlangen. Die Wahrnehmungspraxis für das GEMA-Repertoire im Ausland richtet sich nach den Regeln der zuständigen Verwertungsgesellschaft und beruht auf dem Prinzip der Gleichbehandlung von In- und Ausländern.

Letztlich bleibt es dem Urheber überlassen, ob er seine Nutzungsrechte auf eine einzige Verwertungsgesellschaft überträgt, die über das weltweite Netz von Gegenseitigkeitsverträgen dessen Rechte weltweit wahrnimmt oder ob er seine Nutzungsrechte räumlich begrenzt auf mehrere Verwertungsgesellschaften überträgt. **12**

4. Zweck der Gegenseitigkeitsverträge

Die Gegenseitigkeitsverträge bezwecken, **13**

- ein lückenloses Netz internationaler Rechtewahrnehmung durch gegenseitige Rechteeinräumung zu schaffen;
- die Gesamtheit der geschützten Musikwerke ohne Rücksicht auf ihre Herkunft einheitlichen Bedingungen für die in einem Staat ansässigen Musiknutzer zu unterwerfen;
- den Verwertungsgesellschaften zu ermöglichen, sich für den Schutz des jeweils eigenen Repertoires in einem anderen Land auf die dort tätige(n) Verwertungsgesellschaft(en) zu stützen, ohne gezwungen zu sein, diese Gesellschaft(en) durch ein eigenes Vertragsnetzwerk mit den Musiknutzern und eigene vor Ort vorgenommene Kontrollen zu ergänzen;
- den Verwaltungsaufwand für die Rechtewahrnehmung im Ausland zu minimieren;
- dem Urheber die Wahrnehmung seines Repertoires weltweit zu ermöglichen, ohne dass dieser mit einer Vielzahl von Verwertungsgesellschaften Wahrnehmungsverträge abschließen muss.

Somit stellt das System der Gegenseitigkeitsverträge die effiziente Umsetzung des Prinzips der kollektiven Rechtewahrnehmung auf internationaler Ebene dar.

5. Aufsicht über die Gegenseitigkeitsverträge durch das Deutsche Patent- und Markenamt sowie europarechtlicher Einfluss

Das Verwertungsgesellschaftengesetz vom 24. Mai 2016 (VGG) ist die rechtliche Grundlage der Tätigkeit der GEMA und somit auch für den Abschluss von Gegenseitigkeitsverträgen. Gemäß § 77 VGG bedarf die Tätigkeit der GEMA der Erlaubnis durch die Aufsichtsbehörde, das Deutsche Patent- und Markenamt, **DPMA** (§ 78 i. V. m. § 75 VGG). **14**

Gemäß § 88 VGG hat die GEMA gegenüber der Aufsichtsbehörde bestimmte Unterrichtungspflichten, welche neben den Auskunfts- und Vorlageanspruch der Aufsichtsbehörde nach § 85 Abs. 3 VGG treten, um dieser die Durchführung der Aufsicht zu ermöglichen. Gemäß § 88 Nr. 4 VGG hat die GEMA der Aufsichtsbehörde abschriftlich die Repräsentationsvereinbarungen und deren Änderungen zu übermitteln. **15**

16 Auch europäisches Recht hat Einfluss auf die Aufsicht über die Gegenseitigkeitsverträge der GEMA, Art. 101ff. AEUV.[11] 1971 waren Klauseln in Wahrnehmungsverträgen, die eine ausschließliche Rechteeinräumung beinhalteten, Gegenstand einer Prüfung (s. Rn. 36), 2008 folgte ein Verfahren nach Art. 81 EG-Vertrag (heute: Art. 101 AEUV) und Art. 53 EWR-Abkommen gegen die CISAC und 23 europäische Verwertungsgesellschaften („CISAC-Verfahren"), welches u.a. Klauseln betreffend die Mitgliedschaft der Vertragsgesellschaften sowie erneut den Ausschließlichkeitscharakter der Mandate und ihre territoriale Reichweite betraf (vgl. unten Rn. 31).

17 Mittelbar hat auch die im VGG umgesetzte Verwertungsgesellschaften-Richtlinie Einfluss auf die Aufsicht über die Gegenseitigkeitsverträge.

6. Übersicht über die bislang abgeschlossenen Verträge der GEMA mit ausländischen Verwertungsgesellschaften

18 Die GEMA unterhält mit über 90 ausländischen Verwertungsgesellschaften vertragliche Beziehungen. Die wirtschaftlich bedeutenderen[12] Vertragspartner sind (in alphabetischer Folge) **ACUM** (Israel), **AEPI** (Griechenland), **AKM** (Österreich), **AMRA** (USA), **APRA** (Australien), **ASCAP** (USA), **ARTISJUS** (Ungarn), **AUSTRO MECHANA** (Österreich), **BMI** (USA), **BUMA** (Niederlande), **THE HARRY FOX AGENCY** (USA), **IMRO** (Irland), **JASRAC** (Japan), **KODA** (Dänemark), **KOMCA** (Südkorea), **MCPS** (Großbritannien), **NCB** (Dänemark), **OSA** (Tschechische Republik), **PRS for Music** (Großbritannien), **RAO** (Russische Föderation), **SABAM** (Belgien), **SACEM/SDRM** (Frankreich), **SADAIC** (Argentinien), **SESAC** (USA), **SGAE** (Spanien), **SIAE** (Italien), **SOCAN** (Kanada), **STEMRA** (Niederlande), **STIM** (Schweden), **SUISA** (Schweiz), **TEOSTO** (Finnland), **TONO** (Norwegen), **UBC** (Brasilien), **UCMR-ADA** (Rumänien), **ZAIKS** (Polen).

Des Weiteren hat die GEMA Gegenseitigkeitsverträge bzw. unilaterale Vereinbarungen mit folgenden Gesellschaften abgeschlossen: **AAS** (Aserbaidschan), **ACAM** (Costa Rica), **ACDAM** (Kuba), **ABRAMUS** (Brasilien), **ADDAF** (Brasilien), **AGADU** (Uruguay), **AKKA-LAA** (Lettland), **AMAR** (Brasilien), **ALBAUTOR** (Albanien), **AMCOS** (Australien), **AMUS** (Bosnien und Herzegowina), **APA** (Paraguay), **APDAYC** (Peru), **ARMAUTHOR** (Armenien), **ASSIM** (Brasilien), **CASH** (Hongkong), **COMPASS** (Singapur), **COSOMA** (Malawi), **COTT** (Trinidad & Tobago), **EAÜ** (Estland), **FILSCAP** (Philippinen), **GCA** (Georgien), **HDS-ZAMP** (Republik Kroatien), **IPRS** (Indien), **KAZAK** (Kasachstan), **KCI** (Indonesien), **LATGA-A** (Litauen), **LITERAR MECHANA** (Österreich), **MACA** (Macau), **MACP** (Malaysia), **MASA** (Mauritius), **MCSC** (Volksrepublik China), **MCT** (Thailand), **MESAM/MSG** (Türkei), **MUSICAUTOR** (Bulgarien), **MÜST** (Taiwan), **NCIP** (Weißrussland), **ONDA** (Algerien), **SACM** (Mexiko), **SACVEN** (Venezuela), **SADEMBRA** (Brasilien), **SAMRO** (Südafrika), **SAYCE** (Ecuador), **SAYCO** (Kolumbien), **SAZAS** (Slowenien), **SBACEM** (Brasilien), **SBAT** (Brasilien), **SCD** (Chile), **SICAM** (Brasilien), **SOBODAYCOM** (Bolivien), **SODRAC** (Kanada), **SOCOM-ZAMP** (Mazedonien), **SOKOJ** (Serbien), **SOZA** (Slowakische Republik), **SPA** (Portugal), **STEF** (Island), **UACRR** (Ukraine), **VCPMC** (Vietnam).[13]

11 Art. 3 Abs. 2 S. 1 Verordnung (EG) Nr. 1/2003: Vorrang EU-Recht mit faktischer Verdrängung des nationalen Rechts.

12 Gesellschaften mit jährlichen Zahlungen von/an GEMA von mehr als 200.000 EUR. Vgl. GEMA, Geschäftsbericht 2016, S. 83–85.

13 GEMA-Jahrbuch, 2017/2018, S. 223–226.

III. Abschluss von Gegenseitigkeitsverträgen

1. Standardisierung der Gegenseitigkeitsverträge: CISAC/ BIEM-Standardvertrag

19 Die Gegenseitigkeitsverträge werden praxisnah so ausgestaltet, dass sie den bestmöglichen Schutz der Urheberrechte und der Urheberinteressen gewährleisten, und zwar durch **Harmonisierung** der Vertragsbedingungen, unter welchen die Verwertungsgesellschaften sich in ihren jeweiligen Wahrnehmungsgebieten gegenseitig vertreten. Hierbei fällt den internationalen Dachorganisationen der Verwertungsgesellschaften eine besondere Rolle zu.

20 Internationale Dachorganisation der Verwertungsgesellschaften ist die „Confédération Internationale des Sociétés d'Auteurs et Compositeurs", **CISAC**, die gemäß ihrer Satzung die Interessen der Urheber und Verlage wahrt. Für die spezifischen Belange der mechanischen Vervielfältigungsrechte tritt daneben das „Bureau International des Sociétés gérant les Droits d'Enregistrement et de Reproduction Mécanique", **BIEM**, dessen Aufgabe es gemäß Art. 2 Ziff. 1 und 2 Satzung des BIEM u.a. ist, im Hinblick auf die mechanischen Vervielfältigungsrechte den Text eines Gegenseitigkeits- oder unilateralen Vertrages aufzustellen, der zwischen den BIEM-Gesellschaften abzuschließen ist, um die gegenseitige Verwaltung der Repertoires der Gesellschaften in ihrem jeweiligen Verwertungsgebiet sicherzustellen. Zum Zwecke der Vereinheitlichung und Harmonisierung der Vertragsbedingungen haben CISAC und BIEM Standardverträge zur gegenseitigen Rechtewahrnehmung für das Aufführungs- und Senderecht sowie die Vervielfältigungsrechte ausgearbeitet. Aufgrund der unterschiedlichen rechtlichen, wirtschaftlichen, kulturellen und sozialen Umfelder, in denen die Gesellschaften operieren, sind diese für die Mitgliedsgesellschaften nicht bindend, so dass im Einzelfall Anpassungen erforderlich sind.

2. Voraussetzungen für den Vertragsabschluss

21 **Erste Voraussetzung** für den Abschluss eines Gegenseitigkeitsvertrags bzw. eines unilateralen Wahrnehmungsvertrags mit einer ausländischen Verwertungsgesellschaft ist die Beachtung des Grundsatzes der Gleichbehandlung bzw. der Inländerbehandlung, d.h., dass die ausländische Verwertungsgesellschaft in ihrem Wahrnehmungsgebiet die Interessen der GEMA-Mitglieder in gleichem Maße wahrt wie die ihrer eigenen Mitglieder, vgl. auch oben Rn. 11.

22 Für das Ziel einer funktionierenden gegenseitigen Rechtewahrnehmung ist außerdem die Einhaltung von gewissen Mindeststandards im Hinblick auf die Geschäftstätigkeit einer Verwertungsgesellschaft, insbesondere bzgl. Unternehmensführung, Transparenz und operativem Geschäft, essentiell. **Zweite Voraussetzung** für den Abschluss eines Gegenseitigkeitsvertrages mit der GEMA ist somit die Wahrung eines solchen internationalen Mindeststandards, welcher regelmäßig durch die Mitgliedschaft des Vertragspartners bei der CISAC und/oder im BIEM (im Hinblick auf das Vervielfältigungsrecht) gewährleistet ist.

23 Gemäß Art. 8 der Satzung der CISAC[14] kann jede urheberrechtliche Verwertungsgesellschaft als Mitglied in die CISAC aufgenommen werden, wenn sie die Förderung der immateriellen Urheberinteressen und den Schutz der materiellen Interessen von Urhe-

14 Vgl. CISAC, Statutes in der von der General Assembly in Lissabon am 8.6.2017 verabschiedeten Fassung, Dok AG10-1275R8, www.cisac.org; dt. Übersetzung abgedruckt im GEMA-Jahrbuch 2017/2018, S. 245f.

bern und Verlagen zum Zweck hat und dies vor allem im Hinblick auf Werkedokumentation, Inkasso und Verteilung von Lizenzgebühren wirksam sicherstellen kann (wirksamer Inkasso- und Verteilungsapparat sowie Belege über die finanzielle Geschäftsführung, aus denen die regelmäßige und zuverlässige Förderung der Urheberinteressen hervorgeht). Die Tätigkeit der Gesellschaft muss dem gemeinsamen Wohl aller Urheber und Verleger dienen und darf nicht auf eine bestimmte Gruppe von Urhebern beschränkt sein. Andere Rechte wie die Rechte von ausübenden Künstlern, Tonträgerherstellern, Sendeunternehmen oder sonstigen Organisationen, die wiederum die Rechte von Autoren, Komponisten und Verlagen verwerten, dürfen höchstens als untergeordneter Tätigkeitsbereich wahrgenommen werden. Hinzu kommt, dass die Gesellschaft für ihre Tätigkeiten im Zusammenhang mit der Verwaltung der ihr übertragenen Rechte volle Verantwortung übernimmt und ihre Interessen im Einklang mit den Interessen der CISAC stehen.[15]

24 Die Einhaltung eines zum Zwecke der Sicherstellung von Mindeststandards für die Geschäftstätigkeit einer Verwertungsgesellschaft geschaffenen vereinsinternen Regelwerks, insbesondere der sogenannten ***Professional Rules***[16], gehört nach Art. 8 lit. j sowie Art. 15 lit. a (i) CISAC-Satzung zu den Pflichten aller CISAC-Mitglieder und kann bei Verstößen zu Sanktionen führen bis hin zum dauerhaften Ausschluss aus der CISAC, Art. 26 lit. b CISAC-Satzung. Verbindliche Klauseln betreffen Regeln zu Governance, Transparenz und Vertraulichkeit sowie das operative Geschäft der Dokumentation, Lizenzierung, Verteilung und Abrechnung, s. Rn. 48. Außerdem wird gefordert, dass die Klauseln des CISAC-Standardvertrages als Leitfaden beim Abschluss bilateraler Verträge mit ausländischen Verwertungsgesellschaften dienen sollen *(Professional Rule 23)*.

25 Die Mitgliedschaft im BIEM setzt die Befugnis einer Gesellschaft zur Wahrnehmung mechanischer Vervielfältigungsrechte und einen **entsprechenden Verwaltungsapparat voraus.**[17]

26 **Weitere Voraussetzung** im Rahmen der CISAC und des BIEM ist, dass eine Kooperation auf operativer Ebene, beispielsweise durch die Verwendung von international abgestimmten, standardisierten Formaten zum Datenaustausch zwischen der GEMA und ihrer Vertragspartnergesellschaft sichergestellt ist. Damit soll eine effektive, weltweite Zuordnung von Urhebertantiemen an die berechtigten Urheber gewährleistet werden.

27 Der Abschluss bzw. die Änderung von Gegenseitigkeitsverträgen erfolgt schriftlich.

IV. Inkasso und Verteilung auf Basis der Gegenseitigkeitsverträge

28 Auf der Basis der Gegenseitigkeitsverträge hat die GEMA als nationale Verwertungsgesellschaft und haben spiegelbildlich die ausländischen Verwertungsgesellschaften als ihre Vertragspartner in weiten Teilen eine **Inkassoberechtigung für das Weltrepertoire** geschützter Werke der Musik. Durch die Lizenzierung von Nutzungen erfüllen die einzelnen Verwertungsgesellschaften ihre vertraglichen Pflichten gegenüber den anderen Verwertungsgesellschaften. Die vertraglichen Pflichten umfassen auch ein zuverlässiges Verwaltungs- und Kontrollsystem gegenüber den Musiknutzern im Auftrag der jeweils anderen Verwertungsgesellschaft. Gleichzeitig sind die GEMA und ihre Vertrags-

15 Zur Diskussion über möglichen Anpassungsbedarf betreffend die Mitgliedschaftskriterien vor dem Hintergrund neuer Geschäftsmodelle für die Rechtewahrnehmung im Musikmarkt vgl. auch CISAC, Annual Report 2016, S. 50–51 („Governance").

16 CISAC, Professional Rules for musical societies, in der von der General Assembly in Lissabon am 8.6.2017 verabschiedeten Fassung, Dok SG13-0787R3, www.cisac.org.

17 Vgl. Art. 2 Satzung des BIEM, abgedruckt im GEMA-Jahrbuch 2017/2018, S. 227 f.

partner über das weltweite Vertragsnetz verpflichtet, kassierte urheberrechtliche Vergütungen an ihre jeweiligen Schwestergesellschaften für die auf deren Repertoire anfallenden Anteile weiterzuleiten. Darüber hinaus kontrolliert die GEMA in diesem Zusammenhang die Lizenzierungspraxis und die Abrechnungen im Hinblick auf die Werke des eigenen Repertoires. Die Erträge aus dem Ausland beliefen sich für das Geschäftsjahr 2016 auf EUR 73,5 Mio.[18] Informationen über die Auslandserträge und Abrechnungen an das Ausland aus den Vorjahren sind in den entsprechenden GEMA-Jahrbüchern zu finden.

V. Inhalt von Gegenseitigkeitsverträgen

1. Regelungsumfang

Die GEMA schließt Verträge zur (gegenseitigen) Rechtewahrnehmung mit ausländischen Verwertungsgesellschaften im Aufführungs- und Senderecht sowie für die mechanischen Vervielfältigungsrechte ab. Die Gegenseitigkeitsverträge, die die GEMA mit ausländischen Verwertungsgesellschaften abschließt, regeln im Wesentlichen folgende Materien: 29

- Umfang des Mandats jeweils bezogen auf das Gesamtrepertoire der Vertragsparteien, betroffene Rechte und Nutzungsarten sowie die territoriale Reichweite;
- Inkassoberechtigung der mandatierten Partei;
- Grundsatz der Gleichbehandlung zwischen den eigenen Mitgliedern und denen der jeweils anderen Vertragspartei;
- Informations- und Mitteilungspflichten;
- Verteilung der Einnahmen und Abrechnung gegenüber der mandatierten Vertragspartei;
- Abzüge für Verwaltungskosten sowie für soziale und kulturelle Zwecke;
- Laufzeit und Kündigung des Vertrags;
- Streitschlichtung.

a) Umfang der Rechteeinräumung: CISAC-Standard und BIEM-Standard

Die Verwertungsgesellschaften gewähren grundsätzlich gemäß den Standardverträgen der CISAC und des BIEM nichtausschließliche Rechte zur gegenseitigen Wahrnehmung in ihren jeweiligen Territorien. Dies gilt insbesondere 30

- in Gegenseitigkeitsverträgen mit Verwertungsgesellschaften innerhalb der EU;
- in Gegenseitigkeitsverträgen mit den US-amerikanischen Gesellschaften ASCAP, BMI, SESAC und The Harry Fox Agency sowie
- bei Verwertungsgesellschaften, deren Mitglieder per Berechtigungsvertrag lediglich nichtausschließliche Rechte zur Wahrnehmung einräumen.

Um ausschließliche Rechteeinräumung hingegen handelt es sich, wenn nach einem Vertragsabschluss die unmittelbare Erteilung von Lizenzen auf dem Territorium der jeweils anderen Gesellschaft nicht mehr möglich ist.

Die Thematik der Ausschließlichkeit wurde insbesondere auch im europäischen Rahmen aufgegriffen. Die europäischen Verwertungsgesellschaften haben mittlerweile Änderungen und Ergänzungen zu den traditionellen Gegenseitigkeitsverträgen vorgenommen. Damit hat die GEMA auch auf die Entscheidung der Europäischen Kommission 31

18 GEMA, Geschäftsbericht 2016, GEMA-Jahrbuch 2017/2018, S. 62.

(GD Wettbewerb) vom 16. Juli 2008 (sog. „CISAC-Entscheidung") im Rahmen eines Verfahrens[19] nach Art. 81 EG-Vertrag (heute Art. 101 AEUV) und Art. 53 EWR-Abkommen gegen die CISAC sowie gegen 23 europäische Verwertungsgesellschaften reagiert. Gegenstand war die Wahrnehmung von Aufführungsrechten (nicht Vervielfältigungsrechten) in den Bereichen Kabelweitersendung, Satellitensendung und Internetnutzung. Die EU-Kommission beanstandete die im CISAC-Standardvertrag vorgesehene territoriale Beschränkung der Rechteeinräumung bzw. die entsprechenden Regelungen in den von den Verwertungsgesellschaften abgeschlossenen Gegenseitigkeitsverträgen. Die Gebietsbeschränkungen stellten eine wettbewerbsbeschränkende Vereinbarung iSv Art. 81 EG-Vertrag und Art. 53 EWR-Abkommen dar. Gegen die Untersagungsverfügung hat u.a. die GEMA Klage gegen die territoriale Beschränkung zum Gericht erster Instanz (EuG) erhoben. Das Gericht hat der Klage der GEMA in vollem Umfang stattgegeben und die angefochtene Entscheidung der EU-Kommission in allen von der GEMA gerügten Punkten für nichtig erklärt. Das EuG hat entschieden, dass die Kommission keine hinreichenden Beweise für eine angebliche wettbewerbswidrige Abstimmung in Bezug auf bestimmte territoriale Beschränkungen in früheren Gegenseitigkeitsverträgen zwischen Verwertungsgesellschaften erbracht hat. Das Gericht erkannte in seinem Urteil an, dass diese territorialen Beschränkungen durch das legitime Kooperationsinteresse der Verwertungsgesellschaften erklärt werden können. Das Gegenseitigkeitsprinzip als solches wurde entsprechend nicht in Frage gestellt. Eine Beschränkung der Rechteeinräumung auf einzelne Gebiete bleibt ebenfalls weiter zulässig, sofern sie Ergebnis bilateraler Verhandlungen ist.

32 Neben den individuellen und bilateral abgeschlossenen Änderungsvereinbarungen zu den Gegenseitigkeitsverträgen mit europäischen Schwestergesellschaften für die Bereiche Kabel, Satellit und Online wurden auch Änderungsvereinbarungen für den Bereich Online mit außereuropäischen Verwertungsgesellschaften geschlossen. Neuabschlüsse von Gegenseitigkeitsverträgen ab 2008 beinhalten regelmäßig entsprechende „Online-Amendments".

33 Art. 1 Abs. I-III des Mustervertrages im EU-Bereich für das Aufführungs- und Senderecht gemäß CISAC-Standardvertrag (**„CISAC-Standardvertrag"**)[20] bzw. Art. I Abs. 1–4 des Mustervertrages im EU-Bereich für das Vervielfältigungsrecht gemäß BIEM-Standardvertrag (**„BIEM-Standardvertrag"**)[21] sehen die nichtausschließliche Rechteeinräumung im Bereich Aufführungs- und Senderecht bzw. Vervielfältigungsrecht in territorial definierten bzw. abgegrenzten Gebieten (Art. 6 des CISAC-Standardvertrages, Art. III des BIEM-Standardvertrages) vor und stecken somit den Umfang der Rechteeinräumung ab, wobei Art. 1 Abs. III des CISAC-Standardvertrages primär die Definition des Ausdruckes „öffentliche Aufführung" enthält und Art. I Abs. 4 des BIEM-Standardvertrages die Begriffe „Aufnahme" und „mechanische Vervielfältigung" spezifiziert.

34 Im Einzelfall können sich schließlich Abweichungen hinsichtlich der Nutzungsarten ergeben, die von der gegenseitigen Rechtegewährung erfasst werden. So nehmen nicht alle Verwertungsgesellschaften im Rahmen ihrer Tätigkeit dieselben Rechte an Musikwerken wahr. Solche Lücken in der Rechtewahrnehmung werden den Berechtigten der GEMA gemäß § 3 Ziffer 2 des Berechtigungsvertrages regelmäßig in der GEMA-Publikation „virtuos" mitgeteilt.

35 Sofern im Übrigen die Gegenseitigkeitsverträge keine Regelung über zum Zeitpunkt des Vertragsschlusses unbekannte Nutzungsarten enthalten, gelten diese im Zweifel als nicht übertragen.

19 COMP/C2/38.698-CISAC.
20 Abgedruckt im GEMA-Jahrbuch 2017/2018, S. 285–294.
21 Abgedruckt im GEMA-Jahrbuch 2017/2018, S. 295–300.

b) *Änderungsvereinbarungen in den Bereichen Kabelweitersendung, Satellitenübertragung und Online*

Für die Nutzungsbereiche „Satellitenübertragung, Kabelweiterverbreitung sowie Internet-Verwendung" hat die Europäische Kommission der GEMA durch Untersagungsverfügung (s. Rn. 31) vom 16. Juli 2008 („CISAC-Entscheidung") aufgegeben, die bestehenden Gegenseitigkeitsverträge für diese Nutzungsbereiche bilateral zu überprüfen. Die GEMA hat im Zuge dessen bilaterale Änderungsvereinbarungen zu den Gegenseitigkeitsverträgen mit europäischen Schwestergesellschaften für die genannten Bereiche Kabelweitersendung, Satellitenübertragung und Online abgeschlossen (s.o. Rn. 33). Soweit die jeweilige Schwestergesellschaft neben dem Aufführungsrecht auch die Vervielfältigungsrechte wahrnimmt, erstreckt sich die Änderungsvereinbarung auf beide Bereiche. Neben dem Umfang der Rechteeinräumung werden in den Vereinbarungen auch bereichsspezifische Nebenbestimmungen, beispielsweise die Abrechnungszeiträume und die anzuwendenden Dokumentationsstandards, im Einzelfall entsprechend den Bedürfnissen der jeweiligen Vertragspartner individuell geregelt. Die Änderungsvereinbarungen können regelmäßig mit einer Frist von drei Monaten zum Jahresende gekündigt werden. **36**

2. Umfassende Inkassoberechtigung

Art. 2 des CISAC-Standardvertrages bzw. Art. I Abs. 2 des BIEM-Standardvertrages räumt den Verwertungsgesellschaften eine umfassende Inkassoberechtigung ein. **37**

Insbesondere sind die vertragschließenden Gesellschaften zu diesem Zweck auch berechtigt, für die jeweils andere Gesellschaft im eigenen Namen Rechtsschritte gegen unrechtmäßige Nutzungen des übertragenen Musikrepertoires im eigenen Territorium einzuleiten und durchzuführen. **38**

Eine **Verfügung** über die der Verwertungsgesellschaft von ihren Mitgliedern anvertrauten Rechte ist nur rechtmäßig, wenn sie mit den Pflichten vereinbar ist, welche die Gesellschaften gegenüber ihren Mitgliedern aufgrund Satzung oder Gesetz haben. Diese Pflichten haben sich im internationalen und im neuen digitalen Kontext nur insofern geändert, als dass sie unter erschwerten Marktbedingungen durchzusetzen sind. **39**

3. Gleichbehandlungsgrundsatz

Nach Art. 3 Abs. I sowie Art. 11 Abs. I des CISAC-Standardvertrages verpflichten sich die Vertragsparteien aufgrund der in den Art. 1 und 2 des Vertrages erteilten Vollmachten in ihren jeweiligen Wahrnehmungsgebieten Urheber der anderen Gesellschaft **ebenso** zu behandeln **wie die eigenen Mitglieder,** und zwar in Übereinstimmung mit den national verschiedenen Urhebergesetzen. Die Gegenseitigkeitsverträge entsprechen dem Grundsatz der **Inländerbehandlung**. Urheberinteressen bleiben ohne Diskriminierung und in Übereinstimmung mit den nationalen Urhebergesetzen gewahrt. **40**

Die Verwertungsgesellschaften verpflichten sich, den Schutz aller Urheber, Rechtsnachfolger und Verlage zu sichern, die ihre Leistungen in Anspruch nehmen möchten und die ihre Satzungen, Geschäftsordnungen und ihre Tätigkeitsgrundsätze akzeptieren. Insbesondere verpflichten sich die Gesellschaften, ihre Leistungen nicht aufgrund der Nationalität oder des Domizils der Rechteinhaber zu verweigern. **41**

Der CISAC-Standardvertrag und die von der GEMA mit ihren Partnergesellschaften geschlossenen Gegenseitigkeitsverträge enthalten im Übrigen keine Bestimmungen, die die Möglichkeiten der GEMA, ausländische Mitglieder aufzunehmen, beschränken. Die **42**

GEMA schließt auf Antrag mit jedem Komponisten, Textdichter und Musikverleger aus dem EU-Bereich einen Wahrnehmungsvertrag, sofern dieser nicht diejenigen Rechte, die er der GEMA zur treuhänderischen Wahrnehmung einräumen möchte, bereits einer anderen Verwertungsgesellschaft zur Wahrnehmung übertragen hat. Beschränkungen für Antragsteller aus dem EU-Bereich bestehen nicht, vgl. hierzu **Kap. 7 Rn. 18 ff.**

43 Der CISAC-Standardvertrag sieht ferner vor, dass die Verwertungsgesellschaften ausländisches Repertoire auf gleiche Weise wie ihr eigenes Repertoire behandeln. Insbesondere darf keine Gesellschaft Tarife oder Verteilungsregeln einführen, welche die Mitglieder der von ihr vertretenen ausländischen Gesellschaften benachteiligen würden, vgl. Art. 3 Abs. I des CISAC-Standardvertrages.

44 Im BIEM-Standardvertrag findet sich der Gleichbehandlungsgrundsatz insbesondere in Art. IV wieder, denn in allen Fällen der Erhebung einer Pauschalvergütung wird jede der vertragschließenden Gesellschaften den auf die Werke des Repertoires der anderen Gesellschaft entfallenden Anteil nach den gleichen Regeln wie für die Werke ihres eigenen Repertoires festlegen.

4. Informations- und Mitteilungspflichten (Kontrollen) und Transparenz

45 Ein fundamentaler Grundsatz der Gegenseitigkeitsverträge ist das **Vertrauensprinzip**. Gegenseitigkeitsverträge sind nur dann möglich, wenn die Verwertungsgesellschaften im Grundsatz auf die ordnungsgemäße Rechtewahrnehmung vertrauen. Dieses Vertrauen ist indes kein „blindes Vertrauen“. Es erfolgt auf Grundlage einer Einigkeit über die Regeln guten Geschäftsverhaltens (siehe z.B. Art. 3–5 des CISAC-Standardvertrages).

46 Mit Art. 3 Abs. II des CISAC-Standardvertrages besteht eine **gegenseitige Informationspflicht** über anzuwendende Tarife. Mit Art. 4 des CISAC-Standardvertrages verpflichten sich die vertragschließenden Gesellschaften zum Nachweis von Inkassoberechtigungen zur Rechtsverfolgung. Art. 5 des CISAC-Standardvertrages und Art. VIII des BIEM-Standardvertrages sehen das Recht der vertragschließenden Gesellschaften vor, bei der jeweils anderen Gesellschaft eigene Prüfungen durchzuführen. Die Gesellschaften machen davon auch Gebrauch. Geschäftsunterlagen sind zu Kontrollzwecken vorzulegen.

47 Art. 10 Abs. I des CISAC-Standardvertrages schließlich sieht eine **Mitteilungspflicht** der Vertragsparteien hinsichtlich des jeweiligen Mitgliederbestands und der Dokumentation von Werken vor (Art. V des BIEM-Standardvertrages; Art. 5 Abs. I und Art. 10 Abs. I des CISAC-Standardvertrages). Durch das *Common Information System* (CIS) und seine Komponenten, vgl. Rn. 61, haben die Verwertungsgesellschaften mittlerweile die Möglichkeit, der Mitteilungspflicht stark vereinfacht auf elektronische Weise gerecht zu werden. Art. 10 Abs. II des CISAC-Standardvertrages enthält die Verpflichtung der vertragschließenden Verwertungsgesellschaften zum gegenseitigen Austausch ihrer Statuten, ihrer Verteilungspläne, der Ausführungsbestimmungen sowie die Benachrichtigung über alle während der Vertragsdauer vorgenommenen Änderungen in diesem Zusammenhang.

Weitergehende Transparenzverpflichtungen resultieren aus den Pflichten der CISAC-Mitgliedsgesellschaften, insbesondere den so genannten *Professional Rules*, s. Rn. 24. Jedes Mitglied der CISAC hat demnach eine finanzielle Erklärung über das abgelaufene Geschäftsjahr abzugeben sowie einen Geschäftsbericht und eine genaue Darstellung ihrer Verteilungsregeln und -methoden in einer der drei offiziellen CISAC-Sprachen, Englisch, Französisch, Spanisch vorzulegen, welche die CISAC nach interner Prüfung allen CISAC-Mitgliedern zugänglich macht (*Professional Rules* 8 c, e, f). Weiterhin sehen die Professional Rules u.a. vor, dass sich die Mitgliedsgesellschaften gegenseitig über den Umgang mit nicht-identifizierten Werken und die Behandlung der entsprechenden Tantiemen (*Professional Rule* 9) sowie über die Verteilung von Zinserträgen, Einnahmen aus Finanzanlagen, Verwaltungsgebühren und anderen nicht urheberrechtsbezogenen Einnahmen (*Professional Rule* 10) unterrichten.

5. Verteilung und Abrechnung

a) Einführung

Für den **internationalen Austausch** von Informationen über Rechteinhaber, musikalische Werke, audiovisuelle Werke, Filme, über Subverlagsverträge bzw. Generalverträge[22] sowie für den Abrechnungsverkehr mit dem Ausland gelten einerseits die Vorschriften der Gegenseitigkeitsverträge zwischen den Gesellschaften bzw. der unilateralen Mandate, die nur zwischen den Vertragspartnern rechtlich bindend sind. Ferner gelten für den internationalen Dokumentations- und Abrechnungsverkehr die Regelwerke von CISAC und BIEM, deren Einhaltung zu den satzungsgemäßen Mitgliedspflichten gehört. 48

b) Grundsatz der Gleichbehandlung und der Verteilungsautonomie

Die Verteilungs- und Abrechnungsvorschriften in Art. 7–11 des CISAC-Standardvertrages beruhen auf dem Grundsatz der Gleichbehandlung (Art. 3 Abs. I CISAC-Standardvertrag) und der Verteilungsautonomie. Die Verteilungsmethoden einer Gesellschaft finden auf in- und ausländisches Repertoire gleichermaßen Anwendung, Art. 3 Abs. I CISAC-Standardvertrag. Die Abrechnung der für die in- und ausländischen Werke kassierten Vergütungen richtet sich grundsätzlich nach dem Verteilungsplan der abrechnenden Gesellschaft, Art. 7 Abs. II CISAC-Standardvertrag und soll soweit wie möglich auf der Grundlage von Programmen und vergleichbaren Nutzungsmeldungen erfolgen, Art. 7 Abs. I CISAC-Standardvertrag. Es ist also stets derjenige zu beteiligen, dessen Leistung tatsächlich genutzt worden ist. Insbesondere ergibt sich als Konsequenz für die vertragschließenden Gesellschaften, dass sie ihren Mitgliedern **keine Mindesteinkommen** garantieren dürfen, Zusatzvereinbarung zu Art. 7 Abs. I des Protokolls zum CISAC-Standardvertrag bzw. Zusatzvereinbarung zu Art. VI des Protokolls zum BIEM-Standardvertrag. 49

c) CISAC- und BIEM-Regeln für die Verteilung und Abrechnung

Die Dokumentations-, Verteilungs- und Abrechnungsbestimmungen in den CISAC- und BIEM-Standardverträgen werden durch eine Reihe von praktischen Regeln ergänzt, die insbesondere der Standardisierung und Harmonisierung von Daten und Verfahrensweisen dienen. Die wichtigsten dieser Regeln gehören zu dem von CISAC-Mitgliedern verpflichtend einzuhaltenden internen Regelwerk, dessen Kern die **Professional Rules** bilden, vgl. o. Rn. 24. 50

Die CISAC trägt mit dieser normativen Tätigkeit globalen Nutzungsmöglichkeiten urheberrechtlich geschützter Werke der Musik und den praktischen Erfordernissen eines Massengeschäfts mit komplexen Daten gleichermaßen Rechnung. Standardisierung und Harmonisierung sind Voraussetzung für die weitergehende Automatisierung des internationalen Datenaustauschs bezüglich Dokumentation, Verteilung und Abrechnung und 51

22 Mit Generalvertrag ist die idR befristete Vertretung von Verlagskatalogen in bestimmten Gebieten gemeint.

damit für die Verringerung der auf allen Seiten entstehenden Verwaltungskosten. Sie sind unabdingbar für eine effiziente Kontrolle von Werknutzungen im Ausland und Abrechnungen aus dem Ausland.

52 Einige der von CISAC und BIEM beschlossenen Regeln sind in den Verteilungsplan der GEMA aufgenommen worden oder entsprechen im Verteilungsplan der GEMA bereits vorhandenen Bestimmungen. Die Regeln beziehen sich auf grundsätzliche Fragen der Abrechnungsmethoden sowie auf Werke ausländischen Ursprungs, an denen Mitglieder der GEMA vertraglich beteiligt sind. Zu diesen **internationalen Regeln** gehören:

- die Erfassung von Programmen als Grundlage für die Abrechnung der aufgeführten und gesendeten Werke, Art. 7 Abs. I CISAC-Standardvertrag, *Professional Rule* 18A a; §§ 53, 68, 93 Abs.1, 125, 134 Verteilungsplan, s. Kap. 8: *Der Verteilungsplan der GEMA*;
- die Unzulässigkeit von anderen Abzügen außer Verwaltungskosten, Abzügen für soziale und kulturelle Zwecke und Steuern; Art. 8 Abs. I-IV CISAC-Standardvertrag; §§ 2, 30 Abs. 1 Verteilungsplan;
- die Begrenzung der Beteiligung von Verlegern und Subverlegern auf höchstens 50% der auf das Werk entfallenden Anteile im Aufführungs- und Senderecht, Art. 7 Abs. II lit. d CISAC-Standardvertrag; § 216 Abs. 1 Verteilungsplan;
- die Bestimmungen für die Beteiligung von Subtextdichtern (sog. *Amalfi Rule*) und Subbearbeitern im Aufführungs- und Senderecht, einschließlich des Anspruchs autorisierter Subbearbeiter und Subtextdichter nach dem sog. **Las Palmas-Beschluss** der CISAC von 1970 auf Verrechnung, wenn ihre Werkversionen auch außerhalb des Subgebietes und nach Ablauf des Subverlagsvertrages in einem Programm nachgewiesenermaßen verwendet wurde, § 216 Abs. 4 und 6 Verteilungsplan.

53 Daneben enthalten die CISAC- und BIEM-Standardverträge sowie die verbandsinternen Regelwerke Bestimmungen, die nicht in den GEMA-Verteilungsplan eingegangen sind, weil sie sich auf den Informations- und Datenaustausch, sowie den Zahlungsverkehr zwischen den Verwertungsgesellschaften und auf rein ausländische Werke, an denen kein GEMA-Mitglied zu beteiligen ist, beziehen:

d) Die Abrechnung von ausländischem und sog. gemischtem Repertoire

54 Abweichend von der grundsätzlichen Abrechnung nach den Verteilungsmethoden der abrechnenden Gesellschaft richtet sich die Abrechnung von Werken, an denen kein Mitglied der abrechnenden Gesellschaft beteiligt ist, nach der Dokumentation der ausländischen Gesellschaft(en) (Art. 7 Abs. II lit. a und b Abs. 1 CISAC-Standardvertrag). Diese Regel hat vor allem Bedeutung für die **Beteiligungsquoten** der ausländischen Berechtigten, die von den Grundsätzen des GEMA-Verteilungsplanes abweichen können.

55 Divergieren Werkdokumentationsangaben mehrerer beteiligter Gesellschaften, kann die abrechnende Gesellschaft nach ihrem eigenen Verteilungsplan vorgehen. In Fällen, in denen die Ansprüche mehrerer Berechtigter in Widerspruch treten, kann hiervon abweichend der strittige Anteil von der Verrechnung zurückgestellt werden, bis eine Einigung unter den beteiligten Gesellschaften erzielt worden ist (Art. 7 Abs. II lit. b Abs. 2 CISAC-Standardvertrag).

56 Im Falle sogenannter **gemischter Repertoires**, d.h. bei Werken, an denen neben Berechtigten der ausländischen Gesellschaft auch Mitglieder der abrechnenden Gesell-

schaft beteiligt sind, erfolgt die Abrechnung nach dem Verteilungsplan der abrechnenden Gesellschaft. Dies gilt auch für autorisierte Subbearbeitungen, -textierungen und subverlegte Werke (Art. 7 Abs. II lit. c und f CISAC-Standardvertrag).

e) Abrechnung bei unvollständiger oder fehlender Dokumentation

Fehlen für aufgeführte ausländische Werke zum Zeitpunkt der Verteilung die erforderlichen Dokumentationsangaben und kann lediglich der Komponist als Mitglied einer Schwestergesellschaft identifiziert werden, sieht Art. 7 Abs. II lit. e CISAC-Standardvertrag vor, dass die auf das Werk entfallenden Tantiemen im Bereich des Aufführungs- und Senderechts vollständig an diese Schwestergesellschaft abgerechnet werden (vgl. auch sog. **Warschauer-Beschluss** der CISAC von 1934 in der Fassung von 1993 und sog. **Rom-Beschluss** des BIEM von 1976 in der Fassung von 1993). Die Bildung eines sog. Ausfalls für freie und nicht vertretene Anteile gem. § 28 Verteilungsplan (vgl. **Kap. 8 Rn. 99**) ist dabei nicht vorgesehen. **57**

Abweichend hierzu hat die CISAC 2013 beschlossen, dass die abrechnende Gesellschaft in Fällen, in denen sie die Rechteinhaber eines genutzten Werkes und ihre jeweiligen Anteile nur teilweise identifizieren kann, auch eine anteilige Abrechnung an die betreffenden Schwestergesellschaften vornehmen kann. **58**

Sofern verfügbar soll eine Gesellschaft, die eine Abrechnung für Werke mit unvollständiger Dokumentation gem. Rn. 57 erhalten hat, der abrechnenden Gesellschaft umgehend vollständige Dokumentationsunterlagen zur Verfügung stellen. Damit wird der abrechnenden Gesellschaft ermöglicht, ihre Dokumentation zu berichtigen und künftig ordnungsgemäß abzurechnen. **59**

f) Unidentified Uses

Wenn die abrechnende Gesellschaft für genutzte Werke keine Rechteinhaber identifizieren kann, wird sie diese Werke in einer so genannten *Unidentified-Use*-Liste den anderen Gesellschaften zur Verfügung stellen. Zur einfacheren Verarbeitung ist die Datei in dem international abgestimmten UP-Format zu erstellen. Sofern eine andere Gesellschaft innerhalb von drei Jahren ein Werk aus der *Unidentified-Use*-Liste als eines identifizieren kann, an dem sie Ansprüche geltend macht, stellt sie der abrechnenden Gesellschaft die vollständige Werkdokumentation zur Verfügung. Nach Verifizierung des Anspruchs wird die abrechnende Gesellschaft auf dieser Basis die betreffende Werknutzung zum nächst möglichen Verteilungstermin abrechnen. **60**

g) CIS und CIS-Net

Mit der Verabschiedung des *Common Information System* (CIS) unternahm die CISAC Mitte der 90 er Jahre einen entscheidenden Schritt zur Vereinfachung und Beschleunigung des Dokumentations- und Abrechnungsverkehrs zwischen den Gesellschaften durch die Schaffung von Daten-Standards, elektronischen Austauschformaten und den Einsatz modernster Datentechnik. CIS besteht aus mehreren Komponenten bzw. Teilsystemen, die den Gesellschaften operativ zur Verfügung stehen. **61**

Drei dieser Teilsysteme, ISWC, ISAN und – in Teilen – TIS haben den Rang weltweiter (ISO-)Standards:

- ISWC (*International Standard Work Code* – ISO15707:2001) – internationaler Code für Werke der Musik mit Angabe des Titels, der beteiligten Urheber und Spieldauer. Der Code bezeichnet international eindeutig eine musikalische Schöpfung. Zuständig für

die Vergabe sind lokale ISWC-Agenturen. Die ISWC-Zentrale hat ihren Sitz in Paris (www.iswcnet.cisac.org)
- ISAN (*International Standard Audiovisual Number* – ISO 15706:2002) – internationaler Code für audiovisuelle Werke mit Angabe u.a. des Filmtitels, des Produzenten, des Herkunftslandes und ggf. des Entstehungsjahrs. Zuständig für die Vergabe von ISAN sind lokale Agenturen. Die ISAN-Zentrale hat ihren Sitz in Genf. (www.isan.org)
- Das *Territory Information System* TIS ist der mehrsprachige Gebietsstandard der CISAC für Länder und Ländergruppen. Die länderbezogenen Informationen basieren in weiten Teilen auf der ISO-Norm 3166. TIS wird im Auftrag der CISAC von der GEMA verwaltet (www.gema.de).

62 Andere Teilsysteme dienen dem internen Abrechnungsverkehr der CISAC-Gesellschaften untereinander:
- MWI (*Musical Works Information*) – internationale Datenbank für Werkdokumentationen, insbesondere die beteiligten Rechteinhaber, ihre Gesellschaftszugehörigkeit und jeweiligen Anteile;
- IPI (*Interested Parties Information*) – internationaler Code für Rechteinhaber mit Angaben der Gesellschaftszugehörigkeit, der Pseudonyme, ggf. des Todesdatums, der übertragenen Rechtekategorien (Musik AR/VR, kleines/großes Recht, Wort, Bild etc.). IPI, entwickelt und betrieben von der schweizerischen Verwertungsgesellschaft SUISA, hat die veralteten Vorschriften der Gegenseitigkeitsverträge ersetzt, nach denen für den Austausch von Mitgliederinformationen Listen und Nachtragslisten vorgesehen waren Art. 10 Abs. I CISAC-Standardvertrag. GEMA-Mitglieder haben die Möglichkeit, über die GEMA-Website auf die sogenannte Pocket Edition des IPI zuzugreifen, um IPI-Nummern für ihre Werkanmeldungen recherchieren zu können. In dieser Pocket Edition gibt es keine Verbindung zwischen dem Patronym und den Pseudonymen eines Urhebers;
- AVI (*Audiovisual Index*) – Suchindex für audiovisuelle Werke bzw. Musikaufstellungen (cue sheets);
- IDA (*International Documentation on Audiovisual Works*) – Referenzdatenbank für die Identifizierung audiovisueller Werke und fremdsprachiger Fassungen bzw. Film-Titel.

63 Sämtliche CIS-Komponenten stehen CISAC-Mitgliedern zur Erleichterung des operativen Tagesgeschäfts zur Verfügung. Die GEMA hat die Werkzeuge zur Identifizierung von Berechtigten, Werken und audiovisuellen Werken in ihr Dokumentations- und Abrechnungssystem integriert. Werke sind dort inzwischen mit internationaler Werknummer (ISWC), die Rechteinhaber mit internationaler Berechtigtennummer (IPI), Länder und Gebiete mit der internationalen Codierung (TIS) versehen. Die Einführung internationaler Kennungen für audiovisuelle Werke (ISAN) ist in Vorbereitung.

64 Der Erfolg von CIS-Net als Mittel zur Beschleunigung und Rationalisierung der länderübergreifenden Rechtewahrnehmung hängt zuallererst von der Bereitschaft der weltweiten Verwertungsgesellschaften zur umfassenden Nutzung der CIS-Standards und -Datenbanken ab.

65 Die Mitglieder der CISAC haben sich deshalb zur umfassenden Nutzung des CIS-Net und seiner Komponenten verpflichtet. Die Verpflichtung umfasst insbesondere
- die Befüllung des IPI-Systems mit Mitgliedschaftsinformationen zu allen Mitgliedern und die Verwendung der IPI-Nummer in allen Dokumentationen;
- die Vergabe von ISWC-Nummern, wenn sämtliche Urheber eines Werkes identifiziert werden können und mindestens ein Urheber Mitglied der Gesellschaft ist;

- die Lieferung von Werkdokumentationen für alle Werke, die zu dem Repertoire der Gesellschaft gehören oder die in dem Verwaltungsgebiet der Gesellschaft genutzt wurden und für die die Gesellschaft die erforderlichen Mindestinformationen besitzt;
- bei ansonsten fehlender Dokumentation die umfassende Recherche nach der gesuchten Werkdokumentation in CIS-Net und gegebenenfalls die Anforderung eines sog. *cue sheets* (Musikaufstellung bei audiovisuellen Werken) über den AVI bei der betreffenden Schwestergesellschaft.
- Inzwischen weist CIS-Net ca. 100 Millionen Einträge zu Musikwerken und ca. 4 Millionen Einträge zu audiovisuellen Musikwerken auf. Über 120 Gesellschaften nutzen CIS-Net, entweder über einen eigenen Datenbankknoten oder über die Teilnahme an einem Dokumentationsverbund wie DIVA (Asien), LatinNet (Lateinamerika), MIS@Asia (Südostasien) oder WID.

h) Abrechnungstermine und -fristen

Gemäß CISAC-Standardvertrag und BIEM-Standardvertrag ist die Abrechnung an andere Gesellschaften mindestens einmal pro Jahr und zu den gleichen Terminen vorzunehmen, die für Mitglieder der abrechnenden Gesellschaft gelten. Die Zahlung soll innerhalb von 90 Tagen nach jeder Abrechnung erfolgen, Art. 9 Abs. I iVm Abs. V CISAC-Standardvertrag; Art. VI BIEM-Standardvertrag. Für Fehler oder Unterlassung bei der Abrechnung bleibt jede Gesellschaft der anderen verantwortlich, Art. 9 Abs. IV CISAC-Standardvertrag. **66**

Bei Fristüberschreitungen entstehende Kursverluste müssen von der Gesellschaft, die das Fristversäumnis zu verantworten hat, so kompensiert werden, dass die zum Empfang der Zahlung „berechtigte Gesellschaft in ihrer Landeswährung denselben Betrag erhält, den sie bei Zahlung zu dem am 90. Tag der erwähnten vertraglichen Frist geltenden Wechselkurs erhalten hätte." Voraussetzung ist, „dass die berechtigte Gesellschaft gegenüber der abrechnenden Gesellschaft alle notwendigen Verwaltungsformalitäten erfüllt hat, damit diese ihren Verpflichtungen nachkommen kann", Art. 9 Abs. I UAbs. 1 CISAC-Standardvertrag. Zu den **notwendigen Verwaltungsformalitäten** gehören insbesondere die laufende und zeitnahe Unterrichtung über Änderungen des Mitgliederbestandes, die Information über Dokumentationsunterlagen von Werken und Filmen sowie die Klärung von Dokumentationskonflikten und strittigen Ansprüchen. **67**

In den *Professional Rules* verpflichten sich die CISAC-Mitglieder weitergehend. So sollen alle Gesellschaften, deren jährliches Einkommen 10 Mio. EUR überschreitet, so schnell wie möglich zu einer vierteljährlichen Abrechnung an die Schwestergesellschaften übergehen. Die Zahlung soll jeweils 30 Tage nach der Zahlung an die eigenen Mitglieder erfolgen (*Professional Rule* 18C). **68**

i) Abrechnungsformate

Die im CISAC-Standardvertrag (Art. 9 Abs. II) festgelegte Form und Beschreibung des Inhalts für die Übermittlung von Abrechnungen sind heute überholt. Sie stammen aus einer Zeit, als der Versand gedruckter Listen üblich war und sind längst durch einheitliche Formate für den elektronischen Datenaustausch ersetzt worden. Aktuelles CISAC-Standardformat für die spartenübergreifende internationale Abrechnung von Urheberrechtstantiemen ist das ***Common Royalty Distribution*** (CRD) Format. Das CRD-Format bietet gegenüber den Vorgängerformaten erweiterte Möglichkeiten, Detailinformationen zu den abgerechneten Musiknutzungen zu übermitteln und ermöglicht somit eine umfassend transparente Auslandsabrechnung an die Rechteinhaber. **69**

j) *Beteiligung von Subverlagen bei Kabelweitersendung ausländischer Programme*

70 Sofern eine Gesellschaft die für die Weitersendung ausländischer Sendeprogramme in Kabelnetzen ihres Verwaltungsgebiets kassierten Vergütungen nicht selbst auf der Basis von Programmen verteilt, sondern die Einnahmen an eine andere Gesellschaft weiterleitet, die in der Lage ist, eine kostengünstige auf Programmen basierende Verteilung für die betreffenden Sendeprogramme durchzuführen, dürfen nach Abzug der Kosten für das Inkasso und eines Abzugs von 10% für soziale und kulturelle Zwecke bis zu 15% für die Beteiligung lokaler Subverlage einbehalten werden.

71 Dieser Einbehalt wird damit begründet, dass die für die Lizenzierung des Sendeprogramms zuständige Gesellschaft die Verteilung nur nach dem Stand ihrer eigenen Dokumentation vornimmt bzw. vornehmen kann. Die Rechte der Subverlage in den Ländern der Kabelweitersendung bleiben somit bei der Verteilung der Lizenzerträge unberücksichtigt und sollen durch den Abzug von bis zu 15% von den Erträgen für die Kabelweitersendung des Programms kompensiert werden.

k) *CISAC-Compliance Review Process*

72 Für die Erreichung der an die Einführung der *Professional Rules* geknüpften Ziele hinsichtlich Qualität und Effizienz der internationalen Zusammenarbeit der Verwertungsgesellschaften ist letztendlich der Grad der **Einhaltung des Regelwerks** durch die Mitgliedsgesellschaften ausschlaggebend.

Mit Beschluss der Mitgliederversammlung 2009, zuletzt modifiziert 2015, hat die CISAC deshalb zur Überprüfung der Einhaltung des gemeinsam beschlossenen Regelwerks durch die Mitgliedsgesellschaften einen *Compliance Review Process* eingeführt.[23] Demnach werden zusätzlich zu den von allen Mitgliedern jährlich abzugebenden Compliance-Erklärungen jedes Jahr sechs Mitgliedsgesellschaften mit Einnahmen über einem bestimmten Grenzwert für eine **umfassende Überprüfung** der Regelkonformität zufällig ausgewählt.[24] Mittels eines differenzierten Fragebogens und einer ausgiebigen Prüfung vor Ort wird der Grad der Einhaltung des fachlichen Regelwerks geprüft. Sofern die Prüfung ergibt, dass die verbindlichen Regeln nicht vollständig eingehalten werden, wird zusammen mit der betreffenden Gesellschaft ein Plan entwickelt, wie die Gesellschaft innerhalb eines Jahres die betreffende Regel umsetzen kann. Die abgestimmten endgültigen Berichte über die *Compliance Reviews* werden allen CISAC-Mitgliedern auf der CISAC-Homepage zur Verfügung gestellt.

73 Über **Sanktionen** bei fortgesetzter Nichteinhaltung der *Professional Rules* entscheidet die Mitgliederversammlung der CISAC auf Empfehlung des *Board of Directors*. Als Sanktionsinstrumentarium stehen zur Verfügung Warnung, Rüge, Geldbuße, zeitweiliger oder dauerhafter Ausschluss aus der CISAC, Art. 26–27 CISAC-Satzung.

6. Kostenabzüge, Kommissionssätze und Abzüge für soziale und kulturelle Zwecke

74 Gemäß Art. 8 des CISAC-Standardvertrages dürfen die Gesellschaften von den für die andere Gesellschaft kassierten Erträgen Abzüge zur **Deckung** ihrer tatsächlichen Verwaltungskosten vornehmen. Die Vertragsparteien verpflichten sich, die ihnen übertra-

23 CISAC, Annual Report 2009, S. 11 (www.cisac.org).
24 CISAC, Annual Report 2016, S. 30 (www.cisac.org).

genen Rechte möglichst **kostengünstig** wahrzunehmen, wobei sie die erforderlichen personellen und materiellen Mittel aufzubringen und einzusetzen haben, um je nach Art der ausgeübten Rechte einen wirksamen Schutz der Urheber und der Verleger gegenüber jeder Verwertung ihrer Werke sicherzustellen. Für die Anwendung der Kostensätze gilt wiederum der Gleichbehandlungsgrundsatz von In- und Ausländern. Der angewandte Prozentsatz darf nicht über dem liegen, der den Mitgliedern der abrechnenden Gesellschaft in Abzug gebracht wird, Art. 8 Abs. I CISAC-Standardvertrag.

Nach Art. VII Abs. 1 des BIEM-Standardvertrages werden die Kommissionssätze für **75** die Wahrnehmung des mechanischen Vervielfältigungsrechts unter den vertragschließenden Verwertungsgesellschaften vereinbart und festgeschrieben.

In der Zusatzvereinbarung Ziff. 3 lit. c zu Art. 8 Abs. I des CISAC-Standardvertrages ge- **76** mäß Protokoll zum CISAC-Standardvertrag sowie entsprechend Art. VII des BIEM-Standardvertrages wird explizit das **Verbot einer Querfinanzierung** festgeschrieben: Verwaltet eine vertragschließende Gesellschaft sowohl das öffentliche Aufführungs- und Senderecht als auch das mechanische Vervielfältigungsrecht, so können die Verwaltungskosten für die Wahrnehmung eines der beiden Rechte nicht durch sämtliche oder Teilabzüge gedeckt werden, die für die Verwaltung des anderen Rechts vorgenommen werden.

Sollte ein Vertragspartner im Verwaltungsgebiet des anderen Vertragspartners me- **77** chanische Vervielfältigungsrechte vergeben, z.B. aufgrund eines Mandats (Zentrallizenzierung), erfolgt eine unverzügliche schriftliche Benachrichtigung gegenüber dem Vertragspartner, auf dessen Verwaltungsgebiet der andere tätig wird. Ferner hat der Vertragspartner, auf dessen Verwaltungsgebiet der andere tätig wird, das Recht auf eine angemessene Entschädigung für die eigenen Aufwendungen, Ziff. 2 lit. a zu Art. I Abs. (2) und lit. d zu Art. VII des Protokolls zum BIEM-Standardvertrag.

Sofern kein zusätzliches Inkasso für Pensions-, Hilfs- oder Unterstützungsfonds ih- **78** rer Mitglieder oder für die Förderung der nationalen Künste oder für Fonds erfolgt, die gleichen Zwecken dienen, hat jede der Gesellschaften die Möglichkeit, auch vom Inkasso der auf die andere vertragschließende Gesellschaft entfallenden Summe Abzüge für soziale und kulturelle Zwecke vorzunehmen, die höchstens 10% betragen dürfen, Art. 8 Abs. II CISAC-Standardvertrag.

7. Vertragsdauer und Kündigung

Art. 12 des CISAC-Standardvertrages, Art. IX des BIEM-Standardvertrages legt die **79** Dauer der Vereinbarung fest. Die GEMA schließt Gegenseitigkeitsverträge regelmäßig für die Dauer von einem Jahr, verbunden mit automatischer Verlängerung um jeweils ein weiteres Jahr, sofern die Vereinbarung nicht in der Regel binnen eines halben Jahres vor Ablauf der Vereinbarung schriftlich gekündigt wird.

8. Sofortiges Kündigungsrecht

Art. 13 des CISAC-Standardvertrages nennt Gründe für eine sofortige Kündigungs- **80** möglichkeit bei Satzungsänderung für eine Gesellschaft, durch welche die Rechte von Mitgliedern der anderen Gesellschaft wesentlich beeinträchtigt werden oder wenn eine Rechts- oder Sachlage im Land einer der vertragschließenden Gesellschaft entsteht, die Mitglieder der anderen Gesellschaft ungünstiger stellt, bzw. Maßnahmen getroffen werden, die einem Boykott der Werke aus dem Repertoire der anderen Gesellschaft gleichkommen. Ein sofortiges Kündigungsrecht besteht also, wenn Verstöße gegen den das ganze Vertragswerk durchziehenden **Gleichbehandlungsgrundsatz** festgestellt werden.

9. Rechtsstreitigkeiten und Gerichtsstand

81 Gerichtsstand ist gemäß Art. 14 des CISAC-Standardvertrages der **Sitz der beklagten Gesellschaft**, sollten die Vertragsparteien sich nicht einem Schiedsspruch zur Beilegung eines etwaigen Streites unterwerfen.

VI. Fazit

82 Eine Stärke der GEMA bzw. der Verwertungsgesellschaften insgesamt liegt in der kollektiven Rechtewahrnehmung auf der Grundlage eines globalen Netzes von Gegenseitigkeitsverträgen, die jeder Verwertungsgesellschaft die Möglichkeit einräumen, in ihrem jeweiligen Verwaltungsgebiet in weiten Teilen das Weltrepertoire urheberrechtlich geschützter Musik zu lizenzieren. Für die Lizenzierung von Musiknutzungen im Onlinebereich besteht diese Möglichkeit nur noch eingeschränkt. Die GEMA hat sich darauf eingestellt und Wege gefunden, mit dieser neuen von der Fragmentierung der Repertoires geprägten Situation erfolgreich umzugehen. Dabei stand und steht für die GEMA aber stets im Fokus, dass die Kosten für die erhöhte Komplexität der Rechtewahrnehmung letztendlich nicht zu Lasten der Urheber gehen dürfen. Deshalb engagiert sich die GEMA in internationalen Kooperationen mit dem Ziel, die Komplexität und damit den Aufwand für die Rechtewahrnehmung zu reduzieren.

Literaturverzeichnis

A

Albrecht, Martin/Fiss, Olaf/Sepperer, Sophia, GEMA-Tarifreform und angemessene Vergütung für Clubs, K&R 2012, 777–782

Alich, Stefan, Neue Entwicklungen auf dem Gebiet der Lizenzierung von Musikrechten durch Verwertungsgesellschaften in Europa, GRUR Int 2008, 996 ff.

Altemark, Christine/Hoeren, Thomas, Musikverwertungsgesellschaften und das Urheberrechtswahrnehmungsgesetz am Beispiel der CELAS, GRUR Int. 2010, 16 ff.

Addor, Felix/Govoni, Carlo, Die Harmonisierung des europäischen Urheberrechts aus schweizerischer Perspektive, ZUM 1995, 464–471

Ahlberg, Hartwig/Götting, Horst-Peter, Beck'scher Online-Kommentar zum Urheberrecht, 16. Edition (Stand 1.4.2017) (zitiert BeckOK UrhR/*Bearbeiter* § Gesetz Rn.)

Alich, Stefan, Neue Entwicklungen auf dem Gebiet der Lizenzierung von Musikrechten durch Verwertungsgesellschaften in Europa, GRUR Int. 2008, 996–1007

Albrecht, Martin von, Praxis der Rechtevergabe im Online-Bereich, ZUM 2011, 706–713

Allner, Uwe, Die tatsächliche Vermutung mit besonderer Berücksichtigung der GEMA-Vermutung, Pfaffenweiler (Centaurus) 1993 (zitiert *Allner*, GEMA-Vermutung)

Anstalt für Musikalisches Aufführungsrecht (Hrsg.), Denkschrift der Genossenschaft Deutscher Tonsetzer, Berlin (Heymanns) 1904

Arminger, Gerhard, Gutachten zur Ermittlung der Aufführungsziffern in Live U-Musikveranstaltungen der GEMA, GEMA-Jahrbuch 1998/1999, Baden-Baden (Nomos) 1998, S. 87–93

Arnold, Claudius/Rehbinder, Manfred, Zur Rechtsnatur der Staatsaufsicht über die deutschen Verwertungsgesellschaften, UFITA 118 (1992), 203–215

Augenstein, Christof, Rechtliche Grundlagen des Verteilungsplans urheberrechtlicher Verwertungsgesellschaften, Baden-Baden (Nomos) 2004 (zitiert *Augenstein*, Grundlagen des Verteilungsplans)

B

Baierle, Christian, Lizenzierung von Musikwerken im Online-Bereich – Weg frei zu einer globalen Musikrechtedatenbank?, MMR 2012, 503–509

Banck, Manuel, Der Kontrahierungszwang der Verwertungsgesellschaften gemäß § 11 WahrnG und seine Ausnahmen, Göttingen (V&R) 2012 (zitiert *Banck*, Kontrahierungszwang)

Barta, Janusz/Markiewicz, Ryszard, Aktuelle Probleme der kollektiven Wahrnehmung von Urheberrechten, in: Jürgen Becker/Reto M. Hilty/Jean-Fritz Stöckli/Thomas Würtenberger (Hrsg.), Recht im Wandel seines sozialen und technologischen Umfeldes – Festschrift für Manfred Rehbinder, München/Bern (C. H. Beck/Stämpfli) 2002, S. 177–185

Baumgärtel, Gottfried, Handbuch der Beweislast im Privatrecht, Band 1, 2. Aufl. Köln (Heymanns) 1991

Bechtold, Rainer/Bosch, Wolfgang, Kartellgesetz – Gesetz gegen Wettbewerbsbeschränkungen – Kommentar, 8. Aufl. München (C. H. Beck) 2015 (zitiert *Bechtold/Bosch*, §§ GWB Rn.)

Bechtold, Stefan, Multimedia und Urheberrecht – Einige grundsätzliche Anmerkungen, GRUR 1998, 18–27

Becker, Jürgen, Gewaltenteilung im Gruppenstaat – Ein Beitrag zum Verfassungsrecht des Parteien- und Verbändestaates, Baden-Baden (Nomos) 1986

Becker, Jürgen (Hrsg.), Die Verwertungsgesellschaften im Europäischen Binnenmarkt – Symposion für Reinhold Kreile zum 60. Geburtstag, Baden-Baden (Nomos) 1990

Becker, Jürgen, Der Schutz des schöpferischen Menschen bei der privaten Vervielfältigung seiner Werke, in: VG WORT (Hrsg.), Geist und Recht – Eine Tagung über Urheberrechtsschutz im technischen Zeitalter, 14.–15. Oktober 1992, München (Privatdruck) 1992, S. 33–46 (zitiert *Becker*, in: VG WORT (Hrsg.), Geist und Recht)

Becker, Jürgen (Hrsg.), Musik im Film – VI. Münchener Symposium zum Film- und Medienrecht am 26. Juni 1992, Baden-Baden (Nomos) 1993

Becker, Jürgen, Rechtsprobleme aus der Sicht der GEMA, in: Jürgen Becker (Hrsg.) Musik im Film, VI. Münchner Symposium zum Film- und Medienrecht am 26. Juni 1992, Baden-Baden (Nomos) 1993, S. 53–75 (zitiert *Becker*, in: Musik im Film)

Becker, Jürgen, Verwertungsgesellschaften als Träger öffentlicher und privater Aufgaben, in: Jürgen Becker/Peter Lerche/Ernst-Joachim Mestmäcker (Hrsg.), Wanderer zwischen Musik, Politik und Recht: Festschrift für Reinhold Kreile zu seinem 65. Geburtstag, Baden-Baden (Nomos) 1994, S. 27–51

Becker, Jürgen, Die digitale Verwertung von Musikwerken aus der Sicht der Musikurheber, in: Jürgen Becker/Thomas Dreier (Hrsg.), Urheberrecht und digitale Technologie. Arbeitssitzung des Instituts für Urheber- und Medienrecht am 22. April 1994, Baden-Baden (Nomos) 1994, S. 45–76

Becker, Jürgen, Kollektive Wahrnehmung in einem neuen Umfeld – Zur aktuellen Situation – Gesetzgebungs- und Regelungskontext, GEMA-Nachrichten Nr. 152 (1995), 131–137

https://doi.org/10.1515/9783110366792-015

Becker, Jürgen, Neue Übertragungstechniken und Urheberrechtsschutz, ZUM 1995, 231–249
Becker, Jürgen, Konsequenzen für die Verwertungsgesellschaften und deren Lizenzierungssystem, in: Hanns Prütting/Jörg Reinbothe/Volker Schöfisch u. a. (Hrsg.), Die Entwicklung des Urheberrechts im Europäischen Rahmen. Expertentagung vom 2. und 3. Oktober 1998 in Köln, München (C. H. Beck) 1999, S. 53–63 (zitiert *Becker*, in: Entwicklung des Urheberrechts im Europäischen Rahmen)
Becker, Jürgen, Die Schöpfer von Filmmusik und die Verwaltung ihrer Rechte durch die GEMA, ZUM 1999, 16–24
Becker, Jürgen (Hrsg.), Die Wahrnehmung von Urheberrechten an Sprachwerken-Symposium für Ferdinand Melichar zum 60. Geburtstag, Baden-Baden (Nomos) 1999
Becker, Jürgen, Die Lizenzierungspraxis der GEMA bei Rufmelodien – Rechteeinräumung und Rechtefluß, in: Jürgen Becker/Reto M. Hilty/Jean-Fritz Stöckli/Thomas Würtenberger (Hrsg.), Recht im Wandel seines sozialen und technologischen Umfeldes – Festschrift für Manfred Rehbinder, München/Bern (C. H. Beck/Stämpfli) 2002, S. 187–198
Becker, Jürgen, Begrüßung und Einführung zum Symposium „Die Verwertungsgesellschaften im Europäischen Binnenmarkt“ des Instituts für Urheber- und Medienrecht am 18. Oktober 2002, ZUM 2003, 1–2
Becker, Jürgen, Urheberrecht und Internet – Praktische Erfahrungen aus dem Bereich der Musik, in: Jürgen Schwarze/Jürgen Becker (Hrsg.), Regulierung im Bereich von Medien und Kultur – Gestaltungsmöglichkeiten und rechtliche Grenzen, Baden-Baden (Nomos) 2002, S. 57–71 (zitiert *Becker*, in: Schwarze/Becker, Regulierung im Bereich von Medien und Kultur)
Becker, Jürgen, Geschäftsbericht des Sprechers des Vorstands über das 72. Geschäftsjahr 2005, GEMA-Jahrbuch 2006/2007, S. 41–55
Becker, Jürgen, (Hrsg.), GEMA Jahrbuch 2006/2007, Baden-Baden (Nomos) 2006
Becker, Jürgen, Das Urheberrecht vor einem 3. Korb: Ausgewählte Handlungsfelder, ZUM 2008, 361–363
Becker, Jürgen/Müller, Stefan, Die Bestimmung der Höhe der angemessenen Vergütung für private Vervielfältigung, FS Pfennig, 2012, 373–386
Becker, Jürgen/Dreier, Thomas (Hrsg.), Urheberrecht und digitale Technologie – Arbeitssitzung des Instituts für Urheber- und Medienrecht am 22. April 1994, Baden-Baden (Nomos) 1994 (zitiert *Bearbeiter* in: Becker/Dreier, Urheberrecht und digitale Technologie)
Becker, Jürgen/Lerche, Peter/Mestmäcker, Ernst-Joachim (Hrsg.), Wanderer zwischen Musik, Politik und Recht – Festschrift für Reinhold Kreile zu seinem 65. Geburtstag, Baden-Baden (Nomos) 1994
Becker-Bender, Walter, Das Urheberpersönlichkeitsrecht im musikalischen Urheberrecht, Diss. Heidelberg 1940
Beckert, Bernd/Riehm, Ulrich, Gesetzliche Regelungen für den Zugang zur Informationsgesellschaft, TAB – Büro zur Technikfolgenabschätzung beim Deutschen Bundestag, Endbericht zum Monitoring, Juni 2012, Arbeitsbericht Nr. 149 (ohne Verlagsangabe), zugänglich unter http://www.tab-beim-bundestag.de/de/untersuchungen/u142.html (zit.: Zugang zur Informationsgesellschaft)
Beck'scher Online Kommentar Urheberrecht, s. Ahlberg/Götting
Berger, Christian, Das neue Urhebervertragsrecht, 2003
Beseler, Hans-Friedrich, Die Harmonisierung des Urheberrechts aus europäischer Sicht, ZUM 1995, 437–441
Bezzenberger, Gerold/Riesenhuber, Karl, Rechtsprechung zum „Binnenrecht“ der Verwertungsgesellschaften – dargestellt am Beispiel der GEMA, GRUR 2003, 1005–1014
Bieder, Marcus A., Überzahlung von Arbeitsentgelt und formularvertraglicher Ausschluss des Entreicherungseinwands, DB 2006, 1318–1322
Biehler, Manuel/Apel, Simon, Anmerkung zu OLG Hamm, Urteil vom 15. Mai 2014 – I-22 U 60/13 – Keine Erschöpfung des Verbreitungsrechts bei per Download vertriebenen Hörbüchern, ZUM 2014, 727–729
Bing, Friederike, Die Verwertung von Urheberrechten – Eine ökonomische Analyse unter besonderer Berücksichtigung der Lizenzvergabe durch Verwertungsgesellschaften, Berlin (Zeitungs-Verlag) 2002 (Besprechung von *Riesenhuber, Karl*, ZUM 2004, 87) (zitiert *Bing*, Die Verwertung von Urheberrechten)
Block, Ulrich, Die Lizenzierung von Urheberrechten für die Herstellung und den Vertrieb von Tonträgern im Europäischen Binnenmarkt, Baden-Baden (Nomos) 1997 (zitiert *Block*, Lizenzierung von Urheberrechten)
Böckenförde, Ernst-Wolfgang, Geschichte der Rechts- und Staatsphilosophie – Antike und Mittelalter, 2. Aufl. Tübingen (Mohr Siebeck) 2006
Bodewig, Theo/Wandtke, Artur, Die doppelte Lizenzgebühr als Berechnungsmethode im Lichte der Durchsetzungsrichtlinie, GRUR 2008, 220–229
Brockmann, Dirk, Volksmusikbearbeitung und Volkmusikschutz im Lichte der Urheberrechtsnovelle 1985, Baden-Baden (Nomos) 1998
Brugger, Gustav, Kartellrecht und Urheberrecht, UFITA 27 (1959), 189–232
Brugger, Gustav, Kartellrechtliche Beurteilung von Urheberrechtsgesellschaften, WuW 3 (1959), 159–169, 244–254

Brugger, Gustav, Der Begriff der Bearbeitung und Verfilmung im neuen Urheberrechtsgesetz – Unter Berücksichtigung der Verwendung von Musikwerken im Film und Fernsehen, UFITA 51 (1968), 89–125
Bruhn, Christian, Musikalischer Bearbeiter – was ist das eigentlich?, GEMA-Nachrichten Nr. 163 (Juni 2001), S. 28–29
Brüning, Christoph, Widerspruchsfreiheit der Rechtsordnung – Ein Topos mit verfassungsrechtlichen Konsequenzen, NVwZ 2002, 33–37
Bullinger, Winfried, Anmerkung zu BGH, Urteil v. 27.3.2012 – KZR 108/10, „Elektronischer Programmführer, GRUR-Prax 2012, 414–415
Bundesministerium der Justiz, Bundesregierung zur Tarifgestaltung der GEMA (Stellungnahme), DB 1982, 1261
Burhoff, Detlef, Vereinsrecht – Ein Leitfaden für Vereine und ihre Mitglieder, 6. Aufl. Berlin (NWB) 2006
Büscher, Mareile/Müller, Judith, Urheberrechtliche Fragestellungen des Audio-Video-Streamings, GRUR 2009, 558–560
Büscher, Wolfgang/Dittmer, Stefan/Schiwy, Peter, Gewerblicher Rechtsschutz, Urheberrecht, Medienrecht, 3. Aufl. Köln 2014

C

Canaris, Claus-Wilhelm, Funktion, Struktur und Falsifikation juristischer Theorien, JZ 1993, 377–391
Canaris, Claus-Wilhelm, Wandlungen des Schuldvertragsrechts – Tendenzen zu seiner „Materialisierung", AcP 200 (2000), 273–364
Capubianco, Antonio, Licensing of Music Rights: Media Convertions, Technological Developments and EC Competition Law, EIPR 2004, 113–121
Castendyk, Oliver, Gibt es ein „Klingelton-Herstellungsrecht"?, ZUM 2002, 9–19
Castendyk, Oliver, Neue Ansätze zum Problem der unbekannten Nutzungsart in § 31 Abs. 4 UrhG, ZUM 2002, 332–348
Cepl, Philip, Anmerkung zu BGH, Urteil v. 19.7.2012 – I ZR 70/10 u. 24/11, „M2 Trade" u. „Take Five", GRUR-Prax 2012, 393–394
Cherpillod, Ivan, Die Aufsicht über die Verwertungsgesellschaften, in: Reto M. Hilty (Hrsg.), Die Verwertung von Urheberrechten in Europa, Basel (Helbing Lichtenhahn) 1995, S. 33–45 (zitiert *Cherpillod*, in: Hilty, Die Verwertung von Urheberrechten in Europa)
CISAC (Hrsg.), Annual Report 2009 (www.cisac.org)
CISAC (Hrsg.), Annual Report 2016 (www.cisac.org)
CISAC (Hrsg.), Professional Rules for musical societies in der von der General Assembly in Lissabon am 8.6.2017 verabschiedeten Fassung, Dok. SG13-0787R3 (www.cisac.org).
Coates, Kevin/Kjølbye, Lars/Peeperkorn, Luc, Chapter 10: Intellectual Property, in: Jonathan Faull/Ali Nikpay (Hrsg.), The EC Law of Competition, 2. Aufl. Oxford (Oxford University Press) 2007, S. 1233–1302 (zitiert *Coates/Kjølbye/Peeperkorn*, in: Faull/Nikpay, The EC Law of Competition)
Conrad-Berberich, Vier Urteile und ein Todesfall, GRUR 2016, 648

D

de Gaulle, Louis/Gougé, Emmanuel/Kruger, Hervé/et al., Droit d'auteur et droits voisins: juridique, fiscal, social, Levallois-Perret (Francis Lefebvre) 1996
De la Durantaye, Katharina, Die Nutzung verwaister und vergriffener Werke – Stellungnahme zu dem Gesetzesentwurf der Bundesregierung, ZUM 2013, 437
Demarny, Let us not Mistake our Enemy, Editorial, CISAC News, Januar 2004, S. 3
Denga, Michael, Legitimität und Krise urheberrechtlicher Verwertungsgesellschaften – Kollektive Rechtewahrnehmung zwischen Utilitarismus und Demokratie, Baden-Baden (Nomos) 2015
Deutschen Vereinigung für gewerblichen Rechtsschutz und Urheberrecht, Stellungnahme zur Empfehlung und zur Studie der Europäischen Kommission über die Lizenzierung von Musik für das Internet vom 18.10.2005, GRUR 2006, 303–308
Deutsches Patent- und Markenamt, Stellungnahme des Präsidenten des DPMA vom 15. Januar 2007 an den Deutschen Bundestag, Enquete-Kommission „Kultur in Deutschland", EK-Kultur, K-DRS. 16/244, S. 1 f., im Internet abrufbar unter http://www.bundestag.de/parlament/gremien/kommissionen/enqkultur/oeffentlanh/5_Verwertungsgesellschaften/stellungnahmen/3_Stellungnahme_Aufsicht/K-Drs__16-244.pdf
Dietrich, Christian, Anmerkung zu BGH, Urteil v. 5.12.2012 – I ZR 23/11, „Missbrauch des Verteilungsplans", GRUR-Prax 2013, 92–93
Dietrich, Christian, Anmerkung zu KG, Urteil v. 7.2.2011 – 24 U 156/10, GRUR-Prax 2011, 151–152
Dietz, Adolf, Amendment of German Copyright Law in Order to Strengthen the Contractual Position of Authors and Performers, IIC (31) 2002, S. 828–842

Dietz, Adolf, Das Urheberrecht in der Europäischen Gemeinschaft – Studie im Auftrag der Generaldirektion „Forschung, Wissenschaft und Bildung" der Kommission der Europäischen Gemeinschaften, Baden-Baden (Nomos) 1978

Dietz, Adolf, Möglichkeiten der Harmonisierung des Urheberrechts in Europa, GRUR Int. 1978, 101–109

Dietz, Adolf, Harmonisierung des Urheberrechts in der Europäischen Gemeinschaft, FuR 1984, 343–361

Dietz, Adolf, Das Urheberrecht in Spanien und Portugal – Rechtsvergleichende Studie erstellt im Auftrag der Kommission der Europäischen Gemeinschaften, Baden-Baden (Nomos) 1990

Dietz, Adolf, Das Urheberrecht in der Europäischen Gemeinschaft, in: Friedrich-Karl Beier/Alfons Kraft/Gerhard Schricker/Elmar Wadle (Hrsg.), Gewerblicher Rechtsschutz und Urheberrecht in Deutschland – Festschrift zum hundertjährigen Bestehen der Deutschen Vereinigung für gewerblichen Rechtsschutz und Urheberrecht und ihrer Zeitung, Band II, Weinheim (VCH) 1991, S. 1445–1484 (zitiert *Dietz,* FS 100 Jahre GRUR)

Dietz, Adolf, Das Urheberpersönlichkeitsrecht vor dem Hintergrund der Harmonisierungspläne der EG-Kommission – Einführungsreferat zur Arbeitssitzung des Instituts für Urheber- und Medienrecht am 23. April 1993, ZUM 1993, 309–324

Dietz, Adolf, Die EU-Richtlinie zum Urheberrecht und zu den Leistungsschutzrechten in der Informationsgesellschaft – Vorstoß in den Kernbereich des Urheberrechts- und Leistungsschutzes und seine Folgen, ZUM 1998, 438–451

Dietz, Adolf, Die Entwicklung des Rechts der Verwertungsgesellschaften in Mittel- und Osteuropa am Beispiel des neuen ungarischen Urheberrechtsgesetzes von 1999, in: Helmuth Tades/Karl-Heinz Danzl/Gernot Graninger (Hrsg.), Ein Leben für Rechtskultur – Festschrift für Robert Dittrich zum 75. Geburtstag, Wien (Manz) 2000, S. 21–38

Dietz, Adolf, Kinderkomponisten und die GEMA – Zugleich Anmerkung zum Urteil des BGH vom 13.12.2001 – I ZR 41/99 – Klausurerfordernis, ZUM 2003, 41–44

Dietz, Adolf, Marketing and Enforcing Intellectual Property in Europe – European Parliament Versus Commission: How to Deal with Collecting Societies?, IIC 35 (2004), 809–820

Dietz, Adolf, Verfassungsklauseln und Quasi-Verfassungsklauseln zur Rechtfertigung des Urheberrechts – gestern, heute und morgen, GRUR Int. 2006, 1–8

Dietz, Adolf, Bedeutsame Entwicklung des Urheberrechtsim südosteuropäischen Raum – am Beispiel der Reformgesetze Sloweniens, Kroatiens und Serbiens (2. Teil), GRUR Int. 2006, 906–920

Dillenz, Walter (Hrsg.), Materialien zum Verwertungsgesellschaftengesetz, Wien (Manz) 1987

Dillenz, Walter, Die EG-Wettbewerbsregeln und die österreichischen Verwertungsgesellschaften, ZfRV 1990, 161–177

Dillenz, Walter, Harmonisierung des Rechts der Verwertungsgesellschaften in Europa, GRUR Int. 1997, 315–329

Dillenz, Walter/Gutman, Daniel, Praxiskommentar zum Urheberrecht – Österreichisches Urheberrechtsgesetz und Verwertungsgesellschaftsgesetz, 2. Aufl. Wien/New York (Springer) 2004

Donhauser, Daniela, Der Begriff der unbekannten Nutzungsart gemäß § 31 Abs. 4 UrhG, Baden-Baden (Nomos) 2001 (zitiert *Donhauser,* Der Begriff der unbekannten Nutzungsart)

Donle, Christian, Die Bedeutung des § 31 Abs. 5 UrhG für das Urhebervertragsrecht, München (VVF) 1993 (zitiert *Donle,* Die Bedeutung des § 31 Abs. 5 UrhG)

Dördelmann, Jörg-Eckhard, Gedanken zur Zukunft der Staatsaufsicht über Verwertungsgesellschaften, GRUR 1999, 890–896

Dördelmann, Jörg-Eckhard, Die gemeinsame Vertretung der Wahrnehmungsberechtigten nach § 6 Abs. 2 WahrnG, in: Christian Schertz/Hermann-Josef Omsels (Hrsg.), Festschrift für Paul W. Hertin zum 60. Geburtstag am 15. November, München (C. H. Beck) 2000, S. 31–52 (zitiert *Dördelmann,* FS Hertin)

Dörre, Tanja, Anmerkung zu BGH, Urteil v. 22.4.2009 – I ZR 5/07, „Seeing is Believing", FD-GewRS 2009, 290904

Drauz, Götz, Aktuelle Probleme bei der Anwendung des europäischen Wettbewerbsrechts, in: Jürgen Schwarze/Jürgen Becker (Hrsg.), Regulierung im Bereich von Medien und Kultur, Gestaltungsmöglichkeiten und rechtliche Grenzen, Baden-Baden (Nomos) 2002, S. 103–114 (zitiert *Drauz,* in: Schwarze/Becker (Hrsg.), Regulierung im Bereich von Medien und Kultur)

Dreier, Thomas, Die Umsetzung der Richtlinie zum Satellitenrundfunk und zur Kabelweiterleitung, ZUM 1995, 458–463

Dreier, Thomas/Schulze, Gernot, UrhG – Urheberrechtsgesetz,Verwertungsgesellschaftengesetz, Kunsturhebergesetz – Kommentar, 5. Aufl. München (C. H. Beck) 2015 (zitiert Dreier/Schulze-*Bearbeiter,* §§ Gesetz Rn.)

Drewes, Stefan, Neue Nutzungsarten im Urheberrecht, Baden-Baden (Nomos) 2002

Drexl, Josef, Copyright, Competition and Development, Dezember 2013, http://www.wipo.int/export/sites/www/ip-competition/en/studies/copyright_competition_development.pdf

Drexl, Josef, Auf dem Weg zu einer neuen europäischen Marktordnung der kollektiven Wahrnehmung von Online-Rechten der Musik? Kritische Würdigung der Kommissionsempfehlung vom 18. Oktober 2005, in: Riesenhuber, Karl (Hrsg.), Wahrnehmungsrecht in Polen, Deutschland und Europa: INTERGU-Tagung 2005, Berlin (de Gruyter) 2006, S. 193–242

Drexl, Josef, Das Recht der Verwertungsgesellschaften in Deutschland nach Erlass der Kommissionsempfehlung über die kollektive Verwertung von Online-Musikrechten, in: Reot Hilty/Christophe Geiger (Hrsg.), Impulse für eine europäische Harmonisierung des Urheberrechts, Urheberrecht im deutsch-französischen Dialog, Berlin – Heidelberg – New York (Springer) 2007, S. 369–398

Drexl, Josef, Wahrnehmungs- und Abschlusszwang im europäischen Wahrnehmungsrecht, in Kreativität und Charakter Festschrift für Martin Vogel (2017), 227 (253)

Dreyer, Gunda/Kotthoff, Jost/Meckel, Astrid, Heidelberger Kommentar zum Urheberrecht, 3. Aufl. Heidelberg (C. F. Müller) 2013 (zitiert Dreyer/Kotthoff/Meckel-*Bearbeiter*, §§ Gesetz Rn.)

Dümling, Albrecht, Musik hat ihren Wert – 100 Jahre musikalische Verwertungsgesellschaften in Deutschland, Regensburg (ConBrio Verlagsgesellschaft) 2003

Dünnwald, Rolf, Zum GEMA-Berechtigungsvertrag – Begriffe und Rechte, FuR 1974, 554–560

Dünnwald, Rolf, Die Verpflichtung der Verwertungsgesellschaften zur Rechtswahrnehmung zu angemessenen Bedingungen, in: Jürgen Becker/Peter Lerche/Ernst-Joachim Mestmäcker (Hrsg.), Wanderer zwischen Musik, Politik und Recht: Festschrift für Reinhold Kreile zu seinem 65. Geburtstag, Baden-Baden (Nomos) 1994, S. 161–167

Dünnwald, Rolf, Neufassung des künstlerischen Leistungsschutzes, ZUM 2004, 161–181

Dünnwald, Rolf/Gerlach, Tilo, GVL, in: Rolf Moser/Andreas Scheuermann (Hrsg.), Handbuch der Musikwirtschaft, 6. Aufl. München (Josef Keller) 2003, S. 708–714 (zitiert *Dünnwald/Gerlach*, in: Handbuch der Musikwirtschaft)

E

Echerer, Raina A. Mercedes (Europäisches Parlament, Ausschuss für Recht und Binnenmarkt), Entwurf eines Berichts über einen Gemeinschaftsrahmen für Verwertungsgesellschaften im Bereich des UrheberInnenrechts und über den Bericht der Kommission an den Rat, das Europäische Parlament und den Wirtschafts- und Sozialausschuss über die Frage der Urheberschaft von Filmwerken oder audiovisuellen Werken in der Gemeinschaft vom 30. September 2003 (2002/2274(INI)), im Internet abrufbar unter http://www.europarl.europa.eu/meetdocs/committees/juri/20031020/506630DE.pdf (zuletzt abgerufen am 8. April 2008)

Ehlers, Dirk, Empfiehlt es sich, das Recht der öffentlichen Unternehmen im Spannungsfeld von öffentlichem Auftrag und Wettbewerb national und gemeinschaftsrechtlich neu zu regeln? Gutachten zum 64. Deutschen Juristentag, München (C. H. Beck) 2002, S. E1–E166

Eilmansberger, Thomas, Der Umgang marktbeherrschender Unternehmen mit Immaterialgüterrechten im Lichte des Art. 86 EWGV, EuZW 1992, 625–634

Einem, Götz von, Zum Streit um die Lizenzierungspraxis bei monophonen und polyphonen Klingeltönen, ZUM 2005, 540–548

Einem, Götz von, Grenzüberschreitende Lizenzierung von Musikwerken in Europa – Auswirkungen der Empfehlung der EU-Kommission zur Rechtewahrnehmung auf das System der Gegenseitigkeitsverträge, MMR 2006, 647

Einem, Götz von, Verwertungsgesellschaften im deutschen und internationalen Musikrecht, Köln 2007

Eisenkolb, Julia, Die Enforcement-Richtlinie und ihre Wirkung – Ist die Enforcement-Richtlinie mit Ablauf der Umsetzungsfrist unmittelbar wirksam?, GRUR 2007, 387–393

Emler, Matthias, Wettbewerb zwischen Verwertungsgesellschaften – Eine ökonomische Analyse am Beispiel der Musikindustrie, Baden-Baden (Nomos) 2014

Engisch, Karl, Einführung in das juristische Denken, 10. Aufl. hrsg. und bearb. von Thomas Würtenberger und Dirk Otto, Stuttgart (Kohlhammer) 2005

Ensthaler, Jürgen, Streaming und Urheberrechtsverletzung, NJW 2014, 1553–1558

Enzinger, Michael, Der europäische Rechtsrahmen für kollektive Rechtewahrnehmung, GRUR Int. 2006, 985–995

Erdmann, Willi, Schutz von Werbeslogans, GRUR 1996, 550–558

Erdmann, Willi, Das urheberrechtliche Vermiet- und Verleihrecht, in: Gerd Pfeiffer/Joachim Kummer/Silke Scheuch (Hrsg.), Festschrift für Hans Erich Brandner, Köln (Otto Schmidt) 1996, S. 361–374

Euhus, Fabian, Die Gegenseitigkeitsverträge der Verwertungsgesellschaften im Musikbereich, 1. Aufl. Baden-Baden 2008

Everling, Ulrich, Buchpreisbindung im deutschen Sprachraum und Europäisches Gemeinschaftsrecht, Baden-Baden (Nomos) 1997

F

Fahrmeir, Ludwig, Gutachten zu einem neuen Hochrechnungsverfahren PRO zur Ermittlung der Aufführungsziffern in Live U-Musikveranstaltungen der GEMA, GEMA-Jahrbuch 1998/1999, Baden-Baden (Nomos) 1998, S. 94–98

Feindor, Ursula, Die medienübergreifende Verwertung von Werktiteln, Baden-Baden (Nomos) 2004

Feise, Carolin, Medienfreiheit und Medienvielfalt gemäß Art. 11 Abs. 2 der Europäischen Grundrechtecharta, Baden-Baden (Nomos) 2006 (zitiert: Feise, Medienfreiheit und Medienvielfalt)

Ferber, Christian, Ein Lohn – Der Arbeiter nicht wert – Biographische Belichtung der Urheberfrage, in: GEMA (Hrsg.), Musik und Dichtung – 50 Jahre deutsche Urheberrechtsgesellschaft, München (Münchner Buchgewerbehaus GmbH) 1953, S. 49–51

Feyock, Martin, Anmerkung zu BGH, Urteil v. 10.6.2009 – I ZR 226/06, „Nutzung von Musik für Werbezwecke", GRUR-Prax 2010, 14–15

Figge, Gustav, Sind die Leistungen der GEMA-Sozialkasse Versorgungsbezüge im Sinne der gesetzlichen Krankenversicherung?, Die Beiträge 1987, 225–229

Fikentscher, Wolfgang, Urhebervertragsrecht und Kartellrecht, in: Friedrich-Karl Beier/Horst-Peter Götting/Michael Lehmann/Rainer Moufang (Hrsg.), Urhebervertragsrecht: Festgabe für Gerhard Schricker zum 60. Geburtstag, München (C. H. Beck) 1995, S. 149–192 (zitiert *Fikentscher*, FG Schricker)

Fink-Hooijer, Florika, Schutz des Urheberrechts und der verwandten Schutzrechte in der Informationsgesellschaft – Ein Zwischenstandsbericht über jüngere Entwicklungen auf europäischer Ebene, in: Bernward Zollner/Uwe Fitzner (Hrsg.), Festschrift für Wilhelm Nordemann, Baden-Baden (Nomos) 1999, S. 37–50

Finscher, Ludwig (Hrsg.), Die Musik in Geschichte und Gegenwart – Allgemeine Enzyklopädie der Musik, 2. Aufl. Kassel/Basel/London/New York/Prag (Bärenreiter) und Stuttgart/Weimar (Metzler) 2003

First, Harry, Online Music Joint Ventures – Taken for a Song, New York (Manuskript) 2004

Fiscor, Mihály, Collective Management of Copyright in the International Environment, ZUM 2003, 3–15

Fitzek, Sebastian, Die unbekannte Nutzungsart, Berlin (Berliner Wissenschafts-Verlag) 2000

Flechsig, Norbert, Urheberrecht in der Wissensgesellschaft, ZRP 2004, 249–253

Flechsig, Norbert, Der zweite Korb zur Verbesserung der Urheber- und Leiistungsschutzrechte, ZRP 2006, 145–149

Flechsig, Norbert, Verteilungspläne von Wahrnehmungsgesellschaften, ZUM 2013, 745–757

Fritsch, Klaus, Besteht ein subjektiv-öffentliches Recht auf ermessensfehlerfreie Ausübung der Staatsaufsicht über die Verwertungsgesellschaften?, GRUR 1984, 22–27

Fritzsche, Jörg, „Notwendige" Wettbewerbsbeschränkungen im Spannungsfeld von Verbot und Freistellung nach Art. 85 EGV, ZHR 160 (1996), 31–58

Fromm, Friedrich Karl/Nordemann, Wilhelm, Urheberrecht – Kommentar zum Urheberrechtsgesetz, zum Verlagsgesetz und zum Urheberrechtswahrnehmungsgesetz, 11. Aufl. Stuttgart/Berlin/Köln (Kohlhammer) 2014 (zitiert Fromm/Nordemann-*Bearbeiter*, § Gesetz Rn.)

G

Gaiser, Sabrina, Die kollektive Wahrnehmung filmischer Rechte in Deutschland im Rechtsvergleich zu den USA und Großbritannien, München 2011

Gamm, Otto Friedrich Freiherr von, Urheberrechtliche Verwertungsverträge und Einschränkungen durch den EWG-Vertrag, GRUR Int. 1983, 403–409

Gamm, Otto Friedrich Freiherr von, Die Tariffestsetzung durch die urheberrechtlichen Verwertungsgesellschaften, in: Karl Bruchhausen (Hrsg.), Festschrift für Rudolf Nirk zum 70. Geburtstag am 11. Oktober 1992, München (C. H. Beck) 1992, S. 315–320

Gebhardt, Gerd, Die Erwartungen der Tonträgerwirtschaft an den zweiten Korb, ZUM 2003, 1022–1025

Geiger, Christophe/Engelhardt, Tim/Hansen, Gerd/Markowski, Kristina, Urheberrecht im deutsch-französischen Dialog – Impulse für eine europäische Rechtsharmonisierung – Bericht von der Abschlussveranstaltung der deutsch-französischen Vortragsreihe zum Urheberrecht am 13. Januar 2006 im Europäischen Patentamt, München, GRUR Int. 2006, 475–496

GEMA (Hrsg.), Musik und Dichtung – 50 Jahre deutsche Urheberrechtsgesellschaft, München (Münchner Buchgewerbehaus GmbH) 1953

GEMA, Ermittlung der Aufführungsziffern der Werke in Live U-Musikveranstaltungen der GEMA, GEMA-Jahrbuch 1998/1999, Baden-Baden (Nomos) 1998, S. 86

Genthe, Barbara, Der Umfang der Zweckübertragungstheorie im Urheberrecht, Frankfurt a. M./Bern (Lang) 1981 (zitiert *Genthe*, Der Umfang der Zweckübertragungstheorie)

Gentz, Günther, Kollektive und individuelle Wahrnehmung von Rechte, GRUR 1964, 422–425

Gerhardt, Andreas, Die Verwertungsgesellschaften im Europäischen Binnenmarkt – Diskussionsbericht zum gleichnamigen Symposium des Instituts für Urheber- und Medienrecht vom 18. Oktober 2002 im Rahmen der Medientage München, ZUM 2003, 38–40

Gerlach, Tilo, Verwertungsgesellschaften und europäischer Wettbewerb, in: Helmuth Tades/ Karl-Heinz Danzl/Gernot Graninger (Hrsg.), Ein Leben für Rechtskultur – Festschrift für Robert Dittrich zum 75. Geburtstag, Wien (Manz) 2000, S. 119–132
Gerlach, Tilo, Tarife der GVL, in: Rolf Moser/Andreas Scheuermann (Hrsg.), Handbuch der Musikwirtschaft, 6. Aufl. München (Josef Keller) 2003, S. 761–768 (zitiert *Gerlach,* in: Handbuch der Musikwirtschaft)
Gerlach, Tilo/Evers, Guido, 50 Jahre GVL – 50 Jahre kollektive Rechtewahrnehmung der Leistungsschutzrechte, Berlin (de Gruyter) 2011
Gerlach, Tilo, Europäischer Rechtsrahmen für Verwertungsgesellschaften, ZUM 2013, 174–176
Gerlitsch, Adrian, Stand und Entwicklung der Digitalisierung des Hörfunks in Deutschland, in: die medienanstalten – ALM GbR (Hrsg.), Digitalisierungsbericht 2017, Aufgedrängte Bereicherung: Braucht Vielfalt Privilegierung? Berlin (Vistas) 2017, S. 47–56, zugänglich unter https://www.die-medien anstalten.de/publikationen (zit: Gerlitsch, Digitalisierung des Hörfunks)
Gerold, Wilhelm/Schmidt, Herbert, Rechtsanwaltsvergütungsgesetz (RVG) – Kommentar, 22. Aufl. 2015 (zitiert Gerold/Schmidt-*Bearbeiter,* § Rechtsakthart Rn.)
Gervais, Daniel J., The Landscape of Collective Management Schemes, Colum J.L. & Arts 34 (2011), 591–617
Gilliéron, Philippe, Collecting Societies and the Digital Environment, IIC 2006, 939–969
Goldbaum, Wenzel, Urheberrecht und Urhebervertragsrecht, Berlin (Verlag von Georg Stilke) 1922
Goldmann, Bettina C., Die kollektive Wahrnehmung musikalischer Rechte in den USA und Deutschland – Eine vergleichende Studie zu Recht und Praxis der Verwertungsgesellschaften, München, München (C. H. Beck) 2001 (zitiert *Goldmann,* Die kollektive Wahrnehmung musikalischer Rechte) (Besprechung von *Riesenhuber, Karl,* ZUM 2003, 888–890)
Goldmann, Bettina C., Die Regulierung der Urheberverwertungsgesellschaften in den USA – Kollektive Wahrnehmung im Konflikt mit dem Wettbewerbsrecht, GRUR Int. 2001, 420–437
Gorscak, Robert, Der Verlagsvertrag über U-Musik, Baden-Baden (Nomos) 2003
Götz, Volkmar, Die Betrauung mit Dienstleistungen von allgemeinem wirtschaftlichen Interesse (Art. 86 Abs. 2 EG) als Akt der öffentlichen Gewalt, in: Max-Emanuel Geis/Dieter Lorenz (Hrsg.), Festschrift für Maurer, München (C. H. Beck) 2001, S. 921–933
Götz, Wolfgang, Die kollektive Wahrnehmung geistiger Eigentumsrechte in Spanien – Wettbewerbsrechtliche Aspekte und europäischer Kontext, Frankfurt a. M. (Lang) 2000 (zitiert *Götz,* Kollektive Wahrnehmung geistiger Eigentumsrechte)
Gotzen, Frank, A New Perspective for the Management of Copyright and Competition Law in the Internal Market, in: Ansgar Ohly/Theo Bodewig/Thomas Dreier/Horst-Peter Götting/Maximilian Haedicke/Michael Lehmann (Hrsg.), Perspektiven des Geistigen Eigentums und Wettbewerbsrechts – Festschrift für Gerhard Schricker zum 70. Geburtstag, München (C. H. Beck) 2005, S. 299–308 (zitiert Gotzen, FS Schricker)
Gräfin Grote, Sophia, Europäische Perspektiven der Rechtewahrnehmung durch Verwertungsgesellschaften, Baden-Baden (Nomos) 2012
Grohmann, Arno, Wenn die Kasse zweimal klingelt: Das neue zweistufige Lizenzierungsverfahren bei Klingeltönen, GRUR-Prax 2010, 405–409
Grohmann, Arno, Anmerkung zu EuG, Urteil v. 12.4.2013 – T-442/08, CISAC/Europäische Kommission, GRUR-Prax 2013, 296–297
Grossman, Cornelius, Die Schutzfähigkeit von Bearbeitungen gemeinfreier Musikwerke – § 3 Satz 2 UrhG, Baden-Baden (Nomos) 1995
Grundmann, Siegfried, Die GEMA – ein marktbeherrschendes Unternehmen?, NJW 1954, 297–298
Grunewald, Barbara, Die Auslegung von Gesellschaftsverträgen und Satzungen, ZGR 1995, 68–92
GRUR s. Deutschen Vereinigung für gewerblichen Rechtsschutz und Urheberrecht
Gyertyánfy, Péter, Why is a directive on collective management necessary? A perspective from a new memberstate of the EU, 53 JCPS 71
Gyertánfy, Peter, Collective Management of Music Rights in Europe after the CISAC Decision, IIC 2010, 59–89

H

Haedicke, Maximilian, Internet-Protokoll-Fernsehen (IPTV) und Urheberrecht im Zeitalter der Konvergenz der Übertragungswege, ZUM 2017, 1–10
Haensel, Carl, Stellungnahme zu dem Gutachten von Hubmann über die Frage, ob die in § 1 c), e) und i) des GEMA-Berechtigungsvertrages erwähnten Wiedergabearten von dramatisch-musikalischen Werken unter den Begriff „großes Recht" fallen, GEMA-Nachrichten Nr. 43 (1959), 22–50
Haensel, Carl, Die Verankerung der Verwertungsgesellschaften im neuen Urheberrecht, UFITA 33 (1961), 288–307
Haensel, Carl, Die sozial-staatlichen Ansprüche der Autoren auf Verwertungshilfe, UFITA 40 (1963), 1–20
Haensel, Carl, Das Verwertungsgesellschaftengesetz in der Urheberrechtsreform, UFITA 45 (1965), 68–84

Haertel, Kurt, Verwertungsgesellschaften und Verwertungsgesellschaftsgesetz, UFITA 50 (1967), 7–22
Haertel, Kurt/Schiefler, Kurt, Urheberrechtsgesetz und Gesetz über die Wahrnehmung von Urheberrechten und verwandten Schutzrechten – Textausgabe mit Verweisungen und Materialien, Köln/Berlin/Bonn/München (Heymanns) 1967
Hagen, Hans, Wenn die GEMA die GEMA vergisst, KUR 2002, 121–122
Hanewinkel, Ingo Karsten, Urheber versus Verleger – Zur Problematik des § 63a S. 2 UrhG und dessen geplanter Änderung im Zweiten Korb, GRUR 2007, 373–381
Hamilton, Alexander/Madison, James/Jay, John, The Federalist – A Commentary on the Constitution of the United States, Introduction by Edward M. Earle, New York (Random House) 1937
Handig, Christian, Das neue österreichische Verwertungsgesellschaftengesetz (VerwGesG 2006), GRUR Int. 2006, 365–373
Handig, Christian, Urheberrechtliche Aspekte bei der Lizenzierung von Radioprogrammen im Internet, GRUR Int. 2007, 206–218
Hansen, Gerd/Schmidt-Bischofshausen, Albrecht, Ökonomische Funktionen von Verwertungsgesellschaften – Kollektive Wahrnehmung im Lichte von Transaktionskosten- und Informationsökonomik, GRUR Int 2007, 461–481
Hartung, Wolfgang, Das neue Rechtsanwaltsvergütungsgesetz – Ein Überblick über praxisrelevante Neuerungen des Vergütungsrechts, NJW 2004, 1409–1420
Hauptmann, Christian, Der Zwangseinbehalt von Tantiemen der Urheber und ihre Verwendung für soziale und kulturelle Zwecke bei der GEMA und der VG Wort, UFITA 126 (1994), 149–177
Hauptmann, Christian, Die Vergesellschaftung des Urheberrechts – Das ausschließliche Recht, Entindividualisierung und Vergesellschaftung bei Wahrnehmung durch Verwertungsgesellschaften am Beispiel der GEMA und der VG Wort, Baden-Baden (Nomos) 1994
Häuser, Franz/van Look, Frank, Zur Änderung des Zwecks beim eingetragenen Verein, ZIP 1986, 749–756
Häußer, Erich, Praxis und Probleme der Aufsicht der Verwertungsgesellschaften – eine Bestandsaufnahme mit Blick auf die Zukunft, FuR 1980, 57–71
Häußer, Erich, Aufsicht über Verwertungsgesellschaften und Vereinsautonomie, in: Wilhelm Herschel/Heinrich Hubmann/Manfred Rehbinder (Hrsg.), Festschrift für Georg Roeber zum 10. Dezember 1981, Freiburg i. Br. (Hochschulverlag) 1982, S. 113–130
Häußer, Erich, Die Verteilung der im Rahmen der Wahrnehmung von Urheberrechten und Leistungsschutzrechten erzielten Einnahmen an Ausländer, in: Jürgen Becker/Peter Lerche/Ernst-Joachim Mestmäcker (Hrsg.), Wanderer zwischen Musik, Politik und Recht – Festschrift für Reinhold Kreile zu seinem 65. Geburtstag, Baden-Baden (Nomos) 1994, S. 281–290
Have, Harro von/Eickmeier, Frank, Das Lied eines Boxers – Eine Erwiderung auf Russ, ZUM 1995, 32ff., ZUM 1995, 321–324
Hefermehl, Wolfgang, Zum Thema: Freier und unlauterer Wettbewerb, GEMA-Nachrichten Nr. 33 (1957), 5–10
Heindorf, Arne Christian, Die staatliche Aufsicht über Verwertungsgesellschaften, Hamburg 2011
Heine, Robert, Wahrnehmung von Online-Musikrechten durch Verwertungsgesellschaften im Binnenmarkt, Berlin (de Gruyter) 2008
Heine, Robert, Anmerkung zu BGH, Urteil v. 25.10.2012 – I ZR 162/11, „Covermount", GRUR-Prax 2013, 229–230
Heine, Robert, Anmerkung zu KG, Urteil v. 15.5.2013 – 24 U 127/12, GRUR-Prax 2013, 316–317
Heine, Robert/ Eisenberg, Sonja, Verwertungsgesellschaften im Binnenmarkt – Die kollektive Wahrnehmung von Urheberrechten nach der Dienstleistungsrichtlinie, GRUR Int. 2009, 277–283
Heinemann, Andreas, Immaterialgüterschutz in der Wettbewerbsordnung, Tübingen (Mohr Siebeck) 2002
Heinemann, Andreas, Gefährdung von Rechten des geistigen Eigentums durch Kartellrecht? – Der Fall „Microsoft" und die Rechtsprechung des EuGH, GRUR 2006, 705–713
Heister, Hans-Werner/Klein, Hans-Günther, Musik und Musikpolitik im faschistischen Deutschland, Frankfurt a. M. (Fischer) 1984
Heker, Harald (Hrsg.), GEMA-Jahrbuch 2017/2018, Baden-Baden (Nomos) 2017
Heker, Harald/Riemer, Lars Hendrik, Die Einbeziehung von Verteilungsplanänderungen in bestehende Wahrnehmungsverträge am Beispiel der GEMA – zur AGB-rechtlichen Zulässigkeit von dynamischen Bezugnahmeklauseln, FS Pfennig, 2012, 419–438Fe
Held, Stefan, Fragen der kartellrechtlichen Mißbrauchsaufsicht über Verwertungsgesellschaften – Kontroll- und Eingriffsfunktionen des Bundeskartellamts, FuR 1980, 71–78
Herschel, Wilhelm, Die Verwertungsgesellschaften als Träger staatsentlastender Tätigkeit, UFITA 50 (1967), 22–32
Hertin, Paul W., AGB-Gesetz und Urhebervertragsrecht, AfP 1978, 72–79
Hertin, Paul-W., Zur Lizenzierung von Klingeltonrechten, KUR 2004, 101–112

Hertin, Paul, Die Subventionierung der E-Musik durch Einkünfte aus anderen Sprachen der Musikverwertung, GRUR 2013, 469–476
Hertin, Paul, Zwangsinverlagnahme und Refinanzierung von Sendelizenzen bei der Musikverwertung, in Kreativität und Charakter Festschrift für Martin Vogel (2017), 277 (290)
Hesse, Konrad, Die verfassungsrechtliche Stellung der politischen Parteien im modernen Staat, VVDStRL 17 (1959), 11–52
Heyde, Johann, Die grenzüberschreitende Lizenzierung von Online-Musikrechten in Europa, Baden-Baden 2011
Hiestand, Thomas, Der Wahrnehmungsvertrag, Bern (Stämpfli) 1994
Hillig, Hans-Peter, Geschäftsführung ohne Auftrag durch Verwertungsgesellschaften, FS Pfennig, 2012, 439–450
Hilty, Reto M. (Hrsg.), Die Verwertung von Urheberrechten in Europa, Basel (Helbing Lichtenhahn) 1995
Hilty, Reto M./Peukert, Alexander (Hrsg.), Interessenausgleich im Urheberrecht, Baden-Baden (Nomos) 2004
Hilty, Reto M./Peukert, Alexander, Das neue deutsche Urhebervertragsrecht im internationalen Kontext, GRUR Int. 2002, 643–668
Hirsch, Günther, Die Rechtsprechung des EuGH zum Binnenmarkt im Medien- und Kulturbereich, in: *Jürgen Schwarze/Jürgen Becker*, Geistiges Eigentum und Kultur im Spannungsfeld von nationaler Regelungskompetenz und europäischem Wirtschafts- und Wettbewerbsrecht, Baden-Baden (Nomos) 1998, S. 159–167
Hoeren, Thomas, Urheberrecht in der Informationsgesellschaft – Überlegungen zu einem Rechtsgutachten von Gerhard Schricker et al., GRUR 1997, 866–875
Hoeren, Thomas, AGB-rechtliche Fragen zum Wahrnehmungsvertrag der VG Wort, AfP 2001, 8–13
Hoeren, Thomas, Der Zweite Korb – Eine Übersicht zu den geplanten Änderungen im Urheberrechtsgesetz, MMR 2007, 615–620
Hoeren, Thomas, Die Aufsicht über Verwertungsgesellschaften in Deutschland – ein Gesetzgebungsvorschlag, FS Pfennig, 2012, 451–472
Hoeren, Thomas/Altemark, Christine, Musikverwertungsgesellschaften und das Urheberwahrnehmungsgesetz am Beispiel der CELAS, GRUR 2010, 16–22
Hoeren, Thomas/Neurauter, Sebastian, IPTV – Die wichtigsten Rechtsfragen aus Sicht der Anbieter, Münster (LIT Verlag) 2010 (zitiert *Hoeren/Neurauter*, IPTV)
Hoeren, Thomas/Sieber, Ulrich (Hrsg.), Handbuch Multimedia-Recht – Rechtsfragen des elektronischen Geschäftsverkehrs, 17. Aufl. München (C. H. Beck) 2007 (zitiert *Bearbeiter*, in: Handbuch Multimedia-Recht)
Hoeren, Thomas, Urheberrechtliche Fragen rund um IP-TV und Handy-TV, MMR 2008, 139–144
Hoffmann, Willy/Ritter, Wilhelm, Das Recht der Musik – Eine erläuternde Darstellung der für das Urheberrecht geltenden Gesetze, Verordnungen und Anordnungen in alphabetischer Form, Leipzig (Moeser Buchhandlung) 1936
Holeschofsky, Peter, Gedanken zur urheberrechtlichen Verwertungsgesellschaft als Interessenvertretung, ÖBl. 1979, 145–149
Holeschofsky, Peter/Huber, Werner, Zur Mißbrauchsaufsicht über urheberrechtliche Verwertungsgesellschaften, ZfRV 1979, 30–40
Holeweg, Annette, Europäischer und internationaler gewerblicher Rechtschutz und Urheberrecht – Tabellarischer Überblick und aktuelle Entwicklungen, GRUR Int. 2001, 141–165
Holzmüller, Tobias, Der Regierungsentwurf für ein Verwertungsgesellschaftengesetz – Auswirkungen für die GEMA, ZUM 2016, 88–91
Holzmüller, Tobias/Lichtenegger, Moritz, Die Premier-League-Entscheidungen des High Court of Justice: Der Anfang vom Ende des Territorialitätsprinzips bei Sportrechten?, GRUR Int 2009, 195
Honegger, Marc/Massenkeil, Günther (Hrsg.), Das große Lexikon der Musik in 8 Bänden, Freiburg i. Br. (Herder) 1987
Hubmann, Heinrich, Gutachten über die Frage, ob die in § 1 c), e) und i) des GEMA-Berechtigungsvertrages erwähnten Wiedergabearten von dramatisch-musikalischen Werken unter den Begriff „großes Recht" fallen, GEMA-Nachrichten Nr. 43 (1959), 10–22
Hubmann, Heinrich, Das Verwertungsgesellschaftsgesetz und die Berner Übereinkunft, UFITA 48 (1966), 22–45
Hucko, Elmar, Zweiter Korb – Das neue Urheberrecht in der Informationsgesellschaft, München (Medien und Recht) 2007 (zitiert: Hucko, Zweiter Korb)
Hübner, Heinz/Stern, Klaus, Zur Zulässigkeit der Aufsicht des Deutschen Patentamtes über die Verwertungsgesellschaften nach dem Gesetz über die Wahrnehmung von Urheberrechten und verwandten Schutzrechten vom 9.9.1965 (WahrnG), GEMA-Nachrichten Nr. 106 (1978), 85–98

I/J

Immenga, Ulrich/Mestmäcker, Ernst-Joachim (Hrsg.), Wettbewerbsrecht, 5. Aufl. München (C.H. Beck) 2012–2014 (zitiert Immenga/Mestmäcker-*Bearbeiter*, Art./§ Rechtsakt Rn.)

Internationale Gesellschaft für Urheberrecht (Hrsg.), Schutz von Kultur und geistigem Eigentum in der Informationsgesellschaft – XIII. INTERGU-Kongreß, Wien 1997, Baden-Baden (Nomos) 1998

Isacker, Franz van, Vom tieferen Sinn des Urheberrechts und der Rolle, die die Verwertungsgesellschaften dabei spielen, in: Wilhelm Herschel/Friedrich Klein/Manfred Rehbinder (Hrsg.), Festschrift für Georg Roeber, Berlin (Schweitzer) 1973, S. 221–235

Jacobi, Philipp, Third Party Access im Europäischen Wettbewerbsrecht – Artikel 82 EG-Vertrag als Grundlage eines Zugangsanspruchs Dritter zu fremden Infrastruktureinrichtungen, Baden-Baden (Nomos) 2002

Jani, Ole, Alles eins? – Das Verhältnis des Rechts der öffentlichen Zugänglichmachung zum Vervielfältigungsrecht, ZUM 2009, 722–730

Janik, Viktor/Tiwisana, Constanze, Neuer europäischer Rechtsrahmen für Verwertungsgesellschaften – Einstieg in den Ausstieg aus dem System des „collective rights managements"?, ZUM 2013, 177–180

K

Käller, Anja, Die Verweigerung einer immaterialgüterrechtlich geschützten Leistung und das Missbrauchsverbot des Art. 82 EG – Die Anwendung europäischen Wettbewerbsrechts auf Immaterialgüterrechte, Baden-Baden (Nomos) 2006

Kann, Berit, Musikpiraterie – Ansätze zur Lösung der praktischen und juristischen Probleme unter besonderer Berücksichtigung des Urheberstrafrechts, Münster (Lit-Verlag) 1995

Karbaum, Michael, Kleines Recht, Großes Recht, Kollektive und individuelle Wahrnehmung von Urheberrechten in der Musik, GEMA-Nachrichten Nr. 152 (1995), 116–119

Karnell, Gunnar, Die Verwertungsgesellschaften in einem zusammenwachsenden Europa, GRUR Int. 1991, 583–592

Katzenberger, Paul, Prozessuale Hilfen bei der Durchsetzung von Rechten der urheberrechtlichen Verwertungsgesellschaften in Fällen der Aktivlegitimation, des Auskunftsverlangens und der Vergütungsansprüche, FuR 1981, 236–249

Katzenberger, Paul, Die verschiedenen Systeme des Aufsichtsrechts über die kollektive Verwertung von Urheberrechten in den Europäischen Staaten, in: Reto M. Hilty (Hrsg.), Die Verwertung von Urheberrechten in Europa, Basel (Helbing Lichtenhahn) 1995, S. 1–15 (zitiert *Katzenberger,* in: Verwertung von Urheberrechten in Europa)

Katzenberger, Paul, Elektronische Pressespiegel aus der Sicht des urheberrechtlichen Konventionsrechts, GRUR Int. 2004, 739–745

Katzenberger, Paul/Nérisson, Sylvie, Kulturförderung, Solidarität und Verteilungsgerechtigkeit in Recht und Praxis urheberrechtlicher Verwertungsgesellschaften, GRUR Int. 2011, 283–295

Keiderling, Thomas, Geist, Recht und Geld – die VG WORT 1958–2008, Berlin 2008

Kempermann, Philip/Pieper, Jan-Hendrik, OTT-TV und die Kabelweitersendung, CR 2013, 661–666

Kirchhof, Paul, Der verfassungsrechtliche Gehalt des geistigen Eigentums, in: Walther Fürst/Roman Herzog/Dieter C. Umbach (Hrsg.), Festschrift für Wolfgang Zeidler, Berlin (De Gruyter) 1987, S. 1639–1661

Kirchberg, Elena, Anmerkung zu OLG München, Urteil v. 17.10.2013 – 6 U 2492/12, GRUR-Prax 2013, 521–522

Klare, Franziska/Chau, Jan, Noch genauere Hochrechnungen, virtuos 1/2014, 44

Klauer (ohne Vornamensangabe), Die Vermittlung von Musikaufführungsrechten nach dem Gesetz vom 4. Juli 1933, UFITA 6 (1933), 291–298

Klass, Nadine, Die deutsche Gesetzesnovelle zur „Nutzung verwaister und vergriffener Werke und einer weiteren Änderung des Urheberrechtsgesetzes" im Kontext der Retrodigitalisierung in Europa, GRUR Int 2013, 881–894

Klees, Andreas, Der Erwerb von Handyklingeltönen durch Minderjährige: eine Untersuchung der Vertragsverhältnisse und Vergütungsansprüche, CR 2005, 626–632

Klees, Andreas/Lange, Timo, Bewerbung, Nutzung und Herstellung von Handyklingeltönen: eine Analyse der medien-, wettbewerbs- und urheberrechtlichen Anspekte, CR 2005, 684–688

Klett, Alexander, Anmerkung zu BGH, Urteil v. 14.10.2010 – I ZR 11/08, K&R 2011, 50–51

Klickermann, Paul H., Sendearchive im Fokus unbekannter Nutzungsarten, MMR 2007, 221–225

Kloth, Matthias, Anmerkung zu BGH, Urteil v. 2.2.2012 – I ZR 162/09, „Delcantos Hits", GRUR-Prax 2012, 381–382

Knieps, Günter, Wettbewerbsökonomie, 2. Aufl. Berlin/Heidelberg/New York (Springer) 2005

Koch, Justus, Eine Verwertungsgesellschaft für bildende Kunst und ihre rechtlichen Voraussetzungen, GRUR 1933, 395–402

Koizumi, Naoki, Die Treuhandverwaltung von Urheberrechten durch Verwertungsgesellschaften in Japan, GRUR Int. 1998, 579–583

Kornmeier, Udo/Cichon, Caroline, Nutzungsrechte bei Multimedia-Auswertungen, in: Rolf Moser/Andreas Scheuermann (Hrsg.), Handbuch der Musikwirtschaft, 6. Aufl. München (Josef Keller) 2003, S. 864–907 (zitiert *Kornmeier/Cichon*, in: Handbuch der Musikwirtschaft)

Kreile, Johannes, Der bedingte Abschluss von Gesamtverträgen, FS Pfennig, 2012, 473–486

Kreile, Johannes / Kruedener, Alexis von, Video-on-Demand als Teil einer technologieneutralen Weitersendung – ein Widerspruch? ZUM 2014, 772–777

Kreile, Reinhold, Technischer Fortschritt und Urheberrecht, in: Wilhelm Herschel/Heinrich Hubmann/Manfred Rehbinder (Hrsg.), Festschrift für Georg Roeber zum 10. Dezember 1981, Freiburg i. Br. (Hochschulverlag) 1982, S. 245–255

Kreile, Reinhold, Vervielfältigung zum privaten Gebrauch, eine Herausforderung an den Kulturstaat und seine Urheberrechtsgesetzgebung, ZUM 1991, 101–115

Kreile, Reinhold, Einnahme und Verteilung der gesetzlichen Geräte- und Leerkassettenvergütung für private Vervielfältigung in Deutschland, GRUR Int. 1992, 24–36

Kreile, Reinhold, Die Sozialbindung des geistigen Eigentums, in: Peter Badura/Rupert Scholz (Hrsg.), Wege und Verfahren des Verfassungslebens – Festschrift für Peter Lerche zum 65. Geburtstag, München (C. H. Beck) 1993, S. 251–266

Kreile, Reinhold, Bericht über die WIPO Sitzungen zum möglichen Protokoll zur Berner Konvention und zum „neuen Instrument" vom 22.–24. Mai 1996, ZUM 1996, 964–966

Kreile, Reinhold, Rechtsdurchsetzung und Rechtsverwaltung in der Informationsgesellschaft, in: Internationale Gesellschaft für Urheberrecht (Hrsg.), Schutz von Kultur und geistigem Eigentum in der Informationsgesellschaft – XIII. INTERGU-Kongreß, Wien 1997, Baden-Baden (Nomos) 1998, S. 135–148 (zitiert *Kreile*, in: Schutz von Kultur und geistigem Eigentum)

Kreile, Johannes, Die Berechtigten am Film: Produzent/Producer – Statement aus der Sicht der Verwertungsgesellschaften, ZUM 1999, 59–62

Kreile, Reinhold, Die Zusammenarbeit der Verwertungsgesellschaften unter der Aufsicht des Deutschen Patent- und Markenamtes, GRUR 1999, 885–890

Kreile, Reinhold, Rechtedurchsetzung und Rechteverwaltung durch Verwertungsgesellschaften in der Informationsgesellschaft, in: Manfred Rehbinder/Martin Schaefer/Peter Zombik (Hrsg.), Aktuelle Rechtsprobleme des Urheber- und Leistungsschutzes sowie der Rechtewahrnehmung – Festschrift für Norbert Thurow, Baden-Baden (Nomos) 1999, S. 41–51

Kreile, Reinhold, Einnahme und Verteilung der gesetzlichen Geräte- und Leerkassettenvergütung für private Vervielfältigung in Deutschland – Ein System hat sich bewährt, in: Reinhold Kreile (Hrsg.), GEMA-Jahrbuch 2001/2002, Baden-Baden (Nomos) 2001, S. 94–126

Kreile, Reinhold, Randbemerkungen zu einem Gesetzgebungsverfahren – vom Gelingen und Misslingen des Interessenausgleiches zwischen Urhebern und der IT-Industrie bei der Neuregelung der Vergütung für die Privatkopie, in: Rainer Kanzleiter/Wilfried Kössinger/Herbert Grziwotz (Hrsg.), Festschrift für Hans Wolfsteiner zum zum 70. Geburtstag am 29. November 2007, Köln/Berlin/Bonn/München (Heymanns) 2008, S. 99–109

Kreile, Reinhold/Becker, Jürgen, Stand der Harmonisierungsbemühungen der EG auf dem Gebiet des Urheberrechts am Vorabend des Europäischen Binnenmarkts, ZUM 1992, 581–594

Kreile, Reinhold/Becker, Jürgen, Neuordnung des Urheberrechts in der Europäischen Union, GRUR Int. 1994, 901–911

Kreile, Reinhold/Becker, Jürgen, Multimedia und die Praxis der Lizenzierung von Urheberrechten, GRUR Int. 1996, 677–692

Kreile, Reinhold/Becker, Jürgen, Verwertungsgesellschaften in der Informationsgesellschaft – Wirtschaftliche und rechtliche Standortbestimmung, in: Ulrich Immenga/Werner Möschel/Dieter Reuter (Hrsg.), Festschrift für Ernst-Joachim Mestmäcker zum siebzigsten Geburtstag, Baden-Baden (Nomos) 1996, S. 77–99

Kreile, Reinhold/Becker, Jürgen, Rechtsdurchsetzung und Rechteverwaltung in der Informationsgesellschaft, in: Reinhold Kreile (Hrsg.), GEMA-Jahrbuch 2000/2001, Baden-Baden (Nomos) 2000, S. 84–104

Kreile, Reinhold/Becker, Jürgen, GEMA, in: Rolf Moser/Andreas Scheuermann (Hrsg.), Handbuch der Musikwirtschaft, 6. Aufl. München (Josef Keller) 2003, S. 687–707 (zitiert *Kreile/Becker*, in: Handbuch der Musikwirtschaft)

Kreile, Reinhold/Becker, Jürgen, Verwertungsgesellschaften, in: Rolf Moser/Andreas Scheuermann (Hrsg.), Handbuch der Musikwirtschaft, 6. Aufl. München (Josef Keller) 2003, S. 593–598 (zitiert *Kreile/Becker*, in: Handbuch der Musikwirtschaft)

Kreile, Reinhold/Becker, Jürgen, Legitimation, Praxis und Zukunft der privaten Vervielfältigung – dargestellt am System der privaten Vervielfältigung in Deutschland, in: Ulrich Loewenheim (Hrsg.), Urheberrecht im Informationszeitalter – Festschrift für Wilhelm Nordemann zum 70. Geburtstag, München (C.H. Beck) 2004, S. 279–298

Kreile, Reinhold/Becker, Jürgen, Digital Rights Management und private Vervielfältigung aus der Sicht der GEMA, in: Ansgar Ohly/Theo Bodewig/Thomas Dreier/Horst-Peter Götting/Maximilian Haedicke/Michael Lehmann (Hrsg.), Festschrift für Gerhard Schricker zum 70. Geburtstag, München (C.H. Beck) 2005, S. 373–385

Kretzschmer, Martin, The failure of property rules in collective administration: Rethinking copyright societies as regulatory instruments, EIPR 24 (2002)

Krogmann, Carrie, Zum „Entwurf eines Gesetzes zur Nutzung verwaister Werke und zu weiteren Änderungen des Urheberrechtsgesetzes" sowie zur technologieneutralen Ausgestaltung des § 20b UrhG, ZUM 2013, 457–461

Kröber, Christian, Stärkt das neue Vermietrecht die Position der schöpferischen Menschen?, ZUM 1995, 854–857

Kröber, Christian, Anspruch von Verwertungsgesellschaften auf Hinterlegung? – Anmerkung zum Urteil des Oberlandesgerichts Naumburg vom 19. August 1997, ZUM 1997, 927–928

Krüger, Christof, Zur Wahrnehmung des sog. Filmherstellungsrechts durch die GEMA, in: Andreas Scheuermann (Hrsg.), Urheberrechtliche Probleme der Gegenwart – Festschrift für Ernst Reichardt zum 75. Geburtstag, Baden-Baden (Nomos) 1990, S. 79–100

Kuhn, Martin, Recht und Praxis der Verwertungsgesellschaften in Italien im Vergleich zu Deutschland, München (VFF) 1998 (zitiert *Kuhn,* Verwertungsgesellschaften in Italien)

Kühn, Manfred, Zur grenzüberschreitenden Lizenzierung von Urheberrechten innerhalb der europäischen Gemeinschaft und die Stellung der Verwertungsgesellschaften, GRUR 1986, 670–671

Kukuk, Gerd, Urheberrechtswahrnehmung in den USA, Diss. Berlin 1995

L

Landfermann, Hans, Zur Staatsaufsicht über die urheberrechtlichen Verwertungsgesellschaften, KUR 2000, 33–35

Landfermann, Richard, Handy-Klingeltöne im Urheber- und Markenrecht, Göttingen (V & R Unipress) 2006

Langhoff, Helge, Der urheberrechtliche Schutz von Sendeunternehmen im digitalen Umfeld, Berlin (LIT Verlag) 2016 (zit.: Langhoff, Der urheberrechtliche Schutz von Sendeunternehmen)

Langhoff, Helge/Oberndörfer, Pascal/Jani, Ole, Der „Zweite Korb" der Urheberrechtsreform, ZUM 2007, 593–603

Larenz, Karl, Methodenlehre der Rechtswissenschaft, 6. Aufl. Berlin/Heidelberg/New York/London/Paris/Tokyo/Hong Kong/Barcelona/Budapest (Springer) 1991 (zitiert *Larenz,* Methodenlehre)

Lauber, Anne/Schwipps, Karsten, Das Gesetz zur Regelung des Urheberrechts in der Informationsgesellschaft, GRUR 2004, 293–300

Leisner, Walter, Urheberrechtsverwertung und Verfassungsrecht, UFITA 48 (1966), 46–81

Leistner, Rames, CR 2017, 818

Lerche, Peter, Rechtsfragen der Verwirklichung kultureller und sozialer Aufgaben bei der kollektiven Wahrnehmung von Urheberrechten, insbesondere im Blick auf den sogen. 10%-Abzug der GEMA, GEMA-Jahrbuch 1997/98, Baden-Baden (Nomos) 1997, 80–127

Lerche, Peter, Verwertungsgesellschaften als Unternehmen „sui generis", ZUM 2003, 34–38

Lewinski, Silke v., A model that may indeed help, in: *von Lewinski* (Hrsg.), Remuneration for the use of works, Berlin 2017, S. 255 ff.

Lewinski, Silke v., Collectivism and its role in the frame of individual contracts, in: *Jan Rosén* (Hrsg.), Individualism and Collectiveness in Intellectual Property Law, Cheltenham 2012, S. 117 ff.

Lewinski, Silke v., Die Umsetzung der Richtlinie zum Vermiet- und Verleihrecht, ZUM 1995, 442–450

Lewinski, Silke v., Europäisches Urheberrecht in der Informationsgesellschaft, in: Josef Drexl/Karl F. Kreuzer/Dieter H. Scheuing/Ulrich Sieber (Hrsg.), Europarecht im Informationszeitalter, Baden-Baden (Nomos) 2000, S. 55–74 (zitiert *v. Lewinski,* in: Urheberrecht im Informationszeitalter)

Lewinski, Silke v., Gedanken zur kollektiven Rechtewahrnehmung, in: Ansgar Ohly/Theo Bodewig/Thomas Dreier/Horst-Peter Götting/Maximilian Haedicke/Michael Lehmann (Hrsg.), Perspektiven des Geistigen Eigentums und Wettbewerbsrechts – Festschrift für Gerhard Schricker zum 70. Geburtstag, München (C.H. Beck) 2005, S. 401–412 (zitiert *v. Lewinski,* FS Schricker)

Lewinski, Silke v., International Copyright Over the Last 50 Years – A Foreign Perspective, Journal of the Copyright Society of the USA 50 (2003), S. 581 ff.

Lewinski, Silke v., Ein Happy End nach vielen Anläufen: Der Vertrag von Peking zum Schutz von audiovisuellen Darbietungen, GRUR Int. 2013, 12–19

Lewinski, Silke v., Mandatory Collective Administration of Exclusive Rights – A Case Study on its Compatibility with International and EC-Copyright Law, e.Copyright Bulletin (UNESCO) no. 1/4, Jan.–Mar. 2004, S. 1–19

Lewinski, Silke v., Stakeholder Consultation on Copyright Levies in a Converging World – Antworten des Max-Planck-Instituts, GRUR Int 2006, 1006–1011

Lichte, Walter, Musikverlagsverträge, in: Rolf Moser/Andreas Scheuermann (Hrsg.), Handbuch der Musikwirtschaft, 6. Aufl. München (Josef Keller) 2003, S. 1067–1090 (zitiert *Lichte*, in: Handbuch der Musikwirtschaft)

Liebrecht, Ehrhard, Die Zweckübertragungslehre im ausländischen Urheberrecht, München (C. H. Beck) 1983

Limper, Josef/Musiol, Christian (Hrsg.), Handbuch des Fachanwalts Urheber- und Medienrecht, 2. Aufl. Köln (Carl Heymanns) 2017

Lober, Andreas, Die IMS-Health-Entscheidung der Europäischen Kommission: Copyright K.O.?, GRUR Int. 2002, 7–16

Loewenheim, Ulrich, Urheberrecht und Kartellrecht – Überlegungen zur Anwendung des GWB bei der Verwertung von Urheberrechten und verwandten Schutzrechten, UFITA 79 (1977), 175–211

Loewenheim, Ulrich, Urheberrechtliche Probleme bei Multimediaanwendungen, GRUR 1996, 830–836

Loewenheim, Ulrich, Urheberrecht im Informationszeitalter – Festschrift für Wilhelm Nordemann zum 70. Geburtstag, München (C. H. Beck) 2004

Loewenheim, Ulrich, (Hrsg.), Handbuch des Urheberrechts, 2. Aufl. München (C. H. Beck) 2010 (zitiert Loewenheim-*Bearbeiter*, § Rn.)

Loewenheim, Ulrich/Meessen, Karl M./Riesenkampf, Alexander/Kersting, Christian/Meyer-Lindemann, Hans-Jürgen (Hrsg.), Kartellrecht – Kommentar, 3. Aufl. 2016 (zitiert: Loewenheim/Meeßen/Riesenkampf-Bearbeiter § GWB Rn.)

Löhr, Joachim, Die Aufsicht über Verwertungsgesellschaften, München (VVF) 1992 (zitiert *Löhr*, Die Aufsicht über Verwertungsgesellschaften)

Lucius, Wulf von, Verwerter und Verwertungsgesellschaften, ZUM 2008, 925–927

Lüder, Tilman, First Experience With EU-wide Online Music Licensing, GRUR Int. 2007, 649–658

Lüderitz, Martin, Rückforderung von Vergütung – brutto oder netto?, BB 2010, 2629–2635

Lukes, Rudolf, Erstreckung der Vereinsgewalt auf Nichtmitglieder durch Rechtsgeschäft, in: Wolfgang Hefermehl/Rudolf Gmür/Hans Brox (Hrsg.), Festschrift für Harry Westermann zum 65. Geburtstag, Karlsruhe (C. F. Müller) 1974, S. 325–345

Lux, Herwig, Verwertungsgesellschaften, Kartellrecht und 6. GWB-Novelle, WRP 1998, 31–38

M

Maaß, Günther, Der Kontrollzuschlag der GEMA bei unberechtigter Musikwiedergabe und seine Erweiterungsfähigkeit, Pfaffenweiler (Centaurus) 1986 (zitiert *Maaß*, Kontrollzuschlag der GEMA)

Mäger, Thorsten, Die Abtretung urheberrechtlicher Vergütungsansprüche in Verwertungsverträgen, Berlin (BWV) 2000

Maier-Hauff, Julia, Privatsender fordern ein gebündeltes Musikrechteclearing und die Anwendung der Governancevorgaben auf sogenannte Tochtergesellschaften von Verwertungsgesellschaften, ZUM 2013, 182–184

Markowski, Kristina, La Commission permanente de contrôle des sociétés de perception et répartition des droits – Die ständige Kontrollkommission über Verwertungsgesellschaften in Frankreich, GRUR Int 2007, 819–825

Maturana, Simón, Verwertungsgesellschaften in der Wettbewerbsordnung, KSzW 2015, 299–306

Mauhs, Angela, Der Wahrnehmungsvertrag, Baden-Baden (Nomos) 1991

Max-Planck-Institut für Geistiges Eigentum, Wettbewerbs- und Steuerrecht, Stellungnahme des Max-Planck-Instituts für Geistiges Eigentum, Wettbewerbs- und Steuerrechts zuhanden des Bundesministeriums der Justiz betreffend die Empfehlung der Europäischen Kommission über die Lizenzierung von Musik für das Internet vom 18. Oktober 2005 (2005/737/EG), GRUR Int. 2006, 222–225

Melichar, Ferdinand, Die Wahrnehmung von Urheberrechten durch Verwertungsgesellschaften – am Beispiel der VG Wort, München (Schweitzer) 1983

Melichar, Ferdinand, Verleger und Verwertungsgesellschaften, UFITA 117 (1991), 5–19

Melichar, Ferdinand, Notwendige Maßnahmen auf dem Gebiet der Reprographieregelung, in: VG WORT (Hrsg.), Dokumentation der VG WORT zum Kongreß „Geist und Recht", München (Privatdruck) 1992, S. 61–70

Melichar, Ferdinand, Zur Sozialbindung des Urheberrechts, in: Johann Adrian/Wilhelm Nordemann/Artur Wandtke (Hrsg.), Josef Kohler und der Schutz des geistigen Eigentums in Europa, Berlin (BWV) 1996, S. 101–111 (zitiert *Melichar*, in: Josef Kohler und der Schutz des geistigen Eigentums)

Melichar, Ferdinand, Verwertungsgesellschaften und Multimedia, in: Michael Lehmann (Hrsg.), Internet- und Multimediarecht (Cyberlaw), Stuttgart (Schäffer-Pöschel) 1997, S. 205–218 (zitiert *Melichar,* in: Internet- und Multimediarecht)

Melichar, Ferdinand, Schöpfer vorbestehender Werke aus der Sicht der VG WORT, ZUM 1999, 12–15

Melichar, Ferdinand, Urheberrecht in Theorie und Praxis, Tübingen (Mohr Siebeck) 1999

Melichar, Ferdinand, Kehrtwende im Urheberrecht?, Musikforum 2005, 58–60

Menzel, Hans-Jürgen, Die Aufsicht über die GEMA durch das Deutsche Patentamt: ein Beispiel für die Aufsicht über Verwertungsgesellschaften, Heidelberg (Decker & Müller) 1986 (zitiert *Menzel,* Die Aufsicht über die GEMA)

Merkel, Jörg, Möglichkeiten und Grenzen einer Anwendung der Zweckübertragungstheorie in Erfinder-, Patent- und Gebrauchsmusterrecht, Berlin (Lang) 1974

Merz, Eduard, Durchsetzung von Urheberrechten – Rechtsschutz für den Urheber und für den Urheberrechtsnutzer, ZUM 1987, 309–320

Mesevic, Iza Razija, Das Recht und die Praxis der Verwertungsgesellschaften in Südosteuropa, 2013

Mestmäcker, Ernst-Joachim, Gewerbliche Schutzrechte und Urheberrechte in der Eigentums- und Wirtschaftsordnung, in: Andreas Fuchs/Hans-Peter Schwintowski/Daniel Zimmer (Hrsg.), Festschrift für Ulrich Immenga, München (C. H. Beck) 2004, S. 261–276

Mestmäcker, Ernst-Joachim, Sind urheberrechtliche Verwertungsgesellschaften Kartelle?, Berlin/Frankfurt a. M. (Vahlen) 1960

Mestmäcker, Ernst-Joachim, Urheberrechte und Verwertungsgesellschaften im europäischen Gemeinschaftsrecht, Sonderdruck aus: *Mestmäcker, Ernst-Joachim,* Zur Anwendung von Kartellaufsicht und Fachaufsicht auf urheberrechtliche Verwertungsgesellschaften und ihre Mitglieder, in: Herbert Leßmann/Bernhard Großfeld/Lothar Vollmer (Hrsg.), Festschrift für Rudolf Lukes zum 65. Geburtstag, Köln/Berlin/Bonn/München (Heymanns) 1989, S. 445–460

Mestmäcker, Ernst-Joachim, Zur Rechtsstellung urheberrechtlicher Verwertungsgesellschaften im europäischen Wettbewerbsrecht, in: Manfred Löwisch/Christian Schmidt-Leithoff/Burkhard Schmiedel (Hrsg.), Beiträge zum Handels- und Wirtschaftsrecht – Festschrift für Fritz Rittner zum 70. Geburtstag, München (C. H. Beck) 1991, S. 391–404

Mestmäcker, Ernst-Joachim, Rechtstellung und Marktstellung der Inhaber gewerblichen und kommerziellen Eigentums im europäischen Gemeinschaftsrecht – zum Verhältnis von Art. 36 und Art. 86 EGV, in: Jürgen Becker/Peter Lerche/Ernst-Joachim Mestmäcker (Hrsg.), Wanderer zwischen Musik, Politik und Recht – Festschrift für Reinhold Kreile zu seinem 65. Geburtstag, Baden-Baden (Nomos) 1994, S. 419–428

Mestmäcker, Ernst-Joachim, Geistiges Eigentum und Kultur im Spannungsfeld von nationaler Regelungskompetenz und europäischem Wirtschafts- und Wettbewerbsrecht aus Sicht der Verwertungsgesellschaften, in: Jürgen Schwarze/Jürgen Becker (Hrsg.), Geistiges Eigentum und Kultur im Spannungsfeld von nationaler Regelungskompetenz und europäischem Wirtschafts- und Wettbewerbsrecht, Baden-Baden (Nomos) 1998, S. 53–74 (zitiert *Mestmäcker,* in: Schwarze/Becker, Geistiges Eigentum und Kultur im Spannungsfeld)

Mestmäcker, Ernst-Joachim, Gegenseitigkeitsverträge von Verwertungsgesellschaften im Binnenmarkt, WuW 2004, 754–769

Mestmäcker, Ernst-Joachim, Unternehmenskonzentrationen und Urheberrechte in der alten und »neuen« Musikwirtschaft, ZUM 2001, 185–194

Mestmäcker, Ernst-Joachim/Schweitzer, Heike, Europäisches Wettbewerbsrecht, 2. Aufl. München (C. H. Beck) 2004

Meyer, Katrin, Verwertungsgesellschaften und ihre Kontrolle nach dem Urheberrechtswahrnehmungsgesetz – Unter besonderer Berücksichtigung der Anforderungen und Möglichkeiten des digitalen Zeitalters, Baden-Baden (Nomos) 2001 (zitiert *Meyer,* Verwertungsgesellschaften und ihre Kontrolle)

Mogg, John, Eröffnungsrede der Konferenz „European Copyright Revisited", Santiago de Compostela, 16.–18. Juni 2002, im Internet abrufbar unter http://europa.eu.int/comm/internal_market/copyright/conferences/2002-06-conference-speech-mogg_en.htm (zuletzt abgerufen am 8. April 2008)

Möhring, Philipp, Der Regierungsentwurf eines Gesetzes über Verwertungsgesellschaften auf dem Gebiet des Urheberrechts (Verwertungsgesellschaftengesetz), UFITA 36 (1962), 407–427

Möller, Margret, Die Urheberrechtsnovelle '85 – Entstehungsgeschichte und verfassungsrechtliche Grundlagen, Heidelberg (C. F. Müller) 1986 (zitiert *Möller,* Urheberrechtsnovelle 1985)

Möller, Margret, Urheberrecht oder Copyright? – Author's Right or Copyright? – Droit d'auteur ou Copyright?, ZUM 1990, 65–70

Möschel, Wernhard, Service public und europäischer Binnenmarkt, JZ 2003, 1021–1027

Möschel, Wernhard/Bechtold, Stefan, Copyright-Management im Netz, MMR 1998, 571–576

Moser, Rolf/Scheuermann, Andreas (Hrsg.), Handbuch der Musikwirtschaft, 6. Aufl. München (Josef Keller) 2003
Movsessian, Vera/Seifert, Fedor, Einführung in das Urheberrecht der Musik, 2. Aufl. Wilhelmshaven (Noetzel) 1995
Müller, Bernd, Die verfassungsrechtliche Problematik des Gesetzes über die Wahrnehmung von Urheberrechten und verwandten Schutzrechten, Diss. Frankfurt a. M., 1968
Müller, Stefan, Der Verteilungsplan der GEMA – Rechtliche Grundlagen und Prinzipien der Verteilung, Baden-Baden (Nomos) 2006
Müller, Stefan, Anmerkungen zu den Thesen von Jörn Pfennig, GEMA Nachrichten Nr. 174 (November 2006), 151–152
Müller, Stefan, Festlegung und Inkasso von Vergütungen für die private Verfielfältigung auf der Grundlage des „Zweiten Korbs", ZUM 2007, 777–791
Müller, Stefan, Rechtewahrnehmung durch Verwertungsgesellschaften bei der Nutzung von Musikwerken im Internet, ZUM 2009, 121–131
Müller, Stefan, Die Rechteinhaberschaft an Musikwerken bei Online-Nutzungen, ZUM 2011, 13–20
Münchener Kommentar, *S. Säcker/Rixecker*

N

Neumann, Till, Urheberrecht und Schulgebrauch, Baden-Baden (Nomos) 1994
Nérisson, Sylvie, Europäischer Rechtsrahmen für Verwertungsgesellschaften: Die hochfliegenden Pläne der Europäischen Kommission in ihrem Richtlinienvorschlag, ZUM 2013, 185–191
Nipperdey, Hans Carl, Marktbeherrschende Unternehmen beim musikalischen Urheberrecht?, NJW 1953, 881–884
Nordemann, Axel/Nordemann, Jan Bernd/Czychowski, Christian, Die Entwicklung der Gesetzgebung und Rechtsprechung zum Urheberrecht in den Jahren 1998 und 1999, NJW 2000, 620–634
Nordemann, Axel/Nordemann, Jan Bernd/Czychowski, Christian, Die Entwicklung der Gesetzgebung und Rechtsprechung zum Urheberrecht in den Jahren 2000 und 2001, NJW 2002, 562–572
Nordemann, Jan Bernd, Urhebervertragsrecht und neues Kartellrecht gem. Art. 81 EG und § 1 GWB, GRUR 2007, 203–215
Nordemann, Wilhelm, Der Begriff der „angemessenen Bedingungen" in § 6 Absatz 1 Wahrnehmungsgesetz, GRUR Int. 1973, 306–310
Nordemann, Wilhelm, Die Urheberrechtsreform 1985, GRUR 1985, 837–843
Nordemann, Wilhelm, Entwicklung und Bedeutung der Verwertungsgesellschaften, in: Friedrich-Karl Beier/Alfons Kraft/Gerhard Schricker/Elmar Wadle (Hrsg.), Gewerblicher Rechtsschutz und Urheberrecht in Deutschland – Festschrift zum hundertjährigen Bestehen der Deutschen Vereinigung für gewerblichen Rechtsschutz und Urheberrecht und ihrer Zeitung, Band I und II, Weinheim (VCH) 1991, S. 1197–1210 (zitiert *Nordemann*, FS 100 Jahre GRUR)
Nordemann, Wilhelm, Mängel der Staatsaufsicht über die deutschen Verwertungsgesellschaften?, GRUR 1992, 584–589
Nordemann, Wilhelm, Die Veränderung der Prinzipien des nationalen Urheberrechts unter dem Einfluß des Europäischen Rechts, in: Josef Drexl/Karl F. Kreuzer/Dieter H. Scheuing/Ulrich Sieber (Hrsg.), Urheberrecht im Informationszeitalter, Baden-Baden (Nomos) 2000, S. 43–54 (zitiert *Nordemann*, in: Urheberrecht im Informationszeitalter)
Nordemann, Wilhelm/Nordemann, Jan Bernd, Die US-Doktrin des „work made for hire" im neuen deutschen Urhebervertragsrecht – ein Beitrag insbesonder zum Umfang der Reichtseinräumung für Deutschland, in: Ansgar Ohly/Theo Bodewig/Thomas Dreier/Horst-Peter Götting/Maximilian Haedicke/Michael Lehmann (Hrsg.), Perspektiven des geistigen Eigentums und des Wettbewerbsrechts, Festschrift für Gerhard Schricker zum 70. Geburtstag, München 2005, S. 473–482

O

Ochsner, Beat, Die kollektive Verwertung urheberrechtlicher Nutzungsbefugnisse, Diss. Basel 1980
Ohly, Ansgar, Geistiges Eigentum?, JZ 2003, 545–554
Ory, Stephan, Das neue Urhebervertragsrecht, AfP 2002, 93–104
Ory, Stephan, Rechtliche Überlegungen aus Anlass des „Handy-TV" nach dem DMB-Standard, ZUM 2007, 7–12

P/Q

Palandt, Otto (Begr.), Bürgerliches Gesetzbuch – Kommentar, 76. Aufl. München (C. H. Beck) 2017 (zitiert Palandt-*Bearbeiter*, § Rn.)
Paoli, Nicola de, BGH-Urteil befeuert Klingelton-Streit, Financial-Times Deutschland vom 15.3.2006, S. 6

Peifer, Karl-Nikolaus, Das Territorialitätsprinzip im Europäischen Gemeinschaftsrecht vor dem Hintergrund der technischen Entwicklungen, ZUM 2006, 1–8

Peifer, Karl-Nikolaus, Umsetzung der EU-Richtlinie für Verwertungsgesellschaften in deutsches Recht, ZUM 2014, 453

Peifer, Karl-Nikolaus, Anmerkung zu BGH, Urteil vom 21. April 2016 – I ZR 198/13 – Verlegeranteil, ZUM 2016, 650–652

Peinemann, Berthold, Die Pflichten der Verwertungsgesellschaften gegenüber den Urhebern und Leistungsschutzberechtigten, UFITA 52 (1969), 153–168

Pereira, Miguel Mendes, From Discothèques to Websites – A New Approach to Music Copyright Licensing – The Simulcasting Decision, EC Competition Policy News Letter 2003, 44–49

Petersdorff-Campen, Thomas v., Videozweitauswertung, ZUM 1996, 1037–1048

Petersdorff-Campen, Thomas v., Anmerkungen zu LG München I vom 4.10.2001 – 7 O 3154/01, ZUM 2002, 74–76

Peukert, Alexander, DRM : Ende der kollektiven Vergütung?, sic! 10/2004, 749–756

Pfennig, Bruno, Kartellrechtliche Fragen im urheberrechtlichen Geschäftsverkehr – Ein Beitrag darüber aus Anlaß des Erscheinens des Buches „Die Wettbewerbsbeschränkung" von Oswald Lehnich, UFITA 25 (1958), 129–151

Pfennig, Gerhard, Die Entwicklung der Verwertungsgesellschaften für Bildende Kunst, Fotografie und Film im europäischen Rahmen, in: Jürgen Becker (Hrsg.), Die Verwertungsgesellschaften im Europäischen Binnenmarkt – Symposium für Reinhold Kreile zum 60. Geburtstag, Baden-Baden (Nomos) 1990, 63–77

Pfennig, Gerhard, Anmerkung zu LG Köln v. 9.4.1997 – 28 O 55/96, ZUM 1998, 170

Pfennig, Gerhard, Rechtstellung und Aufgaben der VG Bild-Kunst, KUR 1999, 10–16

Pfennig, Gerhard, Digital Rights Management Systeme aus der Sicht von Verwertungsgesellschaften, ZUM 2004, 198–203

Pfennig, Jörn, Die Drei-Klassen-Gesellschaft der GEMA, Anmerkungen zu einer merkwürdigen Konstruktion, GEMA Nachrichten Nr. 174 (November 2006), 150

Pickrahn, Günter, Verwertungsgesellschaften nach deutschem und europäischem Kartellrecht, Frankfurt a. M. (Lang) 1996

Pietzko, Joachim, GEMA-Tarife auf dem Prüfstand – Zur Angemessenheit und Systematik von GEMA-Tarifen nach § 13 Abs. 3 WahrnG aus Sicht des Werknutzers, in: Christian Schertz/Hermann-Josef Omsels (Hrsg.), Festschrift für Paul W. Hertin zum 60. Geburtstag am 15. November, München (C. H. Beck) 2000, S. 171–196

Pilny, Karl H., Missbräuchliche Marktbeherrschung gemäß Art. 86 EWGV durch Immaterialgüterrechte – Die Magill-Entscheidung des EuGH als Schnittstelle zwischen europäischem Wettbewerbs- und nationalem Urheberrecht, GRUR Int. 1995, 954–962

Plate, John-Christian, Die Verwertungsgesellschaftenpflicht für urheberrechtliche Vergütungsansprüche und ausschließliche Verwertungsrechte, Berlin (BWV) 2003 (zitiert *Plate*, Verwertungsgesellschaftenpflicht)

Platho, Rolf, Sind Kabel-, Satelliten- und Pay TV-Sendung eigenständige Nutzungsarten nach § 31 UrhG?, ZUM 1986, 572–578

Platho, Rolf, Die nachträgliche Erweiterung des Rechtekatalogs in den Wahrnehmungsverträgen der Verwertungsgesellschaften – Diskussionsbeitrag in der Arbeitssitzung des Instituts für Urher- und Medienrecht am 24.10.1986, ZUM 1987, 77–79

Plugge, Walter/Roeber, Georg, Das musikalische Tantiemenrecht in Deutschland, Berlin (Hobbing) 1930

Podszun, Rupprecht in Grünberger; Leible (Hrsg.), Die Kollision von Urheberrecht und Nutzerverhalten (2014), S. 173 ff.

Poll, Günter, Aktuelle Rechtsfragen bei der Videoauswertung von Spielfilmen, FuR 1981, 505–513

Poll, Günter, Anmerkung zum Urteil des OLG Hamburg vom 18. Januar 2006, ZUM 2006, 335 – Klingeltöne, ZUM 2006, 379–385

Poll, Günter, Neue internetbasierte Nutzungsformen – Das Recht der Zugänglichmachung auf Abruf (§ 19 a UrhG) und seine Abgrenzung zum Senderecht (§§ 20, 20b UrhG), GRUR 2007, 476–483

Poll, Günter, CELAS, PEDL & Co.: Metamorphose oder Anfang vom Ende der kollektiven Wahrnehmung von Musik-Online-Rechten in Europa?, ZUM 2008, 500–507

Poll, Günter, Musik in der Werbung, WRP 2009, 1170–1174

Poll, Günter, Anmerkung zu BGH, Urteil v. 27.10.2011 – I ZR 125/10, „Barmen Live", GRUR-Prax 2012, 263–264

Poll, Günter, Die „GEMA-Vermutung" auf dem Prüfstand, K&R 2015, 166–171

Popp, Alexander, Verwertungsgesellschaften – Ihre Stellung im Spannungsfeld zwischen Urheberrecht und Kartellrecht, Wien (Manz) 2001 (zitiert *Popp*, Verwertungsgesellschaften)

Prill, Aileen, Urheberrecht und Klingeltöne. Die Lizenzierung von Ruftonmelodien und Ringbacktones und das Bearbeitungsrecht gemäß §§ 23 i. V. m. 14 und 39 UrhG, Baden-Baden (Nomos) 2006 (zitiert *Prill*, Urheberrecht und Klingeltöne)

R

Raue, Peter, Zum Dogma von der restriktiven Auslegung der Schrankenbestimmungen des Urheberrechtsgesetzes, in: Ulrich Loewenheim (Hrsg.), Urheberrecht im Informationszeitalter, Festschrift für Wilhelm Nordemann zum 70. Geburtstag am 8. Januar 2004, München (C. H. Beck) 2004, S. 327–339 (zitiert *Raue*, FS Nordemann)

Rauscher auf Weeg, Hans Hugo v., Das Urheberrecht und seine Verwertung, in: Friedrich-Karl Beier/Alfons Kraft/Gerhard Schricker/Elmar Wadle (Hrsg.), Gewerblicher Rechtsschutz und Urheberrecht in Deutschland – Festschrift zum hundertjährigen Bestehen der Deutschen Vereinigung für gewerblichen Rechtsschutz und Urheberrecht und ihrer Zeitschrift, Band II, Weinheim (VCH) 1991, S. 1265–1302 (zitiert *v. Rauscher auf Weeg*, FS 100 Jahre GRUR)

Rawls, John, A Theory of Justice, Cambridge/Massachusetts (Harvard University Press) 1971

Reber, Nikolaus, Die Bekanntheit der Nutzungsart im Filmwesen – ein weiterer Mosaikstein in einem undeutlichen Bild, GRUR 1997, 162–169

Reber, Nikolaus, Digitale Verwertungstechniken – neue Nutzungsarten – Hält das Urheberrecht der technischen Entwicklung noch stand?, GRUR 1998, 792–798

Reber, Nikolaus, Die Substituierbarkeit von Nutzungsformen im Hinblick auf § 31 Abs. 4 und 5 UrhG, ZUM 1998, 481–484

Reber, Nikolaus, Aktuelle Fragen zu Recht und Praxis der Verwertungsgesellschaften, GRUR 2000, 203–211

Reddy, Prashant T., The Background Score to the Copyright (Amendment) Act, 2012 NUJS L.Rev. 5 (2012), 469 ff.

Rehbinder, Manfred, Mängel der Staatsaufsicht über die deutschen Verwertungsgesellschaften, DVBl. 1992, 216–222

Rehbinder, Manfred, Multimedia und das Urheberpersönlichkeitsrecht, ZUM 1995, 684–687

Rehbinder, Manfred, Aufsätze zum schweizerischen Urheber- und Medienrecht, Bern (Stämpfli) 1995

Rehbinder, Manfred, Urheberrecht, 16. Aufl. München (C.H. Beck) 2010

Rehbinder, Manfred, Tauschbörsen, Sharehoster und UGC-Streamingdienste – Tatsächliche und rechtliche Aspekte zur Piraterie im Netz, ZUM 2013, 214–264

Rehbinder, Manfred/Peukert, Alexander, Urheberrecht, 17. Aufl. München (C.H. Beck), 2015

Rehbinder, Manfred/Schaefer, Martin/Zombik, Peter (Hrsg.), Aktuelle Rechtsprobleme des Urheber- und Leistungsschutzes sowie der Rechtewahrnehmung, Festschrift für Norbert Thurow, Baden-Baden (Nomos) 1999

Rehse, Mario, Europäischer Rechtsrahmen für Verwertungsgesellschaften, ZUM 2013, 191–193

Reichert, Bernhard, Handbuch des Vereins- und Verbandsrechts, 13. Aufl. Neuwied (Luchterhand) 2016

Reimer, Dietrich, Schiedsstellen im Urheberrecht – Rechtsvergleichende Betrachtungen anläßlich der Pläne zur Reform des deutschen Rechts, GRUR Int. 1982, 215–226

Reinbothe, Jörg, Schlichtung im Urheberrecht – Die Schiedsstelle nach dem Wahrnehmungsgesetz, Funktion, Rechtsnatur und kartellrechtliche Problematik (§ 102 a GWB), München (C. H. Beck) 1978

Reinbothe, Jörg, Entwicklungen auf dem Gebiet des Urheberrechts in der Europäischen Union, in: Bernhard Großfeld/Rolf Sack/Thomas M. J. Möllers/Josef Drexl/Andreas Heinemann (Hrsg.), Festschrift für Wolfgang Fikentscher zum 70. Geburtstag, Tübingen (Mohr Siebeck) 1998, S. 695–722

Reinbothe, Jörg, Der EU-Richtlinienentwurf zum Urheberrecht und zu den Leistungsschutzrechten in der Informationsgesellschaft, ZUM 1998, 429–437

Reinbothe, Jörg, Geistiges Eigentum und die Europäische Gemeinschaft, ZEuP 2000, 5–28

Reinbothe, Jörg, Die EG-Richtlinie zum Urheberrecht in der Informationsgesellschaft, GRUR Int. 2001, 733–745

Reinbothe, Jörg, Die kollektive Wahrnehmung von Rechten in der Europäischen Gemeinschaft, in: Peter Ganea/Christopher Heath/Gerhard Schricker (Hrsg.), Urheberrecht – Gestern – Heute – Morgen, Festschrift für Adolf Dietz zum 65. Geburtstag, München (C. H. Beck) 2001, S. 517–531

Reinbothe, Jörg, Rechtliche Perspektiven für Verwertungsgesellschaften im Europäischen Binnenmarkt, ZUM 2003, 27–33

Reinbothe, Jürgen, Das Urheberrecht im Wandel der Zeiten, ZEuS 2004, 367–386

Reinbothe, Jörg, Hat die Europäische Gemeinschaft dem Urheberrecht gutgetan?, in: Ansgar Ohly/Theo Bodewig/Thomas Dreier/Horst-Peter Götting/Maximilian Haedicke/Michael Lehmann (Hrsg.), Perspektiven des Geistigen Eigentums und Wettbewerbsrechts – Festschrift für Gerhard Schricker zum 70. Geburtstag, München (C. H. Beck) 2005, S. 483–500 (zitiert *Reinbothe*, FS Schricker)

Reinbothe, Jörg, Die Aussichten für eine EU-Harmonisierung des Rechts der Verwertungsgesellschaften, FS Pfennig, 2012, 487–498

Reiners, Fritz, Das Bühnenwerk und sein urheberrechtlicher Schutz, Leipzig (Deichert) 1927
Reinholz, Fabian, Anmerkung zu BGH, Urteil v. 11.4.2013 – I ZR 152/11, „Internet-Videorecorder II", GRUR-Prax 2013, 250–251
Reischl, Gerhard, Zum Umfang der Staatsaufsicht nach dem Gesetz über die Wahrnehmung von Urheberrechten und verwandten Schutzrechten vom 9. September 1965 (BGBl. I S. 1294), GEMA-Nachrichten Nr. 106 (1978), 79–84
Reischl, Gerhard, Gewerblicher Rechtsschutz und Urheberrecht in der Rechtsprechung des Europäischen Gerichtshofs, GRUR Int. 1982, 151–158
Reupert, Christine, Der Film im Urheberrecht – Neue Perspektiven nach hundert Jahren Film, Baden-Baden (Nomos) 1995
Riekert, Stehpan, Der Schutz des Musikurhebers bei Coverversionen, Berlin (BWV) 2003 (zitiert *Riekert,* Schutz bei Coverversionen)
Riemer, Lars Hendrik, Verteilungsplan reloaded, virtuos 4/2016, 21–23
Riemer, Lars Hendrik, „Zehntel-Regelung" wurde für die Sparte T FS VR gerichtlich bestätigt, virtuos 2/2014, 36–37
Riemer, Lars Hendrik/Goebel, Ursuala, Gerechtere Verteilung, virtuos 3/2014, 12–19
Riemer, Lars Hendrik/Welp, Kai, Recht der Verwertungsgesellschaften, in: Jürgen Ensthaler/Stefan Weidert, Urheberrecht und Internet, 3. Aufl. Frankfurt a.M. (Recht und Wirtschaft) 2017, Kap. 6 (zitiert Ensthaler/Weidert-*Riemer/Welp,* Urheberrecht im Internet, Kap. Rn.)
Riesenhuber, Karl, Die Rechtsbeziehungen zwischen Nebenparteien, Berlin (Duncker & Humblot) 1997
Riesenhuber, Karl, Beim Abschluß des Wahrnehmungsvertrags sind die Berechtigten Unternehmer iSv § 14 BGB – Zur AGB-Kontrolle des Wahrnehmungsvertrags, ZUM 2002, 777–781
Riesenhuber, Karl, Die Richtlinie zum Urheberrecht in der Informationsgesellschaft als Ausgangspunkt für einen Konsolidierungsprozeß, in: Hanns Martin Schleyer-Stiftung (Hrsg.), Europa der Bürger? – Nach der Euro-Einführung und vor der EU-Erweiterung – Zwischenbilanz und Perspektiven, Köln 2002, S. 160–161
Riesenhuber, Karl, Der Einfluß der RBÜ auf die Auslegung des deutschen Urheberrechtsgesetzes, ZUM 2003, 333–342
Riesenhuber, Karl, Die Vermutungstatbestände des § 10 UrhG, GRUR 2003, 187–196
Riesenhuber, Karl, System und Prinzipien des Europäischen Vertragsrechts, Berlin (De Gruyter) 2003
Riesenhuber, Karl, Besprechung von: Bettina C. Goldmann, Die kollektive Wahrnehmung musikalischer Rechte in den USA und in Deutschland – Eine vergleichende Studie zu Recht und Praxis der Verwertungsgesellschaften, ZUM 2003, 888–890
Riesenhuber, Karl, Besprechung von: Friederike Bing, Die Verwertung von Urheberrechten – Eine ökonomische Analyse unter besonderer Berücksichtigung der Lizenzvergabe durch Verwertungsgesellschaften, ZUM 2004, 87–88
Riesenhuber, Karl, Besprechung von: Sabine Siebert, Die Auslegung der Wahrnehmungsverträge unter Berücksichtigung der digitalen Technik – Erläutert am Beispiel der GEMA, GVL, VG WORT und der VG BILD KUNST, ZUM 2004, 246–247
Riesenhuber, Karl, Besprechung von: Bernd Weichhaus, Das Recht der Verwertungsgesellschaften in Deutschland, Großbritannien und Frankreich, ZUM 2004, 335
Riesenhuber, Karl, Die doppelte Vorausverfügung des Arbeitnehmer-Urhebers zugunsten von Verwertungsgesellschaften und Arbeitgeber, NZA 2004, 1363–1368
Riesenhuber, Karl, Die Auslegung und Kontrolle des Wahrnehmungsvertrages, Berlin (De Gruyter) 2004
Riesenhuber, Karl, Transparenz der Wahrnehmungstätigkeit – Die Pflicht der Verwertungsgesellschaft zu Rechnungslegung, Publizität und zur Information ihrer Berechtigten –, ZUM 2004, 417–425
Riesenhuber, Karl, Tantiemenansprüche der Berechtigten gegen die Verwertungsgesellschaften, ZUM 2005, 136–145
Riesenhuber, Karl, Die gerichtliche Kontrolle von Verteilungsregeln der Verwertungsgesellschaften, GRUR 2006, 201–205
Riesenhuber, Karl, Europäisches Vertragsrecht, 2. Aufl. Berlin (De Gruyter) 2006
Riesenhuber, Karl, Das österreichische Verwertungsgesellschaftengesetz 2006 – Einführung im Lichte der Europäischen und der deutschen Rechtsentwicklung nebst Materialien, Baden-Baden (Nomos) und Wien (WUV – Wiener Universitätsverlag) 2006
Riesenhuber, Karl, Verwertungsgesellschaften als Wissensmittler in der Informationsgesellschaft, in: Karl-Nikolaus Peifer (Hrsg.), Forschung und Lehre im Informationszeitalter – Zwischen Zugangsfreiheit und Privatisierungsanreiz, Berlin 2007, S. 109–133
Riesenhuber, Karl, Die Verwertungsgesellschaft iSv § 1 UrhWahrnG, ZUM 2008, 625–640
Riesenhuber, Karl, Die „Öffentlichkeit" der Kabelweitersendung, ZUM 2012, 433–444
Riesenhuber, Karl, Priorität als Verteilungsprinzip?, ZUM 2012, 746–758

Riesenhuber, Karl, Die Beendigung der kollektiven Wahrnehmung einzelner Rechte, FS Pfennig, 2012, 499–510
Riesenhuber, Karl (Hrsg.), Die „Angemessenheit" im Urheberrecht, Tübingen (Mohr Siebeck) 2013
Riesenhuber, Karl, Grundlagen der „angemessenen Vergütung", GRUR 2013, 582–590
Riesenhuber, Karl, Autonomie und Beurteilungsspielräume der Verwertungsgesellschaft, GRUR 2014, 443–448
Riesenhuber, Karl, Heteronome und privatautonome Legitimierung der Verlegerbeteiligung – Offene Fragen nach der Reprobel-Entscheidung, EuZW 2016, 16–18
Riesenhuber, Karl, Die Kontrolle des Verteilungsplans im Lichte unionsrechtlicher Vorgaben – Zugleich eine Besprechung des BGH-Urteils zur Verlegerbeteiligung, ZUM 2016, 613–625
Riesenhuber, Karl/Rosenkranz, Frank, Das deutsche Wahrnehmungsrecht 1903–1933 – Ein Streifzug durch Rechtsprechung und Literatur, UFITA 2005/II, 467–516
Riesenhuber, Karl/Vogel, Alexander von, Europäisches Wahrnehmungsrecht – Zur Mitteilung der Kommission über die Wahrnehmung von Urheberrechten und verwandten Schutzrechten im Binnenmarkt, EuZW 2004, 519–523
Riesenkampff, Alexander, Wie sind urheberrechtliche Verwertungsgesellschaften nach dem GWB zu beurteilen?, Köln (Otto Schmidt) 1966
Rodríguez Iglesias, Gil Carlos, Die Bedeutung der Rechtsprechung des Europäischen Gerichtshofes für die Errichtung des Binnenmarktes, in: Jürgen Schwarze (Hrsg.), Unverfälschter Wettbewerb für Arzneimittel im europäischen Binnenmarkt – Pharmazeutische Produkte im Widerstreit von freiem Warenverkehr und nationalen Preiskontrollen, Baden-Baden (Nomos) 1998, S. 9–21 (zitiert *Rodríguez Iglesias,* in: Schwarze, Unverfälschter Wettbewerb für Arzneimittel im europäischen Binnenmarkt)
Roeber, Georg, Betrachtungen zum Projekt einer Verwertungsgesellschaft für Filmrechte, UFITA 74 (1975), 109–125
Rohleder, Bernhard, Für eine zukunftsfähige Urhebervergütung, ZUM 2003, 1061–1063
Rohleder, Bernhard, DRM – Herausforderung und Chance in der digitalen Welt, ZUM 2004, 203–204
Rom, Katharina von, Digital Rights Management – Rechtliche und wirtschaftliche Aspekte – Diskussionsbericht zum gleichnamigen Symposion des Instituts für Urheber- und Medienrecht vom 24. Oktober 2003 im Rahmen der Medientage München, ZUM 2004, 204–206
Rossbach, Claudia, Die Vergütungsansprüche im deutschen Urheberrecht – Praktische Wahrnehmung, Rechtsverkehr und Dogmatik, Baden-Baden (Nomos) 1990
Rossbach, Claudia/Joos, Ulrich, Vertragsbeziehungen im Bereich Musikverwertung unter besonderer Berücksichtigung des Musikverlags und der Tonträgerhersteller, in: Friedrich-Karl Beier (Hrsg.), Urhebervertragsrecht: Festgabe für Gerhard Schricker zum 60. Geburtstag, München (C. H. Beck) 1995, S. 333–387 (zitiert *Rossbach/Joos,* FG Schricker)
Ruete, Matthias, Copyright, geistiges Eigentum und britische Verwertungsgesellschaften, München (Schweitzer) 1986 (zitiert *Ruete,* Britische Verwertungsgesellschaften)
Rumphorst, Werner, Harmonisierung des Urheberrechts in der Europäischen Gemeinschaft – Koreferat, FuR 1984, 361–369
Runge, Philipp, Die Vereinbarkeit einer Content-Flatrate für Musik mit dem Drei-Stufen-Test, GRUR Int. 2007, 130–137
Russ, Christian, Das Lied eines Boxers – Grenzen der Rechtswahrnehmung durch die GEMA am Beispiel des Falles „Henry Maske", ZUM 1995, 32–35
Ruzicka, Peter, Zur individualrechtlichen Konzeption des Gesetzes über die Wahrnehmung von Urheberrechten und verwandten Schutzrechten, in: Wilhelm Herschel/Heinrich Hubmann/Manfred Rehbinder (Hrsg.), Festschrift für Georg Roeber zum 10. Dezember 1981, Freiburg i. Br. (Hochschulverlag) 1982, S. 355–361

S

Säcker, Jürgen/Rixecker, Roland (Hrsg.), Münchener Kommentar zum BGB, Bd. 1: Allgemeiner Teil, 7. Aufl. 2015, Bd. 2: Schuldrecht – Allgemeiner Teil, 7. Aufl. 2016, Bd. 4: Schuldrecht – Besonderer Teil II, 6. Aufl. 2012, München (C. H. Beck) (zitiert Münchener Kommentar-*Bearbeiter,* §§ Rn.)
Saitô, Hiroshi, Das neue System der Rechtewahrnehmung im japanischen Urheberrecht, in: Jürgen Becker/Reto M. Hilty/Jean-Fritz Stöckli/Thomas Würtenberger (Hrsg.), Recht im Wandel seines sozialen und technologischen Umfeldes – Festschrift für Manfred Rehbinder, München/Bern (C. H. Beck/Stämpfli) 2002, S. 335–344
Samson, Benvenuto, Das neue Urheberrecht– Eine Einleitung, UFITA 47 (1966), 1–133
Samson, Benvenuto, Die urheberrechtliche Regelung in Dienst- und Tarifverträgen, UFITA 64 (1972), 181–193
Sandberger, Georg, Verwertungsgesellschaften in einem globalisierten Rechtemarkt, in Kreativität und Charakter Festschrift für Martin Vogel (2017), 307 (345)

Sandberger, Georg/Treeck, Joachim, Fachaufsicht und Kartellrecht nach dem Gesetz über die Wahrnehmung von Urheberrechten und verwandten Schutzrechten, UFITA 47 (1966), 165–210

Sasse, Helge/Waldhausen, Hans, Musikauswertung im Internet und deren vertragliche Gestaltung – MP3, Streaming, Webcast, On-demand-Service etc. – Anforderungen an die Vertragsgestaltungen aus der Sicht des Künstlers, ZUM 2000, 837–848

Sauter, Eugen/Schweyer, Gerhard/Waldner, Wolfram, Der eingetragene Verein (zitiert Sauter/Schweyer/Waldner-*Bearbeiter,* Rn.)

Schack, Haimo, Der Vergütungsanspruch der in- und ausländischen Filmhersteller aus § 54 I UrhG, ZUM 1989, 267–285

Schack, Haimo, Europäisches Urheberrecht im Werden, ZEuP 2000, 799–819

Schack, Haimo, Neuregelung des Urhebervertragsrechts – Kritische Anmerkung zum Professorenentwurf, ZUM 2001, 453–466

Schack, Haimo, Private Vervielfältigung von einer rechtswidrigen Vorlage?, in: Hans-Jürgen Ahrens/Joachim Bornkamp/Wolfgang Gloy/Joachim Starck/Joachim von Ungern-Sternberg (Hrsg.), Festschrift für Willi Erdmann zum 65. Geburtstag, Köln/Berlin/Bonn/München (Heymanns) 2002, S. 165–172

Schack, Haimo, Urheber- und Urhebervertragsrecht, 7. Aufl. Tübingen (Mohr Siebeck) 2015

Schack, Haimo, Rechtsprobleme der Online Übermittlung, GRUR 2007, 639–645

Schaefer, Martin, Alles oder nichts!, ZUM 2010, 150–155

Schaub, Renate, Die angemessene Vergütung nach dem UrhWG, GRUR-Prax 2012, 342–345

Schippan, Martin, Die EU-Richtlinie zum Urheberrecht und zu den Leistungsschutzrechten in der Informationsgesellschaft – Diskussionsbericht der gleichlautenden Arbeitssitzung des Instituts für Urheber- und Medienrecht am 27. Februar 1998, ZUM 1998, 487–489

Schippan, Martin, Die Harmonisierung des Urheberrechts im Zeitalter von Internet und digitaler Technologie, Baden-Baden (Nomos) 1999

Schippan, Martin, Die Klärung von „Multimediarechten" in Europa – Das VERDI-Projekt und andere von der EU-Kommission unterstütze MMRCS-Projekte, ZUM 1999, 135–143

Schlinger, Kurt, „Musikmarkt legt um fast drei Prozent zu", Musikwoche, 30/2017, 15

Schmid, Matthias/Wirth, Thomas/ Seifert, Fedor, Urheberrechtsgesetz – Kommentar, 2. Aufl. Baden-Baden (Nomos) 2008

Schmidt, Manuela Maria, Die Anfänge der musikalischen Tantiemenbewegung in Deutschland – Eine Studie über den langen Weg der Genossenschaft Deutscher Tonsetzer (GDT) im Jahre 1903 und zum Wirken des Komponisten Richard Strauss (1864–1949) für Verbesserungen des Urheberrechts, Berlin (Duncker & Humblot) 2005

Schmidt, Manuela Maria, Die kollektive Verwertung der Online-Musikrechte im Europäischen Binnenmarkt, ZUM 2005, 783–788

Schmidt, Manuela Maria, Friedrich Rösch – ein Vorkämpfer für die Rechte der Komponisten. Eine Hommage zum 80. Todestag, Richard-Strauss-Blätter Neue Folge 55 (Juni 2006), S. 71–89

Schmidt, Manuela Maria, Tantièmen für Konzertaufführungen?, Gewandhausmagazin Nr. 51 (Sommer 2006), S. 51–55

Schmieder, Hans-Heinrich, Werkintegrität und Freiheit der Interpretation, NJW 1990, 1945–1950

Schmittmann, Michael, IPTV und Mobile TV – Kabelweitersendung iSd Satelliten- und Kabel-RL?, MR-Int. 2010, 68–73

Schneider, Albrecht, GEMA – Vermutung, Werkbegriff und das Problem sogenannter „GEMA-freier Musik" – Anmerkungen zu einigen neueren Entscheidungen, GRUR 1986, 657–663

Schricker, Gerhard, Zu Inhalt und Umfang der GEMA-Rechte bei der Zweitauswertung von Spielfilmen zu Videozwecken, EWiR 1988, 403–404

Schricker, Gerhard (Hrsg.), Urheberrecht auf dem Weg zur Informationsgesellschaft, Baden-Baden (Nomos) 1997

Schricker, Gerhard, Kurzkommentar zu BGH – „Musical-Gala", Urteil vom 14.10.1999 – I ZR 117/97 (OLG Hamburg), EWiR 2000, 99–100

Schricker, Gerhard, GEMA-Berechtigungsvertrag und AGBG, EWiR 2002, 309–310

Schricker, Gerhard, Zum Begriff der angemessenen Vergütung im Urheberrecht – 10% vom Umsatz als Maßstab?, GRUR 2002, 737–743

Schricker, Gerhard/Loewenheim, Ulrich (Hrsg.), Urheberrecht – Kommentar, 5. Aufl. München (C. H. Beck) 2017 (zitiert Schricker/Loewenheim-*Bearbeiter,* §§ Gesetz, Rn.)

Schrittmatter, Angelika, Tarife von der urheberrechtlichen Schiedsstelle – Angemessenheit, Berechnungsgrundlagen, Verfahrenspraxis, Berlin (Berlin-Verlag) 1994

Schulz, Daniela, Der Bedeutungswandel des Urheberrechts durch Digital Rights Management, GRUR 2006, 470–477

Schulz, Peter F., Filmmusik-Lizenzverträge, in: Rolf Moser/Andreas Scheuermann (Hrsg.), Handbuch der Musikwirtschaft, 6. Aufl. München (Josef Keller) 2003, S. 1260–1282 (zitiert *Schulz*, in: Handbuch der Musikwirtschaft)
Schulze, Erich, Der neue Berechtigungsvertrag der GEMA, GEMA-Nachrichten Nr. 11 (1951), 7–10
Schulze, Erich, Zur Frage des freien und lauteren Wettbewerbs beim Schlager, GEMA-Nachrichten Nr. 34 (1957), 3–6
Schulze, Erich, Urhebervertragsrecht, UFITA 29 (1959), 209–213
Schulze, Erich, Die ersten Erfahrungen mit der neuen deutschen Urheberrechtsgesetzgebung, UFITA 50 (1967), 476–491
Schulze, Erich, Urteilsanmerkung zu EuGH v. 27.3.1974 Rs. 127/73 „SABAM III", GRUR Int. 1974, 342–345
Schulze, Erich, Das Gesetz über die Wahrnehmung von Urheberrechten und verwandten Schutzrechten verlangt eine Reform, in: Wolfgang Hefermehl/Rudolf Nirk/Harry Westermann (Hrsg), Festschrift für Philipp Möhring zum 75. Geburtstag: 4. September 1975, München (C. H. Beck) 1975, S. 427–431
Schulze, Erich, Tarife und Gesamtverträge der Verwertungsgesellschaften, UFITA 80 (1977), 151–158
Schulze, Erich, Verleger werden ist nicht schwer, Verleger sein dagegen sehr – Zur Stellung des Musikverlegers in der GEMA, FuR 1980, 179–181
Schulze, Erich, Urheberrecht in der Musik, 5. Aufl. Berlin/New York (De Gruyter) 1981
Schulze, Erich, Auswirkungen der Urheberrechtsnovelle, ZUM 1987, 47–56
Schulze, Erich, Tarife und Gesamtverträge von urheberrechtlichen Verwertungsgesellschaften, GRUR 1989, 257–258
Schulze, Erich, Mitgliedsausschluß aus einem wirtschaftlichen Verein am Beispiel der GEMA, NJW 1991, 3264–3265
Schulze, Erich, Geschätzte und geschützte Noten – Zur Geschichte der Verwertungsgesellschaften, Weinheim (VCH) 1995
Schulze, Erich (Hrsg.), Rechtsprechung zum Urheberrecht – Loseblatt Entscheidungssammlung mit Anmerkungen, 51. Aufl. München (C. H. Beck) 2006
Schulze, Gernot, Teil-Werknutzung, Bearbeitung und Werkverbindung bei Musikwerken – Grenzen des Wahrnehmungsumfangs der GEMA, ZUM 1993, 255–269
Schulze, Gernot, Urheber- und Leistungsschutzrechte des Kameramanns, GRUR 1994, 855–871
Schulze, Gernot, Zur Tarifhoheit der GEMA – Zugleich eine Erwiderung auf den Aufsatz Klassik Open Air Konzerte im Dschungel der GEMA-Tarif von Dr. Wolfgang Witz und Dr. Esther Schmidt, ZUM 1999, 827–834
Schulze, Gernot, Zur Beschränkung des Filmherstellungsrechts bei Musikwerken, in: Christian Schertz/Hermann-Josef Omsels, Festschrift für Paul W. Hertin zum 60. Geburtstag am 15. November 2000, München (C.H. Beck) 2000, S. 237–245 = GRUR 2001, 1084–1087 (zitiert: G. *Schulze*, FS Hertin)
Schulze, Marcel, Die GEMA-Vermutung in der jüngsten Rechtsprechung des BGH, ZUM 1988, 232–233
Schulze-Rossbach, Ulrich, Anmerkung zum Urteil des BGH vom 13. Dezember 2001 – I ZR 41/99 – „Klausurerfordernis", KUR 2002, 135–139
Schuppert, Gunnar Folke, Die Erfüllung öffentlicher Aufgaben durch verselbständigte Verwaltungseinheiten, Göttingen (Schwartz) 1981
Schwab, Roland, Recht und Praxis der Urheberverwertungsgesellschaften in Frankreich, München (Florenz) 1989 (zitiert *Schwab*, Urheberverwertungsgesellschaften in Frankreich)
Schwarz, Mathias, Klassische Nutzungsrechte und Lizenzvergabe bzw. Rückbehalt von „Internet-Rechten", ZUM 2000, 816–837
Schwarze, Jürgen, Die europäische Dimension des Verfassungsrechts, in: Ole Due/Marcus Lutter/Jürgen Schwarze (Hrsg.), Festschrift für Everling, Bd. II, Baden-Baden (Nomos) 1995, S. 1355–1378
Schwarze, Jürgen, Die Kompetenzen der Europäischen Gemeinschaft auf dem Gebiet der Kultur, in: Jürgen Schwarze/Jürgen Becker (Hrsg.), Geistiges Eigentum und Kultur im Spannungsfeld von nationaler Regelungskompetenz und europäischem Wirtschafts- und Wettbewerbsrecht, Baden-Baden (Nomos) 1998, S. 125–158
Schwarze, Jürgen (Hrsg.), Der Netzzugang für Dritte im Wirtschaftsrecht, Baden-Baden (Nomos) 1999
Schwarze, Jürgen (Hrsg.), Daseinsvorsorge im Lichte des Wettbewerbsrechts, Baden-Baden (Nomos) 2001
Schwarze, Jürgen, Der Schutz des geistigen Eigentums im europäischen Wettbewerbsrecht, EuZW 2002, 75–81
Schwarze, Jürgen Die Haltung der EG-Kommission zum Schutz des geistigen Eigentums im europäischen Wettbewerbsrecht – Perspektiven ihrer künftigen Politik und vorläufige Bewertung, Stellungnahme (unveröffentlicht) 2002 (zitiert *Schwarze*, Stellungnahme)
Schwarze, Jürgen, Der Schutz des geistigen Eigentums im europäischen Wettbewerbsrecht – Anmerkungen zur jüngsten Entscheidungspraxis, in: Jürgen Schwarze/Jürgen Becker (Hrsg.), Regulierung im Bereich von Medien und Kultur – Gestaltungsmöglichkeiten und rechtliche Grenzen, Baden-Baden (Nomos) 2002, S. 81–102

Schwarze, Jürgen, Wirtschaftsverfassungsrechtliche Garantien für Unternehmen in der Europäischen Grundrechtscharta, in: Landesvereinigung der Arbeitgeberverbände Nordrhein-Westfalen e. V./Verband der Metall- und Elektro-Industrie Nordrhein-Westfalen e. V. (Hrsg.), Festschrift für Jochen F. Kirchhoff zum 75. Geburtstag, Köln (Otto Schmidt) 2002, S. 245–261

Schwarze, Jürgen, Urheberrechte und deren Verwaltung im Lichte des europäischen Wettbewerbsrechts, ZUM 2003, 15–26

Schwenger, Dietmar, Deutscher Musikmarkt wächst 2016 um 3 Prozent, MusikWoche 10/2017, 6–7

Schwarze, Jürgen/Becker, Jürgen (Hrsg.), Geistiges Eigentum und Kultur im Spannungsfeld von nationaler Regelungskompetenz und europäischem Wirtschafts- und Wettbewerbsrecht, Baden-Baden (Nomos) 1998

Schwenzer, Oliver, Die Rechte des Musikproduzenten, 2. Aufl. Baden-Baden (Nomos) 2001

Schweyer, Stefan, Die Zweckübertragungstheorie im Urheberrecht, München (C. H. Beck) 1982

Seibt, Christoph H./Wiechmann, Peter, Probleme der urheberrechtlichen Verwertungsgemeinschaft bei der Werkverbindung, GRUR 1995, 562–566

Seifert, Fedor, Wahrnehmungsverträge, in: Rolf Moser/Andreas Scheuermann (Hrsg.), Handbuch der Musikwirtschaft, 6. Aufl. München (Josef Keller) 2003, S. 981–1004 (zitiert *Seifert,* in: Handbuch der Musikwirtschaft)

Senger, Michael, Wahrnehmung digitaler Urheberrechte, Wien/Graz (Neuer Wissenschaftlicher Verlag) 2002

Siebert, Sabine, Die Auslegung der Wahrnehmungsverträge unter Berücksichtigung der digitalen Technik – erläutert am Beispiel der GEMA, GVL, VG Wort und VG BILD KUNST, München (C. H. Beck) 2002 (zitiert *Siebert,* Auslegung der Wahrnehmungsverträge)

Sikorski, Hans Wilfred, Musikverlage, in: Hermann v. Rauhe/Christine Demmer (Hrsg.), Kulturmanagement – Theorie und Praxis einer professioneller Kunst, Berlin/New York (De Gruyter) 1994, S. 319–331 (zitiert *Sikorski,* Musikverlage)

Soergel, Hans Theodor (Begr.), Bürgerliches Gesetzbuch mit Einführungsgesetz und Nebengesetzen; hrsg. von Wolfgang Siebert, Jürgen F. Baur und Hans Jürgen Abraham, 13. Aufl. Bd. 1: Allgemeiner Teil (§§ 1–103) 2000, Bd. 2: Allgemeiner Teil (§§ 104–240) 1999, Stuttgart – Berlin – Köln (Kohlhammer) (zitiert Soergel-*Bearbeiter,* § Rn.)

Soergel, Hans Theodor (Begr.), Bürgerliches Gesetzbuch mit Einführungsgesetz und Nebengesetzen, hrsg. v. Jan Dirk Harke u.a., 14. Aufl. Bd. 2: Allgemeiner Teil (§§ 104–240), Stuttgart, Berlin, Köln (Kohlhammer) (zitiert Soergel[14]-*Bearbeiter,* § Rn.)

Spieker, Oliver, Die fehlerhafte Urheberbenennung: Falschbenennung des Urhebers als besonders schwerwiegender Fall, GRUR 2006, 118–124

Spindler, Gerald, Reform des Urheberrechts im „Zweiten Korb", NJW 2008, 9–16

Spindler, Gerald, Ein Durchbruch für die Retrodigitalisierung?, ZUM 2013, 349–357

Spoendlin, Kaspar, Zur staatlichen Prüfung der Tarife der urheberrechtlichen Verwertungsgesellschaften – Angemessenheits- oder nur Mißbrauchskontrolle?, UFTITA 102 (1986), 41–61

Spohn, Kolja, Das zweistufige Verfahren im Bereich der Lizenzierung von Musikwerken, GRUR 2012, 780–785

Staats, Robert, Aufführungsrecht und kollektive Wahrnehmung bei Werken der Musik, Baden-Baden (Nomos) 2004

Staats, Robert, Der EU-Richtlinienvorschlag über die kollektive Rechtewahrnehmung – Stellungnahme aus Sicht der Praxis, ZUM 2013, 162–16–

Staats, Robert, Regelungen für verwaiste und vergriffene Werke – Stellungnahme zu dem Gesetzentwurf der Bundesregierung, ZUM 2013, 446–454

Staudt, Monika, Die Rechteübertragungen im Berechtigungsvertrag der GEMA, Berlin (De Gruyter) 2011

Stavridou, Sylvia, Die kollektive Wahrnehmung von Urheberrechten und verwandten Schutzrechten im neuen griechischen Urheberrecht, GRUR Int. 1999, 31–40

Steden, Robin Christian, Das Monopol der GEMA – Zur Frage der kollektiven Wahrnehmung von Musikverwertungsrechten im 21. Jahrhundert, Baden-Baden (Nomos), 2003

Steding, Klaus, Der Kartellcharakter der Gesellschaft für musikalische Aufführungs- und mechanische Vervielfältigungsrechte, Diss. Münster 1964

Steinberg, Katrin, Urheberrechtliche Klauseln in Tarifverträgen, Baden-Baden (Nomos) 1999

Steiner, Udo, Kulturauftrag im staatlichen Gemeinwesen, VVDStRL 42 (1984), 7–41

Sternberg-Lieben, Detlev, Musikdiebstahl, Köln (Deubner) 1985

Stieper, Malte/Frank, Andreas, DVD als neue Nutzungsart?, MMR 2000, 643–647

Stöber, Kurt, Handbuch zum Vereinsrecht, 9. Aufl., Köln (Otto Schmidt) 2004

Stockmann, Kurt, Die Verwertungsgesellschaften und das nationale und europäische Kartellrecht, in: Jürgen Becker (Hrsg.), Die Verwertungsgesellschaften im Europäischen Binnenmarkt – Symposium für Reinhold Kreile zum 60. Geburtstag, Baden-Baden (Nomos) 1990, S. 25–45 (zitiert *Stockmann,* in: Die Verwertungsgesellschaften im Europäischen Binnenmarkt)

Stolz, Frank, Die Rechte der Sendeunternehmen nach dem Urheberrechtsgesetz und ihre Wahrnehmung, Baden-Baden (Nomos) 1987 (zitiert *Stolz,* Rechte der Sendeunternehmen)

Streinz, Rudolf (Hrsg.), EUV/EGV, München (C. H. Beck) 2003 (zitiert Streinz-*Bearbeiter* Art. EU/EG Rn.)

Strittmatter, Angelika, Tarife vor der urheberrechtlichen Schiedsstelle, Berlin (BWV) 1994

Stroh, Heinz, Der Rechtsschutz von Musiknoten vor unerlaubter Vervielfältigung, Berlin (BWV) 1995 (zitiert *Stroh,* Rechtsschutz von Musiknoten)

T

Tietzel, Manfred/Weber, Marion, Zur Ökonomik von Verwertungsgesellschaften am Beispiel der VG Wort, in: Claus Ott/Hans-Bernd Schäfer (Hrsg.), Ökonomische Analyse der rechtlichen Organisation von Innovation – Beiträge zum IV. Travemünder Symposium zur ökonomischen Analyse des Rechts (23.–26. März 1994), Tübingen (Mohr Siebeck) 1994, S. 128–147

Tiede, Wolfgang/Bogedain, Clemens, Das Recht der Verwertungsgesellschaften der Republik Serbien und weitere Neuerungen im serbischen Urheberrecht, GRUR-Int. 2012, 128–134

Thomas, Heinz/Putzo, Hans, Zivilprozessordnung mit Gerichtsverfassungsgesetz, den Einführungsgesetzen und europarechtlichen Vorschriften, 38. Aufl. München (C. H. Beck) 2017 (zitiert Thomas/Putzo-*Bearbeiter,* §§ Gesetz Rn.)

Thurow, Norbert, Lizenzierung von Tonträgern durch Verwertungsgesellschaften für den Bereich der EG, in: Jürgen Becker (Hrsg.), Die Verwertungsgesellschaften im Europäischen Binnenmarkt – Symposium für Reinhold Kreile zum 60. Geburtstag, Baden-Baden (Nomos) 1990, S. 95–108 (zitiert *Thurow,* in: Die Verwertungsgesellschaften im europäischen Binnenmarkt)

Thurow, Norbert, Zur gemeinsamen Interessenlage von Musikurhebern, Künstlern und Tonträgerherstellern angesichts der Herausforderungen einer multimedialen Zukunft, in: Jürgen Becker/Peter Lerche/Ernst-Joachim Mestmäcker (Hrsg.), Wanderer zwischen Musik, Politik und Recht: Festschrift für Reinhold Kreile zu seinem 65. Geburtstag, Baden-Baden (Nomos) 1994, S. 763–778

Toft, Torben, Kollektives Rechte-Management in der Online-Welt – Überblick über aktuelle Initiativen der EU-Kommission; MR-Int. 2006, 63–68

Tolkmitt, Jan Christoffer, Tauschgerechtigkeit im kollektiven Urheberrecht, Baden-Baden (Nomos) 2003

U

Ulbricht, Johannes, Der Handyklingelton – das Ende der Verwertungsgesellschaften? Eine Absage an das Modell der Doppellizenzierung von Handyklingeltönen, CR 2006, 468–474

Ulbricht, Johannes, Anmerkung zu OLG Hamburg, Urteil v. 23.7.2008 – 5 U 159/06, ZUM 2008, 967–978

Ulmer, Eugen, Zur Rechtsstellung der Musikverlage in der GEMA – Rechtsgutachten, GEMA-Nachrichten Nr. 106 (1978), 99–108

Ulmer, Eugen, Urheber- und Verlagsrecht, 3. Aufl. Berlin/Heidelberg/New York (Springer) 1980

Ulmer, Eugen/Bußmann, Kurt/Weber, Sibylle, Das Recht der Verwertungsgesellschaften – Vergleichende Darstellung der gesetzlichen Bestimmungen, Weinheim/Bergstraße (Verlag Chemie) 1955 (zitiert *Ulmer/Bußmann/Weber,* Recht der Verwertungsgesellschaften)

Ulmer, Peter/Brandner, Erich/Hensen, Horst-Diether/Schmidt, Harry, AGB-Recht, 10. Aufl. Köln (Otto Schmidt) 2006 (zitiert *Ulmer/Brandner/Hensen,* §§ Rn.)

Ulmer-Eilfort, Constanze, US-Filmproduzenten und deutsche Vergütungsansprüche, Baden-Baden (Nomos) 1993

Ulmer-Eilfort, Constanze/Obergfell, Eva Inés, Verlagsrecht, München (C.H. Beck) 2013

Ungerer, Herbert, Vortrag beim „Regulatory Forum European Cable Communication Association (ECCA)", Brüssel, 23. Juni 2004, im Internet abrufbar unter http://europa.eu.int/comm/competition/speeches/text/sp2004_010_en.pdf (zuletzt aufgerufen am 8. April 2008)

Ungern-Sternberg, Joachim v., Die Wahrnehmungspflicht der Verwertungsgesellschaften und die Urheberrechtskonventionen, GRUR Int. 1973, 61–65

Ungern-Sternberg, Joachim v., Zur Durchführung des Verfahrens vor der Schiedsstelle nach dem Urheberrechtswahrnehmungsgesetz als Prozessvoraussetzung, in: Ansgar Ohly/Theo Bodewig/Thomas Dreier/Horst-Peter Götting/Maximilian Haedicke/Michael Lehmann (Hrsg.), Perspektiven des Geistigen Eigentums und Wettbewerbsrechts – Festschrift für Gerhard Schricker zum 70. Geburtstag, München (C. H. Beck) 2005, S. 567–580 (zitiert v. Ungern-Sternberg, FS Schricker)

Ungern-Sternberg, Joachim v., Die Rechtsprechung des BGH zum Urheberrecht und zu den verwandten Schutzrechten in den Jahren 2010 und 2011 (Teil II), GRUR 2012, 321–331

Ungern-Sternberg, Joachim v., Die Rechtsprechung des EuGH und des BGH zum Urheberrecht und zu den verwandten Schutzrechten im Jahre 2012, GRUR 2013, 248–264

Ungern-Sternberg, Joachim v., Ausschüttungsansprüche von Berechtigte gegen ihre Verwertungsgesellschaft, ZGE 2017, 1

Ungern-Sternberg, Joachim v., Rechtsprechung zum Urheberrecht im Jahr 2016, GRUR 2017, 217

Ungern-Sternberg, Joachim v., Verwertungsgesellschaften und ihre Berechtigten, in Festschrift Büscher (2018), 265

V

Vakula, Alexandra/Bornhagen, Sophia, Das russische Recht der Verwertungsgesellschaften – Eine Studie zu problematischen Aspekten des Wahrnehmungsrechts in Russland, GRUR Int. 2007, 569–576

Vanheusden, (ohne Vornamensangabe), Performers' Rights in European Legislation: Situation and Elements for Improvement, http://www.aepo-artis.org/usr/files/di/fi/2/AEPO-ARTIS-study-on-performers-rights-1-December-2014-FINAL_201611291138.pdf, Dezember 2014

Ventroni, Stefan, Das Filmherstellungsrecht, Baden-Baden (Nomos) 2001

Ventroni, Stefan, Paukenschlag zur Verlegerbeteiligung: Aus für die Verteilungspraxis der GEMA?, ZUM 2017, 187

VG Wort (Hrsg.), Geist und Geld – Eine Tagung über die Zukunft des geistigen Eigentums in Europa, 25.–27. Oktober 1989 in Bonn, München (Privatdruck) 1990

VG Wort (Hrsg.), Geist und Recht – Eine Tagung über Urheberrechtsschutz im technischen Zeitalter, 14.–15. Oktober 1992 in Bonn, München (Privatdruck) 1992

VG Wort (Hrsg.), Ein Korb für Künstler … – Ein Symposion über das Urheberrecht in der Informationsgesellschaft, 17. Januar 2005 in Berlin, München (Privatdruck) 2005

Vogel, Martin, Wahrnehmungsrecht und Verwertungsgesellschaften in der Bundesrepublik Deutschland – Eine Bestandsaufnahme im Hinblick auf die Harmonisierung des Urheberrechts in der Europäischen Gemeinschaft, GRUR 1993, 513–531

Vogel, Martin, Kollektives Urhebervertragsrecht unter besonderer Berücksichtigung des Wahrnehmungsrechts, in: Friedrich-Karl Beier/Horst-Peter Götting/Michael Lehmann/Rainer Moufang (Hrsg.), Urhebervertragsrecht – Festgabe für Gerhard Schricker zum 60. Geburtstag, München (C. H. Beck) 1995, S. 117–147 (zitiert M. *Vogel*, FG Schricker)

Vogel, Martin, Verwertungsgesellschaften, in: Gerhard Schricker/Eva-Marina Bastian/Adolf Dietz (Hrsg.), Konturen eines europäischen Urheberrechts/8. Ringberg-Symposium des Max-Planck-Instituts für Ausländisches und Internationales Patent-, Urheber- und Wettbewerbsrecht, 25. bis 30. September 1994, Schloß Ringberg, Tegernsee, Baden-Baden (Nomos) 1996, S. 79–86 (zitiert *Vogel*, in: Konturen eines europäischen Urheberrechts)

Vogel, Martin, Zur Geschichte der kollektiven Verwertung von Sprachwerken, in: Jürgen Becker (Hrsg.), Die Wahrnehmung von Urheberrechten an Sprachwerken – Symposium für Ferdinand Melichar zum 60. Geburtstag, Baden-Baden (Nomos) 1999, S. 17–36

W

Wagner, Gerhard, Prävention und Verhaltenssteuerung durch Privatrecht – Anmaßung oder legitime Aufgabe?, AcP 206 (2006), 352–476

Wainwright, Richard/Castillo de la Torre, Fernando, IP Transactions and Infringements of Articles 81 and 82 – New Developments in EU Law, Paper presented at the 2nd Conference on Competition Law and IP related Aspects, Alicante, 14. März 2003

Wallace, William, Control over the Monopoly Exercise of Copyright, GRUR Int. 1973, 357–360

Walter, Michel, Zur Klagslegitimation der musikalischen Verwertungsgesellschaft, MR 1986, 14–15

Walter, Michel, Die vier Säulen des Urheberrechts – Zugleich eine Standortbestimmung der österreichischen Urheberrechtsreform nach der UrhGNov 1997, ZfRV 1999, 88–97

Walter, Michel (Hrsg.), Europäisches Urheberrecht – Kommentar, New York/Wien (Springer) 2001 (zitiert Walter-*Bearbeiter*)

Walter, Michel/Lewinski, Silke von, European Copyright Law, Oxford 2010 (zit. Walter/v. Lewinski-*Bearbeiter*, Rn.)

Wandtke, Artur-Axel, Zur Entwicklung der Urhebergesellschaften in der DDR bis zur Wiedervereinigung Deutschlands, in: Jürgen Becker/Peter Lerche/Ernst-Joachim Mestmäcker (Hrsg.), Wanderer zwischen Musik, Politik und Recht: Festschrift für Reinhold Kreile zu seinem 65. Geburtstag, Baden-Baden (Nomos) 1994, S. 789–797 (zit. Wandtke, FS Kreile)

Wandtke, Artur-Axel, Die Kommerzialisierung der Kunst und die Entwicklung des Urheberrechts im Lichte der Immaterialgüterrechtslehre von Josef Kohler, GRUR 1995, 385–392

Wandtke, Artur-Axel/Bullinger, Winfried (Hrsg.), Praxiskommentar zum Urheberrecht, 4. Aufl. München 2014 (zit. Bearbeiter, in Wandtke/Bullinger, §§ Gesetz Rn.)

Wandtke, Artur-Axel/Schunke, Sebastian, Einheitliche Lizenzierung der Klingeltöne – eine rechtliche Notwendigkeit?, UFITA 2007/I, 61–86

Weber, Peter, Die Reichweite des urheberrechtlichen Sendebegriffs aus Sicht der Europäischen Rundfunkunion EBU, ZUM 2009, 460–464

Weichhaus, Bernd, Das Recht der Verwertungsgesellschaften in Deutschland, Großbritannien und Frankreich, Hamburg (Kovač) 2002 (Besprechung *Riesenhuber, Karl,* ZUM 2004, 335)
Weichhaus, Bernd, Anmerkung zu BGH; Urteil v. 27.10.2011 – I ZR 175/10, „Bochumer Weihnachtsmarkt", GRUR-Prax 2012, 236–237
Weitbrecht, Andreas, To Harmonize or Not to Harmonize – Zur Diskussion um die 7. GWB-Novelle, EuZW 2004, 449–449
Welser, Marcus v., Die Wahrnehmung urheberpersönlichkeitsrechtlicher Befugnisse durch Dritte, Berlin (BWV) 2000
Wicke, Peter/Ziegenrücker, Wieland/Ziegenrücker, Kai-Erik, Handbuch der populären Musik – Geschichte, Stile, Praxis, Industrie, Mainz (Schott) 2007
Wiedemann, Herbert, Die Auslegung von Satzungen und Gesellschaftsverträgen, DNotZ 1977, Sonderheft, 99–111
Wiese, Günter, Zulässigkeit und Grenzen von Auskünften der GEMA über Daten ihrer Mitglieder – Rechtsgutachten, GEMA-Nachrichten Nr. 106 (1978), 109–119
Winghardt, Stefan, Gemeinschaftsrechtliches Diskriminierungsverbot und Inländerbehandlungsgrundsatz unter dem Blickwinkel der kollektiven Wahrnehmung urheberrechtlicher Ansprüche, GRUR Int. 2001, 993–1011
Winghardt, Stefan, Kopiervergütug für den PC, ZUM 2002, 349–362
Wittmann, Heinz, Behindern die Verwertungsgesellschaften die Entfaltung der Online-Musikangebote? – Eine Studie der EU-Kommission stellt das System national tätiger Verwertungsgesellschaften in Frage, MR-Int 2005, 84–86
Wittweiler, Bernhard, Der Geltungsbereich der schweizerischen Verwertungsgesetzgebung, Bern (Stämpfli) 1988
Wirtz, Martin, Die Kontrolle von Verwertungsgesellschaften – Eine rechtsvergleichende Studie des Deutschen, Britischen und Europäischen Rechts, Frankfurt a. M. (Lang) 2002 (Besprechung *Waldenberger, Arthur,* AfP 2002, 554–555)
Wohlgemuth, Stefan, Die GEMA, in: Josef Limper/Christian Musiol (Hrsg.), Handbuch des Fachanwalts Urheber- und Medienrecht, 2. Aufl. Köln (Carl Heymanns) 2017, S. 939–949 (zitiert: Wohlgemuth, in: Handbuch des Fachanwalts Urheber- und Medienrecht)
Wolf, Manfred/Lindacher, Walter/Pfeiffer, Thomas, AGB-Recht – Kommentar, 6. Aufl. München (C. H. Beck) 2013 (zitiert Wolf/Lindacher/Pfeiffer-*Bearbeiter,* §§ Rn.)
Wolf, Manfred/Neuner, Jörg, Allgemeiner Teil des Bürgerlichen Rechts, 11. Aufl. München (C. H. Beck) 2016 (zitiert *Wolf/Neuner,* Allgemeiner Teil[8])
Wood, David, Collective Management and EU Competition Law, Rede auf der V. SGAE (Spanish Society of Authors, Composers and Publishers) Conference on Intellectual Property Competition and Collective Agreement vom 12.–14. November 2001, im Internet abrufbar unter http://ec.europa.eu/comm/competition/speeches/text/sp2001_025_en.pdf (zuletzt abgerufen am 8. April 2008)
Wünschmann, Christoph, Die kollektive Verwertung von Urheber- und Leistungsschutzrechten nach europäischem Wettbewerbsrecht, Baden-Baden (Nomos) 2000 (zitiert *Wünschmann,* Kollektive Verwertung von Urheber- und Leistungsschutzrechten)

X/Y/Z

Zimmermann, Reinhard, The Law of Obligations – Roman Foundations of the Civilian Tradition, Cape Town (Juta) 1990
Zöller, Richard (Begr.), Zivilprozessordnung – Kommentar, 32. Aufl. Köln (Otto Schmidt) 2018 (zitiert Zöller-Bearbeiter, § Rn.)

Stichwortverzeichnis

https://doi.org/10.1515/9783110366792-016

S

T

U

www.ingramcontent.com/pod-product-compliance
Lightning Source LLC
LaVergne TN
LVHW080850300926
849162LV00003B/386